經國大典序

自古帝王之有天下國家也
經綸草昧而未遑於典故守文之君遵
守舊章而文無事於制作雖曰漢高尊
無遺策而三章之法略存規模更稍唐
家爲目俱張而六典之作猶俟中葉況
下於漢唐者乎恭惟
世祖撫時中興功兼創守文昭武定禮備樂
勵精
致圖理厥弘制作嘗謂左右曰我

判例韓國憲法

鄭 宗 燮

傳 英 社

自　序

나의 「憲法學原論」의 자매편인 「判例韓國憲法」을 출간한다. 이는 나의 「憲法訴訟法」과 「判例憲法訴訟法」을 서로 같이 출간한 것과 동일한 방식이다.

우리 나라 헌법을 이해함에 있어서는 헌법이론뿐만 아니라 헌법해석의 실제를 이해하는 것이 필수적인데, 구체적인 사안에서 헌법의 해석과 적용을 실천한 결과물이 판례이다. 우리 나라는 헌법재판소의 활발한 헌법재판에 힘입어 그 간에 엄청나게 많은 판례들이 만들어져 왔는데, 헌법국가가 발달한 역사에 비추어 보건대, 우리의 헌법판례는 고도로 높은 수준에 도달해 있다. 헌법재판이 없이 헌법만이 존재할 때 헌법은 규범력을 가질 수 없고, 헌법은 있으되 구체적인 사안에 적용하여 헌법판례가 생산되지 않으면 헌법의 실현은 요원하다. 그런데 우리 나라는 1987年憲法 이래 헌법재판의 경이적인 발달로 인하여 실천적으로나 이론적으로 가치 있는 판례들이 많이 축적되었는데, 이는 우리 나라가 헌법국가로 나아감을 단적으로 말해 주는 것이기도 하다.

헌법이란 궁극에 적용되고 실현되기 위하여 존재하는 것인데, 그 실현의 대표적인 것이 헌법판례이고, 이에 대한 연구는 헌법의 실천적인 면을 탐구하는 것이다. 헌법판례도 여느 판례와 마찬가지로 판례의 해석을 필요로 하는데, 가장 중요한 것은 해당 사건에서 쟁점이 된 것에 대하여 헌법재판기관이 직접 판단한 부분이다. 그리고 법리상 논리적으로 이러한 직접적인 판단을 가능하게 하는 전제되는 사항들도 헌법재판기관이 해당 사안에서 헌법을 적용하고 해석한 부분에 해당한다. 따라서 헌법판례를 해석함에 있어서는 이러한 쟁점에 대한 판단과 이의 전제가 되는 법리에 대한 이해가 필요하다. 헌법재판기관이 구체적인 사안에 대하여 판단하면서 傍論으로 설시한 사항은 직접 판단한 사항이 아니다. 따라서 이는 헌법재판기관의 직접적인 견해라고 할 수 없고 헌법재판기관의 태도를 짐작함에 있어 고려할 수 있는 판단이다. 그러나 헌법재판기관의 태도나 관점을 이해함에 있어서는 중요한 의미를 가진다. 헌법판례를 인용하거나 해석함에 있어서는 이 점을 구별하는 것이 중요하다.

「判例韓國憲法」의 편집체제는 「憲法學原論」의 편집체제에 맞추었다. 「憲法學原論」을 공부하는 사람들은 그 체제에 따라가며 「判例韓國憲法」에 실린 판례들을 읽으면 될 것이다. 「憲法學原論」에서도 중요한 판례들을 해당 부분에 노출시켜 헌법재판소의 해석과 적용을 직접 볼 수 있게 하였지만, 지면의 제한으로 인하여 충분히 살필 수 없었기 때문에 이러한 아쉬운 점은 모두「判例韓國憲法」에서 해소하려고 하였다. 판례의 이해에는 쟁점에 대한 핵심적인 판단을 보는 것이 중요하지만, 사안에 따라서는 그 판단이 도출되는 과정과 법리를 이해하여야 하고, 그 배경도 이해하는 것이 필요하다. 그리고 때에 따라서는 사실에 대한 이해도 필요하다.「判例韓國憲法」에서는 헌법재판소의 판단만을 노출시킨 것이 아니라, 필요한 사건에서는 사실관계도 노출시켰다. 독자들은 이 점을 유의하여 보면, 해당 판례의 의미를 한층 더 잘 이해할 수 있을 것이다.

이 책의 원고를 다듬고 검토하는 작업에는 나의 愛弟子 林孝亮 군법무관이 적극적인 노력을 기울여 주었다. 군법무관으로 근무하기에도 바쁜데, 평소의 성실한 자세로 나의 훌륭한 토론 상대자가 되어 주었다. 林君은 그 동안 내가 저술한 많은 책을 출간하는 과정에서 진지한 노력으로 나의 수고를 덜어 주었다. 林君이 헌법을 공부하는 자세로 보건대, 장래 학자로 성장함에 있어서도 훌륭한 자질을 가졌는데, 헌법학자로서도 大成하기를 기원한다. 이 책의 마지막 교정작업에서는 제자 李煌熙 군법무관도 합류하여 도와 주었다. 이들의 도움으로 이 책이 독자를 보다 일찍 만날 수 있었음을 생각하건대, 독자와 함께 고맙게 생각한다. 이 책을 편집하고 마지막으로 다듬는 작업에 수고를 아끼지 않은 博英社의 李卿姬 편집위원님께도 심심한 감사를 드린다.

2007年 3月
學圃硏經齋에서
鄭 晦 之

1

헌법의 기초와 원리

제 1 편 헌법의 기초

제 2 편 헌법의 기본원리

제 3 편 한국 헌법의 역사와 기본원리

2

헌법상의 권리와 의무

제 4 편 기본권의 일반이론

제 5 편 헌법상의 기본권과 의무

3

국가작용

제 6 편 국가작용의 기본제도

제 7 편 국가작용과 국가기관

《일러두기》

[예시]

▶[①] 법률에 대한 헌법소원심판의 경우

▸[②] 주문에서 침해된 기본권을 표시한 판례와 표시하지 않은 판례

▹[③] 주문에서 침해된 기본권을 표시한 판례

[憲[④] 1990.10.15.[⑤]-89헌마178[⑥]](법무사법시행규칙에 대한 헌법소원[⑦])

「법무사법시행규칙 …… 헌법에 위반된다.[⑧]」

⇔[⑨] 재판관 1인(재판관 송인준)의 반대의견

⇒[⑩] 재판관 1인(재판관 주선회)의 보충의견

⇒[⑪] 재판관 1인(재판관 하경철)의 별개의견

※[⑫] 본 판례의 자세한 내용은 〈제3장 – 청구 – 청구의 취하〉 참조

◎[⑬] 같은 취지: 憲 1992.11.12.-91헌마192; 1995.7.21.-94헌마191

[憲 1995. 7. 21.-94헌마136] (고발권 불행사 위헌확인)	《공정거래위원회가 고발권을 행사하지 않은 행위》[⑭] 「이 사건 심판 대상 행정부작위는 …… 부당하다고 하지 아니할 수 없다.」

[기호 설명]

① 상위 레벨 목차

② 중간 레벨 목차

③ 하위 레벨 목차

④ 헌법재판소 판례(cf. 대법원 판례: 大)

⑤ 선고일자

⑥ 사건번호

⑦ 사건명

⑧ 인용된 판례의 본문

⑨ 반대의견

⑩ 보충의견

⑪ 별개의견(보충의견과 별개의견의 기호 동일)

⑫ 판례에 대한 참고사항(같은 판례가 보다 자세히 수록된 부분 지시 등)

⑬ 같은 취지의 판례

⑭ 판례에 대한 간략한 소개

1

헌법의 기초와 원리

先賢의 가르침을 배우고 쉼 없이 거듭하여 익혀간다면 어찌 그 속에서 진정한 마음의 즐거움을 누리지 않을 수 있겠으며, 뜻있는 同志가 먼 곳에서도 서로 공부가 좋아 찾아온다면 그 어찌 진정 즐거운 일이 아니겠는가. 그리고 세상 사람들이 나의 工夫를 알아주지 않는다고 하더라도 그에 개의치 않고 서운해 하지 않을 수 있다면 그때야 비로소 진정 德을 완성한 사람이 아니겠는가.

[學而時習之不亦說乎, 有朋自遠方來不亦樂乎, 人不知而不慍不亦君子乎]

– 論語 –

제 1 편

헌법의 기초

제 1 장 헌법의 개념과 본질

1. 헌법의 개념

헌 법

□ 관습헌법

▶ **헌법재판소가 현행 성문헌법하에서도 예외적으로 관습헌법을 인정한 판례**
[憲 2004. 10. 21.-2004헌마554](신행정수도의건설을위한특별조치법 위헌확인)

「다. 수도가 서울인 점이 우리 나라의 관습헌법인지 여부

(1) 성문헌법체제에서의 관습헌법의 의의와 성립요건

(가) 우리 나라는 성문헌법을 가진 나라로서 기본적으로 우리 헌법전(憲法典)이 헌법의 법원(法源)이 된다. 그러나 성문헌법이라고 하여도 그 속에 모든 헌법사항을 빠짐없이 완전히 규율하는 것은 불가능하고 또한 헌법은 국가의 기본법으로서 간결성과 함축성을 추구하기 때문에 형식적 헌법전에는 기재되지 아니한 사항이라도 이를 불문헌법(不文憲法) 내지 관습헌법으로 인정할 소지가 있다. 특히 헌법제정 당시 자명(自明)하거나 전제(前提)된 사항 및 보편적 헌법원리와 같은 것은 반드시 명문의 규정을 두지 아니하는 경우도 있다. 그렇다고 해서 헌법사항에 관하여 형성되는 관행 내지 관례가 전부 관습헌법이 되는 것은 아니고 강제력이 있는 헌법규범으로서 인정되려면 엄격한 요건들이 충족되어야만 하며, 이러한 요건이 충족된 관습만이 관습헌법으로서 성문의 헌법과 동일한 법적 효력을 가지는 것이다.

(나) 헌법 제1조 제2항은 "대한민국의 주권은 국민에게 있고, 모든 권력은 국민으로부터 나온다"고 규정한다. 이와 같이 국민이 대한민국의 주권자이며, 국민은 최고의 헌법제정권력이기 때문에 성문헌법의 제·개정에 참여할 뿐만 아니라 헌법전에 포함되지 아니한 헌법사항을 필요에 따라 관습의 형태로 직접 형성할 수 있는 것이다. 그렇다면 관습헌법도 성문헌법과 마찬가지로 주권자인 국민의 헌법적 결단의 의사의 표현이며 성문헌법과 동등한 효력을 가진다고 보아야 한다. 이와 같이 관습에 의한 헌법적 규범의 생성은 국민주권이 행사되는 한 측

면인 것이다. 국민주권주의 또는 민주주의는 성문이든 관습이든 실정법 전체의 정립에의 국민의 참여를 요구한다고 할 것이며, 국민에 의하여 정립된 관습헌법은 입법권자를 구속하며 헌법으로서의 효력을 가진다.

(다) 관습헌법이 성립하기 위하여서는 먼저 관습이 성립하는 사항이 단지 법률로 정할 사항이 아니라 반드시 헌법에 의하여 규율되어 법률에 대하여 효력상 우위를 가져야 할 만큼 헌법적으로 중요한 기본적 사항이 되어야 한다. 일반적으로 실질적인 헌법사항이라고 함은 널리 국가의 조직에 관한 사항이나 국가기관의 권한 구성에 관한 사항 혹은 개인의 국가권력에 대한 지위를 포함하여 말하는 것이지만, 관습헌법은 이와 같은 일반적인 헌법사항에 해당하는 내용 중에서도 특히 국가의 기본적이고 핵심적인 사항으로서 법률에 의하여 규율하는 것이 적합하지 아니한 사항을 대상으로 하는 것이다. 일반적인 헌법사항 중 과연 어디까지가 이러한 기본적이고 핵심적인 헌법사항에 해당하는지 여부는 일반추상적인 기준을 설정하여 재단할 수는 없는 것이고, 개별적 문제사항에서 헌법적 원칙성과 중요성 및 헌법원리를 통하여 평가하는 구체적 판단에 의하여 확정하여야 한다.

(라) 다음으로 관습헌법이 성립하기 위하여서는 관습법의 성립에서 요구되는 일반적 성립 요건이 충족되어야 한다. 이러한 요건으로서 첫째, 기본적 헌법사항에 관하여 어떠한 관행 내지 관례가 존재하고, 둘째, 그 관행은 국민이 그 존재를 인식하고 사라지지 않을 관행이라고 인정할 만큼 충분한 기간 동안 반복 내지 계속되어야 하며(반복 · 계속성), 셋째, 관행은 지속성을 가져야 하는 것으로서 그 중간에 반대되는 관행이 이루어져서는 아니 되고(항상성), 넷째, 관행은 여러 가지 해석이 가능할 정도로 모호한 것이 아닌 명확한 내용을 가진 것이어야 한다(명료성). 또한 다섯째, 이러한 관행이 헌법관습으로서 국민들의 승인 내지 확신 또는 폭넓은 컨센서스를 얻어 국민이 강제력을 가진다고 믿고 있어야 한다(국민적 합의). 이와 같이 관습헌법의 성립을 인정하기 위해서는 이러한 요건들이 모두 충족되어야 한다.

(2) 기본적 헌법사항으로서의 수도문제

헌법기관의 소재지, 특히 국가를 대표하는 대통령과 민주주의적 통치원리에 핵심적 역할을 하는 의회의 소재지를 정하는 문제는 국가의 정체성(正體性)을 표현하는 실질적 헌법사항의 하나이다. 여기서 국가의 정체성이란 국가의 정서적 통일의 원천으로서 그 국민의 역사와 경험, 문화와 정치 및 경제, 그 권력구조나 정신적 상징 등이 종합적으로 표출됨으로써 형성되는 국가적 특성이라 할 수 있다. 수도를 설정하는 것 이외에도 국명(國名)을 정하는 것, 우리말을 국어(國語)로 하고 우리글을 한글로 하는 것, 영토를 획정하고 국가주권의 소재를 밝히는 것 등이 국가의 정체성에 관한 기본적 헌법사항이 된다고 할 것이다. 수도를 설정하거나 이전하는 것은 국회와 대통령 등 최고 헌법기관들의 위치를 설정하여 국가조직의 근간을 장소적으로 배치하는 것으로서, 국가생활에 관한 국민의 근본적 결단임과 동시에 국가를 구성하는 기반이 되는 핵심적 헌법사항에 속하는 것이다.

이와 같이 수도의 문제는 내용적으로 헌법사항에 속하는 것이며 그것도 국가의 정체성과 기본적 조직 구성에 관한 중요하고 기본적인 헌법사항으로서 국민이 스스로 결단하여야 할 사항이므로 대통령이나 정부 혹은 그 하위기관의 결정에 맡길 수 있는 사항이 아니다.

(3) 수도 서울의 관습헌법성 여부에 대한 판단

(가) 우리 헌법전상으로는 '수도가 서울'이라는 명문의 조항이 존재하지 아니한다. 그러나 서울은 사전적 의미로 바로 '수도'의 의미를 가지고 있다. 1392년 이성계가 조선왕조를 창건하여 한양을 도읍으로 정한 이래 600여년간 전통적으로 현재의 서울 지역은 그와 같이 일반명

사를 고유명사화하여 불러온 것이다. 따라서 현재의 서울 지역이 수도인 것은 그 명칭상으로도 자명한 것으로서, 대한민국의 성립 이전부터 국민들이 이미 역사적, 전통적 사실로 의식적 혹은 무의식적으로 인식하고 있었으며, 대한민국의 건국에 즈음하여서도 국가의 기본구성에 관한 당연한 전제사실 내지 자명한 사실로서 아무런 의문도 제기될 수 없었던 것이었다. 따라서 제헌헌법 등 우리 헌법제정의 시초부터 '서울에 수도(서울)를 둔다'는 등의 동어반복적인 당연한 사실을 확인하는 헌법조항을 설치하는 것은 무의미하고 불필요한 것이었다. 그 후에도 수차의 헌법개정이 있었지만 우리 헌법상으로 수도에 관한 명문의 헌법조항은 설치된 바가 없으나, 그렇다고 하여 우리 나라의 역사적, 전통적, 문화적 상황에 비추어 수도에 관한 헌법관습 자체가 존재하지 않는 것은 결코 아니다. 서울이 바로 수도인 것은 국가생활의 오랜 전통과 관습에서 확고하게 형성된 자명한 사실 또는 전제된 사실로서 모든 국민이 우리 나라의 국가구성에 관한 강제력 있는 법규범으로 인식하고 있는 것이다.

(나) 한편 우리 나라에서 수도가 서울인 점의 관습헌법성 인정 여부를 판단하기 위해서는 무엇보다도 서울이 우리 나라의 수도로 설정되고 수도로서의 역할을 계속하여온 역사적 경위를 실증적으로 확인하여야 할 것이다.……

(다) 이상에서 살펴본 바와 같이 수도가 서울로 정하여진 것은 비록 헌법상 명문의 조항에 의하여 밝혀져 있지는 아니하나, 조선왕조 창건 이후부터 경국대전에 수록되어 장구한 기간 동안 국가의 기본법규범으로 법적 효력을 가져왔던 것이고, 헌법제정 이전부터 오랜 역사와 관습에 의하여 국민들에게 법적 확신이 형성되어 있는 사항으로서 제헌헌법 이래 우리 헌법의 체계에서 자명하고 전제된 가장 기본적인 규범의 일부를 이루어왔기 때문에 불문의 헌법규범화된 것이라고 보아야 한다.

이를 보다 구체적으로 앞서 본 관습헌법의 요건의 기준에 비추어 보면, 서울이 우리 나라의 수도인 것은 서울이라는 명칭의 의미에서도 알 수 있듯이 조선시대 이래 600여년간 우리 나라의 국가생활에 관한 당연한 규범적 사실이 되어 왔으므로 우리 나라의 국가생활에 있어서 전통적으로 형성되어 있는 계속적 관행이라고 평가할 수 있고(계속성), 이러한 관행은 변함없이 오랜 기간 실효적으로 지속되어 중간에 깨어진 일이 없으며(항상성), 서울이 수도라는 사실은 우리 나라의 국민이라면 개인적 견해 차이를 보일 수 없는 명확한 내용을 가진 것이며(명료성), 나아가 이러한 관행은 오랜 세월간 굳어져 와서 국민들의 승인과 폭넓은 컨센서스를 이미 얻어(국민적 합의) 국민이 실효성과 강제력을 가진다고 믿고 있는 국가생활의 기본사항이라고 할 것이다. 따라서 서울이 수도라는 점은 우리의 제정헌법이 있기 전부터 전통적으로 존재하여온 헌법적 관습이며 우리 헌법조항에서 명문으로 밝힌 것은 아니지만 자명하고 헌법에 전제된 규범으로서, 관습헌법으로 성립된 불문헌법에 해당한다고 할 것이다.

바꾸어 말하면 위와 같은 제 요건을 갖추고 있는 서울이 수도인 사실은 단순한 사실명제가 아니고 헌법적 효력을 가지는 불문의 헌법규범으로 승화된 것이며, 사실명제로부터 당위명제를 도출해 낸 것이 아니라 그 규범력에 대한 다툼이 없이 이어져 오면서 그 규범성이 사실명제의 뒤에 잠재되어 왔을 뿐이다.

(4) '수도 서울'의 관습헌법 폐지를 위한 헌법적 절차

(가) 어느 법규범이 관습헌법으로 인정된다면 그 필연적인 결과로서 개정가능성을 가지게 된다. 관습헌법도 헌법의 일부로서 성문헌법의 경우와 동일한 효력을 가지기 때문에 그 법규범은 최소한 헌법 제130조에 의거한 헌법개정의 방법에 의하여만 개정될 수 있는 것이다. 따라서 재적의원 3분의 2 이상의 찬성에 의한 국회의 의결을 얻은 다음(헌법 제130조 제1항) 국민

투표에 붙여 국회의원 선거권자 과반수의 투표와 투표자 과반수의 찬성을 얻어야 한다(헌법 제130조 제3항). 다만 이 경우 관습헌법규범은 헌법전에 그에 상반하는 법규범을 첨가함에 의하여 폐지하게 되는 점에서, 헌법전으로부터 관계되는 헌법조항을 삭제함으로써 폐지되는 성문헌법규범과는 구분되는 것이다.

한편 이러한 형식적인 헌법개정 외에도, 관습헌법은 그것을 지탱하고 있는 국민적 합의성을 상실함에 의하여 법적 효력을 상실할 수도 있다. 관습헌법은 주권자인 국민에 의하여 유효한 헌법규범으로 인정되는 동안에만 존속하는 것이며, 관습법의 존속요건의 하나인 국민적 합의성이 소멸되면 관습헌법으로서의 법적 효력도 상실하게 된다. 관습헌법의 요건들은 그 성립의 요건일 뿐만 아니라 효력 유지의 요건인 것이다.

(나) 우리 나라와 같은 성문의 경성헌법 체제에서 인정되는 관습헌법사항은 하위규범형식인 법률에 의하여 개정될 수 없다. 영국과 같이 불문의 연성헌법 체제에서는 법률에 대하여 우위를 가지는 헌법전이라는 규범형식이 존재하지 아니하므로 헌법사항의 개정은 일반적으로 법률개정의 방법에 의할 수밖에 없을 것이다. 그러나 우리 헌법의 경우 헌법 제10장 제128조 내지 제130조는 일반법률의 개정절차와는 다른 엄격한 헌법개정절차를 정하고 있으며, 동 헌법개정절차의 대상을 단지 '헌법'이라고만 하고 있다. 따라서 관습헌법도 헌법에 해당하는 이상 여기서 말하는 헌법개정의 대상인 헌법에 포함된다고 보아야 한다. 이와 같이 헌법의 개정절차와 법률의 개정절차를 준별하고 헌법의 개정절차를 엄격히 한 우리 헌법의 체제 내에서 만약 관습헌법을 법률에 의하여 개정할 수 있다고 한다면 이는 관습헌법을 더 이상 '헌법'으로 인정한 것이 아니고 단지 관습'법률'로 인정하는 것이며, 결국 관습헌법의 존재를 부정하는 것이 된다. 이러한 결과는 성문헌법체제하에서도 관습헌법을 인정하는 대전제와 논리적으로 모순된 것이므로 우리 헌법체제상 수용될 수 없다.

(다) 그렇다면 우리 나라의 수도가 서울이라는 점에 대한 관습헌법을 폐지하기 위해서는 헌법이 정한 절차에 따른 헌법개정이 이루어져야만 한다. 이 경우 성문의 조항과 다른 것은 성문의 수도조항이 존재한다면 이를 삭제하는 내용의 개정이 필요하겠지만 관습헌법은 이에 반하는 내용의 새로운 수도설정조항을 헌법에 넣는 것만으로 그 폐지가 이루어지는 점에 있다. 예컨대 충청권의 특정지역이 우리 나라의 수도라는 조항을 헌법에 개설하는 것에 의하여 서울이 수도라는 관습헌법은 폐지될 수 있는 것이다. 다만 헌법규범으로 정립된 관습이라고 하더라도 세월의 흐름과 헌법적 상황의 변화에 따라 이에 대한 침범이 발생하고 나아가 그 위반이 일반화되어 그 법적 효력에 대한 국민적 합의가 상실되기에 이른 경우에는 관습헌법은 자연히 사멸하게 된다. 이와 같은 사멸을 인정하기 위하여서는 국민에 대한 종합적 의사의 확인으로서 국민투표등 모두가 신뢰할 수 있는 방법이 고려될 여지도 있을 것이다. 그러나 이 사건의 경우에 이러한 사멸의 사정은 확인되지 않는다. 따라서 앞서 설시한 바와 같이 우리 나라의 수도가 서울인 것은 우리 헌법상 관습헌법으로 정립된 사항이며 여기에는 아무런 사정의 변화도 없다고 할 것이므로 이를 폐지하기 위해서는 반드시 헌법개정의 절차에 의하여야 한다.

라. 수도이전을 내용으로 한 이 사건 법률의 헌법적합성 여부

(1) 이상에서 본 바와 같이 대한민국의 수도가 서울인 것은 우리 헌법에 명문의 조항은 없으나 오랜 세월에 걸쳐 확립된 헌법관습으로서 소위 불문헌법에 해당하는 것이고, 이 사건 법률은 우리 나라의 수도를 서울로부터 충청권의 어느 특정지역으로 이전하는 것을 확정함과 아울러 그 이전의 절차를 정하는 법률로서 '수도는 서울'이라는 위 불문의 헌법사항을 변경하는

내용을 가진 것이라고 할 것이다.

(2) 그런데 우리 나라의 수도의 설정에 관하여 서울이 수도로서 부적합하여졌다는 국민의 합의가 새로이 이루어졌다고 볼 어떠한 특별한 사정도 없으며, 현재로서는 서울이 수도인 점에 대한 국민의 법적 확신이 변화되었거나 소멸되었다고 볼 근거도 없다. 또한 수도를 서울로부터 이전하는 것을 헌법에 명문으로 삽입하여 넣는 취지의 헌법개정이 현행 헌법이 정한 절차에 따라 시행된 바도 없다.

(3) 그렇다면 이 사건 법률은 우리 나라의 수도는 서울이라는 불문의 관습헌법에 배치될 뿐만 아니라, 헌법개정에 의해서만 변경될 수 있는 중요한 헌법사항을 이러한 헌법적 절차를 이행하지 아니한 채 단순법률의 형태로 변경한 것으로서 헌법에 위반된다고 할 것이다.

마. 국민투표권의 침해 여부

(1) 특정의 법률이 반드시 헌법전에서 규율하여야 할 기본적인 헌법사항을 헌법을 대신하여 규율하는 경우에는 그 내용이 상위의 헌법규범에 배치되는지 여부와 관계없이 경성헌법의 체계에 위반하여 헌법위반에 해당하는 것이다. 일반적으로 법률의 위헌이 문제되는 것은 그 내용이 헌법조항이나 헌법원칙에 위배되는 경우일 것이나 이러한 정도를 넘어서서 당해 법률이 반드시 헌법에 의하여 규율되고 개정되어야 할 사항을 단순법률의 형태로 규정하고자 한 경우에는 이는 국민이 주권자로서 헌법의 제 · 개정에 관하여 가지는 권한을 직접적으로 침해하는 것이 된다.

(2) 그런데 앞서 본 바와 같이 수도의 설정과 이전의 의사결정은 국가의 정체성에 관한 기본적 헌법사항으로서 헌법이 정하는 바에 따라 국민이 스스로 결단하여야 할 사항이다. 또한 서울이 우리 나라의 수도인 점은 불문의 관습헌법이므로 헌법개정절차에 의하여 새로운 수도 설정의 헌법조항을 신설함으로써 실효되지 아니하는 한 헌법으로서의 효력을 가지는 것이다. 따라서 헌법개정의 절차를 거치지 아니한 채 수도를 충청권의 일부지역으로 이전하는 것을 내용으로 한 이 사건 법률을 제정하는 것은 헌법개정사항을 헌법보다 하위의 일반 법률에 의하여 개정하는 것이 된다.

한편 헌법의 개정은 국회의원 재적 과반수 또는 대통령의 발의로 제안되어(헌법 제128조 제1항) 재적의원 3분의 2 이상의 찬성에 따른 국회의 의결을 거친 다음(헌법 제130조 제1항) 의결 후 30일 이내에 국민투표에 붙여 국회의원 선거권자 과반수의 투표와 투표자 과반수의 찬성을 얻어야만(헌법 제130조 제3항) 이루어 질 수 있다. 따라서 헌법의 개정은 반드시 국민투표를 거쳐야만 하므로 국민은 헌법개정에 관하여는 찬반투표를 통하여 그 의견을 표명할 권리를 가진다.

그런데 이 사건 법률은 헌법개정사항인 수도의 이전을 위와 같은 헌법개정절차를 밟지 아니하고 단지 단순법률의 형태로 실현시킨 것으로서 결국 헌법 제130조에 따라 헌법개정에 있어서 국민이 가지는 참정권적 기본권인 국민투표권의 행사를 배제한 것이므로 동 권리를 침해하고 있다.

바. 소 결

그렇다면, 청구인들이 제기한 다른 쟁점들에 대하여 더 나아가 판단할 필요도 없이, 수도의 이전을 확정함과 아울러 그 이전절차를 정하는 이 사건 법률은 우리 나라의 수도가 서울이라는 불문의 관습헌법사항을 헌법개정절차를 이행하지 않은 채 법률의 방식으로 변경한 것이어서 그 법률 전체가 청구인들을 포함한 국민의 헌법개정국민투표권을 침해하였으므로 헌법에 위반된다.

5. 결 론

이상에서 살펴 본 바와 같이 이 사건 법률은 청구인들이 수도이전의 국가적 결정에 관련하여 갖는 국민투표권을 침해하는 것으로서 헌법에 위반된다 할 것이므로, 재판관 김영일의 아래 6.과 같은 별개의견과 재판관 전효숙의 아래 7.과 같은 반대의견이 있는 외에 나머지 관여재판관들의 일치된 의견으로 주문과 같이 결정한다.」

⇒ 재판관 1인(재판관 김영일)의 별개의견

「가. 수도이전에 관한 의사결정은 헌법 제72조 국민투표의 대상이다.

(1) 수도의 위치는 국가존재의 의미에 영향을 미치는 것이어서 국가안위에 관한 문제이고, 통일과정 및 통일의 전후에 있어 중요한 의미를 가지기 때문에 통일에 관한 문제이며, 국가방위전략에 중요한 고려요소가 되기 때문에 국방에 관한 문제이므로, 수도이전에 관한 의사결정은 헌법 제72조가 정한 '국방 · 통일 기타 국가안위에 관한 정책' 에 해당한다.

(2) 수도이전문제는 대의기관의 의사를 통하여 추정되는 국민의사와 별도로 현실적인 국민의사를 확인할 필요가 있을 만큼 충분한 가치가 있는 것이므로, 수도이전에 관한 의사결정은 헌법 제72조가 정한 '중요정책' 에 해당한다.

(3) 따라서 수도이전에 관한 의사결정은 헌법 제72조가 정한 '외교 · 국방 · 통일 기타 국가안위에 관한 중요정책' 에 해당하여 국민투표의 대상이 된다.

나. 대통령의 국민투표부의행위는 자유재량행위이지만, 수도이전에 관한 의사결정을 국민투표에 붙이지 아니하는 것은 재량권을 일탈 · 남용한 것으로서 재량권이 부여된 근거되는 법규범인 헌법 제72조에 위반된다.

(1) 법치주의의 원리는 어떠한 공권력작용이라도 법으로부터 자유로울 수 없음을 요구하므로 대통령의 국민투표부의행위가 자유재량행위라 하더라도 법으로부터 자유로울 수 없는바, 재량권의 일탈 · 남용이 있는 재량권 행사는 그 재량권을 부여한 근거되는 법규범에 위반되며, 이와 같은 법리는 행정법분야뿐만 아니라 공권력작용 일반에 대하여 적용된다.

(2) 헌법 제72조는 단순히 국민투표부의에 관한 대통령의 권한만을 규정한 조문이 아니라 국민의 국민투표권을 아울러 규정하여 우리 헌법상 통치구조의 제도적 근간을 규정한 조문이라고 이해되고, 우리 헌법은 대의제를 원칙으로 하면서도 국민투표의 대상이 되는 정책에 관하여는 직접민주제의 요소를 채택하였다고 할 것이므로, 이러한 정책에 관하여 대의기관은 국민들의 현실의사에 기속된다. 따라서 국민이 대의기관에 의한 정책결정을 하지 아니하고 직접 국민투표로 결정하려는 의사를 가지고 있다고 볼 상당한 이유가 있는 경우 대의기관이 이러한 의사를 무시하고 스스로 결정을 하거나, 대의기관의 의사가 국민의 현실의사와 다르다고 볼 상당한 이유가 있는 경우 대의기관이 국민의 현실의사로 추정되는 것을 무시하고 반대되는 결정을 한다면, 헌법 제72조의 입법정신과 입법목적에 반하여 재량권을 일탈 · 남용한 것이 된다. 그런데 우리 국민은 수도이전에 관한 의사결정을 대통령이나 국회와 같은 대의기관에 위임하지 아니하고 직접 결정하겠다는 의사를 가지고 있다고 볼 상당한 이유가 있고 신행정수도로 이전하는 것에 반대하는 의사를 가지고 있다고 볼 상당한 이유가 있다. 그러므로 이를 국민투표에 붙이지 아니하는 것은 재량권을 일탈 · 남용하는 것이다.

(3) 수도이전에 관한 의사결정을 국민투표에 붙이지 아니하는 것은 합리성을 결하였음이 객관적으로 명백하여 자의금지원칙에 반하고, 또 국민들은 수도이전문제를 국민투표에 붙이리라는 신뢰와 대의기관이 국민들의 의사에 반하여 행동하지는 않으리라는 신뢰를 가지고 있음을 추인할 수 있어 신뢰보호원칙에도 반하므로, 이를 국민투표에 붙이지 아니하는 것은 재량

권을 일탈 · 남용하는 것이다.
다. 그리하여 대통령이 재량권을 적법하게 행사한다면 수도이전에 관한 의사결정을 국민투표에 붙이는 선택 외에는 다른 선택을 할 수 없고, 따라서 대통령은 이를 국민투표에 붙일 의무가 있으며, 이에 따라 국민은 이를 국민투표에 붙이도록 요구할 권리가 있고 대통령이 현실적으로 부의하기 전이라도 이에 관한 구체적 국민투표권을 가진다.
라. 이 사건 법률은 수도이전에 관한 국가의사를 결정함에 있어 국민투표를 확정적으로 배제하는 내용이고, 또한 대통령의 법률안제출행위에 있는 헌법 제72조를 위반한 흠이 그 자체로 법률제정의 흠이라고 평가되거나 적어도 국회의 법률안의결행위에 승계되어 법률제정에 흠이 있게 되어, 국민의 한 사람들인 청구인들은 이 사건 법률의 제정 · 시행으로 헌법 제72조의 국민투표권을 침해당하였다.
마. 다수의견과 같이 수도의 위치가 관습헌법규범이라는 입장에 서더라도, 청구인들은 이 경우 헌법 제130조의 국민투표권뿐만 아니라 헌법 제130조의 국민투표가 실시됨을 해제조건으로 하는 헌법 제72조의 국민투표권과 헌법 제130조의 국민투표권과 선택적 권리인 헌법 제72조의 국민투표권을 가지고 있는데, 이 사건 법률은 이 모두를 배제한 것으로 각 국민투표권 모두를 침해한 법률이 된다.
바. 국민의 법적 확신이 변화 · 소멸되었음이 확인되지 않는다는 이유로 헌법개정절차에 의하여야 한다는 다수의견의 논리에 의문이 있고, 다수의견에 따른 헌법재판소의 이 사건 결정으로 수도위치에 관한 규범의 형태가 관습헌법규범에서 성문헌법규범으로 변경되는 결과가 된다면 규범의 존재양식을 선택하는 헌법개정권력의 권한을 헌법재판소가 실질적으로 행사하는 것이 되며, 헌법규범이 아닌 사항에 관하여 국민투표권이 침해되는 상황이 발생할 경우 다수의견은 어떠한 방법으로 국민의 기본권을 보장할 것인지 분명하지 아니하고, 관습헌법이라고 단정하기 어려운 면이 있는 수도문제에 관하여 현행헌법의 틀 내에서 위헌적 상황을 교정할 방법이 있는데도 다수의견은 헌법개정의 방법을 전제로 하는 무리한 길을 택하는 것이 아닌가 한다.
사. 이 사건 법률이 청구인들의 국민투표권을 제한한 것에는 정당한 사유가 없다.」

⇔ 재판관 1인(재판관 전효숙)의 반대의견

「가. 다수의견의 논지는 우리 헌법의 해석상 받아들일 수 없다.

(1) 역사적으로 수도의 소재지는 국가 정체성에 관한 중요한 사항이었으나, 자유민주주의와 입헌주의를 주된 가치로 하는 우리 헌법은, 국가권력의 통제와 합리화를 통하여 국민의 자유와 권리를 최대한 실현하려는 것이 그 목적이며, 수도의 소재지가 어디냐는 그 목적을 위한 '도구'에 불과하다. 그러므로 헌법상 수도의 위치가 반드시 헌법제정권자나 헌법개정권자가 직접 결정해야 할 사항이라 할 수 없다.

(2) 서울이 수도라는 사실이 오랫동안 우리 민족에게 자명하게 인식되어 온 관행에 속한다 하더라도, 우리 국민이 그것을 강제력 있는 법규범으로 확신하고 있었다고 인정하기 어렵다. 수도이전문제는 이 사건 심판청구 무렵에야 우리 사회의 주된 쟁점이 되었고, 여야 국회의원들은 수도이전 사안이 국민의 헌법적 확신을 지니는 헌법사항이라든가, 헌법개정절차를 통하여야 하므로 입법권의 대상이 될 수 없다든가 하는 점에 관한 인식을 전혀 드러내지 않았다. 결국 '서울이 수도'라는 관행적 '사실'에서 관습헌법이라는 '당위규범'이 인정될 수 없다.

(3) 성문헌법을 지닌 법체제에서, 관습헌법을 성문헌법과 '동일한' 혹은 '특정 성문헌법 조항을 무력화 시킬 수 있는' 효력을 가진 것으로 볼 수 없다. 성문의 헌법전은 헌법제정권자인

국민들이 직접 '명시적' 의사표시로써 제정한 최고법규범으로서 모든 국가권력을 기속하는 강한 힘을 보유하는 것이며, 그 내용의 개정은 엄격한 절차를 거치도록 하고 있는데, 그러한 성문헌법의 강한 힘은 국민주권의 명시적 의사가 특정한 헌법제정절차를 거쳐서 수렴되었다는 점에서 가능한 것이다. 관습만으로는 헌법을 특징화하는 그러한 우세한 힘을 보유할 수 없다. 관습헌법은 성문헌법으로부터 동떨어져 성립하거나 존속할 수 없고 항상 성문헌법의 여러 원리와 조화를 이룸으로써만 성립하고 존속하는 '보완적 효력' 만을 지닌다. 이러한 법리는 관습헌법의 내용이 '중요한 헌법사항' 이라 하더라도 동일하다.

(4) 관습헌법이란 실질적 의미의 헌법사항이 관습으로 규율되고 있다는 것을 뜻할 뿐이며, 관습헌법이라고 해서 성문헌법과 똑같은 효력이 인정된다고 볼 근거가 없다. 또한 헌법의 개정은 '형식적 의미' 의 헌법, 즉 성문헌법과 관련된 개념이므로, 관습헌법의 변경은 헌법의 개정에 속하지 않으며 헌법이 마련한 대의민주주의 절차인 법률의 제정, 개정을 통하여 다루어질 수 있다.

(5) '서울이 수도' 라는 관습헌법의 변경은 헌법개정에 의해야 한다면, 이는 관습헌법에 대하여 헌법이 부여한 국회의 입법권보다 우월적인 힘을 인정하는 것이 된다. 수도이전과 같은 헌법관습의 변경의 경우에도, 별도로 이를 제한하는 헌법규정이 없으므로, 국회의 입법으로 가능하다. 이 사건 법률은 국회의원들의 압도적 다수로 통과되었는데, 그러한 입법이 국민의 민의를 제대로 반영하지 못하였다는, 혹은 민의를 배신하였다는 정치적 비난을 받을 수 있는 것은 별도로 하고, 헌법적 측면에서 그것이 '국회의원들의 권한이 아니다' 고 단정할 수 없는 것이다.

(6) 이러한 이유에서 이 사건 법률이 헌법 제130조 제2항의 국민투표권을 침해할 가능성은 없다.

나. 한편 별개의견은 이 사건 법률이 헌법 제72조의 국민투표권을 침해하였다고 하나, 헌법 제72조는 대통령에게 '국가안위에 관한 중요정책' 의 국민투표를 실시할 것인지 여부에 관하여 재량을 주고 있는데, 사안의 중대성에 따라 그 재량이 달라진다고 해석할 수 없다. 또한 그러한 재량은 헌법이 직접 부여한 것이므로, 행정법상의 재량권의 일탈 · 남용 법리는 적용될 수 없다. 따라서 이 사건에서 헌법 제72조의 국민투표권이 침해될 가능성은 없다.

다. 결국 청구인들의 국민투표권 침해 주장은 권리의 침해가능성 자체가 인정되지 않으므로 부적법하다. 청구인들의 다른 기본권 침해 주장 역시 기본권 침해의 자기관련성, 직접성 혹은 현재성 요건을 갖추지 못하였다. 이 사건은 기본권 침해를 구제하기 위한 헌법소원절차에서 헌법재판소가 본안판단을 하기에 부적법한 것이다.」

제2장 헌법의 규범력과 헌법의 보호

1. 헌법의 규범력

□ 규범력의 보장

▶ **헌법의 규범력을 보장하기 위한 국가긴급권의 통제에 대한 판례**

▸ 국가긴급권의 행사도 헌법재판의 대상이 된다고 인정한 헌법재판소 판례

[憲 1996. 2. 29.-93헌마186](긴급재정명령등 위헌확인)

「통치행위란 고도의 정치적 결단에 의한 국가행위로서 사법적 심사의 대상으로 삼기에 적절하지 못한 행위라고 일반적으로 정의되고 있는바, 이 사건 긴급명령이 통치행위로서 헌법재판소의 심사 대상에서 제외되는지에 관하여 살피건대, 고도의 정치적 결단에 의한 행위로서 그 결단을 존중하여야 할 필요성이 있는 행위라는 의미에서 이른바 통치행위의 개념을 인정할 수 있고, 대통령의 긴급재정경제명령은 중대한 재정 경제상의 위기에 처하여 국회의 집회를 기다릴 여유가 없을 때에 국가의 안전보장 또는 공공의 안녕질서를 유지하기 위하여 필요한 경우에 발동되는 일종의 국가긴급권으로서 대통령이 고도의 정치적 결단을 요하고 가급적 그 결단이 존중되어야 할 것임은 법무부장관의 의견과 같다.

그러나 이른바 통치행위를 포함하여 모든 국가작용은 국민의 기본권적 가치를 실현하기 위한 수단이라는 한계를 반드시 지켜야 하는 것이고, 헌법재판소는 헌법의 수호와 국민의 기본권 보장을 사명으로 하는 국가기관이므로 비록 고도의 정치적 결단에 의하여 행해지는 국가작용이라고 할지라도 그것이 국민의 기본권 침해와 직접 관련되는 경우에는 당연히 헌법재판소의 심판대상이 될 수 있는 것일 뿐만 아니라, 긴급재정경제명령은 법률의 효력을 갖는 것이므로 마땅히 헌법에 기속되어야 할 것이다.

따라서 이 사건 긴급명령이 통치행위이므로 헌법재판의 대상이 될 수 없다는 법무부장관의 주장은 받아들일 수 없다.」

▸ **원래의 목적과 기능에서 일탈한 국가긴급권의 행사가 있는 경우 그에 따른 법적 책임을 지게 됨을 밝힌 대법원 판례**

[大 1997. 4. 17.-96도3376](반란수괴 등)

「대통령의 비상계엄의 선포나 확대 행위는 고도의 정치적 · 군사적 성격을 지니고 있는 행위라 할 것이므로, 그것이 누구에게도 일견하여 헌법이나 법률에 위반되는 것으로서 명백하게 인정될 수 있는 등 특별한 사정이 있는 경우라면 몰라도, 그러하지 아니한 이상 그 계엄선포의 요건 구비 여부나 선포의 당 · 부당을 판단할 권한이 사법부에는 없다고 할 것이나, 이 사건과 같이 비상계엄의 선포나 확대가 국헌문란의 목적을 달성하기 위하여 행하여진 경우에는 법원은 그 자체가 범죄행위에 해당하는지의 여부에 관하여 심사할 수 있다고 할 것이고, 이 사건 비상계엄의 전국확대조치가 내란죄에 해당함은 앞서 본 바와 같다.」

2. 헌법의 보호

헌법보호의 수단

□ 사회영역에서의 침해와 보호방법

▶ 정당에 의한 헌법침해와 보호방법에 대한 판례

▸ 헌법상 정당조항의 의미 및 위헌정당해산제도의 의미에 대한 판례

[憲 1999. 12. 23.-99헌마135](경찰법 제11조 제4항 등 위헌확인)

「(나) 정당의 기능과 과제

오늘날의 정치현상을 살펴 보면, 개체로서의 국민은 개인의 다양한 이익과 욕구를 집결, 선별하고 조정하는 집단을 통해서 비로소 자신을 정치적으로 실현할 수 있는 가능성이 있기 때문에, 정당은 민주적 의사형성을 위한 불가결한 요소이다. 오늘날의 의회민주주의는 정당의 존재없이는 기능할 수 없다는 점에서, 정당은 국민과 국가를 잇는 연결매체로서 민주적 질서의 중요한 구성부분이다.

정당은 정치권력에 영향을 행사하려는 모든 중요한 세력, 이익, 시도 등을 인식하고 이를 취합 · 선별하여 내부적으로 조정을 한 다음, 국민이 선택할 수 있는 정책을 형성하는 기능을 한다. 사회의 다양한 견해가 선택가능한 소수의 대안으로 집결되고 선별되는 과정을 거친 뒤에야 비로소 국민에 의한 선거가 가능하다. 바로 이러한 기능을 담당하는 것이 정당이므로, 선거를 준비하는 기관으로서의 정당없이는 선거가 치루어질 수 없다.

정당은 국민의 정치적 의사형성과정에 참여할 뿐이 아니라, 정부와 국회의 주요 핵심 공직을 선출, 임면하는 데 결정적인 역할을 하고 의회와 정부 등 정치적 지도기관의 정책과 결정에 영향을 행사함으로써, 국가의사형성에 결정적 영향을 미친다. 다시 말하면, 정당은 국가의 의사형성에 참여하는 것이 그 목적이며, 이러한 목적은 오로지 국민의 지지를 통해서만 이루어 질 수 있기 때문에 국민의 정치의사형성에 참여하는 것이다.

(다) 헌법상 정당조항(헌법 제8조)의 의미

1) 헌법은 정당을 일반적인 결사의 자유로부터 분리하여 제8조에 독자적으로 규율함으로써 오늘날의 의회민주주의에서 정당이 가지는 중요한 의미와 헌법질서내에서의 정당의 특별한 지위를 강조하고 있다. 헌법 제8조는 제1항에서 "정당의 설립은 자유이며, 복수정당제는 보장된다"고 규정하여 국민 누구나가 원칙적으로 국가의 간섭을 받지 아니하고 정당을 설립할 권리를 국민의 기본권으로서 보장하면서, 아울러 정당설립의 자유를 보장한 것의 당연한 법적 산물인 복수정당제를 제도적으로 보장하고 있다.

헌법 제8조 제1항은 단지 정당설립의 자유만을 명시적으로 규정하고 있지만, 헌법 제21조의 결사의 자유와 마찬가지로 정당설립의 자유만이 아니라 누구나 국가의 간섭을 받지 아니하고 자유롭게 정당에 가입하고 정당으로부터 탈퇴할 수 있는 자유를 함께 보장한다. 정당의 설립만이 보장될 뿐 설립된 정당이 언제든지 다시 금지될 수 있거나 정당의 활동이 임의로 제한될 수 있다면, 정당설립의 자유는 사실상 아무런 의미가 없기 때문이다. 따라서 정당설립의

자유는 당연히 정당의 존속과 정당활동의 자유도 보장한다.

2) 헌법은 제8조 제2항에서 "정당은 그 목적·조직과 활동이 민주적이어야 하며, 국민의 정치적 의사형성에 참여하는 데 필요한 조직을 가져야 한다"고 규정하고 있다. 이로써 헌법은 헌법상 부여된 정당의 과제와 기능을 '국민의 정치적 의사형성에의 참여'로 규정하면서, 입법자에게 정당이 헌법상 부여된 과제를 민주적인 내부질서를 통하여 이행할 수 있도록 그에 필요한 입법을 해야할 의무를 부과하고 있다.

즉, 헌법 제8조 제2항은 정당의 내부질서가 민주적이 아니거나 국민의 정치적 의사형성과정에 참여하기 위하여 갖추어야 할 필수적인 조직을 갖추지 못한 정당은 자유롭게 설립되어서는 아니된다는 요청을 하고 있다. 따라서 헌법 제8조 제1항의 정당설립의 자유와 제2항의 헌법적 요청을 함께 고려하여 볼 때, 입법자가 정당으로 하여금 헌법상 부여된 기능을 이행하도록 하기 위하여 그에 필요한 절차적·형식적 요건을 규정함으로써 정당의 자유를 구체적으로 형성하고 동시에 제한하는 경우를 제외한다면, 정당설립에 대한 국가의 간섭이나 침해는 원칙적으로 허용되지 아니한다. 이는 곧 입법자가 정당설립과 관련하여 형식적 요건을 설정할 수는 있으나(정당법 제16조), 일정한 내용적 요건을 구비해야만 정당을 설립할 수 있다는 소위 '허가절차'는 헌법적으로 허용되지 아니한다는 것을 뜻한다.

또한, 정당의 발기인 및 당원의 자격과 관련해서도, 특정 집단에 대하여 정당설립 및 가입을 금지하는 것은 원칙적으로 정당이 헌법상 부여받은 기능을 이행하기 위하여 필요하다고 판단되는 최소한의 조건에 대한 규율에 그쳐야 한다.

3) 헌법 제8조 제4항은 "정당의 목적이나 활동이 민주적 기본질서에 위배될 때에는 정부는 헌법재판소에 그 해산을 제소할 수 있고, 정당은 헌법재판소의 심판에 의하여 해산된다"고 규정하고 있다. 정당의 해산에 관한 위 헌법규정은 민주주의를 파괴하려는 세력으로부터 민주주의를 보호하려는 소위 '방어적 민주주의'의 한 요소이고, 다른 한편으로는 헌법 스스로가 정당의 정치적 성격을 이유로 하는 정당금지의 요건을 엄격하게 정함으로써 되도록 민주적 정치과정의 개방성을 최대한으로 보장하려는 것이다. 즉, 헌법은 정당의 금지를 민주적 정치과정의 개방성에 대한 중대한 침해로서 이해하여 오로지 제8조 제4항의 엄격한 요건하에서만 정당설립의 자유에 대한 예외를 허용하고 있다. 이에 따라 자유민주적 기본질서를 부정하고 이를 적극적으로 제거하려는 조직도, 국민의 정치적 의사형성에 참여하는 한, '정당의 자유'의 보호를 받는 정당에 해당하며, 오로지 헌법재판소가 그의 위헌성을 확인한 경우에만 정당은 정치생활의 영역으로부터 축출될 수 있다.

4) 그렇다면 민주적 의사형성과정의 개방성을 보장하기 위하여 정당설립의 자유를 최대한으로 보호하려는 헌법의 정신에 비추어, 정당의 설립 및 가입을 금지하는 법률조항은 이를 정당화하는 사유의 중대성에 있어서 적어도 '민주적 기본질서에 대한 위반'에 버금가는 것이어야 한다고 판단된다. 다시 말하면, 오늘날의 의회민주주의가 정당의 존재없이는 기능할 수 없다는 점에서 심지어 '위헌적인 정당을 금지해야 할 공익'도 정당설립의 자유에 대한 입법적 제한을 정당화하지 못하도록 규정한 것이 헌법의 객관적인 의사라면, 입법자가 그 외의 공익적 고려에 의하여 정당설립금지조항을 도입하는 것은 원칙적으로 헌법에 위반된다. 따라서 정당설립금지의 규정이 정당의 위헌성이나 정치적 성격 때문이 아니라 비록 다른 공익을 실현하기 위하여 도입된다 하더라도, 금지규정이 달성하려는 공익은 매우 중대한 것이어야 한다는 것을 뜻한다.」

▶ 국가보위에관한특별조치법(제정 1971. 12. 27 법률 제2312호)이 헌법에서 정하고 있지 아니한 국가긴급권을 법률로 정한 것이어서 초헌법적 국가긴급권이고 따라서 이는 헌법에 위반된다고 본 판례

[憲 1994. 6. 30.-92헌가18](국가보위에관한특별조치법 제5조 제4항 위헌제청)

「(1) 특별조치법은 그 법 자체가 위헌이다. 따라서 제5조 제4항도 당연히 위헌이다. 특별조치법 제1조에서 이 법은 비상사태하에서 국가의 안전보장과 관련되는 내정, 외교 및 국방상 필요한 조치를 사전에 효율적이며 신속하게 취함으로써 대한민국의 안전을 보장하고 국가보위를 확고히 함을 목적으로 한다라고 규정한 다음 제2조에서는 국가안전보장에 대한 중대한 위협에 효율적으로 대처하고 사회의 안녕질서를 유지하여 국가를 보위하기 위하여 신속한 사태 대비조치를 취할 필요가 있을 경우 대통령은 국가안전보장회의의 자문과 국무회의의 심의를 거쳐 국가비상사태를 선포할 수 있다라고 규정하여 대통령에게 국가비상사태를 선포할 수 있는 권한을 부여하였고 비상사태를 선포하고 나면 대통령은 물가 · 임금 · 임대료 등에 통제 기타 제한을 가하는 등 경제에 관한 규제를 할 수 있고(제4조) 전국에 걸치거나 또는 일정한 지역을 정하여 인적 · 물적 자원을 효율적으로 동원하거나 통제 · 운영하기 위하여 국가동원령을 발할 수 있으며(제5조 제1항), 이 때 대통령은 동원물자의 생산 · 처분 · 유통 · 이용 및 수출입 등에 관하여 이를 통제하는 데 필요한 명령을 발할 수 있고(제5조 제3항) 동원지역 내의 토지 및 시설의 사용과 수용에 대한 특별조치를 할 수 있고(제5조 제4항) 일정한 지역을 정하여 그 지역에서의 이동 및 입주 또는 그 지역으로부터의 소개 및 이동, 일정한 시설의 이동 또는 철거를 명할 수 있고(제6조), 옥외집회 및 시위를 규제 또는 금지하고(제7조), 언론 및 출판을 규제하고(제8조), 근로자의 단체교섭권 및 단체행동권을 규제하고(제9조), 세출예산의 범위 안에서 예산에 변경을 가할 수 있게 하는 등 대통령이 그의 재량에 따라(국가안전보장회의의 자문과 국무회의의 심의를 거치게 되어 있으나 이런 것들은 그 기구의 성격상 대통령의 재량에 별다른 제동 역할을 할 수 없다) 국가안전보장을 이유로 비상사태를 선포하고 국민의 기본권을 정지시키고 국회에서 심의확정한 예산안을 변경할 수 있는 등 이른바 비상대권을 대통령에게 주었으며 대통령의 경제에 관한 규제명령에 위반한 자에 대하여는 1년 이상 10년 이하의 징역에 처하고 국가동원에 관한 명령 및 조치에 위반한 자와 그 밖의 조치 또는 규정에 위반한 자에 대하여는 1년 이상 7년 이하의 징역형에 처하도록 하고 있다(제11조). 특별조치법은 결국 그 법이 공포시행된 당시의 제3공화국 헌법(제73조, 제75조)이나 현행 헌법(제76조, 제77조)이 국가안전보장에 관계되는 비상사태수습을 위하여 대통령에게 부여한 국가긴급권 즉 긴급재정처분 및 명령권이나 긴급명령권 또는 계엄선포권 이외에 또 하나의 국가긴급권을 대통령에게 부여한 법률이고 그 발동요건이나 국회에 의한 사후통제면에서는 헌법이 정한 세 가지의 국가긴급권보다 강력한 권한을 대통령에게 부여하고 있다. 즉 헌법상의 국가긴급권 발동요건은, 긴급재정처분 및 명령권의 경우, 내우 · 외환 · 천재 · 지변 또는 중대한 재정 · 경제상의 위기에 있어서 국가안전보장 또는 공공의 안녕질서를 유지하기 위하여 긴급한 조치가 필요한 경우라야 하고 이러한 경우라도 국회의 집회를 기다릴 여유가 없는 경우에 한하여 발할 수 있고(제76조 제1항), 긴급명령권의 경우, 국가의 안위에 관계되는 중대한 교전상태에 있어서 국가를 방위하기 위하여 긴급한 조치가 필요함에도 불구하고 국회의 집회가 불가능한 경우에 한하여 발할 수 있으며(제76조 제2항), 계엄선포권의 경우 전시 · 사변 또는 이에 준하는 국가비상사태에 있어서 병력으로써 군사상의 필요에 응하거나 공공의 안녕질서를 유지할 필요가 있을 경우에 한하여 발할 수 있게 되어 있어(제77조) 어느 경우이던 헌법상의 국가긴급권은 그 발동요건이 구체적이며 매우 엄격하고 부득이 국가긴급권을 발동하였을 경우에 있어서도 긴급재정처분 및 명령이나 긴급명령의 경우에는 대통령은 지체 없이 국회에 보고하여 그 승인을 얻어야 하고 만약 승인을 얻지 못하면 그 처분이나 명령은 그 때부터 효력을 상실하며 계엄선포의 경우, 대통령은 지체 없이 국회에 통고하여야 하고 국회가 계엄해제를 요구하면 대통령은 반드시 이를 해제하도록 되어 있는 등 국회의 엄격한 사후통제를 받게 되어 있다. 그런데 특별조치법은 대통령이 국가비상사태를 선포할 수 있는 요건으로 "국가안전보장에 대한 중대한 위협에 효율적으로 대처하고 사회의 안녕질서를 유지하여 국가를 보위하기 위하여 신속한 사태 대비 조치를 취할 필요가 있을 경우"라고만 규정하여 국가긴급권 발동요건이 매우 추상적이어서 대통령의 주관적 판단에 따라 용이하게 발동할 수 있을 뿐더러 대통령이 비상사태의 선포를 하고 나서도 국회에 보고 또는 통고하거나 국회의 승인을 받아야 할 의무도 없고(제4조의 경제에 관한 규제명령과 제5조의 국가동원령을 발하였을 때에만 국회에 통고할 의무가 있다) 다만 국회가 해제를 건의해 오면 대통령은 비상사태를 해제하여야 하는데 이때에도 대통령은 특별한 사유가 있음을 이유로 해제를 아니할 수도 있다(제3조 제2항). 결국 헌법상의 국가긴급권은 그 요건도 엄격하고 국회의 사후통제도 강력하여 대통령이 함부로 이를 발동할 수 없게 되어 있는데 비하여 특별조치법상의 국가긴급권은 그 발동이 매우 용이하게 되어 있으며 이렇게 볼 때 특별조치법은 대통령으로 하여금 국가긴급권 발동에 관한 헌법상의 엄격한 통제를 벗어나게 하기 위하여 제정한 법률이라고 볼 수 있다(북한의 남침위협을 이유로 내려진 위수령 및 비상사태선포의 공포분위기 아래서 국회는 박정희 대통령의 협박 아래 야당의 반대에도 불구하고 적법절차를 생략한 채 날치기 통과시켰다). 그러므로 헌법에 엄연히 국가긴급권의 종류, 발동요건과 절차 및 효력, 통제와 한계 등이 규정되어 있음에도 불구하고 헌법에 규정된 것과 별도로 대통령에게 또 다른 국가긴급권을 부여하고 있는 특별조치법 자체의 위헌이 문제되지 않을 수 없다.

주지하다시피 입헌주의적 헌법은 국민의 기본권 보장을 그 이념으로 하고 그것을 위한 권력분립과 법치주의를 그 수단으로 하기 때문에 국가권력은 언제나 헌법의 테두리 안에서 헌법에 규정된 절차에 따라 발동되지 않으면 안 된다. 그러나 입헌주의국가에서도 전쟁이나 내란, 경제공황 등과 같은 비상사태가 발발하여 국가의 존립이나 헌법질서의 유지가 위태롭게 된 때에는 정상적인 헌법체제의 유지와 헌법에 규정된 정상적인 권력행사방식을 고집할 수 없게 된다. 그와 같은 비상사태하에서는 국가적·헌법적 위기를 극복하기 위하여 비상적 조치가 강구되지 않을 수 없다. 그와 같은 비상적 수단을 발동할 수 있는 권한이 국가긴급권이다. 즉 국가긴급권은 국가의 존립이나 헌법질서를 위태롭게 하는 비상사태가 발생한 경우에 국가를 보전하고 헌법질서를 유지하기 위한 헌법보장의 한 수단이다. 그러나 국가긴급권의 인정은 국가권력에 대한 헌법상의 제약을 해제하여 주는 것이 되므로 국가긴급권의 인정은 일면 국가의 위기를 극복하여야 한다는 필요성 때문이기는 하지만 그것은 동시에 권력의 집중과 입헌주의의 일시적 정지로 말미암아 입헌주의 그 자체를 파괴할 위험을 초래하게 된다. 따라서 헌법에서 국가긴급권의 발동기준과 내용 그리고 그 한계에 관해서 상세히 규정함으로써 그 남용 또는 악용의 소지를 줄이고 심지어는 국가긴급권의 과잉행사 때는 저항권을 인정하는 등 필요한 제동장치도 함께 마련해 두는 것이 현대의 민주적인 헌법국가의 일반적인 태도이다. 우리 헌법도 국가긴급권을 대통령의 권한으로 규정하면서도 국가긴급권의 내용과 효력 통제와 한계를 분명히 함으로써 그 남용과 악용을 막아 국가긴급권이 헌법보호의 비상수단으로서 제기능을 나타내도록 하고 있다.

이상과 같은 이론에서 볼 때 특별조치법은

첫째, 초헌법적인 국가긴급권을 대통령에게 부여하고 있다는 점에서 이는 헌법을 부정하고 파괴하는 반입헌주의, 반법치주의의 위헌법률이다.

둘째, 국가긴급권 발동(비상사태선포)의 조건을 규정한 특별조치법 제2조의 "국가안전보장(이하 '국가안보'라 한다)에 대한 중대한 위협에 효율적으로 대처하고 사회의 안녕질서를 유지하여 국가를 보위하기 위하여 신속한 사태대비조치를 취할 필요가 있을 경우"라는 규정내용은 너무 추상적이고 광범위한 개념으로 되어 있어 거의 대통령이 마음 내키는 대로 적용할 수 있게 되어 있으므로 남용·악용의 소지가 매우 크다. 이는 기본권 제한법률 특히 형벌법규의 명확성의 원칙에 반한다. 그럼에도 불구하고 국회에 의한 사후통제장치도 전무한 상태이다. 이러한 점에서 비상사태선포에 관한 특별조치법 제2조는 위헌무효이고 비상사태선포가 합헌·유효인 것을 전제로 하여서만 합헌·유효가 될 수 있는 특별조치법의 그 밖의 규정은 모두 위헌이다.

결국 이 사건 위헌제청 법률인 특별조치법 제5조 제4항도 당연히 위헌이다.」

※ 위 사안에서 폐지된 법률이 위헌법률심판의 대상이 될 수 있는지 여부에 대한 견해대립은 〈제7편 - 제4장 - 2. - 위헌법률심판 - □ 요건〉 판례 인용부분 참조

저 항 권

□ 저항권 행사의 요건

▶ **저항권 행사의 목적이 소극적이어야 한다는 점 및 저항권 행사의 보충성에 대한 판례**

[憲 1997. 9. 25.-97헌가4](노동조합및노동관계조정법 등 위헌제청)

「제청법원은 피신청인의 쟁의행위가 헌법질서 수호를 위한 저항권 행사로서 이유있다는 주장이 받아들여질 여지가 있다면, 심판대상개정법의 국회통과절차의 위헌여부는 재판의 전제가 된다고 주장한다. 그러나 저항권이 헌법이나 실정법에 규정이 있는지 여부를 가려볼 필요도 없이 제청법원이 주장하는 국회법 소정의 협의없는 개의시간의 변경과 회의일시를 통지하지 아니한 입법과정의 하자는 저항권 행사의 대상이 되지 아니한다. 왜냐하면 저항권은 국가권력에 의하여 헌법의 기본원리에 대한 중대한 침해가 행하여지고 그 침해가 헌법의 존재 자체를 부인하는 것으로서 다른 합법적인 구제수단으로는 목적을 달성할 수 없을 때에 국민이 자기의 권리·자유를 지키기 위하여 실력으로 저항하는 권리이기 때문이다. 그리고 헌법의 수호자이고 인권의 보장자인 헌법재판소는 심판대상법률과 관련하여 국회 본회의에 참석하지 못한 국회의원 125명이 국회의장을 상대로 제기한 국회의원과 국회의장간의 권한쟁의 심판청구 사건에서 "피청구인(국회의장)이 1996. 12. 26. 06 : 00경 제182회 임시회 제1차 본회의를 개의하고 국가안전기획부법중개정법률안, 노동조합및노동관계조정법안, 근로기준법중개정법률안, 노동위원회법중개정법률안, 노사협의회법중개정법률안을 상정하여 가결선포한 것은 청구인들(국회의원)의 법률안 심의·표결의 권한을 침해한 것이다"라는 취지의 결정을 한 바 있다(1997. 7. 16. 선고, 96헌라2 결정).」

□ 현행헌법과 저항권

▶ 저항권을 인정하지 아니하는 입장을 밝힌 대법원 판례

[大 1980. 5. 20.-80도306](내란목적살인 등)

「상고이유 중의 많은 학자들에 의하여 자연법적으로 논의되어 오다가 이제 그 실정적인 근거까지 찾아볼 수 있는 등 현대헌법이론이 일반적으로 인정하고 있는 '저항권'은 헌법에 규정되어 있고 없음을 가림이 없이 당연한 권리로 인정되어야 하고, 자유민주주의의 헌법질서 유지와 기본적인권의 수호를 위하여 수동적저항이든 능동적저항이든 폭력적저항이든 비폭력적저항이든 가리지 않고 다른 권리구제방법이 없을 때 최종적으로 적용되는 권리인바, 이 사건에 있어서 유신체제는 그 성립과 운영에 있어서 반민주적법질서와 반인권적체제이어서 이를 회복함에 있어서는 제도적으로나 실제에 있어서 다른 합법적 구제절차가 불가능하였으므로 피고인 김○규, 박○호의 이 사건 범행을 위 '저항권'을 행사한 경우에 해당함에도 불구하고 원심이 그 적용을 배척하였음은 저항권과 형법 제20조가 정한 정당행위에 관한 법리를 오해한 위법이 있고, 그리고 이점에 관한 대법원 1975. 4. 8. 선고, 74도3323 판결은 변경되어야 한다는 주장에 대하여 판단한다.

살피건대 당원은 일찍이 "소위 저항권의 주장은 실존하는 실정법질서를 무시한 초실정법적인 자연법질서 내에서의 권리주장이며 이러한 전제하에서의 권리로써 실존적법질서를 무시한 행위를 정당화하려는 것으로 해석되는바 실존하는 헌법적질서를 전제로한 실정법의 범위 내에서 국가의 법질서유지를 그 사명으로 하는 사법기능을 담당하는 재판권행사에 대하여는 실존하는 헌법적질서를 무시하고 초법규적인 권리개념으로써 현행실정법에 위배된 행위의 정당화를 주장하는 것은 받아들일 수 없다"는 취지로 판시한바 있다.

한편 생각하건대 현대 입헌 자유민주주의국가의 헌법이론상 자연법에서 우러나온 자연권으로서의 소위 저항권이 헌법 기타 실정법에 규정되어 있든 없든 간에 엄존하는 권리로 인정되어야 한다는 논지가 시인된다 하더라도 그 저항권이 실정법에 근거를 두지 못하고 오직 자연법에만 근거하고 있는 한 법관은 이를 재판규범으로 원용할 수 없다. 더구나 오늘날 저항권의 존재를 긍인하는 학자사이에도 그 구체적 개념의 의무내용이나 그 성립요건에 관해서는 그 견해가 구구하여 일치된다 할 수 없어 결국 막연하고 추상적인 개념이란 말을 면할 수 없고, 이미 헌법에 저항권의 존재를 선언한 몇 개의 입법례도 그 구체적 요건은 서로 다르다 할 것이니 헌법 및 법률에 저항권에 관하여 아무런 규정도 없는(소론 헌법전문중 "4 · 19의거운운"은 저항권 규정으로 볼 수 없다) 우리 나라의 현 단계에서는 더욱이 이 저항권이론을 재판의 준거규범으로 채용적용하기를 주저 아니할 수 없다. 따라서 위 당원의 판례를 변경할 필요를 느끼지 아니한다 할 것이어서 원심에 이점에 관한 법리오해 있다는 논지는 받아들일 수 없다.」

⇔ 대법원판사 2인(대법원판사 민문기, 임항준)의 반대의견

「다수의견은 이 문제에 관하여 실정법에 위배된 행위에 대하여 초법규적인 권리 개념인 저항권을 내세워 이를 정당화하려는 주장은 받아들일 수 없다는 당원의 1975. 4. 8. 선고 74도3323의 판례를 그대로 유지한다고 설시하고 있는바, 위 당원의 판례가 우리 나라에 있어서 저항권 자체의 존재를 부정하는 것인지 저항권을 재판규범으로는 적용할 수 없다는 취지인지 분명하지 아니하나 이 사건에 있어서 피고인 김○규 등의 행위는 그 범행내용으로 보아 이를 저항권의 행사라고는 볼 수 없다 할 것이므로 이 사건과 관련하여 저항권 문제를 논할 필요는 없다

하겠으나 일반적인 문제로 우리 나라에서 저항권의 존재를 부정하거나 이를 재판규범으로 적용할 수 없다는 판단에서 이를 그대로 수긍하기 어려운 다음과 같은 의문점이 있음을 지적해 두고자 한다.

우리 나라에 있어서의 정치의 기본질서인 인간존엄을 중심가치로 하는 민주주의 질서에 대하여 중대한 침해가 국가기관에 의하여 행하여 져서 민주적 헌법의 존재 자체가 객관적으로 보아 부정되어 가고 있다고 국민 대다수에 의하여 판단되는 경우에 그 당시의 실정법상의 수단으로는 이를 광정할 수 있는 방법이 없는 경우에는 국민으로서 이를 수수방관하거나 이를 조장할 수는 없다 할 것이므로 이러한 경우에는 인권과 민주적 헌법의 기본 질서의 옹호를 위하여 최후의 수단으로서 형식적으로 보면 합법적으로 성립된 실정법이지만 실질적으로는 국민의 인권을 유린하고 민주적 기본 질서를 문란케 하는 내용의 실정법상의 의무 이행이나 이에 대한 복종을 거부하는 등을 내용으로 하는 저항권은 헌법에 명문화되어 있지 않았더라도 일종의 자연법상의 권리로서 이를 인정하는 것이 타당하다 할 것이고 이러한 저항권이 인정된다면 재판규범으로서의 기능을 배제할 근거가 없다고 할 것이다.

위와 같은 저항권의 존재를 부정할 수 없는 근거로는 4 · 19 의거의 이념을 계승하여 …… 새로운 민주공화국을 건설한다고 선언하여 4 · 19 사태가 당시의 실정법에 비추어 보면 완전한 범법행위로 위법행위임에도 불구하고 이를 우리 나라의 기본법인 헌법의 전문에서 의거라고 규정짓고 그 의거의 정신을 계승한다고 선언하고 있어 위 헌법 전문을 법률적으로 평가하면 우리 나라 헌법은 4 · 19의 거사를 파괴되어가는 민주질서를 유지 또는 옹호하려는 국민의 저항권 행사로 보았다고 해석할 수밖에 없는데 우리 나라 헌법이 인정한 것으로 보여지는 저항권을 사법적 판단에서는 이를 부정할 수가 있을는지 의문이고 또 저항권이 인정되는 이상 재판규범으로는 적용될 수 없다고 판단하여 그 실효성을 상실시킬 합리적 이유가 있다고 볼 수도 없다. 다수의견은 저항권이 실정법에 근거를 두지 못하고 있어서 이를 재판규범으로 적용할 수 없다는 취지로 실시하고 있으나 자연법상의 권리는 일률적으로 재판규범으로 기능될 수 없다는 법리도 있을 수 없거니와 위에 적시한 우리 나라 헌법의 전문은 저항권의 실정법상의 근거로 볼 수도 있다고 할 것이다.」

◎ 같은 취지 : 大 1980. 8. 26.-80도1278; 1992. 8. 14.-92도1246

제 3 장 헌법의 변동

1. 헌법의 해석

□ 헌법해석의 의의와 특성

▶ **법률의 헌법합치적 해석에 대한 판례**

▸ 법률의 헌법합치적 해석을 채택한 판례

▹ 헌법재판소 판례

[憲 1989. 7. 14.-88헌가5등](사회보호법 제 5 조의 위헌심판)

「법무부장관은 법 제5조 제1항의 규정취지는 재범의 위험성 없이도 동조항의 요건에 해당하면 반드시 보호감호를 선고하도록 한 것으로는 볼 수 없고, 동조항의 요건에 해당되면 일응 재범의 위험성이 의제된다는 것에 불과하므로 법원은 동조항의 요건에 해당된다고 하더라도 재범의 위험성이 인정되지 아니한 때에는 감호청구를 기각할 수 있다고 하는 합헌적 해석이 가능한 것이라고 주장한다.

법률의 합헌적 해석은 헌법의 최고규범성에서 나오는 법질서의 통일성에 바탕을 두고, 법률이 헌법에 조화하여 해석될 수 있는 경우에는 위헌으로 판단하여서는 아니 된다는 것을 뜻하는 것으로서 권력분립과 입법권을 존중하는 정신에 그 뿌리를 두고 있다.

따라서, 법률 또는 법률의 위 조항은 원칙적으로 가능한 범위 안에서 합헌적으로 해석함이 마땅하나 그 해석은 법의 문구와 목적에 따른 한계가 있다. 즉, 법률의 조항의 문구가 간직하고 있는 말의 뜻을 넘어서 말의 뜻이 완전히 다른 의미로 변질되지 아니하는 범위 내이어야 한다는 문의적 한계와 입법권자가 그 법률의 제정으로써 추구하고자 하는 입법자의 명백한 의지와 입법의 목적을 헛되게 하는 내용으로 해석할 수 없다는 법목적에 따른 한계가 바로 그것이다.

왜냐하면, 그러한 범위를 벗어난 합헌적 해석은 그것이 바로 실질적 의미에서의 입법작용 뜻하게 되어 결과적으로 입법권자의 입법권을 침해하는 것이 되기 때문이다.

그런데 법 제5조 제1항은 재범의 위험성을 보호감호의 명문의 요건으로 하지 않는 보호감호를 규정하고 있고, 법 제20조 제1항 다만 이하 부분은 법원에게 법 제5조 제1항 각호의 요건에 해당하는 한 보호감호를 선고하도록 규정하고 있다.

이에 반하여, 법 제5조 제2항은 재범의 위험성을 보호감호의 법정요건으로 명문화하고 있고, 법 제20조 제1항 본문에서는 이유없다고 인정할 때에는 판결로써 청구기각을 선고하여야 한다고 규정하고 있을 뿐이다.

따라서 법 제5조 제1항의 요건에 해당되는 경우에는 법원으로 하여금 감호청구의 이유 유무 즉, 재범의 위험성의 유무를 불문하고 반드시 감호의 선고를 하도록 강제한 것임이 위 법률의 조항의 문의임은 물론 입법권자의 의지임을 알 수 있으므로 위 조항에 대한 합헌적 해석은 문의의 한계를 벗어난 것이라 할 것이다.」

◎ 같은 취지 : 憲 1989. 7. 21.-89헌마38; 1990. 4. 2.-89헌가113

▷ 대법원 판례

[大 1992. 5. 8.-91부8](위헌심판제청)

「행형법의 규정을 본다면, 수형자의 접견 등에 관한 같은 법 제18조 제2항은 수형자의 친족 이외의 자와의 접견은 필요한 용무가 있는 때에 한하는 것으로 규정하고 있어 위 조항이 같은 법 제62조에 의하여 미결수용자에게 준용되는 경우에도 위 '필요한 용무'의 개념을 제한적으로 해석하여 적극적으로 접견을 허용하지 아니하면 안 될 특별한 사정이 있는 경우에만 미결수용자의 친족 이외의 자와의 접견이 허용되는 것으로 본다면 이는 미결수용자와 친족 이외의 자와의 접견을 원칙적으로 허용하지 아니하고 예외적으로만 허용하는 것이 되어 위헌의 소지가 있을 수 있다.

그러나 어떤 법률이 한 가지 해석방법에 의하면 헌법에 위배되는 것처럼 보이더라도 다른 해석방법에 의하면 헌법에 합치하는 것으로 볼 수 있을 때에는 헌법에 합치하는 해석방법을 택하여야 할 것인데, 앞에서 살펴본 것처럼 미결수용자의 접견권이 헌법상 보장되는 기본권으로서 그 행사는 원칙적으로 보장되어야 하고 예외적으로만 제한할 수 있음에 비추어 볼 때 적어도 행형법 제18조 제2항의 규정이 미결수용자에게 준용되는 경우에는 '필요한 용무의 개념'을 넓게 해석하여 접견의 목적이 구금의 목적에 반하거나 구금시설의 질서유지를 해칠 특별한 위험성을 내포하고 있다는 등 접견을 허용하여서는 안 될 특별한 사정이 없는 한 원칙적으로 '필요한 용무'가 있는 것으로 해석하는 것이 가능하고, 또 그와 같이 해석하는 한 헌법 위반의 문제는 생기지 아니하므로 이러한 해석방법을 택함이 옳을 것이다.

그러므로 행형법 제62조에 의하여 미결수용자에게 준용되는 같은 법 제18조 제2항을 이와 같이 해석하는 한 위 준용규정이 헌법 제10조, 제12조 또는 제27조 제4항에 위배되는 것이라고는 볼 수 없으므로 제청신청인들의 제청신청은 이유 없어 이를 모두 기각하기로 하여 관여 법관의 일치된 의견으로 주문과 같이 결정한다.」

▶ 법률의 헌법합치적 해석의 한계에 대한 판례

[憲 1989. 7. 14.-88헌가5등](사회보호법 제5조의 위헌심판)

※ 위 판례 인용부분 참조

2. 헌법의 개정

□ 헌법개정의 한계

▶ **헌법제정권과 헌법개정권의 구별론이나 헌법개정한계론을 근거로 헌법의 개별규정에 대한 위헌심사를 하는 것은 인정할 수 없다는 취지의 판례**

[憲 1995. 12. 28.-95헌바3](국가배상법 제2조 제1항 등 위헌소원)

「(1) 이 사건 심판청구는 헌법 제29조 제2항을 그 대상의 일부로 하고 있으므로, 우선적으로 헌법의 개별조항이 헌법재판소법 제68조 제2항에 의한 헌법소원심판의 대상이 되는지 여부가 문제된다.

(2) 헌법 제111조 제1항 제1호 및 헌법재판소법 제41조 제1항은 위헌법률심판의 대상에 관하여, 헌법 제111조 제1항 제5호 및 헌법재판소법 제68조 제2항, 제41조 제1항은 헌법소원심판의 대상에 관하여 그것이 법률임을 명문으로 규정하고 있으며, 여기서 위헌심사의 대상이 되는 법률이 국회의 의결을 거친 이른바 형식적 의미의 법률을 의미하는 것에는 아무런 의문이 있을 수 없다. 따라서 형식적 의미의 법률과 동일한 효력을 갖는 조약 등은 포함된다고 볼 것이지만 헌법의 개별규정 자체는 그 대상이 아님이 명백하다.

(3) 그럼에도 불구하고, 이른바 헌법제정권력과 헌법개정권력을 준별하고, 헌법의 개별규정 상호간의 효력의 차이를 인정하는 전제하에서 헌법제정규범에 위반한 헌법개정에 의한 규정, 상위의 헌법규정에 위배되는 하위의 헌법규정은 위헌으로 위헌심사의 대상이 된다거나, 혹은 헌법규정도 입법작용이라는 공권력 행사의 결과이므로 헌법재판소법 제68조 제1항에 의한 헌법소원의 대상이 된다는 견해가 있을 수는 있다.

(4) 그러나, 우리 나라의 헌법은 제헌헌법이 초대국회에 의하여 제정된 반면 그후의 제5차, 제7차, 제8차 및 현행의 제9차 헌법 개정에 있어서는 국민투표를 거친 바 있고, 그간 각 헌법의 개정절차조항 자체가 여러 번 개정된 적이 있으며, 형식적으로도 부분개정이 아니라 전문까지를 포함한 전면개정이 이루어졌던 점과 우리의 현행 헌법이 독일기본법 제79조 제3항과 같은 헌법개정의 한계에 관한 규정을 두고 있지 아니하고, 독일기본법 제79조 제1항 제1문과 같이 헌법의 개정을 법률의 형식으로 하도록 규정하고 있지도 아니한 점 등을 감안할 때, 우리 헌법의 각 개별규정 가운데 무엇이 헌법제정규정이고 무엇이 헌법개정규정인지를 구분하는 것이 가능하지 아니할 뿐 아니라, 각 개별규정에 그 효력상의 차이를 인정하여야 할 형식적인 이유를 찾을 수 없다. 이러한 점과 앞에서 검토한 현행 헌법 및 헌법재판소법의 명문의 규정취지에 비추어, 헌법제정권과 헌법개정권의 구별론이나 헌법개정한계론은 그 자체로서의 이론적 타당성 여부와 상관없이 우리 헌법재판소가 헌법의 개별규정에 대하여 위헌심사를 할 수 있다는 논거로 원용될 수 있는 것이 아니다.

또한 국민투표에 의하여 확정된 현행 헌법의 성립과정과 헌법 제130조 제2항이 헌법의 개정을 국민투표에 의하여 확정하도록 하고 있음에 비추어, 헌법은 그 전체로서 주권자인 국민의 결단 내지 국민적 합의의 결과라고 보아야 할 것으로, 헌법의 규정을 헌법재판소법 제68조 제1항 소정의 공권력 행사의 결과라고 볼 수도 없다.

(5) 물론 헌법은 전문과 단순한 개별조항의 상호관련성이 없는 집합에 지나지 않는 것이 아니고 하나의 통일된 가치체계를 이루고 있는 것이므로, 헌법의 전문과 각 개별규정은 서로 밀접한 관련을 맺고 있고, 따라서 헌법의 제규정 가운데는 헌법의 근본가치를 보다 추상적으로 선언한 것도 있고, 이를 보다 구체적으로 표현한 것도 있어서 이념적 · 논리적으로는 규범 상호간의 우열을 인정할 수 있는 것이 사실이다. 그러나, 그렇다 하더라도, 이 때에 인정되는 규범 상호간의 우열은 추상적 가치규범의 구체화에 따른 것으로 헌법의 통일적 해석에 있어서는 유용할 것이지만, 그것이 헌법의 어느 특정규정이 다른 규정의 효력을 전면 부인할 수 있는 정도의 개별적 헌법규정 상호간에 효력상의 차등을 의미하는 것이라고는 볼 수 없다.

(6) 우리 헌법재판소가 이 사건의 심판대상이기도한 국가배상법 제2조 제1항 단서에 대하여 동 규정이 "일반국민이 직무집행중인군인과의 공동불법행위로 직무집행중인 다른 군인에게 공상을 입혀 그 피해자에게 공동의 불법행위로 인한 손해를 배상한 다음 공동불법행위자인 군인의 부담부분에 관하여 국가에 대하여 구상권을 행사하는 것을 허용하지 아니한다고 해석하는 한, 헌법에 위반된다"고 판시한 것(헌법재판소 1994. 12. 29. 선고, 93헌바21 결정)은 헌법상의 제규정을 가치통일적으로 조화롭게 해석 · 적용하기 위하여 개별 헌법규정의 의미를 제한적으로 해석하였던 대표적인 예라고 할 수 있는데, 이를 넘어서서 명시적으로 헌법의 개별규정 그 자체의 위헌 여부를 판단하는 것은 헌법재판소의 관장사항에 속하는 것이 아니다.

(7) 따라서 이 사건심판청구 중 헌법 제29조 제2항을 대상으로 한 부분은 부적법하다.」

제4장 헌법의 적용범위

□ 인적 적용범위

▶ **부모양계혈통주의를 적용함에 있어서 부와 모의 지위는 평등하게 고려되어야 함을 밝힌 판례**

[憲 2000. 8. 31.-97헌가12](국적법 제2조 제1항 제1호 위헌제청)

「(가) 헌법전문은 헌법을 제정한 주체는 국민임을 밝히고 있고, 제1조 제2항은 "대한민국의 주권은 국민에게 있다"고 하여 '국민'이 주권자임을 선언하고 있다. 제2장은「국민의 권리와 의무」라고 제목을 붙이고 각 조항에서 '국민'이 기본권의 주체임을 명시하고 있을 뿐만 아니라, 제2조 제1항은 "대한민국의 국민이 되는 요건은 법률로 정한다"고 하여 기본권의 주체인 국민에 관한 내용을 입법자가 형성하도록 하였다.

법무부장관은, 헌법 제2조에 의하여 입법자는 국민의 요건을 결정함에 있어서 광범한 재량권이 있으므로 출생지주의를 택할 것인지 혈통주의에 의할 것인지는 입법재량 영역이고, 혈통주의를 택하는 경우에도 출생의 장소나 부모쌍방이 대한민국 국민인지, 출생에 의하여 이중국적자가 될 것인지의 여부 또한 입법재량 문제라고 주장한다. 그러나 헌법의 위임에 따라 국민되는 요건을 법률로 정할 때에는 인간의 존엄과 가치, 평등원칙 등 헌법의 요청인 기본권 보장원칙을 준수하여야 하는 입법상의 제한을 받기 때문에, 국적에 관한 모든 규정은 정책의 당부 즉 입법자가 합리적인 재량의 범위를 벗어난 것인지 여부가 심사기준이 된다는 법무부장관의 주장은 받아들이지 아니한다.

(나) 헌법 제11조 제1항은 "모든 국민은 법 앞에 평등하다. 누구든지 성별·종교 또는 사회적 신분에 의하여 정치적·경제적·사회적·문화적 생활의 모든 영역에 있어서 차별을 받지 아니한다"고 하여 평등원칙을 선언하고 있다.

헌법 제11조 제1항이 규정하고 있는 평등원칙은 법치국가질서의 근본요청으로서 모든 국가기관에게 법을 적용함에 있어서 정당한 근거 없이 개인이나 일정한 인적 집단을 불평등하게 대우하는 것을 금지한다. 따라서 모든 사람은 평등하게 법규범을 통해서 의무를 부담하고 권리를 부여받으며, 반대로 모든 공권력주체에 대해서는 일정한 사람들에게 유리하거나 불리하게 법을 적용하거나 적용하지 않는 것이 금지된다. 그러나 헌법 제11조 제1항의 규범적 의미는 이와 같은 '법 적용의 평등'에서 끝나지 않고, 더 나아가 입법자에 대해서도 그가 입법을 통해서 권리와 의무를 분배함에 있어서 적용할 가치평가의 기준을 정당화할 것을 요구하는 '법 제정의 평등'을 포함한다. 따라서 평등원칙은 입법자가 법률을 제정함에 있어서 법적 효과를 달리 부여하기 위하여 선택한 차별의 기준이 객관적으로 정당화될 수 없을 때에는 그 기준을 법적 차별의 근거로 삼는 것을 금지한다. 이때 입법자가 헌법 제11조 제1항의 평등원칙에 어느 정도로 구속되는가는 그 규율대상과 차별기준의 특성을 고려하여 구체적으로 결정된다.

헌법재판소는 제대군인지원에관한법률 제8조 제1항 등 위헌확인 사건에서 판시하기를, "평등원칙 위반 여부에 대한 심사척도는 입법자에게 인정되는 입법형성권의 정도에 따라 달라지게 될 것이나 헌법에서 특별히 평등을 요구하고 있는 경우와 차별적 취급으로 인하여 관련 기본권에 대한 중대한 제한을 초래하게 된다면 입법형성권은 축소되어 보다 엄격한 심사척도가 적용되어야 한다. 제대군인에 대한 가산점제도는 헌법 제32조 제4항이 특별히 남녀평등을 요구하고 있는 '근로' 내지 '고용'의 영역에서 남성과 여성을 달리 취급하는 제도이고, 헌법 제25조에 의하여 보장된 공무담임권이라는 기본권의 행사에 중대한 제약을 초래하는 것이기 때문에 엄격한 심사척도에 의하여야 한다. 가산점제도는 결과적으로 여성과 장애인 등 이른바 사회적 약자들이 희생당하고 있으며, 각종 국제협약, 실질적 평등 및 사회적 법치국가를 표방하고 있는 우리 헌법과 이를 구체화하고 있는 전체 법체계 등에 비추어 우리 법체계 내에 확고히 정립된 기본질서라고 할 '여성과 장애인에 대한 차별금지와 보호'에도 저촉되므로 정책수단으로서의 적합성과 합리성을 상실한 것"이라고 하였다(헌재 1999. 12. 23. 98헌마363, 판례집 11-2, 770, 787-791).

이 결정에서 설시한 평등원칙 위반에 대한 위헌심사기준과 남녀차별이 위헌이라는 취지의 논증은 이 사건에 그대로 이끌어 쓸 수 있다. 그 결과, 부계혈통주의 원칙을 채택한 구법조항은 출생한 당시의 자녀의 국적을 부의 국적에만 맞추고 모의 국적은 단지 보충적인 의미만을 부여하는 차별을 하고 있으므로 위헌이라는 결론에 이르게 된다. 다시 말하면, 한국인 부와 외국인 모 사이의 자녀와 한국인 모와 외국인 부 사이의 자녀를 차별취급하는 것은, 모가 한국인인 자녀와 그 모에게 불리한 영향을 끼치므로 헌법 제11조 제1항의 남녀평등원칙에 어긋남이 분명하고 이러한 차별취급은 헌법상 허용되지 않는 것이다.

(다) 헌법은 제36조 제1항에서 "혼인과 가족생활은 개인의 존엄과 양성의 평등을 기초로 성립되고 유지되어야 하며 국가는 이를 보장한다"고 규정하고 있다.

헌법 제36조 제1항은 혼인제도와 가족제도에 관한 헌법원리를 규정한 것으로서 혼인제도와 가족제도는 인간의 존엄성 존중과 민주주의의 원리에 따라 규정되어야 함을 천명한 것이다(헌재 1997. 7. 16. 95헌가6등, 판례집 9-2, 1, 17). 이 규정은 가족생활이 '양성의 평등'을 기초로 성립, 유지될 것을 명문화한 것으로 이해되므로 입법자가 가족제도를 형성함에 있어서는 이를 반드시 고려할 것을 요구하고 있다.

구법조항이 규율하는 사실관계를 다시 살펴보면, 한국인과 외국인 간의 혼인에서 배우자의 한쪽이 한국인 부인 경우와 한국인 모인 경우 사이에 성별에 따른 특별한 차이가 있는 것도 아니고, 양쪽 모두 그 자녀는 한국의 법질서와 문화에 적응하고 공동체에서 흠없이 생활해 나갈 수 있는 동등한 능력과 자질을 갖추었는데도 불구하고 전체 가족의 국적을 가부(家父)에만 연결시키고 있다. 그러나 이와 같이 가족의 장(長) 또는 중심을 부로 정하는 것은 가족생활에서 양성평등의 원칙을 선언하고 있는 헌법의 명문에 비추어 타당성이 있는지 의심스럽다.

국적취득에서 혈통주의는 사회적 단위인 가족에로의 귀속을 보장하는 한편 특정한 국가공동체로의 귀속을 담보하며 부모와 자녀간의 밀접한 연관관계를 잇는 기본이 된다. 만약 이러한 연관관계를 부와 자녀 관계에서만 인정하고 모와 자녀 관계에서는 인정하지 않는다면, 이는 가족 내에서의 여성의 지위를 폄하(貶下)하고 모의 지위를 침해하는 것이다.

그러므로 구법조항은 헌법 제36조 제1항이 규정한 "가족생활에 있어서의 양성의 평등원칙"에 위배된다.

(라) 국적이 다른 부모로부터 출생한 자녀의 국적을 규율하고 있는 구법조항은 한국인 부모 일방의 성별에 따른 차별을 하고 있다. 그 결과, 한국인 모와 그 자녀의 법적 지위는 한국인 부와 그 자녀의 법적 지위에 비교하여 보면 현저한 차별취급을 받고 있다.

모가 한국인인 자녀들은 외국인이므로 병역의무의 면제와 같은 혜택을 누릴 수 있으나, 국적에 따른 차별은 대체로 불리한 쪽으로 연관된다. 즉, 그들은 외국인이므로 원칙적으로 대한민국의 공무원이 될 수 없고(국가공무원법 제35조, 지방공무원법 제33조, 외무공무원법 제8조), 거주·이전의 자유(헌법 제14조, 출입국관리법 제7조, 제17조), 직업선택의 자유(헌법 제15조, 수산업법 제5조, 도선법 제6조), 재산권(헌법 제23조, 외국인토지법 제3조, 특허법 제25조, 항공법 제6조), 선거권 및 피선거권(헌법 제24조, 제25조, 공직선거및선거부정방지법 제15조, 제16조), 국가배상청구권(헌법 제29조 제2항, 국가배상법 제7조), 범죄피해자구조청구권(헌법 제30조, 범죄피해자구조법 제10조), 국민투표권(헌법 제72조, 제130조 제2항, 국민투표법 제7조) 및 사회적 기본권 등을 누릴 수 없거나 제한적으로밖에 향유하지 못하게 된다. 그러나 외국인과 혼인을 한 한국인인 부 또는 모의 국적에 따라 그들 자녀의 국적을 다르게 함으로써 생기는 이러한 차별을 정당화하는 실질적인 공익이 있는 것도 아니다.

법무부장관은, 구법은 출생시의 적출자는 부의 국적을, 비적출자는 모의 국적을 기준으로 각 국적을 취득할 수 있게 한 것이므로 남녀를 차별하는 것이 아니고, 외국인 부의 적출자는 통상 그 부의 국적을 취득하게 되므로 부계혈통주의는 이중국적 방지를 위한 합리성이 있다고 주장한다. 그러나 구법조항이 자녀와 국가의 관계에서 이중국적을 방지하는 데 기여한다는 사유로도 위와 같은 차별이 정당한 것으로 되는 것은 아니다. 자녀의 입장에서 볼 때, 이중국적으로 인한 불이익은 추가로 모의 국적을 취득함으로써 얻는 이익보다 더 크지 않고 그 자녀가 국가공동체에 들어오는 것을 막아야 할 절대적인 공익이 있는 것도 아니므로 법무부장관의 위 주장은 받아들이지 아니한다.

그러므로 구법조항은 자녀의 입장에서 볼 때에도 한국인 모의 자녀를 한국인 부의 자녀에 비교하여 현저하게 차별취급을 하고 있으므로 헌법상의 평등원칙에 위배되는 것이다.

(마) 이상 살펴본 이유에 의하면, 구법조항은 부계혈통주의를 채택함으로써 헌법 제11조 제1항의 평등원칙과 헌법 제36조 제1항의 가족생활에 있어서의 양성의 평등원칙에 위배되는 조항이고, 그와 같은 차별로 인하여 그 자녀의 기본권에 중대한 제한을 초래한 것이므로 헌법에 위반되는 규정이었다.」

제 2 편

헌법의 기본원리

제 1 장 국가구조원리

1. 민주국가원리

□ 정 당

▶ 헌법과 정당

▸ 정당의 자유 및 그 한계에 대한 판례

[憲 1996. 3. 28.-96헌마9등](공직선거및선거부정방지법 제150조 제 3 항 등 위헌확인)

「대의제민주주의에 바탕을 둔 우리 헌법의 통치구조에서 선거제도는 국민의 주권행사 내지 참정권행사의 과정으로서 국가권력의 창출과 국가 내에서 행사되는 모든 권력의 최후적 정당성을 국민의 정치적인 합의에 근거하게 하는 통치기구의 조직원리이다. 따라서 선거제도에 있어서 모든 국민이 평등하게 참여할 수 있는 기회를 보장하는 것은 필수 불가결한 요소이다.

우리 헌법은 평등선거의 원칙(제41조 제 1 항, 제67조 제 1 항)을 규정하는 동시에, 평등선거 원칙의 핵심적 내용인 선거운동의 기회균등 보장(제116조 제 1 항)을 별도로 명문화하고 있다.

한편 우리 헌법은 정당제민주주의를 바탕으로 하여 정당설립의 자유를 규정함으로써(제 8 조 제 1 항) 정당활동의 자유를 포함한 정당의 자유를 광범위하게 보장하고 있으며, 이에 따라 정당법은 "정당은 헌법과 법률에 의하여 활동의 자유를 가진다"(제30조)고 규정함으로써 이를 구체화하고 있다.

그러므로 헌법상 선거운동의 기회균등 원칙은 무소속후보자를 포함한 모든 후보자에게 균등한 선거운동의 기회를 부여하고 불합리한 차별을 받지 않도록 보장하는 것이라고 할 것이나, 위에서 본 정당제도와 관련하여 정당의 본질적 기능과 기본적 활동을 보장하기 위한 합리적이고 상대적인 차별은 허용된다 할 것이다.」

[憲 2004. 12. 16.-2004헌마456](정당법 제 3 조 등 위헌확인)

「(1) 헌법 제 8 조 제 1 항은 "정당의 설립은 자유이며, 복수정당제는 보장된다"고 규정하여 국민 누구나가 원칙적으로 국가의 간섭을 받지 아니하고 정당을 설립할 권리를 국민의 기본권으로 보장하면서 아울러 그 당연한 법적 산물인 복수정당제를 제도적으로 보장하고 있다(헌재 1999. 12. 23. 99헌마135, 판례집 11-2, 800, 812 참조).

헌법 제8조 제1항이 명시하는 정당설립의 자유는 설립할 정당의 조직형태를 어떠한 내용으로 할 것인가에 관한 정당조직 선택의 자유 및 그와 같이 선택된 조직을 결성할 자유(이하 이를 포괄하여 '정당조직의 자유'라 한다)를 포함한다. 정당조직의 자유는 정당설립의 자유에 개념적으로 포괄될 뿐만 아니라, 정당조직의 자유가 완전히 배제되거나 임의적으로 제한될 수 있다면, 정당설립의 자유가 실질적으로 무의미해지기 때문이다.

또한 헌법 제8조 제1항은 정당활동의 자유도 보장한다. 정당의 설립만이 보장될 뿐 설립된 정당이 언제든지 다시 금지될 수 있거나 정당활동이 임의로 제한될 수 있다면, 정당설립의 자유는 사실상 아무런 의미가 없기 때문이다(헌재 1999. 12. 23. 99헌마135, 판례집 11-2, 800, 812; 1996. 3. 28. 96헌마9등, 판례집 8-1, 289, 304; 2001. 10. 25. 2000헌마193, 판례집 13-2, 526, 537 참조).

이와 같이 헌법 제8조 제1항은 정당설립의 자유, 정당조직의 자유, 정당활동의 자유 등을 포괄하는 정당의 자유를 보장하고 있다.

이러한 정당의 자유는 국민이 개인적으로 갖는 기본권일 뿐만 아니라, 단체로서의 정당이 가지는 기본권이기도 하다. 따라서 개인인 국민으로서 청구인 김웅이 정당의 자유를 가지고 있음은 물론, 청구인 민주노동당도 단체로서 정당의 자유를 가지고 있다.

(2) 청구인들은 정당조직의 자유가 헌법 제8조 제2항에 의하여 인정된다는 주장을 하므로 이에 관하여 본다.

헌법 제8조 제2항은 "정당은 그 목적·조직과 활동이 민주적이어야 하며, 국민의 정치적 의사형성에 참여하는 데 필요한 조직을 가져야 한다"고 규정하고 있다. 이 규정은 헌법 제8조 제1항에 의하여 정당의 자유가 보장됨을 전제로 하여, 그러한 자유를 누리는 정당의 목적·조직·활동이 민주적이어야 한다는 요청, 그리고 그 조직이 국민의 정치적 의사형성에 참여하는 데 필요한 조직이어야 한다는 요청을 내용으로 하는 것으로서 정당에 대하여 정당의 자유의 한계를 부과한 것이다. 또 이 규정은 정당의 핵심적 기능과 임무를 '국민의 정치적 의사형성에 참여'하는 것으로 선언하면서 동시에 위 기능과 임무를 민주적인 내부질서를 통하여 수행할 수 있도록 그에 필요한 입법을 해야 할 의무를 입법자에게 부과하고 있다(헌재 1999. 12. 23. 99헌마135, 판례집 11-2, 800, 812-813 참조).

그러나 이에 나아가 헌법 제8조 제2항이 정당조직의 자유를 직접적으로 규정한 것이라고 보기는 어렵다. 앞에서 본 바와 같이 정당조직의 자유는 헌법 제8조 제1항이 보장하는 정당의 자유에 포괄되어 있어 이 규정에 의하여 이미 보장되는 것이기 때문이다. 헌법 제8조 제2항이 정당조직의 자유와 밀접한 관계를 가지고 있는 것은 사실이나, 이는 오히려 그 자유에 대한 한계를 긋는 기능을 하는 것이고, 그러한 한도에서 정당의 자유의 구체적인 내용을 제시한다고는 할 수 있으나, 정당의 자유의 헌법적 근거를 제공하는 근거규범으로서 기능한다고는 할 수 없다.

다만, 그렇다고 하여 청구인들이 주장하는 정당조직의 자유가 부정되는 것은 아니고 헌법 제8조 제1항에 의하여 인정될 수 있음은 위에서 본 바와 같으므로 정당조직의 자유도 헌법상 보장되는 기본권임을 전제로 이 사건 심판청구에 대하여 판단한다.

(3) 앞서 (1)에서 본 바와 같이 이 사건 법률조항들은 정당의 조직 중 기존의 지구당과 당연락소를 강제적으로 폐지하고 이후 지구당을 설립하거나 당연락소를 설치하는 것을 금지하고 있다.

이로써 정당은 중앙당－시 · 도당－지구당－당연락소로 이루어지는 정당조직 중 상부조직인 중앙당과 시 · 도당만 설립할 수 있을 뿐 하부조직인 지구당과 당연락소는 가질 수 없게 되었고, 정당을 설립하려는 국민 개인들도 이러한 조직을 할 수 없게 되었다. 이에 따라 정당조직의 자유가 제한을 받게 되었다.

한편, 하부조직인 지구당과 당연락소의 설치가 금지됨에 따라 정당 및 정당조직원들은 이러한 하부조직을 통한 정당활동을 할 수 없게 됨으로써 정당활동의 자유를 제한받게 되었다.

그러므로 이 사건 법률조항은 정당조직의 자유와 정당활동의 자유를 포함한 청구인들의 정당의 자유를 제한하고 있다.」

◎ 같은 취지 : 憲 1999. 12. 23.-99헌마135; 2001. 10. 25.-2000헌마193

▶ 정당의 법적 지위

▸ 정당의 귀속재산관계에서 법인격 없는 사단으로 본 판례

[憲 1993. 7. 29.-92헌마262](불기소처분 취소)

「재물손괴죄는 타인의 재물에 대하여 손괴, 은닉 기타의 방법으로 그 효용을 해치는 것을 내용으로 하는 범죄로서(형법 제366조), 그 보호법익은 소유권의 이용가치이고, 그 피해자는 그 물건의 소유권자와 적법한 권원에 의하여 그 물건을 점유 · 사용할 수 있는 자라고 보아야 할 것이다. 또한 정당의 법적 지위는 적어도 그 소유재산의 귀속관계에 있어서는 법인격 없는 사단(社團)으로 보아야 하고, 중앙당과 지구당과의 복합적 구조에 비추어 정당의 지구당은 단순한 중앙당의 하부조직이 아니라 어느 정도의 독자성을 가진 단체로서 역시 법인격 없는 사단에 해당한다고 보아야 할 것이다. 그런데 민법은 법인이 아닌 사단의 재산은 그 구성원의 총유(總有)로 보고, 그 구성원은 정관 기타 규약에 좇아 총유물을 사용 · 수익할 수 있다고 규정하고 있다(민법 제275조 및 제276조 제2항 참조). 그런데 기록에 의하면, 이 사건에서 문제가 된 플래카드 10개는 위 지구당이 제작 · 게시하였던 것이고, 청구인은 그 지구당의 당원일 뿐만 아니라, 부위원장으로서 위원장의 명에 따라 위 플래카드 10개를 설치 · 관리하던 책임자임을 알 수 있다. 그렇다면 청구인은 비록 위 플래카드의 소유자 전체를 대표할 수 있는 지위에 있었거나 그러한 대표자를 대리하여 형사고소를 제기할 수 있는 구체적 위임을 받은 사실은 없더라도, 위 플래카드의 총유자 중 1인일 뿐만 아니라, 그 물건을 적법하게 설치 · 관리하던 사람으로서, 그 물건에 대한 재물손괴죄가 성립하는 경우에는 그 피해자에 해당한다고 볼 수 있다. 따라서 청구인이 검찰에 제출한 서면의 형식은 비록 개인명의의 고발장이었으나, 그 실질에 있어서는 재물손괴죄의 피해자로서 고소를 제기한 것이라고 못 볼 바가 아니다. 결국 청구인은 이 사건 심판청구 중 재물손괴죄 부분에 관하여 청구인적격을 갖추었다고 보아야 할 것이다.」

▶ 정당의 권리와 의무

▸ 기본권의 성질에 따라 정당이 기본권의 주체가 되는 경우가 있음을 인정한 판례

[憲 1991. 3. 11.-91헌마21](지방의회의원선거법 제36조 제1항에 대한 헌법소원)

「위의 법리는 자연인에게 국한되는 것이 아니고, 정당(민중당)에 대하여서도 원용될 수 있는 것이지만 선거와 관련해서 정당이 어떠한 권리를 보장받고 있으며 그 헌법상의 근거가 무엇인지를 살펴본다.

헌법 제8조에 의하여 보장되는 정당제도에 있어서 정당이라함은 국민의 이익을 위하여 책임있는 정치적 주장이나 정책을 추진하고 공직선거의 후보자를 추천 또는 지지함으로써 국민의 정치적 의사형성에 참여함을 목적으로 하는 국민의 자발적 조직을 의미하는 것이다. 정당은 자발적 조직이기는 하지만 다른 집단과는 달리 그 자유로운 지도력을 통하여 무정형적(無定型的)이고 무질서적인 개개인의 정치적 의사를 집약하여 정리하고 구체적인 진로와 방향을 제시하며 국정을 책임지는 공권력으로까지 매개하는 중요한 공적 기능을 수행하기 때문에 헌법도 정당의 기능에 상응하는 지위와 권한을 보장함과 동시에 그 헌법 질서를 존중해 줄 것을 요구하고 있는 것이다.

즉, 우리 헌법상 정당설립의 자유와 복수정당제는 보장되며(제8조 제1항), 정당의 목적 · 조직 · 활동이 민주적인 한, 정당은 국가의 보호를 받으며 정당운영에 필요한 자금까지도 보조받을 수 있는 것이다(같은 조 제2항 내지 제4항). 이렇게 헌법이 보장하고 있는 정당(제도)의 본래적 존재의의가 국민의 정치적 의사의 형성에 참여하는 데 있으며(제8조 제2항 후문), 오늘날 대의민주주의에서 이러한 참여의 가장 중요한 형태가 선거를 통한 참여임은 의문의 여지가 없는 것이다. 그런데 시 · 도의회의원선거에 있어서 정당은 후보자의 추천과 후보자를 지원하는 선거운동을 통하여 소기의 목적을 추구하는데, 이 경우 평등권 및 평등선거의 원칙으로부터 나오는(선거에 있어서의) 기회균등의 원칙은 후보자에 대하여서는 물론 정당에 대하여서도 보장되는 것이며, 따라서 정당추천의 후보자가 선거에서 차등대우를 받는 것은 바로 정당이 선거에서 차등대우를 받는 것과 같은 결과가 되는 것이다.

이와 같이 정당이 선거에 있어서 기회균등의 보장을 받을 수 있는 헌법적 권리는 정당활동의 기회균등의 보장과 헌법상 참정권 보장에 내포되어 있다고 할 것이므로 헌법 제8조 제1항 내지 제3항, 제11호 제1항, 제24조, 제25조는 그 직접적인 근거규정이 될 수 있는 것이며, 헌법 전문과 제1조, 제41조 제1항, 제67조 제1항, 제37조 제2항, 제116조 제2항은 간접적인 근거규정이 될 수 있는 것이다.」

◎ 같은 취지 : 憲 1994. 4. 28.-92헌마153; 1994. 7. 29.-91헌마137

2. 헌법의 보호

□ 내 용

▶ **법의 형식성**

▸ **명확성의 원칙에 대한 판례**

▹ **명확성의 원칙이 법치주의의 내용을 이룬다고 본 판례**

[憲 1998. 4. 30.-95헌가16](출판사및인쇄소의등록에관한법률 제5조의2 제5호 등 위헌제청)

「법치국가원리의 한 표현인 명확성의 원칙은 기본적으로 모든 기본권제한입법에 대하여 요구된다. 규범의 의미내용으로부터 무엇이 금지되는 행위이고 무엇이 허용되는 행위인지를 수범자가 알 수 없다면 법적 안정성과 예측가능성은 확보될 수 없게 될 것이고, 또한 법집행 당국에 의한 자의적 집행을 가능하게 할 것이기 때문이다(헌재 1990. 4. 2. 89헌가113, 판례집 2, 49 ; 1996. 8. 29. 94헌바15, 판례집 8-2, 74 ; 1996. 11. 28. 96헌가15, 판례집 8-2, 526 참조). 표현의 자유를 규제하는 입법에 있어서 이러한 명확성의 원칙은 특별히 중요한 의미를 지닌다. 민주사회에서 표현의 자유가 수행하는 역할과 기능에 비추어 볼 때, 불명확한 규범에 의한 표현의 자유의 규제는 헌법상 보호받는 표현에 대한 위축적 효과를 수반하기 때문이다. 즉, 무엇이 금지되는 표현인지가 불명확한 경우에는, 자신이 행하고자 하는 표현이 규제의 대상이 아니라는 확신이 없는 기본권주체는-형벌 등의 불이익을 감수하고서라도 자신의 의견을 전달하고자 하는 강한 신념을 가진 경우를 제외하고-대체로 규제를 받을 것을 우려해서 표현행위를 스스로 억제하게 될 가능성이 높은 것이다. 그렇기 때문에 표현의 자유를 규제하는 법률은 그 규제로 인해 보호되는 다른 표현에 대하여 위축적 효과가 미치지 않도록 규제되는 표현의 개념을 세밀하고 명확하게 규정할 것이 헌법적으로 요구된다.

그러나 모든 법규범의 문언을 순수하게 기술적 개념만으로 구성하는 것은 입법기술적으로 불가능하고 또 바람직하지도 않기 때문에 어느 정도 가치개념을 포함한 일반적, 규범적 개념을 사용하지 않을 수 없다. 따라서 명확성의 원칙이란 기본적으로 최대한이 아닌 최소한의 명확성을 요구하는 것이다. 그러므로 법문언이 해석을 통해서, 즉 법관의 보충적인 가치판단을 통해서 그 의미내용을 확인해낼 수 있고, 그러한 보충적 해석이 해석자의 개인적인 취향에 따라 좌우될 가능성이 없다면 명확성의 원칙에 반한다고 할 수 없다 할 것이다.」

[憲 2001. 6. 28.-99헌바34](의료법 제5조 제3호 등 위헌소원)

「명확성원칙은 헌법상 내재하는 법치국가원리로부터 파생될 뿐만 아니라, 국민의 자유와 권리를 보호하는 기본권보장으로부터도 나온다. 헌법 제37조 제2항에 의거하여 국민의 자유와 권리를 제한하는 법률은 명확하게 규정되어야 한다.

법률은 명확한 용어로 규정함으로써 적용대상자에게 그 규제내용을 미리 알 수 있도록 공정한 고지를 하여 장래의 행동지침을 제공하고, 동시에 법집행자에게 객관적 판단지침을 주어 차별적이거나 자의적인 법해석을 예방할 수 있다. 따라서 법규범의 의미내용으로부터 무엇이 금지되는 행위이고 무엇이 허용되는 행위인지를 국민이 알 수 없다면 법적 안정성과 예측가능성은 확보될 수 없게 될 것이고, 법집행 당국에 의한 자의적 집행이 가능하게 될 것이다(헌재 1992. 4. 28. 90헌바27등, 판례집 4, 255, 268-269 ; 1998. 4. 30. 95헌가16, 판례집 10-1, 327, 341-342 ; 2000. 2. 24. 98헌바37, 판례집 12-1, 169, 179 참조).

명확성의 원칙에서 명확성의 정도는 모든 법률에 있어서 동일한 정도로 요구되는 것은 아니고 개개의 법률이나 법조항의 성격에 따라 요구되는 정도에 차이가 있을 수 있으며 각각의 구성요건의 특수성과 그러한 법률이 제정되게 된 배경이나 상황에 따라 달라질 수 있다고 할 것이다(헌재 1992. 2. 25. 89헌가104, 판례집 4, 64, 78-9).

죄형법정주의가 지배되는 형사관련 법률에서는 명확성의 정도가 강화되어 더 엄격한 기준이 적용된다(죄형법정주의상의 명확성 원칙). 그러나 일반적인 법률에서는 명확성의 정도가 그리 강하게 요구되지 않기 때문에 상대적으로 완화된 기준이 적용된다(일반적 명확성 원칙)(헌재 2000. 2. 24. 98헌바37, 판례집 12-1, 169, 179).」

◎ 같은 취지 : 憲 1990. 4. 2.-89헌가113; 1992. 2. 25.-89헌가104; 1992. 4. 28.-90헌바27등; 1996. 8. 29.-94헌바15; 1996. 11. 28.-96헌가15; 1999. 9. 19.-97헌바73등; 2000. 2. 24.-98헌바37; 2001. 6. 28.-99헌바34; 2002. 7. 18.-2000헌바57; 2002. 1. 31.-2000헌가8; 2005. 6. 30.-2005헌가1

▷ **법률의 문언이 일의적으로 해석되지 않는 경우라 하더라도 그 의미를 분명히 할 수 있는 경우 명확성 원칙에 반하는 것이 아니라고 본 판례**

[憲 1992. 2. 25.-89헌가104](군사기밀보호법 제6조 등에 대한 위헌심판)

「보호법 제2조 제1항 소정의 "군사상의 기밀"이라는 포괄적 의미를 지닌 용어와 이 용어에 대한 개념정의 규정방식을 사용한 입법은 국내외에서 흔히 그 예를 볼 수 있는 것으로서 문제의 소재는 그러한 규정방식이 있는 것이 아니고 그 내용이 애매하다거나 너무 광범위하여 죄형법정주의에서 요구되고 있는 명확성의 원칙에 저촉되는 것은 아닌지의 여부 즉, 규정내용에 있다고 할 것이다. 이러한 명확성의 원칙은 모든 법률에 있어서 동일한 정도로 요구되는 것은 아니고 개개의 법률이나 법조항의 성격에 따라 요구되는 정도에 차이가 있을 수 있으며 각각의 구성요건의 특수성과 그러한 법률이 제정되게 된 배경이나 상황에 따라 달라질 수 있다고 할 것이다. 일반론으로는 어떠한 규정이 부담적 성격을 가지는 경우에는 수익적 성격을 가지는 경우에 비하여 명확성의 원칙이 더욱 엄격하게 요구된다고 할 것이고 따라서 형사법이나 국민의 이해관계가 첨예하게 대립되는 법률에 있어서는 불명확한 내용의 법률용어가 허용될 수 없으며, 만일 불명확한 용어의 사용이 불가피한 경우라면 용어의 개념정의, 한정적 수식어의 사용, 적용한계조항의 설정 등 제반방법을 강구하여 동 법규가 자의적으로 해석될 수 있는 소지를 봉쇄해야 하는 것이다.

그렇기는 하지만 "기밀" 또는 "비밀"이라는 개념자체는 본래 절대적인 것이 아니고 상대적인 것으로서 그 시기와 장소 및 상황에 따라 "기밀성"이 생성될 수도 소멸될 수도 있는 특성을 갖고 있기 때문에 그 구성요건을 일일이 세분하여 명확성의 산술적인 관철을 요구하는 것은 입법기술상 불가능하거나 현저히 곤란한 것이므로 어느 정도의 보편적 내지 일반적 개념의 용어사용은 부득이 하다고 할 수밖에 없으며, 당해 법률이 제정된 목적과 타규범과의 연관성을 고려하여 합리적인 해석이 가능한지의 여부에 따라 명확성의 구비 여부가 가려져야 할 것이다. 따라서 일반적 또는 불확정 개념의 용어가 사용된 경우에도 동일한 법률의 다른 규정들을 원용하거나 다른 규정과의 상호관계를 고려하거나 기히 확립된 판례를 근거로 하는 등 정당한 해석방법을 통하여 그 규정의 해석 및 적용에 대한 신뢰성이 있는 원칙을 도출할 수 있어, 그 결과 개개인이 그 형사법규가 보호하려고 하는 가치 및 금지되는 행위의 태양과 이러한 행위에 대한 국가의 대응책을 예견할 수 있고 그 예측에 따라 자신의 행위에 대한 국가의 대응책을 예견할 수 있고 그 예측에 따라 자신의 행동에 대한 결의를 할 수 있는 정의(의 규정 내용이)라면 그 범위내에서 명확성의 원칙은 유지되고 있다고 봐야 할 것이다.」

[憲 2005. 6. 30.-2002헌바83](노동조합및노동관계조정법 제91조 제1호 등 위헌확인)

「가. 이 사건 법률조항들이 명확성원칙에 위반되는지 여부

(1) 죄형법정주의와 명확성원칙

헌법 제12조 및 제13조를 통하여 보장되고 있는 죄형법정주의의 원칙은 범죄와 형벌이 법률로 정하여져야 함을 의미하며, 이러한 죄형법정주의에서 파생되는 명확성의 원칙은 법률이 처벌하고자 하는 행위가 무엇이며 그에 대한 형벌이 어떠한 것인지를 누구나 예견할 수 있고, 그에 따라 자신의 행위를 결정할 수 있도록 구성요건을 명확하게 규정하는 것을 의미한다(헌재 2004. 11. 25. 2004헌바35, 공보 99, 1295, 1298).

그러나 처벌법규의 구성요건이 명확하여야 한다고 하여 모든 구성요건을 단순한 서술적 개념으로 규정하여야 하는 것은 아니고, 다소 광범위하여 법관의 보충적인 해석을 필요로 하는 개념을 사용하였다고 하더라도 통상의 해석방법에 의하여 건전한 상식과 통상적인 법감정을 가진 사람이면 당해 처벌법규의 보호법익과 금지된 행위 및 처벌의 종류와 정도를 알 수 있도록 규정하였다면 헌법이 요구하는 처벌법규의 명확성에 배치되는 것이 아니다. 그렇지 않으면 처벌법규의 구성요건이 지나치게 구체적이고 정형적이 되어 부단히 변화하는 다양한 생활관계를 제대로 규율할 수 없게 될 것이기 때문이다(헌재 2004. 11. 25. 2004헌바35, 공보 99, 1295, 1298).

(2) 명확성 판단의 기준

어떠한 법규범이 명확한지 여부를 판단하는 기준은 명확성원칙의 근거와 관련하여 찾을 수 있다. 명확성원칙은 법규범의 의미내용이 불확실하면 법적 안정성과 예측가능성을 확보할 수 없고 법집행 당국의 자의적인 법해석과 집행을 가능하게 한다는 것을 그 근거로 하므로(헌재 2002. 7. 18. 2000헌바57, 판례집 14-2, 1, 16 참조), 당해 법규범이 수범자에게 법규의 의미내용을 알 수 있도록 공정한 고지를 하여 예측가능성을 주고 있는지 여부 및 당해 법규범이 법을 해석·집행하는 기관에게 충분한 의미내용을 규율하여 자의적인 법해석이나 법집행이 배제되는지 여부, 다시 말하면 예측가능성 및 자의적 법집행 배제가 확보되는지 여부에 따라 명확성원칙에 위반되는지 여부를 판단할 수 있다.

법규범이 불확정개념을 사용하는 경우라도 법률해석을 통하여 행정청과 법원의 자의적인 적용을 배제하는 합리적이고 객관적인 기준을 얻는 것이 가능한 경우(헌재 2004. 7. 15. 2003헌바35등, 판례집 16-2상, 77, 88 참조), 즉 자의를 허용하지 않는 통상의 합리적 해석방법에 의하더라도 그 의미내용을 알 수 있는 경우(헌재 2002. 4. 25. 2001헌바26, 판례집 14-1, 301, 322; 2004. 6. 24. 2004헌바16, 판례집 16-1, 759, 766 참조)는 명확성원칙에 반하지 아니한다.

법규범의 의미내용은 법규범의 문언뿐만 아니라 입법목적이나 입법취지, 입법연혁, 그리고 법규범의 체계적 구조 등을 종합적으로 고려하는 해석방법에 의하여 구체화하게 된다. 그러므로 이 사건 법률조항들이 명확성원칙에 위반되는지 여부는 위와 같은 해석방법에 의하여 이 사건 법률조항들의 의미내용을 합리적으로 파악할 수 있는 해석기준(이하 이를 '합리적 해석

기준'이라고 한다)을 얻을 수 있는지 여부에 달려 있다.

(3)이 사건 법률조항들에 대한 합리적 해석기준의 존부

(가) 이 사건 법률조항들과 명확성 문제

이 사건 법률조항들 중 "노노법 제91조 제1항 제1호 중 '제42조 제2항' 부분"은 노노법 제42조 제2항의 규정에 위반한 사람을 그 소정 형에 처하는 처벌조항으로서 문언 자체에 아무런 불명확한 점이 없다. 다만, 노노법 제42조 제2항 자체가 불명확하다면 이를 조문의 한 내용으로 하고 있는 노노법 제91조 제1항 해당 부분도 전체적으로 불명확한 규정이 된다. 그러므로 이 사건 법률조항들이 명확한지 여부에 대한 판단은 노노법 제42조 제2항이 명확한지 여부에 대한 판단과 다르지 아니하다.

노노법 제42조 제2항은 "사업장의 안전보호시설에 대하여 정상적인 유지 · 운영을 정지 · 폐지 또는 방해하는 행위는 쟁의행위로서 이를 행할 수 없다"라고 규정하고 있는바, 그 의미내용을 파악함에 있어 일견 명백하지 아니하여 해석이 필요한 부분이 있으나, 위 조항의 문언, 입법목적이나 입법취지, 입법연혁, 법규범의 체계적 구조 등을 살펴 볼 때, 아래에서 보는 바와 같이 합리적인 해석기준을 얻을 수 있다.

(나) 입법연혁

현행 노동조합및노동관계조정법은 1997. 3. 13. 법률 제5310호로 제정된 법률이다. 이 법률은 1953. 3. 8 법률 제279호로 제정되었던 구 노동쟁의조정법을 폐지하고 1996. 12. 31. 법률 제5244호로 제정된 구 노동조합및노동관계조정법이 폐지되고 다시 제정된 법률이다.

1953. 3. 8. 법률 제279호로 제정된 구 노동쟁의조정법 제6조 제1항은 "공장, 사업장 기타 직장에 대한 안전보지시설의 정상한 유지운행을 정폐 또는 방해하는 행위는 쟁의행위로 할 수 없다"고 규정하였는데, 이에 위반하더라도 그 자체로는 처벌하는 규정이 없었고, 이에 관한 같은 조 제2항의 중지명령에 위반한 사람에 대하여만 같은 법 제26조에서 처벌규정을 두었다.

1963. 4. 17. 법률 제1327호로 전문개정된 구 노동쟁의조정법은 제13조 제2항에서 위 1953년 제정 노동쟁의조정법 제6조 제1항과 같은 내용을 규정하면서, 다만 "안전보지시설"을 "안전보호시설"로, "정폐"를 "정지, 폐지"로 개정하고, "행할 수 없다" 앞에 "이를"을 추가하는 개정을 하였는데, 위 1953년 노동쟁의조정법과 달리 제47조에서 그 위반행위 자체에 대한 처벌조항을 두었다. 위 개정은 행위의 효과에 형벌이 추가된 것이라는 차이는 있지만, 그 금지행위의 내용 자체에 실질적인 변화가 있었다고는 할 수 없다.

그 후 1996. 12. 31. 법률 제5244호로 제정된 구 노동조합및노동관계조정법 제42조 제2항은 위 구 노동쟁의조정법 제13조 제2항 중 "정상한"을 "정상적인"으로 변경하였으나 그 외에는 같은 문언으로 이루어졌고, 1997. 3. 13. 법률 제5310호로 제정된 현행 노동조합및노동관계조정법 제42조 제2항은 위 구 노동조합및노동관계조정법 제42조 제2항 중 "공장 · 사업장 기타 직장에 대한 안전보호시설"을 "사업장의 안전보호시설"로 바꾸었을 뿐 그 밖의 부분은 그대로 유지하였다.

(다) 입법목적

1) 노노법 제1조는 "이 법은 헌법에 의한 근로자의 단결권 · 단체교섭권 및 단체행동권을 보장하여 근로조건의 유지 · 개선과 근로자의 경제적 · 사회적 지위의 향상을 도모하고, 노동관계를 공정하게 조정하여 노동쟁의를 예방 · 해결함으로써 산업평화의 유지와 국민경제의 발전에 이바지함을 목적으로 한다"라고 규정함으로써 노노법의 입법목적을 밝히고 있다. 다만,

이는 노노법 전체의 개괄적 입법목적을 규정한 것으로서 노노법 제42조 제2항에 특수한 입법목적을 규정한 것은 아닌바, 노노법 제42조 제2항의 입법목적은 위 조항과 다른 관련규정들을 종합하여 전체적 규범체계에서 노노법 제42조 제2항이 갖는 의미를 고려함으로써 그 구체적 내용을 다음과 같이 파악할 수 있다.

2) 사업장에는 통상 사람의 생명 · 신체의 안전을 위협하는 위험요소가 상존하고 있고 그러한 위험은 산업사회가 고도화되면서 그 강도와 규모가 점점 커지는 경향에 있다. 따라서 사업장에서 발생하는 이러한 위험으로부터 사람의 생명 · 신체의 안전을 보호하기 위한 예방조치를 하여야 할 필요성은 점점 더 강하게 요청되고 있다. 사업장에 안전보호시설을 설치하는 것은 그러한 예방조치의 하나로 평가할 수 있다. 나아가 산업안전보건법 제23조와 제24조는 사업을 행함에 있어서 발생하는 각종 위험 및 건강장해의 유형을 열거하여 이에 대하여는 사업주에게 이를 예방하기 위하여 필요한 조치를 할 의무까지 부과하고 있어 이러한 경우의 안전보호시설 설치는 위 법에 의한 의무의 이행이기도 하다. 그러므로 노노법 제42조 제2항이 안전보호시설의 정상적인 유지 · 운영을 정지 · 폐지 · 방해하는 행위를 금지한 것은 사업장에서 발생하는 위험으로부터 사람의 생명 · 신체의 안전을 보호하고자 함에 그 입법목적이 있다고 할 수 있다.

이러한 입법목적은 노노법의 다른 규정과의 관계에서도 확인할 수 있다. 노노법 제38조 제2항은 "작업시설의 손상이나 원료 · 제품의 변질 또는 부패를 방지하기 위한 작업은 쟁의행위 기간중에도 정상적으로 수행되어야 한다"고 하여 이른바 '보안작업' 중 사람의 생명 · 신체의 안전과 관련이 없는 작업을 따로 규율하고 있고, 노노법 제42조 제1항은 "쟁의행위는 폭력이나 파괴행위 또는 생산 기타 주요업무에 관련되는 시설과 이에 준하는 시설로서 대통령령이 정하는 시설을 점거하는 형태로 이를 행할 수 없다"고 하여 생산 기타 주요업무에 관련되는 시설 등에 대한 보호를 따로 규율하고 있다. 그러므로 노노법 제42조 제2항은 사람의 생명 · 신체의 안전보호에 관한 조항으로서 이를 그 입법목적으로 하고 있는 규정이라고 할 수 있다.

또, 노노법 제42조 제2항에 위반되는 경우에는 중지명령까지 발할 수 있는 강력한 보호장치를 두고 있음에 비추어 볼 때, 위 조항이 보호하고자 하는 법익은 그 침해에 대한 사전예방이 고도로 요구되는 것이고, 이러한 보호법익이란 바로 '사람의 생명 · 신체의 안전' 외에 다른 것이 아니어서, 이 점에서도 그 입법목적을 확인할 수 있다.

한편, 선원법 제27조는 명문으로 "인명 또는 선박에 위해를 줄 염려가 있는 경우" 쟁의행위를 하지 못하도록 하고 있어 물적 시설의 안전보호도 목적으로 하고 있으나 노노법 제42조 제2항은 '물적 시설'을 법문에 포함하고 있지 않은데, 이 점과 앞서 본 입법목적을 모아 보면, 물적 시설의 안전보호는 노노법 제42조의 입법목적에 포함되지 않는다고 할 수 있다.

(라) 해석기준의 필요성

노노법 제42조 제2항의 문언은 그 의미내용을 어느 정도 확정하고 있지만, 그것만으로 노노법 제42조 제2항의 모든 의미내용이 의문의 여지없이 파악되지는 않는다.

구체적으로, 첫째, 행위의 객체인 안전보호시설의 개념과 관련하여, ① '안전보호시설'이 사람의 생명 · 신체의 안전을 보호하는 시설만을 의미하는지, 이에 더하여 물적 설비의 안전을 보호하는 시설도 포함하는지, ② 사람의 생명 · 신체의 안전을 보호하는 시설이 안전보호시설에 해당함은 명백한바, 이 때 안전의 주체인 사람에 (ⅰ) 사업장의 구성원, (ⅱ) 사업장을 이용하는 사람, (ⅲ) 사업장 내에 있는 사람, (ⅳ) 사업장과 무관한 제3자 중 어느 범위까지 포함되는지, ③ 노노법 제42조 제2항의 안전보호시설이 사람의 생명 · 신체의 안전보호를 '목적'으로 하는 시설만을 의미하는지, 아니면 본래의 목적은 다른 곳에 있는데 가동을 중단할 경우 결과적으로 사람의 생명 · 신체의 안전에 영향을 미치게 되는 시설까지 포함하는지, ④ 안전보호시설이 물적 시설만을 의미하는지, 아니면 인적 시설(인적 조직)도 포함하는지, 둘째, 행위태양과 관련하여 ⑤ 형식적으로 사업장의 안전보호시설의 유지 · 운영을 정지 · 폐지 또는 방해하는 행위가 있었지만 그로 인하여 사람의 생명 · 신체에 대한 위험이 전혀 발생하지 않는 경우에도 노노법 제42조 제2항에 위반되는 것인지, 셋째, 행위주체와 관련하여 ⑥ 안전보호시설의 유지 · 운영을 담당하는 근로자만이 노노법 제42조 제2항 위반행위의 주체가 되는지 등에 관하여 일응의 의문이 있을 수 있다.

그러므로 노노법 제42조 제2항이 명확성원칙에 위반되는지 여부는 노노법 제42조 제2항의 문언, 앞서 본 입법연혁과 입법목적, 법규범의 체계적 구조 등으로부터 위 조항의 의미내용을 파악할 수 있는 합리적 해석기준을 찾을 수 있는지에 달려 있고, 이를 구체적으로 판단하기 위하여 일응의 의문이 있을 수 있는 위 각 쟁점에 관한 합리적 해석기준을 찾을 수 있는지 여부를 살펴볼 필요가 있다.

(마) 해석기준

1) 앞서 본 바와 같이 노노법 제42조 제2항의 입법목적은 '사람의 생명 · 신체의 안전보호' 인바, 이는 위 각 쟁점에 대한 목적론적 해석기준을 제공한다. 따라서 "안전보호시설"의 의미를 이해함에 있어서나 생명 · 신체에 대한 위험발생이 노노법 제42조 제2항 위반의 요건인지를 판단하고 행위주체의 범위를 획정함에 있어, '사람의 생명 · 신체의 안전보호' 라는 입법목적이 가능한 한 최대로 달성될 수 있도록 하여야 한다.

2) 앞서 입법연혁에서 본 바와 같이 1997년에 현행 노동조합및노동관계조정법이 제정되면서 제42조 제2항의 "안전보호시설"에 관하여 종래 구법에서 "공장 · 사업장 기타 직장에 대한 안전보호시설"로 규정되어 있던 것이 "사업장의 안전보호시설"로 변경되었다. "공장 · 사업장 기타 직장에 대한 안전보호시설"은 그 문언만을 살필 때 (i) 공장 · 사업장 기타 직장의 물적 설비에 대한 안전보호를 포함하는 것이 아닌지, (ii) 공장 · 사업장 기타 직장과 관련 없는 제3자는 그 보호대상에서 제외되는 것은 아닌지 하는 의문의 여지가 없지 않았다. 그러나 (i) 위 조항의 입법목적이 사람의 생명 · 신체의 안전보호에 있으므로 사람의 안전에 초점이 맞추어져야 입법목적에 부응하며, (ii) 위 입법목적을 최대로 실현하기 위하여서나 생명 · 신체가 보호되어야 할 사람에는 제한이나 차별이 있을 수 없다는 점을 고려할 때 안전의 주체인 사람에 사업장 관련성을 요구할 수는 없다. 현행법이 "사업장의 안전보호시설"이라고 변경함으로써 이러한 취지가 보다 명백하게 되었고, 이에 따라 "사업장"은 안전보호의 객체가 아니라 안전보호시설의 설치장소 또는 안전을 위협하는 위험의 발생원으로서의 의미를 가지는 것이 보다 명백하여졌다. 이와 같이 현행 노노법 제42조 제2항은 그 입법연혁과 법문을 함께 살펴 볼 때 종전보다 더욱 명확한 해석기준을 제공하고 있다고 할 수 있다.

3) 앞서 본 바와 같이 '사람의 생명 · 신체의 안전보호' 는 노노법 제42조 제2항의 핵심적 입법목적이다. 이 입법목적만을 고려한다면 가급적 위 조항의 요건을 완화시켜 해석함으로써 그 금지범위를 확대하는 것이 요청된다. 그러나 한편 노노법 제42조 제2항은 형벌의 구성요건임과 동시에 단체행동권을 제한하는 요건규정으로서 기본권을 제한하는 정도가 크기 때문에 이 점에서 가급적 위 조항의 요건을 엄격하게 해석하여 그 금지범위를 제한적으로 해석하여야 하는 요청이 있다.

위 두 요청을 비교하여 볼 때, 양자 사이에는 서로 반대방향의 긴장관계가 존재한다고 할 수 있다. 그러나 이 긴장관계는 서로 융화할 수 없는 것이 아니라 적절한 조화점을 찾을 수 있는 관계이다. 그러므로 노노법 제42조 제2항은 위 양자의 요청을 조화하는 해석기준으로써 그 의미내용을 파악하여야 하며, 여기에 위 조항의 진정한 입법목적이 있다. 노노법 제1조가 입법목적으로서 '노동관계를 공정하게 조정하여 노동쟁의를 예방 · 해결함'을 명시하고 있는 것은 위와 같은 조화로운 해석을 요구하는 것이라고도 이해할 수 있다.

한편, 헌법규범은 법률의 해석기준이 되므로, 하나의 법률조항에 대하여 그 문언상 위헌적인 해석과 합헌적인 해석의 가능성이 모두 열려 있는 경우 위헌적인 해석을 배제하고 합헌적인 해석을 함으로써 가능한 한 법률조항을 유효하게 유지하는 합헌적 법률해석이 요구된다. 따라서 노노법 제42조 제2항을 해석함에 있어 사람의 생명 · 신체의 안전을 보호한다는 목적에만 경도되어 지나치게 확대해석하는 것이나 근로자의 단체행동권만을 강조하여 지나치게 제한해석하는 것은 노노법의 진정한 입법목적에 반하는 해석일 뿐만 아니라 헌법에 합치되는 해석이라고도 할 수 없어 허용되지 아니한다.

4) 위와 같은 조화로운 해석기준은, 어떠한 시설이 그 가동을 중단할 경우 결과적으로 사람의 생명 · 신체의 안전에 영향을 미친다는 사실만으로 그 시설이 안전보호시설에 해당한다고 평가하는 해석을 지양하는 방향의 해석을 요구한다. 위와 같은 광범한 해석은 "안전보호시설"이라는 문언에도 어울리지 아니한다.

또, 사람의 생명 · 신체의 안전보호라는 입법목적을 달성하기에 필요한 최소한의 수단이 확보되면 그것으로 그쳐야 하고 이에 나아가 필요 이상으로 금지행위의 범위를 넓히지 않는 것이 위 해석기준에 맞는 해석이 된다. 따라서 위 해석기준은 형식적으로 안전보호시설의 유지 · 운영을 정지 · 폐지 또는 방해하는 행위가 있었지만 그로 인하여 사람의 생명 · 신체에 대한 위험이 전혀 발생하지 않은 경우에 대하여 제한적인 해석방향을 제시한다.

나아가 인적 조직이 안전보호시설에 포함되는지 여부도 위 해석기준에 의하여 파악할 수 있다. 위 해석기준에 더하여 노노법 제42조 제2항과 함께 물적 시설의 정상적인 운영을 도모하는 노노법 제38조 제2항 및 제42조 제1항과의 체계적 연관성, 이로부터 추론되는 노노법 제42조 제2항의 입법취지, 법문의 문언 등은 인적 조직이 안전보호시설에 포함되는지 여부에 대하여 제한적인 해석방향을 제시하고 있다.

5) 한편, 안전보호시설을 담당하는 근로자만이 노노법 제42조 제2항 위반행위의 주체가 되고 그러하지 아니한 근로자는 주체가 되지 아니한다고 하면, 단체행동권의 제한을 받는 근로자의 범위가 축소되는 효과는 기대할 수 있으나, 안전보호시설의 정상적인 유지 · 운영은 그 시설의 담당자가 아닌 사람에 의하여도 중단될 수 있는 것이고 이러한 경우 위반행위의 주체가 아니라고 하여 금지의 범위에서 제외한다면 사람의 생명 · 신체의 안전을 보호한다는 입법목적은 근본적으로 좌절되고 말 것이므로, 안전보호시설의 유지 · 운영을 담당하는 근로자가 아니라도 위반행위의 주체가 될 수 있다고 해석함이 노노법 제42조 제2항의 입법취지에 부합한다. 더구나 노노법 제42조 제2항의 법문에 주체를 제한하는 아무런 문언이 없다는 것을 고려하면 이 점이 더욱 분명해진다.

(바) 합리적 해석기준의 존재

위와 같이 노노법 제42조 제2항에 대하여는 법규범의 문언, 입법목적, 입법연혁 및 법규범의 체계적 구조 등으로부터 그 의미내용을 확정하는 합리적인 해석기준을 찾을 수 있고, 이로부터 앞서 본 각 쟁점에 대한 판단을 충분히 내릴 수 있다.

한편, 노노법 제42조 제2항이 보호하려는 '안전'은 구체적인 사정에 따라 그 위험형태가 달라질 것이기 때문에, 안전보호시설에 해당하는지 여부 등 어떠한 행위가 노노법 제42조 제2항에 위반하는 행위인지 여부에 대한 판단, 즉 위 조항을 구체적인 사안에 적용하는 판단은 시설이나 행위의 종류에 따라서 일률적으로 판단할 것이 아니라 당해 사업장의 성질, 당해 시설의 기능, 쟁의행위 당시의 구체적 상황 등 제반 사정을 구체적·종합적으로 검토하여 판단하여야 한다. 이러한 구체적 사안에 대한 적용판단은 노노법 제42조 제2항에 대한 법원의 해석작업을 통하여 유권적으로 이루어지는데, 이 때 구체적 경우에서의 제반 사정에 대한 고려가 위 조항의 적용외연을 확정함에 있어 요구되므로, 결국 노노법 제42조 제2항의 구체적인 의미는 개별적 사안에 대한 판단을 하는 법원이 제반 사정을 종합적으로 고려하여 확정하게 된다.

앞서 살펴 본 해석기준들은 법원이 개별 사안에서 노노법 제42조 제2항의 의미내용을 합리적으로 구체화하기에 충분한 방향을 제시하고 있다.

(4) 소 결

이처럼 노노법 제42조 제2항에 대한 합리적 해석기준이 존재하므로 이를 포함한 이 사건 법률조항들 전부에 대하여 합리적 해석기준이 존재한다고 할 수 있고, 이러한 합리적 해석기준의 존재는 한편으로 이 사건 법률조항들의 수범자에게 예측가능성을 제공하고 다른 한편으로 이 사건 법률조항들을 해석·집행하는 기관들에게 충분한 의미내용을 규율하여 자의적인 법해석이나 법집행을 배제하고 있다. 그러므로 이 사건 법률조항들은 명확성원칙에 위반되지 아니한다.

물론 위와 같이 파악되는 구체적 의미내용을 이 사건 법률조항들에 명시하거나 안전보호시설을 예시하는 등의 방법으로 이 사건 법률조항들을 보다 명확하게 규정하는 방법이 불가능하지는 아니하다. 그러나 보다 구체적이고 명확한 입법이 가능하다는 이유만으로 바로 명확성원칙에 반한다고 할 수는 없다(헌재 2000. 2. 24. 99헌가4, 판례집 12-1, 98, 105 참조). 명확성원칙이 언제나 최상의 명확성을 요구한다고는 볼 수 없기 때문이다.

이 사건 법률조항들로부터 합리적인 해석에 의하여 그 구체적인 의미내용을 확인할 수 있고 예측가능성과 자의적 법집행 배제를 확보할 수 있는 이상, 이 사건 법률조항들의 문언을 보다 구체화할 가능성이 있다고 하더라도 명확성원칙에 위반된다고 할 수는 없다.」

⇔ 재판관 3인(재판관 송인준, 재판관 전효숙, 재판관 이상경)의 반대의견

「가. 이 사건 법률조항들의 다의성

(1) 입법목적의 불명확

이 사건 법률조항들의 입법목적이 사람의 생명·신체의 안전을 보호하고자 함에 있는 것은 부인할 수 없으나, 그것만이 과연 유일한 입법목적이라고 단정할 수 있는지는 명백하지 아니하다.

우선 노노법 및 이 사건 법률조항들의 문언 어디에도 사람의 생명·신체의 안전만을 보호한다는 취지는 명시되어 있지 아니하고, 입법연혁에 비추어 보아도 달리 해석할 수 있는 가능성이 있다.

구 노동조합및노동관계조정법(1997. 3. 13. 법률 제5306호로 폐지) 제42조 제2항은 "공장, 사업장 기타 직장에 대한 안전보호시설의 정상적인 유지·운영을 정지·폐지 또는 방해하는 행위는 쟁의행위로서 이를 행할 수 없다"라고 규정하였다. 여기서 안전보호시설이 '공장, 사업장 기타 직장에 대한' 것이라고 규정하고 있는 점에 주목하면, 안전보호의 대상은 사람의 생명·신체뿐만 아니라 이를 포괄하는 '공장, 사업장 기타 직장'으로서 물적 시설도 보호의 객체로 하였다고 해석할 수 있다. 노노법 제42조 제2항은 위 구 노동조합및노동관계조정법 제42조

제2항을 이어받은 규정으로 비록 '사업장의 안전보호시설'이라고 표현하고 있으나 그 의미는 구법과 크게 다르지 아니하다.

나아가 노노법의 다른 규정 등을 고려하여 법규범 전체를 체계적으로 해석하더라도 물적 시설 보호에 관한 다른 규정이 있다고 하여 이 사건 법률조항들이 반드시 사람의 생명 · 신체만에 관한 규정이라고 제한할 필연적인 이유는 없는 것이다.

그러므로 이 사건 법률조항들은 그 입법목적에서부터 명확성이 결여되어 있다.

(2) 불명료한 해석기준

이 사건 법률조항들의 입법목적이 사람의 생명 · 신체의 안전을 보호함에 있다고 한정하더라도, 위 입법목적에서 오는 완화된 해석의 요청과 이 사건 법률조항들의 기본권 제한성에서 오는 엄격한 해석의 요청 사이에 조화로운 해석을 할 수 있는 합리적 기준이 무엇인지도 불명료하다.

구체적으로 이 사건 법률조항들에 관하여는 다음과 같이 여러 가지 해석의 가능성이 열려 있다.

첫째, 노노법 제42조 제2항의 '안전보호시설'의 의의에 관하여 사람의 생명 · 신체의 안전을 보호하는 시설만을 의미한다고 해석할 수도 있으나 물적 설비의 안전을 보호하는 시설도 포함한다고 해석할 수도 있다. 위에서 본 바와 같이 이 사건 법률조항들의 입법목적이 불명확하여 어느 쪽의 해석도 절대적으로 타당하다고 할 수 없기 때문이다.

둘째, 안전보호시설로써 보호하려는 생명 · 신체의 주체에 관하여 제한이 없어 일반적인 제3자를 포함한다고 볼 수도 있지만, 동시에 사업장에 관련되는 사람으로 한정하는 해석도 가능하다. 본래 사업장의 안전보호시설은 사업장 구성원이나 적어도 사업장과 관련된 사람을 보호하는 시설이라고 볼 수 있기 때문이다. 위 구 노동조합및노동관계조정법 제42조 제2항이 "공장, 사업장 기타 직장에 대한"이라고 규정하였던 점도 위와 같은 제한적 해석의 또 하나의 근거가 될 수 있다.

셋째, 안전보호시설이 안전보호를 '목적'으로 하는 시설이라고 해석할 수도 있으나, 이에 한정되지 않는다는 풀이도 가능하다. 비록 안전보호를 목적으로 설치된 시설은 아니라도 그 가동을 중단함에 따라 안전에 위해가 발생하는 시설에 대하여 그 계속적인 유지 · 운영이 요구됨은 본래 안전보호를 목적으로 설치된 시설과 다를 바 없다고 생각할 수도 있기 때문이다.

넷째, 사람의 생명 · 신체에 대한 위험이 전혀 발생하지 않은 경우에는 노노법 제42조 제2항에 위반되지 않는다고 이해할 수도 있지만, 동시에 이 사건 법률조항들의 문언이 사람의 생명 · 신체에 대한 위험을 요건으로 명시하고 있지 아니한 이상 이를 범죄성립의 요건으로 요구할 수는 없다고 볼 수도 있다.

다섯째, 노노법 제42조 제2항 위반행위의 주체에 관하여 아무런 제한이 없다고 볼 수도 있지만, 한편 노노법 제42조 제2항은 근로자의 쟁의행위를 제한하는 규정이므로 그 위반행위의 주체도 근로자에 한한다고 해석할 수도 있다.

나. 명확성원칙에 위배

위와 같이 이 사건 법률조항들은 여러 가지로 해석할 수 있음에도, 이 사건 법률조항들의 문언, 입법목적, 법규범의 체계적 구조 등 어느 것도 위와 같이 서로 다른 해석들 중 어느 하나가 더 합리적이라고 인정할 수 있는 구체적이고 객관적인 기준을 제시하고 있지 않다.

입법자로서는 법률이 의도하는 내용을 보다 구체적이고 제한적으로 명시하거나 적어도 안전보호시설을 예시하는 등의 방법으로 이 사건 법률조항들을 보다 명확하게 규정할 수 있었다. 보다 명확한 입법이 가능함에도 불명확한 입법을 함으로써 위와 같이 다의적인 해석을 할 수 있게 하고 그 불명확함이 어느 하나의 해석이 합리적이라고 평가를 할 수 없는 정도에 이르렀다.

그리하여 이 사건 법률조항들은 법을 집행하는 기관이 서로 다른 해석들 중 어느 하나를 임의로 택하여 자의적으로 집행하는 것을 가능하게 하는 한편 수범자에게는 이에 관한 예측가능성을 박탈하고 있다.

따라서 이 사건 법률조항들은 명확성원칙, 보다 정확하게는 죄형법정주의의 한 내용으로서의 명확성원칙에 위배된다.」

◎ 같은 취지 : 憲 1995. 9. 28.-93헌바50; 1998. 3. 26.-96헌가20; 1999. 9. 19.-97헌바73등; 2000. 2. 24.-98헌바37; 2002. 7. 18.-2000헌바57; 2005. 6. 30.-2005헌가1

▷ **포괄위임금지의 원칙을 밝힌 판례**

[憲 1995. 7. 21.-94헌마125](영화법 제26조 등 위헌확인)

「헌법 제75조는 법률에서 구체적으로 범위를 정하여 위임한 사항에 관하여 대통령령을 발할 수 있다고 규정하고 있다. 사실상 입법권을 백지위임하는 것과 같은 일반적이고 포괄적인 위임은 의회입법과 법치주의를 부인하는 것이 되어 행정권의 부당한 자의와 기본권행사에 대한 무제한적 침해를 초래할 것이기 때문에, 위임입법의 한계에 관한 헌법의 취지는 위와 같은 결과를 사전에 방지하고자 함에 있다고 할 것이다. 따라서 법률의 위임은 반드시 구체적 개별적으로 한정된 사항에 대하여 행하여져야 할 것이다. 다만 구체적인 범위는 각종 법령이 규제하고자 하는 대상의 종류와 성격에 따라 달라진다 할 것이므로 일률적 기준을 정할 수는 없지만, 적어도 법률의 규정에 의하여 이미 대통령령으로 규제될 내용 및 범위의 기본사항이 구체적으로 규정되어 있어 누구라도 당해 법률로부터 대통령령에 규정될 내용의 대강을 예측할 수 있으면 족하고(헌법재판소 1991. 7. 8. 선고, 91헌가4 결정 참조), 이 경우에 있어 그 예측가능성의 유무는 당해 특정조항 하나만을 가지고 판단할 것이 아니고 관련 법조항 전체를 유기적·체계적으로 종합 판단하여야 하며, 각 대상법률의 성질에 따라 구체적·개별적으로 검토하여야 할 것이다(헌법재판소 1994. 7. 29. 선고, 93헌가12 결정 참조).

이 사건 심판대상인 법 제26조는 국산영화의 연간상영일수를 대통령령에 위임하고 있다. 위 규정은 공연장의 경영자가 일정한 기간 국산영화를 상영할 것을 전제로 하여, 다만 국산영화 의무상영일수라고 하는 구체적 사항에 특정하여 연간상영일수를 기준으로 이를 대통령령에 정할 것을 위임하고 있다. 따라서 비록 위 규정이 의무상영일수의 상한이나 하한을 명시적으로 설정하고 있지는 않지만, 위와 같은 법률 규정의 취지에서 볼 때 대통령령에 규정될 내용이 연간상영일수의 일부를 대상으로 한다는 점에서 그 대강을 충분히 예측할 수있다 할 것이므로 위임입법의 한계를 벗어난 것이라 할 수 없다.」

[憲 1995. 11. 30.-94헌바40등](소득세법 제23조 제2항, 제23조 제4항 제1호 단서 등 위헌소원)

「과세요건법정주의와 과세요건명확주의를 핵심적 내용으로 하는 조세법률주의의 이념은 과세요건을 법률로 명확하게 규정함으로써 국민의 재산권을 보장하고 국민생활의 법적 안정성과 예측가능성을 보장함에 있는 것이다(헌법재판소 1989. 7. 21. 선고, 89헌마38 결정 참조). 그런데 조세법률주의를 철저하게 관철하고자 하면 복잡다양하고도 끊임없이 변천하는 경제상황에 대처하여 적확하게 과세대상을 포착하고 적정하게 과세표준을 산출하기 어려워 담세력에 따른 공평과세의 목적을 달성할 수 없게 되는 경우가 생길 수 있으므로, 조세법률주의를 지키면서도 경제현실에 따라 공정한 과세를 하고 탈법적인 조세회피행위에 대처하기 위하여는 납세의무의 본질적인 내용에 관한 사항이라 하더라도 그중 경제현실의 변화나 전문적 기술의 발달 등에 즉응하여야 하는 세부적인 사항에 관하여는 국회제정의 형식적 법률보다 더 탄력성이 있는 대통령령 등 하위법규에 이를 위임할 필요가 있다.

우리 헌법도 조세행정분야뿐만 아니라 국정 전반에 걸쳐 위와 같은 위임입법의 필요성이 있음을 인정하여 그 제75조에서 "대통령은 법률에서……위임받은 사항……에 관하여 대통령령을 발할 수 있다"라고 규정함으로써 위임입법의 헌법상 근거를 마련하는 한편, 대통령령으로 입법할 수 있는 사항을 "법률에서 구체적으로 범위를 정하여 위임받은 사항"으로 한정함으로써 위임입법의 기준과 한계를 명시하고 있는바, 여기서 위임입법에 관한 헌법의 위 규정이 특히 위임입법의 기준과 한계를 명시하고 있는 취지는 단순히 소극적인 측면에서 대통령령 등의 하위법규로서는 법률이 위임하지 아니한 사항을 정할 수 없음을 밝히고 있는 것에 그치는 것이 아니고, 더 나아가 적극적인 측면에서 대통령령 등의 하위법규에 입법을 위임할 경우에는 법률로써 반드시 그 위임의 범위를 구체적으로 정하여야 하며 일반적이고 포괄적인 입법위임은 허용되지 않는다는 것까지 밝히고 있는 것이다.

따라서, 입법의 위임은 법률로써 구체적인 범위를 정하여 이루어져야 하는 것이지만, 그 위임범위의 구체성, 명확성의 요구 정도는 그 규제대상의 종류와 성격에 따라 달라질 수밖에 없는 것으로서, 특히 처벌법규나 조세법규와 같이 국민의 기본권을 직접적으로 제한하거나 침해할 소지가 있는 법규에서는 구체성의 요구가 강화되어 그 위임의 요건과 범위가 일반적인 급부행정법규의 경우보다 더 엄격하게 제한적으로 규정되어야 하는 반면에 다양한 사실관계를 규율하거나 사실관계가 수시로 변화될 것이 예상될 때에는 위임의 명확성의 요건은 완화되는 것이다(헌법재판소 1991. 2. 11. 선고, 90헌가27 결정; 1994. 7. 29. 선고, 92헌바49 · 52 결정 등 참조). 그러나 위임의 명확성의 요건이 완화될 수 있는 경우에도 국민주권주의, 권력분립주의 및 법치주의를 기본원리로 채택하고 있는 우리 헌법하에서는 국민의 헌법상 기본권 및 기본의무와 관련된 중요한 사항 내지 본질적인 내용에 관한 사항에 대한 정책형성기능은 원칙적으로 주권자인 국민에 의하여 선출된 대표자들로 구성되는 입법부가 담당하여 법률의 형식으로써 이를 수행하여야 하고, 이와 같이 입법화된 정책을 집행하거나 적용함을 임무로 하는 행정부나 사법부에 그 기능이 넘겨져서는 안 된다고 해석되므로, 국민의 기본의무인 납세의무의 중요한 사항 내지 본질적 내용에 관한 사항에 대하여는 조세법률주의의 원칙상 가능한 한 법률에 명확하게 규정되어야 하고 이와 같은 사항을 대통령령 등 하위법규에 위임하는 데에는 일정한 한계가 있는 것이다.」

◎ 같은 취지 : 憲 1995. 11. 30.-91헌바1등

▸ **법의 일반성에 대한 판례**

▹ **헌법재판소가 구체적인 개별사안을 규율하는 개별적 법률의 위헌 여부에 대하여 이를 평등원칙의 위반 여부로 다룬 판례**

[憲 1996. 2. 16.-96헌가2등](5 · 18민주화운동등에관한특별법 제2조 위헌제청 등)

「가. 특별법 제2조가 개별사건법률이기 때문에 위헌인가

(1) 청구인들은 이 법률조항이 "1979. 12. 12.과 1980. 5. 18.을 전후하여 발생한 헌정질서파괴범죄행위"라고 특정함으로써 청구인 등이 범하였다는 이른바 12 · 12 군사반란행위와 5 · 18 내란행위를 지칭하는 것이 명백하여 특별법은 결국 청구인 등 특정인의 특정사건에 대하여 국가형벌권이 특정기간동안 연장하는 것을 규정하고 있어 '개인대상법률'이며 '개별사건법률'이므로 헌법상 평등의 원칙에 반할 뿐만 아니라 나아가 권력분립의 원칙과 무죄추정의 원칙에 반하여 헌법에 위반된다고 주장한다. 그러므로 먼저 이 법률조항이 개별사건법률이기 때문에 헌법에 위반되는 것인지의 여부에 관하여 판단한다.

특별법 제2조는 제1항에서 "1979년 12월 12일과 1980년 5월 18일을 전후하여 발생한…… 헌정질서파괴행위에 대하여…… 공소시효의 진행이 정지된 것으로 본다"라고 규정함으로써, 특별법이 이른바 12 · 12 사건과 5 · 18 사건에만 적용됨을 명백히 밝히고 있으므로 다른 유사한 상황의 불특정다수의 사건에 적용될 가능성을 배제하고 오로지 위 두 사건에 관련된 헌정질서파괴범만을 그 대상으로 하고 있어 특별법 제정당시 이미 적용의 인적범위가 확정되거나 확정될 수 있는 내용의 것이므로 개별사건법률임을 부인할 수는 없다.

(2) 그러나 우리 헌법은 개별사건법률에 대한 정의를 하고 있지 않음은 물론 개별사건법률의 입법을 금하는 명문의 규정도 없다.

개별사건법률금지의 원칙은 "법률은 일반적으로 적용되어야지 어떤 개별사건에만 적용되어서는 아니된다"는 법원칙으로서 헌법상의 평등원칙에 근거하고 있는 것으로 풀이되고, 그 기본정신은 입법자에 대하여 기본권을 침해하는 법률은 일반적 성격을 가져야 한다는 형식을 요구함으로써 평등원칙위반의 위험성을 입법과정에서 미리 제거하려는 데 있다 할 것이다.

개별사건법률은 개별사건에만 적용되는 것이므로 원칙적으로 평등원칙에 위배되는 자의적인 규정이라는 강한 의심을 불러일으킨다. 그러나 개별사건법률금지의 원칙이 법률제정에 있어서 입법자가 평등원칙을 준수할 것을 요구하는 것이기 때문에, 특정규범이 개별사건법률에 해당한다 하여 곧바로 위헌을 뜻하는 것은 아니다. 비록 특정법률 또는 법률조항이 단지 하나의 사건만을 규율하려고 한다 하더라도 이러한 차별적 규율이 합리적인 이유로 정당화될 수 있는 경우에는 합헌적일 수 있다. 따라서 개별사건법률의 위헌 여부는, 그 형식만으로 가려지는 것이 아니라, 나아가 평등의 원칙이 추구하는 실질적 내용이 정당한지 아닌지를 따져야 비로소 가려진다.

(3) 이른바 12 · 12 및 5 · 18 사건의 경우 그 이전에 있었던 다른 헌정질서파괴범과 비교해보면, 공소시효의 완성 여부에 관한 논의가 아직 진행중이고, 집권과정에서의 불법적 요소나 올바른 헌정사의 정립을 위한 과거청산의 요청에 미루어볼 때 비록 특별법이 개별적사건법률이라고 하더라도 입법을 정당화할 수 있는 공익이 인정될 수 있다고 판단된다. 따라서 이 법률조항은 개별사건법률에 내재된 불평등요소를 정당화할 수 있는 합리적인 이유가 있으므로 헌법에 위반되지 아니한다.」

▶ **국가작용의 법에의 기속**

▸ **모든 국가작용이 법률에 근거를 두어야 함을 밝힌 판례**

[憲 1990. 9. 3.-89헌가95](국세기본법 제35조 제1항 제3호의 위헌심판)

「민주법치국가에서 모든 행정(과 재판)이 법률에 근거를 두어야 하며 그러한 의미에서 법치행정이 시행되어야 한다면 조세행정도 행정의 일부로서 당연히 그에 포함될 이치인데도, 유독 그것만을 분리하여 별도로 조세의 합법률성의 원칙이 강조되고 있는 것은 그것이 역사적으로 국민의 조세저항 내지 재산권 보호와 밀접한 관련이 있기 때문이다. 이는 형사상의 죄형법정주의와 함께 국민에게 가장 민감한 이해관계가 있는 헌법상의 원칙이라고 할 수 있는데, 그것은 법률에 정하여진 요건을 확인하여 장래에의 행동과 그에 따른 법적 효과를 예측할 수 있고, 그것을 토대로 하여 스스로의 행동방향을 설정하여 과세상의 불이익·형사상의 불이익을 피할 수 있는 선택이 보장되기 때문이다.」

▸ 적법절차의 원칙에 대한 판례

[憲 1994. 4. 28.-93헌바26](형사소송법 제314조 위헌소원)

「이른바 재판청구권인 적법절차에 의한 공정한 공개재판을 받을 권리는 국민의 가장 중요한 기본권 중의 하나이다. 그러므로 헌법은 이를 보장하기 위하여 그 제12조 제1항 후문 후단에는 "누구든지……법률과 적법절차에 의하지 아니하고는 처벌·보안처분 또는 강제노역을 받지 아니한다"고 규정하여 적법절차의 원리를 선언하였고, 그 제27조 제1항 및 제3항에는 "모든 국민은 헌법과 법률이 정한 법관에 의하여 법률에 의한 재판을 받을 권리를 가진다" "모든 국민은 신속한 재판을 받을 권리를 가진다. 형사피고인은 상당한 이유가 없는 한 지체없이 공개재판을 받을 권리를 가진다"라고 규정하여 법관의 법률에 의한 공정하고 신속한 공개재판을 받을 권리, 이른바 재판청구권을 명언하였고, 그 제4항에는 "형사피고인은 유죄의 판결이 확정될 때까지는 무죄로 추정된다"라고 규정하여 무죄추정의 원칙을 명백히 하였다. 적법절차의 원칙은 영미법계의 국가에서 국민의 인권을 보호하기 위한 기본원리의 하나로 발달되어 온 원칙으로, 미국의 수정헌법에서 명문화하기 시작하였으며, 대륙법계 국가에서도 이에 상응하여 법치국가원리 또는 기본권제한의 법률유보원리로 정립되어 있다. 여기서 적법절차라 함은 인신의 구속이나 처벌 등 형사절차만이 아니라 국가작용으로서의 모든 입법작용과 행정작용에도 광범위하게 적용되는 독자적인 헌법원리의 하나로 절차가 형식적 법률로 정하여지고 그 법률에 합치하여야 할 뿐만 아니라 적용되는 법률의 내용에 있어서도 합리성과 정당성을 갖춘 적정한 것이어야 하며, 특히 형사소송절차와 관련시켜 적용함에 있어서는 형벌권의 실행절차인 형사소송의 전반을 규율하는 기본원리로 이해하여야 하는 것이다. 법관에 의한 법률에 의한 공정하고 신속한 공개재판을 받을 권리는 헌법과 법률이 정한 자격이 있고, 헌법 제103조 내지 제106조에 정한바 법정절차에 의하여 임명되고 신분이 보장되어 독립하여 심판하는 법관으로부터 헌법과 법률에 의하여 그 양심에 따라 위에서 본 적법절차에 의하여 신속한 공개재판을 받을 권리인 것이다. 이는 공정한 재판을 위한 핵심적 규정이고, 1789년 프랑스인권선언을 거쳐 1791년 프랑스헌법에 규정하기 시작하여, 세계 각 민주국가에는 일반적으로 보장하고 있는 국민의 가장 중요한 기본권 중의 하나이다. 여기서 법률에 의한 재판이라 함은 적용될 실체법은 합헌적인 형식적 법률이어야 하고, 절차도 합헌적 법률로 정한 절차에 의하여야 한다는 것이다. 그리고 신속한 재판을 받을 권리는 심리가 지연됨으로써 피고인에 대한 인신구속의 부당한 장기화와 그로 인한 허위자백과 물심양면의 고통을 방지하고, 피고인이라는 불명예로부터 빨리 벗어나도록 조속한 시일 내에 재판을 받을 권리이다. 또한 공개재판을 받을 권리는 재판의 공정을 보장하기 위하여 비밀재판을 배제하고 일반국민의 감시하에 재판의 심리와 판결을 받는 권리이다. 여기서 공판중심주의에 의하여 공개된 법정의 법관의 면전에서 모든 증거자료는 조사·진술되고 이에 대하여 피고인이 공격·방어할 수 있는 기회를 보장받을 피고인의 권리가 생기는 것이다. 또 무죄추정의 원칙은 비록 기소된 피고인이라고 할지라도 유죄로 확정되기 전에는 죄가 없는 자로 취급되어야 하며, 유죄인 것을 전제로 한 어떤 불이익도 입혀서는 안 되며 불가피하게 불이익을 입히는 경우도 필요한 최소한도에 그쳐야 한다는 원칙이다(헌법재판소 1990. 11. 19. 선고, 90헌가48 결정 참조). 프랑스인권선언 이래 세계인권선언과 많은 국가의 헌법이 채택하고 있고, 이 원칙도 공정한 재판실현과 인간의 존엄성 존중에 바탕을 둔 것이다. 피고인이 유죄라는 선입감에서 피고인의 권리행사를 제한할 수 있는 입법을 한다면 이 원칙에 반하는 결과가 될 것이다.」

▶ 법적 안정성

▸ 신뢰보호에 대한 판례

[憲 1995. 10. 26.-94헌바12](조세감면규제법 부칙 제13조 등 위헌소원)

「(가) 우리재판소는 최근의 결정에서(장래입법이 문제된 사례), "헌법상 법치국가의 원칙으로부터 신뢰보호의 원리가 도출된다. 법률의 개정시 구법질서에 대한 당사자의 신뢰가 합리적이고도 정당하며 법률의 개정으로 야기되는 당사자의 손해가 극심하여 새로운 입법으로 달성하고자 하는 공익적 목적이 그러한 당사자의 신뢰의 파괴를 정당화할 수 없다면 그러한 새 입법은 신뢰보호의 원칙상 허용될 수 없다. 이러한 신뢰보호원칙의 위배 여부를 판단하기 위하여는 한편으로는 침해받은 이익의 보호가치, 침해의 중한 정도, 신뢰가 손상된 정도, 신뢰침해의 방법 등과 다른 한면으로는 새 입법을 통해 실현하고자 하는 공익적 목적을 종합적으로 비교 · 형량하여야 한다"라고 판시한 바 있다[1995. 6. 29. 선고, 94헌바39 결정; 또한 비슷한 취지로 1995. 3. 23. 선고, 93헌바18 · 31(병합) 결정 참조].

(나) 법치주의는 정의의 실현과 아울러 법적안정성 내지 신뢰보호를 목표로 삼지 않으면 안된다. 국민이 행위시의 법률을 신뢰하고 자신의 행동을 결정하였다면 그러한 신뢰가 보호가치가 있는 한 입법자가 이를 함부로 박탈할 수 없는 것은 당연하다. 법의 본질은 요구 내지 금지규범으로서 수범자의 행위를 향도하고 지시하는데 있다고 할 것인데, 수범자가 실정법(물론 위헌 · 무효이거나 내용이 불분명하거나, 반공익적이라거나, 조만간 개정될 것이 예상되는 법률이 아닐 것이 전제된다)을 믿고 구체적 행위로 나아간 것이 보호되지 않는다면 법의 본질 내지 법치주의의 목표가 심각히 훼손되는 결과가 되고 국민들에게는 법의 불신을 초래하게 된다. 따라서 입법자로서의 국가 역시 그 자신이 유효하게 정립한 법규범에 원칙적으로 구속되는 것이라고 할 것이다.

일찍이 막스 베버(Max Weber)는 서구에서 자본주의가 발달한 배경에는 법이 형식적 합리성을 지니고 예견가능했다는 점을 지적하였다. 국민이, 특히 사업가가 실정법을 중심으로 자신의 사업추진, 운용을 실행해 나가는 현실에서 주어진 법이 어느 때고 불리하게 개정될 수 있다고 한다면, 바람직한 경제발전에 법이 그 배경으로 작용할 수 없게될 것이다.」

[憲 1997. 11. 27.-97헌바10](약사법부칙 제4조 제2항 위헌소원)

「직업의 자유가 보장된다고 하여 입법자가 이미 형성된 직종을 언제까지나 고수하여야 하거나 허가요건이 다른 유사한 직종을 계속 병존시켜야 한다면 공익상의 필요에 의한 직업의 개혁이나 제도의 개혁은 불가능하다. 그러므로 서로 유사한 직종을 통합하거나 새로운 직종을 신설함에 있어서 기존 종사자들에 대하여 비례의 원칙(과잉금지의 원칙)에 위반되는 방법을 취하지 아니하는 한, 입법권은 직업개혁의 영역에서 광범위한 입법형성의 자유를 가지는 것이라 할 것이다. 우리재판소는 1996. 4. 25. 선고, 94헌마129, 95헌마121(병합) 결정에서, 입법부가 일정한 전문분야에 관한 자격제도를 마련함에 있어서 그 제도를 마련한 목적을 고려하여 정책적인 판단에 따라 자유롭게 제도의 내용을 구성할 수 있고, 그 내용이 명백히 불합리하고 불공정하지 아니하는 한 원칙적으로 입법부의 정책적 판단은 존중되어야 한다고 판시한 바 있고, 특히 약사와 관련하여서는, 양약의 경우에는 약사에게, 한약의 경우에는 한약사에게 각 전속적으로 조제권을 부여함으로써 양약과 한약의 조제업을 양분하는 문제는 광범위한 입법형성권을 가진 입법자가 국민보건향상이라는 공공복리를 고려하여 합목적적으로 정할 입법정책상의 재량사항에 속하는 것이라고 판시한 바 있다(헌법재판소 1991. 9. 16. 선고, 89헌마163 결정 ; 같은 날 선고, 89헌마231 결정 참조). 그러나 법률이 개정되는 경우에는 기존 법질서와 사이에 어느 정도의 이해관계의 상충이 불가피하며 이 경우 구법질서에 대하여 가지고 있던 당사자의 신뢰는 보호되어야 한다. 우리재판소는 1995. 6. 29. 선고, 94헌바39 결정에서, 법률의 개정시 구법질서에 대한 당사자의 신뢰가 합리적이고도 정당하며 법률의 개정으로 야기되는 당사자의 손해가 극심하여 새로운 입법으로 달성하고자 하는 공익적 목적이 그러한 당사자의 신뢰의 파괴를 정당화할 수 없다면 그러한 새 입법은 신뢰보호의 원칙상 허용될 수 없다고 하면서, 이러한 신뢰이익보호원칙의 위배 여부를 판단하기 위하여는 한면으로는 침해받은 이익의 보호가치, 침해의 중한 정도, 신뢰가 손상된 정도, 신뢰침해의 방법 등과 다른 한면으로는 새 입법을 통해 실현하고자 하는 공익적 목적을 종합적으로 비교 · 형량하여야 하며, 이는 헌법상 법치국가의 원칙으로부터 도출되는 신뢰이익보호의 원리라고 판시하여 이 점을 명백히 하고 있다.

따라서 이 사건 법률 이전부터 한약을 조제하여 온 약사들이 가지고 있었던 한약의 조제권에 대한 신뢰를 보호하는 것이 우리 헌법에 구현되어 있는 법치국가원리의 관점에서 요청된다고 할 것이고, 그 보호 여하가 비례의 원칙의 위반 여부를 판단하는 기준이 될 것이다. 그렇다고 하더라도 그 신뢰가 절대적으로 보호되어야 하는 것은 아니며, 어느 정도 신뢰가 보호되어야 할 것인가의 문제는 법개정에 의하여 야기되는 신뢰의 손상이 약사 및 약사직업에 갖는 의미와, 그 개정입법이 공익의 실현과 관련하여 갖는 의미를 상호 비교형량하여 결정하여야 할 것이다.」

[憲 2004. 12. 16.-2003헌마226등](화물자동차운수사업법시행규칙 제3조의2 제1항 제1호 등 위헌확인 등)

「일반적으로 국민이 어떤 법률이나 제도가 장래에도 그대로 존속될 것이라는 합리적인 신뢰를 바탕으로 하여 일정한 법적 지위를 형성한 경우, 국가는 그와 같은 법적 지위와 관련된 법규나 제도의 개폐에 있어서 법치국가의 원칙에 따라 국민의 신뢰를 최대한 보호하여 법적 안정성을 도모하여야 한다(헌재 1997. 11. 27. 97헌바10, 판례집 9-2, 651, 668 ; 2001. 9. 27. 2000헌마152, 판례집 13-2, 338, 346). 따라서 법률의 제정이나 개정시 구법질서에 대한 당사자의 신뢰가 합리적이고도 정당하며 법률의 제정이나 개정으로 야기되는 당사자의 손해가 극심하여 새로운 입법으로 달성하고자 하는 공익적 목적이 그러한 당사자의 신뢰의 파괴를 정당화할 수 없다면, 그러한 새로운 입법은 허용될 수 없다(헌재 2002. 11. 28. 2002헌바45, 판례집 14-2, 704, 712-713).

그런데 사회환경이나 경제여건의 변화에 따른 필요성에 의하여 법률은 신축적으로 변할 수 밖에 없고, 변경된 새로운 법질서와 기존의 법질서 사이에는 이해관계의 상충이 불가피하다. 따라서 국민이 가지는 모든 기대 내지 신뢰가 헌법상 권리로서 보호될 것은 아니고, 신뢰의 근거 및 종류, 상실된 이익의 중요성, 침해의 방법 등에 의하여 개정된 법규 · 제도의 존속에 대한 개인의 신뢰가 합리적이어서 권리로서 보호할 필요성이 인정되어야 한다(헌재 2002. 2. 28. 99헌바4, 판례집 14-1, 106, 116). 그러므로 신뢰보호원칙의 위반 여부는 한편으로는 침해받은 신뢰이익의 보호가치, 침해의 중한 정도, 신뢰침해의 방법 등과 다른 한편으로는 새 입법을 통해 실현코자 하는 공익목적을 종합적으로 비교형량하여 판단하여야 한다(헌재 1995. 10. 26. 94헌바12, 판례집 7-2, 447, 460-461).」

◎ 같은 취지 : 2001. 9. 27.-2000헌마152; 2002. 2. 28.-99헌바4

▸ **소급적용의 금지에 대한 판례**

▹ **법치주의에서 진정소급입법은 원칙적으로 금지되고 예외적으로 허용되며, 부진정소급입법은 원칙적으로 허용되고 예외적으로 금지된다고 본 판례**

[憲 1996. 2. 16.-96헌가2등](5·18민주화운동등에관한특별법 제2조 위헌제청 등)

「다. 공소시효와 형벌불소급의 원칙

이 법률조항에 의한 공소시효의 정지 곧 결과적으로 그 기간을 연장하는 것이 헌법 제12조 제1항 후단과 제13조 제1항 전단의 죄형법정주의에 위반되는지를 살펴보기로 한다.

(1) 헌법 제12조 제1항 후단은 "……법률과 적법한 절차에 의하지 아니하고는 처벌·보안처분 또는 강제노역을 받지 아니한다"라고 규정하고, 제13조 제1항 전단은 "모든 국민은 행위시의 법률에 의하여 범죄를 구성하지 않는 행위로 소추되지 아니하며……"라고 하여 죄형법정주의와 형벌불소급의 원칙을 규정하고 있다. 헌법 제12조 제1항과 제13조 제1항의 근본뜻은 형벌법규는 허용된 행위와 금지된 행위의 경계를 명확히 설정하여 어떠한 행위가 금지되어 있고, 그에 위반한 경우 어떠한 형벌이 정해져 있는가를 미리 개인에 알려 자신의 행위를 그에 맞출 수 있도록 하자는데 있다. 이로써 위 헌법조항은 실체적 형사법 영역에서의 어떠한 소급효력도 금지하고 있고, "범죄를 구성하지 않는 행위"라고 표현함으로써 절대적 소급효금지의 대상은 "범죄구성요건"과 관련되는 것임을 밝히고 있다.

헌법이 위 조항에서 비록 범죄구성요건만을 언급하고 있으나, 책임없는 형벌을 금하고 행위의 불법과 행위자의 책임은 형벌과 적정한 비례관계를 유지하여야 한다는 적법절차의 원칙과 법치주의원칙에서 파생되는 책임원칙에 따라 범죄구성요건과 형벌은 불가분의 내적인 연관관계에 있기 때문에, 결국 죄형법정주의는 이 두가지 요소로 구성되는 "가벌성"을 그 내용으로 하고 있는 것이다. 즉 가벌성의 조건을 사후적으로 변경할 것을 요구하는 공익의 요청도 개인의 신뢰보호와 법적안정성에 우선할 수 없다는 것을 명백히 규정함으로써, 위 헌법조항은 소급적인 범죄구성요건의 제정과 소급적인 형벌의 가중을 엄격히 금하고 있다.

(2) 그러므로 우리 헌법이 규정한 형벌불소급의 원칙은 형사소추가 "언제부터 어떠한 조건하에서" 가능한가의 문제에 관한 것이고, "얼마 동안" 가능한가의 문제에 관한 것은 아니다. 다시 말하면 헌법의 규정은 "행위의 가벌성"에 관한 것이기 때문에 소추가능성에만 연관될 뿐, 가벌성에는 영향을 미치지 않는 공소시효에 관한 규정은 원칙적으로 그 효력범위에 포함되지 않는다. 행위의 가벌성은 행위에 대한 소추가능성의 전제조건이지만 소추가능성은 가벌성의 조건이 아니므로 공소시효의 정지규정을 과거에 이미 행한 범죄에 대하여 적용하도록 하는 법률이라 하더라도 그 사유만으로 헌법 제12조 제1항 및 제13조 제1항에 규정한 죄형법정주의의 파생원칙인 형벌불소급의 원칙에 언제나 위배되는 것으로 단정할 수는 없다.

라. 특별법과 법치주의의 원칙

공소시효제도가 헌법 제12조 제1항 및 제13조 제1항에 정한 죄형법정주의의 보호범위에 바로 속하지 않는다면, 소급입법의 헌법적 한계는 법적 안정성과 신뢰보호원칙을 포함하는 법치주의의 원칙에 따른 기준으로 판단하여야 한다. 법적 안정성은 객관적 요소로서 법질서의 신뢰성·항구성·법적 투명성과 법적 평화를 의미하고, 이와 내적인 상호연관관계에 있는 법적 안정성의 주관적 측면은 한번 제정된 법규범은 원칙적으로 존속력을 갖고 자신의 행위기준으로 작용하리라는 개인의 신뢰보호원칙이다. 법적 안정성과 신뢰보호원칙에 있어서 특히 중요한 것은 시간적인 요소이다. 특정한 법률에 의하여 발생한 법률관계는 그 법에 따라 파악되고 판단되어야 하고, 개인은 과거의 사실관계가 그 뒤에 생긴 새로운 법률의 기준에 따라 판단되지 않는다는 것을 믿을 수 있어야 한다. 그러므로 법치국가적 요청으로서의 법적안정성과 신뢰보호원칙은 무엇보다도 바로 소급효력을 갖는 법률에 대하여 민감하게 대립할 수밖에 없고, 구체적으로는 어떤 법률이 이미 종료된 사실관계에 예상치 못했던 불리한 결과를 가져오게 하는 경우인가 아니면 현재 진행중이나 아직 종료되지 않은 사실관계에 작용하는 경우인가에 따라 헌법적 의미를 달리하게 된다.

그렇다면 이 법률조항에 대한 위헌 여부를 판단하기 위하여는 먼저 이 법률조항이 이미 종료된 사실관계(이른바 진정소급효)에 관련된 것인지, 아니면 현재 진행중인 사실관계(이른바 부진정소급효)에 관련된 것인지를 밝혀야 할 것이고, 이는 결국 특별법 시행당시 특별법 소정 피의자들에 대한 공소시효가 이미 완성되었는지의 여부에 따라 판가름될 성질의 것이다.

공소시효는 범죄행위가 종료한 때(범죄의 기수시기와 다를 수 있다)로부터 진행하고, 그 정지사유없이 공소시효기간이 경과함으로써 완성된다(형사소송법 제252조 제1항, 형사소송법 제249조 제1항). 따라서 공소시효의 완성시점을 확정하려면 범죄행위가 언제 종료한 것인지, 종료 후에 공소시효의 정지사유가 있었는지, 있었다면 정지기간은 어느 정도인지를 확정하는 것이 그 선결문제이므로 구체적 범죄행위에 관한 공소시효의 완성 여부 및 그 완성시점 등은 당해 사건을 재판하는 법원이 이를 판단할 성질의 것이지 헌법재판소가 판단할 수 있는 사항이 아니다. 따라서 법원의 판단에 따라 특별법 시행당시 공소시효가 이미 완성되었다면, 특별법은 이미 과거에 완성된 사실 또는 법률관계를 규율대상으로 하여 사후에 그 전과 다른 법적 효과를 생기게 하는(진정소급효) 법률이라 할 것이고, 한편 공소시효가 아직 완성되지 않았다면, 특별법은 과거에 이미 개시되었지만 아직 완결되지 않고 진행과정에 있는 사실 또는 법률관계와 그 법적 효과에 장래적으로 개입하여 법적 지위를 사후에 침해하는(부진정소급효) 법률이라 할 것이다.

그러므로 헌법재판소로서는 당해 사건을 재판하는 법원에 의하여 특별법 시행당시 공소시효가 완성된 것인지의 여부가 아직 확정되지 아니한 터이므로 위 두 가지 경우를 가정하여 판단할 수밖에 없다.

(1) 공소시효가 완성되지 않았다고 보는 경우

만일 법원이 특별법이 처벌하려는 대상범죄의 공소시효가 아직 완성되지 않았다고 판단한다면, 특별법은 단지 진행중인 공소시효를 연장하는 법률로서 이른바 부진정소급효를 갖게 된다.

헌법 제13조 제1항에서의 가벌성을 결정하는 범죄구성요건과 형벌의 영역(이에 관한 한 절대적 소급효의 금지)을 제외한다면 소급효력을 갖는 법률이 헌법상 절대적으로 허용되지 않는 것은 아니다. 다만 소급입법은 법치주의원칙의 중요한 요소인 법적안정성의 요청에 따른 제한을 받을 뿐이다. 헌법재판소의 판례도 형벌규정에 관한 법률 이외의 법률은 부진정소급효를 갖는 경우에는 원칙적으로 허용되고, 단지 소급효를 요구하는 공익상의 사유와 신뢰보호의 요청 사이의 교량과정에서 신뢰보호의 관점이 입법자의 형성권에 제한을 가할 뿐이라는 것이다.

즉 공소시효제도에 근거한 개인의 신뢰와 공소시효의 연장을 통하여 달성하려는 공익을 비교형량하여 개인의 신뢰보호이익이 공익에 우선하는 경우에는 소급효를 갖는 법률은 헌법상 정당화될 수 없다. 그러나 특별법의 경우에는 왜곡된 한국 반세기 헌정사의 흐름을 바로 잡아야 하는 시대적 당위성과 아울러 집권과정에서의 헌정질서파괴범죄를 범한 자들을 응징하여 정의를 회복하여야 한다는 중대한 공익이 있다. 또한 특별법은 모든 범죄의 공소시효를 일정 시간 동안 포괄적으로 정지시키는 일반적인 법률이 아니고, 그 대상범위를 헌정질서파괴범죄에만 한정함으로써 예외적인 성격을 강조하고 있다. 이에 비하면 공소시효는 일정 기간이 경과되면 어떠한 경우이거나 시효가 완성되는 것은 아니며, 행위자의 의사와 관계없이 정지될 수도 있는 것이므로 아직 공소시효가 완성되지 않은 이상 예상된 시기에 이르러 반드시 시효가 완성되리라는 것에 대한 보장이 없는 불확실한 기대일 뿐이므로 공소시효에 의하여 보호될 수 있는 신뢰보호이익은 상대적으로 미약하다 할 것이다. 따라서 공소시효가 완성되지 아니하고 아직 진행중이라고 보는 경우에는 헌법적으로 허용될 수 있다 할 것이므로 위에서 본 여러 사정에 미루어 이 법률조항은 헌법에 위반되지 아니한다.

(2) 공소시효가 완성되었다고 보는 경우

법원이 특별법 소정 헌정질서파괴범죄의 공소시효가 이미 완성되었다고 판단한다면, 특별법은 이미 과거에 완성된 사실 또는 법률관계를 규율대상으로 사후에 이전과 다른 법적효과를 생기게 하는 이른바 진정소급효를 갖게 되고, 이 부분에 대한 재판관들의 의견은 다음과 같다.

(가) 재판관 김진우, 재판관 이재화, 재판관 조승형, 재판관 정경식의 합헌의견

우리는 특별법이 처벌하려는 범죄의 공소시효가 이미 완성되었다고 법원이 판단하여, 동법이 진정소급효를 갖게 된다고 하더라도 다음과 같은 이유로 합헌이라고 본다.

1) 진정소급효금지의 예외와 법치국가원리

기존의 법에 의하여 형성되어 이미 굳어진 개인의 법적 지위를 사후입법을 통하여 박탈하는 것 등을 내용으로 하는 진정소급입법은 개인의 신뢰보호와 법적 안정성을 내용으로 하는 법치국가원리에 의하여 헌법적으로 허용되지 않는 것이 원칙이지만, 특단의 사정이 있는 경우, 즉 기존의 법을 변경하여야 할 공익적 필요는 심히 중대한 반면에 그 법적 지위에 대한 개인의 신뢰를 보호하여야 할 필요가 상대적으로 정당화될 수 없는 경우에는 예외적으로 허용될 수 있다(헌법재판소 1989. 3. 17. 선고, 88헌마1 결정; 1989. 12. 18. 선고, 89헌마32 · 33 결정 등 참조). 그러한 진정소급입법이 허용되는 예외적인 경우로는 일반적으로, 국민이 소급입법을 예상할 수 있었거나, 법적 상태가 불확실하고 혼란스러웠거나 하여 보호할 만한 신뢰의 이익이 적은 경우와 소급입법에 의한 당사자의 손실이 없거나 아주 경미한 경우, 그리고 신뢰보호의 요청에 우선하는 심히 중대한 공익상의 사유가 소급입법을 정당화하는 경우를 들 수 있다. 이를 대별하면 진정소급입법이 허용되는 경우는 구법에 의하여 보장된 국민의 법적 지위에 대한 신뢰가 보호할 만한 가치가 없거나 지극히 적은 경우와 소급입법을 통하여 달성하려는 공익이 매우 중대하여 예외적으로 구법에 의한 법적 상태의 존속을 요구하는 국민의 신뢰보호이익에 비하여 현저히 우선하는 경우로 크게 나누어 볼 수 있다.

물론 그러한 "공익"적 필요가 존재하는지 여부의 문제를 심사함에 있어서는, 부진정소급입법의 경우에 있어서의 신뢰보호의 요청과 서로 비교형량되는 단순한 공익상의 사유보다도 훨

씬 엄격한 조건이 적용되지 않으면 아니된다. 즉 매우 중대한 공익이 존재하는 예외적인 경우에만 그러한 진정소급입법은 정당화될 수 있다. 또한 진정소급입법을 헌법적으로 정당화할 수 있는 이러한 예외사유가 존재하는 여부는 특별법과 같이 신체의 자유에 대한 제한과 직결되는 등 중요한 기본권에 대한 침해를 유발하는 입법에 있어서는 더욱 엄격한 기준으로 판단하여야 할 것이다.

이 사건 헌정질서파괴범의 공소시효의 완성으로 인한 법적 지위에 대한 신뢰를 보호하여야 할 필요는 다음과 같은 이유로 매우 미약하다. 즉 이 사건 반란행위 및 내란행위자들이 반란행위 및 내란행위를 통하여 우리 헌법질서의 근간을 이루고 있는 자유민주적 기본질서를 파괴하였고, 그로 인하여 우리의 민주주의가 장기간 후퇴한 것은 말할 것도 없고, 많은 국민의 그 생명과 신체가 침해되었으며, 전국민의 자유가 장기간 억압되는 등 국민에게 끼친 고통과 해악이 너무도 심대하였다. 또한 이 사건 군사반란행위자들 및 내란행위자들 중 주모자인 전두환 · 노태우 양인이 쿠데타를 통하여 정권을 장악한 뒤에 대를 이어 대통령직에 오름으로써 이 사건 군사반란행위자들 및 내란행위자들에 대한 형사소추가 그들이 정권을 장악하고 있는 동안에는 사실상 불가능하였다. 그러한 기간 동안에도 공소시효의 진행이 정지되지 않는다고 볼 때에는 형사소송법에 규정된 이 사건 군사반란죄와 내란죄에 대한 공소시효의 대부분이 그 기간 동안에 이미 진행되었다고 볼 수밖에 없다. 뿐만 아니라 공소시효완성으로 인한 이익은 단순한 법률적 차원의 이익이고, 헌법상 보장된 기본권적 법익에 속하지는 않는다. 이에 비하여 이 사건 법률조항을 정당화하는 공익적 필요는 매우 중대하다. 즉 집권과정에서 헌정질서파괴범죄를 범한 자들을 응징하여 정의를 회복하여 왜곡된 우리 헌정사의 흐름을 바로 잡아야 할 뿐만 아니라, 앞으로는 우리 헌정사에 다시는 그와 같은 불행한 사태가 반복되지 않도록 자유민주적 기본질서의 확립을 위한 헌정사적 이정표를 마련하는 것이 국민의 줄기찬 요구이자 여망이며, 작금의 시대적 과제이다.

그러므로 이 사건 반란행위자들 및 내란행위자들의 군사반란죄나 내란죄의 공소시효완성으로 인한 법적 지위에 대한 신뢰이익이 보호받을 가치가 별로 크지 않음에 비하여 이 법률조항은 위 행위자들의 신뢰이익이나 법적 안정성을 물리치고도 남을 만큼 월등히 중대한 공익을 추구하고 있다고 평가할 수 있다. 그렇다면 이 법률조항이 위 행위자들의 공소시효완성에 따르는 법적 지위를 소급적으로 박탈하고, 그들에 대한 형사소추를 가능하게 하는 결과를 초래하여 그 합헌성 인정에 있어서 위에서 본 바와 같은 심히 엄격한 심사기준이 적용되어야 한다고 하더라도, 이 법률조항이 공소시효의 완성이라는 헌법상의 기본권이 아닌 단순한 법률적 이익에 대한 위와 같은 미약한 신뢰보호의 필요성에 현저히 우선하는 중대한 공익을 추구하고 있으므로 헌법적으로 정당화된다고 할 것이다. 우리 헌정사에 공소시효에 관한 진정소급입법을 단 한번 예외적으로 허용한다면 바로 이러한 경우에 허용하여야 한다고 할 것이다. 이러한 경우가 진정소급입법의 원칙적 금지의 예외에 해당하지 않는다면, 그 예외는 대체 어디에 해당되고 무엇을 위한 예외인지 진지한 의문을 제기하지 않을 수 없다.

2) 이 법률조항과 평등원칙

특별법의 이 법률조항은 그 적용범위를 1979. 12. 12.과 1980. 5. 18.을 전후하여 발생한 내란죄 · 외환죄 · 군사반란죄 및 이적죄에 한정함으로써 이 사건 법률조항이 진정소급입법으로서의 성격을 갖는다고 할 경우 그 조항이 헌법 제11조에 규정된 평등원칙에 반하는 것은 아닌가 하는 의문이 있을 수 있다.

그러나 이 법률조항은 헌법 제11조에 규정된 평등원칙에 반하지 아니한다. 그것은 무엇보다

이 법률조항의 목적이 일반국민과 동 조항에서 확정된 헌정질서파괴범죄행위자들을 차별적으로 취급하는 것이 아니라, 오히려 위 범죄행위자들이 군사반란 및 내란 등의 행위로 헌법질서를 파괴하여 정권을 장악함으로써 일반국민과 위 행위자들 사이에 이미 발생한 형법집행상의 불평등을 제거하고자 하는 데 있기 때문이다. 다시 말해서 법이 일반국민들뿐만 아니라, 통치자에게도 동등하게 적용되고 집행되어야 한다는 법치국가적 요청이 위 범죄행위자들이 국가의 소추기관을 자신의 지배하에 두게 됨으로써 실현될 수 없음으로 인하여 발생한, 위 범죄행위자들의 이 사건 범죄들에 대한 불처벌로 남은 상태라는 불평등을 제거하고 실질적 정의를 실현하는 데 이 법률조항들의 목적이 있기 때문이다.

법치국가원리의 내용인 법적 안정성 즉, 국민의 신뢰보호와 실질적 정의가 충돌하는 경우 그 어느 쪽을 우선시켜 입법할 것인가는 원칙적으로 입법자가 선택할 문제이고, 그 선택이 자의적이 아닌 한 그 입법을 위헌이라고 할 수는 없다. 이 법률조항이 공소시효의 진행이 정지하는 것으로 보고 있는 기간은 이 사건 헌정질서파괴행위자들이 국가권력을 장악하고 있어 이들에 대한 소추기관의 소추권행사가 원초적으로 불가능하였던 기간이다. 따라서 이 법률조항은 국가의 태만으로 인하여 경과한 시효기간에 대해서까지 시효의 진행을 정지시키는 것은 아니다. 또한 공소시효제도에 관한 외국의 입법례를 보더라도 독일, 프랑스 등 대륙법국가는 물론, 영국과 미국 등 영미법국가도 모두 중대한 범죄에 관하여는 공소시효를 배제하고 있음에 비추어 볼 때(헌법재판소 1995. 1. 20. 선고, 95헌마246 결정 참조) 이 사건 헌정질서파괴범죄와 같이 헌법질서에 근본적인 위협이 되는 중대한 범죄에 한정하여 진정소급효가 있는 입법으로 기본권이 아닌 공소시효의 정지를 규정한다고 하여 그 범위와 기준이 사리에 반하는 자의적인 입법이라고 할 수 없다.

그리고 진정소급효가 있는 공소시효정지를 규정한다 하여도 범행 당시의 구성요건 그대로를 타인과 마찬가지로 적용한다는 것이므로 실질적으로도 새로운 구성요건을 규정하는 것이라고 할 수 없다.

그렇다면 이는 결과적으로 위 범죄행위자들에 대하여 국가가 실효적으로 소추권을 행사할 수 있는 기간을 다른 일반국민들에 대한 시효기간과 동일하게 맞춤으로써, 이 사건 범죄행위로 인하여 초래되었던 불평등을 제거하겠다는 것에 불과하여, 위 범죄행위자들을 자의적으로 차별하는 것이 아닐 뿐만 아니라, 오히려 실질적 정의와 공평의 이념에 부합시키는 조치라고 할 수 있다.

3) 이 법률조항과 적법절차의 원리

우리 헌법 제12조 제1항 후문은 "누구든지…… 적법한 절차에 의하지 아니하고는 처벌·보안처분 또는 강제노역을 받지 아니한다"고 규정함으로써 적법절차의 원칙을 선언하고 있다. 이와 관련하여 진정소급입법에 의한 시효의 연장이 적법절차의 원칙에 반하는 것은 아닌가 하는 의문이 있을 수 있다.

그러나 여기서 적법절차라 함은 인신의 구속이나 처벌 등 형사절차만이 아니라 국가작용으로서의 모든 입법작용과 행정작용에도 광범위하게 적용되는 독자적인 헌법원리의 하나로 절차가 형식적 법률로 정하여지고 그 법률에 합치하여야 할 뿐만 아니라 적용되는 법률의 내용에 있어서도 합리성과 정당성을 갖춘 적정한 것이어야 한다는 것을 의미한다(헌법재판소 1994. 4. 28. 선고, 93헌바26 결정 등 참조). 그러므로 적법절차의 원리는 자의적인 공권력이 행사되는 것을 방지함으로써 기본적 인권을 보호하는 것을 이념으로 하고 있다고 할 것이다.

위와 같은 의미의 적법절차의 원칙은 본래 영미법상의 개념으로 미국의 수정헌법에서 명문화되기 시작하였으며, 그 발달과정과 연혁은 다르지만 대체로 대륙법계 국가에서 발달한 법치국가의 원리의 내용과 일치하는 것으로 이해할 수 있으므로 앞서 판단한 내용이 그대로 타당하게 된다고 할 것이다.

그리고 특별법의 입법목적은 우리 나라와 민족의 장래에 사욕에 의한 헌법질서파괴행위로 인한 국민들의 불행한 역사의 경험을 영구히 다시는 없도록 하기 위한 것이므로 이는 영원한 진리와 보편적이고 통상적인 정의를 담고 있는 것이어서 일시적 여론이나 일시적 정치기류에 영합하기 위한 법률이 아님은 물론이다.

그렇다면 특별법의 이 법률조항은 그 자체 헌법상의 기본권을 제한하는 것도 아니고, 단지 법률상의 권리인 공소시효 완성 후에는 형사소추를 당하지 않을 법률적 이익을 앞서 살펴본 바와 같은 중대한 공익상의 사유로 제한하는 것이므로 적법절차의 원리에도 반하지 아니한다.

4) 결　론

그러므로 특별법이 공소시효가 완성된 뒤에 시행된 사후적 소급입법이라고 하더라도 위에서 살펴본 바와 같이 죄형법정주의에 반하지 않음은 물론, 법치국가의 원리, 평등원칙, 적법절차의 원리에도 반하지 아니하고, 따라서 헌법에 위반되지 아니한다.

(나) 재판관 김용준, 재판관 김문희, 재판관 황도연, 재판관 고중석, 재판관 신창언의 한정위헌의견

헌법은 형사실체법의 영역에서는 형벌은 바로 신체의 자유와 직결되기 때문에 적어도 범죄구성요건과 형벌에 관한 한, 어떠한 공익상의 이유도, 국가적인 이익도 개인의 신뢰보호의 요청과 법적 안정성에 우선할 수 없다 하여 절대적인 소급효의 금지를 밝히고 있다. 그러므로 소급효의 문제는 신뢰보호를 요청하는 법익이 무엇이냐에 따라 구분하여 다르게 판단되어야 하고, 신체의 자유에 대한 소급적 침해에 대한 신뢰보호의 문제는 다른 권리의 사후적 침해에 대한 신뢰보호의 문제와 같은 잣대로 판단할 수는 없다.

우리는 앞에서 비록 공소시효제도가 헌법 제12조 제1항 후단 및 제13조 제1항 전단에 정한 죄형법정주의의 직접적인 적용을 받는 영역으로 볼 수 없다 하여 절대적 소급효금지의 대상인 것은 아니라고 판단한 바 있다. 그러나 개인의 인권보장을 위한 기본장치로서 피의자의 처지를 대변하는 신뢰보호원칙이나 법적 안정성의 측면에서 보면, 형벌을 사후적으로 가능하게 하는 새로운 범죄구성요건의 제정이나, 공소시효가 이미 완성되어 소추할 수 없는 상태에 이른 뒤에 뒤늦게 소추가 가능하도록 하는 새로운 법률을 제정하는 것은 결과적으로 형벌에 미치는 사실적 영향에서는 차이가 없어 실질에 있어서는 마찬가지이다. 일반적으로 절차법의 존속에 대한 신뢰가 실체법의 존속에 대한 신뢰보다 헌법적으로 어느 정도 적게 보호된다 하더라도, 절차법적 지위가 경우에 따라서는 그의 의미와 중요성 때문에 실체법적 지위와 동일한 보호를 요청할 수 있고, 공소시효가 완성된 뒤에 새로이 처벌될 수 있도록 하는 경우가 바로 그러한 예라 할 것이다. 따라서 비록 공소시효에 관한 것이라 하더라도 공소시효가 이미 완성된 경우에 그 뒤 다시 소추할 수 있도록 법률로써 규정하는 것은 헌법 제12조 제1항 후단의 적법절차의 원칙과 제13조 제1항의 형벌불소급의 원칙 정신에 비추어 헌법적으로 받아들일 수 없는 위헌적인 것이라 아니할 수 없다.

법치국가원칙은 그 양대요소로서, 법적 안정성의 요청뿐 아니라 실질적 정의의 요청도 함께 포함한다. 이러한 이유에서 집권과정에서의 헌정질서의 파괴와 범죄행위에 대한 처벌을 통하여 왜곡된 헌정질서를 민주적으로 바로잡고 정의를 회복한다는 측면에서 당연히 범법자

들에 대한 처벌을 요구할 수 있다 하더라도 공소시효제도 또한 입법자가 형사소추에 있어서의 범인필벌의 요청과 법적 안정성의 요청을 함께 고려하여 상충하는 양 법익을 정책적으로 조화시킨 결과이고, 이러한 공소시효규정은 시간의 경과로 인하여 발생하는 새로운 사실관계를 법적으로 존중하는 인권보장을 위한 장치로서 실질적 정의에 기여하고 있다. 법치국가는 법적 안정성과 실질적 정의와의 조화를 생명으로 하는 것이므로 서로 대립하는 법익에 대한 조화를 이루려는 진지한 노력을 하여야 하며, 헌정질서파괴범죄를 범한 자들을 엄벌하여야 할 당위성이 아무리 크다 하더라도 그것 역시 헌법의 테두리 안에서 적법절차의 원리에 따라 이루어져야 마땅하다. 이러한 노력만이 궁극적으로 이 나라 민주법치국가의 기반을 굳건히 다지는 길이기 때문이다.

따라서 이 법률조항이 특별법 시행일 이전에 특별법 소정의 범죄행위에 대한 공소시효가 이미 완성된 경우에도 적용하는 한 헌법에 위반된다.

4. 결 론

이러한 이유로 이 법률조항은 특별법 시행당시, 공소시효가 아직 완성되지 않았다고 보는 경우에는 재판관 전원이 헌법에 위반되지 아니한다는 의견이고, 공소시효가 이미 완성된 것으로 보는 경우에는 재판관 김진우, 재판관 이재화, 재판관 조승형, 재판관 정경식 등 4명이 헌법에 위반되지 아니하는 의견이고, 재판관 김용준, 재판관 김문희, 재판관 황도연, 재판관 고중석, 재판관 신창언 등 5명이 한정위헌의견이나 이 경우에도 헌법재판소법 제23조 제2항 제1호에 정한 위헌결정(헌법소원의 경우도 같음)의 정족수에 이르지 못하여 합헌으로 선고할 수 밖에 없으므로 이에 주문과 같이 결정한다.」

[憲 1998. 9. 30.-97헌바38](가등기담보등에관한법률 부칙 제2조 등 위헌소원)

「기존의 법에 의하여 형성되어 이미 굳어진 개인의 법적 지위를 사후입법을 통하여 박탈하는 것 등을 내용으로 하는 진정소급입법은 개인의 신뢰보호와 법적 안정성을 내용으로 하는 법치국가원리에 의하여 특단의 사정이 있어 예외적으로 허용되는 경우를 제외하고는 헌법적으로 허용되지 아니하는 것이 원칙이며, 진정소급입법이 허용되는 예외적인 경우로는 일반적으로, 국민이 소급입법을 예상할 수 있었거나, 법적 상태가 불확실하고 혼란스러웠거나 하여 보호할 만한 신뢰의 이익이 적은 경우와 소급입법에 의한 당사자의 손실이 없거나 아주 경미한 경우, 그리고 신뢰보호의 요청에 우선하는 심히 중대한 공익상의 사유가 소급입법을 정당화하는 경우 등을 들 수 있다(헌재 1989. 3. 17. 88헌마1, 판례집 1, 9 ; 1996. 2. 16. 96헌가2등, 판례집 8-1, 87). 앞에서 본 가담법의 제정배경과 그 내용들을 고려할 때, 가담법 부칙 제2항이 가담법시행전에 성립한 담보계약에 대하여는 가담법을 적용하지 아니한다고 규정한 것은 진정소급입법금지원칙에 합치되는 것으로서 정당하고, 가담법시행전에 성립한 담보계약에 대하여서까지 가담법을 소급적용하여야 할 특단의 사정있음이 인정되지도 아니하므로(가담법 부칙 제2항의 규정으로 인하여 청구인 등 이해관계인의 기존법적지위가 변동되는 것도 아니다), 가담법 부칙 제2항이 헌법 제23조 제1항 및 제13조 제2항에 위배된다는 청구인의 주장은 그 이유가 없다.」

[憲 1998. 11. 26.-97헌바58](농어촌특별세법 부칙 제3조 제3항 위헌소원)

「가. 헌법 제13조 제2항은 "모든 국민은 소급입법에 의하여……재산권을 박탈당하지 아니한다"고 규정하고 있으므로 새로운 입법으로 과거에 소급하여 과세하거나 또는 납세의무가 존재하는 경우에도 소급하여 중과세하도록 하는 것은 위 헌법조항에 위반된다(헌재 1995. 3. 23.

93헌바18등, 판례집 7-1, 376). 넓은 의미의 소급입법은, 신법이 이미 종료된 사실관계에 작용하는지 아니면 현재 진행중인 사실관계에 작용하는지에 따라 일응 진정소급입법과 부진정소급입법으로 구분되고, 전자는 헌법적으로 허용되지 않는 것이 원칙이며 특단의 사정이 있는 경우에만 예외적으로 허용될 수 있는 반면, 후자는 원칙적으로 허용되지만 소급효를 요구하는 공익상의 사유와 신뢰보호의 요청 사이의 교량과정에서 신뢰보호의 관점이 입법자의 형성권에 제한을 가하게 된다(헌재 1995. 10. 26. 94헌바12, 판례집 7-2, 447 ; 1996. 2. 16. 96헌가2등, 판례집 8-1, 51, 84-88).

나. 이 사건 법률조항은 부진정소급입법에 해당한다.

국세기본법 제21조 제1항 및 그 제1호 본문에 의하면 법인세는 과세기간이 종료하는 때에 납세의무가 성립하고, 동항 제10의4호에 의하면 농어촌특별세는 본세의 납세의무가 성립하는 때에 납세의무가 성립하며, 법인세의 경우 사업연도가 법인세 과세소득의 시간적 단위가 된다. 이 사건에서 청구인의 1994년도 사업연도는 1994. 1. 1.부터 같은 해 12. 31.까지이므로, 청구인의 1994년도 법인세 및 법인세를 본세로 하는 농어촌특별세의 납세의무는 1994. 12. 31. 성립된다.

그런데 법은 1994. 3. 24. 공포되어 부칙 제1조에 의하여 같은 해 7. 1.부터 시행되며, 이 사건 법률조항은 그 시행일인 1994. 7. 1. 이후 최초로 종료하는 사업연도의 개시일부터 적용토록 하고 있다. 청구인의 경우 그 사업연도는 1994. 12. 31. 종료되므로 과세기간 개시일인 1994. 1. 1.에 소급하여 법의 적용을 받게 된다.

이와 같이 이 사건 법률조항은 법인세 및 이를 본세로 하는 농어촌특별세의 과세기간 진행중에 개정, 시행된 법을 과세기간 개시일에 소급하여 적용토록 하고 있으므로 이른바 부진정소급입법에 해당할 뿐, 새로운 입법으로 이미 종료된 과거에 소급하여 과세하는 진정소급입법이라 할 수 없으므로 입법방식 그 자체로 헌법 제13조 제2항이나 소급과세금지원칙에 위반된다고는 할 수 없다. 그러나 이 사건 법률조항과 같은 부진정소급입법에 대하여는 위에서 본 바와 같이 법치국가원리에서 도출되는 신뢰보호원칙의 요청을 위반한 것이 아닌지 검토되어야 하므로 이에 관하여 본다.

다. 신뢰보호원칙의 위반 여부는 한편으로는 침해받은 신뢰이익의 보호가치, 침해의 중한 정도, 신뢰침해의 방법 등과 다른 한편으로는 새 입법을 통해 실현코자 하는 공익목적을 종합적으로 비교형량하여 판단하여야 한다(헌재 1995. 10. 26. 94헌바12, 판례집 7-2, 447, 460-461).

(1) 법은 우루과이라운드 협상의 타결에 따른 후속대책의 일환으로 추진되는 농어업의 경쟁력 강화와 농어촌 산업기반시설의 확충 및 농어촌 개발사업에 필요한 재원을 조달하기 위하여(법 제1조) 1994년 7월 1일부터 10년간 한시적으로 특별세를 신설하였다(법 부칙 제2조 본문). 그러면서도 법인세를 본세로 하는 특별세는 다른 경우와 달리 특별히 적용기간을 2년으로 단축하고 있으며(법 부칙 제2조 단서), 법인세의 과세표준금액이 5억원을 초과하는 경우에만 그 초과부분을 과세표준으로 하여 부과토록 함으로써 중소기업에게는 특별세의 부담을 지우지 않고 있다. 또한 1993. 12. 31. 법률 제4664호로 개정된 법인세법 제22조 제1항에 따라 법인의 법인세율이 종래 34%에서 32%로 인하된 것을 감안, 그 차이인 2%만을 특별세로 부과함으로써 기업의 실질적 부담증가는 없도록 배려하였다.

(2) 납세의무자로서는 구법질서에 의거하여 적극적인 신뢰행위를 하였다든가 하는 사정이 없는 한 원칙적으로 세율 등 현재의 세법이 과세기간 중에 변함없이 유지되리라고 신뢰하고 기대할 수는 없다. 그렇게 되면 국가 조세 · 재정정책의 탄력적 · 합리적 운용이 불가능하기

때문이다.

이런 점에서 볼 때, 1994 사업연도부터 법인세율의 2% 인하를 믿고 사업계획을 세워 소득활동을 한 경우 이 사건 법률조항으로 인한 신뢰침해가 전혀 없다고 할 수는 없다 하더라도, 그 신뢰보호의 가치는 그다지 크다고 할 수 없다. 법인세를 본세로 하는 특별세의 과세원인은 법인의 소득활동이고 이는 법인세의 부담을 수반하는 것이며, 특별세는 법인세에 부가되는 종속적인 것이므로, 구법상 특별세의 부담이 없었다 하여 그것이 영리법인의 통상적 행위인 소득활동에 대한 적극적 유인(誘因)이 되었다거나 이를 좌우하는 결정적 변수로 작용하였다고는 보기 어렵고, 따라서 법인이 통상적 소득활동을 하였다는 점만으로는 구법질서에 터잡은 적극적인, 보호할 만한 가치있는 신뢰행위가 있었다고 인정할 수 없기 때문이다(더욱이 이 사건 청구인의 경우 법인세 및 특별세의 실질적 과세원인은 부동산 양도로 인한 양도차익인데, 그 부동산양도는 법시행일 이후인 1994. 8.에야 비로소 이루어졌다).

(3) 그렇다면 이 사건 법률조항은 위 입법취지에서 엿보이는 공익목적의 중요성, 신뢰침해의 방법과 정도, 침해받은 신뢰의 보호가치 등을 종합적으로 비교 · 형량할 때 헌법상의 신뢰보호원칙에 위반한 것이라고까지 하기는 어렵다.

라. 이 사건 법률조항이 비록 헌법에 위반되는 것은 아니라 할지라도 입법론적으로 바람직한 것은 아니다. 과세기간 중에 세법을 국민에게 불리한 쪽으로 개정할 때에는 과거에 시작되어 진행 중인 과세기간에까지 신법을 적용할 것이 아니라, 개정법 시행일 이후에 개시되는 과세기간부터 적용토록 하는 것이 국민의 경제생활의 예측가능성과 법적 안정성을 보다 잘 보장하는 길이 될 것임을 지적해 둔다.」

◎ 같은 취지 : 憲 2001. 9. 27.-2000헌마208; 2001. 9. 27.-2000헌마152

▷ 기본적으로 진정소급입법과 부진정소급입법을 구별하는 대법원 판례

[大 1983. 4. 26.-81누423](법인세부과처분취소)

「이미 과거에 행해진 국민의 행위에 대하여 사후에 새로운 공법상의 의무를 부과하거나 과거보다 가중된 의무를 규정하는 법률은 현존법 질서에 대한 국민의 신뢰를 파괴하고, 현재의 행위에 대한 장래의 법적 효과를 예견할 수 없게 하여 국민의 법적 지위에 불안을 초래케 한다는 점에서 법적 안정성과 예견가능성을 저해하게 되므로 법치국가 질서를 기존으로 하는 우리헌법의 해석상 원칙적으로 금지된다고 할 것이고(헌법 제12조 제2항 참조), 국민의 납세의무와 조세법률주의를 규정한 헌법 제36조 및 제95조를 위와 같은 법치국가적 요청에 비추어 고찰한다면 국민에게 새로운 납세의무나 종전보다 가중된 납세의무를 규정하는 세법의 조항은 그 공포시행 이후에 과세요건이 발생하거나 충족되는 경우에 한하여 적용될 수 있으며, 국가의 과세권은 납세의무자인 국민이 과세요건을 실현하는 행위 당시의 세법규정에 의해 예상할 수 있었던 법적 효과보다 불리한 처분을 할 수 없음이 원칙이라 할 것이다.

다만 이러한 원칙에 대하여는 납세의무자의 신뢰가 합리적 근거를 결여하여 이를 보호할 가치가 없는 경우, 그보다 중한 조세공평의 원칙을 실현하기 위하여 불가피한 경우 또는 공공복리를 위하여 간절한 필요가 있는 경우에 한하여 법률로써 그 예외를 설정할 수 있다 할 것이나, 그런 경우에도 그 예외를 규정한 세법조항이 국민의 납세의무를 가중시키는 것이라면 제한적으로 엄격히 해석하여야 할 것이다.

조세의무를 감경하는 세법조항에 대하여는 조세공평의 원칙에 어긋나지 않는 한 소급효가 허용됨이 명백하고, 과세단위가 시간적으로 정해지는 조세에 있어서 과세표준기간인 과세년

도 진행 중에 세율인상 등 납세의무를 가중하는 세법의 제정이 있는 경우에는 이미 충족되지 아니한 과세요건을 대상으로 하는, 강학상 이른바 부진정소급효의 경우이므로 그 과세년도 개시시에 소급적용이 허용되는바 (당원 1964. 12. 15 선고 64누93 판결 및 1970. 3. 24 선고 70누19 판결 참조), 이것은 재정경제정책의 필요에 수시 대처할 수 있는 입법자의 판단을 존중하여야 한다는 점에서 정당성을 갖는 것이다.」

◎ **같은 취지 : 大 1983. 12. 27.-81누305**

▹ **진정소급입법과 부진정소급입법의 구별에 대하여 신중한 태도를 보인 헌법재판소 판례**
[憲 1995. 10. 26.-94헌바12](조세감면규제법 부칙 제13조 등 위헌소원)

「가. 독일판례의 영향을 받은 우리재판소나 대법원의 판례에 따르면 소급입법에 관하여 진정 · 부진정 소급효의 입법을 구분하고 있으며 우리재판소의 판례상으로는 불명하나 대법원 판례에 따르면 이 사건 규정은 부진정소급입법에 해당하는 것으로 보인다(1983. 4. 26. 선고, 81누423; 1983. 12. 27. 선고, 81누305 판결 참조). 이와 같이 소급입법을 진정 · 부진정으로 나누는 척도는 개념상으로는 쉽게 구분되나 사실상 질적 구분이 아닌 양적 구분으로, 단순히 법기술적 차원으로 이루어질 가능성이 있으므로 이와 같은 구분의 기준에 관하여 이견이 있을 수 있다.

이 사건 규정과 같이 과세년도 도중에 법이 개정된 경우, 세법상 과세요건의 완성이 과세년도 경과 후에 이루어지며, 그 법의 시간적 적용시점이 과세년도 경과 후이기 때문에 진정 소급효는 아니라고 한다면, 이는 과세요건의 완성을 과세연도 종료 후로 하는 것 자체는 세무회계 내지 조세행정상의 편의성 때문이므로, 사실상 법기술적 차원의 구분에 불과하다.

원래 조세의 부과처분은 수량적인 행정처분이고, 분할계산이 가능한 것이므로 기간과세의 경우에도 법령의 개정 전 · 후에 따른 구분계산이 가능하다. 즉 법인해산의 경우, 기타 중간예납, 수시부과 등의 경우에도 사업년도가 경과되기 전에 조세부과가 이루어지며, 이 사건 규정의 시행일 전 · 후로 나누어 청구인이 법인세 납부신고를 한 사실은 과세년도 도중에도 분할계산이 가능하다는 것을 증명하고 있다. 따라서 양자의 구분은 이와 같은 사실상 법기술적 차원에서 행할 것이 아니라 "최종적인 평가가 내려진 사태에 대한 새로운 법적 평가"가 있었느냐의 여부에 따라 구분하여야 한다는 견해도 있을 수 있다(이러한 견해하에서는 이 사건 규정은 진정소급입법에 해당되게 된다. 즉 이 사건 규정 시행일까지 경과된 과세연도의 일부기간까지 법인세의 과표가 되는 법인의 사업소득은 이미 확정되어 있기 때문이다). 그렇다면 진정 · 부진정 소급입법의 구분은 실제에 있어서는 그 척도상 문제가 많다고 아니할 수 없다.

나. 그러나 현재로서는 이를 대체할 새로운 대안도 찾기 어려우므로 종전의 구분을 그대로 유지하는 것이 불가피하다고 생각된다. 다만 부진정 소급입법에 속하는 입법에 대해서는 일반적으로 과거에 시작된 구성요건 사항에 대한 신뢰는 더 보호될 가치가 있다고 할 것이기 때문에 신뢰보호의 원칙에 대한 심사가 장래입법에 비해서보다는 일반적으로 더 강화되어야 할 것이다.」

▹ **부진정소급입법이라도 신뢰보호를 침해한 경우 위헌이라고 판시한 판례**
[憲 2001. 9. 27.-2000헌마208](변리사법 부칙 제4항 위헌확인 등)

「(1) 신뢰이익의 침해 여부

(가) 부칙 제3항은 개정법 제3조 제1항의 시행일인 2001. 1. 1.을 기준일로 하여 그 전에 통산 근무기간을 충족한 자들에게만 구법 규정을 적용하도록 규정하여 변리사자격을 부여하

고 있다. 따라서 위 기준일 전에 통산 근무기간을 충족하지 못한 청구인들에게는 위 부칙규정이 적용되지 아니함으로써 변리사자격이 부여되지 않게 되었다. 그러므로 청구인들에 대한 변리사자격의 부여를 배제하는 위 부칙규정이 청구인들의 신뢰이익을 침해하는 것인지 여부를 살펴본다.

(나) 국민이 종전의 법률관계나 제도가 장래에도 지속될 것이라는 합리적인 신뢰를 바탕으로 이에 적응하여 일정한 법적 지위를 형성한 경우, 국가는 법적 안정성을 위하여 권리의무에 관련된 법규·제도의 개폐에 있어서 국민의 기대와 신뢰를 최대한 보호하여야 한다. 다만 이러한 신뢰의 보호는 새로운 입법을 통하여 실현하고자 하는 공익적 목적에 의하여 제한될 수는 있다. 이 경우에도 기본권제한의 한계인 과잉금지의 원칙이 준수되어야 하므로 결국 신뢰이익과 공공복리의 중요성을 비교형량하여 그 위헌 여부를 결정할 것이다(헌재 1997. 11. 27. 97헌바10, 판례집 9-2, 651, 667-668 ; 헌재 2000. 7. 20. 99헌마452, 판례집 12-2, 128, 145-146 등 참조).

(다) 먼저 청구인들이 5급 이상의 공무원으로 특허청에서 근무를 개시할 당시에 시행되던 구법 제3조 제1항 제3호는 청구인들의 경우에 5년의 통산 근무기간만 충족하면 당연히, 즉 별도의 인·허가나 변리사시험을 거치지 않고도 곧바로 변리사자격이 부여되는 것으로 규정하고 있었다. 따라서 청구인들의 변리사자격 부여에 대한 기대는 국가가 제정한 법률의 규정에 의하여 형성된 것으로서, 단순한 가능성이 아닌 확정적인 법률효과에 바탕을 둔 것이다. 특허청의 경력공무원에 대한 변리사자격 부여제도는 앞에서 본 바와 같이 상당한 실무경험을 갖춘 경력공무원들의 경우에는 일응 변리사의 업무를 수행하기에 충분한 고도의 전문적 지식이나 자질을 갖추었다고 볼 수 있다는 측면에 실질적 근거를 둔 것으로서 변리사법의 제정 이후만도 40여년간 줄곧 시행되어 오면서 제도 자체의 합리성과 합목적성이 폭넓게 인정되어 왔다. 또 청구인들의 입장에서는 이러한 제도가 단시일 내에 폐지 또는 변경되리라고 예상할 만한 별다른 사정도 없었다. 더욱이 제1청구인들의 경우에는 특허청의 특별채용안내공문에서 통산 근무기간만 충족하면 당연히 변리사자격이 부여된다는 내용을 명시함으로써 그들의 신뢰를 보다 강화시킨 측면도 인정된다.

따라서 청구인들의 변리사자격 부여에 대한 신뢰는 위에서 본 여러 사정에 비추어 볼 때 단순한 기대의 수준을 넘어서 강도 높게 보호할 필요성이 있는 합리적이고도 정당한 신뢰라 할 것이고, 청구인들이 급여나 대우 등의 면에서 보다 유리한 직장이나 부서를 마다하고 특허청에서 5급 이상 공무원으로 장기간 종사하기로 결정한 데에는 이러한 변리사자격의 부여에 대한 강한 기대 내지 신뢰가 중요한 바탕이 되었을 것임은 결코 부인할 수 없다.

(라) 그런데 그 이후 개정된 개정법 제3조 제1항 및 부칙 제3항으로 말미암아 청구인들은 변리사시험을 거치지 않는 한 변리사자격이 부여되지 않게 되었다. 물론 청구인들의 경우에는 앞에서 본 바와 같이 일정한 요건 아래 제1차시험의 전과목과 제2차시험의 과목 중 일부를 면제받게 되는 등 일반응시자에 비하여 유리한 지위에 서 있기는 하다. 그러나 청구인들이 변리사자격을 취득하기 위해서는 종전과 달리 반드시 변리사시험에 합격하여야만 한다는 점에서, 청구인들이 입게 된 불이익의 정도, 즉 신뢰이익의 침해 정도는 중대하다고 아니할 수 없고, 그것이 헌법적으로 무시할 수 있을 정도로 가볍다고 볼 수는 없다.

(마) 변리사자격의 부여에 대한 청구인들의 신뢰이익을 침해함으로써 달성할 수 있는 공익으로는 첫째 변리사의 수를 늘려서 자유경쟁을 도모함으로써 대국민 서비스의 질을 향상하고, 둘째 특허청 경력공무원에 대한 변리사자격 부여에 따른 일반인의 자격취득기회의 제한 문제를 해소하며, 셋째 경력공무원에 대한 특혜를 배제하여 일반응시자와의 형평을 제고한다

는 것으로 요약할 수 있다.

그러나 자유경쟁을 촉진하여 대국민 서비스의 질을 향상하는 것이라면 오히려 청구인들에게 변리사자격을 부여하지 않는 것이 보다 옳다는 점에서 위 첫째 주장은 정당성이 없다. 변리사시험은 선발인원의 제한 없이 절대평가제로 시행하기로 되어 있으므로(제4조. 다만 그 시행일은 2002. 1. 1.로 규정되어 있다) 청구인들에게 변리사자격을 부여한다고 하여 반드시 일반응시자의 자격취득 기회를 잠식하는 것은 아니어서 위 둘째 주장 역시 설득력이 부족하다. 다만 청구인들에게 변리사자격을 부여하지 않음으로써 일반응시자와의 형평을 제고할 수는 있다 할 것이므로, 이 사건에서 청구인들의 신뢰이익을 제한할 근거로서 인정되는 공익은 주로 이 점에 국한된다 할 것이다.

(바) 그런데 일반응시자와의 형평을 제고한다는 공익은 다음과 같은 이유로 청구인들의 신뢰이익 제한을 헌법적으로 정당화할 만한 사유라고 보기는 어렵다. 왜냐하면 특허청의 경력공무원에 대하여 변리사자격을 부여해 온 조치는 변리사제도의 도입 이후 오랫동안 존속해오던 제도로서 청구인들의 신뢰이익을 침해하면서까지 시급하게 폐지하여야 할 긴절하고도 급박한 사정이 없거니와, 변리사시험은 향후 선발인원의 제한 없이 절대평가제로 시행될 예정이므로 청구인들에게 변리사자격을 부여한다 하여 곧바로 일반응시자에 대한 직접적 불이익을 야기한다고 볼 것도 아니기 때문이다. 그리고 청구인들에게 변리사자격을 부여한다고 하더라도 이는 위와 같은 공익의 실현이 원천적으로 봉쇄되는 것이 아니고, 단지 그 실현을 다소 늦추는 것에 불과할 따름이다.

(사) 결론적으로 위 부칙규정은 충분한 공익적 목적이 인정되지 아니함에도 청구인들의 기대가치 내지 신뢰이익을 과도하게 침해한 것으로서 헌법에 위반된다.」

◎ 같은 취지 : 憲 2001. 9. 27.-2000헌마152

제 3 편

한국 헌법의 역사와 기본원리

제1장 한국 헌법의 제정과 개정

□ 1980년헌법: 제8차 개정

▶ 성공한 쿠데타에 대하여 사후에 처벌할 수 있다고 판시한 대법원 판례

[大 1997. 4. 17.-96도3376](반란수괴 등)

「위 피고인들의 변호인들은 이 사건 피고인 전○환 등에 대한 공소사실이 반란과 내란에 해당한다고 하더라도, 피고인들이 그러한 반란과 내란의 과정을 거쳐 확고히 정권을 장악하고 헌법개정절차 등을 통하여 구법질서를 무너뜨리고 새로운 법질서를 수립하는 데에 성공하였으니 피고인들의 행위를 새로운 법질서 아래에서는 처벌할 수 없는 것이라고 주장한다.
생각건대, 우리 나라는 제헌헌법의 제정을 통하여 국민주권주의, 자유민주주의, 국민의 기본권보장, 법치주의 등을 국가의 근본이념 및 기본원리로 하는 헌법질서를 수립한 이래 여러 차례에 걸친 헌법개정이 있었으나, 지금까지 한결같이 위 헌법질서를 그대로 유지하여 오고 있는 터이므로, 피고인들이 공소사실과 같이 이 사건 군사반란과 내란을 통하여 폭력으로 헌법에 의하여 설치된 국가기관의 권능행사를 사실상 불가능하게 하고 정권을 장악한 후 국민투표를 거쳐 헌법을 개정하고 개정된 헌법에 따라 국가를 통치하여 왔다고 하더라도 피고인들이 이 사건 군사반란과 내란을 통하여 새로운 법질서를 수립한 것이라고 할 수는 없다.

우리 나라의 헌법질서 아래에서는 헌법에 정한 민주적 절차에 의하지 아니하고 폭력에 의하여 헌법기관의 권능행사를 불가능하게 하거나 정권을 장악하는 행위는 어떠한 경우에도 용인될 수 없는 것이다.

그러므로 피고인들이 그 내세우는 바와 같이 새로운 법질서를 수립하였음을 전제로 한 주장은 받아들일 수 없다.

다만 피고인 전○환 등이 이 사건 내란을 통하여 정권을 장악한 다음 헌법을 개정하고 그 헌법에 따라 피고인 전○환이 대통령에 선출되어 대통령으로서의 직무를 행하였고, 다시 그 헌법에 정한 절차에 따라 헌법을 개정하고 그 개정된 헌법(현행 헌법)에 따라 피고인 노○우가 대통령에 선출되어 그 임기를 마치는 등 그 동안에 있었던 일련의 사실에 비추어 마치 피고인들이 새로운 법질서를 형성하였고 나아가 피고인들의 기왕의 행위에 대하여 이를 처벌하지 아니하기로 하는 국민의 합의가 이루어졌던 것처럼 보일 여지가 없지 아니하나, 국회는 헌정질서파괴범죄에 대하여 형사소송법상의 공소시효의 적용을 전면적으로 배제하는 헌정질서파괴범죄의공소시효등에관한특례법(이하 '헌정질서파괴범죄특례법' 이라 한다)과 바로 그 헌정질서 파괴범죄에 해당하는 이 사건 군사반란과 내란행위를 단죄하기 위한 5 · 18민주화운동등에관한특별법(이하 '5 · 18특별법' 이라고 한다)을 제정하였으며, 헌법재판소는 5 · 18특별법이 합헌이라는 결정을 함으로써, 피고인들이 이 사건 군사반란과 내란을 통하여 새로운 법질서를 수립한 것이 아님을 분명히 하였을 뿐만 아니라, 헌법개정 과정에서 피고인들의 행위를 불문에 붙이기로 하는 어떠한 명시적인 합의도 이루어진 바가 없었으므로, 특별법이 제정되고 그에 대한 헌법재판소의 합헌결정이 내려진 이상, 피고인들은 그들의 정권장악에도 불구하고, 결코 새로운 법질서의 수립이라는 이유나 국민의 합의를 내세워 그 형사책임을 면할 수는 없는 것이라고 할 것이다.」

⇔ 대법관 1인(대법관 박만호)의 반대의견

「군사반란 및 내란행위에 의하여 정권을 장악한 후 이를 토대로 헌법상 통치체제의 권력구조를 변혁하고 대통령, 국회 등 통치권의 중추인 국가기관을 새로 구성하거나 선출하는 내용의 헌법개정이 국민투표를 거쳐 이루어지고 그 개정 헌법에 의하여 대통령이 새로 선출되고 국회가 새로 구성되는 등 통치권의 담당자가 교체되었다면, 그 군사반란 및 내란행위는 국가의 헌정질서의 변혁을 가져온 고도의 정치적 행위라고 할 것인바, 그와 같이 헌정질서 변혁의 기초가 된 고도의 정치적 행위에 대하여 법적 책임을 물을 수 있는지 또는 그 정치적 행위가 사후에 정당화되었는지 여부의 문제는 국가사회 내에서 정치적 과정을 거쳐 해결되어야 할 정치적 · 도덕적 문제를 불러일으키는 것으로서 그 본래의 성격상 정치적 책임을 지지 않는 법원이 사법적으로 심사하기에는 부적합한 것이고, 주권자인 국민의 정치적 의사형성과정을 통하여 해결하는 것이 가장 바람직하다. 따라서 그 군사반란 및 내란행위가 비록 형식적으로는 범죄를 구성한다고 할지라도 그 책임 문제는 국가사회의 평화와 정의의 실현을 위하여 움직이는 국민의 정치적 통합과정을 통하여 해결되어야 하는 고도의 정치문제로서, 이에 대하여는 이미 이를 수용하는 방향으로 여러 번에 걸친 국민의 정치적 판단과 결정이 형성되어 온 마당에 이제 와서 법원이 새삼 사법심사의 일환으로 그 죄책 여부를 가리기에는 적합하지 아니한 문제라 할 것이므로, 법원으로서는 이에 대한 재판권을 행사할 수 없다.」

제 2 장 한국 헌법의 근본이념과 기본원리

1. 한국 헌법의 구조

□ 헌법의 전문

▶ 헌법전문의 법적 성격에 대한 판례

▸ 헌법전문의 독자적 내용도 헌법적 효력을 지니는 것으로 인정한 판례

[憲 2005. 6. 30.-2004헌마859](서훈추천부작위 위헌확인)

「행정권력의 부작위에 대한 헌법소원은 공권력의 주체에게 헌법에서 유래하는 작위의무, 즉 헌법의 명문규정으로부터 혹은 헌법해석상 도출되는 작위의무가 특별히 인정되어 이에 의거하여 기본권의 주체가 행정행위를 청구할 수 있음에도 공권력의 주체가 그 의무를 해태하는 경우에 허용된다(헌재 1991. 9. 16. 89헌마163, 판례집 3, 505, 513; 1995. 5. 25. 90헌마196, 판례집 7-1, 669, 677).

헌법은 국가유공자 인정에 관하여 명문 규정을 두고 있지 않다. 그러나 헌법은 전문(前文)에서 "3 · 1운동으로 건립된 대한민국임시정부의 법통을 계승"한다고 선언하고 있다. 이는 대한민국이 일제에 항거한 독립운동가의 공헌과 희생을 바탕으로 이룩된 것임을 선언한 것이고, 그렇다면 국가는 일제로부터 조국의 자주독립을 위하여 공헌한 독립유공자와 그 유족에 대하여는 응분의 예우를 하여야 할 헌법적 의무를 지닌다고 보아야 할 것이다. 다만 그러한 의무는 국가가 독립유공자의 인정절차를 합리적으로 마련하고 독립유공자에 대한 기본적 예우를 해주어야 한다는 것을 뜻할 뿐이며, 당사자가 주장하는 특정인을 반드시 독립유공자로 인정하여야 하는 것을 뜻할 수는 없다.」

▸ 법률이 헌법전문에 위반되면 효력이 상실됨을 인정한 판례

[憲 1989. 1. 25.-88헌가7](소송촉진등에관한특례법 제 6 조의 위헌심판)

「헌법은 그 전문에 "정치, 경제, 사회, 문화의 모든 영역에 있어서 각인의 기회를 균등히 하고"라고 규정하고, 제11조 제 1 항에 "모든 국민은 법앞에 평등하다"고 규정하여 기회균등 또

는 평등의 원칙을 선언하고 있는바, 평등의 원칙은 국민의 기본권 보장에 관한 우리 헌법의 최고원리로서 국가가 입법을 하거나 법을 해석 및 집행함에 있어 따라야할 기준인 동시에, 국가에 대하여 합리적 이유없이 불평등한 대우를 하지 말것과, 평등한 대우를 요구할 수 있는 모든 국민의 권리로서, 국민의 기본권중의 기본권인 것이다.」

◎ 같은 취지 : 1989. 9. 8.-88헌가6; 1990. 4. 2.-89헌가113; 1992. 3. 13.-92헌마37

□ 헌법의 본문

▶ **수도가 서울임이 관습헌법으로 인정된다고 판시한 판례**
[憲 2004. 10. 21.-2004헌마554](신행정수도의건설을위한특별조치법 위헌확인)
※ 〈제1편 - 제1장 - 1. - 헌법 - □ 관습헌법〉 판례 인용부분 참조

2. 한국 헌법의 기본원리

경제영역의 기본원리

□ 시장경제

▶ **시장경제질서에 대한 판례**

▸ **제도가 시장경제질서에 반하지 않아 합헌으로 판단한 판례**

▹ **토지거래허가제도는 시장질서를 침해하는 것이 아니라고 본 판례**

[憲 1989. 12. 22.-88헌가13](국토이용관리법 제21조의3 제1항, 제31조의2 위헌심판)

「우리 헌법 제23조 제1항, 제119조 제1항에서 추구하고 있는 경제질서는 개인과 기업의 경제상의 자유와 창의를 최대한도로 존중 · 보장하는 자본주의에 바탕을 둔 시장경제질서이므로 국가적인 규제와 통제를 가하는 것도 보충의 원칙에 입각하여 어디까지나 자본주의 내지 시장경제질서의 기초라고 할 수 있는 사유재산제도와 아울러 경제행위에 대한 사적자치의 원칙이 존중되는 범위내에서만 허용될 뿐이라 할 것인데, 토지거래허가제는 위 기본원칙, 특히 그 중에서도 사적자치(私的自治)의 원칙에 대한 중대한 침해이므로 위헌이라는 견해에'대하여 살펴본다.

통제는 자승법칙(自乘法則)에 의하여 더 많은 통제를 요구하며 관료주의, 획일주의, 형식주의에 치우쳐 비능률, 낭비, 빈곤, 무기력, 몰인정을 배태한다는 사실을 전체주의국가의 통제경제실태에서 우리는 보고 있는 것이다. 그런데 자유민주주의국가에서는 각 개인의 인격을 존중하고 그 자유와 창의를 최대한으로 존중해 주는 것을 그 이상으로 하고 있는 만큼 기본권주체의 활동은 일차적으로 그들의 자결권과 자율성에 입각하여 보장되어야 하고 국가는 예외적으로 꼭 필요한 경우에 한하여 이를 보충하는 정도로만 개입할 수 있고, 이러한 헌법상의 보충의 원리가 국민의 경제생활영역에도 적용됨은 물론이므로 사적자치의 존중이 자유민주주의국가에서 극히 존중되어야 할 대원칙임은 부인할 수 없다. 그러나 그것은 어디까지나 타개인이나 사회공동체와 조화와 균형을 유지하면서 공존공영하는데 있어서 그것이 유익하거나 적어도 유해하지 않는 범위 내에서 용인된다는 것이지 무조건 무제한으로 존중된다는 뜻은 아닌 것이다. 외형상 유무해관계가 확연히 식별되지 않는 행위라 할지라도 개인의 자의(恣意)에 맡겨 두면 결과적으로 타인에게 해를 끼칠 우려가 있는 행위도 사적자치의 원칙이 제한받는 분야라고 할 것인데 하물며 토지투기와 같이 외견상 사회공동체에 유해한 경우 사적자치가 인정될 수 없음은 췌언을 요치 않는다.

그래서 헌법은 제119조 제2항에서 "국가는 균형있는 국민경제의 성장 및 안정과 적정한 소득의 분배를 유지하고, 시장의 지배와 경제력의 남용을 방지하며, 경제주체간의 조화를 통한 경제의 민주화를 위하여 경제에 관한 규제와 조정을 할 수 있다"라고 명시하고 있는데 이는 헌법이 이미 많은 문제점과 모순을 노정한 자유방임적 시장경제를 지향(指向)하지 않고 아울러 전체주의국가의 계획통제경제도 지양(止揚)하면서 국민 모두가 호혜공영(互惠共榮)하는 실질적인 사회정의가 보장되는 국가, 환언하면 자본주의적 생산양식이라든가 시장메카니즘의 자동조절기능이라는 골격은 유지하면서 근로대중의 최소한의 인간다운 생활을 보장하기 위하여 소득의 재분배, 투자의 유도 · 조정, 실업자 구제 내지 완전고용, 광범한 사회보장을 책임있게 시행하는 국가 즉 민주복지국가(民主福祉國家)의 이상을 추구하고 있음을 의미하는 것이다.

그런데 국민의 건전한 양식과 양심에 따른 자율적 규제로 토지투기가 억제되기 어렵다는 것은 수많은 토지투기의 사례와 지가폭등의 현실이 이를 잘 보여 주고 있는 것이며, 그에 대한 정부의 규제는 불가피한 것이라고 아니할 수 없는 것이다.

그렇다면 토지거래허가제는 헌법이 정하고 있는 경제질서와도 아무런 충돌이 없다고 할 것이므로 이를 사적자치의 원칙이나 헌법상의 보충의 원리에 위배된다고 할 수 없을 것이다.」

※ 위 판례에서 다수의견은 토지거래허가제 및 이에 대한 벌칙규정을 모두 합헌으로 본 반면, 재판관 1인(재판관 이시윤)은 토지거래허가제에 대하여는 보충의견(합헌)을 밝혔지만 벌칙규정에 대하여는 반대의견(위헌)을 내었으며, 재판관 3인(재판관 한병채, 재판관 최광률, 재판관 김문희)은 위 규정들 모두에 대하여 반대의견(위헌, 다만 토지거래허가제에 대하여는 상당한 기간 내에 입법개선을 촉구하고 개선되지 않을 경우 실효된다는 변형결정의 주문을 냄)을 내었고, 재판관 1인(재판관 김진우)은 위 규정들 모두에 대하여 반대의견(위헌)을 내었음.

▷ 국민연금제도는 시장질서를 침해하는 것이 아니라고 본 판례

[憲 2001. 2. 22.-99헌마365](국민연금법 제75조 등 위헌확인)

「우리 헌법 제119조는 제1항에서 대한민국의 경제질서는 개인과 기업의 경제상의 자유와 창의를 존중함을 기본으로 한다고 규정하여 사유재산제도, 사적 자치의 원칙, 과실책임의 원칙을 기초로 하는 자유시장 경제질서를 기본으로 하고 있음을 선언하면서, 한편 그 제2항에서 국가는 균형있는 국민경제의 성장 및 안정과 적정한 소득의 분배를 유지하고, 시장의 지배와 경제력의 남용을 방지하며, 경제주체간의 조화를 통한 경제의 민주화를 위하여 경제에 관한 규제와 조정을 할 수 있다고 규정하고, 또한 헌법 제34조 제1항은 모든 국민은 인간다운 생활을 할 권리를 가진다, 제5항은 신체장애자 및 질병 · 노령 기타의 사유로 생활능력이 없는 국민은 법률이 정하는 바에 의하여 국가의 보호를 받는다고 규정하여 사회국가원리를 수용하고 있어, 결국 우리 헌법은 자유시장 경제질서를 기본으로 하면서 사회국가원리를 수용하여 실질적인 자유와 평등을 아울러 달성하려는 것을 근본이념으로 하고 있다(헌재 1998. 5. 28. 96헌가4등, 판례집 10-1, 522, 533-534). 즉 우리 헌법의 경제질서는 사유재산제를 바탕으로 하고 자유경쟁을 존중하는 자유시장 경제질서를 기본으로 하면서도 이에 수반되는 갖가지 모순을 제거하고 사회복지 · 사회정의를 실현하기 위하여 국가적 규제와 조정을 용인하는 사회적 시장경제질서로서의 성격을 띠고 있다(헌재 1996. 4. 25. 92헌바47, 판례집 8-1, 370, 380).

이러한 우리 헌법의 경제질서 원칙에 비추어 보면, 사회보험방식에 의하여 재원을 조성하여 반대급부로 노후생활을 보장하는 강제저축 프로그램으로서의 국민연금제도는 상호부조의 원리에 입각한 사회연대성에 기초하여 고소득계층에서 저소득층으로, 근로 세대에서 노년 세대로, 현재 세대에서 미래 세대로 국민간의 소득재분배 기능을 함으로써 오히려 위 사회적 시장경제질서에 부합하는 제도라 할 것이므로 국민연금제도가 헌법상의 시장경제질서에 위배된다는 위 주장은 이유없다 할 것이다.」

▶ **제도가 시장경제질서에 반하여 위헌으로 판단한 판례**

▷ **화재보험 강제가입제도가 시장질서를 침해하였다고 본 판례**

[憲 1991. 6. 3.-89헌마204](화재로인한재해보상과보험가입에관한법률 제5조 제1항의 위헌소원)

「화재로인한재해보상과보험가입에관한법률 제5조 제1항에 의하면 특수건물의 소유자는 동법 제4조 제1항의 규정에 의한 손해배상책임의 이행을 위하여 그 건물을 손해보험회사가 영위하는 신체손해배상 특약부 화재보험(이하 "특약부 화재보험"이라 한다)에 가입하여야 한다고 규정하였다. 여기의 특수건물이라 함은 위 법률 제2조 제3호에서 정한 바 첫째로 4층 이상의 건물(가목), 둘째로 국유건물 · 교육시설 · 백화점 · 시장 · 의료시설 · 흥행장 · 숙박업소 · 공장 · 공동주택 기타 다수인이 출입 또는 근무하거나 거주하는 건물로서 대통령령으로 정하는 건물(나목)을 말한다. 이렇게 되어 특수건물 소유자의 보험가입은 그 가입이 법적의무로 되어 있는 강제보험이다. 헌법 제10조 전문은 "모든 국민은 인간으로서의 존엄과 가치를 가지며, 행복을 추구할 권리를 가진다"고 규정하고 있다. 여기의 행복추구권 속에 함축된 일반적인 행동자유권과 개성의 자유로운 발현권은 국가안전보장, 질서유지 또는 공공복리에 반하지 않는 한 입법 기타 국정상 최대의 존중을 필요로 하는 것이라고 볼 것이다. 일반적 행동자유권에는 적극적으로 자유롭게 행동을 하는 것은 물론 소극적으로 행동을 하지 않을 자유 즉 부작위의 자유도 포함되는 것으로, 법률행위의 영역에 있어서는 계약을 체결할 것인가의 여부, 체결한다면 어떠한 내용의, 어떠한 상대방과의 관계에서, 어떠한 방식으로 계약을 체결하느냐 하는 것도 당사자 자신이 자기의사로 결정하는 자유뿐만 아니라 원치 않으면 계약을 체결하지 않을 자유 즉 원치 않는 계약의 체결은 법이나 국가에 의하여 강제받지 않을 자유인 이른바 계약자유의 원칙도, 여기의 일반적 행동자유권으로부터 파생되는 것이라 할 것이다. 이는 곧 헌법 제119조 제1항의 개인의 경제상의 자유의 일종이기도 하다. 그렇다면 특수건물의 소유자에게 특약부 화재보험계약체결의 강제는 계약자유의 원칙에 대한 제약인 동시에 헌법상의 일반적 행동자유권 내지 경제활동의 자유의 제한이 된다고 할 것이다. ……

그렇다면 위 법률 제5조 제1항에서 4층 이상의 건물에 대해 획일적인 보험가입강제를 한 것은 그 한도에서 헌법 제37조 제2항에 의하여 정당화될 수 없는 것으로 필요부득이한 제한이 아니며 따라서 헌법 제10조, 제11조, 제15조, 제23조, 제34조 제1항, 제119조 제1항에 위반된다고 할 것이다. 나아가 위 법률 제5조 제1항과 함께 보험가입의무와 직접 관련있는 동조 나머지 조항의 경우도 같은 헌법위반의 문제가 생긴다고 할 것으로, 그렇다면 위 법률 제5조의 "특수건물"부분에 제2조 제3호 가목 소정의 "4층 이상의 건물"을 포함시키면 그 한도에서 동 규정은 헌법에 위반될 수밖에 없다.」

⇔ 재판관 2인(재판관 변정수, 재판관 김양균)의 반대의견

「1. 특수건물의 재산권 특성상 헌법정책적으로 그 제한 가능성이 인정되어 보험가입강제에 의한 재산권 제한의 정당성과 합리성이 인정되는 이상, 보험가입을 강제할 수 있는 특수건물의 범위를 어떻게 정할 것인지는 어디까지나 입법정책의 문제로서 순수한 정책판단 문제이지 헌법판단 사항은 아니며, 이를 가지고 헌법에 위반된다고 할 수 없다.

2. 재산적 · 경제적 권리(자유)에 관한 합헌성의 판단기준은, 신체 및 정신작용과 관련된 인신보호를 위한 기본권 등에 대한 제한의 합헌성 판단기준이 엄격하게 적용되는 것과는 달리 관대하게 적용됨으로써 국가의 재량의 범위를 비교적 넓게 인정하는 것이 현대국가의 추세이며, 이것이 이중기준의 원칙이다.」

▹ **국가가 강제로 기업을 해체한 것이 시장질서를 침해하였다고 본 판례**
[憲 1993. 7. 29.-89헌마31](공권력행사로 인한 재산권 침해에 대한 헌법소원)

「이에 나아가 이 사건 공권력 주도하에서 행한 국제그룹해체에 의한 기업정리의 헌법적합성을 살펴본다.

(1) 이 사건 주거래은행인 제일은행은 금융업을 주목적으로 설립된 영리법인인 주식회사이다(기록에 의하면 당시 국가가 직접 출자한 주식은 없었던 것으로 보여진다). 이러한 사법인인 은행과 금융거래하는 기업이 그 은행부채가 누적되어 통상의 방법으로는 회수가 어려운 이른바 부실기업이 된 경우에 채권자인 은행의 부채회수의 방법에는, 파산절차를 제외하고도 기업재건을 위하여 은행과 대상기업간의 계약에 의한 임의관리 · 직원상주 파견관리의 방법과 화의법 · 회사정리법 등 종래부터 있어 왔던 도산방지법 절차에 의하는 방안이 하나, 다른 하나가 부실기업에 대하여 부도처리 후 담보된 주식 등에 담보권의 실행으로 공개경매에 붙여 채무를 회수하는 방안, 그리고 또 다른 하나가 은행관계규정 등에 의하는 것으로 여기에는 경영권의 제3자인수 내지 기업통폐합 등의 방안과 경영주 등으로 하여금 개인주식 · 부동산 등 전재산을 직접 매각하게 하거나 매각을 주거래은행에 위임하게하여 재무구조의 개선과 기업자금을 조달케 하는 이른바 자구노력 등에 의한 정상화방안이 있다(이 가운데 채무자에게 부도처리방법이 형사상 불리하고, 파산절차와 제3자인수식이 재산상 불리한 것으로 보여진다). 어느 방법에 의하든 사기업인 은행의 채권채무의 회수인 만큼 부실기업이 처한 실정에 맞추어 주거래은행이 법에 따라 그 책임과 권한하에 자율적으로 선택 · 처리하여야 할 사적자치의 영역이 될 것이다(이 사건에서 주거래은행이 자구노력식의 정상화방안을 자율적으로 선택하였던 것은 이미 본 바이다). 은행감독원 제정의 금융기관불건전채권정리업무취급지침 제12조의 규정만 보아도 주거래은행은 부실기업의 선정 및 정리기준을 각 은행의 실정에 맞추어 자율적으로 책정하고 이 기준에 따라 부실기업을 선정하여 정리계획을 수립하되 부실기업을 처분대상과 정상화대상으로 구분한다고 되어 있으며, 동 지침 제16조 제1항에서는 주거래은행은 처분계획이나 정상화계획을 은행감독원장에게 보고하면 되도록 되어 있어 부실기업의 선정과 정리가 어디까지나 은행의 권한과 책임하에 처리되어야 할 고유영역이고 공권력의 타율사항이 아님을 분명히 하고 있다. 헌법 제119조 제1항(제5공화국 헌법 제120조 제1항)은 대한민국의 경제질서는 개인과 기업의 경제상의 자유와 창의를 존중함을 기본으로 한다고하여 시장경제의 원리에 입각한 경제체제임을 천명하였는바, 이는 기업의 생성 · 발전 · 소멸은 어디까지나 기업의 자율에 맡긴다는 기업자유의 표현이며 국가의 공권력은 특단의 사정이 없는 한 이에 대한 불개입을 원칙으로 한다는 뜻이다. 나아가 헌법 제126조(제5공화국 헌법 제127조)는 국방상 또는 국민경제상 긴절한 필요로 인하여 법률이 정하는 경우를 제외하고는 사영기업을 국유 또는 공유로 이전하거나 그 경영을 통제 또는 관리할 수 없다고 규정하여 사영기업의 경영권에 대한 불간섭의 원칙을 보다 구체적으로 밝히고 있다. 따라서 국가의 공권력이 부실기업의 처분정리를 위하여 그 경영권에 개입코자 한다면 적어도 긴절한 필요 때문에 정한 법률상의 규정이 없이는 불가능한 일이고, 다만 근거법률은 없지만 부실기업의 정리에 개입하는 예외적인 길은 부실기업 때문에 국가가 중대한 재정 · 경제상의 위기에 처하게 된 경우 공공의 안녕질서의 유지상 부득이하다 하여 요건에 맞추어 긴급명령(제5공화국 헌법하에서는 비상조치)을 발하여 이를 근거로 할 것이고, 그렇게 하는 것만이 합헌적인 조치가 될 수 있는 것이다. 다시 말하면 기업활동의 자유에 대한 공권력의 개입은 법치국가적 절차에 따라야 할 이치이므로, 만일 공권력이 나서지 않으면 은행마저 부실화를 초래하고 대기업이 부도가 나고 완전도산이 몰고 올 수많은 종업

원의 실직위기나 국가경제상 바람직하지 않은 결과가 초래되게 되어도 법률의 규정이나 부득이한 사유가 있어 발하는 긴급명령이나 비상조치에 근거하여야 할 것이지, 당시 시대상황으로 보아 불가피하였다는 사유만으로 공권력 자신이 법적 근거 없이 직접 부실기업의 처분정리방침을 세워, 그것도 평가에 관행상 인수자와 은행만이 관여하여 상황전개가 그리 투명하다 할 수도 없는 선인수 후정산(실사)식의 정리방침을 세워 그 힘으로 밀고 나가도 된다고는 할 수 없다. 채권액이 큰 액수이지만 이는 어디까지나 채권자 내지 담보권자인 은행과 채무자인 사영기업간의 채권채무관계이므로 당사자들이 그 책임과 권한하에 알아서 자율적으로 처리할 일이며, 은행의 자율적 처리과정에서 공권력의 의견제시는 별론, 그렇지 않고 법치국가적 절차에 따르지 않는 공권력의 발동개입은 그것이 위정자의 정치적 · 정책적 결단이나 국가의 금융정책과 관련된다는 이유로 합헌적인 조치가 될 수 없으며, 이 경우는 이른바 관치경제이고 관치금융밖에 될 수 없는 것이다. 더 나아가 이는 관(官)의 이상비대화 내지 정경유착의 고리형성의 요인이 될 수 있다. 대저 사기업인 은행의 자율에 맡기지 않고 공권력이 가부장적 · 적극적으로 개입함은 기업 스스로의 문제해결능력 즉 자생력만 마비시키는 것이며, 시장경제원리에의 적응력을 위축시킬 뿐인 것이므로 기업의 경제상의 자유와 창의의 존중을 기본으로 하는 헌법 제119조 제1항의 규정과는 합치될 수 없는 것이다.

(2) 위에서 공권력 개입의 헌법적 한계를 보았거니와 이 사건에 있어서 해체의 기본방침결정, 인수업체결정, 자금관리착수조치 등 해체준비지시, 그리고 제일은행 명의의 언론발표지시 등 2주간의 단기간에 이루어진 국제그룹해체를 위한 일련의 공권력행사의 과정에서 제일은행은 단지 공권력이 이미 한 정책결정에 결과적으로 순응하였을 뿐임은 앞서 본 바이다. 이러한 일련의 공권력의 행사는 제일은행장의 주도적 · 자율적인 부실기업의 처분정리에 재무부장관이 권고나 바라는 방향의 의견을 제시할 뿐인 행정지도와는 그 성질이 근본적으로 다른 것이며, 대통령에 보고하여 그 지시를 받아 행하는 재무부장관 주도의 그룹해체조치에 당시 관치금융하에 구조적으로 그 자율성이 형해화된 제일은행이 그 통고를 받아 순종한 것에 지나지 않는다. 다시 말하면 주거래은행인 제일은행의 처지에서는 바꾸기 어려운 공권력 주도의 해체지침에 사후순응했다고 볼 것으로, 해체에 이르는 과정에서 위에서 본바 기본방침의 확정, 인수업체의 내정과 그 확정교섭, 대언론발표문의 작성 등 주요의사결정 과정에서 주거래은행이 소외되었다는 점에 비추어 주거래은행측이 공권력과 대석적(對席的)인 협의가 있었다고 보기는 어려울 것이다. 결국 이 사건은 자신의 채권회수 때문에 법에 따라 자율적으로 나서서 처리해야 하고 또 스스로 처리하고 있었던 주거래은행의 자치영역에서, 오히려 재무부장관이 주역으로 나서서 그 뜻에 순응할 수밖에 없는 은행에 지시하여 가면서 회사법의 규율도 받게 되어 있는 사영기업에 대하여 그 해체를 위한 공권력을 행사한 것이다. 공권력 자신이 청구인 기업에 대하여 사적 담보권자도 아니면서도 이에 이르렀는바, 여기에 뒷받침할 만한 합헌적인 법률은 찾을 길이 없다(마치 대통령의 긴급명령 내지 비상조치의 경우처럼 비공개리에 단기간에 성안준비되어 전격적으로 언론에 발표하게 함으로써 소기의 목적을 이룬 공권력의 행사이기도 한데, 이 또한 법적 근거를 찾기 어렵다). 법률적 근거가 없었기 때문에 실질적으로 공권력 자신에 의한 사영기업의 해체정리이면서도 이름은 주거래은행으로 언론에 발표하게 하는 편법을 쓰고 사건내막은 계속적으로 대외비로 하였는지 모른다. 공권력이 아무리 명분이 좋아도 국민의 권리를 제한하고 의무를 부과하는 일은 예측가능한 법률에 근거를 두어야 할 것이고, 이것은 기업의 경영권에 개입하고 제한할 때에도 마찬가지임은 이미 보았거니와, 이 점에서 법률상 근거 없는 이 사건 공권력의 행사는 법치국가적 절차를 어긴 것이며, 또 법률상 무권

한의 자의적인 공권력의 행사였다는 점에서 헌법 제11조 소정의 평등의 원칙의 파생인 자의금지의 원칙도 위반한 것이다. 나아가 이 사건 과정에서 공권력에 의한 전격적인 전면해체 조치로 인하여 위에서 본바 주거래은행이 바로 전에 자율적으로 세워놓은 자구노력식 지원계획은 제대로 시행해 볼 겨를없이 백지화되게 됨으로써 은행측의 경제의 자율성이 저해되게 된 것은 차치하고, 법률적 근거 없이 사영기업의 경영권에 개입하여 그 힘으로 이를 제3자에게 이전시키기 위한 공권력의 행사였다는 점에서 헌법 제119조 제1항 · 제126조 소정의 개인기업의 자유와 경영권 불간섭의 원칙을 직접적으로 위반한 것이다. 이에 청구인으로서는 법률상 무권한의 공권력의 행사로 인하여 자의적이고 차별적인 대우를 받지 않을 권리인 평등권 그리고 기업활동의 자유를 침해당하게 된 것이다.

생각건대 부실기업을 그대로 방치할 때에 국가 사회적 파급효과가 크다 하더라도 법의 테두리 안에서 문제를 해결하도록 시도하는 것이 법치행정의 원칙의 준수이며, 만일 법이 없으면 공권력 개입의 객관적 기준을 세운 법안을 발안한 다음 새 입법을 기다려 그에 의거하여야 할 것이지, 그와 같은 절차가 번거롭다 하여 이를 생략한 채 목적이 좋다는 것만 내세워 초법적 수단에 의거하여 마치 국 · 공영기업의 경영자를 발령하여 바꾸듯이 사영기업의 사실상의 지배주주를 갈고 경영권자를 바꾸는 식의 공권력의 행사는 시장경제적 법치질서를 파탄시키는 것밖에 되지 못한다. 인간의 정치적 예지의 산물이라 할 민주주의는 수단 내지 절차의 존중이지 목적만을 제일의(第一義)로 하는 것이 아니다. 적법절차가 무시되는 조치라면 추구하는 목적과 관계없이 공권력의 남용이요, 자의밖에 될 수 없으며 합헌화될 수 없다. 법은 만민 앞에 평등하다. 대통령, 재무부장관 기타 어떠한 공권력도 법의 지배를 받아야 하는 것이다. 그것이 곧 법적 안정성과 예측가능성을 보장받는 사회를 이루는 길이기도 하다. 국제그룹의 전면해체과정에 있어서 대통령결단의 구체적 경위와 배경, 인수과정에 있어서의 문제점, 그리고 당시 국제그룹이 처한 정확한 재정상태 등의 쟁점에 나아가 살필 필요 없이 이 사건 피청구인의 공권력의 행사가 위헌임을 선언하는 소이(所以)는 관치금융이 아닌 법치금융, 나아가 경제적 법치주의 등 위에서 본 바와 같은 수호되어야 할 헌법적 가치질서를 보다 뚜렷이 밝히고자 함에 있는 것이다.

5. 결 론

그렇다면 이 사건 피청구인이 대통령에 건의 보고하여 그 지시를 받아 1985. 2. 7. 청구인 경영의 국제그룹을 해체키로 기본방침을 결정하고 같은 달 11. 그 인수업체를 정한 후, 이의 실행을 위하여 제일은행장 등에 지시하여 같은 달 13.부터 국제그룹계열사에 대한 은행자금관리에 착수하게 하고 제일은행 앞으로 처분위임장 등으로 계열사의 처분권을 위임받게 하는 등 해체준비를 하도록 하고, 피청구인이 만든 "국제그룹정상화대책" 표제의 보도자료에 의거하여 같은 달 21. 제일은행의 이름으로 언론에 발표하도록 하는 등 국제그룹해체를 위하여 한 일련의 공권력의 행사는 헌법상 법치국가의 원리, 헌법 제119조 제1항 · 제126조 · 제11조의 규정을 어겨 청구인의 기업활동의 자유와 평등권을 침해한 것이므로 헌법에 위반된 것임을 확인하며, 이에 주문과 같이 결정한다.」

※ 재판관 1인(재판관 최광률)은 청구기간 도과에 정당한 사유를 인정할 수 없다는 취지의 반대의견(각하)을 내었음.

▷ 자도소주의 구입 강제제도가 시장질서를 침해하였다고 본 판례
[憲 1996. 12. 26.-96헌가18](주세법 제38조의7 등에 대한 위헌제청)

「(3) 구입명령제도와 독과점규제

① 헌법 제119조 제2항은 "국가는 …… 시장의 지배와 경제력의 남용을 방지하기 위하여 ...경제에 관한 규제와 조정을 할 수 있다"고 규정함으로써, 독과점규제라는 경제정책적 목표를 개인의 경제적 자유를 제한할 수 있는 정당한 공익의 하나로 명문화하고 있다. 국가목표로서의 "독과점규제"는 스스로에게 맡겨진 경제는 경제적 자유에 내재하는 경제력집중적 또는 시장지배적 경향으로 말미암아 반드시 시장의 자유가 제한받게 되므로 국가의 법질서에 의한 경쟁질서의 형성과 확보가 필요하고, 경쟁질서의 유지는 자연적인 사회현상이 아니라 국가의 지속적인 과제라는 인식에 그 바탕을 두고 있다. 독과점규제는 국가의 경쟁정책에 의하여 실현되고 경쟁정책의 목적은 공정하고 자유로운 경쟁의 촉진에 있다. 독점규제의 목표는 독점규제및공정거래에관한법률(이하 "독점규제법"이라 한다)이 그 규제의 목표를 보다 구체화하고 있는바, 독점규제법 제1조는 "사업자의 시장지배적 지위의 남용과 과도한 경제력의 집중을 방지하고 부당한 공동행위 및 불공정거래행위를 규제하여 공정하고 자유로운 경쟁을 촉진함으로써 창의적 기업활동을 조장하고 소비자를 보호함과 아울러 국민경제의 균형있는 발전을 도모함을 목적으로 하고 있다"고 규정하여 이 법의 입법목적을 밝히고 있다. 즉 국가의 경쟁정책은 시장지배적 지위의 남용방지, 기업결합의 제한, 부당한 공동행위의 제한 등을 통하여 시장경제가 제대로 기능하기 위한 전제조건으로서의 가격과 경쟁의 기능을 유지하고 촉진하려고 하는 것이다. 따라서 독과점규제의 목적이 경쟁의 회복에 있다면 이 목적을 실현하는 수단 또한 자유롭고 공정한 경쟁을 가능하게 하는 방법이어야 한다.

② 그러나 이 사건 법률조항이 규정한 소주판매업자가 매월 소주류 총구입액의 100분의 50 이상을 자도소주로 구입하도록 하는 구입명령제도는 실질적으로는 지방소주제조업자에게 경쟁으로부터의 면제라는 특권을 부여하고, 그로 말미암아 기업의 능력과 관계없이 구입명령제도를 통하여 확보되고 유지되는 현상태에 안주하는 결과를 가져오게 한다. 결국 구입명령제도는 전국적으로 자유경쟁을 배제한 채 지역 나누어먹기 식의 지역할거주의로 자리잡게 하고, 그로써 지방소주업체들이 각 도마다 최소한 50%의 지역시장 점유율을 보유하게 하여 지역 독과점적 현상의 고착화를 초래하게 한다. 이로 말미암아 사실상 경쟁이 본래의 기능을 잃고, 경쟁을 통하여 얻으려는 효과는 얻을 수 없게 된다. 그러므로 이 사건 법률조항이 규정한 구입명령제도는 지방소주업체를 경쟁으로부터 직접 보호함으로써 오히려 경쟁을 저해하는 것이기 때문에 공정하고 자유로운 경쟁을 유지하고 촉진하려는 목적인 "독과점규제"라는 공익을 달성하기 위한 적정한 조치로 보기 어렵다.

경쟁의 회복이라는 독과점규제의 목적을 달성할 수 있는 방법은 되도록 균등한 경쟁의 출발선을 형성함으로써 경쟁을 가능하게 하고 활성화하는 방법이어야 한다. 비록 소주시장에서 이미 시장지배적 지위가 형성되었거나 또는 형성될 우려가 있다고 하더라도, 구입명령제도는 독점화되어 있는 시장구조를 경쟁적인 시장구조로 전환시키기 위하여 적정한 수단으로 볼 수 없으므로 위 법률조항은 비례의 원칙에 위반된다.

(4) 구입명령제도와 지역경제의 육성

① 헌법 제123조는 농수산업정책, 지역적 경제촉진과 중소기업정책의 필요성을 구체적으로 강조함으로써, 지역간의 경제적 차이를 조정하고, 국민경제적 이유에서 일정 경제부문이 변화한 시장조건에 적응하는 것을 용이하게 하거나 또는 경쟁에서의 상이한 조건을 수정하기 위하여, 경제적으로 낙후한 지역이나 일정 경제부문을 지원할 국가의 과제를 규정하고 있다. 즉 국가가 보조금이나 세제상의 혜택 등을 통하여 시장의 형성과정에 지역적으로 또는 경제부문별로 관여함으로써, 시장에서의 경쟁이 국가의 지원조치에 의하여 조정된 새로운 기초

위에서 이루어질 수 있도록 하는 것이 헌법 제123조의 목적이다.

헌법 제123조가 규정한 지역경제육성의 목적은 일차적으로 지역간의 경제적 불균형의 축소에 있다. 특히 농업과 수산업에 의존하는 지역이 지역적 경제구조에 있어서 심한 불균형을 나타내기 때문에 헌법 제123조 제1, 4, 5항에서 경제력이 일반적으로 전국 평균 이하인 농어촌지역과 농·어업 경제부문에 대한 보호·육성을 강조하고 있다. 또한 "지역경제의 육성"의 목표는 경제적으로 낙후된 지역의 주민이 단지 경제적인 이유로 말미암아 경제력이 강한 지역으로 이주하도록 강요되어서는 아니되고, 그의 거주지역에서 생업에 종사할 수 있는 적절한 기회가 제공되어야 한다는 일반정책적인 고려에 따른 것이기도 하다. 이로써 국가지역정책은 농·어촌의 이주현상과 대도시에로의 지나친 인구집중을 방지하고 국토의 균형있는 인구분산을 이루게 함으로써, 궁극적으로 경제성장과 안정이라는 경제적 목표를 달성하는데 기여할 뿐만 아니라 전국적으로 균형있는 경제, 사회, 문화적 관계를 형성하는 사회정책적 목표를 촉진토록 하는 데 있다.

② 그러나 구입명령제도를 통하여 지방소주업체를 경쟁으로부터 보호하고 그 결과로 각 도에 하나씩의 소주제조기업이 존재한다는 것 그 자체만으로는 헌법 제123조의 "지역경제의 육성"이란 공익을 의미한다고 보기는 어렵다. 입법자가 개인의 기본권침해를 정당화하는 입법목적으로서의 "지역경제"를 주장하기 위하여는, 각 지역에 하나의 기업이 더 존재하는 것이 지역경제에 어떠한 의미로든 기여를 한다는 지극히 당연한 사실을 넘는, 문제되는 지역의 현존하는 경제적 낙후성이라든지 아니면 특정 입법조치를 취하지 않을 경우 발생할 지역간의 심한 경제적 불균형과 같은 납득할 수 있는 구체적이고 합리적인 이유가 있어야 한다. 왜냐하면 지역경제의 육성이란 한 마디로 지역간의 상이한 경제력과 경쟁조건의 수정과 조정을 그 목적으로 하기 때문이다. 그러나 전국 각도에 균등하게 하나씩의 소주제조기업을 존속케 하려는 주세법에서는 수정되어야 할 구체적인 지역간의 차이를 확인할 수 없고, 따라서 1도 1소주제조업체의 존속유지와 지역경제의 육성간에 상관관계를 찾아 볼 수 없으므로 "지역경제의 육성"은 이 사건 법률조항의 위 (1)에서 지적한 기본권침해를 정당화할 수 있는 공익으로 고려하기 어렵다고 할 것이다.

(5) 구입명령제도와 중소기업의 보호

① 우리 헌법은 제123조 제3항에서 중소기업을 보호·육성해야 할 국가의 과제를 부과하고, 같은 조 제5항에서는 국가는 중소기업의 자조조직을 육성하여야 하며, 그 자율적 활동과 발전을 보장해야 한다고 규정하고 있다. 중소기업은 생산과 고용의 증대에 기여하고 대기업보다 경기의 영향을 작게 받으며, 수요의 변화에 적절히 대처하고 새로운 기술의 개발을 기대하게 할 뿐만 아니라 사회적 분업과 기업간의 경쟁을 촉진함으로써 전체국민경제에 크게 기여하고 있다. 그러나 중소기업은 대기업에 비하여 자금력, 기술수준, 경영능력 등에 있어서 열세하기 때문에 자력으로는 경영의 합리화와 경쟁력의 향상을 도모할 수 없는 경우가 많다. 우리 헌법은 중소기업이 국민경제에서 차지하는 중요성 때문에 "중소기업의 보호"를 국가경제정책적 목표로 명문화하고, 대기업과의 경쟁에서 불리한 위치에 있는 중소기업의 지원을 통하여 경쟁에서의 불리함을 조정하고, 가능하면 균등한 경쟁조건을 형성함으로써 대기업과의 경쟁을 가능하게 해야 할 국가의 과제를 부과하고 있다. 중소기업의 보호는 넓은 의미의 경쟁정책의 한 측면을 의미하므로, 중소기업의 보호는 원칙적으로 경쟁질서의 범주내에서 경쟁질서의 확립을 통하여 이루어져야 한다. 중소기업육성이란 공익을 경쟁질서의 테두리 안에서 실현해야 한다는 것은 독점규제법도 간접적으로 표현하고 있다. 즉 능력에 의한 경쟁을 원

칙으로 하는 독점규제법에서는 단지, 제19조 제1항 단서 및 제26조 제2항에서 중소기업의 경쟁력향상을 위한 경우에 한하여 공동행위와 사업자단체의 경쟁제한행위를 예외적으로 허용할 뿐, 중소기업을 경쟁으로부터 직접 보호하는 지원조치는 이를 찾아볼 수 없다.

② 중소기업 또한 대기업과 마찬가지로 경쟁에서 능력을 인정받고 시장에서의 자신의 위치를 관철해야 한다. 단지 대기업 및 재벌기업과의 경쟁에서 중소기업이 불리하다면, 불리한 경쟁조건을 완화하고 되도록이면 균등한 경쟁조건을 형성하는 수단을 통하여 조정함이 마땅하다. 현상태의 유지를 법률의 형태로 보장함으로써 중소기업을 대기업과의 경쟁에서 제외하는 방법은 결코 바람직한 것이 못된다. 중소기업의 육성은 세법상의 혜택이나 중소기업기본법 등 중소기업지원을 위한 특별법에 규정된 특수한 중소기업육성책을 통하여 이루어져야 한다. 중소기업의 보호란 공익이 자유경쟁질서안에서 발생하는 중소기업의 불리함을 국가의 지원으로 보완하여 경쟁을 유지하고 촉진시키려는 데 그 목적이 있으므로, 이 사건 법률조항이 규정한 구입명령제도는 이러한 공익을 실현하기에 적합한 수단으로 보기 어렵다(따라서 구입명령제도에 의하여 혜택을 받는 지방소주제조업자들이 실제로 중소기업에 해당하는가 하는 것은 별도의 해명을 요하지 아니한다).

(6) 소 결 론

일반적으로 고알콜주류에 국한하여 시행되는 일부 국가의 전매제도는 그 목적이 주류소비량의 억제 내지는 적정유지를 통하여 국민보건에 기여하고, 아울러 조세정책의 일환으로서 세수를 확보하려는데 있는 것이다. 그러나 이 사건 법률조항이 규정한 구입명령제도는 앞서 본 바와 같이 오로지 일정 주류시장의 중소기업을 경쟁으로부터 보호하는 것을 목적으로 하는 것으로밖에 볼 수 없고, 달리 구입명령제도의 정당성을 인정할 수 있는 근거를 찾아 볼 수 없다.

따라서 이 사건 법률조항은 소주판매업자의 직업의 자유는 물론 소주제조업자의 경쟁 및 기업의 자유, 즉 직업의 자유와 소비자의 행복추구권에서 파생된 자기결정권을 지나치게 침해하는 위헌적인 규정이라 아니할 수 없다.」

⇔ 재판관 3인(재판관 조승형, 재판관 정경식, 재판관 고중석)의 반대의견

「(1) 주류제조 · 판매와 관련되는 직업의 자유 내지 영업의 자유에 대하여는 폭넓은 국가적 규제가 가능하고 또 입법자의 입법형성권의 범위도 광범위하게 인정되는 분야라고 하지 않을 수 없다. 구입명령제도는 독과점규제와 지역경제육성이라는 헌법상의 경제목표를 실현코자 하는 것이므로 정당한 입법목적을 가진 것이라 아니할 수 없고, 또 그 입법목적을 달성하기에 이상적인 제도라고까지는 할 수 없을지라도 다수의견과 같이 전혀 부적합한 것이라고는 단정할 수 없다.

(2) 독과점규제의 궁극목표가 경쟁질서의 유지라는 점에는 이론의 여지가 있을 수 없겠지만, 경우에 따라서는 경쟁을 다소 완화하여 시장지배자로부터 약자를 보호하는 정책도 훌륭한 독과점규제책이 될 수 있다. 다수의견은 구입명령제도로 말미암아 전국적 자유경쟁이 배제되고 지역적 독과점현상의 고착화를 초래한다고 주장하나, 이는 구입명령제도가 폐지되는 경우에는 지역적 독과점현상 대신에 그보다 더 경계해야 할 전국적 독과점현상이 나타나게 된다는 점을 간과하고 있는 것이다.

(3) 지역경제의 육성이라 함은 경제력이 전국적으로 균형있게 배분된 상태를 지향하는 모든 노력을 이르는 말이라 할 것인데, 이에는 각 지역간의 경제력의 수준을 살펴 그 중 낙후한 지역의 경제력을 향상시키는 일뿐만 아니라 수도권에 비해 상대적으로 경제력이 미약한 수도권

이외의 나머지 지역의 경제력을 향상시키는 일도 포함된다고 보아야 한다. 이 사건 구입명령제도를 통하여 경쟁으로부터 보호되는 소주제조업체의 소재지는 모두 수도권 이외의 지역인바, 이 지역에 각 하나씩의 소주제조업체가 도산하지 않고 건실하게 사업을 할 수 있도록 보호해주는 것만으로도 헌법상의 지역경제육성의 목적에 부합하는 것이다.

(4) 소주에 대하여는 그 특성상 국민보건에 직접적 영향을 미치는 상품이어서 강한 규제를 하지 않을 수 없고, 구입명령제도는 대기업 제조업자의 독과점을 막고 지역소주제조업자를 보호함으로써 독과점규제와 지역경제육성이라는 헌법상의 경제목표를 구체화하고자 하는 제도이므로 이 제도로 인하여 약간의 차별이 생긴다고 하여도 그 차별에는 합리적인 이유가 있다고 할 것이고, 여러 가지 사정을 입법정책적으로 고려하여 입법형성권의 범위내에서 입법한 것으로서 헌법 제37조 제2항이 정한 한계내에서 행한 필요하고 합리적인 기본권제한이라고 할 것이므로 헌법에 위반되지 아니한다.」

▸ **헌법재판소가 우리의 경제질서를 「사회적 시장경제질서」라고 판시한 판례**

[憲 1996. 4. 25.-92헌바47](축산업협동조합법 제99조 제2항 위헌소원)

「우리 나라 헌법상의 경제질서는 사유재산제를 바탕으로 하고 자유경쟁을 존중하는 자유시장경제질서를 기본으로 하면서도 이에 수반되는 갖가지 모순을 제거하고 사회복지 · 사회정의를 실현하기 위하여 국가적 규제와 조정을 용인하는 사회적 시장경제질서로서의 성격을 띠고 있다. 즉, 절대적 개인주의 · 자유주의를 근간으로 하는 자본주의사회에 있어서는 계약자유의 미명 아래 "있는 자, 가진 자"의 착취에 의하여 경제적인 지배종속관계가 성립하고 경쟁이 왜곡되게 되어 결국에는 빈부의 격차가 현격해지고, 사회계층간의 분화와 대립갈등이 첨예화하는 사태에 이르게 됨에 따라 이를 대폭 수정하여 실질적인 자유와 공정을 확보함으로써 인간의 존엄과 가치를 보장하도록 하였는바(헌법재판소 1989. 12. 22. 선고, 88헌가13 결정 참조), 이러한 절대적 개인주의 · 자유주의를 근간으로 하는 초기 자본주의의 모순 속에서 소비자 · 농어민 · 중소기업자 등 경제적 종속자 내지는 약자가 그들의 경제적 생존권을 확보하고 사회경제적 지위의 향상을 도모하기 위하여 결성한 자조조직이 협동조합이고, 우리 헌법도 "국가는 농 · 어민과 중소기업의 자조조직을 육성하여야 하며, 그 자율적 활동과 발전을 보장한다"는 규정을 둠으로써(헌법 제123조 제5항) 국가가 자발적 협동조합을 육성하여야 함을 명문으로 규정하고 있다.」

◎ **같은 취지 : 憲 1998. 5. 28.-96헌가4**

□ 경제에 관한 헌법규정

▶ 농어촌종합개발계획과 지역균형발전에 관한 규정

▸ **농 · 어민과 중소기업의 자조조직 육성 등에 대한 헌법규정(헌법 제123조 제5항)과 관련하여 농업협동조합, 축산업협동조합의 법적 성격을 밝힌 판례**

▹ **축산업협동조합이 사법상의 법인이라고 본 판례**

[憲 1996. 4. 25.-92헌바47](축산업협동조합법 제99조 제2항 위헌소원)

「축협법상 축협(업종별축협과 지역별축협을 말한다)과 중앙회는 정치에 관하여는 일체의 행위를 하여서는 아니되고(축협법 제7조), 축협과 중앙회의 임직원은 공무원(선거에 의하여 취임하는 공무원을 제외한다)을 겸직할 수 없으며(축협법 제8조 제1항), 정부는 조합과 중앙회의 사업과 운영에 필요한 자금의 전부 또는 일부를 보조 · 융자할 수 있고, 정부와 공공단체는 조합과 중앙회의 사업과 업무에 적극적으로 협력하고 그 시설장비 등의 이용에 있어 우선적으로 편의를 제공하여야 하며(축협법 제9조), 정부가 위탁하는 사업이나 정부보조사업을 그 사업의 범위 내에 두고 있고(축협법 제53조 제1항 제22호 · 제23호, 제102조 제21호 · 제22호), 공정한 조합장 선거를 위하여 엄격한 법적 규제를 하고 있으며(축협법 제46조, 제103조, 제144조의2, 제145조), 조합의 회계에 대하여 많은 제한 규정을 두고 있는(축협법 제56조 내지 제68조, 제103조) 외에, 축협중앙회는 국정감사의 대상기관이 되고(국정감사및조사에관한법률 제7조 제3호), 조합이 국가 또는 지방자치단체로부터 재정원조를 받은 경우에는 감사원의 선택적 감사대상이 되며(감사원법 제23조 제1항 제2호 · 제3호), 법인세 등에 대한 과세특례(조세감면규제법 제59조, 제60조, 제61조 제4항), 부가가치세법상의 과세특례(부가가치세법 제12조 제1항 제17호, 같은법시행령 제38조 제1항 제16호) 등 세제상의 특혜를 받고, 독점규제및공정거래에관한법률 등 일부 법률의 적용도 배제되는 등(독점규제및공정거래에관한법률 제60조, 축협법 제11조) 축협에 일반적인 사법인과는 다른 점들을 찾아 볼 수 있으나, 이와 같은 특수성은 헌법 제123조 제5항에 의한 국가의 협동조합 육성의무와 축협을 비롯한 우리 나라 협동조합의 육성과정에서 나타나는 국가의 강력한 지원 및 감독에 따라 나타나는 것에 불과하여 이를 근거로 축협을 공법인이라고 할 수는 없고, 오히려 공법상의 사단법인은 국가의 목적을 위하여 존재하고 국가에 의하여 설립된다는 점에서 사법상의 법인과 근본적인 차이가 있는바, 기본적으로 축협은 축산업의 진흥과 그 구성원의 경제적 · 사회적 지위향상과 공동이익을 도모함을 목적으로 하는 양축인의 자주적 협동조직이고(축협법 제1조, 제98조), 구역 내에 거주하는 유자격자 50인 이상이 발기인이 되어 설립하며(축협법 제14조, 제100조), 조합원의 출자로 자금을 조달하며(축협법 제103조, 제20조), 축협의 결성이나 가입이 강제되지 아니하고, 조합원의 임의탈퇴나 해산이 허용되며(축협법 제103조, 제27조, 제74조), 조합장은 조합원 중에서 조합원이 선출하는 등(축협법 제103조, 제41조 제3항) 그 목적이나 설립 · 관리면에서 자주적인 단체로서 공법인이라고 하기보다는 사법인이라고 할 것이다(헌법재판소 1991.3.11. 선고, 90헌마28 결정 참조).」

◎ **같은 취지 : 憲 1991. 3. 11.-90헌마28**

▷ **축산업협동조합 중앙회는 사법인도 아니고 공법인도 아닌 특수한 법인이라고 본 판례**
[憲 2000. 6. 1.-99헌마553](농업협동조합법 위헌확인)

「(나) 현행 축협법의 관련조문을 중심으로 한 축협중앙회의 법적 성격

① 공법인적 성격

축협법상 축협(지역별 · 업종별 축협)과 중앙회는 정치에 관여하는 일체의 행위를 하여서는 아니되고(축협법 제7조), 축협과 중앙회의 임직원은 공무원(선거에 의하여 취임하는 공무원을 제외한다)을 겸직할 수 없으며(축협법 제8조 제1항), 정부는 조합과 중앙회의 사업과 운영에 필요한 자금의 전부 또는 일부를 보조 · 융자할 수 있고, 정부와 공공단체는 조합과 중앙회의 사업과 업무에 적극적으로 협력하고 그 시설장비 등의 이용에 있어 우선적으로 편의를 제공하여야 하며, 중앙회장은 조합과 중앙회의 발전에 관하여 정부에 의견을 제출할 수 있고(축협법 제9조), 정부가 위탁하는 사업이나 정부보조사업을 그 사업의 범위 내에 두고 있으며(축협법 제53조 제1항 제22호 · 제23호, 제102조 제21호 · 제22호, 제123조 제16호 · 제17호), 공정한 조합장 선거를 위하여 엄격한 법적 규제를 하고 있고(축협법 제46조, 제103조, 제133조, 제144조의2, 제145조), 조합의 회계에 대하여 많은 제한 규정을 두고 있는(축협법 제56조 내지 제68조, 제103조, 제133조) 외

에, 축협중앙회는 국정감사의 대상기관이 되고(국정감사및조사에관한법률 제7조 제3호), 조합이 국가 또는 지방자치단체로부터 재정원조를 받은 경우에는 감사원의 선택적 감사대상이 되며(감사원법 제23조 제2호 · 제3호), 법인세, 부가가치세, 인지세 등에 대한 과세특례(조세특례제한법 제72조 제1항 제3호, 제116조 제1항 제10호, 제106조 제1항, 동법시행령 제106조 제6항 제16호) 등 세제상의 특혜를 받고, 독점규제및공정거래에관한법률, 보험업법 등 일부 법률의 적용도 배제되는 등(독점규제및공정거래에관한법률 제60조, 축협법 제11조) 일반 사법인에서는 볼 수 없는 공법인적 성격이 있다.

특히 축협중앙회는, 지역별 축협이나 업종별 축협에서 그 조합원이 조합에서 임의탈퇴하거나(축협법 제27조 제1항, 제103조) 조합 자체를 스스로 해산할 수 있는 것(축협법 제74조, 제103조)과는 달리, 중앙회의 회원조합은 스스로 해산함으로써 자연탈퇴되는 경우(축협법 제109조)를 제외하고는 임의탈퇴가 불가능하고, 중앙회 자체의 해산은 반드시 따로 법률을 제정하여서만 해산하도록 되어 있는 점(축협법 제111조)을 주목하지 않을 수 없다.

② 사법인적 성격

축협은 축산업의 진흥과 그 구성원의 경제적 · 사회적 지위향상과 공동이익을 도모함을 목적으로 하는 양축인의 자주적 협동조직이고(축협법 제1조, 제98조, 제104조), 지역별 축협 및 업종별 축협은 조합원자격을 가진 50인 이상이, 중앙회는 회원자격을 가진 20인 이상이 각 발기인이 되어 설립하며(축협법 제14조, 제100조, 제106조), 조합원의 출자로 자금을 조달하고(축협법 제20조, 제103조, 제108조), 축협의 결성이나 가입이 강제되지 아니하며, 지역별 축협 및 업종별 축협의 경우는 조합원의 임의탈퇴 및 해산이 허용되고(축협법 제27조, 제103조), 축협중앙회 역시 그 회원조합이 스스로 해산함으로써 탈퇴할 수 있으며(축협법 제109조), 조합장이나 중앙회장은 조합원들이 직접 선출하거나 총회에서 선출하는 등(축협법 제41조 제3항, 제103조, 제119조)의 사법인적 성격이 있다.

(다) 소 결 론

지금까지 살펴본 축협중앙회 및 축협(지역별 · 업종별 축협)의 특성들에 의하면, 이들은 공법인적 성격과 사법인적 성격을 함께 구비하고 있는 중간적 성격의 단체인 것은 분명하나, 우선 "지역별 · 업종별 축협"은 그 "존립목적" 및 "설립형식"에서의 자주성에 비추어 볼 때, 오로지 국가의 목적을 위하여 존재하고 국가에 의하여 설립되는 공법인이라기보다는 사법인에 가깝다고 할 수 밖에 없을 것이다(헌재 1991. 3. 11. 90헌마28, 판례집 3, 63, 77 ; 헌재 1996. 4. 25. 92헌바47, 판례집 8-1, 370, 378-379 참조).

그러나 "축협중앙회"는 지역별 · 업종별 축협과 비교할 때, 회원의 임의탈퇴나 임의해산이 불가능한 점 등 그 공법인성이 상대적으로 크다고 할 것이지만, 이로써 축협중앙회를 공법인이라고 단정할 수는 없을 것이고, 이 역시 그 존립목적 및 설립형식에서의 자주적 성격에 비추어 사법인적 성격을 부인할 수 없다.

따라서 축협중앙회는 공법인성과 사법인성을 겸유한 특수한 법인으로서 이 사건에서 기본권의 주체가 될 수 있다고는 할 것이지만, 위와 같이 두드러진 공법인적 특성이 축협중앙회가 가지는 기본권의 제약요소로 작용하는 것만은 이를 피할 수 없다고 할 것이다.」

▷ **농업협동조합은 특수법인이라고 본 판례**

[憲 2000. 6. 1.-98헌마386](농업협동조합법 제50조 제1항 제11호 위헌확인)

「조합은 조합원의 농업생산력의 증진과 경제적, 사회적 지위의 향상을 도모하거나(지역조합의 경우), 전문농업을 경영하는 조합원의 공동이익을 도모함으로써(전문조합의 경우) 궁극적으로는 국민 경제의 균형있는 발전을 목적으로 설립되는 농업인의 자주적인 협동조직으로서, 농업협동조합법이라는 특별법에 의하여 그 설립목적과 목적사업이 직접 규정되어 있는 특수법인이다(법 제3조, 제14조, 제58조, 제118조, 제125조).
이와 같이 조합은 농업협동조합법에서 정하는 특정한 국가적 목적을 위하여 설립되는 공공성이 강한 법인이므로, 국가는 조합에 대한 세금과 부과금을 면제하며(법 제8조), 편의제공, 경비보조, 융자 등으로 조합의 사업에 적극적으로 협력함으로써(법 제11조) 조합을 지원하는 한편, 조합으로 하여금 영리 또는 투기를 목적으로 하는 업무를 하지 못하도록 하며(법 제5조), 정치에 대한 관여도 금지시키고 있다(법 제6조).」

사회영역의 기본원리

□ 개 설

▶ **헌법에서 명문의 규정은 없지만 복지국가를 수용하고 있음을 인정한 판례**
[憲 2002. 12. 18.-2002헌마52](저상버스 도입의무 불이행 위헌확인)
「헌법은 제34조 제1항에서 모든 국민의 "인간다운 생활을 할 권리"를 사회적 기본권으로 규정하면서, 제2항 내지 제6항에서 특정한 사회적 약자와 관련하여 "인간다운 생활을 할 권리"의 내용을 다양한 국가의 의무를 통하여 구체화하고 있다.

우리 헌법은 사회국가원리를 명문으로 규정하고 있지는 않지만, 헌법의 전문, 사회적 기본권의 보장(헌법 제31조 내지 제36조), 경제 영역에서 적극적으로 계획하고 유도하고 재분배하여야 할 국가의 의무를 규정하는 경제에 관한 조항(헌법 제119조 제2항 이하) 등과 같이 사회국가원리의 구체화된 여러 표현을 통하여 사회국가원리를 수용하였다. 사회국가란 한마디로, 사회정의의 이념을 헌법에 수용한 국가, 사회현상에 대하여 방관적인 국가가 아니라 경제 · 사회 · 문화의 모든 영역에서 정의로운 사회질서의 형성을 위하여 사회현상에 관여하고 간섭하고 분배하고 조정하는 국가이며, 궁극적으로는 국민 각자가 실제로 자유를 행사할 수 있는 그 실질적 조건을 마련해 줄 의무가 있는 국가이다.

헌법이 제34조에서 여자(제3항), 노인 · 청소년(제4항), 신체장애자(제5항) 등 특정 사회적 약자의 보호를 명시적으로 규정한 것은, "장애인과 같은 사회적 약자의 경우에는 개인 스스로가 자유행사의 실질적 조건을 갖추는 데 어려움이 많으므로, 국가가 특히 이들에 대하여 자유를 실질적으로 행사할 수 있는 조건을 형성하고 유지해야 한다"는 점을 강조하고자 하는 것이다.」
◎ 같은 취지 : 憲 2004. 10. 28.-2002헌마328

□ 복지국가의 구현

▶ **경제질서에 대한 규제와 조정**
[憲 1998. 5. 28.-96헌가4등](자동차손해배상보장법 제3조 단서 제2호 위헌제청 등)
「(1) 헌법 제119조는 제1항에서 대한민국의 경제질서는 개인과 기업의 경제상의 자유와 창의

를 존중함을 기본으로 한다고 규정하여 사유재산제도, 사적 자치의 원칙, 과실책임의 원칙을 기초로 하는 자유시장 경제질서를 기본으로 하고 있음을 선언하면서, 한편 그 제2항에서 국가는 …… 경제주체간의 조화를 통한 경제의 민주화를 위하여 경제에 관한 규제와 조정을 할 수 있다고 규정하고, 헌법 제34조는 모든 국민은 인간다운 생활을 할 권리를 가진다(제1항), 신체장애자 및 질병·노령 기타의 사유로 생활능력이 없는 국민은 법률이 정하는 바에 의하여 국가의 보호를 받는다(제5항)고 규정하여 사회국가원리를 수용하고 있다.

결국 우리 헌법은 자유시장 경제질서를 기본으로 하면서 사회국가원리를 수용하여 실질적인 자유와 평등을 아울러 달성하려는 것을 근본이념으로 하고 있는 것이다.

(2) 우리 민법은 헌법 제119조 제1항의 자유시장 경제질서에서 파생된 과실책임의 원칙을 일반불법행위에 관한 기본원리로 삼고 있다. 그런데, 현대산업사회에서는 고속교통수단, 광업 및 원자력산업 등의 위험원(危險源)이 발달하고 산업재해 및 환경오염으로 인한 피해가 증가함에 따라, 헌법이념의 하나인 사회국가원리의 실현을 위하여 과실책임의 원리를 수정하여 위험원을 지배하는 자로 하여금 그 위험이 현실화된 경우의 손해를 부담하게 하는 위험책임의 원리가 필요하게 되었다. 위험책임의 원리는 위험원의 지배를 책임의 근거로 하여 위험을 지배하는 자에게 책임을 지우는 원리로서 단순한 결과책임주의와는 다른 것이다.

이 사건 법률조항도 위에서 본 바와 같이 자동차사고의 특수성에 비추어 승객이 사망하거나 부상한 경우에는 과실책임의 원칙에 기한 일반불법행위책임과 달리 위험책임의 원리를 수용하여 운행자에게 무과실책임을 지우고 있는 것이다. 그리고 이 사건 법률조항 이외에도 공작물 소유자의 손해배상책임에 관한 민법 제758조, 광업권자의 손해배상책임에 관한 광업법 제91조, 원자력사업자의 손해배상책임에 관한 원자력손해배상법 제3조 제1항, 환경오염의 피해에 대한 사업자의 손해배상책임에 관한 환경정책기본법 제31조와 사업자의 재해보상책임에 관한 근로기준법 제81조, 제85조 등도 위험책임의 원리를 수용하여 무과실책임을 규정하고 있다.

(3) 위에서 본 바와 같이 자유시장 경제질서를 기본으로 하면서도 사회국가원리를 수용하고 있는 우리 헌법의 이념에 비추어 일반불법행위책임에 관하여는 과실책임의 원리를 기본원칙으로 하면서 이 사건 법률조항과 같은 특수한 불법행위책임에 관하여 위험책임의 원리를 수용하는 것은 입법정책에 관한 사항으로서 입법자의 재량에 속한다고 할 것이다.

따라서 이 사건 법률조항이 아래에서 보는 바와 같이 운행자의 재산권을 본질적으로 제한하거나 평등의 원칙에 위반되지 아니하는 이상 위험책임의 원리에 기하여 무과실책임을 지운 것만으로 헌법 제119조 제1항의 자유시장 경제질서나 청구인이 주장하는 헌법 전문 및 헌법 제13조 제3항의 연좌제금지의 원칙에 위반된다고 할 수 없다.」

[憲 1999. 12. 23.-98헌마363](제대군인지원에관한법률 제8조 제1항 등 위헌확인)

※ 〈제5편 - 제2장 - □ 내용〉 판례 인용부분 참조

문화영역의 기본원리

□ 문화공동체

▶ 문화국가의 원리를 인정한 판례

[憲 2004. 5. 27.-2003헌가1등](학교보건법 제6조 제1항 제2호 위헌제청 등)

「가. 우리 헌법상 문화국가원리와 그 실현

(1) 우리 헌법상 문화국가원리의 의의

우리 나라는 건국헌법 이래 문화국가의 원리를 헌법의 기본원리로 채택하고 있다. 우리 현행 헌법은 전문에서 "문화의 …… 영역에 있어서 각인의 기회를 균등히" 할 것을 선언하고 있을 뿐 아니라, 국가에게 전통문화의 계승 발전과 민족문화의 창달을 위하여 노력할 의무를 지우고 있다(제9조).

또한 헌법은 문화국가를 실현하기 위하여 보장되어야 할 정신적 기본권으로 양심과 사상의 자유, 종교의 자유, 언론 · 출판의 자유, 학문과 예술의 자유 등을 규정하고 있는바, 개별성 · 고유성 · 다양성으로 표현되는 문화는 사회의 자율영역을 바탕으로 한다고 할 것이고, 이들 기본권은 견해와 사상의 다양성을 그 본질로 하는 문화국가원리의 불가결의 조건이라고 할 것이다[헌재 2000. 4. 27. 98헌가16, 98헌마429(병합), 427, 445-446 참조].

(2) 문화국가원리의 실현과 문화정책

문화국가원리는 국가의 문화국가실현에 관한 과제 또는 책임을 통하여 실현되는바, 국가의 문화정책과 밀접 불가분의 관계를 맺고 있다. 과거 국가절대주의사상의 국가관이 지배하던 시대에는 국가의 적극적인 문화간섭정책이 당연한 것으로 여겨졌다. 그러나 오늘날에 와서는 국가가 어떤 문화현상에 대하여도 이를 선호하거나, 우대하는 경향을 보이지 않는 불편부당의 원칙이 가장 바람직한 정책으로 평가받고 있다. 오늘날 문화국가에서의 문화정책은 그 초점이 문화 그 자체에 있는 것이 아니라 문화가 생겨날 수 있는 문화풍토를 조성하는 데 두어야 한다.

문화국가원리의 이러한 특성은 문화의 개방성 내지 다원성의 표지와 연결되는데, 국가의 문화육성의 대상에는 원칙적으로 모든 사람에게 문화창조의 기회를 부여한다는 의미에서 모든 문화가 포함된다. 따라서 엘리트문화뿐만 아니라 서민문화, 대중문화도 그 가치를 인정하고 정책적인 배려의 대상으로 하여야 한다.」

□ 문화공동체의 구현

▶ 혼인 · 가족제도

▸ 혼인 · 가족제도보장의 의의와 성격

[憲 2002. 8. 29.-2001헌바82](소득세법 제61조 위헌소원)

「1) 헌법 제36조 제1항은 "혼인과 가족생활은 개인의 존엄과 양성의 평등을 기초로 성립되고 유지되어야 하며, 국가는 이를 보장한다"라고 규정하고 있는데, 헌법 제36조 제1항은 혼인과 가족생활을 스스로 결정하고 형성할 수 있는 자유를 기본권으로서 보장하고, 혼인과 가족에 대한 제도를 보장한다. 그리고 헌법 제36조 제1항은 혼인과 가족에 관련되는 공법 및 사법의 모든 영역에 영향을 미치는 헌법원리 내지 원칙규범으로서의 성격도 가지는데, 이는 적극적으로는 적절한 조치를 통해서 혼인과 가족을 지원하고 제삼자에 의한 침해 앞에서 혼인과 가족을 보호해야 할 국가의 과제를 포함하며, 소극적으로는 불이익을 야기하는 제한조치를 통해서 혼인과 가족을 차별하는 것을 금지해야 할 국가의 의무를 포함한다. 이러한 헌법원리로부터 도출되는 차별금지명령은 헌법 제11조 제1항에서 보장되는 평등원칙을 혼인과 가족생활영역에서 더욱 더 구체화함으로써 혼인과 가족을 부당한 차별로부터 특별히 더 보호하려는 목적을 가진다. 이 때 특정한 법률조항이 혼인한 자를 불리하게 하는 차별취급은 중대한 합리적 근거가 존재하여 헌법상 정당화되는 경우에만 헌법 제36조 제1항에 위배되지 아니한다.

2) 조세법률은 혼인한 자에게 납세의무를 부과하는 것 외에는 혼인생활 자체에 어떠한 명령이나 금지를 직접적으로 가하지 않는다. 따라서 헌법 제36조 제1항이 보장하는 혼인과 가족생활에 관한 기본권이나 혼인과 가족에 대한 제도보장은 조세법률에는 어떠한 법적 영향을 미치지 아니한다. 그러나 헌법 제36조 제1항에서 도출되는 차별금지명령은 조세입법에서 조세부담의 증가라는 경제적 불이익을 통해서 혼인과 가족을 차별하는 것을 금지한다. 그러므로 만약 조세법률이 혼인을 그 구성요건으로 삼아서 일정한 법적 효과를 결부시키고자 한다면, 혼인한 자를 경제적으로 불리하게 차별취급해서는 안 된다.」

▸ **혼인 · 가족제도의 내용**

▹ **호주제가 헌법 제36조 제1항에 반한다고 본 판례**

[憲 2005. 2. 3.-2001헌가9](민법 제781조 제1항 본문 후단부분 위헌제청 등)

※ 아래 판례 인용부분 참조

▶ 전통문화와 민족문화의 창달

▸ **헌법 제9조의 규정취지와 관련된 판례**

[憲 2003. 1. 30.-2001헌바64](구전통사찰보존법 제6조 제1항 제2호 등 위헌소원)

「우리 입법자는 위와 같은 입법목적을 가지고 법을 제정하면서, 불상 등 불교신앙의 대상으로서의 형상을 봉안하고 승려가 수행하며 신도를 교화하기 위하여 건립, 축조된 건조물(경내지, 동산 및 부동산을 포함한다) 중 역사적 의의를 가진 사찰로서 대통령령이 정하는 요건을 갖춘 사찰을 선별하여 '전통사찰'로 지정한 다음, 이를 관할 행정관청에 등록하도록 하였고(제2조, 제3조), 법 시행 이전에 불교재산관리법에 의하여 이미 등록된 사찰이라도 이러한 민족문화유산으로서의 가치를 지니지 않는 사찰은 등록대상에서 제외시켰다(부칙 제3조).

한편, 법 제정 이후 최초로 마련된 법 시행령 제4조에는 문화공보부장관이 승려와 학계, 문화 · 예술계 등에 종사하는 사찰 관계 전문가의 의견을 들은 다음, 역사적으로 보아 시대적 특색을 현저하게 지니고 있다고 인정되는 사찰 등과 같이 문화적 가치로 보아 전통사찰로 등록함이 타당하다고 인정되는 사찰을 등록대상으로 지정하도록 하면서, 문화공보부장관이 위와 같이 등록대상 사찰을 지정한 경우 당해 사찰의 주지에게 그 사실을 통보하고, 전통사찰로 지정된 사찰의 주지는 사찰등록의무를 부담하도록 규정되어 있었다. 청구인 사찰은 위와 같은 문화공보부장관의 지정에 따라서 1988. 7. 19. 전통사찰로 등록되었는데, 국가의 문화재에 관한 사무를 관장하는 관할 행정관청이 일정한 절차를 거쳐서 역사적 의의와 문화적 가치를 가진 사찰을 선별하여 이를 전통사찰로 지정하고, 지정된 전통사찰만이 등록대상이 되도록 규율하는 법률체계의 기본구조는 현재까지 그대로 유지되고 있다(현행법 제3조 등 참조).

그렇다면, 법은 "국가는 전통문화의 계승 · 발전과 민족문화의 창달에 노력하여야 한다"라고 규정한 우리 헌법 제9조에 근거하여 제정된 것으로서, 국가의 문화재에 관한 사무를 관장하던 관할 행정관청이 어떤 사찰을 전통사찰로 지정하는 행위는 해당 사찰을 국가의 '보존공물(保存公物)'로 지정하는 처분에 해당한다고 보아야 한다. 또한, 헌법 제9조의 규정취지와 민족문화유산의 본질에 비추어 볼 때, 국가가 민족문화유산을 보호하고자 하는 경우 이에 관한 헌법적 보호법익은 '민족문화유산의 존속' 그 자체를 보장하는 것이고, 원칙적으로 민족문화유산의 훼손등에 관한 가치보상(價値補償)이 있는지 여부는 이러한 헌법적 보호법익과 직접적인 관련이 없다.」

▸ **전통문화의 계승 · 민족문화의 창달에 관한 헌법규정이 과거의 전통과 충돌하는 입법이나 행정조치, 재판을 방해하는 것은 아니라는 취지의 판례**

▹ **동성동본 금혼조항에 대하여 헌법불합치의 입장을 보인 판례**

[憲 1997. 7. 16.-95헌가6등](민법 제809조 제1항 위헌제청)

「(4) 헌법이념 및 규정에서 본 동성동본금혼제 — 이 사건 법률조항의 위헌성

(가) 헌법 제10조는 "모든 국민은 인간으로서의 존엄과 가치를 가지며, 행복을 추구할 권리를 가진다. 국가는 개인이 가지는 불가침의 기본적 인권을 확인하고 이를 보장할 의무를 진다"고 규정함으로써 모든 기본권의 종국적 목적이라 할 수 있고 인간의 본질이며 고유한 가치인 개인의 인격권과 행복추구권을 보장하고 있다. 그리고 이러한 개인의 인격권 · 행복추구권은 개인의 자기운명결정권을 그 전제로 하고 있으며, 이 자기운명결정권에는 성적자기결정권 특히 혼인의 자유와 혼인에 있어서 상대방을 결정할 수 있는 자유가 포함되어 있다(헌법재판소 1990. 9. 10. 선고, 89헌마82 결정 참조). 또 헌법 제36조 제1항은 "혼인과 가족생활은 개인의 존엄과 양성의 평등을 기초로 성립되고 유지되어야 하며, 국가는 이를 보장한다"고 규정하고 있는바, 이는 혼인제도와 가족제도에 관한 헌법원리를 규정한 것으로서 혼인제도와 가족제도는 인간의 존엄성 존중과 민주주의의 원리에 따라 규정되어야 함을 천명한 것이라 볼 수 있다. 따라서 혼인에 있어서도 개인의 존엄과 양성의 본질적 평등의 바탕 위에서 모든 국민은 스스로 혼인을 할 것인가 하지 않을 것인가를 결정할 수 있고 혼인을 함에 있어서도 그 시기는 물론 상대방을 자유로이 선택할 수 있는 것이며, 이러한 결정에 따라 혼인과 가족생활을 유지할 수 있고, 국가는 이를 보장해야 하는 것이다.

(나) 그런데 위에서 본 바와 같이, 이 사건 법률조항은 동성동본인 혈족사이의 혼인을 그 촌수의 원근에 관계없이 일률적으로 모두 금지하고 민법은 이를 위반한 혼인을 취소할 수 있도록 하였을 뿐만 아니라 아예 그 혼인신고 자체를 수리하지 못하도록 하고 있어, 동성동본인 혈족은 서로가 아무리 진지하게 사랑하고 있다고 하더라도 또 촌수를 계산할 수 없을 만큼 먼 혈족이라 하더라도 혼인을 할 수 없고 따라서 혼인에 있어 상대방을 결정할 수 있는 자유를 제한하고 있는 동시에, 그 제한의 범위를 동성동본인 혈족, 즉 남계혈족에만 한정함으로써 성별에 의한 차별을 하고 있다.

그렇다면 이 사건 법률조항은 이미 위에서 본 바와 같이 금혼규정으로서의 사회적 타당성 내지 합리성을 상실하고 있음과 아울러 "인간으로서의 존엄과 가치 및 행복추구권"을 규정한 헌법이념 및 규정과 "개인의 존엄과 양성의 평등"에 기초한 혼인과 가족생활의 성립 · 유지라는 헌법규정에 정면으로 배치된다 할 것이고, 또 그 금혼의 범위를 동성동본인 혈족, 즉 남계

혈족에만 한정하여 성별에 의한 차별을 하고 있는데 이를 시인할 만한 합리적인 이유를 찾아볼 수 없으므로 헌법상의 평등의 원칙에도 위반되는 것이다.

결국 이 사건 법률조항은 헌법 제10조, 제11조 제1항, 제36조 제1항에 위반될 뿐만 아니라 그 입법목적이 이제는 혼인에 관한 국민의 자유와 권리를 제한할 "사회질서"나 "공공복리"에 해당될 수 없다는 점에서 헌법 제37조 제2항에도 위반된다 할 것이다.

(5) 동성동본금혼제의 존치론에 대하여

(가) 동성동본인 혈족사이의 혼인을 허용하면 우생학 내지 유전학적으로 유해하다는 주장에 대하여 보건대, 우선 동성동본금혼제는 결코 유전학적인 이유 내지 우생학적 이유로 정착된 제도가 아니며, 만약 유전학적인 이유로 근친혼을 금지하여야 한다면 이는 남계혈족뿐만 아니라 여계혈족에게도 똑같이 문제가 되는 것인데 동성동본금혼제는 남계혈족만을 문제삼고 있을 뿐이며, 유전학적 관점에서 보더라도 민법에 의하여 금지되거나 무효로 되는 범위를 넘어서는 동성동본인 혈족사이의 혼인의 경우 유전학적인 질병의 발생빈도가 이성간 또는 동성이본간의 혼인의 경우보다 특히 높다는 아무런 과학적인 증명도 없음이 밝혀져 있으므로, 이러한 주장은 동성동본금혼제를 정당화할 만한 합리적인 이유가 될 수 없다.

(나) 다음으로, 사회의 미풍양속과 전통문화에 어긋나는 것이어서 사회질서의 혼란과 가족제도의 파괴를 초래한다는 주장에 대하여 보건대, 특정의 인간행위에 대하여 이를 국가가 법규범을 통하여 규제할 것인가, 아니면 단순히 관습이나 도덕에 맡길 것인가의 문제는 인간과 인간, 인간과 사회의 상호관계를 함수로 하여 시대와 장소에 따라 그 결과를 달리할 수밖에 없는 것이고 결국은 그 사회의 시대적 상황과 사회구성원들의 의식 등에 의하여 결정될 수밖에 없다고 본다. 혼인관계의 강한 사회성으로 인하여 혼인에 관한 각종 규범 중 중요한 원칙들은 법이 이를 뒷받침하여야만 혼인에 의한 가족관계가 안정될 수 있으므로 전통적인 관습으로 이어온 금혼의 범위를 법으로 명백히 함으로써 사회질서를 유지하기 위하여서도 동성동본금혼제가 필요하다는 것은, 이미 위에서 본 바와 같은 이 제도의 사회적 기반 내지 현실적 타당성에 관한 고찰을 결여하고 윤리나 도덕관념도 시대에 따라 변천되고 역사의 발전법칙에 따라 발전한다는 것을 도외시한 주장이다. 동성동본금혼제 역시 만고불변의 진리로서 우리의 혼인제도에 정착된 것이 아니라 시대의 윤리나 도덕관념의 변화에 따라 나타나서 그 시대의 제반 사회 · 경제적 환경을 반영한 것에 지나지 않는다는 점을 감안할 때, 이미 위에서 본 바와 같은 이유로 이 제도는 이제 더 이상 법적으로 규제되어야 할 이 시대의 보편타당한 윤리 내지 도덕관념으로서의 기준성을 상실하였다고 볼 수 밖에 없고, 헌법 제9조의 정신에 따라 우리가 진정으로 계승 · 발전시켜야 할 전통문화는 이 시대의 제반 사회 · 경제적 환경에 맞고 또 오늘날에 있어서도 보편타당한 전통윤리 내지 도덕관념이라 할 것이다.

끝으로, 이 사건 동성동본금혼의 법률조항을 위헌이라고 하는 것은 그것이 우리 헌법의 이념이나 규정에 명백히 반하기 때문이며, 이를 위헌으로 본다 하여 헌법재판소가 동성동본인 혈족 사이의 혼인을 권장한다거나 기존의 보편타당한 윤리 내지 도덕관념을 모두 부정하는 것은 결코 아니라는 점을 분명히 밝혀 둔다.」

※ 재판관 5인(재판관 김용준, 재판관 김문희, 재판관 황도연, 재판관 신창언, 재판관 이영모)의 위와 같은 단순위헌 의견을 내었고, 재판관 2인(재판관 정경식, 재판관 고중석)은 헌법불합치 의견을 내어 결국 주문은 헌법불합치 결정이 된 사안이며, 이에 대해 재판관 2인(재판관 이재화, 재판관 조승형)은 반대의견(합헌)을 내었음.

▷ **호주제에 대하여 헌법불합치의 입장을 보인 판례**

[憲 2005. 2. 3.-2001헌가9](민법 제781조 제1항 본문 후단부분 위헌제청 등)

「나. 헌법과 전통

호주제를 비롯한 가족제도에 관하여는 그것이 민족의 역사와 문화에 뿌리박은 전통이므로 이를 함부로 합리성의 잣대로 평가하거나 남녀평등의 도식으로 재단하여서는 아니 되고, 그와 같이 하였을 경우 규범과 국민들의 의식 간에 괴리만 부채질하게 된다는 논리가 있을 수 있다. 그러므로 헌법과 전통, 헌법과 가족법간의 관계에 관하여 살펴본다.

(1) 헌법과 가족법

헌법은 모든 국가질서의 바탕이 되고 한 국가사회의 최고의 가치체계이므로 다른 모든 법적 규범이나 가치보다 우선하는 효력을 가진다는 점에 대하여는 이론이 있을 수 없다. 헌법은 한 국가의 최고규범으로서 입법 · 행정 · 사법과 같은 모든 공권력의 행사가 헌법에 의한 제약을 받는 것은 물론, 사법(私法)상의 법률관계도 직 · 간접적으로 헌법의 영향을 받게 된다. 헌법재판소는 일찍이 "헌법은 국민적 합의에 의해 제정된 국민생활의 최고 도덕규범이며 정치생활의 가치규범으로서 정치와 사회질서의 지침을 제공하고 있기 때문에 민주사회에서는 헌법의 규범을 준수하고 그 권위를 보존하는 것을 기본으로 한다"고 설파한 바 있다(헌재 1989. 9. 8. 88헌가6, 판례집 1, 199, 205).

가족제도는 민족의 역사와 더불어 생성되고 발전된 역사적 · 사회적 산물이라는 특성을 지니고 있기는 하나, 그렇다고 하여 가족제도나 가족법이 헌법의 우위로부터 벗어날 수 있는 특권을 누릴 수 없다. 만약 이것이 허용된다면 민법의 친족상속편에 관한 한 입법권은 헌법에 기속되지 않으며, 가족관계의 가치질서는 헌법의 가치체계로부터 분리될 수 있다는 결론에 이르게 되는데 이것이 입헌민주주의에서 용납될 수는 없다.

만약 헌법이 가족생활이나 가족제도에 관하여 중립적인 태도를 취하고 있다면 다른 헌법규정과 저촉되지 않는 한 전통적 가족제도는 가급적 존중함이 바람직할 것이다. 그러나 헌법이 가족생활에 관하여 중립을 지키지 않고 스스로 어떤 이념 · 가치, 제도를 채택하고 있다면 그것이 가족생활 · 가족제도에 관한 최고규범이 되어야 함은 물론이다. 오늘날 헌법은 가족생활관계도 이를 단순히 사인(私人)간의 사적 문제로만 파악하지 않고 그것이 국민생활 내지 국가생활의 한 요소가 될 수 있다는 것을 인정하고 이를 헌법사항에 포함시키기에 이르렀다. 그리하여 오늘날 많은 국가의 헌법에서 가족생활관계에 대해서도 그 근본이 되는 원칙을 헌법의 한 내용으로 다루고 있다. 우리 헌법도 제36조 제1항에서 혼인과 가족생활에 관한 규정을 두고 있다.

특히 정치 · 사회적 변혁기에 새로운 정치 · 사회질서, 새로운 가치와 이념을 지향하면서 제정된 헌법(우리의 제헌헌법이 이에 해당한다)의 경우, 헌법에 부합하지 않는 전래의 제도를 헌법에 맞게 고쳐나가라는 헌법제정권자의 의사가 표출되기도 한다. 물론 이 과정에서 국민의 법감정이나 정서와 헌법규범간의 괴리현상이 나타날 수 있다. 새로운 헌법이념의 채택에도 불구하고 고래로부터 이어져 온 의식은 쉽게 변하지 않을 수 있기 때문이다. 그러나 가족법의 역할은 사회현상이나 국민의 법감정을 단순히 반영하는 데 그치는 것이 아니다. 공동체의 최고가치질서인 헌법이념을 적극적으로 계도하고 확산시키는 역할 또한 가족법의 몫이다. 그런데 가족법이 이러한 역할을 수행하기는커녕 헌법이념의 확산에 장애를 초래하고, 헌법규범과 현실과의 괴리를 고착시키는 데 일조하고 있다면 그러한 가족법은 수정되어야 한다.

(2) 전통과 민주적 가족제도 : 헌법 제9조와 제36조 제1항의 관계

헌법 전문은 "유구한 역사와 전통에 빛나는 우리 대한국민"을 강조하고 있으며, 헌법 제9

조는 "국가는 전통문화의 계승 · 발전과 민족문화의 창달에 노력하여야 한다"고 규정하고 있다. 한편 헌법 제36조 제1항은 "혼인과 가족생활은 개인의 존엄과 양성의 평등을 기초로 성립되고 유지되어야 하며, 국가는 이를 보장한다"고 규정하고 있다. 여기서 헌법 제9조와 제36조 제1항간의 관계를 어떻게 설정할 것인지, 어떻게 조화롭게 해석할 것인지 문제되는바, 그 해답의 단초는 헌법 제36조 제1항의 특별한 입헌취지에 더하여 전통 내지 전통문화의 헌법적 의미를 조명하는 데에서 찾을 수 있다.

헌법 제36조 제1항의 연혁을 살펴보면, 제헌헌법 제20조에서 "혼인은 남녀동권(男女同權)을 기본으로 하며, 혼인의 순결과 가족의 건강은 국가의 특별한 보호를 받는다"고 규정한 것이 그 시초로서, 헌법제정 당시부터 평등원칙과 남녀평등을 일반적으로 천명하는 것(제헌헌법 제8조)에 덧붙여 특별히 혼인의 남녀동권을 헌법적 혼인질서의 기초로 선언한 것은 우리 사회 전래의 혼인 · 가족제도는 인간의 존엄과 남녀평등을 기초로 하는 혼인 · 가족제도라고 보기 어렵다는 판단하에 근대적 · 시민적 입헌국가를 건설하려는 마당에 종래의 가부장적인 봉건적 혼인질서를 더 이상 용인하지 않겠다는 헌법적 결단의 표현으로 보아야 할 것이다. 이러한 헌법의 의지는 1980년 헌법에서 더욱 강화되었다. 양성평등 명령이 혼인관계뿐만 아니라 모든 가족생활로 확장되었고, 양성평등에 더하여 개인의 존엄까지 요구하였다. 여기에 현행 헌법은 국가의 보장의무를 덧붙임으로써 이제 양성평등과 개인의 존엄은 혼인과 가족제도에 관한 최고의 가치규범으로 확고히 자리잡았다.

한편, 헌법 전문과 헌법 제9조에서 말하는 '전통', '전통문화'란 역사성과 시대성을 띤 개념으로 이해하여야 한다. 과거의 어느 일정 시점에서 역사적으로 존재하였다는 사실만으로 모두 헌법의 보호를 받는 전통이 되는 것은 아니다. 전통이란 과거와 현재를 다 포함하고 있는 문화적 개념이다. 만약 전통의 근거를 과거에만 두는 복고주의적 전통개념을 취한다면 시대적으로 특수한 정치적 · 사회적 이해관계를 전통이라는 이름 하에 보편적인 문화양식으로 은폐 · 강요하는 부작용을 낳기 쉬우며, 현재의 사회구조에 걸맞는 규범 정립이나 미래지향적 사회발전을 가로막는 장애요소로 기능하기 쉽다. 헌법재판소는 이미 "헌법 제9조의 정신에 따라 우리가 진정으로 계승 · 발전시켜야 할 전통문화는 이 시대의 제반 사회 · 경제적 환경에 맞고 또 오늘날에 있어서도 보편타당한 전통윤리 내지 도덕관념이라 할 것이다"(헌재 1997. 7. 16. 95헌가6등, 판례집 9-2, 1, 19)고 하여 전통의 이러한 역사성과 시대성을 확인한 바 있다.

따라서 우리 헌법에서 말하는 '전통', '전통문화'란 오늘날의 의미로 재해석된 것이 되지 않으면 안 된다. 그리고 오늘날의 의미를 포착함에 있어서는 헌법이념과 헌법의 가치질서가 가장 중요한 척도의 하나가 되어야 할 것임은 두 말할 나위가 없고 여기에 인류의 보편가치, 정의와 인도의 정신 같은 것이 아울러 고려되어야 할 것이다. 따라서 가족제도에 관한 전통 · 전통문화란 적어도 그것이 가족제도에 관한 헌법이념인 개인의 존엄과 양성의 평등에 반하는 것이어서는 안 된다는 자명한 한계가 도출된다. 역사적 전승으로서 오늘의 헌법이념에 반하는 것은 헌법 전문에서 타파의 대상으로 선언한 '사회적 폐습'이 될 수 있을지언정 헌법 제9조가 '계승 · 발전'시키라고 한 전통문화에는 해당하지 않는다고 보는 것이 우리 헌법의 자유민주주의원리, 전문, 제9조, 제36조 제1항을 아우르는 조화적 헌법해석이라 할 것이다.

결론적으로 전래의 어떤 가족제도가 헌법 제36조 제1항이 요구하는 개인의 존엄과 양성평등에 반한다면 헌법 제9조를 근거로 그 헌법적 정당성을 주장할 수는 없다.」

※ 헌법재판소는 위와 같은 견해에 근거하여 호주제가 위헌이므로 헌법불합치 결정을 하여

야 한다는 다수의견에 따라 헌법불합치 결정을 내렸으며, 이에 대하여는 재판관 3인(재판관 김영일, 재판관 권성, 재판관 김효종)의 반대의견(합헌)이 있었음(재판관 김영일은 자의 부가입적에 대한 민법 제781조 제1항 본문 후단은 헌법에 위반된다는 견해임).

국제영역의 기본원리

□ 평화주의

▶ 평화통일

▸ 헌법상 평화통일 조항의 의미에 대한 판례

[憲 2000. 7. 20.-98헌바63](남북교류협력에관한법률 제9조 제3항 위헌소원)

「우리 헌법은 그 전문에서 "……우리 대한국민은……평화적 통일의 사명에 입각하여 정의·인도와 동포애로써 민족의 단결을 공고히 하고……"라고 규정하고 있고, 제4조에서는 "대한민국은 통일을 지향하며, 자유민주적 기본질서에 입각한 평화적 통일정책을 수립하고 이를 추진한다"고 규정하고 있으며, 제66조 제3항에서는 "대통령은 조국의 평화적 통일을 위한 성실한 의무를 진다"고 규정하고 있다.

위와 같은 헌법상 통일관련 규정들은 통일의 달성이 우리의 국민적·국가적 과제요 사명임을 밝힘과 동시에 자유민주적 기본질서에 입각한 평화적 통일 원칙을 천명하고 있는 것이다. 따라서 우리 헌법에서 지향하는 통일은 대한민국의 존립과 안전을 부정하는 것이 아니고, 또 자유민주적 기본질서에 위해를 주는 것이 아니라 그것에 바탕을 둔 통일인 것이다. 그러나 평화적 통일을 위하여서는 북한과 적대관계를 지속하면서 접촉·대화를 무조건 피하는 것으로 일관할 수는 없고, 자유민주적 기본질서에 입각하여 상호 접촉하고 대화하면서 협력과 교류의 길로 나아가는 것이 평화적 통일을 위한 초석이 되는 것이며, 순수한 동포애의 발휘로서 서로 도와주고 일정한 범위 내에서 경제적, 기술적 지원과 협조를 도모하여 단일민족으로서의 공감대를 형성하는 것이야말로 헌법 전문의 평화적 통일의 사명에 입각하여 민족의 단결을 공고히 하는 방편으로서 헌법정신에 합치되는 것이다(헌재 1990. 4. 2. 89헌가113, 판례집 2, 49, 60-61 참조).」

▸ 북한을 반국가단체로 보고 이에 동조하는 활동을 규제하는 것은 헌법상의 국제평화주의나 평화통일원칙에 어긋나는 것이 아니라는 취지의 판례

[憲 1993. 1. 16.-92헌바6등](국가보안법 위헌소원)

「국가보안법은 구법이건 신법이건 모두 북한을 바로 "반국가단체"로 규정하고 있지는 아니하다(구법 제2조, 신법 제2조 참조). 따라서 국가보안법이 북한을 반국가단체로 규정하고 있음을 전제로 한 위헌주장은 형사절차상의 사실인정 내지 법적용의 문제를 헌법문제로 오해한 것이어서, 이러한 주장은 남·북한관계의 변화 여부에 불구하고 이유없는 것이다.

청구인들의 주장과 같이 비록 남·북한이 유엔(U.N)에 동시가입하였다고 하더라도, 이는 "유엔헌장"이라는 다변조약(다변조약)에의 가입을 의미하는 것으로서 유엔헌장 제4조 제1항의 해석상 신규가맹국이 "유엔(U.N)"이라는 국제기구에 의하여 국가로 승인받는 효과가 발생하는 것은 별론으로 하고, 그것만으로 곧 다른 가맹국과의 관계에 있어서도 당연히 상호간에

국가승인이 있었다고는 볼 수 없다는 것이 현실 국제정치상의 관례이고 국제법상의 통설적인 입장이다.

또 소위 남북합의서는 남북관계를 "나라와 나라 사이의 관계가 아닌 통일을 지향하는 과정에서 잠정적으로 형성되는 특수관계"(전문 참조)임을 전제로 하여 이루어진 합의문서인바, 이는 한민족공동체 내부의 특수관계를 바탕으로 한 당국간의 합의로서 남북당국의 성의있는 이행을 상호 약속하는 일종의 공동성명 또는 신사협정에 준하는 성격을 가짐에 불과하다. 따라서 남북합의서의 채택·발효 후에도 북한이 여전히 적화통일의 목표를 버리지 않고 각종 도발을 자행하고 있으며 남·북한의 정치, 군사적 대결이나 긴장관계가 조금도 해소되지 않고 있음이 엄연한 현실인 이상, 북한의 반국가단체성이나 국가보안법의 필요성에 관하여는 아무런 상황변화가 있었다고 할 수 없다.

또 1990. 8. 1. 법률 제4239호로 "남북교류협력에관한법률"이 공포·시행된 바 있으나, 이 법률은 남·북한간의 상호교류와 협력을 촉진하기 위하여 필요한 사항을 규정할 목적으로 제정된 것인데(제1조) 남·북한간의 왕래·교역·협력사업 및 통신역무의 제공 등 남북교류와 협력을 목적으로 하는 행위에 관하여는 정당하다고 인정되는 범위 안에서 다른 법률에 우선하여 이 법을 적용하도록 되어 있어(제3조) 이 요건을 충족하지 아니하는 경우에는 이 법률의 적용은 배제된다고 할 것이므로 국가보안법이 이 법률과 상충되는 것이라고는 볼 수 없다. 요컨대, 현단계에 있어서의 북한은 조국의 평화적 통일을 위한 대화와 협력의 동반자임과 동시에 대남적화노선을 고수하면서 우리 자유민주주의체제의 전복을 획책하고 있는 반국가단체라는 성격도 함께 갖고 있음이 엄연한 현실인 점에 비추어, 헌법의 전문과 제4조가 천명하는 자유민주적 기본질서에 입각한 평화적 통일정책을 수립하고 이를 추진하는 법적 장치로서 남북교류협력에관한법률 등을 제정·시행하는 한편, 국가의 안전을 위태롭게 하는 반국가활동을 규제하기 위한 법적 장치로서 국가보안법을 제정·시행하고 있는 것으로서, 위 두 법률은 상호 그 입법목적과 규제대상을 달리하고 있는 것이므로 남북교류협력에관한법률 등이 공포·시행되었다 하여 국가보안법의 필요성이 소멸되었다거나 북한의 반국가단체성이 소멸되었다고는 할 수 없다(헌법재판소 1993. 7. 29. 선고, 92헌바48 결정 참조). 그러므로 국가의 존립·안전과 국민의 생존 및 자유를 수호하기 위하여 국가보안법의 해석·적용상 북한을 반국가단체로 보고 이에 동조하는 반국가활동을 규제하는 것 자체가 헌법이 규정하는 국제평화주의나 평화통일의 원칙에 위반된다고 할 수 없다.」

※ 다수의견(합헌)에 대하여 재판관 1인(재판관 조승형)의 법률의 명확성원칙에 반한다는 취지의 반대의견(위헌)이 있었음.

◎ 같은 취지 : 憲 1993. 7. 29.-92헌바48

▶ 국제법의 존중

▸ 남북기본합의서가 법률이 아닐 뿐만 아니라, 국내법과 동일한 효력이 있는 조약이나 이에 준하는 것으로 볼 수 없다는 취지의 헌법재판소와 대법원의 판례

[憲 2000. 7. 20.-98헌바63](남북교류협력에관한법률 제9조 제3항 위헌소원)

「청구인은 또 이 사건 법률조항이 남북합의서의 자유로운 남북교류협력조항에 반하여 헌법에 위반된다고 주장하고 있으나, 일찍이 헌법재판소는 "남북합의서는 남북관계를 '나라와 나라 사이의 관계가 아닌 통일을 지향하는 과정에서 잠정적으로 형성되는 특수관계' 임을 전제로 하여 이루어진 합의문서인 바, 이는 한민족공동체 내부의 특수관계를 바탕으로 한 당국간의 합의로서 남북당국의 성의있는 이행을 상호 약속하는 일종의 공동성명 또는 신사협정에 준하는 성격을 가짐에 불과"하다고 판시하였고(헌재 1997. 1. 16. 92헌바6등, 판례집 9-1, 1, 23), 대법원도 "남북합의서는 ……남북한 당국이 각기 정치적인 책임을 지고 상호간에 그 성의 있는 이행을 약속한 것이기는 하나 법적 구속력이 있는 것은 아니어서 이를 국가간의 조약 또는 이에 준하는 것으로 볼 수 없고, 따라서 국내법과 동일한 효력이 인정되는 것도 아니다"고 판시하여(대법원 1999. 7. 23. 선고 98두14525 판결), 남북합의서가 법률이 아님은 물론 국내법과 동일한 효력이 있는 조약이나 이에 준하는 것으로 볼 수 없다는 것을 명백히 하였다.

따라서 설사 이 사건 법률조항이 남북합의서의 내용과 배치되는 점을 포함하고 있다고 하더라도, 그것은 이 사건 법률조항이 헌법에 위반되는지의 여부를 판단하는 데에 아무런 관련이 없다고 할 것이다.」

◎ 같은 취지 : 憲 1997. 1. 16.-92헌바6등

[大 1999. 7. 23.-98두14525](북한주민접촉신청 불허처분 취소)

「남북기본합의서의 법적 성격에 관한 상고이유에 대하여 남북 사이의 화해와 불가침 및 교류협력에 관한 합의서(이하, 남북기본합의서라고 줄여 쓴다)는 남북관계가 "나라와 나라 사이의 관계가 아닌 통일을 지향하는 과정에서 잠정적으로 형성되는 특수관계"(합의서 전문)임을 전제로, 조국의 평화적 통일을 이룩해야 할 공동의 정치적 책무를 지는 남북한 당국이 특수관계인 남북관계에 관하여 채택한 합의문서로서, 남북한 당국이 각기 정치적인 책임을 지고 상호간에 그 성의 있는 이행을 약속한 것이기는 하나 법적 구속력이 있는 것은 아니어서 이를 국가간의 조약 또는 이에 준하는 것으로 볼 수 없고, 따라서 국내법과 동일한 효력이 인정되는 것도 아니다.

같은 취지에서 원심이 남북기본합의서에 법적인 구속력이 없다고 판단하여, 남북교류협력에관한법률 제9조 제3항이 남북기본합의서 제17조에 저촉되어 효력이 없다는 취지의 원고의 주장을 배척한 조치는 수긍이 가고, 거기에 상고이유에서 지적하는 바와 같이 남북기본합의서의 법적 성격을 오해한 위법이 있다고 할 수 없다.」

▸ 일반적으로 승인된 국제법규임을 인정하지 않아 국내적으로 효력을 가지지 못한다고 본 판례

[憲 1991. 7. 22.-89헌가106](사립학교법 제55조 제58조 제1항 제4호에 관한 위헌심판)

「사. 국제법규와의 관계

(1) 문제의 제기

우리 헌법은 헌법에 의하여 체결공포된 조약은 물론 일반적으로 승인된 국제법규를 국내법과 마찬가지로 준수하고 성실히 이행함으로써 국제질서를 존중하여 항구적 세계평화와 인류공영에 이바지함을 기본이념의 하나로 하고 있다(헌법전문 및 제6조 제1항 참조). 국제연합(U.N)의 "인권에 관한 세계선언"은 아래에서 보는 바와 같이 선언적인 의미를 가지고 있을 뿐 법적 구속력을 가진 것은 아니고, 우리 나라가 아직 국제노동기구의 정식회원국은 아니기 때문에 이 기구의 제87호 조약 및 제98호 조약이 국내법적 효력을 갖는 것은 아니지만(헌법 제6조 제1항, 위 87호 조약 제15조 제1항, 98호 조약 제8조 제1항 참조), 다년간 국제연합교육과학문화기구의 회원국으로 활동하여 오고 있으며, 국회의 동의를 얻어 국제연합의 인권규약의 대부분을 수락한 체약국으로서 위 각 선언이나 조약 또는 권고에 나타나 있는 국제적 협력의 정신을 존중하여 되도록 그 취지를 살릴 수 있도록 노력하여야 함은 말할 나위도 없다. 그러나 그의 현실적 적용과 관련한 우리 헌법의 해석과 운용에 있어서 우리 사회의 전통과 현실 및 국민의 법감정과 조화를 이루도록 노력을 기울여야 한다는 것 또한 당연한 요청이다.

(2) 개별적 검토

먼저 국제연합의 "인권에 관한 세계선언"에 관하여 보면, 이는 그 전문에 나타나 있듯이 "인권 및 기본적 자유의 보편적인 존중과 준수의 촉진을 위하여 …… 사회의 각 개인과 사회 각 기관이 국제연합 가맹국 자신의 국민 사이에 또 가맹국 관할하의 지역에 있는 인민들 사이에 기본적인 인권과 자유의 존중을 지도교육함으로써 촉진하고 또한 그러한 보편적, 효과적인 승인과 준수를 국내적 · 국제적인 점진적 조치에 따라 확보할 것을 노력하도록, 모든 국민과 모든 나라가 달성하여야할 공통의 기준"으로 선언하는 의미는 있으나 그 선언내용인 각 조항이 바로 보편적인 법적구속력을 가지거나 국제법적 효력을 갖는 것으로 볼 것은 아니다.

다만 실천적 의미를 갖는 것은 위 선언의 실효성을 뒷받침하기 위하여 마련된 "경제적 · 사회적및문화적권리에관한국제규약"(1990. 6. 13. 조약 1006호, 이른바 에이(A)규약) "시민적및정치적권리에관한국제규약"(1990. 6. 13. 조약 1007호, 이른바 비(B)규약)이다. 체약국이 입법조치 기타 모든 적당한 방법에 의하여 권리의 완전한 실현을 점진적으로 달성하려는 "경제적 · 사회적및문화적권리에관한국제규약"은 제4조에서 "……국가가 이 규약에 따라 부여하는 권리를 향유함에 있어서, 그러한 권리의 본질과 양립할 수 있는 한도내에서, 또한 오직 민주사회에서의 공공복리증진의 목적으로 반드시 법률에 의하여 정하여지는 제한에 의해서만, 그러한 권리를 제한할 수 있음을 인정한다"하여 일반적 법률유보조항을 두고 있고, 제8조 제1항 에이호에서 국가안보 또는 공공질서를 위하여 또는 타인의 권리와 자유를 보호하기 위하여 민주사회에서 필요한 범위내에서는 법률에 의하여 노동조합을 결성하고 그가 선택한 노동조합에 가입하는 권리의 행사를 제한할 수 있다는 것을 예정하고 있다.

다음으로 체약국의 가입과 동시에 시행에 필요한 조치를 취하도록 의무화하고 있는 "시민적및정치적권리에관한국제규약"의 제22조 제1항에도 "모든 사람은 자기의 이익을 보호하기 위하여 노동조합을 결성하고 이에 가입하는 권리를 포함하여 다른 사람과의 결사의 자유에 대한 권리를 갖는다"고 규정하고 있으나 같은 조 제2항은 그와 같은 권리의 행사에 대하여는 법률에 의하여 규정되고, 국가안보 또는 공공의 안전, 공공질서, 공중보건 또는 도덕의 보호 또는 타인의 권리 및 자유의 보호를 위하여 민주사회에서 필요한 범위 내에서는 합법적인 제한을 가하는 것을 용인하는 유보조항을 두고 있을 뿐 아니라, 특히 위 제22조는 우리의 국내법적인 수정의 필요에 따라 가입당시 유보되었기 때문에 직접적으로 국내법적 효력을 가지는 것도 아니다. 따라서 위 규약 역시 권리의 본질을 침해하지 아니하는 한 국내의 민주적인 대의절차에 따라 필요한 범위안에서 근로기본권의 법률에 의한 제한은 용인하고 있는 것으로서 위에서 본 교원의 지위에 관한 법정주의와 정면으로 배치되는 것은 아니라고 할 것이다.

1960. 10. 5. 국제연합교육과학문화기구와 국제노동기구가 채택한 "교원의지위에관한권고"는 우리의 국민적 합의에 의하여 이를 받아들일 수 있는 범위안에서 가능한 한 그 취지를 폭넓게 참작하여 우리 교육제도의 개선과 발전에 관한 지침으로 삼을 가치를 충분히 담고 있다. 즉, 교육법 제80조가 규정한 교육회처럼 일반노동조합의 형태에 의하지 아니한 교원단체를 두더라도 이에 대하여 교원의 근로조건에 관한 단체적 교섭권을 부여하고 분쟁의 해결을 위한 적절한 합동기구를 설치한다든지 교육정책의 입안에 있어서 교원의 참여와 협력의 폭을 넓히는 것 등은 입법적으로 고려할 만한 과제를 제시하여 주고 있다고 할 것이다.

그러나 위 "교원의지위에관한권고"는 그 전문에서 교육의 형태와 조직을 결정하는 법규와 관습이 나라에 따라 심히 다양성을 띠고 있어 나라마다 교원에게 적용되는 인사제도가 한결 같지 아니함을 시인하고 있듯이 우리사회의 교육적 전통과 현실, 그리고 국민의 법감정과의 조화를 이룩하면서 국민적 합의에 의하여 우리 현실에 적합한 교육제도를 단계적으로 실시·발전시켜 나갈 것을 그 취지로 하는 교육제도의 법정주의와 반드시 배치되는 것이 아니고, 또한 직접적으로 국내법적인 효력을 가지는 것이라고도 할 수 없다.

(3) 합헌의 판단

결국 위 각 선언이나 규약 및 권고문이 우리의 현실에 적합한 교육제도의 실시를 제약하면서까지 교원에게 근로3권이 제한없이 보장되어야 한다든가 교원단체를 전문직으로서의 특수성을 살리는 교직단체로서 구성하는 것을 재제하고 반드시 일반노동조합으로서만 구성하여야 한다는 주장의 근거로 삼을 수는 없고, 따라서 사립학교법 제55조, 제58조 제1항 제4호는 헌법전문이나 헌법 제6조 제1항에 나타나 있는 국제법 존중의 정시에 어긋나는 것이라고 할 수 없다.」

[憲 1998. 7. 16.-97헌바23](구형법 제314조 위헌소원)

「(6) 국제법규와의 관계

청구인들의 주장은 이 사건 심판대상 규정의 법정형으로 규정된 징역형의 집행 자체가 강제노역에 해당한다는 것은 아니고, 노무제공의 거부에 대하여 이 사건 심판 대상 조항을 적용함으로써 결과적으로 형사처벌의 위협하에 노무제공을 강요하는 것이 되므로 강제노역을 금지하고 있는 국제법규에 위배된다는 취지이다.

그러나 강제노동의 폐지에 관한 국제노동기구(ILO)의 제105호 조약은 우리 나라가 비준한 바가 없고, 헌법 제6조 제1항에서 말하는 일반적으로 승인된 국제법규로서 헌법적 효력을 갖는 것이라고 볼 만한 근거도 없으므로 이 사건 심판대상 규정의 위헌성 심사의 척도가 될 수 없다.

그리고 1966년 제21회 국제연합(UN) 총회에서 채택된 "시민적및정치적권리에관한국제규약"(1990. 6. 13. 조약 1007호, 이른바 B규약) 제8조 제3항은 법원의 재판에 의한 형의 선고 등의 경우를 제외하고 어느 누구도 강제노동을 하도록 요구되지 아니한다는 취지로 규정하고 있고, 여기서 강제노동이라 함은 본인의 의사에 반하여 과해지는 노동을 의미한다고 할 수 있는데, 이는 범죄에 대한 처벌로서 노역을 정당하게 부과하는 경우와 같이 법률과 적법한 절차에 의한 경우를 제외하고는 본인의 의사에 반하는 노역은 과할 수 없다는 의미라고 할 수 있는 우리 헌법 제12조 제1항 후문과 같은 취지라고 할 수 있다. 그렇다면 강제노역금지에 관한 위 규약과 우리 헌법은 실질적으로 동일한 내용을 규정하고 있다 할 것이므로, 이 사건 심판대상 규정 또는 그에 관한 대법원의 해석이 우리 헌법에 위반되지 않는다고 판단하는 이상 위 규약 위반의 소지는 없다 할 것이다.」

▸ 국제법과 국내법의 관계에 대하여, 일원론 및 국내법우위론의 입장에 있는 판례

[憲 2001. 4. 26.-99헌가13](부정수표단속법 제2조 제2항 위헌제청)

「가. 국제법 존중주의 위반 여부

헌법 제6조 제1항의 국제법 존중주의는 우리 나라가 가입한 조약과 일반적으로 승인된 국제법규가 국내법과 같은 효력을 가진다는 것으로서 조약이나 국제법규가 국내법에 우선한다는 것은 아니다.

아울러 이 사건 법률조항에서 규정하고 있는 부정수표 발행행위는 지급제시될 때에 지급거절될 것을 예견하면서도 수표를 발행하여 지급거절에 이르게 하는 것이다. 따라서 이 사건 법률조항은 수표의 지급증권성에 대한 일반공중의 신뢰를 배반하는 행위를 처벌하는 것으로 그 보호법익은 수표거래의 공정성인 것이고 나아가 소지인 내지 일반 공중의 신뢰를 이용하여 수표를 발행한다는 점에서 그 죄질에 있어 사기의 요소도 있다 하여 처벌하는 것이다. 결코 '계약상 의무의 이행불능만을 이유로 구금' 되는 것이 아니므로 국제법 존중주의에 입각한다 하더라도 위 규약 제11조의 명문에 정면으로 배치되는 것이 아니다.

또한 기본적으로 사법적인 채무이행의 강제를 형사적인 수단으로 보장한다는 한 측면만을 강조하여 이 사건 법률규정을 단순한 민사상의 채무불이행에 대한 처벌조항으로 가볍게 단정할 것은 아니다. 왜냐하면 재산범죄라는 것은 형법상의 것이든, 특별법상의 것이든 궁극적으로 채무불이행 또는 그와 유사한 성질의 한 측면은 어느 것이나 다 가지고 있기 때문이다.」

▸ **법률과 동일한 효력을 가지는 조약은 위헌법률심판의 대상이 된다고 본 판례**
[憲 1995. 12. 28.-95헌바3](국가배상법 제2조 제1항 등 위헌소원)

「헌법 제111조 제1항 제1호 및 헌법재판소법 제41조 제1항은 위헌법률심판의 대상에 관하여, 헌법 제111조 제1항 제5호 및 헌법재판소법 제68조 제2항, 제41조 제1항은 헌법소원심판의 대상에 관하여 그것이 법률임을 명문으로 규정하고 있으며, 여기서 위헌심사의 대상이 되는 법률이 국회의 의결을 거친 이른바 형식적 의미의 법률을 의미하는 것에는 아무런 의문이 있을 수 없다. 따라서 형식적 의미의 법률과 동일한 효력을 갖는 조약 등은 포함된다고 볼 것이지만 헌법의 개별규정 자체는 그 대상이 아님이 명백하다.」

[憲 1999. 4. 29.-97헌가14](대한민국과아메리카합중국간의상호방위조약제4조에의한시설과구역및대한민국에서의합중국군대의지위에관한협정 제2조 제1의 (나)항 위헌제청)

「가. 이 사건 조약의 성격과 절차적 하자 유무

외국군대가 공동방위를 명분으로 자국 내에 주둔할 때, 체류국은 파견국에게 외국국가 및 군사적 주둔이라는 특수성에 비추어 민·형사 재판관할권, 출입국통제, 관세 및 조세상 특권과 면제 등 여러 가지 특권과 면제를 부여하게 되고, 이러한 주둔군의 특권과 면제를 합법화시키고 법률적으로 규율하기 위하여 주둔군지위에 관한 조약을 체결할 필요가 생기게 된다. 이 사건 조약은 이러한 주둔군 지위에 관한 조약의 일종으로서 그 명칭과 전문("아메리카합중국은 1950년 6월 25일, 1950년 6월 27일 및 1950년 7월 7일의 국제연합 안전보장이사회의 제 결의와 1953년 10월 1일에 서명된 대한민국과아메리카합중국간의상호방위조약 제4조에 따라, 대한민국의 영역안 및 그 부근에 동 군대를 배치하였음에 비추어, 대한민국과 아메리카합중국은, 양 국가간의 긴밀한 상호 이익의 유대를 공고히 하기 위하여, 시설과 구역 및 대한민국에서의 합중국 군대의 지위에 관한 본 협정을 아래와 같이 체결하였다")에 나타나 있듯이 대한민국과아메리카합중국간의상호방위조약 제4조의 "상호적 합의에 의하여 미합중국의 육군, 해군과 공군을 대한민국의 영토 내와 그 부근에 배치하는 권리를 대한민국은 이를 허여하고 미합중국은 이를 수락한다"는 규정에 터잡은 것이다. 이와 같이 이 사건 조약은 우리 나라에 주둔하는 미군의 지위에 관하여 다루고 있는데, 구체적으로는, 미군의 국내 주둔을 위한 물적 기반으로서의 시설과 구역의 사용을 둘러싼 문제, 출입국, 통관과 관세, 과세에 관한 문제, 노무관련문제, 형사재판권과 민사청구권에 관한 문제 등을 그 내용으로 하고 있다.

이 사건 조약은 그 명칭이 "협정"으로 되어 있어 국회의 관여없이 체결되는 행정협정처럼 보이기도 하나 우리 나라의 입장에서 볼 때에는 외국군대의 지위에 관한 것이고, 국가에게 재정적 부담을 지우는 내용과 근로자의 지위, 미군에 대한 형사재판권, 민사청구권 등 입법사항을 포함하고 있으므로 국회의 동의를 요하는 조약으로 취급되어야 하는 것이고, 당시의 헌법(1962. 12. 26. 전면개정된 것) 제56조 제1항도 외국군대의 지위에 관한 조약, 국가나 국민에게 재정적 부담을 지우는 조약, 입법사항에 관한 조약의 체결 · 비준에 대하여는 국회가 동의권을 가진다고 규정하고 있는 것이다(당시 헌법 제56조 제1항은 "국회는 상호원조 또는 안전보장에 관한 조약, 국제조직에 관한 조약, 통상조약, 어업조약, 강화조약, 국가나 국민에게 재정적 부담을 지우는 조약, 외국군대의 지위에 관한 조약 또는 입법사항에 관한 조약의 체결 · 비준에 대한 동의권을 가진다"라고 규정하고 있으며, 한편 당시 헌법 제5조 제1항은 "이 헌법에 의하여 체결 · 공포된 조약과 일반적으로 승인된 국제법규는 국내법과 같은 효력을 가진다"라고 규정하고 있다. 현행헌법은 제60조 제1항에서 "국회는 상호원조 또는 안전보장에 관한 조약, 중요한 국제조직에 관한 조약, 우호통상항해조약, 주권의 제약에 관한 조약, 강화조약, 국가나 국민에게 중대한 재정적 부담을 지우는 조약 또는 입법사항에 관한 조약의 체결 · 비준에 대한 동의권을 가진다", 제2항에서 "국회는 선전포고, 국군의 외국에의 파견 또는 외국군대의 대한민국 영역 안에서의 주류에 대한 동의권을 가진다"라고 각 규정하고, 제6조 제1항에서는 "헌법에 의하여 체결 · 공포된 조약과 일반적으로 승인된 국제법규는 국내법과 같은 효력을 가진다"라고 규정하고 있다).

위헌제청 이유에 따르면 제청신청인들은 이 사건 조약이 국회의 동의를 얻지 않아 절차적 하자가 있다는 취지로도 다툰 것으로 보이나, 1967. 2. 9. 발행 관보(호외)에 의하면 이 사건 조약은 국회의 비준동의(1966. 10. 14.)와 대통령의 비준 및 공포를 거친 것으로 인정된다. 따라서 이 사건 조약이 국내법적 효력을 가짐에 있어서 성립절차상의 하자로 인하여 헌법에 위반되는 점은 없다.」

※ 위 사건에서 위 협정의 성격을 국회의 동의를 요하는 조약으로 본 후 이에 대한 위헌 여부의 판단, 즉 본안판단을 하여 합헌으로 판단하였음.

[憲 2001. 9. 27.-2000헌바20](국제통화기금조약 제9조 제3항 등 위헌소원)

「가. 조약이 위헌법률심판의 대상이 되는지 여부

헌법재판소법 제68조 제2항은 심판대상을 "법률"로 규정하고 있으나, 여기서의 "법률"에는 "조약"이 포함된다고 볼 것이다.

헌법재판소는 국내법과 같은 효력을 가지는 조약이 헌법재판소의 위헌법률심판대상이 된다고 전제하여 그에 관한 본안판단을 한 바 있다(헌재 1999. 4. 29. 97헌가14, 판례집 11-1, 273 참조).

이 사건 조항은 각 국회의 동의를 얻어 체결된 것이므로 헌법 제6조 제1항에 따라 국내법적 효력을 가지며, 그 효력의 정도는 법률에 준하는 효력이라고 이해된다.

한편 이 사건 조항은 재판권 면제에 관한 것이므로 성질상 국내에 바로 적용될 수 있는 법규범으로서 위헌법률심판의 대상이 된다고 할 것이다.」

2

헌법상의 권리와 의무

太極은 동시에 無極이다. 태극이 움직임에 그로부터 陽이 나오고, 그 움직임이 극에 달하면 움직이지 않게 된다. 그 움직이지 않는 것에서 陰이 나오고, 그 움직이지 않음이 극에 달하면 다시 움직임으로 간다. 한번의 움직임과 한번의 움직이지 않음이 같이 그 뿌리가 되어 음과 양으로 나누어지니, 비로소 兩儀(음양 2元素)가 이루어진다. 양이 변하고 음이 합해져서 물, 불, 나무, 쇠, 흙을 낳아 五行의 기운이 순차적으로 펼쳐짐에 봄, 여름, 가을, 겨울의 四時가 이루어진다. 그리하여 오행은 하나의 음양이고, 음양은 하나의 태극이니 그래서 태극은 본시 무극이라고 하는 것이다. 오행이 생기면서 각각 그 성질을 하나씩 가지니 無極의 진리와 음양이라는 두 氣와 오행의 精氣가 묘하게 합하고 서로 엉기어, 乾道는 수컷을 이루고 坤道는 암컷을 이루어 두 기운이 서로 감응하여 만물을 화생하게 하니, 만물이 계속 낳고 낳아 변화가 무궁하게 된다. 오로지 인간만이 빼어난 기운을 얻어 가장 영특하니 몸이 이미 생겨남에 정신이 지혜를 발한다. 仁, 義, 禮, 智, 信이라는 五性은 서로 영향을 주어 움직이고, 선악이 나뉘어지며 온갖 만사가 나온다. 훌륭한 사람(성인)은 中(=禮), 正(=智), 仁, 義로써 삶을 정하되, 고요함을 主된 것으로 삼아 사람의 極을 세웠다. 그러므로 성인은 天地와 더불어 덕에 합하고, 日月과 더불어 밝음에 합하며, 四時와 더불어 차례에 합하며, 鬼神과 더불어 길흉에 합하는 것이니, 덕이 있는 자는 이것을 닦기 때문에 길해지는 것이고, 소인배는 이를 어기기 때문에 흉해지는 것이다. 따라서 일컫기를,「하늘의 도를 세움은 음과 양이요, 땅의 도를 세움은 부드러움과 강함이요, 사람의 도를 세움은 어짊과 올바름이다」라고 하였다. 또 말하기를,「시작을 근원으로 하여 끝으로 돌아간다. 그리하여 생사의 이치를 안다」고 하였으니, 참으로 위대하도다 주역이여. 그 이치가 너무 너무 지극하도다.

[太極而無極 太極動而生陽 動極而靜 靜而生陰 靜極復動 一動一靜 互爲其根 分陰分陽 兩儀立焉 陽變陰合 而生水火木金土 五氣順布 四時行焉 五行 一陰陽也 陰陽一太極也 太極本無極也 五行之生也 各一其性 無極之眞 二五之精 妙合而凝 乾道成男 坤道成女 二氣交感 化生萬物 萬物生生而變化無窮焉 惟人也得其秀而最靈 形旣生矣 神發知矣 五性感動 而善惡分 萬事出矣 聖人 定之以中正仁義而主靜 立人極焉 故聖人與天地合氣德 日月合其明 四時合其序 鬼神合氣吉凶 君子修之吉 小人悖之凶 故日立天之道 日陰與陽 立地之道 日柔與剛 立人之道 日仁與義 又日原始反終 故知死生之說 大哉 易也 斯其至矣]

– 太極圖說 –

제 4 편　기본권의 일반이론

제 5 편　헌법상의 기본권과 의무

제 4 편

기본권의 일반이론

제 1 장 기본권의 발달과 개념

1. 기본권의 개념과 본질

□ 기본권의 구성요소

▶ **기본권의 이중성을 인정한 판례**

[憲 1996. 8. 29.-94헌마113](지가공시및토지등의평가에관한법률시행령 제30조 등 위헌확인)

「헌법 제15조에 의한 직업선택의 자유는 자신이 원하는 직업 내지 직종을 자유롭게 선택하는 직업선택의 자유와 그가 선택한 직업을 자기가 결정한 방식으로 자유롭게 수행할 수 있는 직업수행의 자유를 포함하는 개념이다(헌법재판소 1993. 5. 13. 선고, 92헌마80 결정 참조). 직업의 선택 혹은 수행의 자유는 각자의 생활의 기본적 수요를 충족시키는 방편이 되고, 또한 개성신장의 바탕이 된다는 점에서 주관적 공권의 성격이 두드러진 것이기는 하나, 다른 한편으로는 국민 개개인이 선택한 직업의 수행에 의하여 국가의 사회질서와 경제질서가 형성된다는 점에서 사회적 시장경제질서라고 하는 객관적 법질서의 구성요소이기도 하다. 따라서 각 개인이 향유하는 직업에 대한 선택 및 수행의 자유는 공동체의 경제사회질서에 직접적인 영향을 미치는 것이기 때문에 공동체의 동화적 통합을 촉진시키기 위하여 필요불가결한 경우에는 헌법 제37조 제2항 전문규정에 따라 이에 대하여 제한을 가할 수 있다. 즉, 국가의 안전보장 · 질서유지 또는 공공복리를 위한 목적의 정당성이 인정되는 경우에는 그러한 목적을 달성하는 데 필요한 범위 내에서 법률로서 국민의 기본권을 제한할 수 있다. 그러나 그 제한의 방법이 합리적이어야 함은 물론 과잉금지의 원칙에 위배되거나 제한의 한계규정인 헌법 제37조 제2항 후문의 규정에 따라 직업선택의 자유의 본질적인 내용을 침해하는 것이어서는 아니 된다(헌법재판소 1989. 11. 20. 선고, 89헌가102 결정; 1990. 10. 15. 선고, 89헌마178 결정; 1993. 5. 13. 선고, 92헌마80 결정참조).」

▶ **입법창설적 내용에 해당하는 권리는 법률상 권리이며 이는 기본권의 내용을 이룬다고 할 수 없다는 취지의 판례**

[憲 2001. 6. 28.-2000헌마735](입법부작위 위헌확인)

「나. 그러면 과연 입법자가 주민투표에 대한 법률을 제정하여야 하는 것이 헌법상 의무인지 여부에 관하여 살핀다.

우리 헌법은 지방자치제도를 보장하기 위하여 제117조에서 "① 지방자치단체는 주민의 복리에 관한 사무를 처리하고 재산을 관리하며, 법령의 범위 안에서 자치에 관한 규정을 제정할 수 있다. ② 지방자치단체의 종류는 법률로 정한다"라고 규정하고 있고, 제118조에서 "① 지방자치단체에 의회를 둔다. ② 지방의회의 조직 · 권한 · 의원선거와 지방자치단체의 장의 선임방법 기타 지방자치단체의 조직과 운영에 관한 사항은 법률로 정한다"라고 규정함으로써 '지방자치단체의 자치'를 제도적으로 보장하고 있다. 즉 헌법 제117조 및 제118조가 보장하고 있는 본질적인 내용은 자치단체의 존재의 보장, 자치기능의 보장 및 자치사무의 보장으로 어디까지나 지방자치단체의 자치권인 것이다(헌재 1994. 12. 29. 94헌마201, 판례집 6-2, 510, 522). 따라서 헌법은 지역 주민들이 자신들이 선출한 자치단체의 장과 지방의회를 통하여 자치사무를 처리할 수 있는 대의제 또는 대표제 지방자치를 보장하고 있을 뿐이지 주민투표에 대하여는 어떠한 규정도 두고 있지 않다.

물론 이러한 대표제 지방자치제도를 보완하기 위하여 주민발안, 주민투표, 주민소환 등의 제도가 도입될 수도 있고, 실제로 우리의 지방자치법은 주민에게 주민투표권(제13조의 2)과 조례의 제정 및 개폐청구권(제13조의 3) 및 감사청구권(제13조의 4)을 부여함으로써 주민이 지방자치사무에 직접 참여할 수 있는 길을 열어 놓고 있다. 그렇지만 이러한 제도는 어디까지나 입법에 의하여 채택된 것일 뿐, 헌법이 이러한 제도의 도입을 보장하고 있는 것은 아니다. 이 점에서 우리 헌법이 제72조에서 대표제 민주주의를 보완하기 위하여 '국민투표제'를 직접 도입한 것과 다르다고 하겠다. 따라서 지방자치법 제13조의 2가 주민투표의 법률적 근거를 마련하면서, 주민투표에 관련된 구체적 절차와 사항에 관하여는 따로 법률로 정하도록 하였다고 하더라도, 주민투표에 관련된 구체적인 절차와 사항에 대하여 입법하여야 할 헌법상 의무가 국회에 발생하였다고 할 수는 없다.

다. 이에 대하여 청구인은 주민투표제도가 도입된 이상 헌법상 기본권인 참정권의 일부를 구성하는 주민투표권을 보장하기 위하여 국가의 행위의무 내지 보호의무가 발생하였다 할 것이므로 국가로서는 주민투표에 관한 법률을 제정하여야 할 헌법상 입법의무를 부담한다고 주장하므로 과연 주민투표권이 헌법이 보장하는 참정권에 해당하는지 여부에 관하여 살핀다.

일반적으로 참정권은 국민이 국가의 의사형성에 직접 참여하는 직접적인 참정권과 국민이 국가기관의 형성에 간접적으로 참여하거나 국가기관의 구성원으로 선임될 수 있는 권리인 간접적인 참정권으로 나눌 수 있다. 이에 따라 우리 헌법은 참정권에 관하여 간접적인 참정권으로 공무원선거권(헌법 제24조), 공무담임권(헌법 제25조)을, 직접적인 참정권으로 국민투표권(헌법 제72조, 제130조)을 규정하고 있다. 즉 우리 헌법은 법률이 정하는 바에 따른 '선거권'과 '공무담임권' 및 국가안위에 관한 중요정책과 헌법개정에 대한 '국민투표권'만을 헌법상의 참정권으로 보장하고 있다. 따라서 지방자치법 제13조의 2에서 규정한 주민투표권은 그 성질상 위에서 본 선거권, 공무담임권, 국민투표권과는 다른 것이어서 이를 법률이 보장하는 참정권이라고 할 수 있을지언정 헌법이 보장하는 참정권이라고 할 수는 없다. 그렇다면 주민투표권이 헌법상 보장하는 참정권에 해당한다는 점을 전제로 한 청구인의 위 주장은 받아들일 수 없다.」

◎ **같은 취지 : 憲 2005. 12. 22.-2004헌마530**

제2장 기본권의 주체

1. 기본권의 주체

□ 국 민

▶ **재외동포**

▸ 외국국적의 동포에 대하여 평등권의 주체성을 인정한 판례

[憲 2001. 11. 29.-99헌마494](재외동포의출입국과법적지위에관한법률 제2조 제2호 위헌확인)

「다. 외국인의 기본권주체성

우리 재판소는, 헌법재판소법 제68조 제1항 소정의 헌법소원은 기본권을 침해받은 자만이 청구할 수 있고, 여기서 기본권을 침해받은 자만이 헌법소원을 청구할 수 있다는 것은 곧 기본권의 주체라야만 헌법소원을 청구할 수 있고 기본권의 주체가 아닌 자는 헌법소원을 청구할 수 없다고 한 다음, '국민' 또는 국민과 유사한 지위에 있는 '외국인'은 기본권의 주체가 될 수 있다 판시하여(헌재 1994. 12. 29. 93헌마120, 판례집 6-2, 477, 480) 원칙적으로 외국인의 기본권 주체성을 인정하였다. 청구인들이 침해되었다고 주장하는 인간의 존엄과 가치, 행복추구권은 대체로 '인간의 권리'로서 외국인도 주체가 될 수 있다고 보아야 하고, 평등권도 인간의 권리로서 참정권 등에 대한 성질상의 제한 및 상호주의에 따른 제한이 있을 수 있을 뿐이다. 이 사건에서 청구인들이 주장하는 바는 대한민국 국민과의 관계가 아닌, 외국국적의 동포들 사이에 재외동포법의 수혜대상에서 차별하는 것이 평등권 침해라는 것으로서 성질상 위와 같은 제한을 받는 것이 아니고 상호주의가 문제되는 것도 아니므로, 청구인들에게 기본권주체성을 인정함에 아무런 문제가 없다.……

이 사건 심판대상규정이 청구인들과 같은 정부수립이전이주동포를 재외동포법의 적용대상에서 제외하는 차별취급은 그 차별의 기준이 목적의 실현을 위하여 실질적인 관계가 있다고 할 수 없고, 차별의 정도 또한 적정한 것이라고는 도저히 볼 수 없으므로, 이 사건 심판대상규정은 합리적 이유 없이 정부수립이전이주동포를 차별하는 자의적인 입법이어서 헌법 제11조의 평등원칙에 위배되고, 이로 인하여 청구인들의 평등권을 침해하는 것이다.」

※ 다수의견은 위와 같은 견해에 근거하여 헌법불합치의 의견인 반면(재판관 1인(재판관 권성)은 평등위반 심사기준에 대하여 본 건은 자의금지원칙이 아닌, 엄격한 심사기준이 적용되어야 한다는 별개의견을 내었음), 재판관 3인(재판관 윤영철, 재판관 한대현, 재판관 하경철)은 자의금지원칙에 위반하지 않는다는 취지의 반대의견(합헌)을 내었음.

□ 법인 · 단체

▶ 법인 · 단체의 기본권 주체성 인정 여부

▸ 사법인의 기본권 주체성에 대한 판례

▹ 사적인 단체가 기본권의 주체가 될 수 있음을 인정한 판례

[憲 1995. 7. 21.-92헌마177등](대통령선거법 제65조 위헌확인)

「(1) 청구인협회는 언론인들의 협동단체로서 법인격은 없으나, 대표자와 총회가 있고, 단체의 명칭, 대표의 방법, 총회 운영, 재산의 관리 기타 단체의 중요한 사항이 회칙으로 규정되어 있는 등 사단으로서의 실체를 가지고 있으므로 권리능력 없는 사단이라고 할 것이고, 따라서 기본권의 성질상 자연인에게만 인정될 수 있는 기본권이 아닌 한 기본권의 주체가 될 수 있으며, 헌법상의 기본권을 향유하는 범위 내에서는 헌법소원심판청구능력도 있다고 할 것이다.

이 사건의 경우 청구인협회가 침해받았다고 주장하는 언론 · 출판의 자유는 그 성질상 법인이나 권리능력 없는 사단도 누릴 수 있는 권리이므로 청구인협회가 언론 · 출판의 자유를 직접 구체적으로 침해받은 경우에는 헌법소원심판을 청구할 수 있다고 볼 것이나, 한편 단체는 원칙적으로 단체 자신의 기본권을 직접 침해당한 경우에만 그의 이름으로 헌법소원심판을 청구할 수 있을 뿐이고, 그 구성원을 위하여 또는 구성원을 대신하여 헌법소원심판을 청구할 수 없다고 할 것이다(헌법재판소 1991. 6. 3. 선고, 90헌마56 결정 참조).

(2) 그런데 청구인협회의 회칙 제3조(목적)를 살펴보면, 청구인협회는 스스로 여론조사를 실시하거나 그 결과를 공표하는 것을 목적이나 사업으로 삼고 있는 것으로 보기 어려울 뿐만 아니라, 실제로 선거에 관한 여론조사를 실시하였거나 준비 중이었다는 점에 관한 아무런 주장이나 소명도 찾아 볼 수 없다.

또한 청구인협회의 이 사건 심판청구이유에 의하더라도, 청구인협회는 그 자신의 기본권이 직접 침해당하였다는 것이 아니고, 청구인협회의 회원인 언론인들의 언론 · 출판의 자유가 침해당하고 있어 청구인협회도 간접적으로 기본권을 침해당하고 있음을 이유로 하여 이 사건 헌법소원심판을 청구하고 있는 것으로 보인다. 한편 청구인협회의 회원인 언론인들이 그들의 기본권의 침해에 대한 구제를 받기 위하여 스스로 헌법소원심판을 청구하기 어려운 사정도 찾아 볼 수 없다.

따라서 청구인협회의 심판청구는 자기관련성을 갖추지 못하여 부적법하다고 할 것이다.」

◎ 같은 취지 : 憲 1991. 4. 1.-89헌마160; 1991. 6. 3.-90헌마56

▸ 공법인의 기본권 주체성에 대한 판례

▹ 공법인은 기본권 수범자로서 그 소지자가 아니라고 본 판례

[憲 1994. 12. 29.-93헌마120](불기소처분취소)

「가. 헌법재판소법 제68조 제1항은 "공권력의 행사 또는 불행사로 인하여 기본권을 침해받은 자는 헌법소원의 심판을 청구할 수 있다"고 규정하고 있다. 여기서 기본권을 침해받은 자만이

헌법소원을 청구할 수 있다는 것은 곧 기본권의 주체라야만 헌법소원을 청구할 수 있고, 기본권의 주체가 아닌 자는 헌법소원을 청구할 수 없다는 것을 의미하는 것이다. 기본권 보장규정인 헌법 제2장의 제목이 "국민의 권리와 의무"이고 그 제10조 내지 제39조에서 "모든 국민은……권리를 가진다"고 규정하고 있으므로 국민(또는 국민과 유사한 지위에 있는 외국인과 사법인)만이 기본권의 주체라 할 것이다.

나. 한편 국가나 국가기관 또는 국가조직의 일부나 공법인은 기본권의 '수범자(Adressat)'이지 기본권의 주체로서 그 '소지자(Träger)'가 아니고 오히려 국민의 기본권을 보호 내지 실현해야 할 '책임'과 '의무'를 지니고 있는 지위에 있을 뿐이다. 그런데 청구인은 국회의 노동위원회로 그 일부조직인 상임위원회 가운데 하나에 해당하는 것으로 국가기관인 국회의 일부조직이므로 기본권의 주체가 될 수 없고 따라서 헌법소원을 제기할 수 있는 적격이 없다고 할 것이다.

그렇다면 청구인의 이 사건 헌법소원심판청구는 부적법하므로 이를 각하하기로 하여 주문과 같이 판결한다.」

⇔ 재판관 2인(재판관 김문희, 재판관 황도연)의 반대의견

「검사의 불기소처분에 대하여 헌법소원을 제기할 수 있는 근거는 문제된 범죄행위로 말미암아 피해를 입은 자의 헌법상 보장된 재판절차진술권 및 평등권을 보장하려는 데 있다 함이 우리 재판소의 확립된 판례이다.

그런데 이 사건에서 청구인은, 국가기관으로서의 권한의 존부나 범위에 관한 다툼이 있어서가 아니라, 피고발인을 국회노동위원회 국정감사에 증인으로 채택하였지만 피고발인이 정당한 이유 없이 출석하지 아니함으로써 청구인의 직무수행에 방해를 받았다고 하는 피해자의 위치에서 국회에서의증언·감정등에관한법률 제15조에 의하여 피고발인을 고발한 것이며, 이에 피청구인이 불기소처분한 것이 잘못이라고 다투는 것이다. 또한 위 법률 제15조가 일정한 요건 아래 청구인이 채택한 증인에 대한 고발권을 인정하고 있지만, 이는 통상의 고발권과 달리 채택한 증인의 불출석으로 말미암아 청구인이 직접 피해를 입기 때문에 인정된 것이므로 그 실질은 고소권과 동일하게 볼 수 있고, 청구인은 피고발인이 소추되면 법원에 피해자로서 의견을 진술할 수 있는 권리가 있다. 이와 같은 청구인의 위 법률 제15조에 의한 고발권의 본질, 청구인이 고발 후 재판절차상 행사할 수 있는 구체적인 권리 등 이 사건의 특수한 사정을 고려하면, 청구인은 피청구인의 불기소처분으로 말미암아 청구인이 범죄의 피해자로서 갖는 재판절차진술권 및 평등권을 침해받았다는 이유를 들어 헌법소원을 제기할 수 있다고 보아야 할 것이다. 그런데도 불구하고 다수의견이 위와 같은 특수한 사정을 고려하지 아니한 채 단지 청구인이 국가기관이라는 이유만으로 경우와 조건을 따지지 아니하고 국가기관의 헌법소원청구인의 당사자적격을 부인한 것은 잘못이라고 생각한다. 이를테면 행정소송사건에서 위증을 한 증인을 행정기관인 피고가 고소를 제기한 경우 사인이 고소한 경우와 무엇이 다르단 말인가. 우리는 위에서 본 이유로 다수의견에 반대하는 것이다.」

[憲 2000. 6. 29.-99헌마289](국민건강보험법 제33조 제2항 등 위헌확인)

「(1) 기본권침해의 자기관련성

헌법재판소법 제68조 제1항에 의하면 헌법소원심판은 "공권력의 행사 또는 불행사로 인하여 기본권을 침해받은 자"가 청구하여야 한다. 이 때 "공권력의 행사 또는 불행사로 인하여 기본권의 침해를 받은 자"라 함은 공권력의 행사 또는 불행사로 인하여 자기의 기본권이 현재 그리고 직접적으로 침해받은 경우를 의미하므로, 원칙적으로 공권력의 행사 또는 불행사의 직접적인 상대방만이 이에 해당한다고 할 것이고, 공권력의 작용에 단순히 간접적, 사실적 또는 경제적인 이해관계에 있을 뿐인 제3자는 이에 해당하지 않는다(헌재 1994. 6. 30. 92헌마61, 판례집 6-1, 680, 684). 그러므로 법률에 의한 기본권침해의 경우, 법률에 의하여 직접적으로 관련되어 기본권을 침해당하고 있는 자만이 헌법소원심판청구를 할 수 있다고 할 것이고 제3자는 특단의 사정이 없는 한 기본권침해에 직접 관련되었다고 볼 수 없다.

보건복지부장관은 법인의 해산과 권리의 포괄승계를 규정하는 법 부칙 제6조 및 제7조에 의하여 법인인 직장의료보험조합의 기본권이 침해되었을 뿐, 조합원들인 청구인들의 기본권은 침해된 바가 없다고 주장한다.

물론 법 부칙 제6조 및 제7조의 직접적인 수규자는 법인이나, 직장의료보험조합은 공법인으로서 기본권의 주체가 될 수 없을 뿐만 아니라, 법규정의 실질적인 규율대상이 수규자인 법인의 지위와 아울러 제3자인 청구인들의 법적 지위라고 볼 수 있으며, 법규정이 내포하는 불이익이 수규자의 범위를 넘어 제3자인 청구인들에게도 유사한 정도의 불이익을 가져온다는 의미에서 거의 동일한 효과를 가지고 있으므로, 법의 목적 및 실질적인 규율대상, 법규정에서의 제한이나 금지가 제3자에게 미치는 효과나 진지성의 정도, 규범의 수규자에 의한 헌법소원의 제기가능성 등을 종합적으로 고려하여 판단할 때(헌재 1997. 9. 25. 96헌마133, 판례집 9-2, 410, 416 참조), 청구인들의 자기관련성을 인정할 수 있다.

또한 기본권침해의 자기관련성이란 심판대상규정에 의하여 청구인들의 기본권이 '침해될 가능성'이 있는가에 관한 것이므로, 법의 시행과 재정통합으로 인하여 청구인들의 기본권이 침해될 가능성이 존재하는 한, 청구인들의 보험료가 법의 시행으로 인하여 인하될 것인지, 아니면 인상될 것인지가 불확실하다는 사실은 청구인들의 기본권침해의 자기관련성 여부에 아무런 영향을 미치지 아니한다.」

[憲 1997. 12. 24.-96헌마365](행정심판법 제37조 제1항 위헌확인)

「먼저 지방자치단체의 장인 이 사건 청구인이 기본권의 주체인지 여부를 본다.

헌법재판소법 제68조 제1항은 "공권력의 행사 또는 불행사로 인하여 기본권을 침해받은 자는 헌법소원의 심판을 청구할 수 있다"고 규정하고 있다. 여기서 기본권을 침해받은 자는 헌법소원을 청구할 수 있다는 것은 곧 기본권의 주체라야만 헌법소원을 청구할 수 있고, 기본권의 주체가 아닌 자는 헌법소원을 청구할 수 없다는 것을 의미하는 것이다. 기본권 보장규정인 헌법 제2장의 제목이 "국민의 권리와 의무"이고 그 제10조 내지 제39조에서 "모든 국민은 ……권리를 가진다"고 규정하고 있으므로 국민만이 기본권의 주체라 할 것이다. 그러므로 공권력의 행사자인 국가나 국가기관 또는 국가조직의 일부나 공법인인이나 그 기관은 기본권의 '수범자'이지 기본권의 주체가 아니고 오히려 국민의 기본권을 보호 내지 실현해야 할 '책임'과 '의무'를 지니고 있을 뿐이다{1994. 12. 29. 선고, 93헌마120 결정; 1995. 2. 23. 선고, 90헌마125 결정; 1995. 9. 28. 선고, 92헌마23,86(병합)결정 참조}.

따라서 지방자치단체나 그 기관인 지방자치단체의 장은 기본권의 주체가 아니며 이 사건 심판청구인인 제주도의 장인 청구인은 헌법소원 청구인으로서의 적격이 없다고 할 것이므로 이 사건 심판청구는 부적법하다고 할 것이다.」

◎ 같은 취지 : 憲 2000. 11. 30.-99헌마190

▹ 국립대학에 대하여 공법인이지만 대학의 자율권이라는 기본권의 주체는 될 수 있다고 본 판례

[憲 1992. 10. 1.-92헌마68](1994학년도 신입생선발입시안에 대한 헌법소원)

「헌법 제31조 제 4 항은 "교육의 자주성 · 전문성 · 정치적중립성 및 대학의 자율성은 법률이 정하는 바에 의하여 보장된다"라고 규정하여 교육의 자주성 · 대학의 자율성을 보장하고 있는데 이는 대학에 대한 공권력 등 외부세력의 간섭을 배제하고 대학구성원 자신이 대학을 자주적으로 운영할 수 있도록 함으로써 대학인으로 하여금 연구와 교육을 자유롭게 하여 진리탐구와 지도적 인격의 도야(陶冶)라는 대학의 기능을 충분히 발휘할 수 있도록 하기 위한 것이며, 교육의 자주성이나 대학의 자율성은 헌법 제22조 제12항이 보장하고 있는 학문의 자유의 확실한 보장수단으로 꼭 필요한 것으로서 이는 대학에게 부여된 헌법상의 기본권이다. 따라서 국립대학인 서울대학교는 다른 국가기관 내지 행정기관과는 달리 공권력의 행사자의 지위와 함께 기본권의 주체라는 점도 중요하게 다루어져야 한다. 여기서 대학의 자율은 대학시설의 관리 · 운영만이 아니라 학사관리 등 전반적인 것이라야 하므로 연구와 교육의 내용, 그 방법과 그 대상, 교과과정의 편성, 학생의 선발, 학생의 전형도 자율의 범위에 속해야 하고 따라서 입학시험제도도 자주적으로 마련될 수 있어야 한다.

다만 이러한 대학의 자율권도 헌법상의 기본권이므로 기본권제한의 일반적 법률유보의 원칙을 규정한 헌법 제37조 제 2 항에 따라 국가안전보장 · 질서유지 · 공공복리 등을 이유로 제한(필요, 최소한의 한도에서)될 수 있는 것이며, 대학입학방법을 규정하고 있는 교육법 제111조의 2 및 교육법시행령 제71조의 2 의 규정은 바로 헌법 제37조 제 2 항에 의한 대학자율권 규제법률이다.」

[憲 2001. 2. 22.-99헌마613](세무대학설치법폐지법률 위헌확인)

「헌법 제31조 제 4 항이 보장하는 대학의 자율성이란 대학의 운영에 관한 모든 사항을 외부의 간섭 없이 자율적으로 결정할 수 있는 자유를 말한다. 국립대학인 세무대학은 공법인으로서 사립대학과 마찬가지로 대학의 자율권이라는 기본권의 보호를 받으므로, 세무대학은 국가의 간섭 없이 인사 · 학사 · 시설 · 재정 등 대학과 관련된 사항들을 자주적으로 결정하고 운영할 자유를 갖는다(헌재 1992. 10. 1. 92헌마68등, 판례집 4, 659, 670 참조).」

□ 정 당

▶ 정당의 기본권 주체성에 대한 판례

▸ 정당이 소유재산의 귀속관계에서는 법인격 없는 사단으로 보아 재산권의 주체가 됨을 인정한 판례

[憲 1993. 7. 29.-92헌마262](불기소처분취소)

「정당의 법적 지위는 적어도 그 소유재산의 귀속관계에 있어서는 법인격 없는 사단(社團)으로 보아야 하고, 중앙당과 지구당과의 복합적 구조에 비추어 정당의 지구당은 단순한 중앙당의 하부조직이 아니라 어느 정도의 독자성을 가진 단체로서 역시 법인격 없는 사단에 해당한다고 보아야 할 것이다.」

▸ 정당이 정치활동에서 기회균등을 보장받는다고 본 판례

[憲 1996. 3. 28.-96헌마9등](공직선거및선거부정방지법 제150조 제 3 항 등 위헌확인)

「대의제민주주의에 바탕을 둔 우리 헌법의 통치구조에서 선거제도는 국민의 주권행사 내지

참정권행사의 과정으로서 국가권력의 창출과 국가 내에서 행사되는 모든 권력의 최후적 정당성을 국민의 정치적인 합의에 근거하게 하는 통치기구의 조직원리이다. 따라서 선거제도에 있어서 모든 국민이 평등하게 참여할 수 있는 기회를 보장하는 것은 필수 불가결한 요소이다.

우리 헌법은 평등선거의 원칙(제41조 제1항, 제67조 제1항)을 규정하는 동시에, 평등선거 원칙의 핵심적 내용인선거운동의 기회균등 보장(제116조 제1항)을 별도로 명문화하고 있다.

한편 우리 헌법은 정당제민주주의를 바탕으로 하여 정당설립의 자유를 규정함으로써(제8조 제1항) 정당활동의 자유를 포함한 정당의 자유를 광범위하게 보장하고 있으며, 이에 따라 정당법은 "정당은 헌법과 법률에 의하여 활동의 자유를 가진다"(제30조)고 규정함으로써 이를 구체화하고 있다.

그러므로 헌법상 선거운동의 기회균등 원칙은 무소속후보자를 포함한 모든 후보자에게 균등한 선거운동의 기회를 부여하고 불합리한 차별을 받지 않도록 보장하는 것이라고 할 것이나, 위에서 본 정당제도와 관련하여 정당의 본질적 기능과 기본적 활동을 보장하기 위한 합리적이고 상대적인 차별은 허용된다 할 것이다.」

□ 외국인 · 외국법인

▶ 외 국 인

▸ 외국인의 기본권 주체성을 인정하고 있는 판례

[憲 1994. 12. 29.-93헌마120](불기소처분취소)

「헌법재판소법 제68조 제1항은 "공권력의 행사 또는 불행사로 인하여 기본권을 침해받은 자는 헌법소원의 심판을 청구할 수 있다"고 규정하고 있다. 여기서 기본권을 침해받은 자만이 헌법소원을 청구할 수 있다는 것은 곧 기본권의 주체라야만 헌법소원을 청구할 수 있고, 기본권의 주체가 아닌 자는 헌법소원을 청구할 수 없다는 것을 의미하는 것이다. 기본권 보장규정인 헌법 제2장의 제목이 "국민의 권리와 의무"이고 그 제10조 내지 제39조에서 "모든 국민은 ……권리를 가진다"고 규정하고 있으므로 국민(또는 국민과 유사한 지위에 있는 외국인과 사법인)만이 기본권의 주체라 할 것이다.」

[憲 2001. 11. 29.-99헌마494](재외동포의출입국과법적지위에관한법률 제2조 제2호 위헌확인)

※ 〈제4편 - 제2장 - 1. - □ 국민〉 판례 인용부분 참조

제3장 기본권의 효력

1. 사적 영역에 대한 효력

□ 이론의 발달

▶ **헌법상의 환경권에서 직접 사법상의 환경권은 도출되지 않는다고 판시한 대법원 판례**
[大 1995. 5. 23.-94마2218](공작물설치금지가처분)

「헌법 제35조 제1항은 "모든 국민은 건강하고 쾌적한 환경에서 생활할 권리를 가지며, 국가와 국민은 환경 보전을 위하여 노력하여야 한다"고 규정하여 환경권을 국민의 기본권의 하나로 승인하고 있으므로, 사법(私法)의 해석과 적용에 있어서도 이러한 기본권이 충분히 보장되도록 배려하여야 할 것임은 당연하다고 할 것이나, 헌법상의 기본권으로서의 환경권에 관한 위 규정만으로서는 그 보호대상인 환경의 내용과 범위, 권리의 주체가 되는 권리자의 범위 등이 명확하지 못하여 이 규정이 개개의 국민에게 직접으로 구체적인 사법상의 권리를 부여한 것이라고 보기는 어렵고, 또 사법적 권리인 환경권을 인정하면 그 상대방의 활동의 자유와 권리를 불가피하게 제약할 수밖에 없는 것이므로, 사법상의 권리로서의 환경권이 인정되려면 그에 관한 명문의 법률규정이 있거나 관계법령의 규정취지나 조리에 비추어 권리의 주체, 대상, 내용, 행사방법 등이 구체적으로 정립될 수 있어야 할 것이다.

그것은 환경의 보전이라는 이념과 산업개발 등을 위한 개인활동의 자유와 권리의 보호라는 상호 대립하는 법익 중에서 어느 것을 우선시킬 것이며 이를 어떻게 조정 조화시킬 것인가하는 점은 기본적으로 국민을 대표하는 국회에서 법률에 의하여 결정하여야 할 성질의 것이라고 보아야 할 것이기 때문이다.

헌법 제35조 제2항에서 "환경권의 내용과 행사에 관하여는 법률로 정한다"고 규정하고 있는 것도 이러한 고려에 근거한 것이라고 여겨진다.

그러므로 원심이, 신청인들이 주장하는 환경권의 취지가 현행의 사법체계 아래서 인정되는 생활이익 내지 상린관계에 터잡은 사법적 구제를 초과하는 의미에서의 권리의 주장이라면 그러한 권리의 주장으로서는 직접 국가가 아닌 사인인 피신청인에 대하여 사법적 구제수단인

이 사건 골프연습장의 설치를 금지하는 가처분을 구할 수 없다고 판시한 것은 위와 같은 법리에 비추어 수긍할 수 있고, 거기에 소론과 같은 환경권에 관한 법리오해의 위법이 있다고 할 수 없다.」

□ 기본권간의 충돌

▶ 기본권 충돌의 해결방법

▸ 기본권 충돌시 규범조화적인 방법을 사용한 헌법재판소 판례

[憲 1991. 9. 16.-89헌마165](정기간행물의등록등에관한법률 제16조 제3항, 제19조 제3항의 위헌 여부에 관한 헌법소원)

「다. 언론의 자유의 본질적 내용의 침해 여부

(1) 문제의 제기

이 법 제16조에 정한 정정보도청구권이 정기간행물에 대하여 보도내용의 옳고 그름을 가리지 아니하고 피해자의 정정보도문을 무료로 게재할 의무를 부과하는 것이라는 점에서 보면 이는 현실적으로 정기간행물의 편집 내지 편서의 자유를 제한하는 것이 됨은 물론 간접적으로 보도기관의 보도활동을 위축시키고 나아가 경영을 압박함으로써 보도의 자유에 대한 장애가 될 수도 있다.

그러나 위에서 본 바와 같이 반론권은 보도기관이 사실에 대한 보도과정에서 타인의 인격권 및 사생활의 비밀과 사유에 대한 중대한 침해가 될 직접적 위험을 초래하게 되는 경우 이러한 법익을 보호하기 위한 적극적 요청에 의하여 마련된 제도인 것이지 언론의 자유를 제한하기 위한 소극적 필요에서 마련된 것은 아니기 때문에 이에 따른 보도기관이 누리는 언론의 자유에 대한 제약의 문제는 결국 피해자의 반론권과 서로 충돌하는 관계에 있는 것으로 보아야 할 것이다.

이와 같이 두 기본권이 서로 충돌하는 경우에는 헌법의 통일성를 유지하기 위하여 상충하는 기본권 모두가 최대한으로 그 기능과 효력을 나타낼 수 있도록 하는 조화로운 방법이 모색되어야 할 것이고, 결국은 이 법에 규정한 정정보도청구제도가 과잉금지의 원칙에 따라 그 목적이 정당한 것인가 그러한 목적을 달성하기 위하여 마련된 수단 또한 언론의 자유를 제한하는 정도가 인격권과의 사이에 적정한 비례를 유지하는 것인가의 여부가 문제된다 할 것이다.」

▸ 기본권 충돌시 기본권 서열이론을 채택한 헌법재판소 판례

[憲 2004. 8. 26.-2000헌마457](국민건강증진법시행규칙 제7조 위헌확인)

「(1) 기본권의 충돌

위와 같이 흡연자들의 흡연권이 인정되듯이, 비흡연자들에게도 흡연을 하지 아니할 권리 내지 흡연으로부터 자유로울 권리가 인정된다(이하 이를 '혐연권'이라고 한다).

혐연권은 흡연권과 마찬가지로 헌법 제17조, 헌법 제10조에서 그 헌법적 근거를 찾을 수 있다. 나아가 흡연이 흡연자는 물론 간접흡연에 노출되는 비흡연자들의 건강과 생명도 위협한다는 면에서 혐연권은 헌법이 보장하는 건강권과 생명권에 기하여서도 인정된다.

흡연자가 비흡연자에게 아무런 영향을 미치지 않는 방법으로 흡연을 하는 경우에는 기본권의 충돌이 일어나지 않는다. 그러나 흡연자와 비흡연자가 함께 생활하는 공간에서의 흡연행위는 필연적으로 흡연자의 기본권과 비흡연자의 기본권이 충돌하는 상황이 초래된다.

그런데 흡연권은 위와 같이 사생활의 자유를 실질적 핵으로 하는 것이고 혐연권은 사생활의 자유뿐만 아니라 생명권에까지 연결되는 것이므로 혐연권이 흡연권보다 상위의 기본권이라 할 수 있다. 이처럼 상하의 위계질서가 있는 기본권끼리 충돌하는 경우에는 상위기본권우선의 원칙에 따라 하위기본권이 제한될 수 있으므로, 결국 흡연권은 혐연권을 침해하지 않는 한에서 인정되어야 한다.」

▸ 기본권 충돌시 법익형량의 방법을 사용한 대법원 판례
[大 1988. 10. 11.-85다카29](위자료 등)

「민주주의 국가에서는 여론의 자유로운 형성과 전달에 의하여 다수의견을 집약시켜 민주적 정치질서를 생성 유지시켜 나가는 것이므로 표현의 자유, 특히 공익사항에 대한 표현의 자유는 중요한 헌법상의 권리로서 최대한의 보장을 받아야 할 것이다.

우리 헌법 제20조 제1항(1980. 10. 27. 개정 공포된 헌법)도 "모든 국민은 언론, 출판의 자유와 집회, 결사의 자유를 가진다"라고 규정하고 있는데 그 핵심은 표현의 자유의 보장에 있다고 해석된다. 그리고 헌법 제20조 제2항 전단에서는 "언론, 출판은 타인의 명예나 권리 또는 공중도덕이나 사회윤리를 침해하여서는 아니된다"라고 규정하여 표현의 자유가 민주정치에 있어 필수불가결의 자유이기는 하지만 절대적인 것이 아니고 언론, 출판이 그 내재적 한계를 벗어나 타인의 명예나 권리를 침해한 경우에는 법의 보장을 받을 수 없는 것으로 하여 그 한계를 명시하고 있으며, 헌법 제20조 제2항 후단에서는 언론, 출판의 사후책임에 관하여 명문규정을 두고 있다.

한편 헌법 제9조 후단에서는 "모든 국민은 …… 행복을 추구할 권리를 가진다"라고 하여 생명권, 인격권 등을 보장하고 있어 어떤 개인이 국가권력이나 공권력 또는 타인에 의하여 부당히 인격권이 침해행위의 배제와 손해배상을 청구하여 그 권리를 구제받을 수 있도록 하고 있다.

그러므로 우리가 민주정치를 유지함에 있어서 필수불가결한 언론, 출판 등 표현의 자유는 가끔 개인의 명예나 사생활의 자유와 비밀 등 인격권의 영역을 침해할 경우가 있는데 표현의 자유 못지 않게 이러한 사적 법익도 보호되어야 할 것이므로 인격권으로서의 개인의 명예의 보호(헌법 제9조 후단)와 표현의 자유의 보장(헌법 제20조 제1항)이라는 두 법익이 충돌하였을 때 그 조정을 어떻게 할 것인지는 구체적인 경우에 사회적인 여러가지 이익을 비교하여 표현의 자유로 얻어지는 이익, 가치와 인격권의 보호에 의하여 달성되는 가치를 형량하여 그 규제의 폭과 방법을 정해야 할 것이다.

위와 같은 취지에서 볼 때 형사상이나 민사상으로 타인의 명예를 훼손하는 행위를 한 경우에도 그것이 공공의 이해에 관한 사항으로서 그 목적이 오로지 공공의 이익을 위한 것일 때에는 진실한 사실이라는 증명이 있으면 위 행위에 위법성이 없으며 또한 그 증명이 없더라도 행위자가 그것을 진실이라고 믿을상당한 이유가 있는 경우에는 위법성이 없다고 보아야 할 것이다.

이렇게 함으로써 인격권으로서의 명예의 보호와 표현의 자유의 보장과의 조화를 꾀할 수 있다 할 것이다.」

제 4 장 기본권의 제한

1. 기본권 제한의 목적

□ 헌법의 규정

▶ **언론 · 출판의 자유는 헌법 제21조 제 4 항 소정의 목적뿐만 아니라, 헌법 제37조 제 2 항 소정의 목적에 의해서도 제한될 수 있음을 밝힌 대법원 판례**

[大 1999. 12. 28.-99도4027](국가보안법위반(잠입, 탈출 · 찬양, 고무등 · 회합, 통신 등))

「우리 헌법이 전문과 제 4 조, 제 5 조에서 천명한 국제평화주의와 평화통일의 원칙은 자유민주주의적 기본질서라는 우리 헌법의 대전제를 해치지 않는 것을 전제로 하는 것이므로, 아직도 북한이 막강한 군사력으로 우리와 대치하면서 우리 사회의 자유민주적 기본질서를 전복할 것을 포기하였다는 명백한 징후가 보이지 아니하고 있어 우리의 자유민주적 기본질서에 위협이 되고 있음이 분명한 상황에서, 국가의 안전을 위태롭게 하는 반국가활동을 규제함으로써 국가의 안전과 국민의 생존 및 자유를 확보함을 목적으로 하는 국가보안법이 헌법에 위배되는 법률이라고 할 수 없고, 국가보안법의 규정을 그 법률의 목적에 비추어 합리적으로 해석하는 한 국가보안법이 정하는 각 범죄의 구성요건의 개념이 애매모호하고 광범위하여 죄형법정주의의 본질적 내용을 침해하는 것이라고 볼 수 없으며, 양심의 자유, 언론 · 출판의 자유 등은 우리 헌법이 보장하는 기본적인 권리이기는 하지만 아무런 제한이 없는 것은 아니고, 헌법 제37조 제 2 항에 의하여 국가의 안전보장, 질서유지 또는 공공복리를 위하여 필요한 경우에는 그 자유와 권리의 본질적인 내용을 침해하지 아니하는 범위 내에서 제한할 수 있는 것이므로, 국가보안법의 입법목적과 적용한계를 위와 같이 자유와 권리의 본질적인 내용을 침해하지 아니하는 한도 내에서 이를 제한하는 데에 있는 것으로 해석하는 한 위헌이라고 볼 수 없고(대법원 1998. 7. 28. 선고 98도1395 판결, 1997. 7. 25. 선고 97도1386 판결, 1997. 7. 16. 선고 97도985 전원합의체 판결 등 참조), 원심법원이 그와 같은 취지에서 국가보안법의 여러 규정들을 위헌이 아니라고 판단하여 피고인의 위헌제청신청을 기각하고 소송절차를 그대로 진행한 조치가 헌법 제107조 제 1 항에 위반된다고 할 수도 없으며(대법원 1990. 9. 25. 선고 90도1394 판결 참조), 또한 대한민국과 북한 사이에 1972년 자주 · 평화 · 민족대단결 등의 3대 원칙을 선언한 7 · 4 남북공동성명이 있었고, '남북 사이의 화해와 불가침 및 교류협력에 관한 합의서' 가 체결, 발효되었다고 하여도 그로 인하여 국가보안법이 그 규범력을 상실한 것으로 볼 수 없다(대법원 1993. 2. 9. 선고 92도1815 판결, 1992. 7. 24. 선고 92도1148 판결 등 참조).」

◎ 같은 취지 : 大 1999. 10. 8.-99도2437

□ 목 적

▶ 기본권 제한의 목적 중 「국가의 안전보장」의 의미에 대한 판례

[憲 1992. 2. 25.-89헌가104](군사기밀보호법 제6조 등에 대한 위헌심판)

「국민의 "알 권리"에도 불구하고 보호되어야 할 사생활의 비밀이 있는 것과 마찬가지로 공무상의 비밀도 보호되어야 할 사항이 적지 않으며, 특히 군사외교상의 문제에 있어서 비밀로서 보호되어야 할 사항이 더 더욱 있을 수 있다는 것은 이론의 여지가 없다고 할 것이다.

헌법 제37조 제2항은 "국민의 모든 자유와 권리는 국가안전보장 · 질서유지 또는 공공복리를 위하여 필요한 경우에 한하여 법률로써 제한할 수 있으며, 제한하는 경우에도 자유와 권리의 본질적인 내용을 침해할 수 없다"고 하는 이른바 일반적 법률유보조항을 두고 있는바, 국가의 안전보장은 헌법상 중요한 국가적 법익의 하나로서 위의 규정외에도 헌법 제5조 제2항, 제39조 제1항, 제66조 제2항, 제69조 등이 국가의 안전보장과 관련이 있는 것이다. 헌법 제37조 제2항에서 기본권 제한의 근거로 제시하고 있는 국가의 안전보장의 개념은 국가의 존립 · 헌법의 기본질서의 유지 등을 포함하는 개념으로서 결국 국가의 독립, 영토의 보전, 헌법과 법률의 기능, 헌법에 의하여 설치된 국가기관의 유지 등의 의미로 이해될 수 있을 것이다.」

□ 목적 존재의 입증책임

▶ 필요한 경우에는 헌법재판소가 입법사항에 대하여 조사할 수 있다는 취지의 판례

[憲 1994. 4. 28.-92헌가3](보훈기금법 부칙 제5조 및 한국보훈복지공단법 부칙 제4조 제2항 후단에 관한 위헌심판)

「가. 판단의 범위

구체적 규범통제를 목적으로 하는 위헌법률심판에 관한 헌법재판소법 제45조 전단의 "헌법재판소는 제청된 법률 또는 법률조항의 위헌 여부만을 결정한다"는 규정은, 헌법재판소는 법률의 위헌 여부에 대한 법적 문제만 판단하고 법원에 계속 중인 당해 사건에 있어서의 사실확정과 법적용 등 고유의 사법작용에는 관여할 수 없다는 의미도 포함한다. 그러나 헌법재판소는 법률의 위헌 여부에 대한 법적 문제를 판단하기 위하여 입법의 기초가 된 사실관계 즉 입법사실을 확인하여 밝힐 수 있다.

이 사건에 있어서는 제청법원의 위헌심판제청이유 및 관계인의 의견에서 보는 바와 같이, 제청법원에 계속되어 있는 민사소송절차와 이 사건 위헌법률심판절차에서 신청인들은 이 사건 분조합의 재산은 신청인들의 합유지분에 속하고 보훈기금법이 시행되기 전에 분조합원들이 이 사건 분조합을 탈퇴하거나 분조합 재산에 대한 지분권을 포기하는 의사표시를 한 사실이 없으며, 그러한 의사표시가 있었다고 하더라도 이는 무효 내지 취소할 수 있는 의사표시이고 분조합원에 대한 제명처분도 무효라고 주장함에 대하여, 대한민국 등은 이 사건 분조합은 특수한 공적 성질이 있는 조합으로서 그 재산은 분조합원에 의하여 처분될 수 없는 재산일 뿐만 아니라 보훈기금법이 시행되기 전에 분조합원들이 이 사건 분조합을 탈퇴하고 분조합 재산에 대한 지분권을 포기한다는 의사를 표시하거나 분조합에서 제명되어 이 사건 분조합은 조합원 없이 분조합 재산만 남아 있는 상태가 되어 대한민국이 이 사건 분조합 재산에 관한 처분권 내지 소유권을 취득하였다고 주장하고 있는바, 그 다투어지고 있는 사실관계는 입법사실인 동시에 법원에서 확정할 사실문제이기도 하다.

이와 같이 이 사건에는 헌법재판소가 확인하여 밝힐 수 있는 입법사실과 당해 사건이 계속중인 법원에서 확정하여야 할 사실문제가 중복되어 있고, 이러한 경우 헌법재판소로서는 필요한 범위 내에서만 입법사실을 확인하고 밝히는 것이 바람직하므로 기록상 명확하다고 인정되는 범위 내에서 입법사실에 관계되는 사실을 확인하여 밝히고 이를 전제로 위헌여부심판제청이 된 각 법률조항의 위헌 여부에 대하여 판단을 하기로 한다.」

□ 목적의 타당성 심사

▶ 법률의 기본권제한 목적이 정당하지 않다고 본 판례

[憲 1997. 7. 16.-95헌가6등](민법 제809조 제1항 위헌제청)

「(4) 헌법이념 및 규정에서 본 동성동본금혼제 - 이 사건 법률조항의 위헌성

(가) 헌법 제10조는 "모든 국민은 인간으로서의 존엄과 가치를 가지며, 행복을 추구할 권리를 가진다. 국가는 개인이 가지는 불가침의 기본적 인권을 확인하고 이를 보장할 의무를 진다"고 규정함으로써 모든 기본권의 종국적 목적(기본이념)이라 할 수 있고 인간의 본질이며 고유한 가치인 개인의 인격권과 행복추구권을 보장하고 있다. 그리고 이러한 개인의 인격권·행복추구권은 개인의 자기운명결정권을 그 전제로 하고 있으며, 이 자기운명결정권에는 성적(성적)자기결정권 특히 혼인의 자유와 혼인에 있어서 상대방을 결정할 수 있는 자유가 포함되어 있다(헌법재판소 1990. 9. 10. 선고, 89헌마82 결정 참조). 또 헌법 제36조 제1항은 "혼인과 가족생활은 개인의 존엄과 양성의 평등을 기초로 성립되고 유지되어야 하며, 국가는 이를 보장한다"고 규정하고 있는바, 이는 혼인제도와 가족제도에 관한 헌법원리를 규정한 것으로서 혼인제도와 가족제도는 인간의 존엄성 존중과 민주주의의 원리에 따라 규정되어야 함을 천명한 것이라 볼 수 있다. 따라서 혼인에 있어서도 개인의 존엄과 양성의 본질적 평등의 바탕 위에서 모든 국민은 스스로 혼인을 할 것인가 하지 않을 것인가를 결정할 수 있고 혼인을 함에 있어서도 그 시기는 물론 상대방을 자유로이 선택할 수 있는 것이며, 이러한 결정에 따라 혼인과 가족생활을 유지할 수 있고, 국가는 이를 보장해야 하는 것이다.

(나) 그런데 위에서 본 바와 같이, 이 사건 법률조항은 동성동본인 혈족사이의 혼인을 그 촌수의 원근에 관계없이 일률적으로 모두 금지하고 민법은 이를 위반한 혼인을 취소할 수 있도록 하였을 뿐만 아니라 아예 그 혼인신고 자체를 수리하지 못하도록 하고 있어, 동성동본인 혈족은 서로가 아무리 진지하게 사랑하고 있다고 하더라도 또 촌수를 계산할 수 없을 만큼 먼 혈족이라 하더라도 혼인을 할 수 없고 따라서 혼인에 있어 상대방을 결정할 수 있는 자유를 제한하고 있는 동시에, 그 제한의 범위를 동성동본인 혈족, 즉 남계혈족에만 한정함으로써 성별에 의한 차별을 하고 있다.

그렇다면 이 사건 법률조항은 이미 위에서 본 바와 같이 금혼규정으로서의 사회적 타당성

내지 합리성을 상실하고 있음과 아울러 "인간으로서의 존엄과 가치 및 행복추구권"을 규정한 헌법이념 및 규정과 "개인의 존엄과 양성의 평등"에 기초한 혼인과 가족생활의 성립 · 유지라는 헌법규정에 정면으로 배치된다 할 것이고, 또 그 금혼의 범위를 동성동본인 혈족, 즉 남계혈족에만 한정하여 성별에 의한 차별을 하고 있는데 이를 시인할 만한 합리적인 이유를 찾아볼 수 없으므로 헌법상의 평등의 원칙에도 위반되는 것이다.

결국 이 사건 법률조항은 헌법 제10조, 제11조 제1항, 제36조 제1항에 위반될 뿐만 아니라 그 입법목적이 이제는 혼인에 관한 국민의 자유와 권리를 제한할 "사회질서"나 "공공복리"에 해당될 수 없다는 점에서 헌법 제37조 제2항에도 위반된다 할 것이다.」

2. 기본권 제한의 형식

□ 법률에 의한 제한

▶ 기본권제한적 법률

▸ 국회입법의 법률(국회입법의 독점)에 대한 판례

▹ 기본권 제한적 법률은 백지위임은 인정되지 않고 개별적 · 구체적 위임만 인정된다는 취지의 판례

[憲 2001. 8. 30.-99헌바90](구상속세법 제34조의2 제2항 위헌소원)

「헌법 제75조는 "대통령은 법률에서 구체적으로 범위를 정하여 위임받은 사항과 법률을 집행하기 위하여 필요한 사항에 관하여 대통령령을 발할 수 있다"라고 규정함으로써 조세행정분야뿐만 아니라 국정전반에 걸쳐 위임입법의 필요성이 있음을 확인하고 입법권을 대통령령에 위임할 수 있는 근거를 마련하고 있다.

그런데 위임입법에 있어서 일반적, 포괄적 위임은 사실상 입법권의 백지위임과 다를 바 없다. 따라서 이를 허용하면 의회입법의 원칙이나 법치주의를 부인하는 셈이 되고, 또 행정권의 자의로 말미암아 기본권이 침해될 위험이 있다. 그러므로 헌법 제75조는 위임입법에 있어서는 반드시 "구체적으로 범위를 정하여" 위임하도록 규정함으로써 개별적, 구체적 위임만이 허용되고, 일반적, 포괄적 위임은 허용될 수 없음을 밝히고 있다.」

◎ 같은 취지 : 1995. 11. 30.-91헌바1등; 1995. 11. 30.-94헌바40등; 1998. 3. 26.-96헌바57

▹ 위임입법의 위임의 한계에 대한 판례

[憲 1998. 11. 26.-97헌바31](직업안정법 제33조 등 위헌소원)

「다. 법 제33조 제3항이 포괄위임입법 금지규정을 위배하고 있는지 여부

(1) 헌법 제75조는 "대통령은 법률에서 구체적으로 범위를 정하여 위임받은 사항……에 관하여 대통령령을 발할 수 있다"고 규정하여 위임입법의 헌법상 근거를 마련하는 한편 대통령령으로 입법할 수 있는 사항을 "법률에서 구체적으로 범위를 정하여 위임받은 사항"으로 한정함으로써 일반적이고 포괄적인 위임입법은 허용되지 않는다는 것을 명백히 하고 있는데, 이는 국민주권주의, 권력분립주의 및 법치주의를 기본원리로 하고 있는 우리 헌법하에서 국민의 헌법상 기본권 및 기본의무와 관련된 중요한 사항 내지 본질적인 내용에 대한 정책 형성기능은 원칙적으로 주권자인 국민에 의하여 선출된 대표자들로 구성되는 입법부가 담당하여 법률의 형식으로써 이를 수행하여야 하고, 이와 같이 입법화된 정책을 집행하거나 적용함을 임무로 하는 행정부나 사법부에 그 기능을 넘겨서는 아니되기 때문이다(헌재 1995. 7. 21. 94헌마125, 판례집 7-2, 155 ; 1995. 11. 30. 91헌바1등, 판례집 7-2, 562 ; 1995. 11. 30. 94헌바40등, 7-2, 616 ; 1996. 10. 31. 93헌바14, 판례집 8-2, 422 등 참조). 법 제33조 제1항은 근로자공급사업을 하고자 하는 자는 노동부장관의 허가를 받아야 한다고 규정하여 허가를 받지 않고서는 근로자공급사업을 할 수 없도록 직업선택의 자유를 제한하면서 허가의 기준을 법률로 직접 정하지 아니하고 법 제33조 제3항에서 허가의 대상과 요건을 대통령령으로 정하도

록 위임하고 있는 바, 위와 같은 위임이 일반적, 포괄적 위임으로서 헌법 제75조에 위반하는지가 문제이다.

(2) 이른바 경찰허가는 법령에 의하여 일반적으로 금지된 행위를 특정한 경우에 해제하여 일정한 행위를 적법하게 할 수 있도록 해 주는 행정행위로서, 허가의 기준이 법령에 정하여진 경우에는 그 허가 여부는 기속행위가 되고 허가의 기준이 법령에 정하여지지 아니 한 경우에는 그 허가여부는 재량행위가 되는 것이다.

이 사건 근로자공급사업의 허가는 영업의 자유를 제한하는 것이 아니라 금지된 영업의 자유를 회복시켜주는 것이어서 본래 그 허가의 기준을 반드시 법률로 정하여야 하는 것은 아니다. 다만 허가에 관한 업무의 통일성, 허가관청의 재량권 남용을 방지하기 위하여 법 제33조 제3항은 허가의 대상과 요건을 대통령령으로 정하도록 규정함으로써 그 허가여부를 기속행위로 한 것뿐이므로 이를 헌법 제75조가 금지하는 포괄위임에 해당한다고는 할 수 없다.

(3) 그리고 위임조항 자체에서 위임의 구체적 범위를 명확히 규정하고 있지 않다고 하더라도 당해법률의 전반적 체계와 관련규정에 비추어 위임조항의 내재적인 위임의 범위나 한계를 객관적으로 분명히 확정할 수 있다면 이를 일반적이고 포괄적인 백지위임에 해당하는 것으로 볼 수는 없다고 할 것인데(헌재 1994. 7. 29. 93헌가12, 판례집 6-2, 53 ; 1995. 11. 30. 94헌바40등, 판례집 7-2, 616 ; 1996. 10. 31. 93헌바14, 판례집 8-2, 422등 참조), 직업안정법의 전반적 체계에 비추어 보면 위임조항의 내재적인 위임의 범위나 한계를 분명히 확정할 수 있을 뿐 아니라, 위에서 본 바와 같이 법 제33조 제1항의 허가는 금지된 영업의 자유를 회복시켜 주는 것이고, 근로자공급사업의 허가기준을 미리 법률로 상세하게 정하기는 입법기술상 매우 어렵다는 점등을 아울러 생각하면 법 제33조 제3항이 더욱 구체적으로 허가기준을 정하지 아니하였다고 하여 포괄위임에 해당한다고 할 수도 없다.」

◎ 같은 취지 : 1995. 7. 21.-94헌마125; 1995. 11. 30.-91헌바1등; 1995. 11. 30.-94헌바40등; 1996. 10. 31.-93헌바14

[憲 2000. 7. 20.-99헌가15](약사법 제77조 제1호 중 '제19조 제4항' 부분 위헌제청)

「먼저 죄형법정주의 내지 포괄위임입법금지원칙 위배 여부를 본다.

법률에 의한 처벌법규의 위임은, 헌법이 특히 인권을 최대한 보장하기 위하여 죄형법정주의와 적법절차를 규정하고 법률에 의한 처벌을 강조하고 있는 기본권보장 우위사상에 비추어 바람직하지 못한 일이므로, 그 요건과 범위가 보다 엄격하게 제한적으로 적용되어야 한다(헌재 1991. 7. 8. 91헌가4, 판례집 3, 336, 341 ; 헌재 1994. 6. 30. 93헌가15등, 판례집 6-1, 576, 585 ; 헌재 1997. 5. 29. 94헌바22, 판례집 9-1, 529, 535).

일반적으로 헌법에 의하여 위임입법이 용인되는 한계인, 법률에서 구체적으로 범위를 정하여 위임받은 사항이라 함은 법률에 이미 하위법령으로 규정될 내용 및 범위의 기본사항이 구체적으로 규정되어 있어서 누구라도 당해 법률로부터 하위법령에 규정될 내용의 대강을 예측할 수 있어야 한다는 것을 의미한다. 위임입법의 위와 같은 구체성 내지 예측가능성의 요구정도는 문제된 그 법률이 의도하는 규제대상의 종류와 성질에 따라 달라질 것임은 물론이고, 그 예측가능성의 유무를 판단함에 있어서는 당해 특정 조항 하나만을 가지고 판단할 것이 아니라 관련 법조항 전체를 유기적 · 체계적으로 종합판단하여야 하며, 각 대상법률의 성질에 따라 구체적 · 개별적으로 검토하여야 한다. 특히 처벌법규에 관하여는 앞에서 본 바와 같이 그 요건과 범위가 보다 엄격하게 제한적으로 적용되어야 하는 것이므로, 처벌법규의 위임은 특히 긴급한 필요가 있거나 미리 법률로써 자세히 정할 수 없는 부득이한 사정이 있는 경우에 한정되어야 하며 이러한 경우일지라도 법률에서 범죄의 구성요건은 처벌대상행위가 어떠한 것일 것이라고 예측할 수 있을 정도로 구체적으로 정하고 형벌의 종류 및 그 상한과 폭을 명백히 규정하여야 한다.」

◎ 같은 취지 : 憲 1991. 7. 8.-91헌가4; 1994. 6. 30.-93헌가15등; 1995. 10. 26.-93헌바62; 1997. 5. 29.-94헌바22; 1997. 9. 25.-96헌가16; 2000. 2. 24.-98헌바94

▸ 기본권 제한 법률의 명확성에 대한 판례

▹ 기본권을 제한하는 법률에 요구되는 명확성의 원칙을 법치주의의 한 표현이라고 본 판례
[憲 2001. 10. 25.-2001헌바9](형사소송법 제196조 제2항 위헌소원)

「명확성의 원칙은 법치국가원리의 한 표현으로서 법규범의 의미내용이 불확실하면 법적 안정성과 예측가능성을 확보할 수 없고, 법집행 당국의 자의적 법해석과 집행을 가능하게 한다는 것을 그 근거로 한다. 명확성의 정도는 모든 법률에 있어서 동일한 정도로 요구되는 것은 아니고 개개의 법률이나 법조항의 성격에 따라, 그리고 각 법률이 제정되게 된 배경이나 상황에 따라 차이가 있을 수 있다.

그런데, 모든 법규범의 문언을 순수하게 기술적 개념만으로 구성하는 것은 입법기술적으로 불가능하고 또 바람직하지도 않기 때문에 어느 정도 가치개념을 포함한 일반적, 규범적 개념을 사용하지 않을 수 없다. 또한 당해 법률조항의 입법취지, 같은 법률의 다른 규정들과의 상호관계를 고려하거나 이미 확립된 판례를 통한 해석방법을 통하여 그 규정의 해석 및 적용에 대한 신뢰성이 있는 원칙을 도출할 수 있어서 법률조항의 취지를 예측할 수 있는 정도의 내용이라면 그 범위 내에서 명확성의 원칙은 유지되고 있다고 보아야 할 것이고, 법관의 보충적인 가치판단을 통한 법문의 해석으로 그 의미내용을 확인해낼 수 있고, 그러한 보충적 해석이 해석자의 개인적인 취향에 따라 좌우될 가능성이 없다면 명확성의 원칙에 반한다고 할 수 없을 것이다(헌재 1992. 2. 25. 89헌가104, 판례집 4, 64, 78-79 ; 헌재 1998. 4. 30. 95헌가16, 판례집 10-1, 327, 342 ; 헌재 2001. 6. 28. 99헌바31, 공보 58, 621, 623 등 참조).」

[憲 2002. 1. 31.-2000헌가8](구보험업법 제150조 제2항에 의하여 준용되는 제147조 제2항 제2호 위헌제청)

「법치국가원리의 한 표현인 명확성의 원칙은 기본적으로 모든 기본권제한 입법에 대하여 요구된다. 규범의 의미내용으로부터 무엇이 금지되는 행위이고 무엇이 허용되는 행위인지를 수범자가 알 수 없다면 법적 안정성과 예측가능성은 확보될 수 없게 될 것이고, 또한 법집행 당국에 의한 자의적 집행을 가능하게 할 것이기 때문이다(헌재 1998. 4. 30. 95헌가16 판례집 10-1, 327, 341). 그러나 명확성의 원칙은 모든 법률에 있어서 동일한 정도로 요구되는 것은 아니고 개개의 법률이나 법조항의 성격에 따라 요구되는 정도에 차이가 있을 수 있으며 각각의 구성요건의 특수성과 그러한 법률이 제정되게 된 배경이나 상황에 따라 달라질 수 있다. 이러한 명확성의 원칙을 산술적으로 엄격히 관철하도록 요구하는 것은 입법기술상 불가능하거나 현저히 곤란하므로 어느 정도의 보편적 내지 일반적 개념의 용어사용은 부득이 하다고 할 수밖에 없으며, 당해 법률이 제정된 목적과 타규범과의 연관성을

고려하여 합리적인 해석이 가능한지의 여부에 따라 명확성의 구비 여부가 가려져야 한다(헌재 1992. 2. 25. 89헌가104 판례집 4, 64, 78). 또한 처벌법규의 구성요건이 다소 광범위하여 어떤 범위에서는 법관의 보충적인 해석을 필요로 하는 개념을 사용하였다고 하더라도 그 점만으로 헌법이 요구하는 명확성의 원칙에 반드시 배치되는 것이라고 볼 수 없다. 즉 건전한 상식과 통상적인 법감정을 가진 사람으로 하여금 그 적용대상자가 누구이며 구체적으로 어떠한 행위가 금지되고 있는지 충분히 알 수 있도록 규정되어 있다면 죄형법정주의의 명확성의 원칙에 위배되지 않는다고 보아야 한다(헌재 1996. 12. 26. 93헌바65 판례집 8-2, 785, 793).」

▷ **형벌이라는 수단을 통하여 기본권을 제한하는 경우에는 그렇지 아니한 경우보다 명확성이 더 엄격하게 요구된다는 취지의 판례**

[憲 2001. 6. 28.-99헌바34](의료법 제5조 제3호 등 위헌소원)

「명확성원칙은 헌법상 내재하는 법치국가원리로부터 파생될 뿐만 아니라, 국민의 자유와 권리를 보호하는 기본권보장으로부터도 나온다. 헌법 제37조 제2항에 의거하여 국민의 자유와 권리를 제한하는 법률은 명확하게 규정되어야 한다.

법률은 명확한 용어로 규정함으로써 적용대상자에게 그 규제내용을 미리 알 수 있도록 공정한 고지를 하여 장래의 행동지침을 제공하고, 동시에 법집행자에게 객관적 판단지침을 주어 차별적이거나 자의적인 법해석을 예방할 수 있다. 따라서 법규범의 의미내용으로부터 무엇이 금지되는 행위이고 무엇이 허용되는 행위인지를 국민이 알 수 없다면 법적 안정성과 예측가능성은 확보될 수 없게 될 것이고, 법집행 당국에 의한 자의적 집행이 가능하게 될 것이다(헌재 1992. 4. 28. 90헌바27등, 판례집 4, 255, 268-269 ; 1998. 4. 30. 95헌가16, 판례집 10-1, 327, 341-342 ; 2000. 2. 24. 98헌바37, 판례집 12-1, 169, 179 참조).

명확성의 원칙에서 명확성의 정도는 모든 법률에 있어서 동일한 정도로 요구되는 것은 아니고 개개의 법률이나 법조항의 성격에 따라 요구되는 정도에 차이가 있을 수 있으며 각각의 구성요건의 특수성과 그러한 법률이 제정되게 된 배경이나 상황에 따라 달라질 수 있다고 할 것이다(헌재 1992. 2. 25. 89헌가104, 판례집 4, 64, 78-9).

죄형법정주의가 지배되는 형사관련 법률에서는 명확성의 정도가 강화되어 더 엄격한 기준이 적용된다(죄형법정주의상의 명확성 원칙). 그러나 일반적인 법률에서는 명확성의 정도가 그리 강하게 요구되지 않기 때문에 상대적으로 완화된 기준이 적용된다(일반적 명확성 원칙)(헌재 2000. 2. 24. 98헌바37, 판례집 12-1, 169, 179).」

◎ 같은 취지 : 2000. 2. 24.-98헌바37

▷ **명확성의 정도는 개개의 법률이나 법조항의 성격에 따라 차이가 있을 수 있고, 각각의 구성요건의 특수성과 그러한 법률이 제정되게 된 배경이나 상황에 따라 달라질 수 있다고 본 판례**

[憲 1992. 2. 25.-89헌가104](군사기밀보호법 제6조 등에 대한 위헌심판)

「보호법 제2조 제1항 소정의 "군사상의 기밀"이라는 포괄적 의미를 지닌 용어와 이 용어에 대한 개념정의 규정방식을 사용한 입법은 국내외에서 흔히 그 예를 볼 수 있는 것으로서 문제의 소재는 그러한 규정방식이 있는 것이 아니고 그 내용이 애매하다거나 너무 광범위하여 죄형법정주의에서 요구되고 있는 명확성의 원칙에 저촉되는 것은 아닌지의 여부 즉, 규정내용에 있다고 할 것이다. 이러한 명확성의 원칙은 모든 법률에 있어서 동일한 정도로 요구되는 것은 아니고 개개의 법률이나 법조항의 성격에 따라 요구되는 정도에 차이가 있을 수 있으며 각각의 구성요건의 특수성과 그러한 법률이 제정되게 된 배경이나 상황에 따라 달라질 수 있다고 할 것이다. 일반론으로는 어떠한 규정이 부담적 성격을 가지는 경우에는 수익적 성격을 가지는 경우에 비하여 명확성의 원칙이 더운 엄격하게 요구된다고 할 것이고 따라서 형사법이나 국민의 이해관계가 첨예하게 대립되는 법률에 있어서는 불명확한 내용의 법률용어가 허용될 수 없으며, 만일 불명확한 용어의 사용이 불가피한 경우라면 용어의 개념정의, 한정적 수식어의 사용, 적용한계조항의 설정 등 제반방법을 강구하여 동 법규가 자의적으로 해석될 수 있는 소지를 봉쇄해야 하는 것이다.」

[憲 2002. 1. 31.-2000헌가8](구보험업법 제150조 제2항에 의하여 준용되는 제147조 제2항 제2호 위헌제청)

※ 위 판례 인용부분 참조

◎ 같은 취지 : 憲 2001. 6. 28.-99헌바34; 2001. 10. 25.-2001헌바9

▷ 죄형법정주의에서 파생되는 명확성의 원칙의 내용을 밝힌 판례

[憲 2001. 10. 25.-2001헌바9](형사소송법 제196조 제2항 위헌소원)

「명확성의 원칙은 법치국가원리의 한 표현으로서 법규범의 의미내용이 불확실하면 법적 안정성과 예측가능성을 확보할 수 없고, 법집행 당국의 자의적 법해석과 집행을 가능하게 한다는 것을 그 근거로 한다. 명확성의 정도는 모든 법률에 있어서 동일한 정도로 요구되는 것은 아니고 개개의 법률이나 법조항의 성격에 따라, 그리고 각 법률이 제정되게 된 배경이나 상황에 따라 차이가 있을 수 있다.

그런데, 모든 법규범의 문언을 순수하게 기술적 개념만으로 구성하는 것은 입법기술적으로 불가능하고 또 바람직하지도 않기 때문에 어느 정도 가치개념을 포함한 일반적, 규범적 개념을 사용하지 않을 수 없다. 또한 당해 법률조항의 입법취지, 같은 법률의 다른 규정들과의 상호관계를 고려하거나 이미 확립된 판례를 통한 해석방법을 통하여 그 규정의 해석 및 적용에 대한 신뢰성이 있는 원칙을 도출할 수 있어서 법률조항의 취지를 예측할 수 있는 정도의 내용이라면 그 범위 내에서 명확성의 원칙은 유지되고 있다고 보아야 할 것이고, 법관의 보충적인 가치판단을 통한 법문의 해석으로 그 의미내용을 확인해 낼 수 있고, 그러한 보충적 해석이 해석자의 개인적인 취향에 따라 좌우될 가능성이 없다면 명확성의 원칙에 반한다고 할 수 없을 것이다(헌재 1992. 2. 25. 89헌가104, 판례집 4, 64, 78-79 ; 헌재 1998. 4. 30. 95헌가16, 판례집 10-1, 327, 342 ; 헌재 2001. 6. 28. 99헌바31, 공보 58, 621, 623 등 참조).」

[憲 2001. 12. 20.-2001헌가6등](석유사업법 제33조 제3호 등 위헌제청)

「죄형법정주의에서 파생되는 명확성의 원칙은 누구나 법률이 처벌하고자 하는 행위가 무엇이며 그에 대한 형벌이 어떠한 것인지를 예견할 수 있고 그에 따라 자신의 행위를 결정 지울 수 있도록 구성요건이 명확할 것을 의미하는 것이다(헌재 1989. 12. 22. 88헌가13, 판례집 1, 357, 383 ; 1994. 7. 29. 93헌가4등, 판례집 6-2, 15, 32).

여기서 구성요건이 명확하여야 한다는 것은 그 법률을 적용하는 단계에서 가치판단을 전혀 배제한 무색투명한 서술적 개념으로 규정되어져야 한다는 것을 의미하는 것은 아니고 입법자

의 입법의도가 건전한 일반상식을 가진 자에 의하여 일의적으로 파악될 수 있는 정도의 것을 의미하는 것이라고 할 것이다. 따라서 다소 광범위하고 어느 정도의 범위에서는 법관의 보충적인 해석을 필요로 하는 개념을 사용하여 규정하였다고 하더라도 그 적용단계에서 다의적으로 해석될 우려가 없는 이상 그 점만으로 헌법이 요구하는 명확성의 요구에 배치된다고는 보기 어렵다 할 것이다(헌재 1989. 12. 22. 88헌가13, 판례집 1, 357, 383 ; 1994. 7. 29. 93헌가4등, 판례집 6-2, 15, 32-33).」

◎ 같은 취지 : 憲 1989. 12. 22.-88헌가13; 1994. 7. 29.-93헌가4등; 1996. 12. 26.-93헌바65; 2002. 1. 31.-2000헌가8

3. 기본권 제한의 한계

□ 과잉금지원칙

▶ 헌법적 근거

▸ **과잉금지원칙의 근거를 헌법상의 법치주의 및 헌법 제37조 제2항에서 찾고 있는 판례**

[憲 1990. 9. 3.-89헌가95](국세기본법 제35조 제1항 제3호의 위헌심판)

「위에서 살펴본 바와 같이 국민의 기본권의 하나인 재산권(담보물권)에 대한 제한에 있어서, 이 사건 심판대상이 된 법조항은 기본권 제한법률로서 그 내용상의 한계를 일탈하여 담보물권의 본질적인 내용을 침해하고 있는 것이 분명하지만, 설사 이와 견해를 달리하여 담보물권의 본질적인 내용의 침해가 없는 것이라고 할지라도 국민의 기본권을 제한하는 법률은 그 제한의 방법에 있어서도 일정한 원칙의 준수가 요구되는바, 그것이 과잉금지의 원칙이며 이하에서는 이 점을 소상히 판단하기로 한다.

과잉금지의 원칙이라는 것은 국가가 국민의 기본권을 제한하는 내용의 입법활동을 함에 있어서, 준수하여야 할 기본원칙 내지 입법활동의 한계를 의미하는 것으로서 국민의 기본권을 제한하려는 입법의 목적이 헌법 및 법률의 체제상 그 정당성이 인정되어야 하고(목적의 정당성), 그 목적의 달성을 위하여 그 방법(조세의 소급우선)이 효과적이고 적절하여야 하며(방법의 적절성), 입법권자가 선택한 기본권 제한(담보물권의 기능상실과 그것에서 비롯되는 사유재산권 침해)의 조치가 입법목적달성을 위하여 설사 적절하다 할지라도 보다 완화된 형태나 방법을 모색함으로써 기본권의 제한은 필요한 최소한도에 그치도록 하여야 하며(피해의 최소성), 그 입법에 의하여 보호하려는 공익과 침해되는 사익을 비교형량할 때 보호되는 공익이 더 커야 한다(법익의 균형성)는 헌법상의 원칙이다(헌법재판소 위 결정 참조). 위와 같은 요건이 충족될 때 국가의 입법작용에 비로소 정당성이 인정되고 그에 따라 국민의 수인(受忍)의무가 생겨나는 것으로서, 이러한 요구는 오늘날 법치국가의 원리에서 당연히 추출되는 확고한 원칙으로서 부동의 위치를 점하고 있으며, 헌법 제37조 제2항에서도 이러한 취지의 규정을 두고 있는 것이다.」

▶ 과잉금지원칙의 내용

▸ **과잉금지원칙의 내용 중 적합성의 원칙에 대한 판례**

▹ **적합성의 원칙에 대하여 이를 「방법의 적절성 또는 수단의 상당성」이라고 표현한 판례 및 이를 「수단의 적합성」으로 표현한 판례**

[憲 1995. 4. 20.-92헌바29](구지방의회의원선거법 제181조 제2호 등 위헌소원)

「국가가 국민의 기본권을 제한하는 내용의 입법활동을 함에 있어서는 국민의 기본권을 제한하려는 입법의 목적이 헌법 및 법률의 체제상 그 정당성이 인정되어야 하고(목적의 정당성), 그 목적의 달성을 위하여 그 방법이 효과적이고 적절하여야 하며(수단의 상당성), 입법권자가 선택한 기본권 제한의 조치가 입법목적달성을 위하여 설사 적절하다 할지라도 보다 완화된 형태나 방법을 모색함으로써 기본권의 제한은 필요한 최소한도에 그치도록 하여야 하며(피해의 최소성), 그 입법에 의하여 보호하려는 공익과 침해되는 사익을 비교형량할 때 보호되는 공익이 더 커야 한다(법익의 균형성)는 헌법상의 원칙이다. 위와 같은 요건이 충족될 때 국가의 입법작용에 비로소 정당성이 인정되고 그에 따라 국민의 수인의무가 생겨나는 것으로서, 이러한 요구는 오늘날 법치국가의 원리에서 당연히 추출되는 확고한 원칙으로서 자리하고 있다.」

[憲 1996. 6. 26.-96헌마200](공직선거및선거부정방지법 제16조 제3항 위헌확인)

「이어서 이 사건 법률조항이 수단의 적합성요건을 충족하고 있는지를 본다.

지방자치단체의 선거에 입후보하려는 자가 해당선거구역에 거주함으로써 그 지역의 문제와 사정을 자연스럽고 피부적으로 파악할 수 있게 되며, 주민접촉도가 높아져 우리 국민의 정서상 해당 지역주민과의 일체감을 형성하는 것이 용이해 진다. 그러므로 이 사건 법률조항이 해당 선거구역에 선거일 현재 최소한 90일간 주민등록이 되어 있을 것을 피선거권의 요건으로 정한 것은 위와 같은 입법목적의 달성을 위하여 명백히 적합한 수단을 선택하였다고 볼 수 있다고 할 것이다.

그러므로 이 사건 법률조항은 기본권제한에 있어서 지켜져야 할 수단의 적합성요건을 충족하고 있다고 할 것이다.」

▷ **적합성의 원칙을 충족시키기 위하여 수단이 목적을 달성시키는 유일무이한 것일 필요는 없다는 취지의 판례**

[憲 1989. 12. 22.-88헌가13](국토이용관리법 제21조의3 제1항, 제31조의2의 위헌심판)

「(3) 토지거래허가제와 헌법상 과잉금지의 원칙의 위배 여부

토지거래허가제가 재산권의 본질적인 내용을 침해하는 것이 아니라고 하더라도 토지의 투기적거래 및 지가상승을 억제하기 위하여서는 토지거래신고제나 조세제도등의 개선으로 충분히 그 목적을 달성할 수 있는데도 토지거래허가제라는 과도한 방법을 선택하고 있는 것은 위 목적달성에만 급급한 과잉조치이므로 위헌이라는 견해에 대하여 살펴본다.

무릇 국가가 입법, 행정 등 국가작용을 함에 있어서는 합리적인 판단에 입각하여 추구하고자 하는 사안의 목적에 적합한 조치를 취하여야 하고, 그때 선택하는 수단은 목적을 달성함에 있어서 필요하고 효과적이며 상대방에게는 최소한의 피해를 줄 때에 한해서 그 국가작용은 정당성을 가지게 되고 상대방은 그 침해를 감수하게 되는 것이다.

그런데 국가작용에 있어서 취해진 어떠한 조치나 선택된 수단은 그것이 달성하려는 사안의 목적에 적합하여야 함은 당연하지만 그 조치나 수단이 목적달성을 위하여 유일무이한 것일 필요는 없는 것이다.

국가가 어떠한 목적을 달성함에 있어서는 어떠한 조치나 수단 하나만으로서 가능하다고 판단할 경우도 있고 다른 여러가지의 조치나 수단을 병과하여야 가능하다고 판단하는 경우도 있을 수 있으므로 과잉금지의 원칙이라는 것이 목적달성에 필요한 유일의 수단선택을 요건으로 하는 것이라고 할 수는 없는 것이다. 물론 여러 가지의 조치나 수단을 병행하는 경우에도 그 모두가 목적에 적합하고 필요한 정도 내의 것이어야 함은 말할 필요조차 없다. 그렇다면 토지의 투기적거래 억제라는 목적달성을 위하여서도 한가지 또는 여러가지의 조치나 수단을 취할 수 있다고 할 것이고, 그 방법의 선택은 현실의 토지의 상태, 투기적거래의 상황, 정도 등 여러 요인들에 의해서 결정될 성질의 것이며, 이는 입법권자의 입법재량의 범위에 속하는

문제라고 할 것이다. 토지의 투기적거래를 억제하는 조치나 수단으로서는 등기제도, 조세제도, 행정지도, 개발이익환수제, 토지거래신고제, 토지거래실명제 등의 활용 또는 제도개선으로 충분하다는 견해도 있으나 위 제도만으로 투기억제에 미흡함은 건설부의 소상한 설명을 들을 필요도 없이 토지거래의 현실에서 국민 대다수의 체험으로 확인되고 있는 것이다. 따라서 국가가 토지거래허가제라는 보다 강한 규제수단을 선택한 것은 결국 그 당시 토지의 투기적거래의 상황과 정도에 비추어 불가피했던 것으로 상황과 정도의 변화에 따라 새로운 정책이 입안되고 그에 따라서 새로운 조치나 수단이 취해지거나 기존제도의 내용이 변경될 수도 있는 것이다. 그렇다면 결국 토지거래허가제가 과잉금지의 원칙에 위반되느냐는 이미 살펴본 토지소유권의 상대성, 토지소유권 행사의 사회적 의무성, 우리 나라의 토지문제와 그와 밀접히 결부된 산업·경제상의 애로, 주택문제의 심각성, 토지의 거래실태, 투기적거래의 정도 등을 종합하여 판단하지 않을 수 없고, 또 현재 그것이 전혀 목적에 적합하지 아니하다거나 따로 최소침해의 요구를 충족시켜 줄 수 있는 최선의 방법이 제시되어 있다거나 아니면 쉽게 찾을 수 있다거나 함과 같은 사정이 없는 상황에서는 토지거래허가제를 비례의 원칙 내지 과잉금지의 원칙에 어긋난다고 할 수는 없다고 할 것이다.」

▷ **헌법재판소가 적합성의 원칙에 위반된다고 본 판례**

[憲 1993. 12. 23.-93헌가2](형사소송법 제97조 제3항 위헌제청)

「헌법 제37조 제2항은 "국민의 모든 자유와 권리는 국가안전보장·질서유지 또는 공공복리를 위하여 필요한 경우에 한하여 법률로써 제한할 수 있으며, 제한하는 경우에도 자유와 권리의 본질적인 내용을 침해할 수는 없다"라고 규정하여 입법상의 과잉금지의 원칙을 천명하였다. 이 과잉금지의 원칙은 국가가 국민의 기본권을 제한하는 내용의 입법활동을 함에 있어서 준수하여야 할 기본원칙 내지 입법활동의 한계를 의미하는 것으로서 입법목적의 정당성과 그 목적달성을 위한 방법의 적정성, 그리고 입법으로 인한 피해의 최소성 및 그 입법에 의하여 보호하려는 법익과 침해되는 이익의 균형성을 확보하여야 한다는 것으로서 법치국가의 원리에서 파생되는 헌법상의 기본원리의 하나이다(헌법재판소 1989. 12. 22. 선고, 88헌가13 결정 ; 1990. 9. 3. 선고, 89헌가95 결정 각 참조). 따라서 헌법상 보장된 국민의 기본권 중에서도 특히 중요한 신체의 자유를 제한하는 구속제도에 관한 입법권을 행사함에 있어서는 이 원칙이 반드시 준수되어야 하고 이에 위반하는 경우는 헌법에 위반된다고 할 것이다.

그런데 검사에게 이 사건 규정에 정한 즉시항고권을 인정한 것은 부당한 보석으로 피고인이 출소한 후 도망하거나 증거를 인멸함으로써 재판진행과 공정한 재판에 지장을 초래하거나 형의 집행에 차질을 가져오는 것을 예방하기 위하여 피고인의 헌법상 보장된 기본권인 신체의 자유를 제한하는 규정을 둔 것이라고 한다.

형사소송법 제402조에 의하면 법원의 결정에 대하여 불복이 있으면 같은 법에 특별한 규정이 있는 경우를 제외하고는 항고할 수 있다. 같은 법 제403조 제2항에 의하여 판결 전의 소송절차인 보석청구에 대한 재판에 대하여도 불복이 있으면 항고할 수 있다. 이러한 항고(이하 보통항고라고 부른다)는 재판의 집행을 정지하는 효력이 당연히 생기지는 않고 같은 법 제409조 단서에 의하여 특별히 그 집행정지의 결정이 있을 때만 집행정지의 효력이 생기는 것이다. 그런데 피고인에 대하여는 보석결정에 대한 항고로서 이러한 보통항고만을 허용하면서 피고인의 상대방 당사자의 지위에 있는 검사에 대하여는 당연히 집행정지의 효력이 있는 즉시항고를 인정한 것은 당사자대등주의와 형평의 원칙에 반한다. 그리고 피고인에 대한 신병확보의 필요성은 출석을 보장할 만한 보증금의 납부와 주거제한 및 기타 조건의 부가에 의하여 그 목적을 달성할 수 있다. 검사로서는 증거인멸이나 도주의 우려가 상존한다고 생각되는 경우 같은 법 제97조 제1항에 의하여 검사의 의견개진시 이를 주장하고 소명하여 부당한 보석을 방지하거나 법원으로 하여금 피고인의 신병확보에 보다 적정한 보증금액 기타의 조건을 정하게 할 수도 있을 것이다. 보석허가결정에 대한 시정이나 집행정지가 꼭 필요하다면 보통항고를 하고 같은 법 제409조 단서에 의한 집행정지를 청구함으로써 그 목적을 달성할 수도 있을 것이다. 그러므로 피고인의 신병확보 내지 부당한 보석허가결정의 시정을 도모한다는 명목으로 검사에게 즉시항고를 허용한 것은 방법의 적정성을 갖춘 것이라고도 할 수 없다. 그리고 검사의 보통항고로도 그 목적을 달성할 수 있는데도 검사에게 즉시항고권을 허용한 것은 방법의 적정성을 갖춘 것이라고도 할 수 없다. 그리고 검사의 보통항고로도 그 목적을 달성할 수 있는데도 검사에게 즉시항고권을 인정한 것은 목적달성에 꼭 필요하지 않은 심대한 피해를 피고인에게 부담하게 하는 방법이므로 이 사건 규정은 피해의 최소성과 법익의 균형성도 갖춘 것이라고 할 수 없다. 따라서 이 사건 규정은 과잉금지의 원칙에도 위배하여 헌법 제37조 제2항에 위반된다고 하겠다.」

[憲 1996. 4. 25.-92헌바47](축산업협동조합법 제99조 제2항 위헌소원)

「(다) 방법의 적절성 및 합리적 차별의 문제

1) 협동조합은 자본주의의 발달과정에서 사회적 · 경제적으로 생산자가 대기업에 종속될 수 밖에 없는 소비자나 중소생산업자 등 사회적 · 경제적 이해관계를 같이 하는 자들이 그들의 권익을 옹호하기 위하여 결합한 인적단체로서 조합원들의 자발적이고 자주적인 조직체라는 데서 그 본질을 찾을 수 있고, 이와 같은 본래의 존재의의로 인하여 다른 결사와는 구별되는 고유의 조직적인 특징을 가지는바, 이를 협동조합원칙이라고 한다. 협동조합원칙은 1844년 영국 로치데일(Rochdale)에서 설립된 로치데일공평선구자조합(The Equitable Pioneers of Rochdale Society)이 정한 조합의 운영원칙, 소위 로치데일원칙으로부터 비롯하는데, 현재의 원칙은 1966년 국제협동조합연맹 비엔나대회에서 채택된

① 조합공개의 원칙,

② 민주적 관리의 원칙,

③ 출자에 대한 이익 제한의 원칙,

④ 잉여금공정분배의 원칙

⑤ 교육중시의 원칙,

⑥ 협동조합간 협동의 원칙을 그 내용으로 하고 있고, 이 중 이 사건 심판대상조항과 특히 관련되는 것이 조합공개의 원칙이다. 조합공개의 원칙이란 "협동조합에의 가입은 자발적이어야 하며, 조합의 서비스를 이용하는 동시에 조합원으로서의 책임을 부담하려고 하는 모든 사람에게 인위적 제한이나 차별대우가 없이 문호가 개방되어야 한다"는 원칙을 말하는 것으로, 이 원칙에 따라 조합에의 가입과 탈퇴의 자유가 보장되어야 함은 물론이고 조합 구성원의 자주적인 판단에 따라 자유롭게 조합이 설립될 것도 보장되어야 한다.

따라서 조합원은 반드시 하나의 조합에의 가입만에 한정할 것이 아니고 그 필요에 따라 자유로이 복수의 조합을 설립하여 가입하는 것도 가능한 것이 원칙이고, 어느 시점에서의 조합의 육성에 대한 정책, 기존 조합의 이익 · 권익 옹호 등의 관계에서 새로운 조합 설립을 저지하는 것은 협동조합의 본질을 해하는 것이 되는 것이다.

그런데 이 사건 심판대상조항은 조합구역을 같이 하는 동종의 업종별 축협이 복수로 설립되는 것을 금하고 있으므로 이와 같은 제한은 달리 특별한 사정이 없는 한 조합공개의 원칙에 반한다고 하겠다.

이 점과 관련하여 축협법은 조합공개의 원칙과 관계되는 규정들을 두고 있으므로 그들 규정에 의하여 조합공개의 원칙이 보장될 수 있는가 살펴본다.

2) 먼저 축협법에서 조합은 조합원수를 제한할 수 없고 정당한 사유 없이 조합원이 될 자격을 가진 자에 대하여 가입을 거절하거나 다른 조합원보다 불리한 가입조건을 붙일 수 없다고 규정함으로써(축협법 제103조, 제26조 제1항 · 제3항), 기존 조합구역 내의 모든 양축인에게 기존 조합의 조합원이 될 수 있는 기회를 보장하고 있다. 그러나 기존 조합구역 내의 양축인들이 기존 조합의 존재에도 불구하고 새로운 조합을 설립하려고 하는 주된 이유는 기존 조합의 업무수행 목표나 방법, 운영실적 등에 만족할 수 없는 사정이 있기 때문에 그들의 이상에 맞는 새로운 조합을 설립하려는 데 있을 것이다. 그런데 이 사건 심판대상조항 때문에 그들은 원칙적으로 새로운 조합을 설립할 수가 없고 조합활동을 하기 위하여는 기존조합에 가입할 수 밖에 없는바(이 경우에도 기존조합이 정당한 사유를 들어 가입을 거절할 경우에는 조합활동을 할 수조차 없다), 이에 의하여 조합운영의 목표나 이념이 다르고 조합업무에 관하여 이해관계가 대립하는 자들이 하나의 조합에서 활동할 수밖에 없어 오히려 조합원간의 갈등을 초래함으로써 사회적 · 경제적 이해관계를 같이하는 자들이 그들의 권익을 옹호하기 위하여 자발적으로 결합함을 특질로 하는 협동조합의 본질에 반하게 된다. 다음으로 축협법은 업종별축협의 조합구역에 관하여 "구역은 행정구역 또는 경제권 등을 중심으로 하여 정관이 정하는 바에 따른다"(축협법 제99조 제1항)라고 규정하는 한편, "주무부장관은 조합의 구역변경이 지역발전과 조합원의 이익증진에 필요하다고 인정될 때에는 조합원의 사업이용에 지장이 없는 범위 내에서 이를 조정할 수 있다"(축협법 제103조, 제13조 제2항)고 규정하고 있는바, 이에 따라 주무부장관인 농림수산부장관은 신설조합이나 기존조합이 축협법 제99조 제1항에 따라 행정구역 또는 경제권 등을 중심으로 하여 조합의 구역을 정하였는지를 심사할 수 있고, 조합의 구역이 행정구역 또는 경제권 등의 범위를 넘어 지나치게 방대한 경우에는 축협법 제13조 제2항에 규정된 주무부장관의 조합구역변경조정권의 행사에 의하여 이를 행정구역 또는 경제권 등의 단위로 조정함으로써 그로 인한 불합리를 제거할 수 있으므로 이에 의하여 기존조합의 구역이 지나치게 방대하게 하는 것을 막고, 기존조합의 구역 내에서도 신설 조합이 설립될 있는 길을 열어두고 있다. 그러나 위 조합구역변경조정권의 행사에 의하여 기존 조합의 조합구역을 합리적인 범위로 제한한다고 할지라도 신설 조합을 설립하려고 하는 자들이 기존 조합의 구역 내에서 업종을 같이 하는 조합을 설립할 수 없는 점에서는 차이가 없고, 한편 위 조정권의 행시에 의하여 기존조합의 구역으로부터 제외된 지역에 거주하는 기존조합의 조합원은 그들의 의사에 반하여 기존 조합의 조합원으로서의 자격을 상실하고 신설조합에 가입하든지 비조합원으로 남든지 양자 사이에서 선택할 수밖에 없는 처지에 놓이게 된다.

3) 그렇다면 위에서 살펴본 축협법의 규정들에 의하더라도 조합공개의 원칙이 보장되지 아니하고, 따라서 이 사건 심판대상조항은 입법목적의 달성을 위하여 앞서 본 바와 같은 우리 헌법의 기본원리에 배치되고 협동조합의 본질에 반하는 수단을 택하여 양축인이 자주적으로 협동조합을 설립하여 그들의 권익을 보호할 수 없게 함으로써 양축인의 결사의 자유, 직업수행의 자유의 본질적인 내용을 침해하고 있으며, 이 사건 심판대상조항에 의하여 기존 조합과 달리 신설 조합에 가해지는 위와 같은 설립제한에 합리적 이유가 있다고도 할 수 없다.」

[憲 2003. 11. 27.-2002헌마193](군사법원법 제242조 제1항 등 위헌확인)

「(라) 이 사건 법률규정의 위헌성

1) 군사법원법 제239조가 규정하고 있는 군사법경찰관의 10일간의 구속기간은 형사소송법 제202조에 상응하는 같은 내용의 규정으로서 이러한 구속기간의 허용 자체가 헌법상 무죄추정의 원칙에서 파생되는 불구속수사원칙에 대한 예외라고 보아야 한다.

그런데 이 사건 법률규정은 경찰단계에서는 구속기간의 연장을 허용하지 아니하는 형사소송법의 규정과는 달리 군사법경찰관의 구속기간의 연장을 허용함으로써 예외에 대하여 다시 특례를 설정하였고 이로써 기본권 중에서도 가장 기본적인 것이라고 할 수 있는 신체의 자유에 대한 제한을 가중하고 있다.

그렇다면 이 사건 법률규정이 과잉금지의 원칙(비례의 원칙)에 위배되는지 여부를 심사함에 있어서는 그 제한되는 기본권의 중요성이나 기본권제한 방식의 중첩적 · 가중적 성격에 비추어 엄격한 기준에 의할 것이 요구된다.

2) 군사법원법상 군사법경찰관의 구속기간에 관하여 형사소송법의 규정과는 달리 그 연장을 허용해야 할 사정이 있는지 여부에 관하여 본다.

우선 군사법경찰관이 피의자에 대한 구속영장을 신청하는 단계에서는 범죄의 객관적 혐의를 인정할 수 있는 소명자료가 수집되어 있어야 하므로(군사법원법 제238조 제1항, 제2항) 피의자를 구속할 즈음에는 이미 범죄의 객관적 혐의에 대한 수사가 대부분 완료된 상태라고 보아야 한다. 이러한 사정은 일반 사건에서 사법경찰관이 형사소송법 제201조 제1항에 따라 구속영장을 신청하는 경우와 마찬가지라고 할 것인데 사정이 이와 같다면, 적어도 증거자료의 수집의 측면에서는, 군사법경찰관에게 구속영장 발부 이후에 특히 구속기간을 더 연장하여줄 필요성은 통상의 상황하에서는 인정되기 어려운 것이다.

더구나 군사법경찰관은 구속피의자를 검찰관에게 인치한 후에도 증거수집을 위한 조사를 계속하여 수집된 증거를 추송할 수 있는 터인데도(이 점은 일반 사법경찰관의 경우와 마찬가지이다) 다시 별도로 군사법경찰관에게 독자적인 구속기간의 연장을 허용한다는 것은 그 필요성을 인정하기 어렵다.

한편, 피의자에 대한 구속영장이 발부된 후에 군사법경찰관에 의한 구속기간이 장기화되면 중복신문, 자백강요 등 구속피의자에 대한 위법 · 부당한 처사가 자행될 위험성이 있으므로 그 구속기간은 가능한 한 단축되어야 한다. 사법경찰관에 의한 경우에도 같은 위험성이 지적되고 있으나 군사법경찰관에 의한 수사의 경우에는 군대사회의 특성상 방어권의 행사가 위축되기 쉽고 수사관이 피의자보다 계급이 높은 경우에는 더욱 그러할 것이다. 앞에서 본바와 같이, 군검찰관의 군사법경찰관에 대한 지휘감독이나 견제가 미흡하여 군사법경찰관의 권한이 지나치게 강한 점도 이러한 위험을 더 크게 하는 하나의 요인이 될 수 있다.

그 밖에도 수사상의 특별한 필요성을 이유로 군사법경찰관의 구속기간을 일반 사건에 비하여 특히 장기간으로 하여야 할 사정은 이를 찾아보기가 쉽지 않다.

더구나 군인의 범죄라 하더라도 휴가중의 폭행, 절도, 강도, 교통사고범죄 등으로 경찰에서 조사를 한 후 헌병대로 이송된 경찰이첩사건과 같이 순정군사범(純正軍事犯)이 아닌 경우가 군인범죄의 대부분을 차지하고 있는 실정하에서 이러한 사건들에 대하여 군사법경찰관에 의한 장기간의 구속기간이 필요하지 아니함은 더욱 명백하다.

국방부장관이 제출한 의견서에 의하면 군수사기관의 수사권이 미치는 주된 범죄인 군형법상의 범죄들은 남북분단의 상황에서 국가안보와 직결되는 범죄들로서 조직적 · 지능적으로 이루어질 경우 단기간의 수사로는 배후관계의 규명이나 증거포착이 어려워 충분한 수사기간이 보장되어야 한다고 주장하나, 국가안전보장 내지 국가존립의 기초를 그 보호법익으로 하는 형법상의 내란죄 · 외환죄의 경우 또는 어느 면에서는 이러한 범죄들보다 더 조직적이고 지능적이며 수사에 많은 시간이 소요되는 마약사범이나 조직폭력사범의 경우에도 사법경찰관에 의한 구속기간은 10일을 초과할 수 없게 되어 있는 점을 감안한다면 이러한 주장은 타당하지 않다.

나아가 국방부장관은 그밖의 범죄들도 군의 생명인 군기의 유지 및 전투력의 보전 · 발휘와 밀접한 관련이 있어 공정하고 엄정한 수사와 처벌을 위하여 충분한 수사기간의 보장이 이루어져야 한다고 주장한다. 그러나 군사법원법의 적용대상이 되는 범죄라고 하여 특별히 일반사건에 비하여 실체적 진실발견의 필요성이 강조된다거나 충분한 수사기간의 보장이 요청된다고 보아야 할 이유가 없을 뿐만 아니라 이러한 주장은 신속한 재판이 강조되는 군사재판의 특성과도 배치되는 것이다.

한편, 국방부장관은 군관련사건의 경우 피의자나 참고인이 수사기관으로부터 멀리 떨어져 있어 이동에 장기간이 소요되는 경우가 많고 수사상 민간인의 진술이 필요한 경우에도 이들이 소환에 응하지 않는 경우가 많아 구속기간의 연장이 필요하다고 주장한다. 그러나 이러한 수사상의 애로나 고충은 군관련사건에 특유한 것이 아니고 일반 형사사건에서도 공통된 일이므로 이러한 사정이 특별히 군사법경찰관의 구속기간을 다시 연장할 만한 사유가 된다고 보기는 어려울 것이다.

3) 이상 살펴본 바와 같이, 수사의 필요성을 이유로 군사법경찰관의 구속기간을 일반 사건에 비하여 특히 장기간으로 하여야 할 사정은 인정하기 어렵고 장기간의 구속이 허용될 경우의 폐단은 일반 사건에 비하여 오히려 크다는 것을 알 수 있다.

가사, 군사법원법의 적용대상 중에 특히 수사를 위하여 구속기간의 연장이 필요한 경우가 있음을 인정한다고 하더라도 이 사건 법률규정은 다음과 같은 점에서 위헌을 면하기 어렵다.

첫째, 군사법원법은 군인 및 준군인의 모든 범죄와 특정한 범죄에 관하여는 군인이 아닌 내외국인도 그 적용대상이 되는 등 그 적용범위가 대단히 넓다고 할 수 있는데 이 사건 법률규정과 같이 군사법원법의 적용대상이 되는 모든 범죄에 대하여 수사기관의 구속기간의 연장을 허용하는 것은 그 과도한 광범성으로 인하여 과잉금지의 원칙에 어긋난다고 할 수 있다. 현실적으로 군사법원의 재판을 받게 되는 사건의 대부분이 비교적 경미한 사건들임은 앞에서 본 바와 같다.

물론 구속기간연장을 위해서는 그 연장신청시 관할 부대장의 승인을 얻도록 되어 있고(군사법원법 제242조 제3항, 제238조 제3항) 보통군사법원 군판사의 연장허가가 있어야 하기 때문에 이러한 절차를 통하여 그때그때 범죄의 특수성을 고려하여 구속기간의 연장이 남용되는 것을 막을 수 있다는 견해도 있을 수 있다. 하지만 이러한 제도적 장치만으로는, 구속기간의 연장이 허용되는 대상범죄가 지나치게 광범한 데서 오는 폐단을 시정하기에는 매우 미흡하다고 아니할 수 없으므로 결국 이러한 절차가 있다는 이유만으로 법률규정 자체로 인한 침해가능성이 정당화될 수는 없다고 할 것이다.

둘째, 수사를 위하여 구속기간의 연장이 필요한 경우가 있다고 하더라도 군사법경찰관의 구속기간의 연장을 통하여 이러한 목적을 달성하려는 것은 부적절한 방식에 의한 과도한 기본권의 제한이라고 아니할 수 없다. 국가안보와 직결되는 사건과 같이 수사를 위하여 구속기간의 연장이 정당화될 정도의 중요사건이라면 이를 군사법경찰관이 구속기간을 연장까지하여가면서 수사하도록 하는 것보다는 더 높은 법률적 소양이 제도적으로 보장된 군검찰관이 이를 수사하고 필요한 경우 그 구속기간의 연장을 허가하는 것이 오히려 더 적절하기 때문이다.

그러므로 군사법경찰단계에서의 장기구금을 통하여 수사목적을 달성하려는 것은 인권침해의 우려가 매우 높은 방식이어서 각국의 입법에서 그 예를 찾아보기 어려울 뿐만 아니라 국제인권규정에도 부합하지 아니하므로 이는 기본권제한이 헌법상 정당화되기 위하여 필요한 요건의 하나인 수단의 적절성 원칙에 부합되지 아니하고, 나아가 불필요하게 구속을 장기화한다는 점에서도 이것은 기본권제한이 헌법상 정당화되기 위하여 필요한 또 하나의 요건인 피해의 최소성원칙에도 부합되지 않는다.

결국 군사법경찰관의 구속기간의 연장을 허용하는 이 사건 법률규정은 무죄추정의 원칙에 위반되고, 또한 방법의 적정성 및 피해의 최소성이 확보되지 않고 있는 점에서 과잉금지의 원칙에도 위반되며, 그 결과 청구인 조○형의 신체의 자유 및 신속한 재판을 받을 권리를 침해하는 것이고 또한 군인신분의 피의자라는 이유로 군인이 아닌 일반 민간인 신분의 국민과 다르게, 합리적인 이유 없이, 청구인 조○형을 차별하여 그의 평등권을 침해하는 것이다.」

▸ 과잉금지의 원칙 중 필요성의 원칙에 대한 판례

▹ 필요성의 원칙에 대하여 이를 「피해의 최소성」 혹은 「최소침해성」이라고 표현한 판례

[憲 2005. 5. 26.-2004헌마49](계호근무준칙 제298조 등 위헌확인)

「나. 계구사용의 위헌성

(1) 검사가 조사를 하는 곳은 비록 실내이긴 하지만 일정한 구역을 외부로부터 완전히 물리적으로 차단시키고 있는 교도소나 구치소에 비하여서는 구속된 피의자가 도주하기가 다소 용이하다고 볼 측면이 있고 또 검사조사실에 비치된 물품을 사용하여 폭행이나 자해를 할 우려가 상대적으로 높은 점이 없지 않다. 그러나 이러한 위험적 요소는 검사조사실의 출입문을 일시적으로 시정하고 다른 사람의 출입을 잠시 금지시키고 검사조사실에 비치된 물품의 위치와 재질, 모양 등을 적절히 선택하는 방법 등을 통하여 비교적 용이하게 상당 정도 제거가 가능하다고 보는 것이 상식에 비추어 합당하다. 그리고 계구의 해제를 원칙으로 한다고 하더라도 도주나 자해 등의 위험이 다른 경우에 비하여 높다고 인정되는 피의자에 대하여 사전에 계호를 강화하는 조치(계구의 사용을 포함한다)를 예외적으로 강구하는 것까지 막아야 한다는 것도 아니다.

(2) 그러므로 이 사건의 경우에도 특별한 사정이 없는 한 검사가 청구인에 대하여 검사조사실에서 피의자신문을 하는 동안에는 계구를 해제하고 신문을 하는 것이 원칙이고 도주나 폭행, 소요 또는 자해 등의 위험이 예상되는 특별한 사정이 있을 경우에 한하여 예외적으로 계구를 사용했어야 할 것이다. 만일 그렇게 하지 아니하였다면 앞의 「가」의 판단에서 본 바와 같이 이는 헌법상의 신체의 자유를 침해하여 위헌이 될 것이다.

(3) 〔별지 2〕기재와 같이 피청구인이 인정하는 계구사용시간의 내용에 따르면 청구인은 2003. 10. 24.경부터 11. 6.까지 사이에 10일 동안은 피의자 신문을 받는 동안 거의 계속하여 계구로 결박된 채 있었고 그 중 3시간 이상 계속 결박상태에서 피의자 신문에 응한 날을 가려 보아도 5일 이상이나 된다.

또한 기록에 의하여 이 사건 검사조사실의 구조, 청구인이 그 곳에서 조사를 받을 당시의 주변상황, 청구인의 성향, 신체적 조건, 수용생활태도, 혐의사실의 내용, 구속경위, 조사당시

의 행동이나 심리상태 등을 종합적으로 살펴보면, 피청구인도 어느 정도 시인하는 바와 같이, 청구인이 도주를 하거나 소요, 폭행 또는 자해를 할 위험이 있었다고 인정하기는 어렵다. 청구인의 충동적인 자해의 위험에 관하여도 이것이 구체적으로 드러나거나 예견되었다는 사정이 전혀 발견되지 않는다.

그럼에도 불구하고 이와 같이 수일간, 그리고 장시간에 걸쳐 피의자 신문을 하는 동안 계속 계구를 사용한 것은 막연한 도주나 자해의 위험 정도에 비해 과도한 대응이라 하지 않을 수 없고 따라서 신체의 자유를 제한함에 있어 준수되어야 할 피해의 최소성 요건을 충족하지 못한 것이다. 또 청구인에게는 수갑과 포승을 동시에 사용하였는데 위와 같이 장시간 계구를 사용할 경우에는 수갑과 포승 중 한 가지만 사용하는 것이 고통을 줄이는 한편 자해의 위험방지에도 충분하였을 것이라는 점에서도 역시 피해의 최소성원칙을 어긴 것이 된다.

또한 신체를 결박하는 것은 단순히 신체적인 고통을 초래하는데 그치지 않고 긴장과 심리적 위축을 수반할 수밖에 없는데 실질적으로 열등한 지위에서 신문에 응해야 하는 피의자의 입장에서는 이러한 긴장과 심리적 위축이 방어권행사에 큰 장애가 된다는 점에서 신체의 자유에 대한 이러한 제한은 법익의 균형성도 갖추지 못한 것이다.

(4) 그렇다면 2003. 10. 24.경부터 같은 해 11. 6.까지 사이에 수회에 걸쳐 청구인이 서울지방검찰청 검사조사실에서 피의자 신문을 받는 동안 피청구인 산하 교도관이 수갑과 포승으로 계속 청구인의 신체를 결박해 둔 행위는 청구인의 신체의 자유를 침해한 것이므로 위헌이라 할 것이다.」

[憲 2005. 4. 28.-2004헌바65](도로교통법 제70조 제2항 제2호 위헌소원)

「3) 이 사건 법률조항과 최소침해성

가) 이 사건 법률조항이 입법목적을 달성하기 위하여 기본권을 필요 최소한도로 제한하는 것인지 살펴본다.

운전면허는 운전업무에 종사하는 자에 대하여 일정한 자격을 설정한 것으로 볼 수 있는데, 어떤 자격제도를 만들면서 그 자격요건을 어떻게 설정할 것인가는 원칙적으로 그 업무의 내용과 제반 여건 등을 종합적으로 고려한 입법형성의 자유에 속하는 것이고, 다만 그 자격요건의 설정이 재량의 범위를 넘어 명백히 불합리하게 된 경우에는 기본권 침해 등의 위헌 문제가 생길 수 있는 것이다(헌재 2003. 6. 26. 2002헌마677, 판례집 15-1, 823, 833-834).

법 제41조 제1항의 주취운전금지라는 중대한 교통법규를 위반하여 사람을 사상한 후, 다시 법 제50조 제1항의 구호의무 및 제2항 신고의무의 규정에 위반하여 벌금 이상의 형을 선고받고 운전면허가 취소된 사람이 새로이 운전면허를 취득할 수 있는지 여부 및 새로이 운전면허를 취득하기 위한 기간을 얼마로 할 것인지 등은 기본적으로 입법자의 입법형성의 자유에 속한다고 할 것이고, 다만 그 기준이 재량의 범위를 넘어 명백히 불합리하게 설정된 경우에만 기본권 침해의 문제가 생길 수 있다고 하겠다.

나) 이 사건 법률조항이 그 요건에 해당하는 사람에 대하여 5년의 기간 동안 운전면허를 취득할 수 없도록 규정하고 있는 것이 입법자의 재량의 범위를 넘는 것인지 여부에 관하여 살펴보기로 한다.

자동차 등의 운전은 그 본질상 국민의 생명 · 신체 · 재산 및 공공의 안전에 위해를 가할 수 있는 위험성을 지니고 있으며, 이와 같은 위험성에 비추어 볼 때 자동차 등의 운전에 종사할 수 있는 운전면허를 취득하기 위해서는 일정수준 이상의 교통관련법규에 대한 준법의식 및 사고발생시 책임있는 태도를 기본자격으로서 요구하게 된다. 그런데 이와 같은 의식 및 태도 등은 운전면허를 부여하기 위한 시험을 통하여 평가하기는 어려우며, 그 자격을 갖추었는지에 관한 평가는 운전면허를 취득하여 실제 교통에 관여하고 있는 사람들 가운데 그와 같은 자격을 갖추지 못하였음을 징표하는 행위를 한 사람들을 교통관여에서 배제하는 방법으로 이루어질 수밖에 없다고 할 것이다.

이 사건 법률조항은 법 제41조 제1항의 위반행위를 범하여 사람을 사상한 후, 그 피해자에 대한 구호조치 및 신고의무를 이행하지 아니함으로써 운전면허가 취소된 경우를 그 요건으로 하고 있는바, 이들 개별요건을 구성하는 행위들은 국민의 생명 · 신체 및 공공의 안전에 대한 침해 또는 침해의 위험과 직결되는 행위들로서 이들 행위를 금지하는 도로교통관련법규는 도로교통의 안전에 관한 기본규범이라고 할 것이다. 이와 같이 일반인의 생명 · 신체의 보호 및 공공의 안전과 직결되는 중대한 교통법규를 위반하여 사람을 사상한 후, 그 피해자에 대한 구호의무 등을 소홀히 한 행위는 당해 운전자가 자동차 등의 운전에 요구되는 안전의식 및 책임의식을 결여하였음을 징표하는 전형적인 행위라고 할 것이다.

한편, 도로교통 관련법규는 이 사건 법률조항의 요건을 구성하는 개별행위 및 복합적 행위에 대하여 무거운 행정상의 제재 및 형사책임을 규정하고 있다. 이 사건 법률조항은 이들 금지규범을 복합적 · 중첩적으로 위반한 경우 그 제재로서 5년의 운전면허결격기간을 규정하고 있는바, 이와 같은 법률효과는 요건을 구성하는 이들 개별행위가 결합될 경우 일반공중에 초래하는 위험 · 침해의 중대성 및 그와 같은 행위가 징표하는 행위자의 안전 · 책임의식 결여의 정도, 요건을 구성하는 개별 및 복합적 행위에 대한 행정상 제재 및 형사책임의 정도에 비추어 볼 때 입법형성의 자유를 벗어나는 과도한 입법이라고는 하기 어렵다고 할 것이다.

결국, 이 사건 법률조항이 요건에 해당하는 행위를 한 사람에 대하여 5년의 기간 동안 운전면허를 취득할 자격을 부여하지 않는 것은 공익을 위한 정당한 입법권의 행사라고 할 수 있을 뿐 입법형성의 자유를 벗어난 것이라고 볼 수 없다.

다) 청구인은 이 사건 법률조항이 임의적으로 그 목적을 달성할 수 있는 경우임에도 불구하고 필요적으로 규정하고 있으므로 최소침해성의 원칙에 반하는 규정이라고 주장하고 있다. 입법자가 임의적 규정으로도 법의 목적을 실현할 수 있는 경우에 구체적 사안의 개별성과 특수성을 고려할 수 있는 가능성을 일체 배제하는 필요적 규정을 둔다면 이는 비례의 원칙의 한 요소인 '최소침해성의 원칙'에 위배된다는 것을 헌법재판소는 이미 여러 차례 확인하였다(헌재 1995. 2. 23. 93헌가1, 판례집 7-1, 130 ; 1995. 11. 30. 94헌가3, 판례집 7-2, 550 참조).

이 사건 법률조항은 운전면허의 결격사유로서 자격제도의 일부를 형성하고 있다. 따라서 일정한 기준에 따른 동일한 조건에 놓인 사람들을 동일하게 취급하는 자격제도의 특성상 운전면허를 취득하고자 하는 사람들의 개별성과 특수성을 일일이 고려하는 것은 현실적으로 쉽지 아니하므로 어느 정도 일률적인 규율이 불가피하다고 할 것이다. 이 사건 법률조항이 정하고 있는 결격사유는 그 위반시 국민의 생명 및 신체에 직접적인 위험을 초래할 중대한 교통법규 위반행위와 그와 같은 위반행위에 따른 현실적인 사람의 생명 또는 신체에 관한 사고의 발생, 그리고 그와 같은 사고발생 후 피해자 등에 대한 추가적인 위험 야기라는 중첩적인 위법행위를 그 요건으로 규정함으로써 그 요건을 엄격하게 정하고 있다. 또한 법 제70조 제2항은 이 사건 법률조항과 함께 각 호에서 정하고 있는 위법행위의 내용에 따라 그 면허결격기간을 1년부터 5년까지 각각 달리 규정함으로써 사안의 유형에 따른 특수성을 이미 반영하여 규정하고 있다.

그리고 이 사건 법률조항은 그와 같은 행위를 저지른 경우에도 그 위법행위에 대한 벌금 이상의 형의 선고 및 행정청의 운전면허취소를 추가적인 요건으로 하고 있는바, 개별사건을 담당하는 법원이 구체적 사안을 심리하여 이 사건 법률조항이 규정하는 법률효과를 발생시키는 것이 지나치게 가혹하다고 판단하여 선고유예의 판결을 선고하는 경우 및 행정관청인 지방경찰청장이 구체적인 사안을 고려하여 운전면허의 취소가 아닌 정지처분을 내리는 경우에는 이 사건 법률조항에 해당되지 아니하게 된다. 이 점에서 이 사건 법률조항이 구체적 사안의 개별성과 특수성을 고려할 수 있는 가능성을 일체 배제하는 법률조항이라고 보기는 어렵다.

이와 같은 점을 종합하여 살펴볼 때 이 사건 법률조항이 입법형성의 재량의 범위를 넘어 기본권을 침해하였다거나 최소침해성의 원칙에 위반되지 아니한 것으로 판단된다.」

▶ 과잉금지의 원칙 중 비례성의 원칙에 대한 판례

▷ 비례성의 원칙에 대하여 이를 「법익균형성의 원칙」으로 표현한 판례

[憲 2005. 3. 31.-2001헌바87](구의료법 제25조 제1항 등 위헌소원)

「또한 법익균형성의 관점에서 보더라도, 이 사건 법률조항들에 의하여 의료인 아닌 자와 영리법인이 의료기관을 개설할 직업의 자유가 제한되고 있으나 이를 통하여 달성하려는 공익의 중대함에 비추어 제한을 통하여 얻는 공익적 성과와 제한의 정도가 합리적인 비례관계를 현저하게 일탈하고 있다고 볼 수 없다.」

▷ 비례성의 원칙에 대한 헌법재판소 판례

[憲 1989. 12. 22.-88헌가13](국토이용관리법 제21조의3 제1항, 제31조의2의 위헌심판)

「토지거래허가제가 재산권의 본질적인 내용을 침해하는 것이 아니라고 하더라도 토지의 투기적거래 및 지가상승을 억제하기 위하여서는 토지거래신고제나 조세제도등의 개선으로 충분히 그 목적을 달성할 수 있는데도 토지거래허가제라는 과도한 방법을 선택하고 있는 것은 위 목적달성에만 급급한 과잉조치이므로 위헌이라는 견해에 대하여 살펴본다.

무릇 국가가 입법, 행정 등 국가작용을 함에 있어서는 합리적인 판단에 입각하여 추구하고자 하는 사안의 목적에 적합한 조치를 취하여야 하고, 그때 선택하는 수단은 목적을 달성함에 있어서 필요하고 효과적이며 상대방에게는 최소한의 피해를 줄 때에 한해서 그 국가작용은 정당성을 가지게 되고 상대방은 그 침해를 감수하게 되는 것이다.

그런데 국가작용에 있어서 취해진 어떠한 조치나 선택된 수단은 그것이 달성하려는 사안의 목적에 적합하여야 함은 당연하지만 그 조치나 수단이 목적달성을 위하여 유일무이한 것일 필요는 없는 것이다.

국가가 어떠한 목적을 달성함에 있어서는 어떠한 조치나 수단 하나만으로서 가능하다고 판단할 경우도 있고 다른 여러가지의 조치나 수단을 병과하여야 가능하다고 판단하는 경우도 있을 수 있으므로 과잉금지의 원칙이라는 것이 목적달성에 필요한 유일의 수단선택을 요건으로 하는 것이라고 할 수는 없는 것이다. 물론 여러가지의 조치나 수단을 병행하는 경우에도 그 모두가 목적에 적합하고 필요한 정도내의 것이어야 함은 말할 필요조차 없다. 그렇다면 토지의 투기적거래 억제라는 목적달성을 위하여서도 한가지 또는 여러가지의 조치나 수단을 취할 수 있다고 할 것이고, 그 방법의 선택은 현실의 토지의 상태, 투기적거래의 상황, 정도 등 여러 요인들에 의해서 결정될 성질의 것이며, 이는 입법권자의 입법재량의 범위에 속하는 문제라고 할 것이다. 토지의 투기적거래를 억제하는 조치나 수단으로서는 등기제도, 조세제도,

행정지도, 개발이익환수제, 토지거래신고제, 토지거래실명제 등의 활용 또는 제도개선으로 충분하다는 견해도 있으나 위 제도만으로 투기억제에 미흡함은 건설부의 소상한 설명을 들을 필요도 없이 토지거래의 현실에서 국민 대다수의 체험으로 확인되고 있는 것이다. 따라서 국가가 토지거래허가제라는 보다 강한 규제수단을 선택한 것은 결국 그 당시 토지의 투기적거래의 상황과 정도에 비추어 불가피했던 것으로 상황과 정도의 변화에 따라 새로운 정책이 입안되고 그에 따라서 새로운 조치나 수단이 취해지거나 기존제도의 내용이 변경될 수도 있는 것이다. 그렇다면 결국 토지거래허가제가 과잉금지의 원칙에 위반되느냐는 이미 살펴본 토지소유권의 상대성, 토지소유권 행사의 사회적 의무성, 우리 나라의 토지문제와 그와 밀접히 결부된 산업·경제상의 애로, 주택문제의 심각성, 토지의 거래실태, 투기적거래의 정도 등을 종합하여 판단하지 않을 수 없고, 또 현재 그것이 전혀 목적에 적합하지 아니하다거나 따로 최소침해의 요구를 충족시켜 줄 수 있는 최선의 방법이 제시되어 있다거나 아니면 쉽게 찾을 수 있다거나 함과 같은 사정이 없는 상황에서는 토지거래허가제를 비례의 원칙 내지 과잉금지의 원칙에 어긋난다고 할 수는 없다고 할 것이다.」

[憲 1992. 12. 24.-92헌가8](형사소송법 제331조 단서규정에 대한 위헌심판)

「국가작용 중 특히 입법작용에 있어서의 과잉입법금지의 원칙이라 함은 국가가 국민의 기본권을 제한하는 내용의 입법활동을 함에 있어서 준수하여야 할 기본원칙 내지 입법활동의 한계를 의미하는 것으로서, 국민의 기본권을 제한하려는 입법의 목적이 헌법 및 법률의 체제상 그 정당성이 인정되어야 하고(목적의 정당성), 그 목적의 달성을 위하여 그 방법이 효과적이고 적절하여야 하며(방법의 적정성), 입법권자가 선택한 기본권제한의 조치가 입법목적달성을 위하여 설사 적절하다 할지라도 보다 완화된 형태나 방법을 모색함으로써 기본권의 제한은 필요한 최소한도 그치도록 하여야 하며(피해의 최소성), 그 입법에 의하여 보호하려는 공익과 침해되는 사익을 비교형량할 때 보호되는 공익이 더 커야한다(법익의 균형성)는 법치국가의 원리에서 당연히 파생되는 헌법상의 기본원리의 하나인 비례의 원칙을 말하는 것이다. 이를 우리 헌법은 제37조 제1항에서 "국민의 자유와 권리는 헌법에 열거되지 아니한 이유로 경시되지 아니한다". 제2항에서 "국민의 모든 자유와 권리는 국가안전보장, 질서유지 또는 공공복리를 위하여 필요한 경우에 한하여 법률로써 제한할 수 있으며, 제한하는 경우에도 자유와 권리의 본질적인 내용을 침해할 수 없다"라고 선언하여 입법권의 한계로서 과잉입법금지의 원칙을 명문으로 인정하고 있으며 이에 대한 헌법위반 여부의 판단은 헌법 제111조와 제107조에 의하여 헌법재판소에서 관장하도록 하고 있다.……

그렇다면 법원의 무죄 등의 판결이 선고된 경우에는 일응 구속사유가 없음이 잠정적으로나마 밝혀진 경우라고 보아 구속영장을 일단 실효시켜 석방하는 것이 당연하고, 그 후에 상소심에서 새로운 구속사유가 존재하는 것으로 밝혀진 경우에는 그때에 다시 피고인을 재구속하는 것이 구속으로 인한 신체의 자유의 침해를 최소화하고, 기본권 보장의 헌법상의 법익과 구속으로 신체의 자유를 제한함으로써 얻을 수 있는 법익의 균형을 도모하는 길이 될 것이기 때문에 법 제331조 단서규정은 그 입법내용을 어느 면으로 검토하여 보아도 구속으로 인한 피해의 최소성이나 법익의 균형성의 원칙에도 위배되는 것이어서 헌법 제37조 제2항의 과잉입법금지의 원칙 내지 비례의 원칙에 위반되는 위헌적인 법률규정이라 아니할 수 없다.」

◎ 같은 취지 : 憲 1990. 9. 3.-89헌가95; 1994. 12. 29.-94헌마201; 1998. 5.

28.-95헌바18; 2000. 2. 24.-98헌바38등; 2000. 6. 1.-99헌가11등; 2000. 6. 1.-99헌마533

□ 본질적 내용의 침해 금지

▶ **내 용**

▸ **재산권의 본질적 내용이 침해되었음을 인정한 판례**

[憲 1990. 9. 3.-89헌가95](국세기본법 제35조 제1항 제3호의 위헌심판)

「나. 재산권의 본질적인 내용의 침해 여부

(1) 재산권 및 저당권의 본질

먼저 위 국세기본법의 규정이 헌법 제23조 제1항에 의하여 보장된 재산권 즉 사유재산제도와 저당권을 비롯한 담보물권의 본질적인 내용을 침해하고 있는 것인지의 여부를 본다. 재산권의 본질적인 내용이라는 것은 재산권의 핵이 되는 실질적 요소 내지 근본적 요소를 뜻하며, 재산권의 본질적인 내용을 침해하는 경우라고 하는 것은 그 침해로 인하여 사유재산권이 유명무실해지거나 형해화(形骸化)되어 헌법이 재산권을 보장하는 궁극적인 목적을 달성할 수 없게 되는 지경에 이르는 경우라고 할 것이다(헌법재판소 1989. 12. 23. 선고, 88헌가13결정 참조). 그리고 이 사건에서 문제되고 있는 저당권은 채무자 또는 제3자(물상 보증인)가 채무의 담보로서 제공한 목적물에 대하여 그 사용수익권은 의연히 담보제공자에게 맡겨두고 다만 그 교환가치를 배타적(排他的)으로 지배하고 채무의 변제가 없는 경우에 그 목적물의 가격에 의하여 객관적으로 공시되어 있는 순위에 따라 우선적 변제를 받을 수 있는 담보물권을 의미한다.

(2) 이 사건에서 재산권 및 저당권이 침해된 내용

이와 같은 개념정의 하에서 그 구체적인 일례로서 이 사건의 기초가 된 제청법원의 배당이의사건을 조명하여 볼 때, 제청신청인(○○신탁은행)이 담보목적물에 대하여 1번 근저당권을 취득한 일자(1987. 8. 8)보다 광화문세무서장이 취득한 조세채권의 "납기"는 각각(1988. 1. 3. 및 같은 해 6. 30.로서) 약 6월 내지 11월 후이고, 위 세무서가 경락대금에 대하여 교부청구를 한 일자(1988. 9. 7.)는 1년 이상 경과된 것임을 알 수 있는바, 결국 먼저 성립하고 공시(公示)를 갖춘 담보물권이 후에 발생하고 공시를 전혀 갖추고 있지 않은 조세채권에 의하여 그 우선순위를 추월당함으로써, 합리적인 사유없이 저당권이 전혀 그 본래의 취지에 따른 담보기능을 발휘할 수 없게 된 사정을 엿볼 수 있다. 이는 자금대출 당시 믿고 의지하였던 근저당권이 유명무실하게 되어 결국 담보물권의 존재의의가 상실되고 있음을 보여주는 사례로서, 담보물권이 합리적인 사유없이 담보기능을 수행하지 못하여 담보채권의 실현에 전혀 기여하지 못하고 있다면 그것은 담보물권은 물론, 나아가 사유재산제도의 본질적 내용의 침해가 있는 것이라고 보지 않을 수 없는 것이다.

(3) 합헌론의 주장과 그에 대한 반론

이에 대하여 합헌론의 입장에서는 다음과 같은 주장을 펴고 있다.

(가) 조세채권이 담보채권보다 1년만 소급 우선하게 되어 있는 것을 이유로 들어 그것은 사법질서(私法秩序)에 있어서 우선순위의 확보를 목적으로 하는 담보물권을 존중하면서, 한편으로는 제한된 범위 안에서 국세의 우선원칙을 관철시킴으로써, 국세와 사법상의 담보물권과의 우선순위를 조정하고 양자의 조화를 도모하고 있는 것일 뿐, 담보물권의 본질적인 내용을 침해하는 것은 아니라는 것이다. 그러나 이와 같은 논리는 조세채권과 통상의 담보물권제도를

비교하여 전개한 이론으로서, 당해 우선 당하는 담보물권을 대상으로 하여 판단하는 한 그 담보물권은 항상 후에 성립한 조세채권에 열후(劣後)하는 것으로서, 담보물권의 근본요소가 담보부동산으로부터 우선변제를 확보하는 담보기능에 있다고 할 때, 담보물권에서 담보기능이 배제되어 피담보채권을 확보할 수 없다면 그 점에서 이미 담보물권이라고 할 수도 없는 것이므로, 담보물권 내지 사유재산권의 본질적인 내용의 침해가 있는 점은 의문의 여지가 없다고 할 것이다.

(나) 국세기본법의 규정체제로 볼 때 제35조 제1항 본문에서는 국세우선의 원칙을 규정하고 같은 항 제3호에서 위와 같은 예외규정을 두고 있음에 비추어, 원칙규정이 합헌임을 전제로 하면서 원칙규정상의 국세우선징수권을 제한하는 단서의 규정에 대하여 그 위헌 여부를 논한다는 것은 논리의 모순이며, 오히려 그 1년의 시한규정은 저당권 등에 의하여 담보된 채권에 대한 조세채권의 무제한적 우선순위를 시간적으로 제한함으로써 저당금융제도를 보호하고자 하는 규정이기 때문에, 그 단서의 규정이 담보물권의 본질적인 내용을 침해한 것이라고는 볼 수 없다는 것이다. 그러나 그러한 주장에 따른다면 단서에서 1년이 아니라 3년이나 5년 또는 그 이상의 기한을 규정하여도 무방하다는 뜻이 되어 이치에 합당하지 않을 뿐만 아니라, 위 법률 제35조 제1항 제3호의 규정은 규정체제로 보아서는 국세의 우선원칙을 제약하는 듯한 형태로 되어 있지만 그 실질적인 내용을 보면(전세권, 질권, 또는 저당권 등) 담보물권에 의하여 먼저 담보된 채권이라고 할지라도 그 담보물권의 등기 또는 등록일이 조세 납부기일 1년 이내일 때에는 역시 국세가 소급해서 우선하다는 시적 소급한계를 명시한 규정에 다름 아닌 것이다.

(다) 이 사건 국세기본법의 규정을 위헌으로 선언하면 다른 종류의 담보권, 또는 다른 세법과의 사이에서 불평등(不平等)이 발생하게 되어 혼란을 야기시키게 된다는 것이다. 즉 국세기본법 제35조 제2항, 같은 법 제42조 제1항, 지방세법 제31조 제1항 단서 및 제2항 제3호에서 이 사건 심판대상과 같은 내용의 우선규정을 두고 있는데, 이 사건의 경우에만 위헌으로 결정된다면 가등기담보권 · 양도담보권 · 지방세 등과의 관계에서 불공평하고 불합리한 차별이 생겨나 오히려 혼란이 생긴다는 것이다.

그러나 그것은 헌법 제111조 제1항 제1호와 헌법재판소법 제41조 제1항, 제45조 본문이 법률의 위헌 여부 심판에 있어서 구체적 규범통제절차(具體的 規範統制節次)를 채택하고 있는 데서 비롯되는 부득이한 현상으로서, 관련성이 있는 다른 법률과 동시에 해결되어야 한다는 주장은 이론상으로는 비록 경청할 가치가 있고 또 장차 그러한 방향으로 법률이 개정될 수도 있다고 할 것이나, 현행법제하에서는 이에 관한 명문규정이 없어 일괄처리하기에는 현재로서 문제가 있기 때문에 이 주장도 수긍하기 어려운 것이다.」

⇔ 재판관 2인(재판관 조규광, 재판관 한병채)의 반대의견

「국세는 그가 가지는 다른 여러 가지의 기능에 언급할 것도 없이 국가안전보장 · 질서유지 또는 공공복리를 위하여 필요한(헌법 제37조 제2항 참조) 국가의 재정수요를 충족시키는 국가재정수입의 주된 원천이 된다는 본래의 목적 때문에 고도의 공익성을 가지고 있어 그 징수의 확보를 보장할 필요가 있고 이를 위하여 국세기본법 제35조 제1항 본문은 국세우선의 원칙을 천명하고 있는 것이다.

그러나 이 원칙을 무제한적으로 관철하게 되면 자본주의 신용경제체제하에서의 금융수단, 투자매개 등의 절대적인 작용을 하는 담보권제도의 기능에 중대한 장애를 미치게 된다. 즉 공시의 원칙, 특정의 원칙, 순위확정의 원칙 등으로 재화의 가치권을 우선 확보하고 있는 담보권의 우선적 효력을 존중하여 저당권 등에 의하여 담보된 채권에 대한 관계에서는 원칙적으로 국세가 열후(劣後) 지위에 서도록 하고 다만 국세의 납부기한으로부터 1년 내에 설정된 저당권 등에 의하여 담보된 채권에 대하여서만 원칙적으로 되돌아가 국세의 우선권을 인정하였다. 다시 말하여 이것은 사법(私法)질서에 있어서 우선순위의 확보를 목적으로 하는 담보권을 존중하면서, 한편으로는 제한된 범위에서 국세의 우선원칙을 관철시킴으로써 국세의 사법상의 담보권과의 우선순의를 조정하고 양자의 조화를 도모하고 있는 것이다.

위에서 본 바와 같이 국세징수의 확보라고 하는 고도의 공익적 필요성에 기하여 일정의 제한된 범위를 제외하고 국세를 저당권 등에 의하여 담보되는 채권에 우선시키는 취지의 위 규정은 저당권 등(및 피담보권) 자체의 본질적 내용을 침해하는 것이 아닐 뿐 아니라 그 목적의 정당성 역시 쉽게 인정될 수 있을 것이다.

국세의 납부기한으로부터 1년 내에 설정된 저당권 등에 의하여 담보된 채권이 국세보다 열후관계에 서는 관계로 그 한도 내에서 저당권 등 채권자가 입게 되는 손해는 국세의 우선원칙이 합헌적인 것으로 평가되는 이상 뒤에서 언급한 바 국세와 저당권 등과의 우선순위 시점조정에서 결과하는, 부득이 수인하여야 할 불이익이며 재산권의 본질적인 내용 침해로는 볼 수 없다. 국세의 우선징수로서 무담보채권자가 받게 될 손해를 고려한다면 이 이치는 자명하다.」

▸ **사형제도가 생명권의 본질적 내용을 침해하는 것은 아니라고 본 판례**
[憲 1996. 11. 28.-95헌바1](형법 제250조 등 위헌소원)
※ 〈제 5 편 - 제 3 장 - 1. - 생명권 - □ 의의〉 판례 인용부분 참조

□ 기본권의 경합

▶ 문제의 해결방법

▸ **공무원직에 관한 한 공무담임권은 직업의 자유에 우선하여 적용되는 특별법적 규정으로 후자의 적용은 배제된다고 판시한 판례**
[憲 1999. 12. 23.-99헌마135등](경찰법 제11조 제 4 항 등 위헌확인)
「또한 청구인들은 직업의 자유도 침해되었다고 주장하나, 공무원직에 관한 한 공무담임권은 직업의 자유에 우선하여 적용되는 특별법적 규정이고, 위에서 밝힌 바와 같이 공무담임권(피선거권)은 이 사건 법률조항에 의하여 제한되는 청구인들의 기본권이 아니므로, 직업의 자유 또한 이 사건 법률조항에 의하여 제한되는 기본권으로서 고려되지 아니한다.」

▸ **헌법재판소가 해당 사안에 적용되는 기본권이 어느 것인지를 확정하려고 한 판례**
▹ **음란 · 저속물의 등록취소 사건에서 언론 · 출판의 자유의 침해 여부를 판단한 판례**
[憲 1998. 4. 30.-95헌가16](출판사및인쇄소의등록에관한법률 제5조의2 제 5 호 등 위헌제청)
「가. 출판사등록취소제와 제한되는 기본권

이 사건 법률조항은 등록된 출판사가 음란 또는 저속한 간행물을 출판하여 공중도덕이나 사회윤리를 침해하였다고 인정되는 경우 등록청이 그 출판사의 등록을 취소할 수 있도록 하고 있다. 우선 이러한 등록취소제가 제청신청인의 어떠한 기본권을 제한하고 있는지 살펴보기로 한다.

이 사건 법률조항은 공중도덕이나 사회윤리를 보호하기 위해서 등록한 모든 출판사에 대하여 음란 또는 저속한 간행물의 출판을 금지시키고(1차 규제) 이를 위반한 경우에 당해 출판사의 등록을 취소하는(2차 규제) 수단을 채택하고 있다. 여기서 1차 규제내용인 "음란 또는 저속한 출판의 금지"는 일정한 내용의 표현을 금지시키는 것이어서 헌법 제21조 제1항의 언론·출판의 자유를 제약하는 것으로 볼 수 있다. 한편, 등록이 취소되면 당해 출판사는 음란·저속한 간행물뿐만 아니라 합헌일 수도 있는 모든 간행물을 동일한 출판사의 이름으로는 출판할 수 없게 된다. 따라서 등록취소라는 2차 규제는 당해 출판사의 합헌적인 표현에 대한 언론·출판의 자유를 제약할 뿐만 아니라 당해 출판사에 대해 재등록에 소요되는 일정기간 동안 출판업을 못하게 함으로써 직업선택의 자유를 제약하고, 또 그 출판사의 상호를 사용할 수 없게 함으로써 상호권이라는 재산권을 제약한다고 하겠다.

그러므로 이 사건 법률조항은 언론·출판의 자유, 직업선택의 자유 및 재산권을 경합적으로 제약하고 있다. 이처럼 하나의 규제로 인해 여러 기본권이 동시에 제약을 받는 기본권경합의 경우에는 기본권침해를 주장하는 제청신청인과 제청법원의 의도 및 기본권을 제한하는 입법자의 객관적 동기 등을 참작하여 사안과 가장 밀접한 관계에 있고 또 침해의 정도가 큰 주된 기본권을 중심으로 해서 그 제한의 한계를 따져보아야 할 것이다. 이 사건에서는 제청신청인과 제청법원이 언론·출판의 자유의 침해를 주장하고 있고, 입법의 일차적 의도도 출판내용을 규율하고자 하는 데 있으며, 규제수단도 언론·출판의 자유를 더 제약하는 것으로 보이므로 언론·출판의 자유를 중심으로 해서 이 사건 법률조항이 그 헌법적 한계를 지키고 있는지를 판단하기도 한다.」

▹ **경비업의 겸영금지 사건에서 직업의 자유가 가장 밀접한 관련성이 있다고 판단한 판례**

[憲 2002. 4. 25.-2001헌마614](경비업법 제7조 제8항 등 위헌확인)

「하나의 규제로 인해 여러 기본권이 동시에 제약을 받는다고 주장하는 경우에는 기본권침해를 주장하는 청구인의 의도 및 기본권을 제한하는 입법자의 객관적 동기 등을 참작하여 먼저 사안과 가장 밀접한 관계에 있고 또 침해의 정도가 큰 주된 기본권을 중심으로 해서 그 제한의 한계를 따져 보아야 한다(헌재 1998. 4. 30. 95헌가16, 판례집 10-1, 327, 337 참조). 이 사건의 경우 청구인들의 주장취지 및 앞에서 살펴본 입법자의 동기를 고려하면 이 사건 법률조항으로 인한 규제는 직업의 자유와 가장 밀접한 관계에 있다고 할 것이다. 따라서 이 사건 법률조항이 직업의 자유를 제한함에 있어 그 헌법적 한계를 지키고 있는지를 먼저 살핀다.」

▹ **학교정화구역 내에서의 극장시설금지 사건에서 직업의 자유가 사안과 가장 밀접한 관계가 있고, 침해의 정도가 가장 큰 주된 기본권이라고 판단한 판례**

[憲 2004. 5. 27.-2003헌가1](학교보건법 제6조 제1항 제2호 위헌제청 등)

「(1) 이 사건 위헌법률심판에서 문제되는 기본권

(가) 이 사건 법률조항은 정화구역 내에서 극장시설 및 영업행위를 금지하고 있는바, 이 사건 위헌법률심판의 쟁점은 우선 이 사건 법률조항이 정화구역 내에서 극장영업을 하고자 하는 자의 직업의 자유를 침해하여 위헌인지 여부이다. 아울러 학생들의 문화향유에 관한 행복추구권도 문제가 된다고 할 것이다.

(나) 한편, 극장의 자유로운 운영에 대한 제한은 공연물·영상물이 지니는 표현물, 예술작품으로서의 성격에 기하여 직업의 자유에 대한 제한으로서의 측면 이외에 표현의 자유 및 예

술의 자유의 제한과도 관련성을 가지고 있다.

이와 같이 하나의 규제로 인해 여러 기본권이 동시에 제약을 받는 기본권경합의 경우에는 기본권침해를 주장하는 제청신청인과 제청법원의 의도 및 기본권을 제한하는 입법자의 객관적 동기 등을 참작하여 사안과 가장 밀접한 관계에 있고 또 침해의 정도가 큰 주된 기본권을 중심으로 해서 그 제한의 한계를 따져보아야 할 것이다(헌재 1998. 4. 30. 95헌가16, 판례집 10-1, 327, 336-337).

살피건대, 이 사건 법률조항에 의한 표현 및 예술의 자유의 제한은 극장 운영자의 직업의 자유에 대한 제한을 매개로 하여 간접적으로 제약되는 것이라 할 것이고, 입법자의 객관적인 동기 등을 참작하여 볼 때 사안과 가장 밀접한 관계에 있고 또 침해의 정도가 가장 큰 주된 기본권은 직업의 자유라고 할 것이다. 따라서 이하에서는 직업의 자유의 침해 여부를 중심으로 살피는 가운데 표현·예술의 자유의 침해 여부에 대하여도 부가적으로 살펴보기로 한다.」

▷ **지방자치단체의 장 계속 재임의 3기 제한 사건에서 공무담임권과 가장 밀접한 관계에 있고, 제한의 정도가 가장 큰 주된 기본권도 공무담임권으로 본 판례**

[憲 2006. 2. 23.-2005헌마403](지방자치법 제87조 제1항 위헌확인)

「청구인들은 이 사건 법률조항이 위 공무담임권을 침해하였다는 주장 이외에 행복추구권도 침해하였다고 주장한다.

그런데 하나의 규제로 인해 여러 기본권이 동시에 제약을 받는 경우에는 기본권 침해를 주장하는 청구인의 의도 및 기본권을 제한하는 입법자의 객관적 동기 등을 참작하여 먼저 사안과 가장 밀접한 관계에 있고 또 침해의 정도가 큰 주된 기본권을 중심으로 해서 그 제한의 한계를 따져 보아야 할 것이다(헌재 1998. 4. 30. 95헌가16, 판례집 10-1, 327, 337). 이 사건에서 청구인들의 주장, 입법자의 동기를 고려하면 이 사건 법률조항으로 인한 규제는 공무담임권과 가장 밀접한 관계에 있고, 제한의 정도가 가장 큰 주된 기본권도 공무담임권으로 보이므로, 행복추구권 침해 여부에 대한 청구인들의 주장은 공무담임권 침해 여부에 대한 위 판단을 원용함으로써 족하다고 할 것이다.」

제 5 장 기본권의 보호

1. 국가의 기본권보호의무

□ 내 용

▶ **사적인 영역에서 국가의 기본권보호의무를 인정한 판례**

[憲 1997. 1. 16.-90헌마110등](교통사고처리특례법 제 4 조 등에 대한 헌법소원 등)

「(라) 국가의 기본권보호의무 위반 여부

1) 우리 헌법은 제10조에서 국가는 개인이 가지는 불가침의 기본적 인권을 확인하고 이를 보장할 의무를 진다고 규정함으로써, 소극적으로 국가권력이 국민의 기본권을 침해하는 것을 금지하는데 그치지 아니하고 나아가 적극적으로 국민의 기본권을 타인의 침해로부터 보호할 의무를 부과하고 있다. 국민의 기본권에 대한 국가의 적극적 보호의무는 궁극적으로 입법자의 입법행위를 통하여 비로소 실현될 수 있는 것이기 때문에, 입법자의 입법행위를 매개로 하지 아니하고 단순히 기본권이 존재한다는 것만으로 헌법상 광범위한 방어적 기능을 갖게 되는 기본권의 소극적 방어권으로서의 측면과 근본적인 차이가 있다. 즉 기본권에 대한 보호의무자로서의 국가는 국민의 기본권에 대한 침해자로서의 지위에 서는 것이 아니라 국민과 동반자로서의 지위에 서는 점에서 서로 다르다.

따라서 국가가 국민의 기본권을 보호하기 위한 충분한 입법조치를 취하지 아니함으로써 기본권 보호의무를 다하지 못하였다는 이유로 입법부작위 내지 불완전한 입법이 헌법에 위반된다고 판단하기 위하여는, 국가권력에 의해 국민의 기본권이 침해당하는 경우와는 다른 판단기준이 적용되어야 마땅하다.

국가가 소극적 방어권으로서의 기본권을 제한함으로써 기본권의 침해자로서의 지위에 서는 경우 국가는 원칙적으로 개인의 자유와 권리를 침해하여서는 아니되며, 예외적으로 기본권을 제한하는 때에도 국가안전보장 · 질서유지 또는 공공복리를 위하여 필요한 경우에 한하고, 자유와 권리의 본질적인 내용을 침해할 수는 없으며 그 형식은 법률에 의하여야 하고 그 침해범위도 필요최소한도에 그쳐야 한다(헌법 제37조 제2항). 이러한 요건을 갖추지 아니한 채 국민의 기본권을 제한한 경우에는 그 침해의 정도가 비록 작다 하더라도 이는 헌법에 위반되는 위헌적인 조치라고 판단하여야 한다.

그러나 국가가 적극적으로 국민의 기본권을 보장하기 위한 제반조치를 취할 의무를 부담하는 경우에는 설사 그 보호의 정도가 국민이 바라는 이상적인 수준에 미치지 못한다고 하여 언제나 헌법에 위반한다고 판단할 수 있는 것인지는 의문이다. 왜냐하면 국가의 기본권보호의무의 이행은 입법자의 입법을 통하여 비로소 구체화되는 것이고, 국가가 그 보호의무를 어떻게 어느 정도로 이행할 것인지는 원칙적으로 한 나라의 정치 · 경제 · 사회 · 문화적인 제반여건과 재정사정 등을 감안하여 입법정책적으로 판단하여야 하는 입법재량의 범위에 속하는 것이기 때문이다.

국가의 보호의무를 입법자가 어떻게 실현하여야 할 것인가 하는 문제는 원칙적으로 권력분립원칙과 민주주의원칙에 따라 국민에 의해 직접 민주적 정당성을 부여받고 자신의 결정에 대해 정치적 책임을 지는 입법자의 책임범위에 속한다. 따라서 헌법재판소는 단지 제한적으로만 입법자에 의한 보호의무의 이행을 심사할 수 있다.

2) 물론 입법자가 보호의무를 최대한으로 실현하려고 노력하는 것이 이상적이기는 하나, 그것은 헌법이 입법자에 대하여 하고 있는 요구로서 주기적으로 돌아오는 선거를 통한 국민심판의 대상이 될 문제이지, 헌법재판소에 의한 심사기준을 의미하지는 않는다. 만일 헌법재판소에 의한 심사기준을 입법자에 대한 헌법의 요구와 일치시킨다면, 이는 바로 공동체의 모든 것이 헌법재판소의 판단에 의하여 결정되는 것을 의미하며, 결과적으로 헌법재판소가 입법자를 물리치고 정치적 형성의 최종적 주체가 됨으로써 우리 헌법이 설정한 권력분립적 기능질서에 반하게 된다.

그러므로 헌법재판소는 권력분립의 관점에서 소위 "과소보호금지원칙"을, 즉 국가가 국민의 법익보호를 위하여 적어도 적절하고 효율적인 최소한의 보호조치를 취했는가를 기준으로 심사하게 된다. 따라서 입법부작위나 불완전한 입법에 의한 기본권의 침해는 입법자의 보호의무에 대한 명백한 위반이 있는 경우에만 인정될 수 있다. 다시 말하면 국가가 국민의 법익을 보호하기 위하여 전혀 아무런 보호조치를 취하지 않았든지 아니면 취한 조치가 법익을 보호하기에 명백하게 전적으로 부적합하거나 불충분한 경우에 한하여 헌법재판소는 국가의 보호의무의 위반을 확인할 수 있을 뿐이다.

헌법재판소는 원칙적으로 국가의 보호의무에서 특정조치를 취해야 할, 또는 특정법률을 제정해야 할 구체적인 국가의 의무를 이끌어 낼 수 없다. 단지 국가가 특정조치를 취해야만 당해 법익을 효율적으로 보호할 수 있는 유일한 수단일 경우에만 입법자의 광범위한 형성권은 국가의 구체적인 보호의무로 축소되며, 이 경우 국가가 보호의무이행의 유일한 수단인 특정조치를 취하지 않은 때에는 헌법재판소는 보호의무의 위반을 확인하게 된다. 그러므로 이 사건에서는 국가가 교통사고로부터 국민을 적절하고 효율적으로 보호하기 위하여 취해야 할 최소한의 조치를 취함으로써 헌법이 입법자에게 요구하는 최소한의 요청을 충족시켰는가의 문제가 판단되어야 한다.

3) 청구인들은 열악한 우리 국민의 교통의식과 교통문화란 현실 앞에서 다른 보호대책들이 헌법이 요구하는 생명과 신체의 보호를 위한 최소 수준을 충족시키지 못하기 때문에, 즉 생명과 신체를 보호할 수 있는 다른 효율적인 수단이 마련되어 있지 않기에, 국가의 빈틈없는 형벌권행사가 유일한 효율적인 보호수단이라고 주장한다. 그러나 우리는 국가가 취한 제반의 보호조치와 교통과실범에 대한 형사처벌조항을 고려한다면, 단지 일정 과실범에 대하여 형벌

권을 행사할 수 없는 법망의 틈새가 존재한다고 하여, 그것이 곧 국가보호의무의 위반을 의미하지는 않는다고 생각한다.

개인의 생명이나 신체에 대한 보호의무에서 기계적으로 형법조문을 제정할 국가의 의무나 아니면 국가형벌권을 행사할 의무가 나오는 것은 결코 아니다. 형벌권의 행사 여부는 원칙적으로 입법자의 입법재량에 속하는 문제이며, 국가의 형벌권은 사회공동체의 가치실현이나 법적 평화유지를 위한 보충적, 최후적 수단으로서 행사되어야 한다. 따라서 형벌이 법익보호를 위한 유일한 효율적이고 적절한 수단일 때에만 비로소 국가의 보호의무는 형벌권을 행사해야 할 국가의 의무로 구체화되고, 국가가 이러한 경우에도 형벌권을 포기할 때에만 보호의무를 위반하는 것이 된다.

국가의 신체와 생명에 대한 보호의무는 교통과실범의 경우 발생한 침해에 대한 사후처벌뿐이 아니라, 무엇보다도 우선적으로 운전면허취득에 관한 법규 등 전반적인 교통관련법규의 정비, 운전자와 일반국민에 대한 지속적인 계몽과 교육, 교통안전에 관한 시설의 유지 및 확충, 교통사고 피해자에 대한 보상제도 등 여러가지 사전적 · 사후적 조치를 함께 취함으로써 이행된다. 그렇다면 이 사건에서는 교통사고를 방지하는 다른 보호조치에도 불구하고 국가가 형벌권이란 최종적인 수단을 사용하여야만 가장 효율적으로 국민의 생명과 신체권을 보호할 수 있는가가 문제된다. 이를 위하여는 무엇보다도 우선적으로 형벌권의 행사가 곧 법익의 보호로 직결된다는 양자간의 확연하고도 직접적인 인과관계와 긴밀한 내적인 연관관계가 요구되고, 형벌이 법익을 가장 효율적으로 보호할 수 있는 유일한 방법인 경우, 국가가 형벌권을 포기한다면 국가는 그의 보호의무를 위반하게 된다.

4) 그러나 교통과실범에 대한 국가형벌권의 범위를 확대한다고 해서 형벌권의 행사가 곧 확실하고도 효율적인 법익의 보호로 이어지는 것은 아니다. 형벌이 과실범에 대하여 일반예방효과와 범죄억제기능을 어느 정도 한다 하더라도 국민의 법익보호와 형벌권행사간의 인과관계가 그 효율성에 있어서 뚜렷하지 않기 때문에, 대체 형벌로써 얼마만큼 법익에 대한 보호효과를 얻을 수 있는지 의문이다. 결국 이 경우 형벌을 통한 법익의 보호효과는 상당히 불확실하므로 형벌은 국가의 보호의무의 실현수단으로 효율적이지도 못하고 유일한 수단은 더욱 아니다. 형벌은 이 경우, 국가가 취할 수 있는 유효적절한 수많은 수단 중의 하나일 뿐이지, 결코 형벌까지 동원해야만 보호법익을 유효적절하게 보호할 수 있다는 의미의 최종적인 유일한 수단이 될 수 없다.

따라서 형벌이 법익을 효율적으로 보호할 수 있는 최종적이고 유일한 수단일 경우에 한하여 입법자의 보호의무는 구체적인 형벌행사권의 의무로 축소된다고 하는 전제를, 특례법에서의 상황은 형벌의 불확실한 법익보호 효과 때문에 전혀 충족시켜 주지 못하고 있다. 다른 보호조치가 불충분하기 때문에 그 대신 보호효과가 불확실한 형벌이라도 빠짐없이 동원하여야만 그제서야 비로소 보호의무의 최소수준에 부합된다고 하는 청구인들의 주장은 헌법재판소가 입법자의 판단재량을 심사하는 데 있어서 헌법이 요구하는 최소수준의 명백한 일탈에 관한 심사에 국한시켜야 한다는 기준을 벗어난 것이다. 또한 현실에 있어서 국가의 보호조치가 어느 생활영역에서도 완벽할 수 없다는 사실을 당연한 전제로 한다면, 국가가 취한 다른 조치가 불충분 · 불완전하기 때문에 그 부족분을 형벌을 동원해서라도 메워야 한다는 것은 바로 형벌권 행사에 의하여 개선의 여지가 있는 모든 사회현상을 국가는 형벌로써 규율하여야 한다는 주장과 다름없다.

요컨대 이 사건 법률조항을 두고 국가가 일정한 교통과실범에 대하여 형벌권을 행사하지 않음으로써 도로교통의 전반적인 위험으로부터 국민의 생명과 신체를 적절하고 유효하게 보호하는 아무런 조치를 취하지 않았다든지, 아니면 국가가 취한 현재의 제반 조치가 명백하게 부적합하거나 불충분하다고까지 말할 수는 없고, 비록 이 사건의 경우와 같이 교통사고를 일으킨 운전자가 형사처벌을 면치 못하는 예외사유에 청구인들이 말하는 사유가 누락되었다고 하더라도 이는 오로지 법적 안정성, 법적용의 통일성을 기하기 위하여 범죄유형의 정형화가 필요하다는 입법정책에 따른 어쩔 수 없는 결과이고, 이를 막기 위하여 중상해 · 중과실과 같은 일반적 규정을 두는 것은 특례법의 입법취지에 반하는 결과를 가져온다는 점을 아울러 생각할 때 그것만으로 입법자가 국민의 기본권의 보호의무를 다하지 아니하여 헌법에 위반된 것으로 볼 수 없다.」

※ 위 사건에서 재판관 3인(재판관 김진우, 재판관 이재화, 재판관 조승형)은 심판대상 조항이 평등원칙 및 과소보호금지원칙에 반하여 위헌이라는 취지의 반대의견(위헌)을 내었고, 재판관 2인(재판관 김용준, 재판관 황도연)은 심판대상 조항이 평등원칙에 위반하고, 피해자의 재판절차진술권을 침해하여 위헌이라는 취지의 반대의견(위헌)을 내었으나 위헌결정을 위한 정족수를 채우지 못하여 심판청구를 기각하였음.

□ 국가기관에 의한 기본권의 침해와 보호

▶ 법원에 의한 기본권의 침해와 보호

▸ 법원의 재판에 의한 기본권 침해에 대하여 부분적으로만 헌법소원심판을 청구할 수 있다고 인정한 판례 [憲 1997. 12. 24.-96헌마172등](헌법재판소법 제68조 제1항 위헌확인 등)

「헌법재판소법 제68조 제1항이 위와 같이 원칙적으로 헌법에 위반되지 아니한다고 하더라도, 법원이 헌법재판소가 위헌으로 결정하여 그 효력을 전부 또는 일부 상실하거나 위헌으로 확인된 법률(이하 단순히 '그 효력을 상실한 법률'이라 한다)을 적용함으로써 국민의 기본권을 침해한 경우에도 법원의 재판에 대한 헌법소원이 허용되지 않는 것으로 해석한다면, 위 법률조항은 그러한 한도 내에서 헌법에 위반된다고 보지 아니할 수 없다.

모든 국가기관은 헌법의 구속을 받고 헌법에의 기속은 헌법재판을 통하여 사법절차적으로 관철되므로, 헌법재판소가 헌법에서 부여받은 위헌심사권을 행사한 결과인 법률에 대한 위헌결정은 법원을 포함한 모든 국가기관과 지방자치단체를 기속한다. 따라서 헌법재판소가 위헌으로 결정하여 그 효력을 상실한 법률을 적용하여 한 법원의 재판은 헌법재판소 결정의 기속력에 반하는 것일 뿐 아니라, 법률에 대한 위헌심사권을 헌법재판소에 부여한 헌법의 결단(헌법 제107조 및 제111조)에 정면으로 위배된다. 결국, 그러한 판결은 헌법의 최고규범성을 수호하기 위하여 설립된 헌법재판소의 존재의의, 헌법재판제도의 본질과 기능, 헌법의 가치를 구현함을 목적으로 하는 법치주의의 원리와 권력분립의 원칙 등을 송두리째 부인하는 것이라 하지 않을 수 없는 것이다.

한편 헌법이 법률에 대한 위헌심사권을 헌법재판소에 부여하고 있음에도 법원이 헌법재판소의 위헌결정에 따르지 아니하는 것은 실질적으로 법원 스스로가 '입법작용에 대한 규범통제권'을 행사하는 것을 의미하므로, 헌법은 어떠한 경우이든 헌법재판소의 기속력있는 위헌결정에 반하여 국민의 기본권을 침해하는 법원의 재판에 대하여는 헌법재판소가 다시 최종적으로 심사함으로써 자신의 손상된 헌법재판권을 회복하고 헌법의 최고규범성을 관철할 것을 요청하고 있다. 또한, 청구인과 같이 권리의 구제를 구하는 국민의 입장에서 보더라도, 이러한 결과는 국민이 행정처분의 근거가 된 법률의 위헌성을 헌법재판을 통하여 확인받았으나 헌법재판소의 결정에 위배되는 법원의 재판으로 말미암아 권리의 구제를 받을 수 없는, 법치국가적으로 도저히 받아들일 수 없는, 법적 상태가 발생한다.……

헌법재판소법 제68조 제1항은 법원이 헌법재판소의 기속력있는 위헌결정에 반하여 그 효력을 상실한 법률을 적용함으로써 국민의 기본권을 침해하는 경우에는 예외적으로 그 재판도 위에서 밝힌 이유로 헌법소원심판의 대상이 된다고 해석하여야 한다. 따라서 헌법재판소법 제68조 제1항의 '법원의 재판'에 헌법재판소가 위헌으로 결정하여 그 효력을 상실한 법률을 적용함으로써 국민의 기본권을 침해하는 재판도 포함되는 것으로 해석하는 한도 내에서, 헌법재판소법 제68조 제1항은 헌법에 위반된다고 하겠다.」

◎ 같은 취지 : 憲 1999. 5. 27.-98헌마357; 2001. 2. 22.-99헌마461등; 2001. 2. 22.-99헌마605; 2002. 5. 30.-2001헌마781; 2002. 12. 18.-2002헌마279

제 5 편

헌법상의 기본권과 의무

제 1 장 인간의 존엄과 가치

1. 인간의 존엄과 가치

□ 의 의

▶ 헌법 제10조의 의미

▸ 우리 헌법질서가 예정하는 인간상에 대한 판례

[憲 2003. 10. 30.-2002헌마518](도로교통법 제118조 위헌확인)

「앞에서 살펴본 좌석안전띠착용의 효과에 비추어 볼 때, 좌석안전띠를 착용하지 않는 행위가 행위자 자신의 이익에만 관련된 것인지, 다른 사람과 사회공동체 전체의 이익과도 관련된 것인지가 문제된다.

우리 헌법질서가 예정하는 인간상은 "자신이 스스로 선택한 인생관 · 사회관을 바탕으로 사회공동체 안에서 각자의 생활을 자신의 책임 아래 스스로 결정하고 형성하는 성숙한 민주시민"(헌재 1998. 5. 28. 96헌가5, 판례집 10-1, 541, 555 ; 헌재 2000. 4. 27. 98헌가16 등, 판례집 12-1, 427, 461)인바, 이는 사회와 고립된 주관적 개인이나 공동체의 단순한 구성분자가 아니라, 공동체에 관련되고 공동체에 구속되어 있기는 하지만 그로 인하여 자신의 고유가치를 훼손당하지 아니하고 개인과 공동체의 상호연관 속에서 균형을 잡고 있는 인격체라 할 것이다.

헌법질서가 예정하고 있는 이러한 인간상에 비추어 볼 때, 인간으로서의 고유가치가 침해되지 않는 한 입법자는 사회적 공동생활의 보존과 육성을 위하여 주어진 상황에서 일반적으로 기대할 수 있는 범위 내에서 개인의 일반적 행동자유권을 제한할 수 있는바, 운전자가 좌석안전띠를 착용하여야 하는 의무는 이러한 범위 내에 있다 할 것이다.」

◎ 같은 취지 : 憲 1998. 5. 28.-96헌가5; 2000. 4. 27.-98헌가16

□ 법적 성격

▶ 기본권 보장의 이념적 기초

▸ **헌법소원심판에서 헌법 제10조의 인간의 존엄과 가치의 침해 여부에 대하여 판단한 판례**

[憲 2000. 6. 1.-98헌마216](국가유공자등예우및지원에관한법률 제20조 제2항 등 위헌확인)

「(5) 인간의 존엄과 가치 및 행복추구권의 침해 여부

(가) 헌법 제10조는 "모든 국민은 인간으로서 존엄과 가치를 가지며, 행복을 추구할 권리를 가진다. 국가는 개인이 가지는 불가침의 기본적 인권을 확인하고 이를 보장할 의무를 진다"고 규정하여 인간의 존엄과 가치 및 행복추구권을 보장하고 있다.

(나) 헌법 제10조에서 규정한 인간의 존엄과 가치는 헌법이념의 핵심으로, 국가는 헌법에 규정된 개별적 기본권을 비롯하여 헌법에 열거되지 아니한 자유와 권리까지도 이를 보장하여야 하며, 이를 통하여 개별 국민이 가지는 인간으로서의 존엄과 가치를 존중하고 확보하여야 한다는 헌법의 기본원리를 선언한 조항이다. 따라서 자유와 권리의 보장은 1차적으로 헌법상 개별적 기본권규정을 매개로 이루어지지만, 기본권제한에 있어서 인간의 존엄과 가치를 침해한다거나 기본권형성에 있어서 최소한의 필요한 보장조차 규정하지 않음으로써 결과적으로 인간으로서의 존엄과 가치를 훼손한다면, 헌법 제10조에서 규정한 인간의 존엄과 가치에 위반된다고 할 것이다.

이 사건 규정은 앞에서 보았듯이 국가유공자에 대한 보상금지급과 관련하여 기본권을 형성하는 성질을 가지고 있으나, 그 내용상 최소한의 기본적 보상이나 사회보장을 하지 않아 인간으로서의 인격이나 본질적 가치를 훼손할 정도에 이른다고는 볼 수 없으므로 헌법 제10조의 인간의 존엄과 가치를 침해한다고 할 수 없다.

(다) 헌법 제10조의 행복추구권은 국민이 행복을 추구하기 위하여 필요한 급부를 국가에게 적극적으로 요구할 수 있는 것을 내용으로 하는 것이 아니라, 국민이 행복을 추구하기 위한 활동을 국가권력의 간섭 없이 자유롭게 할 수 있다는 포괄적인 의미의 자유권으로서의 성격을 가진다(헌재 1995. 7. 21. 93헌가14, 판례집 7-2, 1, 32).

그런데 이 사건 규정은 보상금수급권에 대한 일정 요건하의 지급정지를 규정하고 있는 것으로 자유권이나 자유권의 제한영역에 관한 규정이 아니므로, 이 사건 규정이 행복추구권을 침해한다고 할 수는 없다.」

□ 주　　체

▶ 사죄광고명령제도를 법인의 인격권을 침해한 것이라고 판시한 판례

[憲 1991. 4. 1.-89헌마160](민법 제764조의 위헌 여부에 관한 헌법소원)

「우리 나라 민법은 불법행위에 대한 권리구제방법으로는 금전배상을 원칙으로 하나(민법 제750조, 제763조, 제394조), 예외적으로 민법 제764조는 명예훼손의 경우에는 금전배상에 갈음하여 또는 이와 함께 침해된 명예를 회복하기 위한 원상회복적구제를 인정하여, 법원은 피해자의 청구에 의하여 "명예회복에 적당한 처분을 명할 수 있다"는 규정을 두었으며, 제764조에서 말하는 처분의 대표적 예가 사죄광고 게재인 것으로 이해되어 왔던 것이 지금까지의 학설 · 판례였다. 생명권이나 신체권의 침해 즉 살인이나 중상해를 입힌 경우라도 사죄강제는 없는 것이며, 따라서 이는 오로지 명예권침해의 경우에 한정되는 특유한 구제방법이기도 한 것으로,

이에 사죄광고 게재를 명하는 판결은 대체집행 등의 방법으로 강제집행을 할 수 있다는 것이 또한 통설 · 판례였다. 이처럼 사죄광고 게재가 민법 제764조 소정의 처분에 포함된다고 할 때 과연 동조항이 합헌이 될 수 있을 것인가를 살핀다.

헌법 제19조는 "모든 국민은 양심의 자유를 가진다"라고 하여 양심의 자유를 기본권의 하나로 보장하고 있는바, 여기의 양심이란 세계관 · 인생관 · 주의 · 신조 등은 물론, 이에 이르지 아니하여도 보다 널리 개인의 인격형성에 관계되는 내심에 있어서의 가치적 · 윤리적 판단도 포함된다고 볼 것이다. 그러므로 양심의 자유에는 널리 사물의 시시비비나 선악과 같은 윤리적 판단에 국가가 개입해서는 안 되는 내심적 자유는 물론, 이와 같은 윤리적 판단을 국가권력에 의하여 외부에 표명하도록 강제받지 않는 자유 즉 윤리적 판단사항에 관한 침묵의 자유까지 포괄한다고 할 것이다. 이와 같이 해석하는 것이 다른 나라의 헌법과 달리 양심의 자유를 신앙의 자유와도 구별하고 사상의 자유에 포함시키지 않은 채 별개의 조항으로 독립시킨 우리헌법의 취지에 부합할 것이며, 이는 개인의 내심의 자유, 가치판단에는 간섭하지 않겠다는 원리의 명확한 확인인 동시에 민주주의의 정신적 기초가 되고 인간의 내심의 영역에 국가권력의 불가침으로 인류의 진보와 발전에 불가결한 것이 되어 왔던 정신활동의 자유를 보다 완전히 보장하려는 취의라고 할 것이다. 우리 나라가 1990년에 가입한 시민적및정치적권리에관한구제규약(이른바 국제인권규약 B규약) 제18조 제2항에서도 스스로 선택하는 신념을 가질 자유를 침해하게 될 어떠한 강제도 받지 않는다고 규정하고 있다. 그런데 사죄광고제도란 타인의 명예를 훼손하여 비행을 저질렀다고 믿지 않는 자에게 본심에 반하여 깊이 "사과한다"하면서 죄악을 자인하는 의미의 사죄의 의사표시를 강요하는 것이므로, 국가가 재판이라는 권력작용을 통해 자기의 신념에 반하여 자기의 행위가 비행이며 죄가 된다는 윤리적 판단을 형성강요하여 외부에 표시하기를 명하는 한편 의사 · 감정과 맞지 않는 사과라는 도의적 의사까지 광포시키는 것이다. 따라서 사죄광고의 강제는 양심도 아닌 것이 양심인 것처럼 표현할 것의 강제로 인간양심의 왜곡 · 굴절이고 겉과 속이 다른 이중인격형성의 강요인 것으로서 침묵의 자유의 파생인 양심에 반하는 행위의 강제금지에 저촉되는 것이며 따라서 우리 헌법이 보호하고자 하는 정신적 기본권의 하나인 양심의 자유의 제약(법인의 경우라면 그 대표자에게 양심표명의 강제를 요구하는 결과가 된다)이라고 보지 않을 수 없다.

더 나아가 살피건대 원래 깊이 "사과한다"는 행위는 윤리적인 판단 · 감정 내지 의사의 발로인 것이므로 본질적으로 마음으로부터 우러나오는 자발적인 것이라야 할 것이며 그때 비로소 사회적 미덕이 될 것이고, 이는 결코 외부로부터 강제하기에 적합치 않은 것으로 이의 강제는 사회적으로는 사죄자 본인에 대하여 굴욕이 되는 것에 틀림없다. 사과의 정도에 따라 굴욕감의 차이는 있을 수 있지만, 적어도 '사과'의 문구가 포함되는 한 그것이 마음에 없는 것일 때에는 당사자의 자존심에 큰 상처요 치욕임에 다름없으며, '사과문', '진사문', '해명서' 등 어떠한 명목의 것이든 관계없이 그러하다. 더구나 사죄광고란 양심의 자유에 반하는 굴욕적인 의사표시를 자기의 이름으로 신문 · 잡지 등 대중매체에 게재하여 일반 세인에게 널리 광포하는 것이다. 이러한 굴욕적인 내용을 온 세상에 광포하면서도 그것이 소송의 성질상 형식적 형성의 소에 준하는 것임에 비추어 그 구체적 내용이 국가기관에 의하여 결정되는 것이며 그럼에도 불구하고 마치 본인의 자발적 의사형성인 것 같이 되는 것이 사죄광고이며 또 본인의 의사와는 무관한 데도 본인의 이름으로 이를 대외적으로 표명되게 되는 것이 그 제도의 특질이다. 따라서 사죄광고 과정에서는 자연인이든 법인이든 인격의 자유로운 발현을 위해 보호받아야 할 인격권이 무시되고 국가에 의한 인격의 외형적 변형이 초래되어 인격형성에 분열이 필연적으로 수반되게 된다. 이러한 의미에서 사죄광고제도는 헌법에서 보장된 인격의 존엄과 가치 및 그를 바탕으로 하는 인격권에 큰 위해도 된다고 볼 것이다.」

□ 내 용

▶ 도출되는 개별 기본권

▸ **일반적 행동자유권에 대한 판례**

▹ **일반적 행동자유권의 내용 및 그 근거에 대한 판례**

[憲 1991. 6. 3.-89헌마204](화재로인한재해보상과보험가입에관한법률 제5조 제1항의 위헌여부에 관한 헌법소원)

「헌법 제10조 전문은 "모든 국민은 인간으로서의 존엄과 가치를 가지며, 행복을 추구할 권리를 가진다"고 규정하고 있다. 여기의 행복추구권 속에 함축된 일반적인 행동자유권과 개성의 자유로운 발현권은 국가안전보장, 질서유지 또는 공공복리에 반하지 않는 한 입법 기타 국정상 최대의 존중을 필요로 하는 것이라고 볼 것이다. 일반적 행동자유권에는 적극적으로 자유롭게 행동을 하는 것은 물론 소극적으로 행동을 하지 않을 자유 즉 부작위의 자유도 포함되는 것으로, 법률행위의 영역에 있어서는 계약을 체결할 것인가의 여부, 체결한다면 어떠한 내용의, 어떠한 상대방과의 관계에서, 어떠한 방식으로 계약을 체결하느냐 하는 것도 당사자 자신이 자기의사로 결정하는 자유뿐만 아니라 원치 않으면 계약을 체결하지 않을 자유 즉 원치 않는 계약의 체결은 법이나 국가에 의하여 강제받지 않을 자유인 이른바 계약자유의 원칙도, 여기의 일반적 행동자유권으로부터 파생되는 것이라 할 것이다. 이는 곧 헌법 제119조 제1항의 개인의 경제상의 자유의 일종이기도 하다. 그렇다면 특수건물의 소유자에게 특약부 화재보험계약체결의 강제는 계약자유의 원칙에 대한 제약인 동시에 헌법상의 일반적 행동자유권 내지 경제활동의 자유의 제한이 된다고 할 것이다.」

[憲 2002. 1. 31.-2001헌바43](독점규제및공정거래에관한법률 제27조 위헌소원)

「헌법 제37조 제1항은 "국민의 자유와 권리는 헌법에 열거되지 아니한 이유로 경시되지 아니한다"고 규정하고 있다. 이는 헌법에 명시적으로 규정되지 아니한 자유와 권리라도 헌법 제10조에서 규정한 인간의 존엄과 가치를 위하여 필요한 것일 때에는 이를 모두 보장함을 천명하는 것이다.

이러한 기본권으로서 일반적 행동자유권과 명예권 등을 들 수 있다. 그리하여 이 사건에서와 같이 만약 행위자가 자신의 법위반 여부에 관하여 사실인정 혹은 법률적용의 면에서 공정거래위원회와는 판단을 달리하고 있음에도 불구하고 불합리하게 법률에 의하여 이를 공표할 것을 강제당한다면 이는 행위자가 자신의 행복추구를 위하여 내키지 아니하는 일을 하지 아니할 일반적 행동자유권과 인격발현 혹은 사회적 신용유지를 위하여 보호되어야 할 명예권에 대한 제한에 해당한다고 할 것이다.」

◎ 같은 취지 : 憲 1995. 7. 21.-93헌가14; 1997. 11. 27.-97헌바10; 1998. 5. 28.-96헌가5; 1998. 10. 29.-97헌마345; 2000. 6. 1.-98헌마216

▷ **계약의 자유와 계약자유의 원칙이 일반적 행동자유권으로부터 파생하는 것이라고 본 판례**

[憲 1998. 5. 28.-96헌가5](기부금품모집금지법 제3조 등 위헌제청)

「법 제3조는 기부금품의 모집행위를 하기 위하여 행정자치부장관 등의 허가를 얻도록 규정함으로써 국민이 기부금품을 모집할 수 있는 자유를 제한하고 있다. 우리 헌법 제10조 전문은 "모든 국민은 인간으로서의 존엄과 가치를 지니며, 행복을 추구할 권리를 가진다"고 규정하여 행복추구권을 보장하고 있고, 행복추구권은 그의 구체적인 표현으로서 일반적인 행동자유권과 개성의 자유로운 발현권을 포함하기 때문에(헌재 1991. 6. 3. 89헌마204, 판례집 3, 268, 275), 기부금품의 모집행위는 행복추구권에 의하여 보호된다. 계약의 자유도 헌법상의 행복추구권에 포함된 일반적인 행동자유권으로부터 파생하므로, 계약의 자유 또한 행복추구권에 의하여 보호된다.

단체의 재정확보를 위한 모금행위가 단체의 결성이나 결성된 단체의 활동과 유지에 있어서 중요한 의미를 가질 수 있기 때문에 기부금품 모집행위의 제한이 결사의 자유에 영향을 미칠 수 있다는 것은 인정된다. 그러나 결사의 자유에 대한 제한은 법 제3조가 가져오는 간접적이고 부수적인 효과일 뿐이다. 법 제3조가 규율하려고 하는 국민의 생활영역은 기부금품의 모집행위이므로, 모집행위를 보호하는 기본권인 행복추구권이 우선적으로 적용된다.

청구인은 법 제3조가 재산권행사의 자유를 침해한다고 주장하나, 법 제3조는 기부금품의 모집을 하고자 하는 자의 재산권행사와는 전혀 무관할 뿐 아니라, 기부를 하고자 하는 자의 재산권보장이란 관점에서 보더라도 기부를 하고자 하는 자에게는 기부금품의 모집행위와 관계없이 자신의 재산을 기부행위를 통하여 자유로이 처분할 수 있는 가능성은 법 제3조에 의한 제한에도 불구하고 변함없이 남아 있으므로, 법 제3조가 기부를 하고자 하는 자의 재산권행사를 제한하지 아니한다. 물론, 기부를 하려는 국민도 타인의 모집행위를 통하여 누가 어떤 목적으로 기부금품을 필요로 하는가를 인식함으로써 기부행위의 동기와 기회를 부여받는다는 사실은 인정되지만, 법에 의한 제한은 단지 기부행위를 할 기회만을 제한할 뿐 재산권의 자유로운 처분에 대한 제한을 하는 것은 아니다. 국가의 간섭을 받지 아니하고 자유로이 기부행위를 할 수 있는 기회의 보장은 헌법상 보장된 재산권의 보호범위에 포함되지 않는다.

그렇다면 법 제3조에 의하여 제한되는 기본권은 행복추구권이다.」

◎ 같은 취지 : 憲 1991. 6. 3.-89헌마204; 1998. 10. 29.-97헌마345; 2001. 2. 22.-99헌마365; 2002. 1. 31.-2000헌바35

▷ **차량운행중 좌석안전띠를 착용하게 하도록 법률로 정하는 것이 일반적 행동자유권을 침해하는 것이 아니라고 본 판례**

[憲 2003. 10. 30.-2002헌마518](도로교통법 제118조 위헌확인)

「헌법 제10조 전문은 모든 국민은 인간으로서의 존엄과 가치를 지니며, 행복을 추구할 권리를 가진다고 규정하여 행복추구권을 보장하고 있고, 행복추구권은 그의 구체적인 표현으로서 일반적인 행동자유권과 개성의 자유로운 발현권을 포함한다(헌재 1991. 6. 3. 89헌마204, 판례집 3, 268, 275 ; 헌재 1998. 5. 28. 96헌가5, 판례집 10-1, 541, 549 ; 헌재 1998. 10. 29. 97헌마345, 판례집 10-2, 621, 633 등). 일반적 행동자유권은 개인이 행위를 할 것인가의 여부에 대하여 자유롭게 결단하는 것을 전제로 하여 이성적이고 책임감 있는 사람이라면 자기에 관한 사항은 스스로 처리할 수 있을 것이라는 생각에서 인정되는 것이다. 일반적 행동자유권에는 적극적으로 자유롭게 행동을 하는 것은 물론 소극적으로 행동을 하지 않을 자유 즉, 부작위의 자유도 포함되며,

포괄적인 의미의 자유권으로서 일반조항적인 성격을 가진다(헌재 1991. 6. 3. 89헌마204, 판례집 3, 268, 276 ; 헌재 1995. 7. 21. 93헌가14, 판례집 7-2, 1, 32 ; 헌재 1997. 11. 27. 97헌바10, 판례집 9-2, 651, 673 ; 헌재 2000. 6. 1. 98헌마216, 판례집 12-1, 622, 648).

즉 일반적 행동자유권은 모든 행위를 할 자유와 행위를 하지 않을 자유로 가치있는 행동만 그 보호영역으로 하는 것은 아닌 것으로, 그 보호영역에는 개인의 생활방식과 취미에 관한 사항도 포함되며, 여기에는 위험한 스포츠를 즐길 권리와 같은 위험한 생활방식으로 살아갈 권리도 포함된다.

따라서 좌석안전띠를 매지 않을 자유는 헌법 제10조의 행복추구권에서 나오는 일반적 행동자유권의 보호영역에 속한다. 이 사건 심판대상조항들은 운전할 때 좌석안전띠를 매야 할 의무를 지우고 이에 위반했을 때 범칙금을 부과하고 있으므로 청구인의 일반적 행동의 자유에 대한 제한이 존재한다.……

이 사건 심판대상조항들에 의한 청구인의 일반적 행동자유권의 제한은 정당한 공익의 실현을 위하여 필요한 정도의 제한에 해당하는 것으로서 헌법 제37조 제2항의 비례의 원칙에 위반되어 국민의 일반적 행동자유권을 과도하게 침해하는 위헌적인 규정이라 할 수 없다.」

▷ **소비자의 행복추구권에서 파생된 자기결정권에 대한 판례**

[憲 1996. 12. 26.-96헌가18](주세법 제38조의7 등에 대한 위헌제청)

「이 사건 법률조항이 규정한 구입명령제도는 소주판매업자에게 자도소주의 구입의무를 부과함으로써, 어떤 소주제조업자로부터 얼마만큼의 소주를 구입하는가를 결정하는 직업활동의 방법에 관한 자유를 제한하는 것이므로 소주판매업자의 "직업행사의 자유"를 제한하는 규정이다. 또한 구입명령제도는 비록 직접적으로는 소주판매업자에게만 구입의무를 부과하고 있으나 실질적으로는 구입명령제도가 능력경쟁을 통한 시장의 점유를 억제함으로써 소주제조업자의 "기업의 자유" 및 "경쟁의 자유"를 제한하고, 소비자가 자신의 의사에 따라 자유롭게 상품을 선택하는 것을 제약함으로써 소비자의 행복추구권에서 파생되는 "자기결정권"도 제한하고 있다.」

▷ **미성년자의 당구장출입을 법률로서 금지하는 것이 일반적인 행동자유권의 침해가 된다고 본 판례**

[憲 1993. 5. 13.-92헌마80](체육시설의설치·이용에관한법률시행규칙 제5조에 대한 헌법소원)

「이 사건 소원심판청구인인 당구장 경영자의 입장에서 침해된 기본권은 직업선택의 자유 및 평등권임은 전술과 같은데 당구장을 이용하는 고객 중 출입이 제지되는 18세 미만 소년의 입장에서 침해되는 기본권은 무엇인지 잠시 살펴보고자 한다. 특히 어떤 소년이 운동선수로 대성할 수 있는 재질로 출생하였고 그 중에서도 당구에 선천적으로 비상한 소질이 있어 그 방면에서 자신의 능력을 발휘해 보고자 하는 경우 다른 종류의 운동 지망생과의 관계에서 평등의 원칙이 문제될 수 있음은 물론이다.

요컨대 당구장 출입자의 자숙이나 시설, 환경의 정화로 당구의 실내 스포츠로서의 이미지 개선은 가능한 것으로 사료되며 당구 자체에 청소년이 금기시해야 할 요소가 있는 것으로는 보여지지 않기 때문에 당구를 통하여 자신의 소질과 취미를 살리고자 하는 소년에 대하여 당구를 금하는 것은 헌법상 보장된 행복추구권의 한 내용인 일반적인 행동자유권의 침해가 될 수 있을 것이다.

그리고 체육시설의설치·이용에관한법률의 입법목적을 달성하기 위하여서는, 당구장에 18

세 미만자의 정서함양이나 체력증진에 장애되는 요인이 있다면 그들의 출입을 봉쇄하기에 앞서서 가정과 학교, 그리고 사회가 합심 협력하여 그 요인의 제거에 주력함은 물론, 사랑과 대화와 이해로써 계몽하고 지도하고 보호함으로써 탈선을 예방하고 선도에 차질이 없도록 하여야 할 것이고(청소년기본법 제7조 제2항 참조) 아울러 미래사회의 주역이 될 청소년이 풍부한 지식을 바탕으로 건강하고 정서와 용기가 충만하며 밝고 능동적인 모습으로 자랄 수 있도록(위 같은 법 제2조 제2항 참조) 최선을 경주하는 노력이 우선되어야 할 것이다.」

▹ **사립학교의 설립자가 사립학교를 자유롭게 운영할 자유가 인정되는 근거에 일반적 행동의 자유가 포함된다고 본 판례**

[憲 2001. 1. 18.-99헌바63](사립학교법 제28조 제1항 본문 위헌소원)

「진리탐구와 인격도야의 본산이며 자유로운 인간형성을 본분으로 하는 학교에서야말로 학생들의 다양한 자질과 능력이 자유롭게 발현될 수 있는 교육제도가 마련되어야 한다. 특히 사립학교는 설립자의 의사와 재산으로 독자적인 교육목적을 구현하기 위해 설립되는 것이므로 사립학교설립의 자유와 운영의 독자성을 보장하는 것은 그 무엇과도 바꿀 수 없는 본질적 요체라고 할 수 있다. 따라서 설립자가 사립학교를 자유롭게 운영할 자유는 비록 헌법에 독일기본법 제7조 제4항과 같은 명문규정은 없으나 헌법 제10조에서 보장되는 행복추구권의 한 내용을 이루는 일반적인 행동의 자유권과 모든 국민의 능력에 따라 균등하게 교육을 받을 권리를 규정하고 있는 헌법 제31조 제1항 그리고 교육의 자주성 · 전문성 · 정치적 중립성 및 대학의 자율성을 규정하고 있는 헌법 제31조 제3항에 의하여 인정되는 기본권의 하나라 하겠다.」

▸ **자기결정권에 대한 판례**

▹ **성적자기결정권을 인정한 판례**

[憲 1990. 9. 10.-89헌마82](형법 제241조의 위헌 여부에 관한 헌법소원)

「헌법 제10조는 "모든 국민은 인간으로서의 존엄과 가치를 가지며, 행복을 추구할 권리를 가진다. 국가는 개인이 가지는 불가침의 기본적 인권을 확인하고 이를 보장할 의무를 진다"라고 규정하여 모든 기본권을 보장의 종국적 목적(기본이념)이라 할 수 있는 인간의 본질이며 고유한 가치인 개인의 인격권과 행복추구권을 보장하고 있다. 그리고 개인의 인격권 · 행복추구권에는 개인의 자기운명결정권이 전제되는 것이고, 이 자기운명결정권에는 성행위여부 및 그 상대방을 결정할 수 있는 성적자기결정권이 또한 포함되어 있으며 간통죄의 규정이 개인의 성적자기결정권을 제한하는 것임은 틀림없다. 그러나 개인의 성적자기결정권도 국가적 · 사회적 · 공공복리 등의 존중에 의한 내재적 한계가 있는 것이며, 따라서 절대적으로 보장되는 것은 아닐 뿐만 아니라 헌법 제37조 제2항이 명시하고 있듯이 질서유지(사회적 안녕질서), 공공복리(국민공동의 행복과 이익) 등 공동체 목적을 위하여 그 제한이 불가피한 경우에는 성적자기결정권의 본질적 내용을 침해하지 않는 한도에서 법률로써 제한할 수 있는 것이다. 그러므로 형법 제241조의 간통죄의 규정이 성적자기결정권을 제한하는 법률로서 헌법 제37조 제2항이 규정한 기본권제한 기준에 합치되는 법률인가를 보건대, 배우자 있는 자가 배우자 아닌 제3자와 성관계를 맺는 것은 선량한 성도덕이나, 일부일처주의의 혼인제도에 반할 뿐더러, 혼인으로 인하여 배우자에게 지고 있는 성적성실의무를 위반하는 것이 되어 혼인의 순결을 해치게 되는 것이다. 그리하여 간통행위는 국가사회의 기초인 가정의 화합을 파괴하고 배우자와 가족의 유기, 혼외자녀문제, 이혼 등 사회에 여러 가지 해악을 초래하게 되는 것이 엄연한 현실이다. 그러므로 선량한 성도덕과 일부일처주의 혼인제도의 유지 및 가족생활의 보장을 위하여서나 부부간의 성적성실의무의 수호를 위하여, 그리고 간통으로 인하여 야기되는 사회적 해악의 사전예방을 위하여서는 배우자 있는 자의 간통행위를 규제하는 것은 불가피한 것이며, 그러한 행위를 한 자를 2년 이하의 징역에 처할 수 있도록 규정한 형법 제241조의 규정은 성적자기결정권에 대한 필요 및 최소한의 제한으로서 자유와 권리의 본질적 내용을 침해하는 것은 아니라고 인정된다. 따라서 간통죄의 규정을 개인의 인간으로서의 존엄과 가치 및 행복추구권을 부당하게 침해하는 법률이라고 할 수 없다. 그리고 신체의 자유제한은 자유형을 과하는 형사처벌에 당연히 수반되는 것이므로, 그것이 적법절차에 의한 것인 이상은 다른 형벌규정과 마찬가지로 신체의 자유에 대한 부당한 제한이 될 수 없다. 만약 간통죄의 규정이 인간으로서의 존엄과 가치 및 행복추구권이나 신체의 자유 등 기본권을 부당하게 침해하는 것이라고 한다면 민법상의 일부일처제의 혼인제도(중혼금지규정)나 부부간의 동거 및 상호부양의무 등 규정도 헌법위반이라는 말이 될 것이다」

◎ 같은 취지 : 憲 1997. 7. 16.-95헌가6등; 2001. 10. 25.-2000헌바60; 2002. 10. 31.-99헌바40등

▷ **성적 자기결정권을 인정하면서도 간통행위를 범죄로 처벌하는 형법의 규정을 합헌으로 본 판례 [憲 2001. 10. 25.-2000헌바60](형법 제241조 위헌소원)**

「(1) 헌법 제10조에서 보장하는 개인의 인격권에는 개인의 자기운명결정권이 전제되는 것이고 이 자기운명결정권에는 성행위 여부 및 그 상대방을 결정할 수 있는 성적 자기결정권이 포함되어 있으며, 간통행위를 처벌하는 형법 제241조의 규정이 개인의 성적 자기결정권을 제한하는 것은 틀림없다. 그러나 배우자 있는 자가 배우자 아닌 제3자와 성관계를 맺는 것은 선량한 성도덕이나, 일부일처주의의 혼인제도에 반할 뿐더러, 혼인으로 인하여 배우자에게 지고 있는 성적 성실의무를 위반하는 것이 되는 것이다. 그러므로 선량한 성도덕과 일부일처주의 혼인제도의 유지 및 가족생활의 보장을 위하여나 부부간의 성적 성실의무의 수호를 위하여, 그리고 간통으로 인하여 야기되는 배우자와 가족의 유기, 혼외자녀 문제, 이혼 등 사회적 해악의 사전예방을 위하여 배우자 있는 자의 간통행위를 규제하는 것은 불가피한 것이며, 그러한 행위를 한 자를 2년 이하의 징역에 처할 수 있도록 규정한 형법 제241조의 규정은 성적 자기결정권에 대한 필요 및 최소한의 제한으로서 헌법 제37조 제2항에 위반되지 않는다고 할 것이다.

또 간통죄가 피해자의 인내심이나 복수심의 다과 및 행위자의 경제적 능력에 따라 법률적용의 결과가 달라지고 경제적 강자인 남자에게보다는 경제적 약자인 여자에게 불리하게 작용하는 측면이 있는 점을 무시할 수는 없으나, 이는 개인의 명예와 사생활보호를 위하여 간통죄를 친고죄로 하는데서 오는 부득이한 현상으로서 형법상 다른 친고죄에도 나타날 수 있는 문제이지 특별히 간통죄에만 해당되는 것은 아니며, 배우자 있는 자의 간통행위 규제가 불가피하고 배우자 모두에게 고소권이 인정되어 있는 이상 간통죄의 규정은 헌법 제11조 제1항의 평등원칙에도 반하지 아니한다.

아울러 간통죄의 규정은 선량한 성도덕과 일부일처주의 혼인제도의 유지, 가족생활의 보장 및 부부쌍방의 성적 성실의무의 확보를 위하여, 그리고 간통으로 인하여 생길 수 있는 사회적 해악의 사전예방을 위하여 필요한 법률이어서 "혼인과 가족생활은 개인의 존엄과 양성의 평등을 기초로 성립되고 유지되어야 하며, 국가는 이를 보장한다"라고 한 헌법 제36조 제1항의 규정에 반하는 법률이 아니라 오히려 위 헌법규정에 의하여 국가에게 부과된, 개인의 존엄과 양성의 평등을 기초로 한 혼인과 가족생활의 유지·보장의무 이행에 부합하는 법률이라 할 것이다.

(2) 다른 한편 특정의 인간행위에 대하여 그것이 불법이며 범죄라 하여 국가가 형벌권을 행사하여 이를 규제할 것인지, 아니면 단순히 도덕률에 맡길 것인지의 문제는 인간과 인간, 인간과 사회와의 상호관계를 함수로 하여 시간과 공간에 따라 그 결과를 달리할 수밖에 없는 것이고, 결국은 그 사회의 시대적인 상황·사회구성원들의 의식 등에 의하여 결정될 수밖에 없다. 따라서 간통행위에 대하여 민사상의 책임 외에 형사적 제재도 가할 것인지의 여부 및 형사적 제재방법으로서 자유형만을 과할 것인지 또는 자유형과 벌금형을 선택적으로 과할 것인지는, 여자(부인)의 간통과 남자(남편)의 간통을 다르게 처벌하거나 어느 일방의 간통만을 처벌하는 것(남녀불평등처벌주의)이 아닌 한 기본적으로 입법권자의 의지 즉 입법정책의 문제로서 입법권자의 입법형성의 자유에 속한다고 할 것이다. 물론 간통죄에 대한 오늘날 세계각국의 입법례는 이를 폐지해 가는 것이 그 추세이고, 우리 사회 역시 급속한 개인주의적·성개방적인 사고방식에 따라 성에 관한 우리 국민의 법의식에도 많은 변화가 있었고, 간통죄에 대한 적용과정에 있어서도 이혼위자료의 요구를 관철하기 위한 수단으로 잘못 이용되는 경우도 없지 않았으며, 또한 가족법의 개정(1990. 1. 13. 법 제4199호 민법 개정)에 따라 이혼을 하게 되는 경우 각 당사자에게 재산분할청구권이 부여되는 한편 자녀에 대한 친권도 남녀간에 차별없이 평등하게 보장되어 사회적 지위가 상대적으로 열악한 여성의 입장에서도 간통을 굳이 형사처벌의 방법에 의하여 해결하기보다는 민사상의 손해배상·이혼 등의 방법에 의하여 처리하는 것이 보다 합리적이라고 볼 여지가 없지도 않아 간통죄에 대한 규범력이 어느 정도 약화되었음은 이를 부인할 수 없다(위 89헌마82 결정 참조). 그러나 우리 사회의 구조와 국민의식의 커다란 변화에도 불구하고 우리 사회에서 고유의 정절관념 특히 혼인한 남녀의 정절관념은 위에서 본 바와 같이 전래적 전통윤리로서 여전히 뿌리깊게 자리잡고 있으며, 일부일처제의 유지와 부부간의 성에 대한 성실의무는 우리 사회의 도덕기준으로 정립되어 있어서, 간통은 결국 현재의 상황에서는 사회의 질서를 해치고 타인의 권리를 침해하는 경우에 해당한다고 보는 우리의 법의식은 여전히 유효하다고 아니할 수 없다.

(3) 그러므로 건전한 성도덕과 일부일처주의 혼인제도의 유지 및 가족생활의 보장을 위하여서나 부부간의 성적 성실의무의 수호를 위하여, 그리고 간통으로 인하여 야기되는 사회적 해악의 사전예방을 위하여는 배우자 있는 자의 간통행위를 규제하는 것은 불가피하다고 보아, 그러한 행위를 한 자를 2년 이하의 징역에 처할 수 있도록 규정한 형법 제241조의 규정은 위와 같은 우리의 법의식을 바탕으로 한 입법권자의 입법형성의 자유에 속하는 범위 내의 것으로서 헌법에 위반된다고 할 수 없다고 할 것이다.

다만 입법자로서는 그동안 꾸준히 제기되고 있는 간통죄폐지론의 논거로 주장되고 있는바, 첫째 기본적으로 개인간의 윤리적 문제에 속하는 간통죄는 세계적으로 폐지추세에 있으며, 둘째 개인의 사생활 영역에 속하는 내밀한 성적 문제에 법이 개입함은 부적절하고, 셋째 협박이나 위자료를 받기 위한 수단으로 악용되는 경우가 많으며, 넷째 수사나 재판과정에서 대부분 고소취소되어 국가 형벌로서의 처단기능이 약화되었을 뿐만 아니라, 다섯째 형사정책적으로 보더라도 형벌의 억지효나 재사회화의 효과는 거의 없고, 여섯째 가정이나 여성보호를 위한 실효성도 의문이라는 점 등과 관련, 우리의 법의식의 흐름과의 면밀한 검토를 통하여 앞으로 간통죄의 폐지 여부에 대한 진지한 접근이 요구된다고 하겠다.」

⇔ 재판관 1인(재판관 권성)의 반대의견

「간통죄의 처벌은 원래가 유부녀를 대상으로 한 것이었으므로 간통죄의 핵심은 유부녀의 간통에 대한 처벌에 있고 따라서 그 위헌 여부의 논의도 유부녀의 간통을 대상으로 하여야 하고 또 그로써 충분하다. 유부녀의 간통은 윤리적 비난과 도덕적 회오의 대상이지 국가가 개입하여 형벌로 다스려야 할 일 즉 범죄가 아니며, 간통에 대한 형사처벌은 이미 애정과 신의가 깨어진 상대 배우자만을 사랑하도록 국가가 강제하는 것이 되는데 이것은 헌법 제10조가 보장하는 당사자의 인격적 자주성, 즉 성적 자기결정권을 박탈하여 성적인 예속을 강제하는 것이므로 인간의 존엄성을 침해하는 위헌규정이다.」

◎ 같은 취지 : 憲 1990. 9. 10.-89헌마82

▹ 성적 자기결정권을 인정하면서도 혼인빙자간음죄를 범죄로 처벌하는 형법의 규정을 합헌으로 본 판례 [憲 2002. 10. 31.-99헌바40등](형법 제304조 위헌소원)

「(1) 성적 자기결정권을 침해하는지 여부

(가) 성적 자기결정권의 의미

헌법 제10조에서 보장하는 인격권 및 행복추구권, 헌법 제17조에서 보장하는 사생활의 비밀과 자유는 타인의 간섭을 받지 아니하고 누구나 자기운명을 스스로 결정할 수 있는 권리를 전제로 하는 것이다. 이러한 권리내용 중에 성적 자기결정권이 포함되는 것은 물론이다(헌재 1990. 9. 10. 89헌마82, 판례집 2, 306, 310 ; 헌재 1997. 7. 16. 95헌가6 등, 판례집 9-2, 1, 16-17 ; 헌재 2001. 10. 25. 2000헌바60, 판례집 13-2, 480, 485 등 참조).

성적 자기결정권은 각인 스스로 선택한 인생관 등을 바탕으로 사회공동체 안에서 각자가 독자적으로 성적 관(觀)을 확립하고, 이에 따라 사생활의 영역에서 자기 스스로 내린 성적 결정에 따라 자기책임하에 상대방을 선택하고 성관계를 가질 권리를 의미하는 것이다.

(나) 혼인빙자간음죄의 위법성과 처벌의 필요성

1) 이러한 관점에서 볼 때, 비록 여성의 입장에서도 그 상대 남성이 설혹 결혼을 약속하면서 성행위를 요구한다고 하더라도 혼전 성관계를 가질 것인지 아닌지는 여성 스스로 판단하고 그에 따르는 책임도 스스로 지는 것이 원칙이다. 그리고 이러한 남녀간의 성문제는 기본적으로 개인간의 은밀한 사생활의 영역에 속하는 것이어서 범죄적인 측면보다는 도덕·윤리적인 측면이 강하게 드러나는 점을 부인할 수는 없다.

2) 그러나 남성이 오로지 여성의 성만을 한낱 쾌락의 성(城)으로만 여기고 계획적으로 접근한 뒤 가장된 결혼의 무기를 사용하여 성을 편취할 경우, 그 평가는 전혀 달라져야 하고 또 달라야 한다. 성의 순결성을 믿고있는 여성에게도 상대방을 평생의 반려자로 받아들이겠다는 엄숙한 혼인의 다짐 앞에서는 쉽사리 무너질 수밖에 없다. 따라서 혼인을 빙자하는 이와 같은 교활한 무기에 의한 여성의 성에 대한 공략은 이미 사생활 영역의 자유로운 성적결정의 문제라거나 동기의 비도덕성에 그치는 차원을 벗어난 것이다. 이러한 행위는 마땅히 형법적 평가의 대상이 되어야 하고, 조심스럽기는 하나 국가형벌권이 개입할 지평을 열어야 한다고 생각한다. 되짚어보면 우리 사회에서 혼인이 상징하는 의미에 비추어 "평생을 일심동체로 함께 하겠다"고 하면서 결혼을 앞세우고 이러한 전제 아래 위장된 호의와 달콤한 유혹으로 파상적 공세를 취하여 올 때, 미혼의 여성이 자신의 성을 꿋꿋하게 지켜나간다는 것은 지극히 어려운 일일 수 있다. 바로 이러한 점을 악용하여 교활하게도 엄숙한 결혼의 서약을 강력히 앞세워 여성을 유혹하고 언필칭 상호 합의에 의한 성관계라는 이름으로 순결한 성을 짓밟고 유린하

는 행위는 남성의 성적자기결정권의 한계를 벗어난 것일 뿐만 아니라, 여성의 진정한 자유의사 즉 성적자기결정권을 명백하게 침해하는 것이 아닐 수 없다. 예컨대 유부남이 미혼인 것처럼 여성에게 접근하여 결혼을 빙자하고 성관계를 요구하거나, 약혼녀와 이미 성관계를 맺고 있는 남성이 다른 여성에게 결혼을 빙자하면서 성관계를 요구하는 행위를 두고 이를 가리켜 사생활 영역의 도덕성 문제로만 치부해서는 안될 것이다.

3) 여성의 성은 강간이나 강제추행죄의 경우처럼 그 의사를 억압하여 강제적으로 취할 수도 있고, 통상적인 구애 수준을 벗어난 강력한 속임수, 가령 혼인을 빙자하는 위장수단으로 중대한 착오에 빠뜨려 성을 편취함으로써 성적자기결정권을 침해할 수도 있는 점에서 그 위법성과 처벌의 필요성이 크게 다를 바 없다. 민법상 이러한 기망행위는 취소하고 그 원상회복을 할 수 있도록 제도적 배려를 하고 있고, 형사법 분야에서도 이를 범죄(사기)로 다스려 처벌하고 있다. 성행위를 재산상 거래행위와 같은 관점에서 평가할 수는 없으나 혼인빙자간음죄의 경우에는 이미 행하여진 성행위를 그 이전의 상태로 되돌릴 방법이 없고, 그로 인한 육체적 상처와 정신적 고통은 도저히 회복이 불가능한 점에서 그 가벌성이 더욱 큰 점은 누구도 부인할 수 없을 것이다.

4) 성의 자유화, 개방화 추세에 따라 남녀간의 성문제가 종전과는 다른 양상을 보이는 것은 사실이다. 그러나 여성은 여전히 사회적으로 불리한 약자의 지위에 놓여있고 아직도 여성의 성은 이러한 지위에 종속되어 있다. 성교행위로 인한 여성의 임신가능성 등 신체구조상의 차이로 보나, 여전히 사회 속에 뿌리깊은 남성본위의 사고방식에 혼전 성관계에 대한 남녀차별적인 인식 등을 고려할 때, 성문제에 있어서 여성은 도저히 남성과 대등한 입장에 있다고 볼 수 없다. 이러한 점에서 볼 때 국가가 여성의 성적자기결정권을 보호하는 이유는 여성이 남성에 비하여 열등한 존재라거나 그 결정권을 행사할 능력이 부족해서가 아니라, 파렴치한 남성의 간음행위로 돌이킬 수 없는 충격과 피해를 입은 여성을 보호하자는 데서 찾을 수 있다.

5) 따라서 혼인빙자간음죄는 모든 성행위에 국가가 함부로 개입하여 형벌을 가하고 그로 인하여 혼전 성관계를 가진 자로 하여금 불행한 결혼을 일률적으로 강제하는 기능을 수행하는 것이 아니다. 또한 다소 과장된 정도의 구애표현이나 유혹까지 금지하거나, 진정한 혼인의사로 성교를 나눈 뒤 사정변경으로 변심한 경우까지 그 처벌의 대상으로 하는 것도 아니다. 오직 결혼의사도 없이 혼인을 빙자하는 기망의 수법을 사용하여 음행의 상습 없는 부녀로 하여금 혼전 성관계에 이르도록 유인하여 성을 편취하는 반사회적인 행위를 제재하는 것일 뿐이다.

(다) 행복추구권, 사생활의 비밀과 자유를 침해하는지 여부

이 사건 법률조항은 동일한 시각에서 입장을 바꾸어 보면, 청구인들의 성적자기결정권을 제한하는 측면도 있는 것이 사실이다.

그러나 앞서 본 바와 같이 혼인을 빙자한 부녀자 간음행위는 그 또한 피해 여성의 성적자기결정권을 침해하는 것이 되어 기본권행사의 내재적 한계를 명백히 벗어난 것으로서, 사회의 질서유지를 위하여 그 제한이 불가피하다 할 것이다. 나아가 혼인빙자간음행위를 한 자를 2년 이하의 징역 또는 500만원 이하의 벌금에 처할 수 있도록 규정한 이 사건 법률조항은 청구인들의 성적자기결정권에 대한 필요 최소한의 제한으로서 그 본질적인 부분을 침해하는 것도 아니므로 헌법 제37조 제2항의 과잉금지의 원칙에 위반된다고 볼 것도 아니다. 따라서 이 사건 법률조항으로 말미암아 청구인들의 행복추구권이나 사생활의 비밀과 자유가 침해되었다고

할 수 없다.」

⇔ **재판관 1인(재판관 권성)의 반대의견**

「이 사건 법률조항이 혼인빙자행위를 다른 위계행위와 형법적으로 동일하게 평가하여 이를 처벌하는 것은 헌법상의 과잉금지원칙을 위반함으로써 헌법 제10조가 보장하는 인간의 자존과 행복추구권을 침해하여 위헌이라고 생각한다. 따라서 다른 점에 대하여 더 판단할 것도 없이 이 사건 심판대상규정 중 '혼인을 빙자하거나'라는 부분에 대하여는, 이에 대한 형사처벌이 헌법상의 과잉금지원칙에 위배되고 헌법 제10조가 보장하는 인간의 자존과 행복추구권을 침해함을 이유로, 위헌을 선고하여야 할 것이다.」

⇔ **재판관 1인(재판관 주선회)의 반대의견**

「불순한 동기에 의한 성행위는 도덕과 윤리의 문제에 불과할 뿐, 사회적으로 유해한 행위에 해당하지 않으므로, 국가가 이러한 개인의 사생활 영역까지 규제해야 할 아무런 정당성을 찾을 수 없는 것이다. 이 사건 법률조항은 독자적인 인격체로서 자기 책임 아래 성적 자기결정권을 행사할 수 있는 여성의 능력을 부인함으로써 여성의 존엄과 가치에 반하여 그의 인격권을 침해하고, 나아가 형법적으로 보호해야 할 법익이 없음에도 개인의 성행위를 형벌로써 규율함으로써 개인의 성적 자기결정권을 침해하는 위헌적인 규정이다.」

▸ **일반적 인격권에 대한 판례**

▹ **일반적 인격권이 헌법 제10조에서 도출되는 개별적 기본권으로 인정한 판례**

[憲 1991. 9. 16.-89헌마165](정기간행물의등록등에관한법률 제16조 제3항, 제19조 제3항의 위헌 여부에 관한 헌법소원 등)

「우리 헌법 제10조는 "모든 국민은 인간으로서의 존엄과 가치를 가지며, 행복을 추구할 권리를 가진다"라고 규정하고 있고 제17조는 "모든 국민은 사생활의 비밀과 자유를 침해받지 아니한다"고 규정하고 있으며 한편 제21조의 제1항은 "모든 국민은 언론·출판의 자유를 가진다"라고 규정하고, 제4항은 "언론·출판이 타인의 명예나 권리 또는 공중도덕이나 사회윤리를 침해하여서는 아니된다"고 규정함으로써 언론·출판의 자유를 보장하는 동시에 언론·출판의 자유가 민주사회에서 비록 중요한 기능을 수행한다고 하더라도 그것이 인간의 존엄성에서 유래하는 개인의 일반적 인격권 등의 희생을 강요할 수는 없음을 분명히 밝히고 있다.」

[憲 1997. 3. 27.-95헌가14등](민법 제847조 제1항 위헌제청 등)

「헌법 제10조는 모든 국민은 인간으로서의 존엄과 가치를 가지며 행복을 추구할 권리가 있다고 규정하고 있는바, 이로써 모든 국민은 그의 존엄한 인격권을 바탕으로 하여 자율적으로 자신의 생활영역을 형성해 나갈 수 있는 권리를 가지는 것이다. 그런데 이 사건의 경우 친생부인의 소의 제척기간을 일률적으로 자의 출생을 안 날로부터 1년으로 규정함으로써 부가 자의 친생자 여부에 대한 의심도 가지기 전에 그 제척기간이 경과하여 버려 결과적으로 부로 하여금 혈연관계가 없는 친자관계를 부인할 수 있는 기회를 극단적으로 제한하고 또 자의 출생 후 1년이 지나서 비로소 그의 자가 아님을 알게 된 부로 하여금 당사자의 의사에 반하면서까지 친생부인권을 상실하게 하는 것이다. 이는 인간이 가지는 보편적 감정에도 반할 뿐 아니라 자유로운 의사에 따라 친자관계를 부인하고자 하는 부의 가정생활과 신분관계에서 누려야 할 인격권 및 행복추구권을 침해하고 있는 것이다.」

[憲 2001. 7. 19.-2000헌마546](유치장 내 화장실 설치 및 관리행위 위헌확인)

「위와 같은 구조의 이 사건 화장실사용을 강제한 피청구인의 행위가 청구인들의 인격권을 침해하였는지 여부에 관하여 살펴본다.

1) 유치장에 수용되어 있는 유치인들 중에서는 불안한 심리상태에서 자해, 자살을 하거나, 같이 수용된 다른 유치인들에게 가해행위를 하거나, 도주를 기도하는 등의 행동을 하는 자가 있으므로 유치인들의 동태를 감시할 필요성이 있는 점은 부인할 수 없다. 따라서 화장실을 유치실 내에 두어 유치장에 수용되어 있는 다수의 유치인들이 용변을 볼 때마다 유치실 밖으로 드나들 필요가 없도록 하고, 어느 정도 유치실 내 화장실을 포함한 그 내부를 관찰할 수 있는 구조로 설치하는 것에 대해서도 일단 그 타당성을 인정할 수 있다.

그러나 감시와 통제의 효율성에만 치중하여 앞서 본 바와 같이 지나치게 열악한 구조의 화장실사용을 모든 유치인들에게 일률적으로 강요하는 것은 미결수용자의 자유와 권리에 대한 제한이 구금의 목적인 도망·증거인멸의 방지와 시설 내의 규율 및 안전 유지를 위한 필요최소한의 합리적인 범위를 벗어나서는 아니 된다는 원칙에 부합하기 어렵다.

또한 일반적으로 유치인들의 동태에 대한 감시가 필요하다 하더라도 이러한 감시가 가능하면서도 덜 개방적인 다른 구조의 시설 설치가 불가능한 것도 아니다. 예를 들어서, 하체를 가려줄 만한 높이의 하단부 차페벽 위에 반투명한 재료를 사용한 차페시설을 설치하여 어느 정도 그 행동을 감시할 수 있도록 하면서도 신체부위의 노출과 냄새의 직접적 유출을 막고, 용변을 보는 자로 하여금 타인으로부터 관찰되고 있다는 느낌을 보다 덜 가질 수 있는 독립적 공간을 만들 수 있는 것이다.

더구나 구속영장이 집행된 미결수용자 또는 유죄판결이 확정된 수형자들이 사용하는 영등포구치소 또는 영등포교도소의 수용실 내 화장실은 내부의 관찰이 어느 정도 가능한 재료로 되어 있기는 하지만, 이 사건 화장실과는 달리 차페시설이 천장까지 닿도록 되어 있어 독립적인 공간이 어느 정도 확보되어 있고 창문 등 환기시설도 따로 설치되어 있었다.

2) 헌법 제10조에서는 "모든 국민은 인간으로서의 존엄과 가치를 가지며, 행복을 추구할 권리를 가진다"라고 하여 모든 기본권의 종국적 목적이자 기본이념이라 할 수 있는 인간의 존엄과 가치를 규정하고 있는바, 이는 인간의 본질적이고도 고유한 가치로서 모든 경우에 최대한 존중되어야 한다.

그런데 앞에서 본 사실관계에 비추어 보면, 보통의 평범한 성인인 청구인들로서는 내밀한 신체부위가 노출될 수 있고 역겨운 냄새, 소리 등이 흘러나오는 가운데 용변을 보지 않을 수 없는 상황에 있었으므로 그때마다 수치심과 당혹감, 굴욕감을 느꼈을 것이고 나아가 생리적 욕구까지도 억제해야만 했을 것임을 어렵지 않게 알 수 있다. 나아가 함께 수용되어 있던 다른 유치인들로서도 누군가가 용변을 볼 때마다 불쾌감과 역겨움을 감내하고 이를 지켜보면서 마찬가지의 감정을 느꼈을 것이다.

그렇다면, 이 사건 청구인들로 하여금 유치기간동안 위와 같은 구조의 화장실을 사용하도록 강제한 피청구인의 행위는 인간으로서의 기본적 품위를 유지할 수 없도록 하는 것으로서, 수인하기 어려운 정도라고 보여지므로 전체적으로 볼 때 비인도적·굴욕적일 뿐만 아니라 동시에 비록 건강을 침해할 정도는 아니라고 할지라도 헌법 제10조의 인간의 존엄과 가치로부터 유래하는 인격권을 침해하는 정도에 이르렀다고 판단된다.」

[憲 2002. 7. 18.-2000헌마327](신체과잉수색행위 위헌확인)

「헌법 제10조는 모든 기본권 보장의 종국적 목적이자 기본이념이라 할 수 있는 인간의 본질적이고 고유한 가치인 인간의 존엄과 가치로부터 유래하는 인격권을 보장하고 있고(헌재 1990. 9. 10. 89헌마82, 판례집 2, 306, 310 등 참조), 제12조는 정신적 자유와 더불어 인간의 존엄과 가치를 구현하기 위한 가장 기본적인 자유로서 모든 기본권 보장의 전제가 되는 신체의 자유를 보장하고 있다(헌재 1992. 4. 14. 90헌마82, 판례집 4, 194, 206 등 참조). 따라서 구 행형법 제68조 등에 근거하여 경찰서 유치장 내의 수용자에 대한 정밀신체검사의 실시에 따라 국민의 기본권에 대한 제한이 불가피하다 하더라도, 그 본질적인 내용을 침해하거나, 목적의 정당성, 방법의 적정성, 피해의 최소성 및 법익의 균형성 등을 의미하는 과잉금지의 원칙에 위배되어서는 아니 된다(헌재 1997. 3. 27. 95헌가17, 판례집 9-1, 219, 234 ; 헌재 1998. 5. 28. 95헌바18 판례집 10-1, 583, 595 등 참조).

그런데 앞에서 본 바와 같이 청구인들은 공직선거및선거부정방지법위반의 현행범으로 체포된 여자들로서 체포될 당시 흉기 등 위험물을 소지 은닉하고 있었을 가능성이 거의 없었고, 처음 유치장에 수용될 당시 신체검사를 통하여 흉기 등 위험물 및 반입금지물품의 소지 · 은닉 여부를 조사하여 그러한 물품이 없다는 사실을 이미 확인하였으며, 청구인들이 변호인 접견실에서 변호인을 집단으로 접견할 당시 경찰관이 가시거리에서 변호인 접견과정을 일일이 육안으로 감시하면서 일부 청구인의 휴대폰 사용을 제지하기도 하였던 점 등에 비추어 청구인들이유치장에 재수용되는 과정에서 흉기 등 위험물이나 반입금지물품을 소지 · 은닉할 가능성도 극히 낮았다. 또한 성남 남부경찰서의 경우 변호인 접견 후 신체검사를 실시하여 흉기 등 위험물이나 반입금지물품의 소지 · 은닉을 적발한 사례가 없었던 사실을 피청구인이 자인하였으며, 특히 청구인들의 옷을 전부 벗긴 상태에서 앉았다 일어서기를 반복하게 하는 방법의 이 사건 신체수색은 그 자체로서 청구인들의 명예와 자존심 등을 심하게 손상하는 점 등을 함께 보태어 보면, 피청구인이 청구인들에 대하여 실시한 이 사건 신체수색은 그 수단과 방법에 있어서 필요 최소한의 범위를 명백하게 벗어난 조치로서 이 사건 신체수색으로 말미암아 청구인들에게 심한 모욕감과 수치심만을 안겨주었다고 인정하기에 충분하다.

그렇다면 피청구인의 청구인들에 대한 이러한 과도한 이 사건 신체수색은 그 필요성에도 불구하고 그 수단과 방법에 있어서 필요한 최소한도의 범위를 벗어났을 뿐만 아니라, 이로 인하여 청구인들로 하여금 인간으로서의 기본적 품위를 유지할 수 없도록 함으로써 수인하기 어려운 정도라고 보여지므로 헌법 제10조의 인간의 존엄과 가치로부터 유래하는 인격권 및 제12조의 신체의 자유를 침해하는 정도에 이르렀다고 판단된다.」

[憲 2003. 6. 26.-2002헌가14](청소년의성보호에관한법률 제20조 제2항 제1호 등 위헌제청)

「헌법 제10조 제1문은 "모든 국민은 인간으로서의 존엄과 가치를 가지며, 행복을 추구할 권리를 가진다"고 규정하고 있는데, 이 조항이 보호하는 인간의 존엄성으로부터 개인의 일반적 인격권이 보장된다(헌재 1990. 9. 10. 89헌마82, 판례집 2, 306, 310 ; 1991. 9. 16. 89헌마165, 판례집 3, 518, 526-527).

또한 헌법 제17조는 "모든 국민은 사생활의 비밀과 자유를 침해받지 아니한다"고 규정하고 있다.

신상공개제도는 국가가 개인의 신상에 관한 사항 및 청소년의 성매수 등에 관한 범죄의 내용을 대중에게 공개함으로써 개인의 일반적 인격권을 제한하며, 한편 사생활의 비밀에 해당하는 사항을 국가가 일방적으로 공개하는 것이므로, 이는 일반적 인격권과 사생활의 비밀의 자유를 제한하는 것이라 할 것이다.……

그렇다면 법 제20조 제2항 제1호의 신상공개제도는 법률이 정한 형식적 절차에 따라 이루어지며 그 절차의 내용도 합리성과 정당성을 갖춘 것이라고 볼 것이므로 절차적 적법절차원칙에 위반되는 것이라 할 수 없다.」

⇔ 재판관 5인(재판관 한대현, 재판관 김영일, 재판관 권성, 재판관 송인준, 재판관 주선회)의 반대의견

「(1) 인격권의 침해

(가) 사회활동을 통한 개인의 자유로운 인격발현을 위해서는, 타인의 눈에 비치는 자신의 모습을 형성하는 데 있어 결정적인 인자가 될 수 있는 각종 정보자료에 관하여 스스로 결정할 수 있는 권리, 다시 말하여 사회적 인격상에 관한 자기결정권이 보장되어야 한다. 그런데 이 사건 신상공개제도는 이러한 사회적 인격상에 관한 자기결정권을 현저하게 제한함으로써 범죄인의 인격권에 중대한 훼손을 초래한다.

(나) 신상공개제도는 소위 '현대판 주홍글씨'에 비견할 정도로 수치형과 매우 흡사한 특성을 지닌다. 즉, 현행 신상공개제도는 대상자를 독자적 인격의 주체로서 존중하기보다는 대중에 대한 전시(展示)에 이용함으로써 단순히 범죄퇴치수단으로 취급하는 인상이 짙다. 그러나 이는 비록 범죄인일망정 그가 지니는 인간으로서의 기본적인 존엄과 가치를 보장하는 것이 국가적 의무임을 천명한 우리 헌법의 이념에 정면으로 배치되는 것이라 아니할 수 없다.

(다) 청소년 성매매의 폐습을 치유함에 있어서는, 형벌이나 신상공개와 같은 처벌 일변도가 아니라, 성범죄자의 치료나 효율적 감시, 청소년에 대한 선도, 기타 청소년 유해환경을 개선하기 위한 정책 추진과 같은 다양한 수단들을 종합적으로 활용하는 것이 얼마든지 가능하고, 오히려 전체 청소년 성매수 사건 중 적발되는 사건의 비율이 극히 미미한 현실에 비추어 볼 때 이와 같은 근본적인 예방책에 치중하는 것이 더 바람직한 것으로 보인다. 그러함에도 국가가 이러한 노력을 다하기도 전에 개인의 인격권에 중대한 침해를 가져올 수 있는 신상공개라는 비정상적인 방법을 동원하는 것은 최소침해성의 관점에서도 문제가 있다.

(라) 무릇 형벌은 개인의 자유와 안전에 대한 중대한 침해를 가져오는 탓에 국가적 제재의 최후수단(ultima ratio)으로 평가된다. 그런데 이미 그러한 형벌까지 부과된 마당에, 형벌과 다른 목적이나 기능을 가지는 것도 아니면서, 형벌보다 더 가혹할 수도 있는 신상공개를 하도록 한 것은 국가공권력의 지나친 남용이다. 더구나, 신상공개로 인해 공개대상자의 기본적 권리가 심대하게 훼손되는 데에 비해 그 범죄억지의 효과가 너무도 미미하거나 불확실한바, 이러한 점에서도 법익의 균형성을 현저히 잃고 있다고 판단된다.

(마) 결국 청소년 성매수자에 대한 신상공개는 대상자의 인격권을 과도하게 침해하고 있다고 할 것이다.」

[憲 2003. 12. 18.-2001헌마163](계구사용행위 위헌확인)

「(1) 청구인은 2000. 3. 7.(가죽수갑은 같은 달 11.)부터 2001. 4. 2.까지 총 392일(가죽수갑은 388일) 동안 많아야 하루 1, 2시간 정도 목욕이나 집필 등을 이유로 일시 해제된 것을 제외하고 계속하여 수갑 등의 계구를 착용하고 있었고 이에 따라 양팔이 허리에 고정되어 거동이 자유롭지 않은 상태에서 일상생활을 영위하며 식사, 취침, 용변 등의 문제를 해결할 수밖에 없었다.

따라서 청구인이 이 사건 계구사용행위로 인하여 헌법 제12조에 의하여 보장되는 신체의 자유를 침해받았는지 여부가 문제되며 나아가 이로 인하여 인간으로서 최소한 보장되어야 할 품위를 유지하기 어려운 상황에 놓이게 됨에 따라 헌법 제10조에 의하여 보장되는 인간의 존엄과 가치의 훼손 역시 문제가 된다.……

(7) 나아가 청구인은 이 사건 계구사용행위로 인하여 장기간 필요이상으로 신체의 자유를 제한 받음으로써 헌법상의 가장 기본적인 가치인 인간의 존엄성에 심대한 타격을 입은 것으로 볼 수 있다.

앞서 살펴본 바와 같이 청구인은 가장 기본적인 생리현상을 해결할 때마다 인간으로서의 기본적인 품위유지조차 어려운 생활을 장기간 강요당했으므로 그 자체로 인간의 존엄성을 훼손당한 것으로 볼 수 있다.

이에 대하여 피청구인들은 계구를 착용하는 모든 개별 수용자들이 필요로 할 때마다 계구를 해제하는 등의 조치를 취하는 것은 제한된 시설과 인력하에서 교도행정상 상당한 어려움이 있으며 이를 위하여 시설을 보완하고 감시를 강화하려면 많은 비용이 필요하므로 위와 같은 계구사용에 의한 피해는 불가피하다고 주장할 수도 있다. 그러나 시설이나 비용의 제한을 이유로 수용자들에게 비인간적인 생활을 강요하는 것은 헌법의 기본정신에 위반되며 인간의 존엄성을 침해하는 것으로 허용될 수 없다.

(8) 따라서 이 사건 계구사용행위는 기본권 제한을 최소화하면서도 도주, 자살 또는 자해의 방지 등과 같은 목적을 달성할 수 있음에도 불구하고 헌법 제37조 제2항에 정해진 기본권제한의 한계를 넘어 필요 이상으로 장기간, 그리고 과도하게 청구인의 신체거동의 자유를 제한하고 최소한의 인간적인 생활을 불가능하도록 하여 청구인의 신체의 자유를 침해하고, 나아가 인간의 존엄성을 침해한 것으로 판단된다.」

◎ 같은 취지 : 憲 1990. 9. 10.-89헌마82

▹ **명예권을 헌법 제10조에서 도출되는 개별적 기본권으로 인정한 판례**

[憲 2002. 1. 31.-2001헌바43](독점규제및공정거래에관한법률 제27조 위헌소원)

※ 〈제5편 - 제1장 - 1. - □ 내용〉 판례 인용부분 참조

▹ **성명권과 관련하여 부성주의방식을 원칙으로 하고 모성주의방식을 예외로 하는 성제도를 정하는 것은 원칙적으로 국회의 입법형성의 자유에 속하는 것이나 이러한 방식이 부당한 경우에까지 이를 강제하는 것은 개인의 인격권이나 존엄 또는 양성의 평등을 침해하는 것으로 본 판례**

[憲 2005. 12. 22.-2003헌가6](민법 제781조 제1항 위헌제청)

⇒ 재판관 5인(재판관 윤영철, 재판관 김효종, 재판관 김경일, 재판관 주선회, 재판관 이공현)의 의견(헌법불합치)

「(2) 성(姓)의 사용에 관한 입법형성의 자유와 그 한계

(가) 성에 관한 규율의 입법형성권

성명은 개인의 동일성을 식별하는 기호로서 개인의 정체성과 개별성을 상징한다. 사회 속에서 개인이 어떠한 성명으로 상징되고 인식되는가는 누구보다도 그 성명을 사용하는 개인에게 중요한 문제라고 할 것이므로 개인은 원칙적으로 자신이 원하는 내용으로 성명을 결정하여 사용할 수 있어야 한다. 따라서 성명의 구성요소인 성(姓)도 개인의 의사에 따라 자유롭게 결정하고 사용할 수 있다고 할 것이다.

그러나 한편으로 성명은 인간의 모든 사회적 생활관계 형성의 기초가 된다는 점에서 중요한 사회질서에 속한다. 성명의 특정은 사회 전체의 법적 안정성의 기초이므로 이를 위해 국가는 개인이 사용하는 성명에 대해 일정한 규율을 가할 수 있으며 그러한 제한은 불가피한 것이기도 하다. 결국 개인이 성명의 구성요소인 성을 결정하고 사용하는 것에 대해서도 국가가 개입하여 규율할 수 있으며, 다만 그와 같은 규율에 있어 국가가 어느 정도로 개입할 수 있을 것인지가 문제될 뿐이다.

그런데 성은 기호가 가지는 성질로 인해 개인의 권리의무에 미치는 실질적인 영향력이 크지 않으며, 성의 사용에 대한 입법은 주로 새로운 규율을 창설하는 것이라기보다는 이미 존재하는 생활양식을 반영하는 형태로 이루어진다는 점에서 성의 사용에 관한 규율에는 폭넓은 입법형성의 자유가 인정된다고 할 것이다.

(나) 성의 사용에 관한 입법형성의 한계

헌법은 제10조에서 "모든 국민은 인간으로서의 존엄과 가치를 가지며 행복을 추구할 권리가 있다"고 규정하여 모든 국민이 자신의 존엄한 인격권을 바탕으로 자율적으로 자신의 생활영역을 형성해 나갈 수 있는 권리를 보장하고 있는데(헌재 1997. 3. 27. 95헌가14등, 판례집 9-1, 193, 204 참조) 성명은 개인의 정체성과 개별성을 나타내는 인격의 상징으로서 개인이 사회 속에서 자신의 생활영역을 형성하고 발현하는 기초가 되는 것이라 할 것이므로 자유로운 성의 사용 역시 헌법상 인격권으로부터 보호된다고 할 수 있다. 그리고 헌법 제36조 제1항은 "혼인과 가족생활은 개인의 존엄과 양성의 평등을 기초로 성립되고 유지되어야 하며 국가는 이를 보장한다"고 규정하여 개인의 존엄과 양성의 평등을 기초로 한 가족제도를 헌법적 차원에서 보장하고 있는바, 성은 혈통을 상징하는 기호로서 개인의 혈통관계를 어떻게 성으로 반영할 것인지의 문제이며 이는 가족제도의 한 내용을 이루는 것이다.

성에 관한 규율에 대해 폭넓은 입법형성의 자유가 인정된다고 하더라도 그것이 헌법적 이념과 가치에 반하는 것일 수는 없으므로 개인의 인격권을 침해하는 것이거나 개인의 존엄과 양성의 평등에 반하는 내용으로 가족제도를 형성할 수 없다는 한계를 가진다.

(3) 부성주의 자체의 위헌 여부

(가) 양계 혈통 반영의 문제점 ……

이와 같이 성을 통해 인간의 혈통을 모두 반영하는 것은 사실상 불가능할 뿐 아니라 성을 사용하는 제도적 의의가 오로지 인간의 생물학적 혈통의 공시에 있는 것은 아닌 한, 성이 개인의 혈통을 제한된 범위에서만 반영하는 것도 허용된다고 볼 것이다. 따라서 부성주의가 모의 혈통을 반영하지 못하는 한계를 가진다고 해서 그 자체로 성의 본질에 반한다거나 입법형성의 한계를 벗어난 것이라 할 수는 없다.

(나) 성에 관한 사회 일반의 의식 ……

결국 사회상의 변화와 지배적 가치질서의 변화에도 불구하고 오늘날에 있어서도 부성주의는 여전히 우리 사회의 대다수 구성원이 자연스럽게 받아들이고 있는 생활양식이라고 판단되는 상황에서 이 사건 법률조항은 그와 같은 생활양식을 반영하여 성의 사용에 대한 원칙 규정으로서 부성주의를 규정한 것이라 할 것이다.

(다) 부성주의로 인한 구체적인 권리침해의 부존재 ……

이와 같이 부성주의는 개인의 구체적인 권리의무나 법적 지위에 실체적인 영향을 미치지 않으므로 부성주의로 인한 사실상의 차별적 효과가 개인의 존엄과 양성의 평등을 침해하는 정도에 이른다고 볼 수 없다.

(라) 소 결

위에서 본 바와 같이 양계 혈통을 모두 성으로 반영하기는 곤란한 점, 부성의 사용에 관한 사회 일반의 의식, 성의 사용이 개인의 구체적인 권리의무에 영향을 미치지 않는 점 등을 고려하여 이 사건 법률조항이 성의 사용 기준으로서 부성주의를 원칙으로 규정한 것은 성에 관한 규율을 정하는 입법형성의 한계를 벗어난 것으로 볼 수 없어 이 사건 법률조항 자체는 헌법 제10조, 제36조 제1항에 위반된다고 할 수 없다.

(4) 예외적 상황에 대한 배려 없는 부성주의의 위헌성

(가) 부성주의에 대한 예외의 필요성 ……

이 사건 법률조항은 통상적인 가족관계의 형성과 존속을 전제로 부성주의를 규정하면서도 극히 제한된 예외만을 둠으로써 부성의 사용이 강제됨으로 인해 개인의 자유와 평등에 대한 심각한 침해 가능성이 있는 예외적 상황에 대한 배려를 실질적으로 거의 규정하고 있지 않다.

(나) 부성주의에 대한 극히 제한된 예외 조항 ……

민법이 부성주의에 대한 예외로 인정하고 있는 경우는 부가 외국인인 경우에 모의 성을 따를 수 있도록 한 것(제781조 제1항 단서)과 처(妻)가 그 친가(親家)의 호주(戶主) 또는 호주승계인(戶主承繼人)이고 부(夫)가 처(妻)의 가(家)에 입적(入籍)한 이른바 '입부혼'에서 출생한 자(子)가 그 모(母)의 성을 따르도록 하고 있는 것(제826조 제3항 단서 · 제4항)이 전부다. ……

(다) 부성주의의 강제가 문제되는 예외적 상황

1) 예외적인 모성(母姓) 부여(附與)의 필요성

출생 직후의 자(子)에게 성을 부여할 당시 부(父)가 이미 사망하였거나 부모가 이혼하여 모가 단독으로 친권을 행사하고 양육할 것이 예상되는 경우, 혼인외의 자를 부가 인지하였으나 여전히 모가 단독으로 양육하는 경우 등에 있어서 모(母)는 자신의 성을 그 자(子)의 성으로 부여할 수 없다. ……

이러한 경우에 대해서도 일방적으로 부의 성을 사용할 것을 강제하면서 모의 성의 사용을 허용하지 않고 있는 것은 개인의 존엄과 양성의 평등을 침해하는 결과가 될 수 있다.

2) 예외적인 부성(父姓) 변경(變更)의 필요성 ……

입양으로 인한 양부모와 양자의 관계는 생물학적 부자관계가 인정되지 않음에도 법률이 부모와 자의 관계로 인정하고 있는 경우이다. 양자는 친족관계, 상속 기타 법률관계에서 친생자와 아무런 차이가 없다. 모든 입양의 경우를 동일하게 평가할 수는 없으나 입양의 동기나 양자의 연령, 친생부모와의 관계, 입양 후의 생활관계의 형성 등 구체적 사정에 따라서는 생물학적 친생부모와의 관계가 완전히 단절되고 향후 입양을 통해 형성된 양부모와의 생활관계만이 양자의 실질적인 가족관계와 친족관계를 구성하는 경우도 있을 수 있다.

또 부가 사망하거나 부모가 이혼한 후 모가 양육하고 있던 자를 데리고 재혼하는 경우, 재혼한 모의 자(子)가 계부(繼父)의 성을 따르고자 하는 경우도 있다. 물론 이 경우는 입양의 경우와 달리 법률상으로도 부자관계를 인정할 아무런 근거가 없어 입양에 비해 그 필요성이 다소 낮다고 본다 하더라도 역시 구체적인 상황에 따라서는 계부가 실질적인 부(父)로서의 역할을 수행하고 재혼한 모(母)의 자(子) 역시 계부와 그 가족들과 항구적인 생활관계를 형성하는 경우도 있다.

이러한 구체적인 사정들에 있어서 양부 또는 계부의 성을 사용함으로써 비록 혈통관계는 존재하지 않으나 동일한 성(姓)의 사용을 통해 새로 형성된 가족의 구성원임을 대외적으로 나타내고자 하는 것은 개인의 인격적 이익과 매우 밀접한 관계를 가지는 것이다. 한편 이와 같은

경우에도 개인의 생활관계에 실질적으로 아무런 의미를 갖지 못하는 생물학적 부의 혈통을 성으로 상징하도록 강요함으로써 새로이 형성된 가족이 사용하는 성을 사용하지 못하게 되어 내부적으로 정서적 통합에 방해가 되고 대외적으로는 가족의 구성에 관련된 비우호적인 호기심과 편견을 유발하기도 한다.

이러한 사정들이 엄연히 존재하고 있음에도, 성의 사용을 규율하는 입법을 함에 있어 부부와 친생자로 구성되는 통상적인 가족만을 상정하고, 그 밖의 예외적인 상황에 처한 가족의 구성원이 겪는 구체적이고도 심각한 불이익에 대해서는 실질적이고 궁극적인 해결책을 마련하지 않은 것은 입법형성의 한계를 벗어나 개인의 인격권을 침해하는 것이라 하지 않을 수 없다.

(라) 소 결

이와 같이 이 사건 법률조항이 부성주의를 규정한 것 자체는 헌법에 위반된다고 할 수 없으나 가족관계의 변동 등으로 구체적인 상황 하에서는 부성의 사용을 강요하는 것이 개인의 가족생활에 대한 심각한 불이익을 초래하는 것으로 인정될 수 있는 경우에도 부성주의에 대한 예외를 규정하지 않고 있는 것은 인격권을 침해하고 개인의 존엄과 양성의 평등에 반하는 것이어서 헌법 제10조, 제36조 제1항에 위반된다.

(5) 결 론

위에서 본 바와 같이 이 사건 법률조항의 위헌성은 부성주의의 원칙을 규정한 것 자체에 있는 것이 아니라 부의 성을 사용할 것을 강제하는 것이 부당한 것으로 판단되는 경우에 대해서까지 아무런 예외를 규정하지 않고 있는 것에 있다 할 것이다. 그런데 이 사건 법률조항에 대하여 위헌을 선고할 경우 부성주의원칙 자체에 대해서까지 위헌으로 선언하는 결과를 초래하게 되므로 헌법불합치결정을 선고하되 이 사건 법률조항에 대한 개선 입법이 있을 때까지 이 사건 법률조항의 효력을 유지시키기로 하는바, 이 사건 법률조항에 대한 개정 법률이 이미 공포되어 2008. 1. 1. 그 시행이 예정되어 있으므로 2007. 12. 31.까지 이 사건 법률조항의 잠정적인 적용을 명함이 상당하다.」

⇒ 재판관 2인(재판관 송인준, 재판관 전효숙)의 의견(헌법불합치)

「(나) 양성평등원칙 위반

1) 부계혈통주의에 의한 여성의 차별 ……

이와 같이 이 사건 법률조항이 규정하고 있는 부성주의는 부(父)와 남성(男性)을 중심으로 한 혈통 계승을 강제하여 부와 남성을 가족의 중심에 놓게 하여 가부장적(家父長的) 가치질서를 유지, 강화하고 가족 내 여성의 지위를 남성에 비해 부차적이고 열등한 것으로 놓이게 하여 여성을 차별하고 있다. 그런데 아래에서 보는 바와 같이 그와 같은 차별을 정당화할 수 있는 아무런 구체적인 이익을 찾을 수 없다.

2) 차별취급의 정당한 목적 부재

가) 이 사건 법률조항이 자(子)에 대한 성의 부여에 있어서 부(父)와 모(母)를 차별취급하고 있는 유일한 기준은 오직 남성과 여성, 즉 성별(性別)이다. 그러나 생물학적 혈통관계에서 볼 때 부의 혈통과 모의 혈통은 개인에게 동시에 전달되어 존재하는 것이므로 남녀의 생물학적 성별의 차이를 근거로 하여 부성주의를 정당화할 수는 없다.

나) 한편 우리 사회의 생활양식이나 사회 구성원의 의식 구조에 비추어 볼 때 부성주의가 정당하다는 주장이 있을 수 있다. ……

그러나 산업화, 도시화, 정보화로 대표되는 현대사회에 있어서 산업구조는 변화하였고 경제활동 기타 사회적 활동영역에서 남녀의 생물학적 차이는 무의미하게 되었다. 이미 많은 수의 여성이 남성과 대등한 지위로 사회적 활동에 참여하고 있으며 국가와 사회 역시 여성의 사회적 활동을 적극적으로 보호하고 있다. 가족생활 내부에 있어서도 부(父) 또는 남성(夫)의 일방적인 권한과 우월적인 지위는 부정되고 부부를 중심으로 한 가족 구성원 개개인의 자율적인 의사가 존중되는 모습으로 변화되었으며, 친족관계에서도 남성과 남계혈족을 중심으로 한 친족관계가 항상 우선하는 것이 아니라 구체적인 생활관계에서의 실질적인 교류 정도에 따라 모계의 친족관계가 중요한 비중을 차지하는 경우도 있다. 또한 개인의 자유와 양성의 평등을 기초로 한 민주주의와 합리주의는 이미 대다수 사회 구성원의 의식을 지배하는 공감대적 가치로 자리 잡았으며 제도와 규범 역시 모든 생활영역에 있어서 잔존하는 남녀 사이의 불평등을 일소해 나가고 있다. 이와 같은 사회적 생활상과 의식의 변화는 가족제도에도 반영되어 민법은 친족의 범위에 있어 부계혈족과 모계혈족 또는 부(夫)의 혈족과 처(妻)의 혈족에 대한 차별을 두지 않고 재산상속에 있어서도 남녀의 차별을 없애는 것으로(제777조, 제1009조) 개정되기에 이르렀다(1990. 1. 13. 법률 제4199호).

결국 개인의 자유와 양성의 평등이 보편적으로 받아들여지고 실질적으로 실현되고 있는 오늘날의 사회상에 비추어 볼 때 부성주의의 강제는 우리의 생활양식과 의식구조와도 부합하지 않는다.

다) 역사적으로 오랜 기간 전통적으로 부성주의를 취해왔다는 사실로부터 부성주의로 인한 차별취급을 정당화하려는 견해도 그 근거를 인정할 수 없다. '동성동본금혼 규정'에 대한 헌법불합치결정과 '호주제'에 대한 헌법불합치결정에서 이미 우리 재판소가 이미 판시한 바와 같이, 역사적으로 오랜 기간 유지되어 온 가족제도라는 사실만으로 그 제도가 곧바로 헌법적으로 정당화될 수는 없으며 그 제도가 오늘날의 가치에 부합하고 헌법이념에 반하지 않는 것이어야 한다는 한계를 가진다(헌재 1997. 7. 16. 95헌가6등, 판례집 9-2, 1, 19; 2005. 2. 3. 2001헌가9등, 판례집 17-1, 1, 15 참조). ……

3) 소 결

이 사건 법률조항은 모든 개인으로 하여금 부의 성을 따르도록 하고 모의 성을 사용할 수 없도록 하여 남성과 여성을 차별취급하고 있으면서도 그와 같은 차별취급에 대한 정당한 입법목적을 찾을 수 없어 혼인과 가족생활에 있어서의 양성의 평등을 명하고 있는 헌법 제36조 제1항에 위반된다.

(다) 개인의 존엄 위반

1) 부성(父姓) 사용의 일방적 강제 ……

2) 부성(父姓) 사용 강제의 구체적 이익 흠결

이와 같이 이 사건 법률조항이 개인의 의사를 무시한 채 부성의 사용을 강제하고 있으나 그러한 강제에 대한 구체적 이익을 발견하기는 어렵다.

우선 개인이 모의 혈통을 기준으로 하여 그 가계를 계승하고자 하는 것을 금지하면서 모든 국민으로 하여금 부계를 통해 가계를 계승하도록 함으로써 얻을 수 있는 구체적 이익이 무엇인지 불명확하다. 부성주의를 모든 개인과 가족에게 관철할 경우 개인의 성은 곧 그 부의 성을 의미하는 것으로 누구나가 이해할 수 있다는 정도의 추상적인 이익을 고려해 볼 수 있지만, 성이 부의 성을 의미하는 것으로 이해되는 것은 부성주의를 강제하고 있는 규범의 결과 형성된 성(姓)의 상징 내용에 대한 고정관념일 뿐, 그와 같은 고정관념이 변화하더라도 성의 사용과 관련한 사회질서에 혼란이 생기게 된다고 할 수는 없다.

그리고 부성을 기준으로 하여 수백 년간 이어져 온 족보와 같은 역사적 가치를 인정할 수 있는 문화재나 종중, 종친회 등과 같이 현실적으로 존속하는 실체로서의 문화현상들을 부성주의를 유지함으로써 보호할 수 있다고도 하지만 그러한 자료나 문화적 현상들은 부성의 사용에 따른 부수적인 결과물일 뿐 부성주의 목적이 될 수 없으며 부성주의를 굳이 강제하지 않더라도 개인은 부의 성을 사용할 수 있고 부계 혈통의 계승과 부계 혈연집단의 존속을 얼마든지 유지, 발전시켜 갈 수 있다는 점을 보더라도 역사적 가치있는 자료나 문화현상 자체가 부성주의 강제의 목적이 될 수는 없다.

또한 조상숭배나 경로효친의 미풍양속이 반드시 부성주의의 존재를 전제로 하는 것은 아니며 숭배나 효친의 대상을 부계의 조상에만 한정해야 할 이유도 없는 이상 조상숭배나 경로효친과 같은 미풍양속의 보존을 위해 부성주의를 강제해야 한다는 주장도 설득력이 없다.

3) 소　결

이 사건 법률조항은 혼인과 가족생활에 있어 개인의 성을 어떻게 결정하고 사용할 것인지에 대해 개인과 가족의 구체적인 상황이나 의사를 전혀 고려하지 않고 국가가 일방적으로 부성의 사용을 강제하면서도 그와 같은 부성 사용의 강제에 대한 구체적인 이익을 찾을 수 없어 혼인과 가족생활에 있어서의 개인의 존엄을 보장하고 있는 헌법 제36조 제1항에 위반된다.

(3) 결　론

위에서 본 바와 같이 이 사건 법률조항은 혼인과 가족생활에 있어서의 개인의 존엄을 침해하고 양성의 평등에 반하여 헌법 제36조 제1항에 위반된다.

그런데 법률이 헌법에 위반되는 경우, 헌법의 규범성을 보장하기 위하여 원칙적으로 그 법률에 대하여 위헌결정을 하여야 하는 것이지만, 위헌결정을 통해 법률조항을 법질서에서 제거하는 것이 법적 공백이나 혼란을 초래할 우려가 있는 경우에는 위헌조항의 잠정적 적용을 명하는 헌법불합치결정을 할 수 있다(헌재 1999. 10. 21. 97헌바26, 판례집 11-2, 383, 417-418; 2000. 8. 31. 97헌가12, 판례집 12-2, 167, 186 참조).

이 사건 법률조항은 개인의 성을 정하고 사용하는 원칙을 규정한 조항인바, 만약 헌법재판소가 이 사건 법률조항에 대해 위헌결정을 선고한다면 헌법재판소가 결정을 선고한 때부터 이 사건 법률조항은 그 효력을 상실하게 되어 성의 결정과 사용에 대해 아무런 기준이 없어지게 되는 법적 공백과 혼란이 예상된다. 따라서 이 사건 법률조항이 개정되어 시행되기 전까지는 이 사건 법률조항의 효력을 유지시켜 잠정적인 적용을 허용하는 내용의 헌법불합치결정을 선고함이 상당한바, 이 사건 법률조항에 대한 개정 법률이 공포되어 2008. 1. 1. 그 시행이 예정되어 있으므로 2007. 12. 31.까지만 이 사건 법률조항의 잠정적인 적용을 명함이 상당하다.」

⇔ 재판관 1인(재판관 권성)의 반대의견

「가. 문화가 헌법에 선행(先行)하는 경우

문화가 항상 헌법에 선행하는 것은 아니다. 그러나 선행하는 경우도 있다. 가족제도, 그 중에도 부성주의(父姓主義) 같은 것은, 분명히 헌법에 선행하는 문화의 하나이다.

기존의 문화 내지 제도가 후행의 헌법적 가치에 어긋난다는 의심을 받는 경우에는 다음과 같은 단계적 사고가 필요하다. 제1단계는 기존의 문화가 가지는 합리성을 확인하고 그 합리성과 헌법적 가치 사이의 간극의 크기를 측정하는 것이다. "존재하는 모든 것은 합리적이다"라는 진리를 이 경우에 도외시할 이유가 없기 때문이다. 제2단계는 그 간극의 크기가 더 이상 용납하기 어려운 경우에는 그 간극을 해소하는 기술의 합리성을 확인하는 일이다. 사회제도의 상호 유기적 관계를 고려할 때 자칫 교각살우(矯角殺牛)의 우를 범할 수도 있기 때문이다. 제3단계는 시기의 적합성을 판단하는 일이다. 만사 너무 늦어도 안되지만 너무 빨라도 안되기 때문이다.

나. 선행하는 부성주의 문화의 합리성 ……

이와 같이 부성주의는 자(子)의 부계혈통을 대외적으로 공시하는 기능을 가지는 동시에 생래적으로 모에 비해 약화되기 쉬운 부와 그 자녀간의 일체감과 유대감을 강화하여 가족의 존속과 통합을 보장하는 기능을 가진다.

요컨대 부성의 사용은 부계혈통의 공시를 필요로 하는 사회적 수요에 응하는 하나의 기술적 기호의 채택에 불과하고 이러한 기술을 채택한 것은 모계혈통의 공시 필요성이 부계혈통의 공시 필요성보다 상대적으로 적다는 자연적 · 사회적 상황에 따른 문화적 결단인 것이다. 그렇다면 부성주의는 나름대로 그 합리성을 충분히 인정할 수 있다.

다. 부성주의와 헌법적 가치의 상호 간극

(1) 부성주의로 인하여 초래되는 차별

부성주의를 취할 경우 모의 혈통은 성(姓)에 반영되지 않는다는 점에서 여성에 대한 차별적 효과가 발생하는 것은 부인할 수 없다. 그러나 성은 사람을 식별하는 데 사용되는 여러 기호체계의 하나일 뿐이다. 단지 이 기호에 부계혈통의 공시기능과 상당한 공신력이 부여되어 있을 뿐이다. 이러한 기호의 채택이 여성이라는 존재가 갖는 인간으로서의 존엄성의 실체에 무슨 영향을 미칠 수 없다는 것은 기호의 본질상 자명한 일이다. ……

그러므로 부성주의 자체로 인하여 초래되는 여성에 대한 차별은 이를 찾아보기 어려운 것이고 설혹 그러한 차별이 존재한다고 하여도 앞에서 본 부성주의의 본질상 이러한 차별과 부성주의 사이에 무슨 선험적인 인과의 관계가 있다고 단정하기는 어렵다.

(2) 재혼과 입양에 따른 문제의 본질

오늘날 재혼이나 입양의 증가로 인하여 자녀가 생부(生父) 아닌 사람과 사실상 부자관계를 형성하고 생활하는 경우가 많게 되었다. 이에 따라 생부의 성을 따르던 것을 계부(繼父)나 양부(養父)의 성으로 변경하는 것을 허용해야 한다는 주장이 있다. 그러한 주장의 주된 근거는, 입양 가족 또는 재혼을 통해 새로 구성된 가족의 경우에 그 자녀가 사실상의 부(父)와 성을 달리 사용함으로써 입양이나 재혼 사실이 다른 사람에게 노출되는 불이익을 받게 되고 이것이 입양이나 재혼 가정의 통합을 저해하는 요소가 된다는 것이다.

그러나 재혼이나 입양 사실이 노출됨으로써 개인이 받는 불이익이라는 것은 재혼이나 입양에 대한 사회적 편견 내지 사시(斜視)가 그 원인이지 부성주의가 그 원인은 아니다. ……

(3) 부성주의에 대한 예외의 인정

한편 이 사건 법률조항은 부성주의를 규정하고 있지만 민법 기타 법률에서는 부성주의에 대한 예외도 인정하고 있다. …… 그 밖에도 요보호아동 기타 친생 부모와의 관계가 실질적으로 단절될 것으로 보이는 아동의 입양에 있어 입양되는 아동의 성을 양친의 성으로 변경할 수 있는 길을 마련해 두고 있다(입양촉진및절차에관한특례법 제8조 제1항). 이러한 여러 규정은 부성주의의 획일적 적용으로 초래될 수 있는 일부의 폐단을 시정하는 의미를 갖는다.

(4) 소 결

결국 이 사건 법률이 규정하는 부성주의는 그 내용과 헌법적 가치 사이에 무슨 위헌의 문제를 일으킬 정도의 간극이 존재한다고 볼 수 없어 위헌이라고 보기 어렵다.

라. 대체수단과 시기의 부적절

(1) 대체수단의 부적절 ……

따라서 부성주의에 대한 대안으로 생각해 볼 수 있는 제도들도 부성주의가 갖는 문제점과 불평등의 요소를 완전히 배제하는 것으로 볼 수 없으며 부성주의와 마찬가지의 한계를 가질 수밖에 없다. ……

결국 부성주의에 대한 적절한 대안은 현재로서는 찾기 어렵다고 보아야 한다. 이 점에서도 부성주의는 위헌이라고 볼 수 없다.

(2) 시기의 부적절

부성주의는 우리 사회에서 여전히 유효하게 존속하며 그 가치를 인정받고 있는 생활양식이며 문화현상으로 보아야 한다. 그럼에도 불구하고 추상적인 자유와 평등의 잣대만으로 부성주의를 규정하고 있는 규범의 합헌성을 부정하는 것은 규범의 변경을 통해 생활양식과 문화현상의 변화를 일거에 성취하고자 하는 반문화적인 공권력의 행사에 해당하고 이는 시기상조(時機尙早)의 부적절한 일이다.

마. 결　론

그러므로 부성주의를 규정하고 있는 이 사건 법률조항은 헌법 제36조 제1항에 위반되지 아니한다고 나는 생각한다. 뿐만 아니라 대다수의 사회일반이 부성주의를 아직도 합당한 우리의 문화 일부로 수용하고 있는 현시점에서 다른 합리적인 대안을 미처 마련하지 아니한 채 이 규정을 일거에 폐지하는 것은 매우 잘못된 일이라고 생각한다. 제도는 성인(聖人)이 만든다고 하는 말은 무엇을 경계하는 말인가. 법이 기분이 아니라 이성(理性)의 산물이라고 하는 것은 무엇을 의미하는가. 단순히 구 체제를 보수(保守)하기 위해서가 아니라 합리(合理)의 온존을 위하여 깊이 생각할 일이다.」

2. 행복의 추구

□ 법적 성격

▶ 행복추구권에서 개별적 기본권을 도출한 판례

▸ 헌법 제10조의 인격권과 행복추구권으로부터 자기운명결정권이 도출되고, 자기운명결정권에 구체적인 기본권인 성적자기결정권이 포함된다고 본 판례

[憲 1990. 9. 10.-89헌마82](형법 제241조의 위헌 여부에 관한 헌법소원)

※ 〈제5편 - 제1장 - 1. - □ 내용〉 판례 인용부분 참조

▶ 행복추구권 자체를 독자적인 권리로 파악한 판례

▸ 불기소처분에 대한 헌법소원에서 고소인의 행복추구권의 침해 여부를 판단한 판례

[憲 1989. 10. 27.-89헌마56](군검찰관의 공소권 행사에 관한 헌법소원)

「헌법 제10조는 "모든 국민은 인간으로서의 존엄과 가치를 가지며 행복을 추구할 권리를 가진다. 국가는 개인이 가지는 불가침의 기본적 인권을 확인하고 이를 보장할 의무를 진다"고 규정하고 있고, 대통령령인 군인복무규율 제34조, 제35조에 의하면 군인은 직권을 남용하거나 사적 제재를 가하여서는 안되도록 하였는 바, 이와 같은 기본적 인권 보장의 헌법정신과 군인복무규율상의 규정에 입각하여 군인의 기본적 인권을 존중하고 군의 특수사정만 내세워 합리화하여 오던 전근대적 구타의 폐습을 지양함으로써 군을 민주화 내지 근대화하여 국민의 신뢰를 받는 군의 새로운 위상정립의 의지로서 일찍이 구타 및 가혹행위를 근절하기위한 1979. 육군 일반 명령 제37호가 발하여 졌고, 앞서 본 바와 같이 1985. 9. 4.에도 육군참모총장이 구타근절 종합대책을 세우고 육군 일반명령 제37호 구타행위 엄금 수정 보완 내용 및 얼차려 수정 보완 내용의 규정을 만들어 이를 준수할 것을 예하 부대에 명령하고 1985, 1987년에는 위 내용을 구타지침서라는 팜플렛에 담아 초급장교용으로 각 예하부대에 하달하여 거듭 이를 준수토록 한 것이다. 그렇다면 인간으로서의 존엄과 가치존중의 헌법정신과 군인복무규율상의 규정은 차치하고라도, 구타와 가혹행위 근절을 통한 군의 민주화를 위한 군내부의 훈령이라고 볼 위 관계규정에 비추어 일견 보아도 군기율을 근본적으로 어긴 위법한 무권한의 명령이고 실질적인 가혹행위를 검찰관이 단순히 군상사의 명령이라는 이유만으로 항명죄의 객체인 정당한 명령으로 단정한 끝에 항명죄까지 성립한다고 보고(징계사유의 해당 여부는 별론일 것이다) 이 사건 처분에 이르렀으니 적어도 자의금지의 원칙을 위배한 처분으로 말미암아 청구인에 대한 평등권이 침해되었음에 틀림없으며 이에 의하여 부당하게 행복추구권이 침해되었다고 할 것이다.」

▸ 보상금 수급기준에 대하여 행복추구권의 위반 여부를 판단한 판례

[憲 1995. 7. 21.-93헌가14](국가유공자예우등에관한법률 제9조 본문 위헌제청)

「헌법은 제10조에서 행복추구권을 보장하고 있는바, 사회보장권을 구체화할 입법을 할 의무를 부담하고 있는 국가가 헌법 제39조의 국방의 의무를 이행하는 과정에서 입게 된 생명·신체에 대한 특별한 희생에 대하여 예우법에 정한 등록신청을 하기 전의 보상금에 대하여 보상

금을 지급하지 않도록 규정한 이 사건 법률조항이 헌법 제10조에 위반되는가 하는 의문이 생길 수도 있다. 그러나 헌법 제10조의 행복추구권은 국민이 행복을 추구하기 위하여 필요한 급부를 국가에게 적극적으로 요구할 수 있는 것을 내용으로 하는 것이 아니라, 국민이 행복을 추구하기 위한 활동을 국가권력의 간섭 없이 자유롭게 할 수 있다는 포괄적인 의미의 자유권으로서의 성격을 가지므로 국민에 대한 일정한 보상금의 수급기준을 정하고 있는 이 사건 규정이 행복추구권을 침해한다고 할 수 없다.」

▸ 약사들의 한약조제권을 제한한 법률에 대하여 행복추구권의 위반 여부를 판단한 판례

[憲 1997. 11. 27.-97헌바10](약사법 부칙 제4조 제2항 위헌소원)

「청구인은 이 사건 법률조항이 청구인의 행복추구권을 침해한다고 주장하나, 앞에서 본 바와 같이 이 사건 법률조항은 청구인의 재산권과 평등권을 침해하는 것이 아니고, 직업의 자유의 제한과 관련하여서도 신뢰이익보호원칙, 비례의 원칙을 준수하고 있으므로, 이 조항이 포괄적이고 일반조항적인 성격을 갖고 있는 행복추구권을 침해하는 것이라고는 볼 수 없어 청구인의 위 주장도 부당하여 받아들이지 아니한다.」

□ 내 용

▶ 개별기본권을 도출한 경우

※ 〈제5편 - 제1장 - 1. - □ 내용〉 판례 인용부분 참조

▶ 독자적 기본권으로 파악한 경우

▸ 구체적인 판례들

[憲 1989. 10. 27.-89헌마56](군검찰관의 공소권 행사에 관한 헌법소원)

※ 자세한 내용은 위 판례인용부분 참조

[憲 1995. 7. 21.-93헌가14](국가유공자예우등에관한법률 제9조 본문 위헌제청)

※ 자세한 내용은 위 판례인용부분 참조

▸ 행복추구권의 보충적 지위를 인정하여, 당해 사안을 규율하는 개별적 기본권의 침해 여부만 판단하고 행복추구권의 침해여부를 판단하지 않은 판례

[憲 2000. 12. 14.-99헌마112등](교육공무원법 제47조 제1항 위헌확인 등)

「행복추구권은 다른 기본권에 대한 보충적 기본권으로서의 성격을 지니므로, 공무담임권이라는 우선적으로 적용되는 기본권이 존재하여(청구인들이 주장하는 불행이란 결국 교원직 상실에서 연유하는 것에 불과하다) 그 침해 여부를 판단하는 이상, 행복추구권 침해 여부를 독자적으로 판단할 필요가 없다.」

▸ 행복추구권은 다른 개별적 기본권이 적용되지 아니하는 경우에 한하여 보충적으로 적용되는 기본권이라고 본 판례

[憲 2002. 8. 29.-2000헌가5등](상호신용금고법 제37조의3 제1항 등 위헌제청 등)

「행복추구권은 다른 개별적 기본권이 적용되지 않는 경우에 한하여 보충적으로 적용되는 기

본권으로서, 이 사건에서 제한된 기본권으로서 결사의 자유나 재산권이 고려되는 경우에는 그 적용이 배제된다고 보아야 한다. 헌법 제10조의 보장내용인 '일반적 행동의 자유' 나, 사적자치의 원리, 계약의 자유 등이 결사의 영역과 재산권의 영역에서 구체화된 것이 바로 '결사의 자유' 와 '재산권보장' 이므로, 행복추구권이 보충적으로 보장하고자 하는 내용은 이미 그와 특별관계에 있는 헌법 제21조 제2항의 결사의 자유와 헌법 제23조의 재산권보장에 의하여 보호된다고 보아야 한다.」

◎ 같은 취지 : 憲 2006. 3. 30.-2005헌마598

제 2 장　평등의 보호

□ 주　　체

▶ **외국인도 평등권의 주체가 되고, 평등보호의 대상이 된다고 인정한 판례**

[憲 2001. 11. 29.-99헌마494](재외동포의출입국과법적지위에관한법률 제 2 조 제 2 호 위헌확인)

「다. 외국인의 기본권주체성

우리 재판소는, 헌법재판소법 제68조 제 1 항 소정의 헌법소원은 기본권을 침해받은 자만이 청구할 수 있고, 여기서 기본권을 침해받은 자만이 헌법소원을 청구할 수 있다는 것은 곧 기본권의 주체라야만 헌법소원을 청구할 수 있고 기본권의 주체가 아닌 자는 헌법소원을 청구할 수 없다고 한 다음, '국민' 또는 국민과 유사한 지위에 있는 '외국인'은 기본권의 주체가 될 수 있다 판시하여(헌재 1994. 12. 29. 93헌마120, 판례집 6-2, 477, 480) 원칙적으로 외국인의 기본권 주체성을 인정하였다. 청구인들이 침해되었다고 주장하는 인간의 존엄과 가치, 행복추구권은 대체로 '인간의 권리'로서 외국인도 주체가 될 수 있다고 보아야 하고, 평등권도 인간의 권리로서 참정권 등에 대한 성질상의 제한 및 상호주의에 따른 제한이 있을 수 있을 뿐이다. 이 사건에서 청구인들이 주장하는 바는 대한민국 국민과의 관계가 아닌, 외국국적의 동포들 사이에 재외동포법의 수혜대상에서 차별하는 것이 평등권 침해라는 것으로서 성질상 위와 같은 제한을 받는 것이 아니고 상호주의가 문제되는 것도 아니므로, 청구인들에게 기본권주체성을 인정함에 아무런 문제가 없다.」

▶ **정당도 일정한 경우 평등보호의 대상이 된다고 인정한 판례**

[憲 1991. 3. 11.-91헌마21](지방의회의원선거법 제36조 제 1 항에 대한 헌법소원)

※ 〈제 2 편 - 제 1 장 - 1. - □ 정당〉 판례 인용부분 참조

□ 내　　용

▶ **평등원칙**

▸ 헌법 제11조 제 1 항의 평등원칙에 대하여, 이는 법의 적용뿐만 아니라 입법에서도 불합리한 차별대우를 하여서는 안 된다는 것을 밝힌 판례

[憲 1989. 5. 24.-89헌가37등](금융기관의연체대출금에관한특별조치법 제5조의 2 의 위헌심판)

「헌법 제11조 제 1 항은 "모든 국민은 법 앞에 평등하다. 누구든지 성별 · 종교 또는 사회적 신

분에 의하여 정치적 · 경제적 · 사회적 · 문화적 생활의 모든 영역에 있어서 차별을 받지 아니한다"라고 규정하고 있고, 헌법 제27조 제1항은 "모든 국민은 헌법과 법률이 정한 법관에 의하여 법률에 의한 재판을 받을 권리를 가진다"라고 규정하고 있으며, 헌법 제37조 제2항은 "국민의 모든 자유와 권리는 국가안전보장 · 질서유지 또는 공공복리를 위하여 필요한 경우에 한하여 법률로써 제한할 수 있으며, 제한하는 경우에도 자유와 권리의 본질적인 내용을 침해할 수 없다"라고 규정하고 있다.

헌법의 위 각 규정을 풀이하면, 헌법 제11조 제1항에 정한 법앞에서의 평등의 원칙은 결코 일체의 차별적 대우를 부정하는 절대적 평등을 의미하는 것은 아니나, 법을 적용함에 있어서 뿐만 아니라 입법을 함에 있어서도 불합리한 차별대우를 하여서는 아니 된다는 것을 뜻한다.

즉, 사리에 맞는 합리적인 근거없이 법을 차별하여 적용하여서는 아니 됨은 물론 그러한 내용의 입법을 하여서도 아니 된다는 것이다.」

[憲 1992. 4. 28.-90헌바24](특정범죄가중처벌등에관한법률 제5조의3 제2항 제1호에 대한 헌법소원)

「1. 사건의 개요와 심판의 대상

가. 사건의 개요를 보면 청구인은 그가 운전하던 자동차로 사람을 치어 상해한 후 피해자를 다른 곳으로 옮겨 유기 도주하여 사망에 이르게 하였다는 이유로 1심 법원에서 징역 5년의 형을 선고받고 서울고등법원에 항소중 같은 법원에서 그 재판의 전제가 되는 특정범죄가중처벌등에관한법률 제5조의3 제2항 제1호에 대하여 위헌여부심판의 제청을 구하는 신청(같은 법원 90부32)을 하였으나 1990. 7. 13.경 같은 법원으로부터 위 위헌여부심판제청신청의 기각결정문을 송달받고 같은 달 26. 헌법재판소법 제68조 제2항에 의한 헌법소원을 청구하였다.

나. 심판의 대상은 위헌여부심판제청신청을 한 당해 사건에서 재판의 전제가 된 특정범죄가중처벌등에관한법률 제5조의3 제2항 제1호(1973.2.24. 법률 제2550호 신설; 이하 이 사건 법률조항이라 한다) "사고운전자가 피해자를 사고장소로부터 옮겨 유기하고 도주한 때에는 다음의 구분에 따라 가중처벌한다.

1. 피해자를 치사하고 도주하거나 도주 후에 피해자가 사망한 때에는 사형 · 무기 또는 10년 이상의 징역에 처한다"는 조항이다.……

가. 먼저 국가의 형벌권에 관한 입법은 국가의 입법정책에 속하는 사항이므로 위헌의 법률이라고 단정할 수 없다는 의견에 대하여 살펴본다.

우리 헌법은 근대자유민주주의헌법의 원리에 따라 국가의 기능을 입법 · 사법 · 행정으로 분립하여 상호간의 견제와 균형을 이루게 하는 권력분립제도를 채택하고 헌법 제40조에서 입법권은 주권자인 국민의 대의기관인 국회에 귀속시키고 있어 형벌법규의 제정은 원칙적으로 국회의 고유권한에 속하는 것으로서 법정형의 종류와 범위의 선택은 국회의 입법정책적인 고려에 따라 결정되며 국가의 모든 기관과 국민은 이를 존중하여야 함은 당연하다 할 것이다.

그러나 한편 우리 헌법은 국가권력의 남용으로부터 국민의 기본권을 보호하려는 법치국가의 실현을 기본이념으로 하고 있고 그 법치국가의 개념에는 헌법이나 법률에 의하여 명시된 죄형법정주의와 소급효의 금지 및 이에 유래하는 유추해석금지의 원칙 등이 적용되는 일반적인 형식적 법치국가의 이념뿐만 아니라 법정형벌은 행위의 무거움과 행위자의 부책에 상응하는 정당한 비례성이 지켜져야 하며, 적법절차를 무시한 가혹한 형벌을 배제하여야 한다는 자의금지 및 과잉금지의 원칙이 도출되는 실질적 법치국가의 실현이라는 이념도 포함되는 것이다. 이는 국회의 입법재량 내지 입법정책적 고려에 있어서도 국민의 자유와 권리의 제한은 필요한 최소한에 그쳐야 하며, 기본권의 본질적인 내용을 침해하는 입법은 할 수 없는 것을 뜻한다. 형벌을 가중하는 특별법의 제정에 있어서도 형벌위협으로부터 인간의 존엄과 가치를 존중하고 보호하여야 한다는 헌법 제10조의 요구와 그에 따른 입법상의 한계가 있는 것이며 나아가 입법자가 법관들에게 구체적 양형을 선고함에 있어서 그 책임에 알맞는 형벌을 선고할 수 있도록 형벌개별화(刑罰個別化)의 원칙이 적용될 수 있는 폭넓은 범위의 법정형을 설정하여 실질적 법치국가의 원리를 구현하여야 하는 헌법적 제약이 불가피하다고 할 것이다. 이에 따라 특정범죄가중처벌등에관한법률이라는 예외적이고도 특별한 법률제정형식을 빌리는 입법방법은 일면 특정범죄에 대한 입법정책의 수행에 효과적으로 대응하여 국민의 관심을 불러일으킴으로써 일반예방적 입법목적을 탄력적으로 달성할 수 있는 긍정적인 효과를 얻을 수 있다는 점에서 그 필요성을 전혀 부인할 수는 없지만, 반면 당시의 특수한 사정과 필요에 따라 제정되는 결과로 총체적인 법체계의 정당성 상실로 법적 안정성을 해칠 우려가 있고 그에 따른 국민의 법인식의 혼란과 형벌의 가중현상을 야기시켜 새로운 흉악범을 양산시킬 수가 있다는 점에서 부정적인 효과도 대단히 크다는 점을 간과할 수가 없다. 그러므로 입법권자는 유동적이고 가변적인 현대사회의 다양한 현상에 탄력적으로 대응하기 위하여 그 제정이 필요하거나 이를 정당하게 할 특별한 사안이 있는 경우에는 기존의 일반형사법에 대한 특별규정으로 특정범죄에 대하여 예외적으로 적용하는 특가법을 제정할 수 있는 것은 당연하다고 할 것이지만, 특가법 역시 다른 법률과 마찬가지로 통일된 헌법질서 내에서 체계와 조화를 이루도록 제정되어야 하는 것이며 만약 특가법이 단순히 특례사항의 입법의지관철에만 목적을 두고서 그 입법정책의 수행이 남용되는 경우에는 양산되는 특가법으로 인하여 소위 "법률의 홍수"와 형벌의 위하 속에서 새로운 사회적 불안을 초래하게 될 것이기 때문에 이는 결코 바람직스럽지 못한 입법이라고 할 것이다. 따라서 특별한 가중사항은 관계 특정범죄의 대상법률의 규정안에서 예외적인 조치규정을 두는 방향으로 입법되어야 하는 것이므로 특가법의 문제는 그 실질적 비중에 따른 허용 여부의 문제가 아니라 입법자의 입법취지를 고려한 제정의 필요성 및 그 허용범위의 문제에 초점을 맞추어 헌법에 합치하는가의 여부가 논의되어야 하는 것이다. 이러한 점에서 특가법은 빈번하게 법개정을 하여야 하는 사항과 일시적 효과와 조치만으로 입법목적을 달성할 수 있는 특별한 특정사항에 한정하여 제정하여야 한다고 본다. 더군다나 우리 헌법이 선언하고 있는 "인간의 존엄성"과 "법앞에 평등"(헌법 제10조, 제11조 제1항)이란 행정부나 사법부에 의한 법적용상의 평등을 뜻하는 것 외에도 입법권자에게 정의와 형평의 원칙에 합당하게 합헌적으로 법률을 제정하도록 하는 것을 명령하는 이른바 법내용상의 평등을 의미하고 있기 때문에 아무리 특정한 분야의 특별한 목적을 위하여 제정되는 특가법이라 하더라도 입법권자의 법제정상의 형성의 자유는 무한정으로 허용될 수는 없는 것이며 나아가 그 입법내용이 정의와 형평에 반하거나 자의적으로 이루어진 경우에는 평등권 등의 기본권을 본질적으로 침해한 입법권행사로서 위헌성을 면하기 어렵다고 할 것이다. 그러므로 헌법이 명하는 과잉입법금지의 원칙과 평등의 원칙에 반하는 가혹한 형벌규정을 설정하는 특정범죄가중처벌법이나 그 법조항들이 만약 헌법상 입법부에 부여된 입법권의 범위를 넘어서 자의적으로 제정된 것이라고 한다면 그 효력이 부인될 수밖에 없는 것이다.

그러면 이 사건 법률조항이 과연 위와 같은 입법권 내지 입법정책적 배려의 한계를 넘어선 위헌적인 것인지의 여부와 사법권의 독립 및 법관의 양형적 판단권을 보장하는 것을 본질로 하는 재판이론에 반하는 위헌적 형벌법규인지의 여부를 다시 살펴볼 필요가 있다.……

나. 이 사건 법률조항의 구성요건은 두 가지의 유형으로 구분해 볼 수 있는데,

첫째는 사고운전자가 피해자를 치어 사망케 한 후 사고장소로부터 옮겨 유기하고 도주한 경우이고 둘째는 사고운전자가 피해자를 치여 상해를 입힌 상태에서 사고장소로부터 옮겨 유기하고 도주한 후에 사망한 경우나 옮기던 도중에 사망하여 유기한 경우로서, 일종의 결합범의 형태를 띠고 있다고 할 수 있다. 이를 편의상 위 두 가지의 유형을 각각 일반형법전상의 범죄로 구분 · 환원시켜 보면 우선 첫번째 유형의 경우는 형법 제268조의 업무상과실 또는 중대한 과실로 인하여 사람을 사상에 이르게 한 경우에 적용되는 법정형 5년 이하의 금고 또는 200만원 이하의 벌금형(이하 편의상 벌금형에 관하여는 비교를 생략하기로 한다) 및 같은 법 제161조의 사체유기죄에 적용되는 법정형 7년 이하의 징역형을 경합가중처벌하는 경우에 해당한다고 할 수 있고, 두번째 유형의 경우는 위 형법 제268조의 업무상 과실 또는 중대한 과실죄의 형 및 같은 법 제275조의 유기치사죄에 적용되는 유기죄와 상해죄를 비교하여 중한 형인 형법 제259조 소정의 상해치사죄의 3년 이상의 유기징역형을 경합가중처벌하는 경우에 해당한다고 할 수 있다. 만일 이 사건 법률조항에 해당되는 범죄행위에 대하여 이 사건 법률은 적용하지 아니하고 일반형법만을 적용하는 경우라면 이는 형법상 수개의 죄에 해당하여 경합범으로 가중되어 처단되는데, 이와 같은 가중처벌을 감안하거나 그렇지 아니하고 이 사건 법률조항의 법정형을 형법상의 각종 중형에 해당하는 범죄들의 죄질과 법정형을 비교 교량해 보더라도 이 사건 법률조항의 법정형이 최하 징역 10년 이상, 무기징역 또는 사형에 처한다고 되어 있어 일반형사범의 법정형을 정하는 일반원리를 무시하고 지나치게 높은 가혹한 형벌위하로써 국민의 자유와 생존권을 불안하게 하는 위헌적인 법률이라고 평가하지 않을 수 없다. 물론 특정범죄가중처벌법은 형법보다 높은 법정형을 규정하는 특별법이기 때문에 법정형의 단순한 높낮이 또는 산술적 비교에 의하여 형의 합리성이나 적정성을 판단할 수는 없는 것이라고 볼 수 있지만 지나치게 높은 법정형을 설정함에 있어서는 헌법상 합리적인 근거가 있고 그 목적이 정당하여야 할 것이다. 그런데 이 사건 법률조항에 관하여 이미 앞에서 본 바와 같은 보호법익의 복합성, 비난가능성의 증폭 등에 대하여 가중처벌로서 일반예방적 목적을 달성하여야 하는 입법정책적 고려에 의한 것이라고 하더라도 업무상과실로 인하여 성립되는 범죄에 대하여 일반예방적 효과를 기대하고 사형이나 10년 이상의 형벌을 법정한다는 것은 형벌의 목적이나 형사처벌의 정책적인 효과에도 부합하지 않으며 더구나 그 가중의 정도가 지나치고 비현실적인 가혹한 형벌의 법정형이어서 교통사고의 예방이나 피해자 구호를 용이하게 하는 일반예방적인 목적을 달성하는 것보다 오히려 그 역작용으로 피해자를 유기치사 내지 유기살인을 유발하는 결과를 자초할 우려가 없지 않은 것이며, 나아가 형벌체계상으로 검토하여 보아도 우리 나라 형사법의 법정형에는 과실범에 대하여 사형에 처하는 경우를 찾아 볼 수 없고, 과실로 사람을 치상하게 한 자가 구호행위를 하지 아니하고 도주하거나 고의로 유기함으로써 치사의 결과에 이르게 한 경우에 고의적 살인범과 동일하게 처벌하는 것은 별개로 하고 그 보다 더 무겁게 처벌할 수 없다 할 것인데 위 법률조항에서는 그 법정형의 상한이 사형일 뿐만 아니라 하한이 살인죄의 징역 5년 이상보다 무려 갑절이 되는 징역 10년 이상으로 처벌하도록 규정한 것은 그 죄질에 비하여 그 가중의 정도가 너무 심하게 불평등한 법정형을 설정하고 있음을 쉽게 알 수 있으며 이는 일반형사범의 법정형과 비교하여 지나치게 과중한 것으로 평가되어 형벌체계상 균형을 잃고 있음이 명백하다고 할 것이다. 심지어 고의로 자동차를 가지고 사람을 살해하고 그 사체를 유기한 악랄한 모살의 살인범의 형벌보다 훨씬 무거운 형벌을 과하는 결과를 가져오게 되는 내용의 법규정이 되어 있으므로 이 사건 법률조항의 법정형은 형

벌체계상의 정당성을 상실하였을 뿐 아니라 형벌의 기능과 목적에도 본질적으로 배치되는 것이라고 볼 수밖에 없다. 따라서 이 사건 법률조항을 두게 된 입법정책은 가중처벌이라는 형벌위하로써 사회질서를 유지하려는 입법 목적에만 주안을 두었을 뿐 모든 국민은 인간으로서의 존엄과 가치를 가지며 국가는 개인이 가지는 불가침의 기본적 인권을 보장할 의무를 가진다는 헌법의 기본정신에 배치되는 법규라고 아니할 수 없다.

그렇다면 이 사건 법률조항은 그 입법목적인 교통사고의 예방이나 피해자의 구호에는 실효성이 없는 명분에 불과한 것이고 오히려 그 처벌의 법정형이 그 가중의 정도가 지나쳐 그 위반한 행위자에게 귀책사유 이상으로 과잉처벌하는 것으로서 법의 적용과 법의 내용에 있어서 헌법상 평등의 원리에 반하고, 한편 법정형벌에 의한 기본권의 제한은 범죄행위의 무게 및 그 범행자의 부책에 상응하는 정당한 비례성을 감안하여 기본권의 제한은 필요한 최소한에 그쳐야 한다는 헌법상의 법치국가의 원리에서 나오는 과잉입법금지의 원칙에도 반하는 것이라고 아니할 수 없어 이는 기본권의 본질적 내용을 침해할 수 없다는 헌법 제37조 제2항에 위반되는 것이라고 할 것이다.」

⇔ 재판관 2인(재판관 최광률, 재판관 황도연)의 반대의견

「다. 위에서 고찰한 바를 바탕으로 하여 이 사건에 관한 다수의견의 이유설시를 보면 거기에는 몇 가지 납득하기 어려운 점이 있다.

(1) 다수의견은, 이 사건 법률조항의 구성요건은 두가지의 유형으로 구분해 볼 수 있는데 이를 각각 일반형법전상의 범죄로 구분, 환원시켜 보면

첫번째 유형의 경우는 업무상과실치사죄 또는 중과실치사죄(형법 제268조)와 사체유기죄(형법 제161조 제1항)의 경합범에 해당하고

두번째 유형의 경우는 업무상과실치상죄 또는 중과실치상죄(형법 제268조)와 유기치사죄(형법 제275조)의 경합범에 해당한다고 전제한 다음 이들 범죄를 경합범으로서 가중처벌하는 경우의 처단형의 범위와 비교교량해 보면 이 사건 법률조항의 법정형은 그 죄질에 비하여 그 가중의 정도가 너무 지나치다는 취지로 설시하고 있다.

그런데 앞서 본 바에 의하면 다수의견이 풀이한 이 사건 범죄의 두 가지 유형 모두에 도로교통법 제106조, 제50조 제1항의 구호의무위반죄가 그 구성요소의 하나로서 포함되어야 한다. 물론 이를 포함시키더라도 위 도로교통법상의 구호의무위반죄가 사체유기죄 또는 유기치사죄와 상상적 경합관계에 있을 경우가 많고 그 때에는 언제나 무거운 죄인 사체유기죄 또는 유기치사죄에 정한 형으로 처단될 것이므로 처단형 그 자체에는 영향이 없을런지 모르지만, 이 사건 범죄의 보호법익이나 죄질을 다른 죄의 그것과 비교하는 경우에는 차이가 있기 때문에 이를 밝혀 두는 것이고, 또 다수의견이 말하는 위 두번째 유형의 경우에는 피해자의 사망원인이 무엇인가에 따라 그 죄명이 달라질 수 있는 것이어서 언제나 업무상과실치상죄(또는 중과실치상죄)와 유기치사죄의 경합범으로만 볼 수 있을런지도 의문이다.

(2) 다수의견은, 또 우리 나라 형사법의 법정형에는 과실범에서 비롯되는 죄질의 범죄에 대하여 사형에 처하는 경우를 찾아볼 수 없고 과실로 사람을 치상하게 한 자가 구호행위를 하지 아니하고 도주하거나 고의로 유기함으로써 치사의 결과에 이르게 한 경우에 고의적인 살인죄와 동일하게 처벌하는 것은 별론으로 하고 그보다 더 무겁게 처벌할 수는 없다고 할 것인데 이 사건 법률조항에 그 법정형의 상한이 사형일 뿐만 아니라 하한이 살인죄의 그것 보다 무려 갑절이나 되는 10년 이상의 징역으로 규정되어 있는 것은 형벌체계상의 정당성과 균형을 상실한 것이므로 헌법에 위반된다는 취지로 설시하고 있다.

그러나 우리의 견해는 이와 다르다. 우리 의견의 앞머리에서 보았듯이 어떤 범죄행위를 어떻게 처벌할 것인가의 문제 즉 법정형의 종류와 범위를 정함에 있어서 고려해야 할 사항 중 가장 중요한 것은 당해 범죄의 보호법익의 성격 및 정도와 그 범죄의 죄질이다. 따라서 보호법익이 다르면 법정형의 내용이 다를 수 있고 보호법익이 같다고 하더라도 죄질이 다르면 또 그에 따라 법정형의 내용이 달라질 수 있다. 그러므로 각기 보호법익이 다른 두개 또는 몇개의 범죄를 동일선상에 놓고 그 중 어느 한 범죄의 법정형을 기준으로 하여 단순한 평면적인 비교로서 다른 범죄의 법정형의 과중 여부를 판정하는 것은 잘못이다. 이 사건 범죄와 살인죄는 사람의 생명의 안전을 보호한다는 측면에 있어서는 보호법익상의 공통점이 있으나 앞서 본 바와 같이 이 사건 범죄는 그 밖에도 다른 중요한 보호법익이 있는 것이므로 살인죄의 법정형을 기준으로 하여 이 사건 범죄의 법정형의 과중여부를 판정할 수는 없다는 결론에 이른다.

다만 범죄로 인하여 사람이 사망했다는 점에서는 공통점이 있고 이 사건 범죄의 경우에도 그 보호법익 중 가장 중요한 것은 피해자의 생명의 안전이라고 보아 앞에서 본 보호법익의 차이는 잠시 논외로 하고 다음으로는 이 사건 범죄와 살인죄의 죄질을 대비해 보기로 한다. 이 점에 관하여 다수의견은 이 사건 범죄는 비록 그것이 사체유기 내지 유기치사라는 제2의 고의의 범행과 결합되어 있는 것이기는 하지만 그 원인행위나 기본적인 구성요건은 우발적인 과실범인 업무상과실치사상에서 비롯되는 것인 만큼 그것이 고의범인 살인죄의 법정형보다 무거울 수는 없다는 논리를 펴고 있다.

그러나 앞서 이 사건 법률조항의 구성요건의 규정방식에 관한 검토에서 보았듯이 이 사건 범죄에 대한 비난가능성의 근거는 그 선행행위인 과실범으로서의 업무상과실치사상 또는 중과실치사상에 있는 것이 아니라 그 과실범과는 독립된 고의에 의한 새로운 범죄행위 즉 적극적인 유기 · 도주의 고의범 및 그로 인한 피해자의 사망이란 결과의 발생에 있는 것이다. 바꾸어 말하면 자기의 과실있는 행위로 인하여 피해자의 사망이란 위험발생의 원인을 야기한 자(과실범의 주체)가 그 위험발생을 방지하지 아니하였다는 방지의무위반 및 그로 인한 결과 발생의 점에 비난의 초점이 있는 것이지 위험 발생의 원인을 야기한 선행행위 그 자체(과실범)를 비난의 대상으로 하여 가중처벌하자는 것이 아니다. 그렇다면 이 사건 범죄가 과실범에서 비롯되었다 하여 곧 그 죄질이 고의범인 살인죄보다 가볍다는 다수의견의 논리는 그 근거가 박약한 것이라 아니할 수 없고, 따라서 앞서 본 과실범과 고의범을 모두 포괄하는 전체로서의 이 사건 범죄의 죄질이 살인죄의 그것과 대비 검토되어야 할 것이다. 그런데, 사회윤리적 평가의 측면에서 보면 이 사건 범죄는 살인의 미필적 고의가 있다고 보거나 또는 그 고의가 있는 경우와 동일시해도 괜찮을 정도의 냉혹성 내지 비난가능성을 내포하고 있다는 점은 이미 본 바와 같고, 또 앞서 본 우리의 견해와 같이 피해자의 사망이란 무거운 결과의 발생이 고의에 의하여 초래된 경우도 이 사건 법률조항에 해당한다고 본다면 그 경우에는 업무상과실치상, 도로교통법위반 및 살인죄 등의 불법내용을 갖게 되어 오히려 단순한 고의의 살인보다 그 불법의 실질이 높다고 할 수 있다.

이와 같이 이 사건 범죄의 죄질은 살인죄의 그것보다 결코 낮다고 할 수 없을 뿐만 아니라 사고 발생후 사고운전자에게 미필적인 것이라도 살인의 고의가 있는 경우에는 오히려 살인죄의 죄질을 능가하는 것이라고 하겠다. 그렇다면 이 사건 범죄의 법정형 중에 그 상한으로서 사형이 들어 있고 하한으로서 10년 이상의 징역이 들어 있다고 하더라도 그것만으로 곧 다수의견이 지적하는 바와 같은 위헌요소가 있다고는 할 수 없다. 다만 이 사건 법률조항의 법정형의 하한에 관하여는 뒤에서 좀더 살펴보기로 한다.

(3) 다수의견은, 또 고의적인 살인범마저 그 법정형이 사형 · 무기 또는 5년 이상의 징역형으로 규정되어 있어 형 선택의 폭이 넓을 뿐만 아니라 유기징역형을 선택하여 작량감경을 하는 경우에는 집행유예의 선고를 할 수 있는데 이 사건 법률조항에 해당하는 사건은 그 죄질의 형태와 정상의 폭이 넓어 탄력적으로 운용되어야 할 성질의 것인데도 그 법정형의 하한이 10년 이상의 유기징역으로 한정되어 있어 작량감경을 하더라도 별도의 법률상 감경사유가 없는 한 집행유예의 선고를 할 수 없도록 되어 있고 그 결과 법관의 양형결정권을 지나치게 제한하고 있다고 설시하고 있다.

그러나 우리는 다수의견이 이 부분 이유설시도 선뜻 납득할 수 없다.

첫째로, 살인죄는 그 동기나 행위태양이 다양하고 때로는 피해자측이 오히려 범죄를 유발케 하는 경우도 있는 등 그 정상에 참작할 만한 사유가 있는 경우도 적지 않다. 외국의 입법례 중에는 범행의 예모성, 숙의성, 상대방 야기성, 우연성, 경솔성 등에 따라 개별적으로 여러유형의 규정을 두고 있는 경우도 있으나, 우리 형법은 몇 가지의 개별적 규정을 두고 있을 뿐(제250조 제2항, 제251조, 제252조 등) 기타의 모든 경우를 단일조항(제250조 제1항)으로 처단하고 있다. 그렇다면 우리 형법이 살인죄에 있어서 형선택의 폭을 넓게 한 것은 수긍할 만한 합리적 이유가 있는 것이고, 그와 비교하면 이 사건 범죄의 경우는 그 동기도 행위태양도 비교적 단순하여 죄질의 형태와 정상의 폭이 특히 넓다는 다수의견은 선뜻 이해하기 어렵다.

둘째로, 어느 범죄에 대한 법정형의 하한도 앞서 본 바와 같은 여러가지 기준의 종합적 고려에 의하여 정해지는 것으로서 죄질의 경중과 법정형의 하한의 높고 낮음이 반드시 정비례하는 것은 아니다. 우선 우리 형법의 규정만 보더라도 강학상의 이른바 개인적 법익에 대한 죄 가운데 법정형의 상한은 살인죄의 그것보다 낮으면서 그 하한은 살인죄의 그것보다 높은 것이 더러 있다(제339조의 강도강간죄, 제340조 제2항의 해상강도상해죄, 제341조의 강도상습죄 등의 법정형은 모두 무기 또는 10년 이상의 징역이고, 제337조의 강도상해죄, 제340조 제1항의 해상강도죄 등의 법정형은 모두 무기 또는 7년 이상의 징역이다). 더구나 앞서 본 바와 같이 이 사건 범죄의 죄질이 살인죄의 그것과 비견할 정도의 것이라고 한다면 일반예방적 효과를 달성하려는 형사정책적 고려에서 신설된 이 사건 법률조항에서 그 하한을 살인죄의 그것보다 높였다고 해서 곧 합리성과 비례성의 원칙을 현저하게 침해한 것이라고는 볼 수 없다.

끝으로, 이 사건 범죄에 관하여는 작량감경을 하는 경우라도 집행유예의 선고를 할 수 없도록 되어있는 것이 법관의 양형결정권을 극도로 제한한 것이라는 다수의견 부분도 이해하기 어렵다. 우리가 우선 이 사건 범죄의 죄질에 관하여 다수의견과 견해를 달리하고 있다는 것은 이미 지적하였거니와 바로 위에서 본 형법의 규정들에 의하더라도 그것들은 모두 강학상의 이른바 개인적 법익에 대한 죄에 속하는 것으로서 살인죄보다는 일반적으로 죄질이 가벼운 것들인데도 별도의 법률상 감경사유가 없는한 집행유예의 선고를 할 수 없도록 법정형의 하한을 높여 놓고 있는데 이들 범죄에 대한 형법규정이 모두 위헌이라고는 말할 수 없을 것이다. 그리고 이 사건 범죄의 경우에도 법관에 의한 집행유예선고의 길이 전혀 막혀 있는 것은 아니다. 예컨대 심신미약의 상태(형법 제10조 제2항)에서 범행을 저질렀고 정상에 참작할만한 사유가 있다든가 또는 범행후 수사책임이 있는 관서에 자수하였고(형법 제52조 제1항) 정상에 참작할 만한 사유가 있는 경우에는 그 형의 집행을 유예받을 수 있으며, 더구나 사고 운전자가 범행 당시 소년인 경우에는 소년의 특성을 감안한 형의 감경(소년법 제60조 제2항)과 작량감경으로 집행유예의 은전을 받을 길도 열려 있다. 이렇게 보더라도 살인죄의 경우와 비교하면 법관에 의한 집행유예의 선고에 제약이 되는 것은 사실이나, 그것은 이 사건 법률조항의 입법이유에서 이해해야 할 것이다. 즉 보통의 선량한 사고 운전자라면 당황한 나머지 범행을 저질렀다고 하더라도 그 후에는 곧 뉘우치고 자수할 것이라고 일반적으로 기대할 수 있어 이러한 자에게는 정상에 따라 집행유예의 은전을 베풀수 있게 함으로써 범인의 자수를 권장하는 한편 그렇지 아니한 악랄한 사고 운전자는 이를 엄히 다스려 일반예방적 효과를 거두자는 것이 입법당시의 형사정책적 고려가 아니었던가 짐작되고, 이 점은 오늘날 우리의 교통현실 및 교통문화의 수준을 보거나 국민일반의 법감정에 비추어 보더라도 수긍할 만한 합리적 이유가 있다고 생각된다.

라. 위에서 본 바와 같이, 우리는 교통사고 발생후 사고운전자에게 피해자의 사망이란 무거운 결과의 발생에 관하여 고의가 있는 경우도 이 사건 법률조항에 해당한다고 보는 바이고, 이 사건 범죄의 죄질은 살인죄의 그것과 비견하거나 때로는 그것을 능가할 정도로 비난가능성이 높다고 이해하며, 그 법정형의 하한이 살인죄의 그것보다 높은 것도 수긍할만한 합리적 이유가 있다고 생각한다. 이러한 우리의 견해에 의하면 이 사건 법률조항은 다수의견이 지적하는 바와 같은 헌법규정이나 헌법이념에 위반된다고 볼 수 없다.

우리도 이 사건 법률조항은 그 법정형이 매우 높은 데 비하여 입법상 여러가지 미비점을 내포하고 있어 형사입법으로서는 졸렬한 것임을 인정하는 바이나, 이러한 입법정책 내지 입법기술의 당부의 문제와 그것이 헌법에 위반되는지의 여부의 문제는 판단의 기준을 달리하는 것으로서 입법의 졸렬이 곧 헌법위반은 될 수 없다고 생각한다.

또 어떤 형벌법규의 구성요건이 애매모호하고 지나치게 광범위하다고 하여 헌법에 위반된다고 판단하는 경우와 그 형벌법규의 법정형이 지나치게 무겁다고 하여 헌법에 위반된다고 판단하는 경우는 헌법재판소가 관여할 수 있는 범위와 정도에 있어서 스스로 차이가 있다는 점도 지적해 두고자 한다.」

[憲 2000. 8. 31.-97헌가12](국적법 제2조 제1항 제1호 위헌제청)

「헌법 제11조 제1항은 "모든 국민은 법 앞에 평등하다. 누구든지 성별 · 종교 또는 사회적 신분에 의하여 정치적 · 경제적 · 사회적 · 문화적 생활의 모든 영역에 있어서 차별을 받지 아니한다"고 하여 평등원칙을 선언하고 있다.

헌법 제11조 제1항이 규정하고 있는 평등원칙은 법치국가질서의 근본요청으로서 모든 국가기관에게 법을 적용함에 있어서 정당한 근거 없이 개인이나 일정한 인적 집단을 불평등하게 대우하는 것을 금지한다. 따라서 모든 사람은 평등하게 법규범을 통해서 의무를 부담하고 권리를 부여받으며, 반대로 모든 공권력주체에 대해서는 일정한 사람들에게 유리하거나 불리하게 법을 적용하거나 적용하지 않는 것이 금지된다. 그러나 헌법 제11조 제1항의 규범적 의미는 이와 같은 '법 적용의 평등'에서 끝나지 않고, 더 나아가 입법자에 대해서도 그가 입법을 통해서 권리와 의무를 분배함에 있어서 적용할 가치평가의 기준을 정당화할 것을 요구하는 '법 제정의 평등'을 포함한다. 따라서 평등원칙은 입법자가 법률을 제정함에 있어서 법적 효과를 달리 부여하기 위하여 선택한 차별의 기준이 객관적으로 정당화될 수 없을 때에는 그 기준을 법적 차별의 근거로 삼는 것을 금지한다. 이때 입법자가 헌법 제11조 제1항의 평등원칙에 어느 정도로 구속되는가는 그 규율대상과 차별기준의 특성을 고려하여 구체적으로 결정된다.」

◎ 같은 취지 : 憲 1989. 9. 8.-88헌가6; 1999. 7. 22.-98헌가3; 1997. 1. 16.-90헌마110등; 1991. 7. 22.-89헌가106

▸ **헌법 제11조에서 정하고 있는 평등은 상대적 평등이라고 보는 판례**
[憲 1997. 5. 29.-94헌바5](주택건설촉진법 제3조 제9호 위헌소원)
「헌법 제11조 제1항의 평등의 원칙은 일체의 차별적 대우를 부정하는 절대적 평등을 의미하는 것이 아니라 합리적 근거 없는 차별을 하여서는 아니 된다는 상대적 평등을 뜻하며, 합리적 근거 있는 차별인가의 여부는 그 차별이 인간의 존엄성 존중이라는 헌법원리에 반하지 아니하면서 정당한 입법목적을 달성하기 위하여 필요하고도 적정한 것인가를 기준으로 판단되어야 한다.」
◎ 같은 취지 : 憲 1991. 2. 11.-90헌가27; 1991. 7. 22.-89헌가106; 1992. 4. 28.-90헌바24; 1998. 9. 30.-98헌가7등

▸ **군필자에게 일정 직급의 공무원 채용 등에서 가산점을 주는 규정을 남성과 여성의 평등문제로 다루어 남녀차별에 해당한다고 본 판례**
[憲 1999. 12. 23.-98헌마363](제대군인지원에관한법률 제8조 제1항 등 위헌확인)
「(2) 가산점제도의 위헌 여부

(나) 평등권 침해 여부

가산점제도로 인하여 청구인들의 평등권이 침해되는지 여부를 본다.

1) 차별의 대상

가산점제도는 제대군인과 제대군인이 아닌 사람을 차별하는 형식을 취하고 있다. 그러나 제대군인, 비(非)제대군인이라는 형식적 개념만으로는 가산점제도의 실체를 분명히 파악할 수 없다. 현행 법체계상 제대군인과 비제대군인에 어떤 인적 집단이 포함되는지 구체적으로 살펴보아야만 한다. 위에서 본 바와 같이 제대군인에는 ① 현역복무를 마치고 전역(퇴역 · 면역 포함)한 남자 ② 상근예비역 소집복무를 마치고 소집해제된 남자 ③ 지원에 의한 현역복무를 마치고 퇴역한 여자, 이 세 집단이 포함되고, 비제대군인에는 ① 군복무를 지원하지 아니한 절대다수의 여자 ② 징병검사 결과 질병 또는 심신장애로 병역을 감당할 수 없다는 판정을 받아 병역면제처분을 받은 남자(병역법 제12조 제1항 제3호, 제14조 제1항 제3호) ③ 보충역으로 군복무를 마쳤거나 제2국민역에 편입된 남자, 이 세 집단이 포함된다.

그러므로 먼저 무엇보다도 가산점제도는 실질적으로 남성에 비하여 여성을 차별하는 제도이다. 제대군인 중 위 ③의 유형에는 전체여성 중의 극히 일부분만이 해당될 수 있으므로 실제 거의 모든 여성은 제대군인에 해당하지 아니한다. 그리고 남자의 대부분은 제대군인 중 위 ①과 ②유형에 속함으로써 제대군인에 해당한다. 이 사건 심판기록에 편철된 「병역처분자료통보」에 의하면 1994년부터 1998년까지 5년간 현역병입영대상자 처분을 받은 비율은 81.6%에서 87%(보충역은 4.6%에서 11.6%, 제2국민역은 6.4%에서 9.8%, 병역면제는 0.4%에서 0.6%)까지 이르고 있음을 알 수 있는데, 이는 우리 나라 남자 중의 80% 이상이 제대군인이 될 수 있음을 나타내는 것이다. 이와 같이 전체 남자 중의 대부분에 비하여 전체 여성의 거의 대부분을 차별취급하고 있으므로 이러한 법적 상태는 성별에 의한 차별이라고 보아야 한다.

다음으로 가산점제도는 현역복무나 상근예비역 소집근무를 할 수 있는 신체건장한 남자와, 질병이나 심신장애로 병역을 감당할 수 없는 남자, 즉 병역면제자를 차별하는 제도이다. 현역복무를 할 수 있느냐는 병역의무자의 의사에 따르는 것이 아니라 오로지 징병검사의 판정결과에 의하여 결정되는바(병역법 제11조, 제12조, 제14조), 질병이나 심신장애가 있는 남자는 아무리 현역복무를 하고 싶어도 할 수 없고 그 결과 제대군인이 될 수 없어 가산점 혜택을 받을 수 없기 때문이다.

마지막으로 가산점제도는 보충역으로 편입되어 군복무를 마친 자를 차별하는 제도이기도 하다. 보충역 판정여부는 신체등위, 학력 등을 감안하고 또 병역수급의 사정에 따라 정해지는 것으로서(병역법 제5조 제1항 제3호, 제14조) 이 또한 본인의 의사와는 무관하다. 보충역으로 편입되는 자는 병역의무 이행의 일환으로 일정기간 의무복무를 마치더라도(보충역은 공익근무요원, 공익법무관, 공중보건의사, 전문연구요원 또는 산업기능요원으로 복무한다) 그 복무형태가 현역이 아니라는 이유로 가산점혜택을 받지 못하는 것이다.

2) 심사의 척도

가) 평등위반 여부를 심사함에 있어 엄격한 심사척도에 의할 것인지, 완화된 심사척도에 의할 것인지는 입법자에게 인정되는 입법형성권의 정도에 따라 달라지게 될 것이다. 먼저 헌법에서 특별히 평등을 요구하고 있는 경우 엄격한 심사척도가 적용될 수 있다. 헌법이 스스로 차별의 근거로 삼아서는 아니되는 기준을 제시하거나 차별을 특히 금지하고 있는 영역을 제시하고 있다면 그러한 기준을 근거로 한 차별이나 그러한 영역에서의 차별에 대하여 엄격하게 심사하는 것이 정당화된다. 다음으로 차별적 취급으로 인하여 관련 기본권에 대한 중대한 제한을 초래하게 된다면 입법형성권은 축소되어 보다 엄격한 심사척도가 적용되어야 할 것이다.

나) 그런데 가산점제도는 엄격한 심사척도를 적용하여야 하는 위 두 경우에 모두 해당한다. 헌법 제32조 제4항은 "여자의 근로는 특별한 보호를 받으며, 고용 · 임금 및 근로조건에 있어서 부당한 차별을 받지 아니한다"고 규정하여 "근로" 내지 "고용"의 영역에 있어서 특별히 남녀평등을 요구하고 있는데, 가산점제도는 바로 이 영역에서 남성과 여성을 달리 취급하는 제도이기 때문이고, 또한 가산점제도는 헌법 제25조에 의하여 보장된 공무담임권이라는 기본권의 행사에 중대한 제약을 초래하는 것이기 때문이다(가산점제도가 민간기업에 실시될 경우 헌법 제15조가 보장하는 직업선택의 자유가 문제될 것이다).

이와 같이 가산점제도에 대하여는 엄격한 심사척도가 적용되어야 하는데, 엄격한 심사를 한다는 것은 자의금지원칙에 따른 심사, 즉 합리적 이유의 유무를 심사하는 것에 그치지 아니하고 비례성원칙에 따른 심사, 즉 차별취급의 목적과 수단간에 엄격한 비례관계가 성립하는지를 기준으로 한 심사를 행함을 의미한다.

3) 가산점제도의 평등위반성

가) 가산점제도의 입법목적

가산점제도의 주된 목적은 군복무 중에는 취업할 기회와 취업을 준비하는 기회를 상실하게 되므로 이러한 불이익을 보전해 줌으로써 제대군인이 군복무를 마친 후 빠른 기간 내에 일반사회로 복귀할 수 있도록 해 주는 데에 있다. 인생의 황금기에 해당하는 20대 초 · 중반의 소중한 시간을 사회와 격리된 채 통제된 환경에서 자기개발의 여지없이 군복무 수행에 바침으로써 국가 · 사회에 기여하였고, 그 결과 공무원채용시험 응시 등 취업준비에 있어 제대군인이 아닌 사람에 비하여 상대적으로 불리한 처지에 놓이게 된 제대군인의 사회복귀를 지원한다는 것은 입법정책적으로 얼마든지 가능하고 또 매우 필요하다고 할 수 있으므로 이 입법목적은 정당하다.

나) 차별취급의 적합성 여부

ㄱ) 제대군인에 대한 사회복귀의 지원은 합리적이고 적절한 방법을 통하여 이루어져야 한다.……

ㄴ) 그런데 가산점제도는 이러한 합리적 방법에 의한 지원책에 해당한다고 할 수 없다. 가산점제도는 공무원 채용시험의 필기시험의 각 과목별 만점의 5% 또는 3%를 제대군인에게 가산토록 함으로써 제대군인의 취업기회를 특혜적으로 보장하고, 그만큼 제대군인이 아닌 사람의 취업의 기회를 박탈·잠식하는 제도이다. 그런데 제대군인이 아닌 사람들이란 다름 아니라 절대다수의 여성들과 상당수의 남성들(심신장애가 있어 군복무를 할 수 없는 남자, 보충역에 편입되어 복무를 마친 남자)로서 이들은 제대군인이 될 수 없는 사람들이고, 특히 여성과 장애인은 이른바 우리 사회의 약자들이다. 헌법은 실질적 평등, 사회적 법치국가의 원리에 입각하여 이들의 권익을 국가가 적극적으로 보호하여야 함을 여러 곳에서 천명하고 있다. 성별에 의한 차별을 금지하고 있는 헌법 제11조, 인간다운 생활을 할 권리를 보장하고 있는 헌법 제34조 제1항 외에도, 위에서 본 헌법 제32조 제4항, "국가는 여자의 복지와 권익의 향상을 위하여 노력하여야 한다"고 규정하고 있는 헌법 제34조 제3항, "신체장애자 및 질병·노령 기타의 사유로 생활능력이 없는 국민은 법률이 정하는 바에 의하여 국가의 보호를 받는다"고 규정하고 있는 헌법 제34조 제5항, "국가는 모성의 보호를 위하여 노력하여야 한다"고 규정하고 있는 헌법 제36조 제2항 등이 여기에 해당한다. 그럼에도 불구하고 여성과 장애인은 각종의 제도적 차별, 유·무형의 사실상의 차별, 사회적·문화적 편견으로 생활의 모든 영역에서 어려움을 겪고 있고, 특히 능력에 맞는 직업을 구하기 어려운 것이 현실이다. 이러한 현실을 불식하고 평등과 복지라는 헌법이념을 구현하기 위하여 여성·장애인 관련분야에서 이미 광범위한 법체계가 구축되어 있다. 여성발전기본법, 남녀차별금지및구제에관한법률, 남녀고용평등법에서 여성의 사회참여 확대, 특히 공직과 고용부문에서의 차별금지와 여성에 대한 우대조치를 누차 강조하고 이를 위한 각종 제도를 마련하고 있으며, 장애인복지법, 장애인고용촉진등에관한법률은 장애인에 대한 차별금지와 보호장치를 규정하고 있다. 어떤 입법목적을 달성하기 위한 수단이 헌법이념과 이를 구체화하고 있는 전체 법체계와 저촉된다면 적정한 정책수단이라고 평가하기 어려울 것이다. 여성에대한모든형태의차별철폐에관한협약 등의 각종 국제협약, 위 헌법규정과 법률체계에 비추어 볼 때 여성과 장애인에 대한 차별금지와 보호는 이제 우리 법체계내에 확고히 정립된 기본질서라고 보아야 한다. 그런데 가산점제도는 아무런 재정적 뒷받침없이 제대군인을 지원하려 한 나머지 결과적으로 이른바 사회적 약자들의 희생을 초래하고 있으므로 우리 법체계의 기본질서와 체계부조화성을 일으키고 있다고 할 것이다.

요컨대 제대군인에 대하여 여러 가지 사회정책적 지원을 강구하는 것이 필요하다 할지라도, 그것이 사회공동체의 다른 집단에게 동등하게 보장되어야 할 균등한 기회 자체를 박탈하는 것이어서는 아니되는데, 가산점제도는 공직수행능력과는 아무런 합리적 관련성을 인정할 수 없는 성별 등을 기준으로 여성과 장애인 등의 사회진출기회를 박탈하는 것이므로 정책수단으로서의 적합성과 합리성을 상실한 것이라 하지 아니할 수 없다.

다) 차별취급의 비례성 여부

차별취급을 통하여 달성하려는 입법목적의 비중에 비하여 차별로 인한 불평등의 효과가 극심하므로 가산점제도는 차별취급의 비례성을 상실하고 있다.

ㄱ) 가산점제도는 우선 양적으로 수많은 여성들의 공무담임권을 제약하는 것이다.……

ㄴ) 공무원 채용시험의 합격 여부에 미치는 효과가 너무나 크다.……

ㄷ) 뿐만 아니라 가산점제도는 제대군인에 대한 이러한 혜택을 몇 번이고 아무런 제한없이 부여하고 있다.……

ㄹ) 가산점제도는 승진, 봉급 등 공직내부에서의 차별이 아니라 공직에의 진입 자체를 어

렵게 함으로써 공직선택의 기회를 원천적으로 박탈하는 것이기 때문에 공무담임권에 대한 더욱 중대한 제약으로서 작용하고 있다.

ㅁ) 더욱이 심각한 것은 공무원 채용시험이야말로 여성과 장애인에게 거의 유일하다시피 한 공정한 경쟁시장이라는 점이다.……

ㅂ) 위에서 본 바와 같이 가산점제도가 추구하는 공익은 입법정책적 법익에 불과하다. 그러나 가산점제도로 인하여 침해되는 것은 헌법이 강도높게 보호하고자 하는 고용상의 남녀평등, 장애인에 대한 차별금지라는 헌법적 가치이다. 그러므로 법익의 일반적, 추상적 비교의 차원에서 보거나, 차별취급 및 이로 인한 부작용의 결과가 위와 같이 심각한 점을 보거나 가산점제도는 법익균형성을 현저히 상실한 제도라는 결론에 이르지 아니할 수 없다.

라) 이른바 여성공무원채용목표제와의 관계……

현재 시행되고 있는 채용목표제로 인하여 가산점제도의 위헌성이 제거되는 것인지 살펴본다.

ㄱ) 채용목표제는 가산점제도와는 제도의 취지, 기능을 달리 하는 별개의 제도이다.……

ㄴ) 채용목표제의 효과는 매우 제한적이다.……

이상과 같은 점을 고려해 볼 때 채용목표제의 존재를 이유로 가산점제도의 위헌성이 제거되거나 감쇄된다고는 할 수 없다.

마) 소 결

결론적으로 가산점제도는 제대군인에 비하여, 여성 및 제대군인이 아닌 남성을 비례성원칙에 반하여 차별하는 것으로서 헌법 제11조에 위배되며, 이로 인하여 청구인들의 평등권이 침해된다.」

▸ 평등의 판단기준에 대한 판례

[憲 1999. 12. 23.-98헌마363](제대군인지원에관한법률 제8조 제1항 등 위헌확인)

※ 위 판례 인용부분 참조

[憲 2001. 2. 22.-2000헌마25](국가유공자등예우및지원에관한법률 제34조 제1항 위헌확인)

「나) 그동안 헌법재판소는 평등심사에 있어 원칙적으로 자의금지원칙을 기준으로 하여 심사하여 왔고, 이따금 비례의 원칙을 기준으로 심사한 것으로 보이는 경우에도 비례심사의 본질에 해당하는 '법익의 균형성(협의의 비례성)'에 대한 본격적인 심사를 하는 경우는 찾아보기 힘들었다고 할 수 있다.

그런데 헌법재판소는 1999. 12. 23. 선고한 98헌마363 사건에서 평등위반심사를 함에 있어 '법익의 균형성' 심사에까지 이르는 본격적인 비례심사를 하고 있다.

헌법재판소는 위 결정에서 비례의 원칙에 따른 심사를 하여야 할 경우로서 첫째, 헌법에서 특별히 평등을 요구하고 있는 경우 즉, 헌법이 차별의 근거로 삼아서는 아니되는 기준 또는 차별을 금지하고 있는 영역을 제시하고 있음에도 그러한 기준을 근거로 한 차별이나 그러한 영역에서의 차별의 경우 둘째, 차별적 취급으로 인하여 관련 기본권에 대한 중대한 제한을 초래하게 되는 경우를 들면서, 제대군인가산점제도는 위 두 경우에 모두 해당한다고 하여 비례심사를 하고 있다.

즉 헌법 제32조 제4항은 "여자의 근로는 특별히 보호를 받으며, 고용·임금 및 근로조건에 있어서 부당한 차별을 받지 아니한다"고 규정하여 근로 내지 고용의 영역에 있어서 특별히 남녀평등을 요구하고 있는데, 제대군인가산점제도는 바로 이 영역에서 남성과 여성을 달리 취급하는 제도이기 때문이고, 또한 제대군인가산점제도는 헌법 제25조에 의하여 보장된 공무담임권 또는 직업선택의 자유라는 기본권의 행사에 중대한 제약을 초래하는 것이기 때문이라고 한다(헌재 1999. 12. 23. 98헌마363, 판례집 11-2, 770, 787).

다) 이 사건의 경우는 위 결정에서 비례심사를 하여야 할 첫번째 경우인 헌법에서 특별히 평등을 요구하고 있는 경우에는 해당하지 아니한다.

왜냐하면, 헌법 제32조 제6항은 "국가유공자 · 상이군경 및 전몰군경의 유가족은 법률이 정하는 바에 의하여 우선적으로 근로의 기회를 부여받는다"라고 규정함으로써, 국가유공자 등에 대하여 근로의 기회에 있어서 평등을 요구하는 것이 아니라 오히려 차별대우(우대)를 할 것을 명령하고 있기 때문이다.

그렇다면 이 사건 가산점제도의 경우와 같이 입법자가 국가유공자와 그 유족 등에 대하여 우선적으로 근로의 기회를 부여하기 위한 입법을 한다고 하여도 이는 헌법에 근거를 둔 것으로서, 이러한 경우에는 입법자는 상당한 정도의 입법형성권을 갖는다고 보아야 하기 때문에, 이에 대하여 비례심사와 같은 엄격심사를 적용하는 것은 적당하지 않은 것으로 볼 여지가 있다.

그러나 이 사건의 경우는 비교집단이 일정한 생활영역에서 경쟁관계에 있는 경우로서 국가유공자와 그 유족 등에게 가산점의 혜택을 부여하는 것은 그 이외의 자들에게는 공무담임권 또는 직업선택의 자유에 대한 중대한 침해를 의미하게 되는 관계에 있기 때문에, 헌법재판소의 위 결정에서 비례의 원칙에 따른 심사를 하여야 할 두번째 경우인 차별적 취급으로 인하여 관련 기본권에 대한 중대한 제한을 초래하게 되는 경우에는 해당한다고 할 것이다.

따라서 자의심사에 그치는 것은 적절치 아니하고 원칙적으로 비례심사를 하여야 할 것이나, 구체적인 비례심사의 과정에서는 헌법에서 차별명령규정을 두고 있는 점을 고려하여 보다 완화된 기준을 적용하여야 할 것이다.」

[憲 2006. 2. 23.-2005헌마403](지방자치법 제87조 제1항 위헌확인)

「평등위반 여부를 심사함에 있어 엄격한 심사척도에 의할 것인지, 완화된 심사척도에 의할 것인지는 입법자에게 인정되는 입법형성권의 정도에 따라 달라지게 된다. 먼저 헌법에서 특별히 평등을 요구하고 있는 경우 엄격한 심사척도가 적용될 수 있다. 헌법이 스스로 차별의 근거로 삼아서는 아니되는 기준을 제시하거나 차별을 특히 금지하고 있는 영역을 제시하고 있다면 그러한 기준을 근거로 한 차별이나 그러한 영역에서의 차별에 대하여 엄격하게 심사하는 것이 정당화된다. 다음으로 차별적 취급으로 인하여 관련 기본권에 대한 중대한 제한을 초래하게 된다면 입법형성권은 축소되어 보다 엄격한 심사척도가 적용되어야 한다(헌재 1999. 12. 23. 98헌마363, 판례집 11-2, 770, 787).

이 사건 법률조항은 공무담임권을 제한하고 있는바, 이는 헌법이 차별을 특히 금지하고 있는 영역이거나 차별적 취급으로 인하여 관련 기본권에 대한 중대한 제한을 초래하고 있다고 볼 수 없다. 그리고 공무담임권의 제한의 경우는 그 직무가 가지는 공익실현이라는 특수성으로 인하여 그 직무의 본질에 반하지 아니하고 결과적으로 다른 기본권의 침해를 야기하지 아니하는 한 상대적으로 강한 합헌성이 추정될 것이므로, 주로 평등의 원칙이나 목적과 수단의 합리적인 연관성 여부가 심사대상이 될 것이며, 법익형량에 있어서도 상대적으로 다소 완화된 심사를 하게 된다(헌재 2002. 10. 31. 2001헌마557, 판례집 14-2, 541, 550).

따라서 이 사건 법률조항에 대한 평등권 심사는 합리성 심사로 족하다.」

[憲 2002. 10. 31.-2001헌마557](법원조직법 제45조 제4항 위헌확인)

「법관의 정년을 설정함에 있어서, 입법자는 위와 같은 헌법상 설정된 법관의 성격과 그 업무의 특수성에 합치되어야 하고, 관료제도를 근간으로 하는 계층구조적인 일반 행정공무원과 달리 보아야 함은 당연하므로, 고위법관과 일반법관을 차등하여 정년을 설정함은 일응 문제가 있어 보이나, 사법도 심급제도를 염두에 두고 있다는 점과 위에서 살펴본 몇 가지 이유를 감안하여 볼 때, 일반법관의 정년을 대법원장이나 대법관보다 낮은 63세로, 대법관의 정년을 대법원장보다 낮은 65세로 설정한 것이 위헌이라고 단정할 만큼 불합리하다고 보기는 어렵다고 할 것이다. 그리고 외국의 경우, 법관을 종신직으로 하고 있는 나라도 있지만, 법관의 정년을 규정하고 있는 나라에서는 대개 65세 내지 70세 전후로 설정되어 있으며, 특히 법관의 정년연령이 2원적으로 설정되어 있는 경우에는 대체로 고위법관의 정년연령이 고령으로 규정되어 있다는 것을 알 수 있다.

그렇다면, 이 사건 법률조항이 법관의 정년을 직위에 따라 순차적으로 낮게 차등하게 설정한 것은 법관 업무의 성격과 특수성, 평균수명, 조직체 내의 질서 등을 고려하여 정한 것으로 그 차별에 합리적인 이유가 있다고 할 것이므로, 청구인의 평등권을 침해하였다고 볼 수 없다.」

▶ **평등의 개별적 문제**

▸ 헌법 제11조 제1항 제2문의 법적 성격과 관련하여, 사고운전자가 피해자를 유기하고 도주한 경우 가중처벌하는 것도 평등에 위반한다고 본 판례

[憲 1992. 4. 14.-90헌바24](특정범죄가중처벌등에관한법률 제5조의3 제2항 제1호에 대한 헌법소원)

※ 위 판례 인용부분 참조

▸ 차별금지사유 중 성별에 의한 차별에 대한 판례

▹ 강간죄를 처벌하는 것이 남녀평등에 위반되지 않는다고 본 대법원 판례

[大 1967. 2. 28.-67도1](강간미수, 강도상해)

「헌법 제9조 제1항에서, 법 앞에 국민평등의 원칙을 선명하고, 국민은 누구든지 성별, 종교, 또는 사회적 신분에 의하여 정치적 경제적, 사회적, 문화적 생활의 모든 영역에 있어서 차별을 받지 아니하기로 규정한 것은, 모든 국민은 인간으로서의 존엄성과 인격적 가치에 있어서 평등하고, 성별, 종교, 또는 사회적 신분 등의 차이로 인하여, 혹은 특권을 가지고, 혹은 불이익한 대우를 받아서는 안 된다는 대원칙을 표시한 것이라고 할 것이고, 구체적 인간으로서의 개개의 국민은, 경제적 사회적 기타 여러 가지 조건에 따른 차이가 있으므로, 그 구체적인 차이로 인한 일반사회 관념상 합리적인 근거 있는 차등까지를 금하는 것은 아니라고 할 것이다. 그리고 형법 제297조 강간죄에 있어서 그 객체를 부녀로 한 것은 남녀의 생리적, 육체적 차이에 의하여 강간이 남성에 의하여 감행됨을 보통으로 하는 실정에 비추어 사회적, 도덕적 견지에서, 피해자인 부녀를 보호하라는 것이고, 이로 인하여 일반사회관념상 합리적인 근거 없는 특권을 부녀에게만 부여하고, 남성에게 불이익을 주었다고는 할 수 없다 할 것이고, 이는 병역법에서 남자에게만 병역에 복무할 의무를 인정하고 여자에게는 인정하지 아니함이 헌법 제9조에 위반된다고 할 수 없음 같이, 형법 제297조도 헌법 제9조에 위반한 규정이라고는 할 수 없으므로, 반대의 논지는 이유없다.」

▹ 동성동본금혼에 대한 민법의 규정을 평등원칙 위반이라고 본 판례
[憲 1997. 7. 16.-95헌가6등](민법 제809조 제1항 위헌제청)
※ 〈제3편 - 제2장 - 2. - 문화영역의 기본원리 - □ 문화공동체의 구현〉 판례 인용부분 참조

▸ 차별금지사유 중 사회적 신분에 의한 차별에 대한 판례
▹ 존속살해죄의 가중처벌에 대하여 합헌으로 판단한 판례
[憲 2002. 3. 28.-2000헌바53](형법 제259조 제2항 위헌소원)

「나. 평등의 원칙에 위배되는지 여부

(1) 합리적 근거에 기한 차별

이 사건 법률조항은 존속의 비속에 대한 범죄는 가중처벌하지 아니하면서도 "자기 또는 배우자의 직계존속"에 대한 범죄를 가중처벌하도록 함으로써 비속을 차별하고 있다.

그러나, 헌법 제11조 제1항의 평등의 원칙은 일체의 차별적 대우를 부정하는 절대적 평등을 의미하는 것이 아니라 입법과 법의 적용에 있어서 합리적 근거 없는 차별을 하여서는 아니된다는 상대적 평등을 뜻하고, 따라서 합리적 근거있는 차별 내지 불평등은 평등의 원칙에 반하는 것이 아니므로(헌재 1994. 2. 24. 92헌바43, 판례집 6-1, 72, 75 ; 헌재 2001. 11. 29. 2001헌바4, 공보 63, 66 등 참조), 이 사건 법률조항이 위와 같이 비속을 차별 취급하더라도 거기에 합리적 근거가 있으면 헌법상의 평등의 원칙에 위배된다고 할 수 없다.

혼인과 혈연에 의하여 형성되는 친족에 있어서는 존경과 사랑이 그 존재의 기반이라고 말할 수 있고, 이를 바탕으로 직계존속은 비속에 대하여 경제적 측면에서는 물론 정신적 · 육체적 측면에서 올바른 사회구성원으로 성장할 수 있도록 양육하며 보호하고 그 비속의 행위에 대하여 법률상 · 도의상 책임까지 부담하는 한편, 비속은 직계존속에 대하여 가족으로서의 책임분담과 존경과 보은(報恩)의 기본적 의무를 부담하게 되는데, 이는 인류가 가족을 구성하고 사회를 형성하기 시작한 이래 확립되어진 친족 내지 가족에 있어서의 자연적 · 보편적 윤리로서, 이러한 윤리는 가정은 물론 사회를 유지 · 발전시키는 기본질서를 형성하게 된다는 점에서 형법상 보호되어야 할 가치이며, 이는 배우자의 직계존속에 대하여도 마찬가지이다.

따라서, 존속상해치사의 범행은 위와 같은 보편적 사회질서나 도덕원리, 나아가 인륜에도 반하는 행위로 인식되어 그 패륜성에 대하여는 통상의 상해치사죄에 비하여 고도의 사회적 비난을 받아야 할 이유가 충분하므로, 이를 엄벌하여 반인륜 · 패륜행위를 억제하는 것이 꼭 불합리하다고 만은 할 수 없으며, 우리의 윤리관에 비추어 볼 때 아직은 합리적이라 할 것이다.

그리고, 범죄의 처벌에 관한 문제, 즉 법정형의 종류와 범위의 선택은 그 범죄의 죄질과 보호법익에 대한 고려뿐만 아니라 우리의 역사와 문화, 입법 당시의 시대적 상황, 국민 일반의 가치관 내지 법감정 그리고 범죄예방을 위한 형사정책적 측면 등 여러 가지 요소를 종합적으로 고려하여 입법자가 결정할 사항으로서 광범위한 입법재량 내지 형성의 자유가 인정되어야 할 분야이므로, 어느 범죄에 대한 법정형이 그 범죄의 죄질 및 이에 따른 행위자의 책임에 비하여 지나치게 가혹한 것이어서 현저히 형벌체계상의 균형을 잃고 있다거나 그 범죄에 대한 형벌 본래의 목적과 기능을 달성함에 있어 필요한 정도를 일탈하였다는 등 헌법상의 평등의 원칙 및 비례의 원칙 등에 명백히 위배되는 경우가 아닌 한 쉽사리 헌법에 위반된다고 단정하여서는 아니되는 바(헌재 1992. 4. 28. 90헌바24, 판례집 4, 225, 229 ; 헌재 2001. 11. 29. 2001헌바4, 공보 63, 1162 등 참조), 이 사건에 있어서 보통의 상해치사죄의 법정형이 3년 이상의 유기징역인

데 비하여 이 사건 법률조항의 법정형은 무기 또는 5년 이상의 징역으로서 형벌 본래의 목적이나 역할, 기능 등 보통 상해치사죄와의 차이를 고려하면 이를 특히 과중한 형벌이라고 볼 수 없고, 더욱이 위 법정형에 대하여는 1회의 법률상 감경 또는 작량감경에 의하더라도 집행유예의 선고가 가능한 점 등에 비추어 볼 때, 이 사건 법률조항에 의한 가중처벌의 정도는 지나치게 가혹하여 형벌체계상의 균형을 상실한 것도 아니고 형벌 본래의 목적과 기능을 달성함에 있어 필요한 정도를 일탈한 것도 아니라 할 것이므로 이를 불합리하다거나 과잉금지원칙에 위반된 것이라고 말할 수도 없다.

(2) 합헌론에 대한 비판

이 사건 법률조항에 대하여는 위 규정이 도덕원리를 법에 반영시켜 이를 강제한다는 비판이 있으나, 비록 법과 도덕이 준별된다 하더라도 책임판단에 있어서 윤리적 요소를 완전히 제거할 수는 없는 것이고, 이 사건 법률조항은 법에 의한 도덕의 강제가 아니라 패륜으로 인한 책임의 가중을 근거로 형을 가중하는 데 지나지 않는 것이며, 법에 의하여 도덕이 강제될 수 없다 하더라도 사회도덕의 유지를 위한 형법의 역할을 전적으로 부정할 수는 없을 뿐만 아니라, 구체적 사건의 양형에 있어서 직계존속이 피해자라는 점이 범정(犯情)의 하나로 중시되는 것이 허용되는 이상 이를 법규의 형식으로 유형화하여 형의 가중요건으로 삼는다 하더라도 그러한 차별적 취급이 곧 합리적 근거를 결하는 것이라고 말할 수도 없다.

또한, 이 사건 법률조항에 의하여 존속인 피해자가 통상인인 피해자보다 두텁게 보호받는 차별적 결과가 된다는 비판이 있으나, 이 사건 법률조항은 법률로써 비속의 직계존속에 대한 도덕적 의무를 특히 중요시한 것으로, 그 입법목적은 가해자인 비속의 패륜성 내지 반윤리성을 엄벌하여 그와 같은 죄의 발생을 특히 억제하고자 함에 있는 것이지 피해자인 존속을 더 보호하고자 함에 있는 것은 아닐 뿐만 아니라, 결과적으로 존속이 강한 보호를 받게 된다 하더라도 이는 반사적 이익에 불과하고 개개인의 일생을 통하여 보면 결국에는 각자 동등한 보호를 받게 된다는 점에서, 이 사건 법률조항이 처벌의 정도를 달리함에 대하여 그 합리적 근거를 부인할 수는 없다.

(3) 소 결 론

비속의 직계존속에 대한 존경과 사랑은 봉건적 가족제도의 유산이라기보다는 우리 사회윤리의 본질적 구성부분을 이루고 있는 가치질서이고, 특히 유교적 사상을 기반으로 전통적 문화를 계승·발전시켜 온 우리 나라의 경우는 더욱 그러한 것이 현실인 이상, 이 사건 법률조항의 입법목적의 정당성과 이를 달성하기 위한 수단의 적정성, 즉 가중처벌의 이유와 그 정도의 타당성 등에 비추어 그 차별적 취급에는 합리적 근거가 있으므로 헌법 제11조 제1항의 평등원칙에 반한다고 할 수 없다.」

▸ **영전일대의 원칙에 대한 판례**

▹ **영전의 세습을 부정하는 것이 연금의 지급이나 유족에 대한 보훈까지 금지하는 것은 아니라고 본 판례 [憲 1997. 6. 26.-94헌마52](국가유공자예우등에관한법률시행령 제23조 위헌확인(정정된 사건명 독립유공자예우에관한법률시행령 제7조 위헌확인))**

「(3) 부가연금의 차별지급과 평등권의 침해 여부

(가) 우리 헌법 제11조 제3항은 "훈장등의 영전은 이를 받은 자에게만 효력이 있고 어떠한 특권도 이에 따르지 아니한다"고 규정하고 있는바, 이를 같은 조 제1항 및 제2항의 규정과 관련하여 풀이하면 이는 이른바 영전일대의 원칙을 천명한 것으로서 영전의 세습을 금지함으

로써 특수계급의 발생을 예방하려는 것이라 볼 수 있다. 따라서 이 법에 의한 독립유공자나 그 유족에게 국가보은적 견지에서 서훈의 등급에 따라 부가연금을 차등지급하는 것은 위 헌법조항에 위배된다고 할 수 없다.

(나) 독립유공자의 서훈의 등급에 따라 그 유족에 대한 부가연금지급에 있어서 차등을 두는 것이 합리적인 이유가 있는가에 관하여 본다.

우선, 위에서 본 바와 같이 연금중 부가연금은 특히 국가보은적 성격이 강한 것이라고 한다면, 독립유공자 본인에 대한 부가연금지급에 있어 그 공헌과 희생의 정도에 따라 차등을 두는 것은, 바로 이 법이 내세우는 보상의 원칙에 부합하는 것일 뿐만 아니라(제2조, 제7조 전단 참조) 실질적 평등을 구현한 것으로서 합리적인 이유가 있다.

다음으로, 독립유공자 본인에 대한 부가연금지급에 있어 그 공헌과 희생의 정도에 따라 차등을 두는 것이 합리적인 것이라면, 그 유족에 대한 부가연금지급에 있어서도 독립유공자 본인의 서훈등급에 따라 차등을 두는 것은 합리적인 이유가 있다고 판단되는바, 그 이유는 다음과 같다.

첫째, 독립유공자의 유족에 대하여 국가가 이 법에 의한 보상을 하는 것은, 유족 그 자신이 조국의 자주독립을 위하여 직접 공헌하고 희생하였기 때문이 아니라 독립유공자의 공헌과 희생에 대한 보은과 예우로서 그와 한가족을 이루고 가족공동체로서 함께 살아 온 그 유족에 대하여서도 그에 상응한 예우를 하자는 것이다(제1조, 제2조, 제7조 전단 참조). 따라서 독립유공자의 유족이 8 · 15 해방 후에 그와 결혼하였다거나 그 이후에 태어났다 하여 보상과 예우에 있어 달리 볼 사유는 될 수 없다.

둘째, 독립유공자의 유족은 자신들이 직접 조국의 자주독립을 위하여 일제에 항거한 사실은 없다고 할지라도 독립유공자의 희생으로 인하여 정신적 고통과 물질적 피해를 받았을 것이며, 비록 8 · 15 해방 후에 태어났거나 독립유공자와 결혼한 유족이라고 하더라도 독립유공자의 희생에 대하여 충분한 보상이 이루어지지 아니함으로 인하여 고통과 피해를 받았을 것임은 쉽사리 짐작할 수 있다.

셋째, "국민의 애국정신의 함양"도 예우(보상금지법)의 중요한 목적의 하나인 이상(제1조, 제2조 참조) 조국의 자주독립을 위하여 보다 큰 공헌과 희생을 한 자에 대하여는 그 유족에게도 그에 상응한 보다 큰 보상을 하는 것이 국민의 애국정신함양을 위하여 필요하고 합리적인 것이다.

넷째, 위에서 본 바와 같이 연금 중 기본연금은 독립유공자의 서훈등급에 관계없이 그 모든 유족에게 동일한 금액으로 지급되고 또 생활조정수당은 유족의 가족수와 그 생활정도를 고려하여 지급된다. 그밖에 이 법에 규정된 각종 "예우"에 있어서는 원칙적으로 서훈등급에 의한 차별이 없다. 그렇다면 부가연금지급에 있어서 위와 같은 차별이 있다고 하더라도 전체적인 "예우"에 있어서는 큰 차별이 있다고도 볼 수 없다.」

▸ **평등의 구체화규정 중 혼인과 가족생활에서의 남녀평등에 대한 판례**

▹ **출생에 의한 국적취득에 있어 부계혈통주의를 따르게 한 규정이 헌법 제11조 제1항 및 헌법 제36조 제1항에 위반된다고 본 판례**

[憲 2000. 8. 31.-97헌가12](국적법 제2조 제1항 제1호 위헌제청)

※ 〈제1편 – 제4장 – □ 인적 적용범위〉 판례 인용부분 참조

▷ **부부의 자산소득을 합산하여 과세하도록 규정하고 있는 규정이 헌법 제36조 제1항에 위반된다고 본 판례**

[憲 2002. 8. 29.-2001헌바82](소득세법 제61조 위헌소원)

「(2) 이 사건 법률조항이 헌법 제36조 제1항에 위반되는지 여부

이 사건 법률조항은 자산소득합산과세의 대상을 혼인한 부부로 한정하고 있으므로, 혼인과 가족생활의 보호를 규정하고 있는 헌법 제36조 제1항에 위반되는지 여부를 중점적으로 살펴본다.

(가) 헌법 제36조 제1항의 규범내용

1) 헌법 제36조 제1항은 "혼인과 가족생활은 개인의 존엄과 양성의 평등을 기초로 성립되고 유지되어야 하며, 국가는 이를 보장한다"라고 규정하고 있는데, 헌법 제36조 제1항은 혼인과 가족생활을 스스로 결정하고 형성할 수 있는 자유를 기본권으로서 보장하고, 혼인과 가족에 대한 제도를 보장한다. 그리고 헌법 제36조 제1항은 혼인과 가족에 관련되는 공법 및 사법의 모든 영역에 영향을 미치는 헌법원리 내지 원칙규범으로서의 성격도 가지는데, 이는 적극적으로는 적절한 조치를 통해서 혼인과 가족을 지원하고 제삼자에 의한 침해 앞에서 혼인과 가족을 보호해야 할 국가의 과제를 포함하며, 소극적으로는 불이익을 야기하는 제한조치를 통해서 혼인과 가족을 차별하는 것을 금지해야 할 국가의 의무를 포함한다. 이러한 헌법원리로부터 도출되는 차별금지명령은 헌법 제11조 제1항에서 보장되는 평등원칙을 혼인과 가족생활영역에서 더욱 더 구체화함으로써 혼인과 가족을 부당한 차별로부터 특별히 더 보호하려는 목적을 가진다. 이 때 특정한 법률조항이 혼인한 자를 불리하게 하는 차별취급은 중대한 합리적 근거가 존재하여 헌법상 정당화되는 경우에만 헌법 제36조 제1항에 위배되지 아니한다.

2) 조세법률은 혼인한 자에게 납세의무를 부과하는 것 외에는 혼인생활 자체에 어떠한 명령이나 금지를 직접적으로 가하지 않는다. 따라서 헌법 제36조 제1항이 보장하는 혼인과 가족생활에 관한 기본권이나 혼인과 가족에 대한 제도보장은 조세법률에는 어떠한 법적 영향을 미치지 아니한다. 그러나 헌법 제36조 제1항에서 도출되는 차별금지명령은 조세입법에서 조세부담의 증가라는 경제적 불이익을 통해서 혼인과 가족을 차별하는 것을 금지한다. 그러므로 만약 조세법률이 혼인을 그 구성요건으로 삼아서 일정한 법적효과를 결부시키고자 한다면, 혼인한 자를 경제적으로 불리하게 차별취급해서는 안 된다.

(나) 이 사건 법률조항에 의한 혼인한 부부의 차별취급

이 사건 법률조항은 거주자 또는 그 배우자의 자산소득을 당해 거주자와 그 배우자 중 대통령령이 정하는 주된 소득자의 종합소득에 합산하여 세액을 계산하도록 규정함으로써, 거주자 또는 그 배우자라는 혼인의 구성요건을 근거로 혼인한 부부에게 더 높은 조세를 부과하여 혼인한 부부를 혼인하지 않은 부부나 독신자에 비해서 불리하게 차별취급하고 있다.

(다) 이 사건 법률조항에 의한 혼인한 부부의 차별취급이 헌법상 정당화되는지 여부

이 사건 법률조항이 자산소득합산과세를 통해서 혼인한 부부를 혼인하지 않은 부부나 독신자에 비해서 차별취급하는 것이 헌법상 정당화되는지 여부를 살펴본다.

1) 자산소득합산과세제도가 부부간의 인위적인 소득분산에 의한 조세회피행위를 방지하고자 하는 목적을 추구하고 있지만, 부부간의 인위적인 자산 명의의 분산과 같은 가장행위 등은 상속세및증여세법상 증여의제규정(제44조) 등을 통해서 조세회피행위를 방지할 수 있다.

그리고 부부의 일방이 혼인 전부터 소유하고 있던 재산 또는 혼인 중에 상속 등으로 취득한

재산과 같은 특유재산 등으로부터 생긴 소득은 소득세 부담을 경감 또는 회피하기 위하여 인위적으로 소득을 분산한 결과에 의하여 얻어진 소득이 아니다. 그럼에도 불구하고 자산소득합산과세제도가 부부의 일방이 특유재산에서 발생한 자산소득까지 그 다른 한쪽의 배우자(주된 소득자)의 종합소득으로 보아 합산과세하는 것은 불합리하다.

다른 한편으로 부부자산소득합산제도가 추구하는 '부부의 소득분산으로 인한 조세회피 방지' 등의 행정기술적인 관점은 헌법 제36조 제1항과 관련하여 고찰할 때 그 성질상 법적인 논거로서는 부적절하다. 왜냐하면 헌법 제36조 제1항이 가지는 헌법적 가치가 우선하므로 입법자가 이러한 가치를 반영하지 않고 행정기술적인 관점을 채택하는 것은 허용될 수 없기 때문이다.

그러므로 인위적인 소득분산에 의한 조세회피를 방지하기 위해서 부부의 자산소득을 합산과세하는 것은 부적절하며 합리적이라고 볼 수 없다.

2) 개인이 획득한 소득을 소비하는 형태는 개인마다 다양할 것인데 부부의 공동생활에서 얻어지는 절약가능성을 담세력 내지 급부능력과 결부시켜 조세의 차이를 두는 것은 타당하지 않다. 더군다나 부부의 가계공동생활에서의 절약가능성은 소득세법상 담세력의 요소로서 고려될 사항이 전혀 아니다.

3) 소득불평등의 직접적 원인이 되고 있는 자산소유의 불평등을 소득세에 의하여 시정하기 위하여 누진세율을 적용함으로써 소득의 재분배가 이루어지고 있다. 따라서 자산소득이 있는 자와 없는 자간의 불공평의 해소를 위해서 혼인과는 상관없이 자산소득이 있는 모든 납세의무자에 대하여 누진세율의 적용에 의한 소득세부과를 통해서 소득의 재분배기능을 강화하는 것은 타당하다. 그러나 자산소득이 있는 모든 납세의무자 중에서 혼인한 부부가 혼인하였다는 이유만으로 혼인하지 않은 자산소득자보다 더 많은 조세부담을 하여 소득을 재분배하도록 강요받는 것은 타당하지 않다고 할 것이다.

4) 부부자산소득합산과세와 같이 순수한 조세법 규정에서 조세부과를 혼인관계에 결부시키는 것은 가족법 등에서 혼인관계를 규율하는 것과는 달리 소득세법 체계상 사물의 본성에 어긋난다. 그래서 자산소득합산과세로 인하여 발생하는 소득세부담의 증가가 소득세법의 본질상 혼인관계를 기초로 발생하는 것은 타당하지 않다고 할 것이다.

5) 부부 자산소득 합산과세는 헌법 제36조 제1항에 의해서 보호되는 혼인한 부부에게 조세부담의 증가라는 불이익을 초래한다. 이러한 불이익은 자산소득을 가진 고소득계층뿐만 자산소득을 가진 중간 소득계층에게도 광범위하게 발생한다고 볼 수 있고, 자산소득을 가진 혼인한 부부가 혼인하지 아니한 자산소득자에 비해서 받게 되는 불이익은 상당히 크다고 할 것이다. 이에 반해서 자산소득합산과세를 통하여 인위적인 소득분산에 의한 조세회피를 방지하고, 소비단위별 담세력에 부응한 공평한 세부담을 실현하고, 소득재분배효과를 달성하는 사회적 공익은 기대하는 만큼 그리 크지 않다고 할 것이다. 위 양자를 비교형량하여 볼 때 자산소득합산과세를 통해서 얻게 되는 공익보다는 혼인한 부부의 차별취급으로 인한 불이익이 더 크다고 할 것이므로, 양자간에는 균형적인 관계가 성립한다고 볼 수 없다.

(라) 위에서 살펴본 바와 같이, 이 사건 법률조항이 자산소득합산과세제도를 통하여 합산대상 자산소득을 가진 혼인한 부부를 소득세부과에서 차별취급하는 것은 중대한 합리적 근거가 존재하지 아니하므로 헌법상 정당화되지 아니한다. 따라서 혼인관계를 근거로 자산소득합산과세를 규정하고 있는 이 사건 법률조항은 혼인한 자의 차별을 금지하고 있는 헌법 제36조 제1항에 위반된다. 그러므로 이 사건 법률조항이 다른 헌법 조항에 위반되는지 여부에 대한 추

가적인 판단은 불필요하다.」

▷ **동성동본혼인금지를 정하고 있는 규정이 헌법 제10조와 제36조 제1항에 위반된다고 본 판례**
[憲 1997. 7. 16.-95헌가6등](민법 제809조 제1항 위헌제청)
※ 〈제3편 - 제2장 - 2. - 문화영역의 기본원리 - □ 문화공동체의 구현〉 판례 인용부분 참조

□ 효 력

▶ **평등권은 입법권, 행정권, 사법권, 헌법재판권 등 모든 국가작용을 직접 구속함을 밝힌 판례**
[憲 1989. 5. 24.-89헌가37등](금융기관의연체대출금에관한특별조치법 제5조의2 의 위헌심판)
「헌법 제11조 제1항은 "모든 국민은 법 앞에 평등하다. 누구든지 성별 · 종교 또는 사회적 신분에 의하여 정치적 · 경제적 · 사회적 · 문화적 생활의 모든 영역에 있어서 차별을 받지 아니한다"라고 규정하고 있고, 헌법 제27조 제1항은 "모든 국민은 헌법과 법률이 정한 법관에 의하여 법률에 의한 재판을 받을 권리를 가진다"라고 규정하고 있으며, 헌법 제37조 제2항은 "국민의 모든 자유와 권리는 국가안전보장 · 질서유지 또는 공공복리를 위하여 필요한 경우에 한하여 법률로써 제한할 수 있으며, 제한하는 경우에도 자유와 권리의 본질적인 내용을 침해할 수 없다"라고 규정하고 있다.

헌법의 위 각 규정을 풀이하면, 헌법 제11조 제1항에 정한 법앞에서의 평등의 원칙은 결코 일체의 차별적 대우를 부정하는 절대적 평등을 의미하는 것은 아니나, 법을 적용함에 있어서뿐만 아니라 입법을 함에 있어서도 불합리한 차별대우를 하여서는 아니 된다는 것을 뜻한다.

즉, 사리에 맞는 합리적인 근거없이 법을 차별하여 적용하여서는 아니됨은 물론 그러한 내용의 입법을 하여서도 아니 된다는 것이다.」

⇔ **재판관 1인(재판관 한병채)의 반대의견**
「헌법 제11조 "모든 국민은 법 앞에 평등하다"는 법조항을 단순히 문리적으로 해석하면 현대사회의 다양하고 복잡한 문제를 진단함에 있어서 오류를 범할 우려가 있다.

헌법은 정치현실을 담은 정치규범이며, 사회공동체를 운영하는 최고 가치규범이기 때문에 일반 법률과는 달리 헌법의 해석에 있어서는 정치적 관점과 다양한 가치관이 고려되지 않으면 안 된다.

평등의 개념은 형식적 평등이 아니라 구체적 사회정의와 새로운 질서를 형성하는 실질적인 평등으로 보아야 하며, 따라서 평등의 원리는 자의금지를 기본으로 한다.

자의의 금지는 입법, 행정, 사법뿐만 아니라 헌법재판에도 모두 적용된다. 평등의 원리로 적용되는 영 · 미국에서의 적법절차의 조항이나, 서독을 비롯한 대륙법계에서의 자의금지의 원칙은 그 본질에 있어서 사회정의의 실현을 의미한다. 즉 평등한 것은 평등하게, 불평등한 것은 불평등하게 취급되어야 하는데, 평등하게 취급할 것을 불평등하게, 불평등하게 취급할 것을 평등하게 취급하는 것은 정의에 반하는 것으로 자의금지의 원칙에 위배된다. 어떠한 조치가 자의금지에 반하는 것인가 하는 것은 객관적으로 보아 실질적 내용이 구체적 정의에 반하느냐 않느냐에 따라 결정될 수밖에 없다. 건전한 일반시민의 상식으로 보아 경우에 어긋나지 않는 선에서 판단하여야 한다.」

□ 제한과 그 한계

▶ 헌법에 의한 차별의 정당화

▸ 국가유공자의 취업우선기회보장에 대한 판례

▹ 국가유공자 등에 대해서 가산점을 부여하는 조항에 대하여 평등에 반하지 아니한다고 본 판례
[憲 2001. 2. 22.-2000헌마25](국가유공자등예우및지원에관한법률 제34조 제1항 위헌확인)
※ 위 판례 인용부분 참조

▸ 군 · 경 등의 국가배상청구권 제한에 대한 판례

▹ 군인 · 군속에 대하여 보상청구는 가능하나 국가배상청구를 금지한 국가배상법의 규정에 대하여 평등원칙에 반한다는 이유로 위헌이라고 판결한 대법원 판례
[大 1971. 6. 22.-70다1010](손해배상)

「헌법 제26조는 공무원의 직무상 불법행위로 손해를 받은 국민은 국가 또는 공공단체에 배상을 청구할 수 있다고 규정하여 공무원의 불법행위로 손해를 받은 국민은 그 신분에 관계 없이 누구든지 국가 또는 공공단체에 그 불법행위로 인한 손해전부의 배상을 청구할 수 있는 기본권을 보장하였고 한편 헌법 제32조 제2항에는 국민의 모든 자유와 권리는 질서유지 또는 공공복리를 위하여 필요한 경우에 한하여 법률로써 제한할 수 있으며 제한하는 경우에도 자유와 권리의 본질적인 내용을 침해할 수 없다고 규정하여 헌법 제26조의 규정에 의하여 보장된 국민의 손해배상청구권은 질서유지 또는 공공복리를 위하여 필요한 경우에 한하여 그 배상청구권의 본질적 내용을 침해하지 않는 범위안에서 법률로써 제한할 수 있으나 헌법 제32조 제2항에 의하여 손해배상청구권을 법률로써 제한하는 경우에도 다시 헌법 제9조의 모든 국민은 법 앞에 평등하다. 누구든지 성별, 종교 또는 사회적 신분에 의하여 정치적, 경제적, 사회적, 문화적 생활의 모든 영역에 있어서 차별을 받지 아니한다는 규정에 위반되지 않아야 하며 또 헌법 제8조의 모든 국민은 인간으로서의 존엄과 가치를 가지며 이를 위하여 국가는 국민의 기본적 인권을 최대한으로 보장할 의무를 진다는 규정에도 적합하여야 하므로 결국 헌법 제26조에 의하여 보장된 손해배상청구권을 법률로써 제한함에는 첫째 질서유지 또는 공공복리를 위하여 제한할 필요가 있어야 하고 둘째, 위 제한은 질서유지 또는 공공복리를 위하여 필요한 최소한도에 그침으로써 손해배상청구권을 최대한도로 보장하여야 하며 어떠한 이유로도 헌법 제26조에 보장된 손해배상청구권의 본질적 내용을 침해하는 정도로 제한할 수 없으며 셋째, 위 제한은 국민평등의 원칙에 적합하게 모든 피해국민에게 평등하게 제한하여야 하며 일부국민 특히 군인군속에 대하여서만 제한하는 경우에는 헌법 제9조의 평등의 원칙에 반하지 않는 합리적인 이유와 범위 안에서만 할 수 있다 할 것이요, 이 제한의 범주를 넘은 손해배상청구권의 부인은 위 헌법이 보장한 기본권 자체의 박탈이므로 어떠한 이유로도 헌법의 규정상 불가능하다 할 것인바 한편 국가배상법 제2조 제1항 단행의 입법이유의 하나는 군인군속이 공무수행중에 신체 또는 생명에 피해를 입은 경우에는 군사원호보상법, 군사원호보상급여금법, 군인연금법, 군인재해보상규정, 군인사망급여금규정 등에 의하여 재해보상금, 유족일시금, 또는 유족연금 등을 지급받게 되어 있음으로 불법행위로 인한 손해배상도 받게 하면 이중이 된다는 것이나, 위 법들의 규정에 의한 재해보상금 등은 군인군속 등의 복무중의 봉사 및 희생에 대하여 이를 보상하고 퇴직 후의 생활 또는 유족의 생활을 부조함에 그 사회보장적 목적이 있고 손해배상제도는 불법행위로 인한 손해를 전보하는

데 그 목적이 있으므로 양자는 그 제도의 목적이 다르며, 군인연금법 제41조 등에는 타 법령에 의하여 국고 또는 지방자치단체의 부담으로 같은 법에 의한 급여와 같은 류의 급여를 받는 자에게는 그 급여금에 상당하는 액에 대하여는 같은 법에 의한 급여를 지급하지 않도록 규정하여 불법행위로 인한 손해배상과 같은 성질의 급여가 손해배상과 이중으로 지급되지 않게 하고 있으며 판례도 양청구권은 경합할 수 있고 같은 성질의 손해전보는 어느 한 쪽의 행사에 의하여 만족되면 다른 청구권은 그 범위안에서 소멸한다는 전제아래에서 재해보상금, 유족일시금 또는 유족연금이 이미 지급된 경우에는 손해배상을 명함에 있어서는 같은 성질의 손해액에서 이를 공제하여 손해액을 산정하여야 한다고 하여 같은 성질의 돈이 이중으로 지급되지 않도록 하고 있고 또 이러한 재해보상 등은 군인군속뿐 아니라 경찰관(상이 또는 전몰경찰관)에 대하여도 지급되며 일반 공무원에 대하여도 지급되며 일반공무원에 대하여도 공무원연금법(군속인사법 21조에 의하여 군속에도 이 법이 준용된다) 등에 의하여 같은 보상제도가 마련되어 있으며 심지어 사기업의 피용자에게도 근로기준법 등에 의하여 같은 제도가 마련되어 있음으로 위와 같은 이유로써는 군인군속에 대하여서만 별도로 다루어 손해배상청구권을 제한할 이유가 되지 못하고 다음 위 입법이유의 또 하나는 군인군속이 피해자가 된 불법행위사고가 많아서 국고손실이 많으므로 이를 최소한으로 감소 내지 방지함에 있다는 것인바 그러한 불법행위가 많다는 이유만으로는 군인군속에 대하여서만 배상청구권을 부인하여 그들의 희생위에 국고손실을 방지하여야 할 이유가 되지 못한다 할 것이며 또 군인군속은 국가에 대하여 무정량의 위험근무임무를 부담하는 이른바 특별권력관계에 있음으로 그러한 근무임무의 성질상 공무중의 피해에 대하여는 일반국민과는 달리 이를 자담수인할 의무가 있다고 주장하나 그것은 어디까지나 군인 또는 군속으로 근무함에 있어서 전투 또는 훈련 등의 각 그 직무상 불가피하고 정당한 것으로 인정되는 행위로 인한 피해로서 불법행위의 결과가 아닌 경우의 희생에 한하여 수긍할 수 있는 이론이라 할 수 있을 뿐이고, 다른 공무원의 고의 또는 과실 있는 직무상의 위법행위로 인하여 군인 또는 군속이 공무중에 입은 손해는 군인 또는 군속이 복종하는 특별권력관계의 내용이나 근무임무에 당연히 포함되는 희생은 아니므로 특별권력관계를 이유로 그 배상청구권을 부인할 수 없을 뿐 아니라 위험근무임무에 당하거나 특별권력관계에 있음은 비단 군인 또는 군속에 국한되지 않고 경찰공무원이나 다른 위험근무에 당하는 기타 공무원도 다를 바 없다 할 것이므로 유독 군인 또는 군속에 대하여서만 차별을 할 하등의 합리적 이유도 없다 할 것이니 군인 또는 군속이 공무원의 직무상 불법행위의 피해자인 경우에 그 군인 또는 군속에게 이로 인한 손해배상청구권을 제한 또는 부인하는 국가배상법 제2조 제1항 단행은 헌법 제26조에서 보장된 국민의 기본권인 손해배상청구권을 헌법 제32조 제2항의 질서유지 또는 공공 복리를 위하여 제한할 필요성이 없이 제한한 것이고 또 헌법 제9조의 평등의 원칙에 반하여 군인 또는 군속인 피해자에 대하여서만 그 권리를 부인함으로써 그 권리자체의 본질적 내용을 침해하였으며 기본권제한의 범주를 넘어 권리 자체를 박탈하는 규정이므로 이는 헌법 제26조, 같은 법 제8조, 같은 법 제9조 및 같은 법 제32조 제2항에 위반한다 할 것이니 원심이 이 점에 관하여 이와 같은 취지로 판단하여 피해자가 군인인 이 사건에 국가배상법 제2조 제1항 단행을 적용하지 아니한 것은 정당하고 이를 논하는 상고논지는 채용할 수 없다.」

⇔ 대법원판사 7인(대법원판사 민복기, 홍순엽, 이영섭, 주재황, 김영세, 민문기, 양병호)의 반대 의견

「헌법 제20조 제1항의 규정에 의하면 재산권의 내용과 한계는 법률로 정한다고 되어 있으며 헌법 제26조에서 인정한 손해배상청구권이 위 헌법 제20조에서 말하는 재산권의 범주에 속하는 것임은 재론할 여지없는 바로서 군인 군속이 국가배상법 제2조 제1항 단항 소정사유로 인하여 발생하는 손해배상청구권의 한계나 내용을 국가배상법의 위 규정에서 정하였다고 하여 그것이 헌법 제20조나 제26조에 위배되는 것이라고 할 여지가 없고 위 국가배상법 제2조 제1항 단항이 정하는 한도내에서만 손해배상청구권의 범위를 인정하게 하는 결과를 가져오는 것이 군인 군속에게 대한 손해배상청구권의 박탈이 될 수도 없다.

무릇 우리 헌법이 보장한 기본권 중에서 종교의 자유와 양심의 자유와 같이 헌법의 개정에 의하여도 침해할 수 없는 영구불가침의 기본권이 있음에 반하여 재산권과 같이 법률에 유보된, 기본권도 있는 것이다. 물론 헌법 제20조는 재산권의 보장을 선언하고 있으나 위에서 말한 바와 같이 그 내용과 한계는 법률에 유보되어 있으며 법률에 유보되어 있는 이상 재산권을 전적으로 부인하는 것과 같은 입법의 침해는 허용될 수 없음도 부인할 수 없다 하여도 개개의 재산권에 일종의 제약을 정할 수 있음은 물론이다. 위 국가배상법 제2조 제1항 단항에서 정한 바와 같이 군인 군속이 전투훈련, 기타 직무집행중이나 진지 영내 함정, 선박, 항공기 등에서 전사순직, 공상으로 인하여 재해보상금 또는 유족일시금이나 유족연금 등을 받을 수 있을 때에는 국가배상법 또는 민법의 규정에 의한 손해배상청구권을 청구할 수 없다고 하여 그 규정이 인정하는 범위 내에서만 손해배상 청구권을 인정하게 되는 결과를 가져온다고 하여 법률로써 그 재산권의 내용이 정해진 이것을 가지고 손해배상청구권의 전적인 박탈이 될 수 없음은 물론 개인에 대한 재산권의 전적인 부인이라 할 수 없고 재산권의 본질적인 내용의 침해라고도 할 수 없으며 위 국가배상법의 규정이 완전보상을 제약한 것이 된다 하여도 군인 군속은 특별권력관계에 있는 자로서 훈련, 전투 등에 의하여 전사, 순직, 공상이 있을 경우 그 훈련, 전투 등 그 직무수행의 위험수반성이나 명령관계 및 복종 의무의 철저화 등 그 특수성에 비추어 그의 위법성을 주장하여 배상문제를 법정화하느니보다는 전체에 대한 봉사자로서의 그 청구권의 내용에 제약이 된다 하여도 군사원호보상급여금법이나 군인연금법 등이 정한 바에 따른 보상으로 만족케 하려는 합목적성이 인정되는 바이므로 완전보상이 아니된다 하여도 위 국가배상법 제2조 제1항 단항 소정제약의 합리성이 수긍된다 할 것이다. 이와 유사한 입법례는 고도의 민주주의 국가에서도 채택되어 있고 국내법에서도 재산권의 내용과 한계를 법률로 정함에 있어 합리성이 인정되는 한 군인군속과 같은 특별권력관계에 있지 아니한 경우에도 법률로써 재산권의 내용이 제약되고 있음은 전기통신법 제82조, 제84조, 우편법 제38조, 제40조 등에서 이를 찾아볼 수 있는 것이다. 그리고 헌법 제9조 소정 법 앞에 평등이라 함은 기계적 평등을 의미하는 것이 결코 아니며 합목적성이 요청되는 경우에는 구체적으로 적당한 제약을 가할 수 있음은 대통령선거법이나 국회의원선거법이 선거권이나 피선거권을 연령 기타 소정요건과 같은 제약을 가한 사례에서도 이를 찾아볼 수 있고 그것을 가리키어 모든 국민은 법앞에 평등하다는 헌법 제9조에 위반되는 법률이라 할 수 없을 것이다. 또한 공무원의 정치활동을 금지한 국가공무원법 제65조, 제66조의 규정이 언론집회 결사의 자유를 보장한 헌법 제18조에 위반된다거나 법 앞에 평등을 보장한 헌법 제9조나 인간의 존엄성을 선언한 헌법 제8조 또는 국민의 권리 제한에 한계를 정한 헌법 제32조에 저촉된다고 볼 여지가 없는 것도 국가공무원이라는 특별권력관계의 합목적성이 있기 때문이다.

위에서 본바와 같이 국가배상법 제2조 제1항 단항은 같은 규정사유로 발생한 손해배상청구권에 일종의 제약을 가한 것이 되나 원래 재산권은 법률에 유보된 권리이고 그 제약 또한 군인 군속의 특별권력관계에 그 합목적성이 인정되는 바이므로 그 규정이 국민의 기본권을 보장한 헌법의 어느 규정에도 저촉되는 것이라는 명백한 근거를 발견할 수 없다.

뿐만 아니라 헌법 제26조는 종전의 「국가나 공공단체는 불법행위에 의한 책임을 지지 않는다」라는 전근대적 법원칙에서 탈피하여 국가나 공공단체도 불법행위에 의한 책임을 져야 한다는 대원칙을 새로 채택규정한 것이며 외국예를 보더라도 같은 원칙을 새로 채택한 일본헌법 제17조는 「누구든지 공무원의 불법행위로 인하여 손해를 받은 때에는 법률이 정하는 바에 의하여 나라 또는 공공단체에 그 배상을 구할 수 있다」라 규정하고 있어 우리헌법 제26조와의 차이는 「법률이 정하는 바에 의하여」라는 규정 유무에만 있는 것이고 만약 우리헌법 제26조에 같은 규정이 있었다고 한다면 국가배상법 제2조 제1항 단항의 위헌문제가 나올 여지가 없는 것이다. 그렇다면 헌법 제26조에 「법률이 정한 바에 의하여」라는 규정이 없다고 하여 위헌론을 주장하는 것은 너무나 형식적 이론이라고 하지 아니할 수 없다.」

※ 본 판례에서는 위 쟁점 이외에, 법률의 조항에 대한 위헌결정에 대하여 가중된 합의정족수(대법원판사 2/3 이상 출석, 출석 대법원판사 2/3 이상 찬성)**를 규정한 법원조직법 제59조 제1항 단항에 대한 위헌심사도 함께 하였는바, 위헌의견인 대법원판사 11명**(출석 대법원판사의 2/3 이상임), **합헌의견인 대법원판사 5명으로 위헌으로 결정되었다**(위 국가배상법 조항에 대하여는 위헌의견이 출석 대법원판사의 2/3 이상이 되지 못하였음).

▶ 법률에 의한 제한

▸ 법률에 의한 평등권의 제한을 합헌으로 결정한 헌법재판소 판례

▹ 제3자 개입금지조항을 평등보호에 위반되지 않는다고 본 판례

[憲 1990. 1. 15.-89헌가103](노동쟁의조정법 제13조의2 등에 의한 위헌심판)

「라. 평등의 원칙과의 관계

법 제13조의2는 노동쟁의의 자주적 해결을 위하여 노동관계 당사자가 아닌 제3자의 쟁의행위에의 조종·선동·방해행위를 금지하고 있는데, 그 금지는 근로자측으로의 개입뿐만 아니라 사용자측으로의 개입에 대하여서도 마찬가지로 규정하고 있으므로, 쟁의행위를 차등하여 규제하는 것은 아님이 명백하다.

자주적 노동운동이 아직 튼튼히 뿌리내리지 못한 우리의 현실을 감안하여 볼 때, 노동관계 당사자 사이에 제3자가 개입하는 것을 획일적으로 금지하는 것이 오히려 경제적 강자인 사용자와 약자인 근로자를 실질적으로 차별하는 결과를 초래하게 되는 것은 아닌가 하는 의문은 있을수 있다. 그러나 위에서 이미 본 바와 같이 제3자개입금지가 근로3권을 제한하는 규정이 아니고, 근로자들이 변호사나 공인노무사 등의 조력을 받는 것과 같이 근로3권을 행사함에 있어 자주적 의사결정을 침해받지 아니하는 범위 안에서 필요한 제3자의 조력을 받는 것을 금지하는 것도 아니다. 더구나 법 제13조의2는 1986. 12. 31. 법률 제3926호에 의하여 총연합단체인 노동조합 또는 당해 노동조합이 가입한 산업별 연합단체인 노동조합의 경우에는 제3자로 보지 아니하도록 개정되어 근로자들이 연합단체를 통하여 한층 조직적인 지원을 받을 수 있게 되었다. 근로자의 지위를 이론적·경제적으로 보충하여야 할 필요가 있다고 하여, 제3자로 하여금 단순한 조력의 범위를 벗어나 쟁의행위의 조종·선동·방해 등의 행위까지 할 수 있게 함으로써, 근로3권의 내용으로 부터 도출되는 분쟁해결의 자주성을 침해하게 할 수는 없다. 이와 같이 법이 근로자에게 도움이 될 수 있는 별도의 방법을 마련한 점과 제3자개입금지의 목적으로 미루어 보면, 법13조의2가 근로자와 사용자를 실질적으로 차별하는 불합리한 규정이라고 볼 수 없다.」

⇔ 재판관 1인(재판관 변정수)의 반대의견

「다. 제3자개입금지조항의 입법취지는 노사간의 문제를 제3자의 개입없이 당사자간에 자율적으로 해결하게 하고 생산질서와 산업평화를 유지하게 하고자 함에 있다고 한다. 그런데 실제에 있어 사용자측은 제3자개입금지조항과는 아무 상관없이 전문가를 고용하거나 자문을 얻고, 또 막강한 자금력에 의하여 유리한 전략지원을 총동원하여 근로자의 단체행동에 대응하고 있는 데 반하여 근로자는 제3자개입금지조항으로 말미암아 총연합단체인 노동조합 또는 당해 노동조합이 가입한 산업별 연합단체인 노동조합의 도움을 받는 것을 제외하고는 근로자 상호간의 연대는 말할 것도 없고 타인의 조언은 물론 심지어 변호사나 공인노무사 등 전문가의 조력이나 지원마저도 받을 수 없게 되어 노사간에 대등한 입장에서의 노동계약은 기대할 수 없는 것이다. 따라서 제3자개입금지나 그에 위반한 자에 대한 처벌규정은 모든 국민의 평등권을 규정한 헌법 제11조 제1항에도 위반된다.」

※ 위 사안에서 죄형법정주의의 명확성 원칙 위반 여부에 대한 부분은 〈제5편 – 제3장 – 1. – 인신보호를 위한 헌법원리 – □ 죄형법정주의〉 판례 인용부분을, 근로3권의 제한에 대한 부분은 〈제5편 – 제3장 – 4. – □ 단결권 · 단체교섭권 · 단체행동권〉 판례 인용부분을 각 참조

▹ 한약업사의 허가 및 영업행위에 대하여 지역적 제한을 가한 것이 평등보호에 위반되지 않는다고 본 판례

[憲 1991. 9. 16.-89헌마231](약사법 제37조 제2항의 위헌 여부에 관한 헌법소원)

「의약품판매업은 국민건강의 유지 · 향상이라는 공공복리와 밀접한 관련이 있으므로 이러한 업종에 종사할 사람에게는 의약에 대한 전문지식과 법률지식을 갖추고 있을 것을 요구한다. 이 법이 약사의 자격요건을 엄격하게 규정하고 이러한 자격을 구비한 자에게만 면허를 주는 이유가 바로 여기에 있는 것이다. 다만 과거 우리 나라에 이와같은 전문약사가 부족하였을 때 국민보건을 완벽하게 담당하기에 미흡했던 실정을 감안하여 판매지역 · 판매행위 등 제한된 범위 내에서 영업을 할 수 있도록 약종상, 한약종상, 매약상 등의 영업을 허가하였던 것이다. 특히 한약업사의 경우에는 위에서 본 바와 같이 시험을 공고할 때 영업허가 예정지역과 그 허가 예정인원을 공고하고, 그 시험에 응시하고자 하는 자는 응시원서에 영업예정지 및 약도를 첨부하도록 하고 있으며, 미리 공고한 영업허가예정지별로 허가 예정 인원수를 합격시키고 있어 한약업사는 처음부터 지역적 제한과 인원제한이 있음을 전제로 시험을 치르고 영업허가도 받게된다. 이러한 까닭에 한약업사는 그 업무내용도 약사와 달리 한약을 비롯한 의약품일반이기는 하나 한약에 한하여서만 조제를 전제로 한 혼합판매권을 가지는 것으로 규정하고 있다.

위에서 본 현행 약사법체계상 한약업사의 지위는 약사가 없는 제한된 지역에서 약사업무의 일부를 수행하는 보충적인 직종에 속하는 것으로 보여지고, 이와는 달리 의약품 가운데에서 한약만을 독자적으로 분류하여 그 조제, 판매권을 한약업사에게 전속적, 배타적으로 부여하고 있는 규정은 찾아볼 수 없다.

따라서 한약업사가 영업지 제한의 규제를 받는 것이 그의 거주이전의 자유 또는 직업선택의 자유를 제한하는 것이거나 평등의 원칙에 위배된다고 할 수 없다.」

▸ **법률에 의한 평등권의 제한을 위헌으로 결정한 헌법재판소 판례**

▹ **국가를 상대로 하는 재산권의 청구에 관하여는 가집행의 선고를 할 수 없다고 한 것이 평등에 반한다고 본 판례**

[憲 1989. 1. 25.-88헌가7](소송촉진등에관한특례법 제6조의 위헌심판)

「1. 이 사건 위헌제청 이유의 요지는 소송촉진등에관한특례법(법률 제3361호) 제6조 제1항은 "재산권의 청구에 관한 판결에는 상당한 이유가 없는 한 당사자의 신청 유무를 불문하고 가집행할 수 있음을 선고하여야 한다. 다만, 국가를 상대로 하는 재산권의 청구에 관하여는 가집행의 선고를 할 수 없다"라고 규정하여 재산권의 청구에 관한 민사소송의 원고 승소판결에는 상당한 이유가 없는 한 법원으로 하여금 반드시 가집행의 선고를 붙이도록 하면서도 유독 국가가 피고일 경우에만은 가집행의 선고를 붙일 수 없도록 예외 규정을 한 것은 평등한 수평적 관계에서 진행되는 민사소송에 있어서 사경제(私經濟)의 주체에 불과한 국가에게 우월적 지위를 부여하는 것이어서, 결국 위 예외규정은 헌법 제11조 제1항의 평등의 원칙에 위배되는 위헌 규정이라고 해석될 여지가 있다는 것이다.

2. …… 평등의 원칙은 헌법 제23조에 의하여 보장된 "모든 국민의 재산권"과 헌법 제27조 제3항에 의하여 보장된 "모든 국민의 신속한 재판을 받을 권리"의 실현에도 당연히 적용되어야 할 것이므로 재산권 등 사권(私權)의 구제절차인 민사소송에서도 당사자가 누구인가에 따라 차별대우가 있어서는 아니되는 것이며, 국가가 민사소송의 당사자가 되었다고 해서 합리적 이유없이 우대받아서는 아니되는 것이다. 왜냐하면 비록 국가라 할지라도 권력적 작용이 아닌, 민사소송의 대상이 되는 국고작용(國庫作用)으로 인한 법률관계에 있어서는 사인(私人)과 동등하게 다루어져야 하기 때문이다. 나아가서 소송촉진등에관한특례법 제6조 제1항을 보건데, 가집행의 선고는 불필요한 상소권의 남용을 억제하고 신속한 권리실행을 하게 함으로써 국민의 재산권과 신속한 재판을 받을 권리를 보장하기 위한 제도인데, 위 특례법의 규정에 따르면, 법원은 국가가 원고가 되어 얻은 승소판결에는 상당한 이유가 없는 한 반드시 가집행의 선고를 하여야 하나, 반면에 국민이 국가를 상대로 한 소송에서 얻어낸 승소판결에는 아무리 확신있는 판결이라고 할지라도 가집행의 선고를 할 수 없게 되어 있어 결국 재산권과 신속한 재판을 받을 권리의 보장에 있어 소송당사자를 차별하여 국가를 우대하고 있는 것이 명백하고 이처럼 민사소송의 당사자를 차별하여 국가를 우대할 만한 합리적 이유도 찾기 어렵다.……

4. 이상과 같은 이유로써 소송촉진등에관한특례법 제6조 제1항 중 "다만, 국가를 상대로하는 재산권의 청구에 관하여는 가집행의 선고를 할 수 없다"라는 부분은 헌법 제11조 제1항에 위반됨이 명백하므로, 헌법재판소법 제45조에 의하여 주문과 같이 결정한다.」

▹ **금융기관의 연체대출금에 관한 경매절차에 있어서 합리적 근거 없이 금융기관에게 우월한 지위를 부여하는 것이 평등의 원칙에 반한다고 본 판례**

[憲 1989. 5. 24.-89헌가37등](금융기관의연체대출금에관한특별조치법 제5조의2의 위헌심판)

※〈제5편 - 제2장 - □ 효력〉 판례 인용부분 참조

▹ **판사 · 검사 · 군법무관 또는 경찰공무원의 재직기간이 통산하여 15년에 달하지 아니한 자는 변호사의 개업신고 전 2년 이내의 근무지가 속하는 지방법원의 관할구역 안에서는 퇴직한 날로부터 3년간 개업할 수 없게 한 것이 평등원칙에 반한다고 본 판례**

[憲 1989. 11. 20.-89헌가102](변호사법 제10조 제2항에 대한 위헌심판)

※ 〈제5편 - 제3장 - 4. - 직업의 자유 - □ 제한과 그 한계〉 판례 인용부분 참조

▹ **성업공사에 이관되었거나 회수가 위임된 채권의 채무자인 회사에 관하여는 회사정리법에 의한 정리절차를 진행하지 못하게 한 것이 평등원칙에 반한다고 본 판례**

[憲 1990. 6. 25.-89헌가98등](금융기관의연체대출금에관한특별조치법 제7조의3에 대한 위헌심판)

「(3) 이렇게 볼 때 특별조치법 제7조의3은

① 공공성이 더 강한 국세채권, 준국세채권, 순위가 더 우선하는 담보권자와의 관계에서 균형의 상실

② 회사정리절차의 공공성, 사회성을 도외시하고 이해관계인의 권익의 부당한 침해가능성의 불배제

③ 요건상의 제약도 없고 사법적 통제에서도 벗어난 신청권의 부여

④ 신청권 행사에 있어서 채권액의 다과를 문제삼지 않은 점 등 금융기관에 대한 과도한 특권임에 틀림없으며, 이에 의하여 다른 이해관계인들로 하여금 차별대우를 받게 하였는바, 이처럼 평등의 원칙에 예외를 이룬데 있어서 목적의 정당성과 필요성에 있어서나 그 수단의 적정성에 있어서 합리적 근거를 쉽사리 찾기 어렵다고 할 것이므로, 이로써 헌법 제11조의 평등의 원칙을 위반하였다고 할 것이다.

(4) …… 이렇듯 회사정리개시 여부, 정리계획인가 여부, 계획수행 여부 및 정리폐지 여부가 금융기관측의 의사에 좌우되게 함으로써 정리절차 전과정을 통하여 정리담보권자중의 일원임에 다름없는 금융기관에 사실상 회사정리권이 주어진 결과가 되어 금융기관이 좋다면 되는 것이고 안된다면 못하는 것이며 재판기관은 그 의사에 대하여 자의냐의 여부를 통제할 권한도 없이 그 뜻에 맞추어 오로지 선언하는 데 그친다면 재판을 통하여 회사정리절차를 주도할 권한을 가진 사법권이 이 측면에서 완전히 형해화되어 있는 것이라 하겠다. …… 사법권의 독립에 있어서 법관이 재판함에 있어서 지시로부터의 독립이 그 한가지 내용을 이룬다면 이는 사법권의 독립에 위협의 소지가 될 수 있는 특권이고, 나아가 사법권은 법관으로 구성된 법원에 속한다고 하여 명실상부하게 사법권을 법원에 귀속시켜 권력분립의 구조위에 민주체제를 확립코저 하는 지표와도 조화되기 어려운 특권이라고 할 것이다. 이 점에서도 평등의 원칙의 예외를 이룬데 있어서 목적의 정당성이 없다.」

⇔ 재판관 1인(재판관 한병채)의 반대의견

「가. 첫째 입법정책적인 문제에 너무 깊이 관여하였다고 본다.……

나. 둘째 국민경제의 중요성과 국가경제운영의 기본인 재정금융정책의 전문성을 무시하고 소홀히 다루었다고 아니할 수 없다.……

다. 셋째 본 특조법의 제정이 불가피한 금융환경과 금융여신구조를 현실적으로 파악하지 아니함으로써 구체적 사회정의의 구현에 역행하는 현상을 가져올 수 있다는 것을 지적하지 않을 수 없다.……

라. 넷째 헌법상의 자유민주주의의 원리와 권력분립주의원칙에 위배되는 판단이라고 생각

된다.……
마. 다섯째 헌법상의 평등의 원칙은 합리적 근거가 없는 자의적 차별을 금지하는 것이지, 국가나 사회 그리고 경제적으로 공공의 복리증진과 경제질서 유지를 위하여 필요한 정당한 이유가 있거나 합리적 근거가 있는 경우의 차별적 대우나 입법은 헌법에 위배되지 아니한다는 원리를 잘못 이해하고 있음을 지적하지 않을 수 없다.

위에서 본 바와 같이 본 특조법 제7조의3이 적용되는 은행은 국민자본을 적정하게 관리운영함으로써 국가의 경제발전과 분배의 정의를 구현하고 물가조절을 위한 통화관리에 직접적으로 동원되는 기관이다. 더구나 현대산업사회에서 이와 같이 금융기관이 가지고 있는 특수한 공익적 기능과 성격을 감안한다면 동법에 적용을 받는 국책은행과 시중은행의 부실화를 방지하려는 입법은 경제질서의 유지와 공공의 복리를 위하여 필요하고도 적절한 조치라고 아니할 수 없다. 나아가 동법이 적용되는 은행의 채권은 여타의 일반채권에 비해 우선적으로 보호할 가치와 필요성이 있음을 입법기관이 인정하여 본 특조법을 제정한 것이다.

그러므로 본 특조법 제7조의3의 규정은 헌법 제11조의 평등의 원칙에 위배되는 법률이라고 단정할 수 없다 할 것이다. 더구나 회사정리법이 회사의 갱생을 위하여 채권자, 주주 등 이해관계인의 이해를 조정함을 목적으로 상호대립관계에 있는 이해당사자에게 경매, 가압류 등의 강제집행과 권리보전절차를 모두 중지시키고 있는 일반법률질서의 예외적 제한과 변경을 가져오는 특별법으로서의 효력을 인정하는 것과 마찬가지 취지로 본 특조법에서도 금융질서와 국민경제의 보호를 위하여 회사정리법에 의한 예외적 특별보호규정을 배제하는 본 특조법 제7조의3을 두고 있는 것이므로 이는 특별법은 일반법에 우선한다는 원칙에서 받아 들여야지 일반 민사상의 담보물권이나 회사정리법상의 특별보호규정에 반한다고 하여 평등의 원칙에 위배된다고 단정함은 일면만을 보고 전체를 보지 않고 문제를 다루는 것이 되어 헌법상의 평등의 원리를 잘못 이해하고 확대 적용하는 법리상 중대한 모순을 저질렀다고 하지 아니할 수 없다.」

▹ **국·공립사범대학 등 출신자를 교육공무원인 국·공립학교 교사로 우선하여 채용하도록 규정한 것이 평등원칙에 반한다고 본 판례**

[憲 1990. 10. 8.-89헌마89](교육공무원법 제11조 제1항에 대한 헌법소원)

「(3) 차별의 합리성

(가) …… 결국 국·공립 사범대학을 졸업한 교사자격자와 사립 사범대학을 졸업한 교사자격자 사이에는 개인차를 제외하고서는 교원자격의 본질적 요소에 아무런 차이가 없다고 보아야 할 것이다.

(나) 법 제11조 제1항이 규정한 국·공립 사범대학 출신자에 대한 우선채용제도는 졸업후 인정된 취업기회를 미리 보장함으로써 우수한 인력을 국·공립의 사범대학에 유치하여 교육공무원으로 양성·채용하려는 제도이다. 그러나 이러한 입법목적이 비록 정당하다 하더라도 그 자체만으로는 국·공립 중등학교의 교사를 신규채용함에 있어 국·공립 사범대학 출신의 교사자격자에게 우선채용의 특혜를 부여함으로써 위에서 본 바와 같이 본질적으로는 차이가 없는 사립 사범대학 출신의 교사자격자를 차별하는 데 대한 합리적인 근거가 될 수는 없다. 나아가 이러한 차별은 오히려 그 입법목적에 반하여 결과를 낳을 수도 있다.…… 오히려 국립 사범대학 출신을 가리지 아니하고 그들 모두에게 교육공무원으로 진출할 수 있는 기회를 균등히 부여하는 것이야말로 정치·경제·사회·문화의 모든 영역에 있어서 각인에게 기회를 균등하게 부여하려는 헌법의 이념에도 부합하고, 또한 교육공무원의 채용방법에 있어서도 자

유로운 경쟁의 원리를 도입함으로써 각인의 능력을 최고도로 발휘하게 하여 교원의 자질향상을 기함이 바람직한 일이라 할 것이다.

(다) 일반대학에서 교직과정을 이수하고 교사자격을 취득한 대학졸업자가 법 제11조 제1항에 의하여 교육공무원에의 채용에 있어서 차별의 불이익을 입게 되는 점에 관하여 본다. …… 그러나 국가가 막대한 비용과 노력을 들여 다수의 우수한 교사자격자를 양성하고 있으면서도 법 제11조 제1항을 적용하여 교직과정이수자를 교육공무원의 채용에서 완전히 배제하는 현재의 상황은 그 차별의 정도가 지나치고, 입법목적 달성의 수단으로서도 심히 균형을 잃고 있어서 비례의 원칙에 어긋나며, 달리 이를 정당화할 근거를 찾을 수 없다.

(4) 법 제11조 제1항의 위헌성

(가) 현재 국·공립 사범대학은 경기·인천지역을 제외한 서울특별시와 각 직할시 및 도에 대체로 하나씩만 설치되어 있고, 서울특별시와 각 직할시 및 도 교육위원회 단위로 교사를 채용하고 있는 현행제도 아래에서는 국·공립 중등학교 교사를 주로 해당 시·도에 소재한 동일한 사범대학의 출신자로 채우게 되고, 그 결과 "삶의 다양한 모습을 통해 올바른 인생관을 만들고 실천하면서 살게 한다"는 민주교육의 목표를 달성함에 필요한 교육의 다양성을 저해하게 되는 점을 간과할 수 없다.……

(나) 이상에서 본 바와 같이 법 제11조 제1항은 우수교사를 확보한다는 당초의 입법목적에 기여하지 못하고 있음은 물론 오히려 교원의 자질저하라는 결과를 초래할 가능성이 있으며, 교직과정이수자에 대하여는 그 차별의 정도가 지나쳐서 비례의 원칙에 어긋난다.……

(다) 국·공립 사범대학 졸업자와 사립 사범대학 졸업자 사이에는 개인의 실력차를 제외하고는 교사자격의 본질적인 요소에 아무런 차이가 없으므로 국·공립 사범대학 출신 또는 사립 사범대학 출신을 가리지 아니하고 그들 모두에게 교육공무원으로 취업할 수 있는 기회를 균등하게 부여하여야 하고, 일반대학의 교직과정이수자에 대하여도 일정한 비율 범위 내에서는 그 취업의 기회가 보장되어야 한다는 것은 앞에서 본 바와 같다. 그러나 법 제11조 제1항의 규정은 국·공립 사범대학 졸업자의 과잉공급으로 말미암아 사립 사범대학 졸업자 및 교직과정 이수자들이 교육공무원으로 취업할 수 있는 기회를 사실상 봉쇄하는 기능을 하기에 이르렀다. 이는 교사자격자 개인의 능력과는 관계없이 특정학교 출신이라는 사유와 국·공립 사범대학 졸업자의 과잉공급현상이라는 사정 때문에 사립 사범대학 졸업자 및 교직과정이수자들이 교육공무원이라는 직업을 선택함에 있어서 중대한 제한을 가하는 것이 되고, 이러한 제한은 앞서 평등의 원칙에 관한 판단에서 본 바와 같이 이를 정당화할 근거가 없다. 따라서 법 제11조 제1항은 "모든 국민은 직업선택의 자유를 가진다"라고 규정한 헌법 제15조에도 위반된다고 하겠다.」

▷ **시·도의회의원 후보자에게 700만원의 기탁금을 요구하는 것이 평등원칙에 반한다는 취지의 판례(헌법불합치)**

[憲 1991. 3. 11.-91헌마21](지방의회의원선거법 제36조 제1항에 대한 헌법소원)

「이 사건 기탁금의 경우도 헌법의 개별적 법률유보조항(제25조)과 일반적 법률유보조항(제37조 제2항)을 근거로 하여 국회가 그 범위를 정할 수 있다고 할 것이나, 다만 기본권의 본질적인 내용의 침해금지와 비례의 원칙 내지 과잉금지의 원칙이 존중되지 않으면 안 되는 것이다.

따라서 고액기탁금의 기탁규정이 실질적으로 일부 국민(주민)의 참정권을 유명무실하게 할 소지가 있다고 한다면 그것은 그 후보난립의 방지, 후보자의 성실성 담보 등 합리적인 선거사무의 집행이라는 공적 요구를 위하여 불합리하게 개인의 참정권의 희생을 강요하는 셈이 되어 비례의 원칙에 반하지 않는가 하는 강한 의문을 떨치기 어려운 것이다. 국회가 헌법상 보장된 기본권에 대한 규제 내지 제한을 규정하는 법률을 제정함에 있어서는 특정한 법익보호의 필요성이 인정된다는 것만으로는 부족하고 그 때문에 희생되는 법익을 고려하여 비례와 균형이 유지되도록 노력하여야 할 의무를 지니고 있는 것이다. 따라서 기탁금의 금액은 필요한 최소한도의 공영비용부담금에 성실성 담보아 과열방지를 위한 약간의 금액이 가산된 범위에 있어서만 헌법상 그 정당성이 인정될 수 있는 극도액(極度額)이라고 할 것이다. 그러한 관점에서 볼 때, 시 · 도의회의원 후보자에 대한 700만원의 기탁금 규정은 무자력계층의 지방의회진출을 사실상 봉쇄하고 그 때문에 유권자도 자신이 선출하고 싶은 자를 선출할 수 없게 될 소지가 있어 이는 헌법이 기본권으로 보장하고 있는 선거권 · 공무담임권 · 평등권 등을 침해하고 있는 것이며, 아울러 국민주권주의 및 자유민주주의라는 헌법의 최고 이념에도 합치되지 않는다고 할 것이다.」

※ 재판관 1인(재판관 변정수)은 변형결정이 부당하다는 취지의 반대의견(단순위헌)을 내었음

※ 위 사안에서 정당이 일정한 기본권의 주체가 될 수 있음을 언급한 부분에 대해서는 〈제2편 - 제1장 - 1. - □ 정당〉 판례 인용부분 참조

▷ 국유잡종재산에 대해 시효취득을 부인하는 것은 평등원칙에 반한다는 취지의 판례
[憲 1991. 5. 13.-89헌가97](국유재산법 제5조 제2항의 위헌심판)

「다. 동법의 잡종재산은 행정재산, 보존재산과는 달리 사권(私權)의 설정과 사거래의 대상이 되는 것을 전제로하여 동법에서 별도의 장으로 규정하고 있으며, 특히 잡종재산의 대부 · 매각 · 교환 · 양여 등 처분과 현물(現物)출자를 할 수 있도록 명시하고 있다. 그것은 국유 · 사유를 막론하고 권리주체가 누구이든 권리의 객체가 되는 물건은 법률행위의 자유의 원칙에 따라 매매, 임대차, 기타 사권(私權)의 설정 등 사적 거래의 목적이 되고, 이 때에는 민법 등 사법(私法)의 규정이 적용된다는 근대법치국가의 기본원칙에서 나온 것임을 알 수 있다.

다만 물건 중 공용 또는 공공용에 제공되는 등 공적 목적에 이용되는 물건에 있어서는 그 나라의 헌법에서 위임된 그 공적 목적수행에 필요한 한도 내에서 사법 적용이 배제되고 공법의 규율을 받을 뿐이다. 이와 같이 물건이 갖는 공공성의 목적과 그 기능을 수행하기 위하여 필요한 한도 내에서 그 물건을 공법적 규율의 대상으로 할 필요가 있는 경우에만 국가는 공법인으로서 특수한 지위를 가지는 것이고, 그렇지 않은 경우에는 사법인(私法人)과 대등한 권리주체로서 권리의 객체인 물건을 소유 · 관리 · 처분하는 것이라는 점에서 민사법(民事法)이 적용되는 것이다. ……

그렇다면 잡종재산의 거래와 처분에 있어서는 별단의 규정들이 있다고 하더라도 그것은 행정상의 편의와 공정을 기하기 위하여 일정한 제한을 가하는 것에 불과하며 그 법적 성질의 본질적 변화를 가져오는 공법상의 권리관계가 아니고 사법상(私法上)의 권리관계로서 이루어지고 있음을 쉽게 알 수 있다.

라. …… 이상을 종합하여 보면 국가는 사적거래에 있어서도 자연인이나 법인보다 우월한 지위에 있으므로 평등권에 규율된다고 볼 수 없다는 정부의 주장은 헌법을 잘못 이해하고 있는 데에서 비롯되며, 이에 기초하여 국유재산 중 잡종재산에 대하여까지 시효취득의 대상이 되지 아니한다고 한 것은 잘못된 것이라 아니할 수 없고, 나아가 국유재산의 사유화로 인한 잠식을 방지하고 국유재산관리의 효율성을 도모하기 위하여 제정한 국유재산법의 입법취지 등을 가지고는 국가의 안전보장, 질서유지 또는 공공복리를 위하여 필요한 경우에 한하여 법률

로써 기본권을 제한할 수 있다는 헌법 제37조 제2항의 예외사유에도 해당하지 아니하는 것이 명백한 것이므로 입법상의 비례의 원칙과 과잉제한금지의 원칙에 반하는 자의적인 입법이라 아니할 수 없다.

마. 그렇다면 동법 제5조 제2항을 동법의 국유재산 중 잡종재산에 대하여까지 시효취득의 대상이 되지 아니한다고 규정한 것은 사권을 규율하는 법률관계에 있어서는 그가 누구냐에 따라 차별대우가 있어서는 아니되며 비록 국가라 할지라도 국고작용으로 인한 민사관계에 있어서는 사경제적 주체로서 사인과 대등하게 다루어져야 한다는 헌법의 기본원리에 반하고, 국토에 대한 효율적이고 균형있는 이용 및 개발과 보전을 위한 수단도 아닌 것이 명백하여 입법재량상의 비례의 원칙에 반하고, 나아가 헌법 제37조 제2항에 의하여 국민의 기본권을 제한할 수 있는 예외조치의 사유에도 해당하지 아니함에도 불구하고 국가만을 우대하여 국가와 일반 국민간에 합리적 근거없이 차별대우를 하는 것으로서 과잉제한금지의 원칙에도 반하는 불평등한 과잉입법이라고 아니할 수 없어 헌법 제11조 제1항, 제23조 제1항 및 제37조 제2항에 위반된다고 하여 주문과 같이 결정한다.」

⇔ 재판관 3인(재판관 조규광, 재판관 변정수, 재판관 김양균)의 반대의견

「다. …… 이 사건에 있어서의 문제의 핵심은, 국유재산의 보존·관리에 있어서의 공법적 성격에 기하여 국유의 잡종재산의 잠식방지 내지는 효율적 관리의 방법으로서 국유의 잡종재산에 대한 시효취득을 부인하여야 할 국가공익 내지는 공공복리의 이념과 이로 말미암아 필연적으로 야기되는 국유의 잡종재산을 시효취득할 수 있는 지위 내지는 권리라는 국민의 재산권의 침해와를 어느 범위에서 서로 조화시킬 것인가에 있다 할 것이므로 위 국유재산법 제5조 제2항의 규정이 위헌적인 것인지의 여부를 판단하려면, 위 법률 규정 내용의 불평등성을 지적하는 것만으로서는 부족하고, 국민의 재산권에 대한 이와 같은 제한이 과연 헌법 제37조 제2항의 규정에 어긋나는 것인지의 여부를 판단하여야 할 것이다.

라. 그러므로, 위 국유재산법의 규정이 과연 헌법 제37조 제2항이 규정하고 있는 과잉금지의 원칙에 반할 정도로 자의적이고 지나친 것인지의 여부를 살펴보기 위하여, 과잉금지원칙의 부분 원칙으로 인정되고 있는, 목적의 정당성, 방법의 적정성, 피해의 최소성 및 법익의 균형성 원칙(헌법재판소 1989. 12. 22. 선고, 88헌가13 결정 참조)의 4가지 점에 관하여 나누어 보기로 한다.

(1) 국유의 잡종재산에 대하여 취득시효의 제도를 배제하는 것은, 그 입법취지가, 국유재산의 사유화로 인한 잠식을 방지하고, 국유재산관리의 효율성을 도모하기 위하는 데에 있는 것임은 분명하고, 또한 이와 같은 시효취득제한의 방법에 의하여 국유재산의 사유화가 방지되고 따라서 국유재산관리의 효율성이 도모될 수 있음도 역시 분명한 이상, 국유재산법의 위 규정이 입법 목적의 정당성 및 방법의 적정성의 요건을 구비하고 있음은 더 상세히 따져 볼 필요도 없다 할 것이다.

(2) 다음으로, 피해의 최소성에 관하여 본다. …… 그렇다면, 국유의 잡종재산의 사유화로 인한 잠식을 방지하려는 입법목적을 달성하기 위하여 재정 및 행정기구의 증강없이 다른 적절한 방법이 현실적으로 더 이상 찾아볼 수 없다는 주장이 합리성이나 타당성을 현저히 결여하여 도저히 이를 받아들일 수 없는 것이 아닌 이상, 위와 같은 실정을 기초로 하여 이를 보완하기 위하여 입법자가 취한 조치 즉 국유의 부동산에 대한 시효취득을 원천적으로 부정하는 방법을 택한 위 법률의 규정은, 일응 그 정당성이 인정된다 할 것이므로, 그 입법목적을 달성하기 위한 피해의 최소성의 원칙에도 반하는 것이라고는 할 수 없다.

(3) 끝으로, 법익의 균형성의 원칙에 관하여 본다. …… 국유의 잡종재산에 대하여 시효취득

을 부정하는 위 규정은, 이로 인하여 국민이 입는 불이익과, 이를 허용함으로써 공공의 복리가 입는 불이익을 비교 · 형량하여 전자보다 후자를 중히 여기고 공공의 복리에 대한 불이익을 막고자 한 것으로서, 위에서 밝힌 이유로 해서, 그 불이익의 형량평가는 합리적인 것으로 받아들여질 수 있어 자의적인 규정이라고는 말할 수 없다.
마. 따라서, 국유의 잡종재산에 대한 시효취득을 인정하지 아니하는 위 국유재산법 제5조 제2항의 규정은 비록 민법 체계하에서는 평등 원칙 위반이 거론될 수 있다 하겠으나, 그 규정이 자의적인 것으로서 헌법 제37조 제2항에서 규정하고 있는 과잉금지의 원칙에 위반하여 위헌이라고는 할 수 없다.」

▷ **과실로 사람을 치상하게 한 자가 구호행위를 하지 아니하고 도주하거나 고의로 유기함으로써 치사의 결과에 이르게 한 경우에 살인죄와 비교하여 그 법정형을 더 무겁게 한 것이 평등원칙에 반한다는 취지의 판례**

[憲 1992. 4. 28.-90헌바24](특정범죄가중처벌등에관한법률 제5조의3 제2항 제1호에 대한 헌법소원)

※ 위 판례 인용부분 참조

▷ **법인의 경영을 사실상 지배하거나 당해 법인의 발행주식총액의 100분의 51 이상의 주식에 관한 권리를 실질적으로 행사하는지 여부에 관계없이 과점주주 중 주식을 가장 많이 소유한 자와 서로 도와서 일상생활비를 공통으로 부담한다는 이유만으로 일률적으로 2차 납세의무를 지우는 것이 평등원칙에 반한다고 본 판례**

[憲 1998. 5. 28.-97헌가13](국세기본법 제39조 제1항 제2호 가목 등 위헌제청)

「(1) 위 조항 중 '가목'은 과점주주 중 "주식을 가장 많이 소유한…… 자"에게 제2차 납세의무를 부담하게 하고 있다. 주식을 가장 많이 소유한 자라 함은 과점주주 가운데 주식을 가장 많이 소유한 자를 가리키는 것이고, 과점주주를 포함한 법인의 모든 주주 중에서 주식을 가장 많이 소유한 자를 의미하는 것은 아니다. 주식을 가장 많이 소유한 자인지의 여부는 주주명부나 주식이동상황명세서상에 등재된 형식적인 내용을 기준으로 삼을 수밖에 없을 것이고, 주식명의를 차용 · 도용한 경우 등이 있을 것인데도, 이러한 특수사정은 전혀 고려하지 않고 있다. 따라서 '가목'은 제2차 납세의무를 부담하는 범위를 과점주주 중 주식을 가장 많이 소유한 자 라는 형식적인 기준에만 의하도록 규정한 것은 위헌의 소지가 있음을 부인할 수 없다. 법원의 해석도, 과세청은 납세의무 성립일 현재 과점주주 중 주식을 가장 많이 소유한 사실을 주주명부나 주식이동상황명세표로 입증하면 되고, 주주명의의 차용 · 도용 등의 사정은 이를 주장하는 명의자가 입증하여야 한다는 견해를 갖고 있다(대법원 1996. 12. 6. 95누14770, 공 97, 242). 이미 우리재판소는 선례를 통하여 과점주주 중 "주식을 가장 많이 소유한 자"라도 "법인의 경영을 사실상 지배하는 자"가 아니거나 "당해 법인의 발행 주식총액의 100분의 51 이상의 주식에 관한 권리를 실질적으로 행사하는 자"가 아닌 과점주주에게는 제2차 납세의무를 부담하게 할 수 없다는 견해를 밝힌 바가 있으므로, 이러한 과점주주에 대하여 제2차 납세의무를 지게 하는 것은 실질적 조세법률주의(헌법 제38조, 제59조)에 위배되고 과점주주의 재산권(헌법 제23조 제1항)을 침해하여 헌법 위반이 된다.

(2) 위 조항의 '다목'에 관한 부분을 살피면, 위 '다목'은 과점주주 중 "가목 및 나목에 규정하는 자와 생계를 함께 하는 자" 즉, "주식을 가장 많이 소유하거나 법인의 경영을 사실상 지

배하는 자와 생계를 함께 하는 자"는 소유하는 주식이 몇 주(株)인지도 묻지 않고 제2차 납세의무를 지우는 것이다. 여기에 생계를 함께 하는 자라 함은 서로 도와서 일상생활비를 공통으로 부담하고 있는 것을 말하고 반드시 동거하고 있는 것을 필요로 하지 아니한다(법시행령 제20조 제10호, 법기본통칙 4-2-15……39). 따라서 위 '다목'은 과점주주 자신이 법인의 경영을 사실상 지배하거나 당해 법인의 발행 주식총액의 100분의 51 이상의 주식에 관한 권리를 실질적으로 행사하는 자에 해당하는지 여부에 관계없이 과점주주 중 주식을 가장 많이 소유한 자와 서로 도와서 일상생활비를 공통으로 부담한다는 이유만으로 책임의 범위와 한도조차 뚜렷하게 설정하지 아니한 채 법인의 체납세액 전부에 대하여 일률적으로 제2차 납세의무를 지우는 것은 과점주주들 간에 불합리한 차별을 하여 조세평등주의와 실질적 조세법률주의(헌법 제11조 제1항, 제38조, 제59조)에 위반되고 과점주주의 재산권(헌법 제23조 제1항)을 침해하게 된다.

(3) 위 조항 중 '라목'에 대하여 보면, 위 '라목'은 "대통령령이 정하는 임원"을 제2차 납세의무를 지는 과점주주 중의 하나로 규정하고 있다. 그러나 '라목'은 제2차 납세의무를 지는 과점주주인 임원의 범위를 구체적인 기준도 없이 이를 모두 대통령령에 포괄위임하여 위임입법의 한계를 일탈한 것으로 보지 않을 수 없다. 대통령령이 정하는 임원인 과점주주 모두에게 제2차 납세의무를 지게 하는것은 법인의 경영을 사실상 지배하는지, 발행 주식총액의 100분의 51 이상의 주식에 관한 권리를 실질적으로 행사하는지 여부를 가리지 아니한 채, 과세청이 자의로 제2차 납세의무자인 과점주주를 지정하여 보충적인 납세의무를 지울 여지가 있다.

위 조항 '라목'의 위임에 따라 만든 법시행령 제20조의2(임원의 정의)를 보면 "법인의 회장 · 부회장 · 사장 · 부사장 · 이사 등 실질적으로 법인의 경영에 참여하는 직위에 있는 자와 감사"라고만 규정하고 있다. 이것은 제2차 납세의무를 지게 되는 임원의 범위가 너무 광범위하고, 실질적으로 법인의 경영에 참여하는 직위에 있기만 하면 법인의 경영을 사실상 지배하는지에 상관없이 법인의 체납세액 전부에 대하여 제2차 납세의무를 지우도록 규정하고 있다.

따라서 위 '라목'이 과점주주의 범위를 적절하게 제한하거나 책임의 한도를 설정하지 아니한 것은 실질적 조세법률주의(헌법 제38조, 제59조)와 포괄위임금지의 원칙(헌법 제75조)에 위반된다.」

▹ **경매의 실행에 채무명의를 요하지 아니하는 부동산 임의경매절차에 있어 금융기관이 신청한 경우에만 발송송달의 특례를 인정한 것이 평등원칙에 반한다고 본 판례(한정위헌)**

[憲 1998. 9. 30.-98헌가7등](금융기관의연체대출금에관한특별조치법 제3조 위헌제청 등)

「나. 심판의 대상

법 제3조의 내용은 다음과 같다.

제3조(통지 또는 송달의 특례) 법원이 금융기관의 신청에 의하여 진행하는 민사소송법에 의한 경매절차(이하 "경매절차"라 한다)에 있어서 통지 또는 송달은 경매신청당시 당해 부동산등기부상에 기재되어 있는 주소(주소를 법원에 신고한 때에는 그 주소로 한다)에 발송함으로써 송달된 것으로 보며, 그 부동산등기부에 주소가 기재되어 있지 아니하거나 주소를 법원에 신고하지 아니한 때에는 공시송달의 방법에 의하여야 한다.……

(4) 이 사건 법률조항이 평등의 원칙에 위반되는지 여부……

(나) 이 사건 법률조항이 임의경매에 적용되는 경우

부동산 임의경매절차에 있어 금융기관이 신청한 경우에만 위와 같은 발송송달의 특례를 인정하는 것은 그 나름대로의 합리적 근거가 있는 차별로 보인다. 금융기관은 금융기관이 아닌 일반채권자에 비하여 다음과 같은 특수성이 인정되기 때문이다.

즉, 금융기관이란 대부분 은행법에 의한 은행으로서 영리를 목적으로 한 주식회사임은 틀림없지만, 한편 은행업(예금의 수입 등에 의하여 불특정다수인으로부터 채무를 부담함으로써 조달한 자금을 대출하는 것을 업으로 행하는 것을 말한다. 1998. 1. 13. 법률 제5499호로 개정된 은행법 제2조 제1호)을 규칙적 · 조직적으로 영위함으로써 국가경제의 발전에 이바지하는 공익성을 가진 법인이고(은행법 제2조 제2호 참조), 금융기관의 업무는 합리적이고 계속적으로 운영되기 때문에 경매절차의 원인이 되는 채권이 허위채권이거나 금액상 오류가 있는 채권일 가능성이 일반채권에 비해 비교적 적고, 또 계약의 성립이 대부분 약관에 의하여 이루어지므로 일반사채업자와의 계약에 비해 기망이나 착오와 같은 하자있는 의사표시가 개입할 여지가 적다고 할 것이므로 금융기관은 비금융기관에 비해 상대적으로 신뢰할만하다는 점이 있다. 이러한 공신성은 위 은행법 제44조, 제48조, 금융감독기구의설치등에관한법률 제17조, 제37조 등에서 금융기관은 금융감독위원회의 감독 또는 금융감독원의 검사를 받도록 규정하고 있는 데서도 뒷받침된다.

한편, 법(1973. 3. 3. 개정되고, 1993. 12. 10. 개정되기 전의 것)은 이러한 금융기관의 공신성을 감안하여 금융기관의 신청에 의하여 진행하는 구 경매법의 규정에 의한 경매절차(현행 담보권실행 등을 위한 경매절차에 해당됨)에 한하여 통지 또는 송달은 경매신청당시 당해 부동산등기부에 기재되어 있는 주소에 발송함으로써 송달된 것으로 보도록 규정하여 지금까지 약 25년간 시행되어 왔다.

따라서 이 사건 법률조항은 경매의 실행에 채무명의를 요하지 아니하는 이른바 임의경매에 적용되는 경우에는 위에서 본 여러 사정에 미루어 금융기관에게 그 나름의 차별에 대한 합리적인 이유가 있다 할 것이므로 평등의 원칙에 위반된다고 볼 수 없다.

(다) 이 사건 법률조항이 강제경매에 적용되는 경우

이 사건 법률조항이 강제경매에 적용되는 경우에는 임의경매와 달리 볼 수밖에 없는 사정이 있다. 즉, 채무자(또는 소유자)의 쪽에서 보았을 때에 담보권의 실행을 위한 임의경매의 경우에는 자신의 특정 부동산에 관하여 경매절차가 진행될 지를 미리 짐작할 수 있음에 반하여, 강제경매의 경우에는 채무명의를 가진 채권자가 채무자의 재산 중 부동산에 대한 경매를 신청할 지(채무자의 유체동산이나 채권, 그밖의 재산에 대하여 강제집행을 할 수도 있다), 부동산에 대한 경매를 신청할 경우에도 채무자 소유의 어느 부동산에 관하여 경매를 신청할 지 알 수 없다는 중대한 차이가 있기 때문이고, 이와 같은 사정은 그밖의 이해관계인의 쪽에서 보아도 마찬가지이다.

따라서 발송송달로 인하여 채무자 등 이해관계인이 불측의 피해를 입을 가능성은 임의경매에 비하여 강제경매의 경우가 더 크다고 말할 수 있고, 이와 같은 권리침해의 정도가 매우 중한 점을 감안해 본다면 부동산 강제경매에 있어 금융기관을 비금융기관과 차별하여 우대하는 법률이 입법자의 입법형성의 자유를 벗어난 자의적인 입법이라는 비난을 면하기 위하여는 그 차별을 정당화할 수 있는 합리적인 이유를 찾을 수 있어야 한다 할 것이다.

그런데 이미 앞서 본 바와 같이 부동산 강제경매는 채무명의의 존재를 전제로 한다. 위에서 법 제3조 전단 중 임의경매에 관한 부분이 평등의 원칙에 위반하지 않는다고 본 중요한 이유는 금융기관이 비금융기관에 비하여 공신성에 차이가 크다는 점에 있었다. 그러나 부동산 강제경매에서는 그 전제로서 요구되는 채무명의가 금융기관의 것과 비금융기관의 것 사이에 공신성의 차이가 있을 수 없고, 따라서 부동산 강제경매절차에 있어 금융기관이 신청한 경우와 그렇지 않은 경우를 차별하여 금융기관을 우대할 합리적 이유를 찾을 수 없다.

뿐만 아니라 법 제3조의 연혁을 살펴보면 더욱 그러하다. 앞서 본 바와 같이 법(1973. 3. 3.

개정되고, 1993. 12. 10. 개정되기 전의 것)은 금융기관의 신청에 의하여 진행하는 구 경매법의 규정에 의한 경매절차에 한하여 발송송달을 인정하고 있었다. 그 후 1993. 12. 10. 법률 제4585호로 개정시 위 "경매법의 규정에 의한"이 "민사소송법에 의한"으로 개정됨으로써 법 제3조로 되었다. 이는 1990. 1. 13. 법률 제4201호로 민사소송법이 개정되어(같은 해 9. 1.부터 시행됨, 부칙 제1조) 법률 제968호 경매법을 폐지하고(부칙 제2조) 민사소송법 제724조 내지 제735조로 담보권의 실행등을 위한 경매에 관한 규정을 신설함에 따라 이루어 것인데, 그 개정 심의과정을 제165회 제14차 국회본회의(1993. 9. 3.) 회의록에 의하여 살펴보면, 당시의 재무부장관이 종전에 있었던 헌법재판소의 위헌결정에 따라 위헌으로 결정된 2개의 조문을 삭제하고 경매법의 폐지에 따른 관련 조항을 정비하려는 것이라고 제안설명을 한 후, 이어 전문위원이 토론보고를 하면서 위 조문삭제 외에 개정안의 여타 개정내용은 민사소송법의 개정, 경매법의 폐지 등에 따라 조문을 정리하고 법령용어를 정비하기 위한 것으로서 별다른 문제가 없는 것으로 본다고 말한 다음 강제경매에까지 법 제3조를 확대적용할 것인지에 관한 아무런 토론도 없이 그대로 위 개정안을 통과시켰음을 알 수 있다. 위에서 본 바와 같이 임의경매절차에 관한 규정을 권리침해의 정도가 중한 강제경매절차에까지 확대적용하기 위하여는 국회의 개정 심의과정에서 이를 정당화할 만한 특별한 이유가 제시되고, 이를 쟁점으로 한 진지한 토론이 있었어야 할 것임에도 그러한 과정을 거쳤다는 기록을 찾을 수 없다.

그러므로 부동산 강제경매절차에서 차별에 대한 합리적인 이유도 없이 오로지 금융기관이 신청하였다는 이유만으로 신청인이 금융기관이 아닌 경우와 차별하여 발송송달의 특례를 인정하는 것은 같은 것은 같게 규율하여야 할 것임에도 불구하고 이를 다르게 규율한 것으로서 결국 입법형성에 있어 헌법적 한계를 벗어난 것이라 아니할 수 없으므로 평등의 원칙에 위반된다.

4. 결 론

그렇다면 이 사건 법률조항 중 강제경매에 관한 부분은 평등의 원칙에 위반되고, 담보권실행을 위한 경매에 관한 부분은 헌법에 위반되지 아니하므로 주문과 같이 결정한다.」

⇔ 재판관 4인(재판관 김용준, 재판관 조승형, 재판관 이영모, 재판관 한대현)의 반대의견

「우리는 이 사건 법률조항 중 임의경매에 관한 부분도 헌법에 위반된다고 생각하므로, 위 부분이 헌법에 위반되지 아니한다고 하는 다수의견에 대하여 다음과 같이 반대의견을 밝힌다.

가. 헌법상 평등의 원칙은 합리적 근거 없는 차별을 금하고 있다. 따라서 입법자가 본질적으로 같은 것을 자의적으로 다르게, 본질적으로 다른 것을 자의적으로 같게 취급하는 것은 평등의 원칙에 어긋난다 할 것이다. 그러므로 이 사건 법률조항 중 임의경매에 관한 부분이 평등의 원칙에 위반되는지 여부를 판단하기 위해서는 금융기관이 신청한 경매절차에서 발송송달의 특례를 인정하는 것이 합리적인 근거가 있는지에 관하여 살펴보아야 할 것이다.

나. 금융기관은 공공의 이익을 위하여 활동하는 비영리법인이 아니라, 고객들로부터 예치금을 받아 이를 대출하거나 투자함으로써 이득을 창출하는 영리법인이라는 데 그 본질이 있다. …… 따라서 금융기관에게 송달의 특례를 인정하는 것은 주로 담당직원들의 편의를 위한 것이라고 할 수 밖에 없는데, 단지 담당직원들이 본연의 업무를 수행하는 데 특혜를 부여하기 위하여 이해관계인의 재판절차참여권을 박탈하는 것은 과잉금지의 원칙에 어긋나는 것이라고 할 것이다.

다. 다음으로, 금융기관이 비금융기관에 비하여 신뢰성이 있으므로, 금융기관이 신청한 부동산 임의경매절차에 대하여 발송송달의 특례를 인정하는 것이 합리적인 근거가 있는 차별인지에 관하여 살펴보기로 한다.

…… 이러한 현실을 직시하여 보면 과연 금융기관의 업무수행이 비금융기관에 비하여 합리적이고 과학적이며 신뢰할 만하다고 단정할 수 있을지 의문이다.……

라. 한편 이 사건 법률조항 중 강제경매에 관한 부분만 위헌이고, 임의경매에 관한 부분은 위헌이 아니라고 한다면, 금융기관이 신청한 경매사건 중 임의경매와 강제경매를 구분하여 임의경매에 대해서만 특례를 인정하게 될 것인데, 위와 같은 차별은 합리적인 근거 없는 것이라 아니할 수 없다.……

마. 채무자의 예측가능성, 즉 강제경매를 신청할 경우 채무자는 어느 부동산에 관하여 강제집행이 진행되는지 알 수 없어 불측의 피해를 입을 수 있다는 것도 강제경매와 임의경매를 구분할 합리적인 이유가 되지 못한다. 채무자는 자신이 채무를 연체하고 있으므로 자신의 부동산에 대하여 강제경매절차가 진행될 수 있다는 것을 쉽게 예측할 수 있고, 보증인도 대체로 채무자와 특수한 관계에 있는 것이 통례이므로 채무자의 자산상태를 쉽게 파악할 수 있어 채무자의 자산상태가 악화됨으로 인하여 자신의 재산이 강제집행될 가능성이 있음을 쉽게 예측할 수 있기 때문이다. 또한 강제경매를 신청하기 위해서는 채무명의가 필요한데, 채무명의가 작성되는 절차에서 채무자나 보증인의 관여가 보장되므로 임의경매보다도 강제경매에 있어서 채무자등이 재판절차에 참여하고 강제집행의 가능성을 예측할 수 있는 기회를 더 많이 가질 수 있다. 따라서 강제경매절차가 임의경매절차보다 채무자에게 불측의 피해를 줄 수 있다고 할 수 없는 것이다.」

▷ **제대군인에 대한 가산점제도가 평등원칙에 반한다는 취지의 판례**

[憲 1999. 12. 23.-98헌마363](제대군인지원에관한법률 제8조 제1항 등 위헌확인)

※ 위 판례 인용부분 참조

▷ **정당행위에 해당하므로 「죄가 안 됨」 처분을 하였어야 함에도 수사를 미진하여 일부 인정되는 폭행사실만으로 범죄혐의를 인정하여 각 기소유예처분한 것이 평등원칙에 반한다는 취지의 판례**

[憲 2000. 1. 27.-99헌마481](기소유예처분 취소)

「따라서 이러한 경우 피청구인으로서는 체벌의 수단과 그 정도 및 피해자의 피해정도를 면밀하게 수사하여 만약 청구인들의 행위가 체벌로서 허용되는 범위 내의 것이라면 형법 제20조 소정의 정당행위에 해당하므로 '죄가 안 됨' 처분을 하였어야 함에도 수사를 미진하여 위 김○률에 대한 참고인 조사에 의하여 일부 인정되는 폭행사실만으로 청구인들의 범죄혐의를 인정하는 잘못을 저질렀다.

4. 결 론

따라서 피청구인이 청구인들에 대하여 한 각 기소유예처분은 수사를 다하지 아니함으로써 청구인들의 평등권을 침해한 것이므로 이를 취소하기로 하여 관여재판관의 일치된 의견으로 주문과 같이 결정한다.」

▷ **상소제기기간 중의 시간의 소비에 대해 불이익을 주는 것이 평등원칙에 반한다는 취지의 판례(헌법불합치)**

[憲 2000. 7. 20.-99헌가7](형사소송법 제482조 제1항 위헌제청)

※ 〈제5편 - 제3장 - 1. - 신체의 자유 - □ 제한과 그 한계〉 판례 인용부분 참조

▷ **생전에 등록신청을 하지 않은 일부 사람에 대하여 그들이 고엽제후유증으로 사망한 것인지 여부를 판정받을 기회를 배제한 것이 평등원칙에 반한다는 취지의 판례(헌법불합치)**
[憲 2001. 6. 28.-99헌마516](고엽제후유의증환자지원등에관한법률 제 8 조 제 1 항 제 1 호 등 위헌확인)

「(2) 평등원칙 위반 여부

…… 고엽제법 제 8 조 제 1 항은 월남전에 참전하고 전역된 자로서 고엽제후유증으로 인하여 사망한 자들이 ① 고엽제법 시행 전에 사망한 경우 ② 고엽제법 시행 후 생전에 등록신청을 하였지만 고엽제법 적용대상자인지의 여부가 결정되기 전에 사망한 경우 ③ 고엽제법 시행 후 생전에 등록신청을 하지 아니한 채 사망한 경우로 구분하여 전자의 두 가지 경우만을 각각 제 1 호와 제 2 호로 규정하여 그 유족에게 유족등록신청의 기회를 부여하고 있다. 따라서 ①과 ③의 사이에, 그리고 ②와 ③의 사이에 차별취급이 존재한다.……

그렇다면 이 사건 법률조항은 월남전에 참전하여 고엽제후유증에 이환되었다가 그로 인하여 사망하였다는 점에서 본질적으로 동일한 사람들 중 생전에 등록신청을 하지 않은 일부 사람에 대하여는 그들이 고엽제후유증으로 사망한 것인지 여부를 판정받을 기회마저 배제하는 것이 되고 이는 우연한 사정에 의하여 좌우되는 환자의 사망 시기 또는 사망 전에 등록신청을 하였는지 여부 등에 의하여 보상을 위한 등록신청의 자격유무를 구별하는 중요한 차별을 행하는 것이 되어 불합리하다고 할 것이다.

결국 이 법 시행후 고엽제후유증으로 사망한 자의 유족에 대하여 환자가 생전에 등록신청을 한 여부를 기준으로 하여 유족의 등록신청자격 유무를 결정하는 이 사건 법률조항은 이 법 시행 후 등록신청 없이 고엽제후유증으로 사망한 자의 유족을 합리적인 이유없이 자의적으로 구별하여 차별하는 위헌적인 법률이라고 할 것이다.」

⇔ **재판관 3인(재판관 한대현, 재판관 김영일, 재판관 김경일)의 반대의견**

「예우법이 정하고 있는 전몰군경의 유족 및 전공사상자의 보상수급권은 국가보훈적 내지 국가보상적 성격과 아울러 사회보장적 성격도 겸하고 있어서, 다른 국가보훈적 내지 국가보상적 수급권이나 사회보장수급권과 마찬가지로 구체적인 법률에 의하여 비로소 부여되는 권리이고, 보상수급권의 내용, 발생요건 및 발생시기 등도 입법자의 광범위한 입법재량에 속하는 것으로서 기본적으로는 국가의 입법정책에 달려 있다는 것이 우리 헌법재판소의 견해이다(헌재 1995. 7. 21. 93헌가14, 판례집 7-2, 1, 21-22).

이 사건의 경우 고엽제법 제 8 조 제 1 항은 고엽제후유증환자의 '유족'의 보상수급권의 '발생요건'에 관한 특례규정이라 할 수 있는바, 동 조항에 의해 인정되는 고엽제후유증환자의 유족의 보상수급권을 예우법이 정하고 있는 전몰군경의 유족 및 전공사상자의 보상수급권이나 고엽제후유증환자의 보상수급권과 달리 취급할 아무런 이유가 없다. 그리고 고엽제후유증환자의 유족에게 인정되는 보상수급권의 '발생요건'에 관한 사항은 보상수급권의 내용, 발생시기에 관한 사항과 마찬가지로 입법자의 광범위한 입법재량의 범위에 속한다고 할 것이어서 그것이 헌법상의 평등원칙이나 사회보장, 사회복지증진의 이념과 국가유공자에 대한 우선적 예우이념에 명백히 어긋나지 않는 한, 헌법에 위반된다고 할 수 없다.」

▹ **정부수립 이전 이주동포를 재외동포법의 적용대상에서 제외한 것이 평등원칙에 반한다는 취지의 판례 (헌법불합치)**

[憲 2001. 11. 29.-99헌마494](재외동포의출입국과법적지위에관한법률 제2조 제2호 위헌확인)

「(3) 평등권의 침해 여부

(가) 평등의 원칙은 입법자에게 본질적으로 같은 것을 자의적으로 다르게, 본질적으로 다른 것을 자의적으로 같게 취급하는 것을 금하고 있다. ……

앞에서 본 바와 같이 이 사건 심판대상규정은 실질적으로 대부분 미주지역이나 유럽 등에 거주하는 정부수립이후이주동포와 대부분 중국과 구소련지역에 거주하는 정부수립이전이주동포를 구분하여 전자에게는 재외동포법의 광범위한 혜택을 부여하고 있고, 후자는 이러한 수혜대상에서 제외하고 있다. 그런데, 정부수립이후이주동포와 정부수립이전이주동포는 이미 대한민국을 떠나 그들이 거주하고 있는 외국의 국적을 취득한 우리의 동포라는 점에서 같고, 다만 대한민국 정부수립 이후에 국외로 이주한 자인가 또는 대한민국 정부수립 이전에 국외로 이주한 자인가 하는 점에서만 다른 것이다. 이와 같은 차이는 정부수립이후이주동포와 정부수립이전이주동포가 법적으로 같게 취급되어야 할 동일성을 훼손할 만한 본질적인 성격이 아니다. 즉, 정부수립이후이주동포인지 아니면 정부수립이전이주동포인지는 결정적인 기준이 될 수 없는 것이다.……

요컨대, 이 사건 심판대상규정이 청구인들과 같은 정부수립이전이주동포를 재외동포법의 적용대상에서 제외하는 차별취급은 그 차별의 기준이 목적의 실현을 위하여 실질적인 관계가 있다고 할 수 없고, 차별의 정도 또한 적정한 것이라고는 도저히 볼 수 없으므로, 이 사건 심판대상규정은 합리적 이유없이 정부수립이전이주동포를 차별하는 자의적인 입법이어서 헌법 제11조의 평등원칙에 위배되고, 이로 인하여 청구인들의 평등권을 침해하는 것이다.」

⇒ 재판관 1인(재판관 권성)의 별개의견

「이 사건에서는 심판대상규정의 위헌성을 엄격한 평등권 심사에 의하여 밝히는 것이 필요하고 또 가능하다고 생각한다.……

이러한 관점에서 볼 때에는 재외공관이 설치되어 있는 곳인지 아닌지 하는 지역적 요소를 기준으로 하여, 재외공관이 설치되어 있지 아니한 곳을 생활근거지로 하는 동포를 국적미확인동포로 분류하여 이들을 법률상 차별하는 것은 이른바 엄격한 심사기준에 의하여 평등의 원칙에 대한 위배 여부가 가려져야 한다고 생각한다. 그 이유는 다음과 같다.

헌법 제11조 제1항 후문은 성별 · 종교 또는 사회적 신분에 의한 차별을 특히 금지하고 있으므로 이러한 세가지 기준에 의한 차별이 헌법적으로 용인될 수 있는 것인가의 여부는 특히 엄격하게 심사되어야만 할 것이다(헌재 1999. 12. 23. 98헌바33, 판례집 11-2, 732 ; 98헌마363, 판례집 11-2, 770 참조).……

비록 헌법 제11조 제1항 후문에 열거된 것은 아니지만 당연히 그에 못지 않게, 엄격심사를 통하여 제거되어야 할 불평등에 해당하는 것으로는 사람의 출생지 내지 생활근거지와 같은 지역적 요소에 의한 차별과 인종적 요소에 의한 차별을 들 수 있다.

지역적 요소에 의한 차별은 인종적 차별 이상으로 비인도적이며, 사회통합에 역행하는 것이며, 국민통합을 저해하는 것이며, 개인의 자유롭고 창의적인 능력발휘를 봉쇄하는 것이므로 보다 엄격히 금지되어야 한다.

이 사건에서 심판대상규정은 이미 앞에서 본 바와 같이 재외공관이 설치된 외국을 생활근거지로 하는 재외동포와 그렇지 아니한 재외동포를 차별적으로 대우하는 것이고 그 기준은 결국 재외공관이 설치된 지역인가 아닌가 하는 지역적 요소를 기준으로 하는 것이어서 이는 마땅히 엄격한 평등권심사를 받아야 하는 것이다.」

⇔ 재판관 3인(재판관 윤영철, 재판관 한대현, 재판관 하경철)의 반대의견

「가. 헌법재판소와 입법자는 모두 헌법에 기속되나, 그 기속의 성질은 서로 다르다. 헌법은, 입법자와 같이 적극적으로 형성적 활동을 하는 국가기관에게는 행위의 지침이자 한계인 행위규범을 의미하나 헌법재판소에게는 다른 국가기관의 행위의 합헌성을 심사하는 기준으로서의 재판규범 즉 통제규범을 의미한다. 그러므로 헌법상의 평등원칙도 행위규범으로서는 입법자에게 "객관적으로 같은 것은 같게 다른 것은 다르게" 규범의 대상을 실질적으로 평등하게 규율할 것을 요구하게 되나, 통제규범으로서는 단지 자의적인 입법의 금지기준만을 의미하게 되므로 헌법재판소는 입법자의 결정에서 차별을 정당화할 수 있는 합리적인 이유를 찾아볼 수 없는 경우에만 평등원칙의 위반을 선언하게 된다.……

다. 재외국민과 외국국적동포간에는 물론이고 외국국적동포들 서로간에도 그들이 거주하는 나라들에 따라 정치적, 외교적, 경제적, 사회적 환경이 서로 다른 현실을 도외시 하여서는 아니될 뿐 아니라, 국회가 재외동포법의 제정과 동시에 법무부 및 외교통상부에 대하여 중국동포등의 한국 국적 취득 용이화, 한국 내 불법체류 동포들의 안정적 생활과 귀국 보장을 위한 제도개혁 및 지원, 국내체류 조선족을 우리가 돌보아야 할 동포로 간주하는 정책 채택 등 "재외동포에 대한 제도개선사항" 3개항을 권고한 바 있고, 이에 따라 법무부가 재외동포법의 시행과 때를 맞추어 1999. 12. 2. 법무부예규 제525호로 "중국동포국적업무처리지침"을 개정·시행하여 중국동포에 대한 국적부여기회를 확대하고, "재외동포법시행령관련 보완대책(중국동포의 입국 및 체류관리)"을 제정·시행하여 다각적인 제한 완화책을 강구하였으므로 차등대우가 상당 부분 완화된 점도 고려하여야 한다. 또한, 가능한 한 이중국적의 발생을 회피하려는 국제법적인 원칙은 오늘날에도 엄존하고 있는 바, 재외동포법이 부여하는 혜택은 사실상 이중국적을 허용한 것과 같다고 할 것이므로 그로 인하여 외국과의 간에 외교적 마찰이 있다면 이를 고려하는 것이 반드시 부당하다고는 할 수 없다.

그렇다면, 이 사건 심판대상규정에 의한 입법적 구분은 나름대로의 합리성을 지니고 있다고 할 것이므로 그것이 현저히 불합리하여 자의적이라고는 도저히 볼 수 없다.」

※ 위 사안에서 외국인의 기본권 주체성의 인정 여부에 대해서는 〈제 4 편 - 제 2 장 - 1. - □ 국민〉 판례 인용부분 참조

▷ **약사에게는 법인을 구성하여 업무를 수행할 수 없도록 한 것이 평등원칙에 반한다는 취지의 판례(헌법불합치)**

[憲 2002. 9. 19.-2000헌바84](약사법 제16조 제1항 등 위헌소원)

「(라) 차별취급의 합리성 여부

평등권침해에 관한 완화된 심사기준인 합리성의 심사에 의하여 살펴보더라도, 이 사건 법률조항이 약사에 대하여는 다른 전문직과 달리 법인을 구성하여 직업을 수행하는 것을 금지함으로써 약사로 구성된 법인 또는 그 구성원인 약사를 차별취급하는 것에는 정당한 입법목적을 발견할 수 없고, 약사와 다른 전문직과의 사실상의 차이도 이러한 차별을 정당화해 주지 않는다.

약사가 다른 전문직과 다른 취급을 받아야 할 사실상의 차이나 입법목적이라고 한다면, 약사가 국민의 건강에 직결되는 의약품을 취급하기 때문에 약사가 아닌 사람이 의약품을 판매하고 조제하는 것을 막아야 한다는 점이라 하겠는데, 이러한 목적은 실제로 약을 취급하는 사람(약국의 관리약사)은 반드시 약사자격을 가질 것을 요구함으로써 이룰 수 있는 것이고, 약국의 개설자를 자연인 약사로 한정하여 법인의 약국개설을 금지할 필요는 없는 것이기 때문이다.

또한 법인설립에 관하여 약사와 의약품제조업자 등 약사법상의 다른 직종들을 차별할 합리적 이유도 발견할 수 없다.

그러므로 이 사건 법률조항은 합리적 근거없이 자의적으로 약사로 구성된 법인에 대하여 변호사 등 다른 전문직종들 및 의약품제조업자 등 약사법상의 다른 직종들로 구성된 법인과는 달리 그 직업 즉 약국을 개설하고 운영하는 일을 수행할 수 없게 하고, 또한 약사들에 대하여는 법인을 구성하는 방법으로 그 직업을 수행할 수 없게 함으로써, 약사들만으로 구성된 법인 및 그 구성원인 약사들의 헌법상 기본권인 평등권을 침해하고 있다고 할 것이다.」

⇔ 재판관 3인(재판관 윤영철, 재판관 하경철, 재판관 김경일)의 반대의견

「라. 평등권 침해 여부

(1) 약사법상의 다른 직종과의 비교

다수의견은 약사법의 적용을 받는 의약품제조업자, 의약품수입자, 의약품도매상 등의 직종도 국민의 건강 문제에 직결되는 의약품을 취급함에도 그 업무를 취급할 약사를 두기만 하면 법인에게도 허용되고 있어 약국은 아무런 합리적 이유 없이 이런 직종들과 차별받음으로써 평등권이 침해되고 있다고 보고 있다.

그러나, 위 직종들은 성질상 약국보다 대형화 또는 자본의 집적 필요성이 큰 점, 나아가 무엇보다도 위 직종들은 모두 의약품소비자와 직접 거래하는 업종이 아니지만 약국은 바로 소비자와 직접 연결되어 그 개설자가 국민건강에 미치는 영향이 직접적이고 앞서 본 바와 같이 약국의 관리자만 약사로 하는 것으로는 의약품의 오남용을 방지하려는 입법목적을 충분히 달성할 수 없는 점 등을 감안하면 약국개설과 위 직종들과의 차별에는 합리적 이유가 있다고 할 것이다.

(2) 다른 전문직종과의 비교

다수의견은 변호사, 공인회계사, 변리사, 세무사, 의사 등은 그 업무를 조직적 전문적으로 수행하기 위하여 법인을 설립하여 그 업무를 수행할 수 있도록 허용함에 반하여 약사들은 그러하지 못하게 함으로써 차별대우를 받고 있으나 이를 정당화할 만한 아무런 합리적 이유가 없다고 보고 있다.

그러나 위 전문직종들은 그 업무의 성질상 인적 자원을 집적할 필요성이 약사보다 높은 점, 위 전문직종과는 달리 약사는 국민들의 건강에 직결되는 약품을 국민들과 직접 대면하여 판매하는 점, 약국의 관리자만 약사로 하는 것만으로는 의약품의 오남용을 방지하려는 입법목적을 충분히 달성하기 어려운 점 등에서 위 직종들과는 달리 법인에게 그 업무를 허용하지 아니하는 데 합리적 이유가 있다고 할 것이고, 나아가 국민의 건강과 관련성이 깊은 의료기관의 경우 약국보다도 대형화 및 자본집적의 필요성이 훨씬 높을 뿐 아니라 그나마도 영리위주의 운영을 방지하기 위하여 의료법인 기타 비영리법인에 한하여 그 개설을 허용하고 있는 점을 감안하면 약사로 구성된 영리법인에 대하여 약국개설을 허용하지 아니하는 것이 불합리한 차별이라고 할 수 없다.」

※ 위 사안에서 결사의 자유 침해 여부에 대해서는 〈제 5 편 - 제 3 장 - 2. - 집회·결사의 자유 - □ 결사의 자유〉 판례 인용부분을, 직업의 자유의 침해 여부에 대해서는 〈제 5 편 - 제 3 장 - 4. - 직업의 자유 - □ 주체〉 판례 인용부분을 각 참조

▷ **전통사찰의 경내지 등에 대한 모든 유형의 소유권변동이 전통사찰을 훼손할 수 있음에도 불구하고, 다른 소유권변동원인과 달리 '공용수용'으로 인한 소유권변동에 대해서는 아무런 규제를 하지 아니하는 것이 평등원칙에 반한다는 취지의 판례(헌법불합치)**

[憲 2003. 1. 30.-2001헌바64](구전통사찰보존법 제6조 제1항 제2호 등 위헌소원)

「(2) 평등원칙 위반 여부……

(다) 차별취급의 존재

법의 입법목적과 토지에 정착된 전통사찰의 성질 등에 비추어 볼 때, 전통사찰의 경내지 등에 대한 소유권변동이 전통사찰을 훼손할 수 있는 이상, 구체적인 소유권변동원인의 차이로 인하여 전통사찰의 존속을 보장하고자 하는 헌법적 보호법익에 대한 '침해결과'가 달라지지는 않는다.

그런데, 국가가 민족문화유산으로 지정한 전통사찰의 보존에 직접적인 영향을 미칠 수 있는 소유권변동은 크게 ① 전통사찰의 대표자인 주지가 임의로 그 경내지 등을 제3자에게 처분하는 경우와 같이 전통사찰의 소유자가 자의(自意)로 그 소유권변동을 시도하는 유형(이하, 제1유형이라 한다)과 ② 전통사찰 소유자의 의사와 관계없이 제3자가 그 소유권변동을 시도하는 유형으로 구분할 수 있고, ②의 경우는 다시 ㉮ 전통사찰의 소유자에 대한 채권자가 강제집행절차 등을 통하여 그 소유권을 변동시키는 경우와 같이 사인(私人)인 제3자가 그 소유권변동을 시도하는 유형(이하, 제2유형이라 한다)과, ㉯ 건설부장관이 수용절차를 통하여 그 소유권을 변동시키는 경우와 같이 전통사찰의 보존에 관한 사무를 관장하지 아니하는 '제3자적 국가기관' 등이 그 소유권변동을 시도하는 유형(이하, 제3유형이라 한다)으로 세분할 수 있다. 이 사건 법률조항에 의하면, 제1, 2유형에 대하여는 이를 용인하는 보존공물주체인 국가의 의사표시(관할 행정관청의 허가 등)를 소유권변동의 효력요건으로 하면서, 제3유형에 대하여는 이러한 국가의 의사표시를 그 효력요건으로 하지 않고 있으므로, 일단 제1, 2유형과 제3유형 사이에 차별취급이 존재한다고 할 수 있다.

다만, 민족문화유산의 보존 등에 관련하여 보존공물주체인 국가의 의사를 결정할 수 있는 권한이 있는 국가기관(예를 들어, 국회 또는 관할 행정관청, 이하 '관할 국가기관'이라고 통칭한다)의 경우, 전통사찰 등과 같은 민족문화유산을 국가의 보존공물로 지정하거나 이에 대한 변경·폐지를 할 수 있는 권한 등을 합헌적으로 행사할 수 있다는 점을 주의할 필요가 있다. 만일 관할 국가기관이 직접 수용절차 등을 통하여 전통사찰 경내지 등의 소유권을 변동시키는 경우, 이는 전통사찰의 지정·변경·폐지 등 같은 보존공물의 성립요건 등에 관련된 것이기 때문에, 관할 국가기관으로부터 이미 민족문화유산으로 지정된 전통사찰에 대한 보존방법 등에 관련된 제1, 2, 3유형과는 완전히 차원을 달리 하는 것이다.

(라) 차별취급에 대한 합리적 이유

1) 공공의 필요에 의한 재산권의 수용은 국가가 헌법 제23조에 근거하여 국민의 재산권을 제한하는 것이기 때문에, 건설부장관이 공용수용절차를 통하여 이 사건 토지의 소유권을 변동하고자 시도하는 경우와 같은 제3유형을 제1, 2유형과 달리 취급하는 것에 합리적인 이유가 있다고 볼 여지도 있다.

2) 그렇지만, 이 사건 법률조항에 관련된 차별취급의 합리성 여부는 헌법의 관련규정과 법의 입법목적 등에 비추어 판단해야 하는 것이므로, 민족문화유산인 전통사찰의 보존에 관련하여 국가의 의사를 결정할 권한이 없는 제3자적 국가기관이 전통사찰의 보존을 훼손하게 되는 제3유형과 사인(私人)이 이를 훼손하게 되는 제1, 2유형을 차별하는 것이 과연 합리적인

지 여부에 대하여는 신중하게 검토할 필요가 있다.

가) 제2유형과 제3유형에 대한 비교 · 검토……

나) 제1유형과 제3유형에 대한 비교 · 검토……

다. 이 사건 법률조항의 위헌성에 대한 판단

우리 헌법 제9조의 규정내용과 법의 입법목적 등에 비추어 볼 때, 이 사건에서 전통사찰을 훼손하고자 시도하는 주체가 제3자적 국가기관이고, 그 형식이 공용수용이라는 점은 지극히 우연한 사정에 불과하다. 그럼에도 불구하고, 이 사건 법률조항은 그 경내지 등의 소유권변동에 관하여 이러한 우연한 사정이 있는지 여부에 따라서, 국가가 이미 민족문화유산으로 지정한 전통사찰을 훼손하는 것이 불가피한 것인지 여부를 관할 국가기관이 실효성 있게 판단 · 결정할 수 있는 기회를 실질적으로 배제하는 사안과 그렇지 아니한 사안을 구별하는 중요한 차별을 행하는 것이 되어 불합리하다. 결국, 전통사찰 경내지 등에 관한 소유권변동의 원인이 제3자적 국가기관에 의한 공용수용인지 여부를 기준으로 하여 이를 용인하는 관할 국가기관의 의사표시를 소유권변동의 효력요건으로 할 것인지 여부를 결정하도록 규정하고 있는 이 사건 법률조항은 평등의 원칙에 어긋나는 위헌적인 법률이다.」

⇔ 재판관 2인(재판관 하경철, 재판관 송인준)의 반대의견

「바. 결론적으로 국가기관에 의한 공용수용행위와 사인(私人)인 주지의 처분행위의 경우 그 본질적인 속성을 달리하고 각기 별개의 법체계가 정립되어 시행되고 있으므로, 다수의견과 같이 양자를 동질의 비교군(比較群)으로 파악하고 그 평등원칙의 위배 여부를 논단하는 것 자체가 그릇된 인식에서 출발한 오류라고 볼 수 있다. 제도적인 측면에서 살펴보더라도, 헌법 및 정부조직법 등 관련 법률에 의하면 국가의 문화재에 관한 사무를 관장하는 문화관광부장관과 국토종합개발계획의 수립 및 주택의 건설업무 등을 관장하는 건설교통부장관은 각자의 고유업무에 관하여 독자적인 권한을 행사할 수 있다. 양자의 관계는 수직적 관계가 아닌 수평적 관계이다. 따라서, 설혹 입법자가 전통사찰을 철저하게 보존하겠다는 입법목적을 가지고 사인(私人)의 행위로 인한 전통사찰의 훼손뿐만 아니라 국가기관의 공용수용으로 인한 전통사찰의 훼손까지 모두 규제하는 법률을 제정하고자 하는 경우에도 이를 반드시 동일한 형식이나 방식으로 규제할 필요는 없다. 실제로 우리 입법자가 1997. 4. 10. 법률 제5320호로 전통사찰 경내지 등에 대한 수용에 관련하여 필수적으로 관할 행정관청의 의사를 반영하도록 법을 개정하면서도, 이 사건 처분에 관련된 법률조항을 직접 개정하는 방식을 취하지 아니하고(현행법 제6조 참조), 다른 법률조항을 보완하는 방식을 취하여 관할 행정관청의 '허가'가 아닌 '동의'를 요하도록 개선한 것(현행법 제9조 참조)은 이러한 제도적 차이점을 고려한 것으로 보인다. 그렇다면, 입법자가 위와 같은 헌법 및 법률의 규정취지 등을 감안하여, 이 사건 법률조항에서는 사인(私人)인 주지의 처분행위에 대해서만 규제를 하고, 이와는 별도의 법률을 제정하여 일련의 수용절차를 통하여 적정한 규제를 하고 있는 건설교통부장관과 같은 제3자적 국가기관에 의한 공공수용행위에 대해서까지 이 사건 법률조항에서 실질적으로 동일한 규제를 하지 않았다고 하여 이를 평등의 원칙에 위배되거나 합리성이 결여되었다고 볼 수는 없다.

사. 이상과 같은 이유들을 종합적으로 고려할 때, 이 사건 법률조항의 경우 상당한 합리성을 갖추고 있다고 할 것이고, 객관적으로 정의와 형평에 반한다거나 자의적인 것이라고 할 수는 없으므로 헌법에 위반되지 아니한다고 생각한다.」

※ 위 사안에서 전통문화의 계승과 관련한 헌법 제9조의 의미에 대해 언급한 부분에 관해서는 〈제3편 – 제2장 – 2. – 문화영역의 기본원리 – □ 문화공동체의 구현〉 판례 인용

부분 참조

▷ **지방자치단체의 장으로 하여금 당해 지방자치단체의 관할구역과 같거나 겹치는 선거구역에서 실시되는 지역구 국회의원 선거에 입후보하고자 하는 경우에 당해 선거의 선거일 전 180일까지 그 직을 사퇴하도록 하는 것이 평등원칙에 반한다고 본 판례**

[憲 2003. 9. 25.-2003헌마106](공직선거및선거부정방지법 제53조 제3항 위헌확인)

「(1) 평등권 침해 여부……

(나) 이 사건 조항과 마찬가지로 공선법 제53조 제1항도 자신의 지위와 권한을 선거운동에 남용할 우려가 있는 공무원 등의 일정 집단에 대하여 선거일 전 60일까지 그 직을 그만두도록 함으로써 선거의 공정성을 꾀하고 공무원의 직무전념성도 확보하려는 목적에서 제정되었다. 이러한 이 사건 조항과 공선법 제53조 제1항의 입법목적에서 볼 때 공선법 제53조 제1항에서 열거한 공무원의 인적 집단과 지방자치단체의 장은 본질적으로 같은 것으로서 같이 취급되어야 할 것이다(헌재 1999. 5. 27. 98헌마214, 판례집 11-1, 675, 708).

그런데, 이 사건 조항은 지방자치단체의 장이 당해 지방자치단체의 관할구역과 같거나 겹치는 지역구 국회의원선거에 입후보할 경우 그 직을 위 '선거일 전 60일' 보다 훨씬 앞당겨 '선거일 전 180일' 까지 사퇴하도록 함으로써, 선거일 전 60일까지 사퇴하여 입후보할 수 있는 다른 공무원에 비하여 피선거권에 있어서 차별대우를 하고 있다.

물론 지방자치단체의 장이 공직을 이용해 사전선거운동을 행할 가능성이 있고 그로 인해 선거의 공정성이 위협받을 수 있음은 부정할 수 없지만, 이러한 염려는 다른 공무원의 경우에도 동일하게 발생하는 것이다.

따라서 지방자치단체장과 그 밖의 다른 공무원 사이에 피선거권의 제한에 있어 본질적인 차이가 존재한다고 보기는 어렵다.

(다) 다음으로 이 사건 조항에 의한 차별대우를 정당화할 만한 합리적인 이유가 존재하는지에 관하여 본다.

이 사건 조항이 자신의 관할구역과 같거나 겹치는 지역구 국회의원선거에 입후보하려는 지방자치단체의 장에 한하여 일반 공무원의 사퇴시한보다 4개월 정도 앞당겨 사퇴하도록 한 것은, 지방자치단체의 장의 경우 지역구 국회의원선거 출마를 앞두고 그 직위를 이용하여 선심행정 · 편파행정 등을 행함으로써 선거의 공정성을 저해하고 지방자치의 본질을 훼손 · 왜곡시킬 가능성이 크다는 점을 염두에 둔 것임은 이미 살펴 본 바와 같다.

그러나 이 사건 조항이 선거의 공정성확보라는 입법목적 달성을 위하여 공선법 제53조 제1항의 선거일 60일 전 사퇴에서 훨씬 더 나아가 선거일 180일 전 사퇴라는 수단을 택한 점에 있어서 그러한 차별을 둘만한 합리적 이유가 있는지에 관하여는 의문을 제기하지 않을 수 없다.

먼저, 이 사건 조항이 없다고 하더라도 지방자치단체의 장 역시 일반규정이라 할 수 있는 공선법 제53조 제1항의 적용을 받게 되는바, 공선법 제53조 제1항은 국가공무원과 지방공무원의 경우 원칙적으로 선거일 전 60일까지 사퇴하도록 함으로써 지방자치단체장의 직위를 이용한 사전선거운동의 위험성 즉, 선거의 공정성을 해칠 위험성과 직무전념성의 침해가능성을 선거일 전 60일부터 봉쇄하고 있다.

또한 위 공선법 제53조 제1항의 적용만을 받음으로 인해, 청구인들과 같은 지방자치단체의 장이 지역구 국회의원선거에 출마하고자 하는 경우 선거일 전 180일부터 선거일 전 60일까지 4개월 동안 더 지방자치단체의 장으로 재직함으로써 그 기간 동안 선거와 관련하여 부당한 이익을 누릴 염려가 있으나, 이미 공선법은 다른 규정들을 통해 그러한 위험성도 차단하고 있다.

첫째, 공선법은 "선거운동은 당해 후보자의 등록이 끝난 때부터 선거일 전일까지에 한하여 이를 할 수 있다"고 규정하고(제59조), 이를 위반하였을 경우 선거운동기간위반죄(제254조 제2, 3항)로 형사처벌함으로써 선거운동기간 전에는 일체의 선거운동을 금지하고 있다.

둘째, 그 지위를 남용하여 사전선거운동을 할 개연성이 큰 지방자치단체의 장의 경우, 공선법 제86조 제3항 전단은 지방자치단체의 사업계획·추진실적 기타 지방자치단체의 활동상황을 알리기 위한 홍보물에 대해 원칙적으로 분기별로 1종 1회를 초과하여 발행·배부 또는 방송할 수 없도록 제한하면서, 법령에 의하여 발행·배부 또는 방송하도록 규정된 홍보물을 발행·배부 또는 방송하는 행위나 특정사업을 추진하기 위하여 관계주민의 동의를 얻기 위한 행위, 집단민원이나 긴급한 민원이 발생하였을 때 이를 해결하기 위한 행위 등의 경우에만 예외로 함으로써 선거의 공정성과 직무전념성을 확보하고 있다.

셋째, 공선법은 위와 같이 지방자치단체의 장이 실적찬양성 홍보물을 남발함으로써 사전선거운동을 행하는 것을 특별히 제한하고 있는 것 외에도 공무원이 선거에 영향을 미치는 일정한 행위를 일반적으로 금지하고 있다. 즉 공선법 제86조 제1항은 공무원에 대해 소속직원 또는 선거구민에게 교육 기타 명목여하를 불문하고 특정 정당이나 후보자(후보자가 되고자 하는 자를 포함)의 업적을 홍보하는 행위나 선거운동의 기획에 참여하거나 그 기획의 실시에 관여하는 행위 또는 정당 또는 후보자에 대한 선거권자의 지지도를 조사하거나 이를 발표하는 행위를 하는 것을 금지하고 있다. 반면, 이 사건 조항은 다음과 같은 불합리한 상황을 야기하고 있다.

첫째, 이 사건 조항은 지방자치단체의 장이 지역구 국회의원선거에 입후보하는 것이 원천적으로 불가능한 경우를 확대시키고 있다.……

둘째, 지방자치단체의 장이 사퇴한 이후 장기간의 행정공백을 발생시킨다.……

결국, 위와 같은 사정을 종합하여 보면, 지방자치단체의 장의 경우 이 사건 규정에 의하지 아니하더라도 공선법 제53조 제1항에 따라 선거일 전 60일까지 사퇴하도록 강제되고 있으며, 그 이전이라 할지라도 선거운동기간을 위반한 행위를 처벌하는 규정(공선법 제59조, 제254조 제2항, 제3항)이나 실적찬양성 홍보물의 발행 등을 제한하는 규정(공선법 제86조 제3항) 또는 공무원의 선거에 영향을 미치는 행위를 금지하는 규정(공선법 제86조 제1항) 등을 통해 지방자치단체의 장에 의해 사전선거운동이 행해질 가능성이 광범위하게 방지되고 있으므로, 그에 더하여 특별히 이 사건 규정과 같이 지방자치단체의 장의 사퇴시한을 훨씬 앞당겨 규정해야 할 합리적인 이유를 발견하기 어렵다. 지방자치단체의 장이 선거일 전 180일부터 선거일 전 60일까지 그 직위를 이용하여 행할지도 모르는 사전선거운동의 가능성이 이미 공선법상의 다른 규정들에 의해 차단되고 있는 한, 그 기간동안 지방자치단체의 장이 직무수행 과정에서 사실상의 이익을 향유한다 하여도 그 직무집행이 정당한 이상 그러한 이익은 직무수행에 당연히 수반되는 자연스러운 현상일 뿐이지 비난의 대상은 아니라고 보아야 한다.

그렇다면, 이 사건 조항이 지방자치단체의 장에 대해 조기사퇴를 강제하는 것은 다른 공무원과의 관계에서 지방자치단체의 장을 합리적 이유 없이 차별하는 것이라 할 것이다.」

▷ **특가법이 매수와 판매목적소지의 마약사범만을 가중하는 것을 평등원칙에 반한다고 본 판례**
[憲 2003. 11. 27.-2002헌바24](특정범죄가중처벌등에관한법률 제11조 제1항 위헌소원)

「위에서 살펴본 바와 같이 우리 나라에서 남용의 정도나 남용으로 인한 폐해가 가장 심각한 것은 메스암페타민을 포함한 향정사범이라 할 것이다. 이러한 향정사범에 대한 법적 규율을 보면 마약류 취급자가 아니면서 메스암페타민 또는 그것을 함유하는 향정신성의약품을 제조·수출입하거나 위 목적으로 소지하면 무기 또는 5년 이상의 징역에 처하며(마약류법 제58조 제1항 제6호), 영리의 목적 또는 상습으로 위 행위를 하면 사형·무기 또는 10년 이상의 징역에 처하고(같은 조 제2항), 매매·매매의 알선·수수·소지·소유·사용·관리·조제·투약·교부한 자는 10년 이하의 징역 또는 1억원 이하의 벌금에 처하고(제60조 제1항 제3호), 상습으로 위 죄를 범한 자는 그 죄에 정한 형의 2분의 1까지 가중하는 것으로 규정하고 있으나(같은 조 제2항), 특가법에서 이들을 가중하는 규정은 없다. 그러므로 이 사건 법률조항이 우리 나라 마약류사범의 주종이라 할 수 있는 메스암페타민 등 향정사범에 대하여는 가중하지 않으면서 오히려 그 비중이 저하된 마약사범에 대하여만 위와 같이 중형으로 가중하는 것은 평등원칙 위반의 문제가 제기되는 것이다.

…… 그렇다면, 마약류 자체가 가지는 위험성의 측면이나 우리 사회에서 차지하고 있는 비중에 있어서도 향정사범과 달리 마약사범에 대하여만 가중을 하여야 할 정도로 마약이 향정신성의약품에 비해 더욱 위험하다고 볼 수는 없으며, 범죄의 실태와 검찰에서의 기소율이나 형사재판의 결과 등을 감안하고 마약류 규제법규의 연혁을 살펴보면 마약사범만을 가중하여야 할 합리적 근거를 찾아보기 어렵다고 할 것이다. 그러므로, 이 사건 법률조항은 아무런 합리적 근거 없이 마약사범만을 가중하여 형벌체계상의 균형성을 현저히 상실하여 평등원칙에 위반된다고 보지 않을 수 없다.」

▷ **미결수용자 중 군행형법의 적용을 받는 자의 면회횟수를 행형법의 적용을 받는 자에 비하여 감축한 것이 평등원칙에 반한다고 본 판례**

[憲 2003. 11. 27.-2002헌마193](군사법원법 제242조 제1항 등 위헌확인)

「앞에서 본 바와 같이, 이 사건 시행령규정의 의미와 목적을 "도주나 증거인멸 우려의 방지 및 수용시설 내의 질서유지"로 볼 때 미결수용자가 군행형법의 적용을 받는 자인지 행형법의 적용을 받는 자인지는 본질적인 차이가 될 수 없으므로 양자는 본질적으로 동일한 것으로 보아야 한다. 군행형법의 적용을 받는 미결수용자의 경우에 도주 및 증거인멸의 우려나 수용소 내 질서훼손의 우려가 일반 행형법의 적용을 받는 미결수용자에 비하여 더욱 높다고 볼 이유나 사정이 없기 때문이다.

이 사건 시행령규정은 위와 같은 입법목적의 관점에서 볼 때 동일한 처지에 있는 미결수용자 중 군행형법의 적용을 받는 자의 면회횟수를 행형법의 적용을 받는 자에 비하여 감축하려는 것이므로 이 사건 시행령규정이 자의적인 것이 되지 않기 위해서는 이러한 차별을 정당화할 수 있는 합리적인 이유가 존재하여야 한다.

그러나 군행형법의 적용을 받는 미결수용자의 경우라고 하여 행형법의 적용을 받는 미결수용자의 경우에 비하여, 앞에서 본 바와 같이, 특히 도주나 증거인멸을 막아야 할 필요성이 크다거나 그 수용시설 내의 질서유지가 더욱 절실히 요청된다고 보기는 어렵기 때문에 양자를 달리 취급함에 있어서 객관적으로 납득할 만한 합리적 이유를 찾아 볼 수 없다.

따라서 이 사건 시행령규정은 군행형법시행령의 적용을 받는 미결수용자를 행형법시행령의 적용을 받는 미결수용자에 비하여 자의적으로 다르게 취급하는 것이고, 그와 마찬가지로 군행형법시행령의 적용을 받는 미결수용자의 가족을 행형법시행령의 적용을 받는 미결수용자의 가족에 비하여 자의적으로 다르게 취급하는 것이므로 결국 청구인들의 평등권을 침해하는 것이다.」

제 3 장 자유권적 기본권

1. 생명 및 인신의 자유

생 명 권

□ 의 의

▶ **헌법적 근거**

▸ 생명권을 명문규정의 유무와 무관하게 당연히 인정되는 헌법상의 권리로 본 판례

[憲 1996. 11. 28.-95헌바1](형법 제250조 등 위헌소원)

「나. 형법 제41조 제 1 호(사형제도)의 위헌 여부……

(2) 우리 헌법은 개별적인 인간존재의 근원인 생명을 빼앗는 사형에 대하여 정면으로 이를 허용하거나 부정하는 명시적인 규정을 두고 있지 아니하지만, 헌법 제12조 제 1 항이 "모든 국민은 …… 법률과 적법절차에 의하지 아니하고는 처벌 · 보안처분 또는 강제노역을 받지 아니한다"고 규정하는 한편, 헌법 제110조 제 4 항이 "비상계엄하의 군사재판은 …… 법률이 정하는 경우에 한하여 단심으로 할 수 있다. 다만, 사형을 선고한 경우에는 그러하지 아니하다"고 규정함으로써 적어도 문언의 해석상으로는 간접적이나마 법률에 의하여 사형이 형벌로서 정해지고 또 적용될 수 있음을 인정하고 있는 것으로 보인다.

(3) 인간의 생명은 고귀하고, 이 세상에서 무엇과도 바꿀 수 없는 존엄한 인간존재의 근원이다. 이러한 생명에 대한 권리는 비록 헌법에 명문의 규정이 없다 하더라도 인간의 생존본능과 존재목적에 바탕을 둔 선험적이고 자연법적인 권리로서 헌법에 규정된 모든 기본권의 전제로서 기능하는 기본권 중의 기본권이라 할 것이다. 따라서 사형은 이러한 생명권에 대한 박탈을 의미하므로, 만약 그것이 인간의 존엄에 반하는 잔혹하고 이상한 형벌이라고 평가되거나, 형벌의 목적달성에 필요한 정도를 넘는 과도한 것으로 평가된다면 앞서 본 헌법 제12조 제 1 항 및 제110조 제 4 항의 문언에도 불구하고 우리 헌법의 해석상 허용될 수 없는 위헌적인 형벌이라고 하지 않을 수 없을 것이다.

(가) 인간의 생명에 대하여는 함부로 사회과학적 혹은 법적인 평가가 행하여져서는 안될 것이지만, 비록 생명에 대한 권리라고 하더라도 그것이 헌법상의 기본권으로서 법률상의 의미가 조영되어야 할 때에는 그 자체로서 모든 규범을 초월하여 영구히 타당한 권리로서 남아 있어야 하는 것이라고 볼 수는 없다.

다시 말하면 한 생명의 가치만을 놓고 본다면 인간존엄성의 활력적인 기초를 의미하는 생명권은 절대적 기본권으로 보아야 함이 당연하고, 따라서 인간존엄성의 존중과 생명권의 보장이란 헌법정신에 비추어 볼 때 생명권에 대한 법률유보를 인정한다는 것은 이념적으로는 법리상 모순이라고 할 수도 있다. 그러나 현실적인 측면에서 볼 때 정당한 이유없이 타인의 생명을 부정하거나 그에 못지 아니한 중대한 공공이익을 침해한 경우에 국법은 그 중에서 타인의 생명이나 공공의 이익을 우선하여 보호할 것인가의 규준을 제시하지 않을 수 없게 되고, 이러한 경우에는 비록 생명이 이념적으로 절대적 가치를 지닌 것이라 하더라도 생명에 대한 법적 평가가 예외적으로 허용될 수 있다고 할 것이므로, 생명권 역시 헌법 제37조 제2항에 의한 일반적 법률유보의 대상이 될 수밖에 없다 할 것이다.

이에 대하여 청구인은 사형이란 헌법에 의하여 국민에게 보장된 생명권의 본질적 내용을 침해하는 것으로 되어 헌법 제37조 제2항 단서에 위반된다는 취지로 주장한다.
그러나 생명권에 대한 제한은 곧 생명권의 완전한 박탈을 의미한다 할 것이므로, 사형이 비례의 원칙에 따라서 최소한 동등한 가치가 있는 다른 생명 또는 그에 못지 아니한 공공의 이익을 보호하기 위한 불가피성이 충족되는 예외적인 경우에만 적용되는 한, 그것이 비록 생명을 빼앗는 형벌이라 하더라도 헌법 제37조 제2항 단서에 위반되는 것으로 볼 수는 없다 할 것이다.

(나) 사형은, 이를 형벌의 한 종류로 규정함으로써, 국민일반에 대한 심리적 위하를 통하여 범죄의 발생을 예방하고, 이를 집행함으로써 특수한 사회악의 근원을 영구히 제거하여 사회를 방어한다는 공익상의 목적을 가진 형벌이다.

청구인은 사형이라고 하여 무기징역형(또는 무기금고형)보다 반드시 위하력이 강하여 범죄발생에 대한 억제효과가 높다고 보아야 할 아무런 합리적 근거를 발견할 수 없고, 사회로부터 범죄인을 영구히 격리한다는 기능에 있어서는 사형과 무기징역형 사이에 별다른 차이도 없으므로, 국가가 사형제도를 통하여 달성하려는 위 두가지 목적은 사형이 아닌 무기징역의 형을 통하여도 충분히 달성될 수 있을 것이고, 따라서 형벌로서의 사형은 언제나 그 목적달성에 필요한 정도를 넘는 생명권의 제한수단이라고 주장한다.

그러나 사형은 인간의 죽음에 대한 공포본능을 이용한 가장 냉엄한 궁극의 형벌로서 그 위하력이 강한 만큼 이를 통한 일반적 범죄예방효과도 더 클 것이라고 추정되고 또 그렇게 기대하는 것이 논리적으로나 소박한 국민일반의 법감정에 비추어 볼 때 결코 부당하다고 할 수 없으며 사형의 범죄억제효과가 무기징역형의 그것보다 명백히 그리고 현저히 높다고 하는 데 대한 합리적 · 실증적 근거가 박약하다고는 하나 반대로 무기징역형이 사형과 대등한 혹은 오히려 더 높은 범죄억제의 효과를 가지므로 무기징역형만으로도 사형의 일반예방적 효과를 대체할 수 있다는 주장 역시 마찬가지로 현재로서는 가설의 수준을 넘지 못한다고 할 것이어서 위 주장을 받아들이지 아니한다.

(4) 결국 모든 인간의 생명은 자연적 존재로서 동등한 가치를 갖는다고 할 것이나 그 동등한 가치가 서로 충돌하게 되거나 생명의 침해에 못지 아니한 중대한 공익을 침해하는 등의 경우에는 국민의 생명 · 재산 등을 보호할 책임이 있는 국가는 어떠한 생명 또는 법익이 보호되어

야 할 것인지 그 규준을 제시할 수 있는 것이다. 인간의 생명을 부정하는 등의 범죄행위에 대한 불법적 효과로서 지극히 한정적인 경우에만 부과되는 사형은 죽음에 대한 인간의 본능적인 공포심과 범죄에 대한 응보욕구가 서로 맞물려 고안된 "필요악"으로서 불가피하게 선택된 것이며 지금도 여전히 제 기능을 하고 있다는 점에서 정당화될 수 있다. 따라서 사형은 이러한 측면에서 헌법상의 비례의 원칙에 반하지 아니한다 할 것이고, 적어도 우리의 현행 헌법이 스스로 예상하고 있는 형벌의 한 종류이기도 하므로 아직은 우리의 헌법질서에 반하는 것이라고는 판단되지 아니한다.

(5) 그러나 우리는 형벌로서의 사형이 우리의 문화수준이나 사회현실에 미루어 보아 지금 곧 이를 완전히 무효화시키는 것이 타당하지 아니하므로 아직은 우리의 현행 헌법질서에 위반되지 아니한다고 판단하는 바이지만, 사형이란 형벌이 무엇보다 고귀한 인간의 생명을 국가가 법의 이름으로 빼앗는 일종의 "제도살인(制度殺人)"의 속성을 벗어날 수 없는 점에 비추어 우리의 형사관계법령에 폭넓게 사형을 법정형으로 규정하고 있는 이들 법률조항들(반대의견의 참조, 모두 89개조항임)이 과연 행위의 불법과의 간에 적정한 비례관계를 유지하고 있는지를 개별적으로 따져야 할 것임은 물론 나아가 비록 법정형으로서의 사형이 적정한 것이라 하더라도 이를 선고함에 있어서는 특히 신중을 기하여야 한다는 생각이다.

또한 우리는 위헌·합헌의 논의를 떠나 사형을 형벌로서 계속 존치시키는 것이 반드시 필요하고 바람직한 것인가에 대한 진지한 찬반의 논의도 계속되어야 할 것이고, 한 나라의 문화가 고도로 발전하고 인지가 발달하여 평화롭고 안정된 사회가 실현되는 등 시대상황이 바뀌어 생명을 빼앗는 사형이 가진 위하에 의한 범죄예방의 필요성이 거의 없게 된다거나 국민의 법감정이 그렇다고 인식하는 시기에 이르게 되면 사형은 곧바로 폐지되어야 하며, 그럼에도 불구하고 형벌로서 사형이 그대로 남아 있다면 당연히 헌법에도 위반되는 것으로 보아야 한다는 의견이다.」

⇔ 재판관 1인(재판관 김진우)의 반대의견

「헌법 제10조에 규정된 인간의 존엄성에 대한 존중과 보호의 요청은 형사입법, 형사법의 적용과 집행의 모든 영역에서 지도적 원리로서 작용한다. 그러므로 형사법의 영역에서 입법자가 인간의 존엄성을 유린하는 악법의 제정을 통하여 국민의 생명과 자유를 박탈 내지 제한하는 것이나 잔인하고 비인간적인 형벌제도를 채택하는 것은 헌법 제10조에 반한다. 사형제도는 나아가 양심에 반하여 법규정에 의하여 사형을 언도해야 하는 법관은 물론, 또 그 양심에 반하여 직무상 어쩔수 없이 사형의 집행에 관여하는 자들의 양심의 자유와 인간으로서의 존엄과 가치를 침해하는 비인간적인 형벌제도이기도 하다.」

⇔ 재판관 1인(재판관 조승형)의 반대의견

「사형제도는 생명권의 본질적 내용을 침해하는 생명권의 제한이므로 헌법 제37조 제2항 단서에 위반된다. 가사 헌법 제37조 제2항 단서상의 생명권의 본질적 내용이 침해된 것으로 볼 수 없다고 가정하더라도, 형벌의 목적은 응보·범죄의 일반예방·범죄인의 개선에 있음에도 불구하고 형벌로서의 사형은 이와 같은 목적달성에 필요한 정도를 넘어 생명권을 제한하는 것으로 목적의 정당성, 그 수단으로서의 적정성·피해의 최소성 등 제원칙에 반한다.」

□ 제한과 그 한계

▶ 제 한

▸ 사형제도에 대한 판례

▹ 사형제도를 합헌이라고 본 헌법재판소 및 대법원 판례

[憲 1996. 11. 28.-95헌바1](형법 제250조 등 위헌소원)

※ 위 판례인용부분 참조

[大 1987. 9. 8.-87도1458](특정범죄가중처벌등에관한법률위반(강도), 강도치사, 강도)

「인도적 또는 종교적 견지에서 존귀한 생명을 빼앗아가는 사형제도는 모름지기 피해야 할 일이겠지만 한편으로는 범죄로 인하여 침해되는 또 다른 귀중한 생명을 외면할 수 없고 사회공공의 안녕과 질서를 위하여 국가의 형사정책상 사형제도를 존치하는 것도 정당하게 긍인할 수밖에 없는 것이므로 형법 제338조가 그 법정형으로 사형을 규정하였다 하더라도 이를 헌법에 위반되는 조문이라고 할 수 없다.」

[大 1991. 10. 26.-90도2906](살인)

「헌법 제12조 제1항에 의하면 형사처벌에 관한 규정이 법률에 위임되어 있을 뿐 그 처벌의 종류를 제한하지 않고 있으며, 현재 우리 나라의 실정과 국민의 도덕적 감정 등을 고려하여 국가의 형사정책으로 질서유지와 공공복리를 위하여 형법 등에 사형이라는 처벌의 종류를 규정하였다 하여 이것이 헌법에 위반된다고 할 수 없다(당원 1963. 3. 28.선고 62도241 판결, 1967. 9. 19.선고 67도988 판결 등 참조).」

▹ 사형의 선고는 그것이 정당화될 수 있는 특별한 사정이 있는 경우에만 허용된다는 취지의 대법원 판례

[大 2000. 7. 6.-2000도1507](성폭력범죄의처벌및피해자보호등에관한법률위반(강간등살인·치사)·살인·사체유기·도로교통법위반)

「원심은, 이 사건 3회의 살인범행에 관하여 보면, 피고인은 우연히 만난 피해자 김○훈을 바다에 집어던지는 방법으로 살해하였고, 그로부터 약 2년이 경과한 후에 여자친구인 피해자 이○옥을 목졸라 죽이는 방법으로 살해하고 사체를 인적이 드문 곳으로 옮겨 땅에 파묻었으며, 다시 그로부터 약 4년이 경과한 후에 평소 알고 지내던 피해자 양○경을 강간하고 목졸라 살해한 후 사체를 충남 금산군의 야산까지 승용차로 옮긴 후 땅에 파묻은 것으로, 위 각 범행시 이미 21세에서 27세 정도에 이르러 일반적으로 사람의 생명의 존엄성과 가치에 관하여 충분히 인식할 수 있는 연령이었음에도 불구하고 젊은 남녀를 3명이나 살해하였고, 또한 그 중 처음 2명의 피해자들에 대하여는 살해하였어야 할 만한 별다른 이유도 없이 순간적인 충동에 따라 범행을 저질렀으며, 그 살해방법에 있어서도 피해자가 피고인의 살의를 전혀 눈치채지 못한 채 방심하고 있거나 피고인을 신뢰하고 있는 사이에 순간적으로 범행을 저질렀고, 뒤의 2회 살해행위 후에는 자신의 범행이 발각될 염려가 없도록 치밀하게 사체를 처리하여 은닉하였으며, 또한 범행을 저지른 후에도 아무런 일이 없었다는 듯이 유흥업소 종업원, 노래방 및 식당 경영 등의 일상생활을 버젓이 영위해 온 점 등에 비추어 보면 피고인에 대하여 사형을 선고한 제1심의 양형은 적절하다고 판단하였다.

그러나 우리 법이 사형제도를 두고 있지만, 사형은 사람의 목숨을 빼앗는 마지막 형벌이므로, 사형의 선고는 범행에 대한 책임의 정도와 형벌의 목적에 비추어 그것이 정당화될 수 있는 특별한 사정이 있는 경우에만 허용될 수 있다.

따라서 사형을 선고함에 있어서는 범인의 연령, 직업과 경력, 성행, 지능, 교육정도, 성장과정, 가족관계, 전과의 유무, 피해자와의 관계, 범행의 동기, 사전계획의 유무, 준비의 정도, 수단과 방법, 잔인하고 포악한 정도, 결과의 중대성, 피해자의 수와 피해감정, 범행 후의 심정과 태도, 반성과 가책의 유무, 피해회복의 정도, 재범의 우려 등 양형의 조건이 되는 모든 사항을 참작하여 위와 같은 특별한 사정이 있음을 명확하게 밝혀야 한다.

이 사건에서 보면, 피고인은 1972. 3. 15.생의 이 사건 범행 당시 21세에서 27세인 젊은 나이로 1992. 12. 11. 야간건조물침입절도미수죄로 징역 1년에 집행유예 2년을, 1995. 1. 13.과 1996. 5. 28. 폭력행위등처벌에관한법률위반죄로 각 벌금 50만원을 각 선고받은 이외에는 이 사건 일련의 범행 이전에 별다른 형사처벌을 받은 사실이 없었고, 초등학교 3학년때 아버지를 여의고 홀어머니와 함께 5형제 중 넷째로 자라면서 생활고에 찌들려 어머니의 사랑과 교화를 제대로 받지 못한 채 성장하여 그 성격이 내성적이거나 원만하지 못하게 되고 충동의 억제력을 기르지 못하였을 것으로 여겨지며, 어려운 환경에도 불구하고 나름대로 노력하여 노래방 또는 식당 등을 경영하며 독자적으로 생계를 유지하여 온 점 등을 고려하면, 피고인은 그 나이, 성행, 환경, 경력 등에 비추어 아직도 교화개선의 여지는 있어 보이는데다가, 이 사건 범행에서 피해자들을 살해하게 된 것도 처음부터 계획하고 의도한 것이 아니라 순간적인 충동을 이기지 못하고 잘못된 생각에서 우발적으로 저질러진 것으로 보여지며, 이 사건으로 수사와 재판을 받는 과정에서도 이 사건 범행 모두를 시인하고 있으며, 특히 그 중 피해자 김○훈과 이○옥에 대한 범행은 이미 은폐되어 수사대상도 되지 않았던 것을 피해자 양○경에 대한 범행의 수사과정에서 피고인이 스스로 자백하여 처벌받기를 자청함으로써 수사가 이루어지게 된 것으로 이러한 사정에 비추어 볼 때 피고인은 자신의 이 사건 범행을 깊이 뉘우치고 있는 것으로 보이므로, 비록 원심이 설시하고 있는 바와 같이 여러 가지 점에서 피고인을 중한 형으로 처단하여야 할 사정이 있음은 충분히 인정되지만, 앞에서 설시한 사형의 선고기준이나 다른 유사사건에서의 일반적 양형과의 균형면에 비추어 볼 때, 원심이 피고인을 사형으로 처단한 제1심의 판단을 그대로 유지한 것은 그 형의 양정이 심히 부당하다고 인정할 현저한 사유가 있는 때에 해당한다.

따라서 이를 지적하는 상고이유를 받아들인다.

그러므로 원심판결을 파기하고, 사건을 원심법원에 환송하기로 하여 주문과 같이 판결한다.」

▶ 제한의 한계

▸ 생명권에 대한 제한은 곧 생명권의 완전한 박탈을 의미한다 하더라도 헌법 제37조 제2항 단서(본질적 내용 침해금지)에 위반되지 않는다고 본 판례

[憲 1996. 11. 28.-95헌바1](형법 제250조 등 위헌소원)

※ 위 판례 인용부분 참조

인신을 훼손당하지 않을 권리

□ 헌법적 근거

▶ **헌법 제12조 제1항의 신체의 자유에 신체의 완전함과 신체활동의 자유가 포함되어 있다고 보고, 신체의 완전함에 정신의 온전함까지 포함되어 있다고 본 판례**

[憲 1992. 12. 24.-92헌가8](형사소송법 제331조 단서 규정에 대한 위헌심판)

「헌법 제12조 제1항 전문에서 "모든 국민은 신체의 자유를 가진다"라고 규정하여 신체의 자유를 보장하고 있는 것은, 신체의 안정성이 외부로부터의 물리적인 힘이나 정신적인 위험으로부터 침해당하지 아니할 자유와 신체활동을 임의적이고 자율적으로 할 수 있는 자유를 말하는 것이며 이를 보장하기 위하여 구체적으로 여러 가지 헌법규정들을 두고 있는데, 그 중에서도 특히 헌법 제12조 제1항 후문 및 제3항 전문을 보면 "누구든지 법률에 의하지 아니하고는 체포 · 구속 · 압수 · 수색 또는 심문을 받지 아니하며, 법률과 적법한 절차에 의하지 아니하고는 처벌 · 보안처분 또는 강제노역을 받지 아니한다", "체포 · 구속 · 압수 또는 수색을 할 때에는 적법한 절차에 따라 검사의 신청에 의하여 법관이 발부한 영장을 제시하여야 한다"라고 각 규정하여 법률과 적법절차에 의하지 아니하고는 임의로 구속할 수 없도록 제한함으로써 신체의 자유를 보장하기 위한 적법절차의 원칙을 명시하고 있고 또한 헌법 제37조 제2항은 "국민의 모든 자유와 권리는 국가안전보장 · 질서유지 또는 공공복리를 위하여 필요한 경우에 한하여 법률로써 제한할 수 있으며, 제한하는 경우에도 자유와 권리의 본질적인 내용을 침해할 수 없다"라고 규정하여 기본권제한에 관한 일반적 법률유보조항과 입법권의 한계를 설정하여 두고 있다.」

신체의 자유

□ 내 용

▶ **인신을 훼손당하지 않을 권리의 포함 여부**

▸ 헌법 제12조 제1항이 정하고 있는 신체의 자유에는 신체를 훼손당하지 않을 자유와 신체활동의 자유가 포함되어 있다고 본 판례

[憲 1992. 12. 24.-92헌가8](형사소송법 제331조 단서 규정에 대한 위헌심판)

※ 위 판례 인용부분 참조

□ 제한과 그 한계

▶ 구체적인 문제

▸ 강제연행 등에 대한 판례

▹ 원심판결의 선고 후 상소제기일의 전일까지의 구속기간을 형기에의 법정통산에서 제외하는 것이 신체의 자유를 침해하는 것이라고 본 판례

[憲 2000. 7. 20.-99헌가7](형사소송법 제482조 제1항 위헌제청)

「라. 이 사건 법률조항의 위헌성

이 사건 법률조항은 원심판결선고 후 상소제기 전일까지의 구속기간이 법정통산에서 제외됨으로써 신체의 자유가 침해되고, 구속피고인들간에 미결구금일수의 법정통산에 있어서 불합리한 차별을 초래하므로 평등원칙에도 위배된다.

상소제기기간은 상소 여부를 숙고할 여유를 주기 위해 부여된 기간이므로 이 기간 중 상소시기 또는 상소를 포기한 시기에 따라서 피고인들 사이에 구금일수에 차이를 두는 것은 상소제기기간을 둔 취지에 반한다. 물론, 미결구금기간이 성질상 당연히 형기에 산입되어야 하는 것은 아닌 점에서 상소제기기간도 예외는 아니며 법률로 상소제도를 둔 경우에도 재판제도의 효율성을 위하여 일정한 범위 내에서 상소를 제한하거나 이유 없는 상소에 대해 제재를 하는 것이 가능하다(헌재 1994. 12. 29. 92헌바31, 판례집 6-2, 367, 375-376 참조). 그러나 미결구금은 신체의 자유라는 중요한 기본권을 제한하는 것인데, 기본권의 제한은 부득이한 범위에 한하여야 하고, 원칙적으로 미결구금기간 전부는 재정통산 또는 법정통산의 방법으로 본형에 산입될 수 있도록 하고 있는 것에 비추어, 상소제기기간에 한하여 특별히 통산대상에서 제외할 이유가 없다. 오히려 형사소송절차에서의 상소제도의 중요성이나 상소제기기간을 둔 본래의 취지에 비추어 그 기간 동안은 아무런 불이익의 염려가 없이 상소에 대하여 숙고할 여유를 가질 수 있게 하여야 할 것이다. 그러므로 상소제기기간중의 시간의 소요에 대하여 차별적으로 불이익을 주는 것은 불합리할 뿐 아니라, 이는 상소제기기간중의 숙고를 위한 시간의 소비에 대해 신체의 구금으로써 제재하는 것과 같은 효과를 가져옴으로써 간접적으로는 재판청구권의 원활한 행사를 제약하는 면까지도 있다.

특히, 피고인이 판결선고일에 상소를 포기하고, 검사가 상소를 포기하지 아니하고, 상소도 하지 아니하는 경우 검사도 즉시 상소를 포기한 경우와 비교하면 법원이 선고한 형의 집행기간이 7일이나 연장되게 된다. 이러한 결과는 소송의 한 당사자인 검사의 의사에 따라 실질적으로 법원이 선고한 형에 변경을 가져오게 되고, 피고인의 신체의 자유를 침해하게 된다.

요컨대, 상소제기기간을 둔 취지에 비추어, 상소제기시기 또는 포기시기에 따라 미결구금일수의 산입여부와 산입일수에 있어서 차별을 두어서는 안될 것이며, 판결선고일이후 상소제기전까지의 기간 또는 상소포기시에는 상소포기에 의해 확정되기 전까지의 기간은 이 사건 법률조항에 의하여 법정통산되는 다른 경우와 비교할 때 피고인의 책임으로 돌릴 수 없는 기간이라는 점에서 본질적으로 차이가 없다. 그러므로 상소제기기간을 법정통산의 대상에서 제외하고 있는 이 사건 법률조항은 평등원칙(헌법 제11조 제1항)에도 위배된다고 할 것이다.

다음으로, 항소기각결정이나 원심의 상고기각결정 송달에 소요되는 기간이나 즉시항고기간과 같은 재판확정전에 소요되는 기간도 피고인의 책임으로 돌릴 수 없는 기간이라는 점에서 이 사건 법률조항에서 법정통산대상으로 규정하고 있는 기간과 차별을 할 본질적 차이가 없

으므로, 이 사건 법률조항에서 이와 같은 기간을 제외하고 있는 것도 평등원칙에 반한다.」

⇔ 재판관 3인(재판관 신창언, 재판관 이영모, 재판관 한대현)의 반대의견

「다수의견은 피고인의 인권을 중시한 나머지 피고인에게 책임을 돌릴 수 없는 모든 미결구금 기간이 모두 형기에 산입되어야 한다는 전제 아래, 상소제기기간 및 재판확정에 소요되는 기간이 법정통산대상이 되어야 함에도 위 기간들을 법정통산대상에서 제외한 이 사건 법률조항이 피고인의 신체의 자유를 침해하고 평등원칙에 위배된다는 것이나, 이는 미결구금과 형벌의 성질상 차이를 도외시한 것일 뿐만 아니라 이 사건 법률조항의 기간들과 상소제기기간 및 재판확정에 소요되는 기간들의 본질적 차이를 간과한 것이라 아니할 수 없다. 또한 미결구금은 원천적으로 도주 혹은 증거인멸의 우려라는 피구금자의 귀책사유에 기인하는 것일 뿐만 아니라 원심판결선고전 구금기간 중 피고인에게 책임을 돌릴 수 없는 기간(예를 들면 증인불출석으로 인한 공판의 속행 또는 검사나 법원의 사정으로 인한 재판의 연기)도 모두 재정통산의 대상이 되고 있으므로 피고인에게 책임을 돌릴 수 없는 기간이라는 이유만으로 법정통산의 대상으로 삼아야 한다는 것은 옳지 않다.」

인신보호를 위한 헌법원리

□ 적법절차원리

▶ **내 용**

[憲 1993. 7. 29.-90헌바35](반국가행위자의처벌에관한특별조치법 제5조 등 및 헌법재판소법 제41조 등에 대한 헌법소원)

「헌법 제12조 제1항 후단은 "누구든지……법률과 적법한 절차에 의하지 아니하고는 처벌·보안처분 또는 강제노역을 받지 아니한다"고 규정하여 이른바 적법절차주의(適法節次主義)를 선언하고 있다. 이와 같은 "적법절차주의"를 어떻게 해석할 것인가에 관하여는, 그 개념의 역사성 및 불확정성은 물론 현행 헌법의 특수성 및 논리적 구조 때문에 여러 가지 견해가 대립될 수 있다. 그러나 헌법 제13조에 규정한 형벌법규불소급, 일사부재리 및 연좌제금지의 원칙과 헌법 제12조 제3항에 규정한 영장주의의 원칙을 아울러 고려하면, 위 헌법조항이 규정하는 적법절차주의는 적어도 형사소송절차에 있어서는 그 절차를 규율하는 법이 형식적 의미의 법률로 정하여져야 할 뿐만 아니라, 그 법률의 내용이 정의에 합치되는 것이어야 한다는, 다시 말하자면 절차의 적법성뿐만 아니라 절차의 적정성까지 보장되어야 한다는 뜻으로 이해하는 것이 마땅하다고 본다. 종래 우리 재판소는 거듭된 판례를 통하여 적법절차주의를 강조하고, 경우에 따라서는 적법절차주의가 형식적인 절차뿐만 아니라 실체요건까지도 모두 합리성과 정당성을 갖춘 적정한 법률로 이루어져야 하고, 그 적용대상은 형사소송절차에 국한하지 아니하고 모든 국가작용에 확대되어야 한다고 판단하였다(헌재 1992. 12. 24.선고, 92헌가8 결정 참조). 그렇다면 국가권력에 의한 인권침해의 소지가 가장 많은 형사소추 또는 재판절차에 있어서 적법절차주의에 따라 절차의 적법성과 적정성이 함께 보장되어야 하는 것은 너무나 당연하다고 볼 수 있다. 따라서 헌법 제12조 제1항 후단에서 이와 같은 적법절차주의를 채택한 것은 적법절차가 국가형벌권의 실행절차인 형사소송을 규율하는 기본원리임을 명시하고, 국가형벌권의 행사는 피의자 또는 피고인의 인권을 침해하지 아니하는 한도 내에서만 그 적정성이 인정될 수 있음을 강조한 것이라고 보여진다.

또한 헌법 제27조 제1항은 "모든 국민은 헌법과 법률이 정한 법관에 의하여 법률에 의한 재판을 받을 권리를 가진다"라고 규정하여 이른바 재판청구권을 기본권으로 인정하고 있다. 여기서 "법률에 의한 재판"이라 함은 합헌적(合憲的)인 법률로 정한 내용과 절차에 따라, 즉 합헌적인 실체법과 절차법에 따라 행하여지는 재판을 의미한다. 따라서 형사재판에 있어서 합헌적인 실체법과 절차법에 따라 행하여지는 재판이라고 하려면, 적어도 그 기본원리라고 할 수 있는 죄형법정주의(罪刑法定主義)와 위에서 살펴본 적법절차주의에 위반되지 아니하는 실체법과 절차법에 따라 규율되는 재판이 되어야 할 것이다. 이러한 의미의 재판을 보장하는 헌법 제27조 제1항 소정의 재판청구권이 곧바로 모든 사건에서 상고심 또는 대법원의 재판을 받을 권리를 인정하는 것이라고 보기는 어렵지만(헌재 1992. 6. 26. 선고, 90헌바25 결정 참조), 그렇다고 하여 형사재판에서 피고인이 중죄를 범한 중죄인이라거나 외국에 도피 중이라는 이유만으로 상소의 제기 또는 상소권회복청구를 전면 봉쇄하는 것은 재판청구권의 침해임에 틀림이 없다고 보아야 할 것이다.

한편 형사소송절차에 있어서 상소(上訴)는 미확정의 재판에 대하여 상급법원에 구제를 구하는 불복신청제도로서, 오판으로 말미암아 불이익을 받는 당사자를 구제하기 위하여 없어서는 아니될 제도이다. 그러나 상소에 의하여 소송절차가 지연되고 특히 유죄판결을 받은 피고인이 판결의 확정을 지연시키는 수단으로 이를 남용할 위험이 있으므로, 법은 한편으로 상소권자를 제한하고 상소제기기간의 경과로 상소권을 소멸하게 하는 대신, 다른 한편으로는 상소권자의 책임 없는 사유로 말미암아 상소제기기간이 경과한 경우에는 구체적 타당성을 고려하여 상소권자에게 상소의 기회를 갖도록 하는 이른바 상소권회복제도를 마련하고 있다(형사소송법 제345조 내지 제348조 참조). 그런데 특조법 제11조는 피고인이 체포되거나 임의로 검사에게 출석한 때에 한하여 판결선고일로부터 2주일 이내에 상소할 수 있게 하고, 제13조 제1항은 상소권회복청구에 관한 형사소송법 제345조 내지 348조를 적용배제하여 상소권회복청구의 길을 전면 봉쇄하고 있다. 판결선고가 특조법에 의한 궐석재판절차에 따라 이루어진 경우에는, 피고인 또는 피고인을 위하여 상소할 수 있는 자가 판결선고 사실 자체를 전혀 알지 못할 가능성이 매우 높다. 그러한 상황에서 위와 같이 피고인이 체포되거나 임의로 출석한 때에 한하여 상소할 수 있게 한 것은, 피고인이나 그 밖의 상소권자가 전혀 모르는 사이에 상소제기기간이 경과하도록 한 다음, 다시 상소권회복청구마저 전면 봉쇄하겠다는 취지라고 보지 않을 수 없다.

이에 관하여 법무부장관과 검찰총장은 특조법 제11조 제1항에서 피고인이 체포되거나 임의로 출석한 때에 한하여 상소할 수 있게 한 것은 반국가행위자인 피고인이 외국에 도피하고 있는 상태에서 가족 등을 통하여 상소하는 것을 막겠다는 것으로서 합리적인 제한이고, 상소권의 본질적 박탈이나 불합리한 차별이라고 할 수 없으며, 특조법 제13조에서 상소권회복청구를 제한한 것은 피고인이 도피하고 있는 상태에서는 상소제기기간의 도과가 그의 귀책사유라고 볼 수밖에 없으므로 재판청구권의 침해가 될 수 없다는 의견을 내고 있다. 그러나 피고인이 아무리 중죄를 범한 자이고, 또 외국에 도피하고 있더라도 체포되거나 임의로 출석하지 아니하면 상소를 할 수 없게 제한한 것은, 결국 상소권을 본질적으로 박탈하는 것이어서 적법절차주의에 반할 뿐만 아니라, 재판청구권을 침해하는 것이라고 보지 않을 수 없다. 또한 상소제기기간의 도과가 상소권자의 책임 없는 사유로 말미암은 것인지 여부와 피고인이 외국에 도피하고 있는 중이라는 것은 직접 관계가 없는 것이므로, 상소권회복청구 자체를 전면 봉쇄한 것 역시 적법절차주의위반인 동시에 재판청구권의 침해라고 보지 않을 수 없다.

그렇다면 상소의 제한을 규정한 특조법 제11조 제1항과 상소권회복청구의 봉쇄를 규정한 특조법 제13조 제1항 중 "제345조 내지 제348조" 부분은 헌법 제12조 제1항 후단에 규정한 적법절차주의에 정면으로 배치될 뿐만 아니라, 헌법 제27조 제1항에 규정한 재판청구권을 본질적으로 침해하는 위헌조항이라고 할 것이다.」

▶ 적용영역

▸ 적법절차는 기본권을 제한하는 모든 절차와 입법절차나 행정절차 등 공권력의 행사와 관련된 모든 절차에 적용된다는 취지의 판례

[憲 1989. 9. 8.-88헌가6](국회의원선거법 제33조, 제34조의 위헌심판)

「(적법절차의 원칙) 입법부가 선거에 관계되는 법률을 제정하거나 개정함에 있어서도 선거에 참여하는 입후보의 자유와 선거에서의 경쟁조건을 어느 일방에게 불리하게 규정하거나 차별적 대우를 할 수 없다는 것을 위에서 보아 왔다.

선거에 있어서 입후보자의 기회균등의 기본원칙은 각 정당 및 각 선거 후보자에게 선거운동과 선거절차에 있어서 가능한 한 평등하게 보장하고, 그렇게 함으로써 득표를 위한 경쟁에 있어서 평등한 기회와 자유를 보장할 것을 요구하고 있다.

입법부가 법률을 다룸에 있어서 위에서 본 경쟁조건이나 선거권의 행사와 국정에 참여할 입후보의 자유와 기회를 동등하게 보장해 주어야 한다는 것은 헌법적 사항이다. 이를 위하여 선거 계획을 수립하고, 선거절차와 선거관리를 하는데 있어서도 이를 준수하여야 할 국가의 중요한 의무의 하나이기 때문에 헌법 제114조 등에서 선거관리를 국가의 공적 과제로 보고 헌법기관이 관장하도록 헌법사항으로 설정하고 있는 것이다.

지금까지 일반적인 관례는 국민의 참정권을 국민 각자의 인격과 의사에 의하여 능동적으로 국정에 참여할 수 있는 기본권이라 할지라도 헌법이 "법률이 정하는 바에 의하여" 인정되는 것이라고 하여 형식적인 문리해석에 의존하여 입법으로 무엇이든 제한할 수 있다는 견해를 가지고 헌법을 해석하고 입법을 하여 왔다는 지적이 없지 않았다.

그러나 참정권은 국민의 주권 행사로서 국가권력을 탄생시키고 존속하는 정당성을 부여하는 기본적인 가치규범으로 헌법이 이를 보장 선언한 이상 그 본질을 침해하는 법률을 제정하여서는 안되는데도 불구하고 이러한 원칙에 주목하지 못하였던 관계로 법률로 제정하는 것은 무엇이든 할 수 있고 합헌적이라고 확대 해석할 위험이 잔존하여 왔다.

입헌민주국가에 있어서는 입법부도 헌법에 의해서 창설되고 입법형성권도 가능한 것이므로 선거법을 비롯한 모든 법률은 참정권을 보장하고 정당하게 수행할 수 있도록 제정하는 것을 원칙으로 하여야 한다. 그 법률이 정치적 타협에 의하여 국민의 정치적 참여를 부당하게 제한하거나 불합리한 선거법을 제정하는 것은 적법절차의 원칙에 반하고, 헌법이 위임한 권한에 벗어나는 것으로 입법형성권의 한계를 이탈하는 위헌적인 법률이라 하지 않을 수 없다.

선거법은 국민의 주권행사를 확보하는 법이며 국민 각자의 참정권을 보장하는 수단으로 제정된 법률이므로 국민 각자의 정치적 자유를 박탈하거나 정치적 참가의 자유와 후보자 선택의 자유 그리고 입후보자의 기회균등을 입법으로 불평등하게 제한하거나 박탈할 수 없다.

근대 민주정치는 국민 각자의 정치적 의사와 의견의 존재를 기초로 하여 선고와 투표가 이루어지고 그에 따른 총체적 의사로서 정부를 구성하도록 선거를 통하여 국민은 주권을 행사하고 있기 때문에 오늘날 선거와 입후보의 자유 그리고 정치적 표현의 자유는 모든 자유의 모

체이며 민주사회를 구성하고 움직이는 불가결의 조건이다.

자유민주국가에서 모든 헌법이 국민의 주권과 참정권을 보장하고 복수정당과 복수후보자가 출현하도록 자유선거제도를 채택하고 선거법으로 이를 효과적으로 수행할 수 있도록 현실적 제도를 확립하여 민주정치를 가능케 하는 기초를 두고 있는 데에 다른 어떤 정치체제보다 구조적으로 우월적 지위를 가지는 것이고 모든 선진국이 자유민주주의를 유지하는 이유도 여기에 있는 것이다.

이러한 자유 민주주의의 구조적 원리로 볼 때 각종 선거과정에 있어서 정치적 표현의 자유나 입후보자의 선택의 자유 그리고 입후보자의 자유와 기회균등을 제한하거나 박탈하는 선거법상의 규정까지 당연한 것이라고 하여 임의로 제정하는 것은 헌법에 위배되는 것으로 적법절차의 원칙에 반하는 입법형성이라 아니할 수 없다.」

[憲 1990. 11. 19.-90헌가48](변호사법 제15조에 대한 위헌심판)

※〈제5편 - 제3장 - 1. - 신체의 자유 - □ 무죄추정의 원칙〉판례 인용부분 참조

[憲 1992. 12. 24.-92헌가8](형사소송법 제331조 단서 규정에 대한 위헌심판)

「(3) 먼저 신체의 자유의 보장과 관련하여 우리 헌법상의 적법절차의 원칙을 구체적으로 살펴본다.

현행 헌법 제12조 제1항 후문과 제3항은 위에서 본 바와 같이 적법절차의 원칙을 헌법상 명문규정으로 두고 있는데 이는 개정전의 헌법 제11조 제1항의 "누구든지 법률에 의하지 아니하고는 체포·구금·압수·수색·처벌·보안처분 또는 강제노역을 당하지 아니한다"라는 규정을 1987. 10. 29. 제9차 개정한 현행헌법에서 처음으로 영미법계의 국가에서 국민의 인권을 보장하기 위한 기본원리의 하나로 발달되어 온 적법절차의 원칙을 도입하여 헌법에 명문화한 것이며, 이 적법절차의 원칙은 역사적으로 볼 때 영국의 마그나 카르타(대헌장) 제39조, 1335년의 에드워드 3세 제정법률, 1628년 권리청원 제4조를 거쳐 1791년 미국 수정헌법 제5조 제3문과 1868년 미국 수정헌법 제14조에 명문화되어 미국헌법의 기본원리의 하나로 자리잡고 모든 국가작용을 지배하는 일반원리로 해석·적용되는 중요한 원칙으로서, 오늘날에는 독일 등 대륙법계의 국가에서도 이에 상응하여 일반적인 법치국가원리 또는 기본제한의 법률유보원리로 정립되게 되었다.

우리 현행 헌법에서는 제12조 제1항의 처벌, 보안처분, 강제노역 등 및 제12조 제3항의 영장주의와 관련하여 각각 적법절차의 원칙을 규정하고 있지만 이는 그 대상을 한정적으로 열거하고 있는 것이 아니라 그 적용대상을 예시한 것에 불과하다고 해석하는 것이 우리의 통설적 견해이다. 다만 현행 헌법상 규정된 적법절차의 원칙을 어떻게 해석할 것인가에 대하여 표현의 차이는 있지만 대체적으로 적법절차의 원칙이 독자적인 헌법원리의 하나로 수용되고 있으며 이는 형식적인 절차뿐만 아니라 실체적 법률내용이 합리성과 정당성을 갖춘 것이어야 한다는 실질적 의미로 확대 해석하고 있으며, 우리 헌법재판소의 판례에서도 이 적법절차의 원칙은 법률의 위헌여부에 관한 심사기준으로서 그 적용대상을 형사소송절차에 국한하지 않고 모든 국가작용 특히 입법작용 전반에 대하여 문제된 법률의 실체적 내용이 합리성과 정당성을 갖추고 있는지 여부를 판단하는 기준으로 적용되고 있음을 보여주고 있다(당 헌법재판소 1989. 9. 8. 선고, 88헌가6 결정; 1990. 11. 19. 선고, 90헌가48 결정 등 참조), 현행 헌법상 적법절차의 원칙을 위와 같이 법률이 정한 절차와 그 실체적인 내용이 합리성과 정당성을 갖춘 적정한 것이어야 한다는 것으로 이해한다면, 그 법률이 기본권의 제한입법에 해당하는 한 헌법 제37조 제2항의 일반적 법률유보조항의 해석상 요구되는 기본권제한법률의 정당성 요건과 개념상 중복되는 것으로 볼 수도 있을 것이나, 현행 헌법이 명문화하고 있는 적법절차의 원칙은 단순히 입법권의 유보제한이라는 한정적인 의미에 그치는 것이 아니라 모든 국가작용을 지배하는 독자적인 헌법의 기본원리로서 해석되어야 할 원칙이라는 점에서 입법권의 유보적 한계를 선언하는 과잉입법금지의 원칙과는 구별된다고 할 것이다. 따라서 적법절차의 원칙은 헌법조항에 규정된 형사절차상의 제한된 범위내에서만 적용되는 것이 아니라 국가작용으로서 기본권제한과 관련되든 관련되지 않든 모든 입법작용 및 행정작용에도 광범위하게 적용된다고 해석하여야 할 것이고, 나아가 형사소송절차와 관련시켜 적용함에 있어서는 형벌권의 실행절차인 형사소송의 전반을 규율하는 기본원리로 이해하여야 하는 것이다. 더구나 형사소송절차에 있어서 신체의 자유를 제한하는 법률과 관련시켜 적용함에 있어서는 법률에 따른 형벌권의 행사라고 할지라도 신체의 자유의 본질적인 내용을 침해하지 않아야 할 뿐 아니라 비례의 원칙이나 과잉입법금지의 원칙에 반하지 아니하는 한도 내에서만 그 적정성과 합헌성이 인정될 수 있음을 특히 강조하고 있는 것으로 해석하여야 할 것이다.

그러므로 법 제331조 단서의 규정은 이러한 적법절차의 원칙에 입각한 해석원리에 따라 그 적정성과 위헌여부를 판단하여야 할 것이고 그 다음에는 헌법 제37조 제2항에서 도출되는 비례의 원칙 내지 과잉입법금지의 원칙이 지켜지고 있는지 여부에 관한 문제로 돌아가 함께 판단하여야 된다고 할 것이다.」

[憲 1993. 7. 29.-90헌바35](반국가행위자의처벌에관한특별조치법 제5조 등 및 헌법재판소법 제41조 등에 대한 헌법소원)

※ 위 판례 인용부분 참조

▶ 헌법상 적법절차에 위반되는지 여부에 대한 판례

▸ 구체적인 사례에서 적법절차에 위반된다고 본 판례

▹ 전과나 감호처분을 선고받은 사실 등에 해당되면 재범의 위험성 유무를 불문하고 반드시 그에 정한 보호감호를 선고하여야 할 의무를 부과하는 조항

[憲 1989. 7. 14.-88헌가5등](사회보호법 제5조의 위헌심판)

「(2) 법 제5조 제1항의 위헌성

(가) 행위자에 재범의 위험성은 보안처분의 핵심이며, 헌법 제12조 제1항이 규정한 "누구든지……법률과 적법한 절차에 의하지 아니하고는 처벌 · 보안처분 또는 강제노역을 받지 아니한다"라는 조항에서 구현된 죄형법정주의의 보안처분적 요청은 "재범의 위험성이 없으면 보안처분은 없다"는 뜻을 내포한다고 하겠다.

보안처분은 대상자의 "재범의 위험성"을 교육 · 개선을 통해 완화하여 사회방위를 도모하고자 하는 공공의 필요에서 그 대상자의 기본권을 제한하는 국가공권력의 행사이고, 한편, 국민의 기본권의 제한은 공공의 필요와 기본권제한 사이의 비례, 균형이 이루어져야 한다는 것이 헌법 제37조 제2항에 규정된 헌법상의 요청이다. 특히, 그 대상자에 대한 수용처분을 내용으로 하는 보호감호의 경우에는 보안처분은 바로 대상자의 입장에서 보면 신체의 자유를 박탈당하는 고통이요 해악이기 때문에 보안처분의 본질인 재범의 위험성은 보안처분으로 인한 신체의 자유박탈이라는 인권제한과의 비례(균형)원칙상 단순한 재범의 가능성만으로는 부족하고 상당한 개연성을 요구하며, 그 판단은 전과 이외에도 범행의 의의와 행위자의 연령 · 성격 · 가족관계 · 교육정도 · 직업 · 환경 · 당해 범행 이전의 행적 · 범행의 동기 · 수단 · 범행후의 정황과 개전의 정 등을 총체적으로 평가하여 인정되어야 하는 것이다.

보호감호처분이 가진 신체의 자유를 박탈한다는 내용에 따라 재범의 위험성을 위에서 본 바와 같이 엄격히 해석하여야 할 헌법상의 요청에 비추어 볼 때 법 제5조 제1항 각호의1의 요건에 해당된다는 것만으로 바로 재범의 위험성이 증명된다고 볼 수 없다 할 것이다.

(나) 따라서 법 제5조 제1항은 법 제20조 제1항 다만 이하 부분과 종합하여 해석할 때, 법 제5조 제1항에 정한 전과나 감호처분을 선고받은 사실등 법정의 요건에 해당되면 재범의 위험성 유무에도 불구하고 반드시 그에 정한 보호감호를 선고하여야 할 의무를 법관에게 부과하여 법관의 판단재량을 박탈하고 있는 것으로 볼 수밖에 없다.

(다) 결국 법 제5조 제1항은 헌법 제12조 제1항 후문에 정한 적법절차에 위반됨은 물론 헌법 제37조 제2항에 정한 과잉금지원칙에 위반된다고 할 것이며, 나아가 법원의 판단재량의 기능을 형해화(形骸化)시켜 헌법 제27조 제1항에 정한 국민의 법관에 의한 정당한 재판을 받을 권리를 침해하였다 할 것이다.

따라서, 법 제5조 제1항은 헌법 제12조 제1항, 제27조 제1항, 제37조 제2항에 각 위반된다.」

※ 위 다수의견에 대하여, 재판관 3인(재판관 한병채, 재판관 김양균, 재판관 최광률)은 심판대상 법률 조항이 개정되었으므로 이에 대한 심판이 부적법하여 각하되어야 한다는 반대의견을 내었음

▷ 무죄 등의 판결이 선고되었음에도 검사로부터 사형, 무기 또는 10년 이상의 징역이나 금고형에 해당한다는 진술이 있는 사건의 경우 구속영장의 효력을 잃지 않는다고 규정한 법률

[憲 1992. 12. 24.-92헌가8](형사소송법 제331조 단서 규정에 대한 위헌심판)

「그렇다면 이 법 제331조 단서규정은

첫째 헌법의 명시된 적법절차의 원칙에 위배된다. 즉 헌법 제12조 제3항 본문에서 "체포 · 구속 · 압수 또는 수색을 할 때에는 적법한 절차에 따라 검사의 신청에 의하여 법관이 발부한 영장을 제시하여야 한다"라고 하여 인신구속에 관한 영장주의의 대원칙을 규정하고 있는데, 이는 동조 제1항의 규정과 함께 영미법계에서 발달하여 미국헌법에 명문화된 적법절차원리의 일반조항에 해당하는 것으로서, 형사절차상의 영역에 한정되지 않고 입법, 행정 등 국가의 모든 공권력 작용에는 절차상의 적법성뿐만 아니라 법률의 실체적 내용도 합리성과 정당성을 갖춘 실체적인 적법성이 있어야 한다는 적법절차의 원칙을 헌법의 기본원리로 명시하고 있는 것이므로 헌법에 명문으로 규정된 영장주의는 구속의 개시시점에 한하지 않고 구속영장의 효력을 계속 유지할 것인지 아니면 취소 또는 실효시킬 것인지의 여부도 사법권 독립의 원칙에 의하여 신분이 보장되고 있는 법관의 판단에 의하여만 결정되어야 한다는 것을 의미하고 그 밖에 검사나 다른 국가기관의 의견에 의하여 좌우되도록 하는 것은 헌법상의 적법절차의 원칙에 위배된다.

둘째는 헌법상의 과잉입법금지의 원칙에 위배된다. 즉 법원의 판결에서 무죄 등이 선고되면 구속영장의 효력이 실효되는 것이 원칙임에도 불구하고 검사로부터 사형, 무기 또는 10년 이상의 형의 의견진술이 있으면 예외적으로 구속영장의 효력을 그대로 유지시키는 것은, 구속의 개시 또는 종료시점에 있어서의 구속영장의 효력을 법관이 아닌 형사소송의 당사자로서

의 지위를 가지는 검사의 양형에 관한 의견진술에 따라 좌우시키는 것이 되므로 위에서 본 바와 같이 적법절차의 원칙에 위배되는데, 그 예외로서 피고사건이 중대함에도 불구하고 법원의 오판으로 피고인이 석방되면 신병확보가 어려워 국가형벌권의 행사를 할 수 없다는 입법취지를 앞세워 구속영장의 효력을 그대로 유지시키는 것이 불가피하다고 하나 이것 또한 형사소송법 제93조 등의 구속취소와 이에 대한 검사의 즉시항고절차 등을 비교하거나 상급심에서도 필요에 따라 재구속할 수 있는 형사소송법상의 관계규정 등을 아울러 검토하여 보면 이 사건 법률조항 단서규정은 기본권제한입법의 기본원칙인 목적의 정당성, 방법의 적절성, 피해의 최소성, 법익의 균형성의 원칙에도 반하는 것이므로 헌법상의 과잉입법금지의 원칙에 위배된다고 아니할 수 없다.」

▷ 불출석재판을 허용하는 법규정

[憲 1998. 7. 16.-97헌바22](소송촉진등에관한특례법 제23조 위헌소원)

「가. 피고인의 공격·방어권으로서의 공판기일출석권

헌법은 제12조 제1항 후문에서 "모든 국민은 …… 법률과 적법절차에 의하지 아니하고는 처벌·보안처분 또는 강제노역을 받지 아니한다"고 규정하여 적법절차에 의한 형사처벌의 원칙을 선언하고 있다. 이 적법절차원칙은 절차가 법률로 정하여져야 할 뿐만 아니라 적용되는 법률의 내용에 있어서도 합리성과 정당성을 갖춘 적정한 것이어야 한다는 것을 뜻하고, 특히 형사소송절차와 관련하여 보면 형벌권의 실행절차인 형사소송의 전반을 규율하는 기본원리로서, 형사피고인의 기본권이 공권력에 의하여 침해당할 수 있는 가능성을 최소화하도록 절차를 형성·유지할 것을 요구하고 있다. 헌법은 제27조 제1항에서 "모든 국민은 헌법과 법률이 정한 법관에 의하여 법률에 의한 재판을 받을 권리를 가진다"라고 규정하여 재판청구권을 보장하고 있다. 이 재판청구권에는 물론 형사피고인의 공정한 재판을 받을 권리가 포함된다. 여기서의 공정한 재판이란 헌법과 법률이 정한 자격이 있고, 헌법 제104조 내지 제106조에 정한 절차에 의하여 임명되고 신분이 보장되어 독립하여 심판하는 법관으로부터 헌법과 법률에 의하여 그 양심에 따라 위에서 본 적법절차에 의하여 이루어지는 재판을 의미한다. 또한 그 권리는 재판절차를 규율하는 법률과 재판에서 적용될 실체적 법률이 모두 합헌적이어야 한다는 의미에서의 법률에 의한 재판을 받을 권리뿐만 아니라 재판의 공정을 보장하기 위하여 비밀재판을 배제하고 일반국민의 감시아래 재판의 심리와 판결을 받을 권리도 내용으로 한다. 이로부터 공개된 법정의 법관의 면전에서 모든 증거자료가 조사·진술되고 이에 대하여 피고인이 공격·방어할 수 있는 기회를 보장받을 권리가, 즉 원칙적으로 당사자주의와 구두변론주의가 보장되어 당사자에게 공소사실에 대한 답변과 입증 및 반증의 기회가 부여되는 등 공격·방어권이 충분히 보장되는 재판을 받을 권리가 파생되어 나온다(헌재 1994. 4. 28. 93헌바26, 판례집 6-1, 348, 356; 1996. 1. 25. 95헌가5, 판례집 8-1, 1, 13). 위와 같은 당사자주의와 구두변론주의의 재판구조를 가지고 있는 형사소송절차에서 피고인의 공판기일출석권은 단지 피고인의 방어권 보장을 위해서 뿐만 아니라 실체적 진실발견을 위하여도 매우 중요한 권리라 하지 않을 수 없다.……

다. 이 사건 법률조항의 위헌 여부

(1) 만일, 피고인의 공판기일출석권을 제한하고 있는 법률조항이 피고인의 방어권이 전혀 행사될 수 없는 상태에서 재판이 진행되어 사형이나 무기와 같은 중형선고가 가능하도록 규정하고 있다면, 이는 그 법률조항이 비록 위에서 본 바와 같은 정당한 입법목적을 지닌 것이

라고 할지라도 그 목적 달성에 필요한 최소한의 범위를 넘어서 피고인의 공정한 재판을 받을 권리를 과도하게 침해하는 것이라고 하겠고, 또한 피고인에게 불출석에 대한 개인적 책임을 전혀 물을 수 없는 경우까지 피고인에게 답변과 입증 및 반증을 위한 기회조차 부여하지 아니한 채 궐석재판을 행할 수 있다면 이는 절차의 내용이 심히 적정하지 못한 경우로서 위에서 본 적법절차의 원칙에도 반한다고 할 것이다.

(2) 이 사건 법률조항이 합헌이라고 주장하는 견해는 이 사건 법률조항의 단서에서 "사형 · 무기 또는 단기 3년 이상의 징역이나 금고에 해당하는 사건에는 그러하지 아니하다"라고 규정하여 변호인 없이는 개정하지 못하는 필요적 변호사건(형사소송법 제282조)을 그 대상에서 제외하고 있다는 점을 근거의 하나로 들고 있다. 그러나 …… 이 사건 법률조항은 피고인 불출석 상태에서 중형이 선고될 수도 있는 가능성을 배제하고 있지 아니할 뿐만 아니라 그 적용대상이 너무 광범위하므로, 비록 위에서 본 바와 같은 정당한 입법목적아래 마련된 법률조항이라 할지라도 헌법 제37조 제2항의 과잉금지의 원칙에 위배되어 피고인의 공정한 재판을 받을 권리를 침해하는 것이라고 하겠다.

(3) 또한, 이 사건 법률조항은 피고인의 불출석 사유를 구체적으로 따지지 아니한 채 획일적으로 궐석재판의 가능성을 열어 두고 있다는 것에 문제점이 있다. …… 그렇다면 설사 앞서 본 바와 같이 비록 피고인의 불출석에 대비한 입법이 필요하다고 하더라도 이 사건 법률조항이 자기에게 아무런 책임없는 사유로 출석하지 못한 피고인에 대하여 별다른 증거조사도 없이 곧바로 유죄판결을 선고할 수 있도록 한 것은 그 절차의 내용이 심히 적정치 못한 경우로서 헌법 제12조 제1항 후문의 적법절차 원칙에 반한다고 할 것이다.

4. 결 론

그러므로 이 사건 법률조항은 피고인의 공정한 재판을 받을 권리를 침해할 뿐만 아니라 적법절차의 원칙에도 반하여 헌법에 위반되는 규정이므로 주문과 같이 결정한다.」

⇔ 재판관 1인(재판관 이영모)의 반대의견

「입법자는 송달불능이 되어 적법절차가 요구하는 고지 · 청문을 제대로 할 수 없는 피고인에 대한 기본적 인권의 보장이라는 측면과 사회질서의 유지 또는 공공복리를 도모하기 위한 공익이라는 측면을 서로 비교 교량하여 공익쪽의 가치가 더 우선된다고 하여 이 사건 법률조항을 제정하였다. 이와 같은 비교형량은 기본권제한 조치에 대한 헌법상의 적부(適否)를 판단함에 있어 합리성과 정당성을 갖춘 적정한 것이라고 할 것이다.……

다수의견이 힘주어 말하는 공정한 재판은 피고인에게도 정당해야 하겠지만 고소인 · 피해자에게도 역시 정당해야 한다는 것을 우리는 잊어서는 안 된다.」

▷ 검사가 법원의 증인으로 채택된 수감자를 그 증언에 이르기까지 거의 매일 검사실로 하루 종일 소환하여 피고인측 변호인이 접근하는 것을 차단하고, 검찰에서의 진술을 번복하는 증언을 하지 않도록 회유, 압박하는 것

[憲 2001. 8. 30.-99헌마496](검찰공권력남용 위헌확인)

「4. 본안판단

가. 공정한 재판을 받을 권리 및 적법절차의 원칙

(1) 우리 헌법은 명문으로 '공정한 재판'이라는 문구를 두고 있지는 않으나, 학자들 사이에는 우리 헌법 제27조 제1항 또는 제3항이 "공정한 재판을 받을 권리"를 보장하고 있다고 하는 점에 이견이 없으며, 헌법재판소도 "헌법 제12조 제1항 · 제4항, 헌법 제27조 제1항 · 제

3항 · 제4항을 종합하면, 우리 헌법이 '공정한 재판'을 받을 권리를 보장하고 있음이 명백하다(헌재 1996. 12. 26. 94헌바1 판례집 8-2, 808, 816)"라고 판시하는 등, '공정한 재판'을 받을 권리가 국민의 기본권임을 분명히 하고 있다(헌재 1994. 4. 28. 93헌바26, 판례집 6-1, 348, 355-364 ; 1996. 1. 25. 95헌가5, 판례집 8-1, 1, 14 등 각 참조).

여기서 '공정한 재판'이란 헌법과 법률이 정한 자격이 있고, 헌법 제104조 내지 제106조에 정한 절차에 의하여 임명되고 신분이 보장되어 독립하여 심판하는 법관으로부터 헌법과 법률에 의하여 그 양심에 따라 적법절차에 의하여 이루어지는 재판을 의미하며, 공개된 법정의 법관의 면전에서 모든 증거자료가 조사 · 진술되고, 이에 대하여 검사와 피고인이 서로 공격 · 방어할 수 있는 공평한 기회가 보장되는 재판을 받을 권리도 그로부터 파생되어 나온다(위 95헌가5 판례 참조).

(2) 이 사건에서, 피청구인은 이 학을 피의자로 또는 참고인으로 조사하기 위하여 소환한 것 이외에 청구인측에서 이 학의 검찰진술을 번복시키려고 접근하는 것을 예방 · 차단하기 위하여, 또는 이 학에게 면회, 전화 등 편의를 제공하기 위하여 동인을 자주 소환한 사실이 있음을 자인하고 있다.

그러나, 법원에 의하여 채택된 증인은, 앞에서 본 바와 같이 검사와 피고인 쌍방이 공평한 기회를 가지고 법관의 면전에서 조사 · 진술되어야 하는 중요한 증거자료의 하나로서, 비록 피청구인만의 신청에 의하여 채택된 증인이라 하더라도, 그는 피청구인만을 위하여 증언하는 것이 아니며, 오로지 그가 경험한 사실대로 증언하여야 할 의무가 있는 것이고, 따라서, 피청구인이든 청구인이든 공평하게 증인에 접근할 수 있도록 기회가 보장되지 않으면 안된다. 검사와 피고인 쌍방 중 어느 한편이 증인과의 접촉을 독점하거나 상대방의 접근을 차단하도록 허용한다면, 이는 상대방의 공정한 재판을 받을 권리를 침해하는 것이 될 것이다.

구속된 증인에 대한 편의제공 역시, 그것이 일방당사자인 검사에게만 허용된다면, 그 증인과 검사와의 부당한 인간관계의 형성이나 회유의 수단 등으로 오용될 우려가 있고, 또 거꾸로, 그러한 편의의 박탈가능성이 증인에게 심리적 압박수단으로 작용할 수도 있으므로 접근차단의 경우와 마찬가지로 공정한 재판을 해하는 역할을 할 수 있다.

물론 증인에게 쌍방의 접근을 모두 허용하는 경우, 증인의 회유, 위증의 교사 등과 같은 부작용이 발생할 가능성이 있으나, 이는 징계사유나 별도의 범죄를 구성하는 것으로서 그 행위자에 대한 징계나 형사처벌에 의하여 방지되어야 할 것이지, 그러한 부작용이 있을 수 있다고 하여 상대방이 증인에의 접근하는 것을 차단하거나 일방이 증인과의 접촉을 독점하는 것을 정당화할 수는 없다. 이와 관련하여 피청구인은 이 학에 대한 청구인측의 접근차단을 정당화하는 사유로 증인보호의 필요성을 거론하면서 외국에서도 증인에 대한 24시간보호제도가 시행되고 있다고 하나, 그러한 제도는 조직범죄자들이 자신들에게 불리한 증언이 이루어지는 것을 막기 위하여 증인을 증언전에 살해하는 등의 범죄로부터 증인을 보호하여, 그의 법정증언을 확보하기 위한 것이지, 증인이 수사기관에서의 진술을 번복하는 법정증언을 하지 않도록 보호하자는 것이 아니다.

또한 오늘날의 재판절차는 그 과정에서 상대방에게 예기치 못한 타격을 가하는 일이 없도록 하는 것을 중요한 목표 중의 하나로 하고 있다고 할 것인데, 만약 증인의 증언 전에 일방당사자만이 그와의 접촉을 독점하고 상대방의 접촉을 제한함으로써, 그 증인이 어떠한 내용의 증언을 할 것인지를 알지 못하여 그에 대한 방어를 준비할 수 없도록 한다면, 결국 그 당사자로 하여금 상대방이 가하는 예기치 못한 타격에 그대로 노출될 수밖에 없는 위험을 감수하라는 것이 되어, 헌법 제12조 제1항 후문이 규정하고 있는 '적법절차의 원칙'에도 반한다.……
5. 결 론
피청구인이 이○학을 별지 소환목록(2)와 같이 270차례 각 소환한 행위 중 피청구인이 자인하는 바, "피의자나 다른 사건의 참고인으로 조사하기 위한 소환"이 아닌 "편의를 제공하거나 청구인의 변호인들로부터의 접근차단을 위한 소환"에 대하여는 이를 위헌으로 확인하여야 할 것인데, 적어도 이○학이 증인으로 채택된 1998. 11. 11.의 다음날인 같은 달 12.부터 1차 증인신문이 이루어진 날인 1999. 10. 5. 전으로서 청구인이 구하는 1999. 7. 20.까지의 각 소환 중, 기록상 청구인에 대한 형사피고사건이나 다른 관련사건으로 인하여 이○학을 피의자조사 또는 참고인조사하기 위한 것으로 인정되는 별지 소환목록(2) 기재 순번 85, 125, 221 내지 223, 226, 231, 232번을 제외한 나머지 소환들인 별지 소환목록(1) 기재와 같이 145회에 걸친 각 소환은 이○학에 대한 편의를 제공하거나 청구인측 변호인들의 접근을 차단하기 위한 피청구인의 소환이라 할 것이므로(피청구인은 위에서 제외되는 것들 이외에도 수사상 정당한 필요로 인한 소환들이 더 있었다고 주장하나, 그러한 소환들이 구체적으로 어느 것인지 밝히고 있지 못한 반면, 위와 같은 일련의 소환들이 이루어진 시기나 빈도 등으로 미루어 보건대, 이상과 같이 인정할 수밖에 없다), 이들 소환은 청구인의 공정한 재판을 받을 권리를 침해한 것으로 위헌임을 확인하고, 청구인의 신속한 재판을 받을 권리를 침해하였다는 청구는 기각하기로 하여 주문과 같이 결정한다.」

※ 위 다수의견에 대하여, 재판관 1인(재판관 주선회)은 권리보호이익이 없음을 이유로 각하하여야 한다는 취지의 반대의견이 있었음

▸ 구체적인 사례에서 적법절차에 위반되지 않는다고 본 판례

▹ 주민투표를 실시하지 않고 주민의견 조사와 지방의회의 의견청취만으로 이루어진 지방자치단체의 폐치·분합

[憲 1994. 12. 29.-94헌마201](경기도남양주시등33개도농복합형태의시설치등에관한법률 제4조 위헌확인)

「(2) 적법절차원칙 위배 여부
(개) 적법절차원칙과 관련하여 우리 재판소는 "헌법 제12조 제3항 본문은 동조 제1항과 함께 적법절차원리의 일반조항에 해당하는 것으로서, 형식절차상의 영역에 한정되지 아니하고 입법, 행정 등 국가의 모든 공권력의 작용에는 절차상의 적법성뿐만 아니라 법률의 실체적 내용도 합리성과 정당성을 갖춘 실체적인 적법성이 있어야 한다는 것을 헌법의 기본원칙으로 명시하고 있다"고 판시하였다(헌재 1992. 12. 24. 선고, 92헌가9 결정 참조).

이 사건 법률은 지방자치단체의 폐치(廢置)·분합(分合)에 관한 것으로, 이에 관한 현행법 규정은 다음과 같다. 즉 지방자치법 제4조는 "① 지방자치단체의 명칭과 구역은 종전에 의하고 이를 변경하거나 지방자치단체를 폐치·분합한 때에는 법률로써 정하되, ② 관계지방자치단체의 의회(이하 "지방의회"라 한다)의 의견을 들어야 한다……"고 규정하고 있고, 같은 법 제13조의2는, "① 지방자치단체의 장은 지방자치단체의 폐치·분합 또는 주요결정사항 등에 대하여 주민투표를 붙일 수 있다. ② 주민투표의 대상, 발의자, 발의요건, 기타 투표절차에 관하여는 따로 법률로 정한다"고 규정하고 있다.

(내) 그런데 이 사건 법률제정절차와 관련한 적법절차는 이른바 청문절차로서 국민은 자신의 이해관계와 관련하여 그 법적 지위를 확보하기 위하여 국가적인 재편계획에 대하여 입장을 표명할 기회를 주어야 한다는 것이다. 즉 국민이 국가적 활동의 단순한 객체로 전락하여서는

안된다는 것이다. 또한 입법자가 공공복리를 이유로 지방자치와 관련하여 특정지역을 변경하는 결정을 내리기 전에 일반적으로 상반되는 이익들간의 형량이 선행되어야 하는데, 이러한 이익형량은 이해관계자들의 참여 없이는 적절하게 이루어질 수 없다. 국회는 이러한 절차를 통하여 비로소 자신의 결정에 앞서 중요한 사항들에 관한 포괄적이고 신빙성 있는 지식을 얻게 된다. 따라서 이 사건과 관련하여 헌법상 보장하고 있는 청문절차는 중원군과 충주시 통합의 본질적 내용에 관한 사항과 그 근거에 관하여 이해관계인에게 고지하고 그에 관한 의견의 진술기회를 부여하는 것으로 족하고 그 진술된 의견은 국회에 입법자료를 제공하여 주는 기능은 하되, 입법자가 그 의견에 반드시 구속되는 것은 아니다.

(다) 지방자치단체를 폐치 · 분합할 때 "관계 지방자치단체의회의 의견을 들어야 한다"는 지방자치법 제4조 제2항은 헌법상 어떤 효력을 가지는가. 위에서 살펴본 바와 같이 지방자치단체의회의 의견청취절차를 밟은 것 자체로서 적법절차는 준수되었다고 보아야 하고, 단지 그 결과는 국회가 입법할 때 판단의 자료로 기능하는데 불과하다 해석하여야 한다.
그러하지 아니하고 국회가 지방자치단체의회의 의견에 구속된다면 지방자치단체의 폐치 · 분합은 법률의 규정에 의하도록 한 지방자치법 제4조 제1항의 입법취지가 몰각될 뿐만 아니라 국회에 대한 지방자치단체의회의 우위(優位)를 초래하는 결과가 될 것이다.

(라) 주민투표실시에 관한 지방자치법 제13조의2는 규정문언상 임의규정으로 되어 있고, 실시 여부도 지방자치단체의 장의 재량사항으로 되어 있으며 아직 주민투표법이 제정되지도 아니하였으며, 주민투표절차는 위에서 살펴본 바와 같이 청문절차의 일환이고 그 결과에 구속적 효력이 없다. 따라서 이 사건 법률의 제정과정에서 주민투표를 실시하지 아니하였다고 하여 적법절차원칙을 위반하였다고는 할 수 없다.

(마) 중원군수가 주민투표에 갈음하여 실시한 중원군과 충주시의 통합에 관한 주민의견조사의 절차하자문제에 관하여 살펴본다. 위 주민의견조사는 위에서 살펴본 바와 같이 청문절차의 일종으로서 중원군과 충주시의 통합에 관한 중요한 사항과 그 근거에 관하여 청구인들을 비롯한 주민들에게 고지하고 의견을 진술할 기회를 부여한 것으로 족한 것이다. 기록에 의하면 그와 같은 정도의 의견조사를 충분히 하였음이 인정되고, 그 외 중원군청에서 중원군과 충주시의 통합에 관한 공청회도 개최한 사실이 인정되므로 주민의견조사 절차에 하자가 없다. 또한 주민의견조사의 결과도 국회의 공공복리를 위한 이익형량의 자료로 작용할 뿐 국회에 대한 직접적인 구속력이 없다. 따라서 주민의견조사에서도 적법절차원칙이 준수되었다.

4. 결 론

그렇다면 이 사건 법률은 청구인들의 행복추구권에서 파생된 인간다운 생활공간에서 살 권리, 정당한 청문권, 평등권, 거주이전의 자유, 선거권, 공무담임권, 인간다운 생활을 할 권리, 사회보장 · 사회복지 수급권 및 환경권을 침해하지 아니하였으므로 청구인의 청구는 이유 없어 이를 기각하기로 하여 주문과 같이 결정한다.」

⇔ 재판관 1인(재판관 조승형)의 반대의견

「국회는 우선 입법을 하여야 할 앞서 본 주민투표법을 제정하지 아니하고, 따라서 적법한 주민투표에 의한 주민의사를 확인하지 아니하였음이 명백하다. 다수의견은 주민투표에 갈음하여 주민의견조사를 실시하였으므로 적법절차를 취하였다고 주장하나 이는 법률에 없는 절차로서 부적법함은 명백하다. 다만 1994. 5. 11. 이 사건 중원군의회의 의결이 있었으나 그 내용은 13인의 의원 중 찬성 5인, 반대 7인, 무효 1인으로써 이 사건 법률을 제정하는 데 대하여 반대하였음이 분명하고, 다수의견이 들고 있는 공청회와 부적법한 주민의견조사가 실시된 바 있었지만 이와 같은 절차는 모두 부적법하므로 이 사건 법률은, 적법한 절차를 밟지 아니한 채 국회 임의로 제정한 것에 불과하다. 즉 적법절차원칙을 위반하였으므로 위헌 무효이다.

따라서 다수의견 중 나머지 의견에 대하여는 살필 필요도 없이 다수의견은 부당하므로 이 사건 결정주문은 "1994. 8. 3. 법률 제4774호로 공포한 경기도남양주시등33개도농복합형태의 시설치등에관한법률은 위헌이다"라 하여 이 사건 심판청구를 인용하여야 한다.」

▷ 음주운전측정에 응하도록 하고 불응시 처벌하도록 한 도로교통법 규정
[憲 1997. 3. 27.-96헌가11](도로교통법 제41조 제2항 등 위헌제청)

「라. 헌법 제12조 제1항의 적법절차 위배 여부

헌법 제12조 제1항 후문에는 적법한 절차에 의하지 아니하고는 처벌을 받지 아니한다고 규정하고 있다.

여기서 뜻하는 적법절차원칙은 피고인이나 피의자의 신체의 자유를 제한하기 위해서는 형식적인 절차 뿐 아니라 실체적 법률내용이 합리성과 정당성을 갖춘 법률에 의하여야 한다는 것이다(헌법재판소 1992. 12. 24. 선고, 92헌가8 결정, 1993. 7. 29. 선고, 90헌바35 결정 ; 1993. 12. 23. 선고, 93헌가2 결정 등 참조). 그런데 여기서는 형사상 자신에게 불리한 자료를 수집하는 경찰공무원에 협력할 의무를 부과하고 이의 준수를 형벌로써 강요하고 있는 이 사건 법률조항이 과연 그러한 합리성과 정당성을 갖춘 것인지 살펴본다.

자동차 및 운전면허소지자의 급증과 과음하는 음주습성으로 인하여 음주운전교통사고는 대폭 증가하는 추세이고 인명과 재산의 피해 등 사회적 손실은 막대하므로 심각한 사회문제로 대두되고 있어 교통상의 위험을 방지하기 위하여 음주운전 방지와 그 규제는 절실한 공익상의 요청이며 그 규제에는 음주측정이 필수적으로 요청된다.

이와 같이 필연적으로 요청되는 음주측정을 관철하는 방법은 대개 두 가지 유형으로 나눠볼 수 있다. 그 하나는 우리 나라와 같이 음주측정 거부행위를 처벌함으로써 측정을 간접적으로 강제하는 유형이고(오스트리아, 스위스, 영국의 경우), 다른 하나는 측정을 강요하지 아니하되 법관 등의 명령에 따라 강제로 채혈을 실시하는 유형이다(독일의 경우). 어떤 유형을 채택할 것인가는 결국 그 나라의 음주문화, 음주측정에 필요한 의료시설·법집행장치의 구비정도, 측정방법의 편이성 및 정확성, 측정방법에 관한 국민의 정서 등 여러 가지 요소들을 고려하여 합리적으로 결정하여야 할 것인바, 이 사건 법률조항이 과연 이러한 여러 가지 요소들을 합리적으로 고려한 것인지 본다.

…… 이 사건 법률조항은 우리 나라의 음주문화, 측정방법의 편이성 및 정확성, 측정방법에 관한 국민의 정서 등 여러 가지 요소들을 고려한 것으로서, 추구하는 목적의 중대성(음주운전 규제의 절실성), 음주측정의 불가피성(주취운전에 대한 증거확보의 유일한 방법), 국민에게 부과되는 부담의 정도(경미한 부담, 간편한 실시), 처벌의 요건과 처벌의 정도에 비추어 헌법 제12조 제1항 후문의 적법절차가 요청하는 합리성과 정당성을 갖추고 있다고 판단된다.

그러므로 이 사건 법률조항은 헌법 제12조 제1항 후문의 적법절차의 원칙에 위배되지 아니한다.」

▷ 공정거래위원회가 과징금을 부과하는 규정
[憲 2003. 7. 24.-2001헌가25](구독점규제및공정거래에관한법률 제24조의2 위헌제청)

「라. 적법절차원칙 및 권력분립원칙 위반 여부

(1) 헌법 제12조 제1항은 "…… 법률과 적법한 절차에 의하지 아니하고는 처벌 · 보안처분 또는 강제노역을 받지 아니한다"라고 하여 적법절차원칙을 규정하고 있는데, 헌법재판소는 이 원칙이 형사소송절차에 국한되지 않고 모든 국가작용 전반에 대하여 적용된다고 밝힌 바 있으므로(헌재 1992. 12. 24. 92헌가8, 판례집 4, 853, 876-877 ; 헌재 1998. 5. 28. 96헌바4, 판례집 10-1, 610, 618), 국민에게 부담을 주는 행정작용인 과징금 부과의 절차에 있어서도 적법절차원칙이 준수되어야 할 것이다.

적법절차원칙에서 도출할 수 있는 가장 중요한 절차적 요청 중의 하나로, 당사자에게 적절한 고지(告知)를 행할 것, 당사자에게 의견 및 자료 제출의 기회를 부여할 것을 들 수 있겠으나 (헌재 1994. 7. 29. 93헌가3등, 판례집 6-2, 1, 11 ; 헌재 1996. 1. 15. 95헌가5, 판례집 8-1, 1, 16-17 ; 헌재 2002. 6. 27. 99헌마480, 판례집 14-1, 616, 634 참조), 이 원칙이 구체적으로 어떠한 절차를 어느 정도로 요구하는지는 일률적으로 말하기 어렵고, 규율되는 사항의 성질, 관련 당사자의 사익(私益), 절차의 이행으로 제고될 가치, 국가작용의 효율성, 절차에 소요되는 비용, 불복의 기회 등 다양한 요소들을 형량하여 개별적으로 판단할 수밖에 없을 것이다.……

우리 나라 공정거래법에서 행정기관인 위원회로 하여금 과징금을 부과하여 제재할 수 있도록 한 것은 부당내부거래를 비롯한 다양한 불공정 경제행위가 시장에 미치는 부정적 효과 등에 관한 사실수집과 평가는 이에 대한 전문적 지식과 경험을 갖춘 기관이 담당하는 것이 보다 바람직하다는 정책적 결단에 입각한 것이라 할 것이고, 과징금의 부과 여부 및 그 액수의 결정권자인 위원회는 합의제 행정기관으로서 그 구성에 있어 일정한 정도의 독립성이 보장되어 있고, 과징금 부과절차에서는 통지, 의견진술의 기회 부여 등을 통하여 당사자의 절차적 참여권을 인정하고 있으며, 행정소송을 통한 사법적 사후심사가 보장되어 있으므로, 이러한 점들을 종합적으로 고려할 때 과징금 부과 절차에 있어 적법절차원칙에 위반되었다거나 사법권을 법원에 둔 권력분립의 원칙에 위반된다고 볼 수 없다.」

⇔ 재판관 4인(재판관 한대현, 재판관 권성, 재판관 주선회, 재판관 김영일)의 반대의견

「나. 적법절차원칙의 위반……

(2) 공정거래위원회의 준사법기관성

사법절차를 가장 엄격한 적법절차의 하나라고 볼 때 그에 유사한 정도로 엄격하게 적법절차의 준수가 요구되는 절차를 '준사법절차', 그러한 절차를 주재하는 기관을 '준사법기관'이라고 표현할 수 있을 것이다.……

(3) 이 사건 과징금의 처벌적 성격

…… 이와 같이 이 사건 과징금 제도가 당해 기업에게 사활적 이해를 가진 제재가 될 수 있을 뿐만 아니라 경제 전반에도 중요한 영향을 미칠 수 있는 것임을 생각할 때, 그 부과절차는 적법절차의 원칙상 적어도 재판절차에 상응하게 조사기관과 심판기관이 분리되어야 하고 심판관의 전문성과 독립성이 보장되어야 하고 증거조사와 변론이 충분히 보장되어야 하며 심판관의 신분이 철저하게 보장되어야만 할 것이다. 이러한 관점에서 이 사건 법률조항을 검토하면 많은 문제가 있다.

(4) 이 사건 법률조항에 대한 검토

(가) 조사기관과 심판기관의 미분리(未分離)……

(나) 전문성과 독립성의 미흡……

(다) 증거조사와 변론의 불충분……

(라) …… 소송절차 대신 주어진 공정거래위원회에서의 이의재결절차는 사법절차로서의 기

본적인 내용을 최소한 갖춰야 할 것이다. …… 이러한 절차들은 모두 적법절차의 원칙에 부응하지 못하는 것이며 준사법절차로서 내용을 갖추지 못한 것임은 더 말할 나위가 없다.

(마) 외국의 입법례를 보아도 …… 이에 비하면 우리 공정거래법상의 과징금부과절차는 사법절차에 준하는 여러 내용을 결여함으로써 적법절차를 보장하지 못하고 있음이 더욱 드러난다.

(5) 소 결

이 사건 법률조항에 의한 과징금부과절차는 판단주체의 전문성, 독립성, 중립성에 대한 보장과 실체적 진실발견절차에 대한 보장이 모두 크게 미흡하여 적법절차의 원칙에 위배된다.」

□ 죄형법정주의

▶ 의 의

▸ 우리 헌법상 죄형법정주의의 의미를 밝힌 판례

[憲 1991. 7. 8.-91헌가4](복표발행,현상기타사해행위단속법 제9조 및 제5조에 관한 위헌심판)

「2. "법률이 없으면 범죄도 없고 형벌도 없다"라는 말로 표현되는 죄형법정주의는 이미 제정된 정의로운 법률에 의하지 아니하고는 처벌되지 아니한다는 원칙으로서 이는 무엇이 처벌될 행위인가를 국민이 예측가능한 형식으로 정하도록하여 개인의 법적 안정성을 보호하고 성문의 형벌법규에 의한 실정법질서를 확립하여 국가형벌권의 자의적(恣意的) 행사로부터 개인의 자유와 권리를 보장하려는 법치국가 형법의 기본원칙이며, 우리 헌법도 제12조 제1항 후단에 "법률과 적법한 절차에 의하지 아니하고는 처벌·보안처분 또는 강제노역을 받지 아니한다"라고 규정하고, 제13조 제1항 전단에 "모든 국민은 행위시의 법률에 의하여 범죄를 구성하지 아니하는 행위로 소추되지 아니하며"라고 규정하여 죄형법정주의를 천명하였고, 이를 근거로 형법 제1조 제1항은 "범죄의 성립과 처벌은 행위시의 법률에 의한다"라고 규정하고 있다.

3. 죄형법정주의는 자유주의, 권력분립, 법치주의 및 국민주권의 원리에 입각한 것으로서 무엇이 범죄이며 그에 대한 형벌이 어떠한 것인가는 반드시 국민의 대표로 구성된 입법부가 제정한 법률로써 정하여야 한다는 원칙이고, 죄형법정주의를 천명한 헌법 제12조 제1항 후단이나 제13조 제1항 전단에서 말하는 "법률"도 입법부에서 제정한 형식적 의미의 법률을 의미하는 것임은 물론이다. 그런데 아무리 권력분립이나 법치주의가 민주정치의 원리라 하더라도 현대국가의 사회적 기능증대와 사회현상의 복잡화에 따라 국민의 권리·의무에 관한 사항이라하여 모두 입법부에서 제정한 법률만으로 다 정할 수는 없는 것이기 때문에 예외적으로 행정부에서 제정한 명령에 위임하는 것을 허용하지 않을 수 없다.

그러나 법률의 위임은 반드시 구체적이고 개별적으로 한정된 사항에 대하여 행해져야 한다. 그렇지 아니하고 일반적이고 포괄적인 위임을 한다면 이는 사실상 입법권을 백지위임하는 것이나 다름없어 의회입법의 원칙이나 법치주의를 부인하는 것이 되고 행정권의 부당한 자의와 기본권 행사에 대한 무제한적 침해를 초래할 위험이 있기 때문이다. 우리 헌법 제75조도 "대통령은 법률에서 구체적으로 범위를 정하여 위임받은 사항……에 관하여 대통령령을 발할 수 있다"라고 규정하여 위임입법의 근거와 아울러 그 범위와 한계를 제시하고 있는데 "법률에서 구체적으로 범위를 정하여 위임받은 사항"이라 함은 법률에 이미 대통령령으로 규정될 내용 및 범위의 기본사항이 구체적으로 규정되어 있어서 누구라도 당해 법률로부터 대통령령에 규정될 내용의 대강을 예측할 수 있어야 함을 의미한다. 그리고 위임입법에 관한 헌법 제75조는 처벌법규에도 적용되는 것이지만 법률에 의한 처벌법규의 위임은, 헌법이 특히 인권을 최대한으로 보장하기 위하여 죄형법정주의와 적법절차를 규정하고, 법률(형식적 의미의)에 의한 처벌을 특별히 강조하고 있는 기본권보장 우위사상에 비추어 바람직스럽지 못한 일이므로, 그 요건과 범위가 보다 엄격하게 제한적으로 적용되어야 한다. 따라서 처벌법규의 위임은 특히 긴급한 필요가 있거나 미리 법률로써 자세히 정할 수 없는 부득이한 사정이 있는 경우에 한정되어야 하고 이러한 경우일지라도 법률에서 범죄의 구성요건은 처벌대상인 행위가 어떠한 것일 것이라고 이를 예측할 수 있을 정도로 구체적으로 정하고 형벌의 종류 및 그 상한과 폭을 명백히 규정하여야 한다.」

◎ 같은 취지 : 憲 1993. 5. 13.-92헌마80

▶ 내 용

▸ 형벌불소급의 원칙과 관련하여, 공소시효의 정지규정을 과거에 이미 행한 범죄에 대하여 적용하도록 하는 법률이라 하더라도 그 사유만으로 형벌불소급의 원칙에 언제나 위배되는 것으로 단정할 수 없다고 본 판례

[憲 1996. 2. 16.-96헌가2등](5·18민주화운동등에관한특별법 제2조 위헌제청 등)

※ 〈제2편 - 제1장 - 2. - □ 내용〉 판례 인용부분 참조

▸ 죄형법정주의의 명확성의 원칙에 대한 판례

[憲 1990. 1. 15.-89헌가103](노동쟁의조정법 제13조의2 등에 의한 위헌심판)

「마. 죄형법정주의와의 관계

…… 따라서 처벌법규의 구성요건이 어느 정도 명확하여야 하는가는 일률적으로 정할 수 없고, 각 구성요건의 특수성과 그러한 법적 규제의 원인이 된 여건이나 처벌의 정도 등을 고려하여 종합적으로 판단하여야 한다(헌법재판소 1989. 12. 22. 선고, 89헌가13결정 참조). 법 제13조의2 및 제45조의2는 쟁의행위를 조종·선동·방해하거나 기타 이에 영향을 미칠 목적으로 개입하는 행위를 처벌의 대상으로 규정하고 있다. 이 사건 제청이유의 하나는 "…… 기타 이에 영향을 미칠 목적으로 개입하는 행위"란 그 내용이 너무 광범위하여 헌법 제12조 제1항이 규정한 죄형법정주의에 위반된다는 것이다. 위 판시에서 본 바와 같이 어떠한 처벌법규가 명확한지의 여부는 그 구성요건을 규정하는데 사용된 용어가 법관의 보충적인 해석을 필요로 하는 개념인지의 여부만으로 가릴 수 있는 것은 아니고, 그 구성요건 전체와의 관련 아래 판단되어야 하는 것이다. "영향을 미칠 목적"이라든가 "개입"이란 용어가 광범위한 해석의 여지를 두고 있는 것은 사실이다. 그러나 그 규정의 방식을 보면, 전단의 조종·선동·방해 등의 행위와 병렬적으로 되어 있어 적어도 조종·선동·방해 등의 결과에 준하는 영향을 미칠 목적이어야 하고, 개입의 정도로 조종·선동·방해에 준하는 것이어야 함을 알 수 있다.

따라서 앞서 본 제3자에 의한 쟁의행위의 왜곡을 방지하려는 위 법률 조항의 입법목적을 고려하여 판단한다면, "…… 기타 이에 영향을 미칠 목적으로 개입하는 행위"란, 노동쟁의에 개입한 제3자의 행위를 전체적으로 평가하여 노동관계 당사자의 자유롭고 자주적인 의사결정에 대하여 영향을 미칠 목적 아래 이루어진 쟁의행위의 강요·유도·조장·억압 등의 간섭행위를 포괄하는 것으로 보아야 할 것이므로, 어떠한 행위가 법이 규정한 "…… 기타 이에 영향을 미칠 목적으로 개입하는 행위"에 해당하는지의 여부는 누구나 예견할 수 있다 할 것이다. 따라서 법 제13조의2는 그 구성요건이 헌법 제12조 제1항이 요구하는 명확성을 충족하므로 이에 위

반되지 아니한다.」

⇔ 재판관 1인(재판관 변정수)의 반대의견

「노동쟁의조정법 제45조의2에서 처벌하기로 된 같은 법 제13조의2에 규정된 "쟁의행위에 관하여 관계당사자를 조종·선동·방해하거나 기타 이에 영향을 미칠 목적으로 개입하는 행위"라는 표현은 극히 애매모호하고 광범위하여 명확성이 결여되어 있으므로 죄형법정주의에 반하고, 근로자의 노동쟁의행위는 헌법상 보장된 권리로서 불법행위가 아니라 정당한 행위이므로 합법적 쟁의행위에 대한 합리적인 제3자개입은 금지되어야 할 것이 아니라 오히려 권장되어야 하는 것이 정의에 합당하는 것인데도 불구하고 위 법률조항들은 쟁의행위의 합법성 여부를 묻지 않고 그에 대한 제3자개입행위를 처벌대상으로 삼고 있다는 점에서 헌법이념과 정의감정에 반하는 법률이며 따라서 적법절차를 갖춘 법률이라고 할 수 없다. 결국 노동쟁의조정법 제13조의2, 제45조의2의 각 규정은 죄형법정주의와 적법절차를 규정한 헌법 제12조 제1항에도 위반된다.」

※ 위 다수의견에 대하여, 위 반대의견(위헌의견) 이외에 재판관 2인(재판관 김진우, 재판관 이시윤)의 반대의견(한정합헌) 및 재판관 1인(재판관 김양균)의 보충의견 및 반대의견(한정합헌)이 있었음

※ 위 사안에서 평등원칙 위반 여부에 대한 부분은 〈제5편 – 제2장 – □ 제한과 그 한계〉 판례 인용부분을, 근로3권의 제한에 대한 부분은 〈제5편 – 제3장 – 4. – □ 단결권·단체교섭권·단체행동권〉 판례 인용부분 각 참조

[憲 2002. 6. 27.-2001헌바70](군형법 제92조 위헌소원)

「나. 심판대상

이 사건의 심판 대상은 군형법 제92조 중 "기타 추행" 부분으로서, 그 규정의 내용 및 관련조항은 다음과 같다.

군형법 제92조(추행) 계간 기타 추행한 자는 1년 이하의 징역에 처한다.……

나. 이 사건 법률조항이 죄형법정주의에 위배되는지 여부

…… 이 사건 법률조항의 범죄구성요건사실인 '추행'은 "군이라는 공동사회의 건전한 생활과 군기"라는 보호법익을 침해하는 동시에 일반인의 입장에서 추행행위로 평가될 수 있는 행위이고, 그 대표적이고 전형적인 사례가 이 사건 법률조항에 직접적으로 예시된 '계간'이라고 봄이 상당하다. 그렇다면, 건전한 상식과 통상적인 법감정을 가진 군형법상 피적용자는 어떠한 행위가 이 사건 법률조항의 구성요건에 해당되는지 여부를 어느 정도 쉽게 파악할 수 있다고 판단되고, 그 전형적인 사례인 '계간'은 이 사건 법률조항에서 '추행'이 무엇인지를 해석할 수 있는 판단지침으로 활용될 수 있으며, 대법원 판결 등에 의하여 이미 이에 관한 구체적이고 종합적인 해석기준이 제시되고 있는 이상, 법률적용자가 이 사건 법률조항을 자의적으로 확대하여 해석할 염려는 없다고 하겠다(헌재 2000. 4. 27. 98헌바95등, 판례집 12-1, 508).

(3) 소 결 론

따라서, 이 사건 법률조항은 죄형법정주의에서 요구하는 형벌법규의 명확성의 원칙에 위배된다고 볼 수 없다.」

⇔ 재판관 2인(재판관 송인준, 재판관 주선회)의 반대의견

「가. 죄형법정주의의 명확성원칙 위반 여부

…… 이 사건 법률조항은 그 밖의 구성요건요소, 즉 추행이 강제 또는 비강제에 의한 것인

지 여부, 추행의 주체나 그 상대방 등에 대해서는 아무런 제한을 두고 있지 않아서 다음과 같은 해석상의 불명확함을 야기하고 있다.

(가) 우선 형법상의 강제추행죄가 '폭행 또는 협박'으로 추행하는 행위를 처벌하도록 규정되어 있는데 비하여 이 사건 법률조항은 '기타 추행'이라고만 규정하고 있는바, 이로 인해 이 사건 법률조항이 폭행이나 협박에 의하지 않은 비강제에 의한 추행만을 처벌하고자 하는 것인지, 아니면 형법상 강제추행죄와 같이 강제에 의해 이루어지는 추행도 처벌되는지 여부가 불분명하다.

(나) 다음으로, 이 사건 법률조항은 행위의 주체 및 그 상대방에 대해서는 아무런 규정을 두고 있지 않아 과연 남성간의 추행만을 대상으로 하는지, 아니면 여성간의 추행이나 이성간의 추행행위도 그 대상이 되는지 여부가 애매모호하다. …… 다수의견처럼 계간이 이 사건 법률조항에서 규정하는 '추행'의 예시라는 것만으로는 '추행'의 주체나 그 상대방과 관련하여 어떠한 명확한 해석도 내릴 수가 없다.……

(다) 따라서, 이 사건 법률조항이 '기타 추행'한 자를 처벌하도록 하고 있는 것은 위에서 본 바와 같이 추행의 강제성을 요구하는 지에 대해 그 구성요건이 불명확할 뿐만 아니라, 행위의 주체나 그 상대방에 대해 아무런 제한이 없어 본죄에 해당하는 행위의 범위를 확정하기가 어려워 죄형법정주의의 내용인 형벌법규의 명확성원칙에 위배된다고 할 것이다.」

◎ 같은 취지 : 憲 1992. 2. 25.-89헌가104; 1992. 4. 28.-90헌바27등; 1993. 3. 1.-92헌바33; 1994. 7. 29.-93헌가4등; 1997. 3. 27.-95헌가17; 1998. 3. 26.-97헌마194; 1998. 7. 16.-96헌바35; 2000. 6. 29.-98헌가10; 2000. 6. 29.-98헌바67

▶ 적용영역

▸ 형벌법규의 위임입법은 다른 영역에서의 위임입법보다 그 구체성이 더 강하게 요구된다는 취지의 판례
[憲 1991. 7. 8.-91헌가4](복표발행,현상기타사해행위단속법 제9조 및 제5조에 관한 위헌심판)
※ 위 판례 인용부분 참조

[憲 1998. 3. 26.-96헌가20](노동조합법 제46조의3 위헌제청)

「"법률이 없으면 범죄도 없고 형벌도 없다"라는 말로 표현되는 죄형법정주의는 법치주의, 국민주권 및 권력분립의 원리에 입각한 것으로서 일차적으로 무엇이 범죄이며 그에 대한 형벌이 어떠한 것인가는 반드시 국민의 대표로 구성된 입법부가 제정한 성문의 법률로써 정하여야 한다는 원칙이고, 헌법도 제12조 제1항 후단에 "법률과 적법한 절차에 의하지 아니하고는 처벌을 받지 아니한다"라고 규정하여 죄형법정주의를 천명하고 있는 바, 여기서 말하는 '법률'이란 입법부에서 제정한 형식적 의미의 법률을 의미하는 것임은 물론이다. 그리고 현대국가의 사회적 기능증대와 사회현상의 복잡화에 따라 국민의 권리 · 의무에 관한 사항이라 하여 모두 입법부에서 제정한 법률만으로 다 정할 수는 없어 예외적으로 하위법령에 위임하는 것을 허용하지 않을 수 없다 하더라도 그러한 위임은 반드시 구체적이고 개별적으로 한정된 사항에 대하여 행해져야 한다. 그렇지 아니하고 일반적이고 포괄적인 위임을 한다면 이는 사실상 입법권을 백지위임하는 것이나 다름이 없어 의회입법의 원칙이나 법치주의를 부인하는 것이 되며, 특히 법률에 의한 처벌법규의 위임은, 헌법이 특별히 인권을 최대한으로 보장하기 위하여 죄형법정주의와 적법절차를 규정하고, 법률에 의한 처벌을 특별히 강조하고 있는 기본권보장 우위사상에 비추어 바람직스럽지 못한 일이므로, 그 요건과 범위가 보다 엄격하게

제한적으로 적용되어야 한다. 따라서 처벌법규의 위임은 특히 긴급한 필요가 있거나 미리 법률로써 자세히 정할 수 없는 부득이한 사정이 있는 경우에 한정되어야 한다.」

◎ 같은 취지 : 憲 1996. 2. 29.-94헌마213; 2000. 6. 29.-99헌가16; 2000. 7. 20.-99헌가15

□ 이중처벌의 금지

▶ 적용영역

▸ 이중처벌의 적용영역이 거듭된 국가의 형벌권 행사를 금지하는 것일 뿐, 형벌권 행사에 덧붙여 일체의 제재나 불이익처분을 부가할 수 없는 것은 아니라고 본 판례

[憲 1994. 6. 30.-92헌바38](구건축법 제56조의2 제1항 위헌소원)

「나. 이 사건 규정의 위헌 여부

(1) 구 건축법에 의하면, 도시계획구역 안에서 일정규모 이상의 건축물을 건축하기 위하여는 미리 허가를 받아야 하고(제5조 제1항), 건축물의 용도를 변경하는 행위는 이를 건축물의 건축으로 보며(제48조), 무허가 건축행위(용도변경행위를 포함한다. 이하 같다)에 대하여는 3년 이하의 징역 또는 5천만원 이하의 벌금에 처하도록(제54조 제1항) 규정하고 있다. 그리고, 위 법에 위반되는 건축물에 대하여는 같은 법 제42조 제1항의 규정에 따라 시장 또는 군수가 시정명령을 할 수 있고, 그 시정명령을 받고도 시정을 하지 아니한 건축주에 대하여는 이 사건 규정에 의하여 과태료에 처하도록 하고 있다.

구 건축법 제54조 제1항의 규정에 의하여 무허가 건축행위를 한 자에 대하여 과하는 징역형 또는 벌금형과 이 사건 규정에 의한 과태료는 모두 행정법규상 의무(명령, 금지) 위반행위에 대하여 국가의 일반통치권에 근거하여 과하는 제재수단이나, 전자는 그 위반이 직접적으로 행정목적과 사회공익을 침해하는 경우 그 반사회성에 대한 제재로서 일반적으로 법원이 형사소송절차에 의하여 형법에 형명(刑名)이 규정되어 있는 형벌을 과하는 것으로서 강학상 행정형벌에 해당함에 대하여 후자는 그 위반이 행정상의 질서에 장애를 주는 경우 의무이행의 확보를 위하여 일반적으로 행정기관이 행정적 절차에 의하여 부과·징수하는 금전벌로서 이른바 행정질서벌에 속한다고 할 수 있다.

(2) 헌법 제13조 제1항은 "모든 국민은…… 동일한 범죄에 대하여 거듭 처벌받지 아니한다"고 하여 이른바 "이중처벌금지의 원칙"을 규정하고 있는바, 이 원칙은 한번 판결이 확정되면 동일한 사건에 대해서는 다시 심판할 수 없다는 "일사부재리의 원칙"이 국가형벌권의 기속원리로 헌법상 선언된 것으로서, 동일한 범죄행위에 대하여 국가가 형벌권을 거듭 행사할 수 없도록 함으로써 국민의 기본권 특히 신체의 자유를 보장하기 위한 것이라고 할 수 있다. 이러한 점에서 헌법 제13조 제1항에서 말하는 '처벌'은 원칙으로 범죄에 대한 국가의 형벌권 실행으로서의 과벌을 의미하는 것이고, 국가가 행하는 일체의 제재나 불이익처분을 모두 그 '처벌'에 포함시킬 수는 없다 할 것이다.

다만, 행정질서벌로서의 과태료는 행정상 의무의 위반에 대하여 국가가 일반통치권에 기하여 과하는 제재로서 형벌(특히 행정형벌)과 목적·기능이 중복되는 면이 없지 않으므로, 동일한 행위를 대상으로 하여 형벌을 부과하면서 아울러 행정질서벌로서의 과태료까지 부과한다면 그것은 이중처벌금지의 기본정신에 배치되어 국가 입법권의 남용으로 인정될 여지가 있음을 부정할 수 없다.

(3) 이중처벌금지의 원칙은 처벌 또는 제재가 "동일한 행위"를 대상으로 행해질 때에 적용될 수 있는 것이고, 그 대상이 동일한 행위인지의 여부는 기본적 사실관계가 동일한지 여부에 의하여 가려야 할 것이다.

그런데, 구 건축법 제54조 제1항에 의한 형사처벌의 대상이 되는 범죄의 구성요건은 당국의 허가 없이 건축행위 또는 건축물의 용도변경행위를 한 것이고 이 사건 규정에 의한 과태료는 건축법령에 위반되는 위법건축물에 대한 시정명령을 받고도 건축주 등이 이를 시정하지 아니할 때 과하는 것이므로, 양자는 처벌 내지 제재대상이 되는 기본적 사실관계로서의 행위를 달리하는 것이다.……

이러한 점에 비추어 구 건축법 제54조 제1항에 의한 무허가 건축행위에 대한 형사처벌과 이 사건 규정에 의한 시정명령 위반에 대한 과태료의 부과는 헌법 제13조 제1항이 금지하는 이중처벌에 해당한다고 할 수 없고, 또한 무허가 건축행위에 대하여 형사처벌을 한 후에라도 그 위법행위의 결과 침해된 법익을 원상회복시킬 필요가 있으므로 이를 위한 행정상 조치로서 시정명령을 발하고 그 위반에 대하여 과태료를 부과할 수 있도록 한 것이 기본권의 본질적 내용을 침해하는 것이라고 할 수도 없다 할 것이다.」

◎ **같은 취지 : 憲 2001. 5. 31.-99헌가18등; 2002. 7. 18.-2000헌바57**

▶ 이중처벌의 관계에 있지 않다고 본 구체적인 사례들

▸ 보안처분과 형벌

[憲 1989. 7. 14.-88헌가5등](사회보호법 제5조의 위헌심판)

「나. 보호감호처분의 일사부재리원칙 위반 여부

(1) 사회보호법 제5조에 정한 보호감호처분은 피감호자의 신체의 자유를 박탈하는 수용처분이라는 점에서 자유형과 다름이 없기 때문에, 먼저 "모든 국민은 동일한 범죄에 대하여 거듭 처벌받지 아니한다"라고 규정한 헌법 제13조 제1항에 위배되는 것이 아니냐는 의문이 제기된다.

형벌의 본질이나 목적 또는 기능을 둘러싸고 아직도 학설상의 다툼이 있기는 하나, 형법은 본질적으로 과거의 범죄행위에 대한 윤리적 · 도의적 · 규범적 비난의 체현이므로 반대의 책임을 전제로 하며, 책임의 양을 넘을 수 없는 제약을 받게 된다.

보안처분 특히 보호감호처분은 형벌의 이러한 책임종속성으로 인하여 책임능력이 없어서 형벌을 과함이 불가능하거나, 책임의 비례에 따른 제약 때문에 형벌만으로는 행위자의 장래의 재범에 대한 위험성을 제거하기에 충분하지 못한 경우에 사회방위와 행위자의 사회복귀의 목적을 달성하기 위하여 특별히 고안된 것으로써 20세기 전반부터 구라파대륙의 여러 나라에서 채택하고 있는 제도이다.

(2) 한편, 보안처분이 보안처분의 대상자들에게는 범죄에 대한 형벌과 다름없는 자유의 박탈 또는 제한으로 인식되고, 형벌 역시 행위자에 대한 교육개선의 효과를 위한 예방적 성격도 가지고 있는 것이어서 보안처분과 형벌은 그 목적에 있어서도 명확한 구분이 될 수 없다는 등의 이유를 들어 보호감호처분제도 자체의 의의를 부인하는 의견이 끊이지 않았다.

그러나, 헌법은 1972. 12. 27. 개정헌법 이래 보안처분제도를 헌법상의 제도로 수용하여 왔으므로 헌법의 규정에 따라 어떠한 형태의 보안처분제도를 마련하느냐의 문제는 헌법에 위반되지 아니하는 한 오로지 입법권자의 형성의 자유에 속한다 할 것이다.

따라서 사회보호법 제5조에 정한 보호감호처분은 헌법 제12조 제1항에 근거한 보안처분으로서 형벌과는 그 본질과 추구하는 목적 및 기능이 다른 별개의 독자적 의의를 가진 형사적 제재로 볼 수밖에 없다.

(3) 그렇다면, 보호감호와 형벌은 비록 다같이 신체의 자유를 박탈하는 수용처분이라는 점에서 집행상 뚜렷한 구분이 되지 않는다고 하더라도 그 본질, 추구하는 목적과 기능이 전혀 다른 별개의 제도이므로 형벌과 보호감호를 서로 병과하여 선고한다 하여 헌법 제13조 제1항에 정한 이중처벌금지의 원칙에 위반되는 것은 아니라 할 것이다.」

※ 다른 쟁점에 대하여는 〈제5편 – 제3장 – 1. – 인신보호를 위한 헌법원리 – □ 적법절차원리〉 판례 인용부분 참조

◎ 같은 취지 : 憲 1991. 4. 1.–89헌마17등; 1996. 11. 28.–95헌바20; 1997. 11. 27.–92헌바28; 2001. 3. 21.–99헌바7

▸ 누범가중처벌

[憲 2002. 10. 31.–2001헌바68](폭력행위등처벌에관한법률 제3조 제4항 위헌소원)

「나. 이 사건 법률조항이 정하는 누범가중이 일사부재리원칙이나 평등원칙에 위배되는지 여부

(1) 누범에 대한 형의 가중은 전범의 존재를 이유로 후범의 형을 가중하는 것이어서 동일한 범죄로 거듭 처벌받지 아니한다는 일사부재리의 원칙과 전과자라는 사회적 신분을 이유로 차별을 금지하는 평등원칙에 위배되는지 여부가 문제된다.

(2) 이에 관하여 이미 우리재판소는 93헌바43결정(헌재 1995. 2. 23. 93헌바43, 판례집 7-1, 222)을 통하여 형법 제35조의 누범조항이 일사부재리원칙과 평등원칙에 위배되지 않는다고 판시한 바 있는데, 그 이유의 요지는,

『형법 제35조 제1항이 규정하는 누범은 금고 이상의 형을 받아 그 집행을 종료하거나 면제받은 후 3년 내에 금고 이상에 해당하는 죄를 범한 경우로, 같은 법조 제2항에서 누범을 그 죄에 정한 형의 장기의 2배까지 가중하도록 규정하고 있는바, 이와 같이 가중처벌하는 취지는 범인이 전범에 대한 형벌에 의하여 주어진 기왕의 경고에 따르지 아니하고 다시 범죄를 저질렀다는 잘못된 범인의 생활태도와, 범인이 전범에 대한 형벌의 경고기능을 무시하고 다시 범죄를 저지름으로써 범죄추진력이 새로이 강화되었기 때문에 책임이 가중되어야 한다는 데 있고, 또한 재범예방이라는 형사정책적 목적이 배려된 바 있다 할 것이다.

따라서 누범을 가중처벌하는 것은 전범에 대하여 형벌을 받았음에도 다시 범행을 하였다는 데 있는 것이지, 전범과 후범을 일괄하여 다시 처벌한다는 것이 아니므로 일사부재리의 원칙에 위배되는 것은 아니다.

또한 누범을 가중처벌하는 것은 전범에 대한 형벌의 경고적 기능을 무시하고 다시 범죄를 저질렀다는 점에서 사회적 비난가능성이 높고, 누범이 증가하고 있는 추세를 감안하여 범죄예방 및 사회방위의 형사정책적 고려에 기인한 것이어서 합리적 근거 있는 차별이라 볼 것이므로 평등원칙에도 위배되지 아니한다고 할 것이다』라고 하는 데 있다.

(3) 이러한 관점에서 이 사건 법률조항이 정하는 누범요건을 보면, 과실범간의 또는 과실범과 고의범간의 누범까지도 인정하는 형법상의 누범요건과는 달리 전범과 후범이 모두 고의범으로서 폭력범죄라는 관련성을 가질 것과 폭력범죄로 인한 2회의 징역형을 요구하고 있는 점에서 형법상의 그것에 비하여 보다 엄격히 그 요건을 정하고 있고, 누범에 대한 책임가중의 근거를 누범의 요건으로 명시함으로써 책임원칙에 더욱 부합하도록 하고 있다.

(4) 그렇다면 누범의 요건을 형식적인 전범과 후범의 존재 및 누범기간만을 정한 것에서 벗어나 전범과 후범 사이에 범죄행위의 실질적 관련성을 요구하고, 폭력범죄로 인한 2회 이상의 징역형의 전판결을 요구함으로써 전판결의 경고기능을 실질화한 이 사건 법률조항이 정한 누범요건은 형법상의 그것과 비교하여 더욱 책임원칙과 조화된다고 할 것이므로 일사부재리원칙이나 평등원칙에 위배된다고 볼 수 없다.」

※ 위 다수의견에 대하여 재판관 3인(재판관 김영일, 재판관 김효종, 재판관 주선회)은 이 사건 법률조항은 책임원칙에 반하는 과잉형벌이자 형벌체계상의 균형을 상실한 자의적인 처벌로서 평등원칙에도 위배된다고 할 것이어서 헌법에 위반된다는 취지의 반대의견(위헌)을 내었음

▸ 상습범의 가중처벌

[憲 1995. 3. 23.-93헌바59](특정범죄가중처벌등에관한법률 제5조의4 제1항 위헌소원)

「재판실무상 상습성 유무를 전과사실에 의존하여 판단하고 있음을 보면 이미 처벌받은 종전의 전과사실을 내세워 상습성을 인정하고 처벌함은 실질적으로 일사부재리의 원칙에 반한다고 주장하나, 살피면 이 사건 법률조항이 처벌대상으로 삼고있는 것은 이미 처벌받은 전범(前犯)이 아니고 후범(後犯)이며 앞서 본 상습성의 위험성 때문에 일반범죄와 달리 가중처벌함에 그 목적을 두고 있으므로 이는 헌법 제13조 제1항 소정의 일사부재리의 원칙에 위배되지 아니하다고 볼 것이다.」

▸ 행정형벌과 행정질서벌인 과태료의 부과

[憲 1994. 6. 30.-92헌바38](구건축법 제56조의2 제1항 위헌소원)

※ 위 판례 인용부분 참조

▸ 운행정지처분과 형사처벌

[大 1983. 6. 14.-82누439](자동차운행정지처분 무효확인)

「원고에 대한 원판시 운행정지처분의 사유가 된 사실관계로 원고가 이미 소론과 같은 형사처벌을 받은바 있다 하여 피고의 행정처분이 일사부재리의 원칙에 위반된다고 말할 수는 없다. 논지는 자동차운수사업법 제31조에 근거한 피고의 운행정지 처분이 있기 전에 원고가 같은 사실관계로 형사처벌을 받았으므로 피고의 행정처분이 일사부재리의 원칙에 위반되는 것이라는 독자적 견해와 원심이 원고의 무효확인청구를 배척한 이유와는 아무런 관련도 없는 재량권남용에 관한 주장들을 내세워 원심판결이 부당하다고 헐뜯는 것에 불과하므로 이유없다. 이에 상고를 기각하고, 상고비용은 패소자의 부담으로 하여 관여법관의 일치된 의견으로 주문과 같이 판결한다.」

▸ 동일한 범죄에 대한 외국의 확정판결과 형사처벌

[大 1983. 10. 25.-83도2366](가. 특정범죄가중처벌등에관한법률위반, 나. 방위세법위반)

「소론과 같이 피고인이 동일한 행위에 관하여 일본국에서 형사처벌을 과하는 확정판결을 받았다 하여도 이런 외국판결은 우리 나라에서는 기판력이 없다고 할 것이므로 여기에 일사부재리의 원칙이 적용될리 없다. 이와 같은 취지에서 원심판결이 위 외 국판결의 기판력을 인정하지 아니한 조치는 정당하고 거기에 소론과 같은 위법이 있다고 할 수 없으며 본건에서 양형

과중의 주장은 적법한 불복사유로 되지 아니함이 형사소송법 제383조의 규정에 명백하다.」

▸ 동일한 사유로 인한 직위해제처분과 감봉처분

[大 1983. 10. 25.-83누184](감봉처분취소)

「원심판결 이유에 의하면, 원심은 …… 위 사실에 비추어 보면, 원고는 교육공무원으로서 국가공무원법 소정의 복종의무, 직장이탈금지의무 및 품위유지의무에 위배하였다 할 것이고 따라서 이는 교육공무원법 제51조 제1항 및 국가공무원법 제78조 제1항 제1호 및 제3호 소정의 징계사유에 해당하는 것이므로 적법한 징계사유에 대하여 적법한 징계절차를 거쳐 이루어진 이 사건 징계처분은 적법하다고 판시하고 있는바, 기록에 의하면 원심의 위와 같은 사실인정 및 판단은 정당하고, 거기에 소론과 같은 의제자백에 관한 법리오해나 피고가 허위로 조작한 증거에 의하여 사실을 오인한 위법이 없을 뿐만 아니라 징계절차에도 위법이 없으며, 직위해제처분이 공무원에 대한 불이익한 처분이긴 하나 징계처분과 같은 성질의 처분이라 할 수 없으므로 같은 취지의 원심판결에 일사부재리원칙의 법리를 오해한 위법이 없고, 또 소제기 후 변론의 지연이나 원고의 직위해제처분취소 청구사건을 이 사건 청구와 동시에 심리한 사실만으로는 소송절차의 위배가 있다 할 수 없고, 그외 직위해제처분취소 청구사건에 관한 소론과 같은 사유는 이 사건의 적법한 상고이유가 될 수 없는 바이니 논지는 어느 것이나 이유 없다.」

▸ 형벌과 신상공개

[憲 2003. 6. 26.-2002헌가14](청소년의성보호에관한법률 제20조 제2항 제1호 등 위헌제청)

「(1) 이중처벌금지의 원칙 위배 여부

헌법 제13조 제1항은 "모든 국민은 …… 동일한 범죄에 대하여 거듭 처벌받지 아니한다"고 하여 '이중처벌금지의 원칙'을 규정하고 있다. 이 원칙은 한번 판결이 확정되면 동일한 사건에 대해서는 다시 심판할 수 없다는 '일사부재리의 원칙'이 국가형벌권의 기속원리로 헌법상 선언된 것으로서, 동일한 범죄행위에 대하여 국가가 형벌권을 거듭 행사할 수 없도록 함으로써 국민의 기본권 특히 신체의 자유를 보장하기 위한 것이다. 그런데 헌법 제13조 제1항에서 말하는 '처벌'은 원칙적으로 범죄에 대한 국가의 형벌권 실행으로서의 과벌을 의미하는 것이고, 국가가 행하는 일체의 제재나 불이익처분을 모두 그 '처벌'에 포함시킬 수는 없는 것이다 (헌재 1994. 6. 30. 92헌바38, 판례집 6-1, 619, 627).

신상공개제도는 형의 종류를 정하고 있는 형법 제41조에 해당되지 않으나, 해당 범죄자에게 확정된 유죄판결 외에 추가적으로 수치감과 불명예 등의 불이익을 주게 되는데, 이러한 불이익이 실질적으로 수치형이나 명예형에 해당되는지 여부를 살펴봄에 있어서는 신상공개제도의 입법목적, 공개되는 내용과 유죄판결의 관계 등이 고려되어야 할 것이다.

법 제20조 제1항은 "청소년의 성을 사는 행위 등의 범죄방지를 위한 계도"가 신상공개제도의 주된 목적임을 명시하고 있는바, 이 제도는 유사한 범죄예방을 위한 하나의 방법으로 도입된 것이며, 이로써 당사자에게는 일종의 수치심과 불명예를 줄 수 있지만 이는 어디까지나 신상공개제도가 추구하는 입법목적에 부수적인 것이지, 주된 것은 아니라고 볼 것이다. 실제로 지금까지 행해진 신상공개의 실상을 보면, 이는 대국민 범죄방지의 계도를 위하여 개인에 대한 부분적인 자료를 공개한 것으로서, 일종의 사례공개를 하는 정도에 불과한 것이었다.

신상공개제도에서 공개되는 신상과 범죄사실은 헌법 제109조 본문에 의해 이미 공개된 재판에서 확정된 유죄판결의 내용의 일부이며 달리 개인의 신상 내지 사생활에 관한 새로운 내용이 아니고, 위에서 본 바와 같이 공익적 목적을 위하여 이를 공개하는 과정에서 부수적으로 수치심 등이 발생된다고 하여 이것을 기존의 유죄판결 상의 형벌 외에 또 다른 형벌로서 '수치형'이나 '명예형'에 해당한다고 볼 수는 없다.

통상 어떤 행위를 범죄로 규정하고, 이에 대하여 어떠한 형벌을 과할 것인가 하는 문제는 우리의 역사와 문화, 입법 당시의 시대적 상황과 국민일반의 가치관 내지 법감정, 범죄의 실태와 죄질 및 보호법익 그리고 범죄예방효과 등을 종합적으로 고려하여 입법자에게 입법재량 내지 형성의 자유가 인정되는 것으로(헌재 1995. 4. 20. 91헌바 11, 판례집 7-1, 478, 487 ; 1998. 11. 26. 97헌바67, 판례집 10-2, 701, 711-712), 입법자에게는 특정 사회적 현상에 대처하기 위해 범죄예방 조치를 택할 수 있는 입법형성의 자유가 허용된다고 볼 것이고, 신상공개제도는 후술하듯이 인권을 침해하는 위헌적인 제도로 파악되기 어려운 이상, 비록 범죄자의 수치심과 불명예를 수반한다고 하더라도 입법자가 19세 미만의 청소년의 성매수 범죄와 같은 새로운 형태의 반사회적인 범죄에 대처하기 위하여 선택할 수 있는 입법형성의 범위 내에 속하는 것이라고 보아야 할 것이다.

이상의 이유에서, 신상공개제도는 범죄에 대한 국가의 형벌권 실행으로서의 과벌에 해당한다고 단정할 수 없으므로 헌법 제13조의 이중처벌금지 원칙에 위배되지 않는다.

참고로, 미국 연방대법원은 알래스카주의 메간법이 성범죄자로 하여금 이미 유죄확정되어 대중에게 개방된 판결자료 중 자신의 신상과 유죄판결에 관한 사항에 관하여 관할 당국에 등록하도록 하고(위반시 형사처벌), 그 자료를 당국이 인터넷에 공개한다고 되어 있어도 이를 수치형이나 명예형으로 볼 수는 없다고 판단한 바 있다.」

※ 위 재판관 4인(재판관 윤영철, 재판관 하경철, 재판관 김효종, 재판관 김경일)의 합헌의견에 대하여, 재판관 5인(재판관 한대현, 재판관 김영일, 재판관 권성, 재판관 송인준, 재판관 주선회)은 위 신상공개제도가 인격권을 침해하고, 평등원칙을 위반하여 위헌이라는 취지의 반대의견(위헌)을 내었으나, 위헌결정의 정족수를 채우지 못하여 합헌으로 결정된 사안임

□ 친족의 행위로 인한 불이익처우의 금지

▶ 내 용

▸ 헌법 제13조 제3항에 위반됨을 인정한 헌법재판소 판례

[憲 1996. 1. 25.-95헌가5](반국가행위자의처벌에관한특별조치법 제2조 제1항 제2호 등 위헌제청)

「특조법 제8조는 제2조 제2항에서 "이 법에서 반국가행위자의 재산이라 함은 행위자가 실질적으로 소유하고 있는 동산·부동산·유가증권 기타 일체의 재산적 가치있는 물건 또는 권리를 말한다"고 규정하고 있고, 제10조에서 몰수판결의 효력은 몰수대상물의 명의자 또는 점유자에 대하여도 효력이 있다고 규정한 점과 종합하여 보면, 친족의 재산까지도 반국가행위자의 재산이라고 검사가 적시하기만 하면 특조법 제7조 제7항에 의하여 증거조사 없이 몰수형이 선고되게 되어 있으므로, 헌법 제13조 제3항에서 금지한 연좌형이 될 소지도 크다. 따라서 특조법 제8조는 헌법 제13조 제3항에도 위반된다.」

▶ **구체적인 문제**

▸ 선거사무장 등의 선거범죄로 인한 후보자의 당선무효책임에 대하여 이를 헌법 제13조 제3항 위반으로 보지 않는 대법원 판례

[大 1997. 4. 11.-96도3451](공직선거및선거부정방지법위반)

「1. 원심판결 이유에 의하면 원심은, 제1심판결이 "양형이유"라는 항에서 피고인들이 어떠한 수단과 방법을 동원하여서라도 자신이 지지하는 공소외 조○석이 당선되면 그만이라는 생각 하에 공모하여 이 사건 기부행위를 함으로써 공직선거및선거부정방지법을 정면으로 위반한 만큼 피고인들에게 징역형을 선고하여 피고인들이 지지한 위 조○석의 당선을 무효화시킴으로써 금권선거는 용납하지 않겠다는 공직선거및선거부정방지법의 단호한 의지를 천명하고, 앞으로의 선거에서 이러한 범죄행위가 다시 재현되지 않도록 경고할 필요가 있다고 설시하였다 해도 이는 결코 오로지 또는 주로 위 조○석의 당선을 무효화시킬 의도에서만 피고인들에게 징역형을 선고한다는 것이 아님이 그 기재에 의하여 명백하다고 판단한 다음, 양형의 조건이 되는 판시 각 사유를 들어 선거사무장 및 회계책임자인 피고인들에 대하여 징역형을 선고한 제1심을 유지하면서, 선거사무장 또는 회계책임자가 기부행위를 한 죄로 징역형을 선고받는 경우에 그 후보자의 당선이 무효로 되는 것은 그러한 뜻을 규정하고 있는 공직선거및선거부정방지법 제265조의 규정에 의한 것일 뿐이고, 피고인들에 대하여 징역형을 선고하는 것이 연좌제를 금지한 헌법 위반이라고 할 수는 없다고 판시하였는바, 기록과 관계 법령의 규정내용에 비추어 원심의 위와 같은 판단은 정당한 것으로 수긍할 수 있고, 원심판결에 헌법상의 연좌제 금지와 관련한 법리오해의 위법이 있다 할 수 없다.」

□ 무죄추정의 원칙

▶ **내 용**

▸ 유죄판결이 확정될 때까지는 원칙적으로 무죄인 사람으로 다루어져야 하고, 그 불이익은 필요한 최소한에 그쳐야 한다는 취지의 판례

[憲 1990. 11. 19.-90헌가48](변호사법 제15조에 대한 위헌심판)

「변호사법 제15조에서 변호사에 대해 형사사건으로 공소가 제기되었다는 사실만으로 업무정지명령을 발하게 한 것은 아직 유무죄가 가려지지 아니한 범죄의 혐의사실뿐 확증없는 상태에서 유죄로 추정하는 것이 되며 이를 전제로 한 불이익한 처분이라 할 것이다. 공소의 제기가 있는 피고인이라도 유죄의 확정판결이 있기까지는 원칙적으로 죄가 없는 자에 준하여 취급하여야 하고, 불이익을 입혀서는 안된다고 할 것으로 가사 그 불이익을 입힌다 하여도 필요한 최소한도에 그치도록 비례의 원칙이 존중되어야 하는 것이 헌법 제27조 제4항의 무죄추정의 원칙이며, 여기의 불이익에는 형사절차상의 처분뿐만 아니라 그 밖의 기본권제한과 같은 처분도 포함된다고 할 것이다. 변호사법 제15조의 규정에 의하여 입는 불이익은 죄가 없는 자에 준하는 취급이 아님은 말할 것도 없고, 불이익을 입히는데 앞서 본 바와 같이 필요한 요건, 불이익처분의 기관구성, 절차 및 불이익의 정도 등에 있어서 비례의 원칙이 준수되었다고 보기 어려울 것으로 헌법의 위 규정을 어긴 것이라 할 것이다. 의사, 약사, 변리사, 공인회계사 등의 자격정지를 시킬 때는 변호사법 제15조와 같은 규정은 없다. 그렇다고 변호사에 대하여 공소제기를 할 경우에 통상인과 달리 공소제기의 요건을 법률상 특별하게 엄격히 하고 있는 것도 아니라면 이들과 다른 법적 처우를 하여야 할 합리적 근거를 쉽사리 찾기 어렵다.」

◎ 같은 취지 : 憲 1997. 5. 29.-96헌가17

▸ 불구속수사와 불구속재판을 원칙으로 하여야 한다는 취지의 판례

[憲 1992. 1. 28.-91헌마111](변호인의 조력을 받을 권리에 대한 헌법소원)

「가. 헌법 제27조 제4항은 "형사피고인은 유죄의 판결이 확정될 때까지 무죄로 추정된다"라고 하여 이른바 무죄추정의 원칙을 선언하였는데 공소가 제기된 형사피고인에게 무죄추정의 원칙이 적용되는 이상, 아직 공소제기조차 되지 아니한 형사피의자에게 무죄추정의 원칙이 적용되는 것은 너무도 당연한 일이며 이 무죄추정의 원칙은 언제나 불리한 처지에 놓여 인권이 유린되기 쉬운 피의자, 피고인의 지위를 옹호하여 형사절차에서 그들의 불이익을 필요한 최소한에 그치게 하자는 것으로서 인간의 존엄성 존중을 궁극의 목표로 하고 있는 헌법이념에서 나온 것이다. 이 무죄추정의 원칙으로 인하여 불구속수사, 불구속재판을 원칙으로 하고 예외적으로 피의자 또는 피고인이 도망할 우려가 있으나 증거를 인멸할 우려가 있는 때에 한하여 구속수사 또는 구속재판이 인정될 따름이다.

나. 피의자, 피고인의 구속은 무죄추정을 받고 있는 사람에 대하여만 부득이 인정되고 있는 제도이므로 구속이 도망의 방지나 증거인멸의 방지라는 구속의 목적을 넘어서 수사편의나 재판편의를 위하여 이용되어서는 아니됨에도 불구하고 이것이 수사기관이나 재판기관에 의하여 남용되기 쉬우며 구속된 피의자나 피고인은 그것만으로도 불안, 공포, 절망, 고민, 정신혼란 등 불안정한 상태에 빠지게 되고 수입상실, 수입감소, 사회활동의 억제, 명예의 추락 등 많은 불이익을 입게 되는데 특히 구속된 피의자의 경우는 자칫 자백을 얻어 내기 위한 고문·폭행 등이 자행되기 쉽고, 헌법이 보장하고 있는 진술거부권(헌법 제12조 제2항 후단)도 보장되기 어렵게 되며, 구속이 그 목적을 일탈하여 수사편의나 재판편의로 이용될 때 공소제기가 잘못되거나 재판이 잘못되어 원죄(冤罪)사건이 생기기 쉽다. 이처럼 무죄추정을 받고 있는 피의자, 피고인에 대하여 신체구속의 상황에서 생기는 여러가지 폐해를 제거하고 구속이 그 목적의 한도를 초과하여 이용되거나 적용하지 않게끔 보장하기 위하여 헌법 제12조 제4항 본문은 "누구든지 체포 또는 구속을 당한 때에는 즉시 변호인의 조력을 받을 권리를 가진다"라고 규정하여 신체구속을 당한 사람에 대하여 변호인의 조력을 받을 권리를 기본권으로 보장하고 있다. 그리고 "변호인의 조력"은 "변호인의 충분한 조력"을 의미한다.

다. 신체구속을 당한 사람에 대하여 변호인의 충분한 조력을 받게 하기 위하여서는 무엇보다도 먼저 신체구속을 당한 사람이 변호인과 충분한 상담을 할 수 있도록 해 주어야만 할 것이므로 변호인의 조력을 받을 권리의 필수적 내용은 신체구속을 당한 사람과 변호인과의 접견교통일 것이다. 변호인은 접견을 통하여 구속된 피의자, 피고인의 상태를 파악하여 그에 따른 적절한 대응책을 강구하고, 피의사실이나 공소사실의 의미를 설명해 주고 그에 관한 피의자·피고인의 의견을 듣고 대책을 의논하며, 피의자나 피고인 진술의 방법, 정도, 시기, 내용 등에 대하여 변호인으로서의 의견을 말하고 지도도 하고, 진술거부권이나 서명날인거부권의 중요성과 유효적절한 행사방법을 가르치고 그것들의 유효적절한 행사에 의하여 억울한 죄를 면할 수 있다는 것을 인식시켜야 하며, 수사기관에 의한 자백강요, 사술(詐術), 유도(誘導), 고문 등이 있을 수 있다는 것을 알려 이에 대한 대응방법을 가르쳐 허위자백을 하지 않도록 권고하고, 피의자로부터 수사관의 부당한 조사(유도, 협박, 이익공여, 폭력 등) 유무를 수시로 확인해야 하며, 피의자나 피고인의 불안, 절망, 고민, 허세 등을 발견하면 그 감정의 동요에 따라 격려하여 용기를 주거나 위문하거나 충고하여야 할 것이다. 그런데 이러한 일은 구속된 자와

변호인의 대화내용에 대하여 비밀이 완전히 보장되고 어떠한 제한, 영향, 압력 또는 부당한 간섭없이 자유롭게 대화할 수 있는 접견을 통하여서만 가능하고 이러한 자유로운 접견은 구속된 자와 변호인의 접견에 교도관이나 수사관 등 관계공무원의 참여가 없어야 가능할 것이다. 만약 관계공무원이 가까이서 감시하면서 대화내용을 듣거나 녹취하거나 또는 사진을 찍는 등 불안한 분위기를 조성한다면 변호인의 이러한 활동은 방해될 수밖에 없고 이는 변호인의 조력을 받을 권리나 진술거부권을 기본권으로 보장한 헌법정신에 크게 반하는 일이다.

공소제기를 잘못하거나 오판 등에 의한 원죄(寃罪)는 구속된 피의자, 피고인과 변호인의 자유로운 접견교통에 의하여 사전에 예방될 수 있을 것이다.

라. 이상과 같이 변호인과의 자유로운 접견은 신체구속을 당한 사람에게 보장된 변호인의 조력을 받을 권리의 가장 중요한 내용이어서 국가안전보장 · 질서유지 · 공공복리 등 어떠한 명분으로도 제한될 수 있는 성질의 것이 아니다. 그리고 구속된 사람을 계호(戒護)함에 있어서도 1988. 12. 9. 제43차 유엔총회에서 채택된 "모든 형태의 구금 또는 수감상태에 있는 모든 사람들을 보호하기 위한 원칙" 제18조 제4항이 "피구금자 또는 피수감자와 그의 변호인 사이의 대담은 법 집행 공무원의 가시거리(可視距離) 내에서 행하여 질 수는 있으나 가청거리(可聽距離) 내에서 행하여져서는 아니된다"라고 적절하게 표현하고 있듯이 관계공무원은 구속된 자와 변호인의 대담내용을 들을 수 있거나 녹음이 가능한 거리에 있어서는 아니되며 계호나 그밖의 구실 아래 대화장면의 사진을 찍는 등 불안한 분위기를 조성하여 자유로운 접견에 지장을 주어서도 아니될 것이다.」

▶ 헌법재판소가 무죄추정의 원칙에 반한다고 판시한 판례

▷ 공소가 제기된 변호사에 대하여 확정판결이 있을 때까지 법무부장관이 변호사업무정지를 명할 수 있도록 규정한 변호사법 규정

[憲 1990. 11. 19.-90헌가48](변호사법 제15조에 대한 위헌심판)

※ 위 판례 인용부분 참조

▷ 형사사건으로 공소가 제기되면 확정판결이 있기 전이라도 해당 사립학교교원에 대하여 일률적으로 직위해제하도록 정하고 있는 사립학교법의 규정

[憲 1994. 7. 29.-93헌가3등](사립학교법 제58조의2 제1항 단서 및 제3호 위헌제청)

「사립학교 교원이 형사사건으로 공소제기된 경우에 품위손상 등을 이유로 그 직위를 해제함에 있어서도 당해 교원에게 자기에게 유리한 사실을 진술하거나 필요한 증거를 제출할 수 있는 기회를 제공하여 대석적 절차보장을 하는 한편 직위해제의 목적도 고려하여 가면서 같은 조치에 이를 수 있는 입법보완을 하는 것은 별론으로 하고 이 사건 규정에서와 같이 교원에 대해 형사사건으로 공소가 제기되었다는 사실만으로 직위해제처분을 행하게 하고 있는 것은 아직 유무죄가 가려지지 아니한 상태에서 유죄로 추정하는 것이 되며 이를 전제로 한 불이익한 처분이라 할 것이다. 공소의 제기가 있는 피고인이라도 유죄의 확정판결이 있기까지는 원칙적으로 죄가 없는 자에 준하여 취급하여야 하고, 불이익을 입혀서는 안 된다고 할 것으로 가사 그 불이익을 입힌다 하여도 필요한 최소한도에 그치도록 비례의 원칙이 존중되어야 하는 것이 헌법 제27조 제4항의 무죄추정의 원칙이며, 여기의 불이익에는 형사절차상의 처분뿐만 아니라 그 밖의 기본권제한과 같은 처분도 포함된다고 할 것이다.

그런데 직위해제처분제도가 일반적으로 필요하고 그 당위성이 인정된다고 할지라도 그 적

용범위는 그 목적에 따라 필요한 최소한의 범위로 제한하는 등 기본권침해에 관한 비례의원칙을 준수할 때에 한하여 그 합헌성이 유지될 수 있는 것이다.

그렇다면 위에 적시한 이유로 이 사건 심판대상규정 중 제58조의2 제1항 단서의 규정은 목적의 정당성은 일응 인정된다고 할지라도 방법의 적정성 · 피해의 최소성 · 법익의 균형성을 갖추고 있지 못하다고 할 것이므로(헌법재판소 1989. 12. 22. 선고, 88헌가13 결정; 1990. 9. 3. 선고, 89헌가95 결정; 1990. 11. 19. 선고, 90헌가48 결정 각 참조) 헌법 제37조 제2항의 비례의 원칙에 어긋나서 헌법 제15조의 직업선택의 자유(구체적으로는 직업수행의 자유)를 침해하는 것이라고 할 수밖에 없다.」

▷ 몰수할 것으로 인정되는 물품을 압수한 경우에 있어서 범인이 당해 관서에 출두하지 아니하거나 또는 범인이 도주하여 그 물품을 압수한 날로부터 4월을 경과한 때에는 당해 물품은 별도의 재판이나 처분 없이 국고에 귀속한다고 규정하고 있는 관세법의 규정

[憲 1997. 5. 29.-96헌가17](구관세법 제215조 위헌제청)

「헌법 제27조 제4항은 "형사피고인은 유죄의 판결이 확정될 때까지는 무죄로 추정된다"고 규정하여 이른바 무죄추정의 원칙을 선언하고 있다. 무죄추정의 원칙은 형사절차와 관련하여 아직 공소가 제기되지 아니한 피의자는 물론 비록 공소가 제기된 피고인이라 할지라도 유죄의 판결이 확정될 때까지는 원칙적으로 죄가 없는 자로 다루어져야 하고, 그 불이익은 필요최소한에 그쳐야 한다는 원칙을 말한다. 이 원칙은 언제나 불리한 처지에 놓여 인권이 유린되기 쉬운 피의자나 피고인의 지위를 옹호하여 형사절차에서 그들의 불이익을 필요한 최소한에 그치게 하자는 것으로서 인간의 존엄성 존중을 궁극의 목표로 하고 있는 헌법이념에서 나온 것이다.

그런데 압수한 관세범칙물건은 범인이 당해 관서에 출두하지 아니하거나 또는 범인이 도주한 때에는 그 물품을 압수한 날로부터 4월을 경과하면 별도의 재판이나 처분없이 곧 바로 국고에 귀속한다는 것이 이 사건 법률조항의 내용이다.

그렇다면 이 사건 법률조항은 유죄판결이 확정되기도 전에 무죄의 추정을 받는 자의 소유에 속한 압수물건을 국고에 귀속하도록 규정함으로써 실질적으로는 몰수형을 집행한 것과 같은 효과를 발생케 하는 내용의 것이므로 결국 헌법 제27조 제4항에 정한 무죄추정의 원칙에 위반된다고 아니할 수 없다.」

▷ 국가보안법 제7조와 제10조의 죄에 대하여 수사기관에 의한 피의자의 구속기간을 형사소송법상의 30일보다 많은 50일로 정하고 있는 국가보안법의 규정

[憲 1992. 4. 14.-90헌마82](국가보안법 제19조에 대한 헌법소원)

「나. 신체의 자유를 최대한으로 보장하려는 헌법정신, 특히 무죄추정의 원칙으로 인하여 불구속수사 · 불구속재판을 원칙으로 하고 예외적으로 피의자 또는 피고인이 도피할 우려가 있으나 증거를 인멸할 우려가 있는 때에 한하여 구속수사 또는 구속재판이 인정될 따름이며 구속수사 또는 구속재판이 허용될 경우라도 인신의 구속은 신체의 자유에 대한 본질적인 제약임에 비추어 그 구속기간은 가능한 한 최소한에 그쳐야 하고 특히 수사기관에 의한 신체구속은 신체적 · 정신적 고통외에도 자백강요, 사술(詐術), 유도(誘導), 고문 등의 사전예방을 위하여서도 최소한에 그쳐야 할 뿐더러 구속기간의 제한은 수사를 촉진시켜 형사피의자의 신체구속이라는 고통을 감경시켜 주고 신속한 공소제기 및 그에 따른 신속한 재판을 가능케 한다는

점에서 헌법 제27조 제3항에서 보장된 신속한 재판을 받을 권리의 실현을 위하여서도 불가결한 조건이다. 또한 수사단계에서의 장기구속은 상당한 증거도 없이 구속하고 나서야 증거를 찾아내려고 하는 폐단을 야기할 우려도 있다(구속하려면 죄를 범하였다고 의심할 만한 상당한 이유가 있다고 인정될 만한 증거가 있어야 하고 그러한 증거를 조사한 끝에 발부된 법관의 영장이 있어야 하므로 구속당시 이미 상당한 증거가 수집된 상태에 있어야 한다. 그러한 증거도 없이 앞으로 구속할 만한 증거를 찾아내기 위한 구속은 허용될 수 없다). 그리하여 수사단계에서의 구속기간을 최소한에 그치게 하려는 헌법정신에 따라 형사소송법은 사법경찰관이 피의자를 구속한 때에는 10일 이내에 피의자를 검사에게 인치하지 아니하면 반드시 석방하여야 하고 더 이상 구속기간의 연장이 허용되지 아니하며(형사소송법 제202조) 검사가 피의자를 구속한 때 또는 사법경찰관으로부터 피의자의 인치를 받은 때에는 10일 이내에 공소를 제기하지 아니하면 석방하여야 하나(형사소송법 제203조) 다만 지방법원판사는 검사의 신청에 의하여 수사를 계속함에 상당한 이유가 있다고 인정한 때에는 10일을 초과하지 아니한 한도에서 구속기간의 연장을 1차에 한하여 허가할 수 있도록 하고 있다(형사소송법 제205조 제1항). 즉 수사단계에서의 구속기간은 사법경찰관이 10일, 검사가 20일, 도합 30일을 초과할 수 없게 되어 있다. 그리고 위와 같은 구속기간은 오랜 수사경험에 비추어 그 정도의 기간이면 공소제기 여부의 판단에 지장이 없을 것으로 보아 책정된 것이라고 말할 수 있으며, 이 구속기간은 헌법상의 무죄추정의 원칙에서 파생되는 불구속수사원칙에 대한 예외로서 설정된 기간이다. 그러므로 이 구속기간을 더 연장하는 것은 예외에 대하여 또 다시 특례를 설정하여 주는 것이 되고 이처럼 기본권제한에 관한 사항에 대하여 그 예외의 범위를 확장하는 데에는 국가안전보장과 질서유지라는 공익과 국민의 기본권보장이라는 상충되는 긴장관계의 비례성 형량에 있어서 더욱 엄격한 기준이 요구되며 따라서 그 예외의 확장은 극히 최소한에 그쳐야 할 것이다. 그런데 국가보안법 제19조는 같은 법 제3조 내지 제10조 위반의 피의자에 대하여 구속기간의 한도를 넓혀서(예외를 확장하여) 지방법원판사로 하여금 사법경찰관에 대하여 10일간의 구속기간을 1차 연장허가할 수 있게 하고 검사에 대하여는 2차에 걸쳐 연장허가할 수 있게 함으로써 결국 국가보안법 제3조 내지 제10조 위반으로 구속된 피의자는 사법경찰관에 의하여 20일, 검사에 의하여 30일, 도합 50일을 구속당할 수 있게 되어 다른 범죄피의자에 대한 최대한의 구속기간 30일보다 20일을 더 구속당할 수 있게 되어 그만큼 수사기관에 의하여 신체의 자유, 그 보장원리로서의 무죄추정의 원칙과 신속한 재판을 받을 권리를 더 많이 제한당하게 되는 것이므로 이것이 과연 신체의 자유를 최대한으로 보장하려는 헌법이념에 합당한 것인지 문제되지 않을 수 없다.

다. 법무부장관은 당 재판소에 제출한 의견서에서 국가보안법 위반 범죄는 대부분 지능적이고 그 형태가 조직적이어서 단기간의 수사로는 배후관계의 규명이나 증거포착이 어려우므로 충분한 수사기간을 보장해 주어 그 기간 동안 철저히 조사하여 반국가사범을 처벌토록 하는 것이 국가의 안전과 국민의 생명 및 자유확보라는 국가보안법의 입법목적 달성에 필요한 일이고 따라서 국가보안법 위반 피의자에 대한 차별적 대우는 불가피한 일이며 국가보안법 제19조는 헌법 제37조 제2항의 기본권제한 한계에도 부합되는 합리적이고 정당한 법률이라고 주장한다. 그러나 국가보안법 제3조 내지 제10조 위반의 죄라고 해서 모두가 반드시 다른 범죄보다 지능적이거나 조직적이라고는 말할 수 없고 형사소송법상의 최장구속기간 30일 이내에 공소제기 여부를 결정하기 어려우리만큼 사건이 복잡하거나 증거수집이 어려운 죄라고는 일률적으로 인정할 수 없으며 …… 그럼에도 불구하고, 국가보안법 제19조가 제7조 및 제10조의 범죄에 대하여서까지 형사소송법상의 수사기관에 의한 피의자 구속기간 30일보다 20일이나 많은 50일을 인정한 것은 국가형벌권과 국민의 기본권과의 상충관계 형량을 잘못하여 불필요한 장기구속을 허용하는 것이어서 입법목적의 정당성만을 강조한 나머지 방법의 적정성 및 피해의 최소성의 원칙 등을 무시한 것이라고 아니할 수 없고 결국 헌법 제37조 제2항의 기본권제한입법의 원리로서 요구되는 과잉금지의 원칙을 현저하게 위배하여 피의자의 신체의 자유, 무죄추정의 원칙 및 신속한 재판을 받을 권리를 침해하는 것임이 명백하다.」

▷ 형사사건으로 기소되기만 하면 사건의 경중에 무관하게 일률적으로 당해 공무원에 대하여 직위해제하도록 한 국가공무원법의 규정

[憲 1998. 5. 28.-96헌가12](구국가공무원법 제73조의2 제1항 단서 위헌제청)

「(1) 이 사건 규정에 의하면, 약식명령이 청구된 경우가 아닌 한 어떠한 내용의 형사사건이건 이를 가리지 아니하고 공소가 제기되기만 하면 그것만을 이유로 당연히 직위해제처분을 하도록 되어 있다.……

(2) 그러나 이 사건 규정이 당사자에게 가져오는 불이익의 정도와 그 진지성을 살펴본다면, 직위해제처분은 기한의 제한도 없이 판결이 확정될 때까지로 되어 있으므로, 형사재판이 장기화하여 직위해제처분을 받은 때로부터 3월이 초과하게 되면 징계처분으로 행하는 3월 이하의 정직처분보다 더 가혹하며, 경우에 따라서는 그 실질이 해임에 버금가는 불이익처분이 될 수도 있다. 그렇다면 이 사건 규정은 직위해제처분이 당사자에게 가져오는 불이익의 진지함과 위에서 본 직위해제제도의 목적을 고려하여 반드시 그 요건을 엄격히 규정해야 할 필요가 있다 할 것이다. ……

그럼에도 불구하고 이 사건 규정은 공무원이 형사사건으로 기소된 경우에는 형사사건의 성격을 묻지 아니하고, 즉 고의범이든 과실범이든, 법정형이 무겁든 가볍든, 범죄의 동기가 어디에 있든지를 가리지 않고 필요적으로 직위해제처분을 하도록 규정하고 있다. 이로써 공소제기로 인하여 당사자가 공무원으로서 계속적인 업무활동을 하는데 문제가 있는지 혹은 공무의 공정성을 저해하고 국민의 불신을 불러 일으킬 우려가 있는지 등 임면권자가 직위해제처분을 행함에 있어서 구체적인 경우에 따라 개별성과 특수성을 고려할 수 있는 여지를 완전히 없애버렸다. 즉 이 사건 규정은 형사사건으로 기소되기만 하면 그가 법 제33조 제1항 제3호 내지 제6호에 해당하는 유죄판결을 받을 고도의 개연성이 있는가의 여부에 무관하게 경우에 따라서는 벌금형이나 무죄가 선고될 가능성이 큰 사건인 경우에 대해서까지도 당해 공무원에게 일률적으로 직위해제처분을 하지 않을 수 없도록 규정한 것이다.

(3) 입법자가 임의적 규정으로도 법의 목적을 실현할 수 있는 경우에 구체적 사안의 개별성과 특수성을 고려할 수 있는 가능성을 일체 배제하는 필요적 규정을 둔다면 이는 비례의 원칙의 한 요소인 "최소침해성의 원칙"에 위배된다는 것을 헌법재판소는 이미 여러 차례 확인하였다(헌재 1995. 2. 23. 93헌가1, 판례집 7-1, 130 및 1995. 11. 30. 94헌가3, 판례집 7-2, 550 참조). 특히 이 사건과 관련하여 헌법재판소는 형사사건으로 기소된 사립학교 교원에 대하여 당해 교원의 임면권자로 하여금 필요적으로 직위해제처분을 하도록 규정하고 있는 사립학교법 제58조의2 제1항 단서에 대한 위헌여부심판제청사건(헌재 1994. 7. 29. 93헌가3 등, 판례집 6-2, 1)에서, 기소된 사안의 위법성의 정도, 증거의 확실성여부 및 예상되는 판결의 내용 등을 고려하지 아니하고 형사사건으로 공소가 제기된 경우 일률적으로 판결의 확정시까지 직위해제처분을 하도록 한 것은 헌법 제37조 제2항의 비례의 원칙에 어긋나서 헌법 제15조의 직업선택

의 자유를 침해하는 것이며 또한 무죄추정의 원칙을 규정한 헌법 제27조 제4항에도 위반된다고 선언하였다.

(4) 형사사건으로 기소된 경우에 행하는 직위해제처분에 있어서 국립대학 교원 등의 공무원을 사립학교교원과 달리 취급해야 할 아무런 합리적인 이유가 없다. 이 사건 규정은 공무원이 형사기소된 경우에는 당연히 직위해제되어야만 한다는 점에서 그의 내용이 위 결정의 심판대상 조항인 사립학교법 제58조의2 제1항 단서의 규정과 본질적으로 동일하고, 위 결정선고 이후 이를 달리 판단해야 할 특별한 사정변경이 있다고 할 수도 없으므로, 위 사립학교법조항에 대한 헌법재판소결정의 판시이유는 이 사건에서도 그대로 타당하다고 하겠다.」

◎ 같은 취지 : 憲 2003. 7. 24.-2001헌가25

▹ 미결수용자에게 수사 또는 재판을 받을 때 재소자용 의류를 입게 하는 것
[憲 1999. 5. 27.-97헌마137](재소자용 수의착용처분 위헌확인)

「(가) 미결수용자인 청구인들은 구치소 안에서는 물론, 수사 또는 재판을 받을 때에도 재소자용 의류를 입었다.

그런데 청구인들이 구치소 안에 있는 경우와 수사 또는 재판을 받는 경우는 미결수용자의 기본권에 대한 침해 여부를 결정하는 데 있어 차이가 있으므로 이를 나누어서 살피기로 한다.

1) 먼저, 구치소 안에서 사복을 입지 못하게 하는 것이 구금의 목적이나 시설의 규율과 안전유지를 위한 제한의 한계 범위를 벗어난 것인지 여부에 관하여 본다.……

따라서 미결수용자에게 시설 안에서 재소자용 의류를 입게 하는 것은 구금 목적의 달성, 시설의 규율과 안전유지를 위한 필요최소한의 제한으로서 정당성 · 합리성을 갖춘 재량의 범위 내의 조치이다.

2) 다음, 미결수용자가 수사 또는 재판을 받기 위해서 구치소 밖으로 나올 때에 사복을 입지 못하게 하는 것이 구금의 목적 달성이나 시설의 규율과 안전유지를 위한 제한의 한계 범위를 벗어난 것인지 여부에 관하여 본다.

미결수용자가 일반인과 같은 사복을 입고 시설 밖으로 나오게 되면 중형에 해당하는 죄의 수사 또는 재판을 받는 자는 도주할 생각을 갖는 경우가 있고, 또 도주를 하면 일반인과 구별이 어려워 이를 제지하거나 체포하는 데도 어려움이 있다. 수사 또는 재판을 받을 때에 재소자용 의류를 입게 하는 것은 이와 같은 사고 방지에 필요하고도 유용한 수단이다.

그러나 미결수용자가 수사 또는 재판을 받기 위하여 시설 밖으로 나오면 일반인의 눈에 띄게 되어 재소자용 의류 때문에 모욕감이나 수치심을 느끼게 된다. 미결수용자는 수사단계부터 고지 · 변해 · 방어의 권리가 보장되어야 하고 재판단계에서는 당사자로서의 지위를 가지므로, 유죄가 확정되지 아니한 미결수용자에게 재소자용 의류를 입게 하는 것은 심리적인 위축으로 위와 같은 권리를 제대로 행사할 수 없게 하여 실체적 진실의 발견을 저해(沮害)할 우려가 있다.

우리의 교정 현실이 인적 · 물적 설비에서 상대적으로 부족하다고 할지라도, 미결수용자의 도주 방지는 계구(戒具)의 사용이나 계호 인력을 늘리는 등의 수단에 의할 것이지 기본권 보호의 필요성이 현저한 수사 또는 재판에서 사복을 입지 못하게 하는 것은 어떠한 이유를 내세우더라도 그 제한은 정당화될 수 없으므로 헌법 제37조 제2항의 기본권 제한에서의 비례원칙에 위반된다고 할 것이다.

그러므로 미결수용자에게 재소자용 의류를 입게 하는 것은 무죄추정의 원칙에 반하고 인간

으로서의 존엄과 가치에서 유래하는 인격권과 행복추구권, 공정한 재판을 받을 권리를 침해하는 것이다(1955년 유엔 범죄방지 및 범죄자처우 회의에서 채택한 '피구금자 처우에 관한 최저기준규칙' 제84조 제2항은 "유죄판결을 받지 아니한 피구금자는 무죄로 추정되고 무죄인 자로서 처우되어야 한다"고 하고, 제17조 제3항은 시설 내에서는 사복을 입는 것이 허용되지 아니하는 피구금자에 대하여도 그가 "정당하게 인정된 목적을 위하여 시설 밖으로 외출할 때에는 언제나 자신의 사복 또는 눈에 띄지 않는 의복을 입도록 허용되어야 한다"는 규정도 이러한 면을 고려한 것이다).」

▸ 무죄추정의 원칙에 반하지 않는다고 본 판례

▹ 공소제기의 기초를 이루는 공무원의 비위사실을 기초로 하여 징계처분을 하는 것

[大 1984. 9. 11.-84누110](파면처분 취소)

「원심판결 이유에 의하면 원심은 그 거시증거를 종합하여 원고는 김포세관 관리국 여구과소속 세무서기로서 1983. 2. 23. 14:00경 위 세관의 여구현장 통관사무실에서 해외취업근로자인 소외 이○진의 휴대품에 대한 통관사무를 처리함에 있어 동인으로부터 미화 200불을 수수한 사실, 이와 같은 원고의 비행이 밝혀지자 피고는 김포세관 보통징계위원회에 징계의결을 요구하였고, 이에 따라 위 징계위원회는 출석통지서에 의하여 같은 해 2. 24.16:00를 의결일시로 정하여 원고에게 출석을 명하였으나 원고가 진술포기서를 제출하고 출석을 하지 아니하므로 위 징계위원회는 위 진술포기서를 기록에 첨부하고 서면 심리만으로 이 사건 징계의결을 한 사실을 각 인정한 다음 이 사건 징계의 결절차는 공무원징계령 제10조 제3항에 따른 것이어서 적법하고, 나아가 위 인정사실에 의하면 원고는 그 직무에 관하여 뇌물을 수수함으로써 공무원으로서의 청렴의무에 위반하였다 할 것이니 원고가 종전에 징계를 받은 바 없고 도리어 표창을 받은 일이 있다 하여도 원고의 위 비행에 대하여 피고가 그 징계로서 파면을 택하였음은 징계재량권의 일탈이라고는 볼 수 없다고 설시하면서 위 파면처분의 취소를 구하는 원고의 이 사건 청구를 기각하였다.

기록에 비추어 원심의 증거취사와 사실인정 및 그 판단과정을 검토하여 보니 원심의 위 조치는 정당하고, 거기에 소론이 지적하는 바와 같은 채증법칙에 위반한 사실오인이나 심리미진 또는 공무원징계령이나 징계재량권의 범위에 대한 법리오해의 위법이 없고, 또 공무원에게 징계사유가 인정되는 이상 관련된 형사사건이 아직 유죄로 확정되지 아니하였거나 수사기관에서 이를 수사중에 있다하여도 징계처분은 할 수 있는 것이니 논지는 모두 그 이유없다 할 것이다.」

▶ 적용영역

▸ 무죄추정의 원칙의 주관적 적용영역에 대한 판례

▹ 법문상 피고인으로 명시되어 있음에도 불구하고 피의자에게도 무죄추정의 원칙이 적용된다는 취지의 판례

[憲 1992. 1. 28.-91헌마111](변호인의 조력을 받을 권리에 대한 헌법소원)

※ 위 판례 인용부분 참조

◎ 같은 취지 : 憲 1997. 5. 29.-96헌가17

▶ 무죄추정의 원칙의 객관적 적용영역에 대한 판례

▷ 무죄추정의 원칙은 증거법에 국한되지 않고 수사절차에서 공판절차에 이르기까지 형사절차의 전 과정에 적용된다고 본 판례

[憲 2003. 11. 27.-2002헌마193](군사법원법 제242조 제1항 등 위헌확인)

「(1) 헌법상 신체의 자유의 보장과 구속의 제한

우리 헌법은 제12조 제1항 제1문에서 "모든 국민은 신체의 자유를 가진다"라고 규정하고 있다. 신체의 안전이 보장되지 아니한 상황에서는 어떠한 자유와 권리도 무의미해질 수 있기 때문에 신체의 자유는 인간의 존엄과 가치를 구현하기 위한 가장 기본적인 최소한의 자유로서 모든 기본권 보장의 전제가 된다.

헌법이 신체의 자유를 철저히 보장하기 위하여 두고 있는 여러 규정 중의 하나인 헌법 제27조 제4항은 "형사피고인은 유죄의 판결이 확정될 때까지는 무죄로 추정된다"라고 하여 무죄추정의 원칙 내지 피고인의 무죄추정권을 규정하고 있는데 이러한 무죄추정권은, 공판절차에 선행하는 수사절차의 단계에 위치한, 피의자에 대하여도 당연히 인정된다.

무죄추정의 원칙은 증거법에 국한된 원칙이 아니라 수사절차에서 공판절차에 이르기까지 형사절차의 전과정을 지배하는 지도원리로서 인신의 구속 자체를 제한하는 원리로 작용한다.

신체의 자유를 최대한으로 보장하려는 헌법정신 특히 무죄추정의 원칙으로 인하여 수사와 재판은 불구속을 원칙으로 한다. 그러므로 구속은 예외적으로 구속 이외의 방법에 의하여서는 범죄에 대한 효과적인 투쟁이 불가능하여 형사소송의 목적을 달성할 수 없다고 인정되는 경우에 한하여 최후의 수단으로만 사용되어야 하며 구속수사 또는 구속재판이 허용될 경우라도 그 구속기간은 가능한 한 최소한에 그쳐야 하는 것이다.

특히 수사기관에 의한 신체구속은 신체적·정신적 고통 외에도 자백강요, 사술(詐術), 유도(誘導), 고문 등의 사전예방을 위해서도 최소한에 그쳐야 할 뿐더러 구속기간의 제한은 수사를 촉진시켜 신속한 공소제기 및 그에 따른 신속한 재판을 가능케 한다는 점에서 헌법 제27조 제3항에서 보장된 신속한 재판을 받을 권리의 실현을 위해서도 불가결한 조건이 된다(헌재 1992. 4. 14. 90헌마82, 판례집 4, 194, 206 참조).」

▷ 형사절차상의 처분뿐만 아니라 기타 기본권 제한과 같은 불이익 처분에도 적용된다는 취지의 판례

[憲 1990. 11. 19.-90헌가48](변호사법 제15조에 대한 위헌심판)

※ 위 판례 인용부분 참조

▷ 행정소송에 관한 판결이 확정되기 전에 과징금부과 등 행정청의 제재처분에 대하여 공정력과 집행력을 인정하는 것은 무죄추정의 원칙에 위배되지 않는다는 취지의 판례

[憲 2003. 7. 24.-2001헌가25](구독점규제및공정거래에관한법률 제24조의2 위헌제청)

「(6) 무죄추정원칙에 관한 법원의 제청이유는, 오로지 제재적 성격만이 있는 이 사건 과징금에 대하여 행정소송 등에 따른 적법타당성이 확정되기 전에도 공정력과 집행력을 인정하는 것은 무죄추정원칙에 반한다는 것이다.

그러나 위에서 본 바와 같이 이 사건 법률조항에 의한 과징금은 형사처벌이 아닌 행정상의 제재이고, 행정소송에 관한 판결이 확정되기 전에 행정청의 처분에 대하여 공정력과 집행력을 인정하는 것은 이 사건 과징금에 국한되는 것이 아니라 우리 행정법체계에서 일반적으로 채택되고 있는 것이므로, 과징금 부과처분에 대하여 공정력과 집행력을 인정한다고 하여 이

를 확정판결 전의 형벌집행과 같은 것으로 보아 무죄추정의 원칙에 위반된다고 할 수 없다.」

⇔ 재판관 1인(재판관 김영일)의 반대의견

「나. 이 사건 법률조항은 무죄추정의 원칙에 위배된다.

(1) 헌법 제27조 제4항은 "형사피고인은 유죄의 판결이 확정될 때까지는 무죄로 추정된다"고 규정하여 무죄추정의 원칙을 천명하고 있다. 이러한 무죄추정의 원칙은 공소의 제기가 있는 피고인이라도 유죄의 확정판결이 있기까지는 원칙적으로 죄가 없는 자에 준하여 취급하여야 하고, 불이익을 입혀서는 안 되며, 또 가사 그 불이익을 입힌다 하여도 필요한 최소한도에 그치도록 비례의 원칙이 존중되어야 하는 것을 의미한다. 그리고 여기의 불이익에는 형사절차상의 처분뿐만 아니라, 그 밖의 기본권제한과 같은 처분도 포함된다(헌재 1990. 11. 19. 90헌가48, 판례집 2, 393, 402-403).……

(3) 이러한 판단기준에 따라 이 사건의 과징금부과절차를 보건대, 이 사건 과징금은 행정행위의 형식으로 부과되어 즉시 효력을 발생하고 집행되며, 납부기간 내에 납부하지 아니하면, 체납처분의 예에 따라 강제징수되고(공정거래법 제55조의5 제2항), 가산금까지 부과된다(같은 조 제1항). 그럼에도 불구하고 불복하는 당사자는 공정거래위원회에 과징금부과의 집행정지를 받을 수 있는 법적 방도가 없다. 따라서, 이 사건 과징금은 당사자의 불복에 따라 위반사실에 대한 확정판결이 있기 전에 이미 법위반사실이 추정되어 집행되고 있다고 할 수 있다. 이에 반하여 일반적 형사절차에서는 피의자나 피고인의 상대방인 검사가 무죄추정의 원칙에 따라 엄격한 증명에 의하여 위반사실을 입증하여야 하고, 유죄판결이 확정되기 전까지는 벌금을 미리 납부하여야 할 아무런 법적 의무가 없는 등 형사절차상으로 불이익이 배제됨은 물론이고, 나아가 비형사적 측면에서도 모든 불이익이 배제된다.

그렇다면, 이 사건 과징금의 부과절차와 일반적 형사절차를 비교할 때, 특히 불복에 따른 확정판결이 있기 전에 집행당국인 공정거래위원회의 부과처분에 의하여 이미 이 사건 과징금은 집행이 강제되고 있다고 할 수 있으며, 이러한 측면에서 양 절차 간에는 현저한 불균형이 있다고 할 수 있다. 따라서, 이 사건 과징금부과절차에서 적어도 공정거래위원회에 집행정지를 신청할 수 있는 당사자의 절차적 권리를 배제한 것은 무죄추정원칙의 정신에 위배된다고 할 것이다. 또한 본질상 형벌적 성격을 가지고 있는 이 사건 과징금을 부과함에 있어서 위와 같은 형사절차의 인권보호적 기능을 무시하고, 이러한 절차적 불이익을 감수하게 함을 정당화할 수 있는 특별한 사유가 존재한다고도 볼 수 없으므로 이는 비례의 원칙에도 어긋나는 것이다.

따라서, 이 사건 과징금은 그 부과절차의 면에서 의무위반사실에 대한 확정판결이 있기 전에 의무위반사실에 대한 불이익을 가하고 있으므로 무죄추정의 원칙에 반한다고 할 것이다.」

※ 위 사건에서 재판관 3인(재판관 한대현, 재판관 권성, 재판관 주선회) 역시 반대의견을 내었으나, 그 취지는 자기책임의 원칙 및 적법절차의 원칙에 반한다는 것으로, 재판관 김영일은 재판관 3인의 반대의견에 덧붙여 무죄추정의 원칙 및 이중처벌금지 원칙에도 위반된다는 의견을 개진하였음. 적법절차에 반한다는 취지의 반대의견은 〈제5편 - 제3장 - 1. - 인신보호를 위한 헌법원리 - □ 적법절차원리〉 판례 인용부분의 반대의견 참조

□ 영장주의

▶ 내　용

▸ 「일반영장의 금지」에 대한 판례

▹ 공판단계에서 피고인에 대하여 법관이 영장을 발부하는 경우에는 검사의 신청이 필요하지 않고, 이는 적법절차원리에 어긋나지 않는다는 취지의 판례

[憲 1997. 3. 27.-96헌바28](형사소송법 제70조 제1항 위헌소원 등)

「가. 헌법 제12조 제3항은 "……구속……을 할 때에는…… 검사의 신청에 의하여 법관이 발부한 영장을 제시하여야 한다"라고 규정하고 있는바, 위 조항은 문면상으로는 청구인들이 주장하는 바와 같이 공판전 수사단계이든 공판단계이든 불문하고 구속영장의 발부에는 반드시 검사의 신청행위가 있어야 한다는 취지를 규정한 것으로 해석될 수도 있고, 이와는 달리 수사단계에서 피의자를 구속함에 있어서는 법관으로부터 영장을 발부받아야 하는데 이때 수사기관 중 검사만이 영장을 신청할 수 있다는 취지를 규정한 것으로 해석될 수도 있다. 위 해석들 가운데 어느 해석이 헌법의 본지에 맞는 것인지는 결국 영장주의의 본질이나 위와 같은 헌법 규정을 두게 된 연혁 등에 비추어 판단할 것이다.……

영장주의란 형사절차와 관련하여 체포 · 구속 · 압수 등의 강제처분을 함에 있어서는 사법권 독립에 의하여 그 신분이 보장되는 법관이 발부한 영장에 의하지 않으면 아니된다는 원칙이고, 따라서 영장주의의 본질은 신체의 자유를 침해하는 강제처분을 함에 있어서는 중립적인 법관이 구체적 판단을 거쳐 발부한 영장에 의하여야만 한다는 데에 있다고 할 수 있다.……

제5차 개정헌법이 영장의 발부에 관하여 "검찰관의 신청"이라는 요건을 규정한 취지는 검찰의 다른 수사기관에 대한 수사지휘권을 확립시켜 종래 빈번히 야기되었던 검사 아닌 다른 수사기관의 영장신청에서 오는 인권유린의 폐해를 방지하고자 함에 있다고 할 것이고, 따라서 현행 헌법 제12조 제3항 중 "검사의 신청"이라는 부분의 취지도 모든 영장의 발부에 검사의 신청이 필요하다는 것이 아니라 수사단계에서 영장의 발부를 신청할 수 있는 자를 검사로 한정한 것으로 해석함이 타당하다. 즉, 수사단계에서 영장신청을 함에 있어서는 반드시 법률전문가인 검사를 거치도록 함으로써 다른 수사기관의 무분별한 영장 신청을 막아 국민의 기본권을 침해할 가능성을 줄이고자 함에 그 취지가 있는 것이다.

라. 앞서 본 영장주의의 본질과 헌법 제12조 제3항의 연혁을 종합하여 살펴보면, 영장주의는 헌법 제12조 제1항 및 제3항의 규정으로부터 도출되는 것이고, 그 중 헌법 제12조 제3항이 "……구속……을 할 때에는…… 검사의 신청에 의하여 법관이 발부한 영장……"이라고 규정한 취지는 수사단계에서의 영장주의를 특히 강조함과 동시에 수사단계에서의 영장신청권자를 검사로 한정한 데 있다고 해석된다(공판단계에서의 영장발부에 관한 헌법적 근거는 헌법 제12조 제1항이다). 그렇지 아니하고 헌법 제12조 제3항의 규정 취지를 공판단계에서의 영장발부에도 검사의 신청이 필요한 것으로 해석하는 것은 신체의 자유를 보장하기 위한 사법적 억제의 대상인 수사기관이 사법적 억제의 주체인 법관을 통제하는 결과를 낳아 오히려 영장주의의 본질에 반한다고 할 것이기 때문이다.

헌법재판소가 1996. 11. 28. 선고, 96헌마256 결정에서 "법원에 공소가 제기된 이후에…… 형사소송법상 피고인의 구속에 관한 권한은 오직 법관에게 있을 뿐 검사에게 는 피의자를 구속하기 위한 검사의 구속영장청구권과 유사한 권한마저 없으므로……"라고 판시한 것도 이와

같은 취지이다.

따라서 이 사건 심판대상 조항들은 헌법 제12조 제3항에 위반되지 아니하고 그 밖에 헌법의 다른 부분에 위반된다고 보이지도 아니한다.」

▶ 영장주의의 구체적인 문제

▸ 음주측정에 대한 판례

▹ 음주측정에 대하여는 영장주의가 적용되지 않는다는 취지의 판례

[憲 1997. 3. 27.-96헌가11](도로교통법 제41조 제2항 등 위헌제청)

「다. 헌법 제12조 제3항의 영장주의 위배 여부

헌법 제12조 제3항은 체포·구속·압수 또는 수색을 할 때에는 적법한 절차에 따라 검사의 신청에 의하여 법관이 발부한 영장을 제시하도록 함으로써 영장주의를 헌법적 차원에서 보장하고 있다. 이 영장주의는 법관이 발부한 영장에 의하지 아니하고는 수사에 필요한 강제처분을 하지 못한다는 원칙을 말한다.

그러면 이 사건 음주측정의 경우 영장주의의 적용을 받아야 하는 것인가. 이 사건 음주측정은 호흡측정기에 의한 측정의 성질상 강제될 수 있는 것이 아니며 또 실무상 숨을 호흡측정기에 한 두번 불어 넣는 방식으로 행하여지는 것이므로 당사자의 자발적 협조가 필수적인 것이다. 따라서 당사자의 협력이 궁극적으로 불가피한 측정방법을 두고 강제처분이라고 할 수 없을 것이다(호흡측정을 강제로 채취할 수 있는 물리적·기계적 방법이 기술적으로 불가능하다고 단정할 수는 없겠으나, 적어도 인간의 존엄성을 훼손하지 아니하는 적법한 보편적 방법으로는 불가능하다고 보아야 할 것이다).이와 같이 이 사건 음주측정을 두고 영장을 필요로하는 강제처분이라 할 수 없는 이상 이 사건 법률조항은 헌법 제12조 제3항의 영장주의에 위배되지 아니한다.」

※ 적법절차 위반 여부에 대한 판단은 〈제5편 - 제3장 - 1. - 인신보호를 위한 헌법원리 - □ 적법절차원리〉 판례 인용부분 참조

▹ 음주측정은 영장주의는 적용되지 아니하나 신체활동의 자유를 제한하는 것이므로 헌법 제37조 제2항은 적용된다는 취지의 판례

[憲 2004. 1. 29.-2002헌마293](무작위 음주운전단속 위헌확인)

「가. 문제의 소재

국민의 모든 자유와 권리는 국가안전보장·질서유지 또는 공공복리를 위하여 필요한 경우에 한하여 법률로써 제한할 수 있다(헌법 제37조 제2항). 경찰관이 도로를 막고 운전중인 차량을 일일이 정차시켜 운전자의 음주 여부를 단속하게 되면, 운전자는 그 의사에 반하여 차량을 정지시켜야 하고, 이로 인하여 교통체증이 발생할 수 있으며, 특히 음주하지도 않았고 아무런 구체적인 교통위험을 야기하지도 않은 채 정상적으로 운전중인 운전자로서는 잠재적 범죄자로 취급된다고 느껴 불쾌감을 가질 수 있다.

그러므로 이 사건 심판대상 행위와 같이 차로를 가로막고 불특정 다수의 운전자를 대상으로 무차별적으로 음주단속을 실시하기 위하여서는 우선 법률상의 근거가 있어야 하고, 다음으로 개별적·구체적인 단속행위가 필요이상의 과잉조치여서는 아니 된다.

나. 법률상 근거가 있는지에 관한 판단

(1) 도로교통법 제41조 제2항은 "경찰공무원은 교통안전과 위험방지를 위하여 필요하다고 인정하거나 제1항의 규정에 위반하여 술에 취한 상태에서 자동차등을 운전하였다고 인정할

만한 상당한 이유가 있는 때에는 운전자가 술에 취하였는지의 여부를 측정할 수 있으며, 운전자는 이러한 경찰공무원의 측정에 응하여야 한다"고 규정하고 있는데, 그 중 후단에 의한 음주측정은 "제1항의 규정에 위반하여 술에 취한 상태에서 자동차등을 운전하였다고 인정할 만한 상당한 이유가 있는 때"에 한하여 요구할 수 있으므로, 이에 근거하여서는 이 사건에서 문제되고 있는바와 같은, 외견상 정상적으로 운전중인 자를 포함하여 불특정 다수의 운전자를 대상으로 일제단속을 행할 수 없음이 분명하다.

문제는 그러한 단속이 도로교통법 제41조 제2항 전단, 즉 "교통안전과 위험방지를 위하여 필요하다고 인정"하여 실시되는 음주측정의 일환으로서 허용될 것인가에 있다.……

그렇다면 이 사건 심판대상 행위는 도로교통법 제41조 제2항 전단에 근거를 둔 적법한 경찰작용이라 하겠다.

다. 위헌적인 과잉단속인지에 관한 판단

(1) 불특정 다수인을 상대로 한 일제단속식 음주단속이 그 자체로 허용되는 방식이라 하더라도, 개별적·구체적인 단속행위가 아무렇게나 이루어지더라도 괜찮다는 것을 의미하지는 않는다. 기본권제한의 일반원칙인 과잉금지원칙은 이 경우에도 준수되어야 하므로, 그러한 음주단속을 하더라도 관련 국민들의 피해를 최소화하는 범위 내에서, 법익형량이 이루어지는 가운데 실시되어야 한다. 그러한 기준을 일률적으로 제시할 수는 없겠지만, 일응 ① 음주단속의 필요성이 큰, 즉 음주운전이 빈발할 것으로 예상되는 시간과 장소를 선정하여야 할 것이고, ② 운전자 등 관련국민의 불편이 극심한 단속은 가급적 자제하여야 하며, ③ 전방지점에서의 사전 예고, 단시간 내의 신속한 실시 등과 같은 방법상의 한계도 지켜야 할 것이다. 경찰청이 2003. 4.경부터 음주운전 의심차량에만 선별적으로 단속하는 새로운 기법을 찾으려는 여러 시도는 바람직하다.

(2) 이 사건에서 청구인은 도로를 차단하고서 불특정 다수인을 상대로 무차별적으로 음주단속을 하는 것이 그 자체로 위헌이라고 주장하고 있을 뿐, 이 사건 심판대상 행위와 관련하여 구체적 단속방법이나 과정에 과잉조치가 있었음을 전혀 다투고 있지 않다. 그렇다면 위 범위 내에서는 심판대상행위로 인한 청구인의 기본권 침해는 인정될 수 없다 할 것이다.」

▶ 행정상 즉시강제에 대한 판례

▷ 행정상 즉시강제에서 급박한 필요가 있고 공익이 우선하고 과잉금지원칙에 위반되지 않는 경우에는 영장 없이도 불법게임물을 수거·폐기할 수 있다는 취지의 헌법재판소 판례

[憲 2002. 10. 31.-2000헌가12](음반·비디오물및게임물에관한법률 제24조 제3항 제4호 중 게임물에 관한 규정부분 위헌제청)

「라. 영장주의와 적법절차의 원칙에 위배되는지 여부

(1) 헌법 제12조 제3항은 "체포·구속·압수 또는 수색을 할 때에는 적법한 절차에 따라 검사의 신청에 의하여 법관이 발부한 영장을 제시하여야 한다. 다만, 현행범인인 경우와 장기 3년 이상의 형에 해당하는 죄를 범하고 도피 또는 증거인멸의 염려가 있을 때에는 사후에 영장을 청구할 수 있다"라고 규정하고 있고, 헌법 제16조는 "주거에 대한 압수나 수색을 할 때에는 검사의 신청에 의하여 법관이 발부한 영장을 제시하여야 한다"라고 규정하고 있다.

이 사건 법률조항은 영장에 관하여 아무런 규정을 두지 아니하면서, 법 제24조 제4항 및 제6항에서 '수거증 교부' 및 '증표 제시'에 관한 규정을 두고 있는 점으로 미루어 보아 영장제도를 배제하고 있는 취지로 해석되므로, 이 사건 법률조항이 영장주의에 위배되는지 여부가

문제된다.

영장주의가 행정상 즉시강제에도 적용되는지에 관하여는 논란이 있으나, 행정상 즉시강제는 상대방의 임의이행을 기다릴 시간적 여유가 없을 때 하명 없이 바로 실력을 행사하는 것으로서, 그 본질상 급박성을 요건으로 하고 있어 법관의 영장을 기다려서는 그 목적을 달성할 수 없다고 할 것이므로, 원칙적으로 영장주의가 적용되지 않는다고 보아야 할 것이다.

만일 어떤 법률조항이 영장주의를 배제할 만한 합리적인 이유가 없을 정도로 급박성이 인정되지 아니함에도 행정상 즉시강제를 인정하고 있다면, 이러한 법률조항은 이미 그 자체로 과잉금지의 원칙에 위반되는 것으로서 위헌이라고 할 것이다.

이 사건 법률조항은 앞에서 본바와 같이 급박한 상황에 대처하기 위한 것으로서 그 불가피성과 정당성이 충분히 인정되는 경우이므로, 이 사건 법률조항이 영장 없는 수거를 인정한다고 하더라도 이를 두고 헌법상 영장주의에 위배되는 것으로는 볼 수 없다.」

※ 재판관 2인(재판관 권성, 재판관 주선회)은 위 심판대상에 대하여 행정상 즉시강제의 근거조항에서 폐기까지 가능하도록 규정하고 있는 부분은 피해의 최소성의 요건에 위배되는 과도한 입법으로서 헌법에 위반된다는 취지의 반대의견을 내었음

▷ 행정상 즉시강제에 영장주의가 적용되지 않는 경우를 인정한 대법원 판례

[大 1997. 6. 13.-96다56115](손해배상(기))

「그 밖에 사전영장주의는 인신보호를 위한 헌법상의 기속원리이기 때문에 인신의 자유를 제한하는 모든 국가작용의 영역에서 존중되어야 할 것이지만, 헌법 제12조 제3항 단서도 사전영장주의의 예외를 인정하고 있는 것처럼 사전영장주의를 고수하다가는 도저히 행정목적을 달성할 수 없는 지극히 예외적인 경우에는 형사절차에서와 같은 예외가 인정된다고 할 것이므로 구법 제11조 소정의 동행보호규정은 재범의 위험성이 현저한 자를 상대로 긴급히 보호할 필요가 있는 경우에 한하여 단기간의 동행보호를 허용한 것으로서 그 요건을 엄격히 해석하는 한, 동 규정 자체가 사전영장주의를 규정한 헌법규정에 반한다고 볼 수는 없다.」

▷ 수사의 편의상 임의로 사람을 경찰서 보호실에 유치하는 것은 감금에 해당하므로 헌법 제12조 제3항에 따라 영장주의가 적용된다는 취지의 대법원 판례

[大 1994. 3. 11.-93도958](폭력행위등처벌에관한법률위반)

「경찰서에 설치되어 있는 보호실은 영장대기자나 즉결대기자 등의 도주방지와 경찰업무의 편의 등을 위한 수용시설로서 사실상 설치, 운영되고 있으나 현행법상 그 설치근거나 운영 및 규제에 관한 법령의 규정이 없고, 이러한 보호실은 그 시설 및 구조에 있어 통상 철창으로 된 방으로 되어 있어 그 안에 대기하고 있는 사람들이나 그 가족들의 출입이 제한되는 등 일단 그 장소에 유치되는 사람은 그 의사에 기하지 아니하고 일정장소에 구금되는 결과가 되므로 (당원 1971. 3. 9.선고, 70도2406 판결; 1985. 7. 29.고지, 85모16 결정 등 참조), 경찰관직무집행법상 정신착란자, 주취자, 자살기도자 등 응급의 구호를 요하는 자를 24시간을 초과하지 아니하는 범위 내에서 경찰관서에 보호조치할 수 있는 시설로 제한적으로 운영되는 경우(경찰관직무집행법 제4조 제1항, 제7항)를 제외하고는 구속영장을 발부 받음이 없이 피의자를 보호실에 유치함은 영장주의에 위배되는 위법한 구금으로서 적법한 공무수행이라고 볼 수 없다 할 것이다.」

□ 자백의 증거능력 및 증명력의 제한

▶ 내 용

▸ 자백의 증거능력의 제한에 대한 판례

▹ 자백의 임의성이 인정되지 않는 경우란 자백이 임의로 진술한 것이 아니라고 의심할 만한 이유가 있는 때를 의미한다는 취지의 대법원 판례

[大 1955. 4. 29.-4287刑上55](주거침입살인)

「심안컨대 우 상고 취의의 요지는 본건 범행자중 김○수는 그 범죄사실을 종시 부인하고 동 피고인은 본건 범행일시에 자가에서 수인과 속칭 세투를 하고 있었다고 변명하나 이에 부합하는 증언은 상호간에 상의가 있고 이를 부인하는 증언도 있으므로 믿을 수 없다는 것 동 김○표는 경찰에서 일시 자백하였으나 그 후 다시 사실을 부인하고 그 당시에 소관 지서에서 청년들과 화투를 하면서 대기근무에 종사하고 있었다고 변명하나 그 당시 동 피고인을 보지 못하였다는 증인이 있을 뿐 아니라 우 변명에 부응하는 증인이 위증죄로 확정판결을 받은 점으로 보아 이 변명도 믿을 수 없다는 것 동 강○욱은 경찰 이래 감찰까지 본건 범행을 자백하였을 뿐 아니라 강제처분에 의한 판사의 신문에 대하여도 범행을 자백하였음에도 불구하고 1심 이래 그 범행을 부인하고 우 강제처분에 있어서의 자백은 판사인줄 모르고 한 것이라고 변명하나 이에 부응한 듯한 증언도 신빙성이 없다는 것 등을 들어본 건 각 피고인의 범행은 그 증명이 충분함에 불구하고 원심이 범행의 증명이 없다고 인정하였음은 부당하다는 데 있으나 기록을 정사컨대 본건은 당초의 범죄 탐지 단서가 막연한 풍문에 의한 것이 그 생활이 극빈한 데다가 남편은 도피되었고 자기를 구타한다는 이유로 별거중인 피고인 강○욱의 처가 남편이 본 건 범행을 하였을 것이라는 막연한 추측을 근거로하여 피고인등을 단기 4286년 1월 25, 6일경부터 3월 5일까지 해남서 유치장에 현행법상 최장기의 구속취조를 한 점 특히 피고인 강은 본건 소위 단서발견 후 별건으로 약 40일간 구속을 계속한 의심도 농후한 사실 피고인등과 공범 형의로 구속취조 중 피의자가 사망한 사실을 종합고찰하면 동 피고인등이 상당한 압박감을 느낀 사실을 규지할 수 있고 피고인 강이 판사의 강제처분에 의한 신문이 경찰관 입회하에 경찰서 출장서에서 행하였다는 사실에 비추어 과연 그 신문이 자유 분위기 보장에 충분하였는가 의심되는 점 특히 동 피고인의 당시 신문관이 판사인지 경찰관인지 검사인지 부지였다는 극력 주장도 주의할 바 아니라 할 수 없는 점에 상도하면 소론 일부자백의 신빙력에 의심을 갖임은 당연하다 할 것이므로 결국 논지는 원심이 그 전권에 속하는 자유심증에 의한 증거의취사와 사실인정을 반대증거를 들어 비난하는 데 취착한다고 인정함으로 이유없다 할 것이다.」

▹ 잠을 재우지 않고 밤샘수사를 하여 얻어진 자백의 증거능력을 부정한 판례

[大 1997. 6. 27.-95도1964](특정경제범죄가중처벌등에관한법률위반(수재등) · 금융실명거래및비밀보장에관한긴급재정경제명령위반 · 사문서위조 · 위조사문서행사)

「상고이유의 요지는, 원심이 위 피고인의 특정경제범죄가중처벌등에관한법률위반(수재등)의 점에 대하여 유죄의 증거로 삼은 증거들 중 공진기의 수사기관 이래 원심에 이르기까지의 진술 및 압수된 경비가불장의 기재는 신빙성이 없고, 또한 위 피고인의 검찰에서의 자백은 위 피고인이 1994. 7. 18. 08:10경 부산지방검찰청에 연행되어 같은 달 19. 14:00경까지 약 30시간

동안 잠도 자지 못한 채 검사 2명에 의하여 교대로 계속 조사를 받아 심신이 몹시 지친 상태에서, 검사가 사안이 무겁지 아니하고 취업할 처지도 아니니 유죄판결을 받더라도 집행유예의 형이 선고될 것인데 범행을 부인하여 고생을 할 것이 아니라 속히 귀가하는 것이 좋지 않겠느냐고 회유하는 바람에 우선 귀가하고 보자는 자포자기의 심정에서 하게 된 허위의 자백이므로, 이를 유죄의 증거로 삼은 원심판결에는 채증법칙 위배의 위법이 있다는 취지이다.

그러므로 우선 기록에 의하여 위 피고인이 검찰에서 자백을 한 과정을 살펴보면, 1994. 7. 18. 부산지방검찰청 제363호 검사실에서 담당검사에 의하여 위 피고인에 대하여 처음으로 진술조서가 작성되었는데 그 당시 위 피고인은 위 특정경제범죄가중처벌등에관한법률위반(수재등)의 공소사실을 모두 부인하였고, 같은 달 19. 같은 검사에 의하여 제1회 피의자신문조서가 작성될 때에도 위 피고인은 이를 부인하였는데, 같은 날 수사검사가 교체되어 제2회 피의자신문조서가 작성되면서 위 피고인은 그 때까지 부인하였던 공소사실을 모두 자백하였고, 다시 같은 날 원래의 담당검사에 의하여 제3회 피의자신문조서가 작성될 때에도 이를 자백하고 있음을 알 수 있다.

그리고 한편 위 각 서류의 증거조사시에 피고인은 위 제2, 3회 각 피의자 신문조서의 임의성을 부인하였음이 기록상 명백하다.

그런데 이 사건에서와 같이 동일한 피의자에 대하여 하루 동안에 3회의 피의자신문조서가 작성된 것과 뚜렷한 이유 없이 같은 날 중간에 검사가 교체되었다가 다시 원래의 담당검사에 의하여 수사가 진행된 것은 지극히 이례적이라 할 것인바, 이러한 이례적인 수사과정과, 비록 위 제2회 피의자신문조서에는 위 피고인이 그 때까지의 진술을 번복하는 이유를 "사실대로 진술을 하고 선처를 바라는 마음에서 바른대로 진술을 하는 것"이라고 기재되어 있지만, 그러한 사정만으로 그 동안 공소사실을 부인하여 오던 위 피고인이 진술을 갑자기 번복하게 된다는 것은 선뜻 수긍이 되지 아니하는 점, 또한 기록에 의하여 인정되는 바와 같이 위 피고인이 위 제2회 피의자신문조서 작성시에 "마음이 괴로워서 조사를 빨리 끝내고 싶다"는 심경을 밝히고 있고, 위 제3회 피의자신문조서 작성시에도 "전회의 진술이 사실인가"라는 검사의 신문에 대하여 처음에는 묵묵부답을 한 다음, 그 이유를 "진술조서와 제1회 피의자신문조서 작성시에는 극구 부인을 하였다가 나중에 순순히 자백을 하고 보니 오히려 마음이 허전하고 자책감에서 아무런 말도 못하고 침묵을 지켰다"라고 자백을 후회하는 듯한 진술을 하였으며, "달리 유리한 진술이나 증거가 있는가"라는 검사의 신문에 대하여도 괴로운 듯 얼굴을 찡그리고 아무런 말을 하지 아니하는 태도를 보인 점, 그 이후 제1심 법정에서부터는 다시 위 공소사실을 일관하여 부인하고 있는 점 등에 비추어 보고 특히 피의자에게는 진술거부권이 있는 점을 감안하면, 위 피고인의 검찰에서의 자백은 위 피고인의 자유로운 의사에 의하여 임의로 되었다기보다는 위 상고이유의 주장과 같이 검사 2명이 위 피고인을 잠을 재우지 아니한 채 교대로 신문을 하면서 회유한 끝에 받아낸 것이 아닌가 하는 강한 의심을 가지게 한다.

그렇다면, 검사 작성의 위 피고인에 대한 제2, 3회 피의자신문조서에 기재된 위 피고인의 자백은 위 피고인을 잠을 재우지 아니한 상태에서 이루어진 것으로 임의로 진술한 것이 아니라고 의심할 만한 이유가 있는 때에 해당한다 할 것이므로 형사소송법 제309조의 규정에 의하여 위 각 피의자신문조서는 증거능력이 없다고 보아야 할 것이고, 따라서 이를 유죄의 증거로 삼은 원심판결은 잘못이라고 할 것이다.」

▷ 경찰의 수사단계에서 고문에 의한 자백을 하고 그 임의성이 없는 상태가 검사의 피의자신문의 단계에까지 계속되었다고 인정하는 경우에는 검사의 자백강요가 없었다고 하더라도 검찰에서의 자백의 임의성을 부정한 판례

[大 1992. 11. 24.-92도2409](특정범죄가중처벌등에관한법률위반, 절도)

「피고인이 검사 이전의 수사기관에서 고문 등 가혹행위로 인하여 임의성 없는 자백을 하고 그 후 검사의 조사단계에서도 임의성 없는 심리상태가 계속되어 동일한 내용의 자백을 하였다면 검사의 조사단계에서 고문 등 자백의 강요행위가 없었다고 하여도 검사 앞에서의 자백도 임의성 없는 자백이라고 볼 수밖에 없는 것인바(당원 1981. 10. 13. 선고 81도2160 판결 참조), 원심판시에 의하면 검사의 피고인들에 대한 제1회 피의자신문조서는 경찰이 피고인들의 신병을 수사기록과 함께 검찰에 송치한 그 날 작성된 것으로서 사법경찰관 작성의 의견서 기재 범죄사실을 모두 인정한다는 취지로 되어 있으나, 피고인들의 경찰에서의 자백은 고문 등 가혹행위에 의한 임의성 없는 진술이라고 의심할 만한 이유가 있다는 것이므로 위 제1회 피의자신문조서에 기재된 자백은 임의성 없는 심리상태가 계속된 상황에서 행한 것으로서 역시 임의성 없는 자백이라 보아 그 증거능력을 부인하여야 할 것이다.

원심이 위와 달리 검사의 피고인들에 대한 위 제1회 피의자 신문조서의 자백진술을 신빙성이 없다 하여 그 증명력을 부인함에 그친 것은 적절하지 못하나 유죄증거로서 배척한 결론은 정당하다.」

▶ 자백의 증명력의 제한에 대한 판례

▷ 보강증거로서는 직접증거 뿐 아니라 상황증거도 증거능력이 있다고 본 판례

[大 1966. 7. 26.-66도634](국가보안법위반 등)

「같은 상고이유 제2점에 대하여, 피고인 허○기의 1963. 2중의 잠입미수 공소사실에 대하여 원판결은 피고인 허○기의 그에게 불이익한 자백이외에 증거가 없다는 이유로 무죄를 선고하였으나, 보강증거가 있으면, 그러한 자백도 유죄의 증거로 할 수 있다할 것이며, 보강증거로서는 직접증거 뿐만 아니라 상황증거도 증거능력이 있다 할 것인바, 원판결 판단 1의 (1) 내지 (4)의 각 사실을 인정하는 증거로 원판결이 채택한 각증거(피고인 허○기의 각 진술제외)는 상황증거로서 위 잠입미수의 범죄사실을 인정하는 데 있어 보강증거로서의 증거능력이 있는 것이라 볼 수 있을 것임에도 불구하고, 위 잠입미수의 공소사실에 대하여는 피고인 허○기의 자백이외에 다른 증거가 없다는 취의의 판단을 한 원판결에는 보강증거로서의 증거능력에 관한 판단을 잘못한 법령위배가 있다 할 것으로서, 이 점에 관한 상고 논지는 이유있다.」

▷ 자백에 대한 보강증거는 피고인의 자백이 가공적인 것이 아닌 진실한 것임을 인정할 수 있는 정도만 되면 족하고, 직접증거가 아닌 간접증거나 정황증거도 보강증거가 될 수 있다는 취지의 판례

[大 1995. 7. 25.-95도1148](국가보안법위반)

「7. 자백의 임의성과 보강증거에 대하여

기록에 의하면, 검사가 작성한 피고인에 대한 피의자신문조서는, 피고인이 제1심공판기일에서 그 성립의 진정함을 인정하였을 뿐만 아니라 조서의 형식과 내용, 피고인의 학력, 경력, 직업, 지능정도 및 피고인이 검찰에서 조사받기 시작하여 자백에 이르게 된 과정 등 여러가지 사정에 비추어 볼 때, 그 조서에 기재된 피고인의 진술이 논하는 바와 같이 임의로 된 것이 아니라고는 보이지 아니하고, 한편 자백에 대한 보강증거는 범죄사실이 전부 또는 중요부분을

인정할 수 있는 정도가 되지 아니하더라도 피고인의 자백이 가공적인 것이 아닌 진실한 것임을 인정할 수 있는 정도만 되면 족하고, 직접증거가 아닌 간접증거나 정황증거도 보강증거가 될 수 있는 것이므로(당원 1993. 2. 23. 선고 92도2972 판결 등 참조), 같은 취지에서 피고인의 검사 앞에서의 진술의 임의성을 인정하는 한편, 제1심판결이 채용한 여러 증거들이 피고인의 자백에 대한 보강증거가 된다는 전제에서 판단한 원심판결에, 논하는 바와 같이 증거능력에 대한 법리를 오해한 위법이 있다고 볼 수 없다. 논지도 이유가 없다.」

인신보호를 위한 형사절차에 관한 기본권

□ 진술거부권

▶ 의 의

[憲 1997. 3. 27.-96헌가11](도로교통법 제41조 제2항 등 위헌제청)

「나. 헌법 제12조 제2항의 진술거부권의 침해 여부

(1) 진술거부권의 헌법적 보장

헌법 제12조 제2항은 "모든 국민은 고문을 받지 아니하며, 형사상 자기에게 불리한 진술을 강요당하지 아니한다"고 규정하여 형사책임에 관하여 자신에게 불이익한 진술을 강요당하지 아니할 것을 국민의 기본권으로 보장하고 있다.

우리 헌법이 이와 같이 진술거부권을 국민의 기본적 권리로 보장하는 것은 첫째, 피고인 또는 피의자의 인권을 실체적 진실발견이나 사회정의의 실현이라는 국가이익보다 우선적으로 보호함으로써 인간의 존엄성과 가치를 보장하고, 나아가 비인간적인 자백의 강요와 고문을 근절하려는데 있고(헌법재판소 1990. 8. 27. 선고, 89헌가118 결정 참조), 둘째, 피고인 또는 피의자와 검사 사이에 무기평등(무기평등)을 도모하여 공정한 재판의 이념을 실현하려는 데 있다.

이와 같은 의미를 지닌 진술거부권은 현재 피의자나 피고인으로서 수사 또는 공판절차에 계속중인 자 뿐만 아니라 장차 피의자나 피고인이 될 자에게도 보장되며, 형사절차뿐 아니라 행정절차나 국회에서의 조사절차 등에서도 보장된다. 또한 진술거부권은 고문 등 폭행에 의한 강요는 물론 법률로써도 진술을 강요당하지 아니함을 의미한다(헌법재판소 위 결정 참조). 따라서 이 사건 법률조항이 법률로써 형사상 불리한 내용의 진술을 하도록 강요하는 것이라고 인정된다면 국민의 기본권인 진술거부권을 침해하는 위헌조항이 될 수도 있는 것이다.

(2) 진술거부권의 침해 여부

이 사건 법률조항이 진술거부권을 침해하는지의 여부는 결국 주취운전의 혐의자에게 호흡측정기에 의한 측정에 응할 것을 요구하는 것이 "형사상 불리한 진술을 강요"하는 것에 해당하는지의 여부에 달려 있다.

먼저 호흡측정기에 의한 측정에 응하는 것이 "형사상 불리한" 것이 되는 것은 의문의 여지가 없다. 호흡측정의 결과는 곧바로 주취운전죄라는 범죄의 직접적 증거로 활용되기 때문이다.

다음 호흡측정에 응하도록, 구체적으로는 호흡측정기에 입을 대고 호흡을 불어 넣도록 요구하고 이를 거부할 때 처벌하는 것이 "진술강요"에 해당하는 것인가가 문제이다. "진술"이라 함은 언어적 표출 즉, 생각이나 지식, 경험사실을 정신작용의 일환인 언어를 통하여 표출하는 것을 의미하는데 반하여, 호흡측정은 신체의 물리적, 사실적 상태를 그대로 드러내는 행위에 불과하다. 또한 호흡측정은 진술서와 같은 진술의 등가물로도 평가될 수 없는 것이고 신체의 상태를 객관적으로 밝히는데 그 초점이 있을 뿐, 신체의 상태에 관한 당사자의 의식, 사고, 지식 등과는 아무런 관련이 없는 것이다. 호흡측정에 있어 결정적인 것은 측정결과 밝혀질 객관적인 혈중알콜농도로서 이는 당사자의 의식으로부터 독립되어 있고 당사자는 이에 대하여 아무런 지배력도 갖고 있지 아니한다. 따라서 호흡측정행위는 진술이 아니므로 호흡측정에 응하도록 요구하고 이를 거부할 경우 처벌한다고 하여도 "진술강요"에 해당한다고 할 수는 없다 할 것이다.

요컨대 이 사건 법률조항은 형사상 불리한 "진술"을 강요하는 것이 아니며 수사상 증거확보를 목적으로 사람의 신체를 직접적인 대상으로 하는 신체검사로서의 성질을 가지므로, 헌법 제12조 제2항의 진술거부권조항에 위배되지는 아니한다 할 것이다.」

※ 적법절차 위반 여부에 대한 판단은 〈제5편 - 제3장 - 1. - 인신보호를 위한 헌법원리 - □ 적법절차원리〉 판례 인용부분 참조

◎ 같은 취지 : 憲 2001. 11. 29.-2001헌바41

▶ 주 체

▸ **진술거부권의 주체는 통상 수사단계의 피의자 또는 공판절차중에 있는 피고인이지만, 형사상 불리한 진술로 피의자 또는 피고인이 될 가능성이 있는 자도 이에 해당한다고 본 판례**

[憲 1990. 8. 27.-89헌가118](도로교통법 제50조 제2항 등에 관한 위헌심판)

「나. 헌법상 국민의 기본권인 진술거부권의 침해 여부

(1) 헌법 제12조 제2항은 "모든 국민은 고문을 받지 아니하며, 형사상 자기에게 불리한 진술을 강요당하지 아니한다"고 규정하여 형사책임에 관하여 자기에게 불이익한 진술을 강요당하지 않을 것을 국민의 기본권으로 보장하고 있다. 헌법이 진술거부권을 기본적 권리로 보장하는 것은 형사피의자나 피고인의 인권을 형사소송의 목적인 실체적 진실발견이나 구체적 사회정의의 실현이라는 국가적 이익보다 우선적으로 보호함으로써 인간의 존엄성과 생존가치를 보장하고 나아가 비인간적인 자백의 강요와 고문을 근절하려는 데 있다. 또한 이러한 진술거부권은 형사절차에서만 보장되는 것은 아니고 행정절차이거나 국회에서의 질문 등 어디에서나 그 진술이 자기에게 형사상 불리한 경우에는 묵비권을 가지고 이를 강요받지 아니할 국민의 기본권으로 보장된다. 따라서 현재 형사피의자나 피고인으로서 수사 및 공판절차에 계속중인 자뿐만 아니라 교통사고를 일으킨 차량의 운전자 등과 같이 장차 형사피의자나 피고인이 될 가능성이 있는 자에게도 그 진술내용이 자기의 형사책임에 관련되는 것일 때에는 그 진술을 강요받지 않을 자기부죄(自己負罪) 거절의 권리가 보장되는 것이다. 또한 진술거부권은 형사상 자기에게 불리한 내용의 진술을 강요당하지 아니하는 것이므로 고문 등 폭행에 의한 강요는 물론 법률로서도 진술을 강제할 수 없음을 의미한다. 그러므로 만일 법률이 범법자에게 자기의 범죄사실을 반드시 신고하도록 명시하고 그 미신고를 이유로 처벌하는 벌칙을 규정하는 것은 헌법상 보장된 국민의 기본권인 진술거부권을 침해하는 것이 된다.

(2) 그런데 도로교통법 제50조 제2항은 교통사고가 발생한 경우에 교통사고를 야기한 운전자로 하여금 경찰공무원에게 사고가 일어난 곳, 사상자 수 및 부상정도, 손괴한 물건 및 손괴정도 그 밖의 조치상황을 신고하도록 규정하고 동법 제111조 제3호는 만일 이를 신고하지 않

는 경우에 처벌하도록 규정하고 있어서 이 조항들이 헌법 제12조 제2항의 진술거부권을 침해할 소지가 없는가의 여부가 본건 심판의 기본적인 문제로 제기된다.……

본래 도로교통법 제50조 제2항은 피해자의 구호 및 교통질서의 회복을 위한 조치가 필요한 범위내에서 교통사고의 객관적 내용만을 신고토록 한 것이지만 실제운영에서는 오히려 이를 확대적용하는 결과 이것이 오히려 피해자의 구호와 교통질서의 안정을 문란케 하고 교통소통을 방해하는 경우도 있게 되어 교통질서유지법으로서의 목적보다 도리어 경찰관이 운전자 등의 형사입건을 용이하게 하는 범죄수사의 편의로 활용하게 되고 운전자 등에 대하여는 자기의 형사책임을 추궁당할 위험을 부담하게 하는 것이 된다. 그리고 이는 헌법상 모든 국민은 자기의 형사상 책임을 추궁당할 위험이 있는 사항에 대한 진술을 강요당하지 않는다는 것을 보장하는 진술거부권을 침해하는 것이 될 것이다. 그러므로 도로교통법 제50조 제2항의 신고의무규정을 형사책임과 관련되는 사항에까지 확대적용하게 되면 헌법 제12조 제2항의 규정에 위반되는 소지가 없지 않다고 하겠다.

(3) 그러나, 현대 사회는 산업의 발전으로 차량 운행이 급격히 증가하고 차량이 현대생활의 필수적인 교통수단이 되고 있어 교통질서유지는 갈수록 어려워지고 있음을 감안할 때 교통사고로 인한 피해자의 구호와 교통질서의 회복을 위하여 사고운전자 등에게 교통사고의 신고를 의무화하고 교통경찰관으로 하여금 이에 대한 적절한 조치를 하도록 하는 법규는 현실적으로 불가피하게 요청되는 절대적으로 필요한 것이라고 아니 할 수 없다 할 것이다.……

이러한 현실적 상황에서 운전자 등에게 하등의 신고의무를 인정하지 않거나 단순하게 위헌이라고 보아 본 건 쟁점조항을 폐기하는 것은 현대사회의 동맥이라고 할 수 있는 교통의 마비를 초래하고 국민생활의 경제적 사회적 안정을 해치고 교통질서를 극도로 문란하게 할 우려도 있는 것이다. 그러므로 동 조항은 경찰공무원으로 하여금 교통사고의 발생을 신속하게 알게 하여 사상자의 구호나 교통질서 회복에 대한 적절한 조치를 취하도록 하고 교통사고로 인하여 빚어지는 도로상의 소통장해를 제거하고 피해자가 늘어나는 것을 방지하며 교통질서의 유지 및 안전을 도모한다는 교통행정상의 필요에서 불가피하게 제정된 규정이라고 하지 않을 수 없다. 따라서 동 규정을 이러한 도로교통법의 취지와 목적에 한정하여 해석하고 적용하는 한 동 조항은 필요하고 합리적인 것으로 헌법에 합치하는 것이라고 하지 않을 수 없다.……

헌법상 국민의 기본권을 보장하면서 교통질서의 혼란과 마비도 사전에 방지할 수 있어야 하는 것이므로 교통사고의 본질적 양면성을 엄격히 구분하여 도로교통법 제50조 제2항, 제111조 제3호는 피해자의 구호 및 교통질서의 회복을 위한 조치가 필요한 상황에서만 적용되는 것이고 형사책임과 관련되는 사항의 신고에는 적용되지 않는 것으로 해석하는 한 헌법에 위반되지 아니 한다고 할 것이다.」

⇔ 재판관 1인(재판관 변정수)의 반대의견

「첫째, 헌법 제37조 제2항은 국민의 모든 자유와 권리는 그 본질적 내용을 침해하지 않는 범위내에서 법률로써 제한할 수 있도록 규정하고 있으나 실제로 제한의 대상이 되는 기본권은 성질상 제한이 가능한 기본권에 한한다. 양심과 신앙의 자유처럼 인간의 내심의 작용을 그 내용으로 하는 것은 그 권리의 자연권적, 초국가적 성격으로 인하여 법률로써도 제한할 수 없는 기본권이라 할 것이며, 헌법 제12조 제2항의 진술거부권은 비록 양심 및 신앙의 자유 등과는 그 성격이 다르지만 그 성질상 국가안전보장이나 질서유지 및 공공복리 등을 이유로 법률에 의한 외부적인 제약을 가하기에는 적당치 못한 기본권의 범주에 속한다고 보아야 한다.……

둘째, …… 헌법재판소가 위 법률조항에 관하여 형사책임과 관련되는 사항에는 적용되지 아니하는 것으로 해석하는 한이라는 해석 및 적용기준을 제시하더라도 이는 법률상 지켜질 수 없는 것을 요구하는 것이 되어 진술거부권 보호라는 소기의 목적을 도저히 거둘 수 없을 것이며 위 법률조항에 의하여 진술거부권이 침해되는 것을 막기 위하여서는 한정합헌결정으로는 불가능하고 위헌결정에 의하여 위 법률조항을 폐지할 수밖에 없는 것이다.

셋째, …… 다수의견의 결정주문은 처벌규정인 법률조항에 불명확한 구성요건을 추가하는 것이 되어 죄형법정주의에 반하고, 불명확하기 때문에 무효이다.

…… 진술거부권의 철저한 보장은 더욱 요청되고, 그에 관한 기본권의식을 높이기 위하여서라도 진술거부권을 침해하는 위 법률조항은 위헌결정에 의하여 폐지되어야 한다고 본다.」

◎ 같은 취지 : 憲 1997. 3. 27.-96헌가11

▶ 내 용

▸ 「진술의 거부」에 대한 판례

▹ 음주측정은 진술에 해당하지 않는다고 본 판례

[憲 1997. 3. 27.-96헌가11](도로교통법 제41조 제2항 등 위헌제청)

※ 위 판례 인용부분 참조

▹ 피고인의 행위가 피고인이 방어권 행사의 범위를 넘어 객관적이고 명백한 증거가 있음에도 진실의 발견을 적극적으로 숨기거나 법원을 오도하려는 시도에 기인한 경우에는 가중적 양형의 요건으로 참작될 수 있다는 취지의 판례

[大 2001. 3. 9.-2001도192](강도살인(인정된죄명:강도치사)·강도상해·성폭력범죄의처벌및피해자보호등에관한법률)

「피고인 김○식의 기본권을 침해한 위법이 있다는 주장에 대하여 형법 제51조 제4호에서 양형의 조건의 하나로 정하고 있는 범행 후의 정황 가운데에는 형사소송절차에서의 피고인의 태도나 행위를 들 수 있는데, 모든 국민은 형사상 자기에게 불리한 진술을 강요당하지 아니할 권리가 보장되어 있으므로(헌법 제12조 제2항), 형사소송절차에서 피고인은 방어권에 기하여 범죄사실에 대하여 진술을 거부하거나 거짓 진술을 할 수 있고, 이 경우 범죄사실을 단순히 부인하고 있는 것이 죄를 반성하거나 후회하고 있지 않다는 인격적 비난요소로 보아 가중적 양형의 조건으로 삼는 것은 결과적으로 피고인에게 자백을 강요하는 것이 되어 허용될 수 없다고 할 것이나, 그러한 태도나 행위가 피고인에게 보장된 방어권 행사의 범위를 넘어 객관적이고 명백한 증거가 있음에도 진실의 발견을 적극적으로 숨기거나 법원을 오도하려는 시도에 기인한 경우에는 가중적 양형의 조건으로 참작될 수 있다고 할 것이다.

원심이 피고인 1이 시종 범행의 죄책을 회피하는 태도로 일관하는 등 반성하지 않는 점을 양형의 이유의 하나로 참작한 조치를 기록과 위 법리에 비추어 검토하여 보면 이는 정당하고, 거기에 상고이유에서 주장하는 바와 같은 헌법에서 보장된 형사상 자기에게 불리한 진술을 강요당하지 아니할 권리를 침해한 위법이 있다고 할 수 없다.」

▸ 「진술강요의 금지」에 대한 판례

▹ 금지되는 진술 강요의 방법에는 고문이나 위협은 물론 법률의 형태로 진술을 강요하는 것도 포함한다는 취지의 판례

[憲 1997. 3. 27.-96헌가11](도로교통법 제41조 제2항 등 위헌제청)

※ 위 판례 인용부분 참조

▹ 교통사고를 일으킨 운전자에게 신고의무를 부담시키고 있는 도로교통법 규정에 대하여 한정합헌의 결정을 내린 헌법재판소 판례

[憲 1990. 8. 27.-89헌가118](도로교통법 제50조 제2항 등에 관한 위헌심판)

※ 위 판례 인용부분 참조

▹ 탈영을 한 군인이 복귀명령을 준수하지 아니한 행위를 명령위반죄로 처벌하는 것에 대하여 군무이탈자의 진술거부권을 침해하는 것이 아니라고 본 판례

[憲 1995. 5. 25.-91헌바20](군형법 제47조에 대한 헌법소원)

「복귀명령은 군인의 신분에 있는 군무이탈자로 하여금 군복무의 의무를 이행할 것을 명하는 군통수작용상 필요하고도 중요한 명령으로서 군무이탈죄의 공소시효가 완성된 자에 대한 처벌만을 목적으로 하는 것은 아니고, 복귀명령을 준수하지 아니한 행위를 형사처벌함으로써 군무이탈죄를 범한 자에게 자수의무를 부과하는 결과가 될 수 있다고 하더라도 이는 군병력 유지를 주된 목적으로 하는 복귀명령의 부수적인 효과에 불과하므로, 복귀명령이 군무이탈자에 대하여 형사상 자기에게 불리한 진술을 강요당하지 아니할 권리의 본질적 내용을 침해하는 것이라고 할 수도 없다.」

※ 위 합헌의견에 대하여, 재판관 2인(재판관 정경식, 재판관 조승형)은 각기 다른 취지의 반대의견(한정합헌)을 내었고, 재판관 3인(재판관 김진우, 재판관 김문희, 재판관 황도연)은 심판대상규정이 죄형법정주의의 명확성 원칙에 반하여 위헌이라는 취지의 반대의견(위헌)을 내었으나 위 각 반대의견에서 진술거부권 침해에 대하여는 언급하지 않았음

▸ 「진술거부권의 고지」에 대한 판례

▹ 진술거부권을 고지하지 않고 자백을 받은 경우에 그 진술은 증거능력이 부정된다는 취지의 판례

[大 1992. 6. 23.-92도682](폭력행위등처벌에관한법률위반)

「형사소송법 제200조 제2항은 검사 또는 사법경찰관이 출석한 피의자의 진술을 들을 때에는 미리 피의자에 대하여 진술을 거부할 수 있음을 알려야 한다고 규정하고 있는바, 이러한 피의자의 진술거부권은 헌법이 보장하는 형사상 자기에 불리한 진술을 강요당하지 않는 자기부죄거부의 권리에 터잡은 것이므로 수사기관이 피의자를 신문함에 있어서 피의자에게 미리 진술거부권을 고지하지 않은 때에는 그 피의자의 진술은 위법하게 수립된 증거로서 진술의 임의성이 인정되는 경우라도 증거능력이 부인되어야 한다.

원심이 인용한 1심판결 채용증거중 부산지방법원 90고합 1410호 사건의 비디오검증조서(공판기록 1284정 이하)는 이 사건 범죄단체조직죄에 관한 공범으로서 별도로 공소제기된 위 사건의 피고인 길재근에 대한 수사과정에서 담당검사가 위 길재근과 위 사건에 관하여 대화하는 내용과 장면을 녹화한 것으로 보이는 비디오테프에 대한 검증조서인바, 이러한 비디오테프의 녹화내용은 피의자의 진술을 기재한 피의자신문조서와 실질적으로 같다고 볼 것이므로 피의

자신문조서에 준하여 그 증거능력을 가려야 할 것이다.

그런데 기록을 살펴보아도 검사가 위 길○근의 진술을 들음에 있어 동인에게 미리 진술거부권이 있음을 고지한 사실을 인정할 자료가 없으므로 위 녹화내용은 위법하게 수집된 증거로서 증거능력이 없는 것으로 볼 수밖에 없고, 따라서 이러한 녹화내용에 대한 검증조서기재는 유죄증거로 삼을 수 없는데도 원심이 위 검증조서를 유죄증거로 채용한 것은 채증법칙에 위반한 위법한 처사로서 이 점에 관한 논지는 이유있다.」

▶ **적용영역**

▸ **진술의 거부는 형사상 자기에게 불리한 진술인 이상 형사절차에 한정하지 않고 행정절차나 국회에서의 조사절차 등에서도 인정된다는 취지의 판례**

[憲 1990. 8. 27.-89헌가118](도로교통법 제50조 제2항 등에 관한 위헌심판)

※ 위 판례 인용부분 참조

◎ **같은 취지 : 憲 1997. 3. 27.-96헌가11**

□ 변호인의 조력을 받을 권리

▶ **주　체**

▸ **체포 또는 구속을 당하지 아니한 불구속 피의자나 피고인에게도 변호인의 조력을 받을 권리가 인정된다는 취지의 판례**

[憲 2004. 9. 23.-2000헌마138](변호인의 조력을 받을 권리 등 침해 위헌확인)

「(1) '변호인의 조력을 받을 권리'의 헌법적 근거

헌법은 제12조 제4항에서 "누구든지 체포 또는 구속을 당한 때에는 즉시 변호인의 조력을 받을 권리를 가진다. 다만, 형사피고인이 스스로 변호인을 구할 수 없을 때에는 법률이 정하는 바에 의하여 국가가 변호인을 붙인다"고 규정하고, 제12조 제5항 제1문에서 "누구든지 체포 또는 구속의 이유와 변호인의 조력을 받을 권리가 있음을 고지받지 아니하고는 체포 또는 구속을 당하지 아니한다"고 하여 '변호인의 조력을 받을 권리'를 헌법상 기본권으로서 명시적으로 언급하고 있다. 헌법 제12조 제4항 본문은 '변호인'의 조력을 받을 권리에 대하여, 같은 항 단서는 '국선변호인'의 조력을 받을 권리에 대하여 각 규정하고 있음은 명백하고, 위 '변호인'의 조력을 받은 권리가 수사의 개시에서부터 판결의 확정시까지 존속한다는 점에 관하여는 의문이 없다. 그리고 기소된 피고인이 스스로 변호인을 구할 수 없을 때에는 국가로 하여금 법률이 정하는 바에 따라 '국선변호인'의 조력을 받을 수 있도록 함으로써, 형사피고인의 경우 변호인의 조력을 받을 권리가 단순한 사적 권리일 뿐만 아니라 일정한 경우에는 공적 의무에 해당됨을 천명하고 있다.

그런데 헌법 제12조 제4항 본문은 '체포 또는 구속을 당한' 경우에 변호인의 조력을 받을 수 있다고 규정하고 있다. 그러므로 불구속 피의자·피고인의 경우는 변호인의 조력을 받을 수 있는 범위에서 제외되는지가 문제될 수 있다. 그러나 위 조항이 '체포 또는 구속을 당한 경우에만' 변호인의 조력을 받을 권리를 인정하는 취지는 아니다. 그 이유는 다음과 같다.

첫째, 우리 헌법의 기본질서 중 하나인 법치국가원리는 법에 따른 국가권력의 행사 및 위법한 국가권력의 행사에 대한 효과적인 권리구제제도의 완비를 요구하고 있다. 형사절차에서 효과적인 권리구제절차는 피의자·피고인을 형사절차의 단순한 객체로 삼는 것을 금지할 뿐만 아니라, 평등원칙을 그 지도이념으로 하여 절차상 무기 대등의 원칙에 따라 권리구제절차가 구성될 것을 요구한다. 이에 따라 헌법과 현행 형사법은 '무기 대등의 원칙'을 실현하기 위하여 피의자 · 피고인으로 하여금 절차의 주체로서 자신의 권리를 적극적으로 행사하게 함으로써 국가권력의 형벌권행사에 대하여 적절하게 방어할 수 있는 여러 가지 수단과 기회를 보장하고 있으며, 그 중 가장 실질적이고 효과적인 수단이 변호인의 조력을 받을 권리이다. 그런데 변호인의 조력을 받을 권리의 가장 기초적인 구성부분은 변호인선임권이라고 할 것인데, 이는 구속 여부를 떠나 모든 피의자 · 피고인에게 인정되어야 함은 법치국가원리, 적법절차원칙에 비추어 당연하다.

둘째, 헌법 제12조 제4항은 본문과 단서로 이루어져 있는데, 일반적으로 단서규정은 본문규정 중 특별히 제외하는 영역을 설정하거나 본문 이외에 특별히 추가하고자 하는 영역을 포함하고자 할 때 사용된다. 그런데 헌법 제12조 제4항 단서는, 국선변호인의 조력을 받을 권리에 관하여는 (구속 여부를 불문하고) 피고인에게만 이를 보장하고 있으므로, 그 본문인 (사선)변호인의 조력을 받은 권리는 (구속 여부를 불문하고) 피의자 · 피고인 모두에게 인정됨을 전제로 하는 규정이라고 해석해야만 본문과 단서의 관계가 자연스럽고 논리적이다. 따라서 헌법 제12조 제4항 본문이 '체포 또는 구속을 당한' 경우 변호인의 조력을 받을 권리가 있다고 규정한 것은 불구속 피의자 · 피고인에 대한 변호인의 조력을 받을 권리를 배제하기 위해서가 아니라 이를 전제로 하여 체포 또는 구속을 당한 피의자 · 피고인의 변호인의 조력을 받을 권리를 특별히 더 강조하기 위한 것이라고 보아야 한다.

결국 우리 헌법이 변호인의 조력을 받을 권리가 불구속 피의자 · 피고인 모두에게 포괄적으로 인정되는지 여부에 관하여 명시적으로 규율하고 있지는 않지만, 불구속 피의자의 경우에도 변호인의 조력을 받을 권리는 우리 헌법에 나타난 법치국가원리, 적법절차원칙에서 인정되는 당연한 내용이고, 헌법 제12조 제4항도 이를 전제로 특히 신체구속을 당한 사람에 대하여 변호인의 조력을 받을 권리의 중요성을 강조하기 위하여 별도로 명시하고 있다고 할 것이다.」

⇒ 재판관 2인(재판관 권성, 재판관 이상경)의 별개의견

「'불구속 피의자가 변호인의 조력을 받을 권리'는 헌법 제10조, 헌법 제12조 제1항에서 규정하고 있는 '적법절차의 원칙', 헌법 제12조 제4항, 헌법 제27조에서 규정하고 있는 '공정한 재판을 받을 권리', 헌법 제37조 제1항, 법치국가원리의 한 요소인 '공정한 절차의 이념' 등으로부터 도출되는 헌법상의 기본권으로, 국가권력에 대한 관계에서 최대한 보장되어야 할 권리이다.」

⇔ 재판관 1인(재판관 김영일)의 반대의견

「변호인의 조력을 받을 권리 특히, 그 중에서도 이 사건에서 문제된 변호인참여요구권은 절차적 권리에 해당한다. 이러한 절차적 권리는 본질적으로 청구권적 기본권의 성질을 가지고 있다. 절차적 권리인 변호인참여요구권에 대한 보장이 강할수록 실체적 권리인 신체의 자유 등 자유권의 보장이 고양되는 것은 사실이지만, 실체적 권리와 이를 보장하기 위한 절차적 권리는 엄연히 구분되어야 하는 것으로서, 자유권을 보장하기 위한 수단적 권리인 변호인참여요구권을 자유권과 동일시하거나 혼동하여서는 아니 된다.

이처럼 변호인참여요구권은 절차적 권리로서 청구권적 기본권의 성격을 가지고 있기 때문에, 자유권적 기본권이 구체적인 명문의 규정이 없더라도 인정될 수 있는 것과는 달리, 변호인참여요구권이 불구속피의자에게도 헌법상의 권리로 인정되려면 그에 관한 명문의 규정이 있다든가 명문의 규정이 없더라도 그 관련조항들의 유추에 의하여 그러한 권리가 인정된다는 해석이 가능한 경우라야만 한다.

다수의견은 헌법 제12조 제4항 본문이 근거가 되는 헌법규정에 해당한다는 취지로 보인다. 그러나 헌법 제12조 제4항 본문은 명백히 "체포 또는 구속을 당한 때"에 변호인의 조력을 받을 권리를 가진다고 규정하고 있을 뿐, 불구속피의자에게도 그러한 권리가 있는지 여부에 관하여는 밝히지 아니하고 있음이 명백하다.

다수의견은 헌법 제12조 제4항이 "체포 또는 구속을 당한 때"라고 한 것은 이러한 차이를 고려하여 체포·구속된 사람에 대하여 변호인의 조력을 받을 권리의 중요성을 강조한다는 의미를 가질 뿐이라는 취지이다. 그러나 위 표현이 중요성을 강조하기 위한 것일 뿐 대상의 제한을 의미하지는 않는다는 것은 다수의견의 입장에서 위 조항을 무리하게 해석하려 한 것일 따름이지, 위 조항 문언의 자연스런 해석이라고는 도저히 생각되지 아니한다.

만일 다수의견과 같이 헌법 제12조 제4항 본문을 구속여부를 불문하고 적용되는 규정으로 할 취지였다면, "모든 피의자·피고인은 변호인의 조력을 받을 권리를 가진다"라고 규정하면 되었을 것이고, 이것이 더욱 간명한 표현이 될 터인데, 다수의견에 의할 때, 법적 효력에 차이도 없는 구속피의자·피고인의 경우와 불구속피의자·피고인의 경우를 굳이 구별하여 전자의 경우에만 헌법규정에 명시할 하등의 이유가 없다. 특별히 강조하기 위하여서였더라면, 이미 그 권리의 보장을 헌법에 의하여 명확히 한 위에 추가로 강조규정을 두는 것이 순리이지 권리의 보장에 관하여 명시하지도 아니하고 강조규정만을 둔다는 것은 아무래도 부자연스럽다고 하지 않을 수 없다.

다수의견은 본문과 단서의 일반적인 관계상 헌법 제12조 제4항 단서가 구속 여부를 불문하고 적용되므로 같은 항 본문도 구속 여부를 불문하고 적용되어야 한다는 취지이고, 이는 본문과 단서의 적용영역이 같아야 한다는 것을 전제로 하고 있다. 그러나 다수의견과 같은 논리라면, 헌법 제12조 제4항 단서가 국선변호인에 관하여 규정하고 있으므로 같은 항 본문도 국선변호인에 관한 사항을 이미 포함하고 있어야 하므로 같은 항 본문의 '변호인'에는 국선변호인과 사선변호인을 모두 포함한다는 결론에 이르게 되는데, 이는 위 '변호인'을 '(사선)변호인'으로 이해하고 있는 다수의견 스스로와 모순이 된다. 그러므로 헌법 제12조 제4항의 본문과 단서의 관계를 다수의견과 같이 볼 것은 아니다.

오히려 우리 헌법 제12조 제4항의 명문규정은 체포·구속을 당한 경우와 형사피고인의 경우만을 언급하고 있다. 이러한 법문의 취지는, 우리 헌법이 그 입헌 당시에 불구속피의자와 체포·구속피의자 및 형사피고인을 개념상 구분하고 그 중 체포·구속피의자와 형사피고인에 대하여만 '변호인의 조력을 받을 권리'를 보장하고 불구속피의자에 대하여는 '변호인의 조력을 받을 권리'를 헌법적 차원에서는 보장하지 않는다는 취지를 천명한 것으로 보아야 한다.

나아가 헌법 제12조 제4항이 불구속피의자의 경우에 유추적용될 수 있는지에 관하여 본다.

수사기관의 신문을 받는 피의자는 구속 여부에 관계없이 공통된 지위에 있는 측면이 있는 것이 사실이기는 하나, 그 신문절차에 있어서 불구속피의자가 처하게 되는 법적인 상황은 체포·구속된 피의자나 피고인 등의 법적인 상황과 본질적으로 상이하기 때문에 헌법 제12조 제4항 등을 불구속피의자에 대해서까지 함부로 유추적용할 수는 없다. 만약 불구속피의자에 대하여 변호인의 조력을 받을 수 있는 권리가 명문으로 규정되어 있고 체포·구속된 피의자에 대하여는 규정이 없다면, 성질에 반하지 않는 한 그것을 체포·구속된 피의자에게 유추적용할 수 있을 터이지만, 반대로 체포·구속된 피의자나 피고인 등에 대하여 둔 명문규정을 불구속피의자에 대해서까지 특별한 사정이 없이 유추적용할 수는 없다. 성문헌법인 우리헌법에서 불구속피의자와 체포·구속피의자 및 형사피고인의 개념을 명확하게 구분하여 그 중 체포·구속피의자 형사피고인에 대하여만 명문의 규정을 둔 것을, 단지 그 필요성이 간절하다는 이유로 불구속피의자에게 유추적용할 수는 없는 것이다. 명문규정을 보아 규정에 없는 것은 없는 것으로 그쳐야 한다.

한편, 법치국가원리나 적법절차원칙과 같은 추상적 원리로부터 구체적인 헌법적 권리를 도출하기 위하여서는 그 최소한의 요건으로 그와 같은 도출이 다른 헌법의 명문규정과 모순되지 않아야 함이 요구된다. 그런데 위에서 본 바처럼 헌법 제12조 제4항의 의미는 불구속피의자에 대하여는 변호인의 조력을 받을 권리를 헌법적 차원에서 보장하지는 않겠다는 것이므로, 위와 같은 권리를 추상적인 헌법원리로부터 도출하는 것은 위 명문규정과 모순되어 허용될 수 없다.」

⇔ 재판관 2인(재판관 송인준, 재판관 주선회)의 반대의견

「이 사건에서 문제된 불구속피의자의 피의자신문시 변호인 참여요구권은 '어떠한 경우에 어느 정도로 보장되는지'에 관한 입법자의 구체적인 결정이 없이는 그 내용이 정해질 수 없는 절차적 기본권이다. 절차적 기본권 또는 청구권적 기본권은 입법자의 구체적 형성 없이는 개별 사건에 직접 적용할 수 없다는 특성을 가지고 있으며, 이는 헌법의 기본이론이다. 국가로부터 일정한 행위를 요구하는 청구권은 단지 내용적으로 확정된 범위 내에서만 보장될 수 있으므로, 청구권이 법적으로 관철될 수 있는 개인의 주관적 권리로서 보장되기 위해서는 무엇을 청구할 수 있는가 하는 것이 그 내용과 범위에 있어서 확정되어야 하는데, 청구의 대상은 헌법 차원에서 스스로 정의될 수 있는 것이 아니라 입법자에 의한 구체적 형성을 필요로 하는 것이다.

그럼에도 다수의견의 견해대로 불구속피의자의 피의자신문시 변호인 참여요구권은 입법조치를 필요로 하지 않고 헌법에서 막바로 도출된다고 한다면, 이러한 변호인 참여요구권의 내용은 '모든 경우에 무제한적으로 변호인의 참여를 요구할 수 있는 권리'라 할 것인데 이러한 무제한적인 참여요구권이 인정될 수 없음은 당연하다고 할 것이다.」

▸ **임의동행의 형식으로 수사기관에 연행된 피의자에게도 변호인의 조력을 받을 권리가 인정된다는 취지의 대법원 판례**

[大 1996. 6. 3.-96모18](사법경찰관의 처분취소결정에 대한 재항고)

「헌법 제10조는 "모든 국민은 인간으로서의 존엄과 가치를 가지며 행복을 추구할 권리를 가진다"고 규정하고 있고, 같은 법 제12조 제1항 후문은 "누구든지 법률에 의하지 아니하고는 체포·구속·압수·수색 또는 신문을 받지 아니하며, 법률과 적법한 절차에 의하지 아니하고는 처벌·보안처분 또는 강제노역을 받지 아니한다"고 규정하여 형사소송에 있어서 적법절차주의를 선언하고 있으며 이를 구체화하기 위하여 같은 조 제4항은 "누구든지 체포 또는 구속을 당한 때에는 즉시 변호인의 조력을 받을 권리를 가진다"고 규정하고 있으며, 형사소송법 제30조 제1항은 피고인 또는 피의자는 변호인을 선임할 수 있다고 규정하여 변호인의 조력을 받을 권리를 불구속 피고인 또는 피의자에게까지 확대하고 있는바 이와 같은 변호인의 조력을 받을 권리를 실질적으로 보장하기 위하여는 변호인과의 접견교통권의 인정이 당연한 전제가 된다고 할 것이므로, 임의동행의 형식으로 수사기관에 연행된 피의자에게도 변호인 또는 변호인이 되려는 자와의 접견교통권은 당연히 인정된다고 보아야 할 것이고, 임의동행의 형식으로 연행된 피내사자의 경우에도 마찬가지라 할 것이다.

형사소송법 제34조는 변호인 또는 변호인이 되려는 자에게 구속을 당한 피고인 또는 피의자에 대하여까지 접견교통권을 보장하는 취지의 규정이므로 위 접견교통권을 위와 달리 해석할 법령상의 근거가 될 수 없다.

이와 같은 접견교통권은 피고인 또는 피의자나 피내사자의 인권보장과 방어준비를 위하여 필수불가결한 권리이므로 법령에 의한 제한이 없는 한 수사기관의 처분은 물론 법원의 결정으로도 이를 제한할 수 없다고 할 것이다(당원 1991. 3. 28.자 91모24 결정 참조). 따라서 같은 취지로 판단한 원심결정은 정당하고 이를 다투는 논지도 이유 없다.」

▸ 피구속자를 조력할 변호인의 권리 중 그것이 보장되지 않으면 피구속자가 변호인으로부터 조력을 받는다는 것이 유명무실하게 되는 핵심적인 부분은 헌법상의 기본권으로서 보호되어야 한다는 취지의 판례
[憲 2003. 3. 27.-2000헌마474](정보비공개결정 위헌확인)
※ 아래 판례 인용부분 참조

▸ 형사절차가 종료되어 교정시설에 수용중인 수형자에게는 원칙적으로 변호인의 조력을 받을 권리가 인정되지 않는다는 취지의 판례
[憲 1998. 8. 27.-96헌마398](통신의 자유 침해 등 위헌확인)
「변호인의 조력을 받을 권리가 수형자의 경우에도 그대로 보장되는지에 대하여 살펴볼 필요가 있다.

헌법 제12조 제4항 본문에서 "누구든지 체포 또는 구속을 당한 때에는 즉시 변호인의 조력을 받을 권리를 가진다"라고 규정하고 있고, 형사소송법 제30조 제1항에서는 "피고인 또는 피의자는 변호인을 선임할 수 있다"라고 규정하고 있을 뿐만 아니라, 원래 변호인의 조력을 받을 권리는 형사절차에서 피의자 또는 피고인이 검사 등 수사·공소기관과 대립되는 당사자의 지위에서 변호인 또는 변호인이 되려는 자와 사이에 충분한 접견교통에 의하여 피의사실이나 공소사실에 대하여 충분하게 방어할 수 있도록 함으로써 피고인이나 피의자의 인권을 보장하려는 데 그 제도의 취지가 있는 점에 비추어 보면, 형사절차가 종료되어 교정시설에 수용 중인 수형자는 원칙적으로 변호인의 조력을 받을 권리의 주체가 될 수 없다. 다만, 수형자의 경우에도 재심절차 등에는 변호인 선임을 위한 일반적인 교통·통신이 보장될 수도 있겠으나, 기록에 의하면 청구인은 교도소 내에서의 처우를 왜곡하여 외부인과 연계, 교도소내의 질서를 해칠 목적으로 변호사에게 이 사건 서신을 발송하려는 것이므로 이와 같은 경우에는 변호인의 조력을 받을 권리가 보장되는 경우에 해당한다고 할 수 없다.」
※ 위 다수의견에 대하여 재판관 1인(재판관 이영모)의 청구기간 도과로 인해 각하되어야 한다는 취지의 반대의견(각하)이 있었음

▶ 내 용

▸ 「조력」에 대한 판례

▹ 변호인의 조력을 받을 권리의 조력은 충분한 조력을 의미한다는 취지의 판례
[憲 1992. 1. 28.-91헌마111](변호인의 조력을 받을 권리에 대한 헌법소원)
※ 〈제5편 - 제3장 - 1. - 인신보호를 위한 헌법원리 - □ 무죄추정의 원칙〉 판례 인용부분 참조

◎ 같은 취지 : 憲 1997. 11. 27.-94헌마60

▹ 변호인이 구속된 피의자를 만나지 못하게 방해하는 행위는 변호인의 업무를 방해하는 것으로 변호인의 권리를 침해하는 것이기는 하지만 피의자의 접견교통권을 침해하는 것은 아니라는 취지의 판례

[憲 1991. 7. 8.-89헌마181](수사기관의 기본권침해에 대한 헌법소원)

「헌법 제12조 제4항 본문에 의하면 누구든지 체포 또는 구속을 당한 때에는 즉시 변호인의 조력을 받을 권리를 가진다고 규정하였는바, 이와 같은 헌법상의 변호인의 조력을 받을 권리를 실질적으로 보장하기 위한 것이 구속피의자 · 피고인의 변호인과의 접견교통권이며 따라서 이는 변호인의 조력을 받을 권리의 가장 중요한 내용이 된다고 할 것이다. 그러나 이러한 헌법상의 변호인과의 접견교통권은 위 헌법 조항의 문언에 비추어 체포 또는 구속당한 피의자 · 피고인 자신에만 한정되는 신체적 자유에 관한 기본권이지, 그 규정으로부터 변호인의 구속피의자 · 피고인의 접견교통권까지 파생된다고 할 수는 없을 것이다. 따라서 변호인 자신의 구속피의자 · 피고인과의 접견교통권은 헌법상의 권리라고는 말할 수 없으며, 헌법상 보장되는 피의자 · 피고인의 접견교통권과는 별개의 것으로 단지 형사소송법 제34조에 의하여 비로소 보장되는 권리임에 그친다고 할 것이다. 그렇다면 변호인인 청구인 김○현이 자신의 헌법상 보장되는 기본권의 침해가 있었음을 전제로 하여 구하는 이 사건 심판청구는 더 나아가 살필 필요도 없이 부적법한 청구임을 면치 못할 것이다.」

⇔ 재판관 2인(재판관 조규광, 재판관 변정수)의 반대의견

「라. 헌법 제12조 제4항 본문은 "누구든지 체포 또는 구속을 당한 때에는 즉시 변호인의 조력을 받을 권리를 가진다"고 규정하고 있는바 이 규정에 내포된 변호인의 접견교통권은 신체구속을 당한 피고인이나 피의자 등의 인권보장과 방어준비를 위한 필수불가결한 권리로서 다수의견이 밝힌 바와 같이 이미 해명확립된 법치국가의 형사사법절차에 있어서의 원칙이며 그 고차원적인 기본권 성격은 구태여 설명할 필요도 없을 것이다. 그리고 이 접견교통권이란 구속된 피고인이나 피의자와 변호인과의 사이에 있어서의 필요적 · 상호적인 공동관계에서 비로서 실현될 수 있는 것으로서 위 헌법상의 권리가 피고인이나 피의자의 한쪽에만 있고, 그 대항적인 지위에 있는 변호인에게는 허용되지 않는다고 하는 것은 논리상 모순이라고 아니할 수 없다. 따라서 변호인 자신의 구속된 피고인 · 피의자와의 접견교통권 역시 피구속자의 변호인 접견교통권과 상호적이고 보완적으로 작용하여 피구속자의 인권보장과 방어준비를 위하여 위 헌법 제12조 제4항 본문에서 당연히 우러나오는 헌법상의 권리라고 할 것이며, 형사소송법 제34조가 규정하고 있는 변호인의 접견교통권은 바로 위 헌법상의 기본권 성격을 해당 일반법률에서 구체적으로 명문화한 것이라고 할 것이다.

마. 이 사건에 있어서 보면, 청구인 문○식 및 고○주는 1989. 7. 30. 구속되어 같은 해 8. 3. 접견신청이 실현되지 아니하여 준항고를 제기한 후 같은 달 4. 서울형사지방법원으로부터 위 접견불허처분을 취소하는 결정을 받고 위 법원의 결정문을 소지하고 같은 달 5, 및 7, 재차, 삼차 접견신청을 하였으나 이 역시 실현되지 못하자 같은 10, 헌법재판소에 헌법소원을 제기하였고 그 다음날인 11,에 이르러서야 비로소 접견이 이루어지게 되었다.……

바. 위와 같은 이유로 해서 헌법재판소법 제 75조 제3항 및 제2항의 규정의 취지에 따라 "피청구인이 1989. 8. 4.자 서울형사지방법원의 준항고결정에 좇아 즉시 변호인 접견을 허용치 아니한 청구인 문○식, 동 고○주의 변호인의 조력을 받을 권리를 침해한 것이므로 헌법에 위반된다"는 확인선언을 하여야 할 것이라고 생각한다.」

※ 위 사건에서 위 반대의견 이외에, 재판관 1인(재판관 김양균)은 다수의견(각하)에 대하여 본안판단을 하여야 한다는 취지의 반대의견을 내었음

▹ 헌법재판소가 헌법 제12조 제4항에서 변호인이 피고인 또는 피의자를 조력할 권리도 인정된다고 판시한 판례

[憲 2003. 3. 27.-2000헌마474](정보비공개결정 위헌확인)

「가. 제한되는 기본권

(1) 피구속자를 조력할 변호인의 권리

헌법 제12조 제4항은 "누구든지 체포 또는 구속을 당한 때에는 즉시 변호인의 조력을 받을 권리를 가진다"라고 규정함으로써 변호인의 조력을 받을 권리를 헌법상의 기본권으로 격상하여 이를 특별히 보호하고 있거니와 변호인의 "조력을 받을" 피구속자의 권리는 피구속자를 "조력할" 변호인의 권리가 보장되지 않으면 유명무실하게 된다. 그러므로 피구속자를 조력할 변호인의 권리 중 그것이 보장되지 않으면 피구속자가 변호인으로부터 조력을 받는다는 것이 유명무실하게 되는 핵심적인 부분은, "조력을 받을 피구속자의 기본권"과 표리의 관계에 있기 때문에 이러한 핵심부분에 관한 변호인의 조력할 권리 역시 헌법상의 기본권으로서 보호되어야 한다.

여기서 말하는 "변호인의 조력"이란 "변호인의 충분한 조력"을 의미하므로(헌재 1992. 1. 28. 91헌마111, 판례집 4, 51, 59 ; 헌재 1997. 11. 27. 94헌마60, 판례집 9-2, 675, 696-698), 이 사건과 같이 고소로 시작된 형사피의사건의 구속적부심절차에서 피구속자의 변호를 맡은 청구인으로서는 피구속자에 대한 고소장과 경찰의 피의자신문조서를 열람하여 그 내용을 제대로 파악하지 못한다면 피구속자가 무슨 혐의로 고소인의 공격을 받고 있는 것인지 그리고 이와 관련하여 피구속자가 수사기관에서 무엇이라고 진술하였는지 그리고 어느 점에서 수사기관 등이 구속사유가 있다고 보았는지 등을 제대로 파악할 수 없게 되고 그 결과 구속적부심절차에서 피구속자를 충분히 조력할 수 없음이 사리상 명백하므로 위 서류들의 열람은 피구속자를 충분히 조력하기 위하여 변호인인 청구인에게 그 열람이 반드시 보장되지 않으면 안 되는 핵심적 권리로서 청구인의 기본권에 속한다 할 것이다.」

▸ 「변호인과의 접견교통권」에 대한 판례

▹ 변호인과의 접견교통권이 변호인의 조력을 받을 권리의 필수불가결한 내용을 이루는 핵심적인 것이라는 취지의 판례

[憲 1992. 1. 28.-91헌마111](변호인의 조력을 받을 권리에 대한 헌법소원)

※ 〈제5편 - 제3장 - 1. - 인신보호를 위한 헌법원리 - □ 무죄추정의 원칙〉 판례 인용부분 참조

▹ 변호인의 조력을 받을 권리 중 구속을 당한 사람과 변호인 사이의 교통내용에 대한 비밀의 보장과 부당한 간섭의 금지에 대한 판례

[憲 1995. 7. 21.-92헌마144](서신검열 등 위헌확인)

「(1) 서신검열행위

(가) 헌법 제18조는 "모든 국민은 통신의 비밀을 침해받지 아니한다"고 규정하여 통신의 비밀을 침해받지 아니할 권리를 기본권으로 보장하고 있다. 따라서 통신의 중요한 수단인 서신

의 당사자나 내용은 본인의 의사에 반하여 공개될 수 없으므로 서신의 검열은 원칙으로 금지된다고 할 것이다.

그러나 위와 같은 기본권도 절대적인 것은 아니므로 헌법 제37조 제2항에 따라 국가안전보장·질서유지 또는 공공복리를 위하여 필요한 경우에는 법률로써 제한할 수 있고, 다만 제한하는 경우에도 그 본질적인 내용은 침해할 수 없다.

(나) 미결수용자의 서신에 대한 검열에 있어서는 그것이 국가안전보장·질서유지 또는 공공복리를 위하여 '필요한 경우'에 해당하는지, 그리고 그 검열이 기본권의 본질적인 내용을 침해하는 것인지의 여부가 문제로 된다.……

증거의 인멸이나 도망을 예방하고 교도소 내의 질서를 유지하여 미결구금제도를 실효성 있게 운영하고 일반사회의 불안을 방지하기 위한 미결수용자의 서신에 대한 검열은 그 필요성이 인정된다고 할 것이다.……

(다) 그러나 헌법 제12조 제4항 본문은 "누구든지 체포 또는 구속을 당한 때에는 즉시 변호인의 조력을 받을 권리를 가진다"라고 규정하여 변호인의 조력을 받을 권리를 보장하고 있으므로, 미결수용자의 서신 중 변호인과의 서신은 다른 서신에 비하여 특별한 보호를 받아야 할 것이다.

헌법 제27조 제4항은 "형사피고인은 유죄의 판결이 확정될 때까지는 무죄로 추정된다"라고 규정하여 무죄추정의 원칙을 선언하고 있는데, 이 무죄추정의 원칙은 불리한 처지에 놓인 피의자·피고인의 지위를 보호하여 형사절차에서 그들의 불이익을 필요한 최소한에 그치게 하자는 것으로서 인간의 존엄성 존중을 궁극의 목표로 하고 있는 헌법이념에서 나온 것이다. 구속은 피의자나 피고인에 대하여 특히 부득이한 사유가 있을 때에만 인정되는 제도이나, 단순히 수사나 재판의 편의만을 위하여 수사기관이나 재판기관에 의하여 구속제도가 남용되기 쉬우며 특히 구속된 피의자에 대하여는 고문이나 폭행 등이 자행되기 쉽고 구속된 상태에서는 헌법 제12조 제2항에 규정하고 있는 진술거부권도 효과적으로 보장되지 않을 수 있다. 따라서 무죄추정을 받고 있는 피의자·피고인에 대하여 신체구속의 상황에서 생기는 여러가지 폐해를 제거하고 구속이 그 본래의 목적에 벗어나 부당하게 이용되지 않도록 보장하기 위하여 헌법 제12조 제4항 본문은 위와 같이 신체구속을 당한 사람에 대하여 변호인의 조력을 받을 권리를 기본권으로 보장하고 있는 것이다.

그리고 신체구속을 당한 사람에 대하여 변호인의 충분한 조력을 받게 하기 위하여서는 무엇보다도 먼저 신체구속을 당한 사람에게 변호인 또는 변호인이 되려는 자와의 사이에 충분한 접견교통을 허용하여야 할 것이다. 변호인 등은 구속된 자와의 접견교통에 의하여 그에게 피의사실이나 공소사실의 의미와 진술거부권 등의 중요성 및 행사방법을 인식시키며 자백강요나 고문 등에 대한 적절한 대응방법을 가르쳐 허위자백을 하지 않도록 권고하고 피의자로부터 수사기관의 부당한 조사 유무를 수시로 확인할 수도 있는 것인데, 이러한 일은 구속된 자와 변호인의 교통 내용에 대하여 비밀이 보장되고 부당한 간섭이 없어야 가능한 것이다. 그리하여 헌법재판소는 "(피고인의) 변호인과의 자유로운 접견은 신체구속을 당한 사람에게 보장된 변호인의 조력을 받을 권리의 가장 중요한 내용이어서 국가안전보장·질서유지·공공복리 등 어떠한 명분으로도 제한될 수 있는 성질의 것이 아니다"라고 판시한 바 있고(1992. 1. 28. 선고, 91헌마111호 결정), 그 결과 1995. 1. 5. 행형법 제18조 제3항, 제62조 및 제66조 등이 개정되어 미결수용자와 변호인과의 접견에는 교도관의 참여가 허용되지 않도록 되었던 것이다. 위와 같은 변호인의 조력을 받을 권리의 기본적인 취지는 접견의 경우뿐만 아니라 변호인 또는 변호인이 되려는 자와 피의자 또는 피고인 사이의 서신의 경우에도 적용되어 그 비밀이 보장되어야 할 것이다.

(라) 다만 피의자나 피고인과 변호인 사이의 서신의 비밀을 보장받기 위하여는 다음과 같은 조건을 갖추어야 할 것이다.

첫째, 교도소측에서 상대방이 변호인 또는 변호인이 되려는 자라는 사실을 확인할 수 있어야 한다.……

둘째, 미결수용자의 변호인과의 사이의 서신임이 확인되었다고 하더라도, 이를 통하여 마약 등 소지금지품의 반입을 도모한다든가, 그 내용에 도주 · 증거인멸 · 수용시설의 규율과 질서의 파괴 · 기타 형벌법령에 저촉되는 내용이 기재되어 있다고 의심할 만한 합리적인 이유가 있는 경우가 아니어야 할 것이다.」

▸ 「변호인의 변호활동」에 대한 판례

▹ 정당한 사유를 밝히지 아니한 채 수사기록의 열람 · 등사를 거부한 검사의 행위는 피고인의 신속 · 공정한 재판을 받을 권리와 변호인의 조력을 받을 권리를 침해하는 것으로 본 판례

[憲 1997. 11. 27.-94헌마60](등사신청거부처분 취소)

「나. 심판의 대상

그러므로 이 사건 심판의 대상은 피청구인이 청구인의 변호인 김선수의 위 수사기록의 열람 · 등사신청에 대하여 거부한 행위의 위헌 여부이다.……

(나) 변호인의 조력을 받을 권리의 침해 여부

헌법 제12조 제4항은 "누구든지 체포 또는 구속을 당한 때에는 즉시 변호인의 조력을 받을 권리를 가진다"고 규정하고 있고, 이는 형사피의자 또는 피고인이 체포 · 구속되었을 때 즉시 법률전문가의 조력을 받게 함으로써 당사자대등의 원칙을 실질적으로 확보하여 공정한 재판을 실현하고자 함에 그 목적이 있으며, '변호인의 조력'이란 '변호인의 충분한 조력'을 의미한다(헌법재판소 1992. 1. 28. 선고, 91헌마111 결정 참조). 법률적 소양이 부족하고 구속상태에 있는 피의자 또는 피고인으로서는 그 심리적 압박감이나 공포감과 행동의 자유의 제한 때문에 정당한 자기권리의 주장과 방어에 있어서 많은 제한을 받을 수밖에 없으며, 따라서 국가권력의 일방적인 형벌권행사로부터 인신의 부당한 침해를 막기 위하여는 변호인의 조력은 필수적인 것이다. 이러한 변호인의 조력을 받을 권리의 가장 중요한 내용으로서는 변호인과의 자유로운 접견교통권이 있으며, 이에 대하여 헌법재판소는 국가안전보장이나 질서유지 또는 공공복리 등 어떠한 명분으로도 제한될 수 없다고 판시한 바 있다(헌법재판소 1992. 1. 28. 선고, 91헌마111 결정 참조). 그러나 변호인의 조력을 받을 권리는 그와 같은 접견교통권에 그치지 아니하고 더 나아가 피고인이 그의 변호인을 통하여 수사서류를 포함한 소송관계 서류를 열람 · 등사하고 이에 대한 검토결과를 토대로 공격과 방어의 준비를 할 수 있는 권리도 포함된다고 보아야 한다. 왜냐하면 변호인의 조력을 받을 권리가 보장된다는 것은 피고인을 위한 변호인의 활동이 충분히 보장됨을 의미하는 것이며, 변호인의 변론활동중 수사기록에 대한 검토는 피고인에게 유리한 증거는 이를 피고인의 이익으로 원용하고 불리한 증거에 대하여는 검사의 공격에 대하여 효율적인 방어를 위하여 필수적인 것이므로 이에 대한 접근이 거부되어서는 실질적 당사자대등이 이루어졌다고 할 수 없고, 피고인에게 변호인의 조력을 받을 권리가 충분하게 보장되었다고 할 수 없을 것이기 때문이다.

더구나 형사소송법은 제35조에서 "변호인은 소송계속중의 관계서류 또는 증거물을 열람 또

는 등사할 수 있다"고 규정하여 변호인에게는 일반적으로 소송관계 서류의 열람 · 등사를 허용하는 반면, 피고인 본인에 대하여는 제55조 제1항에서 "피고인은 공판조서의 열람 또는 등사를 청구할 수 있다"고 하고, 제185조에서 "검사, 피고인, 피의자 또는 변호인은 판사의 허가를 얻어 전조의 처분(증거보전처분을 지칭함)에 관한 서류와 증거물을 열람 또는 등사할 수 있다"고 규정하며, 또 제292조 제2항에서 "피고인의 청구가 있는 때에는 재판장은 증거된 서류를 열람 또는 등사하게 하거나 서기로 하여금 낭독하게 할 수 있다"고 규정하여 개별적으로 구체적인 절차에 있어서 특정서류의 열람 · 등사만을 허용하여 그 열람 · 등사의 범위에 차등을 두고 있으므로 피고인으로서는 수사서류까지를 포함한 소송관계서류 전반에 관하여 보다 면밀하고 광범위하게 검토하여 방어계획을 수립하기 위하여는 변호인의 조력을 받지 아니할 수 없는 것이다(다만, 형사소송법 제55조 제1항은 피고인에 대하여 '공판조서의 열람 또는 등사'만을 허용하고 있음에도 불구하고, 형사소송규칙은 제30조 제1항에서 "피고인은 소송계속중의 관계서류 또는 증거물을 열람 또는 등사할 수 있다"고 규정하여 소송관계서류 전반에 관하여 그 열람 · 등사를 허용하고 있는 것으로 규정하고 있다). 그러므로 변호인의 수사기록 열람 · 등사에 대한 지나친 제한은 결국 피고인에게 보장된 변호인의 조력을 받을 권리를 침해하게 되는 것이다.」

⇔ 재판관 1인(재판관 김용준)의 반대의견

「다수의견이 주장하는 바와 같이 "형사소송에 있어서는 국가기관으로서 거대한 조직력을 바탕으로 한 검사와 사법경찰관이 피의자에 대하여 월등하게 우월한 증거수집능력과 수사기술을 갖추고 있어 소추자인 검사는 거의 모든 증거를 독점하게 되므로 증거의 공유 없이는 실질적 당사자대등은 기대할 수 없고, ……또한 검사는 소추와 공소유지를 담당하는 당사자로서의 지위 외에도 공익의 대표자로서의 지위에서 피고인의 정당한 이익을 옹호해야 할 의무도 지고 있으므로 진실을 발견하고 적법한 법의 운용을 위하여 피고인에게 불리한 증거에 대하여는 상대방에게 방어의 기회를 부여하고, 피고인에게 유리한 증거에 대하여는 이를 상대방이 이용할 수 있도록 하여 주어야 한다"고 하더라도, 우리 현행 형사소송법은 다수의견도 지적하고 있는 바와 같이 "증거조사의 방식에 있어서는 기본적으로 당사자주의 소송구조를 취함"과 아울러, 공소를 제기함에는 공소장만을 법원에 제출하고 증거는 피고인에 대한 신문이 종료된 뒤에 공판정에서 제출하게 하는 공소장일본주의와 공판중심주의를 채택하고 있는 만큼, 공소가 제기되어 사건이 법원에 계속된 후 당사자의 일방인 피고인의 변호인이 대립되는 당사자인 검사에 대하여 직접, 그것도 검사가 보관하고 있는 수사기록을 모두 열람 · 등사하게 하여달라고 하는 청구권이, 다수의견이 주장하는 바와 같이 헌법 제27조 제1항 · 제3항과 제12조 제4항이 보장하고 있는 신속하고 공정한 재판을 받을 권리나 변호인의 조력을 받을 권리 등의 기본권으로부터 바로 도출된다고 보기는 어렵다고 할 것이다.」

⇔ 재판관 1인(재판관 신창언)의 반대의견에 대한 보충의견

「반대의견이 모두에서 적정하게 판단하고 있는 바와 같이, 우리 형사소송법이 당사자주의 소송구조와 공소장일본주의 및 공판중심주의를 채택하고 있는 만큼, 공소가 제기되어 사건이 법원에 계속된 후 당사자의 일방인 피고인의 변호인이 대립되는 당사자인 검사에 대하여 직접, 검사가 보관하고 있는 수사기록을 열람 · 등사하게 하여달라고 하는 청구권이 헌법상 신속하고 공정한 재판을 받을 권리나 변호인의 조력을 받을 권리 등 기본권으로부터 바로 도출된다고는 볼 수 없다.

다만 변호인이 수사기록 중 열람 · 등사를 원하는 증거를 특정하고 그 필요성을 밝혀 법원에 검사로 하여금 그 증거를 열람 · 등사시키도록 하여 달라는 신청을 하고, 법원은 그 신청이 상당하다고 판단할 때에는 소송지휘권에 기하여 검사에게 그 증거를 열람 · 등사시키도록 할 수 있다고 할 것이다.

나. 다수의견은 헌법상의 신속하고 공정한 재판을 받을 권리와 변호인의 조력을 받을 권리에 근거하여 공소제기후 피고인 또는 변호인에게 수사기록의 열람 · 등사를 허용하여야 한다고 보고 있다.

그러나 헌법상 피고인에게 인정되는 신속 · 공정한 재판을 받을 권리는 소위 청구권적 기본권으로서 그 규정 자체에 의하여 곧바로 수사기록에 대한 열람 · 등사 청구권이 인정되는 구체적 권리로는 보기 어렵고, 형사소송법에 의하여 권리의 내용과 절차 및 한계 등이 규정됨으로써 비로소 구체화된다고 보아야 할 것이다.

또 변호인의 조력을 받을 권리는 헌법 제12조 제4항 본문에 "누구든지 체포 또는 구속을 당한 때에는 즉시 변호인의 조력을 받을 권리를 가진다"고 규정되어 있는바, 이는 그 문언에 비추어 체포, 구속당한 피의자, 피고인 자신에게만 한정되는 신체적 자유에 대한 기본권으로서(헌법재판소 1991. 7. 8. 선고, 89헌마181 결정 참조), 변호인의 방어준비와는 직접 관련성이 없다고 할 것이다.

따라서 형사소송법상 명문의 규정이 없음에도 불구하고 다수의견이 헌법상 기본권을 근거로 바로 피고인 또는 변호인에게 수사기록에 대한 열람 · 등사 청구권을 인정하는 것은 무리한 이론구성이라 할 것이다.」

▶ **제 한**

▸ **변호인과의 자유로운 접견은 신체구속을 당한 사람에게 보장된 변호인의 조력을 받을 권리의 가장 중요한 내용이어서 국가안전보장 · 질서유지 · 공공복리 등 어떠한 명분으로도 제한될 수 있는 성질의 것이 아니라고 본 판례**

[憲 1992. 1. 28.-91헌마111](변호인의 조력을 받을 권리에 대한 헌법소원)

※ 〈제5편 - 제3장 - 1. - 인신보호를 위한 헌법원리 - □ 무죄추정의 원칙〉 판례 인용부분 참조

□ 고문의 금지

▶ **의 의**

▸ **우리 나라의 과거 고문행위와 관련된 판례**

▹ **김근태 고문사건에 대한 국가배상소송에 대한 판결**

[서울지방법원 1992. 1. 30.-86가합5126](손해배상(기))

「(3) 고 문

원고에 대하여 위 수사를 담당한 위 대공수사단 소속 경감 김○현, 경정 백○은, 경위 김○두, 경사 최○남, 경장 정○규, 박○선 및 경기도 경찰국 대공분실 실장인 경감 이○안 등 관계 경찰관들은 원고에 대한 위 범죄혐의사실을 조사함에 있어서 원고에게 폭력을 행사해서라도 자백을 받아 내고자 같은 달 4. 위와 같이 원고를 연행해 온 직후부터 같은 달 25.까지 사이에 아래와 같이 전후 10여차례에 걸쳐 위 조사실에서 번갈아가며 원고에게 소위 물고문 및 전기고문 등의 방법으로 고문을 감행하였다.

(가) 1985. 9. 4. 07:30경부터 같은 날 12:30경까지 5시간 동안 원고가 진술을 거부한다는 이유

로, 위 김○현은 원고에게 "당신 많이 깨져야겠다"고 하면서 빰을 때려 강제로 무릎을 꿇게 하고, 위 백○은은 "정말 버틸 거냐, 여기서도 진술거부가 통할 줄 아느냐, 우리는 너를 깨부술 것이다"라고 폭언을 하면서 위 최○남으로 하여금 원고의 옷을 벗기게 하여 '팬츠'만 입은 알몸으로 만들고 밴드로 눈을 가린 다음, 각목 4, 5개를 사용하여 길이 약 1.7미터, 높이 약 1미터 정도로 그 곳 세면대에 밀착시킬 수 있도록 제작된 대(이하 고문대라 한다) 위에 담요를 깔고 원고를 그 위에 눕혀 담요를 말아 몸을 감싼 후, 군용 허리띠와 같은 줄로 발목, 무릎, 허벅지, 배 및 가슴 등을 묶고 얼굴 위에 두꺼운 수건을 덮어 씌운 다음, 위 최○남 및 정○규 등이 원고의 머리를 붙잡아 움직이지 못하게 하는 동안 위 김○두가 주전자 및 샤워기로 원고의 얼굴 위에 물을 부어서 원고로 하여금 호흡곤란 등으로 고통을 받게 하여 소위 물고문의 방법으로 원고를 고문한 것을 비롯하여 같은 날 20:00경부터 그 다음날 01:00경까지 5시간 동안 원고에게 그가 폭력주의자이고 사회주의사상을 가진 자라고 시인하도록 강요하고 민주화운동의 핵심인물을 대라고 추궁하면서 위 김○두, 최○남 등이 다시 같은 물고문의 방법으로 원고를 고문하였다.

(2) 같은 달 5. 20:30경부터 그 다음날 01:00경까지 4시간 30분 동안, 위 김○현, 백○은 등은 원고에게 소외 이○호의 소위 민족민주주의 혁명론(National Democracy Revolution : N.D.R)을 원고가 교양했다는 것을 인정하라고 강요하고, 위 김○두, 최○남 등은 원고를 팬츠까지 벗긴 알몸으로 만들어 같은 방법으로 다소 약한 정도의 물고문을 한 다음, 이어서 위 이○안이 원고의 발가락 부위에 전기도선을 연결하여 붕대로 감은 후, 처음에는 짧고 약하게 전류를 보내다가 점점 길고 강하게 전류를 보내어 원고로 하여금 극심한 통증을 느끼게 함으로써 소위 전기고문의 방법으로 원고를 고문하였으며, 같은 달 6. 21:00경부터 그 다음날 01:00경까지 4시간 동안 다시 원고에게 소외 문○식의 민족민주주의 혁명론을 원고가 교양하였다고 인정할 것을 강요하면서 위 이○안 등이 같은 방법으로 위 물고문 및 전기고문을 가하였다.

(다) 같은 달 8. 10:00경부터 13:30경까지 3시간 30분 동안, 위 김○현이 원고가 1975. 5. 22. 경 서울대학교에서 있었던 시위의 배후조종자로 지목되어 그 이후 1977. 7.경까지 도피생활을 하는 동안 혹시 북한에 월북하여 그 곳 형들을 만나고 왔을지도 모른다는 의심을 품고 그동안의 원고의 행적을 추궁하는 가운데, 위 김○두, 최○남, 이○안 등이 같은 방법으로 원고에게 번갈아 위 물고문 및 전기고문을 가하였으며, 다시 같은 날 19:00경부터 24:00경까지 5시간 동안 원고에게 민주화운동의 배후를 밝히라고 추궁하면서 같은 방법으로 원고를 고문하였다.

(라) 같은 달 10. 19:00경부터 22:00경까지 3시간 동안 위 김○두, 최○남, 박○선 등이 원고에게 대학시절의 학생운동관계, 교우관계, 특히 재일동포 유학생과의 접촉관계 등을 추궁하면서 위 고문대 위에 같은 방법으로 원고를 결박한 다음 위 김○두가 금속막대를 원고의 양발등 위에 붕대로 묶고 전기기구를 접촉시켜 위 금속막대에 강한 진동을 일으켜서 그 진동에 의하여 고통을 가하는 소위 전기봉고문을 가하였다.

(마) 같은 달 13. 22:00경부터 그 다음날 02:30경까지 4시간 30분 동안 위 김○현, 김○두, 최○남, 이○안 등이 원고에게 민청련의 재정문제와 배후관계 등을 추궁하면서 "오늘은 금요일이고 13일이다. 최후의 만찬일이니 각오하라"면서 위 물고문 및 전기고문을 가하고, 이어서 같은 달 14. 03:00경부터 05:30경까지 2시간 30분 동안 위 김○현, 박○선 등이 원고에게 학생운동의 배후로서 민주화추진위원회의 존재를 이미 알고 있었다고 자백하라면서 같은 방법으로 물고문과 전기고문을 가하였다.

(바) 같은 달 20. 20:00경부터 22:30경까지 2시간 30분 동안 위 김○현, 김○두, 최○남, 정○규, 박○선 등이 원고에게 위 문○식, 이○호의 민족민주주의 혁명론에 대하여 반복진술하

도록 하고 이를 민청련의 지도이념으로 결정했다고 자백하라면서 같은 방법으로 물고문 및 전기고문을 가하였다.

(사) 같은 달 25. 05:00경 위 김○현이 원고가 위 문○식과의 관계에 대하여 다시 부인한다는 이유로 팔꿈치로 원고의 가슴부위를 수회 구타하는 등 원고에게 폭력을 행사하였다.

(아) 위 관계 경찰관들은 위와 같이 원고를 고문함으로써 원고로 하여금 정신쇠약 및 심한 두통을 일으키게 하였고 위 고문대 위에서의 고통에 겨운 몸부림으로 수개월 간의 치료를 요하는 양발뒷꿈치열창 등의 상해를 입게 하였다.」

▷ 부천서 성고문사건에 대한 판례

[大 1988. 1. 29.-86모58](재정신청기각결정에 대한 재항고)

「헌법 제9조는 모든 국민은 인간으로서의 존엄과 가치를 가지며 행복을 추구할 권리를 가진다. 국가는 개인이 가지는 불가침의 기본적 인권을 확인하고 이를 보장할 의무를 진다. 국가는 개인이 가지는 불가침의 기본적 인권을 확인하고 이를 보장할 의무를 진다고 규정하고 있고, 헌법 제11조 제2항은, 모든 국민은 고문을 받지 아니하며 형사상 자기에게 불리한 진술을 강요당하지 아니한다고 하여, 특히 형사절차에서의 인권보장 규정도 두고 있는 바, 이러한 헌법 정신에 비추어볼 때에 원심이 인정하고 있는 동 피의자의 피의사실에서 보는 바와 같이, 경찰관이 그 직무를 행함에 당하여 형사피의자에 대하여 폭행 및 가혹행위를 하고, 특히 여성으로서의 성적 수치심을 자극하는 방법으로 신체적, 정신적 고통을 가하는 것과 같은 인권침해행위는 용납할 수없는 범죄행위로서, 원심판시와 같은 정상을 참작한다 할지라도 그 기소를 유예할 만한 사안으로는 도저히 볼 수 없는 것이다.」

▷ 박종철 고문치사사건에 대한 판례

[大 1991. 12. 27.-90도2801](범인도피)

「그러므로 위 각 진술에다가 박군 사망 직후의 현장상황 즉, 대공수사 2단 제9조 사실은 욕조에 물이 채워져 있었고, 바닥에 물이 흥건히 고여 있었을 뿐만 아니라 박군은 머리가 온통 물에 적셔져 있었고 웃옷이 벗겨진 채 침대에 눕혀져 조○경, 강○규, 반○곤, 김○근이 인공호흡을 하고 있었던 상황 및 실제 위 물고문은 3명이 합세하여서도 하기 어려워 4명이 합세하여 한 사실 (공판기록 1717면)을 종합하면, 오랜 수사경험을 가지고 있는 피고인들로서는 피고인 박○택이 최종 작성한 "조○경, 강○규만이 위 박종철의 신문관이고 그 사망경위도 조○경, 강○규가 그를 조사하던 중 조○경이 책상을 '꽝' 치니까 '억' 하는 신음소리를 내면서 앞으로 넘어져 쇼크사하였다"는 내용의 연행피의자 변사사건 발생보고 (수사기록 157면, 행정보고서라고도 함)를 피고인 유○방과 공소외 전○린 대공수사 2단장에게 보고한 1987. 1. 14. 23:00경에는 박종철이 물고문 도중에 사망하였다는 사실(그 사인이 정확히 심장마비사인지 익사인지 질식사인지는 알 수 없었다 하더라도) 및 위 물고문에 가담한 자가 조○경, 강○규이 외에 더 있다는 사실을 충분히 인식하고 있었다고 봄이 옳고, 따라서 피고인들이 위 변사사건 발생보고를 받아 보고 (피고인 박○원은 1987. 1. 14. 밤늦게 받아 보았다. 수사기록 731면) 이를 모두 그대로 용인한 다음 치안본부장에게 이르도록 하였다는 것은 그 자체가 물고문 도중에 일어난 사고를 변사사건 발생보고서에 기재된 대로 단순 쇼크사로 은폐하거나 또는 축소함으로써 그 범인들을 도피하게 하려는 순차적, 묵시적인 범의의 연락이라고 볼 것이므로 피고인들에게는 범인도피의 공모관계가 인정된다할 것이다.」

▶ **내 용**

▹ 고문금지와 관련하여, 거짓말탐지기 사용의 경우 피의자가 그 사용을 동의하고 일정한 조건이 갖추어진 경우에 한하여 이로부터 얻어진 증거의 증거능력을 인정한다는 취지의 대법원 판례

[大 1987. 7. 21.-87도968](사기, 폭행)

「원심판결 이유에 의하면, 원심은 피고인에 대한 이 사건 사기 공소사실에 부합하는 듯한 제1심증인 정○영, 박○용, 김○규, 유○윤 등의 각 증언과 동인들에 대한 검사 및 사법경찰관 작성의 각 진술조서의 기재내용은 모두 그 설시와 같은 이유로 신빙성이 없어 믿을 수 없고, 나아가 대구지방검찰청거짓말탐지기 검사관 박○우 작성의 거짓말탐지기결과 보고서의 기재내용에 의하면 거짓말탐지기에 의한 검사결과 이 사건 범행을 부인하는 피고인의 진술이 허위반응으로 나타났음을 인정할 수 있으나 거짓말탐지기의 검사는그 기구의 성능, 조작기술 등에 있어 신뢰도가 극히 높다고 인정되고 그 검사자가 적격자이며, 검사를 받는 사람이 검사를 받음에 동의하였으며, 검사서가 검사자 자신이 실시한 검사의 방법, 경과 및 그 결과를 충실하게 기재하였다는 등의 전제조건이 증거에 의하여 확인되었을 경우에만 형사소송법 제313조 제2항에 의하여 이를 증거로 할 수 있는 것이고, 위와 같은 조건이 모두 충족되어 증거능력이 있는 경우에도 그 검사결과는 검사를 받는 사람의 진술의 신빙성을 가늠하는 정황증거로서의 기능을 하는 데 그치는 것인바, 이 사건에 있어서 위의 거짓말탐지기 검사결과는 그 정확성을 보장할 수 있는 전제조건들을 구비하였다고 단정하기도 어려울 뿐만 아니라 설사 그러한 조건을 구비하였다 하더라도 수사기관이래 원심법정에 이르기까지의 피고인의 일관된 변소내용에 비추어 볼 때 위 거짓말탐지기 검사결과에 나타난 반응을 그대로 받아들일 수는 없으며 그밖에 공소사실을 인정할 만한 다른 증거가 없다고 판시하여 피고인에게 무죄를 선고한 제1심판결을 유지하였다.

기록에 의하여 살펴보건대, 원심의 위와 같은 판단은 정당한 것으로 수긍되고 그 판단과정에 채증법칙을 위배하여 사실을 오인한 위법이 있다고 할 수 없으므로 논지는 이유없다.」

◎ **같은 취지 : 大 1986. 11. 25.-85도2208등**

□ 정당한 재판을 받을 권리

▶ **정당한 재판을 받을 권리에 대한 판례**

▸ 구형사소송법 제361조 제1항·제2항이 항소법원에의 기록송부시 검사를 거치도록 한 것은 피고인의 신속·공정한 재판을 받을 기본권을 침해하여 위헌이라고 본 판례

[憲 1995. 11. 30.-92헌마44](소송기록송부지연 등에 대한 헌법소원)

「(가) 피고인의 신속한 재판을 받을 권리가 침해된다.

1) 신속한 재판을 받을 권리는 주로 피고인의 이익을 보호하기 위하여 인정된 기본권이지만 동시에 실체적 진실발견, 소송경제, 재판에 대한 국민의 신뢰와 형벌목적의 달성과 같은 공공의 이익에도 근거가 있기 때문에 어느 면에서는 이중적인 성격을 갖고 있다고 할 수 있어, 형사사법체제 자체를 위하여서도 아주 중요한 의미를 갖는 기본권이다. 그런데, 이 사건 법률조항은 제1심법원과 항소법원간에 직접 기록송부가 이루어지는 경우에 비하여 기록송부가 늦게 되어 피고인의 신속한 재판을 받을 권리를 제한하는 것이 분명하다.……

2) 이에 대하여 피청구인은, 항소법원이 기록의 송부를 받은 때에는 즉시 항소인과 상대방에게 그 사유를 통지하도록 되어 있고(형사소송법 제361조의2), 항소인 또는 변호인은 위 통

지를 받은 날로부터 20일 이내에 항소이유서를 제출하도록 되어 있는바(형사소송법 제361조의 3), 지연송부가 주로 문제되는 검사 항소사건의 경우 관행상 기록송부를 할 때 검사의 항소이유서도 같이 송부하고 있으므로 항소법원의 절차 중 항소이유서 제출기간인 20일이 절약되기 때문에 기록송부에 소요된 시일이 20일을 넘지 않는 경우에는 기록송부시 검사를 경유하여도 피고인의 신속한 재판을 받을 권리는 침해되지 않는다는 취지의 주장을 하고 있지만, 이와 같은 견해는 피고인의 신속한 재판을 받을 권리를 오로지 검사의 의사에 따르게 하는 것이므로 받아들일 수 없다.

3) 다음으로 피청구인은, 입법자는 항소심의 구속기간을 최장 4월로 제한하는 한편 검사의 항소법원에의 기록송부시 12일의 기간을 할애하여 검사를 거치도록 규정함으로써 제1심법원과 검사가 이 사건 법률조항 소정의 기간을 지켜 소송기록을 송부하고 그 후 항소심재판이 열릴 것을 예상하여 항소심의 구속기간 중 12일의 기간을 검사에의 기록송부에 소요되도록 선택한 것이고 이러한 입법자의 선택 자체는 입법재량권의 범위 내에 속한다고 주장한다.

그러나, 항소심의 구속기간과 기록송부 방식 및 절차가 입법자의 입법형성재량 범위 내의 문제라고 할지라도 그로 인하여 피고인의 기본권이 침해된다면 입법목적과의 관계에서 기본권의 제한 정도가 용인될 수 있는 것인가는 다른 관점에서 검토되어야 하는 것이므로 위 주장 역시 받아들일 수 없다.」

⇔ 재판관 2인(재판관 정경식, 재판관 신창언)의 반대의견

「위 조항은 구체적인 공판절차에 있어서의 공격 방어와는 무관한 것으로서 현행 형사소송법상의 당사자주의 소송구조와는 직접 관련이 없는 규정이라 할 것임에도 불구하고, 다수의견이 우리의 형사소송구조와 항소심구조의 기본취지에 반하는 위헌규정이라고 하는 것은 지나치게 형식적이고 피상적인 견해라 아니할 수 없다.……

위 조항에 규정된 최장 12일이란 기간이 제1심법원으로부터 항소심법원으로소송기록의 송부가 직접 이루어지는 데 소요될 기간보다 길기 때문에 그 긴 만큼, 또는 항소심의 구속기간 4개월에 비추어 길기 때문에 피고인의 신속한 재판을 받을 권리가 침해된다거나, 검사의 법위반행위의 가능성 때문에 그 위반행위가 아니라 위 조항자체가 피고인의 신속한 재판을 받을 권리를 침해하는 규정으로 평가되어야 한다는 다수의견은 논리의 비약이라 아니할 수 없다.」

▸ 국가보안법 제7조 및 제10조의 죄에 대해서까지 동법 제19조가 수사기관에 의한 피의자구속기간을 50일까지 인정한 것은 피의자의 신체의 자유, 무죄추정의 원칙 및 신속한 재판을 받을 권리를 침해하는 것이라고 본 판례

[憲 1992. 4. 14.-90헌마82](국가보안법 제19조에 대한 헌법소원)

※ 〈제5편 - 제3장 - 1. - 인신보호를 위한 헌법원리 - □ 무죄추정의 원칙〉 판례 인용부분 참조

▸ 국가보안법위반사건 변호인의 수사기록 열람·등사신청에 대하여 국가기밀의 누설이나 증거인멸, 증인협박, 사생활침해의 우려 등 정당한 사유를 밝히지 아니한 채 전부 거부한 것은 청구인의 신속하고 공정한 재판을 받을 권리와 변호인의 조력을 받을 권리를 침해한 것이라고 본 판례

[憲 1997. 11. 27.-94헌마60](등사신청거부처분 취소)

「(가) 신속·공정한 재판을 받을 권리의 침해 여부

형사소송의 기본이념은 실체적 진실발견과 적법절차 및 신속한 재판의 원칙이라고 할 수 있

다. 헌법은 제27조 제1항에서 "모든 국민은 헌법과 법률이 정한 법관에 의하여 법률에 의한 재판을 받을 권리를 가진다"라고 규정하고, 여기서의 법률에 의한 재판이라 함은 "형사재판에 있어서는 적어도 그 기본원리인 죄형법정주의와 절차의 적법성 뿐만 아니라 절차의 적정성까지 보장되는 적법절차주의에 위반되지 않는 실체법과 절차법에 따라 규율되는 재판"(헌법재판소 1993. 7. 29. 선고, 90헌바35 결정 참조)으로 피고인의 방어활동이 충분히 보장되고, 실질적 당사자대등이 이루어진 공정한 재판을 의미한다.

이에 따라 형사피고인은 형사소송절차에서 공소사실에 대한 주장과 답변 및 입증 · 반증 등 공격과 방어의 기회가 충분히 보장되고, 단순한 처벌대상이 아니라 형사소송절차를 형성 · 유지하는 당사자로서의 지위를 향유하며, 검사의 공격에 대하여 실질적인 '무기평등'이 이루어진 공정한 재판을 받을 권리를 기본권으로 보장받고 있는 것이다.

또 헌법은 제27조 제3항에서 "모든 국민은 신속한 재판을 받을 권리를 가진다"고 하여 피고인으로 하여금 신속한 재판을 받을 권리를 기본권으로 보장하고 있고, 여기서의 신속한 재판이라 함은 적정한 재판을 확보함에 필요한 기간을 넘어 부당히 지연된 재판이 아닌 재판을 의미한다. 신속한 재판은 국가적 견지에서는 적정하고 실효성 있는 형벌제도의 운용을 위하여 중요하지만, 피고인의 입장에서는 유리한 증거를 확보하고 재판에 수반한 정신적 불안, 사회적 불이익을 최소화하는데 커다란 의의가 있는 것이다. 불필요한 재판의 지연은 피고인에게 인신구속의 부당한 장기화를 초래하여 허위자백과 물심양면의 고통을 강요하게 되고, 오랫동안 형사피고인이라는 불명예를 짐지울 뿐만 아니라 증거의 멸실, 왜곡에 의하여 실체적 진실발견이 저해될 염려가 있다. 또한 재판결과 설사 유죄로 된다 하더라도 피고인의 위와 같은 불안정한 상태의 신속한 해소도 중요한 의미를 갖고 있다고 할 것이므로 신속한 재판은 적법절차에 의한 공정한 재판 못지 않게 형사재판에 있어서 지켜져야 할 준칙인 것이다.

그런데 형사소송법은 제290조에서 "증거조사는 피고인에 대한 신문이 종료한 뒤에 하여야 한다"고 규정하여 피고인신문을 증거조사에 선행시키고 있고, 또 형사소송법은 증거조사의 방식에 관하여 증거서류들에 대하여는 "공판정에서 개별적으로 지시설명하여 조사"(제291조 제1항)하고, 재판장은 "그 요지를 고지"(제292조 제1항)하도록 하며, "피고인에게 각 증거조사의 결과에 대한 의견을 묻고 권리를 보호함에 필요한 증거조사를 신청할 수 있음을 고지하여야 한다"(제293조)고 규정하고 있다. 한편 수사기록은 국가기관이 그에게 부여된 강제 또는 임의의 수사권을 행사하여 당해 사건과 관련된 피의자, 피해자, 신고자, 증인 등 관계자에 대한 모든 진술 및 검증, 감정, 공무소등에의 조회의 결과 등을 수집한 방대한 양의 증거를 포함하고 있으며, 장차 공판절차에서 법관의 면전에 제출되어 피고인에 대하여 유죄를 입증하는 증거로 사용되게 된다. 따라서 증거조사 전에 검사가 보관하는 수사기록을 열람 · 등사하고 이를 검토할 기회가 주어지지 않는다면 변호인으로서는 피고인에 대한 검사의 주신문에 대하여 유효 · 적절한 반대신문을 하기 어려울 것이다. 물론 증거조사단계 이후에 검사가 증거로 제출한 수사기록을 열람 · 등사하여 검토한 후 피고인에 대한 반대신문을 보충할 수는 있으나 방어란 그 시기도 중요한 의미가 있어 처음부터 일관성 있게 수립되어야 하는 것이므로 공판기일 전에는 어떠한 경우에도 열람 · 등사가 거부된다면 방어에 차질을 빚게 되고 법원의 심증형성에도 불리하게 작용하여 공정한 재판을 해칠 수 있을 것이다. 또한 수사기록에 대한 사전 열람 · 등사의 거부는 증거조사절차의 지연을 가져와 형사소송의 이념인 신속한 재판을 저해하게 될 우려가 있다. 즉, 변호인이 공판전에 수사기록을 열람 · 등사하여 검토하는 경우 증거조사절차에서 검사가 증거로 제출한 수사기록에 대하여 증거동의여부를 신속히 결정할 수 있고, 부동의하는 부분에 대하여만 증거조사를 하면 되므로, 모든 증거에 대하여 증거조사절차에서 비로소 열람하는 경우에 증거검토를 위하여 필연적으로 따르게 될 불필요한 심리절차의 지연과 중단을 방지하고 신속한 재판을 가능하게 하는 것이다.

그러므로 검사가 보관하는 수사기록에 대한 변호인의 열람·등사는 실질적 당사자대등을 확보하고, 신속·공정한 재판을 실현하기 위하여 필요불가결한 것이며, 그에 대한 지나친 제한은 피고인의 신속·공정한 재판을 받을 권리를 침해하는 것이다.」

※ 변호인의 조력을 받을 권리 침해의 쟁점 및 반대의견에 대하여는 〈제5편 - 제3장 - 1. - 인신보호를 위한 헌법원리 - □ 변호인의 조력을 받을 권리〉 판례 인용부분 참조

▸ **법원이 민사소송법 제184조에서 정하는 기간 내에 반드시 판결을 선고해야 할 법률상 의무가 발생한다고 볼 수 없고, 신속한 재판을 위한 어떤 직접적이고 구체적인 청구권이 헌법 제27조 제3항으로부터 직접 발생하지 않기 때문에 재판의 지연에 대한 헌법소원을 부적법하다고 본 판례**

[憲 1999. 9. 16.-98헌마75](재판지연 위헌확인)

「1. 사건의 개요와 심판의 대상

가. 사건의 개요

(1) 청구인 김○명은 북한군의 병사로 한국전쟁에 참여하였다가 1951. 10. 14. 국군의 포로가 되었으나 1953. 7. 25. 구 국방경비법(1962. 1. 20. 법률 제1003호로 제정된 군형법과 같은 날 법률 제1004호로 제정된 군법회의법에 의하여 폐지되기 전의 것, 이하 "구 국방경비법"이라고 한다) 위반죄로 중앙고등군법회의에서 무기징역형을 선고받고 복역하다가 1995. 8. 15. 형집행정지로 가석방되었다. 그런데 법무부장관은 1995. 12. 22. 청구인에 대하여 보안관찰처분(95년 청구사안 제24호)을 하였다. 청구인은 이에 불복하여 1996. 2. 21. 서울고등법원에 위 보안관찰처분의 취소를 구하는 소(96구5744 보안관찰처분취소 청구사건, 이하 "처분취소사건"이라고 한다)를 제기하였으나, 서울고등법원은 1998. 2. 24. 위 보안관찰처분의 효력기간인 2년이 이미 경과하여 소의 이익이 없게 되었다는 이유로 위 청구를 각하하였다.

(2) 청구인 안○섭은 북한군의 병사로 한국전쟁에 참여하였다가 1953. 4. 26. 국군의 포로가 되었으나 1953. 11. 21. 구 국방경비법 위반죄로 중앙고등군법회의에서 무기징역형을 선고받고 복역하다가 1995. 8. 15. 형집행정지로 가석방되었다. 그런데 법무부장관은 1996. 2. 28. 청구인에 대하여 보안관찰처분(96년 청구사안 제3호)을 하였다. 청구인은 이에 불복하여 1996. 4. 10. 서울고등법원에 위 보안관찰처분의 취소를 구하는 소를 제기하였으나 서울고등법원은 1997. 4. 18. 위 청구를 기각하였고, 청구인은 같은 해 5. 7. 대법원에 상고(97누7240 보안관찰처분취소 청구사건, 이하 "처분취소사건"이라고 한다)하였으나, 대법원은 청구인이 이 사건 심판청구를 할 때까지 판결을 선고하지 아니하고 있다가 1999. 1. 26. 위 상고를 기각하였다.

(3) 이에 청구인들은 피청구인 서울고등법원과 대법원이 처분취소사건들에 대하여 심리와 판결선고를 부당하게 지연하여 소송의 대상이 된 보안관찰처분들의 효력이 만료되는 1997. 12. 21. 및 1998. 2. 27.까지 판결을 각 선고하지 아니함으로써 공정하고 신속한 재판을 받을 권리와 평등권을 침해하였다고 주장하면서, 1998. 3. 16. 이 사건 심판청구를 하였다.

나. 심판의 대상

따라서 이 사건의 심판대상은 청구인들이 제기한 위 처분취소사건들에 대하여 피청구인 서울고등법원과 대법원이 위 각 보안처분의 효력이 만료되는 각 시점인 1997. 12. 21. 및 1998. 2. 27.까지 판결을 각 선고하지 아니함으로써 청구인들 주장의 기본권을 침해하였는지의 여부이다.……

가. 청구인들은 이 사건에서 피청구인 서울고등법원과 대법원이 위 보안처분들의 효력이 만료되는 시점까지 판결을 선고하지 아니한 것이 헌법상 보장된 자신의 기본권을 침해한다고 주장하면서 그 부작위의 위헌확인을 구하고 있다.

헌법재판소법 제68조 제1항에 의하면, 공권력의 행사 또는 불행사로 인하여 헌법상 보장된 기본권을 침해받은 자는 법원의 재판을 제외하고는 헌법재판소에 헌법소원심판을 청구할 수 있다. 그러나 공권력의 불행사에 대한 헌법소원은 공권력의 주체에게 헌법에서 직접 도출되는 작위의무나 법률상의 작위의무가 특별히 구체적으로 존재하여 이에 의거하여 기본권의 주체가 그 공권력의 행사를 청구할 수 있음에도 불구하고 공권력의 주체가 그 의무를 해태하는 경우에 한하여 허용된다. 이러한 작위의무가 없는 공권력의 불행사에 대한 헌법소원은 부적법하다(헌재 1991. 9. 16. 89헌마163, 판례집 3, 505, 513 ; 1996. 11. 28. 92헌마237, 판례집 8-2, 600, 606 참조).

그러므로 위 보안관찰처분들의 취소청구에 대해서 피청구인들이 그 처분들의 효력이 만료되기 전까지 신속하게 판결선고를 하지 아니한 것에 대한 헌법소원이 적법하기 위해서는 공권력의 주체인 피청구인들이 청구인들의 재판청구에 대하여 신속하게 판결을 선고해야 하는 헌법상의 작위의무나 법률상의 작위의무가 존재하고, 이에 의거하여 청구인들이 피청구인들에게 신속한 재판을 청구할 수 있어야 하고 이를 하였음에도 피청구인들이 그 작위의무를 해태하고 있어야 한다.

나. 따라서 피청구인들이 청구인들의 재판청구에 대하여 위 보안처분들의 효력이 만료되기 전까지 신속하게 판결을 선고하여야 할 법률상의 작위의무가 구체적으로 존재하는지를 본다.

헌법 제27조 제3항 제1문에 의거한 국민의 신속한 재판을 받을 권리를 보장하기 위한 법규정으로는 민사소송법 제184조를 들 수 있다. 이 법규정은 심리를 신속히 진행함으로써 판결의 선고를 소가 제기된 날로부터 5월 내에, 항소심 및 상고심에 있어서는 기록의 송부를 받은 날부터 5월 내에 하도록 규정하고 있다. 이 법규정은 행정소송법 제8조 제2항에 의거하여 위 처분취소사건들의 경우에도 준용된다.

그러나 이 법규정 소정의 판결선고기간을 직무상의 훈시규정으로 해석함이 법학계의 지배적 견해이고, 법원도 이에 따르고 있으므로, 위 기간 이후에 이루어진 판결의 선고가 위법으로 되는 것은 아니다. 따라서 피청구인은 민사소송법 제184조에서 정하는 기간 내에 판결을 선고하도록 노력해야 하겠지만, 이 기간 내에 반드시 판결을 선고해야 할 법률상의 의무가 발생한다고는 볼 수 없다.

그리고 이 법규정외에는 청구인이 기본권의 주체로서 신속한 판결선고를 청구할 수 있는 다른 법률상의 근거도 존재하지 아니한다.

그렇다면 이 사건에서 피청구인들이 청구인들에 대한 위 보안처분들의 효력이 만료되는 시점까지 판결을 선고해야 할 법률상의 작위의무가 있다고는 볼 수 없다.

다. 다음 피청구인들이 위 처분취소사건들에서 위 보안처분들의 효력이 만료되기 전까지 판결을 선고해야 할 헌법상의 작위의무가 있는지를 본다.

헌법규정으로부터 도출되는 공권력 주체의 작위의무는, 헌법규범을 준수해야 하는 일반적인 의무가 아니라 개별사안에 있어서 이행해야 할 구체적인 작위의무를 말하며, 이에 근거하여 기본권 주체가 구체적인 공권력행위를 청구할 수 있는 권리가 발생해야 한다.

헌법 제27조 제3항 제1문은 "모든 국민은 신속한 재판을 받을 권리를 가진다"라고 규정하고 있다. 그러나 신속한 재판을 받을 권리의 실현을 위해서는 구체적인 입법형성이 필요하며, 다른 사법절차적 기본권에 비하여 폭넓은 입법재량이 허용된다. 특히 신속한 재판을 위해서 적정한 판결선고기일을 정하는 것은 법률상 쟁점의 난이도, 개별사건의 특수상황, 접수된 사건량 등 여러 가지 요소를 복합적으로 고려하여 결정되어야 할 사항인데, 이때 관할 법원에게는 광범위한 재량권이 부여된다. 따라서 법률에 의한 구체적 형성 없이는 신속한 재판을 위한 어떤 직접적이고 구체적인 청구권이 발생하지 아니한다.

따라서 피청구인들이 위 보안처분들의 효력만료 전까지 판결을 선고해야 할 구체적인 의무가 헌법상으로 직접 도출된다고는 볼 수 없다. 그렇다면 피청구인들이 위와 같이 판결을 선고해야 할 구체적인 행위를 요구할 수 있는 청구인들의 권리가 헌법 제27조 제3항 제1문 상의 신속한 재판을 받을 권리로부터 발생하지 아니한다고 할 것이다.

라. 위와 같이 피청구인들이 신속한 재판을 해야 할 어떠한 법률상의 의무나 헌법상의 의무도 존재하지 않으므로, 위 보안처분들의 효력이 만료되는 시점까지 판결을 선고하지 아니한 것은 피청구인들의 공권력의 불행사라고는 할 수 없다.」

2. 정신적 자유

양심의 자유

□ 의 의

▶ 개 념

▸ 양심의 의의에 대한 판례

[憲 1997. 3. 27.-96헌가11](도로교통법 제41조 제2항 등 위헌제청)

「(1) 제청법원은 이 사건 법률조항이 양심의 자유에 반하는 것이라고 주장한다.

헌법 제19조는 모든 국민은 양심의 자유를 가진다고 하고 있다. 여기서 말하는 양심에 대하여 우리 재판소는 양심이란 세계관·인생관·주의·신조 등은 물론 이에 이르지 아니하여도 보다 널리 개인의 인격형성에 관계되는 내심에 있어서의 가치적·윤리적 판단도 포함된다고 하면서, 양심의 자유에는 널리 사물의 시시비비나 선악과 같은 윤리적 판단에 국가가 개입해서는 아니되는 내심적 자유는 물론 이와 같은 윤리적 판단을 국가권력에 의하여 외부에 표명하도록 강제받지 아니할 자유까지 포괄한다고 밝히고 있다(헌법재판소 1991. 4. 1. 선고, 89헌마160 결정 참조). 요컨대 양심이란 인간의 윤리적·도덕적 내심영역의 문제이고, 헌법이 보호하려는 양심은 어떤 일의 옳고 그름을 판단함에 있어서 그렇게 행동하지 아니하고는 자신의 인격적인 존재가치가 허물어지고 말 것이라는 강력하고 진지한 마음의 소리이지, 막연하고 추상적인 개념으로서의 양심이 아니다. 음주측정에 응해야 할 것인지, 거부해야 할 것인지 그 상황에서 고민에 빠질 수는 있겠으나 그러한 고민은 선(善)과 악(惡)의 범주에 관한 진지한 윤리적 결정을 위한 고민이라 할 수 없으므로 그 고민 끝에 어쩔 수 없이 음주측정에 응하였다 하여 내면적으로 구축된 인간양심이 왜곡 굴절된다고 할 수도 없다.

따라서 음주측정요구와 그 거부는 양심의 자유의 보호영역에 포괄되지 아니하므로 이 사건 법률조항을 두고 헌법 제19조에서 보장하는 양심의 자유를 침해하는 것이라고 할 수 없다.」

※ 적법절차원리 위반 여부에 대하여는 〈제5편 - 제3장 - 1. - 인신보호를 위한 헌법원리 - □ 적법절차원리〉 판례 인용부분 참조

[憲 2001. 8. 30.-99헌바92등](공직선거및선거부정방지법 제93조 제1항 위헌소원 등)

「다음으로, '양심의 자유'는 자신의 양심에 어긋나는 신념이나 행동을 강요당하지 않고 자신의 양심에 따라 행동할 수 있는 자유로서, 여기서 말하는 '양심'이란, 세계관·인생관·주의·신조 등은 물론, 이에 이르지 아니하더라도 보다 널리 개인의 인격형성에 관계되는 내심에 있어서의 가치적·윤리적 판단도 포함되고, 이러한 양심의 자유에는 널리 사물의 시시비비나 선악과 같은 윤리적 판단에 국가가 개입해서는 아니되는 내심적 자유는 물론, 이와 같은 윤리적 판단을 국가권력에 의하여 외부에 표명하도록 강제받지 아니할 자유까지 포괄된다고 본다(헌재 1991. 4. 1. 89헌마160, 판례집 3, 149, 153-154 참조).

즉, '양심'이란 인간의 윤리적·도덕적 내심영역의 문제이고, 헌법이 보호하려는 양심은 어떤 일의 옳고 그름을 판단함에 있어서 그렇게 행동하지 아니하고는 자신의 인격적인 존재가치가 허물어지고 말 것이라는 강력하고 진지한 마음의 소리이지 막연하고 추상적인 개념으로서의 양심은 아닌 것이다(헌재 1997. 3. 27. 96헌가11, 판례집 9-1, 245, 263-264 참조).

따라서, 자신의 태도나 입장을 외부에 설명하거나 해명하는 행위는, 진지한 윤리적 결정에 관계된 행위라기보다는 단순한 생각이나 의견, 사상이나 확신 등의 표현행위라고 볼 수 있어, 그 행위가 선거에 영향을 미치게 하기 위한 것이라는 이유로 이를 하지 못하게 된다 하더라도 내면적으로 구축된 인간의 양심이 왜곡 굴절된다고는 할 수 없다는 점에서 양심의 자유의 보호영역에 포괄되지 아니한다 할 것이므로, 공선법 제93조 제1항이 헌법 제19조에서 보장하는 양심의 자유를 침해한다고 볼 수는 없다.」

[憲 2002. 4. 25.-98헌마425](준법서약제 등 위헌확인, 가석방심사등에관한규칙 제14조 제2항 위헌확인)

※ 아래 판례 인용부분 참조

[憲 2004. 8. 26.-2002헌가1](병역법 제88조 제1항 제1호 위헌제청)

「나. 이 사건 법률조항에 의하여 제한되는 기본권

이 사건 법률조항은 형사처벌이라는 제재를 통하여 양심적 병역거부자에게 양심에 반하는 행동을 강요하고 있으므로, "국가에 의하여 양심에 반하는 행동을 강요당하지 아니 할 자유", "양심에 반하는 법적 의무를 이행하지 아니 할 자유" 즉, 부작위에 의한 양심실현의 자유를 제한하는 규정이다.

한편, 헌법 제20조 제1항은 종교의 자유를 따로 보장하고 있으므로 양심적 병역거부가 종교의 교리나 종교적 신념에 따라 이루어진 것이라면, 이 사건 법률조항에 의하여 양심적 병역거부자의 종교의 자유도 함께 제한된다. 그러나 양심의 자유는 종교적 신념에 기초한 양심뿐만 아니라 비종교적인 양심도 포함하는 포괄적인 기본권이므로, 이하에서는 양심의 자유를 중심으로 살펴보기로 한다.

다. 이 사건 법률조항의 입법목적……

이 사건 법률조항은 국민의 의무인 '국방의 의무'의 이행을 관철하고 강제함으로써 징병제를 근간으로 하는 병역제도하에서 병역자원의 확보와 병역부담의 형평을 기하고 궁극적으로 국가의 안전보장이라는 헌법적 법익을 실현하고자 하는 것이다.

라. 양심실현의 자유의 보장문제

(1) 헌법적 질서의 일부분으로서 양심실현의 자유

(가) 양심의 자유가 개인의 내면세계에서 이루어지는 양심형성의 자유뿐만 아니라 외부세계에서 양심을 실현할 자유를 함께 보장하므로, 양심의 자유는 법질서나 타인의 법익과 충돌할 수 있고 이로써 필연적으로 제한을 받는다.……

따라서 양심의 자유가 보장된다는 것은, 곧 개인이 양심상의 이유로 법질서에 대한 복종을 거부할 수 있는 권리를 부여받는다는 것을 의미하지는 않는다. 모든 개인이 양심의 자유를 주장하여 합헌적인 법률에 대한 복종을 거부할 가능성이 있으며, 개인의 양심이란 지극히 주관적인 현상으로서 비이성적·비윤리적·반사회적인 양심을 포함하여 모든 내용의 양심이 양심의 자유에 의하여 보호된다는 점을 고려한다면, "국가의 법질서는 개인의 양심에 반하지 않는 한 유효하다"는 사고는 법질서의 해체, 나아가 국가공동체의 해체를 의미한다. 그러나 어떠한 기본권적 자유도 국가와 법질서를 해체하는 근거가 될 수 없고, 그러한 의미로 해석될 수 없다.

(나) 따라서 이 사건의 경우 헌법 제19조의 양심의 자유는 개인에게 병역의무의 이행을 거부할 권리를 부여하지 않는다. 양심의 자유는 단지 국가에 대하여 가능하면 개인의 양심을 고려하고 보호할 것을 요구하는 권리일 뿐, 양심상의 이유로 법적 의무의 이행을 거부하거나 법적 의무를 대신하는 대체의무의 제공을 요구할 수 있는 권리가 아니다. 따라서 양심의 자유로부터 대체복무를 요구할 권리도 도출되지 않는다. 우리 헌법은 병역의무와 관련하여 양심의 자유의 일방적인 우위를 인정하는 어떠한 규범적 표현도 하고 있지 않다. 양심상의 이유로 병역의무의 이행을 거부할 권리는 단지 헌법 스스로 이에 관하여 명문으로 규정하는 경우에 한하여 인정될 수 있다.

(2) 국방의 의무와 양심실현의 자유의 경우 법익교량의 특수성……

양심의 자유의 경우에는 법익교량을 통하여 양심의 자유와 공익을 조화와 균형의 상태로 이루어 양 법익을 함께 실현하는 것이 아니라, 단지 '양심의 자유'와 '공익' 중 양자택일 즉, 양심에 반하는 작위나 부작위를 법질서에 의하여 '강요받는가 아니면 강요받지 않는가'의 문제가 있을 뿐이다.

마. 이 사건 법률조항이 양심실현의 자유를 침해하는지의 여부……

(3) 그렇다면 이 사건 법률조항의 위헌여부는 "입법자가 대체복무제도의 도입을 통하여 병역의무에 대한 예외를 허용하더라도 국가안보란 공익을 효율적으로 달성할 수 있는지"에 관한 판단의 문제로 귀결된다.……

(가) 한편으로는 다음과 같은 낙관적인 예상이 가능하다.……

(나) 그러나 다른 한편으로는 다음과 같은 부정적인 예상도 가능하다.……

(4) 이 사건과 같이 기본권을 제한하는 법률의 위헌성여부가 미래에 나타날 법률 효과에 달려 있다면, 헌법재판소가 어느 정도로 이에 관한 입법자의 예측판단을 심사할 수 있으며, 입법자의 불확실한 예측판단을 자신의 예측판단으로 대체할 수 있는가 하는 문제가 제기된다.……

따라서 이러한 관점에서 볼 때, "국가가 대체복무제를 채택하더라도 국가안보란 공익을 효율적으로 달성할 수 있기 때문에 이를 채택하지 않은 것은 양심의 자유에 반하는가"에 대한 판단은 "입법자의 판단이 현저하게 잘못되었는가" 하는 명백성의 통제에 그칠 수밖에 없다.

(5) 국가안보상의 중요정책에 관하여 결정하는 것은 원칙적으로 입법자의 과제이다. 국가의 안보상황에 대한 입법자의 판단은 존중되어야 하며, 입법자는 이러한 현실판단을 근거로 헌법상 부과된 국방의 의무를 법률로써 구체화함에 있어서 광범위한 형성의 자유를 가진다.

한국의 안보상황, 징병의 형평성에 대한 사회적 요구, 대체복무제를 채택하는 데 수반될 수 있는 여러 가지 제약적 요소 등을 감안할 때, …… 현 단계에서 대체복무제를 도입하기는 어렵다고 본 입법자의 판단이 현저히 불합리하다거나 명백히 잘못되었다고 볼 수 없다.

병역의무와 양심의 자유가 충돌하는 경우 입법자는 법익형량과정에서 국가가 감당할 수 있는 범위 내에서 가능하면 양심의 자유를 고려해야 할 의무가 있으나, 법익형량의 결과가 국가안보란 공익을 위태롭게 하지 않고서는 양심의 자유를 실현할 수 없다는 판단에 이르렀기 때문에 병역의무를 대체하는 대체복무의 가능성을 제공하지 않았다면, 이러한 입법자의 결정은 국가안보라는 공익의 중대함에 비추어 정당화될 수 있는 것으로서 입법자의 '양심의 자유를 보호해야 할 의무'에 대한 위반이라고 할 수 없다. 그렇다면 이 사건 법률조항은 양심적 병역거부자의 양심의 자유나 종교의 자유를 침해하는 것이라 할 수 없다.」

⇔ 재판관 2인(재판관 김경일, 재판관 전효숙)의 반대의견

「나. 헌법가치의 갈등과 입법자의 의무

(1) 일반적으로 우열을 가리기 어려운 헌법가치들이 갈등관계에 있을 때 입법자는 각 헌법가치들이 공존하면서 최적의 상태로 실현되어 조화를 이룰 수 있는 방안을 찾아야 한다. 기본권과 여타의 헌법가치 사이에 충돌이나 갈등이 있는 경우에도 입법자는 일방적으로 다른 헌법가치만을 실현하려고 할 것이 아니라 충돌이나 갈등상황을 피할 수 있는 대안을 모색하여야 하며 대안마련이 불가능하여 기본권을 제한할 수밖에 없는 경우에도 그 목적에 비례하는 범위 내의 제한에 그치지 않으면 안 된다. 헌법 제37조 제2항의 기본권제한원리는 이러한 내용을 포함하고 있다.

따라서 만일 대안의 마련이 필요하고 가능함에도 불구하고 입법자가 이를 위해 최소한의 노력조차 하지 않았다면, 입법자는 위와 같은 기본권제한원리를 준수하였다고 할 수 없다.……

이 사건 법률조항의 위헌여부는 국방의 의무를 전제로 입영대상자들에게 일반적으로 적용되는 이 사건 법률조항에 대해 양심실현의 자유를 이유로 한 예외를 인정하더라도 국방에 지장이 없는지, 대안으로 논의되는 대체복무제가 부정적 파급효과를 방지하고 평등문제를 해소할 적절한 대안인지 여부와 이러한 사항들이 모두 인정됨에도 불구하고 입법자가 이를 위한 최소한의 노력도 기울이지 않았는지 여부에 의하여 결정될 것이다.

다. 양심적 병역거부에 대한 올바른 이해……

라. 대체복무제의 필요성과 가능성

우리는 양심의 자유가 정신적 자유권 중에서도 기본적인 중요한 권리이며 양심실현의 자유도 경시되어서는 안된다는 점, 양심적 병역거부를 둘러싼 현행법과 양심과의 갈등의 심각성, 이를 둘러싼 국내외의 축적된 논의와 경험, 이 문제에 관한 입법자의 재량정도에 비추어 볼 때, 입법자에게 대안의 마련 등으로 양심의 자유와 병역의무의 평등한 이행 등의 갈등관계를 해소하여 조화를 도모할 수 있는 방안을 모색할 의무가 생겼으며 현실적으로 그 이행도 충분히 가능하다고 본다.

(1) 우선 양심적 병역거부자들이 현역집총병역에 종사하는지 여부 그 자체가 전체 국방력에 미치는 영향에 대해 살펴본다.……

따라서 수(數)의 면에서 양심적 병역거부자가 차지하는 비율은 병력이나 전투력의 감소를 논할 정도라고 볼 수 없다.……

(2) 그러므로 입법자가 양심적 병역거부자에 대한 예외인정과 관련하여 우려할 것이 있다면 병역의무의 형평문제일 것이다. ……

양심보호와 형평문제를 동시에 해결할 수 있는 대안은 이론적으로 가능하며, 이미 상당한 기간 동안 세계의 많은 나라들이 양심적 병역거부를 인정하면서도 이러한 문제들을 효과적으로 해결하여 징병제를 유지해오고 있다는 사실은 그것이 실제로도 가능하다는 사실을 강력히 시사한다.

(가) 우선 국방의무의 평등한 이행을 확보하는 문제에 관하여 살펴본다.……

(나) 다음으로 병역기피자들의 증가로 국민개병제를 바탕으로 한 전체 병역제도에 미칠 부정적인 파급효과에 대해 살펴본다.……

이와 같이 병역의무의 형평과 병역기피의 급증 등 양심적 병역거부자들의 현역입영면제로부터 발생할 수 있는 문제에 대응해 나아갈 방법이 존재한다면, 그 시행과정에서 해결해야 할 현실적인 어려움이 있다 하더라도 양심에 따라 병역을 기피한 자들에게 현역집총복무를 강요하기 위하여 징역형으로 처벌할 필요성이 반드시 있다고 보기는 어렵다.

(3) 양심적 병역거부는 국제법규 측면에서도 인정할 필요성이 높다.……

(4) 그럼에도 불구하고 우리 병역제도와 이 사건 법률조항을 살펴보면, 입법자가 이러한 사정을 감안하여 양심적 병역거부자들에 대하여 어떠한 최소한의 고려라도 한 흔적을 찾아볼 수 없다.……

그러므로 현행법상 법적용기관에 의한 양심보호조치를 가능케 하는 요소들이 존재하거나 국가법체계 전체의 관점에서 최소한의 조정적 조치가 마련되어 있다고 볼 여지는 없다고 본다.

마. 결 론……

우리는 이상에서 살펴본 바와 같이 입법자가 이 사건 법률조항에 의해 구체화된 병역의무의 이행을 강제하면서 사회적 소수자인 양심적 병역거부자들의 양심의 자유와의 심각하고도 오랜 갈등관계를 해소하여 조화를 도모할 최소한의 노력도 하지 않고 있다고 판단하므로 이들에게도 일률적으로 입영을 강제하고 형사처벌을 하는 범위에서는 이 사건 법률조항이 위헌임을 면치 못한다고 생각한다.」

※ 위 사건에서 재판관 2인(재판관 권성, 재판관 이상경)은 각각 다수의견과 결론을 같이하나 이유에서 일부 차이를 보이는 별개의견을 개진하였음

[憲 2002. 1. 31.-2001헌바43](독점규제및공정거래에관한법률 제27조 위헌소원)

※ 아래 판례 인용부분 참조

□ 주 체

▶ **양심의 자유는 법인에게는 인정되지 않지만 법인의 대표자에게는 인정된다고 본 판례**

[憲 1991. 4. 1.-89헌마160](민법 제764조의 위헌 여부에 관한 헌법소원)

※ 〈제5편 - 제1장 - 1. - □ 주체〉 판례 인용부분 참조

□ 내 용

▶ **헌법 제19조의 양심의 자유는 양심형성의 자유라는 내적인 자유와 양심활동의 자유라는 외적인 자유를 포함한다는 취지의 판례**

[憲 1998. 7. 16.-96헌바35](구국가보안법 제10조 위헌소원)

「1. 사건의 개요 및 심판의 대상

가. 사건의 개요

청구인은 1992. 10. 29. 서울형사지방법원에 1990. 12. 초순경 그 차남인 황○오가 북한공산집단의 지배하에 있는 지역으로 탈출하여 그 구성원과 회합한 후 다시 잠입하여 남파간첩인 청구외 권○현과 회합하면서 간첩활동을 하고 있다는 정을 알면서도 이를 수사기관 또는 정보기관에 고지하지 아니하였다는 등의 범죄사실로 국가보안법상의 불고지죄 등으로 기소되었던 바, 위 법원은 같은 해 12. 29. 청구인에게 구국가보안법(1980. 12. 31. 법률 제3318호로 전문개정되고 1991. 5. 31. 법률 제4373호로 개정되기 전의 것, 이하 같다) 제10조 등을 적용하여 징역 1년 6월에 집행유예 3년 및 자격정지 2년의 형을 선고하였다. 청구인은 위 판결에 불복하여 서울지방법원에 항소(93노651)하는 한편 불고지죄를 처벌하도록 규정한 구 국가보안법 제10조가 헌법에 위반된다고 주장하면서 위헌제청신청(96초1593)을 하였으나 위 법원은 1996. 5. 23. 위 위헌제청신청을 기각하였고, 이에 청구인은 다시 헌법재판소법 제68조 제2항에 의한 이 사건 헌법소원심판을 청구하기에 이르렀다.

나. 심판의 대상

따라서 이 사건 심판의 대상은 구 국가보안법 제10조의 위헌 여부이고, 그 법률조항의 내용은 다음과 같다.

제10조(불고지)

제3조 내지 제9조의 죄를 범한 자라는 정을 알면서 수사기관 또는 정보기관에 고지하지 아니한 자는 5년 이하의 징역 또는 200만원 이하의 벌금에 처한다. 다만, 본범과 친족관계가 있는 때에는 그 형을 감경 또는 면제할 수 있다.……

나. 양심의 자유의 침해 여부

헌법 제19조는 모든 국민은 양심의 자유를 가진다고 규정하여 양심의 자유를 기본권의 하나로 보장하고 있는바, 여기서 말하는 양심이란 세계관 인생관 주의 신조 등은 물론 이에 이르지 아니하여도 보다 널리 개인의 인격형성에 관계되는 내심에 있어서의 가치적 · 윤리적 판단도 포함된다. 그러므로 양심의 자유에는 널리 사물의 시시비비나 선악과 같은 윤리적 판단에 국가가 개입해서는 아니되는 내심적 자유는 물론, 이와 같은 윤리적 판단을 국가권력에 의하여 외부에 표명하도록 강제받지 아니할 자유까지 포괄한다고 할 것이다(헌재 1991. 4. 1. 89헌마160, 판례집 3, 149, 153 ; 1997. 3. 27. 96헌가11, 판례집 9-1, 245, 263 ; 1997. 11. 27. 92헌바28, 판례집 9-2, 548, 571). 한편 헌법 제19조가 보호하고 있는 양심의 자유는 양심형성의 자유와 양심적 결정의 자유를 포함하는 내심적 자유(forum internum)뿐만 아니라, 양심적 결정을 외부로 표현하고 실현할 수 있는 양심실현의 자유(forum externum)를 포함한다고 할 수 있다. 내심적 자유, 즉 양심형성의 자유와 양심적 결정의 자유는 내심에 머무르는 한 절대적 자유라고 할 수 있지만, 양심실현의 자유는 타인의 기본권이나 다른 헌법적 질서와 저촉되는 경우 헌법 제37조 제2항에 따라 국가안전보장 질서유지 또는 공공복리를 위하여 법률에 의하여 제한될 수 있는 상대적 자유라고 할 수 있다. 그리고 양심실현은 적극적인 작위의 방법으로도 실현될 수 있지만 소극적으로 부작위에 의해서도 그 실현이 가능하다 할 것이다.

그런데 이 사건 심판대상 법률조항이 규정한 불고지죄는 국가의 존립과 안전에 저해가 되는 타인의 범행에 관한 객관적 사실을 고지할 의무를 부과할 뿐이고 개인의 세계관 · 인생관 · 주의 · 신조 등이나 내심에 있어서의 윤리적 판단을 그 고지의 대상으로 하는 것은 아니므로 양심의 자유 특히 침묵의 자유를 직접적으로 침해하는 것이라고 볼 수 없을 뿐만 아니라 국가의 존립 · 안전에 저해가 되는 죄를 범한 자라는 사실을 알고서도 그것이 본인의 양심이나 사상에 비추어 범죄가 되지 아니한다거나 이를 수사기관 또는 정보기관에 고지하는 것이 양심이나 사상에 어긋난다는 등의 이유로 고지하지 아니하는 것은 결국 부작위에 의한 양심실현 즉 내심의 의사를 외부에 표현하거나 실현하는 행위가 되는 것이고 이는 이미 순수한 내심의 영역을 벗어난 것이므로 이에 대하여는 필요한 경우 법률에 의한 제한이 가능하다 할 것이다. 그리고 여러 가지 국내외 정세의 변화에도 불구하고 남 · 북한의 정치 · 군사적 대결이나 긴장관계가 여전히 존재하고 있는 우리의 현실, 불고지죄가 보호하고자 하는 국가의 존립 · 안전이라는 법익의 중요성, 범인의 친족에 대한 형사처벌에 있어서의 특례설정 등 제반사정에 비추어 볼 때 이 사건 심판대상 법률조항이 양심의 자유를 제한하고 있다 하더라도 그것이 헌법 제37조 제2항이 정한 과잉금지의 원칙이나 기본권의 본질적 내용에 대한 침해금지의 원칙에 위반된 것이라고 볼 수 없다.

그러므로 이 사건 심판대상 법률조항은 양심의 자유를 침해한 것이라고 할 수 없다.」

◎ 같은 취지 : 憲 2004. 8. 26.-2002헌가1

▶ 양심활동의 자유에 대한 판례

▸ 양심활동의 자유는 상대적 기본권으로서 법률에 의하여 제한될 수 있다는 취지의 판례

[憲 1998. 7. 16.-96헌바35](구국가보안법 제10조 위헌소원)

※ 위 판례 인용부분 참조

◎ 같은 취지 : 憲 2004. 8. 26.-2002헌가1

▸ 소극적 양심활동의 자유에 대한 판례

▹ 가석방의 조건으로 준법서약을 하게 하는 것은 양심의 자유를 침해하는 것이 아니라고 본 판례

[憲 2002. 4. 25.-98헌마425](준법서약제 등 위헌확인, 가석방심사등에관한규칙 제14조 제2항 위헌확인)

「(1) 양심의 자유의 침해 여부

우리 헌법 제19조는 모든 국민은 양심의 자유를 가진다고 하여 명문으로 양심의 자유를 보장하고 있다. 여기서 헌법이 보호하고자 하는 양심은 어떤 일의 옳고 그름을 판단함에 있어서 그렇게 행동하지 않고는 자신의 인격적 존재가치가 파멸되고 말 것이라는 강력하고 진지한 마음의 소리로서의 절박하고 구체적인 양심을 말한다. 따라서 막연하고 추상적인 개념으로서의 양심이 아니다(헌재 1997. 3. 27. 96헌가 11, 판례집 9-1, 245, 263).

이른바 개인적 자유의 시초라고 일컬어지는 이러한 양심의 자유는 인간으로서의 존엄성 유지와 개인의 자유로운 인격발현을 위해 개인의 윤리적 정체성을 보장하는 기능을 담당한다. 그러나 내심의 결정에 근거한 인간의 모든 행위가 헌법상 양심의 자유라는 보호영역에 당연히 포괄되는 것은 아니다. 따라서 양심의 자유가 침해되었는지의 여부를 판단하기 위하여는 먼저 양심의 자유의 헌법적 보호범위를 명확히 하여야 하는바, 이를 위해서는 양심에 따른 어느 행위(또는 불행위)가 실정법의 요구와 서로 충돌할 때 과연 어떤 요건하에 어느 정도 보호하여야 하는가의 측면에서 고찰되어야 할 것이다.

이렇게 볼 때 헌법상 그 침해로부터 보호되는 양심은 첫째 문제된 당해 실정법의 내용이 양심의 영역과 관련되는 사항을 규율하는 것이어야 하고, 둘째 이에 위반하는 경우 이행강제, 처벌 또는 법적 불이익의 부과 등 법적 강제가 따라야 하며, 셋째 그 위반이 양심상의 명령에 따른 것이어야 한다. 이에 따라 이 사건 준법서약서의 제출이 양심의 자유를 침해하는지 여부를 살펴본다.

(가) 준법서약의 내용과 양심의 영역과의 관련 여부……

위에서 본 바 국법질서의 준수에 대한 국민의 일반적 의무가 헌법적으로 명백함을 감안할 때, 내용상 단순히 국법질서나 헌법체제를 준수하겠다는 취지의 서약을 할 것을 요구하는 이 사건 준법서약은 국민이 부담하는 일반적 의무를 장래를 향하여 확인하는 것에 불과하며, 어떠한 가정적 혹은 실제적 상황하에서 특정의 사유(思惟)를 하거나 특별한 행동을 할 것을 새로이 요구하는 것이 아니다. 따라서 이 사건 준법서약은 어떤 구체적이거나 적극적인 내용을 담지 않은 채 단순한 헌법적 의무의 확인 · 서약에 불과하다 할 것이어서 양심의 영역을 건드리는 것이 아니다.

이 사건 청구인들 중에 이른바 비전향 장기수들이 있고, 그들이 내심으로 가령 국가보안법 등이 자신들의 정치적 신조에 반한다거나, 자유민주주의 체제가 자신들의 이데올로기에 어긋난다고 확신하며 나아가 그들의 이러한 신조가 외부적으로 알려져 있다하더라도, 그들에 대한 가석방심사시 심사자료에 쓰일 준법서약의 내용이 단지 위와 같은 정도에 그치는 이상, 마찬가지로 양심의 영역을 건드리는 것으로 볼 수 없다. 왜냐하면 기본적으로 어느 누구도 헌법과 법률을 무시하고 국법질서 혹은 자유민주적 기본질서를 무력, 폭력 등 비헌법적 수단으로 전복할 권리를 헌법적으로 보장받을 수는 없는 것이고, 따라서 단순히 국법질서나 헌법체제를 준수하겠다는 서약을 하는 것에 의하여는 그 질서나 체제 속에 담겨있는 양심의 자유를 포함하여 어떠한 헌법적 자유나 권리도 침해될 수 없기 때문이다.

(나) 준법서약의 법적 강제와 양심의 자유의 침해 여부

뿐만 아니라 양심의 자유는 내심에서 우러나오는 윤리적 확신과 이에 반하는 외부적 법질서의 요구가 서로 회피할 수 없는 상태로 충돌할 때에만 침해될 수 있다. 그러므로 당해 실정법이 특정의 행위를 금지하거나 명령하는 것이 아니라 단지 특별한 혜택을 부여하거나 권고 내지 허용하고 있는 데에 불과하다면, 수범자는 수혜를 스스로 포기하거나 권고를 거부함으로써 법질서와 충돌하지 아니한 채 자신의 양심을 유지, 보존할 수 있으므로 양심의 자유에 대한 침해가 된다할 수 없다. 따라서 양심의 자유를 침해하는 정도의 외부적 법질서의 요구가 있다고 할 수 있기 위해서는 법적 의무의 부과와 위반시 이행강제, 처벌 또는 법적 불이익의 부과 등 방법에 의하여 강제력이 있을 것임을 요한다.……

이와 같이 이 사건 규칙조항은 내용상 당해 수형자에게 하등의 법적 의무를 부과하는 것이 아니며 이행강제나 처벌 또는 법적 불이익의 부과 등 방법에 의하여 준법서약을 강제하고 있는 것이 아니므로 당해 수형자의 양심의 자유를 침해하는 것이 아니다.……

이와 같이 법적 강제가 아니라 단순한 혜택부여의 문제에 그칠 경우에는 비록 그 혜택이 절실한 것이어서 이를 외면하기가 사실상 고통스럽다고 하더라도 이는 스스로의 선택의 문제일 뿐, 이미 양심의 자유의 침해와는 아무런 관련이 없다. 단지 그 혜택부여의 공평성 여부라는 평등원칙 위배의 차원에서 헌법적으로 검토될 여지가 있을 뿐이다.

결국 이 사건 규칙조항에 따른 준법서약서의 제출은 단지 국가로부터 가석방이라는 은전을 부여받기 위한 요소일 뿐으로서 이러한 수혜요건을 충족시켜 줄 것인가 여부는 당해 수형자가 자신의 내심의 소리에 따라서 여전히 자유롭게 선택할 수 있는 것이다.」

⇒ 재판관 1인(재판관 권성)의 보충의견

「가. 종교의 자유, 사상의 자유 및 일반적인 행동의 자유 등과 중첩되지 않는 양심의 자유의 고유한 영역을 양심의 자유의 본래적 영역이라고 할 때에 이 본래적 영역에서 기능하는 양심이라는 것은 선악(善惡)을 인식, 판단하여 선(善)을 지향하는 인간의 천부적 심성을 가리킨다. 바꾸어 말하면 이것은 윤리적 문제에 관하여 선악을 인식 · 판단하고 선을 선택 · 결단하는 인간의 본성을 의미한다. 따라서 학문과 예술의 문제에 대하여 판단하고 선택하는 정신적 작용은 양심의 문제가 아니며 마찬가지로 윤리적 선악의 문제와 직접 연결되지 않는 정치적 사상과 신조 및 종교상의 교리와 원칙 등에 관한 정신적 작용도 양심의 문제는 아닌 것이다.

또한 헌법상의 자유라고 하는 것은 우선 국가의 간섭과 강요로부터의 자유를 의미한다. 따라서 요구를 거부하면 처벌이나 불이익이 있는 강요, 평온을 교란하는 정도의 거듭되는 간섭,

이러한 것이 자유에 대한 침해가 된다.
나. 그러므로 첫째로 국가가 개인에게 선을 행하고 악을 멀리하도록 권장, 유도하는 것은 양심의 자유를 침해하는 것이 아니지만 선악의 판단을 국가가 대신하고 그 결과를 그대로 수용하도록 강요하는 것은 양심의 자유를 침해하는 것이다. 결국 선악의 판단 자체는 개인에게 맡겨야 하는 것이고 이러한 의미에서 양심의 자유는 우선 선악의 판단을 개인이 독립하여 주도적으로 할 수 있어야 함을 의미한다.

둘째로 양심의 자유는 자신이 선이라고 믿는 바를 실행할 수 있는 자유를 가리킨다.

셋째로 양심의 자유는 그 양심의 내용을 조사받지 아니할 자유를 포함한다.……

라. 이 사건에서 문제되는 서약서의 내용은 다수의견이 적절히 설명하는 바와 같이 국법질서나 헌법체제를 준수하여야 하는 국민의 일반적 의무를 단순히 확인 · 서약케 하는 것임이 분명하므로 이러한 서약서의 제출을 요구하는 것은 위에서 본 바와 같이 청구인들에게 윤리적 문제에 관하여 선악의 선택을 하고 그 결과를 공개하도록 요구하는 것이 아니므로 이는 청구인들의 양심의 자유와는 처음부터 무관한 것이다.」

⇔ 재판관 2인(재판관 김효종, 재판관 주선회)의 반대의견

「우리는 이 사건에서 다수의견이 개진한 양심의 자유의 보호범위에 동의할 수 없으며, 따라서 이 사건 준법서약서제도는 우리 헌법이 보호하는 양심의 자유의 보호영역 내에 있고, 그 자유를 제한하는 형식이 법률이 아닌 법무부령일 뿐만 아니라 비례의 원칙에도 반하므로, 위헌이라고 판단되어 아래와 같이 반대의견을 밝힌다.

가. 헌법이 양심의 자유를 보장하는 이유와 그 보호범위

(1) 헌법이 양심의 자유를 보장하는 이유……

그러므로 개인이 인간으로서의 존엄과 가치를 지니기 위해서, 그리고 자신의 근본적 도덕과 신조를 지키기 위해서는 무엇보다도 양심의 자유가 보장되어야 하고 이는 자유민주주의 국가의 기본적 조건이자 요청이다.

(2) 양심의 자유의 보호범위

(가) 헌법재판소는 양심의 자유의 보호범위에 관하여 이미 판단한 바 있다. 즉 헌법 제19조에서 말하는 양심이란 "세계관 · 인생관 · 주의 · 신조 등은 물론 이에 이르지 아니하여도 보다 널리 개인의 인격형성에 관계되는 내심에 있어서의 가치적 · 윤리적 판단도 포함된다"고 넓게 보면서, 양심의 자유에는 "널리 사물의 시시비비나 선악과 같은 윤리적 판단에 국가가 개입해서는 안 되는 내심적 자유는 물론 이와 같은 윤리적 판단을 국가권력에 의하여 외부에 표명하도록 강제받지 아니할 자유까지 포함한다"(헌재 1991. 4. 1. 89헌마160, 판례집 3, 149, 153-154 ; 1997. 11. 27. 92헌바28, 판례집 9-2, 548, 571 ; 1998. 7. 16. 96헌바35, 판례집 10-2, 159, 166).

이러한 양심의 범위는 단순한 도덕적 선악의 개념보다는 넓은 것인데 헌법재판소는 이와 같이 양심의 자유를 넓게 해석하는 이유에 관하여 아래와 같이 판시하였다.

"이와 같이 해석하는 것이 다른 나라의 헌법과 달리 양심의 자유를 신앙의 자유와도 구별하고 사상의 자유에 포함시키지 않은 채 별개의 조항으로 독립시킨 우리 헌법의 취지에 부합할 것이며, 이는 개인의 내심의 자유, 가치판단에는 간섭하지 않겠다는 원리의 명확한 확인인 동시에 민주주의의 기초가 되고 인간의 내심의 영역에 국가권력의 불가침으로 인류의 진보와 발전에 불가결한 것이 되어왔던 정신활동의 자유를 보다 완전히 보장하려는 취의라고 할 것이다. 우리 나라가 1990년에 가입한 시민적 및 정치적권리에 관한 국제규약(이른바 국제인권규약 B규약) 제18조 제2항에서도 스스로 선택하는 신념을 가질 자유를 침해하게 될 어떠한 강제

도 받지 않는다고 규정하고 있다"(헌재 1991. 4. 1. 89헌마160, 판례집 3, 149, 153-154).

그러므로 우리 헌법이 보장하고 있는 양심의 자유에서의 양심은 단순한 윤리적 선악 판단보다도 더 넓은 보호범위를 지니며, 세계관 · 주의 · 신조 등까지 포함되고 있으며 이 점은 중요한 의미를 지닌다. 그러한 관점에서 헌법재판소는 사죄광고가 양심의 자유의 보호영역 내의 문제라고 보았던 것이다(위 89헌마160 결정).

이렇게 우리 재판소가 양심의 자유의 보호범위를 넓게 인정하는 것은 우리 헌법이 사상 혹은 이데올로기의 자유에 관한 보호규정을 두고 있지 않은 점을 감안하고, 민주주의의 정신적 기초로서의 양심의 자유의 중요성에 비추어 이를 폭넓게 인정하겠다는 취지이므로 타당한 판시라 아니할 수 없다.

(나) 그런데 이 사건의 다수의견은 이러한 우리 재판소의 위 선례를 고려하지 않고 오히려 양심의 범위를 도덕적 양심에 국한시키고 있다. 즉 개인의 윤리적 정체성에 관한 절박하고 구체적인 양심에 한정시키면서 이 사건을 판단하고 있다. 이는 명백히 종래의 판례취지를 축소 내지 변경하는 것이라고 할 수밖에 없다.……

나. 준법서약서 제출요구가 양심의 자유의 보호범위에 속하는지 여부……

이 사건에서 최대의 관건은 바로 일반인이 아닌, 공산주의 사상 신봉자인 수형자들에게 준법서약서가 어떤 의미를 지니느냐의 문제인 것인데, 다수의견은 너무 쉽게, 형식적으로 이를 판단하고 있다. 헌법재판소는 개별사안에서 과연 이것이 양심의 자유로서 보호할 만한 상황인지의 여부를 개별적 · 구체적 · 실질적으로 판단하는 방법을 취하는 것이 필요한 것이다.

준법서약서는 사상전향서와 마찬가지로 내심의 사상 포기를 외부에 표현하도록 하는 기능을 지니며, 이는 우리 헌법상의 양심의 자유에서 '양심'이 세계관 · 주의 · 신조에까지 미친다는 점에서, 양심의 자유의 보호범위에 포함시켜 보아야 할 문제인 것이다.

(4) 준법서약서 미제출시 가석방을 배제하는 것이 양심의 자유를 제한하는 법적 강제인지 여부에 관하여 본다.……

양심의 자유나 표현의 자유와 같은 기본권은 국가에 의한 중요한 혜택의 배제시에도 제한될 수 있다고 보아야 할 것이다. 무엇이 그러한 혜택에 포함될 것인지는 개별적으로 논해야 할 것이나, 적어도 장기수에 있어 가석방의 배제는 그의 일생 일대의 중요한 문제로서 이에 포함시켜 보아야 할 문제인 것이다.

그러므로, 다수의견이 "법적 불이익", "법적 강제"라는 개념으로 이 사건에서 양심의 자유 문제가 없다고 본 것은, 그러한 개념들을 어떻게 정의할 것인지 여부를 떠나서, 양심의 자유와 같은 고도의 헌법적 가치를 지닌 기본권의 침해 문제를 지나치게 형식적 측면에서 접근한 것이라 아니할 수 없다.

(5) 준법서약서제도는 수형자의 양심의 표명을 직접적으로 강제하지는 않지만, 신체의 자유의 회복 혹은 영원한 감옥생활이라는 중대한 개인의 법적 이익이 걸린 수형자로 하여금 준법서약서를 쓰도록 사실상 강요하는 효과를 지닌 것이다. 이는 국가가 간접적인 강제로써 수형자의 양심(사상, 신조)을 표명하게 하는 것에 다름 아니다.

또한 준법서약서를 쓰지 않더라도, 이는 당연한 귀결로서 준법에의 의지가 없음을, 즉 자신의 신조 또는 사상을 그대로 유지한다는 것을 소극적으로 표명하게 된다는 점에서 침묵의 자유에 대한 제약이 되는 것이다.

그러므로 준법서약서제도는 "안 쓰고 가석방 안 받으면 되는" 간단한 문제로 볼수 없으며, 헌법 제19조의 양심의 자유의 보호영역 내에 포섭되어야 마땅한 영역인 것이다. 만일 종교적 이유로 수감된 수형자에게 십자가를 밟으면 가석방시켜 준다고 했을 때, 이를 단순히 법적 불이익이 없는 것이기 때문에 양심의 자유와 무관하다고 할 수 있을 것인지 의문이다.……

다. 준법서약서제도의 양심의 자유 침해 여부……

준법서약서제도는 내심의 의사를 고백하게 하거나 혹은 침묵하지 못하게 하는 것이므로, 신념의 고백 여부에 관한 자유를 침해하는 것이며, 따라서 내심의 의사의 표현행위와 관련된 것이라기 보다는 내심의 의사자체와 직접 관련되는 것이라고 보아야 할 것이다.……

(3) 준법서약서 제출요구가 법률에 의한 기본권제한인지 여부에 관하여 본다.……

준법서약서제도는 법률의 근거나, 법률의 위임 없이, 법무부령인 가석방심사등에관한규칙(1998. 10. 10. 법무부령 제467호로 개정된 것)에 의하여 시행되고 있을 뿐이다. 이는 국민의 기본적 인권을 법률이 아닌, 법률의 위임 없이, 법무부령으로 제한하고 있는 것이므로 더 나아가 볼 것도 없이 헌법에 위반된다 할 것이다.

(4) 준법서약서제도가 비례의 원칙을 준수한 것인지 여부를 살펴본다.……

설사 준법서약서제도를 '양심실현'의 자유에 대한 제한으로 보는 경우에도 이 사건 규칙은 비례의 원칙을 준수한 것이라 볼 수 없다.」

▷ 보안관찰처분이 양심의 자유를 침해하는 것이 아니라고 본 판례
[憲 1997. 11. 27.-92헌바28](보안관찰법 제2조 등 위헌소원)

「(다) 양심의 자유 침해 여부

헌법 제19조는 모든 국민은 양심의 자유를 가진다고 하고 있다. 여기서 말하는 양심에 대하여 우리 재판소는 양심이란 세계관·인생관·주의·신조 등은 물론 이에 이르지 아니하여도 보다 널리 개인의 인격형성에 관계되는 내심에 있어서의 가치적·윤리적 판단도 포함된다고 하면서, 양심의 자유에는 널리 사물의 시시비비나 선악과 같은 윤리적 판단에 국가가 개입해서는 아니되는 내심적 자유는 물론 이와 같은 윤리적 판단을 국가권력에 의하여 외부에 표명하도록 강제받지 아니할 자유까지 포괄한다고 밝힌 바 있다(헌법재판소 1991. 4. 1. 선고, 89헌마160 결정 ; 1997. 3. 27. 선고, 96헌가11 결정 등 참조). 이러한 헌법이 보장한 양심의 자유는 정신적인 자유로서 어떠한 사상·감정을 가지고 있다고 하더라도 그것이 내심에 머무르는 한 절대적인 자유이므로 제한할 수 없는 것이나, 이 법상의 보안관찰처분은 보안관찰처분대상자의 내심의 작용을 문제삼는 것이 아니라, 보안관찰처분대상자가 보안관찰해당범죄를 다시 저지를 위험성이 내심의 영역을 벗어나 외부에 표출되는 경우에 재범의 방지를 위하여 내려지는 특별예방적 목적의 처분이므로, 이 법상의 보안관찰처분이 양심의 자유를 보장한 헌법규정에 위반된다고 할 수 없다.」

▷ 전투경찰관에 대한 시위진압명령은 양심의 자유의 침해가 아니라는 취지의 판례
[憲 1995. 12. 28.-91헌마80](전투경찰대설치법 등에 대한 헌법소원)

「청구인은 대간첩작전의 수행을 임무로 하는 전투경찰순경으로 복무하는 것은 국방의무의 이행과 관련이 없다는 것을 전제로 현역병으로 입영한 청구인의 의사에 반하여 전투경찰순경으로 전임시킬수 있도록 한 이 사건 법률조항들이 청구인의 행복추구권 및 양심의 자유를 침해한 것이라고 주장하므로 이 점에 관하여 본다.

헌법 제39조는 모든 국민은 법률이 정하는 바에 의하여 국방의 의무를 진다(제1항), 누구든지 병역의무의 이행으로 인하여 불이익한 처우를 받지 아니한다(제2항)고 규정하고 있는바,

여기서 국방의 의무라 함은 북한을 포함한 외부의 적대세력의 직접적 간접적인 침략행위로부터 국가의 독립을 유지하고 영토를 보전하기 위한 의무로서 현대전이 고도의 과학기술과 정보를 요구하고 국민전체의 협력을 필요로 하는 이른바 총력전인 점에 비추어 단지 병역법 등에 의하여 군복무에 임하는 등의 직접적인 병력형성의무만을 가리키는 것으로 좁게 볼 것이 아니라, 향토예비군설치법, 민방위기본법, 비상대비자원관리법, 병역법 등에 의한 간접적인 병력형성의무 및 병력형성이후 군작전명령에 복종하고 협력하여야 할 의무도 포함하는 넓은 의미의 것으로 보아야 할 것이므로, 전투경찰순경으로서 대간첩작전을 수행하는 것도 위와 같이 넓은 의미의 국방의 의무를 수행하는 것으로 볼 수 있고, 국방의 의무의 이행을 위하여 현역병으로 입영한 사람을 어디에 배치하여 어떠한 임무를 부여할 것인가의 문제나 대간첩작전을 수행하는 자의 소속이나 신분을 국방부 소속의 군인으로 할 것인가, 내무부 소속의 경찰로 할 것인가의 문제는 입법자가 국가의 안보상황 및 재정, 대간첩작전의 효율성 등 여러 가지 사정을 고려하여 합목적적으로 정할 사항이다.

따라서 위에서 본 바와 같은 입법목적과 필요성에 따라 대간첩작전의 수행을 임무로 하는 전투경찰순경을 현역병으로 입영하여 복무중인 군인에서 전임시켜 충원할 수 있도록 한 이 사건 법률조항들이 그 자체로서 청구인의 행복추구권 및 양심의 자유를 침해한 것이라고 볼 수 없다.……

전투경찰순경은 대간첩작전의 수행을 본래의 임무로 하는 것임은 위에서 본 바와 같고, 무장공비 또는 간첩이 개입하거나 조종하는 것이 아닌 한 통상의 불법한 집회 및 시위의 진압을 대간첩작전이라 할 수 없음은 청구인의 주장과 같다.

그러나, 위에서 본 바와 같이 전투경찰의 임무인 대간첩작전은 범죄의 예방, 진압 등 공공의 안녕과 질서유지라는 경찰의 본래의 임무와도 관련되고 특히 전투경찰대의 임무에는 대간첩작전의 수행뿐 아니라 치안업무의 보조도 포함되고 있다(구전경대설치법 제1조). …… 불법한 집회 및 시위로 말미암아 공공질서가 교란되었거나 교란될 우려가 있는 경우 대간첩작전의 수행을 임무로 하는 전투경찰순경에 대하여 경찰의 본래의 임무인 공공의 안녕과 질서유지를 위하여 시위진압명령을 한 것이 행복추구권 및 양심의 자유를 침해한 것이라고 볼 수 없다.」

※ 재판관 4인(재판관 김문희, 재판관 황도연, 재판관 이재화, 재판관 조승형)은 청구인에 대한 집회 및 시위진압명령이 위헌이라는 취지의 반대의견(위헌)을 내었으나, 양심의 자유를 침해하였다는 주장은 하지 않았음

▸ 적극적 양심활동의 자유에 대한 판례

▹ 적극적 양심활동의 자유를 양심의 자유의 내용으로 인정한 헌법재판소 판례

[憲 1998. 7. 16.-96헌바35](구국가보안법 제10조 위헌소원)

※ 위 판례 인용부분 참조

◎ 같은 취지 : 憲 2004. 8. 26.-2002헌가1

▹ 선거법이 인정하지 않는 방법에 의한 문서 · 도화의 배부 · 게시 등을 금지하는 것이 인간의 양심을 왜곡 · 굴절하지 않는다고 본 판례

[憲 2001. 8. 30.-99헌바92등](공직선거및선거부정방지법 제93조 제1항 위헌소원 등)

※ 위 판례 인용부분 참조

□ 제한과 그 한계

▶ 제　　한

▸ 양심활동의 자유에 대한 제한에 관한 판례

▹ 헌법, 헌법질서 또는 국가를 부정하거나 파괴하려는 사상이나 양심에 기초한 행위는 양심의 자유로 보호받지 못한다는 취지의 판례

[憲 2004. 8. 26.-2002헌가1](병역법 제88조 제1항 제1호 위헌제청)

※ 위 판례 인용부분 참조

[大 1986. 11. 11.-86도1786](국가보안법위반, 특수공무집행방해치상, 폭력행위등처벌에관한법률위반, 집회및시위에관한법률위반)

「헌법상 학문의 자유는 진리의 탐구를 순수한 목적으로 하는 경우에 한하여 보호를 받는 것이고 사상의 자유도 그것이 순수한 내심의 상태에서 벗어나 반국가단체를 이롭게 하는 외부적인 형태로 나타난 경우에는 그 자유의 한계를 넘은 것이라 할 것인바 원심이 같은 취지에서 이 사건 광주민중항쟁의 민족운동사적 조명에 관한 토론회가 국가보안법 제7조 제1항 위반의 범죄를 구성한다고 본 것에 주장하는 바와 같은 법리오해의 위법이 없다.」

[大 1996. 9. 10.-95도939](국가보안법위반)

「원심판결 이유에 의하면, 원심은 '사회민주주의 청년연맹(약칭 사민청)'은 사회주의를 기본강령으로 하고, 우리 사회를 계급간 적대가 존재하는 계급사회로, 우리 나라를 외세에 예속된 식민지로 규정하고 있으며, 노동대중의 의식화·조직화사업을 통한 사회적 해방을 완수하고, 일제의 제국주의 침략을 배제하고 군부파시즘을 종식시키며, 자본의 국유화 등으로 사유재산제도를 변혁시키고, 외세의 영향력하에 있는 정권을 청산하기 위하여 그 변혁을 불가능하게 하는 모든 세력에 대하여는 대중정치 투쟁과 민중항쟁 등을 포함한 모든 방법을 동원하여 제거, 타파시키는 것을 목적으로 하는 단체인 사실 및 그 밖에 제1심이 판시한 피고인의 범죄사실이 충분히 인정된다고 한 후 이에 대하여 국가보안법 제7조 제1항, 제3항, 제5항을 적용·처단한 제1심판결을 유지하고 있는바, 원심이 인용하고 있는 제1심판결 채용증거를 기록에 의하여 살펴보면, 원심의 위와 같은 사실인정 및 판단은 옳고 거기에 상고이유로 주장하는 바와 같은 채증법칙 위반 등의 위법이 있다고 할 수 없다.

그리고 피고인의 판시와 같은 행위는 헌법상 자유민주적 기본질서를 위반한 것으로 헌법 제19조가 보장하는 양심의 자유의 한계를 벗어난 것으로 볼 것이다(대법원 1993. 2. 9. 선고 92도1711 판결, 1991. 7. 9. 선고 91도1090 판결 등 참조). 반대의 견해에서 내세우는 헌법 위반의 주장은 받아들일 수 없다.

그러므로 상고를 기각하기로 하여 관여 법관의 일치된 의견으로 주문과 같이 판결한다.」

▸ 구체적인 문제

▹ 양심의 자유에 근거하여 헌법상의 병역의무를 거부할 수 없다고 본 헌법재판소와 대법원의 판례

[憲 2004. 8. 26.-2002헌가1](병역법 제88조 제1항 제1호 위헌제청)

※ 위 판례 인용부분 참조

[大 2004. 7. 15.-2004도2965](병역법 위반)

「1. 병역법 제88조 제1항의 '정당한 사유'가 존재한다는 점에 대하여

가. 정당한 사유의 의미 입영기피에 대한 처벌조항인 병역법 제88조 제1항(이하 "이 사건 법률조항"이라 한다)은 병역법의 규정에 의하여 추상적으로 존재하던 병역의무가 병무청장 등의 결정에 의하여 구체적으로 확정된 후 그 내용이 담긴 현역입영 또는 소집통지서를 받고도 정당한 사유 없이 이에 응하지 아니한 부작위를 처벌함으로써 입영기피를 억제하여 국가안보의 인적 기초인 병력구성을 강제하기 위하여 입법된 법률조항으로 위 "정당한 사유'가 존재하면 입영기피로 인한 병역법위반죄의 구성요건 자체가 충족되지 않게 된다.……

나. 정당한 사유의 존부 및 헌법상 기본권의 부당한 침해 여부

(1) 헌법 제19조는 "모든 국민은 양심의 자유를 가진다"고 규정하고 있다.

…… 양심의 자유는 기본적으로 국가에 대하여, 개인의 양심의 형성 및 실현 과정에 대하여 부당한 법적 강제를 하지 말 것을 요구하는, 소극적인 방어권으로서의 성격을 가진다.……

따라서 병역의무는, 궁극적으로는 국민 전체의 인간으로서의 존엄과 가치를 보장하기 위한 것이라 할 것이고, 피고인의 양심의 자유가 위와 같은 헌법적 법익보다 우월한 가치라고는 할 수 없다.

그 결과, 위와 같은 헌법적 법익을 위하여 헌법 제37조 제2항에 따라 피고인의 양심의 자유를 제한한다 하더라도 이는 헌법상 허용된 정당한 제한이라 할 것이다.

따라서 이 사건 법률조항의 적용으로 피고인의 양심 및 종교의 자유가 부당하게 침해되었다거나 피고인이 양심 및 종교의 자유에 반하는 현역입영을 거부하는 것은 정당한 사유가 있는 것으로 보아야 한다는 취지의 상고이유는 이를 받아들이지 아니한다.」

⇔ 대법관 1인(대법관 이강국)의 반대의견

「양심상의 결정으로 병역의무의 이행을 거부하는 것이 병역법 제88조 제1항 소정의 '정당한 사유'에 해당하지 않는다고 한 다수의견에 반대하며, 같은 취지의 종전 판례는 변경되어야 할 것이고, 종전 판례에 따라 피고인에게 유죄를 선고한 원심판결은, 병역법 제88조 제1항을 해석, 적용함에 있어서 헌법 제19조의 양심의 자유와의 관련성, 그리고 헌법상의 가치와 법익이 충돌하는 경우에 있어서의 해석방법을 오해하여 위 조문의 해석을 그르친 위법이 있고 이는 판결 결과에 영향을 미쳤으므로 원심판결을 파기하고, 사건을 원심법원에 환송하여야 할 것이다.」

⇒ 대법관 4인(대법관 유지담, 대법관 윤재식, 대법관 배기원, 대법관 김용담)의 보충의견

「피고인의 경우와 같이 형벌의 집행을 감수하면서까지 자신의 종교적인 양심상의 결정을 지키고자 하는 진지하고도 확고부동한 의사를 가지고 이를 실현하고자 하는 자에 대하여는 무조건적인 집총병역의무를 강제하기보다는 이들의 양심상의 갈등을 덜어주면서도 집총병역의무에 비견되는 다른 내용의 국방의 의무를 스스로 이행하도록 할 수 있는 대안으로서 대체복무제를 도입할 필요성이 있다는 점에서는 반대의견과 의견을 같이한다.……

그러나 위와 같은 대체복무제 도입은 입법정책상 바람직한 것이기는 하지만, 이를 국가의 헌법적 의무라고 보기는 어렵다.」

⇒ 대법관 1인(대법관 조무제)의 보충의견

「반대의견은 이 사건 피고인에게는 당시에 자신의 양심상의 결정에 반하여 병역의무의 이행으로 나아갈 기대가능성을 전혀 찾을 수 없었다고 주장하므로 여기에서 이 의견은 그 주장에

관련하여 다수의견 중 해당 부분을 보충하고자 한다.……

추상적 병역의무를 이루는 구체적 개별행위의 성질을 고려하지 않은 채, 이 사건 피고인에게 구체적 병역의무행위인 입영행위의 이행으로 나아갈 기대가능성을 전혀 찾을 수 없다는 견지에 서서, 피고인 행위의 책임성을 부정하여 대법원의 종전 선례들과 이 사건 원심 판단이 변경되어야 한다는 취지인 반대의견에는 찬동하지 아니하는 것이다.」

◎ 같은 취지 : 大 1955. 12. 21.-65도894; 1969. 7. 22.-69도934; 1985. 7. 23.-85도1094; 1992. 9. 4.-92도1534

▷ 음주운전을 방지하기 위하여 경찰이 강제로 음주 여부를 측정하는 것이 양심의 자유를 침해하는 것은 아니라고 본 판례

[憲 1997. 3. 27.-96헌가11](도로교통법 제41조 제2항 등 위헌제청)

※ 위 판례 인용부분 참조

▷ 법원의 사죄광고명령이 양심의 자유를 침해한다고 본 판례

[憲 1991. 4. 1.-89헌마160](민법 제764조의 위헌 여부에 관한 헌법소원)

※ 위 판례 인용부분 참조

▷ 공정거래위원회의 법위반사실공표명령이 양심의 자유를 침해하는 것은 아니라고 본 판례

[憲 2002. 1. 31.-2001헌바43](독점규제및공정거래에관한법률 제27조 위헌소원)

「가. 양심의 자유의 침해 여부

헌법 제19조는 "모든 국민은 양심의 자유를 가진다"라고 하여 양심의 자유를 기본권의 하나로 보장하고 있다. 여기에서의 양심은 옳고 그른 것에 대한 판단을 추구하는 가치적 · 도덕적 마음가짐으로, 개인의 소신에 따른 다양성이 보장되어야 하고 그 형성과 변경에 외부적 개입과 억압에 의한 강요가 있어서는 아니되는 인간의 윤리적 내심영역이다. 보호되어야 할 양심에는 세계관 · 인생관 · 주의 · 신조 등은 물론, 이에 이르지 아니하여도 보다 널리 개인의 인격형성에 관계되는 내심에 있어서의 가치적 · 윤리적 판단도 포함될 수 있다. 그러나 단순한 사실관계의 확인과 같이 가치적 · 윤리적 판단이 개입될 여지가 없는 경우는 물론, 법률해석에 관하여 여러 견해가 갈리는 경우처럼 다소의 가치관련성을 가진다고 하더라도 개인의 인격형성과는 관계가 없는 사사로운 사유나 의견 등은 그 보호대상이 아니라고 할 것이다. 이 사건의 경우와 같이 경제규제법적 성격을 가진 공정거래법에 위반하였는지 여부에 있어서도 각 개인의 소신에 따라 어느 정도의 가치판단이 개입될 수 있는 소지가 있고 그 한도에서 다소의 윤리적 도덕적 관련성을 가질 수도 있겠으나, 이러한 법률판단의 문제는 개인의 인격형성과는 무관하며, 대화와 토론을 통하여 가장 합리적인 것으로 그 내용이 동화되거나 수렴될 수 있는 포용성을 가지는 분야에 속한다고 할 것이므로 헌법 제19조에 의하여 보장되는 양심의 영역에 포함되지 아니한다고 봄이 상당하다. 한편 누구라도 자신이 비행을 저질렀다고 믿지 않는 자에게 본심에 반하여 사죄 내지 사과를 강요한다면 이는 윤리적 도의적 판단을 강요하는 것으로서 경우에 따라서는 양심의 자유를 침해하는 행위에 해당한다고 할 여지가 있으나, '법위반사실의 공표명령'은 법규정의 문언상으로 보아도 단순히 법위반사실 자체를 공표하라는 것일 뿐, 사죄 내지 사과하라는 의미요소를 가지고 있지는 아니하다. 공정거래위원회의 실제 운용에 있어서도 "특정한 내용의 행위를 함으로써 공정거래법을 위반하였다는 사실"

을 일간지 등에 공표하라는 것이어서 단지 사실관계와 법을 위반하였다는 점을 공표하라는 것이지 행위자에게 사죄 내지 사과를 요구하고 있는 것으로는 보이지 않는다. 따라서 이 사건 법률조항의 경우 사죄 내지 사과를 강요함으로 인하여 발생하는 양심의 자유의 침해문제는 발생하지 않는다.

그렇다면 이 사건 법률조항 중 '법위반사실의 공표' 부분은 위반행위자의 양심의 자유를 침해한다고 볼 수 없다.」

▶ **제한의 한계**

▸ 국가보안법에서 정하고 있는 불고지죄가 헌법 제37조 제2항의 과잉금지원칙에 위반되는 것은 아니라고 본 판례

[憲 1998. 7. 16.-96헌바35](구국가보안법 제10조 위헌소원)

※ 위 판례 인용부분 참조

▸ 양심의 자유의 이익형량에서의 특수성과 국가의 대안제시의무에 대하여 설시한 판례

[憲 2004. 8. 26.-2002헌가1](병역법 제88조 제1항 제1호 위헌제청)

※ 위 판례 인용부분 참조

종교의 자유

□ 의 의

▶ **종교단체 내부의 규율에 위반하여 행한 설교, 강론 등 종교행위도 종교의 자유로 보호된다는 취지의 판례**

[大 1971. 9. 28.-71도1465](예배방해 등)

「가사 목사 최○원이 위에서 본 바와 같이 정식절차를 밟은 위임목사가 아니고, 위임목사가 아닐 경우에는 당회가 그 결의에 의하여 예배인도와 설교를 거부할 수 있으며 거부할 경우에는 그를 주관할 수 없게 되어 있는데 당회가 결의하여 위 최○원에게 예배인도를 하지 못하도록 통고한 사실이 있다고 할지라도 위 최○원이 대한예수교 장로회의 목사임에는 틀림이 없고, 그가 그 교의를 신봉하는 평신도 약 350여명 앞에서 그 교지에 따라 설교와 예배인도를 하고 있었던 것으로 보인다. 그렇다면 다른 특별한 사정이 없는 한 위와 같은 설교와 예배인도는 형법상 보호를 받을 가치가 있다고 할 것이요, 피고인들이 이 예배장소에 침입하여 위 최○원의 예배인도 및 설교를 방해하기 위하여 폭행, 폭언, 소란 등 의식의 평온한 수행에 지장을 주는 행위를 하였다면 이러한 행위는 형법 제158조가 규정하고 있는 예배 또는 설교를 방해하는 죄에 해당한다 할 것이다. 뿐만 아니라 피고인들이 취한 위의 행위가 죄가 되지 아니한다고 오인한 점에 있어서 정당한 이유가 있는 것으로도 생각되지 아니한다. 그렇다면 원심이 한 위의 판단은 예배 또는 설교방해의 법리를 오해하였다 할 것이요, 논지는 이미 이 점에서 이유있다.」

□ 내 용

▶ 종교적 행위의 자유

▸ 종교전파 · 교육의 자유에 대한 판례

▹ 포교행위 또는 선교행위를 종교의 자유의 내용으로 본 판례

[憲 2001. 9. 27.-2000헌마159](제42회 사법시험 제1차 시험시행일자 위헌확인)

「사법시험 시행일을 일요일로 정하는 것이 청구인의 일요일에 예배행사에 참석할 종교적 행위의 자유를 제한하는 것으로 볼 수 있는지가 문제이다.……

생각건대, 종교적 행위의 자유는 신앙의 자유와는 달리 절대적 자유가 아니다. 따라서 질서유지, 공공복리 등을 위하여 제한할 수 있는 것이다.……

이러한 사정을 참작한다면 피청구인이 사법시험 제1차 시험 시행일을 일요일로 정하여 공고한 것은 국가공무원법 제35조에 의하여 다수 국민의 편의를 위한 것이므로 이로 인하여 청구인의 종교의 자유가 어느 정도 제한된다 하더라도 이는 공공복리를 위한 부득이한 제한으로 보아야 할 것이고 그 정도를 보더라도 비례의 원칙에 벗어난 것으로 볼 수 없고 청구인의 종교의 자유의 본질적 내용을 침해한 것으로 볼 수도 없다.」

[大 1996. 9. 6.-96다19246등](손해배상(기))

「우리 헌법 제20조 제1항은 "모든 국민은 종교의 자유를 가진다"라고 규정하고 있는데, 종교의 자유에는 자기가 신봉하는 종교를 선전하고 새로운 신자를 규합하기 위한 선교의 자유가 포함되고 선교의 자유에는 다른 종교를 비판하거나 다른 종교의 신자에 대하여 개종을 권고하는 자유도 포함되는바, 종교적 선전, 타 종교에 대한 비판 등은 동시에 표현의 자유의 보호대상이 되는 것이나, 그 경우 종교의 자유에 관한 헌법 제20조 제1항은 표현의 자유에 관한 헌법 제21조 제1항에 대하여 특별 규정의 성격을 갖는다 할 것이므로 종교적 목적을 위한 언론 · 출판의 경우에는 그 밖의 일반적인 언론 · 출판에 비하여 보다 고도의 보장을 받게 된다고 할 것이다.

따라서 다른 종교나 종교집단을 비판할 권리는 최대한 보장받아야 할 것인데, 그로 인하여 타인의 명예 등 인격권을 침해하는 경우에 종교의 자유 보장과 개인의 명예보호라는 두 법익을 어떻게 조정할 것인지는, 그 비판행위로 얻어지는 이익, 가치와 공표가 이루어진 범위의 광협, 그 표현 방법 등 그 비판행위 자체에 관한 제반 사정을 감안함과 동시에 그 비판에 의하여 훼손되거나 훼손될 수 있는 타인의 명예 침해의 정도를 비교 · 고려하여 결정하여야 한다 할 것이다.」

[大 2003. 10. 9.-2003도4148](경범죄처벌법위반)

「헌법 제20조 제1항이 보장하는 종교의 자유에는 자기가 신봉하는 종교를 선전하고 새로운 신자를 규합하기 위한 선교의 자유가 포함되고(대법원 1996. 9. 6. 선고 96다19246, 19253 판결 참조), 공공장소 등에서 자신의 종교를 선전할 목적으로 타인에게 그 교리를 전파하는 것 자체는 이러한 선교의 자유의 한 내용을 당연히 이루는 것이라고 볼 것이다.

따라서 헌법이 보장하고 있는 이러한 종교의 자유의 허용범위와 내용에 더하여 경범죄처벌법의 적용에 있어서 국민의 권리를 부당하게 침해하지 아니하도록 세심한 주의를 기울여야 한다는 경범죄처벌법 제4조 소정의 입법정신을 아울러 고려할 때, 불가불 타인의 주목을 끌고 자신의 주장을 전파하기 위하여 목소리나 각종 음향기구를 사용하여 이루어지는 선교행위가 경범죄처벌법 제1조 제26호 소정의 인근소란행위의 구성요건에 해당되어 형사처벌의 대상이 된다고 판단하기 위해서는 당해 선교행위가 이루어진 구체적인 시기와 장소, 선교의 대상자, 선교행위의 개별적인 내용과 방법 등 제반 정황을 종합하여 그러한 행위가 통상 선교의 범위를 일탈하여 다른 법익의 침해에 이를 정도가 된 것인지 여부 등 법익간의 비교교량을 통하여 사안별로 엄격하게 판단해야 할 것이다.……

그럼에도 불구하고, 위 공소사실에서 적시한 일시 장소에서 피고인이 한 구체적인 선교행위의 내용과 방법, 소란의 정도, 피고인의 선교행위로 인하여 그 전동차에 탑승한 승객들의 평온한 공공시설 이용권이 어느 정도로 침해되었고 그 수인한도를 얼마나 초과한 것인지 여부, 피고인의 선교행위가 공공질서의 유지에 현존하는 명백한 위험을 초래한 것인지 여부 등에 관하여 이를 심사할 아무런 자료도 없는 이 사건에 있어서, 막연히 전동차 구내에서 선교활동을 하였다는 정도만으로 피고인에 대하여 유죄를 인정한 원심판결에는 종교와 선교의 자유 및 경범죄처벌법에 관한 법리를 오해하여 심리를 다하지 아니한 위법이 있다고 할 것이고 이 점을 지적하는 취지의 상고이유의 주장은 이유있다.」

▷ 종교의 자유에 종교교육의 자유도 포함된다는 취지의 판례

[憲 2000. 3. 30.-99헌바14](구교육법 제85조 제1항 등 위헌소원)

「(1) 종교의 자유와 학교설립인가제도 및 학원의 등록제도

한편 헌법 제20조는 "모든 국민은 종교의 자유를 가진다", "국교는 인정되지 아니하며, 종교와 정치는 분리된다"고 규정하여 종교의 자유를 선언하고 있다. 헌법상 보호되는 종교의 자유에는 특정 종교단체가 그 종교의 지도자와 교리자를 자체적으로 교육시킬 수 있는 종교교육의 자유가 포함된다고 볼 것이다.……

국민의 교육을 받을 권리를 적극적으로 보호하고, 능력에 따라 균등한 교육기회를 제공하고, 지속성과 안전을 확보하고, 수업료 등에 있어서 적정한 교육운영을 유지하게 하기 위하여, 종교교육이 학교나 학원 형태로 시행될 때 필요한 시설기준과 교육과정 등에 대한 최소한의 기준을 국가가 마련하여 학교설립인가 등을 받게 하는 것은 헌법 제31조 제6항의 입법자의 입법재량의 범위안에 포함된다고 할 것이다.……

(2) 교육법 제85조 제1항의 인가제도나 학원법 제6조의 등록제도가 종교의 자유를 과잉제한한 여부 ……

그러므로 종교교육을 위한 학교나 학원의 설립요건이 지나치게 엄격하다고 볼 만한 자료가 없으며, 달리 학교의 인가제도나 학원의 등록제도가 종교교육의 자유를 지나치게 제한하고 있다거나, 혹은 보다 그 자유를 덜 제한하면서 헌법상의 교육제도에 관한 목적을 달성할 수 있는 다른 방법이 있다고 하기도 어렵다.

나아가 위와 같은 인가나 등록제는 국가가 국민의 교육을 받을 권리를 충실히 구현하기 위한 것이고, 종교교육을 학교나 학원 형태로 행하는 것에 대하여 방치할 경우 위에서 본 것과 같은 여러 사회적 폐해가 생길 수 있기 때문에 설립인가나 등록제로서 최소한으로 규제하는 것이므로, 비록 이로 인하여 그 설립요건을 구비할 능력이 없는 종교단체의 경우 학교나 학원 형태를 취한 종교교육의 자유를 제한받게 된다고 하더라도 이는 보다 중요한 공익을 보호하기 위한 사익의 제한이라 할 것이다.

그러므로 교육법 제85조 제1항과 학원법 제6조는 헌법 제37조 제2항에 위배하여 종교의 자유를 과잉제한하는 것이라고 할 수 없다. 또한 종교내부의 목회자 양성기관을 금지하는 것은 아니며 학교나 학원 형태의 종교교육도 인가나 등록제로 운영함에 그치고 있는 것이므로 종교의 자유의 본질적 내용을 침해하는 것도 아니다.」

◎ 같은 취지 : 憲 2001. 9. 27.-2000헌마159; 大 1996. 9. 6.-96다19246등

▷ **종교교육을 목적으로 하는 사립학교를 설립하여 자발적으로 입학한 학생을 상대로 특정 종교를 교육하는 것은 종교교육의 자유로서 인정된다는 취지의 판례**

[大 1989. 9. 26.-87도519](교육법위반)

「이 사건 당시 시행되던 구 헌법(1980. 10. 27. 전문개정공포) 제19조는 모든 국민은 종교의 자유를 가진다. 국교는 인정되지 아니하며 종교와 정치는 분리된다라고 규정하여 종교의 자유와 아울러 정치와 종교의 분리를 선언하고 있는바 여기서의 종교의 자유에는 종교를 위한 선전 포교의 자유가 포함되며 정교분리 원칙상 국. 공립학교에서의 특정종교를 위한 종교교육은 금지되나(교육법 제5조 제2항) 사립학교에서의 종교교육 및 종교지도자 육성은 선교의 자유의 일환으로서 보장되는 것이다.」

[大 1998. 11. 10.-96다37268](학위수여 이행)

「원심은, …… 사립학교는 국·공립학교와는 달리 종교의 자유의 내용으로서 종교교육 내지는 종교선전을 할 수 있고, 학교는 인적·물적 시설을 포함한 교육시설로써 학생들에게 교육을 실시하는 것을 본질로 하며, 특히 대학은 헌법상 자치권이 부여되어 있으므로 사립대학은 교육시설의 질서를 유지하고 재학관계를 명확히 하기 위하여 법률상 금지된 것이 아니면 학사관리, 입학 및 졸업에 관한 사항이나 학교시설의 이용에 관한 사항 등을 학칙 등으로 제정할 수 있으며, 또한 구 교육법시행령 제55조는 학칙을 학교의 설립인가신청에 필요한 서류의 하나로 규정하고, 제56조 제1항은 학칙에서 기재하여야 할 사항으로 '교과와 수업일수에 관한 사항', '고사(또는 시험)와 과정수료에 관한 사항', '입학·편입학·퇴학·전학·휴학·수료·졸업과 상벌에 관한 사항' 등을 규정하고 있으므로, 사립대학은 종교교육 내지 종교선전을 위하여 학생들의 신앙을 가지지 않을 자유를 침해하지 않는 범위 내에서 학생들로 하여금 일정한 내용의 종교교육을 받을 것을 졸업요건으로 하는 학칙을 제정할 수 있는바, 위 인정사실에 의하면, 위 대학교의 예배는 복음 전도나 종교인 양성에 직접적인 목표가 있는 것이 아니고, 신앙을 가지지 않을 자유를 침해하지 않는 범위 내에서 학생들에게 종교교육을 함으로써 진리·사랑에 기초한 보편적 교양인을 양성하는 데 목표를 두고 있다고 할 것이므로, 대학예배에의 6학기 참석을 졸업요건으로 정한 위 대학교의 학칙은 헌법상 종교의 자유에 반하는 위헌무효의 학칙이 아니라고 판단하였다.

살펴보니, 원심의 사실인정 및 판단은 정당하고, 거기에 상고이유의 주장과 같은 법리오해나 채증법칙 위반, 심리미진, 판단유탈, 이유모순 또는 이유불비 등의 위법이 없다.」

▷ **종교교육을 하거나 종교지도자를 양성하는 것은 그 기관이 학교인 이상 학교교육을 규율하는 헌법상의 교육법적 법리들과 그에 기한 법률의 적용을 받는다는 취지의 판례**

[大 1992. 12. 22.-92도1742](교육법위반)

「종교교육 및 종교지도자의 양성은 헌법 제20조에 규정된 종교의 자유의 한내용으로서 보장되지만, 한편 교육기관등을 정비하여 국민의 교육을 받을 권리를 실질적으로 보장하고자 하는 교육제도 등에 관한 법률주의에 관한 헌법 제31조 제1항 제6항 및 교육법상의 각 규정내용과 아울러 교육제도가 기본적으로 인류문화발전의 초석인 점을 고려할 때, 학교란 교육을 위하여 그에 상당한 인적 물적설비를 갖추어 피교육자로 하여금 인간사회의 문화의 재생산내지 증진을 위하여 계획적으로 정비된 교육내용을 영속적으로 가르침받게 하기 위하여 설치된 기관을 의미한다고 볼 것이고, 이러한 관점에서 보면 종교교육 및 종교지도자의 양성은 그것이 학교라는 교육기관의 형태를 취할 때에는 헌법 제31조 제1항 제6항의 규정 및 이에 기한 교육법상의 각 규정들에의한 규제를 받게 된다고 보아야 할 것이다(대법원 1989. 9. 26. 선고 87도519 판결 참조).」

□ 효 력

▶ **종교나 종교집단을 비판할 권리 및 이로 인하여 종교나 타인의 명예 등 인격권이 침해되는 경우 두 법익의 조화 방법에 대하여 밝힌 판례**

[大 1996. 9. 6.-96다19246등](손해배상(기))

「우리 헌법 제20조 제1항은 "모든 국민은 종교의 자유를 가진다"라고 규정하고 있는데, 종교의 자유에는 자기가 신봉하는 종교를 선전하고 새로운 신자를 규합하기 위한 선교의 자유가 포함되고 선교의 자유에는 다른 종교를 비판하거나 다른 종교의 신자에 대하여 개종을 권고하는 자유도 포함되는바, 종교적 선전, 타 종교에 대한 비판 등은 동시에 표현의 자유의 보호대상이 되는 것이나, 그 경우 종교의 자유에 관한 헌법 제20조 제1항은 표현의 자유에 관한 헌법 제21조 제1항에 대하여 특별 규정의 성격을 갖는다 할 것이므로 종교적 목적을 위한 언론·출판의 경우에는 그 밖의 일반적인 언론·출판에 비하여 보다 고도의 보장을 받게 된다고 할 것이다.

따라서 다른 종교나 종교집단을 비판할 권리는 최대한 보장받아야 할 것인데, 그로 인하여 타인의 명예 등 인격권을 침해하는 경우에 종교의 자유 보장과 개인의 명예보호라는 두 법익을 어떻게 조정할 것인지는, 그 비판행위로 얻어지는 이익, 가치와 공표가 이루어진 범위의 광협, 그 표현 방법 등 그 비판행위 자체에 관한 제반 사정을 감안함과 동시에 그 비판에 의하여 훼손되거나 훼손될 수 있는 타인의 명예 침해의 정도를 비교·고려하여 결정하여야 한다 할 것이다.」

□ 제한과 그 한계

▶ **제 한**

▸ 종교의 자유의 제한에 대한 구체적인 문제에 관한 판례

▹ 종교단체가 운영하는 교육기관에 대하여 설립인가 또는 설립등록을 하도록 법률로써 정하는 것은 종교의 자유를 침해하는 것이 아니라고 본 판례

[憲 2000. 3. 30.-99헌바14](구교육법 제85조 제1항 등 위헌소원)

※ 위 판례 인용부분 참조

[大 2001. 2. 23.-99두6002](무인가교육기관 폐쇄명령처분 무효확인)

「헌법상의 종교의 자유 침해와 평등의 원칙 위배 등에 관한 상고이유에 대하여 (상고이유 1, 2, 3, 5, 6점) 헌법상의 종교의 자유에는 특정 종교단체가 그 종교의 성직자와 교리자를 자체적으로 교육시킬 수 있는 종교교육의 자유도 포함되지만, 그 종교교육이 종교단체 내부의 순수한 성직자 또는 교리자 교육과정으로 행하여지는 것이 아니라 교육법상의 학교나 학원의설립·운영에관한법률(이하 '학원법'이라고 한다)상의 학원의 형태를 취하는 경우에는 국민의 교육을 받을 권리를 적극적으로 보호하기 위하여 교육기관의 설립에 일정한 설비·편제 기타 설립기준 등을 갖출 것을 요구하고 있는 교육법과 학원법의 규제를 받게 되고, 이러한 교육법과 학원법상의 규제를 들어 헌법상의 종교의 자유를 침해하거나 평등의 원칙 등에 위배된 것이라고 할 수가 없다.

같은 취지에서, 원고가 설립·운영하여 온 '대한예수교 장로회 총회 신학연구원'이라는 명칭의 교육기관(이하 '이 사건 신학연구원'이라고 한다)이 순수한 종교단체 내부의 성직자 또는 교리자 양성기관이 아니라 교육법상의 학교 혹은 학원법상의 학원에 해당함에도 그 설립·운영에 관하여 폐지 전 교육법(1997. 1. 13. 법률 제5272호로 개정되기 전의 것, 이하 같다) 제85조 제1항에 따른 설립인가나 구 학원법(1995. 8. 4. 법률 제4964호로 전문 개정되기 전의 것, 이하 같다) 제6조 소정의 등록절차를 거치지 아니하였다고 하여 그 폐쇄를 명한 피고의 1996. 6. 12.자 이 사건 처분이 위헌의 규정에 기한 것이라고 할 수 없다고 판단한 원심의 조치는 정당하고, 거기에 상고이유에서 주장하는 위법이 있다고 할 수 없다.」

[大 1989. 9. 26.-87도519](교육법위반)

※ 위 판례 인용부분 참조

▷ 종교인이라고 하더라도 범인을 은닉한 경우 범인은닉죄의 책임을 진다는 취지의 판례

[大 1983. 3. 8.-82도3248](국가보안법위반 등)

「피고인이 이 세상 모든 사람을 죄인으로 보고 그 모든 죄를 사하고 회개하도록 인도하며 그들의 심령을 구원하는 일을 그 본분으로 하는 사제의 신분을 가진 신부이기는 하나 피고인의 소위는 이미 사제로서의 정당한 직무범위를 벗어남으로써 그 동기나 목적에 있어 정당성을 인정할 수 없고 그 수단이나 방법에 있어 상당하다 할 수 없고 피고인이 보호하려는 이익과 피고인의 행위로 인하여 침해되는 법익을 서로 교량하여 볼 때 현저하게 균형을 잃었으며 피고인의 소위는 그 당시의 상황에 비추어 긴급 부득이한 것이라고 할 수 없고 그 행위외에 달리 다른 길을 택하는 것이 불가능하거나 또는 현저하게 곤란한 유일한 방법이라고 인정하기 어렵다 하지 않을 수 없다.

성직자라 하여 초법규적인 존재일 수 없다. 성직자의 직무상 행위가 사회상규에 반하지 아니한다하여 그에 적법성이 부여되는 것은 그것이 성직자의 행위이기 때문이 아니라 그 직무로 인한 행위에 정당, 적법성을 인정하기 때문이다. 죄지은 자를 맞아 회개하도록 인도하고 그 갈길을 이르는 것은 사제로서의 소임이라 할 것이나 적극적으로 은신처를 마련하여 주고 도피자금을 제공하는 따위의 일은 이미 그 정당한 직무의 범위를 넘는 것이며 이를 가리켜 사회상규에 반하지 아니하여 위법성이 조각되는 정당행위라고 할 수 없다. 사제가 죄지은 자를 능동적으로 고발하지 않는 것은 종교적 계율에 따라 그 정당성이 용인되어야 한다고 할 수 있을 것이나 그에 그치지 아니하고 적극적으로 은닉 도피케 하는 행위는 어느 모로 보나 이를

사제의 정당한 직무에 속하는 것이라고 할 수 없다. 소론 비록 죄인을 숨겨주는 똑같은 행위일지라도 그것이 성직자가 아닌 일반의 평범한 시민의 행위라면 바로 공공질서에 반하고 선량한 풍속에도 반하여 사회상규에도 벗어나는 행동으로 인정될 수밖에 없겠지만 그것이 피고인과 같은 성직자의 입장에서일 때에는 그 반대로 사회상규에 위배되지 아니하는 행위로서 위법성을 조각한다는 논지는 그 독단적 견해에 지나지 아니하여 채용할 수가 없다. 논지 또한 그 이유가 없다.」

▹ 종교적 신앙을 이유로 환자인 가족에게 수혈을 하지 못하게 하여 사망에 이르게 한 경우 형사책임을 진다는 취지의 판례

[大 1980. 9. 24.-79도1387](유기치사, 의료법위반(예비적, 업무방해))

「원심판결에 의하면 원심은 피고인 박○선이 전격성간염에 걸려 장내출혈의 증세까지 생긴 만 11세 남짓한 그 딸 김○숙을 원판시와 같이 병원으로 데리고 다니면서 치료를 받게 함에 있어 의사들이 당시의 의료기술상 최선의 치료방법이라고 하면서 권유하는 수혈을 자신이 믿는 종교인 여호와의 증인의 교리에 어긋난다는 이유로 시종일관 완강히 거부하는 원판시와 같은 언동을 하여 위 김○숙으로 하여금 의학상의 적정한 치료를 받지 못하도록 하여 동인을 유기하고 그로 인해 동인으로 하여금 장내출혈 때문에 실혈사하게 한 것이라는 취지의 범죄사실을 인정하여 유기치사죄로 처단하고 있는 바, 동 피고인이 질병으로 인하여 이와 같이 보호를 요하는 딸을 병원에 입원시켜 놓고 의사가 그 당시 국내의 의료기술상 최선의 치료방법이라는 수혈을 하려 하여도 이를 완강하게 거부하고 방해하였다면 이는 결과적으로 요부조자를 위험한 장소에 두고 떠난 것이나 다름이 없다고 할 것이어서 그 행위의 성질로 보면 논지가 지적하는 치거에 해당된다고 할 것이고 비록 그 환자의 증세로 보아 회복 의 가망성이 희박한 상태(그렇다고 하여 처음부터 회복의 전망이 전혀 없다고 단정하기에 족한 증거자료도 없다)이어서 의사가 권하는 최선의 치료방법인 수혈이라도 하지 않으면 그 환자가 사망할 것이라는 위험이 예견가능한 경우에 아무리 생모라고 할지라도 자신의 종교적 신념이나 후유증 발생의 염려만을 이유로 환자에 대하여 의사가 하고자 하는 위의 수혈을 거부하여 결과적으로 그 환자로 하여금 의학상 필요한 치료도 제대로 받지 못한 채 사망에 이르게 할 수 있는 정당한 권리가 있다고는 할 수 없는 것이며 그때에 사리를 변식할 지능이 없다고 보아야 마땅할 11세 남짓의 환자 본인이 가사 그 생모와 마찬가지로 위의 수혈을 거부한 일이 있다고 하여도 이것이 피고인의 위와 같은 수혈거부 행위가 위법한 것이라고 판단하는 데 어떠한 영향을 미칠만한 사유가 된다고 볼 수는 없으므로 같은 취지에서 피고인의 판시 소위가 유기치사죄에 해당한다고 판단한 원심의 조치에 논지가 지적한 바와 같은 심리미진, 판단유탈 및 유기치사죄에 대한 법리오해, 치료방법을 선택할 수 있는 자유권의 행사인 정당행위에 관한 법리오해와 종교의 자유를 보장한 헌법위반 등의 위법사유가 있다고 할 수 없으므로 논지는 모두 이유 없음에 돌아간다고 할 것이다.」

▹ 「여호와의 신도」라는 종교를 이유로 병역을 거부하는 행위에 대하여 병역법위반의 죄로 처벌하는 것이 양심의 자유 또는 종교의 자유를 침해하는 것이 아니라고 본 판례

[憲 2004. 8. 26.-2002헌가1](병역법 제88조 제1항 제1호 위헌제청)

※ 〈제5편 – 제3장 – 2. – 양심의 자유 – □ 의의〉 판례 인용부분 참조

[大 1965. 12. 21.-65도894](항명)
「헌법상 모든 국민은 법률의 정하는 바에 의하여 국방의 의무를 지고 있으므로 병역법에 정하는 바에 의하여 병역에 복무할 의무를 지고 있는바 한편 헌법상 모든 국민은 종교의 자유를 가진다고 하여서 그 자유 속에는 같은 헌법에 의한 의무인 병역의 의무를 거부할 수 있는 자유를 포함한 것은 아니라고 할 것이다. 그리고 병역의 의무 중에는 징집으로 군에 입대하여 복무하며 집총 훈련을 받을 의무가 있다 할 것이므로 피고인이 「제7일 안식일 예수재림교」를 신봉한다고 하여서 징집으로 군에 입대한 피고인이 소속 중대장의 집총훈련을 받으라는 정당한 명령을 거부할 수는 없다고 할 것이다.」

[大 1969. 7. 22.-69도934](병역법위반)
「헌법 제25조의 규정에 의하면 모든 국민은 법률이 정하는 바에 의하여 국방의 의무를 가진다고 되어 있어서 병역법은 위 헌법의 규정에 따라 제정된 것으로서 같은 법의 규정에는 특단의 사정이 없는 이상 모든 국민은 다같이 이에 따라야 하며, 피고인이 "여호와의 증인"이라는 종교를 신봉하고 그 교리에 크리스토인의 "양심상의 결정"으로 군복무를 거부한 행위는 응당 병역법의 규정에 따른 처벌을 받아야 되며, 한번 처벌을 받았다고 하여서 다시는 같은 법의 적용으로 처벌을 받지 않게 되는 것이 아니고, 논지에서 말하는 소위 "양심상의 결정"은 헌법 제17조에서 보장한 양심의 자유에 속하는 것이 아니라고 할 것이다.」
◎ **같은 취지 : 大 1985. 7. 23.-85도1094; 1992. 9. 14.-92도1534; 2004. 7. 15.-2004도2965**

▷ 국기에 대한 경례가 종교상 우상숭배에 해당한다는 이유로 이를 거부하여 학칙을 위반한 학생에 대하여 제적처분을 한 것을 정당하다고 본 판례
[大 1976. 4. 27.-75누249](행정처분취소(제적처분취소))
「원심이 피고의 이 사건 징계처분은 원고들 주장의 신앙 양심 즉 우상을 숭배하여서는 아니 된다는 종교적인 신념을 그 처분의 대상으로 삼은 것이 아니고 나라의 상징인 국기의 존엄성에 대한 경례를 우상숭배로 단정하고 그 경례를 거부한 원고들의 행위자체를 처분의 대상으로 한 것이므로 헌법이 보장하고 있는 종교의 자유가 침해되었다고 할 수 없다고 하는 동시에 원고들은 위 학교의 학생들로서 모름지기 그 학교의 학칙을 준수하고 교내질서를 유지할 임무가 있을진데 원고들의 종교의 자유 역시 그들이 재학하는 위 학교의 학칙과 교내질서를 해치지 아니하는 범위 내에서 보장되는 것이라는 취지에서 원고들이 그들의 임무를 저버림으로써 학교장인 피고로부터 이건 징계처분을 받음으로 인하여 종교의 자유가 침해된 결과를 초래하였다 하더라도 이를 감수할 수밖에 없다할 것이고 그들의 신앙에 의하여 차별대우를 받은 것도 아니라고 볼 것이라고 하였음은 그대로 수긍되여 정당한 판단이라 할 것이고 종교의 자유와 평등의 원칙에 관한 헌법의 규정을 위반하였거나 그 법리를 오해한 위법 있다고 볼 수 없다.」

▷ 일요일에 국가시험을 시행하는 것이 종교의 자유를 침해하는 것은 아니라고 본 판례
[憲 2001. 9. 27.-2000헌마159](제42회 사법시험 제1차 시험시행일자 위헌확인)
※ 위 판례 인용부분 참조

학문의 자유

□ 주 체

▶ 사립학교 법인 자체가 학문의 자유의 주체가 되는지에 대한 판례

[憲 2001. 1. 18.-99헌바63](사립학교법 제28조 제1항 본문 위헌소원)

「청구인은 이 사건 법률조항이 학문·예술의 자유를 규정한 헌법 제22조 제1항과 교육을 받을 권리를 규정한 헌법 제31조의 각 규정에 위반된다고 주장한다.

그러나 학교법인은 사립학교만을 설치·경영함을 목적으로 하는 법인(법 제2조 제2항)인 만큼 사립학교의 교원이나 교수들과 달리 법인자체가 학문활동이나 예술활동을 하는 것으로 볼 수는 없고 이 사건 법률조항은 학교교육에 필요한 시설과 설비를 갖추고 그 운영에 필요한 재산을 실효적으로 확보하는데 역점이 있어 오히려 국민의 교육을 받을 권리를 적극적으로 보장하는 규정으로 보아야 한다. 따라서 이 사건 법률조항이 학문·예술의 자유나 교육을 받을 권리를 제한하는 것으로 볼 수는 없다.」

▶ 국립대학인 서울대학교도 학문의 자유의 주체가 되는 경우가 있음을 인정한 판례

[憲 1992. 10. 1.-92헌마68](1994학년도 신입생선발입시안에 대한 헌법소원)

「(1) 헌법 제31조 제4항은 "교육의 자주성·전문성·정치적중립성 및 대학의 자율성은 법률이 정하는 바에 의하여 보장된다"라고 규정하여 교육의 자주성·대학의 자율성을 보장하고 있는데 이는 대학에 대한 공권력 등 외부세력의 간섭을 배제하고 대학구성원 자신이 대학을 자주적으로 운영할 수 있도록 함으로써 대학인으로 하여금 연구와 교육을 자유롭게 하여 진리탐구와 지도적 인격의 도야(陶冶)라는 대학의 기능을 충분히 발휘할 수 있도록 하기 위한 것이며, 교육의 자주성이나 대학의 자율성은 헌법 제22조 제12항이 보장하고 있는 학문의 자유의 확실한 보장수단으로 꼭 필요한 것으로서 이는 대학에게 부여된 헌법상의 기본권이다. 따라서 국립대학인 서울대학교는 다른 국가기관 내지 행정기관과는 달리 공권력의 행사자의 지위와 함께 기본권의 주체라는 점도 중요하게 다루어져야 한다. 여기서 대학의 자율은 대학시설의 관리·운영만이 아니라 학사관리 등 전반적인 것이라야 하므로 연구와 교육의 내용, 그 방법과 그 대상, 교과과정의 편성, 학생의 선발, 학생의 전형도 자율의 범위에 속해야 하고 따라서 입학시험제도도 자주적으로 마련될 수 있어야 한다.

다만 이러한 대학의 자율권도 헌법상의 기본권이므로 기본권제한의 일반적 법률유보의 원칙을 규정한 헌법 제37조 제2항에 따라 국가안전보장·질서유지·공공복리 등을 이유로 제한(필요, 최소한의 한도에서)될 수 있는 것이며, 대학입학방법을 규정하고 있는 교육법 제111조의2 및 교육법시행령 제71조의2의 규정은 바로 헌법 제37조 제2항에 의한 대학자율권 규제법률이다.

(2) 교육법시행령 제71조의2가, …… 그 밖에 아무런 제한을 두고 있지 아니하며 다만 교육부는 대학입학시험제도개선내용을 각 대학에 통보하면서 수험생의 부담을 덜어 주기 위하여 고사실시과목수를 3과목 이내로 하도록 권장하고 있을 뿐이다. …… 서울대학교가 인문계열의 대학별 고사과목을 정함에 있어, 국어(논술), 영어, 수학1을 필수과목으로 하고 한문 및 불어, 독어, 중국어, 에스파냐어 등 5과목 중 1과목을 선택과목으로 정하여 일본어를 선택과목

에서 제외시킨 것은 교육법 제111조의2 및 앞으로 개정될 교육법시행령 제71조의2의 제한범위 내에서의 적법한 자율권행사라 할 것이다.……

(4) 이상과 같은 이유로써 청구인들의 심판청구는 이유 없으므로 이를 기각하기로 하여 주문과 같이 결정한다.」

⇔ 재판관 1인(재판관 조규광)의 별개의견(청구인 신규진에 대한) 및 반대의견(청구인 노광현에 대한)

「교육부가 새로 마련한 대학입학시험제도개선안에 따라 대학별 고사를 실시하기로 한 서울대학교가 인문계열의 대학별 고사과목을 정함에 있어 위에서 본 바와 같이 한문 및 프랑스어 독일어 중국어 에스파냐어 등 5과목 중 1과목을 선택과목으로 정하여 일본어를 선택과목에서 제외시킨 것은 원칙적으로 피청구인의 자율권의 재량행사 범위내에 해당함은 수긍이 간다. 그러나 이 사건에 있어서 말하는 자율권이란 대학의 국가에 대한 관계에 있어서의 기본권적 측면으로부터 파악되는 것이 아니라, 오히려 피청구인이 공권력행사의 담당자로서 영조물인 대학시설을 이용코자 하는 입학희망자들에 대하여 그 전형선발에 관한 행정적 규제를 과하는 권한의 측면으로부터 보아야 하며, 청구인들과 피청구인의 관계는 기본권주체와 공권력담당자와의 관계일 뿐 기본권주체 상호간의 관계로 볼 수는 없다고 할 것이다.」

⇔ 재판관 1인(재판관 김양균)의 반대의견

「대학의 자율권에는 시험과목의 선정 및 배점에 대한 자주적 결정권이 포함되는 것이므로 영어를 제외한 외국어(이하 제2외국어라 한다)를 시험과목으로 포함하건 제외하건 그것은 피청구인 자신이 자주적으로 결정할 수 있는 문제라고 하겠으나, 일단 제2외국어를 포함시키기로 하였다면 합리적인 이유없이 충분한 유예기간을 두지 않음으로써 교육관계법령 및 고시(제5차 교육과정 문교부고시 제88-7호, 88. 3. 31.)에 따라 시행되고 있는 5개의 제2외국어 교과((5)의 (나)에서 상술) 중 일본어 수강자에 대하여서만 차별을 빚고 있는 것은 공평하고 온당한 처사라고 보기 어려우며 대학의 자율권을 아무리 강조하더라도 그것을 앞세워 국민의 교육을 받을 권리를 부당하게 침해할 수는 없는 것이다.」

※ 위 사건에서 그 이외에 재판관 2인(재판관 김진우, 재판관 이시윤)의 별개의견이 개진되었음

□ 내　　용

▶ 헌법 제22조 제1항이 보장하는 학문의 자유의 의미에 대한 판례

[憲 1992. 11. 12.-89헌마88](교육법 제157조에 관한 헌법소원)

「(가) 학문의 자유 침해 여부

① 헌법 제22조는 "모든 국민은 학문과 예술의 자유를 가진다. 저작자 · 발명가 · 과학기술자와 예술가의 권리는 법률로서 보호한다"고 규정하고 있는데 위 헌법의 규정에 의하여 청구인은 중학교 국어과목에 대한 연구의 자유를 당연히 가지며(이미 청구인이 해온 바와 같이) 중학교 국어교과에 관하여 연구의 과제 · 대상 · 방법을 자유로이 선정할 수 있음은 물론, 연구한 결과를 책자로서 자유로이 발간할 수도 있는 것이다. 현행의 중학교 국어교과서 국정제도는 청구인이 헌법상 가지는 이러한 학문의 자유를 향유하는데 있어서 아무런 장애가 되지 않는다.

학문의 자유라 함은 진리를 탐구하는 자유를 의미하는데, 그것은 단순히 진리탐구의 자유에 그치지 않고 탐구한 결과에 대한 발표의 자유 내지 가르치는 자유(편의상 대학의 교수의 자유와 구분하여 수업(授業)의 자유로 한다) 등을 포함하는 것이라 할 수 있다. 다만, 진리탐구의 자유와 결과발표 내지 수업의 자유는 같은 차원에서 거론하기가 어려우며, 전자는 신앙의 자유·양심의 자유처럼 절대적인 자유라고 할 수 있으나, 후자는 표현의 자유와도 밀접한 관련이 있는 것으로서 경우에 따라 헌법 제21조 제4항은 물론 제37조 제2항에 따른 제약이 있을 수 있는 것이다. 물론 수업의 자유는 두텁게 보호되어야 합당하겠지만 그것은 대학에서의 교수의 자유와 완전히 동일할 수는 없을 것이며 대학에서는 교수의 자유가 더욱 보장되어야하는 반면, 초·중·고교에서의 수업의 자유는 후술하는 바와 같이 제약이 있을 수 있다고 봐야 할 것이다.……

④ 교사의 수업권은 전술과 같이 교사의 지위에서 생겨나는 직권인데, 그것이 헌법상 보장되는 기본권이라고 할 수 있느냐에 대하여서는 이를 부정적으로 보는 견해가 많으며, 설사 헌법상 보장되고 있는 학문의 자유 또는 교육을 받을 권리의 규정에서 교사의 수업권이 파생되는 것으로 해석하여 기본권에 준하는 것으로 간주하더라도 수업권을 내세워 수학권을 침해할 수는 없으며 국민의 수학권의 보장을 위하여 교사의 수업권은 일정범위 내에서 제약을 받을 수밖에 없는 것이다. 만일 보통교육의 단계에서 개개인의 교사에 따라 어떠한 서적이든지 교과서로 선정될 수 있고 또 어떤 내용의 교육이라도 실시될 수 있다면 교육의 기회균등을 위한 전국적인 일정수준의 교육의 유지는 불가능하게 될 것이며 그 결과, 예컨대 국어교육에서 철자법 같은 것이 책자나 교사에 따라 전혀 다르게 가르쳐져 크나 큰 갈등과 혼란이 야기될 수 있는 것이다.」

▶ 학문의 자유

▸ 연구의 자유

▹ 연구는 그 자료가 사회에서 현재 수용되고 있는 기존의 사상이나 가치체계 또는 인식체계와 상반되거나 저촉된다고 하여도 인정된다는 취지의 판례

[大 1982. 5. 25.-82도716](반공법위반)

「헌법상 보장되는 학문연구의 자유는 학문연구를 순수한 목적으로 하는 경우에 한하여 인정되는 것이고 그것이 불법한 목적을 달성하기 위한 수단으로서 행하여지는 경우, 예컨대, 구 반공법 제4조 제2항 또는 국가보안법 제7조 제5항에서 규정한 것과 같은 반국가단체 또는 국외공산계열의 활동을 찬양, 고무, 동조 기타 이롭게 하는 행위를 할 목적으로 학문연구활동에 빙자하여 문서, 도서 기타의 표현물을 제작, 수입, 복사, 운반 또는 반포하는 등의 행위를 하는 경우에는 이는 이미 학문의 연구라고 볼 수 없음은 더 말할 것도 없다.

그러나 위와 같은 불법목적의 인정은 확실하고 객관적인 증거에 의한 엄격한 증명을 요하는 것이며, 단순히 피고인이 학문연구를 위하여 취득, 보관한 연구자료가 반국가단체 또는 국외공산계열의 사상, 가치체계에 관한 것이라는 사실만으로 위와 같은 불법목적을 추정하여서는 안 될 것이다. 왜냐하면 원래 학문의 연구는 기존의 사상 및 가치에 대하여 의문을 제기하고 비판을 가함으로써 이를 개선하거나 새로운 것을 창출하려는 노력이므로 연구의 자료가 그 사회에서 현재 받아들여지고 있는 기존의 사상 및 가치체계와 상반되거나 저촉되는 것이라고 하여도 용인되어야 할 것이기 때문이다.」

[大 1993. 2. 9.-92도1711](국가보안법위반)

「위 책에서 주장하고 있는 반제반독점민중민주주의혁명론은 적극적으로 한국사회의 정치경

제체제를 변혁하여야 한다는 정치적 행동을 주창하는 것이어서 더 이상 학문의 영역에 속한다고는 볼 수 없을 뿐만 아니라, 그 내용이 노동자계급이 주도권(헤게모니)을 장악하는 민중연합정부를 수립하고 독점자본 등을 국유화하여야 하며, 이는 사회주의에 이르는 이행기로서 궁극적으로는 사유재산의 폐지와 프롤레타리아 독재를 내용으로 하는 사회주의 체제를 이룩하여야 한다는 것이므로, 우리 헌법상의 자유민주적 기본질서와는 서로 용납되지 아니하고 이를 위협하는 적극적이고 공격적인 표현이어서 표현의 자유의 한계를 벗어난 것이라고 하지 않을 수 없고, 비록 이것이 사회주의 체제에 이르는 방법에 있어 북한의 주장과는 다소 차이가 있다 하여도 결과에 있어서는 사회주의 체제를 건설하여야 한다는 점에서 반국가단체인 북한의 주장과 그 길을 같이 하는 것이어서 북한을 이롭게 하는 것으로 보아야 할 것이다.」

▸ 학술활동의 자유

▹ 교수의 자유와 교육을 구별하는 헌법재판소 판례

[憲 1992. 11. 12.-89헌마88](교육법 제157조에 관한 헌법소원)

※ 위 판례 인용부분 참조

[憲 2003. 9. 25.-2001헌마814](편입생 특별전형대상자선발시험 시행계획 및 공개경쟁시험공고 취소)

「한편, 청구인들은 자신들의 학문의 자유를 침해당하였다고 주장한다. 학문의 자유에서 말하는 '학문'이란 일정한 지식수준을 기반으로 방법론적으로 정돈된 비판적인 성찰을 함으로써 진리를 탐구하는 활동을 말한다. 학문의 자유는 곧 진리탐구의 자유라 할 수 있고, 나아가 그렇게 탐구한 결과를 발표하거나 강의할 자유 등도 학문의 자유의 내용으로서 보장된다(헌재 1992. 11. 12. 89헌마88, 판례집 4, 739, 756 참조). 그러나 이러한 진리탐구의 과정과는 무관하게 단순히 기존의 지식을 전달하거나 인격을 형성하는 것을 목적으로 하는 '교육'은 학문의 자유의 보호영역이 아니라 교육에 관한 기본권(헌법 제31조)의 보호영역에 속한다고 할 것이다. 따라서 초등교사로서 갖추어야 할 기본적인 지식 및 자질을 함양하는 데에 주된 초점이 있는 교육대학교의 교육과정은 학문의 자유와는 직접적 관련이 있다고 보기 어렵고, 설사 교육대학교 학생에게 학문의 자유의 주체성을 인정한다고 하더라도, 이 사건 공고들에 따른 편입학은 비록 재학생들에게 다소 수강환경의 불편을 초래할 수는 있을지언정 진리의 탐구와 관련된 활동 그 자체를 방해하는 것은 아니라고 할 것이므로, 이 사건 공고들이 청구인들의 학문의 자유를 침해한다고 볼 것은 아니다.」

▶ 대학의 자유

▸ 대학의 자유의 의의에 대한 판례

[憲 1992. 10. 1.-92헌마68](1994학년도 신입생선발입시안에 대한 헌법소원)

※ 위 판례 인용부분 참조

[憲 2001. 2. 22.-99헌마613](세무대학설치법폐지법률 위헌확인)

「(4) 대학의 자율권과 교수의 자유 침해 여부

(가) 헌법 제31조 제4항이 보장하는 대학의 자율성이란 대학의 운영에 관한 모든 사항을 외부의 간섭 없이 자율적으로 결정할 수 있는 자유를 말한다. 국립대학인 세무대학은 공법인으로

서 사립대학과 마찬가지로 대학의 자율권이라는 기본권의 보호를 받으므로, 세무대학은 국가의 간섭 없이 인사 · 학사 · 시설 · 재정 등 대학과 관련된 사항들을 자주적으로 결정하고 운영할 자유를 갖는다(헌재 1992. 10. 1. 92헌마68등, 판례집 4, 659, 670 참조).

그러나 대학의 자율성은 그 보호영역이 원칙적으로 당해 대학 자체의 계속적 존립에까지 미치는 것은 아니다. 즉, 이러한 자율성은 법률의 목적에 의해서 세무대학이 수행해야 할 과제의 범위 내에서만 인정되는 것으로서, 세무대학의 설립과 폐교가 국가의 합리적인 고도의 정책적 결단 그 자체에 의존하고 있는 이상 세무대학의 계속적 존립과 과제수행을 자율성의 한 내용으로 요구할 수는 없다고 할 것이다. 따라서 이 사건 폐지법에 의해서 세무대학을 폐교한다고 해서 세무대학의 자율성이 침해되는 것은 아니다.

(나) 헌법 제22조에 의해서 보호되는 학문의 자유는 진리를 탐구하는 자유를 의미하는바, 단순한 진리탐구에 그치지 않고 탐구한 결과에 대한 발표의 자유 내지 가르치는 자유 등을 포함한다. 그러나 국가가 세무대학과 같은 국립대학을 설치 · 조직 · 폐지하는 등의 조직권한은 원칙적으로 당해 대학에 재직 중인 자들의 기본권에 의해서 제한되지 아니한다. 게다가 이 사건 폐지법(부칙 제4조 제3항)은 세무대학소속 교수 · 부교수 · 조교수 및 전임강사의 신분보장에 관하여 교육공무원법의 해당 조항을 준용함으로써 세무대학을 폐지하더라도 교수들의 지속적인 학문활동을 보장하는 등 기존의 권리를 최대한 보장하고 있다. 따라서, 이 사건 폐지법에 의한 세무대학의 폐교로 인하여 곧바로 청구인 자신의 진리탐구와 연구발표 및 교수의 자유가 침해되는 것은 아니다.」

▸ 대학의 자유의 헌법적 근거에 대한 판례

▹ 대학의 자유의 헌법적 근거로서 헌법 제22조와 제31조 제4항을 든 판례

[憲 1992. 10. 1.-92헌마68](1994학년도 신입생선발입시안에 대한 헌법소원)

※ 위 판례 인용부분 참조

[憲 1998. 7. 16.-96헌바33](사립학교법 제53조의2 제2항 위헌소원 등)

「(1) (가) 헌법 제31조 제6항은 "학교교육 및 평생교육을 포함한 교육제도와 그 운영, 교육재정 및 교원의 지위에 관한 기본적인 사항은 법률로 정한다"라고 규정함으로써 교육의 물적 기반이 되는 교육제도와 아울러 교육의 인적 기반으로서 가장 중요한 교원의 모든 지위에 관한 기본적인 사항을 정하는 것은 국민의 대표기관인 입법부의 권한으로 규정하고 있다.……

한편 헌법 제22조 제1항에서 규정한 학문의 자유 등의 보호는 개인의 인권으로서의 학문의 자유 뿐만 아니라 특히 대학에서 학문연구의 자유 · 연구활동의 자유 · 교수의 자유 등도 보장하는 취지이다. 이와 같은 대학에서의 학문의 자유에 대한 보장을 담보하기 위하여는 대학의 자율성이 보장되어야 한다. 헌법 제31조 제4항도 "교육의 자주성 · 전문성 · 정치적 중립성 및 대학의 자율성은 법률이 정하는 바에 의하여 보장된다"고 규정하여 교육의 자주성 · 대학의 자율성을 보장하고 있는데, 이는 대학에 대한 공권력 등 외부세력의 간섭을 배제하고 대학구성원 자신이 대학을 자주적으로 운영할 수 있도록 함으로써 대학인으로 하여금 연구와 교육을 자유롭게 하여 진리탐구와 지도적 인격의 도야(陶冶)라는 대학의 기능을 충분히 발휘할 수 있도록 하기 위한 것이며, 교육의 자주성이나 대학의 자율성은 헌법 제22조 제1항이 보장하고 있는 학문의 자유의 확실한 보장수단으로 꼭 필요한 것으로서 이는 대학에게 부여된 헌법상의 기본권이다. 여기서 대학의 자율은 대학시설의 관리 · 운영만이 아니라 전반적인 것이라

야 하므로 연구와 교육의 내용, 그 방법과 대상, 교과과정의 편성, 학생의 선발과 전형 및 특히 교원의 임면에 관한 사항도 자율의 범위에 속한다(헌재 1992. 10. 1. 92헌마68등, 판례집 4, 659, 670 참조).……

(2) (가) 사립학교법 제53조의2 제3항은 "대학교육기관의 교원은 당해 학교법인의 정관이 정하는 바에 따라 기간을 정하여 임면할 수 있다"고 규정하고 있다. 이것은 교원의 임용기간이 만료되면 임면권자인 학교법인은 교원으로서의 적격성을 심사하여 다시 임용할 것인지 여부를 결정할 수 있도록 허용한 취지의 규정이다.……

(라) 이 사건 법률조항에 의한 기간임용제는 대학교육기관의 교원을 기간을 정하여 임면할 수 있도록 한 것일 뿐 교원의 학문에 대한 연구 · 활동 내용이나 방식을 규율한 것은 아니며, 재임용될 교원을 결정함에 있어서도 임면권자인 학교법인의 교원인사에 관한 자율성을 제한하는 것도 아니다. 비록 교원의 기간임용제를 일부 악용하는 등의 사례가 있다면 그것은 이 사건 법률조항 자체의 입법적인 결함이라기보다는 운영에 있어서 생긴 문제에 불과한 것이다.

따라서 이 사건 법률조항은 교원지위 법정주의에 위반된다고 할 수 없고 학문의 자유와 교육의 자주성 · 전문성 · 정치적 중립성 · 대학의 자율성을 침해하는 위헌조항이라고 보기 어렵다.」

⇔ 재판관 4인(재판관 이재화, 재판관 조승형, 재판관 정경식, 재판관 고중석)의 반대의견

「나. 이 사건 법률조항은 "대학교육기관의 교원은 당해 학교법인의 정관이 정하는 바에 따라 기간을 정하여 임면할 수 있다"고 규정하여 사립대학의 교원임용에 관하여 이른바 기간임용제를 채택하고 있다.

그리고 대법원은 기간을 정하여 임용된 대학교육기관의 교원은 학교법인의 정관이나 인사규정에 재임용의무를 부여하는 근거규정이 없는 한, 임용기간의 만료로 교원으로서의 신분관계는 당연히 종료되고, 임용기간이 만료된 자를 다시 임용할 것인지 여부는 임용권자의 판단에 따른 자유재량행위에 속한다고 이 사건 법률조항을 해석하고 있다(대법원 1997. 6. 27. 선고, 96다7069 판결, 공1997하, 2315).

다. 입법자가 헌법이 규정하고 있는 교원지위 법정주의에 따라 교원의 지위를 정하는 법률을 제정함에 있어서 사립대학의 교원임용에 관하여 기간임용제를 채택할 것인가, 그렇지 않고 정년제를 채택할 것인가는 교육제도, 다른 교육기관의 교원임용방식, 임기, 사립대학의 교원임용실태 등 여러사정을 참작하여 입법정책적으로 결정하여야 할 입법재량에 속하는 사항이고, 헌법 제31조 제6항의 교원지위 법정주의에 의하여 반드시 정년제를 채택하여야 하는 것은 아니므로, 이 사건 법률조항이 기간임용제를 채택한 것 자체만으로 헌법에 위반된다고 할 수 없음은 다수의견이 밝히고 있는 바와 같다.

그러나 문제는 이 사건 법률조항이 기간임용제를 채택하면서 헌법 제31조 제6항의 교원지위 법정주의가 본질적으로 요청하고 있는 교원의 신분보장장치를 마련하지 아니하였다는 점에 있다.……

기간임용제를 채택함에 있어서는 교원의 신분보장을 위하여 적어도 재임용의 거부사유와 재임용의 거부에 대한 구제절차를 함께 반드시 규정하여야만 교원지위 법정주의를 규정한 위 헌법조항의 정신에 합치된다고 할 것이다.

라. 그런데 이 사건 법률조항은 기간임용제를 채택하면서도 재임용의 거부사유와 재임용의 거부에 대한 구제절차에 관하여 아무런 규정을 하지 아니함으로써 재임용 여부를 임면권자인

사립학교법인과 총·학장의 자유재량에 맡겨버렸을 뿐만 아니라, 재임용을 거부당한 교원이 구제를 받을 수 있는 길을 완전히 차단하였다.……

따라서 재임용 거부사유와 재임용을 거부당한 교원의 구제절차를 규정하지 아니한 채 이 사건 법률조항이 교원의 기간임용제를 규정한 것은 헌법 제31조 제6항에 위반된다고 하지 않을 수 없다.」

※ 위 판례는 [憲 2003. 2. 27.-2000헌바26]에 의하여 변경되었음(헌법재판소는 심판대상 법률조항의 위헌성은 기간임용제 그 자체에 있는 것이 아니라 재임용 거부사유 및 그 사전절차, 그리고 부당한 재임용거부에 대하여 다툴 수 있는 사후의 구제절차에 관하여 아무런 규정을 하지 아니함으로써 재임용을 거부당한 교원이 구제를 받을 수 있는 길을 완전히 차단한 데 있다는 이유로 헌법불합치결정을 하였음)

▸ **교수, 교수회, 교수평의회에게 대학총장 후보자 선출에 참여할 권리가 있고 이 권리는 대학의 자치의 본질적인 내용에 포함되므로 헌법상 기본권으로 인정할 수 있다는 취지의 판례**

[憲 2006. 4. 27.-2005헌마1047등](교육공무원법 제24조 제4항 등 위헌확인)

「가. 기본권주체성 및 기본권성

청구인들은 대학의 자치의 주체로서 대학의 장 후보자 선출에 참여할 권리가 있는지, 그리고 이러한 권리가 대학의 자치에 포함되는 헌법상의 기본권인지 그 성격이 문제된다.

헌법재판소는 대학의 자율성은 헌법 제22조 제1항이 보장하고 있는 학문의 자유의 확실한 보장수단으로 꼭 필요한 것으로서 대학에게 부여된 헌법상의 기본권으로 보고 있다(1992. 10. 1. 92헌마68 등, 판례집 4, 659, 670). 그러나 대학의 자치의 주체를 기본적으로 대학으로 본다고 하더라도 교수나 교수회의 주체성이 부정된다고 볼 수는 없고, 가령 학문의 자유를 침해하는 대학의 장에 대한 관계에서는 교수나 교수회가 주체가 될 수 있고, 또한 국가에 의한 침해에 있어서는 대학 자체외에도 대학 전구성원이 자율성을 갖는 경우도 있을 것이므로 문제되는 경우에 따라서 대학, 교수, 교수회 모두가 단독, 혹은 중첩적으로 주체가 될 수 있다고 보아야 할 것이다.

나아가 전통적으로 대학자치는 학문활동을 수행하는 교수들로 구성된 교수회가 누려오는 것이었고, 현행법상 국립대학의 장 임명권은 대통령에게 있으나, 1990년대 이후 국립대학에서 총장 후보자에 대한 직접선거방식이 도입된 이래 거의 대부분 대학 구성원들이 추천하는 후보자 중에서 대학의 장을 임명하여 옴으로써 대통령이 대학총장을 임명함에 있어 대학교원들의 의사를 존중하여 온 점을 고려하면, 청구인들에게 대학총장 후보자 선출에 참여할 권리가 있고 이 권리는 대학의 자치의 본질적인 내용에 포함된다고 할 것이므로 결국 헌법상의 기본권으로 인정할 수 있다.

나. 자기관련성

이 사건 법률조항의 수범자는 직접적으로는 대학이나 대학의장임용추천위원회(이하 '위원회'라고 한다)이긴 하나, 위 각 규정이 대학이 총장 후보자를 선출하는 절차나 방법에 일정한 제한을 가함으로써 근본적으로 교수들이나 교수회의 대학의 장 후보자선정에 관여할 기본권을 제약하고 있고, 위원회에는 교수들이 구성원으로 참여하고 있으며, 위 각 법규정의 목적 및 실질적인 규율대상, 법규정에서의 제한이나 금지가 제3자에게 미치는 효과나 진지성의 정도, 규범의 수규자에 의한 헌법소원의 제기가능성 등을 종합적으로 고려하여 판단할 때, 청구인들의 위 기본권이 직접적이고 법적으로 침해당하고 있다고 할 것이므로 청구인들의 자기관련성을 인정할 수 있다. ……

가. 대학의 자율과 위헌 심사기준

헌법 제31조 제4항은 "교육의 자주성 · 전문성 · 정치적 중립성 및 대학의 자율성은 법률이 정하는 바에 의하여 보장된다"라고 규정하여 교육의 자주성 · 대학의 자율성을 보장하고 있는데 이는 대학에 대한 공권력 등 외부세력의 간섭을 배제하고 대학구성원 자신이 대학을 자주적으로 운영할 수 있도록 함으로써 대학인으로 하여금 연구와 교육을 자유롭게 하여 진리탐구와 지도적 인격의 도야라는 대학의 기능을 충분히 발휘할 수 있도록 하기 위한 것이며, 교육의 자주성이나 대학의 자율성은 헌법 제22조 제1항이 보장하고 있는 학문의 자유의 확실한 보장수단으로 꼭 필요한 것으로서 이는 대학에게 부여된 헌법상의 기본권이다(헌재 1992. 10. 1. 92헌마68 등, 판례집 4, 659, 670).」

▶ 대학의 자유의 내용에 대한 판례

▷ 대학의 자유의 내용은 대학의 인사, 관리, 운영, 재정, 학사에서 외부의 간섭을 받지 않고 자율적으로 결정하는 것을 그 내용으로 한다는 취지의 판례

[憲 1992. 10. 1.-92헌마68](1994학년도 신입생선발입시안에 대한 헌법소원)

※ 위 판례 인용부분 참조

[憲 2001. 2. 22.-99헌마613](세무대학설치법폐지법률 위헌확인)

※ 위 판례 인용부분 참조

▷ 대학의 인사 자치 중 교수의 재임용제도를 합헌으로 본 판례

[憲 1998. 7. 16.-96헌바33](사립학교법 제53조의2 제2항 위헌소원 등)

※ 위 판례 인용부분 참조

▷ 대학의 인사 자치 중 교수의 재임용제도에 대하여, 절차적 보장 없이 교수의 재임용을 임용권자의 자의에 맡긴 것을 위헌으로 본 판례

[憲 2003. 2. 27.-2000헌바26](구사립학교법 제53조의2 제3항 위헌소원)

「객관적인 기준의 재임용 거부사유와 재임용에서 탈락하게 되는 교원이 자신의 입장을 진술할 수 있는 기회 그리고 재임용 거부를 사전에 통지하는 규정 등이 없으며, 나아가 재임용이 거부되었을 경우 사후에 그에 대해 다툴 수 있는 제도적 장치를 전혀 마련하지 않고 있는 이 사건 법률조항은, 현대사회에서 대학교육이 갖는 중요한 기능과 그 교육을 담당하고 있는 대학교원의 신분의 부당한 박탈에 대한 최소한의 보호요청에 비추어 볼 때 헌법 제31조 제6항에서 정하고 있는 교원지위법정주의에 위반된다고 볼 수밖에 없다. 그리고 위와 같이 이 사건 법률조항이 규정하고 있는 기간임용제가 교원지위법정주의에 위반됨을 확인하는 이상, 그밖에 청구인이 주장하는바 교원주의법정주의 위반의 결과 초래될 수 있는 평등권, 학문의 자유, 재판청구권, 근로조건법정주의 위반 여부에 대하여는 따로 판단하지 아니한다.……

5. 결 론

이상 살펴본 바와 같이 이 사건 법률조항은 헌법에 합치하지 아니하므로 주문과 같이 결정한다. 따라서 우리재판소가 1998. 7. 16. 선고한 96헌바33등 결정에서 이와 견해를 달리하여 이 사건 법률조항이 헌법에 위반되지 아니한다고 판시한 의견은 재판관 한대현, 재판관 하경

철을 제외한 나머지 재판관 7인의 찬성으로 이를 변경하기로 한다.」

⇔ 재판관 2인(재판관 한대현, 재판관 하경철)의 반대의견

「이 사건 법률조항에 따라 사립대학의 학교법인은 교원을 임용함에 있어, 정년보장제를 채택할 수도 있고 기간임용제를 채택할 수도 있으며, 기간임용제를 채택하는 경우에도 ① 임용기간이 만료되면 원칙적으로 교원을 재임용하여야 하는 방식을 채택할 수도 있고 ② 임용기간이 만료되면 교원으로서의 신분관계가 당연히 종료되고 교원을 재임용할 것인지 여부가 오로지 임용권자의 판단에 따르는 방식을 채택할 수도 있는 등, 다양한 임용방식 중 당해 대학에 가장 적합하다고 판단되는 방식을 자유로이 선택할 수 있는데, 이는 입법자가 국·공립대학과는 다른 사립대학의 특수성을 배려하고 개개의 사립대학교육의 자주성과 사립대학의 자율성을 최대한 보장하기 위하여 마련한 제도로서, 그 입법취지를 충분히 수긍할 수가 있다.

그렇다면, 다수의견이 내세우는 사전적·사후적 장치가 사립대학교원의 지위를 더욱 두텁게 보호하기 위한 것임을 이해한다고 하더라도, 그러한 장치를 두지 아니하였다 하여 이 사건 법률조항이 교원지위법정주의의 본질을 훼손하여 헌법에 합치되지 아니한다고는 볼 수 없으며, 그러한 장치를 반드시 두게 하는 것이 오히려 긁어 부스럼이 되어 사립대학교육의 자주성이나 사립대학의 자율성을 해치는 결과가 되지 아니할까 걱정스럽다.」

▷ 대학이 학사의 자치와 관련하여, 학생의 선발과 전형방법, 성적의 평가, 상벌 등을 스스로 정할 수 있다는 취지의 판례

[憲 1992. 10. 1.-92헌마68](1994학년도 신입생선발입시안에 대한 헌법소원)

※ 위 판례 인용부분 참조

▷ 국공립대학은 국가가 폐교할 수 있다는 취지의 판례

[憲 2001. 2. 22.-99헌마613](세무대학설치법폐지법률 위헌확인)

※ 위 판례 인용부분 참조

▷ 대학의 자유도 법률에 의하여 제한이 가능하고, 그 경우에도 본질적 내용의 침해는 금지된다는 취지의 판례

[憲 1992. 10. 1.-92헌마68](1994학년도 신입생선발입시안에 대한 헌법소원)

※ 위 판례 인용부분 참조

[大 1990. 8. 28.-89누8255](특별전형에 관한 불합격처분 취소)

「자유재량에 있어서도 무제한의 재량권은 인정할 수 없는 것이고 그 범위의 넓고 좁은 차이는 있다고 하더라도 법령의 규정뿐만 아니라 관습법 또는 일반적 조리에 의한 일정한 한계가 있는 것으로서 위 한계를 벗어난 재량권의 행사는 위법하다고 하지 않을 수 없으므로(당원 1968. 6. 18. 선고, 68누35 판결 참조) 원심이 위 인정사실에 의하여 피고가 이 사건 특별전형에서 외교관, 공무원등 자녀에 대하여만 획일적으로 과목별실제취득점수에 20%의 가산점을 부여하여 합격사정을 함으로써 실제취득점수에 의하면 충분히 합격할 수 있는 원고들에 대하여 이 사건 불합격처분을 한 것이 위법하다고 판단하였음은 정당하고 거기에 논지가 지적하는 재량권 남용에 관한 법리오해의 위법이 있다고 할 수 없다. 논지는 모두 이유없다.」

□ 제한과 그 한계

▶ 제 한

▸ 연구의 자유에 대한 제한에 관한 판례

▹ 헌법재판소의 판례 가운데 연구의 자유를 절대적 자유로 이해한 듯한 판례

[憲 1992. 11. 12.-89헌마88](교육법 제157조에 관한 헌법소원)

※ 위 판례 인용부분 참조

▹ 학문의 자유도 제한될 수 있다는 취지의 판례

[大 1986. 9. 9.-86도1187](국가보안법위반 등)

「소론은 동 피고인이 소지한 서적은 사회과학도서로서 기본적으로 공부하여야 할 서적으로서 헌법상 보장된 학문의 자유에 비추어 그 소지가 허용된다고 하여야 할 것이고 특히 그 가운데 일부는 국내에 번역 출판되었고 일부는 대학에서 부교재로 사용하는 서적임에도 불구하고 위 서적들을 소지한 행위에 대하여 국가보안법 제7조 제5항 위반으로 처단한 원심판결은 동법 조항의 법리를 오해한 위법이 있다는 것이다. 원심은 위 서적들이 객관적으로 보아 북괴의 대남선전활동과 그 내용을 같이 하는 내용들이고 동 피고인이 이를 탐독한 것은 반국가단체를 이롭게 할 목적이 있다고 하여 국가보안법 제7조 제5항을 적용하였는바 헌법상 학문의 자유도 진리의 탐구를 순수한 목적으로 하는 경우에 한하여 보호를 받는 것이므로 반국가단체를 이롭게 할 목적으로 공산주의혁명이론 및 전술에 관한 내용을 담은 서적을 소지하고 있었다면 그것은 학문의 자유에 대한 한계를 넘은 것이라고 할 것이며 또 소지한 서적이 국내에서 번역, 소개되었다거나 대학에서 부교재로 사용되는 것이라 하여도 순수한 학문의 목적으로 소지한 것이 아닌 이상 위 범죄의 성립에는 아무런 영향이 없다 할 것이다.」

예술의 자유

□ 내 용

▶ 예술창작의 자유

▸ 예술창작의 자유는 예술의 자유의 핵심적인 내용으로서 예술창작의 소재와 방법의 선택과 과정이 자유로워야 된다는 것을 의미한다고 본 판례

[憲 1993. 5. 13.-91헌바17](음반에관한법률 제3조 등에 대한 헌법소원)

「가. 헌법 제22조는 모든 국민은 학문과 예술의 자유를 가진다고 규정하고 있다. 예술의 자유의 내용으로서는 일반적으로 예술창작의 자유, 예술표현의 자유, 예술적 집회 및 결사의 자유 등을 들고 있다.

그 중 예술창작의 자유는 예술창작활동을 할 수 있는 자유로서 창작소재, 창작형태 및 창작과정 등에 대한 임의로운 결정권을 포함한 모든 예술창작활동의 자유를 그 내용으로 한다. 따라서 음반 및 비디오물로써 예술창작활동을 하는 자유도 이 예술의 자유에 포함된다.

예술표현의 자유는 창작한 예술품을 일반대중에게 전시·공연·보급할 수 있는 자유이다. 예술품보급의 자유와 관련해서 예술품보급을 목적으로 하는 예술출판자 등도 이러한 의미에

서의 예술의 자유의 보호를 받는다고 하겠다. 따라서 비디오물을 포함하는 음반제작자도 이러한 의미에서의 예술표현의 자유를 향유한다고 할 것이다.

이러한 예술표현의 자유는 무제한한 기본권은 아니다. 예술표현의 자유는 타인의 권리와 명예 또는 공중도덕이나 사회윤리를 침해하여서는 아니된다. 그리고 국가안전보장, 질서유지 또는 공공복리를 위하여 필요한 경우에는 헌법 제37조 제2항에 의하여 법률로써 제한할 수 있으나, 이러한 필요에서 하는 법률에 의한 제한도 그 목적이 헌법 및 법률의 체계상 그 정당성이 인정되어야 하고(목적의 정당성), 그 목적달성을 위하여 그 방법이 효과적이고 적절하여야 하며(방법의 적절성), 그로 인한 피해가 최소한도에 그쳐야 하며(피해의 최소성), 보호하려는 공익과 침해하는 사익을 비교형량할 때 보호되는 공익이 더 커야 한다는(법익의 균형성) 과잉금지의 원칙에 반하지 않는 한도 내에서 할 수 있는 것이다.

나. 헌법 제21조 제1항과 제2항은 모든 국민의 언론·출판의 자유를 가지며, 언론·출판에 대한 허가나 검열은 인정되지 아니한다. 이 언론·출판의 자유를 강력하게 보호할 것을 명시하였다. 이 언론·출판의 자유는 현대 민주주의국가의 존립과 발전에 필수불가결한 기본권이며, 그렇기 때문에 자유민주주의국가의 헌법에서는 이를 최대한으로 보장하고 있다.

일반적으로 헌법상의 이 언론·출판의 자유의 내용으로서는, 의사표현·전파의 자유, 정보의 자유, 신문의 자유 및 방송·방영의 자유 등을 들고 있다. 이러한 언론·출판의 자유의 내용 중 의사표현·전파의 자유에 있어서 의사표현 또는 전파의 매개체는 어떠한 형태이건 가능하며 그 제한이 없다. 즉 담화·연설·토론·연극·방송·음악·영화·가요 등과 문서·소설·시가·도화·사진·조각·서화 등 모든 형상의 의사표현 또는 의사전파의 매개체를 포함한다. 그러므로 음반 및 비디오물도 의사형성적 작용을 하는 한 의사의 표현·전파의 형식의 하나로 인정되며, 이러한 작용을 하는 음반 및 비디오물의 제작은 언론·출판의 자유에 의해서도 보호된다고 할 것이다.

또한 헌법은 위와 같이 언론·출판의 자유를 강력히 보호하는 한편, 헌법 제21조 제4항에서 언론·출판은 타인의 명예나 권리 또는 공중도덕이나 사회윤리를 침해하여서는 아니된다고 규정하여 언론·출판의 자유의 한계를 규정하였다. 따라서 언론·출판의 자유는 이러한 헌법 제21조 제4항에 의한 제한과 국가안전보장, 질서유지 또는 공공복리를 위한 헌법 제37조 제2항에 의한 제한이 위에서 본 과잉금지의 원칙에 반하지 않는 범위 내에서 가능하다.」

▶ 예술표현의 자유

▸ **예술의 자유에 예술표현의 자유가 포함된다는 취지의 판례**

[憲 1993. 5. 13.-91헌바17](음반에관한법률 제3조 등에 대한 헌법소원)

※ 위 판례 인용부분 참조

[憲 2004. 5. 27.-2003헌가1](학교보건법 제6조 제1항 제2호 위헌제청 등)

「헌법 제22조는 예술의 자유를 기본권으로 보장하고 있는바, 예술의 자유는 예술창작품을 표현하는 예술표현의 자유를 포함한다. 또한 헌법 제21조 제1항은 모든 국민은 언론·출판의 자유를 가진다고 규정하여 언론·출판의 자유를 보장하고 있는바, 의사표현의 자유는 바로 언론·출판의 자유에 속한다. 의사표현·전파의 자유에 있어서 의사표현 또는 전파의 매개체는 어떠한 형태이건 가능하며 그 제한이 없다고 하는 것이 우리 재판소의 확립된 견해이다. 즉, 담화·연설·토론·연극·방송·음악·영화·가요 등과 문서·소설·시가·도화·사진 · 조각 · 서화 등 모든 형상의 의사표현 또는 의사전파의 매개체를 포함한다고 할 것이다(헌재 1993. 5. 13. 91헌바17, 판례집 5-1, 275, 284 ; 헌재 2001. 8. 30. 2000헌가9, 판례집 13-2, 134, 146-147).」

※ 위 판례의 쟁점 중 문화국가의 원리에 대한 부분은 〈제3편 - 제2장 - 2. - 문화영역의 기본원리 - □ 문화공동체〉 판례 인용부분을, 기본권 제한 법률이 여러 가지 기본권을 제한하는 경우 가장 주된 기본권을 위주로 검토한다는 취지에 대한 부분은 〈제4편 - 제4장 - 3. - □ 기본권의 경합〉 판례 인용부분을 각 참조

▸ 예술표현의 자유와 관련하여 예술품의 보급에 종사하는 출판업자나 음반업자에게도 예술의 자유가 인정된다는 취지의 판례

[憲 1993. 5. 13.-91헌바17](음반에관한법률 제3조 등에 대한 헌법소원)

※ 위 판례 인용부분 참조

□ 제한과 그 한계

▶ 제 한

▸ 예술의 자유도 헌법 제37조 제2항에 의하여 법률에 의한 제한이 가능하다는 취지의 판례

[憲 1993. 5. 13.-91헌바17](음반에관한법률 제3조 등에 대한 헌법소원)

※ 위 판례 인용부분 참조

[大 1990. 9. 25.-90도1586](국가보안법위반)

「표현의 자유 및 예술의 자유는 헌법이 보장하는 기본적 권리이긴 하나 무제한 한 것이 아니라 헌법 제37조 제2항에 의하여 국가안전보장, 질서유지 또는 공공복리를 위하여 필요한 경우에는 그 자유와 권리의 본질적인 내용을 침해하지 않는 한도 내에서 제한할 수 있는 것이므로, 소론 국가보안법 규정의 입법목적과 적용한계를 위와 같이 자유와 권리의 본직적인 내용을 침해하지 않는 한도 내에서 이를 제한하는 데에 있는 것으로 해석하는 한 위헌이라고 볼 것이 아닌바, 이 사건과 같이 피고인이 반국가단체의 활동을 찬양, 고무하거나 이에 동조한다는 인식내지 목적 아래 원심판시와 같은 발언을 하고 또 그와 같은 내용이 표현된 표현물을 제작, 전시, 배포한 행위는 헌법이 보장하는 자유의 한계를 벗어난 행위로서 국가보안법 제7조 제1항 및 제5항 소정의 구성요건을 충족하는 것이다.」

◎ 같은 취지 : 大 1990. 12. 11.-90도2328

▸ 대한민국의 체제를 부정 · 왜곡하거나 공산주의를 찬양 · 전파하는 예술작품의 창작은 허용되지 않는다는 취지의 판례

[大 1990. 12. 11.-90도2328](국가보안법위반)

「원심이 인용한 제1심판결 채용증거들을 기록에 대조 검토하여 볼때 피고인이 판시와 같이 계급투쟁론적 입장에서 폭력혁명을 강조하는 한편 계급혁명의 합법칙성을 찬양하는 내용을 담은 작품으로서 책 첫머리에 '책을 펴내면서'라는 제목으로 발간의도를 밝히고 있는 판시 '꽃파는 처녀' 상, 하를 제책하여 반국가단체인 북한공산집단의 활동에 동조하고 이를 이롭게 할 목적으로 그 표현물을 제작한 판시 국가보안법위반 범행을 충분히 인정할 수 있고 그 증거

취사과정에 채증법칙위반의 위법이나 국가보안법 제7조 제4항에 정한 문서 등 표현물에 관한 법리오해의 위법이 있다 할 수 없다.

또한 북한이 아직도 막강한 군사력으로 우리와 대치하면서 우리 사회의 자유민주적 기본체제를 전복할 것을 완전히 포기하였다는 명백한 징후를 보이지 않고 있는 상황아래에서는 체육 문화 등 일부 분야에서 일정한 목적 아래 이루어지는 북한과의 교류 실례 등이 있다 하여 위와 같은 목적의 표현물제작행위가 용인된다 할 수 없으며 반국가단체를 이롭게 할 목적으로 범한 판시 범행이 인정되는 이상 그것이 헌법에 정한 표현의 자유나 그 밖에 알 권리를 침해 또는 제한하는 것이라 할 수 없다.」

▸ 제한의 한계

[憲 1993. 5. 13.-91헌바17](음반에관한법률 제3조 등에 대한 헌법소원)

※ 위 판례 인용부분 참조

언론 · 출판의 자유

□ 의 의

▶ 개 념

▸ 다른 기본권과의 관계에 대한 판례

▹ 양심적 의사의 형성과 표현, 종교적 의사의 형성과 표현, 학문적 의사의 형성과 표현, 예술적 의사형성과 표현 등은 각기 직접 근거가 되는 기본권인 양심의 자유, 종교의 자유, 학문의 자유, 예술의 자유에 의하여 우선적으로 보호받는다는 취지의 판례

[大 1996. 9. 6.-96다19246](손해배상(기))

※ 〈제5편 - 제3장 - 2. - 종교의 자유 - □ 효력〉 판례 인용부분 참조

[憲 1996. 10. 31.-94헌가6](음반및비디오물에관한법률 제16조 제1항 등 위헌제청)

「가. 헌법 제21조 제2항의 검열금지의 원칙

(1) 헌법 제21조 제1항은 모든 국민은 언론 출판의 자유를 가진다고 규정하여 언론 출판의 자유를 보장하고 있다. 의사표현의 자유는 언론 · 출판의 자유에 속하고, 여기서 의사표현의 매개체는 어떠한 형태이건 그 제한이 없다고 할 것이다. 따라서 이 사건에서 문제되고 있는 음반은 학문적 연구결과를 발표하는 수단이 되기도 하고, 예술표현의 수단이 되기도 하므로 그 제작 및 판매 배포는 학문 · 예술의 자유를 규정하고 있는 헌법 제22조 제1항에 의하여 보장을 받음과 동시에 헌법 제21조 제1항에 의하여도 보장을 받는다.」

▸ 언론 · 출판의 자유의 중요성을 밝힌 판례

[憲 1998. 4. 30.-95헌가16](출판사및인쇄소의등록에관한법률 제5조의2 제5호 등 위헌제청)

「언론 · 출판의 자유는 민주체제에 있어서 불가결의 본질적 요소이다. 사회구성원이 자신의 사상과 의견을 자유롭게 표현할 수 있다는 것이야말로 모든 민주사회의 기초이며, 사상의 자유로운 교환을 위한 열린 공간이 확보되지 않는다면 민주정치는 결코 기대할 수 없기 때문이

다. 따라서 민주주의는 사회 내 여러 다양한 사상과 의견이 자유로운 교환과정을 통하여 여과 없이 사회 구석 구석에 전달되고 자유로운 비판과 토론이 활발하게 이루어질 때에 비로소 그 꽃을 피울 수 있게 된다. 또한 언론·출판의 자유는 인간이 그 생활 속에서 지각하고 사고한 결과를 자유롭게 외부에 표출하고 타인과 소통함으로써 스스로 공동사회의 일원으로 포섭되는 동시에 자신의 인격을 발현하는 가장 유효하고도 직접적인 수단으로서 기능한다. 아울러 언론·출판의 자유가 보장되지 않는다면, 사상은 억제되고 진리는 더 이상 존재하지 않게 될 것이다. 문화의 진보는 한때 공식적인 진리로 생각되었던 오류가 새로운 믿음에 의해 대체되고 새로운 진리에 자리를 양보하는 과정속에서 이루어진다. 진리를 추구할 권리는 우리 사회가 경화되지 않고 민주적으로 성장해가기 위한 원동력이며 불가결의 필요조건인 것이다. 요컨대, 헌법 제21조가 언론·출판의 자유를 보장하고 있는 것은 이 같은 헌법적 가치들을 확보하기 위한 전제조건을 마련하기 위한 것이다.」

□ 주　체

▶ **신문사, 방송사와 같은 법인이나 권리능력 없는 사단에게도 기본권 주체성이 인정된다는 취지의 판례**

[憲 1995. 7. 21.-92헌마177등](대통령선거법 제65조 위헌확인)

※ 〈제4편 - 제2장 - 1. - □ 법인·단체〉 판례 인용부분 참조

□ 내　용

▶ **의사표현의 자유**

▸ **영화, 음반, 비디오물, 광고물 등에 대하여 언론·출판의 자유에 의한 보호를 받는 대상이라고 본 판례**

[憲 1993. 5. 13.-91헌바17](음반에관한법률 제3조 등에 대한 헌법소원)

※ 〈제5편 - 제3장 - 2. - 예술의 자유 - □ 내용〉 판례 인용부분 참조

[憲 1996. 10. 4.-93헌가13등](영화법 제12조 등에 대한 위헌제청 등)

「의사표현의 자유는 헌법 제21조 제1항이 규정하는 언론·출판의 자유에 속하고, 여기서 의사표현의 매개체는 어떠한 형태이건 그 제한이 없다고 할 것이다. 영화도 의사표현의 한 수단이므로 영화의 제작 및 상영은 다른 의사표현수단과 마찬가지로 헌법에 의한 보장을 받음은 물론 영화는 학문적 연구결과를 발표하는 수단이 되기도 하고, 예술표현의 수단이 되기도 하므로 그 제작 및 상영은 학문·예술의 자유를 규정하고 있는 헌법 제22조 제1항에 의하여도 보장을 받는다.」

▶ **보도의 자유에 대한 판례**

▸ **언론기관 설립의 자유에 대한 판례**

▹ **정기간행물의 발행 등록제는 표현내용 자체에 대한 사전검열 및 허가제가 아니고 과잉금지의 원칙에 위반되지 아니하여 합헌이라고 본 판례**

[憲 1997. 8. 21.-93헌바51](정기간행물의등록등에관한법률 제7조 제1항 등 위헌소원)

「나. 정간법 제7조 제1항 제1호 내지 제8호에 관한 판단 ……

(2) 헌법 제21조 제2항(사전허가금지) 위반 여부

청구인들은 정간법 제7조 제1항 제1호 내지 제8호(이하 '이 사건 등록규정'이라 한다)가 정기간행물을 발행하기 전에 일정한 사항을 등록한 뒤에 비로소 정기간행물을 발행할 수 있도록 규정함으로써 헌법 제21조 제2항이 정하는 사전검열에 해당한다고 주장한다.

생각건대 헌법 제21조 제2항에서 정하는 허가나 검열은 행정권이 주체가 되어 사상이나 의견 등이 발표되기 이전에 예방적 조치로서 그 내용을 심사·선별하여 발표를 사전에 억제하는 즉, 허가받지 아니한 것의 발표를 금지하는 제도를 뜻하는 바 사전허가금지의 보장은 어디까지나 언론·출판자유의 내재적 본질인 표현의 내용을 보장하는 것을 말한다.

이 사건 등록규정이 정한 등록사항을 살펴보면 그 사항이 정기간행물의 제호, 종별 및 간별, 발행인, 편집인 및 인쇄인의 본적·주소·성명·생년월일(발행인 또는 인쇄인이 법인이나 단체인 경우에는 그 명칭, 주사무소의 소재지와 그 대표자의 본적·주소·성명·생년월일), 발행소의 소재지, 판형, 사용어, 발행목적과 발행내용, 보급방법과 주된 보급대상 및 지역 등 정기간행물의 외형적이고 객관적인 사항에 한정되어 있음을 알 수 있는바, 이 사건 등록규정이 정기간행물의 내용을 심사·선별하여 정기간행물을 사전에 통제하기 위한 규정이 아님은 명백하다고 할 것이다. 그렇다면 이 사건 등록규정이 허가나 검열에 해당되어 헌법 제21조 제2항에 위반된다는 주장은 이유없다. ……

(3) 헌법 제37조 제2항의 과잉금지의 원칙 위반 여부

이 사건 등록규정이 허가나 검열에는 해당되지 않는다고 하더라도, 정기간행물의 발행이라는 표현을 제한하는 효과를 가지고 있음은 부인할 수 없으므로, 이 사건 등록규정이 헌법에 합치하기 위하여서는 헌법 제37조 제2항의 과잉금지원칙을 준수하여야 함은 물론이다(헌법재판소 1992. 6. 26. 선고, 90헌가23 결정 참조). …… 이 사건 등록규정은 입법목적의 달성을 위하여 필요최소한 범위에서 언론·출판의 자유를 제한하는 것으로서 헌법 제37조 제2항의 과잉금지원칙에 위반된다고 볼 수 없다.」

※ 위 사건에서, 재판관 2인(재판관 이재화, 재판관 조승형)은 정기간행물의 발행 등록제에 대하여는 다수의견과 의견을 같이 하나, 정기간행물의등록등에관한법률 제22조 제3호가 정하는 처벌규정은 행정질서벌을 부과하는 방법으로 충분히 입법목적을 달성할 수 있음에도 불구하고, 사회적 비난이 포함되어 있는 행정형벌인 징역형이나 벌금형을 부과하여 과다하게 국민의 기본권을 제한하고 있다고 인정되므로 결국 헌법 제37조 제2항의 과잉금지원칙에 위반되어 위헌이라는 취지의 반대의견(위헌)을 내었음

▷ 정기간행물 발행의 등록을 위한 시설기준에 관하여 인쇄시설 등을 자기 소유이어야 하는 것으로 해석하는 한 허가제의 수단으로 남용될 소지가 있고 과잉금지의 원칙이나 비례의 원칙에 반하여 위헌이라고 본 판례

[憲 1992. 6. 26.-90헌가23](정기간행물의등록등에관한법률 제7조 제1항의 위헌심판)

「다. 법 제7조 제1항의 합헌성

이 사건 법률 제7조 제1항 제9호 소정의 해당시설을 공보처장관에게 등록하게 한 것이 헌법상 보장된 언론·출판의 자유의 본질적 내용을 침해하는 데까지 이르는 것인지의 여부를 구체적으로 살펴본다. ……

헌법 제21조 제3항이 "신문의 기능을 보장하기 위하여 필요한 사항은 법률로 정한다"라고 규정하고 있듯이 우리 헌법은 정기간행물을 발행하는 언론·출판매체의 육성과 그 기능을 보

장 · 유지 · 발전하도록 하기 위하여 필요한 범위 내에서 일정한 물적 시설을 갖추어야 한다는 법률적 규제를 할 수 있도록 입법권한을 국민의 대의기관인 국회에 유보한 것이므로 그에 따라 제정한 본건의 심판대상인 이 사건 법률 제7조 제1항의 등록제도를 가지고 입법부가 현저히 입법재량을 남용하여 과잉입법금지의 원칙에 위배되는 법률제정을 하였거나 기타 자의적인 입법권의 행사를 한 위헌적인 법률이라고 단정할 수 없다.

라. 법 제7조 제1항 제9호 소정의 해당시설

문제는 이 사건 법률 제7조 제1항 제9호 소정의 해당시설에 대한 등록의 요건을 지나치게 엄격히 규정하여 사실상 언론 · 출판매체의 자유로운 등록을 임의로 할 수 없도록 제한하여 실질적으로 표현의 자유를 직접 또는 간접적으로 침해할 염려가 있으며 사실상 헌법에서 금지된 언론 · 출판의 허가제에 유사한 제한을 하는 경우에 해당되는 것인가의 여부에 있는 것이므로 이를 살펴보기로 한다.……

이러한 사항과 시설기준을 가지고 헌법에 위반된다고 단정할 수 없는 것이며, 성질상 부수인쇄시설의 시설기준에 대한 합리성과 타당성의 판단은 전문적이고 기술적인 문제의 영역에 속하는 것이어서 이를 가지고 규범의 합헌성을 다루는 것은 합당하지 아니하다고 할 것이다.

마. 자기소유시설 한정해석의 필요성

제청법원의 위헌심판제청의 이유로서, 이 사건 법률과 그 시행령에서 그 등록요건으로 "그 시설의 소유를 증명하는 서류를 갖추어 첨부"하도록 요구하는 것은 신문발행의 시설기준을 너무 엄격하게 제한한 것으로서 언론 · 출판의 자유에 대하여 헌법상 금지된 허가제와 유사한 제한을 가할 염려가 있어서 언론 · 출판자유의 본질적 내용을 침해하는 것으로 볼 수 있다는 심판청구에 대하여 살펴본다. ……

그렇다면 본법 제7조 제1항 제9호 소정의 제6조 제3항 제1호 및 제2호의 규정에 의한 해당시설을 자기소유이어야 하는 것으로 해석하여 필요이상의 등록사항을 요구하는 한 형사처벌의 구성요건에 해당하는 사항을 임의로 해석하는 것으로 헌법 제12조의 죄형법정주의의 원리에 반하고, 헌법 제21조 제3항에서 규정한 신문의 기능을 보장하기 위하여 필요한 사항을 과잉해석한 위헌적인 법령이라고 아니할 수 없어 이 사건 법률의 해당시설을 자기소유이어야 하는 것으로 해석하는 한 헌법상 금지되고 있는 과잉금지의 원칙이나 비례의 원칙에 반하는 법률이라 아니할 수 없다.」

⇔ 재판관 1인(재판관 변정수)의 반대의견

「가. 정기간행물의등록등에관한법률(이하 법이라고 약칭) 제7조 제1항은 다음과 같은 이유로 헌법에 위반된다.

첫째, …… 결국 등록증은 허가증과 비슷한 기능을 발휘하기 쉬울 것이다. 이상과 같이 법 제7조 제1항은 정기간행물의 등록이라는 이름 아래 정기간행물의 허가제를 규정하고 있는 것이나 다름 없어 이는 언론 · 출판의 자유를 침해하는 위헌법률이라고 아니할 수 없다.……

둘째, …… 법 제6조 제3항이 신문의 기능을 보장한다는 이름 아래 일간신문 · 일반주간신문을 발행하고자 하는 자에 대하여 윤전기 등 인쇄시설의 등록을 요구하는 것은 …… 결국 재력이 없는 절대 다수 국민의 언론 · 출판의 자유를 제한하여 언론기관 난립방지목적을 이루자는 것이어서 그 방법이 정당하지 못하고 출판의 자유 보장에 있어 재력이 있는 자와 재력이 없는 자를 차별한 것이 되어 헌법 제11조 제1항의 평등원칙에 위배된다.」

▷ 방송사업에 대하여 허가제를 두는 것은 헌법상 허용된다는 취지의 판례

[憲 2001. 5. 31.-2000헌바43](구유선방송관리법 제22조 제2항 제6호 중 제15조 제1항 제1호 부분 위헌소원 등)

「나. 방송의 자유, 직업수행의 자유 침해 여부 등

(1) 방송사업의 허가제

…… 종합유선방송사업허가의 요건은 기술적 · 물적 또는 인적인 것으로서 구성되어 있고 그 대체적 내용은 뒤에서 살펴보는 바와 같다. 구조적 규제의 일종인 진입규제로서의 이 허가제는 방송의 기술적 · 사회적 특수성을 반영한 것으로서 정보와 견해의 다양성과 공정성을 유지한다는 방송의 공적 기능을 보장하는 것을 주된 입법목적으로 하는 것이고, 표현내용에 대한 가치판단에 입각한 사전봉쇄를 위한 것이거나 그와 같은 실질을 가진다고는 볼 수 없으므로 위의 금지된 '허가'에는 해당되지 않는다고 할 것이다(다만, 허가의 요건이나 허가제 운영내용이 기본권제한의 일반적 한계를 지키지 않았는지 또는 평등원칙에 위배되는지 여부가 문제될 수 있으나 이는 이 사건의 쟁점이 아니므로 다루지 않는다). …… 한편 방송시설기준을 법률로 정하도록 한 헌법 제21조 제3항이 규정하는 바에 비추어 보더라도 이에 대한 진입규제로서의 사업허가제를 두는 것 자체는 허용된다고 본다.

(2) 방송의 자유, 직업의 자유 침해 여부 등 ……

결국, 심판대상조항들에 의해 청구인들과 같은 중계유선방송사업자의 방송의 자유, 직업수행의 자유가 제한되기는 하나, 그 제한은 과도하다 할 수 없으므로 헌법에 위반하여 이를 침해하였다 할 수 없다.……

그리고 이러한 규제는 "시장의 지배와 경제력의 남용을 방지하며, 경제주체간의 조화를"도모하기 위한 것으로서(헌법 제119조 제2항) 헌법상 경제질서를 위반하는 것이 아니다.」

▶ 편집 · 보도의 자유에 대한 판례

▷ 정기간행물의 공보처장관에의 납본제도는 언론 · 출판에 대한 사전검열이 아니어서 언론 · 출판의 자유를 침해하는 것이 아니라고 본 판례

[憲 1992. 6. 26.-90헌바26](정기간행물의등록등에관한법률 제10조 제1항 등에 대한 헌법소원)

「가. 납본제도의 언론 · 출판의 자유의 침해 여부……

(2) 납본제도가 사전검열인지의 여부

정간법 제10조 제1항은 "제7조 제1항의 규정에 의하여 등록한 자가 정기간행물을 발행하였을 때에는 대통령령이 정하는 바에 따라 그 정기간행물 2부를 즉시 공보처장관에게 납본하여야 한다"라고 규정하고 있다. 따라서 등록한 정간물은 자유로이 발행할 수 있으며 다만 발행한 후에 그 정간물 2부를 납본하도록 하고 있음에 불과하다. 즉 정간물이 외부에 공개 내지 배포되기 이전에 그 표현내용을 심사하여 그 발행금지 내지 어떤 제한이나 제재가 가해지는 것은 아니다. 결국 발행된 정간물을 공보처에 납본하는 것은 그 정간물의 내용을 심사하여 이를 공개 내지 배포하는 데 대한 허가나 금지와는 전혀 관계없는 것으로서 사전검열이라고 볼 수 없다.」

▶ 액세스(Access)권

▸ **협의의 액세스권(반론권 및 해명권)에 대한 판례**

▹ **구 정기간행물의발행등에관한법률상의 정정보도청구권제도를 그 명칭에 불구하고 피해자의 반론게재청구권으로 해석한 후 이를 합헌으로 본 판례**

[憲 1991. 9. 16.-89헌마165](정기간행물의등록등에관한법률 제16조 제3항, 제19조 제3항의 위헌 여부에 관한 헌법소원 등)

「가. 정정보도청구권의 유래 및 의의와 헌법상의 근거……

(2) 의의 및 성질

이 법 제16조 및 방송법 제41조에 규정한 정정보도청구권은 정기간행물이나 방송에 공표된 사실적 주장에 의하여 피해를 받은 사람(이하 피해자라고 한다)이 발행인이나 편집인 또는 방송국의 장이나 편성책임자에 대하여 그 피해자의 사실적 진술과 이를 명백히 전달하는 데 필요한 설명을 게재 또는 방송하여 줄 것을 요구할 수 있는 권리이다.

즉, 위 법률조항은 비록 그 표제 및 법문 가운데 '정정'이라는 표현을 쓰고 있기는 하나 그 내용을 보면 명칭과는 달리 위에서 본 독일의 예에 따라 언론기관의 사실적 보도에 의한 피해자가 그 보도내용에 대한 반박의 내용을 게재해 줄 것을 청구할 수 있는 권리인 이른바 '반론권'을 입법화한 것이다. 따라서 여기서 말하는 정정보도청구는 그 보도내용의 진실 여부를 따지거나 허위보도의 정정을 청구하기 위한 것이 아니다. ……

현행 정정보도청구권제도는 그 명칭에 불구하고 피해자의 반론게재청구권으로 해석되고 이는 언론의 자유와는 비록 서로 충돌되는 면이 없지 아니하나 전체적으로는 상충되는 기본권 사이에 합리적인 조화를 이루고 있는 것으로 판단된다. 따라서 이 사건 심판대상인 정기간행물의등록등에관한법률 제16조 제3항, 제19조 제3항은 결코 평등의 원칙에 반하지 아니하고, 언론의 자유의 본질적 내용을 침해하거나 언론기관의 재판청구권을 부당히 침해하는 것으로도 볼 수 없어 헌법에 위반되지 아니하므로 주문과 같이 결정한다.」

⇔ 재판관 2인(재판관 한병채, 재판관 이시윤)의 반대의견

「다수의견은 정기간행물의등록등에관한법률 제16조 이하의 정정보도청구권이 반론권임이 명백하다는 전제하에서 합헌이라고 이론구성을 하고 있다. 그러나 이와 같은 해석이 우리 법의 구조상 당연히 나오게 되어 있지 않으며 쉽게 논증되기가 어렵다. ……

정정보도청구절차는 보도내용의 잘못을 가리기 이전에 보도기사관련자 자신의 반론게재청구절차임을 분명히 한 독일법과는 거리가 있으며 문리상으로나 논리상으로 오히려 오보로 인한 명예훼손의 피해자의 구제를 위하여 보도내용의 진실 여부를 따져 이를 정정하기 위한 절차인 것으로 보아 무방하게 되어 있다. 그러므로 정정보도청구권이 입법연혁상 독일법의 반론권과 연계되어 있는 것이고 판례에서도 반론권인 것으로 판시되고 있다 하더라도 제도본지대로 실무상 반론권으로 운영되기는 어려울 것으로 생각되며, 돌이켜 1987년 이 법이 제정된 후 4년이 지난 지금에도 언론중재위원회와 상의할 것을 당부하는 홍보를 내는 실정이다.……

그렇다면 정정보도청구의 경우에도 민법 제764조에 의한 청구의 경우와 마찬가지로 통상의 소송사건처럼 정식 재판절차에 의하는 것이 옳지 통상의 소송사건과 달리 약식절차에 의하게 함으로써 정기간행물의 발행인이나 편집인으로 하여금 명예권침해여부에 대한 충분한 방어의 기회를 보장하지 않고 상소의 경우 집행정지규정의 배제 등 절차상 불이익을 받게 할 일이 아니다. 그렇게 하는 것은 정기간행물의 발행주체에 대한 법적 처별이며 법원앞에서의 평등(헌법 제11조, 국제인권규약 B규약 제14조 제1항)에 위반된다. 나아가 현행법의 정정보도청구제도를 그대로 존치시키는 한 정식 재판절차에서 보장되는 헌법 제109조의 대석적 공개재판을 받을 권리, 헌법 제27조 제1항의 판결절차에 의하여 공정한 재판을 받을 권리 등 절차적 기본권의 침해가 불가피해질 것이라 본다.

생각건대 법 제19조 제3항이 위헌임을 면하려면 기사관련 당사자의 반박문게재청구인 것으로 순화되고 뚜렷해지도록 현행법의 표현부터 재정비되어야 할 것이고 언론기관에 의한 피해자의 명예회복처분이 정정보도청구인 것으로의 오해소지가 불식되도록 법이 새로 고쳐지고 다듬어져야 한다. 그렇게 할 때에는 반박문게재의 재판절차가 비록 가처분절차에 의하여 심리된다 하여도 헌법상의 절차적 기본권의 침해의 위헌소지는 깨끗이 청산될 수 있을 것이라 보며 이에 우리는 위헌요소제거를 위한 새 입법을 촉구하는 바이다.」

□ 제한과 그 한계

▶ 제 한

▸ 명예훼손에 대한 판례

▹ 명예의 의미에 대한 판례

[大 2000. 7. 28.-99다6203](손해배상 등)

「민법상 불법행위가 되는 명예훼손이란 사람의 품성, 덕행, 명성, 신용 등 인격적 가치에 대하여 사회로부터 받는 객관적인 평가를 침해하는 행위를 말하고, 그와 같은 객관적인 평가를 침해하는 것인 이상, 의견 또는 논평을 표명하는 표현행위에 의하여도 성립할 수 있다(대법원 1988. 6. 14. 선고 87다카1450 판결, 1997. 10. 28. 선고 96다38032 판결, 1999. 2. 9. 선고 98다31356 판결 등 참조). 다만 단순한 의견 개진만으로는 상대방의 사회적 평가가 저해된다고 할 수 없으므로, 의견 또는 논평의 표명이 사실의 적시를 전제로 하지 않은 순수한 의견 또는 논평일 경우에는 명예훼손으로 인한 손해배상책임은 성립되지 아니하나, 한편 여기에서 말하는 사실의 적시란 반드시 사실을 직접적으로 표현한 경우에 한정할 것은 아니고, 간접적이고 우회적인 표현에 의하더라도 그 표현의 전 취지에 비추어 그와 같은 사실의 존재를 암시하고, 또 이로써 특정인의 사회적 가치 내지 평가가 침해될 가능성이 있을 정도의 구체성이 있으면 족하다(대법원 1991. 5. 14. 선고 91도420 판결 참조).」

▹ 명예훼손의 의미에 대한 판례

[大 1997. 10. 28.-96다38032](손해배상(기))

「원심은 명예훼손이란 명예주체에 대한 사회적 평가를 저하시키는 일체의 행위를 의미하고, 신문이나 잡지 등 언론매체가 특정인에 관한 기사를 게재한 경우 그 기사가 특정인의 명예를 훼손하는 내용인지의 여부는 기사의 객관적인 내용과 아울러 일반 독자가 기사를 접하는 통상의 방법을 전제로 기사의 전체적인 흐름, 사용된 어휘의 통상적인 의미, 문구의 연결 방법 등을 종합적으로 고려하여 그 기사가 독자에게 주는 전체적인 인상도 그 판단 기준으로 삼아야 할 것인데 이 사건 '크리스천 한국'의 기사 내용과 그 전후의 기사 내용을 종합하여 살펴보면, 예수교대한하나님의성회 교단과 기독교대한하나님의성회 교단의 통합을 지지하는 입장을 가진 위 '크리스천 한국' 지의 취재기자인 피고 이○리나와 발행인인 피고 이○영은 피고 김○수를 취재원으로 하여 원고가 발행하는 목양신문이 판시와 같은 내용의 질의서를 게재하였다는 내용의 기사를 보도·공표함으로써, 원고의 사회적 평가가 저하되어 명예가 훼손되었다고 할 것이므로, 피고 김○수의 기사 내용 제보, 피고 이○리나의 취재 및 편집과 피고 이○영의 발행 및 배포행위는 원고에 대하여 공동불법행위가 성립된다고 판단하였는바, 기록에 의하여 살펴보면 원심의 이러한 판단은 옳고 거기에 소론과 같은 법리오해의 위법이 있다고 할 수 없다.」

◎ **같은 취지 : 大 1999. 10. 8.-98다40077**

▹ **명예훼손의 위법성 조각에 대한 판례**

[大 1988. 10. 11.-85다카29](위자료 등)

「우리가 민주정치를 유지함에 있어서 필수불가결한 언론, 출판 등 표현의 자유는 가끔 개인의 명예나 사생활의 자유와 비밀 등 인격권의 영역을 침해할 경우가 있는데 표현의 자유못지 않게 이러한 사적 법익도 보호되어야 할 것이므로 인격권으로서의 개인의 명예의 보호(헌법 제9조 후단)와 표현의 자유의 보장(헌법 제20조 제1항)이라는 두 법익이 충돌하였을 때 그 조정을 어떻게 할 것인지는 구체적인 경우에 사회적인 여러가지 이익을 비교하여 표현의 자유로 얻어지는 이익, 가치와 인격권의 보호에 의하여 달성되는 가치를 형량하여 그 규제의 폭과 방법을 정해야 할 것이다.

위와 같은 취지에서 볼 때 형사상이나 민사상으로 타인의 명예를 훼손하는 행위를 한 경우에도 그것이 공공의 이해에 관한 사항으로서 그 목적이 오로지 공공의 이익을 위한 것일 때에는 진실한 사실이라는 증명이 있으면 위 행위에 위법성이 없으며 또한 그 증명이 없더라도 행위자가 그것을 진실이라고 믿을 상당한 이유가 있는 경우에는 위법성이 없다고 보아야 할 것이다.

이렇게 함으로써 인격권으로서의 명예의 보호와 표현의 자유의 보장과의 조화를 꾀할 수 있다 할 것이다.」

◎ **같은 취지 : 大 1998. 5. 8.-97다34563; 1999. 4. 27.-98다16203**

▸ **사생활의 비밀과 자유의 침해에 대한 판례**

▹ **언론이 사생활의 비밀과 자유를 침해하였을 때에는 불법행위로서 손해배상책임을 물을 수 있다는 취지의 판례**

[大 1998. 9. 4.-96다11327](손해배상(기))

「공공성과 공익성에 관한 주장에 대하여 헌법 제10조는 "모든 국민은 인간으로서의 존엄과 가치를 가지며, 행복을 추구할 권리를 가진다", 같은 법 제17조는 "모든 국민은 사생활의 비밀과 자유를 침해받지 아니한다", 같은 법 제21조 제4항은 "언론·출판은 타인의 명예나 권리 또는 공중도덕이나 사회윤리를 침해하여서는 아니 된다. 언론·출판이 타인의 명예나 권리를 침해한 때에는 피해자는 이에 대한 피해의 배상을 청구할 수 있다"라고 각 규정하고 있고, 형법 제316조, 제317조에는 개인의 사생활의 비밀과 평온을 보호하기 위하여 일정한 개인의 비밀을 침해하거나 누설하는 행위를 처벌하는 규정을 두고 있는바, 이러한 여러 규정을 종합하여 보면, 사람은 자신의 사생활의 비밀에 관한 사항을 함부로 타인에게 공개당하지 아니할 법적 이익을 가진다고 할 것이므로, 개인의 사생활의 비밀에 관한 사항은, 그것이 공공의 이해와 관련되어 공중의 정당한 관심의 대상이 되는 사항이 아닌 한, 비밀로서 보호되어야 하고, 이를 부당하게 공개하는 것은 불법행위를 구성한다 할 것이다.」

▷ 명예회복에 적당한 처분에 「사죄광고」를 포함시키는 것은 헌법에 위반된다는 취지의 판례
[憲 1991. 4. 1.-89헌마160](민법 제764조의 위헌 여부에 관한 헌법소원)
※ 〈제5편 - 제1장 - 1. - □ 주체〉 판례 인용부분 참조

▸ 공중도덕이나 사회윤리의 침해에 대한 판례
▷ 엄격한 의미의 음란표현은 언론 · 출판의 자유에 의해서 보호되지 않는다는 취지의 판례
[憲 1998. 4. 30.-95헌가16](출판사및인쇄소의등록에관한법률 제5조의2 제5호 등 위헌제청)
「모든 표현이 시민사회의 자기교정기능에 의해서 해소될 수 있는 것은 아니다. 일정한 표현은 일단 표출되면 그 해악이 대립되는 사상의 자유경쟁에 의한다 하더라도 아예 처음부터 해소될 수 없는 성질의 것이거나 또는 다른 사상이나 표현을 기다려 해소되기에는 너무나 심대한 해악을 지닌 것이 있다. 바로 이러한 표현에 대하여는 국가의 개입이 1차적인 것으로 용인되고, 헌법상 언론 · 출판의 자유에 의하여 보호되지 않는데, 위에서 본 헌법 제21조 제4항이 바로 이러한 표현의 자유에 있어서의 한계를 설정한 것이라고 할 것이다.

이 사건 법률조항이 규율하는 음란 또는 저속한 표현 중 '음란'이란 인간존엄 내지 인간성을 왜곡하는 노골적이고 적나라한 성표현으로서 오로지 성적 흥미에만 호소할 뿐 전체적으로 보아 하등의 문학적, 예술적, 과학적 또는 정치적 가치를 지니지 않은 것으로서, 사회의 건전한 성도덕을 크게 해칠 뿐만 아니라 사상의 경쟁메커니즘에 의해서도 그 해악이 해소되기 어렵다고 하지 않을 수 없다. 따라서 이러한 엄격한 의미의 음란표현은 언론 · 출판의 자유에 의해서 보호되지 않는다고 할 것이다.」

▷ 형법상 「문서의 음란성」의 판단 기준에 대한 판례
[大 1995. 6. 16.-94도2413](음란한문서제조, 음란한문서판매)
「형법 제243조의 음화등의반포등죄 및 같은 법 제244조의 음화등의제조등죄에 규정한 음란한 문서라 함은 일반 보통인의 성욕을 자극하여 성적 흥분을 유발하고 정상적인 성적 수치심을 해하여 성적 도의관념에 반하는 것을 가리킨다고 할 것이고, 문서의 음란성의 판단에 있어서는 당해 문서의 성에 관한 노골적이고 상세한 묘사 · 서술의 정도와 그 수법, 묘사 · 서술이 문서전체에서 차지하는 비중, 문서에 표현된 사상 등과 묘사 · 서술과의 관련성, 문서의 구성이나 전개 또는 예술성 · 사상성 등에 의한 성적 자극의 완화의 정도, 이들의 관점으로부터 당해 문서를 전체로서 보았을 때 주로 독자의 호색적 흥미를 돋구는 것으로 인정되느냐의 여부 등의 여러 점을 검토하는 것이 필요하고, 이들의 사정을 종합하여 그 시대의 건전한 사회통념에 비추어 그것이 공연히 성욕을 흥분 또는 자극시키고 또한 보통인의 정상적인 성적 수치심을 해하고, 선량한 성적 도의관념에 반하는 것이라고 할 수 있는가의 여부에 따라 결정되어야 할 것이다(당원 1970. 10. 3. 선고 70도1879 판결; 1975. 12. 9. 선고 74도976 판결; 1995. 2. 10. 선고 94도2266 판결 참조).」

▶ **제한의 한계**
▸ 허가 · 검열의 금지에 대한 판례
▷ 헌법이 금지하는 검열의 요건을 밝힌 판례
[憲 1996. 10. 4.-93헌가13](영화법 제12조 등에 대한 위헌제청 등)
「가. 헌법 제21조 제2항의 검열금지의 원칙

(1) …… 헌법 제21조 제1항과 제2항은 모든 국민은 언론 · 출판의 자유를 가지며, 언론 · 출판에 대한 허가나 검열은 인정되지 아니한다고 규정하고 있다. 여기서의 검열은 행정권이 주체가 되어 사상이나 의견 등이 발표되기 이전에 예방적 조치로서 그 내용을 심사, 선별하여 발표를 사전에 억제하는, 즉 허가받지 아니한 것의 발표를 금지하는 제도를 뜻한다. 이러한 검열제가 허용될 경우에는 국민의 예술활동의 독창성과 창의성을 침해하여 정신생활에 미치는 위험이 클 뿐만 아니라 행정기관이 집권자에게 불리한 내용의 표현을 사전에 억제함으로써 이른바 관제의견이나 지배자에게 무해한 여론만이 허용되는 결과를 초래할 염려가 있기 때문에 헌법이 직접 그 금지를 규정하고 있는 것이다.

그러므로 헌법 제21조 제2항이 언론 · 출판에 대한 검열금지를 규정한 것은 비록 헌법 제37조 제2항이 국민의 자유와 권리를 국가안전보장 · 질서유지 또는 공공복리를 위하여 필요한 경우에 한하여 법률로써 제한할 수 있도록 규정하고 있다고 할지라도 언론 · 출판의 자유에 대하여는 검열을 수단으로 한 제한만은 법률로써도 허용되지 아니 한다는 것을 밝힌 것이다. 물론 여기서 말하는 검열은 그 명칭이나 형식에 구애됨이 없이 실질적으로 위에서 밝힌 검열의 개념에 해당되는 모든 것을 그 대상으로 하는 것이다.

그러나 검열금지의 원칙은 모든 형태의 사전적인 규제를 금지하는 것이 아니고, 단지 의사표현의 발표 여부가 오로지 행정권의 허가에 달려있는 사전심사만을 금지하는 것을 뜻한다. 그러므로 검열은 일반적으로 허가를 받기 위한 표현물의 제출의무, 행정권이 주체가 된 사전심사절차, 허가를 받지 아니한 의사표현의 금지 및 심사절차를 관철할 수 있는 강제수단 등의 요건을 갖춘 경우에만 이에 해당하는 것이다.

(2) 한편, 표현의 자유에 대한 검열을 수단으로 한 제한은 위에서 본 바와 같이 법률로써도 허용될 수 없는 것이기 때문에 검열의 의미는 다음과 같이 제한적으로 해석하여야 함이 마땅하다.

① 먼저 헌법 제21조 제2항이 금지하는 검열은 사전검열만을 의미하므로 개인이 정보와 사상을 발표하기 이전에 국가기관이 미리 그 내용을 심사 · 선별하여 일정한 범위 내에서 발표를 저지하는 것만을 의미하고(헌법재판소 1992. 11. 12. 선고, 89헌마88 결정 참조), 헌법상 보호되지 않는 의사표현에 대하여 공개한 뒤에 국가기관이 간섭하는 것을 금지하는 것은 아니다(헌법재판소 1992. 6. 26. 선고, 90헌바26 결정). 그러므로 사후심사나 앞에서 밝힌 검열의 성격을 띠지 아니한 그 외의 사전심사는 검열에 해당하지 아니한다. 다만, 이러한 검열의 성격을 띠지 아니한 심사절차의 허용 여부는 표현의 자유와 이와 충돌되는 다른 법익 사이의 조화의 문제이므로 헌법상의 기본권제한의 일반적 원칙인 헌법 제37조 제2항에 의하여 상충하는 다른 법익과의 교량과정을 통하여 결정된다 할 것이다.

② 검열금지의 원칙은 정신작품의 발표 이후에 비로소 취해지는 사후적인 사법적 규제를 금지하는 것이 아니므로 사법절차에 의한 영화상영의 금지조치(예컨대 명예훼손이나 저작권침해를 이유로 한 가처분 등)나 그 효과에 있어서는 실질적으로 동일한 형벌규정(음란, 명예훼손 등)의 위반으로 인한 압수는 헌법상의 검열금지의 원칙에 위반되지 아니한다.

③ 검열금지의 원칙은 바로 영화에 대한 사전심사를 모두 금지하는 것도 아니다. …… 예컨대, 영화의 상영으로 인한 실정법위반의 가능성을 사전에 막고, 청소년 등에 대한 상영이 부적절할 경우 이를 유통단계에서 효과적으로 관리할 수 있도록 미리 등급을 심사하는 것은 사전검열이 아니다. 설사 등급심사를 받지 아니한 영화의 상영을 금지하고 이에 위반할 때에 행정적 제재를 가하는 경우(예컨대 새 영화진흥법 시안 제11조의 등급심의)에도 검열에는 해당하지

아니한다. 여기서의 상영금지는 심의의 결과가 아니고 단지 일괄적인 등급심사를 관철하기 위한 조치에 지나지 아니하기 때문이다.

나. 법 제12조 제1항, 제2항 및 제13조 제1항의 위헌성

(1) 법은, 영화는 상영 전에 공륜의 사전심의를 받아야 할 의무를 부과하고(제12조 제1항), 사전심의를 거치지 않은 모든 영화의 상영을 금지하고(제12조 제2항), 사전심의를 받지 아니하고 영화를 상영한 자는 2년 이하의 징역 또는 500만원 이하의 벌금에 처하도록(제32조 제5호) 규정하고 있다. 한편 법 제13조 제1항은 영화에 대한 심의기준을 정하고, 심의기관인 공륜이 그 기준에 적합하지 않은 영화에 대하여는 심의필 결정을 할 수 없으나, 해당 부분을 삭제하여도 상영에 지장이 없다고 인정되는 경우에는 그 부분을 삭제하고 심의필을 결정할 수 있도록 규정하고 있다.

그렇다면 법이 규정하고 있는 영화에 대한 심의제의 내용은 심의기관인 공륜이 영화의 상영에 앞서 그 내용을 심사하여 심의기준에 적합하지 아니한 영화에 대하여는 상영을 금지할 수 있고, 심의를 받지 아니하고 영화를 상영할 경우에는 형사처벌까지 가능하도록 한 것이 그 핵심이므로 이는 명백히 앞서 "가의 (1)"에서 밝힌 헌법 제21조 제2항이 금지한 사전검열제도를 채택하고 있다고 볼 수밖에 없다.

(2) 헌법상의 검열금지의 원칙은 검열이 행정권에 의하여 행하여지는 경우에 한하여 영화의 심의기관인 공륜이 이에 해당한지에 대하여 의문이 있을 수 있다. ……

그렇다면 공륜이 민간인으로 구성된 자율적인 기관이라고 할지라도 법에서 영화에 대한 사전허가제도를 채택하고, 공연법에 의하여 공륜을 설치토록 하여 행정권이 공륜의 구성에 지속적인 영향을 미칠 수 있게 하였으므로 공륜은 검열기관으로 볼 수밖에 없다.」

▷ 허가나 검열은 언론의 내용에 대한 사전적 제한이라는 점에서 본질상 같은 것이므로 그 요건과 성질에서 차이가 없다는 취지의 판례

[憲 2001. 5. 31.-2000헌바43](구유선방송관리법 제22조 제2항 제6호 중 제15조 제1항 제1호 부분 위헌소원 등)

「헌법 제21조 제2항은 "언론·출판에 대한 허가나 검열과 집회·결사에 대한 허가는 인정되지 아니한다"고 규정하고 있다.

이 재판소는 위 제21조 제2항의 검열금지원칙이 적용되는 '검열'에 관하여 '행정권이 주체가 되어 사상이나 의견 등이 발표되기 이전에 예방적 조치로서 그 내용을 심사, 선별하여 발표를 사전에 억제하는, 즉 허가 받지 아니한 것의 발표를 금지하는 제도'라고 의미 규명한 바 있는데(헌재 1996. 10. 4. 93헌가13등, 판례집 8-2, 212, 222 ; 헌재 1996. 10. 31. 94헌가6, 판례집 8-2, 395, 402 각 참조), 언론의 내용에 대한 허용될 수 없는 사전적 제한이라는 점에서 위 조항 전단의 '허가'와 '검열'은 본질적으로 같은 것이라고 할 것이며 위와 같은 요건에 해당되는 허가·검열은 헌법적으로 허용될 수 없다.」

※ 방송사업에 대한 허가제가 헌법에 위반되지 아니한다는 부분에 대하여는 위 판례 인용부분 참조

▷ 구영화법상 심의기관인 공연윤리위원회의 영화에 대한 사전심의제도를 검열에 해당한다고 본 판례

[憲 1996. 10. 4.-93헌가13](영화법 제12조 등에 대한 위헌제청 등)

※ 위 판례 인용부분 참조

▷ 영상물등급위원회의 영화에 대한 영화등급심사제를 사전검열에 해당한다고 본 판례
[憲 2001. 8. 30.-2000헌가9](영화진흥법 제21조 제4항 위헌제청)

「(1) 영화와 언론 · 출판의 자유

이 사건 법률조항이 규정하고 있는 등급분류보류제도가 영화에 대한 규제수단으로서 기능한다고 할 때, 과연 영화의 법적 성격을 어떻게 파악해야 하는가가 이 사건의 해결에 있어서 중요한 의미를 가진다.

…… 영화도 의사형성적 작용을 하는 한 의사의 표현 · 전파의 형식의 하나로 인정되며, 결국 언론 · 출판의 자유에 의해서 보호되는 의사표현의 매개체라는 점은 의문의 여지가 없다.

(2) 검열금지원칙 위반 여부

(가) 헌법 제21조 제2항의 검열의 의미 및 요건 ……

(나) 이 사건 법률조항의 위헌성

그러면, 이 사건 법률조항이 규정하고 있는 영상물등급위원회에 의한 등급분류보류제도가 과연 허가를 받기 위한 표현물의 제출의무, 행정권이 주체가 된 사전심사절차, 허가를 받지 아니한 의사표현의 금지 및 심사절차를 관철할 수 있는 강제수단 등의 요건을 모두 충족시키는 검열에 해당하는지 여부를 살핀다.

1) 허가를 받기 위한 표현물의 제출의무

…… 이 사건 법률조항에 의해 인정되는 등급분류보류결정은 등급분류의 일환으로서 행해지기 때문에, 등급분류보류제도는 '허가를 받기 위한 표현물의 제출의무'라는 요건을 충족시킨다.

2) 행정권이 주체가 된 사전심사절차

…… 영화에 대한 심의 및 상영등급분류업무를 담당하고 등급분류보류결정권한을 갖고 있는 영상물등급위원회의 경우에도, 비록 이전의 공연윤리위원회나 한국공연예술진흥협의회와는 달리 문화관광부장관에 대한 보고 내지 통보의무는 없다고 하더라도, 여전히 영상물등급위원회의 위원을 대통령이 위촉하고(공연법 제18조 제1항), 영상물등급위원회의 구성방법 및 절차에 관하여 필요한 사항은 대통령령으로 정하도록 하고 있으며(공연법 제18조 제2항, 공연법 시행령 제22조), 국가예산의 범위 안에서 영상물등급위원회의 운영에 필요한 경비의 보조를 받을 수 있도록 하고 있는 점(공연법 제30조) 등에 비추어 볼 때, 행정권이 심의기관의 구성에 지속적인 영향을 미칠 수 있고 행정권이 주체가 되어 검열절차를 형성하고 있다고 보지 않을 수 없다. ……

따라서 이러한 영상물등급위원회에 의한 등급분류보류제도는 '행정권이 주체가 된 사전심사절차'라는 요건도 충족시킨다.

3) 허가를 받지 아니한 의사표현의 금지 및 심사절차를 관철할 수 있는 강제수단

영화진흥법에 의하면, 영화가 상영되기 위해서는 그 상영 이전에 영상물등급위원회로부터 등급을 분류받아야 하고(영화진흥법 제21조 제1항), 상영등급을 분류받지 아니한 영화는 상영이 금지되며(영화진흥법 제21조 제2항), 만약 상영등급의 분류를 받지 않은 채 영화를 상영할 경우 과태료가 부과되고(영화진흥법 제41조 제1항 제2호), 상영등급을 분류받지 아니한 영화가 상영되는 경우에는 문화관광부장관이 그 상영금지 혹은 정지명령을 발할 수 있으며(영화진흥법 제29조 제1호), 이러한 명령을 위반한 경우에는 형벌까지 부과할 수 있게 되어 있다(영화진흥법 제40조 제3호).

…… 이는 비록 형식적으로는 '등급분류보류'에 의하더라도, 실질적으로는 영상물등급위원

회의 허가를 받지 않는 한 무한정 영화를 통한 의사표현이 금지될 수 있다는 것을 의미한다.

그리고, 우리 재판소가 사전등급제 자체는 사전검열이 아니라고 판단하였고 또한 위와 같은 강제수단들이 이러한 사전등급제를 관철하기 위한 불가피한 것들이라고 할지라도, 등급분류보류결정은 등급분류의 일환으로 행해지기 때문에, 결과적으로 등급분류보류가 결정된 영화에 대해서도 이러한 강제수단들이 적용된다.

따라서, 영상물등급위원회에 의한 등급분류보류제도는 '허가를 받지 아니한 의사표현의 금지' 및 '심사절차를 관철할 수 있는 강제수단'이라는 요건도 충족시킨다.

4. 결　론

위와 같은 이유로 이 사건 법률조항이 규정하고 있는 영상물등급위원회의 등급분류보류제도는 우리 헌법이 절대적으로 금지하고 있는 사전검열에 해당하는 것으로서 더 나아가 비례의 원칙이나 명확성의 원칙에 반하는지 여부를 살펴볼 필요도 없이 헌법에 위반된다고 할 것이므로 주문과 같이 결정한다.」

⇔ 재판관 1인(재판관 송인준)의 반대의견

「가. 헌법상 보호되지 아니하는 표현 ……

어떠한 표현이 헌법 제21조 제1항에서 보호되는 '언론·출판의 자유'에 해당되지 아니한다면, 이러한 표현은 사전에 적절한 방식으로 검증하고 여과할 필요가 있다고 보아야 할 것이다.

이 사건 법률조항은 당해 영화가 ① 헌법의 민주적 기본질서에 위배되거나 국가의 권위를 손상할 우려가 있을 때, ② 폭력·음란 등의 과도한 묘사로 미풍양속을 해치거나 사회질서를 문란하게 할 우려가 있을 때, ③ 국제적 외교관계, 민족의 문화적 주체성 등을 훼손하여 국익을 해할 우려가 있을 때에는 내용검토 등을 위하여 상영등급의 분류를 보류할 수 있도록 하고 있다. 주로 헌법상 보호되지 아니하는 표현을 대상으로 이를 여과하는 장치로서 그것도 절대적 금지나 일방적 삭제가 아닌 당사자의 자율적 재편집에 의한 등급분류 재신청을 상정한 것이다. 이로써 표현에 대한 위축효과를 최소화하면서도 영화의 상영으로 인한 실정법 위반의 가능성을 막고 국가사회의 건강성을 유지하는 기능을 수행하는 것이라고 할 수 있다.……

나. 사전검증절차의 필요성

또한, 헌법상의 검열 금지를 어떠한 예외도 허용되지 않는 절대적인 것으로 보아야 하는가에 대하여는 의문이 있다.……

다. 영상물등급위원회의 행정기관 해당 여부

나아가, 설령 다수의견과 같이 헌법상 보호되지 않는 표현이라도 행정기관에 의해 사전검열될 수 없다고 한들 위 영상물등급위원회는 '행정기관'에 해당하지 아니하므로 영상물등급위원회에 의한 등급분류보류는 검열에 해당되지 아니한다.……

결론적으로 영상물등급위원회는 과거 공연윤리위원회나 한국공연예술진흥협의회에 대하여 행정기관성을 인정하여 검열기관으로 본 헌법재판소의 결정취지에 따라 행정기관적 색채를 불식하고 출범한 것으로서 행정권과는 독립된 민간 자율기관으로 보아야 할 것이다. 따라서, 영상물등급위원회에 의한 등급보류는 검열에 해당한다고 할 수 없다.」

⇔ 재판관 1인(재판관 주선회)의 반대의견

「공연윤리위원회와 한국공연예술진흥협의회를 검열기관으로 판정한 헌법재판소의 결정취지를 반영하여 그 구성면에서나 구체적인 영화의 심의면에서 중요한 차이를 두었으므로, 영상물등급위원회는 공연윤리위원회와 한국공연예술진흥협의회와는 달리 행정권으로부터 형식적 · 실질적으로 독립된 명실상부한 민간 자율기관으로 보아야 할 것이다. 행정권과 독립된 민간 자율기관에 의한 영화의 사전심의는 헌법이 금지하는 것이 아닐 뿐 아니라 오히려 극히 필요한 것이다.

따라서 이 사건 영상물등급위원회에 의한 영화의 등급분류보류는 헌법상 허용될 수 없는 검열에 해당된다고 볼 수 없다.」

▷ **음반및비디오물에관한법률상 심의기관인 공연윤리위원회에 의한 음반, 비디오물에 대한 사전심의제도를 검열에 해당한다고 본 판례**

[憲 1996. 10. 31.-94헌가6](음반및비디오물에관한법률 제16조 제1항 등 위헌제청)

「(1) 법 제16조는 제1항에서 음반의 제작시 공륜의 사전심의를 받을 의무를 부과하고, 제2항에서 사전심의를 받지 않은 모든 음반에 관하여 판매 등을 금지하면서, 이에 위반한 경우에는 제24조 제1항 제4호에 따라 형사처벌을 하고, 제24조 제2항에 따라 위반자가 소유 또는 점유하는 음반과 그 제작기자재 등을 몰수할 수 있도록 규정하고 있다.

결국 이 사건 법률조항은 심의기관인 공륜이 음반의 제작 판매에 앞서 그 내용을 심사하여 심의기준에 적합하지 아니한 음반에 대하여는 제작 판매를 금지하고, 심의를 받지 아니한 음반을 제작 판매할 경우에는 형사처벌까지 할 수 있도록 규정하고 있는 것으로서 명백히 헌법 제21조 제2항이 금지한 사전검열제도를 채택하고 있다고 볼 수밖에 없다.(1995. 12. 6. 법률제4351호로 개정된 음반및비디오등에관한법률 제17조 제2항에서는 음반에 관하여 필요적 사전심의제도를 폐지하고 임의로 공륜의 심의를 받을 수 있도록 규정하고 있다)

(2) 헌법상의 검열금지의 원칙은 검열이 행정권에 의하여 행하여지는 경우에 한하므로 음반의 심의기관인 공륜이 이에 해당하는지에 대하여 의문이 있을 수 있다.……

그런데 법은 음반을 제작하기 전에 공륜의 사전심의를 받아야 한다고 규정하고 있고, 공연법과 그 시행령에 의하면 공륜의 위원은 문화체육부장관에 의하여 위촉되고(공연법 제25조의3 제3항), 위원장과 부위원장의 선출은 장관의 승인을 받아야 하며(같은 법 시행령 제20조 제1항), 위원장은 심의결과를 장관에게 보고하여야 하고(같은 법 시행령 제21조), 공륜은 국가예산의 범위 안에서 공륜의 운영에 필요한 경비의 보조를 받을 수 있도록(같은 법 제25조의3 제6항) 규정하고 있다.

이와 같이 법에서 음반에 대한 사전심의제도를 채택하고, 공연법에 의하여 공륜을 설치토록 하여 행정권이 공륜의 구성에 지속적인 영향을 미칠 수 있게 하였으므로 공륜은 실질적으로 헌법 제21조 제2항에서 금지하는 검열기관으로 볼 수밖에 없다(헌법재판소 1996. 10. 4. 선고, 93헌가13, 91헌바10 결정 참조).……

(3) 따라서 법이 규정한 공륜의 심의는 헌법 제21조 제2항의 검열에 해당하므로 음반을 제작하기에 앞서 공륜의 심의를 받도록 하고, 공륜의 심의를 받지 아니한 음반의 판매를 금지하면서 이에 위반한 자를 처벌하는 내용의 이 사건 법률조항부분은 헌법 제21조 제2항에 위반된다고 할 것이다.」

◎ 같은 취지 : 憲 1997. 3. 27.-97헌가1; 1998. 12. 24.-96헌가23; 2000. 2. 24.-99헌가17

▷ 구음반및비디오물에관한법률상 한국공연예술진흥협의회에 의한 비디오물에 대한 사전심의제도가 검열에 해당한다고 본 판례

[憲 1999. 9. 16.-99헌가1](음반및비디오물에관한법률 제17조 제1항 등 위헌제청)

「(3) 따라서 이 사건의 쟁점은 공륜을 검열기관이라고 판단한 위 93헌가13등 결정에 따라 공진협도 검열기관으로 볼 수 있는가 하는 점이다. 그러므로 우선 93헌가13호 사건의 결정내용을 살펴본 후 공진협이 위 결정에서 규정한 검열기관에 해당하는지 여부를 살펴본다.

(4) 우리 재판소는 93헌가13호 사건에서 심의기관이 행정기관이 아닌 경우에도 일정한 경우에는 행정기관으로 보아야 한다고 하면서 다음과 같이 판시하였다.……

(5) 공륜과 공진협에 관한 규정을 살피면 그 구성, 심의결과의 보고 등에 있어서 약간의 차이는 있으나, 공연법에 의하여 행정권이 심의기관의 구성에 지속적인 영향을 미칠 수 있고 행정권이 주체가 되어 검열절차를 형성하고 있는 점에 있어서 큰 차이가 없다. 즉, 공진협의 위원 위촉에 있어서 대한민국예술원회장의 추천을 추가하였다고 하더라도 대한민국예술원 역시 정부의 후원에 의하여 운영되는 관변단체라는 점에서 그 이전과 큰 차이가 있다고 할 수 없고, 위원장과 부위원장의 선출에 문화체육부장관의 승인이 필요한지 여부에 따라 그 기관에 대한 행정기관의 영향에 큰 변화가 있을 수 없고, 심의결과를 장관에게 보고하는 것을 통보하는 것으로 바꾸었다고 하여 장관의 영향력이 감소된다고 할 수 없는 것이다. 오히려 공진협의 위원을 대통령이 위촉하고, 심의결과를 문화체육부장관에게 통보하여야 하며, 국가예산의 범위 안에서 공진협의 운영에 필요한 경비의 보조를 받을 수 있도록 하고 있는 구 공연법(1999. 2. 8. 법률 제5924호로 전문개정되기 이전의 것)의 규정에 의하면 공진협은 그 성격에 있어서 공륜과 대동소이하다고 할 것이므로 위 93헌가13등 사건의 결정취지에 따라 공진협도 검열기관으로 보는 것이 타당하다고 할 것이다.

(6) 그렇다면 음반법 제17조 제1항과 제25조 제2항 제3호는 헌법 제21조 제2항이 금지하고 있는 사전검열제도를 채택하는 규정으로서 헌법에 위배된다고 할 것이다.」

※ 판례 본문 중에 인용된 [93헌가13] 판례의 내용에 대해서는 위 판례 인용부분 참조

▷ 교과서 검·인정 제도는 검열과 관계없다는 취지의 판례

[憲 1992. 11. 12.-89헌마88](교육법 제157조에 관한 헌법소원)

「검열이라 함은 개인이 정보와 사상을 발표하기 이전에 국가기관이 미리 그 내용을 심사·선별하여 일정한 범위 내에서 발표를 저지하는 것을 의미하므로 자신이 연구한 결과를 얼마든지 책자로서 발표할 수 있는 이 사건 교과서 문제와는 직접 관련이 없는 것이다. 그리고 교과서에 관련된 국정 또는 검·인정제도의 법적성질은 인간의 자연적 자유의 제한에 대한 해제인 허가의 성질을 갖는다기 보다는 어떠한 책자에 대하여 교과서라는 특수한 지위를 부여하거나 인정하는 제도이기 때문에 가치창설적인 형성적 행위로서 특허의 성질을 갖는 것으로 보아야 할 것이며, 그렇게 본다면 국가가 그에 대한 재량권을 갖는 것은 당연하다고 할 것이다.……

청구인이 중학교 국어교과의 내용으로 합당하다고 연구한 것이 있다면 그 내용을 정리하여 일반 저작물로 출판할 수 있는 것은 헌법 제21조 제1항의 출판의 자유에 의해 보장되고 있고, 그 점은 현행 국어교과서 국정제도에 의해 아무런 영향을 받지 아니한다. 다만, 중학교 국어교과서의 공급을 교육부가 전담함으로 인하여 청구인이 저작·출판하게 될 저작물에 대하여 '국어교과서'라는 표제를 부착할 수 없어 그 때문에 일반시중에서 판매·보급하는 데 있어 사

실상 애로가 있다는 점을 문제삼아 이것을 다루고 있는 취지라면 그것은 청구인의 출판의 자유와는 별개의 문제라고 할 것이며, 출판의 자유에는 모든 사람이 스스로 저술한 책자가 교과서가 될 수 있도록 주장할 수 있는 권리까지 포함되어 있는 것은 아니라고 할 것이다.」

※ 학문의 자유의 침해 여부에 대해서는 〈제5편 - 제3장 - 2. - 학문의 자유 - □ 내용〉 판례 인용부분 참조

▹ **정기간행물의 공보처장관에의 납본제도는 사전검열이라고 볼 수 없다는 취지의 판례**

[憲 1992. 6. 26.-90헌바26](정기간행물의등록등에관한법률 제10조 제1항 등에 대한 헌법소원)

※ 위 판례 인용부분 참조

▹ **정기간행물 발행을 위한 등록제가 허가나 검열에 해당하지 않는다는 취지의 판례**

[憲 1997. 8. 21.-93헌바51](정기간행물의등록등에관한법률 제7조 제1항 등 위헌소원)

※ 위 판례 인용부분 참조

▹ **옥외광고물 등의 종류 · 모양 · 크기 등을 규제하는 것은 사전허가 · 검열에 해당하지 않는다는 취지의 판례**

[憲 1998. 2. 27.-96헌바2](옥외광고물등관리법 제3조 위헌소원)

「가. 광고와 언론 · 출판의 자유

우리 헌법은 제21조 제1항에서 "모든 국민은 언론 · 출판의 자유……를 가진다"라고 규정하여 현대 자유민주주의의 존립과 발전에 필수불가결한 기본권으로 언론 · 출판의 자유를 강력하게 보장하고 있는바, 광고물도 사상 · 지식 · 정보 등을 불특정다수인에게 전파하는 것으로서 언론 · 출판의 자유에 의한 보호를 받는 대상이 됨은 물론이다. ……

다. 헌법 제21조 제2항(사전허가금지) 위반 여부 ……

(2) 이 법 제3조는 일정한 지역 · 장소 및 물건에 광고물 또는 게시시설을 표시하거나 설치하는 경우에 그 광고물 등의 종류 · 모양 · 크기 · 색깔, 표시 또는 설치의 방법 및 기간 등을 규제하고 있는바, 이 법 제3조가 광고물등의 내용을 심사 · 선별하여 광고물을 사전에 통제하려는 제도가 아님은 명백하다. 따라서 이 법 제3조가 헌법 제21조 제2항이 정하는 사전허가 · 검열에 해당되지 아니한다.」

▹ **민사소송법 제714조 제2항에 의한 방영금지가처분은 사전검열에 해당하지 않는다는 취지의 판례**

[憲 2001. 8. 30.-2000헌바36](민사소송법제714조 제2항 위헌소원)

「다. 사전검열에 해당하는지 여부

의사표현의 자유는 헌법 제21조 제1항이 규정하는 언론 · 출판의 자유에 속하고, 여기서 의사표현의 매개체는 어떠한 형태이건 그 제한이 없으므로 의사표현의 한 수단인 TV 방송 역시 다른 의사표현수단과 마찬가지로 헌법에 의한 보장을 받음은 물론이다. ……

그런데, 이 사건 법률조항에 의한 방영금지가처분은 비록 제작 또는 방영되기 이전, 즉 사전에 그 내용을 심사하여 금지하는 것이기는 하나, 이는 행정권에 의한 사전심사나 금지처분이 아니라 개별 당사자간의 분쟁에 관하여 사법부가 사법절차에 의하여 심리, 결정하는 것이므로, 헌법에서 금지하는 사전검열에 해당하지 아니한다.

따라서, 이 사건 법률조항에 방영금지가처분을 포함시켜 가처분에 의한 방영금지를 허용하는 것은 헌법상 검열 금지의 원칙에 위반되지 아니한다.」

▹ 성질상 사전제한이 불가피한 경우에는 허가나 검열에 해당하지 않는 한 헌법 제37조 제2항에 의하여 가능하다는 취지의 판례

[憲 1996. 10. 4.-93헌가13](영화법 제12조 등에 대한 위헌제청 등)

※ 위 판례 인용부분 참조

▸ 한계의 원칙에 대한 판례

▹ 표현의 자유를 제한하는 경우 명확성의 원칙을 적용한 판례

[憲 1998. 4. 30.-95헌가16](출판사및인쇄소의등록에관한법률 제5조의2 제5호 등 위헌제청)

「다. 이 사건 법률조항 중 "음란한 간행물" 부분의 위헌 여부

(1) 명확성의 원칙 위반 여부

(가) 법치국가원리의 한 표현인 명확성의 원칙은 기본적으로 모든 기본권제한입법에 대하여 요구된다. 규범의 의미내용으로부터 무엇이 금지되는 행위이고 무엇이 허용되는 행위인지를 수범자가 알 수 없다면 법적 안정성과 예측가능성은 확보될 수 없게 될 것이고, 또한 법집행 당국에 의한 자의적 집행을 가능하게 할 것이기 때문이다(헌재 1990. 4. 2. 89헌가113, 판례집 2, 49 ; 1996. 8. 29. 94헌바15, 판례집 8-2, 74 ; 1996. 11. 28. 96헌가15, 판례집 8-2, 526 참조). 표현의 자유를 규제하는 입법에 있어서 이러한 명확성의 원칙은 특별히 중요한 의미를 지닌다. 민주사회에서 표현의 자유가 수행하는 역할과 기능에 비추어 볼 때, 불명확한 규범에 의한 표현의 자유의 규제는 헌법상 보호받는 표현에 대한 위축적 효과를 수반하기 때문이다. 즉, 무엇이 금지되는 표현인지가 불명확한 경우에는, 자신이 행하고자 하는 표현이 규제의 대상이 아니라는 확신이 없는 기본권주체는－형벌 등의 불이익을 감수하고서라도 자신의 의견을 전달하고자 하는 강한 신념을 가진 경우를 제외하고－대체로 규제를 받을 것을 우려해서 표현행위를 스스로 억제하게 될 가능성이 높은 것이다. 그렇기 때문에 표현의 자유를 규제하는 법률은 그 규제로 인해 보호되는 다른 표현에 대하여 위축적 효과가 미치지 않도록 규제되는 표현의 개념을 세밀하고 명확하게 규정할 것이 헌법적으로 요구된다.

그러나 모든 법규범의 문언을 순수하게 기술적 개념만으로 구성하는 것은 입법기술적으로 불가능하고 또 바람직하지도 않기 때문에 어느 정도 가치개념을 포함한 일반적, 규범적 개념을 사용하지 않을 수 없다. 따라서 명확성의 원칙이란 기본적으로 최대한이 아닌 최소한의 명확성을 요구하는 것이다. 그러므로 법문언이 해석을 통해서, 즉 법관의 보충적인 가치판단을 통해서 그 의미내용을 확인해낼 수 있고, 그러한 보충적 해석이 해석자의 개인적인 취향에 따라 좌우될 가능성이 없다면 명확성의 원칙에 반한다고 할 수 없다 할 것이다.

(나) 이 사건 법률조항은 "음란"에 대해서 개념규정을 하고 있지 않으며 출판등록법의 어디에도 별도의 개념규정이 존재하지 아니한다. …… 그렇다면 이 사건 법률조항의 "음란" 개념은 적어도 수범자와 법집행자에게 적정한 지침을 제시하고 있다고 볼 수 있고 또 법적용자의 개인적 취향에 따라 그 의미가 달라질 수 있는 가능성도 희박하다고 하지 않을 수 없다. 따라서 이 사건 법률조항의 "음란" 개념은 그것이 애매모호하여 명확성의 원칙에 반한다고 할 수 없다.……

라. 이 사건 법률조항 중 "저속한 간행물" 부분의 위헌 여부

(1) 명확성의 원칙 위반 여부

…… 그렇다면 이 사건 법률조항 중 "저속한 간행물" 부분은 불명확하고 애매모호할 뿐만 아니라 지나치게 광범위한 표현내용을 규율하는 것이어서 명확성의 원칙 및 과도한 광범성의 원칙에 반한다고 하지 않을 수 없다.」

※ 음란표현이 헌법상 표현의 자유의 보호범위 내에 포함되지 않는다는 부분에 대하여는 위 판례 인용부분 참조

▷ 표현의 자유를 제한하는 경우 과잉금지원칙을 적용한 판례

[憲 2002. 6. 27.-99헌마480](전기통신사업법 제53조 등 위헌확인)

「나. 표현의 자유의 제한법리

(1) 표현의 자유와 명확성의 원칙……

(2) 표현의 자유와 과잉금지원칙

헌법 제37조 제2항에 근거한 과잉금지원칙은 모든 기본권제한입법의 한계원리이므로 표현의 자유를 제한하는 입법도 이 원칙을 준수하여야 함은 물론이나, 표현의 자유의 경우에 과잉금지원칙은 위에서 본 명확성의 원칙과 밀접한 관련성을 지니고 있다. 불명확한 규범에 의하여 표현의 자유를 규제하게 되면 헌법상 보호받아야 할 표현까지 망라하여 필요 이상으로 과도하게 규제하게 되므로 과잉금지원칙과 조화할 수 없게 되는 것이다.」

▷ 표현의 자유를 제한함에 있어 명백한 위험이 존재하는 경우에 정당화된다는 취지를 밝힌 판례

[憲 1990. 4. 2.-89헌가113](국가보안법 제7조에 대한 위헌심판)

「가. 먼저 국가보안법 제7조 제1항에 관하여 본다.

여기에서 "반국가단체나 그 구성원 또는 그 지령을 받은 자의 활동을 찬양·고무 또는 이에 동조하거나 기타의 방법으로 반국가단체를 이롭게 한 자는 7년 이하의 징역에 처한다"고 규정하고 있다.

…… 이렇듯 제7조 제1항의 찬양·고무죄는 "구성원", "활동", "동조", "기타의 방법", "이롭게 한" 등 무려 다섯 군데의 용어가 지나치게 다의적고 그 적용범위가 광범위하다.

그러나 이와 같은 문언해석 그대로의 내용이 국가보안법 제7조 제1항의 제도 본지일 것으로는 결코 보여지지 않으며, 문언을 그대로 해석·운영한다면 다음과 같은 문제가 생긴다.

첫째로 만일 문리 그대로 해석·운영한다면 헌법상의 언론·출판, 학문·예술의 자유를 위축시킬 염려가 있다. 북한을 반국가단체로 보는 한 북한집단 자체뿐 아니라 그 구성원인 주민의 모든 분야의 활동도 찬양·고무해서는 아니되며, 북한집단이나 그 주민의 주장과 일치되는 언동을 하여서는 아니 되고 그 밖의 북한집단에 이롭게 된다는 인식하에 북한집단에 대해 일체 긍정적인 평가활동을 하여서는 안 된다. 그 언동의 동기나 의도 혹은 그 내용은 묻지 않으며, 그 내용이 국가의 존립·안전이나 자유민주적 기본질서에 명백한 위해를 줄 정도의 것이든 아니든 막론하고 금지되고 이를 어기면 형사처벌 받게 되는 형벌과잉을 초래할 염려가 있다. …… 따라서 국가보안법 제7조 제1항이 국가안전보장이나 자유민주적 기본질서의 수호에 관계없는 경우까지 확대적용될 만큼 불투명하고 구체성이 결여되어 있다는 것은 분명히 헌법 제37조 제2항을 어겨 헌법 제21조 제1항의 언론·출판의 자유와 헌법 제22조 제1항의 학문·예술의 자유를 침해할 개연성 나아가 그와 같은 자유의 전제가 되는 헌법 제19조의 양심의 자유의 침해가능성을 남기는 것이다.

둘째로 문리 그대로 적용범위가 과도하게 광범위하고 다의적인 것이 되면 법운영 당국에 의한 자의적(恣意的) 집행을 허용할 소지가 생길 것이다. ……

셋째로 제7조 제1항의 찬양 · 고무죄를 문언 그대로 해석한다면 헌법전문의 "평화적 통일의 사명에 입각하여 정의 · 인도와 동포애로써 민족의 단결을 공고히 하고"의 부분과 헌법 제4조의 평화적 통일지향의 규정에 양립하기 어려운 문제점이 생길 수도 있다. ……

이상 본 바 문제의 소재는 법문의 다의성과 그 적용범위의 광범성에 있으며 이 때문에 국가존립 · 안전을 위태롭게 하거나 자유민주적 기본질서에 해악을 줄 구체적인 위험이 없는 경우까지도 형사처벌이 확대될 위헌적 요소가 생기게 되어 있는 점이며, 이는 단순한 입법 정책의 문제를 떠난 것이다. 그러나 제7조 제1항의 그 다의성 때문에 위헌문제가 생길 수 있다고 해서 전면위헌으로 완전폐기되어야 할 규정으로는 보지 않으며 완전폐기에서 오는 법의 공백과 혼란도 문제지만, 남북간에 일찍이 전쟁이 있었고 아직도 휴전상태에서 남북이 막강한 군사력으로 대치하며 긴장상태가 계속되고 있는 마당에서는 완전폐기함에서 오는 국가적 불이익이 폐기함으로써 오는 이익보다는 이익형량상 더 클 것이다. …… 어떤 법률의 개념이 다의적이고 그 어의의 테두리 안에서 여러 가지 해석이 가능할 때 헌법을 그 최고 법규로 하는 통일적인 법질서의 형성을 위하여 헌법에 합치되는 해석 즉 합헌적인 해석을 택하여야 하며, 이에 의하여 위헌적인 결과가 될 해석을 배제하면서 합헌적이고 긍정적인 면은 살려야 한다는 것이 헌법의 일반 법리이다. …… 그렇다면 그 가운데서 국가의 존립 · 안전이나 자유민주적 기본질서에 무해한 행위는 처벌에서 배제하고, 이에 실질적 해악을 미칠 명백한 위험성이 있는 경우로 처벌을 축소제한하는 것이 헌법 전문 · 제4조 · 제8조 제4항 · 제37조 제2항에 합치되는 해석일 것이다. 이러한 제한해석은 표현의 자유의 우월적 지위에 비추어 당연한 요청이라 하겠다. 여기에 해당되는가의 여부는 제7조 제1항 소정의 행위와 위험과의 근접정도도 기준이 되겠지만 특히 해악이 크냐 작으냐의 정도에 따라 결정함이 합당할 것이다. …… 다만 여기에서 국가의 존립 · 안전을 위태롭게 한다 함은 대한민국의 독립을 위협 침해하고 영토를 침략하여 헌법과 법률의 기능 및 헌법기관을 파괴 마비시키는 것으로 외형적인 적화공작 등일 것이며, 자유민주적 기본질서에 위해를 준다 함은 모든 폭력적 지배와 자의적 지배 즉 반국가단체의 일인독재 내지 일당독재를 배제하고 다수의 의사에 의한 국민의 자치, 자유 · 평등의 기본 원칙에 의한 법치주의적 통치질서의 유지를 어렵게 만드는 것이고, 이를 보다 구체적으로 말하면 기본적 인권의 존중, 권력분립, 의회제도, 복수정당제도, 선거제도, 사유재산과 시장경제를 골간으로 한 경제질서 및 사법권의 독립 등 우리의 내부 체제를 파괴 · 변혁시키려는 것으로 풀이할 수 있을 것이다.

나. 다음 국가보안법 제7조 제5항의 규정에 관하여 본다.

이는 제1항 내지 제4항의 행위를 할 목적으로 문서, 도화 기타의 표현물을 제작, 수입, 복사, 소지, 운반, 반포, 판매 또는 취득한 행위에 대한 처벌규정이다. …… 제7조 제5항도 제1항의 경우와 마찬가지로 국가보안법의 입법목적 등에 맞추어 그 소정행위에 의하여 국가의 존립 · 안전이나 자유민주적 기본질서에 실질적 해악을 줄 명백한 위험성이 있는 경우에 적용되는 것으로 해석할 것이다. ……

다. 결론을 본다.

국가보안법 제7조 제1항 및 제5항은 각 그 소정행위가 국가의 존립 · 안전을 위태롭게 하거나 자유민주적 기본질서에 위해를 줄 명백한 위험성이 있는 경우에 적용된다고 할 것이므로 이와 같은 해석하에서는 헌법에 위반되지 아니한다고 할 것이다.」

⇔ 재판관 1인(재판관 변정수)의 반대의견

「가. 국가보안법 제7조 제1항은 형벌규정이므로 죄형법정주의에 의하여 그 구성요건은 명확해야 할 것이며, 더구나 위 규정은 민주주의의 제도적 토대라고 할 수 있는 표현의 자유에 대한 제한을 수반하는 법률이므로 다른 형벌규정에서보다도 그 명확성이 더욱 강하게 요구되는 것이다. 그런데 위 법률조항은 그 구성요건이 너무 막연하고 불명확한 규정들로 이루어져 있다. ……

나. "국민에 의한 정치"이자 "여론에 의한 정치"인 민주정치가 제대로 그 기능을 발휘하기 위하여서는 합리적이고 건설적인 사상 또는 그 의견의 형성이 필요하며 그러기 위해서는 국민이 국가나 사회로부터 그에 필요한 정보를 광범위하게 수집할 수 있어야 하는데 이는 언론 · 출판 등의 표현의 자유가 보장됨으로써만이 가능한 것이다. 이런 점에서 표현의 자유는 민주주의의 제도적 토대라고 할 수 있어 헌법에서 보장된 여러 기본권 가운데에서도 특히 중요한 기본권이며, 그러기에 의사표현에 대하여 형벌을 과하는 법률은 최고도의 명확성이 요구될 뿐더러 그 의사표현행위를 처벌하기 위해서는 그것이 장래에 있어 국가나 사회에 단지 해로운 결과를 가져올 수 있는 성향을 띠었다는 것만으로는 부족하고, 법률에 의하여 금지된 해악을 초래할 명백하고도 현실적인 위험성이 입증된 경우에 한정되어야 하는 것이다(명백하고도 현존하는 위험의 원칙). 그런데 국가보안법 제7조 제1항의 "찬양, 고무, 동조" 등은 의사표현의 형태를 가리키고 있는 점에서 공통되고 따라서 위 법률조항은 의사표현의 자유를 제한하고 형벌을 과하는 규정이면서도 앞서 "가"항에서 지적한 것처럼 구성요건이 너무 애매하여 명확성이 결여되고 지나치게 광범위할 뿐더러 반국가단체에 이로울 수 있는 의사표현은 그것이 대한민국에 현실적으로 해악을 끼칠 위험성이 명백한 경우이건 아니건 간에 무조건 규제대상으로 삼는 것이어서 …… 민주주의의 기초인 건전한 여론형성을 저해하는 기능으로 작용하고 있는 것이 분명하다.

다. …… 아무리 우리의 특수한 안보상황을 감안하더라도 국가보안법 제7조 제1항은 죄형법정주의를 규정한 헌법 제12조 제1항, 표현의 자유를 규정한 헌법 제21조 제1항 및 기본권제한법률의 한계를 규정한 헌법 제37조 제2항에 위반된다고 아니할 수 없다. ……

라. …… 제7조 제1항 내지 제4항의 규정이 모두 불명확성과 표현의 자유제한 한계를 벗어난 위헌법률이라면 제1항 내지 제4항의 행위를 목적으로 하는 표현물의 제작 등 행위를 처벌하는 제5항의 규정 또한 불명확성 및 표현의 자유제한 한계를 벗어난 위헌법률이라고 아니할 수 없는 것이다. 뿐만 아니라 국가보안법 제7조 제5항의 행위유형인 표현물의 제작 · 수입 · 복사 · 소지 · 운반 · 반포 · 판매 또는 취득은 그 자체로는 위법적 행위유형이 아니고 따라서 동 조항의 핵심적 요소는 제1항 내지 제4항의 행위를 할 목적의 존재하는 주관적 요소에 있다고 할 수 있는데 …… 그렇다면 위 법률조항은 법률로써도 제한할 수 없는 양심과 사상의 자유를 규정한 헌법 제19조 및 학문과 예술의 자유를 규정한 헌법 제22조에서도 위반된다.

마. …… 북한을 반국가단체로 규정지음으로써 북한을 정부로 참칭하거나 국가를 변란할 것을 목적으로 하는 범죄단체임을 전제로 하는 국가보안법의 여러 규정은 헌법의 평화통일조항과 상충된다.

바. 다수의견은, …… 위 법률조항들이 그와 같이 한정적으로 적용되는 것으로 해석되지 아니할 뿐더러 설사 그와 같은 해석이 가능하다고 하더라도 대한민국의 안전 · 존립을 위태롭게 하는 행위냐 아니냐 또는 자유민주적 기본질서에 위해를 주는 행위냐, 아니냐 역시 객관적으로 뚜렷한 기준 내지 그 한계를 정할 수 없는 매우 애매모호하고 불명확한 것이어서 결국 수

사기관이나 법관의 주관적 해석에 맡길 수밖에 없는 구성요건이므로 이것 또한 죄형법정주의에 반한다.」

▷ **신문등의기능과자유보장에관한법률의 일부조항이 신문의 자유를 침해하여 헌법에 위반된다고 본 판례 [憲 2006. 6. 29.-2005헌마165등](신문등의자유와기능보장에관한법률 제16조 등 위헌확인 등)**

「나. 신문법 제15조 제2항 · 제3항에 대한 판단

(1) 신문의 자유와 공적 기능 보장에 관한 헌법규정

헌법 제21조 제1항은 "모든 국민은 언론 · 출판의 자유와 집회 · 결사의 자유를 가진다"고 규정하여 언론의 자유를 보장하고 있는바, 언론의 자유에 신문의 자유와 같은 언론매체의 자유가 포함됨은 물론이다. 신문은 그 취재와 보도를 통하여 정치 · 경제 · 사회 · 문화 등 다양한 분야에서 일상적인 커뮤니케이션을 매개하고 있고, 특히 민주주의 정치과정에서 정치적 의사를 형성 · 전파하는 매체로서 중요한 역할을 담당한다. 신문의 자유는 개인의 주관적 기본권으로서 보호될 뿐만 아니라, '자유신문'이라는 객관적 제도로서도 보장되고 있다. 객관적 제도로서의 '자유신문'은 신문의 사경제적 · 사법적(私法的) 조직과 존립의 보장 및 그 논조와 경향(傾向), 정치적 색채 또는 세계관에 있어 국가권력의 간섭과 검열을 받지 않는 자유롭고 독립적인 신문의 보장을 내용으로 하는 한편, 자유롭고 다양한 의사형성을 위한 상호 경쟁적인 다수 신문의 존재는 다원주의를 본질로 하는 민주주의사회에서 필수불가결한 요소가 된다.

이와 같이 신문은 본질적으로 자유로워야 하지만, 공정하고 객관적인 보도를 통하여 민주적 여론형성에 기여하고 국민의 알 권리를 충족시켜야 한다는 점에서 자유에 상응하는 공적 기능을 아울러 수행하게 된다(헌재 2002. 7. 18. 2001헌마605, 판례집 14-2, 84, 103). 이러한 신문의 공적 기능에 대한 헌법적 요청은 특히 헌법 제21조 제3항에서 두드러지게 나타난다. 헌법 제21조 제3항은 "통신 · 방송의 시설기준과 신문의 기능을 보장하기 위하여 필요한 사항은 법률로 정한다"고 규정하고 있는데, 이 규정에서 통신 · 방송의 시설기준 법정주의와 나란히 신문기능 법정주의를 정한 것은 우리 헌법이 방송뿐만 아니라 신문에 대하여도 그 공적 기능의 보장을 위한 입법형성, 즉 입법적 규율의 가능성을 예정하고 있음을 의미한다. 여기서 "신문의 기능"이란 주로 민주적 의사형성에 있고, 그것은 다원주의를 본질로 하는 민주주의사회에서 언론의 다양성 보장을 불가결의 전제로 하는 것이므로, "신문의 기능을 보장하기 위하여"란 결국 "신문의 다양성을 유지하기 위하여"란 의미도 포함하고 있다고 할 것이다. 헌법 제21조 제3항은 언론 · 출판으로 인한 타인의 명예나 권리의 보호를 규정하고 있는 헌법 제21조 제4항과 함께 다원화된 현대정보산업사회에서 언론 · 출판이 가지는 사회적 의무와 책임에 관하여 규정한 것이다(헌재1998. 2. 27. 96헌바2, 판례집 10-1, 118, 125; 헌재 2002. 12. 18. 2000헌마764, 판례집 14-2, 856, 868 등 참조). 그러므로 신문의 자유가 헌법적으로 보호되어야 할 중요한 가치가 있는 기본권이라 하더라도 신문의 공적 기능과 책임을 위하여 필요한 입법적 규율은 허용된다.

청구인들은 방송과 달리 신문의 경우에 다양성 보장은 국가의 간섭으로부터 자유로운 다수의 신문들이 그 논조와 경향으로써 자유로이 경쟁하는 가운데 저절로 보장되는 것이므로, 신문의 다양성 보장을 명분으로 국가가 개입하는 것 자체가 위헌이라고 주장한다. 그러나 신문기업의 경향보호라는 것을 청구인들이 주장하는 바대로 이해한다 하더라도, 신문의 독과점 또는 집중화현상과 경향보호가 결합할 경우 정치적 의견의 다양성을 전제로 하는 다원주의적 민주주의체제에 중대한 위협이 될 것이기 때문에, 개별 신문기업이 각자의 [illegible] 주장하기 위해서는 신문의 다양성 확보가 필수적인 전제가 된다고 할 것이다. 신문의 다양성을 보장하기 위한 국가의 적절한 규율은 경향보호와 모순된다기보다는 상호보완적인 것이라고 보아야 한다. 따라서 신문의 공적 기능과 책임, 신문의 다양성 보장에 관련된 입법규율들이 그 자체로 경향보호에 위배된다는 청구인들의 주장은 받아들일 수 없다.

(2) 신문법 제15조에 의한 규제의 성격과 신문시장 규제의 정당성

신문의 자유에 의하여 보호되는 것은 정보의 획득에서부터 뉴스와 의견의 전파에 이르기까지, 언론으로서의 신문의 기능과 본질적으로 관련되는 모든 활동이다. 이러한 측면에서 신문법 제15조 제2항 · 제3항에 규정된 일간신문과 뉴스통신사업, 방송사업 등과 같은 이종(異種) 매체 간의 겸영(兼營)금지나 소유제한, 또는 일간신문 상호간의 소유제한제도는 신문의 기능과 관련성을 가지는 것이다. 신문기업이 방송 등 다른 언론매체를 통하여 그 의견을 표현할 수 있느냐의 여부는 여론의 형성과 전파에 있어 중요한 요소가 되고, 일간신문의 지배주주가 복수의 신문을 소유함으로써 그 매체를 통해 의견을 표현할 수 있느냐의 여부 또한 마찬가지이다. 따라서 신문법 제15조는 신문의 자유를 제한하는 규정에 해당한다.

그러나, 그와 같은 표현매체의 다변화나 복수화의 문제는 언론자유의 중핵을 이루는 언론의 내용과 직접적인 관련이 있다고 보기는 어렵다. 신문법 제15조가 규율하는 겸영금지나 소유제한은 신문시장의 건전한 경쟁과 신문의 다양성 제고를 위한 경제적 차원의 독과점 방지를 일차적이고 직접적인 목적으로 하는 것이지 신문의 내용에 대한 규제를 직접적인 목적으로 하고 있지 않기 때문이다. 그러므로 신문법 제15조가 비록 신문기업 활동의 외적 조건을 규제하여 신문의 자유를 제한하는 효과를 가진다고 하더라도 그 위헌 여부를 심사함에 있어 신문의 내용을 직접적으로 규제하는 경우와 동일하게 취급할 수는 없다. 결국 신문기업 활동의 외적 조건을 규제하는 신문법 조항에 대한 위헌심사는 신문의 내용을 규제하여 언론의 자유를 제한하는 경우에 비하여 그 기준이 완화된다.

한편, 신문시장의 건전한 경쟁기능을 보호하기 위하여 국가가 신문기업의 외적 활동에 개입하는 것은 세계 각국에서 보편적으로 인정되고 있다. 우리 나라의 법체계에 의하더라도 신문기업은 '사업자'로서 독점규제및공정거래에관한법률(이하 '공정거래법'이라 한다)의 적용을 받으며(동법 제2조 제1호 참조), 따라서 신문법상 규제규정이 있는지의 여부를 떠나 신문시장에 독과점 또는 기업결합이라는 폐해가 나타날 경우에는 신문시장의 기능을 유지하거나 회복시키기 위한 정부의 관여가 인정되고 있다.

청구인들은 인터넷 등과 같은 뉴미디어의 출현으로 신문의 영향력이 점차 감소되고 있는 상황에서 신문시장에 대한 공정거래법상의 접근은 시대착오적인 것이라고 주장한다. 그러나 다른 언론미디어가 다양한 정보와 컨텐츠(contents)를 제공함으로써 여론형성에 있어 일정 부분 영향력을 행사하고 있는 것이 사실이라고 하더라도 민주주의 사회에서 언론이 지니고 있는 가장 중요한 역할인 정치적 의사형성에 있어서는 여전히 신문이 가장 중요한 여론형성 매체의 역할을 떠맡고 있다. 신문은 정기적 · 지속적으로 같은 독자에게 사실과 의견을 전파함으로써 독자의 의견형성에 결정적 영향을 미치고 있으며, 여론 주도층이나 지식층을 비롯하여 일반대중들도 신문의 보도와 논평을 통하여 정치적 의사 형성에 필요한 정보를 획득하고 이에 기초하여 자신들의 정치적 의사를 결정한다. 그러므로 여전히 다수 신문의 존재와 경쟁은 신문의 다양성을 유지하기 위한 중요한 요소가 되고, 신문시장의 독과점과 집중을 방지함으로써 신문의 다양성을 확보하고자 신문기업 활동의 외적 조건을 규율하는 것은 정당하고 또 필요하다.

(3) 신문법 제15조 제2항의 위헌 여부

(가) 신문법 제15조 제2항은 일간신문이 뉴스통신이나 일정한 방송사업을 겸영하는 것을 금지하고 있다. 위 조항에 의해 금지되는 겸영은 첫째, 일간신문과 뉴스통신의 겸영, 둘째, 일간신문과 방송사업의 겸영, 셋째, 뉴스통신과 방송사업의 겸영의 세 가지 형태이다. 여기서 '겸영'이 금지된다는 것은 동일한 법인 내의 목적사업으로 일간신문과 뉴스통신 또는 방송사업을 함께 경영하는 것이 금지된다는 의미이다. 이렇게 보는 이유는 이 조항의 입법목적이 이종 미디어 간의 결합 · 집중을 억제하기 위한 것이며, 문언해석상으로도 동조 제3항에서 '다른 일간신문'이라는 표현을 사용하고 있는 점과 비교해 볼 때 '상호 겸영'은 이종 미디어 간의 겸영을 의미하는 것으로 보이고, 신문법 제15조와 같은 취지를 규정하고 있는 방송법 제8조도 '겸영금지'와 '주식 · 지분 취득의 제한 · 금지'를 구분하여 적시함으로써 주식이나 지분을 취득하는 방법으로 경영에 관여하는 것을 겸영의 범주에서 제외시키고 있기 때문이다. 따라서 하나의 일간신문사업자가 복수의 일간신문을 발행하는 것은 여기서 규제되는 '겸영"에 해당하지 않고, 또 일간신문법인의 주식 또는 지분의 2분의 1 이상을 소유하는 자가 다른 일간신문법인의 주식이나 지분의 소유를 통해 다른 일간신문의 경영에 관여하는 것은 제15조 제3항에 의하여 규제를 받게 됨은 별론으로 하고 여기의 '겸영'에 해당하지 않는다. 나아가 하나의 일간신문법인이, 이미 다른 일간신문 · 뉴스통신 · 방송사업 법인의 주식 · 지분의 2분의 1 이상을 소유하고 있지 않은 한, 또 다른 일간신문이나 뉴스통신 법인의 주식이나 지분을 소유하는 것은 금지되지 않는다. 그리고 겸영이 금지되는 방송사업은 "방송법에 의한 종합편성 또는 보도에 관한 전문편성을 행하는 방송사업"으로, 이는 방송법상 일간신문법인에 의한 겸영이 금지되는 "지상파방송사업 및 종합편성 또는 보도에 관한 전문편성을 행하는 방송채널사용사업"(방송법 제8조 제3항)과 같은 개념이다.

(나) 일간신문이 뉴스통신이나 방송사업과 같은 이종 미디어를 겸영하는 것을 어떻게 규율할 것인가 하는 것은 고도의 정책적 접근과 판단이 필요한 분야이다. 이 문제에 관하여는 두 가지 상반되는 관점이 존재할 수 있다. 하나는 저널리즘에 있어서의 기능분립이라는 관점으로, 신문과 방송을 상호 분리 · 독립시켜 신문은 사기업으로 방송은 공적 제도로 운영하는 것이, 양(兩) 미디어 간의 균형 있는 경쟁관계를 통하여 사회 전체적으로 의견의 다양성을 창출 · 유지할 수 있다는 입장이다. 다른 하나는 보다 경제적인 관점으로서 신문사의 타 미디어로의 진출이 금지될 경우 신문사의 재정기반인 광고수입의 감소로 신문사의 경영이 악화될 수 있으므로 오히려 이를 허용하는 것이 규모의 경제를 실현시켜 경쟁력을 확보할 수 있다는 입장이다. 세계 각국의 법제를 보면 독일과 같이 전자의 관점에 충실한 나라도 있고, 일본과 같이 후자의 관점에 가까운 나라도 있다.

이종 미디어 간의 융합의 문제에 있어서 가장 문제가 되는 것은 신문과 지상파방송 간의 관계이다. 일간신문과 지상파방송은 가장 대표적이고 강력한 미디어 수단이므로 이 두 수단의 융합은 전체 언론시장에 미치는 영향이 크고, 이것이 언론의 다양성 보장을 저해할 위험성은 항상 존재하기 때문이다.

따라서 일간신문과 지상파방송 간의 겸영금지가 언론의 다양성 보장과 아무런 실질적 연관성이 없다는 것이 명백할 정도로 미디어매체나 정보매체 환경에 획기적인 변화가 생기지 않는 한, 겸영금지의 규제정책을 지속할 것인지 여부, 지속한다면 어느 정도로 규제할 것인지의 문제는 입법자의 미디어정책 판단에 맡겨져 있다고 보아야 한다.

(다) 신문법 제15조 제2항은 신문의 다양성을 보장하기 위하여 필요한 한도 내에서 그 규제

의 대상과 정도를 선별하여 제한적으로 규제하고 있다. 규제 대상을 신문의 다양성 보장과 연관성이 높은 일간신문으로 한정하고 있을 뿐만 아니라 위에서 본 바와 같이 겸영에 해당하지 않는 행위, 즉 하나의 일간신문법인이 복수의 일간신문을 발행하는 것이나, 하나의 일간신문법인의 지배주주가 다른 일간신문법인이나 뉴스통신법인의 주식·지분을 2분의 1 미만의 범위 내에서 취득하는 것은 허용되며, 하나의 일간신문법인이, 이미 다른 일간신문·뉴스통신·방송사업 법인의 주식·지분의 2분의 1 이상을 소유하고 있지 않은 한, 또 다른 일간신문이나 뉴스통신 법인의 주식이나 지분을 소유하는 것은 금지되지 않는다. 또한 위에서 본 바와 같이 종합편성이나 보도전문편성이 아니어서 신문의 기능과 중복될 염려가 없는 방송채널사용사업이나 종합유선방송사업, 위성방송사업 등을 겸영하는 것도 가능하다.

신문법 제15조 제2항의 규제의 대상과 정도가 위와 같다면 이는 언론의 다양성을 보장하기 위한 필요한 한도 내의 제한이라고 할 것이어서 신문의 자유를 침해한다고 할 수 없다.

(라) 소　결

따라서 신문법 제15조 제2항은 헌법에 위반되지 아니한다.

이 부분 판단은 뒤의 '7. 가.'와 같은 재판관 권성, 재판관 김효종, 재판관 조대현의 반대의견(위헌)이 있는 외에는 나머지 재판관 전원의 의견일치에 따른 것이다.

(4) 신문법 제15조 제3항의 위헌 여부

(가) 재판관 윤영철, 재판관 김경일, 재판관 주선회, 재판관 전효숙의 의견(헌법불합치)

이종 미디어 간의 '겸영규제'에 관하여 위에서 본 바와 마찬가지로, 이종 미디어 간의 '교차소유'를 어떻게 규율할 것인지의 문제 또한 고도의 정책적 접근과 판단이 필요한 분야로서 입법자의 미디어정책적 판단이 존중되어야 한다. 따라서 신문법 제15조 제3항 중 일간신문의 지배주주가 뉴스통신 법인의 주식 또는 지분의 2분의 1 이상을 취득 또는 소유하지 못하도록 함으로써 이종 미디어 간의 결합을 규제하는 부분은, 제15조 제2항에서 일간신문과 뉴스통신의 겸영을 금지하는 것과 마찬가지로 언론의 다양성을 보장하기 위한 필요한 한도 내의 제한이라고 할 것이어서, 이것이 신문의 자유를 침해한다고 할 수는 없다.

그런데 제15조 제3항은 일간신문을 경영하는 법인의 주식 또는 지분의 2분의 1 이상을 소유하는 자가 다른 일간신문법인의 주식 또는 지분의 2분의 1 이상을 취득 또는 소유하지 못하도록 하여 일간신문 상호 간의 복수소유를 규제하고 있다. 신문의 다양성을 보장하기 위하여 동일한 지배주주가 복수의 일간신문을 지배하는 것을 규제하여 신문시장의 독과점과 집중을 방지할 필요가 있다는 점에서 신문기업의 복수신문 소유를 제한하는 것은 원칙적으로 헌법에 위반된다고 할 수 없지만, 모든 일간신문의 지배주주에게 신문의 복수소유를 일률적으로 금지하고 있는 것은 지나치게 신문의 자유를 침해하는 것이라 아니할 수 없다.

신문법 제15조 제3항의 취지가 언론의 다양성 보장에 있다면, 신문의 복수소유가 언론의 다양성을 저해하지 않거나 오히려 이에 기여하는 경우도 있을 수 있는데, 위와 같이 일간신문 지배주주의 신문 복수소유를 일률적으로 금지하는 것은 정당하다고 보기 어렵다.

신문시장에서 생존하기 어려운 상황에 처한 어떤 일간신문의 지배주주가 다른 일간신문법인의 주식 2분의 1 이상을 취득·소유하는 기업결합을 하더라도 그를 통하여 신문시장에서 생존하는 길이 열리고, 그로써 얻어지는 신문의 다양성이라는 효과가 신문결합으로 인한 폐해보다 더 크다면 그러한 신문결합은 규제받지 않아야 한다. 예컨대, 발행부수가 적고 시장지배력이 미약하여 폐간의 위기에 처한 일간신문의 지배주주가 같은 처지에 있는 다른 신문의 주식 내지 지분을 2분의 1 이상을 취득·소유하여, 이를 통하여 신문시장에서의 생존의 길이 열린다면 신문의 집중이나 독과점의 폐해는 없고, 이는 오히려 폐간의 위기에 처한 신문을 존속시켜 신문의 다양성에 기여하게 될 것이다. 또한 교육전문의특수일간신문의 지배주주가 시너지(synergy) 효과를 통한 생존전략을 위하여 외국어일간신문을 인수한다든지 함으로써 1개의 신문이라도 건실하게 유지될 수 있다면 이 또한 금지할 이유가 없다고 할 것이다. 그런데 제15조 제3항은 이러한 가능성을 모두 봉쇄하고 있다.

신문의 복수소유에 관하여는 복수소유 규제의 대상을 일정한 매출액 이상의 신문으로 한정한다든지 또는 주식 · 지분 인수의 결과 발행부수가 일정한 시장점유율을 넘는 경우에만 규제한다든지 함으로써 신문의 다양성을 위협하는 실질적 관련성이 있는 경우로 그 규제 범위를 좁혀 기본권 제한을 최소화할 수 있음에도 불구하고, 위 규정은 이에 대한 아무런 배려 없이 모든 일간신문에 대하여 복수소유를 제한하고 있다. 따라서 위 조항은 신문의 자유를 지나치게 제한하는 것이다.

이와 같이 신문법 제15조 제3항은 모든 일간신문의 지배주주에게 신문의 복수소유를 일률적으로 금지하고 있으므로 신문의 자유를 침해한다.

그러나 신문법 제15조 제3항은 그 자체로 헌법에 위반되는 것이 아니라, 신문의 복수소유 규제에 관하여 부분적으로 위헌성이 있을 뿐이고, 신문의 다양성 보장을 위한 복수소유 규제의 기준을 어떻게 설정할지의 여부는 입법자의 재량에 맡겨져 있으므로 위 조항에 대해서는 단순위헌이 아닌 헌법불합치결정을 선고하고, 다만 입법자의 개선입법이 있을 때까지 계속 적용을 허용함이 상당하다.

(나) 재판관 권 성, 재판관 김효종, 재판관 조대현의 의견(위헌)

이 조항 중 일간신문 부분의 입법목적은 일간신문의 복수소유와 신문들 간의 인수 · 합병을 규제하여 신문의 다양성이 저해되는 것을 방지하고자 하는 것으로 보인다. 그러나 현대의 신문산업이 대규모 기업으로 발전하고 정보의 수집 · 편집 · 인쇄 등의 업무가 전문화되어 전문인이 이를 맡고 있는 추세에 비추어 보면 여러 신문사의 과반수 주식이 동일인에게 귀속된다고 하여 신문언론이 독과점되거나 신문언론의 다양성이 저해될 것이라고 단정하기 어렵다.

그리고 그러한 입법목적을 달성하기 위하여 모든 일간신문에 대하여 일률적으로 복수소유를 규제하는 것은 과잉금지의 원칙에 위배된다. 그 구체적인 이유는 이 조항에 대한 재판관 윤영철, 재판관 김경일, 재판관 주선회, 재판관 전효숙의 의견과 같다. 다만 신문에 대한 기존의 독과점규제나 공정거래규제를 통하여 신문의 복수소유로 인한 독과점의 폐해를 효과적으로 방지하고 이로써 언론의 다양성을 확보하는 것이 가능하며 이 조항을 위헌으로 선고하더라도 법적 공백이나 혼란이 초래될 것이라 볼 수 없으므로 우리는 이 조항에 대하여 헌법불합치결정이 아니라 위헌결정을 선고하여야 한다고 생각한다.

제15조 제3항 중 '뉴스통신' 부분 역시 위헌이다. 그 이유는 뒤의 '7. 가.'의 신문법 제15조 제2항에 대한 재판관 권성, 재판관 김효종, 재판관 조대현의 반대의견(위헌)의 논지와 같다.

(다) 소 결

신문법 제15조 제3항에 대하여 재판관 윤영철, 재판관 김경일, 재판관 주선회, 재판관 전효숙은 헌법불합치의견을, 재판관 권성, 재판관 김효종, 재판관 조대현은 단순위헌의견을 개진하였고, 뒤의 '7. 나.'와 같이 재판관 송인준, 재판관 이공현은 합헌의견을 개진하였다. 그런데 단순위헌의견도 헌법불합치의견의 범위 내에서는 헌법불합치의견과 견해를 같이 한 것이라고 할 것이므로, 신문법 제15조 제3항에 대하여 헌법불합치 결정을 선고하기로 하되, 입법자가 개선입법을 할 때까지 계속 적용을 명하기로 한다. ……

라. 신문법 제17조에 대한 판단

(1) 시장지배적사업자의 추정 요건과 효과

신문법 제17조는 일반일간신문 및 특수일간신문(무료신문 제외)을 경영하는 신문사 중 1개 사업자의 시장점유율이 전년 12개월 평균 전국 발행부수의 30% 이상이거나 3개 이하 사업자의 시장점유율의 합계가 그 60% 이상(시장점유율이 10% 미만인 자 제외)인 자를 시장지배적 사업자로 추정한다. 이는 공정거래법 제4조상의 일반사업자에 관한 추정요건(1개 사업자의 시장점유율 100분의 50 이상, 3개 이하 사업자의 시장점유율 100분의 75 이상)과 비교할 때 신문사업자를 더 쉽게 시장지배적사업자로 추정되게 함으로써 신문사로 하여금 뒤에 나오는 신문법 제34조 제2항 제2호에 대한 위헌 여부의 판단에서 보듯이 신문발전기금의 지원을 받지 못하는 불이익을 받는 이외에 공정거래법상의 각종 규제의 대상이 더 쉽게 되어 버리는 불이익을 입게 된다.

공정거래법상의 각종 규제 중 대표적인 것은 다음과 같은 것들이다. 즉 공정거래법 제3조의2(시장지배적 지위의 남용금지) 제1항이 규정하는 시장지배적 지위의 남용에 해당하는 행위가 있을 때에는 가격의 인하, 당해 행위의 중지, 시정명령을 받은 사실의 공표, 기타 시정을 위한 필요한 조치를 명할 수 있고(제5조), 시장지배적사업자에 대하여는 일반사업자의 불공정거래행위에 따른 제재(매출액의 2% 이내)보다 무거운 제재(매출액의 3% 이내)를 가하는 것(제6조) 등이다.

그러므로 이 조항은 공정거래법과 신문법의 적용에 있어서 신문사업자를 다른 일반사업자에 비하여 더 불리하게 차별하고 이로써 신문사업자의 자유를 제한하게 되는데 그러한 차별과 제한이 과연 헌법상으로 용인될 수 있는 것인지 여부가 문제된다.

(2) 위헌 여부

이 규정이 신문의 다양성 보장을 목적으로 한다고 볼 때 그 목적 자체의 정당성을 인정하는 데는 별 문제가 없을 것이지만 아래에서 보는 바와 같이 이 규정은 그 목적 달성을 위한 합리적이고도 적정한 수단이 되지 못한다.

(가) 발행부수라는 단일의 기준

우선 신문의 시장점유율은 발행부수뿐만 아니라 신문매출액, 구독자수, 광고매출액 등 다양한 요인을 함께 고려하여 평가하여야 함에도 불구하고 이 조항은 단지 발행부수 하나만을 기준으로 삼고 있기 때문에 그 합리성을 인정하기 어렵다. 이 점은 신문시장을 구독시장과 광고시장으로 구별하여 평가할 때 더욱 분명하다.

또한 시장지배적사업자의 추정은 시장의 지배력을 문제삼는 제도인데 시장지배력이라고 하는 것이 신문의 구독시장에서 독자를 흡인하여 언론의 다양성을 저해하는 영향력은 그렇게 크다고 볼 수 없다. 왜냐하면 신문의 선택 및 그로 인한 발행부수의 많고 적음은 기본적으로 신문의 내용에 대한 독자의 개별적인 선호에 의하여 결정되기 때문이다. 그러므로 발행부수의 많음 하나만을 기준으로 시장지배력을 인정하여 시장지배적사업자로 추정하는 것은 합리성을 인정하기 어려운 것이다.

헌법과 법이 허용하지 않는 내용의 기사나 의견을 독자에게 제공하여 신문이 그 발행부수를 늘리고 있는 것이라면, 또는 상당한 이득을 제공하고 구독을 유혹하는 것이라면 그러한 행위 자체를 법에 따라 혹은 법을 정하여 규제하면 되는 것이고, 만일 독자의 선택이 잘못된 것이라고 생각한다면 올바로 선택하도록 계몽하고 설득할 일이지 발행부수 많음 자체를 문제시하여 그를 줄여 나가도록 억제하는 것은 어떤 현상의 원인과 의미를 제대로 파악하지 않은 부적절한 일이다.

그러므로 발행부수가 많다는 것의 이상과 같은 의미에 비추어 볼 때 그 밖의 다른 사정을 고려함이 없이 구독시장과 광고시장을 구분하지 않고 구독시장에서의 발행부수 하나만을 기준으로 하여 시장지배적사업자 여부를 정하는 것은 합리성과 적정성을 결한다.

(나) 시장의 동질성

또한 3개 이하의 신문의 발행부수가 60% 이상이라고 하더라도 그들 사이에 시장의 동질성을 인정할 수 있는지 의문이다. 신문은 일정한 스타일과 색조(色調)와 논지를 지니고 있고 때로는 특정의 전문분야를 가지고 있기도 하므로 신문의 선택은 외적인 시장지배적 영향력에 따라 이루어지기보다는 독자의 개별적인 선호에 따라 더 좌우되는 경향이 있기 때문이다. 그러므로 서로 다른 경향을 가진 신문들에 대한 개별적인 선호도를 합쳐 이들을 하나의 동질적인 시장으로 묶는 것은 큰 무리를 범하는 것이다. 예컨대 일반일간신문과 특수일간신문은 그 취급분야와 독자층이 완연히 다른데도 불구하고 신문구독시장과 신문광고시장에서 이들 사이에 시장의 동질성을 인정한다면 이것은 심히 무리한 일이다.

구체적으로 보면 이들이 공정거래법 소정의 일정한 거래분야, 즉 거래의 객체별 · 단계별 또는 지역별로 경쟁관계에 있거나 경쟁관계가 성립될 수 있는 분야(동법 제2조 제8호)에 해당하는지 매우 의문이다. 즉 중앙일간신문과 지방 군소일간신문, 일반일간신문과 경제신문 · 스포츠신문 등 특수일간신문을 서로 경쟁관계에 있는 동종(同種)매체로 볼 수 있는가의 근본문제가 발생한다.

공정거래법상의 시장은 '서로 대체될 수 있는 상품시장'으로 한정하는 것이 원칙인데도, 신문법 제17조는 종합적인 뉴스를 다루는 '일반일간신문'과 산업 · 과학 · 종교 · 교육 또는 체육 등 특정분야에 국한된 사항의 보도 · 논평 및 여론 등을 전파하기 위하여 매일 발행하는 간행물인 '특수일간신문'을 하나의 시장으로 규정하는 등 관련시장의 범위를 부적절하게 확대했기 때문에 이 규정으로는 신문시장의 과점을 해소한다는 입법목적을 실현시킬 수 없고 불필요하고 부적절한 규제만 보탤 뿐이다.

따라서 신문법 제17조는 그 입법목적의 달성과는 직접적인 관계가 없는 부적절한 수단을 사용하고 있다는 점에서 입법적 한계를 넘은 것이라고 할 것이다.

(다) 지배력 남용의 위험

물론 신문산업 역시 독점규제 내지 공정거래를 위한 규제에서 제외될 수는 없다. 일반 상품이나 용역시장의 경우 사업자가 단독으로 혹은 다른 사업자와 함께 상품이나 용역의 가격 · 수량 · 품질 기타의 거래조건을 결정 · 유지 또는 변경할 수 있는 시장지배적 지위를 갖게 된다면 그러한 지위의 남용가능성이 높기 때문에 이를 엄격히 통제할 필요가 있다. 그러나 신문의 발행부수는 주로 독자의 선호도에 의하여 결정되는 것이고 발행부수를 기준으로 하여 인정되는 시장지배적 지위는 결국 독자의 개별적, 정신적, 정서적 선택에 의하여 형성되는 것인 만큼 그것이 불공정행위의 산물이라고 보거나 불공정행위를 초래할 위험성이 특별히 크다고 볼만한 사정은 없다. 그렇다면 신문이 시장지배적 지위를 남용할 가능성이 다른 상품이나 용역에 비하여 더 커서 이를 더 엄격히 통제하여야 한다고 볼 수 없는 것이다.

설혹 신문의 보급과정에서 나타날 수 있는 불공정행위가 문제된다면 이에 대하여는 이미 신문법 제10조 제2항 · 제3항에서 특별히 규정을 두고 있고 독점금지와 공정거래에 관한 규정들이 따로 마련되어 있으므로 그것과 별도로 시장지배적사업자로 더 쉽게 추정까지 할 이유는 없다.

그럼에도 불구하고 신문사업자를 일반사업자에 비하여 더 쉽게 시장지배적사업자로 추정되도록 한 것은 이 점에서도 역시 합리성을 결한다.

(라) 소 결

이 조항이 신문의 다양성을 확보하기 위한 것이라고 하더라도 이를 위하여 독자의 선택 결과인 발행부수의 많음을 이유로 하여 일반사업자보다 신문사업자를 더 쉽게 시장지배적사업자로 추정하여 규제의 대상으로 삼는 것은 이상에서 본 바와 같이 그 차별에 합리적인 이유가 없을 뿐만 아니라 입법목적을 달성할 수단으로서의 합리성과 적정성도 인정하기 어렵다.

그렇다면 신문법 제17조는 합리적인 이유 없이 신문사업자를 공정거래법상의 다른 사업자와 차별하여 신문사업자의 평등권을 침해하고 불합리하고 부적절하게 신문의 자유를 침해하여 헌법에 위반된다.

이 부분 판단은 뒤의 '7. 라.'와 같은 재판관 주선회, 재판관 이공현의 반대의견(합헌)이 있는 외에는 나머지 재판관 전원의 의견일치에 따른 것이다.」

⇔ 신문법 제15조 제2항에 대한 재판관 3인(재판관 권성, 재판관 김효종, 재판관 조대현)의 반대의견(위헌)

「(1) 다수의견은 이 조항이 이종 미디어 간의 결합 · 집중을 억제하기 위한 규정으로서 신문사업자인 청구인들의 신문의 자유를 제한하는 것이기는 하지만, "일간신문과 지상파방송 간의 겸영금지가 언론다양성 보장과 아무런 실질적 연관성 없다는 것이 명백할 정도로 미디어매체나 정보매체 환경의 획기적 변화가 발생하지 않은 한" 겸영금지의 문제는 입법자의 미디어정책적 판단에 맡겨져 있다고 보았다.

그러나 언론의 자유와 관련된 정책은 쉽게 입법재량의 성역으로 허용되어서는 안 될 것이며 그 헌법적 정당성이 엄격하게 판단되어야 한다. 그러므로 다수의견의 논리와는 반대로, 일간신문과 지상파방송 혹은 뉴스통신 간의 겸영이 광범위하게 행하여지고 이로 인하여 언론의 다양성이 심각하게 훼손되고 있음이 명백하다는 보편적 상황인식이 사회일반에 의하여 공유되지 않는 한, 겸영의 금지는 합리적인 정책재량의 범위를 일탈한다고 보아야 한다. 헌법재판소는 언론의 자유가 민주국가의 존립과 발전을 위한 기초가 되기 때문에 특히 우월적인 지위를 지닌다고 보았는바(헌재 1991. 9. 16. 89헌마165, 판례집 3, 518, 524) 언론의 자유가 지닌 그러한 기능적 · 우월적 성격을 고려할 때 언론의 자유에 대한 제한은 그 제한을 정당화할 만큼 긴요하고 공익 목적의 달성에 필요한 최소한의 범위 내에서만 가능한 것이다.

신문의 자유는 언론의 자유와 신문산업의 기업활동의 자유를 포함한다. 일간신문에게 지상파방송이나 뉴스통신의 겸영을 금지하는 것은 언론의 전파방법의 자유를 제한하는 것이고 그러한 방송과 통신을 겸영할 자유를 일간신문에 한하여 금지하는 것이며 또한 그것은 새로운 미디어 영역에 진출하려는 신문기업의 자유에 대한 제약을 의미하는 것이기도 하다. 그렇다면 그러한 기본권 제한에 대해서는 정책적 재량의 영역이라는 이유로 가볍게 넘어갈 것이 아니라 헌법재판소가 이를 엄격히 심사하여야 한다.

오늘날 일간신문의 이종매체 겸영이 가져올 수 있는 매스커뮤니케이션 발달의 긍정적 효과와 언론기업 경영의 효율성 증대는 가시적인 것임에 반하여, 그러한 겸영이 초래할 언론의 독과점의 폐해나 언론의 다양성의 훼손에 대한 평가는 일률적으로 말할 수 없고 구체적 겸영 양태에 따라서 개별적으로 검토할 사항이다.

신문 · 뉴스통신 · 방송은 다같이 매스미디어라고 하여도 그 기능과 특색이 다르다. 뉴스통신은 편재된 뉴스를 다양하게 수집하여 대중언론매체에게 보급하고, 방송은 시간과 수단의 제약 때문에 뉴스의 개괄적인 내용을 시청각적으로 보도하고, 신문은 뉴스의 자세한 내용과 평론을 문자화하여 보도한다. 그에 따라 각 매체마다 언론의 기능과 효과도 다르게 된다. 그러므로 동일한 사업자가 종류가 다른 미디어를 겸영하거나 동일한 주주가 이종의 또는 동종 다수의 미디어 사업의 과반수 주식을 소유한다고 하여 언론의 독점이 이루어지거나 언론의 다양성이 훼손된다고 할 수 있는지 의문이다.

오늘날 통신기술 및 디지털기술의 발달로 인하여 매스미디어는 다양화되고 있으며 방송·통신 등 미디어 간의 융합이 이루어지고 있고 방송전파의 희소성은 줄어들고 있다. 지상파 방송사들이 위성·케이블·DMB(디지털 멀티미디어 방송)·IPTV(인터넷 프로토콜 티브이) 등 뉴미디어를 이용하여 사업영역을 확장하고 있으며 외국의 주요 신문사들은 방송사를 겸영하면서 다수의 정보를 다양한 미디어를 이용하여 전파함으로써 매스커뮤니케이션의 효과를 극대화하고 경제적 효율을 도모한다. 한편 위성방송, 인터넷 등 새로운 매스미디어의 발전에 따라 신문산업은 위축의 징후를 보이기도 하므로 신문사업자는 방송이나 통신의 컨텐츠사업자 등이 되어 활동영역을 넓히거나, 방송·통신의 겸영을 통하여 신문사업의 경영효율화를 도모할 필요성이 현저하게 되었다.

이러한 상황에서는 이 조항에서와 같이 일간신문사의 뉴스통신·방송사업 겸영을 일률적으로 금지할 것이 아니라 겸영으로 인한 언론의 집중 내지 시장지배력의 효과를 고려하여 선별적으로 통제하는 방법이 바람직하며 프랑스, 미국, 오스트리아 등에서도 그러한 방식으로 규제가 이루어지고 있다. 따라서 상호 겸영으로 인한 부정적 효과는 구체적이고 개별적인 상황에서 선별적으로 교정이 가능하다고 보는 이상, 이 조항이 일률적으로 겸영을 금지하는 것은 결국 입법수단으로서 필요한 최소한의 것이라고 볼 수 없다.

그러므로 이 조항은 신문사업자인 청구인들의 언론표현 방법의 자유와 기업경영의 자유를 침해하는 것이다.

(2) 나아가 이 조항은 명확성원칙에도 위배된다. 이 조항은 그 위반에 대한 형사처벌을 규정하고 있는데 이 조항이 금지하는 '겸영'의 의미는 매우 불명확하다. 이를 다수의견과 같이 동일한 법인 내의 목적사업으로 일간신문과 뉴스통신 또는 방송사업을 함께 경영하는 것을 말한다고 보는 견해가 있는가 하면, 동일 법인 내에서의 경영뿐만 아니라 신문사가 뉴스통신이나 방송사의 지배주주가 되어 실질적으로 일간신문과 뉴스통신이나 방송사업을 함께 경영할 수 있는 상태도 금지하는 취지라는 견해도 있고, 동일 법인 내에서의 경영뿐만 아니라 신문사가 주식이나 지분의 취득과는 상관없이 임원겸임 등의 방법으로 사실상 일간신문과 뉴스통신이나 방송사업을 함께 경영하는 것을 금지하는 취지라는 견해도 존재한다.

표현의 자유를 규제하는 입법에 있어서 명확성원칙은 특별히 중요한 의미를 지닌다. 민주사회에서 표현의 자유가 수행하는 역할과 기능에 비추어 볼 때, 불명확한 규범에 의한 표현의 자유의 규제는 헌법상 보호받는 표현에 대한 위축적 효과를 수반하기 때문이다. 즉 무엇이 금지되는 표현인지가 불명확한 경우에는 자신이 행하고자 하는 표현이 규제의 대상이 아니라는 확신이 없는 기본권주체는 규제를 우려해서 표현행위를 스스로 억제하게 될 가능성이 높은 것이다. 그렇기 때문에 표현의 자유를 규제하는 법률은 그 규제로 인하여, 마땅히 보호되어야 할 다른 표현에 대하여까지 위축적 효과가 미치지 않도록, 규제되는 표현의 개념을 세밀하고 명확하게 규정할 것이 헌법적으로 요구된다(헌재 1998. 4. 30. 95헌가16, 판례집 10-1, 327, 341-342; 헌재 2002. 6. 27. 99헌마480, 판례집 14-1, 616, 628).

이 조항은 '겸영'이라는 애매한 용어를 기본권 제한의 주된 개념으로 사용하고 있는바 수많은 형태의 겸영 중 금지되는 것의 기준과 대강을 예측할 수 없고 이로 인하여 일간신문사는 일단 겸영을 자제하게 되어 언론의 자유가 위축될 가능성이 크다.

다수의견은 위에서 언급한 바와 같이 한정적으로 겸영의 개념을 정의하고 있지만 아직 이에 대한 법원의 확립된 판례도 없고 학설상 일관성 있는 해석론도 없는 상태에서 그러한 견해가 법집행자의 자의적인 법해석을 예방할 수 있다고 단정하기 어렵다.

그러므로 이 조항은 헌법상의 명확성원칙에도 위배된다.」

⇔ 신문법 제15조 제3항에 대한 재판관 2인(재판관 송인준, 재판관 이공현)의 반대의견(합헌)

「(1) 우리는 신문법 제15조 제3항 중 일간신문의 지배주주가 뉴스통신 법인의 주식 또는 지분의 2분의 1 이상을 취득 또는 소유하지 못하도록 함으로써 이종 미디어 간의 결합을 규제하는 것이 헌법에 위반되지 아니한다는 점에 대하여는 신문법 제15조 제3항에 대한 재판관 윤영철, 재판관 김경일, 재판관 주선회, 재판관 전효숙의 의견과 견해를 같이 한다.

(2) 위 조항 중 일간신문 상호간의 복수소유 규제 부분 역시 합헌이다.

위 조항은 일간신문을 경영하는 법인의 주식 또는 지분의 2분의 1 이상을 소유하는 자가 다른 일간신문법인의 주식 또는 지분의 2분의 1 이상을 취득 또는 소유하지 못하도록 하여 일간신문 상호간의 동종 미디어 결합 또한 규제하고 있다.

그런데 위 조항을 통하여 신문의 복수소유를 규제하는 대상은 원칙적으로 일간신문의 지배주주이지 일간신문법인은 아닌바, 이와 같이 지배주주의 복수소유만을 주로 규제하는 것은 1인 사주의 지배하에 놓이는 신문의 출현을 억제하겠다는 것으로 이 또한 신문의 다양성 제고와 밀접한 관련이 있다. 특히 사주의 신문사 지배력이 강하고, 사주로부터의 편집권 독립이 부족하다고 지적되는 오늘날 우리 신문의 현실에서는 신문사주 개인의 장악하에 놓이는 신문이 많아진다는 것은 그만큼 신문의 다양성을 저해할 실질적 위험성이 높아진다는 것을 의미한다. 특정 재벌의 경제력집중이 건전한 시장경제의 발전을 해치는 것과 마찬가지로, 특정 신문사주에 의한 신문의 집중 현상 역시 신문시장의 건전한 발전 및 신문의 공적 기능보장에 역행하는 것이다.

오늘날 언론의 기업화와 상업적 영향력으로 인하여 언론이 민주적이고 다원적인 여론형성의 기능을 수행하는 과정에서 '정도언론'(正道言論)을 이탈하여 여론을 왜곡하고 사인에게 피해를 줄 가능성이 증가하고 있다. 따라서 언론의 자유를 보장하는 한편 정도언론을 위한 사회적 장치가 요구되고 있다. 입법자는 그러한 사회적 현실에 기초하여 위와 같은 규제를 한 것이다.

국민의 대표자인 입법자가 제정한 법률은 되도록 합헌성이 추정되어야 하며, 법률이 헌법에 조화하여 해석될 수 있는 경우에는 위헌으로 판단되어서는 안 된다는 것은 그간 헌법재판소가 위헌성 심사에서 중시해 온 대원칙이었다.

신문법은 여러 가지 신문의 자유에 대한 제한장치를 두고 있지만, 신문의 자유 못지않게 정언(正言)을 보장하기 위한 입법적 필요성이 인정되는 이상 그러한 제한의 위헌성 심사에는 신중한 접근이 필요하다.

신문법 제15조 제3항이 군소 일간신문의 여하를 불문하고 규제하는 것은 시장지배력의 관점에서 신문의 다양성을 보장하려는 것이고, 이에 더하여 외형적인 다수 신문의 존재에도 불구하고 이들 신문을 특정 신문사주가 실질적으로 장악함으로써 발생할 수 있는 신문의 다양성과 언론의 폐해를 방지하려는 것이다. 위 조항은 이를 위한 규제이므로 입법적 정당성을 가지며, 이를 위해 채택된 수단에 있어서도 일간신문법인의 주식·지분의 취득·소유를 모두 금지하는 것이 아니라 제한적으로 다른 일간신문법인의 주식 · 지분의 2분의 1 이상을 넘는 취득 · 소유만을 금지하고 있다.

결국 위 조항은 정당한 입법목적 달성을 위하여 허용되는 필요한 규제를 하고 있으므로 헌법에 위반되지 아니한다.」

⇔ 신문법 제17조에 대한 재판관 2인(재판관 주선회, 재판관 이공현)의 반대의견(합헌)

「(1) 다수의견은 신문법 제17조가 신문이라는 상품시장에서 시장지배적 사업자의 지배력을 판단하는 기준인 시장점유율을 발행부수만으로 정하고 있는 것에 대하여, 신문시장의 시장지배력을 판단할 수 있는 요소로는 발행부수 이외에 신문매출액, 구독자수, 광고매출액 등이 다양하게 존재할 수 있는데, 발행부수만을 평가요소로 삼아 시장지배력 여부를 평가하는 것은 합리적이지 않다고 한다.

그런데 신문시장의 시장지배적사업자 추정요건에 관한 문제는 사회적 · 경제적 평가와 예측에 관한 문제로서 입법자에게 넓은 입법재량이 주어져 있는 분야이므로(헌재 2002. 10. 31. 99헌바76등, 판례집 14-2, 410, 433; 헌재 2002. 11. 28. 2001헌바50, 668, 680 등 참조), 그 형성의 범위 내에서 시장지배적 사업자의 평가요소나 기준율을 정한 것이라면 이는 헌법상 정당하다고 할 것이다.

신문법 제17조가 발행부수만을 기준으로 시장점유율을 평가하도록 한 것에 대하여 보건대, 발행부수는 신문시장의 시장지배력을 판단할 수 있는 1차적이고도 직접적인 요소이다. 신문시장에서의 시장지배력은 발행부수에 의해 결정되고, 신문매출액, 구독자수, 광고매출액 등은 발행부수를 중심으로 형성되는 요소들에 불과하다. 따라서 신문법 제17조가 다른 기준이 아닌 발행부수를 시장지배력을 평가하는 기준으로 삼았다고 하여 이것이 신문의 자유를 지나치게 제한하고 있다고 볼 수는 없다.

(2) 또한 다수의견은 신문시장의 시장지배력을 평가함에 있어 서로 다른 경향을 가진 신문들에 대한 개별적인 선호도를 합쳐 이들을 하나의 시장으로 묶는 것은 합리적이지 않다고 한다.

그런데 신문법 제17조는 신문에 특유한 의사표현의 규제에 관한 규정이 아니라 신문시장의 외적 조건의 규제에 관한 규정이다. 신문사가 독자적인 사시(社是)와 논조로 의사표현 분야에서 경쟁관계에 있더라도, 그것과는 별개로 그 경제적인 분야에서 과점적 지위를 유지하기 위하여 부당한 가격결정이나 부당한 사업활동의 방해, 시장진입의 제한 등 지위남용행위(공정거래법 제23조)를 단독으로 혹은 담합하여 행함으로써 시장질서를 어지럽히는 문제는 여전히 남아 있다. 따라서 경향의 유사성 여부를 불문하고 복수의 신문사업자가 결합하여 점유하는 시장지배력을 기준으로 시장지배적 사업자의 추정 여부를 판단한다 하더라도 이것이 불합리한 것이라고 할 수는 없다.

다수의견은 또한 그 취급분야와 독자층이 서로 다른 일반일간신문시장과 특수일간신문시장을 동질의 시장으로 보고 하나의 시장으로 묶어서 시장지배력을 평가하도록 하는 것에 대해서도 합리적이지 않다고 한다.

그런데 오늘날과 같이 독자들의 신문수요 또는 신문선택의 기준이 다양하게 분화되고 있는 현실에서 일반일간신문과 특수일간신문이 상호 경쟁관계가 성립할 수 없는 완전히 별개의 시장이라고 단언하기 어렵다. 뿐만 아니라 신문법 제12조가 스스로 일간, 주간, 월간, 계간 등의 간별(刊別)을 신문 구분의 주요 표지로 삼고 있는 점을 감안하면, 일간신문 전체나 일부를 하나의 단일시장으로 규정하였다고 하여 그 입법정책적 판단이 잘못되었다고 보기는 어렵다. 만약 특수일간신문을 제외하고 일반일간신문만을 하나의 시장으로 규정한다면 단위시장의 규모가 축소되어 청구인들과 같은 일반일간신문에 대한 규제효과는 오히려 더 강화되는 결과가 된다.

(3) 나아가 다수의견은 발행부수를 기준으로 하여 인정되는 시장지배적 지위는 결국 독자의 개별적, 정신적, 정서적 선택에 의하여 형성되는 것인 만큼 그것이 불공정행위의 산물이라거나 특별히 불공정행위를 초래할 위험성이 크다고 할 수 없음에도 불구하고, 신문법 제17조는 신문사업자를 일반사업자에 비하여 더 쉽게 시장지배적사업자로 추정하도록 하고 있으므로 불합리하다고 한다. 그런데 시장지배적 사업자를 평가하는 시장점유율에 관한 기준을 어떻게 설정할 것인가 하는 문제는 입법에 필요한 사실확인과 입법효과의 예측에 관한 문제로서 이에 대하여는 입법자에게 광범위한 판단권한이 부여되어 있다. 입법자는 여론형성이라는 공적 기능을 수행하는 신문시장의 독과점 방지가 단순한 기업법적 독과점 방지보다 훨씬 더 절실한 공익이라는 인식하에, 우리 신문시장이 불공정한 시장요소들에 의하여 불합리한 과점시장으로 형성될 우려가 있다고 진단하고, 신문시장의 공정한 경쟁을 확보하기 위하여 시장지배적 사업자의 지배력을 판단하는 기준인 시장점유율을 발행부수 기준으로 하면서 그 점유율 기준을 일반 상품시장보다 다소 낮춘 것이다. 정치적 · 정신적 분야와 깊은 관련이 있는 신문시장의 독과점은 다양한 의견이나 정보의 제공을 불가능하게 하고 일방적인 보도와 정보의 제공으로 여론의 왜곡을 초래할 수 있어 일반 상품시장의 독과점보다 그 폐해가 국가와 사회에 미치는 정도가 훨씬 심각하다 할 것이다. 이러한 신문시장의 특성을 반영하여 신문시장의 시장지배적사업자로 추정하는 시장점유율 기준을 발행부수로 하면서 그 점유율을 일반 상품보다 다소 하향 조정하였다고 하여 이것이 불합리하다고 할 수 없다.

(4) 한편, 신문법은 제17조에 규정된 시장점유율을 상회한다는 사실만으로는 아무런 규제도 하고 있지 않다. 다만 시장지배적 사업자가 공정거래법에 의하여 금지된 남용행위를 한 경우에만 일정한 제재를 가하고 있을 뿐이며, 이는 일반사업자로서 받는 규제에 불과하다. 신문법상 특수한 효과로는 신문발전기금의 지원대상에서 제외된다는 점이 있으나(신문법 제34조 제2항 제2호), 이는 신문법 제17조 자체에서 직접 발생하는 불이익이라고 할 수 없어, 이를 근거로 위 규정을 위헌이라고 할 수는 없다.

(5) 위와 같이 신문법 제17조는 신문이라는 언론시장의 독과점이 초래하는 폐해의 심각성을 우려하여 신문사업자의 경우 일반사업자보다 더 쉽게 시장지배적 사업자로 추정받도록 한 것이므로, 이것이 신문의 자유를 침해한다거나 다른 일반사업자와 비교하여 합리적 이유 없이 신문사업자를 차별하는 것이라고 할 수 없다.」

집회 · 결사의 자유

□ 집회의 자유

▶ 의 의

▸ 집회와 시위의 구별에 대한 판례

[憲 1994. 4. 28.-91헌바14](집회및시위에관한법률 제2조 등에 대한 헌법소원)

「(1) 집시법 제2조 제1호는 "'옥외집회'라 함은 천장이 없거나 사방이 폐쇄되지 않은 장소에서의 집회를 말한다"고 규정하고, 같은 법조 제2호에서는 "'시위'라 함은 다수인이 공동목적을 가지고 도로 · 광장 · 공원 등 공중이 자유로이 통행할 수 있는 장소를 진행하거나 위력 또는 기세를 보여 불특정다수인의 의견에 영향을 주거나 제압을 가하는 행위를 말한다"고 규정하고 있다.

청구인 주장의 핵심은 "시위"에 관한 정의규정에서는 "공중이 자유로이 통행할 수 있는 장소"라는 장소적 제한의 개념을 사용하였는데 "옥외집회"에 대한 정의에서는 "천장이 없거나 사방이 폐쇄되지 않은 장소"라는 개념만 사용하였을 뿐 "시위"에서처럼 공중이 자유로이 통행할 수 있는 장소라는 제한적 개념을 추가하지 않음으로써 공중이 자유로이 통행할 수 없는 장소인 대학구내에서의 시위는 집시법의 규제대상이 아닌 반면, 대학구내에서의 옥외집회는 집시법의 적용대상이 되게 하여 결국 청구인과 같은 집회주최자를 시위주최자에 비하여 합리적 이유 없이 불리하게 차별적 취급을 하고 있다는 것이다.

(2) 그러므로 먼저 "공중이 자유로이 통행할 수 있는 장소"라는 장소적 제한개념이 "시위"에 관한 정의규정의 필요불가결한 요소(要素)인가를 보기로 한다.

"시위(示威)"라는 용어의 정의에 관하여, 1989. 3. 29. 법률 제4095호로 전문개정되기 전의 집시법(이하 "구 집시법"이라 한다) 제1조의2 제2호는 "'시위'라 함은 다수인이 공동목적을 가지고 도로 기타 옥외장소를 진행하거나 위력 또는 기세를 보여 불특정 다수인의 의견에 영향을 주거나 제압을 가하는 행위를 말한다"고 규정하고 있었는데, 현행 집시법 제2조 제2호는 그 중 "도로 기타 옥외장소"라는 부분만을 보다 명확하게 "도로 · 광장 · 공원 등 공중이 자유로이 통행할 수 있는 장소"로 고쳤을 뿐 그 여타 부분은 아무 것도 고친 것이 없다.

그렇다면 집시법 제2조 제2호의 "시위(示威)"는, 그 문리와 위 개정연혁에 비추어, 다수인이 공동목적을 가지고 (1) 도로 · 광장 · 공원 등 공중이 자유로이 통행할 수 있는 장소를 진행함으로써 불특정다수인의 의견에 영향을 주거나 제압을 가하는 행위와 (2) 위력 또는 기세를 보여 불특정다수인의 의견에 영향을 주거나 제압을 가하는 행위를 말한다고 풀이해야 할 것이다. 따라서 위 (2)의 경우에는 위력 또는 기세를 보인 장소가 공중이 자유로이 통행할 수 있는 장소이든 아니든 상관없이 그러한 행위가 있고 그로 인하여 불특정다수인의 의견에 영향을 주거나 제압을 가할 개연성이 있으면 집시법상의 "시위"에 해당하는 것이고, 이 경우에는 "공중이 자유로이 통행할 수 있는 장소"라는 장소적 제한개념은 "시위"라는 개념의 요소라고 볼 수 없다. 즉 위의 장소적 제한개념은 모든 시위에 적용되는 "시위" 개념의 필요불가결한 요소는 아님을 알 수 있다.

또 실제로도 이렇게 풀이하지 아니하면, 공중이 자유로이 통행할 수 없는 장소이지만 그 장소의 위치, 그 장소와 공중의 자유통행이 허용된 장소 사이의 차단장치나 시설의 높이, 구조, 형태 등에 따라서는 그 곳에서의 위력 또는 기세의 과시가 불특정다수인의 의견에 영향을 주거나 제압을 가할 개연성이 있고 또 그것이 명백히 위법한 시위인데도 단지 그 곳이 공중이 자유로이 통행할 수 있는 장소가 아니라는 이유만으로 이를 규제할 수 없는 불합리한 결과(집시법 제1조 참조)가 생길 수도 있는 것이다.

그러므로 공중이 자유로이 통행할 수 없는 장소인 대학구내에서의 시위도 그것이 위 (2)의 요건에 해당하면 바로 집시법상의 시위로서 집시법의 규제대상이 되는 것이다.」

⇔ 재판관 1인(재판관 조규광)의 반대의견

「이 사건에서의 논의의 본질은 헌법해석상 "공중이 자유로이 통행할 수 있는 장소" 이외에서의 집회가 과연 옥외집회로서 집시법의 규제대상이 되는 것인가의 여부에 있는 것이지, 그것이 다수의견과 같이 집시법상 옥외집회주최자가 시위주최자와 비교하여 더 불리한 대우를 받고 있는지 여부에 있다고 볼 것은 아니라고 할 것이다. ……

집시법이 옥내집회에 대하여는 원칙적으로 별다른 규제를 가하지 않고 있음에 반하여, 옥외집회를 동적이며 개방적인 시위와 한묶음으로 하여 옥내집회와 구별하고 이들에 대하여 여러 가지 규제를 가하고 있는 것도, 바로 집회의 위와 같은 성질로 인하여 집회 가운데 특히 옥외집회가 갖는 시위와 유사한 정도의 공공위해의 발생가능성을 예상한 결과라고 보는 것이 옳을 것이다.

한편 시위란 집시법 제2조 제2호에서도 알 수 있는 바와 같이, 시위집단의 적극적인 대외행동에 의하여 그 집단 이외의 불특정다수인의 의견에 영향을 주거나 제압을 가하는 행위를 말하는바, 그 성질상 시위집단 이외의 접촉대상인 불특정다수인의 존재를 당연한 전제로 한다 할 것이고, 바로 이것 때문에 폐쇄된 옥내집회에 비하여 시위의 공공위해의 발생가능성이 높다고 보는 것이다. ……

따라서 옥외집회가 시위와 유사한 정도의 공공위해의 발생가능성을 가지고 있다고 할 수 있기 위하여는, 시위의 경우와 마찬가지로 옥외집회가 집회자 이외의 불특정다수인에게 노출되어 있어야 한다고 봄이 옳고, 옥내집회와 옥외집회를 구별하는 기준은 단순히 천장이 없다거나 외부와의 자유통행에 벽이라는 유형적 장애가 존재하느냐의 여부에만 달려 있다고 볼 것은 아니다. …… 그러므로 집시법의 규제 대상이 되는 옥외집회의 개념 속에는 당연히 "공중이 자유로이 통행할 수 있는 곳"이라는 장소적 제한 개념이 내포되어 있다고 보아야 할 것이고, 이렇게 보아야만 집회의 자유를 국민의 기본권의 하나로 인정하고 그 허가제를 금지하고 있는 헌법의 기본정신에 부합하게 된다고 할 것이다. ……

이상과 같은 이유로 나는, 심판대상규정에는 "공중이 자유로이 통행할 수 있는 장소"라는 제한이 내포되어 있는 것으로 해석하여야 하고, 그렇게 한정해석하는 한 위 규정은 합헌이라고 하여야 옳다고 생각한다.」

⇔ 재판관 1인(재판관 변정수)의 반대의견

「(1) 집시법 제2조 제1호는 "'옥외집회'라 함은 천정이 없거나 4방이 폐쇄되지 않는 장소에서의 집회를 말한다"라고 규정하고 4방이 폐쇄되었더라도 천장이 없거나 천장이 있더라도 4방이 폐쇄되지 않는 장소에서의 집회를 집시법의 규제대상인 옥외집회로 정의하고 있다. ……

집시법 제2조 제1호의 규정은 규제대상으로서의 옥외집회의 범위를 과도하게 확장한 것이어서 집회의 자유를 최대한으로 보장하고자 하는 헌법 제21조 제1, 2항 및 기본권제한 과잉금지원칙을 규정한 헌법 제37조 제2항에 반한다고 아니할 수 없다. ……

(3) 집시법 제2조 제1호가 옥외집회의 정의로서 "천장이 없거나 사방이 폐쇄되지 않은 장소에서의 집회를 말한다"라고 규정하였지만은 위 옥외집회의 정의 가운데는 천장이 없거나 사방이 폐쇄되지 않는 장소일 뿐 아니라 공중이 자유로이 통행할 수 있는 장소에서의 집회이어야 한다는 의미가 당연히 내제되어 있다고 해석되기 때문에 집시법 제2조 제1호는 위헌이 아니라는 견해가 있고(재판관 조규광의 의견, 대구지방법원의 이 사건 제청신청기각 이유 및 법무부장관, 내무부장관, 검찰총장의 의견) 그러한 견해는 매우 합리적이기는 하다. 그러나 제2조 제1호의 문언내용으로 그러한 해석이 가능한지 의문이 있을 수 있고 법집행기관에 따라서는 다르게 해석할 수도 있으므로 집시법 제2조 제1호는 위헌선언에 의하여 이를 폐지하고 다시 입법하도록 하는 것이 옳다고 본다.」

▶ 내 용

▸ 폭력을 사용하는 집회는 집회의 자유의 보호영역에 포함되지 않는다는 취지의 판례

[憲 2003. 10. 30.-2000헌바67등](집회및시위에관한법률 제11조 제1호 중 국내주재 외국의 외교기관 부분 위헌소원 등)

「집회의 자유는 집회의 시간, 장소, 방법과 목적을 스스로 결정할 권리를 보장한다. 집회의 자유에 의하여 구체적으로 보호되는 주요행위는 집회의 준비 및 조직, 지휘, 참가, 집회장소 · 시간의 선택이다. 그러나 집회를 방해할 의도로 집회에 참가하는 것은 보호되지 않는다. 주최자는 집회의 대상, 목적, 장소 및 시간에 관하여, 참가자는 참가의 형태와 정도, 복장을 자유로이 결정할 수 있다.

비록 헌법이 명시적으로 밝히고 있지는 않으나, 집회의 자유에 의하여 보호되는 것은 단지 '평화적' 또는 '비폭력적' 집회이다. 집회의 자유는 민주국가에서 정신적 대립과 논의의 수단으로서, 평화적 수단을 이용한 의견의 표명은 헌법적으로 보호되지만, 폭력을 사용한 의견의 강요는 헌법적으로 보호되지 않는다.」

▸ 집회시의 의사표현이 집회의 자유와 표현의 자유 어느 쪽의 보장을 받는지에 대하여, 양 기본권이 경합적으로 적용되어 집회에 있어서의 표현의 자유로 보장된다고 본 판례

[憲 1992. 1. 28.-89헌가8](국가보안법 제7조 등에 관한 헌법소원)

「구 집시법 제3조 제1항 제4호에서 규제대상이 되는 집회 · 시위는 문언 해석상 그 적용범위가 넓고 불명확하므로 헌법상 보장된 집회의 자유를 위축시킬 수 있다. 대한민국의 체제전복이나 공공질서의 파괴 등 법익 침해와는 무관한 무해 · 무폭력의 집회 · 시위라도 오락 · 체육 · 친목 · 학술 · 종교 등의 비정치적 집회 · 시위가 아닌 한 안심하고 집회의 자유를 향유할 수 없다. 다시 말해서 공공의 안녕과 질서의 법익수호의 목적도 달함이 없이 국민의 집회의 자유만 위협하고 위축시키는 결과를 빚을 것이다. 집회 · 시위의 규제에는 집회에 있어서의 의사표현 자체의 제한의 경우와 그러한 의사표현에 수반하는 행동자체의 제한 두가지가 있을 수 있다. 전자의 경우에는 제한되는 기본권의 핵심은 집회에 있어서의 표현의 자유라고 볼 것이다. 그런데 구 집시법에서는 사회적 불안의 요인이 전자에 기인한 것이든 후자에 기인한 것이든 가리지 않기 때문에 이 규정에 의하여 비단 집단적 행동인 집회의 자유만이 아니라 집단적 의사표시인 표현의 자유마저 위축시키는 결과를 가져올 것이다. 뿐만 아니라 적용범위가 과도하게 광범위하고 불명확하기 때문에 법운영 당국에 의한 자의적 집행의 소지도 생길 수 있다. 법규의 문언대로 적용하느냐 한정적으로 축소적용 하는냐는 법운영 당국의 재량의 여지가 있으므로 집회시위의 주최자에 따라서는 법규문언 그대로 적용하여 합헌적 행위까지도 단속 · 처벌하여 집회의 자유, 표현의 자유를 침해할 수 있는가 하면, 역으로 경우에 따라서는 가능한 한의 축소해석을 하여 위헌성을 띠는 행위마저 단속 · 처벌에서 면제시킬 수 있다. 다시 말하면 법운영 당국으로서 가장 경계하여야 할 편의적 · 자의적 법운영이 가능할 수 있도록 하였다. 무릇 법운영에 있어서 주관적인 자의성을 주는 것은 법치주의의 원리에 반하는 것이고, 결국 법집행을 받는 자에 대한 헌법 제11조의 평등권 침해가 될 것이다. 나아가 어떠한 것이 금지되며 어떠한 것이 범죄의 구성요건이 되는가를 법 제정기관인 입법자가 법률로 정하는 것이 아니라 사실상 법 운영당국의 재량으로 결정하는 결과가 되어 권력분립주의 내지 법치주의에 위배되고 죄형법정주의에도 저촉될 소지가 생겨날 것이다.」

▶ **제한과 그 한계**

▸ 제한에 대한 판례

[憲 1994. 4. 28.-91헌바14](집회및시위에관한법률 제2조 등에 대한 헌법소원)

「우리 헌법도 제37조 제2항에서 이러한 집회의 자유도 국가안전보장·질서유지 또는 공공복리를 위하여 필요한 경우에는 그 본질적인 내용을 침해하지 않는 범위 안에서 법률로써 이를 제한할 수 있음을 규정하고 있고, 이를 받아 집시법은 제1조(목적)에서 "이 법은 적법한 집회 및 시위를 최대한 보장하고 위법한 시위로부터 국민을 보호함으로써 집회 및 시위의 권리의 보장과 공공의 안녕질서가 적절히 조화되게 함을 목적으로 한다"고 규정하고, 그 제2조 이하에서 그것이 집회인가 시위인가, 집회의 경우에는 옥내집회인가 옥외집회인가, 옥외집회의 경우에는 주간집회인가 야간집회인가에 따라, 또는 집회 및 시위 모두에 관하여 그 목적, 방법, 시간, 장소 등에 따라, 집회 및 시위의 권리보장과 공공의 안녕질서가 적절히 조화될 수 있도록 집회 및 시위에 대한 보호와 규제를 여러 가지로 달리하고 있다.

집회 및 시위의 자유는 표현의 자유의 집단적인 형태로서 집단적인 의사표현을 통하여 공동의 이익을 추구하고 자유민주국가에 있어서 국민의 정치적·사회적 의사형성과정에 효과적인 역할을 하는 것이므로 민주정치의 실현에 매우 중요한 기본권인 것은 사실이지만, 다른 한편 언론의 자유와는 달리 다수인의 집단행동에 관한 것이기 때문에 집단행동의 속성상 의사표현의 수단으로서 개인적인 행동의 경우보다 공공의 안녕질서나 법적 평화와 마찰을 빚을 가능성이 큰 것 또한 사실이다.」

※ 집회와 시위의 구별에 대하여는 위 판례 인용부분 참조

□ 결사의 자유

▶ **의 의**

▸ 공공목적에 의해 국가가 조직한 특수단체나 공법의 결사는 국가의 개입으로 자율성을 가지지 않기 때문에 결사의 자유의 보호대상에 포함되지 아니한다는 취지의 판례

[憲 1994. 2. 24.-92헌바43](주택건설촉진법 제3조 제9호 위헌확인)

「주택건설촉진법 제3조 제9호의 규정이 유주택자의 결사의 자유를 침해하는 위헌법률이라는 주장에 대하여 보건대, 헌법 제21조 제1항이 보장하고 있는 결사의 자유에 의하여 보호되는 "결사" 개념에는 법이 특별한 공공목적에 의하여 구성원의 자격을 정하고 있는 특수단체의 조직활동까지 그에 해당하는 것으로 볼 수 없다. 주택건설촉진법상의 주택조합은 주택이 없는 국민의 주거생활의 안정을 도모하고 모든 국민의 주거수준의 향상을 기한다는(동법 제1조) 공공목적을 위하여 법이 구성원의 자격을 제한적으로 정해 놓은 특수조합이어서 이는 헌법상의 결사의 자유가 뜻하는 헌법상 보호법익의 대상이 되는 단체가 아니며 또한 위 법률조항이 위 법률 소정의 주택조합 중 지역조합과 직장조합의 조합원 자격을 무주택자로 한정하였다고 해서 그로 인하여 유주택자가 위 법률과 관계없는 주택조합의 조합원이 되는 것까지 제한받는 것도 아니다. 그러므로 주택건설촉진법 제3조 제9호는 유주택자의 결사의 자유를 침해하는 것이 아니다.」

[憲 1996. 4. 25.-92헌바47](축산업협동조합법 제99조 제2항 위헌소원)

「(가) 결사의 자유의 제한 여부

1) 결사의 자유와 공법인

헌법 제21조가 규정하는 결사의 자유라 함은 다수의 자연인 또는 법인이 공동의 목적을 위하여 단체를 결성할 수 있는 자유를 말하는 것으로 적극적으로는

① 단체결성의 자유,

② 단체존속의 자유,

③ 단체활동의 자유,

④ 결사에의 가입·잔류의 자유를, 소극적으로는 기존의 단체로부터 탈퇴할 자유와 결사에 가입하지 아니할 자유를 내용으로 하는바, 위에서 말하는 결사란 자연인 또는 법인의 다수가 상당한 기간 동안 공동목적을 위하여 자유의사에 기하여 결합하고 조직화된 의사형성이 가능한 단체를 말하는 것으로 공법상의 결사는 이에 포함되지 아니한다. 그런데 우리 나라 축협법상의 축협을 공법인으로 볼 것인지, 사법인으로 볼 것인지에 관하여는 논란이 있으므로 살펴본다.

2) 축협의 성질

축협법상 축협(업종별축협과 지역별축협을 말한다)과 중앙회는 …… 축협에 일반적인 사법인과는 다른 점들을 찾아볼 수 있으나, …… 그 목적이나 설립·관리면에서 자주적인 단체로서 공법인이라고 하기보다는 사법인이라고 할 것이다(헌법재판소 1991. 3. 11. 선고, 90헌마28 결정 참조).

3) 따라서 축협의 설립과 관련하여도 결사의 자유는 보장된다고 할 것인바, 이 사건 심판대상조항은 기존의 조합과 구역을 같이하는 경우 신설 조합의 설립을 제한하고 있으므로 결사의 자유를 제한하고 있다고 할 것이다.」

※ 위 판례에서 우리 나라의 경제질서에 대하여 언급한 부분에 관하여는 〈제3편 - 제2장 - 2. - 경제영역의 기본원리 - □ 시장경제〉 판례 인용부분을, 축협의 성질에 대한 자세한 내용은 〈제3편 - 제2장 - 2. - 경제영역의 기본원리 - □ 경제에 관한 헌법규정〉 판례 인용부분을, 기본권 제한의 적합성 원칙에 대한 부분은 〈제4편 - 제4장 - 3. - □ 과잉금지원칙〉 판례 인용부분을 각 참조

[憲 2000. 11. 30.-99헌마190](농업기반공사및농지관리기금법 위헌확인)

「청구인 김○권은 농조의 해산으로 인하여 조합원인 그의 결사의 자유(결사조직의 자유, 결사존립의 자유 등) 및 직업선택의 자유(직업결정의 자유)가 침해되었다고 주장한다.

살피건대, 헌법 제21조가 규정하는 결사의 자유에서의 결사란 자연인 또는 법인이 공동목적을 위하여 자유의사에 기하여 결합한 단체를 말하는 것으로 공적책무의 수행을 목적으로 하는 공법상의 결사는 이에 포함되지 아니한다(헌재 1996. 4. 25. 92헌바47, 판례집 8-1, 370, 377 참조)고 할 것인바, 앞에서 살핀 바와 같이 농조를 공법인으로 보는 이상, 농조는 헌법상 결사의 자유가 뜻하는 헌법상 보호법익의 대상이 되는 단체로 볼 수 없고(헌재 1994. 2. 24. 92헌바43, 판례집 6-1, 72, 77 참조), 따라서 이 사건에서 농조가 해산됨으로써 청구인 김○권이 조합원의 지위를 상실하였다고 하더라도 이로써 그의 결사의 자유가 침해되었다고 할 것은 아니다.」

▸ **제한과 그 한계**

[憲 2000. 6. 1.-99헌마553](농업협동조합법 위헌확인)

「(가) 기본권의 제한

통합조항은 청구인들의 의사에 반하여 축협중앙회를 해산하여 신설중앙회에 합병시킴으로써(신법 부칙 제2조, 제6조), 이에 수반하여 청구인 1(축협중앙회)의 "결사의 자유(단체존속의 자유 등)"를, 축협중앙회의 회원인 청구인 2 내지 11(업종별 · 지역별 축협)의 "결사의 자유(단체존속의 자유, 단체에 잔류할 자유 등)"를, 청구인 17(축협중앙회 노동조합)의 "결사의 자유(단체존속의 자유 등)"를 각 제한한다고 할 것이다.

나아가 위 합병의 결과로서, 축협중앙회 회원조합을 그들의 의사와는 무관하게 신설중앙회의 회원조합으로 보도록 함으로써(부칙 제11조), 청구인 2 내지 11(업종별 · 지역별 축협)의 "결사의 자유(단체활동의 자유 등)"를, 청구인 12, 13(지역별 축협의 조합원)의 "결사의 자유(단체에 가입하지 아니할 자유 등)"를 각 제한한다고 할 것이며, 또한 축협중앙회의 자산을 신설중앙회가 승계하도록 함으로써(부칙 제7조) 청구인 1 내지 13의 재산권을 제한한다고 할 것이다.

한편 법인의 설립 및 존속은 "직업의 자유"의 한 모습이기도 하므로(헌재 1996. 4. 25. 92헌바47, 판례집 8-1, 370, 379-380 참조), 통합조항은 청구인 1에 대하여는 법인해산으로 단체존속을 중단시킴으로써 "직업수행의 자유"를 제한하며, 청구인 2 내지 11에 대하여는 축협중앙회의 설립을 불가능하게 함으로써, 청구인 12, 13에 대하여는 농협중앙회에 소속되지 아니한 지역별 축협을 결성하지 못하도록 함으로써 각 법인설립에 관한 "직업선택의 자유"를 제한한다고 할 것이다. 청구인 14 내지 16(축협중앙회의 임직원)에 대하여는 그 동안 수행하던 직업을 더 이상 영위할 수 없게 하거나 고용주를 변경시킴으로써 "직업수행의 자유"를 제한한다고 할 것이다. 또한 청구인 17에 대하여는 그 단체를 더 이상 존속할 수 없도록 함으로써 "직업수행의 자유" 또는 "단결권"을 제한한다고 할 것이다.

(나) 본질적 침해 여부

청구인 축협중앙회를 해산함은 형식적으로는 단체 자체를 해산하므로 결사의 자유 내지는 직업의 자유 등 기본권의 본질적 침해가 있는 것으로 보인다.

그러나 신법에 의한 통합은, …… 축협중앙회의 회원 조합이나 축협조합원들의 입장에서 보면, 그들의 단체는 신설중앙회 안에 형태를 바꾸어 여전히 유지 · 존속하고 있어, 이를 형식적으로만 보아 양축인들의 자율적 단체가 해산되어 소멸하였다거나, 향후 그들의 단체결성이 금지되었다고 볼 것은 아니고, 나아가 이는 헌법 제123조 제5항의 국가의 자조조직 육성의무 이행의 한 형태로서 결과된 것이므로, 이를 가리켜 청구인들에게 수인을 요구할 수 있는 범위를 넘어서 그들의 기본권의 본질적인 내용을 침해하는 것이라고 할 것은 못된다.

(다) 과잉금지의 원칙 ……

입법목적의 정당성

…… 이와 같은 상황하에서 농민 및 양축인의 지위를 보호하고, 나아가 국민경제의 균형있는 발전을 꾀하고자 하는 통합조항의 입법목적은 입법자가 추구할 수 있는 헌법상 정당한 목적이라는 점에서는 의문의 여지가 없다.

수단의 적합성 및 피해의 최소성 ……

통합 이외에는 위와 같은 입법목적을 달성할 합리적인 대안이 없다고 할 것이다.

다음으로 통합을 하면서도 청구인들의 기본권을 덜 제한할 수 있는 방편을 생각하여 보면, …… 축협법 제111조에 따라 이를 해산하고 농협중앙회 등과 통합하도록 하는 신법을 제정하는 것이 현실적이고도 불가피한 선택이라고 하지 않을 수 없다.……

법익의 균형성

통합조항으로 인하여 침해되는 법익으로는 앞에서 본 바와 같이 청구인 1(축협중앙회)의 단체존속의 자유가 가장 문제될 것이나, 그로 인하여 얻어지는 이익은 모든 농축산인의 경쟁력 강화와 나아가서는 국민경제의 발전이다. ……

그렇다면 축협중앙회 및 회원조합들의 동반 부실을 예방하기 위하여는, 설사 통합이 청구인들의 위와 같은 기본권을 일부 제한하는 결과가 된다고 하더라도 사회전체의 공공복리를 위하여 허용된다고 하지 않을 수 없다.

한편 재산권침해 주장과 관련하여 통합조항 중 재산권의 이전을 내용으로 하는 신법 부칙 제7조는 중앙회의 합병에 필연적으로 따르는 것으로, 앞에서 본 기본권의 제한원리에 비추어 청구인들의 재산권이 제한되는 것은 헌법상 허용되는 범위 내에 있다고 하지 않을 수 없으며, 더욱이 청구인 1의 재산권은 형식적으로 법인의 해산으로 인하여 박탈되는 것처럼 보이나, 그 실질적인 귀속주체인 청구인 2 내지 13의 측면에서 보면, 여전히 신설중앙회에 승계되어 가치를 상실함이 없이 존속한다.……

(4) 소 결 론

그렇다면 통합조항이 비록 청구인들의 결사의 자유, 직업의 자유, 재산권 등 기본권을 제한한다고 하더라도, 그 정도가 과도하여 기본권제한의 목적 · 수단간의 비례성을 현저히 상실하였다고 보기 어렵고, 그 입법목적 및 통합이 지니는 고도의 공익성 등과 아울러 볼 때, 통합조항이 입법재량권의 범위를 현저히 일탈한 것이라고는 할 수 없다.」

※ 위 판례에서 축산업협동조합 중앙회의 법적성격에 대하여 언급한 부분에 관해서는 〈제3편 - 제2장 - 2. - 경제영역의 기본원리 - □ 경제에 관한 헌법규정〉 판례 인용부분 참조

[憲 2002. 9. 19.-2000헌바84](약사법 제16조 제1항 등 위헌소원)

「청구인은 이 사건 법률조항의 위헌성을 주장하면서 결사의 자유에 대하여는 명시적 언급을 하고 있지 않지만, 이 사건 법률조항에 의하여 법인을 설립하여 약국을 운영하려는 약사 개인들 및 이러한 약사들에 의하여 구성된 법인의 결사의 자유가 침해된다고 볼 여지가 있으므로 이 점에 대하여도 살펴보기로 한다. ……

그런데, 이 사건과 관련하여서는 단체구성원에게 경제적 이익을 분배하는 것을 목적으로 하는 영리단체도 헌법상 '결사'의 범주에 포함되는 단체인가 하는 것이 문제가 될 수 있다. 결사의 자유는 역사적으로 언론 · 출판의 자유 및 집회의 자유와 함께 정치적 의견을 형성하고 전파하기 위한 수단으로서 넓은 의미의 표현의 자유 내지 정신적 자유의 하나로 형성 · 발전되어 왔으므로 그 성질상 영리단체와는 직접 관련이 없다고 볼 여지도 있기 때문이다.

헌법재판소는 결사의 자유에서 말하는 '결사'란 자연인 또는 법인의 다수가 상당한 기간 동안 공동목적을 위하여 자유의사에 기하여 결합하고 조직화된 의사형성이 가능한 단체를 말하는 것(헌재 1996. 4. 2. 92헌바47, 판례집 8-1, 370, 377)이라고 정의하여 공동목적의 범위를 비영리적인 것으로 제한하지는 않았고, 다만, 결사 개념에 공법상의 결사(헌재 1996. 4. 2. 92헌바47, 판례집 8-1, 370, 377)나 법이 특별한 공공목적에 의하여 구성원의 자격을 정하고 있는 특수단체의 조직활동(헌재 1994. 2. 24. 92헌바43, 판례집 6-1, 72, 77)은 해당되지 않는다고 판시한 바 있을 뿐이며, 연혁적 이유 이외에는 달리 영리단체를 결사에서 제외하여야 할 뚜렷한 근거가 없는 터이므로, 영리단체도 헌법상 결사의 자유에 의하여 보호된다고 보아야 할 것이다.

그렇다면, 앞에서 살펴본 바와 같이 이 사건 법률조항은 합리적 이유 없이 모든 법인에 의한 약국의 개설을 금지함으로써 법인을 설립하여 약국을 경영하려는 약사 개인들과 이러한 법인의 단체결성 및 단체활동의 자유를 제한하고 있으므로, 결국 이들의 결사의 자유를 침해하고 있다고 하겠다.」

⇔ 재판관 3인(재판관 윤영철, 재판관 하경철, 재판관 김경일)의 반대의견

「다수의견은 헌법 제21조의 결사의 자유에는 영리단체를 결성할 자유를 포함하므로 이 사건 법률조항은 개개의 약사들이 법인을 설립하여 약국을 경영하려는 약사개인들의 결사의 자유를 침해한다고 보고 있다.

그러나 이 사건 법률조항은 개개의 약사들이 법인을 설립하거나 그 구성원(예컨대 주주 또는 임원)으로서 활동하는 데 대하여는 아무런 제한을 가하지 아니하고, 다만 법인의 활동 그 중에서도 약국의 개설이란 특수한 활동만을 제약할 뿐이며, 우리 법제가 법인과 그 구성원을 별개의 인격체로 인정하는 이상, 법인의 활동에 대한 제한은 어디까지나 법인 자체의 활동의 자유와 관련되는 것이지 그 구성원의 결사의 자유를 직접 침해하는 것이라고는 할 수 없다.

따라서, 이 사건 법률조항이 약사들의 결사의 자유를 침해하는 것이 아니다.」

3. 사생활 및 정보의 자유

주거의 자유

□ 의 의

▶ **주거의 개념**

▸ **강의실을 주거의 개념에 포함시킨 판례**

[大 1992. 9. 25.-92도1520](폭력행위등처벌에관한법률위반, 집회및시위에관한법률위반)

「일반적으로 대학교의 강의실은 그 대학당국에 의하여 관리되면서 그 관리업무나 강의와 관련되는 사람에 한하여 출입이 허용되는 건조물인 것이지 널리 일반인에게 개방되어 누구나 자유롭게 출입할 수 있는 곳은 아니라고 할 것이고, 한편 원심판시 제12 범죄사실에 의하면, 피고인들 및 공소외인 34명은 공동하여 진주전문대생들과의 충돌을 예상하여 그 범행의 도구로 쓰일 쇠파이프 42개, 최루탄 4발을 나누어 들고, 그 대학당국의 허락을 받지 않은 채 몇 명씩 분산하여 위 대학 씨동 101호 강의실에 침입하였다는 것인바, 이는 폭력행위등처벌에관한법률 제3조 제1항 소정의 "다중의 위력으로 건조물에 침입한 행위"로서 범죄구성요건에 해당한다고 할 것이므로 거기에 소론과 같은 주거침입죄에 관한 법리를 오해한 위법이 있다고 할 수 없다. 논지는 이유없다.」

□ 내 용

▶ **주거의 불가침**

▸ **간통을 위해 처의 동의를 얻어 주거에 들어간 경우에도 남편의 동의가 없음을 들어 주거침입죄의 성립을 인정한 판례**

[大 1958. 5. 23.-4291형상117](주거침입 피고사건)

「피고인의 상고이유는 "…… 설사 백보를 양하야 피고인이 위와 같은 범행을 감행하였다고 가정하더라도 …… 이것은 일가의 주관권이 최○실의 부인 정○옥에게 있음은 재론의 여지가 없으며 또 위 정○옥이 부재중에는 그의 처인 최○실이가 일가의 주관권이 유한바 위 정○옥이가 병원에 입원 부재중에 그 처인 최○실이가 위와 같이 피고인을 그 실내에 안내한 것은 위 진술의 취지에 종하야 명약관화인 바 위와 같은 사실로 미루어 볼 때 피고인은 위 최○실의 승낙하에 위 실내에 입실한 것이고 피고인이 무단침입하지 않은 것은 역연한 사실인즉 이는 범죄가 구성되지 않음은 물론이요 따라서 무죄의 판결을 할 것임에도 불구하고 형법 제319조 제1항을 적용한 것은 사실인정에 중대한 착오라 아니할 수 없다. 고로 원판결은 파훼의 운명을 면치 못할 것임. 편히 백보를 양하여도 위와 같은 범행사실을 인정한다 하더라도 여사한 경미한 사실에 실형을 가한다는 것은 그 양형에 있어서 중대한 차질이 생함으로써 원판결은 그 양형에 있어서도 그 파훼를 면치 못할 것임"이라는 데 있다.

그러나 주거는 각자의 사생활의 근거로서 안전 불가침의 장소라는 전제하에 주거침입죄를 규정한 법정신에 비추어 타인의 처와 간통이나 간강행위를 할 목적으로 그 처의 동의하에 타인의 주거에 들어간 경우에 일반적으로 본부가 그 자가 들어갈 것을 용인할 의사 없음은 물론이므로 그 본부의 주거에 대한 침입의 죄책을 면할 수 없다.」

▸ **대리시험자의 시험장 입장도 주거침입죄로 처벌한 판례**

[大 1967. 12. 19.-67도1281](주거침입교사, 위계에의한공무집행방해교사)

「주거침입죄는 사람의 주거, 간수있는 저택 건물이나 선박에 대하여 그 주거자나 그 건물등의 관리자들의 승낙없이 또는 위와 같은 자들의 의사나 추정된 의사에 반하여 정당한 이유없이 들어감으로써 주거침입죄가 성립되고, 위와 같은 침입이 평온, 공연하게 이루어졌다거나, 위의 주거자 또는 관리인등의 승낙이나 허가를 얻어 들어갔다 하여도 불법행위를 할 목적으로 들어간 때에는 위와 같은 주거자나 관리인의 의사 또는 추정된 의사에 반하여 들어간 것이라 아니할 수 없으므로 역시 주거침입죄가 성립된다고 해석하여야 할 것인바, 본건에 있어서의 대리 응시자인 소외 성○용 외 11명은 진실한 응시자인 것같이 가장하여 소정절차를 밟는 등의 시험관리자의 승낙을 얻어 시험장에 들어갔다 하더라도 만일 위의 시험관리자가 그 대리응시자들이 대리응시자이고 위에서 말한바와 같은 불법된 행위를 할 목적으로 시험장에 들어간 것이라는 점을 알았다면 위와 같은 대리응시자에게의 입장을 승낙 또는 허락할리 만무하다 할 것인즉, 위의 대리응시자들의 시험장의 입장은 시험관리자의 승낙 또는 그 추정된 의사에 반한 불법침입이라 아니할 수 없고, 따라서 피고인은 위와 같은 불법침입을 교사한 이상 주거침입 교사죄가 성립된다고 아니할 수 없을 것임에도 불구하고, 원심이 위와 반대된 견해로서 주거침입 교사죄가 성립되지 아니한다고 판단하였음은 주거침입죄에 있어서의 침입에 관한 법리를 오해한 위법이 있다고 아니할 수 없다.」

▸ **일반인의 출입이 허용된 음식점도 도청의 목적으로 출입한 경우에 영업주의 명시적 또는 추정적 의사에 반하여 들어가면 주거침입죄가 성립한다는 취지의 판례**

[大 1997. 3. 28.-95도2674](폭력행위등처벌에관한법률위반)

「일반인의 출입이 허용된 음식점이라 하더라도, 영업주의 명시적 또는 추정적 의사에 반하여 들어간 것이라면 주거침입죄가 성립된다 할 것이다.

그런데, 원심이 인용한 제1심판결이 채용한 증거들에 의하면, 이 사건 음식점에는 1992. 12. 11. 08:00경 평소 이 음식점을 종종 이용하여 오던 부산시장 등 기관장들의 조찬모임이 예약되어 있었던 사실, 피고인들은 같은 달 10. 12:00경 그 조찬모임에서의 대화내용을 도청하기 위한 도청용 송신기를 설치할 목적으로 손님을 가장하여 이 음식점에 들어간 사실을 알 수 있는바, 사정이 이와 같다면 영업자인 피해자가 출입을 허용하지 않았을 것으로 보는 것이 경험칙에 부합한다 할 것이므로, 피고인들은 모두 주거침입죄의 죄책을 면할 수 없다(대법원 1978. 10. 10. 선고 75도2665 판결 참조).」

사생활의 비밀과 자유

□ 의 의

▶ **개 념**

[憲 2003. 10. 30.-2002헌마518](도로교통법 제118조 위헌확인)

「다. 이 사건 심판대상조항들이 청구인의 사생활의 비밀과 자유를 침해하는지의 여부

(1) 사생활의 비밀과 자유의 보호영역

사생활의 비밀은 국가가 사생활영역을 들여다보는 것에 대한 보호를 제공하는 기본권이며, 사생활의 자유는 국가가 사생활의 자유로운 형성을 방해하거나 금지하는 것에 대한 보호를 의미한다. 구체적으로 사생활의 비밀과 자유가 보호하는 것은 개인의 내밀한 내용의 비밀을 유지할 권리, 개인이 자신의 사생활의 불가침을 보장받을 수 있는 권리, 개인의 양심영역이나 성적 영역과 같은 내밀한 영역에 대한 보호, 인격적인 감정세계의 존중의 권리와 정신적인 내면생활이 침해받지 아니할 권리 등이다.

우리 재판소는 '사생활의 자유'란 사회공동체의 일반적인 생활규범의 범위 내에서 사생활을 자유롭게 형성해 나가고 그 설계 및 내용에 대해서 외부로부터의 간섭을 받지 아니할 권리이며, 사생활과 관련된 사사로운 자신만의 영역이 본인의 의사에 반해서 타인에게 알려지지 않도록 할 수 있는 권리인 '사생활의 비밀'과 함께 헌법상 보장되고 있는 것이라고 판시한 바 있다(헌재 2001. 8. 30. 99헌바92 등, 판례집 13-2, 174, 203 참조).

즉, 헌법 제17조가 보호하고자 하는 기본권은 '사생활영역'의 자유로운 형성과 비밀유지라고 할 것이며, 공적인 영역의 활동은 다른 기본권에 의한 보호는 별론으로 하고 사생활의 비밀과 자유가 보호하는 것은 아니라고 할 것이다.

(2) 운전 중 좌석안전띠착용이 사생활의 영역인지의 여부 ……

그렇다면 운전할 때 운전자가 좌석안전띠를 착용하는 문제는 더 이상 사생활영역의 문제가 아니어서 사생활의 비밀과 자유에 의하여 보호되는 범주를 벗어난 행위라고 볼 것이므로, 이 사건 심판대상조항들은 청구인의 사생활의 비밀과 자유를 침해하는 것이라 할 수 없다.」

※ 위 판례에서 우리 헌법질서가 예정하는 인간상에 대하여 언급한 부분은 〈제5편 - 제1장 - 1. - □ 의의〉 판례 인용부분을, 일반적 행동자유권의 침해여부에 대하여 언급한 부분은 〈제5편 - 제1장 - 1. - □ 내용〉 판례 인용부분을 각 참조

□ 법적 성격

▶ **판 례**

▸ 헌법 제17조는 개인의 사생활 활동이 타인으로부터 침해되거나 사생활이 함부로 공개되지 아니할 소극적인 권리는 물론, 자신에 대한 정보를 자율적으로 통제할 수 있는 적극적인 권리까지도 보장하려는 데에 그 취지가 있다고 본 판례

[大 1998. 7. 24.-96다42789](손해배상(기))

「헌법 제10조는 "모든 국민은 인간으로서의 존엄과 가치를 가지며, 행복을 추구할 권리를 가진다. 국가는 개인이 가지는 불가침의 기본적 인권을 확인하고 이를 보장할 의무를 진다"고

규정하고, 헌법 제17조는 "모든 국민은 사생활의 비밀과 자유를 침해받지 아니한다"라고 규정하고 있는바, 이들 헌법 규정은 개인의 사생활 활동이 타인으로부터 침해되거나 사생활이 함부로 공개되지 아니할 소극적인 권리는 물론, 오늘날 고도로 정보화된 현대사회에서 자신에 대한 정보를 자율적으로 통제할 수 있는 적극적인 권리까지도 보장하려는 데에 그 취지가 있는 것으로 해석되는바, 원심이 적법하게 확정한 바와 같이, 피고 산하 국군보안사령부가 군과 관련된 첩보 수집, 특정한 군사법원 관할 범죄의 수사 등 법령에 규정된 직무범위를 벗어나 민간인인 원고들을 대상으로 평소의 동향을 감시 · 파악할 목적으로 지속적으로 개인의 집회 · 결사에 관한 활동이나 사생활에 관한 정보를 미행, 망원 활용, 탐문채집 등의 방법으로 비밀리에 수집 · 관리하였다면, 이는 헌법에 의하여 보장된 원고들의 기본권을 침해한 것으로서 불법행위를 구성한다고 하지 않을 수 없다.

피고는 원심판시 별지목록 4 기재 원고들에 대하여는 색인카드만 작성된 것임을 전제로, 이들에 대하여는 공개된 내용에 비추어 불법행위를 구성하는 것으로 볼 수 없다는 취지로 주장하나, 이들에 대하여도 위와 같은 내용의 전산개인카드와 개인신상자료철이 작성 · 보관되었음은 위에서 본 바와 같으므로, 이와 반대의 입장을 전제로 한 피고의 상고이유의 주장은 받아들일 수 없다.

상고이유에서 주장하는 바와 같이 원고들 중에는 일반 공중에 널리 알려져 있는 사람도 있고, 이와 같은 공적 인물에 대하여는 사생활의 비밀과 자유가 일정한 범위 내에서 제한되어 그 사생활의 공개가 면책되는 경우도 있을 수 있으나, 이는 공적 인물은 통상인에 비하여 일반 국민의 알 권리의 대상이 되고 그 공개가 공공의 이익이 된다는 데 근거한 것이므로, 이 사건과 같이 일반 국민의 알 권리와는 무관하게 국가기관이 평소의 동향을 감시할 목적으로 개인의 정보를 비밀리에 수집한 경우에는 그 대상자가 공적 인물이라는 이유만으로 면책될 수 없다.

그리고 피고 산하 국군보안사령부가 위법하게 원고들에 대한 정보를 수집 · 관리함으로 인하여 원고들이 입은 정신적 손해는 윤○양이 위와 같이 사찰관계 자료를 공개함으로써 이를 알게 되었다고 할 수는 있으나, 상고이유에서 주장하는 바와 같이 그 손해가 윤석양에 의한 사찰관계 자료의 공개에 의하여 비로소 발생한 것으로 볼 것은 아니다.」

□ 내　　용

▶ 사생활의 자유의 불가침

▸ **사생활의 자유는 사회공동체의 일반적인 생활규범의 범위 내에서 개인의 사적 영역을 자유롭게 형성해 나가고 그 설계 및 내용에 대해서 외부로부터 간섭을 받지 아니할 권리를 말한다는 취지의 판례**

[憲 2002. 3. 28.-2000헌바53](형법 제259조 제2항 위헌소원)

「청구인은, 봉건적 의미의 가부장제를 전제로 한 이 사건 법률조항이 비속에 대하여 존속에 대한 도덕적 의무, 즉 효를 강요하고 개인의 윤리문제에 직접 개입함으로써 헌법 제17조의 사생활의 자유를 침해하고 헌법 제36조의 가족 구성원의 평등 원칙에 반한다는 취지로 주장한다.

그러나, "사생활의 자유"는 사회공동체의 일반적인 생활규범의 범위 내에서 사생활을 자유롭게 형성해 나가고 그 설계 및 내용에 대해서 외부로부터 간섭을 받지 아니할 권리라고 할 수 있는데, 우선 존속상해치사죄와 같은 범죄행위가 헌법상 보호되는 사생활의 영역에 속한다고 볼 수 없을 뿐만 아니라, 이 사건 법률조항의 입법목적이 정당하고 그 형의 가중에 합리적 이유가 있으며 직계존속이 아닌 통상인에 대한 상해치사죄도 형사상 처벌되고 있는 이상, 직계존속에 대한 상해치사죄를 가중처벌한다 하여 가족관계상 비속의 사생활이 왜곡된다거나 존속에 대한 태도 및 행동 등에 있어서 효의 강요나 개인 윤리문제에의 개입 등 외부로부터 부당한 간섭이 있는 것이라고는 말할 수 없다.」

※ 위 판례에서 평등의 원칙에 위반되는지 여부에 대하여 언급한 부분에 관하여는 〈제5편 - 제2장 - ☐ 내용〉 판례 인용부분 참조

▶ 자기정보 관리 · 통제권

▸ **자기정보자기결정권이 헌법상의 개별 기본권 규정이나 개별 규정에 근거하고 있는 것이 아니라 독자적인 기본권으로서 헌법상 명시되지 않은 기본권에 해당한다고 본 판례**

[憲 2005. 5. 26.-99헌마513등](주민등록법 제17조의 8 등 위헌확인 등)

「나. 이 사건 심판대상과 관련 기본권

(1) 앞에서 살펴본 바와 같이 이 사건 심판청구 중 이 사건 시행규칙조항에 대한 부분은 부적법 각하되어야 할 것이므로, 이 사건 심판대상 중 본안판단의 대상이 되는 것은 이 사건 시행령조항과 경찰청장의 보관 등 행위의 각 위헌 여부이다.

그런데 주민등록증 발급대상자로 하여금 주민등록증발급신청서에 열 손가락의 지문을 날인하도록 하고 있는 이 사건 시행령조항은 지문정보의 수집에 관한 규정으로 볼 수 있으므로, 결국 이 사건 심판청구는 개인정보의 하나인 지문정보의 수집 · 보관 · 전산화 · 이용이라는 일련의 과정에서 적용되고 행해진 규범 및 행위가 헌법에 위반되는지 여부를 그 대상으로 하는 것이라고 할 수 있다.

청구인들(청구인들 5인 모두를 말한다. 이하 같다)이 이 사건 심판청구에서 침해된 것으로 거론하고 있는 기본권으로는 인간의 존엄과 가치, 행복추구권, 인격권, 신체의 자유, 사생활의 비밀과 자유, 개인정보자기결정권, 양심의 자유 등을 들 수 있는바, 우선 이 사건 심판청구와 가장 밀접한 관련을 맺고 있는 것으로 보이는 개인정보자기결정권에 대하여 보기로 한다.

(2) 개인정보자기결정권은 자신에 관한 정보가 언제 누구에게 어느 범위까지 알려지고 또 이용되도록 할 것인지를 그 정보주체가 스스로 결정할 수 있는 권리이다. 즉 정보주체가 개인정보의 공개와 이용에 관하여 스스로 결정할 권리를 말한다.

개인정보자기결정권의 보호대상이 되는 개인정보는 개인의 신체, 신념, 사회적 지위, 신분 등과 같이 개인의 인격주체성을 특징짓는 사항으로서 그 개인의 동일성을 식별할 수 있게 하는 일체의 정보라고 할 수 있고, 반드시 개인의 내밀한 영역이나 사사(私事)의 영역에 속하는 정보에 국한되지 않고 공적 생활에서 형성되었거나 이미 공개된 개인정보까지 포함한다. 또한 그러한 개인정보를 대상으로 한 조사 · 수집 · 보관 · 처리 · 이용 등의 행위는 모두 원칙적으로 개인정보자기결정권에 대한 제한에 해당한다.

새로운 독자적 기본권으로서의 개인정보자기결정권을 헌법적으로 승인할 필요성이 대두된 것은 다음과 같은 사회적 상황의 변동을 그 배경으로 한다고 할 수 있다. ……

이와 같은 사회적 상황하에서 개인정보자기결정권을 헌법상 기본권으로 승인하는 것은 현대의 정보통신기술의 발달에 내재된 위험성으로부터 개인정보를 보호함으로써 궁극적으로는 개인의 결정의 자유를 보호하고, 나아가 자유민주체제의 근간이 총체적으로 훼손될 가능성을 차단하기 위하여 필요한 최소한의 헌법적 보장장치라고 할 수 있다.

개인정보자기결정권의 헌법상 근거로는 헌법 제17조의 사생활의 비밀과 자유, 헌법 제10조 제1문의 인간의 존엄과 가치 및 행복추구권에 근거를 둔 일반적 인격권 또는 위 조문들과 동시에 우리 헌법의 자유민주적 기본질서 규정 또는 국민주권원리와 민주주의원리 등을 고려할 수 있으나, 개인정보자기결정권으로 보호하려는 내용을 위 각 기본권들 및 헌법원리들 중 일부에 완전히 포섭시키는 것은 불가능하다고 할 것이므로, 그 헌법적 근거를 굳이 어느 한 두 개에 국한시키는 것은 바람직하지 않은 것으로 보이고, 오히려 개인정보자기결정권은 이들을 이념적 기초로 하는 독자적 기본권으로서 헌법에 명시되지 아니한 기본권이라고 보아야 할 것이다.

개인의 고유성, 동일성을 나타내는 지문은 그 정보주체를 타인으로부터 식별가능하게 하는 개인정보이므로, 시장·군수 또는 구청장이 개인의 지문정보를 수집하고, 경찰청장이 이를 보관·전산화하여 범죄수사목적에 이용하는 것은 모두 개인정보자기결정권을 제한하는 것이라고 할 수 있다.

(3) 청구인들은 심판대상인 이 사건 시행령조항 및 경찰청장의 보관 등 행위에 의하여 침해되는 기본권으로서 인간의 존엄과 가치, 행복추구권, 인격권, 사생활의 비밀과 자유 등을 들고 있으나, 위 기본권들은 모두 개인정보자기결정권의 헌법적 근거로 거론되는 것들로서 청구인들의 개인정보에 대한 수집·보관·전산화·이용이 문제되는 이 사건에서 그 보호영역이 개인정보자기결정권의 보호영역과 중첩되는 범위에서만 관련되어 있다고 할 수 있으므로, 특별한 사정이 없는 이상 개인정보자기결정권에 대한 침해 여부를 판단함으로써 위 기본권들의 침해 여부에 대한 판단이 함께 이루어지는 것으로 볼 수 있어 그 침해 여부를 별도로 다룰 필요는 없다고 보인다.

(4) 그 밖에 청구인 이○빈 등은 이 사건 시행령조항에 의하여 신체의 자유와 양심의 자유가 침해된다고 주장하고 있다.

우리 헌법 제12조 제1항 전문에서 보장하는 신체의 자유는 신체의 안정성이 외부로부터의 물리적인 힘이나 정신적인 위험으로부터 침해당하지 아니할 자유와 신체활동을 임의적이고 자율적으로 할 수 있는 자유를 말하는 것이다(헌재 1992. 12. 24. 92헌가8, 판례집 4, 853, 874). 그렇다면 이 사건 시행령조항이 주민등록증 발급대상자에 대하여 열 손가락의 지문을 날인할 의무를 부과하는 것만으로는 신체의 안정성을 저해한다거나 신체활동의 자유를 제약한다고 볼 수 없으므로, 이 사건 시행령조항에 의한 신체의 자유의 침해가능성은 없다고 할 것이다.

한편, 헌법 제19조가 보장하는 양심의 자유에 있어서의 양심에는 세계관·인생관·주의·신조 등은 물론이고 나아가 널리 개인의 인격형성에 관계되는 내심에 있어서의 가치적·윤리적 판단도 포함된다. 그러므로 양심의 자유는 널리 사물의 시시비비나 선악과 같은 윤리적 판단에 국가의 간섭을 받지 않을 내심의 자유는 물론, 이와 같은 윤리적 판단을 국가권력에 의하여 외부에 표명하도록 강제되지 않을 자유까지 포괄한다(헌재 1991. 4. 1. 89헌마160, 판례집 3, 149, 152 참조). 그런데 지문을 날인할 것인지 여부의 결정이 선악의 기준에 따른 개인의 진지한 윤리적 결정에 해당한다고 보기는 어려워, 열 손가락 지문날인의 의무를 부과하는 이 사건 시행령조항에 대하여 국가가 개인의 윤리적 판단에 개입한다거나 그 윤리적 판단을 표명하도록 강제하는 것으로 볼 여지는 없다고 할 것이므로, 이 사건 시행령조항에 의한 양심의 자유의 침해가능성 또한 없는 것으로 보인다.

그리고 청구인 오○익 등은 경찰청장의 보관 등 행위가 자신들의 신체의 자유를 침해하고 무죄추정의 원칙은 물론 영장주의 내지 강제수사법정주의에 위배된다고 주장하고 있으나, 이미 수집되어 있는 지문정보를 보관·전사화하여 범죄수사목적에 이용하는 것만으로 신체의 안정성을 저해한다거나 신체활동의 자유를 제약하는 것으로 볼 수 없으므로 신체의 자유를 침해하거나 영장주의 내지 강제수사법정주의에 위배된다고 볼 여지가 없고, 경찰청장의 보관 등 행위가 범죄현장에서 지문이 채취된 자 또는 지문정보가 보관되어 있는 모든 국민의 유죄추정을 전제로 하는 것이라고 할 수도 없다.

(5) 따라서 이 사건 심판청구에 있어 문제되는 기본권을 개인정보자기결정권에 국한하여 보기로 하고, 이하에서는 심판대상인 이 사건 시행령조항 및 경찰청장의 보관 등 행위에 의한 개인정보자기결정권의 제한이 헌법상 허용되는 것인지 여부를 살펴본다.」

□ 제한과 그 한계

▶ 제 한

▸ 사생활의 비밀과 자유도 헌법 제37조 제2항에 근거하여 제한할 수 있음을 밝힌 판례
[憲 1995. 12. 28.-91헌마114](형사소송규칙 제40조에 대한 헌법소원)

「공판정에서 진술을 하는 피고인·증인 등도 인간으로서의 존엄과 가치를 가지며(헌법 제10조), 사생활의 비밀과 자유를 침해받지 아니할 권리를 가지고 있으므로(헌법 제17조), 본인이 비밀로 하고자 하는 사적인 사항이 일반에 공개되지 아니하고 자신의 인격적 징표가 타인에 의하여 일방적으로 이용당하지 아니할 권리가 있다. 따라서 모든 진술인은 원칙적으로 자기의 말을 누가 녹음할 것인지와 녹음된 기기의 음성이 재생될 것인지 여부 및 누가 재생할 것인지 여부에 관하여 스스로 결정할 권리가 있다. ……

그러나 인격권이나 사생활의 비밀과 자유도 국가안전보장, 질서유지 또는 공공복리를 위하여 필요한 경우에는 법률로써 제한할 수 있지만, 이때에도 그 본질적인 내용은 침해할 수 없다(헌법 제37조 제2항). 따라서 진술인의 인격권과 사생활의 비밀과 자유를 제한하고 그 진술에 대한 녹취를 허용하는 경우에도 녹취를 허용하여야 할 공익상의 필요와 진술인의 인격보호의 이익을 비교형량하여 공익적 요청이 더욱 큰 경우에 한하여 이를 허용하여야 하고, 그렇지 아니한 경우에는 녹취의 전부 또는 일부를 불허하는 것도 가능하다고 보아야 할 것이다. ……

위와 같이 볼 때, 피고인이나 변호인에 의한 공판정에서의 녹취는 진술인의 인격권 또는 사생활의 비밀과 자유에 대한 침해를 수반하고, 실체적 진실발견 등 다른 법익과 충돌할 개연성이 있으므로, 녹취를 금지해야 할 필요성이 녹취를 허용함으로써 달성하고자 하는 이익보다 큰 경우에는 녹취를 금지 또는 제한함이 타당하다. 그렇다면 형사소송법 제56조의2 제2항의 규정은 반드시 공판정에서의 속기 또는 녹취권을 당사자의 절대적인 권리로서 보장하려는 취지라고 볼 수는 없고, 이는 단지 당사자가 자신의 비용으로 속기 또는 녹취를 할 수 있다는 근거를 마련한 데 불과하며, 반드시 법원이나 재판장의 허가를 배제하는 취지는 아니라고 해석된다.」

※ 위 다수의견(합헌)에 대하여, 재판관 3인(재판관 김진우, 재판관 조승형, 재판관 정경식)은 이 사건 심판대상규칙이 헌법 제27조 제1항에 보장된 재판청구권을 침해한다는 취지의 반대의견(위헌)을 내었음

▸ 표현의 자유와 사생활의 비밀 · 자유에 대한 판례

▹ 구체적인 사정을 바탕으로 표현의 자유와 사생활의 자유를 둘러싼 제반 이익을 합리적으로 형량하여 해결을 도모하는 것이 바람직하다는 취지의 판례

[大 1988. 10. 11.-85다카29](위자료 등)

※ 〈제4편 - 제3장 - 1. - □ 기본권간의 충돌〉 판례 인용부분 참조

▸ 범죄수사 또는 행정조사와 사생활의 보호에 대한 판례

▹ 국군보안사령부의 법령에 규정된 직무범위를 벗어난 감시 등 행위에 대하여 불법행위를 구성한다고 본 판례

[大 1998. 7. 24.-96다42789](손해배상(기))

※ 위 판례 인용부분 참조

▸ 행정상 의무위반자 등의 명단공개와 사생활의 보호에 대한 판례

▹ 청소년의성보호에관한법률의 신상공개제도에 대하여 합헌의견 4인, 위헌의견 5인으로 합헌의 주문을 낸 헌법재판소 판례

[憲 2003. 6. 26.-2002헌가14](청소년의성보호에관한법률 제20조 제2항 제1호 등 위헌제청)

「(가) 제한되는 기본권

…… 신상공개제도는 국가가 개인의 신상에 관한 사항 및 청소년의 성매수 등에 관한 범죄의 내용을 대중에게 공개함으로써 개인의 일반적 인격권을 제한하며, 한편 사생활의 비밀에 해당하는 사항을 국가가 일방적으로 공개하는 것이므로, 이는 일반적 인격권과 사생활의 비밀의 자유를 제한하는 것이라 할 것이다.

(나) 과잉금지 원칙의 내용 ……

(다) 입법목적의 정당성 위배 여부 ……

입법자는 이러한 사회적 병폐현상에 대처하여 장차 국가의 장래를 책임지게 될 우리의 청소년들을 보호하고 우리 사회의 성문화에 대한 최소한의 도덕성을 지키기 위하여 그와 같은 입법을 한 것으로 볼 것이다.

그렇다면 이러한 입법목적은 헌법 제37조 제2항의 공공복리를 위하여 필요한 것으로서 그 정당성이 인정된다.

(라) 수단의 적합성 위배 여부

신상공개제도가 그러한 입법목적을 달성하기 위한 가장 효과적이고 적절한 수단에 해당하는지는 의문의 여지가 없지 않으나, 상식적으로 볼 때 해당 범죄인의 신상을 대중에게 공개하는 제도는 일반 성인들에게 미성년자 성매수자가 되지 않도록 하는 위하적 내지 예방적 효과를 줄 것이라는 점을 인정할 수 있으므로, 신상공개제도는 과잉금지 원칙에서 요구되는 수단의 적합성을 갖춘 것이라 볼 것이다. ……

(마) 피해의 최소성 위배 여부 ……

신상공개제도가 달리 다른 입법수단이 있음에도 불구하고 해당 범죄인들의 기본권을 더 제한하는 것이라고 단정할 수 없고, 가능한 여러가지 수단 가운데 무엇이 보다 덜 침해적이라고 보기 어려운 상황에서 어떠한 수단을 선택할 것인가는 입법자의 형성의 권한 내라 할 것이므로, 신상공개제도는 피해의 최소성 원칙에 어긋나지 아니한다.

(바) 법익의 균형성 위배 여부 ……

청소년 성매수자의 일반적 인격권과 사생활의 비밀의 자유가 제한되는 정도가 청소년 성보호라는 공익적 요청에 비해 크다고 할 수 없으므로 법익의 균형성 원칙에 어긋나지 않는다.

(사) 결 론

법 제20조 제2항 제1호상의 신상공개제도는 해당 범죄인들의 일반적 인격권, 사생활의 비밀의 자유를 헌법 제37조 제2항의 과잉금지의 원칙에 위배하여 침해한 것이라 할 수 없다.」

※ 위 판례에서 이중처벌금지에 대하여 언급한 부분에 관하여는 〈제5편 – 제3장 – 1. – 인신보호를 위한 헌법원리 – □ 이중처벌의 금지〉 판례 인용부분을 참조

※ 위 사안에서 재판관 5인(재판관 한대현, 재판관 김영일, 재판관 권성, 재판관 송인준, 재판관 주선회)은 반대의견(위헌)을 내었으나, 사생활의 비밀과 자유의 침해에 대하여는 언급하지 않았음

▸ 지문날인, 혈액 채취의 문제에 대한 판례

▹ 법률에 의해 지문을 날인하게 하는 것이 개인정보자기결정권을 제한하는 것이기는 하나 이를 제한하는 정당한 이유가 있고 과잉금지원칙에 위반되는 것은 아니라고 본 판례

[憲 2005. 5. 26.-99헌마513등](주민등록법 제17조의8 등 위헌확인 등)

「라. 개인정보자기결정권의 과잉제한 여부

(1) 이 사건 시행령조항은 주민등록증 발급대상자로 하여금 주민등록증발급신청서에 열 손가락의 지문을 날인하도록 하고 있고, 경찰청장은 청구인 오○익 등의 지문정보를 보관·전산화하고 이를 범죄수사목적 등에 이용하고 있다.

이 사건 시행령조항에 의하여 열 손가락 지문을 날인하여 신청하게 함으로써 지문정보를 수집하는 것은 지문정보가 경찰에서 범죄수사목적 등으로 이용되는 것을 염두에 둔 것이라고 할 수 있다.

따라서 심판대상인 이 사건 시행령조항 및 경찰청장의 보관 등 행위는 불가분의 일체를 이루어 지문정보의 수집·보관·전산화·이용이라는 넓은 의미의 지문날인제도를 구성하고 있다고 할 수 있으므로, 심판대상인 이 사건 시행령조항 및 경찰청장의 보관 등 행위가 개인정보자기결정권을 과잉제한하는지 여부를 살펴봄에 있어 이를 분리하여 고찰하지 아니하고, 지문정보의 수집·보관·전산화·이용을 포괄하는 의미의 지문날인제도(이하 '이 사건 지문날인제도'라 한다)가 과잉금지의 원칙을 위반하여 개인정보자기결정권을 침해하는지 여부의 문제로서 살펴보기로 한다.

(2) 이 사건 지문날인제도의 특징은 17세 이상 모든 국민의 열 손가락 지문정보를 수집하여 경찰청장이 이를 보관·전산화하고 이를 범죄수사목적 등에 이용한다는 점에 있다. 일반적으로 지문날인제도 자체가 정확한 신원확인을 위한 것이지만, 특히 이 사건 지문날인제도가 범죄자 등 특정인만이 아닌 17세 이상 모든 국민의 지문정보를, 그것도 한 손가락만이 아니라 열 손가락 모두의 지문정보를 수집하여 보관하도록 한 것은 신원확인기능의 효율적인 수행을 도모하고, 신원확인의 정확성 내지 완벽성을 제고하기 위한 것으로 볼 수 있다.

위와 같은 이 사건 지문날인제도의 목적의 정당성은 충분히 인정된다고 할 것이고, 또한 17세 이상 모든 국민의 열 손가락 지문정보를 수집하고 이를 보관·전산화하여 이용하는 것이 위와 같은 목적을 달성하기 위한 효과적이고 적절한 방법의 하나가 될 수 있음은 물론이다.

(3) 이 사건 지문날인제도는 다음과 같은 이유로 피해 최소성의 원칙에 어긋나지 않는다.

첫째, 이 사건 지문날인제도가 17세 이상 모든 국민의 지문정보를 구체적 사건과 관련 없이 사전에 포괄적으로 수집하고 이를 보관 · 전산화하여 범죄수사목적 등에 이용하는 것이 피해 최소성의 원칙에 어긋난 것으로서 개인정보에 대한 과도한 수집 및 이용이 아닌가 하는 의문이 있을 수 있다. 경찰이 범죄수사나 사고피해자의 신원확인 등의 경우에 행하는 지문정보의 이용은 구체적 사건에서 채취한 지문과 경찰이 미리 수집하여 보관중인 지문정보를 대조하는 방식에 의하여 이루어지기 때문에, 만일 경찰이 사전에 광범위한 지문정보를 보관하고 있지 않다면 지문정보를 통한 신원확인작업이 효율적으로 이루어지기는 매우 어렵다. 따라서 범죄자 등 특정인의 지문정보만 보관해서는 17세 이상 모든 국민의 지문정보를 보관하는 경우와 같은 수준의 신원확인기능을 도저히 수행할 수 없는 것이다.

둘째, 개인별로 한 손가락만이 아닌 열 손가락 모두의 지문정보를 수집하여 이를 보관 · 이용하는 것에 대하여도 정보의 과잉수집의 문제가 있을 수 있다. 그러나 한 손가락만의 지문정보를 수집하는 경우 그 손가락 자체의 손상, 세월의 경과나 사고발생으로 인한 지문의 손상 등으로 인하여 한 손가락만의 지문정보로는 신원확인이 불가능하게 되는 경우가 흔히 발생할 수 있을 뿐만 아니라, 그 정확성 면에 있어서도 열 손가락 모두의 지문을 대조하는 것과 비교하기 어렵다고 할 것이므로, 열 손가락 모두의 지문정보를 수집하여 이용하는 것이 지나친 정보수집이라고 보기도 어렵다.

셋째, 다른 신원확인수단의 존재와 관련하여 피해 최소성의 원칙 위배 여부에 대한 의문이 제기될 수 있다.

우선 가장 간편한 신원확인수단이라고 할 수 있는 사진의 경우를 보면, 사람의 용모는 성장이나 세월의 경과에 따라 수시로 변할 수 있고, 성형수술에 의한 사후적 변화도 얼마든지 가능하므로 사진으로는 신원확인의 정확성을 담보하기가 어려울 뿐만 아니라, 그것만으로는 경찰행정에서 발생할 수 있는 다양한 신원확인의 수요 및 필요성에 효과적으로 부응할 수 없음이 명백하다. 그 밖에 신원확인수단으로 유전자, 홍채, 치아 등을 들 수 있으나, 이들에 대하여는 대체로 지문의 경우에 비하여 그 수집 · 보관과 관련한 인권침해의 우려가 매우 높고, 그 확인시스템의 구축에 비용 및 시간이 너무 많이 들 뿐만 아니라, 남겨진 흔적과의 대조를 통하여도 쉽게 신원확인이 가능한 지문에 비하여 신원확인이 가능한 범위가 협소하다는 점 등의 단점이 지적되고 있다.

따라서 다른 여러 신원확인수단 중에서 정확성 · 간편성 · 효율성 등의 종합적인 측면에서 현재까지 지문정보와 비견할 만한 것은 찾아보기 어렵다고 할 수 있다.

(4) 또한 이 사건 지문날인제도는 다음과 같은 이유로 법익의 균형성의 원칙에 위배되는 것으로도 볼 수 없다고 할 것이다.

지문정보는 앞에서 본바와 같이 중립성 · 객관성 · 이용주체제한성 등의 특성을 가지고 있음을 고려하여 보면, 이 사건 지문날인제도에 의하여 17세 이상 모든 국민의 열 손가락 지문정보를 수집하고 경찰청장이 이를 보관 · 전산화하여 범죄수사목적 등에 이용한다고 하더라도 그로 인하여 정보주체가 현실적으로 입게 되는 불이익은 그다지 심대한 것으로 보기 어렵다.

따라서 경찰청장이 앞에서 본 바와 같이 보관 · 전산화하고 있는 지문정보를 범죄수사활동, 대형사건사고나 변사자가 발생한 경우의 신원확인, 타인의 인적사항 도용 방지 등 각종 신원확인의 목적을 위하여 이용함으로써 달성할 수 있게 되는 공익이 그로 인한 정보주체의 불이익에 비하여 더 크다고 보아야 할 것이다. ……

(5) 결국 이 사건 지문날인제도에 의한 개인정보자기결정권의 제한은 과잉금지의 원칙의 위

배 여부를 판단함에 있어 고려되어야 할 목적의 정당성, 방법의 적정성, 피해의 최소성 및 법익의 균형성 등 모든 요건을 충족하였다고 보여지므로, 이 사건 지문날인제도가 과잉금지의 원칙에 위배하여 청구인들의 개인정보자기결정권을 침해하였다고 볼 수 없다.」

⇔ 재판관 3인(재판관 송인준, 재판관 주선회, 재판관 전효숙)의 반대의견

「(3) 과잉금지원칙 위배 여부

이 사건 심판대상행위는 위에서 본 바와 같이 법률유보의 원칙에 어긋나는 것이지만, 이 사건 시행령 규정을 포함한 심판대상행위가 모두 법률적 근거를 갖추었다고 하더라도 특히 다음과 같은 이유로 기본권의 과잉제한금지원칙에 위배된다.

주민의 거주관계 등 인구동태를 파악하여 주민생활의 편익을 증진시키고 행정사무의 적정한 처리를 도모하고자 하는 주민등록법의 입법취지를 달성하기 위하여 반드시 하나가 아니라 열 손가락의 평면지문과 회전지문 모두를 수집하여야 할 필요성이 있다고 보기는 어렵다. 이는 오히려 다수의견이 설시하고 있는 바와 같이 지문이 신원확인의 가장 유용한 정보자료라는 특성을 이용하여 경찰행정의 편의를 도모하는 데 주로 이바지하게 될 것이다.

그런데 그 경우에도 지문정보의 수집, 보관, 이용이 구체적으로 범죄혐의가 인정되거나 범죄단서를 포착한 경우에만 한정된 것인지, 아니면 일반적인 범죄예방 차원이나 범죄정보수집 단계에서도 활용할 수 있는 것인지 그 목적이나 범위, 한계가 불분명하고 명확하게 정해진 바가 없다. 수사상의 목적을 위해서라면 이미 법질서를 침해한 바 있거나 앞으로 반규범적 행위를 할 개연성이 있는 범죄의 전력이 있는 자나 성향을 가진 자의 지문정보를 수집 보관하고 이를 후일 범죄수사에 활용할 수 있을 것이다. 또 범죄현장에 남겨진 다른 증거물이나 범죄혐의자와 관련된 사람들에 대한 탐문조사, 기타 과학적 수사방법을 통하여 범인의 신원확인을 할 수도 있을 것이다. 대형사고나 변사자의 신원도 그러한 사고가 발생한 때에 치아나 유전자 감식 등 다른 대체수단을 활용하여 확인할 수도 있을 것이다.

그럼에도 그런 전력이 없는 모든 일반 국민의 주민등록증발급신청의 기회에 열 손가락의 회전지문과 평면지문 일체를 수집, 보관, 전산화하고 있다가 이를 그 범위, 대상, 기한 등 어떠한 제한도 없이 일반적인 범죄수사목적 등에 활용하는 것은 개인정보자기결정권에 대한 최소한의 침해라고 할 수 없다.

예컨대, 어떤 사람이 우연히 범죄현장에 당해 범죄와 관계없이 시차를 달리하여 있은 적이 있어 지문을 남긴 경우, 경찰이 모든 국민의 지문정보를 범죄수사에 활용함에 따라 범죄와 무관한 사람도 수사대상자 내지 범죄혐의 대상자로 지목되어 범죄수사를 위한 소환 등으로 이어질 소지가 있다. 그리고 전 국민을 대상으로 하는 지문정보는 위와 같은 구체적인 범죄수사를 위해서 뿐 아니라 일반적인 범죄예방이나, 범죄정보수집 내지는 범죄예방을 빙자한 특정한 개인에 대한 행동의 감시에 남용될 수 있어 법익균형성도 상실될 우려가 있다. 지문정보가 신원확인에 효율적인 유용한 수단이므로 신원확인의 정확성 내지 완벽성을 제고하기 위하여는 무제한적인 지문정보의 수집, 보관, 전산화, 이용행위라도 타당성이 인정된다는 견해는 행정의 편의성을 국민의 기본권보다 앞세운 발상이다. 공권력행사의 남용가능성이 존재한다면, 기본적 인권을 최대한 보장하기 위하여 그 공권력행사가 법률유보의 원칙과 과잉금지의 원칙에 입각하여 이루어지도록 엄격하게 규율할 필요가 있는 것이다.」

통신의 비밀과 자유

□ 법적 성격

▶ **통신의 비밀과 자유는 그 성질상 방어권으로서의 성격이 매우 강하게 나타난다는 취지의 판례**

[憲 2001. 3. 21.-2000헌바25](통신비밀보호법 제10조 제1항 등 위헌소원)

「나. 통신의 자유 침해 여부

(1) 이 사건 법률조항은 감청설비의 대량유통이나 사용을 사전에 방지함으로써 사인에 의한 무분별한 통신비밀침해를 억제하겠다는 취지에서 입법화된 것으로서, 이는 통신의 비밀보호를 핵심내용으로 하는 통신의 자유의 보장에 기여할 수 있는 규제수단이라고 할 것이다.

(2) 국가기관을 이 사건 법률조항에 의한 규율대상에서 제외하는 것은 결과적으로 국가기관에 의한 통신비밀침해행위를 널리 허용하는 결과를 초래한다는 청구인의 주장과 같은 견해도 있을 수는 있겠으나, 앞서 본 바와 같이 국가기관의 경우에는 감청설비의 보유와 사용이 제도적으로 관리, 감독될 수 있고, 특히 수사기관의 경우 통신비밀침해행위를 억제하기 위한 통제수단이 법적으로 마련되어 있으므로, 정보통신부장관의 '인가'가 없이 국가기관이 감청설비를 보유, 사용할 수 있다 하더라도 그 사실만 가지고 바로 국가기관에 의한 통신비밀침해행위를 용이하게 하는 결과를 초래함으로써 통신의 자유를 침해한다고 볼 수는 없다.」

□ 제한과 그 한계

▶ **제 한**

▸ 행형법에 의한 수용자의 서신에 대한 검열은 헌법에 위반되지 아니한다는 취지의 판례

[憲 1995. 7. 21.-92헌마144](서신검열 등 위헌확인)

※ 〈제5편 - 제3장 - 1. - 인신보호를 위한 헌법원리 - □ 변호인의 조력을 받을 권리〉 판례 인용부분 참조

[憲 1998. 8. 27.-96헌마398](통신의 자유 침해 등 위헌확인)

「(2) (가) 수형자를 구금하는 목적은 자유형의 집행이고, 자유형의 내용은 수형자를 일정한 장소에 구금하여 사회로부터 격리시켜 그 자유를 박탈함과 동시에 그의 교화 · 갱생을 도모함에 있다. 그러므로 자유형의 본질상 수형자에게는 외부와의 자유로운 교통 · 통신에 대한 제한이 수반되는 것이다. 그런데 수형자의 사회적 위험성이나 사회방위의 관점에서는 사회로부터의 격리가 불가피하나, 때로는 수형자의 교화 · 갱생을 위하여 일정한 범위 내에서 서신수발의 자유를 허용하는 것이 보다 더 유익할 수도 있다. 따라서 수형자에게 통신의 자유를 구체적으로 어느 정도 인정할 것인가의 기준은 기본적으로 입법권자의 입법정책에 맡겨져 있다고 할 것이다.

(나) 수형자의 교화 · 갱생을 위하여 서신수발의 자유를 허용하는 것이 필요하다고 하더라도, 구금시설은 다수의 수형자를 집단으로 관리하는 시설로서 규율과 질서 유지가 필요하므로 수형자의 서신수발의 자유에는 내재적 한계가 있다고 하지 않을 수 없다. 즉, 구금의 목적

을 달성하기 위하여는 우선 수형자의 신체적 구속을 확보하여야 하고 교도소 내의 수용질서 및 규율을 유지하여야 할 뿐만 아니라, 수형자의 교화 · 개선에 해로운 물질이나 서신의 수발을 허용하여서는 아니된다.

수형자는 수사 및 재판과정에서 관련된 고소 · 고발인, 경찰 · 검찰 및 법원의 공무원, 피해자, 증인, 감정인 등에 대하여 원망과 분노를 가질 수 있으므로, 만일 수형자로 하여금 이들에게 서신을 제한 없이 발송할 수 있게 한다면 출소 후의 보복 협박, 교도소내에 있는 동안 뒷바라지강요 등 교도소 밖에 있는 일반 국민들에게 해악을 끼치고 사회불안요소가 되는 등 많은 부작용이 생길 수 있다. 또 서신교환의 방법으로 마약이나 범죄에 이용될 물건이 반입될 수도 있고, 외부 범죄세력과 연결하여 탈주를 기도하거나 수형자끼리 연락하여 범죄행위를 준비하는 등 수용질서를 어지럽힐 우려가 많다. 더욱이 그러한 부작용과 그로 인한 사회불안의 정도는 미결수용자의 경우보다 훨씬 더 심각할 것임은 분명하다. 따라서 수형자의 도주를 예방하고 교도소내의 기율과 질서를 유지하여 구금의 목적을 달성하기 위하여는 수형자의 서신에 대한 검열은 불가피하다고 할 것이다.

(다) 그런데 수형자가 수발하는 서신에 대한 검열이 허용된다고 하더라도 통신의 비밀을 보호하려는 헌법정신에 따라 그 검열은 합리적인 방법으로 운용되어야 하고 검열에 의한 서신수발의 불허는 엄격한 기준에 의하여야 하며 또 교도관 등이 지득한 서신내용의 비밀이 엄수되어야 할 것임은 미결수용자의 경우와 다름이 없다.

그리하여 법 제18조 제2항에서 "수용자의 서신수발은 교화 또는 처우상 특히 부적당한 사유가 없는 한 이를 허가하여야 한다"고 규정하여 수형자의 서신수발의 자유를 원칙적으로 보장하고, 구금의 목적상 수용자의 서신수발은 교도관의 검열을 요하도록 하되(같은 조 제3항), 서신의 검열이나 발송 및 교부를 신속하게 하도록 규정하고 있으며(같은 조 제4항), 나아가 교도관집무규칙 제78조와 재소자계호근무준칙 제284조 등은 서신검열의 기준 및 검열자의 비밀준수의무 등을 규정하고 있다. 그러므로, 이러한 현행법령과 제도하에서 수형자가 수발하는 서신에 대한 검열로 인하여 수형자의 통신의 비밀이 일부 제한되는 것은 국가안전보장 · 질서유지 또는 공공복리라는 정당한 목적을 위하여 부득이 할 뿐만 아니라 유효적절한 방법에 의한 최소한의 제한이며 통신의 자유의 본질적 내용을 침해하는 것이 아니므로 헌법에 위반된다고 할 수 없다.」

※ 변호인의 조력을 받을 권리의 침해 여부 및 재판관 1인(재판관 이영모)의 반대의견(각하)의 취지에 대해서는 〈제 5 편 - 제 3 장 - 1. - 인신보호를 위한 헌법원리 - □ 변호인의 조력을 받을 권리〉 판례 인용부분 참조

▶ 제한의 한계

- 통신의 비밀과 자유를 제한하는 경우에도 헌법 제37조 제 2 항에서 정하는 과잉금지원칙과 본질적 내용 침해금지의 원칙이 적용된다는 취지의 판례

[憲 1995. 7. 21.-92헌마144](서신검열 등 위헌확인)

※ 〈제 5 편 - 제 3 장 - 1. - 인신보호를 위한 헌법원리 - □ 변호인의 조력을 받을 권리〉 판례 인용부분 참조

알 권리

□ 의 의

▶ 헌법적 근거

▸ **표현의 자유를 규정한 헌법 제21조를 알 권리의 근거규정으로 보면서, 국민주권주의, 인간의 존엄과 가치, 인간다운 생활을 할 권리에 대하여는 알 권리와 간접적으로 연관이 있음을 언급한 판례**

[憲 1989. 9. 4.-88헌마22](공권력에 의한 재산권 침해에 대한 헌법소원)

「(나) 청구인이 침해받은 헌법상의 기본권(알 권리)

본건 피청구인의 열람 또는 사본 발급 불응으로 청구인이 침해받은 헌법상 기본권이 무엇인가에 대하여 살펴보기로 한다.

우리 나라는 헌법 제21조에 언론출판의 자유 즉 표현의 자유를 규정하고 있는데, 이 자유는 전통적으로는 사상 또는 의견의 자유로운 표명(발표의 자유)과 그것을 전파할 자유(전달의 자유)를 의미하는 것으로서, 개인이 인간으로서의 존엄과 가치를 유지하고 행복을 추구하며 국민주권을 실현하는데 필수불가결한 것으로 오늘날 민주국가에서 국민이 갖는 가장 중요한 기본권의 하나로 인식되고 있는 것이다. 그런데 사상 또는 의견의 자유로운 표명은 자유로운 의사의 형성을 전제로 하는데, 자유로운 의사의 형성은 충분한 정보에의 접근이 보장됨으로써 비로소 가능한 것이며, 다른 한편으로 자유로운 표명은 자유로운 수용 또는 접수와 불가분의 관계에 있다고 할 것이다. 그러한 의미에서 정보에의 접근 · 수집 · 처리의 자유 즉 "알 권리"는 표현의 자유에 당연히 포함되는 것으로 보아야 하는 것이다. 이와 관련하여 인권에 관한 세계선언 제19조는 "모든 사람은 모든 수단에 의하여 국경을 초월하여 정보와 사상을 탐구하거나 입수 또는 전달할 자유를 갖는다"라고 하여 소위 "알 권리"를 명시하고 있는 것이다.

"알 권리"는 민주국가에 있어서 국정의 공개와도 밀접한 관련이 있는데 우리 헌법에 보면 입법의 공개(제50조 제1항), 재판의 공개(제109조)에는 명문규정을 두고 행정의 공개에 관하여서는 명문규정을 두고 있지 않으나, "알 권리"의 생성기반을 살펴볼 때 이 권리의 핵심은 정부가 보유하고 있는 정보에 대한 국민의 알권리 즉, 국민의 정부에 대한 일반적 정보공개를 구할 권리(청구권적 기본권)라고 할 것이며, 또한 자유민주적 기본질서를 천명하고 있는 헌법 전문과 제1조 및 제4조의 해석상 당연한 것이라고 봐야 할 것이다. "알 권리"의 법적 성질을 위와 같이 해석한다고 하더라도 헌법 규정만으로 이를 실현할 수 있는가 구체적인 법률의 제정이 없이는 불가능한 것인가에 대하여서는 다시 견해가 갈릴 수 있지만, 본건 서류에 대한 열람 · 복사 민원의 처리는 법률의 제정이 없더라도 불가능한 것이 아니라 할 것이고, 또 비록 공문서 공개의 원칙보다는 공문서의 관리 · 통제에 중점을 두고 만들어진 규정이기는 하지만 "정부공문서 규정" 제36조 제2항이 미흡하나마 공문서의 공개를 규정하고 있는 터이므로 이 규정을 근거로 해서 국민의 알권리를 곧바로 실현시키는 것이 가능하다고 보아야 할 것이다.

이러한 관점에서 청구인의 자기에게 정당한 이해관계가 있는 정부 보유 정보의 개시(開示) 요구에 대하여 행정청이 아무런 검토 없이 불응하였다면 이는 청구인이 갖는 헌법 제21조에 규정된 언론 출판의 자유 또는 표현의 자유의 한 내용인 "알 권리"를 침해한 것이라 할 수 있으며, 그 이외에도 자유민주주의 국가에서 국민주권을 실현하는 핵심이 되는 기본권이라는 점에서 국민주권주의(제1조), 각 개인의 지식의 연마, 인격의 도야에는 가급적 많은 정보에 접할 수 있어야 한다는 의미에서 인간으로서의 존엄과 가치(제10조) 및 인간다운 생활을 할 권리(제34조 제1항)와 관련이 있다 할 것이다.

(다) "알 권리"의 제한

"알 권리"도 헌법유보(제21조 제4항)와 일반적 법률유보(제37조 제2항)에 의하여 제한될 수 있음은 물론이며, "알 권리"는 아무에게도 달리 보호되고 있는 법익을 침해하는 권리를 부여하는 것은 아니다. 그리하여 여러 가지 특별법에 알 권리를 제한하는 규정을 두고 있으나, 그 제한은 본질적 내용을 침해하지 않은 범위 내에서 최소한도에 그쳐야 할 것이다.

아울러 국가안보, 질서유지, 공공복리 등 개념이 넓은 기준에서 일보 전진하여 구체적 기준을 정립해야 할 것이며, 제한에서 오는 이익과 "알 권리" 침해라는 해악을 비교·형량하여 그 제한의 한계를 설정하여야 할 것이다.

알 권리에 대한 제한의 정도는 청구인에게 이해관계가 있고 공익에 장해가 되지 않는다면 널리 인정해야 할 것으로 생각하며, 적어도 직접의 이해관계가 있는 자에 대하여서는 의무적으로 공개하여야 한다는 점에 대하여서는 이론의 여지가 없을 것으로 사료된다. ……

청구인은 본건 출원에서 청구인의 선조의 묘소·묘비의 존재 등 임야조사서나 토지조사부의 열람·복사에 직접적으로 정당한 이익이 있음을 주장하고 있는 터이므로, 피청구인은 이에 대하여 청구인이 과연 이해관계인인지의 여부 및 동 서류의 공개로 특히 다른 사람의 사생활상의 비밀이나 기밀 등 공익이 침해될 소지가 있는지의 여부에 대하여 충분한 검토를 한 연후에 이에 상응하는 조처를 강구하는 것이 국민전체에 대한 봉사자로서의 공무원의 본분이라고 할 것임에도 불구하고, 법령상 하등의 근거를 명시하고 있지 않는 상부의 유권해석(질의에 대한 회신)이 있음을 이유로 하여 그러한 검토없이 무조건 묵살 또는 방치하는 방법으로 불응한 피청구인의 본건 부작위는 헌법 제21조에 의하여 보장되고 있는 청구인의 "알 권리"를 침해한 것이므로 그 행위는 위헌임을 확인하며 청구인의 구임야대장 및 지세명기장의 복사 또는 열람의 청구는 모두 이유없으므로 이를 기각한다.」

※ 위와 같은 다수의견에 대하여, 재판관 1인(재판관 최광률)은 보충성의 요건이 결여되었음을 이유로 부적법하다는 취지의 반대의견(각하)을 내었음

[憲 1991. 5. 13.-90헌마133](기록등사신청에 대한 헌법소원)

「(1) 청구인이 침해받은 헌법상의 "알 권리" 및 그 제한

헌법 제21조는 언론·출판의 자유, 즉 표현의 자유를 규정하고 있는데 이 자유는 전통적으로 사상 또는 의견의 자유로운 표명(발표의 자유)과 그것을 전파할 자유(전달의 자유)를 의미하는 것으로서 사상 또는 의견의 자유로운 표명은 자유로운 의사의 형성을 전제로 한다. 자유로운 의사의 형성은 정보에의 접근이 충분히 보장됨으로써 비로소 가능한 것이며, 그러한 의미에서 정보에의 접근·수집·처리의 자유, 즉 "알 권리"는 표현의 자유와 표리일체의 관계에 있으며 자유권적 성질과 청구권적 성질을 공유하는 것이다. 자유권적 성질은 일반적으로 정보에 접근하고 수집·처리함에 있어서 국가권력의 방해를 받지 아니한다는 것을 말하며, 청구권적 성질을 의사형성이나 여론 형성에 필요한 정보를 적극적으로 수집하고 수집을 방해하는 방해제거를 청구할 수 있다는 것을 의미하는 바 이는 정보수집권 또는 정보공개청구권으로 나타난다. 나아가 현대 사회가 고도의 정보화사회로 이행해감에 따라 "알 권리"는 한편으로 생활권적 성질까지도 획득해 나가고 있다. 이러한 "알 권리"는 표현의 자유에 당연히 포함되는 것으로 보아야 하며 인권에 관한 세계선언 제19조도 "알 권리"를 명시적으로 보장하고 있다.

헌법상 입법의 공개(제50조 제1항), 재판의 공개(제109조)와는 달리 행정의 공개에 대하여서는 명문규정을 두고 있지 않지만 "알 권리"의 생성기반을 살펴볼 때 이 권리의 핵심은 정부가 보유하고 있는 정보에 대한 국민의 "알 권리", 즉 국민의 정부에 대한 일반적 정보공개를 구할 권리(청구권적 기본권)라고 할 것이며, 이러한 "알 권리"의 실현은 법률의 제정이 뒤따라 이를 구체화시키는 것이 충실하고도 바람직하지만, 그러한 법률이 제정되어 있지 않다고 하더라도 불가능한 것은 아니고 헌법 제21조에 의해 직접 보장될 수 있다고 하는 것이 헌법재판소의 확립된 판례인 것이다(위 결정 참조). 이러한 "알 권리"의 보장의 범위와 한계는 헌법 제21조 제4항, 제37조 제2항에 의해 제한이 가능하고 장차는 법률에 의하여 그 구체적인 내용이 규정되겠지만, "알 권리"에 대한 제한의 정도는 청구인에게 이해관계가 있고 타인의 기본권을 침해하지 않으면서 동시에 공익실현에 장애가 되지 않는다면 가급적 널리 인정하여야 할 것이고 적어도 직접의 이해관계가 있는 자에 대하여는 특단의 사정이 없는 한 의무적으로 공개하여야 한다고 할 것이다(위 결정 참조). 위와 같이 해석하는 것이 헌법 제21조에 규정된 표현의 자유의 한 내용인 국민의 "알 권리"를 충실히 보호하는 것이라고 할 것이며 이는 국민주권주의(헌법 제1조), 인간의 존엄과 가치(제10조), 인간다운 생활을 할 권리(제34조 제1항)도 아울러 신장시키는 결과가 된다고 할 것이다.

형사확정소송기록에 대하여 이를 국민이나 사건당사자에게 공개할 것인지에 관하여 명문의 법률규정이 없다고 하여 헌법 제21조의 해석상 당연히 도출되어지는 위와 같은 결론을 좌우할 수는 없을 것이다. ……

다만, 형사사건이 가지는 특수성에 비추어 볼 때 모든 사건에 대해 누구나 항상 형사확정소송기록을 열람하거나 복사할 수 있다고 한다면 국가안전보장, 질서유지, 공공복리의 보호이익과 충돌되는 경우가 있을 수 있고 또는 사건에 직접·간접으로 관계를 가지고 있는 피의자, 피고인, 고소인이나 참고인, 증인, 감정인 등의 명예나 인격, 사생활의 비밀, 생명·신체의 안전과 평온 등 기본권보호에 충실하지 못하게 되는 경우가 있을 수 있기 때문에 이들 기본권이 다같이 존중될 수 있도록 상호 조화점을 구하지 않으면 안 될 것이다. ……

형사확정소송기록의 열람·복사에 관한 이러한 헌법적 법리에 비추어 보면, 피고인이었던 자가 자신의 형사피고사건이 확정된 후 그 소송기록에 대하여 열람·복사를 요구하는 것은 특별한 사정이 없는 한, 원칙적으로 허용되어야 한다고 할 수 있을 것이며, 특히 자신의 진술에 기초하여 작성된 문서나 자신이 작성·제출하였던 자료 등의 열람이나 복사는 제한되어야 할 아무런 이유를 찾을 수 없다. ……

이 사건에서 청구인이 복사하고자 하는 대상기록은 자신이 무고죄의 피고인으로 재판을 받은 형사확정소송기록의 일부이고, 그 재판은 공개로 진행되었던 것이고, 사건내용도 통상의 사문서위조, 동행사, 무고 등 사건이므로 피청구인은 의당 청구인이 복사를 원하는 구체적인 부분이 어떠한 것인가를 면밀히 확인, 검토한 다음 그 부분의 공개가 관계인의 기본권과 충돌되는 소지가 있거나 또는 국가안전보장, 질서유지, 공공복리를 침해하는 요소가 있는 경우가 아니라면 그 열람·복사를 허용하는 조처를 취하는 것이 헌법 제10조 후문에서 명시하고 있는 국가의 기본권 보장의무를 성실히 수행하는 것이라고 할 수 있을 것임에도 불구하고 현행 실정법상 청구인에게 형사확정소송기록을 열람·복사할 수 있는 권리를 인정한 명문규정이 없다는 것만을 이유로 하여 위에서 본 바와 같이 요구되는 검토를 구체적으로 행함이 없이 무조건 청구인의 복사신청을 접수조차 거부하면서 복사를 해줄 수 없다라고 한 행위는 헌법 제21조에 의하여 보장되고 있는 청구인의 "알 권리"를 침해한 것이므로 위헌이라 할 것이고, 따라서 피청구인의 거부행위는 취소되어야 할 것이다.」

⇔ 재판관 1인(재판관 한병채)의 반대의견

「본건 청구인의 형사기록열람청구 및 복사신청권을 자기의 권리구제를 위한 재판청구권에 기한 행사소송절차상의 권리로 보고 그에 따른 이론과 결론을 가지고 판단하는 것은 모르되, 다수의견이 본안에 관한 판단에서 국민의 "알 권리"에 의하여 형사기록공개청구권 또는 형사사건기록의 복사신청권까지 언론자유의 보장에 관한 헌법 제21조의 규정에 의하여 직접 인정될 수 있다고 하는 이론구성에는 찬성할 수 없다.……

"알 권리"는 민주국가에서 주권재민의 원리에 의하여 국민의 국정참여를 보장하고, 인격의 자유 및 인간다운 생활을 확보하기 위하여 필요한 표현 및 정보수집의 자유와 권리를 보장하는 등 자유민주주의 이념의 구현을 위한 국민기본권의 총체적 권리와 자유를 확보하는데 필요한 구조적인 기본적 기본권이기 때문에, 그 헌법적 근거는 다수의견이 주장하는 표현의 자유에 관한 제21조 제1항에만 둘 것이 아니라 헌법전문, 국민주권의 원리에 관한 제1조 제1항, 인간의 존엄과 행복추구권에 관한 제10조, 인간다운 생활을 할 권리에 관한 제34조 제1항, 국민의 재판청구권에 관한 제27조 등도 모두 그 근거가 된다고 보아야 한다.

그렇다면 다수의견이 구체적 논거의 제시도 없이 "알 권리"의 헌법적 근거와 내용에 관하여 협의로 판단하고, 일반적 정보공개청구권이 "알 권리"의 핵심적 내용이라고 단정하고 본건의 주문과 같은 결론을 찾아내는 것은, "알 권리"의 법적 성격에 관한 구체적 권리성을 유도하기 위한 무리한 이론구성을 하고 있음을 스스로 입증하는 것이고, 부분을 가지고 전체를 포섭하려는 논리의 오류를 범하였을 뿐 아니라 헌법질서를 수호하는 데 필요한 보편타당성이 있는 헌법재판의 판례이론으로 받아들이기는 너무나 많은 문제를 초래할 수 있는 위험한 논거라고 아니할 수 없어 올바른 이유설시라고 보기는 어렵다.」

※ 위 사건에서 위 다수의견 및 반대의견(기각) 이외에 재판관 1인(재판관 최광률)의 보충성 요건의 결여로 인해 부적법하다는 취지의 반대의견(각하)이 있었음

◎ 같은 취지 : 憲 1992. 2. 25.-89헌가104

□ 법적 성격

▶ 자유권 및 청구권으로서의 성격

▸ 알 권리는 자유권 및 청구권으로서의 성격을 가지고 있다는 취지의 판례

[憲 1989. 9. 4.-88헌마22](공권력에 의한 재산권 침해에 대한 헌법소원)

※ 위 판례 인용부분 참조

[憲 1991. 5. 13.-90헌마133](기록등사신청에 대한 헌법소원)

※ 위 판례 인용부분 참조

▶ 청구권적 성격과 입법의 문제

▸ 알 권리는 법률이 제정되어 있지 않다고 하더라도 헌법 제21조에 의하여 직접 보장될 수 있다는 취지의 판례

[憲 1991. 5. 13.-90헌마133](기록등사신청에 대한 헌법소원)

※ 위 판례 인용부분 참조

▸ **정보공개허가 여부는 기밀에 관한 사항 등 특별한 사유가 없는 한 반드시 정보공개에 응하여야 하는 기속행위에 해당한다고 본 판례**

[大 1992. 6. 23.-92추17](행정정보공개조례(안)재의결 취소 등)

「정보공개의무조항이 사무관리규정위반이라는 점에 대하여, 원고는 정보공개조례안이 집행기관의 정보공개의무를 규정한 것은 상위법령인 사무관리규정 제33조 제2항의 공개 여부에 대한 행정기관의 재량적 판단권한을 박탈한 것으로서 위법하다고 주장한다.

사무관리규정(1991. 6. 19.공포 대통령령 제13390호)에 의하면 지방자치단체의 기관을 포함한 행정기관의 사무관리를 그 적용범위로 하여(제2조), 행정기관이 공무상 작성.시행 또는 접수한 모든 문서등을 공문서로 규정한 다음(제3조 제1호), 문서를 보존하고 있는 행정기관은 행정기관이 아닌 자가 문서의 열람 또는 복사를 요청하는 때에는 비밀 또는 대외비로 분류된 문서이거나 특별한 사유가 있는 경우를 제외하고는 이를 허가할 수 있도록(제33조 제2항) 규정하고 있다.

그러나 사무관리규정 제33조 제2항에 의한 행정기관의 정보공개허가 여부는 기밀에 관한 사항등 특별한 사유가 없는 한 반드시 정보공개청구에 응하여야 하는 기속행위로서 행정기관에 대하여 정보공개에 관한 재량권을 부여하고 있다고 해석할 수는 없는 것이므로(당원 1989. 10. 24.선고 88누 9312판결 참조) 정보공개조례안이 앞에서 본 바와 같이 다른 법령에서 공개할 수 없도록 규정되어 있는 정보 등을 제외한 일정한 행정정보의 공개의무를 규정하고 있는 이상 위 규정에 위배된다고는 보여지지 아니한다.」

□ 내 용

▶ **정보의 자유**

▸ **선거기간 중에 여론조사결과의 공표를 금지하는 것에 대하여 선거의 공정성을 위한 필요하고도 합리적인 제한으로서 알 권리를 침해하지 않는다고 본 판례**

[憲 1995. 7. 21.-92헌마177](대통령선거법 제65조 위헌확인)

「다. 이 사건 법률규정의 위헌 여부

(1) 민주정치체제는 사상 또는 의견의 자유로운 형성 및 그 전달을 바탕으로 하는 건전한 여론 없이는 정상적인 기능이 발휘될 수 없으므로 언론 · 출판의 자유는 민주주의의 기초를 이루는 핵심적인 정신적 자유권이라 할 것이며, 정보를 수집하고 처리할 수 있는 권리를 말하는 알 권리는 언론 · 출판의 자유의 한 내용으로 마땅히 보장되어야 하는 것이다. 특히 대의제 민주주의의 필수불가결의 전제가 되는 선거와 관련해서 볼 때, 국민대표의 공정한 선출을 위해서는 주권자인 국민이 관련정보에 광범하게 또 쉽게 접근할 수 있어야 하는 것이므로 선거관련정보의 자유로운 전달 및 이에 대한 접근을 의미하는 언론 · 출판의 자유는 대표선출의 공정성과도 관련되어 있는 중요한 문제인 것이다. 이와 같이 언론 · 출판의 자유는 민주주의를 유지 · 발전시키기 위한 토대가 되므로 최대한 보장되어야 하나, 언론 · 출판의 자유도 국가안전보장 · 질서유지 또는 공공복리를 위하여 필요한 경우에는 법률에 의하여 제한할 수 있다. 그러나 이 경우에도 헌법 제37조 제2항에서 정한 기본권제한입법의 한계인 과잉금지의 원칙은 지켜져야 할 것이다.

따라서 이 사건 법률규정이 언론 · 출판의 자유를 침해한 것인지의 여부는 이러한 원칙을 준수하고 있는지에 따라 결정될 것이지만, 이 사건의 경우 특히 과잉금지의 원칙의 한 내용을 이루는 법익의 균형성 내지 법익형량의 기준이 위헌 여부를 가리는 데 중요한 판단기준이 된다고 할 것이다. ……

그렇다면 대통령선거의 중요성에 비추어 선거의 공정을 위하여 선거일을 앞두고 어느 정도의 기간 동안 선거에 관한 여론조사결과의 공표를 금지하는 것 자체는 부득이하다고 할 수 있으므로 그 금지기간이 지나치게 길지 않는 한 이를 두고 위헌이라고 할 수는 없다.

(3) 그러나 공표금지기간의 지나친 장기화는 여론조사가 갖는 민주정치 구현수단으로서의 긍정적 기능을 저해하고, 무엇보다도 민주국가에서 고도의 공공적 기능을 지니고 있고 또한 마땅히 최대한 보장되어야 하는 언론 · 출판의 자유를 본질적으로 침해하는 것이 될 수 있으므로 위헌의 소지가 있다. ……

우리 나라의 경우 선거에 관한 여론조사결과의 공표금지기간과 관련하여 다음과 같은 현실적 문제점들이 고려되어야 한다.

먼저 여론조사의 정확성문제와 관련하여, 선거와 관련한 여론조사의 역사가 선진제국에 비하여 일천한 우리 나라에서 여론조사기관들은 그 동안의 괄목할 만한 발전에도 불구하고 아직도 내적으로는 지식, 경험, 인력이 부족하고, 외적으로는 시간과 경비가 극히 제한된 가운데서 조사를 진행하고 있으며, 이러한 상황은 조사의 원칙을 지키기 어렵게 하여 신뢰성 있는 여론조사결과를 제공하는데는 미흡하다고 할 수 있다. ……

다음으로 국민의식수준 및 선거풍토와 관련하여, 우리 나라에는 아직도 뿌리깊은 지역감정이 남아 있고, 정책보다는 지연, 학연 등 감정적인 요소에 의하여 투표가 좌우된다거나 정당이나 정치인들이 타협에 의하여 문제를 해결하기보다는 극한대립을 치닫는 경향 등 자칫하면 대통령선거를 과열 · 혼탁으로 몰아갈 수 있는 요소가 많다고 할 수 있다. ……

이와 같은 사정을 고려하면, 이 사건 법률규정이 선거일공고일 이후부터는 선거에 관한 여론조사결과의 공표를 금지하고 있다 하여도 이는 선거의 공정성과 언론 · 출판의 자유의 조화를 꾀한 것으로 볼 수 있고, 위 금지기간이 대통령선거의 공정성을 확보하는 데 있어서 지나치게 긴 기간이라고 보여지지도 아니하다. ……

그러므로 이 사건 법률규정이 현저히 불합리하여 입법재량의 범위를 벗어난 규정이라고 볼 수 없다.」

※ 위 판례에서 사적인 단체의 기본권 주체성을 인정한 부분에 대하여는 〈제4편 - 제2장 - 1. - ☐ 법인 · 단체〉 판례 인용부분 참조

▸ **대통령선거방송토론위원회가 공영방송 텔레비전을 이용한 후보자 대담 · 토론회에 참석할 후보자를 평균 지지율 10% 이상으로 제한한 것이 알 권리를 침해하지 않는다고 본 판례**

[憲 1998. 8. 27.-97헌마372](방송토론회진행사항 결정행위 등 취소)

「그리고 방송토론회에 참석할 후보자를 당선가능성이 있는 적당한 범위 내의 후보자로 제한하여 토론의 기능을 활성화 시키는 것이 모든 후보자들을 참석케 하는 것보다 오히려 유권자들로 하여금 유력한 후보자들을 적절히 비교하여 선택하게 할 수 있는 실질적이면서도 유용한 정보를 제공하는 길이 되므로 국민의 알 권리와 후보자 선택의 자유를 침해하였다는 청구인들의 주장 역시 이유없다 할 것이다. 더군다나 헌법재판소법 제68조 제1항에 의한 헌법소원은 공권력작용에 의하여 자기의 기본권을 침해받은 자만이 청구할 수 있는 것이므로, 가사 피청구인의 이 사건 결정 및 공표행위에 의하여 일반 국민의 알 권리 등이 침해되었다 하더라도 청구인들의 기본권이 침해되지 않은 이상 이를 헌법소원의 이유로 삼을 수는 없다 할 것이므로 청구인들의 위 주장은 어느 모로 보나 이유없다.」

▸ 구치소장이 교화상 또는 구금목적에 특히 부적당하다고 인정되는 신문기사의 일부를 삭제한 행위에 대하여 알 권리를 침해하지 않는다고 본 판례

[憲 1998. 10. 29.-98헌마4](일간지구독 금지처분 등 위헌확인)

「청구인이 구독하던 신문에서 피청구인에 의해 삭제된 일정 기사들은 피청구인측이 제출한 자료(삭제제외기사 처리부)에 따르면, 교화상 또는 구금목적에 특히 부적당하다고 인정되는 기사, 조직범죄 등 수용자 관련 범죄기사였던 사실이 인정된다. 이러한 삭제행위는 구치소 내 질서유지와 보안을 위한 것이라 할 수 있다. 즉 신문기사 중 탈주에 관한 사항이나 집단단식, 선동 등 구치소 내 단체생활의 질서를 교란하는 내용이 청구인과 같은 미결수용자에게 전달될 때 동조단식이나 선동 등 수용의 내부질서와 규율을 해하는 상황이 전개될 수 있고, 이는 수용자가 과밀하게 수용되어 있는 현 구치소의 실정과 과소한 교도인력을 볼 때 구치소내의 질서유지와 보안을 극히 어렵게 할 우려가 있는 것이다(과거에 빈번하게 타 구치소 수용자들이 동조농성 및 단식 등을 행함으로서 소내 내부질서를 해하고 부족한 수용시설과 인력을 효율적으로 사용하지 못하게 되었던 사례들을 보더라도 그러하다). 한편 이 사건 신문기사의 삭제 내용도 위에서 말한 범위 내에 그치고 있을 뿐 신문기사 중 주요기사 대부분이 삭제된 바 없음이 인정되므로 이는 수용질서를 위한 청구인의 알 권리에 대한 최소한의 제한이라고 볼 수 있으며, 이로서 침해되는 청구인에 대한 수용질서와 관련되는 위 기사들에 대한 정보획득의 방해와 그러한 기사 삭제를 통해 얻을 수 있는 구치소의 질서유지와 보안에 대한 공익을 비교할 때 결코 청구인의 알 권리를 과도하게 침해한 것은 아니라 할 것이다.

그렇다면 위 신문기사 삭제행위가 청구인의 알 권리를 과잉 제한한 것이라 할 수 없고, 알 권리의 본질적 내용을 침해하였다 할 수 없다.」

▸ 저속한 간행물의 출판을 전면적으로 금지시키고 나아가 출판사의 등록을 취소할 수 있도록 규정한 법률조항에 대하여 성인의 알 권리를 침해하여 위헌으로 본 판례

[憲 1998. 4. 30.-95헌가16](출판사및인쇄소의등록에관한법률 제5조의2 제5호 등 위헌제청)

「(2) 과잉금지의 원칙 위반 여부

…… 더 나아가 청소년보호라는 명목으로 성인이 볼 수 있는 것까지 전면 금지시킨다면 이는 성인의 알권리의 수준을 청소년의 수준으로 맞출 것을 국가가 강요하는 것이어서 성인의 알권리를 명백히 침해한다고 하지 않을 수 없다.

요컨대, 이 사건 법률조항은 헌법상 보호받는 저속한 표현에 대해서까지 이를 전면적으로 무단히 금지시킴으로써 청소년보호의 입법목적을 넘어선 과도한 기본권제한임이 분명하다. 따라서 이 사건 법률조항 중 "저속한 간행물" 부분은 헌법 제37조 제2항의 과잉금지의 원칙에도 위반된다.」

※ 음란표현이 표현의 자유의 보호 범위에 포함되는지 여부 등은 〈제5편 - 제3장 - 2. - 언론 · 출판의 자유 - □ 제한과 그 한계〉 판례 인용부분을, 표현의 자유의 제한에 대하여 명확성의 원칙을 적용한 것에 대하여는 〈제5편 - 제3장 - 2. - 언론 · 출판의 자유 - □ 제한과 그 한계〉 판례 인용부분을, 해당 사안에서 적용되는 기본권이 무엇인지 밝힌 것에 대하여는 〈제4편 - 제4장 - 3. - □ 기본권의 경합〉 판례 인용부분을 각 참조

▶ **정보공개청구권**

▸ 개별적 정보공개청구권에 대한 판례

▹ 토지조사부나 임야조사서의 열람 · 복사 신청에 대하여 이해관계인인지 여부 및 다른 사람의 사생활의 비밀이나 기밀 등 공익이 침해될 소지가 있는지 여부에 대하여 충분한 검토 없이 불응한 부작위가 알 권리를 침해하여 위헌이라고 본 판례

[憲 1989. 9. 4.-88헌마22](공권력에 의한 재산권 침해에 대한 헌법소원)

※ 위 판례 인용부분 참조

▹ 자신에 대한 피고사건의 확정된 형사소송기록의 복사신청을 거부한 행위가 알 권리를 침해하여 위헌이라고 본 판례

[憲 1991. 5. 13.-90헌마133](기록등사신청에 대한 헌법소원)

※ 위 판례 인용부분 참조

▹ 국가 또는 지방자치단체의 기관이 보관하고 있는 문서 등에 관하여 이해관계 있는 국민이 공개를 요구함에도 정당한 이유 없이 이에 응하지 않거나 거부하는 것이 알 권리를 침해하는 것이라고 본 판례

[憲 1994. 8. 31.-93헌마174](열람거부 등 위헌확인)

「국가 또는 지방자치단체의 기관이 보관하고 있는 문서 등에 관하여 이해관계 있는 국민이 공개를 요구함에도 정당한 이유 없이 이에 응하지 아니하거나 거부하는 것은 당해 국민의 알 권리를 침해하는 것이라 함은 청구인의 주장과 같다(당재판소 1989. 9. 4. 선고, 88헌마22 결정; 1991. 5. 13. 선고, 90헌마133 결정 등 참조). 그러나, 이해관계인의 문서열람청구에 대하여 당해 행정기관이 그가 보관하고 있는 현황대로 문서를 열람하게 하고 당해 문서를 보관하지 않을 경우 그 문서를 보관하고 있지 않음에 대하여 일반인이 납득할 수 있을 정도로 확인의 기회를 부여하였다면, 비록 이해관계인이 문서열람의 목적을 달성하지 못하게 되었다고 하더라도 이를 가지고 알 권리를 침해한 것이라고 할 수는 없다 할 것이다.」

▹ 법원이 형을 선고받은 피고인에게 재판서를 송달하지 않은 것이 알 권리를 침해한 것은 아니라고 본 판례

[憲 1995. 3. 23.-92헌바1](형사소송법 제343조 제2항 등에 대한 헌법소원)

「재판서를 송달하지 않는다고 하여 국민의 알 권리를 침해하는 것이고, 상소기간을 재판선고일로부터 계산하는 것이 과잉으로 국민의 재판청구권을 제한하는 것인지를 본다.

첫째, 앞에서 본 바와 같이 재판의 선고는 피고인 자신의 편의나 형사재판의 신속한 종결을 위한 합리적 이유가 있는 예외적인 경우를 제외하고는 공판기일에 피고인이 출석하여 피고인에게 주문을 낭독하고 이유의 요지를 설명하여야 하는 것이 원칙으로 되어 있다. 더욱 법 제324조는 "형을 선고하는 경우에는 재판장은 피고인에게 상소할 기간과 상소할 법원을 고지하여야 한다"고 규정하고 있다. 따라서 법은 피고인이 상소할 것으로 경험칙상 예상되는 경우에는 피고인이 상소기간 내에 상소할 수 있도록 충분한 조치를 취해 놓고 있다고 할 것이다.

둘째, 법 제45조는 피고인은 재판서의 등 · 초본을 청구할 수 있는 권리를 인정하고 있다.……

셋째, 상소권은 재판의 선고 · 고지에 의하여 발생하고 상소기간의 경과에 의하여 소멸한다. 그러나 형사소송법은 상소권자가 자기 또는 대리인의 귀책사유 아닌 사유로 말미암아 상소기간 내에 상소를 할 수 없었던 때에는 원심법원에 상소권회복청구를 할 수 있는 길을 열어

놓고 있다(법 제345조). ……

넷째, 검사의 집행지휘를 요하는 재판은 그 재판의 선고 또는 고지일로부터 10일 이내에 그 재판서의 등본 또는 초본(또는 재판을 기재한 조서의 등 · 초본)을 검사에게 송부하여야 한다고 규정되어 있다(법 제44조). …… 이는 검사의 집행지휘에는 그 재판서의 등본 또는 초본이 필요하기 때문일 뿐이지(법 제461조) 검사의 상소의 편의를 위하여 미확정의 재판서 등 · 초본을 송부하는 것은 아니다. 따라서 피고인과 다른 취급을 하는 것은 아니므로 이로써 당사자주의 소송구조에 반하게 된다는 청구인의 주장은 이유없다고 할 것이다.

다섯째, …… 민사소송에 있어서는 당사자가 출석하지 않아도 판결을 선고할 수 있다고 규정하고 있으므로(같은 법 제192조 제2항), 형사판결 선고와는 근본적으로 그 구조를 달리하고 있다고 할 것이다.

따라서 이 사건 규정은 재판서를 송달하지 않는다고 하여 국민의 알 권리를 침해한다고 할 수 없고, 상소기간을 재판선고일로부터 계산하는 것이 과잉으로 국민의 재판청구권을 제한한다고 할 수 없다.」

▶ 일반적 정보공개청구권에 대한 판례

▷ 일반적 정보공개청구권을 헌법상 기본권인 알 권리의 내용으로 인정한 판례

[憲 1989. 9. 4.-88헌마22](공권력에 의한 재산권 침해에 대한 헌법소원)

※ 위 판례 인용부분 참조

▷ 일반적 정보공개청구권도 헌법에 의하여 직접 보장된 구체적 권리로 본 판례

[憲 1991. 5. 13.-90헌마133](기록등사신청에 대한 헌법소원)

※ 위 판례 인용부분 참조

▷ 국회예산결산위원회 계수조정소위원회에서 일반인의 방청을 불허한 행위나 의원들의 국정감사활동을 방청하는 것을 불허한 행위는 알 권리를 침해한 것이 아니라고 본 판례

[憲 2000. 6. 29.-98헌마443등](국회예산결산특별위원회 계수조정소위원회 방청허가불허 위헌확인)

「라. 이 사건 소위방청불허행위의 위헌 여부(98헌마443 사건)

…… 그렇다면 위와 같은 이유로 계수조정소위원회를 비공개로 함에 관하여는 예산결산특별위원회 위원들의 실질적인 합의 내지 찬성이 있었다고 볼 수 있고, 그 합의를 바탕으로 이 사건 계수조정소위원회를 비공개로 진행한 것은 헌법이 설정한 국회 의사자율권의 범위를 벗어난 것이라 할 수 없으니, 피청구인들이 그에 터잡아 청구인들의 방청을 불허하였다 하더라도, 이를 가리켜 위헌적인 공권력의 행사라고 할 수는 없다.

마. 이 사건 국감방청불허행위의 위헌 여부(99헌마583 사건)

(1) 국정감사와 방청의 자유

국감법 제12조는 "감사는 비공개로, 조사는 공개로 한다. 다만, 위원회의 의결로 달리 정할 수 있다"고 하여 국정감사비공개주의를 규정하고 있다. 따라서 위원회의 의결이 없는 한 국정감사는 비공개로 하는 것이고, 이에 따라 국민의 방청이 제한된다. 한편 국정감사를 공개로 하는 경우에도 위원장은 국회법 제55조에 따라, 즉 국정감사의 원활한 운영 등 질서유지를 위하여 필요한 때에는 국민의 방청을 불허할 수 있다. 국회법 제127조는 "국회의 국정감사와 국

정조사에 관하여 이 법이 정한 것을 제외하고는 국정감사및조사에관한법률이 정하는 바에 따른다"고 규정하고 있는데, 국정감사가 소관 상임위원회별로 실시되는 이상 국정감사에 관하여도 위원회에 관한 국회법 제55조가 적용된다고 할 것이기 때문이다.

(2) 이 사건 국감방청불허행위의 위헌성 여부

시민연대는 국정감사장에서의 의원들과 정부측의 질의답변을 평가하여 소위 "worst 의원"과 "best 의원"을 매일 선정, 언론에 발표하였는데, 피청구인들은 그 평가기준의 공정성에 대한 검증절차가 없었고 모니터 요원들의 전문성이 부족하며, 평가의 언론공표로 의원들의 정치적 평판 내지 명예에 대한 심각한 훼손의 우려가 있어 청구인들의 방청을 허용할 경우 원활한 국정감사의 실현이 불가능하다고 보아 전면적으로 또는 조건부로 방청을 불허하기에 이르렀다고 주장한다.

위에서 본 바와 같이 원만한 회의진행 등 회의의 질서유지를 위하여 방청을 금지할 필요성이 있었는지에 관하여는 국회의 자율적 판단을 존중하여야 할 것인 바, 기록에 의하면 피청구인들이 위와 같은 사유를 들어 방청을 불허한 것이 헌법재판소가 관여하여야 할 정도로 명백히 이유없는 자의적인 것이라고는 보이지 아니한다.

또한 국방위원회, 통일외교통상위원회, 건설교통위원회의 경우에는 전체회의나 3당 간사의 합의를 거쳐 또는 적어도 당해 위원회 위원들의 양해하에 시민연대에 대한 방청불허 방침을 정하였다는 것이므로, 그에 관하여는 각 해당 위원회 위원들의 실질적 합의까지 있었음이 인정된다.

그렇다면 피청구인들의 이 사건 국감방청불허행위는 국감법 제12조 또는 국회법 제55조 제1항에 근거한 것으로서, 이를 가리켜 위헌적인 공권력의 행사라고 할 수는 없다.」

⇔ 재판관 2인(재판관 이영모, 재판관 하경철)의 반대의견

「나. 기록(**99헌마583**)을 살펴보면, 이 사건에서 국방위원회의 경우를 제외하고는 국정감사가 대체로 비공개가 아니라 공개로 행해진 것임을 엿볼 수 있다. 따라서 국방위원회를 제외한 위원회에서 방청불허처분을 할 경우에는 위와 같은 제한적인 방청불허사유가 있어야 할 것이다.

그런데 청구인들에 대한 방청불허의 이유는, "법사위원의 평가순위를 발표하기 위한 향후 방청은 불허"(법제사법위원장의 방청불허통보), "무조건적으로 방청을 허용할 경우 원만한 상임위 의사진행이나 회의장 질서유지에 문제가 발생할 수도 있다는 우려"(통일외교통상위원장의 회신), "모니터의 방청결과가 잘못되고 왜곡되어 사실관계와 다른 평가를 함으로써 몇몇 위원들의 명예를 심대히 훼손시키고, 정당한 국정감사 활동을 방해한 결과를 낳게 되었기 때문"(보건복지위원장의 회신) 등이다.

전반적으로 볼 때, 이 사건 국감방청불허행위는 단순히 장소적 제약 혹은 질서유지의 필요성이라는 방청불허사유의 한계를 넘어서서, 청구인들이 속한 시민단체가 객관적 기준도 없이 국정감사에 임한 의원들을 평가하여 바로 언론을 통해 공표함으로써 "의원들에게 가해지는 과도한 심리적 압박 때문에 국정감사의 원활한 진행과 질서유지를 위하여"(피청구인의 답변서 21쪽 참조) 방청을 불허한 것으로 이해된다. ……

사정이 이와 같다면 피청구인은 단순한 공간적 제약 혹은 질서유지의 차원을 넘어서서 청구인들의 방청을 불허한 것이므로, 결국 헌법상의 의회공개의 원칙이 예정한 방청제한의 범위를 넘어서서 방청의 자유 내지 알 권리를 침해하고 있다고 하지 않을 수 없다.」

⇔ **재판관 1인(재판관 김영일)의 반대의견**

「나. 이 사건 소위원회 방청불허행위의 위헌성 ……

이러한 점을 생각할 때, 위와 같은 피청구인들의 주장은 설득력이 부족하다. 이해관계 당사자들에게 소위원회를 공개함으로써 발생할 수 있는 부작용에 비하여 소위원회를 공개하지 않음으로써 야기되는 폐해가 훨씬 더 심각하다고 할 것이며, 회의를 공개한다고 하여 허심탄회하고 충분한 토론 · 심의를 하는데 특별한 지장이 생긴다고 보기도 어렵다. 설사 충분한 토론과 심의, 정치적 타협을 위하여 비공개로 하여야 할 특별한 사정이 있었다 하더라도, 위원회의 의결 등 국회법에 규정된 절차에 따라 비공개로 할 수 있었음에도 불구하고 그러한 절차를 거치지 아니하였다.

이와 같이 이 사건 계수조정소위원회는 헌법과 국회법상 요구되는 비공개의 요건을 갖추지 못한 것이므로 비공개회의임을 이유로 청구인들의 방청을 거부한 이 사건 소위원회 방청불허행위는 청구인들의 헌법상 보장된 알 권리인 국회방청권을 침해한 것이라 할 것이므로, 그 위헌임을 확인함이 타당하다. 국회에 의사자율권이 있다고 하여 헌법과 국회법에 정해진 공개의 원칙과 비공개요건을 무시한 채, 마음대로 회의를 비공개로 할 수 있는 데까지 미치는 것은 아닌데, 그러한 경우에도 다수의견과 같이 단순히 국회의 자율적 판단을 존중하기만 하여서는 국회방청권의 헌법적, 민주정치적 의미가 몰각되고 말 것이다.

다. 이 사건 국감방청불허행위의 위헌성

국감법 제12조는 국정감사비공개주의를 채택하고 있으므로, 이에 따라 국민의 국회방청권이 제한될 수 있는 한편, 그럼에도 불구하고 국정감사를 공개리에 진행하는 경우, 특정인의 방청을 제한하기 위하여는 국회법 제55조 제1항의 요건을 구비하여야 하는바, 그러한 요건을 갖추었는지에 관하여 국회의 판단을 원칙적으로 존중하더라도, 그것이 명백히 이유없는 자의적인 경우에는 그렇지 않다 할 것이다. ……

그런데 피청구인들이 내세우는 위와 같은 사유는 국회법 제55조 제1항의 사유에는 해당하지 않음이 분명하다. 시민연대의 모니터 활동 자체로 국정감사의 원만한 진행이나 질서유지에 장애가 발생한다고 볼 수는 없다(장애가 발생할 경우 위원장은 국회법 제55조 제2항에 따라 퇴장을 명할 수 있다). ……

그렇다면 위 3개 위원회를 제외한 나머지 위원회에 의한 국감방청불허행위는 국감법 제12조나 국회법 제55조 제1항의 요건을 갖추지도 아니한 채, 방청을 불허한 명백히 자의적인 처분으로서, 이로 인하여 청구인들의 헌법상 보장된 알 권리인 국회방청권이 침해되었다 할 것이므로, 그 위헌임을 확인함이 타당하다.」

□ 제한과 그 한계

▶ 국가기밀의 문제

▸ **군사기밀법상의 「군사기밀」의 범위는 국민의 표현의 자유 내지 알 권리의 대상영역을 가능한 최대한 넓혀줄 수 있도록 필요한 최소한도에 한정되어야 한다는 취지의 판례**

[憲 1992. 2. 25.-89헌가104](군사기밀보호법 제6조 등에 대한 위헌심판)

「국민의 "알 권리"에도 불구하고 보호되어야 할 사생활의 비밀이 있는 것과 마찬가지로 공무상의 비밀도 보호되어야 할 사항이 적지 않으며, 특히 군사외교상의 문제에 있어서 비밀로서 보호되어야 할 사항이 더 더욱 있을 수 있다는 것은 이론의 여지가 없다고 할 것이다. ……

국가기밀의 보호를 통한 국가의 안전보장이라는 공공의 이익이 국민의 "알 권리"라는 개인적 법익보호보다 명백히 우월한 경우에 한해야 한다고 할 것이다. 국가의 안전보장이라는 차원에서 국민의 "알 권리"의 대상에서 제외될 필요가 있는 군사기밀이 있다는 점에서는 이론이 있을 수 없으나 다만 국민의 "알 권리"와의 조화를 위하여 광범위한 군사기밀의 지정은 설사 각 기밀이 그 표지를 빠짐없이 갖추고 있다고 할지라도 문제될 수 있다고 할 것이다. 왜냐하면 군사기밀의 범위가 필요이상으로 광범할 때 군사사항에 관한 한, 언론보도를 위한 취재는 물론 입법이나 학문연구를 위한 자료조사 활동과도 갈등 또는 마찰을 빚게 되어 표현의 자유(알 권리)나 학문의 자유가 위축되는 것은 물론 국민의 정당한 비판이나 감독도 현저히 곤란하거나 불가능하게 만들어 결국 국민주권주의 및 자유민주주의의 기본이념과도 배치되기 때문이다.」

▶ 선거에서의 여론조사결과 공표금지

▸ 선거에서 여론조사의 결과를 공표하지 못하게 하는 것은 알 권리를 침해하는 것이 아니라고 본 판례
[憲 1998. 5. 28.-97헌마362등](공직선거및선거부정방지법 제108조 제1항 위헌확인)

「(2) 헌법재판소는 1995. 7. 21. 92헌마177등(병합) 대통령선거법 제65조에 대한 위헌확인 사건에서 합헌임을 이유로 심판청구를 기각하는 결정을 선고한 바 있다(판례집 7-2, 112). 위 결정의 요지는 …… 라고 함에 있다.

(3) 그런데 1994. 3. 16. 선거관리의 효율성을 제고하고 새로운 선거문화의 정착을 도모하기 위하여 종전에 여러 갈래로 나누어졌던 대통령선거법, 국회의원선거법, 지방의회의원선거법, 지방자치단체의장선거법 등을 통합한 공선법을 새로 제정하였다. 공선법은 제2조에서 대통령선거·국회의원선거·지방의회의원 및 지방자치단체의 장의 선거에 적용하는 것으로 규정하고 있는데, 이것은 대통령선거가 국회의원선거·지방의회의원 및 지방자치단체의 장의 선거와 특별히 다르지 아니하다는 점을 염두에 두었기 때문이다.

따라서 대통령선거법 제65조 제1항에 대한 헌법재판소의 위 결정이유는 이 법률조항에서도 그대로 타당하고, 위 결정 선고 이후에 그 이유와 결론을 달리할 만한 사정 변경이 있는 것도 아니다. 그리고 이 법률조항과 대통령선거법 제65조 제1항의 규정을 서로 비교하면 그 내용이 거의 같으므로 이 법률조항은 헌법에 위반되는 규정으로 볼 수 없다.」

⇔ 재판관 1인(재판관 이영모)의 반대의견

「이 법률조항이 규정하는 기본권 제한의 내용은 선거기간에 여론조사는 할 수 있으나, 그 결과의 공표를 금지하여 형성된 여론을 알 수 없도록 하는데 있다. 그러나 민주주의는 자유로운 의견교환을 필요·불가결한 조건으로 하고 있는 점, 선거는 대의민주제의 근간(根幹)이고 여론조사결과의 공표는 선거권자들의 의견을 알 수 있는 유일한 수단이라는 점 등을 헤아려 보면, 조사결과의 공표를 금지하는 것은 국민의 알권리·표현의 자유의 핵심부분을 제한하여 여론형성을 제대로 못하게 하는 결과가 된다.

그런데 여론조사결과의 공표금지라는 알권리·표현의 자유를 제한하는 이 법률조항은 위에서 본 것처럼 실질적인 효력면에서 의문이 있고, 더욱이 국제화·정보화 시대에 걸맞지도 아니하므로, 그 입법목적의 정당성은 수긍이 된다고 할지라도 그 목적을 달성하기 위한 수단으로는 적절성·합리성을 갖춘 것으로 보기 어렵다.

그러므로, 나는 차라리 여론조사결과를 공표하여 알권리를 충족시켜 주는 것이 옳다고 생각한다. 다만, 여론조사결과의 공표에 관한 검증제도로서 선거기간에 한하여 조사결과의 공

정성 · 객관성을 심의하기 위한 기관을 두고, 정당이나 후보자가 당보 · 신문 등에 광고 등의 형식으로 조사결과를 선거운동수단에 왜곡 · 악용하여 선거권자들을 혼란에 빠뜨릴 수 있는 여지를 봉쇄하는 최소한의 적절하고 필요한 입법수단을 미리 강구해 두는 것은 바람직하다고 본다. 그러나 이러한 입법수단을 마련함에 있어서도 헌법은 언론에 대한 사전허가 · 검열을 절대적으로 금지하고 있는 점을 유의하여야 한다.」

※ 본문 중 인용판례인 [92헌마177]에 대해서는 위 판례 인용부분 참조

4. 사회 · 경제적 자유

거주 · 이전의 자유

□ 주 체

▶ **북한주민의 경우**

▸ **북한국적자에 대한 강제퇴거명령 및 보호명령을 다툰 행정소송에 대한 판례**
[大 1996. 11. 12.-96누1221](강제퇴거명령 무효확인 등)

「원고는 조선인인 위 이○호를 부친으로 하여 출생함으로써 위 임시조례의 규정에 따라 조선국적을 취득하였다가 1948. 7. 17. 제헌헌법의 공포와 동시에 대한민국 국적을 취득하였다 할 것이고, 설사 원고가 북한법의 규정에 따라 북한국적을 취득하여 1977. 8. 25. 중국 주재 북한대사관으로부터 북한의 해외공민증을 발급받은 자라 하더라도 북한지역 역시 대한민국의 영토에 속하는 한반도의 일부를 이루는 것이어서 대한민국의 주권이 미칠 뿐이고, 대한민국의 주권과 부딪치는 어떠한 국가단체나 주권을 법리상 인정할 수 없는 점에 비추어 볼 때 이러한 사정은 원고가 대한민국 국적을 취득하고, 이를 유지함에 있어 아무런 영향을 끼칠 수 없다고 판단하였다.

기록과 관계 법령의 규정에 비추어 보면 원심의 위 사실인정 및 판단은 정당하고, 거기에 소론과 같이 국적법에 관한 법리를 오해한 위법이 있다고 할 수 없다. ……

나. 출입국관리법 제46조는 대한민국 밖으로 강제퇴거시킬 수 있는 대상자를 동조 각 호 소정의 일정한 사유에 해당하는 외국인으로 한정하고 있고, 제2조 제2호는 외국인이라 함은 대한민국의 국적을 가지지 아니한 자를 말한다고 규정하고 있는바, 위 관계 규정의 취지에 비추어 보면 출입국관리법 소정의 외국인으로서 대한민국 밖으로 강제퇴거를 시키기 위하여는 상대방이 대한민국의 국적을 가지지 아니한 외국인이라고 단정할 수 있어야 할 것이다.

따라서 재외 국민이 다른 나라의 여권을 소지하고 대한민국에 입국하였다 하더라도 그가 당초에 대한민국의 국민이었던 점이 판시와 같이 인정되는 이상 다른 나라의 여권을 소지한 사실 자체만으로는 그 나라의 국적을 취득하였다거나 대한민국의 국적을 상실한 것으로 추정 · 의제되는 것이 아니므로, 다른 특별한 사정이 없는 한 위와 같은 재외 국민을 외국인으로 볼 것은 아니라 할 것이고, 다른 나라의 여권을 소지하고 입국한 재외 국민이 그 나라의 국적을 취득하였다거나 대한민국의 국적을 상실한 외국인이라는 점에 대하여는 관할 외국인보호소장 등 처분청이 이를 입증하여야 할 것이다.

원심판결 이유에 의하면 원심은 …… 원고가 소지하고 있던 중국여권이 원고가 중국국적을 취득함으로써 정당하게 발급받은 것이라고 인정하기 어렵고, 오히려 위 중국여권은 원고의 남편인 소외 서○심이 중국의 관계공무원들을 통하여 부정하게 발급받은 것이라고 인정함이 상당하다고 할 것이므로, 원고가 이처럼 부정하게 발급받은 위 중국여권을 소지하고 있었다는 점 하나만으로 원고가 중국국적을 취득하였다고 볼 수는 없고, 따라서 원고는 여전히 대한민국 국민으로서의 지위를 가진다고 판단하였다.

기록과 위에서 본 법리에 비추어 살펴보면 원심의 위 사실인정 및 판단은 정당하고, 거기에 소론과 같이 출입국관리법 제46조 소정의 외국인의 입증책임에 관한 법리를 오해하였다거나 심리를 제대로 하지 아니한 위법이 있다고 할 수 없다. 논지도 이유 없다.」

□ 내 용

▶ 거주 · 이전의 자유가 국민에게 그가 선택할 직업 내지 그가 취임할 공직을 그가 선택한 임의의 장소에서 자유롭게 행사할 수 있는 권리까지 보장하는 것은 아니라고 본 판례

[憲 1996. 6. 26.-96헌마200](공직선거및선거부정방지법 제16조 제3항 위헌확인)

「다. 거주 · 이전의 자유의 침해 여부

(1) 헌법 제14조는 "모든 국민은 거주 · 이전의 자유를 가진다"고 규정하여 거주 · 이전의 자유를 보장하고 있다. 이 거주 · 이전의 자유는 공권력의 간섭을 받지 아니하고 일시적으로 머물 체류지와 생활의 근거되는 거주지를 자유롭게 정하고 체류지와 거주지를 변경할 목적으로 자유롭게 이동할 수 있는 자유를 내용으로 한다. 그러나 거주 · 이전의 자유가 국민에게 그가 선택할 직업 내지 그가 취임할 공직을 그가 선택하는 임의의 장소에서 자유롭게 행사할 수 있는 권리까지 보장하는 것은 아니다. 물론 직업에 관한 규정이나 공직취임의 자격에 관한 제한규정이 그 직업 또는 공직을 선택하거나 행사하려는 자의 거주 · 이전을 간접적으로 어렵게 하거나 불가능하게 하거나 원하지 않는 지역으로 이주할 것을 강요하게 될 수는 있다. 그러나 그와 같은 조치가 특정한 직업 내지 공직의 선택 또는 행사에 있어서의 필요와 관련되어 있는 것인 한, 그러한 조치에 의하여 헌법 제15조의 직업의 자유 내지 헌법 제25조의 공무담임권이 제한될 수는 있어도 헌법 제14조의 거주 · 이전의 자유가 제한되었다고 볼 수 없다. 그러므로 선거일 현재 계속하여 90일 이상 당해 지방자치단체의 관할구역 안에 주민등록이 되어 있을 것을 입후보의 요건으로 하는 이 사건 법률조항으로 인하여 청구인이 그 체류지와 거주지의 자유로운 결정과 선택에 사실상 제약을 받는다고 하더라도 청구인의 공무담임권에 대한 위와 같은 제한이 있는 것은 별론으로 하고 거주 · 이전의 자유가 침해되었다고 할 수는 없을 것이다.

(2) 설사 청구인의 주장대로 이 사건 법률조항이 청구인의 거주 · 이전의 자유를 제한한다고 하더라도 그러한 제한은 위 나.에서 이미 살펴본 바와 같이 이 사건 법률조항이 추구하는 헌법적으로 정당한 목적의 달성을 위하여 필요한 최소한의 범위에 머무르고 있으므로 이 사건 법률조항이 청구인의 헌법상 보장된 기본권인 거주 · 이전의 자유를 침해하여 위헌이 되는 것은 아니라고 할 것이다.」

▶ 국외 거주 · 이전의 자유

▸ 국외이주의 자유

▹ 거주 · 이전의 자유에는 국외이주의 자유가 포함된다고 본 판례

[憲 1993. 12. 23.-89헌마189](1980년해직공무원의보상등에관한특별조치법에 대한 헌법소원)

「다음으로 위 특조법 제2조 제5항의 규정이 헌법상 보장된 거주이전의 자유를 침해한 것인지 여부를 본다.

헌법 제14조에는 "모든 국민은 거주 · 이전의 자유를 가진다"고 규정하였다. 이 거주이전의 자유 속에 국외이주의 자유가 포함된다고 하여도 위 특조법 제2조 제5항은 청구인이나 기타

대한민국 국민 누구에게도 국내의 거주이전의 자유를 제한하는 것이 아니며 국외이주를 제한하는 규정도 아니다. 공직자가 해직된 후 그 의사대로 자유로이 국외이주를 택한 후, 거주이전의 자유와는 관계없는 사회보장적 목적의 사후입법으로 국내에서 본인의 의사에 반하여 해직된 경우의 보상을 규정함에 있어서 해직이 없더라도 국내의 종전직장에서의 계속근무를 할 수 있었던 경우에 한하여 해직된 기간에 관한 보상만 하고, 국외에 이민 감으로써 국내의 종전직장에서의 계속근무가 불가능한 상황에 있는 경우는 보상을 하지 않는 입법을 하였다 하여도 이로써 위 (1)에서 판시한 바와 같이 위 특조법 제2조 제5항이 해외거주 국민의 헌법에 보장된 평등권을 침해하였다고 할 수 없는 것과 마찬가지로 이로써 거주이전의 자유를 제한하는 것이라고 할 수는 없다.」

※ 위 사건에 대하여, 재판관 2인(재판관 최광률, 재판관 황도연)은 이 사건 청구가 자기관련성, 직접관련성이 없어 부적법하다는 취지의 반대의견(각하)을, 재판관 1인(재판관 변정수)은 이 사건 심판 대상 조항이 평등권을 침해하였다는 취지의 반대의견(위헌)을, 재판관 2인(재판관 이시윤, 재판관 김양균)은 이 사건 심판 대상 조항이 헌법 제2조 제2항(국가의 재외국민 보호의무), 제11조 제1항(평등권) 및 제23조 제1항(재산권)을 침해하였다는 취지의 반대의견(위헌)을 내었음

직업의 자유

□ 의 의

▶ 개 념

▸ 직업의 개념에 대한 판례

[憲 1998. 3. 26.-97헌마194](관세법 제186조 제1항 위헌확인)

「(2) 직업선택의 자유 침해 여부

헌법 제15조에 의한 직업선택의 자유는 자신이 원하는 직업을 자유롭게 선택하는 좁은 의미의 직업선택의 자유와 그가 선택한 직업을 자기가 원하는 방식으로 자유롭게 수행할 수 있는 직업수행의 자유를 포함하는 직업의 자유를 뜻한다(헌재 1993. 5. 13. 92헌마80 ; 1996. 8. 29. 94헌마113 ; 1997. 3. 27. 94헌마196 등 참조). 여기서 "직업"이란 생활의 기본적 수요를 충족시키기 위해서 행하는 계속적인 소득활동을 의미하며, 이러한 내용의 활동인 한 그 종류나 성질을 묻지 않는다(헌재 1993. 5. 13. 92헌마80 참조).

(가) 좁은 의미의 직업선택의 자유에 대한 제한 여부

청구인의 감정행위는 보석감정업이라는 직업을 수행하는 활동임이 명백하며, 이 사건 법률조항은 밀수품의 감정행위를 금지하는 것으로서 직업활동의 대상 및 태양에 일정한 규제를 가하고 있으므로 보석감정업자로서 감정할 수 있는 청구인의 직업수행의 자유를 일부제한하고 있다고는 할 것이나 좁은 의미의 직업선택의 자유를 제한하고 있다고는 볼 수 없다. 즉 이 사건 법률조항은 밀수품에 대한 감정행위만을 금지하고 있을 뿐 정상적인 수출입품 및 이미 유통되고 있는 정상적인 물품에 대한 감정행위를 허용하고 있으므로 종전보다 감정행위의 대상물을 축소시키고 있을 뿐이므로 청구인이 보석감정업을 더 이상 영위하는 것이 무의미할 정도로 그 직업활동의 영역을 축소시킬 것도 아니라 할 것이므로 청구인의 좁은 의미의 직업선택의 자유를 제한하는 것이라고는 볼 수 없다.

(나) 직업수행의 자유에 대한 제한이 기본권 제한의 한계를 일탈한 여부 ……

1) 입법목적의 정당성에 관하여 ……

이 사건 법률조항이 추구하는 밀수품의 유통방지를 통한 밀수억제라는 입법목적의 달성은 헌법 제37조 제2항에 있어서의 기본권제한의 목적인 공공복리의 증진에 기여한다고 보여진다.

그렇다면 이 사건 법률조항에 의한 직업수행의 자유를 제한함에 있어서 그 목적은 정당하다고 할 것이다.

2) 입법수단의 비례의 원칙을 준수하였는지에 관하여

가) 방법의 적절성

밀수품은 정상적인 유통과정을 거치지 않기 때문에 물품의 진부 및 품질 등에 대한 신뢰성이 떨어져 제3자가 감정행위를 통해서 당해물품의 경제적 가치를 결정해주는 경우에만 밀수품의 유통이 원활하게 이루어지므로, 밀수품에 대한 감정행위를 금지하고 형사처벌하는 입법수단은 밀수품의 유통을 억제하고자 하는 이 사건 법률조항의 목적을 달성함에 있어서 적절하다고 할 것이다.

나) 침해의 최소성

…… 밀수품이 국내에 유입된 후나 국외에 유출되기 전에 실시되는 감정단계에서도 적절한 규제행위가 요청되는데, 감정행위의 금지와 위반시의 형사처벌외에는 별다른 대체수단이 없다.

다) 법익균형성

밀수품의 감정행위금지라는 입법수단은 밀수품이외의 물품에 대한 감정행위는 완전히 허용하기 때문에 청구인의 직업수행의 자유에 대한 제한의 정도는 결코 크다고는 할 수 없다. 이와는 달리 국내시장에서 보석 등이 광범위하게 밀수되고 있는 상황아래서 밀수품의 유통방지라는 입법목적의 달성을 통한 공공복리의 증진효과는 상당히 크다고 할 수 있을 것이다. 따라서 양자를 비교형량해 보면 이 사건 법률조항이 선정한 입법수단과 추구하는 입법목적사이에는 법익균형성의 원칙이 지켜지고 있다고 보여진다.

라) 그렇다면 이 사건 법률조항이 선정한 밀수품의 감정행위 금지와 위반시의 형사처벌이라는 입법수단은 밀수품의 유통방지를 추구하는 입법목적을 달성함에 있어서 비례의 원칙에 위배된 바가 없다고 할 것이다.

(다) 이상에서 본 바와 같이 이 사건 법률조항은 헌법 제15조가 규정한 청구인의 직업선택의 자유를 침해하지 아니한다고 할 것이다.」

□ 주 체

▶ 자연인뿐만 아니라 법인에게도 직업의 자유가 인정된다는 취지의 판례

[憲 1996. 3. 28.-94헌바42](지방세법 제138조 제1항 제3호 위헌소원)

「(2) 직업수행 및 거주 · 이전의 자유의 본질적 내용의 침해 여부

법인도 성질상 법인이 누릴 수 있는 기본권의 주체가 되고(헌법재판소 1991. 6. 3. 선고, 90헌마56 결정 참조), 위 조항에 규정되어 있는 법인의 설립이나 지점 등의 설치, 활동거점의 이전(이하 "설립 등"이라 한다) 등은 법인이 그 존립이나 통상적인 활동을 위하여 필연적으로 요구되는

기본적인 행위유형들이라고 할 것이므로 이를 제한하는 것은 결국 헌법상 법인에게 보장된 직업수행의 자유와 거주·이전의 자유를 제한하는 것인가의 문제로 귀결된다. ……

따라서 어떠한 법인이라도 위 조항이 정하는 중과세의 부담을 감수하기만 한다면 자유롭게 대도시내에서 설립 등 행위를 할 수 있고 또한 그에 필요한 부동산등기도 할 수 있는 것이므로, 위 조항이 법인의 대도시내 부동산등기에 대하여 통상세율의 5배를 규정하고 있다 하더라도 그것이 대도시 내에서 업무용 부동산을 취득할 정도의 재정능력을 갖춘 법인의 담세능력을 일반적으로 또는 절대적으로 초과하는 것이어서 그 때문에 법인이 대도시 내에서 향유하여야 할 직업수행의 자유나 거주·이전의 자유가 형해화할 정도에 이르러 그 본질적인 내용이 침해되었다고 볼 수 없다.

(3) 과잉금지의 원칙의 위배 여부

…… 기본권제한입법으로서 준수하여야 할 과잉금지의 원칙(헌법재판소 1990. 9. 3. 선고, 89헌가95 결정 등 참조)에 위배되었는지의 여부를 본다.

(가) 앞서도 본 바와 같이 위 조항은 단순히 지방자치단체의 재원조달이라는 목적을 넘어서 인구와 경제력의 대도시 집중을 억제함으로써 대도시주민의 생활환경을 보존·개선하고 지역간의 균형발전 내지는 지역경제를 활성화하려는 복지국가적 정책목표에 이바지하는 규정이므로 그 목적의 정당성이 인정된다.

(나) …… 그 정도가 통상세율의 5배라고 하여 반드시 그 목적달성에 필요한 정도를 넘는 자의적인 세율의 설정이라고 볼 수도 없으므로 그 수단의 상당성과 침해의 최소성도 충족되어 있다.

(다) 한편 현대 산업사회에 있어서 대도시 주민의 생활환경을 보호하고 지역간의 균형있는 발전을 도모하는 것은 전체 국가사회의 긴요한 공익적 요청이라고 할 것이므로 …… 위 조항에 의하여 보호되는 공익과 제한되는 기본권 사이에 현저한 불균형이 있다고 볼 수 없으므로 법익의 균형성을 갖추었다.

(라) 그러므로 위 조항의 규정내용은 기본권제한입법의 한계로서 기능하는 과잉금지의 원칙에 반하지 아니한다.」

[憲 1996. 4. 25.-92헌바47](축산업협동조합법 제99조 제2항 위헌소원)

「(나) 직업의 자유의 제한 여부

헌법 제15조가 규정하는 직업선택의 자유라 함은 자신이 원하는 직업을 자유로이 선택하고 이에 종사하는 등 직업에 관한 종합적이고 포괄적인 자유를 말하고, 직업결정의 자유, 직업종사(직업수행)의 자유, 전직의 자유 등을 포함하는바, 법인의 설립은 그 자체가 간접적인 직업선택의 한 방법이다. 그런데 이 사건 심판대상조항에 의하여 청구인의 법인설립(축협법 제4조에 의하여 축협은 법인이다)이 제한됨으로써 헌법상의 직업의 자유가 제한된다고 할 것이다.」

※ 위 판례에서 우리 나라의 경제질서에 대하여 언급한 부분에 관하여는 〈제3편 - 제2장 - 2. - 경제영역의 기본원리 - □ 시장경제〉 판례 인용부분을, 기본권 제한의 적합성 원칙에 대한 부분은 〈제4편 - 제4장 - 3. - □ 과잉금지원칙〉 판례 인용부분을, 결사의 자유의 의의에 대하여는 〈제5편 - 제3장 - 2. - 집회·결사의 자유 - □ 결사의 자유〉 판례 인용부분을 각 참조

[憲 2002. 9. 19.-2000헌바84](약사법 제16조 제1항 등 위헌소원)
「헌법 제15조에 의한 직업선택의 자유는 자신이 원하는 직업 내지 직종을 자유롭게 선택하는 직업선택의 자유와 그가 선택한 직업을 자기가 결정한 방식으로 자유롭게 수행할 수 있는 직업수행의 자유를 포함하는 개념이고(헌재 1993. 5. 13. 92헌마80, 판례집 5-1 365, 374 ; 1996. 8. 29. 94헌마113, 판례집 8-2, 141, 153), 법인도 성질상 법인이 누릴 수 있는 기본권의 주체가 되는데, 직업선택의 자유는 헌법상 법인에게도 인정되는 기본권이며(헌재 1991. 6. 3. 90헌마56, 판례집 3, 289, 295 ; 1996. 3. 28. 94헌바42, 판례집 8-1, 199, 206-207), 또한 법인의 설립은 그 자체가 간접적인 직업선택의 한 방법이기도 하다(헌재 1996. 4. 25. 92헌바47, 판례집 8-1, 370, 379-380 ; 2000. 11. 30. 99헌마190 판례집 12-2, 325, 342-343).」

□ 내 용

▶ **직업의 자유에는 직업선택의 자유와 직업수행의 자유가 포함됨을 밝힌 판례**
[憲 1998. 3. 26.-97헌마194](관세법 제186조 제1항 위헌확인)
※ 위 판례 인용부분 참조
◎ 같은 취지 : 憲 1996. 4. 25.-92헌바47; 2002. 4. 25.-2001헌마614

▶ **직업선택의 자유**
▸ 직업 · 직종선택의 자유에 대한 판례
▹ 직업 · 직종선택의 자유에는 어떠한 직업이나 직종을 선정하건 변경하는 행위를 포함한다고 본 판례
[憲 1993. 5. 13.-92헌마80](체육시설의설치 · 이용에관한법률시행규칙 제5조에 대한 헌법소원)
「직업선택의 자유에는 직업결정의 자유, 직업종사(직업수행)의 자유, 전직의 자유 등이 포함되지만 직업결정의 자유나 전직의 자유에 비하여 직업종사(직업수행)의 자유에 대하여서는 상대적으로 더욱 넓은 법률상의 규제가 가능하다고 할 것이고 따라서 다른 기본권의 경우와 마찬가지로 국가안전보장 · 질서유지 또는 공공복리를 위하여 필요한 경우에는 제한이 가하여질 수 있는 것은 물론이지만 그 제한의 방법은 법률로써만 가능하고 제한의 정도도 필요한 최소한도에 그쳐야 하는 것 또한 의문의 여지가 없이 자명한 것이다(헌법 제37조 제2항). 청구인이 경영하고 있는 당구장업에 대한 신고제도 바로 영업규제의 일환이라고 할 수 있지만 그것은 자격제나 허가제에 비하면 제한의 정도가 훨씬 약한 것이라고 할 수 있다.

그런데 당구장 경영자인 청구인에게 당구장 출입문에 18세 미만자에 대한 출입금지 표시를 하게 하는 심판대상규정은 법령이 직접적으로 청구인에게 그러한 표시를 하여야 할 법적 의무를 부과하는 사례에 해당하는 경우로서, 설사 그것이 법무부의 의견처럼 게시(揭示)의무에 그치고 출입 그 자체를 제한하는 규정은 아니라고 할지라도 게시된 그 표시에 의하여 18세 미만자에 대한 당구장 출입을 저지하는 사실상의 규제력을 가지게 되는 것이므로 이는 결국 그 게시의무 규정으로 인하여 당구장 이용고객의 일정범위를 당구장 영업대상에서 제외시키는 결과가 된다고 할 것이고 따라서 청구인을 포함한 모든 당구장 경영자의 직업종사(직업수행)의 자유가 제한되어 헌법상 보장되고 있는 직업선택의 자유가 침해된다고 할 것이다. 뿐만 아니라 위 게시의무를 이행치 않아 시정명령을 받게 되고도 시정치 않을 때에는 영업정지 등 행정조치와 아울러 형사처벌까지 받게 되어 있는 점을 간과할 수 없는 것이다(후술).」
※ 위 판례에서 미성년자의 일반적인 행동자유권의 침해를 인정한 부분에 대하여는 〈제5

편 - 제1장 - 1. - □ 내용〉 판례 인용부분 참조
◎ 같은 취지 : 憲 1996. 4. 25.-92헌바47

▷ **법인의 설립행위도 직업선택의 한 방법이 될 수 있다고 본 판례**
[憲 1996. 4. 25.-92헌바47](축산업협동조합법 제99조 제2항 위헌소원)
※ 위 판례 인용부분 참조

▷ **직업이나 직종선택의 자유에 근거하여 법률이 특별히 제한하지 아니하는 한 여러 개의 직업이나 직종을 가질 수 있다는 취지의 판례**
[憲 1997. 4. 24.-95헌마90](행정사법 제35조 제1항 제1호 등 위헌확인)
「가. 법 제35조 제1항 제1호의 위헌성

(1) 헌법 제15조는 모든 국민은 직업선택의 자유를 가진다고 규정하고 있는데 그 뜻은 누구든지 자기가 선택한 직업에 종사하여 이를 영위하고 언제든지 임의로 그것을 바꿀 수 있는 자유와 여러 개의 직업을 선택하여 동시에 함께 행사할 수 있는 자유, 즉 겸직의 자유도 가질 수 있다는 것이다. 법 제35조 제1항 제1호는 등록된 행정사가 법 제2조에 규정된 업무외의 다른 업무를 수행하는 것을 금지하는 내용의 것이므로 한 가지 직업 이외의 다른 직업의 행사를 금하는 겸직금지규정으로 보아야 하고, 이는 직업선택의 자유를 제한하는 규정이 분명하다.

직업의 자유를 제한하는 법률이 헌법적으로 허용되기 위하여는 기본권의 침해가 합리적인 공익상의 이유로 정당화할 수 있어야 한다. ……

(2) 법 제35조 제1항 제1호는 등록된 행정사가 법 제2조에 규정된 업무 외의 모든 업무의 수행을 금지하고 이를 위반할 경우 3년 이하의 징역 또는 500만원 이하의 벌금에 처하도록 규정하고 있다. 행정사에게 일체의 겸직을 금지하는 이와 같은 규정은 행정사의 업무의 성질에 비추어 직업선택의 자유에 대한 제한입법의 한계로서 과잉금지원칙에 위반되지 않는지의 여부가 문제된다.

법 제35조 제1항 제1호는 그 목적이 행정사업무의 독립성, 공정성 및 신뢰성을 확보하고자 하는 것이므로, 위 법률조항을 통하여 실현하고자 하는 공익의 정당성에 대하여는 의문의 여지가 없고, 겸직금지제도를 통하여 업무의 공정성을 꾀할 수 있으므로, 법 제35조 제1항 제1호에 의한 기본권의 제한은 위의 공익을 실현하기에 적합한 수단이 되기도 한다. 그러나 법 제35조 제1항 제1호의 겸직금지규정이 입법목적을 달성하기 위하여 꼭 필요하고 최소한의 침해를 가져오는 수단인가의 점에서는 위 법률조항은 직업의 자유를 지나치게 침해하는 위헌적인 규정으로 볼 수밖에 없다.

즉 법은 1995. 1. 5. 행정서사법의 전문개정을 통하여 보다 전문화되고 다양한 행정수요에 응하기 위하여 행정사의 업무를 다양화하고, 합동행정사무소제도를 도입하고, 대한행정사회의 기능과 역할을 보완하여 사회의 행정서비스를 자율적으로 뒷받침할 수 있도록 하면서 그 과정에서 나타날 수 있는 부작용을 방지하기 위하여 법 제35조 제1항 제1호로 겸직금지규정을 두고 있는바, 일반적으로 겸직금지규정은 당해 업종의 성격상 다른 업무와의 겸직이 업무의 공정성을 해칠 우려가 있을 경우에 제한적으로 겸직금지규정을 둘 수 있다할 것이므로 겸직금지규정을 둔 그 자체만으로는 위헌적이라 할 수 없으나, 위 법률조항은 행정사의 모든 겸직을 금지하고 그 위반행위에 대하여 모두 징역형을 포함한 형사처벌을 하도록 하는 내용으로 규정하고 있으므로 공익의 실현을 위하여 필요한 정도를 넘어 직업선택의 자유를 지나치게 침해하는 규정으로 보아야 하기 때문이다.」

▶ **직업수행의 자유**

▸ **직업영위의 자유**

▹ **경쟁의 자유도 직업영위의 자유에 포함된다는 취지의 판례**

[憲 1996. 12. 26.-96헌가18](주세법 제38조의7 등에 대한 위헌제청)

「이 사건 법률조항이 규정한 구입명령제도는 소주판매업자에게 자도소주의 구입의무를 부과함으로써, 어떤 소주제조업자로부터 얼마만큼의 소주를 구입하는가를 결정하는 직업활동의 방법에 관한 자유를 제한하는 것이므로 소주판매업자의 "직업행사의 자유"를 제한하는 규정이다. 또한 구입명령제도는 비록 직접적으로는 소주판매업자에게만 구입의무를 부과하고 있으나 실질적으로는 구입명령제도가 능력경쟁을 통한 시장의 점유를 억제함으로써 소주제조업자의 "기업의 자유" 및 "경쟁의 자유"를 제한하고, 소비자가 자신의 의사에 따라 자유롭게 상품을 선택하는 것을 제약함으로써 소비자의 행복추구권에서 파생되는 "자기결정권"도 제한하고 있다.

직업의 자유는 영업의 자유와 기업의 자유를 포함하고, 이러한 영업 및 기업의 자유를 근거로 원칙적으로 누구나가 자유롭게 경쟁에 참여할 수 있다. 경쟁의 자유는 기본권의 주체가 직업의 자유를 실제로 행사하는 데에서 나오는 결과이므로 당연히 직업의 자유에 의하여 보장되고, 다른 기업과의 경쟁에서 국가의 간섭이나 방해를 받지 않고 기업활동을 할 수 있는 자유를 의미한다. 소비자는 물품 및 용역의 구입 · 사용에 있어서 거래의 상대방, 구입장소, 가격, 거래조건 등을 자유로이 선택할 권리를 가진다. 소비자가 시장기능을 통하여 생산의 종류, 양과 방향을 결정하는 소비자주권의 사고가 바탕을 이루는 자유시장경제에서는 경쟁이 강화되면 될수록 소비자는 그의 욕구를 보다 유리하게 시장에서 충족시킬 수 있고, 자신의 구매결정을 통하여 경쟁과정에 영향을 미칠 수 있기 때문에 경쟁은 또한 소비자보호의 포기할 수 없는 중요 구성부분이다.……

일반적으로 고알콜주류에 국한하여 시행되는 일부 국가의 전매제도는 그 목적이 주류소비량의 억제 내지는 적정유지를 통하여 국민보건에 기여하고, 아울러 조세정책의 일환으로서 세수를 확보하려는데 있는 것이다. 그러나 이 사건 법률조항이 규정한 구입명령제도는 앞서 본 바와 같이 오로지 일정 주류시장의 중소기업을 경쟁으로부터 보호하는 것을 목적으로 하는 것으로밖에 볼 수 없고, 달리 구입명령제도의 정당성을 인정할 수 있는 근거를 찾아 볼 수 없다.

따라서 이 사건 법률조항은 소주판매업자의 직업의 자유는 물론 소주제조업자의 경쟁 및 기업의 자유, 즉 직업의 자유와 소비자의 행복추구권에서 파생된 자기결정권을 지나치게 침해하는 위헌적인 규정이라 아니할 수 없다.」

⇔ 재판관 3인(재판관 조승형, 재판관 정경식, 재판관 고중석)의 반대의견

「가. 이 사건 법률조항이 규정한 구입명령제도는 입법자가 입법정책적으로 여러 가지 사정을 고려하여 입법형성권의 범위 내에서 채택한 것으로서 헌법에 위반되지 아니한다.

(1) 직업의 자유 중에서도 직업행사의 자유에 관하여는 직업선택의 자유에 비하여 입법자에게 보다 폭넓은 형성의 자유가 인정되는 것으로서(당 재판소 1993. 5. 13. 선고 92헌마80 결정 등 참조), 직업행사의 자유는 공공복리를 합리적으로 고려하여 합목적적이라 판단되는 한 제한될 수 있으며, 다만 그 정도가 너무 지나쳐서 수인(受忍)할 수 없을 정도의 과잉제한은 허용되지 않을 뿐이다.

특히 …… 주류제조 판매와 관련되는 직업의 자유 내지 영업의 자유에 대하여는 폭넓은 국가적 규제가 가능하고 또 입법자의 입법형성권의 범위도 광범위하게 인정되는 분야라고 하지 않을 수 없다.

(2) 이 사건 구입명령제도가 직업행사의 자유에 대한 과잉제한인지의 여부를 판단함에 있어서는 헌법 제9장에 규정된 경제질서 조항의 의미를 충분히 고려하여야 할 것이다. ……

이러한 경제목표는 일차적으로 입법자에 의하여 구체화되고 실현된다. …… 입법자의 그러한 정책판단과 선택은 …… 경제에 관한 국가적 규제 조정권한의 행사로서 존중되어야 하고 사법적 판단에 의해 함부로 대체되어서는 아니 된다.

나. 이와 같이 특히 광범위한 입법형성권을 인정하는 바탕 위에 이 사건 구입명령제도가 주류판매업자와 소주제조업자의 직업행사의 자유 내지 영업의 자유를 과도히 침해하는 것인지 구체적으로 살핀다.

(1) 이 사건 구입명령제도는 독과점규제와 지역경제육성이라는 헌법상의 경제목표를 실현코자 하는 것이므로 정당한 입법목적을 가진 것이라 아니할 수 없고, 또 그 입법목적을 달성하기에 이상적인 제도라고까지는 할 수 없을 지라도 다수의견과 같이 전혀 부적합한 것이라고 단정할 수 없다. ……

(2) 이 사건 구입명령제도가 비록 주류판매업자나 소주제조업자의 직업의 자유 내지 영업의 자유를 다소 제한한다고 하더라도 그 정도가 지나치게 과도하여 입법형성권의 범위를 현저히 일탈한 것이라고 볼 수 는 없다. ……

그렇다면 이 사건 구입명령제도는 그 입법목적 달성에 필요한 정도를 넘어 지나치게 기본권을 제한하는 것이라 볼 수 없고, 기본권제한의 목적·수단간의 비례성을 현저히 상실하였다고 보기도 어렵다.」

※ 위 사안에서 시장질서의 침해 여부에 대하여 언급한 부분은 〈제3편 - 제2장 - 2. - 경제영역의 기본원리 - □ 시장경제〉 판례 인용부분을, 소비자의 행복추구권에서 파생된 자기결정권의 침해 여부에 대하여 언급한 부분은 〈제5편 - 제1장 - 1. - □ 내용〉 판례 인용부분을 각 참조

◎ 같은 취지 : 憲 2005. 4. 28.-2003헌바40; 2005. 6. 30.-2005헌가1

□ 제한과 그 한계

▶ 제 한

▸ 직업의 자유도 헌법 제37조 제2항에 근거하여 제한하는 것이 가능하다는 취지의 판례
[憲 1996. 3. 28.-94헌바42](지방세법 제138조 제1항 제3호 위헌소원)

※ 위 판례 인용부분 참조

◎ 같은 취지 : 憲 1996. 12. 26.-96헌가18

▶ 직업수행의 자유의 제한

▸ 영업 장소의 제한에 대한 판례

▹ 대학 및 이와 유사한 교육기관의 정화구역 안에 당구장 영업을 금지하는 것을 위헌으로 본 판례
[憲 1997. 3. 27.-94헌마196등](학교보건법 제6조 제1항 제13호 위헌확인)

「직업행사의 자유에 대하여는 직업선택의 자유와는 달리 공익목적을 위하여 상대적으로 폭넓

은 입법적 규제가 가능한 것이지만, 그렇다고 하더라도 그 수단은 목적달성에 적절한 것이어야 하고 또한 필요한 정도를 넘는 지나친 것이어서는 아니 된다(헌법재판소 1993. 5. 13. 선고, 92헌마80 결정 ; 1995. 2. 23. 선고, 93헌가1 결정 등 참조). 그러므로 이 사건 법률조항에 의한 직업행사의 자유라는 기본권의 제한이 과연 이러한 헌법적 한계 내의 것인지 살펴보기로 한다.

나. 이 사건 법률조항의 입법목적

…… 당구의 오락성으로 인하여 변별력과 의지력이 미약한 청소년학생이 당구에 빠져 학습을 소홀히 하는 것을 막고 현실적으로 음주, 흡연, 도박경기 등 불건전한 행위가 이루어지고 있는 당구장의 유해환경으로부터 청소년학생을 차단, 보호하여 학교교육의 능률화를 기하려는 데 그 입법목적이 있는 것으로 보인다.

다. 이 사건 법률조항에 의한 기본권제한이 필요하고 적정한 방법인지의 여부 ……

(2) 대학, 교육대학, 사범대학, 전문대학, 방송통신대학, 개방대학, 기술대학 및 이와 유사한 교육기관에 관한 판단

…… 위 각 대학 및 이와 유사한 교육기관의 정화구역안에서 당구장시설을 하지 못하도록 기본권을 제한하는 것은 교육의 능률화라는 입법목적의 달성을 위하여 필요하고 적정한 방법이라고 할 수 없으므로 이 사건 법률조항 중 위 각 대학 및 이와 유사한 교육기관에 관한 부분은 기본권제한의 한계를 일탈한 것으로 헌법에 위반된다.

(3) 유치원 및 이와 유사한 교육기관에 관한 판단

…… 유치원 및 이와 유사한 교육기관의 정화구역안에서 당구장시설을 하지 못하도록 기본권을 제한하는 것은 입법목적의 달성을 위하여 필요하고 적정한 방법이라고 할 수 없으므로 이 사건 법률조항 중 유치원 및 이와 유사한 교육기관에 관한 부분도 기본권 제한의 한계를 일탈한 것으로 헌법에 위반된다.」

▷ **학교정화구역 안에서 극장시설 및 영업을 금하는 학교보건법의 규정에 대하여 헌법에 위반된다고 본 판례**

[憲 2004. 5. 27.-2003헌가1](학교보건법 제6조 제1항 제2호 위헌제청 등)

「(다) 최소침해성원칙의 위반 여부……

2) 학교보건법 제6조 제1항 단서의 예외와 최소침해성원칙의 위반 여부

가) 학교보건법 제6조 제1항 단서의 예외

학교보건법 제6조 제1항 단서는 이 사건 법률조항의 일반적 금지의 예외를 규정하고 있다. 즉, 정화구역 가운데 대통령령이 정하는 구역 안에서는 교육감 또는 교육감이 위임한 자가 학교환경위생정화위원회의 심의를 거쳐 학습과 학교보건위생에 나쁜 영향을 주지 않는다고 인정하는 경우 그 금지가 해제된다. ……

입법자가 학습과 학교보건위생에 나쁜 영향을 주지 않는 경우의 예외를 인정하는 전제하에서 정화구역 내의 극장을 금지하는 것 그 자체는 직업수행의 자유 등을 과도하게 침해하는 것이라고 하기 어렵다.

3) 예외를 허용하지 않는 절대적 금지와 최소침해성

가) 학교보건법 제6조 제1항의 단서는 예외적 해제가 가능한 구역의 범위를 정화구역 가운데의 일정한 범위의 구역으로 정하고 있기 때문에 결국 이 사건 법률조항은 모든 극장의 영업을 절대적으로 금지하는 일정한 범위의 정화구역(이하 '절대금지구역'이라고 한다)을 예정하고 있는 것이다.

이 사건 법률조항 가운데 대학부근의 정화구역에서 극장을 금지하는 부분은 예외의 허용 여부를 불문하고 위헌적이라고 함은 이미 위에서 살펴본 바와 같으므로 아래에서는 초·중등교육법상의 초등학교, 중학교, 고등학교 및 유치원의 경우를 중심으로 하여 살펴보기로 한다.

나) 초·중등교육법상의 초등학교, 중학교, 고등학교의 경우……

정화구역 내의 절대금지구역에서는 이와 같은 유형의 극장에 대한 예외를 허용할 수 있는 가능성을 전혀 인정하지 아니하고 일률적으로 금지하고 있는 이 사건 법률조항은 그 입법목적을 달성하기 위하여 필요한 정도 이상으로 극장운영자의 기본권을 제한하는 법률이라고 하지 않을 수 없다.……

다) 초·중등교육법상의 유치원의 경우……

이 사건 법률조항은 절대금지구역에서는 모든 극장을 예외없이 금지하고 있는바, 위에서 허용되어야 할 유형으로 살펴본 극장들의 경우에는 아동의 정서에 해를 미칠 수 있는 내용의 광고로 인한 유해환경발생의 가능성 역시 줄어든다고 할 것이다. 그렇다면 절대금지구역에서 이와 같은 유형의 극장을 금지의 예외로서 허용할 수 있는 가능성을 전혀 인정하지 아니하고 일률적으로 금지하고 있는 이 사건 법률조항은 그 입법목적을 달성하기 위하여 필요한 정도 이상으로 극장운영자의 기본권을 제한하는 법률이라고 하지 않을 수 없다.

(라) 법익균형성원칙의 위반 여부

이 사건 법률조항은 개별적인 경우 보호법익이 위협을 받는가와 관계없이 특정 장소에서의 극장영업을 전면적으로 금지함으로써 개별적 극장의 유형 및 학교의 종류 등 구체적인 상황을 고려하지 아니하고 있다. 결국, 입법자는 이 사건 법률조항을 입법함에 있어 상충하는 법익간의 조화를 이루려는 노력을 게을리하여 공익에 대하여만 일방적인 우위를 부여함으로써 공익과 사익간의 적정한 균형관계를 달성하지 못하였다.

(마) 소 결

결국, 이 사건 법률조항은 입법목적을 달성하기 위하여 필요한 최소한의 정도를 넘어 직업의 자유를 침해하고 있으며, 법익균형성의 원칙도 위배하였다고 할 것이다.」

※ 예술의 자유의 내용과 관련하여 언급한 부분에 대하여는 〈제5편 - 제3장 - 2. - 예술의 자유 - □ 내용〉 판례 인용부분을, 문화국가의 원리에 대하여 언급한 부분에 대하여는 〈제3편 - 제2장 - 2. - 문화영역의 기본원리 - □ 문화공동체〉 판례 인용부분을, 기본권 제한 법률이 여러 가지 기본권을 제한하는 경우 가장 주된 기본권을 위주로 검토한다는 취지에 대한 부분은 〈제4편 - 제4장 - 3. - □ 기본권의 경합〉 판례 인용부분을 각 참조

▹ 노래연습장에 18세 미만의 자가 출입하는 것을 금지하거나 그 영업시간을 제한하는 것을 합헌이라고 본 판례

[憲 1996. 2. 29.-94헌마13](풍속영업의규제에관한법률 제3조 제5호 등 위헌확인)

「나. 직업선택의 자유의 침해 여부

(1) 직업선택의 자유의 제한과 그 한계 ……

(2) 목적의 정당성 여부 ……

이 사건 법령조항들이 18세 미만자를 노래연습장에 출입하지 못하도록 한 것은 …… 미풍양속의 보존과 청소년의 보호를 위한 것이라고 볼 수 있으므로, 이 사건 법령조항들에 의한 직업행사의 자유의 제한은 공공복리를 위한 것으로서 그 목적의 정당성은 인정된다고 할 것

이다.

(3) 방법의 적정성 여부

…… 이 사건 법령조항들이 위 시설기준 및 운영기준을 준수하여 운영되는 노래연습장에 대하여도 18세 미만자의 출입을 금지하고 있는 것은 위 시설기준 및 운영기준을 규정한 취지와 모순되는 것으로 볼 수 없을 뿐만 아니라, 앞에서 본 바와 같은 현재의 노래연습장의 운영실태에 비추어 볼 때 위와 같은 제한은 미풍양속의 보존과 청소년의 보호를 위하여 효과적이고 적절한 방법의 하나라고 할 수 있을 것이다. ……

(4) 피해의 최소성 및 법익의 균형성 여부

…… 입법권자가 18세 미만자의 출입을 금지한다고 하여도 이는 입법정책의 문제로서 이를 두고 피해의 최소성의 원칙에 위배하여 위헌이라고 하기는 어려울 것이다.

나아가 살피건대, 노래연습장에 대하여 18세 미만자의 출입을 금지시킴으로써 노래연습장업자가 입게될 불이익보다는 18세 미만자의 출입을 방치함으로써 초래되는 청소년보호에 관한 공적 불이익이 크다고 할 것이므로, 노래연습장에 18세 미만자의 출입을 금지하는 이 사건 법령조항들은 법익의 균형성의 원칙에도 위배되는 것으로 볼 수 없다.

(5) 결국 이 사건 법률조항들은 과잉금지의 원칙에 대한 위배 여부를 판단함에 있어 고려되어야 하는 목적의 정당성, 방법의 적정성, 피해의 최소성, 법익의 균형성의 모든 요건을 충족하고 있다고 보여지므로, 위 조항들이 과잉금지의 원칙에 위배하여 청구인들의 직업행사의 자유를 침해하였다고 볼 수 없다.」

▷ **주세법에서 탁주의 공급구역을 제한하는 것을 합헌이라고 본 판례**

[憲 1999. 7. 22.-98헌가5](주세법 제5조 제3항 위헌제청)

「가. 재판관 조승형, 재판관 정경식, 재판관 고중석, 재판관 이영모의 합헌의견

(1) 이 사건 법률조항이 규정한 공급구역제한제도는 입법자가 입법정책적으로 여러 가지 사정을 고려하여 입법형성권의 범위 내에서 채택한 것으로서 직업의 자유를 보장한 헌법 제15조에 위반되지 아니한다.

(가) 탁주의 공급구역제한제도를 규정하고 있는 이 사건 법률조항이 …… 직업행사의 자유를 제한하는 측면이 있음을 부인할 수는 없다. ……

(나) 이와 같이 광범위한 입법형성권을 인정하는 바탕 위에 이 사건 법률조항이 탁주제조업자와 판매업자의 직업행사의 자유 내지 영업의 자유를 과도히 침해하는 것인지 구체적으로 살펴보기로 한다.

1) 이 사건 공급구역제한제도는 국민보건위생을 보호하고, 탁주제조업체간의 과당경쟁을 방지함으로써 중소기업보호 · 지역경제육성이라는 헌법상의 경제목표를 실현한다는 정당한 입법목적을 가진 것으로서 그 입법목적을 달성하기에 이상적인 제도라고까지는 할 수 없을지라도 전혀 부적합한 것이라고 단정할 수는 없다.……

2) 이 사건 공급구역제한제도가 비록 탁주제조업자나 판매업자의 직업의 자유 내지 영업의 자유를 다소 제한한다고 하더라도 그 정도가 지나치게 과도하여 입법형성권의 범위를 현저히 일탈한 것이라고 볼 수는 없다.……

(2) 이 사건 공급구역제한제도에 의한 탁주제조업자와 다른 상품 제조업자간의 차별은 합리적 차별로서 평등원칙에 위반되지 아니한다. ……

(3) 이 사건 공급구역제한제도는 행복추구권에서 파생되는 소비자의 자기결정권을 정당한

이유없이 제한하고 있다고 볼 수 없다. ……

(4) 결론적으로 이 사건 법률조항은 입법자가 앞서 본 바와 같은 여러 가지 사정을 입법정책적으로 고려하여 입법형성권의 범위내에서 입법한 것으로서 헌법 제37조 제2항이 정한 한계내에서 행한 필요하고 합리적인 기본권제한이라고 할 것이므로 헌법에 위반되지 아니한다.」

⇔ 재판관 5인(재판관 김용준, 재판관 김문희, 재판관 이재화, 재판관 신창언, 재판관 한대현)의 반대의견

「(1) 직업의 자유 및 소비자의 자기결정권의 침해 여부

(가) 이 사건 법률조항은 탁주(대통령령이 정하는 장기보존이 가능한 탁주를 제외한다)의 공급구역을 주류제조장소재지의 시(서울특별시와 광역시를 포함한다) · 군의 행정구역으로 제한함으로써 탁주제조업자 및 판매업자의 영업의 자유 내지 직업행사의 자유를 제한하고 나아가 경쟁의 자유를 제한하는 규정이다. 경쟁의 자유는 기본권의 주체가 직업의 자유를 실제로 행사하는데에서 나오는 결과이므로 당연히 직업의 자유에 의하여 보장되고, 다른 기업과의 경쟁에서 국가의 간섭이나 방해를 받지 않고 기업활동을 할 수 있는 자유를 의미한다(헌재 1996. 12. 26. 96헌가18, 판례집 8-2, 680, 691). 또한 이 사건 법률조항은 소비자가 자유롭게 원하는 탁주를 선택하는 것을 제한함으로써 소비자의 행복추구권에서 파생되는 자기결정권도 제한하고 있다. ……

(나) 이 사건 법률조항이 과잉금지의 원칙에 위배된 것인지 여부를 살펴보기로 한다.

…… 이하에서는 이 사건 법률조항의 입법목적을 국민보건위생보호로 보고, 이 사건 법률조항의 공급구역제한제도가 위의 입법목적의 달성을 위하여 적절한지, 적절하다면 침해의 최소성의 원칙을 준수하고 있는지 여부를 살펴보기로 한다.

1) 탁주는 곡류를 발효시킨 미성숙주로서 타주류에 비하여 보관기간이 짧고 제조장에서 출고되어 소비자가 음용할 때까지 판매과정 중에서도 발효가 계속되는 제품으로 쉽게 변질되어 원거리운송 및 장기보관시 국민보건위생을 해칠 위험이 있다. 그러므로 탁주제조장소재지의 시 · 군의 행정구역에 대해서만 이를 공급하고 소비하게 하는 공급구역의 제한은 국민보건위생에 기여하는 하나의 적절한 수단이라고 할 수 있다.

2) …… 그렇다면 유통과정에서의 탁주의 변질을 방지하여 국민보건위생보호라는 공익을 달성하기 위하여는 제조일자나 유통기간, 보관방법을 명시하게 하는 등 유통과정에서의 통제만으로도 충분하다고 할 것이다. 따라서 장기보존이 가능한 탁주를 제외한 재래식 탁주에 대하여 여전히 공급구역을 제한하는 것은 국민보건위생보호라는 공익을 위한 것이라 하여도 기본권을 과도하게 제한하는 것이라고 하지 않을 수 없다. ……

(다) 따라서 탁주의 공급구역을 제한하는 것은 이 사건 법률조항의 입법목적인 국민보건위생보호를 위하여 적절한 방법이기는 하지만 위의 공익이 보다 기본권을 적게 침해하면서도 똑같이 효과적인 다른 방법에 의해서도 실현될 수 있으므로, 이 사건 법률조항은 탁주제조업자 및 판매업자의 직업의 자유와 소비자의 자기결정권을 침해하는 위헌적인 규정이다.

(2) 평등권의 침해 여부

…… 이 사건 법률조항은 탁주제조업자 및 판매업자를 제품의 특성상 탁주와 유사한 성격을 보유하는 다른 식품의 제조업자 및 판매업자에 비하여 자의적으로 다르게 취급하는 것으로서 평등의 원칙에 반한다.

(3) 그러므로 이 사건 법률조항은 탁주제조업자 및 판매업자의 직업의 자유 및 평등권과 소비자의 자기결정권을 침해하는 규정이므로 헌법에 위반된다.」

▷ 의료기관의 시설 안 또는 구내의 약국개설을 금지하는 약사법의 규정을 합헌으로 본 판례
[憲 2003. 10. 30.-2000헌마563](약사법 제21조 제8항 등 위헌확인)
「(나) 법 제21조 제8항에 의한 청구인의 직업행사의 자유 제한이 비례의 원칙에 위배되는지 여부

법 제21조 제8항이 조제실 근무약사의 외래환자에 대한 조제금지를 규정하여 의료기관이 조제실을 두고 있는 의료기관이 외래환자에 대하여 의약품의 조제 및 투약업무를 할 수 없도록 한 것은 청구인 의료법인 성애의료재단의 헌법 제15조에 의거하여 보장되는 직업행사의 자유를 제한하는 것이므로, 이것이 비례의 원칙에 위배되는지 여부를 살펴본다.

1) 목적 정당성 존재 여부 ……

법 제21조 제8항은 의약분업제도의 도입을 통하여 의약품의 오·남용을 예방하고 약제비를 절감함과 동시에 환자의 알권리를 신장시키고 제약산업의 발전을 도모함으로써 국민의 보건을 증진시키고자 하는 입법목적을 추구하고 있다. ……

그렇다면 법 제21조 제8항이 청구인의 직업행사의 자유를 제한한 것은 입법목적이 추구하는 공공이익에 의하여 정당화된다고 할 것이다.

2) 적합성 원칙 심사 ……

법 제21조 제8항이 조제실을 갖춘 의료기관으로 하여금 외래조제실을 운영하지 못하도록 한 것은 의료기관과 약국이 하나의 운영주체 내에서 운영되는 경우에 발생할 수 있는 의약품의 오·남용을 방지하는데 적절하다고 판단된다.

그렇다면 법 제21조 제8항에 의한 의료기관 조제실에서의 원외처방전 조제금지는 의약품의 오·남용 예방 등의 입법목적을 달성하는데 적합하다고 할 것이다.

3) 최소침해성 원칙 심사 ……

법 제21조 제8항이 추구하는 입법목적을 달성하는 데에는 동일하게 효과적인 다른 대체수단이 존재하지 않으므로 법 제21조 제8항이 의료기관 조제실 근무약사가 외래환자에 대해서 조제할 수 없도록 규정한 것은 최소침해성 원칙에 위배되지 않는다고 할 것이다.

4) 법익균형성 원칙 심사 ……

법 제21조 제8항이 추구하는 목적의 달성으로 인한 공익이 선정된 수단에 의해 발생하는 청구인의 불이익보다 크다고 할 것이므로, 법 제21조 제8항은 법익균형성의 원칙에 위배되지 아니한다.

(다) 위에서 본 바와 같이, 법 제21조 제8항이 청구인의 직업행사의 자유를 제한한 것은 헌법상 비례의 원칙에 위배되지 아니하므로, 헌법 제15조에 의거하여 보호되는 청구인의 직업행사의 자유를 침해하지 아니한다고 할 것이다.」

▷ 변호사의 개업지에 대하여 제한하는 것을 위헌이라고 본 판례
[憲 1989. 11. 20.-89헌가102](변호사법 제10조 제2항에 대한 위헌심판)
「나. 입법의 목적 ……

위 법률조항의 입법제안 이유에 의하면, 그 입법취지는 판사나 검사등으로 근무하던 공무원이 그 근무지에서 변호사로 개업함으로써 생길 수 있는 정실개입의 위험을 배제하고, 공무원 직무의 공정성에 대한 신뢰확보에 있음이 분명하다.

또한 위 법률조항에 의한 제한 대상자를 관계공무원으로서 재직기간이 통산하여 15년에 달하지 아니한 자에 대해서만 적용하도록 규정한 점으로 미루어 보면, 법무부장관이 주장하듯

중견판사 및 검사를 확보하기 위함도 위 법률조항의 입법취지의 하나로 인정된다.
다. 제한의 적정성 여부

(1) 변호사로 개업하고자 하는 판사나 검사등의 개업지를 제한함으로써 개업을 막겠다는 것은 중견판사 및 검사의 확보라는 목적에 비추어 적절하거나 합리적인 방법이라 할 수 없다. 왜냐하면, 판사나 검사 등으로서의 직무의 수행이 국민의 의무에 따른 복무가 아닌 한 필요한 인력의 확보는 인력충당의 장기계획이나 스스로 전직을 원하지 아니하도록 제도적 뒷받침을 마련함으로써 이루어야 하는 것이지 본인의 의사에 반하여 전직을 어렵게 하는 방법으로써 이루어서는 아니 되기 때문이다. ……

(2) 법 제10조 제2항은 법조경력이 15년이 되지 아니한 변호사가 개업신고전 2년 이내의 근무지가 속하는 지방법원의 관할구역안에서 3년간 개업하는 것을 금지하고 있기는 하나, 개업이 금지된 곳에서 법률사무를 취급하는 행위자체를 금지하고 있지는 않다. 따라서 위 법률조항이 변호사의 개업지를 제한하는 그 자체에 목적이 있는 것이 아니라 특정사건으로부터 정실개입의 소지가 있는 변호사의 관여를 배제하여 법률사무의 공정성과 공신성을 확보하자는데 그 목적이 있는 것이라면, 아래 (3), (4)에서 보듯 그 제한이 획일적인 점을 감안해 볼 때 위 법률조항이 정한 개업지의 제한은 결국 정실배제라는 목적실현에도 필요하고 적정한 수단이라고 할 수 없다. ……

(4) …… 법 제10조 제2항은 재직경력이 긴 사람에 대하여 그러하지 아니한 사람과 구별하여 그 개업지 제한 규정의 적용을 배제하고 있어 변호사로서의 개업을 하고자 하는 동일한 처지에 있는 자를 합리적 이유없이 차별하고 있다 할 것이므로 이는 법 앞에서의 평등을 규정한 헌법 제11조 제1항에 위반된다.

(5) …… 군법무관으로의 복무 여부가 자신의 선택에 의하여 정해지는 경우와는 달리 병역의무의 이행으로 이루어지는 경우, 이는 병역의무의 이행으로 말미암아 불이익한 처우를 받게 되는 것이라 아니할 수 없어 이의 금지를 규정한 헌법 제39조 제2항에 위반된다.

(6) 따라서 법 제10조 제2항이 변호사의 개업지를 일정한 경우 제한함으로써 직업선택의 자유를 제한한 것은 그 입법취지의 공익적 성격에도 불구하고 선택된 수단이 그 목적에 적합하지 아니할 뿐 아니라, 그 정도 또한 과잉하여 비례의 원칙에 벗어난 것이고, 나아가 합리적 이유없이 변호사로 개업하고자 하는 공무원을 근속기간 등에 따라 차별하여 취급하고 있다.

그러므로 법 제10조 제2항은 헌법 제11조 제1항, 제15조, 제37조 제2항에 각 위반된다. 또한 병역의무를 이행한 군법무관의 경우는 헌법 제39조 제2항의 경우에도 위반된다.」

▷ 한약업사의 영업지 제한을 합헌으로 본 판례

[憲 1991. 9. 16.-89헌마231](약사법 제37조 제2항의 위헌 여부에 관한 헌법소원)

「위에서 본 현행 약사법체계상 한약업사의 지위는 약사가 없는 제한된 지역에서 약사업무의 일부를 수행하는 보충적인 직종에 속하는 것으로 보여지고, 이와는 달리 의약품 가운데에서 한약만을 독자적으로 분류하여 그 조제, 판매권을 한약업사에게 전속적, 배타적으로 부여하고 있는 규정은 찾아볼 수 없다.

따라서 한약업사가 영업지 제한의 규제를 받는 것이 그의 거주이전의 자유 또는 직업선택의 자유를 제한하는 것이거나 평등의 원칙에 위배된다고 할 수 없다.

다만 현행 약사법 체계에 의하지 아니하고 양약의 경우에는 약사에게, 한약의 경우에는 한약사 제도를 새로이 만들거나 현행법상의 한약업사에게 각 전속적으로 조제·판매업을 양분하는 입장도 상정할 수는 있다. 그러나 이러한 문제는 광범위한 입법형성권을 가진 입법자가 국민보건향상이라는 공공복리를 고려하여 합목적적으로 정할 입법정책상의 재량사항에 속하는 것이다.

그러므로 현행 약사법 및 그 관계규정이 양약과 한약의 조제 · 판매업을 양분하는 입장을 취하지 아니하고 그와 달리 약사를 이 법상 한약을 비롯한 의약품일반의 원칙적인 조제 · 판매권을 갖는 자로 정하되 예외적으로 한약업사에게 한약의 혼합판매권만을 인정하고 있고, 이러한 한약업사를 이 법상 그 취급업종이 달라 일정한 주관적 자격이나 시험을 필요로 하지않는 의약품도매상이나 규제대상이 다른 의료법상의 의사 등 의료인의 경우와 다르게 취급하고 있다고하여 이러한 입법태도를 국민의 기본권보장 등에 관한 헌법의 기본가치를 도외시한 재량권일탈의 입법이라고는 할 수 없을 것이다.」

▶ 영업 시간의 제한에 대한 판례

▷ 무도장영업행위를 오전 9시부터 오후 5시까지 할 수 있도록 제한하는 것을 합헌으로 본 판례
[憲 2000. 7. 20.-99헌마455](식품접객업소 영업행위제한기준 위헌확인)

「(1) 직업선택의 자유의 침해 여부

(가) 직업행사의 자유의 제한과 그 한계

헌법 제15조는 "모든 국민은 직업선택의 자유를 가진다"고 규정하고 있으나, 헌법 제15조가 말하는 직업선택의 자유는 직업행사의 자유까지 포괄하는 직업의 자유를 뜻하는 것이다.

이 사건 기준은 식품위생법시행령 제7조 제8호 라목의 유흥주점 영업행위 중 "무도장을 갖추고 손님으로 하여금 춤을 추게 하는 행위"를 오전 9시부터 오후 5시까지는 할 수 없도록 함으로써, 청구인을 비롯한 유흥주점영업자들의 직업행사의 자유를 제한하는 규정이라고 할 것이다. ……

(나) 과잉금지의 원칙의 위배 여부

1) 목적의 정당성 ……

이 사건 기준의 입법목적은 주간무도행위에 대한 국민 대다수의 부정적 인식을 바탕으로, 국민경제가 어려운 시기에 과소비, 사치, 향락분위기 등의 재발을 막고 건전한 사회기풍을 조성하기 위한 것으로서, 그 목적의 정당성은 인정된다고 할 것이다.

2) 방법의 적정성 ……

현실적으로 업소환경을 획기적으로 개선하거나 건전한 무도문화를 확립한다는 것은 일조일석에 이루어지기 어려운 일이라는 점을 고려할 때, 카바레 등 유흥주점업소에 대하여 오전 9시부터 오후 5시까지의 무도영업행위를 제한하는 것은 위에서 본 바와 같은 폐해의 방지 및 건전한 사회기풍의 조성이라는 입법목적을 달성하기 위한 하나의 적절한 방법이라고 할 것이다. ……

3) 피해의 최소성 및 법익의 균형성

이 사건 기준은 카바레 등 유흥주점업소의 영업행위 중 오직 무도영업행위에 대해서만 오전 9시부터 오후 5시까지에 한하여 이를 제한하는 것이므로, 무도영업행위 이외의 주류판매 등 모든 영업행위는 영업시간의 제한 없이 가능하다. ……

따라서 이 사건 기준에 의한 직업행사의 자유의 제한은 피해의 최소성의 원칙에 위배된다고 볼 수 없다.

또한 이 사건 기준이 주간무도영업행위를 제한함으로써 카바레영업자 등 유흥주점영업자가

입게 되는 불이익보다는 이를 허용함으로써 초래될 수 있는 건전한 사회기풍이나 선량한 풍속의 저해로 인한 불이익이 더 크다고 볼 수 있으므로 법익의 균형성의 원칙에 위배되는 것도 아니라 할 것이다.

(다) 소 결 론

결국 이 사건 기준에 의한 영업행위의 제한은 과잉금지의 원칙의 위배 여부를 판단함에 있어 고려되어야 할 목적의 정당성, 방법의 적정성, 피해의 최소성 및 법익의 균형성 등 모든 요건을 충족하였다고 보여지므로, 이 사건 기준이 과잉금지의 원칙에 위배하여 청구인의 직업행사의 자유를 침해하였다고 볼 수 없다.」

▸ 영업 방법의 제한에 대한 판례

▹ 물리치료사와 임상병리사를 의사의 진료를 지원하는 지위에 있어 의사의 지도하에서만 업무를 담당하도록 정한 의료기사법의 규정을 합헌으로 본 판례

[憲 1996. 4. 25.-94헌마129](의료기서법 제1조 등 위헌소원)

「(2) …… 의료기사제도의 입법목적이 의사의 진료행위를 지원하는 업무도 국민의 보건과 관련되어 있는 이상 일정한 자격자로 하여금 담당하게 함으로써 국민의 건강에 대한 위험을 예방하려는 것이므로, 의료기사가 국민을 상대로 독자적으로 업무를 수행할 수 없도록 하고 반드시 의사의 지도하에서만 업무를 수행하도록 한 것은 위와 같은 입법목적에서 비추어 당연한 것이다.

(3) 의료행위 중에서는 고도의 지식과 기술을 요하여 반드시 의사가 직접 수행하지 않으면 안되는 영역이 있는가 하면, 일정한 자격을 갖춘 의료기사로 하여금 수행하게 하여도 무방한 영역도 있다. 특정한 의료행위가 어느 쪽에 속하는가는 상대적인 것으로서 오늘날과 같이 의학지식이 널리 보급되어 상식화되어 가는 시대에는 후자의 범위가 점점 넓어지는 경향이 있다.

그렇다 하더라도 의료행위 중에서 국민보건에 위험성이 적은 일정한 범위의 것을 따로 떼어서 이를 의사에게 맡기지 아니하고, 다른 자격제도를 두어 그 자격자에게 맡길 것인지 여부는 입법부의 입법형성의 자유에 속하는 것이다.

따라서 설사 물리치료사와 임상병리사의 업무가 의료행위 중에서 상대적으로 위험성이 덜하고 의사로 하여금 직접 수행하게 하지 않아도 될 만한 것이라고 가정하더라도, 입법부 여러가지 정책적인 고려하에 이를 의사로 하여금 담당하도록 하면서, 이와 별도로 물리치료사와 임상병리사제도를 두어 의사에게 고용되어 의사의 지도하에서 각 업무를 수행하게함으로써 의사의 진료행위를 지원하도록 제도를 마련하였다고 하더라도 특별한 사정이 없는 한 이를 두고 입법재량을 남용하였다거나 그 범위를 일탈하였다고 판단할 수는 없다.」

▹ 법무사의 사무실에서 일하는 사무원의 수를 제한하는 것을 합헌이라고 본 판례

[憲 1996. 4. 25.-95헌마331](법무사법시행규칙 제35조 제4항 위헌확인)

「이와 같은 사정들 때문에 법무사의 사무원에 대한 감독권을 강화하고 법무사 업무의 파행적 운영을 막아 사건 의뢰인의 이익을 보호하고 나아가 사법운영의 원활화 및 사법에 대한 국민의 신뢰를 구축하기 위하여 법무사법 제21조의 위임에 따라 법무사 사무원의 수를 제한하는 이 사건 심판대상 조항을 두게 된 것이다. ……

물론 위와 같은 문제점을 해결하기 위한 방법으로 대법원규칙으로 법무사 사무원의 수를 제

한하는 것이 반드시 가장 적절한 방법이라고 할 수는 없다.

그러나 입법목적을 달성하기 위하여 가능한 여러 수단들 가운데 구체적으로 어느 것을 선택할 것인가의 문제는 그 선택이 현저하게 불합리하고 불공정한 것이 아닌 한 입법자의 재량에 속하는 것이라 할 것인바, 법무사의 업무 범위와 양, 그 동안의 운용실태 등에 비추어 적정하다고 인정되는 정도로 사무원의 수를 제한하는 것은 법무사의 사무원에 대한 실질적 감독을 강화하고 법무사 업무의 파행적 운영을 방지함에 있어 유효 적절한 수단 중의 하나임이 분명하고 달리 위 선택이 현저하게 불합리하고 불공정한 것이라고 볼 사정은 없으며, 제한되는 사무원의 수를 5인으로 결정한 것은 대한법무사협회와의 협의를 통하여 법무사의 자율적 의견을 반영한 결과이고 달리 법무사 사무원의 수를 지나치게 적게 제한한 것이라고도 볼 수 없으므로 이 사건 심판대상 조항으로 인한 청구인들에 대한 기본권의 제한이 과도한 것이라고 할 수도 없다.

따라서 이 사건 심판대상 조항에 의한 청구인들에 대한 기본권 제한은 헌법이 정한 한계 내의 것으로서 정당하다 할 것이다.」

▷ **터키탕 안에서 이성의 입욕보조자를 두지 못하게 하는 공중위생법시행규칙의 규정을 합헌으로 본 판례**
[憲 1998. 2. 27.-97헌마64](공중위생법시행규칙[별표3]중 2의 나의 (2)의 (다)목 위헌확인)

「나. 이 사건 규칙조항에 의한 기본권제한이 과잉입법금지원칙에 위반되는지 여부

(1) 이 사건 규칙조항의 입법목적 ……

이 사건 규칙조항은 터키탕 안에서의 퇴폐행위를 원천적으로 근절시키기 위하여 이성의 입욕보조자를 둘 수 없도록 제한한 것이므로 그 입법목적은 선량한 풍속의 유지 및 국민의 건강증진을 위한 것으로서 정당하다.

(2) 방법의 적정성 ……

터키탕업소 안에 이성의 입욕보조자를 두면서 윤락행위 등 퇴폐행위를 단속하는 데에는 막대한 인력과 비용이 필요한데다가 터키탕영업의 특수성으로 인하여 단속에 한계가 있는데 비하여 터키탕업소 안에 이성의 입욕보조자를 둘 수 없도록 하는 경우에는 인력과 비용이 크게 들지 아니하면서도 퇴폐행위를 원천적으로 근절할 수 있어 입법목적을 달성하는데 효과적이고, 이 사건 규칙조항은 이성의 입욕보조자를 둘 수 없도록 제한하고 있을 뿐 터키탕영업을 금지시키거나 입욕보조자 자체를 둘 수 없도록 제한하고 있지도 아니하여 터키탕 영업에 종사하는 청구인들의 재산권이나 직업의 자유를 본질적으로 침해한 것이라고 할 수도 없다.

따라서 이 사건 규칙조항에 의한 기본권제한은 입법목적의 달성을 위하여 합리적이고 적정한 방법으로서 과잉입법금지원칙에 위반된다고 할 수 없다.」

▷ **담배자판기의 설치를 금지하는 조례의 규정을 합헌으로 본 판례**
[憲 1995. 4. 20.-92헌마264등](부천시담배자동판매기설치금지조례 제4조 등 위헌확인)

「(2) 직업선택의 자유의 침해 여부

이 사건 심판대상규정은 담배소매인의 자판기설치를 제한하고 이미 설치한 자판기를 철거하도록 함으로써 자판기를 통한 담배판매라는 담배소매인의 영업수단을 규제하는 것이므로 청구인들을 포함한 담배소매인의 직업선택의 자유 특히 영업의 자유 내지 직업수행의 자유를 제한하는 것이 될 소지가 있다. ……

그런데 자판기를 통한 담배판매는 구입자가 누구인지를 분별하는 것이 매우 곤란하게 하기

때문에 청소년의 담배구입을 막기 어려워 위 미성년자보호법 규정의 취지를 몰각시키고 있을 뿐만 아니라, 그 특성상 판매자와 대면하지 않는 익명성, 비노출성으로 인하여 청소년으로 하여금 심리적으로 담배구입을 용이하게 하고, 주야를 불문하고 언제라도 담배구입을 가능하게 하며, 청소년이 쉽게 볼 수 있는 장소에 설치됨으로써 청소년에 대한 흡연유발효과도 매우 크다고 아니할 수 없다.

그렇다면 청소년의 보호를 위하여 자판기설치의 제한은 반드시 필요하다고 할 것이고, 이로 인하여 담배소매인의 직업수행의 자유가 다소 제한되더라도 법익형량의 원리상 감수되어야 할 것이다. ……

결국 이 사건 심판대상규정은 기본권제한입법에 있어서 반드시 지켜져야 할 과잉금지의 원칙에 위배하여 헌법 제15조에 의하여 보장된 청구인들의 직업선택의 자유를 침해하였다고 볼 수 없다.」

▹ **식품의 효능에 관하여 의약품과 혼동할 우려가 있는 표시나 광고를 금지하는 식품위생법의 규정을 합헌으로 본 판례**

[憲 2000. 3. 30.-97헌마108](식품위생법 제11조 위헌확인)

「(가) 식품의 효능에 관하여 표시 · 광고하는 것은 식품의 제조 · 판매에 관한 영업활동의 중요한 한 부분을 이루므로 이 사건 법령조항에 의하여 식품제조업자 등의 직업행사의 자유(영업의 자유)가 제한된다. 뿐만 아니라 식품의 효능에 관한 광고는 식품판매를 위한 상업적 광고표현에 해당한다 할 것인데, 상업적 광고표현 또한 표현의 자유의 보호를 받는 대상이 되므로(헌재 1998. 2. 27. 96헌바2, 판례집 10-1, 118, 124) 이 사건 법령조항은 표현의 자유를 제한하는 것이기도 하다. ……

(다) 특정한 식품이나 그 영양소에 일정한 약리적 효능이 있음을 부인할 수 없는 이상 식품의 약리적 효능에 관한 표시 · 광고를 전부 금지하는 것은 이 사건 법령조항의 입법취지에 어긋날 뿐만 아니라 위 헌법상의 기본권들에 대한 과잉제한으로서 헌법적으로 용납되지 아니한다는 점, 이에 이 사건 법령조항은 식품광고로서의 본질과 한계를 벗어나 질병의 치료 등을 직접적이고 주된 목적으로 하는 의약품으로 혼동 · 오인하게 하는 표시 · 광고만을 규제하는 것으로 좁게 풀이하여야 한다는 점은 위에서 본바와 같다.

이 사건 법령조항의 규범내용을 이와 같이 한정적으로 풀이하면, 부당하게 의약품인 양 오도하는 표시 · 광고를 규제함으로써 국민의 건강을 보호한다는 입법목적을 적절히 달성할 수 있을 뿐만 아니라, 식품이 가지고 있는 약리적 효능에 관한 정보를 적절히 소비자에게 제공할 수도 있게 됨으로써 과잉규제로 인한 헌법위반의 소지도 아울러 없어진다. 요컨대, 이 사건 법령조항은 그 적용범위를 위와 같은 합헌적인 범위 밖에까지 부당히 확장하지 아니하는 한 청구인을 비롯한 식품제조업자 등의 영업의 자유, 광고표현의 자유 또는 학문의 자유를 헌법 제37조 제2항에 위반하여 침해하는 것이라고 볼 수는 없다.」

▹ **약국의 셔틀버스운행을 금지한 여객자동차운수사업법의 규정을 합헌으로 본 판례**

[憲 2002. 11. 28.-2001헌마596](여객자동차운수사업법 제73조의2 제1항 제1호 등 위헌확인)

「나. 영업의 자유의 침해 여부

(1) 이 사건 법률조항에 의한 영업의 자유의 제한 ……

(2) 과잉금지원칙의 위배 여부 ……

이는 약국의 셔틀버스운행으로 말미암은 동네약국 및 여객운송사업자와의 분쟁해결과 무상운송으로 인한 여객운송질서의 문란방지 및 이용자의 안전확보에 그 취지가 있다고 할 것이므로 그 입법목적의 정당성이 인정된다. ……

나아가 실제로 병원과 약국 사이를 운행하는 대중교통수단이 없거나 있다고 하더라도 그 접근이 어려운 경우에는 시 · 도지사의 허가를 받아 셔틀버스를 운행할 수 있도록 하고 있고, 셔틀버스운행금지로 인하여 제한되는 청구인들의 영업의 자유도 약의 조제와 판매를 기본적인 업무로 하는 약국의 영업활동과 직접적이고 밀접하게 관련된 영역이 아니라, 직업의 수행을 위한 간접적이고도 부수적인 영역에 대한 제한에 불과하므로 수인한도 내의 제한이라 할 것이다. ……

그렇다면, 약국의 이용자를 위한 셔틀버스운행을 예외적인 운행의 허용대상에서 제외한 이 사건 법률조항은 기본권제한입법이 준수하여야 할 한계 내의 제한이라 할 것이므로 청구인들의 영업의 자유를 침해하지 아니한다.」

⇔ 재판관 2인(재판관 김영일, 재판관 김경일)의 반대의견

「가. 영업의 자유의 침해 여부와 관련하여

(1) 목적의 정당성과 방법의 적절성에 대한 검토 ……

(나) 다수의견은 약국의 셔틀버스운행으로 말미암은 동네약국 및 여객운송사업자와의 분쟁해결과 무상운송으로 인한 여객운송질서의 문란방지 및 이용자의 안전확보에 약국에 대한 셔틀버스운행금지의 목적이 있다고 하여 그 입법목적의 정당성을 긍정하고 있다.

그러므로 먼저 동네약국들의 경영난과 관련한 셔틀버스운행금지의 입법목적에 대하여 본다. ……

따라서, 문전약국과 동네약국과의 갈등은 의약분업의 전면적인 실시과정에서 발생한 시장분리의 결과에 기인한 것이지, 문전약국의 셔틀버스운행으로 야기된 문제가 아니라고 할 것이므로, 이를 해결하기 위하여 셔틀버스의 운행을 금지하는 것에는 그 목적의 정당성을 인정하기 어렵다.

다음으로 여객운송사업자의 보호라는 입법목적에 대하여 본다. ……

그렇다면, 약국의 셔틀버스운행은 백화점 등 대형유통업체의 경우와 달리 기존 여객운송업자들과 분쟁을 일으킬 소지는 없다고 할 것이고, 오히려 병원과 인근 대중교통수단을 연결하는 보완적인 기능을 가질 수 있는 것임에도 불구하고, 기존여객운수사업자의 보호를 위하여 약국의 셔틀버스운행을 금지하여야 한다는 것은 정당한 입법목적이 될 수 없다.

마지막으로 자가용자동차의 운송질서확립 및 무상운송이용자의 안전확보라는 측면에서 셔틀버스운행을 금지하여야 한다는 지적에 대하여 본다. ……

따라서, 이 역시 셔틀버스운행금지의 정당한 목적이 될 수 없다.

(다) 나아가 가사 다수의견과 같이 그 입법목적의 정당성을 긍정한다고 하더라도 약국의 셔틀버스운행을 전면적으로 금지하는 것이 입법목적을 달성하기 위한 적절한 수단인지의 여부에 관하여 본다.

먼저 셔틀버스운행으로 인한 문전약국과 동네약국간의 분쟁해결에 셔틀버스운행금지가 적절한 수단인지의 여부에 대하여 본다.

…… 셔틀버스운행금지는 적절한 입법수단이 될 수 없는 것이다.

다음으로 여객자동차운송업체와의 분쟁해결과 셔틀버스운행금지간의 관련성 유무를 본다.

…… 따라서, 셔틀버스운행으로 인한 여객자동차운송업체와의 갈등을 해소하기 위한다는 목적과 셔틀버스운행을 금지하는 것 사이에는 어떠한 상관관계도 발견할 수 없다.

(2) 침해의 최소성 및 법익의 균형성에 대한 검토 ……

따라서, 이러한 구간에 한하여 셔틀버스를 운행하는 한, 위에서 본 바와 같이 여객운송사업자와의 분쟁이 야기될 위험도 없다고 할 것이므로 약국의 이용자를 위한 셔틀버스의 운행을 전면적으로 금지하는 것은 최소침해성의 원칙에 반한다고 할 것이다. ……

나아가 이 사건 법률조항에 의하여 셔틀버스운행을 금지함으로써 얻는 동네약국이나 여객운송사업자의 이익은 극히 미미하고, 이로 인하여 달성될 다른 공익도 달리 찾을 수 없다고 할 것이나, 이로 인하여 불편한 몸을 이끌고 약국을 이용하려는 환자들의 경우에는 부득이 자가용 또는 높은 비용을 지불하고 택시를 이용하거나 걸어가는 수밖에 달리 방법이 없다고 할 것이므로, 이로 인하여 얻는 공익이 침해되는 사익에 비해 결코 크다고 볼 수도 없다.

따라서, 약국에 대한 셔틀버스의 운행금지는 최소침해성의 원칙이나 법익균형성의 원칙에도 반한다고 할 것이다.」

▷ **교통수단을 이용하여 타인의 광고를 할 수 없도록 정한 옥외광고물등관리법시행령의 규정을 합헌으로 본 판례**

[憲 2002. 12. 18.-2000헌마764](옥외광고물등관리법 제3조 제1항 제6호 등 위헌확인)

「(3) 이 사건 시행령조항은 차량소유자에게 타인에 관한 광고를 금지함으로써, 비영업용 차량을 광고매체로 활용하는 신종 광고대행업을 운영하려는 청구인들의 직업의 자유를 제한하는 효과를 부수적으로 가져온다. 법규정이 비록 직업의 자유를 직접 규율하고자 하는 것은 아니지만 간접적으로 직업의 행사를 저해하거나 또는 불가능하게 하는 경우에도, 직업의 자유에 대한 제한이 인정될 수 있다. ……

이 사건의 경우, 이 사건 시행령조항에 의한 제한이 청구인들의 인격발현과 개성신장에 미치는 비교적 경미한 효과를 고려할 때, "비영업용 차량을 광고매체로 이용하는 광고대행업"은 하나의 독립된 직업이 아니라 단지 '광고대행업' 을 행사하는 방법의 하나라고 판단되므로, 위 시행령조항은 '광고대행업'이란 직업의 행사방법을 제한하는 규정이다. 직업수행의 자유의 경우 공익상의 합리적인 이유로 제한될 수 있음은 물론이나, 이 경우에도 "개인의 자유가 공익실현을 위해서도 과도하게 제한되어서는 아니되며 개인의 기본권은 꼭 필요한 경우에 한하여 필요한 만큼만 제한되어야 한다"는 비례의 원칙(헌법 제37조 제2항)을 준수해야 한다.

이 사건 시행령조항에 의하여 청구인들의 직업행사의 자유가 제한을 받는다는 점은 인정되나, 차량을 매체로 하는 광고를 제한함으로써 달성하고자 하는 공익인 도로교통의 안전성과 도시미관의 중대함에 비추어, 제한을 통하여 얻는 공익적 성과와 개인의 자유에 대한 제한의 정도가 합리적인 비례관계를 벗어났다고 볼 수 없다. 따라서 이 사건 시행령조항은 직업의 자유를 침해하지 않는다.」

▷ **사납금제를 금지하고 월급제로 가기 위하여 택시운송사업자의 운송수입금 전액 수납의무와 운수종사자의 운송수입금 전액 납부의무를 정한 것을 합헌으로 본 판례**

[憲 1998. 10. 29.-97헌마345](자동차운수사업법 제24조 등 위헌확인)

「(2) 기업의 자유의 침해 여부

헌법은 제15조에서 직업선택의 자유를 보장하고 있는바, 이는 기업의 설립과 경영의 자유를 의미하는 기업의 자유를 포함한다. ……

이 사건 법률조항들은 사업자의 운송수입금 전액 수납의무와 운수종사자의 운송수입금 전액 납부의무를 규정함으로써, 일반택시운송사업자인 청구인들이 운송수입의 관리형태를 자유롭게 결정할 수 있는 자유, 즉 기업의 자유를 제한하고 있으므로, 위 법률조항들이 입법목적의 정당성 · 수단의 적정성 · 최소침해성 · 법익의 균형성을 그 내용으로 하는 과잉금지의 원칙을 준수하였는지를 본다.

일반택시운송기업의 경영투명성 확보 및 운수종사자의 생활안정을 통한 택시이용자에 대한 서비스의 질 제고라고 하는 이 사건 법률조항들의 입법목적은 헌법 제37조 제2항에 열거된 기본권제한사유들 가운데 질서유지 및 공공복리에 포섭되며, 그 입법목적의 정당성이 인정된다고 할 것이다.

…… 위에서 본 바와 같은 입법의 기초되는 사실에 대한 입법자의 평가와 사납금제도가 초래하는 여러 가지 부작용들을 개선하기 위하여 선택한 수단이 장차 발휘하게 될 효과에 대한 입법자의 예측이 명백히 잘못되었다고도 할 수 없다.

나아가 청구인들은 이 사건 법률조항들의 입법목적은 현행 자동차운수법규에 따라 업체를 지도 · 감독하거나 위반행위에 대한 적정한 행정처벌을 가함으로써 달성할 수 있다고 주장하나, 위와 같은 방법들만으로는 이 사건 법률조항들에 의해 선택된 수단만큼 효율적으로 입법목적을 달성할 수 없을 뿐만 아니라 기본권을 적게 제한하면서 입법목적의 달성에 같은 정도의 효율성을 발휘하는 여타의 적정한 수단이 있는지도 명백하지 아니하다.

끝으로 이 사건 법률조항들은 청구인들의 직업수행의 자유, 즉 어떻게 기업을 운영할 것인가에 관한 자유, 특히 운송수입금관리의 자유를 다소 제약하고 있기는 하나, 이 사건 법률조항들이 규정하는 운송수입금 전액관리제는 사업자에게 기업경영상 당연한 원칙을 지킬 것을 요구하는 것으로서 기업의 자유에 대한 제한의 정도가 크다고 할 수 없다. …… 그렇다면 이 사건 법률조항들에 의한 청구인들의 기본권 제한의 정도나 기타 이익의 손실이 이를 통해서 달성하려는 공익에 비하여 지나치게 커서 법익간의 상당한 비례관계를 벗어났다고 보기도 어렵다고 할 것이다.

그렇다면 이 사건 법률조항들은 기본권을 제한함에 있어서 준수해야 할 과잉금지의 원칙의 개별적 요건들을 모두 충족하고 있으며, 나아가 기업의 자유를 포함하는 직업선택의 자유의 본질적 내용을 침해하였다고 볼 만한 특별한 사정도 보이지 아니한다. 따라서 이 사건 법률조항들이 헌법 제15조에서 보장된 청구인들의 기본권을 침해하여 헌법에 위반된다고 볼 수 없다.」

▷ **약사들이 법인을 구성하여 약국을 개설하는 것을 금지하는 약사법의 규정을 헌법에 위반된다고 본 판례 [憲 2002. 9. 19.-2000헌바84](약사법 제16조 제1항 등 위헌소원)**

「(나) 이 사건 법률조항에 의한 직업의 자유에 대한 제한

1) 이 사건 법률조항의 입법취지

…… 그 취지는 의약품의 판매는 국민보건에 미치는 영향이 크므로 그 판매행위를 국민의 자유에 맡기는 것은 보건위생상 부적당하므로 이를 일반적으로 금지하고, 일정한 시험을 거쳐 자격을 갖춘 약사에게만 일반적 금지를 해제하여 의약품의 판매를 허용하는 데에 있다 할 것이고(대법원 1998. 10. 9. 선고 98도1967 판결, 공1998하, 2719 참조), 법 제19조 제1항에서 약사가 개설할 수 있는 약국의 수를 1개소로 제한하고 있는 취지는 약사가 의약품에 대한 조제 · 판매

의 업무를 직접 수행할 수 있는 장소적 범위 내에서만 약국개설을 허용함으로써 약사 아닌 자에 의하여 약국이 관리되는 것을 그 개설단계에서 미리 방지하기 위한 데에 있다(대법원 1998. 10. 27. 선고 98도2119 판결, 공1998하, 2812 참조)고 할 것이다.

2) 직업의 자유에 대한 제한

이와 같이 이 사건 법률조항은 …… 법인 특히 그 중에서도 약사들로만 구성된 법인에 대하여까지 약국개설을 금지하는 것인가에 대하여는 의문이 있을 수 있다.

이 점에 관하여 보건대, 법률해석의 기본원칙인 문리해석에 의할 때, 법인은 약사가 아닌 것이 명백하고, 이는 구성원(주식회사의 경우에는 주주, 합명회사, 합자회사, 유한회사의 경우에는 사원을 의미한다) 전원이 약사로 된 법인이라 해도 마찬가지이며, 이러한 법문의 명백성에도 불구하고 이를 확장하여 법인도 약국을 개설할 수 있는 것으로 해석할 근거가 없을 뿐 아니라, 현재 법원과 행정기관에서도 이 사건 법률조항에 의하여 법인은 약국을 개설할 수 없는 것으로 해석하고 있는 점 등을 고려할 때, 결국 이 사건 법률조항은 모든 법인의 약국개설을 허용하지 않고 있는 것으로 볼 수밖에 없다.

그렇다면, 이 사건 법률조항에 의하여 약사가 아닌 자연인 및 이들로 구성된 법인은 물론 약사들로만 구성된 법인의 약국설립 및 경영이라는 직업수행도 제한되고, 따라서, 약사 개인들이 법인을 구성하는 방법으로 그 직업을 수행하는 자유도 제한된다고 하겠다.

(다) 기본권 제한에 관한 방법의 적절성 및 합리성

이 사건 법률조항이 위와 같이 직업의 자유를 제한하는 것이 기본권 제한의 수단과 방법 및 그 정도에 있어서 합리성이 있는 것인가를 살펴보기로 한다.

1) 입법례 ……

2) 우리 나라 약국의 현황과 법인약국 허용에 따른 장단점 ……

3) 이 사건 법률조항에 의한 기본권제한의 적정성 ……

그렇다면, 이 사건 법률조항이 자연인 약사에게만 약국의 개설을 허용하여 약사들만으로 구성된 법인의 약국 개설을 금지하는 것은 국민건강의 보호와 증진이라는 입법목적을 달성하기 위하여 필요하고 적정한 방법이라고 할 수 없으며, 구성원 전원이 약사인 법인 및 그러한 법인을 구성하여 약국업을 운영하려고 하는 약사 개인들의 헌법상의 기본권인 직업선택(직업수행)의 자유를 제한함에 있어 입법형성권의 재량의 범위를 명백히 넘어 제한의 방법이 부적절하고 제한의 정도가 과도한 경우로서, 헌법 제37조 제2항 소정의 과잉금지의 원칙에 위배되어 헌법 제15조에서 보장하고 있는 직업선택의 자유의 본질적 내용을 침해하였다고 할 것이다.」

⇔ 재판관 3인(재판관 윤영철, 재판관 하경철, 재판관 김경일)의 반대의견

「가. 이 사건 법률조항이 약사 개인들이 법인을 구성하는 방법으로 그 직업을 수행하는 자유를 침해하는 것인지 여부

(2) 우리 재판소는 헌법 제15조가 규정하는 직업선택의 자유에는 직업선택의 자유와 직업수행의 자유를 포함하며 법인의 설립 및 존속은 그 자체가 간접적인 직업선택 또는 직업수행의 한 방법이라고 인정한 바 있다(헌재 1996. 4. 25. 92헌바47, 판례집 8-1, 370, 379-380 ; 헌재 2000. 11. 30. 99헌바190, 판례집 12-2, 325, 342-343). 그러나 우리 재판소가 직업선택 또는 직업수행의 한 방법으로서 인정한 것은 어디까지나 구성원의 직업과 관련한 법인의 설립 및 존속 그 자체이지, 개인이 법인을 설립하여 구성원 개개인에게만 허용되는 직업을 법인이 수행할 자유까지 그 구성원의 직업의 자유 범위 내에 있다고 본 것은 아니며, 또한 구성원에게 인정

되는 것과 동일한 범위의 직업선택 및 수행의 자유까지 그 법인에게 보장하는 것이라고 할 수도 없다. ……

이 사건 법률조항은 다만 법인의 활동 그 중에서도 약국의 개설이란 특수한 활동만을 제약할 뿐이다. 나아가 우리 법제가 법인과 그 구성원을 별개의 인격체로 인정하는 이상, 법인의 활동 또는 법인의 직업수행에 대한 제한은 어디까지나 법인 자체의 직업의 자유와 관련되는 것이지 그 구성원의 직업수행의 자유를 침해하는 것이라고는 할 수 없다. ……

(5) 결국, 이 사건 법률조항이 약사로 구성된 법인에게 약국개설을 허용하지 아니하더라도 이는 약사로 구성된 법인의 직업선택의 자유를 제한할 뿐 약사들의 직업수행의 자유를 침해하는 것이라고 할 수 없다.」

※ 사건의 개요, 심판의 대상 및 단체 결성의 자유의 침해여부에 대한 부분은 〈제5편 - 제3장 - 2. - 집회 · 결사의 자유 - □ 결사의 자유〉 판례 인용부분 참조

▹ **식품이나 식품의 용기 · 포장에 「음주전후」 또는 「숙취해소」라는 표시를 금지하는 것을 위헌으로 본 판례**

[憲 2000. 3. 30.-99헌마143](식품등의표시기준 제7조 위헌확인)

「가. 이 사건 규정에 의한 기본권의 제한

이 사건 규정은 식품이나 식품의 용기 · 포장(이하 "식품등"이라 한다)에 "음주전후" 또는 "숙취해소"라는 표시를 금지하는 것이다. 식품제조업자 등이 숙취해소용 식품을 제조 · 판매함에 있어서 그 식품의 효능에 관하여 표시 · 광고하는 것은 영업활동의 중요한 한 부분을 이루므로 이 사건 규정에 의하여 식품제조업자 등의 직업행사의 자유(영업의 자유)가 제한된다. 뿐만 아니라 "음주전후" 또는 "숙취해소"라는 표시는 식품판매를 위한 상업적 광고표현에 해당한다고 할 것인데, 상업적 광고표현 또한 표현의 자유의 보호를 받는 대상이 되므로(헌재 1998. 2. 27. 96헌바2, 판례집 10-1, 118, 124) 이 사건 규정은 표현의 자유를 제한하는 것이기도 하다.

나아가 청구인들은 1997. 3. 19. "숙취해소용(宿醉解消用) 천연차(天然茶) 및 그 제조방법"에 관하여 특허등록(특허번호 제181168호)을 한 특허권자로서 업(業)으로 그 특허발명을 실시할 권리를 가지고 있음에도 불구하고(특허법 제94조), 이 사건 규정으로 말미암아 그 특허발명의 방법에 의하여 생산한 제품에 '숙취해소용 천연차'라는 발명의 명칭을 표시할 수 없게 되었다. 특허권자가 특허발명의 방법에 의하여 생산한 물건에 발명의 명칭과 내용을 표시하는 것은 특허실시권에 내재된 요소라고 할 것이므로 발명의 명칭에 해당하는 "숙취해소"라는 표시를 제한하는 내용의 이 사건 규정은 청구인들의 특허권(재산권) 또한 제한하는 것이 된다. ……

나. 이 사건 규정의 위헌성

(1) 이 사건 규정은 음주를 조장하는 내용의 표시를 금지함으로써 음주로 인한 건강위해적 요소로부터 국민의 건강을 보호하겠다는 데에 그 입법목적이 있다고 할 것인데, 식품으로 인한 위생상의 위해를 방지하고 식품영양의 질적 향상을 도모함으로써 국민보건의 증진에 이바지하겠다는 식품위생법의 입법목적(동법 제1조)에 비추어 볼 때 그 입법목적의 정당성은 인정된다.

(2) 그러나 이러한 입법목적 달성을 위하여 "음주전후" 또는 "숙취해소"라는 표시 자체를 금지하는 것은 헌법상 과잉금지의 원칙에 위배된다.

가) "음주전후", "숙취해소"라는 표시는 이를 금지할 만큼 음주를 조장하는 내용이라고 볼 수 없다. ……

나) 이 사건 규정의 근거법률인 구 식품위생법 제10조 제1항은 "국민보건상 특히 필요하다고 인정하는 때"에 식품등의 표시기준을 정함으로써 일정하게 이를 제한할 수 있도록 하고 있는데, 이 사건 규정은 "음주전후" 또는 "숙취해소"라는 표시를 일체 금지함으로써 국민건강보호라는 입법목적 달성에 필요한 범위를 넘어 지나치게 과잉규제를 가하는 것이다. ……

다) 따라서 이 사건 규정은 기본권제한입법이 갖추어야 할 피해의 최소성, 법익균형성 등의 요건을 갖추지 못한 것이어서 숙취해소용 식품의 제조·판매에 관한 영업의 자유 및 광고표현의 자유를 과잉금지원칙에 위반하여 침해하는 것이라고 하지 아니할 수 없다.」

▸ **영업 내용의 제한에 대한 판례**

▹ **법무사의 보수를 대한법무사협회회칙에 정하도록 하고 법무사가 회칙 소정의 보수를 초과하여 보수를 받거나 보수 이외에는 명목 여하를 불문하고 금품을 받는 것을 금지하는 법무사법의 규정을 합헌으로 본 판례**

[憲 2003. 6. 26.-2002헌바3](법무사법 제19조 위헌소원)

「나. 직업의 자유 침해 여부

(1) 직업행사의 자유제한으로서의 '법무사보수기준제'

'법무사보수기준제'는 법무사라는 직업의 선택을 금지하거나 직업에의 접근자체를 봉쇄하는 규정이 아니고 법무사라는 직업을 구체적으로 행사하는 방법을 제한하는 규정이다. ……

(2) …… 이 사건 법률조항이 헌법 제37조 제2항에서 정한 한계인 비례의 원칙을 지킨 것인지 여부를 살펴본다.

우선 법무사보수기준제를 둔 입법목적은 법무사들 간의 과다경쟁으로 인한 거래질서의 문란을 방지하고 국민으로 하여금 예측가능한 적정한 비용으로 쉽게 법률서비스를 이용할 수 있도록 함으로써 국민의 법률생활의 편익을 도모하고 사법제도의 건전한 발전에 기여하려는 데 있으므로 그 입법목적은 정당하다.

(3) 수단의 적합성 ……

법무사의 보수가 국민의 법률생활에 미치는 영향이 크고, 그것을 일률적으로 정할 필요성도 있으므로 이 사건 법률조항이 법무사의 보수의 기준을 정하고 그 기준 외에는 명목의 여하를 불문하고 금품을 받지 못하도록 규정하고 있는 것은 그 입법목적을 달성하기 위하여 필요하고도 적절한 방법이라고 할 것이다.

(4) 최소침해성 및 법익균형성

이 사건 법률조항은 입법자가 보수를 일방적으로 규정하거나 감독기관이 획일적으로 정하도록 한 것이 아니고, 기본권행사의 주체인 법무사들에게 자신들의 업무에 대하여 사회적·경제적 사정을 참작하여 적정한 보수를 정하도록 위임함으로써 기본권을 제한받는 기본권주체의 의사가 우선적으로 반영되도록 하는 방법을 택하고 있다. …… 또 이 사건 법률조항은 사회적·경제적 여건의 변화에 따라 수시로 보수를 증액할 수 있도록 제한을 두지 않음으로써 법무사들이 보수기준제로 인하여 입게 될 피해를 최소화하고 있다. 한편, 이 사건 보수기준제에 의하여 청구인을 비롯한 법무사들이 직업활동의 자유를 제한 받지만, 그 보다는 보수를 제한함으로써 달성하고자 하는 공익인 국민의 법률생활의 편익과 사법제도의 건전한 발전의 중대함에 비추어 볼 때, 제한을 통하여 얻는 공익적 성과와 법무사의 직업행사의 자유에 대한 제한의 정도가 합리적인 비례관계를 벗어났다고 볼 수 없다.

그렇다면, 이 사건 보수기준제가 장래 사회적·경제적 여건의 변화에 따라 폐지되는 것이 바람직한 것인지 여부는 별론으로 하더라도 현재 법무사의 직업행사의 자유를 과도하게 침해하여 헌법에 위반되는 것은 아니라고 할 것이다.」

※ 위 사건에서 재판관 3인(재판관 윤영철, 재판관 김경일, 재판관 주선회)은 이 사건 심판대상 조항이 죄형법정주의 내지 포괄위임금지규정에 위반되어 위헌이라는 취지의 반대의견(위헌)을 내었음

▷ 의료기관의 조제실에서 조제업무에 종사하는 약사로 하여금 의료법에 따라 처방전이 교부된 환자를 위한 의약품의 조제를 금지하는 약사법의 규정을 합헌으로 본 판례

[憲 2003. 10. 30.-2000헌마563](약사법 제21조 제8항 등 위헌확인)

※ 위 판례 인용부분 참조

▷ 감정평가업자의 업무범위 등을 제한하고 감정평가법인의 설립을 위한 최소한의 인원을 규정한 것을 합헌으로 본 판례

[憲 1996. 8. 29.-94헌마113](지가공시및토지등의평가에관한법률시행령 제30조 등 위헌확인)

「(1) 직업선택의 자유에 대한 헌법위반의 제한인 여부에 관하여,

(가) 직업의 자유에 대한 제한과 그 한계 ……

(나) 감정평가에 관한 관련 법령들의 규정내용 ……

이와 같이 감정평가사는 다같이 동일한 자격을 얻은 자임에도 불구하고 감정평가사 합동사무소를 개설하고 있는 청구인은 이 사건 심판대상의 령 조항들로 말미암아 감정평가법인에 비하여 그 업무범위와 업무지역에 있어 제한을 받고 있을 뿐 아니라, 감정평가법인을 설립하려 하여도 위와 같은 감정평가사의 수의 제한을 받고 있음이 명백하며 이 제한이 법 제19조 제2항 및 제20조 제2항 규정에 근거하고 있음도 명백하다. 그러면 이와 같은 제한이 청구인과 같은 감정평가사의 직업수행의 자유를 제한함에 합리적인 제한 등 지켜야 할 앞서 본 한계를 넘은 것인지의 여부를 본다.

(다) 입법 목적의 정당성

…… 이 사건 심판대상의 령 제30조 및 제35조(이하 이 사건 심판대상의 조항들이라 한다)가 이와 같이 공신력이 요구되는 정도에 따라 업무의 영역을 나누고, 감정평가업자를 그 법적 존재형태와 구성원의 수에 따라 3종으로 나눈 것은 보다 높은 공신력이 요구되는 감정평가의 업무에 대하여 객관성 · 공정성 · 정확성을 보다 확실히 확보하고자 하는 것으로 공공복리를 위한 경우라 할 것이므로 그 입법목적에 있어서의 정당성은 인정된다.

(라) 방법의 적정성

…… 감정평가라는 업무의 성격은 동일하다 하더라도 그 평가의 대상과 목적에 따라 그 공정성이 요구되는 정도를 확연히 구별할 수 있을 뿐만 아니라 감정평가법인이 감정평가사 사무소 내지 감정평가사 합동사무소보다는 그 존재와 활동의 양상에 있어서 보다 객관적이고 영속적임을 알 수 있다. …… 따라서 이 사건 심판대상의 령 조항들이 감정평가업자의 유형에 따라 업무범위 등에 관하여 앞서 본 바와 같은 방식으로 차등을 두는 방법은 감정평가업자의 규모와 업무수행능력에 따른 것으로서 적절하다고 할 것이며, 감정평가업자의 대형화 · 조직화 · 법인화를 오히려 유도하는 의미도 있다고 할 것이므로 더욱 적절하다고 할 것이다.

(마) 비 례 성

…… 이 사건 심판대상의 령 조항들에 의한 제한은 그로 인하여 입게 되는 손해가 그 대가

로서 기대되는 공동체 전체의 이익과 합리적인 비례의 관계에 있다고 할 수 있다.

(바) 본질적인 내용의 침해 여부

…… 이 사건 심판대상의 령 조항들이 직업선택의 자유를 형해화할 정도로 그 본질적인 내용을 침해하는 것이라고는 볼 수 없다.」

▷ 약사의 기존 한약조제권을 제한하는 것을 합헌으로 본 판례

[憲 1997. 11. 27.-97헌바10](약사법 부칙 제4조 제2항 위헌소원)

「(2) 직업의 자유의 본질적 내용에 대한 침해인지 여부

이 사건 법률조항은 그 개정 이전부터 한약을 조제하여 온 약사들에게 향후 2년간만 한약을 조제할 수 있도록 하고 그 이후는 이를 금지함으로써 직업수행의 자유를 제한하고 있다고 보인다. 이러한 제한이 직업의 자유의 본질적 내용에 대한 침해라고 할 수 있는지가 우선 문제된다. 만약 본질적 내용에 대한 침해라면 한약사 제도의 실시에 불구하고 기존 약사들의 한약조제권은 계속 보호되어야 할 것이기 때문이다.

그러나 약사에게 이제까지 법적으로 한약의 조제권이 인정되었다고 해석하더라도, 그러한 권리가 무제한적이고 일반적인 것이었다고 말하기 어려운 것이 현실이다. 약사라는 직업에 있어서 한약의 조제라는 활동은 약사직의 본질적인 구성부분으로서의 의미를 갖기보다는 예외적이고 부수적인 의미를 갖고 있었다고 하여야 할 것이다. ……

이러한 사정은 청구인처럼 약사자격을 가지고서 양약은 취급하지 않고 전적으로 한약의 조제만을 하여 온 경우에도 마찬가지이다. …… 따라서 이 사건 법률조항은 직업의 자유의 본질적 내용을 침해하고 있다 할 수는 없다.

(3) 법률의 개정과 신뢰이익의 보호

…… 이 사건 법률 이전부터 한약을 조제하여 온 약사들이 가지고 있었던 한약의 조제권에 대한 신뢰를 보호하는 것이 우리 헌법에 구현되어 있는 법치국가원리의 관점에서 요청된다고 할 것이고, 그 보호 여하가 비례의 원칙의 위반 여부를 판단하는 기준이 될 것이다. 그렇다고 하더라도 그 신뢰가 절대적으로 보호되어야 하는 것은 아니며, 어느 정도 신뢰가 보호되어야 할 것인가의 문제는 법개정에 의하여 야기되는 신뢰의 손상이 약사 및 약사직업에 갖는 의미와, 그 개정입법이 공익의 실현과 관련하여 갖는 의미를 상호 비교형량하여 결정하여야 할 것이다.

(나) …… 유사직종간의 마찰 해소, 국민건강의 제고, 한약의 과학화와 전문화를 도모하기 위한 이 사건 법률의 입법목적은 정당하다고 판단된다.

(다) 한편 한약의 조제라는 활동은 약사직의 본질적인 구성부분이 아닌 예외적이고 부수적인 구성부분이므로, 약사들의 한약의 조제권에 대한 신뢰이익은 법률개정 이익에 절대적으로 우선하는 것은 아니라 할 것이고, 적정한 유예기간을 규정하는 경과규정에 의하여 보호될 수 있는 것이라 할 것이다.

…… 이 사건 법률 시행전 1년 이상 한약을 조제하여 온 약사로서 시장, 군수, 또는 구청장의 확인을 받은 자에게는 향후 2년간 한약조제권을 부여하고 있으며, 이 2년의 유예기간은 약사들이 약사법의 개정으로 인한 상황변화에 적절히 대처하고 그에 적응함에 필요한 상당한 기간이라고 판단된다.

이와 아울러 이 사건 법률은, 2년 이내에 한약사자격시험 중 단지 한약조제시험에 합격하는 약사에게 한약조제권을 부여하는 또 다른 경과규정을 두고 있다(부칙 제4조 제1항). ……

(라) 그렇다면 이 사건 법률조항은 공공복리를 위한 그 입법 목적에 정당성이 있다고 할 것이고, 기존 약사들의 한약의 조제권에 대한 신뢰를 비례의 원칙에 합당하게 보호하고 있으므로 직업의 자유를 위헌적으로 침해하는 것이라고는 볼 수 없다.」

※ 위 사건에서 행복추구권의 침해 여부에 대하여 판단한 부분은 〈제5편 - 제1장 - 2. - ☐ 법적 성격〉 판례 인용부분 참조

▷ **보석감정사 등에게 밀수품의 감정을 금지하는 관세법의 규정을 합헌으로 본 판례**
[憲 1998. 3. 26.-97헌마194](관세법 제186조 제1항 위헌확인)
※ 위 판례 인용부분 참조

▷ **일반행정사에게 고소고발장의 작성사무를 할 수 없도록 한 법무사법의 규정을 합헌으로 본 판례**
[憲 2000. 7. 20.-98헌마52](법무사법 제2조 제1항 제2호 위헌확인)

「(2) 그러므로 행정기관인 경찰관서에 제출하는 서류 중 법원과 검찰청의 업무에 관련된 고소고발장의 작성을 분리하여 이것을 법무사의 업무영역으로 구분하고 있는 이 법률조항이 입법형성의 재량권을 일탈한 것인지를 검토하기로 한다. ……

행정사시험 내지 행정사의 자격시험에 합격한 자나 경찰공무원과 같은 경력직 공무원 등으로 일정기간 일정직급 이상 근무한 자로서 그 시험을 감면받아 일반행정사가 된 자의 경우에는 이러한 법률소양을 갖추었다는 보장을 할 수 있는 것도 아니다.

(4) 형사사건에 관한 사법작용의 시발이 되는 고소고발장의 작성 업무를 이에 종사할 만한 법률소양을 갖춘 법무사에게만 허용하고 일반행정사에 대하여 "부분적인 규제조치"를 한 것은 국민의 법률생활의 편익과 사법제도의 건전한 발전이라는 공익의 실현에 필요·적정한 수단이므로 그 이유의 합리성이 수긍되는 것이다. 법이 보호하고자 하는 이러한 공익에 비추어 일반행정사가 입는 불이익은 상대적으로 작은 것이며, 행정사법은 제2조 제1항 단서에서 행정사의 업무로 규정된 것도 다른 법률에 의하여 제한되는 것은 이를 행할 수 없도록 하는 "부분적인 규제조치"를 예정하고 있으므로 직업 선택·수행의 자유가 침해된다고 볼 수 없다.」

▷ **주점의 업주에게 19세 미만의 청소년에게 술을 파는 것을 금지하는 것을 합헌으로 본 판례**
[憲 2001. 1. 18.-99헌마555](청소년보호법 제2조 등 위헌확인)

「주점을 경영하는 청구인이 이 사건 법률조항에 의하여 만 19세 미만의 자에게 술을 팔 수 없어 그 직업수행의 자유가 부분적으로 제한을 받는 것은 분명하지만 본래 기본권은 헌법 제37조 제2항에 의하여 그 본질적 내용을 침해하지 않는 한 국가안전보장, 질서유지 또는 공공복리를 위하여 필요한 경우에 법률로 제한할 수 있는 것인데 이 사건 법률조항에 의한 제한은 이하에 설시하는 바와 같이 이러한 기본권제한의 한계를 벗어난 것이 아니어서 헌법에 위반되지 않는다.

(1) 음주는 특히 청소년의 학업성취와 직업에의 적응 그리고 심신의 건전한 성장과 발전에 유해하므로 이를 제한하고자 하는 이 사건 법률조항의 목적은 정당하고 그 제한의 방법으로는 청소년에게 술을 팔지 못하게 하는 것 이상의 효과적이고 적절한 방법이 없다.

(2) 문제는 술을 팔아서는 안되는 청소년의 연령적, 신분적 범위를 어떻게 정할 것인가 하는 것인데 1997. 3. 7. 공포·시행된 구청소년보호법 제2조 제1호는 그 금지대상을 만 18세 미만의 자로 하였는데 1999. 2. 5. 법률 제5817호로 이 조항이 개정되어 그 금지대상이 만 19세

미만의 자로 확대됨으로써 만 18세의 청소년들이 새로이 판매금지대상으로 추가되었으므로 결국 문제는 만 18세의 청소년들을 금지대상으로 삼은 것이 합리적인가 여부 그리고 이러한 조치가 청구인의 영업에 미치는 영향이 어느 정도나 되는가 하는 것이 될 것이다.

(3) 만 18세의 청소년들은 우리 나라의 교육제도상 그 상당수가 고등학교 또는 대학의 저학년에 재학중인 학생들이고 그렇지 않은 경우에도 상당수가 생업이나 군복무에 갓 종사하기 시작한 사람들이어서 이들이 무절제한 음주를 할 경우 그 학업성취 및 직업 등에의 적응 그리고 심신의 건전한 성장과 발전에 중대한 지장을 받을 위험이 매우 크고 그로 인하여 그 개인은 물론 국가와 사회가 모두 큰 피해를 입게 되므로 이들에게 술을 팔지 못하게 하는 이 사건 법률조항은 그 합리성을 충분히 인정할 수 있다. ……

(6) 나아가 식품접객업자인 청구인이 이 사건 법률조항으로 인하여 만 19세 미만의 자에게 술을 팔지 못하여 받게 되는 불이익의 정도와 청소년에 대한 술의 판매를 규제하여 청소년이 건전한 인격체로 성장하는 데 기여하게 되는 공익을 비교할 때에 전자의 불이익은 그렇게 크다고 볼 수 없는 반면 후자의 공익은 매우 크고 중요한 것이라고 인정된다.

(7) 그렇다면 이 사건 법률조항은 청소년의 건전한 성장과 발전에 기여한다는 공공복리를 위하여 필요한 범위 내에서 직업수행의 자유를 적절하게 제한하는 합리적인 내용의 것으로서 결코 청구인의 직업수행의 자유를 과도하게 제한하여 이를 침해하는 것은 아니므로 헌법에 위반되지 아니하고 이를 헌법위반이라고 하는 청구인의 주장은 이유가 없다.」

▹ 당구장을 경영하는 영업주로 하여금 당구장 출입문에 18세 미만의 자의 출입의 금지를 반드시 표시하도록 하는 것을 위헌으로 본 판례

[憲 1993. 5. 13.-92헌마80](체육시설의설치 · 이용에관한법률시행규칙 제5조에 대한 헌법소원)

※ 위 판례 인용부분 참조

▹ 직업수행의 자유를 제한하는 것처럼 보이더라도 실질에 있어 직업선택의 자유를 제한하는 것과 다를 바 없는 경우에는 직업선택의 자유를 제한하는 경우와 같이 엄격하게 봐야 한다는 취지의 판례

[大 1994. 3. 8.-92누1728](과징금부과처분 취소)

「나. 직업의 자유를 제한하는 정도.

위 고시는 보존음료수제조업의 허가를 받으려는 자에게 그 허가를 하여주면서 그 대신 국내에서 우리 국민에게 판매하는 것(이 뒤에는 "국내판매"라고 약칭한다)만을 금지하고 있으므로, 형식적으로는 직업활동의 자유만을 제한하는 가벼운 정도로 영업의 자유를 제한하는 것으로 볼 여지가 있다. 그러나 피상적으로 보면 그럴지 모르지만 실질적으로 원고들이 위 고시로 인하여 받는 제한은 매우 중대한 것이라고 하지 않을 수 없다.

원고들은 1987년 현재 보존음료수의 해외수출량이 총생산량의 1.3%밖에 차지하지 못하고 있다고 주장하고 있고(기록 제34장), 그와 같은 주장이 사실과 다르다고 인정할 만한 자료를 기록에서 찾아볼 수 없을 뿐만 아니라, 또 현재에 이르기까지 그와 같은 비율이 크게 달라졌다고 보이지도 않는다. 그 밖에 국내에서 외국인에게 판매되는 양을 고려한다고 하더라도, 원고들이 제조하는 보존음료수의 거의 대부분은 국내에서 우리 국민에게 판매할 수밖에 없는데, 이와 같은 보존음료수의 잠재적인 판매시장의 거의 대부분을 폐쇄한다는 것은 실질적으로 보존음료수제조업의 허가를 전면적으로 허용하면서 그 허가의 요건을 한정하는 것(이는 직업선택

의 자유를 제한하는 경우에 해당한다고 할 것이다)에 못지 않는 큰 제한으로서, 직업선택의 자유를 제한하는 것과 다를 바 없는 영업의 자유에 대한 중대한 제한이라고 할 것이다.

그리고 영업의 자유를 제한하는 내용에 있어서도 국내판매를 완전히 금지하여 어느 경우에도 예외를 인정하고 있지 않고 있으므로, 그 제한의 정도가 절대적인 것이어서 직업의 자유를 심하게 제한하고 있다고 하지 않을 수 없다.

따라서 이와 같은 정도로 직업의 자유를 제한하려면 매우 중요한 공공의 이익을 보호하기 위하여 그와 같은 제한이 필요하다는 점이 인정되지 않으면 안 될 것이다.」

▶ 주관적 사유에 의한 직업선택의 자유의 제한

▸ 일정한 요건을 갖춘 자에 대해서만 변호사의 자격을 부여하는 것을 합헌으로 본 판례

[憲 1995. 6. 29.-90헌바43](군법무관임용법 부칙 제3항 등에 대한 헌법소원)

「(나) 직업선택의 자유의 침해 여부

① 일반적으로 직업선택의 자유를 제한함에 있어, 어떤 직업의 수행을 위한 전제요건으로서 일정한 주관적 요건을 갖춘 자에게만 그 직업에 종사할 수 있도록 제한하는 경우에는, 이러한 주관적 요건을 갖추도록 요구하는 것이, 누구에게나 제한없이 그 직업에 종사하도록 방임함으로써 발생할 우려가 있는 공공의 손실과 위험을 방지하기 위한 적절한 수단이고, 그 직업을 희망하는 모든 사람에게 동일하게 적용되어야 하며, 주관적 요건 자체가 그 제한목적과 합리적인 관계가 있어야 한다는 비례의 원칙이 적용되어야 할 것이다.

그런데 일정한 요건을 갖춘 자에 대하여만 변호사의 자격을 인정하는 것은 기본권 주체의 능력과 자질에 의한 제한으로서 이른바 "주관적 요건에 의한 직업선택의 자유의 제한"에 해당하는 것이라 할 수 있는 바, 원칙적으로 사법시험에 합격하여 사법연수원의 소정과정을 마치거나 판사 또는 검사의 자격이 있는 자에게만 변호사 자격을 인정하는 것(구 변호사법 제3조, 현행 변호사법 제4조)은 우선 변호사 직업의 공공성과 전문성을 보장하기 위한 목적에 부합하고 그 제한의 방법이나 정도가 필요한 최소한의 것으로서 합리적인 것임은 대체로 인정되고 있으며 이와 같은 주관적 제한은 비례의 원칙에 위배된다고도 할 수 없으므로, 사법시험에 합격하여 사법연수원의 소정과정을 마치거나 판사 또는 검사로서의 자격을 갖추지 못한 자는 원칙적으로 변호사의 자격을 취득할 수 없다고 할 것이다.

② 그런데 심판대상규정은 위 변호사법규정에 대한 특별규정으로서 위와 같은 자격이 없더라도 특별임용시험에 합격한 자가 군법무관에 임명된 후 5년 이상 군에 복무하는 경우에는 예외적으로 특별히 변호사의 자격을 취득할 수 있도록 한 것인 바, …… 이렇게 볼 때 청구인이 변호사라는 직업선택의 자유에 대하여 제한을 받고 있는 것은 그가 애당초 변호사법 제4조(구 변호사법 제3조) 소정의 변호사 자격요건을 결여하고 있기 때문이지 심판대상규정에 의하여 비로소 변호사로서의 직업선택의 자유에 대한 제한을 받게 된 것은 아니라고 할 것이다.

③ 설사 심판대상규정이 특별임용시험 합격자로하여금 군법무관으로 임명된 후 5년 이상이나 군에 복무하여야만 비로소 변호사 자격을 취득할 수 있도록 규정함으로써 청구인의 직업선택의 자유를 사실상 제한하고 있다고 하더라도, …… 위와 같은 5년의 복무기간설정은 비례의 원칙에 어긋나지 아니한다.」

▸ **변호사의 자격 없이 타인의 권리를 양수하거나 양수를 가장하여 소송 · 조정 또는 화해 기타의 방법으로 그 권리를 실행함을 업으로 한 자를 형사처벌하는 변호사법의 규정을 합헌으로 본 판례**
[憲 2004. 1. 29.-2002헌바36](구변호사법 제91조 제1호 위헌소원 등)

「다. 직업선택의 자유의 침해 여부

이 사건 법률조항은 국민들로 하여금 그 구성요건에 해당하는 행위, 즉 타인의 권리를 양수하거나 양수를 가장하여 소송 · 조정 또는 화해 기타의 방법으로 그 권리를 실행하는 것을 직업으로 선택하지 못하도록 함으로써 우리 헌법 제15조가 정하고 있는 직업선택의 자유를 제한하는 규정이다. ……

(1) 입법목적의 정당성과 수단의 적합성 여부

이 사건 법률조항은 우리 재판소가 2000. 4. 27. 98헌바95 등 사건에서 합헌임을 선언한 법 제90조 제2호를 잠탈한 탈법행위를 규제하고, 이를 통하여 국민들의 법률생활상의 이익에 대한 폐해를 방지하며, 민사 사법제도의 공정 원활한 운영을 확보하고자 마련된 것임은 앞서 본 바와 같은데, 이러한 입법목적이 입법자가 추구할 수 있는 헌법상 정당한 목적임에는 의문의 여지가 없으며 또한 이 사건 법률조항이 위의 입법목적을 달성하는 데 기여한다는 것 또한 명백하므로 수단의 적합성도 인정된다.

(2) 최소 침해성의 준수 여부 ……

이 사건 법률조항은 변호사 아닌 자가 그 구성요건에 해당하는 행위를 통하여 실질적으로 다른 사람의 법률 사무를 취급하는 행위를 업으로 하는 것을 금지하는 것일 뿐 이러한 입법목적의 달성을 위하여 필요한 범위를 넘어서까지 적용됨으로써 국민들의 직업선택의 자유를 제한하고 있는 것은 아니므로 기본권 제한에 관한 최소 침해성의 원칙을 갖춘 것으로 판단된다.

(3) 법익균형성의 준수 여부

이 사건 법률조항이 추구하는 입법목적 …… 은 이 사건 법률조항에 의한 기본권의 제한 정도를 정당화할 수 있는 보다 우월한 것이라고 하지 않을 수 없으므로 결국 이 사건 법률조항에 의한 기본권 제한의 정도와 공익의 양자 사이에는 적정한 균형관계가 존재한다고 판단된다.

(4) 소 결 론

그렇다면, 이 사건 법률조항에 의한 직업선택의 자유에 대한 제한은 비례의 원칙에 부합하는 것으로 헌법 제37조 제2항의 한계 안에 있는 정당한 것이다.」

▸ **변호사 아닌 자의 법률사무취급을 포괄적으로 금지하는 변호사법의 규정에 대하여 합헌으로 본 판례**
[憲 2000. 4. 7.-98헌바95등](변호사법 제90조 제2호 위헌소원)

「라. 직업의 자유 위반 여부 ……

(2) 이 사건 법률규정이 법률사건 전반에 관하여 변호사 아닌 자의 법률사무취급 및 알선을 금지하고 있는 것을 내용으로 하고 있으므로 일반 국민의 직업선택의 자유를 제한하고 있는 것은 분명하다. 그러나 입법자가 일정 전문분야에 관하여 자격제도를 마련하고 그 자격자의 업무영역에 관하여 상당한 법률상 보호를 하고 있는 경우에 있어서도 그 자격자 이외의 자에게 동종업무의 취급을 허용할 것인가의 문제는 기본적으로 그 제도를 도입하게 된 배경과 목적, 해당 전문분야 업무의 성격 등을 입법자가 종합적으로 고려하고 합목적적으로 판단하여 결정할 입법정책의 문제라 할 수 있다(헌재 1996. 4. 25. 94헌마129, 95헌마121(병합), 판례집 8-1, 449, 460 ; 헌재 1997. 4. 24. 95헌마273, 판례집 9-1, 487, 494 참조).

(3) 일반적으로 법률사건은 당사자 및 이해관계인의 생명, 신체, 명예 및 재산 등의 권리, 의무에 관한 다툼이나 의문에 대한 사건으로서 그 사무처리에 있어서 고도의 법률지식을 요하고 공정성과 신뢰성이 요구된다. 그리하여 입법자는 전문적인 법률지식과 윤리적 소양을 갖춘 변호사로 하여금 법률사무 전반을 독점적으로 취급하도록 함으로써 법률사무에 대한 전문성, 공정성 및 신뢰성을 확보하여 일반 국민의 기본권을 보호하고 사회정의를 실현하기 위하여 변호사제도를 도입한 것임은 이미 앞에서 본 바와 같고, 이 사건 법률규정은 이러한 변호사제도를 보호 · 유지하기 위한 것이므로 이 사건 법률규정을 통하여 실현하고자 하는 공익의 정당성에 대하여는 의문의 여지가 없다. 또한 이러한 변호사 제도의 목적을 달성하기 위해서는 비변호사의 법률사무취급의 금지는 불가피한 것으로 공익실현을 위한 기본권 제한의 수단이 적정하다고 보여진다.

(4) 살피건대, 앞에서 본 바와 같이 변호사제도를 도입하게 된 배경과 목적, 변호사 아닌 자의 모든 법률사무취급을 금지하는 것이 아니라 단지 금품 등 이익을 얻을 목적의 법률사무취급만을 금지하고 있고, 금지되는 법률사무취급의 범위와 방법 및 그 정도 등에 관하여도 법률에 상세히 규정하고 있는 점에 비추어 보면, 이 사건 법률조항이 일반 국민의 직업선택의 자유에 대한 과도한 제한으로 과잉금지의 원칙에 위배된다고는 볼 수 없다.」

※ 위 사건에서 재판관 1인(재판관 이영모)은 심판대상규정이 손해사정인의 손해사정업무까지도 포함되는 것으로 해석할 여지가 있어 처벌규정의 명확성원칙에 어긋나고 손해사정인의 직업선택 · 행사의 자유를 침해한다는 취지의 반대의견(한정위헌)을 내었음

▸ 사법서사의 자격부여에서 서기직 종사기간을 주사직 종사기간으로 환산하지 아니한 것을 합헌으로 본 판례

[憲 1989. 3. 17.-88헌마1](사법서사법시행규칙에 관한 헌법소원)

「우선 청구인의 직업선택의 자유의 침해라는 주장부터 살핀다.

…… 서기직책과 주사직책 사이에는 질적 차이가 있다고 할 것이다.

그런데 사법서사직은 이와같은 서기직에 대응한다기보다 주사직 업무에 대응하는 것으로 입법연혁상으로도 주사직 경력자에 그 자격을 부여함을 원칙으로 하여 왔던 것이며, 때에 따라 서기직 장기근속자에게도 자격을 주었다면 그것은 다분히 은혜적 성질의 것임을 부인할 수 없다고 할 것이다.

한편 사법서사직은 대국민 법률서비스직의 일종으로 현재와 같이 변호사가 전국적으로 확산 분포되지 않은 우리 나라의 현황하에서는 그 자질과 능력 여하에 따라 국민의 법률생활에 지대한 영향을 미칠 공익적 직책이다. ……

그렇다면 사법서사법에 위 동등 이상의 규정을 정하지 아니하여 경합자 환산 규정의 근거를 잃게 되었고 따라서 서기직 종사기간이 전혀 주사직 종사기간으로 환산되지 아니함으로써 사법서사자격의 문호를 좁혀 직업선택의 자유를 제한하는 결과가 되었다 해도 직업선택의 자유가 제한될 수 없는 절대적 자유가 아닐진대 이와 같은 제한은 위에서 본 바와 같이 서기직의 지위를 고려하여 사법서사의 자질저하를 막고 대국민 위해를 방지코자하는 공공복리를 위한 제한으로 보아야 할 것이고, 그 제한이 헌법상의 비례의 원칙 내지 과잉금지의 원칙의 위배로 보여지지는 않는다.」

▸ **법무사가 아닌 자가 등기신청의 대행 등 법무행위를 업으로 하는 것을 금지하고 이를 위반하는 경우에 형사처벌하는 법무사법의 규정을 합헌으로 본 판례**

[憲 2003. 9. 25.-2001헌마156](법무사법 제74조 제1항 제1호 등 위헌확인)

「가. 직업선택의 자유 침해 여부

(1) …… 법률이 법무사라는 전문분야에 관하여 자격제도를 마련하고 그 자격자의 업무영역에 관하여 상당한 법률상 보호를 하고 있는 경우에도 그 자격자 이외의 자에게 동종업무의 취급을 허용할 것인가의 문제는 기본적으로 그 제도를 도입하게 된 배경과 목적, 해당 전문분야 업무의 성격 등을 입법자가 종합적으로 고려하고 합목적적으로 판단하여 결정할 입법 정책의 문제라 할 수 있다(헌재 1997. 10. 30. 96헌마109, 판례집 9-2, 537, 543-544 참조).

다만, 위와 같은 자격제도는 국민의 기본권인 직업선택의 자유를 제한하는 것이기 때문에 필요한 최소한만큼만 제한하도록 규율함으로써 그 목적과 수단 사이에 합리적인 비례관계가 유지되어야 헌법적 정당성을 갖는다고 할 것이다.

(2) …… 등기업무를 신속·정확하고 적정·원활하게 수행하여 국민의 권리보전과 거래안전이라는 등기제도의 공적 기능을 확보하기 위해서는, 등기신청대리 등을 일정한 법률적 소양을 갖춘 법무사에게만 허용하고, 그 외의 비자격자에게는 이를 업으로 하지 못하도록 금지할 필요가 있다 할 것이며, 그 효율적 운영을 위하여 비법무사가 등기신청대리 등을 업으로 하는 경우 형사처벌하도록 하는 것 역시 효과적 수단이라 할 것이다. 따라서 이 사건 법률조항의 입법목적은 정당하고 그 수단 역시 적절하다.

(3) 입법자가 등기신청의 대리 등을 업으로 할 수 있는 법무사의 자격요건을 지나치게 엄격하게 규율함으로써 최소침해성의 원칙을 위배하였는지 여부에 대하여 본다.

입법자는 법무사의 자격을 법원·헌법재판소·검찰청의 법원사무직렬·검찰사무직렬 또는 마약수사직렬공무원으로 10년 이상 근무한 자중 5년 이상 5급 이상의 직에 있었거나 15년 이상 근무한 자중 7년 이상 7급 이상의 직에 있었던 자(이하에서는 이들을 "실무경력자"라고 약칭한다)로서 법무사 업무의 수행에 필요한 법률지식과 능력이 있다고 대법원장이 인정한 자(법 제4조 제1호) 및 법무사시험에 합격한 자(제2호)로 규정하고 있다. ……

위에서 본 바와 같이 국민의 권리보전과 거래안전이라는 등기제도의 중대한 공익적 기능에 비추어 볼 때, 법무사에게 위와 같은 정도의 법률지식과 실무능력은 충분히 요구되는 수준이라고 할 것이므로 위 자격요건이 지나치게 엄격하다고 할 수 없다. …… 또한, 청구인이 이 사건 법률조항으로 인하여 등기신청대리 등을 업으로 할 수 없는 불이익이 있다 하더라도 청구인에게는 위와 같이 어느 때고 법무사 자격을 취득할 수 있는 기회가 열려 있을 뿐만 아니라 이 사건 법률조항의 입법목적인 공익에 비하여 청구인이 입는 불이익이 결코 크다고 할 수 없으므로 법익의 균형도 유지되어 있다.

그렇다면, 이 사건 법률조항은 청구인의 직업선택의 자유를 침해할 정도로 비례의 원칙에 위배한 것으로 볼 수 없고, 나아가 입법자가 등기신청대행만을 전담하는 자격제도를 따로 두고 있지 않다거나 현재보다 더 완화된 법무사 자격요건을 두고 있지 않다고 하더라도 그것이 곧 청구인의 직업선택의 자유를 침해할 정도로 입법형성의 재량을 일탈한 것이라고 볼 수도 없다고 할 것이다.」

▸ 법무사의 자격부여에서 일정한 요건을 부여하는 것을 합헌으로 본 판례

[憲 1996. 10. 4.-94헌바32](법무사법 부칙 제 3 조 등 위헌소원)

「헌법전문의 기회균등의 규정이나 헌법 제11조 제 1 항의 평등권의 내용으로서의 평등은 절대적 평등이 아닌 상대적 평등을 의미하는 것이며, 앞서 본 바와 같이 법원서기보와 정리는 그 직무의 내용과 직렬 등이 서로 다르고, 인사상 취급과 신규채용 방법 등에도 큰 차이가 있다. 따라서 이 사건 법률조항들이 법무사제도의 입법취지에 비추어 소송절차의 원활한 진행과 국민의 적절한 권리보전을 위하여 소송진행을 법률적 · 사무적으로 보조하여 전문적인 법률지식과 실무경험을 갖추게 되는 법원서기보 이상의 직에 15년 이상 있던 자에 한하여 법무자자격인정의 기회를 부여한 것은 합리적이라 할 것이므로 청구인의 평등권 등을 침해하는 것으로 볼 수 없다.

그리고 이 사건 법률조항들이 정리의 직에 있던 자에 대하여는 법무사자격인정의 기회를 부여하지 않은 것도 앞에서 본 바와 같이 원칙적으로 입법자의 형성의 자유에 속하는 사항이라 할 것이며, 법무사제도의 입법취지 등에 비추어 15년 이상 법원서기보 이상의 직에 있던 자에게만 법무사자격을 인정한 것은 그 입법목적의 정당성과 방법의 상당성 등이 인정된다 할 것이므로 그로 인하여 청구인의 직업선택의 자유가 침해되었다고 볼 수 없다.」

▸ 미수복지에서 귀순한 의약업자의 자격취득 시기를 제한한 것을 합헌으로 본 판례

[憲 1998. 2. 27.-96헌바5](미수복지등에서귀순한의약업자에관한특별조치법 부칙 제 4 항 위헌소원)

「가. 먼저, 위 특조법과 직업선택의 자유와의 관계에 관하여 본다.

특조법은 …… 귀순의약업자에게 일종의 혜택을 부여하는 입법으로서의 성격을 가지고 있는 것이라고 할 것이다. 그렇다고 할 때 개정특조법 부칙 제 4 항이 특조법의 시행기간을 한시적으로 정하였다 하더라도 이는 청구인들과 같은 귀순의약업자에게 부여되었던 특별한 혜택을 중단하는 것에 불과하고, …… 이것이 곧 청구인들의 직업선택의 자유를 더 제약하는 것은 아니다. ……

다만, 청구인들과 같이 미수복지에서 귀순한 의약업자에게 의사 또는 한의사 직업을 보장하여야 할 헌법적 의무가 국가에게 있고, 그 의무이행의 일환으로서 특조법이 시행되어 온 것이라면, 특조법을 일정시점 이후에 폐지한다는 위 부칙 제 4 항으로 인하여 청구인들의 직업선택의 자유가 침해될 수도 있겠으나, 헌법의 해석상 그러한 국가의 의무는 어디에서도 도출되지 않는다(헌법재판소 1992. 12. 24. 선고, 90헌마174 결정 참조). 그렇다면 미수복지에서 귀순한 의약업자에게 어떠한 조치를 취할 것인지, 대한민국에서 의사 또는 한의사로서 활동할 수 있는 기회를 어떤 방법으로 어느 정도로 부여할 것인지는 보건의료정책에 관한 입법자의 광범위한 입법정책에 맡겨져 있다 할 것이고(헌법재판소 1993. 11. 25. 선고, 92헌마87 결정 참조), 그러한 입법자의 정책판단은 그것이 현저히 자의적이거나 불합리하여 입법형성권의 한계를 일탈하였거나 입법형성권을 남용한 것이 아닌 한 존중되어야 한다.

나. 그러므로 개정특조법 부칙 제 4 항이 입법형성권의 한계를 벗어난 것인지 본다. ……

입법자로서는 귀순의약업자를 위하여 상당한 정도로 정책적인 배려를 하였다고 할 수 있고, 또 필요한 소양을 갖춘 자라면 대부분 특조법의 시행기간 내에 자격인정을 받았을 것이므로 특조법의 제정목적을 다하였다는 판단에 터잡아 한시적 특별조치를 마감한 것으로 보이는 바, 이러한 입법자의 배려와 판단은 합리성이 있는 것으로 인정된다.

따라서 개정특조법 부칙 제4항은 청구인들의 직업선택의 자유를 제한하는 것이 아니라 입법자가 보건의료정책에 관한 광범위한 입법형성권의 범위내에서 합리적으로 결정한 것이라고 할 것이다.」

▸ **형의 집행유예를 받고 그 기간이 종료한 후 1년이 경과되지 아니한 자에 대하여 세무사자격시험에 응시할 수 없게 정한 세무사법의 규정에 대하여 합헌으로 본 판례**
[憲 2002. 8. 29.-2002헌마160](세무사법 제5조 위헌확인)

「(1) 직업선택의 자유 침해 여부 ……

(나) 세무사법은 …… 세무사의 직업분야에 자격제도를 시행하고 있다. 이러한 자격제도는 고도의 전문적 지식과 기술이 요구된다고 판단되는 직업분야에 있어서 공공복리를 위하여 헌법상 보장된 직업선택의 자유를 법률로써 전면적으로 금지한 다음, 일정한 자격을 갖춘 자에 한하여 직업선택의 자유를 회복시켜 주는 것으로서 그 자체가 헌법에 위반되는 것은 아니다 (헌재 1997. 10. 30. 96헌마109, 판례집 9-2, 537, 543-544 ; 헌재 1998. 7. 16. 96헌마246, 판례집 10-2, 283, 308 등 참조).

(다) 입법부가 어떤 직업분야에 자격제도를 시행함에 있어서 그 업무에 대하여 설정할 자격요건의 구체적인 내용은 업무의 내용과 제반 여건 등을 종합적으로 고려하여 입법자가 결정할 사항이다. 따라서 자격요건의 설정에 대한 판단 · 선택은 헌법재판소가 가늠하기보다는 입법자에게 맡겨두는 것이 옳으며, 그러한 범위 내에서 입법자에게 입법형성권이 인정된다. 다만 그것이 재량의 범위를 넘어 명백히 불합리한 경우에만 비로소 위헌의 문제가 생길 수 있다 (헌재 1996. 10. 4. 94헌바32, 판례집 8-2, 345, 350 참조).

이 사건 법률조항에 의하여 형의 집행유예를 받고 그 기간 종료 후 1년이 경과하지 아니한 자에 대하여 시험응시를 제한한 것은, 형의 집행유예 판결은 당해 범죄행위에 대하여 사회적 비난가능성을 내포하고 있고, 세무사의 직무가 여타 전문자격사보다 공공성이 매우 강하므로 고도의 윤리성이 요구된다는 점을 고려한 것으로서, 형의 집행유예 판결을 받은 자로 하여금 세무사자격시험에 응시하게 하는 것은 세무사에 대한 국민의 신뢰를 손상시키고 나아가 원활한 세무행정의 수행에 어려움을 초래하여 공공의 이익을 해할 우려 또한 적지 아니하다는 점에 비추어 볼 때 이것을 세무사 자격시험 응시제한사유로 한 입법자의 의사결정은 수긍이 가고 합리성과 형평에 반한다고도 볼 수 없을 것이다. ……

따라서 이 사건 법률조항의 목적의 정당성은 인정된다 할 것이고, 시험응시를 전면적으로 금지하는 것이 아니라 형의 집행유예를 받고 그 기간이 종료한 후 1년이 경과하기 전에만 시험에 응시할 수 없도록 한 것이므로 그 내용이나 기간에 있어서 반드시 합리성을 결여한 것이라고 보기 어렵다.

그렇다면 결격사유 해당자에 대하여 세무사자격시험응시를 제한하는 이 사건 법률조항이 반드시 재량의 범위를 넘어 명백히 불합리하다고 할 수는 없으므로, 이 사건 법률조항은 청구인의 직업선택의 자유를 침해하는 것이 아니다.」

▸ **외국의 치과 또는 의과대학을 졸업한 후 우리 국민이 국내 의사면허시험에 응시하기 위해서는 기존의 응시요건에 추가하여 새로 예비시험을 치도록 한 의료법의 규정에 대하여 합헌으로 본 판례**
[憲 2003. 4. 24.-2002헌마611](의료법 제5조 등 위헌확인)

「(2) 직업선택의 자유 침해 여부

예비시험은 외국 대학 졸업생들에게 국내 의사면허시험에 응시할 자격요건을 더 강화하는 것이고, 이는 어떤 직업의 수행을 위한 전제요건으로서 일정한 주관적 요건을 갖춘 자에게만 그 직업에 종사할 수 있도록 제한하는 경우에 해당한다. 이러한 제한에 있어서는 그러한 주관적 요건을 갖추도록 요구하는 것이 공공의 손실과 위험을 방지하기 위한 것으로서 적절한 수단이어야 하는 등 비례의 원칙에 어긋나지 않아야 한다(헌재 1995. 6. 29. 90헌바43, 판례집 7-1, 854, 868 참조).

예비시험 조항은 외국 의과대학 졸업생에 대해 우리 나라 의료계에서 활동할 수 있는 정도의 능력과 자질이 있음을 검증한 후 의사면허 국가시험에 응시하도록 함으로써 외국에서 수학한 보건의료인력의 질적 수준을 담보하려는 목적에서 마련된 것이다(제16대 국회 제226회 2002. 1. 7.자 보건복지위원회 회의록 참조). …… 예비시험 제도를 통하여 달성하려는 입법목적은 그 정당성을 인정할 수 있다.

한편 예비시험 제도는 외국 대학 졸업생에 대한 능력과 자질 검증의 필요성이라는 입법목적 달성에 효과적일 것이라고 인정할 수 있다. 즉 예비시험 제도는 …… 수단의 적정성을 갖춘 것이라 볼 것이며 예비시험 제도를 통한 자격검증보다도 덜 제약적이면서도 입법목적을 달성할 수 있는 다른 입법수단도 상정하기 어렵다.

또한 현재로서는 장차 시행될 예비시험이 외국 의과대학 졸업생에게 과도한 부담을 주게 될 것이라고 단언하기 어려운 반면, 외국 의과대학의 교과 내지 임상교육 수준이 국내와 차이가 있을 수 있으므로 국민의 보건을 위하여 기존의 면허시험만으로 검증이 부족한 측면을 보완할 공익적 필요성이 있다. 그렇다면 예비시험으로 인하여 청구인들이 받게 되는 부담은 동 시험으로 인하여 얻게 되는 공익에 비하여 과중한 것이라고 단정할 수 없다.

그러므로 예비시험 조항은 청구인들의 직업선택의 자유를 과도하게 침해하는 것은 아니라고 할 것이다.」

※ 위 사건에서 재판관 3인(재판관 윤영철, 재판관 김효종, 재판관 주선회)은 심판대상 조항이 신뢰보호의 원칙 및 평등권을 침해한다는 취지의 반대의견(위헌)을 내었음

▸ **제1종 운전면허의 취득요건으로 양쪽 눈의 시력이 각각 0.5 이상일 것을 요구하는 도로교통법시행령의 규정에 대하여 합헌으로 본 판례**

[憲 2003. 6. 26.-2002헌마677](도로교통법시행령 제45조 위헌확인)

「(2) 직업선택의 자유의 침해 여부 ……

(가) 좁은 의미의 직업선택의 자유의 침해 여부

이 사건 조문에서 정한 시력기준에 미달하는 자는 제1종 운전면허를 취득할 수 없어 그 대상 차량을 운전하는 직업에 종사할 수 없게 되는바, 이는 일정한 직업을 선택함에 있어 기본권 주체의 능력과 자질에 의한 제한으로서 이른바 "주관적 요건에 의한 좁은 의미의 직업선택의 자유의 제한"에 해당하는 것이라 할 수 있다. ……

이 사건 조문이 낮은 시력으로 인한 교통상의 위험을 방지함으로써 국민의 생명, 신체 및 재산을 보호하고, 나아가 안전하고 원활한 도로교통을 확보하고자 하는 입법목적을 달성하기 위하여 제1종 운전면허의 적성기준으로 양쪽 눈의 시력이 각각 0.5 이상일 것을 규정한 것은 그 방법이 적절하고, 위 시력기준에 미달하는 자의 기본권을 필요 최소한도로 제한하는 것이며, 이러한 제한을 통하여 제2종 운전면허 대상 차량에 비해 교통상의 위험성이 상대적으로 큰 제1종 운전면허 대상 차량을 운전함에 있어서 낮은 시력에 기인한 교통상의 위험을 방지함으로써 추구하는 국민의 생명, 신체 및 재산의 보호와 안전하고 원활한 도로교통의 확보라는 공익은 위 시력기준에 미달하는 자로 하여금 제1종 운전면허 대상 차량을 운전하지 못하게 함으로써 제한되는 직업선택의 자유라는 사익보다 훨씬 더 크므로 기본권 제한의 입법한계인 비례의 원칙을 준수하였다.

(나) 직업수행의 자유의 침해 여부

직업의 자유를 구체적으로 어느 정도까지 제한할 수 있는지에 관하여 우리 재판소는 직업결정의 자유나 전직의 자유에 비하여 직업수행의 자유에 대하여는 상대적으로 더욱 폭넓은 법률상의 규제가 가능하다고 판시한 바 있다(헌재 1993. 5. 13. 92헌마80, 판례집 5-1, 365, 374).

직업수행의 자유의 측면에서 볼 때 …… 비록 운전자의 고용 등에 추가적인 경제적 부담이 수반된다 하더라도 이 사건 조문으로 인한 직업수행의 자유에 대한 제한의 정도는 그리 크지 않다고 할 것이나, 반면 앞서 본 바와 같이 국민의 생명, 신체 및 재산에 대한 위험을 제거하고 안전하고 원활한 도로교통을 확보하려는 이 사건 조문의 입법목적의 달성을 통한 질서 유지 또는 공공복리의 증진이라는 공익은 이 사건 조문에 의하여 제한되는 직업수행의 자유라는 사익보다 훨씬 더 크다고 할 것이므로, 이 사건 조문은 직업수행의 자유에 대한 제한의 측면에서도 기본권 제한의 입법한계인 비례의 원칙을 준수하였다.」

▸ **대학졸업 이상의 학력을 가진 자만이 학원강사가 될 수 있도록 하는 규정을 합헌으로 본 판례**
[憲 2003. 9. 25.-2002헌마519](학원의설립 · 운영및과외교습에관한법률 제13조 제1항 등 위헌확인)

「3) 위와 같은 입장에 서서 이 사건 심판대상 조항들에 의한 직업선택의 자유의 제한이 과잉금지의 원칙에 위배되는지 여부에 관하여 살펴본다.

먼저 기본권에 대한 제한은 입법자가 헌법적으로 허용되는 정당한 목적을 추구하는 경우에만 용인될 수 있는바, 이 사건 심판대상 조항들을 통하여 달성하고자 하는 입법목적이자 기본권에 대한 제한을 정당화하는 공익은, 사설학원의 영리 추구와 결합한 자질 미달의 강사가 가져올 부실교육 등의 폐단을 미연에 방지하여 학원교육이 그 최소한의 공적 기능을 수행하도록 함으로써 양질의 교육서비스를 확보하고 교육소비자를 보호하며, 국가 전체적으로 평생교육을 성공적으로 실현하고자 하는 것으로서, 그 목적의 정당성을 인정할 수 있다.

다음으로 기본권제한의 수단 · 방법은 제한목적 달성에 적합하여야 한다. 학원에서 교습을 담당하는 강사의 자질과 능력은 학원의 물적 시설을 위시한 교육환경과 함께 학원교육의 질을 좌우하는 요소로서 특히 중요하다 할 것인바, 학원의 설립 · 운영을 규율하는 법령에 일정 수준의 학력과 같은 강사의 자격기준을 명시적으로 정해 놓고 일괄적으로 통제하는 것은 학원시장의 질서를 효율적으로 규율하는 방법의 하나로서 앞서 본 제한목적의 달성에 기여하는 수단으로서의 적합성이 있다고 볼 것이다.

또한 법률에 의하여 기본권을 제한함에 있어서도 그 제한의 목적을 달성하는 데 적합한 수단들 가운데 가장 권리침해가 적은 방법을 선택하여야 하는데, 그 경우 우선 제한의 수단들은 동등의 효과를 거둘 수 있는 것들이어야 한다는 전제가 충족되어야 한다. …… 그 밖에 자격기준의 설정과 동등한 효과를 거둘 만한 제도나 절차를 쉽게 찾아보기 어렵다. 그러므로 결국 이 사건 심판대상 조항들에 의한 기본권제한과 관련하여 최소침해의 원칙은 문제되지 않는다 할 것이다.

끝으로 기본권제한의 입법수단이 추구하는 공익과 그 기본권제한의 정도 또는 침해되는 사익과의 사이에는 적절한 균형관계가 있어야 한다. 이 사건 심판대상 조항들이 요구하는 자격기준을 갖추지 못한 청구인이 당장 일반학원의 강사라는 직업을 선택할 수 없음으로써 생활유지의 수단이자 인격발현의 바탕이 되는 직업선택의 자유를 제한받게 된다 하더라도, 그로 인하여 청구인이 입는 불이익은 청구인의 신분과 이 사건 경위 등에 비추어 볼 때 학원교육의 질적 수준을 보장하여 교육소비자를 보호하고 궁극적으로 국가 전체적으로 평생교육을 성공적으로 실현한다는 공동체이익을 능가할 정도로 심각하다고 보이지 아니하므로, 위와 같은 충돌하는 법익 상호간의 균형성도 구비되어 있다고 볼 것이다.

따라서 이 사건 심판대상 조항들은 기본권제한의 한계를 준수하고 있다고 할 것이다.」

※ 위 사건에서 재판관 5인(재판관 윤영철, 재판관 김영일, 재판관 권 성, 재판관 송인준, 재판관 전효숙)은 심판대상 조항이 포괄위임금지에 위반되어 위헌이라는 취지의 반대의견(위헌)을 내었음

▸ **운전학원으로 등록하지 않은 자가 대가를 받고 운전교육을 실시하는 것이나 대가를 받고 운전연습시설을 제공하는 것을 금지하는 규정에 대하여 합헌으로 본 판례**

[憲 2003. 9. 25.-2001헌마447등](도로교통법 제71조의16 위헌확인 등)

「(2) 이 사건 법률조항이 직업선택의 자유를 침해하는지 여부 ……

(가) 운전교육금지의 경우

1) …… 운전학원의 설립과 운영에 대하여 등록제를 실시하고, 이러한 등록제의 실효성을 확보하기 위하여 등록한 운전학원으로만 운전교육의 주체를 제한하고 있는 이 사건 법률조항은 날로 늘어나는 교통사고의 위험으로부터 국민의 생명과 안전을 보호하고, 무등록자에 의한 운전교육과정에서 발생할 수 있는 안전사고의 방지와 피해자의 구제에 그 입법목적이 있다고 할 것이므로 그 정당성을 인정할 수 있고, 이로써 자질없는 운전자의 양산을 방지하고 교통사고와 안전사고를 예방할 수 있으므로 그 수단의 적절성도 긍정할 수 있다.

2) …… 입법자가 운전면허를 취득하려는 자나 이미 운전면허를 취득한 자를 구별하지 않고 모두 그 운전교육의 주체를 등록한 운전학원으로 제한하였다고 하여 이를 두고 최소침해성의 원칙에 위배된다고 단정할 수 없는 것이다.

4) 그리고 이에 더하여 체계적이고 종합적인 운전교육을 통하여 자질있는 운전자를 양성함으로써 얻는 국민의 생명과 신체의 안전이라는 공익은 이로 인하여 제한되는 운전교육을 직업으로 선택하려는 자의 사익보다 결코 작다고 할 수는 없으므로 법익균형성의 원칙에도 위배되지 아니한다.

(나) 운전연습시설제공금지의 경우

1) …… 운전면허를 취득하려는 자를 상대로 운전연습용시설을 제공하고 이를 이용하게 하는 행위는 …… 이 사건 법률조항이 금지하는 운전학원으로 등록하지 않은 자의 운전교육금지에 대한 탈법행위라 할 것이므로 이를 허용하는 경우에는 안전의식과 운전예절을 갖춘 운전자를 양성하고, 그럼으로써 교통사고로부터 국민의 생명과 신체의 안전을 보호하려는 이 사건 법률조항의 입법취지가 몰각될 뿐 아니라, 실제 도로에서의 운전은 아니지만 운전능력이 없는 운전자에게 보조자나 강사의 동승없이 운전연습을 할 수 있게 함으로써 운전연습장 내 다른 운전연습자의 생명과 신체의 안전에도 큰 위험을 초래한다.

따라서 입법자는 이 사건 법률조항을 개정하면서 운전교습업과 함께 운전연습시설제공업도 금지하게 된 것이다.

2) …… 이 사건 법률조항의 입법취지에 비추어 볼 때, 운전연습시설제공행위를 전면적으로 금지하는 것 외에 달리 덜 제한적인 방법을 생각하기도 어렵다.

3) 나아가 이로 인하여 …… 직업선택의 자유나 행복추구권이 제한되는 불이익이 있기는 하지만, 이로 인하여 달성되는 공익은 교통사고로부터의 국민의 생명 · 신체의 보호, 운전연습 중 발생할 수 있는 사고의 예방 등으로 결코 가볍다고 할 수는 없다.

(다) 소 결

따라서 이 사건 법률조항이 정하는 무등록자의 운전교육금지와 운전교육시설제공금지는 그 목적의 정당성을 인정할 수 있을 뿐 아니라, 그 수단 역시 과잉금지원칙에 위배되지 않으므로 헌법에 위반되지 아니한다.」

⇔ 재판관 2인(재판관 김영일, 재판관 송인준)의 반대의견

「이미 운전면허를 취득한 운전자에 대한 운전교육을 등록한 운전학원으로 제한하고, 그 외의 자에게 일체 이를 금지하는 것은 그 제한의 목적이 정당하지 않을 뿐 아니라, 그 방법도 과잉금지원칙에 위배되므로 직업선택의 자유를 침해한다.

그렇다면, 이 사건 법률조항이 정하는 금지의 대상 중 운전학원으로 등록하지 않은 자의 유상운전교육행위금지부분은 운전면허취득자에 대한 도로주행교육까지도 금지하는 것으로 해석하는 한 헌법에 위반된다고 봄이 상당하므로, 우리는 다수의견에 반대하여 한정위헌의견을 밝히는 바이다.」

▸ 유료직업소개업을 허가제로 한 것을 합헌으로 본 판례

[憲 1996. 10. 31.-93헌바14](직업안정및고용촉진에관한법률 제10조 제1항 등 위헌소원)

「직업소개업은 그 성질상 사인이 영리목적으로 운영할 경우 근로자의 안전 및 보건상의 위험, 근로조건의 저하, 공중도덕상 해로운 직종에의 유입, 미성년자에 대한 착취, 근로자의 피해, 인권침해 등의 부작용이 초래될 수 있는 가능성이 매우 크므로 유료직업소개사업은 노동부장관의 허가를 받아야만 할 수 있도록 제한하는 것은 그 목적의 정당성, 방법의 적절성, 피해의 최소성, 법익의 균형성 등에 비추어 볼 때 합리적인 제한이라고 할 것이고 그것이 직업선택자유의 본질적 내용을 침해하는 것으로 볼 수 없다.」

※ 위 사건에서 재판관 4인(재판관 김진우, 재판관 황도연, 재판관 이재화, 재판관 조승형)은 심판대상 조항 중 직업안정법 제10조 제1항이 합헌인 것에는 다수의견과 의견을 같이 하나 동조 제2항에 대해서는 허가 요건에 대한 입법 위임이 포괄위임금지에 위반하여 위헌이라는 취지의 반대의견(위헌)을 내었음

▸ 근로자공급사업을 허가제로 하는 것을 합헌으로 본 판례

[憲 1998. 11. 26.-97헌바31](직업안정법 제33조 등 위헌소원)

「근로자공급사업은 그 성질상 사인이 영리를 목적으로 운영할 경우 근로자의 안전 및 보건상의 위험, 근로조건의 저하, 공중도덕상 해로운 직종에의 유입, 미성년자에 대한 착취, 근로자에 대한 중간착취, 강제근로, 인권침해, 약취 · 유인 및 인신매매 등 부작용이 초래될 가능성이 매우 크므로 근로자공급사업을 노동부장관의 허가를 받은 자만이 행할수 있도록 제한하는 것은 그 목적의 정당성, 방법의 적절성, 피해의 최소성, 법익의 균형성 등에 비추어 볼 때 합리적인 제한이라고 할 것이고 그 것이 과잉금지의 원칙에 위배되어 직업선택의 자유의 본질적인 내용을 침해하는 것으로 볼 수는 없다.」

※ 위 사건에서 재판관 2인(재판관 이재화, 재판관 조승형)은 심판대상 조항 중 직업안정법 제33조 제 1 항 및 제47조 제 1 호가 합헌이라는 점에는 다수의견과 견해를 같이 하나, 같은 법 제33조 제 3 항에 대해서는 포괄위임금지에 저촉된다는 취지의 반대의견(위헌)을 내었음

▸ 법령에 의한 인 · 허가 없이 장래의 경제적 손실을 금전이나 유가증권으로 보전해줄 것을 약정하고 회비 등의 명목으로 금전을 수입하는 행위를 금지하고 이에 위반하는 경우에 형사처벌하는 규정을 합헌으로 본 판례

[憲 2003. 2. 27.-2002헌바4](유사수신행위의규제에관한법률 제 3 조 등 위헌소원)

「다. 직업선택의 자유 침해 여부 ……

(2) 이 사건 법률조항은 유사수신행위를 규제함으로써 선량한 거래자를 보호하고 건전한 금융질서를 확립하려는 데에 그 입법취지가 있다. ……

따라서 이 사건 법률조항의 입법목적의 정당성은 인정된다.

이 사건 법률조항은 법 제 2 조 제 4 호에 규정된 유사수신행위를 금지하고 있으나 그 제 4 호에 해당하는 모든 행위를 금지하는 것은 아니다. 법 제 2 조 제 4 호에 해당하는 행위라 하더라도 다른 법령에 의한 인 · 허가를 받은 경우 등 다른 법령에 의해 허용된 행위에 대하여는 이 사건 법률조항이 아무런 금지를 하고 있지 아니한다.

법 제 2 조 제 4 호의 유사수신행위를 보험업법상의 보험사업을 의미하는 것으로 해석하는 대법원 판례(2001. 12. 24. 선고 2001도205 판결 참조)에 의하면, 보험업법에 의해 보험사업 허가를 받은 자는 이 사건 법률조항에 의한 제한을 받지 아니한다. 다시 말하면, 이 사건 법률조항이 금지하는 유사수신행위 즉, 보험사업을 하고자 하는 자는 보험업법상의 요건을 갖추어 허가를 받아 그러한 행위를 얼마든지 영위할 수 있는 것이므로, 이 사건 법률조항이 "보험사업"이란 직업을 선택할 수 있는 길을 원천적으로 봉쇄하고 있는 것이 결코 아니다.

한편, 법 제 2 조 제 4 호의 유사수신행위에 있어 어느 한 거래상대방이 입은 경제적 손실의 보전은 다른 모든 거래상대방이 출연한 금원을 바탕으로 한다는 점에서 각각의 거래상대방들 사이에 일정한 관계가 형성되어 상호간에 영향을 주고받게 되며, 이러한 단체적 성격으로 말미암아 사업자가 파산이나 임직원의 횡령사고 등으로 당초 약정한 보장금 지급능력이 없어질 경우 그 피해는 어느 특정 거래상대방에 그치는 것이 아니라 다수의 모든 거래상대방에게 미치게 된다. 특히 법규에 의한 관리 · 감독의 손길이 전혀 미치지 않기 때문에 사업자는 재정상태나 건정성 등에 관하여 아무런 외부의 제약을 받지 아니한 채 마음대로 사업을 영위할 수 있어 자금유용, 횡령 등의 위법행위가 발생할 소지가 많고 회사의 부실이 초래될 가능성이 농후한데 그로 인한 피해는 고스란히 고객들에게 돌아가게 된다.

또한, 투기적, 기망적 성격이 법 제 2 조 제 1 내지 3 호의 유사수신행위에 비하여는 덜 할지 모르나 법 제 2 조 제 4 호의 유사수신행위의 경우에도 상당한 정도의 투기적, 기망적 요소가 있음을 부인할 수 없으며, 사행성의 면에서는 오히려 법 제 2 조 제 1 내지 3 호의 유사수신행위보다 그 성격이 더 강하다고 할 수 있고, 그와 같은 사행적 성격이 가져 올 사회적 악영향은 부정할 수 없다.

따라서, 위와 같은 문제점을 안고 있는 법 제 2 조 제 4 호의 유사수신행위는 다른 유사수신행위 못지 않게 이를 규제하여야 할 합리적인 이유와 필요성이 있다.

다만, 이 사건 법률조항이 법 제 2 조 제 4 호의 유사수신행위를 금지하는 수준에서 한 걸음 더 나아가 그 금지에 위반하는 경우에 형사처벌을 하도록 규정하고 있으므로 이 점에서 청구

인의 직업선택의 자유를 지나치게 제한하는 것이 아닌가 하는 의문이 들 수가 있다.

…… 위와 같은 여러 사정을 종합하여 보면, 이 사건 법률조항이 법 제2조 제4호의 유사수신행위를 금지하는 한편 이에 위반시 형사처벌을 가하고 있다 하더라도 청구인의 직업선택의 자유의 본질을 침해하는 것은 아니라 할 것이며, 이 사건 법률조항이 방법 내지 수단의 적절성과 피해의 최소성의 요건을 갖추지 못하였다고 할 수도 없다.

또한, 이 사건 법률조항이 보호하고자 하는 공익은 선량한 거래자를 보호하고 건전한 금융질서를 확립하는 데 있으므로 위 규정이 추구하는 공익은 청구인과 같은 사인의 이익에 비하여 보다 우월하다고 하지 않을 수 없으므로 법익의 균형성의 요건도 갖추었다고 보아야 한다.

(3) 그렇다면, 이 사건 법률조항은 과잉금지의 원칙에 위배하여 청구인의 직업선택의 자유를 침해하는 것이라고 할 수 없다.」

▸ **업무범위를 위반한 건축사의 필요적 등록취소에 대하여 위헌으로 본 판례**
[憲 1995. 2. 23.-93헌가1](건축법 제28조 제1항 제2호 위헌제청)

「가. 이 사건 심판대상법률이 헌법상 보장된 직업선택의 자유의 본질적 내용을 침해하는지와 평등권을 침해하는지의 여부를 살펴본다.

이 사건 심판대상법률 규정은 건축사법 소정의 업무범위를 위반한 2급건축사에 대하여 필요적으로 사무소등록을 취소하도록 하고 있는데, 등록이 취소되면 2년간은 재등록을 할 수 없으므로(건축사법 제24조 제2호) 그 기간 동안 건축사업무를 할 수 없게 되어 헌법상 보장된 직업선택의 자유, 그 중 "직업수행의 자유"를 제한하게 되는 것이라 할 수 있다. ……

그런데 이 사건 법률규정의 입법목적을 보면 그 상당성이 인정된다 할 것이다.

건설부장관의 답변요지와 같이 건축분야의 특성과 현상에 비추어 부실공사를 예방하여 국민의 생명과 재산을 보호하여야 한다는 공공복리의 측면에서 건축사가 법정 업무행위를 위반하는 경우 제재조치를 하도록 한 것은 필요한 제한으로 볼 수 있다.

나. 문제는 이 사건 법률규정이 기본권 제한의 수단과 방법 및 그 정도에 있어서 합리성이 있는가 하는 것인데 유사한 경우와 대비하여 살펴본다.

(1) 먼저 건축사와 같이 일정한 자격 또는 허가요건을 요하는 타전문직종 등의 경우 업무범위 위반시 받는 불이익을 비교하여 본다. ……

그 밖에 어느 직종의 경우도 업무범위 위반행위를 필요적 등록취소사유로 규정한 예를 찾아보기 어렵다.

(2) 다음, 건축사법 제28조 제1항 중 건축사사무소 등록의 "필요적 취소사유"와 "임의적 취소사유"로 규정된 다른 경우와 비교하여 본다. ……

그러므로 이 사건 법률규정은 다른 필요적 또는 임의적 등록취소사유를 위반한 경우에 비하여 과도하게 무거운 제재를 가하는 것이고, 건축사법을 위반하는 건축사 상호간에 불합리한 차별을 하는 것이라 할 것이다. ……

(4) 이상을 종합하여 볼 때, 건축사가 업무범위를 위반한 경우에는 그 위반의 경위와 정도, 위반의 결과 등을 고려하여 업무의 정지 또는 등록의 취소를 행정청이 재량으로 선택하여 실시할 수 있도록 임의적 제재사유로 하는 것이 합리적이라 할 것이다.」

▸ 치과전문의 자격시험의 미실시를 위헌으로 본 판례
[憲 1998. 7. 16.-96헌마246](전문의자격시험불실시 위헌확인 등)
「1. 사건의 개요 및 심판의 대상
가. 사건의 개요
청구인들은 치과의사 면허를 받은 자들로서 치과전문의가 되고자 하는 자들인바, 치과전문의자격시험은 의료법 제55조, 전문의의수련및자격인정등에관한규정 제17조, 전문의의수련및자격인정등에관한규정시행규칙 제11조 제1항, 제12조 제1항에 따라 대한치과의사협회(이하 '협회'라 한다)가 매년 1회 이상 실시하여야 함에도 협회는 관계법령의 미비 등을 이유로 지금까지 단 1회도 치과전문의자격시험을 실시하지 않았고, 보건복지부장관은 의료법 및 위 규정의 위임에 따라 시행규칙의 개정 등 치과전문의 자격시험을 실시함에 필요한 제도적 조치를 마련하여야 함에도 치과전문의자격시험을 둘러싸고 협회 내에 의견의 대립이 있다는 이유로 이를 마련하지 않고 있어 청구인들의 헌법상 보장된 행복추구권, 평등권, 직업의 자유, 학문의 자유, 재산권 및 보건권을 침해받고 있다며 1996. 7. 23. 이 사건 헌법소원심판을 청구하였다.
나. 심판의 대상
이 사건 심판의 대상은, 첫째 피청구인 보건복지부장관이 의료법 및 위 규정의 위임에 따라 치과전문의자격시험을 실시하기 위하여 필요한 시행규칙의 개정 등 절차를 마련하지 아니하는 입법부작위, 둘째 피청구인 보건복지부장관이 피청구인 협회로 하여금 치과전문의자격시험을 실시하도록 지시하지 아니하는 부작위 또는 스스로 치과전문의자격시험을 실시하지 아니하는 부작위, 셋째 피청구인 협회가 치과전문의자격시험을 실시하지 아니하는 부작위가 헌법에 위반되는지 여부이다.……
(1) 직업의 자유, 행복추구권 및 평등권의 침해
…… 의사·한의사나 치과의사와 같이 국민의 생명과 건강을 다루는 직업의 경우와 변호사·변리사나 건축사 등과 같이 전문적 지식과 기술을 가져야만 직업을 원활히 행사할 수 있다고 판단되는 직업에 대해 실시되고 있는 면허제도는 헌법상 보장된 직업선택의 자유를 국회가 제정한 법률로 전면적으로 금지시켜 놓은 다음 일정한 자격을 갖춘 자에 한하여 직업선택의 자유를 회복시켜 주는 것에 해당한다.
…… 현행 의료법과 위 규정에 의하면 치과전문의의 전문과목은 10개로 세분화되어 있고 …… 일반치과의까지 포함하면 11가지의 치과의가 존재할 수 있는데도 이를 시행하기 위한 시행규칙의 미비로 청구인들은 일반치과의로서 존재할 수밖에 없는 실정이다. 따라서 이로 말미암아 청구인들은 직업으로서 치과전문의를 선택하고 이를 수행할 자유를 침해당하고 있는 것이다.
위와 같이 청구인들은 전공의수련과정을 사실상 마치고도 치과전문의자격시험의 실시를 위한 제도가 미비한 탓에 치과전문의자격을 획득할 수 없었고 이로 인하여 형벌의 위험을 감수하지 않고는 전문과목을 표시할 수 없게 되었으므로(의료법 제55조 제2항, 제69조 참조), 행복추구권을 침해받고 있고, 이 점에서 전공의수련과정을 거치지 않은 일반 치과의사나 전문의시험이 실시되는 다른 의료분야의 전문의에 비하여 불합리한 차별을 받고 있다고 할 수 있다.」

▸ 여객운송사업자가 지입제의 경영을 한 경우에 필요적으로 사업면허가 취소되도록 한 것을 위헌으로 본 판례

[憲 2000. 6. 1.-99헌가11](여객자동차운수사업법 제76조 제1항 단서 중 제8호 부분 위헌제청)

「가. 이 사건 법률조항에 의한 기본권의 제한 ……

이 사건 법률조항은 여객자동차운송사업자(이하 "운송사업자"라 한다)가 법 제13조를 위반하여 타인으로 하여금 자신의 사업용자동차를 사용하여 여객자동차운송사업(이하 "운송사업자"라 한다)을 경영하게 하거나, 자기 또는 다른 사람의 명의로 다른 운송사업자의 사업용자동차를 사용하여 운송사업을 경영한 경우 그 운송사업자의 사업면허를 필요적으로 취소하도록 규정하고 있는바, 운송사업면허를 취소당하면 운송사업을 경영할 수 없으므로 이 사건 법률조항은 운송사업을 경영할 권리를 제한함과 아울러 운송사업자의 직업의 자유 내지 영업의 자유를 제한하는 것임이 분명하다. ……

다. 이 사건 법률조항의 위헌성

(1) 목적의 정당성과 방법의 적정성

이 사건 법률조항이 지입제 경영 관행을 근절함으로써 운송사업에 관한 질서를 확립하고, 여객의 원활한 운송과 운송서비스의 개선이라는 입법목적(법 제1조 참조)을 추구하는 것은 일단 정당하다 할 것이다. 또한 지입제 경영을 한 운송사업자의 면허를 필요적으로 취소할 경우 지입제 경영에 대한 상당한 억지효과를 가질 것이므로 입법수단의 적정성도 인정될 수 있다.

(2) 피해의 최소성 ……

종래의 임의적 취소제도로도 철저한 단속, 엄격한 법집행 등 그 운용 여하에 따라서는 지입제 관행의 근절이라는 입법목적을 효과적으로 달성할 수 있었을 것으로 보이므로, 기본권침해의 정도가 덜한 임의적 취소제도의 적절한 운용을 통하여 입법목적을 달성하려는 노력은 기울이지 아니한 채 기본권침해의 정도가 한층 큰 필요적 취소제도를 도입한 이 사건 법률조항은 행정편의적 발상으로서 피해최소성의 원칙에 위반된다 할 것이다.

(3) 법익의 균형성 ……

이 사건 법률조항은 해당 사업체의 규모, 지입차량의 비율, 지입의 경위 등 구체적 · 개별적 사정을 전혀 고려하지 아니하고 모두 필요적으로 면허를 취소하도록 규정함으로써, 지입차량의 비율이 매우 낮고 지입차량에 관한 관리도 나름대로 충실히 하는 등 공익침해의 정도가 현저히 낮은 경우에도 사업면허의 전부를 취소할 수밖에 없게 하고 있으니, 이는 보호하고자 하는 공익에 비하여 기본권침해의 정도가 과중하다고 하지 아니할 수 없고, 따라서 법익균형성의 원칙에 위배된다 할 것이다.

(4) 소 결

…… 결국 헌법 제37조 제2항의 과잉입법금지원칙에 위반하여 운송사업자의 직업의 자유 및 운송사업을 경영할 권리를 지나치게 침해하는 것이라 할 것이다.」

▶ **객관적 사유에 의한 직업선택의 자유의 제한**

▸ 객관적 사유에 의한 직업선택의 자유의 제한은 특허나 허가와 같이 달성하고자 하는 공익이 월등하게 중요하고 명백하고 확실한 위험을 방지하기 위한 경우에만 허용된다는 취지의 판례(경비업자에게 경비업 이외에 다른 영업을 금지하는 것은 과잉금지원칙에 위반된다는 취지의 판례)

[憲 2002. 4. 25.-2001헌마614](경비업법 제7조 제8항 등 위헌확인)

「이 사건 법률조항은 청구인들과 같이 경비업을 경영하고 있는 자들이나 다른 업종을 경영하

면서 새로이 경비업에 진출하고자 하는 자들로 하여금 경비업을 전문으로 하는 별개의 법인을 설립하지 않는 한 경비업과 그 밖의 업종간에 택일하도록 법으로 강제하고 있다. 따라서 이미 선택한 직업을 어떠한 제약 아래 수행하느냐의 관점이나 당사자의 능력이나 자격과도 상관없는 객관적 사유에 의한 이러한 제한은 직업의 자유에 대한 제한 중에서도 가장 심각한 제약이 아닐 수 없다. 따라서 이러한 제한은 월등하게 중요한 공익을 위하여 명백하고 확실한 위험을 방지하기 위한 경우에만 정당화될 수 있다고 보아야 한다. 헌법재판소가 이 사건을 심사함에 있어서는 헌법 제37조 제2항이 요구하는바 과잉금지의 원칙, 즉 엄격한 비례의 원칙이 그 심사척도가 된다는 것도 바로 이러한 이유 때문이다.

(3) 과잉금지원칙의 위배 여부 ……

(가) 목적의 정당성

…… 비전문적인 영세경비업체의 난립을 막고 전문경비업체를 양성하며, 경비원의 자질을 높이고 무자격자를 차단하고자 하는 입법목적 자체는 정당하다고 보여진다.

(나) 방법의 적절성 ……

먼저 "경비업체의 전문화"라는 관점에서 보면, …… 이 법에서 규정하고 있는 좁은 의미의 경비업만을 영위하도록 법에서 강제하는 수단으로는 오히려 영세한 경비업체의 난립을 방치하는 역효과를 가져올 수도 있다.

또한 "경비원의 자질을 높이고 무자격자를 차단하고자" 하는 점도, 경비원교육을 강화하거나 자격요건이나 보수 등 근무여건의 향상을 통하여 그 목적을 효과적이고 적절하게 달성할 수 있을지언정 경비업체로 하여금 일체의 겸영을 금지하는 것이 적절한 방법이라고는 볼 수 없다. ……

(다) 피해의 최소성

이 사건 법률조항은 경비업과 그밖의 영업 사이에서 한쪽을 선택하도록 강제하고 있으므로 직업의 자유라는 기본권행사의 '방법'이 아닌 '여부'에 대한 강한 규제이다(헌재 1998. 5. 28. 96헌가5, 판례집 10-1, 541, 556 참조). 이와 같은 규제방법을 선택하려면 이 사건 법률조항으로 달성하려는 공익을 위한 다른 수단이 없는 경우에만 가능하다고 보아야 한다. ……

특수경비업자는 물론 기타 다른 경비업자의 경우에도 무자격자가 소속 종사자로 유입될 우려는 방지될 수 있고, 특수경비업자로부터 무기가 외부로 유출되거나 과·오용될 위험은 충분히 제거될 수 있으며, 경비업자가 경비원을 본연의 직무 외에 다른 활동에 종사하게 하거나 다른 회사의 경영 또는 노사문제에 개입하는 등의 부작용은 제도적으로 봉쇄되고 있다. 그러함에도 노사분규 개입을 예방한다는 이유로 경비업자의 겸영을 일체 금지하는 접근은 기본권 침해의 최소성 원칙에 어긋나는 과도하고 무리한 방법이 아닐 수 없다.

(라) 법익의 균형성 ……

이 사건 법률조항으로 달성하고자 하는 공익인 경비업체의 전문화, 경비원의 불법적인 노사분규 개입방지 등은 그 실현 여부가 분명하지 않은 데 반하여, 이 법률조항으로 말미암아 경비업자인 청구인들이나 새로이 경비업에 진출하고자 하는 자들이 짊어져야 할 직업의 자유에 대한 기본권침해의 강도는 지나치게 크다고 할 수 있으므로, 이 사건 법률조항은 보호하려는 공익과 기본권침해간의 현저한 불균형으로 법익의 균형성을 잃고 있다.」

▸ 국공립사범대학 출신자를 교육공무원에 우선 임용하는 것은 사립사범대학 졸업자 및 교직과정이수자들의 교육공무원에의 취업기회를 사실상 봉쇄하는 것으로 직업선택의 자유를 침해한다고 본 판례
[憲 1990. 10. 8.-89헌마89](교육공무원법 제11조 제1항에 대한 헌법소원)
※ 〈제5편 - 제2장 - □ 내용〉 판례 인용부분 참조

▸ 법무사법시행규칙에서 법원행정처장으로 하여금 법무사를 보충할 필요가 없다고 인정하는 때에는 법무사시험을 실시하지 않을 수 있도록 정한 것을 직업선택의 자유를 침해한다고 본 판례
[憲 1990. 10. 15.-89헌마178](법무사법시행규칙에 대한 헌법소원)
「법무사법 제4조 제2항이 대법원규칙으로 정하도록 위임한 이른바 "법무사시험의 실시에 관하여 필요한 사항"이란 시험과목 · 합격기준 · 시험실시방법 · 시험실시시기 · 실시횟수 등 시험실시에 관한 구체적인 방법과 절차를 말하는 것이지 시험의 실시여부까지도 대법원규칙으로 정하라는 말은 아니다. 그럼에도 불구하고 법무사법시행규칙 제3조 제1항은 "법원행정처장은 법무사를 보충할 필요가 있다고 인정되는 경우에는 대법원장의 승인을 얻어 법무사시험을 실시할 수 있다"라고 규정하였는바, 이는 법원행정처장이 법무사를 보충할 필요가 없다고 인정하면 법무사시험을 실시하지 아니해도 된다는 것으로서 상위법인 법무사법 제4조 제1항에 의하여 청구인을 비롯한 모든 국민에게 부여된 법무사자격 취득의 기회를 하위법인 시행규칙으로 박탈하고 법무사업을 법원 · 검찰청 등의 퇴직공무원에게 독점시키는 것이 되며, 이는 결국 대법원이 규칙제정권을 행사함에 있어 위임입법권의 한계를 일탈하여 청구인이나 기타 법무사자격을 취득하고자 하는 모든 국민의 헌법 제11조 제1항의 평등권과 헌법 제15조의 직업선택의 자유를 침해한 것이다.」

⇔ **재판관 1인(재판관 이성렬)의 반대의견**

「(나) 제한의 목적 및 필요성

…… 실무와 밀접한 관계가 있는 업무만을 취급하는 법무사의 자격을 부여하는 방법으로서는 그러한 실무를 담당하는 법원이나 검찰청에서 일정한 직위에서 일정한 기간 이상 동안 직접 이를 처리한 경험이 있는 실무경력자에게 자격을 부여하는 것이 보다 합리적이라 할 것이므로 이러한 실무적인 능력을 평가하기에 적절하지 아니한 시험의 방법에 의한 법무사 자격 취득 방법은 예외적으로 인정하려는 것이 법무사법 제4조 제1항의 입법취지라 할 것인 바, …… 문제의 핵심은 법무사의 업무를 어느 범위에서 인정할 것이냐의 문제로 귀착되게 될 것이나, 이는 전적으로 입법기관의 재량에 속하는 입법형성의 영역에 속하는 문제로서 …… 위 규정이 명백히 불합리하거나 불공정하다고 볼 수 없는 이 사건에 있어서 이러한 입법기관의 의도는 존중되어야 할 것이며 함부로 이 점을 비의할 수는 없는 것이다.

(다) 제한되는 직업의 성질과 내용

…… 객관적인 제도 질서로서의 성격이 강한 법무사의 자격취득에 대한 제한에 있어서는 그보다는 훨씬 완화된 기준에 의할 수 있을 것이다.

(라) 제한의 정도 및 방법

법무사법 제4조 및 위 법 시행규칙 제3조 제1항의 규정 취지는 위와 같이 시험에 의한 법무사 자격취득의 기회를 원칙적으로는 이를 제한하고 있지만 그러한 이러한 기회의 박탈은 절대적인 것은 아니고 법원행정처장이 법무사를 보충할 필요가 있다고 인정할 때에는 시험을 실시할 수 있도록 되어 있을 뿐만 아니라 …… 제1호에서 정하는 직위에 일정기간 근무함으로써 법무사의 자격을 취득하는 길은 항상 열려져 있는 것이므로 그 제한의 정도 및 방법은

상대적, 보충적인 것에 지나지 아니하여 그 제한방법의 면에 있어서도 명백히 위헌적인 요소는 없다 할 것이다. ……

(마) 결 론

…… 헌법 제37조 제2항에서 정하는 과잉금지의 원칙에도 저촉되지 아니하는 것으로서 헌법 제15조의 직업선택의 자유를 부당하게 침해하는 것이 아니라 할 것이다.」

▸ **검찰총장의 직에서 퇴임한 후 2년 이내에 모든 공직에의 임명과 국·공립대학의 총·학장, 교수 등에도 임명될 수 없게 하는 것을 직업선택의 자유를 침해하는 것으로 본 판례**
[憲 1997. 7. 16.-97헌마26](검찰청법 제12조 제4항 등 위헌확인)

「1) 검찰청법 제12조 제4항의 위헌성

위 조항은 검찰총장 퇴임후 2년 이내에는 법무부장관과 내무부장관직뿐만 아니라 모든 공직에의 임명을 금지하고 있으므로 심지어 국·공립대학교 총·학장, 교수 등 학교의 경영과 학문연구직에의 임명도 받을 수 없게 되어 있다. 이 것은 결과적으로 직업선택의 자유와 공무담임권을 광범위하게 제한하는 것으로서 위의 입법목적에 비추어 보면 그 제한은 필요 최소한의 범위를 크게 벗어난 과잉된 것으로 판단되어 헌법상 허용될 수 없다 할 것이다.」

⇔ 재판관 1인(재판관 조승형)의 반대의견

「가. 검찰청법 제12조 제4항·제5항, 부칙 제2항의 입법목적은 그 정당성이 인정된다.
위 법조항들의 입법목적은 다수의견이 적절하게 지적한 바와 같이 검찰총장의 정치적 중립성을 보장하려함에 있으나, 다수의견은 위 입법목적에 정당성이 있는지 여부에 관하여 분명한 언급을 하지 아니하고 있으므로, 이에 관하여 먼저 살핀다. ……

나. 검찰청법 제12조 제4항·제5항, 부칙 제2항의 입법수단 및 방법은 그 적절성이 인정된다.

위 법률조항들의 금지수단이나 방법은 검찰총장으로 하여금 임명될 당시부터 퇴임 후의 보다 낳은 공직이나 정당 특히 집권 정당에의 유혹을 배제하게 할 수 있으므로 집권자나 집권층(집권정당)을 의식하지 아니한 채 소신을 가지고 검찰권행사를 공정하게 지휘할 수 있게 하는 수단과 방법이며, 이와 대체할 수 있는 다른 수단이나 방법이 없으므로 그 적절성이 인정된다고 할 것이다. ……

다. 피해의 최소성 원칙도 준수되었다.

(1) 검찰청법 제12조 제4항에 관하여 본다.

…… 검찰총장이 유혹될 수 있는 퇴임 후의 보다 낳은 공직이라 함은 국무총리·국무위원 기타 임명공직 중 선거관련·정보·수사·재판업무를 담당하는 중앙기관의 장이라 할 수 있을 뿐 이 범위를 벗어난 임명공직에 대하여 연연하리라고는 기대되지 아니한다고 할 것이다. 따라서 임명금지의 공직의 범위는 위와 같은 범위 내라고 한정하여 해석함이 타당하며 이와 같이 해석하는 한 이 정도의 임명금지의 공직범위와 금지기간 2년은 위 입법목적이나 국민일반의 법감정에 비추어 청구인의 직업선택의 자유나 공직담임권을 최소한으로 제한하였다고 봄이 타당하다고 할 것이다. ……

라. 이상과 같은 이유로 검찰청법 제12조 제4항은 한정합헌, 제5항, 부칙 제2항은 모두 합헌이라 믿으므로 다수의견에 반대하는 것이다.」

재 산 권

□ 의 의

▶ 헌법 규정

▸ 헌법 제23조가 보장하는 재산권의 의미에 대한 판례

[憲 1999. 4. 29.-94헌바37등](택지소유상한에관한법률 제2조 제1호 나목 등 위헌소원)

「우리 헌법은 제23조 제1항 제1문에서 "모든 국민의 재산권은 보장된다"고 규정하고, 제119조 제1항에서 "대한민국의 경제질서는 개인과 기업의 경제상의 자유와 창의를 존중함을 기본으로 한다"고 규정함으로써, 국민 개개인이 사적 자치(私的 自治)의 원칙을 기초로 하는 자본주의 시장경제질서 아래 자유로운 경제활동을 통하여 생활의 기본적 수요를 스스로 충족할 수 있도록 하면서, 사유재산의 자유로운 이용·수익과 그 처분 및 상속을 보장하고 있다. 이는 이러한 보장이 자유와 창의를 보장하는 지름길이고 궁극에는 인간의 존엄과 가치를 증대시키는 최선의 방법이라는 이상을 배경으로 하고 있는 것이다(헌재 1993. 7. 29. 92헌바20, 판례집 5-2, 36, 44 ; 1989. 12. 22. 88헌가13, 판례집 1, 357, 368). 현실적으로 재산권은 기본권의 주체로서의 국민이 각자의 인간다운 생활을 자기 책임하에 자주적으로 형성하는 데 필요한 경제적 조건을 보장해 주는 기능을 하는 것으로서, 재산권의 보장은 곧 국민 개개인의 자유실현의 물질적 바탕을 의미한다고 할 수 있고, 따라서 자유와 재산권은 상호보완관계이자 불가분의 관계에 있다고 할 것이다(헌재 1998. 12. 24 89헌마214등, 판례집 10-2, 927, 945).

그러나 한편 헌법 제23조 제1항 제2문은 재산권은 보장하되 "그 내용과 한계는 법률로 정한다"고 규정하고, 동조 제2항은 "재산권의 행사는 공공복리에 적합하도록 하여야 한다"고 규정하여 재산권 행사의 사회적 의무성을 강조하고 있다. 이러한 재산권 행사의 사회적 의무성은 헌법 또는 법률에 의하여 일정한 행위를 제한하거나 금지하는 형태로 구체화될 것이지만, 그 정도는 재산의 종류, 성질, 형태, 조건 등에 따라 달라질 수 있다. 따라서 재산권 행사의 대상이 되는 객체가 지닌 사회적인 연관성과 사회적 기능이 크면 클수록 입법자에 의한 보다 더 광범위한 제한이 허용된다고 할 것이다. 즉, 특정 재산권의 이용이나 처분이 그 소유자 개인의 생활영역에 머무르지 아니하고 일반 국민 다수의 일상생활에 큰 영향을 미치는 경우에는 입법자가 공동체의 이익을 위하여 개인의 재산권을 규제하는 권한을 더욱 폭넓게 가진다. 그런데 토지는 원칙적으로 생산이나 대체가 불가능하여 공급이 제한되어 있고, 우리 나라의 가용토지 면적은 인구에 비하여 절대적으로 부족한 반면에, 모든 국민이 생산 및 생활의 기반으로서 토지의 합리적인 이용에 의존하고 있으므로, 그 사회적 기능에 있어서나 국민경제의 측면에서 다른 재산권과 같게 다룰 수 있는 성질의 것이 아니므로 공동체의 이익이 보다 더 강하게 관철될 것이 요구된다고 할 것이다(헌재 1989. 12. 22. 88헌가13, 판례집 1, 357, 372 ; 1998. 12. 24. 89헌마214등, 판례집 10-2, 927, 945-946 참조). 따라서 헌법 제122조는 토지가 지닌 위와 같은 특성을 감안하여 "국가는 국민 모두의 생산 및 생활의 기반이 되는 국토의 효율적이고 균형있는 이용·개발과 보전을 위하여 법률이 정하는 바에 의하여 그에 관한 필요한 제한과 의무를 과할 수 있다"고 규정함으로써, 토지재산권에 대한 광범위한 입법형성권을 부여하고 있는 것이다.」

□ 법적 성격

▶ **헌법 제23조의 재산권 보장은 재산권을 개인의 기본권으로 보장한다는 의미와, 사유재산제도를 보장한다는 이중적 의미를 가지고 있다고 본 판례**

[憲 1993. 7. 29.-92헌바20](민법 제245조 제1항에 대한 헌법소원)

「가. (1) 헌법 제23조에

① 모든 국민의 재산권은 보장된다. 그 내용과 한계는 법률로 정한다.

② 재산권의 행사는 공공복리에 적합하도록 하여야 한다.

③ 공공필요에 의하여 재산권을 수용 · 사용 또는 제한 및 그에 대한 보상은 법률로써 하되, 정당한 보상을 지급하여야 한다.」라고 규정하여 재산권의 보장과 그 행사의 사회적 의무성 및 법률에 의한 정당한 보상 없이는 공공필요에 의한 재산권의 수용 · 사용 또는 제한을 할 수 없음을 선언하였다.

위 재산권보장은 개인이 현재 누리고 있는 재산권을 개인의 기본권으로 보장한다는 의미와 개인이 재산권을 향유할 수 있는 법제도로서의 사유재산제도를 보장한다는 이중적 의미를 가지고 있다.

이 재산권 보장으로서 사유재산제도와 경제활동에 대한 사적 자치의 원칙을 기초로 하는 자본주의 시장경제질서를 기본으로하여 국민 개개인에게 자유스러운 경제활동을 통하여 생활이 기본적 수요를 스스로 충족시킬 수 있도록 하고 사유재산의 자유로운 이용 · 수익과 그 처분 및 상속을 보장해 주는 것이다. 이런 보장이 자유와 창의를 보장하는 지름길이고 궁극에는 인간의 존엄과 가치를 증대시키는 최선의 방법이라는 이상을 배경으로 하고 있는 것이다(당재판소 1989. 12. 22. 선고, 88헌가13 결정). 이러한 우리 헌법상의 재산권에 관한 규정은 다른 기본권 규정과는 달리 그 내용과 한계가 법률에 의해 구체적으로 형성되는 기본권형성적 법률유보의 형태를 띠고 있다. 그리하여 헌법이 보장하는 재산권의 내용과 한계는 국회에서 제정되는 형식적 의미의 법률에 의하여 정해지므로 이 헌법상의 재산권 보장은 재산권형성적 법률유보에 의하여 실현되고 구체화하게 된다. 따라서 재산권의 구체적 모습은 재산권의 내용과 한계를 정하는 법률에 의하여 형성된다. 물론 헌법이 보장하는 재산권의 내용과 한계를 정하는 법률은 재산권을 제한한다는 의미가 아니라 재산권을 형성한다는 의미를 갖는다. 이러한 재산권의 내용과 한계를 정하는 법률의 경우에도 사유재산제도나 사유재산을 부인하는 것은 재산권 보장규정의 침해를 의미하고, 결코 재산권 형성적 법률유보라는 이유로 정당화될 수 없다. 한편 재산권 행사의 사회적 의무성을 헌법에 명문화한 것은 사유재산제도의 보장이 타인과 더불어 살아가야 하는 공동체 생활과의 조화와 균형을 흐트러뜨리지 않는 범위 내에서의 보장임을 천명한 것이다(당재판소 1989. 12. 12. 선고, 88헌가13 결정). 공공필요에 의하여 공권력의 행사로서 특정인에게 재산권의 수용 · 사용 또는 제한을 가하여 일반인에게 예기치 않은 특별한 희생을 가할 수 있는 경우도 국회에서 제정한 법률에 규정된 경우에 한하고 이에 대한 보상도 국회에서 제정한 법률에 의한 정당한 보상을 하여야만 한다고 헌법은 규정하였다. 여기서 말하는 정당한 보상은 원칙적으로 완전보상을 의미한다(당재판소 1989. 12. 22. 선고, 88헌가13 결정 참조). 이러한 재산권에 관한 규정은 민사법질서의 기본구조라고 할 수 있다.」

□ 내 용

▶ 사유재산제도의 보장

▸ 사유재산에 대한 판례

▹ 공법상의 보상청구권도 사유재산권으로 보장된다는 취지의 판례

[憲 2004. 2. 26.-2001헌마718](입법부작위 위헌확인)

「이 사건 입법부작위는 청구인들의 재산권을 침해하고 있는 것이라 할 것이다.

헌법 제23조 제1항은 "모든 국민의 재산권은 보장된다. 그 내용과 한계는 법률로 정한다"고 규정한다. 우리 헌법이 보장하고 있는 재산권은 경제적 가치가 있는 모든 공법상、사법상의 권리를 뜻한다(헌재 1992. 6. 26. 90헌바26, 판례집 4, 362, 372). 법 제6조 내지 구법 제5조 제3항은 군법무관의 보수를 법관, 검사의 예에 의할 것이라고 규정하고 다만 그 구체적 내용을 시행령에 위임하고 있다. 이러한 법조항들은 군법무관의 보수의 내용을 법률로써 일차적으로 형성한 것이고, 이 법률들에 의하여 상당한 수준의 보수(급료)청구권이 인정되는 것이라 해석될 여지가 있다. 그렇다면 그러한 보수청구권은 단순한 기대이익을 넘어서는 것으로서 법률의 규정에 의하여 인정된 재산권의 한 내용으로 봄이 상당하다. 따라서 대통령이 정당한 이유 없이 해당 시행령을 만들지 않아 그러한 보수청구권이 보장되지 않고 있다면 이는 재산권의 침해에 해당된다고 볼 것이다.」

※ 위 사건에서 재판관 1인(재판관 권성)은 모법인 군법무관임용등에관한법률 제6조가 위헌이라고 보면서 이 법을 시행하기 위한 구체적인 행정입법이 없는 것을 위헌이라고 선언하는 것은, 위헌법률을 집행하라고 행정부에게 명령할 것을 헌법재판소에 대하여 청구하는 것인데, 이는 헌법재판소의 권한에 속하지 아니하므로 이 사건 청구는 각하되어야 한다는 취지의 반대의견(각하)을 내었음

▹ 단순한 기대이익, 반사적 이익, 경제적 기회 등은 재산권에 속한다고 볼 수 없다는 취지의 판례

[憲 1998. 7. 16.-96헌마246](전문의자격시험불실시 위헌확인 등)

「우리 헌법이 보장하고 있는 재산권은 경제적 가치가 있는 모든 공법상·사법상의 권리를 뜻한다(헌재 1992. 6. 26. 90헌바26, 판례집 4, 362, 372). 이러한 재산권의 범위에는 동산·부동산에 대한 모든 종류의 물권은 물론, 재산가치 있는 모든 사법상의 채권과 특별법상의 권리 및 재산가치 있는 공법상의 권리 등이 포함되나, 단순한 기대이익·반사적 이익 또는 경제적인 기회 등은 재산권에 속하지 않는다고 보아야 한다.

청구인들은 치과만 전문의가 없기 때문에 지방공사나 보건소 등에 취직할 경우 일반의사로서의 급료밖에 받을 수 없어 그들의 재산권이 침해되었다고 주장한다. 그러나 급료청구권이나 급료는 재산권이므로 이들 자체를 박탈하는 것은 재산권의 침해라고 할 수 있지만, 전문의 자격의 불비로 인하여 급료를 정함에 있어 불이익을 받는 것은 사실적·경제적 기회의 문제에 불과할 뿐 재산권의 침해라고 보기 어렵다.」

※ 직업의 자유의 침해에 대한 부분은 〈제5편 - 제3장 - 4. - 직업의 자유 - □ 제한과 그 한계〉 판례 인용부분 참조

[憲 1997. 11. 27.-97헌바10](약사법 부칙 제4조 제2항 위헌소원)

「위 헌법조항들에 의하여 보호되는 재산권은 사적유용성 및 그에 대한 원칙적 처분권을 내포하는 재산가치있는 구체적 권리이므로 구체적인 권리가 아닌 단순한 이익이나 재화의 획득에 관한 기회 등은 재산권 보장의 대상이 아니라 할 것이다(헌법재판소 1996. 8. 29. 선고, 95헌바36 결정 참조). 그런데 약사면허는 약국의 개설과 관련하여 약품의 판매, 조제 등으로 경제적 활동을 할 수 있다는 점에서 경제적 가치와 무관하다고 볼 수는 없으나, 약사는 단순히 의약품의 판매뿐만 아니라 의약품의 분석, 관리 등의 업무를 다루며, 약사면허 그 자체는 양도 · 양수할 수 없고 상속의 대상도 되지 아니한다. 또한 약사의 한약조제권이란 그것이 타인에 의하여 침해되었을 때 방해를 배제하거나 원상회복 내지 손해배상을 청구할 수 있는 이른바 권리(청구권)가 아니라, 법률에 의하여 약사의 지위에서 인정되는 하나의 권능에 불과하다. 더욱이 의약품을 판매하여 얻게 되는 이익이란 장래의 불확실한 기대이익에 불과한 것이다.

그렇다면 약사의 한약조제권은 위 헌법조항들이 말하는 재산권의 범위에 속하지 아니한다 할 것이므로 위 한약조제권이 재산권임을 전제로 소급입법에 의한 재산권 침해라고 주장하는 청구인의 주장은 이유가 없다고 할 것이다.」

※ 직업선택의 자유 침해 여부에 대해서는 〈제5편 - 제3장 - 4. - 직업의 자유 - □ 제한과 그 한계〉 판례 인용부분 참조

◎ 같은 취지 : 憲 1999. 4. 29.-96헌바55; 1996. 8. 29.-95헌바36

▷ **토지재산권이 다른 재산에 비하여 사회성, 공공성이 강하게 요구된다는 취지의 판례**

[憲 1999. 4. 29.-94헌바37등](택지소유상한에관한법률 제2조 제1호 나목 등 위헌소원)

※ 위 판례 인용부분 참조

[憲 1989. 12. 22.-88헌가13](국토이용관리법 제21조의3 제1항, 제31조의2 의 위헌심판)

「토지의 수요가 늘어난다고 해서 공급을 늘릴 수 없기 때문에 시장경제의 원리를 그대로 적용할 수 없고, 고정성, 인접성, 본원적 생산성, 환경성, 상린성, 사회성, 공공성, 영토성 등 여러 가지 특징을 지닌 것으로서 자손만대로 향유하고 함께 살아가야 할 생활터전이기 때문에 그 이용을 자유로운 힘에 맡겨서도 아니되며, 개인의 자의에 맡기는 것도 적당하지 않은 것이다.

토지의 자의적인 사용이나 처분은 국토의 효율적이고 균형있는 발전을 저해하고 특히 도시와 농촌의 택지와 경지, 녹지 등의 합리적인 배치나 개발을 어렵게 하기 때문에 올바른 법과 조화있는 공동체질서를 추구하는 사회는 토지에 대하여 다른 재산권의 경우보다 더욱 강하게 사회공동체 전체의 이익을 관철할 것을 요구하는 것이다.

그래서 토지에 대하여서는 헌법이 명문으로 "국가는 국민 모두의 생산 및 생활의 기반이 되는 국토의 효율적이고 균형있는 이용 · 개발과 보전을 위하여 법률이 정하는 바에 의하여 그에 관한 필요한 제한과 의무를 과할 수 있다"라고 하여 일반 재산권규정(헌법 제23조)과는 별도로 규정하고 있고(헌법 제122조), 그 중에서도 식량생산의 기초인 농지에 대하여서는 제121조 등에서 소작제도금지 등 특별한 규제를 하고 있다. 우리 국민의 토지에 대한 강한 소유욕은 전통적으로 내려 온 가족주의적 농업사회에서 비롯된 것인데, 농업사회에 있어서는 토지가 생계의 절대수단이고 가족중심적 가치관은 토지를 후대에 상속시켜 안전한 생활을 보장해주려는 의식을 낳게 하였던 것이다. 이러한 관념은 고도의 산업사회가 된 오늘날에 와서도 그대로 이어져 기업가나 개인이나 생산과 주거에 필요한 면적이상의 토지를 보유하여 토지가격의 등귀를 치부의 수단으로 하려는 경향이 있는 것이다.

그렇기 때문에 토지재산권에 대하여서는 입법부가 다른 재산권보다 더 엄격하게 규제를 할 필요가 있다고 하겠는데 이에 관한 입법부의 입법재량의 여지는 다른 정신적 기본권에 비하여 넓다고 봐야 하는 것이다.」

※ 위 사건에서 토지거래허가제도가 시장경제질서를 침해하였는지 여부에 대하여는 〈제3편 - 제2장 - 2. - 경제영역의 기본원리 - □ 시장경제〉 판례 인용부분을, 적합성 원칙에 대하여는 〈제4편 - 제4장 - 3. - □ 과잉금지원칙〉 판례 인용부분을, 비례성 원칙에 대하여는 〈제4편 - 제4장 - 3. - □ 과잉금지원칙〉 판례 인용부분을 각 참조

◎ **같은 취지** : 憲 1998. 12. 24.-89헌마214등

▶ 사유재산권의 보장

▸ **재산권과 국가의 과세에 대한 판례**

▹ **재산에 대한 과세가 당해 재산을 보유, 사용, 수익, 처분을 불가능하게 만들고 사실상 수용에 이르게 되는 경우에는 헌법적으로 정당화될 수 없다고 본 판례**

[憲 1997. 12. 24.-96헌가19](구상속세법 제9조 제1항 위헌제청)

「나. 이 사건 법률조항의 위헌성

(1) …… 헌법 제23조 제1항이 보장하고 있는 사유재산권은 사유재산에 관한 임의적인 이용, 수익, 처분권을 본질로 하기 때문에 사유재산의 처분금지를 내용으로 하는 입법조치는 원칙으로 재산권에 관한 입법형성권의 한계를 일탈하는 것일 뿐만 아니라 조세의 부과 징수는 국민의 납세의무에 기초하는 것으로서 원칙으로 재산권의 침해가 되지 않는다고 하더라도 그로 인하여 납세의무자의 사유재산에 관한 이용, 수익, 처분권이 중대한 제한을 받게되는 경우에는 그것도 재산권의 침해가 될 수 있는 것이다.

(2) 따라서 이 사건 법률조항이 상속세회피행위를 방지하고 조세부담의 공평을 도모하기 위한 것이라고 하더라도 그 목적이나 내용이 위와 같은 조세법률주의의 이념이나 기본권보장의 헌법이념에 합치되지 않거나 그로 인하여 사유재산에 관한 이용, 수익, 처분권이 중대한 제한을 받게 되는 경우에는 헌법에 위반된다고 보지 않을 수 없다.

(3) (가) 그런데 이 사건 법률조항의 규정내용은 위에서 본 바와 같이 상속세 회피행위를 방지하고 조세부담의 공평을 기하기 위하여 피상속인이 상속개시전 5년 이내에 상속인에게 증여를 한 경우와 상속개시전 3년 이내에 상속인 이외의 자에게 증여를 한 경우에는 증여의 효력을 실질적으로 부인하여 증여에 의한 재산처분행위가 없었던 것으로 보고 상속당시의 현황에 의하여 평가한 증여재산의 가액을 상속재산의 가액에 가산하여 상속세를 부과한다는 것이므로 이 사건 법률조항은 결과적으로 피상속인의 사유재산에 관한 처분권에 대하여 중대한 제한을 하는 것으로서 재산권에 관한 입법형성권의 한계를 일탈하는 것이다.

(나) 그리고 위와 같은 누진세율에 의한 상속세회피행위를 방지하고 조세의 형평을 기하려는 입법목적은 구태여 이 사건 조항과 같이 피상속인의 재산처분권까지 제한하지 않고서도 법 제4조 제1항에 의하여 상속개시 전 일정기간의 증여재산가액을 증여 당시의 가액으로 평가하여 상속재산의 가액에 가산하는 것만에 의하여도 충분히 달성될 수 있을 뿐만 아니라 피상속인이 언제 사망하게 될 것인지는 아무도 예측할 수 없는 일이므로 상속개시전 5년이나 3년 이내의 증여를 모두 상속세회피행위로 보아 그 효력을 부인하고 증여가 없었던 것으로 보아 그 증여의 가액을 증여 당시가 아닌 상속 당시의 현황에 의하도록 한 것은 기본권 제한의

한계인 과잉입법금지원칙에 위반된다고 할 것이다(1993. 12. 31. 개정된 상속세법 제9조 제1항은 상속재산에 가산할 증여의 가액은 증여당시의 현황에 의한다고 개정하였다).」

※ 위 사건에서 재판관 1인(재판관 김문희)은 심판대상 조항이 조세법률주의 및 조세평등주의에 위반하지 않는다는 취지의 반대의견(합헌)을 내었는데, 이 반대의견에서는 재산권의 침해 여부에 대하여 따로 언급하지 않았음.

◎ 같은 취지 : 憲 2001. 12. 20.-2001헌바25; 2001. 6. 28.-99헌바54; 2002. 12. 18.-2002헌바27

▸ **특별부담금의 문제**

▹ **특별부담금이 헌법적으로 정당화되기 위한 요건에 대한 판례**

[憲 2003. 12. 18.-2002헌가2](구문화예술진흥법 제19조 제5항 등 위헌제청)

「나. 문예진흥기금 납입금의 법적 성격 ……

(1) 특별부담금의 의의

조세나 부담금과 같은 전통적인 공과금체계만으로는 현대국가의 새로운 행정수용에 원활하게 대처할 수 없기 때문에 특별부담금이라는 새로운 유형의 공과금제도가 인정되고 있다. 특별부담금은, 특별한 과제를 위한 재정에 충당하기 위하여 특정집단에게 과업과의 관계 등을 기준으로 부과되고 공적기관에 의한 반대급부가 보장되지 않는 금전급부의무를 말하는 것인데 이 부담금은 특정과제의 수행을 위하여 별도로 지출·관리된다. 따라서 특별부담금은 일반적인 국가재정수요의 충당을 위하여 일반 국민으로부터 그 담세능력에 따라 징수되는 조세와 구별된다(헌재 1999. 10. 21. 97헌바84, 판례집 11-2, 433, 452-453 참조).

일반적으로 특별부담금은 그 성격에 따라 ① 일정한 과제의 수행에 필요한 재정경비를 조성하는 것을 목적으로 한 '재정충당 특별부담금'과 ② 법상의 명령이나 금지에 의하여 직접 규제하는 대신에 금전의 부담을 지워 간접적으로 일정한 국가목적의 달성을 유도하는 기능을 가진 '유도적 특별부담금'으로 나눌 수 있다(헌재 2003. 1. 30. 2002헌바5, 판례집 15-1, 86, 96 참조).

(2) 특별부담금으로서의 문예진흥기금의 납입금 ……

문예진흥기금은 위와 같이 부담금관리기본법 및 기금관리기본법의 적용을 받고 문화예술진흥을 위한 사업이나 활동을 지원하기 위하여 설치되어 독립된 회계로 관리되는바, 그 기금조성을 위한 납입금은 구법 제19조 및 제19조의2 등에 의해 강제적으로 징수되고 문화예술진흥이라는 특정한 공익적 과제의 필요에 충당하기 위하여 공연장 등을 이용하는 일부의 사람들에게만 부과되는 공과금이므로 이는 특별부담금에 해당한다. ……

문예진흥기금의 납입금은 문화예술진흥이라는 특정한 공익목적을 달성하는 데 필요한 재원을 확보하고자 부과하는 것이므로 이는 재정충당목적의 특별부담금이라 할 것이다. 이러한 재정충당목적의 특별부담금은 조세유사적 부담금으로서 기금이나 특별회계 또는 공공기관의 수입으로 계리되어 그 사용용도가 지정되어 있기 때문에 그 실질은 목적세와 같은 성질을 지니고 있다.

다. 문예진흥기금 납입금의 위헌성

(1) 특별부담금의 통제필요성

(가) 국가의 '모든' 수입과 지출이 예산안에 계상되어야 한다(예산회계법 제18조 제2항 본문 참조)는 예산총계주의원칙(이른바 예산완전성의 원칙)과 국가의 모든 수입과 지출이 '하나의' 예

산안에 편성되어야 한다는 예산단일성의 원칙에 입각할 때, 국가의 일반회계와는 별도로 독립하여 운용되는 기금이나 특별회계 등 특별예산제도는 원칙적으로 허용되지 아니한다. 따라서 예산회계법 제9조 제2항은, 특별회계는 국가에서 특정한 사업을 운영할 때, 특정한 자금을 보유하여 운용할 때, 기타 특정한 세입으로 특정한 세출에 충당함으로써 일반회계와 구분하여 계리할 필요가 있을 때에 법률로 설치한다고 규정하고 있다.

헌법 제54조 제1항은 "국회는 국가의 예산안을 심의·확정한다"라고 하여 국회의 예산심의·확정권을 규정하고 있다. 국회는 예산심의를 통하여 예산의 전체규모가 적정한지, 예산이 효율적으로 운용되는지, 예산편성이 국민의 담세능력과 형평의 원칙에 부합하는지 등을 감시한다. 한편 예산회계법 제18조 제2항 본문은 앞에서 본 바와 같이 "세입세출은 모두 예산에 계상하여야 한다"라고 규정하여 예산총계주의원칙을 취하고 있는데 이는 국가재정의 모든 수지를 예산에 반영함으로써 그 전체를 분명하게 함과 동시에 국회와 국민에 의한 재정상의 감독을 용이하게 하자는 데 그 의의가 있다.

그런데 정부가 관리·운영하는 각종 기금들은 모두 예산외로 운용되고 있어서(예산회계법 제7조 참조) 국회의 예산심의·확정권 행사의 대상에서도 벗어나 있을 뿐만 아니라(기금관리기본법 제5조 제2항 참조), 정부의 모든 재정활동을 빠짐없이 예산에 포함시키려는 예산총계주의원칙에도 중대한 예외를 이룬다. 이러한 기금은 재정체계를 복잡하게 하여 재정의 효율적 운용을 저해할 수 있고 재원의 조성규모에 관계 없이 기금 마련을 위한 부담금을 계속 징수하는 경향이 있어 국민들의 재산권이나 조세평등을 해할 우려가 있다(헌재 2003. 1. 30. 2002헌바5, 판례집15-1, 86, 101-102).

따라서 특별부담금의 수입에 의한 특별회계는 객관적이고 합리적인 근거가 제시되는 경우에 한하여 극히 예외적으로만 인정되어야 한다. 또한 부담금관리기본법 제5조는 부담금부과의 원칙에 관하여 규율하고 있는데, "부담금은 설치목적을 달성하기 위하여 필요한 최소한의 범위 안에서 공정성 및 투명성이 확보되도록 부과되어야 하며, 특별한 사유가 없는 한 동일한 부과대상에 대하여 이중의 부담금이 부과되어서는 아니된다"라고 규정하고 있다.

그러므로 특별부담금은 위에서 본 바와 같은 예외성의 원칙과 최소성의 원칙을 준수하는 것이어야 한다.

(나) 국가재정수입의 일반적인 원천은 조세수입이라 할 수 있는데, 이러한 조세에 대하여는 헌법상 엄격한 통제가 가하여진다. 헌법 제38조는 "모든 국민은 법률이 정하는 바에 의하여 납세의 의무를 진다"라고 규정하고 제59조는 "조세의 종목과 세율은 법률로 정한다"라고 규정함으로써, 행정부의 일방적이고 자의적인 조세부과를 금하고 반드시 국회가 제정한 법률에 의하여만 조세를 부과할 수 있다는 조세법률주의의 원칙을 선언하고 있다. 따라서 조세의 부과·징수는 조세법률주의에 입각하여 그 핵심적 내용인 과세요건 법정주의 및 과세요건 명확주의에 의하여 엄격한 통제를 받는다.

그에 비하여 재정충당목적의 특별부담금은 반대급부 없는 강제적인 징수인 면에서 조세와 공통점을 가지면서도 헌법상 명시적인 특별통제장치가 결여되어 있다.

그럼에도 불구하고 이러한 조세성 특별부담금이 계속 설치·운용되는 것은 특별부담금의 신설이 조세의 신설에 비하여 국민의 저항이 크지 않고 징수나 집행과정의 어려움이 적어 손쉬운 재원조달 수단이 될 수 있기 때문이고 또한 특별부담금의 수입이 대부분 기금이나 특별회계의 형태로 관리되므로 일반 예산에 비해 안정적으로 사업비를 확보할 수 있다는 장점을 행정당국에 제공하기 때문이다.

그 결과, 조세수입이 대부분 일반회계로 귀속되어 국가 전체적인 관점에서 사업의 타당성이나 우선 순위를 엄격히 따져 사용되고 있는 데 비하여 재정충당목적의 특별부담금은 그 사용용도가 한정되어 있음을 기화로 그 재원에 여유가 있는 경우에는 국가재정 전체의 관점에서 볼 때에는 우선순위가 떨어지는 그러한 사업의 추진이나 운영에 방만하게 사용되어 재정운영의 효율성을 떨어뜨리는 문제점까지도 일으킨다.

따라서 조세에 준하는 정도로, 나아가 그 이상으로, 특별부담금에 대한 헌법적 통제의 필요성이 요청된다.

(2) 특별부담금의 헌법적 허용한계

국민의 재산권이나 조세평등을 해할 우려가 있는 재정충당목적의 특별부담금은 헌법 제11조상의 평등원칙과 헌법 제37조 제2항상의 과잉금지원칙으로부터 도출되는 다음과 같은 헌법적 정당화 요건을 갖추어야 하고 그렇지 못한 경우에는 국민의 재산권을 침해하여 위헌이 될 것이다.

특별부담금은 조세의 납부의무자인 일반국민들 중 일부가 추가적으로 부담하는 또 하나의 공과금이므로 국민들 사이의 공과금 부담의 형평성 내지 조세평등을 침해하지 않기 위해서는 특별부담금은, 일반인과 구별되는 동질성을 지니어 특정집단이라고 이해할 수 있는 그러한 사람들에게만 부과되어야 하고(집단의 동질성), 특별부담금의 부과를 통하여 수행하고자 하는 특정한 경제적·사회적 과제와 특별히 객관적으로 밀접한 관련성이 있어야 하고(객관적 근접성), 그리하여 그러한 과제의 수행에 관하여 조세외적 부담을 져야 할 책임이 인정될만한 집단에 대해서만 부과되어야 할 것이며(집단적 책임성), 특별부담금의 수입이 특별부담금 납부의무자의 집단적 이익을 위하여 사용되어야 할 것(집단적 효용성)이다(헌재 1998. 12. 24. 98헌가1, 판례집 10-2, 819, 830-831 ; 헌재 1999. 10. 21. 97헌바84, 판례집 11-2, 433, 453-454 ; 헌재 2003. 1. 30. 2002헌바5, 판례집15-1, 86, 101 참조).

다만 재정충당목적의 특별부담금인 경우 구체적인 사안별로 위와 같은 헌법적 정당화 요건은 일정 부분 완화될 수도 있지만 적어도 객관적 근접성과 집단적 책임성은 특별부담금의 본질적인 허용요건이라고 보아야 할 것이다. 나아가 재정충당목적이 전혀 없는 순전한 유도적 특별부담금인 경우와, 재정충당의 목적과 유도의 목적이 혼재된 특별부담금의 경우에는 구체적인 사안별로 위와 같은 헌법적 정당화 요건은 일정 부분 요청되지 않을 수도 있을 것이다.

이렇게 특별부담금에 관하여 그 허용한계를 설정하는 것이, 헌법상 예정되어 있지 않은 국가재정충당의 행위형식인 특별부담금에 의하여, 국민의 재산권이 침해되는 것을 막는 것이 되어 재산권을 보장하는 헌법정신에 충실하게 되는 것이고 조세평등을 추구하는 헌법의 이념에 부합하게 되는 것이며 특별부담금의 예외성과 최소성의 원칙에도 부합하는 것이 될 것이다.」

⇔ 재판관 1인(재판관 주선회)의 반대의견

「(1) 위 위헌의견은 이 사건 문예진흥기금 납입금을 특별부담금으로 보고 이 사건 납입금이 그 헌법적 허용요건을 일탈하여 위헌이라고 하고 있다. 그러나 나는 특별부담금에 대해서도, 그 헌법적 허용요건에 대해서도, 헌법에 명시적인 지침적 요건이 존재하지 아니함에도 불구하고 위 위헌의견이 헌법해석에 의한 논증의 방법으로 특별부담금의 헌법적 정당화요건을 도출하여 위헌논증의 도구로 삼는 것에 찬동하지 아니한다. ……

(2) 나는 이 사건 납입금이 조세외적 법정부담금으로 재산권 등에 제약을 가하는 점에 대해서는 헌법 제37조 제2항에 의한 심사기준에 의하여서도 위헌이 아니라고 본다.」

※ 위 사건에서 위와 같이 특별부담금의 헌법적 허용한계를 벗어나 위헌이라는 취지의 재판관 4인(재판관 하경철, 재판관 권성, 재판관 김효종, 재판관 송인준)의 위헌의견이 있은 이외에, 심판대상 조항들이 포괄위임금지에 위반되어 위헌이라는 취지의 재판관 4인(재판관 윤영철, 재판관 김영일, 재판관 김경일, 재판관 전효숙)의 위헌의견이 있었으며, 재판관 1인(재판관 주선회)은 위 각 위헌의견에 대하여 각 반대하는 취지의 반대의견(합헌)을 내었음

◎ 같은 취지 : 憲 1998. 12. 24.-98헌가1; 1999. 10. 21.-97헌바84; 2003. 1. 30.-2002헌바5

□ 제한과 그 한계

▶ 재산권의 제한

▸ 공용침해에 대한 판례

▹ 공공의 이익상 재산권의 제한이 필요한 것인가에 대하여 판단을 함에 있어서는 과잉금지의 원칙이 일응 그 기준이 된다는 취지의 판례

[憲 1995. 3. 23.-92헌가4](실화책임에관한법률에 대한 위헌심판 등)

「(1) 이 법은 위와 같은 입법목적을 달성하기 위하여 경과실로 인한 실화자에 한하여 피해자의 손해배상청구권을 인정하지 아니하는 방법을 택하고 있는바, 이는 위와 같은 입법목적을 달성하기 위하여 유효적절한 방법 중의 하나라고 평가되며, 이 법에 달성되는 위와 같은 이익이 이 법에 의하여 제한되는 재산권인 실화 피해자 개인의 손해배상청구권보다 더 작다고 할 수 없다(법익의 균형성). ……

(2) 또한 위 법률은 특수건물소유자에 대하여 보험가입의무를 부과하고 있으며, …… 다른 한편으로는 재해구호법(1962. 3. 20. 법률 제1034호) 등을 통하여 …… 손해배상능력이 전무하여지기 쉬운 경과실 실화자의 책임을 덜어주는 대신 이를 보완하는 의미로 화재로 인한 손해의 부담을 사회 전체의 공동 부담으로 분산시킴과 동시에 화재 등 피해자의 구호에도 노력하고 있고, 실화로 인한 피해의 예방을 위하여 형법 제170조가 경과실로 인한 실화도 실화죄로 처벌하고 있는 점 등을 아울러 참작하면, 이 법이 경과실로 인한 실화자와 그 피해자의 이익을 비교형량함에 있어 지나치게 균형을 잃은 법률이라고 할 수 없다.(방법의 적정성과 피해의 최소성) ……

(4) 설사 방법의 선택에 있어서 위와 같은 입법목적을 효과적으로 달성하면서도 재산권에 대한 제한을 최소화하는 또 다른 방법이 있다 하더라도 그러한 사실만으로 바로 이 법을 헌법에 위반되는 법률이라고 단정할 수는 없다.」

◎ 같은 취지 : 憲 1989. 12. 22.-88헌가13; 1998. 3. 26.-93헌바12; 1999. 7. 22.-97헌바76등; 1999. 10. 21.-97헌바84

▹ 재산권의 침해와 공익간의 비례성을 다시 회복하기 위한 조정적 보상의 방법에 대하여 입법자에게 광범위한 형성의 자유가 부여된다는 취지의 판례

[憲 1998. 12. 24.-89헌마214등](도시계획법 제21조에 대한 위헌소원)

※ 아래 판례 인용부분 참조

▶ **재산권의 한계**

▸ **재산권 행사의 대상이 되는 객체의 사회적 연관성과 사회적 기능이 클수록 입법자에 의한 광범위한 제한이 허용될 수 있다고 본 판례**

[憲 1989. 12. 22.-88헌가13](국토이용관리법 제21조의3 제1항, 제31조의2 의 위헌심판)

※ 위 판례 인용부분 참조

[憲 1998. 12. 24.-89헌마214등](도시계획법 제21조에 대한 위헌소원)

「재산권은 기본권의 주체로서의 국민이 각자의 인간다운 생활을 자기 책임하에 자주적으로 형성하는데 필요한 경제적 조건을 보장해 주는 기능을 한다. 그러므로 재산권의 보장은 곧 국민 개개인의 자유실현의 물질적 바탕을 의미한다고 할 수 있고, 따라서 자유와 재산권은 상호보완관계이자 불가분의 관계에 있다고 하겠다. 재산권의 이러한 자유보장적 기능은 재산권을 어느 정도로 제한할 수 있는가 하는 사회적 의무성의 정도를 결정하는 중요한 기준이 된다.

재산권에 대한 제한의 허용정도는 재산권행사의 대상이 되는 객체가 기본권의 주체인 국민 개개인에 대하여 가지는 의미와 다른 한편으로는 그것이 사회전반에 대하여 가지는 의미가 어떠한가에 달려 있다. 즉, 재산권 행사의 대상이 되는 객체가 지닌 사회적인 연관성과 사회적 기능이 크면 클수록 입법자에 의한 보다 광범위한 제한이 정당화된다. 다시 말하면, 특정 재산권의 이용이나 처분이 그 소유자 개인의 생활영역에 머무르지 아니하고 일반국민 다수의 일상생활에 큰 영향을 미치는 경우에는 입법자가 공동체의 이익을 위하여 개인의 재산권을 규제하는 권한을 더욱 폭넓게 가진다고 하겠다.」

※ 위 사건의 다른 논점 및 반대의견에 대해서는 아래 판례 인용부분 참조

[憲 1999. 4. 29.-94헌바37등](택지소유상한에관한법률 제2조 제1호 나목 등 위헌소원)

※ 위 판례 인용부분 참조

▶ **공용침해와 사회기속의 구별**

▸ **특별희생 판단기준에 대한 판례**

▹ **개발제한구역의 지정이 있었음에도 보상규정이 없는 것을 비례원칙에 위반되었다고 하고, 이때의 보상은 헌법 제23조 제1항 및 제2항에 근거하고 있다는 결정을 한 판례**

[憲 1998. 12. 24.-89헌마214등](도시계획법 제21조에 대한 위헌소원)

「(3) 이 사건 법률조항의 위헌 여부

(가) …… 토지의 개발이나 건축은 합헌적 법률로 정한 재산권의 내용과 한계내에서만 가능한 것일 뿐만 아니라 토지재산권의 강한 사회성 내지는 공공성으로 말미암아 이에 대하여는 다른 재산권에 비하여 보다 강한 제한과 의무가 부과될 수 있다. 그러나 그렇다고 하더라도 토지재산권에 대한 제한입법 역시 다른 기본권을 제한하는 입법과 마찬가지로 과잉금지의 원칙(비례의 원칙)을 준수해야 하고, 재산권의 본질적 내용인 사용·수익권과 처분권을 부인해서는 아니 된다. ……

(나) 그렇다면, 이 사건 법률조항을 규정함에 있어서 토지재산권을 제한하는 경우 지켜야 할 위와 같은 원칙을 지켰는지 경우를 나누어 살펴보기로 한다.

1) 구역지정 후 토지를 종래의 목적으로 사용할 수 있는 원칙적인 경우

…… 구역의 지정으로 인한 개발가능성의 소멸과 그에 따른 지가의 하락이나 지가상승률의

상대적 감소는 토지소유자가 감수해야 하는 사회적 제약의 범주에 속하는 것으로 보아야 한다. 토지거래에서 건축이나 개발의 가능성을 지니고 있는 토지가 그렇지 아니한 토지에 비하여 상대적으로 더 높은 가치를 인정받고 결과적으로 지가의 상승을 가져오는 반면, 장래에 개발을 기대할 수 없는 토지는 지가상승률의 감소나 지가의 하락을 가져 오게 된다. 그러나 자신의 토지를 장래에 건축이나 개발목적으로 사용할 수 있으리라는 기대가능성이나 신뢰 및 이에 따른 지가상승의 기회는 원칙적으로 재산권의 보호범위에 속하지 않는다. 구역지정 당시의 상태대로 토지를 사용 · 수익 · 처분할 수 있는 이상, 구역지정에 따른 단순한 토지이용의 제한은 원칙적으로 재산권에 내재하는 사회적 제약의 범주를 넘지 않기 때문이다. 따라서 토지소유자가 종래의 목적대로 토지를 이용할 수 있는 한, 구역의 지정으로 인하여 토지재산권의 내재적 제약의 한계를 넘는 가혹한 부담이 발생했다고 볼 수 없다. ……

2) 구역지정 후 토지를 종래의 목적으로도 사용할 수 없거나 또는 토지를 전혀 이용할 수 있는 방법이 없는 예외적인 경우

가) 그러나 구역지정으로 말미암아 예외적으로 토지를 종래의 목적으로도 사용할 수 없거나 또는 법률상으로 허용된 토지이용의 방법이 없기 때문에 실질적으로 토지의 사용 · 수익권이 폐지된 경우에는 다르다. 이러한 경우에는 재산권의 사회적 기속성으로도 정당화될 수 없는 가혹한 부담을 토지소유자에게 부과하는 것이므로 입법자가 그 부담을 완화하는 보상규정을 두어야만 비로소 헌법상으로 허용될 수 있기 때문이다.

따라서 이 사건 법률조항은 위에서 살펴 본 바와 같이 원칙적으로는 토지재산권의 사회적 제약을 합헌적으로 구체화한 규정이지만, 토지소유자가 수인해야 할 사회적 제약의 정도를 넘는 경우에도 아무런 보상없이 재산권의 과도한 제한을 감수해야 하는 의무를 부과하는 점에서는 위헌이다. 이러한 경우 입법자는 비례의 원칙을 충족시키고 이로써 법률의 위헌성을 제거하기 위하여 예외적으로 발생한 특별한 부담에 대하여 보상규정을 두어야 한다. ……

다) 위와 같은 기준에 따라 토지재산권의 내재적 한계로서 허용되는 사회적 제약의 범위를 넘어 감수하라고 할 수 없는 특별한 재산적 손해가 발생하였다고 볼 수 있는 구체적 예는 다음과 같은 경우를 들 수 있다.

① 나대지의 경우 ……

② 사정변경으로 인한 용도의 폐지 ……

3) 소 결 론

결국, 이 사건 법률조항에 의한 재산권의 제한은 개발제한구역으로 지정된 토지를 원칙적으로 지정 당시의 지목과 토지현황에 의한 이용방법에 따라 사용할 수 있는 한, 재산권에 내재하는 사회적 제약을 비례의 원칙에 합치하게 합헌적으로 구체화한 것이라고 할 것이나, 종래의 지목과 토지현황에 의한 이용방법에 따른 토지의 사용도 할 수 없거나 실질적으로 사용 · 수익을 전혀 할 수 없는 예외적인 경우에도 아무런 보상없이 이를 감수하도록 하고 있는 한, 비례의 원칙에 위반되어 당해 토지소유자의 재산권을 과도하게 침해하는 것으로서 헌법에 위반된다할 것이다.

따라서 입법자가 이 사건 법률조항을 통하여 국민의 재산권을 비례의 원칙에 부합하게 합헌적으로 제한하기 위해서는, 수인의 한계를 넘어 가혹한 부담이 발생하는 예외적인 경우에는 이를 완화하는 보상규정을 두어야 한다. 이러한 보상규정은 입법자가 헌법 제23조 제1항 및 제2항에 의하여 재산권의 내용을 구체적으로 형성하고 공공의 이익을 위하여 재산권을 제한하는 과정에서 이를 합헌적으로 규율하기 위하여 두어야 하는 규정이다.

재산권의 침해와 공익간의 비례성을 다시 회복하기 위한 방법은 헌법상 반드시 금전보상만을 해야 하는 것은 아니다. 입법자는 지정의 해제 또는 토지매수청구권제도와 같이 금전보상에 갈음하거나 기타 손실을 완화할 수 있는 제도를 보완하는 등 여러 가지 다른 방법을 사용할 수 있다. 즉, 입법자에게는 헌법적으로 가혹한 부담의 조정이란 '목적'을 달성하기 위하여 이를 완화·조정할 수 있는 '방법'의 선택에 있어서는 광범위한 형성의 자유가 부여된다.」

⇔ 재판관 1인(재판관 이영모)의 반대의견

「가. 헌법 제23조 제1항은 사유재산권의 보장을 선언함과 동시에 그 내용과 한계는 법률로 정한다고 하고, 제2항에서는 재산권은 공공복리에 적합하도록 행사하여야 한다고 규정한다. 재산권에 대한 사회적 제약이 공공복리에 적합한 한도안에서는 국민이 이를 수인(受忍)할 의무가 있다는 것이다. 따라서 재산권에 내재된 사회적 제약을 넘는 재산권의 박탈(剝奪) 또는 박탈로 인정되는 정도의 제한을 가한 것으로 볼 수 없는 한 보상문제는 생길 여지가 없다.

그런데 기본권으로 보장하고 있는 토지재산권에 내재되어야 할 요소는 소유권자가 당해 토지를 이용할 수 있어야 하고 또 당해 토지의 처분이 자유로와야 한다. 이 두 가지 요소는 사유재산권의 제도보장을 위한 핵심영역에 속한다.

(1) 먼저, 다수의견이 들고 있는 개발제한구역 안의 나대지에 대하여 지정당시의 지목과 토지의 현황에 따른 이용을 제한한 것이 토지이용에 대한 핵심영역의 침해인지 여부를 살펴본다.

도시계획법(이하 '법'이라 한다) 제21조 제2항 본문은 "……개발제한구역 안에서는 그 구역지정의 목적에 위배되는 건축물의 건축, 공작물의 설치, 토지의 형질변경, 토지면적의 분할 또는 도시계획사업의 시행을 할 수 없다"고 하고, 제3항은 "제2항의 규정에 의하여 제한될 행위의 범위 기타 개발제한에 관하여 필요한 사항은 대통령령으로 정하는 범위 안에서 건설부령으로 정한다"라고 규정하고 있다.

법의 위임에 따라 법시행령(1998. 5. 19. 대통령령 제15799호로 개정된 것) 제20조 제1항 제1호는, 개발제한구역의 지정목적에 지장이 없다고 인정되는 경우에 시장·군수는 나대지소유권자에게 건축물의 건축과 공작물의 설치를 허가할 수 있다고 규정한다. 그 대상을 보면,

…… 주거용, 상업용, 공장용 등 도시적 건축행위의 신축을 제외한 대부분을 망라하고 있으므로 나대지에 대한 토지이용은 예외적으로 제한하고 있을 뿐이다.{법시행령에 따른 법시행규칙(1998. 5. 19. 건설교통부령 제133호로 개정된 것) 제7조에는 나대지를 이용하는 건축물·공작물의 종류 및 규모 등이 자세히 규정되어 있다}

(2) 다음, 다수의견이 내세우는 개발제한구역지정 이후 사정변경으로 지정당시의 지목과 토지의 현황에 따른 이용이 불가능한 토지는 보상을 요한다는 점에 관하여 본다.

제한구역지정 이후 사정변경으로 토지이용을 할 수 없는 경우가 생기면 토지소유권자는 지목과 현황에 따른 사용을 침해하는 자를 상대로 방해배제, 손해배상 등 소송을 제기할 수 있으므로 이 사건 법률조항에 의한 토지의 이용제한과는 직접적인 관련이 없다.

개발제한구역도 도시계획의 일부이기 때문에 사정변경으로 토지(농지)를 기존용도로 사용하는 데 지장이 있다면, 다량의 토석채취·임목의 벌채를 하지 아니하거나 개발제한구역의 지정목적에 지장이 없으면 시장·군수의 허가를 받아 토지형질변경 등을 할 수 있다(법시행령 제20조 제1항 제2호, 법시행규칙 제8조 제1항 참조). ……

나. 이 사건 법률조항은 헌법 제23조(재산권의 보장과 제한) 외에도 헌법 제35조(환경권), 제122

조(국토의 이용 · 개발과 보전)와 직접 관련이 있으므로 이를 검토하고 위헌심사기준에 관하여 언급하기로 한다.

(1) …… 헌법이 재산권행사의 사회적 의무성을 명시하는(제23조) 이외에, 환경권(제35조) 및 국토의 이용 · 개발과 보전을 위한 제한 · 의무의 부과(제122조) 규정을 따로 두고 있는 것은, 토지소유권에 대한 보장은 더불어 살아가야 하는 공동체 생활과의 조화와 균형을 흐트러뜨리지 않는 범위 안에서 보장을 받는 데 불과하다는 것을 천명한 것이다(헌재 1993. 7. 29. 92헌바20, 판례집 5-2, 36, 45 참조). 위의 헌법조항들은 한마디로, 토지소유권의 행사는 공공복리와 환경보전에 적합하도록 하여야 할 사회적인 의무를 한층 더 강조하고 있으므로, 토지소유권의 내용과 한계를 정하는 입법자의 형성권 역시 보다 넓고 깊게 할 수 있는 근거를 마련해 둔 취지로 해석된다.

(2) 이와 같이 토지소유권은 권리와 의무의 복잡한 복합체이므로 그 내용과 한계를 정함에 있어서는 위의 헌법조항들이 바탕으로 된 당시의 사회적 필요 · 사회적 통념이 중요한 입법지침이 된다. …… 이러한 정책문제에 관한 한 입법자보다 헌법재판소가 더 사려가 깊고 통찰력에서 앞선다고 볼 수 없기 때문에 사회적 · 경제적 목적 등을 실현하기 위한 규제입법은 그 재량을 현저하게 일탈한 것이 아닌 한 존중되어야 할 영역에 속한다.

그러므로 토지이용규제에 대한 위헌심사는 위에서 설시한 취지를 헤아려야만 토지재산권의 제도보장에 대한 개념이 제 모습을 찾는 올바른 해석이 된다고 생각한다.

(3) 결론을 말하면, 이 사건 법률조항은 국가안전보장과 도시의 자연환경 · 생활환경의 관리 · 보전에 유해한 결과를 수반하는 환경오염을 미리 예방하기 위한 필요한 규제입법으로 헌법상 정당성을 갖추고 있다. 이 규제입법으로 말미암아 나대지의 이용이 제한되고 사정변경으로 인하여 토지를 사용하는 데 지장이 생겼다고 할지라도 입법목적에 어긋나지 않는 범위 안에서 이를 이용할 수 있는 방법이 있고 또 소유권자의 처분을 제한하는 것도 아니므로, 이와 같은 규제는 성질상 재산권에 내재된 사회적 제약에 불과하다고 보는 것이 상당하다. 법익의 비교형량면에서도 토지소유권자가 입는 불이익보다 국가안전보장과 공공복리에 기여하는 이익이 더 크고, 입법목적 달성을 위한 합리성 · 필요성을 갖추었으므로 헌법 제37조 제2항 소정의 기본권제한 한계요건을 벗어나는 것도 아니다. 뿐만 아니라 제한구역 내의 다른 토지와 서로 비교하여 보아도 나대지와 사정변경으로 인한 토지의 특성상 재산권의 박탈로 볼 수 있는 정도의 제한을 가한 합리성이 없는 차별취급으로 인정되지 아니하므로 평등원칙 위반의 위법도 없다.……

(2) 여기에 이 합헌의견을 뒷받침하는 이유를 더 보충하기로 한다.

…… 또 다른 염려는, 다수의견이 위헌논증에서 보상의무에 대하여 언급하고 있는 점이다. 급속한 산업화와 도시의 인구집중화는 필연적으로 환경오염을 수반하게 된다. 이와 같은 사회적 · 경제적 변화에 따른 환경오염을 예방하고, 자연환경 · 생활환경의 관리보전과 도시민이 건강하고 쾌적한 환경에서의 생활을 보장하는 수단으로 이 사건 법률조항과 같은 규제입법을 만든 것은 불가피한 최소한의 합리적인 선택으로 보아야 한다. 나는, 앞에서도 말했듯이 토지소유권의 제도보장을 위한 핵심영역인 이용 · 처분의 본질적인 부분에 대한 침해는 재산권의 박탈로 인정되는 제한이므로 보상문제가 생길 수도 있으나, 이러한 극히 예외적인 경우가 아닌 한 보상조항을 둘 필요가 없다는 견해를 갖고 있다. 환경보전을 목적으로 토지이용을 규제하는 법령이나 조례에 보상조항을 필요로 한다면, 국가 또는 지방자치단체는 과중한 재정부담으로 말미암아 이와 같은 규제입법의 제정을 주저하게 될 것이다.」

※ 위 사건에서 다수의견(헌법불합치)에 대하여 위와 같은 반대의견(합헌)이 있은 이외에 재판관 1인(재판관 조승형)의 헌법불합치 결정에 대하여 반대한다는 취지의 반대의견(단순위헌)이 있었음

단결권 · 단체교섭권 · 단체행동권

□ 의　　의

▶ 헌법 규정

▸ 헌법에서 위 권리들을 보장하는 취지를 밝힌 판례

[憲 1998. 2. 27.-94헌바13등](노동조합법 제33조 제1항 위헌소원)

「헌법 제33조 제1항이 보장하는 근로3권은 근로자가 자주적으로 단결하여 근로조건의 유지 · 개선과 근로자의 복지증진 기타 사회적 · 경제적 지위의 향상을 도모함을 목적으로 단체를 자유롭게 결성하고, 이를 바탕으로 사용자와 근로조건에 관하여 자유롭게 교섭하며, 때로는 자신의 요구를 관철하기 위하여 단체행동을 할 수 있는 자유를 보장하는 자유권적 성격과 사회 · 경제적으로 열등한 지위에 있는 근로자로 하여금 근로자단체의 힘을 배경으로 그 지위를 보완 · 강화함으로써 근로자가 사용자와 실질적으로 대등한 지위에서 교섭할 수 있도록 해주는 기능을 부여하는 사회권적 성격도 함께 지닌 기본권이다.

근로3권은 근로자가 국가의 간섭이나 영향을 받지 아니하고 자유롭게 단체를 결성하고 그 목적을 집단으로 추구할 권리를 보장한다는 의미에서 일차적으로 자유권적 성격을 가지나 고전적인 자유권이 국가와 개인 사이의 양자관계를 규율하는 것과는 달리 국가 · 근로자 · 사용자의 3자관계를 그 대상으로 한다.

따라서 근로3권은 국가공권력에 대하여 근로자의 단결권의 방어를 일차적인 목표로 하지만, 근로3권의 보다 큰 헌법적 의미는 근로자단체라는 사회적 반대세력의 창출을 가능하게 함으로써 노사관계의 형성에 있어서 사회적 균형을 이루어 근로조건에 관한 노사간의 실질적인 자치를 보장하려는 데 있다. 경제적 약자인 근로자가 사용자에 대항하기 위해서는 근로자단체의 결성이 필요하고 단결된 힘에 의해서 비로소 노사관계에 있어서 실질적 평등이 실현된다. 다시 말하면, 근로자는 노동조합과 같은 근로자단체의 결성을 통하여 집단으로 사용자에 대항함으로써 사용자와 대등한 세력을 이루어 근로조건의 형성에 영향을 미칠 수 있는 기회를 가지게 되므로 이러한 의미에서 근로3권은 "사회적 보호기능을 담당하는 자유권" 또는 "사회권적 성격을 띤 자유권"이라고 말할 수 있다.」

▶ 단결권 · 단체교섭권 · 단체행동권과 근로의 권리

[憲 1991. 7. 22.-89헌가106](사립학교법 제55조 제58조 제1항 제4호에 관한 위헌심판)

※ 아래 판례 인용부분 참조

□ 법적 성격

▶ **판 례**

▸ 단결권 · 단체교섭권 · 단체행동권이 자유권적 기본권의 성격보다는 생존권 내지 사회적 기본권으로서의 측면이 보다 강하다고 본 판례

[憲 1991. 7. 22.-89헌가106](사립학교법 제55조 제58조 제1항 제4호에 관한 위헌심판)

「헌법 제32조 및 제33조에 각 규정된 근로기본권은 근로자의 근로조건을 개선함으로써 그들의 경제적 · 사회적 지위의 향상을 기하기 위한 것으로서 자유권적 기본권으로서의 성격보다는 생존권 내지 사회권적 기본권으로서의 측면이 보다 강한 것으로서 그 권리의 실질적 보장을 위해서는 국가의 적극적인 개입과 뒷바침이 요구되는 기본권이다.

헌법의 근로기본권에 관한 규정은 근로자의 근로조건을 기본적으로 근로자와 사용자 사이의 자유로운 계약에 의하여 결정하도록 한다는 계약자유의 원칙을 그 바탕으로 하되, 근로자의 인간다운 존엄성을 보장할 수 있도록 계약기준의 최저선을 법정하여 이를 지키도록 강제하는 한편, 사용자에 비하여 경제적으로 약한 지위에 있는 근로자로 하여금 사용자와 대등한 지위를 갖추도록 하기 위하여 단결권 · 단체교섭권 및 단체행동권 등 이른바 근로3권을 부여하고, 근로자가 이를 무기로 하여 사용자에 맞서서 그들의 생존권을 보장하고 근로조건을 개선하도록 하는 제도를 보장함으로써 사적자치의 원칙을 보완하고자 하는 것이다.」

▸ 단결권 · 단체교섭권 · 단체행동권의 자유권적인 성격을 강조하여 사회적 보호기능을 담당하는 자유권 또는 사회권적 성격을 띤 자유권이라고 본 판례

[憲 1998. 2. 27.-94헌바13등](노동조합법 제33조 제1항 위헌소원)

※ 위 판례 인용부분 참조

□ 주 체

▶ **근 로 자**

▸ 국민에 대한 판례

▹ 해고된 자도 해고의 효력을 다투고 있는 한 근로자의 지위에 있다고 본 판례

[大 1992. 3. 31.-91다14413](노조위원장 선거무효확인)

「노동조합법 제3조 제4호 단서는 "해고의 효력을 다투고 있는자를 근로자가 아닌 자로 해석하여서는 아니된다"고 규정하고 있는바, 이 규정의 취지가 원심이 판시한 바와 같이 단지 사용자가 정당한 이유없이 근로자를 해고함으로써 노동조합의 설립이나 존속을 저지하는 것을 막기 위한 것에 그치는 것이 아니라, 해고된 근로자가 해고된 때로부터 상당한 기간 내에 노동위원회에 부당노동행위구제신청을 하거나 법원에 해고무효확인의 소를 제기하여 그 해고의 효력을 다투고 있는 경우에는, 그 해고에도 불구하고 근로자의 신분이나 노동조합원으로서의 신분을 계속 보유하는 것으로 보아 그 지위를 보장하여 주려는 데에도 있는 것이므로(당원 1990. 11. 27.선고 89도1579전원합의체 판결 참조), 원고가 위 소외회사로부터 해고를 당하였다고 하더라도 원심이 인정한 바와 같이 상당한 기간 내에 서울지방노동위원회에 부당노동행위구제신청을 하여 그 해고의 효력을 다투고 있었다면, 위 법규정의 취지에 비추어 피고조합원으

로서의 지위를 상실하는 것이라고는 볼 수 없으니, 위 소외회사의 해고처분때문에 원고가 피고조합의 위원장이 될 수 있는 자격이 없다고 할 수는 없다.」

▶ **공무원 및 주요방위산업체 종사자**

▸ 공무원도 근로의 대가로서 보수를 받아 생활하는 자라는 점에서는 근로자라고 볼 수 있다는 취지의 판례

[憲 1992. 4. 28.-90헌바27등](국가공무원법 제66조에 대한 헌법소원)

「공무원도 각종 노무의 대가로 얻는 수입에 의존하여 생활하는 사람이라는 점에서는 통상적인 의미의 근로자적인 성격을 지니고 있으므로(근로기준법 제14조, 제16조, 노동조합법 제4조 등 참조) 헌법 제33조 제2항 역시 공무원의 근로자적 성격을 인정하는 것을 전제로 규정하고 있다.

그러나 공무원은 그 임용주체가 궁극에는 주권자인 국민 또는 주민이기 때문에 국민전체에 대하여 봉사하고 책임을 져야 하는 특별한 지위에 있고, 그가 담당한 업무가 국가 또는 공공단체의 공공적인 일이어서 특히 그 직무를 수행함에 있어서 공공성·공정성·성실성 및 중립성 등이 요구되기 때문에 일반근로자와는 달리 특별한 근무관계에 있는 사람이다.

그리하여 우리 헌법도 제7조 제1항·제2항에서 "공무원은 국민전체에 대한 봉사자이며 국민에 대하여 책임을 진다. 공무원의 신분과 정치적 중립성은 법률이 정하는 바에 의하여 보장된다"고 규정하고 있고, 그 밖에 제29조 제1항·제2항에 서 공무원의 불법행위책임과 그에 대한 국가의 배상의무 및 일정한 공무원에 대한 배상제한 규정을 두고 있으며, 제33조 제2항에서 근로기본권에 관하여 공무원에 대한 특별규정을 두고 있다. 우리 헌법이 위와 같은 규정을 두게 된 뜻은 바로 위에서 본 바와 같은 공무원의 지위의 특수성과 직무의 공공성에서 비롯되는 것이다.

위와 같은 헌법조항들의 취지에 따라 제정된 공무원관계법률은 정무직 등의 특별한 공무원이 아닌한 공무원의 신분을 정권교체 등 외부의 영향을 받지 아니하게끔, 어떤 경우에도 정당한 이유와 적법한 절차에 따르지 아니하고는 그 의사에 반하여 해임 등의 불이익처분을 당하지 아니하도록 하는 등 두텁게 보장하고 있다.」

※ 위 판례의 다른 논점 및 별개의견에 대하여는 아래 판례 인용부분 참조

□ 내 용

▶ **단 결 권**

▸ 유니온 숍(Union Shop) 제도에 대한 판례

[大 1998. 3. 24.-96누16070](부당노동행위구제 재심판정 취소)

「1. 구 노동조합법(1996. 12. 31. 법률 제5244호로 폐지되기 이전의 것) 제39조 제2호 단서에 의하면 "노동조합이 당해 사업장에 종사하는 근로자의 3분의 2 이상을 대표하고 있을 때에는 근로자가 그 노동조합의 조합원이 될 것을 고용조건으로 하는 단체협약의 체결"이 허용되고 있고, 이러한 단체협약의 조항, 이른바 유니언 숍(Union Shop) 협정은 노동조합의 단결력을 강화하기 위한 강제의 한 수단으로서 근로자가 대표성을 갖춘 노동조합의 조합원이 될 것을 '고용조건' 으로 하고 있는 것이므로 단체협약에 유니언 숍 협정에 따라 근로자는 노동조합의 조합원이어야만 된다는 규정이 있는 경우에는 다른 명문의 규정이 없더라도 사용자는 노동조합에서 탈퇴한 근로자를 해고할 의무가 있다(대법원 1996. 10. 29. 선고 96다28899 판결 참조). 원심이 인

정한 사실관계에 의하면 원고 조합과 피고보조참가인(이하 참가인이라 한다) 사이에 체결된 단체협약 제5조는 "주임급(55호봉) 이하 전 직원을 노조원으로 하는 유니언 숍으로 한다", 제6조는 "제5조에 해당되는 직원은 입사와 동시에 자동적으로 노조원이 된다", 제7조는 "회사는 노조원의 제명 · 탈퇴 여부를 일방적으로 해석할 수 없으며 노조의 확인에 따라야 한다"라고 각 규정하고 있다는 것인바, 그렇다면 이는 근로자가 노동조합의 조합원이 될 것을 고용조건으로 하는 통상적인 유니언 숍 협정이 체결된 것으로 보아야 할 것이므로 참가인으로서는 그에 따라 원고 조합을 탈퇴한 근로자를 해고할 의무가 있다.」

[大 1995. 2. 28.-94다15363](해고무효확인)

「원심은 그 거시증거에 의하여, 원고 등 11명이 노동조합을 탈퇴한 후 피고회사에서 1992. 1. 17. 노조탈퇴자들에 대하여 다른 적절한 조치가 없는 한 단체협약규정에 따라 해고하겠다는 취지의 공고를 하자, 원고 등 탈퇴자들은 같은 달 18. 노조와 회사에 대하여 사과한다는 취지의 사과문을 붙이고 노조탈퇴의사를 철회하여 노조에 다시 가입하기 위한 노력을 하였으나 노조측에서는 원고와 소외에 대하여는 같은 달 18.부터 승무하는 차량의 배차를 거부하는 승무정지처분을 하고 2차에 걸친 분회장의 면담요구조차 거부한 채 피고회사에 대하여 계속 단체협약규정에 따른 해고를 요구하여, 원고가 같은 달 22. 노조가입신청서를 작성하여 같은 달 24. 노조사무실에 우송하였으나, 노조측에서는 원고 등 위 3명을 제외한 나머지 8명에 대하여는 원고에 대한 해고처분이 있은 후인 같은 달 27. 및 30. 그 탈퇴의사의 철회를 받아들이고 노조탈퇴서를 사실상 회수하여 가도록 조치한 사실을 인정한 다음, 피고회사 노조는 원고가 노조탈퇴의사를 철회하고 노조에 다시 가입하기 위한 노력을 하였음에도 불구하고 노조를 탈퇴한 11명 중 위 8명에 대하여는 노조탈퇴의사철회를 받아들여 노조원의 자격을 유지하게 하고도 원고를 포함한 3명에 대하여서만 이를 받아들이지 않고 피고회사에 대하여 해고를 요구하여 결국 피고회사가 이들을 해고한 것으로서, 이와 같이 노조탈퇴의사를 철회하고 노조에 다시 가입하려는 근로자에 대하여 이를 거부하고 해고되게한 것은 노조자체가 단결권의 정신을 저버리고 실질상 제명과 같은 효과를 발생시킨 것으로서, 노동조합법 제39조 제2호 단서에 위반될 뿐만 아니라 유니언숍 협정에 기한 해고의 목적범위를 일탈한 것이라 할 것이고, 또한 11명의 탈퇴자 중 원고 등 3명에 대하여서만 탈퇴의사철회를 거부하고 해고되게 한 것은 다른 탈퇴근로자들과의 형평에도 반한다 할 것이므로, 위 해고는 어느 모로 보나 정당한 이유 없는 해고권의 남용에 해당하여 무효라고 판단하였는바, 이러한 원심의 사실인정과 판단은 정당한 것으로 수긍할 수 있고, 거기에 채증법칙에 위배하여 사실을 오인하였거나 유니언숍 협정에 있어서 해고의 법리를 오해한 위법이 있다고 할 수 없다.」

▸ 소극적 단결권에 대한 헌법재판소 판례

▹ 소극적 단결권은 헌법 제33조 제1항의 단결권에 포함되지 않는다고 본 판례

[憲 1999. 11. 25.-98헌마141](공직선거및선거부정방지법 제87조 단서 위헌확인)

「우리 헌법은 모든 국민에게 결사의 자유(제21조)를 보장하면서 결사의 한 형태인 노동조합에 관하여는 헌법상 결사(각종 단체)와는 다른 특별한 보호와 규제를 하고 있다(제33조). 노동조합은 "근로자들이 자주적으로 근로조건의 유지 · 개선과 근로자의 경제적 · 사회적 지위의 향상을 도모할 목적으로" 하는 단체이고 또 그러한 목적수행에 필요한 조직을 갖추고 있다(헌법 제

33조 제1항, 노동조합및노동관계조정법 제1조, 제2조). 반면에, 헌법 제21조의 결사체인 각종 단체는 그 설립목적이 노동조합과는 다르고 그 조직이 헌법에서 연유된 것도 아니며 또 그러한 조직을 형성하도록 명하고 있는 것도 아니다.

노동조합과 각종 단체의 헌법상 차이는, 결사의 자유의 경우 단체를 결성하는 자유, 단체에 가입하는 자유뿐만 아니라 단체를 결성하지 아니할 자유, 단체에의 참가를 강제당하지 아니할 자유, 단체를 탈퇴할 자유를 포함하는 데 반하여, 근로자의 단결권은 단결할 자유만을 가리킬 뿐이다. 따라서 노동조합의 경우, 사용자와의 교섭력을 확보하기 위하여 사실상 어느 정도의 조직강제 내지 단결강제를 수반하게 되는 것이다(노동조합및노동관계조정법 제81조 제2호).

노동조합이 공직선거에 조합 또는 그 대표 명의로 선거운동을 할 수 있게 한 것은 조합원의 복지향상을 도모하기 위한 목적달성에 필요불가결한 수단에 해당된다. 조합원인 근로자의 권익에 직접 관계되는 입법 또는 행정조치 등을 촉진하거나 반대하여 그 목적을 달성하려면 조합의 정치활동이 허용되어야 하고, 이러한 정치활동은 노동조합의 목적 범위 내의 행위로 해석되기 때문이다.

따라서 공직선거에 특정 정당이나 후보자를 지지 · 반대하거나 지지 · 반대할 것을 권유하는 선거운동을 함에 있어 '노동조합'과 '일반 결사인 각종 단체'에 대하여 그 보호와 규제를 달리한다 하더라도 이는 헌법에 근거를 둔 합리적인 차별로 보아야 하므로, 노동조합이 아닌 청구인과 같은 각종 단체에 대하여 선거운동을 허용하지 아니하였다고 하여 그것이 곧 헌법상의 선거운동의 균등보장규정 및 평등원칙에 위반된다고 단정할 수 없다.」

⇔ 재판관 2인(재판관 김문희, 재판관 이재화)의 반대의견

「이 사건 법률조항이 노동단체에게만 선거운동을 허용하면서 다른 사회단체, 특히 그와 대립관계에 있는 경제인단체에게는 선거운동을 금지하는 것은 다른 사회단체가 선거운동을 통하여 정당에 영향력을 행사하고 정치적 의사형성과정에 참여하는 가능성을 제한하는 것이다. 그 결과 다른 사회단체, 특히 경제인단체와의 관계에서 사회세력간의 정당한 이익조정을 크게 저해하고 정치의사형성과정이 일방적으로 근로자에 유리하게 왜곡되어 다른 사회단체의 이익을 경시 또는 도외시한 정치의사를 형성하는 결과를 가져올 수 있다.

다른 사회단체도 노동조합과 마찬가지로 국민의 모든 중요한 이익을 고려하는 정당한 이익조정에 이르기 위하여 다양한 사회세력간의 경쟁과 정치적 의사형성과정에 참여해야 하는 단체라는 점에서, 노동조합과 다른 단체 사이에는 선거운동의 제한에 있어서 차별을 정당화할 만한 본질적인 차이가 존재하지 아니한다. 다만, 헌법은 제33조에서 근로자의 단결권을 일반결사와 분리하여 규정하고는 있지만, 정당과는 달리 노동조합에 관하여는 일반단체와는 다른 특별한 보호를 하고 있지 않고 국민의 정치의사형성과 관련하여 노동조합의 어떠한 특별한 지위도 부여하고 있지 않다. 헌법이 근로자의 단결권을 결사의 자유와 별도로 규정하는 이유는, 결사의 자유가 단순히 자유권적 성격만을 지니고 있는 반면에 근로자의 단결권은 사회권적 성격을 가진 자유권이라는 점에서 별도로 규정해야 할 필요가 있기 때문이지, 국민의 정치의사형성과 관련하여 단체의 기능에 있어서 차이가 있기 때문인 것은 아니다.

한편, 이 사건 법률조항이 차별을 통하여 달성하고자 하는 차별목적인 '정치활동단체의 난립방지'나 '선거의 과열로 인한 혼탁선거의 방지' 등은 이미 위에서 살펴 본 바와 같이 노동단체와 다른 사회단체 사이의 차별을 정당화하는 공익이 될 수 없다. 따라서 노동조합과 다른 단체를 선거운동에 있어서 합리적인 이유없이 차별하는 이 사건 법률조항은 평등의 원칙에 위반된다.」

▷ 유니온 숍 조항에 대하여 합헌이라고 본 판례

[憲 2005. 11. 24.-2002헌바95등](노동조합및노동관계조정법 제81조 제2호 단서 위헌소원)

「나. 근로자의 단결권 등 침해 여부

(1) 문제의 제기

일반적으로 노동조합의 조직강제는 근로자로 하여금 어떠한 노동조합 또는 특정한 노동조합에 가입할 것을 강제함으로써 노동조합의 조직을 유지·강화하는 데 기여하는 측면이 있기는 하지만, 한편으로 그러한 노동조합에 가입을 원하지 않는 근로자 개인의 단결하지 않을 자유나 노동조합의 가입을 선택할 수 있는 자유를 제한하는 측면도 함께 지니고 있다. 이러한 근로자 개인의 단결권에 대한 제약의 문제는 결국 노동조합의 조직강제에 관한 실정법적 근거규정이라고 할 수 있는 이 사건 법률조항에서 노동조합의 집단적 단결권과 서로 충돌하는 모습으로 나타난다. 즉 이 사건 법률조항은 지배적 노동조합에게 일정한 형태의 조직강제를 인정함으로써 노동조합의 집단적 단결권과 개별근로자의 단결하지 않을 자유 또는 단결선택권과 충돌하는 문제가 발생하게 되므로, 이와 같이 두 기본권이 서로 충돌하는 경우 그 해결방법이 문제된다.

(2) 기본권 충돌의 해결방법

기본권의 충돌이란 상이한 복수의 기본권주체가 서로의 권익을 실현하기 위해 하나의 동일한 사건에서 국가에 대하여 서로 대립되는 기본권의 적용을 주장하는 경우를 말하는데, 한 기본권주체의 기본권행사가 다른 기본권주체의 기본권행사를 제한 또는 희생시킨다는 데 그 특징이 있다.

이와 같이 두 기본권이 충돌하는 경우 그 해법으로는 기본권의 서열이론, 법익형량의 원리, 실제적 조화의 원리(=규범조화적 해석) 등을 들 수 있다. 헌법재판소는 기본권 충돌의 문제에 관하여 충돌하는 기본권의 성격과 태양에 따라 그때그때마다 적절한 해결방법을 선택, 종합하여 이를 해결하여 왔다. ……

(3) 근로자의 단결하지 아니할 자유와 노동조합의 적극적 단결권의 충돌

노동조합의 조직강제는 그것이 일반적 조직강제이든 제한적 조직강제이든 근로자의 단결하지 아니할 자유를 제한할 여지가 있는데, 앞서 본 바와 같이 이 사건 법률조항은 지배적 노동조합의 경우 일정한 형태의 조직강제를 용인하고 있으므로 여기서 근로자의 단결하지 아니할 자유와 노동조합의 적극적 단결권(조직강제권)이 충돌하는 상황이 생긴다. ……

따라서 단결하지 아니할 자유와 적극적 단결권이 충돌하게 되더라도, 근로자에게 보장되는 적극적 단결권이 단결하지 아니할 자유보다 특별한 의미를 갖고 있다고 볼 수 있고, 노동조합의 조직강제권도 이른바 자유권을 수정하는 의미의 생존권(사회권)적 성격을 함께 가지는 만큼 근로자 개인의 자유권에 비하여 보다 특별한 가치로 보장되는 점 등을 고려하면, 노동조합의 적극적 단결권은 근로자 개인의 단결하지 않을 자유보다 중시된다고 할 것이어서 노동조합에 적극적 단결권(조직강제권)을 부여한다고 하여 이를 두고 곧바로 근로자의 단결하지 아니할 자유의 본질적인 내용을 침해하는 것으로 단정할 수는 없다.

(4) 근로자의 단결선택권과 노동조합의 집단적 단결권의 충돌

(가) 심사의 방법

이 사건 법률조항은 앞서 본 바와 같이 특정한 노동조합의 가입을 강제하는 단체협약의 체

결을 용인하고 있으므로 근로자의 개인적 단결권(단결선택권)과 노동조합의 집단적 단결권(조직강제권)이 동일한 장에서 서로 충돌한다.

이와 같이 개인적 단결권과 집단적 단결권이 충돌하는 경우 기본권의 서열이론이나 법익형량의 원리에 입각하여 어느 기본권이 더 상위기본권이라고 단정할 수는 없다. 왜냐하면 개인적 단결권은 헌법상 단결권의 기초이자 집단적 단결권의 전제가 되는 반면에, 집단적 단결권은 개인적 단결권을 바탕으로 조직 · 강화된 단결체를 통하여 사용자와 사이에 실질적으로 대등한 관계를 유지하기 위하여 필수불가결한 것이기 때문이다. 즉 개인적 단결권이든 집단적 단결권이든 기본권의 서열이나 법익의 형량을 통하여 어느 쪽을 우선시키고 다른 쪽을 후퇴시킬 수는 없다고 할 것이다.

따라서 이러한 경우 헌법의 통일성을 유지하기 위하여 상충하는 기본권 모두가 최대한으로 그 기능과 효력을 발휘할 수 있도록 조화로운 방법을 모색하되(규범조화적 해석; 1991. 9. 16. 89헌마165, 판례집 3, 518, 528 참조), 법익형량의 원리, 입법에 의한 선택적 재량 등을 종합적으로 참작하여 심사하여야 한다.

(나) 제한목적의 정당성

이 사건 법률조항이 예정하고 있는 조직강제는 위에서 본 바와 같이 근로자의 단결체인 노동조합의 조직유지 및 강화에 목적이 있고, 이를 통하여 궁극적으로는 근로자 전체의 지위향상에 기여하는 만큼 단결권을 보장한 헌법의 이념에도 부합하는 것이어서 그 목적의 정당성을 인정할 수 있다. ……

(다) 제한되는 기본권 상호간에 적정한 비례의 유지

노동조합이 그 조직을 유지 · 강화하기 위하여 특정한 노동조합의 조합원이 될 것을 고용조건으로 하는 단체협약을 체결하는 것은 그 목적을 달성하기 위하여 효과적이고 적절한 방법이라고 할 수 있다. 단체협약을 매개로 한 조직강제는 일찍이 미국, 독일 등 여러 나라에서 형태와 정도의 차이는 있지만 노동운동의 발전과정 속에서 나타난 공통적, 보편적 현상이었고, 유니언 샵 협정과 같은 단체협약상의 조직조항을 이용하는 것 외에 달리 실효성 있는 대체적 수단을 상정하는 것도 용이하지 않다. 다만 노동조합의 위와 같은 조직강제는 기본적으로 근로자의 단결선택권에 대한 제한을 수반하고 있으므로 제한되는 근로자의 단결선택권과 사이에 법익의 균형을 도모할 필요성, 즉 근로자 개인의 단결선택권을 무리하게 침해하지 않도록 하는 조화로운 범위 내에서 일정한 한계를 설정하는 것이 요청된다고 할 것이다.

이러한 관점에서 볼 때 먼저 이 사건 법률조항은 단체협약을 매개로 한 조직강제를 적법 · 유효하게 할 수 있는 노동조합을 일정한 범위로 한정하고 있다. 즉 조직강제 또는 이에 따른 해고 등 신분상 불이익에 대한 정당성을 뒷받침할 정도로 충분한 지배적 조직, 즉 당해 사업장에 종사하는 근로자의 3분의 2 이상을 대표하고 있는 노동조합일 것을 요건으로 하고 있다.

또한 지배적 지위에 있는 노동조합의 권한남용으로부터 개별근로자를 보호하기 위하여 사용자는 근로자가 당해 노동조합에서 제명된 것을 이유로 신분상 불이익한 행위를 할 수 없도록 규정하고 있어 근로자의 단결선택권을 필요 · 최소한으로 제한하고 있다. 바꾸어 말하면 이 사건 법률조항은 근로자의 단결선택권이 제한되는 조직강제의 범위를 오직 근로자가 자발적으로 노동조합을 탈퇴하거나 이에 가입하지 않는 경우로 한정하고 있다.

나아가 궁극적으로 근로자들은 노동조합을 결성 · 강화하고, 그 단결체의 활동을 통하여 실질적으로 단결권을 보장받을 수 있으며, 또 지배적 노동조합에 가입을 원하지 않는 개별근로자들도 그러한 노동조합의 활동에 의한 과실, 즉 노동조합이 획득한 근로조건을 실질적으로 향유한다.

따라서 이 사건 법률조항이 예정하고 있는 노동조합의 조직강제는 개별근로자의 단결선택권을 일부 제약하는 면이 있으나, 이를 허용하는 노동조합의 범위를 지배적 지위에 있는 노동조합으로 제한하는 등 근로자의 단결선택권과 노동조합의 집단적 단결권(조직강제권) 사이에 균형을 도모하고 있고, 상충 · 제한되는 두 기본권 사이에 적정한 비례관계도 유지되고 있다고 할 것이다.

(라) 입법에 의한 선택적 재량 ……

살피건대, 이 사건 법률조항은 일정한 지배적 노동조합의 경우 그 조합원이 될 것을 고용조건으로 하는 단체협약의 체결을 용인한 것으로서, 노동조합이 근로자에 대한 직접적인 강제방법을 피하고 사용자와의 단체협약이라는 간접적인 수단을 매개로 하여 가입을 강제하고 있고, 실제로 이를 통하여 제한되는 단결권의 범위도 근로자의 단결선택권에 한정될 뿐 단결권 자체를 전면적으로 박탈하는 것은 아니며, 노동조합의 조직강제를 위하여 선택할 수 있는 여러 가지 수단 가운데 달리 더 유효 · 적절한 수단을 상정하기도 쉽지 아니한 점 등을 감안한다면, 이는 입법자에게 부여된 입법 선택적 재량의 범위를 벗어난 것이고 할 수 없다.

(마) 따라서 이 사건 법률조항은 노동조합의 집단적 단결권을 보장하기 위하여 특히 유니언샵 협정과 같은 단체협약의 방식으로 조직강제를 가능케 하는 실정법적 근거조항으로 근로자의 단결선택권과 충돌하는 면이 없지 아니하나, 전체적으로 상충되는 두 기본권 사이에 합리적인 조화를 이루고 있고 제한에 있어서도 적정한 비례관계를 유지하고 있으며, 또 근로자의 단결선택권의 본질적인 내용을 침해하는 것으로도 볼 수 없다.

(5) 따라서 이 사건 법률조항은 근로자의 단결권을 보장한 헌법 제33조 제1항 등에 위반되지 않는다.

다. 평등권의 침해 여부

(1) 이 사건 법률조항은 지배적 노동조합의 경우 유니언숍 협정 등 단체협약을 매개로 하여 그 조직의 유지 · 강화를 용이하게 할 수 있는 반면 그렇지 못한 노동조합(소수노조)의 경우 같은 방식에 의한 조직강제가 허용되지 않아 사실상 조직의 유지 · 강화에 있어 차별이 생긴다고 할 수 있다.

(2) 헌법 제11조 제1항의 평등의 원칙은 일체의 차별적 대우를 부정하는 절대적 평등을 의미하는 것이 아니라 입법과 법의 적용에 있어서 합리적 근거 없는 차별을 하여서는 아니 된다는 상대적 평등을 뜻하고 따라서 합리적 근거 있는 차별 내지 불평등은 평등의 원칙에 반하는 것이 아니다(헌재 1994. 2. 24. 92헌바43, 판례집 6-1, 72, 75).

노동조합의 조직강제는 그 조직의 유지 · 강화를 통하여 단일하고 결집된 교섭능력을 증진시킴으로써 궁극적으로는 근로자 전체의 지위향상에 기여하는데 그 존재이유가 있고, 이 사건 법률조항은 일정한 조건의 지배적 노동조합에게만 제한적으로 조직강제를 허용하고 있는데다가 지배적 노동조합의 범위를 정함에 있어서도 당해 사업장에 종사하는 근로자의 3분의 2 이상을 대표하는 단결체로 엄격하게 한정하고 있으며, 소수노조에게까지 위와 같은 형태의 조직강제를 허용할 경우 자칫 반조합의사를 가진 사용자에 의하여 다수 근로자의 단결권을 탄압하는 도구로 악용될 우려가 있는 점 등을 종합적으로 고려할 때, 이 사건 법률조항이 일정한 지배적 노동조합 및 그 조합원에 비하여 소수노조 및 그에 가입하였거나 가입하려고 하는 근로자에 대하여 한 차별적 취급은 합리적인 이유가 있다 할 것이므로 평등권을 침해한다고 볼 수 없다.」

⇔ 재판관 2인(재판관 권성, 재판관 조대현)의 반대의견

「헌법 제33조 제1항은 "근로자는 근로조건의 향상을 위하여 자주적인 단결권 · 단체교섭권 및 단체행동권을 가진다"라고 규정하고 있다. 이는 근로자의 생존권을 확보하고 근로조건을 향상시켜 근로자의 경제적 지위를 향상시키기 위한 것이다.

헌법 제33조 제1항이 근로자의 단결권을 보장하고 있지만, 개개의 근로자는 단결권을 행사하지 아니할 자유도 헌법상 보장된다. 그 헌법상 근거에 대해서는 견해의 차이가 있지만 근로자에게 단결하지 아니할 자유도 있다는 점에 대해서는 이론(異論)이 없다.

노조법 제81조 제2호 본문이 "근로자가 어느 노동조합에 가입하지 아니할 것 또는 탈퇴할 것을 고용조건으로 하거나 특정한 노동조합의 조합원이 될 것을 고용조건으로 하는 행위"를 부당노동행위로 금지하고 있는 것도 이러한 법리를 명시한 것이다.

그런데 이 사건 심판대상인 노조법 제81조 제2호 단서는 "다만, 노동조합이 당해 사업장에 종사하는 근로자의 3분의 2 이상을 대표하고 있을 때에는 근로자가 그 노동조합의 조합원이 될 것을 고용조건으로 하는 단체협약의 체결은 예외로 하며, 이 경우 사용자는 근로자가 당해 노동조합에서 제명된 것을 이유로 신분상 불이익한 행위를 할 수 없다"고 규정하고 있다. 이러한 규정은 근로자가 특정 노동조합에 가입하는 것을 고용조건으로 삼아서 특정 노동조합에 가입하지 않는 근로자를 해고할 수 있도록 허용하는 것이기 때문에 근로자의 단결하지 아니할 자유와 근로자의 생존권을 본질적으로 침해하는 것이다.

우리 헌법의 기본원리인 자유민주주의는 모든 사람의 존엄성을 존중하고 모든 사람이 공존공영(共存共榮)하는 것을 목표로 하는 것이고, 헌법 제33조 제1항의 취지는 근로자의 생존권을 확보하고 근로조건을 향상시키는 것이다. 따라서 근로자의 단결권이나 노동조합의 단결강화권 · 단체교섭권도 모든 근로자의 공존공영을 도모하도록 행사되어야 하고, 그러한 한도에서만 헌법적 보호의 대상으로 되는 것이다. 노동조합의 단결강화권과 단체교섭권은 근로자 전체의 지위 향상을 위하여 인정되는 것이기 때문에, 근로조건의 향상을 위하여 필요한 경우에도 어느 근로자의 생존권을 근본적으로 위협하는 해고를 수단으로 삼는 것은 허용되지 아니한다. 근로자의 3분의 2 이상이 가입한 지배적 노동조합이라고 하더라도 그 노동조합에 가입하는 것을 근로조건으로 삼아 그 노동조합에 가입하지 않거나 탈퇴한 근로자의 해고를 요구하는 권능을 가질 수는 없다. 특정의 노동조합에 가입하지 않거나 탈퇴하였다는 이유로 근로자를 해고하여 근로자의 지위를 근본적으로 부정하는 것은 근로자의 생존권 보장과 지위향상을 보장하고자 하는 헌법 제33조 제1항의 취지에 정면으로 반하고 자유민주주의가 지향하는 공존공영의 원칙 및 소수자 보호의 원칙에도 어긋나는 것이다. 따라서 이 사건 법률조항은 헌법 제33조 제1항의 근로자 단결권이나 노동조합 단결강화권에 의하여도 정당화될 수 없다. 지배적 노동조합이 근로자를 제명한 경우에는 해고할 수 없도록 하였지만, 노동조합이 조합원인 근로자를 제명하는 것도 해당 근로자의 의사가 아니라 노동조합의 결정에 맡겨져 있는 것이므로, 그러한 예외규정에 의하여 해당 근로자의 단결하지 아니할 자유에 대한 제한과 생존권에 대한 위협이 완화되거나 정당화된다고 보기 어렵다.

따라서 이 사건 법률조항은 근로자의 단결하지 아니할 자유를 헌법 제33조 제1항에 위반되는 방법으로 부당하게 침해하는 것이라고 하지 않을 수 없다.」

▶ 단체교섭권

▸ **단체교섭권에는 단체협약체결권이 포함되어 있다고 보아야 하며 노동조합의 대표자 또는 노동조합의 위임을 받은 자에게 단체교섭권과 함께 단체협약체결권을 부여한 구 노동조합법 제33조 제1항은 헌법에 위반되지 않는다고 본 판례**

[憲 1998. 2. 27.-94헌바13등](노동조합법 제33조 제1항 위헌소원)

「노동조합의 대표자 또는 노동조합으로부터 위임을 받은 자에게 단체교섭권과 함께 단체협약체결권을 부여한 이 사건 법률조항의 입법목적은 노동조합이 근로3권의 기능을 보다 효율적으로 이행하기 위한 조건을 규정함에 있다 할 것이다. 따라서 비록 이 사건 법률조항으로 말미암아 노동조합의 자주성이나 단체자치가 제한되는 경우가 있다고 하더라도 이는 근로3권의 기능을 보장함으로써 산업평화를 유지하고자 하는 중대한 공익을 위한 것으로서 그 수단 또한 필요 · 적정한 것이라 할 것이므로 헌법에 위반된다고 할 수 없다.」

▶ 단체행동권의 내용

▸ **쟁의행위의 한계 및 쟁의행위의 정당성에 대한 판례**

[憲 1996. 12. 26.-90헌바19등](노동쟁의조정법 제4조, 제30조 제3호, 제31조, 제47조에 대한 헌법소원)

⇔ 재판관 5인(재판관 김진우, 재판관 황도연, 재판관 이재화, 재판관 조승형, 재판관 고중석)의 반대의견(위헌)

「2) 헌법상의 쟁의행위 제한

가) 헌법상 보장되고 있는 단체행동권이라 하여도 그것이 어느 경우에나 절대적으로 보장되는 것을 의미하지는 않는다고 할 것이므로 그 정당성이 전제되어야 한다. 정당한 쟁의행위라 함은

① 그 주체가 단체교섭의 주체가 될 수 있는 자라야 하고,

② 그 목적이 근로조건의 향상을 위한 노사간의 자치적 교섭을 조성하는데 있어야 하며,

③ 사용자가 근로자의 근로조건 개선에 관한 단체교섭의 요구를 거부하였을 때 개시하되 특별한 사정이 없는 한 조합원의 찬성결정과 법 소정의 쟁의발생 신고를 거쳐야 하고,

④ 그 수단과 방법이 사용자의 재산권과 조화를 이루어야 함은 물론 폭력행사에 해당하지 않는 것이어야 한다.

정당한 단체행동권의 행사로서의 쟁의행위에 대하여는 형사상의 처벌을 받지 아니하고(노동조합법 제2조, 노동쟁의조정법 제9조), 사용자에 대한 관계에서 민사상의 채무불이행 또는 불법행위 책임을 부담하지 아니하며(노동쟁의조정법 제8조), 단체행동에 참가하였음을 이유로 근로자가 해고 기타 불이익한 처우를 받지 아니하도록 하여(노동조합법 제39조 제5호) 정당한 단체행동에 대한 법적 보호를 하고 있다.

나) 한편 헌법 제33조 제2항은 법률이 정하는 일정 범위의 공무원에 대하여만 단체행동권을 인정하고, 헌법 제33조 제3항은 주요방위산업체 근로자의 단체행동권을 법률로 제한 또는 배제할 수 있는 근거를 규정하고 있으며, 헌법 제37조 제2항은 공무원이나 주요방위산업체 근로자가 아니더라도 국가안보, 질서유지, 공공복리를 위하여 필요한 경우에 한하여 법률로써 단체행동권을 제한할 수 있도록 규정하고 있다. 그러나 국가안보, 질서유지 공공복리를 위하여 단체행동권을 제한하는 경우에도 그 목적을 달성하기 위하여 적합한 방법을 취하여야 하고 필요한 최소한도에 그쳐야 할 뿐 아니라, 단체행동권의 본질적 내용을 침해할 수는 없다

할 것이다.」

[大 1996. 1. 26.-95도1959](업무방해 · 직무유기 · 직무유기교사)

「원심은, 근로자의 쟁의행위 정당성은 첫째 그 주체가 단체교섭의 주체로 될 수 있는 자이어야 하고, 둘째 그 목적이 근로조건의 향상을 위한 노사간의 자치적 교섭을 조성하는 데에 있어야 하며, 셋째 사용자가 근로자의 근로조건 개선에 관한 구체적인 요구에 대하여 단체교섭을 거부하였을 때 개시하되 특별한 사정이 없는 한 조합원의 찬성결정 및 노동쟁의 발생신고 등 절차를 거쳐야 하는 한편, 넷째 그 수단과 방법이 사용자의 재산권과 조화를 이루어야 할 것은 물론 폭력의 행사에 해당되지 아니하여야 한다는 여러 조건을 모두 구비하여야 비로소 인정될 수 있는바(당원 1991. 5. 24. 선고 91도324 판결), 기록에 의하면 이 사건 쟁의행위의 주체인 전기협은 적법한 절차를 거쳐 쟁의주체로서 조직된 단체가 아니어서 단체교섭권이 없는 임의단체일 뿐만 아니라, 이 사건 쟁의에 관해서는 전기협 중앙본부의 지시에 따라 이루어진 것일 뿐 노동쟁의 발생신고 등의 적법한 절차를 거치지도 아니한 사실을 인정할 수 있으므로 피고인 등의 이 건 파업에 이른 행위는 근로자의 정당한 쟁의행위로서 위법성이 조각된다고 볼 수 없다고 판단하고 있는바, 기록과 관계 법령에 비추어 살펴보면 원심의 위 판단은 옳고, 거기에 소론과 같은 위법이 없다.」

- ▸ **무노동 무임금 원칙에 대한 판례**
- ▹ **대법원이 종래 임금 2분설의 입장에 따라 임금을 사실상 근로를 제공한 데 대하여 받는 교환적 부분과 근로자의 지위에서 받는 생활보장적 부분으로 나누어 파업기간 중 임금 가운데 교환적 부분에 대해서만 청구할 수 없다는 입장을 보였던 판례**

[大 1992. 3. 27.-91다36307](임금)

「쟁의행위로 인하여 사용자에게 근로를 제공하지 아니한 근로자는 일반적으로 근로의 대가인 임금을 구할 수는 없다 할 것이지만(무노동 무임금의 원칙), 구체적으로 지급청구권을 갖지 못하는 임금의 범위는 임금 중 사실상 근로를 제공한 데 대하여 받는 교환적부분과 근로자로서의 지위에 기하여 받는 생활 보장적 부분 중 전자만에 국한되며, 또한 위 양 부분의 구별은 당해 임금의 명목에 불구하고 단체협약이나 취업규칙등의 규정에 결근.지각. 조퇴등으로 근로를 제공하지 아니함에 의하여 당해임금의 감액을 정하고 있는지의 여부, 또는 위와 같은 규정이 없더라도 종래부터의 관행이 어떠하였는지 등을 살펴 판단할 것이다.

이 사건에 관하여 보면, 원고들은 원심판시와 같이 위 운영규정상 결근자에 준한다고 할 수 있고, 위 운영규정에 기본급에 관하여는 결근자를 감액지급대상자로 정한 반면 정근수당에 관하여는 감봉이상의 징계처분을 받거나 직위해제처분을 받지 아니한 결근자를 그 전액지급 대상자로 정하고 있으며, 쟁의행위로 인하여 근로를 제공하지 아니한 자에 대하여 별도의 정함도 없고 또한 이에 관한 관행도 있음을 인정할 만한 아무런 자료가 없는 이 사건에 있어서 정근수당은 임금 중 위 보장적부분에 해당되어(따라서 위 운영규정 제106조 제1호 소정의 '계속 근무한 자'라 함은 사실상 근로를 제공한 자를 의미하지 않고 근로자의 지위를 계속하여 유지하고 있는 자를 의미한다) 피고조합은 원고들에게 소정의 정근수당을 지급할 의무가 있다할 것인바, 이와 같은 취지의 원심판단은 정당하고 거기에 소론이 지적하는 바와 같은 위 운영규정 제106조 제1,2항에 관한 법리를 오해한 위법이 있다 할 수 없다. 논지는 이유 없다.」

▷ **대법원이 임금을 교환적 부분과 생활보장적 부분으로 이분할 수 없다고 보고 원칙적으로 쟁의행위 기간 동안에는 임금청구권은 발생하지 않는다고 하여야 하고, 그 지급청구권이 발생하지 아니하는 임금의 범위가 임금 중 이른바 교환적 부분에 국한된다고 할 수 없다는 취지의 변경된 판례**

[大 1995. 12. 21.-94다26721](임금)

「쟁의행위시의 임금지급에 관하여 단체협약이나 취업규칙 등에서 이를 규정하거나 그 지급에 관한 당사자 사이의 약정이나 관행이 있다고 인정되지 아니하는 한 근로자의 근로 제공 의무 등의 주된 권리 · 의무가 정지되어 근로자가 근로 제공을 하지 아니한 쟁의행위 기간 동안에는 근로 제공 의무와 대가관계에 있는 근로자의 주된 권리로서의 임금청구권은 발생하지 않는다고 하여야 할 것이고, 그 지급청구권이 발생하지 아니하는 임금의 범위가 임금 중 이른바 교환적 부분에 국한된다고 할 수 없으며, 사용자가 근로자의 노무 제공에 대한 노무지휘권을 행사할 수 있는 평상적인 근로관계를 전제로 하여 단체협약이나 취업규칙 등에서 결근자 등에 관하여 어떤 임금을 지급하도록 규정하고 있거나 임금 삭감 등을 규정하고 있지 않고 있거나 혹은 어떤 임금을 지급하여 온 관행이 있다고 하여, 근로자의 근로 제공 의무가 정지됨으로써 사용자가 근로자의 노무 제공과 관련하여 아무런 노무지휘권을 행사할 수 없는 쟁의행위의 경우에 이를 유추하여 당사자 사이에 쟁의행위 기간 중 쟁의행위에 참가하여 근로를 제공하지 아니한 근로자에게 그 임금을 지급할 의사가 있다거나 임금을 지급하기로 하는 내용의 근로계약을 체결한 것이라고는 할 수 없다 할 것이다.

따라서 이와 다른 견해를 취한 바 있는 당원 1992. 3. 27. 선고 91다36307 판결 및 같은 해 6. 23. 선고 92다11466 판결은 이를 변경하기로 한다.」

⇔ 대법관 3인(대법관 정귀호, 대법관 이돈희, 대법관 이용훈)의 반대의견

「1. 근로계약에 의하여 근로자가 제공하는 노동은 근로자가 보유하고 있는 "육체적 및 정신적 모든 능력의 총집합"으로서의 노동력의 사용 또는 처분에 관한 권한을 사용자에게 맡겨 놓고 사용자의 지휘명령에 따라 구체적인 노동을 제공하는 이른바 종속노동의 성격을 갖고 있으므로, 근로자에게 지급되는 임금은 구체적인 노동의 제공에 대한 대가로서의 의미를 갖기 이전에 기본적으로 근로자가 전인격적인 노동력의 처분 등에 관한 권한을 사용자에게 맡겨 놓은 것에 대한 대가로서의 성격을 갖는 것이다. 그러므로 근로계약은 이를 체결한 근로자가 사용자의 기업조직에 편입되어 근로자로서의 지위와 직무를 맡게 되는 제1차적 의무와 근로자가 매일매일 사용자의 지시에 따라 구체적인 근로를 제공하여야 할 제2차적인 의무를 부담하는 이중적 구조를 갖게 되고, 근로자의 임금도 이러한 이중구조에 대응하여 전자처럼 근로자로서의 지위를 취득함에 따라 발생하는 부분과 후자처럼 구체적인 근로의 제공에 따라 발생하는 부분의 통합적 형태로 구성되어 있다.

따라서 근로자가 헌법과 법률이 정한 바에 따른 정당한 쟁의권 행사의 효과로 인하여 적법한 절차에 따른 파업에 참가하게 되면 구체적 근로 제공 의무로부터는 해방되므로 이와 직접적으로 대가관계가 있는 임금을 청구할 수 없게 되는 것은 당연한 것이지만 파업 중에도 사용자와의 종속적 근로관계, 즉 종업원으로서의 신분은 해소되지 아니하고 유지되는 것이기 때문에 이러한 지위에서 발생하는 임금의 청구권은 여전히 남아 있게 되는 것이다.」

□ 제한과 그 한계

▶ 제 한

▸ **공무원인 근로자의 단결권 · 단체교섭권 · 단체행동권 제한에 대한 판례**

▹ **사실상 노무에 종사하는 공무원 이외의 공무원의 단결권 · 단체교섭권 · 단체행동권을 부인하는 국가공무원법 제66조 제1항에 대하여 합헌이라고 본 판례**

[憲 1992. 4. 28.-90헌바27등](국가공무원법 제66조에 대한 헌법소원)

「위 법률조항이 근로3권이 보장되는 공무원의 범위를 사실상의 노무에 종사하는 공무원에 한정하고 있는 것은, 근로3권의 향유주체가 되는 공무원의 범위를 정함에 있어서 공무원이 일반적으로 담당하는 직무의 성질에 따른 공공성의 정도와 현실의 국가 · 사회적 사정 등을 아울러 고려하여 사실상의 노무에 종사하는 자와 그렇지 아니한 자를 기준으로 삼아 그 범위를 정한 것으로 보여진다. 이러한 입법내용은 앞서 본 바와 같이 헌법상 근로자에 대한 근로3권의 실질적 보장이 전제되고 있으면서도 헌법 제33조 제2항이 근로3권이 보장되는 공무원의 범위를 법률에 의하여 정하도록 유보함으로써 공무원의 국민 전체에 대한 봉사자로서의 지위 및 그 직무상의 공공성 등의 성질을 고려한 합리적인 공무원제도의 보장, 공무원제도와 관련한 주권자 등 이해관계인의 권익을 공공복리의 목적아래 통합 조정하려는 의도와 어긋나는 것이라고는 볼 수 없다.

그러므로 위 법률조항은 입법권자가 근로3권의 향유주체가 될 수 있는 공무원의 범위를 정하도록 하기 위하여 헌법 제33조 제2항이 입법권자에게 부여하고 있는 형성적 재량권의 범위를 벗어난 것이 아니며, 따라서 헌법에 위반하는 것이라고 할 수는 없다.」

⇒ 재판관 1인(재판관 변정수)의 별개의견

「헌법 제33조 제2항은 "공무원인 근로자는 법률이 정하는 자에 한하여 단결권 · 단체교섭권 및 단체행동권을 가진다"라고 규정하여 공무원에 대하여는 원칙적으로 노동3권을 제한 내지 박탈할 수 있도록 특별유보조항을 두었는데 …… 헌법 제33조 제2항은 그보다 상위규정이며 민주주의 헌법의 기본이념이고 헌법핵(憲法核)이라고 할 수 있는 헌법 제11조 제1항 소정의 평등원칙에 위배되는 조항일 뿐더러 인간의 존엄과 가치 및 행복추구권을 규정한 헌법 제10조에도 위배되는 조항으로서 앞으로 헌법개정 등을 통해 재검토되어야 할 매우 부당한 위헌적인 헌법규정이다. ……

공무원의 노동운동을 전면금지한 국가공무원법 제66조 제1항 본문의 규정이 합리적 이유 있는 것으로서 헌법의 평등원칙에 위배되지 아니하고 따라서 합헌이라는 다수의견의 이론에 나는 찬동할 수 없다. 그러나 위 규정이 헌법 제33조 제2항의 특별유보조항에 근거하고 있기 때문에 어쩔 수 없이 합헌선언할 수밖에 없는 것이고 따라서 나는 다수의견의 결정주문에는 찬동하면서 그 결론에 이르는 논거에 관하여는 앞서 본 바와 같이 다수의견에는 견해를 달리하므로 그 점에 대하여 반대의견을 개진하는 바이다.」

▹ **모든 공무원에 대하여 일률적으로 쟁의행위를 금지하여 사실상 노무에 종사하는 공무원에 대하여도 쟁의행위를 금지하고 있는 구 노동쟁의조정법 제12조 제2항에 대하여 헌법불합치 결정을 한 판례**

[憲 1993. 3. 11.-88헌마5](노동쟁의조정법에 관한 헌법소원)

「가. 현행 헌법 제33조 제2항의 내용

…… 헌법의 개정경위와 현행 헌법 제33조 제2항의 해석상 구헌법과는 달리 국가공무원이든 지방공무원이든 막론하고 공무원의 경우에 전면적으로 단체행동권이 제한되거나 부인되는 것이 아니라 일정한 범위 내의 공무원인 근로자의 경우에는 단결권·단체교섭권을 포함하여 단체행동권을 갖는 것을 전제하였으며, 다만 그 구체적 범위는 법률에서 정하여 부여하도록 위임하고 있는 것이다. 1987년 현행 헌법개정심의 과정에서도 그 입법취지가 그와 같은 것으로 이해되었으며, 이것은 헌법개정특별위원회회의록에서도 그대로 비추어지고 있다.

나. 노동쟁의조정법 제12조 제2항의 제정경위와 헌법불합치

그럼에도 불구하고 단체행동권을 구체화한 법률이며, 현행 헌법이 제정·공포된 뒤이지만 시행되기 바로 전인 1987. 11. 28. 법률 제3967호로써 개정된 현행 노동쟁의조정법(이하 '법'이라 한다) 제12조 제2항에서는 위와 같은 헌법적 위임은 고려하지 않은 채 종래처럼 "국가·지방자치단체……에 종사하는 근로자는 쟁의행위를 할 수 없다"는 규정을 그대로 놓아 두고 있다. 이와 같은 규정은 위에서 본바 전문 개정의 현행 헌법 이전의 구헌법 제31조의 규정에 부합된다 하여도 현행 헌법 제33조의 규정을 도외시한 것이다. ……

물론 현행 헌법 제33조 제2항도 국가공무원이든 지방공무원이든 막론하고 모든 공무원에게 노동3권을 준다는 취지는 아닌 것이며, 일부 공무원에게는 단체행동권을 주지 않는다는 것도 전제된 것이라 볼 때에, 법 제12조 제2항은 이 한도 내에서는 그 제정경위야 어떻든 합헌적인 면이 있음을 결코 부인할 수 없을 것이다. …… 그러나 한편, 문면 해석상 일응 모든 공무원에게 단체행동권 즉, 쟁의권을 근본적으로 일률적으로 부인하고 있는 것이 이 규정이며, 이 규정으로 인하여 헌법 제33조 제2항이 예정하는 일정범위의 공무원까지 쟁의권이 제한·금지당하게 되는 것이므로, 이와 같은 측면에서는 확실히 현행 헌법 제33조 제2항의 규정과는 충돌이 되고 저촉되는 면이 있다. 이는 일정한 범위의 공무원인 근로자에게 단체행동권을 주는 입법을 하지 않고 공무원 일반에 금지하는 조항만 정한 데서 온 결과라고도 하겠다. 헌법 제37조 제2항에 비록 일반적 법률유보조항을 두고 있으나 이에 의하여 기본권의 본질적 내용은 침해할 수 없는 것이므로, 동 제37조 제2항으로써 한정된 범위의 공무원의 단체행동권마저 부인하는 법 제12조 제2항의 규정이 정당화될 수는 없을 것이다. 이상 본 바로 이 규정 자체가 전면위헌인 것으로서 전면무효화를 위한 단순위헌을 선언할 성질의 것은 못된다고 하여도 헌법에 맞지 않는 규정임에 틀림없다 할 것이며, 앞으로 현행 헌법규정과 충돌이 됨이 없이 합헌의 상태가 되도록 고쳐져서 재정비되어야 할 규정이라고 봄이 마땅할 것이다.

다. 공무원의 단체행동권과 헌법합치의 방안

현행 헌법 제33조 제2항은 "공무원인 근로자는 법률이 정하는 자에 한하여 단결권·단체교섭권 및 단체행동권을 가진다"고 하였는데, 이는 헌법이 분명히 단체행동권을 가질 공무원의 범위를 향후 하위법규인 법률로 제정하여야 하도록 입법자에게 입법작위의무를 과하고 있는 취의라고 할 것이므로, 입법자는 모름지기 이와 같은 헌법상의 입법의무를 이행하여 관계 법률이 헌법 제33조 제2항과 합치되도록 하여야 할 것이다.」

※ 위 사안에서 헌법불합치결정을 한 다수의견에 대하여, 재판관 1인(재판관 변정수)은 심판대상 조항이 위헌이므로 폐지되어야 하며 헌법불합치결정은 불합리하다는 취지의 반대의견(위헌)이 있었음

▸ **사립학교 교원의 단결권 · 단체교섭권 · 단체행동권의 제한에 대한 판례**

▹ **사립학교의 교원에게 국가공무원법 제66조 제1항 중 노동운동을 하여서는 아니된다는 법률조항을 준용하도록 한 사립학교법 제55조 및 사립학교 교원의 노동운동을 면직사유로 규정한 사립학교법 제58조 제1항 제4호에 대하여 합헌으로 본 판례**

[憲 1991. 7. 22.-89헌가106](사립학교법 제55조 제58조 제1항 제4호에 관한 위헌심판)

「국가가 특수한 일에 종사하는 근로자에 대하여 헌법이 허용하는 범위 안에서 입법에 의하여 특별한 제도적 장치를 강구하여 그들의 근로조건을 유지 · 개선하도록 함으로써 그들의 생활을 직접 보장하고 있다면, 이로써 실질적으로 근로기본권의 보장에 의하여 이룩하고자 하는 목적이 달성될 수 있다. 이러한 특정근로자는 비록 일반근로자에게 부여된 근로기본권의 일부가 제한된다고 하더라도 실질적으로 그들에게 아무런 불이익을 입히지 아니하는 결과에 이를 수도 있다. ……

교원에 대한 처우를 개선하고 그 신분을 보장하며, 경제적 · 사회적 지위의 향상을 기하기 위하여 제정된 위 각 법률의 규정을 종합하면 결국 일반근로자에게 근로3권을 보장함으로써 노동조합이라는 단체를 조직하게 하고, 단체교섭권 · 단체행동권 등의 행사를 통하여 그들의 경제적 · 사회적 지위의 향상을 스스로 기할 수 있도록 한 것에 갈음하여 사립학교 교원에 대하여는 법률의 규정으로 직접 보수와 신분의 보장을 하는 한편, 교원이라는 신분에 걸맞는 교직단체인 교육회를 통하여 그들의 경제적 · 사회적 지위향상을 도모할 수 있도록 보장하고 있는 것으로 보아야 할 것이다.

…… 이 사건 심판의 대상이 된 위 각 법률조항은 근로자인 사립학교 교원에게 비록 헌법 제33조 제1항에 정한 근로3권의 행사를 제한 또는 금지하고 있다고 하더라도 이로써 사립학교 교원이 가지는 근로기본권의 본질적 내용을 침해한 것으로는 볼 수 없고, 그 제한은 입법자가 앞서 본 교원지위의 특수성과 우리의 역사적 현실을 종합하여 공공의 이익인 교육제도의 본질을 지키기 위하여 결정한 것으로서 필요하고 적정한 범위내의 것이라 할 것이므로 헌법 제33조 제1항은 물론 헌법 제37조 제2항에도 위반되지 아니한다.

바. 근로기본권에 대한 평등원칙과의 관계

(1) 일반근로자와의 차별

사립학교 교원에게 헌법에 정한 근로3권의 행사를 제한 또는 금지하는 이유는 이미 앞에서 본 교원지위의 특수성, 교원직무의 자주성 · 전문성, 교육제도의 구조적 특성과 전통을 고려하는 한편, 사립학교법 등 법률에 의하여 직접적으로 사립학교 교원의 신분 · 정년 기타 근무조건을 강력하게 보장하고, 아울러 모든 교원들이 그들의 신분에 걸맞은 교직단체인 교육회를 조직하고 이를 통하여 그들의 경제적 · 사회적 지위향상을 도모할 수 있도록 법적으로 장치가 되어 있기 때문인 것이다.」

⇔ 재판관 1인(재판관 이시윤)의 반대의견

「위 사립학교법 각 조문에서 금지하는 노동운동은 오로지 단체교섭권 및 단체행동권의 행사를 뜻하는 것으로 볼 것이고 이를 넘어서 단결권의 행사까지 포함하여 금지하는 것이 된다면 기본권제한의 한계를 넘어선 본질적 내용의 침해가 되는 입법이 되어 헌법 제33조 제1항, 제37조 제2항에 위반된다. 여기서 합헌이 될 단결권행사의 노동운동은 헌법 제33조 제1항에서 규정한 바 근무조건의 향상을 목적으로 하는 노동조합의 결성이나 그러한 노동조합에의 가입에 그친다고 할 것이다.」

⇔ **재판관 1인(재판관 김양균)의 반대의견**

「사립학교 교원은 근로자의 지위에서 영위하는 생활영역에서 일반근로자와 원칙적으로 똑같은 근로3권이 보장되어야 하며 일반근로자와 정당한 이유없이 차별하여 그의 근로3권을 전부 부정하고 있는 사립학교법 각 조문은 헌법상의 법치주의원리와 위 헌법 제11조 제1항, 제33조 제1항, 제37조 제2항에 정면으로 위배되고 아울러 제10조, 제6조 제1항과도 조화될 수 없으므로 위헌이다.」

⇔ **재판관 1인(재판관 변정수)의 반대의견**

「헌법 제31조 제6항을 내세워 헌법 제33조 제1항에 의하여 사립학교 교원에게도 당연히 그 향유자격이 부여된 단결권, 단체교섭권, 단체행동권을 제한하거나 박탈해도 된다는 논리는 근로3권을 향유할 수 없는 근로자를 공무원에 한정한 헌법 제33조 제2항의 규정에 명백히 저촉되며, 헌법 제37조 제2항에 의한 제한이라 하더라도 사립학교 교원에 대하여 노동운동을 전면적으로 금지하고 있는 위 사립학교법 각 조문은 헌법 제33조, 제37조 제2항에 위반되어 위헌이다.」

◎ **같은 취지 : 憲 1999. 6. 24.-97헌바61**

▸ **헌법 제37조 제2항에 의한 제한에 대한 판례**

▹ **구 노동쟁의조정법상 제3자 개입금지 규정을 합헌으로 본 판례**

[憲 1990. 1. 15.-89헌가103](노동쟁의조정법 제13조의2 등에 의한 위헌심판)

「다. 근로3권의 제한과의 관계

헌법이 근로자에게 단결권·단체교섭권·단체행동권을 인정한 취지는 경제적 약자인 근로자가 사용자와 대등한 입장에서 단체협약을 체결할 수 있게 하자는 데 있다. 근로자들이 단결·단체교섭 및 단체행동권을 합법적으로 적정하게 행사하려면 법률에 관한 지식은 물론 그 이외에 당해 기업의 경영실적 등에 관한 지식도 갖추어야 할 것이다. 그러나 통상 근로자들에게 법률 등에 관한 전문적 지식을 요구할 수는 없는 노릇이므로 근로자들이 쟁의행위를 함에 있어 변호사·공인노무사 등 학식과 경험이 있는 전문가의 조력을 받는 등 노동관계 당사자 이외의 제3자로부터 도움을 받아야 할 필요성은 인정된다.

법 제13조의2가 규정한 금지의 내용을 보면, 근로자들이 필요로 하는 위와 같은 조력을 차단하고자 하는 것이 아님이 명백하다. 위 법률조항은 근로자들이 쟁의행위를 함에 있어 총연합단체인 노동조합 또는 당해 노동조합이 가입한 산업별 연합단체인 노동조합으로부터는 조력을 받을 수 있도록 길을 열어 두고 있고, 쟁의행위에 관하여 관계당사자를 조종·선동·방해하거나 기타 이에 영향을 미칠 목적으로 개입하는 행위만을 금지하고 있을 뿐이다. 위 법률의 조항이 금지하는 이러한 조종·선동·방해행위는 그 어느 것이나 근로자들을 단순히 조력한다는 범위를 넘어선 것으로서, 노동관계 당사자의 자주적 의사결정에 의한 노동쟁의의 발의·계획·수행 및 해결을 왜곡·저해하는 행위일 뿐만 아니라, 위 "나"에서 본 단체행동권의 목적에서 도출되는 허용의 한계를 벗어나는 것들이기 때문이다.

따라서 법 제13조의2가 규정하는 제3자개입금지는 헌법이 인정하는 근로3권의 범위를 넘어선 행위를 규제하기 위한 입법일 뿐, 근로자가 단순한 상담이나 조력을 받는 것을 금지하고자 하는 것은 아니므로, 근로자 등의 위 기본권을 제한하는 것이라고는 볼 수 없다. 또한 노동관계 당사자가 아니면서 쟁의행위에 개입한 제3자는 헌법 제33조 제1항에 의한 권리를 보장받을 수 있는 주체도 아니다.」

⇔ 재판관 2인(재판관 김진우, 재판관 이시윤)의 반대의견

「이상 본 바로 제3자의 적법한 쟁의에 영향을 미칠 목적의 개입행위에 형사제재를 과하게 된다면 헌법 제33조 제1항, 제10조 후문의 국가의 단체행동권 보장의무에 위배되고, 또 헌법 제10조 전문의 행복추구권의 파생인 일반적인 행동자유권 특히 표현의 자유의 침해이며, 나아가 우리의 정의관과 형평에 어긋나고 실질적으로 죄형법정주의에 위배되어 결국 위헌이 된다. 그러므로 노동쟁의조정법 제13조의2, 제45조의2 제3자의 개입금지위반에 대한 벌칙규정이 우리 헌법구조에 합치되어 그 합헌성이 유지되려면 그 적용범위를 좁혀 원시적이든 후발적이든 위법한 쟁의행위 과정에 제3자가 개입한 경우에만 형사제재의 대상이 되는 것으로 한정적으로 해석하여야 된다고 본다. 즉 제3자의 개입이 처벌을 받게 되는 것은 쟁의행위가 근로자의 근로조건의 유지 · 개선 · 근로자의 복지증진의 목적을 일탈한 정치투쟁이나 계급투쟁적인 대결성을 띤 경우 사회통념에 반하여 부당하게 장기화하며 현저히 국민경제를 위태롭게 하는 공익사업체의 쟁의, 명백히 부당한 압력이라고 볼 극한쟁의, 폭력행위나 파괴행위를 수반하거나 노동관계법 소정절차를 어긴 것과 같은 류의 위법성이 있는 쟁의행위에 한한다고 할 것이다. 제3자의 조종 · 선동 등 개입이 쟁의주체의 행동자유권의 침해라고 할 정도에 이르고 그로 인하여 완전히 자주성을 잃은 "꼭두각시"성 쟁의도 위법쟁의의 범주에 속한다고 할 것이다(이와 같은 위법쟁의는 노동쟁의조정법 제46조 내지 제48조 소정의 위법쟁의 이외의 것들일 것이다). 결국 헌법 제33조 제1항에 의한 보호를 받을 수 없는 헌법에 어긋나는 단체행동권의 행사인 경우로 요약될 수 있을 것이다.

형사제재의 기준을 이와 같이 잡는다면 변호사 · 공인노무사 · 노총이나 산업별노조 소속원이라는 신분을 가졌다고 하여 다른 법적 취급을 할 이유가 없으며 다른 사람과 마찬가지로 평등하게 법의 적용을 받아야 할 것이다. 따라서 노동쟁의조정법 제13조의2, 제45조의2는 한정적 · 합헌적 해석하에서 적법쟁의에 개입은 그 적용이 배제될 때 비로소 합헌이라고 할 수 있으며 우리는 이러한 조건하에서 합헌이라고 보며, 그렇지 않으면 일부적용배제하는 취지는 아무런 구속력을 가질 수 없을 것이다. 그러므로 주문에서 조건없이 전면합헌이라고 선언하는 다수의견에는 찬성할 수 없는 것이다.」

⇔ 재판관 1인(재판관 김양균)의 보충의견 및 반대의견

「가. 제3자 개입행위 처벌규정의 합헌성에 대한 보충의견

…… 법률이 노동쟁의조정법(제13조의2) 뿐만 아니라 조동조합법(제12조의2), 노사협의회법(제27조) 등에서 전부 제3자의 개입을 금지하고 그 위반행위에 대하여 벌칙을 두고 있는 이유는 쟁의행위 그 중에서도 동맹파업이나 직장폐쇄와 같은 강도가 높은 쟁의행위는 긍정적인 측면과 아울러 부정적인 측면도 있다고 보고 그러한 중대한 결정은 가급적 외부세력의 간섭없이 노동관계당사자 스스로에 의하여 자율적으로 이루어지는 것이 온당하다고 판단한 데에서 기인하는 것으로서 그 헌법적인 근거로는 다음과 같은 것을 들 수 있을 것이다.

첫째, 헌법상 보장되고 있는 근로자의 자주권(自主權)의 보호이다.……

둘째, 국리민복의 보장이다.……

셋째, 헌법이 추구하고 있는 다른 이익가치의 보호이다. ……

헌법은 민주복지국가의 이념구현을 지향하고 있고, 그것은 헌법 전문(前文)의 "……정치, 경제, 사회, 문화의 모든 영역에 있어서 각인의……능력을 최고도로 발휘하게 하여 자유와 권리에 따르는 책임과 의무를 완수하게 하여 안으로는 국민생활의 균등한 향상을 기하고…… 우리들의 자손의 안전과 자유와 행복을 영원히 확보……"한다는 기본이념으로 나타나 있는데,

국민의 납세의무규정(헌법 제38조)을 비롯해서 수많은 민주복지국의 이념구현을 위한 헌법조문의 제정취지에 쟁의행위(그 중에서도 동맹파업이나 직장폐쇄)는 부정적 효과를 미칠 우려가 있을 수 있으며 오히려 그 이념 구현을 지연시키거나 저지시키는 소인(素因)이 될 수도 있는 것이다. 모든 국민이 근면, 성실하게 각자에게 부하된 사명을 완수하는 것을 지선(至善)이라고 할 때 동맹파업이나 직장폐쇄와 같은 극단적인 쟁의행위는 가능한 최후까지 자제(自制)되는 것이 소망스럽고 그러한 의미에서 제3자의 개입규제의 근거가 있다고 할 것이다.

나. 한정적 합헌의견

(1) 그러나 제3자의 개입은 항시 불법한 것이라 할 수 없고 경우에 따라서는 쟁의행위 자체가 헌법상의 기본권의 행사로서 보호되어야 할 경우도 있을 것이므로 제3자의 개입행위도 경우를 나누어 처리하는 것이 온당하다고 사료된다.

다수 의견은 근로자들이 헌법에서 보장하고 있는 노동3권을 행사함에 있어서 통상 그들에게 법률 등에 관한 전문적 지식을 갖고 있을 것까지를 요구할 수는 없으므로 변호사·공인노무사등 학식과 경험이 있는 전문가의 조력을 받는 등 노동관계당사자 이외의 제3자로부터 조력(助力)을 받아야 할 필요성은 인정되고 이러한 형태의 제3자의 개입은 처벌되지 않고 다만 조력범위를 넘어서 조종·선동·방해하거나 기타 이에 영향을 미칠 목적으로 개입하는 경우에만 처벌되는 것임은 노동쟁의조정법 제13조의2의 규정내용상 명백하다고 한다.

(2) 위 법문의 해석으로 위와 같은 결론이 곧바로 도출된다고 할 것인가는 의문이지만 위와 같은 제3자의 조력행위가 처벌대상이 되어서는 안 된다는 다수의견에 동조하면서 나는 면책(免責)의 법리를 다른 각도에서 살펴보고자 한다. 즉 "정당한 이유가 인정되는지의 여부"를 기준으로 구분하는 것이 바람직하지 않을까 생각하는 것이다.

앞에서 살펴본 바와 같이 쟁의행위는 자제(自制)되는 것이 바람직하기 때문에 정당한 이유없는 제3자의 개입은 저지되어야 하겠지만 제3자의 객관적으로 정당한 이유있는 개입은 저지되어서는 안 될 것이다.……

(3) 그리고 개입행위가 있었음에도 불구하고 현실적으로는 쟁의행위가 발생하지 않는 경우이다.……

다. 결 론

이상을 종합하면 쟁의행위의 적법요건은 이를 엄격하게 해석하는 반면 정당한 이유가 인정되는 개입행위는 허용하고 동시에 현실적으로 쟁의행위가 발생하였는지의 여부에 따라 처벌상의 차이를 인정해야 한다는 결론에 귀착한다. 따라서 노동쟁의조정법 제13조의2의 규정이 합헌성을 유지하려면 "누구든지… '정당한 이유없이' …개입하는 행위를 하여", "쟁의행위를 발생케 한 경우"에 한하여 적용하는 것으로 해석하여야 할 것이고 마찬가지로 그러한 조건하에서 위 법률 제45조의2도 헌법에 위반되지 아니한다고 할 것이다.」

⇔ 재판관 1인(재판관 변정수)의 반대의견

「가. 노동쟁의란 임금, 근로시간, 후생, 해고, 기타의 대우 등 근로조건에 관한 노동관계당사자간의 주장불일치로 인한 분쟁상태를 말하고, 근로자의 쟁의행위란 노동쟁의에 있어 근로자가 그의 주장을 관철할 목적으로 행하는 동맹파업·태업 등 업무의 정상적 운영을 저해하는 행위를 말하는데, 이는 헌법 제33조 제1항이 보장하고 있는 단체행동권의 행사이며 근로자가 쟁의행위를 함에 있어 자신의 힘을 보충하기 위하여 타인의 조언·조력이나 지원을 받는 것은 단체행동권에 당연히 포함된 근로자의 권리이다. 그러므로 근로자가 쟁의행위를 함에 있어 타인의 조력이나 지원을 받을 것인가 아닌가는 스스로 결정할 문제이지 법으로 간섭할 성질의 것이 아니다. 그런데 노동쟁의조정법 제13조의2의 제3자개입금지조항과 그 위반행위에 대한 처벌규정인 같은 법 제45조의2 규정은 근로자의 쟁의행위에 관하여 타인의 조언·조력이나 지원을 받는 길을 완전히 봉쇄하고 쟁의행위를 부당하게 제한하는 기능을 할 수 있게 되어 있어 쟁의행위를 그 핵심적 내용으로 하는 헌법 제33조 제1항의 근로자의 단체행동권을 침해하고 있는 것이다.……

나. 쟁의행위는 헌법상 보장된 근로자의 단체행동권의 행사이므로 그것이 불법적인 것이 아닌 이상은 국민생활의 균등한 향상을 기하고자 하는 헌법이념과 정의에 합당한 행위일 뿐더러 국가의 적극적인 보호를 받아야 할 대상임은 앞에서 설명한 바이다. 그런데 이러한 정당한 행위를 배후에서 도와주거나 부추겼다고 해서 무조건 조종·선동이라는 이름을 붙여 처벌의 대상으로 삼는 것은 자연적 정의와 법의 일반원리에 반한다. 제3자의 개입행위가 노동조합의 불법적·범죄적 활동을 유발, 지원하는 것이라면 형법 등 다른 법률에 의하여 교사범 또는 종범으로 충분히 다스릴 수 있을 것이며, 그와 반대로 정당한 쟁의행위에 대한 것이라면 그것은 오히려 적극 보호되어야 할 것이지 금지되거나 처벌되어야 할 것이 아니다. 결국 노동쟁의조정법 제13조의2, 제45조의2 규정은 정의감정과 법의 일반원리에 위배되는 것이어서 인간의 존엄과 가치수호를 선언한 헌법 제10조에 위반되고 위 법률조항의 목적이 아무리 산업평화의 유지를 위한 것이라고 하더라도 입법권의 한계를 크게 벗어난 것이다.……

다. 제3자개입금지조항의 입법취지는 노사간의 문제를 제3자의 개입 없이 당사자간에 자율적으로 해결하게 하고 생산질서와 산업평화를 유지하게 하고자 함에 있다고 한다. 그런데 실제에 있어 사용자측은 제3자개입금지조항과는 아무 상관없이 전문가를 고용하거나 자문을 얻고, 또 막강한 자금력에 의하여 유리한 전략지원을 총동원하여 근로자의 단체행동에 대응하고 있는 데 반하여 근로자는 제3자개입금지조항으로 말미암아 총연합단체인 노동조합 또는 당해 노동조합이 가입한 산업별 연합단체인 노동조합의 도움을 받는 것을 제외하고는 근로자 상호간의 연대는 말할 것도 없고 타인의 조언은 물론 심지어 변호사나 공인노무사 등 전문가의 조력이나 지원마저도 받을 수 없게 되어 노사간에 대등한 입장에서의 노동계약은 기대할 수 없는 것이다. 따라서 제3자개입금지나 그에 위반한 자에 대한 처벌규정은 모든 국민의 평등권을 규정한 헌법 제11조 제1항에도 위반된다.……

라. 헌법 제12조 제1항은 "모든 국민은 신체의 자유를 가진다. 누구든지 법률에 의하지 아니하고는 체포·구속·압수·수색 또는 심문을 받지 아니하며, 법률과 적법한 절차에 의하지 아니하고는 처벌·보안처분 또는 강제노역을 받지 아니한다"라고 규정하고 있다.

이는 무엇이 범죄이며 그에 대한 처벌이 어떠한 것인가를 미리 법률로써 명확히 정해야 한다는 죄형법정주의와 그 법률이란 것도 국회에서 제정한 법이면 그 내용이 어떠하든 간에 된다는 것이 아니고, 목적과 내용에 있어서도 인간의 존엄과 가치를 존중하는 헌법이념과 자연적 정의에도 합치되어야 한다는 적법절차의 원리를 천명한 것이다. 그런데 노동쟁의조정법 제45조의2에서 처벌하기로 된 같은 법 제13조의2에 규정된 "쟁의행위에 관하여 관계당사자를 조종·선동·방해하거나 기타 이에 영향을 미칠 목적으로 개입하는 행위"라는 표현은 극히 애매모호하고 광범위하여 명확성이 결여되어 있으므로 죄형법정주의에 반하고, 근로자의 노동쟁의행위는 헌법상 보장된 권리로서 불법행위가 아니라 정당한 행위이므로 합법적 쟁의행위에 대한 합리적인 제3자개입은 금지되어야 할 것이 아니라 오히려 권장되어야 하는 것이 정의에 합당하는 것인데도 불구하고 위 법률조항들은 쟁의행위의 합법성 여부를 묻지 않고 그에 대한 제3자개입행위를 처벌대상으로 삼고 있다는 점에서 헌법이념과 정의감정에 반하는 법률이며 따라서 적법절차를 갖춘 법률이라고 할 수 없다. 결국 노동쟁의조정법 제13조의 2, 제45조의2의 각 규정은 죄형법정주의와 적법절차를 규정한 헌법 제12조 제1항에도 위반된다.

마. 모든 국민은 헌법 제21조 제1항에서 보장된 언론·출판의 자유에 의하여 사상 및 의견을 표명하거나 이를 타인에게 전달할 수 있는 권리가 있다. 따라서 노동관계당사자가 아닌 제3자라 하더라도 근로자의 요구에 의하거나 스스로의 의사에 의하여 노동쟁의나 쟁의행위에 관하여 자기의 의견을 표명하거나 전달할 수 있는 것이다.

그런데 노동쟁의조정법 제13조의2와 제45조의2 규정은 위와 같은 국민의 자유를 제한하는 기능으로 작용할 것이 명백하고, 정당한 의견표명조차도 무조건 제3자개입행위로 보아 제재를 가할 수 있게 되어 언론·출판의 자유의 본질적 내용을 침해할 우려가 있으므로 결국 위 규정들은 헌법 제21조 제1항에도 위반된다.」

※ 위 사안에서 평등보호의 위반여부에 대한 부분은 〈제5편 – 제2장 – □ 제한과 그 한계〉 판례 인용부분을, 죄형법정주의의 명확성 원칙 위반 여부에 대한 부분은 〈제5편 – 제3장 – 1. – 인신보호를 위한 헌법원리 – □ 죄형법정주의〉 판례 인용부분을 각 참조

▷ 공익사업에 대한 강제중재규정에 대하여 합헌의견 4인, 위헌의견 5인으로 합헌 결정을 한 사례
[憲 1996. 12. 26.-90헌바19등](노동쟁의조정법 제4조, 제30조 제3호, 제31조, 제47조에 대한 헌법소원)

「가) 먼저, 위에서 본 강제중재제도의 필요성과 그 운영의 합리성을 전제로 하여, 공익사업에 한하여 강제중재에 회부하도록 한 규정의 합헌성에 관하여 본다.

첫째, 노동쟁의조정법 제4조 소정의 공익사업의 범위는 공중운수사업, 수도·전기·가스 및 정유사업, 공중위생 및 의료사업, 방송 통신사업 등으로 상당히 한정되어 있고, 우리 국민생활에 바로 직결되어 있어 …… 노동쟁의가 쟁의행위로 나아가지 아니하고 원만하고 신속히 타결되어야 할 '필요성'이 일반사업에 비하여 현저히 높다.

둘째, …… 당사자가 중재신청에 나아가지 아니하는 경우에는 노사 양측에게 냉각기간을 가지게 하면서, 노사분쟁 해결에 관한 전문지식을 가지고 있는 중립적 기관인 노동위원회로 하여금 중재에 회부하도록 하는 것은 그 목적 수행을 위한 "부득이 한 조치"라고 하지 아니할 수 없다.

셋째, 노동부장관이 행정재량에 기한 정책적 결정에 의하여 발동하는 긴급조정과는 달리, 강제중재는 준사법적 기관의 성격을 가지는 노동위원회가 결정하는바, 노동위원회는 …… 그 구성이나 운영절차 등에 민주성과 공정성이 확보되어 있을 뿐만 아니라, 중재재정에 대하여는 재심과 행정소송의 방법을 통하여 중재재정의 적정성과 적법성을 다툴 수 있는 대상조치(代償措置)가 마련되어 있다(제38조). 따라서 이러한 여러 가지 점을 고려하면 이 사건 강제중재제도가 도모하는 목적을 달성하기 위한 방법이 '상당성'을 갖추었다고 하지 아니할 수 없으며, ……

따라서 공익사업에 한하여 강제중재절차를 규정한 노동쟁의조정법 제30조 제3호는 공공복리를 위하여 노사 쌍방의 자주적 쟁의해결권을 제한하는 데 있어서 과잉금지의 원칙 내지 비례의 원칙에 위배되지 아니하므로 헌법에 위반된다고 할 수 없다.」

⇔ 재판관 5인(재판관 김진우, 재판관 황도연, 재판관 이재화, 재판관 조승형, 재판관 고중석)의 반대의견(위헌)

「위 법 제30조 제3호가 공익사업에 종사하는 근로3권의 핵이라 할 근로자의 단체행동권을 위의 요건들에 반하여 과잉제한하고 있어 헌법에 위배되는지를 본다.

① 위에서 본 바와 같이 노동쟁의조정법 제30조 제3호가 헌법 제37조 제2항에 열거된 기본권제한사유인 공공복리 또는 질서유지라는 헌법적으로 정당한 목적을 추구하고 있음은 의심의 여지가 없으며, 그러한 목적을 달성하기 위하여 공익사업장에서의 노동쟁의를 강제중재에 회부시켜 파업에 이르기 전에 노사분쟁을 해결하는 강제중재제도를 채택하고 있으므로 수단의 적합성 요건도 충족하고 있다고 본다.

② 그러나 우리 나라의 노동쟁의조정제도의 구조상 공익사업의 경우에 노동위원회에서 강제중재회부결정을 하면, 그날로부터 15일간은 쟁의행위를 할 수 없고, 그 동안에 중재재정이 내려지면 그에 대하여 재심신청 또는 행정소송을 제기하여도 그 효력은 정지되지 아니하며(노동쟁의조정법 제39조 제1항), 확정된 중재재정은 단체협약과 동일한 효력을 가진다(같은 조 제2항). 따라서 중재위원회에서 15일 이내에 중재재정을 내리지 않는다면 다시 쟁의에 돌입할 수 있지만 중재재정을 내리지 아니할 가능성은 희박하고, 중재재정이 내려지면 근로자로서는 사실상 더 이상의 쟁의가 금지되는 결과가 된다고 할 수 있다. 또 중재를 개시하게 되는 시기는 노사대립이 첨예화되어 근로자측에서 최후의 수단인 쟁의행위에 돌입하는 단계이다.

③ 그런데 노동위원회의 강제중재회부결정 여부의 문제와 중재위원회의 중재재정 여부의 문제는 전혀 근로자측에서 관여할 수 없고 완전한 행정재량에 맡겨져 있다고 할 것이므로 결국 현행 강제중재제도는 근로자들의 노동쟁의권의 행사가능성을 완전히 행정재량에 맡겨놓은 제도라고 할 것이다. …… 노동위원회의 직권에 의하여 또는 행정청의 요구에 의한 결정으로 노동쟁의를 중재에 회부했을 경우에는 냉각기간인 15일 이내에 중재재정이 이루어지지 않을 가능성은 거의 없고, 따라서 강제중재에 일단 회부되게 되면 단체행동권의 행사는 사실상 불가능하게 된다.

또한 관계당사자는 중앙노동위원회에 중재재정의 재심청구를 거쳐 행정소송을 제기할 수 있으나 법원은 중앙노동위원회의 재심결정의 '위법성'이나 '월권 여부'만을 심사하고 그 적정성을 판단할 수 없기 때문에(같은 법 제38조 참조) 행정소송을 통하여 중재재정을 뒤엎는다는 것은 사실상 기대하기 힘들다.

나아가 현실적으로도 공익사업체의 사용자들은 단체교섭이 결렬되더라도 강제중재에 의해 노동조합의 쟁의행위를 봉쇄하면서 그들의 주장대로 중재재정이 이루어질 것을 기대하기 때문에 단체교섭에 성실하게 임하지 아니할 가능성이 많다는 점도 간과하여서는 아니 될 것이다.

그러므로 공익사업체에 종사하는 근로자들의 단체행동권을 제한한 것에 대한 대상조치(代償措置)가 마련되어 있는 이상 이 사건 법률조항이 공익사업체 근로자의 단체행동권을 침해하는 것이 아니라는 주장은 현행 강제중재제도의 위와 같은 측면을 무시한 피상적인 이론이라고 할 것이다.

④ …… 노동쟁의조정법 제30조 제3호는 사업장의 성격이 법률이 정하는 공익사업으로서의 성격을 띠는 경우에는 별다른 가중요건도 없이 노동위원회가 직권 또는 행정관청의 요구에 기한 결정으로 중재에 회부할 수 있게 함으로써 강제중재가 최후수단으로서의 성격을 띠

는 것이 아니라, 행정청이 필요에 따라 간이하게 동원할 수 있는 일반적 수단으로 변질될 가능성을 안고 있다.

⑤ …… 긴급조정 후의 강제중재제도가 존재하고 있음에도 불구하고 긴급조정을 하여야 할 정도의 심각성이 없는 경우까지 단순히 공익사업이라는 이유만으로 강제중재에 회부하도록 되어 있는 노동쟁의조정법 제30조 제3호는 공익사업 근로자들의 단체행동권을 필요 이상으로 제한하는 것이다. ……

그렇다면 노동쟁의조정법 제30조 제3호는 최소침해의 원칙에 위반된다고 할 것이므로 헌법이 제33조 제1항에서 보장된 근로자의 권리의 본질적 내용을 침해하는 여부를 가릴 필요도 없이 단체행동권을 필요 이상으로 과잉제한하여 헌법에 위반된다.

다) 뿐만 아니라, 위 법 제30조 제3호는 관계당사자가 합의 또는 단체협약에 기한 중재신청을 하지 아니하였고 긴급조정절차를 거친 경우가 아닌데도 불구하고, 단순히 공익사업이라는 이유로 노동위원회의 직권이나 행정관청의 요청에 의한 강제중재에 의하여 근로자의 단체행동권의 행사를 사실상 제한함으로써 일반사업에 종사하는 근로자와 공익사업에 종사하는 근로자를 차별대우하고 있다. ……

노동쟁의조정법 제30조 제3호는 헌법 제11조 제1항에 정한 평등의 원칙에도 위배된다고 할 것이다.」

▷ **필수공익사업장에 대한 직권중재도 합헌으로 본 판례**

[憲 2003. 5. 15.-2001헌가31](노동조합및노동관계조정법 제62조 제3호 등 위헌제청)

「가. 이 사건 법률조항과 과잉금지의 원칙

이 사건 법률조항은 법 제71조에 의한 필수공익사업에서 노동쟁의가 발생한 경우에 노동위원회 위원장이 직권으로 중재회부결정을 할 수 있도록 하는 규정이다.

…… 구 헌법과는 달리 공익사업장의 근로자의 단체행동권을 제한하는 헌법상의 개별적 유보가 존재하지 아니하므로 현행 헌법의 해석에서는 국민의 기본권인 단체행동권을 제한하는 법률규정이 헌법에 위배되지 않기 위하여는 헌법 제37조 제2항에서 정하고 있는 기본권제한 입법활동의 한계라고 할 수 있는 과잉금지의 원칙이 지켜져야 할 것이다. ……

나. 입법목적의 정당성

이 사건 법률조항은 …… 공중의 일상생활을 유지하고 국민경제를 보전하고자 하는 데에 그 입법목적이 있다고 할 것이다. …… 그렇다면 이 사건 법률조항은 헌법 제37조 제2항에 열거된 기본권제한사유 중에서 질서유지와 공공복리를 그 입법목적으로 추구하고 있다고 하겠고, 이는 헌법상 인정된 정당한 목적임이 명백하다.

다. 방법의 적절성

…… 이 사건 법률조항이 필수공익사업장에서의 노동쟁의를 노동위원회의 직권으로 중재에 회부함으로써 파업에 이르기 전에 노사분쟁을 해결하는 강제중재제도를 채택하고 있는 것은 그 방법상 위의 헌법상의 정당한 목적을 추구하기 위하여 필요하고 적합한 수단의 하나가 된다고 할 것이므로 과잉금지 원칙상의 수단의 적합성도 인정된다고 할 것이다.

라. 침해의 최소성

(1) 이 사건 법률조항은 1997. 3. 13. 전면개정 전의 구법 규정과는 달리 직권중재제도의 적용대상이 되는 사업의 범위를 모든 공익사업에 미치는 것으로 규정하지 아니하고 그 중에서도 '필수' 공익사업에 한정하고 있다. ……

(2) …… 우리 나라 노사관계의 역사와 우리 나라가 처해 있는 현실여건에 대한 올바른 인식하에서 공익사업체의 노동쟁의에 대한 강제중재제도가 갖는 현실적인 기능 및 효용성을 고려하여야 할 것이다(헌재 1996. 12. 26. 90헌바19등 판례집 8-2, 729, 758-759).

(3) …… 태업, 파업 또는 직장폐쇄 등의 쟁의행위가 도시철도를 비롯한 철도 · 전기 · 수도 · 가스 · 석유정제공급 · 병원 · 한국은행 · 통신 등 필수공익사업에서 발생하면 비록 그것이 일시적이라 하더라도 그 공급중단으로 커다란 사회적 혼란을 야기함은 물론 국민의 일상생활 심지어는 생명과 신체에까지 심각한 해악을 초래하게 되고 국민경제를 현저히 위태롭게 하므로 ……

(4) 그렇다면 결국 이 사건 법률조항이 필수공익사업에 관하여 직권중재를 할 수 있도록 정한 것은 현재의 우리 나라 노사문화에 비추어 볼 때 질서유지와 공공복리를 위하여 필요한 최소한의 범위 내에서 관계당사자의 단체행동권을 제한하는 것이라고 할 것이다.

마. 법익의 균형성

…… 동 제도에 의하여 보호하고자 하는 공익은 다수 국민의 생명 · 신체 · 건강등 가장 중요한 개인적 가치를 지닌 법익일 뿐만 아니라 국민경제 전체의 유지, 보존이라는 중대한 공익이다. 이러한 공익은 쟁의가 발생한 당해 사업장 근로자의 권익을 보호하기 위한 단체행동권의 보장이라는 사익에 비교하여 보아도 결코 가벼운 것은 아니다. 따라서 양 법익간에 균형도 이루어져 있는 것이라고 할 것이다.

바. 소 결

이상에서 살핀 바와 같이 필수공익사업에서의 직권중재회부에 대한 법률적 근거가 되는 이 사건 법률조항은 …… 헌법상 과잉금지의 원칙에 위배되지 아니한다.」

⇔ 재판관 4인(재판관 한대현, 재판관 하경철, 재판관 김영일, 재판관 송인준)의 반대의견

「이 사건 법률조항은 비록 입법목적은 정당하다고 할지라도, 구체적인 공익침해 여부와 관계없이 획일적으로 필수공익사업근로자의 단체행동권을 제한하면서 실효적인 대상조치를 제공하고 있지 않으며, 필수공익사업의 파업시에 최소한의 필수서비스의 제공을 의무화하거나 대체고용을 허용하는 방법으로 근로자의 단체행동권을 덜 침해하면서 입법목적을 달성할 수 있는 방법이 있음에도 불구하고 필수공익사업 근로자의 쟁의행위의 범위와 태양과 관계없이 획일적으로 직권중재의 방법으로 모든 형태의 단체행동권의 행사를 사실상 박탈하는 것이므로, 기본권제한의 최소침해의 원칙과 나아가 법익균형의 원칙에 어긋나는 것으로서 과잉금지원칙에 반한다.」

▷ 근로자들의 집단적 노무제공거부를 형법상 위력에 의한 업무방해죄로 처벌하는 대법원 판례를 합헌으로 본 판례

[憲 1998. 7. 16.-97헌바23](구형법 제314조 위헌소원)

「(나) 대법원은, 쟁의행위는 근로자들이 단결하여 사용자에게 압박을 가하는 것이므로 본질적으로 위력에 의한 업무방해의 요소를 포함하고 있다는 전제 아래 집단적 노무제공의 거부행위를 위력업무방해죄로 처벌하여 왔다(대법원 1991.1.29. 선고, 90도2852 ; 1991.4.23. 선고, 90도2771 판결 등). 즉 파업 등의 쟁의행위는 본질적 · 필연적으로 위력에 의한 업무방해의 요소를 포함하고 있으므로 정당성이 인정되어 위법성이 조각되는 등의 특단의 사정이 없는 한 위력업무방해죄로 처벌할 수 있다는 것이다. …… 여기서 정당성의 한계를 지켰는가 하는 문제는 바로 형법 제20조의 정당행위가 되느냐의 문제로 귀착된다는 것이다.

(다) …… 청구인들의 주장은, 정당성이 없는 쟁의행위이기는 하지만 폭행 · 협박 기타 다른 근로자에 대한 위력의 행사 등의 적극적인 위법행위를 수반하지 않는 쟁의행위에 대하여 민사책임의 추궁에 그치지 않고 형사처벌까지 하는 것은 정당성의 판단기준에 관한 전문지식이 없는 근로자들의 근로3권의 행사를 위축시키고 사실상으로 의사에 반하는 노동을 강요하는 결과에 이른다는 것이다. 대법원이 쟁의행위의 목적 등과 관련하여 정당성 요건을 지나치게 엄격하게 해석하여 많은 근로자들을 형사처벌함으로써 정당한 근로3권의 행사마저 위축시킬 수 있다는 지적이라고도 말할 수 있다.

그렇다면 대법원 판례는 헌법이 보장하는 근로3권의 내재적 한계를 넘어선 행위를 규제하는 것일 뿐 정당한 권리행사를 처벌함으로써 강제노동을 강요하는 것은 아니라고 판단되므로, 대법원의 해석방법이 헌법상의 강제노역금지원칙에 위반되고 근로3권, 평등권 등을 침해한다는 청구인들의 주장은 이유 없다 할 것이다.」

※ 위 사안에서 일반적으로 승인된 국제법규임을 인정하지 않아 국내적으로 효력을 가지지 못한다고 본 것에 대하여는 〈제3편 - 2. - 국제영역의 기본원리 - □ 평화주의〉 판례 인용부분 참조

▷ **복지부장관의 승인을 얻어야만 국민건강보험공단의 인사, 보수 등에 관한 규정이 효력을 갖도록 한 국민건강보험법 제27조가 헌법상 단체교섭권을 침해하지 않는다고 본 판례**

[憲 2004. 8. 26.-2003헌바58등](국민건강보험법 제27조 위헌소원)

「(3) 이 사건 법률조항의 위헌 여부

(가) 이 사건 공단의 성격과 공단 근로자의 단체교섭권 제한 ……

2) 공단 근로자의 단체교섭권의 제한 ……

이 사건 공단과 같은 정부출연 · 위탁기관 …… 은 모두 법률에서 이 사건 법률조항과 같이 공단의 인사와 보수에 관한 규정은 주무장관의 승인을 받아야 함을 규정하고 있다(별지2 참조). 이에 따라 단체협약이 성립하더라도 주무장관의 승인 여부에 따라, 그리고 기타 특별법의 존재나 예산상의 제약 등으로 인해 근로조건을 개선하는 내용의 단체협약의 효력을 발휘할 수 없게 되는 경우가 생긴다.

(나) 단체교섭권의 침해 여부

1) 심사기준

헌법 제33조 제1항이 보장하는 단체교섭권은 어떠한 제약도 허용되지 아니하는 절대적인 권리가 아니라 헌법 제37조 제2항에 의하여 국가안전보장 · 질서유지 또는 공공복리 등의 공익상의 이유로 제한이 가능하며 ……

2) 목적의 정당성

…… 이 사건 법률조항은 공단 이사장의 권한 행사 및 공단 운영에 대한 적절한 규제를 통하여 국가로부터 건강보험사업을 위탁받아 행하는 공법인의 원활한 사업추진을 도모하고 국고와 연결되는 인사, 보수 등과 관련하여 방만한 운영이 발생하지 않도록 공단에 대한 보건복지부장관의 지도, 감독 권한을 확보하기 위한 것으로서 그 입법목적이 정당하다.

3) 수단의 적합성

…… 공단이 인사 및 보수에 관한 사항을 정하거나 변경함에 있어 …… 보건복지부장관이 이를 승인하지 않은 경우에 당해 규정의 효력이 발생하지 않도록 하는 것은 위와 같은 입법목적을 달성하기 위한 적정한 수단이다.

4) 최소침해성 및 법익균형성

…… 보수, 인사에 관한 사항을 단체협약으로 정하거나 이를 변경하는 경우에도 보건복지부장관의 승인을 얻도록 하는 것은 불가피한 제한이라고 할 것이다. ……

이 사건 법률조항으로 인하여 인사 및 보수에 관한 단체교섭권이 제한되는 측면이 있음을 부정할 수 없지만, …… 이 사건 법률조항으로 인하여 단체교섭권의 본질적 내용이 침해되었다고 볼 수 없다.

(다) 평등권 침해 여부

청구인들은 이 사건 법률조항의 해석으로 말미암아 단체교섭권이 간접적으로 제한됨으로써 공단의 노동조합이 다른 사기업의 노동조합에 비하여 차별을 받고 있다고 주장한다.

그러나 …… 공단은 사기업과는 본질적으로 다른 것으로서 이를 다르게 취급하였다고 하여 평등의 원칙에 위배된다고 볼 수 없다.

한편, 이 사건 공단이 사기업과 본질적으로 다르지 않다고 하더라도, …… 앞에서 본 공단의 특수한 성격에 비추어 이와 같은 차별을 합리화할 정당한 목적과 합리적 근거가 있다고 할 것이다.

그러므로 이 사건 법률조항에 의하여 청구인들을 비롯한 공단의 근로자들이 평등권을 침해받고 있다고 볼 수 없다.」

⇔ 재판관 3인(재판관 김영일, 재판관 송인준, 재판관 전효숙)의 반대의견

「나. 이 사건 법률조항의 위헌성

(1) 먼저, 공단과 노동조합 사이에 체결된 단체협약상의 인사, 보수 등에 관한 규정을 노사관계의 제3자인 정부의 승인을 얻어야 효력을 발생하도록 하는 것은 그 자체로 단체교섭권을 형해화시킨 것으로 헌법상 단체교섭권에 대한 본질적 침해에 가까운 매우 중대한 침해라는 점을 지적하지 않을 수 없다. ……

(2) 무엇보다 공단의 특수성을 감안하여 국가의 입장에서 공단의 인사, 보수 등에 관한 사항에 대하여 이를 감독, 규제할 필요가 있다하더라도, 이는 사실상 공단 임원에 대한 인사권 및 공단에 대한 관리·감독권 등을 통하여 이루어질 수 있는 것이다. ……

(3) 헌법해석은 현실과 관련을 맺고 또 현실에 뿌리를 두어야 한다는 점에서 이 사건 법률조항의 위헌 여부를 판단함에 있어 공단 업무의 고도의 공익성이나 재정문제 등은 결코 경시될 수 없는 중요한 요소임에 틀림없다. 그러나 근로3권에 관한 헌법규정은 노동관계법의 기본방향을 제시함과 동시에 노동현실을 규정하고 있는 규범이라는 점 역시 간과되어서는 안된다. ……

(5) 헌법상 근로3권 보장의 취지에 비추어 간과될 수 없는 또 다른 문제점은, 노사간의 자율적인 단체교섭을 통하여 체결된 단체협약 조항의 효력 유무를 제3자의 승인 여부에 맡기는 것은 노사간의 자율적인 교섭·타협의 조정과정을 거쳐 노사분쟁을 평화적으로 해결하여 궁극적으로 산업평화를 이룩한다는 근로3권 보장의 취지에 반하는 결과를 야기한다는 것이다. ……

다. 결 론

따라서 이 사건 법률조항은 단체협약상의 인사, 보수 등에 관한 규정도 보건복지부장관의 승인을 얻도록 하는 범위 내에서 헌법에 위반된다.」

◎ 같은 취지 : 憲 2004. 8. 26.-2003헌바28[위 판례의 선고일에 함께 선고된 본 판례에서는, 건설교통부장관의 승인을 얻어야만 한국고속철도건설공단의 조직, 인사, 보수 및 회계에 관한 규정이 효력을 갖도록 한 구 한국고속철도건설공단법 제31조에 대하여 같은 취지로 합헌이라고 보았으며, 이에 대하여 재판관 3인(재판관 김영일, 재판관 송인준, 재판관 전효숙)은 역시 위 판례에서와 같은 취지의 반대의견을 개진하였음]

제4장 국정참여적 기본권

1. 선 거 권

□ 제한과 그 한계

▶ 제 한

▸ 선거권 부여 연령의 제한에 대한 판례

▹ 선거권이 부여되는 연령을 헌법으로 정할 것인가 법률로서 정할 것인가 하는 것은 헌법 정책적인 문제라고 본 판례

[憲 1997. 6. 26.-96헌마89](공직선거및선거부정방지법 제15조 위헌확인)

「(2) (가) 우리 헌법은 제24조에서 "모든 국민은 법률이 정하는 바에 의하여 선거권을 가진다"고 규정하고 제41조 제1항(제67조 제1항)은 '보통 · 평등 · 직접 · 비밀선거'를 선거의 기본원칙으로 규정하고 있다. 여기서 말하는 보통선거라함은 개인의 납세액이나 소유하는 재산을 선거권의 요건으로 하는 제한선거에 대응하는 것으로 이러한 요건뿐만 아니라 그 밖에 사회적 신분 · 인종 · 성별 · 종교 · 교육 등을 요건으로 하지 않고 일정한 연령에 달한 모든 국민에게 선거권을 인정하는 제도를 말한다. 보통선거제도를 채용하고 있는 모든 국가들은 연령에 의한 선거권의 제한을 인정하고 있다. 이와 같이 연령에 의하여 선거권을 제한할 수밖에 없는 것은 국정 참여수단으로서의 선거권행사는 일정한 수준의 정치적인 판단능력이 전제되어야 하기 때문이다.

(나) 이 사건의 쟁점은 선거권연령을 20세 이상으로 정한 이 사건 법률조항이 18~19세 국민들의 평등권과 선거권을 침해하는지 여부이다.

우리 헌법이 선거의 기본원칙 중 하나로 채택하고 있는 보통선거제도는 일정한 연령에 이르지 못한 국민에 대하여 선거권을 제한하는 것을 당연한 전제로 삼고 있다. 그런데 헌법은 제24조에서 모든 국민은 '법률이 정하는바'에 의하여 선거권을 가진다고만 규정함으로써 선거권연령의 구분을 입법자에게 위임하고 있다. …… 이에 관한 입법은 국민의 기본권을 보장하여야 한다는 헌법의 기본이념과 연령에 의한 선거권제한을 인정하는 보통선거제도의 취지에 따라 합리적인 이유와 근거에 터잡아 합목적적으로 이루어져야 할 것이며, 그렇지 아니한 자

의적 입법은 헌법상 허용될 수 없는 것이다. ……

우리 나라의 선거권연령의 연혁을 보면 제헌헌법부터 제2차 개헌시까지는 대통령부통령선거법과 국회의원선거법에 21세 이상으로 규정하였으나, 제3차 개헌(1960. 6. 15. 개정) 당시부터 제4공화국 헌법(유신헌법)과 제5공화국 헌법까지는 헌법에 20세의 규정을 두었다. 제6공화국 헌법(1987. 10. 29. 개정)인 현행헌법은 법률에 위임하였고, 공선법이 제정되기 전까지는 개별 선거법에서 20세 이상으로 제한하였다. 현행헌법은 개정당시 선거권연령을 헌법에 규정할 것인지의 여부에 의견일치를 보지 못하여 법률에 위임하게 된 것이다. ……

선거권과 공무담임권의 연령을 어떻게 규정 할 것인가는 입법자가 입법목적 달성을 위한 선택의 문제이고 입법자가 선택한 수단이 현저하게 불합리하고 불공정한 것이 아닌 한 재량에 속하는 것이다. 위에서 설시한 이유를 되돌아보고 다시 생각건대, 선거권 연령을 공무담임권의 연령인 18세와 달리 20세로 규정한 것은 청구인들이 주장하는 사정을 감안하더라도 입법부에 주어진 합리적인 재량의 범위를 벗어난 것으로 볼 수 없다.

(4) 이 사건 법률조항이 18~19세 미성년자들에게 보장된 헌법 제11조 제1항의 평등권과 제24조의 선거권을 침해한 위헌조항이라는 청구인들의 이 심판청구는 이유가 없는 것이다.」

※ 위 사건에서 재판관 1인(재판관 이영모)은 헌법 제11조 제1항 후단에 예시된 사유 이외의 사유에 의한 차별취급은 대의민주주의 하에서 합헌으로 추정되므로 그러한 차별취급이 평등위반이라고 주장하는 자가 그 위헌성을 논증할 책임이 있다고 하면서 청구인이 아무런 입증을 하지 않고 단순한 주장만 하고 있음을 이유로 청구인의 주장이 이유없다는 취지의 보충의견을 내었고, 재판관 4인(재판관 김문희, 재판관 황도연, 재판관 이재화, 재판관 조승형)은 이 사건 법률조항이 아직은 헌법에 위반되는 것으로 판단하지는 않으나 민주주의원리와 보통선거원칙에 보다 부합되고 또한 장래에 있어서 그에 대한 위반을 배제할 수 있는 합리적인 해결책을 찾도록 노력해야 한다는 취지의 의견을 내었음

▸ **해외거주자의 투표권 부정의 문제에 대한 판례**

▹ **주민등록이 되지 않은 재외국민의 선거권을 제한하는 것을 정당하다고 본 판례**

[憲 1999. 1. 28.-97헌마253등](공직선거및선거부정방지법 제37조 제1항 위헌확인 등)

「선거권에 관하여 거주요건을 두는 것은 다음과 같은 점에서 선거권의 본질 및 선거의 공정성 확보 등의 공공복리를 위하여 필요한 것이라고 판단된다.

첫째, 가장 현실적인 문제로서 국토가 분단되어 있는 우리나라에서 북한 주민이나 조총련계 재일교포에 대하여 선거권을 인정할 수 없기 때문이다. ……

둘째, 선거의 공정성을 확보하기 어렵기 때문이다.

셋째, 선거기술상으로 보아도 불가능하기 때문이다. ……

넷째, 선거권이 국가에 대한 납세, 병역, 기타의 의무와 결부되기 때문에 이와 같은 의무이행을 하지 아니하는 재외국민에게 선거권을 인정할 수는 없다고 할 것이다. ……

따라서 재외국민에 대하여 선거권을 제한하는 것은 그 입법목적에 있어서 정당할 뿐 아니라 그 입법에 의하여 보호하려는 공공의 필요와 침해되는 기본권 사이의 균형성을 갖추었다고 할 것이며 그 목적달성을 위하여 적절한 방법을 취하고 있다고 할 것이다.」

▷ **해외거주자의 부재자 투표권을 부인한 것에 대하여 위헌이 아니라는 취지의 판례**

[憲 1999. 3. 25.-97헌마99](공직선거및선거부정방지법 제38조 제1항 등 위헌확인)

「(가) 평등권 침해 여부

이 사건 조항이 합리적인 이유 없이 자의적으로 해외에 거주하는 국민을 국내에 거주하는 국민과 차별하여 부재자투표를 할 수 없도록 하는 조항인가를 본다.

1) …… 해외에 거주하는 국민 모두에게 부재자투표를 허용하기 위해서는 선거기간을 연장하여야 하는데, 선거기간을 연장하는 것은 국가와 후보자들의 선거비용 증가 등 그로 인한 국가적 부담이 가중되는 문제를 초래하게 된다.

다음으로 선거의 공정성을 확보하기가 극히 어렵다. ……

또한 청구인들과 같은 해외거주자들은 자의에 의하여 해외에 거주하는 사람들이므로 국내에 거주하고 있는 선거권자들과는 다른 면이 있다. ……

따라서 해외거주자들에 대한 부재자투표제도는 국내거주자들에 대한 부재자투표제도와는 이와 같이 다른 점이 많으므로, 비록 해외거주자들에 대하여 국내거주자들과 달리 부재자투표를 인정하지 아니하는 차별을 한다고 할지라도 결코 합리적인 이유가 없는 것은 아니라 할 것이다. ……

(나) 선거권 침해 여부 ……

해외거주자에 대하여 부재자투표를 허용할 것인지 여부는 선거권 그 자체의 제한에 관한 문제가 아니고 선거권 행사에 편의를 제공할 것인지 여부의 문제이므로 이 사건 조항에 의하여 그들의 선거권 자체가 침해되었다고 할 수 없다(다만 해외거주자 중 해외파견군인과 공무원은 국가의 명령에 의하여 해외에 근무하고 있으며 그들 임의로 귀국하는 것이 사실상 불가능하므로 다른 해외거주자에 비하여 이 사건 기본권의 제한의 정도가 무겁다고 보여지므로 향후 입법자가 이 점을 개선할 필요가 있을 것으로 본다).

(3) 그렇다면 이 사건 조항은 입법자의 입법재량의 한계를 벗어난 입법이라고 할 수 없고 적어도 청구인들의 평등권과 선거권만은 침해된 바가 없다고 보여진다.」

2. 공무담임권

□ 의 의

▶ **헌법 규정**

▸ **우리 헌법상 피선거권이 헌법 제25조가 정하는 공무담임권에 포함된다고 본 판례**

[憲 1996. 6. 26.-96헌마200](공직선거및선거부정방지법 제16조 제3항 위헌확인)

「헌법 제25조는 "모든 국민은 법률이 정하는 바에 의하여 공무담임권을 가진다"고 규정하여 모든 국민에게 선거직공무원을 비롯한 모든 국가기관 및 지방자치단체의 공직에 취임할 수 있는 권리를 내용으로 하는 공무담임권을 보장하고 있다. 그러므로 공무담임권은 여러 가지 선거에 입후보하여 당선될 수 있는 피선거권과 모든 공직에 임명될 수 있는 공직취임권을 포괄하고 있다.」

※ 거주·이전의 자유 침해 여부에 대해서는 〈제5편 – 제3장 – 4. – 거주·이전의 자유 – □ 내용〉 판례 인용부분 참조

◎ 같은 취지 : 憲 1999. 12. 23.-98헌바33

□ 제한과 그 한계

▶ **제 한**

▸ **공직선거의후보자가 되고자 하는 자는 선거일 전 90일까지 그 직을 그만두도록 한 것이 공무담임권의 본질적인 내용을 침해한 것은 아니라고 본 판례**

[憲 1995. 3. 23.-95헌마53](공직선거및선거부정방지법 제53조 제1항 위헌확인)

「(1) 이 사건 법률조항이 공무원이 공직선거의 후보자가 되고자 하는 경우에 원칙적으로 그 직을 그만두도록 한 것은 선거의 공정성과 아울러 공직의 직무전념성을 보장하기 위한 것이고 부수적으로는 이른바 포말후보(泡沫候補)의 난립을 방지하기 위한 것이다. ……

(2) 한편, 이와 같은 폐해를 방지하려면 어느 시점까지 공직을 그만두도록 하는 것이 합리적인가 하는 문제는 기본적으로는 입법자의 형성의 자유에 속하는 사항이다. 이 사건 법률조항이 합법적으로 선거운동을 할 수 있는 시점인 후보자등록일까지가 아니라 그보다 상당히 이른 시점인 선거일 전 90일까지 공직을 그만두도록 한 것은, …… 이 판단이 자의적인 것이어서 공무담임권의 본질적 내용을 침해하였다거나 과잉금지의 원칙에 위배된다고는 보여지지 아니하므로 입법자의 이러한 판단은 존중되어야 한다. 이 점은 앞서 본 이 사건 법률조항의 입법연혁에 비추어 보아도 그러하다.

(3) 따라서 이 사건 법률조항이 위와 같은 방법으로 공무원의 입후보를 제한하고 있는 것은 위와 같은 폐해를 방지하고 선거의 공정을 보장하는 한편 공무원의 직무전념성을 제고하고 이른바 포말후보의 난립을 방지하기 위한 것이므로 그 필요성과 합리성이 인정된다.」

▸ 피선거권 부여의 거주 요건에 대한 판례

▹ 법률로써 선거일 전 일정기간 동안 관할구역 내에 주민등록이 되어 있을 것을 피선거권 부여의 요건으로 정한 것에 대하여 합헌으로 본 판례

[憲 1996. 6. 26.-96헌마200](공직선거및선거부정방지법 제16조 제3항 위헌확인)

「(가) 먼저 이 사건 법률조항이 헌법적으로 정당화되는 목적을 추구하고 있는지를 본다.

이 사건 법률조항은 …… 지방자치행정의 민주성과 능률성을 도모함과 아울러 우리 나라 지방자치제도의 정착을 위한 규정으로서, …… 그 입법목적의 정당성은 인정된다고 할 것이다.

(나) 이어서 이 사건 법률조항이 수단의 적합성요건을 충족하고 있는지를 본다.

…… 이 사건 법률조항이 해당 선거구역에 선거일 현재 최소한 90일간 주민등록이 되어 있을 것을 피선거권의 요건으로 정한 것은 위와 같은 입법목적의 달성을 위하여 명백히 적합한 수단을 선택하였다고 볼 수 있다고 할 것이다. ……

(다) 다음으로 이 사건 법률조항이 기본권을 필요이상으로 제한하여 최소침해의 원칙에 위반하고 있는 지를 본다.

…… 90일이란 거주요건은 다른 구역에서 이주하여 온 사람에게 당해 지방자치단체의 제반사정을 이해하고 주민과 연대감 내지 일체감을 형성할 수 있는 최소한의 기간으로서 그것이 공무담임권을 필요 이상으로 제한하고 있다고 볼 수는 없다. ……

나아가 청구인은 이 사건 법률조항을 보궐선거에 적용하는 한 헌법에 위반된다고 주장하나, 보궐선거는 …… 예외적인 경우에 한하여 조속히 실시되는 것이므로, 이러한 경우에 거주요건을 갖추지 못하여 입후보할 수 없게 되었다고 하더라도 일반 단체장선거에서 입후보가 가능한 이상 공무담임권을 필요 이상으로 제한하고 있다고 볼 수 없다. ……

그러므로 이 사건 법률조항은 공무담임권을 제한함에 있어서 최소침해의 요건을 충족시키고 있다고 할 것이다.

(라) 이 사건 법률조항에 의하여 제한되는 법익과 그에 의하여 실현되는 공익 사이에 상호균형이 이루어지고 있는지를 본다.

이 사건 법률조항에 의하여 실현하려는 법익은 …… 중대한 공공복리적 요청인 것이다. 이에 반면 이 사건 법률조항이 …… 공무담임권이 제한되고 있지만, 그 제한의 정도는 위 공익에 비교하여 경미하다고 할 것이다.

그렇다면 이 사건 법률조항은 법익간의 균형요건도 충족하고 있다고 할 것이다.

(마) 따라서 이 사건 법률조항은 그 내용이 공무담임권을 필요 이상으로 과잉제한하여 과잉금지의 원칙에 위배된다거나 공무담임권의 본질적인 내용을 침해하여 위헌적인 규정이라고는 볼 수 없다.」

◎ 같은 취지 : 憲 2004. 12. 16.-2004헌마376

▸ 일정기간 피선거권의 박탈에 대한 판례

▹ 선거법 위반으로 형사처벌을 받은 자에 대한 피선거권 제한을 합헌으로 본 판례

[憲 1995. 12. 28.-95헌마196](공직선거및선거부정방지법 부칙 제3조 위헌확인)

「선거범으로서 형벌을 받은 자에 대하여 일정기간 피선거권을 정지시키는 규정 자체는, 선거의 공정성을 해친 선거사범에 대하여 일정기간 피선거권의 행사를 정지시킴으로써 선거의 공정성을 확보함과 동시에 본인의 반성을 촉구하기 위한 법적조치로서, 국민의 기본권인 공무담임권과 평등권을 합리적 이유없이 자의적으로 제한하는 위헌규정이라고 할 수 없다.

또 선거범 중 어떤 종류의 형벌을 얼마만큼 선고받은 자에 대하여 어느 정도의 기간 동안 피선거권의 행사를 정지시킬 것인가는 기본적으로 입법형성권을 갖고 있는 입법권자가 제반 사정을 고려하여 결정할 그 입법재량에 속하는 사항으로서, 그것이 합리적 재량의 한계를 벗어난 것이 아닌 한 위헌이라고 말할 수 없을 것인바, "선거범으로서 50만원 이상의 벌금형의 선고를 받은 후 6년을 경과하지 아니한 자"에 대하여 자치단체장의 피선고권이 제한되도록 규정한 단체장선거법 제12조 제3호 전단은 뒤에서 보는 제반사정에 비추어 입법형성에 관한 합리적재량의 한계를 벗어난 것이라고 볼 수 없으므로 위헌규정이라 할 수 없다. 다시 말하면 위 규정만을 따로 떼어놓고 볼 때 그것이 위헌이라고는 볼 수 없다.」

▶ **입후보에서의 기탁금 부과에 대한 판례**

▷ **시 · 도지사 선거에서 5천만원의 기탁금을 부담시킨 것은 공무담임권의 침해가 아니라고 본 판례**
[憲 1996. 8. 29.-95헌마108](공직선거및선거부정방지법 제56조 위헌확인)

「(1) 시 · 도지사선거에서 기탁금제도 자체의 위헌 여부

(가) …… 공직선거법에 정한 기탁금제도는 후보난립을 방지하고 후보사퇴 · 등록무효 등 후보자의 성실성을 담보하기 위한 제재금 예납의 의미와 함께 공직선거법상 위반행위에 대한 과태료 및 불법시설물 등에 대한 대집행비용과 부분적으로 선전벽보 및 선거공보의 작성비용에 대한 예납의 의미도 아울러 가지고 있다고 할 수 있다.

(나) …… 시 · 도지사선거에서 후보난립을 방지하고, 아울러 위 과태료 및 대집행비용과 선전벽보 및 선거공보의 작성비용 등을 예납하도록 하기 위한 기탁금제도는 그 기탁금액이 지나치게 많지 않는 한 이를 위헌이라고 할 수는 없다.

(2) 기탁금액의 과다 여부

…… 입법자가 각종 선거의 기탁금의 액수를 정함에 있어 평균적인 선거구의 규모 및 선거마다의 특성 등을 고려하여 각 선거마다 달리 기탁금을 정하되, 같은 종류의 선거에 있어서는 선거구간의 인구수나 경제력 등의 차이를 고려하지 아니하고 기탁금을 일률적으로 균등하게 책정하는 것을 나무랄 수 없다. 따라서 이 사건 법률조항이 법률상 같은 종류의 지방자치단체인 시 · 도의 장을 선출하는 시 · 도지사선거에 있어서 그 기탁금을 균등하게 5천만원으로 정하였다고 하여 이를 두고 위헌이라고 할 수는 없다.」

⇔ 재판관 1인(재판관 김진우)의 반대의견

「(3) 이에 이 사건 법률조항이 과잉금지의 원칙을 준수하고 있는지를 본다. ……

(가) 먼저 후보자의 난립방지라는 목적에 관하여 본다.

① …… 후보자의 난립방지라는 목적을 달성하기 위하여 다른 방법을 강구하는 것은 별론으로 하고 후보자에게 지나치게 많은 경제적 부담을 지우는 기탁금제도를 선택한 것은 그 목적의 달성에 적합한 수단을 선택하였다고 볼 수 없다.

…… 결국 이 사건규정은 주로 신생 군소정당의 후보자들이나 무소속후보자들에게만 입후보의 자유를 제약하거나 불가능하게 하는 작용을 한다고 할 것이나, 이들이 기탁금을 마련할 충분한 재력을 보유하고 있는 경우에는 그 입후보를 심리적으로 억제하기 힘들다.

② …… 고액의 기탁금제도를 통하여 아예 기탁금을 낼 자력이 없는 자들을 선거에서 배제하는 것이 헌법적으로 정당화될 수 있는지는 극히 의문스럽다. 무엇보다도 위에서도 지적한 바와 같이 기탁금제도가 다수의견이 주장하는 당선자의 민주적 정당성약화의 근본원인인 후보난립의 방지를 위한 적합한 방법이 아니기 때문이다. ……

③ 설사 이 사건 법률조항이 다수의견이 주장하는 바와 같은 목적의 달성에 적합한 수단을 선택하고 있다고 하더라도 이 사건 법률조항은 피해의 최소성요건이나 법익의 균형성요건을 충족하지 못하여 위헌이라고 본다.

…… 이 사건 규정에 의한 고액의 기탁금제도는 …… 그 기탁금을 내기 힘든 경제력이 약한 자들을 선거전으로부터 아예 배제시키는 제도로서 …… 추천인명부제도에 비하여 피해를 최소화하지 못하는 제도라 할 것이다. ……

그렇다면 이 사건 법률조항은 기본권제한에 있어서의 피해의 최소성요건을 충족하지 못하고 있다고 할 것이다.

또한 공무담임권의 실효적 보장이 지방자치제의 민주성구현에 중대한 의미를 갖는다는 점에 비추어 보더라도 이 사건 법률조항에 의한 공무담임권의 심각한 제한과 그로 인하여 달성하고자 하는 공익 사이에 균형이 이루어 지고 있다고 보기도 힘들다.

그러므로 이 사건 법률조항은 헌법 제37조 제2항에 근거를 두고 있는 기본권제한에 있어서의 과잉금지의 원칙에 위반되는 위헌적인 규정이라고 할 것이다.

(나) 다음으로 선거비용 등의 예납을 통한 동 비용의 용이한 징수라는 목적에 관하여 본다.

① …… 입법자가 법률로 선거비용의 일부를 후보자에게 부담시킨다고 하더라도 그것이 실제적으로 선거에 입후보하려는 이들에게 미치는 효과가 매우 상이하게 나타나므로 원칙적으로 필요최소한의 범위에 그쳐야 하는 것이 헌법규정들의 체계적 해석의 결과라고 본다.

② 다수의견은 이 사건 법률조항에 의하여 추구하는 목적들 중의 하나로 선거비용의 예납을 들고 있는 바, 이 사건 법률조항에 의한 기탁금제도가 이같은 목적을 가지고 있는지를 본다.

…… 이 사건 법률조항의 기탁금제도는 선거법상 모든 후보자가 부담하여야 할 선거비용을 예납한다는 의미나 목적을 가지고 있지 않다고 보아야 한다. 그렇다면 이 사건 법률조항은 선거비용의 개인부담가능성을 규정하고 있는 헌법 제116조 제2항에서도 그 헌법적 근거를 찾을 수 없는 것이다.

③ 이렇게 소위 득표율이 저조한 이들을 제재하기 위한 기탁금제도가 다른 관점에서 헌법적으로 정당화되는지도 극히 의문스럽다.」

⇔ 재판관 1인(재판관 조승형)의 반대의견

「나는 기탁금제도 자체가 국민주권 등의 헌법정신에 반하고 보통 · 평등선거의 본질에 반하며, …… 비례의 원칙 · 과잉금지의 원칙에 반하고 국민의 공무담임권(피선거권) · 평등권 · 투표를 통하여 참정권을 행사하는 주인인 국민의 선거권의 본질적 내용을 침해하는 제도로서, 헌법에 위반된다고 본다. ……

나. 우리의 현행 헌법은 실질적 국민주권론 등을 확립하고 있으므로 국민주권의 핵인 참정권의 본질적 내용은 어떠한 이유로도 차별됨이 없는 실질적 주권행사의 보장에 있다. 그러나 이 제도는 "돈이 있는 자"와 "없는 자"를 차별하여 "없는 자"로부터 국정이나 지방행정에 참여할 기회를 박탈하는 것이 되며, 보통 · 평등 · 직접 · 비밀 · 자유선거제도에 반하는 차등선거제도로서 우리 헌법이 확립하고 있는 실질적 국민주권론 등 헌법정신에 반하고 위 참정권의 본질적 내용을 침해하는 것이다.

다. 다수의견은 이와 같은 기본권 침해의 점에 관하여 이의를 하지 아니하면서도, 입후보난립 · 선거과열 등의 방지라는 선거질서유지의 목적 때문에 필요에 따라 위 기본권을 제한할 수 있다는 것이며, 비례원칙이나 과잉금지의 원칙에 반하지 아니하므로 헌법 제37조 제2항 소정의 적헌의 기본권 제한이라고 주장한다.

그러나 먼저 선거질서유지란 절차적인 문제에 관한 법익인 반면 위 기본권의 보호란 실체적인 문제에 관한 법익으로서, 절차적인 법익이 실체적인 법익에 우선할 수 없음은 당연하다 할 것이다. 다음, 선거질서유지를 위해서는 기탁금제도에 대체할 만한 방법이 얼마든지 있으므로 즉 선거후 강제징수방법, 일정률의 득표를 못한 경우 선거질서교란죄로 재산형 또는 강제봉사명령을 발하는 방법, 유권자추천인수를 늘리는 방법 등 대체방법이 있으므로 이 제도가 필요하고도 최소한의 유일한 방법일 수는 없다. 끝으로 참정권은 실질적 국민주권론 등을 확립하고 있는 우리 헌법하에서는 어떠한 경우에도 국민이 직접·평등하게 선거권을 자유로이 행사하고 차별없이 피선거권을 보장 받는 것을 그 본질적 내용으로 하고 있으므로, 이 제도하에서는 위와 같은 본질적 내용이 형해화될 수밖에 없다.

따라서 다수의견이 주장하는 바는 모두 받아 들일 수 없다.

라. 헌법 제116조 제2항의 선거경비부담 규정은 입후보의 등록효력을 배제하는 기탁금제도를 인정하는 취지가 아니라, 오히려 이 제도를 배제하는 규정임이 문언상 명백하다. ……

그렇다면 이 제도는 어느 모로 보나 위헌제도임이 명백하므로 이 사건 심판대상법조항은 청구인의 공무담임권의 본질적 내용을 해함으로써 헌법 제37조 제2항 단서규정에 위반된다는 취지 등으로 위헌선언을 함이 마땅하다.」

◎ 같은 취지 : 憲 1995. 5. 25.-92헌마269등(대통령선거에서 3억원의 기탁금을 부담시키는 것을 공무담임권의 침해가 아니라고 본 판례); 2003. 8. 21.-2001헌마687등(국회의원선거에서 1천5백만원의 기탁금을 부담시킨 것이 공무담임권의 침해가 아니라고 본 판례); 1995. 5. 25.-91헌마44(기초자치단체 의원선거에서 200만원의 기탁금을 부담시킨 것이 공무담임권의 침해가 아니라고 본 판례)

▷ 국회의원의 선거에서 기탁금을 2천만원으로 하는 것은 위헌이라고 본 판례

[憲 2001. 7. 19.-2000헌마91등](공직선거및선거부정방지법 제146조 제2항 위헌확인 등)

「가. 기탁금조항의 위헌 여부

(1) 기탁금의 헌법적 한계

…… 기탁금제도 자체가 합헌일지라도 그 액수는 그야말로 불성실한 입후보를 차단하는 데 필요한 최소한에 그치고 진지한 자세로 입후보하려는 국민의 피선거권을 제한하는 정도여서는 아니된다. ……

(2) 기탁금액의 위헌성

(가) 우리 재판소는 일찍이 국회의원 지역구후보자등록신청에 2천만원(정당추천의 경우 1천만원)을 기탁하도록 하였던 구 국회의원선거법 제33조에 대하여 헌법불합치결정을 선고한 바 있는데(헌재 1989. 9. 8. 88헌가6, 판례집 1, 199), 그 결정의 요지는 2천만원 내지 1천만원의 기탁금액은 서민계층이나 20대, 30대 젊은 세대의 입후보를 제한하고 재력있는 사람만이 입후보할 수 있도록 함으로써 민주주의의 기본원리에 반하여 국민의 참정권을 침해한다는 것이다.

(나) 공선법 제56조 제1항 제2호에 의하여 국회의원 후보자등록을 신청하는 후보자 1인마다 관할선거구 선거관리위원회에 납부하여야 하는 2천만원이라는 금액은 평균적인 일반국민의 경제력으로는 피선거권 행사를 위하여 손쉽게 조달할 수 있는 금액이라고 할 수 없다는 점에서 위 헌법불합치결정의 당시나 지금이나 큰 차이가 없다. ……

결국 2천만원의 기탁금을 후보자등록의 요건으로 일률적·절대적으로 요구하는 것은 후보자난립방지라는 목적을 공평하고 적절히 달성하지도 못하면서, 진실된 입후보의 의사를 가진

많은 국민들, 특히 서민층과 젊은 세대들로 하여금 오로지 고액의 기탁금으로 인한 경제적 부담으로 말미암아 입후보 등록을 포기하지 않을 수 없게 하고 있으므로 이들의 평등권과 피선거권, 이들을 뽑으려는 유권자들의 선택의 자유를 침해하는 것이라고 하지 않을 수 없다.
나. 기탁금 반환조항의 위헌 여부
(1) …… 기탁금 국고귀속제도는 기탁금제도 자체와 불가분의 관계에 있다. 후보난립 방지를 위하여 기탁금 자체의 필요성을 인정하는 한 일정한 요건하에 기탁금을 국고에 귀속시키는 것은 기탁금제도의 실효성을 보장하기 위하여 필요하다 할 수 있다. 그러나 기탁금 국고귀속의 기준 설정 또한 기탁금의 액수와 마찬가지로 피선거권이라는 중요한 기본권의 행사를 위축시키지 않도록 필요한 최소한에 그쳐야 한다는 헌법적 한계를 갖는다. ……
반환조항에 의한 기탁금반환의 기준은 과도하게 높아 진지한 입후보희망자의 입후보를 가로막고 있으며, 또한 일단 입후보한 자로서 진지하게 당선을 위한 노력을 다한 입후보자에게 선거결과에 따라 부당한 제재를 가하는 것이라 하지 않을 수 없다.
유효투표총수의 100분의 20에 미달하였더라도 성실히 선거과정을 치르고 그럼으로써 소수후보자로서 나름대로 민주주의에 기여한 후보자가 얼마든지 있을 수 있는데, 이들을 모두 '난립후보' 라고 하여 기탁금 몰수라는 제재를 가하는 것은 부당한 것이다.……
결론적으로 반환조항은 민주주의원리에 반하여 국민의 피선거권을 지나치게 침해하고 있다고 할 것이다.」

▷ **무소속후보자에게 정당공천자보다 2배의 기탁금을 부담하게 한 것은 위헌이라고 본 판례**
[憲 1989. 9. 8.-88헌가6](국회의원선거법 제33조, 제34조의 위헌심판)

「다. 정당후보자와 무소속후보자의 차등규정
국선법 제33조 제1항은 지역구 후보자 등록을 신청하는 무소속 후보자에게 2천만원을, 정당추천 후보자에게 1천만원을 기탁하도록 차등을 두고 있다.
정당추천 후보자와 무소속 후보자의 기탁금에 차등을 두는 규정은 무소속 후보자에게 지나친 차별대우를 함으로써 헌법에서 모든 국민과 모든 입후보자에게 보장하는 기회균등의 원칙과 국민의 참정권을 제한하고 나아가 평등보호의 원칙에 반하지 않는가 하는 문제이다.
(1) (입후보의 자유와 기회균등에 위배) ……
정당설립과 정당가입이 자유스럽지 못한 이러한 면에서 볼 때 무소속 후보의 출마를 제한하기 위하여 무소속 후보자에게 지나친 차별대우를 하는 것은 헌법이 국민 누구에게나 보장한 입후보의 자유와 기회균등의 원칙에 반한다.
정당의 후보자는 …… 제도적으로 무소속 후보자보다 모든 면에서 훨씬 유리한 조건에서 선거에 참여하고 있다. 그럼에도 불구하고 더 나아가 정당공천자보다 무소속 후보자에게 2배의 기탁금을 요구하고 있는 것은 아무런 합리적 이유없이 차별취급을 하는 것으로 입후보의 자유와 입후보자의 기회균등을 보장한 헌법규정에 배치되는 것이 명백하다 할 것이다.
(2) (정당정치와 무소속 후보) 정당정치가 현대 의회민주주의 제도를 유지시켜 가는 데 필요불가결한 제도라고 할 수 있으나 그렇다고 하여 정당만이 참정권을 독점하여야 한다는 것은 아니다. ……
헌법과 선거법상의 정당의 여러가지 특혜적 규정은 시대적 요청에 따른 것이라 할지라도 그것은 합헌적 범위 내에서 한정되어야 한다.
민주정치는 국민의 참여 속에서 이루어지고 국정의 최종심판은 국민이 내린다는 민주헌법의 기본정신을 무시하고 정당정치의 육성이나, 무소속 입후보의 길을 제한하고 차별적 대우를 하는 것을 법으로 제도화할 수 없다. ……

(3) (정치적 타협의 한계) 선거법은 정당간의 정치적 타협의 산물이기 때문에 국선법 제33조, 제34조에 정한 액수에 구애됨이 없이 합헌성을 인정해야 한다는 견해도 있으나 이는 현대의 실질적 국민주권주의와 상기 반대표제 내지 반직접제 등 현대적 대표제를 지향하고 있는 현대 자유민주주의 헌법 체제하에서는 용납될 수 없는 주장이다.

…… 무소속 후보자와 정당후보자 간에 2배의 차등으로 기탁금을 내게함으로써 무소속 후보의 출마를 제한하려는 것은 정치적 성격이 강한 선거법이라 할지라도 그 입법형성권의 한계를 위배한 것으로 위헌이라 아니할 수 없다.

(4) (불평등한 입법 금지의 원칙) …… 정당후보자에게 기탁금의 액수를 1천만원으로 한 것이 가사 적절하다고 판단된다 하더라도 무소속 후보자의 기탁금을 2천만원으로 한 것은 경험법칙상으로 보아 정당후보자와 지나친 차별대우를 하는 규정이라고 아니할 수 없다.」

※ 위 사건에서 적법절차원칙의 위반 여부에 대하여 언급한 부분은 〈제5편 - 제3장 - 1. - 인신보호를 위한 헌법원리 - □ 적법절차원리〉 판례 인용부분 참조

※ 위 사건에서 재판관 2인(재판관 변정수, 재판관 김진우)는 다수의견(헌법불합치)에 대하여 심판대상조항이 위헌이라는 것에는 의견을 같이하나, 변형결정의 주문에 찬성할 수 없다는 취지의 반대의견(단순위헌)을 내었음

▹ 유효투표 총수의 20/100에 미달하는 득표를 한 경우에 기탁금을 국고에 귀속시키는 것을 위헌이라고 본 판례

[憲 2001. 7. 19.-2000헌마91등](공직선거및선거부정방지법 제146조 제2항 위헌확인 등)

※ 위 판례 인용부분 참조

▶ 제한의 한계

▸ 공무담임권의 제한에 대하여도 기본권제한에서의 한계원리가 적용된다는 취지의 판례

[憲 1999. 12. 23.-98헌바33](구국가유공자예우등에관한법률 제70조 등 위헌소원)

「헌법 제25조는 "모든 국민은 법률이 정하는 바에 의하여 공무담임권을 가진다"고 규정하여 공무담임권을 보장하고 있는바, 공무담임권은 각종 선거에 입후보하여 당선될 수 있는 피선거권과 공직에 임명될 수 있는 공직취임권을 포괄하고 있다(헌재 1996. 6. 26. 96헌마200, 판례집 8-1, 550, 557). 공무담임권도 국가안전보장·질서유지 또는 공공복리를 위하여 필요한 경우 법률로써 제한될 수 있으나 그 경우에도 이를 불평등하게 또는 과도하게 침해하거나 본질적인 내용을 침해하여서는 아니 된다.

선거직공직과 달리 직업공무원에게는 정치적 중립성과 더불어 효율적으로 업무를 수행할 수 있는 능력이 요구되므로, 직업공무원으로의 공직취임권에 관하여 규율함에 있어서는 임용희망자의 능력·전문성·적성·품성을 기준으로 하는 이른바 능력주의 또는 성과주의를 바탕으로 하여야 한다. 헌법은 이 점을 명시적으로 밝히고 있지 아니하지만, 헌법 제7조에서 보장하는 직업공무원제도의 기본적 요소에 능력주의가 포함되는 점에 비추어 헌법 제25조의 공무담임권 조항은 모든 국민이 누구나 그 능력과 적성에 따라 공직에 취임할 수 있는 균등한 기회를 보장함을 내용으로 한다고 할 것이다. "공무원의 임용은 시험성적·근무성적 기타 능력의 실증에 의하여 행한다"고 규정하고 있는 국가공무원법 제26조와 "공개경쟁에 의한 채용시

험은 동일한 자격을 가진 모든 국민에게 평등하게 공개하여야 하며……"라고 하고 있는 동법 제35조는 공무담임권의 요체가 능력주의와 기회균등에 있다는 헌법 제25조의 법리를 잘 보여주고 있다. 따라서 공직자선발에 관하여 능력주의에 바탕한 선발기준을 마련하지 아니하고 해당 공직이 요구하는 직무수행능력과 무관한 요소, 예컨대 성별·종교·사회적 신분·출신지역 등을 기준으로 삼는 것은 국민의 공직취임권을 침해하는 것이 된다.

다만, 헌법의 기본원리나 특정조항에 비추어 능력주의원칙에 대한 예외를 인정할 수 있는 경우가 있다. 그러한 헌법원리로는 우리 헌법의 기본원리인 사회국가원리를 들 수 있고, 헌법조항으로는 여자·연소자근로의 보호, 국가유공자·상이군경 및 전몰군경의 유가족에 대한 우선적 근로기회의 보장을 규정하고 있는 헌법 제32조 제4항 내지 제6항, 여자·노인·신체장애자 등에 대한 사회보장의무를 규정하고 있는 헌법 제34조 제2항 내지 제5항 등을 들 수 있다. 이와 같은 헌법적 요청이 있는 경우에는 합리적 범위안에서 능력주의가 제한될 수 있다.」

3. 청 원 권

□ 의 의

▶ 개 념

▸ 청원권의 의미를 밝힌 판례

[憲 1997. 7. 16.-93헌마239](청원처리 위헌확인)

「가. 헌법 제26조와 청원법규정에 의할 때 헌법상 보장된 청원권은 공권력과의 관계에서 일어나는 여러가지 이해관계, 의견, 희망 등에 관하여 적법한 청원을 한 모든 국민에게, 국가기관이(그 주관관서가) 청원을 수리할 뿐만 아니라, 이를 심사하여, 청원자에게 적어도 그 처리결과를 통지할 것을 요구할 수 있는 권리를 말한다. 그러나 청원권의 보호범위에는 청원사항의 처리결과에 심판서나 재결서에 준하여 이유를 명시할 것까지를 요구하는 것은 포함되지 아니한다고 할 것이다. 왜냐하면 국민이면 누구든지 널리 제기할 수 있는 민중적 청원제도는 재판청구권 기타 준사법적 구제청구와는 완전히 성질을 달리하는 것이기 때문이다. 그러므로 청원소관관서는 청원법이 정하는 절차와 범위내에서 청원사항을 성실 · 공정 · 신속히 심사하고 청원인에게 그 청원을 어떻게 처리하였거나 처리하려 하는지를 알 수 있을 정도로 결과통지함으로써 충분하다고 할 것이다. 따라서 적법한 청원에 대하여 국가기관이 수리, 심사하여 그 처리결과를 청원인 등에게 통지하였다면 이로써 당해국가기관은 헌법 및 청원법상의 의무이행을 필한 것이라 할 것이고, 비록 그 처리내용이 청원인 등이 기대하는 바에 미치지 않는다고 하더라도 더 이상 헌법소원의 대상이 되는 공권력의 행사 내지 불행사라고는 볼 수 없다[헌법재판소 1994. 2. 24. 선고, 93헌마213 · 214 · 215(병합) 결정 참조].」

◎ **같은 취지 : 憲 2004. 5. 27.-2003헌마851**

▶ 청원권의 법적 성격

▸ 헌법 제26조의 규정과 이를 구체화하고 있는 청원법의 규정을 보아 청원권은 청구권으로서의 성질도 가진다고 본 판례

[憲 2004. 5. 27.-2003헌마851](군인연금법 개정청원에 대한 부작위위헌확인)

「헌법 제26조 제1항은 "모든 국민은 법률이 정하는 바에 의하여 국가기관에 문서로 청원할 권리를 가진다"라고 규정하고 있고, 제2항은 "국가는 청원에 대하여 심사할 의무를 진다"라고 규정하고 있다. 한편, 청원법 제9조 제4항은 청원서를 접수한 모든 관서는, 상급관서가 청원서를 접수하여 이를 처분관서에 이송하거나 처분관서가 청원서를 수리하여 처분을 시정하는 경우를 제외하고는, 청원을 수리하여 이를 성실 · 공정 · 신속히 심사처리하고 그 결과를 청원인에게 통지하도록 하고 있다.

헌법 제26조와 청원법의 규정에 의할 때, 헌법상 보장된 청원권은 공권력과의 관계에서 일어나는 여러 가지 이해관계, 의견, 희망 등에 관하여 적법한 청원을 한 모든 국민에게, 국가기관이 청원을 수리 · 심사하여 그 결과를 통지할 것을 요구할 수 있는 권리를 말한다.」

◎ **같은 취지 : 憲 1997. 7. 16.-93헌마239**

□ 내 용

▶ 헌법상의 청원권

▸ **헌법상의 청원권의 구체적인 내용은 입법활동에 의하여 형성되며 입법형성에는 폭넓은 재량권이 인정된다는 취지의 판례**

[憲 1999. 11. 25.-97헌마54](지방자치법 제65조 위헌확인)

「헌법 제26조는 "모든 국민은 법률이 정하는 바에 의하여 국가기관에 문서로 청원할 권리를 가진다. 국가는 청원에 대하여 심사할 의무를 진다"고 하여 청원권을 기본권으로 보장하고 있다. 청원권의 구체적 내용은 입법활동에 의하여 형성되며 입법형성에는 폭넓은 재량권이 있으므로 입법자는 지방의회에 제출되는 청원서에 대하여 청원의 내용과 절차는 물론 청원의 심사 · 처리를 공정하고 효율적으로 행할 수 있게 하는 합리적인 수단을 선택할 수 있는 것이다.」

⇔ 재판관 3인(재판관 이재화, 재판관 정경식, 재판관 이영모)의 반대의견

「청원권은 국민이 국가기관(주관관서)에 대하여 일정한 사항에 관한 의견이나 희망을 진술할 수 있는 권리를 말한다. 헌법은 청원권의 구체적 내용을 입법자에게 맡겨 놓고 있는데 국민이 자유롭게 국가기관에 청원할 권리의 본질을 해하지 않는 범위 안에서 청원권을 형성하여야 할 의무가 있는 것이다.」

▸ **국가의 청원심사의무로부터 국가에 대하여 청원을 수리하여 심사할 것을 요구할 수 있는 청구권이 도출된다는 취지의 판례**

[憲 1997. 7. 16.-93헌마239](청원처리 위헌확인)

※ 위 판례 인용부분 참조

▶ 국회법과 지방자치법상의 청원권

▸ **지방자치법의 의원소개제도를 합헌이라고 본 판례**

[憲 1999. 11. 25.-97헌마54](지방자치법 제65조 위헌확인)

「(2) 헌법 제26조는 "모든 국민은 법률이 정하는 바에 의하여 국가기관에 문서로 청원할 권리를 가진다. 국가는 청원에 대하여 심사할 의무를 진다"고 하여 청원권을 기본권으로 보장하고 있다. 청원권의 구체적 내용은 입법활동에 의하여 형성되며 입법형성에는 폭넓은 재량권이 있으므로 입법자는 지방의회에 제출되는 청원서에 대하여 청원의 내용과 절차는 물론 청원의 심사 · 처리를 공정하고 효율적으로 행할 수 있게 하는 합리적인 수단을 선택할 수 있는 것이다. ……

이 법률조항은 불필요한 청원을 억제하여 청원의 효율적인 심사 · 처리를 제고하는 데 있고, 또 청원의 소개의원은 1인으로 족한 점 등을 감안할 때 그 제한은 헌법 제37조 제2항이 규정한 공공복리를 위한 필요 · 최소한의 것으로 청원권의 본질적 내용을 침해하는 것이 아니므로 기본권 제한의 한계를 벗어나는 위법이 있다고 볼 수 없다.」

⇔ 재판관 3인(재판관 이재화, 재판관 정경식, 재판관 이영모)의 반대의견

「가. 청원권은 국민이 국가기관(주관관서)에 대하여 일정한 사항에 관한 의견이나 희망을 진술할 수 있는 권리를 말한다. 헌법은 청원권의 구체적 내용을 입법자에게 맡겨놓고 있는데 국민이 자유롭게 국가기관에 청원할 권리의 본질을 해하지 않는 범위 안에서 청원권을 형성하여야 할 의무가 있는 것이다.
나. …… 오직 의원의 소개를 조건으로 청원을 할 수 있게 한 것은 합리성을 갖춘 제한으로 볼 수 없다.
…… 주민이 의원을 일일이 찾아다니면서 소개를 얻도록 한 것은 지방의회에 청원서의 제출을 어렵게 하는 수단에 다름아닌 것이다. 이것은 청원권의 본질에 어긋나는 기본권 제한의 한계를 벗어난 과도한 제한으로 보지 않을 수 없다 ……
이 법률조항이 "지방의회의원의 소개를 얻어"라는 조건을 둔 것은, 청원을 하고자 하는 자보다 지방의회의 청원에 대한 심사·처리의 편의를 도모하기 위한 것으로 헌법이 보장하는 청원권 그 자체를 유명무실화하고 있음이 분명하므로 위헌선언을 함이 마땅하다고 생각하여 다수의견에 반대하는 것이다.」

▶ **청원권 행사의 효과에 대한 판례**

▸ **국가의 처리 내용이 청원인의 기대에 미치지 못하는 경우에 헌법상의 청원권을 근거로 하여 국가기관에 대한 쟁송이 가능한지에 대하여 이를 헌법소원심판의 대상이 되지 못한다고 본 판례**

[憲 1997. 7. 16.-93헌마239](청원처리 위헌확인)

※ 위 판례 인용부분 참조

◎ 같은 취지 : 憲 2000. 6. 1.-2000헌마18

□ 제한과 그 한계

▶ **제　　한**

▸ **교도소의 수용자가 청원하는 경우 교도소장의 허가를 받게 하는 것은 합헌이라고 본 판례**

[憲 2001. 11. 29.-99헌마713](행형법시행령 제62조 위헌확인)

「청구인은 수용자들이 국가기관에 보내는 서신 중에는 그 내용이 주로 교도 행정과 관련된 것으로 교도소 내의 부당한 처우의 시정을 호소하는 것들이 있는데, 교도소 측이 검열을 통해 이러한 내용을 미리 파악하여 발송을 거부하는 경우에는 아무리 교도소 측에서 수용자들에 대해 부당한 행위를 하더라도 이를 시정할 수 있는 여지가 거의 없게 되므로 수용자가 발송하는 서신이 국가기관에 대한 청원에 해당하는 경우에는 검열이 금지되어야 한다고 주장한다. ……

모든 국민은 청원권을 가지고 있으므로 교도소 수용자라 하더라도 원칙적으로는 자유롭게 청원할 권리가 보장된다. 그러나 위에서도 본 바와 같이 수용자 구금의 목적은 수용자를 일정한 장소에 구금하고 사회로부터 격리시켜 그 자유를 박탈함과 동시에 그의 교화·갱생을 도모함에 있고, 구금시설은 다수의 수용자를 집단으로 관리하는 시설이므로 규율과 질서 유지가 필요하다. 따라서 국가기관에 대한 청원의 경우 이에 대한 아무런 제한 없이 청원할 수 있도록 한다면 이를 이용하여 검열 없이 외부에 서신을 발송하는 탈법수단으로 이용할 우려가 있다고 지적된 위에서의 이유는 여기에서도 그대로 타당할 것이다. ……

결론적으로, 국가기관에 대한 청원 내용이 담긴 교도소 수용자의 서신에 대해 검열하는 것은 헌법 제37조 제2항이 규정하고 있는 질서유지 등의 목적달성을 위한 필요·최소한의 제한으로서 청원권의 본질적 내용을 침해하는 것이라고 할 수 없다.」

▸ 국회법 제123조와 지방자치법 제65조가 각 국회의원과 지방의회의원의 추천을 청원 접수의 선결요건으로 규정하고 있는데, 이에 대하여 헌법에 위반되지 않는다고 본 판례
[憲 1999. 11. 25.-97헌마54](지방자치법 제65조 위헌확인)
※ 위 판례 인용부분 참조

제5장 사회권적 기본권

1. 인간다운 생활을 할 권리

□ 법적 성격

▶ **헌법 제34조 제1항이 정하고 있는 인간다운 생활을 할 권리는 법률에 의하여 구체화할 때 비로소 인정되는 법률상의 권리라는 취지의 판례**

[憲 1995. 7. 21.-93헌가14](국가유공자예우등에관한법률 제9조 본문 위헌제청)

「헌법은 제34조 제1항에서 국민에게 인간다운 생활을 할 권리를 보장하는 한편, 동조 제2항에서는 국가의 사회보장 및 사회복지증진의무를 천명하고 있다. '인간다운 생활을 할 권리'는 여타 사회적 기본권에 관한 헌법규범들의 이념적인 목표를 제시하고 있는 동시에 국민이 인간적 생존의 최소한을 확보하는 데 있어서 필요한 최소한의 재화를 국가에게 요구할 수 있는 권리를 내용으로 하고 있다. 국가의 사회복지·사회보장증진의 의무도 국가에게 물질적 궁핍이나 각종 재난으로부터 국민을 보호할 대책을 세울 의무를 부과함으로써, 결국 '인간다운 생활을 할 권리'의 실현을 위한 수단적인 성격을 갖는다고 할 것이다. 이 헌법의 규정에 의거하여 국민에게 주어지게 되는 사회보장에 따른 국민의 수급권(受給權)은 국가에게 단순히 국민의 자유를 침해하지 말 것을 내용으로 하는 것이 아니라 적극적으로 급부를 요구할 수 있는 권리를 주된 내용으로 하기 때문에, 그 권리의 구체적인 부여 여부, 그 내용 등은 무엇보다도 국가의 경제적인 수준, 재정능력 등에 따르는 재원확보의 가능성이라는 요인에 의하여 크게 좌우되게 된다. 즉 국가가 '인간다운 생활을 할 권리'를 국민에게 보장하기 위하여 국가의 보호를 필요로 하는 국민들에게 한정된 가용자원을 분배하는 이른바 사회보장권에 관한 입법을 할 경우에는 국가의 재정부담능력, 전체적인 사회보장수준과 국민감정 등 사회정책적인 고려, 제도의 장기적인 지속을 전제로 하는 데서 오는 제도의 비탄력성과 같은 사회보장제도의 특성 등 여러 가지 요소를 감안하여야 하기 때문에 입법자에게 광범위한 입법재량이 부여되지 않을 수 없고, 따라서 헌법상의 사회보장권은 그에 관한 수급요건, 수급자의 범위, 수급액 등 구체적인 사항이 법률에 규정됨으로써 비로소 구체적인 법적 권리로 형성된다고 보아야 할 것이다.」

※ 위 사안에서 행복추구권의 침해 여부에 대하여 언급한 부분에 대해서는 〈제5편 - 제1장 - 2. - □ 내용〉 판례 인용부분 참조

[憲 2002. 12. 18.-2002헌마52](저상버스 도입의무 불이행 위헌확인)

「사회적 기본권에 관한 이러한 이해를 바탕으로 하여 이 사건을 본다면, 우선, 장애인의 복지를 향상해야 할 국가의 의무가 다른 다양한 국가과제에 대하여 최우선적인 배려를 요청할 수 없을 뿐 아니라, 나아가 헌법의 규범으로부터는 '장애인을 위한 저상버스의 도입'과 같은 구체적인 국가의 행위의무를 도출할 수 없는 것이다. 물론 모든 국가기관은 헌법규범을 실현하고 존중해야 할 의무가 있으므로, 행정청은 그의 행정작용에 있어서 헌법규범의 구속을 받는다. 그러나 국가에게 헌법 제34조에 의하여 장애인의 복지를 위하여 노력을 해야 할 의무가 있다는 것은, 장애인도 인간다운 생활을 누릴 수 있는 정의로운 사회질서를 형성해야 할 국가의 일반적인 의무를 뜻하는 것이지, 장애인을 위하여 저상버스를 도입해야 한다는 구체적 내용의 의무가 헌법으로부터 나오는 것은 아니다.」

[憲 2004. 10. 28.-2002헌마328](2002년도 국민기초생활보장최저생계비 위헌확인)

※ 아래 판례 인용부분 참조

◎ 같은 취지 : 憲 1998. 2. 27.-97헌가10등; 2000. 6. 1.-98헌마216; 2003. 5. 15.-2002헌마90

▶ **헌법상의 사회보장권도 그에 관한 수급요건, 수급의 범위, 수급액 등 구체적인 사항이 법률에 규정됨으로써 비로소 구체적인 법적 권리로 형성되는 권리라고 본다는 취지의 판례**

[憲 1995. 7. 21.-93헌가14](국가유공자예우등에관한법률 제9조 본문 위헌제청)

※ 위 판례 인용부분 참조

[憲 2003. 7. 24.-2002헌바51](산업재해보상보험법 제5조 단서 등 위헌소원)

「사회보장수급권은 헌법 제34조 제1항 및 제2항 등으로부터 개인에게 직접 주어지는 헌법적 차원의 권리라거나 사회적 기본권의 하나라고 볼 수는 없고, 다만 위와 같은 사회보장·사회복지 증진의무를 포섭하는 이념적 지표로서의 인간다운 생활을 할 권리를 실현하기 위하여 입법자가 입법재량권을 행사하여 제정하는 사회보장입법에 그 수급요건, 수급자의 범위, 수급액 등 구체적인 사항이 규정될 때 비로소 형성되는 법률적 차원의 권리에 불과하다 할 것이다.

…… 이렇게 볼 때 국가가 헌법 제34조 제1항과 제2항 등에 기하여 어떠한 내용의 산재보험제도를 언제, 어떠한 범위에서, 어떠한 방법으로 시행할 것인지의 문제 역시 입법자의 재량영역에 속하는 문제라 할 것이고, 따라서 근로자에게 인정되는 산재보험금 수급권 역시 산재보험법에 의하여 비로소 구체화되는 법률상의 권리라고 볼 것이다.」

□ 내 용

▶ 사회보장수급권의 문제

▸ 사회보장수급권을 법률상의 권리라고 본 판례

[憲 2001. 9. 27.-2000헌마342](임용결격공무원등에대한퇴직보상금지급등에관한특례법 제6조 등 위헌확인)

「헌법 제34조 제1항은 "모든 국민은 인간다운 생활을 할 권리를 가진다"고 규정하고, 제2항은 "국가는 사회보장·사회복지의 증진에 노력할 의무를 진다"고 규정하고 있는바, 사회보장수급권은 이 규정들로부터 도출되는 사회적 기본권의 하나이다.

이와 같이 사회적 기본권의 성격을 가지는 사회보장수급권은 국가에 대하여 적극적으로 급부를 요구하는 것이므로 헌법규정만으로는 이를 실현할 수 없고, 법률에 의한 형성을 필요로 한다. 사회보장수급권의 구체적 내용, 즉 수급요건, 수급권자의 범위, 급여금액 등은 법률에 의하여 비로소 확정된다.

그런데 사회보장수급권과 같은 사회적 기본권을 법률로 형성함에 있어 입법자는 광범위한 형성의 자유를 누린다. 국가의 재정능력, 국민 전체의 소득 및 생활수준, 기타 여러 가지 사회적·경제적 여건 등을 종합하여 합리적인 수준에서 결정할 수 있고, 그 결정이 현저히 자의적이거나, 사회적 기본권의 최소한도의 내용마저 보장하지 않은 경우에 한하여 헌법에 위반된다고 할 것이다.」

[憲 2003. 7. 24.-2002헌바51](산업재해보상보험법 제5조 단서 등 위헌소원)

※ 위 판례 인용부분 참조

▸ 공무원연금법상의 연금수급권은 사회보장수급권으로서의 성격과 재산권으로서의 성격이 혼재되어 있다는 취지의 판례

[憲 1999. 4. 29.-97헌마333](공무원연금법 제3조 제2항 위헌확인)

「공무원연금법상의 퇴직급여, 유족급여 등 각종 급여를 받을 권리, 즉 연금수급권은 사회적 기본권의 하나인 사회보장수급권의 성격과 재산권의 성격을 아울러 지니고 있다고 하겠다 ……

헌법 제34조 제1항은 "모든 국민은 인간다운 생활을 할 권리를 가진다"고 하고, 제2항은 "국가는 사회보장·사회복지의 증진에 노력할 의무를 진다"고 규정하고 있는바, 이 법상의 연금수급권과 같은 사회보장수급권은 이 규정들로부터 도출되는 사회적 기본권의 하나이다. …… 연금수급권과 같은 사회적 기본권을 법률로 형성함에 있어 입법자는 광범위한 형성의 자유를 누린다. ……

한편 헌법 제23조에서 보장하고 있는 국민의 재산권은 원칙적으로 헌법 제37조 제2항에서 정하고 있는 요건을 갖춘 경우에만 정당하게 제한할 수 있다. 그런데 이 법상의 연금수급권은 사회보장수급권의 성격을 아울러 지니고 있으므로 순수한 재산권이 아니며, 사회보장수급권과 재산권이라는 양 권리의 성격이 불가분적으로 혼재되어 있다. 공무원연금의 재원은 공무원이 납부하는 기여금과 국가가 부담하는 부담금으로 구성되는데, 이 두 재원을 각각 사회보장급여, 보험료, 후불임금으로 구분하여 정확히 귀속시킬 수가 없다.

그러므로 비록 연금수급권에 재산권의 성격이 일부 있다 하더라도 그것은 이미 사회보장법리의 강한 영향을 받지 않을 수 없다 할 것이고, 또한 사회보장수급권과 재산권의 두 요소가 불가분적으로 혼재되어 있다면 입법자로서는 연금수급권의 구체적 내용을 정함에 있어 이를 하나의 전체로서 파악하여 어느 한 쪽의 요소에 보다 중점을 둘 수도 있다 할 것이다. 따라서 연금수급권의 구체적 내용을 형성함에 있어서 입법자는 청구인들의 주장과 같이 반드시 민법상 상속의 법리와 순위에 따라야 하는 것이 아니라, 이 법의 입법목적 달성에 알맞도록 독자적으로 규율할 수 있고, 여기에 필요한 정책판단 · 결정에 관하여는 일차적으로 입법자의 재량에 맡겨져 있다.

요컨대, 이 법상의 연금수급권의 법률적 형성에 관하여는 전체적으로 입법자에게 상당한 정도로 형성의 자유가 인정된다.」

◎ **같은 취지 : 憲 1996. 10. 4.-96헌가6**

□ 효 력

▶ **헌법재판소는 국가가 인간다운 생활을 보장하기 위해 필요한 입법을 전혀 하지 아니하였다든가 그 내용이 현저히 불합리하여 헌법상 용인될 수 있는 재량의 범위를 명백히 일탈한 때에 한하여 헌법에 위반된다고 할 수 있다는 취지의 판례**

[憲 2004. 10. 28.-2002헌마328](2002년도 국민기초생활보장최저생계비 위헌확인)

「헌법 제34조 제1항이 보장하는 인간다운 생활을 할 권리는 사회권적 기본권의 일종으로서 인간의 존엄에 상응하는 최소한의 물질적인 생활의 유지에 필요한 급부를 요구할 수 있는 권리를 의미하는데, 이러한 권리는 국가가 재정형편 등 여러 가지 상황들을 종합적으로 감안하여 법률을 통하여 구체화할 때에 비로소 인정되는 법률적 권리라고 할 것이다 ……

국가가 행하는 생계보호가 헌법이 요구하는 객관적인 최소한도의 내용을 실현하고 있는지 여부는 결국 국가가 국민의 '인간다운 생활'을 보장함에 필요한 최소한도의 조치를 취하였는가의 여부에 달려있다고 할 것인데 생계보호의 구체적 수준을 결정하는 것은 입법부 또는 입법에 의하여 다시 위임을 받은 행정부 등 해당기관의 광범위한 재량에 맡겨져 있다고 보아야 할 것이므로, 국가가 인간다운 생활을 보장하기 위한 헌법적 의무를 다하였는지의 여부가 사법적 심사의 대상이 된 경우에는, 국가가 생계보호에 관한 입법을 전혀 하지 아니하였다든가 그 내용이 현저히 불합리하여 헌법상 용인될 수 있는 재량의 범위를 명백히 일탈한 경우에 한하여 인간다운 생활을 할 권리를 보장한 헌법에 위반된다고 할 수 있다(헌재 1997. 5. 29. 94헌마33, 판례집 9-1, 553-554).」

◎ **같은 취지 : 憲 1997. 5. 29.-94헌마33; 2001. 4. 26.-2000헌마390**

2. 근로의 권리

□ 법적 성격

▶ 학 설

▸ 근로의 권리에 사회적 기본권으로서의 성격이 포함된다는 취지의 판례

[憲 2002. 11. 28.-2001헌바50](한국보건산업진흥원법 부칙 제3조 위헌소원)

「(3) 근로의 권리와 근로관계의 존속보호

(가) 헌법 제32조 제1항은 "모든 국민은 근로의 권리를 가진다. 국가는 사회적 · 경제적 방법으로 근로자의 고용의 증진과 적정임금의 보장에 노력하여야 하며……"라고 규정하여 근로의 권리를 보장하고 있다.

근로의 권리의 보장은 생활의 기본적인 수요를 충족시킬 수 있는 생활수단을 확보해 주며, 나아가 인격의 자유로운 발현과 인간의 존엄성을 보장해 주는 의의를 지닌다.

근로의 권리는 사회적 기본권으로서, 국가에 대하여 직접 일자리(직장)를 청구하거나 일자리에 갈음하는 생계비의 지급청구권을 의미하는 것이 아니라, 고용증진을 위한 사회적 · 경제적 정책을 요구할 수 있는 권리에 그친다. 근로의 권리를 직접적인 일자리 청구권으로 이해하는 것은 사회주의적 통제경제를 배제하고, 사기업 주체의 경제상의 자유를 보장하는 우리 헌법의 경제질서 내지 기본권규정들과 조화될 수 없다.

(나) 마찬가지 이유로 근로의 권리로부터 국가에 대한 직접적인 직장존속청구권을 도출할 수도 없다. 단지 위에서 본 직업의 자유에서 도출되는 보호의무와 마찬가지로 사용자의 처분에 따른 직장 상실에 대하여 최소한의 보호를 제공하여야 할 의무를 국가에 지우는 것으로 볼 수는 있을 것이나, 이 경우에도 입법자가 그 보호의무를 전혀 이행하지 않거나 사용자와 근로자의 상충하는 기본권적 지위나 이익을 현저히 부적절하게 형량한 경우에만 위헌 여부의 문제가 생길 것이다.

(4) 소 결

그 밖에 사회국가원리, 경제에 관한 규제와 조정을 예정하고 있는 헌법 제119조 제2항, 헌법 제10조의 기본권보호의무로부터도 국가에 대한 직접적인 직장존속청구권을 도출할 수 없다.

따라서 결론적으로, 헌법 제15조의 직업의 자유 또는 헌법 제32조의 근로의 권리, 사회국가원리 등에 근거하여 실업방지 및 부당한 해고로부터 근로자를 보호하여야 할 국가의 의무를 도출할 수는 있을 것이나, 국가에 대한 직접적인 직장존속보장청구권을 근로자에게 인정할 헌법상의 근거는 없다.

한편 근로관계의 존속 여부에 관한 사용자의 결정권 또한 헌법 제15조의 직업의 자유, 헌법 제10조가 보장하는 행복추구권에서 도출되는 경제활동의 자유, 헌법 제23조의 재산권에 의하여 보장된다.

근로자와 사용자간의 상충하는 헌법적 이익을 조화롭게 형량하여 보호하는 것은 입법자의 몫으로서 여기에서는 광범위한 형성권이 인정되어야 하므로, 그 현저한 일탈의 잘못이 있는 경우에만 헌법위반이라 확인할 수 있다.」

※ 위 사건에서 재판관 3인(재판관 윤영철, 재판관 권 성, 재판관 주선회)은 근로의 권리의 법적 성격에 대하여는 다수의견과 견해 대립을 보이지 않았으나, 심판대상인 법률조항이 근로관계의 존속보장에 대한 국가의 최소한의 보호의무를 저버렸다는 취지의 반대의견(위헌)을 내었음

□ 주 체

▶ **우리 나라의 입법정책에 따라 외국인에게도 근로기준법 등 법률이 정하는 근로에 관한 권리가 인정되는 부분에 대한 판례**

[서울고법 1993. 11. 26.-93구16774](요양불승인처분취소)

「근로기준법상의 근로자에 해당하는 자가 산업재해보상보험법의 적용대상이 되는 사업 또는 사업장에 근로를 제공하다가 업무상 부상 또는 질병에 걸린 경우에는 요양급여를 지급받을 수 있는데, 산업재해보상보험법상 외국인 근로자에게 그 적용을 배제하는 특별한 규정이 없는 이상 피해자가 외국인이라 할지라도 그가 근로기준법상의 근로자에 해당하는 경우에는 내국인과 마찬가지로 산업재해보상보험법상의 요양급여를 지급받을 수 있다.」

[大 1995. 9. 15.-94누12067](요양불승인처분취소)

「원고는 취업자격이 아닌 산업연수 체류자격으로 입국하여 산업재해보상보험법의 적용대상이 되는 사업장인 소외 회사와 고용계약을 체결하고 근로를 제공하다가 작업도중 그 판시와 같은 부상을 입었다는 것이고, 기록에 의하면 원고는 소외 회사에 입사한 후 위와 같이 부상을 입을 무렵까지 소외 회사의 지휘 감독을 받으면서 근로를 제공하고 그 대가로 매월 갑종근로소득세를 공제한 급여를 지급받아 온 사실이 인정되는 바, 비록 원고가 출입국관리법상의 취업자격을 갖고 있지 않았다 하더라도 위 고용계약이 당연히 무효라고 할 수 없는 이상 위 부상당시 원고는 사용종속관계에서 근로를 제공하고 임금을 받아온 자로서 근로기준법 소정의 근로자였다 할 것이므로 산업재해보상보험법상의 요양급여를 받을 수 있는 대상에 해당한다 할 것이다.」

□ 내 용

▶ **근로의 권리의 기본적 내용**

▸ 취업기회제공의 문제에 대한 판례

▹ 근로의 권리에 근거하여 국가로 하여금 개개인이 직접 자기를 일정한 직업에 취업하게 해줄 것을 요구할 수 있는 것을 보장하는 것은 아니라는 취지의 판례

[憲 2002. 11. 28.-2001헌바50](한국보건산업진흥원법 부칙 제3조 위헌소원)

※ 위 판례 인용부분 참조

▸ 근로계속의 문제

▹ 해고예고의 방식은 해고의 자유를 침해하는 것이 아니라는 취지의 판례

[憲 2001. 7. 19.-99헌마663](근로기준법 제35조 제3호 위헌확인)

「근로기준법 제32조 제1항은 "사용자는 근로자를 해고(경영상 이유에 의한 해고를 포함한다)하고

자 할 때에는 적어도 30일 전에 그 예고를 하여야 하며 30일 전에 예고를 하지 아니한 때에는 30일분 이상의 통상임금을 지급하여야 한다"고 규정하고 있다. 이 조항은 사용자가 근로자를 해고함에 있어서 갑자기 근로자를 해고하게 되면 근로자는 다른 직장을 얻을 때까지 생활의 위협을 받게 되므로 적어도 다른 직장을 구할 기회를 가질 수 있도록 최소한의 시간적인 여유를 부여하거나, 그렇지 않으면 그 기간동안의 생계비를 보장하여 근로자의 경제적 어려움을 완화시켜 주고자 하는 취지에서 규정된 것이다.

그러나 해고예고제도는 해고자체를 금지하는 제도가 아니라 해고를 할 경우에는 일정한 유예기간을 두거나 예고수당을 지급할 것을 내용으로 하는 제도이다. 대법원 판례 또한 일관하여 해고예고의무를 위반한 해고도 유효하다고 보므로, 해고예고제도는 해고의 효력 자체와는 무관한 제도라고 볼 수 있다.」

※ 위 사례에서 다수의견은 위와 같은 전제 하에 월급근로자로서 6월이 되지 아니한 자를 해고예고제의 적용에서 배제시키고 있는 심판대상 조항을 헌법에 위반되지 않는다고 보았으나, 재판관 2인(재판관 권성, 재판관 김효종)은 위와 같은 차별이 형평에 맞지 않는다는 취지의 반대의견(위헌)을 내었음

▷ 헌법 제32조 제1항의 근로의 권리는 국가에 대하여 직접적인 직장존속보장청구권을 보장하는 것은 아니라는 취지의 판례

[憲 2002. 11. 28.-2001헌바50](한국보건산업진흥원법 부칙 제3조 위헌소원)

※ 위 판례 인용부분 참조

▶ 근로의 권리를 보장하기 위한 제도

▸ 적정임금 및 최저임금의 보장에 대한 판례

▷ 퇴직금 전액에 대하여 다른 담보물권보다 우선변제를 받을 권리를 인정하고 있는 것에 대하여 헌법불합치결정을 한 판례

[憲 1997. 8. 21.-94헌바19등](근로기준법 제30조의2 제2항 위헌소원, 근로기준법 제30조의2 제2항 등 위헌제청)

「(2) 질권 및 저당권의 본질적 내용의 침해 여부 ……

질권과 저당권은 우리 법제가 인정하고 있는 담보물권의 중핵을 이루고 있는 제도이고 특히 저당권의 경우는 기업금융에 있어서의 중추적인 수단이다. 그리고 우리 나라의 저당권제도는 이른바 "보전저당제도"에 머물고 있어, …… 저당목적물을 환가하여 그로부터 우선변제를 받는 것이 유일한 수단이다. 그럼에도 불구하고 이 사건 법률조항은 퇴직금채권자에게 저당권자에 우선하여 그 퇴직금의 액수에 관하여 아무런 제한 없는 우선변제수령권을 인정하고 있으므로, 그로 말미암아 그 저당권의 유일한 채권확보 내지 회수수단에 결정적 장애를 줌으로써 담보물권제도의 근간을 흔들고 있다. …… 구법 부칙 제2조에 따라 1989. 3. 29.부터 발생한 퇴직금부분에 한하여 우선변제수령권을 인정한다 하더라도 시간이 지남에 따라 질권이나 저당권의 본질적 내용을 침해하는 정도가 커지게 되고 기업금융제도를 점점 더 위축시키게 된다. …… 기업이 경영압박을 당하거나 도산을 하는 것은 사용자뿐만 아니라 근로자에게도 일부 그 책임이 있는 경우도 있다고 할 것인데, 담보물권제도라는 사법질서의 근간을 흔들면서까지 그 기업을 위하여 자금을 제공한 제3자를 희생시키고 오히려 그 기업의 근로자를 우선적으로 보호한다는 것은 심히 부당하다고 아니할 수 없다. ……

이 사건 법률조항 중 "퇴직금"부분은 질권이나 저당권의 본질적 내용을 침해할 소지가 생기게 되는 것이다.

(3) 과잉금지의 원칙 위배 여부 ……

이 사건 법률조항은 근로자의 생활보장 내지 복지증진이라는 공공복리를 위하여 담보권자의 담보권을 제한함에 있어서 그 방법의 적정성을 그르친 것이며 침해의 최소성 및 법익의 균형성 요청에도 저촉되는 것이므로 과잉금지의 원칙에도 위배된다고 할 것이다.

(4) "퇴직금"부분의 위헌성 및 헌법불합치선언의 필요성

…… 헌법재판소로서는 이 사건 법률조항 중 "퇴직금"부분에 대하여 바로 위헌선언을 할 것이 아니라 헌법불합치의 선언을 한 다음, 입법자로 하여금 조속한 시일내에 담보물권제도의 근간을 해치지 아니하는 범위 내에서 질권 또는 저당권에 의하여 담보된 채권에 우선하여 변제받을 수 있는 근로자의 퇴직금채권의 "적정한 범위"를 확정하도록 하여 근로자를 보호하는 한편 그때까지는 위에서 본 이 사건 법률조항 중 "퇴직금"부분의 위헌성 때문에 그 부분의 적용을 중지하도록 함이 상당하다고 판단된다.」

⇔ 재판관 1인(재판관 조승형)의 반대의견

「나. 질권 및 저당권의 본질적 내용의 침해 여부와 과잉금지의 위반 여부 및 평등권의 침해 여부

이에 관한 다수의견의 견해에 관하여서는 아무런 이의가 없다. 또한 다수의견이 이 사건 법률조항 중 "퇴직금"부분이 위 권리들의 본질적 내용을 침해한다고 보는 견해는 앞서 본 바와 같이 위 "퇴직금"부분을 그 전액으로 해석하는 전제하에서 본 견해에 불과하고 다수의견도 최종 3월의 임금부분이 위 권리들의 본질적 내용이나 평등권을 침해하지 아니하며 과잉금지원칙을 위배하지 아니함을 부인하지 아니하고 있는 바이므로, 위 "퇴직금"부분을 나의 견해와 같이 해석하는 경우라면 다수의견도 위 본질적 내용이나 평등권의 침해 또는 과잉금지의원칙 위배의 점을 인정하지 아니하고 있다 할 것이다. 따라서 이 사건 법률조항 중 퇴직금 부분은 나의 견해와 같이 해석하는 한 우리재판관 전원의 의견은 일치되며 헌법에 위반되지 아니한다고 할 것이다.

다. 우리재판소는 어떤 법률의 개념이 다의적이고 그 어의의 테두리안에서 여러 가지 해석이 가능할 때, 헌법을 최고법규로 하는 통일적인 법질서의 형성을 위하여 헌법에 합치하는 해석 즉 합헌적인 해석을 택하여야 하며, 이에 의하여 위헌적인 결과가 될 해석을 배제하면서 합헌적이고 긍정적인 면은 살려야 한다는 것이 헌법의 일반 법리라 하여 이를 판례로 확립하고 있다(헌법재판소 1990. 4. 2. 선고, 89헌가113 결정 참조). 이 사건의 경우도 "퇴직금"부분에 관하여 최종 3월의 퇴직금이냐 퇴직금 전액이냐는 퇴직금의 범위에 관한 개념이 다의적이고 "최종 3월의 임금과 퇴직금"이라 하여 "최종 3월"이 임금만을 수식하느냐 퇴직금까지를 수식하는 규정이냐에 관하여 다수의견과 소수의견이 나누어지다시피 여러 가지 해석이 가능할 때이므로, 위헌적인 결과가 될 해석을 배제하면서 합헌적이고 긍정적인 면은 마땅히 살려야 할 것이다.

그렇다면 앞에서 본 바와 같이 이 사건 법률조항 중 "퇴직금"부분의 입법취지나 전국사업장 근로자의 평균근속연수 및 최종 3월의 임금과 퇴직금 전액의 비교결과에 따르면 "퇴직금" 중 "최종 3월의 퇴직금" 즉 1989. 3. 29. 법 시행일부터 퇴직할 때까지의 근로기간 중 최종근로기간 3년에 해당하는 퇴직금부분은 긍정적이고 합헌적인 부분으로서 이 부분만은 마땅히 합헌임이 천명되어야 할 것이다. 그러함에도 불구하고 다수의견은 위와 같은 우리재판소의 확립

된 판례에 반하여 합헌적인 부분까지도 배제한 채 "퇴직금"부분 모두를 헌법에 위반(헌법에 불합치)된다고 보고 있으므로 부당하다.」

▸ 근로조건의 법정주의에 대한 판례

▹ 근로조건의 법정주의의 의미와 입법자의 형성의 자유를 밝힌 판례

[憲 1999. 9. 16.-98헌마310](근로기준법 제10조 제1항 위헌확인)

「나. 헌법 제32조 제3항의 위반 여부

헌법 제32조 제3항은 "근로조건의 기준은 인간의 존엄성을 보장하도록 법률로 정한다" 고 규정하고 있는바, 이는 인간의 존엄에 상응하는 근로조건에 관한 기준의 확보가 사용자에 비하여 경제적 · 사회적으로 열등한 지위에 있는 개별근로자의 인간존엄성의 실현에 중요한 사항일 뿐만 아니라, 근로자와 그 사용자들 사이에 이해관계가 첨예하게 대립될 수 있는 사항이어서 사회적 평화를 위해서도 민주적으로 정당성이 있는 입법자가 이를 법률로 정할 필요성이 있으며, 인간의 존엄성에 관한 판단기준도 사회적 · 경제적 상황에 따라 변화하는 상대적 성격을 띠는 만큼 그에 상응하는 근로조건에 관한 기준도 시대상황에 부합하게 탄력적으로 구체화하도록 법률에 유보한 것이다(헌재 1996. 8. 29. 95헌바36, 판례집 8-2, 90, 97-98).

그렇다면 인간의 존엄에 상응하는 근로조건의 기준이 무엇인지를 구체적으로 정하는 것은 일차적으로 입법자의 형성의 자유에 속한다고 할 것인 바, 위에서 본 바와 같이 이 사건 법률조항이 "상시 사용 근로자수 5인"이라는 기준에 따라 근로기준법의 전면적용 여부를 달리한 것에는 합리적 이유가 있다고 인정되고, 그 기준이 인간의 존엄성을 전혀 보장할 수 없을 정도라고도 볼 수 없으므로 이를 두고 헌법 제32조 제3항에 위반된다고 할 수 없다.」

▹ 근로조건의 의미에 대한 판례

[憲 2003. 7. 24.-2002헌바51](산업재해보상보험법 제5조 단서 등 위헌소원)

「헌법 제32조 제3항은 "근로조건의 기준은 인간의 존엄성을 보장하도록 법률로 정한다"고 규정하고 있다. 근로조건이라 함은 임금과 그 지불방법, 취업시간과 휴식시간, 안전시설과 위생시설, 재해보상 등 근로계약에 의하여 근로자가 근로를 제공하고 임금을 수령하는 데 관한 조건들로서, 근로조건에 관한 기준을 법률로써 정한다는 것은 근로조건에 관하여 법률이 최저한의 제한을 설정한다는 의미이다. 이처럼 헌법이 근로조건의 기준을 법률로 정하도록 한 것은 인간의 존엄에 상응하는 근로조건에 관한 기준의 확보가 사용자에 비하여 경제적 · 사회적으로 열등한 지위에 있는 개별 근로자의 인간존엄성의 실현에 중요한 사항일 뿐만 아니라, 근로자와 그 사용자들 사이에 이해관계가 첨예하게 대립될 수 있는 사항이어서 사회적 평화를 위해서도 민주적으로 정당성이 있는 입법자가 이를 법률로 정할 필요성이 있으며, 인간의 존엄성에 관한 판단기준도 사회 · 경제적 상황에 따라 변화하는 상대적 성격을 띠는 만큼 그에 상응하는 근로조건에 관한 기준도 시대상황에 부합하게 탄력적으로 구체화하도록 법률에 유보한 것이다. 한편 입법자는 헌법 제32조 제3항에 의거하여 근로조건의 최저기준을 근로기준법에 규정하고 있다.」

▶ **근로에 대한 특별한 보호에 관한 판례**

▸ **국가유공자 등의 근로**

▹ **제대군인은 헌법이 정하고 있는 국가유공자에 포함되지 않는다는 취지의 판례**
[憲 1999. 12. 23.-98헌마363](제대군인지원에관한법률 제8조 제1항 등 위헌확인)
※ 〈제5편 - 제2장 - □ 내용〉 판례 인용부분 참조

▹ **국가유공자에게 예우할 구체적인 의무의 내용이나 범위, 그 방법 · 시기 등은 광범위한 입법형성의 자유에 속하는 것으로 기본적으로는 국가의 입법정책으로 결정된다는 취지의 판례**
[憲 2003. 7. 24.-2002헌마378](입법부작위 위헌확인)
「헌법 제32조 제6항에서, 국가유공자등은 법률이 정하는 바에 의하여 우선적으로 근로의 기회를 부여받는다고 규정하고 있으므로 국가가 국가유공자에게 예우할 구체적인 의무의 내용이나 범위, 그 방법 · 시기 등은 입법자의 광범위한 입법형성의 재량영역에 속하는 것으로 기본적으로는 국가의 입법정책에 달려 있다고 할 것인 바(헌재 1995. 7. 21. 93헌가14, 판례집 7-2, 1, 19-22 ; 1997. 6. 26. 94헌마52, 판례집 9-1, 659, 668-669 ; 1998. 2. 27. 97헌가10 등, 판례집 10-1, 15, 31 ; 2000. 6. 1. 98헌마216, 판례집 12-1, 622, 639-641 참조), 국가유공자등에 대한 근로기회 우선보장의 방법과 내용 등도 입법자가 취업보호실시기관의 성격 · 규모 · 인사원칙, 근로의 성질 · 내용 및 인력수급상황 등 제반 사정을 고려하여 구체적으로 결정 · 형성해야 하는 입법정책의 문제로서 폭넓은 입법형성재량의 영역에 속한다고 할 것이므로 위 조항의 해석상 국가유공자에 대한 근로기회의 우선보장에 관한 입법의무가 있음은 별론으로 하고 이를 넘어서 청구인 주장과 같은 우선보직 · 우선승진의 시행에 관한 입법의무를 도출할 수 없다.」

▹ **국가기관이 실시하는 채용시험에서 국가유공자와 그 유족 등에 대하여 10%의 가산점을 주도록 하는 방식은 합헌이라고 본 판례**
[憲 2001. 2. 22.-2000헌마25](국가유공자등예우및지원에관한법률 제34조 제1항 위헌확인)
「(4) 이 사건 가산점제도의 위헌 여부
(가) 평등권의 침해 여부
1) 심사의 기준 ……
이 사건의 경우는 위 결정에서 비례심사를 하여야 할 첫번째 경우인 헌법에서 특별히 평등을 요구하고 있는 경우에는 해당하지 아니한다. ……
이 사건의 경우는 비교집단이 일정한 생활영역에서 경쟁관계에 있는 경우로서 국가유공자와 그 유족 등에게 가산점의 혜택을 부여하는 것은 그 이외의 자들에게는 공무담임권 또는 직업선택의 자유에 대한 중대한 침해를 의미하게 되는 관계에 있기 때문에, 헌법재판소의 위 결정에서 비례의 원칙에 따른 심사를 하여야 할 두번째 경우인 차별적 취급으로 인하여 관련 기본권에 대한 중대한 제한을 초래하게 되는 경우에는 해당한다고 할 것이다.
따라서 자의심사에 그치는 것은 적절치 아니하고 원칙적으로 비례심사를 하여야 할 것이나, 구체적인 비례심사의 과정에서는 헌법에서 차별명령규정을 두고 있는 점을 고려하여 보다 완화된 기준을 적용하여야 할 것이다.
2) 비례의 원칙의 위반 여부
가) 입법목적의 정당성
이 사건 가산점제도의 주된 목적은 …… 국가유공자와 그 유족 등에게 가산점의 부여를 통해 헌법 제32조 제6항이 규정하고 있는 우선적 근로의 기회를 제공함으로써 이들의 생활안정을 도모하고, 다시 한번 국가사회에 봉사할 수 있는 기회를 부여하는 데 있다고 할 수 있다. ……

나) 차별대우의 적합성

앞에서 본 바와 같이 국가유공자와 그 유족 등에 대한 지원제도는 여러 가지가 있으나, 그 중에서 이들의 생활안정과 직접적인 관련이 있는 것은 보상금과 취업보호라고 할 수 있을 것이다. ……

취업보호제도는 이와 같이 국가의 재정여건상 미흡한 보상금제도를 보완하고 국가유공자 등에게 직접적인 근로를 통한 사회참여의 기회를 주기 위한 것이라고 할 수 있는데, ……

따라서 이 사건 가산점제도는 이러한 역할을 통하여 입법자가 추구하는 위와 같은 입법목적의 달성을 촉진하고 있다고 할 것이므로, 정책수단으로서의 적합성을 가지고 있다고 보아야 할 것이다.

다) 차별대우의 필요성

…… 헌법 제32조 제6항에서 국가유공자 등의 근로의 기회를 우선적으로 보호한다고 규정함으로써 그 이외의 자의 근로의 기회는 그러한 범위내에서 제한될 것이 헌법적으로 예정되어 있는 이상 차별대우의 필요성의 요건을 엄격하게 볼 것은 아니므로, 차별대우의 필요성의 요건도 충족되었다고 할 것이다.

라) 법익의 균형성 ……

이 사건 가산점제도가 법익의 균형성 요건을 충족하고 있는지를 심사하기 위하여는 그로 인하여 초래되고 있는 차별효과를 실증적으로 살펴볼 필요가 있다. ……

위 자료들에 의하면, 취업보호대상자의 합격률이 일반인들의 합격률에 비하여 높은 것은 사실이나, 전체 합격자 중 취업보호대상자가 차지하는 비율이 10%를 약간 넘는 수준에 그치고 있고, 특히 전체 일반직공무원 중 취업보호대상자가 차지하고 있는 비율은 아직 3%에도 못미치고 있는 실정이다. ……

그렇다면 이 사건 가산점제도는 국가유공자와 그 유족 등의 국가공무원 임용에 있어 매우 중요한 역할을 담당하고 있으면서도, 그 이외의 자를 지나치게 차별하고 있는 것으로 보기는 어렵다.

그러나 한편, 국가유공자와 그 유족 등의 취업보호를 위하여는 이 사건 가산점제도 외에도 앞에서 본 바와 같이 우선채용제도 및 고용명령제도 등 여러 제도가 있음을 고려하면, …… 이 사건 가산점제도는 국가유공자와 그 유족 등에 비하여 그 이외의 자를 지나치게 차별하는 것이라는 견해가 있을 수 있다. ……

그러나 전체적으로 보아 입법목적의 비중과 차별대우의 정도가 균형을 이루고 있다면, …… 이러한 점만으로 그 균형이 깨졌다고 볼 것은 못된다(이러한 문제점은 시험의 난이도를 조절하는 방법으로도 어느 정도 해결이 가능할 것이다).

3) 소 결 론

이 사건 가산점제도는 국가유공자와 그 유족 등에 비하여 그 이외의 자를 비례의 원칙에 반하여 차별하는 것으로는 볼 수 없고, 따라서 청구인의 평등권을 침해하지 아니한다.

(나) 공무담임권의 침해 여부 ……

이 사건 가산점제도에 의한 공직취임권의 제한은 헌법 제32조 제6항에 헌법적 근거를 두고 있는 능력주의의 예외로서, 평등권 침해 여부와 관련하여 앞에서 이미 자세히 살펴 본 바와 같이 비례의 원칙 내지 과잉금지의 원칙에 위반된 것으로도 볼 수 없다.

따라서 이 사건 가산점제도는 청구인의 공무담임권을 침해하지 아니한다.

(다) 직업선택의 자유의 침해 여부 ……

이 사건 가산점제도가 국가기관의 공무원 채용시험과 관련하여 공무담임권을 침해하는지 여부를 심사한 이상 이와 별도로 직업선택의 자유의 침해 여부를 심사할 필요는 없을 것이다.

4. 결 론

따라서 청구인의 심판청구는 이유 없으므로 이를 기각하기로 하여 관여재판관 전원의 일치된 의견으로 주문과 같이 결정한다.」

▷ **이후 판례를 변경하여 국가유공자와 가족에게 가산점을 주는 방식은 입법정책상 허용되어 합헌이라고 하더라도 그 가족에 대하여 10%의 가산점을 주는 것은 차별의 효과가 지나치다는 이유로 헌법불합치 결정을 한 판례**

[憲 2006. 2. 23.-2004헌마675등](국가유공자등예우및지원에관한법률 제31조 제1항 등 위헌확인)

「(2) 이 사건의 기본 쟁점

종전 결정의 심판대상은 채용시험의 가점 등에 관한 구법 조항이므로 현행법인 이 사건 조항과 구분되나 양자의 내용은 조문번호와 표현상의 차이를 제외하면 실질적으로 동일하다. 그런 점에서 비록 현행법에서 적용대상이 다소 확대되었으나 종전 결정의 판시취지가 이 사건에 그대로 타당한지 여부가 문제된다. 그런데 다음과 같은 점에서 이 사건은 종전 결정과 달리 판단될 필요가 있다.

(가) 가산점 수혜대상자의 확대 문제

…… 종전 결정 이후가 포함된 국가의 보훈대상자 수의 증가추세를 보면 2000년부터 보훈대상자(가산점 수혜자)가 비약적으로 증가하고 있으며, 이는 보훈대상자가 되는 가족들이 늘어나기 때문이라는 것을 알 수 있다. ……

(나) 가족 합격률의 증가 추세

가산점 수혜대상이 점차 확대되고 가산점 10%가 시험의 합격 여부에 중요한 효과를 지니게 됨에 따라 7급 및 9급 국가공무원시험에서 국가유공자와 그 유가족들의 합격률과 합격자수가 최근 급격히 증가하였다. ……

한편 국가보훈처 통계를 보면, 1985년 이후 취업보호대상자 중에서 국가유공자 본인의 취업은 10%에 머물고 있는 반면, 나머지 90%가 국가유공자의 가족 또는 유족이다. 2005. 6. 30. 현재 우선적 근로기회를 부여받은 취업보호대상자(가산점 수혜자)는 86,862명인데 이 중 7,013명(8%)만이 국가유공자(상이군경 등 포함) 본인이고, 79,849명(92%)이 그들의 유가족이며, 그 중 국가유공자의 자녀가 차지하는 비율은 83.7%(72,777명)이다. 이러한 추세는 국가유공자 가산점제도가 오늘날 국가유공자 본인을 위한 것이라기보다는 그 가족을 위한 것으로 변질되고 있는 것을 보여준다.

(다) 가족에 대한 가산점의 법적 근거 문제

종전 결정에서 헌법재판소는 헌법 제32조 제6항의 "국가유공자, 상이군경 및 전몰군경의 유가족은 법률이 정하는 바에 의하여 우선적으로 근로의 기회를 부여받는다"는 규정을 넓게 해석하여, 이 조항이 국가유공자 본인뿐만 아니라 가족들에 대한 취업보호제도(가산점)의 근거가 될 수 있다고 보았다.

그러나 오늘날 가산점의 대상이 되는 국가유공자와 그 가족의 수가 과거에 비하여 비약적으로 증가하고 있는 현실과, 취업보호대상자에서 가족이 차지하는 비율, 공무원시험의 경쟁이 갈수록 치열해지는 상황을 고려할 때, 위 조항의 폭넓은 해석은 필연적으로 일반 응시자의 공무담임의 기회를 제약하게 되는 결과가 될 수 있다. 그렇다면 위 조항은 엄격하게 해석할 필요가 있다. 이러한 관점에서 위 조항의 대상자는 조문의 문리해석대로 '국가유공자', '상이군경', 그리고 '전몰군경의 유가족'이라고 봄이 상당하다.

이러한 해석에 의할 때 전몰군경의 유가족을 제외한 국가유공자의 가족이 헌법적 근거를 지닌 보호대상에서 제외되지만, 입법자는 위 조항 및 헌법 전문(前文)에 나타난 대한민국의 건국이념 등을 고려하여 취업보호대상자를 국가유공자 등의 가족에까지 넓힐 수 있는 입법정책적 재량을 지니며, 이 사건 조항 역시 그러한 입법재량의 행사에 해당하는 것이다. 그러나 그러한 보호대상의 확대는 어디까지나 법률 차원의 입법정책에 해당하며 명시적 헌법적 근거를 갖는 것은 아니다.

(3) 평등권의 침해 여부

(가) 심사의 기준

이 사건 조항은 국가유공자 등과 그 가족 누구나에게 국가기관 등의 채용시험에서 필기, 실기, 면접시험마다 만점의 10%의 가산점을 주도록 하고 있다. 이는 동 가산점의 수혜대상자가 아닌 일반 응시자의 공무담임의 기회를 제약 내지 차별하는 것이고, 따라서 평등권과 공무담임권의 침해 여부가 경합적으로 문제된다.

일반적인 평등원칙 내지 평등권의 침해 여부에 대한 위헌심사기준은 합리적인 근거가 없는 자의적 차별인지 여부이지만, 만일 입법자가 설정한 차별이 기본권의 행사에 있어서의 차별을 가져온다면 그러한 차별은 목적과 수단 간의 엄격한 비례성이 준수되었는지가 심사되어야 하며, 그 경우 불평등대우가 기본권으로 보호된 자유의 행사에 불리한 영향을 미칠수록, 입법자의 형성의 여지에 대해서는 그만큼 더 좁은 한계가 설정되어 보다 엄격한 심사척도가 적용된다(헌재 2003. 9. 25. 2003헌마30, 판례집 15-2, 501, 511).

이 사건 조항은 일반 응시자들의 공직취임의 기회를 차별하는 것이며, 이러한 기본권 행사에 있어서의 차별은 차별목적과 수단 간에 비례성을 갖추어야만 헌법적으로 정당화될 수 있다. 종전 결정은 국가유공자와 그 가족에 대한 가산점제도는 모두 헌법 제32조 제6항에 근거를 두고 있으므로 평등권 침해 여부에 관하여 보다 완화된 기준을 적용한 비례심사를 하였으나, 국가유공자 본인의 경우는 별론으로 하고, 그 가족의 경우는 위에서 본 바와 같이 헌법 제32조 제6항이 가산점제도의 근거라고 볼 수 없으므로 그러한 완화된 심사는 부적절한 것이다.

(나) 차별목적과 수단 간의 비례성 유무

1) 이 사건 조항이 규정하는 가산점제도의 목적은 국가에 공헌하면서 신체적, 정신적, 재정적 어려움을 겪어 통상 일반인에 비해 수험준비가 상대적으로 미흡하게 되는 국가유공자 등과 그 유가족에게 가산점을 부여함으로써 우선적 근로기회를 제공하여 생활안정을 도모하고, 이들이 국가에 봉사할 수 있는 기회를 부여하는 데 있다(헌재 2001. 2. 22. 2000헌마25, 판례집 13-1, 386, 405-406 참조).

이러한 입법목적은 헌법 제32조 제6항의 취지를 반영한 것이거나, 헌법 제37조 제2항의 공공복리의 달성을 위한 것으로서 정당하다. 또한 그러한 가산점제도는 국가유공자와 그 유족 등이 공직에 채용될 수 있도록 지원하는 역할을 함으로써 입법목적의 달성을 촉진하고 있다고 할 것이므로 정책수단으로서의 적합성도 가지고 있다.

2) 그런데 그러한 입법목적의 달성에 이 사건 조항이 과연 어느 정도 필요한 것인지, 차별효과가 수인가능한 수준에 머무르고 있는지가 문제된다.

…… 그런데 공무원시험에서 국민들은 공무담임에 있어서 평등한 기회를 보장받아야 하므로(헌재 2002. 8. 29. 2001헌마788등, 판례집 14-2, 219, 224), 특정 집단에게 가산점을 주어 공직시험에서 우대를 하기 위해서는 헌법적 근거가 있거나 특별히 중요한 공익을 위하여 필요한 경우에 한하여야 할 것이다.

이 사건에서 볼 때 헌법 제32조 제6항은 '국가유공자 본인'에 대하여 우선적 근로기회를 용인하고 있으며, 이러한 우선적 근로기회의 부여에는 공직 취업에 상대적으로 더 유리하게 가산점을 부여받는 것도 포함된다고 볼 수 있다. 그러나 '국가유공자의 가족'의 경우 그러한 가산점의 부여는 헌법이 직접 요청하고 있는 것이 아니다. 다만 보상금급여 등이 불충분한 상태에서 국가유공자의 가족에 대한 공무원시험에서의 가산점제도는 국가를 위하여 공헌한 국가유공자들에 대한 '예우와 지원'을 확대하는 차원에서 입법정책으로서 채택된 것이라 볼 것이다.

그러한 입법정책은 능력주의 또는 성과주의를 바탕으로 하여야 하는 공직취임권의 규율에 있어서 중요한 예외를 구성하며, 이는 능력과 적성에 따라 공직에 취임할 수 있는 균등한 기회를 보장받는 것을 뜻하는 일반 국민들의 공무담임권을 제약하는 것이다. 헌법적 요청이 있는 경우에는 합리적 범위 안에서 능력주의가 제한될 수 있지만(헌재 1999. 12. 23. 98헌바33, 판례집 11-2, 732, 755; 2001. 2. 22. 2000헌마25, 판례집 13-1, 386, 412), 단지 법률적 차원의 정책적 관점에서 능력주의의 예외를 인정하려면 해당 공익과 일반응시자의 공무담임권의 차별 사이에 엄밀한 법익형량이 이루어져야만 할 것이다.

이 사건 조항으로 인한 공무담임권의 차별효과는 앞서 본 바와 같이 심각한 반면, 국가유공자 가족들에 대하여 아무런 인원제한도 없이 매 시험마다 10%의 높은 가산점을 부여해야만 할 필요성은 긴요한 것이라고 보기 어렵다. 2002년에서 2004년까지 공무원시험에서 가산특전자의 평균합격률이 15.3%에 이르고, 2004년도 7급 국가공무원시험의 경우 국가유공자 가산점을 받은 합격자가 전체 합격자의 30%를 넘고 있는 것은 입법목적을 감안하더라도 일반 응시자들의 공무담임권에 대한 차별효과가 지나친 것이다. 매년 많은 일반 응시자들이 가산점 수혜자들 때문에 공무원시험에서 합격점수를 받고도 본인의 귀책사유 없이 탈락한다는 것은 쉽게 정당화되기 어렵다.

한편 전체 일반직공무원 중 취업보호대상자가 차지하고 있는 비율이 3%에도 미치지 못하고 있는 실정이라는 통계도 있으나, 문제되는 것은 현재의 전체 공무원 중의 비율이 아니라 청구인들과 같은 응시자들이 점점 치열해지는 공무원시험 경쟁에서 받고 있는 차별의 정도인 것이다.

위에서 본 통계수치를 볼 때 현재 일반 응시자가 받고 있는 그러한 차별은, 헌법전문에서 규정한 "모든 영역에 있어서 각인의 기회를 균등히 하고, 능력을 최고도로 발휘"하는 것에 대한 예외를 구성할 만큼 중요한 공익을 위한 것이라 볼 수 없고, 국가유공자 본인은 그렇다 치더라도 본인이 아닌 국가유공자의 가족들에게까지 10퍼센트에 이르는 과도한 가산점을 주어야 할 필요성이 강하다고 보기 어렵다. 무엇보다도 그러한 입법정책이 국가유공자들의 '예우와 보상'을 충실히 하는 필수적인 수단이 아니며, 그들의 생활안정을 위해서라면 국가는 재정을 늘려 보상금급여 등을 충실히 하는 방법을 택하여야 하고, 다른 일반 응시자들의 공무담임권을 직접 제약(차별)하는 방법을 택하는 것은 되도록 억제되어야 할 것이다.

입법자는 공무원시험에서 이 사건 조항이 지니는 차별효과를 완화하기 위하여 2005. 7. 29. 국가유공자등예우및지원에관한법률을 개정하여 '합격률 상한제'를 도입하였다. 이에 의하면 가점을 받아 채용시험에 합격하는 사람은 그 채용시험 선발예정인원의 30퍼센트를 초과할 수 없다(제31조 제3항). 그런데 이 개정조항은 소수의 한정된 인원을 채용하는 일부 직렬에서 차별적 효과를 감쇄시키는 의미가 있을지 몰라도 전체 일반 응시자에게 미치는 이 사건 조항의 심각한 차별적 효과를 효율적으로 제거하고 있는 것이라고 볼 수 없다. 따라서 그러한 합격률 상한제만으로는 이 사건 조항의 기본권침해성을 온전히 치유할 수는 없다. ……

(다) 소 결 론

이상의 이유에서 이 사건 조항은 입법목적과 수단 간에 비례성을 구비하지 못하였으므로 청구인들과 같은 일반 공직시험 응시자의 평등권을 침해한다.

(4) 공무담임권의 침해 여부

이 사건 조항이 공무담임권의 행사에 있어서 일반 응시자들을 차별하는 것이 평등권을 침해하는 것이라면, 같은 이유에서 이 사건 조항은 일반 공직시험 응시자의 공무담임권을 침해하는 것이다.

(5) 종전 결정의 변경

종전 결정의 심판대상과 이 사건 심판대상은 구분되나 그 내용이 중복되는바, 이 사건 조항이 일반 응시자의 공무담임권과 평등권을 침해한다는 판단과는 달리, 국가기관이 채용시험에서 국가유공자의 가족에게 10%의 가산점을 부여하는 규정이 기본권을 침해하지 아니한다고 판시한 종전 결정(2001. 2. 22. 선고 2000헌마25 결정)은 이 결정의 견해와 저촉되는 한도 내에서 이를 변경한다.」

⇔ 재판관 2인(재판관 윤영철, 재판관 권성)의 반대의견

「다. 유공자 가족의 문제

이러한 최대성의에 의한 예우의 원칙에 비추어 보면 유공자에 대한 예우를 그 본인에게만 한정하여서는 아니 되고 오히려 이를 그 가족에게까지 확대하는 것이 국가유공자예우의 본질에 합당하다.

그러므로 국가유공자예우의 이러한 본질과 헌법적 의미에 비추어 볼 때, 헌법 제32조 제6항 소정의 '국가유공자와 상이군경' 가운데에는 그 본인뿐만 아니라 그 가족이 포함된다고 해석하는 것이 옳다고 본다(가족의 구체적인 범위는 물론 법률로 정하게 될 것이다). ……

이렇게 볼 때, 이 사건 조항이 국가유공자 본인뿐만 아니라 그 가족에게도 가산점의 혜택을 주는 것은 기본적으로 헌법 제32조 제6항의 의미와 내용에 부합하므로 하등 위헌의 문제를 일으키지 않는다.

라. 가산점과 평등의 문제

국가유공자에 대한 현창과 포상은 이러한 예우를 받지 못하는 국민들과 국가유공자와의 사이에 공무담임권이라는 기본권의 보장과 관련하여 차별을 일으키지만 이러한 차별은 국가유공자에 대한 예우조치를 요구하는 헌법 제32조 제6항으로부터 당연히 도출되는, 또는 이미 예정된 불가피한 결과이므로 이러한 차별 자체는 평등의 원칙에 위반되는 것이 아니다.

다만 이러한 현창과 포상의 구체적 수단이 현저하게 불합리하고 제도의 본질을 벗어난 무리한 것이라고 인정될 경우에만 평등의 원칙에 어긋나서 위헌이 된다고 할 것이다. ……

요컨대 국가유공자를 예우하는 일은 국가의 중요한 임무의 하나로서 국가가 수행하여야 할 특정한 업무분야라 할 것인데 이 특정한 업무분야에 관하여 헌법은 국가에 대하여 국가유공자에게 그 취업의 기회를 특히 보장하도록 요청하고 있기 때문에 국가유공자와 그에 속하지 않는 사람은, 국가유공자예우라는 특정분야에 있어서는, 국가에 대한 관계에서 본질적으로 서로 다른 입장에 서 있는 것이다. 그러므로 그러한 다른 입장을 반영하여 양자에 차이를 두는 것은 특히 그 차이가 현저히 불합리하고 제도의 본질을 벗어나는 무리한 것이 아닌 이상 이를 평등의 원칙에 위배되는 것이라고 할 수는 없다. 이 사건에서 보면 유공자에 대한 가산점 부여의 제도는 이미 앞에서 본 바와 같이 이를 현저히 불합리하고 제도의 본질을 벗어나는 무리한 것이라고 볼 자료가 없다. 따라서 이를 평등의 원칙에 어긋나서 위헌이라고 할 수는 없다.

마. 유공자의 범위의 문제

국가유공자예우의 조치에 편승하여 부당한 이익을 누리는 사람이 없도록 하기 위해서는 국가유공자의 범위를 함부로 넓히는 입법이 없어야 할 것이다. 그러나 이 문제는 가산점 부여와는 별개 차원의 것이므로 비록 그 범위에 다소 문제가 있다고 하더라도 이로 말미암아 이 가산점제도 자체가 위헌이 될 수는 없다. 유공자의 범위에 만일 문제가 있다면 그 범위를 입법으로 조정하면 되기 때문이다.

바. 결　론

그렇다면 이 사건 조항에 의한 가산점 제도는 공무원시험에 응시하는 일반 국민의 공무담임권을 평등의 원칙에 위배하여 침해하는 것이 아니다. 따라서 이와 반대의 입장에 서 있는 다수의견에 동의할 수 없으며 이 사건 조항을 위헌이 아니라고 판단한 종전의 선례는 그대로 유지되어야 한다고 생각한다.」

3. 교육을 받을 권리

□ 의 의

▶ 개 념

▸ **헌법 규정에 대한 판례**

▹ **교사의 교육권은 교육을 받을 권리에 포함되지 않는 다른 권리라는 취지의 판례**

[憲 2000. 12. 14.-99헌마112등](교육공무원법 제47조 제1항 위헌확인 등)

「청구인들은 교원으로서의 교육권(가르칠 권리)을 침해받았다고 주장하면서 이를 헌법 제31조 제1항에서 도출하고 있으나, 동 헌법조항은 "교육을 받을 권리(이른바 修學權)"를 보장하는 것이고, 교원으로서 학문연구의 결과를 가르치는 자유로서의 수업권(授業權)은 학문의 자유로부터 파생될 수 있다고 할 것이지만(헌재 1992. 11. 12. 89헌마88, 판례집 4, 739, 756 참조), 청구인들이 주장하는 "가르칠 권리(교육권)"라는 것은 이러한 수업권과는 무관하게 결국 교원의 자격을 계속 유지할 권리를 뜻하는 데 지나지 않으므로 이는 역시 공무담임권의 문제로 귀착될 뿐이라 하겠다.」

※ 위 사안에서 행복추구권의 보충적 지위에 관하여 언급한 부분에 대해서는 〈제5편 - 제1장 - 2. - □ 내용〉 판례 인용부분 참조

[憲 1992. 11. 12.-89헌마88](교육법 제157조에 관한 헌법소원)

「(1) 교육에 대한 헌법의 이념 및 원리

(가) 교육제도 법률주의

① 헌법 제31조 제1항은 "모든 국민은 능력에 따라 균등하게 교육을 받을 권리를 가진다"고 규정하여 국민의 교육을 받을 권리(이하 "수학권(修學權)"이라 약칭한다)를 보장하고 있는데, 그 권리는 통상 국가에 의한 교육조건의 개선 · 정비와 교육기회의 균등한 보장을 적극적으로 요구할 수 있는 권리로 이해되고 있다. 수학권의 보장은 국민이 인간으로서 존엄과 가치를 가지며 행복을 추구하고(헌법 제10조 전문) 인간다운 생활을 영위하는데(헌법 제34조 제1항) 필수적인 조건이자 대전제이며, 헌법 제31조 제2항 내지 제6항에서 규정하고 있는 교육을 받게 할 의무, 의무교육의 무상, 교육의 자주성 · 전문성 · 중립성보장, 평생교육진흥, 교육제도 및 교육재정, 교원지위 법률주의 등은 국민의 수학권의 효율적인 보장을 위한 규정이라고 해도 과언이 아니다.……

② 국가나 공공단체가 헌법상 보장된 국민의 수학권을 실질적으로 보장하기 위한 한도 내에서 적극적 · 능동적으로 주도하고 관여하는 교육체계를 공교육제도라고 할 때, 국가나 공공단체는 교원 · 학제 · 교제 · 교육시설환경 등 제반사항에 대하여 적극적으로 계획을 수립하고 이를 시행하는 의무와 책임을 지는 것이며 그 특성은 초 · 중 · 고교 등 보통교육의 분야에서 두드러지게 나타나는 것이다. 통치자와 피치자가 이념적으로 자동적(自同的)인 민주국가에서 수학권의 보장을 통한 국민의 능력과 자질의 향상은 바로 그 나라의 번영과 발전의 토대요 원동력이므로 현대의 모든 민주국가는 교육의 진흥과 창달을 행정의 주요한 지표로 수립하고 있

으며 헌법도 제31조 제1항에서 이를 명시하고 있는 것이다.

③ 그런데 헌법은 국민의 수학권(헌법 제31조 제1항)의 차질없는 실현을 위하여 교육제도와 교육재정 및 교원제도 등 기본적인 사항이 법률에 의하여 시행되어야 할 것을 규정(헌법 제31조 제6항)하는 한편 교육의 자주성 · 전문성 · 정치적 중립성(및 대학의 자율성)도 법률이 정하는 바에 의하여 보장되어야 할 것을 규정(헌법 제31조 제4항)하고 있는데, 위와 같은 넓은 의미의 "교육제도 법률주의"는 후술하는 바와 같이 국가의 백년대계인 교육이 일시적인 특정정치 세력에 의하여 영향을 받거나 집권자의 통치상의 의도에 따라 수시로 변경되는 것을 예방하고 장래를 전망한 일관성이 있는 교육체계를 유지 · 발전시키기 위한 것이며 그러한 관점에서 국민의 대표기관인 국회의 통제하에 두는 것이 가장 온당하다는 의회민 주주의 내지 법치주의 이념에서 비롯된 것이다. 이는 헌법이 한편으로는 수학권을 국민의 기본권으로서 보장하고 다른 한편으로 이를 실현하는 의무와 책임을 국가가 부담하게 하는 교육체계를 교육제도의 근간으로 하고 있음을 나타내는 것이라고 할 수 있는 것이다.

(나) 교과서제도 법률주의……

(2) 기본권의 침해 여부

이상과 같은 교과서제도 내지 중학교 국어교과서의 국정제도가 청구인의 헌법상의 기본권을 침해하고 있는지의 여부를 살펴본다. 청구인은 중학교 국어과목의 교과용도서의 국정제도로 인하여 침해된 기본권으로서 헌법 제22조 제1항의 학문의 자유 · 제21조 제1항의 출판의 자유 및 제31조 제4항과 관련된 교사의 자유와 권리 등을 내세우고 있다.

(가) 학문의 자유 침해 여부……

(나) 언론 · 출판의 자유 침해 여부……

(다) 교육의 자주성 · 전문성 · 정치적 중립성과의 관계

① 헌법 제31조 제4항은 "교육의 자주성 · 전문성 · 정치적 중립성(및 대학의 자율성)은 법률이 정하는 바에 의하여보장된다"고 규정하고 있는데, 이는 "교육제도와 그 운영에 관한 기본적인 사항은 법률로 정한다"(헌법 제31조 제6항)는 규정과 마찬가지로 넓은 의미의 교육제도 법률주의를 규정한 것이지만, 각 보호하고자 하는 이념과 가치는 서로 다르기 때문에 합리적인 해석이 필요한 것이다.

교육의 자주성 · 전문성 · 정치적 중립성을 헌법이 보장하고 있는 이유는 교육이 국가의 백년대계의 기초인 만큼 국가의 안정적인 성장 발전을 도모하기 위해서는 교육이 외부세력의 부당한 간섭에 영향받지 않도록 교육자 내지 교육전문가에 의하여 주도되고 관할되어야 할 필요가 있다는 데서 비롯된 것이라고 할 것이다.……

② 교과서의 국정제도는 국가가 교과서를 독점하는 체제이니만큼 검 · 인정제도보다도 훨씬 교과서 발행방법이 폐쇄적이라 할 수 있고, 그것이 개방되고 있는 자유발행제도와 비교할 때 다음과 같은 문제점이 지적될 수 있는 것이다.

첫째, 학생들의 창의력 개발이 활성화되지 않고 경우에 따라 저해되거나 둔화될 우려가 있다는 지적이다.……

둘째, 상황변화에 능동적 · 탄력적으로 대처하기 어렵다는 지적이다.……

셋째, 자유민주주의의 기본이념과 모순되거나 역행하는 것이라는 지적이다.……

넷째, 교사와 학생의 교재선택권이 보장되지 못하고 그 결과 교과용도서의 개발이 지연되거나 침체될 우려가 있다는 지적이다.……

다섯째, 교과서 중심의 주입식 교육 내지 암기식 교육이 행하여지기 쉽다는 지적이다.……

③ 그러나 공교육제도를 시행하는 의무와 책임을 지고 있는 국가가 교육정책의 입안 및 실현에 방관자적인 위치에 안주할 수는 없는 것이며, 교육의 내용 내지 교과서 문제에 대하여서도 어떤 형태로 간여하는 것은 부득이하다고 아니할 수 없는 것이다.……」

⇔ 재판관 1인(재판관 변정수)의 반대의견

「초 · 중 · 고등학교의 교과서에 관하여 교사의 저작 및 선택권을 완전히 배제하고 중앙정부가 이를 독점하도록 한 교육법 제157조의 규정은 정부로 하여금 정권의 지배이데올로기를 독점적으로 교화하여 청소년을 편협하고 보수적으로 의식화시킬 수 있는 기회를 부여하는 것이어서 이는 교육의 자주성 · 전문성 · 정치적 중립성을 선언한 헌법 제31조 제4항에 반하고 교육자유권의 본질적 내용을 침해하는 것이어서 헌법 제37조 제2항에 반한다.……

교육제도의 법정주의에 따라 제정된 교육법 제157조 등에는 교육제도의 본질적 사항에 속하는 교과서의 저작 · 출판 · 선택 등에 대한 구체적 기준과 방법 및 절차 등의 사항을 규정하고 있지 않으며, 단지 동조 제2항에서 "교과용도서의 저작 · 검정 · 인정 · 발행 · 공급 및 가격결정에 관한 사항은 대통령령으로 정한다"라고 규정함으로써 행정권에 의한 입법에 포괄적으로 백지위임하고 있다.

따라서 교육법 제157조는 교육제도 법정주의를 규정한 헌법 제31조 제6항, 포괄적인 백지위임입법을 금지한 헌법 제75조 및 본질적 사항의 법률유보를 내용으로 하는 법치주의 원리에 위배된다.」

※ 사안의 개요, 심판의 대상 및 위 사안에서 학문의 자유의 침해 여부 등에 대해서는 〈제5편 - 제3장 - 2. - 학문의 자유 - □ 내용〉 판례 인용부분을, 언론의 자유의 침해 여부에 대하여는 〈제5편 - 제3장 - 2. - 언론 · 출판의 자유 - □ 제한 및 그 한계〉 판례 인용부분을 각 참조

▸ 자유교육과 공교육

▹ 헌법상 공교육의 의미에 대한 판례

[憲 1992. 11. 12.-89헌마88](교육법 제157조에 관한 헌법소원)

※ 위 판례 인용부분 참조

▶ 헌법적 기능

[憲 1991. 2. 11.-90헌가27](교육법 제8조의2에 관한 위헌심판)

「헌법 제31조 제1항은 "모든 국민은 능력에 따라 균등하게 교육을 받은 권리를 가진다"고 규정하고 제3항에서는 "의무교육은 무상으로 한다"고 규정하여 의무교육 무상실시의 원칙을 선언하고 있다. 교육을 받을 권리는 우리헌법이 지향하는 문화국가 · 민주복지국가의 이념을 실현하는 방법의 기초이며, 다른 기본권의 기초가 되는 기본권이다. 교육을 받을 권리가 교육제도를 통하여 충분히 실현될 때에 비로소 모든 국민은 모든 영역에 있어서 각인의 기회를 균등히 하고 능력을 최고도로 발휘하게 되어 국민생활의 균등한 향상을 기할 수 있고, 인간으로서의 존엄과 가치를 가지며, 행복을 추구할 수 있기 때문이다.

국민의 교육을 받을 권리가 현실적으로 보장되기 위하여는 사회적 · 경제적 이유로 인한 차별을 받음이 없이 모든 사람에게 교육기관의 문호가 개방되어야 한다. 헌법은 이를 보장하기 위하여 국민에게는 그 보호하는 자녀를 초등교육과 법률이 정하는 교육에 취학시킬 의무를 부과하고 있으며 특히 오늘날 공교육제도를 수립하고 정비할 책임을 지고 있는 국가에 대하여는 의무교육의 무상실시와 시설확보의무를 부담시키고 있다.

이러한 의무교육제도는 교육의 자주성 · 전문성 · 정치적 중립성 등을 지도원리로하여 국민의 교육을 받을 권리를 뒷받침하기 위한, 헌법상의 교육기본권에 부수되는 제도보장이라 할 것이다. 그러나 오늘날 우리 사회의 높은 교육열과 상급학교진학률, 학부모들의 공적 · 사적 교육비에 대한 부담의 증가 등 제반사정을 고려하면 의무교육제도는 국민에 대하여 보호하는 자녀들을 취학시키도록 한다는 의무부과의 면보다는 국가에 대하여 인적 · 물적 교육시실을 정비히고 교육환경을 개선하여야 한다는 의무부과의 측면이 보다 더 중요한 의미를 갖게 된다 할 것이다.」

◎ 같은 취지 : 憲 1992. 11. 12.-89헌마88; 1994. 2. 24.-93헌마192; 1999. 3. 25.-97헌마130

□ 법적 성격

▶ 사회권으로서의 교육권

▸ 사회권으로서의 측면에서 보장되는 내용이 헌법을 근거로 하여 직접 특정한 교육제도나 학교시설을 요구할 수 있는 권리는 아니라는 취지의 판례

[憲 2000. 4. 27.-98헌가16등](학원의설립 · 운영에관한법률 제22조 제1항 제1호 등 위헌제청)

「(나) 교육에 대한 국가의 책임

그러나 부모는 헌법 제36조 제1항에 의하여 자녀교육에 대한 독점적인 권리를 부여받는 것은 아니다. 헌법 제31조 제1항은 "모든 국민은 능력에 따라 균등하게 교육을 받을 권리를 가진다"라고 규정하여 국민의 교육을 받을 권리를 보장하고 있다. 교육을 받을 권리는 국민이 인간으로서의 존엄과 가치를 가지며 행복을 추구하고(헌법 제10조) 인간다운 생활을 영위하는데(헌법 제34조 제1항) 필수적인 전제이자 다른 기본권을 의미있게 행사하기 위한 기초이고, 민주국가에서 교육을 통한 국민의 능력과 자질의 향상은 바로 그 나라의 번영과 발전의 토대가 되는 것이므로, 헌법이 교육을 국가의 중요한 과제로 규정하고 있는 것이다.

헌법은 제31조 제1항에서 '교육을 받을 권리'를 보장함으로써 국가로부터 교육에 필요한 시설의 제공을 요구할 수 있는 권리 및 각자의 능력에 따라 교육시설에 입학하여 배울 수 있는 권리를 국민의 기본권으로서 보장하면서, 한편, 국민 누구나 능력에 따라 균등한 교육을 받을 수 있게끔 노력해야 할 의무와 과제를 국가에게 부과하고 있는 것이다(헌재 1991. 2. 11. 90헌가27, 판례집3, 11, 18-19 ; 헌재 1992. 11. 12. 89헌마88, 판례집 4, 739, 750-752 참조). '교육을 받을 권리'란, 국민이 위 헌법규정을 근거로 하여 직접 특정한 교육제도나 학교시설을 요구할 수 있는 권리라기 보다는 모든 국민이 능력에 따라 균등하게 교육을 받을 수 있는 교육제도를 제공해야 할 국가의 의무를 규정한 것이다. 즉, '교육을 받을 권리'란, 모든 국민에게 저마다의 능력에 따른 교육이 가능하도록 그에 필요한 설비와 제도를 마련해야 할 국가의 과제와 아울러 이를 넘어 사회적 · 경제적 약자도 능력에 따른 실질적 평등교육을 받을 수 있도록 적극적인 정책을 실현해야 할 국가의 의무를 뜻한다.

이에 따라 국가는 다른 중요한 국가과제 및 국가재정이 허용하는 범위내에서 민주시민이 갖추어야 할 최소한의 필수적인 교육과정을 의무교육으로서 국민 누구나가 혜택을 받을 수 있도록 제공해야 한다. 헌법 제31조 제2항 및 제3항은 이에 상응하여 국가가 제공하는 의무교육을 받게 해야 할 '부모의 의무' 및 '의무교육은 무상임'을 규정하고 있다. 특히 같은 조 제6항은 "학교교육 및 평생교육을 포함한 교육제도와 그 운영, 교육재정 및 교원의 지위에 관한 기본적인 사항은 법률로 정한다"고 함으로써 학교교육에 관한 국가의 권한과 책임을 규정하고 있다. 위 조항은 국가에게 학교제도를 통한 교육을 시행하도록 위임하였고, 이로써 국가는 학교제도에 관한 포괄적인 규율권한과 자녀에 대한 학교교육의 책임을 부여받았다. 따라서 국가는 헌법 제31조 제6항에 의하여 모든 학교제도의 조직, 계획, 운영, 감독에 관한 포괄적인 권한, 즉, 학교제도에 관한 전반적인 형성권과 규율권을 가지고 있다.

학교교육의 영역에서도 부모의 교육권이 국가의 교육권한에 의하여 완전히 배제되는 것은 아니다. 학교교육을 통한 국가의 교육권한은 부모의 교육권 및 학생의 인격의 자유로운 발현권, 자기결정권에 의하여 헌법적인 한계가 설정된다. 그러나 학교교육에 관한 한, 국가는 헌법 제31조에 의하여 부모의 교육권으로부터 원칙적으로 독립된 독자적인 교육권한을 부여받았고, 따라서 학교교육에 관한 광범위한 형성권을 가지고 있다. 그러므로 국가에 의한 의무교육의 도입이나 취학연령의 결정은 헌법적으로 하자가 없다(헌재 1994. 2. 24. 93헌마192, 판례집 6-1, 173 참조). 학교제도에 관한 국가의 규율권한과 부모의 교육권이 서로 충돌하는 경우, 어떠한 법익이 우선하는가의 문제는 구체적인 경우마다 법익형량을 통하여 판단해야 하는데, 자녀가 의무교육을 받아야 할지의 여부와 그의 취학연령을 부모가 자유롭게 결정할 수 없다는 것은 부모의 교육권에 대한 과도한 제한이 아니다. 마찬가지로 국가는 교육목표, 학습계획, 학습방법, 학교제도의 조직 등을 통하여 학교교육의 내용과 목표를 정할 수 있는 포괄적인 규율권한을 가지고 있다.

(다) 부모의 교육권과 국가의 교육책임과의 관계

위에서 본 바와 같이, 자녀의 교육은 헌법상 부모와 국가에게 공동으로 부과된 과제이므로 부모와 국가의 상호연관적인 협력관계를 필요로 한다. 자녀의 교육은 일차적으로 부모의 권리이자 의무이지만, 헌법은 부모외에도 국가에게 자녀의 교육에 대한 과제와 의무가 있다는 것을 규정하고 있다. 국가의 교육권한 또는 교육책임은 무엇보다도 학교교육이라는 제도교육을 통하여 행사되고 이행된다. 자녀에 대한 교육의 책임과 결과는 궁극적으로 그 부모에게 귀속된다는 점에서, 국가는 제2차적인 교육의 주체로서 교육을 위한 기본조건을 형성하고 교육시설을 제공하는 기관일 뿐이다. 따라서 국가는 자녀의 전반적인 성장과정을 모두 규율하려고 해서는 아니되며, 재정적으로 가능한 범위 내에서 피교육자의 다양한 성향과 능력이 자유롭게 발현될 수 있는 학교제도를 마련하여야 한다.

따라서 자녀의 양육과 교육에 있어서 부모의 교육권은 교육의 모든 영역에서 존중되어야 하며, 다만, 학교교육의 범주 내에서는 국가의 교육권한이 헌법적으로 독자적인 지위를 부여받음으로써 부모의 교육권과 함께 자녀의 교육을 담당하지만, 학교 밖의 교육영역에서는 원칙적으로 부모의 교육권이 우위를 차지한다.

※ 위 판례에서 일정한 예외를 인정한 것 이외에 과외교습을 원칙적으로 금지하고 이를 위반한 경우 형사처벌하도록 규정한 심판대상 조항에 대해 다수의견은 이를 위헌이라고 보았으나, 재판관 2인(재판관 한대현, 재판관 정경식)은 이를 헌법불합치로 보는 반대의견을, 재판관 1인(재판관 이영모)은 이를 합헌으로 보는 반대의견을 각 개진하였음

□ 내 용

▶ 수 학 권

▸ 「능력에 따라」 교육을 받을 권리에 대한 판례

▹ 대학이 정하는 일정한 기준에 미달하는 자에 대하여 입학을 허가하지 아니하는 것은 정당하다는 취지의 판례

[大 1983. 6. 28.-83누193](불합격처분 무효확인)

「원심판결은 피고가 1981학년도 전북대학교 법정대학 법정계열 학생모집에 있어 모집정원에 미달한 데도 불구하고 원고들이 위 학교가 정한 수학능력이 없다 하여 불합격처분을 한 것은 교육법 제111조 제1항에 위반되지 아니하여 무효라 할 수 없고 또 위 학교에서 정한 수학능력에 미달하는 지원자를 불합격으로 한 처분이 재량권의 남용이라고 볼 수 없다는 취지로 판단하여 원고들의 본건 청구를 기각하였는바, 기록을 살펴보면 그 조치에 수긍이 가며 거기에 소론들과 같은 위법이 있다고 할 수 없을 뿐 아니라 위 원판시는 본건에 관한 당원의 환송판결 취지에 따른 것이어서 정당하다 할 것이므로 소론의 논지들은 이유없다.

그러므로 상고를 기각하고, 상고 소송비용은 패소자의 부담으로 하기로 관여법관의 의견이 일치되어 주문과 같이 판결한다.」

▸ 「균등하게」 교육을 받을 권리에 대한 판례

▹ 3년의 중등교육에 대한 의무교육을 대통령령이 정하는 바에 따라 순차적으로 실시하도록 하는 것은 합헌이라는 취지의 판례

[憲 1991. 2. 11.-90헌가27](교육법 제8조의2에 관한 위헌심판)

「나. 법 제8조의2의 합헌성

(1) 헌법 제31조 제3항 의무교육 무상원칙 위반 여부

…… 의무교육의 실시범위와 관련하여 의무교육의 무상원칙을 규정한 헌법 제31조 제3항은 초등교육에 관하여는 직접적인 효력규정으로서 개인이 국가에 대하여 입학금 · 수업료 등을 면제받은 수 있는 헌법상의 권리라고 볼 수 있다. 그러나 …… 무상의 중등교육을 받을 권리는 법률에서 중등교육을 의무교육으로서 시행하도록 규정하기 전에는 헌법상 권리로서 보장되는 것은 아니다. …… 입법자가 중학교교육에 대한 의무교육을 단계적으로 실시하는 것으로 규정함에 따라 아직 중학교교육의 무상 실시라는 혜택을 받지 못하는 지역이 있더라도 이는 그 지역의 주민들에 대하여는 이러한 혜택이 현재로서는 구체적인 헌법상의 권리로서 보장되지 않고 있는 것이며, 그들의 헌법상 보장된 권리가 국가에 의하여 침해되고 있다고 볼 수 없다.

(2) 교육을 받을 권리에 대한 평등의 원칙 위반 여부

…… 중학교 의무교육을 일거에 전면실시하는 대신 단계적으로 확대실시하도록 한 것은 주로 전면실시에 따르는 국가의 재정적 부담을 고려한 것이고 여기에 평등의 원칙에 대한 예외를 인정할 수 있는 합리적인 근거를 찾을 수 있는 것이다.

헌법상 평등의 원칙은 국가가 언제 어디에서 어떤 계층을 대상으로 하여 기본권에 관한 사항이나 제도의 개선을 시작할 것인지를 선택하는 것을 방해하지는 않는다. …… 그것이 허용되지 않는 다면 모든 사항과 계층을 대상으로 하여 동시에 제도의 개선을 추지하는 예외적인

경우를 제외하고는 어떠한 제도의 개선도 평등의 원칙 때문에 그 시행이 불가능하다는 결과에 이르게 되어 불합리할 뿐 아니라 평등의 원칙이 실현하고자 하는 가치와도 어긋나기 때문이다(당재판소 1990. 6. 25. 선고, 89헌마107 결정 참조). ……

(3) 헌법 제31조 제2항 소정의 "법률"의 의미와 헌법 제31조 제6항 소정의 기본적 법률사항인지 여부

헌법 제31조는 제2항에서 "모든 국민은 그 보호하는 자녀에게 적어도 초등교육과 법률이 정하는 교육을 받게 할 의무를 진다"고 규정하고, 제6항에서 "……교육제도와 그 운영, 교육재정 및 교원의 지위에 관한 기본적인 사항은 법률로 정한다"고 규정하고 있다.

교육법 제8조의2가 3년의 중등교육에 대한 의무교육을 대통령령이 정하는 바에 의하여 순차적으로 실시하도록 규정하고 있는 것과 관련하여

(가) 헌법 제31조 제2항 소정의 "법률"이 이른바 형식적 의미의 법률을 의미하는 것이라면 의무교육의 내용과 범위를 대통령령이 정할 수 있도록 한 교육법 제8조의2는 이 헌법조항에 위반된 것이 아닌가.

(나) 위 조항의 "법률"이 실질적 의미의 법률을 의미한다고 하더라도 의무교육의 순차적 실시에 관한 사항은 헌법 제31조 제6항에서 말하는 학교교육제도 관한 "기본적인 사항"에 해당하므로 반드시 국회법률로 정할 것이지 대통령령으로 정하여서는 안 되는 것인가 하는 의문이 생기게 된다. ……

중학교 의무교육의 실시 여부 자체라든가 그 연한은 교육제도의 수립에 있어서 본질적 내용으로서 국회입법에 유보되어 있어서 반드시 형식적 의미의 법률로 규정되어야 할 기본적 사항이라 하겠으나(이에 따라서 교육법 제8조에서 3년의 중등교육을 반드시 실시하여야 하도록 규정하고 있다), 그 실시의 시기 · 범위 등 구체적인 실시에 필요한 세부사항에 관하여는 반드시 그런 것은 아니다.…… 따라서 국회법률에 의한 위임을 받은 경우에는 이에 바탕을 둔 법규명령에 의하여 규정될 수 있는 것이다. ……

(4) 헌법 제75조 위임의 한계를 벗어난 포괄적 위임인지 여부(위임의 명확성 문제) ……

중학교는 의무교육의 구체적인 실시 시기와 절차 등을 하위법령에 위임하여 정하도록 함에 있어서는 막대한 재정지출을 수반하는 무상교육의 수익적 성격과 규율대상의 복잡다양성을 고려하여 위임의 명확성의 요구정도를 완화하여 해석할 수 있는 것이다.

교육법 제8조의2가 중학교 의무교육의 실시 여부 자체를 대통령령에 위임한 것이라고 본다면 이것은 의회입법사항의 위임에 해당하여 위헌이라 하겠으나, …… 이미 실시가 강제되고 있는 중학교 의무교육에 관하여 단지 그 실시의 시기, 범위만을 대통령령으로 정할 수 있도록 함으로써 위임의 대상범위를 구체적으로 한정하고 있다.…… 따라서, 교육법 제8조의2는 포괄위임금지를 규정한 헌법 제75조에 위반되지 아니한다.

4. 결 론

그렇다면 이 사건 심판청구의 대상인 교육법 제8조의2는 헌법 제11조, 제31조 제2항, 제6항 및 제75조에 위반되지 아니한다 할 것이므로 주문과 같이 결정한다.」

⇔ 재판관 1인(재판관 변정수)의 반대의견

「가. …… 헌법 제31조 제2항은 동조 제1항에 의하여 보장된 교육기본권 중 의무교육을 초등교육과 법률이 정하는 초등교육 이상의 공교육의 두 가지로 분류하면서, 초등교육뿐만 아니라 법률이 정하는 그 이상의 교육을 받을 권리 또한 이 헌법규정에 의하여 직접 보장된다고 하는 것을 명시하고 있는 규정이다.

따라서 다수 의견 …… 견해는, 바로 헌법 제31조 제2항의 명시적 규정과 이 규정이 헌법에 들어가기까지의 역사적 배경 및 헌법제정권자 내지는 개정권자의 의도를 도외시한 것으로서, 헌법 제31조 제2항에서 보장된 초등교육 이상의 교육을 받을 기본권을 형해화시키고 나아가 동 조항을 국가에 대하여 초등교육 이상의 의무교육에 관해서 어떠한 구속력도 부여하지 않는, 단순한 프로그램적 규정으로 전락시키는 것이어서 부당하다. ……

다. …… 국가는 위에서 본 바와 같이 초등교육 이상의 교육과정을 법률로 정하여 의무교육으로 하도록 한 헌법규정이 생겨난지 12년 후에야 비로소 3년의 중등교육을 의무교육으로 하기로 교육법을 개정하면서도 …… 3년의 중등교육에 대한 의무교육의 전면실시를 유보하고 순차적으로 실시하는 권한을 대통령에게 부여하고 말았는데 이는 …… 헌법 제31조 제2항에서 보장된 초등교육 이상의 교육을 받을 국민의 기본권을 침해하는 것이어서 헌법에 위반되고 의무교육의 혜택을 먼저 받는 국민과 나중에 받는 국민이 있을 것을 용인하는 것이어서 헌법 제11조 제1항의 평등의 원칙에도 위반된다. ……

라. …… 3년의 중등교육에 대한 의무교육의 전면적 실시(거기에 소요되는 1년 예산 6,000억원 미만)가 결코 감당할 수 없는 재정적 부담을 가져온다고는 볼 수 없으므로 …… 재정적 부담을 이유로 3년의 중등교육에 대한 의무교육의 순차적 실시를 규정한 교육법 제8조의2는 합리적 이유 없이 헌법 제11조 제1항의 평등의 원칙을 제한하는 법률이라고 아니할 수 없다. ……

마. …… 3년의 중등의무교육의 실시에 관한 기본적이고 본질적인 사항(실시기준 · 시기 · 방법 · 범위 · 내용 등)을 국회가 스스로 결정하지 아니하고 전적으로 대통령령에 위임하는 것은 …… "법률유보의 원칙"을 그 핵심 내용으로 하는 "법치주의 원리"와 …… "민주주의 원리"에 정면으로 위배되는 것이다.

바. 위에서 설명한 바와 같이 교육법 제8조의2 규정은 헌법 제11조 제1항, 제31조 제2항, 제75조에 명백히 저촉되는 위헌법률이므로 마땅히 위헌선언되어야 한다.」

⇔ 재판관 1인(재판관 이시윤)의 반대의견

「헌법 제31조 제2항을 본다. 여기에서는 "모든 국민은 그 보호하는 자녀에게 적어도 초등교육과 법률이 정하는 교육을 받게 할 의무를 진다"고 하였다. 이 의미는 초등교육은 당연히 의무교육으로 하고 그 이상의 교육도 의무교육으로 하되 그 구체적 내용은 헌법에서 직접 규정하지 않고 법률에 위임한다는 취지이다. 헌법이 의무교육으로 예정하고 있는 초등교육 이상의 교육의 구체적 내용을 법률이 정하는 바에 의하도록 한것은, 의무교육의 중요성에 비추어 그 기본지침을 국회에서 제정하는 법률에 의하도록 하여 행정권에 의한 임의적인 교육형성을 막기 위한 이른바 교육법률주의의 표현이며(헌법 제31조 제6항 참조), 그리고 교육을 받을 권리를 실질적으로 확보케 함과 동시에 적극적으로 국회의 입법에 의한 필요한 조치를 취할 국가적 책무를 과한 것이고 어떠한 형태의 것이든 마음대로 정할 수 있는 입법재량권을 부여한 것은 아니다. ……

교육법 제8조의2는 "모든 국민은 6년의 초등교육과 3년의 중등교육을 받을 권리가 있다"는 교육법 제8조의 규정을 사실상 수정 · 정지시키는 것이고 또 의무교육에 관한 교육법률주의를 어긴 채 헌법에 의하여 수권된 의회 입법을 행정부에 재위임하는 내용의 것으로 위임입법의 한계를 넘어섰고, 나아가 사회적 기본권의 하나인 교육을 받을 권리의 제한에 관한 사항을 위임함에 있어서 지나치게 광범위한 입법재량권을 부여하였다는 점에서, 헌법 제75조, 제31조 제2항에 합치하지 않는 법률이라 할 것이다.」

▶ 부모의 자녀교육권

▸ 자녀교육의 자유에 대한 판례

▹ 부모의 학교선택권은 자녀에 대한 부모의 교육권에 당연히 포함되어 있는 내용이라는 취지의 판례
[憲 1995. 2. 23.-91헌마204](교육법시행령 제71조 등에 대한 헌법소원)

「(1) 자녀를 교육시킬 학교선택권의 침해 여부에 대하여

친권자에게는 미성년자인 자녀를 보호하고 교육할 의무가 있는 데서도 알 수 있듯이(민법 제913조 참조), 부모는 아직 성숙하지 못하고 인격을 닦고 있는 초·중·고등학생인 자녀를 교육시킬 교육권을 가지고 있으며, 그 교육권의 내용 중 하나로서 자녀를 교육시킬 학교선택권이 인정된다. ……

(가) 입법목적의 정당성

…… 과열된 입시경쟁으로 말미암아 발생하는 그와 같은 부작용을 방지하기 위한 이 사건 규정의 입법목적은 정당하다고 할 것이다.

(나) 입법수단의 정당성

…… 거주지를 기준으로 중·고등학교의 입학을 제한하는 이 사건 규정은, 과열된 입시경쟁으로 말미암아 발생하는 부작용을 방지한다고 하는 입법목적을 달성하기 위한 방안의 하나이고, 도시와 농어촌에 있는 중·고등학교의 교육여건의 차이가 심하지 않으며, 획일적인 제도의 운용에 따른 문제점을 해소하기 위한 여러 가지 보완책이 상당히 마련되어 있어서, 학부모의 자녀를 교육시킬 학교선택권을 최소한으로 제한하면서 입법목적을 달성할 수 있는 최선의 방법이 있다거나 이를 쉽게 발견할 수 없는 현 상황하에서는 그 입법수단을 정당하다고 보아야 할 것이다. ……

(다) 그렇다면, 거주지별로 학교선택권을 제한하는 이 사건 규정은, 학부모의 자녀를 교육시킬 학교선택권의 본질적 내용을 침해하였거나 과도하게 제한한 경우에 해당하지 아니하므로 헌법 제31조 제1항 및 헌법 제37조 제2항에 위반되지 않는다고 할 것이어서, 청구인의 자녀를 교육시킬 학교선택권을 침해한 것이라고 할 수 없다.」

▹ 공교육의 실시에서 일정한 범위와 정도에서 국가의 개입이 인정된다고 하더라도 국가가 주도하는 공교육의 과정에서 부모의 참여는 배제할 수 없고 어떠한 형태로든 보장되어야 한다는 취지의 판례
[憲 2000. 4. 27.-98헌가16등](학원의설립·운영에관한법률 제22조 제1항 제1호 등 위헌제청)

※ 위 판례 인용부분 참조

▹ 국공립학교든 사립학교든 학교의 운영에 학부모를 언제나 참여시켜야 하는 것은 아니라는 취지의 판례
[憲 1999. 3. 25.-97헌마130](지방교육자치에관한법률 제44조의2 제2항 위헌확인)

「미성년자인 학생에 대한 교육은 한 인격체의 형성을 목표로 삼고 있다. 그런데 이 목표는 학부모와 학교측의 공동과제에 속하고, 이 과제의 실현에는 양 교육주체의 효율적인 협력관계가 요청된다. 학부모의 교육권과 교육제도에 관한 국가의 책임은 상호간에 조화와 조정을 필요로 한다. 미성년자인 학생의 교육문제에 관하여는 다양한 견해가 있을 수 있으므로 토론과 협의를 거쳐 최선의 교육과정을 마련하는 것이 목표달성을 위한 하나의 중요한 조건이다. 국가가 주도하는 교육과정에 학부모가 어떤 형태로든 참여해야 할 당위성을 수긍하는 이유가 바로 여기에 있다. ……

학부모가 미성년자인 학생의 교육과정에 참여할 당위성은 부정할 수 없다 할지라도 학교운영위원회의 구성을 법률로써 의무화하여야 하는지 여부는 별개문제라고 본다. ……

사립학교에도 국·공립학교처럼 의무적으로 운영위원회를 두도록 할 것인지, 아니면 …… 법률에서 규정된 운영위원회를 재량사항으로 하여 그 구성을 유도할 것인지의 여부는 입법자의 광범한 입법형성영역인 정책문제에 속하고, 그 재량의 한계를 현저하게 벗어나지 않는 한 헌법위반으로 단정할 것은 아니다.

따라서 청구인이 이 사건 법률조항으로 인하여 사립학교의 운영위원회에 참여하지 못하였다고 할지라도 위에서 본 입법재량의 한계영역내에 속하므로 교육참여권 침해의 위법이 있다고 볼 수 없다. ……

입법자가 국·공립학교와는 달리 사립학교를 설치·경영하는 학교법인 등이 당해학교에 운영위원회를 둘 것인지의 여부를 스스로 결정할 수 있도록 이 사건 법률조항을 만든 것은 사립학교의 특수성과 자주성을 존중하는데 그 목적이 있고 목적의 정당성 또한 시인할 수 있다. 결국, 국·공립학교의 학부모에 비하여 사립학교의 학부모를 차별취급한 것은 합리적이고 정당한 사유가 있다고 인정되므로 평등권 위반이 된다고 볼 수 없다.」

⇔ 재판관 4인(재판관 이재화, 재판관 조승형, 재판관 정경식, 재판관 고중석)의 반대의견

「이 사건 법률조항은 학부모가 학교참여기회를 요청할 수 있는 최소한의 권리행사마저도 봉쇄하고 있기 때문에 헌법 제31조 제1항 및 제2항에 의거하여 보장되는 학부모의 교육참여권 중 사립학교학부모의 교육참여권을 형해화 할 정도로 심하게 제한하고 있다. 이와 같은 사립학교 학부모의 교육참여권에 대한 과도한 제한은, 단위학교에서의 교육자치를 활성화하려는 이 사건 법률조항의 입법목적의 달성에도 부적합하다. 또한 이는 …… 대체방안이 있음에도 불구하고 그 설치를 사립학교의 임의에 맡김으로써 최소침해성원칙에 위배하고 있으며, 과도한 교육참여권제한으로 인한 학부모의 불이익이 사립학교의 자율성 보장을 통하여 얻으려 하는 공익보다 크기 때문에 법익균형성원칙에도 어긋나므로, 이 사건 법률조항은 헌법 제37조 제2항에 의거한 기본권제한입법의 한계를 벗어나 헌법 제31조 제1항 및 제2항에 의거한 청구인의 교육참여권을 침해하여 헌법에 위반된다고 할 것이다.」

□ 실현방법

▶ 교육의 자주성·전문성·정치적 중립성

▸ **헌법 제31조 제4항이 지방교육자치제도의 헌법적 근거가 된다는 취지의 판례**

[憲 2002. 8. 29.-2002헌마4](지방교육자치에관한법률 제58조 제2항〔별표2〕 등 위헌확인)

「교육위원 선거를 포함한 현행 지방교육자치제도의 헌법적 근거는 헌법상 보장되고 있는 지방자치제도의 이념과 함께 헌법 제31조 제4항의 "교육의 자주성·전문성·정치적 중립성 및 대학의 자율성은 법률이 정하는 바에 의하여 보장된다"라는 규정에서 찾을 수 있고, 이에 따라 지방교육자치제도는 교육의 자주성 등에 관하여 규정한 교육기본법(1997. 12. 13. 법률 제5437호로 제정된 것) 제5조 및 지방자치단체의 교육 등에 관한 사무를 분장할 별도의 기관을 두도록 규정한 지방자치법(1988. 4. 6. 법률 제4004호로 전문개정된 것) 제112조를 기본으로 하여 지방교육자치에관한법률이 규율하고 있는 것이다.」

▸ **교육의 자주성에 대한 판례**

▹ **교육의 자주성의 의미에 대한 판례**

[憲 2002. 3. 28.-2002헌마283](지방교육자치에관한법률 제62조 제1항 위헌확인)

「(1) 지방교육자치제도의 헌법적 본질

헌법 제31조 제4항은 "교육의 자주성 · 전문성 · 정치적 중립성 및 대학의 자율성은 법률이 정하는 바에 의하여 보장된다"고 규정하고 있고, 헌법 제117조 제1항은 "지방자치단체는 주민의 복리에 관한 사무를 처리하고 재산을 관리하며, 법령의 범위 안에서 자치에 관한 규정을 제정할 수 있다"고 규정함으로써 제도보장으로서의 교육자치와 지방자치를 규정하고 있다.

지방교육자치는 교육자치라는 영역적 자치와 지방자치라는 지역적 자치가 결합한 형태로서, 교육자치를 지방교육의 특수성을 살리기 위해 지방자치단체의 수준에서 행하는 것을 말한다고 할 것이다.

지방교육자치의 기본원리로는 주민참여의 원리, 지방분권의 원리, 일반행정으로부터의 독립, 전문적 관리의 원칙 등을 드는 것이 보통이다.

우리 재판소는 지방교육자치제도의 헌법적 본질에 관하여, "국민주권의 원리는 공권력의 구성 · 행사 · 통제를 지배하는 우리 통치질서의 기본원리이므로, 공권력의 일종인 지방자치권과 국가교육권(교육입법권 · 교육행정권 · 교육감독권 등)도 이 원리에 따른 국민적 정당성기반을 갖추어야만 한다. 그런데, 국민주권 · 민주주의원리는 그 작용영역, 즉, 공권력의 종류와 내용에 따라 구현방법이 상이할 수 있다. …… 지방교육자치도 지방자치권행사의 일환으로서 보장되는 것이므로, 중앙권력에 대한 지방적 자치로서의 속성을 지니고 있지만, 동시에 그것은 헌법 제31조 제4항이 보장하고 있는 교육의 자주성 · 전문성 · 정치적 중립성을 구현하기 위한 것이므로, 정치권력에 대한 문화적 자치로서의 속성도 아울러 지니고 있다. 이러한 '이중의 자치'의 요청으로 말미암아 지방교육자치의 민주적 정당성요청은 어느 정도 제한이 불가피하게 된다. 지방교육자치는 '민주주의 · 지방자치 · 교육자주'라고 하는 세 가지의 헌법적 가치를 골고루 만족시킬 수 있어야만 하는 것이다"라고 판시한바 있다(헌재 2000. 3. 30. 99헌바113, 판례집 12-1, 359, 368-369).」

▹ **공교육의 목적과 취지를 달성하기 위한 범위 내에서 국가의 감독권 행사가 가능하지만 그것이 교육의 자주성을 해치는 것이어서는 안 된다는 취지의 판례**

[憲 1997. 12. 24.-95헌바29](사립학교법 제58조 제1항 제2호 등 위헌소원)

「교육이란 학생들의 건전한 지식과 인격의 신장을 목표로 하여 그들을 지도하고 가르치는 것이고, 이러한 교육을 담당하는 교원은 미래사회를 이끌어 나갈 학생들로 하여금 자립하여 생활할 수 있는 능력을 길러주는 공교육제도의 주관자로서 주도적 지위를 담당하도록 주권자인 국민으로부터 위임받은 사람이다.

그리고 교원의 직무는 피교육자인 학생들의 기본적 권리인 "교육을 받을 권리"와 서로 앞뒷면을 이루고 있다는 특징이 있다. 따라서 교원의 직무에는 교육제도의 구조적 특성과 교육의 자주성 등에 내재하는 두가지 한계가 있는바, 하나는 교원직무의 자주성이 교육을 받을 기본권을 가진 피교육자인 학생들의 권익과 복리증진에 저해가 되어서는 아니된다는 것이고, 다른 하나는 국가와 사회공동체의 이념과 윤리의 테두리안에서 직무의 자주성은 제약을 받게 된다는 것이다. 즉, 교원의 자주성은 그 자체가 책임을 수반하는 것으로서 그것이 피교육자인 학생의 권익과 복지증진에 공헌할 것인가와 국가와 사회공동체의 공동이념 및 윤리와 조화될 수 있는가라는 상대적 관계에서 그 범위가 정해지는 것이다.(헌법재판소 1991. 7. 22. 선고, 89헌가106 결정 참조)」

[憲 2001. 1. 18.-99헌바63](사립학교법 제28조 제1항 본문 위헌소원)

「가. 사립학교운영의 자유와 교육의 공공성

진리탐구와 인격도야의 본산이며 자유로운 인간형성을 본분으로 하는 학교에서야말로 학생들의 다양한 자질과 능력이 자유롭게 발현될 수 있는 교육제도가 마련되어야 한다. 특히 사립학교는 설립자의 의사와 재산으로 독자적인 교육목적을 구현하기 위해 설립되는 것이므로 사립학교설립의 자유와 운영의 독자성을 보장하는 것은 그 무엇과도 바꿀 수 없는 본질적 요체라고 할 수 있다. 따라서 설립자가 사립학교를 자유롭게 운영할 자유는 비록 헌법에 독일기본법 제7조 제4항과 같은 명문규정은 없으나 헌법 제10조에서 보장되는 행복추구권의 한 내용을 이루는 일반적인 행동의 자유권과 모든 국민의 능력에 따라 균등하게 교육을 받을 권리를 규정하고 있는 헌법 제31조 제1항 그리고 교육의 자주성 · 전문성 · 정치적 중립성 및 대학의 자율성을 규정하고 있는 헌법 제31조 제3항에 의하여 인정되는 기본권의 하나라 하겠다.

그러나 다른 한편으로 학교교육은 가장 기초적인 국가융성의 자양분이며 사회발전의 원동력이라 할 수 있고 국가 · 사회적으로 지대한 관심과 영향을 미치는 것이어서 국가의 개입과 감독의 필요성이 그 어느 분야보다도 크다고 아니 할 수 없다. 비좁은 국토에 지하자원이 부족한 우리 나라의 열악한 상황에서 오직 교육을 통하여 양성된 인재들의 명석한 두뇌와 땀방울이 국력신장의 원동력이었던 저간의 사정을 감안하고 여기에 다가오는 21세기의 사회가 지식정보와 기술을 기반으로 발전될 전망을 보태어 보면 교육을 통한 인력의 개발이 곧 국가의 운명을 좌우한다고 해도 과언이 아닐 것이다. 따라서 튼튼한 재정적 기초위에서 체계적인 교육을 구현하기 위한 국가적 지도통제는 오히려 필요하고 교육을 완전히 개인의 책임으로 맡겨 놓을 수는 없다.」

※ 사립학교가 학문의 자유의 주체가 되는지에 관해서는 〈제5편 - 제3장 - 2. - 학문의 자유 - □ 주체〉 판례 인용부분 참조

▹ 교과용도서의 국정제도와 검인정제도에 대해 합헌결정을 한 판례

[憲 1992. 11. 12.-89헌마88](교육법 제157조에 관한 헌법소원)

※ 위 판례 인용부분 참조

▸ 교육의 정치적 중립성에 대하 판례

▹ 일간신문지상에 교원이 한일협정 비준을 집단적으로 반대하는 성명을 발표하는 데 주도적 역할을 한 것은 정치운동을 한 경우에 해당한다고 본 판례

[大 1967. 1. 24.-66다2282](파면처분 무효확인)

「사립학교법 제58조 제1항은 교원의 면직사유의 하나로서 교원이 정치운동을 한 경우를 들고 있는데 원고가 피고가 경영하는 대구대학의 교원으로서 위의 제(1)항에서 본 바와 같이 재구교수단의 성명발표에 주도적 역할을 하여 일간신문지상에 재구교수단의 이름으로 한일협정비준을 집단적으로 반대한다는 성명을 발표한 사실은 위 법조에서 말하는 정치운동이라는 개념에 해당한다고 보아도 좋을 것이다. 당원과 견해를 같이한 원심은 정당하고, 이러한 원심판결에는 사립학교법 제58조 제1항 제4호의 해석을 잘못하였거나 이론상의 모순을 일

으킨 허물이 있다고 할 수 없다.」

▶ **교육제도 등의 법정주의**

▸ 교육제도의 법정주의에 대한 판례

▹ 교육제도의 법정주의의 의미를 밝힌 판례

[憲 1992. 11. 12.-89헌마88](교육법 제157조에 관한 헌법소원)

※ 위 판례 인용부분 참조

[憲 1999. 3. 25.-97헌마130](지방교육자치에관한법률 제44조의2 제2항 위헌확인)

※ 위 판례 인용부분 참조

▹ 사립학교의 교원을 기간제로 임용하는 것은 교원지위법정주의에 위반되지 않는다는 취지의 판례

[憲 1998. 7. 16.-96헌바33](사립학교법 제53조의2 제2항 위헌소원 등)

※ 〈제5편 - 제3장 - 2. - 학문의 자유 - □ 내용〉 판례 인용부분 참조

▹ 교원의 징계에 있어서 재심결정에 대하여 교원만이 불복할 수 있고, 학교법인은 불복할 수 없도록 정하고 있는 것은 평등권을 침해하는 것이 아니라는 취지의 판례

[憲 1998. 7. 16.-95헌바19등](교원지위향상을위한특별법 제10조 제3항 위헌소원, 교원지위향상을위한특별법 제10조 제2항 등 위헌확인)

「감독권 행사인 재심결정에 대하여 감독대상자인 학교법인 등이 불복, 행정소송을 할 수 있도록 허용할 것인지 여부는 결국 교육제도와 교원의 지위를 어떻게 정할 것인가에 관한 문제로서 입법정책에 속하는 사항이라고 할 것인데, 이 사건 법률조항이 재심결정에 대하여 교원만이 불복할 수 있도록 허용하고 학교법인 등은 국·공립학교 교원에 대한 징계처분권자와 마찬가지로 재심결정에 불복할 수 없도록 제한한 것은, 국가가 모든 교원의 징계처분 등에 대하여 균형 있게 감독하고 특히 사립학교 교원에 대하여 국·공립학교 교원과 똑같이 신분보장을 해 주기 위한 것으로서 합리적인 이유가 있다고 할 것이므로, 헌법 제11조 제1항(평등의 원칙)에 위반된다고 할 수 없다.

그리고 위에서 본 바와 같이 재심결정은 일반 행정처분과 달리 행정심판의 재결에 유사한 감독권 행사로서의 처분이므로 이 사건 법률조항이 그 입법목적을 달성하기 위하여 감독대상자인 학교법인 등이 그 재심결정에 대하여 불복할 수 없도록 제한한 것은 적정하고, 그것이 헌법 제27조 제1항(재판청구권), 제107조 제2항(법원의 처분심사권), 헌법 제12조 제1항(적법절차), 헌법 제37조 제2항(과잉금지의 원칙)에 위반된다고 할 수도 없다.」

⇔ 재판관 4인(재판관 김용준, 재판관 신창언, 재판관 이영모, 재판관 한대현)의 반대의견

「우리는, 이 사건 법률조항은 학교법인의 재판청구권 행사를 보장한 헌법 제27조 제1항과 법원의 재판권의 범위를 규정한 헌법 제101조 제1항, 제107조 제2항·제3항에 위반된다고 본다.

먼저, 헌법 제107조 제2항·제3항은 "명령·규칙 또는 처분이 헌법이나 법률에 위반되는 여부가 재판의 전제가 된 경우에는 대법원은 이를 최종적으로 심사할 권한을 가진다. 재판의 전심절차로서 행정심판을 할 수 있다"고 규정하고 있다. 그런데 사립학교 교원의 경우에 재심위원회의 결정은 행정처분이므로 위 헌법조항의 처분에 해당됨이 분명하다. …… 교원지위법에 의한 재심위원회의 결정이 있다고 하여 양자간의 사법적 관계가 공법적 관계로 바뀌는 것

은 아니므로 사법인인 학교법인이 위 결정에 대하여 불복할 수 없도록 규정한 이 조항은 위 헌법규정에 정면으로 반한다.

교원지위법은 헌법 제31조 제6항 소정의 위임에 따라 제정된 법률이므로 입법목적의 정당성은 수긍이 되나, 학교법인의 재판청구권 행사를 제한한 이 조항은 헌법 그 자체에 의한 유보가 없는 한 위에서 본 법원의 권한을 명시한 헌법규정에 위반되므로 위헌무효라고 할 수밖에 없다. ……

(2) 이 사건 법률조항은 평등권을 규정한 헌법 제11조 제1항에 위반된다.

위 조항에 규정된 모든 국민은 자연인 뿐만 아니라 성질이 허용하는 한 법인도 포함하는 개념이다. 사립학교 교원에 대한 재심위원회가 하는 징계사실의 인정과 그에 따른 법률의 해석 · 적용은 행정청의 처분임에도 불구하고 그 결정에 대하여 교원만이 행정소송을 할 수 있고 상대방인 학교법인은 이를 할 수 없게끔 제한한 이 사건 법률조항은, 재판청구권은 자연인과 법인을 차별 취급할 성질의 권리가 아니므로 그 제한을 정당화할 수 있는 합리적인 이유가 없는 한 평등권 위반임을 면할 수 없다.」

▸ 교원지위의 법정주의에 대한 판례

▹ 교원의 지위에 관한 기본적인 사항에 대하여 입법을 함에 있어 교육의 본질을 침해하지 아니하는 한 입법자의 입법형성의 자유에 속한다는 취지의 판례

[憲 1991. 7. 22.-89헌가106](사립학교법 제55조 제58조 제1항 제4호에 관한 위헌심판)

「사립학교의 운영에 있어서 자율성을 인정하면서도 국가가 감독과 통제의 제약을 부과하는 정도는 한결같이 정할 수 없는 것이다. 이는 그 시대의 사정과 각급 학교에 따라 다를 수밖에 없고, 교육의 본질을 침해하지 아니하는 한 궁극적으로는 입법권자의 형성의 자유에 속하는 것이라 할 것이다.」

※ 위 판례의 다른 논점에 대하여는 〈제5편 – 제3장 – 4. – 단결권 · 단체교섭권 · 단체행동권 – □ 제한과 그 한계〉 판례 인용부분 참조

[憲 1998. 7. 16.-95헌바19등](교원지위향상을위한특별법 제10조 제3항 위헌소원, 교원지위향상을위한특별법 제10조 제2항 등 위헌확인)

※ 위 판례 인용부분 참조

▹ 교원지위 법정주의에 의해 법률로 정해야 하는 교원의 지위에 관한 기본적인 사항이 무엇인지에 대한 판례

[憲 2003. 2. 27.-2000헌바26](구사립학교법 제53조의2 제3항 위헌소원)

※ 〈제5편 – 제3장 – 2. – 학문의 자유 – □ 내용〉 판례 인용부분 참조

▹ 재임용 거부의 뜻으로 한 임용기간 만료의 통지는 처분성을 가지므로 이에 대하여 다툴 수 있다는 취지의 판례

[大 2004. 4. 22.-2000두7735](교수재임용거부처분 취소)

「구 교육공무원법(1999. 1. 29. 법률 제5717호로 개정되기 전의 것) 제11조 제3항, 구 교육공무원임용령(2001. 12. 31. 대통령령 제17470호로 개정되기 전의 것) 제5조의2 제2항이 국 · 공립대학에 근무하는 조교수는 4년 이내의 기간을 정하여 임용하도록 규정함으로써 원칙적으로 정년이 보

장되는 교수 등의 경우와 차이를 두고 있는 것은, 임용기간이 만료되었을 때 교원으로서의 자질과 능력을 다시 검증하여 임용할 수 있게 함으로써 정년제의 폐단을 보완하고자 하는 데 그 취지가 있으므로, 기간을 정하여 임용된 조교수는 그 임용기간의 만료로 대학교원으로서의 신분관계가 종료된다고 할 것이다.

그러나 대학의 자율성 및 교원지위법정주의에 관한 헌법규정과 그 정신에 비추어 학문 연구의 주체인 대학교원의 신분은 기간제로 임용된 교원의 경우에도 일정한 범위 내에서 보장되어야 할 필요가 있고, 비록 관계 법령에 임용기간이 만료된 교원에 대한 재임용의 의무나 그 절차 및 요건 등에 관하여 아무런 규정을 두지 않았다고 하더라도, …… 기간제로 임용된 교원의 재임용에 관한 실태 및 사회적 인식 등 기록에 나타난 여러 사정들을 종합하면, 기간제로 임용되어 임용기간이 만료된 국·공립대학의 조교수는 교원으로서의 능력과 자질에 관하여 합리적인 기준에 의한 공정한 심사를 받아 위 기준에 부합되면 특별한 사정이 없는 한 재임용되리라는 기대를 가지고 재임용 여부에 관하여 합리적인 기준에 의한 공정한 심사를 요구할 법규상 또는 조리상 신청권을 가진다고 할 것이니, 임용권자가 임용기간이 만료된 조교수에 대하여 재임용을 거부하는 취지로 한 임용기간만료의 통지는 위와 같은 대학교원의 법률관계에 영향을 주는 것으로서 행정소송의 대상이 되는 처분에 해당한다고 할 것이다.」

▷ **임기가 만료된 대학교원에 대한 재임용거부를 재심청구의 대상에 명시하지 않은 것은 교원지위법정주의에 위반된다는 취지의 판례**

[憲 2003. 12. 18.-2002헌바14등](교원지위향상을위한특별법 제9조 제1항 등 위헌소원)

「교원지위법정주의에 관한 위 헌법재판소 2003. 2. 27. 선고 2000헌바26 결정의 취지에 비추어 볼 때, 임기가 만료된 교원이 "재임용을 받을 권리 내지 기대권"을 가진다고는 할 수 없지만 적어도 학교법인으로부터 재임용 여부에 관하여 "합리적인 기준과 정당한 평가에 의한 심사를 받을 권리"를 가진다고 보아야 한다. 그러므로 예컨대 학교법인이 아무런 기준을 정하지 아니하고 자의적으로 재임용 여부를 결정하는 경우, 학교법인이 정한 기준이 심히 불합리한 경우, 합리적인 기준이 있다고 하더라도 부당한 평가를 하여 재임용을 거부하는 경우, 그리고 관계법령 등에 정한 사전고지 및 청문절차의 의무를 위반한 경우 등은 모두 임기만료 교원의 재임용 여부에 관하여 "합리적인 기준과 정당한 평가에 의한 심사를 받을 권리"를 침해하는 것에 해당한다고 할 것이다.

그렇다면, 위와 같은 경우 임기만료 교원에 대한 재임용거부는 이 사건 교원지위법조항 소정의 "징계처분 기타 그 의사에 반하는 불리한 처분"에 버금가는 효과를 가진다고 보아야 하므로 이에 대하여는 마땅히 교육인적자원부 교원징계재심위원회의 재심사유, 나아가 법원에 의한 사법심사의 대상이 되어야 한다. 그럼에도 불구하고 이 사건 교원지위법조항은 이에 대하여 아무런 규정을 하고 있지 아니하므로, 입법자가 법률로 정하여야 할 교원지위의 기본적 사항에는 교원의 신분이 부당하게 박탈되지 않도록 하는 최소한의 보호의무에 관한 사항이 포함되어야 한다는 헌법 제31조 제6항 소정의 교원지위법정주의에 위반된다고 할 것이다. ……

이 사건 사립학교법조항과 교원지위법조항은 모두 헌법에 합치하지 아니하고, 그 중 교원지위법조항에 대하여는 입법자의 개선입법이 이루어질 때까지 잠정적으로 적용하도록 함이 상당하여 주문과 같이 결정한다.」

⇔ 재판관 1인(재판관 김영일)의 별개의견 및 반대의견

「이 사건 사립학교법조항은 위에서 본 바와 같이 기간임용제를 비롯한 대학교원의 임면행위의 근거규정이자 실체에 관한 규정으로서 동 규정에서 대학교원의 임용행위나 면직행위 등의 요건이나 사전절차를 규정할 수는 있을지라도, 성격상 그 임용 · 면직 등 행위 후 그에 대한 불복 내지 사후구제절차는 동 조항에 포섭 내지 포함될 수 없을 뿐만 아니라, 동 문언상 그에 대하여 규정하고 있지도 아니함이 명백하다.

그렇다면 결국 대학교원의 임면행위와 관련하여 특히, 기간을 정하여 임용된 대학교원이 그 임용기간이 만료되었으나 재임용이 거부된 경우의 사후구제절차에 관한 규정이 흠결되어 있고, 입법자는 이점을 간과하여 교원지위법정주의에 반하는 위헌상태를 야기한 것이므로 그 입법부작위가 위헌임을 선언하여야 하는 것이다.」

※ 재판관 1인(재판관 하경철)은 사립학교법조항 상의 재임용제도에 대하여 합헌이라는 전제하에, 본 건 교원지위법의 심판대상 조항은 교원이 그 임용기간 중에 입은 불이익한 처분에 대한 불복절차를 규정하는 것이므로 기간제 임용으로 기간 만료로 인하여 교원의 지위를 상실한 경우에는 위 심판대상조항이 적용될 수 없어 재판의 전제성이 없으므로 각하되어야 한다는 취지의 반대의견(각하)을 내었음

▹ **헌법 제31조 제6항을 근거로 교원의 권리에 관한 사항 이외에 국민의 교육을 받을 권리와 관련된 교원의 의무에 관한 사항을 정할 수 있다는 취지의 판례**

[憲 1991. 7. 22.-89헌가106](사립학교법 제55조 제58조 제1항 제4호에 관한 위헌심판)

「(2) 헌법 제31조 제6항의 의미

우리 헌법 제31조 제4항은 "교육의 자주성 · 전문성 · 정치적 중립성 및 대학의 자율성은 법률이 정하는 바에 의하여 보장된다"고 규정하는 한편 제31조 제6항은 "학교교육 및 평생교육을 포함한 교육제도와 그 운영, 교육재정 및 교원의 지위에 관한 기본적인 사항은 법률로 정한다"라고 규정함으로써 교육의 물적기반이 되는 교육제도와 아울러 교육의 인적기반으로서 가장 중요한 교원의 근로기본권을 포함한 모든 지위에 관한 기본적인 사항을 국민의 대표기관인 입법부의 권한으로 규정하고 있다.

위 헌법조항의 뜻은 넓은 의미에서 교원의 지위를 포함한 교육제도는 위에서 본 바와 같이 한 시대와 국가 · 사회공동체의 이념 및 윤리와 조화되는 가운데서 형성 · 발전되어져야 할 성격을 지닌 것이기 때문에 그러한 제도의 구체적 형성과 변경은 국민의 대표기관인 입법부가 그 시대의 구체적인 사회적 여건과 교육의 특수성을 고려하여 민주적인 방법에 의하여 합리적으로 이루어 나가도록 하는 것이 적합하다는데 그 근거를 두고 있는 것으로 해석된다. 또 여기서 말하는 "교원의 지위"란 교원의 직무의 중요성 및 그 직무수행능력에 대한 인식의 정도에 따라서 그들에게 주어지는 사회적 대우 또는 존경과 교원의 근무조건 · 보수 및 그밖의 물적급부 등을 모두 포함하는 의미이다. 따라서 헌법 제31조 제6항은 단순히 교원의 권익을 보장하기 위한 규정이라거나 교원의 지위를 행정권력에 의한 부당한 침해로부터 보호하는 것만을 목적으로 한 규정이 아니고, 국민의 교육을 받을 기본권을 실효성있게 보장하기 위한 것까지 포함하여 교원의 지위를 법률로 정하도록 한 것이다.

이 헌법조항에 근거하여 교원의 지위를 정하는 법률을 제정함에 있어서는 교원의 기본권보장 내지 지위보장과 함께 국민의 교육을 받을 권리를 보다 효율적으로 보장하기 위한 규정도 반드시 함께 담겨 있어야 할 것이다. 그러므로 위 헌법조항을 근거로하여 제정되는 법률에는 교원의 신분보장 · 경제적 · 사회적 지위보장 등 교원의 권리에 해당하는 사항뿐만 아니라 국민의 교육을 받을 권리를 저해할 우려있는 행위의 금지 등 교원의 의무에 관한 사항도 당연히 규정할 수 있는 것이므로 결과적으로 교원의 기본권을 제한하는 사항까지도 규정할 수 있게 되는 것이다.」

⇔ 재판관 1인(재판관 이시윤)의 반대의견

「동 조항에서는 "학교교육 및 평생교육을 포함한 교육제도와 그 운영, 교육재정 및 교원의 지위에 관한 기본적인 사항은 법률로 정한다"고 규정하여 교육제도와 교원의 지위에 관하여 개별적 법률유보를 하고 있는바, 이는 교육제도와 교원의 기본권을 제31조의 전체 조문과의 관련성을 고려할 때 법률로써 더 강화하고 보호하려는 취지인 것으로 보여지며 따라서 여기의 법률의 유보는 침해적 법률유보라기 보다는 형성적 법률유보로 보아야 할 것이다. 따라서 이 규정을 사립학교 교원의 근로기본권제한의 근거로 삼기는 어려운 일이거니와, 가사 동 규정이 침해적 법률유보가 된다 하여도 이를 수는 없다. 개별적 법률유보의 경우도 일반적 법률유보의 경우와 마찬가지로 기본권의 본질적 내용의 침해에 이를 입법형서의 자유가 부여될 수 없기 때문이다.」

⇔ 재판관 1인(재판관 김양균)의 반대의견

「헌법이 제31조 제6항에서 정하고 있는 교원지위법정주의는 교원의 직무의 특수성에 비추어 명령·규칙·처분 등의 형태를 지닌 행정권력에 의하여 그 지위가 함부로 침해되지 않도록 그 자격요건·신분보장 등 지위를 법률로 보장함으로써 국민의 교육을 받을 권리가 차질없이 실현되도록 하고 국가의 백년대계인 교육을 굳건한 반석위에 올려놓고자 하는데 그 주된 목적이 있는 것이므로 이를 근거로 하여 사립학교 교원의 권리 및 의무와 책임을 규정하는 법률이 제정될 수는 있을 것이나 그렇다고 하여 그 규정을 이유로 해서 헌법이 명문으로 보장하고 있는 국민의 기본권(근로3권)을 완전히 부정하는 법률이나 법조항이 제정될 수 있다고 해석할 수는 전혀 없는 것이다. 위 두 헌법 조항은 그 자체로서 서로 모순되거나 충돌하는 것이 아니므로 두 규정이 다 존중되는 헌법해석을 한다면 결국 교원의 헌법상의 기본권을 침해하지 않는 범위 내의 교원지위법정주의라는 뜻이 될 것이다.」

⇔ 재판관 1인(재판관 변정수)의 반대의견

「헌법 제31조 제6항 후문의 위 규정은 공교육의 담당자라는 교원의 직무의 중요성과 특수성에 비추어 그 자격요건·신분보장 등 교원의 지위에 관한 사항은 반드시 국회가 제정한 법률로써만 정하도록하여 행정입법을 통한 행정부의 재량을 배제함으로써 국가 또는 공공단체의 부당한 간섭을 배제하여 교육의 자주성·전문성·정치적 중립성을 보장하고 교원의 지위를 보호하기 위한 규정인 것이다. 즉 위 법률조항은 교원의 지위를 법률로써 보장하는 근거규정이지 다수의견이 주장하는 것처럼 피교육자의 학습권 보장 등을 이유로하여 헌법에 보장된 교원의 기본권을 법률로써 제한하거나 박탈하는 등 교원의 지위를 약화시킬 수 있는 특별제한의 근거규정은 도저히 될 수 없는 것이다.」

※ 위 판례의 나머지 논점에 대하여는 〈제5편 - 제3장 - 4. - 단결권·단체교섭권·단체행동권 - □ 제한과 그 한계〉 판례 인용부분 참조

▷ 교원의 노동운동을 금지하는 것에 대하여 이를 헌법에 합치된다고 본 헌법재판소와 대법원의 판례

[憲 1991. 7. 22.-89헌가106](사립학교법 제55조 제58조 제1항 제4호에 관한 위헌심판)

※ 〈제5편 - 제3장 - 4. - 단결권·단체교섭권·단체행동권 - □ 제한과 그 한계〉 판례 인용부분 참조

◎ 같은 취지 : 憲 1999. 6. 24.-97헌바61

[大 1990. 9. 11.-90도1356](국가공무원법위반)

「피고인들이 국가공무원으로서 판시와 같이 전국교직원노동조합의 노동운동을 위하여 집단적 행위를 하였다면 그것이 비록 교육의 구조적 모순을 바로잡기 위한 데서 비롯되었다 하더라도 국가공무원법 제66조 제1항 위반의 범죄성립에는 영향이 없고 또 국가공무원으로 하여금 노동운동을 위한 집단행위를하지 못하도록 규정한 위 법조항은 헌법상의 평등권, 집회결사의 자유, 교육의 자주성, 전문성, 정치적 중립성 등의 보장조항에 위반되지 아니한다(당원 1990. 4. 10.선고 90도332 판결 참조). 주장은 모두 이유없다.」

◎ 같은 취지 : 大 1990. 4. 10.-90도332

□ 제한과 그 한계

▶ 제　한

▸ 거주지역을 기준으로 한 학교선택의 제한에 대한 판례

▹ 거주지를 기준으로 중고등학교의 입학을 제한하는 것을 합헌으로 본 판례

[憲 1995. 2. 23.-91헌마204](교육법시행령 제71조 등에 대한 헌법소원)

※ 위 판례 인용부분 참조

▶ 제한의 한계

[憲 2000. 4. 27.-98헌가16등](학원의설립·운영에관한법률 제22조 제1항 제1호 등 위헌제청)

「2) 기본권제한의 한계로서의 비례의 원칙

과외교습을 금지하는 법 제3조의 위헌성 여부에 관한 판단은 법 제3조가 달성하려는 입법목적에 의하여 부모의 자녀교육권 및 자녀의 인격발현권에 대한 제한이 정당화될 수 있는가에 달려 있다. 즉, 법 제3조에 의하여 제기되는 헌법적 문제는 교육의 영역에서의 자녀의 인격발현권·부모의 교육권과 국가의 교육책임의 경계설정에 관한 문제이고, 이로써 국가가 사적인 교육영역에서 자녀의 인격발현권·부모의 자녀교육권을 어느 정도로 제한할 수 있는가에 관한 것이다. 이러한 측면에서 본다면, 과외교습을 직업으로서 자유롭게 선택할 수 있는 자유에 대한 제한은 오히려 부차적인 문제이다.

학교교육에 관한 한, 국가는 교육제도의 형성에 관한 폭넓은 권한을 가지고 있지만, 학교교육 밖의 사적인 교육영역에서는 국가의 규율권한에는 한계가 있다. 국가는 개인의 기본권을 보장해야 하므로 국가가 과외교습과 같은 사적으로 이루어지는 교육을 제한하는 경우에는 특히 자녀인격의 자유로운 발현권과 부모의 교육권을 존중해야 한다는 것이 그것이다. 즉, 부모에게는 제도교육이 충족시키지 못하는 자녀교육의 영역에서 부모의 특별한 소망이 실현될 수 있는 기회가 열려 있어야 하며, 자녀에게는 국가의 간섭을 받음이 없이 사교육을 통하여 자신의 다양한 능력, 성향을 발전시킬 수 있는 기회가 보장되어야 한다.

그러나 부모의 교육권, 자녀의 인격발현권, 과외교습을 하고자 하는 자의 직업의 자유가 절대적 기본권이 아니므로 당연히 다른 기본권과 마찬가지로 헌법 제37조 제2항에 의한 제한을 받을 수 있다. 다만, 기본권을 제한하는 경우에는 법치국가적 요청인 비례의 원칙을 준수하여야 한다.」

4. 보 건 권

□ 의 의

▶ **개 념**

▸ **보건권을 인정하는 취지의 헌법재판소 판례**

[憲 1998. 7. 16.-96헌마246](전문의자격시험불실시 위헌확인 등)

「(다) 보 건 권

청구인들은 국민의 일원으로서 치과전문의제도가 시행되지 않고 있는 한, 치과분야에 있어서 충분한 의료서비스를 제공받지 못하고 의료사고의 위험성 앞에 무방비 상태로 노출되어 보건에 관하여 국가의 보호를 받을 권리, 즉 보건권을 침해받고 있다고 주장한다.

살피건대, 헌법은 "모든 국민은 보건에 관하여 국가의 보호를 받는다"라고 규정하고 있는바(제36조 제3항), 이를 '보건에 관한 권리' 또는 '보건권'으로 부르고, 국가에 대하여 건강한 생활을 침해하지 않도록 요구할 수 있을 뿐만 아니라 보건을 유지하도록 국가에 대하여 적극적으로 요구할 수 있는 권리로 이해한다 하더라도 치과전문의제도를 시행하고 있지 않기 때문에 청구인을 포함한 국민의 보건권이 현재 침해당하고 있다고 보기는 어렵다.」

※ 직업의 자유의 침해 여부에 대해서는 〈제5편 - 제3장 - 4. - 직업의 자유 - □ 제한과 그 한계〉 판례 인용부분을, 재산권의 침해 여부에 대해서는 〈제5편 - 제3장 - 4. - 재산권 - □ 내용〉 판례 인용부분을 각 참조

◎ 같은 취지 : 憲 1996. 10. 31.-94헌가7

□ 내 용

▶ **소극적 내용과 적극적 내용**

[憲 2003. 10. 30.-2000헌마801](국민건강보험법 제62조 제3항 등 위헌확인)

「건강보험은 사적인 자율영역에 맡겨 질 수 있는 성격의 문제가 아니라 경제적인 약자에게도 기본적인 의료서비스를 제공하기 위한 국가의 사회보장·사회복지 증진의무의 일부로서 공공복리를 위한 것이다. 그러므로 국가가 보험자인 국민건강보험공단의 설립을 통하여 달성하고자 하는 과제는 헌법상 정당하며, 소득재분배와 위험분산의 효과를 거두려는 사회보험의 목표는 임의가입의 형식으로 운영하는 한 달성하기 어렵고 법률로써 가입을 강제하고 소득수준에 따라 차등을 둔 보험료를 부과함으로써만 이루어질 수 있는 것이어서, 국민에게 보험가입의무를 강제로 부과하고 경제적 능력에 따른 보험료를 납부하도록 하는 것은 건강보험의 목적을 달성하기 위하여 적합하고도 반드시 필요한 조치라는 점에서 이로 인한 기본권의 제한은 부득이한 것이고, 가입강제와 보험료의 차등부과로 인하여 달성되는 공익은 그로 인하여 침해되는 사익에 비하여 월등히 크다고 할 수 있으므로 일반적 행동의 자유권으로서의 보험에 가입하지 않을 자유와 재산권에 대한 제한은 정당화된다고 하겠다.

또한 입법자는 건강보험관리체계에 관한 광범위한 입법형성권을 가지므로 건강보험제도를 운영함에 있어 종전과 같이 개별의료보험조합의 형태로 운영할 것인지 아니면 통합된 건강보험공단의 형태로 운영할 것인지를 정책적 관점에서 결정할 수 있는 것이므로 어떠한 건강보험조합에 가입할 것인지의 선택권을 부여하지 않고 단일한 건강보험공단에 가입하도록 하였다 하여 헌법에 위반되는 것이라 할 수 없다.

그렇다면 건강보험에의 강제가입과 보험료의 징수에 관하여 규정한 법 제5조 제1항, 제62조 제1항 · 제3항 · 제4항은 과잉금지의 원칙에 위배하여 헌법상의 행복추구권, 재산권 등을 침해하는 것이라고 볼 수 없다.」

[憲 2004. 1. 29.-2001헌바30](약사법 제37조 제4항 제4호 등 위헌소원)

「나. 이 사건 법률조항의 입법목적

(1) 의약품의 오 · 남용 가능성의 제거를 통한 국민의 건강권 보호

…… 이 사건 법률조항은 부속병원을 개설한 학교법인으로 하여금 의약품도매상의 설립을 금지함으로써, 부속병원이 같은 학교법인 소유의 의약품도매상의 경제적 이윤 증대를 위하여 의약품을 상대적으로 과다 처방하고 이를 조제 · 투약(판매)할 가능성을 원천적으로 제거함으로써 의약품의 과다 투약에 따른 의약품의 오 · 남용을 예방하여 장기적으로 국민의 건강을 보호, 향상시키려는 입법목적을 갖는 것이다.

(2) 불공정거래행위의 원인 제거

이 사건 법률조항은 위 입법목적 이외에도 부속병원을 개설한 학교법인이 의약품도매상을 경영할 경우 의약품 유통시장에서 발생할 것으로 예상되는 불공정 거래행위를 규제하고자 하는 입법목적을 갖고 있다. ……

다. 직업 선택의 자유의 침해 여부 ……

(1) 입법목적의 정당성과 수단의 적합성

우리 헌법 제36조 제3항은 "모든 국민은 보건에 관하여 국가의 보호를 받는다"고 규정하여 국가의 국민보건에 관한 보호 의무를 명시하고 있으므로 국가는 국민건강 및 보건의 양적, 질적 향상을 위한 의료 정책을 적극적으로 수립 · 시행하여야 한다.

동일한 주체가 의료기관과 의약품도매상을 소유, 경영할 경우 의료기관의 의사가 그 의약품도매상의 매출 증가에 따른 경제적 이윤 획득의 동기에 의하여 의약품을 과다 처방하고, 또 의료기관의 약사는 적절한 감시와 견제 없이 이를 조제 · 투약(판매)할 가능성이 있게 됨에 따라 나타날 의약품의 오 · 남용을 방지하여 궁극적으로 국민의 건강을 유지 · 향상시키고자 하는 이 사건 법률조항의 주된 입법목적은 바로 위 헌법규정을 근거로 입법자가 추구한 것으로서 정당하다.

불공정거래행위로 인하여 건전한 의약품 유통질서를 해칠 가능성을 배제하고자 한 입법목적 또한 자유시장 경제질서에서 발생할 수 있는 경제력의 남용을 방지하기 위하여 국가적 규제와 조정을 용인하고 있는 헌법 제119조 제2항에 근거를 둔 것으로 보이므로 정당성을 갖추었다고 판단된다.

한편, 이 사건 법률조항은 의료기관의 개설자로 하여금 의약품도매상을 하지 못하도록 함으로써 위와 같은 입법목적을 침해할 가능성 자체를 제거하였다는 점에서 수단의 적합성도 인정된다.

(2) 최소 침해성의 위배 여부

…… 위와 같은 입법목적 실현에 이 사건 법률조항보다 덜 기본권 제한적인 입법수단은 존

재하지 않거나 실효성이 없을 것이라는 입법자의 예측, 판단을 수긍할 수 있다고 보아야 할 것이다.

(3) 법익 균형성의 위배 여부

…… 학교법인에 대한 이러한 기본권 제한은 의약품의 오·남용 방지를 통한 국민의 건강 보호·유지, 불공정행위의 규제라는 우리 사회 공동체가 근본적으로 추구하여야 할 근본적이고도 중대한 공익보다 결코 우월하다고 할 수 없다는 점에서, 이 사건 법률조항이 추구하는 공익의 비중이 위와 같은 기본권 제한의 정도와 합리적인 비례관계를 일탈하였다고 볼 수 없다.」

⇔ 재판관 3인(재판관 윤영철, 재판관 권성, 재판관 주선회)의 반대의견

「가. …… 이 사건 법률조항은 의료산업정책의 대원칙인 의료기관의 전문화 추구, 즉 의약 분업의 근본 틀을 강화하여 공공복지의 증진에 기여한다는 입법목적과는 무관한, 따라서 이러한 입법목적을 달성하기에 적정한 것으로 볼 수 없으며 세계적으로도 이와 같은 입법례는 찾아보기 어렵다.

나. 이 사건 법률조항은, 의료기관의 개설자인 학교법인이 의약품도매상을 직접 경영할 경우 의료기관에 대하여 독점적인 의약품 공급권을 가짐으로써 건전한 의약품유통질서를 문란하게 하는 불공정 거래행위의 원인이 되므로 이러한 불공정거래행위를 규제하려는 입법목적의 달성에 기여할 수 있을 것으로는 보인다. ……

이 사건 법률조항은 바로 이러한 불공정거래행위의 발생 가능성을 원천적으로 제거할 수 있다는 점에서는 그 의미를 가진다고 보여진다.

그렇지만, 이러한 입법목적의 달성에 기여하면서도 기본권을 보다 최소한으로 제한하는 입법 수단이 이미 존재하고 있다. ……

이러한 비교적 철저한 입법수단은, 의료기관개설자인 학교법인이 의약품도매상을 할 경우 예상되는 의약품 유통과정상의 불공정거래행위에 대한 충분한 규제수단으로 평가받기에 손색이 없다고 보인다.

다. 그렇다면, 이 사건 법률조항은 과잉금지의 원칙에 위배하여 의료기관을 개설한 학교법인의 직업선택의 자유를 과도하게 제한한 것이므로 위헌이라고 하지 아니할 수 없다.」

제 6 장 청구권적 기본권

1. 재판청구권

□ 의 의

▶ **개 념**

▸ 헌법이 보장한 재판을 받을 권리의 의미를 밝힌 판례

[憲 1995. 9. 28.-92헌가11등](특허법 제186조 제1항 등 위헌제청)

「헌법 제27조 제1항은 "모든 국민은 헌법과 법률이 정한 법관에 의하여 법률에 의한 재판을 받을 권리를 가진다"고 규정함으로써 모든 국민은 헌법과 법률이 정한 자격과 절차에 의하여 임명되고(헌법 제101조 제3항, 제104조, 법원조직법 제41조 내지 제43조), 물적 독립(헌법 제103조)과 인적 독립(헌법 제106조, 법원조직법 제46조)이 보장된 법관에 의하여 합헌적인 법률이 정한 내용과 절차에 따라 재판을 받을 권리를 보장하고 있다. 한편, 재판이라 함은 구체적 사건에 관하여 사실의 확정과 그에 대한 법률의 해석적용을 그 본질적인 내용으로 하는 일련의 과정이다.

따라서 법관에 의한 재판을 받을 권리를 보장한다고 함은 결국 법관이 사실을 확정하고 법률을 해석 · 적용하는 재판을 받을 권리를 보장한다는 뜻이고, 그와 같은 법관에 의한 사실확정과 법률의 해석적용의 기회에 접근하기 어렵도록 제약이나 장벽을 쌓아서는 아니된다고 할 것이며, 만일 그러한 보장이 제대로 이루어지지 아니한다면 헌법상 보장된 재판을 받을 권리의 본질적 내용을 침해하는 것으로서(당재판소 1992. 6. 26. 선고, 90헌바25 결정 참조) 우리 헌법상 허용되지 아니한다(헌법 제37조 제2항). 그런데 특허법 제186조 제1항은 특허청의 항고심판절차에 의한 항고심결 또는 보정각하결정에 대하여 불복이 있는 경우에도 법관에 의한 사실확정 및 법률적용의 기회를 주지 아니하고 단지 그 심결이나 결정이 법령에 위반된 것을 이유로 하는 경우에 한하여 곧바로 법률심인 대법원에 상고할 수 있도록 하고 있는바, 특허청의 심판절차에 의한 심결이나 보정각하결정은 특허청의 행정공무원에 의한 것으로서 이를 헌법과 법률이 정한 법관에 의한 재판이라고 볼 수 없다.

그렇다면 결국 특허법 제186조 제1항은 법관에 의한 사실확정 및 법률적용의 기회를 박탈한 것으로서 헌법상 국민에게 보장된 "법관에 의한" 재판을 받을 권리의 본질적 내용을 침해

하는 위헌규정이라 아니할 수 없다. 대법원은 특허청의 심결이나 결정의 채증법칙위배 등을 이유로 법령위반이라 하여 이를 파기할 수 있으나 이는 어디까지나 특허청의 사실확정을 전제로 하여 법률심으로서의 사후심사로서 관여하는 것이지 그 자신이 직접 계쟁사실에 관한 사실확정을 하는 것은 아니어서 이는 위에서 말한 법관에 의한 사실확정이라고 할 수 없다.」

※ 위 사건에서 다수의견은 헌법불합치의 주문을 내었으나, 재판관 1인(재판관 조승형)은 헌법불합치의 주문이 부당하므로 위헌의 결정을 하여야 한다는 취지의 반대의견(위헌)을 내었음

□ 법적 성격

▶ 재판청구권의 적극적 측면과 소극적 측면을 밝힌 판례

[憲 1998. 5. 28.-96헌바4](관세법 제38조 제3항 제2호 위헌소원)

「헌법 제27조 제1항은 "모든 국민은 헌법과 법률이 정한 법관에 의하여 법률에 의한 재판을 받을 권리를 가진다"라고 하여 법률에 의한 재판과 법관에 의한 재판을 받을 권리를 보장하고 있다. 재판청구권은 재판이라는 국가적 행위를 청구할 수 있는 적극적 측면과 헌법과 법률이 정한 법관이 아닌 자에 의한 재판이나 법률에 의하지 아니한 재판을 받지 아니하는 소극적 측면을 아울러 가지고 있다. 이렇게 볼 때 헌법 제27조 제1항은 법관에 의하지 아니하고는 민사·행정·선거·가사사건에 관한 재판은 물론 어떠한 처벌도 받지 아니할 권리를 보장한 것이라 해석된다.」

□ 내 용

▶ 「헌법과 법률이 정한 법관」에 의한 재판

▸ 「헌법과 법률이 정한 법관」에 의한 재판의 의미를 밝힌 판례

[憲 1992. 6. 26.-90헌바25](소액사건심판법 제3조에 대한 헌법소원)

「가. 먼저 이와 같은 소액사건심판법 제3조의 규정이 헌법 제27조 제1항에 위반된다는 주장에 관하여 본다. 헌법 제27조 제1항은 "모든 국민은 헌법과 법률이 정한 법관에 의하여 법률에 의한 재판을 받을 권리를 가진다"라고 규정하고 있다.

이 조항의 전단 부분인 "헌법과 법률이 정한 법관에 의하여" 재판을 받을 권리라 함은 생각건대 헌법과 법률이 정한 자격과 절차에 의하여 임명되고(헌법 제104조, 법원조직법 제41조 내지 제43조), 물적독립(헌법 제103조)과 인적독립(헌법 제106조, 법원조직법 제46조)이 보장된 법관에 의한 재판을 받을 권리를 의미하는 것이라 봄이 상당할 것이고, 대법원을 구성하는 법관에 의한 재판을 받을 권리이거나 더구나 사건의 경중을 가리지 않고 모든 사건에 대하여 대법원을 구성하는 법관에 의한 균등한 재판을 받을 권리라고는 보여지지 않는다. 나아가 후단의 "법률에 의한" 재판을 받을 권리라 함은 법관에 의한 재판은 받되 법대로의 재판 즉 절차법이 정한 절차에 따라 실체법이 정한 내용대로 재판을 받을 권리를 보장하자는 취지라고 할 것으로, 이는 재판에 있어서 법관이 법대로가 아닌 자와의 전단에 의하는 것을 배제한다는 것이지 여기에서 곧바로 상고심재판을 받을 권리가 발생한다고 보기는 어렵다고 할 것이다. 대저 재판이란 사실확정과 법률의 해석적용을 본질로 함에 비추어 법관에 의하여 사실적 측면과 법률적 측면의 한 차례의 심리검토의 기회는 적어도 보장되어야 할 것이며, 또 그와 같은 기회에 접근하기 어렵도록 제약이나 장벽을 쌓아서는 안 된다고 할 것으로, 만일 그러한 보장이 제대로 안되면 재판을 받을 권리의 본질적 침해의 문제가 생길 수 있다고 할 것이다. 그러나 모든 사건에 대해 똑 같이 세차례의 법률적 측면에서의 심사의 기회의 제공이 곧 헌법상의 재판을 받을 권리의 보장이라고는 할 수 없을 것이다.

국가에 따라서는 국민에게 상고심에서 재판을 받을 권리를 헌법상 명문화한 예도 있다. 그러나 그와 같은 명문규정이 없고 상고문제가 일반 법률에 맡겨진 것이 우리 법제라면 헌법 제27조에서 규정한 재판을 받을 권리에 모든 사건에 대해 상고법원의 구성법관에 의한, 상고심 절차에 의한 재판을 받을 권리까지도 포함된다고 단정할 수 없을 것이고, 모든 사건에 대해 획일적으로 상고할 수 있게 하느냐 않느냐는 특단의 사정이 없는 한 입법정책의 문제라고 할 것으로, 결국 재판을 받을 권리의 침해라는 논지는 받아들일 수 없다.」

⇔ 재판관 1인(재판관 변정수)의 반대의견

「소액사건심판법 제3조에서의 이러한 상고제한이 대법원의 역할과 기능확보, 신속한 분쟁의 해결과 과다한 소송비용의 부담을 막는 등의 소송경제적 이유 그리고 당사자의 신속한 권리구제에 기여한다는 목적을 가지고 있다고는 하나 이는 헌법에 합치되는 합리적인 제한으로 보기 어렵고, 그로 인하여 헌법 제27조 제1항에서 보장한 국민의 재판을 받을 권리가 현저히 침해되었다고 아니할 수 없다. 왜냐하면 동 규정에 의하여 하급법원의 판결이나 결정 등의 헌법과 법률위반 여부라고 하는 가장 일반적이고 중요한 법률심의 상고 및 재항고가 금지되어 있을 뿐만 아니라 …… 재판에 대한 국민의 신뢰를 크게 훼손한 경우로서 절대적 상고이유에 해당하는 사유마저도 상고이유에서 배제하고 있기 때문이다. 동규정이 상고 및 재항고를 허용하는 경우로서 들고 있는 "법률 · 명령 · 규칙 또는 처분의 헌법위반 여부와 명령 · 규칙 또는 처분의 법률위반 여부에 대한 판단이 부당한 때" 및 "대법원의 판례에 상반되는 판결을 한 때"의 두 가지 경우는 실제로 발생하기에는 매우 드문 극히 예외적인 경우이기 때문에 소액사건의 경우 대법원의 상고 및 재항고는 사실상 전면금지되어 있다고 해도 과언은 아니다. …… 소액사건이라는 이유로 명백한 법령위반이나 절대적 상고이유가 존재하는 경우에도 대법원에의 상고권을 배제시켜 승복을 강요한다는 것은 재판청구권의 본질적 내용을 침해하는 것이라고 아니할 수 없다(일반 서민에게 500만원이라는 돈은 결코 적은 돈이 아니다). 따라서 소액사건심판법 제3조는 …… 헌법 제37조 제2항에 위반하여 헌법 제27조 제1항에서 보장한 재판청구권을 침해한 것이다.」

▸ **행정심판은 어디까지나 법원에 의한 재판의 전심절차로서만 기능하여야 한다는 취지의 판례**
[憲 1995. 9. 28.-92헌가11등](특허법 제186조 제1항 등 위헌제청)

「헌법 제101조 제1항, 제2항은 "사법권은 법관으로 구성된 법원에 속한다. 법원은 최고법원인 대법원과 각급법원으로 조직된다"고 규정하고 있고 헌법 제107조 제3항 전문은 "재판의 전심절차로서 행정심판을 할 수 있다"고 규정하고 있다. 이는 우리 헌법이 국가권력의 남용을 방지하고 국민의 자유와 권리를 확보하기 위한 기본원리로서 채택한 3권분립주의의 구체적 표현으로서 일체의 법률적 쟁송을 심리 재판하는 작용인 사법작용은 헌법 그 자체에 의한 유보가 없는 한 오로지 대법원을 최고법원으로 하는(헌법 제101조 제2항) 법원만이 담당할 수 있고 또 행정심판은 어디까지나 법원에 의한 재판의 전심절차로서만 기능하여야 함을 의미한다.

그런데 특허청의 항고심판심결이나 결정은 그 판단주체로 보아 행정심판임이 분명하고 이러한 행정심판에 대하여는 법원에 의한 사실적 측면과 법률적 측면의 심사가 가능하여야만 비로소 특허사건에 대한 사법권 내지는 재판권이 법원에 속한다고 할 수 있을 것인바, 특허법 제186조 제1항이 이러한 행정심판에 대한 법원의 사실적 측면과 법률적 측면에 대한 심사를 배제하고 대법원으로 하여금 특허사건의 최종심 및 법률심으로서 단지 법률적 측면의 심사만을 할 수 있도록 하고 재판의 전심절차로서만 기능해야 할 특허청의 항고심판을 사실확정에 관한 한 사실상 최종심으로 기능하게 하고 있는 것은, 앞서 본 바와 같이 일체의 법률적 쟁송에 대한 재판기능을 대법원을 최고법원으로 하는 법원에 속하도록 규정하고 있는 헌법 제101조 제1항 및 제107조 제3항에 위반된다고 하지 아니할 수 없다.」

▸ 통고처분제도에 대하여 헌법 제27조 제1항에 위배되지 아니한다는 취지의 판례
[憲 1998. 5. 28.-96헌바4](관세법 제38조 제3항 제2호 위헌소원)
「통고처분이 행정쟁송의 대상이 될 수 없음은 통고처분의 이행 전에는 물론 통고처분의 이행 후에도 마찬가지이다. 통고처분을 이행한다는 것은 통고처분에 승복한다는 뜻이고 이는 결국 소송절차에 의하여 다투는 것을 포기한다는 의미라고 보아야 한다. ……

그렇다고 하여 통고처분에 대하여 불복할 수 있는 길이 전혀 없는 것은 아니다. 통고처분에 대하여 이의가 있으면 통고내용을 이행하지 않음으로써 고발되어(관세법 제232조) 형사재판절차에서 통고처분의 위법·부당함을 얼마든지 다툴 수 있다. …… 이와 같이 법관이 아닌 행정공무원에 의한 것이지만 처분을 받은 당사자의 임의의 승복을 발효요건으로 하고 불응시 정식재판의 절차가 보장되어 있으므로 통고처분에 대하여 행정쟁송을 배제하고 있는 이 사건 법률조항이 법관에 의한 재판받을 권리를 침해한다든가 적법절차의 원칙에 저촉된다고 볼 수 없다.」

▶ 「법률」에 의한 재판

▸ 헌법이 보장하는 재판청구권은 합헌적인 실체법과 절차법에 따라 행하여지는 재판을 받을 권리를 의미한다는 취지의 판례
[憲 1993. 7. 29.-90헌바35](반국가행위자의처벌에관한특별조치법 제5조 등 및 헌법재판소법 제41조 등에 대한 헌법소원)
※ 〈제5편 - 제3장 - 1. - 인신보호를 위한 헌법원리 - □ 적법절차의 원리〉 판례 인용부분 참조

▶ 「재 판」

▸ 제2심의 재판을 받을 권리를 기본권으로 이해하는 시각을 보인 판례
[憲 1992. 6. 26.-90헌바25](소액사건심판법 제3조에 대한 헌법소원)
※ 위 판례 인용부분 참조

▸ 대법원의 재판을 받을 권리에 대한 판례
[憲 1992. 6. 26.-90헌바25](소액사건심판법 제3조에 대한 헌법소원)
※ 위 판례 인용부분 참조

▶ 공정한 재판

▸ 공정한 재판을 받을 권리를 기본권이라고 본 판례

[憲 1996. 12. 26.-94헌바1](형사소송법 제221조의2 위헌소원)

「이 재판청구권은 재판절차를 규율하는 법률과 재판에서 적용될 실체적 법률이 모두 합헌적이어야 한다는 의미에서의 법률에 의한 재판을 받을 권리뿐만 아니라, 비밀재판을 배제하고 일반 국민의 감시하에서 심리와 판결을 받음으로써 공정한 재판을 받을 수 있는 권리를 포함하고 있다. 이 공정한 재판을 받을 권리 속에는 신속하고 공개된 법정의 법관의 면전에서 모든 증거자료가 조사·진술되고 이에 대하여 피고인이 공격·방어할 수 있는 기회가 보장되는 재판, 즉 원칙적으로 당사자주의와 구두변론주의가 보장되어 당사자가 공소사실에 대한 답변과 입증 및 반증하는 등 공격·방어권이 충분히 보장되는 재판을 받을 권리가 포함되어 있다(헌법재판소 1996. 1. 25. 선고, 95헌가5 결정 ; 1994. 4. 28. 선고, 93헌바26 결정 등 참조). 그렇다면 형사재판의 증거법칙과 관련하여서는 소극적 진실주의가 헌법적으로 보장되어 있다 할 것이다. 즉 형사피고인으로서는 형사소송절차에서 단순한 처벌대상이 아니라 절차를 형성·유지하는 절차의 당사자로서의 지위를 향유하며 형사소송절차에서는 검사에 대하여 "무기대등의 원칙"이 보장되는 절차를 향유할 헌법적 권리를 가진다 할 것이다. 그런데 헌법이 공정한 재판을 받을 권리의 구체적인 내용까지 모두 규정하고 있다고는 볼 수 없다. 헌법이 보장하는 공정한 재판절차를 어떠한 내용으로 구체화할 것인가의 문제는 우선적으로 입법자의 과제이기 때문이다. 다만 입법자는 형사소송절차를 규율함에 있어서 형사피고인인 국민을 단순한 처벌대상으로 전락시키는 결과를 초래하는 등 헌법적으로 포기할 수 없는 요소를 무시한 재판절차를 형성할 수 없다는 입법형성의 한계를 가진다 할 것이다. 따라서 형사소송에 관한 절차법에서 소극적 진실주의의 요구를 외면한 채 범인필벌의 요구만을 앞세워 합리성과 정당성을 갖추지 못한 방법이나 절차에 의한 증거수집과 증거조사를 허용하는 것은 적법절차의 원칙 및 공정한 재판을 받을 권리에 위배되는 것으로서 헌법상 용인될 수 없다.」

◎ **같은 취지** : 憲 2001. 8. 30.-99헌마496등

▸ 형사재판절차에서의 공정한 재판을 받을 권리에 대한 판례

[憲 1996. 1. 25.-95헌가5](반국가행위자의처벌에관한특별조치법 제2조 제1항 제2호 등 위헌제청)

「헌법은 제12조 제1항에서 "모든 국민은…… 법률과 적법절차에 의하지 아니하고는 처벌·보안처분 또는 강제노역을 받지 아니한다"고 규정하여 적법절차에 의한 형사처벌의 원칙을 선언하였다. 이 적법절차는 절차가 법률로 정하여지고 또 그 법률에 합치하여야 할 뿐만 아니라 적용되는 법률의 내용에 있어서도 합리성과 정당성을 갖춘 적정한 것이어야 하며, 특히 형사소송절차와 관련시켜 적용함에 있어서는 형벌권의 실행절차인 형사소송의 전반을 규율하는 기본원리로서 형사피고인인 국민의 기본권이 공권력에 의하여 침해당할 수 있는 가능성을 최소화하도록 절차를 형성·유지할 것을 요구하고 있다. 헌법은 또 제27조 제1항에서 "모든 국민은 헌법과 법률이 정한 법관에 의하여 법률에 의한 재판을 받을 권리를 가진다"라고 규정하여 재판청구권을 보장하고 있다. 이 재판청구권은 형사피고인의 공정한 재판을 받을 권리를 포함한다. 여기서 공정한 재판이란 헌법과 법률이 정한 자격이 있고, 헌법 제104조 내지 제106조에 정한 절차에 의하여 임명되고 신분이 보장되어 독립하여 심판하는 법관으로부터 헌법과 법률에 의하여 그 양심에 따라 위에서 본 적법절차에 의하여 이루어지는 재판을 의미한

다. 그 권리는 또한 재판절차를 규율하는 법률과 재판에서 적용될 실체적 법률이 모두 합헌적이어야 한다는 의미에서의 법률에 의한 재판을 받을 권리뿐만 아니라 재판의 공정을 보장하기 위하여 비밀재판을 배제하고 일반국민의 감시하에 재판의 심리와 판결을 받을 권리도 내용으로 하는바, 이로부터 공개된 법정의 법관의 면전에서 모든 증거자료가 조사 · 진술되고 이에 대하여 피고인이 공격 · 방어할 수 있는 기회를 보장받을 권리가, 즉 원칙적으로 당사자주의와 구두변론주의가 보장되어 당사자에게 공소사실에 대한 답변과 입증 및 반증의 기회가 부여되는 등 공격 · 방어권이 충분히 보장되는 재판을 받을 권리가 파생되어 나온다.」

※ 특조법 제8조가 친족의 행위로 인한 불이익 처우 금지에 위반되는지 여부에 대해서는 〈제5편 - 제3장 - 1. - 인신보호를 위한 헌법원리 - □ 친족의 행위로 인한 불이익 처우의 금지〉 판례 인용부분 참조

▶ 신속한 재판

▸ 헌법재판소가 신속한 재판을 받을 권리가 기본권임을 인정한 판례

[憲 1995. 11. 30.-92헌마44](소송기록송부지연 등에 대한 헌법소원)

※ 〈제5편 - 제3장 - 1. - 인신보호를 위한 헌법원리 - □ 정당한 재판을 받을 권리〉 판례 인용부분 참조

[憲 1997. 11. 27.-94헌마60](등사신청거부처분 취소)

※ 〈제5편 - 제3장 - 1. - 인신보호를 위한 헌법원리 - □ 변호인의 조력을 받을 권리〉 판례 인용부분 참조

▸ 신속한 재판을 받을 권리로부터 법률에 의한 구체적 형성 없이는 신속한 재판을 위한 어떤 직접적이고 구체적인 청구권이 발생하지 않는다고 본 판례

[憲 1999. 9. 16.-98헌마75](재판지연 위헌확인)

※ 〈제5편 - 제3장 - 1. - 인신보호를 위한 헌법원리 - □ 정당한 재판을 받을 권리〉 판례 인용부분 참조

▶ 공개재판

▸ 법원이 방청인의 수를 제한하는 조치를 취하는 것이 공개재판주의에 반하는 것이 아니라는 취지의 판례

[大 1990. 6. 8.-90도646](국가보안법위반)

「공판은 제한된 공간인 법정에서 이를 행하여야 하는 것이므로(법원조직법제56조 제1항, 형사소송법 제275조 제1항), 방청하기를 희망하는 국민 모두에게 무제한으로 방청을 허용할 수 없음은 너무도 당연하다.

따라서 법원이 법정의 규모. 질서의 유지. 심리의 원활한 진행 등을 고려하여 방청을 희망하는 피고인들의 가족. 친지 기타 일반국민에게 미리 방청권을 발행하게 하고 그 소지자에 한하여 방청을 허용하는 등의 방법으로 방청인의 수를 제한하는 조치를 취하는 것이 공개재판주의의 취지에 반하는 것은 아니므로, 이 점에 관한 논지도 이유가 없다.」

▶ 형사피해자의 재판절차진술권

▸ 형사피해자의 재판절차진술권의 의의 및 헌법 제27조 제5항의 법적 성격에 대한 판례

[憲 2003. 9. 25.-2002헌마533](형법 제9조 위헌확인 등)

「1) 헌법 제27조 제5항에서는 "형사피해자는 법률이 정하는 바에 의하여 당해 사건의 재판절차에서 진술할 수 있다"라고 규정하여 형사피해자의 재판절차진술권을 보장하고 있다. 이러한 형사피해자의 재판절차진술권은 범죄로 인한 피해자가 당해 사건의 재판절차에 증인으로 출석하여 자신이 입은 피해의 내용과 사건에 관하여 의견을 진술할 수 있는 권리를 말하는데, 이는 피해자 등에 의한 사인소추를 전면 배제하고 형사소추권을 검사에게 독점시키고 있는 현행 기소독점주의의 형사소송체계 아래에서 형사피해자로 하여금 당해 사건의 형사재판절차에 참여하여 증언하는 이외에 형사사건에 관한 의견진술을 할 수 있는 청문의 기회를 부여함으로써 형사사법의 절차적 적정성을 확보하기 위하여 이를 기본권으로 보장하는 것이다(헌재 1989. 4. 17. 선고, 88헌마3, 판례집 1, 31 참조).

2) 헌법 제27조 제5항이 정한 법률유보는 법률에 의한 기본권의 제한을 목적으로 하는 자유권적 기본권에 대한 법률유보의 경우와는 달리 기본권으로서의 재판절차진술권을 보장하고 있는 헌법규범의 의미와 내용을 법률로써 구체화하기 위한 이른바 기본권형성적 법률유보에 해당한다(헌재 1993. 3. 11. 92헌마48 판례집 5-1, 121, 130). 따라서 헌법이 보장하는 형사피해자의 재판절차진술권을 어떠한 내용으로 구체화할 것인가에 관하여는 입법자에게 입법형성의 자유가 부여되고 있으며, 다만 그것이 재량의 범위를 넘어 명백히 불합리한 경우에 비로소 위헌의 문제가 생길 수 있다.」

▸ 재판절차진술권의 주체가 되는 형사피해자는 형사실체법상의 보호법익을 기준으로 한 피해자의 개념에 한정되지 아니하고, 당해 범죄행위로 말미암아 법률상 불이익을 받게 된 자를 포함하는 넓은 의미라는 취지의 판례

[憲 1992. 2. 25.-90헌마91](불기소처분에 대한 헌법소원)

「검사의 불기소처분에 대하여 기소처분을 구하는 취지에서 헌법소원을 제기할 수 있는 자는 원칙적으로 헌법상 재판절차진술권(헌법 제27조 제5항)의 주체인 형사피해자에 한하는 것임은 당 재판소의 판례로 되어 있는 바이다(헌법재판소 1989. 12. 22. 선고, 89헌마145 결정 등). 그러나 여기서 말하는 형사피해자의 개념은 헌법이 형사피해자의 재판절차진술권을 독립된 기본권으로 인정한 취지에 비추어 넓게 해석할 것으로 반드시 형사실체법상의 보호법익을 기준으로 한 피해자 개념에 의존하여 결정하여야 할 필요는 없다. 다시 말하여 형사실체법상으로는 직접적인 보호법익의 주체로 해석되지 않는 자라 하여도 문제되는 범죄 때문에 법률상 불이익을 받게 되는 자라면 헌법상 형사피해자의 재판절차진술권의 주체가 될 수 있고 따라서 검사의 불기소처분에 대하여 헌법소원심판을 청구할 수 있는 청구인 적격을 가진다고 할 것이다.

그렇다면 위증죄가 직접적으로는 개인적 법익에 관한 범죄가 아니고 그 보호법익은 원칙적으로 국가의 심판작용의 공정이라 하여도 이에 불구하고 위증으로 인하여 불이익한 재판을 받게 되는 사건 당사자는 재판절차진술권의 주체인 형사피해자가 된다고 보아야 할 것이고 따라서 검사가 위증의 피의사실에 대하여 불기소처분을 하였다면 헌법소원을 제기할 수 있는 청구인 적격을 가진다고 할 것이므로(헌법재판소 1991. 11. 25. 선고, 91헌마61 결정 참조), 법무부장관의 위 주장은 결국 그 이유없다.」

◎ 같은 취지 : 憲 1993. 3. 11.-92헌마48

□ 제한과 그 한계

▶ 일반적 제한

▸ 재판청구권에 대하여 입법자에게 광범위한 입법형성권이 인정되는 한편, 그 입법형성권에도 한계가 있다는 취지의 판례

[憲 2002. 10. 31.-2001헌바40](도로교통법 제101조의3 위헌소원)

「헌법 제27조 제1항은 "모든 국민은 ……법률에 의한 재판을 받을 권리를 가진다"고 규정하여 법원이 법률에 기속된다는 당연한 법치국가적 원칙을 확인하고, "법률에 의한 재판, 즉 절차법이 정한 절차에 따라 실체법이 정한 내용대로 재판을 받을 권리"를 보장하고 있다(헌재 1992. 6. 26. 90헌바25, 판례집 4, 343, 349 ; 1993. 7. 29. 90헌바35, 판례집 5-2, 14, 31 참조). 이로써 위 헌법조항은 "원칙적으로 입법자에 의하여 형성된 현행 소송법의 범주 내에서 권리구제절차를 보장한다"는 것을 밝히고 있다. 재판청구권의 실현이 법원의 조직과 절차에 관한 입법에 의존하고 있기 때문에 입법자에 의한 재판청구권의 구체적 형성은 불가피하며, 따라서 입법자는 청구기간이나 제소기간과 같은 일정한 기간의 준수, 소송대리, 변호사 강제제도, 소송수수료 규정 등을 통하여 원칙적으로 소송법에 규정된 형식적 요건을 충족시켜야 비로소 법원에 제소할 수 있도록, 소송의 주체, 방식, 절차, 시기, 비용 등에 관하여 규율할 수 있다.

그러나 헌법 제27조 제1항은 권리구제절차에 관한 구체적 형성을 완전히 입법자의 형성권에 맡기지는 않는다. 입법자가 단지 법원에 제소할 수 있는 형식적인 권리나 이론적인 가능성만을 제공할 뿐 권리구제의 실효성이 보장되지 않는다면 권리구제절차의 개설은 사실상 무의미할 수 있다. 그러므로 재판청구권은 법적 분쟁의 해결을 가능하게 하는 적어도 한번의 권리구제절차가 개설될 것을 요청할 뿐 아니라 그를 넘어서 소송절차의 형성에 있어서 실효성 있는 권리보호를 제공하기 위하여 그에 필요한 절차적 요건을 갖출 것을 요청한다. 비록 재판절차가 국민에게 개설되어 있다 하더라도, 절차적 규정들에 의하여 법원에의 접근이 합리적인 이유로 정당화될 수 없는 방법으로 어렵게 된다면, 재판청구권은 사실상 형해화될 수 있으므로, 바로 여기에 입법형성권의 한계가 있다.」

▸ 소송비용과 재판청구권의 제한에 대한 판례

▹ 소송비용을 국민에게 부담하게 하는 것의 순기능에 대한 판례

[憲 1994. 2. 24.-93헌바10등](민사소송등인지법 제3조 위헌소원)

「근대의 법치국가는 원칙적으로 사인의 자력구제를 금지하면서 한편 사인의 권리보호와 사법질서를 유지하기 위하여 민사소송제도를 마련하여 사인간에서는 사권을 확정함으로써 개인의 권리보호와 의무준수를 보장하고, 국가적 측면에서는 사법질서를 유지할 수 있도록 사법부인 법원에 그 기능의 수행을 맡기고 있다. 그러한 기능을 수행하는 법원의 물적 시설 · 인건비는 되도록 국가가 부담하는 것이 마땅하지만, 그렇다고 하여 개개의 소송수행을 위하여 필요한 비용까지 모두 국가가 부담하여야만 한다는 것은 부당한 결과에 이른다. 왜냐 하면 그 비용을 모두 국가가 부담한다는 것은 결국 개별적인 소송비용까지 납세자 일반, 즉 국민 모두의 부담으로 돌아가는 것을 뜻하는 것으로서, 이는 개인의 소송제도를 이용함으로써만 소송제도와 관계를 맺게 되는 민사소송의 본질에서 보거나 국가재정의 측면에서 보아 적당하지 아니하기 때문이다. 즉, 개개의 소송수행을 위하여 쓰이는 비용은 원칙적으로 법원에 권리구제를 구하

는 당사자의 몫으로 하는 것이 형평에 맞고 법원의 재정조달을 위하여도 적정할 뿐만 아니라 이러한 해결책은 성공가능성이 없는 소송을 제기하는 것을 억지할 수 있어 남소에 따른 법원의 과중한 업무부담으로 말미암아 법원에 의한 권리구제의 효율성이 떨어지게 되는 것을 막을 수 있기도 하다.

따라서 민사소송 등의 인지대는 국가의 소송제도를 이용하고자 법원에 소송을 제기하는 자가 법원에 대하여 일정한 역무를 요구하면서 수익자부담으로서 국고에 납부하는 수수료의 성격을 가지는 한편 남소를 억지함으로써 법원기능의 효율성을 높이는 역할을 하는 것이다.」

▷ **입법자가 정한 소송비용의 범위가 과도하게 넓거나 인지액이 소송물가액 등에 비추어 지극히 다액인 경우 재판청구권을 침해하게 된다는 취지의 판례**

[憲 1996. 8. 29.-93헌바57](민사소송등인지법 제1조 등 위헌소원)

「국민의 권리구제를 위한 민사소송제도를 운영하면서 개개의 소송수행에 필요한 경비를 소송제도를 이용하는 당사자의 부담으로 하는 수익자부담의 원칙을 채택하고 형식적으로 법원의 문을 누구에게나 개방한다고 하더라도, 자력이 부족한 자에 대하여도 소송을 제기함에 있어서 지나치게 많은 인지를 첩부하도록 요구하고 인지를 붙이지 아니하는 경우 소장을 각하하도록 한다면, 그러한 규정은 그 비용을 지출할 자력이 부족한 자에 대하여는 제소의 기회를 형식상 보장하고 있을 뿐 실질적으로는 그 기회를 이용하기 심히 어렵게 되어 결국 자력이 부족한 당사자에게 불합리하게 소송에 의한 권리구제의 기회를 제한하는 문제가 발생할 뿐만 아니라, 소송을 제기하는 자 사이에 경제력에 따른 불합리한 차별을 가져옴으로써 헌법 제11조 제1항에 의하여 보장된 평등의 원칙에도 위반될 가능성이 농후한 것이다. ……

소송수수료 특히 인지대를 어떠한 형태로 어느 정도로 정할 것인가는 그 나라의 재판제도의 구조와 완비 정도, 인지제도의 연혁, 재판제도를 이용하는 국민의 법의식, 국가의 경제여건, 외국의 입법례 등 여러 가지 요소를 종합하여 고려하여야 하고, 그 규정방식이 지극히 불합리하거나 인지액이 소송물가액 등에 비추어 지극히 다액이어서 국민의 재판청구권을 침해할 정도에 이르지 아니하는 한, 입법자의 광범위한 재량영역에 속하는 것이다.」

[憲 2002. 4. 25.-2001헌바20](민사소송법 제99조의2 위헌소원)

「소송수행을 위하여 지출한 비용 중에서 어느 범위의 것을 소송비용으로 하여 패소한 당사자에게 부담시킬 것인가, 특히 변호사보수를 소송비용에 산입하여 패소한 당사자로부터 이를 상환받을 수 있게 할 것인지는 국가의 재정규모, 국민의 권리의식과 경제적 · 사회적 여건, 소송실무에 있어 변호사대리의 정도 및 변호사강제주의를 채택하였는지 여부 등을 고려하여 국민의 효율적인 권리보호와 소송제도의 적정하고 합리적인 운영이 가능하도록 입법자가 법률로 정할 성질의 것이다.

그러나 입법자가 정한 소송비용의 범위가 과도하게 넓다거나 비교적 고액인 변호사보수가 아무런 제한 없이 모두 소송비용에 산입된다면 패소한 당사자의 경우에 상환하여야 할 소송비용액이 과도하게 높게 되어 자신의 정당한 권리실행을 위하여 소송제도를 이용하려는 사람들도 패소할 경우에 부담하게 될 소송비용의 상환으로 인하여 소송제도의 이용을 꺼리게 될 위험이 있고, 특히 경제적인 능력이 부족한 사람들에게는 법원에의 접근을 사실상 어렵게 하여 결과적으로 헌법 제27조가 보장하는 재판청구권을 제한하게 된다.」

▸ 제소기간에 의한 제한과 명확성에 대한 판례

▹ 불변기간 명확화의 원칙에 반하여 위헌으로 판단한 사례

[憲 1993. 12. 23.-92헌가12](국세기본법 제68조 제1항 위헌제청)

「법률에 의하여 국민의 재판청구권을 제한할 수 있다고 하더라도, 그 법률은 그 권리를 제한하는 경우에 국민들이 나무랄 수 없는 법의 오해로 재판을 받을 권리를 상실하는 일이 없도록 알기 쉽고, 여러 가지 해석이 안 나오게끔 명확하게 규정되어야 한다. 특히 이 법 제68조 제1항은 위법한 과세처분에 대한 국민의 재판을 받을 권리의 행사에 직접 관련되는 불변기간에 관한 규정이기 때문에 더욱 그러하다. 즉, 제소기간과 같은 불변기간은 늘릴 수도 줄일 수도 없는 기간이며, 국민의 기본권의 하나인 재판을 받을 권리의 행사와 직접 관련되는 사항인 것이다. 그러므로 제소기간에 관한 규정을 일반국민들이 알아보기 쉽고 명확하게 규정하여야 한다는 요청은 그것이 바로 재판을 받을 권리의 기본권 행사에 있어서 예측 가능성의 보장일 뿐 아니라 재판을 받을 권리의 실질적인 존중이며 나아가 법치주의의 이상을 실현시키는 길이기도 한 것이다. ……

이 법 제68조 제1항 중 괄호부분은 일반인의 주의력으로는 쉽사리 정확하게 이해하기도 어렵거니와 중요한 규정을 괄호 내에 압축하여 불충실하고 불완전하게 규정함으로써 그 적용을 받은 국민으로 하여금 재판권 행사에 착오와 혼선을 일으키게 하였다. 즉, 60일이라는 짧은 제소기간인데도 그 기간계산에 있어서 착오가 생기기 쉽게 함은 입법의 신중성의 결여이고 조잡이라 하지 않을 수 없으며, 다단계의 행정심판절차를 거치게 하면서 이른바 기각간주 규정과 연계시켜야 비로소 심판청구의 청구기간을 정확하게 파악을 할 수 있게 한 것도 입법체제로서는 매우 드문 예이다. …… 이러한 의미에서 법 제68조 제1항 괄호규정 부분은 법치주의의 한 내용인 명확성의 원칙에 반할 뿐만 아니라 재판을 받을 권리의 파생인 불변기간 명확화의 원칙에도 반한다고 할 것이다. ……

헌법으로 확보된 기본권이 그 하위법규로 인하여 잃기 쉽게 된다면 이는 입법과정에서 국가의 기본권 보장의무의 현저한 소홀이라 할 것이므로 위 괄호규정은 헌법 제10조 후문에도 저촉된다고 하겠다.」

▹ 출소기간의 제한은 입법재량으로 허용되는 것이라는 취지의 판례

[憲 1996. 8. 29.-95헌가15](회사정리법 제149조 위헌제청)

「출소기간의 제한은 재판청구권에 대하여 직접적인 제한을 가하는 것이지만, 그 제한이 재판청구권의 본질적 내용을 침해하지 아니하는 한, 각 구체적 법률관계의 성질에 비추어 그 법률관계를 조속히 확정할 합리적인 필요가 인정되는 경우에는 헌법 제37조 제2항에 따라 상당한 범위 내에서 입법재량으로 허용되는 것이라 할 것이다. 즉 특별히 법률관계를 조속히 확정할 필요가 없음에도 그 권리의 행사 여부 및 시기를 실체적 권리자의 선택에 맡기지 아니하고 합리적 이유없이 출소기간을 설정하여 실체적 권리의 행사를 부당하게 제한하거나 법률관계의 조속한 확정의 필요가 인정되는 경우라도 그 출소기간을 지나치게 단기간으로 하여 출소하는 것이 사실상 불가능하거나 매우 어렵게 되는 등 출소기간이 현저히 불합리하여 '사실상 재판의 거부'라고 볼 수 있는 경우가 아닌한 출소기간의 제한은 입법재량으로 허용되는 것이라 할 것이다.」

▶ **예외적 제한**

▸ 군인 · 군무원에 대한 군사법원의 재판에 관한 판례

▹ 군사법원에 의한 재판이 정당한 재판을 받을 권리를 침해하는 것은 아니라는 취지의 판례

[憲 1996. 10. 31.-93헌바25](군사법원법 제6조 등 위헌소원)

「나. 군사법원의 지위와 헌법적 한계

(1) 그런데 헌법 제110조 제1항에서 "특별법원으로서 군사법원을 둘 수 있다"는 의미는 군사법원을 일반법원과 조직 권한 및 재판관의 자격을 달리하여 특별법원으로 설치할 수 있다는 뜻으로 해석되므로 법률로 군사법원을 설치함에 있어서 군사재판의 특수성을 고려하여 그 조직 권한 및 재판관의 자격을 일반법원과 달리 정하는 것은 헌법상 허용되고 있다.

(2) 그러나 아무리 군사법원의 조직 권한 및 재판관의 자격을 일반법원과 달리 정할 수 있다고 하여도 그것이 아무런 한계없이 입법자의 자의에 맡겨질 수는 없는 것이고 사법권의 독립 등 헌법의 근본원리에 위반되거나 헌법 제27조 제1항의 재판청구권, 헌법 제11조 제1항의 평등권, 헌법 제12조의 신체의 자유 등 기본권의 본질적 내용을 침해하여서는 안 될 헌법적 한계가 있다고 할 것이다.

다. 이 사건 법률조항들의 위헌 여부

…… 군사법원법 제6조가 일반법원과 따로 군사법원을 군부대 등에 설치하도록 하였다는 사유만으로 청구인이 주장하는 바와 같이 헌법이 허용한 특별법원으로서 군사법원의 한계를 일탈하여 사법권의 독립을 침해하고 위임입법의 한계를 일탈한 것이거나 헌법 제27조 제1항의 재판청구권, 헌법 제11조의 평등권을 본질적으로 침해한 것이라고 할 수 없고 또한 같은 법 제7조, 제23조, 제24조, 제25조가 일반법원의 조직이나 재판부구성 및 법관의 자격과 달리 군사법원에 관할관을 두고 군검찰관에 대한 임명, 지휘, 감독권을 가지고 있는 관할관이 군판사 및 심판관의 임명권 및 재판관의 지정권을 가지며 심판관은 일반장교중에서 임명할 수 있도록 규정하였다고 하여 바로 위 조항들 자체가 청구인이 주장하는 바와 같이 군사법원의 헌법적 한계를 일탈하여 사법권의 독립과 재판의 독립을 침해하고 죄형법정주의에 반하거나 인간의 존엄과 가치, 행복추구권, 평등권, 신체의 자유, 정당한 재판을 받을 권리 및 정신적 자유를 본질적으로 침해하는 것이라고 할 수 없다.」

▶ **제한의 한계**

▹ 재판청구권을 제한하는 경우에도 과잉금지원칙과 본질적 내용 침해금지의 원칙이 적용된다는 취지의 판례

[憲 1995. 9. 28.-92헌가11등](특허법 제186조 제1항 등 위헌제청)

※ 위 판례 인용부분 참조

[憲 2002. 2. 28.-2001헌가18](변호사법 제100조 제4항 등 위헌제청)

「헌법 제27조 제1항은 "모든 국민은 헌법과 법률이 정한 법관에 의하여 법률에 의한 재판을 받을 권리를 가진다"고 규정함으로써 모든 국민은 헌법과 법률이 정한 자격과 절차에 의하여 임명되고(헌법 제101조 제3항, 제104조, 법원조직법 제41조 내지 제43조), 물적독립(헌법 제103조)과 인적독립(헌법 제106조, 법원조직법 제46조)이 보장된 법관에 의하여 합헌적인 법률이 정한 내용과 절차에 따라 재판을 받을 권리를 보장하고 있다. 한편, 재판이라 함은 구체적 사건에 관하여 사실의 확정과 그에 대한 법률의 해석적용을 그 본질적인 내용으로 하는 일련의 과정이다.

따라서 법관에 의한 재판을 받을 권리를 보장한다고 함은 결국 법관이 사실을 확정하고 법률을 해석 · 적용하는 재판을 받을 권리를 보장한다는 뜻이고, 만일 그러한 보장이 제대로 이루어지지 아니한다면, 헌법상 보장된 재판을 받을 권리의 본질적 내용을 침해하는 것으로서 우리 헌법상 허용되지 아니한다.

그런데 이 사건 법률조항은 변호사에 대한 징계결정에 대하여 불복이 있는 경우에도 법관에 의한 사실확정 및 법률적용의 기회를 주지 아니하고, 단지 그 결정이 법령에 위반된 것을 이유로 하는 경우에 한하여 법률심인 대법원에 즉시항고할 수 있도록 하고 있는 바, 대한변호사협회변호사징계위원회나 법무부변호사징계위원회의 징계에 관한 결정은 비록 그 징계위원중 일부로 법관이 참여한다고 하더라도(변호사법 제74조 제1항, 제75조 제2항 참조) 이를 헌법과 법률이 정한 법관에 의한 재판이라고 볼 수 없다.

그렇다면 결국 이 사건 법률조항은 법관에 의한 사실확정 및 법률적용의 기회를 박탈한 것으로서 헌법상 국민에게 보장된 "법관에 의한" 재판을 받을 권리의 본질적 내용을 침해하는 위헌규정이다.」

2. 국가배상청구권

□ 의 의

▶ 개 념

▸ 국가배상청구권의 의미를 밝힌 판례

[憲 1997. 2. 20.-96헌바24](국가배상법 제 8 조 헌법소원)

「국가배상청구권이라 함은 공무원의 직무상 불법행위로 말미암아 재산 또는 재산 이외의 손해를 받은 국민이 국가 또는 공공단체에 대하여 그 손해를 배상하여 주도록 청구할 수 있는 권리를 말한다.

우리 헌법은 국가배상청구권에 관하여 제헌헌법 이래로 일관되게 이를 규정하여 국가배상책임주의를 선언하여 왔으며, 현행 헌법도 제29조 제 1 항에서 "공무원의 직무상 불법행위로 손해를 받은 국민은 법률이 정하는 바에 의하여 국가 또는 공공단체에 정당한 배상을 청구할 수 있다. 이 경우 공무원 자신의 책임은 면제되지 아니한다"고 규정하고 있다.

위와 같은 우리 헌법상의 국가배상청구권에 관한 규정은 단순한 재산권의 보장만을 의미하는 것은 아니고 국가배상청구권을 청구권적 기본권으로 보장하고 있는 것이다. 그리고 위 헌법규정에 따라 국가 또는 지방자치단체의 손해배상의 책임과 절차에 관한 국가배상법이 제정되었다.」

▶ 연 혁

▸ 공무원의 직무상 행위로 인한 피해가 있을 때 그 피해자가 군인인 경우에 손해배상청구권을 부인한 국가배상법의 규정에 대하여 위헌으로 판단한 대법원 판례

[大 1971. 6. 22.-70다1010](손해배상)

※ 〈제 5 편 - 제 2 장 - □ 제한과 그 한계〉 판례 인용부분 참조

□ 법적 성격

▶ 방침규정설과 직접효력규정설

▸ 국가배상청구권이 구체적인 권리이며, 청구권의 성격을 가졌음을 인정(소수의견은 재산권으로 봄)한 대법원 판례

[大 1971. 6. 22.-70다1010](손해배상)

※ 〈제 5 편 - 제 2 장 - □ 제한과 그 한계〉 판례 인용부분 참조

▶ 재산권설과 청구권설

▸ 국가배상청구권을 재산권으로 본 판례

[憲 1996. 6. 13.-94헌바20](헌법 제29조 제 2 항 등 위헌소원)

「심판대상조항부분이 향토예비군대원의 국가배상청구권을 인정하지 아니하는 것은 헌법 제29조 제 1 항에 의하여 국민일반에 대하여 원칙적으로 인정되는 국가배상청구권을 향토예비

군대원에 대하여는 예외적으로 이를 금지하는 것이고, 국가배상청구권은 그 요건에 해당하는 사유가 발생한 개별 향토예비군대원에게는 금전청구권으로서의 재산권임이 분명하므로, 심판대상조항부분은 결국 헌법 제23조 제1항에 의하여 향토예비군대원에게 보장되는 재산권을 제한하는 의미를 갖는다.」

▸ 국가배상청구권은 재산권 보장이라는 가치와 청구권의 보장이라는 양면적인 성격을 인정한 판례
[憲 1997. 2. 20.-96헌바24](국가배상법 제8조 헌법소원)
※ 위 판례 인용부분 참조

▶ 공권설과 사권설

▸ 국가배상청구권을 일반 민사상의 불법행위책임과 같은 사권으로 본 대법원 판례
[大 1972. 10. 10.-69다701](손해배상)
「공무원의 직무상 불법행위로 손해를 받은 국민이 국가 또는 공공단체에 배상을 청구하는 경우 국가 또는 공공단체에 대하여 그의 불법행위를 이유로 손해배상을 구함은 국가배상법이 정한바에 따른다 하여도 이 역시 민사상의 손해배상 책임을 특별법인 국가배상법이 정한데 불과하며 헌법 제26조 단서는 국가 또는 공공단체가 불법행위로 인한 손해배상책임을 지는 경우 공무원 자신의 책임은 면제되지 아니한다고 규정하여 공무원의 직무상 불법행위로 손해를 받은 국민이 공무원 자신에게 대하여도 직접 그의 불법행위를 이유로 손해배상을 청구할 수 있음을 규정하여 국가배상법의 공무원 자신의 책임에 관한 규정 여하를 기다릴 것 없이 공무원 자신이 불법행위를 이유로 민사상의 손해배상책임을 져야 할 법리임에도 불구하고 원 판결이 피고 울산시는 공공단체로서 불법행위로 인한 손해배상 책임이 있어도 직무를 행함에 당하여 불법행위를 한 피고 이○만, 이○호에게 대하여는 민사상의 손해배상을 청구할 수 있다는 취의의 판단을 하였음은 위 헌법 제26조 단서 규정을 오해한 위법이 있다 할 것이다.」

□ 주　　체

▶ 군인 · 군무원 등의 이중배상금지

▸ 위헌 문제에 대한 판례

▹ 국가배상법에서 향토예비군대원을 위 이중배상금지 대상에 포함시킨 것이 합헌이라는 취지의 판례
[憲 1996. 6. 13.-94헌바20](헌법 제29조 제2항 등 위헌소원)
「(가) 목적의 정당성
…… 심판대상조항부분은 앞서 본 바와 같이 고도의 위험성을 갖는 직무에 종사하는 향토예비군대원에 대하여 다른 법령의 규정에 의한 사회보장적 보상제도를 전제로 하여 이중 보상으로 인한 일반인들과의 불균형을 제거하고 국가재정의 지출을 절감하기 위하여 임무수행 중 상해를 입거나 사망한 개별향토예비군대원의 국가배상청구권을 금지하고자 하는 것으로서 그 목적의 정당성이 인정된다고 할 것이다.
(나) 수단의 상당성 및 침해의 최소성
…… 역동하는 국내외 정세와 남북간의 군사적 긴장관계 및 앞서 본 바와 같은 향토예비군의 임무가 갖는 고도의 위험성을 고려할 때 다수의 향토예비군대원이 임무의 수행 중 동시에

혹은 연속적으로 발생되는 사상사고 내지는 재난의 발생가능성은 모름지기 상존하고 있다고 할 것이므로, 비록 그간에 현실적으로 발생한 사상자의 수가 적다고 하더라도 심판대상조항부분은 위와 같이 예상되는 대형사고의 동시다발과 그로 인한 국가재정의 과중한 부담에 대응하기 위한 수단을 정한 것으로서 그 상당성이 인정된다고 보여진다.

…… 현실적으로 수령하는 연금 등의 합계액이 국가배상을 통하여 수령하게 될 배상금액에 비하여 적다고 하여 반드시 양자를 수치상으로만 비교하여 연금 등을 수령하는 것이 국가배상청구권을 행사하는 것보다 불리하다고 단정할 수 없고, 따라서 그러한 사정만으로 심판대상조항부분이 취한 수단이 비례의 원칙에 반한다거나 권리침해의 최소성을 결하였다고 볼 수는 없다. ……

(다) 법익의 균형성

심판대상조항은 헌법 제29조 제2항의 명시적인 위임에 따라 임무수행 중 사고를 당한 향토예비군대원에 대한 이중의 보상으로 인한 일반인들과의 불균형을 시정하고 국가재정의 지출부담을 절감한다는 공공의 이익을 보호하기 위하여 다른 법령의 규정에 의하여 재해보상금 등을 지급받을 수 있는 권리가 보장된 향토예비군대원의 개별적인 국가배상청구권의 행사를 금지하는 것이므로 그로 인하여 보호되는 법익과 침해되는 법익간에 입법자의 자의라고 할 정도의 불균형이 있다고 보여지지 아니한다.

(2) 그렇다면 심판대상조항부분은 기본권제한규정으로서 헌법상 요청되는 과잉금지의 원칙에 반한다고 볼 수 없고, 나아가 그 자체로서 평등의 원리에 반한다거나 향토예비군대원의 재산권의 본질적인 내용을 침해하는 위헌규정이라고 할 수도 없다.」

▷ 전투경찰순경에 대하여 경찰공무원에 해당된다고 하여 이중배상금지를 인정한 판례

[憲 1996. 6. 13.-94헌마118](헌법 제29조 제2항 등 위헌확인 등)

「국가배상법 제2조 제1항은 고도의 위험성을 지닌 직무에 종사하는 자에 대하여 사회보장적 위험부담으로서의 국가보상제도를 별도로 마련하고 다만 그것과 경합되기 쉬운 국가배상청구를 배제하려는 데 그 입법의 목적을 두고 있는 것이고, 전투경찰순경은 경찰청 산하의 전투경찰대에 소속되어 대간첩작전의 수행 및 치안업무의 보조를 그 임무로 하고 있어서 그 직무수행상의 위험성이 다른 경찰공무원의 경우보다 낮다고 할 수 없을 뿐만 아니라, 전투경찰대설치법 제4조가 경찰공무원법의 다수조항을 준용하고 있는 점 등에 비추어 보면(다만 경찰공무원법 제16조의 보훈규정은 준용에서 제외되어 있다. 그러나 별도로 전투경찰대설치법 제7조, 제8조에서 전사상급여금, 원호 및 가료에 관하여 규정한다), 국가배상법 제2조 제1항 단서 중의 '경찰공무원'은 '경찰공무원법상의 경찰공무원'만을 의미한다고 단정하기 어렵고, 널리 경찰업무에 내재된 고도의 위험성을 고려하여 '경찰조직의 구성원을 이루는 공무원'을 특별취급하려는 취지로 파악함이 상당하고, 따라서 전투경찰순경은 헌법 제29조 제2항 및 국가배상법 제2조 제1항 단서 중의 '경찰공무원'에 해당한다고 보아야 할 것이다.

결국 위 청구인들의 위 주장도 이유가 없어 이를 받아들이지 아니한다.」

▷ 공익근무요원의 경우 이중배상금지가 적용되는 「군인 등」에 해당하지 않는다는 취지의 판례

[大 1997. 3. 28.-97다4036](손해배상(자))

「국군조직법 제4조에 의하면 군인이라 함은 전시와 평시를 막론하고 군에 복무하는 자를 말하는 것으로, 공익근무요원은 병역법 제2조 제1항 제9호, 제5조 제1항의 규정에 의하면 국

가기관 또는 지방자치단체의 공익목적수행에 필요한 경비 · 감시 · 보호 또는 행정업무 등의 지원과 국제협력 또는 예술 · 체육의 육성을 위하여 소집되어 공익분야에 종사하는 사람으로서 보충역에 편입되어 있는 자이기 때문에, 소집되어 군에 복무하지 않는 한 군인이라고 말할 수 없다(군인사법 제2조 참조). 따라서 병역법 제75조 제2항이 공익근무요원으로 복무 중 순직한 사람의 유족에 대하여 국가유공자등예우및지원에관한법률에 따른 보상을 하도록 규정하고 있다고 하여도, 공익근무요원이 국가배상법 제2조 제1항 단서의 규정에 의하여 국가배상법상 손해배상청구가 제한되는 군인 · 군무원 · 경찰공무원 또는 향토예비군대원에 해당한다고 할 수 없다.」

▷ **경비교도대원의 경우에는 이중배상금지가 적용되는 「군인 등」에 해당하지 않는다는 취지의 판례**
[大 1998. 2. 10.-97다45914](손해배상(기))

「현역병으로 입영하여 소정의 군사교육을 마치고 병역법 제25조의 규정에 의하여 전임되어 교정시설경비교도대설치법(1997. 1. 13. 법률 제5291호로 개정되기 전의 것) 제3조에 의하여 경비교도로 임용된 자는, 군인의 신분을 상실하고 군인과는 다른 경비교도로서의 신분을 취득하게 되었다고 할 것이어서 국가배상법 제2조 제1항 단서가 정하는 군인 등에 해당하지 아니한다고 할 것이므로(당원 1991. 4. 26. 선고 90다15907 판결, 1993. 4. 9. 선고 92다43395 판결 등 참조), 같은 취지의 원심판결은 정당하고 이와 반대되는 취지의 논지는 이유가 없다.」

▶ **이중배상금지의 효력에 대한 판례**

▷ **종래 이중배상금지를 이유로 일반인에 의한 국가에 대한 구상권행사를 부인하였던 대법원 판례**
[大 1983. 6. 28.-83다카500](구상금)

「국가배상법 제2조 제1항 단서의 규정은 헌법 제28조 제2항에 근거를 둔 것으로서 군인 · 군무원등 위 법률규정에 열거된 자에 대하여 재해보상금 · 유족연금 · 상여연금등 별도의 보상제도가 마련되어 있는 경우에는 2중배상의 금지를 위하여 이들의 국가에 대한 국가배상법상 또는 민법상의 손해배상청구권을 배제한 규정이므로 이들이 직접 국가에 대하여 손해배상청구권을 행사할 수 없음은 물론 국가와 공동불법행위의 책임이 있는 자가 그 배상채무를 변제하였음을 이유로 국가에 대하여 구상권을 행사하는 것도 허용되지 않는다고 해석하는 것이 2중배상금지를 위한 입법의 취지에 부합한다고 할 것이다.」

▷ **그 후 헌법재판소가 군인 등의 이중배상금지규정은 국가의 불법행위책임 자체를 절대적으로 배제하는 규정이 아니라 피해자인 군인 등과 국가 사이에서만 국가배상청구권을 상대적으로 소멸시키는 규정으로 본 판례**
[憲 1994. 12. 29.-93헌바21](국가배상법 제2조 제1항 단서 위헌소원)

「일반국민이 직무집행 중인 군인과의 공동불법행위로 직무집행 중인 다른 군인에게 공상을 입힌 경우 그 일반국민은 피해군인이 법률로 정하는 보상을 지급받는 것과는 별도로 공동불법행위이론에 의하여 공동불법행위자인 군인의 부담부분을 포함한 전부의 손해를 배상할 책임을 지게 된다.

그런데 헌법 제29조 제2항을 피해군인 등에게 발생한 국가에 대한 손해배상청구권을 그 군인 등과 국가 사이에서만 상대적으로 소멸시키는 규정으로 해석한다면, 일반국민은 공동불법행위자인 군인의 부담부분에 관하여 국가에 대하여 구상권을 행사할 수 있게 된다. 이리하여 일반국민은 다른 공동불법행위로 인한 손해배상사건에서와 마찬가지로 자신의 부담부분에 한하여만 손해를 배상하고 국가도 공동불법행위자인 군인의 사용자로서의 책임을 부담하는 결과가 되어 형평의 원칙에 부합하게 된다. 이와 반대로 헌법 제29조 제2항을 국가의 불법행위책임 자체를 절대적으로 배제하는 규정으로 해석한다면, 이 사건과 같은 사안에서 일반국민은 공동불법행위자인 군인의 부담부분에 관하여 국가에 대하여 구상권을 행사할 수 없게 되고, 설사 공동불법행위자인 군인 개인에 대하여 구상권을 행사할 수 있다고 하더라도 그 군인 자신에게 변제할 자력이 없을 경우에는 일반국민은 현실적으로 구상을 받을 수 없게 된다. 그 결과 국가는 공동불법행위자인 군인의 사용자로서 그 군인의 불법행위로 인한 손해배상책임을 전혀 지지 아니하고 그 부담부분을 일반국민에게 전가시키거나 전가시키는 결과가 되어 형평의 원칙에 위배되고 아울러 법률에 근거 없이 일반국민에게 재산상의 의무를 부과하는 것으로 국민의 재산권을 침해하게 된다.

국가는 국민의 기본권을 보장할 의무가 있고, 헌법 제29조 제2항은 제1항에 의하여 보장되는 국가배상청구권을 헌법내재적으로 제한하는 규정이므로 그 적용범위에 대하여는 엄격하고도 제한적으로 해석하여야 할 것이다. 그러므로 헌법 제29조 제2항의 입법목적은, 피해자인 군인 등이 법률이 정하는 보상 외에 국가에 대하여 직접 손해배상청구권을 행사하지 못하게 하는 범위 내에서, 즉 일반국민에게 경제적 부담을 전가시키지 아니하는 범위 내에서 군인 등의 국가에 대한 손해배상청구권을 상대적으로 소멸시킴으로써 군인 등에 대한 이중배상을 금지하여 국가의 재정적 부담을 줄인다고 하는 의미로 제한하여 이해하여야 할 것이다.

그러므로 헌법 제29조 제2항은 이 사건의 쟁점이 되고 있는 사안에서와 같이 일반국민이 직무집행 중인 군인과 공동불법행위를 한 경우에는 일반국민의 국가에 대한 구상권의 행사를 허용하지 아니한다고 해석하여서는 아니될 것이다.

더욱이 이 사건과 같은 교통사고의 경우 위 승용차의 운전자는 위 오토바이의 승객이 누구인지 전혀 알 수 없는 상태에서 사고를 일으켰는데, 위 오토바이의 승객이 일반국민이면 국가가 구상책임을 지고, 군인 등이면 국가가 구상책임을 지지 아니한다고 한다면 위 승용차의 운전자는 우연한 사정에 의하여 그 손해배상의 부담부분이 크게 달라지게 되어 법적 안정성을 해하게 된다.

나. 이 사건 심판대상 부분의 위헌 여부에 대하여

…… 그런데 법원은 이 사건 심판대상 부분을 근거로 일반국민의 국가에 대한 구상권의 행사를 허용하지 아니한다고 해석하고 있으므로 그와 같이 해석하는 경우 이 사건 심판대상 부분이 헌법에 위반되는지 여부를 살펴보기로 한다.

…… 이 사건 심판대상 부분에 의하여 이 사건의 쟁점이 되고 있는 사안에서 일반국민이 공동불법행위자인 군인의 부담부분에 관하여 국가에 대하여 구상권을 행사할 수 없다고 해석한다면, 이는 이 사건 심판대상 부분의 헌법상 근거규정인 헌법 제29조가 구상권의 행사를 배제하지 아니하는데도 이를 배제하는 것으로 해석하는 것으로서 합리적인 이유 없이 일반국민을 국가에 대하여 지나치게 차별하는 경우에 해당하므로 헌법 제11조, 제29조에 위반된다. 또한 …… 비례의 원칙에 위배하여 일반국민의 재산권을 과잉 제한하는 경우에 해당하여 헌법 제23조 제1항 및 제37조 제2항에도 위반된다고 할 것이다.」

▷ **위 헌법재판소 판례 이후 대법원이 종래의 견해를 변경하여 민간인이 공동불법행위자로서 부담하는 책임은 공동불법행위의 일반적인 경우와 달리 귀책비율에 따른 부분으로 한정된다고 보면서, 그 이상의 부담에 대해서는 구상을 청구할 수 없다는 취지의 판례**

[大 2001. 2. 15.-96다42420](구상금)

「이러한 입법 취지를 관철하기 위하여는, 국가배상법 제2조 제1항 단서가 적용되는 공무원의 직무상 불법행위로 인하여 직무집행과 관련하여 피해를 입은 군인 등에 대하여 위 불법행위에 관련된 일반국민(법인을 포함한다. 이하 '민간인'이라 한다)이 공동불법행위책임, 사용자책임, 자동차운행자책임 등에 의하여 그 손해를 자신의 귀책부분을 넘어서 배상한 경우에도, 국가 등은 피해 군인 등에 대한 국가배상책임을 면할 뿐만 아니라 나아가 민간인에 대한 국가의 귀책비율에 따른 구상의무도 부담하지 않는다고 하여야 할 것이다.

이를 허용하면, 이러한 우회적인 경로를 통하여 군인 등의 국가 등에 대한 손해배상청구를 배제한 헌법적 결단의 취지가 몰각될 것이기 때문이다.

그러나 한편 위와 같은 경우 …… 민간인으로서는 자신이 손해발생에 기여한 귀책부분을 넘는 손해까지 종국적으로 부담하는 불이익을 받게 될 것이고, …… 이는 위 헌법과 국가배상법의 규정에 의하여도 정당화될 수 없다고 할 것이다.

이러한 부당한 결과를 방지하면서 위 헌법 및 국가배상법 규정의 입법 취지를 관철하기 위하여는, …… 공동불법행위자 등이 부진정연대채무자로서 각자 피해자의 손해 전부를 배상할 의무를 부담하는 공동불법행위의 일반적인 경우와 달리 예외적으로 민간인은 피해 군인 등에 대하여 그 손해 중 국가 등이 민간인에 대한 구상의무를 부담한다면 그 내부적인 관계에서 부담하여야 할 부분을 제외한 나머지 자신의 부담부분에 한하여 손해배상의무를 부담하고, 한편 국가 등에 대하여는 그 귀책부분의 구상을 청구할 수 없다고 해석함이 상당하다 할 것이고, 이러한 해석이 손해의 공평·타당한 부담을 그 지도원리로 하는 손해배상제도의 이상에도 맞는다 할 것이다.

이에 이와 달리 국가배상법 제2조 제1항 단서에 해당하는 사건의 공동불법행위자로 된 민간인도 피해 군인 등에 대한 부진정연대채무자로서 그 손해 전부를 배상할 의무가 있다고 한 취지의 종전의 당원 판결은 이 판결의 견해에 배치되는 범위 내에서 이를 변경하기로 한다.」

⇔ 대법관 1인(대법관 이용우)의 반대의견

「위 헌법과 국가배상법의 규정에 의하여 민간인이 국가 등에 대하여 그 사이의 실질관계에 따라 구상하는 것까지 배제된다고 해석할 것은 아니고, 이와 같은 구상관계는 피해자에 대한 배상의무를 전제로 하는 것이 아니라 피해자의 손해발생에 대한 책임이라는 실질관계에 근거하여 인정되는 것이므로 위 규정들이 민간인의 국가 등에 대한 구상권을 인정하는데 장애가 될 수 없다고 보아야 한다.」

⇒ 대법관 1인(대법관 윤재식)의 보충의견

「다수의견은, 이 사건에서 공동불법행위자의 책임에 관하여 일부 학설과 같이 특별한 규정이 없는 한 공동불법행위자도 각자의 귀책비율에 상응한 손해배상의무만을 부담하는 것이 원칙이라는 전제하에 입론한 것이 아니라, 피해자를 두텁게 보호하기 위하여 그 동안 우리의 지배적 학설과 판례가 취하여 온, 공동불법행위자는 각자 손해 전부에 대한 배상의무를 부담한다는 원칙은 여전히 타당하다고 보지만 민간인이 국가에 대하여 구상권을 행사할 수 없다고 봄으로 인하여 민간인이 부당한 손해를 입을 수 있는 위험을 방지하기 위하여 앞에서 본 바와 같은 특별한 사정을 기초로 예외적으로 공동불법행위자인 민간인의 손해배상의무를 제한하려는 것이므로, 처음부터 독자적 일반론으로 구성될 수 있는 성질의 것은 아니라고 할 것이어서 이 사건에서 공동불법행위자의 손해배상의무의 제한에 관한 일반론의 제시가 전제되어야 한다는 반대의견의 지적은 부적당한 것으로 보인다.」

□ 내 용

▶ 국가배상청구권의 성립요건

▸ 성립요건 중 「공무원」에 대한 판례

▹ 국가공무원법이나 지방공무원법상의 공무원뿐만 아니라 널리 실질적으로 공무에 종사하는 자도 포함한다는 취지의 판례

[大 1970. 11. 24.-70다2253](손해배상)

「국가배상법 제2조에서 말하는 공무원법 또는 지방공무원법에서 말하는 공무원의 신분을 가진 자에 한하지 않고 널리 공무를 위탁받아 실질적으로 공무에 종사하고 있는 자도 포함된다고 할 것인 바, 원심판결이유에 의하면 원심은 소외 이원우는 육군 병기기계공작창 내규에 의하여 채용되어 군무수행을 위하여 채용되었으며 그는 소속부대 차량의 운전업무에 종사하였고 일정한 급료를 지급받았다는 사실과 같은 소외인의 과실로 인하여 원고들의 피상속인 망 신○화를 사망케 하였다는 사실을 적법히 확정한 바이므로 원심이 피고에게 국가배상법상의 손해배상의무가 있다고 설시한 판단이유는 정당하고 반대의 논지는 이유없다.」

▹ 소집중인 향토예비군을 국가배상법 제2조의 공무원에 해당한다고 본 판례

[大 1970. 5. 26.-70다471](손해배상)

「국가배상법 제2조에서 말하는 공무원이라 함은 국가공무원법이나 지방공무원법에서 말하는 공무원의 신분을 가진 자에 한하지 아니하고, 향토예비군과 같이 공무를 위탁받아 이것에 종사하고 있는 자도 포함한다고 보는 것이 상당하다. 향토예비군에 관한 관계법령을 살펴보면, 향토예비군은 무장공비 등의 침투가 있는 지역 안에서 이것을 소멸하기 위한 임무를 수행시키기 위한 것으로서 예비역장병 등으로 조직되고 필요한 무장을 하게 되어 있다. 그리고 그 가입은 의무적이고, 국방부장관의 동원명령에 불응하면 형사제재까지 받게되어 있고, 국가는 향토예비군이 그 임무수행중에 주민에게 입힌 재산상손해에 대하여는 정당한 보상을 하게 되어 있으며, 향토예비군이 그 직무수행 중에 부상을 입었거나 또는 사망하였을 경우에는 국가로부터 보상금의 지급을 받을 수 있게 되어 있다. 또 국방부장관의 예비군동원은 병역법상의 방위소집으로 본다라 하였다. 이러한 점에서 향토예비군도 그 동원기간 중에는 국가배상법 제2조 소정의 공무원 중에 포함된다고 보는 것이 상당할 것이다.」

▹ 시청소차의 운전수를 국가배상법 제2조의 공무원에 해당한다고 본 판례

[大 1980. 9. 24.-80다1051](손해배상)

「원고의 주장에 의하면 피고 박○규는 원고 산하 관악구청 소속청소차량 운전원으로 지방잡급직원 규정에 따른 단순 노무제공만을 행하는 기능직 잡급직원이라 함으로 이는 지방공무원법 제2조 제1항 제7호에 규정된 단순한 노무에 종사하는 별정직 공무원임이 분명하며, 원고 산하 구청관내의 청소를 목적으로 차량을 운행하는 것은 공권력의 행사라 할 것이다(당원 1971. 4. 6 선고 70다2955 판결 참조). 그러므로 원심판결이 피고 박○규가 원고시의업무인 청소작

업을 하기 위하여 원고 소유 청소차량을 운행하다가 본건 사고를 일으킨 것을 국가배상법 제2조 소정의 공무원의 직무수행상의 행위라고 단정하였음은 정당하고, 거기에 소론과 같은 공무원에 관한 법리오해 있다고 할수 없으니 이점에 관한 소론은 채택할 수 없다.」

▷ 집행관을 국가배상법 제2조의 공무원에 해당한다고 본 판례
[大 1966. 7. 26.-66다854](손해배상)
「법원조직법 제47조에 의하면 "지방법원 및 동 지원에 집달리를 둔다. 집달리는 법령의 정하는바에 의하여 소속지방법원장(형사지방법원장을 제외한다)이 임면한다"고 규정하며, 같은법 제48조 제1항에 의하면 "집달리는 법률의 정하는바에 의하여 재판의 집행, 서류의 송달 기타 법령에 의한 사무에 종사한다"고 규정하고 집달리법 제2조도 같은 취지를 규정하고 있으므로 위 규정을 종합하면 집달리가 재판의 집행, 서류의 송달 기타 법령에 의한 사무에 종사하는 실질적 의미에 있어서의 국가공무원에 속한다 할 것인바, …… 피고의 강제집행 기관이요, 실질적 국가공무원인 집달리가 그 직무를 행함에 당하여 고의 또는 과실에 의하여 원고에게 손해를 가한것으로서 국가가 피해자에게 손해배상 의무를 부담할 것임은 헌법 제26조, 국가배상법 제2조의 법의에 비추어 명백하다.」

▷ 통장을 국가배상법 제2조의 공무원에 해당한다고 본 판례
[大 1991. 7. 9.-91다5570](손해배상(기))
「국가배상법 제2조 소정의 '공무원'이라 함은 국가공무원법이나 지방공무원법에 의하여 공무원으로서의 신분을 가진 자에 국한하지 않고, 널리 공무를위탁받아 실질적으로 공무에 종사하고 있는 일체의 자를 가리키는 것이라고 봄이 상당한 바(당원 1970. 11. 24. 선고 70다2253 판결 참조), 서울특별시 종로구 통·반설치 조례 제4조, 제6조 등에 의하면, 통장은 동장의 추천에 의하여 구청장이 위촉하고, 동장의 감독을 받아 주민의 거주, 이동상황 파악 등의 임무를 수행하도록 규정되어 있고, 주민등록법 제14조와 같은 법 시행령 제7조의2 등에 의하면, 주민등록 전입신고를 하여야 할 신고의무자가 전입신고를 할 경우에는 신고서에 관할이장(시에 있어서는 통장)의 확인인을 받아 제출하도록 규정되어 있는 점 등에 비추어 보면, 통장이 전입신고서에 확인인을 찍는 행위는 공무를 위탁받아 실질적으로 공무를 수행하는 것이라고 보아야 할 것이므로, 원심이 이와 견해를 같이하여 위 이○선을 국가배상법 제2조 소정의 공무원으로 본 판단은 정당한 것으로 수긍이 되고, 원심판결에 소론과 같이 통장의 직무에 관한 법리를 오해한 위법이나 이유를 제대로 갖추지 못한 위법이 있다고 볼 수 없다.」

▷ 국가의 배상책임이 발생하는 이상 공무원이 특정되어야 할 필요는 없다는 취지의 판례
[大 1994. 11. 10.-95다23897](손해배상(기))
「원심이 그 판시사실을 인정한 다음, 피고 소속의 전투경찰들은 시위진압을 함에 있어서 합리적이고 상당하다고 인정되는 정도로 가능한 한 최루탄의 사용을 억제하고 또한 최대한 안전하고 평화로운 방법으로 시위진압을 하여 그 시위진압 과정에서 타인의 생명과 신체에 위해를 가하는 사태가 발생하지 아니하도록 하여야 하는 데도 이를 게을리 한 채 합리적이고 상당하다고 인정되는 정도를 넘어 지나치게 과도한 방법으로 시위진압을 한 잘못으로 소외 망 김○정으로 하여금 사망에 이르게 하였다 할 것이므로 피고는 그 소속 공무원인 전투경찰들의 직무집행상의 과실로 발생한 이 사건 사고로 인하여 소외 망 김○정 및 그 가족들인

원고들이 입은 손해를 배상할 책임이 있다고 판단하였음은 옳고, 거기에 소론과 같은 채증법칙위배로 인한 사실오인이나 경찰의 시위진압권한에 관한 법리오해 등의 위법이 있다고 할 수 없다.」

▸ 성립요건 중 「직무상 행위」에 대한 판례

▹ 직무의 범위를 행정작용 중 권력작용과 관리작용에 한정해서만 국가배상을 인정한 판례

[大 1999. 6. 22.-99다7008](손해배상(자))

「국가 또는 지방자치단체라 할지라도 공권력의 행사가 아니고 단순한 사경제의 주체로 활동하였을 경우에는 그 손해배상책임에 국가배상법이 적용될 수 없고 민법상의 사용자책임 등이 인정되는 것이고 국가의 철도운행사업은 국가가 공권력의 행사로서 하는 것이 아니고 사경제적 작용이라 할 것이므로, 이로 인한 사고에 공무원이 간여하였다고 하더라도 국가배상법을 적용할 것이 아니고 일반 민법의 규정에 따라야 하므로, 국가배상법상의 배상전치절차를 거칠 필요가 없으나(대법원 1997. 7. 22. 선고 95다6991 판결, 1970. 7. 28. 선고 70다961 판결 등 참조), 공공의 영조물인 철도시설물의 설치 또는 관리의 하자로 인한 불법행위를 원인으로 하여 국가에 대하여 손해배상청구를 하는 경우에는 국가배상법이 적용되므로 배상전치절차를 거쳐야 한다.」

▹ 직무관련성을 외형설에 입각하여 판단한 판례

[大 1966. 6. 28.-66다781](손해배상 등)

「국가배상법 제2조 제1항에서 말하는 "직무를 행함에 당하여"라는 취지는, 공무원의 행위의 외관을 객관적으로 관찰하여, 공무원의 직무행위로 보여질 때에는, 비록 그것이 실질적으로 직무행위이거나 아니거나, 또는 행위자의 주관적 의사에 관계없이 그 행위는 공무원의 직무집행행위로 볼 것이요, 이러한 행위가 실질적으로 공무집행행위가 아니라는 사정을 피해자가 알았다 하더라도, 그것을 국가 배상법 제2조 제1항에서 말하는 "직무를 행함에 당하여"라고 단정하는데, 아무러한 영향을 미치는 것은 아니다(대법원 1966. 3. 22. 선고, 66다117 판결 참조).」

▸ 영조물의 설치 · 관리상의 하자에 대한 판례

▹ 영조물의 설치 · 관리상 하자에 대한 책임이 무과실책임이라고 본 판례

[大 1994. 11. 22.-94다32924](손해배상(기))

「국가배상법 제5조 소정의 영조물의 설치, 관리상의 하자라 함은 영조물의 설치 및 관리에 불완전한 점이 있어 이 때문에 영조물 자체가 통상 갖추어야 할 안전성을 갖추지 못한 상태에 있는 것을 말하는 것이고(당원 1967. 2. 21. 선고, 66다1723 판결, 1992. 10. 27. 선고, 92다21050 판결 등 참조), 원심이 인정한 바와 같이 도로지하에 매설되어 있는 상수도관에 균열이 생겨 그 틈으로 새어 나온 물이 도로 위까지 유출되어 노면이 결빙되었다면 도로로서의 안전성에 결함이 있는 상태로서 설치, 관리상의 하자가 있다고 할 것이다.

또한 위 사실관계에 비추어 이 사건 사고를 불가항력으로 인한 것이라고 할 수도 없으며, 또 국가배상법 제5조 소정의 영조물의 설치, 관리상의 하자로 인한 책임은 무과실책임이고, 나아가 민법 제758조 소정의 공작물의 점유자의 책임과는 달리 면책사유도 규정되어 있지 않으므로 국가 또는 지방자치단체는 영조물의 설치, 관리상의 하자로 인하여 타인에게 손해를 가한 경우에 그 손해의 방지에 필요한 주의를 해태하지 아니하였다 하여 면책을 주장할 수도

없다 할 것이다.

따라서 원심이 피고의 이 사건 상수도관에 대한 설치, 관리상의 과실이 없다는 주장을 손해의 방지에 필요한 주의를 해태하지 아니하였다는 면책사유에 관한 항변으로 취급하여 나아가 판단한 것은 오히려 적절하지 아니하나, 이 사건 사고가 불가항력으로 인한 것이 아니라는 판단결과에는 영향이 없으며, 따라서 피고에게 과실이 없으므로 면책사유가 인정되어야 한다는 상고논지는 이유없다.」

▶ 국가배상청구권 행사의 절차적 요건

▸ **배상심의위원회 배상결정 전치주의가 헌법에 위반되지 않는다는 취지의 판례**

[憲 2000. 2. 24.-99헌바17등](국가배상법 제9조 위헌소원)

「배상신청인으로서는 그가 원하지 않더라도 법원의 본안판결을 받기 위해서는 반드시 배상신청을 하여야 하므로 이를 위해 어느 정도의 수고와 시간을 투자하여야 하는 것이지만, 배상결정을 전치요건으로 하는 것이 법관에 의한 재판을 받을 기회의 접근에 장애가 된다거나, 그로 인하여 재판을 받는 것 자체가 지연됨으로써 재판청구권의 본질적 내용을 침해한다고는 볼 수 없다.

이 사건 법률조항의 입법목적은, 국가가 그의 배상책임이 있다고 인정하는 경우에는 법원의 판결을 기다릴 것 없이 스스로 배상금을 지급함으로써 국민과의 사이에 일어날 수 있는 법률상의 분쟁을 미리 원만히 해결하도록 하고 국가배상법에 의한 손해배상청구에 관한 시간, 노력, 비용의 절감을 도모하여 배상사무의 원활을 기하며 피해자로서도 신속하고 간편한 절차에 의하여 배상금을 지급받을 수 있도록 하는 한편, 국고손실을 절감하도록 하기 위한 것인데, 이 사건 법률조항에 의하여 달성되는 이러한 공익과 배상절차의 합리성 및 적정성의 정도, 그리고 한편으로는 배상신청을 하는 국민이 치루어야 하는 수고나 시간의 소모를 비교하여 볼 때, 이 사건 법률조항이 헌법 제37조의 기본권제한의 한계에 관한 규정을 위배하여 국민의 재판청구권을 침해하는 정도에는 이르지 않는다고 판단된다.

(2) 헌법 제101조 제1항은 "사법권은 법관으로 구성된 법원에 속한다"고 규정하고 있고 헌법 제107조 제3항 제1문은 "재판의 전심절차로서 행정심판을 할 수 있다"고 규정하고 있다. …… 이와 같은 배상결정의 효력에 초점을 맞추어 보면 배상심의 및 배상결정의 성격을 사법작용이라고는 할 수 없고, 행정심판과도 다르다. 배상심의회가 법무부장관의 지휘를 받는 등(국가배상법 제10조 제3항) 결정주체의 제3자성이나 독립성이 부족한 점에서 일반적인 민사분쟁조정제도와는 차이가 있지만 결정의 효력에 있어서는 이와 유사하므로 배상결정제도는 민사분쟁조정제도에 가까운 일종의 소송외 분쟁해결제도라고 말할 수 있다. 또, 배상결정이 법에 의한 배상사건에 대한 법원의 재판을 배제하는 것이 아니라는 것은 앞에서 본 바와 같다. 그렇다면, 이 사건 법률조항이 사법국가주의를 표명하고 있는 헌법 제101조 제1항에 위배된다고는 볼 수 없다.」

▶ 배상의 주체와 배상범위

▸ **배상의 주체에 대한 판례**

▹ **배상의 주체에 대하여 절충설의 입장을 취한 판례**

[大 1996. 2. 15.-95다38677](손해배상(자))

「헌법 제29조 제1항 단서는 공무원이 한 직무상 불법행위로 인하여 국가 등이 배상책임을 진다고 할지라도 그 때문에 공무원 자신의 민 · 형사책임이나 징계책임이 면제되지 아니한다는 원칙을 규정한 것이나 그 조항 자체로 공무원 개인의 구체적인 손해배상책임의 범위까지 규정한 것으로 보기는 어렵다. ……

이렇게 보면 공무원 개인의 책임 범위를 정하는 문제는 피해자 구제뿐만 아니라 공무원의 위법행위에 대한 억제, 안정된 공무 수행의 보장, 재정 안정등 서로 상충되는 다양한 가치들을 조정하기 위하여 국가배상법상 어떠한 법적장치를 마련할 것인가 하는 입법정책의 문제라고 할 것이다.

그러나 이 점에 관하여 국가배상법에 직접적으로 규정한 조항은 없고, …… 민사상사용자책임에 있어서 사용자의 피용자에 대한 구상권을 규정한 민법 제756조 제3항이 피용자의 귀책사유의 정도(고의 · 중과실 또는 경과실의 구분)에 관계없이 구상권을 인정하고 있는 것과는 달리 직무상 불법행위를 한 공무원에게 고의 · 중과실이 있는 경우에 한하여 국가 등의 공무원에 대한 구상권을 인정하고 경과실의 경우에는 구상권을 인정하지 아니하고 있으며, 한편으로 국가배상법은 민법상의 사용자책임을 규정한 민법 제756조 제1항단서에서 사용자가 피용자의 선임감독에 무과실인 경우에는 면책되도록 규정한 것과는 달리 이러한 면책규정을 두지 아니함으로써 국가배상책임이 용이하게 인정되도록 하고 있다.

위와 같은 국가배상법의 입법취지는 공무원의 직무상 위법행위로 타인에게 손해를 끼친 경우에는 변제자력이 충분한 국가 등에게 선임감독상 과실 여부에 불구하고 손해배상책임을 부담시켜 국민의 재산권을 보장하되, 공무원이 직무를 수행함에 있어 경과실로 타인에게 손해를 입힌 경우에는 그 직무수행상 통상 예기할 수 있는 흠이 있는 것에 불과하므로 이러한 공무원의 행위는 여전히 국가 등의 기관의 행위로 보아 그로 인하여 발생한 손해에 대한 배상책임도 전적으로 국가 등에만 귀속시키고 공무원 개인에게는 그로 인한 책임을 부담시키지 아니하여 공무원의 공무집행의 안정성을 확보하고, 반면에 공무원의 위법행위가 고의 · 중과실에 기한 경우에는 비록 그 행위가 그의 직무와 관련된 것이라고 하더라도 위와 같은 행위는 그 본질에 있어서 기관행위로서의 품격을 상실하여 국가 등에게 그 책임을 귀속시킬 수 없으므로 공무원 개인에게 불법행위로 인한 손해배상책임을 부담시키되, 다만 이러한 경우에도 그 행위의 외관을 객관적으로 관찰하여 공무원의 직무집행으로 보여질 때에는 피해자인 국민을 두텁게 보호하기 위하여 국가 등이 공무원개인과 중첩적으로 배상책임을 부담하되 국가 등이 배상책임을 지는 경우에는 공무원 개인에게 구상할 수 있도록 함으로써 궁극적으로 그 책임이 공무원개인에게 귀속되도록 하려는 것이라고 봄이 합당할 것이다. ……

그리고 위와 같이 공무원의 직무상 위법행위가 경과실에 의한 경우에는 국가배상책임만 인정하고 공무원 개인의 손해배상책임을 인정하지 아니하는 것이 피해자인 국민의 입장에서 보면 헌법 제23조가 보장하고 있는 재산권에 대한 제한이 될 것이지만, …… 헌법 제37조 제2항이 허용하는 기본권 제한 범위에 속하는 것이라고 할 것이다. ……

따라서 종전에 이와 견해를 달리하여 공무원의 직무상 불법행위로 국민에게 손해를 입힌 경우에 공무원의 귀책사유의 정도에 관계없이 공무원 개인이 손해배상책임을 진다고 판시한 당원 1972. 10. 10. 선고 69다701 판결 등과 공무원의 귀책사유의 정도에 관계없이 공무원 개인은 손해배상책임을 지지 아니한다고 판시한 당원 1994. 4. 12. 선고 93다11807 판결은 이를 모두변경하기로 한다.」

⇒ 대법관 4인(대법관 김석수, 대법관 김형선, 대법관 신성택, 대법관 이용훈)의 별개의견

「위와 같은 해석은 반대의견도 적절히 지적하는 바와 같이 헌법 제29조 제1항의 명문규정에 대한 헌법해석의 정도를 벗어난 것이라고 여겨지기 때문이다. 우선 위 헌법조항의 단서가 공무원 개인의 구체적 손해배상책임의 범위까지 규정한 것으로 보기 어렵다고 하는 다수의견의 견해에 의문이 있다.

위 헌법조항 단서의 공무원 개인책임은 그 본문과 연관하여 보면 이는 직무상불법행위를 한 그 공무원 개인의 불법행위 책임임이 분명하며 여기에서 말하는 불법행위의 개념은 법적인 일반개념으로서 그것은 고의 또는 과실로 인한 위법행위로 타인에게 손해를 가한 것을 의미하고 이 때의 과실은 중과실과 경과실을 구별하지 않는다는 일반론에 의문을 제기할 여지가 없어 보인다. ……

다음으로 다수의견이 하위법인 국가배상법의 입법취지를 가지고 상위법인 헌법의 명문 규정을 해석하려고 하는 데 이의를 제기하지 아니할 수 없다.

일반적으로 하위법은 상위법에 저촉되어서는 안되고 하위법을 해석함에 있어서는 상위법의 규정이나 입법취지에 저촉되지 아니하도록 해석하여야 하는 것이지 그와 반대로 하위법의 입법취지에 맞추어 상위법을 해석한다는 것은 법의 체계상 허용하기 어려운 곤란한 일이라고 생각된다.

나아가서 국가배상법 제2조 제2항의 입법취지가 공무원의 직무집행의 안정성 내지 효율성의 확보에 있음은 의문이 없는 바이나 위 법 조항은 어디까지나 국가 등과 공무원 사이의 대내적 구상관계만을 규정함으로써, 즉 경과실의 경우에는 공무원에 대한 구상책임을 면제하는 것만으로써 공무집행의 안정성을 확보하려는 것이고 대외적 관계 즉 피해자(국민)와 불법행위자(공무원) 본인사이의 책임관계를 규율하는 취지로 볼 수는 없다.……

요컨대 공무원의 직무상 경과실로 인한 불법행위의 경우에도 공무원 개인의 피해자에 대한 손해배상책임은 면제되지 아니한다고 해석하는 것이 우리헌법의 관계 규정의 연혁에 비추어 그 명문에 충실한 것일 뿐만 아니라 헌법의 기본권보장 정신과 법치주의의 이념에도 부응하는 해석이라고 생각한다.」

⇔ 대법관 2인(대법관 안용득, 대법관 박준서)의 반대의견

「가. 다수의견과 별개의견은 헌법 제29조 제1항 단서가 직무상 불법행위를 한 공무원 개인의 손해배상책임이 면제되지 아니함을 명백히 한 것이라고 해석하고 있다.

그러나 우선 헌법 제29조 제1항 단서의 규정은 단순히 '책임'이라고 하였을 뿐 '민사책임' 내지 '배상책임'이라고 명시하지 아니하였을 뿐만 아니라, 헌법 제7조 제1항에서 공무원의 국민에 대한 책임을 규정하고 있다는 점에 비추어보면, 헌법 제29조 제1항 단서에서 규정하고 있는 '책임'이 민사상의 손해배상책임을 포함하고 있다는 것이 법문상 명백하다고 단정할 수는 없다. ……

이와 같이 헌법 제29조 제1항 및 국가배상법 제2조 제1항의 규정이 공무원의 직무상 불법행위에 대하여 자기의 행위에 대한 책임에서와 같이 국가 또는 공공단체의 무조건적인 배상책임을 규정한 것은 오로지 변제자력이 충분한 국가 또는 공공단체로 하여금 배상하게 함으로써 피해자 구제에 만전을 기한다는 것에 그치는 것이 아니라, 더 나아가 국민 전체에 대한 봉사자인 공무원들로 하여금 보다 적극적이고 능동적으로 공무를 수행하게 하기 위하여 공무원 개인의 배상책임을 면제한다는 것에 초점이 있는 것으로 보아야 할 것이다. ……

따라서 헌법 제29조 제1항 단서의 규정은 직무상 불법행위를 한 공무원개인의 손해배상책임이 면제되지 아니한다는 것을 규정한 것으로 볼 수는 없고 이는 다만 직무상 불법행위를 한 공무원의 국가 또는 공공단체에 대한 내부적책임 등이 면제되지 아니한다는 취지를 규정한 것으로 보아야 할 것이다. ……

결론적으로 공무원이 직무상 불법행위를 한 경우에 국가 또는 공공단체만이 피해자에 대하여 국가배상법에 의한 손해배상책임을 부담할 뿐 공무원 개인은 고의 또는 중과실이 있는 경우에도 피해자에 대하여 손해배상책임을 부담하지 않는 것으로 보아야 하고, 따라서 당원 1994. 4. 12. 선고 93다11807 판결의 취지는 그대로 유지되어야 할 것이다.」

▸ **배상의 범위에 대한 판례**

▹ **국가배상법 제3조의 기준은 성격상의 기준을 정한 것에 불과하며 배상의 상한선을 정하는 제한적인 의미를 갖는 것은 아니라는 취지의 판례**

[大 1970. 1. 29.-69다1203](손해배상)

「같은 법 제3조 제1항과 제3항의 손해배상 기준은 배상심의회의 배상금 지급기준을 정함에 있어서의 하나의 기준을 정한 것에 지나지 아니하는 것이고 이로써 배상액의 상한을 제한한 것으로 볼 수는 없다 할 것이며 따라서 법원이 국가배상법에 의한 손해배상액을 산정함에 있어서는 같은 법 제3조 소정의 기준에 구애되는 것이 아니라 할 것이니 이 규정은 국가 또는 공공단체에 대한 손해배상청구권을 규정한 헌법 제26조에 위배된다고는 볼 수 없는 것임에도 불구하고 원심이 이 사건에서 국가배상법 제3조는 헌법 제26조에 위배된다고 판단한 것은 잘못이나 원심이 이 사건 손해배상액을 산정함에 있어서 국가배상법 제3조 소정의 기준에 구애를 받지 아니하고 이를 초과하여 그 액을 정한 것은 위법하다고는 볼 수 없는 것이니 위 잘못은 판결결과에 영향이 없다 할 것이므로 이 점에 관한 상고논지는 채용할 수 없다.」

⇔ 대법원판사 4인(대법원판사 김치걸, 방순원, 나항윤, 유재방)의 별개의견

「국가배상법 제3조 제1항과 제3항이 배상심의회의 배상금 지급기준만을 정한 것에 지나지 아니하고, 법원이 국가배상법에 의한 손해배상액을 산정함에 있어서는 이에 구애되는 것이 아니라는 다수의 견해는 찬성할 수 없고, …… 국가배상법 제3조의 규정이 배상금지급의 하나의 기준을 정한 데 지나지 아니하는 것이고 배상액의 상한을 제한한 것이 아니라 할 수 없으므로 위에서 본 다수의 의결을 전제로 하여 국가배상법 제3조 제1항과 제3항이 국가 또는 지방자치단체에 대한 손해배상청구권을 규정한 헌법 제26조에 위배된다고 볼 수 없다는 다수의 의견 또한 찬성할 수 없다.

그러므로 나아가 국가배상법 제3조 제1항과 제3항의 규정이 헌법 제26조에 위배되는가 여부를 살피건데, 헌법 제26조는 공무원의 직무상 불법행위로 손해를 받은 국민은 국가 또는 공공단체에 배상을 청구할 수 있다고 규정하여 국가 또는 공공단체의 불법행위책임을 아무런 제한없이 일반적 전면적으로 보장하였으므로 합리적인 근거가 없는 한 불법행위의 일반원칙에 따라 불법행위와 상당인과관계의 범위 내에 있는 모든 손해를 전부 배상할 의무가 있다할 것임에도 불구하고, 위 국가배상법의 규정은 합리적인 근거없이 피해자의 입은 구체적 손해를 도외시하고, 일반적 기준에 의하여 손해배상 책임의 범위를 한정하고, 더욱이 같은 조 제1항 제2호에 의하면 수입 손실액의 100분지 50만을 배상한다고 제안하였으므로 이 규정은 헌법 제26조에 위배된 무효의 규정이라 아니할 수 없다.

그러므로 이 사건에 있어서 이와 같은 취지로 판단한 원판결은 정당하다 할 것이다.」

□ 제한과 그 한계

▶ 제 한

▸ **국가배상청구권의 행사에 대하여 시효에 의한 제한이 가능함을 인정한 판례**

[憲 1997. 2. 20.-96헌바24](국가배상법 제8조 헌법소원)

「국가배상법 제8조가 국가배상청구권에도 소멸시효제도를 적용하도록 하여 국가배상청구권의 행사를 일정한 경우에 제한하고 있다 하더라도 이는 위와 같은 불가피한 필요성에 기인하는 것이고, 나아가 그 소멸시효기간을 정함에 있어서 민법상의 규정을 준용하도록 함으로써 결과에 있어서 민법상의 소멸시효기간과 같도록 규정하였다 하더라도 그것은 국가배상청구권의 성격과 책임의 본질, 소멸시효제도의 존재이유 등을 종합적으로 고려한 결과로서의 입법자의 결단의 산물인 것이고, 그것이 청구인이 주장하는 바와 같이 국가배상청구권의 특성을 전혀 도외시한 결과라고 단정할 수는 없는 것이다.

결국 국가배상법 제8조는 그것이 헌법 제29조 제1항이 규정하는 국가배상청구권을 일부 제한하고 있다 하더라도 일정한 요건하에 그 행사를 제한하고 있는 점에서 그 본질적인 내용에 대한 침해라고는 볼 수 없을 뿐더러, 앞에서 본 바와 같이 그 제한의 목적과 수단 및 방법에 있어서 정당하고 상당한 것이며 그로 인하여 침해되는 법익과의 사이에 입법자의 자의라고 볼 정도의 불균형이 있다고 볼 수도 없어서 기본권제한의 한계를 규정한 헌법 제37조 제2항에 위반된다고 볼 수도 없다.」

3. 손실보상청구권

□ 의　　의

▶ 개　　념

▸ 손실보상의 전제가 되는 재산권의 의미에 대한 판례

[憲 1996. 8. 29.-95헌바36](구산업재해보상보험법 제4조 단서 위헌소원)

「헌법은 제23조 제1항에서 "모든 국민의 재산권은 보장된다. 그 내용과 한계는 법률로 정하여야 한다"고 하여 국민에게 재산권을 보장하는 한편, 대부분의 재산권이 사회현실에서 의미있게 행사되고 그 기능을 발휘하기 위해서는 입법자에 의한 구체적 형성이 필요하다는 점에 유의하여 그 구체적 규율을 입법자에게 유보하고 있다. 그리고 헌법 제23조 제1항의 재산권보장에 의하여 보호되는 재산권은 사적유용성 및 그에 대한 원칙적 처분권을 내포하는 재산가치 있는 구체적 권리이다. 그러므로 구체적인 권리가 아닌, 단순한 이익이나 재화의 획득에 관한 기회 등은 재산권보장의 대상이 아니다.」

□ 내　　용

▶ 손실보상청구권의 형식과 기준 및 방법

▸ 손실보상의 기준에 대한 판례

▹ 원칙적으로 완전보상에 입각하여 보상하되, 개발이익과 같은 추정적인 재산상 손실은 보상의 대상에서 제외된다는 취지 및 기준지가에 의한 보상이 정당하다는 취지의 판례

[憲 1990. 6. 25.-89헌마107](토지수용법 제46조 제2항의 위헌 여부에 관한 헌법소원)

「가. 정당보상의 원칙

(1) 헌법 제23조 제3항은 "공공필요에 의한 재산권의 수용·사용 또는 제한 및 그에 대한 보상은 법률로써 하되, 정당한 보상을 지급하여야 한다"고 규정하고 있다. 헌법이 규정한 '정당한 보상'이란 이 사건 소원의 발단이 된 소송사건에서와 같이 손실보상의 원인이 되는 재산권의 침해가 기존의 법질서 안에서 개인의 재산권에 대한 개별적인 침해인 경우에는 그 손실보상은 원칙적으로 피수용재산의 객관적인 재산가치를 완전하게 보상하는 것이어야 한다는 완전보상을 뜻하는 것으로서 보상금액뿐만 아니라 보상의 시기나 방법 등에 있어서도 어떠한 제한을 두어서는 아니 된다는 것을 의미한다고 할 것이다.

재산권의 객체가 갖는 객관적 가치란 그 물건의 성질에 정통한 사람들의 자유로운 거래에 의하여 도달할 수 있는 합리적인 매매가능가격 즉 시가에 의하여 산정되는 것이 보통이다.

(2) 그러나 토지의 경우에는 위치·면적·지형·환경 및 용도 등 가격형성에 영향을 미치는 제반요소가 서로 흡사한 다른 토지를 목적물로 하여 다수의 공급자나 수요자가 합리적인 가격으로 거래한 경우를 상정한다는 것은 어려운 일이므로 그 시가를 곧바로 산정할 수는 없는 노릇이다. 따라서 토지의 경우 시가의 산정은 부득이 위치나 용도가 비슷하여 가장 근사한 가치를 지닌 것으로 예상되는 인근유사토지의 거래가격을 기준으로 하여 추산하는 방법에 의할 수밖에 없다. 인근유사토지의 거래가격은 직접 피수용토지의 객관적 가치와 완전히 일치하는

것이라고는 볼 수 없으므로 이를 기준으로 하여 양 토지간의 가격형성에 영향을 미치는 제요소를 종합적으로 고려한 합리적인 조정을 거쳐야 비로소 피수용토지의 객관적 가치로 평가될 수 있는 것이다. 이러한 평가는 피수용토지나 인근유사토지의 일반적인 이용방법에 의한 객관적 상황을 기준으로 하여야 하며, 소유자가 갖는 주관적 가치, 투기적 성격을 띠고 우연히 결정된 거래가격 또는 흔히 불리우는 호가, 객관적 가치의 증가에 기여하지 못한 투자비용이나 그 토지 등을 특별한 용도에 사용할 것을 전제로 한 가격 등에 좌우되어서는 아니 된다.

토지의 수용에 관한 원칙적인 법률의 조항인 법 제46조 제1항이 피수용토지에 관한 손실액의 산정은 "인근토지의 거래가격을 고려한 적정가격"으로 하여야 하고, 사용할 토지에 관한 손실은 그 토지 및 인근토지의 지료 · 차임 등을 고려한 적정가격으로 보상하여야 한다고 한 것은 바로 이러한 시가의 산정방법을 규정한 것이라 할 것이다.

(3) 공익사업의 시행이 계획 공표되면, 통상의 경우 그 대상토지의 이용가치가 장차 증가될 것을 기대하여 지가는 그 기대치만큼 미리 상승하게 되는데, 이러한 개발이익도 당해 토지의 객관적 가치의 일부로서 당연히 시가에 포함되어야 하는지의 여부가 문제된다. 법은 보상금액의 산정방법을 이원화하여 원칙적으로는 법 제46조 제1항을 적용하도록 하면서도 기준지가가 고시된 지역에서의 보상금액 산정은 같은 조 제2항의 규정에 의하여 재결당시의 거래가격이 아니라 고시된 기준지가를 기준으로 하되, 기준지가 대상지역공고일로부터 재결시까지의 당해 토지의 이용계획이나 인근토지의 지가변동률, 도매물가상승률 및 기타 사항 등을 참작하여 평가한 금액으로 행하도록 하고 있어 개발이익을 보상액의 산정에서 배제하고 있다.

공익사업의 시행으로 지가가 상승하여 발생하는 개발이익은 기업자의 투자에 의하여 발생하는 것으로서 피수용자인 토지소유자의 노력이나 자본에 의하여 발생한 것이 아니다. 따라서 이러한 개발이익은 형평의 관념에 비추어 볼 때, 토지소유자에게 당연히 귀속되어야 할 성질의 것은 아니고, 오히려 투자자인 기업자 또는 궁극적으로는 국민 모두에게 귀속되어야 할 성질의 것이다.

또한 개발이익은 공공사업의 시행에 의하여 비로소 발생하는 것이므로 그것이 피수용토지가 수용당시 갖는 객관적 가치에 포함된다고 볼 수도 없다. 개발이익이란 시간적으로 당해 공익사업이 순조롭게 시행되어야 비로소 현재화될 수 있는 것이므로 아직 공익사업이 시행되기도 전에 개발이익을 기대하여 증가한 지가부분은 공익사업의 시행을 볼모로 한 주관적 가치부여에 지나지 않는다. 즉 수용에 의하여 토지소유자가 입은 손실과 공익사업의 시행으로 발생하는 이익은 별개의 문제이다. 그러므로 공익사업이 시행되기도 전에 미리 그 시행으로 기대되는 이용가치의 상승을 감안한 지가의 상승분을 보상액에 포함시킨다는 것은 피수용토지의 사업시행당시의 객관적 가치를 초과하여 보상액을 산정하는 셈이 된다.

따라서 개발이익은 그 성질상 완전보상의 범위에 포함되는 피수용자의 손실이라고는 볼 수 없으므로, 개발이익을 배제하고 손실보상액을 산정한다 하여 헌법이 규정한 정당보상의 원리에 어긋나는 것이라고는 판단되지 않는다. ……

(6) 따라서, 법 제46조 제2항이 보상액을 산정함에 있어 공익사업의 시행으로 발생할 것으로 예상되는 개발이익을 배제하고, 기준지가의 고시일 이후 시점보정을 인근토지의 가격변동율과 도매물가상승률 등에 의하여 행하도록 규정한 것은 헌법상 정당보상의 원리에 위배되는 것은 아니다.

나. 평등의 원칙과의 관계

(1) 법 제46조 제1항과 제2항은 다같이 공공사업이 행해지는 지역이더라도 기준지가가 고

시된 지역인가 아닌가에 따라 손실보상에 있어 달리 취급하도록 규정하고 있는데, 이는 헌법상 평등의 원칙에 반하는 것이 아닌가 하는 의문이 있을 수 있다. ……

보상액을 결정함에 있어서 법 제46조 제1항과 제2항이 비록 그 산정방법에 차이를 두고 있기는 하나 개발이익을 배제한 금액으로 보상액을 정하는 데는 일치하고 있다. 따라서 법 제46조 제1항과 제2항이 피수용토지가 기준지가고시지역에 포함되는지의 여부라는 우연한 사정에 의하여 보상액에 개발이익의 포함 여부를 달리하여 토지 소유자들을 합리적으로 이유없이 차별한다고는 볼 수 없다.

(2) …… 수용된 토지의 보상액을 산정함에 있어서는 개발이익을 배제하면서도, 자신의 토지를 수용되지 아니한 채 계속하여 소유하는 인근지역의 토지 소유자에 대해서는 아무런 환수조치없이 지가상승으로 인한 개발이익을 보유할 수 있게 한다고 하면, 이는 헌법이 규정하는 평등의 원칙에 반하는 것이 아닌가 하는 문이 있을 수도 있다.

헌법 제11조 제1항이 규정하는 평등의 원칙은 결코 일체의 차별적 대우를 부정하는 절대적 평등을 의미하는 것이 아니라, 법의 적용이나 입법에 있어서 불합리한 조건에 의한 차별을 하여서는 안 된다는 것을 뜻한다(당재판소 1989. 5. 24. 선고, 89헌가37, 96 사건 참조). 또한 헌법이 보장하는 평등의 원칙은 개인의 기본권신장이나 제도의 개혁에 있어 법적가치의 상향적 실현을 보편화하기 위한 것이지, 불균등의 제거만을 목적으로 한 나머지 하향적 균등까지 수용하고자 하는 것은 결코 아니다. ……

비록 수용되지 아니한 토지소유자가 보유하게 되는 개발이익을 포함하여 일체의 개발이익을 환수할 수 있는 제도적 장치가 마련되지 아니한 제도적 상황에서 기준지가가 고시된 지역내에 피수용토지를 둔 토지소유자로부터만 이를 환수한다고 하여 합리적 이유없이 수용 여부에 따라 토지소유자를 차별한 것이라고는 인정되지 않는다.

4. 결 론

법 제46조 제2항은 헌법상 정당보상의 원리를 규정한 헌법 제23조 제3항이나 평등의 원칙을 규정한 헌법 제 11조 제1항에 위반되지 아니하므로 관여 재판관 전원의 의견이 일치되어 주문과 같이 결정한다.」

◎ 같은 취지 : 憲 1991. 2. 11.-90헌바17등; 1995. 4. 20.-93헌바20등; 1998. 3. 26.-93헌바12

▸ **보상의 방법에 대한 판례**

▹ **보상의 방법의 선택에 대하여 입법자에게 광범위한 형성의 자유가 부여된다는 취지의 판례**
[憲 1998. 12. 24.-89헌마214등](도시계획법 제21조에 대한 위헌소원)
※ 〈제5편 - 제3장 - 4. - 재산권 - □ 제한과 그 한계〉 판례 인용부분 참조

4. 범죄피해자구조청구권

□ 법적 성격

▶ 구조청구권의 성격

▸ 범죄피해자구조청구권이 생존권적 성격을 가진다는 취지의 판례

[憲 1989. 4. 17.-88헌마3](검사의 공소권행사에 대한 헌법소원)

「헌법은 제10조에서 "모든 국민은 인간으로서의 존엄과 가치를 가지며 행복을 추구할 권리를 가진다. 국가는 개인이 가지는 불가침의 기본적 인권을 확인하고 이를 보장할 의무를 진다"라고 규정하고 있고, 제11조 제1항에 "모든 국민은 법앞에 평등하다 ……"라고 규정하고 있다. 또 제30조에서 "타인의 범죄행위로 인하여 생명·신체에 대한 피해를 받은 국민은 법률이 정하는 바에 의하여 국가로부터 구조를 받을 수 있다"고 규정하고 있으며, 제27조 제5항에서는 "형사피해자는 법률이 정하는 바에 의하여 당해 사건의 재판절차에서 진술할 수 있다"라고 규정하고 있다.

국가가 존립하기 위한 최소요건은 영토와 국민의 보전이다. 국가는 이를 위해 국민에게 국방의 의무와 납세의 의무를 부과함과 아울러 국민에 대하여 국가 외부에서 초래되는 외적의 침입과 국가 내부에서 초래되는 범죄의 발생을 예방하고 이를 물리칠 의무를 스스로 부담하고 있는 것이다. 따라서 국가는 이미 범죄가 발생한 경우에는 범인을 수사하여 형벌권을 행사함으로써 국민을 보호하여야 할 것이고, 형벌권을 행사하지 아니하는 경우에도 최소한 형벌권을 행사하지 아니하는 것이 오히려 보다 더 나은 결과를 초래할 수 있다고 기대되는 경우에 한정되어야 할 것이다.

그런데, 헌법은 위에서 본 바와 같이 범죄로부터 국민을 보호하여야 할 국가의 의무를 이와 같은 소극적 차원에서만 규정하지 아니하고 이에 더 나아가 범죄행위로 인하여 피해를 받은 국민에 대하여 국가가 적극적인 구조행위까지 하도록 규정하여 피해자의 기본권을 생존권적 기본권의 차원으로 인정하였다.」

제 7 장 환경권적 기본권

□ 법적 성격

▶ **판　　례**

▸ **대법원의 판례 중 헌법상의 환경권을 법적 권리로 인정한 판례**

[大 1994. 3. 8.-92누1728](과징금부과처분 취소)

「헌법 제35조 제1항은 모든 국민은 건강하고 쾌적한 환경에서 생활할 권리를 가진다고 규정하고 있으므로(구 헌법 제33조도 거의 같은 취지로 규정하고 있다), 국민이 수돗물의 질을 의심하여 수돗물을 마시기를 꺼린다면 국가로서는 수돗물의 질을 개선하는 등의 필요한 조치를 취함으로써 그와 같은 의심이 제거되도록 노력하여야 하고, 만일 수돗물에 대한 국민의 불안감이나 의심이 단시일 내에 해소되기 어렵다면 국민으로 하여금 다른 음료수를 선택하여 마실 수 있게 하는 것이 국가의 당연한 책무라고 할 것이다. 그럼에도 불구하고 국가가 그와 같은 조치를 취하는 대신 보존음료수의 국내판매만을 금지하는 것은 수돗물의 질에 대하여 의심이 생기는 책임을 보존음료수에 전가하는 것일 뿐만 아니라 국민으로 하여금 수돗물만을 계속하여 마시도록 간접적으로 강제함으로써 국민의 환경권을 제한하는 결과가 되어 부당하다.」

▸ **헌법상의 환경권 규정만으로는 개개인에게 직접 구체적인 사법상의 권리를 부여한 것이라고 보기 어렵다는 취지의 판례**

[大 1995. 5. 23.-94마2218](공작물 설치금지 가처분)

「헌법 제35조 제1항은 "모든 국민은 건강하고 쾌적한 환경에서 생활할 권리를 가지며, 국가와 국민은 환경 보전을 위하여 노력하여야 한다"고 규정하여 환경권을 국민의 기본권의 하나로 승인하고 있으므로, 사법(私法)의 해석과 적용에 있어서도 이러한 기본권이 충분히 보장되도록 배려하여야 할 것임은 당연하다고 할 것이나, 헌법상의 기본권으로서의 환경권에 관한 위 규정만으로서는 그 보호대상인 환경의 내용과 범위, 권리의 주체가 되는 권리자의 범위 등이 명확하지 못하여 이 규정이 개개의 국민에게 직접으로 구체적인 사법상의 권리를 부여한 것이라고 보기는 어렵고, 또 사법적 권리인 환경권을 인정하면 그 상대방의 활동의 자유와 권리를 불가피하게 제약할 수밖에 없는 것이므로, 사법상의 권리로서의 환경권이 인정되려면 그에 관한 명문의 법률규정이 있거나 관계법령의 규정취지나 조리에 비추어 권리의 주체, 대상, 내용, 행사방법 등이 구체적으로 정립될 수 있어야 할 것이다.

그것은 환경의 보전이라는 이념과 산업개발 등을 위한 개인활동의 자유와 권리의 보호라는 상호 대립하는 법익 중에서 어느 것을 우선시킬 것이며 이를 어떻게 조정 조화시킬 것인가 하는 점은 기본적으로 국민을 대표하는 국회에서 법률에 의하여 결정하여야 할 성질의 것이라고 보아야 할 것이기 때문이다.

헌법 제35조 제2항에서 "환경권의 내용과 행사에 관하여는 법률로 정한다"고 규정하고 있는 것도 이러한 고려에 근거한 것이라고 여겨진다.

그러므로 원심이, 신청인들이 주장하는 환경권의 취지가 현행의 사법체계 아래서 인정되는 생활이익 내지 상린관계에 터잡은 사법적 구제를 초과하는 의미에서의 권리의 주장이라면 그러한 권리의 주장으로서는 직접 국가가 아닌 사인인 피신청인에 대하여 사법적 구제수단인 이 사건 골프연습장의 설치를 금지하는 가처분을 구할 수 없다고 판시한 것은 위와 같은 법리에 비추어 수긍할 수 있고, 거기에 소론과 같은 환경권에 관한 법리오해의 위법이 있다고 할 수 없다.」

□ 내 용

▶ 헌법상의 내용

▸ 환경향유권에 대한 판례

▹ 깨끗한 물을 마실 권리에 대한 판례

[大 1994. 3. 8.-92누1728](과징금부과처분 취소)

※ 위 판례 인용부분 참조

▹ 조망권에 대한 판례

[大 2004. 9. 13.-2003다64602](손해배상(기))

「어느 토지나 건물의 소유자가 종전부터 향유하고 있던 경관이나 조망이 그에게 하나의 생활이익으로서의 가치를 가지고 있다고 객관적으로 인정된다면 법적인 보호의 대상이 될 수 있는 것인바(대법원 1997. 7. 22. 선고 96다56153 판결 등 참조), 이와 같은 조망이익은 원칙적으로 특정의 장소가 그 장소로부터 외부를 조망함에 있어 특별한 가치를 가지고 있고, 그와 같은 조망이익의 향유를 하나의 중요한 목적으로 하여 그 장소에 건물이 건축된 경우와 같이 당해 건물의 소유자나 점유자가 그 건물로부터 향유하는 조망이익이 사회통념상 독자의 이익으로 승인되어야 할 정도로 중요성을 갖는다고 인정되는 경우에 비로소 법적인 보호의 대상이 되는 것이라고 할 것이고, 그와 같은 정도에 이르지 못하는 조망이익의 경우에는 특별한 사정이 없는 한 법적인 보호의 대상이 될 수 없다고 할 것이다.

그리고 조망이익이 법적인 보호의 대상이 되는 경우에 이를 침해하는 행위가 사법상 위법한 가해행위로 평가되기 위해서는 조망이익의 침해 정도가 사회통념상 일반적으로 인용하는 수인한도를 넘어야 하고, 그 수인한도를 넘었는지 여부는 조망의 대상이 되는 경관의 내용과 피해건물이 입지하고 있는 지역에 있어서 건조물의 전체적 상황 등의 사정을 포함한 넓은 의미에서의 지역성, 피해건물의 위치 및 구조와 조망상황, 특히 조망과의 관계에서의 건물의 건축·사용목적 등 피해건물의 상황, 주관적 성격이 강한 것인지 여부와 여관·식당 등의 영업과 같이 경제적 이익과 밀접하게 결부되어 있는지 여부 등 당해 조망이익의 내용, 가해건물의 위치 및 구조와 조망방해의 상황 및 건축 · 사용목적 등 가해건물의 상황, 가해건물 건축의 경위, 조망방해를 회피할 수 있는 가능성의 유무, 조망방해에 관하여 가해자측이 해의(害意)를 가졌는지의 유무, 조망이익이 피해이익으로서 보호가 필요한 정도 등 모든 사정을 종합적으로 고려하여 판단하여야 한다.」

▸ 환경접근권에 대한 판례

▹ 사법상의 권리로서 환경권을 인정하는 명문규정이 없는 한 헌법상의 환경권 조항에 기하여 직접 방해배제청구권을 인정할 수 없다는 취지의 판례

[大 1997. 7. 22.-96다56153](공사금지가처분)

「환경권은 명문의 법률규정이나 관계 법령의 규정 취지 및 조리에 비추어 권리의 주체, 대상, 내용, 행사 방법 등이 구체적으로 정립될 수 있어야만 인정되는 것이므로(대법원 1995. 5. 23.자 94마2218 결정 참조), 사법상의 권리로서의 환경권을 인정하는 명문의 규정이 없는데도 환경권에 기하여 직접 방해배제청구권을 인정할 수 없음은 상고이유로 주장하는 바와 같다.

그러나 어느 토지나 건물의 소유자가 종전부터 향유하고 있던 경관이나 조망, 조용하고 쾌적한 종교적 환경 등이 그에게 하나의 생활이익으로서의 가치를 가지고 있다고 객관적으로 인정된다면 법적인 보호의 대상이 될 수 있는 것이라 할 것이므로, 인접 대지에 어떤 건물을 신축함으로써 그와 같은 생활이익이 침해되고 그 침해가 사회통념상 일반적으로 수인할 정도를 넘어선다고 인정되는 경우에는 위 토지 등의 소유자는 그 소유권에 기하여 그 방해의 제거나 예방을 위하여 필요한 청구를 할 수 있다고 할 것이고(대법원 1995. 9. 15. 선고 95다23378 판결 참조), 위와 같은 청구를 하기 위한 요건으로서 반드시 위 건물이 문화재보호법이나 건축법 등의 관계 규정에 위반하여 건축되거나 또는 그 건축으로 인하여 그 토지 안에 있는 문화재 등에 대하여 직접적인 침해가 있거나 그 우려가 있을 것을 요하는 것은 아니라고 할 것이다.」

□ 효 력

▶ 국민의 환경보전 노력의무

[憲 1998. 12. 24.-98헌가1](구먹는물관리법 제28조 제1항 위헌제청)

「헌법 제35조 제1항은 "모든 국민은 건강하고 쾌적한 환경에서 생활할 권리를 가지며, 국가와 국민은 환경보전을 위하여 노력하여야 한다"고 규정하여, 국민의 환경권을 보장함과 아울러 국가와 국민에게 환경보전을 위하여 노력할 의무를 부과하고 있다. 이 헌법조항은 환경정책에 관한 국가적 규제와 조정을 뒷받침하는 헌법적 근거가 되며, 국가는 환경정책 실현을 위한 재원 마련과 환경침해적 행위를 억제하고 환경보전에 적합한 행위를 유도하기 위한 수단으로 수질개선부담금과 같은 환경부담금을 부과 · 징수하는 방법을 선택할 수 있는 것이다.」

□ 침해와 구제

▶ 사인에 의한 침해와 구제

▸ **당해 침해에 대하여 구제가 가능하기 위해서는 그 침해가 사회통념상 일반적으로 수인할 수 있는 정도를 넘어서는 경우에 한한다는 취지의 판례**

[大 1995. 9. 15.-95다23378](공사중지가처분 이의)

「원심 판시와 같이 피신청인이 건축하는 이 사건 아파트가 24층까지 완공되는 경우 …… 위 부산대학교의 부지 및 건물을 교육 및 연구시설로서 활용하는 것을 방해받게 되는 그 소유자인 신청인으로서는 위와 같은 방해가 사회통념상 일반적으로 수인할 정도를 넘어선다고 인정되는 한 그것이 민법 제217조 제1항 소정의 매연, 열기체, 액체, 음향, 진동 기타 이에 유사한 것에 해당하는지 여부를 떠나 그 소유권에 기하여 그 방해의 제거나 예방을 청구할 수 있다 할 것이므로, 적어도 원심이 소유권에 기한 방해배제청구권을 이 사건 가처분의 피보전권리로 삼은 부분만큼은 정당하고 ……

이 사건과 같은 경우 그 침해가 사회통념상 일반적으로 수인할 정도를 넘어서는지 여부는 피해의 성질 및 정도, 피해이익의 공공성과 사회적 가치, 가해행위의 태양, 가해행위의 공공성과 사회적 가치, 방지조치 또는 손해회피의 가능성, 공법적 규제 및 인·허가 관계, 지역성, 토지이용의 선후관계 등 모든 사정을 종합적으로 고려하여 판단하여야 할 것이다.」

◎ **같은 취지 : 大 1997. 7. 22.-96다56153**

제8장 국민의 헌법상 의무

□ 의무의 내용

▶ 헌법에 명시된 의무

▸ 국방의무의 내용에 대한 판례

[憲 1995. 12. 28.-91헌마80](전투경찰대설치법 등에 대한 헌법소원)

※ 〈제5편 - 제3장 - 2. - 양심의 자유 - □ 내용〉 판례 인용부분 참조

[憲 2002. 11. 28.-2002헌바45](구병역법 제71조 제1항 단서 위헌소원)

「우리 헌법 제5조 제2항은 "국군은 국가의 안전보장과 국토방위의 신성한 의무를 수행함을 사명으로 하며, 그 정치적 중립성은 준수된다"라고 규정하고 있고, 제66조 제2항은 "대통령은 국가의 독립·영토의 보전·국가의 지속성과 헌법을 수호할 책무를 진다"라고 규정하고 있으며, 제74조는 "대통령은 헌법과 법률이 정하는 바에 의하여 국군을 통수한다(제1항). 국군의 조직과 편성은 법률로 정한다(제2항)"라고 규정하고 있고, 제39조는 "모든 국민은 법률이 정하는 바에 의하여 국방의 의무를 진다(제1항). 누구든지 병역의무의 이행으로 인하여 불이익한 처우를 받지 아니한다(제2항)"라고 규정하고 있다. 이에 관련하여 우리 재판소는, "국방의 의무는 외부 적대세력의 직·간접적인 침략행위로부터 국가의 독립을 유지하고 영토를 보전하기 위한 의무로서, 현대전이 고도의 과학기술과 정보를 요구하고 국민전체의 협력을 필요로 하는 이른바 총력전인 점에 비추어 ① 단지 병역법에 의하여 군복무에 임하는 등의 직접적인 병력형성의무만을 가리키는 것이 아니라, ② 병역법, 향토예비군설치법, 민방위기본법, 비상대비자원관리법 등에 의한 간접적인 병력형성의무 및 ③ 병력형성 이후 군작전명령에 복종하고 협력하여야 할 의무도 포함하는 개념이다"라는 취지로 판시하였다(헌재 1995. 12. 28. 91헌마80, 판례집 7-2, 851).」

▸ 병역의무에 따른 불이익처분 금지에 대한 판례

▹ 병역의무에 따른 불이익처분에는 병역의무의 이행 중에 받은 불이익은 포함되지 않는다는 취지의 판례

[憲 1999. 2. 25.-97헌바3](군형법 제1조 제3항 제3호 등 위헌소원)

「헌법 제39조 제2항은 "누구든지 병역의무의 이행으로 인하여 불이익한 처우를 받지 아니한다"고 규정하고 있다. 이 조항의 의미에 관하여는 논란이 있을 수 있겠으나, 병역의무 이

행을 직접적 이유로 차별적 불이익을 가하거나, 또는 병역의무를 이행한 것이 결과적, 간접적으로 그렇지 아니한 경우보다 오히려 불이익을 받는 결과를 초래하여서는 아니된다는 것이 그 일차적이고도 기본적인 의미이다(병역의무의 이행을 위하여 군법무관으로 복무한 자에 대하여 군법무관 근무지가 속하는 지방법원의 관할구역 내에서 퇴직일로부터 3년간 변호사개업을 할 수 없게 하였던 구 변호사법 제10조 제2항에 관한 헌재 1989. 11. 20. 89헌가102 판례집 1, 329 참조). 따라서 병역의무 그 자체를 이행하느라 받는 불이익은 헌법 제39조 제1항, 기타 헌법원칙에 대한 위반 여부의 문제로 될 수 있을 뿐 헌법 제39조 제2항과 무관하다. 즉 병역의무 이행의 일환으로 병역의무 이행 '중'에 입는 불이익은 '병역의무의 이행으로 인한' 불이익에 해당하지 않는다.

현역을 마친 예비역이 병역법에 의하여 병력동원훈련 등을 위하여 소집을 받는 것은 위에서 본 바와 같이 헌법과 법률에 따른 국방의 의무를 이행하는 것이고, 소집되어 실역에 복무하는 동안 군형법의 적용을 받는 것 또한 국방의 의무를 이행하는 중에 범한 군사상의 범죄에 대하여 형벌이라는 제재를 받는 것이므로 어느 것이나 헌법 제39조 제1항에 규정된 국방의 의무를 이행하느라 입는 불이익이라고 할 수는 있을지언정(그 불이익이 헌법적으로 정당함은 위에서 이미 보았다), 이를 가리켜 병역의무의 이행으로 불이익한 처우를 받는 것이라고는 할 수 없다. 그러므로 군형법 제1조 제3항 제3호는 헌법 제39조 제2항에도 위반되지 않는다.」

▷ **금지되는 불이익한 처우는 법적 불이익을 의미하는 것이며, 단순한 사실상, 경제상의 불이익을 모두 포함하는 것은 아니라는 취지의 판례**

[憲 1999. 12. 23.-98헌바33](구국가유공자예우등에관한법률 제70조 등 위헌소원)

「헌법 제39조 제1항에 규정된 국방의 의무는 외부 적대세력의 직·간접적인 침략행위로부터 국가의 독립을 유지하고 영토를 보전하기 위한 의무로서, 헌법에서 이러한 국방의 의무를 국민에게 부과하고 있는 이상 병역법에 따라 군복무를 하는 것은 국민이 마땅히 하여야 할 이른바 신성한 의무를 다하는 것일 뿐, 국가나 공익목적을 위하여 개인이 특별한 희생을 하는 것이라고 할 수 없다. 국민이 헌법에 따라 부과되는 의무를 이행하는 것은 국가의 존속과 활동을 위하여 불가결한 일인데, 그러한 의무를 이행하였다고 하여 이를 특별한 희생으로 보아 일일이 보상하여야 한다고 할 수는 없는 것이다.

그러므로 헌법 제39조 제2항은 병역의무를 이행한 사람에게 보상조치를 취하거나 특혜를 부여할 의무를 국가에게 지우는 것이 아니라, 법문 그대로 병역의무의 이행을 이유로 불이익한 처우를 하는 것을 금지하고 있을 뿐이다. 그리고 이 조항에서 금지하는 "불이익한 처우"라 함은 단순한 사실상, 경제상의 불이익을 모두 포함하는 것이 아니라 법적인 불이익을 의미하는 것으로 보아야 한다. 그렇지 않으면 병역의무의 이행과 자연적 인과관계를 가지는 모든 불이익-그 범위는 헤아릴 수도 예측할 수도 없을 만큼 넓다고 할 것인데-으로부터 보호하여야 할 의무를 국가에 부과하는 것이 되어 이 또한 국민에게 국방의 의무를 부과하고 있는 헌법 제39조 제1항과 조화될 수 없기 때문이다.」

▷ **현역군인을 전투경찰로 전환하여 배치한 행위나 전투경찰로 하여금 시위진압을 하게 한 행위는 병역의무 이행으로 인한 불이익한 조치금지에 위반하지 않는다는 취지의 판례**

[憲 1995. 12. 28.-91헌마80](전투경찰대설치법 등에 대한 헌법소원)

「(5) 끝으로 현역병으로 입영하여 소정의 군사교육을 마친 자들이 전투경찰순경 등으로 전임되는 점, 전임기간인 현역병의 복무기간을 마친 때에 현역복무를 마친 것으로 보아 예비역에 편입하도록 되어 있는 점(구 병역특례법 제5조 제3항) 및 국방부장관은 특수전역 및 병역면제 사유가 있는 자의 전임을 해제할 수 있고(같은 법 제5조 제4, 5항) 동원령이 선포된 경우에는 전투경찰대원으로의 전임을 정지 또는 해제할 수 있는 점(같은 법 제19조 제1항)에 비추어 볼 때, 이 사건 법률조항들에 의하여 청구인의 신분을 군인에서 경찰공무원으로 전환한 것은 단순히 병역의무 이행의 일환으로 대간첩작전이라는 특수임무를 부여하고 이를 위하여 병역의무를 마칠 때까지 일정기간 동안만 그 신분을 변경한 것에 불과하고 병역의무의 이행을 원인으로 하여 행하여진 불이익한 처우라고 볼 수 없으므로 헌법 제39조 제2항에 위반된다고 할 수 없다.……

(3) 끝으로 구 병역특례법의 제규정에 비추어 이 사건 법률조항들에 의하여 청구인의 신분을 군인에서 경찰공무원으로 전환한 것은 단지 병역의무 이행의 일환으로 대간첩작전이라는 특수임무를 부여하고 위 임무의 수행을 위하여 현역병 복무기간 동안 그 신분을 변경한 것에 불과하다는 점은 위에서 본 바이고, 이 사건 진압명령도 그와 마찬가지로 병역의무의 이행을 위하여 발하여지는 명령에 불과한 것이지 병역의무의 이행을 원인으로 하여 행하여진 불이익한 처우라고 볼 수 없으므로 헌법 제39조 제2항에 위반된다고 할 수 없다.」

⇔ 재판관 4인(재판관 김문희, 재판관 황도연, 재판관 이재화, 재판관 조승형)의 반대의견

「가. 전투경찰순경은 국방의무를 이행하기 위하여 군현역병으로 입영한 자 중에서 전투경찰대로 전임되는 자이고, 그 임무는 구 전투경찰대설치법 제2조의3 제1항에서 규정하는 바와 같이 대간첩작전의 수행이므로 무장공비가 준동하는 사태가 없는 한 통상의 불법한 집회 및 시위의 진압 등 순수한 경찰업무는 그의 임무라고는 볼 수 없다. 또한 국방의무라 함은 외적으로부터 국가를 보위해서 국가의 정치적 독립성과 영토의 완전성을 지키는 국토방위의 의무를 말하며, 적극적으로는 법률이 정하는 바에 따라 국군의 구성원이 되어야 하는 의무(병역법, 향토예비군설치법, 민방위기본법, 전시근로동원법 등에 따라 현역군 조직은 물론 예비군 조직, 민방위 조직, 전시근로동원 조직 등에 참여해서 국가의 안전과 국토방위를 위한 의무)와, 소극적으로는 국토방위를 위해서 불가피하게 군작전명령에 복종하고 협력해야 하는 의무(군작전상 불가피한 재산권의 수용 · 사용 · 제한, 거주 · 이전의 제한 등을 수인할 의무)를 통칭하고 있을 뿐이고, 전투경찰대로 전임되는 현역병은 대간첩작전의 수행을 임무로 하고 있을 뿐이므로, 경찰의 순수한 치안업무인 집회 및 시위의 진압의 임무는 결코 국방의무에 포함된 것이라고 볼 수 없고, 이 진압명령은 곧 헌법 제39조 제1항 소정의 국방의무 이외에 헌법상 아무런 근거가 없는 또 다른 의무를 청구인에게 부과하는 것이 된다고 할 것이다. 따라서 이는 누구든지 병역의무의 이행으로 인하여 불이익한 처우를 받지 아니한다는 헌법 제39조 제2항 규정에 위반되며, 이로 인하여 일반적인 행동자유권과 개성의 자유로운 발현권을 함축하고 있는 헌법 제10조 소정의 행복추구권을 침해한 것이라고 할 것이다.

나. 다수의견은 입법목적과 필요성에 따라 대간첩작전의 수행을 임무로 하는 전투경찰순경을 현역병으로 입영하여 복무중인 군인에서 전임시켜 충원할 수 있도록 한 이 사건 심판대상 법률조항들이 그 자체로서 청구인의 행복추구권을 침해한 것이라고 볼 수 없다고 하나, 살피면

첫째, 구 전투경찰대설치법 제1조 규정 중에는 대간첩작전의 수행업무 이외에 치안업무의 보조를 그 업무로 규정하고 있는바, 전자부분은 무장공비의 토벌이라는 점에서 광의의 국방의무에 포함된다고 볼 수 있으나, 후자부분은 앞에서 본 바와 같이 그에 포함되는 것이 아니므로, 위 법률조항 중 "치안업무의 보조"부분은 헌법 제39조 제1항 규정의 정신과 제2항 규

정에 위반된다고 할 것이다.

둘째, 위 법률조항부분은 헌법 제37조 제2항 소정의 비례의 원칙에도 반하여 헌법에 위반된다. 즉, 가사 다수의견과 같이 입법목적과 필요성이 있다고 가정하더라도 정부 부처간의 업무공조체제 등의 가동으로 국방부로부터 치안업무의 지원을 받을 수 있는 등의 대체성이 있으므로 국민의 행복추구권을 제한할 필요성은 없다고 할 것이며 그 점에서 위 법률조항부분은 비례의 원칙에 반하는 것이다.

다. 따라서 이 사건 진압명령은 청구인의 행복추구권을 침해하였으므로 취소되어야 하고, 위 진압명령은 구 전투경찰대설치법 제1조 중 치안업무의 보조 부분의 규정에 근거하여 발하여진 것이고 위 부분의 규정이 헌법 제39조 제1항의 정신과 제2항 규정에 반하며 국민의 행복추구권을 침해한 것이므로 위 부분규정이 헌법에 위반됨을 선고함이 마땅하다고 생각한다.」

※ 양심의 자유, 행복추구권의 침해 여부에 대한 다수의견은 〈제5편 – 제3장 – 2. – 양심의 자유 – □ 내용〉 판례 인용부분 참조

▷ 소집으로 입영한 예비역에게 군형법을 적용하는 것은 병역의무의 이행으로 인한 불이익한 조치금지에 위반하지 않는다는 취지의 판례

[憲 1999. 2. 25.-97헌바3](군형법 제1조 제3항 제3호 등 위헌소원)

※ 위 판례 인용부분 참조

▷ 한의사전문의제도를 도입하면서 일반군의관 복무를 수련과정으로 인정하지 아니하는 것은 병역의무의 이행으로 인한 불이익한 조치금지에 위반하지 않는다는 취지의 판례

[憲 2001. 3. 15.-2000헌마96등](한의사전문의의수련및자격인정등에관한규정 제18조 등 위헌소원)

「청구인 유형 3은 이 사건 규정 시행 당시 지정된 수련병원에서 수련과정 이수중인 동료들과 비교하여 볼 때 이 사건 규정 부칙 제2조 제1항의 적용을 받지 못하여서 병역의무의 이행으로 불이익을 입는 경우에 해당한다고 주장한다.

그러나 이 사건 규정 부칙 제2조 제1항은 병역의무이행과는 상관없이 이 사건 규정 시행 당시 수련과정 이수 중이 아닌 자를 모두 특례에서 배제하고 있으므로, 위 조항에 의한 불이익 내지 차별은 병역의무이행으로 인하여 초래되는 것이 아니라 수련기간 이수중이 아니라는 사유에서 생기는 것일 뿐이다.

이에 해당할 소지가 있는 청구인 유형 3을 보더라도 이미 일반수련의과정과 전문수련의과정을 모두 마치고 군복무를 하고 있거나 일반수련의과정을 마친 다음 군복무를 하고 있는 경우인 바, 수련과정을 모두 마치고 이 사건 규정 시행 당시 병역의무를 이행하고 있는 자를 병역의무를 미리 이행하고 이 사건 규정 시행 당시 수련과정 이수중인 자와 비교할 때 후자만이 이 사건 규정 부칙 제2조의 적용을 받게 되나 양자 모두 병역의무를 이행한 사실은 마찬가지여서 청구인들의 불이익이 병역의무이행으로 인한 불이익이 아님을 알 수 있고, 일반수련의과정만을 마치고 병역의무를 이행하고 있는 자도 병역의무이행을 하지 않았다고 하여 반드시 전문수련의과정 이수중에 있게 되는 것은 아니므로 이 사건 규정 부칙 제2조를 적용받지 못하는 것이 병역의무이행으로 초래되었다고 보기도 어렵다.

따라서 이 사건 규정 부칙 제2조는 헌법 제39조 제2항에 위반되는 것은 아니다.」

▷ **공무원채용시험 등에 응시한 제대군인에게 가산점을 주는 조치에 대하여 위헌이라고 본 판례**
[憲 1999. 12. 23.-98헌바33](구 국가유공자예우등에관한법률 제70조 등 위헌소원)

「(나) 가산점제도의 위헌 여부

① 가산점제도의 근거

…… 가산점제도에 헌법적 근거가 없는 이상 이 제도는 제대군인의 사회복귀를 돕겠다는 취지하에 입법정책적으로 도입된 것에 불과하다 할 것이다.

② 평등권 침해 여부 ……

1) 차별의 대상

…… 가산점제도는 현역복무를 할 수 있는 신체건장한 남자와 청구인과 같이 질병이나 심신장애로 병역을 감당할 수 없는 남자, 즉 병역면제자를 차별하는 제도이다. ……

2) 심사의 척도

가) 평등위반 여부를 심사함에 있어 엄격한 심사척도에 의할 것인지, 완화된 심사척도에 의할 것인지는 입법자에게 인정되는 입법형성권의 정도에 따라 달라지게 될 것이다. 차별적 취급으로 인하여 관련 기본권에 대한 중대한 제한을 초래하게 된다면 입법형성권은 축소되어 보다 엄격한 심사척도가 적용되어야 할 것이다.

나) 그런데 가산점제도는 헌법 제25조에 의하여 보장된 공무담임권이라는 기본권의 행사에 중대한 제약을 초래하는 것이다(가산점제도가 민간기업에 실시될 경우 헌법 제15조가 보장하는 직업선택의 자유가 문제될 것이다).

따라서 가산점제도에 대하여는 엄격한 심사척도가 적용되어야 하는데, 엄격한 심사를 한다는 것은 자의금지원칙에 따른 심사, 즉 합리적 이유의 유무를 심사하는 것에 그치지 아니하고 비례성원칙에 따른 심사, 즉 차별취급의 목적과 수단간에 엄격한 비례관계가 성립하는지를 기준으로 한 심사를 행함을 의미한다.

3) 가산점제도의 평등위반성

가) 가산점제도의 입법목적

…… 제대군인의 사회복귀를 지원한다는 것은 입법정책적으로 얼마든지 가능하고 또 매우 필요하다고 할 수 있으므로 이 입법목적은 정당하다.

나) 차별취급의 적합성 여부

…… 가산점제도는 공직수행능력과는 아무런 합리적 관련성을 인정할 수 없는 제대군인인지를 기준으로 장애인 등의 사회진출기회를 박탈하는 것이므로 정책수단으로서의 적합성과 합리성을 상실한 것이라 하지 아니할 수 없다.

다) 차별취급의 비례성 여부

…… 가산점제도가 추구하는 공익은 입법정책적 법익에 불과하다. 그러나 가산점제도로 인하여 침해되는 것은 헌법이 강도높게 보호하고자 하는 장애인에 대한 차별금지라는 헌법적 가치이다. 그러므로 법익의 일반적, 추상적 비교의 차원에서 보거나, 차별취급 및 이로 인한 부작용의 결과가 위와 같이 심각한 점을 보거나 가산점제도는 법익균형성을 현저히 상실한 제도라는 결론에 이르지 아니할 수 없다.

라) 결론적으로 가산점제도는 제대군인에 비하여, 제대군인이 아닌 자를 비례의 원칙에 반하여 차별하는 것으로서 헌법 제11조에 위배되며, 이로 인하여 청구인의 평등권이 침해된다.

③ 공무담임권의 침해 여부 ……

가) 위에서 본 바와 같이 제대군인 지원이라는 입법목적은 예외적으로 능력주의를 제한할

수 있는 정당한 근거가 되지 못하는데도 불구하고, 가산점제도는 능력주의에 기초하지 아니하는 불합리한 기준으로 공무담임권을 제한하고 있다. ……

나) 가산점제도에 의한 공직취임권의 제한은 위 평등권침해 여부의 판단부분에서 본 바와 마찬가지 이유로 그 방법이 부당하고 그 정도가 현저히 지나쳐서 비례성원칙에 어긋난다.

다) 결론적으로 가산점제도는 능력주의와 무관한 불합리한 기준으로 장애인 등의 공직취임권을 지나치게 제약하는 것으로서 헌법 제25조에 위배된다.」

◎ 같은 취지 : 憲 1999. 12. 23.-98헌마363

3 국가작용

하늘이 만물에 부여한 것을 本性이라고 하고, 하늘로부터 부여받아 내재되어 있는 그 本性을 따르는 것을 道라고 하고, 그 도를 닦아 이치를 알게 되는 것을 聖人의 가르침이라고 한다. 본성을 따르는 것이 道이기에 道라는 것은 한순간도 우리에게서 떠날 수 없으니, 만약 떠날 수 있는 것이라면 그것은 도가 아니다. 이렇기 때문에 도를 공부하고 덕을 완성해가는 자는 보이지도 않고 들리지도 않는 본성에 삼가고 두려워 한다. 숨어 있어 보이지 않는 것보다 더 잘 드러남이 없고 희미하게 들리지 않는 것보다 더 분명한 것은 없으니, 본성을 추구하여 도를 닦는 자는 사물과 대립하여 자기 스스로 홀로됨을 삼가고 일체의 원리에 정성을 다하는 것이다. 기뻐하고 화내고 슬퍼하고 즐거워하는 情이 發하지 아니한 性의 상태를 中이라고 하고, 이것이 발하여 모두 節度에 맞아 한치도 어그러짐이 없는 것을 和라고 하니, 어느 것에도 편벽되지 않는 상태의 中은 천하의 크디큰 근본이요, 和를 이루게 되면 천하에 도가 두루 펼쳐지게 된다. 中과 和를 이루면 하늘과 땅이 제 자리에 서고 만물이 제대로 자라게 된다.

[天命之謂性率性之謂道修道之謂敎, 道也者不可須臾離也可離非道也, 是故 君子戒愼乎其所不睹恐懼乎其所不聞, 莫見乎隱莫顯乎微故君子愼其獨也. 喜怒哀樂之未發謂之中發而皆中節謂之和中也者天下之大本也和也者天下之達道也. 致中和天地位焉萬物育焉]

- 中庸 -

제 6 편　국가작용의 기본제도

제 7 편　국가작용과 국가기관

제 6 편

국가작용의 기본제도

제 1 장 대의제도

1. 대의제도와 선거

□ 선거의 기본원칙

▶ 보통선거의 원칙

▸ 보통선거의 의미 및 고액의 기탁금과 보통선거의 원칙에 대한 판례
[憲 1997. 6. 26.-96헌마89](공직선거및선거부정방지법 제15조 위헌확인)
※ 〈제 5 편 - 제 4 장 - 1. - □ 제한과 그 한계〉 판례 인용부분 참조

▸ 재외국민에 대하여 선거권을 인정하지 아니한 것에 대하여 합헌으로 본 판례
[憲 1999. 1. 28.-97헌마253등](공직선거및선거부정방지법 제37조 제 1 항 위헌확인 등)
※ 〈제 5 편 - 제 4 장 - 1. - □ 제한과 그 한계〉 판례 인용부분 참조

▸ 해외거주자들에게 부재자투표제도를 인정하지 아니하는 것에 대하여 합헌으로 본 판례
[憲 1999. 3. 25.-97헌마99](공직선거및선거부정방지법 제38조 제 1 항 등 위헌확인)
※ 〈제 5 편 - 제 4 장 - 1. - □ 제한과 그 한계〉 판례 인용부분 참조

▶ 평등선거의 원칙

▸ 평등선거의 원칙의 개념에 대한 판례

▹ 평등선거원칙의 의미를 밝힌 판례
[憲 1998. 11. 26.-96헌마54](공직선거및선거부정방지법 [별표1]의 국회의원 지역선거구 구역표 위헌확인)

「가. 선거제도에 관한 입법형성권

오늘날의 정치는 의회제도를 통한 대의제민주주의를 그 근간으로 하고 대의정치의 성공 여부는 국민들의 의사가 얼마나 정확히 그리고 효과적으로 정치의사결정에 반영되는지 여부에 달려 있다. 따라서 선거제도는 민주주의 및 국민의 정치적 생존권에 직결되는 문제로서 자유

민주주의의 기본질서 및 법치주의를 구현하는 근본이 되므로, 선거제도의 주요 내용을 이루는 선거구와 그 실현을 위한 선거구 획정은 선거 결과가 가능한 한 국민의 의사를 바르게 반영할 수 있도록 마련되어야 한다. 헌법은 국민의 의사가 국정에 공정하게 반영될 수 있도록 제41조 제1항에서 "국회는 국민의 보통 · 평등 · 직접 · 비밀선거에 의하여 선출된 국회의원으로 구성한다"고 규정함으로써 국회의원의 선거에 있어서 '평등선거의 원칙'을 선언하고 있다.

평등선거의 원칙은 헌법 제11조 제1항 평등의 원칙이 선거제도에 적용된 것으로서 투표의 수적(數的) 평등, 즉 1인 1표 원칙(one man, one vote)과 투표의 성과가치(成果價値)의 평등, 즉 1표의 투표가치가 대표자선정이라는 선거의 결과에 대하여 기여한 정도에 있어서도 평등하여야 한다는 원칙(one vote, one value)을 그 내용으로 할 뿐만 아니라(헌재 1995. 12. 27. 95헌마224등 판례집 7-2, 760, 771), 일정한 집단의 의사가 정치과정에서 반영될 수 없도록 차별적으로 선거구를 획정하는 이른바 '게리맨더링'에 대한 부정(否定)을 의미하기도 한다.

한편, 각국의 선거제도를 살펴보면, 각국의 선거제도가 시대에 따른 정치적 안정의 요청이나 나라마다의 역사적 · 사회적 · 정치적 상황 등이 고려되어 각기 그 나라의 실정에 맞도록 결정되고 있고, 거기에 논리필연적으로 요청되는 일정한 형태가 있는 것이 아님을 알 수 있다. 그리고 그와 같이 결정된 선거제도의 구조와 투표가치는 밀접하게 연관되어 있는 것이어서 선거제도의 구조가 어떠하냐에 따라 선거결과에 미치는 투표의 영향력에 어느 정도의 차이가 생기는 것은 불가피한 것이고, 투표가치의 평등이 모든 투표가 선거결과에 미치는 영향력에 있어 숫자적으로 완전히 동일할 것까지 요구하는 것이라고 볼 것은 아니다. 우리 헌법도 제41조 제3항에서 "국회의원의 선거구와 비례대표제 기타 선거에 관한 사항은 법률로 정한다"고 규정하여 선거제도와 선거구의 획정에 관한 구체적 결정을 국회의 재량에 맡기고 있다. 따라서 국회는 선거구를 획정함에 있어서 1인 1표와 투표가치 평등의 원칙을 고려한 선거구간의 인구의 균형뿐만 아니라, 우리 나라의 행정구역, 지세, 교통사정, 생활권 내지 역사적, 전통적 일체감 등 여러 가지 정책적 · 기술적 요소를 고려하여야 하되 폭넓은 입법형성의 자유를 가진다고 하겠다.

우리 나라의 경우 하나의 국회의원지역선거구에서 선출할 국회의원의 정수는 1인으로 규정되어 있으므로(공직선거및선거부정방지법 제21조 제2항), 개개 선거구에서 많은 사표가 발생하는 것은 당연한 현상이고, 경쟁이 치열한 선거구에서 더 많은 수의 사표가 발생되는 것은 피할 수 없는 현상이다. 또한 행정구역 자체가 인구의 수에 있어서 공평하게 분포되어 있는 것도 아니고, 일정한 행정구역에는 일정한 정당을 선호하는 사람들이 집중되어 거주하는 경우도 있을 수 있다. 그러나 투표수비율과 의원당선자의 비율이 비례하지 아니한다는 이유만으로 사표가 된 투표를 한 선거권자가 법적으로 차별받았다거나, 일정한 선거구에서 특정지역의 선거인들이 지지하는 후보가 당선되지 않았다는 사실만으로 바로 선거구 획정이 차별적인 것이라고 할 수는 없다. 국회가 형성한 선거구획정은 그것이 자의적이어서 합리성을 결여하고 있음이 명백한 경우가 아닌 한, 헌법에 위반된다고 볼 수는 없기 때문이다.

다만, 예컨대 특정 지역의 선거인들이 자의적인 선거구 획정으로 인하여 정치과정에 참여할 기회를 잃게 되었거나, 그들이 지지하는 후보가 당선될 가능성을 의도적으로 박탈당하고 있음이 입증되어 특정 지역의 선거인들에 대하여 차별하고자 하는 국가권력의 의도와 그 집단에 대한 실질적인 차별효과가 명백히 드러난 경우에는 그 선거구획정은 입법적 한계를 벗어난 것으로서 헌법에 위반된다고 할 것이다. 헌법재판소는 1995. 12. 27. 95헌마224등 판결에서 "선거구의 획정은 사회적 · 지리적 · 역사적 · 경제적 · 행정적 연관성 및 생활권 등을 고려하여 특단의 불가피한 사정이 없는 한 인접지역이 1개의 선거구를 구성하도록 함이 상당하다"(판례집 7-2, 760, 788)라고 하고, 인접지역이 아닌 지역을 1개의 선거구로 구성하는 경우는 특별한 사정이 없는 한 입법재량의 범위를 일탈한 자의적인 선거구획정으로서 헌법에 위반된다고 판시한 바 있다.

나. 이 사건 선거구란의 합헌성

(1) 기록에 의하면, 이 사건 선거구란은 인천 계양구 계양1동과 강화군 일원을 그 선거구역으로 하고 있는데, 인천 계양구는 도시지역이고 강화군은 농촌지역이며, 인천 계양구와 강화군은 인천 서구 및 경기도 김포군을 사이에 둠으로써 상호 접경지역이 전혀 없이 약 30킬로미터의 거리로 완전히 분리되어 있고, 1995. 6. 30. 현재 강화군의 인구수는 70,472명, 인천 계양구의 인구수는 261,536명, 그 중 계양1동의 인구수는 12,401명이며, 강화군과 인접한 도서지역인 옹진군의 인구수는 13,608명, 강화군과 계양구보다는 인접한 인천 서구의 인구수는 299,496명(1996. 3. 20. 현재)인 사실이 인정된다. 따라서 이 사건 선거구란은 사회적 · 행정적 연관성이 박약할 뿐만 아니라 그 생활권이 상이하고 지리적으로도 상호 30킬로미터나 떨어져 있으며 인구수의 차이가 6 : 1에 이르는 인천 계양구 계양1동과 강화군을 하나의 선거구로 확정한 것은 곧 인천 계양구 계양1동에 거주하는 선거인들로 하여금 지역적 연관성이 전혀 없는 타지역구에 일방적으로 편입되도록 하여 이들의 정치적 의사가 선거에서 반영될 기회를 심각하게 훼손하고 있다는 점을 인정하는 데 어려움이 없다. 실제로 강화군은 지리적 · 행정적 입지조건이 유사한 옹진군과 통합하여 1개의 선거구를 구성하거나, 지리적으로 계양구보다는 인접한 인천 서구의 일부 동(洞)과 통합하여 1개의 선거구를 구성하는 것이 더 합리적이었다는 점은 쉽게 인정할 수 있다. 따라서 종전 헌법재판소의 위 결정에 따르면, 이 사건 선거구란은 특별한 사정이 없는 한 입법재량의 범위를 일탈한 것으로서 위헌적 요소를 지닌 선거구획정으로 보아야 할 것이다.

(2) 그러나 한편, 기록에 의하면, 이 사건 선거구란의 입법배경은 헌법재판소가 구 공직선거및선거부정방지법(1995. 8. 4. 법률 제4957호로 개정되어 1996. 2. 6. 법률 제5149호로 개정되기 전의 것) 제25조 제2항에 의한 [별표1] 국회의원지역선거구구역표에 대하여 위헌결정(헌재 1995. 12. 27. 95헌마224등, 판례집 7-2, 760)을 선고하자 국회의원지역선거구구역표를 인구비례에 따라 합리적으로 조정할 수밖에 없었던 데 있었고, 국회는 헌법재판소의 위 결정의 판시 내용에 따라 최대인구 선거구와 최소인구 선거구의 인구수의 비율이 4 : 1을 초과하지 아니하는 범위 내에서 선거구를 조정하기 위해서 최대인구 선거구의 인구수를 30만명 이내로, 최소인구 선거구의 인구수를 7만 5천명 이상으로 획정할 헌법적 의무를 부담하고 있었으며, 시간적으로는 헌법재판소의 위 위헌결정 이후 4개월 이내인 1996. 4. 11. 국회의원선거가 바로 실시되어야 하는 점을 고려하여 가능한 한 기존의 선거구를 변경하지 아니하는 방법으로 선거구를 조정할 수밖에 없었던 입법적 상황에 놓여 있었음이 인정된다. 공직선거및선거부정방지법 부칙 제2조는 "1996. 4. 11.에 실시하는 국회의원선거(보궐선거등을 포함한다)에 있어서는 제25조(국회의원지역구의 획정) 제1항 후단의 규정에 불구하고 인구편차를 줄이기 위하여 부산광역시해운대구일부를 분할하여 해운대구기장군을국회의원지역구에, 부산광역시북구일부를 분할하여 북구강서구을국회의원지역구에, 인천광역시계양구일부를 분할하여 계양구강화군을국회의원지역구에, 전라남도목포시일부를 분할하여 목포시신안군을국회의원지역구에 속하게 할 수 있다"라고 규정함으로써 이러한 사정을 엿볼 수 있게 하는 한편, 이 사건 선구구란의 획정은 확정적인

것이 아니라 오로지 1996. 4. 11. 실시하게 될 국회의원선거의 관리를 위하여 한시적으로 행해진 것임을 명문으로 밝히고 있다.

위에서 본 사정을 고려해 보면, 이 사건 선거구란은 인구 70,472명의 강화군만으로는 독자적인 선거구를 구성할 수 없음이 명백하나, 기존의 선거구를 크게 변경하지 아니하는 방법으로 선거구를 조정하기 위해서는 강화군을 중심으로 하는 선거구를 독립된 선거구로 남겨두는 것이 바람직하다는 입법적 판단 아래, 인천 계양구 계양1동을 종전 강화군 선거구에 포함시키는 방식으로 선거구를 획정한 것으로 보인다.

(3) 그렇다면, 이 사건 선거구란이 최선의 선거구획정이 아니어서 비록 그 불합리성이 인정된다고 하더라도, 이 사건 선거구란은 위에서 본 입법경위등에 비추어 보면, 인천 계양구 계양1동의 주민에 대한 차별적 의도를 가지고 자의적으로 입법화 한 것으로 볼 수는 없다 할 것이므로 입법적 한계를 일탈한 자의적인 것이어서 헌법에 위반된다고 할 수 없다. 따라서 청구인들의 이 사건 청구는 그 이유가 없다.

다. 공직선거및선거부정방지법 제25조에 위반된다는 주장에 대한 판단

끝으로 청구인들은 이 사건 선거구란이 "국회의원 지역선거구는 시·도의 관할 구역 안에서 인구, 행정구역, 지세, 교통 기타조건을 고려하여 이를 확정하되 시·군의 일부를 분할하여 다른 국회의원 지역구에 속하게 하지 못한다"고 규정하고 있는 공직선거및선거부정방지법 제25조에 위반되어 결과적으로 헌법에 위반된다고 주장한다.

어떤 법률조항의 내용이 다른 법률조항의 내용과 서로 충돌된다 하여 원칙적으로 이들 법률조항이 헌법에 위반된다거나 하는 등, 헌법문제가 발생되는 것은 아니다. 다만, 이들 법률조항들을 어떻게 조화롭게 해석할 것인가의 법률해석 문제가 생길 뿐이다. 따라서, 이 사건 선거구란은 공직선거및선거부정방지법상의 별지로서 법률의 효력을 가지고 있음은 분명하므로, 이 사건 선거구란이 공직선거및선거부정방지법 제25조와의 관계에서 서로 충돌된다고 하더라도 이는 일정한 법률조항의 내용이 다른 법률조항 보다 어느 조항이 우선 적용되느냐의 문제가 생길 뿐이다. 따라서 이 사건 선거구란은 다른 법률조항과 서로 충돌된다는 이유만으로 헌법에 위반되는 것은 아니다.」

⇔ 재판관 3인(재판관 신창언, 재판관 이영모, 재판관 한대현)의 반대의견

「가. 선거구를 획정함에 있어서는 투표가치의 평등이 확보될 수 있게 선거구간 인구의 균형이 잡혀야 할 뿐 아니라, 사회적·지리적·역사적·경제적·행정적 연관성 및 생활권등을 고려하여 특단의 불가피한 사정이 없는 한 인접지역이 하나의 선거구를 구성하도록 하여야 한다. 이것이 선거구획정에 관한 입법자의 재량권의 한계이고(헌재 1995. 12. 27. 95헌마224등, 판례집 7-2, 760), 그러한 까닭에 공직선거및선거부정방지법 제25조 제1항도 국회의원지역선거구는 시·도의 관할구역안에서 인구·행정구역·지세·교통기타 조건을 고려하여 이를 획정하되 구·시·군의 일부를 분할하여 다른 국회의원지역선거구에 속하게 하지 못하도록 규정하고 있는 것이다.

나. 이 사건에서 문제가 된 인천광역시의 계양구·강화군 을선거구는 계양구 계양1동과 강화군 일원을 그 선거구역으로 하고 있는데(계양구·강화군 갑선거구는 선거구명으로는 강화군이 선거구역에 포함된 것처럼 되어 있으나 실제로는 계양구중 계양1동만을 제외한 나머지 구역이 그 선거구역으로 되어 있다), 이 사건 기록에 의하면 인천광역시중 도시지역인 계양구와 도서지역이자 농어촌지역인 강화군은 바다와 경기도 김포군, 인천광역시 서구등을 사이에 두고 상호 접경지역 없이 약 30킬로미터의 거리로 완전히 분리되어 있어 생활권이 전혀 다른 사실, 1995. 6. 30. 현

재의 인구수는 강화군이 70,472명, 인천광역시 옹진군이 13,608명, 계양구가 261,536명인 사실, 계양구는 모두 11개동으로 구성되어 있는데 그 중 계양1동은 동쪽과 남쪽으로는 계양구의 다른 동 들과, 북쪽으로는 경기도 김포군과, 서쪽으로는 인천광역시 서구와 각각 접경하고 있으며 그 인구수는 1995. 6. 30. 현재 12,401명으로서 전체 계양구 인구수의 4.74퍼센트인 사실등을 각 인정할 수 있다.

다. 그렇다면 입법자 스스로 정한 선거구의 최소인구수인 75,000명에 미달하여 강화군을 하나의 독립한 선거구로 할 수 없다면, 같은 도서지역으로서 지리적으로 인접하고 있는 옹진군과 합쳐 하나의 선거구로 하든지, 그렇지 아니하고 굳이 인천광역시 관할구역 내의 다른 구의 일부를 분할하고 이를 강화군에 합쳐서라도 하나의 선거구로 하여야 할 불가피한 사정이 있다면 지리적으로 더욱 가까운 서구의 일부를 분할하고 이를 강화군에 합쳐 하나의 선거구로 하면 몰라도 다 같이 인천광역시의 관할구역 안에 있다는 것 외에는 연관성이 거의 없는 계양구의 일부를, 그것도 계양구 11개동 중 1개동으로서 계양구전체 인구수의 4.74퍼센트에 불과한 인구수의 계양1동만을 분할하고 이를 강화군에 합쳐 하나의 선거구로 한 것은 헌법상 입법자에게 부여된 재량권의 한계를 벗어나 계양구 주민의 투표가치의 평등을 심각하게 훼손하는 것으로서 위헌이라 보지 않을 수 없다(강화군과 옹진군을 합쳐 하나의 선거구로 하는 경우나 서구의 일부를 분할하고 이를 강화군에 합쳐 하나의 선거구로 하는 경우에도 불합리한 점이 없지 않으나, 계양구에서 계양1동만을 분할하고 이를 강화군에 합쳐 하나의 선거구로 하는 것 보다는 그 정도가 훨씬 낫다).

라. 다수의견은, 이 사건 선거구란이 특별한 사정이 없는 한 입법재량의 범위를 일탈한 것으로서 위헌적 요소를 지닌 선거구획정으로 보아야 할 것이라면서도, 여러 가지 사정을 고려하면 비록 이 사건 선거구란은 불합리하지만 입법재량의 범위를 일탈한 것으로서 위헌이라고는 볼 수 없다고 밝히고 있으나, 우리는 다수의견이 들고 있는 그러한 사정들만으로는 이 사건 선거구획정의 위헌성을 부정할 수는 없다고 보므로 다수의견에 반대하는 것이다.」

◎ 같은 취지 : 憲 1995. 12. 27.-95헌마224등 1998. 11. 26.-96헌마74등 2001. 7. 19.-2000헌마91등 2001. 10. 25.-2000헌마92등

▷ 정당추천후보자와 무소속후보자간에 소형인쇄물의 제작 · 배부의 기회와 방법에서 차별하는 것이 평등선거원칙에 위배된다고 본 판례

[憲 1992. 3. 13.-92헌마37등](국회의원선거법 제55조의3 등에 대한 헌법소원)

「3. 국회의원선거법 제55조의3 및 제56조의 위헌성

국회의원선거법의 기본구조를 보면 이 사건 법률 제27조의 후보자 등록에 관한 규정이나 제38조의 선거운동의 정의에 관한 예외규정과 제39조의 선거운동기간 등에서 엄격한 제한규정을 두고 있을 뿐 아니라 제40조에서 선거운동을 포괄적으로 제한하고 예외적으로 제51조의 합동연설회 및 제55조의3의 정당연설회, 제56조의 소형인쇄물의 배포, 제58조의2의 방송매체이용의 대담 · 토론의 방송 등의 선거운동의 방법만을 허용하고 그 외에는 제60조에 의하여 선거운동을 위한 개인연설회, 토론회, 시국강연회 기타의 연설회를 할 수 없게 금지하고 제72조에서 정당활동을 제외한 각종 집회 등을 개최할 수 없도록 하고 있는데 청구인들이 주장하는 바와 같이 이 사건 법률조항으로 이러한 엄격한 규제마저 정당추천자와 무소속의 지역후보자간의 균등한 기회를 보장하지 않으면 입후보의 자유와 평등권을 침해하는 것이고 나아가 유권자가 입후보자를 선택할 수 있는 주권행사인 참정권마저 침해될 수 있는 것이므로 이를 우리 헌법의 기본원리에 따라 구체적으로 살펴보기로 한다.

가. 국회의원선거법 제55조의3(정당연설회)

이 사건 법률 제55조의3은 동법 제51조의 합동연설회 외에 선거운동기간 중 정당에게 그 정당추천후보자를 위한 선거운동을 할 수 있도록 특별히 정당연설회를 설정하고 있으며(동조 제1항), 이러한 정당연설회는 당해 지역구후보자를 포함한 연설원 4인 이내에서 4시간의 범위 내에 각 지역구마다 1회 개최할 수 있도록 하고 있을 뿐 아니라 하나의 지역구가 2개 이상의 구·시·군으로 되어 있을 때에는 구·시·군마다 각 1회씩 개최하도록 규정하고 있다(동조 제6항, 제7항). 이는 제60조에 의하여 개인연설회를 금지하고 제51조에 의한 합동연설회는 후보자등록마감 후 적당한 일시, 장소에 각 지역구마다 모든 후보자에게 30분의 범위 내에서 3회에 한하여 개최하고, 다만 하나의 지역구가 2개 이상의 시·군으로 되어 있을 때에는 시·군마다 각각 2회씩 개최하도록 균등하게 규정하면서 제55조의3에서 정당추천후보자에게만 별도의 정당연설회에 참가할 수 있게 특별규정을 둠으로써 결과적으로 선거운동에 있어서 정당추천후보자에게는 무소속후보자와는 달리 심히 불평등한 기회를 더 허용하고 있음을 쉽게 알 수 있다. 즉 지역구후보자는 그가 정당추천후보자이든 무소속후보자이든 구별없이 합동연설회에서 연설을 할 수 있는 균등한 기회를 보장하고 있는 데 반하여 정당추천후보자는 합동연설회외에 별도로 동법 제55조의3에서 각 정당은 정당연설회를 개최할 수 있고 그 연설회에 그 정당추천후보자가 참가할 수 있게 함으로써 무소속후보자에 비하여 선거운동을 더 많이 할 수 있도록 불평등하게 규정하고 있고 이는 무소속후보자는 정당추천후보자에 비하여 상대적으로 자기의 정견발표를 할 수 있는 기회를 극도로 제한받고 있는 것이 산술적으로 보아도 명백하다 할 것이다.

예를 들어 1개 구·시·군이 1개 선거구인 경우에 '별지목록 Ⅰ'에서 보는 바와 같이 무소속후보자는 합동연설회에서 30분간 3회에 걸쳐 모두 90분만 정견발표를 할 수 있도록 되어 있는 반면 정당추천후보자는 지역구후보자로서 할 수 있는 90분 이외에 정당연설회를 통하여 최대한 4시간까지를 더 할 수 있도록 하고 있다. 더구나 선거의 과열분위기는 정당연설회에 의하여 주도되는 것이고 그 연설회에서 불법·타락선거운동, 인신공격, 흑색선전이 난무한다 하더라도 무소속후보자는 이에 대응하여 반박 또는 해명할 수 있는 기회마저 보장되지 않고 있는 것이다. 더욱이 하나의 선거구가 2개 이상의 시·군으로 되어 있는 경우에는 각 시·군에서 정당연설회를 개최할 수 있도록 함으로써(법 제55조의3 제6항 단서) 정당추천후보자와 무소속후보자간의 선거유세시간의 차이가 더욱 심해지게 된다. 그리고 하나의 선거구가 2개의 구·시·군으로 되어 있는 경우에는 단순히 산술적으로 볼 때 최대한 8시간의 선거연설을 더 할 수 있게 되는 결과가 되어 있고(별지목록 Ⅱ참조), 1개 선거구가 3개의 시·군으로 되어 있는 경우에는 정당추천후보자는 무소속후보자에 비하여 산술적으로 보아 최대한 12시간의 연설을 더 할 수 있어 그 불균등은 더욱 심하다(별지목록 Ⅲ참조). 또한 하나의 선거구가 2개 이상의 구로 되어 있는 경우에는 각 구에서 정당연설회를 개최할 수 있도록 함으로써(법 제55조의3 제6항 단서) 이 경우에는 각각 합동연설회를 할 수 있도록 하고 있지 않은 동법 제51조 제2항 단서와 비교할 때 양자 사이의 선거유세시간의 불평등은 더 더욱 심하다 할 것이다(별지목록 Ⅳ참조). 이와 같이 선거법이 정당추천후보자에게 무소속후보자보다 더 많은 연설회를 가질 수 있도록 하여 선거운동기회를 균등하게 부여한 것이 되지 아니하고 결국 무소속후보자를 과도하게 차별하는 것으로서 달리 생각할 필요도 없이 헌법 제116조에서 보장하는 선거운동의 기회균등원칙에 심히 반하는 것임이 명백하다.

한편 이 사건 법률 제55조의3 제2항을 보면 정당연설회는 선거기간 중 언제나 개최시간전

24시간까지 지역구선거관리위원회에 서면으로 신고하면 개최할 수 있으나, 합동연설회는 법 제51조 등에 의하여 후보자등록이 마감된 이후에야 비로소 개최할 수 있으며 게다가 지역구선거관리위원회가 일방적으로 일시 · 장소를 정하도록 되어 있어 무소속후보자는 자기가 원하는 장소와 시간에 정견발표를 할 수 없는데 비하여 정당추천후보자는 자기에게 유리한 일정을 자유로이 선택할 기회가 광범하게 인정되어 결국 연설회의 개최시기와 장소 및 시간에 있어서도 무소속후보자는 심히 불평등한 차별을 하고 있는 것이다.

그러므로 이 사건 법률 제55조의3은 결국 무소속후보자와 정당추천후보자에게 선거연설을 허용하는 기회 등의 등가성을 비교하여 볼 때 선거의 당락에 영향을 줄 수 있을 정도의 심히 불평등한 것이라고 못 볼 바 아니어서 이는 헌법 전문, 헌법 제11조 제1항의 법앞의 평등, 제25조의 공무담임권, 제41조 제1항의 평등선거의 원칙, 제116조 제1항의 선거운동기회균등의 보장원칙에 반하는 것이라 아니할 수 없다.

그렇다면 이 사건 법률 제55조의3은 무소속후보자에게도 정당추천후보자에 준하는 선거운동의 기회가 보장되도록 균등하게 연설회를 허용하지 아니하면 헌법에 위반되는 것이라 할 것이지만, 정당연설회가 개최되는 경우에 무소속후보자에게 그에 준하는 그 단독의 연설회를 허용하는 때에는 위헌성의 소지가 제거될 수 있다고 할 것이고 또 이 한도 내에서는 해석상 법 제60조의 제한규정의 적용이 배제된다고 보아야 할 것이므로, 동조 제7항은 당해지역구에서 정당이 정당추천후보자를 연설원으로 포함시킨 정당연설회를 개최하는 경우에는 무소속후보자에게도 위와 같이 그 정당연설회에 준하는 선거운동의 기회를 균등하게 허용하지 아니하는 한 헌법에 위반된다고 할 것이다.

나. 국회의원선거법 제56조(소형인쇄물의 배부 등)

이 사건 법률 제56조는 일정 한도의 소형인쇄물을 제작 · 배부할 수 있도록 허용하고 있으나 지역구후보자에게는 4종을, 정당에게는 후보자를 추천한 지역구마다 추천후보자의 지원내용을 표시한 2종의 소형인쇄물을 추가로 제작 · 배부할 수 있도록 규정하고 있어 결과적으로 무소속후보자에게는 4종만을, 정당추천후보자에게는 6종을 제작 · 배부할 수 있도록 한 것이 되어 이는 선거운동에 있어서 유권자에게 스스로를 알릴 기회를 무소속후보자에게 상대적으로 제한한 것으로 명백한 차별대우를 하는 조항이라 할 것이다.

국회의원선거에 있어서 그 지역구후보자의 선거운동은 누구나 동일한 조건과 법적 보호하에서 유권자에게 자신의 정견발표와 자기소개를 할 기회가 균등하게 보장되어야 함에도 불구하고 이 사건 법률조항에서는 소형인쇄물의 종류를 무소속후보자에 비하여 정당추천후보자에게 2종을 더 추가할 수 있고 그 배부방법과 배부가능한 장소 및 기회도 정당연설회의 개최에 따라 추가할 수 있도록(별지목록 Ⅴ참조) 관계규정을 불평등하게 설정하고 있는 것이다. 선거란 주권자인 국민의 본질적인 기본권행사이기 때문에 유권자가 바르게 보고 판단하여 투표할 수 있도록 정정당당한 선의의 경쟁을 할 수 있게 각기 능력에 따라 자기의 정치적 소신과 자신을 알릴 기회가 충분히 보장되어야 하는 것이고 이러한 기회균등이 보장되는 공명선거의 분위기가 이루어져야만 공정한 선거라 할 것임에도 불구하고 과열선거와 혼탁선거 등을 방지한다는 정책적 목적을 앞세워 무소속후보자에게는 소형인쇄물 4종에 한정하고 정당은 2종을 더 추가할 수 있게 한 것은 공명선거원리에 반하고 후보자를 보다 더 자세히 알림으로써 공정한 투표권행사의 기회를 부여받고자 하는 유권자의 참정권을 침해하는 것이라고 아니할 수 없으므로 소형인쇄물을 제작 · 배부할 수 있는 기회와 방법에 있어서 정당추천후보자와 무소속후보자 사이에 차별하여 제한하는 규정을 두는 것은 평등선거의 원칙에 반하는 것이라 할 것이다. 이와 같이 이 사건 법률조항은 무소속후보자와 정당후보자간에 산술상 명백하게 불평등한 내용을 담고 있을 뿐만 아니라 국민의 주권행사인 참정권을 침해하는 위헌적인 규정이라 위 (가)에서 판시한 헌법규정에 위반된다고 아니할 수 없으나 무소속후보자에게 정당추천후보자의 경우에 준하여 소형인쇄물을 추가 배부할 수 있도록 허용하는 때에는 위헌성의 소지가 제거될 수 있다고 할 것이다.

그러므로 이 사건 법률 제56조 역시 당해 지역구에서 정당이 소형인쇄물을 2종을 더 추가 배부하는 경우에는 무소속후보자에게도 그에 준하는 종수의 소형인쇄물을 제작·배부할 수 있도록 선거운동의 기회를 균등하게 허용하지 아니하는 한 헌법에 위반된다고 할 것이다.」

▷ 정당추천후보자와 무소속후보자간에 기탁금에 차등을 둔 것을 평등선거의 원칙에 반한다고 본 판례
[憲 1989. 9. 8.-88헌가6](국회의원선거법 제33조, 제34조의 위헌심판)
※ 〈제5편 - 제4장 - 2. - □ 제한과 그 한계〉 판례 인용부분 참조

▷ 정당투표가 없이 지역구국회의원에 대한 투표를 정당에 투표한 것으로 의제하는 비례대표의석배분방식에 대하여 평등선거의 원칙에 위배된다고 본 판례
[憲 2001. 7. 19.-2000헌마91](공직선거및선거부정방지법 제146조 제2항 위헌확인 등)
※ 〈제7편 - 제1장 - 3. - 선거와 임기 - □ 비례대표국회의원〉 판례 인용부분 참조

▷ 선거권의 연령을 입법재량의 범위 내에서 국회가 정하는 것은 평등원칙에 위반되는 것이 아니라고 본 판례
[憲 1997. 6. 26.-96헌마89](공직선거및선거부정방지법 제15조 위헌확인)
※ 〈제5편 - 제4장 - 1. - □ 제한과 그 한계〉 판례 인용부분 참조
◎ 같은 취지 : 憲 2001. 6. 28.-2000헌마111

▶ 선거구 인구불평등의 문제에 대한 판례
▷ 선거구 획정에서 국회가 가지는 입법형성의 자유를 인정하되, 그 한계가 있음을 명확히 한 판례
[憲 2001. 10. 25.-2000헌마92등](공직선거및선거부정방지법 [별표1] '국회의원지역선거구구역표' 위헌확인)

「가. 대의제민주주의와 평등선거의 원칙

대의제민주주의의 성공 여부는 국민들의 의사가 얼마나 정확히, 그리고 효과적으로 정치의 사결정에 반영되는지 여부에 달려 있다고 할 것이므로, 선거에 있어 선거구의 획정은 선거결과가 가능한 한 국민의 의사를 바르게 반영할 수 있도록 마련되어야 함은 물론이다. 그릇된 선거구획정으로 말미암아 선거에 있어서 선거권의 평등이 침해된다면, 국민의 의사가 왜곡되는 결과가 되고, 이로 인하여 대의제민주주의의 본질과 정당성이 훼손된다고 할 것이다.

평등선거의 원칙은 평등의 원칙이 선거제도에 적용된 것으로서 투표의 수적 평등, 즉 1인 1표의 원칙(one person, one vote)과 투표의 성과가치의 평등, 즉 1표의 투표가치가 대표자선정이라는 선거의 결과에 대하여 기여한 정도에 있어서도 평등하여야 한다는 원칙(one vote, one value)을 그 내용으로 할 뿐만 아니라(헌재 1995. 12. 27. 95헌마224등, 판례집 7-2, 760, 771), 일정한 집단의 의사가 정치과정에서 반영될 수 없도록 차별적으로 선거구를 획정하는 이른바 '게리맨더링'에 대한 부정을 의미하기도 한다.

나. 선거구획정에 관한 입법재량과 그 한계

우리 헌법은 제41조 제3항에서 "국회의원의 선거구와 비례대표제 기타 선거에 관한 사항은 법률로 정한다"고 규정하여 선거제도와 선거구의 획정에 관한 구체적 결정을 국회의 재량에 맡기고 있다.

따라서, 국회는 투표가치 평등의 원칙을 고려한 선거구간의 인구의 균형뿐만 아니라, 우리 나라의 행정구역, 지세, 교통사정, 생활권 내지 역사적·전통적 일체감 등 여러 가지 정책적·기술적 요소를 고려하여 선거구를 획정함에 있어서 폭넓은 입법형성의 자유를 가진다고 할 것이다. 공선법 제25조 제1항은 "국회의원지역선거구는 시·도의 관할구역안에서 인구·행정구역·지세·교통 기타 조건을 고려하여 이를 획정하되, ……"라고 함으로써 이러한 취지를 규정하고 있다.

한편, 국회의원 총정수, 즉 입법부의 크기도 선거구획정의 고려요소가 된다. 즉 헌법상의 요청인 200인 이상을 넘어야 할 것임은 물론이나, 의원수가 과다하게 되어도 입법부로서 효과적으로 활동하기 곤란할 것이므로, 적절하고도 효과적인 입법부를 구성한다는 취지도 선거구획정에서 고려되어야 할 것이다.

그러나, 선거구획정에 관하여 국회의 광범한 재량이 인정된다고 하여도, 선거구획정이 헌법적 통제로부터 자유로울 수는 없으므로, 그 재량에는 평등선거의 실현이라는 헌법적 요청에 의하여 다음과 같은 일정한 한계가 있을 수밖에 없다.

첫째로, 선거구획정에 있어서 인구비례원칙에 의한 투표가치의 평등은 헌법적 요청으로서 다른 요소에 비하여 기본적이고 일차적인 기준이기 때문에, 합리적 이유없이 투표가치의 평등을 침해하는 선거구획정은 자의적인 것으로서 헌법에 위반된다고 하지 아니할 수 없는 것이므로, 이러한 점에서 선거구획정에 관한 국회의 재량에는 스스로 그 한계가 있다고 할 것이다.

우리 재판소는 이 점에 관하여 "국회가 통상 고려할 수 있는 제반사정, 즉 여러 가지 비인구적 요소를 모두 참작한다고 하더라도 일반적으로 합리성이 있다고는 도저히 볼 수 없을 정도로 투표가치의 불평등이 생긴 경우에는 헌법에 위반된다"고 판시한 바 있다(헌재 1995. 12. 27. 95헌마224등, 판례집 7-2, 760, 773).

둘째로, 특정 지역의 선거인들이 자의적인 선거구획정으로 인하여 정치과정에 참여할 기회를 잃게 되었거나, 그들이 지지하는 후보가 당선될 가능성을 의도적으로 박탈당하고 있음이 입증되어 특정 지역의 선거인들에 대하여 차별하고자 하는 국가권력의 의도와 그 집단에 대한 실질적인 차별효과가 명백히 드러난 경우, 즉 게리맨더링에 해당하는 경우에는, 그 선거구획정은 입법재량의 한계를 벗어난 것으로서 헌법에 위반된다고 할 것이다.

우리 재판소는 "선거구의 획정은 사회적·지리적·역사적·경제적·행정적 연관성 및 생활권 등을 고려하여 특단의 불가피한 사정이 없는 한, 인접지역이 1개의 선거구를 구성하도록 함이 상당하다"고 하면서, 특단의 불가피한 사정이 없음에도 다른 지역을 사이에 두고 접경지역 없이 완전히 분리되어 있는 지역을 1개의 선거구로 획정한 경우를 재량의 범위를 일탈한 자의적인 선거구획정으로서 헌법에 위반된다고 판시한 바 있다.

다. "경기 안양시 동안구 선거구란"의 위헌 여부(투표가치의 평등과 관련하여)

(3) 인구편차의 허용기준

(가) 우선 인구편차의 허용기준을 제시함에 있어 최소선거구의 인구수를 기준으로 할 것인가, 아니면, 전국 선거구의 평균인구수를 기준으로 할 것인가의 문제가 있으나, 우리 재판소

는 이미 위 95헌마224등 결정에서 독일연방선거법의 규정이나 독일연방헌법재판소의 판시기준 및 당시 중앙선거관리위원회의 의견 등의 예에 따라 전국 선거구의 평균인구수를 기준으로 하여 인구편차의 허용기준을 제시한 바 있으므로, 이에 따라 전국 선거구의 평균인구수를 기준으로 하여 인구편차의 허용기준을 검토하기로 한다.

(나) 다음으로 도시 유형의 선거구와 농어촌 유형의 선거구를 구별하여 서로 다른 기준에 따라 위헌 여부를 판단할 것인가의 문제가 있다.

우리 재판소의 위 결정에서도 일부 재판관이 도시 유형의 선거구와 농어촌 유형의 선거구를 구별하여 보는 견해를 취하고 있으나, 도시 유형과 농어촌 유형을 구분하는 기준이 명확하지 아니할 뿐 아니라, 같은 도시 유형이나 농어촌 유형 사이에서도 다른 고려요소가 서로 같지 아니한 사정 등을 감안한다면, 이러한 유형화는 부적절하거나 불필요한 것이라고 할 수 있으므로, 이하에서는 도시 유형의 선거구와 농어촌 유형의 선거구를 구별하여 보지 아니하기로 한다.

(다) 지역구국회의원의 선거에 있어 인구비례의 원칙을 지키는 문제는 비단 우리 나라에 국한된 문제가 아니라고 할 것인데, 이 문제에 관한 외국의 최근의 판례나 입법추세를 보면, 인구편차의 허용한계가 점점 엄격해지는 경향을 발견할 수 있다.

독일의 경우를 보면, 1996. 11. 15. 개정된 연방선거법(Bundeswahlgesetz) 제3조 제1항 제3호는 선거구획정시 준수하여야 할 원칙의 하나로서 "한 선거구의 인구수는 선거구의 평균인구수로부터 상하 각 100분의 15를 초과하는 편차를 보여서는 아니되며, 편차가 100분의 25를 초과한다면, 새로운 선거구획정이 이루어져야 한다"고 규정함으로써, 원칙적으로 상하 편차 15%를 허용한도로 하되, 상하 편차 25%는 반드시 준수해야 할 최대허용한도로 함으로써 탄력적인 입법을 하고 있다.

일본의 경우를 보더라도, 1994. 2. 4. 제정된 중의원의원선거구획정심의회설치법 제3조 제1항은 중의원소선거구선출위원의 선거구 개정안의 작성은 "각 선거구의 인구의 균형을 도모하고, 각 선거구의 인구 중 그 최다의 것을 최소의 것으로 나누어 얻은 수가 2 이상이 되지 아니하도록 하는 것을 기본으로 하고, 행정구획 · 지세 · 교통 등의 사정을 종합적으로 고려하여 합리적으로 행하여야 한다"고 규정함으로써 이러한 추세를 반영하고 있다.

(라) 인구편차의 허용한계를 제시함에 있어 고려되어야 할 우리 나라의 특수사정에 관하여, 우리 재판소는 위 95헌마224등 결정에서, 단원제를 채택하고 있는 우리 나라의 경우 국회의원이 법리상 국민의 대표이기는 하나, 현실적으로는 어느 정도의 지역대표성도 겸하고 있다는 점 및 인구의 도시집중으로 인한 도시와 농어촌간의 인구편차와 각 분야에 있어서의 개발불균형이 현저한 우리의 현실을 선거구간의 인구비례의 원칙을 완화해야 할 필요의 근거로 드는 한편, 소선거구제와 결합한 다수대표제하에서는 사표가 많이 발생하기 마련인데, 거기에 덧붙여 선거구간 인구수의 현저한 편차까지도 허용한다면, 이는 곧바로 대의제민주주의의 기본을 흔드는 결과를 초래할 수도 있다는 점 역시 간과해서는 안 된다는 점을 지적하고 있는바(헌재 1995. 12. 27. 95헌마224등 결정, 판례집 7-2, 760, 775), 이러한 사정은 지금도 당시와 비교하여 크게 달라진 것이 없다고 할 것이다.

(마) 지금까지 앞에서 살펴본 여러 가지 사정을 종합하여 보건대, 인구편차의 허용한계에 관한 다양한 견해 중 인구편차가 상하 33 1/3%(이 경우 상한 인구수와 하한 인구수의 비율은 2 : 1) 미만인 경우에도 그 편차를 정당화할 합리적인 사유의 존재 여부에 따라서 그 위헌 여부를 따지는 견해는 그 기준이 너무 엄격하여 우리 나라의 현실에서 이를 채택하는 것은 시기상조인

것으로 보이고, 위 95헌마224등 결정에서 취한 상하 60% 편차(이 경우 상한 인구수와 하한 인구수의 비율은 4 : 1)의 기준을 5년 이상이 지난 지금에도 그대로 답습하는 것은 향후 위헌판단의 기준은 더욱 엄격해질 것을 시사한 보충의견에 비추어 보거나, 이 사건 결정에서 제시하는 기준이 2004년에 실시되는 국회의원총선거에 적용될 선거구구역표의 개정지침이 될 것이라는 점을 고려하더라도 곤란할 뿐만 아니라, 인구편차의 허용한계를 점점 엄격하게 보는 세계적 추세에도 역행하는 것이라고 할 것이다.

그렇다면, 우리 재판소가 선거구획정에 따른 선거구간의 인구편차의 문제를 다루기 시작한 지 겨우 5년여가 지난 현재의 시점에서 너무 이상에 치우친 나머지 현실적인 문제를 전적으로 도외시하기는 어렵다고 할 것이므로, 이번에는 평균인구수 기준 상하 50%의 편차를 기준으로 위헌 여부를 판단하기로 한다.

그러나 헌법상의 요청인 평등선거의 원칙에 비추어 원칙적으로 지역선거구획정에 따른 선거구간의 인구의 편차는 적어도 최대선거구의 인구가 최소선거구의 인구 2배를 넘지 않도록 조정해야 함이 마땅하다 할 것이고, 앞으로 상당한 기간이 지난 후에는 인구편차가 상하 33 1/3%(이 경우 상한 인구수와 하한 인구수의 비율은 2 : 1), 또는 그 미만의 기준에 따라 위헌 여부를 판단하여야 할 것이라는 점을 다시 한번 명백히 밝혀두는 바이다.

(4) 위선거구란의 위헌성

그렇다면, 위 선거구의 경우 전국 선거구의 평균인구수로부터 +57%의 편차를 보이고 있으므로, 그 선거구의 획정은 국회의 재량의 범위를 일탈한 것으로서 청구인의 헌법상 보장된 선거권 및 평등권을 침해하는 것임이 분명하다.

라. "인천 서구 · 강화군 을선거구란"의 위헌 여부(게리맨더링과 관련하여)

국회는 제16대 국회의원선거를 앞두고 인구편차의 조정을 위하여 선거구의 최소인구수를 90,000명으로 하기로 정하면서 강화군의 인구수는 그에 미달하여 강화군을 하나의 독립한 선거구로 할 수 없게 되자, 같은 도서지역인 옹진군과 합하더라도 위 최소인구수 기준에 미달되게 되므로, 지리적으로 계양구보다 가까운 서구의 일부를 분할하여 강화군에 합쳐 하나의 선거구로 하는 선택을 할 수밖에 없게 된 것이라고 할 수 있다. 한편, 서구 중에서 유독 검단동을 분할하기로 한 것은 검단동이 서구의 북쪽에 위치하여 강화군과 비교적 가까운 위치에 있는 데다가, 서구의 여러 동 중에서 가장 인구수가 많아 위 최소인구수의 기준을 충족시키기에 가장 적합하다고 판단하였기 때문으로 보인다.

그렇다면, 이러한 선거구획정은 위 96헌마54 결정에서 지적한 취지에 어긋나지 아니할 뿐만 아니라, 인구비율에 있어서도 검단동의 인구수가 "서구 · 강화군 을선거구" 전체 인구수의 약 43%에 달하여 검단동이 강화군에 일방적으로 편입되었다고 보기도 어렵다는 점 등을 고려해 볼 때, 위와 같이 인정되는 사실을 감안하더라도 입법자가 서구 검단동에 대하여 차별의 의도를 가지고 자의적인 선거구획정을 하였다고 볼 수 없다.

따라서, 위 선거구란은 청구인들의 선거권, 평등권을 침해한다거나 기타 사유로 헌법에 위반된다고 할 수 없다.

마. 선거구구역표의 불가분성과 위헌선언의 범위

우리 재판소는 위 95헌마224등 결정에서 "선거구구역표는 각 선거구가 서로 유기적으로 관련을 가짐으로써 한 부분에서의 변동은 다른 부분에도 연쇄적으로 영향을 미치는 성질을 가지며, 이러한 의미에서 선거구구역표는 전체가 불가분의 일체를 이루는 것으로서 어느 한 부분에 위헌적인 요소가 있다면, 선거구구역표 전체가 위헌의 하자를 띠는 것이라고 보아야 할 뿐만 아니라, 제소된 당해 선거구에 대하여만 인구과다를 이유로 위헌선언을 할 경우에는 헌법소원 제소기간의 적용 때문에 제소된 선거구보다 인구의 불균형이 더 심한 선거구의 선거구획정이 그대로 효력을 유지하게 되는 불공평한 결과를 초래할 수도 있으므로, 일부 선거구의 선거구획정에 위헌성이 있다면, 선거구구역표의 전부에 관하여 위헌선언을 하는 것이 상당하다"는 취지의 판시를 함으로써 불가분설을 취하였는바, 이는 객관적 헌법질서의 보장이라는 측면이나 적극적인 기본권 보장의 측면에서 보더라도 타당한 것으로 보이므로 이러한 입장을 계속 유지하기로 한다.」

⇒ 재판관 1인(재판관 권성)의 별개의견

「대의제도는 의회제도의 본질요소이고, 일정한 행정구역을 단위로 하여 선출하는 대표를 대의원으로 삼는 것은 대의제도의 본질요소이다. 그러므로 국회의원의 선거에 있어서 국민은 자기가 거주하는 행정구역의 대표를 선출하여 그로 하여금 국회의원의 지위를 갖도록 하는 권리를 갖는 것이고 이것이 국회의원 선거에 있어서 국민이 갖는 선거권의 본질이다. 따라서 일부 주민이 자기의 행정구역에서 분리된 뒤 다른 행정구역에 편입되어 투표를 하게 되면 자기 지역의 대표를 뽑는 선거권을 상실하게 되는 것이다. 물론 복수의 행정구역을 묶어 하나의 선거구를 만드는 것 또는 인구가 과밀한 행정구역을 복수의 선거구로 나누는 것 등은 모두 어느 정도는 지역 주민의 자기 대표를 뽑을 권리를 제약하게 되지만 공동대표자를 선출한다든지 또는 복수의 대표자를 선출한다든지 하는 관념으로 이것을 파악할 수 있으므로 이것은 대의제도의 본질을 침해하는 것은 아니다.

다수의견은 공선법 제25조 제1항 후단이 국회의원지역구를 획정함에 있어서 "구·시·군의 일부를 분할하여 다른 국회의원지역구에 속하게 하지 못한다"고 규정한 것은 헌법적 요청이 아니라고 설시하고 있지만 나는 위에서 설명한 바와 같이 투표가치의 산술적 평등에 보다 접근시키기 위하여 어느 행정구역의 일부 주민을 다른 행정구역에 편입하여 하나의 선거구를 만드는 것은 의원의 주민대표성을 약화시키고 이것은 자기 구역에서 분리되어 타구역에 편입당한 주민들의 선거권을 침해하므로 위헌이 된다고 생각하므로 이 규정은 헌법의 요청을 반영한 것이고 이 규정에 어긋나는 선거구의 획정은 따라서 위헌이라고 생각한다.」

⇔ 재판관 2인(재판관 한대현, 재판관 하경철)의 반대의견

「우리는 "인천 서구·강화군 을선거구란"이 헌법에 위반되지 아니한다는 다수의견의 견해에는 찬성하지만, "경기 안양시 동안구 선거구란"이 청구인의 헌법상 보장된 선거권 및 평등권을 침해하는 것으로서 헌법에 위반된다는 다수의견에 대하여는 다음과 같은 이유로 반대한다.

우리 재판소는 1995. 12. 27. 선고한 위 95헌마224등 결정에서 당시 심판의 대상이 된 국회의원지역선거구구역표를 위헌이라고 선언한 바 있는데, 선거구획정시 인구편차의 허용범위에 관한 위 결정의 취지에 의하면 적어도 어떤 선거구가 전국 선거구의 평균 인구수를 기준으로 상하 60%의 편차를 초과하지 아니하는 한 그 선거구는 헌법에 위반되는 것으로 볼 수 없다고 할 것이다.

그런데 2000. 3. 22. 현재 위 "경기 안양시 동안구 선거구"의 인구수는 328,383명으로서 당시 전국 선거구의 평균인구수 208,917를 기준으로 +57%의 편차를 보이고 있으므로, 위 결정에서 제시한 기준에 의할 때 위 선거구가 헌법에 위반된다고 할 수는 없음은 명백하다.

그럼에도 불구하고 우리 재판소가 위와 같은 결정을 한 지 겨우 5년여밖에 지나지 아니한 현시점에서 태도를 바꿔 이 사건에서 문제가 된 위 선거구란을 위헌이라고 하는 것은 국회 입법권의 존중 차원에서 볼 때 바람직하지 않다고 생각한다.

그러나 우리는 2004년에 실시되는 국회의원총선거에 적용될 선거구구역표는 평균인구수 기준 상하 50%의 편차를 넘지 않아야 할 것이라는 점에 대하여는 다수의견과 견해를 같이 한다.

결론적으로 우리는 위 선거구란이 위헌임을 이유로 이 사건 선거구구역표 전체에 대하여 헌법불합치의 결정을 하기보다는 이 사건 심판청구를 기각하면서 2004년에 실시되는 국회의원총선거에 적용될 선거구구역표는 평균인구수 기준 상하 50%의 편차를 넘지 않아야 하고, 이후에는 이러한 기준에 따라 위헌 여부를 판단할 것임을 밝히는 것으로 족하다고 보는 것이다.」

▷ **헌법재판소가 과거 국회의원선거구 획정에 있어서 인구편차가 4:1 이상일 경우 위헌이라고 본 판례 [憲 1995. 12. 27.-95헌마224](공직선거및선거부정방지법)**

「가. 국회의원지역선거구의 획정

(1) 선거권의 평등과 국회의 재량권

(가) 우리 헌법은, 제11조 제1항에서 모든 국민은 법 앞에 평등하다고 규정함으로써 일반적으로 "평등의 원칙"을 선언함과 동시에, 제41조 제1항에서 국회는 국민의 보통·평등·직접·비밀선거에 의하여 선출된 국회의원으로 구성한다고 규정함으로써 국회의원의 선거에 있어서 "평등선거의 원칙"을 선언하고 있다. 이러한 평등선거의 원칙은 평등의 원칙이 선거제도에 적용된 것으로서 투표의 수적(數的) 평등 즉 복수투표제 등을 부인하고 모든 선거인에게 1인 1표(one man, one vote)를 인정함을 의미할 뿐만 아니라 투표의 성과가치(成果價値)의 평등 즉 1표의 투표가치가 대표자선정이라는 선거의 결과에 대하여 기여한 정도에 있어서도 평등하여야 함(one vote, one value)을 의미한다. 그러나 이러한 투표가치의 평등은 모든 투표가 선거의 결과에 미치는 기여도 내지 영향력에 있어서 숫자적으로 완전히 동일할 것까지를 요구하는 것이라고는 보기 어렵다.

(나) 선거제도의 중요한 요소인 선거구를 획정함에 있어서도 1인 1표와 투표가치 평등의 원칙을 고려한 선거구간의 인구의 균형뿐만 아니라, 그 나라의 행정구역, 지세, 교통사정, 생활권 내지 역사적, 전통적 일체감 등 여러 가지 정책적·기술적 요소가 고려될 수 있을 것이다.

(다) 하지만 선거구의 획정에 있어서는 인구비례의 원칙을 가장 중요하고 기본적인 기준으로 삼아야 할 것이고, 여타의 조건들은 그 다음으로 고려되어야 할 것이다. 왜냐하면 선거구의 획정에 있어서 투표가치의 평등이 확보되는 것은, 국민주권의 원리(헌법 제1조)에 따른 대의제 민주주의에 있어서 국가의사형성의 정당성을 밑받침하는 중심적인 요소를 이루는 것임에 반하여, 그 여타의 요소들은 그 성질상 이러한 국가의사의 정당성과는 직접적 관계가 없는 것으로서, 투표가치의 평등은 여타 고려요소와는 다른 본질적인 중요성을 갖고 있기 때문이다. 따라서 선거구획정에 관한 국회의 재량권에는 이러한 헌법적 요청에 의한 한계가 있음을 유의하여야 한다.

(라) 우리 나라는 양원제(兩院制)를 채택하여 양원 중 어느 하나를 지역대표성을 가진 의원으로 구성하고 있는 나라들과는 달리, 우리 나라는 단원제(單院制)를 채택하고 있어, 국회의원이 법리상 국민의 대표이기는 하나 현실적으로는 어느 정도의 지역대표성도 겸하고 있다는 점, 급격한 산업화·도시화의 과정에서 인구의 도시집중으로 인하여 발생한 도시와 농어촌간의 인구편차와 각 분야에 있어서의 개발불균형이 앞서 본 선진외국의 경우보다 현저한 우리 나라의 현실에 있어서 단순히 인구비례만 고려하여 선거구를 획정하는 경우에는 각 분야에

있어서의 도·농간의 격차가 더 심화될 우려가 있다는 점 등을 감안한다면 선거구간의 인구비례의 원칙을 완화해야 할 정책적인 필요가 있다고 볼 수 있는 반면, 현행 선거제도와 같이 소선거구제와 결합한 다수대표제하에서는 사표가 많이 발생하기 마련인데 거기에 덧붙여 선거구간 인구수의 현저한 편차까지도 허용한다면 이는 곧바로 대의제민주주의의 기본을 흔드는 결과를 초래할 수도 있다는 점 역시 간과하여서는 안 될 것이다.

나. 인구편차의 허용한계에 관한 재판관 5인(김용준, 김진우, 김문희, 황도연, 신창언)의 의견

(1) 공통의견

우선 인구편차의 허용기준에 관하여, 최소선거구의 인구수를 기준으로 할 것인가 아니면 전국 선거구의 평균인구수를 기준으로 할 것인가가 문제로 된다. 살피건대 선거구간의 인구불균형의 문제를 엄격한 평등원칙의 측면 즉 차별 여부의 문제로서만 파악하는 한 최소선거구의 인구수와 대비검토가 되어야 할 것이다. 그러나 다른 한편, 모든 선거인으로 하여금 "투표가치에 있어서 중용(中庸)을 취한 평균적인 선거권"을 향유케 하는 것이 헌법이 지향하는 이상(理想)이라고 볼 수도 있고 따라서 각 선거구의 선거인에 관하여 그 투표가치가 이 이상(理想)에서 어느 정도 떨어져 있는가를 검토하여 그 편차가 매우 큰 경우에 투표가치평등의 요구에 반하고 위헌의 하자를 띠게 된다고 생각할 수 있으며, 또 "선거권" 개념의 내포(內包)로서 "평균적인 투표가치"가 포함되어 있고 이러한 선거권이 침해된 경우에 비로소 선거권이 침해되었다고 볼 여지도 있다. 이리하여, 우리는 전국 선거구의 평균인구수를 기준으로 하여 인구편차의 허용기준을 검토해 보고자 한다.

현재 우리 나라의 제반여건 아래에서는 적어도 국회의원의 선거에 관한 한, 전국선거구의 평균인구수(전국의 인구수를 선거구수로 나눈 수치)에 100분의 60을 더하거나 뺀 수를 넘거나 미달하는(즉, 상하 60%의 편차를 초과하는) 선거구가 있을 경우에는, 그러한 선거구의 획정은 국회의 합리적 재량의 범위를 일탈한 것으로서 헌법에 위반된다고 보아야 할 것이다. 그렇다면 이 사건의 경우 "부산 해운대구·기장군 선거구"와 "서울 강남구 을선거구"는 전국 선거구의 평균인구수(175,460명, 1995. 6. 30. 현재)에서 상하 60%의 편차(상한 280,736명, 하한 70,184명)를 넘어선 것으로서, 위 각 선거구의 획정은 국회의 재량의 한계를 일탈한 것이므로 위헌이라고 보아야 할 것이다.

(2) 재판관 김문희, 재판관 황도연, 재판관 신창언의 위 5인의견에 대한 보충의견

국회가 지역선거구의 획정을 함에 있어 인구 이외의 다른 요소도 고려하여 배분할 수 있음은 명백하다 할 것이지만, 적어도 투표가치를 한 사람에게 두사람 몫 이상이 되게 해서는 아니된다는 기본적인 평등의 원칙만은 지키도록 해야할 것이므로, 원칙적으로 지역선거구 획정에 따른 선거구간의 인구의 편차는 최대선거구의 인구가 최소선거구의 인구 2배를 넘지 않도록 조정해야 함이 마땅하다 할 것이다.

국회는 현재의 국회의원지역선거구간의 인구의 불균형에 대하여 스스로 이를 시정하기 위한 필요하고도 합리적인 기간 안에 선거구간의 인구의 편차를 위해서 지적한 법리상 허용한계치라고 할 수 있는 최대선거구의 인구가 최소선거구 인구의 2배를 넘지 아니하는 수준으로 조정토록 함이 마땅하다 할 것이고, 한편 우리재판소도 국회가 그 시정을 하기 위한 합리적인 기간이 지난 뒤에는 최소·최대 선거구간의 인구편차를 1 대 2 미만의 기준에 따라 위헌 여부를 판단하여야 할 것이다.

(3) 재판관 김진우의 위 5인 의견에 대한 보충의견

지역적 특수성 등 제2차적 고려사항을 감안하여도 전국에서 최다인구선거구와 최소인구선

거구의 위 투표가치의 비율은 제1차적 고려사항은 인구비례를 기준으로 볼 때의 등가의 한계인 2:1의 비율에 그 50%를 가산한 3:1 미만이 되어야 할 것으로 생각한다. 제2차적 고려사항인 위와 같은 도농 간의 차이 등 지역의 특수성 등을 선거구획정에 반영하여야 한다고 하여도, 전국에서 최다인구선거구와 최소인구선거구의 투표가치의 비율이 3:1의 비율을 넘어 위 2:1의 두배나 되는 4:1의 비율에 근접한다면, 이는 제1차적 고려요소보다 제2차적 고려요소가 더 중시된 결과라 보여지고, 각 유권자의 투표가치를 합리적 이유없이 차별하는 것으로서 헌법 제41조에 정한 평등선거의 한계를 수인할 수 없을 정도로 넘는 까닭이다. 그러므로 잠정적으로도 전국적으로는 그 비율이 4:1이 넘거나 도시사이에 또는 농어촌 사이에 인구편차가 3:1 이상이 된다면, 국회의원선거에 있어서 평등선거의 원칙에 저촉되는 위헌적인 선거구구역획정이라고 아니할 수 없다. 그리고 민주적 선거는 국민의 의사를 정확하게 그 대의기관구성에 반영시킬 수 있을 때에 그 본래의 기능을 다할 수 있게 되며, 그러기 위해서는 국회의원선거에 있어서의 투표가치의 평등의 관철이 긴요하다는 점에 비추어 볼 때 앞으로 국회의원선거에 있어서의 투표가치의 격차가 인구밀도 등에서 같은 여건인 같은 도시지역 사이, 같은 농어촌지역 사이에 있어서의 투표가치의 비율이 2:1 미만이 되도록 조정되어야 할 뿐만 아니라, 전국적인 관점에서도 2:1 미만으로 하향 조정되어야 한다고 생각한다.

다. 인구편차의 허용한계에 관한 재판관 4인(이재화, 조승형, 정경식, 고중석)의 의견

(1) 선거구의 획정에는 인구 외에 행정구역 · 지세 · 교통 등 여러가지 조건을 고려하여야 하므로, 그 위헌 여부를 결정하는 기준을 획일적으로 일정한 수치로써 확정하기는 지극히 어려운 문제이지만, 일응 그 기준은 선거구 획정에 있어서 투표가치의 평등으로서 가장 중요한 요소인 인구비례의 원칙과 우리 나라의 특수사정으로서 투표가치의 평등 못지 않게 중요한 요소인 단원제 채택으로 인한 국회의원의 지역대표성 및 인구의 도시집중으로 인한 도시와 농어촌간의 극심한 인구편차 등 3개의 요소를 합리적으로 참작하여 결정되어야 할 것이다.

(2) 따라서 우리 나라의 국회제도 및 선거제도와 외국의 입법례 및 판례 등에 비추어 보면 우선 전국적인 선거구간의 인구편차의 허용한계는 전국 선거구평균인구수에서 상하 60%(이 경우의 상한 인구수와 하한 인구수의 비율은 4:1이다)로 봄이 상당하다고 할 것이고, 다음 도시유형의 선거구와 농어촌 유형의 선거구간의 인구편차의 허용한계는 각각 선거구 평균인구수에서 상하 50%(이 경우의 상한 인구수와 하한 인구수의 비율은 3:1이다)로 봄이 상당하다고 할 것이다.

(3) 그렇다면 이 사건의 경우 부산 광역시 해운대구 · 기장군 선거구의 경우 전국 선거구 평균인구수를 기준으로 할 경우 위 60%를 넘는 111.18%를 초과하고, 같은 광역시 지역의 선거구 평균 인구수를 기준으로 할 경우에는 위 50%를 넘는 77.96%의 편차를 보이고 있어, 위 선거구의 획정은 국회의 재량의 범위를 일탈하였다고 보아야 할 것이다.

라. 소위 "게리만더링(Gerrymandering)"의 문제-"충북 보은군 · 영동군 선거구" 획정의 위헌성

선거구의 획정은 사회적 · 지리적 · 역사적 · 경제적 · 행정적 연관성 및 생활권 등을 고려하여 특단의 불가피한 사정이 없는 한 인접지역이 1개의 선거구를 구성하도록 함이 상당하며, 이 또한 선거구획정에 관한 국회의 재량권의 한계라고 할 것이다.

그런데 이 사건 선거구구역표는 위와 같은 원칙을 무시한 채, 특단의 불가피한 사정이 있다고 볼만한 사유를 찾아볼 수 없는데도, 충북 옥천군을 사이에 두고 접경지역 없이 완전히 분리되어 있는 충북 보은군과 영동군을 "충북 보은군 · 영동군 선거구"라는 1개의 선거구로 획정하였는바, 이는 재량의 범위를 일탈한 자의적인 선거구획정이라고 하지 아니할 수 없고 이

로써 충북 보은군에 거주하는 청구인 이관모의 정당한 선거권을 침해하였다고 할 것이다.」

⇔ 재판관 1인(재판관 조승형)의 반대의견

「(1) 어떤 법규의 일부에 하자가 있는 경우에 그 하자와 전체 법규와의 관련정도의 대·소(大·小)를 고찰하여 합리적인 해결이 될 수 있으면 그 법규에 대하여 가능한 한 헌법위반의 범위를 확대하지 않도록 해석함이 위헌심사의 기본적인 태도로서, 일부 선거구에 있어서 발생한 투표가치의 위헌적인 불평등이 선거구 전체를 위헌이라고 할 정도로 다른 선거구들과 밀접불가분한 관련성이 있다고 하는 것은 의문이며, 평균적 투표가치를 가진 선거구에 관하여는 다른 선거구에서 위헌적인 불평등이 발생하였다는 것과는 관계없이 여전히 헌법의 이념에 합치하고 있는 것이라 인정할 수 있으므로, 모든 선거구에 관하여 일률적으로 위헌이라 단정할 수는 없다.

(2) 지금까지 의원정수배분규정의 개정은 대체로 인구가 과다한 선거구의 일부를 분구하는 방법으로 이루어져 왔음에 비추어 의원정수배분규정을 가분적(可分的)이라고 봄이 입법자의 의도에 부합하며 인구가 과다한 선거구를 분구하는 만큼 전국구 국회의원수를 줄이거나, 국회의원정수를 늘리어 해결할 수 있으므로 현행 선거법과도 배치되지 아니한다.

(3) 법령의 위헌성은 가능한 한 한정적으로 해석함이 헌법과 관련한 법해석의 원칙이라 할 것이다.

위와 같이 2개의 선거구만이 위헌이라면, 15개 광역자치구역 중 부산광역시와 충청북도를 제외한 나머지 13개 광역자치구역에 있는 각 선거구를 전혀 조정할 필요도 없이 부산광역시와 충청북도 안에서만 얼마든지 합리적으로 해결할 수 있다. 그러함에도 불구하고 부산광역시와 충청북도만의 하자를 왜 전국에 전가하려드는지를 이해하기 어렵다.

따라서 주문 제1항은 "공직선거및선거부정방지법 제25조 제2항에 의한 [별표1] 「국회의원지역선거구구역표」(1985. 8. 4. 법률 제4957호로 개정된 것) 중 부산광역시 해운대구·기장군 선거구 및 충북 보은군·영동군 선거구에 관한 부분은 헌법에 위반된다"로 함이 마땅하다.」

⇔ 재판관 1인(재판관 김진우)의 반대의견

「이 사건에 있어 재판관 9명 중 8명의 다수재판관은 선거구구역표는 각 선거구가 서로 유기적으로 관련을 가지므로 한 부분에서의 변동은 다른 부분에도 연쇄적으로 영향을 미치는 성질을 가지며, 이러한 의미에서 선거구구역표는 전체로서 "불가분의 일체"를 이루는 것으로서 어느 한 부분에 위헌적인 요소가 있다면 선거구구역표 전체가 위헌성을 띠는 것이라 하여 이른바 국회의원선거구구역표에 관한 불가분성을 인정하고 있다. 그러면서도 청구인 고성범 등이 각 거주하는 각 선거구는 인구편차의 허용한계를 벗어난 것이 아니므로 결국 이 사건 선거구구역표상의 선거구 획정으로 인하여 그들의 선거권이나 평등권이 침해되었다고 할 수 없어 그들의 각 심판청구는 기각한다고 한다. 그러나 위 고성범 등 청구인들도 이 사건 법률 [별표1] 「국회의원지역선거구구역표」가 헌법에 위반된다는 확인을 구하는 것이고, 국회의원선거구구역표의 불가분성을 인정하는 한 비록 이 청구인들이 각 거주하는 각 선거구들이 인구편차의 허용한계를 벗어나지 아니하였다고 하여도 이미 타선거구의 위헌성으로 인하여 동 선거구들을 포함한 전 선거구구역표가 위헌으로 되는 것이므로 이들의 청구도 그러한 범위에서는 받아들여진 것이 되는 것이어서 청구기각을 할 수는 없는 것이다. 그리고 이런 경우 청구기각을 한다면 주문 제1항과 충돌되기도 하여 불필요한 오해를 일으킬 수도 있다. 그러므로 청구인 고성범 등에 대한 청구도 기각하여서는 아니될 것으로 생각한다. 이상과 같은 이유로 주문 제2항에 관하여 다수의견에 반대한다.」

▹ 그 후 2001년의 결정에서 인구편차의 허용기준을 3:1로 보다 엄격하게 본 판례

[憲 2001. 10. 25.-2000헌마92등](공직선거및선거부정방지법 [별표1] '국회의원지역선거구구역표' 위헌확인)

※ 위 판례 인용부분 참조

▶ 직접선거의 원칙

▸ 지역선거구에서 얻은 득표율로 비례대표의석을 할당하는 것은 평등선거원칙과 직접선거원칙에 위반되는 것으로 본 판례

[憲 2001. 7. 19.-2000헌마91](공직선거및선거부정방지법 제146조 제2항 위헌확인 등)

※ 〈제7편 - 제1장 - 3. - 선거와 임기 - □ 비례대표국회의원〉 판례 인용부분 참조(통치구조론 부분)

▶ 자유선거의 원칙에 대한 판례

▸ 현행 헌법의 해석상 자유선거원칙이 인정된다고 본 판례

[憲 1994. 7. 29.-93헌가4등](구대통령선거법 제36조 제1항 위헌제청, 구대통령선거법 제34조 등 위헌제청)

※ 〈제7편 - 제2장 - 3. - □ 선거의 관리와 선거의 공영〉 판례 인용부분 참조

◎ 같은 취지 : 憲 1995. 4. 20.-92헌바29; 1999. 9. 16.-99헌바5

2. 대의제도와 정치자금

□ 개 설

▶ 대의정치와 정치자금

▸ 정치자금의 규제가 대의제도에서 갖는 의미를 밝힌 판례
[憲 2004. 6. 24.-2004헌바16](정치자금에관한법률 제30조 제1항 위헌소원)

「가. 정치자금의 규제

(1) 규제의 필요성

정치활동이라 함은 권력의 획득과 유지를 둘러싼 투쟁 및 권력을 행사하는 활동이다. 근대국가를 거쳐서 현대국가에 이르러 정치활동이 고도로 조직화되어 감에 따라 불가피하게 정치활동에 필요한 비용도 크게 증가하였다. 헌법 제8조 제3항에서 국가는 법률이 정하는 바에 의하여 정당운영에 필요한 자금을 보조할 수 있다고 규정하고 있으나, 재정적 제약 아래에서 충분한 자금을 보조하기는 어렵다. 선거에 있어서는 헌법 제116조 제1항에서 선거운동 법정주의와 기회균등원칙을 천명하고, 같은 조 제2항에서 법률이 정하는 경우를 제외하고는 선거에 관한 경비는 정당 또는 후보자에게 부담시킬 수 없다고 규정하고 있기는 하나, 그 밖에 정치인 개인의 정치활동에 필요한 비용을 보조하는 규정은 없다.

그렇다면, 정당 또는 정치인은 정치자금 조달도 중요한 정치활동의 하나가 될 수 밖에 없다. 그런데, 정치자금의 조달을 정당 또는 정치인에게 맡겨 두고 아무런 규제를 하지 않는다면 정치권력과 금력의 결탁이 만연해지고, 필연적으로 기부자의 정치적 영향력이 증대될 것이다. 금력을 가진 소수 기득권자에게 유리한 정치적 결정이 이루어진다면 민주주의의 기초라 할 수 있는 1인 1표의 기회균등원리가 심각하게 훼손될 수 있다. 그러므로, 구체적인 내용은 별론으로 하더라도, 정치자금에 대한 규제는 대의제 민주주의의 필연적 귀결이다.

(2) 정치자금법의 규제

정치자금법은 제1조에서 "정치자금의 적정한 제공을 보장하고 그 수입과 지출상황을 공개함으로써 민주정치의 건전한 발전에 기여함을 목적"으로 하고 있음을 밝히고, 제2조 제2항에서 "정치자금은 국민의 의혹을 사는 일이 없도록 공명정대하게 운영되어야 하고, 그 회계는 공개되어야 한다"고 규정하여 '정치자금의 공개원칙'을 천명하고 있다.

헌법재판소는 "정당의 정치적 의사결정은 정당에게 정치자금을 제공하는 개인이나 단체에 의하여 현저하게 영향을 받을 수 있으므로, 사인이 정당에 정치자금을 기부하는 것 그 자체를 막을 필요는 없으나, 누가 정당에 대하여 영향력을 행사하려고 하는지, 즉 정치적 이익과 경제적 이익의 연계는 원칙적으로 공개되어야 한다. 유권자는 정당의 정책을 결정하는 세력에 관하여 알아야 하고, 정치자금의 제공을 통하여 정당에 영향력을 행사하려는 사회적 세력의 실체가 정당의 방향이나 정책과 일치하는가를 스스로 판단할 수 있는 기회를 가져야 한다"고 판시하여 정치자금공개의 당위성을 논한 바 있다(헌재 1999. 11. 25. 95헌마154, 판례집 11-2, 555, 575-576).

정치자금법 제2조 제1항은 "누구든지 이 법에 의하지 아니하고는 정치자금을 기부하거나 받을 수 없다"고 선언하고 있는데, 이 조항이 신설된 것은 1980. 12. 31. 정치자금법이 전문개

정되면서였다. 그러나, 당시에는 위와 같이 금지규정을 두면서도 이에 대한 벌칙조항은 두지 아니하였다. 따라서 정치인 개개인의 정치자금 수수에 대해서는 뇌물, 알선수재 등의 범죄에 해당하지 아니하는 한 처벌할 수 없는 것이었다. 그 후 정치자금을 둘러 싼 비리사건이 사회적 이목을 끌게 되자, 1997. 11. 정치자금법을 개정하여 "이 법에 의하지 아니한 방법"으로 정치자금을 주거나 받은 자를 처벌하는 이 사건 법률조항을 신설하기에 이르렀다. 이 사건 법률조항은 음성적 정치자금의 수수를 처벌함으로써 정치자금의 투명성을 확보하고자 하는 정치자금법의 입법취지를 담보하는 규정이다.」

▶ 정치자금을 지배하는 헌법원리

▸ 정치자금의 공개에 대한 판례

▹ 정치자금의 공개를 당위적인 것으로 강조한 판례

[憲 1999. 11. 25.-95헌마154](노동조합법 제12조 등 위헌확인)

「(가) 사인의 정치자금 기부에 관한 법의 내용

헌법은 그 제8조에서 국가로부터의 정당의 자유(제1항)와 정당운영에 필요한 자금을 국가가 보조할 수 있다는 것(제3항)만을 규정할 뿐, 사인의 정치자금 기부에 관하여는 아무런 규정을 두고 있지 않다. 이로써 헌법은 정당이 그 설립과 활동에 있어서 국가로부터 자유로울 것을 보장하고 있을 뿐 개인, 기업, 단체의 영향력으로부터의 자유로울 것을 보장하고 있지는 않으므로, 사인이 정당에 정치자금을 기탁하는 것을 원칙적으로 금지하지 않는다.

법은 그 제3조 제2호에서 "정치자금이라 함은 당비, 후원금, 기탁금, 보조금, 후원회의 모집금품과 정당의 당헌·당규 등에서 정한 부수수입 기타 정치활동을 위하여 제공되는 금전이나 유가증권 기타 물건을 말한다"고 정치자금의 개념을 정의하고 있다. 이에 따라 정치자금은 사인에 의한 조달방법인 '당비, 후원금, 기탁금'과 국가에 의한 자금지원으로서 '보조금'으로 크게 나누어 볼 수 있다.

이 사건 법률조항과 관련하여 문제되는 '기탁금'은 "정치자금을 정당에 기부하고자 하는 개인·법인 또는 단체가 이 법의 규정에 의하여 선거관리위원회에 기탁한 금전이나 유가증권 기타 물건을 말한다"(법 제3조 제6호). 종래 기탁금에는 특정 정당을 지정하지 않는 일반기탁금제도와 특정 정당을 지정해서 기탁하는 지정기탁금제도가 있었는데, 지정기탁금제도는 1997년의 법률개정을 통하여 폐지되었다. 법은 그 제11조에서 사인의 정치자금의 기탁을 원칙적으로 허용하면서 대신 기명으로 선거관리위원회에 기탁해야 하며(제1항), 1회에 기탁할 수 있는 금액의 하한과 연간 기탁할 수 있는 기탁금의 상한을 정하고(제2항), 다시금 타인의 명의나 익명으로 정치자금을 기탁할 수 없음을 명백히 하는 한편(제3항), 그 제24조, 제24조의2 제1항, 제26조에서 정당은 매년 12월 31일 정치자금의 수입금액과 정치자금의 지출에 관한 내역을 선거관리위원회에 보고해야 하며(제24조), 관할선거관리위원회는 정당의 회계보고를 사무소에 비치하고 공고일로부터 3개월 동안 누구든지 볼 수 있도록 해야 하고(제24조의2 제1항), 법 제15조의 규정에 의하여 기탁금을 정당에 지급한 경우에는 지급액과 기탁자의 성명 등을 공고해야 한다(제26조)고 규정함으로써, 기탁금에 관하여 원칙적으로 공개할 의무를 부과하고 있다.

정당의 정치적 의사결정은 정당에게 정치자금을 제공하는 개인이나 단체에 의하여 현저하게 영향을 받을 수 있으므로, 사인이 정당에 정치자금을 기부하는 것 그 자체를 막을 필요는 없으나, 누가 정당에 대하여 영향력을 행사하려고 하는지, 즉 정치적 이익과 경제적 이익의 연계는 원칙적으로 공개되어야 한다. 유권자는 정당의 정책을 결정하는 세력에 관하여 알아야 하고, 정치자금의 제공을 통하여 정당에 영향력을 행사하려는 사회적 세력의 실체가 정당의 방향이나 정책과 일치하는가를 스스로 판단할 수 있는 기회를 가져야 한다. 이러한 이유에서 법은 그 제1조에서 "이 법은…… 그 수입과 지출상황을 공개함으로써"라고 하며, 그 제2조 제2항에서 "정치자금은 국민의 의혹을 사는 일이 없도록 공명정대하게 운영되어야 하고, 그 회계는 공개되어야 한다"고 규정하여 '정치자금의 공개원칙'을 법의 기본원칙으로 삼고 있다.」

◎ 같은 취지 : 憲 2004. 6. 24.-2004헌바16

제 2 장　권력분립

1. 권력분립의 내용

□ 한국 헌법상 권력분립

▶ **공직간의 겸직을 금지하는 것이 권력분립의 보장에서 중요한 의미를 갖는다고 본 판례**

[憲 1993. 7. 29.-91헌마69](지방교육자치에관한법률 제 9 조 제 1 항에 대한 헌법소원)

「일반적으로 입법상의 공직 겸직금지제도가 마련되는 이유로는 첫째, 직무전념 내지 직무수행의 이념상 일반직의 국가공무원 또는 지방공무원이 다른 직종을 겸직하는 것을 원칙적으로 금지하고 있는 경우와 둘째, 제도상 직무상호간에 권력분립의 필요성이 있는 경우로서 국회의원과 일반직 공무원간의 겸직금지, 지방자치단체의 장과 지방의회 의원간의 겸직금지 등이 그 예이며 셋째, 직무의 공정성과 전념성 및 정치적 중립성의 확보를 위한 목적으로 겸직금지의 규정을 두고 있는 경우가 있다.」

제 3 장　공직제도

□ 공 무 원

▶ 공무원의 헌법상 지위

[憲 1992. 4. 28.-90헌바27등](국가공무원법 제66조에 대한 헌법소원)

※ 〈제 5 편 - 제 3 장 - 4. - 단결권 · 단체교섭권 · 단체행동권 - □ 주체〉 판례 인용부분 참조

□ 직업공무원제도

▶ 의의 및 기능

▸ 직업공무원제도에서 말하는 공무원의 범위에 대한 판례

[憲 1989. 12. 18.-89헌마32등](국가보위입법회의법 등의 위헌 여부에 관한 헌법소원)

「라. 국가보위입법회의법 부칙 제4항 후단의 위헌 여부

국가보위입법회의법 부칙 제4항 후단이 규정하고 있는 "…… 그 소속 공무원은 이 법에 의한 후임자가 임명될 때까지 그 직을 가진다"라는 내용은 행정집행이나 사법재판을 매개로 하지 아니하고 직접 국민에게 권리나 의무를 발생하게 하는 법률, 즉 법률이 직접 자동집행력을 갖는 처분적법률의 예에 해당하는 것이며 따라서 국가보위입법회의 의장 등의 면직발령은 위 법률의 후속조치로서 당연히 행하여져야 할 사무적 행위에 불과하다고 할 것이다. 그런데 위 부칙 제4항은 공무원에게 귀책사유의 유무를 불문하고 면직시키는 것으로 규정하고 있기 때문에 헌법상 보장되고 있는 공무원의 신분보장규정(구헌법 제6조 제2항, 헌법 제7조 제2항)과의 관계에서 그 위헌 여부가 문제되는 것이다.

우리 나라는 직업공무원제도를 채택하고 있는데, 이는 공무원이 집권세력의 논공행상의 제물이 되는 엽관제도(獵官制度)를 지양하고 정권교체에 따른 국가작용의 중단과 혼란을 예방하고 일관성있는 공무수행의 독자성을 유지하기 위하여 헌법과 법률에 의하여 공무원의 신분이 보장되는 공직구조에 관한 제도이다. 여기서 말하는 공무원은 국가 또는 공공단체와 근로관계를 맺고 이른바 공법상 특별권력관계 내지 특별행정법관계 아래 공무를 담당하는 것을 직업으로 하는 협의의 공무원을 말하며 정치적 공무원이라든가 임시적 공무원은 포함되지 않는 것이다.

직업공무원제도하에 있어서는 과학적 직위분류제(職位分類制), 성적주의 등에 따른 인사의 공정성을 유지하는 장치가 중요하지만 특히 공무원의 정치적 중립과 신분보장은 그 중추적 요소라고 할 수 있는 것이다. 그러나 보장이 있음으로해서 공무원은 어떤 특정정당이나 특정 상급자를 위하여 충성하는 것이 아니고 국민전체에 대한 공복으로서 법에 따라 그 소임을 다 할 수 있게 되는 것으로서 이는 당해 공무원의 권리나 이익의 보호에 그치지 않고 국가통치 차원에서의 정치적 안정의 유지와 공무원으로 하여금 상급자의 불법부당한 지시나 정실(情實)에 속박되지 않고 오직 법과 정의에 따라 공직을 수행하게 하는 법치주의의 이념과 고도의 합리성, 전문성, 연속성이 요구되는 공무의 차질없는 수행을 보장하기 위한 것이다.

헌법이 "공무원은 국민전체에 대한 봉사자이며, 국민에 대하여 책임을 진다. 공무원의 신분과 정치적 중립성은 법률이 정하는 바에 의하여 보장된다"(헌법 제7조, 구헌법 제6조)라고 명문으로 규정하고 있는 것은 바로 직업공무원제도가 국민주권원리에 바탕을 둔 민주적이고 법치주의적인 공직제도임을 천명하고 정권담당자에 따라 영향받지 않는 것은 물론 같은 정권하에서도 정당한 이유없이 해임당하지 않는 것을 불가결의 요건으로 하는 직업공무원제도의 확립을 내용으로 하는 입법의 원리를 지시하고 있는 것으로서 법률로서 관계규정을 마련함에 있어서도 헌법의 위와 같은 기속적 방향(羈束的方向) 제시에 따라 공무원의 신분보장이라는 본질적 내용이 침해되지 않는 범위 내라는 입법의 한계가 확정되어진 것이라 할 것이다.

그렇기 때문에 공무원에 대한 기본법인 국가공무원법이나 지방공무원법에서도 이 원리를 받들어 공무원은 형의 선고, 징계 또는 위 공무원법이 정하는 사유에 의하지 아니하고는 그 의사에 반하여 휴직, 강임 또는 면직당하지 아니하도록 하고, 직권에 의한 면직사유를 제한적으로 열거하여 직제와 정원의 개폐 또는 예산의 감소 등에 의하여 폐직 또는 과원이 되었을 때를 제외하고는 공무원의 귀책사유 없이 인사상 불이익을 받는 일이 없도록 규정하고 있는 것이다. 이는 조직의 운영 및 개편상 불가피한 경우외에는 임명권자의 자의적 판단에 의하여 직업공무원에게 면직등 불리한 인사조치를 함부로 할 수 없음을 의미하는 것으로서 이에 어긋나는 것일 때에는 직업공무원제도의 본질적 내용을 침해하는 것이 되기 때문이다.

그런데 국가보위입법회의법 부칙 제4항 전단은 "이 법 시행 당시의 국회사무처와 국회도서관은 이 법에 의한 사무처 및 도서관으로 보며……"라고 규정하고 있는 바, 같은 법 제7조와 제8조를 모두어 판단하건대, 국회사무처와 국가보위입법회의사무처 상호간, 국회도서관과 국가보위입법회의도서관 상호간에 각 그 동질성과 연속성을 인정하고 있어 적어도 규범상으로는 국가공무원법 제70조 제1항 제3호에서 직권면직사유로 규정하고 있는 직제와 정원의 개폐 등 조직변경의 사정은 인정되지 않는다. 그러함에도 그 후단에서는 "그 소속 공무원은 이 법에 의한 후임자가 임명될 때까지 그 직을 가진다"라고 규정함으로써 조직의 변경과 관련이 없음은 물론 소속공무원의 귀책사유의 유무라던가 다른 공무원과의 관계에서 형평성이나 합리적 근거 등을 제시하지 아니한 채 임명권자의 후임자임명이라는 처분에 의하여 그 직을 상실하는 것으로 규정하였으니, 이는 결국 임기만료되거나 정년시까지는 그 신분이 보장된다는 직업공무원제도의 본질적 내용을 침해하는 것으로서 헌법에서 보장하고 있는 공무원의 신분보장 규정에 정면으로 위반된다고 아니할 수 없는 것이다.

또한 본건의 경우에 있어서는 위 법률이 제정될 당시에 이미 공무원의 신분을 취득하여 이를 보유하고 있는 청구인들에게 적용되었던 것으로서 이는 실질적으로 소급입법에 의한 공무원의 신분보장 규정 침해라고 할 것이다. 무릇 과거의 사실관계 또는 법률관계를 규율하기 위한 소급입법의 태양에는 이미 과거에 완성된 사실 또는 법률관계를 규율의 대상으로 하는 이른바 '진정소급효(眞正遡及效)'의 입법과 이미 과거에 시작하였으나 아직 완성되지 아니하고 진행과정에 있는 사실 또는 법률관계를 규율의 대상으로하는 이른바 '부진정소급효'의 입법을 상정(想定)할 수 있는데, 전자의 경우에는 입법권자의 입법형성권보다도 당사자가 구법질서에 기대했던 신뢰보호와 법적 안정성을 위하여 특단의 사정이 없는 한 구법에 의하여 이미 얻은 자격 또는 권리를 그대로 존중할 의무가 있고 그것이 입법의 한계라고 할 것이다(헌법재판소 1989. 3. 17. 선고, 88헌마1 결정 참조). 그런데 본건 청구인들의 경우에는 정당한 이유가 있는 경우를 제외하고는 당사자의 귀책사유없이 인사상 불이익을 받지 않는다는 공무원으로서의 법적지위를 기존의 법질서에 의하여 이미 확보하고 있었고 그와 같은 법적지위는 구 헌법의 공무원의 신분보장규정에 의하여 보호되고 있었는데 국가보위입법회의법이라는 새로운 법률에서 공무원의 위와 같은 기득권(旣得權)을 부칙규정으로 박탈하고 있는 것은 신뢰보호(信賴保護)의 원칙에 위배되는 것으로서 입법형성권(立法形成權)의 한계를 벗어난 위헌적인 것이라 할 것이다.

위와 같이 공무원의 신분보장 규정은 헌법에서 새로이 규정한 것이 아니고 신·구 헌법이 일관해서 이를 보장(헌법 제7조 제2항, 구헌법 제6조 제2항)해 오고 있었던 만큼 그 위헌성은 명백하다고 할 것이다.」

▶ 법적 성질

▸ 직업공무원제도를 헌법상의 제도라고 본 판례

[憲 1997. 4. 24.-95헌바48](구지방공무원법 제2조 제3항 제2호 나목 등 위헌소원)

「가. 공무원의 신분보장에 관한 헌법규정의 의의

헌법 제7조 제2항은 공무원의 신분과 정치적 중립성을 법률로써 보장할 것을 규정하고 있다. 위 조항의 뜻은 공무원이 정치과정에서 승리한 정당원에 의하여 충원되는 엽관제를 지양하고, 정권교체에 따른 국가작용의 중단과 혼란을 예방하며 일관성있는 공무수행의 독자성과 영속성을 유지하기 위하여 공직구조에 관한 제도적 보장으로서의 직업공무원제도를 마련해야 한다는 것이다. 직업공무원제도는 바로 그러한 제도적 보장을 통하여 모든 공무원으로 하여금 어떤 특정 정당이나 특정 상급자를 위하여 충성하는 것이 아니라 국민전체에 대한 봉사자로서(헌법 제7조 제1항) 법에 따라 그 소임을 다할 수 있게 함으로써 공무원 개인의 권리나 이익을 보호함에 그치지 아니하고 나아가 국가기능의 측면에서 정치적 안정의 유지에 기여하도록 하는 제도이다.

헌법이 "공무원은 국민전체에 대한 봉사자이며, 국민에 대하여 책임을 진다. 공무원의 신분과 정치적 중립성은 법률이 정하는 바에 의하여 보장된다"(헌법 제7조)라고 규정한 것은 바로 직업공무원제도가 국민주권원리에 바탕을 둔 민주적이고 법치주의적인 공직제도임을 밝힌 것이고, 국가공무원법(제68조, 지방공무원법 제60조도 같다)이 "공무원은 형의 선고, 징계처분 또는 이 법에 정하는 사유에 의하지 아니하고는 그 의사에 반하여 휴직, 강임 또는 면직을 당하지 아니한다. 다만 1급공무원은 그러하지 아니하다"고 규정하고 있는 것은 바로 헌법의 위 조항을 법률로써 구체화한 것이다.」

◎ 같은 취지 : 憲 1992. 11. 12.-91헌가2; 1997. 3. 27.-96헌바86

▶ **내 용**

▸ **정치적 중립성에 대한 판례**

▹ **선거에서의 중립의무는 국회의원이나 지방의회의원에게는 요구되는 것이 아니지만, 대통령에게는 요구된다고 본 판례**

[憲 2004. 5. 14.-2004헌나1](대통령 노무현)

「(1) 선거에서의 공무원의 정치적 중립의무

선거에서의 공무원의 정치적 중립의무는 공무원의 지위를 규정하는 헌법 제7조 제1항, 자유선거원칙을 규정하는 헌법 제41조 제1항 및 제67조 제1항 및 정당의 기회균등을 보장하는 헌법 제116조 제1항으로부터 나오는 헌법적 요청이다.

(가) 헌법 제7조 제1항은 "공무원은 국민 전체에 대한 봉사자이며, 국민에 대하여 책임을 진다"고 하여, 공무원은 특정 정당이나 집단의 이익이 아니라 국민 전체의 복리를 위하여 직무를 행한다는 것을 규정하고 있다. 국민 전체에 대한 봉사자로서의 국가기관의 지위와 책임은 선거의 영역에서는 '선거에서의 국가기관의 중립의무'를 통하여 구체화된다. 국가기관은 모든 국민에 대하여 봉사해야 하며, 이에 따라 정당이나 정치적 세력간의 경쟁에서 중립적으로 행동해야 한다. 그러므로 국가기관이 자신을 특정 정당이나 후보자와 동일시하고 공직에 부여된 영향력과 권위를 사용하여 선거운동에서 특정 정당이나 후보자의 편에 섬으로써 정치적 세력간의 자유경쟁관계에 영향력을 행사해서는 안 된다는 것은 곧 헌법 제7조 제1항의 요청인 것이다.

(나) 헌법 제41조 제1항 및 제67조 제1항은 각 국회의원선거 및 대통령선거와 관련하여 선거의 원칙을 규정하면서 자유선거원칙을 명시적으로 언급하고 있지 않으나, 선거가 국민의 정치적 의사를 제대로 반영하기 위해서는, 유권자가 자유롭고 개방적인 의사형성과정에서 외부로부터의 부당한 영향력의 행사 없이 자신의 판단을 형성하고 결정을 내릴 수 있어야 한다. 따라서 자유선거원칙은 선출된 국가기관에 민주적 정당성을 부여하기 위한 기본적 전제조건으로서 선거의 기본원칙에 포함되는 것이다.

자유선거원칙이란, 유권자의 투표행위가 국가나 사회로부터의 강제나 부당한 압력의 행사 없이 이루어져야 한다는 것뿐만 아니라, 유권자가 자유롭고 공개적인 의사형성과정에서 자신의 판단과 결정을 내릴 수 있어야 한다는 것을 의미한다. 이러한 자유선거원칙은 국가기관에 대해서는, 특정 정당이나 후보자와 일체감을 가지고 선거에서 국가기관의 지위에서 그들을 지지하거나 반대하는 것을 금지하는 '공무원의 중립의무'를 의미한다.

(다) 선거에 있어서 공무원의 중립의무는 정당의 기회균등의 관점에서도 헌법적으로 요청된다. 정당의 기회균등의 원칙은 정당설립의 자유와 복수정당제를 보장하는 헌법 제8조 제1항 및 평등원칙을 규정한 헌법 제11조의 연관관계에서 도출되는 헌법적 원칙이며, 특히 헌법 제116조 제1항은 "선거운동은…균등한 기회가 보장되어야 한다"고 규정하여 선거운동과 관련하여 '정당의 기회균등의 원칙'을 구체화하고 있다. 정당의 기회균등의 원칙은 국가기관에 대하여 선거에서의 정당간의 경쟁에서 중립적으로 행동할 것을 요청하므로, 국가기관이 특정 정당이나 후보자에게 유리하게 또는 불리하게 선거운동에 영향을 미치는 행위를 금지한다.

(2) 공선법 제9조(공무원의 중립의무 등)의 위반 여부

공선법은 제9조에서 "공무원 기타 정치적 중립을 지켜야 하는 자는 선거에 대한 부당한 영향력의 행사 기타 선거결과에 영향을 미치는 행위를 하여서는 아니 된다"고 하여 '선거에서의 공무원의 중립의무'를 규정하고 있다.

(가) 대통령이 공선법 제9조의 '공무원'에 해당하는지의 문제

공선법 제9조의 '공무원 기타 정치적 중립을 지켜야 하는 자'에 대통령과 같은 정무직 공무원도 포함되는지의 문제가 제기된다.

1) 공선법 제9조는 헌법 제7조 제1항(국민 전체에 대한 봉사자로서의 공무원의 지위), 헌법 제41조, 제67조(자유선거원칙) 및 헌법 제116조(정당의 기회균등의 원칙)로부터 도출되는 헌법적 요청인 '선거에서의 공무원의 중립의무'를 구체화하고 실현하는 법규정이다. 따라서 공선법 제9조의 '공무원'이란, 위 헌법적 요청을 실현하기 위하여 선거에서의 중립의무가 부과되어야 하는 모든 공무원 즉, 구체적으로 '자유선거원칙'과 '선거에서의 정당의 기회균등'을 위협할 수 있는 모든 공무원을 의미한다. 그런데 사실상 모든 공무원이 그 직무의 행사를 통하여 선거에 부당한 영향력을 행사할 수 있는 지위에 있으므로, 여기서의 공무원이란 원칙적으로 국가와 지방자치단체의 모든 공무원 즉, 좁은 의미의 직업공무원은 물론이고, 적극적인 정치활동을 통하여 국가에 봉사하는 정치적 공무원(예컨대, 대통령, 국무총리, 국무위원, 도지사, 시장, 군수, 구청장 등 지방자치단체의 장)을 포함한다.

특히 직무의 기능이나 영향력을 이용하여 선거에서 국민의 자유로운 의사형성과정에 영향을 미치고 정당간의 경쟁관계를 왜곡할 가능성은 정부나 지방자치단체의 집행기관에 있어서 더욱 크다고 판단되므로, 대통령, 지방자치단체의 장 등에게는 다른 공무원보다도 선거에서의 정치적 중립성이 특히 요구된다.

2) 공선법 제9조에서 공무원에 대하여 선거에서의 중립의무를 요구한 것은 헌법상 자유선거원칙의 요청, 정당의 기회균등의 원칙 및 헌법 제7조 제1항에 헌법적 근거를 둔 '선거에서의 공무원의 중립의무'를 선거법의 영역에서 공무원에 대하여 단지 구체화한 조항으로서, 선거에서의 정치적 중립의무가 요구될 수 없는 국회의원과 지방의회의원을 제외하는 것으로 해석하는 한, 헌법적으로 아무런 하자가 없다.

정당의 대표자이자 선거운동의 주체로서의 지위로 말미암아, 선거에서의 정치적 중립성이 요구될 수 없는 국회의원과 지방의회의원은 공선법 제9조의 '공무원'에 해당하지 않는다. 국가기관에게 선거에서의 중립의무가 부과되는 것은, 정당이 선거에서 공정하게 경쟁할 수 있는 '자유경쟁의 장'을 마련하기 위한 것이다. 국가의 중립의무에 의하여 보장된 '정당간의 자유경쟁'에서 국회의원은 정당의 대표자로서 선거운동의 주역으로 활동하게 되는 것이다. 즉, 국가기관은 선거를 실시하고 공명선거를 보장해야 할 기관으로서 선거에 영향을 미쳐서는 안 되는 반면, 정당은 선거에 영향을 미치는 것을 그 과제로 하고 있는 것이다.

3) 공선법 제9조의 '공무원'의 의미를 공선법상의 다른 규정 또는 다른 법률과의 연관관계에서 체계적으로 살펴보더라도, 공선법에서의 '공무원'의 개념은 국회의원 및 지방의회의원을 제외한 모든 정무직 공무원을 포함하는 것으로 해석된다. 예컨대, 공무원을 원칙적으로 선거운동을 할 수 없는 자로 규정하는 공선법 제60조 제1항 제4호, 공무원의 선거에 영향을 미치는 행위를 금지하는 공선법 제86조 제1항 등의 규정들에서 모두 정무직 공무원을 포함하는 포괄적인 개념으로 사용하고 있다. 뿐만 아니라, 국가공무원법(제2조 등), 정당법(제6조 등) 등 다른 법률들에서도 '공무원'이란 용어를 모두 정무직 공무원을 포함하는 포괄적인 의미로 사용하고 있음을 확인할 수 있다.

4) 따라서 선거에 있어서의 정치적 중립성은 행정부와 사법부의 모든 공직자에게 해당하는 공무원의 기본적 의무이다. 더욱이 대통령은 행정부의 수반으로서 공정한 선거가 실시될 수 있도록 총괄·감독해야 할 의무가 있으므로, 당연히 선거에서의 중립의무를 지는 공직자에 해당하는 것이고, 이로써 공선법 제9조의 '공무원'에 포함된다.」

※ 위 판례의 나머지 쟁점에 대해서는 〈제7편 - 제1장 - 1. - 국정의 통제 - □ 탄핵의 소추〉 판례 인용부분 참조

▸ 신분의 보장에 대한 판례

▹ 직업공무원제도에서 공무원의 신분 보장이 필수적으로 요구된다는 취지의 판례

[憲 1989. 12. 18.-89헌마32등](국가보위입법회의법 등의 위헌 여부에 관한 헌법소원)

※ 위 판례 인용부분 참조

[憲 1994. 4. 28.-91헌바15등](국가안전기획부직원법 제22조 등에 대한 헌법소원)

「다음으로 이 사건 계급정년규정이 소급입법에 의한 기득권 침해규정 내지 직업공무원제도 침해규정인가가 문제된다고 할 것이다.

국민이 공무원으로 임용된 경우에 있어서 그가 정년까지 근무할 수 있는 권리는 헌법의 공무원신분보장 규정에 의하여 보호되는 기득권으로서 그 침해 내지 제한은 신뢰보호의 원칙에 위배되지 않는 범위 내에서만 가능하다고 할 것이고 이 원칙에 위배되는 것은 입법형성권의 한계를 벗어난 위헌적인 것이라 할 것이다(헌법재판소 1989. 12. 18. 선고, 89헌마32,33(병합) 결정 참조). 즉, 공무원법상의 정년규정을 변경함에 있어서 공무원의 임용될 때 발생한 공무원법상의 정년규정까지 근무할 수 있다는 기대 내지 신뢰를 합리적 이유 없이 박탈하는 것은 헌법상의 공무원신분보장 규정에 위배된다 할 것이다.

그런데 공무원이 임용됨으로써 임용당시의 공무원법상의 정년규정까지 근무할 수 있다는 기대 내지 신뢰는 절대적인 권리로서 보호하여야만 한다고 보기는 어렵다고 할 것이다. 청구인들이 공무원(중앙정보부직원)으로 임용될 당시 이미 중앙정보부직원법(1963. 5. 31. 제정 법률 제1355호, 1980. 12. 31. 법률 제3314호로 폐지) 제27조(직권면직) 제1항에서 "직원이 다음 각호의 1에 해당하게 된 때에는 임명권자는 직권에 의하여 면직시킬 수 있다. 3. 직제와 정원의 개폐 또는 예산의 감소에 의하여 폐직 또는 과원이 된 때"라는 규정을 두고 있었다(위 규정은 이 사건 법률 제27조 제1항 제3호에 같은 내용으로 규정되어 있다). 또 국가공무원법 제70조 제1항 제3호에도 "직제와 정원의 개폐 또는 예산의 감소 등에 의하여 폐직 또는 과원이 되었을 때"에 임용권자는 공무원을 직권면직시킬 수 있다는 취지의 규정이 있다. 그렇다면 공무원이 임용당시의 공무원법상의 정년규정까지 근무할 수 있다는 기대와 신뢰는 행정조직, 직제의 변경 또는 예산의 감소 등 강한 공익상의 정당한 근거에 의하여 좌우될 수 있는 상대적이고 가변적인 것에 지나지 않는다고 할 것이므로 정년규정을 변경하는 입법은 구법질서에 대하여 기대했던 당사자의 신뢰보호 내지 신분관계의 안정이라는 이익을 지나치게 침해하지 않는 한 공익 목적 달성을 위하여 필요한 범위 내에서 입법권자의 입법형성의 재량을 인정하여야 할 것이다.

헌법재판소는 "공무원은 국민전체에 대한 봉사자이며, 국민에 대하여 책임을 진다. 공무원의 신분과 정치적 중립성은 법률이 정하는 바에 의하여 보장된다"(헌법 제7조, 구헌법 제6조)는 규정의 의미에 관련하여 "공무원의 신분보장의 내용은 어디까지나 법률이 정하는 바에 의하는 것이기 때문에 그 어느 정도 국회의 입법재량의 여지가 있는 것이라고 할 것이고, 따라서 공무원법의 개정에 의하여 신분보장의 내용이 변경될 수 있는 것"이라 밝힌 바 있다(헌법재판소 1992. 11. 12. 선고, 91헌가2 결정 참조). 이 사건 심판대상규정에 의하여 계급정년제도를 둔 것은 직업공무원제의 요소인 공무원의 신분보장을 무한으로 관철할 때 파생되는 공직사회의 무사안일을 방지하고 인사적체를 해소하며 새로운 인재들의 공직참여 기회를 확대, 관료제의

민주화를 추구하여 직업공무원제를 합리적으로 보완 · 운영하기 위한 것으로서 그 목적의 정당성이 인정된다고 판단된다. 만일 청구인들의 주장을 관철한다면 계급정년제 규정은 그 시행일 이후에 임용되는 직원에 대하여만 적용될 수밖에 없어 조직에서 다른 직원과 달리 "정년까지 신분보장이 확보된 특수계층"이 존재하게 됨에 따라 계급정년제 본래의 목적달성이 불가능하게 될 것이다.

또한 직업공무원제도는 지방자치제도, 복수정당제도, 인제도 등과 함께 "제도보장"의 하나로서 이는 일반적인 법에 의한 폐지나 제도본질의 침해를 금지한다는 의미의 최소보장의 원칙이 적용되는바, 이는 기본권의 경우 헌법 제37조 제2항의 과잉금지의 원칙에 따라 필요한 경우에 한하여 "최소한으로 제한"되는 것과 대조되는 것이다.

현재 국가안전기획부직원과 같이 특정직공무원에 속하는 검찰, 경찰, 소방, 외무, 군인에게도 계급정년제가 실시되고 있으며(국가공무원법 제2조 제2항 제2호, 검찰청법 제42조, 경찰공무원법 제24조, 소방공무원법 제20조, 외무공무원법 제22조, 군인사법 제8조 등), 특히 국가안전보장에 관련되는 정보 · 보안 및 범죄수사에 관한 사무를 담당하는국가안전기획부와 같은 국가기관(정부조직법 제14조, 국가안전기획부법 제1조, 제2조)에서는 업무수행의 능률성, 신속성, 기동성을 제고하기 위하여 계급정년제도의 필요성이 더욱 크다고 할 것이다.

나아가 이 사건 법률 부칙 제1항에서 이 사건 법률을 1981. 1. 1.부터 시행하되 단지 계급정년에 관한 규정은 같은 해 7. 1.부터 시행한다고 규정하고 있고, 이 사건 법률 제22조 제1항 단서에서는 정년에 관한 규정을 임용권자가 특히 필요하다고 인정할 때에는 적용하지 아니한다고 규정하고 있으며, 동조 제3항에 의하면 7월부터 12월 사이에 정년에 달한 자는 12월 31일에 퇴직한다고 규정되어 있다. 한편 국가안전기획부장의 의견서에 의하면, 실제에 있어서는 위 제22조 제1항 단서 규정을 적용하여 계급정년규정에 의하여 최초로 퇴직한 날은 동법 시행일로부터 2년 후인 1982. 12. 31.자였다는 것이다. 위와 같은 규정 및 사실을 종합하면, 이 사건 계급정년규정은 정당한 공익목적을 달성하기 위한 것으로 구법질서하에서의 공무원들의 기대 내지 신뢰를 과도히 해치는 것으로 보기는 어렵다고 할 것이다. 따라서 이 사건 계급정년규정은 입법자의 입법형성재량 범위 내에서 입법된 것이라고 할 것이므로 이를 공무원 신분관계의 안정을 침해하는 입법이라고 할 수 없고, 또한 소급입법에 의한 기본권 침해규정이라고 할 수도 없다고 할 것이다.」

▹ 공무원이라고 하더라도 정치적 공무원과 임시직 공무원에게는 그 성질상 직업공무원의 신분보장이 적용되지 않는다는 취지의 판례

[憲 1989. 12. 18.-89헌마32등](국가보위입법회의법 등의 위헌 여부에 관한 헌법소원)

※ 위 판례 인용부분 참조

□ 현행법상의 공무원제도

▶ 공무원제도의 내용

▸ 공무원에 대한 가중적 통제에 대한 판례

▹ 공무원에 대한 근로 3권 제한에 대한 판례

[憲 1992. 4. 28.-90헌바27등](국가공무원법 제66조에 대한 헌법소원)

※ 〈제5편 - 제3장 - 4. - 단결권 · 단체교섭권 · 단체행동권 - □ 주체〉 판례 인용부분

참조

[憲 1998. 2. 27.-95헌바10](노동쟁의조정법 제12조 제2항 등 위헌소원)

「(1) 헌법 제33조 제3항의 의의

1980. 10. 27. 전문개정되어 공포된 구헌법 제31조 제1항은 "근로자는 근로조건의 향상을 위하여 자주적인 단결권·단체교섭권 및 단체행동권을 가진다. 다만, 단체행동권의 행사는 법률이 정하는 바에 의한다"라고 규정하고, 동 조 제2항에서 "공무원인 근로자는 법률로 인정된 자를 제외하고는 단결권·단체교섭권 및 단체행동권을 가질 수 없다"라고 하여 공무원인 근로자에 대하여 근로3권을 원칙적으로 부인하는 한편, 동조 제3항은 "국가·지방자치단체·국공영기업체·방위산업체·공익사업체 또는 국민경제에 중대한 영향을 미치는 사업체에 종사하는 근로자의 단체행동권은 법률이 정하는 바에 의하여 이를 제한하거나 인정하지 아니할 수 있다"라고 하여 방위산업체에 종사하는 근로자의 단체행동권을 법률에 의하여 제한하거나 인정하지 아니할 수 있도록 하였었다.

이와는 달리 1987. 10. 29. 전문개정되어 공포되고 1988. 2. 25.부터 시행된 현행 헌법에서는 제33조 제1항에서 "근로자는 근로조건의 향상을 위하여 자주적인 단결권·단체교섭권 및 단체행동권을 가진다"라고만 규정하여 구 헌법의 단체행동권행사에 관한 법률유보를 삭제하였고, 동 조 제2항에서는 "공무원인 근로자는 법률이 정하는 자에 한하여 단결권·단체교섭권 및 단체행동권을 가진다"라고 하여 공무원인 근로자에 대하여 근로3권을 원칙적으로 인정하도록 하였으며, 동 조 제3항에서는 국가·지방자치단체·국공영기업체·공익사업체 또는 국민경제에 중대한 영향을 미치는 사업체에 종사하는 근로자의 단체행동권에 관한 구헌법의 법률유보를 해제하면서도 "법률이 정하는 주요방위산업체에 종사하는 근로자의 단체행동권은 법률이 정하는 바에 의하여 이를 제한하거나 인정하지 아니할 수 있다"라고 하여 주요방위산업체에 종사하는 근로자의 단체행동권만을 여전히 법률에 의하여 제한 또는 금지할 수 있다고 규정하고 있다.

현행 헌법의 위와 같은 태도는 단체행동권 행사에 관한 법률유보를 삭제하고, 공무원인 근로자에 대한 근로3권을 원칙적으로 인정하는 외에, 국가·지방자치단체·국공영기업체·공익사업체 또는 국민경제에 중대한 영향을 미치는 사업체에 종사하는 근로자의 단체행동권에 관한 법률유보를 해제하는 등 근로3권을 대폭 신장하는 방향으로 나아감으로써 기본권 최대보장의 원칙을 선언한 것이라고 할 것이고 동시에, 방위산업체에 종사하는 근로자에 대한 단체행동권만은 이를 계속 제한 또는 금지할 수 있도록 법률유보조항을 존치시키면서 그 단체행동권이 제한 또는 금지되는 대상을 구헌법의 「방위산업체」에 종사하는 근로자에서 「주요방위산업체」에 종사하는 근로자로 보다 한정함으로써 우리와 같이 남북이 대치하고 있는 상황에서는 주요방위산업체의 원활한 가동은 국가의 안전보장에 필수불가결한 요소이고 그 근로자의 단체행동으로 인한 생산차질은 국가의 안전보장에 대한 위해와 직결된다는 점에서 그 단체행동권의 제한 또는 금지는 불가피하다고 하더라도 그 피해는 최소한의 것이 되어야 한다는 기본권의 최소제한의 원칙을 천명한 것이라고 보아야 할 것이다.」

▷ 공무원에 대한 가중적 통제의 한계에 대한 판례

[憲 1997. 11. 27.-95헌바14등](국가공무원법 제69조 등 위헌소원 등)

「가. 공무원근무관계의 특수성과 공무원의 신분보장

기본권의 보장 등 헌법이 목표로 하는 가치 즉 공공의 이익을 실현하기 위한 국가의 작용은 현실적으로 공직을 담당하고 있는 개개인에 의하여 이루어진다. 이와같이 공익실현이라는 국가작용을 현실적으로 수행하는 공무원은 직무의 내용인 공무수행 그 자체가 공공의 이익을 위한 활동이라는 근무관계의 특수성 때문에 국가의 공적사무를 수행할 권리와 이에 따른 신분상. 재산상의 부수적 권리를 향유함과 동시에 이에 상응하는 고도의 윤리·도덕적 의무를 부담한다.

즉, 공무원은 법령을 준수하고(법령준수의무) 소속 상관의 직무상 명령에 복종하여야 할 뿐 아니라(복종의무) 나아가 전인격과 양심을 바쳐 공공의 이익을 도모하기 위하여 성실히 근무하는 등의(성실의무) 직무상 의무를 다하여야 함은 물론이고(국가공무원법 제56조, 제57조, 지방공무원법 제48조, 제49조), 공익실현이라는 국가작용의 궁극적 목표를 효과적으로 달성하기 위하여 공무원 개개인에 대한 국민의 신뢰가 그 바탕이 되어야 하기 때문에 공무원은 직무수행능력뿐 아니라 직무의 내외를 불문하고 품위를 손상하는 행위를 하여서는 아니되고(품위유지의무, 국가공무원법 제63조, 지방공무원법 제55조), 국민전체의 봉사자로서 친절공정히 집무하여야 하며(친절·공정의 의무, 국가공무원법 제59조, 지방공무원법 제51조) 직무와 관련하여 직접 또는 간접을 불문하고 사례나 향응 등을 수수하여서는 아니되는 등(청렴의무, 국가공무원법 제61조, 지방공무원법 제53조) 직무의 공공성에 상응하는 고도의 윤리성까지 갖추어야 하는 것이다.

헌법 제7조 제2항은 "공무원의 신분과 정치적 중립성은 법률이 정하는 바에 의하여 보장된다"라고 규정하고 있는바, 이는 공무원이 정당한 이유없이 해임되지 아니하도록 신분을 보장하여 국민전체에 대한 봉사자로서 성실히 근무할 수 있도록 하기위한 것임과 동시에, 공무원의 신분은 무제한 보장되는 것이 아니라 공무의 특수성을 고려하여 헌법이 정한 신분보장의 원칙 아래 법률로 그 내용을 정할 수 있도록 한 것이며(헌법재판소 1990. 6. 25. 선고, 89헌마220 결정 참조), 이에 따라 국가공무원법 제68조와 지방공무원법 제60조는 "공무원은 형의 선고·징계처분(징계) 또는 이 법이 정하는 사유에 의하지 아니하고는 그 의사에 반하여 휴직·강임 또는 면직을 당하지 아니한다. 다만 1급 공무원은 그러하지 아니하다"라고 규정하고 있으며 당연퇴직 규정인 국가공무원법 제69조와 지방공무원법 제61조, 직권면직 규정인 국가공무원법 제70조와 지방공무원법 제62조 등에서 공무원에 대하여 신분상 불이익처분을 할 수 있는 사유를 규정하고 있다.

나. 유죄판결과 공무원신분상 불이익 처분의 관련성

이 사건 법률조항에 의하면 청구인들과 같이 집행유예의 판결을 받은 경우에는 공무원으로 임용될 수 없고 임용된 후에는 공무원직에서 당연퇴직하도록 되어 있다.

앞서 본 바와 같이 공무원은 국민전체에 대한 봉사자로서 고도의 윤리. 도덕성을 갖추어야 할 뿐 아니라 그가 수행하는 직무 그 자체가 공공의 이익을 위한 것이고 원활한 직무수행을 위하여는 공무원 개개인이나 공직에 대한 국민신뢰가 기본바탕이 되어야 하는바, 공무원이 범죄행위로 인하여 형사처벌을 받은 경우에는 당해 공무원에 대한 국민의 신뢰가 손상되어 원활한 직무수행에 어려움이 생기고 이는 곧바로 공직전체에 대한 신뢰를 실추시켜 공공의 이익을 해하는 결과를 초래하게 되므로, 범죄행위로 인하여 형사처벌을 받은 공무원에게 그에 상응하는 신분상의 불이익을 과하는 것은 국민전체의 이익을 위해 적절한 수단이 될 수 있고 공무원에게 공무를 위임한 국민의 일반의사에도 부합할 것이다.

그런데 범죄행위로 인하여 형사처벌을 받은 공무원에 대하여 신분상 불이익처분을 하는 법률을 제정함에 있어서 형사처벌을 받은 사실 그 자체를 이유로 일정한 신분상 불이익처분이 내려지도록 법률에 규정하는 방법과 별도의 징계절차를 거쳐 신분상 불이익처분을 하는 방법 중 어느 방법을 선택할 것인가는 입법자의 재량에 속한 것으로서 그 중 어느 방법만이 헌법에 합치하고 다른 방법은 헌법에 위반된다고 단정할 수는 없으나, 다만 형사처벌을 받은 사실 그 자체만으로 별도의 징계절차를 거치지 아니하고 신분상 불이익처분을 하는 경우에는 형사처벌에 따라 공무원에 대하여 부과되는 신분상 불이익과 그로 인하여 보호하려고 하는 공익이 합리적 균형을 이루어야 한다는 헌법적 제약이 따른다고 할 것이다.」

[憲 2000. 12. 14.-99헌마112등](교육공무원법 제47조 제1항 위헌확인 등)

「(2) 공무담임권의 침해 여부

(가) 이 사건 법률조항의 입법취지

이 사건 법률조항의 입법취지는 초 · 중등교원의 정년단축을 통하여 젊고 활기찬 교육분위기를 조성하려는 데에 있다고 한다(개정법 제안이유). 아울러 교육예산 중 높은 비중을 점하고 있는 인건비 절감을 통하여 교육환경 개선에 필요한 투자재원을 마련하는 것도 부차적 입법목적이라고 한다.

오늘날의 국제화된 사회, 고도로 지식정보화가 진행되고 있는 사회는 새로운 지식과 정보의 부단한 획득 · 창출을 요구하고 있어 이러한 사회변화에 대한 학교교육의 적응력을 제고하기 위하여는 젊고 활기찬 교육분위기를 조성하는 것이 필요하다 할 것인 반면, 교사의 평균연령과 60세이상의 고령교사의 비율은 점차 높아지는 추세에 있는바(이 사건 심판기록에 의하면 전자의 경우 1970년 33.4세, 1980년 35세, 1990년 37.2세, 1998년 39.9세로, 후자의 경우 1970년 1.1%, 1990년 4.4%, 1998년 7.1%로 각기 높아져 왔다), 젊고 유능한 교원을 충원, 적절한 세대교체를 통하여 교직사회의 신진대사를 촉진하고, 학교의 교육력을 강화하고자 하는 이 사건 법률조항의 입법목적은 정당한 것이라 하겠다.

(나) 정년제도에 관한 입법형성권의 원칙적 존중

1) 공무원이 정년까지 근무할 수 있는 권리는 헌법의 공무원신분보장규정에 의하여 보호되는 기득권으로서 그 침해 내지 제한은 신뢰보호의 원칙에 위배되지 않는 범위내에서만 가능하다고 할 것인 즉 기존의 정년규정을 변경하여 임용 당시의 공무원법상의 정년까지 근무할 수 있다는 기대 내지 신뢰를 합리적 이유없이 박탈하는 것은 위 공무원신분 보장규정에 위배된다 할 것이나, 임용당시의 공무원법상의 정년까지 근무할 수 있다는 기대와 신뢰는 절대적인 권리로서 보호되어야만 하는 것은 아니고 행정조직, 직제의 변경 또는 예산의 감소 등 강한 공익상의 정당한 근거에 의하여 좌우될 수 있는 상대적이고 가변적인 것이라 할 것이므로 입법자에게는 제반사정을 고려하여 합리적인 범위내에서 정년을 조정할 입법형성권이 인정된다(헌재 1994. 4. 28. 91헌바15등, 판례집 6-1, 317, 337-338 참조).

초 · 중등교원의 정년은 원로교원의 교육적 경륜을 활용한다는 측면을 중시한다면 상대적으로 높게 설정할 수도 있겠으나 위에서 본 바와 같이 입법자는 우리 나라의 교육여건, 공교육 정상화 등 교육개혁에 대한 국민적 열망 등 여러 가지 사정을 종합할 때 그보다는 오히려 젊고 활기찬 교육분위기 조성을 위한 교직사회의 신진대사가 더욱 필요하고 바람직한 것이라고 보아 다양한 여론수렴 과정을 거쳐 초 · 중등교원의 정년을 3년간 단축하여 62세로 설정하고 있는바, 입법자의 이러한 교육정책적 판단과 결정은 나름대로 합리성이 있는 것으로 인정될 뿐만 아니라, 일반직공무원의 정년이 57세 또는 60세(국가공무원법 제74조 제1항), 법관, 검사는 63세(법원조직법 제45조 제4항, 검찰청법 제41조), 경찰공무원은 57세 내지 60세(경찰청법 제24조 제

1항), 외무공무원은 55세 내지 64세(외무공무원법 제22조 제1항)로 되어 있는 우리 나라 다른 공무원들의 정년연령에 비교하여 보거나, 일본의 경우 교원의 정년이 60세인 점 등 외국의 교원 정년제도와 비교하여 보더라도 그것이 입법형성권의 한계를 일탈하여 초·중등교원의 정년을 불합리할 정도로 지나치게 단축한 것이라고 보기 어렵다.

2) 청구인들은 명예퇴직의 활성화, 합리적인 평가방식 도입, 연수제도의 개선 등과 같은 방법으로 문제를 해결하지 아니하고 일률적으로 교원의 정년을 단축시키겠다는 것은 부당하다고 주장한다. 그러나 한편으로 명예퇴직제도는 당사자의 의사에 따르는 임의적 퇴직제도로서 그 방법상 한계가 있다는 점, 모두가 승복할 수 있는 공정하고 적절한 평가체제의 수립과 운영은 대단히 어려울 것이리란 점 등을 고려하고, 다른 한편으로 고령교사는 체력의 한계가 있고, 국제화·정보화 등 사회변화에 대한 적응력이 상대적으로 부족한 것을 부인할 수 없으며, 따라서 교직사회의 신진대사와 교육력 강화간에 아무런 인과관계가 없다고 단정할 수 없는 이상, 입법자가 보다 실효적이면서 인건비 절감을 통한 교육투자재원 마련이라는 부차적 목적도 추구할 수 있다고 보아 선택한 정년조정이라는 방법이 부적절하거나 그 자체로 지나친 조치라고 보기 어렵다.

(다) 신뢰보호원칙의 위반 여부

1) 이 사건 법률조항은 기존 교원들에게도 일률적으로 적용되는바, 기존의 정년연령인 65세까지 교원으로 근무할 수 있으리라던 구법질서에 대한 기대 내지 신뢰를 보호하기 위한 배려를 하고 있는지가 문제되므로 이에 관하여 본다.

2) 신뢰보호원칙의 위반 여부는 한편으로 침해받은 신뢰이익의 보호가치, 침해의 중한 정도, 신뢰침해의 방법 등과 다른 한편으로는 새 입법을 통해 실현코자 하는 공익목적을 종합적으로 비교형량하여 판단하여야 한다(헌재 1995. 6. 29. 94헌바39등, 판례집 7-1, 896, 910 ; 1998. 11. 26. 97헌바58, 판례집 10-2, 673, 681).

가) 위에서 본 바와 같이 공무원이 임용 당시의 공무원법상의 정년까지 근무할 수 있다는 기대 내지 신뢰는 절대적인 것이 아니라, 상대적이고 가변적인 것에 불과하므로 그 신뢰이익의 보호가치 역시 절대적으로 크다고만 할 수 없다.

나) 이 사건 법률조항의 시행당시 62세에서 65세 사이의 연령에 있는 교원들의 경우 법시행 즉시 당연퇴직된다면 불의에 퇴직이라는 불이익을 입게 되므로 신뢰보호의 정신에 반하게 될 수도 있다. 그러나 개정법 부칙 제3조 제2호는 이들의 경우 이 사건 법률조항에도 불구하고 1999. 8. 31.에야 당연퇴직되는 것으로 규정함으로써 개정법시행일로부터 일정기간의 유예기간을 두고 있으며, 더욱이 부칙 제4조 제1항은 위 당연퇴직일에 퇴직하거나 그 이전에 자진하여 퇴직하는 교원들에 대한 명예퇴직수당의 지급대상 및 지급액에 관하여는 종전의 정년을 적용토록 함으로써 단축된 정년으로 인한 불이익을 어느 정도 보전할 수 있도록 배려하고 있다.

한편, 이 사건 법률조항 시행 당시 61세, 60세 등 62세에 가까운 연령에 있는 교원들의 경우 예상보다 빠른 가까운 장래에 정년이 다가오게 되는 불이익을 입게 되나, 개정법 부칙 제4조 제2항은 그 생년월일이 1937. 9. 1.부터 1942. 8. 31.까지인 교원들에 대하여 2000. 8. 31. 이전에 자진하여 퇴직하는 경우 명예퇴직수당의 지급대상 및 지급액에 관하여 종전의 정년을 적용토록 함으로써, 단축된 정년으로 인한 불이익을 조기퇴직의 길을 통한 경제적 보전조치로 어느 정도 완화할 수 있는 조치를 강구해 놓고 있다.

비록 이러한 경과조치가 정년단축을 당하는 교원들의 입장에서 충분한 것이라 할 수는 없겠지만 정년단축으로 인한 불의타(不意打)와 불이익을 최소한이나마 완화하고 보완하려는 조치로서의 의미를 지니고 있다는 것마저 부인하기는 어렵다.

한편, 개정된 62세 정년까지 많은 기간을 남겨두고 있는 교원들의 경우 새 정년에 적응하고, 이에 맞추어 공직생활을 설계할 수 있으므로 신뢰이익 침해의 정도가 미미하다고 할 수 있다.

다) 이 사건 법률조항으로 인한 정년단축으로 얻어지는 공익은 젊고 활기찬 교육분위기를 조성하여 교육력을 강화하며, 인건비 절감으로 교육여건을 개선한다는 데 있고, 이는 궁극적으로 공교육의 내실을 기하고 국민의 교육을 받을 권리를 실질적으로 보장한다는 의미를 지닌 것인바, 입법자는 이것이 기존의 정년연령까지 근무할 수 있으리라는 데 대한 교원 개개인들의 신뢰보호에 비하여 보다 우월적인 가치를 지닌다고 평가하였던 것인 바, 학교교육의 여건과 내용이 부실하여 교육제도 전반에 걸친 개혁이 국가적 과제로서 온 국민의 관심을 모으고 있는 작금의 현실에 굳이 비추어 보지 않더라도 그러한 입법자의 평가가 부당하다고 하기 어렵다.

3) 이상 살펴본 바와 같이 기존 교원들의 신뢰이익의 보호가치, 그 신뢰이익의 침해의 정도, 신뢰이익의 보호를 고려한 경과조치의 존재, 정년단축을 통해 실현코자 하는 공익목적의 중요성 등을 종합적으로 고려할 때 이 사건 법률조항이 헌법상의 신뢰보호원칙에 위배되는 것이라고까지 할 수 없다.」

제 4 장　지방자치제도

□ 개　　설

▶ 지방자치의 내용

▸ 지방자치에 관한 주민의 권리는 법률상의 권리로서 성질을 갖는다는 취지의 판례

[憲 2001. 6. 28.-2000헌마735](입법부작위 위헌확인)

※ 〈제 4 편 - 제 1 장 - 1. - □ 기본권의 구성요소〉 판례 인용부분 참조

[憲 2006. 2. 23.-2005헌마403](지방자치법 제87조 제 1 항 위헌확인)

「제도적 보장으로서 주민의 자치권은 원칙적으로 개별 주민들에게 인정된 권리라 볼 수 없으며, 청구인들의 주장을 주민들의 지역에 관한 의사결정에 참여 내지 주민투표에 관한 권리침해로 이해하더라도 이러한 권리를 헌법이 보장하는 기본권인 참정권이라고 할 수 없는 것이다(헌재 2001. 6. 28. 2000헌마735, 판례집 13-1, 1431, 1439-1440). 즉, 헌법상의 주민자치의 범위는 법률에 의하여 형성되고, 핵심영역이 아닌 한 법률에 의하여 제한될 수 있는 것이다.」

□ 현행법상의 지방자치제도

▶ 지방자치법의 내용 중 자치입법기능

▸ 조례제정권

▹ 조례에서 주민의 권리제한에 관한 사항을 정하는 경우에는 법률의 위임이 있어야 한다는 취지의 대법원 판례

[大 1997. 4. 25.-96추251](조례안재의결 무효확인)

「이 사건 조례안 제 4 조, 제 5 조 소정의 차고지확보제도는 자동차(1,500cc 미만 승용자동차 제외) · 건설기계의 보유자에게 차고지확보의무를 부과하는 한편 자동차관리법에 의한 자동차등록(신규 · 변경 · 이전) 및 건설기계관리법에 의한 건설기계등록 · 변경신고를 하려는 자동차 · 건설기계의 보유자에게 차고지확보 입증서류의 제출의무를 부과하고 그 입증서류의 미제출을 위 등록 및 신고수리의 거부사유로 정함으로써 결국 등록 · 변경신고를 하여 자동차 · 건설기계를 운행하려는 보유자로 하여금 차고지를 확보하지 아니하면 자동차 · 건설기계를 운행할 수 없도록 하는 것을 그 내용으로 하고 있어 주민의 권리를 제한하고 주민에게 의무를 부과하

는 것임이 분명하므로 지방자치법 제15조 단서의 규정에 따라 그에 관한 법률의 위임이 있어야만 적법하다고 할 것인바, 도시교통정비촉진법령은 그 법 제19조의10 제1항과 그 시행령 제31조에서 시장 등으로 하여금 도시교통의 원활한 소통과 교통시설의 효율적 이용을 위하여 관할지역 안의 일정한 지역에서 도시교통정비지역 내 일정한 지역에서의 자동차 운행 제한, 일정시간에 교통혼잡지역으로 진입하는 자동차에 대한 혼잡통행료의 부과 · 징수, 승용차 함께타기 활성화, 주차수요관리, 보행자전용지구의 지정과 운용, 대중교통전용지구의 지정과 운용, 대중교통수단 이용안내를 위한 정보망 구축, 자전거 이용 활성화를 위한 시설 확충, 기타 이에 준하는 통행량 분산 또는 감소 방안 등의 교통수요관리를 시행할 수 있도록 규정한 다음, 그 법 제19조의10 제3항에서 위 교통수요관리에 관하여 법에 정한 사항을 제외하고는 조례로 정하도록 규정하고 있고, 차고지확보제도는 차고지를 확보하지 아니한 자동차 · 건설기계의 보유자로 하여금 그 자동차 · 건설기계를 운행할 수 없도록 하는 것으로서 결과적으로 자동차 등의 통행량을 감소시키는 교통수요관리(그 중 주차수요관리) 방안의 하나에 해당한다고 할 것이므로, 위 법 제19조의10 제3항의 규정이 비록 포괄적이고 일반적인 것이기는 하지만 차고지확보제도를 규정한 이 사건 조례안 제4조, 제5조의 법률적 위임근거가 된다고 할 것이다.

따라서 이 사건 조례안 제5조가 법률의 위임근거가 없어 무효라고 하는 원고의 주장은 이유 없다.」

▷ 조례에서 국민에게 부담을 주는 사항을 정하는 경우에는 법률의 위임이 있어야 한다는 취지의 대법원 판례

[大 1995. 6. 30.-93추83](경상북도의회에서의증언.감정등에관한조례(안) 무효확인청구의 소)

「지방자치법 제15조는 “지방자치단체는 법령의 범위 안에서 그 사무에 관하여 조례를 제정할 수 있다. 다만 주민의 권리제한 또는 의무부과에 관한 사항이나 벌칙을 정할 때에는 법률의 위임이 있어야 한다”라고 규정하고 있는바, 이는 국민의 자유와 권리를 제한함에 있어 법률유보원칙을 선언한 헌법 제37조 제2항에 근거한 것이다. 조례안 제6조 제1항에 의하면 위원회는 불출석 증인에 대하여 동행을 명할 수 있고, 제2항에서 의장에게 동행명령권을 부여하고, 제3항 내지 제5항은 동행명령장의 기재사항과 집행절차를 규정하고 있는바, 이 동행명령장 제도는 이에 의하여 불출석 증인을 그 의사에 반하여 일정한 장소에 인치하는 것을 내용으로 하므로, 헌법 제12조가 보장하고 있는 신체의 자유권에 대한 중대한 제한을 가하는 것이 분명하여 지방자치법 제15조 단서에 의하여 법률상 위임이 있어야 할 것이다. 그런데, 개정된 현행 지방자치법 제36조는 제1항 내지 제6항에서 행정사무의 감사 조사에 관한 사항과 이를 위하여 필요한 선서, 증언, 감정 등의 절차에 관하여 규정한 후, 제7항은 행정사무의 감사 조사를 위하여 필요한 사항은 국정감사및조사에관한법률에 준하여 대통령령으로 정하고, 선서, 증언, 감정 등에 관한 절차는 국회에서의증언 감정등에관한법률에 준하여 대통령령으로 정하도록 대통령령에 위임하였지만, 지방자치법시행령은 제17조의2 내지 제19조에서 이에 관한 중요한 사항에 관하여 규정한 다음 제19조의2가 “법 및 영에 규정한 것 외에 감사 또는 조사에 필요한 사항은 당해 지방자치단체의 조례로 정한다”고 규정하였다. 지방자치법 제36조 제7항이 위와 같이 행정사무의 감사 조사절차와 증언 감정절차를 구분하여 규정하고 있지만, 이는 국회에서의 해당 법률이 2개로 나뉘어 입법되었기 때문으로 보이고, 제36조의 표목을 ‘행정사무감사 및 조사권’이라고 하고 그 안에 감사 조사에 관한 절차와 증언 감정 등에 관한

절차를 같이 규정하고 있는 점에 비추어 보면 광의의 감사 조사절차에는 증언 감정 등에 관한 절차도 포함되는 것으로 보아야 할 것이므로, 위 지방자치법시행령 제19조의2가 법 또는 영이 정하지 아니한 부분에 관하여 조례에 위임하고 있는 '감사 또는 조사에 필요한 사항'은 광의의 것으로서 협의의 감사 조사절차와 증언 감정 등에 관한 절차를 포괄하는 것으로 보아야 할 것이다. 그리고, 이와 같이 지방자치법 제36조 제7항이 대통령령에 위임하고, 다시 대통령령인 같은 법 시행령이 조례에 위임하는 재위임의 경우 입법권을 전면적으로 재위임한다면 입법권을 위임한 법률 그 자체의 내용을 변경하는 결과를 가져오는 것이 되므로 허용되지 아니하지만, 위 대통령령에서 증언 감정 등에 관한 절차의 중요한 내용을 규정하고 그 나머지의 세부절차를 부분적으로 조례에 재위임한 것이므로 유효하다고 보아야 할 것이다. 이 사건 조례안 제6조의 동행명령장제도는 지방의회에서의 증언 감정 등에 관한 절차에서 증인 감정인 등의 출석을 확보하기 위한 절차로서 규정된 것이므로 위 지방자치법시행령 제19조의2 규정의 "법 또는 영에 규정된 것 외에 감사 또는 조사에 필요한 사항"에 해당한다고 보아야 할 것이어서, 결국 지방자치법 제36조 제7항, 같은 법 시행령 제19조의2의 규정이 비록 포괄적이고, 일반적이기는 하지만 조례안 제6조의 법률적 위임근거가 된다고 보는 것이 타당하다고 할 것이다. 따라서, 조례안 제6조가 법률의 위임근거가 없어 무효라고 하는 원고의 주장은 이유 없다.」

▷ **지방자치의 성질에 비추어 중앙정부가 어떠한 사항에 대한 규율을 지방자치단체에게 포괄적으로 수권하는 것이 가능하다는 취지의 판례**

[憲 1995. 4. 20.-92헌마264](부천시담배자동판매기설치금지조례 제4조 등 위헌확인 등)

「헌법 제117조 제1항은 "지방자치단체는 주민의 복리에 관한 사무를 처리하고 재산을 관리하며, 법령의 범위 안에서 자치에 관한 규정을 제정할 수 있다"고 규정하고 있고, 지방자치법 제15조는 이를 구체화하여 "지방자치단체는 법령의 범위 안에서 그 사무에 관하여 조례를 제정할 수 있다. 다만, 주민의 권리제한 또는 의무부과에 관한 사항이나 벌칙을 정할 때에는 법률의 위임이 있어야 한다"고 규정하고 있다.

이 사건 조례들은 담배소매업을 영위하는 주민들에게 자판기 설치를 제한하는 것을 내용으로 하고 있으므로 주민의 직업선택의 자유 특히 직업수행의 자유를 제한하는 것이 되어 지방자치법 제15조 단서 소정의 주민의 권리의무에 관한 사항을 규율하는 조례라고 할 수 있으므로 지방자치단체가 이러한 조례를 제정함에 있어서는 법률의 위임을 필요로 한다.

그런데 조례의 제정권자인 지방의회는 선거를 통해서 그 지역적인 민주적 정당성을 지니고 있는 주민의 대표기관이고, 헌법이 지방자치단체에 대해 포괄적인 자치권을 보장하고 있는 취지로 볼 때 조례제정권에 대한 지나친 제약은 바람직하지 않으므로 조례에 대한 법률의 위임은 법규명령에 대한 법률의 위임과 같이 반드시 구체적으로 범위를 정하여 할 필요가 없으며 포괄적인 것으로 족하다고 할 것이다.

이 사건의 경우를 보면, 담배사업법(법률 제4065호)은 제16조 제4항에서 "소매인의 지정기준 기타 지정에 관하여 필요한 사항은 재무부령으로 정한다"고 규정하고 있고, 재무부령인 담배사업법시행규칙은 제11조 제1항의 별표 2 '제조담배소매인의 지정기준' 중 자동판매기란에서 "1. 자동판매기는 이를 일반소매인 또는 구내소매인으로 보아 소매인 지정기준을 적용한다. (단서 생략) 2. 청소년의 보호를 위하여 지방자치단체가 조례로 정하는 장소에는 자동판매기의 설치를 제한할 수 있다"고 규정하고 있으며, 이 사건 조례들은 위 규정들에 따라 제정된 것이다.

그렇다면 이 사건 조례들은 법률의 위임규정에 근거하여 제정된 것이라고 할 것이며, 이러한 위임에 의하여 자판기의 설치제한 및 철거에 관하여 규정하고 있는 이 사건 심판대상규정 역시 자판기의 전면적인 설치금지를 내용으로 하는 등의 특별한 사정이 없는 이상 위임의 한계를 벗어난 규정이라고 볼 수 없다.」

제 5 장　헌법재판제도

1. 헌법재판의 기능

□ 집행작용에 대한 통제

▶ 헌법재판과 행정쟁송

▸ 법원의 재판이 예외적으로 헌법소원심판의 대상이 된다는 취지의 판례

[憲 1997. 12. 24.-96헌마172등](헌법재판소법 제68조 제1항 위헌확인 등)

※ 〈제4편 - 제5장 - 2. - □ 국가기관에 의한 기본권의 침해와 보호〉 판례 인용부분 참조

□ 위헌정당으로부터의 헌법보호와 정당의 존속보호

▶ 정당의 존속보호

▸ 정당해산심판이 정당의 보호제도라는 취지의 판례

[憲 1999. 12. 23.-99헌마135](경찰법 제11조 제4항 등 위헌확인)

※ 〈제1편 - 제2장 - 2. - 헌법보호의 수단 - □ 사회영역에서의 침해와 보호방법〉 판례 인용부분 참조

제 7 편

국가작용과 국가기관

제 1 장 국 회

1. 국회의 기능과 권한

입 법

□ 입법과 입법권

▶ 국회의 법률입법의 독점과 의회유보

▸ 의회유보의 원칙을 밝힌 판례

[憲 1999. 5. 27.-98헌바70](한국방송공사법 제35조 등 위헌소원)

「(가) 이 법 제36조 제1항은 "수신료의 금액은 이사회가 심의 · 결정하고, 공사가 공보처 장관의 승인을 얻어 이를 부과 · 징수한다"고 규정하고 있는바, 수신료의 금액을 공보처장관의 승인을 필요로 하는 외에는 전적으로 공사(공사의 이사회)가 결정하여 부과 · 징수하도록 한 것이 헌법에 위반되는 것이 아닌지 문제된다.

헌법은 법치주의를 그 기본원리의 하나로 하고 있으며, 법치주의는 행정작용에 국회가 제정한 형식적 법률의 근거가 요청된다는 법률유보를 그 핵심적 내용의 하나로 하고 있다. 그런데 오늘날 법률유보원칙은 단순히 행정작용이 법률에 근거를 두기만 하면 충분한 것이 아니라, 국가공동체와 그 구성원에게 기본적이고도 중요한 의미를 갖는 영역, 특히 국민의 기본권 실현에 관련된 영역에 있어서는 행정에 맡길 것이 아니라 국민의 대표자인 입법자 스스로 그 본질적 사항에 대하여 결정하여야 한다는 요구까지 내포하는 것으로 이해하여야 한다(이른바 의회유보원칙). 그리고 행정작용이 미치는 범위가 광범위하게 확산되고 있으며, 그 내용도 복잡 · 다양하게 전개되는 것이 현대행정의 양상임을 고려할 때, 형식상 법률상의 근거를 갖출 것을 요구하는 것만으로는 국가작용과 국민생활의 기본적이고도 중요한 요소마저 행정에 의하여 결정되는 결과를 초래하게 될 것인바, 이러한 결과는 국가의사의 근본적 결정권한이 국민의 대표기관인 의회에 있다고 하는 의회민주주의의 원리에 배치되는 것이라 할 것이다.

(나) 이러한 관점에서 볼 때, 이 법 제36조 제1항은 법률유보, 특히 의회유보의 원칙에 위반된다.

공사는 비록 행정기관이 아니라 할지라도 그 설립목적, 조직, 업무 등에 비추어 독자적 행정주체의 하나에 해당하며, 수신료는 특별부담금으로서 국민에게 금전납부의무를 부과하는 것이므로, 공사가 수신료를 부과·징수하는 것은 국민의 재산권에 대한 제한을 가하는 행정작용임에 분명하고, 그 중 수신료의 금액은 수신료 납부의무자의 범위, 수신료의 징수절차와 함께 수신료 부과 징수에 있어서 본질적인 요소이다. 대부분의 가구에서 수상기를 보유하고 있는 현실에서 수신료의 결정행위는 그 금액의 다과를 불문하고 수많은 국민들의 이해관계에 직접 관련된다. 따라서 수신료의 금액은 입법자가 스스로 결정하여야 할 사항이다.

그런데 이 법 제36조 제1항은 국회의 결정 내지 관여를 배제한 채 공사로 하여금 수신료의 금액을 결정하도록 맡기고 있다. 공사가 전적으로 수신료금액을 결정할 수 있게 되면 공영방송사업에 필요한 정도를 넘는 금액으로 정할 수 있고, 또 일방적 수신자의 처지에 놓여 있는 국민의 경제적 이해관계가 무시당할 수도 있다. 이 조항은 공사의 수신료금액 결정에 관하여 공보처장관의 승인을 얻도록 규정하고 있으나, 이는 행정기관에 의한 방송통제 내지 영향력 행사를 초래할 위험을 내포하는 것이어서 위와 같은 문제점에 대한 하등의 보완책이 되지 못한다.

이상과 같은 이유로 이 법 제36조 제1항은 법률유보원칙(의회유보원칙)에 어긋나는 것이어서, 헌법 제37조 제2항과 법치주의원리 및 민주주의원리에 위반된다 아니할 수 없다.」

□ 입법의 절차

▶ 법률안의 심의와 의결

▸ **법률안에 대한 심의권이나 표결권은 헌법상 국회의원에게 인정된 권한이라고 본 판례**
[憲 1997. 7. 16.-96헌라2](국회의원과 국회의장간의 권한쟁의)

「(가) 국회의원은 국민에 의하여 직접 선출되는 국민의 대표로서 여러 가지 헌법상·법률상의 권한이 부여되어 있지만 그 중에서도 가장 중요하고 본질적인 것은 입법에 대한 권한임은 두말할 나위가 없고, 이 권한에는 법률안제출권(헌법 제52조)과 법률안 심의·표결권이 포함된다. 국회의원의 법률안 심의·표결권은 비록 헌법에는 이에 관한 명문의 규정이 없지만 의회민주주의의 원리, 입법권을 국회에 귀속시키고 있는 헌법 제40조, 국민에 의하여 선출되는 국회의원으로 국회를 구성한다고 규정하고 있는 헌법 제41조 제1항으로부터 당연히 도출되는 헌법상의 권한이다. 그리고 이러한 국회의원의 법률안 심의·표결권은 국회의 다수파의원에게만 보장되는 것이 아니라 소수파의원과 특별한 사정이 없는 한 국회의원 개개인에게 모두 보장되는 것임도 당연하다. 따라서 새정치국민회의 및 자유민주연합 소속 국회의원인 청구인들에게 법률안 심의·표결의 권한이 있음은 의문의 여지가 없다.

(나) 국회법 제5조에 의하면 임시회의 집회요구가 있을 때에는 의장은 집회기일 3일 전에 공고하여야 하고, 동법 제72조에 의하면 본회의는 오후 2시(토요일은 오전 10시)에 개의하되, 국회의장이 각 교섭단체대표의원과 협의하여 그 개의시를 변경할 수 있으며, 동법 제76조에 의하면 국회의장은 개의일시·부의안건과 그 순서를 기재한 의사일정을 작성하고 늦어도 본회의개의 전일까지 본회의에 보고하여야 하고(제1항 본문), 의사일정의 작성에 있어서는 국회운영위원회와 협의하되 협의가 이루어지지 아니할 때에는 단독으로 이를 결정하며(제2항), 특히 긴급을 요한다고 인정할 때에는 회의의 일시만을 의원에게 통지하고 개의할 수 있다고(제3항) 규정되어 있으므로, 임시회 집회일은 소집공고에 의하여 국회의원들에게 통지되어야 하고,

임시회 집회일 이후의 본회의 개의일시는 그 전의 본회의에서 의사일정보고를 통하여 국회의원들에게 통지되어야 하며, 특히 긴급을 요하여 의사일정보고절차를 밟을 수 없다고 인정될 때에도 회의의 개의일시만은 상당한 방법으로 국회의원 개개인에게 통지하지 않으면 아니됨이 명백하다.

그러므로 피청구인이 청구인들에게 본회의 개의일시를 적법하게 통지하였는지의 점에 관하여 보건대, 피청구인은 그의 요청에 따라 신한국당의 원내수석부총무 하순봉의원이 1996. 12. 26. 05 : 30경 새정치국민회의의 원내수석부총무인 남궁진의원과 자유민주연합의 원내총무인 이정무의원에게 전화로 본회의 개의시각이 06 : 00로 변경되었음을 통지하였다고 하는 반면, 청구인들은 위 전화통지를 받은 것은 같은 날 06 : 10분경이었다고 주장하는바, 설사 피청구인이 주장하는 대로의 통지가 있었다 하더라도 그러한 통지는 야당소속 국회의원들의 본회의 출석을 도저히 기대할 수 없는 것으로서 국회법 제76조 제3항에 따른 적법한 통지라고 할 수 없다.

따라서 이 사건 본회의의 개의절차에는 위 국회법의 규정을 명백히 위반한 흠이 있다고 아니할 수 없다.

한편 피청구인이 주장하는 바와 같이 사건 법률안의 의결처리 과정에서 청구인들의 일부가 포함된 야당의원들이 위력을 행사하여 본회의 개의를 저지함으로써 국회운영의 정상적인 진행을 봉쇄하였다는 이유만으로 이 사건 피청구인의 위법행위가 정당화된다고 할 수 없다.

(다) 그렇다면 피청구인이 국회법 제76조 제3항을 위반하여 청구인들에게 본회의 개의일시를 통지하지 않음으로써 청구인들은 이 사건 본회의에 출석할 기회를 잃게 되었고 그 결과 이 사건 법률안의 심의 · 표결과정에도 참여하지 못하게 되었다. 따라서 나머지 국회법 규정의 위반여부를 더 나아가 살필 필요도 없이 피청구인의 그러한 행위로 인하여 청구인들이 헌법에 의하여 부여받은 권한인 법률안 심의 · 표결권이 침해되었음이 분명하다.」

▸ **국회의원과 국회의장간의 권한쟁의 사건에서 본회의의 의결이 존재하는지의 여부에 관한 사실 확정을 어떻게 할 것인가를 두고 재판관 사이에 견해가 대립한 판례**

[憲 2000. 2. 24.-99헌라1](국회의원과 국회의장간의 권한쟁의)

「이 사건의 쟁점인 피청구인이 이 사건 법률안을 가결 · 선포한 의사진행이나 결정이 적법한 것인지 여부, 즉 청구인들이 이의제기를 한 사실이 있는지에 대한 사실인정의 문제에 관하여 살피기로 한다.

(가) 헌법재판소법 제40조를 보면, "헌법재판소의 심판절차에 관하여는 이 법에 특별한 규정이 있는 경우를 제외하고는 민사소송에 관한 법령의 규정을 준용한다. 권한쟁의심판 …… 의 경우에는 행정소송법을 함께 준용한다. 제1항 후단의 경우에 …… 행정소송법이 민사소송에 관한 법령과 저촉될 때에는 민사소송에 관한 법령은 준용하지 아니한다"고 규정하고 있다.

재판권의 작용에는 통상 두가지 요소가 내포되어 있다. 사실인정과 법의 적용이 바로 그것이다. 위 규정은 권한쟁의심판 청구사건에 대한 사실인정을 행정소송법 또는 민사소송법에 의하도록 한 것이다.

(나) 이 사건에 제출된 증거를 보건대, 먼저 제199회국회 국회본회의 회의록 제6호와 제7호에는, 피청구인이 의사일정 각 항에 대하여 "이의없으십니까"라고 물었을 때("없습니다" 하는 의원 있음)의 항목과("없습니다" 하는 의원 있음) (장내소란)의 항목으로 나누어지고 이어서 피청구

인이 "가결되었음을 선포합니다"라고 하여 의사일정을 처리한 것으로 되어 있다. 회의록에 (장내소란)으로 된 것을 이의를 한 것으로 인정할 수는 없다. 다음, 방송사의 보도내용을 담은 비디오테이프 또한 본회의장 내에서 일어난 소란을 청구인들이 "이의있습니다"라고 한 것으로 인정할 증거가 되지 아니한다.

본회의 회의록은 회의의 시작에서 끝까지 모든 의사에 관한 발언을 속기방법에 의하여 빠짐없이 기록하는 동시에 의사일정 · 보고사항 · 부의안건 등 회의에 관한 모든 사항을 기재하게 되어 있다(국회법 제115조). 회의록에 기재한 사항과 회의록의 정정에 관한 이의신청은 임시회의록이 배부된 다음날의 오후 5시까지 신청하여야 하고, 이의신청에 대하여는 토론을 하지 아니하고 본회의의 의결로 결정한다(국회법 제117조). 그런데 청구인들은 이 사건에서 회의록에 기재한 사항에 관하여 이의신청도 하지 아니하였다.

회의록은 회의에 관한 공적 기록이며 회의와 관련하여 문제가 생겼을 때에는 유력한 증거가 된다. 회의에서의 의결, 결정, 선거 그밖의 효력은 회의록의 기재에 의하여 입증되는 것이므로, 회의록의 기재내용의 진정을 증명하는 취지로 의장, 의장을 대리한 부의장, 임시의장과 사무총장 또는 그 대리자가 서명 · 날인하여 국회에 보존해 두는 것이다.

국회의 자율권을 존중하여야 하는 헌법재판소로서는 이 사건 법률안 가결 · 선포행위와 관련된 사실인정은 국회본회의 회의록의 기재내용에 의존할 수밖에 없고 그밖에 이를 뒤집을 만한 다른 증거는 없다.

(4) 이상의 이유로, 피청구인의 이 사건 법률안 가결 · 선포행위는 헌법 제49조, 국회법 제112조 제3항 위반으로 인정할 수 있는 증거가 없으므로, 청구인들의 법률안 심의 · 표결권을 침해하는 위법이 있다는 이 사건 권한쟁의심판청구는 기각을 면할 수 없다.」

⇔ 재판관 3인(재판관 김용준, 재판관 김문희, 재판관 한대현)의 반대의견

「헌법재판소가 권한쟁의심판사건의 심리와 관련하여 국회의 회의절차에 관한 사실인정을 함에 있어서, 국회본회의 회의록의 기재내용을 일차적인 자료로 삼아야 한다는 것은 원칙적으로 타당하다. 그러나 이 사건과 같이 위 회의록이 사실대로 정확히 작성된 것인지 그 자체에 관하여 청구인들과 피청구인 사이에 다툼이 있는 등 위 회의록의 기재내용을 객관적으로 신빙할 수 없는 사정이 있는 경우라면, 헌법재판소로서는 위 회의록에 기재된 내용에 얽매일 것이 아니라, 변론에 현출된 모든 자료와 정황을 종합하여 건전한 상식과 경험칙에 따라 객관적 · 합리적으로 판단하여야 한다.

이러한 법리에 따라, 그 당시 '장내소란'이 있었다는 위 회의록의 기재 등 변론에 현출된 모든 자료와 이 사건을 둘러싼 여러 정황을 종합하여 건전한 상식과 경험칙에 따라 객관적 · 합리적으로 판단하여 보면, 피청구인의 직무를 대리한 국회부의장 김봉호(이하 '피청구인'이라고 한다)가 이 사건 법률안이 포함된 의사일정 각 항에 대하여 이의의 유무를 의원들에게 물었을 때 일부 청구인들이 "이의 있습니다"는 취지의 의사를 표명한 사실을 인정하기에 충분하다고 판단된다.

그러므로 나아가 피청구인의 이 사건 법률안의 가결 · 선포행위로 청구인들의 권한이 침해되었는지의 여부에 관하여 보건대, 국회법 제112조 제1항 내지 제3항은 헌법개정안 등의 특별한 의안이 아닌 통상의 의안에 대한 본회의의 표결방법에 관하여 규정하고 있는데, 이에 의하면 국회의장은 안건에 대한 이의의 유무를 물어서 이의가 없다고 인정한 때에는 가결되었음을 선포할 수 있으나, 이의가 있을 때에는 바로 가결되었음을 선포할 수 없고, 국회법 제112조 제1항 또는 제2항에 따라 기립하게 하여 가부를 결정하거나 기명 · 전자 · 호명 · 무기명투표로 표결하여야 한다.

이 사건 국회 본회의에서 피청구인이 이 사건 법률안을 상정한 뒤 그 안건에 대한 이의의 유무를 물었을 때, 위에서 인정한 바와 같이 일부 청구인들이 "이의 있습니다"는 취지의 의사를 표명하였으므로, 피청구인으로서는 국회법 제112조 제1항 또는 제2항의 방법으로 표결하였어야 하였다. 그럼에도 불구하고 피청구인은 이의가 없다고 인정하여 곧바로 이 사건 법률안이 가결되었음을 선포하였으니, 이는 국회법 제112조를 명백히 위반하였을 뿐만 아니라, 그로 인하여 국회의원인 청구인들이 이 사건 법률안에 대하여 표결할 헌법상의 권한을 침해한 것이다.

그렇다면, 피청구인의 이 사건 법률안의 가결선포행위는 국회법 제112조를 위반하여 청구인들의 이 사건 법률안에 대한 헌법상 권한인 법률안 표결권을 침해한 것임이 분명하므로 그 확인을 구하는 심판청구는 이유 있어 이를 받아들여야 한다.」

※ 나머지 재판관 2인(재판관 정경식, 재판관 신창언)은 국회의원이 국회의장을 상대로 권한쟁의심판을 청구할 수 없다고 하여 각하의견을 내었음

□ 법률개선의무

▶ 개　념

▸ 국회의 법률개선의무를 인정한 판례(헌법불합치 선언을 한 경우)

[憲 2003. 2. 27.-2000헌바26](별정직공무원인사규정 제6조 제1항 위헌확인)

「이상 본 바와 같이 객관적인 기준의 재임용 거부사유와 재임용에서 탈락하게 되는 교원이 자신의 입장을 진술할 수 있는 기회 그리고 재임용거부를 사전에 통지하는 규정 등이 없으며, 나아가 재임용이 거부되었을 경우 사후에 그에 대해 다툴 수 있는 제도적 장치를 전혀 마련하지 않고 있는 이 사건 법률조항은, 현대사회에서 대학교육이 갖는 중요한 기능과 그 교육을 담당하고 있는 대학교원의 신분의 부당한 박탈에 대한 최소한의 보호요청에 비추어 볼 때 헌법 제31조 제6항에서 정하고 있는 교원지위법정주의에 위반된다고 볼 수밖에 없다. 그리고 위와 같이 이 사건 법률조항이 규정하고 있는 기간임용제가 교원지위법정주의에 위반됨을 확인하는 이상, 그밖에 청구인이 주장하는바 교원주의법정주의 위반의 결과 초래될 수 있는 평등권, 학문의 자유, 재판청구권, 근로조건법정주의 위반 여부에 대하여는 따로 판단하지 아니한다.

라. 헌법불합치선언

이 사건 법률조항의 위헌성은 위에서 본 바와 같이 기간임용제 그 자체에 있는 것이 아니라 재임용 거부사유 및 그 사전절차, 그리고 부당한 재임용거부에 대하여 다툴 수 있는 사후의 구제절차에 관하여 아무런 규정을 하지 아니함으로써 재임용을 거부당한 교원이 구제를 받을 수 있는 길을 완전히 차단한 데 있다. 그런데 이 사건 법률조항에 대하여 단순위헌을 선언하는 경우에는 기간임용제 자체까지도 위헌으로 선언하는 결과를 초래하게 되므로, 단순위헌결정 대신 헌법불합치결정을 하는 것이다.

헌법불합치결정의 경우 입법자에게는 법률의 위헌적 상태를 조속한 시일 내에 제거해야 할 입법개선의무가 발생하게 되므로, 입법자는 되도록 빠른 시일 내에 이 사건 법률조항 소정의 기간임용제에 의하여 임용되었다가 그 임용기간이 만료되는 대학교원이 재임용거부되는 경우에 그 사전절차 및 그에 대해 다툴 수 있는 구제절차규정을 마련하여 이 사건 법률조항의 위헌적 상태를 제거하여야 할 것이다.」

※ 재판관 2인(재판관 한대현, 재판관 하경철)은 이 사건 법률조항이 교원의 신분보장, 경제적 · 사회적 지위보장 등 교원의 권리에 해당하는 사항뿐만 아니라 국민의 교육을 받을 권리를 저해할 우려 있는 행위의 금지 등 교원의 의무에 관한 사항도 규정할 수 있는 것이고, 나아가 교원의 기본권을 제한하는 사항까지도 규정할 수 있음을 이유로 교원지위법정주의의 본질을 훼손한다고 볼 수 없다는 반대의견을 내었음

▸ 국회의 법률개선의무를 인정하지 않은 판례

[憲 2003. 1. 30.-2002헌마358](입법부작위 위헌확인)

「(1) 입법자에게 입법의무가 발생하였는지 여부

헌법 제10조 제2문은 "국가는 개인이 가지는 불가침의 기본적 인권을 확인하고 이를 보장할 의무를 진다"고 규정함으로써, 소극적으로 국가권력이 국민의 기본권을 침해하는 것을 금지하는 데 그치지 아니하고 나아가 적극적으로 국민의 기본권을 타인의 침해로부터 보호할 의무를 부과하고 있다. 이러한 국가의 기본권 보호 의무로부터 국가 자체가 불법적으로 국민의 생명권, 신체의 자유 등의 기본권을 침해하는 경우 그에 대한 손해배상을 해주어야 할 국가의 행위의무가 도출된다고 볼 수 있다. 그리고 헌법 제29조 제1항 제1문은 "공무원의 불법행위로 손해를 받은 국민은 법률이 정하는 바에 의하여 국가 또는 공공단체에 정당한 배상을 청구할 수 있다"고 규정함으로써 국가의 불법행위로 인한 기본권 침해에 대한 손해배상을 위해서 필요한 입법을 하도록 규정하고 있으므로, 이 헌법 규정에 의해서도 국가는 관련 법률을 제정해야할 의무를 직접 가진다고 볼 수 있다.

그런데 입법부는 이미 청구인들이 주장하는 바와 같은 국가 스스로의 불법행위로 인한 기본권 침해시 국가가 손해를 배상함으로써 그 피해를 회복하여 주는 여러 제도를 마련해 놓음으로써 헌법 위임 또는 헌법 해석에 따른 자신의 입법의무를 이행하였다.

먼저, 국가는 국가배상법의 제정을 통해서 국가 자체의 불법행위로 인한 기본권 침해시 발생하는 손해를 배상하는 법률을 제정함으로써 자신의 입법의무를 이행하였다.

또한, 청구인들이 이미 실현한 바 있는 민사적인 구제 제도가 이미 존재한다. 법률행위의 무효, 취소 등을 규정한 민법 제103조 내지 제109조, 준재심절차를 마련한 민사소송법 제431조가 바로 그 것이다. 그럼에도 불구하고 청구인들의 피해 회복이 되지 않았던 것은, 청구인들의 증여 당시의 사실관계가 그 증여의 의사표시를 무효로 평가할 정도에 이르지 않았다거나 준재심 사유에 해당되지 않는다는 법원의 사실 인정과 법률적 판단에 따른 것일 뿐, 피해 회복을 위한 제도의 부존재에 기인한 것으로 볼 수는 없다.

결국 입법부가 위와 같이 입법 의무를 이행한 이상, 청구인들이 입은 기본권 침해의 특수한 성격에 비추어 기존 법 체계가 그 침해에 따른 피해 구제에 적절하지 않다는 주장만을 근거로, 기존의 입법 외에 청구인들이 주장하는 피해에 대하여 이를 배상 또는 보상을 실시하는 내용의 입법 의무가 헌법 위임이나 헌법 해석상 새로이 발생하였다고 할 수는 없다.

(2) 평등원칙에 근거한 입법의무가 발생하였다는 취지의 주장에 대하여

청구인들은 앞서 본 바와 같이, 민주화운동관련자명예회복및보상등에관한법률, 의문사진상규명에관한특별법, 제주 4 · 3사건진상규명및희생자명예회복에관한특별법의 적용 대상자와 청구인들의 피해가 본질적으로 같은 성격을 갖고 있음에도 불구하고 청구인들의 피해에 대한 보상 입법을 제정하지 않은 것은 평등의 원칙에 반한다고, 즉 위와 같은 법률 등이 제정되었

으므로 입법자에게는 평등의 원칙에 따라 청구인들에 대한 보상 입법을 하여야 의무가 발생하였다는 취지의 주장을 하므로 살펴본다.

먼저 민주화운동관련자명예회복및보상등에관한법률은 "민주화운동과 관련하여 희생된 자와 그 유족에 대하여 국가가 명예회복 및 보상을 행함으로써 이들의 생활안정과 복지향상을 도모하고, 민주주의의 발전과 국민화합에 기여함을"(제1조), 의문사진상규명에관한특별법은 "민주화운동과 관련하여 의문의 죽음을 당한 사건에 대한 진상을 규명함으로써 국민화합과 민주발전에 이바지함을"(제1조), 제주 4·3사건진상규명및희생자명예회복에관한특별법은 "제주 4·3 사건의 진상을 규명하고 이 사건과 관련된 희생자와 그 유족들의 명예를 회복시켜줌으로써 인권신장과 민주발전 및 국민화합에 이바지함을"(제1조) 각 목적으로 규정하고 있다. 따라서 위 각 특별법의 규율대상과 청구인들이 입법되어야 한다고 주장하는 '법률'의 규율 대상은 본질적으로 동일한 성격을 갖지 않는다고 할 것이다.

가사 그것이 본질적으로 동일하다고 보더라도 이를 근거로 입법자에게 청구인들에게도 적용될 유사한 내용의 입법을 하여야 할 헌법상의 의무가 발생한다고 볼 수 없다. 왜냐하면 평등원칙은 원칙적으로 입법자에게 헌법적으로 아무런 구체적인 입법의무를 부과하지 않고, 다만, 입법자가 평등원칙에 반하는 일정 내용의 입법을 하게 되면, 이로써 피해를 입게 된 자는 직접 당해 법률조항을 대상으로 하여 평등원칙의 위반 여부를 다툴 수 있을 뿐이기 때문이다(헌재 1996. 11. 28. 93헌마258, 판례집 8-2, 636, 646 참조).

(3) 소 결 론

그렇다면, 입법자에게 청구인들이 주장하는 바와 같은 입법 의무가 있다고 할 수 없을 뿐만 아니라, 이 사건은 입법자가 헌법상 입법 의무가 있는 어떤 사항에 관하여 이미 입법을 한 이른바 부진정입법부작위의 경우에 해당함에도 불구하고 진정입법부작위에 대한 헌법소원의 형식으로 제기되었으므로 결국 이 사건 심판청구는 입법부작위에 대한 헌법소원으로서의 요건을 갖추지 못하여 부적법하다.」

⇔ 재판관 1인(재판관 권성)의 반대의견

「전쟁이나 쿠데타 등 위난의 시기에 국가조직에 의하여 이루어지는 또는 그 비호나 묵인하에 이루어지는 조직적이고 집단적인 개인의 기본권침해가 있었고 이에 대한 구제가 통상의 법체계에 의하여 적절히 이루어지지 않는 법 부재적 상황이 발생한 때에는 헌법 제10조 제2문의 기본권보장의무를 근거로 하여 그 구제를 위한 국회의 특별한 입법의무가 발생한다고 해석하는 것이 마땅하고, 이 사건의 경우가 바로 여기에 해당한다. 따라서 청구인들의 기본권침해가 발생한 날로부터 이미 22년이 경과하였고 헌정을 중단시킨 세력의 집권이 종료된 날로부터 이미 10년 이상이 경과한 오늘에 이르기까지 국회가 아무런 특별입법이나 개정입법을 하지 아니한 것은 명백한 입법의무의 위반이어서 헌법에 위반된다.」

▸ **헌법재판소가 법률에 대하여 헌법불합치결정을 한 경우 국회에 법률개선의무가 있음을 인정한 판례 [憲 1999. 10. 21.-96헌마61등](양도소득세부과처분취소 등, 헌법재판소법 제68조 제1항 위헌확인 등)**

「법률이 헌법에 위반되는 경우, 헌법의 규범성을 보장하기 위하여 그 법률은 원칙적으로 무효로 선언되어야 한다. 그러나 헌법재판소가 위헌결정을 한다면 입법자의 형성권을 침해할 우려가 있거나 또는 법적 공백이나 혼란을 초래할 우려가 있는 등 특별한 헌법적 사유가 있을 때에는 예외적으로 위헌결정을 피하고 심판대상 규범의 위헌성만을 확인하는 헌법불합치결정을 할 수 있는 것이다.

헌법재판소가 헌법불합치결정을 하는 경우, 위헌적 법률은 효력을 상실하여 법질서에서 소멸하는 것이 아니라 형식적으로 존속하게 되나, 원칙적으로 위헌적 법률의 적용이 금지되고, 헌법심판의 계기를 부여한 당해사건은 물론 심판대상 법률이 적용되어 법원에 계속중인 모든 사건의 재판절차가 정지된다. 헌법재판소가 헌법불합치결정을 하는 주된 이유는, 권력분립원칙과 민주주의원칙의 관점에서 볼 때 입법자가 입법개선을 통하여 위헌적 상태를 궁극적으로 제거하는 것이 바람직하다는 판단에 따른 것이므로, 헌법불합치결정은 위헌적 상태를 조속한 시일 내에 제거하여야 할 입법자의 입법개선의무를 수반하게 된다.」

◎ 같은 취지 : 憲 1999. 10. 21.-97헌마301등 2003. 2. 27.-2000헌바26

▶ 성 질

▸ **헌법재판소가 국회에 대하여 법률의 개선을 촉구하면서 법률 개선의 방향까지 제시하는 경우에는 신중하고 사려 깊은 판단에 근거하여야 한다는 법리를 밝힌 판례**

[憲 1997. 3. 27.-95헌가14등](민법 제847조 제1항 위헌제청 등)

「이 사건 심판대상조항인 민법 제847조 제1항은 앞에서 본 바와 같이 입법재량의 한계를 넘어서 기본권을 침해한 것으로서 헌법에 위반되는 규정이다. 그러나 이는 친생부인의 소에 제척기간을 설정한 것 자체가 잘못이라는 것은 아니고 단지 기간을 정함에 있어 부가 자와의 사이에 친생자관계가 존재하지 아니함을 알았는지의 여부에 관계없이 일률적으로 "그 출생을 안 날로부터 1년 내"라고 규정함으로써 친생부인권의 행사를 현저히 곤란하게 하거나 사실상 박탈하는 것과 같은 결과를 초래하는 것이 잘못이고 헌법에 위반된다는 취지인 것이다.

그런데 민법 제847조 제1항을 단순위헌선언을 한다면 친생부인의 소의 제척기간의 제한이 일시적으로 전혀 없게 되는 법적 공백상태가 되고 이로 인하여 출생 후 상당기간이 경과되어 이미 번복할 수 없는 신분관계로서 이해관계인들에게 받아들여지고 있던 부자관계에 대하여도 개정입법이 행하여지기까지는 언제든지 다시 재론할 수 있게 됨으로써 적지 않은 법적 혼란을 초래할 우려가 있을 뿐만 아니라 위헌적인 규정에 대하여 합헌적으로 조정하는 임무는 원칙적으로 입법자의 형성재량에 속하는 사항인 것이므로, 우리 재판소는 입법자가 이 사건 심판대상조항을 적어도 이 결정에서 밝힌 위헌이유에 맞추어 새로이 개정할 때까지는 법원 기타 국가기관은 민법 제847조 제1항 중 "그 출생을 안 날로부터 1년 내"라는 부분을 더 이상 적용·시행할 수 없도록 중지하되 그 형식적 존속만을 잠정적으로 유지하게 하기 위하여 이 사건 심판대상 조항에 대하여 단순위헌결정을 선고하지 아니하고 헌법재판소법 제47조 제2항 본문의 효력상실을 제한적으로 적용하는 변형위헌결정으로서의 헌법불합치결정을 선고하는 것이다.

한편 위와 같은 헌법 불합치상태는 하루빨리 법개정을 통하여 제거되어야 할 것이며, 불합치상태를 제거하기 위한 여러 가지 가능한 방법 중 어느 것을 선택할 것인가는 입법권자의 재량에 속한다 할 것이나, 우리 재판소로서는 국회의 광범위한 형성의 자유를 제약하기 위해서가 아니고 앞에서 판시한 추상적 기준론에 의한 입법형성의 현실적인 어려움을 감안하여 일응의 준거가 될 만한 사례를 제시하여 둔다. 즉, 스위스 가족법은 친생부인의 소는 부가 자와의 사이에 친생자관계가 존재하지 아니함을 알게 된 때로부터 1년 내에 이를 제기할 수 있으나 다만 그 경우에도 자의 출생후 5년이 경과하면 특별한 사정이 없는 한 이를 제기할 수 없다고 규정하고 있는 것이다.

위와 같은 입법례는 원칙적으로 부가 친생자관계가 존재하지 아니함을 안 때로부터 그 제척기간을 계산함으로써 일응 그 부로 하여금 충분한 숙려기간을 줌으로써 부의 이익을 충분히 고려하면서도 다른 한편으로는 출생 후 5년이 경과한 경우에는 소의 제기가 불가능하게 함으로써 자의 이익을 위하여 신분관계의 조기확정을 도모하고 있는 것으로서 조화로운 입법례로 보여진다.

⇒ 재판관 1인(재판관 김진우)의 별개의견

「다수의견이 개정법률의 모델로서 제시하고 있는 스위스 가족법은 출생 후 5년이 경과한 경우 부로 하여금 친생부인의 소를 제기하지 못하게 하는 것으로 부의 인격권과 재판청구권을 심각하게 제한하고 자의 지위의 조속한 확정에만 치우친 입법으로서 과잉금지의 원칙에 반한다 할 것이므로 다수의견이 주장하는 바와 같이 결코 조화로운 입법이라 할 수 없다.」

⇔ 재판관 1인(재판관 조승형)의 반대의견

「다수의견이 취하는 헌법불합치결정은 헌법 제111조 제1항 제1호 및 제5호, 헌법재판소법 제45조, 제47조 제2항의 명문규정에 반하며, 헌법재판소의 결정의 소급효를 원칙적으로 인정하고 있는 독일의 법제와 장래효를 원칙적으로 인정하고 있는 우리의 법제를 혼동하여 독일의 판례를 무비판적으로 잘못 수용한 의견이므로 반대하며, 이 사건의 경우는 단순위헌결정을 하여야 한다.」

▶ 실현방법

▸ **국회가 법률개선의무를 이행하지 않는 경우 진정입법부작위에 대한 헌법소원심판을 청구하는 것은 허용되지 않는다는 취지의 판례**

[憲 2003. 1. 30.-2002헌마358](입법부작위위헌확인)

「헌법소원은 헌법재판소법 제68조 제1항에 규정한 바와 같이 공권력의 불행사에 대하여도 제기될 수 있지만, 입법부작위에 대한 헌법소원은 헌법에서 기본권보장을 위해 명시적으로 입법 위임을 하였음에도 불구하고 입법자가 아무런 입법조치를 하고 있지 않거나, 헌법 해석상 특정인에게 구체적인 기본권이 생겨 이를 보장하기 위한 국가의 입법의무가 발생하였음이 명백함에도 불구하고 입법자가 전혀 아무런 입법조치를 취하지 않고 있는 경우가 아니면 원칙적으로 인정될 수 없고, 또한 입법자가 헌법상 입법의무가 있는 어떤 사항에 관하여 입법은 하였으나 그 입법의 내용·범위·절차 등을 불완전·불충분 또는 불공정하게 규율함으로써 입법행위에 결함이 있는 이른바 부진정입법부작위의 경우에는 그 불완전한 규정을 대상으로 하여 그것이 헌법위반이라는 적극적인 헌법소원을 청구할 수 있을 뿐 입법부작위로서 헌법소원의 대상으로 삼을 수 없다는 것이 헌법재판소의 확립된 판례이다(헌재 1989. 3. 17. 88헌마1, 판례집 1, 9, 17, 헌재 1999. 6. 13. 93헌마276, 판례집 493, 499 참조).……

그렇다면, 입법자에게 청구인들이 주장하는 바와 같은 입법 의무가 있다고 할 수 없을 뿐만 아니라, 이 사건은 입법자가 헌법상 입법 의무가 있는 어떤 사항에 관하여 이미 입법을 한 이른바 부진정입법부작위의 경우에 해당함에도 불구하고 진정입법부작위에 대한 헌법소원의 형식으로 제기되었으므로 결국 이 사건 심판청구는 입법부작위에 대한 헌법소원으로서의 요건을 갖추지 못하여 부적법하다.」

⇔ 재판관 1인(재판관 권성)의 반대의견

「어떠한 문제가 있을 때 이를 규율하는 새로운 입법을 할 것인지 아니면 기존의 법률 중 관련

부분을 개정하는 입법을 할 것인지의 문제는 상황에 따라 결정되는 100% 입법기술의 문제이지 본질적인 문제가 아니므로 이 두가지를 절대적인 구분으로 보고 그 처리를 완전히 다르게 하여야 하는 것으로 취급하는 것은 불합리한 일이다. 본질적인 차이가 없다고 보는 이유는, 어떤 입법사항에 관하여 전혀 입법이 없어 쟁점을 규율할 수 없는 경우와 기존의 입법이 있지만 그것이 불완전하여 쟁점을 결국 규율할 수 없는 경우의 두가지는 쟁점의 규율을 법외(法外)에 두게 되는 점에서 모두 동일하기 때문이다. 따라서 피해구제에 관한 민법이나 국가배상법의 규정이 이미 있지만 그 규정들 만으로는 마땅히 구제되어야 할 기본권침해가 사실상 방치되고 마는 경우에는 그 구제가 가능하도록 관계법률을 개선하든지 새로운 법률을 제정하든지 할 입법의무가 의회에 있는 것이고 다만 어느 방법으로 입법의무를 이행할 것인지의 문제만 의회가 재량으로 정하면 되는 것이다.

원래 진정입법부작위를 부진정입법부작위와 구별하는 것 자체가, 위헌적인 입법부작위에 대한 헌법소원을 불가피한 경우에 부분적으로 허용하되 입법권에 대한 존중과 사법자제의 입장에서 그 범위를 되도록 줄여보려는 시도로 비교적 근래에 제출되어 형성과정중에 있는 하나의 이론이지, 오랜 세월에 걸쳐 탐구 · 확인된 법원칙은 아니다 그러므로, 이 사건의 경우와 같이 통상의 법절차에서 기본권침해에 대한 구제가 모두 거부되어 달리 호소할 길이 두절된 상황 하에서조차 헌법재판소가 '사법자제'를 내세운다면 이는 국민의 기본권옹호의 최종 책임을 지고 있는 헌법재판소 본연의 임무에 맞지 않는다. 부진정입법부작위를 다루는 많은 소원이 청구기간의 도과를 이유로 하여 부적법 각하되고 마는 것을 보면 문제를 알 수 있다.

그러므로 이 사건의 경우에 피해구제에 관한 민법이나 국가배상법 등의 관계규정이 존재한다고 하여 이를 위 선례에서 말하는 이른바 "입법자가 전혀 아무런 입법조치를 취하고 있지 않는 경우"에 해당하지 않는다고 보는 것은 불합리하고, 오히려 민법이나 국가배상법 등 기존의 관계규정을 개정하여야 할 입법개선의무를 불이행하는 입법부작위에 해당한다고 보아야 할 것이다.」

□ 입법과정에 대한 위헌심사

▶ 실질적 입법과정의 위반

▸ **국회의장이 일부의원들에게 본회의 개의일시를 국회법에 규정된 대로 적법하게 통지하지 않음으로써 그들이 본회의에 출석할 기회를 잃어 법률안의 심의 표결과정에 참여하지 못하게 된 것은 해당 의원들의 법률안 심의 · 표결권을 침해한 것이라고 본 판례**

[憲 1997. 7. 16.-96헌라2](국회의원과 국회의장간의 권한쟁의)

※ 판례의 내용은 본 항목의 앞부분 참조

재 정

□ 조세의 입법

▶ 개 설

▸ 조세의 기능에 대한 판례

[憲 1994. 7. 29.-92헌바49등](토지초과이득세법 제10조 등 위헌소원, 토지초과이득세법 제8조 등 위헌소원)

「현대에 있어서의 조세의 기능은 국가재정 수요의 충당이라는 고전적이고도 소극적인 목표에서 한걸음 더 나아가, 국민이 공동의 목표로 삼고 있는 일정한 방향으로 국가사회를유도하고 그러한 상태를 형성한다는 보다 적극적인 목적을 가지고 부과되는 것이 오히려 일반적인 경향이 되고 있다. 이러한 조세의 유도적 · 형성적 기능은 우리 헌법상 "국민생활의 균등한 향상"을 기하도록 한 헌법 전문(前文), 모든 국민으로 하여금 "인간다운 생활을 할 권리"를 보장한 제34조 제1항, "균형 있는 국민경제의 성장 및 안정과 적정한 소득의 분배를 유지하고, 시장의 지배와 경제력의 남용을 방지하며, 경제주체간의 조화를 통한 경제의 민주화를 위하여" 국가로 하여금 경제에 관한 규제와 조정을 할 수 있도록 한 제119조 제2항, "국토의 효율적이고 균형 있는 이용 · 개발과 보전을 위하여" 국가로 하여금 필요한 제한과 의무를 과할 수 있도록 한 제122조 등에 의하여 그 헌법적 정당성이 뒷받침되고 있다.」

▸ 조세가 재산권의 침해가 될 수 있음을 밝힌 판례

[憲 1997. 12. 24.-96헌가19등](구상속세법 제9조 제1항 위헌제청, 구상속세법 제9조 제1항 등 위헌소원)

「(1) 헌법은 제38조에서 "모든 국민은 법률이 정하는 바에 의하여 납세의 의무를 진다"라고 규정하고 또 제59조에서 "조세의 종목과 세율은 법률로 정한다"라고 규정하여 조세법률주의를 선언하고 있다. 조세법률주의는 조세평등주의(헌법 제11조 제1항)와 함께 조세법의 기본원칙으로서 과세요건과 조세의 부과 · 징수절차는 모두 국민의 대표기관인 국회가 제정한 법률로 이를 규정하여야 한다는 과세요건 법정주의와 그 규정내용이 지나치게 추상적이고 불명확하면 과세관청의 자의적(自意的)인 해석과 집행을 초래할 염려가 있으므로 그 규정내용이 명확하고 일의적(一義的)이어야 한다는 과세요건 명확주의를 그 핵심적 내용으로 하고 있는데 결국 조세법률주의의 이념은 과세요건을 법률로 명확하게 규정함으로써 국민의 재산권을 보장함과 동시에 국민의 경제생활에 법적안정성과 예측가능성을 보장함에 있는 것이다(헌법재판소 1989. 7. 21. 선고, 89헌마38 결정 ; 1992. 12. 24. 선고, 90헌바21 결정 등 참조).

그리고 법치주의는 국민의 권리 · 의무에 관한 사항을 법률로써 정해야 한다는 형식적 법치주의에 그치는 것이 아니라 그 법률의 목적과 내용 또한 기본권 보장의 헌법이념에 부합되어야 한다는 실질적 적법절차를 요구하는 법치주의를 의미하며, 헌법 제38조, 제59조가 선언하는 조세법률주의도 이러한 실질적 적법절차가 지배하는 법치주의를 뜻하므로, 비록 과세요건이 법률로 명확히 정해진 것일지라도 그것만으로는 충분한 것은 아니고 조세법의 목적이나 내용이 기본권보장의 헌법이념과 이를 뒷받침하는 헌법상 요구되는 제원칙에 합치되어야 한다(헌법재판소 1994. 6. 30. 선고, 93헌바9 결정 참조).

특히 헌법 제23조 제1항이 보장하고 있는 사유재산권은 사유재산에 관한 임의적인 이용, 수익, 처분권을 본질로 하기 때문에 사유재산의 처분금지를 내용으로 하는 입법조치는 원칙으로 재산권에 관한 입법형성권의 한계를 일탈하는 것일 뿐만 아니라 조세의 부과 징수는 국민의 납세의무에 기초하는 것으로서 원칙으로 재산권의 침해가 되지 않는다고 하더라도 그로 인하여 납세의무자의 사유재산에 관한 이용, 수익, 처분권이 중대한 제한을 받게되는 경우에는 그것도 재산권의 침해가 될 수 있는 것이다.

(2) 따라서 이 사건 법률조항이 상속세회피행위를 방지하고 조세부담의 공평을 도모하기 위한 것이라고 하더라도 그 목적이나 내용이 위와 같은 조세법률주의의 이념이나 기본권보장의 헌법이념에 합치되지 않거나 그로 인하여 사유재산에 관한 이용, 수익, 처분권이 중대한 제한을 받게 되는 경우에는 헌법에 위반된다고 보지 않을 수 없다.

(3) (가) 그런데 이 사건 법률조항의 규정내용은 위에서 본바와 같이 상속세 회피행위를 방지하고 조세부담의 공평을 기하기 위하여 피상속인이 상속개시전 5년 이내에 상속인에게 증여를 한 경우와 상속개시전 3년 이내에 상속인 이외의 자에게 증여를 한 경우에는 증여의 효력을 실질적으로 부인하여 증여에 의한 재산처분행위가 없었던 것으로 보고 상속 당시의 현황에 의하여 평가한 증여재산의 가액을 상속재산의 가액에 가산하여 상속세를 부과한다는 것이므로 이 사건 법률조항은 결과적으로 피상속인의 사유재산에 관한 처분권에 대하여 중대한 제한을 하는 것으로서 재산권에 관한 입법형성권의 한계를 일탈하는 것이다.

(나) 그리고 위와 같은 누진세율에 의한 상속세회피행위를 방지하고 조세의 형평을 기하려는 입법목적은 구태여 이 사건 조항과 같이 피상속인의 재산처분권까지 제한하지 않고서도 법 제4조 제1항에 의하여 상속개시 전 일정기간의 증여재산가액을 증여당시의 가액으로 평가하여 상속재산의 가액에 가산하는 것만에 의하여도 충분히 달성될 수 있을 뿐만 아니라 피상속인이 언제 사망하게 될 것인지는 아무도 예측할 수 없는 일이므로 상속개시전 5년이나 3년 이내의 증여를 모두 상속세회피행위로 보아 그 효력을 부인하고 증여가 없었던 것으로 보아 그 증여의 가액을 증여 당시가 아닌 상속 당시의 현황에 의하도록 한 것은 기본권 제한의 한계인 과잉입법금지원칙에 위반된다고 할 것이다(1993. 12. 31. 개정된 상속세법 제9조 제1항은 상속재산에 가산할 증여의 가액은 증여당시의 현황에 의한다고 개정하였다).

(다) 또한 상속개시전 일정기간의 증여재산의 가액을 상속재산의 가액에 가산하면서 이 사건 조항에 의하여 증여재산의 가액을 증여 당시의 가액에 의하지 않고 상속 당시의 가액에 의하여 상속세를 과세하면 재산처분행위인 증여 당시 그로 인하여 부담할 세액을 예측할 수 없어 국민의 경제생활에 법적안정성을 침해할 뿐만 아니라 그 재산의 증여 당시와 상속 당시 사이에 가액의 증가가 있는 경우 그 가액증가분에 대하여 수증자는 상속세를 부담하는 외에 그 증여재산을 양도할 때 다시 양도소득세를 이중으로 부담하게 되는 결과에 이르게 되므로 이와 같은 점에서도 이 사건 법률조항은 조세법률주의에 위반된다.」

⇔ 재판관 1인(재판관 김문희)의 반대의견

「결국 나의 의견은 상속재산가액에 합산되는 증여재산에 대한 평가를 이 사건 법률조항과 같이 상속개시 당시의 현황에 의하는 것만이 옳다는 것이 아니라, 이 사건 법률조항과 같이 할 것인지 아니면 개정법률조항처럼 증여 당시의 현황에 의할 것인지의 문제는 입법자의 입법형성의 자유에 속하는 문제이고, 위헌여부의 문제가 아니라는 것이다. 이 사건 법률조항과 같은 조세법률의 위헌여부를 판단함에 있어서 당해 법률 또는 법률조항이 헌법의 이념에 비추어 기본권을 침해하는 정도가 용인할 수 없을 정도가 아닌 이상, 최선의 입법이 아니라든가 현재의 법적상태가 보다 이상적인 것으로 개선될 여지가 있다는 이유로 그 법률을 위헌으로 판단할 수는 없다는 것이다.」

[憲 2001. 12. 20.-2001헌바25](구상속세법 제4조 제2항 등 위헌소원)

「(가) 조세법률주의와 재산권의 보장

헌법 제38조 및 제59조에 근거를 둔 조세법률주의는 조세평등주의와 함께 조세법의 기본원칙으로서, 형식적 측면에서의 핵심적 내용은 과세요건 법정주의 및 과세요건 명확주의라 할 것인데, 조세법률주의는 위와 같이 과세요건을 법률로 명확히 정하는 것만으로는 충분하지 않고 실질적 측면에서 조세법의 목적이나 내용이 기본권 보장의 헌법이념과 이를 뒷받침하는 헌법상의 제 원칙에 합치될 것을 요구한다(헌재 1992. 2. 25. 90헌가69등, 판례집 4, 114, 120-121; 헌재 1995. 7. 21. 92헌바27등 헌재 1995. 11. 30. 91헌바1등, 판례집 7-2, 562, 584; 헌재 1997. 11. 27. 95헌바38, 판례집 9-2, 591, 600-601; 헌재 1999. 5. 27. 97헌바66등, 판례집 11-1, 589, 611).

한편, "모든 국민의 재산권은 보장된다. 그 내용과 한계는 법률로 정한다"라고 규정한 헌법 제23조 제1항은 재산권보장의 원칙을 천명한 것인바, 원칙적으로 조세의 부과·징수는 국민의 납세의무에 기초하는 것으로서 재산권의 침해가 되지 않으나, 그에 관한 법률조항이 조세법률주의에 위반되고 이로 인한 자의적인 과세처분권 행사에 의하여 납세의무자의 사유재산에 관한 이용·수익·처분권이 중대한 제한을 받게 되는 경우에는 예외적으로 재산권의 침해가 될 수 있다고 본다(헌재 1997. 12. 24. 96헌가19등, 판례집 9-2, 762, 773 참조).

그런데, 우리 헌법상의 재산권에 관한 규정은 다른 기본권 규정과는 달리 그 내용과 한계가 법률에 의해 구체적으로 형성되는 기본권 형성적 법률유보의 형태를 띠고 있어, 헌법이 보장하는 재산권의 내용과 한계는 국회에서 제정되는 형식적 의미의 법률에 의하여 정해지고 헌법상의 재산권 보장은 재산권 형성적 법률유보에 의하여 실현되고 구체화하게 되므로, 재산권의 구체적 모습은 재산권의 내용과 한계를 정하는 법률에 의하여 형성된다고 본다.

따라서, 상속권도 재산권의 일종이라는 점에서, 상속재산의 가액을 어떻게 산정할 것인가, 증여재산의 가산과 증여채무의 공제와 관련하여 세법상 증여의 개념은 어떻게 파악할 것인가 등 상속제도나 상속권의 내용과 관련된 문제는 입법자의 입법형성재량에 기초한 정책적 판단에 맡겨져 있고, 이에 관한 규정인 위 각 법률조항의 해석 및 적용은 과세당국 및 해당 과세처분의 당부를 사후 심사하는 법원에 맡겨져 있다고 볼 수 있으며, 그 입법이나 해석의 내용이 헌법상 규정된 기본권이나 기본 원칙, 기본권제한의 입법 한계, 그리고 당해 법률의 입법목적 등에 비추어 자의적이거나 임의적이 아닌 합리적 범위 내의 것이라면 이를 위헌이라고 인정할 수는 없는 것이다(헌재 1998. 8. 27. 96헌가22등, 판례집 10-2, 339, 356 참조).

또한, 헌법 제37조 제2항은 "국민의 모든 자유와 권리는 국가안전보장·질서유지 또는 공공복리를 위하여 필요한 경우에 한하여 법률로써 제한할 수 있으며, 제한하는 경우에도 자유와 권리의 본질적인 내용을 침해할 수 없다"고 규정하고 있으므로, 헌법 제23조 제1항 및 제37조 제2항의 규정을 총체적으로 풀이해 보면, 국민의 재산권은 원칙적으로 보장되어야 하고 예외적으로 공공복리 등을 위하여 법률에 의하여 제한될 수 있으나 그 본질적인 내용이 침해되거나 비례의 원칙 내지 과잉금지의 원칙에 위배되는 입법은 할 수 없다는 것이다(헌재 1990. 9. 3. 89헌가95, 판례집 2, 245, 253; 헌재 1997. 3. 27. 94헌마196등, 판례집 9-1, 375, 383; 헌재 1997. 3. 27. 95헌가17, 판례집 9-1, 219, 234; 헌재 1997. 11. 27. 96헌바12, 판례집 9-2, 607, 624; 헌재 1999. 6. 24. 98헌바68, 판례집 11-1, 753, 761-762 등 참조).」

▶ **종목과 세율의 법률주의**

▸ 국민은 국민대표기관이 정하는 법률의 근거가 없는 이상 조세를 납부해야 할 법적 의무를 지지 않음을 밝힌 판례

[憲 1989. 7. 21.-89헌마38](상속세법 제32조의2 의 위헌 여부에 관한 헌법소원)

「우리 헌법은 제38조에서 "모든 국민은 법률이 정하는 바에 의하여 납세의 의무를 진다"라고 규정하였고, 제59조에 "조세의 종목과 세율은 법률로 정한다"라고 규정하였다. 이러한 헌법규정에 근거를 둔 조세법률주의는 조세평등주의와 함께 조세법의 기본원칙으로서, 법률의 근거없이 국가는 조세를 부과 · 징수할 수 없고, 국민은 조세의 납부를 요구받지 않는다는 원칙이다.」

▸ 조세의 감면에도 법률주의가 적용됨을 밝힌 판례

[憲 1996. 6. 26.-93헌바2](조세감면규제법 제74조 제1항 제1호 위헌소원)

「조세는 국가 또는 지방자치단체가 재정수요의 충족을 위한 경비를 조달하기 위하여 일반 국민에게 반대급부 없이 일방적 · 강제적으로 징수하는 것으로서 국민의 재산권을 침해하게 되므로 헌법은 국민주권주의, 권력분립주의 및 법치주의의 원리에 따라 모든 국민은 법률이 정하는 바에 의하여 납세의 의무를 지고 조세의 종목과 세율은 법률로 정하도록 규정함으로써 (헌법 제38조 · 제59조) 조세법률주의를 선언하고 있다. 즉, 국가는 주권자인 국민의 대표자로 구성되는 입법부가 제정한 법률의 근거 없이 조세를 부과 · 징수할 수 없고 국민은 조세의 납부의무를 부담하지 아니하는 것이다. 그런데 이 사건 심판대상 조항은 부가가치세의 면제에 관한 사항으로서 조세의 부과 · 징수의 요건이나 절차와 직접 관련되는 것은 아니지만, 조세란 공공경비를 국민에게 강제적으로 배분하는 것으로서 납세의무자 상호간에는 조세의 전가관계가 있으므로 특정인이나 특정계층에 대하여 정당한 이유 없이 조세감면의 우대조치를 하는 것은 특정한 납세자군이 조세의 부담을 다른 납세자군의 부담으로 떠맡기는 것에 지나지 않아 조세감면의 근거 역시 법률로 정하여야만 하는 것이 국민주권주의나 법치주의의 원리에 부응하는 것이고, 조세감면규제법 제3조도 "이 법, 국세기본법 및 조약과 다음 각호의 법률에 의하지 아니하고는 조세특례를 정하거나 감면을 할 수 없다"라고 규정함으로서 조세의 감면은 법률의 근거에 의하여서만 할 수 있도록 하고 있다.」

▸ 「조세법률주의」라는 개념에 대한 판례

▹ 조세법률주의의 개념을 구체화한 판례

[憲 1989. 7. 21.-89헌마38](상속세법 제32조의2 의 위헌 여부에 관한 헌법소원)

「우리 헌법은 제38조에서 "모든 국민은 법률이 정하는 바에 의하여 납세의 의무를 진다"라고 규정하였고, 제59조에 "조세의 종목과 세율은 법률로 정한다"라고 규정하였다. 이러한 헌법규정에 근거를 둔 조세법률주의는 조세평등주의와 함께 조세법의 기본원칙으로서, 법률의 근거없이 국가는 조세를 부과 · 징수할 수 없고, 국민은 조세의 납부를 요구받지 않는다는 원칙이다. 이러한 조세법률주의는 이른바 과세요건 법정주의와 과세요건 명확주의를 그 핵심적 내용으로 삼고 있는 바, 먼저 조세는 국민의 재산권 보장을 침해하는 것이 되기 때문에 납세의무를 성립시키는 납세의무자 · 과세물건 · 과세표준 · 과세기간 · 세율 등의 과세요건과 조세의 부과 · 징수절차를 모두 국민의 대표기관인 국회가 제정한 법률로 규정하여야 한다는 것이 과세요건 법정주의이고, 또한 과세요건을 법률로 규정하였다고 하더라도 그 규정내용이 지나치

게 추상적이고 불명확하면 과세관청의 자의적인 해석과 집행을 초래할 염려가 있으므로 그 규정 내용이 명확하고, 일의적(一義的)이어야 한다는 것이 과세요건 명확주의라고 할 수 있다. 그렇다면 위 헌법규정들에 근거한 조세법률주의의 이념은 과세요건을 법률로 규정하여 국민의 재산권을 보장하고, 과세요건을 명확하게 규정하여 국민생활의 법적 안정성과 예측가능성을 보장하겠다는 것이라고 이해된다.」

◎ 같은 취지 : 憲 1995. 11. 30.-93헌바32; 1998. 12. 24.-97헌바33등 2001. 1. 18.-98헌바75등 2002. 12. 18.-2002헌바27

▷ 소급과세금지원칙을 조세법률주의의 내용으로 본 판례

[憲 2004. 7. 15.-2002헌바63](구상속세법 부칙 제3조 위헌소원)

「우리 헌법 제38조는 모든 국민은 법률이 정하는 바에 의하여 납세의무를 진다고 규정하는 한편, 헌법 제59조는 조세의 종목과 세율은 법률로 정한다고 규정하여, 조세법률주의를 선언하고 있다. 이는 납세의무가 존재하지 않았던 과거에 소급하여 과세하는 입법을 금지하는 원칙을 포함하는 것이다. 이러한 소급입법 과세금지원칙은 조세법률관계에 있어서 법적 안정성을 보장하고 납세자의 신뢰이익의 보호에 기여한다. 우리 재판소는 새로운 입법으로 과거에 소급하여 과세하거나 또는 이미 납세의무가 존재하는 경우에도 소급하여 중과세하는 것은 소급입법 과세금지원칙에 위반된다는 일관된 태도를 취하여 왔다(헌재 1998. 11. 26. 97헌바58, 판례집 10-2, 673, 680; 2002. 2. 28. 99헌바4, 판례집 14-1, 106, 115; 2003. 6. 26. 2000헌바82, 판례집 15-1, 678, 687).

그런데 소급입법은 신법이 이미 종료된 사실관계에 작용하는지 아니면 현재 진행중인 사실관계에 작용하는지에 따라 '진정소급입법'과 '부진정소급입법'으로 구분되고, 전자는 헌법적으로 허용되지 않는 것이 원칙이며 특단의 사정이 있는 경우에만 예외적으로 허용될 수 있는 반면, 후자는 원칙적으로 허용되지만 소급효를 요구하는 공익상의 사유와 신뢰보호의 요청 사이의 교량과정에서 신뢰보호의 관점이 입법자의 형성권에 제한을 가하게 된다(헌재 1995. 10. 26. 94헌바12, 판례집7-2, 447, 457-459; 1999. 7. 22. 97헌바76 등, 판례집 11-2, 175, 195 참조).」

▷ 엄격해석의 원칙을 조세법률주의의 내용으로 본 판례

[憲 1996. 8. 29.-95헌바41](구조세감면규제법 제88조의2 등 위헌소원)

「다만 이와 같은 해석이 유추해석이나 확장해석을 금지한 조세법률주의에 반하는 것인가 하는 점이 문제되므로 이를 살피건대, 조세법규의 해석에 있어 유추해석이나 확장해석은 허용되지 아니하고 엄격히 해석하여야 하는 것은 조세법률주의의 원칙에 비추어 당연한 것이고 조세법규는 과세요건 명확주의에 의하여 해석상 애매함이 없도록 명확히 규정될 것이 요청된다고 할지라도 조세법규에 있어서도 법규 상호간의 해석을 통하여 그 의미를 명백히 할 필요가 있는 것은 다른 법률의 경우와 마찬가지이고, 그와 같은 조세법규 해석에 의하여 조세의 부과·면제 여부를 확정하는 것은 유추해석 또는 확장해석에 의하여 조세의 부과나 면제범위를 확장·감축하는 것과는 전혀 다른 문제라고 할 것이고, 이 사건의 경우 법 제88조의2 소정의 양도소득세 감면 종합한도의 적용대상에 명문으로 포함되어 있지 아니한 법 부칙 제14조를 법 제57조 제1항의 한 적용례로 보아 법 부칙 제14조에 의한 양도소득세 면제의 경우에도 법 제88조의2가 적용되는 것으로 해석하는 것은 전자에 해당하므로 이를 조세법률주의에 반하는 해석이라고 할 수 없을 것이다.」

▸ 조세법률주의는 조세에 관한 기본적인 내용이 헌법에 반하지 아니하는 한 국회의 입법형성의 자유에 의하여 정해지는 것을 의미하는 것이라고 본 판례

[憲 1996. 8. 29.-95헌바41](구조세감면규제법 제88조의 2 등 위헌소원)

「조세평등주의는 헌법 제11조 제1항이 규정하는 평등원칙이 세법영역에서 구현된 것으로 조세의 부과와 징수는 납세자의 담세능력에 상응하여 공정하고 평등하게 이루어져야 하고 합리적 이유없이 특정의 납세의무자를 불리하게 차별하거나 우대하는 것은 허용되지 아니한다는 원칙이다. 입법자는 조세법의 분야에서도 광범위한 입법형성의 자유를 가지므로 구체적인 조세관계에서 납세자들을 동일하게 대우할 것인지 혹은 달리 대우할 것인지를 일차적으로 결정할 수 있는 것이기는 하지만, 이러한 결정을 함에 있어서는 재정정책적, 국민경제적, 사회정책적, 조세기술적 제반 요소들에 대한 교량을 통하여 그 조세관계에 맞는 합리적인 조치를 하여야만 평등의 원칙에 부합할 수 있다. 조세감면의 우대조치의 경우에도 비록 조세감면이 조세평등의 원칙에 반하고 국가나 지방자치단체의 재원의 포기이기도 하여 가급적 억제되어야 하며 특히 정책목표달성이 필요한 경우에 그 감면혜택을 받는 자의 요건을 엄격히 하여 한정된 범위 내에서 예외적으로 허용되어야 하는 것이기는 하나, 특정 납세자에 대하여만 감면조치를 하는 것이 현저하게 비합리적이고 불공정한 조치라고 인정될 때에는 조세평등주의에 반하여 위헌이 된다고 할 것이다(헌법재판소 1995. 6. 29. 선고, 94헌바39 결정 참조).」

[憲 2001. 12. 20.-2000헌바54](구소득세법 제17조 제2항 등 위헌소원)

「헌법 제11조 제1항은 모든 국민은 법 앞에 평등함을 선언하고 있다. 조세평등주의는 위 평등원칙의 조세법적 표현으로서, 국민에 대하여 절대적인 평등을 보장하는 것이 아니라, 합리적인 이유 없이 차별하는 것을 금지하는 취지이므로, 규율하고자 하는 대상의 본질적 차이에 상응하여 법적으로 차별하는 것은 그 차별이 합리성을 가지는 한 조세평등주의에 위반된다고 볼 수 없다.

그런데 오늘날에 있어서 조세는 국가의 재정수요를 충족시킨다고 하는 본래의 기능 외에도 소득의 재분배, 자원의 적정배분, 경기의 조정 등 여러 가지 기능을 가지고 있으므로, 국민의 조세부담을 정함에 있어서 재정·경제·사회정책 등 국정전반에 걸친 종합적인 정책판단을 필요로 할 뿐만 아니라, 과세요건을 정함에 있어서 극히 전문기술적인 판단을 필요로 한다. 조세법규를 어떠한 내용으로 규정할 것인지에 관하여는 입법자가 국가재정, 사회경제, 국민소득, 국민생활 등의 실태에 관하여 정확한 자료를 기초로 하여 정책적, 기술적인 판단에 의하여 정하여야 하는 문제이므로, 이는 입법자의 입법형성적 재량에 기초한 정책적, 기술적 판단에 맡겨져 있다고 할 수 있다. 따라서 조세법 분야에 있어서 소득의 성질의 차이 등을 이유로 하여 그 취급을 달리하는 것은 그 입법목적 등에 비추어 자의적이거나 임의적이 아닌 한 그 합리성을 부정할 수 없으며, 이를 조세평등주의에 위반하는 것이라고 볼 수는 없다고 할 것이다(헌재 1996. 8. 29. 95헌바41, 판례집 8-2, 107, 116-117 참조).」

▸ 미실현이득에 대한 과세의 여부는 원칙적으로 국회의 입법형성의 자유에 포함되는 것이라고 본 판례

[憲 1994. 7. 29.-92헌바49등](토지초과이득세법 제10조 등 위헌소원, 토지초과이득세법 제8조 등 위헌소원)

「(나) 한편, 이득이 실현되었건 실현되지 않았건 납세자에게 소득의 증대에 따른 담세력의 증대가 있었다는 점에서는 실현이득이나 미실현이득 양자가 본질적으로 차이가 없고, 그와 같

이 증대된 소득의 실현 여부 즉, 증대된 소득을 토지자본과 분리하여 현금화할 것인지의 여부는 당해 납세자가 전체 자산구성을 어떻게 하여 둘 것인가를 선택하는 자산보유형태의 문제일 뿐 소득창출의 문제는 아니며, 미실현이득에 대한 과세 역시 실현이득에 대한 과세와 마찬가지로 원본과는 구별되는 소득에 대한 과세에 지나지 아니하므로, 적어도 법리적으로는 미실현이득에 대한 과세에 있어서 원본잠식의 문제가 생길 여지는 없고, 실제에 있어서도 비록 과세목적과 과세방법이 다르기는 하나 자산재평가세, 자산평가 차익에 대한 법인세 등 미실현이득에 과세하는 기존의 예가 없지도 아니하다. 따라서 과세대상인 자본이득의 범위를 실현된 소득에 국한할 것인가 혹은 미실현이득을 포함시킬 것인가의 여부는, 과세목적, 과세소득의 특성, 과세기술상의 문제 등을 고려하여 판단할 입법정책의 문제일 뿐, 헌법상의 조세개념에 저촉되거나 그와 양립할 수 없는 모순이 있는 것으로는 보여지지 아니한다.

(다) 다만, 미실현이득에 대한 과세제도가 이론상으로는 조세의 기본원리에 배치되는 것이 아니라고 하더라도, 미실현이득은 용어 그대로 그 이득이 아직 자본과 분리되지 아니하여 현실적으로 지배 · 관리 · 처분할 수 있는 상태에 있는 것이 아니라는 특성으로 인하여, 수득세의 형태로 이를 조세로 환수함에 있어서는 과세대상이득의 공정하고도 정확한 계측 문제, 조세법상의 응능부담(應能負擔) 원칙과 모순되지 않도록 납세자의 현실 담세력을 고려하는 문제, 지가변동순환기(循環期)를 고려한 적정한 과세기간의 설정문제, 지가하락에 대비한 적절한 보충규정 설정문제 등 선결(先決)되지 아니하면 아니 될 여러 가지 과제가 있다. 실제 세계의 여러 나라에서 불로소득의 환수와 지가안정을 이유로 부동산상의 미실현이득에 대한 과세의 정당성과 필요성이 오래 전부터 주장되어 왔음에도 불구하고, 오늘날 그러한 과세제도가 성공적으로 정착되고 있는 입법례를 찾아보기가 쉽지 아니하다는 것은, 바로 미실현이득에 대한 과세제도의 이와 같은 난점을 실증적으로 반영하고 있는 것이라 할 수 있다.

특히 토초세는 토지재산, 즉 원본에 대한 과세가 아니라 원본으로부터 파생된 이득에 대하여 과세하는 수득세의 일종이므로, 만약 유휴토지 등 소유자가 가공이득에 대한 토초세를 부담하는 경우가 생긴다면, 이는 원본인 토지 자체를 무상으로 몰수당하는 셈이 되어 수득세의 본질에도 반하는 결과가 될 뿐만 아니라, 결과적으로 헌법상의 재산권 보장원칙에 배치되고 조세원리상의 실질과세, 공평과세의 이념에도 반한다고 하지 아니할 수 없다.

그러므로 미실현이득에 대한 과세제도는 이상의 제반 문제점이 합리적으로 해결되는 것을 전제로 하는 극히 제한적 · 예외적인 제도라 보지 아니할 수 없으며, 그렇기 때문에 미실현이득에 대한 과세제도인 토초세의 헌법적합성을 논함에 있어서는 무엇보다도 먼저 그 과세대상이득의 공평하고도 정확한 계측 여부가 제일의 과제가 되어야 할 것이고 나아가 앞에서 본 여러 가지 문제점에 대한 적절한 해결책이 마련되어 세제 자체가 체계적으로 모순 없이 조화를 이루고 있는가 하는 점을 특히 염두에 두지 아니할 수 없다.」

▸ 특별부담금에 대한 판례

▹ 특별부담금을 조세와 구별하고, 그 근거를 헌법 제37조 제2항이라고 본 판례
[憲 1999. 10. 21.-97헌바84](관광진흥법 제10조의4 제1항 위헌소원)

「특별부담금은 공적기관에 의한 반대급부가 보장되지 않는 금전급부의무를 설정하는 것이라는 점에서 조세와 유사하다. 물론 특별부담금은 특별한 과제를 위한 재정충당을 위하여 부과된다는 점에서 일반적인 국가재정수요의 충당을 위하여 부과되는 조세와는 구분되고, 무엇보다도 특별부담금은 특정집단으로부터 징수된다는 점에서 일반국민으로부터 그 담세능력에 따

라 징수되는 조세와는 다르다.

조세나 부담금과 같은 전통적인 공과금체계로는 현대국가의 새로운 행정수요에 원활하게 대처할 수 없기 때문에 특별부담금이라는 새로운 유형의 공과금을 도입할 필요성이 인정되고, 우리 헌법 제37조 제2항에 의하면 국민의 모든 자유와 권리는 국가안전보장·질서유지 또는 공공복리를 위하여 필요한 경우에 한하여 법률로써 제한할 수 있도록 하고 있으므로, 국민의 재산권을 제한하는 특별부담금제도를 도입하는 것 자체는 헌법상 문제가 없다고 할 것이다.

다만 특별부담금을 부과함으로써 국민의 재산권을 제한하는 법률규정이 헌법에 위배되지 않기 위하여는 헌법 제37조 제2항에서 정하고 있는 과잉금지의 원칙이 지켜져야 하고, 평등의 원칙에 위배되어서는 아니 됨은 물론이다. 특히 조세유사적 성격을 지니고 있는 특별부담금의 부과가 과잉금지의 원칙과 관련하여 방법상 적정한 것으로 인정되기 위해서는, 이러한 부담금의 부과를 통하여 수행하고자 하는 특정한 경제적·사회적 과제에 대하여 특별히 객관적으로 밀접한 관련이 있는 특정집단에 국한하여 부과되어야 하고, 이와 같이 부과·징수된 부담금은 그 특정과제의 수행을 위하여 별도로 지출·관리되어야 하며 국가의 일반적 재정수입에 포함시켜 일반적 국가과제를 수행하는 데 사용하여서는 아니 된다고 할 것이다(헌재 1998. 12. 24. 98헌가1, 판례집 10-2, 819, 830-831 참조). 부담금의 수입이 반드시 부담금의무자의 집단적 이익을 위하여 사용되어야 한다고는 볼 수 없으나, 부담금의무자의 집단적 이익을 위하여 사용되는 경우에는 부담금부과의 정당성이 제고된다고 할 것이다.」

▷ **부담금을 재정조달목적의 부담금과 정책실현목적의 부담금으로 나누고, 각각 그 헌법적 정당화의 요건을 충족시킬 때만 인정될 수 있다고 본 판례**

[憲 2004. 7. 15.-2002헌바42](먹는물관리법 제28조 제1항 위헌소원)

「나. 부담금의 유형

부담금은 그 부과목적과 기능에 따라 ① 순수하게 재정조달 목적만 가지는 것(이하 '재정조달목적 부담금'이라 한다)과 ② 재정조달 목적뿐 아니라 부담금의 부과 자체로 추구되는 특정한 사회·경제정책 실현 목적을 가지는 것(이하 '정책실현목적 부담금'이라 한다)으로 양분해 볼 수 있다.

전자의 경우에는 추구되는 공적 과제가 부담금 수입의 지출 단계에서 비로소 실현된다고 한다면, 후자의 경우에는 추구되는 공적 과제의 전부 혹은 일부가 부담금의 부과 단계에서 이미 실현된다고 할 것이다. 가령 부담금이라는 경제적 부담을 지우는 것 자체가 국민의 행위를 일정한 정책적 방향으로 유도하는 수단이 되는 경우(유도적 부담금) 또는 특정한 공법적 의무를 이행하지 않은 사람과 그것을 이행한 사람 사이 혹은 공공의 출연(出捐)으로부터 특별한 이익을 얻은 사람과 그 외의 사람 사이에 발생하는 형평성 문제를 조정하는 수단이 되는 경우(조정적 부담금), 그 부담금은 후자의 예에 속한다고 할 수 있다.

다. 재정조달목적 부담금의 헌법적 정당화 요건

이미 납세의무를 지고 있는 국민들 중 일부 특정 집단에 대해서만 부담금이라는 조세외적 공과금을 추가적으로 부담시킬 경우, 조세평등주의에 의해 추구되는 공과금 부담의 형평성은 자칫 훼손될 위험이 있다. 대체로 일반회계예산에 편입되는 조세와는 달리, 각종 부담금 수입은 기금이나 특별회계예산에 편입되기 때문에 재정에 대한 국회의 민주적 통제기능을 상대적으로 약화시킬 우려가 있다. 즉, 정부가 관리·운영하는 각종 기금들은 모두 예산 외로 운용되고 있어서(예산회계법 제7조 제2항 참조) 국회의 예산심의 · 확정권 행사의 대상에서 벗어나 있을 뿐 아니라(기금관리기본법 제5조 참조), 정부의 모든 재정활동을 빠짐없이 예산에 포함시키려는 예산총계주의원칙에도 중대한 예외를 이룬다. 이상의 사정들을 고려할 때, 재정조달목적 부담금의 헌법적 정당화에 있어서는 다음과 같은 요청들이 충족되어야 할 것으로 판단된다.

첫째, 부담금은 조세에 대한 관계에서 어디까지나 예외적으로만 인정되어야 하며, 어떤 공적 과제에 관한 재정조달을 조세로 할 것인지 아니면 부담금으로 할 것인지에 관하여 입법자의 자유로운 선택권을 허용하여서는 안 된다.

둘째, 부담금 납부의무자는 재정조달 대상인 공적 과제에 대하여 일반국민에 비해 '특별히 밀접한 관련성'을 가져야 한다.

셋째, 이상과 같은 부담금의 예외적 성격과 특히 부담금이 재정에 대한 국회의 민주적 통제체계로부터 일탈하는 수단으로 남용될 위험성을 감안할 때, 부담금이 장기적으로 유지되는 경우에 있어서는 그 징수의 타당성이나 적정성이 입법자에 의해 지속적으로 심사될 것이 요구된다고 하여야 한다.

라. 정책실현목적 부담금의 헌법적 정당화 요건

정책실현목적 부담금의 경우 재정조달목적은 오히려 부차적이고 그보다는 부과 자체를 통해 일정한 사회적 · 경제적 정책을 실현하려는 목적이 더 주된 경우가 많다. 이 때문에, 재정조달목적 부담금의 정당화 여부를 논함에 있어서 고려되었던 사정들 중 일부는 정책실현목적 부담금의 경우에 똑같이 적용될 수 없다.

(1) 첫째로, 헌법이 예정하고 있는 기본적 재정질서에 터잡아 부담금에 대한 조세의 우선적 지위가 인정되는 것은 어디까지나 그 부과목적이 재정조달에 있는 경우라 할 것이며, 특정한 정책 실현에 목적을 둔 모든 경우에도 같다고 볼 것은 아니다. 공과금은 그 개념상 원래 국가 또는 지방자치단체의 재정수입을 목적으로 하는 것인데, 재정수입의 목적보다는 주로 특정한 경제적 · 사회적 정책을 실현할 목적에서 공과금을 부담시킬 수가 있는가 하는 것은 기본적 재정질서가 어떠한가와는 별개로 헌법적 쟁점이 되고 있으며, 그러한 한에서 공과금으로서의 조세와 부담금은 똑같은 문제상황에 처해 있기 때문이다.

(2) 둘째로, 정책실현목적 부담금의 경우에는, 특별한 사정이 없는 한, 부담금의 부과가 정당한 사회적 · 경제적 정책목적을 실현하는 데 적절한 수단이라는 사실이 곧 합리적 이유를 구성할 여지가 많다. 그러므로 이 경우에는 "재정조달 대상인 공적 과제와 납부의무자 집단 사이에 존재하는 관련성" 자체보다는 오히려 "재정조달 이전 단계에서 추구되는 특정 사회적 · 경제적 정책목적과 부담금의 부과 사이에 존재하는 상관관계"에 더 주목하게 된다. 따라서 재정조달목적 부담금의 헌법적 정당화에 있어서는 중요하게 고려되는 "재정조달 대상 공적 과제에 대한 납부의무자 집단의 특별한 재정책임 여부" 내지 "납부의무자 집단에 대한 부담금의 유용한 사용 여부" 등은 정책실현목적 부담금의 헌법적 정당화에 있어서는 그다지 결정적인 의미를 가지지 않는다고 할 것이다.

마. 기 타

부담금을 부과함에 있어서도 평등원칙이나 비례성원칙과 같은 기본권제한입법의 한계가 준수되어야 한다(헌재 1998. 12. 24. 98헌가1, 판례집 10-2, 819, 830 참조). 그런데 이러한 평등원칙 및 비례성원칙의 준수 여부를 판단함에 있어 위에서 살펴본 내용들은 매우 중요한 고려사항이 된다고 할 것이다.」

◎ 같은 취지 : 憲 1998. 12. 24.-98헌가1; 2003. 12. 18.-2002헌가2

▸ 종목과 세율의 법률주의의 범위에 대한 판례

▹ 조세입법의 경우에도 특별한 사정이 있는 경우에는 법률로 규정하여야 할 사항에 관하여 행정입법에 위임하는 것이 허용된다는 취지의 판례

[憲 1995. 11. 30.-94헌바40](소득세법 제23조 제2항, 제23조 제4항 제1호 단서 등 위헌소원)

「(1) 과세요건법정주의와 과세요건명확주의를 핵심적 내용으로 하는 조세법률주의의 이념은 과세요건을 법률로 명확하게 규정함으로써 국민의 재산권을 보장하고 국민생활의 법적 안정성과 예측가능성을 보장함에 있는 것이다(헌법재판소 1989. 7. 21. 선고, 89헌마38 결정 참조). 그런데 조세법률주의를 철저하게 관철하고자 하면 복잡다양하고도 끊임없이 변천하는 경제상황에 대처하여 적확하게 과세대상을 포착하고 적정하게 과세표준을 산출하기 어려워 담세력에 따른 공평과세의 목적을 달성할 수 없게 되는 경우가 생길 수 있으므로, 조세법률주의를 지키면서도 경제현실에 따라 공정한 과세를 하고 탈법적인 조세회피행위에 대처하기 위하여는 납세의무의 본질적인 내용에 관한 사항이라 하더라도 그중 경제현실의 변화나 전문적 기술의 발달 등에 즉응하여야 하는 세부적인 사항에 관하여는 국회제정의 형식적 법률보다 더 탄력성이 있는 대통령령 등 하위법규에 이를 위임할 필요가 있다.

우리 헌법도 조세행정분야뿐만 아니라 국정 전반에 걸쳐 위와 같은 위임입법의 필요성이 있음을 인정하여 그 제75조에서 "대통령은 법률에서……위임받은 사항……에 관하여 대통령령을 발할 수 있다"라고 규정함으로써 위임입법의 헌법상 근거를 마련하는 한편, 대통령령으로 입법할 수 있는 사항을 "법률에서 구체적으로 범위를 정하여 위임받은 사항"으로 한정함으로써 위임입법의 기준과 한계를 명시하고 있는바, 여기서 위임입법에 관한 헌법의 위 규정이 특히 위임입법의 기준과 한계를 명시하고 있는 취지는 단순히 소극적인 측면에서 대통령령 등의 하위법규로서는 법률이 위임하지 아니한 사항을 정할 수 없음을 밝히고 있는 것에 그치는 것이 아니고, 더 나아가 적극적인 측면에서 대통령령 등의 하위법규에 입법을 위임할 경우에는 법률로써 반드시 그 위임의 범위를 구체적으로 정하여야 하며 일반적이고 포괄적인 입법위임은 허용되지 않는다는 것까지 밝히고 있는 것이다.

따라서, 입법의 위임은 법률로써 구체적인 범위를 정하여 이루어져야 하는 것이지만, 그 위임범위의 구체성, 명확성의 요구 정도는 그 규제대상의 종류와 성격에 따라 달라질 수밖에 없는 것으로서, 특히 처벌법규나 조세법규와 같이 국민의 기본권을 직접적으로 제한하거나 침해할 소지가 있는 법규에서는 구체성의 요구가 강화되어 그 위임의 요건과 범위가 일반적인 급부행정법규의 경우보다 더 엄격하게 제한적으로 규정되어야 하는 반면에 다양한 사실관계를 규율하거나 사실관계가 수시로 변화될 것이 예상될 때에는 위임의 명확성의 요건은 완화되는 것이다(헌법재판소 1991. 2. 11. 선고, 90헌가27 결정 1994. 7. 29. 선고, 92헌바49·52 결정 등 참조). 그러나 위임의 명확성의 요건이 완화될 수 있는 경우에도 국민주권주의, 권력분립주의 및 법치주의를 기본원리로 채택하고 있는 우리 헌법 하에서는 국민의 헌법상 기본권 및 기본의무와 관련된 중요한 사항 내지 본질적인 내용에 관한 사항에 대한 정책형성기능은 원칙적으로 주권자인 국민에 의하여 선출된 대표자들로 구성되는 입법부가 담당하여 법률의 형식으로써 이를 수행하여야 하고, 이와 같이 입법화된 정책을 집행하거나 적용함을 임무로 하는 행정부나 사법부에 그 기능이 넘겨져서는 안 된다고 해석되므로, 국민의 기본의무인 납세의무의

중요한 사항 내지 본질적 내용에 관한 사항에 대하여는 조세법률주의의 원칙상 가능한 한 법률에 명확하게 규정되어야 하고 이와 같은 사항을 대통령령 등 하위법규에 위임하는 데에는 일정한 한계가 있는 것이다.」

◎ 같은 취지 : 憲 2002. 1. 31.-2001헌바13

▷ **조세입법의 위임에는 그 위임의 요건과 범위가 더 엄격하게 제한된다는 취지의 판례**
[憲 1996. 6. 26.-93헌바2](조세감면규제법 제74조 제1항 제1호 위헌소원)

「(2) 입법권 위임의 근거와 한계

(가) 위와 같이 조세의 감면에 관한 사항을 법률로 정하도록 하는 이유는 그렇게 함으로써 비로소 행정권의 자의적인 법해석과 집행으로부터 국민의 재산권을 보장함과 동시에 국민의 경제생활에 법적 안정성과 예측가능성을 부여할 수 있기 때문이다. 그러나 사회현상의 복잡다기화와 국회의 전문적 · 기술적 능력의 한계 및 시간적 적응능력의 한계로 인하여 조세의 면제에 관련된 모든 법규를 예외 없이 형식적 의미의 법률에 의하여 규정한다는 것은 사실상 불가능할 뿐만 아니라 적합하지도 아니하므로 경제현실의 변화나 전문적 기술의 발달 등에 즉시 대응하여야 할 필요 등 부득이한 사정이 있는 경우에는 법률로 규정하여야 할 사항에 관하여 국회 제정의 형식적 법률보다 탄력성이 있는 행정입법에 위임함이 허용되는 것이고, 헌법 제75조도 "대통령은 법률에서 구체적으로 범위를 정하여 위임받은 사항……에 관하여 대통령령을 발할 수 있다"라고 규정함으로써 위임입법의 근거를 마련함과 동시에 위임은 반드시 구체적 · 개별적으로 행하여질 것을 요구하고 있다. 따라서 이 사건 심판대상 조항이 입법권 위임의 한계를 준수하고 있다면 부가가치세가 면제되는 건설용역의 구체적 범위를 법률이 아닌 대통령령에 위임하고 있다고 하더라도 헌법에 반한다고 할 수 없는 것이다.

(나) 법률에 미리 대통령령으로 규정될 내용 및 범위의 기본사항을 구체적으로 규정하여 둠으로써 행정권에 의한 자의적인 법률의 해석과 집행을 방지하고 의회입법의 원칙과 법치주의를 달성하고자 하는 헌법 제75조의 입법취지에 비추어 볼 때 헌법 제75조의 "구체적으로 범위를 정하여"라 함은 법률에 대통령령 등 하위법규에 규정될 내용 및 범위의 기본사항이 가능한 한 구체적이고도 명확하게 규정되어 있어서 누구라도 당해 법률 그 자체로부터 대통령령 등에 규정될 내용의 대강을 예측할 수 있음을 의미한다 할 것이고, 위 예측가능성의 유무는 당해 특정 조항 하나만을 가지고 판단할 것이 아니라 관련 법조항 전체를 유기적 · 체계적으로 종합판단하여야 하며 각 대상법률의 성질에 따라 구체적 · 개별적으로 검토하여야 할 것이다.

그리고 위와 같은 위임의 구체성 · 명확성의 요구 정도는 그 규율대상의 종류와 성격에 따라 달라질 것이지만 특히 처벌법규나 조세법규와 같이 국민의 기본권을 직접적으로 제한하거나 침해할 소지가 있는 법규에서는 구체성 · 명확성의 요구가 강화되어 그 위임의 요건과 범위가 일반적인 급부행정의 경우보다 더 엄격하게 제한적으로 규정되어야 하는 반면에, 규율대상이 지극히 다양하거나 수시로 변화하는 성질의 것일 때에는 위임의 구체성 · 명확성의 요건이 완화될 수도 있을 것이며, 그 밖에 이 사건과 같은 조세감면규정의 경우에는 법률의 구체적인 근거 없이 대통령령에서 감면대상, 감면비율 등 국민의 납세의무에 직접 영향을 미치는 감면요건 등을 규정하였는가 여부도 중요한 판단기준으로 삼을 수 있을 것이다.」

▹ 위임입법의 구체성 · 명확성의 정도 내지 예측가능성의 판단방법을 밝힌 판례
[憲 2002. 8. 29.-2000헌바50](구부가가치세법 제17조 제2항 제1호 위헌소원, 부가가치세법 제17조 제2항 제1의2호 위헌소원)

「가. 조세법률주의 및 포괄위임입법금지의 원칙에 위반되는지 여부

(1) 이른바 조세법률주의는 입법부가 제정한 법률의 근거 없이는 조세를 부과 · 징수할 수 없고 국민은 조세의 납부의무를 부담하지 아니한다는 하나의 헌법상의 원칙이다. 이는 행정권의 자의적인 법해석과 집행으로부터 국민의 재산권을 보장함과 동시에 국민의 경제생활에 법적 안정성과 예측가능성을 부여하는 기능을 한다. 그러나 경제현실의 변화나 전문적 기술의 발전 등에 즉시 대응하여야 할 필요 등 특별한 사정이 있는 경우에는 법률로 규정하여야 할 사항에 관하여 형식적 법률보다 탄력성이 있는 행정입법에 위임하는 것이 보다 바람직할 수 있다. 헌법 제75조가 위임입법의 근거와 한계에 관하여 규정하고 있는 것도 그러한 이유에서 나온 것이다.

다만 법률이 어떤 사항에 관하여 대통령령에 위임할 경우에는 국민이 장래 대통령령으로 규정될 내용을 일일이 예견할 수는 없다고 할지라도 적어도 그 대체적 윤곽만은 예견할 수 있도록 기본적 사항들에 관하여 법률에서 구체적으로 규정하여야 한다. 그리고 그간 우리재판소에서 누누이 밝힌 바 있듯이 그 위임의 구체성 · 명확성의 요구정도는 규율대상의 종류와 성격에 따라 달라질 것이지만 특히 처벌법규나 조세법규와 같이 국민의 기본권을 직접적으로 제한하거나 침해할 소지가 있는 영역에서는 구체성 · 명확성의 요구가 강화되어 그 위임의 요건과 범위가 일반적인 급부행정의 영역에서보다 더 엄격하게 제한되어야 한다(헌재 1996. 6. 26. 93헌바2, 판례집 8-1, 525, 532-534; 1998. 6. 25. 95헌바35등, 판례집 10-1, 771, 793 등).

(2) 그리고 여기서 위임의 구체성 · 명확성의 정도 내지 예측가능성을 판단함에 있어서는 당해 특정 조항 하나만을 가지고 판단하는 것은 아니고 관련 법조항 전체를 유기적 · 체계적으로 종합하여 판단하여야 한다(1994. 7. 29. 93헌가12, 판례집 6-2, 53, 58-59; 1996. 8. 29. 94헌마113, 판례집 8-2, 141, 164). 즉 위임조항 자체에서는 위임의 구체적 범위를 명확히 규정하고 있지 않다고 하더라도 당해 법률의 전반적 체계와 관련규정에 비추어 위임조항의 내재적인 위임의 범위나 한계를 객관적으로 분명히 확정할 수 있다면 이를 일반적이고 포괄적인 백지위임에 해당하는 것으로 볼 수는 없다(헌재 1995. 11. 30. 91헌바1등, 판례집 7-2, 616, 635; 1998. 11. 26. 97헌바31, 판례집 10-2, 650, 662).

(3) 이 사건 법률조항은 본문과 단서로 이루어져 있다. 단서규정은 그 자체로서 독립적으로 존재하는 것이 아니라 본문에 대한 예외로서 의미를 갖고 있다. 따라서 이 사건 법률조항 중 단서규정인 "다만, 대통령령이 정하는 경우의 매입세액은 제외한다"는 부분의 포괄위임 여부, 즉 위임의 구체성 · 명확성의 판단은 본문 부분 및 관련규정과 종합하여 유기적 · 체계적으로 판단하여야 한다.

위 단서규정은 언뜻 문언상으로만 보면 아무런 위임의 한계가 없는 것으로 보일 수 있다. 그러나 위와 같이 위 단서규정을 본문부분과 종합하여 유기적 · 체계적으로 보면, 단서규정의 "대통령령이 정하는 경우"는 본문규정에서 정하는 세금계산서의 미교부 · 불제출 · 미기재 · 부실기재의 경우로 그 외연이 한정된다. 또한 본문규정에서 세금계산서의 미교부 · 불제출 · 미기재 · 부실기재 등의 경우에 매입세액의 공제를 허용하지 않는 취지는 부가가치세 제도 운영의 기초가 되는 세금계산서의 정확성과 진실성을 확보하기 위하여 그와 같은 경우에 강력한 제재를 가하겠다는 것임이 분명하다. 이러한 본문규정의 취지를 감안하여 보면, 위 단서규

정은 세금계산서의 부실기재 등에도 불구하고 과세자료로서의 기능에 영향이 없거나 미미한 경우 또는 납세자에게 지나치게 가혹하거나 불합리한 결과를 초래할 수 있는 경우에는 굳이 매입세액 불공제의 제재를 가하지 아니할 수 있는 근거를 마련하여 둔 것이라고 이해될 수 있어 내용에 있어서도 그 위임범위의 대강을 객관적으로 예측할 수 있다고 할 것이다.

따라서 이 사건 법률조항은 헌법상 위임입법의 한계를 벗어난 포괄적 위임에 해당한다거나 조세법률주의에 위반된다고 할 수 없다.」

◎ **같은 취지 : 憲 1994. 7. 29.-93헌가12; 1996. 8. 29.-94헌마113**

▸ 법률에 근거하여 조례로써 과세면제 대상을 축소하여 정한 것이 조세법률주의의 취지에 위반하는 것이라고 볼 수 없다는 취지의 대법원 판례

[大 1989. 9. 29.-88누11957](등록세부과처분취소)

「지방세법 제7조 제1항에 의하면, 지방자치단체는 공익상 기타의 사유로 인하여 과세를 부적당하다고 인정할 때에는 과세하지 아니할 수 있도록 규정되어 있고, 같은법 제9조에 의하면 제7조의 규정에 의하여 지방자치단체가 과세면제를 하고자할 때에는 내무부장관의 허가를 얻어 당해 지방자치단체의 조례로써 정하도록 규정되어 있으므로, 헌법이 보장한 자치권에 기하여 제정된 지방자치단체의 조례로써 소유권보존등기에 대한 등록세의 면제대상이 되는 아파트의 범위를 종전보다 축소하여 정한 것이 조세법률주의의 취지에위반하는 것이라고 볼 수는 없다.」

▶ 조세입법의 명확성 원칙

▸ 조세입법의 명확성 원칙이 요구되는 이유에 대한 판례

[憲 1995. 11. 30.-93헌바32](법인세법 제32조 제5항 등 위헌소원)

「헌법은 제38조에서 "모든 국민은 법률이 정하는 바에 의하여 납세의 의무를 진다"라고 규정하면서 제59조에서 "조세의 종목과 세율은 법률로 정한다"고 규정하고 있다. 이러한 헌법규정에 근거를 둔 조세법률주의의 이념은 과세요건을 국민의 대표기관인 국회가 제정한 법률로 규정하도록 하여 국민의 재산권을 보장하고, 또한 과세요건을 명확히 규정하도록 하여 국민생활의 법적 안정성과 예측가능성을 보장함에 있는 것이다(헌재 1989. 7. 21. 선고, 89헌마38 결정 참조).」

▸ 조세법규의 규정에 대한 유추해석이나 확장해석에 대한 판례

[憲 1996. 8. 29.-95헌바41](구조세감면규제법 제88조의2 등 위헌소원)

「다만 이와 같은 해석이 유추해석이나 확장해석을 금지한 조세법률주의에 반하는 것인가 하는 점이 문제되므로 이를 살피건대, 조세법규의 해석에 있어 유추해석이나 확장해석은 허용되지 아니하고 엄격히 해석하여야 하는 것은 조세법률주의의 원칙에 비추어 당연한 것이고 조세법규는 과세요건명확주의에 의하여 해석상 애매함이 없도록 명확히 규정될 것이 요청된다고 할지라도 조세법규에 있어서도 법규 상호간의 해석을 통하여 그 의미를 명백히 할 필요가 있는 것은 다른 법률의 경우와 마찬가지이고, 그와 같은 조세법규 해석에 의하여 조세의 부과·면제 여부를 확정하는 것은 유추해석 또는 확장해석에 의하여 조세의 부과나 면제범위를 확장·감축하는 것과는 전혀 다른 문제라고 할 것이고, 이 사건의 경우 법 제88조의2 소정의 양도소득세 감면 종합한도의 적용대상에 명문으로 포함되어 있지 아니한 법 부칙 제14조를

법 제57조 제1항의 한 적용례로 보아 법 부칙 제14조에 의한 양도소득세 면제의 경우에도 법 제88조의2가 적용되는 것으로 해석하는 것은 전자에 해당하므로 이를 조세법률주의에 반하는 해석이라고 할 수 없을 것이다.」

▶ 조세입법의 소급효 금지

▸ 조세입법의 소급효 금지에 대한 헌법적 근거에 관한 판례

▹ 헌법 제38조와 제59조에서 그 근거를 찾은 판례

[憲 2004. 7. 15.-2002헌바63](구상속세법 부칙 제3조 위헌소원)

「우리 헌법 제38조는 모든 국민은 법률이 정하는 바에 의하여 납세의무를 진다고 규정하는 한편, 헌법 제59조는 조세의 종목과 세율은 법률로 정한다고 규정하여, 조세법률주의를 선언하고 있다. 이는 납세의무가 존재하지 않았던 과거에 소급하여 과세하는 입법을 금지하는 원칙을 포함하는 것이다. 이러한 소급입법 과세금지원칙은 조세법률관계에 있어서 법적 안정성을 보장하고 납세자의 신뢰이익의 보호에 기여한다. 우리 재판소는 새로운 입법으로 과거에 소급하여 과세하거나 또는 이미 납세의무가 존재하는 경우에도 소급하여 중과세하는 것은 소급입법 과세금지원칙에 위반된다는 일관된 태도를 취하여 왔다(헌재 1998. 11. 26. 97헌바58, 판례집 10-2, 673, 680; 2002. 2. 28. 99헌바4, 판례집 14-1, 106, 115; 2003. 6. 26. 2000헌바82, 판례집 15-1, 678, 687).」

▹ 헌법 제13조 제2항에서 그 근거를 찾은 판례

[憲 1998. 11. 26.-97헌바58](농어촌특별세법 부칙 제3조 제3항 위헌소원)

「헌법 제13조 제2항은 "모든 국민은 소급입법에 의하여……재산권을 박탈당하지 아니한다"고 규정하고 있으므로 새로운 입법으로 과거에 소급하여 과세하거나 또는 납세의무가 존재하는 경우에도 소급하여 중과세하도록 하는 것은 위 헌법조항에 위반된다(헌재 1995. 3. 23. 93헌바18등, 판례집 7-1, 376).」

◎ **같은 취지 : 憲 2002. 2. 28.-99헌바4**

▸ 납세의무가 존재하더라도 소급하여 중과세를 하는 것은 헌법에 위반된다는 취지의 판례

[憲 1995. 3. 23.-93헌바18등](구조세감면규제법 부칙 제5조 제1항 위헌소원)

「이 사건 법률규정이 소급입법에 의한 재산권 박탈금지를 규정한 헌법 제13조 제2항에 위반되는지 여부에 관하여 살펴본다.

(1) 헌법 제13조 제2항은 "모든 국민은 소급입법에 의하여…… 재산권을 박탈당하지 아니한다"고 규정하여 소급입법에 의한 재산권의 박탈을 금지하고 있으며, 이에 따라 국세기본법 제18조 제2항, 제3항 등은 조세법분야에서 소급과세를 금지하도록 규정하고 있다. 따라서 새로운 입법으로 과거에 소급하여 과세하거나 또는 이미 납세의무가 존재하는 경우에도 소급하여 중과세하도록 하는 것은 헌법 제13조 제2항에 위반된다고 할 것이다.

(2) 특별부가세는 자산의 양도에 의하여 과세요건이 성립하는 법인세의 일종이므로 이미 공유수면매립지를 양도한 후에 그로 인한 소득에 대하여 새로운 입법으로 특별부가세를 부과하거나 또는 그 감면범위를 축소하는 것은 소급과세금지원칙에 위반되는 것이라고 할 수 있다. 그러나 이 사건 법률규정은 앞서 본 바와 같이 공유수면매립지의 양도에 따른 특별부가세의 감면범위를 축소한 구 조감법 제59조 제10호의 개정규정을 그 법 시행 후에 양도하는 것에 대

하여서만 적용하도록 하고 있으므로 그 규정 시행 전에 이미 특별부가세의 납부의무가 성립한 소득이나 거래를 대상으로 하는 것이 아니며, 또한 공유수면매립사업이 반드시 매립지의 양도를 수반하는 것은 아니므로 공유수면매립면허를 받아 매립공사를 시행하는 것만으로 특별부가세의 과세요건사실이 진행 중에 있다고 할 수도 없다.

뿐만 아니라 공유수면매립지의 양도로 인한 소득에 대하여 특별부가세를 부과하지 않은 것은 국토개발을 촉진하기 위한 공익상의 필요에 의하여 정책적으로 조세우대조치를 한 것일 뿐 매립사업자에게 특별부가세를 납부하지 아니할 권리를 부여한 것이라고 할 수는 없으므로, 1989. 1. 1. 전에 매립면허를 받은 매립사업자가 당시 시행되던 법인세법 규정에 따라 매립지 양도로 인한 소득에 대하여 특별부가세를 부과당하지 아니할 것으로 신뢰하였다고 하더라도 이것은 단순한 기대에 불과할 뿐 헌법 제23조가 보장하는 재산권이라고 할 수 없고 따라서 그 기대가 충족되지 못하였다고 하여 재산권이 박탈된 것이라고 할 수도 없다 할 것이다.

(3) 그러므로 이 사건 법률규정은 특별부가세의 과세요건 완성후에 새로운 입법으로 특별부가세를 과세하거나 이미 성립한 납세의무를 가중한 것이 아니므로 헌법 제13조 제2항이 금지하는 소급입법에 해당하지 아니하고, 위 규정으로 인하여 1989. 1. 1.전에 매립면허를 받은 자의 특별부가세를 부과당하지 아니할 기대가 충족되지 못한 것을 재산권의 박탈이라고 할 수도 없어 위 규정은 헌법 제13조 제2항에 위반된다고 할 수 없다.」

◎ 같은 취지 : 憲 1998. 11. 26.-97헌바58; 2002. 2. 28.-99헌바4

▸ **조세입법의 소급효 금지원칙의 적용범위에 대한 판례**

▹ **조세입법의 소급효 금지원칙은 진정소급효의 입법에 적용되고, 부진정소급효의 입법의 경우에는 원칙적으로 적용되지 않는다는 취지의 판례**

[憲 1997. 6. 26.-96헌바94](토지수용법 제71조 제7항 위헌소원)

「나. 소급입법에 의한 재산권박탈금지원칙의 위반 여부

(1) 헌법 제13조 제2항은 "모든 국민은 소급입법에 의하여 …… 재산권을 박탈당하지 아니한다"고 규정하여 소급입법에 의한 재산권의 박탈을 금지하고 있다.

그런데 일반적으로 과거의 사실 또는 법률관계를 규율하기 위한 소급입법의 태양에는 이미 과거에 완성된 사실 또는 법률관계를 규율의 대상으로 하는 이른바 진정소급효의 입법과 이미 과거에 시작하였으나 아직 완성되지 아니하고 진행과정에 있는 사실 또는 법률관계를 규율의 대상으로 하는 이른바 부진정소급효의 입법이 있으며, 소급입법에 의한 재산권의 박탈이 금지되는 것은 전자인 진정소급효의 입법이고 소위 부진정소급효의 입법의 경우에는 원칙적으로 허용되는 것(헌법재판소 1989. 3. 17. 선고, 88헌마1 결정 ; 1989. 12. 18. 선고, 89헌마32 · 33(병합) 결정 ; 1995. 10. 26. 선고, 94헌바12 결정 등 참조)이라고 할 것이다.

(2) 돌이켜 이 사건의 경우를 보건대, 청구인들의 이 사건 토지는 1981. 4.부터 같은 해 7. 사이에 서울특별시에 의하여 협의취득 또는 수용되었으나 그 이후인 같은 해 12. 31. 이 사건 심판대상조항이 신설되고 그로 인하여 수용토지의 다른 공익사업으로의 변경이 인정되게 되어 환매권 행사에 제한이 가해지게 되었다. 그러나 이 사건 심판대상조항이 신설되었던 1981. 12. 31. 당시 청구인들이 갖고 있던 환매권은 이 법 제71조 제1항 및 제2항이 정하는 그 행사의 요건, 즉 사업이 폐지 · 변경되어 당해 토지가 필요 없게 되었다던가 협의취득일 등으로부터 5년이 경과하도록 토지 전부가 전혀 사업에 이용되지 아니하였다는 등의 어느 경우에도 해당되지 아니하여 이를 행사할 수 있는 요건을 갖추지 못한 상태였으므로 이 사건 심판대상조

항의 신설은 아직 완성되지 아니하고 진행과정에 있는 사실 또는 법률관계를 규율대상으로 하는 이른바 부진정소급효의 입법에 해당하는 것이어서 허용되는 것이라 할 것이다.

(3) 그러므로 이 사건 심판대상조항은 소급입법에 의한 재산권 박탈금지를 규정한 헌법 제13조 제2항에 위반되지 아니한다.」

◎ 같은 취지 : 憲 1998. 11. 26. 97헌바58

▷ **부진정소급효의 입법에서도 신뢰보호의 원칙을 위반해서는 안 된다고 판시한 판례**
[憲 1995. 10. 26.-94헌바12](조세감면규제법 부칙 제13조 등 위헌소원)

「가. 독일판례의 영향을 받은 우리재판소나 대법원의 판례에 따르면 소급입법에 관하여 진정·부진정 소급효의 입법을 구분하고 있으며 우리재판소의 판례상으로는 불명하나 대법원 판례에 따르면 이 사건 규정은 부진정소급입법에 해당하는 것으로 보인다(1983. 4. 26. 선고, 81누423; 1983. 12. 27. 선고, 81누305 판결 참조). 이와 같이 소급입법을 진정·부진정으로 나누는 척도는 개념상으로는 쉽게 구분되나 사실상 질적 구분이 아닌 양적 구분으로, 단순히 법기술적 차원으로 이루어질 가능성이 있으므로 이와 같은 구분의 기준에 관하여 이견이 있을 수 있다.

나. 그러나 현재로서는 이를 대체할 새로운 대안도 찾기 어려우므로 종전의 구분을 그대로 유지하는 것이 불가피하다고 생각된다. 다만 부진정 소급입법에 속하는 입법에 대해서는 일반적으로 과거에 시작된 구성요건 사항에 대한 신뢰는 더 보호될 가치가 있다고 할 것이기 때문에 신뢰보호의 원칙에 대한 심사가 장래입법에 비해서보다는 일반적으로 더 강화되어야 할 것이다.

우리재판소는 신뢰보호의 원칙의 판단은 신뢰보호의 필요성과 개정법률로 달성하려는 공익을 비교형량하여 종합적으로 판단하여야 한다고 하였는바[1995. 3. 23. 선고, 93헌바18·31(병합); 1995. 6. 29. 선고, 94헌바39 결정 참조], 이러한 판시는 부진정 소급입법의 경우에도 당연히 적용되어야 할 것이다. 그런데 우리재판소는 초기에 진정·부진정 소급효를 구분하면서 부진정 소급효의 경우 "구법질서에 대하여 기대했던 당사자의 신뢰보호보다는 광범위한 입법권자의 입법형성권을 경시해서는 안될 일이므로 특단의 사정이 없는 한 새 입법을 하면서 구법관계 내지 구법상의 기대이익을 존중하여야 할 의무가 발생하지는 않는다"라고 하여(1989. 3. 17. 선고, 88헌마1 결정 참조), 부진정 소급효의 경우에 신뢰보호의 이익이 존중될 수 없다는 일반원칙을 세우고 있어 신뢰보호원칙의 판단에 대한 위 판례와 조화를 이루지 못함을 볼 수 있다. 그러나 특단의 사정을 인정하는 폭에 따라 능히 조화를 이룰 수 있다 할 것이므로 이 사건의 경우도 이와 같은 측면에서 신뢰보호와 이익과 공익을 비교형량하여 판단하여야 할 것이다(대법원도 부진정 소급입법의 경우 신뢰보호와 입법의 목적을 비교형량하여 판단하고 있다. 1989. 7. 11. 선고, 87누1123 판결 참조).

다. 신뢰보호의 이익을 공익과 비교형량할 때 상당할 정도로 침해되었다고 보여진다.

(1) 이 사건에서 청구인은 구법인세법 제10조의3과 구조감법 제7조의2에 의거하여 자본증가를 하면 36개월간 18 내지 20%의 증자소득이 공제되는 것으로 믿고 1988년 1월에 5억원, 3월에 45억원을 증자하였다(청구인의 경우 증자소득공제율은 대체로 20%). 그런데 이 사건 규정 및 조감법시행령 제45조 제3항은 공제율을 12 내지 17%로 정하면서(청구인의 경우 대체로 12%) 1990. 12. 31. 이후 최초로 종료하는 사업년도분부터 적용되었다. 그로 인하여 다음과 같이 청구인의 신뢰이익이 침해되었다. 즉 첫째로, 청구인이 자본증가를 결정, 시행할 당시 청구인은

차후 36개월간 대체로 연 20%의 증자소득공제를 기대하였다. 그러한 기대는 5억원 증자분에 대해서는 1991. 1.에, 45억원 증자분에 대해서는 1991. 3.에 각 종료되는 것이나, 이 사건 규정에 의하면 1990. 12. 31. 이후 최초로 종료하는 과세년도분부터 이 사건 규정이 적용되므로, 청구인의 경우 당시 과세년도 개시 도중에 있었으므로, 결국 1990. 7. 1.부터 1991. 6. 30.까지는 이 사건 규정에 의한 증자소득공제, 즉 대체로 연 12%가 적용되게 된다.

둘째로, 증자소득공제율의 인하는 사실상 청구인에게는 법인세율의 인상을 결과하게 된다. 이 사건 규정이 1990. 12. 31. 발효되었지만 청구인에게는 1990. 7. 1.부터 부진정 소급효를 미치게 됨으로써 1990. 7. 1.부터 1990. 12. 31.까지 청구인이 구법에서 기대하였던 것보다는 추가로 대략 56,389,490원의 법인세를 더 부과받게 되었다.

셋째로, 청구인의 신뢰의 최대치는 1990. 1. 내지 1991. 3.까지(증자일로부터 36개월) 구법상의 증가소득공제가 관철되는 것이지만, 사업년도 도중에 개정된 세법이 사업년도 전체에 효력을 발생하는 것에 대한, 즉 부진정 소급입법의 일반적 사례에 관련시키면, 청구인의 경우 최소한 1990. 7. 1.부터 1990. 12. 31.까지의 사업년도 경과분에 대한 이 사건 규정의 효력이 문제된다.

(2) 따라서 이 사건 규정이 이와 같은 신뢰보호의 이익을 침범하지 않으면 안 될 만큼 상당할 정도로 이 규정의 필요성(공익)이 있는지를 살펴 본다.

(가) 우리재판소는 최근의 결정에서(장래입법이 문제된 사례), "헌법상 법치국가의 원칙으로부터 신뢰보호의 원리가 도출된다. 법률의 개정시 구법질서에 대한 당사자의 신뢰가 합리적이고도 정당하며 법률의 개정으로 야기되는 당사자의 손해가 극심하여 새로운 입법으로 달성하고자 하는 공익적 목적이 그러한 당사자의 신뢰의 파괴를 정당화할 수 없다면 그러한 새 입법은 신뢰보호의 원칙상 허용될 수 없다. 이러한 신뢰보호원칙의 위배 여부를 판단하기 위하여는 한편으로는 침해받은 이익의 보호가치, 침해의 중한 정도, 신뢰가 손상된 정도, 신뢰침해의 방법 등과 다른 한면으로는 새 입법을 통해 실현하고자 하는 공익적 목적을 종합적으로 비교·형량하여야 한다"라고 판시한 바 있다[1995. 6. 29. 선고, 94헌바39 결정 또한 비슷한 취지로 1995. 3. 23. 선고, 93헌바18·31(병합) 결정 참조].

(나) 법치주의는 정의의 실현과 아울러 법적안정성 내지 신뢰보호를 목표로 삼지 않으면 안된다. 국민이 행위시의 법률을 신뢰하고 자신의 행동을 결정하였다면 그러한 신뢰가 보호가치가 있는 한 입법자가 이를 함부로 박탈할 수 없는 것은 당연하다. 법의 본질은 요구 내지 금지규범으로서 수범자의 행위를 향도하고 지시하는 데 있다고 할 것인데, 수범자가 실정법(물론 위헌·무효이거나 내용이 불분명하거나, 반공익적이라거나, 조만간 개정될 것이 예상되는 법률이 아닐 것이 전제된다)을 믿고 구체적 행위로 나아간 것이 보호되지 않는다면 법의 본질 내지 법치주의의 목표가 심각히 훼손되는 결과가 되고 국민들에게는 법의 불신을 초래하게 된다. 따라서 입법자로서의 국가 역시 그 자신이 유효하게 정립한 법규범에 원칙적으로 구속되는 것이라고 할 것이다.

이 사건에서 청구인은 당초 구법규정에 따라 증자소득공제를 기대하고 증자를 하였는데, 그러한 구법은 기업이 증자를 통하여 재무구조 개선을 하도록 유도하기 위한 목적으로 제정된 것이었다. 한편 구법이 위헌·무효라거나 내용이 모호하거나, 특별히 공익 내지 형평성에 문제가 있다고는 할 수 없으며, 청구인이 구법상의 증자소득공제율이 조만간에 개정될 것을 예견하였다는 사정도 보이지 않는다. 또한 이 사건 규정이 투자유인이라는 입법목적의 달성정도에 따라 합리적으로 개정된 것이라 하더라도 이로서 청구인과 같이 구법을 신뢰한 국민들의 기대권을 압도할 만큼 공익의 필요성이 긴절한 것이라고도 보여지지 아니한다.

그렇다면 적어도 입법자로서는 구법에 따른 국민의 신뢰를 보호하는 차원에서 상당한 기간 정도의 경과규정을 두는 것이 바람직한데도 그러한 조치를 하지 않아 결국 청구인의 신뢰가 상당한 정도로(금액상 약 5,600만원) 침해되었다고 판단된다.

라. 따라서 이 사건 규정과 같은 부진정 소급입법의 경우 당사자의 구법에 대한 신뢰는 보호가치가 있다고 할 특단의 사정이 있다고 할 것이므로, 적어도 이 사건 규정의 발효일 이전에 도과된 사업년도분에 대해서는 이 사건 규정은 적용될 수 없다고 할 것이다.」

[憲 2001. 4. 26.-99헌바55](구농어촌특별세법 부칙 제3조 제1항 단서 후단 위헌소원)

「이 사건 법률조항과 같은 부진정소급입법에 대하여는 신뢰보호원칙의 요청을 위반한 것인지 여부가 문제될 뿐이므로 이에 관하여 본다.

이 사건 농어촌특별세는 지가상승으로 인한 불로소득에 대하여 과세되는 양도소득세가 감면되는 경우 그 감면세액 중의 일부를 징수하는 것으로 본질적으로는 불로소득인 지가상승에 대하여 과세하는 것이라 볼 수 있다. 따라서 침해받는 이익의 보호가치는 원천적으로 크다고 할 수 없다.

또한, 농어촌특별세법 시행 전에 이미 임대주택을 보유·임대하고 있었던 임대사업자의 신뢰도 그다지 공고하다고 할 수 없으며, 양도소득세액의 20%인 세율 역시 과중하여 신뢰를 손상한 정도가 그다지 크다고 할 수도 없다. 즉 임대주택에 대한 양도소득세 감면규정이 처음 시행된 1987. 경 임대주택사업을 시작한 자는 그로부터 5년 이상 10년 미만의 임대기간 후 이를 양도하였을 때, 그 당시의 조세감면규제법 규정에 따라 양도소득세의 50%를 면제받을 것으로 예상하였다가, 도중에 동법의 개정으로 양도소득세의 100%를 감면받게 되었으므로, 당초의 50% 감면기대가 100% 감면기대로 늘어났던 것이, 농어촌특별세법이 제정됨에 따라 다시 80% 감면의 결과로 축소되게 된 것으로서, 감면에 대한 기대와 신뢰는 본래부터 영구적인 것이 아니라 법의 개정에 따라 신축적·잠정적인 것이라 할 것이며, 종전에 받고 있던 특혜의 정도가 축소되었을 뿐 일반의 양도소득세 납세자와 비교하여 여전히 80%라는 높은 감면의 혜택을 누린다.

한편 위와 같은 입법변천과정을 그 배경이 되는 공익적 목적과 연관지어 살펴보건대, 당초 극심한 주택부족현상을 해결하기 위한 방편으로 임대주택의 건설 및 주택의 임대를 촉진할 사회적 필요성이 대두됨에 따라 임대기간에 따라 양도소득세액의 50% 내지 100%를 감면하던 것이, 중간에 임대주택건설촉진법에 의한 임대사업자의 경우에는 임대기간의 장단을 묻지 않고 100%를 감면하는 것으로 바뀌었으며, 이후 위 법률에 의한 임대사업자의 경우에도 임대기간이 5년 이상인 경우에만 이를 감면하는 것으로 다시 바뀌는 등 입법 당시의 사회환경이나 경제여건의 변화에 따른 정책적인 필요에 따라 감면의 범위가 지속적으로 조정되어 오던 것이었으며, 그러던 중 이번에는 우루과이라운드 협상의 타결에 따라 농어업의 경쟁력 강화와 농어촌 산업기반시설의 확충 및 농어촌 개발사업에 필요한 재원을 조달하여야 할 시급한 필요성이 대두되자, 위 감면세액 중 일정비율을 농어촌특별세로 징수하게 됨으로써, 다시 한번 감면비율이 조정받는 결과에 이른 것이다.

그렇다면, 농어촌특별세법 시행 전에 형성된 신뢰이익의 가치와 손상의 정도와, 농어촌특별세가 실현하고자 하는 위와 같은 시급한 공익성을 비교형량할 때, 후자가 전자보다 더 크다고 하지 않을 수 없다.

법률이 개정되는 경우에는 기존 법질서와의 사이에 크든 작든 어느 정도의 이해관계의 충돌이 불가피하기 마련이며, 특히 조세법규는 그때 그때의 시급한 정책적인 필요에 의하여 신속한 개정이 이루어질 수밖에 없다는 점을 아울러 고려할 때, 정책적 · 잠정적인 조세우대조치라 할 임대주택 양도소득세 감면제도를 시행함에 있어, 그 감면비율을 적정범위 내에서 축소조정함으로 인하여 초래되는 신뢰의 손상은 기존의 신뢰이익에 대한 배려가 따로 없음에도 불구하고 앞에서 본 그 조정의 공익적 목적에 의하여 헌법상 그 정당성을 인정할 수밖에 없다.」

◎ **같은 취지 : 憲 1999. 4. 29.-94헌바37등 2002. 7. 18.-99헌마574**

▹ **헌법재판소가 국세기본법의 법률조항에 대하여 위헌이라고 선고하여 효력이 상실된 상태에서 다시 국세기본법을 개정하여 위헌으로 선고된 해당 법률조항을 적용하는 부칙규정을 둔 경우 소급입법에 의하여 헌법 제13조 제2항을 침해한 것이라고 본 판례**

[憲 1993. 9. 27.-92헌가5](국세기본법 부칙 제5조 및 개정 전 국세기본법(1981. 12. 31. 법률 제3471호) 제35조 제2항에 대한 위헌심판)

「헌법재판소가 1990. 9. 3. 89헌가95 사건의 결정에서 구법 제35조 제1항 제3호 중 "으로부터 1년"이라는 부분을 헌법에 위반된다고 선고함으로써, 헌법재판소법 제47조 제2항의 규정에 의하여 위헌선고된 위 법조항 부분은 1990. 9. 3.부터 그 효력이 상실되었다고 할 것이므로 위 선고일 이후에는 저당권자 등은 저당권 등 목적물의 소유자에 대한 국세의 납부기한이 저당권 등 설정등기일 이후에 도달하였다면 저당권자 등의 피담보채권은 국세에 우선하여 변제받을 수 있게 되었다고 할 것이다.

위와 같은 경우의 저당권자 등에게 헌법재판소의 위 위헌결정에 의하여 저당권 등 목적물에 대하여 국세에 우선하여 변제받을 수 있는 권리가 일단 확보되어 있음에도 불구하고 그 이후에 즉 사후(事後)에 제정된 개정법률 부칙 제5조에 의하여 위헌으로 선고된 위 구법 조항을 적용하게 됨으로써 이제 그의 우선변제권이 박탈당하게 되는 결과가 되었는바, 그것은 결국 소급입법에 의한 재산권 침해에 해당하는 것이라고 아니할 수 없다.

요컨대 위 89헌가95 결정의 효력에 의하여 우선변제권을 갖게 된 일정한 범위의 저당권자 등의 권리가 사후법(事後法)인 이 사건 심판대상규정인 개정법률 부칙 제5조의 규정에 의하여 박탈당하는 결과가 되었다고 할 것이므로, 위 부칙 규정 중 "종전의 국세기본법 제35조 제1항 제3호" 부분은 소급입법에 의하여 재산권을 박탈당하지 아니한다는 헌법 제13조 제2항의 규정에 위반되는 규정임이 명백하다고 할 것이고, 위 규정부분에 통일된 "종전의 제35조 제2항" 부분도 역시 헌법에 위반되는 규정이라고 할 것이다.」

▶ 조세와 신뢰의 보호

▸ **헌법재판소가 법치주의의 내용을 이루는 일반적인 신뢰보호의 원칙을 조세법에서도 적용한 판례**

[憲 1995. 6. 29.-94헌바39](구조세감면규제법 제88조의2 위헌소원)

「헌법상 법치국가의 원칙으로부터 신뢰보호의 원리가 도출된다.

법률의 개정시 구법질서에 대한 당사자의 신뢰가 합리적이고도 정당하며 법률의 개정으로 야기되는 당사자의 손해가 극심하여 새로운 입법으로 달성하고자 하는 공익적 목적이 그러한 당사자의 신뢰의 파괴를 정당화할 수 없다면 그러한 새 입법은 신뢰보호의 원칙상 허용될 수 없다.

이러한 신뢰보호원칙의 위배 여부를 판단하기 위하여는 한면으로는 침해받은 이익의 보호가치, 침해의 중한 정도, 신뢰가 손상된 정도, 신뢰침해의 방법 등과 다른 한면으로는 새 입법을 통해 실현하고자 하는 공익적 목적을 종합적으로 비교 · 형량하여야 한다.

그러나 헌법적 신뢰보호는 개개의 국민이 어떠한 경우에도 '실망'을 하지 않도록 하여 주는 데까지 미칠 수는 없는 것이며, 입법자는 구법질서가 더 이상 그 법률관계에 적절하지 못하며 합목적적이지도 아니함에도 불구하고 그 수혜자군을 위하여 이를 계속 유지하여 줄 의무는 없다 할 것이다.」

◎ 같은 취지 : 憲 1995. 10. 26.-94헌바12; 1999. 7. 22.-97헌바76; 2003. 6. 26.-2000헌바82

▸ **조세영역에서 신뢰보호원칙이 적용되기 위한 요건을 밝힌 판례**

[憲 2004. 7. 15.-2002헌바63](구상속세법 부칙 제3조 위헌소원)

「마. 이 사건 법률조항이 헌법상 신뢰보호원칙에 위배되는지 여부

(1) 조세법영역과 헌법상 신뢰보호원칙

무릇 법률의 개정시 구법질서에 대한 당사자의 신뢰가 합리적이고도 정당하며 법률의 개정으로 야기되는 당사자의 손해가 극심하여 새로운 입법으로 달성하고자 하는 공익적 목적이 그러한 당사자의 신뢰의 파괴를 정당화 할 수 없다면 새로운 입법은 신뢰보호의 원칙상 허용될 수 없다. 그러나 사회환경이나 경제여건의 변화에 따른 필요성에 의하여 법률은 신축적으로 변할 수밖에 없고, 변경된 새로운 법질서와 기존의 법질서 사이에는 이해관계의 상충이 불가피하다. 따라서 국민이 가지는 모든 기대 내지 신뢰가 헌법상 권리로서 보호될 것은 아니고, 신뢰의 근거 및 종류, 상실된 이익의 중요성, 침해의 방법 등에 의하여 개정된 법규 · 제도의 존속에 대한 개인의 신뢰가 합리적이어서 권리로서 보호할 필요성이 인정되어야 한다.

더구나 조세법의 영역에 있어서는 국가가 조세 · 재정정책을 탄력적 · 합리적으로 운용할 필요성이 매우 큰 만큼, 조세에 대한 법규 · 제도는 신축적으로 변할 수밖에 없다는 점에서 납세의무자로서는 구법질서에 의거한 신뢰를 바탕으로 적극적으로 새로운 법률관계를 형성하였다든지 하는 특별한 사정이 없는 한 원칙적으로 세율 등 현재의 세법이 변함없이 유지되리라고 기대하거나 신뢰할 수는 없다.

그런데 신뢰보호원칙의 위배 여부를 판단하기 위하여는 한편으로는 침해받은 이익의 보호가치, 침해의 중한 정도, 신뢰가 손상된 정도, 신뢰침해의 방법 등과 다른 한편으로는 새 입법을 통해 실현하고자 하는 공익적 목적을 종합적으로 비교 · 형량하여야 한다.

(2) 이 사건 법률조항이 헌법상 신뢰보호원칙에 위배되는지 여부

(가) 청구인의 신뢰이익

(1) 이 사건에서 청구인은 개정전 상속세법 제8조의 제1항 제1호 단서 및 같은 법조 제4항에 의거하여 공익법인에 이미 출연된 재산을 사용하여 내국법인의 주식을 100분의 20까지 취득하는 경우에 증여세 면제혜택을 받을 것이라는 기대 내지 신뢰를 가졌다고 볼 수 있다. 따라서 청구인의 이러한 신뢰를 헌법상 권리로서 보호할 가치가 있느냐가 문제될 수 있다.

그러나 살피건대 공익사업에 출연한 재산은 상속세 과세가액에 산입하지 아니한 재산으로서 일정한 조건하에서 증여세가 잠정적으로 면제되므로, 입법자가 정하는 조건이 변경되는 경우에는 증여세를 납부하여야 할 상황이 발생할 수도 있다. 그러므로 공익사업 영위자의 증여세 면제혜택에 대한 기대 내지 신뢰 이익은 증여세의 공제나 비과세의 경우에 가지는 증여

세 면제혜택에 대한 기대 내지 신뢰이익의 경우보다 그 비중이 더 크다고 볼 수 없다.

(2) 나아가 입법자는 새로운 인식을 수용하고 변화한 현실에 적절하게 대처해야 하기 때문에, 국민은 현재의 법적 상태가 항상 지속되리라는 것을 원칙적으로 신뢰할 수는 없다. 특히 복잡다양한 경제현상을 규율대상으로 하여 신축적인 개정이 요구되는 조세법분야에 있어서 증여세 면제 제도는 잠정적인 것으로서 장래의 개정이 쉽사리 예측가능하다고 보아야 할 것이다.

그렇다면 청구인에게 인정될 수 있는 법률의 존속에 대한 신뢰가 존재한다고 하더라도 신뢰의 보호가치는 크다고 할 수 없다.

(나) 공익의 비중과 정도

원래 정부나 지방자치단체가 재정지출을 통하여 수행해야 하지만 여력이 없거나 능력이 미치지 못하는 분야에서 공익법인이 학교, 자산, 학술, 장학사업 등의 사업을 대신 운영하고 있다. 이에 따라 정부는 민간부문이 공익사업에 적극적으로 참여하도록 하기 위해 세제상의 유인정책을 펴서, 공익사업에 상속재산을 출연하는 경우 상속세를 면제하며, 공익사업 영위자에게는 출연받은 재산을 공익사업에 사용할 것을 전제로 증여세를 면제하고 있었다. 그러나 재벌 등 고액재산가가 보유주식을 출연하여 공익법인을 설립하고, 자녀 등 그와 특수관계에 있는 자가 공익법인의 이사로 취임하여 그 법인을 통하여 내국법인을 지배하는 등 상속세 납부의 부담없이 기업을 상속받는 등 조세회피에 악용하는 사례가 발생하였다. 이에 출연재산을 변칙적인 탈세나 부의 증식 내지 세습수단으로 악용하는 것을 방지하기 위하여 공익법인이 출연받은 재산을 공익사업에 성실히 사용하지 아니하는 경우에는 이에 대해서 과세해야 할 필요성이 커졌다.

이에 따라 개정 상속세법 제8조의2 제1항 제1호는 재산출연자의 상속세 과세가액 불산입 한도기준을 내국법인 발행주식 총수의 100분의 20에서 100분의 5로 감축하고, 같은 법조 제4항 제3호는 공익사업 영위자가 출연받은 재산으로 내국법인의 발생주식 총수의 100분의 5를 초과하여 취득하는 데 사용한 출연재산가액에 대하여 증여세를 부과하도록 한 것이 그 입법배경이라고 할 수 있다.

이처럼 개정상속법 제8조의2 제1항 제1호와 제4항 제3호는 상속세 및 증여세 면세혜택의 축소를 통하여 조세회피 및 부의 세습수단으로 악용되는 것을 방지하는 입법목적을 추구하였는데, 이러한 입법목적을 달성함으로써 얻게 되는 공익의 증진 효과는 상당히 크고, 그 비중도 높다고 할 것이다.

(다) 법익의 비교형량

앞서 살핀 바와 같이 공익사업에 출연한 재산은 증여세가 잠정적으로 면제되므로, 청구인이 가지는 조세감면혜택이 지속되리라는 기대 내지 신뢰 이익은 그리 크지 않으며, 내국법인의 주식 5%를 초과 취득한 것 이외에도 다른 재산이용 방법이 존재하므로 청구인의 신뢰이익의 침해 정도도 중하지 않을 뿐만 아니라, 조세감면에 대한 추가적인 개정입법도 충분히 예상할 수 있으므로, 법률의 존속에 대한 신뢰이익의 보호가치는 크다고 할 수 없다.

이에 반해서 개정 상속세법 시행 이전에 출연한 재산을 이용하여 내국법인의 주식을 취득하는 것을 100분의 5 이하로 제한해야 할 필요성이 크고, 조세회피나 부의 세습을 시도하는 것을 방지함으로써 얻게 되는 공적 이익은 막중하다고 할 것이다.

그렇다면 이 사건 법률조항이 기존에 출연한 재산을 이용하여 내국법인의 주식을 100분의 5 이상으로 취득함에 있어서 받게 되는 청구인의 신뢰이익의 침해보다는 입법목적이 추구하는 공적 이익이 보다 더 크다고 할 것이다.

(라) 소 결 론

법률이 개정되는 경우에는 기존 법질서와 사이에 크든 작든 어느 정도의 이해관계의 충돌이 불가피하기 마련이며 특히 조세법규는 그 때 그 때의 시급한 정책적인 필요에 의하여 신속한 개정이 이루어질 수밖에 없다는 점을 고려하건대, 정책적 · 잠정적인 조세우대조치인 공익사업 출연재산에 대한 증여세 면제제도를 시행함에 있어 그 면제비율을 축소 조정함으로 인하여 초래하는 신뢰의 손상은 공익적 목적에 의하여 헌법상 정당화된다고 할 것이다. 따라서 이 사건 법률조항은 헌법상 신뢰보호원칙에 위배되지 않는다.」

◎ 같은 취지 : 憲 1998. 11. 26.-97헌바58; 2003. 6. 26.-2000헌바82

▸ 비과세관행에 대한 대법원 판례

▹ 비과세의 관행이 존재하는 경우 일정한 경우라 하더라도 과세누락은 추징할 수 있다는 취지의 판례
[大 1989. 2. 14.-88누3](재산세등 부과처분 취소)

「비과세관행은 단순한 과세누락이 있었다는 것만으로는 성립될 수 없는 것이고 과세관청이 그 사항에 관하여 세금을 부과할 수 있음을 알면서도 어떠한 사정에 의하여 과세하지 않는다는 의사가 있고 그러한 의사가 명시적 또는 묵시적으로 표시된 경우에 한하여 성립되었다고 할 것이다.

원심이 피고가 이 사건 토지가 공한지에 해당하게 된 1982년 이후에도 4년 동안 계속하여 일반세율에 의한 재산세만을 부과징수하여 왔고 원고는 위 토지가 공한지가 아니라고 믿고 있었다는 사실만으로는 원고 주장과 같은 비과세관행이 성립되었다고 볼 수 없다고 한 것은 정당하고 거기에 소론과 같은 비과세관행에 관한 법리오해의 위법이 없다.

또 원심이 피고가 이 사건 과세처분이 있기 전까지 계속하여 일반세율에 의한 재산세만을 부과하여 오다가 특정건축물정리에 관한 특별조치법에 따른 신고의 법정시한인 1985. 4. 30. 이 지난 후에 이 사건과세처분을 하였다는 사실만으로는 이 사건 과세처분이 신의성실의 원칙에 어긋나는 위법한 것이라고 할수 없다고 판시한 것은 정당하고 거기에 소론과 같은 신의성실의 원칙에 관한 법리오해의 위법이 있다할 수 없다.」

◎ 같은 취지 : 大 2000. 2. 11.-98두2119; 2002. 9. 4.-2001두9370

▹ 비과세의 관행으로 조세부담을 지지 않기 위한 요건에 대한 판례
[大 1985. 3. 12.-84누398](부가가치세 부과처분 취소)

「일정한 재화 또는 용역의 공급에 대하여 부가가치세를 부과하지 않는것이 국세기본법 제18조 제2항 소정의 국세행정의 관행으로 되었다고 하려면 장기간에 걸쳐 그 사항에 대하여 부가가치세를 부과하지 아니하였다는 객관적 사실이 존재할 뿐 아니라 과세관청 자신이 그 사항에 대하여 세금을 부과할 수 있음을 알면서도 어떤 특별한 사정에 의하여 과세하지 않는다는 의사가 있고 이와 같은 의사가 명시적 또는 묵시적으로 표시되어야 할 것이므로 과세할 수 있는 어느 사항에 대하여 비록 장기간에 걸쳐 과세하지 아니한 상태가 계속되었다 하더라도 그것이 착오로 인한 것이라면 그와 같은 비과세는 일반적으로 납세자에게 받아들여진 국세행정의 관행으로 되었다 할 수 없고 과세관청은 그 사항에 대한 세금부과징수권이 소멸될 때까지 언제라도 정당한 세율을 적용하여 과세처분을 할 수 있다 할 것이며 위와 같은 착오가 납세자의 그릇된 신고에 의하여 이루어졌고 그 착오가 그 신고일로부터 상당한 기간이 경과한 후에 밝혀져 뒤늦은 과세처분이 이루어지므로서 납세자가 예측하지 아니하였던 불이익을 받게 되었다 하더라도 이는 납세자 스스로가 신고를 잘못하여 불이익을 자초한 것이므로 위 과세처분을 신의칙내지 금반언의 원칙에 반한 것이라고 할 수 없다.

이와 같은 견해에서 피고가 이건 낚시대의 공급에 대하여 상당한 기간 부가가치세를 부과하지 아니하였다 하여도 이는 원고의 신고에 의하여 위 낚시대공급이 영세율 적용대상에 해당된다고 착오를 일으켰기 때문이므로 낚시대의 공급에 대한 비과세의 관행이 성립될 여지가 없는 것이고 그후 피고가 원고의 신고내용을 조사한 결과 위 낚시대의 공급이 영세율 적용대상에 해당되지 아니함을 밝혀내고 이건 과세처분에 이른 것이므로 이를 신의칙 내지 금반언의 원칙에 위배되는 위법한 처분이라고 할 수 없다고 판단한 원심의 조치는 정당하고 거기에 소론과 같은 법리오해의 위법사유가 있다고 할 수 없다.」

[大 1991. 5. 28.-90누8947](부가가치세 부과처분 취소)

「일반적으로 조세법률관계에서 과세관청의 행위에 대하여 신의성실의 원칙이 적용되기 위하여는 과세관청이 납세자에게 신뢰의 대상이 되는 공적인 견해표명을 하여야 하고, 또한 국세기본법 제18조 제3항에서 말하는 비과세 관행이 성립하려면 상당한 기간에 걸쳐 과세를 하지 아니한 객관적 사실이 존재할 뿐만 아니라 과세관청 자신이 그 사항에 관하여 과세할 수 있음을 알면서도 어떤 특별한 사정 때문에 과세하지 않는다는 의사가 있어야 하며 위와 같은 공적 견해나 의사는 명시적 또는 묵시적으로 표시되어야 하지만 묵시적 표시가 있다고 하기 위하여는 단순한 과세누락과는 달리 과세관청이 상당기간의 불과세상태에 대하여 과세하지 않겠다는 의사표시를 한 것으로 볼 수 있는 사정이 있어야 한다 할 것이다(당원 1985. 3. 12. 선고 84누398 판결, 1987. 11. 10. 선고 89누475 판결, 1990. 10. 10. 선고 89누3816 판결 등 참조).

원심이 이와 같은 취지에서 논지가 말하는 국세청의 각 회신내용에는 이 사건 조출료와 같은 경우에도 비과세대상이라거나 또는 영세율 적용 대상이라고 확신한 내용은 찾아 볼 수 없을 뿐만 아니라 원고가 수년간 조출료 수수 당시에 거래 상대방으로부터 부가가치세를 징수하지 않고 부가가치세가 면제되는 것을 전제로 세금계산서를 작성, 교부해왔으며 피고에게도 위와 같은 계산서를 모아 제출해 왔는데도 피고에 의하여 부가가치세의 납부문제가 거론된 적이 없다는 사실만으로는 피고가 이 사건 조출료에 대하여 영세율 적용대상이라거나 비과세대상이라고 견해표명을 한 것이라고 볼 수 없다는 이유로 원고의 이에 관한 주장을 배척한 것은 정당하게 수긍이 되고 거기에 지적하는 바와 같은 법리의 오해나 채증법칙을 어긴 위법이 없다.」

[大 1992. 3. 31.-91누9824](법인세등 부과처분 취소)

「조세법률관계에 있어서 과세관청의 행위에 대하여 신의성실의 원칙이 적용되기 위하여는 과세관청이 납세자에게 신뢰의 대상이 되는 공적인 견해를 표명하여야 된다고 할 것이고, 또 소급과세금지의 원칙을 규정하고 있는 국세기본법 제18조 제3항 소정의 "세법의 해석 또는 국세행정의 관행이 일반적으로 납세자에게 받아들여진 것"이라고 함은 특정한 납세자가 아닌 불특정의 일반 납세자에게 그와 같은 해석 또는 관행이 이의없이 받아들여지고, 납세자가 그 해석 또는 관행을 신뢰하는 것이 무리가 아니라고 인정될 정도에 이른 것을 말한다고 할 것이다(당원 1980. 6. 10. 선고 80누6 전원합의체판결 1985. 4. 23. 선고 84누593 판결 1989. 9. 29. 선고 88누11957 판결 등 참조).

소론이 과세관청의 공적인 견해표명이라고 주장하는 국세청의 예규(1981. 9. 26. 직세 1264-1183, 1981. 10. 5. 소득 1264-3472 및 1982. 9. 28. 소득 1264-3342)는, "소득세법 제26조 제1항 제1호에 규정하는 거주자에 대한 의제배당 계산에 있어서 주주, 사원, 기타 출자자의 당해 주식을 취득하거나 당해 법인에 출자하기 위하여 소요된 금액에는 재평가적립금을 자본전입함으로써 거주자인 주주가 지급받는 무상주의 액면가액이 포함되는 것임"이라는 것을 내용으로 하는바, 과세관청은 이와 다른 예규(1982. 10. 6. 소득 1264-3402, 1984. 6. 8. 소득 1264-1897, 1984. 10. 4. 소득 1264-3142 및 1985. 8. 31. 소득 22601-2616 등)에서 "소득세법 제26조 제1항 제4호의 규정에 의한 의제배당을 계산함에 있어서 소멸한 법인의 주식을 취득하기 위하여 소요된 금액의 계산은 당해 주식을 취득하기 위하여 실제로 지출한 금액으로 하는 것임"이라고 해석하고 있을 뿐더러, 1985. 1. 10.에는 종전의 위 1981. 9. 26.자 예규마저 변경하였으므로, 과세관청이 납세자인 원고에게 이 사건의 경우와 같은 회사의 합병에 따르는 의제배당소득의 계산에 있어서 소론과 같이 "재평가적립금의 자본전입으로 배정받은 무상주의 액면가액이 소멸한 법인의 주식을 취득하기 위하여 소요된 금액에 포함된다"는 공적인 견해를 표명하였다고 볼 수 없을 뿐만 아니라, 그와 같은 세법의 해석이나 국세행정의 관행이 이 사건 합병계약이 체결될 당시는 물론 납세의무가 성립할 당시에 일반적으로 납세자에게 받아들여졌다고도 볼 수 없을 것이다.

이와 같은 취지로 판단한 원심판결에 신의성실의 원칙이나 소급과세금지의 원칙을 위반한 위법이 있다는 취지의 논지도 받아들일 수 없다.」

◎ 같은 취지 : 大 1985. 10. 8.-85누140; 1992. 10. 13.-92누114; 1980. 6. 10.-80누6; 1987. 11. 10.-89누475; 1990. 10. 10.-89누3816; 2000. 1. 21.-97누11065; 2003. 5. 30.-2001두4795

▶ 조세부담의 공평

▸ 조세부담 공평원리의 헌법적 근거를 밝힌 판례

[憲 1989. 7. 21.-89헌마38](상속세법 제32조의2의 위헌 여부에 관한 헌법소원)

「우리 헌법은 제11조 제1항에서 "모든 국민은 법 앞에 평등하다. 누구든지 성별·종교 또는 사회적 신분에 의하여 정치적·경제적·사회적·문화적 생활의 모든 영역에 있어서 차별을 받지 아니한다"라고 규정하고 있다. 조세평등주의는 위 헌법규정에 의한 평등의 원칙 또는 차별금지의 원칙의 조세법적 표현이라고 할 수 있다. 따라서 국가는 조세입법(租稅立法)을 함에 있어서 조세의 부담이 공평하게 국민들 사이에 배분되도록 법을 제정하여야 할 뿐만 아니라, 조세법의 해석·적용에 있어서도 모든 국민을 평등하게 취급하여야 할 의무를 진다. 이러한 조세평등주의의 이념을 실현하기 위한 법 제도의 하나가 바로 국세기본법 제14조에 규정한 실질과세의 원칙이라고 할 수 있다. 또한 이러한 조세평등주의는 정의의 이념에 따라 "평등한 것은 평등하게", 그리고 "불평등한 것은 불평등하게" 취급함으로써 조세법의 입법과정이나 집행과정에서 조세정의(租稅正義)를 실현하려는 원칙이라고 할 수 있다.」

[憲 2002. 10. 31.-2002헌바43](구상속세법 제4조 제1항 위헌소원)

「조세평등주의 또는 조세평등의 원칙이란, 헌법 제11조 제1항이 규정하는 평등의 원칙이 조세법영역에서 구현된 것으로 조세의 부과와 징수는 납세자의 담세능력에 상응하여 공정하고 평등하게 이루어져야 하고 합리적 이유 없이 특정의 납세의무자를 불리하게 차별하거나 우대하는 것은 허용되지 아니한다는 원칙인바(헌재 1996. 8. 29. 95헌바41, 판례집 8-2, 107, 116-117; 헌재 1998. 5. 28. 95헌바18, 판례집 10-1, 583, 593; 헌재 2002. 6. 27. 2001헌바44, 공 70, 545, 548 등 참조), 다만 담세능력에 따른 과세의 원칙이라 하여 예외없이 절대적으로 관철되어야 하는 것은 아니고, 합리적 이유가 있는 경우라면 납세자간의 차별취급도 예외적으로 허용된다 할 것이고, 이는 세법의 내용을 어떻게 정할 것인가에 관하여 입법자에게는 광범위한 형성의 자유가 인정되며, 더욱이 오늘날 조세입법자는 조세의 부과를 통하여 재정수입의 확보라는 목적 이외에도 국민경제적, 재정정책적, 사회정책적 목적달성을 위하여 여러 가지 관점을 고려할 수 있기 때문이다(헌재 1999. 11. 25. 98헌마55, 판례집 11-2, 593, 608-609).」

◎ 같은 취지 : 憲 1992. 12. 24.-90헌바21; 1995. 7. 21.-92헌바40; 1996. 8. 29.-95헌바41; 1998. 5. 28.-95헌바18; 2002. 6. 27.-2001헌바44; 2002. 8. 29.-2001헌가24; 2002. 12. 18.-2001헌바55

▸ 조세부담 공평원리의 내용에 대한 판례

▹ 조세의 공평에 대하여 기본적으로 능력설을 취하고 있음을 밝힌 판례

[憲 1995. 6. 29.-94헌바39](구조세감면규제법 제88조의2 위헌소원)

「조세공평주의의 원칙에 따라 과세는 개인의 경제적 급부능력을 고려한 것이어야 하고, 동일한 담세능력자에 대하여는 원칙적으로 평등한 과세가 있어야 한다(담세능력 존중의 원칙). 또 나아가 특정의 납세의무자를 불리하게 차별하는 것이 금지될 뿐 아니라 합리적 이유 없이 특별한 이익을 주는 것도 허용되지 아니한다. 조세란 공공경비를 국민에게 강제적으로 배분하는 것으로서 납세의무자 상호간에는 조세의 전가관계가 있으므로 특정인이나 특정계층에 대하여 정당한 이유 없이 면세·감세 등의 조세우대조치를 하는 것은 다른 납세자에게 그만큼 과중과세를 하는 결과가 되기 때문이다.

구체적인 조세관계에서 납세자들을 동일하게 대우할 것인지 혹은 달리 대우할 것인지의 문제는 입법자가 우선적으로 결정하게 된다. 그런데 이러한 결정을 함에 있어서 입법자는 그 조세관계에서 고려하여야 할 제반 요소들을 교량하여 이에 적합한 합리적 조치를 하여야만 평등의 원칙에 부합할 수 있다. 입법자는 조세법의 분야에서도 광범위한 형성의 자유를 가지며 예컨대 재정정책적, 국민경제적, 사회정책적, 조세기술적 제반 요소들에 대한 교량을 할 수 있는 것이나, 다만 납세의무자들간에 차별 혹은 동등대우를 함에 있어서 합리적인 이유가 없고 정의의 관념에 합치할 수 없는 조치를 하였다고 인정될 때에는 조세공평주의에 반하여 위헌이 된다고 할 것이다.」

[憲 2002. 8. 29.-2001헌가24](구지방세법 제196조의5 제1항 제1호 위헌제청)

「헌법은 제11조 제1항에서 "모든 국민은 법 앞에 평등하다. 누구든지 성별·종교 또는 사회적 신분에 의하여 정치적·경제적·사회적·문화적 생활의 모든 영역에 있어서 차별을 받지 아니한다"고 규정하고 있다. 조세평등주의는 위 헌법규정에 의한 평등의 원칙 또는 차별금지의 원칙의 조세법적 표현이라고 할 수 있다. 따라서 국가는 조세입법을 함에 있어서 조세의 부담이 공평하게 국민들 사이에 배분되도록 법을 제정하여야 할 뿐만 아니라, 조세법의 해석·적용에 있어서도 모든 국민을 평등하게 취급하여야 할 의무를 진다. 조세평등주의는 정의의 이념에 따라 "평등한 것은 평등하게", 그리고 "불평등한 것은 불평등하게" 취급함으로써 조세법의 입법과정이나 집행과정에서 조세정의를 실현하려는 원칙이라고 할 수 있다

(헌재 1989. 7. 21. 89헌마38, 판례집 1, 131, 141-142). 조세평등주의가 요구하는 이러한 담세능력에 따른 과세의 원칙은 한편으로 동일한 소득은 원칙적으로 동일하게 과세될 것을 요청하며(이른바 '수평적 조세정의'), 다른 한편으로 소득이 다른 사람들간의 공평한 조세부담의 배분을 요청한다(이른바 '수직적 조세정의'). 그러나 이러한 담세능력에 따른 과세의 원칙이라 하여 예외없이 절대적으로 관철되어야 한다고 할 수 없고, 합리적 이유가 있는 경우라면 납세자간의 차별취급도 예외적으로 허용된다. 세법의 내용을 어떻게 정할 것인가에 관하여 입법자에게는 광범위한 형성의 자유가 인정되며, 더욱이 오늘날 조세입법자는 조세의 부과를 통하여 재정수입의 확보라는 목적 이외에도 국민경제적 · 재정정책적 · 사회정책적 목적달성을 위하여 여러 가지 관점을 고려할 수 있기 때문이다(헌재 1999. 11. 25. 98헌마55, 판례집 11-2, 593, 608).」

◎ 같은 취지 : 憲 1995. 10. 26.-94헌마242; 1995. 10. 26.-94헌바7등 1996. 6. 26.-93헌바2; 1998. 5. 28.-95헌바18; 1999. 11. 25.-98헌마55; 1999. 12. 23.-99헌가2; 2000. 7. 20.-98헌마99

▷ **실질과세의 원칙을 조세부담 공평원리의 한 내용으로 보는 한편, 조세회피의 목적을 가지고 실질소유자와 등기명의자를 다르게 등기한 경우 이를 증여로 의제하여 상속세를 부과하는 것이 허용된다는 취지의 판례**

[憲 1989. 7. 21.-89헌마38](상속세법 제32조의2 의 위헌 여부에 관한 헌법소원)

「조세평등주의의 이념을 실현하기 위한 법 제도의 하나가 바로 국세기본법 제14조에 규정한 실질과세의 원칙이라고 할 수 있다. 또한 이러한 조세평등주의는 정의의 이념에 따라 "평등한 것은 평등하게", 그리고 "불평등한 것은 불평등하게" 취급함으로써 조세법의 입법과정이나 집행과정에서 조세정의(租稅正義)를 실현하려는 원칙이라고 할 수 있다.

이러한 관점에서 볼 때, 이 사건 심판의 대상인 위 법률조항은 이미 위에서 지적한 바와 같이 명의신탁제도가 조세회피의 수단으로 악용되는 사례가 허다하기 때문에 이를 효과적으로 방지하기 위하여 조세법상의 대원칙인 실질과세의 원칙을 희생시키면서 명의신탁을 이용한 조세회피 내지 조세포탈을 원천적으로 봉쇄하겠다는 것이 그 입법의도이다. 우리나라의 현실에서 토지 등의 재산권이 대가의 지급없이 이전되는 경우를 살펴보면, 증여인 경우도 있고 신탁인 경우도 있으며, 부득이한 사정으로 인한 명의신탁인 경우도 있다. 그러나 많은 경우에는 증여의 은폐수단으로 명의신탁이 이용되는 것이라고 할 수 있다. 즉 증여의 은폐수단으로 명의신탁을 이용하는 경우, 당사자들은 일단 가장된 법률관계를 취하였다가 그것이 과세관청에 포착되면 조세를 납부하고, 조세 시효기간 중에 포착되지 않으면 조세를 포탈하려는 유혹에 빠지게 된다. 이러한 현상을 과세관청의 제한된 인원과 능력으로 일일이 포착하는 것은 그리 쉬운 일이 아니다.

그래서 위 법률조항에서는 국세기본법 제3조 제1항 단서의 규정에 따라 실질과세의 원칙에 대한 예외 내지 특례를 둔 것으로 이해된다. 그렇다면 위 법률조항이 실질과세의 원칙에 대한 예외를 설정한 것만으로 위헌이라고 단정하기는 어렵다고 할 것이다. 다만, 증여의 은폐수단이 아닌 진정한 의미의 명의신탁에 대하여도 증여로 의제함으로써 생길 수 있는 위헌의 소지를 제거할 수 있는 대책은 있어야 할 것이다.」

▷ 일정한 경우 조세를 감면하는 경우 이를 정당화할 수 있는 특별한 이유가 존재하지 않는 한 조세공평 원리에 위반된다는 취지의 판례

[憲 1995. 10. 26.-94헌바7등](구조세감면규제법 제62조 제3항 위헌소원)

「우리 헌법은 제11조 제1항에서 모든 국민은 법앞에 평등하고 누구든지 합리적 이유 없이는 생활의 모든 영역에 있어서 차별을 받지 아니한다는 평등의 원칙을 선언함으로써, 조세법률관계에 있어서도 합리적 이유 없는 차별적 과세 내지 차별대우를 금지하고 있다(조세평등주의, 조세의 합형평성의 원리: 헌재 1992. 12. 24. 선고, 90헌바21 결정 참조). 그런데, 구 조감법 제62조 제3항이 국민주택건설용지로 양도하는 토지에 대하여 양도세를 감면하는 취지는 양도자의 경우는 국민주택용지로 양도하는 것이 기타용지로 양도하는 것에 비하여 순소득액(양도가액에서 세금을 차감한 금액)이 많게 되므로 양도가액을 낮추더라도 국민주택건설용지로 양도하려 할 것이고, 토지 매입자의 경우에는 양도세를 면제받을 수 있음을 내세워 다른 경우에 비하여 주택건설용지를 보다 손쉽게 그리고 다소 낮은 가격으로 매입할 수 있게 되고, 토지매입가격이 낮아지는 만큼 국민주택 건축원가도 낮아지게 되어 결과적으로 국민주택용지의 공급을 원활히 하여 서민주택의 공급을 촉진하고 국민주거생활의 안정을 기하는데 그 의의가 있다.

그러나 토지를 양도하여 양도차익이 있으면 소정의 양도소득세를 납부하여야 한다는 일반적인 원칙에 비추어 볼 때, 단지 국민주택용지로 토지를 양도하였다는 사실만으로 양도소득세를 면제하는 조세우대조치는, 그것이 비록 국민주거생활의 안정이라는 정책적목적을 실현함에 있어서 필요하다고 하더라도, 그 제도 자체가 특정한 납세자군이 조세의 부담을 다른 납세자군의 부담으로 떠넘기는 것에 다름 아니어서 조세평등주의의 이념에 저해적 요소로 되고 따라서 일반납세자들의 납세의식을 저하시키게 되는 것은 의심의 여지가 없으므로, 특히 정책목표달성이 필요한 경우에 그 면제혜택을 받는 자의 요건을 엄격히 하여 극히 한정된 범위 내에서 예외적으로 허용되어야 하는 것이며, 그것이 조세평등주의를 희생시킨 것과 동 가치의 공헌이 가능한 경우에만 활용되어야 할 것이다.

그렇다면 구 조감법 제62조 제3항 본문이 국민주택건설용지의 양도에 대하여 양도소득세를 감면하는 것은 국민주택의 공급을 촉진하고 국민주거생활의 안정이라는 정책목표를 달성하기 위하여 예외적으로 허용된 것이므로 반드시 면제신청이 있어야 함을 요건으로 규정하였다고 하더라도 이를 들어 면제신청이 있어 세액면제를 받는 경우와 그러하지 아니한 경우와의 사이에 입법재량의 한계와 범위를 넘어 헌법상 보장되는 조세평등의 원칙을 위반하였다고 할 수 없다.」

◎ **같은 취지 : 憲 1996. 8. 29.-95헌바41; 1996. 6. 26.-93헌바2; 1995. 6. 29.-94헌바39**

▶ 조세공평의 원리는 조세법의 해석과 적용도 지배하는 원리라고 본 판례

[憲 1990. 9. 3.-89헌가95](국세기본법 제35조 제1항 제3호의 위헌심판)

「헌법은 그 기본원리인 국민주권주의와 국민의 기본권 보장의 차원에서 조세의 부과징수에 있어서는 반드시 법률적 근거를 필요로 하게 하고, 아울러 조세관계 법률의 내용이 형평의 원칙 내지 평등의 원칙에 합당하여 조세부담이 국민에게 공평하게 배분되도록 함으로써 조세의 부과 · 징수 대상자로서의 국민이 합리적 기준에 의하여 평등하게 처우되도록 하고 있다.

헌법이 그 전문에서 "……자유민주적 기본질서를 더욱 확고히 하여"라는 표현을 하고, 제1조에서 국민주권주의를 선언하며, 제23조 제1항에서 재산권을 보장하면서, 그 제38조에서

"모든 국민은 법률이 정하는 바에 의하여 납세의 의무를 진다"라고 규정하고 다시 제59조에서 "조세의 종목과 세율은 법률로 정한다"라고 규정하고 있는 것은, 바로 조세의 합법률성(合法律性)의 원칙(조세법률주의)을 천명한 것으로서, 결국 조세의 요건과 그 부과 · 징수절차는 국민의 대표기관인 국회가 제정한 법률에 의하여 규정되어야 하고 나아가 그 법률의 집행에 있어서도 이것이 엄격하게 해석 · 적용되어야 하며 행정편의적인 확장해석이나 유추해석은 허용되지 않음을 명백히 한 것이다.

그리고 헌법이 과세만을 따로 떼어서 형평주의를 규정하고 있는 것은 아니지만, 헌법 전문의 "……각인의 기회를 균등히 하고……", "……안으로는 국민생활의 균등한 향상을 기하고……"라는 평등 규정에서 평등취급의 원칙, 불평등취급금지의 원칙을 그 내용으로 하는 조세의 합형평성(合衡平性)의 원칙(조세형평주의)을 표명하고 있는 것이다.

위 헌법의 규정을 근거로 하여 국세기본법이 제정되었는 바, 같은 법 제18조 제1항은 "세법의 해석 · 적용에 있어서는 과세의 형평과 당해 조항의 합목적성에 비추어 납세자의 재산권이 부당히 침해되지 아니하도록 하여야 한다"고 규정함으로써 조세의 합형평성의 원칙을 명문으로 재확인하고 있으며, 같은 법 제19조에도 이를 부연하고 있다.」

◎ 같은 취지 : 憲 1989. 7. 21.-89헌마38; 1995. 6. 29.-94헌바39; 2002. 12. 18.-2001헌바55

국정의 통제

□ 탄핵의 소추

▶ 탄핵소추의 사유

▸ 대통령 탄핵에 대한 헌법재판소의 판례
[憲 2004. 5. 14.-2004헌나1](대통령 노무현)

「1. 사건의 개요와 심판의 대상

가. 사건의 개요

국회는 2004. 3. 12. 제246회 국회(임시회) 제2차 본회의에서 유용태 · 홍사덕 의원 외 157인이 발의한 '대통령(노무현)탄핵소추안'을 상정하여 재적의원 271인 중 193인의 찬성으로 가결하였다. 소추위원인 국회 법제사법위원회 위원장 김기춘은 헌법재판소법 제49조 제2항에 따라 소추의결서의 정본을 같은 날 헌법재판소에 제출하여 피청구인에 대한 탄핵심판을 청구하였다.

나. 심판의 대상

(1) 이 사건 심판의 대상은 대통령이 직무집행에 있어서 헌법이나 법률에 위반했는지의 여부 및 대통령에 대한 파면결정을 선고할 것인지의 여부이다.

(2) 헌법재판소는 사법기관으로서 원칙적으로 탄핵소추기관인 국회의 탄핵소추의결서에 기재된 소추사유에 의하여 구속을 받는다. 따라서 헌법재판소는 탄핵소추의결서에 기재되지 아니한 소추사유를 판단의 대상으로 삼을 수 없다.

그러나 탄핵소추의결서에서 그 위반을 주장하는 '법규정의 판단'에 관하여 헌법재판소는 원칙적으로 구속을 받지 않으므로, 청구인이 그 위반을 주장한 법규정 외에 다른 관련 법규정에 근거하여 탄핵의 원인이 된 사실관계를 판단할 수 있다. 또한, 헌법재판소는 소추사유의 판단에 있어서 국회의 탄핵소추의결서에서 분류된 소추사유의 체계에 의하여 구속을 받지 않으므로, 소추사유를 어떠한 연관관계에서 법적으로 고려할 것인가의 문제는 전적으로 헌법재판소의 판단에 달려 있다.

3. 탄핵소추의 적법 여부에 관한 판단

가. 국회의 의사절차 자율권

국회는 국민의 대표기관이자 입법기관으로서 의사(議事)와 내부규율 등 국회운영에 관하여 폭넓은 자율권을 가지므로 국회의 의사절차나 입법절차에 헌법이나 법률의 규정을 명백히 위반한 흠이 있는 경우가 아닌 한, 그 자율권은 권력분립의 원칙이나 국회의 위상과 기능에 비추어 존중되어야 하며, 따라서 그 자율권의 범위 내에 속하는 사항에 관한 국회의 판단에 대하여 다른 국가기관이 개입하여 그 정당성을 가리는 것은 바람직하지 않고, 헌법재판소도 그 예외는 아니다(헌재 1998. 7. 14. 98헌라3, 판례집 10-2, 74, 83).

또한, 국회의장은 국회법 제10조에 의거 원칙적으로 의사진행에 관한 전반적이고 포괄적인 권한과 책임이 부여되어 있으므로, 본회의의 의사절차에 다툼이 있거나 정상적인 의사진행이 불가능한 경우에 의사진행과 의사결정에 대한 방법을 선택하는 문제는 국회의장이 자율적으로 결정하여야 할 사항으로서, 이러한 국회의장의 의사진행권은 넓게 보아 국회자율권의 일종으로서 그 재량의 한계를 현저하게 벗어난 것이 아닌 한 존중되어야 하므로 헌법재판소도 이에 관여할 수 없는 것이 원칙이다(헌재 2000. 2. 24. 99헌라1, 판례집 12-1, 115, 128).

나. 국회에서의 충분한 조사 및 심사가 결여되었다는 주장에 관하여

국회법 제130조 제1항에 의하면 "탄핵소추의 발의가 있은 때에는 ……본회의는 의결로 법제사법위원회에 회부하여 조사하게 할 수 있다"고 하여, 조사의 여부를 국회의 재량으로 규정하고 있으므로, 이 사건에서 국회가 별도의 조사를 하지 않았다 하더라도 헌법이나 법률을 위반하였다고 할 수 없다.

다. 투표의 강제, 투표내역의 공개, 국회의장의 대리투표가 이루어졌다는 주장에 관하여

(1) 한나라당과 민주당이 "탄핵소추안의 의결에 참여하지 않는 소속 국회의원들을 출당시키겠다"고 공언하였다 하더라도, 그것이 오늘날의 정당민주주의 하에서 허용되는 국회의원의 정당기속의 범위를 넘어 국회의원의 양심에 따른 표결권행사(헌법 제46조 제2항, 국회법 제114조의2)를 실질적으로 방해할 정도의 압력 또는 협박이었다고 볼 수 없다.

(2) 대리투표라 함은 "본인이 기표를 하지 않고 제3자로 하여금 대신하여 투표용지에 기표하도록 하는 것"을 말하는 것이나, 국회의장이 국회의 관례에 따라 의장석에서 투표용지에 직접 기표를 하고 기표내용을 다른 사람들이 알지 못하도록 투표용지를 접은 후 의사직원에게 전달하여 그로 하여금 투표함에 넣게 한 사실이 인정될 뿐이므로, 대리투표에 해당하지 않는다.

라. 본회의 개의시각이 무단 변경되었다는 주장에 관하여

국회법은 개의시각과 관련하여 제72조에서 "본회의는 오후 2시(토요일은 오전 10시)에 개의한다. 다만 의장은 각 교섭단체 대표의원과 협의하여 그 개의시를 변경할 수 있다"고 하여 개의시각을 변경하는 경우에는 각 교섭단체 대표의원과 협의하도록 규정하고 있다. 여기서 '협의'는 의견을 교환하고 수렴하는 절차라는 그 성질상 다양한 방식으로 이루어질 수 있으며, 그에 대한 판단과 결정은 종국적으로 국회의장에게 맡겨져 있다.

마. 투표의 일방적 종료가 선언되었다는 주장에 관하여

2004. 3. 12. 국회 본회의 회의록에 의하면 당시 의장이 2, 3차례에 걸쳐 투표를 하지 아니

한 국회의원들에게 투표를 할 것을 촉구하면서, 투표를 더 이상 안 하면 투표를 종료할 것이라고 선언한 사실이 인정된다. 그렇다면 의장이 일방적으로 투표를 종료하여 열린우리당 소속 의원들의 투표권 행사를 방해한 것이라 볼 수 없다.

바. 질의 및 토론절차가 생략되었다는 주장에 관하여

국회법 제93조는 "위원회의 심의를 거치지 아니한 안건에 대해서는 제안자가 그 취지를 설명하도록" 규정하고 있으나, 위 국회 회의록에 의하면 이 사건 탄핵소추안 심의과정에서는 제안자의 취지 설명을 '서면'으로 대체한 사실이 인정되는데, 이러한 방식이 잘못되었다고 볼 만한 법적 근거가 없다.

법제사법위원회에 회부되지 않은 탄핵소추안에 대하여 "본회의에 보고된 때로부터 24시간 이후 72시간 이내에 탄핵소추의 여부를 무기명투표로 표결한다"고 규정하고 있는 국회법 제130조 제2항을 탄핵소추에 관한 특별규정인 것으로 보아, "탄핵소추의 경우에는 질의와 토론 없이 표결할 것을 규정한 것"으로 해석할 여지가 있기 때문에, 국회의 자율권과 법해석을 존중한다면, 이러한 법해석이 자의적이거나 잘못되었다고 볼 수 없다.

사. 탄핵소추사유별로 의결하지 않았다는 주장에 관하여

탄핵소추의결은 개별 사유별로 이루어지는 것이 국회의원들의 표결권을 제대로 보장하기 위해서 바람직하나, 우리 국회법상 이에 대한 명문 규정이 없으며, 여러 소추사유들을 하나의 안건으로 표결할 것인지 여부는 기본적으로 표결할 안건의 제목설정권을 가진 국회의장에게 달려 있다고 판단된다. 그렇다면 이 부분 피청구인의 주장은 이유가 없다고 할 것이다.

아. 적법절차원칙에 위배되었다는 주장에 관하여

피청구인은 이 사건 탄핵소추를 함에 있어서 피청구인에게 혐의사실을 정식으로 고지하지도 않았고 의견 제출의 기회도 부여하지 않았으므로 적법절차원칙에 위반된다고 주장한다.

여기서 피청구인이 주장하는 적법절차원칙이란, 국가공권력이 국민에 대하여 불이익한 결정을 하기에 앞서 국민은 자신의 견해를 진술할 기회를 가짐으로써 절차의 진행과 그 결과에 영향을 미칠 수 있어야 한다는 법원리를 말한다. 그런데 이 사건의 경우, 국회의 탄핵소추절차는 국회와 대통령이라는 헌법기관 사이의 문제이고, 국회의 탄핵소추의결에 의하여 사인으로서의 대통령의 기본권이 침해되는 것이 아니라, 국가기관으로서의 대통령의 권한행사가 정지되는 것이다. 따라서 국가기관이 국민과의 관계에서 공권력을 행사함에 있어서 준수해야 할 법원칙으로서 형성된 적법절차의 원칙을 국가기관에 대하여 헌법을 수호하고자 하는 탄핵소추절차에는 직접 적용할 수 없다고 할 것이고, …… 국회의 탄핵소추절차가 적법절차원칙에 위배되었다는 주장은 이유없다.

4. 헌법 제65조의 탄핵심판절차의 본질 및 탄핵사유

가. 탄핵심판절차는 행정부와 사법부의 고위공직자에 의한 헌법침해로부터 헌법을 수호하고 유지하기 위한 제도이다.

헌법 제65조는 대통령도 탄핵대상 공무원에 포함시킴으로써, 비록 국민에 의하여 선출되어 직접적으로 민주적 정당성을 부여받은 대통령이라 하더라도 헌법질서의 수호를 위해서는 파면될 수 있으며, 파면결정으로 인하여 발생하는 상당한 정치적 혼란조차도 국가공동체가 자유민주적 기본질서를 수호하기 위하여 불가피하게 치러야 하는 민주주의 비용으로 간주하는 결연한 자세를 보이고 있다. 대통령에 대한 탄핵제도는 누구든지 법 아래에 있고, 아무리 강한 국가권력의 소유자라도 법 위에 있지 않다는 법의 지배 내지 법치국가원리를 구현하고자 하는 것이다.

나. 헌법은 제65조 제1항에서 "대통령……이 그 직무집행에 있어서 헌법이나 법률에 위배한 때에는 국회는 탄핵의 소추를 의결할 수 있다"고 하여 탄핵사유를 규정하고 있다.

(1) 행정부 · 사법부가 입법자에 의하여 제정된 법률을 준수하는가의 문제는 헌법상의 권력분립원칙을 비롯하여 법치국가원칙을 준수하는지의 문제와 직결되기 때문에, 행정부와 사법부에 의한 법률의 준수는 곧 헌법질서에 대한 준수를 의미하는 것이다.

(2) 헌법 제65조에 규정된 "직무집행에 있어서"의 '직무'란, 법제상 소관 직무에 속하는 고유 업무 및 통념상 이와 관련된 업무를 말한다. 따라서 직무상의 행위란, 법령 · 조례 또는 행정관행 · 관례에 의하여 그 지위의 성질상 필요로 하거나 수반되는 모든 행위나 활동을 의미한다. 이에 따라 대통령의 직무상 행위는 법령에 근거한 행위뿐만 아니라, "대통령의 지위에서 국정수행과 관련하여 행하는 모든 행위"를 포괄하는 개념으로서, 예컨대 각종 단체 · 산업현장 등 방문행위, 준공식 · 공식만찬 등 각종 행사에 참석하는 행위, 대통령이 국민의 이해를 구하고 국가정책을 효율적으로 수행하기 위하여 방송에 출연하여 정부의 정책을 설명하는 행위, 기자회견에 응하는 행위 등을 모두 포함한다.

헌법은 탄핵사유를 "헌법이나 법률에 위배한 때"로 규정하고 있는데, '헌법'에는 명문의 헌법규정뿐만 아니라 헌법재판소의 결정에 의하여 형성되어 확립된 불문헌법도 포함된다. '법률'이란 단지 형식적 의미의 법률 및 그와 등등한 효력을 가지는 국제조약, 일반적으로 승인된 국제법규 등을 의미한다.

5. 피청구인이 직무집행에 있어서 헌법이나 법률에 위반했는지의 여부

가. 기자회견에서 특정정당을 지지한 행위(2004. 2. 18. 경인지역 6개 언론사와의 기자회견, 2004. 2. 24. 한국방송기자클럽 초청 기자회견에서의 발언)

(1) 선거에서의 공무원의 정치적 중립의무 ……

(2) 공선법 제9조(공무원의 중립의무 등)의 위반 여부 ……

대통령의 발언이 공선법 제9조를 위반했는지의 여부는 발언의 구체적 내용, 그 시기, 빈도수, 구체적 상황 등을 종합적으로 고려할 때, "대통령이 발언을 통하여 공직상 부여되는 정치적 비중과 영향력을 국민 모두에 대하여 봉사하는 그의 지위와 부합하지 않는 방법으로 사용함으로써 선거에 영향을 미쳤는지"의 판단에 달려 있다.

1) 여기서 문제되는 기자회견에서의 대통령의 발언은 공직자의 신분으로서 직무수행의 범위 내에서 또는 직무수행과 관련하여 이루어진 것으로 보아야 한다. 위 기자회견들은 대통령이 사인이나 정치인으로서가 아니라 대통령의 신분으로서 가진 것이며, 대통령은 이 과정에서 대통령의 지위가 부여하는 정치적 비중과 영향력을 이용하여 특정 정당을 지지하는 발언을 한 것이다. 따라서 위 기자회견에서의 대통령의 발언은 헌법 제65조 제1항의 의미에서의 "그 직무집행에 있어서" 한 행위에 해당한다.

2) 이 부분 대통령의 발언은 그 직무집행에 있어서 반복하여 특정 정당에 대한 자신의 지지를 적극적으로 표명하고, 나아가 국민들에게 직접 그 정당에 대한 지지를 호소하는 내용이라 할 수 있다. 따라서 대통령이 위와 같은 발언을 통하여 특정 정당과 일체감을 가지고 자신의 직위에 부여되는 정치적 비중과 영향력을 특정 정당에게 유리하게 사용한 것은, 국가기관으로서의 지위를 이용하여 국민 모두에 대한 봉사자로서의 그의 과제와 부합하지 않는 방법으로 선거에 영향력을 행사한 것이고, 이로써 선거에서의 중립의무를 위반하였다.

3) 선거일이 가까워 올수록 특정 정당을 지지하는 대통령의 발언이 선거의 결과에 영향을 미칠 가능성이 더욱 많으므로, 이러한 시기에는 선거에 영향을 미칠 수 있고 편파적으로 작용

할 수 있는 모든 행동을 최대한으로 자제해야 한다는 국가기관의 의무가 있다. 언제부터 국가기관의 편파적 행위가 선거에 특히 영향을 미칠 수 있는가 하는 시점을 명확하게 확정할 수는 없으나, 문제된 대통령의 발언이 행해진 시기는 각 2004. 2. 18., 2. 24.로서 2004. 4. 15.의 국회의원선거를 약 2달 남겨놓은 시점으로서, 이 때부터는 이미 사실상 선거운동의 준비작업이 시작되었다고 볼 수 있고 국가기관의 행위가 선거에 영향을 미칠 개연성이 높다는 의미에서 선거의 인접성을 인정할 수 있으므로, 적어도 이 기간에는 국가기관의 정치적 중립성이 더욱 요청된다고 하겠다.

4) 그렇다면 선거에 임박한 시기이기 때문에 공무원의 정치적 중립성이 어느 때보다도 요청되는 때에, 공정한 선거관리의 궁극적 책임을 지는 대통령이 기자회견에서 전 국민을 상대로, 대통령직의 정치적 비중과 영향력을 이용하여 특정 정당을 지지하는 발언을 한 것은, 대통령의 지위를 이용하여 선거에 대한 부당한 영향력을 행사하고 이로써 선거의 결과에 영향을 미치는 행위를 한 것이므로, 선거에서의 중립의무를 위반하였다.

(3) 공선법 제60조(공무원의 선거운동금지) 위반 여부 ……

(나) 대통령의 발언이 선거운동에 해당하는지의 여부

1) 공선법 제58조 제1항은 '당선'의 기준을 사용하여 '선거운동'의 개념을 정의함으로써, "후보자를 특정할 수 있는지의 여부"를 선거운동의 요건으로 삼고 있다. 따라서 선거운동의 개념은 '특정한' 또는 적어도 '특정될 수 있는' 후보자의 당선이나 낙선을 위한 행위여야 한다는 것을 전제로 하고 있다. ……

그러나 이 사건의 발언이 이루어진 시기인 2004. 2. 18.과 2004. 2. 24.에는 아직 정당의 후보자가 결정되지 아니하였으므로, 후보자의 특정이 이루어지지 않은 상태에서 특정 정당에 대한 지지발언을 한 것은 선거운동에 해당한다고 볼 수 없다.

2) 또한, 선거운동에 해당하기 위해서는 특정 후보자의 당선이나 낙선을 목적으로 한다는 행위의 '목적성'이 인정되어야 하는데, 이 사건 발언에 대해서는 그러한 목적의사가 인정될 수 없다. ……

(4) 공선법 제85조 제1항, 제86조 제1항 위반 여부

공선법 제85조 제1항은 공무원이 그 지위를 이용하여 선거운동을 할 수 없도록 하고 있으며, 공무원이 그 소속직원이나 특정기관·업체 등의 임·직원을 대상으로 한 선거운동은 그 지위를 이용한 선거운동으로 보고 있다. 그러나 위에서 본 바와 같이 피청구인의 위 발언들은 선거운동에 해당하지 않으므로 더 나아가 살필 것 없이 공선법 제85조 제1항에 위반되지 않는다.

공선법 제86조 제1항은 공무원의 여러 가지 선거관련 행위를 금지하고 있는바, 먼저, 그 제1호는 소속직원 또는 선거구민에게 특정 정당이나 후보자의 업적을 홍보하는 행위를 금지하고 있는데, 피청구인의 발언들에 열린우리당의 업적을 홍보하는 내용은 없으므로 여기에 해당하지 않는다. 다음으로 제2호 내지 제7호는 구성요건 그 자체로서 피청구인의 발언들과 무관함이 분명하다. 따라서 공선법 제86조 제1항 위반도 인정되지 않는다.

나. 그 밖의 총선과 관련하여 발언한 행위

(1) 대통령이 2003. 12. 19. 노사모 등 개혁네티즌연대가 주최한 '리멤버 1219' 행사에 참석하여 "여러분의 혁명은 아직 끝나지 않았다. 시민혁명은 지금도 계속되고 있다", "존경하는 우리 노사모 회원 여러분, 그리고 시민 여러분, 다시 한 번 나서달라"고 발언한 사실이 인정된다.

…… 따라서 대통령의 위 발언은 허용되는 정치적 의견표명의 범주를 벗어나지 않는 것으로서 선거에서의 정치적 중립의무에 위반되거나 사전선거운동에 해당된다고 할 수 없다. 또한, 그 외 다른 법위반에 해당한다고도 볼 수 없다.

(2) 대통령이 2003. 12. 24. 국회의원선거에 입후보하기 위하여 퇴임한 전직 비서관 등 9명과의 청와대 오찬에서 "내년 총선은 한나라당을 하나의 세력으로 하고 대통령과 열린우리당을 한 축으로 하는 구도로 가게 될 것이다", "내년 총선에서 민주당을 찍는 것은 한나라당을 도와주는 것으로 인식될 것"이라는 등의 발언을 한 사실이 인정된다.

…… 대통령의 위 발언은 발언의 상대방, 그 경위와 동기 등을 종합하여 볼 때 정치적 의견표명의 자유를 행사한 것으로서 헌법상 표현의 자유에 의하여 정당화되는 행위이며, 정치적 공무원에게 허용되는 정치적 활동의 한계를 넘지 않은 것이다.

(3) 2004. 1. 14. 연두기자회견에서 대통령이 "개혁을 지지한 사람과 개혁이 불안해 지지하지 않은 사람들이 있어서 갈라졌고, 대선 때 날 지지한 사람들이 열린우리당을 하고 있어 함께 하고 싶다"고 발언한 사실이 인정된다.

…… 따라서 대통령이 위 발언을 통하여 선거와 관련하여 특정 정당을 지지하고 이로써 선거에 영향을 미치고자 한 것이 아니므로, 선거에서의 공무원의 중립의무를 위반하였거나 선거운동을 한 것으로 볼 수 없다.

(4) 대통령이 2004. 2. 5. 강원지역 언론인 간담회에서 "국참 0415 같은 사람들의 정치참여를 법적으로나 정치적으로 허용하고 장려해 주어야 한다"고 발언한 사실이 인정된다.

…… 따라서 위의 발언은 단지 국민의 정치참여 현상에 관한 자신의 견해를 밝힌 것에 지나지 않으므로, 선거에서의 중립의무나 선거운동금지에 위반한 것으로 볼 수 없다.

(5) 2004. 2. 27.자 중앙일보에 "17대 총선 열린우리당 전략 기획"이라는 대외비 문건에 관하여 보도되었고, 이로써 청와대의 조직적 선거개입의 의혹이 제기되었으나, 이 사건의 변론과정에서 드러난 모든 증거에 의하더라도 피청구인이 열린우리당의 선거전략을 지휘하거나 그에 관여한 사실이 인정되지 않는다.

(6) "국민을 협박하여 특정 정당의 지지를 유도하고 총선 민심에 영향을 미치는 언행을 반복함으로써" 국민의 자유선거를 방해하였다고 주장하나, 피청구인의 선거관련 발언들이 일반 공직사회에 파급효를 미쳐 공직자들의 선거중립적 태도에 실질적으로 부정적 영향을 미쳤다거나, 피청구인이 수장으로 있는 행정부 조직이 특정 정당을 위하여 선거에 개입하였다거나, 선거관리위원회의 공정한 선거관리 기능에 장애를 초래하였다고 볼 자료가 없고, 이로써 국민들의 선거에 관한 자유로운 의사형성을 저해 · 왜곡하였다거나 자유로운 투표권의 행사를 방해하였다고 볼 여지가 없다.

따라서 피청구인의 선거관련 발언들이 자유선거를 방해하였다거나 선거방해죄에 관한 규정인 공선법 제237조 제1항 제3호에 위반된다고 할 수 없다.

다. 헌법을 준수하고 수호해야 할 의무(헌법 제66조 제2항 및 제69조)와 관련하여 문제되는 행위

(1) 헌법을 준수하고 수호해야 할 대통령의 의무

대통령은 헌법을 수호하고 실현하기 위한 모든 노력을 기울여야 할 뿐만 아니라, 법을 준수하여 현행법에 반하는 행위를 해서는 안 되며, 나아가 입법자의 객관적 의사를 실현하기 위한 모든 행위를 해야 한다. 행정부의 법존중 의무와 법집행 의무는 행정부가 위헌적인 것으로 간주하는 법률에 대해서도 마찬가지로 적용된다. 위헌적인 법률을 법질서로부터 제거하는 권한은 헌법상 단지 헌법재판소에 부여되어 있으므로, 설사 행정부가 특정 법률에 대하여 위헌의

의심이 있다 하더라도, 헌법재판소에 의하여 법률의 위헌성이 확인될 때까지는 법을 존중하고 집행하기 위한 모든 노력을 기울여야 한다.

(2) 중앙선거관리위원회의 선거법위반 결정에 대한 대통령의 행위

(가) 2004. 3. 4. 노무현 대통령은 이병완 청와대 홍보수석을 통하여 자신의 선거개입을 경고하는 중앙선거관리위원회의 결정에 대하여, "이번 선관위의 결정은 납득하기 어렵다는 점을 분명히 밝혀두고자 한다", "이제 우리도 선진민주사회에 걸맞게 제도와 관행이 바뀌어야 한다", "과거 대통령이 권력기관을 ……동원하던 시절의 선거관련법은 이제 합리적으로 개혁되어야 한다", "선거법의 해석과 결정도 이러한 달라진 권력문화와 새로운 시대흐름에 맞게 맞춰져야 한다"고 청와대의 입장을 밝힌 사실이 인정된다.

(나) 대통령이 현행법을 '관권선거시대의 유물'로 폄하하고 법률의 합헌성과 정당성에 대하여 대통령의 지위에서 공개적으로 의문을 제기하는 것은 헌법과 법률을 준수해야 할 의무와 부합하지 않는다. 대통령이 국회에서 의결된 법률안에 대하여 위헌의 의심이나 개선의 여지가 있다면, 법률안을 국회로 환부하여 재의를 요구해야 하며(헌법 제53조 제2항), 대통령이 현행 법률의 합헌성에 대하여 의문을 가진다면, 정부로 하여금 당해 법률의 위헌성여부를 검토케 하고 그 결과에 따라 합헌적인 내용의 법률개정안을 제출하도록 하거나 또는 국회의 지지를 얻어 합헌적으로 법률을 개정하는 방법(헌법 제52조) 등을 통하여 헌법을 실현해야 할 의무를 이행해야지, 국민 앞에서 법률의 유효성 자체를 문제 삼는 것은 헌법을 수호해야 할 의무를 위반하는 행위이다.

(다) 결론적으로, 대통령이 국민 앞에서 현행법의 정당성과 규범력을 문제삼는 행위는 법치국가의 정신에 반하는 것이자, 헌법을 수호해야 할 의무를 위반한 것이다.

(3) 2003. 10. 13. 재신임 국민투표를 제안한 행위

(가) 대통령이 2003. 10. 13. 국회에서 행한 '2004년도 예산안 시정연설'에서 같은 해 12월 중 재신임 국민투표를 실시할 것을 제안하였고, 이로 인하여 재신임 국민투표의 헌법적 허용여부에 관한 논란이 야기되었다. 신임 국민투표의 위헌성에 관한 다툼은 헌법소원의 제기로 인하여 헌법재판소의 판단을 받게 되었으나, 헌법재판소가 헌재 2003. 11. 27. 2003헌마694 등 결정에서 5인의 다수의견으로 "심판의 대상이 된 대통령의 행위가 법적인 효력이 있는 행위가 아니라 단순한 정치적 계획의 표명에 불과하기 때문에 공권력의 행사에 해당하지 않는다"는 이유로 심판청구를 부적법한 것으로서 각하하였다.

(나) 헌법 제72조는 대통령에게 국민투표의 실시 여부, 시기, 구체적 부의사항, 설문내용 등을 결정할 수 있는 임의적인 국민투표발의권을 독점적으로 부여함으로써, 대통령이 단순히 특정 정책에 대한 국민의 의사를 확인하는 것을 넘어서 자신의 정책에 대한 추가적인 정당성을 확보하거나 정치적 입지를 강화하는 등, 국민투표를 정치적 무기화하고 정치적으로 남용할 수 있는 위험성을 안고 있다. 이러한 점을 고려할 때, 대통령의 부의권을 부여하는 헌법 제72조는 가능하면 대통령에 의한 국민투표의 정치적 남용을 방지할 수 있도록 엄격하고 축소적으로 해석되어야 한다.

(다) 이러한 관점에서 볼 때, 헌법 제72조의 국민투표의 대상인 '중요정책'에는 대통령에 대한 '국민의 신임'이 포함되지 않는다.

선거는 '인물에 대한 결정' 즉, 대의제를 가능하게 하기 위한 전제조건으로서 국민의 대표자에 관한 결정이며, 이에 대하여 국민투표는 직접민주주의를 실현하기 위한 수단으로서 '사안에 대한 결정' 즉, 특정한 국가정책이나 법안을 그 대상으로 한다. 따라서 국민투표의 본질

상 '대표자에 대한 신임'은 국민투표의 대상이 될 수 없으며, 우리 헌법에서 대표자의 선출과 그에 대한 신임은 단지 선거의 형태로써 이루어져야 한다. 대통령이 이미 지난 선거를 통하여 획득한 자신에 대한 신임을 국민투표의 형식으로 재확인하고자 하는 것은, 헌법 제72조의 국민투표제를 헌법이 허용하지 않는 방법으로 위헌적으로 사용하는 것이다.

대통령은 헌법상 국민에게 자신에 대한 신임을 국민투표의 형식으로 물을 수 없을 뿐만 아니라, 특정 정책을 국민투표에 붙이면서 이에 자신의 신임을 결부시키는 대통령의 행위도 위헌적인 행위로서 헌법적으로 허용되지 않는다. 물론, 대통령이 특정 정책을 국민투표에 붙인 결과 그 정책의 실시가 국민의 동의를 얻지 못한 경우, 이를 자신에 대한 불신임으로 간주하여 스스로 물러나는 것은 어쩔 수 없는 일이나, 정책을 국민투표에 붙이면서 "이를 신임투표로 간주하고자 한다"는 선언은 국민의 결정행위에 부당한 압력을 가하고 국민투표를 통하여 간접적으로 자신에 대한 신임을 묻는 행위로서, 대통령의 헌법상 권한을 넘어서는 것이다. 헌법은 대통령에게 국민투표를 통하여 직접적이든 간접적이든 자신의 신임 여부를 확인할 수 있는 권한을 부여하지 않는다.

(라) 뿐만 아니라, 헌법은 명시적으로 규정된 국민투표 외에 다른 형태의 재신임 국민투표를 허용하지 않는다. 이는 주권자인 국민이 원하거나 또는 국민의 이름으로 실시하더라도 마찬가지이다. 국민은 선거와 국민투표를 통하여 국가권력을 직접 행사하게 되며, 국민투표는 국민에 의한 국가권력의 행사방법의 하나로서 명시적인 헌법적 근거를 필요로 한다. 따라서 국민투표의 가능성은 국민주권주의나 민주주의원칙과 같은 일반적인 헌법원칙에 근거하여 인정될 수 없으며, 헌법에 명문으로 규정되지 않는 한 허용되지 않는다.

(마) 결론적으로, 대통령이 자신에 대한 재신임을 국민투표의 형태로 묻고자 하는 것은 헌법 제72조에 의하여 부여받은 국민투표부의권을 위헌적으로 행사하는 경우에 해당하는 것으로, 국민투표제도를 자신의 정치적 입지를 강화하기 위한 정치적 도구로 남용해서는 안 된다는 헌법적 의무를 위반한 것이다. 물론, 대통령이 위헌적인 재신임 국민투표를 단지 제안만 하였을 뿐 강행하지는 않았으나, 헌법상 허용되지 않는 재신임 국민투표를 국민들에게 제안한 것은 그 자체로서 헌법 제72조에 반하는 것으로 헌법을 실현하고 수호해야 할 대통령의 의무를 위반한 것이다.

(4) 국회의 견해를 수용하지 않은 행위

대통령이 2003. 4. 25. 국회 인사청문회가 고영구 국가정보원장에 대하여 부적격 판정을 하였음에도 이를 수용하지 아니한 사실, 2003. 9. 3. 국회가 행정자치부장관 해임결의안을 의결하였음에도 이를 즉시 수용하지 아니한 사실이 인정된다. ……

결국, 대통령이 국회인사청문회의 결정이나 국회의 해임건의를 수용할 것인지의 문제는 대의기관인 국회의 결정을 정치적으로 존중할 것인지의 문제이지 법적인 문제가 아니다. 따라서 대통령의 이러한 행위는 헌법이나 법률에 위반되지 아니한다.

(5) 국회에 대한 비하 발언 등

(가) 대통령이 2003. 5. 8.의 대(對)국민 인터넷 서신에서 "농부는 김매기 때가 되면 밭에서 잡초를 뽑아냅니다……사리사욕과 잘못된 집단이기주의에 빠지는 일부 정치인……개혁하라는 국민 대다수의 뜻은 무시하고 개혁의 발목을 잡고 나라의 앞날을 막으려 하는 일부 정치인……"이라는 표현을 한 사실(소추위원측이 주장하는 바와 같이 현직 국회의원들을 '뽑아버려야 할 잡초'로 표현한 것이 아니다), 2004. 3. 8. 국회의 탄핵 추진을 '부당한 횡포'로 표현한 사실이 인정된다.

위 발언들은 정치적 헌법기관으로서 대통령에게 허용되는 정치적 견해의 표명으로서, 정치적 비난의 대상이 될 수는 있을지언정 헌법이나 법률에 위반한 것은 아니다.

(나) 2004. 3. 1. '3 · 1절 85주년 기념사'에서 용산 미국기지의 이전과 관련하여 "간섭, 침략, 의존의 상징이 어엿한 독립국가로서의 대한민국 국민의 품안에 돌아올 것"이라고 한 발언은 탄핵소추의결서에 포함되어 있지 않으므로, 국회의 탄핵의결 이후 사후적으로 추가된 것으로 보아, 판단의 대상으로 삼지 아니한다.

라. 대통령 측근의 권력형 부정부패

헌법 제65조 제1항은 "대통령……이 그 직무집행에 있어서"라고 하여, 탄핵사유의 요건을 '직무' 집행으로 한정하고 있으므로, 위 규정의 해석상 대통령의 직위를 보유하고 있는 상태에서 범한 법위반행위만이 소추사유가 될 수 있다고 보아야 한다. 따라서 당선 후 취임시까지의 기간에 이루어진 대통령의 행위도 소추사유가 될 수 없다. 비록 이 시기 동안 대통령직인수에관한법률에 따라 법적 신분이 '대통령당선자'로 인정되어 대통령직의 인수에 필요한 준비작업을 할 수 있는 권한을 가지게 되나, 이러한 대통령당선자의 지위와 권한은 대통령의 직무와는 근본적인 차이가 있고, 이 시기 동안의 불법정치자금 수수 등의 위법행위는 형사소추의 대상이 되므로, 헌법상 탄핵사유에 대한 해석을 달리할 근거가 없다.

한편, 피청구인이 2003. 12. 14. 청와대 정당대표 회동에서 피청구인측의 불법정치자금 규모가 한나라당의 10분의 1을 넘으면 정계를 은퇴할 것이라고 발언한 사실이 인정된다. 그러나 이는 정치상황에 대하여 정치적 신의를 걸고 한 발언으로서 법적인 의무나 책임을 발생시키는 것이라고 보기 어렵고, 그러한 발언을 지킬 것인지의 여부는 정치인으로서 정치적 · 도의적으로 판단하고 책임질 문제일 뿐이므로 직무집행에 있어서의 헌법 또는 법률위반 행위에 해당할 여지는 없다.

반면, 피청구인이 2003. 12. 30. 청와대 송년오찬모임에서 "내가 검찰을 죽이려 했다면 두 번 갈아 마실 수 있었겠지만 그러지 않았다"는 발언을 하는 등 검찰수사를 간섭 · 방해하였다는 소추사유는 소추의결서에 포함되어 있지 않으므로, 사후적으로 추가된 것으로 보아, 이를 판단의 대상으로 삼지 아니한다.

마. 불성실한 직책수행과 경솔한 국정운영으로 인한 정국의 혼란 및 경제파탄

헌법 제69조는 대통령의 취임선서의무를 규정하면서, 대통령으로서 '직책을 성실히 수행할 의무'를 언급하고 있다. 비록 대통령의 '성실한 직책수행의무'는 헌법적 의무에 해당하나, '헌법을 수호해야 할 의무'와는 달리, 규범적으로 그 이행이 관철될 수 있는 성격의 의무가 아니므로, 원칙적으로 사법적 판단의 대상이 될 수 없다고 할 것이다. 대통령이 임기 중 성실하게 의무를 이행했는지의 여부는 주기적으로 돌아오는 다음 선거에서 국민의 심판의 대상이 될 수 있을 것이다. 그러나 대통령 단임제를 채택한 현행 헌법하에서는 대통령은 법적으로 뿐만 아니라 정치적으로도 국민에 대하여 직접적으로는 책임을 질 방법이 없고, 다만 대통령의 성실한 직책수행의 여부가 간접적으로 그가 소속된 여당에 대하여 정치적인 반사적 이익 또는 불이익을 가져다 줄 수 있을 뿐이다.

헌법 제65조 제1항은 탄핵사유를 '헌법이나 법률에 위배한 때'로 제한하고 있고, 헌법재판소의 탄핵심판절차는 법적인 관점에서 단지 탄핵사유의 존부만을 판단하는 것이므로, 이 사건에서 청구인이 주장하는 바와 같은 정치적 무능력이나 정책결정상의 잘못 등 직책수행의 성실성 여부는 그 자체로서 소추사유가 될 수 없어, 탄핵심판절차의 판단대상이 되지 아니한다.

바. 소 결 론

(1) 대통령의 2004. 2. 18. 경인지역 6개 언론사와의 기자회견에서의 발언, 2004. 2. 24. 한국방송기자클럽 초청 대통령 기자회견에서의 발언은 공선법 제9조의 공무원의 중립의무에 위반하였다.

(2) 2004. 3. 4. 중앙선거관리위원회의 선거법 위반결정에 대한 대통령의 행위는 법치국가이념에 위반되어 대통령의 헌법수호의무에 위반하였고, 2003. 10. 13. 대통령의 재신임 국민투표 제안행위는 헌법 제72조에 반하는 것으로 헌법수호의무에 위반하였다.

6. 피청구인을 파면할 것인지의 여부

가. 헌법재판소법 제53조 제1항의 해석

헌법재판소법 제53조 제1항은 헌법 제65조 제1항의 탄핵사유가 인정되는 모든 경우에 자동적으로 파면결정을 하도록 규정하고 있는 것으로 문리적으로 해석할 수 있으나, 이러한 해석에 의하면 피청구인의 법위반행위가 확인되는 경우 법위반의 경중을 가리지 아니하고 헌법재판소가 파면결정을 해야 하는바, 직무행위로 인한 모든 사소한 법위반을 이유로 파면을 해야 한다면, 이는 피청구인의 책임에 상응하는 헌법적 징벌의 요청 즉, 법익형량의 원칙에 위반된다. 따라서 헌법재판소법 제53조 제1항의 '탄핵심판청구가 이유 있는 때'란, 모든 법위반의 경우가 아니라, 단지 공직자의 파면을 정당화할 정도로 '중대한' 법위반의 경우를 말한다.

나. '법위반의 중대성'에 관한 판단 기준

(1) '법위반이 중대한지' 또는 '파면이 정당화되는지'의 여부는 그 자체로서 인식될 수 없는 것이므로, 결국 파면결정을 할 것인지의 여부는 공직자의 '법위반 행위의 중대성'과 '파면결정으로 인한 효과' 사이의 법익형량을 통하여 결정된다고 할 것이다. 그런데 탄핵심판절차가 헌법의 수호와 유지를 그 본질로 하고 있다는 점에서, '법위반의 중대성'이란 '헌법질서의 수호의 관점에서의 중대성'을 의미하는 것이다. 따라서 한편으로는 '법위반이 어느 정도로 헌법질서에 부정적 영향이나 해악을 미치는지의 관점'과 다른 한편으로는 '피청구인을 파면하는 경우 초래되는 효과'를 서로 형량하여 탄핵심판청구가 이유 있는지의 여부 즉, 파면 여부를 결정해야 한다.

(2) 그런데 대통령에 대한 파면결정은, 국민이 선거를 통하여 대통령에게 부여한 '민주적 정당성'을 임기 중 다시 박탈하는 효과를 가지며, 직무수행의 단절로 인한 국가적 손실과 국정 공백은 물론이고, 국론의 분열현상 즉, 대통령을 지지하는 국민과 그렇지 않은 국민간의 분열과 반목으로 인한 정치적 혼란을 가져올 수 있다. 따라서 대통령의 경우, 국민의 선거에 의하여 부여받은 '직접적 민주적 정당성' 및 '직무수행의 계속성에 관한 공익'의 관점이 파면결정을 함에 있어서 중요한 요소로서 고려되어야 하며, 대통령에 대한 파면효과가 이와 같이 중대하다면, 파면결정을 정당화하는 사유도 이에 상응하는 중대성을 가져야 한다.

그 결과, 대통령을 제외한 다른 공직자의 경우에는 파면결정으로 인한 효과가 일반적으로 적기 때문에 상대적으로 경미한 법위반행위에 의해서도 파면이 정당화될 가능성이 큰 반면, 대통령의 경우에는 파면결정의 효과가 지대하기 때문에 파면결정을 하기 위해서는 이를 압도할 수 있는 중대한 법위반이 존재해야 한다.

(3) '대통령을 파면할 정도로 중대한 법위반이 어떠한 것인지'에 관하여 일반적으로 규정하는 것은 매우 어려운 일이나, 한편으로는 탄핵심판절차가 공직자의 권력남용으로부터 헌법을 수호하기 위한 제도라는 관점과 다른 한편으로는 파면결정이 대통령에게 부여된 국민의 신임

을 박탈한다는 관점이 함께 중요한 기준으로 제시될 것이다. 즉, 탄핵심판절차가 궁극적으로 헌법의 수호에 기여하는 절차라는 관점에서 본다면, 파면결정을 통하여 헌법을 수호하고 손상된 헌법질서를 다시 회복하는 것이 요청될 정도로 대통령의 법위반행위가 헌법수호의 관점에서 중대한 의미를 가지는 경우에 비로소 파면결정이 정당화되며, 대통령이 국민으로부터 선거를 통하여 직접 민주적 정당성을 부여받은 대의기관이라는 관점에서 본다면, 대통령에게 부여한 국민의 신임을 임기 중 다시 박탈해야 할 정도로 대통령이 법위반행위를 통하여 국민의 신임을 저버린 경우에 한하여 대통령에 대한 탄핵사유가 존재하는 것으로 판단된다.

구체적으로, 탄핵심판절차를 통하여 궁극적으로 보장하고자 하는 헌법질서, 즉 '자유민주적 기본질서'의 본질적 내용은 법치국가원리의 기본요소인 '기본적 인권의 존중, 권력분립, 사법권의 독립'과 민주주의원리의 기본요소인 '의회제도, 복수정당제도, 선거제도' 등으로 구성되어 있다는 점에서(헌재 1990. 4. 2. 89헌가113, 판례집 2, 49, 64), 대통령의 파면을 요청할 정도로 '헌법수호의 관점에서 중대한 법위반'이란, 자유민주적 기본질서를 위협하는 행위로서 법치국가원리와 민주국가원리를 구성하는 기본원칙에 대한 적극적인 위반행위를 뜻하는 것이고, '국민의 신임을 배반한 행위'란 '헌법수호의 관점에서 중대한 법위반'에 해당하지 않는 그 외의 행위유형까지도 모두 포괄하는 것으로서, 자유민주적 기본질서를 위협하는 행위 외에도, 예컨대, 뇌물수수, 부정부패, 국가의 이익을 명백히 해하는 행위가 그의 전형적인 예라 할 것이다.

결국, 대통령의 직을 유지하는 것이 더 이상 헌법수호의 관점에서 용납될 수 없거나 대통령이 국민의 신임을 배신하여 국정을 담당할 자격을 상실한 경우에 한하여, 대통령에 대한 파면결정은 정당화되는 것이다.

다. 이 사건의 경우 파면결정을 할 것인지의 여부

(1) 이 사건에서 인정되는 대통령의 법위반 사실의 개요

위에서 확인한 바와 같이, 이 사건에서 문제되는 대통령의 법위반 사실은 크게 기자회견에서 특정 정당을 지지하는 발언을 함으로써 선거에서의 '공무원의 중립의무'에 위반한 사실과, 중앙선거관리위원회의 선거법 위반결정에 대하여 유감을 표명하고 현행 선거법을 폄하하는 발언을 하고 재신임 국민투표를 제안함으로써 법치국가이념 및 헌법 제72조에 반하여 대통령의 헌법수호의무를 위반한 사실로 나누어 볼 수 있다.

(2) 법위반의 중대성에 관한 판단

(가) 대통령은 특정 정당을 지지하는 발언을 함으로써 '선거에서의 중립의무'를 위반하였고, 이로써 국가기관이 국민의 자유로운 의사형성과정에 영향을 미치고 정당간의 경쟁관계를 왜곡해서는 안 된다는 헌법적 요청에 위반하였다.

그러나 이와 같은 위반행위가 국가조직을 이용하여 관권개입을 시도하는 등 적극적 · 능동적 · 계획적으로 이루어진 것이 아니라, 기자회견의 자리에서 기자들의 질문에 응하여 자신의 정치적 소신이나 정책구상을 밝히는 과정에서 답변의 형식으로 소극적 · 수동적 · 부수적으로 이루어진 점, 정치활동과 정당활동을 할 수 있는 대통령에게 헌법적으로 허용되는 '정치적 의견표명'과 허용되지 않는 '선거에서의 중립의무 위반행위' 사이의 경계가 불분명하며, 종래 '어떠한 경우에 선거에서 대통령에게 허용되는 정치적 활동의 한계를 넘은 것인지'에 관한 명확한 법적 해명이 이루어지지 않은 점 등을 감안한다면, 자유민주적 기본질서를 구성하는 '의회제'나 '선거제도'에 대한 적극적인 위반행위에 해당한다고 할 수 없으며, 이에 따라 공선법 위반행위가 헌법질서에 미치는 부정적 영향은 크다고 볼 수 없다.

(나) 대통령이 현행 선거법을 '관권선거시대의 유물'로 폄하하는 취지의 발언을 한 것은 현행법에 대한 적극적인 위반행위에 해당하는 것이 아니라, 중앙선거관리위원회의 결정에 대하여 소극적·수동적으로 반응하는 과정에서 발생한 법위반행위이다. 위의 발언이 행해진 구체적인 상황을 전반적으로 고려하여 볼 때, 자유민주적 기본질서에 역행하고자 하는 적극적인 의사를 가지고 있다거나 법치국가원리를 근본적으로 문제 삼는 중대한 위반행위라 할 수 없다.

(다) 대통령이 헌법의 대통령제와 대의제의 정신에 부합하게 국정을 운영하는 것이 아니라, 여소야대의 정국에서 재신임 국민투표를 제안함으로써 직접 국민에게 호소하는 방법을 통하여 직접민주주의로 도피하려고 하는 행위는 헌법 제72조에 반할 뿐만 아니라 법치국가이념에도 반하는 것이다.

그러나 이 경우에도 대통령이 단지 위헌적인 재신임 국민투표의 제안만을 하였을 뿐, 이를 강행하려는 시도를 하지 않았고, 한편으로는 헌법 제72조의 '국가안위에 관한 중요정책'에 재신임의 문제가 포함되는지 등 그 해석과 관련하여 학계에서도 논란이 있다는 점을 감안한다면, 민주주의원리를 구성하는 헌법상 기본원칙에 대한 적극적인 위반행위라 할 수 없고, 이에 따라 헌법질서에 미치는 부정적인 영향이 중대하다고 볼 수 없다.

(3) 소 결 론

결국, 대통령의 법위반이 헌법질서에 미치는 효과를 종합하여 본다면, 대통령의 구체적인 법위반행위에 있어서 헌법질서에 역행하고자 하는 적극적인 의사를 인정할 수 없으므로, 자유민주적 기본질서에 대한 위협으로 평가될 수 없다.

따라서 파면결정을 통하여 헌법을 수호하고 손상된 헌법질서를 다시 회복하는 것이 요청될 정도로, 대통령의 법위반행위가 헌법수호의 관점에서 중대한 의미를 가진다고 볼 수 없고, 또한 대통령에게 부여한 국민의 신임을 임기 중 다시 박탈해야 할 정도로 국민의 신임을 저버린 경우에 해당한다고도 볼 수 없으므로, 대통령에 대한 파면결정을 정당화하는 사유가 존재하지 않는다.

7. 결　론

가. 이 심판청구는 헌법재판소법 제23조 제2항에서 요구하는 탄핵결정에 필요한 재판관 수의 찬성을 얻지 못하였으므로 이를 기각하기로 하여, 헌법재판소법 제34조 제1항, 제36조 제3항에 따라 주문과 같이 결정한다.

나. 헌법재판소법 제34조 제1항에 의하면 헌법재판소 심판의 변론과 결정의 선고는 공개하여야 하지만, 평의는 공개하지 아니하도록 되어 있다. 이 때 헌법재판소 재판관들의 평의를 공개하지 않는다는 의미는 평의의 경과뿐만 아니라 재판관 개개인의 개별적 의견 및 그 의견의 수 등을 공개하지 않는다는 뜻이다. 그러므로 개별 재판관의 의견을 결정문에 표시하기 위해서는 이와 같은 평의의 비밀에 대해 예외를 인정하는 특별규정이 있어야만 가능하다. 그런데 법률의 위헌심판, 권한쟁의심판, 헌법소원심판에 대해서는 평의의 비밀에 관한 예외를 인정하는 특별규정이 헌법재판소법 제36조 제3항에 있으나, 탄핵심판에 관해서는 평의의 비밀에 대한 예외를 인정하는 법률규정이 없다. 따라서 이 탄핵심판사건에 관해서도 재판관 개개인의 개별적 의견 및 그 의견의 수 등을 결정문에 표시할 수는 없다고 할 것이다.」

▶ 탄핵소추의 절차

▸ 국회가 탄핵소추의결권을 행사하거나 행사하지 아니하는 것은 재량사항에 해당한다고 본 판례
[憲 1996. 2. 29.-93헌마186](긴급재정명령 등 위헌확인)

「청구인은 국회가 위 탄핵소추의결을 하지 아니한 것을 위헌적인 공권력의 불행사라고 주장하므로 살피건대, 부작위위헌확인소원은 기본권보장을 위하여 헌법상 명문으로 또는 헌법의 해석상 특별히 공권력주체에게 작위의무가 규정되어 있어 청구인에게 그와 같은 작위를 청구할 헌법상 기본권이 인정되는 경우에 한하여 인정되는 것인바(헌법재판소 1992. 12. 24. 선고, 90헌마174 결정 참조), 국회에게 대통령의 헌법 등 위배행위가 있을 경우에 탄핵소추의결을 하여야 할 헌법상의 작위의무가 있다거나 청구인에게 탄핵소추의결을 청구할 헌법상 기본권이 있다고 할 수 없다. …… 따라서 국회의 탄핵소추의결의 부작위는 헌법소원의 대상이 되는 공권력의 불행사에 해당한다고 할 수 없어 이 부분에 대한 헌법소원청구는 부적법하다.」

중요조약의 체결 · 비준에 대한 동의

□ 개 설

▶ 동의를 요하는 조약

▸ 「대한민국과아메리카합중국간의상호방위조약제 4 조에의한시설과구역및대한민국에서의합중국군대의지위에관한협정」은 그 명칭에도 불구하고 내용상 국회의 동의를 요하는 조약이라고 본 판례
[憲 1999. 4. 29.-97헌가14](대한민국과아메리카합중국간의상호방위조약제 4 조에의한시설과구역및대한민국에서의합중국군대의지위에관한협정 제 2 조 제 1 의 (나)항 위헌제청)

※ 〈제 3 편 – 제 2 장 – 2. – 국제영역의 기본원리 – □ 평화주의〉 판례 인용부분 참조

자 율

▶ 국회의사상의 자율

▸ 국회의 의사절차나 입법절차에 헌법이나 법률의 규정을 명백히 위반한 흠이 있는 경우가 아닌 한 그 자율권은 존중되어야 한다고 판시한 판례
[憲 1998. 7. 14.-98헌라3](국회의장과 국회의원간의 권한쟁의)

「나. 권한쟁의심판은 피청구인의 처분이나 부작위로 인하여 청구인의 권한이 침해당하였거나 침해당할 현저한 위험이 있는 경우에 청구할 수 있음은 위에서 본 바와 같고, 피청구인의 부작위에 의하여 청구인의 권한이 침해당하였다고 주장하는 권한쟁의심판은 피청구인에게 헌법상 또는 법률상 유래하는 작위의무가 있음에도 불구하고 피청구인이 그러한 의무를 다하지 아니한 경우에 허용된다.

다. 국회법 제113조는 "표결이 끝났을 때에는 의장은 그 결과를 선포한다"고 규정하고 있다. 그러나 이와 같이 개표절차를 진행하고 표결결과를 선포하여야 할 국회의장의 의무는 표결이 정상적으로 종결되었을 것을 전제로 한다.

라. 그런데 표결절차에 관하여 국회법은 모든 사항에 관하여 빠짐없이 규율하고 있는 것이 아

니라 기본적이고 중요한 사항만을 국회법 제109조 내지 제114조에서 정해 놓고 있는바, 이 규정들을 살펴보아도 임명동의안에 관한 위 투표가 과연 적법하게 진행되어 정상적으로 종결된 것인지 분명히 밝히기 어렵다. 또한 이에 관하여 국회법을 보충해 주는 국회규칙도 없으며, 확립된 국회의 의사(議事)관행도 존재하는 것 같지 않다(청구인측과 피청구인측 모두 이에 관한 국회관행을 주장하지 않고 있다). 한편, 헌법 제64조는 국회가 법률에 저촉되지 아니하는 범위안에서 의사와 내부규율에 관한 규칙을 제정할 수 있고, 의원의 자격심사 · 징계 · 제명에 관하여 자율적 결정을 할 수 있음을 규정하여 국회의 자율권을 보장하고 있는바, 국회는 국민의 대표기관이자 입법기관으로서 의사(議事)와 내부규율 등 국회운영에 관하여 폭넓은 자율권을 가지므로 국회의 의사절차나 입법절차에 헌법이나 법률의 규정을 명백히 위반한 흠이 있는 경우가 아닌 한 그 자율권은 권력분립의 원칙이나 국회의 위상과 기능에 비추어 존중되어야 한다(헌재 1997. 7. 16. 96헌라2, 판례집 9-2, 154). 따라서 그 자율권의 범위 내에 속하는 사항에 관한 국회의 판단에 대하여 다른 국가기관이 개입하여 그 정당성을 가리는 것은 바람직하지 않고, 헌법재판소도 그 예외는 아니다.

이 사건의 경우를 보건대, 임명동의안에 대한 투표절차의 적법 여부 등에 관하여 국회법에 분명한 규정이 없어 논란의 여지가 많으므로 그 투표절차를 둘러싼 여러 문제를 어떻게 처리할 것인지는 국회의 자율권의 범위 내에 속하는 문제라 할 것이고, 따라서 대립당사자인 여 · 야의 타협과 절충을 통하여 자율적으로 해결할 수 있었다. 그러나 이를 위하여 열린 3당 총무회담마저 위에서 본 바와 같이 결렬되고 말았다.

이러한 사정하에서라면 이 사건 투표절차에 관한 최종적 판단권은 결국 국회의 대표자로서 의사진행에 관한 전반적이고 포괄적인 권한과 책임이 부여된 국회의장, 즉 피청구인에게 유보되어 있다고 하여야 한다(국회법 제76조 제2항 참조). 따라서 이 사건 본회의의 투표가 정상적으로 종결되었는지에 관하여 헌법재판소가 독자적으로 판단하는 것은 바람직하지 않고, 그 결과 피청구인에게 개표절차를 진행하여 표결결과를 선포할 의무가 있음을 인정할 수도 없다.

그렇다면 피청구인에게 임명동의안에 대한 투표에 관하여 개표절차를 진행하여 표결결과를 선포하여야 할 작위의무가 있다고 할 수 없고, 따라서 이 사건 심판청구는 부적법하다.」

⇒ 재판관 2인(재판관 정경식, 재판관 신창언)의 별개의견

「현행 권한쟁의심판제도하에서는 국가기관으로서의 국회만이 당사자로 되어 권한쟁의심판을 수행할 수 있을 뿐이고, 국회의 구성원이나 국회 내의 일부기관인 국회의원 및 교섭단체 등이 국회내의 다른 기관인 국회의장을 상대로 권한쟁의심판을 청구할 수 없다.」

◎ 같은 취지 : 憲 1997. 7. 16.-96헌라2

▶ 범위와 한계

▸ 야당의원들에게 개의 일시를 통지하지 않음으로써 출석의 기회를 박탈한 채 본회의를 개의하여 법률안을 가결처리한 경우 권한쟁의심판의 대상이 된다고 본 판례

[憲 1997. 7. 16.-96헌라2](국회의원과 국회의장간의 권한쟁의)

「(1) 국회의원과 국회의장이 권한쟁의심판의 당사자가 될 수 있는지 여부

(가) 헌법 제111조 제1항 제4호에서 헌법재판소의 관장사항의 하나로 "국가기관 상호간, 국가기관과 지방자치단체간 및 지방자치단체 상호간의 권한쟁의에 관한 심판"이라고 규정하고 있을 뿐 권한쟁의심판의 당사자가 될 수 있는 국가기관의 종류나 범위에 관하여는 아무런

규정을 두고 있지 않고, 이에 관하여 특별히 법률로 정하도록 위임하고 있지도 않다. 따라서 입법자인 국회는 권한쟁의심판의 종류나 당사자를 제한할 입법형성의 자유가 있다고 할 수 없고, 헌법 제111조 제1항 제4호에서 말하는 국가기관의 의미와 권한쟁의심판의 당사자가 될 수 있는 국가기관의 범위는 결국 헌법해석을 통하여 확정하여야 할 문제이다.

(나) 그런데 헌법이 특별히 권한쟁의심판의 권한을 법원의 권한에 속하는 기관소송과 달리 헌법의 최고 해석 · 판단기관인 헌법재판소에 맡기고 있는 취지에 비추어 보면, 헌법 제111조 제1항 제4호가 규정하고 있는 '국가기관 상호간'의 권한쟁의심판은 헌법상의 국가기관 상호간에 권한의 존부나 범위에 관한 다툼이 있고 이를 해결할 수 있는 적당한 기관이나 방법이 없는 경우에 헌법재판소가 헌법해석을 통하여 그 분쟁을 해결함으로써 국가기능의 원활한 수행을 도모하고 국가권력간의 균형을 유지하여 헌법질서를 수호 · 유지하고자하는 제도라고 할 것이다.

따라서 헌법 제111조 제1항 제4호 소정의 '국가기관'에 해당하는지 아닌지를 판별함에 있어서는 그 국가기관이 헌법에 의하여 설치되고 헌법과 법률에 의하여 독자적인 권한을 부여받고 있는지 여부, 헌법에 의하여 설치된 국가기관 상호간의 권한쟁의를 해결할 수 있는 적당한 기관이나 방법이 있는지 여부 등을 종합적으로 고려하여야 할 것이다.

(다) 국회의원은 헌법 제41조 제1항에 따라 국민의 선거에 의하여 선출된 헌법상의 국가기관으로서 헌법과 법률에 의하여 법률안제출권, 법률안 심의 · 표결권 등 여러 가지 독자적인 권한을 부여받고 있으며, 피청구인인 국회의장도 헌법 제48조에 따라 국회에서 선출되는 헌법상의 국가기관으로서 헌법과 법률에 의하여 국회를 대표하고 의사를 정리하며, 질서를 유지하고 사무를 감독할 지위에 있고, 이러한 지위에서 본회의 개의시의 변경, 의사일정의 작성과 변경, 의안의 상정, 의안의 가결선포 등의 권한을 행사하게 되어 있다.

따라서 국회의원과 국회의장 사이에 위와 같은 각자 권한의 존부 및 범위와 행사를 둘러싸고 언제나 다툼이 생길 수 있고, 이와 같은 분쟁은 단순히 국회의 구성원인 국회의원과 국회의장간의 국가기관 내부의 분쟁이 아니라 각각 별개의 헌법상의 국가기관으로서의 권한을 둘러싸고 발생하는 분쟁이라고 할 것인데, 이와 같은 분쟁을 행정소송법상의 기관소송으로 해결할 수 없고 권한쟁의심판이외에 달리 해결할 적당한 기관이나 방법이 없으므로(행정소송법 제3조 제4호 단서는 헌법재판소의 관장사항으로 되는 소송을 기관소송의 대상에서 제외하고 있으며, 같은 법 제45조는 기관소송을 법률이 정한 경우에 법률이 정한 자에 한하여 제기할 수 있도록 규정하고 있다) 국회의원과 국회의장은 헌법 제111조 제1항 제4호 소정의 권한쟁의심판의 당사자가 될 수 있다고 보아야 할 것이다.

(라) 그리고 위와 같이 국회의원과 국회의장을 헌법 제111조 제1항 제4호의 '국가기관'에 해당하는 것으로 해석하는 이상 국회의원과 국회의장을 권한쟁의심판을 할 수 있는 국가기관으로 열거하지 아니한 헌법재판소법 제62조 제1항 제1호의 규정도 한정적, 열거적인 조항이 아니라 예시적인 조항으로 해석하는 것이 헌법에 합치된다고 할 것이다.

(2) 국회는 국민의 대표기관, 입법기관으로서 폭넓은 자율권을 가지고 있고, 그 자율권은 권력분립의 원칙이나 국회의 지위, 기능에 비추어 존중되어야 하는 것이지만, 한편 법치주의의 원리상 모든 국가기관은 헌법과 법률에 의하여 기속을 받는 것이므로 국회의 자율권도 헌법이나 법률을 위반하지 않는 범위내에서 허용되어야 하고 따라서 국회의 의사절차나 입법절차에 헌법이나 법률의 규정을 명백히 위반한 흠이 있는 경우에도 국회가 자율권을 가진다고는 할 수 없다.

헌법 제64조도 국회의 자율권에 관하여 국회는 법률에 저촉되지 아니하는 범위 안에서 의사와 내부규율에 관한 규칙을 제정할 수 있고, 의원의 자격심사 · 징계 · 제명에 관하여 자율적 결정을 할 수 있다고 규정하고 있다.

이 사건은 국회의장이 국회의원의 헌법상 권한을 침해하였다는 이유로 국회의원인 청구인들이 국회의장을 상대로 권한쟁의심판을 청구한 사건이므로 이 사건 심판대상은 국회의 자율권이 허용되는 사항이라고 볼 수 없고, 따라서 헌법재판소가 심사할 수 없는 국회내부의 자율에 관한 문제라고 할 수는 없다.

(3) 그렇다면 이 사건 심판청구는 권한쟁의심판을 청구할 수 있는 국회의원인 청구인들이 국회의장을 상대로 국회의장의 본회의 개의, 법률안 상정, 가결선포행위가 그들의 권한을 침해하였다고 주장하여 권한침해의 확인과 아울러 그 행위의 위헌확인을 구하는 것으로서 적법하다.

따라서 우리재판소가 종전에 1995. 2. 23. 선고, 90헌라1 결정에서 이와 견해를 달리하여 헌법재판소법 제62조 제1항 제1호를 한정적, 열거적인 조항으로 보아 국회의원은 권한쟁의심판의 청구인이 될 수 없다고 판시한 의견은 재판관 황도연, 재판관 정경식, 재판관 신창언을 제외한 나머지 재판관 6인의 찬성으로 이를 변경하기로 한다.」

⇔ 재판관 3인(재판관 황도연, 재판관 정경식, 재판관 신창언)의 반대의견

「(가) 우리 재판소는 1995. 2. 23. 선고, 90헌라1 결정에서 관여재판관 전원의 일치된 의견으로 국회의원이나 교섭단체는 권한쟁의심판의 청구인이 될 수 없다고 한 바 있는데, 그 이유의 요지는 다음과 같다.

(나) 헌법 제111조 제1항 제4호에 규정된 권한쟁의심판제도는 국가기관이나 지방자치단체와 다른 국가기관 또는 지방자치단체 사이에 권한의 존부 또는 범위에 관하여 다툼이 있는 경우 헌법재판소가 이를 심판하여 그 권한과 의무의 한계를 명확히 함으로써 국가기능의 원활한 수행을 도모하고 권력 상호간의 견제와 균형을 유지시켜 헌법질서를 보호하려는 제도이다. 이와 같은 권한쟁의심판제도의 목적에 비추어 볼 때 헌법 제111조 제1항 제4호 소정의 '국가기관 상호간의 권한쟁의'는 상호 견제와 균형을 유지하도록 권한이 분배된 대등한 권력행사기관 사이의 권한에 관한 다툼을 의미한다 할 것이므로, 헌법재판소법 제62조 제1항 제1호에서 국가기관 상호간의 권한쟁의심판을 "국회, 정부, 법원 및 중앙선거관리위원회 상호간의 권한쟁의심판"이라고 규정한 것은 국가기관 상호간의 권한쟁의심판을 이들 기관 상호간의 권한쟁의심판으로 열거하여 헌법의 위 규정을 명확하게 구체화한 것이라 할 것이다.

따라서 이에 열거되지 아니한 기관이나 열거된 기관 내의 각급기관은 권한쟁의심판의 당사자가 될 수 없으며 또 위 열거된 국가기관 내부의 권한에 관한 다툼은 권한쟁의심판의 대상이 되지 않으며, 다만 법률의 규정에 의하여 행정소송법상 기관소송의 대상이 되는 경우 그 방법에 의하여 권한의 존부 등에 관한 다툼을 해결할 수 있을 뿐이다. 그러므로 국회의 경우 현행 권한쟁의심판제도하에서는 국회만이 당사자로 되어 권한쟁의심판을 수행할 수 있을 뿐이고, 국회의 구성원이거나 국회내의 일부기관인 국회의원 및 교섭단체 등이 국회 내의 다른 기관인 국회의장을 상대로 권한쟁의심판을 청구할 수는 없다고 보아야 한다. 그런데 그간 위 결정을 변경하여야 할 특별한 사정변경이 있었다고 볼 수도 없고, 이 사건 권한쟁의심판청구에 위 결정과는 다른 법리가 적용되어야 할 사유가 있다고 보기도 어렵다.」

2. 국회의 의회운영과 의사원칙

국회의 의사원칙

□ 의사의 공개

▶ **원칙적 공개**

▸ 국회의 회의는 원칙적으로 공개하여야 한다는 것을 밝힌 판례

[憲 2000. 6. 29.-98헌마443등](국회예산결산특별위원회 계수조정소위원회 방청허가불허 위헌확인, 국회상임위원회 방청불허행위 위헌확인 등)

「나. 의사공개의 원칙과 방청의 자유

헌법 제50조 제1항은 "국회의 회의는 공개한다"라고 하여 의사공개의 원칙을 규정하고 있다. 의사공개의 원칙은 의사진행의 내용과 의원의 활동을 국민에게 공개함으로써 민의에 따른 국회운영을 실천한다는 민주주의적 요청에서 유래하는 것으로서 국회에서의 토론 및 정책결정의 과정이 공개되어야 주권자인 국민의 정치적 의사형성과 참여, 의정활동에 대한 감시와 비판이 가능하게 될 뿐더러, 의사의 공개는 의사결정의 공정성을 담보하고 정치적 야합과 부패에 대한 방부제 역할을 하기도 하는 것이다. 의사공개의 원칙은 방청 및 보도의 자유와 회의록의 공표를 그 내용으로 하는데, 다만, 의사공개의 원칙은 절대적인 것이 아니므로, 출석의원 과반수의 찬성이 있거나 의장이 국가의 안전보장을 위하여 필요하다고 인정할 때에는 공개하지 아니할 수 있다(헌법 제50조 제1항 단서).

오늘날 국회기능의 중점이 본회의에서 위원회로 옮겨져 위원회중심주의로 운영되고 있고, 법안 등의 의안에 대한 실질적인 심의가 위원회에서 이루어지고 있음은 주지의 사실인바, 헌법 제50조 제1항이 천명하고 있는 의사공개의 원칙은 위원회의 회의에도 당연히 적용되는 것으로 보아야 한다. 의사공개에 관한 국회법의 규정 또한 이러한 헌법원칙을 반영하고 있다. 국회법 제75조 제1항은 "본회의는 공개한다"고 하여 본회의공개원칙을, 동법 제65조 제4항은 "청문회는 공개한다"고 하여 위원회에서 개최하는 청문회공개원칙을 분명히 밝히고 있으며, 국회법 제71조는 본회의에 관한 규정을 위원회에 대하여 준용하도록 규정하고 있다. 결국 본회의든 위원회의 회의든 국회의 회의는 원칙적으로 공개하여야 하고, 원하는 모든 국민은 원칙적으로 그 회의를 방청할 수 있는 것이다.

다. 국회법 제55조 제1항의 위헌 여부

국회법 제55조 제1항은 "위원회에서는 의원이 아닌 자는 위원장의 허가를 받아 방청할 수 있다"고 규정하고 있는바, 이는 위에서 본바와 같은 위원회의 공개원칙을 전제로 한 것으로서 위원회 회의가 공개되는 경우에도 방청을 허용하여서는 아니될 사유가 있을 때에는 위원장이 방청을 허가하지 아니할 수 있도록 하고 있는 규정이다.

그러나 위원장이라고 하여 아무런 제한없이 임의로 방청불허 결정을 할 수 있는 것은 아니다. 의사공개원칙에 관한 헌법과 법률의 위와 같은 취지에, 국회법 제49조, 국회법 제55조 제2항, 국회법 제152조 제2항 등을 보태어 보면, 위원장이 방청을 불허하는 결정을 할 수 있는

사유란 회의장의 장소적 제약으로 불가피한 경우, 회의의 원활한 진행을 위하여 필요한 경우 등 결국 회의의 질서유지를 위하여 필요한 경우로 제한된다고 할 것이다. 이와 같이 방청불허를 할 수 있는 사유 자체는 제한적이지만 그러한 사유가 구비되었는지에 관한 판단, 즉 회의의 질서유지를 위하여 방청을 금지할 필요성이 있는지에 관한 판단은 국회의 자율권 존중의 차원에서 위원장에게 폭넓은 판단재량을 인정하여야 할 것이다.

국회법 제55조 제1항을 위와 같이 합당하게 이해하는 한, 이 조항은 헌법에 규정된 의사공개의 원칙에 저촉되지 않으면서도 국민의 방청의 자유와 위원회의 원활한 운영간에 적절한 조화를 꾀하고 있다고 할 것이므로 이를 두고 국민의 기본권을 침해하는 위헌조항이라 할 수는 없다.

라. 이 사건 소위방청불허행위의 위헌 여부(98헌마443 사건)

소위원회는 법률안 기타 안건의 심사를 전문적 · 효율적으로 하기 위하여 국회법 제57조에 따라 두는 것으로서, 소위원회에서는 법률안에 대한 구체적 · 실질적 심사, 수정안 작성, 위원회안의 기초작업 등을 하게 되는바, 소위원회가 국회의사과정에서 차지하는 역할과 비중에 비추어 소위원회의 회의도 가능한 한 국민에게 공개하는 것이 바람직하다. 반면 전문성과 효율성을 위한 제도인 소위원회의 회의를 공개하면 선거민을 의식한 정치적 · 홍보성 발언과 표결이 행하여질 우려가 높아 실질적 토론이나 국가 전체의 입장에서 바람직한 결론이 희생될 수 있고, 사회적 압력으로부터 보호된 가운데 정치적 타협을 이끌어 내는 본래의 기능을 수행하기 힘들게 된다는 부정적 측면도 외면할 수 없다. 그러므로 소위원회 회의의 공개여부 또한 소위원회 또는 소위원회가 속한 위원회에서 소위원회가 관장하는 업무의 성격, 심사대상인 의안의 특성, 회의공개로 인한 장단점, 그간의 의사관행 등 여러 가지 사정을 종합하여 합리적으로 결정할 수 있다 할 것이다.

예산결산특별위원회의 계수조정소위원회는 예산의 각 장 · 관 · 항의 조정과 예산액 등의 수치를 종합적으로 조정 · 정리하는 소위원회로서, 피청구인들은 예산심의에 관하여 이해관계를 가질 수 밖에 없는 많은 국가기관과 당사자들에게 계수조정 과정을 공개할 수는 없으며, 소위원회에 참여하는 위원들에게 허심탄회하고 충분한 토론과 심의를 보장하기 위하여 계수조정소위원회를 비공개로 진행한다고 하며, 이것이 국회의 확립된 관행이라고 한다. 한편 절차적으로는 위원회가 특정안건을 소위원회에 회부할 당시 미리 위원회의 비공개의결이 있거나 위원회 소속 전체의원의 양해하에 비공개로 이루어지고 있다고 한다.

그렇다면 위와 같은 이유로 계수조정소위원회를 비공개로 함에 관하여는 예산결산특별위원회 위원들의 실질적인 합의 내지 찬성이 있었다고 볼 수 있고, 그 합의를 바탕으로 이 사건 계수조정소위원회를 비공개로 진행한 것은 헌법이 설정한 국회 의사자율권의 범위를 벗어난 것이라 할 수 없으니, 피청구인들이 그에 터잡아 청구인들의 방청을 불허하였다 하더라도, 이를 가리켜 위헌적인 공권력의 행사라고 할 수는 없다.

마. 이 사건 국감방청불허행위의 위헌 여부(99헌마583 사건)

(1) 국정감사와 방청의 자유

국감법 제12조는 “감사는 비공개로, 조사는 공개로 한다. 다만, 위원회의 의결로 달리 정할 수 있다”고 하여 국정감사비공개주의를 규정하고 있다. 따라서 위원회의 의결이 없는 한 국정감사는 비공개로 하는 것이고, 이에 따라 국민의 방청이 제한된다. 한편 국정감사를 공개로 하는 경우에도 위원장은 국회법 제55조에 따라, 즉 국정감사의 원활한 운영 등 질서유지를 위하여 필요한 때에는 국민의 방청을 불허할 수 있다.

(2) 이 사건 국감방청불허행위의 위헌성 여부

시민연대는 국정감사장에서의 의원들과 정부측의 질의답변을 평가하여 소위 'worst 의원'과 'best 의원'을 매일 선정, 언론에 발표하였는데, 피청구인들은 그 평가기준의 공정성에 대한 검증절차가 없었고 모니터 요원들의 전문성이 부족하며, 평가의 언론공표로 의원들의 정치적 평판 내지 명예에 대한 심각한 훼손의 우려가 있어 청구인들의 방청을 허용할 경우 원활한 국정감사의 실현이 불가능하다고 보아 전면적으로 또는 조건부로 방청을 불허하기에 이르렀다고 주장한다.

위에서 본 바와 같이 원만한 회의진행 등 회의의 질서유지를 위하여 방청을 금지할 필요성이 있었는지에 관하여는 국회의 자율적 판단을 존중하여야 할 것인 바, 기록에 의하면 피청구인들이 위와 같은 사유를 들어 방청을 불허한 것이 헌법재판소가 관여하여야 할 정도로 명백히 이유없는 자의적인 것이라고는 보이지 아니한다.

또한 국방위원회, 통일외교통상위원회, 건설교통위원회의 경우에는 전체회의나 3당 간사의 합의를 거쳐 또는 적어도 당해 위원회 위원들의 양해하에 시민연대에 대한 방청불허 방침을 정하였다는 것이므로, 그에 관하여는 각 해당 위원회 위원들의 실질적 합의까지 있었음이 인정된다.

그렇다면 피청구인들의 이 사건 국감방청불허행위는 국감법 제12조 또는 국회법 제55조 제1항에 근거한 것으로서, 이를 가리켜 위헌적인 공권력의 행사라고 할 수는 없다.

4. 결 론

이상과 같은 이유로 청구인들의 심판청구 중 국회방청규칙에 관한 부분은 부적법하므로 이를 각하하고, 청구인들의 나머지 심판청구는 모두 이유 없으므로 기각한다.」

⇔ 재판관 2인(재판관 이영모, 재판관 하경철)의 반대의견

「이 사건 국정감사 방청불허행위는 단순히 장소적 제약 혹은 질서유지의 필요성이라는 방청불허사유의 한계를 넘어서서, 청구인들이 속한 시민단체가 국정감사에 임한 의원들을 평가하여 바로 언론을 통해 공표함으로써 의원들에게 가해지는 과도한 심리적 압박 때문에 방청을 불허한 것으로 이해되는데, 이는 정당한 방청불허사유에 해당하지 아니하므로, 방청허가권의 재량범위를 일탈한 이 같은 방청불허행위로 청구인들의 방청의 자유 내지 알 권리를 침해한 것으로 보아야 한다.」

⇔ 재판관 1인(재판관 김영일)의 반대의견

「다. 소위원회는 위원회의 내부기관이며, 소위원회에 관하여는 위원회에 관한 규정이 적용되므로, 위원회의 회의와 마찬가지로 소위원회의 회의도 원칙적으로 공개되어야 하고, 소위원회의 회의를 비공개로 하기 위하여는 위원회(또는 산하 소위원회)의 의결이 있거나, 위원장이 국가의 안전보장을 위하여 필요하다고 인정하여야 하는바, 당시의 계수조정소위원회는 위와 같은 비공개회의의 요건을 갖추지 못하였고, 위원회 소속 의원들의 '양해'가 있었다거나, 오래된 관행이라는 이유만으로는 알 권리로서 헌법상 보장되는 국민의 기본권인 국회방청권을 제약하는 정당한 사유가 되지 못하며, 소위원회를 이해관계 당사자들에게 공개함으로써 발생할 수 있는 부작용에 비하여 소위원회를 공개하지 않음으로써 야기되는 폐해가 훨씬 더 심각하다고 할 뿐만 아니라, 회의를 공개한다고 하여 허심탄회하고 충분한 토론·심의를 하는데 특별한 지장이 생긴다고 보기도 어려우므로 이 사건 소위원회 방청불허행위는 청구인들의 헌법상 보장된 알 권리인 국회방청권을 침해한 것이다.

라. 의원들의 국정감사활동에 대하여 시민연대가 평가하여 그 결과를 언론에 발표하게 되면

의원들의 명예를 훼손할 우려가 있다거나, 국정감사활동에 지장을 초래한다는 등 피청구인들이 내세우는 사유는 방청을 불허할 수 있는 정당한 사유가 되지 못하며, 평가결과로 인한 정치적 평판·명예의 훼손을 이유로 시민연대의 방청 자체를 선별적으로 거부한 것은 곧 시민단체에 의한 국정감사의 비판활동을 거부한 것이라 할 것인데, 이는 의사공개원칙이라는 헌법원칙이 국민에 의한 의정활동의 감시와 비판을 가능케 한다는데 있음을 망각한 것으로서, 이 사건 국정감사 방청불허행위는 국회법 제55조 제1항의 요건을 갖추지도 아니한 채 방청을 불허한 명백히 자의적인 처분으로서, 이로 인하여 청구인들의 국회방청권이 침해되었다 할 것이다.」

3. 국회의원

헌법상의 지위

□ 국회의 구성원

▶ **국회의원의 국회의 구성원으로서의 지위를 밝힌 판례**

[憲 1995. 2. 23.-90헌마125](입법권침해 등에 대한 헌법소원)

「가. 헌법재판소법 제68조 제1항은 법원의 재판을 제외한 공권력의 행사 또는 불행사로 인하여 헌법상 보장된 기본권을 침해받은 자는 헌법소원심판을 청구할 수 있도록 규정하고 있다. 위 규정에 의한 헌법소원은 헌법이 보장하는 기본권의 주체가 국가기관의 공권력의 행사 또는 불행사로 인하여 그 기본권을 침해받았을 경우 이를 구제하기 위한 수단으로 인정된 것이다. 그러므로 헌법소원을 청구할 수 있는 자는 원칙으로 기본권의 주체로서의 국민에 한정되며 국민의 기본권을 보호 내지 실현할 책임과 의무를 지는 국가기관이나 그 일부는 헌법소원을 청구할 수 없다(헌법재판소 1994. 12. 29. 선고, 93헌마120 결정 참조).

나. 입법권은 헌법 제40조에 의하여 국가기관으로서의 국회에 속하는 것이고, 국회의원이 국회 내에서 행사하는 질의권·토론권 및 표결권 등은 입법권 등 공권력을 행사하는 국가기관인 국회의 구성원의 지위에 있는 국회의원에게 부여된 권한으로서 국회의원 개인에게 헌법이 보장하는 권리 즉 기본권으로 인정된 것이라고 할 수는 없다. 그러므로 국회의 구성원인 지위에서 공권력작용의 주체가 되어 오히려 국민의 기본권을 보호 내지 실현할 책임과 의무를 지는 국회의원이 국회의 의안처리과정에서 위와 같은 권한을 침해당하였다고 하더라도 이는 헌법재판소법 제68조 제1항에서 말하는 '기본권의 침해'에는 해당하지 않으므로, 이러한 경우 국회의원은 개인의 권리구제수단인 헌법소원을 청구할 수 없다고 할 것이다.」

□ 정당의 소속원

▶ **정당과 소속 국회의원**

▸ **국회의원의 정당의 구성원으로서의 지위와 관련된 판례**

[憲 1994. 4. 28.-92헌마153](전국구국회의원 의석계승미결정 위헌확인)

「(1) 헌법재판소법 제68조 제1항의 규정에 의하면 "공권력의 행사 또는 불행사로 인하여" 헌법상 보장된 기본권을 침해받은 자는 헌법소원심판을 청구할 수 있다. 다만 행정권력의 부작위에 대한 헌법소원의 경우에는, 공권력의 주체에게 헌법에서 유래하는 작위의무가 특별히 구체적으로 규정되어 이에 의거하여 기본권의 주체가 행정행위를 청구할 수 있음에도 공권력의 주체가 그 의무를 해태하는 경우에 허용되는 것이므로, 의무위반의 부작위 때문에 피해를 입었다는 단순한 일반적인 주장만으로서는 부적법한 헌법소원이라고 할 것이다(헌법재판소 1991. 9. 16. 선고, 89헌마163 결정 참조). 따라서 헌법에서 유래한 작위의무가 없는 공권력의 불행사에 대한 위헌확인을 구하는 헌법소원은 부적법한 소원이라고 할 것이다.

(2) 이에 이 사건의 경우 전국구의원 조윤형이 청구인정당을 탈당함으로써 전국구의원에 결원이 생기고 피청구인이 청구인 강부자에 대하여 의원직승계결정을 하여야 할 의무가 있었는가에 관하여 본다.

(가) 먼저 위 조윤형이 청구인정당을 탈당함으로써 전국구의원에 궐원이 생긴 여부를 본다.

국회의원의 법적인 지위 특히 전국구의원이 그를 공천한 정당을 탈당한 때 국회의원직을 상실하는 여부는 그 나라의 헌법과 국회의원선거법 등의 법규정 즉, 법제에 의하여 결정되는 문제이다. 즉 국회의원의 법적 지위 특히 전국구의원이 그를 공천한 정당을 탈당할 때 의원직을 상실하는 여부는 그 나라의 헌법과 법률이 국회의원을 이른바 자유위임(또는 무기속위임)하에 두었는가, 명령적 위임(또는 기속위임)하에 두었는가, 양 제도를 병존하게 하였는가에 달려있다. 헌법 제7조 제1항의 "공무원은 국민전체에 대한 봉사자이며, 국민에 대해 책임을 진다"라는 규정, 제45조의 "국회의원은 국회에서 직무상 행한 발언과 표결에 관하여 국회 외에서 책임을 지지 아니한다"라는 규정 및 제46조 제2항의 "국회의원은 국가이익을 우선하여 양심에 따라 직무를 행한다"라는 규정들을 종합하여 볼 때, 헌법은 국회의원을 자유위임의 원칙하에 두었다고 할 것이다. 또 헌법 제8조 제3항의 "정당은 법률이 정하는 바에 의하여 국가의 보호를 받으며……"라는 규정이나 제41조 제3항의 "비례대표제 기타 선거에 관한 사항은 법률로 정한다"라는 규정도 전국구의원이 그를 공천한 정당을 탈당할 때 의원직을 상실하게 하는 내용은 아니다. 따라서 별도의 법률규정이 있는 경우는 별론으로 하고, 전국구의원이 그를 공천한 소속정당을 탈당하였다 하여 의원직을 상실하지는 않는다고 할 것이다.

이에 법률에 전국구의원이 그를 공천한 정당에서 탈당한 경우 의원직을 상실하는 것으로 규정한 것이 있는가를 본다. 현행 국회법은 제12장에서 국회의원의 사직 · 퇴직 · 궐원과 자격심사에 관하여 규정하고 있으나, 전국구의원이 그를 공천한 정당을 탈당하는 경우에 의원직을 상실한다는 규정은 없다. 따라서 위 전국구의원 조윤형이 그를 공천한 청구인정당에서 탈당하였어도 이로 인하여 전국구의원의 궐원이 생긴 때에 해당하지 않았다.

(나) 나아가 피청구인의 작위의무가 있는 여부를 본다.

이 사건의 경우는 청구인정당에 속하였던 전국구의원 조윤형이 청구인정당을 탈당하였다 하여도 전국구의원에 궐원이 생긴 경우가 아니므로 국회의장도 피청구인에게 국회법 제137조 및 구 국회의원선거법 제143조 제3항에 의한 전국구의원 궐원통지를 할 수도 없다. 따라서 피청구인에게 위 전국구의원 조윤형이 청구인정당을 탈당한 것을 원인으로 하여 청구인 강부자에 대하여 전국구의원 승계결정을 할 작위의무가 존재하지 않았음이 명백하므로, 피청구인의 이 사건 공권력의 불행사는 헌법에서 유래한 작위의무가 없는 경우에 해당한다. 그러므로 청구인들의 이 사건 헌법소원심판청구 중 피청구인의 이 사건 공권력의 불행사에 대한 위헌확인을 구하는 주된 청구는 헌법에서 유래한 작위의무가 없는 공권력의 불행사에 대한 위헌확인을 구하는 것이어서 부적법하다고 할 것이다.」

[憲 2003. 10. 30.-2002헌라1](국회의원과 국회의장간의 권한쟁의)

「(1) 정당은 국민과 국가의 중개자로서 정치적 도관(導管)의 기능을 수행하여 주체적 · 능동적으로 국민의 다원적 정치의사를 유도 · 통합함으로써 국가정책의 결정에 직접 영향을 미칠 수 있는 규모의 정치적 의사를 형성하고 있다. 구체적으로는 각종 선거에서의 입후보자 추천과 선거활동, 의회에서의 입법활동, 정부의 정치적 중요결정에의 영향력 행사, 대중운동의 지도 등의 과정에 실질적 주도권을 행사한다. 이와 같은 정당의 기능을 수행하기 위해서는 무엇보다도 먼저 정당의 자유로운 지위가 전제되지 않으면 안 된다. 즉, 정당의 자유는 민주정치의 전제인 자유롭고 공개적인 정치적 의사형성을 가능하게 하는 것이므로 그 자유는 최대한 보장되지 않으면 안 되는 것이다.

한편, 정당은 그 자유로운 지위와 함께 "공공(公共)의 지위"를 함께 가지므로 이 점에서 정당은 일정한 법적 의무를 지게 된다. 현대정치의 실질적 담당자로서 정당은 그 목적이나 활동이 헌법적 기본질서를 존중하지 않으면 안되며, 따라서 정당의 활동은 헌법의 테두리 안에서 보장되는 것이다. 또한 정당은 정치적 조직체인 탓에 그 내부조직에서 형성되는 과두적(寡頭的)·권위주의적(權威主義的) 지배경향을 배제하여 민주적 내부질서를 확보하기 위한 법적 규제가 불가피하게 요구된다.

그러나 정당에 대한 법적 규제는 위와 같은 한정된 목적에 필요한 범위 안에서 행해져야 하며, 그것이 국민의 정치활동의 자유나 정당의 단체자치에 부당한 간섭으로 작용해서는 안 된다. 특히 정당의 내부질서에 대한 규제는 그것이 지나칠 때에는 정당의 자유에 대한 침해의 위험성이 있으므로 민주적 내부질서에 필요한 최소한도의 규제로 그쳐야 한다.

(2) 국회는 중요한 헌법기관으로서 스스로의 문제를 자주적으로 처리할 수 있는 폭넓은 자율권을 갖는다. 국회의 자율권은 의회주의사상에 그 뿌리를 두고 권력분립의 원칙에 입각하여 현대 헌법국가의 의회에서는 당연한 국회기능의 하나로 간주되고 있다. 국회의 자율기능은 국회가 갖는 입법·재정·통제·인사기능의 실효성을 높이기 위한 불가결한 전제조건을 뜻하기 때문이다. 규칙제정(헌법 제64조 제1항, 법 제166조), 신분보장(헌법 제44조, 제45조, 제64조 제2항 제4항), 질서유지(법 제143조, 제144조, 제150조) 등의 규정은 그 제도적 표현이라고 할 수 있다. 이 중 국회가 외부의 간섭 없이 독자적으로 그 내부조직을 할 수 있는 권능, 즉 국회의 기관인 의장 1인과 부의장 2인을 선거하고 그 궐위시에 보궐선거를 실시하고 의장·부의장의 사임을 처리하며, 필요할 때 임시의장을 선출하고 그 직원을 임면하고 교섭단체와 위원회를 구성하는 것 등은 모두 자율적인 국회내부의 조직구성행위이다.

이러한 관점에서 볼 때, 이 사건 사·보임행위는 기본적으로 국회의 조직자율권에 해당하는 행위라고 할 수 있고, 따라서 이를 평가함에 있어 헌법이나 법률에 명백히 위반되는 것이 아닌 한 성급하게 위헌이라는 평가를 내려서는 안 된다.

(3) 현대의 민주주의가 종래의 순수한 대의제 민주주의에서 정당국가적 민주주의의 경향으로 변화하고 있음은 주지하는 바와 같다. 다만, 국회의원의 국민대표성보다는 오늘날 복수정당제하에서 실제적으로 정당에 의하여 국회가 운영되고 있는 점(헌재 1997. 7. 16. 96헌라2, 판례집 9-2, 154, 164 참조)을 강조하려는 견해와, 반대로 대의제 민주주의 원리를 중시하고 정당국가적 현실은 기본적으로 국회의원의 전체국민대표성을 침해하지 않는 범위 내에서 인정하려는 입장이 서로 맞서고 있다.

무릇 국회의원의 원내활동을 기본적으로 각자에 맡기는 자유위임은 자유로운 토론과 의사형성을 가능하게 함으로써 당내민주주의를 구현하고 정당의 독재화 또는 과두화를 막아주는 순기능을 갖는다. 그러나 자유위임은 의회내에서의 정치의사형성에 정당의 협력을 배척하는 것이 아니며, 의원이 정당과 교섭단체의 지시에 기속되는 것을 배제하는 근거가 되는 것도 아니다. 또한 국회의원의 국민대표성을 중시하는 입장에서도 특정 정당에 소속된 국회의원이 정당기속 내지는 교섭단체의 결정(소위 '당론')에 위반하는 정치활동을 한 이유로 제재를 받는 경우, 국회의원 신분을 상실하게 할 수는 없으나 "정당 내부의 사실상의 강제" 또는 소속 "정당으로부터의 제명"은 가능하다고 보고 있다. 그렇다면, 당론과 다른 견해를 가진 소속 국회의원을 당해 교섭단체의 필요에 따라 다른 상임위원회로의 전임(사 · 보임)하는 조치는 특별한 사정이 없는 한 헌법상 용인될 수 있는 "정당내부의 사실상 강제"의 범위 내에 해당한다고 할 것이다.

(4) 또한 앞에서 본 교섭단체의 역할에 비추어 볼 때, 국회의장이 국회의 의사(議事)를 원활히 운영하기 위하여 상임위원회의 구성원인 위원의 선임 및 개선에 있어 교섭단체대표의원과 협의하고 그의 '요청'에 응하는 것은 국회운영에 있어 본질적인 요소라고 아니할 수 없다.

따라서 교섭단체대표의원의 '요청'이 헌법 또는 법률에 명백히 위반되는 것이 아닌 한, 교섭단체대표의원이 상임위원의 개선에 있어 청구인의 주장대로 "당해 위원이 위원회의 구성원으로서의 지위를 계속 유지하기에 적합하지 않다고 판단될 만한 불법 또는 부당한 사유를 가지고 있는 경우에" 한하여 그의 개선을 요청할 수 있다고 볼 것은 아니다. 교섭단체대표의원의 상임위원 개선 '요청'이 헌법 또는 법률에 위반되는 것이 아닌 한 국회의장이 이에 따르는 것은 정당국가에서 차지하는 교섭단체의 의의와 기능을 고려할 때 입법취지에도 부합하는 것이다.

피청구인은 법 제48조 제1항에 규정된 바와 같이 청구인이 소속된 한나라당 "교섭단체대표의원의 요청"을 서면으로 받고 이 사건 사 · 보임행위를 한 것으로서 하등 헌법이나 법률에 위반되는 행위를 한 바가 없다. 부수적으로, 상임위원회 위원의 임기는 2년으로 한다는 법 제40조 제1항의 규정을 두고 그 기간 동안 사 · 보임을 할 수 없다고 해석하는 것은, 보임 또는 개선된 상임위원의 임기는 전임자의 잔임기간으로 한다고 규정한 같은 조 제3항에 비추어 받아들일 수 없다. 나아가, 비록 청구인이 피청구인에게 이 사건 사 · 보임 요청을 거부해 줄 것을 바라는 서한을 보냈다고 하여 피청구인이 이에 기속될 의무가 있는 것은 아니다.

(5) 요컨대, 피청구인의 이 사건 사 · 보임행위는 청구인이 소속된 정당내부의 사실상 강제에 터잡아 교섭단체대표의원이 상임위원회 사 · 보임 요청을 하고 이에 따라 국회의장인 피청구인이 이른바 의사정리권한의 일환으로 이를 받아들인 것으로서, 그 절차 · 과정에 헌법이나 법률의 규정을 명백하게 위반하여 재량권의 한계를 현저히 벗어나 청구인의 권한을 침해한 것으로 볼 수 없다.」

⇔ 재판관 1인(재판관 권성)의 반대의견

「오늘날 대의제 민주주의에 있어서 국회의원의 국민대표성이 정당국가적 현실에 의하여 사실상 변질되고 의원의 정당에의 예속이 일반적인 경향이라고 하더라도, 이러한 현상이 헌법규범상의 대의제 민주주의를 보충하는 현실의 한 모습에 그치는 정도를 넘어서서, 대의제 민주주의 원리를 부정하고 그 틀을 뛰어넘는 원칙의 변화를 의미한다면 이것은 결단코 용납될 수 없는 일이다. 그러므로, 대표적으로 이 사건과 같이 양자의 이념이 충돌하는 경우에는 자유위임을 근본으로 하는 대의제 민주주의 원리를 우선시켜야만 한다. 국회 본래의 사명인 입법을 위한 심의 · 표결에 관한 한, 본회의에 있어서든 상임위원회에 있어서든, 국회의원이 양심에 따라 독립하여 표결하는 권한은 불가침 · 불가양의 권한이라 할 것이다. 한나라당 교섭단체대표의원의 요청에 따른 피청구인의 이 사건 사 · 보임행위는 우선 청구인이 국민의 대표인 국회의원으로서 상임위원회에서 '건강보험의 재정통합' 여부라는 중요한 쟁점, 즉 국민건강보험법중개정법률안에 관하여 심의 · 표결할 권한을 침해하였음이 명백하다. 또한, 국회법 제48조는 상임위원의 '개선'은 교섭단체대표의원의 요청이 있는 경우 국회의장이 이를 할 수 있는 것으로 규정하고 있고 그외 특별한 요건을 규정하지 않고 있으나, 그렇다고 하더라도 일반적이고 내재적인 한계는 법률해석상 당연히 있다고 보아야 한다. 따라서 본인이 계속 동 위원회에서 활동하기를 원하고 있다면 국회법 제48조 제6항과 같은 사유, 즉 "의원이 기업체 또는 단체의 임 · 직원 등 다른 직을 겸하게 되어 그 직과 직접적인 이해관계를 가지는 상임위원회의 위원으로 계속 활동하는 것이 공정을 기할 수 없는 현저한 사유가 있다고 인정하는 때"나 기타 "그 위원회와 관련하여 위법하거나 부당한 행위를 한 사실이 인정되는 경우"가 아닌 한 본인의 의사에 반하여 강제로 위원회에서 사임시킬 수는 없다고 보아야 할 것이다. 그렇다면 피청구인의 청구인에 대한 이 사건 사 · 보임행위는 국회 보건복지위원회에서 국민건강보험법 중개정법률안에 대하여 심의 · 표결할 청구인의 권한을 침해하고, 아울러 특별한 사정이 없는 한 동 위원회의 상임위원으로서 2년의 임기 동안 활동할 수 있는 청구인의 권한을 역시 침해한 것이라고 할 것이다.」

선거와 임기

□ 비례대표국회의원

▶ 의석의 배분

▸ 종래의 비례대표국회의원 의석배분 방식을 위헌이라고 본 판례

[憲 2001. 7. 19.-2000헌마91](공직선거및선거부정방지법 제146조 제2항 위헌확인 등)

「다. 비례대표국회의원 의석배분방식 및 1인 1표제의 위헌 여부

(1) 문제의 소재

공선법은 지역구선거에서 표출된 유권자의 의사를 그대로 정당에 대한 지지의사로 의제하여 비례대표의석을 배분하게 되는바, 이러한 효과를 불러일으키는 위 두 조항이 과연 민주주의원리, 직접선거의 원칙 및 평등선거의 원칙에 위반되는 것이 아닌지, 그리하여 유권자들의 선거와 관련된 기본권을 침해하는 것이 아닌지가 문제된다.

(2) 민주주의원리의 위반 여부

선거는 주권자인 국민이 그 주권을 행사하는 통로이므로 선거제도는 첫째, 국민의 의사를 제대로 반영하고, 둘째, 국민의 자유로운 선택을 보장하여야 하고, 셋째, 정당의 공직선거 후보자의 결정과정이 민주적이어야 하며, 그렇지 않으면 민주주의원리 나아가 국민주권의 원리에 부합한다고 볼 수 없다.

1인 1표제하에서의 공선법 제189조 제1항에 의한 비례대표의석배분방식은 다음과 같은 점에서 위 민주주의원리의 요청에 반한다.

(가) 국회의원선거에 있어 다수대표제만을 택하고 비례대표제를 택하지 않을 경우 지역구의 개별후보자에 대한 국민의 지지만을 정확하게 반영하여도 민주주의원리에 반하는 것은 아닐 것이다. 그러나 정당명부식 비례대표제를 병행하는 한 정당에 대한 국민의 지지의사를 충실히 반영할 것까지 요구되며, 그 결과 정당에 대한 의석배분도 국민의 지지 및 선호와 일치되어야 한다. 그런데 현행의 1인 1표제를 전제로 한 공선법 제189조 제1항에 의한 비례대표의석배분방식은 오히려 정당에 대한 국민의 지지의사를 적극적으로 왜곡한다. 유권자가 지역구후보자나 그가 속한 정당 중 어느 일방만을 지지할 경우 지역구후보자 개인을 기준으로 투표하든, 정당을 기준으로 투표하든 어느 경우에나 자신의 진정한 의사는 반영시킬 수 없을 뿐만 아니라 도리어 적극적으로 왜곡되어 표출될 수밖에 없다.

(나) 현행제도는 별도의 정당투표를 인정하지 않고 1인 1표의 행사에 따른 지역구후보자에 대한 득표를 정당에 대한 지지로 계산하기 때문에, 유권자로서는 1회의 투표를 통하여 후보자에 대한 개인적 선호와 정당에 대한 지지 또는 반대의 의사표시를 한꺼번에 나타낼 수밖에 없다. 결국 유권자로서는 후보자든, 정당이든 절반의 선택권을 박탈당할 수밖에 없다.

(다) 헌법이 요구하는 정당민주주의의 요청을 충족시키려면, 비례대표후보자의 선정과 순위 확정이 당원총회나 대의원대회 등을 통하여 민주적 절차를 거쳐 이루어져야 한다. 그런데 현행 정당법 제31조는 "정당의 공직선거후보자는 후보자를 추천할 공직선거의 선거구를 관할하는 해당 당부 대의기관의 의사가 반영되도록 하여야 하며, 그 구체적 절차는 당헌으로 정한다"고 규정하고 있을 뿐이다. 이와 같이 '대의기관의 의사를 반영'할 구체적 절차를 당헌에 일임해서는 민주적 절차에 의한 비례대표후보자의 결정이라는 헌법적 요청이 충족되리라고 기대하기 어려운 점이 있다.

(3) 직접선거의 원칙 위반 여부

(가) 직접선거의 원칙은 선거결과가 선거권자의 투표에 의하여 직접 결정될 것을 요구하는 원칙이다. 국회의원선거와 관련하여 보면, 국회의원의 선출이나 정당의 의석획득이 중간선거인이나 정당 등에 의하여 이루어지지 않고 선거권자의 의사에 따라 직접 이루어져야 함을 의미한다.

(나) 현행 공선법과 관련하여서는 먼저, 비례대표 후보자를 유권자들이 직접 선택할 수 있는 이른바 자유명부식이나 가변명부식과 달리 고정명부식에서는 후보자와 그 순위가 전적으로 정당에 의하여 결정되므로 직접선거의 원칙에 위반되는 것이 아닌지가 문제될 수 있다. 그러나 비례대표후보자명단과 그 순위, 의석배분방식은 선거시에 이미 확정되어 있고, 투표 후 후보자명부의 순위를 변경하는 것과 같은 사후개입은 허용되지 않는다. 그러므로 비록 후보자 각자에 대한 것은 아니지만 선거권자가 종국적인 결정권을 가지고 있으며, 선거결과가 선거행위로 표출된 선거권자의 의사표시에만 달려 있다고 할 수 있다. 따라서 고정명부식을 채택한 것 자체가 직접선거원칙에 위반된다고는 할 수 없다.

(다) 그러나 1인 1표제하에서의 비례대표후보자명부에 대한 별도의 투표 없이 지역구후보자에 대한 투표를 정당에 대한 투표로 의제하여 비례대표의석을 배분하는 것은 직접선거의 원칙에 반한다고 하지 않을 수 없다.

비례대표의원의 선거는 지역구의원의 선거와는 별도의 선거이므로 이에 관한 유권자의 별도의 의사표시, 즉 정당명부에 대한 별도의 투표가 있어야 한다. 확정된 정당명부를 보고 유권자들이 그 선호에 따라 투표할 수 있는 한 '선거권자의 투표로 최종적으로 결정한다'는 직접선거의 최소한의 요구는 충족된다.

그러나 현행제도는 정당명부에 대한 투표가 따로 없으므로 유권자들에게 비례대표의원에 대한 직접적인 결정권이 전혀 없는 것이나 마찬가지이다. 지역구후보자에 대한 투표를 통하여 간접적으로 또－지역구후보자에 대한 지지와 정당에 대한 지지가 일치할 경우에 한하여－우연적으로만 비례대표의원의 선출에 간여할 수 있을 뿐이다. 정당명부에 대한 직접적인 투표가 인정되지 않기 때문에 비례대표의원의 선출에 있어서는 유권자의 투표행위가 아니라 정당의 명부작성행위가 최종적 · 결정적인 의의를 지니게 된다.

(라) 결론적으로 현행 비례대표의석배분방식은 선거권자들의 투표행위로써 정당의 의석배분, 즉 비례대표국회의원의 선출을 직접, 결정적으로 좌우할 수 없으므로 직접선거의 원칙에 위배된다고 할 것이다.

(4) 평등선거의 원칙 위반 여부

(가) 헌법 제41조 제1항에서 천명하고 있는 평등선거의 원칙은 평등의 원칙이 선거제도에 적용된 것으로서 투표의 수적인 평등을 의미할 뿐만 아니라 투표의 성과가치의 평등, 즉 1표의 투표가치가 대표자선정이라는 선거의 결과에 대하여 기여한 정도에 있어서도 평등하여야 함을 의미한다(헌재 1995. 12. 27. 95헌마224등, 판례집 7-2, 760, 771).

(나) 현행 비례대표의석배분방식에서, 어떤 선거권자의 지역구후보자에 대한 투표는 지역구의원의 선출에 기여함과 아울러 그가 속한 정당의 비례대표의원의 선출에도 기여하는 2중의 가치를 지니게 되는데 반하여, 어떤 선거권자가 무소속 지역구후보자를 지지하여 그에 대하여 투표하는 경우 그 투표는 그 무소속후보자의 선출에만 기여할 뿐 비례대표의원의 선출에는 전혀 기여하지 못하므로 투표가치의 불평등이 발생한다. 이런 점에서 현행 방식은 합리적 이유 없이 정당소속 후보자에게 투표하는 유권자와 무소속 후보자에게 투표하는 유권자를 차별하는 것이라 할 것이므로 평등선거의 원칙에 위배된다.

(다) 일반적으로 저지조항에 관하여는 비례대표의석배분에서 정당을 차별하고, 저지선을 넘지 못한 정당에 대한 투표의 성과가치를 차별하게 되므로 평등선거의 원칙에 대한 위반여부가 문제된다.

저지조항의 인정 여부, 그 정당성 여부는 각 나라의 전체 헌정상황에 비추어 의석배분에서의 정당간 차별이 불가피한가에 따라 판단되어야 하는바, 현행 저지조항에서 설정하고 있는 기준이 지나치게 과도한 것인지의 판단은 별론으로 하더라도, 현행 저지조항은 지역구의원선거의 유효투표총수를 기준으로 한다는 점에서 현행 의석배분방식이 지닌 문제점을 공유하고 있다.

일정한 저지선을 두고 이를 하회하는 정당에게 의회참여의 기회를 제한하겠다는 제도는 본질적으로 정당에 대한 국민의 지지도를 정확하게 반영할 것을 전제로 한다. 그런데 현행 1인 1표제하에서의 비례대표제 의석배분방식은 위에서 본 바와 같이 국민의 정당에 대한 지지도를 정확하게 반영하지 못하며 오히려 적극적으로 이를 왜곡하고 있다. 지역구후보자에 대한 지지는 정당에 대한 지지로 의제할 수 없는데도 이를 의제하는 것이기 때문이다.

(5) 부수적 위헌선언

헌법심판의 대상이 된 법률조항 중 일정한 법률조항이 위헌선언되는 경우 같은 법률의 그렇지 아니한 다른 법률조항들은 효력을 그대로 유지하는 것이 원칙이나, 합헌으로 남아 있는 어떤 법률조항이 위헌선언되는 법률조항과 밀접한 관계에 있어 그 조항만으로는 법적으로 독립된 의미를 가지지 못하는 경우에는 예외적으로 그 법률조항에 대하여 위헌선언을 할 수 있다. 비례대표국회의원선거의 근간이 되는 공선법 제189조 제1항이 위헌이라면 그에 부수되는 동조 제2항 내지 제7항은 독자적인 규범적 존재로서의 의미를 잃게 된다. 그렇다면 이 조항들이 비록 심판대상이 아니지만 함께 위헌선언을 함으로써 법적 명확성을 기하는 것이 상당하므로 그에 대하여도 아울러 위헌선언을 하는 것이다.」

의정활동상의 권한과 임무

□ 내 용

▶ 표 결 권

▸ 국회의원의 심의권과 표결권의 헌법적 근거를 헌법 제40조와 제41조 제1항이라고 본 판례

[憲 2000. 2. 24.-99헌라1](국회의장과 국회의원간의 권한쟁의)

「국회의원은 국민이 직접 선출하는 대표로서 헌법과 법률에서 여러 권한을 부여하고 있지만 그 중에서 가장 중요하고 본질적인 것은 입법에 대한 권한임은 두말할 필요가 없다. 이 권한에는 법률안 제출권(헌법 제52조)과 법률안 심의·표결권이 포함되는 것이다. 이 법률안 심의·표결권은 의회민주주의의 원리, 입법권을 국회에 귀속시키고 있는 헌법 제40조, 국회는 국민이 선출한 국회의원으로 구성한다고 규정한 헌법 제41조 제1항으로부터 도출되는 헌법상의 권한이다. 그리고 이러한 법률안 심의·표결권은 국회의 다수파의원에게만 보장되는 것이 아니라 소수파의원과 특별한 사정이 없는 한 국회의원 개개인에게 모두 보장되는 것 또한 의문의 여지가 없다.」

◎ 같은 취지 : 憲 1997. 7. 16.-96헌라2

□ 침해와 구제

▶ 권한쟁의심판절차를 통하여 구제를 받을 수 있음을 밝힌 판례

[憲 1997. 7. 16.-96헌라2](국회의원과 국회의장간의 권한쟁의)

※ 위 판례 인용부분 참조

▶ 국회의원의 권한은 헌법상 기본권이 아니기 때문에 헌법소원심판절차를 통하여는 다툴 수 없음을 밝힌 판례

[憲 1998. 8. 27.-97헌마8등](노동조합및노동관계조정법등 위헌확인)

「가. 헌법재판소법 제68조 제1항은 공권력의 행사 또는 불행사로 인하여 헌법상 보장된 기본권을 침해받은 자는 헌법소원심판을 청구할 수 있다고 규정하고 있는데, 위 규정에서 기본권을 침해받은 자라는 것은 공권력의 행사 또는 불행사로 인하여 기본권을 현재, 그리고 직접적으로 침해받은 자를 의미하는 것이다. 따라서 법률 또는 법률조항 자체를 대상으로 하여 헌법소원심판을 청구하려면 그 법률 또는 법률조항으로 인하여 현재, 직접적으로 자기의 기본권을 침해받는 경우라야 한다.

나. 그런데 이 사건의 경우 청구인들 주장과 같이 이 사건 법률의 입법절차가 헌법이나 국회법에 위반된다고 하더라도 그와 같은 사유만으로는 이 사건 법률로 인하여 청구인들이 현재, 직접적으로 기본권을 침해받은 것으로 볼 수는 없다.

청구인들이 주장하는 이 사건 법률의 입법절차의 하자로 인하여 직접 침해되는 것은 청구인들의 기본권이 아니라 이 사건 법률의 심의 표결에 참여하지 못한 국회의원의 법률안심의, 표결 등 권한이라고 할 것이다.

따라서 청구인들은 이 사건 법률의 실체적 내용으로 인하여 현재, 직접적으로 기본권을 침

해받은 경우에 헌법소원심판을 청구하거나 이 사건 법률이 구체적 소송사건에서 재판의 전제가 된 경우에 위헌 여부 심판의 제청신청을 하여 그 심판절차에서 입법절차에 하자가 있음을 이유로 이 사건 법률이 위헌임을 주장하는 것은 별론으로 하고 단순히 입법절차의 하자로 인하여 기본권을 현재, 직접적으로 침해받았다고 주장하여 헌법소원심판을 청구할 수는 없다고 할 것이다.

◎ 같은 취지 : 憲 1995. 2. 23.-90헌마125

직무상의 면책과 특권

□ 직무상의 면책

▶ 의 의

▸ 직무상 면책의 제도적 의의를 밝힌 판례

[大 1992. 9. 22.-91도3317](국가보안법위반)

「(1) 헌법 제45조(구헌법 제81조)는 국회의원은 국회에서 직무상 행한 발언과 표결에 관하여 국회 외에서 책임을 지지 아니한다고 규정하여 국회의원의 면책특권을 인정하고 있는바, 이는 국회의원이 국민의 대표자로서 자유롭게 그 직무를 수행할 수 있도록 보장하기 위하여 마련한 장치인 것이므로 면책특권의 대상이 되는 행위는 직무상의 발언과 표결이라는 의사표현행위 자체에 국한되지 아니하고 이에 통상적으로 부수하여 행하여지는 행위까지 포함한다고 할 것이고, 그와 같은 부수행위인지 여부는 결국 구체적인 행위의 목적, 장소, 태양 등을 종합하여 개별적으로 판단할 수밖에 없다고 할 것이다.

원심판결의 이유에 의하면, 원심은 피고인이 신한민주당 소속 제12대 국회의원으로서 1986. 7.경 제131회 정기국회 본회의에서의 정치분야 대정부 질문자로 내정되어 그 질문 원고를 작성함에 있어 우리 나라의 통일정책과 관련하여 "이 나라의 국시는 반공이 아니라 통일이어야 한다", "통일이나 민족이라는 용어는 공산주의나 자본주의보다 그 위에 있어야 한다"는 등 통일을 위해서라면 공산화통일도 용인하여야 한다는 취지 등을 담은 원고를 완성하고 비서인 공소 외 양○석으로 하여금 50부를 복사하게 한 다음, 같은 해 10. 13. 13:30 국회의사당 내 기자실에서 위 양○석을 통하여 그 중 30부를 국회 출입기자들에게 배포함으로써 반국가단체인 북괴의 활동에 동조하여 이를 이롭게 한 것이다라는 공소사실에 대하여, 피고인이 배포한 원고의 내용이 공개회의에서 행할 발언내용이고(회의의 공개성), 원고의 배포시기가 당초 발언하기로 예정된 회의시작 30분 전으로 근접되어 있으며(시간적 근접성), 원고배포의 장소 및 대상이 국회의사당 내에 위치한 기자실에서 국회출입기자들만을 상대로 한정적으로 이루어졌고(장소 및 대상의 한정성), 원고배포의 목적이 보도의 편의를 위한 것이라는(목적의 정당성) 등의 사실을 인정한 후 이와 같은 사실을 종합하여 피고인이 국회 본회의에서 질문한 원고를 위와 같이 사전에 배포한 행위는 국회의원의 면책특권의 대상이 되는 직무부수행위에 해당한다고 판시하고 있는바, 기록에 비추어 원심의 판단은 옳게 수긍이 되고 거기에 국회의원의 면책특권에 관한 법리를 오해하였거나 채증법칙을 어긴 위법이 없다.

(2) 국회의원의 면책특권에 속하는 행위에 대하여는 공소를 제기할 수 없으며 이에 반하여 공소가 제기된 것은 결국 공소권이 없음에도 공소가 제기된 것이 되어 형사소송법 제327조 제

2호의 "공소제기의 절차가 법률의 규정에 위반하여 무효인 때"에 해당된다고 보아야 할 것이므로 이와 같은 경우에는 위 규정에 따라 공소를 기각하여야 할 것이다.

[大 1996. 11. 8.-96도1742](특정범죄가중처벌등에관한법률위반(뇌물)·특정경제범죄가중처벌등에관한법률위반(공갈)·폭력행위등처벌에관한법률위반·공갈·뇌물수수)

「헌법 제45조는 "국회의원은 국회에서 직무상 행한 발언과 표결에 관하여 국회 외에서 책임을 지지 아니한다"고 규정하여 국회의원의 면책특권을 인정하고 있는바, 그 취지는 국회의원이 국민의 대표자로서 국회 내에서 자유롭게 발언하고 표결할 수 있도록 보장함으로써 국회가 입법 및 국정통제 등 헌법에 의하여 부여된 권한을 적정하게 행사하고 그 기능을 원활하게 수행할 수 있도록 보장하는 데에 있다. 따라서 면책특권의 대상이 되는 행위는 국회의 직무수행에 필수적인 국회의원의 국회 내에서의 직무상 발언과 표결이라는 의사표현행위 자체에만 국한되지 않고 이에 통상적으로 부수하여 행하여지는 행위까지 포함된다고 할 것이다(대법원 1992. 9. 22. 선고 91도3317 판결 참조). 국회의원이 국회의 위원회나 국정감사장에서 국무위원·정부위원 등에 대하여 하는 질문이나 질의는 국회의 입법활동에 필요한 정보를 수집하고 국정통제기능을 수행하기 위한 것이므로 면책특권의 대상이 되는 발언에 해당함은 당연하고, 또한 국회의원이 국회 내에서 하는 정부·행정기관에 대한 자료제출의 요구는 국회의원이 입법 및 국정통제 활동을 수행하기 위하여 필요로 하는 것이므로 그것이 직무상 질문이나 질의를 준비하기 위한 것인 경우에는 직무상 발언에 부수하여 행하여진 것으로서 면책특권이 인정되어야 한다.

이와 같이 면책특권이 인정되는 국회의원의 직무행위에 대하여 수사기관이 그 직무행위가 범죄행위에 해당하는지 여부를 조사하여 소추하거나 법원이 이를 심리한다면, 국회의원이 국회에서 자유롭게 발언하거나 표결하는 데 지장을 주게 됨은 물론 면책특권을 인정한 헌법규정의 취지와 정신에도 어긋나는 일이 되기 때문에, 소추기관은 면책특권이 인정되는 직무행위가 어떤 범죄나 그 일부를 구성하는 행위가 된다는 이유로 공소를 제기할 수 없고, 또 법원으로서도 그 직무행위가 범죄나 그 일부를 구성하는 행위가 되는지 여부를 심리하거나 이를 어떤 범죄의 일부를 구성하는 행위로 인정할 수 없다고 할 것이다.」

▶ **면책의 요건**

▸ 발언과 표결의 행위에 대한 판례

▹ 발언이나 표결의 행위에 대하여, 그 행위 자체에만 한정되지 않고, 자료제출의 요구와 같이 이에 통상적으로 부수하여 행해지는 행위도 이에 포함된다고 본 판례

[大 1996. 11. 8.-96도1742](특정범죄가중처벌등에관한법률위반(뇌물)·특정경제범죄가중처벌등에관한법률위반(공갈)·폭력행위등처벌에관한법률위반·공갈·뇌물수수)

※ 위 판례 인용부분 참조

▸ 직무상의 행위에 대한 판례

▹ 직무상의 행위에 대하여, 직무행위 그 자체만에 한정하는 것이 아니고, 직무행위와 관련이 있는 선후의 행위나 직무집행에 통상적으로 부수되는 행위도 포함한다는 취지의 판례

[大 1992. 9. 22.-91도3317](국가보안법위반)

※ 위 판례 인용부분 참조

▶ **면책의 효과**

▸ 법적 책임의 면제에 대한 판례

▹ 면책의 대상에 해당하는 행위에 대해서는 공소를 제기할 수 없으며, 그러함에도 공소가 제기된 경우에는 법원이 공소를 기각하여야 한다는 취지의 판례

[大 1992. 9. 22.-91도3317](국가보안법위반)

※ 위 판례 인용부분 참조

▸ 「국회 외」에서의 면책에 대한 판례

▹ 국회 외에서 면책되는 것이므로 이를 근거로 우리 헌법에서 국회의원을 자유위임의 원칙하에 두었다고 본 판례

[憲 1994. 4. 28.-92헌마153](전국구국회의원 의석계승 미결정 위헌확인)

※ 아래의 판례 인용부분 참조

자격의 소멸

□ 당적의 변경

▶ **비례대표국회의원**

▸ 비례대표국회의원에 대하여, 당적을 변경하더라도 기본적으로는 국회의원직을 상실하지 않는다고 하면서, 별도의 법률규정이 있는 경우에는 자신을 공천한 정당을 탈당하면 국회의원직을 상실한다는 취지의 판례

[憲 1994. 4. 28.-92헌마153](전국구국회의원 의석계승 미결정 위헌확인)

※ 〈제7편 - 제1장 - 3. - 국회의원 - □ 정당의 소속원〉 판례 인용부분 참조

4. 국회의 조직

위 원 회

□ 위원회제도

▶ **제도적 의의**

▸ 국회가 위원회를 중심으로 하여 운영되는 위원회중심주의에 입각하고 있음을 밝힌 판례

[憲 2003. 10. 30.-2002헌라1](국회의원과 국회의장간의 권한쟁의)

「(1) 교섭단체(Negotiation Group)는 원칙적으로 국회에 일정수 이상의 의석을 가진 정당에 소속된 의원들로 구성되는 원내의 정당 또는 정파를 말한다. 정당은 국민의 정치적 의사형성을 목적으로 하는 국민의 자발적 조직이다. 따라서, 원내에 의석을 확보한 정당은 정당의 정강정책을 소속의원을 통하여 최대한 국정에 반영하고 소속의원으로 하여금 의정활동을 효율적으로 할 수 있도록 권고·통제할 필요가 있다. 법은 국회에 20인 이상의 소속의원을 가진 정당은 하나의 교섭단체가 되며, 국회 내 상임위원회의 구성은 교섭단체 소속의원수의 비율에 의하여 각 교섭단체대표의원의 요청으로 의장이 선임 및 개선한다고 규정하고 있어(제33조 제1항, 제48조 제1항), 국회운영에 있어 교섭단체의 역할을 제도적으로 보장하고 있다. 교섭단체는 정당국가에서 의원의 정당기속을 강화하는 하나의 수단으로 기능할 뿐만 아니라 정당소속 의원들의 원내 행동통일을 기함으로써 정당의 정책을 의안심의에서 최대한으로 반영하기 위한 기능도 갖는다.

상임위원회(Standing Committee)를 포함한 위원회는 의원 가운데서 소수의 위원을 선임하여 구성되는 국회의 내부기관인 동시에 본회의의 심의 전에 회부된 안건을 심사하거나 그 소관에 속하는 의안을 입안하는 국회의 합의제기관이다. 위원회의 역할은 국회의 예비적 심사기관으로서 회부된 안건을 심사하고 그 결과를 본회의에 보고하여 본회의의 판단자료를 제공하는 데 있다. 우리나라 국회의 법률안 심의는 본회의 중심주의가 아닌 소관 상임위원회 중심으로 이루어진다. 소관 상임위원회에서 심사·의결된 내용을 본회의에서는 거의 그대로 통과시키는 이른바 '위원회 중심주의'를 채택하고 있는 것이다(헌재 2000. 2. 24. 99헌라1, 판례집 12-1, 115, 127). 오늘날 의회의 기능에는 국민대표기능, 입법기능, 정부감독기능, 재정에 관한 기능 등이 포함된다. 의회가 이러한 본연의 기능을 수행함에 있어서는 국민대표로 구성된 의원전원에 의하여 운영되는 것이 이상적일 것이나, 의원 전원이 장기간의 회기동안 고도의 기술적이고 복잡다양한 내용의 방대한 안건을 다루기에는 능력과 시간상의 제약이 따른다. 이러한 한계를 극복하기 위한 방안으로 위원회제도가 창설된 것이다. 그리하여 상임위원회의 구성과 활동은 의회의 업적과 성패를 실질적으로 결정짓는 변수가 되고 있다고 평가되고 있다.

(2) 무릇 국회의원의 원내활동을 기본적으로 각자에 맡기는 자유위임은 자유로운 토론과 의사형성을 가능하게 함으로써 당내민주주의를 구현하고 정당의 독재화 또는 과두화를 막아주는 순기능을 갖는다. 그러나 자유위임은 의회 내에서의 정치의사형성에 정당의 협력을 배척하는 것이 아니며, 의원이 정당과 교섭단체의 지시에 기속되는 것을 배제하는 근거가 되는 것

도 아니다. 또한 국회의원의 국민대표성을 중시하는 입장에서도 특정 정당에 소속된 국회의원이 정당기속 내지는 교섭단체의 결정(소위 '당론')에 위반하는 정치활동을 한 이유로 제재를 받는 경우, 국회의원 신분을 상실하게 할 수는 없으나 '정당내부의 사실상의 강제' 또는 소속 '정당으로부터의 제명'은 가능하다고 보고 있다. 그렇다면, 당론과 다른 견해를 가진 소속 국회의원을 당해 교섭단체의 필요에 따라 다른 상임위원회로의 전임(사 · 보임)하는 조치는 특별한 사정이 없는 한 헌법상 용인될 수 있는 '정당내부의 사실상 강제'의 범위 내에 해당한다고 할 것이다.

또한 교섭단체의 역할에 비추어 볼 때, 국회의장이 국회의 의사(議事)를 원활히 운영하기 위하여 상임위원회의 구성원인 위원의 선임 및 개선에 있어 교섭단체대표의원과 협의하고 그의 '요청'에 응하는 것은 국회운영에 있어 본질적인 요소라고 아니할 수 없다.

따라서 교섭단체대표의원의 '요청'이 헌법 또는 법률에 명백히 위반되는 것이 아닌 한, 교섭단체대표의원이 상임위원의 개선에 있어 청구인의 주장대로 "당해 위원이 위원회의 구성원으로서의 지위를 계속 유지하기에 적합하지 않다고 판단될 만한 불법 또는 부당한 사유를 가지고 있는 경우에" 한하여 그의 개선을 요청할 수 있다고 볼 것은 아니다. 교섭단체대표의원의 상임위원 개선 '요청'이 헌법 또는 법률에 위반되는 것이 아닌 한 국회의장이 이에 따르는 것은 정당국가에서 차지하는 교섭단체의 의의와 기능을 고려할 때 입법취지에도 부합하는 것이다.

피청구인은 법 제48조 제1항에 규정된 바와 같이 청구인이 소속된 한나라당 '교섭단체대표의원의 요청'을 서면으로 받고 이 사건 사 · 보임행위를 한 것으로서 하등 헌법이나 법률에 위반되는 행위를 한 바가 없다. 부수적으로, 상임위원회 위원의 임기는 2년으로 한다는 법 제40조 제1항의 규정을 두고 그 기간 동안 사 · 보임을 할 수 없다고 해석하는 것은, 보임 또는 개선된 상임위원의 임기는 전임자의 잔임기간으로 한다고 규정한 같은 조 제3항에 비추어 받아들일 수 없다. 나아가, 비록 청구인이 피청구인에게 이 사건 사 · 보임 요청을 거부해 줄 것을 바라는 서한을 보냈다고 하여 피청구인이 이에 기속될 의무가 있는 것은 아니다.」

교섭단체

□ 기능과 법적 성격

▶ **기 능**

▸ 교섭단체의 의의 및 교섭단체 대표의원의 권한에 대한 판례

[憲 2003. 10. 30.-2002헌라1](국회의원과 국회의장간의 권한쟁의)

※ 위 판례 인용부분 참조

제2장 대통령과 행정부

1. 대 통 령

대통령의 헌법상의 지위

□ 불소추특권

▶ 의 의

▸ 대통령 불소추특권의 의의 및 그 효과에 대한 판례

[憲 1995. 1. 20.-94헌마246](불기소처분취소)

「"대통령 재직중"에는 그의 범행(내란 또는 외환의 죄 이외의 범죄)에 대한 공소시효가 정지되는지의 여부

우리 헌법이 채택하고 있는 국민주권주의(제1조 제2항)와 법 앞의 평등(제11조 제1항), 특수계급제도의 부인(제11조 제2항), 영전에 따른 특권의 부인(제11조 제3항) 등의 기본적 이념에 비추어 볼 때, 대통령의 불소추특권에 관한 헌법의 규정이, 대통령이라는 특수한 신분에 따라 일반국민과는 달리 대통령 개인에게 특권을 부여한 것으로 볼 것이 아니라, 단지 국가의 원수로서 외국에 대하여 국가를 대표하는 지위에 있는 대통령이라는 특수한 직책의 원활한 수행을 보장하고, 그 권위를 확보하여 국가의 체면과 권위를 유지하여야 할 실제상의 필요 때문에 대통령으로 재직중인 동안만 형사상 특권을 부여하고 있음에 지나지 않는 것으로 보아야 할 것이다.

공소시효제도나 공소시효정지제도의 본질에 비추어 보면, 비록 헌법 제84조에는 "대통령은 내란 또는 외환의 죄를 범한 경우를 제외하고는 재직중 형사상의 소추를 받지 아니한다"고만 규정되어 있을 뿐 헌법이나 형사소송법 등의 법률에 대통령의 재직중 공소시효의 진행이 정지된다고 명백히 규정되어 있지는 않다고 하더라도, 위 헌법규정의 근본취지를 대통령의 재직중 형사상의 소추를 할 수 없는 범죄에 대한 공소시효의 진행은 정지되는 것으로 해석하는 것이 원칙일 것이다. 즉 위 헌법규정은 바로 공소시효진행의 소극적 사유가 되는 국가의 소추권행사의 법률상 장애사유에 해당하므로, 대통령의 재직중에는 공소시효의 진행이 당연히 정지되는 것으로 보아야 한다.

결론적으로 피의자 전두환에 대한 군형법상의 반란죄 등에 관한 공소시효는 그가 대통령으로 재직한 7년 5월 24일간은 진행이 정지되었다고 할 것이므로, 2001년 이후에야 완성된다고 할 것이다.」

⇔ 재판관 2인(재판관 김문희, 재판관 황도연)의 반대의견

「헌법 제37조 제2항의 정신에 비추어 반드시 법률로써 공소시효의 진행이 정지된다는 명문의 규정을 둔 경우에 한하여 정지되는 것으로 보아야 하고 그러하지 아니하는 한 공소시효의 진행은 방해받지 아니한다고 하여야 함이, 법치주의원칙의 당연한 귀결이다.

만일 헌법 제84조의 뜻을 다수의견과 같이 풀이할 때에는, 공소시효제도의 실질이 형사피의자의 이익을 위한 제도임에도 불구하고 그 진행을 정지시킬 수 있는 예외적인 사유를 법률로써 명문으로 규정하지 아니한 경우에도 헌법이나 법률의 해석을 통하여 이를 인정하는 것으로 되어, 앞서 본 바와 같이 공소시효제도에 의하여 보장되는 피의자의 법적 이익을 법률의 근거 없이 침해하는 것으로 되어 우리 헌법의 기본이념의 하나인 법치주의에 반하는 결과에 이르게 되고, 이러한 결과는 헌법재판소의 결정으로 새로운 공소시효의 정지사유를 신설하는 내용의 적극적인 입법을 하는 것으로 되기 때문에 권력분립의 원칙에 따른 헌법재판제도의 한계를 벗어난 것이 아닌가 하는 문제가 생길 수 있기 때문이다.

헌법 제84조는 공소시효의 정지에 관한 명문규정이라고 볼 수 없다. 그리고 헌법에는 물론 형사소송법이나 우리 실정법 체계의 다른 어느 법률에도 대통령 재직중 그의 범행에 대한 공소시효의 진행이 정지된다고 한 명문규정이 없다. 따라서 대통령 재직중 그의 범행에 대한 공소시효는 정지되지 아니한다고 보아야 할 것이다.

그렇다면, 피의자 전두환의 이 사건 피의사실에 대하여는 그 공소시효가 모두 완성되었음이 앞서 본 바에 의하여 명백하므로 결국 청구인들의 이 사건 심판청구는 권리보호의 이익이 없어 모두 각하되어야 한다.」

▶ **내란죄와 외환죄의 경우**

▸ **내란죄와 외환죄를 범한 경우, 헌정질서파괴범죄에 대하여 형사소송법상 공소시효의 적용을 배제하는 것을 규정한 「헌정질서파괴범죄의공소시효등에관한특례법」이 법 제정전의 행위에 대해서도 적용되는지 여부에 대한 판례**

[憲 1996. 2. 16.-96헌가2등](5·18민주화운동등에관한특별법 제2조 위헌제청 등)

※ 〈제2편 - 제1장 - 2. - □ 내용〉 판례 인용부분 참조

대통령의 권한

□ 국정수행에 관한 권한

▶ **행정에 관한 권한**

▸ **법률집행에 관한 권한 중 위임명령에 대한 판례**

▹ **위임명령은 그 내용과 효력의 발생·상실에서 모법인 법률의 위임규정에 종속됨을 밝힌 판례**

[憲 1997. 4. 24.-95헌마273](행정사법시행령 제2조 제3호 위헌확인)

「무릇 입법부가 일정한 전문분야에 관한 자격제도를 마련함에 있어서는 그 제도를 마련한 목

적을 고려하여 정책적인 판단에 따라 자유롭게 제도의 내용을 구성할 수 있고, 그 내용이 명백히 불합리하고 불공정하지 아니하는 한 원칙적으로 입법부의 정책적 판단은 존중되어야 한다[헌법재판소 1996. 4. 25. 선고, 94헌마129, 95헌마121 (병합)결정 참조]. 우리 헌법은 제75조에서 "대통령은 법률에서 구체적으로 범위를 정하여 위임받은 사항과 법률을 집행하기 위하여 필요한 사항에 관하여 대통령령을 발할 수 있다"고 규정하여 대통령이 발할 수 있는 위임입법의 근거를 마련하고 있다. 그러나 동시에 대통령령은 '법률에서 구체적으로 범위를 정하여 위임받은 사항'에 관하여만 발할 수 있다고 한정함으로써 위임입법의 범위와 한계를 제시하고 있다. 위임입법의 필요성은 인정하면서도 동시에 일반적이고 포괄적인 위임은 이를 허용하지 아니함으로써 헌법이 그 바탕으로 하는 권력분립주의, 의회주의 내지 법치주의의 기본원리는 유지하겠다는 의지를 명백히 한 것이다(헌법재판소 1995. 10. 26. 선고, 93헌바62 결정 참조). 위임입법의 내용에 관한 헌법적 한계는 그 수범자가 누구냐에 따라 입법권자에 대한 한계와 수권법률에 의해 법규명령을 제정하는 수임자에 대한 한계로 구별할 수 있다. 즉, 국회가 법률에 의하여 입법권을 위임하는 경우에도 헌법 등 상위규범에 위반해서는 아니된다는 것이 전자의 문제이고, 반면에 법률의 우위원칙에 따른 위임입법의 내용적 한계는 후자에 속한다. 일반적으로 위임입법의 내용적 한계라고 하는 경우에는 주로 후자가 문제되고 있으며 이 사건도 이에 해당한다. 그러므로 위임명령의 내용은 수권법률이 수권한 규율대상과 목적의 범위 안에서 정해야 하는데 이를 위배한 위임명령은 위법이라고 평가되며, 여기에서 모법의 수권조건에 의한 위임명령의 한계가 도출된다. 즉, 모법상 아무런 규정이 없는 입법사항을 하위명령이 규율하는 것은 위임입법의 한계를 위배하는 것이다.」

▷ **헌법 제75조의 「법률에서 구체적으로 범위를 정하여 위임받은 사항」은 법률에 미리 위임의 목적·내용·범위와 그 위임에 따른 행정입법에서 준수하여야 할 목표·기준 등의 요소가 규정되어 있어야 한다고 본 대법원 판례**

[大 2000. 10. 19.-98두6265](농지전용불허처분취소)

「헌법 제75조의 규정상 대통령령으로 정할 사항에 관한 법률의 위임은 구체적으로 범위를 정하여 이루어져야 하고, 이 때 구체적으로 범위를 정한다고 함은 위임의 목적·내용·범위와 그 위임에 따른 행정입법에서 준수하여야 할 목표·기준 등의 요소가 미리 규정되어 있는 것을 가리킨다. 그리고 이러한 위임이 있는지 여부를 판단함에 있어서는 직접적인 위임 규정의 형식과 내용 외에 당해 법률의 전반적인 체계와 취지·목적 등도 아울러 고려하여야 하고, 규율 대상의 종류와 성격에 따라서는 요구되는 구체성의 정도 또한 달라질 수 있으나, 국민의 기본권을 제한하거나 침해할 소지가 있는 사항에 관한 위임에 있어서는 위와 같은 구체성 내지 명확성이 보다 엄격하게 요구된다.

그런데 농지법(다음부터는 '법'이라고 한다) 제36조 제1항은 농지의 전용에는 원칙적으로 관할 관청의 허가가 필요한 것으로 규정하면서 그 제3호에서 농지전용신고로써 전용이 가능한 경우를 예외로 규정하고, 이어 제37조는 제1항에서 그 소정 시설의 부지로 농지를 전용하고자 할 경우에는 농지전용신고로써 전용이 가능한 것으로 규정하면서 그 시설로서 농업용시설, 농수산물유통·가공시설, 농업인의 공동생활 편익시설, 농수산관련 연구시설, 어업용 시설과 아울러 '농업인 주택'을 규정한 다음, 제2항에서 위와 같은 '신고대상시설의 범위·규모 또는 설치자의 범위 등에 관한 사항'은 대통령령으로 정하도록 위임하고 있는데, 이에 기한 법 시행령(1996. 12. 31. 대통령령 제15229호로 개정된 것, 다음부터는 '영'이라고 한다) 제41조 [별

표 1]은 그 제1호(다음부터는 '이 사건 문제 규정'이라고 한다)에서 농업인 주택을 '농업진흥지역 밖에 설치하는 영 제34조 제4항의 규정에 해당하는 농업인 주택'으로 규정하고 있다.

그러나 농지의 전용에 관한 규제는 국민의 재산권 행사에 대한 제약으로서 그에 관하여 시행령에서 정할 사항의 위임은 보다 구체적이고 명확할 것이 요구되는 것은 앞서 본 법리에 비추어 분명하고, 농업인 주택과 같은 시설의 '설치지역'이란 그 문언적 의미에서 보더라도 시설의 범위나 규모 혹은 설치자의 범위에는 속할 수 없는 사항일 뿐만 아니라, 농지 전용의 허부와 관련하여 위와 같은 요소들과는 독립된 별도의 주요 기준에 해당하는 점에 비추어 보면, 법 제37조 제2항에서 위임사항으로 규정하고 있는 '신고대상 시설의 범위·규모 또는 설치자의 범위 등에 관한 사항'에는 농업인 주택과 같은 시설의 '설치지역'에 관한 사항은 포함되지 아니하는 것으로 풀이된다.

따라서 법 제37조 제2항에 근거한 이 사건 문제규정에서 농지전용신고의 대상이 되는 농업인 주택을 '농업진흥지역 밖에' 설치하는 농업인 주택으로 규정함으로써, 결과적으로 농업진흥지역 내에 설치되는 농업인 주택에 대하여는 법 제39조와 영 제37조 및 제38조의 규정에 따라 농지로서의 보전가치와 농업경영 및 농어촌 생활환경의 유지라는 측면에서 보다 엄격한 심사가 이루어지는 허가를 받도록 한 것은, 결국 법률의 위임 없이 국민의 재산권 행사를 보다 제한한 것이 되어 효력을 가질 수 없다.

그러므로 원고가 농업인 주택을 설치하기 위하여 한 이 사건 농지의 전용에 관한 신청에 대하여, 피고가 이 사건 문제 규정을 근거로 농업진흥지역에 속하는 이 사건 농지의 전용은 허가사항에 해당한다고 보아 달리 원고의 신청이 농지전용신고로서의 요건을 갖추었는지 여부를 심사하여 그 수리 여부를 결정하지 아니한 채 이 사건 불허가처분을 한 것은 결국 법령상의 근거 없이 한 것으로서 위법하다.

같은 취지에서 피고의 이 사건 불허가 처분이 위법하다고 판단하여 원고의 청구를 인용한 원심판결은 정당하고, 거기에 상고이유에서 주장하는 바와 같이 법 제37조 제2항 등에 관한 법리를 오해한 위법이 없다.

따라서 상고는 이유 없으므로 기각하고, 상고비용은 패소자의 부담으로 하여 관여 대법관들의 일치된 의견으로 주문과 같이 판결한다.」

▷ **헌법 제75조의 「법률에서 구체적으로 범위를 정하여 위임받은 사항」이라 함은 대통령령으로 규정될 내용 및 범위의 기본사항이 법률에 구체적으로 규정되어 있어서 누구라도 당해 법률로부터 대통령령에 규정될 내용의 대강을 예측할 수 있어야 한다는 취지의 헌법재판소 판례**

[憲 1991. 7. 8.-91헌가4](복표발행,현상기타사행행위단속법 제9조 및 제5조에 관한 위헌심판)

「죄형법정주의는 자유주의, 권력분립, 법치주의 및 국민주권의 원리에 입각한 것으로서 무엇이 범죄이며 그에 대한 형벌이 어떠한 것인가는 반드시 국민의 대표로 구성된 입법부가 제정한 법률로써 정하여야 한다는 원칙이고, 죄형법정주의를 천명한 헌법 제12조 제1항 후단이나 제13조 제1항 전단에서 말하는 '법률'도 입법부에서 제정한 형식적 의미의 법률을 의미하는 것임은 물론이다. 그런데 아무리 권력분립이나 법치주의가 민주정치의 원리라 하더라도 현대국가의 사회적 기능증대와 사회현상의 복잡화에 따라 국민의 권리·의무에 관한 사항이라하여 모두 입법부에서 제정한 법률만으로 다 정할 수는 없는 것이기 때문에 예외적으로 행정부에서 제정한 명령에 위임하는 것을 허용하지 않을 수 없다.

그러나 법률의 위임은 반드시 구체적이고 개별적으로 한정된 사항에 대하여 행해져야 한다. 그렇지 아니하고 일반적이고 포괄적인 위임을 한다면 이는 사실상 입법권을 백지위임하는 것이나 다름없어 의회입법의 원칙이나 법치주의를 부인하는 것이 되고 행정권의 부당한 자의와 기본권 행사에 대한 무제한적 침해를 초래할 위험이 있기 때문이다. 우리 헌법 제75조도 "대통령은 법률에서 구체적으로 범위를 정하여 위임받은 사항……에 관하여 대통령령을 발할 수 있다"라고 규정하여 위임입법의 근거와 아울러 그 범위와 한계를 제시하고 있는데 "법률에서 구체적으로 범위를 정하여 위임받은 사항"이라 함은 법률에 이미 대통령령으로 규정될 내용 및 범위의 기본사항이 구체적으로 규정되어 있어서 누구라도 당해 법률로부터 대통령령에 규정될 내용의 대강을 예측할 수 있어야 함을 의미한다. 그리고 위임입법에 관한 헌법 제75조는 처벌법규에도 적용되는 것이지만 법률에 의한 처벌법규의 위임은, 헌법이 특히 인권을 최대한으로 보장하기 위하여 죄형법정주의와 적법절차를 규정하고, 법률(형식적 의미의)에 의한 처벌을 특별히 강조하고 있는 기본권보장 우위사상에 비추어 바람직스럽지 못한 일이므로, 그 요건과 범위가 보다 엄격하게 제한적으로 적용되어야 한다. 따라서 처벌법규의 위임은 특히 긴급한 필요가 있거나 미리 법률로써 자세히 정할 수 없는 부득이한 사정이 있는 경우에 한정되어야 하고 이러한 경우일지라도 법률에서 범죄의 구성요건은 처벌대상인 행위가 어떠한 것일 것이라고 이를 예측할 수 있을 정도로 구체적으로 정하고 형벌의 종류 및 그 상한과 폭을 명백히 규정하여야 한다.」

◎ 같은 취지 : 憲 1995. 9. 28.-93헌바50; 1997. 11. 27.-96헌바12; 1998. 5. 28.-96헌가1; 1999. 9. 25.-97헌바63; 1999. 7. 22.-97헌바16등

▷ 예측가능성의 유무를 판단함에 있어서는 당해 특정 조항 하나만을 놓고 판단하는 것이 아니라 관련 법조항 전체를 유기적 · 체계적으로 종합하여 판단하며, 각 대상법률의 성질에 따라 구체적 · 개별적으로 검토하여야 한다는 취지의 판례

[憲 1994. 7. 29.-93헌가12](도시계획법 제92조 제1호 위헌제청)

「가. 헌법 제12조 제1항 후단은 "누구든지 …… 법률과 적법한 절차에 의하지 아니하고는 처벌 · 보안처분 또는 강제노역을 받지 아니한다"라고 규정하고, 헌법 제13조 제1항 전단은 "모든 국민은 행위시의 법률에 의하여 범죄를 구성하지 아니하는 행위로 소추되지 아니하며"라고 규정하여 죄형법정주의의 원칙을 선언하고 있다. 죄형법정주의는 자유주의, 권력분립, 법치주의 및 국민주권의 원리에 입각한 것으로서 무엇이 범죄이며 그에 대한 형벌이 어떠한 것인가는 반드시 국민의 대표로 구성된 입법부가 제정한 법률로써 정하여야 한다는 원칙을 의미한다. 그런데 아무리 권력분립이나 법치주의가 민주정치의 원리라 하더라도 현대국가의 사회적 기능증대와 사회현상의 복잡화에 따라 국민의 권리 · 의무에 관한 사항이라 하여 모두 입법부에서 제정한 법률만으로 다 정할 수는 없는 것이기 때문에 합리적인 이유가 있으면 예외적으로 행정부에서 제정한 명령에 위임하는 것을 허용하지 않을 수 없다.

그러나 법률의 위임은 반드시 구체적이고 개별적으로 한정된 사항에 대하여 행해져야 한다. 그렇지 아니하고 일반적이고 포괄적인 위임을 한다면 이는 사실상 입법권을 백지위임하는 것이나 다름없어 의회입법의 원칙이나 법치주의를 부인하는 것이 되고 행정권의 부당한 자의와 기본권행사에 대한 무제한적 침해를 초래할 위험이 있기 때문이다. 헌법 제75조도 "대통령령은 법률에서 범위를 정하여 위임받은 사항 ……에 관하여 대통령령을 발할 수 있다"라고 규정하여 위임입법의 근거와 아울러 그 범위와 한계를 제시하고 있는데, "법률에서 구체적으로 범위를 정하여 위임받은 사항"이라 함은 법률에 이미 대통령령으로 규정될 내용 및 범위

의 기본사항이 구체적으로 규정되어 있어서 누구라도 당해 법률로부터 대통령령에 규정될 내용의 대강을 예측할 수 있어야 함을 의미한다(헌법재판소 1991. 7. 8. 선고, 91헌가4 결정 참조). 특히 형벌법규의 위임에 있어서는 위임법률이 그 적용을 받는 국민에 대하여 범죄의 구성요건과 형벌의 예측가능한 구체적 내용을 규정하고 있어야 한다. 그러나 그 예측가능성의 유무는 당해 특정조항 하나만을 가지고 판단할 것은 아니고 관련 법조항 전체를 유기적 · 체계적으로 종합판단하여야 하며, 각 대상법률의 성질에 따라 구체적 · 개별적으로 검토하여야 한다(헌법재판소 1994. 6. 30. 선고, 93헌가15, 16, 17(병합) 결정 참조).

나. 위헌심판의 대상이 되는 이 법 제4조 제1항 제2호 후단은, 도시계획구역 안에서 "대통령령이 정하는 물건을 대통령령이 정하는 기간 이상 쌓아놓는 행위"를 하고자 하는 자는 시장 또는 군수의 허가를 받아야 한다고 규정하고 있고, 이 법 제92조 제1호는 "허가 없이 제4조 제1항 각호의 행위를 한 자"는 6월 이하의 징역 또는 300만원 이하의 벌금에 처한다고 규정하고 있다. 이 법 제92조 제1호는 처벌형에 대하여 명확하게 규정하고 있지만, ① 도시계획구역 안에서, ② 시장 또는 군수의 허가를 받지 아니하고, ③ 대통령령이 정하는 물건을, ④ 대통령령이 정하는 기간, ⑤ 쌓아 놓는 행위라고 하는 이 법 제92조 제1호에 의한 처벌의 대상인 범죄구성요건 중 ①, ②, ⑤의 각 구성요건 부분은 그 내용이 명확하므로, 위헌심판의 대상이 되는 각 법조항의 죄형법정주의 및 그 파생적 원리의 하나인 형벌법규 명확성의 원칙위반 여부는, 결국 이 법 제4조 제1항 제2호 후단이 위 구성요건 ③, ④와 관련되는 범죄구성요건을 대통령령에 위임한 것이 죄형법정주의 및 그 파생적 원리의 하나인 형벌법규 명확성의 원칙에 위반되는가 하는 문제에 귀착된다. 그런데 앞서 본 바와 같이 범죄구성요건의 일부를 대통령령에 위임하는 것도 헌법 제75조에 의한 위임입법의 범위와 한계 내에서만 가능하다.

그러므로 이 사건에서는 이 법 제4조 제1항 제2호 후단에 의한 위임입법이 위임입법의 범위와 한계를 벗어났는지 여부가 동시에 이 법 제4조 제1항 제2호 후단 및 제92조 제1호의 죄형법정주의 및 그 파생적 원리의 하나인 형벌법규 명확성의 원칙위반 여부와 경합한다고 하겠다. 이리하여 이하에서는 이 법 제4조 제1항 제2호 후단이 위임입법의 범위와 한계를 벗어났는지 여부에 관하여 검토하기로 한다.

다. 이 법의 목적은 "도시의 건설, 정비, 개량 등을 위한 도시계획의 입안 · 결정 · 집행절차에 관하여 필요한 사항을 규정함으로써 도시의 건전한 발전을 도모하고 공공의 안녕질서와 공공복리의 증진에 기여하게 함"이다(이 법 제1조 참조). 이 법 제4조 제1항 제2호 후단 외에 이 법 제4조 제1항의 각호는, "토지의 형질변경, 죽목의 벌채 · 재식 또는 토석의 채취"(제1호), "건축물 기타 공작물의 신축 · 개축 · 증축"(제2호 전단), "대통령령이 정하는 토지분할"(제3호)의 각 행위를 제한하고 있다. 이상과 같은 이 법의 목적 및 이 법 제4조 제1항 각호에 의하여 제한되는 행위유형 등을 종합하면, 이 법 제4조 제1항의 목적은 도시계획사업에 지장을 줄 수 있는 행위를 제한하기 위한 것이라고 할 수 있다. 그러므로 이 법 제4조 제1항 제2호 후단의 목적도 도시계획사업에 지장을 줄 수 있는 행위를 금지하기 위한 것이다.

그런데 과학기술이 급속하게 발달함에 따라 새로운 종류의 물건이 끊임없이 개발 · 생산되고 있는 오늘날, 도시계획구역 안에 쌓아둠으로써 도시계획사업에 지장을 줄 수 있는 물건과 그 쌓아 놓는 기간을 새로운 물건이 개발 · 생산될 때마다 일일이 법률로 규정하는 것은, 국회가 상시 개원하고 있지도 아니한 현 제도하에서는 현실적으로 불가능할 뿐만 아니라, 건설부장관이 주장하고 있는 바와 같이 현대산업사회의 유동적이고도 가변적인 현상에 즉시 대처할 수 없어서, 원활한 도시계획사업에 지장을 초래할 우려가 없지 않다. 그러므로 이 법 제4

조 제1항 제2호 후단에 의하여 규제대상이 되는 물건과 기간을 대통령령에 위임할 합리적인 이유는 있다고 할 것이다.

나아가 도시계획사업에 지장을 줄 수 있는 행위를 금지한다고 하는 이 법 제4조 제1항 제2호 후단의 목적을 고려하면, 이 법 제4조 제1항 제2호 후단에 의하여 대통령령에 규정될 물건이나 기간도 도시계획사업에 지장을 줄 수 있는 정도의 물건이나 기간이므로, 대통령령에 위임된 범죄구성요건 부분의 대강은 국민이 예측할 수 있도록 위임법률에 구체적으로 정하여져 있다고 할 수 있다. 즉 사회통념상 도시계획사업에 지장을 줄 수 없을 정도로 이동이 용이하거나 가벼운 물건을 쌓아 놓는 행위 및 이동이 용이하지 아니하거나 가볍지 아니한 물건이라도 이를 짧은 기간 쌓아 놓는 행위는 허용되지만, 사회통념상 그 정도를 넘어서는 물건이나 기간은 제한의 대상이 될 것이라는 사실을 충분히 예측할 수 있는 것이다.

라. 그렇다면, 이 법 제4조 제1항 제2호 후단은 위임입법의 범위와 한계를 규정한 헌법 제75조에 위반되지 아니하고, 그로 인하여 이 법 제4조 제1항 제2호 후단 및 제92조 제1호는 죄형법정주의를 규정한 헌법 제12조 제1항, 제13조 제1항 및 그 파생적 원리의 하나인 형벌법규 명확성의 원칙에도 위반되지 아니한다고 하겠다.」

◎ 같은 취지 : 憲 1994. 6. 30.-93헌가15등 1997. 10. 30.-96헌바92등

▷ **위임의 구체성·명확성의 요구에서 처벌법규나 조세법규와 같은 기본권제한적인 법규의 경우에는 그 정도가 강화되고, 규율대상이 극히 다양하거나 수시로 변화하는 성질의 법규일 때에는 그 정도가 완화된다는 취지의 판례**

[憲 1999. 3. 25.-98헌가11등](지방세법 제188조 제1항 제2호 (2)목 중 "고급오락장용 건축물" 부분 등 위헌제청 등)

「나. 조세법률주의와 위임입법의 한계

(1) 조세법률주의

헌법은 제38조에서 "모든 국민은 법률이 정하는 바에 의하여 납세의 의무를 진다"라고 규정하였고, 제59조에서 "조세의 종목과 세율은 법률로 정한다"라고 규정하여 조세법률주의를 선언하고 있다. 조세법률주의는 과세요건 법정주의와 과세요건 명확주의를 그 핵심적 내용으로 하고 있는바, 과세요건 명확주의는 과세요건을 법률로 규정하였다고 하더라도 그 규정내용이 지나치게 추상적이고 불명확하면 이에 대한 과세관청의 자의적인 해석과 집행을 초래할 염려가 있으므로 그 규정내용이 명확하고 일의적이어야 한다는 것을 말하며, 과세요건 법정주의는 납세의무를 성립시키는 납세의무자, 과세물건, 과세표준, 과세기간, 세율 등의 모든 과세요건과 부과·징수절차는 모두 국민의 대표기관인 국회가 제정한 법률로 규정하여야 한다는 것을 말한다(헌재 1992. 12. 24. 90헌바21, 판례집 4, 899 참조). 이러한 조세법률주의의 이념은 결국 과세요건을 국회가 제정한 법률로 명확하게 규정함으로써 국민의 재산권을 보장함과 동시에 국민의 경제생활에 있어서의 법적 안정성과 예측가능성을 보장하기 위한 것이다(헌재 1995. 11. 30. 93헌바32, 판례집 7-2, 607 참조).

(2) 조세법률주의와 위임입법의 한계

헌법 제38조 및 제59조에 의거한 조세법률주의에도 불구하고 사회현상의 복잡다기화와 국회의 전문적·기술적 능력의 한계 및 시간적 적응능력의 한계로 인하여 조세부과에 관련된 모든 법규를 예외없이 형식적인 법률에 의하여 규정한다는 것은 사실상 불가능할 뿐만 아니라 실제에 적합하지도 아니하기 때문에, 경제현실의 변화나 전문적 기술의 발달에 즉시 대응하여야 할 필요 등 부득이한 사정이 있는 경우에는 법률로 규정하여야 할 사항에 관하여 국회제정의 형식적 법률보다 더 탄력성이 있는 행정입법에 위임함이 허용된다고 할 것이다(헌재 1997. 10. 30. 96헌바92등, 판례집 9-2, 494 참조).

그러므로 헌법 제75조도 "대통령은 법률에서 구체적으로 범위를 정하여 위임받은 사항……에 관하여 대통령령을 발할 수 있다"고 규정함으로써 위임입법의 근거를 마련함과 동시에 위임은 '구체적으로 범위를 정하여' 하도록 하여 그 한계를 제시하고 있다. 이와 같이 입법을 위임할 경우에는 법률에 미리 대통령령으로 규정될 내용 및 범위의 기본사항을 구체적으로 규정하여 둠으로써 행정권에 의한 자의적인 법률의 해석과 집행을 방지하고 의회입법과 법치주의의 원칙을 달성하고자 하는 헌법 제75조의 입법취지에 비추어 볼 때, '구체적으로 범위를 정하여'라 함은 법률에 대통령령 등 하위법규에 규정될 내용 및 범위의 기본사항이 가능한 한 구체적이고도 명확하게 규정되어 있어서 누구라도 당해 법률 그 자체로부터 대통령령 등에 규정될 내용의 대강을 예측할 수 있어야 함을 의미한다고 할 것이고, 그 예측가능성의 유무는 당해 특정조항 하나만을 가지고 판단할 것은 아니고 관련 법조항 전체를 유기적 · 체계적으로 종합판단하여야 하며, 각 대상법률의 성질에 따라 구체적 · 개별적으로 검토하여야 한다(헌재 1997. 10. 30. 96헌바92등, 판례집 9-2, 495 참조).

그리고 위임의 구체성 · 명확성의 요구 정도는 그 규율대상의 종류와 성격에 따라 달라질 것이지만 특히 처벌법규나 조세법규와 같이 국민의 기본권을 직접적으로 제한하거나 침해할 소지가 있는 법규에서는 구체성 · 명확성의 요구가 강화되어 그 위임의 요건과 범위가 일반적인 급부행정의 경우보다 더 엄격하게 제한적으로 규정되어야 하는 반면에, 규율대상이 지극히 다양하거나 수시로 변화하는 성질의 것일 때에는 위임의 구체성 · 명확성의 요건이 완화되어야 할 것이다(헌재 1997. 2. 20. 95헌바27, 판례집 9-1, 164 참조).

다. 심판대상 법률조항들의 위헌 여부

(1) 법 제188조 제1항 제2호 (2)목 중 "고급오락장용 건축물" 부분의 조세법률주의 위배 여부

법 제188조 제1항 제2호 (2)목은 국민의 재산권에 직접 영향을 미치는 조세법률이고 더욱이 재산세를 그 가액의 1,000분의 50으로 무겁게 부과하도록 규정하고 있다. 여기서 고급오락장용 건축물이 무엇인지 하는 것은 재산세 중과세요건의 핵심적 내용을 이루는 본질적이고도 중요한 사항이다. 따라서 고급오락장용 건축물을 과세대상으로 규정하는 경우에는 구체적이고 명확하게 규정하지 않으면 헌법상의 조세법률주의 요청에 부응할 수 없다 할 것이다.

사전상으로 '오락'은 쉬는 시간에 게임, 노래, 춤 따위로 즐겁게 노는 일을 뜻하고 '오락장'은 오락을 위한 시설이 되어 있는 장소를 말한다. 그리고 '고급오락장'은 고급이라는 한정어 때문에 오락장의 규모가 크거나 오락장의 시설 또는 설비가 호화로운 오락장을 뜻하는 것으로 일단 이해될 수 있다. 그러나 위와 같이 '오락'의 개념 자체가 지나치게 추상적이고 불분명하여, 어느 형태와 어느 내용의 오락장을 의미하는 것인지를 예측하기가 쉽지 않고, 고급오락장에 관한 사회통념이 형성되어 있다고도 할 수 없으므로, 위와 같은 사전상의 이해만으로는 고급오락장에 대하여 추상적이고도 막연한 파악만 가능할 뿐 어느 정도 규모의, 어느 정도의 호화설비를 갖춘 오락장이 과연 고급오락장에 해당하는지 구체적으로 예측하기가 어렵다. 고급오락장 개념을 구체적으로 설명하고 있는 지방세법의 다른 규정이나 기타 관련 법률규정도 존재하지 아니하므로 '고급오락장' 개념의 불명확성은 법체계적인 해석을 통해서도 제거될 수 없다. 위 법조항은 고급오락장용 건축물이 국민경제발전에 기여하는 생산시설이

아니라 과소비를 조장하는 향락시설이므로 사치성 소비를 억제하여 국가 전체적으로 한정된 자원이 보다 더 생산적인 분야에 투자되도록 유도함과 동시에 국민의 건전한 소비생활을 정착시키려는 데 입법목적을 두고 있으나, 이러한 입법목적도 호화스럽고 사치스러운 오락장이라는 막연한 관점만 제시될 뿐 고급오락장의 내용에 대해서는 아무런 해답을 주지 못한다.

그렇다면 '고급오락장'의 개념이 지나치게 추상적이고 불명확하여 과세관청의 자의적인 해석과 집행을 초래할 염려가 있다고 할 것이므로 법 제188조 제1항 제2호 (2)목 중 "고급오락장용 건축물" 부분은 과세요건 명확주의를 내용으로 하고 있는 헌법 제38조, 제59조에 규정된 조세법률주의에 위배된다고 할 것이다.

(2) 법 제188조 제3항의 포괄위임입법금지원칙 위배 여부

법 제188조 제3항은 고급오락장용 건축물의 "구분과 한계는 대통령령으로 정한다"라고 규정하고 있는바, 이 조항이 헌법 제75조상의 포괄위임금지원칙에 위배되는지를 본다.

우선 앞에서 본 바와 같이 '오락'의 개념 자체가 지나치게 추상적이고 불분명하여, 어느 형태와 어느 내용의 오락장을 의미하는 것인지를 예측하기가 쉽지 않고, 고급오락장에 관한 사회통념이 형성되어 있다고 할 수 없으므로, 위와 같은 사전상의 이해만으로는 고급오락장에 대하여 추상적이고도 막연한 파악만 가능할 뿐 어느 정도 규모의, 어느 정도의 호화설비를 갖춘 오락장이 과연 고급오락장에 해당하는지 구체적으로 예측하기가 어렵다. 뿐만 아니라, 법 제188조 제1항 제2호 (2)목은 재산세를 가중하는 중과세규정으로서 재산세를 그 가액의 1,000분의 50으로 중과세하고 있으며 과세대상인 고급오락장용 건축물의 기준과 범위는 재산세 중과세요건의 핵심적 내용을 이루는 본질적이고도 중요한 사항이다. 따라서 법 제188조 제3항이 그 기준과 범위를 하위법규에 위임하려면 스스로 좀 더 구체적으로 확정한 다음 위임하였어야 하고, 적어도 오락장의 유형, 규모 등 고급오락장의 핵심표지에 관하여 최저기준을 설정한 다음 그 한도에서 위임하였어야 할 것이다. 그러나 법 제188조 제3항은 이를 게을리하여 단순히 고급오락장용 건축물의 "구분과 한계는 대통령령으로 정한다"라고만 함으로써 고급오락장용 건축물의 기준과 범위를 어떻게 규정할 것인지의 문제를 행정부의 자의에 맡기고 있을 뿐이다.

또한 앞에서 본 바와 같이 같은 조항의 입법목적, 지방세법의 다른 규정 또는 기타 관련법률을 살펴보더라도 고급오락장용 건축물의 기준과 범위를 예측해 내기 어려울 뿐만 아니라, 행정입법에 전적으로 위임할 수밖에 없는 불가피성도 없다 할 것이다(헌재 1998. 7. 16. 96헌바52 등, 공보 29, 646, 647 참조).

그렇다면 법 제188조 제3항은 입법사항에 관하여 구체적으로 범위를 정하지 아니하고 포괄적으로 대통령령에 위임함으로써 위임입법의 한계를 일탈하여 헌법 제75조상의 포괄위임입법금지원칙을 위배하였다고 할 것이다.

(3) 법 제234조의16 제3항 제2호 중 "기타 사치성 재산으로 사용되는 토지" 부분의 과세요건 명확주의 위배 여부

우선 사전상으로 '사치'는 신분에 지나치게 치레하거나, 분수없이 호사한 것을 말하며, '사치성 재산'은 생활의 필요 정도에 넘치거나 분수에 지나친 재산을 의미한다. 이러한 '기타 사치성 재산'의 개념 자체는 지나치게 추상적이고 불분명하며 너무 포괄적이어서, 어느 형태와 어느 규모 및 어느 가액의 사치성 재산을 의미하는 것인지를 예측하기가 쉽지 않다. 사치성 재산에 관한 사회통념도 형성되어 있다고 할 수 없으므로, 위와 같은 사전상의 이해만으로는 사치성 재산에 대하여 추상적이고도 막연한 파악만 가능할 뿐 어느 유형과 어떤 규모로 호화

설비를 갖춘 사치성 재산인지는 구체적으로 예측하기가 어렵다. 이와 같이 사치성 재산에 대한 개념이 지나치게 추상적이고 불명확하므로 앞에서 본 바와 같이 과세관청의 자의적인 해석과 집행을 초래할 염려가 있다. 심지어 법원의 판례에서도 아직까지 사치성 재산의 개념에 대한 구체적인 해석이 이루어지지 않아서 확립된 개념이 존재하지 아니한다.

예컨대 법 제234조의15 제2항 단서 제5호에 규정된 사치성재산용 토지 중 '골프장으로 사용되는 토지'의 경우에는 '골프장' 개념에 대한 사회통념이 이미 형성되어 있을 뿐만 아니라, 관련법령인 체육시설의설치 · 이용에관한법률시행령 제20조 제4항에 의거하여 회원제 골프장을 이루는 기본요소인 토지 및 건축물이 무엇인지도 어렵지 않게 예측할 수 있다. 그러나 기타 사치성 재산용 토지의 경우에는 '기타 사치성 재산' 개념을 설명하고 있는 다른 법률규정도 존재하지 아니하므로 법체계적인 해석을 통해서도 기타 사치성 재산용 토지의 기준과 범위를 객관적이고 합리적으로 예측해 낼 수 없다.

종합토지세는 과다한 토지보유를 억제하여 지가안정과 토지소유의 저변확대를 도모하기 위하여 종전의 토지분 재산세와 토지과다 보유세를 통 · 폐합하여 1989. 6. 16. 지방세법 개정법률 제4128호로 도입되었다(헌재 1997. 9. 25. 96헌바18등, 판례집 9-2, 366 참조). 그런데 사치성 재산으로 사용되는 토지에 대해서 종합토지세를 중과하는 입법취지는 무엇보다 사치 · 낭비적인 요인이 큰 재산에 대한 세부담을 강화함으로써 그 소유를 억제하고 토지가 생산적 목적을 위해서 이용되어 건전한 국민생활의 기반이 구축되도록 하고자 하는 데 있다. 그러나 사치성 재산용 토지에 대해서 종합토지세를 중과한다는 이러한 입법목적도 사치성이 있거나 낭비성이 있는 재산이라는 막연한 관점만 제시될 뿐 사치성 재산의 유형과 규모 등 그 내용에 대해서는 구체적인 징표를 제공하지 못한다. 이와 같이 사치성 재산용 토지에 대해서 종합토지세를 중과하는 입법연혁과 입법목적을 살펴보더라도 '기타 사치성 재산'의 기준과 범위를 합리적이고 객관적으로 예측해 내기 어렵다.

그렇다면 '기타 사치성 재산'의 개념이 지나치게 추상적이고 불명확하며 포괄적이므로 법 제234조의15 제2항 단서 제5호 중 "기타 사치성 재산으로 사용되는 토지로서 대통령령으로 정하는 토지" 부분과 법 제234조의16 제3항 제2호 중 "기타 사치성 재산으로 사용되는 토지" 부분도 과세요건 명확주의에 어긋나서 헌법 제38조, 제59조에 규정된 조세법률주의에 위배된다고 할 것이다.

(4) 법 제234조의15 제2항 단서 제5호 중 "기타 사치성 재산으로 사용되는 토지로서 대통령령으로 정하는 토지" 부분의 포괄위임금지원칙 위배 여부

법 제234조의15 제2항 단서 제5호가 "……기타 사치성 재산으로 사용되는 토지로서 대통령령으로 정하는 토지……"라고 규정하고 있는바 이 조항이 헌법 제75조상의 포괄위임금지원칙에 위배되는지를 본다.

앞에서 본 바와 같이 '기타 사치성 재산'의 개념 자체가 지나치게 추상적이고 불분명하며 포괄적일 뿐만 아니라, 사치성 재산에 관한 사회통념이 형성되어 있다고도 볼 수 없으므로, '기타 사치성 재산'의 개념으로부터는 사치성 재산에 대한 추상적이고도 막연한 파악만 가능할 뿐 어느 형태와 어느 규모의 사치성 재산인지는 구체적으로 예측해내기가 어렵다.

입법자로서는 종합토지세를 중과세하는 마당에 "기타 사치성 재산으로 사용되는 토지"의 기준과 범위를 스스로 좀 더 구체적으로 확정한 다음 하위법규에 위임하였어야 하고, 적어도 "기타 사치성 재산으로 사용되는 토지"의 유형, 규모 등 그 핵심표지에 관하여 최저기준을 설정한 다음 그 한도에서 위임하였어야 한다. 위 법조항은 이를 해태함으로써 기타 사치성 재산

용 토지의 기준과 범위를 어떻게 규정할 것인지의 문제를 실질적으로는 행정부의 재량과 자의에 맡겨버린 것이라 할 것이다.

또한 위 법조항의 입법목적만으로는 호화스럽고 사치스러운 재산이라는 막연한 이해만 가능할 뿐 구체적으로 어느 유형과 어느 규모의 사치성 재산용 토지가 "기타 사치성 재산으로 사용되는 토지"인지가 불분명할 뿐만 아니라 지방세법의 다른 규정 또는 기타 관련법률을 살펴보더라도 기타 사치성 재산용 토지의 기준과 범위를 객관적 · 합리적으로 예측해 낼 만한 어떠한 관련법규정도 존재하지 아니하며 행정입법에 전적으로 위임할 수밖에 없는 불가피성이 없음은 앞에서 본 바와 같다.

그렇다면 법 제234조의15 제2항 단서 제5호 중 "기타 사치성 재산으로 사용되는 토지로서 대통령령으로 정하는 토지" 부분도 입법사항에 관하여 구체적으로 범위를 정하지 아니하고 포괄적으로 대통령령에 위임함으로써 위임입법의 한계를 일탈하여 헌법 제75조상의 포괄위임금지원칙을 위배하였다고 할 것이다.」

※ 위 사건에서 재판관 2인(재판관 정경식, 재판관 이영모)은 심판대상 조항이 위헌이라는 것에는 다수의견과 의견을 같이 하나, 주문의 선택에 있어 단순위헌결정이 아닌 헌법불합치결정을 내어야 한다는 취지의 반대의견(헌법불합치)을 내었음

◎ 같은 취지 : 憲 1997. 2. 20.-95헌바27

[大 2000. 10. 19.-98두6265](농지전용불허처분 취소)

「헌법 제75조의 규정상 대통령령으로 정할 사항에 관한 법률의 위임은 구체적으로 범위를 정하여 이루어져야 하고, 이 때 구체적으로 범위를 정한다고 함은 위임의 목적 · 내용 · 범위와 그 위임에 따른 행정입법에서 준수하여야 할 목표 · 기준 등의 요소가 미리 규정되어 있는 것을 가리킨다. 그리고 이러한 위임이 있는지 여부를 판단함에 있어서는 직접적인 위임 규정의 형식과 내용 외에 당해 법률의 전반적인 체계와 취지 · 목적 등도 아울러 고려하여야 하고, 규율 대상의 종류와 성격에 따라서는 요구되는 구체성의 정도 또한 달라질 수 있으나, 국민의 기본권을 제한하거나 침해할 소지가 있는 사항에 관한 위임에 있어서는 위와 같은 구체성 내지 명확성이 보다 엄격하게 요구된다.

그런데 농지법(다음부터는 '법'이라고 한다) 제36조 제1항은 농지의 전용에는 원칙적으로 관할 관청의 허가가 필요한 것으로 규정하면서 그 제3호에서 농지전용신고로써 전용이 가능한 경우를 예외로 규정하고, 이어 제37조는 제1항에서 그 소정 시설의 부지로 농지를 전용하고자 할 경우에는 농지전용신고로써 전용이 가능한 것으로 규정하면서 그 시설로서 농업용시설, 농수산물유통 · 가공시설, 농업인의 공동생활 편익시설, 농수산관련 연구시설, 어업용 시설과 아울러 '농업인 주택'을 규정한 다음, 제2항에서 위와 같은 '신고대상시설의 범위 · 규모 또는 설치자의 범위 등에 관한 사항'은 대통령령으로 정하도록 위임하고 있는데, 이에 기한 법 시행령(1996. 12. 31. 대통령령 제15229호로 개정된 것, 다음부터는 '영'이라고 한다) 제41조 [별표 1]은 그 제1호(다음부터는 '이 사건 문제 규정'이라고 한다)에서 농업인 주택을 "농업진흥지역밖에 설치하는 영 제34조 제4항의 규정에 해당하는 농업인 주택"으로 규정하고 있다.

그러나 농지의 전용에 관한 규제는 국민의 재산권 행사에 대한 제약으로서 그에 관하여 시행령에서 정할 사항의 위임은 보다 구체적이고 명확할 것이 요구되는 것은 앞서 본 법리에 비추어 분명하고, 농업인 주택과 같은 시설의 '설치지역'이란 그 문언적 의미에서 보더라도 시설의 범위나 규모 혹은 설치자의 범위에는 속할 수 없는 사항일 뿐만 아니라, 농지 전용의 허부와 관련하여 위와 같은 요소들과는 독립된 별도의 주요 기준에 해당하는 점에 비추어 보면, 법 제37조 제2항에서 위임사항으로 규정하고 있는 '신고대상 시설의 범위 · 규모 또는 설치자의 범위 등에 관한 사항'에는 농업인 주택과 같은 시설의 '설치지역'에 관한 사항은 포함되지 아니하는 것으로 풀이된다.

따라서 법 제37조 제2항에 근거한 이 사건 문제규정에서 농지전용신고의 대상이 되는 농업인 주택을 '농업진흥지역 밖에' 설치하는 농업인 주택으로 규정함으로써, 결과적으로 농업진흥지역 내에 설치되는 농업인 주택에 대하여는 법 제39조와 영 제37조 및 제38조의 규정에 따라 농지로서의 보전가치와 농업경영 및 농어촌 생활환경의 유지라는 측면에서 보다 엄격한 심사가 이루어지는 허가를 받도록 한 것은, 결국 법률의 위임 없이 국민의 재산권 행사를 보다 제한한 것이 되어 효력을 가질 수 없다.

그러므로 원고가 농업인 주택을 설치하기 위하여 한 이 사건 농지의 전용에 관한 신청에 대하여, 피고가 이 사건 문제 규정을 근거로 농업진흥지역에 속하는 이 사건 농지의 전용은 허가사항에 해당한다고 보아 달리 원고의 신청이 농지전용신고로서의 요건을 갖추었는지 여부를 심사하여 그 수리 여부를 결정하지 아니한 채 이 사건 불허가처분을 한 것은 결국 법령상의 근거 없이 한 것으로서 위법하다.

같은 취지에서 피고의 이 사건 불허가 처분이 위법하다고 판단하여 원고의 청구를 인용한 원심판결은 정당하고, 거기에 상고이유에서 주장하는 바와 같이 법 제37조 제2항 등에 관한 법리를 오해한 위법이 없다.」

▷ **위임명령이 모법인 법률에서 위임받은 사항을 그보다 하위의 법규범에 다시 재위임을 하는 경우에는 법률에서 위임받은 사항의 대강을 반드시 정하고 이 대강을 세부적으로 정하는 것을 하위규범에 위임하는 것만 허용된다는 취지의 판례**

[憲 1996. 2. 29.-94헌마213](풍속영업의규제에관한법률 제2조 제6호 등 위헌확인)

「1) 위임입법의 근거와 한계

권력분립주의의 원칙상 국민의 권리와 의무에 관한 중요한 사항은 입법부에 의하여 법률의 형식으로 결정하여야 할 것이나 여러가지 사정으로 인하여 위임입법이 허용됨은 앞서 본 바와 같고, 헌법 제75조도 "대통령은 법률에서 구체적으로 범위를 정하여 위임받은 사항과 법률을 집행하기 위하여 필요한 사항에 관하여 대통령령을 발할 수 있다"라고 규정함으로써 위임입법의 근거를 마련함과 동시에 반드시 구체적 · 개별적으로 위임이 행하여질 것을 요구하고 있다.

2) 구체적 · 개별적 위임과 이 사건의 경우

사실상 입법권을 백지위임하는 것과 같은 일반적이고 포괄적인 위임은 의회입법과 법치주의를 부인하는 것이 되어 행정권의 부당한 자의와 기본권행사에 대한 무제한적 침해를 초래할 것이기 때문에 법률로 대통령령에 위임을 하는 경우라도 적어도 법률의 규정에 의하여 대통령령으로 규정될 내용 및 범위의 기본사항을 구체적으로 규정함으로써 누구라도 당해 법률로부터 대통령령에 규정될 내용의 대강을 예측할 수 있도록 하여야 할 것인바, 헌법 제75조에서 규정하는 "구체적으로 범위를 정하여"는 위와 같은 의미로 해석된다.

이 사건 심판대상 규정 중 법시행령 제5조 제6호는 "대통령령으로 정하는 풍속영업의 경우 대상자의 연령을 확인하여 대통령령이 정하는 청소년이 풍속영업소에 출입을 하지 못하게 하여야 한다"는 풍속영업법 제3조 제5조의 위임에 따라, 법시행규칙 제4조 제1항 제5조는

"기타 대통령령으로 정하는 풍속영업의 영업시간……등에 관한 사항을 지켜야 한다"는 풍속영업법 제3조 제7호의 위임 및 위 위임에 따른 법시행령 제6조 제2항의 재위임에 따라 각 규정된 것인바, 풍속영업법 제3조 제5호 소정의 "대통령령으로 정하는 풍속영업"이란 앞서 본 풍속영업법의 입법목적, 풍속영업의 업태, 주된 고객층 등 사회의 인식, 성적 문란행위나 범죄, 향락행위 등의 유발위험정도 등을 고려하여 보면 풍속영업 중에서도 청소년의 무분별한 출입을 허용하는 경우 청소년들을 범죄나 비행에 물들게 할 우려가 있는 영업을 의미하고, "대통령령이 정하는 청소년"이란 풍속영업소 출입의 유혹을 느끼지만 아직 정서적 · 인격적으로 성숙하지 못하여 자기억제력이 부족한 연령대의 청소년(청소년기본법은 9세 이상 24세 이하의 자를 청소년으로 정하고 있음도 참고할 수 있다)으로서 그 구체적인 연령은 영업의 성격과 범죄 등 위험행위의 유발정도 등을 고려하여 풍속영업별로 정해질 것이고, 풍속영업법 제3조 제7호 소정의 "대통령령으로 정하는 풍속영업의 영업시간"이란 일정한 시간대의 영업을 허용할 경우 성적 문란행위나 범죄 등의 발생 위험이 높고 향락적 사회분위기를 조장할 우려 등이 있는 영업 중에서 성적 문란행위나 범죄 등의 유발 위험이 높은 업종의 경우에는 주로 심야시간대가, 그에 더하여 향락적 사회분위기를 조장하는 업종의 경우에는 심야뿐 아니라 생산활동시간대인 주간까지도 규제의 대상이 될 것임은 누구나 쉽게 예측할 수 있다.

3) 재위임의 문제

법시행규칙 제4조 제1항 제5호는 앞서 본 바와 같이 법시행령 제6조 제2항의 재위임에 따라 제정된 것인데, 법시행령 제6조 제2항은 "……법 제3조 제7호의 규정에 의하여 풍속영업자 등이 지켜야 할 사항은 해당 영업에 관한 관계법령이 정하는 바에 의하되, 특별한 규정이 없는 경우에는 내무부령이 정하는 바에 의한다"라고만 규정함으로써 풍속영업법 이외에 해당영업에 관한 관계법령이 없는 노래연습장업의 경우에 관하여는 아무런 규정도 두지 아니하고 그대로 내무부령에 재위임하고 있다.

그런데 헌법 제95조는 "……행정각부의 장은 소관사무에 관하여……대통령령의 위임……으로……부령을 발할 수 있다"라고 규정하여 재위임의 근거를 마련하고 있지만, 대통령령의 경우와는 달리 "구체적으로 범위를 정하여"라는 제한을 규정하고 있지 아니하므로 대통령령으로 위임받은 사항을 그대로 재위임할 수 있는가에 관하여 의문이 있다. 살피건대 법률에서 위임받은 사항을 전혀 규정하지 않고 재위임하는 것은 "위임받은 권한을 그대로 다시 위임할 수 없다"는 복위임금지의 법리에 반할 뿐 아니라 수권법의 내용변경을 초래하는 것이 되고, 부령의 제정 · 개정절차가 대통령령에 비하여 보다 용이한 점을 고려할 때 재위임에 의한 부령의 경우에도 위임에 의한 대통령령에 가해지는 헌법상의 제한이 당연히 적용되어야 할 것이다.

따라서 법률에서 위임받은 사항을 전혀 규정하지 아니하고 그대로 재위임하는 것은 허용되지 않으며 위임받은 사항에 관하여 대강을 정하고 그 중의 특정사항을 범위를 정하여 하위법령에 다시 위임하는 경우에만 재위임이 허용된다.

이 사건의 경우 법시행령 제6조 제2항은 노래연습장업의 영업시간에 관하여는 아무런 규정도 함이 없이 내무부령에 규제 여부 및 내용을 재위임하고 있으므로 이에 근거한 법시행규칙 제4조 제1항 제5호의 효력에 관하여 살피건대, 법시행령 제6조 제2항은 백지재위임이 아니라 영업시간의 제한을 지켜야 할 풍속영업 및 영업시간에 관하여 관계 법령에 규정이 있는 경우(식품위생법 제30조, 공중위생법 제11조 제1항, 관광진흥법 제7조 제3항)에는 그 정하는 바에 의하는 것을 원칙으로 하고, 그러한 규정이 없는 경우에는 내무부령이 정하는 바에 의하도록 대강의 규정을 하고 있고, 이에 따라 관계법령이 없는 풍속영업의 경우에도 영업시간의 제한을 받게 될 것인지 여부 및 구체적 영업시간은 관계법령이 있는 영업에 대한 규정과의 비교에 의하여 더욱 구체적 예측이 가능하게 되므로 법시행규칙 제4조 제1항 제5호가 한계를 일탈한 재위임에 의한 규정이라고 할 수는 없다.

4) 따라서 법시행령 제5조 제6호와 법시행규칙 제4조 제1항 제5호가 위임의 한계를 벗어난 무효의 규정이라고 할 수 없다.」

[憲 1997. 4. 24.-95헌마273](행정사법시행령 제2조 제3호 위헌확인)

※ 위 판례 인용부분 참조

▷ **처벌법규의 위임에 관하여 그 요건을 밝힌 판례**

[憲 1997. 5. 29.-94헌바22](건축법 제78조 제1항 등 위헌소원)

「가. 처벌법규의 위임의 한계

(1) 우리 헌법은 권력분립주의에 입각하여 국민의 권리와 의무에 관한 중요한 사항은 주권자인 국민에 의하여 선출된 대표자들로 구성되는 국회에 의하여 법률의 형식으로 결정되도록 하고 있는바, 이러한 의회주의 내지 법치주의의 기본원리는 입법부가 그 입법의 권한을 행정부 내지 사법부에 위임하는 것을 금지함을 내포하고 있다.

그러나 현대국가에 있어 국민의 권리 · 의무에 관한 것이라 하여 모든 사항을 국회에서 제정한 법률만으로 규정하는 것은 불가능하다. 현대 행정 영역이 복잡 · 다기하고 상황의 변화에 따라 다양한 방식으로 적절히 대처할 필요성이 요구되는 반면, 국회의 기술적 · 전문적 능력이나 시간적 적응능력에는 한계가 있기 때문이다. 이에 따라 헌법은 제75조에서 대통령이 대통령령을 발할 수 있다고 규정하여 위임입법의 근거를 마련하고 있으나, 그러나 동시에 대통령령은 법률에서 구체적으로 범위를 정하여 위임받은 사항에 관하여만 발할 수 있다고 한정함으로써 위임입법의 범위와 한계를 제시하고 있다. 위임입법의 필연성은 인정하면서도, 동시에 일반적이고 포괄적인 위임은 이를 허용하지 아니함으로써 헌법이 그 바탕으로 하는 권력분립주의, 의회주의 내지 법치주의의 기본원리는 유지하겠다는 의지를 명백히 한 것이다.

특히 헌법 제12조 제1항 후문과 제13조 제1항 전단은 범죄의 구성요건과 그에 대한 형벌의 내용을 국민의 대표로 구성된 입법부가 성문의 법률로 정하도록 함으로써 국가형벌권의 자의적(恣意的)인 행사로부터 개인의 자유와 권리를 보장하려는 법치국가형법의 기본원칙으로서 죄형법정주의를 천명하여 형벌법규의 '보장적 기능'을 수행하도록 하고 있다. 그러나 위에서 본 위임입법의 불가피성은 범죄와 형벌에 관한 사항에 있어서도 마찬가지이며, 헌법재판소는 위임입법의 근거와 한계에 관한 헌법 제75조는 처벌법규에도 적용되는 것이고, 다만 법률에 의한 처벌법규의 위임은, 헌법이 특히 인권을 최대한 보장하기 위하여 죄형법정주의와 적법절차를 규정하고, 법률에 의한 처벌을 강조하고 있는 기본권보장 우위사상에 비추어 바람직하지 못한 일이므로, 그 요건과 범위가 보다 엄격하게 제한적으로 적용되어야 한다고 판시한 바 있다(헌법재판소 1991. 7. 8. 선고, 91헌가4 결정 ; 1994. 6. 30. 선고, 93헌가15 · 16 · 17(병합) 결정 ; 1995. 10. 26. 선고, 93헌바62 결정 등 참조).

(2) 그리고 헌법에 의하여 위임입법이 용인되는 한계인 법률에서 구체적으로 범위를 정하여 위임받은 사항이라 함은 법률에 이미 대통령령으로 규정될 내용 및 범위의 기본사항이 구체적으로 규정되어 있어서 누구라도 당해 법률로부터 대통령령에 규정될 내용의 대강을 예측할 수 있어야 한다는 것을 의미한다. 위임입법의 위와 같은 구체성 내지 예측가능성의 요구정도

는 문제된 그 법률이 의도하는 규제대상의 종류와 성질에 따라 달라질 것임은 물론이고, 그 예측가능성의 유무를 판단함에 있어서는 당해 특정 조항 하나만을 가지고 판단할 것이 아니고 관련 법조항 전체를 유기적 · 체계적으로 종합판단하여야 하며, 각 대상법률의 성질에 따라 구체적 · 개별적으로 검토하여야 한다(헌법재판소 위 93헌가15 · 16 · 17(병합) 결정 ; 1994. 7. 29. 선고, 93헌가12 결정 등 참조).

그리하여 처벌법규의 위임에 관하여 헌법재판소는 첫째, 특히 긴급한 필요가 있거나 미리 법률로써 자세히 정할 수 없는 부득이한 사정이 있는 경우에 한정되어야 하며, 둘째, 이러한 경우에도 법률에서 범죄의 구성요건은 처벌대상행위가 어떠한 것일 것이라고 예측할 수 있을 정도로 구체적으로 정하고, 셋째, 형벌의 종류 및 그 상한과 폭을 명백히 규정하여야 한다고 판시하였다(헌법재판소 위 91헌가4 결정 ; 93헌가15 · 16 · 17(병합) 결정 등 참조).

나. 이 사건 법률조항의 위헌성

건축법이 건축물의 용도제한에 관한 사항을 미리 예측할 수 있도록 넓은 범위에서나마 그 제한에 관한 사항의 외연 내지 한계를 법률에 규정하여 위임되는 범위를 구체적으로 한정하여야 하였음에도 불구하고 이를 하지 않고 사실상 그 내용 전부를 하위법령에 위임하였기 때문에 일반인의 입장에서 보면 위 건축법 제14조만으로는 실제로 하위법령인 대통령령의 위임사항을 미리 예측하여 자신의 용도변경행위가 건축으로 보아 허가를 받아야 하는 용도변경행위인지 여부를 도저히 알 수가 없다 할 것이다.

따라서 건축법 제78조 제1항 중 제14조의 규정에 의하여 허가 없이 한 대통령령이 정하는 용도변경행위를 건축으로 보아 처벌하는 것은 이에 관련된 법조항 전체를 유기적 · 체계적으로 종합 판단하더라도 그 위임내용을 예측할 수 없는 경우로서 결국 그 구체적인 내용을 하위법령인 대통령령에 백지위임하고 있는 것이라 하지 않을 수 없으므로, 이와 같은 위임입법은 범죄의 구성요건 규정을 위임한 부분에 관한 한 죄형법정주의를 규정한 헌법 제12조 제1항 후문 및 제13조 제1항 전단과 위임입법의 한계를 규정한 헌법 제75조에 위반된다 할 것이다.」

◎ 같은 취지 : 憲 1991. 7. 8.-91헌가4; 1994. 6. 30.-93헌가15등

▸ **법률집행에 관한 권한 중 집행명령에 대한 판례**

▹ **집행명령의 한계에 대한 판례**

[大 1990. 9. 28.-89누2493](휴업지불인정재심판정 취소)

「대통령은 법률에서 구체적으로 범위를 정하여 위임받은 사항과 법률을 집행하기 위하여 필요한 사항에 관하여만 대통령령을 발할 수 있는 것이므로(헌법 제75조), 법률의 시행령은 모법인 법률에 의하여 위임받은 사항이나 법률이규정한 범위 내에서 법률을 현실적으로 집행하는데 필요한 세부적인 사항만을규정할 수 있을 뿐, 법률에 의한 위임이 없는 한법률이 규정한 개인의 권리.의무에 관한 내용을 변경.보충하거나 법률에 규정되지 아니한 새로운 내용을규정할 수는 없다고 할 것인바, 일정한 권리에 관하여 법률이 규정한 존속기간을 뜻하는 제척기간은 권리관계를 조속히 확장시키기 위하여 권리의 행사에 중대한 제한을 가하는 것이므로, 모법인 법률에 의한 위임이 없는 한 시행령이 함부로 제척기간을 규정할 수는 없다고 할 것이다.

원심은 이와 견해를 같이하여, 근로기준법(1989. 3. 29. 법률 제4099호로 개정되기 전의 것)은 제38조에서 “사용자의 귀책사유로 인하여 휴업하는 경우에는 사용자의 휴업기간 중 당해 근로자에 대하여 평균임금의 100분의 60 이상의 수당을 지급하여야 한다. 다만 부득이한 사유로 인하여 사업계속이 불가능하여 노동위원회의 승인을 받은 경우에는 그러하지 아니하다"라고만 규정하고 있을 뿐, 그 단서 소정의 노동위원회의 승인을 받을 수 있는 기간을 제한하는 데 관하여는 직접 규명하지 않고 있음은 물론시행령에 위임하지도 아니하였음에도 불구하고, 같은 법 시행령 제21조가 "사용자가 법 제38조 단서의 규정에 의하여 노동위원회의 승인을 받고자 할 때에는 그 사유가 발생한 후 적어도 5일 이내에 노동부장관이 정하여 고시하는 서식에 의하여 이를 신청하여야 한다"고 규정하고 있으므로, 시행령 소정의 사용자의 노동위원회에 대한 휴업수당지급의 예외승인 신청기간은 제척기간으로 볼 수는 없고 훈시규정으로 보아야 한다는 취지로 판단하였으니, 원심의 이와 같은 판단은 정당하고 이에 상반되는 견해에서 원심판결을 비난하는 논지는 이유가 없다.」

▸ **법률집행에 관한 권한에 대한 통제에 관한 판례**

▹ **법령이 집행행위를 기다리지 아니하고 현재, 직접적으로 청구인의 기본권을 침해한 경우 헌법소원심판으로 그 위헌 여부를 다툴 수 있다고 본 판례**

[憲 1990. 10. 15.-89헌마178](법무사법시행규칙에 대한 헌법소원)

「1. 법무사법 제4조 제1항 제1, 2호는 법무사의 자격에 관하여 규정하고 있는데 같은 법률조항 제1호는 "7년 이상 법원 · 헌법재판소 · 검찰청에서 법원주사보나 검찰주사보 이상의 직에 있던 자 또는 5년 이상 법원 · 헌법재판소 · 검찰청에서 법원사무관이나 검찰사무관(검찰의 수사사무관을 포함한다) 이상의 직에 있던 자로서 범무사 업무의 수행에 필요한 법률지식과 능력이 있다고 대법원장이 인정한자"라고 규정하고 같은 법률 조항 제2호는 "법무사시험에 합격한 자"라고 규정하고 있다. 그리고 법무사법 제4조 제2항은 "제1항 제1호의 규정에 의한 법무사의 자격인정 및 제1항 제2호의 규정에 의한 법무사시험의 실시에 관하여 필요한 사항은 대법원규칙으로 정한다"라고 규정하고 있으며, 이 위임규정에 의하여 법무사법시행규칙 제3조는 법무사시험에 관하여 규정하였는데 그 제1항은 "법원행정처장은 법무사를 보충할 필요가 있다고 인정되는 경우에는 대법원장의 승인을 얻어 법무사시험을 실시할 수 있다"라고 규정하고 있고, 이 사건 헌법소원심판청구의 대상은 바로 법무사시험 실시에 관한 위 법무사법시행규칙 제3조 제1항의 규정이다.……

3. 가. 헌법 제107조 제2항은 "명령 · 규칙 또는 처분이 헌법이나 법률에 위반되는 여부가 재판의 전제가 된 경우에는 대법원은 이를 최종적으로 심사할 권한을 가진다"라고 규정하고 있고, 법원행정처장이나 법무부장관은 이 규정을 들어 명령 · 규칙의 위헌 여부는 대법원에 최종적으로 심사권이 있으므로 법무사법시행규칙의 위헌성 여부를 묻는 헌법소원은 위 헌법규정에 반하여 부적법하다고 주장한다. 그러나, 헌법 제107조 제2항이 규정한 명령 · 규칙에 대한 대법원의 최종심사권이란 구체적인 소송사건에서 명령 · 규칙의 위헌 여부가 재판의 전제가 되었을 경우 법률의 경우와는 달리 헌법재판소에 제청할 것 없이 대법원의 최종적으로 심사할 수 있다는 의미이며, 헌법 제111조 제1항 제1호에서 법률의 위헌여부심사권을 헌법재판소에 부여한 이상 통일적인 헌법해석과 규범통제를 위하여 공권력에 의한 기본권침해를 이유로 하는 헌법소원심판청구사건에 있어서 법률의 하위법규인 명령 · 규칙의 위헌여부심사권이 헌법재판소의 관할에 속함은 당연한 것으로서 헌법 제107조 제2항의 규정이 이를 배제한 것이라고는 볼 수 없다. 그러므로 법률의 경우와 마찬가지로 명령 · 규칙 그 자체에 의하여 직접 기본권이 침해되었음을 이유로 하여 헌법소원심판을 청구하는 것은 위 헌법 규정과는 아

무런 상관이 없는 문제이다. 그리고 헌법재판소법 제68조 제1항이 규정하고 있는 헌법소원심판의 대상으로서의 '공권력'이란 입법 · 사법 · 행정 등 모든 공권력을 말하는 것이므로 입법부에서 제정한 법률, 행정부에서 제정한 시행령이나 시행규칙 및 사법부에서 제정한 규칙 등은 그것들이 별도의 집행행위를 기다리지 않고 직접 기본권을 침해하는 것일 때에는 모두 헌법소원심판의 대상이 될 수 있는 것이다.」

▶ 사법에 관한 권한

▸ 사면 · 감형 · 복권에 관한 권한에 대한 판례

▹ 여러 개의 형이 병과된 자에 있어서 일부에 대하여 특별사면이 행해진 경우에는 나머지 병과형에 대해서는 특별사면의 효력이 미치지 않는다는 취지의 판례

[大 1997. 10. 13.-96모33](재판의 집행에 관한 이의신청 기각에 대한 재항고)

「원심결정의 이유에 의하면, 원심은 재항고인이 1994. 2. 16. 서울고등법원에서 특정범죄가중처벌등에관한법률위반(조세), 조세범처벌법위반, 골재채취법위반, 공유수면관리법위반 등의 죄로 징역 2년 및 벌금 1,000,000,000원에 처하되, 위 징역형의 집행을 3년간 유예한다는 내용의 판결을 선고받아 그 판결이 확정된 사실, 재항고인은 1996. 2. 25. 사면법 제5조, 제7조의 규정에 따라 집행유예된 위 징역형에 대하여 형의 선고의 효력을 상실케 하는 동시에 복권하는 특별사면을 받은 사실, 검사가 신청인에 대하여 인천지방검찰청 94년 징제16922호로 미납한 벌금 255,000,000원의 징수명령을 하여 위 벌금형의 집행처분을 한 사실을 인정한 다음, 신청인에 대한 위 특별사면은 집행유예를 선고받은 징역형에 대하여 그 유예기간이 경과하지 아니하였음에도 그 선고의 효력을 상실케 한다는 것일 뿐 벌금형까지 그 선고의 효력을 상실케 한다는 것으로 볼 수 없고, 기록에 편철된 사면장에도 특별사면이 되는 '형명과 형기'를 '징역 2년, 집행유예 3년'이라고만 기재하고 벌금형에 대하여는 전혀 기재하지 아니하였으므로 벌금형의 집행이 면제된다고 볼 수 없다고 판단하였다.

형법 제41조, 사면법 제5조 제1항 제2호, 제7조 등의 규정의 내용 및 취지에 비추어 보면, 여러 개의 형이 병과된 사람에 대하여 그 병과형 중 일부의 집행을 면제하거나 그에 대한 형의 선고의 효력을 상실케 하는 특별사면이 있은 경우, 그 특별사면의 효력이 병과된 나머지 형에까지 미치는 것은 아니라고 해석함이 상당하다고 할 것이다.

같은 취지에서, 징역형의 집행유예와 벌금형이 병과된 신청인에 대하여 징역형의 집행유예의 효력을 상실케 하는 내용의 이 사건 특별사면이 그 벌금형의 언도의 효력까지 상실케 하는 것은 아니라고 판단한 원심결정은 정당하고, 거기에 소론과 같은 헌법 규정과 사면에 관한 법리를 오해하거나 또는 사면권에 관한 헌법 제79조와 재산권 보장에 관한 헌법 제23조에 위반한 위법이 있다고 볼 수도 없다. 논지는 모두 이유없다.」

▶ 국민투표부의에 관한 권한

▸ 국민투표부의의 대상에 대한 판례

▹ 대통령이 자신에 대한 국민의 재신임을 묻기 위해 이를 헌법 제72조가 정하는 국민투표에 회부하는 것이 허용되지 않는다는 취지의 판례

[憲 2004. 5. 14.-2004헌나1](대통령 노무현)

※ 〈제7편 - 제1장 - 1. - 국정의 통제 - □ 탄핵의 소추〉 판례 인용부분 참조

▷ **대통령이 시정연설을 통하여 자신에 대한 국민의 신임 여부를 묻는 국민투표를 실시하고자 한다고 밝히자, 대통령의 이러한 행위로 인하여 자신들의 기본권이 침해된다고 주장하면서 헌법소원심판을 청구한 사안에 대하여 대통령의 이러한 행위를 공권력의 행사에 해당하지 않는다고 하여 헌법소원심판청구를 각하한 판례**

[憲 2003. 11. 27.-2003헌마694등](대통령신임투표를 국민투표에 붙이는 행위 위헌확인 등)

「가. 헌법소원의 대상이 되는 '공권력의 행사'에 해당하는지 여부에 관하여는 일률적으로 말하기 어렵고 문제된 행위가 국민의 법적 지위에 어떤 영향을 미치는지, 법적 규제 · 형성의 작용이 있는지 아니면 단순한 사실상의 고지나 의견표명에 그치는 것인지, 대외적 효력이 있는 행위인지 아니면 공권력 주체의 내부적 행위에 그치는지, 확정적 행위인지 또는 사전적 준비행위나 계획에 그치는지 등의 여러 가지 사정을 종합하여 구체적 사안마다 개별적으로 판단할 수밖에 없다.

다. 피청구인의 발언내용 및 이를 전후한 여러 사정들을 종합하여 볼 때, 피청구인의 발언의 본의는 재신임의 방법과 시기에 관한 자신의 구상을 밝힌 것에 불과하다고 보아야 한다. 피청구인의 발언은 정치권에서 어떤 합의된 방법을 제시하여 주면 그에 따라 절차를 밟아 국민투표를 실시하겠다는 것이므로 이것은 법적인 절차를 진행시키기 위한 정치적인 사전 준비행위 또는 정치적 구상이나 계획의 표명일 뿐이다. 이러한 피청구인의 발언만으로는 장차 신임국민투표가 반드시 실시될 것이라고 확정적으로 예측할 수도 없다.

국민투표라는 것은 대통령이 그 대상이 되는 사항을 구체적으로 정하여 국민투표안을 공고함으로써 비로소 법적인 절차가 개시된다. 현행 국민투표법을 살펴보더라도, 국민투표는 대통령의 투표안 공고(제49조), 공고된 투표안의 게시(제22조), 국민투표에 관한 운동(제26조), 투표인명부의 작성(제14조 제1항), 투표(제50조), 개표 및 집계(제8장 및 제9장), 중앙선거관리위원회의 결과 공표 및 대통령 · 국회의장에 대한 통보(제89조), 대통령의 공포(제91조) 등의 순서로 진행하도록 되어 있다. 따라서 현행 국민투표법에 의하든, 국민투표에 관하여 별도로 제 · 개정될 어떤 법률에 의하든, 공고와 같이 국민투표에 관한 절차의 법적 개시로 볼 수 있는 행위가 있을 때에 비로소 법적인 효력을 지닌 공권력의 행사가 있다고 할 것이다. 그러한 법적 행위 이전에 국민투표의 실시에 관한 정치적 제안을 하거나 내부적으로 계획을 수립하여 사전에 검토하는 등의 조치는 미확정 사항에 대한 일종의 준비행위에 불과하여 언제든지 그 계획이나 내용이 변경되고 폐기될 수 있는 것이다. 이 사건 심판의 대상이 된 피청구인의 행위가 바로 여기에 해당하는 것으로서, 피청구인이 행한 이 정도의 발언만으로는 국민투표의 실시에 관하여 법적인 구속력 있는 결정이나 조치를 취한 것이라고 할 수 없으며, 그로 인하여 국민의 법적 지위에 어떠한 영향이 미친다고 볼 수도 없다.

그렇다면 비록 피청구인이 대통령으로서 국회 본회의의 시정연설에서 자신에 대한 신임국민투표를 실시하고자 한다고 밝혔다 하더라도, 그것이 공고와 같이 법적인 효력이 있는 행위가 아니라 단순한 정치적 제안의 피력에 불과하다고 인정되는 이상 이를 두고 헌법소원의 대상이 되는 '공권력의 행사'라고 할 수는 없다.」

⇔ 재판관 4인(재판관 김영일, 재판관 권성, 재판관 김경일, 재판관 송인준)의 반대의견

「가. 심판청구의 적법성

(1) 피청구인의 행위는 헌법소원의 대상이 되는 '공권력의 행사'에 해당한다.

(가) 다수의견도 지적하고 있다시피, 국민투표의 실시를 결정하는 것은 피청구인의 독자적 권한이다. 피청구인은 국회 등 다른 국가기관과의 협의 없이 독자적으로 국민투표안을 공고

함으로써 국민투표절차를 개시할 수 있다. 이와 같이 스스로의 독자적 결단에 의하여 얼마든지 실시할 수 있는 국민투표의 계획을 피청구인이 국회에서의 시정연설을 통하여 국민 앞에 공표한 것은 국민투표에 관한 단순한 준비행위나 의견표명 내지 정치적 제안의 수준을 넘어서는 것이다.

(나) 그렇다면 피청구인은 시정연설을 통하여 신임의 확인수단으로서 국민투표를 실시할 의지를 진지하게 천명한 것으로 봄이 상당하고 따라서 피청구인에 대한 신임을 묻는 국민투표는 국회에서의 정치적 합의 또는 동의가 없더라도 피청구인의 의지에 따라 그대로 실시될 수 있는 성질의 것이다.

결국 국민투표절차를 발동시키는 공권력 행사의 시점을 어느 것에서 찾을 수 있는가 하는 문제에 관하여 각하의견은 국민투표안을 대통령이 공고한 때에서 이것을 찾는 데 반하여 반대의견은 국민투표의 계획을 대통령이 공표한 때에서 이것을 찾는 것이다. 반대의견은 형식보다도 실질을 더 중하게 보는 입장인 셈이다.

(2) 피청구인의 행위로 인하여 청구인들의 헌법상 보장된 기본권인 참정권 내지 국민투표권과 정치적 의사의 표명을 강제받지 아니할 자유가 침해될 개연성이 있다.

요컨대 뒤에 보는 바와 같이 신임국민투표는 위헌이고 이로 인하여 국민의 참정권 내지 국민투표권과 정치적 의사표명을 강제받지 아니할 자유가 침해되는바, 적법요건의 심사단계에서도 청구인들의 주장에 근거하여 이와 같은 기본권 침해의 개연성을 일응 인정할 수 있으므로 이 사건 청구는 적법하고 따라서 이를 각하할 것이 아니다.

법무부장관은 피청구인에 대한 신임국민투표의 실시 여부가 불확실한 상태여서 청구인의 기본권이 현재 침해되고 있지 않으므로 청구인들의 심판청구가 부적법하다고 주장하지만 기본권의 침해 자체는 비록 장래에 발생하더라도 그 침해의 발생이 현재 확실히 예측된다면 기본권구제의 실효성을 위하여 침해의 현재성을 인정할 수 있다는 것이 헌법재판소의 확립된 판례인바(헌재 1992. 10. 1. 92헌마68등, 판례집 4, 659, 66; 헌재 1996. 8. 29. 95헌마108, 판례집 8-2, 167, 175 등), 위에서 본 바와 같이 신임국민투표 실시를 향한 피청구인의 의지가 객관적으로 표출되었고 이로써 국민투표가 실시되어 청구인들의 국민투표권이 침해될 개연성이 대단히 농후하게 되었다 할 것이므로 기본권 침해의 '현재관련성'을 인정할 수 있고 따라서 위 주장은 이유없다.

나. 신임국민투표가 기본권을 침해하는지 여부 ……

(2) 헌법에 규정된 국민투표의 법적 성격

우리 헌법은 국민이 직접 국민투표를 제안할 권리(소위 국민발안권)를 인정하지 않고 다만 헌법 제72조에서 피청구인의 제안에 의하여, 그리고 헌법 제130조에서 국회 또는 피청구인의 제안 및 국회의 의결에 의하여, 정책이나 헌법개정안이 국민투표의 대상이 되도록 규정하고 있다. 헌법이 국민발안에 의한 국민투표의 가능성, 즉 국민이 직접 국민투표의 대상을 결정할 수 있는 가능성을 배제하고 단지 국가기관의 주도 하에서 국가기관이 확정한 정책이나 헌법개정안에 대하여 찬성이나 반대만을 표시할 수 있는 제도를 두고 있다는 점에서 이와 같은 국민투표의 성격은 대의제에 직접민주제를 가미하는 방법 중에서 가장 제약적인 형태라고 할 수 있다.

(3) 피청구인이 국민의 신임 여부를 국민투표에 붙이는 행위의 위헌 여부 ……

결론적으로, 피청구인은 국민투표를 통하여 자신에 대한 신임을 물을 헌법적 권한이 없는 것이고 따라서 피청구인이 이미 지난 선거를 통하여 획득한 자신에 대한 신임을 국민투표의 형식으로 재차 확인하고자 하는 것은 헌법 제72조의 국민투표제를 헌법이 허용하지 않는 방법으로 위헌적으로 사용하는 것이다.

또한 피청구인이 특정 정책을 자신에 대한 신임과 연계시켜 '불신임의 경우 사임하겠다' 고 하는 것은 국민투표의 대상이 된 특정정책에 대한 국민의 결정과정에 부당한 압력을 행사하는 것이고 이는 피청구인의 헌법상 권한을 넘어서는 것이다.

따라서 피청구인은 헌법상 국민에게 자신에 대한 신임을 국민투표의 형식으로 물을 수 없고 그렇게 하는 것은 위헌적인 행위로서 헌법적으로 허용되지 않는다.

(4) 기본권의 침해 여부 ……

결국, 헌법에 위반되는 신임국민투표의 시행은 이를 위헌이라 생각하고 당해 투표에 참여하지 아니할 의사를 가진 국민을 그 의사에 반하여 투표를 하도록 사실상 강요함으로써 국민의 자유로운 국민투표권의 행사를 침해할 뿐만 아니라 투표에 참가하는 국민과 불참하는 국민 모두의 진정한 의사를 상당부분 실제와 다르게 왜곡하는 결과를 초래함으로써 국민의 국민투표권을 침해한다고 할 것이다.

이러한 현상은 다른 한편으로는 정치적 의사표명을 강제당하지 아니할 국민의 자유를 침해하는 측면을 갖는다. 피청구인을 신임하지 않지만 중도의 퇴임을 원하지 않기 때문에 위헌적인 국민투표에 부득이 참여하는 국민은 그 정치적 의사의 표명을 사실상 강요당하는 것이고, 마찬가지로 피청구인을 신임하면서도 국민투표의 위헌성 때문에 이에 불참하고자 하는 국민은 불참의 경우에 그 의사가 불신임으로 왜곡되는 것을 피하기 위하여 위헌적인 국민투표에 부득이 참가하게 될 수도 있는데 이것 역시 정치적 의사의 표명을 사실상 강요당하는 것이다. 이것은 일부의 예에 불과하고 그 밖에도 여러 가지 형태로 국민의 정치적 의사의 표명이 사실상 강제되는 현상이 있게 된다. 이러한 측면 역시 기본권을 침해하는 것이라고 보아야 할 것이다.

다. 결　론

그러므로 이 사건에서는 심판청구를 각하할 것이 아니라 이를 본안에서 심리한 뒤 피청구인의 행한 바 신임국민투표계획의 공표가 갖는 위헌성을 확인하여야 할 것이다.」

□ 헌법수호에 관한 권한

▶ 긴급재정경제처분 및 명령권

▸ 긴급재정경제처분 및 명령의 발동요건에 대한 판례

▹ 긴급재정경제명령을 발할 수 있는 중대한 재정경제상 위기상황의 유무에 관한 1차적 판단은 대통령의 재량에 속하나, 대통령의 판단을 객관적으로 정당화할 수 있을 정도의 위기상황이 존재하여야 한다는 취지의 판례

[憲 1996. 2. 29.-93헌마186](긴급재정명령 등 위헌확인)

「(2) 이사건 긴급명령의 요건 구비 여부

(가) 헌법의 규정

1) 헌법 제76조 제1항은 긴급재정경제명령의 요건에 관하여 "대통령은…… 중대한 재정 · 경제상의 위기에 있어서 국가의 안전보장 또는 공공의 안녕질서를 유지하기 위하여 긴급한 조치가 필요하고 국회의 집회를 기다릴 여유가 없을 때에 한하여 최소한으로 필요한…… 법률의 효력을 가지는 명령을 발할 수 있다"라고 규정하고 있다.

2) 또한 헌법은 긴급재정경제명령의 발령절차에 관하여 국무회의의 심의를 거쳐야 하고(제89조 제5호), 그 발령은 문서의 형식으로 하여야 하며, 그 문서에는 국무총리와 관계국무위원의 부서가 있어야 하고(제82조), 지체없이 국회에 보고하여 그 승인을 얻어야 하며, 국회의 승인 여부를 즉시 공포하여야 한다(제76조 제3항, 제5항)는 규정을 두고 있다.

3) 따라서 긴급재정경제명령은 정상적인 재정운용·경제운용이 불가능한 중대한 재정·경제상의 위기가 현실적으로 발생하여(그러므로 위기가 발생할 우려가 있다는 이유로 사전적·예방적으로 발할 수는 없다) 긴급한 조치가 필요함에도 국회의 폐회 등으로 국회가 현실적으로 집회될 수 없고 국회의 집회를 기다려서는 그 목적을 달할 수 없는 경우에 이를 사후적으로 수습함으로써 기존질서를 유지·회복하기 위하여(그러므로 공공복리의 증진과 같은 적극적 목적을 위하여는 발할 수 없다) 위기의 직접적 원인의 제거에 필수불가결한 최소의 한도 내에서 헌법이 정한 절차에 따라 행사되어야 한다.

그리고 긴급재정경제명령은 평상시의 헌법 질서에 따른 권력행사방법으로서는 대처할 수 없는 중대한 위기상황에 대비하여 헌법이 인정한 비상수단으로서 의회주의 및 권력분립의 원칙에 대한 중대한 침해가 되므로 위 요건은 엄격히 해석되어야 할 것이다.

(나) 이 사건에의 적용

1) 우리 사회는 지난 30여년간 경제성장 제일주의에 매달려 온 결과, 성장에 필요한 자금조달을 극대화하는 과정에서 비실명금융거래가 조장되어 음성불로소득이 만연하고 지하경제가 확산되었으며, 정치·사회·경제 등 모든 분야에서 부정·부조리를 온존·심화시키는 역할을 하여 왔는바, 그로 인하여 금융시장이 왜곡되고 금융정책의 실효성이 떨어져 이른바 이철희·장영자 부부의 거액어음사기 사건 등 대형 금융사고가 빈발하고, 유휴자금이 부동산과 사채시장으로 몰려 투기가 극에 달하였으며 탈세 및 조세의 형평성 문제가 제기되고 기업이 자금조달에 어려움을 겪는 등 건전한 경제발전에 장애가 되어 특히 1980년대 이후 문제가 더욱 심각해져 중대한 사회·경제적 문제로서 더 이상 이를 방치할 수 없는 위기상황에까지 이르렀다. 그렇다면 이 사건 긴급명령은 "중대한 재정·경제상의 위기에 있어서 국가의 안전보장 또는 공공의 안녕질서를 유지하기 위하여" 발하여진 것이라고 할 수 있을 것이다.

2) 그런데 이 사건 긴급명령 이전에 이미 금융실명법이 제정되어 있었고 대통령은 1986. 1. 1. 이후 어느 날이라도 위 법률을 시행함으로써 금융실명제를 실시할 수도 있었으므로(위 법률 부칙 제1항), 굳이 이 사건 긴급명령을 발하여야 할 필요성이 있었는지 의문이 있다. 살피건대 위 금융실명법과 이 사건 긴급명령을 비교하여 보면 주요한 내용상의 차이를 발견할 수 있다. 그렇다면 이 사건 긴급명령의 발포와 관련하여 "긴급한 조치가 필요함에도 국회의 집회를 기다릴 여유가 없을 때"라는 요건도 충족되었다고 볼 것이다.

3) 이 사건 긴급명령의 내용은 앞서 본 재정·경제상의 위기상황의 극복과 관련하여 "최소한으로 필요한" 금융실명제의 실시 및 금융정보의 비밀보장, 그 밖에 이와 관련한 부수적 사항만을 규정하고 있다.

4) 다만 긴급권은 그 본질상 비상사태에 대응하기 위한 잠정적 성격의 권한이므로 긴급권의 발동은 그 목적을 달성할 수 있는 최단기간 내로 한정되어야 하고 그 원인이 소멸된 때에는 지체없이 해제하여야 할 것인데도 이 사건 긴급명령은 발포일로부터 2년이 훨씬 지난 현재까지도 유지되고 있는바, 이와 같은 긴급명령 발포상태의 장기화가 바람직하지는 않지만 그렇다고 그 사유만으로 발포 당시 합헌적이었던 이 사건 긴급명령이 바로 위헌으로 된다고 할 수는 없다.

5) 그 밖에 국회는 이 사건 긴급명령 발포 후 1983. 8. 19. 최초로 소집된 임시국회에서 이 사건 긴급명령을 승인하였으며 기타 절차적 요건의 구비 여부에 관하여 문제점을 찾아볼 수 없다.

(3) 그렇다면 이 사건 긴급명령은 헌법이 정한 절차와 요건에 따라 헌법의 한계 내에서 발포된 것이고 따라서 이 사건 긴급명령 발포로 인한 청구인의 기본권 침해는 헌법상 수인의무의 한계 내에 있다고 할 것이다.」

※ 위 판례에서 국회의 탄핵소추의결의 부작위는 헌법소원의 대상이 되는 공권력의 불행사에 해당한다고 할 수 없어 이 부분에 대한 헌법소원청구가 부적법하다고 본 부분에 대해서는 〈제7편 - 제1장 - 1. - 국정의 통제 - □ 탄핵의 소추〉 판례 인용부분 참조

▸ 긴급재정경제처분 및 명령에 대한 통제에 관한 판례

▹ 긴급재정경제명령이 통치행위에 해당하지 않는다고 하면서 그 발동에 있어서 실질적 요건을 엄격하게 충족시킬 것을 요구한다고 본 판례

[憲 1996. 2. 29.-93헌마186](긴급재정명령 등 위헌확인)

「통치행위란 고도의 정치적 결단에 의한 국가행위로서 사법적 심사의 대상으로 삼기에 적절하지 못한 행위라고 일반적으로 정의되고 있는바, 이 사건 긴급명령이 통치행위로서 헌법재판소의 심사 대상에서 제외되는지에 관하여 살피건대, 이른바 통치행위를 포함하여 모든 국가작용은 국민의 기본권적 가치를 실현하기 위한 수단이라는 한계를 반드시 지켜야 하는 것이고, 헌법재판소는 헌법의 수호와 국민의 기본권 보장을 사명으로 하는 국가기관이므로 비록 고도의 정치적 결단에 의하여 행해지는 국가작용이라고 할지라도 그것이 국민의 기본권 침해와 직접 관련되는 경우에는 당연히 헌법재판소의 심판대상이 될 수 있는 것일 뿐만 아니라, 긴급재정경제명령은 법률의 효력을 갖는 것이므로 마땅히 헌법에 기속되어야 할 것이다. 따라서 이 사건 긴급명령이 통치행위이므로 헌법재판의 대상이 될 수 없다는 법무부장관의 주장은 받아들일 수 없다.」

※ 사건의 개요 및 심판의 대상 기타 쟁점에 대하여는 위 판례 인용부분 참조

▶ 계엄선포권

▸ 계엄의 선포권자에 대한 판례

▹ 대통령 권한대행자도 계엄을 선포할 수 있다는 취지의 판례

[大 1981. 1. 23.-80도2756]((가) 내란음모, (나) 계엄법위반, (다) 계엄법위반교사, (라) 국가보안법위반, (마) 반공법위반, (바) 외국환관리법위반)

「1972. 12. 27.에 개정 공포된 대한민국 헌법이 무효라고 보아야 할 근거는 없고, 대통령의 판단결과로 비상계엄이 선포되었을 경우 그 선포는 고도의 정치적, 군사적 성격을 지니고 있는 행위라 할 것이므로 그것이 누구나 일견해서 헌법이나 법률에 위반되는 것으로 명백하게 인정될 수 있는 것이면 몰라도 그렇지 아니한 이상 고도의 정치적, 군사적 성격을 갖고 있는 비상계엄선포를 가리켜 당연무효라고 단정할 수 없다 할 것이며 그 계엄선포의 당, 부당을 판단할 권한은 사법부에 없다 할 것인 바(본원 1964. 7. 21.자 64초3, 64초4, 64초6 등 각 재정 및 1979. 12. 7.자 79초70재정 참조), 논지가 지적하는 계엄사령관의 1979. 10. 27.자 포고 제1호는 당시의 헌법 제54조, 계엄법 제1조, 제4조 등에 따라 행하여진 대통령권한대행의 동일자 비상계엄선포 및 계엄법 제13조에 의하여 국가의 안전과 공공의 안녕질서를 확립하고 국민의 생명과

재산을 보호하기 위하여 체포, 구금, 수색, 언론, 출판, 집회 또는 단체행동에 관하여 한 특별조치임이 명백하여 그 조치가 위헌, 위법이라 할 수 없으며, 위 포고 제1항에 의하면 모든 실내의 집회는 허가를 받아야 하고 시위 등 단체활동은 금한다고 규정하고 있음으로 이는 허가없이 집회를 주최하거나 소집하는 행위뿐만 아니라 허가를 받지 아니한 집회에 참여하는 행위까지를 금하는 취지라고 보아야 할 것이니 원심이 같은 취지로 판단하여 피고인들에게 계엄법위반죄의 죄책을 문의하였음은 정당하고 거기에 소론과 같은 판단유탈이나 계엄에 관한 법리를 오해한 위법이 없다.」

▸ **계엄에 대한 통제에 관한 판례**

▹ **과거 계엄선포가 당연무효이면 사법심사의 대상이 되지만, 법원이 계엄선포요건의 구비여부나 그 당·부당을 심사하는 것이 사법권의 한계를 넘어서는 것이라고 본 판례**

[大 1979. 12. 7.-79초70](재판권쟁의에 관한 재정신청)

「피고인의 변호인들의 재정신청이유(이유보충서기재내용 포함)의 요지는 (1) 헌법 제54조 제1항에 의하면 대통령은 전시 또는 이에 준하는 국가비상사태에 있어서 병력으로써 군사상의 필요 또는 공공의 안녕질서를 유지할 필요가 있을 때에는 법률이 정하는 바에 의하여 계엄을 선포할 수 있도록 규정하고 있고, 계엄중 비상계엄에 관하여는, 계엄법 제4조가 비상계엄은 전쟁 또는 전쟁에 준하는 사변에 있어서 적의 포위공격으로 인하여 사회질서가극도로 교란된 지역에 선포할 수 있도록 규정하고 있는 바, 1979. 10. 27에 선포된 비상계엄은 위의 요건의 어느 하나도 현실적으로 갖추지 아니한 채 다만 대통령이 사망하였다는 사유만으로 선포된 것이어서, 이는 헌법과 계엄법에 위반되는 당연무효의 것이고, 따라서 위 비상계엄선포가 유효함을 전제로 하여 설치된 육군본부계엄보통군법회의는 이 점에 있어 피고인에 대한 재판권을 행사할 수는 없는 것임이 명백하고, (2) 설령 위 비상계엄의 선포가 그 요건을 구비한 유효한 것이라고 하더라도, 계엄법 제16조는 {비상계엄지역 내에 있어서는 전조또는 좌기의 죄를 범한 자는 군법회의에서 이를 재판한다}고 규정하고 있는 바, {비상계엄지역 내에 있어서는} 이라는 표현에는 비상계엄이 선포되어 있는 지역이라는 장소적 개념뿐만 아니라 시간적 개념도 포함되어 있다고 보아야 할 것이며, 헌법 제24조 제2항이 군인 또는 군속이 아닌 국민이 군법회의의 재판을 받지 아니할 권리를 국민의 기본적인 권리로 보장하고 있음을 아울러 볼 때, 군인 또는 군속이 아닌 피고인이 위의 비상계엄선포전에 행한 이건 공소사실에 대하여는 군법회의는 재판권을 가질 수 없다 할 것이며, 위와 같이 해석을 하지 아니한다면, 이는 헌법 제11조 소정의 소급입법금지의 원칙에 저촉되는 것이라고 함에 있다.

그러므로 신청이유 중 먼저 위 (1)의 점에 대하여 판단한다.

우리 나라는 현재 북한공산집단과 정전상태에 있고 북한공산집단은 휴전선이북에 막대한 병력을 집중배치하여 항상 남침의 기회를 노리고 있을 뿐 아니라, 간첩을 남파하는등 유형, 무형의 갖은 방법으로 우리 나라에 대하여 치안교란과 파괴공작을 기도, 감행하고 있는 실정에 있으며 금반의 1979. 10. 27자 비상계엄 선포직전에는 부산직할시 등지에 소요사태가 있는데다가, 같은 달 26에는 대통령이 졸지에 살해당한 돌발사고가 발생하여, 국정이 순시에 지극히 긴박하고도 중대한 비상사태에 이르자, 대통령의 유고로 그 권한대행을 하게된 국무총리는 국가의 안전보장과 사회질서 및 치안유지를 위하여 1979. 10. 27. 04:00시를 기하여 전국일원 (제주도 제외)에 비상계엄을 선포하게 되었음은 공지의 사실인 바, 위와 같은 사태 아래서, 국가를 보위하며 국민의 자유와 복리의 증진에 노력하여야 할 국가원수인 동시에 행정의 수반이며 국군의 통수자인 대통령(권한대행)이 제반의 객관적 상황에 비추어서 그 재량으로 비상계엄을 선포함이 상당하다는 판단 밑에 이를 선포하였을 경우, 그 행위는 고도의 정치적, 군사적 성격을 띠는 행위라고 할 것이어서, 그 선포의 당, 부당을 판단할 권한과 같은 것은 헌법상 계엄의 해제 요구권이 있는 국회만이 가지고 있다고 할 것이고, 그 선포가 당연 무효의 경우라면 모르되, 사법기관인 법원이 계엄선포의 요건의 구비 여부나 선포의 당, 부당을 심사하는 것은, 사법권의 내재적인 본질적 한계를 넘어서는 것이되어, 적절한 바가 못된다 할 것이므로(대법원 1964. 7. 21 자 64초3, 64초4, 64초6 등 각 재정 참조), 위의 비상계엄이 법적 요건을 구비하지 아니한 것이어서 효력이 없는 것이라는 견해를 전제로 하여 군법회의가 재판권이 없다는 논지 주장은 이유없다.」

◎ 같은 취지 : 大 1981. 1. 23.-80도2756; 1981. 2. 10.-80도3147; 1981. 4. 28.-81도874; 1981. 5. 26.-81도1116; 1981. 9. 22.-81도1833

▸ 계엄의 해제에 대한 판례

▹ 계엄이 선포된 기간 중 계엄포고위반의 죄는 계엄이 해제된 이후에도 행위 당시의 법령에 따라 처벌된다는 취지의 판례

[大 1985. 5. 28.-81도1045](계엄포고위반)

「계엄은 국가비상사태에 당하여 병력으로서 국가의 안전과 공공의 안녕질서를 유지할 필요가 있을 때에 선포되고 평상상태로 회복되었을 때에 해제하는 것으로서 계엄령의 해제는 사태의 호전에 따른 조치이고 계엄령이 부당하다는 반성적 고려에서 나온 조치는 아니다.

그러므로 계엄이 해제되었다고 하여 계엄하에서 행해진 위반행위의 가벌성이 소멸된다고 볼 수 없는 것으로서 계엄기간중의 계엄포고위반의 죄는 계엄해제 후에도 행위당시의 법령에 따라 처벌되어야 하고 계엄의 해제를 범죄 후 법령의 개폐로 형이 폐지된 경우와 같이 볼 수 없다는 것이 당원이 견지해온 견해이다(1963. 1. 31 선고 62도257 판결 ; 1981. 3. 24 선고 81도304 판결 ; 1981. 3. 31 선고 81도426 판결 ; 1981. 5. 7 선고 81도1002판결 ; 1983.6.14 선고 83도647 판결 각 참조).」

◎ 같은 취지 : 大 1963. 1. 31.-62도257; 1981. 3. 24.-81도304; 1981. 3. 31.-81도426; 1981. 5. 7.-81도1002; 1983. 5. 14.-83도647

▹ 1972년 헌법하에서 발해진 긴급조치의 효력은 1980년 헌법이 효력을 발생한 때에는 계속효를 가지지 못한다고 본 대법원 판례

[大 1985. 1. 29.-74도3501](대통령긴급조치위반, 법정모욕)

「구 헌법 제53조의 대통령긴급조치권이나 헌법 제51조의 대통령비상조치권은 다같이 그 연혁이나 성질에 있어 강학상의 국가긴급권에 연유하는 것으로 각 그 적법성에는 의심할 여지가 없으나 각 그 정하는바 그 발동요건이나 통제기능에 있어 구 헌법 제53조의 대통령긴급조치권은 헌법 제51조의 대통령비상조치권과는 현저한 차이가 있어 우리 제5공화국의 국가이념이나 그 헌법정신에 위배됨이 명백하여 그 계속효가 부인될 수 밖에 없어 헌법 제51조의 규정은 위 대통령긴급조치 제1호, 제2호 및 제4호의 법적 근거가 될 수 없으므로 이 점에 있어서도 위 대통령긴급조치 각 호는 1980. 10. 27 제5공화국헌법의 제정공포와 더불어 실효되었다고 함이 마땅할 것이다.」

▷ 계엄이 해제된 이후에도 군사법원의 재판권을 연장하는 단서규정이 헌법에 합치되는지에 대하여 이를 합헌이라고 본 대법원 판례

[大 1985. 5. 28.-81도1045](계엄포고위반)

「헌법은 비상조치권에 관하여 규정한 제51조에서는 대통령의 비상조치의 효력상실시기를 명시하면서 계엄에 관하여 규정한 제52조에서는 비상계엄하에서 제한되었던 기본권의 원상회복시기나 계엄해제의 효력발생시기에 관하여는 아무런 규정을 하지 아니하고 제1항에서 "대통령은……법률이 정하는 바에 의하여 계엄을 선포할 수 있다", 제3항에서 "비상계엄이 선포된 때에는 법률이 정하는 바에 의하여… 법원의 권한에 관하여 특별한 조치를 할 수 있다"고 규정함으로써 그에 관한 사항을 법률에 위임하고 있다. 이 경우 법률에서 그 시기를 정함에 있어서 국민의 기본권을 전적으로 부인하거나 그 권리의 본질적 내용을 침해하는 것과 같은 내용의 규정을 하는 것은 물론 허용될 수 없는 것이지만 국민의 기본권을 보장한 헌법정신에 위배되지 않는 범위 내에서 합리성이 있다고 수긍이 가는 시기를 택하여 이를 규정할 수 있음은 물론이다. 구 계엄법이 국가비상사태가 평상상태로 회복되었다는 사실 자체만으로 계엄해제의 효력을 인정하지 아니하고 대통령의 계엄해제에 의하여 비로소 계엄의 효력이 소멸하는 것이라고 규정하여 계엄해제의 효력발생시기의 선택을 대통령의 판단에 맡기면서 구 계엄법 제23조 제2항에서 계엄해제시의 대통령의 조치에 의하여 비상계엄해제의 효력중 군법회의에 계속중인 재판사건의 재판권이 일반법원에 속하게 되는 효력만이 1개월 이내의 기간안에 단계적으로 발생할 수 있음을 규정한 것이 국가비상사태가 평상상태로 회복되었음에도 불구하고 국민의 군법회의를 받지 않을 권리를 일시적으로 제한한 것임은 분명하지만 그렇다고 하여 위 제23조 제2항의 규정이 국민의 군법회의를 받지 않을 권리자체를 박탈하는 것이라거나 그 권리의 본질적 내용을 침해하는 것이라고 할 수 없을 뿐 아니라 앞서 본 위 조항의 입법목적에 비추어 보면 국가비상사태와 관련하여 생긴 상황에 대처하기 위하여 국민의 군법회의를 받지 않을 권리를 일시 제한한 위 규정의 합목적성이 인정되는 바이므로 위 규정이 헌법의 위임범위를 넘어선 것으로서 헌법 제52조나 제26조 제2항에 위배되는 것이라고 할 수는 없다.」

직무상의 의무

□ 헌법수호의무

▶ **법률의 위헌 여부는 헌법재판소에 의하여 위헌으로 결정되지 아니하는 이상 대통령 스스로 위헌이라고 판단하여 법률의 적용을 배제하거나 거부하지 못한다는 취지의 판례**

[憲 2004. 5. 14.-2004헌나1](대통령 노무현)

※ 〈제7편 - 제1장 - 1. - 국정의 통제 - □ 탄핵의 소추〉 판례 인용부분 참조

2. 행 정 부

국무총리

□ 국무총리의 헌법상 지위

▶ **대통령의 보좌기관**

[憲 1994. 4. 28.-89헌마86](신체의 자유의 침해에 대한 헌법소원)

「(2) 국가안전기획부를 대통령직속기관으로 한 정부조직법 제14조가 헌법 제86조 제2항에 위반되는지의 여부를 본다.

(가) 먼저, 헌법 제86조 제2항의 취지를 살펴본다.

헌법 제86조 제2항은 "국무총리는 대통령을 보좌하며, 행정에 관하여 대통령의 명을 받아 행정각부를 통할한다"고 규정하고 있는바, 이 조항은 그 위치와 내용으로 보아 국무총리의 헌법상 주된 지위가 대통령의 보좌기관이라는 것과 그 보좌기관인 지위에서 행정에 관하여 "대통령의 명을 받아" 행정각부를 통할할 수 있다는 그 행정각부 통할권을 규정한 것일 뿐, 그 사실만으로 곧 국무총리의 통할을 받지 않는 행정기관은 법률에 의하더라도 이를 설치할 수 없다든가 또는 모든 행정기관은 헌법상 예외적으로 열거된 경우 등 이외에는 반드시 국무총리의 통할을 받아야 한다고는 볼 수 없고, 이는 그 기관이 관장하는 사무의 성질에 따라 국무총리가 대통령의 명을 받아 통할할 수 있는 기관으로 설치할 수도 있고 또는 대통령이 직접 통할하는 기관으로 설치할 수도 있다 할 것이다. 또 헌법이 감사원, 국가안전보장회의 등의 설치근거 규정을 두고 있는 것은 헌법적 시각에서 본 그 기관의 성격, 업무의 중요성 등을 감안하여 특별히 헌법에 그 설치근거를 명시한 것에 불과할 뿐 이것이 그 설치근거를 법률에 두는 법률기관의 설치를 금지하는 취지는 아니다.

(나) 다음으로, 헌법 제86조 제2항 소정의 '행정각부'가 어떤 기관을 가리키는가 또 그 기관에 국가안전기획부가 포함되는가의 여부를 살펴본다.

위 헌법조항 소정의 '행정각부'가 어떤 기관을 가리키는 것인지에 관하여 헌법에 아무런 직접적인 규정이 없고 단지 헌법 제96조에 "행정각부의 설치 · 조직과 직무범위는 법률로 정한다"고만 규정되어 있다. 이와 같이 헌법이 행정각부의 의의(意義)에 관하여 아무런 규정을 두지 않고 그 조직과 직무 범위에 관한 사항만이 아니라 그 '설치'에 관한 사항까지도 법률에 위임한 이상 헌법 제86조 제2항의 '행정각부'가 어떤 기관을 가리키는 것인지는 그 위임에 따라 제정된 법률의 규정에 의하여 해석, 판단할 수밖에 없다.

헌법 제4장 제2절 제3관(행정각부)의 '행정각부'의 의의에 관하여 학설상으로는, 정부의 구성단위로서 대통령 또는 국무총리의 통할하에 법률이 정하는 소관사무를 담당하는 중앙행정기관이라든가, 또는 대통령을 수반으로 하는 집행부의 구성단위로서 국무회의의 심의를 거쳐 대통령이 결정한 정책과 그 밖의 집행부의 권한에 속하는 사항을 집행하는 중앙행정기관이라는 등으로 일반적으로 설명되고 있다.

그런데 헌법이 '행정각부'의 의의에 관하여는 아무런 규정도 두고 있지 않지만, '행정각부의 장(長)' 에 관하여는 '제3관 행정각부' 의 관(款)에서 행정각부의 장은 국무위원 중에서 임명되며(제94조) 그 소관사무에 관하여 법률이나 대통령령의 위임 또는 직권으로 부령을 발할 수 있다(제95조)고 규정하고 있는바, 이는 헌법이 '행정각부' 의 의의에 관하여 간접적으로 그 개념범위를 제한한 것으로 볼 수 있다. 즉, 성질상 정부의 구성단위인 중앙행정기관이라 할지라도, 법률상 그 기관의 장(長)이 국무위원이 아니라든가 또는 국무위원이라 하더라도 그 소관사무에 관하여 부령을 발할 권한이 없는 경우에는, 그 기관은 우리 헌법이 규정하는 실정법적(實定法的) 의미의 행정각부로는 보지 아니하는 헌법상의 간접적인 개념제한이 있음을 알 수 있다. 따라서 정부의 구성단위로서 그 권한에 속하는 사항을 집행하는 모든 중앙행정기관이 곧 헌법 제86조 제2항 소정의 행정각부는 아니라 할 것이다.

이러한 관점에서 헌법 제96조에 의거하여 제정된 정부조직법을 보면, 이 법은 제1장 총칙(정부조직에 관한 총칙 규정), 제2장 대통령(대통령 및 그 소속기관과 국무회의에 관한 규정), 제3장 국무총리(국무총리 및 그 소속기관에 관한 규정), 제4장 행정각부(행정각부의 구분과 조직에 관한 규정) 및 부칙 규정으로 구성되어 있고, '제4장 행정각부' 의 장(長)의 첫번째 조항인 제29조 제1항에 행정각부의 설치와 그 명칭에 관하여 "대통령의 통할하에 다음의 행정각부를 둔다" 하여 '외무부' 를 비롯한 14개의 행정각부를 구체적으로 열거하고 있으며, 한편 동법 제14조에서 국가안전기획부는 대통령직속기관임을 분명히 하고 있고 이 조문은 대통령비서실을 대통령직속기관으로 규정한 동법 제11조와 함께 '제2장 대통령' 의 장(長) 안에 규정되어 있다.

그리고 정부조직법의 체재와 규정내용을 이와 관련된 헌법의 체재 및 규정과 대비하여 살펴보아도 헌법 제86조 제2항 소정의 '행정각부' 의 의의를 위와 달리 볼 만한 뚜렷한 근거규정이 없고 또 우리 헌법이 국무총리제도를 둔 이유에서 본다 하더라도 곧 위와 다른 해석은 나오지 아니한다.

(다) 그렇다면 국가안전기획부는 국무총리의 행정각부 통할권을 규정한 헌법 제86조 제2항 소정의 '행정각부' 에 포함되지 아니한다 할 것이므로 이 조항에 의거한 국무총리의 통할을 받지 않는 것은 당연하고 따라서 국가안전기획부를 대통령직속기관으로 규정한 정부조직법 제14조가 헌법 제86조 제2항에 위반된다고 할 수 없다.

⇔ 재판관 1인(재판관 변정수)의 반대의견

「정부조직법 제14조 제1항이 "국가안전보장에 관련되는 정보·보안 및 범죄수사에 관한 사무를 담당하게 하기 위하여 대통령 소속하에 국가안전기획부를 둔다"라고 규정하여 대통령의 대내외 정책수행에 필요한 정보수집에 국한하지 않고 국민의 기본권에 중대한 영향을 미치는 보안 및 범죄수사에 관한 사무를 담당하게 한 것으로 볼 때 안전기획부는 대통령비서실과는 달리 행정부(내무부 및 법무부)의 권한에 속하는 사항을 집행하는 중앙행정기관이므로(안전기획부의 직무범위를 규정한 안전기획부법 제3조는 국외정보, 국내보안정보의 수집·작성 및 배포, 국가기밀에 속하는 문서, 자재, 시설 및 지역에 대한 보안업무뿐만 아니라 정보 및 보안업무의 기획조정 그리고 형법 중 내란의 죄, 외환의 죄, 군형법 중 반란의 죄, 암호부정사용죄, 군사기밀보호법에 규정된 죄, 국가보안법에 규정된 죄 및 안전기획부 직원의 직무와 관련된 범죄 등에 대한 수사권을 인정하는 등 광범위한 직무를 부여하고 있다) 이는 성질상 국무총리의 통할하에 두어야 할 헌법 제86조 제2항, 제94조 내지 제96조에서 규정한 '행정각부' 에 속하는 것이 명백하다. 따라서 안전기획부를 행정각부에 넣지 아니하고 대통령의 직속하에 두어 국무총리의 지휘·감독을 받지 아니하도록 한 정부조직법 제14조 제1항은 헌법 제86조 제2항 및 제94조에 위반된다고 아니할 수 없다.」

▶ 행정각부의 통할기관

▸ 국가안전기획부는 행정각부에 속하지 아니하는 기관이기 때문에 국무총리가 대통령의 직속기관으로 설치된 국가안전기획부를 통할할 수 없다는 취지의 판례

[憲 1994. 4. 28.-89헌마86](신체의 자유의 침해에 대한 헌법소원)

※ 위 판례 인용부분 참조

▸ 행정부의 업무에 있어서 최종적인 결정권은 행정부의 수반인 대통령이 가지며, 대통령의 명을 받아 행정각부를 통할하는 국무총리는 최종적인 결정권을 가지지 못한다는 취지의 판례

[憲 1994. 4. 28.-89헌마221](정부조직법 제14조 제1항 등의 위헌 여부에 관한 헌법소원)

「우리 헌법은 자유민주적 기본질서의 보호를 그 최고의 가치로 하여, 이를 구현할 통치기구로서 입법권은 국회(헌법 제40조)에, 행정권은 대통령을 수반으로 하는 정부(헌법 제66조 제4항)에, 사법권은 법관으로 구성된 법원(헌법 제101조 제1항)에 각각 속하게 하는 권력분립의 원칙을 취하는 한편, 대통령은 국가의 원수로서 외국에 대하여 국가를 대표하며(헌법 제66조 제1항), 그에게 국가의 독립 · 영토의 보전, 국가의 계속성과 헌법을 수호할 책무를 부여하고(같은 조 제2항), 조국의 평화적 통일을 위한 성실한 의무를 지우고 있는(같은 조 제3항) 등 이른바 대통령중심제의 통치기구를 채택하고 있다. 또한 헌법은 대통령중심제를 취하면서도 전형적인 부통령제를 두지 아니하고, 국무총리제를 두고 있는 점이 특징이다(헌법 제86조). 여기에서 국무총리의 법적 성격 내지 지위 특히 대통령과의 관계 등과 관련하여 문제가 된다. 헌법상 국무총리는 국회의 동의를 얻어 대통령이 임명(헌법 제86조 제1항)하고 국무총리는 대통령을 보좌하며, 행정에 관하여 대통령의 명을 받아 행정각부를 통할(같은 조 제2항)하며 국무위원은 국무총리의 제청으로 대통령이 임명(헌법 제87조 제1항)하고 행정각부의 장은 국무위원 중에서 국무총리의 제청으로 대통령이 임명(헌법 제94조)하며 대통령의 국법상 행위에 관한 문서에의 부서권(헌법 제82조)이 있는바 국무총리에 관한 헌법상 위의 제 규정을 종합하면 국무총리의 지위가 대통령의 권한행사에 위의 제 규정을 종합하면 국무총리의 지위가 대통령의 권한행사에 다소의 견제적 기능을 할 수 있다고 보여지는 것이 있기는 하나, 우리 헌법이 대통령중심제의 정부형태를 취하면서도 국무총리제도를 두게 된 주된 이유가 부통령제를 두지 않았기 때문에 대통령 유고시에 그 권한대행자가 필요하고 또 대통령제의 기능과 능률을 높이기 위하여 대통령을 보좌하고 그 의견을 받들어 정부를 통할 · 조정하는 보좌기관이 필요하다는 데 있었던 점과 대통령에게 법적 제한 없이 국무총리해임권이 있는 점(헌법 제78조, 제86조 제1항 참조) 등을 고려하여 총체적으로 보면 내각책임제 밑에서의 행정권이 수상에게 귀속되는 것과는 달리 우리 나라의 행정권은 헌법상 대통령에게 귀속되고, 국무총리는 단지 대통령의 첫째가는 보좌기관으로서 행정에 관하여 독자적인 권한을 가지지 못하고 대통령의 명을 받아 행정각부를 통할하는 기관으로서의 지위만을 가지며, 행정권 행사에 대한 최후의 결정권자는 대통령이라고 해석하는 것이 타당하다고 할 것이다. 이와 같은 헌법상의 대통령과 국무총리의 지위에 비추어 보면 국무총리의 통할을 받는 행정각부에 모든 행정기관이 포함된다고 볼 수 없다 할 것이다.」

□ 국무총리의 임명과 해임

▶ 국무총리의 임명

▸ 「국무총리서리」를 임명하는 행위가 헌법에 위반되는지 여부에 대하여 헌법재판소가 본안판단을 하지 못하고 각하결정을 한 판례

[憲 1998. 7. 14.-98헌라1](대통령과 국회간의 권한쟁의)

⇒ **재판관 1인(재판관 김용준)의 의견**

「(1) 주청구에 대한 판단

(가) 헌법재판소는 96헌라2 국회의원과 국회의장간의 권한쟁의 심판청구사건에 관하여 1997. 7. 16.에 선고한 결정에서 "헌법 제111조 제1항 제4호가 규정하고 있는 '국가기관 상호간'의 권한쟁의심판은 헌법상의 국가기관 상호간에 권한의 존부나 범위에 관한 다툼이 있고 이를 해결할 수 있는 적당한 기관이나 방법이 없는 경우에 헌법재판소가 헌법해석을 통하여 그 분쟁을 해결함으로써 국가기능의 원활한 수행을 도모하고 국가권력간의 균형을 유지하여 헌법질서를 수호 · 유지하고자 하는 제도"라고 판시함으로써(판례집 9-2, 154, 163), 권한쟁의심판은 다른 기관이나 방법에 의한 분쟁해결이 불가능한 경우에 비로소 할 수 있는 최후적인 수단이라는 점을 밝힌 바 있다.

(나) 헌법 제86조 제1항은 "국무총리는 국회의 동의를 얻어 대통령이 임명한다"고 규정하고 있으므로, 국무총리의 임명에 관한 동의권한은 국회에 속하는 것임이 분명하다. 따라서 이 사건의 경우와 같이 국회의 국무총리 임명동의권한이 침해되었다고 하는 경우에는 국회가 당사자가 되어 국회의 이름으로 권한쟁의심판을 청구하는 것이 원칙이다. 다만, 정부에 의하여 국회의 권한이 침해가 된 때에, 국회가 권한쟁의심판을 청구하는 점에 관하여 다수의원이 찬성하지 아니함으로써 국회의 의결을 거칠 수 없는 경우에는, 침해된 국회의 권한을 회복하고자 하는 소수의원에게도 권한쟁의심판을 통하여 국회의 권한을 회복시킬 수 있는 기회를 주어야만 할 것이다.

그러나 청구인들 150인은 재적의원 과반수를 가진 정당의 소속의원으로서 청구인들 자신만으로 재적의원 과반수를 이루고 있음이 명백하므로, 청구인들에게는 국회를 위하여 이 사건과 같은 권한쟁의심판을 청구할 수 있는 당사자적격이 없다고 할 것이다.

(2) 예비적 청구에 대한 판단

국회의원이 국회에서 이와 같은 심의 · 표결권한을 행사하는 것은 국회의원들 상호간 또는 국회의원과 국회의장 사이에서만 직접적인 법적 연관성을 가질 뿐, 국회의원과 대통령 등 국회 이외의 다른 국가기관과 사이에서는 아무런 직접적인 법적 연관성을 가지지 아니하는 것이다. 그렇다면 피청구인 대통령이 국무총리 임명동의안에 관한 청구인들의 심의 · 표결권한의 행사를 불가능하게 하거나 방해함으로써 그 권한을 침해할 가능성이 있다고 볼 수는 없으므로, 청구인들의 예비적 청구도 부적법한 것으로서 이를 각하하여야 할 것이다.」

⇒ **재판관 2인(재판관 조승형, 재판관 고중석)의 의견**

「헌법재판소법 제61조 제1항에 의하면 국가기관 상호간, 국가기관과 지방자치단체간 및 지방자치단체 상호간에 권한의 존부 또는 범위에 관하여 다툼이 있을 때에는 당해 국가기관 또는 지방자치단체는 헌법재판소에 권한쟁의심판을 청구할 수 있다고 규정하고, 같은 조 제2항에 의하면 권한쟁의 심판청구는 피청구인의 처분 또는 부작위가 헌법 또는 법률에 의하

여 부여받은 청구인의 권한을 침해하였거나 침해할 현저한 위험이 있는 때에 한하여 이를 할 수 있다고 규정하고 있다.

대통령이 헌법에 정한 바에 따라 국회에 국무총리 임명동의요청을 한 다음 국회가 그 사정으로 임명동의안을 처리해 주지 아니한 특별한 사정이 있는 경우에 국무총리서리를 임명한 것은 대통령이 국회에 국무총리 임명동의안을 제출하지 않거나 그 동의안이 부결된 상태에서 국무총리서리를 임명한 경우와는 달리 실질적으로 국회의 동의를 얻어야 할 국무총리를 임명한 것이 아니라 그 명칭이나 형식에 관계없이 행정부 구성권자인 대통령이 헌법 제87조 제1항, 정부조직법 제23조에 따라 국무총리가 사고로 인하여 직무를 수행할 수 없을 때에 국무위원을 임명하여 국무총리 직무대행자를 지명할 수 있는 것에 준(準)하여 국회가 임명동의안을 의결할 때까지 한시적으로 국무총리 직무대행자를 임명한 것에 불과하다고 할 것이므로 그 임명절차에 하자가 있다고 하더라도 이 사건 국무총리서리 임명행위가 직접적으로 헌법 제86조 제1항에 의한 국회의 국무총리 임명동의권이나 그 임명동의안에 관한 청구인들의 심의 표결권을 침해하였거나 침해할 현저한 위험이 있는 경우에 해당한다고 볼 수 없다. 따라서 청구인들의 이 사건 심판청구는 어느 모로 보나 권한쟁의심판을 청구할 수 있는 요건을 갖추지 못하여 부적법하다고 할 것이다.」

⇒ 재판관 2인(재판관 정경식, 재판관 신창언)의 의견

「우리는 이미 국회의원과 국회의장간의 권한쟁의사건인 1995. 2. 23. 선고, 90헌라1 결정에서 국회의원이나 국회 내의 교섭단체는 권한쟁의심판의 청구인이 될 수 없다는 견해를 자세히 밝혔고(판례집 7-1, 140), 그 후 1997. 7. 16. 선고, 96헌라2 결정에서도 일관하여 위 견해를 유지하면서 현행 권한쟁의심판제도상의 입법의 미비를 지적한 바 있는데(판례집 9-2, 154, 166-168), 그 요지는 다음과 같다.

헌법 제111조 제1항 제4호는 헌법재판소의 관장사항의 하나로서 "국가기관 상호간, 국가기관과 지방자치단체간 및 지방자치단체 상호간의 권한쟁의에 관한 심판"을 규정하고 있으며, 위 규정에 의한 권한쟁의심판제도는 공권력을 행사하는 국가기관이나 지방자치단체와 다른 국가기관 또는 지방자치단체 사이에 권한의 존부 또는 범위에 관하여 다툼이 있는 경우 헌법재판소가 이를 심판하여 그 권한과 의무의 한계를 명확히 함으로써 국가기능의 원활한 수행을 도모하고 권력 상호간의 견제와 균형을 유지시켜 헌법질서를 보호하려는 제도이다.

헌법 제111조 제1항 제4호 소정의 "국가기관 상호간의 권한쟁의"는 우리 헌법이 국민주권주의와 권력분립의 원칙에 따라 주권자인 국민으로부터 나온 국가권력을 나누어 상호 견제와 균형을 유지하도록 권한을 분배한 대등한 권력행사기관 사이의 권한에 관한 다툼을 의미한다고 할 것이므로, 헌법재판소법 제62조 제1항 제1호에 열거되지 아니한 기관이나 또는 열거된 기관 내의 각급 기관은 비록 그들이 공권적 처분을 할 수 있는 지위에 있을지라도 권한쟁의심판의 당사자가 될 수 없으며 또 위에 열거된 국가기관 내부의 권한에 관한 다툼은 권한쟁의심판의 대상이 되지 않는다고 볼 수밖에 없다. 그러므로 국회의 경우 현행 권한쟁의심판 제도 하에서는 국가기관으로서의 국회만이 당사자로 되어 권한쟁의심판을 수행할 수 있을 뿐이고, 국회의 구성원이나 국회 내의 일부기관인 국회의원 및 교섭단체 등이 국회 내의 다른 기관인 국회의장을 상대로 권한쟁의심판을 청구할 수는 없다고 할 것이다.」

⇔ 재판관 3인(재판관 김문희, 재판관 이재화, 재판관 한대현)의 의견

「(1) 심판청구의 적법성에 관한 판단

(가) 헌법재판소는1997. 7. 16. 96헌라2 '국회의원과 국회의장간의 권한쟁의' 사건의 결정

에서, 헌법 제111조 제1항 제4호가 규정하고 있는 '국가기관 상호간'의 권한쟁의심판은 헌법상의 국가기관 상호간에 권한의 존부나 범위에 관한 다툼이 있고 이를 해결할 수 있는 적당한 기관이나 방법이 없는 경우에 헌법재판소가 헌법해석을 통하여 그 분쟁을 해결함으로써 국가기능의 원활한 수행을 도모하고 국가권력간의 균형을 유지하여 헌법질서를 수호 · 유지하고자 하는 제도라고 하면서, 헌법 제111조 제1항 제4호 소정의 '국가기관'에 해당하는지 아닌지를 판별함에 있어서는 그 국가기관이 헌법에 의하여 설치되고 헌법과 법률에 의하여 독자적인 권한을 부여받고 있는지 여부, 헌법에 의하여 설치된 국가기관 상호간의 권한쟁의를 해결할 수 있는 적당한 기관이나 방법이 있는지 여부 등을 종합적으로 고려하여야 할 것이라고 한 다음, 국회의원은 헌법 제41조 제1항에 따라 국민의 선거에 의하여 선출된 헌법상의 국가기관으로서 헌법과 법률에 의하여 법률안제출권, 법률안 심의 · 표결권 등 여러 가지 독자적인 권한을 부여받고 있으며, 국회의원과 다른 국가기관 사이에 권한의 존부 및 범위와 행사를 둘러싸고 분쟁이 생겨 권한쟁의심판 이외에 달리 그 분쟁을 해결할 적당한 기관이나 방법이 없다면 국회의원은 헌법 제111조 제1항 제4호 소정의 권한쟁의심판의 당사자가 될 수 있다는 취지로 판시한 바 있다.

(나) 헌법 제86조 제1항에 규정된 국무총리 임명에 대한 국회의 동의권한은 그 속성상 필연적으로 국무총리 임명동의안에 대한 국회의원들의 표결권한을 내포하고 있다. 그렇다면 청구인들은 국회를 구성하는 국회의원으로서 이 사건 임명처분으로 국무총리 임명에 관한 국회의 동의권한 및 자신들의 국무총리 임명동의안에 대한 표결권한을 동시에 침해받았다고 주장하면서 권한쟁의심판을 청구할 자격이 있다 할 것이다.

(다) 한편, 이 사건 임명처분은 국무총리의 직무대행자를 지명한 것이 아니라, '서리'라는 이름 아래 국무총리의 권한을 행사하는 실질적인 국무총리를 국회의 동의 없이 임명한 것이다. 대통령이라 할지라도 국무총리의 직무를 대행할 자를 임의로 정할 수 있는 것이 아니라 법률, 즉 정부조직법 제23조에 따라 국무위원 중에서 지명하여야 하는데, 당시 국무위원도 아니었던 김종필을 국무총리서리로 임명하였다는 점을 보더라도 이 사건 임명처분을 두고 국무총리 직무대행자를 지명한 것으로 볼 수 없음이 더욱 분명하다. 그렇다면 이 사건 임명처분으로 국회의 동의권한 및 청구인들의 동의안에 대한 표결권한이 침해되었음을 다투는 이 사건 심판청구는 권한쟁의심판의 적법요건을 갖춘 것으로 보아야 한다.

(2) 심판청구의 당부에 관한 판단

(가) 헌법기관 구성의 원리

국회가 국민의 직접 선거로 선출되는 대통령을 제외한 다른 최고헌법기관의 임명과 구성에 직 · 간접으로 관여토록 하고 있는 것은, 국민의 대표기관인 국회의 관여를 통하여 민주적 정당성을 부여함과 동시에 대통령의 독선과 독주를 견제하여 권력의 균형을 꾀하고자 하는데 그 근본적 의의가 있다.

(나) 국무총리의 지위와 국무총리 임명에 대한 국회동의의 성격

국무총리는 대통령을 보좌하며, 행정에 관하여 대통령의 명을 받아 행정각부를 통할한다(헌법 제86조 제2항). 그러므로 헌법상 국무총리는 대통령을 보좌하는 기관임에 틀림없다. 한편, 국무총리는 단순히 행정부의 2인자로서 대통령을 보좌하는 지위에만 그치는 것이 아니라 헌법상의 고유의 권한을 통하여 대통령의 권한행사를 견제하는 등 국정운영에 관하여 스스로의 몫을 가진 헌법상의 기관이다.

대통령이 국무총리를 임명함에 있어 국회의 동의를 얻도록 규정하고 있는 헌법 제86조 제1

항의 뜻은 위와 같은 지위에 있는 국무총리의 임명에 국회가 관여함으로써 한편으로 국무총리에 대한 민주적 정당성을 부여함과 동시에 대통령의 독주를 견제코자 하는 의미를 지니며, 아울러 국무총리로 하여금 국회의 신임을 배경으로 안정적인 행정권 행사를 하도록 보장하는 의미도 지닌 것으로 풀이된다.

국회동의제도의 취지를 고려하여 보면 국무총리 임명은 대통령의 단독행위에 국회가 단순히 부수적으로 협력하는 것에 그치지 아니하고 국회가 대통령과 공동으로 임명에 관여하는 것이라고 보아야 한다. 그러므로 국회의 동의는 국무총리 임명에 있어 불가결한 본질적 요건으로서 대통령이 국회의 동의 없이 국무총리를 임명하였다면 그 임명행위는 명백히 헌법에 위배되고, 이러한 법리는 국무총리 대신 국무총리 '서리'라는 이름으로 임명하였다고 하여 달라지는 것이 아니다.

따라서 피청구인이 국회의 동의를 얻지 않은 상태에서 김종필을 국무총리서리로 임명한 이 사건 임명처분은 명백히 헌법 제86조 제1항에 위반된 행위이다.

(다) 국무총리서리 임명의 선례와 헌법적 관행

피청구인은 대통령이 국회동의에 앞서 국무총리서리를 임명하는 것은 우리 헌정사에 있어서 확립된 헌법적 관행이고 이 사건 임명처분은 그에 따른 것이어서 적법하다고 주장한다.

비록 국무총리서리를 임명하는 헌법적 관행이란 것이 과거에 있었다 하더라도 1991년을 끝으로 그러한 관행은 이미 없어진 것이고, 위에서 밝힌 바와 같이 국무총리서리를 임명하는 것은 헌법의 규정에 명백히 위반되는 정치적 선례에 지나지 아니하므로, 그것이 반복되었다는 점만으로 이를 헌법적 관행이라 하여 헌법의 명문규정에 우선하여 존중할 수 있는 것이 아니다.

(라) 국무총리 궐위시의 직무대행 법제

피청구인은 국무총리의 궐위시에 국정공백을 방지하기 위하여 국무총리서리를 임명하는 것은 정당하다고 주장한다.

그러나 이 사건의 경우 국무총리의 사퇴로 인하여 국무총리의 직무를 수행할 사람이 없어 국정공백이 우려되었다면 정부조직법에 따라 국무총리 직무대행자를 지명함으로써 이 사건 임명동의안의 처리시까지 국정공백을 방지할 수도 있었다. 이와 같이 국무총리 직무대행체제가 법적으로 완비되어 있어 헌법에 위반함이 없이도 국정공백을 방지할 수 있음에도 불구하고 헌법상, 법률상의 근거가 전혀 없는 국무총리서리를 임명하였으므로 이를 국정공백의 방지라는 명분으로 정당화할 수 없다.

(3) 결 론

그렇다면 피청구인의 이 사건 임명처분은 국회의 동의를 받지도 않은 상태에서 '서리'라는 이름아래 국무총리의 권한을 행사하는 실질적인 국무총리를 임명한 것으로서 헌법 제86조 제1항과 권력분립의 원칙에 명백히 위배되고, 이로 인하여 헌법에 의하여 부여된 국회의 국무총리 임명에 관한 동의권한 및 청구인들의 국무총리 임명동의안에 대한 표결권한을 침해하였다 할 것이다.」

⇔ 재판관 1인(재판관 이영모)의 의견

「(1) 국회의 국무총리 임명동의권한의 침해 여부

(가) 첫째, 선거에 의하여 선출된 대통령은 취임과 동시에 새 행정부 구성원을 임명하게 된다. 임기만료로 퇴임한 전임 대통령이 임명한 국무총리와 국무위원들은 이미 사직서를 낸 상태였다. 신임 대통령은 취임과 동시에 국회에 국무총리 임명동의안을 보내어 동의안이 처리

되기를 기다렸다. 그러나 국회는 임명동의안에 대한 투표 진행중 여·야간에 말다툼과 몸싸움이 벌어져 투표를 끝내지 못한 채 자동 산회되고 회기도 종료되어 동의안에 대한 가부(可否)는 언제 결말이 날지 알 수 없게 되었다.

둘째, 신임 대통령은 국무총리의 궐위로 새 행정부 구성을 할 수 없게 되었고, 임명동의안 처리를 둘러싼 여·야간의 대립상태가 해소될 시기를 예상할 수 없어 국정의 공백이 상당기간 지속될 것으로 예상되었다.

셋째, 신임 대통령으로서는 선거당시 공약으로 제시한 IMF(국제통화기금) 관리체제하의 경제위기 타개, 실업률 증가에 따른 대책마련, 여·야간의 정권교체로 인한 정치·경제·사회의 안정, 이완된 공직기강의 쇄신 등 여러 문제에 대한 정책수립을 시급하게 서두를 필요가 있었다.

나는, 위와 같은 조건을 갖춘 특수한 경우에 한하여 대통령은 국무총리 임명동의안을 국회가 표결할 때까지 예외적으로 서리를 임명하여 총리직을 수행하게 할 수 있고, 대통령의 이 국무총리서리 임명행위는 헌법 제86조 제1항의 흠을 보충하는 합리적인 해석범위 내의 행위이므로 헌법상의 정당성이 있는 것으로 생각한다.

(나) 대통령의 국무총리서리 임명행위에 대한 합헌해석의 결론은 다음에서 보는 이유에서도 뒷받침된다.

1) 국가 행정사무의 체계적·능률적인 수행을 위하여 국가행정기관의 설치·조직과 직무범위를 정한 정부조직법에는 국무총리가 '사고'로 직무를 수행할 수 없는 경우에 직무대행을 하는 규정을 두고 있을 뿐, '궐위'된 경우에 관한 규정은 없다(제23조). '사고'와 '궐위'의 개념은 대통령(헌법 제71조), 국회의장(국회법 제12조, 제16조), 대법원장(법원조직법 제13조 제3항), 헌법재판소장(헌법재판소법 제12조 제4항)의 경우에 이를 구분하여 규정하고 있으므로 사고의 개념에 궐위를 포함시키는 해석론은 옳다고 볼 수 없다.

신임 대통령의 취임으로 국무총리와 국무위원은 모두 사직서를 제출한 상태이고 국회는 국무총리 임명동의안을 처리하지 못하고 있는 경우에 사직서를 제출한 종전의 국무총리가 총리의 직무를 수행하거나 국무위원이 그 직무를 대행하여야만 헌법과 정부조직법의 관계조항에 부합한다는 견해는, 현실과 실질적인 면을 도외시한 것이다.

2) 국회가 내부사정으로 국무총리 임명동의안을 처리하지 못한 채 회기가 종료되고 그 동의안 처리가 언제 될지 알 수 없는 경우에 대통령이 국무총리서리와 국무위원을 임명하지 못한다면, 국회는 대통령이 갖고 있는 헌법상의 국무총리 임명권·새 행정부 구성권한을 침해하고 대통령의 국법상의 행위에 지장을 줄 수 있다. 따라서 대통령의 한시적인 국무총리서리 임명은 국회의 내부사정에 의한 대통령의 국무총리 임명권·행정부 구성권한의 침해가능성을 예방하는 한편 국회의 국무총리 임명동의권한도 보장함으로써 국회와 대통령간의 권한행사에 따른 갈등을 미리 막아 주는 역할을 하게 된다.

3) 제헌헌법(1948. 7. 17) 제69조 제1문은 국무총리는 대통령이 임명하고 국회의 사후동의를 얻도록 하였다. 의원내각제 정부형태를 채택한 제2공화국 헌법(1960. 6. 15) 제69조 제1항에서는 대통령이 국무총리를 지명하여 민의원의 동의를 얻도록 하였고, 제3공화국 헌법(1962. 12. 26)은 국회의 국무총리 임명동의규정이 없었다. 유신헌법인 제4공화국 헌법(1972. 12. 27) 제63조, 제5공화국 헌법(1980. 10. 27) 제62조 제1항은 국무총리는 국회의 동의를 얻어 대통령이 임명하고, 현행 헌법 제86조 제1항도 같은 내용의 규정을 두고 있다.

이와 같은 국무총리 임명동의에 관한 헌법규정의 변천과정에서 대통령이 국무총리서리를 임명한 다음 사후에 국회의 동의를 요청한 사례가 열여덟 차례나 있었다.

4) 헌법 제86조 제1항에서 대통령이 국무총리를 임명함에 있어서 국회의 동의를 얻도록 한 것은, 국무총리의 국정운영에 대한 민주적 정당성을 부여하여 국회의 신임을 배경으로 소신껏 국정을 처리하고 정책의 입안·집행을 할 수 있게 함과 동시에, 대통령의 인사권한을 제약하여 권력분립원칙을 실현하는 데 그 목적이 있다. 그러나 이와 같은 국무총리 임명동의권한을 국회의 내부사정으로 인하여 상당기간 행사하지 않거나 못하는 때에는, 대통령의 인사권한 및 행정부 구성권한 등을 침해하게 되어 오히려 견제와 균형의 권력분립 정신에 어긋날 수 있다. 따라서 이와 같은 특수한 경우를 예상하지 못한 흠은 해석에 의하여 보충할 수 있는 것이다.

5) 우리 헌법상의 정부형태는 대통령중심제이며 부분적으로 내각제적 요소(국무총리 임명동의권한 등)를 가미하고 있다. 대법원장·헌법재판소장은 행정부와 독립된 헌법기관이므로 그 임명은 대통령과 국회의 공동참여하에 이루어진다. 그러나 국무총리와 감사원장은 대통령의 보좌기관이고 그 임명권한은 대통령의 행정부 구성권한의 본질적 요소의 하나이므로 대법원장·헌법재판소장의 경우와는 서로 다르다.

따라서 헌법 제86조 제1항에 의한 국회의 국무총리 임명동의권한은 대통령중심제의 본질에 어긋나지 않도록 행사되어야 한다.

6) 미국 연방헌법 및 주 헌법, 멕시코 헌법 등에는 의회가 휴회 중이어서 임명동의안을 처리할 수 없는 상황에서는 서리 임명을 할 수 있도록 한 규정이 있다. 그러나 우리는 서리 임명의 필요가 있음에도 불구하고 관련규정이 없고 이러한 입법상의 흠은 해석에 의하여 보충할 수밖에 없다.

(다) 이상의 이유로 피청구인이 청구외 김종필을 국무총리서리로 임명한 행위는 헌법 제86조 제1항이 국회에 부여한 국무총리 임명동의권한을 침해한 것이 아니다.

(2) 청구인들의 심의·표결권한의 침해 여부

국회의원의 심의·표결권한은 국회 내부에서 국회의원들 상호간 또는 국회의장과 국회의원간에서만 행사되고 법적인 연관성을 가질 뿐, 국회의원과 대통령 등 국회가 아닌 국가기관간에는 직접 법적인 연관성을 갖지 않는 것이 원칙이다. 이 사건에서 국무총리 임명동의안을 처리함에 있어서 국회의 권한을 침해한 것인지 여부는 별론으로 하고, 청구인들의 심의·표결권한의 행사를 방해·불가능하게 한 것은 아니므로 청구인들의 권한을 침해한 것이 아니다.

(3) 결 론

피청구인이 김종필을 국무총리서리로 임명한 행위는 헌법이 국회에 부여한 국무총리 임명에 관한 동의권한과 헌법 및 국회법이 청구인들에게 부여한 국무총리 임명동의안에 관한 심의·표결권한을 침해한 것이 아니며 위헌·무효로도 볼 수 없다. 따라서 이 심판청구는 모두 이유가 없어 기각하는 것이 옳다고 생각하므로 본안판단을 하지 않고 각하하는 다수의견에 반대하는 것이다.」

□ 국무총리의 권한

▶ 총리령 발령권

▸ 직권명령에 대한 판례

▹ 대내적으로만 효력을 가지는 총리령에 대한 판례

[大 1992. 4. 14.-91누9954](해임처분 취소)

「공무원징계양정등에관한규칙은 그 형식은 총리령으로 되어 있으나, 그 제2조가 규정하는 징계양정의 기준의 성질은 행정기관 내부의 사무처리준칙에 지나지 아니한 것이지 대외적으로 국민이나 법원을 기속하는 것이 아니므로, 원심이 이 징계양정의 기준과 다른 판단을 하였다고 하여도 위법하다고 할 수 없다. 따라서 논지는 이유가 없다.」

행정각부

□ 행정각부의 헌법상 지위

▶ 중앙행정기관

▸ 헌법상 「행정각부」의 의미에 대한 판례

[憲 1994. 4. 28.-89헌마221](정부조직법 제14조 제1항 등의 위헌 여부에 관한 헌법소원)

「1) 헌법 제86조 제2항에서 "국무총리는 행정에 관하여 대통령의 명을 받아 행정각부를 통할한다"라고, 헌법 제94조에서 "행정각부의 장은 국무위원 중에서 국무총리의 제청으로 대통령이 임명한다"라고 각 규정하고 있을 뿐 그 '행정각부'가 무엇을 가리키는 것인지에 관하여는 헌법상 아무런 직접적 규정이 있음을 볼 수 없고 한편 헌법은 제4장 제2절 제3관에서 별도로 행정각부에 관한 규정을 두면서 제96조에서 "행정각부의 설치·조직과 직무범위는 법률로 정한다"라고만 규정하고 있다. 이와 같이 헌법이 '행정각부'의 의미에 관하여 아무런 규정을 두지 아니하고 그 '설치'에 관한 사항까지도 법률에 위임한 이상 헌법 제86조 제2항의 '행정각부'가 어떤 행정기관을 가리키는 것인지는 그 위임된 법률의 규정에 의하여 해석, 판단할 수밖에 없다.

헌법 제4장 제2절 제3관(행정각부)의 '행정각부'의 의의(意義)에 관하여 학설상으로는 정부의 구성단위로서 대통령 또는 국무총리의 통할하에 법률이 정하는 소관사무를 담당하는 중앙행정기관이라든가, 또는 대통령을 수반으로 하는 집행부의 구성단위로서 국무회의의 심의를 거쳐 대통령이 결정한 정책과 그 밖의 집행부의 권한에 속하는 사항을 집행하는 중앙행정기관이라는 등으로 일반적으로 설명되고 있다.

그런데 위에서 본 바와 같이 헌법이 '행정각부'의 의의에 관하여는 아무런 규정도 두고 있지 않지만, '행정각부의 장(長)'에 관하여는 '제3관 행정각부'의 관(款)에서 행정각부의 장은 국무위원 중에서 임명되며(헌법 제94조) 그 소관사무에 관하여 법률이나 대통령령의 위임 또는 직권으로 부령을 발할 수 있다(헌법 제95조)고 규정하고 있는바, 이는 헌법이 '행정각부'의 의의에 관하여 간접적으로 그 개념범위를 제한한 것으로 볼 수 있다. 즉, 성질상 정부의 구성단위인 중앙행정기관이라 할지라도, 법률상 그 기관의 장(長)이 국무위원이 아니라든가 또는 국무위원이라 하더라도 그 소관사무에 관하여 부령을 발할 권한이 없는 경우에는, 그 기관은 우리 헌법이 규정하는 실정법적(實定法的) 의미의 행정각부로는 볼 수 없다는 헌법상의 간접적인 개념제한이 있음을 알 수 있다. 따라서 정부의 구성단위로서 그 권한에 속하는 사항을 집행하는 모든 중앙행정기관이 곧 헌법 제86조 제2항 소정의 행정각부는 아니라 할 것이다. 또한 입법권자는 헌법 제96조에 의하여 법률로써 행정을 담당하는 행정기관을 설치함에 있어 그 기관이 관장하는 사무의 성질에 따라 국무총리가 대통령의 명을 받아 통할할 수 있는 기관으로 설치할 수도 있고 또는 대통령이 직접 통할하는 기관으로 설치할 수도 있다 할 것이므로 헌법 제86조 제2항 및 제94조에서 말하는 국무총리의 통할을 받는 행정각부는 입법권자가 헌법 제96조의 위임을 받은 정부조직법 제29조에 의하여 설치하는 행정각부만을 의미한다고 할 것이다. 대통령직속기관으로 국가안전보장회의(헌법 제91조), 감사원(제97조)을 필요적 기관으로, 국가원로자문회의(제90조), 민주평화통일자문회의(제92조) 및 국민경제자문회의(제93조)를 임의적 기관으로 설치하도록 규정하고 있는바 이는 그 기관이 담당하는 업무의 중요성을 감안하여 특별히 헌법에 그 설치근거를 명시하여 업무의 중요성을 감안하여 특별히 헌법에 그 설치근거를 명시하여 헌법기관으로 격상한 것에 불과하다 할 것이므로, 대통령직속의 헌법기관이 별도로 규정되어 있다는 이유만을 들어 법률에 의하더라도 헌법에 열거된 헌법기관 이외에는 대통령직속의 행정기관을 설치할 수 없다든가 또는 모든 행정기관은 헌법상 예외적으로 열거된 경우 등 이외에는 반드시 국무총리의 통할을 받아야 한다고는 말한 수 없다 할 것이고 이는 현행 헌법상 대통령중심제의 정부조직원리에도 들어맞는 것이라 할 것이다.

2) 다만 대통령이 이러한 직속기관을 설치하는 경우에도 자유민주적 통치구조의 기본이념과 원리에 부합되어야 할 것인데 그 최소한의 기준으로서 ㄱ) 우선 그 설치 · 조직 · 직무범위 등에 관하여 법률의 형식에 의하여야 하고 ㄴ) 그 내용에 있어서도 목적 · 기능 등이 헌법에 적합하여야 하며 ㄷ) 모든 권한이 기본권적 가치실현을 위하여 행사되도록 제도화하는 한편 ㄹ) 권한의 남용 내지 악용이 최대 억제되도록 합리적이고 효율적인 통제장치가 있어야 할 것이다.」

※ 위 사안에서 국무총리의 헌법상 지위에 대하여 언급한 부분에 대하여는 〈제7편 - 제2장 - 2. - 국무총리 - □ 국무총리의 헌법상 지위〉 판례 인용부분 참조

▶ 행정부의 업무와 행정각부

▸ 법률로서 행정부의 업무 중 일부를 행정각부에 속하지 않게 하고 다른 기관에 속하게 하는 것도 가능하다는 취지의 판례

[憲 1994. 4. 28.-89헌마86](신체의 자유의 침해에 대한 헌법소원)

※ 〈제7편 - 제2장 - 2. - 국무총리 - □ 국무총리의 헌법상 지위〉 판례 인용부분 참조

□ 행정각부의 장

▶ 행정각부의 장의 권한

▸ 부령 발령권에 대한 판례

▹ 법률에서 대통령령에 위임함이 없이 바로 부령에 위임할 수 있다는 취지의 판례

[憲 1998. 2. 27.-97헌마64](공중위생법시행규칙 [별표 3] 중 2의 나의 (2)의 (다)목 위헌확인)

「헌법 제75조는 "대통령은 법률에서 구체적으로 범위를 정하여 위임받은 사항과 법률을 집행하기 위하여 필요한 사항에 관하여 대통령령을 발할 수 있다"고 규정하여 위임입법의 근거를 마련함과 아울러 위임입법의 범위와 한계를 명시하고 있다. 그리고 헌법 제75조는 대통령에 대한 입법권한의 위임에 관한 규정이지만, 국무총리나 행정각부의 장으로 하여금 법률의 위임에 따라 총리령 또는 부령을 발할 수 있도록 하고 있는 헌법 제95조의 취지에 비추어 볼 때, 입법자는 법률에서 구체적으로 범위를 정하기만 한다면 대통령령 뿐만 아니라 부령에 입법사항을 위임할 수도 있음은 당연하다고 할 것이다.」

※ 직업의 자유 침해 여부에 대한 부분은 〈제5편 - 제3장 - 4. - 직업의 자유 - □ 제한과 그 한계〉 판례 인용부분 참조

▹ 법률이나 대통령령으로 정하여야 할 사항을 부령으로 정하는 것은 위헌으로 무효라고 본 판례

[大 1962. 1. 25.-4294민상9](제위토인도)

「위토에 관하여 규정한 농지 개혁법 제6조 제1항 제7호는 "분묘를 수호하기 위하여 종전부터 소작료를 징수하지 아니하는 기존의 위토로서 묘 매 1위에 2반보 이내의 농지는 매수하지 아니한다"고 규정하였으므로 만약 당해 농지가 농지개혁법 제6조 제1항 제7호에 해당하는 경우는 그 농지는 법률상 당연히 동법 제5조의 정부의 매수에서 제외되는 것이며 따라서 정부의 매수에서 제외하는데 대하여 아무런 절차도 필요가 없을 뿐만 아니라 가령 당해 농지가 동법 제5조에 의하여 정부로부터 매수된 것으로 취급되어 동법에 의하여 분배되었다고 가정하더라도 그 농지는 동법 제6조 제1항 제7호에 의하여 정부의 매수에서 법률상 제외된 것이므로 그 분배도 법률상 아무런 효력이 없는 것이다 농림부령으로 제정된 농지개혁법 시행규칙 제12조는 법 제6조 제1항 제7호의 규정에 의하여 위토의 인정을 받고자 하는 자는 동 조가 규정한 절차를 밟도록 규정하고 있으나 헌법 제74조는 "행정 각부 장관은 그 담임한 직무에 관하여 직권 또는 특별한 위임에 의하여 부령을 발할 수 있다"고 규정하고 있으므로 행정각부 장관이 부령으로 제정할 수 있는 범위는 법률 또는 대통령령이 위임한 사항이나 또는 법률 또는 대통령령을 실시하기 위하여 필요한 사항에 한정되므로 법률 또는 대통령령으로 규정할 사항은 부령으로 규정하였다고 하면 그 부령은 무효임을 면치 못한다고 해석되며 농지개혁법 제6조 제1항 제7호에 해당하는 경우는 인정 인가 등 아무 절차 없이 정부의 매수로부터 법률상 당연히 제외됨은 위에 설명한 바와 같으므로 농지개혁법 시행규칙 제12조는 훈시규정에 불과하고 동조에 위반하였다고 하여 당해농지가 정부의 매수로 부터 제외된 효과에는 아무런 영향이 없는 것이다 그렇다면 원판결이 인정한 바와 같이 원고가 본건 토지에 관하여 위토 인가 신청을 하였다가 불허된 사실이 있다고 가정 하더라도 본건 토지가 농지개혁법 제6조 제1항 제7호에 해당하는 기존의 위토라고 한다면 위 불허 처분은 본건 토지가 기존의 위토로서 정부의 매수에서 제외된 법률상의 효과에는 아무런 영향이 없고 따라서 본건 토지

에 대한 농지 분배는 무효라고 할 수 있으므로 원심은 의당 본건 토지가 농지개혁법 제6조 제1항 제7호에 해당하는 여부를 심리 판단하여야함에도 불구하고 그 점에 관한 판단도 없이 원판결이 인정한 사실만으로 본건 토지가 기존의 위토가 아니라고 단정하여 원고의 청구를 배척하였음은 원판결에는 심리부진 이유 모순의 위법이 있을 뿐만 아니라 법률과 명령의 법리를 오해하고 또 논리의 법칙에 위반한 위법이 있는 것이다.」

3. 선거관리위원회

□ 선거의 관리와 선거의 공영

▶ 선거의 관리와 선거운동의 관리

▸ 선거운동의 의의에 대한 판례

▹ 법에 의해 관리와 보장의 대상이 되는 선거운동이라고 하기 위해서는 행위의 표지가 개념에 합당하게 나타나야 한다는 것을 강조한 판례

[憲 1994. 7. 29.-93헌가4등](구대통령선거법 제36조 제1항 위헌제청, 구 대통령선거법 제34조 등 위헌제청)

「가. 선거운동의 헌법적 의의와 그 규제의 한계

(1) 민주정치는 주권자인 국민이 되도록 정치과정에 참여하는 기회가 폭 넓게 보장될 것을 요구한다. 이는 국민주권의 원리로부터 나오는 당연한 요청이다. 특히 대의민주주의를 원칙으로 하는 오늘날의 민주정치 아래에서의 선거는 국민의 참여가 필수적이고, 주권자인 국민이 자신의 정치적 의사를 자유로이 결정하고 표명하여 선거에 참여함으로써 민주사회를 구성하고 움직이게 하는 것이다. 따라서 국민의 주권행사 내지 참정권 행사의 의미를 지니는 선거과정에의 참여행위는 원칙적으로 자유롭게 행하여질 수 있도록 최대한 보장하여야 한다.

한편 자유선거의 원칙은 비록 우리 헌법에 명시되지는 않았지만 민주국가의 선거제도에 내재하는 법원리인 것으로서 국민주권의 원리, 의회민주주의의 원리 및 참정권에 관한 규정에서 그 근거를 찾을 수 있다. 이러한 자유선거의 원칙은 선거의 전 과정에 요구되는 선거권자의 의사형성의 자유와 의사실현의 자유를 말하고, 구체적으로는 투표의 자유, 입후보의 자유, 나아가 선거운동의 자유를 뜻한다.

선거운동의 자유는 널리 선거과정에서 자유로이 의사를 표현할 자유의 일환이므로 표현의 자유의 한 태양이기도 하다. 따라서 선거운동의 자유는 헌법에 정한 언론 · 출판 · 집회 · 결사의 자유 보장규정에 의한 보호를 받는다.

또한 선거권이 제대로 행사되기 위하여는 후보자에 대한 정보의 자유 교환이 필연적으로 요청된다 할 것이므로, 선거운동의 자유는 선거권 행사의 전제 내지 선거권의 중요한 내용을 이룬다고 할 수 있다. 그러므로 선거운동의 제한은 선거권, 곧 참정권의 제한으로도 귀결된다.

(2) 민주적 의회정치의 기초인 선거는 본래 자유로와야 하는 것이지만 그것은 동시에 공정하게 행하여지지 아니하면 아니된다. 금권, 관권, 폭력 등에 의한 타락선거를 방지하고, 무제한적이고 과열된 선거운동으로 말미암아 발생할 사회경제적 손실과 부작용을 방지하고, 실질적인 선거운동의 기회균등을 보장하기 위하여는 선거의 공정성이 확보되어야 한다. 선거의 공정성 확보를 위하여는 어느 정도 선거운동에 대한 규제가 행하여지지 않을 수 없고, 이는 곧 선거운동의 자유를 제한하는 셈이 되므로 기본권제한의 요건과 한계에 따라야 한다. 따라서 입법자는 선거에 관한 입법을 함에 있어서 위와 같은 선거의 이상이 실현될 수 있도록 선거의 공정성을 크게 해치지 아니하는 한 국민의 선거운동의 자유를 최대한 보장하여야 하고, 그 시대에 있어서의 국민총체의 정치 · 사회발전단계, 민주시민의식의 성숙도, 종래에 있어왔던 선거풍토 기타 제반상황을 종합하여 자유 · 공정의 두 이념이 슬기롭게 조화되도록 정하여

야 한다.

나. 법이 정한 선거운동 제한의 문제점

법 제33조는 선거운동을 "당선되거나 되게 하거나 되지 못하게 하기 위한 행위"라고 정의하고, 선거에 관한 단순한 의견의 개진, 입후보를 위한 준비행위 및 선거운동을 위한 준비행위와 정당의 통상적인 활동은 선거운동이 아니라고 규정하고 있다. 여기에서 "당선되거나 되게 하거나 되지 못하게 하기 위한 행위"라는 말과 "단순한 의견개진"이라는 말은 애매하고 불명확한 요소가 있고, 광범위한 해석의 여지가 없지 아니하다. 그러나 이러한 입법의 애매성은 통상적인 해석방법에 의하여 해소될 수 있는 것인가가 문제이고 해석으로 선거운동과 단순한 의견개진 등 선거운동이 아닌 것과의 구별을 가능하게 하는 잣대를 제공할 수 있다면 위헌이라고 말할 수 없다.

위 법률조항들의 입법목적, 법에 규정된 선거운동 규제조항의 전체적 구조 등을 고려하면 선거운동이라 함은 특정 후보자의 당선 내지 이를 위한 득표에 필요한 모든 행위 또는특정 후보자의 낙선에 필요한 모든 행위 중 당선 또는 낙선을 위한 것이라는 목적의사가 객관적으로 인정될 수 있는 능동적, 계획적 행위를 말하는 것으로 풀이할 수 있다. 즉, 단순한 의견개진 등과 구별되는 가벌적 행위로서의 선거운동의 표지로 당선 내지 득표(반대후보자의 낙선)에의 목적성, 그 목적성의 객관적 인식가능성, 능동성 및 계획성이 요구된다 할 것이다.

선거운동을 위와 같이 풀이한다면 법률적용자의 자의를 허용할 소지를 제거할 수 있고, 건전한 상식과 통상적인 법감정을 가진 사람이면 누구나 그러한 표지를 갖춘 선거운동과 단순한 의견개진을 구분할 수 있을 것이므로 헌법 제12조 제1항이 요구하는 죄형법정주의의 명확성의 원칙에 위배된다고 할 수 없다.

(2) 법 제34조의 위헌 여부

기간의 제한 없이 선거운동을 무한정 허용할 경우에는 후보자간의 오랜 기간 동안의 지나친 경쟁으로 선거관리의 곤란으로 이어져 부정행위의 발생을 막기 어렵게 된다. 또한 후보자간의 무리한 경쟁의 장기화는 경비와 노력이 지나치게 들어 사회경제적으로 많은 손실을 가져올 뿐만 아니라 후보자간의 경제력 차이에 따른 불공평이 생기게 되고 아울러 막대한 선거비용을 마련할 수 없는 젊고 유능한 신참 후보자의 입후보의 기회를 빼앗는 결과를 가져올 수 있다.

선거운동의 기간제한은 각 나라의 정치적 수준과 선거행태, 국민들의 선거의식과도 함수관계에 있다. 미국·독일과 같은 나라에서는 선거운동의 기간에 대한 제한이 없는 반면, 프랑스·일본에서는 우리와 같이 선거운동기간을 제한하고 있다. 그런데 우리 나라는 반세기 가까이 수많은 선거를 치러 왔으면서도 아직껏 우리가 바라는 이상적인 선거풍토를 이룩하지 못하고 금권, 관권 및 폭력에 의한 부정, 과열선거가 항상 문제되어 왔다. 이러한 상황 아래 위와 같은 폐해를 방지하고 공정한 선거를 실현하기 위하여 선거운동의 기간에 일정한 제한을 두는 것만으로 위헌으로 단정할 수는 없다. 다만, 선거운동기간이 헌법적합성과 관련하여 문제가 되는 것은 선거운동기간을 어느 정도 허용할 것인지, 선거운동의 시기와 종기를 어떻게 정할 것인가 등이 문제이다.

선거운동의 시기를 당해 후보자의 등록이 끝난 때로부터 정한 것은 후보자나 국민들의 입장에서 본격적인 선거분위기에 젖어드는 것은 경험칙상 선거일의 공고시부터라고 할 수 있으므로 타당성이 있다고 할 것이다.

선거운동의 종기에 관하여는 이를 선거일 전일로 정해 놓았으므로 선거일 전일의 경쟁후보자측에 의한 최후의 비난에 대하여 적절하게 대응하지 못하게 된다는 문제점이 생길 수도 있다. 그러나 경쟁후보자의 비난에 대한 반박기회의 상실문제는 선거일 당일까지 선거운동을 할 수 있도록 하더라도 시간적인 한계 때문에 여전히 발생할 수 있는 것이고, 오히려 선거일 당일의 끊임없는 비난과 반박으로 인하여 발생할 혼란으로부터 유권자를 보호할 필요가 있으므로 선거일 전일까지로 선거운동기간을 제한한 것을 나무랄 수 없다.

그렇다면 법 제34조에서 정하는 선거운동의 기간제한은 제한의 입법목적, 제한의 내용, 우리 나라에서의 선거의 태양, 현실적 필요성 등을 고려할 때 필요하고도 합리적인 제한이며, 선거운동의 자유를 형해화할 정도로 과도하게 제한하는 것으로 볼 수 없다 할 것이므로 헌법에 위반되지 아니하고, 따라서 그 벌칙조항인 제162조 제1항 제1호 중 제34조 부분 역시 헌법에 위반되지 아니한다.

(3) 법 제36조 제1항 본문의 위헌 여부

㈎ 국민이 선거권자라는 자격에서는 일체의 선거운동을 할 수 없도록 제한한 법 제36조 제1항 본문은 다음과 같은 문제점이 있다.

① 선거는 원칙적으로 자유롭게 치러져야 하는 것이지만, 선거의 공정성의 확보라든가 선거질서의 유지를 위하여 선거운동에 일정한 규제를 가하지 않을 수 없다. 그러나, 선거의 공정성 확보와 질서의 유지를 위한 규제는 일반국민의 선거운동을 포괄적, 전면적으로 금지하는 것이 되어서는 아니된다. 선거에 있어 자유와 공정은 반드시 상충관계에 있는 것만이 아니라 서로 보완하는 기능도 함께 가지고 있기 때문에 더욱 그러하다. 국민 일반의 선거에 관한 자유로운 의견교환과 토론의 기회가 폭 넓게 보장될 때 오히려 금권 및 관권의 개입 여지가 상대적으로 적어져 공명선거가 이룩될 수 있는 것이다.

② 위 법률조항은 선거의 공정성 확보라는 목적에 비추어 보더라도 필요한 정도를 넘어 국민의 정치적 표현의 자유를 지나치게 제한하고 있다. 법은 선거운동의 기간을 제한하고 있고(제34조), 법정 선거운동방법 외의 일체의 선거운동을 금지하고 있으면서(제35조) 개개의 선거운동방법에 대하여도 상세히 규제하고 있다(제43조 내지 제78조). 이러한 규정들만으로도 그 법집행을 충실히 한다면 공정선거를 이루는 데 부족함이 없다 할 것인데도 이에 더하여 일반국민의 선거운동을 포괄적으로 금지한 것은 필요한 최소한도에 그쳐야 한다는 기본권제한의 원칙에 위배된 것이라 아니할 수 없다.

③ 선거의 공정성도 중요한 공익임에는 틀림없지만 주권자인 국민의 정치적 표현의 자유 또한 민주주의에서는 높은 가치를 지닌 기본권이다. 선거의 공정성이라는 공익이 선거운동의 형태로 나타나는 참정권, 정치적 표현의 자유 등 국민의 기본권을 전면적으로 희생하여도 좋을 만큼 우월하다고 볼 수 없을 뿐만 아니라 그러한 희생의 대가가 치루어진다 하여 바로 선거의 공정성이 확보된다는 보장도 없다.

그러므로 법 제36조 제1항 본문 및 그 벌칙조항인 제162조 제1항 제1호 중 제36조 제1항 본문 부분은 입법형성권의 한계를 넘어 국민의 선거운동의 자유를 지나치게 제한함으로써 국민의 참정권과 정치적 표현의 자유의 본질적 내용을 침해하는 것이므로, 헌법 제21조 제1항, 제24조의 각 규정에 위배되고, 나아가 헌법상의 국민주권주의 원칙과 자유선거의 원칙에도 각 위반되는 요소가 많은 규정이라 아니할 수 없다.

㈏ 그러나 법 제36조 제1항 본문은 부분적으로 합헌적인 요소도 간직하고 있음을 간과할 수 없다. 따라서 헌법재판소는 법 제36조 제1항 본문에 대하여는 단순위헌이 아닌 헌법불합치를 선언함으로써 입법자가 헌법의 가치에 적합하게 이를 개정할 것을 촉구할 수밖에 없는

경우라 하겠다. 그런데 마침 입법자는 이 사건 심판 계속중인 1994. 3. 16. 법률 제4739호로 공직선거및선거부정방지법(이하 '신법'이라 한다)을 제정하여 이미 공포 · 시행하게 되고, 선거운동의 주체에 관하여 원칙적으로 "누구든지 자유롭게 선거운동을 할 수 있게" 한 다음, 공무원 등 선거운동이 금지되는 사람들을 구체적 · 제한적으로 열거하고 있다(제58조 제2항, 제60조 제1항). 헌법재판소는 지금에 이르러 입법자의 의도를 충분히 알 수 있게 되었으므로 구태여 헌법불합치선언을 할 필요성이 없게 되었고, 또한 국민의 대표기관인 입법자의 입법형성의 자유를 존중하는 뜻에서 합헌의 범위를 일응 합헌성이 추정되는 신법 제60조 제1항에 열거한 자, 즉 별지목록에 적은 자로 한정하여 원용함이 상당하다 할 것이다.

㈑ 이 사건에서 비록 위에서 본 바와 같이 위헌으로 선고되는 법률조항이 있다고 하여 이미 여 · 야 합의로 성립 · 시행되었던 구 대통령선거법에 의하여 치루어진 대통령선거의 정치적 · 민주적 정당성에 흠집이 생긴다고는 단언할 수 없다는 점이다. 어느 대통령선거 및 그에 기초하여 탄생한 정권의 민주적 정당성의 구비 여부는 선거를 둘러싼 정권창출의 정치적 전 과정에 대한 국민 총의의 향배에 달려 있다고 할 것이므로 선거관계법 중의 어느 한 조항에 대하여 사후 위헌선언된다고 하여 함부로 그러한 정당성이 상실된다고는 할 수 없기 때문이다.」

⇒ 재판관 1인(재판관 변정수)의 보충의견

「구 대통령선거법 제36조 제1항은 그에 대한 위헌결정이유에서 지적하고 있는 바와 같이 입법형성권의 한계를 넘어 대다수 국민의 선거운동의 자유를 지나치게 제한함으로써 국민의 참정권과 정치적 표현의 자유의 본질적 내용을 침해하고 나아가 헌법상의 국민주권원칙에 위반되는 것이어서 위헌일뿐더러 실질적 기회균등의 원칙에 반하여 위헌임을 면할 수 없다. 헌법 제116조 제1항이 선거운동의 범위를 법률로 정하도록 하면서도 "균등한 기회가 보장되어야 한다"고 규정하고 있는 점에 비추어도 위 법규정은 위헌이라고 볼 수밖에 없는 것이다. 민주적 선거제도의 본질은 새로운 대표자를 통해 현직을 대체할 가능성이 있다는 데 있는데 선거운동의 과도한 제한은 그것이 정치적 기득권자(집권여당 후보)에게 유리한 반면 도전자(야당 후보)에게 불리하게 작용하기 때문에(경찰 · 검찰을 비롯하여 공무원의 정치적 중립이 지켜지지 아니한 우리 현실에서 더욱 그렇다) 실질적 기회균등을 침해하며 곧 이는 민주적 선거제도의 본질을 해치는 것이라고 아니할 수 없다. 선거운동의 과도한 제한이 여당후보에게 압도적으로 유리하게 작용하는 현상은 그 동안의 대통령선거를 비롯한 공직선거에서 소위 금권선거, 관권선거(이 사건 위헌제청 관련 형사사건에서의 부산지역 기관장회의도 그 한 예에 속한다)를 통해 여당후보가 우세한 결과를 얻어 온 우리의 경험이 잘 입증해 주고 있다.」

⇔ 재판관 1인(재판관 김진우)의 반대의견

「헌법 제37조 제2항에 "국민의 모든 자유와 권리는 국가안전보장 · 질서유지 또는 공공복리를 위하여 필요한 경우에 한하여 법률로써 제한할 수 있으며"라고 규정하여 질서유지나 공공복리를 위하여 국민의 기본권을 필요한 한도 내에서 제한할 수 있음을 규정하였으며, 헌법 제116조 제1항에 선거운동은 각급 선거관리위원회의 관리하에 법률이 정하는 범위 안에서 하되 균등한 기회가 보장되어야 한다고 규정함으로써, 선거운동의 자유의 한계는 법정사항으로 규정하였고, 다만 그 법률은 선거운동에 있어 균등이 보장되는 내용이어야 한다고 제한하였다.

물론 선거에 있어서 선거의 자유와 공정한 선거는 최대한 보장되어야 하고 선거의 자유 속에는 선거운동의 자유가 들어 있고 선거운동은 표현의 자유와 직결되는 것이지만, 선거운동의 자유나 표현의 자유도 선거운동의 과열 · 타락방지, 선거의 공정성 확보 등 공공이익을 위하여 각국이 다 제한하고 있다. 그 제한하는 법률의 내용과 정도는 그 나라 그 시대의 국민의 선거풍토, 정치적 역사성(전통), 민주정치의 성숙도, 정치 · 경제 · 사회 · 문화적 제반 특성을 고려하여 입법하는 것이 각국의 예이다. 그러므로 이런 제한을 상정하여 헌법 제116조 제1항에서 선거운동의 한계를 법정하도록 규정한 것이고, 이에 따라서 이 사건 구 대통령선거법 제36조도 1992. 12.에 곧 실시될 대통령선거를 한 달 앞두고 당시의 우리의 선거풍토, 민주정치의 성숙도, 기타 정치 · 경제 · 사회 · 문화적 제반실정에 적합하게 선거의 공정과 선거의 자유를 최대한으로 보장 · 조화하는 내용으로, 역사상 가장 민주적인 여 · 야합의하에 국민적 합의를 바탕으로 하여 위와 같은 선거의 공정성 확보를 위하여 필요한 범위 내에서 선거운동을 할 수 있는 자의 범위를 일부 제한하는 내용으로 1992.11. 11. 개정된 법률조항이었던 것이다. 그러므로 동 법률조항은 결코 헌법 제37조 제2항에 정한 과잉금지의 원칙에 반하지 않는다. 다수의견이 제시한 이론에 의하여도 이 사건 법률조항은 당시의 공정한 선거보장을 위한 필요한 범위 내의 제한규정이었으므로 입법권 형성의 범위를 일탈한 위헌인 규정이라고 할 수는 없다고 생각된다. 그 후 각종 선거를 거치면서 우리의 민주정치의 성숙도가 급성장하였으므로, 1994. 3. 16. 여 · 야합의로 공직선거및선거부정방지법을 제정하여 원칙적으로 모든 국민이 선거운동을 할 수 있도록 획기적으로 발전적 개정을 하였다. 그러나 이와 같은 정치적 · 사회적 변천이 있은 전후를 같은 척도로 잴 수는 없는 것이다. 그리고 헌법 제116조 제1항의 '기회의 균등'은 다수의견의 보충의견과는 달리 후보자 기타 법이 허용한 선거운동 주체간의 균등한 기회의 보장을 의미하는 것이다. 그러므로 모든 후보자가 다 같은 법제하여 선거운동의 기회가 균등하게 부여된 상황에서 경쟁한 자유공명선거로, 특히 유사 이래 가장 확실한 정통성을 가져온 선거에 대하여, 구 대통령선거법 제34조로부터 제78조까지 선거운동의 제한에 관한 54개조나 되는 그 많은 조문 중, 당선자의 실제득표율에 비추어도, 선거결과에 영향을 도저히 미치지 못할 1개 조문의 일부에 대한 잘못된 위헌론을 근거로, 침소봉대하여 정통성을 거론하는 다수의견의 보충의견은 논리의 비약이 너무 심한 것이라고 할 것이다.」

⇔ 재판관 1인(재판관 한병채)의 반대의견

「이 사건은 구 대통령선거법위반죄로 형사소추된 피고인들의 위헌법률제청신청에 따라 제청된 구체적 규범통제심판사건으로서, 그 제청이유의 주된 요지는 재판의 전제가 되는 법 제34조, 제36조 제1항 본문 및 그 벌칙조항인 제162조 제1항 제1호 중 각 해당부분은 선거운동을 포괄적으로 금지하고, 처벌의 대상이 되는 선거운동의 행위태양에 관한 구체적인 적시가 없기 때문에 지극히 추상적이고 애매하며 그 범위가 너무 광범위하므로 법규의 명확성을 갖추지 못하여 헌법상의 죄형법정주의원칙에 위반되는 위헌성이 있다는 것이다. 이 점에 관하여 다수의견이 위 조항들은 통상의 일반인에게 구체적으로 어떠한 행위들이 금지되고 있는가를 미리 알려주고 그들이 불이익한 처분을 받는 일을 하지 않도록 상당한 주의, 경고를 하고 있는 것으로 볼 수 있으므로 헌법 제12조 제1항이 요구하는 죄형법정주의의 명확성의 원칙에 위반되지 않는다고 판단하고 있다.

그러면서 다수의견은 유독 법 제36조 제1항 본문과 법 제162조 제1항 제1호의 제36조 제1항 본문 부분 중 그 일부만을 끄집어내서 그에 대한 적절치 못한 이유를 들어 위 조항들은 입법형성권의 한계를 넘어 국민의 선거운동의 자유를 지나치게 제한함으로써 국민의 참정권과 정치적 표현의 자유의 본질적 내용을 침해하는 것이므로, 헌법 제21조 제1항, 제24조의 각 규정에 위배되고, 나아가 헌법상의 국민주권주의 원칙과 자유선거의 원칙에도 위반되는 것이라고 판단하고 있다.

이러한 다수의견은 선거운동의 포괄적인 제한에 대한 위헌성 문제는 선거운동제한에 관한

법 제33조 이하 관계규정 전체를 종합해서 검토 · 평가하여야 할 성질의 것임에도 불구하고 그 일부에 지나지 않는 위 조항들만을 가지고 그 위헌여부를 판단함으로써 전체적인 규범의 합목적성 통일성을 해치는 헌법해석을 하는 잘못을 범하고 있으며, 또한 대통령선거법의 선거운동의 제한의 범위에 관한 사항은 헌법 제116조 제1항의 특별규정에 근거하여 제한의 입법목적, 선거의 행태, 민주시민으로서의 자질의 성숙도 및 현실적 필요성 등을 고려하여 국민의 대표기관인 입법부의 입법재량에 의하여 입법정책으로 결정될 문제임에도 특정부분에 대하여만 헌법적합성의 문제로 확대 적용하여 무리한 결론을 유도하고 있다고 하지 않을 수 없다.

이러한 형식논리는 선거운동과 참정권 및 정치적 표현의 자유에 대한 본질적 내용을 잘못 이해함으로써 우리 정치사에서 가장 민주적으로 여 · 야합의에 의하여 제정 · 공포된 구대통령선거법의 합헌성을 부정하고, 나아가 국민의 대표성에 의하여 권력의 정당성이 보장되고 헌법기관의 정통성이 유지되는 민주헌법의 기본원리를 무시하는 헌법해석을 함으로 인하여 보충의견에서 지적하는 바와 같은 헌법상의 권력구조의 민주적 정당성을 훼손하는 이론의 근거를 제시한 중대한 잘못을 범하고 있음을 지적하지 아니할 수 없다.」

▸ 선거운동의 성질에 대한 판례

▹ 선거운동을 선거권 · 정치적 표현의 자유 · 자유선거원칙의 내용으로 본 헌법재판소 판례

[憲 1994. 7. 29.-93헌가4등](구대통령선거법 제36조 제1항 위헌제청, 구대통령선거법 제34조 등 위헌제청)

※ 위 판례 인용부분 참조

◎ 같은 취지 : 憲 1995. 4. 20.-92헌바29; 1999. 6. 24.-98헌마153; 2001. 8. 30.-99헌바92등

▹ 선거운동을 선거권 · 정치적 표현의 자유의 내용으로 설시한 헌법재판소 판례

[憲 2000. 3. 30.-99헌바113](지방교육자치에관한법률 제53조 등 위헌소원)

「가. 선거운동의 헌법적 의의와 그 규제의 한계

(1) 민주정치는 주권자인 국민이 되도록 정치과정에 참여하는 기회가 폭 넓게 보장될 것을 요구한다. 이는 국민주권의 원리로부터 나오는 당연한 요청이다. 특히 대의민주주의를 원칙으로 하는 오늘날의 민주정치 아래에서의 선거는 국민의 참여가 필수적이고, 주권자인 국민이 자신의 정치적 의사를 자유로이 결정하고 표명하여 선거에 참여함으로써 민주사회를 구성하고 움직이게 하는 것이다. 따라서 국민의 주권행사 내지 참정권 행사의 의미를 지니는 선거과정에의 참여행위는 원칙적으로 자유롭게 행하여질 수 있도록 최대한 보장하여야 한다.

한편 자유선거의 원칙은 비록 우리 헌법에 명시되지는 않았지만 민주국가의 선거제도에 내재하는 법원리인 것으로서 국민주권의 원리, 의회민주주의의 원리 및 참정권에 관한 규정에서 그 근거를 찾을 수 있다. 이러한 자유선거의 원칙은 선거의 전 과정에 요구되는 선거권자의 의사형성의 자유와 의사실현의 자유를 말하고, 구체적으로는 투표의 자유, 입후보의 자유, 나아가 선거운동의 자유를 뜻한다.

선거운동의 자유는 널리 선거과정에서 자유로이 의사를 표현할 자유의 일환이므로 표현의 자유의 한 태양이기도 하다. 표현의 자유, 특히 정치적 표현의 자유는 선거과정에서의 선거운동을 통하여 국민이 정치적 의견을 자유로이 발표 · 교환함으로써 비로소 그 기능을 다하게

된다 할 것이므로 선거운동의 자유는 헌법에 정한 언론 · 출판 · 집회 · 결사의 자유 보장규정에 의한 보호를 받는다.

또한 우리 헌법은 참정권의 내용으로서 모든 국민에게 법률이 정하는 바에 따라 선거권을 부여하고 있는데, 선거권이 제대로 행사되기 위하여는 후보자에 대한 정보의 자유 교환이 필연적으로 요청된다 할 것이므로, 선거운동의 자유는 선거권 행사의 전제 내지 선거권의 중요한 내용을 이룬다고 할 수 있다. 그러므로 선거운동의 제한은 선거권, 곧 참정권의 제한으로도 귀결된다.

(2) 민주적 의회정치의 기초인 선거는 본래 자유로와야 하는 것이지만 그것은 동시에 공정하게 행하여지지 아니하면 아니된다. 금권, 관권, 폭력 등에 의한 타락선거를 방지하고, 무제한적이고 과열된 선거운동으로 말미암아 발생할 사회경제적 손실과 부작용을 방지하고, 실질적인 선거운동의 기회균등을 보장하기 위하여는 선거의 공정성이 확보되어야 한다. 선거의 공정성 확보를 위하여는 어느 정도 선거운동에 대한 규제가 행하여지지 않을 수 없고, 이는 곧 선거운동의 자유를 제한하는 셈이 되므로 기본권제한의 요건과 한계에 따라야 한다. 그러므로 우리 헌법상 선거운동의 자유도 다른 기본권과 마찬가지로 헌법 제37조 제2항에 따라 국가안전보장 · 질서유지 · 공공복리를 위하여 필요한 경우에 한하여 법률로 제한할 수 있되, 다만 선거운동의 자유에 대한 본질적 내용은 침해할 수 없다.

한편 헌법 제116조 제1항은 “선거운동은 각급 선거관리위원회의 관리하에 법률이 정하는 범위 안에서 하되, 균등한 기회가 보장되어야 한다”라는 별도의 규정을 두고 있다. 그러나 이 규정의 의미를 선거운동의 허용범위를 아무런 제약 없이 입법자의 재량에 맡기는 것으로 해석하여서는 아니된다. 오히려 위에서 본 바와 같이 선거운동은 국민주권 행사의 일환일 뿐 아니라 정치적 표현의 자유의 한 형태로서 민주사회를 구성하고 움직이게 하는 요소이므로 그 제한입법에 있어서도 엄격한 심사기준이 적용된다 할 것이다.」

▸ 선거운동의 기회균등에 대한 판례

▹ 선거운동의 기회균등을 보장함에 있어서는 선거의 공정성이 확보되어야 한다는 취지의 판례
[憲 1994. 7. 29.-93헌가4등](구대통령선거법 제36조 제1항 위헌제청, 구대통령선거법 제34조 등 위헌제청)
※ 위 판례 인용부분 참조

▹ 선거와 관련된 여러 제도나 사회의 여건에 따라 합리적으로 차별하는 것이 정당한 경우에는 기회균등에서 차별을 둘 수 있다는 취지의 판례
[憲 1989. 5. 24.-89헌가37등](금융기관의연체대출금에관한특별조치법 제5조의2의 위헌심판)
※ 〈제5편 - 제2장 - □ 내용〉 판례 인용부분 참조
◎ 같은 취지 : 憲 1992. 4. 28.-90헌바27등 1997. 10. 30.-96헌마94; 1998. 8. 27.-97헌마372등

▹ 무소속후보자와 정당소속후보자간에 합리적이고 상대적으로 차별을 두는 것은 인정된다는 취지의 판례
[憲 1996. 3. 28.-96헌마9등](공직선거및선거부정방지법 제150조 제3항 등 위헌확인)
「나. 선거운동과 표현의 자유

대의제민주정치는 주권자인 국민이 정치과정에 참여하는 기회가 가능한 한 폭넓게 보장될

것을 요구한다. 따라서 국민의 주권행사 내지 참정권행사의 의미를 지니는 공직선거과정에서의 참여행위와 특히 선거운동은 자유롭게 행하여질 수 있도록 최대한 보장하여야 한다(헌법재판소1995. 5. 25. 선고, 93헌마23 결정 참조). 그리고 국민의 주권행사에 있어서 표현의 자유는 핵심이 되는 기본권이므로선거운동에 있어서 표현의 자유는 최대한 보장되어야 한다. 즉 후보자의 입장에서는 선거권자에게 자신을 자유롭게 알릴 수 있어야 하고, 선거권자의 입장에서는 후보자에 관한 정보에 자유롭게 접근할 수 있어야 할 것이다.

그러나 선거는 자유로와야 하지만 동시에 공정하게 행하여지지 않으면 안 되며 선거의 공정성을 확보하기 위하여는 어느 정도 선거운동에 대한 규제가 행하여지지 않을 수 없다(위 93헌마23 결정 참조).

다. 이 법 제150조 제3항 내지 제5항(후보자기호결정방법)의 위헌 여부

(1) 평등권의 침해 여부

국회에서 특히 다수의석을 가진 정당후보자는 선거운동기간 개시 전이라도 자신의 기호를 알 수 있으므로 미리 기호를 게재한 홍보물을 제작할 수 있는 데 반하여, 미리 기호를 알 수 없는 후보자는 후보자등록이 마감되고 기호가 결정된 이후에야 비로소 선거운동의 준비를 할 수 있으므로 불리한 입장에 있다. 또 정당이나 후보자는 기호를 활용하여 선거권자로 하여금 자신을 쉽게 인식시킬 수 있고, 일반적으로 상징조작이 용이한 상순위 기호를 선호하는데, 다수의석을 가진 정당후보자는 상순위 기호를 부여받게 되므로 선거운동에 있어서도 유리한 면이 없지 않다 할 것이다. 따라서 현행 정당 · 의석우선제도는 선거운동의 준비나 선거운동에 있어서 다수의석을 가진 정당후보자에게 유리하고, 소수의석을 가진 정당이나 의석이 없는 정당후보자 및 무소속후보자에게는 상대적으로 불리하여 차별을 두었다고 할 수 있다. 그러나 정당후보자에게 무소속후보자보다 우선순위의 기호를 부여하는 제도는 정당제도의 존재의의에 비추어 그 목적이 정당하다 할 것이다.

또 정당 · 의석을 우선함에 있어서도 국회에 의석을 가진 정당의 후보자, 의석이 없는 정당의 후보자, 무소속후보자의 순으로 하고, 국회에 의석을 가진 정당후보자 사이에는 의석순으로 하며, 의석이 없는 정당후보자 및 무소속후보자 사이의 각 순위는 정당명 또는 후보자성명의 '가, 나, 다' 순 등 합리적 기준에 의하고 있으므로 그 방법도 상당하다 할 것이다.

그러므로 위 조항은 평등권을 침해한다고 볼 수 없다.

(2) 공무담임권의 침해 여부

위 조항은 후보자선택을 제한하거나 다수의석을 가진 정당후보자 이외의 후보자나 무소속후보자의 당선기회를 봉쇄하는 것이 아니며, 단지 후보자에 대한 투표용지 게재순위를 결정하는 방법에 관한 규정일 뿐, 공무담임권과는 직접 관련이 없다 할 것이므로, 공무담임권을 침해하는 것이라고 볼 수 없다.

라. 이 법 제89조(유사기관의 설치금지 등)의 위헌 여부

(1) 평등권의 침해 여부

(가) 유사기관 설치금지 등의 입법목적

위 조항은 정당 또는 후보자가 선거운동 기타 선거에 관한 사무를 처리하기 위하여 설치할 수 있는 선거사무소와 선거연락소 외에는 유사기관의 설치를 금지하고, 또 이미 설치된 경우도 선거일전 180일부터 선거일까지는 선전행위 등을 금지하고 있는바, 이는 법정 선거운동기구 이외의 선거운동기구의 난립으로 야기될 과열경쟁과 낭비를 방지하고 후보자간에 선거운동의 균등한 기회를 보장함으로써 선거의 공정성을 확보하기 위한 규정이다.

(나) 정당에 대한 예외규정의 입법목적

그런데 위 제1항 단서에서 정당의 중앙당·당지부 또는 지구당의 사무소에 각 1개의 선거대책기구는 설치할 수 있도록 예외를 허용하고 있는바, 이는 앞에서 본 바와 같이 정당제민주주의에서 정당의 활동을 보호하기 위한 규정이다. 정당의 궁극적 목적이 선거에서의 승리를 통한 집권에 있으므로 선거에 있어서 후보자의 추천과 지지는 필수적인 요청일 뿐만 아니라 정당은 전국적인 조직을 가지고 있어, 선거에 당해서 전국에 걸쳐 선거운동의 준비 등 선거에 관한 사무를 총괄적으로 처리하기에는 평상적인 운용체제가 적합하지 않기 때문이다. 따라서 위 규정의 입법목적은 정당성이 인정된다 할 것이다.

(다) 후보자간의 불평등 여부

위 조항으로 말미암아 무소속후보자에게는 선거운동기구의 설치가 허용되지 않으므로 정당후보자에 비하여 선거운동의 자유가 상대적으로 제한된다고 볼 수도 있으나, 선거운동이 아닌 입후보와 선거운동을 위한 준비행위는 선거운동기간 개시 전이라고 누구에게나 허용되므로(법 제58조 제1항 단서), 선거운동의 준비에 있어서는 불평등이 없다 할 것이고, 또 정당후보자라도 위에서 허용된 선거대책기구를 이용하여 실질적인 선거운동을 할 경우에는 유사기관을 설치한 것이 되어 처벌받게 된다. 다만 그로 인하여 어느 정도의 차별이 생긴다 하더라도 그것은 위에서 본 바와 같이 정당의 활동을 특별히 보호함으로써 생기는 결과라 할 것이므로 위와 같은 차별은 합리적인 근거가 있다 할 것이다. 따라서 위 조항이 헌법상 평등선거의 원칙이나 선거운동의 기회균등의 원칙에 반하거나 평등권을 침해한다고 할 수 없다.

(2) 공무담임권의 침해 여부

위 조항은 무소속후보자의 선거운동의 준비행위를 금지하거나 법정 선거운동을 제한하는 것이 아니며, 또 무소속후보자의 당선기회를 봉쇄하는 것도 아니어서 공무담임권과는 직접 관련이 없다 할 것이므로 공무담임권을 침해하는 것이라고 볼 수 없다.

(3) 표현의 자유의 침해 여부

위 제2항의 규정으로 말미암아 후보자가 선거권자에게 자신을 알릴 수 있는 표현의 자유가 제한될 소지가 있다고 하더라도, 위 조항은 정당이나 후보자가 설립·운용하는 기관·단체 등을 이용한 과당경쟁과 낭비를 방지하고 선거운동의 균등한 기회를 보장함으로써 선거의 공정성을 확보하고자 하는 것이므로 그 입법목적이 정당하고, 정당후보자나 무소속후보자를 구분하지 아니하고 선거운동의 시기와 방법을 일률적으로 규제하는 것으로서 그 방법 역시 상당하다 할 것이다. 그러므로 위 조항은 표현의 자유를 침해한다고 볼 수 없다.

마. 이 법 제93조 제3항(선거운동용신분증명서 등 발급금지)의 위헌 여부

(1) 평등권의 침해 여부

(가) 입법목적

이 법은 원칙적으로 선거운동을 자유롭게 할 수 있도록 허용하고 있으나 홍보물에 의한 선거운동은 이를 전면적으로 허용하면 과당경쟁으로 막대한 선거비용이 지출되고 선거의 공정을 해칠 우려가 있으므로 이를 규제하고, 탈법적 방법에 의한 문서의 배부 등 행위를 금지하는 한편, 위 조항은 선거운동용신분증명서 등의 발급을 금지하고 있다.

이는 이 법에 의하여 선거운동이 금지된 일정한 자를 제외하고는 누구든지 선거운동을 할 수 있게 된 결과, 자원봉사자의 모집 등을 빙자하여 선거구민을 상대로 자원봉사활동의뢰서, 자원봉사자증명서 기타 인쇄물을 발급하거나 징구하는 등의 탈법적 방법으로 선거운동을 하는 것을 방지하여 선거의 공정성을 확보하기 위한 규정이며 그 목적이 정당하다 할 것이다.

(나) 평등권의 침해 여부

선거운동의 현실에 있어서 정당후보자는 당원을 선거운동원으로 활용할 수 있고, 당원은 당원증을 가지고 있기 때문에 당연히 선거운동을 할 수 있는 것으로 알고 있으며, 정당후보자와 보다 강한 유대감을 가질 수 있는 반면, 무소속후보자의 선거운동원은 위 조항으로 말미암아 선거운동원이라는 신분증명서를 발급받을 수 없으므로 선거운동을 할 수 없는 것으로 오인하여 선거운동의 자유가 사실상 위축되고 후보자와의 유대감도 상대적으로 약하다.

그러나 당원은 소속 정당의 정강정책에 공감하거나 그 정당을 선호하여 일정한 절차(정당법 제20조)를 거쳐 입당한 사람이므로 당원이 소속당 후보자에 대하여 갖는 유대감이 보다 강한 것은 오히려 당연하며, 또 선거운동용신분증명서가 없다고 활동이 위축되는 것은 법의 오해에서 비롯된 심리상태에 불과하다. 그러므로 무소속후보자에게 선거운동용신분증명서 등의 발급을 허용할 것인지의 여부는 입법자의 입법형성의 자유에 속하는 사항이라 할 것이다.

따라서 위 조항은 평등선거의 원칙과 선거운동의 기회균등의 보장원칙에 위배되거나 평등권을 침해한다고 볼 수 없다.

(2) 표현의 자유의 침해 여부

위 조항은 위에서 본 바와 같이 탈법적인 선거운동을 방지함으로써 선거의 공정성을 확보하기 위한 것으로서 그 입법목적이 정당하고 규제방법도 상당하므로 표현의 자유를 침해한다고 볼 수 없다.

바. 이 법 제111조(의정활동보고)의 위헌 여부

(1) 우리 헌법상 선거운동은 각급 선거관리위원회의 관리하에 법률이 정하는 범위안에서 하되, 균등한 기회가 보장되어야 한다(헌법 제116조 제1항).

선거운동이라 함은 당선되거나 되게 하거나 되지 못하게 하기 위한 행위를 말하고(법 제58조 제1항) 누구든지 자유롭게 선거운동을 할 수 있으나(법 제58조 제2항), 이러한 선거운동은 당해 후보자의 등록이 끝난 때부터 선거일 전일까지에 한하여 할 수 있고(법 제59조) 누구라도 위 선거운동기간전에 선거운동을 하여서는 아니되며 그럼에도 불구하고 선거운동을 하였을 경우에는 형사처벌을 받게 된다(법 제254조 제2항, 제3항).

(2) 이 법은 선거가 국민의 자유로운 의사와 민주적인 절차에 의하여 공정히 행하여지도록 함을 목적으로 하면서(법 제1조) 그와 같은 목적의 달성을 위하여 국회의원 선거기간중(즉 선거기간 개시일로부터 선거일까지)에는 국회의원의 의정활동보고(법 제111조)를 금지하고 있다.

국회의원의 의정활동보고는 국회의원이 국민의 대표로서 행한 의회에서의 정치적 활동을 자신을 선출한 선거구민에게 직접 보고하는 행위로서 국회의원이 주권자인 국민의 의사를 대변하여 대의정치가 구현되도록 하는 기능을 가지는 것이다. 따라서 이는 국회의원의 정치적 책무이고 고유한 직무활동이므로 특별한 사정이 없는 한 자유롭게 허용됨이 상당하다.

그럼에도 불구하고 위 조항이 선거운동기간 중 국회의원의 의정활동보고를 금지하고 있는 것은 선거운동의 방법과 횟수 등에 대하여 엄격한 제한을 가하고 있는 법조항들의 실효성을 확보하기 위하여 국회의원의 의정활동보고가 위와 같은 선거운동의 제한을 회피하는 탈법수단으로 악용될 가능성을 사전에 차단함으로써 선거의 공정이라는 궁극적인 법목적의 실현을 도모하기 위한 것이라고 할 수 있을 것이다.

(3) 한편 위 조항에 의하여 금지되는 것은 선거운동기간 중에 행하여지는 국회의원의 의정활동보고이고 선거기간 개시 전에 행하여지는 의정활동보고에는 그 시기와 횟수 등에 아무런

제한이 없으므로, 국회의원은 비록 그가 선거기간 개시일 이전에 이미 당해 선거의 후보자가 될 것으로 예정되고 또 그 사실이 대외적으로 공표되어 있는 경우라고 하더라도 불특정 또는 다수의 선거구민을 상대로 자신의 의정활동상황 보고를 계속 할 수 있는 것이다.

(4) 이에 대하여 청구인들은 위 조항이 선거운동기간 개시 전의 의정활동보고에 대하여 아무런 제한없이 이를 허용하는 결과 국회의원인 예비후보자가 의정활동보고라는 구실로 사실상의 사전선거운동을 하는 것이 가능하게 되고 또 그에 대한 단속의 손길도 제대로 미치지 아니하기 때문에 국회의원인 예비후보자가 사전선거운동의 엄격한 제한을 받는 국회의원이 아닌 예비후보자에 비하여 훨씬 더 많은 선거운동의 기회를 갖게 되는 불평등이 필연적으로 생겨난다고 주장한다.

그러나 위 조항의 해석상 선거운동기간전에 허용되는 것은 어디까지나 국회의원이 국민의 대표로서의 지위에서 행하는 순수한 의정활동보고일 뿐이고 의정활동보고라는 명목하에 이루어지는 형태의 선거운동이 아니다. 왜냐하면 선거운동기간전에 이루어지는 정치적 집회가 아무리 의정활동보고라는 형식과 명칭을 갖추었다고 하더라도 그 내용이 당해 선거에 있어 당해 국회의원으로 하여금 당선되거나 당선되게 하거나 다른 예비후보자들이 당선되지 못하게 하는 선거운동의 실질을 갖추고 있는 한 그것이 허용될 수 없음은 사전선거운동을 금지하고 그에 대한 형사처벌을 규정하고 있는 법규정의 취지에 비추어 명백하기 때문이다. 그러므로 국회의원이 행하는 사실상의 사전선거운동이 제대로 단속되지 아니함으로써 생겨나는 선거운동기회의 불균형은 집행의 불공정 내지는 불철저로 인한 사실상의 불평등일 뿐 위 조항의 규정으로 인한 법률상의 불평등이라고 볼 수 없다.

다만 국회의원이 그 직무상 행하는 의정활동보고라고 하더라도 그것은 필연적으로 국회의원 개인의 정치적 활동이나 업적에 대한 선전을 포함하게 되어 있으므로, 그 범위내에서 국회의원인 예비후보자와 국회의원이 아닌 예비후보자 사이에 개별적인 정치활동이나 그 홍보의 기회라는 면에서 현실적인 불균형이 생겨날 가능성이 있는 것은 사실이나 이는 이 법이 국회의원이 가지는 고유한 권능과 자유를 선거의 공정을 해치지 아니하는 범위 내에서 가능한 한 넓게 인정하고 보호하는 결과 생겨나는 사실적이고 반사적인 효과에 불과한 것이다.

결국 선거운동의 공정이라는 법 목적의 달성을 위하여 국회의원이 가지는 고유한 권능과 자유를 어느 정도로 제한할 것인가의 여부는 입법자의 광범위한 형성의 재량에 속하는 사항이라고 할 것이고, 위 조항이 선거운동기간이 개시된 후에 한하여 국회의원의 의정활동보고를 금지하였다고 하더라도 그를 통하여 국회의원이 아니 예비후보자에게는 금지되어 있는 선거운동기간개시전의 선거운동을 허용하는 것이 아닌 한 이를 일컬어 명백히 자의적인 입법이라고 할 수 없다.

(5) 과연 그렇다면 위 조항이 선거운동기간의 개시 이후에만 한정하여 국회의원의 의정활동보고를 금지하고 있다고 하여 그로 인하여 청구인들과 같은 국회의원이 아닌 예비후보자를 국회의원인 예비후보자에 비하여 불합리하게 차별 대우하는 자의적인 입법으로서 청구인들의 평등권이나 공무담임권 및 선거구민의 표현의 자유를 침해하고 선거운동의 기회균등을 보장한 헌법 제116조 제1항에 반하는 위헌규정이라고 할 수 없다.

5. 결 론

따라서 이 법 제89조 제1항 · 제2항, 제93조 제3항, 제111조, 제150조 제3항 · 제4항 · 제5항이 청구인들의 기본권을 침해한다고 볼 수 없으므로 청구인들의 이 사건 심판청구를 모두 기각하기로 하여 주문과 같이 결정한다.」

※ 위 다수의견에 대하여 재판관 4인(재판관 김문희, 재판관 황도연, 재판관 정경식, 재판관 신창언)**은 "국회의원의 의정활동보고에 관한 부분은 일반의 예비후보자를 국회의원인 예비후보자에 비하여 합리적인 근거없이 불리하게 차별대우하고 선거운동에 있어서의 기회균등을 박탈한 것으로서, 평등의 원칙을 선언한 헌법 제11조 제1항과 선거운동에 있어서의 기회균등의 보장을 명한 제116조 제1항에 반하는 위헌규정이고, 그로 말미암아 일반의 예비후보자인 청구인들의 평등권과 공무담임권이 침해된 것이라 아니할 수 없다"며 "주문의 형태는 헌법불합치가 상당하다"는 취지의 반대의견을 개진함.**

▹ 정당추천후보자에게 별도로 정당연설회를 할 수 있도록 하는 것은 무소속후보자와 비교하여 월등하게 유리한 위치에서 선거운동을 하게 한 불평등한 규정으로 위헌으로 본 판례
[憲 1992. 3. 13.-92헌마37등](국회의원선거법 제55조의3 등에 대한 헌법소원)
※ 〈제6편 - 제1장 - 1. - □ 선거의 기본원칙〉 판례 인용부분 참조

▹ 선거운동기간 전에 정당이 소속당원의 훈련연수 등의 형태로 당원교육을 실시하고 당원을 모집하거나 입당원서를 배부하는 것을 허용하는 것은 헌법에 합치한다는 취지의 판례
[憲 1995. 11. 30.-94헌마97](공직선거및선거부정방지법 제59조 등 위헌확인)
「나. 선거법 제254조 제2항 제4호의 위헌 여부

선거법 제59조가 합헌이라면 특별한 사정이 없는 한 그 벌칙조항의 하나인 제254조 제2항 제4호 역시 헌법에 위반되지 아니한다 할 것이다[93헌가4·6(병합) 결정 참조]. 청구인은 선거법 제144조 제1항, 제143조 제1항의 규정에 의하여 정당소속 후보자는 선거기간중이 아닌 동안에도 정당의 통상적인 활동에 의하여 자신을 알릴 기회를 가지는 반면에 무소속 후보자는 선거법 제254조 제2항 제4호로 인하여 선거운동기간이 아닌 한 조직을 활용할 수 있는 기회가 배제되므로, 이는 무소속 후보자에게 불리한 차별로서 헌법상 평등권의 침해라는 것이다.

헌법이 보장하고 있는 정당(제도)의 본래적 존재의의가 국민의 정치적 의사의 형성에 참여하는데 있으며(헌법 제8조 제2항 후문), 오늘날 대의민주주의에서 이러한 참여의 가장 중요한 형태가 선거를 통한 참여임은 의문의 여지가 없다(헌법재판소 1991. 3. 11. 선고, 91헌마21 결정 참조). 한편 오늘날과 같은 대중민주주의국가에 있어서는 정당은 국가로부터 자유롭고 공개적인 의사형성과 공동체의 정치적 구성에 있어서 필수불가결한 기능을 수행하고, 정당이 국민과 국가통치체제 사이에 개입되지 않고서는 오늘날 대중은 정치나 국가작용에 영향력을 행사하기가 어렵다(헌법재판소 1994. 4. 28. 선고, 92헌마153 결정 참조). 이러한 헌법상의 정당제도의 취지를 고려할 때 비록 선거운동기간 전이더라도, 정당이 소속당원의 훈련연수 등의 형태로 당원교육을 실시하거나(선거법 제143조 제1항), 당원을 모집하거나 입당원서를 배부하는 것은(선거법 제144조 제1항) 정당의 본연의 활동영역에 속한다고 볼 것이므로, 이러한 사정이 무소속 후보자를 정당과 차별하는 것이라고는 할 수 없다.

또한 위 조항은 일정한 선거운동의 방법의 제한과 관련된 것일 뿐 공무담임권의 내용에 해당되는 사안은 아니라고 할 것이므로 위 조항이 청구인의 공무담임권을 침해하고 있는 것이라고 볼 수도 없다.

◎ 같은 취지 : 憲 1996. 8. 29.-96헌마99

▷ 정당에만 선거대책기구의 설치를 허용하고 무소속후보자에게는 이를 금지하는 것, 무소속 후보자에게 선거운동용신분증명서를 발급하지 못하게 하는 것, 국회의원에게 선거운동기간이 개시하기 전에 의정활동보고를 할 수 있게 하는 것 등이 헌법에 합치한다는 취지의 판례을 합헌으로 본 판례
[憲 1996. 3. 28.-96헌마9등](공직선거및선거부정방지법 제150조 제3항 등 위헌확인)
※ 위 판례 인용부분 참조

▷ 정당 · 국회의원 · 국회의원입후보등록자에게 후원회를 둘 수 있게 하면서 후보등록을 하지 않은 입후보예상자에게 이를 인정하지 않은 것이 헌법에 합치한다고 본 판례
[憲 1995. 11. 30.-94헌마97](공직선거및선거부정방지법 제59조 등 위헌확인)

「라. 정치자금법 제3조 제8호의 위헌 여부

이 조항은 후원회의 정의(定義)에 관한 규정이다. 그 내용에 따르면 후원회는 정치자금의 기부를 목적으로 하며, 기부의 대상자는 정당, 국회의원, 국회의원입후보등록자에 국한되고 있다.

청구인은 무소속 국회의원 입후보자의 경우 위 조항에 의하면 후보자등록을 한 이후에야 후원회를 만들어 정치자금을 기부 받을 수 있는데, 선거법이 선거운동기간을 후보자등록 이후부터 선거일 전일까지로 제한하는 한편 국회의원후보자등록을 “선거일전 16일로부터”라고 하고 있어 그 기간이 너무 짧아 사실상 후원회를 통한 정치자금의 기부를 받는 것이 불가능하므로, 이는 정당과 국회의원에 비해 무소속후보자를 차별하는 것이라는 취지의 주장을 하고 있다.

그러나 위 조항은 후원회의 목적과 기부대상자를 정하는, 즉 후원회에 대한 정의규정에 불과하므로, 달리 청구인이 국회의원후보자등록일 규정에 관한 선거법 규정의 위헌심판청구를 한 바 없는 이 사건에 있어서는, 국회의원후보자등록 개시시기의 적정성에 관한 즉 선거법 제49조 제1항에 관한-위헌 여부까지 판단할 수는 없는 것이므로 이 사건에서는 후원회의 정의에 관한 위 조항의 내용 자체에 대해서만 판단할 수밖에 없다.

위 조항 자체만에 대한 청구인의 청구이유는, 청구인의 위 조항관련 심판청구이유 중 위 조항과 직접 연관되지 않는 다른 선거법 규정부분을 제외하면, 후원회의 기부대상자를 국회의원입후보등록자에 한정하고 입후보예정자에까지 확대하지 않는 것이 위헌이라는 취지로 이해된다.

정치자금법은 “정치자금의 적정한 제공을 보장하고 그 수입과 지출상황을 공개함으로써 민주정치의 건전한 발전에 기여함을 목적으로 한다”(제1조)로 되어 있는데, 이 법은 종래 정치자금의 수수가 부정과 부패에 연결되고 경제인에 대한 정치인의 보복이 있는 사례가 있었다는 반성에서 정치자금의 수수를 양성화하고 그 금액과 사용용도를 투명하게 하기 위해 제정된 것이었다. 이러한 입법목적은 그 간의 우리 나라의 선거자금 실태를 고려할 때 입법형성권의 범위를 벗어난 것이라고 볼 이유가 없다. 따라서 정치자금의 적정한 제공을 보장하고 수입과 지출을 공개하기 위해서는 즉 정치자금법의 입법목적을 충실히 실현하기 위해서는 무엇보다도 정치자금을 받을 대상자가 객관적으로 정치자금을 제공받을 수 있는 위치에 있을 것을 요한다고 할 것이다. 그런데 정당이나 국회의원 그리고 국회의원입후보등록자는 이미 객관적으로 그러한 위치에 있는 반면, 단순한 국회의원 입후보예정자는 어느 시점을 기준으로 그러한 위치를 인정할 것인지가 객관적으로 불분명하다. 따라서 정치자금법 자체의 입법목적이 잘못된 것이 아닌 한, 위 조항이 후보등록을 한 입후보자만을 그 대상으로 하고 후보등록을

하지 않은 입후보예정자까지를 그 대상에서 포함하고 있지 않더라도, 이는 그러한 입법목적을 달성하기 위한 적절한 수단에 해당되는 것이며(최선의 수단은 아닐지라도), 따라서 합리적 이유가 있는 차별이라고 할 것이다.」

◎ 같은 취지 : 憲 1996. 8. 29.-96헌마99; 1997. 5. 29.-96헌마85

▹ **정당에게 통상적인 정당활동에 부수되는 음식물의 제공행위를 허용하는 것이 헌법에 합치한다고 본 판례**

[憲 1996. 3. 28.-96헌마18등](공직선거및선거부정방지법 제111조 등 위헌확인)

「나. 법 제141조 제4항, 제142조 제3항, 제143조 제2항의 위헌 여부

법은 대의제민주주의하에서 통치기구의 조직원리로서 각종 국가권력의 정당성을 담보하는 선거의 기능이 금품 · 향응 등에 의한 매표(買票)에 의하여 굴절되고 과다한 선거비용의 지출로 국력이 낭비되는 것을 방지하기 위하여 선거일 전 180일(보궐선거 등에 있어서는 그 선거의 실시사유가 확정된 때)부터 선거일까지 후보자, 정당 등의 일정한 기부행위를 금지하면서(법 제112조 내지 115조), 한편으로는 기부행위제한기간에도 정당이 자기경비로 당원단합대회 등의 당원집회의 참석자에게 통상적인 범위 안에서의 다과 · 떡 · 음료 또는 교재 기타 정당의 홍보물을 제공하거나(법 제141조 제4항), 확대당직자회의와 지구당의 대표자가 개최하는 당직자회의의 참석당직자에게 통상적인 범위 안에서의 다과 · 떡 · 김밥 · 음료 또는 교재 기타 정당의 홍보물을 제공하거나(법 제142조 제3항), 당원교육시에 참석당원에게 통상적인 범위 안에서의 숙식 · 교재 · 싼 값의 정당의 배지나 상징마스코트 및 중앙선거관리위원회규칙이 정하는 실비의 여비를 제공하는(법 제143조 제2항) 것은 이를 법 제112조 제1항의 기부행위로 보지 아니한다고 규정하고 있다.

이에 대하여도 청구인들은 위 각 법조항의 규정으로 인하여 정당만이 일반적으로 금지되어 있는 기부행위를 할 수 있고, 이를 구실로 한 탈법적인 정당의 기부행위가 묵인되는 선거현실에 있어서는 정당소속인 예비후보자는 정당소속이 아닌 예비후보자에 비하여 기부행위를 통한 선거운동의 기회를 훨씬 더 많이 가지게 되어 평등의 원칙에 반한다고 주장하고 있다.

그러나 일상적인 예를 갖추는 데 필요한 정도로 현장에서 소비될 것으로 제공하는(법 제112조 제2항 제2호 후단) "통상적인 범위 안에서의" 다과 또는 음료의 제공만을 한정하여 허용하고, 위와 같은 통상적인 범위를 넘는다고 인정되는 주류제공 등 향응, 선물 · 기념품의 제공이나 온천장 · 관광지 또는 유흥시설을 갖춘 장소 등에의 초대와 향응이 부가되는 경우에는 이를 금지되는 기부행위로 보고 있는 위 각 법조항의 취지에 비추어, 선거운동기간의 개시 전에도 통상적인 활동으로서의 정당의 각종 집회가 허용되는 이상 당해 집회에 참석한 당원이나 당직자에 한하여 정당의 비용으로 통상적인 범위 내의 다과 · 음료나 숙식 · 교재 등을 제공하는 것은 집회 자체의 운영에 부수되어 당연히 필요한 정도의 것으로서 그것이 매표(買票)의 수단으로 사용되어 선거에 영향을 줄 수 있는 정도의 기부행위라고 보기 어렵고 오히려 정치적 결사로서의 정당이 유기적 조직체로서 존재하고 기능하는 기본적인 모습에 불과하다고 할 것이다.

나아가 만일 청구인들의 주장과 같이 현실적으로 정당의 각종 집회에서 선거에 영향을 미칠 수 있는 정도로 통상의 범위를 넘는 또는 비당원을 대상으로 한 다과 등의 제공이 묵인되어 그로 인하여 무소속 예비후보자가 불이익을 받고 있는 것이 사실이라고 하더라도, 이는 법집행의 불공정 내지는 불철저에서 비롯된 것이지 위 각 조항이 다과 등의 제공을 금지하는 기부

행위로 보지 아니하기 때문은 아니라고 함이 상당하다.

결국 선거의 공정이라는 법 목적의 달성을 위하여 통상적인 정당활동에 부수되는 식사나 숙식 · 교재 등의 제공까지 이를 금지할 것인가, 금지한다면 그 범위를 어느 정도로 할 것인가의 여부도 입법형성의 재량에 속하는 것이라고 할 것이고, 위 각 법조항이 선거운동기간개시전에는 정당의 통상적인 활동의 자유를 보장하고 그에 당연히 부수될 것으로 예상되는 사소한 식사 등의 제공을 법이 일반적으로 금지하는 기부행위로 보지 아니하는 것으로 규정하였다고 하여 정당소속이 아닌 예비후보자가 법률상 명백히 불합리한 차별대우를 받게 되는 것이라고 볼 수도 없으므로 그로 인하여 헌법상 보장된 평등권과 공무담임권이 침해되었다는 청구인들의 주장은 이유가 없다.」

▷ **정당추천후보자와 달리 무소속후보자에게 선거권자의 추천을 받을 것을 요구하는 것, 선거기간의 개시전에 정당이 당사에 선전물을 부착하는 것은 합헌이라는 취지의 판례**

[憲 1996. 8. 29.-96헌마99](공직선거및선거부정방지법 제48조 등 위헌확인)

「나. 선거법 제48조(선거권자의 후보자추천) 제1항, 제2항

정당후보자는 정당의 추천만 받으면 선거에 입후보할 수 있는데 비하여(제47조) 무소속후보자는 위 조항에 의하여 당해 선거구 선거권자 300인 이상 500인 이하의 추천을 받아야 입후보할 수 있도록 되어 있는 것이 불합리한 차별인지 여부에 관하여 살펴본다.

선거는 국민의 정치적 의사나 이해를 국정에 반영하는 제도이므로 그 방법과 절차가 공정하고도 효과적이어야 하며 무소속후보자에게 선거권자의 추천을 요구하고 있는 것은 후보자로 하여금 국민인 선거권자의 추천에 의한 일정한 자격을 갖추게 하여 후보자가 난립하는 현상을 방지하는 한편 후보자의 등록단계에서부터 국민의 의사가 반영되도록 함으로써 국민의 정치적의사가 효과적으로 국정에 반영되도록 하기 위한 것이다.

이에 반하여 정당은 일정한 정강정책을 내세워 공직선거에 있어서 후보자를 추천함으로써 국민의 정치적 의사 형성에 참여함을 목적으로 하는 정치적조직이고 소속당원만을 후보자로 추천할 수 있으므로(제47조 제1항) 정당이 후보자를 추천하는 행위에는 정치적의사나 이해를 집약한 정강정책을 후보자를 통하여 제시하는 의미가 포함되어 있다고 할 것이므로 무소속후보자의 경우와 같이 선거권자의 추천을 따로 받을 필요가 없다고 할 것이다.

따라서 무소속후보자에게만 선거권자의 추천을 받도록 한 것은 불합리한 차별이라고 할 수 없다.……

라. 선거법 제145조(당사게시 선전물등의 제한) 제1항

정당은 위 조항에 의하여 선거기간 중은 물론 선거기간 전이라도 당사의 외벽면 등에 홍보에 필요한 사항들을 게재한 간판등(이하 '선전물'이라 한다)을 설치할 수 있는 데 반하여, 무소속후보자는 선거기간이 개시되어야 비로소 선거사무소등 선거운동기구에 선전물을 설치할 수 있어 차별이 존재한다.

그러나 정당은 책임있는 정치적 주장이나 정책을 추진하고 공직선거의 후보자를 추천함으로써 국민의 정치적 의사형성에 참여함을 목적으로 하는 정치적 조직체로서 그 고유한 기능과 기본적 통상적 활동은 위에서 본 바와 같이 헌법과 법률에 의해 보장되는바, 정당이 당사에 선전물을 설치하는 것은 정당의 통상적 활동이라고 할 것이므로 불합리한 차별이라고 할 수 없다.」

▷ **연설회 개최의 기회와 시간에서는 불합리하지 않은 상태에서 무소속후보자에게 단독연설회만 인정하고 공동연설회를 불허하는 것이 헌법에 위반되지 않는다는 취지의 판례**

[憲 1997. 10. 30.-96헌마94](공직선거및선거부정방지법 제77조 제3항 등 위헌확인)

「가. 법 제77조 제3항에 대한 판단

(1) 우리 헌법은 선거에 있어서의 평등원칙을 규정하는 동시에(제41조 제1항, 제67조 제1항) 선거운동에서의 기회균등도 보장하고 있다(제116조 제1항). 따라서 각종 공직선거에 있어서 후보자들간에는 선거운동의 기회가 균등히 보장되어야 하고 특정후보자에게 다른 후보자에 비하여 불합리한 차별을 가하여서는 아니 된다. 그러나 선거운동의 기회균등원칙이란 것도 일반적 평등원칙과 마찬가지로 절대적이고도 획일적인 평등 내지 기회균등을 요구하는 것이 아니라 합리적 근거없는 자의적 차별 내지 차등만을 금지하는 것으로 이해하여야 한다〔우리 재판소 1989. 5. 24. 선고, 89헌가37 · 96(병합) 결정 ; 1992. 4. 28. 선고, 90헌바27 · 28 · 29 · 30 · 31 · 32 · 33 · 34 · 36 · 37 · 38 · 39 · 40 · 41 · 42 · 44 · 45 · 46, 92헌바15(병합) 결정 참조〕.

그러므로 위 조항이 정당 또는 같은 정당의 추천을 받은 후보자들에게만 2 이상의 구 · 시 · 군 또는 선거구에 걸쳐 한 장소에서 공동으로 연설회(이하 이 연설회를 '공동연설회'라 한다)를 개최할 것을 허용하고 무소속후보자들에게는 이를 허용하지 않는 것에 합리적 이유가 있는지 살펴본다.

(2) 이 조항의 입법목적은 인접선거구의 동일정당 소속의 후보자들이 연설회를 따로 개최할 경우에 발생하게 될 인력과 비용의 이중동원 · 지출을 방지코자 하는 데에 있다. 동일정당에 의해 추천되는 후보자들은 정견 · 공약 · 선거전략 등의 점에서 많은 공통점을 가지고 있을 것이므로 각각 별개로 연설회를 개최하는 대신 인접지역 내지 인접한 선거구에 걸쳐 공동으로 연설회를 개최함으로써 적은 비용을 들이면서도 동일한 선거운동의 효과를 거둘 수 있을 것이다. 이와 같이 이 조항의 공동연설회는 소속정당의 동일성에서 나오는 후보자간의 연대성, 선거운동전략의 공통성, 연설회에서 표출될 정치적 주장 · 선전 · 호소의 공통성이라는 요소에 근거를 두고 있다. 그런데 이러한 공통성의 요소를 타정당소속 후보자간 또는 무소속후보자간에는 특별한 사정이 없는 한 찾아볼 수 없다. 따라서 입법자가 이러한 공통성의 요소를 갖추고 있다고 판단한 동일정당 소속의 후보자간에만 공동연설회 개최를 허용한 것은 "같은 것을 같게, 다른 것은 다르게"라는 평등원칙의 규준에 따른 것이라 할 수 있다.

(3) 이 조항은 정당추천 후보자에게 무소속후보자에 비하여 연설회의 기회를 추가적으로 부여하는 것이 아니다. 이 조항에 의하여 연설회를 공동개최하는 경우 연설회개최시간은 1회 5시간 이내로 제한되며, 그 회수는 각각 1회를 개최한 것으로 본다(법 제77조 제4항). 따라서 동일정당소속 후보자는 1번의 단독연설회 개최의 기회를 포기하고서야만, 더군다나 연설회개최시간의 감축을 감수하고서야만〔지역구국회의원선거의 경우 두 후보자가 독자적으로 연설회를 개최할 경우 각 3시간, 합하여 6시간이 주어지나(법 제77조 제1항 제2호), 공동연설회를 개최할 경우 5시간이 주어진다〕 공동연설회를 개최할 수 있다. 따라서 이 조항이 공동연설회라는 방식의 연설회를 정당추천 후보자들에게만 허용하는 것이라 하더라도 실질적으로 별다른 특혜나 이익을 부여하는 것이라 보기 어려우므로 선거운동의 기회균등원칙에 어긋난다고 할 수 없다. 이는 이 조항이 단독연설회의 중복개최로 인한 비용의 이중지출을 막고자 하는 경제적, 효율적 관점에 그 초점을 맞추고 있다는 점에서 나오는 당연한 귀결이다.

(4) 한편 청구인은 이 조항에 의한 공동연설회는 참석인원과 열기의 면에서 대규모 연설회가 되어 선거의 분위기를 좌우하므로 무소속후보자에게 현저히 불리하다고 주장한다. 그러나

연설회의 참석인원과 열기 등 연설회가 선거분위기에 미치는 영향은 전반적인 선거정세 속에서 연설회개최자의 노력 및 그에 대한 유권자들의 반응에 의해 결정되는 것이고, 이 조항에 의한 공동연설회라고 하여 반드시 참석인원과 열기 등의 점에서 선거의 분위기를 좌우하는 대규모연설회가 된다고 볼 수 없을 뿐 아니라 무소속후보자도 법 제77조 제2항에 따라 2이상의 구 · 시 · 군에 걸쳐 한 장소에서 연설회를 개최할 수 있어 보다 큰 규모의 연설회를 개최할 가능성이 배제되어 있는 것이 아니므로 위 주장은 이유없다.

(5) 결론적으로 이 조항은 소속정당의 동일성에서 나오는 후보자간의 동질성 · 연대성을 잣대로 삼아 연설회개최방식에 관하여 약간의 차이를 둔 것이고, 이러한 잣대의 설정은 비용 · 효율성의 관점에 근거한 것으로서 그 합리성이 인정되며, 단독연설회의 개최와 공동연설회의 개최를 선택적인 것으로 함으로써 연설회개최의 기회와 시간에 관하여 무소속후보자에 비하여 정당추천 후보자에게 실질적으로 그다지 유리한 기회를 부여하는 것도 아니다. 따라서 이 조항이 무소속후보자에게 공동연설회를 허용치 않는다 하더라도 이는 합리적 이유에 근거한 것으로서 헌법 제116조 제2항의 선거운동의 기회균등보장 규정에 위배된다고 볼 수 없고, 청구인의 평등권을 침해한다고 할 수도 없다.」

▸ 선거운동의 제한에 대한 판례

▹ 선거운동행위의 제한에도 한계가 있다는 취지의 판례

[憲 1994. 7. 29.-93헌가4등](구대통령선거법 제36조 제1항 위헌제청, 구대통령선거법 제34조 등 위헌제청)

※ 위 판례 인용부분 참조

[憲 1995. 4. 20.-92헌바29](구지방의회의원선거법 제181조 제2호 등 위헌소원)

※ 위 판례 인용부분 참조

◎ 같은 취지 : 憲 1999. 6. 24.-98헌마153; 1999. 9. 16.-99헌바5; 2000. 3. 30.-99헌바113

▹ 선거운동행위의 제한에 있어서는 해당 국가의 사정에 따라 개별적으로 판단하여야 할 여지가 다른 기본권과 비교하여 상당히 광범하다고 본 판례

[憲 1997. 11. 27.-96헌바60](공직선거및선거부정방지법 제230조 제1항 제1호 위헌소원 등)

「선거운동의 자유를 제한할 때 그 한계로서 대두되는 최소침해의 원칙을 판단함에 있어서는 입법례의 단순한 평면적 비교나 관련벌칙조항의 법정형을 비교하는 것만으로는 부족하고, 국가전체의 정치, 사회적 발전단계와 국민의식의 성숙도, 종래의 선거풍토나 그 밖의 경제적, 문화적 제반여건을 종합하여 합리적으로 판단하여야 할 것인 바, 우리 나라는 건국이후 반세기 가까이 수많은 선거를 치러왔으면서도 아직까지도 깨끗하고 공명한 선거풍토를 이룩하지 못하고 있는 바 , 이러한 현실적 상황에 비추어 볼 때 위와 같은 폐해를 방지하고 공정한 선거를 실현하기 위하여 이 사건 법률조항과 같은 매수 및 이해유도행위를 별도로 처벌하는 규정을 둔 것은 불가피한 조치로서 최소침해의 원칙에 위반된다고 볼 수 없다.

기부행위의 금지 제한 등 위반죄는 일정기간을 정하여 그 기간 내에 후보자나 그 배우자가 금품 등을 제공하거나 그 제공을 약속하는 경우에 당락 등의 목적유무에 관계없이 성립하므로 당사자의 당락 등의 목적을 입증할 수 없는 경우에 그 유용성이 있는 데 반하여, 그 기간전

의 금품제공행위에 대해서는 선거의 불가매수성에 입각할 때 이를 엄격하게 규제할 필요는 있으나 당락 등의 목적이 없는 경우까지 처벌하는 것은 지나치다고 보아 당락 등의 목적이 있는 경우에 한하여 이를 처벌하고 있는 것이 이 사건 법률조항의 근본취지이다. 따라서 이 사건 법률조항은 선거운동의 자유라는 국민의 기본권보장과 선거의 공정성을 위한 과도한 금권선거운동의 규제라는 헌법상의 법익을 합리적으로 조화시키고 조정한다는 관점에서 합헌적 규정이라 할 것이다(우리재판소 1997. 3. 27.선고, 95헌가17 결정 참조).」

◎ 같은 취지 : 憲 1997. 3. 27.-95헌가17

▷ **선거운동에 대하여 기간의 제한을 두는 것을 합헌으로 본 판례**

[憲 1995. 11. 30.-94헌마97](공직선거및선거부정방지법 제59조 등 위헌확인)

「가. 선거법 제59조의 위헌 여부

선거법 제59조는 "선거운동은 당해 후보자의 등록이 끝난 때부터 선거일 전일까지에 한하여 이를 할 수 있다"고 규정함으로써 선거운동의 기간을 제한하였다.

헌법재판소는1994. 7. 29. 선고한 93헌가4 · 6(병합) 결정에서 이 조항과 같은 내용을 정하고 있었던 구대통령선거법 제34조의 선거운동기간 제한규정을 합헌이라고 판시한 바 있는데, 그 이유의 요지는 다음과 같다.

"기간의 제한없이 선거운동을 무한정 허용할 경우에는 후보자간의 지나친 경쟁으로 선거관리의 곤란으로 이어져 부정행위의 발생을 막기 어렵게 된다. 또한 후보자간의 무리한 경쟁의 장기화는 경비와 노력이 지나치게 들어 사회경제적으로 많은 손실을 가져올 뿐만 아니라 후보자간의 경제력 차이에 따른 불공평이 생기게 되고 아울러 막대한 선거비용을 마련할 수 없는 젊고 유능한 신참 후보자의 입후보의 기회를 빼앗는 결과를 가져올 수 있다. ……우리나라는 반세기 가까이 수많은 선거를 치러 왔으면서도 아직껏 우리가 바라는 이상적인 선거풍토를 이루지 못하고 금권, 관권 및 폭력에 의한 선거, 과열선거가 항상 문제되어 왔다. 이러한 상황아래 위와 같은 폐해를 방지하고 공정한 선거를 실현하기 위하여 선거운동의 기간에 일정한 제한을 두는 것만으로 위헌으로 단정할 수는 없다.……선거운동의 시기를 당해 후보자의 등록이 끝난 때로부터 정한 것은 후보자나 국민들의 입장에서 본격적인 선거분위기에 젖어드는 것은 경험칙상 선거일의 공고시부터라고 할 수 있으므로 타당성이 있다고 할 것이다. 후보자는 선거일 공고 이전에도 입후보를 위한 준비행위와 선거운동을 위한 준비행위를 할 필요가 있지만 이러한 일은 선거운동이 아닌 것으로 규정하여(제33조 제2항), 얼마든지 사전 준비작업을 할 수 있기 때문에 더욱 그러하다. 선거운동의 종기에 관하여는 이를 선거일 전일로 정해 놓았으므로 선거일 전일의 경쟁후보자측에 의한 최후의 비난에 대하여 적절하게 대응하지 못하게 된다는 문제점이 생길 수 있다. 그러나 경쟁후보자의 비난에 대한 반박기회의 상실문제는 선거일 당일까지 선거운동을 할 수 있다고 하더라도 시간적인 한계 때문에 여전히 발생할 수 있는 것이고, 오히려 선거일 당일의 끊임없는 비난과 반박으로 인하여 발생할 혼란으로부터 유권자를 보호할 필요가 있으므로 선거일 전일까지로 선거운동기간을 제한하는 것을 나무랄 수 없다. ……법 제34조에서 정하는 선거운동의 기간제한은 제한의 입법목적, 제한의 내용, 우리 나라에서의 선거의 태양, 현실적 필요성 등을 고려할 때 필요하고도 합리적인 제한이며, 선거운동의 자유를 형해화할 정도로 과도하게 제한하는 것으로 볼 수 없다 할 것이므로 헌법에 위반되지 아니하고, 따라서 그 벌칙조항인 제162조 제1항 제1호 중 제34조 부분 역시 헌법에 위반되지 아니한다". 선거법상 인정되는 국회의원선거운동의 기간은 위 결정의 심판대상이었던 구대통령선거법에 의한 대통령선거운동기간과 다소 차이가 있으나(구대통령선거법상은 최대 28일간, 이 사건 선거법상은 최대 16일간), 선거법 제59조 자체의 내용은 구 대통령선거법과 동일한 것이므로 이제 위 결정에서 판시한 "선거운동기간제한 규정의 입법목적, 제한의 내용, 우리 나라에서의 선거의 태양, 현실적 필요성 등"에 달리 판단해야 할 사정의 변경이나 필요성이 있다고 인정되지 아니하므로 선거법 제59조는 헌법에 위반되지 아니한다.」

◎ **같은 취지 : 憲 1994. 7. 29.-93헌가4등**

▶ 선거의 공영

▸ 선거비용의 국가부담에 대한 판례

▹ **국고에 귀속시키는 기탁금의 액수가 입후보의 기회를 현저하게 제한하는 경우 금권정치를 야기하고, 국민의 공무담임권인 피선거권과 선거공영의 법리를 침해할 수 있다는 취지의 판례**

[憲 1989. 9. 8.-88헌가6](국회의원선거법 제33조, 제34조의 위헌심판)

「기탁금에 관한 국선법 제33조와 제34조의 규정(기탁금 2,000만원, 정당의 경우 1,000만원)은 기탁금제도 그 자체에 위헌성이 있는 것 보다 그 기탁금의 액수가 너무 고액이어서 재산을 가지지 못한 국민의 후보등록을 현저히 제한하여 결과적으로 국민의 참정권을 침해하는 정도에 이르러 이에 대한 위헌 여부의 문제가 제기된다 할 것이다.

위 법률의 기탁금은 너무 과다하여 기탁금을 마련할 수가 없어서 기탁할 수 없는 일반서민에게는 입후보할 의사가 있고 모든 자격을 갖추었으나 입후보할 수 없는 경우가 생기게 되고 이로 말미암아 재력의 유무에 따라 입후보의 여부가 좌우되고 참정권의 실현이 결정되기 때문에 선거제도의 본질과 민주정치의 기본을 침해하는 결과가 되기 때문이다.

본건 국선법 제33조의 기탁금제도 자체의 위헌성을 떠나 현행 기탁금액이 우리의 현 실정에 합당한 금액인가, 모든 국민에게 평등하게 참정권을 보장한 헌법에 위배되지 않는가 하는 점을 우리 나라 국민 일반의 소득수준, 임금수준, 저축수준과 비교하여 볼 때 지나치게 과다한 금액이어서 그 액수가 평균적인 일반국민의 경제력으로는 손쉽게 조달할 수 없는 액수임이 명백하여 대다수 국민들에게 입후보의 기회를 사실상 봉쇄하고 있음을 알 수 있다.

그러므로 국회는 선거제도의 원리와 정신에 맞는 범위내에서 법률로 제한할 수 있는 것이며, 일반국민에게도 헌법상 보장된 피선거권과 참정권을 가질 수 있도록 다른 방법이 제도적으로 보장되지 않는 한 그 다액의 기탁금을 일률적으로 요구하는 것은 위헌을 면할 수 없다. 따라서 헌법 제11조와 헌법 제24조, 제25조에 위배된다고 할 것이다.」

※ 무소속후보자와 정당소속후보자 간의 기탁금 차등의 위헌여부에 대한 부분은 〈제5편 - 제4장 - 2. - □ 제한과 그 한계〉 판례 인용부분을, 적법절차의 원리와 관련하여 언급한 부분에 대해서는 〈제5편 - 제3장 - 1. - 인신보호를 위한 헌법원리 - □ 적법절차원리〉 판례 인용부분을 각 참조

▸ 선거 공영의 한계에 대한 판례

▹ 기탁금제도에 대하여 그 기탁금액이 지나치게 많지 않는 한 이를 위헌이라고 할 수 없다는 취지의 판례

[憲 1996. 8. 29.-95헌마108](공직선거및선거부정방지법 제56조 위헌확인)

※ 〈제5편 - 제4장 - 2. - □ 제한과 그 한계〉 판례 인용부분 참조

제3장 법　원

1. 사법의 독립

□ 재판의 독립

▶ 내　용

▸ 헌법과 법률에 의한 재판에 대한 판례

▹ 법관은 헌법과 법률이 존재함에도 이를 무시하고 다른 법규범이나 비법규범을 적용하여 재판할 수 없다는 취지의 판례

[大 1963. 5. 15.-63도103](살인)

「논지는 원심판결을 자유심증을 이룩함에 있어서 사회정의와 형평의 이념을 몰각하고 논리와 경험의 법칙에 따르지 않아서 원심판결을 파기하지 아니하면 현저하게 정의에 위반한다고 인정될 정도의 사실오인이 현출되고 있으므로 이 위반은 헌법 제77조에 규정한 "법률에 의하여 심판한다"에 위반된 것이라 함에 있다.

그러나 헌법 제77조에 "법관은 헌법과 법률에 의하여 독립하여 심판한다"의 뜻은 법관은 법률 · 명령 기타 적법하게 제정공포된 법령 기타 규칙 조례 등에 의하여 독립하여 재판하는 것이고 개개의 사건에 관하여 여하한 훈령에 의하여 재판하지 않는다는 뜻으로 해석되므로 원심판결에 소론과 같은 위법이 있다고 하더라도 이를 지목하여 헌법 제77조에 위반한 것으로는 논할 수 없다 할 것이다.」

◎ 같은 취지 : 大 1983. 2. 22.-82누252

▹ 법관이 헌법과 법률에 의하여 재판을 한 이상 자유심증에서 오류를 범하여도 이는 헌법 제103조에 위반되는 것이 아니라는 취지의 판례

[大 1963. 5. 15.-63도103](살인)

※ 위 판례 인용부분 참조

▷ 위헌인 법률을 적용한 재판은 효력을 가지지 못한다는 취지의 판례

[憲 1993. 7. 29.-90헌바35](반국가행위자의처벌에관한특별조치법 제5조 등 및 헌법재판소법 제41조 등에 대한 헌법소원)

※ 〈제5편 - 제3장 - 1. - 인신보호를 위한 헌법원리 - □ 적법절차의 원리〉 판례 인용부분 참조

▷ 법관이 재판의 전제가 된 법률에 대하여 합리적인 의심을 가지는 경우에는 해당 법률의 위헌여부심판을 헌법재판소에 제청하여 헌법재판소의 심판결과에 따라 재판하도록 하고 있다는 취지의 판례

[憲 1993. 12. 23.-93헌가2](형사소송법 제97조 제3항 위헌제청)

「그리고 헌법 제107조 제1항과 헌법재판소법 제41조(위헌여부심판의 제청), 제43조(제청서의 기재사항) 등의 각 규정의 취지는, 법원은 문제되는 법률조항이 담당법관 스스로의 법적 견해에 의하여 단순한 의심을 넘어선 합리적인 위헌의 의심이 있으면 위헌여부심판을 제청하라는 취지이다. 그리고 헌법재판소로서는 제청법원의 이 고유판단을 될 수 있는 대로 존중하여 제청신청을 받아들여 헌법판단을 하는 것이므로 이 사건 제청을 부적법한 것이라고 할 수는 없다.」

▶ 외부적 힘으로부터 독립된 재판에 관한 판례

▷ 법정형이 법관의 양형판단권을 박탈하여 재판의 독립을 침해하는지 여부에 대한 판례

[憲 1997. 8. 21.-93헌바60](형법 제337조 등 위헌소원)

「가. 어떤 범죄를 어떻게 처벌할 것인가하는 문제 즉 법정형의 종류와 범위의 결정은, 그 범죄의 죄질과 보호법익의 성격에 대한 고려뿐만 아니라 우리의 역사와 문화, 입법당시의 시대적 상황, 국민일반의 가치관 내지 법감정, 그리고 그 범죄의 실태와 예방을 위한 형사정책적 측면 등 여러가지 요소를 종합적으로 고려하여 입법자가 결정할 국가의 입법정책에 관한 사항으로서, 광범위한 입법재량 내지 형성의 자유가 인정되어야 할 분야이다. 따라서 어느 범죄에 대한 법정형이 그 범죄의 죄질 및 이에 따른 행위자의 책임에 비하여 지나치게 가혹한 것이어서 현저히 형벌체계상 균형을 잃고 있다거나 그 범죄에 대한 형벌 본래의 목적과 기능을 달성함에 있어 필요한 정도를 일탈하였다는 등 헌법상의 평등의 원리 및 비례의 원칙 등에 명백히 위배되는 경우가 아닌한 쉽사리 헌법에 위반된다고 단정하여서는 안 되며, 죄질이 서로 다른 둘 또는 그 이상의 범죄를 동일선상에 놓고 그 중 어느 한 범죄의 법정형을 기준으로 하여 단순한 평면적인 비교로써 다른 범죄의 법정형의 과중여부를 판정하여서는 아니될 것이다(헌법재판소 1995. 4. 20. 선고, 91헌바11 결정 ; 1995. 4. 20. 선고, 93헌바40 결정 ; 1995. 10. 26. 선고, 92헌바45 결정 등 참조).

나. 형법 제337조의 강도상해죄는 강도살인, 치사죄와 함께 강도의 범행에 있어서는 살상, 치사상 등의 잔혹한 행위를 수반하는 경우가 허다함에 비추어 재산범죄의 가중유형이라기보다는 오히려 상해죄나 폭행치상죄의 가중유형으로 설정된 것이고, 강도죄와 상해죄(또는 폭행치상죄)의 결합범이라 할 것이다. 그런데 위 강도상해죄의 법정형은 이를 형법상의 각종 중형에 해당하는 범죄들의 죄질 및 법정형과 비교교량해 보더라도 일반형사범의 법정형을 정하는 일반원리를 무시하고 지나치게 가혹한 형벌을 규정한 것으로서 국민의 자유와 생존권을 불안하게 하는 위헌적인 법률이라고 볼 수 없고, 또 청구인들이 내세우는 살인죄의 법정형과 비교하더라도 평등의 원칙에 반한다고 할 수 없다. 즉, 살인죄의 경우는 그 범죄가 가장 존귀한 사람

의 생명을 박탈한다는 점에서 무겁게 처벌되어야 할 중죄임에는 틀림이 없으나, 구체적인 사건에 있어서 살펴보면 마땅히 중형으로 처단하여야 할 극악무도한 경우가 있는가 하면 범행의 동기 등 정상에 참작할 만한 사유가 충분히 있는 경우도 흔히 있고 또 그 행위태양이 다양함에도 불구하고, 우리 형법은 범행의 객체가 누구냐에 따라 처벌을 달리하는 몇가지의 개별적 규정(제250조 제2항, 제251조, 제252조 등)을 두고 있을 뿐, 그 행위태양이나 동기 등에 관계없이 기타의 모든 경우를 단일조항(제250조 제1항)으로 처단하고 있으므로, 우리 형법이 살인죄에 있어서 형선택의 폭을 비교적 넓게 규정한 것은 형사체계상 그 나름대로 수긍할만한 합리적 이유가 있는 것이고, 그와 비교하면 강도상해죄는 그 피해정도가 경미한 경우도 간혹 있을 수 있으나, 앞서 본 바와 같이 강도의 기회에 상해 등 잔혹한 행위를 저지른 범죄로서 그 행위태양이나 동기도 비교적 단순하여 죄질과 정상의 폭이 넓지 않다고 할 것이고, 일반적으로 행위자의 책임에 대한 비난가능성도 크다고 할 것이다. 무릇 어느 범죄에 대한 법정형의 하한도 여러가지 기준의 종합적 고려에 의하여 정해지는 것으로서 죄질의 경중과 법정형의 하한의 높고 낮음이 반드시 정비례하는 것은 아니므로, 강도상해죄의 법정형의 하한을 살인죄의 그것보다 높였다고 해서 바로 합리성과 비례성의 원칙을 위배하였다고는 볼 수 없다.

다. 강도상해죄는 그 법정형의 하한이 7년 이상의 유기징역으로 한정되어 있어, 법률상 다른 감경사유가 없는 한 작량감경을 하여도 집행유예의 선고를 할 수 없도록 되어 있다고 하나, 이는 앞서 본 바와 같은 입법재량의 범위를 일탈하지 아니한 것이다. 즉, 어떤 범죄에 대한 법정형의 종류와 범위를 정하는 것은 기본적으로 입법자의 형성의 자유에 속하는 사항으로서, 입법자는 앞서 본 제반사정을 종합하여 강도상해의 범행을 저지른 자에 대하여는 법률상 다른 형의 감경사유가 있다는 등 특단의 사정이 없는 한 작량감경만으로는 집행유예의 판결을 선고할 수 없도록 함으로써 그러한 범죄자에 대하여는 반드시 장기간 사회에서 격리시키도록 하는 것이 형사정책적 측면에서 바람직하다는 판단에 따라 강도상해죄의 법정형의 하한을 징역 7년으로 제한하였다고 할 것이므로, 이러한 입법자의 입법정책적 결단은 기본적으로 존중되어야 한다. 또한 법관이 형사재판의 양형에 있어 법률에 기속되는 것은, 법률에 따라 심판한다고 하는 헌법규정(제103조)에 따른 것으로 헌법이 요구하는 법치국가원리의 당연한 귀결이며, 법관의 양형판단재량권 특히 집행유예 여부에 관한 재량권은 어떠한 경우에도 제한될 수 없다고 볼 성질의 것은 아니다. 우리 형법의 규정들만 보더라도 이른바 "개인적 법익에 대한 죄"에 속하면서 살인죄보다는 일반적으로 죄질이 가벼운 것들인데도 법률상 다른 감경사유가 없는 한 집행유예의 선고를 할 수 없도록 법정형의 하한을 높인 죄가 상당히 있는데(형법 제339조의 강도강간죄, 제340조 제2항의 해상강도상해죄, 제341조의 강도상습죄 등의 법정형은 모두 무기 또는 10년 이상의 징역이고, 제340조 제1항의 해상강도죄의 법정형은 무기 또는 7년 이상의 징역이다) 이들 범죄에 대한 형법규정을 모두 위헌이라고는 말할 수 없다는 점에서도 그러하다.

라. 그리고, 강도상해죄의 경우에도 실제로 법관에 의한 집행유예선고의 길이 전혀 막혀 있는 것은 아니다. 예컨대 피고인이 심신미약의 상태(형법 제10조 제2항)에서 범행을 저질렀고 정상에 참작할 만한 사유가 있다든가, 이 사건 청구인 정○운의 경우와 같이 범행후 수사책임이 있는 관서에 자수하였고(형법 제52조 제1항) 그 정상에 특히 참작할 만한 사유가 있다든가 또는 범행당시 소년인 경우에는 소년법 제60조 제2항에 의하여 인정되는 형의 감경과 작량감경으로 집행유예를 선고할 수 있는 길이 열려 있다. 그렇다고 하더라도 일반적으로는 살인죄의 경우와 비교하면 집행유예의 선고에 제약이 있는 것은 사실이지만, 그것은 강도상해라는 흉포한 범죄를 엄히 다스려 일반예방적 효과를 거두자는 입법자의 입법정책적 결단의 결과이고,

이 점은 강도상해죄의 발생이 근절되지 아니하고 오히려 증가추세를 보이고 있으며 그 범행 수법에 있어서도 더욱 흉포해지는 등 심각한 사회문제가 됨에 따라 "특정강력범죄의처벌에관한특례법"까지 제정되기에 이른 우리의 실정을 감안하여 볼 때 오늘날에 있어서도 이를 수긍할 만한 합리적 이유가 있다고 생각된다. 다만, 강도상해죄의 법정형이 비교적 높은 것과 관련하여 형법 제337조의 구성요건을 보다 엄격하게 해석해야 할 필요성은 있다고 본다. 즉, 구체적 사건에서 사안이 가볍다고 판단되는 경우의 대표적인 예로 형법 제335조의 준강도에 해당되는 자가 피해자에게 가벼운 상해를 입힌 경우 등을 들 수 있는바, 이러한 경우에는 구체적 양형의 적정을 위하여 법원으로서는 강도(强盜)의 요건이나 상해의 개념에 관한 엄격한 해석을 시도해야 할 필요가 있다고 할 것이다.

마. 집행유예제도는 법원이 유죄의 판단에 기하여 형의 선고를 함에 있어서도 그 범정에 참작할 만한 사유가 있어 현실적으로 형을 집행할 필요가 없다고 인정되는 경우에 일정기간 동안 형의 집행을 유예하고 특정한 사고(집행유예선고의 실효 또는 취소)없이 그 유예기간을 경과한 때에는 형의 선고의 효력을 상실하게 함으로써 형의 선고가 없었던 것과 동일한 효과가 발생하게 하는 제도(형법 제62조 내지 제65조 참조)로서, 그 연혁을 살펴보면 19세기 말경 대륙법계 국가에서 형사정책상의 중요문제로서 단기자유형의 폐해를 막기 위한 방법이 논의되어 왔고 그 해결책의 하나로서 영미법계의 보호관찰제도를 변형하여 도입한 것이 바로 집행유예제도이다. 즉, 집행유예제도는 원칙적으로 단기자유형을 선고해야 할 경우 범정이 가벼워서 현실적으로 반드시 형의 집행을 하여야 할 필요성이 없을 때에 선고하는 것이므로, 장기의 자유형을 선고하는 경우에도 집행유예의 판결을 선고할 수 있도록 한다면 오히려 집행유예제도의 취지에 반하여 중범죄를 저지른 자들에게 특혜를 주는 결과를 초래하게 될 것이다. 따라서 집행유예선고의 요건에 관한 제한은 반드시 필요한 것이고, 다만 어떠한 형을 선고하는 경우에 집행유예의 선고를 할 수 있느냐의 기준은 나라마다의 범죄자에 대한 교정처우의 실태, 범죄발생의 추이 및 범죄억제를 위한 형사정책적 판단, 각종 형벌법규에 규정된 법정형의 내용 등 제반사정을 종합적으로 고려하여 결정할 입법권자의 형성의 자유에 속하는 문제이다. 따라서 그 입법형성이 입법재량의 한계를 명백히 벗어난 것이 아닌 한 헌법위반이라고는 할 수 없는바 형법 제62조 제1항 본문 중 "3년 이하의……"라는 요건제한은 위에서 본 제반사정에 비추어 입법재량의 한계를 벗어난 것이라고 볼 수 없다.

바. 위와 같은 이유로, 형법 제337조의 법정형은 현저히 형벌체계상의 정당성과 균형을 잃은 것으로서 헌법상의 평등의 원칙에 반한다거나 인간의 존엄과 가치를 규정한 헌법 제10조와 기본권제한입법의 한계를 규정한 헌법 제37조 제2항에 위반된다거나 또는 사법권의 독립 및 법관의 양형판단권을 침해한 위헌법률조항이라 할 수 없고, 또 형법 제62조 제1항 본문 중 "3년 이하의 징역 또는 금고의 형을 선고할 경우"라는 집행유예의 요건한정부분은 법관의 양형판단권을 근본적으로 제한하거나 사법권의 본질을 침해한 위헌법률조항이라 할 수 없다.」

⇔ 재판관 2인(재판관 김문희, 재판관 황도연)의 반대의견

「가. 법정형의 종류와 범위의 결정은 다수의견이 설시하고 있는 바와 같이 여러가지 사정을 종합적으로 고려하여 입법자가 결정할 사항으로서 기본적으로 입법자의 형성의 자유에 속하는 것임은 우리도 이를 부정하지 않는다. 그러나 이 입법자의 형성재량도 결코 무제한한 것이 아니고 우리 헌법의 이념 및 규정의 테두리 안에서 헌법에 합치되게 행사되어야 한다는 헌법상의 제약이 있다.

나. 대법원의 해석론(주류적 판례)을 전제로 하여 형법 제337조를 적용하는 경우에는 위 법률조

항은 법정형의 하한을 너무 높게 규정함으로써 행위의 반가치성과 행위자의 책임의 정도에 상응하는 형을 선고할 수 있는 양형의 가능성을 봉쇄하여 비례의 원칙에 위반하고 나아가 신체의 자유를 지나치게 제한하고 있다고 할 것이다. 형법 제337조에 관한 대법원판례는 이미 법규적 기능을 수행하고 있는바 이를 획기적으로 변경하지 않는 한 형법 제337조의 법정형은 형사재판에 있어서 법관의 적정타당한 양형판단권을 지나치게 제한하고 있는 측면이 있을 뿐만 아니라 적법절차의 원칙 내지 실질적 죄형법정주의의 한 내용인 "죄형의 균형"의 요청에도 반하는 위헌법률조항이라 아니할 수 없다. 따라서 헌법재판소로서는 확립된 대법원판례를 전제로 형법 제337조에 대하여 위헌결정을 하거나 아니면 그 적용범위를 헌법에 합치되게 제한하는 내용의 한정위헌 또는 한정합헌의 결정을 함이 상당한 것이지 다수의견과 같이 단순합헌결정을 할 것은 아니라고 생각한다.」

[憲 2001. 11. 29.-2001헌가16](성폭력범죄의처벌및피해자보호등에관한법률 제5조 제2항 위헌제청)

「이 사건 법률조항은 그 법정형의 하한이 10년 이상의 징역이므로 작량감경을 하더라도 별도의 법률상 감경사유가 없는 한 집행유예의 선고를 할 수 없도록 되어 있는바, 이것이 법관의 양형결정권을 과도하게 제한한 것인지 여부를 본다.

살피건대, 법정형은 법관으로 하여금 구체적 사건의 정상에 따라 행위자의 책임에 상응하는 적정한 선고형을 이끌어 낼 수 있게끔 과도하게 넓지 않는 범위에서 되도록 그 폭을 넓게 규정하는 것이 바람직하다. 그러나 입법자가 앞서 본 바와 같은 법정형 책정에 관한 여러 가지 요소를 종합적으로 고려하여 법률 그 자체로 법관에 의한 양형재량의 범위를 좁혀 놓았다고 하더라도, 그것이 당해 범죄의 보호법익과 죄질에 비추어 범죄와 형벌간의 비례의 원칙상 수긍할 수 있는 정도의 합리성이 있다면, 이러한 법률을 위헌이라고 할 수 없다(헌재 1995. 4. 20. 93헌바40, 판례집 7-1, 553 참조).

이 사건 법률조항의 경우 입법자는 특수강도의 기회에 피해자를 강제추행한 자에 대하여 그 범정과 비난가능성의 정도를 높게 평가하여 특단의 사정이 없는 한, 즉 법률상의 감경사유가 없는 한 법관이 작량감경은 할 수 있으되 집행유예는 선고하지 못하도록 입법적 결단을 내린 것이라 할 것이고, 이러한 입법자의 결단은 위에서 본 여러 가지 사정에 비추어 수긍할 만한 합리적인 이유가 있다고 인정되므로 입법재량의 한계를 벗어난 자의적인 것이라고는 보기 어렵다. 또한 이 사건 법률조항에 해당하는 경우에도 법률상감경사유가 경합되거나 법률상감경사유와 작량감경사유가 경합되는 때에는 그 형의 집행을 유예받을 수도 있으므로 집행유예의 가능성이 법률상 전면적으로 봉쇄되어 있는 것도 아니다.

따라서 이 사건 법률조항이 작량감경을 하더라도 별도의 법률상 감경사유가 없는 한 집행유예의 선고를 할 수 없도록 그 법정형의 하한을 높여 놓았다 하여 곧 그것이 법관의 양형결정권을 침해하였다거나 법관독립의 원칙에 위배된다고 할 수 없고 나아가 법관에 의한 재판을 받을 권리를 침해하는 것이라고도 할 수 없다.」

⇔ 재판관 3인(재판관 하경철, 재판관 김영일, 재판관 주선회)의 반대의견

「다수의견은 이 사건 법률조항이 법관의 양형재량권을 침해하지 않는다는 결론을 내리고 있다.

특정 범죄의 구성요건은 예상되는 모든 범위의 행위유형을 포함할 수 있어야 하고, 상정되는 행위유형이 다양하고 그 경중의 폭이 넓으면 넓을수록 그에 대한 법정형의 폭을 넓게 하여 탄력적인 양형 운용이 가능하도록 하여야 한다. 원칙적으로 법정형은 법관이 각 행위의 개별성에 맞추어 형을 선고할 수 있도록 설정되어야 한다. 그러나 이 사건 법률조항은 그 법정형의 하한을 10년 이상의 징역형으로 규정하여 실무상 법관이 범죄자의 귀책에 상응하는 형을 선고할 수 없도록 하고 있고, 작량감경을 하더라도 별도의 법률상 감경사유가 없는 한 집행유예의 선고를 할 수 없도록 하여 인간존중의 이념에 따라 재판을 할 수 있는 재량의 폭을 지나치게 제한하고 있다. 특히, 한층 책임이 무거운 특수강도강간죄의 미수범에 대하여는 집행유예를 선고하는 것이 가능하도록 한 반면, 한층 책임이 가벼운 특수강도강제추행죄의 기수범에 대하여는 집행유예를 선고할 수 없도록 하여 각 행위의 개별성과 고유성에 맞추어 그 책임에 알맞는 형벌을 선고할 수 없도록 함으로써 형벌 개별화의 원칙을 구현하지 못하고 있을 뿐만 아니라 법관의 양형결정권도 현저히 침해하고 있다.」

□ 법관의 독립

▶ 내 용

▸ 법관의 신분보장에 대한 판례

▹ 법관의 신분보장을 재판의 독립에 있어서 필수적인 조건으로 본 판례

[憲 1992. 11. 12.-91헌가2](1980년해직공무원의보상등에관한특별조치법 제2조에 대한 위헌심판)

「법관에 대하여 헌법이 직접적으로 그 신분보장규정을 두고 있는 이유는 사법권의 독립을 실질적으로 보장함으로써 헌법 제27조에 의하여 보장되고 있는 국민의 재판청구권이 올바로 행사될 수 있도록 하기 위한 것임은 의문의 여지가 없다. 헌법 제27조 제1항이 규정하고 있는 국민의 재판청구권의 보장내용은, 헌법과 법률이 정한 자격과 절차에 의하여 임명되고(헌법 제104조, 법원조직법 제41조 내지 제43조), 물적 독립(헌법 제103조)과 인적 독립(헌법 제106조, 법원조직법 제46조)이 보장된 법관에 의한 재판을 받을 권리를 의미하며(헌법재판소 1992. 6. 26. 선고, 90헌바25 결정 참조), 사법권의 독립은 재판상의 독립 즉 법관이 재판을 함에 있어서 오직 헌법과 법률에 의하여 그 양심에 따라 할 뿐 어떠한 외부적인 압력이나 간섭도 받지 않는다는 것 뿐만 아니라 그 수단으로서 법관의 신분보장도 차질없이 이루어져야 함을 의미하는 것이다. 특히 신분보장은 법관의 재판상의 독립을 보장하는데 있어서 필수적인 전제로서 정당한 법절차에 따르지 않은 법관의 파면이나 면직처분 내지 불이익처분의 금지를 의미하는 것이다.

이 사건 심판의 대상이 되고 있는 규정은 법원장과 같은 중책을 수행하는 법관이었던 신청인들을 종전의 직위에 복귀시키는 문제와 관련된 규정이 아니고 보상을 해주는 문제와 관련된 규정이기 때문에 그 사례에 해당되는 법관의 인원수로 볼 때 예산사정을 운위할 것은 못되는 것은 물론 인사질서에 문제가 야기될 여지도 없고 따라서 그에 따른 파장도 거의 없다고 할 것이므로 질서유지·공공복리 등 공익을 앞세워 그들의 희생을 강요할 명분과 이유는 없다고 할 것이다. 오히려 장래에 법관의 신분이 함부로 박탈됨과 같은 사태의 재발을 영구히 봉쇄하기 위하여서도 특조법 제2조 제2항의 비적용대상에서 적어도 법관은 제외되어야 헌법의 법관 신분 보장규정 취지에 합당할 것이다. 만일 법관의 위 비적용대상에 포함된다면 법관의 신분을 직접 가중적으로 보장하고 있는 헌법의 규정취지에 정면으로 배치되게 될 것이며, 직업공무원으로서 그 신분이 보장되고 있는 일반직 공무원과 비교하더라도 그 처우가 차별되고 있는 것이라 할 수 있는 것이어서 평등권의 보장규정에도 저촉된다고 할 것이다.」

□ 법원의 독립

▶ 한 계

▸ 법원의 설치 · 폐지에서의 한계에 대한 판례

▹ 국회가 헌법이 인정하는 특별법원의 설치와 관할 및 권한 등을 정하는 입법을 하여도 법원의 독립을 침해하는 것이 아니라고 본 판례

[憲 1996. 10. 31.-93헌바25](군사법원법 제6조 등 위헌소원)

※ 〈제5편 - 제6장 - 1. - □ 제한과 그 한계〉 판례 인용부분 참조

2. 재판의 심급과 관할

□ 심급제도

▶ **개 념**

▸ 헌법에서 단심재판을 정하고 있는 경우 이외에는 최소한 2심의 구조를 가지는 재판구조를 정하고 있음을 밝힌 판례

[憲 1992. 6. 26.-90헌바25](소액사건심판법 제3조에 대한 헌법소원)

「가. 먼저 이와 같은 소액사건심판법 제3조의 규정이 헌법 제27조 제1항에 위반된다는 주장에 관하여 본다. 헌법 제27조 제1항은 "모든 국민은 헌법과 법률이 정한 법관에 의하여 법률에 의한 재판을 받을 권리를 가진다"라고 규정하고 있다.

이 조항의 전단 부분인 "헌법과 법률이 정한 법관에 의하여" 재판을 받을 권리라 함은 생각건대 헌법과 법률이 정한 자격과 절차에 의하여 임명되고(헌법 제104조, 법원조직법 제41조 내지 제43조), 물적독립(헌법 제103조)과 인적독립(헌법 제106조, 법원조직법 제46조)이 보장된 법관에 의한 재판을 받을 권리를 의미하는 것이라 봄이 상당할 것이고, 대법원을 구성하는 법관에 의한 재판을 받을 권리이거나 더구나 사건의 경중을 가리지 않고 모든 사건에 대하여 대법원을 구성하는 법관에 의한 균등한 재판을 받을 권리라고는 보여지지 않는다. 나아가 후단의 "법률에 의한" 재판을 받을 권리라 함은 법관에 의한 재판은 받되 법대로의 재판 즉 절차법이 정한 절차에 따라 실체법이 정한 내용대로 재판을 받을 권리를 보장하자는 취지라고 할 것으로, 이는 재판에 있어서 법관이 법대로가 아닌 자의와 전단에 의하는 것을 배제한다는 것이지 여기에서 곧바로 상고심재판을 받을 권리가 발생한다고 보기는 어렵다고 할 것이다. 대저 재판이란 사실확정과 법률의 해석적용을 본질로 함에 비추어 법관에 의하여 사실적 측면과 법률적 측면의 한 차례의 심리검토의 기회는 적어도 보장되어야 할 것이며, 또 그와 같은 기회에 접근하기 어렵도록 제약이나 장벽을 쌓아서는 안 된다고 할 것으로, 만일 그러한 보장이 제대로 안되면 재판을 받을 권리의 본질적 침해의 문제가 생길 수 있다고 할 것이다. 그러나 모든 사건에 대해 똑같이 세차례의 법률적 측면에서의 심사의 기회의 제공이 곧 헌법상의 재판을 받을 권리의 보장이라고는 할 수 없을 것이다.

국가에 따라서는 국민에게 상고심에서 재판을 받을 권리를 헌법상 명문화한 예도 있다. 그러나 그와 같은 명문규정이 없고 상고문제가 일반 법률에 맡겨진 것이 우리 법제라면 헌법 제27조에서 규정한 재판을 받을 권리에 모든 사건에 대해 상고법원의 구성법관에 의한, 상고심절차에 의한 재판을 받을 권리까지도 포함된다고 단정할 수 없을 것이고, 모든 사건에 대해 획일적으로 상고할 수 있게 하느냐 않느냐는 특단의 사정이 없는 한 입법정책의 문제라고 할 것으로, 결국 재판을 받을 권리의 침해라는 논지는 받아들일 수 없다.

나. 다음 위 법 제3조 소정의 상고제한은 헌법 제11조에 위반된다는 주장에 관하여 본다. 위 법 제2조, 위 규칙 제1조의2에 의하면 소액사건의 범위를 소송물가액이 500만원을 초과하지 아니하는 금전 기타 대체물이나 유가증권의 일정한 수량의 지급을 목적으로 하는 민사사건으로 국한시켰는바, 이렇듯 소송물가액이 적은 민사사건에 대해서는 통상의 민사사건과 달리

상고제한을 하였으므로 통상사건과의 관계에 있어서 법적 차별로도 보여진다. 그러나 소송제도에 있어서 재판의 적정의 요청도 중요하지만, 신속처리의 요청도 이에 못지 않게 경시할 수 없는 명제이다. 재판의 적정에 치중하여 여러차례 심급을 거듭하여 사건이 오래가면 갈수록 그에 소요되는 경비 · 노력은 비례적으로 늘어나며, 재판에 의해 얻어지는 이익은 반비례적으로 줄어들고 공허한 것이 되기 쉽다. 따라서 경미한 소액사건에 대해서까지 다른 사건과 마찬가지로 3심제도를 절대시한다는 것은 해결할 사항의 가치와 이에 소요되는 경비 · 노력과의 균형상 합리적인 것이라 할 수 없다. 그렇기 때문에 경미한 민사사건에 대해서는 상고를 금지하거나 제한하며 또 다액의 통상사건이라도 불복상소 이익이 적을 때 이른바 상소가액 제한제도에 의하여 통제하는 입법례가 많다.

한편 당사자의 구제의 관점에서 보아도 패소당사자의 불이익만을 강조하는 것이 반드시 공평하다 할 수 없으며, 승소당사자의 입장에서 그 결과의 종국적 확정이 상대방의 상소에 의하여 부당하게 지연되고 신속한 재판을 받을 권리의 보장이 형해화된다는 면도 고려할 필요가 있다. 나아가 국가제도인 민사소송제도에는 다수의 사건을 신속히 처리하여 법적 안정과 평화회복을 이룩해 주어야 할 일반적 요청이 있고, 특히 상고제도라고 한다면 산만하게 이용되기보다 좀더 크고 국민의 법률생활의 중요한 영역의 문제를 해결하는 데 집중적으로 투입 · 활용되어야 할 공익상의 요청이 있음을 간과할 수 없는 것이다. 따라서 재판제도 이용의 효율화의 견지에서나 사익에 관한 분쟁 해결 방식인 민사소송에 있어서 얻어질 이익과 지출하여야 할 비용 · 노력과의 비례균형 유지의 요청, 더구나 신속 · 간편 · 저렴하게 처리되어야 할 소액사건 절차 특유의 요청 등을 고려할 때 현행 소액사건 상고제한 제도가 결코 합리성이 없거나 입법자의 위헌적인 차별이라 하기 어렵다고 할 것이며, "같은 것은 같게, 다른 것은 다르게" 처우하는 것이 실질적인 평등이라면 평등의 원칙에 배치한다고 할 수 없을 것으로 이 점에 관한 청구인의 주장도 받아들일 수 없다.

다. 나아가 살피건대 위 법 제3조에서도 대법원에 상고할 수 있는 기회를 제한한 것이지 근본적으로 박탈하고 있는 것은 아니다. 동조 1호 소정의 상고이유는 헌법 · 법률에 위반되는 명령 · 규칙 · 처분임에도 불구하고 합헌 또는 합법이라 하여 이를 적용한 경우나 그와 반대의 경우에 사안의 중대성에 비추어 상고하여 시정할 수 있도록 하는 것인데, 이에 의하여 헌법국가의 원리 내지 법치국가의 원리를 구현시키고자 함이며, 나아가 명령 · 규칙 또는 처분이 헌법이나 법률에 위반되는 여부가 재판의 전제가 된 때에는 대법원이 이를 최종적으로 심사할 권한을 갖도록 한 헌법 제107조 제2항의 규정에 합치시키려는 입법배려인 것으로 이해된다. 또 동조 2호 소정의 상고이유는 대법원 판례 무시의 재판을 하였을 때에는 상고하여 시정할 수 있게 하는 것인데, 법원조직의 정점에서 판례를 통해 국내법령의 해석통일이라는 대법원의 본질적 기능의 수행은 소액사건의 경우에도 예외로 하지 않겠다는 것으로 이에 의하여 대법원의 최고법원성을 규정한 헌법 제101조 제2항은 준수된 것이라 하겠다. 위 헌법조항에서 "법원은 최고법원인 대법원과 각급법원으로 구성한다"고 규정하였지만 이것이 각급법원의 심리를 거치고 난 뒤에는 어느 사건이건 막론하고 차별없이 모두 대법원에 상고할 수 있다는 취지의 규정으로는 이해되지 않는다. 그렇다면 상고제한의 특례입법이 현행 헌법 체제와의 조화를 외면하였다고 보기도 어려울 것으로, 결국 헌법에 어긋나는 입법이라고는 할 수 없을 것이다.」

※ 재판관 1인(재판관 변정수)은 위 조항에 대하여 재판청구권 침해, 평등권 위반을 이유로 위헌이라는 반대의견을 개진한 바 있다.

[憲 1995. 1. 20.-90헌바1](소송촉진등에관한특례법 제11조 및 제12조의 위헌 여부에 관한 헌법소원)

「(2) 다음으로 개정전 특례법 제11조 및 제12조가 헌법 제27조 및 제101조에 위반되는지 여부에 관하여 본다.

(가) 개정 전 특례법 제11조 제1항 및 제12조 제1항은 민사소송사건에서의 상고를 권리상고와 허가상고로 나누고 권리상고이유를 ① 헌법에 위반하거나 헌법의 해석이 부당한 때, ② 명령 · 규칙 또는 처분의 법률위반 여부에 대한 판단이 부당한 때, ③ 법률 · 명령 · 규칙 또는 처분에 대한 해석이 대법원 판례와 상반된 때의 3가지로 제한하고, 위의 권리상고이유가 없는 경우에는 법령의 해석에 관한 중요한 사항을 포함하는 것으로 인정되는 사건에 한하여 상고를 허가할 수 있도록 규정함으로써 민사소송사건에서의 상고를 대폭 제한하였다.

(나) 헌법 제101조 제2항은 "법원은 최고법원인 대법원과 각급 법원으로 조직된다"고 규정하였고 제102조 제3항은 "대법원과 각급 법원의 조직은 법률로 정한다"고 규정하여 대법원을 최고법원으로 하고 그 아래에 심급을 달리 하여 각급 법원을 두도록 하고 있다. 헌법이 위와 같이 대법원을 최고법원으로 규정하였다고 하여 곧바로 대법원이 모든 사건을 상고심으로서 관할하여야 한다는 결론이 당연히 도출되는 것은 아니다. 헌법 제102조 제3항에 따라 법률로 정할 "대법원과 각급 법원의 조직"에는 그 관할에 관한 사항도 포함되며, 따라서 대법원이 어떤 사건을 제1심으로서 또는 상고심으로서 관할할 것인지는 법률로 정할 수 있는 것으로 보아야 하기 때문이다.

(다) 심급제도는 사법에 의한 권리보호에 관하여 한정된 법발견자원의 합리적인 분배의 문제인 동시에 재판의 적정과 신속이라는 서로 상반되는 두 가지의 요청을 어떻게 조화시키느냐의 문제로 돌아가므로 기본적으로 입법자의 형성의 자유에 속하는 사항이다. 그리고 상고 허용 여부의 객관적 기준은 상고제도를 어떠한 목적으로 운용할 것인가에 따라 달라지게 된다. 상고제도의 목적을 법질서의 통일과 법발전 또는 법창조에 관한 공익의 추구에 둘 것인지, 아니면 구체적 사건의 적정한 판단에 의한 당사자의 권리구제에 둘 것인지, 아니면 양자를 다 같이 고려할 것인지는 역시 입법자의 형성의 자유에 속하는 사항이고, 그 중 어느 하나를 더 우위에 두었다 하여 헌법에 위반되는 것은 아니다.

(라) 개정 전 특례법 제11조 및 제12조는 헌법이 요구하는 대법원의 최고법원성을 존중하면서 다른 한편, 대법원의 민사소송사건에 있어서 상고심 재판을 받을 수 있는 객관적인 기준으로서 법질서의 통일 및 법의 발전을 구체적 사건에서의 적정한 판단에 의한 당사자의 권리구제보다 더 우위에 둔 규정으로서 합리성이 있다고 할 것이므로 헌법에 위반되지 아니한다.」

◎ 같은 취지 : 憲 1993. 11. 25.-91헌바8

▶ 내　용

▸ 단심재판의 허용문제에 대한 판례

▹ 제1심 재판에 대해 상소할 수 있는 권리를 기본권으로 본 판례

[憲 1993. 7. 29.-90헌바35](반국가행위자의처벌에관한특별조치법 제5조 등 및 헌법재판소법 제41조 등에 대한 헌법소원)

※ 〈제5편 - 제3장 - 1. - 인신보호를 위한 헌법원리 - □ 적법절차의 원리〉 판례 인용부분 참조

▹ 모든 사건에 대하여 획일적으로 상소할 수 있는 것을 보장하는 것은 아니라는 취지의 판례
[憲 1992. 6. 26.-90헌바25](소액사건심판법 제 3 조에 대한 헌법소원)
※ 위 판례 인용부분 참조
◎ 같은 취지 : 憲 1993. 11. 25.-91헌바8; 1995. 1. 20.-90헌바1; 1995. 10. 26.-94헌바28; 1996. 2. 29.-92헌바8; 1997. 10. 30.-97헌바37등

3. 법원의 조직

□ 군사법원

▶ 개 설

▸ 군사법원의 헌법상 지위에 대한 판례

▹ 군사법원은 헌법이 인정하는 특별법원으로서의 지위를 가지지만, 이러한 경우에도 헌법이 정하는 한계가 있다는 취지의 판례

[憲 1996. 10. 31.-93헌바25](군사법원법 제6조 등 위헌소원)

※ 〈제5편 - 제6장 - 1. - □ 제한과 그 한계〉 판례 인용부분 참조

▸ 관할관에 대한 판례

▹ 관할관제도에 대하여 헌법에 합치하는 것이라고 본 판례

[憲 1996. 10. 31.-93헌바25](군사법원법 제6조 등 위헌소원)

※ 〈제5편 - 제6장 - 1. - □ 제한과 그 한계〉 판례 인용부분 참조

4. 사법권의 범위와 한계

□ 사법권의 한계

▶ 사법본질상의 한계

▸ 사건성에 대한 판례

▹ 법원이 재판권을 행사하기 위해서는 구체적이고 현실적인 법적인 권리 · 의무관계에서 분쟁이 발생하여야 한다는 취지의 판례

[大 1992. 5. 8.-91누11261](행정입법부작위처분 위법확인)

「원심판결 이유에 의하면 원심은, 원고는 안동지역댐 피해대책위원회 위원장으로서 안동댐 건설로 인하여 급격한 이상기후의 발생 등으로 많은 손실을 입어 왔는바, 특정다목적댐법 제41조에 의하면 다목적댐 건설로 인한 손실보상 의무가 국가에게 있고 같은 법 제42조에 의하면 손실보상 절차와 그 방법 등 필요한 사항은 대통령령으로 규정하도록 되어 있음에도 피고가 이를 제정하지 아니한 것은 행정입법부작위에 해당하는 것이어서 그 부작위위법확인을 구한다고 주장하나, 행정소송은 구체적 사건에 대한 법률상 분쟁을 법에 의하여 해결함으로써 법적 안정을 기하자는 것이므로 부작위위법확인소송의 대상이 될 수 있는 것은 구체적 권리의무에 관한 분쟁이어야 하고 추상적인 법령에 관하여 제정의 여부 등은 그 자체로서 국민의 구체적인 권리의무에 직접적 변동을 초래하는 것이 아니어서 행정소송의 대상이 될 수 없으므로 이 사건 소는 부적법하다고 판단하였다.

기록에 비추어 검토해 보면 원심의 이와 같은 판단은 수긍이 가고 거기에 소론과 같은 특정다목적댐에 관한 법리오해의 위법이 있다거나 권리보호의 요건에 관한 법리오해 및 헌법위반의 위법이 없다. 논지 이유없다.」

▸ 당사자적격에 대한 판례

▹ 당사자가적격을 가지기 위해서는 자신이 청구한 소송에 있어 소의 이익이 인정되어야 한다는 취지의 판례

[大 1985. 6. 25.-84누579](부동산소유권 국가귀속처분 무효확인)

「기록에 의하면, 피고는 1977. 4. 9 매립면허권자인 소외 녹동단위농업협동조합에 대한 매립준공인가를 함에 있어서 총매립면적 42,586평 중 31,622평은 소외 조합에, 이 사건 2필지의 대지를 포함한 그 나머지의 공용 또는 공공용 대지는 모두 국가에 각 귀속한다는 내용으로 준공인가를 하고, 그 인가서에 필지별 소유권귀속관계의 명세를 첨부하여 소외 조합에 통고한 사실이 인정되는바, 이와 같은 필지별 소유권귀속명세통고는 그 자체 독립한 행정처분이라 할수 없고, 이는 피고가 이 사건 매립준공인가를 함에 있어서 매립의 면허를 받은 자의 매립지에 대한 소유권취득을 규정한 공유수면매립법 제14조의 효과일부를 배제하는 부관을 붙인 것으로 보는 것이 타당하며, 이러한 행정행위의 부관은 독립하여 행정쟁송의 대상이 될 수 없는 것이라고 할 것이다. 뿐만 아니라 행정소송은 행정처분으로 인하여 법률상 직접적이고 구체적인 이익을 가지게 되는 사람만이 제기할 이익이 있는 것이고, 다만 사실상이며 간접적인 관계를 가지는 데 지나지 않는 사람은 제기할 이익이 없는 것인 바, 원고주장 자체에

의하더라도 원고는 이 사건 준공인가처분의 당사자가 아니고 그 처분을 받은 소외 조합과 사이에 그 조합이 취득할 매립지를 양수하기로 약정한데 불과하니, 원고는 위 준공인가처분에 대하여 사실상의 간접적인 경제적 이해관계가 있을지언정 법률상 직접적인 이해관계가 있다고 할 수 없으므로 그 무효확인을 구할 이익도 없다 할 것이다.

그러므로 원고의 이 사건 소를 각하한 원심의 조처는 정당하고, 거기에 소론과 같은 소송요건 및 부관의 법리를 오해한 잘못들이 있다고 할 수 없다.」

▶ 권력분립상의 한계

▸ 사법권과 입법권에 대한 판례

▹ 국회가 군법회의에 의해 선고된 확정판결의 효력을 상실시키는 법률을 제정·시행하는 것은 사법권의 독립을 침해하는 것이 아니라고 본 판례

[大 1965. 3. 25.-63수3](대통령당선 무효)

「군법회의가 특별법원으로서 헌법상 사법기관임은 원고주장과 같으나 헌법이 대통령에게 사면에 관한특권을 부여하였고 사면의 효력에 형의 선고의 효력을 상실시키는 효과가 있다하여 반대로 확정판결의 효력을 상실시키는 것은 사면에 의하여서만 하여야하고 법률로서는 제정할 수 없다는 논리는 성립할 수 없다 할 것이며 확정판결의 효력을 상실시키는 내용의 입법을 하였다 하여 개개의 구체적인 법률적 쟁송에 대한 재판권을 내용으로 하는 사법권을 침해한 것이라고는 볼 수 없다.」

▹ 국회가 법률로써 반국가사범에 대하여 과도하게 불합리한 궐석재판을 할 수 있게 한 것에 대하여 이를 형사재판에서의 적법절차를 위반한 것으로 본 판례

[憲 1996. 1. 25.-95헌가5](반국가행위자의처벌에관한특별조치법 제2조 제1항 제2호 등 위헌제청)

「(1) 특조법 제7조 제5항의 위헌성

특조법 제7조 제5항은 피고인이 출석하지 아니할 때 법원은 궐석재판을 하여야 할 의무가 있음을 규정하였다.

헌법은 제12조 제1항에서 "모든 국민은…… 법률과 적법절차에 의하지 아니하고는 처벌·보안처분 또는 강제노역을 받지 아니한다"고 규정하여 적법절차에 의한 형사처벌의 원칙을 선언하였다. 이 적법절차는 절차가 법률로 정하여지고 또 그 법률에 합치하여야 할 뿐만 아니라 적용되는 법률의 내용에 있어서도 합리성과 정당성을 갖춘 적정한 것이어야 하며, 특히 형사소송절차와 관련시켜 적용함에 있어서는 형벌권의 실행절차인 형사소송의 전반을 규율하는 기본원리로서 형사피고인인 국민의 기본권이 공권력에 의하여 침해당할 수 있는 가능성을 최소화하도록 절차를 형성·유지할 것을 요구하고 있다. 헌법은 또 제27조 제1항에서 "모든 국민은 헌법과 법률이 정한 법관에 의하여 법률에 의한 재판을 받을 권리를 가진다"라고 규정하여 재판청구권을 보장하고 있다. 이 재판청구권은 형사피고인의 공정한 재판을 받을 권리를 포함한다. 여기서 공정한 재판이란 헌법과 법률이 정한 자격이 있고, 헌법 제104조 내지 제106조에 정한 절차에 의하여 임명되고 신분이 보장되어 독립하여 심판하는 법관으로부터 헌법과 법률에 의하여 그 양심에 따라 위에서 본 적법절차에 의하여 이루어지는 재판을 의미한다. 그 권리는 또한 재판절차를 규율하는 법률과 재판에서 적용될 실체적 법률이 모두 합헌적이어야 한다는 의미에서의 법률에 의한 재판을 받을 권리뿐만 아니라 재판의 공정을 보장하

기 위하여 비밀재판을 배제하고 일반국민의 감시하에 재판의 심리와 판결을 받을 권리도 내용으로 하는바, 이로부터 공개된 법정의 법관의 면전에서 모든 증거자료가 조사·진술되고 이에 대하여 피고인이 공격·방어할 수 있는 기회를 보장받을 권리가, 즉 원칙적으로 당사자주의와 구두변론주의가 보장되어 당사자에게 공소사실에 대한 답변과 입증 및 반증의 기회가 부여되는 등 공격·방어권이 충분히 보장되는 재판을 받을 권리가 파생되어 나온다(헌법재판소 1994. 4. 28. 선고, 93헌바26 결정 등 참조). 한편 피고인이 없는 상태하에서의 재판인 궐석재판에 있어서는 피고인의 이러한 공격·방어권이 현저히 제한된다. 그러므로 형사소송법 제276조에는 피고인이 공판기일에 출석하지 아니한 때에는 특별한 규정이 없으면 개정하지 못한다고 규정하고 있고 다만 동법 제277조에 의하여 다액 10만원 이하의 벌금 또는 과료, 공소기각 또는 면소의 재판을 할 것이 명백한 사건에나 처음부터 피고인의 출석없이 공판을 개정할 수 있고, 소송촉진등에관한특례법 제23조에 의하여 제1심 공판절차에서 피고인에 대한 송달보고서가 접수된 후 6월이 경과하도록 피고인의 소재지가 확인되지 않으면 사형·무기 또는 단기 3년 이상의 징역이나 금고에 해당하지 아니하는 사건에 한하여 피고인의 진술없이 재판할 수 있을 뿐이어서 사형·무기 또는 단기 3년 이상의 징역이나 금고에 해당하는 중죄에 있어서는 어떤 경우에도 처음부터 피고인의 출정없이 재판할 수 없는 것이 형사소송의 절차에 관한 일반원칙인 것이다.

그런데 특조법 제7조 제5항은 특례법 제2조 제1항 소정의 죄 중 많은 죄(형법 제87조 제1호·제2호, 제88조, 제90조, 제92조 내지 제99조, 군형법 제5조 제1호·제2호, 제6조 내지 제8조, 제11조 내지 제16조, 국가보안법 제3조 제1항 제1호·제2호, 제2항, 제3항, 제4조 제1항 제1호 내지 제5호, 제5조 제1항, 제6조 제2항·제3항, 제9조 제1항, 제12조, 제13조, 군사기밀보호법 제13조 등)의 법정형이 사형·무기 또는 단기 3년 이상의 징역형인데도 특조법 제7조 제4항에 의한 송달 간주의 효력이 인정되는 이상 처음부터 이유 여하를 막론하고 피고인의 출정없이 재판하여야 하는 것으로 규정하였다. 특조법이 상정하고 있는 반국가사범에 대한 궐석재판에 의한 처벌의 필요성을 일응 긍정한다고 하여도, 이 조항은 검사의 청구에 의하여 법원으로 하여금 처음부터 의무적으로 궐석재판을 행하도록 하고 있으며, 재판의 연기도 전혀 허용하지 않고 있어, 중형에 해당하는 사건들에 대하여도 피고인의 방어권이 일절 행사될 수 없는 상태에서 재판이 진행되도록 규정한 것이므로 위 형사소송에 관한 절차의 일반원칙에 저촉될 뿐만 아니라 그 입법목적의 달성에 필요한 최소한의 범위를 넘어서 피고인의 공정한 재판을 받을 권리를 과도하게 침해한 것이다.

비록 특조법 제7조 제5항에 "정당한 이유없이"라는 문언이 있으나 이는 동조 제4항의 송달간주규정과 첫 기일에 증거조사 없는 궐석재판으로 형을 선고하도록 규정한 제7항의 규정과 종합할 때 제3항의 공고를 거치지 않은 경우만을 뜻한다고 할 것이고 이 경우에 대하여도 제5항이나 제7항에 대한 예외규정이 없으므로 위 문언은 무의미한 것이다. 또 피고인이 판결선고 전에 출석하면 통상의 공판절차가 진행되며(특조법 제7조 제7항 단서), 판결선고 후에 체포되거나 검사에게 출석하면 상소 또는 재심이 가능하다(특조법 제11조 제1항, 제12조 제1항)는 것은 특조법 제7조 제5항에 의한 기본권의 침해가 이미 발생한 후 사후적으로 그 결과를 다소 시정하는 제도에 불과하며, 일반적으로 피고인에게 3심에 걸쳐 재판을 받을 권리가 보장되어 있는 점에 비추어 볼 때, 제1심에서 궐석재판으로 형이 선고될 수 있는 한, 이러한 사유만으로는 공정한 재판을 받을 권리의 제한이 필요한 최소한도에 국한하고 있다고 할 수는 없다.

더구나 법원의 소환절차도 소환공고를 1종 이상의 국내 신문에 게재한 뒤(특조법 제7조 제3항), 공고 후 2주일이 경과되면 소환장이 피고인에게 송달된 것으로 간주하는 방식으로 이루어지는 것이므로(특조법 제7조 제4항), 결국 외국에 있는 피고인으로서는 소환공고를 전혀 모르는 상태에서, 즉 법정에 출석할 기회를 박탈당한 채 궐석재판이 행해질 수 있게 된다. 특조법 제2조 제1항에 정한 많은 죄들이 중한 형벌을 법정형으로 규정하고 있는데도 피고인에게 출석할 기회조차 주지 아니하여 답변과 입증 및 반증의 기회 등 공격·방어의 기회를 부여하지 않고, 피고인에게 불출석에 대한 개인적 책임을 전혀 물을 수 없는 경우까지 궐석재판을 행할 수 있다는 것은, 절차의 내용이 심히 적정하지 못하여 헌법 제12조 제1항 후문의 적법절차의 원칙에도 심히 반한다.

따라서 이 조항은 피고인의 재판을 받을 권리를 필요 이상으로 제한하고 있는 것이며 적법절차의 원칙에도 반하여, 헌법 제27조 제1항 및 제12조 제1항에 위반된다.」

※ 친족의 행위로 인한 불이익 처우 금지에 대한 부분은 〈제5편 - 제3장 - 1. - 인신보호를 위한 헌법원리 - □ 친족의 행위로 인한 불이익 처우의 금지〉 판례 인용부분 참조

▹ 대법원의 상고심 재판을 받을 권리를 국회가 법률로써 어느 범위에서 제한할 수 있는지에 대하여, 대법원이 이는 입법정책의 문제이므로 국회가 적의 규정할 수 있다는 태도를 취한 판례

[大 1997. 7. 11.-97도1355](특수강도)

「대법원의 재판권에 관하여 헌법은 그 제107조 제2항의 규정 외에는 아무런 규정을 두고 있지 아니하고 있어, 위 규정 외의 대법원의 재판권에 관한 사항은 적의 규정할 수 있는 것이므로 형사사건에서 어떤 사유를 이유로 하여 상고할 수 있도록 하느냐의 문제는 입법정책의 문제일 뿐만 아니라, 양형부당을 사유로 한 상고이유를 제한한 형사소송법 제383조 제4호의 규정은 입법권자에게 허용된 형성의 자유의 영역에 속하는 것이라고 할 것이므로(대법원 1987. 10. 13. 선고 87도1807 판결 참조), 위 법률의 규정이 헌법 제101조 제2항이나, 대법원의 재판을 받을 국민의 권리를 규정하고 있는 헌법규정에 위반되는 것이라고 할 수 없다.

그렇다면 10년 미만의 징역형이 선고된 이 사건에 있어서는 형의 양정이 너무 무거워 부당하다고 인정할 사유가 있다는 상고이유의 주장은 형사소송법 제383조 제4호의 규정 취지에 비추어 적법한 상고이유가 될 수 없는 것이다.」

▸ 사법권과 행정권에 대한 판례

▹ 대통령의 비상계엄의 선포의 요건구비 여부나 선포의 당·부당을 판단할 권한이 법원에는 없다고 본 대법원 판례

[大 1997. 4. 17.-96도3376](반란수괴 등)

※ 〈제1편 - 제2장 - 1. - □ 규범력의 보장〉 판례 인용부분 참조

▹ 법원의 재판에 대한 헌법소원심판은 예외적으로만 인정된다는 것에 대한 판례

[憲 1997. 12. 24.-96헌마172등](헌법재판소법 제68조 제1항 위헌확인 등)

※ 〈제4편 - 제5장 - 2. - □ 국가기관에 의한 기본권의 침해와 보호〉 판례 인용부분 참조

[憲 2002. 5. 30.-2001헌마781](상고심절차에관한특례법 제2조 등 위헌확인)

「나. 헌법재판소법 제68조 제1항 본문 중 "법원의 재판을 제외하고는" 부분에 관한 심판청구

헌법재판소는 헌법재판소법 제68조 제1항 중 "법원의 재판을 제외하고는" 부분에 대하여 이미, 이 '법원의 재판'에 헌법재판소가 위헌으로 결정한 법령을 적용함으로써 국민의 기본권을 침해한 재판을 포함되는 것으로 해석하는 한도 내에서 헌법에 위반된다는 한정위헌결정(헌재 1997. 12. 24. 96헌마172등, 판례집 9-2, 842, 854-862 참조)을 선고한 바 있다.

이 사건에서도 위 한정위헌결정과 달리 판단하여야 할 아무런 사정변경이 없으므로, 헌법재판소법 제68조 제1항 본문 중 "법원의 재판을 제외하고는" 부분이 청구인의 재판청구권 등을 침해하여 헌법에 위반된다는 청구인의 주장은 이유없다.

다. 이 사건 대법원 판결에 관한 심판청구

법원의 재판 자체는 헌법소원심판의 대상이 되지 아니함이 원칙이고, 다만 헌법재판소가 위헌으로 결정한 법령을 적용함으로써 국민의 기본권을 침해한 재판에 대하여만 헌법재판소법 제68조 제1항에 의한 헌법소원심판을 청구할 수 있는 것인 바(헌재 1997. 12. 24. 96헌마172등, 판례집 9-2, 842, 859-862 ; 2001. 2. 22. 99헌마461등, 판례집 13-1, 328, 342-344 등 참조), 이 사건 판결은 이와 같은 헌법소원심판의 대상이 되는 예외적인 재판에 해당되지 아니하므로 그 취소를 구하는 이 부분 심판청구는 더 나아가 살펴볼 필요도 없이 부적법하다.」

▶ 국제법상의 한계

▸ **특별한 사정이 없는 한, 외국의 사법적인 행위에 대하여는 당해 국가를 피고로 하여 우리 나라의 법원이 재판권을 행사할 수 있다는 취지의 판례**

[大 1998. 12. 17.-97다39216](해고무효확인)

「1. 원심판결 이유에 의하면, 원심은 원고가 미합중국 산하의 비세출자금기관인 '육군 및 공군 교역처'(The United States Army and Air Force Exchange Service)에 고용되어 미군 2사단 소재 캠프 케이시(Camp Cacey)에서 근무하다가 1992. 11. 8. 정당한 이유 없이 해고되었다고 주장하면서 미합중국을 피고로 하여 위 해고의 무효확인과 위 해고된 날로부터 원고를 복직시킬 때까지의 임금의 지급을 구함에 대하여, 원래 국가는 국제법과 국제관례상 다른 국가의 재판권에 복종하지 않게 되어 있으므로 특히 조약에 의하여 예외로 된 경우나 스스로 외교상 특권을 포기하는 경우를 제외하고는 외국을 피고로 하여 우리 나라의 법원이 재판권을 행사할 수는 없다고 할 것인데, 미합중국이 우리 나라 법원의 재판권에 복종하기로 하는 내용의 조약이 있다거나 미합중국이 위와 같은 외교상의 특권을 포기하였다고 인정할 만한 아무런 증거가 없으므로, 이 사건 소는 우리 나라의 법원에 재판권이 없어 부적법하다고 판단하였다.

2. 국제관습법에 의하면 국가의 주권적 행위는 다른 국가의 재판권으로부터 면제되는 것이 원칙이라 할 것이나, 국가의 사법적(私法的) 행위까지 다른 국가의 재판권으로부터 면제된다는 것이 오늘날의 국제법이나 국제관례라고 할 수 없다. 따라서 우리 나라의 영토 내에서 행하여진 외국의 사법적 행위가 주권적 활동에 속하는 것이거나 이와 밀접한 관련이 있어서 이에 대한 재판권의 행사가 외국의 주권적 활동에 대한 부당한 간섭이 될 우려가 있다는 등의 특별한 사정이 없는 한, 외국의 사법적 행위에 대하여는 당해 국가를 피고로 하여 우리 나라의 법원이 재판권을 행사할 수 있다고 할 것이다. 이와 견해를 달리한 대법원 1975. 5. 23.자 74마281 결정은 이를 변경하기로 한다.

따라서 원심으로서는 원고가 근무한 미합중국 산하 기관인 '육군 및 공군 교역처'의 임무 및 활동 내용, 원고의 지위 및 담당업무의 내용, 미합중국의 주권적 활동과 원고의 업무의 관련성 정도 등 제반 사정을 종합적으로 고려하여 이 사건 고용계약 및 해고행위의 법적 성질 및 주권적 활동과의 관련성 등을 살펴본 다음에 이를 바탕으로 이 사건 고용계약 및 해고행위에 대하여 우리 나라의 법원이 재판권을 행사할 수 있는지 여부를 판단하였어야 할 것이다. 그럼에도 불구하고 이 사건 고용계약 및 해고행위의 법적 성질 등을 제대로 살펴보지 아니한 채 그 판시와 같은 이유만으로 재판권이 없다고 단정하여 이 사건 소가 부적법하다고 판단한 원심판결에는 외국에 대한 재판권의 행사에 관한 법리를 오해하고 심리를 다하지 아니한 위법이 있다고 할 것이다. 상고이유 중 이 점을 지적하는 부분은 이유있다.」

제 4 장 헌법재판소

1. 일반심판절차

□ 심판정족수

▶ 결정정족수

▸ 특별다수결에 대한 판례

▹ 위헌법률심판에서 단순위헌이라는 재판관수는 6인 미만이지만 한정합헌 또는 한정위헌이라는 재판관의 수와 합하여 6인 이상이 되는 경우에는 한정합헌 또는 한정위헌의 부분에서 일치하므로 이러한 일치하는 부분이 주문으로 선고된다고 보는 판례

[憲 1992. 2. 25.-89헌가104](국가기밀보호법 제 6 조 등에 대한 위헌심판)

「이 사건에 있어서 관여재판관의 평의의 결과는 단순합헌의견 3, 한정합헌의견 5, 전부위헌의견 1의 비율로 나타났는데, 한정합헌의견 (5)는 질적인 일부위헌의견이기 때문에 전부위헌의견(1)도 일부위헌의견의 범위 내에서는 한정합헌의 의견과 견해를 같이 한 것이라 할 것이므로 이를 합산하면 헌법재판소법 제23조 제 2 항 제 1 호 소정의 위헌결정정족수(6)에 도달하였다고 할 것이며 그것이 주문의 의견이 되는 것이다(법원조직법 제66조 제 2 항 참조).」

▹ 위헌의견의 재판관수가 5인이고 헌법불합치의견의 재판관 수가 2인인 경우 헌법불합치결정을 선고한 판례

[憲 1997. 7. 16.-95헌가6등](민법 제809조 제 1 항 위헌제청)

「위와 같은 이유로 이 사건 법률조항이 헌법에 위반된다는 점에 있어서는 재판관 이재화, 재판관 조승형을 제외한 그 나머지 재판관 전원의 의견이 일치되었으나, 재판관 김용준, 재판관 김문희, 재판관 황도연, 재판관 신창언, 재판관 이용모는 단순위헌결정을 선고함이 상당하다는 의견이고 재판관 정경식, 재판관 고중석은 헌법불합치결정을 선고함이 상당하다는 의견으로서, 위 재판관 김용준 등 5명의 의견이 다수의견이기는 하나 현 부가가치세법 제23조 제 2 항 제 1 호에 규정된 "법률의 위헌결정"을 함에 필요한 심판정족수에 이르지 못하였으므로 이에 헌법불합치의 결정을 선고하기로 하는바, 위 법률조항은 입법자가 1998. 12. 31.까지 개정

하지 아니하면 1999. 1. 1. 그 효력을 상실하고, 법원 기타 국가기관 및 지방자치단체는 입법자가 개정할 때까지 위 법률조항의 적용을 중지하도록 하는 것이 상당하다고 인정되므로 이에 주문과 같이 결정한다.」

▸ 「위헌불선언」의 문제에 대한 판례

▹ 위헌법률심판의 결정에서 재판관 6인 이상의 찬성이 없어서 위헌으로 선고할 수는 없지만 재판관 9인 중 과반수인 5인이 위헌이라는 의견을 낸 경우 헌법재판소가 초기에 주문에서 「위헌불선언」으로 표시한 판례

[憲 1989. 12. 22.-88헌가13](국토이용관리법 제21조의3 제1항, 제31조의2 의 위헌심판)

「이 결정에 있어서 토지거래허가제규정(국토이용관리법 제21조의3 제1항)과 벌칙규정(같은 법률 제31조의2) 모두에 대하여 재판관 조규광, 재판관 이성렬, 재판관 변정수, 재판관 김양균은 합헌의견을, 재판관 이시윤은 5와 같이 토지거래허가제 규정에 대하여서는 합헌의견이로되 보충의견을, 벌칙규정에 대하여서는 위헌의견을, 재판관 한병채, 재판관 최광률, 재판관 김문희는 6과 같이 위헌의견을, 각 제시하였고, 재판관 김진우는 7과 같이, 재판관 이시윤, 재판관 한병채, 재판관 최광률, 재판관 김문희의 위헌의견에 원칙적으로 동조하였다. 따라서 토지거래허가제 규정은 헌법에 위반되지 아니하고, 벌칙규정은 위헌의견이 과반수이나 헌법재판소법 제23조 제2항 제1호 소정의 위헌결정의 정족수(定足數)에 미달이어서 헌법에 위반된다고 선언할 수 없는 것이다.」

◎ **같은 취지 : 憲 1993. 5. 13.-90헌바22등; 1994. 6. 30.-92헌바23**

▹ 이후 헌법재판소가 「위헌불선언」이라는 주문을 택하지 않고 합헌결정의 주문으로 표시한 판례

[憲 1996. 2. 16.-96헌가2등](5·18민주화운동등에관한특별법 제2조 위헌제청 등)

「【주문】 5·18민주화운동등에관한특별법(1995년 12월 21일 법률 제5029호) 제2조는 헌법에 위반되지 아니한다.

【이유】 이러한 이유로 이 법률조항은 특별법 시행당시, 공소시효가 아직 완성되지 않았다고 보는 경우에는 재판관 전원이 헌법에 위반되지 아니한다는 의견이고, 공소시효가 이미 완성된 것으로 보는 경우에는 재판관 김진우, 재판관 이재화, 재판관 조승형, 재판관 정경식 등 4명이 헌법에 위반되지 아니하는 의견이고, 재판관 김용준, 재판관 김문희, 재판관 황도연, 재판관 고중석, 재판관 신창언 등 5명이 한정위헌의견이나 이 경우에도 헌법재판소법 제23조 제2항 제1호에 정한 위헌결정(헌법소원의 경우도 같음)의 정족수에 이르지 못하여 합헌으로 선고할 수밖에 없으므로 이에 주문과 같이 결정한다.」

◎ **같은 취지 : 憲 1999. 7. 22.-98헌가3**

□ 신청주의와 소송대리

▶ 신청주의

▸ 심판청구의 취하에 대한 판례

▹ 헌법재판에서 청구의 취하에 민사소송법의 규정이 준용된다고 하여 권한쟁의심판에서 청구의 취하를 인정하고, 이 경우 심판절차종료선언의 주문을 낸 판례

[憲 2001. 6. 28.-2000헌라1](국회의장등과 국회의원간의 권한쟁의)

「헌법재판소법 제40조 제1항은 "헌법재판소의 심판절차에 관하여는 이 법에 특별한 규정이 있는 경우를 제외하고는 민사소송에 관한 법령의 규정을 준용한다. 이 경우 탄핵심판의 경우에는 형사소송에 관한 법령을, 권한쟁의심판 및 헌법소원심판의 경우에는 행정소송법을 함께 준용한다"고 규정하고, 같은 조 제2항은 "제1항 후단의 경우에 형사소송에 관한 법령 또는 행정소송법이 민사소송에 관한 법령과 저촉될 때에는 민사소송에 관한 법령은 준용하지 아니한다"고 규정하고 있다. 그런데 헌법재판소법이나 행정소송법에 권한쟁의심판청구의 취하와 이에 대한 피청구인의 동의나 그 효력에 관하여 특별한 규정이 없으므로, 소의 취하에 관한 민사소송법 제239조는 이 사건과 같은 권한쟁의심판절차에 준용된다고 보아야 한다.

비록 권한쟁의심판이 개인의 주관적 권리구제를 목적으로 삼는 것이 아니라 헌법적 가치질서를 보호하는 객관적 기능을 수행하는 것이고, 특히 국회의원의 법률안에 대한 심의 · 표결권의 침해 여부가 다투어진 이 사건 권한쟁의심판의 경우에는 국회의원의 객관적 권한을 보호함으로써 헌법적 가치질서를 수호 · 유지하기 위한 쟁송으로서 공익적 성격이 강하다고는 할 것이다. 그렇지만 법률안에 대한 심의 · 표결권 자체의 행사 여부가 국회의원 스스로의 판단에 맡겨져 있는 사항일 뿐만 아니라, 그러한 심의 · 표결권이 침해당한 경우에 권한쟁의심판을 청구할 것인지 여부 또한 국회의원의 판단에 맡겨져 있어서 심판청구의 자유가 인정되고 있는 만큼, 위에서 본 권한쟁의심판의 공익적 성격만을 이유로 이미 제기한 심판청구를 스스로의 의사에 기하여 자유롭게 철회할 수 있는 심판청구의 취하를 배제하는 것은 타당하지 않다.

그렇다면 이 사건 권한쟁의심판절차는 청구인들의 심판청구의 취하로 2001. 5. 8. 종료되었음이 명백하므로, 헌법재판소로서는 이 사건 권한쟁의심판청구가 적법한 것인지 여부와 이유가 있는 것인지 여부에 대하여 더 이상 판단할 수 없게 되었다.

다만, 청구인들의 심판청구 취하로 인하여 이 사건 권한쟁의심판절차가 종료되었다고 보는 다수의견에 대하여, 재판관 권성, 재판관 주선회의 아래 4.항에 기재된 바와 같은 반대의견이 있으므로, 이 사건 권한쟁의심판절차가 이미 종료되었음을 명확하게 선언하기로 하여 주문과 같이 결정한다.」

⇔ 재판관 2인(재판관 권성, 재판관 주선회)의 반대의견

「이 사건 권한쟁의심판에 대하여는 이미 실체적 심리가 다 마쳐져 더 이상의 심리가 필요하지 아니한 단계에 이른 이후에야 비로소 이 사건 심판청구가 취하되었으며, 그 때까지 심리한 내용만을 토대로 판단하더라도 이 사건 권한쟁의심판은 향후 우리 나라 국회, 특히 상임위원회가 준수하여야 할 의사절차의 기준과 한계를 구체적으로 밝히는 것으로서 헌법질서의 수호 · 유지를 위하여 긴요한 사항일 뿐만 아니라, 그 해명이 헌법적으로 특히 중대한 의미를 지닌다고 하지 않을 수 없다. 그러므로 이 사건의 경우에는 비록 청구인들이 심판청구를 취하하였다

하더라도 소의 취하에 관한 민사소송법 제239조의 규정의 준용은 예외적으로 배제되어야 하고, 따라서 위 심판청구의 취하에도 불구하고 이 사건 심판절차는 종료되지 않는다고 보아야 한다.」

▷ **검사의 불기소처분에 대한 헌법소원심판절차에서 민사소송법 제266조가 준용된다고 하면서 심판청구의 취하가 있는 경우에는 심판절차가 종료된다고 본 판례**

[憲 1995. 12. 15.-95헌마221](불기소처분취소)

「헌법재판소법 제40조는 제1항에서 "헌법재판소의 심판절차에 관하여는 이 법에 특별한 규정이 있는 경우를 제외하고는 민사소송에 관한 법령의 규정을 준용한다. 이 경우 탄핵심판의 경우에는 형사소송에 관한 법령을, 권한쟁의심판 및 헌법소원심판의 경우에는 행정소송법을 함께 준용한다"고 규정하고, 제2항에서 "제1항 후단의 경우에 형사소송에 관한 법령 또는 행정소송법이 민사소송에 관한 법령과 저촉될 때에는 민사소송에 관한 법령은 준용하지 아니한다"고 규정하고 있는바, 헌법재판소법이나 행정소송법에 헌법소원심판청구의 취하와 이에 대한 피청구인의 동의나 그 효력에 관하여 특별한 규정이 없으므로, 소의 취하에 관한 민사소송법 제239조는 이 사건과 같이 검사가 한 불기소처분의 취소를 구하는 헌법소원심판절차에 준용된다고 보아야 한다.

그렇다면 이 사건 헌법소원심판절차는 청구인들의 심판청구의 취하로 1995. 12. 14. 종료되었음이 명백하므로, 헌법재판소로서는 이 사건 헌법소원심판청구가 적법한 것인지 여부와 이유가 있는 것인지 여부에 대하여 판단할 수 없게 되었다.」

⇔ 재판관 1인(재판관 신창언)의 반대의견

「헌법소원심판절차에 있어서 일반적인 경우에는 다수의견과 같이 헌법재판소법 제40조의 규정에 의하여 민사소송법이 준용되어 심판청구의 취하가 있으면 심판절차가 종료된다.

그러나 헌법소원제도는 청구인 개인의 주관적인 권리구제뿐만 아니라 객관적인 헌법질서를 수호 · 유지하는 기능도 함께 가지고 있는 것이므로, 헌법소원사건에 대한 심판이 청구인의 권리구제에는 도움이 되지 않는다 하더라도 헌법질서의 수호 · 유지를 위하여 중요한 의미가 있는 경우에는 예외적으로 청구인이 심판청구를 취하하여도 그 심판절차는 종료되지 않는다고 보아야 할 것이다.

그리고 이 사건은 그에 대한 헌법적 해명이 객관적인 헌법질서의 수호와 유지를 위하여 중대한 의미를 지니고 있어 헌법재판의 필요성이 대단히 크다고 할 것이므로 심판청구의 취하에도 불구하고 심판절차는 종료되지 않는다고 보아야 하고, 따라서 헌법재판소로서는 재판부에서 평의한 대로 종국 결정을 선고하는 것이 옳다고 생각한다.」

⇔ 재판관 3인(재판관 김진우, 재판관 이재화, 재판관 조승형)의 반대의견

「가. 헌법소원심판의 본질과 청구취하의 효력

헌법소원심판은 공권력의 행사 또는 불행사로 인하여 기본권 침해를 당한 피해자의 주관적 권리구제에 관한 심판인 점에서, 구체적 · 개별적인 쟁송사건에 대한 재판인 민사 · 형사 · 행정소송 등에관한 일반법원의 재판과 유사하다고는 하나, 헌법질서의 보장이라는 객관적인 기능도 겸하고 있으므로 그 점에서 위 일반법원의 재판과는 법적 성질을 달리하고 있다 할 것이다(헌법재판소 1992. 1. 28. 선고, 91헌마111 ; 1992. 4. 14. 선고, 90헌마82 ; 1992. 6. 26. 선고, 90헌아1 각 결정 참조). 또한 헌법소원을 인용하는 결정은 모든 국가기관과 지방자치단체를 기속하는 효력 이른바 일반적 기속력과 대세적 · 법규적 효력을 가지는 것이고, 이러한 효력은 일반법원의 재판이 원칙적으로 소송당사자에게만 한정하여 미치는 것과는 크게 다르다 (헌법재판소 1995. 1. 20. 선고, 93헌아1 결정 참조).

따라서 청구 중 주관적 권리구제에 관한 점 이외에, 헌법질서의 수호·유지를 위하여 긴요한 사항으로서 그 해명이 헌법적으로 특히 중대한 의미를 지니고 있는 부분이 있는 경우에는, 비록 헌법소원심판청구의 취하가 있는 경우라 하더라도, 전자의 부분에 한하여 민사소송법 제239조의 준용에 따라 사건의 심판절차가 종료될 뿐이고, 후자의 부분에 대하여서는 헌법소원심판의 본질에 반하는 위 법률조항의 준용은 배제된다고 할 것이므로 위 취하로 말미암아 사건의 심판절차가 종료되는 것이 아니라 할 것이다.

나. 헌법소원심판절차에 있어서의 당사자처분주의의 제한

구체적·개별적인 쟁송사건을 다루는 일반법원의 소송절차에 있어서도, 일반 민사소송절차에서는 철저한 당사자처분주의가 인정되고 있으나 일반행정소송이나 형사소송절차에 있어서는 소송의 공익적인 측면을 고려하여 당사자처분주의가 제한된 범위안에서 인정되고 있는 등 소송의 성질이 다름에 따라서 당사자처분주의를 인정하는 폭이 다르다.

따라서 앞서 본 바와 같이 이들 일반쟁송과는 법적성질을 달리하고 있는 헌법소원심판의 소송절차에서 인정되는 당사자처분주의는 이들 쟁송의 경우보다는 훨씬 더 제한된다고 하여야 할 것이다. 그러므로 전국민의 기본권과 관계되는 등 헌법질서의 수호·유지를 위한 헌법적 해명이 특히 필요한 경우에는 당사자처분주의는 제한된다고 할 것이다.

다. 이 사건의 경우를 살피면,

첫째, 집권에 성공한 내란을 처벌할 수 있는지 여부인 헌법적 해명이 반드시 있어야 할 부분, 둘째, 그 나머지 부분으로 크게 나누어 볼 수 있는바,

먼저 첫째 부분은 집권에 성공한 내란의 가벌 여부에 관한 헌법적 해명에 관한 것이고 이는 헌법질서를 파괴하는 방법에 의한 집권이 우리의 헌법상 허용되는지 여부에 관한 것이므로 국가운명과 전국민의 기본권에 직접 관련되어 특히 중대한 의미를 갖는 헌법적 해명이 요청되는 경우라 할 것이다. 그럼에도 불구하고 건국이래 현재까지 어떠한 국가기관에 의해서도 그 해명이 된 바 없다. 비록 1995. 11. 24. 대통령의 특별법제정에 관한 담화에 따라 검찰이 수사를 진행시키고 있으며, 국회에서는 이른바 5·18 특별법 제정 등이 추진되고 있으나, 이는 정치적 논리에 따른 정치적 결단행위에 불과한 현실일 뿐, 헌법재판소의 유권적인 헌법해석이나 사법기관의 기타 유권적인 법률해석을 거친 법적논리에 따른 현실이 아니므로 위와 같은 특히 중대한 의미를 갖는 헌법적 해명의 필요성은 상존하고 있다 할 것이다. 따라서 이 사건 청구취하는 위 부분에 대한 심판절차종료의 효력이 발생하지 아니한다 할 것이다. 다음 둘째 부분은 사실인정이나 법률해석의 문제로서 헌법적 해명이 필요하지 아니하므로 당사자가 헌법소원청구를 취하하였다면 그 심판절차는 종료되었다고 할 것이다.

첫째 부분은, 우리재판소가 1995. 11. 23. 최종평의를 하고 선고기일을 1995. 11. 30. 10:00로 확정하였고 1995. 11. 27.에는 선고할 결정문 초고마저 전체 재판관회의에서 확정한 후 그 날 당사자들에게 선고기일을 통지하였으며 집권에 성공한 내란의 가벌성을 인정하는 의견이 헌법재판소법 제23조 제2항 제1호 소정의 인용결정에 필요한 정족수를 넘었고, 그 의견이 다음과 같이 특히 중대한 헌법해석 내지 헌법적 해명이었으며 우리는 이 의견에 찬성한 바 있으므로, 비록 그 후인 1995. 11. 29. 이 사건 청구인 전원의 청구취하가 있었다고 하더라도, 앞서 본 둘째 부분으로 인하여 부득이 민사소송법 제239조 소정의 절차를 취하고 청구인의 청구취하에 대한 피청구인의 동의가 있거나 동의한 것으로 간주되면, 위 둘째부분은 심판절차의

종료선언을 하되 위 첫째 부분에 대하여는 헌법적 해명을 하는 결정선고를 함이 마땅하다고 본다.」

▸ 청구의 취하는 소송행위이므로 사기, 강박, 착오를 이유로 청구취하의 철회나 취소를 주장할 수 없다는 취지의 판례

[憲 2005. 2. 15.-2004헌마911](종교집회행사참여금지 위헌확인)

「가. 헌법재판소법 제40조 제1항은 "헌법재판소의 심판절차에 관하여는 이 법에 특별한 규정이 있는 경우를 제외하고는 헌법재판의 성질에 반하지 아니하는 한도 내에서 민사소송에 관한 법령의 규정을 준용한다. 이 경우 탄핵심판의 경우에는 형사소송에 관한 법령을, 권한쟁의심판 및 헌법소원심판의 경우에는 행정소송법을 함께 준용한다"고 규정하고, 같은 조 제2항은 "제1항 후단의 경우에 형사소송에 관한 법령 또는 행정소송법이 민사소송에 관한 법령과 저촉될 때에는 민사소송에 관한 법령은 준용하지 아니한다"고 규정하고 있다. 그런데, 헌법재판소법이나 행정소송법에 헌법소원심판청구의 취하와 이에 대한 피청구인의 동의나 그 효력에 관하여 특별한 규정이 없으므로, 소의 취하에 관한 민사소송법 제266조는 이 사건과 같은 헌법소원절차에 준용된다고 보아야 한다(헌재 1995. 12. 15. 95헌마221등, 판례집 7-2, 697, 747; 헌재 2001. 6. 28. 2000헌라1, 판례집 13-1, 1218, 1225; 헌재 2003. 4. 24. 2001헌마386, 판례집 15-1, 443, 453).

기록에 의하면, 청구인은 2005. 1. 26. 서면으로 이 사건 헌법소원 심판청구를 취하하였고, 이미 본안에 관한 답변서를 제출한 피청구인에게 취하의 서면이 2005. 1. 31. 송달되었는바, 피청구인이 그 날로부터 2주일 내에 이의를 하지 아니하였음이 명백하므로, 민사소송법 제266조에 따라 피청구인이 청구인과 승계참가인의 심판청구의 취하에 동의한 것으로 보아야 할 것이니, 이 사건 헌법소원 심판절차는 특별한 사정이 없는 한 2005. 2. 15. 종료되었다.

나. 청구인은, 피청구인이 위 불허행위에 대하여 사과를 할 것이니 이 사건 헌법소원 심판청구를 취하하여 달라고 거짓말을 하여 이에 속은 청구인이 이 사건 헌법소원 심판청구를 취하하였으나 이는 사기에 의한 의사표시로서 취소한다는 주장을 하면서, 이 사건 헌법소원 심판청구에 대한 취하의 효력을 다투고 있다.

그러나, 헌법소원 심판청구의 취하는 청구인이 제기한 심판청구를 철회하여 심판절차의 계속을 소멸시키는 청구인의 우리 재판소에 대한 소송행위이고 소송행위는 일반 사법상의 행위와는 달리 내심의 의사보다 그 표시를 기준으로 하여 그 효력 유무를 판정할 수밖에 없는 것인바, 청구인의 주장대로 청구인이 피청구인의 기망에 의하여 이 사건 헌법소원 심판청구를 취하하였다고 가정하더라도 이를 무효라고 할 수도 없고, 청구인이 이를 임의로 취소할 수도 없다 할 것이므로(대법원 1983. 4. 12. 선고 80다3251 판결; 대법원 1997. 6. 27. 선고 97다6124 판결; 대법원 1997. 10. 24. 선고 95다11740 판결 등 참조), 청구인의 위 주장은 받아들일 수 없다.」

▶ **소송대리**

▸ 변호사강제주의를 합헌으로 본 판례

[憲 1990. 9. 3.-89헌마120등](헌법재판소법 제25조 제3항에 관한 헌법소원)

「(1) 변호사강제주의는 본인이 스스로 심판청구를 하고 심판수행을 하는 소송주의에 비하여 다음과 같은 이점이 있다.

첫째로, 재판의 본질을 이해하지 못하고 재판자료를 제대로 정리하여 제출할 능력이 없는

당사자를 보호해 주며 사법적 정의의 실현에 기여한다. 헌법재판의 고도의 기술성 · 전문성에 비추어 보거나 특히 우리 나라의 경우에 헌법재판의 역사가 일천하고 생소한 점을 고려할 때 법률에 지식이 없는 당사자 본인이 스스로 심판청구나 심판수행을 한다는 것은 심히 무리이며 따라서 응당 보호받아야 할 기본권인데도 불구하고 보호를 받을 수 없는 결과가 생길 수가 있다. 특히 헌법소원의 경우에 다른 구제절차가 있으면 먼저 그 절차를 거쳐야 하는 보충성의 원칙의 준수 등 전문적인 법률지식을 요하며 그렇지 않으면 이 절차에 의한 권리보호를 재대로 받기 어렵다. 변호사법 제1조는 변호사는 기본적 인권을 옹호하고 사회정의를 실현함을 사명으로 한다고 규정되어 있는 바, 그와 같은 직책의 변호사를 반드시 헌법재판에 개입하게 한 것은 변호사 비용부담의 불이익에 불구하고 재판을 통한 기본권의 실질적 보장이요, 사법적 정의 실현의 첩경인 것으로 평가된다.

둘째로 변호사강제주의는 승소가망성이 없는 사건을 사전에 변호사를 통해 소거시키는 한편, 재판자료를 법률적으로 다듬고 정리하여 재판소에 제출함으로써 보다 효율적으로 국가의 헌법재판제도의 운영을 기할 수 있는 이점이 있다.

법률전문가인 변호사에 의한 사건의 사전 스크린은 뚜렷한 이유도 없이 헌법재판 청구를 하여 상대방 당사자나 재판소의 시간, 노력, 비용을 낭비케 하는 제도의 오용 내지는 남용의 견제가 되는 것이며, 도 법률전문가가 반드시 개입하여 법률적 소신을 펴게 한다는 것은 재판소로 하여금 무엇이 헌법정신이며, 가치인가 나아가 어떠한 것이 사법적 정의인가를 올바로 찾아내는데 결정적인 도움을 줄 수 있는 것이다. 이러한 의미에서 변호사강제주의가 헌법재판의 질적 향상에 기여하는 바를 경시해서는 안 될 것이다.

셋째로 당사자가 스스로 소송을 수행할 때 법률보다도 감정에 북받쳐 사안을 불투명하게 할 수 있으며 선별없는 무리한 자료의 제출로 재판자료를 산적하게 하여 심리의 부담을 가중시키고 또 경직하게 하는 폐해가 생길 수 있는데, 변호사강제주의는 이와 같은 문제점을 해소시키는 데 일조가 된다고 할 것이다.

넷째로 변호사강제주의는 재판관이나 법관과 기본적으로 공통된 자격을 갖추고 있는 변호사를 심리에 관여시키는 것이므로, 이로써 재판관의 관료적인 편견과 부당한 권위의식 또는 자의로부터 당사자가 보호될 수 있는 것이다. 다시 말하면 재판관 내지 법관으로 하여금 신중한 심리를 하도록 감시 내지는 견제자 작용을 한다고 할 것이며, 이러한 의미에서 국가사법운영의 민주화에 공헌하는 바도 적지 않다고 할 것이다.

이와 같이, 볼 때 변호사강제주의는 업무에 분업화원리의 도입이라는 긍정적 측면을 제외하고도 재판을 통한 기본권의 실질적 보장, 사법의 원활한 운영과 헌법재판의 질적 개선, 재판심리의 부담경감 및 효율화, 그리고 사법운영의 민주화 등 공공복리에 그 기여도가 크다고 하겠고, 그 제도적 이익은 본인 소송주의를 채택함으로써 변호사 선임비용 지출을 하지 않는 이익보다는 이익형량상 크다 할 것으로 그렇기 때문에 선진제국이 일찍부터 채택하고 있는 이상적인 사법운영방안으로 평가되어 오고 있는 터이다.

(2) 따라서 헌법재판에 있어서 변호사강제주의가 변호사라는 사회적 신분에 의한 헌법재판권 행사의 차별이라 하더라도 차별에 합리성이 결여된 것이라고는 할 수 없을 것이고, 국민의 헌법재판을 받을 권리의 제한이라 하더라도 공공복리를 위하여 필요한 제한이라고 봄이 상당할 것인 바, 다만 문제되는 것은 변호사강제주의가 특히 변호사 선임의 무자력자에게는 헌법재판의 접근장애 내지는 헌법재판을 받을 권리의 침해의 요인이 될 수 있다는 점이다. 생각건대 헌법재판소법 제 25조 제3항에 의한 변호사강제주의의 규정은 여러가지 헌법재판의 종류

가운데 사인이 당사자로 되는 심판청구인 탄핵심판청구와 헌법소원심판청구에 있어서 적용된다고 보아야 할 것인데, 이 규정에 의해 무자력자의 헌법재판을 받을 권리의 침해가능성은 탄핵심판청구에서라기 보다는 당사자 적격에 아무런 제한을 두고 있지 않은 헌법소원심판청구의 경우라고 할 것이다. 그런데 한편 헌법재판소법 제70조에서는 국선대리인제도를 두어 헌법소원심판청구에서 변호사를 대리인으로 선임할 자력이 없는 경우에는 당사자의 신청에 의하여 국고에서 그 보수를 지급하게 되는 국선대리인을 선정해 주도록 되어 있다. 따라서 무자력자의 헌법재판을 받을 권리를 크게 제한하는 것이라 하여도 이와 같이 국선대리인 제도라는 대상조치가 별도로 마련되어 있는 이상 그러한 제한을 두고 재판을 받을 권리의 본질적 내용의 침해라고는 볼 수 없을 것이다.

그러므로 헌법재판소법 제25조 제3항은 헌법 제11조 및 제27조의 규정에 위배된다고 할 수 없으며 결국 청구인의 주장은 그 이유없다고 할 것이다.」

◎ 같은 취지 : 憲 2001. 9. 27.-2001헌마152; 2004. 4. 29.-2003헌마783

▸ 변호사강제주의의 효과에 대한 판례

▹ 사인의 소송수행 후 변호사인 대리인이 한 추인을 긍정한 판례

[憲 1992. 6. 26.-89헌마132](재판청구권의 침해에 대한 헌법소원)

「헌법재판소법 제25조 제3항에는 "각종 심판절차에 있어서 당사자인 사인은 변호사를 대리인으로 선임하지 아니하면 심판청구를 하거나 심판수행을 하지 못한다. 다만 그가 변호사의 자격이 있는 때는 그러하지 아니하다"라고 규정하였다.

그러므로 변호사의 자격이 없는 사인인 청구인이 한 헌법소원심판청구나 주장 등 심판수행은 변호사인 대리인이 추인한 경우만이 적법한 헌법소원심판청구와 심판수행으로서의 효력이 있고 헌법소원심판대상이 된다.

이 사건에 있어서 청구인은 변호사의 자격이 없는 사인인 당사자이기는 하나, 국선대리인이, 청구인이 한 "헌법소원 이유를 보충개진하는 바입니다"라고 기재한 헌법소원심판청구서를 제출하였으므로, 이는 국선대리인이 동 헌법소원심판청구서를 제출하기 전에 청구인이 한 이 사건 헌법소원심판청구와 주장을 추인한 것이라고 봄이 상당하다. 따라서 국선대리인이 헌법소원심판청구를 하기 전에 한 청구인의 헌법소원심판청구는 모두 이 사건 헌법소원의 심판대상이 된다. 또 동 국선대리인이 헌법소원심판청구를 한 후에 청구인이 추가한 청구나 주장은 국선대리인이 이 사건 헌법소원심판청구를 하기 전에 청구인이 한 청구와 주장을 보충한 것에 불과한 것이므로 이 또한 모두 심판대상에 포함하여 심판하기로 한다.

그리고 국선대리인이 한 헌법소원을 취소한다는 청구인의 주장취지는 국선대리인이 제출한 헌법소원심판청구서의 기재내용 중 청구인에게 불리한 부분을 취소한다는 취지로 보여진다. 그런데 국선대리인이 제출한 헌법소원심판청구서에 기재된 청구는 모두 청구인에게 불리한 것으로 보이지 아니하므로 모두 이 사건 심판대상이 된다고 할 것이다.」

▹ 묵시적 추인도 있다고 볼 수 없어 추인을 부정한 판례

[憲 1995. 2. 23.-94헌마105](청원불수리 위헌확인 등)

「청구인은 국선변호인의 심판청구서 내용을 부정하고 있으므로 청구에 관한 판단에 앞서 헌법재판소법 제25조 제3항과 관련하여 이 사건 심판대상의 범위를 살펴본다.

헌법재판소법 제25조 제3항은 "각종 심판절차에 있어서 당사자인 사인은 변호사를 대리인

으로 선임하지 아니하면 심판청구를 하거나 심판수행을 하지 못한다"고 규정하고 있다. 헌법재판소는 이 조항의 해석과 관련하여 "변호사의 자격이 없는 사인인 청구인이 한 헌법소원심판청구나 주장 등 심판수행은 변호사인 대리인이 추인한 경우만이 적법한 헌법소원심판청구와 심판수행으로서의 효력이 있고 헌법소원심판대상이 된다"고 판시한 바 있다(헌법재판소 92. 6. 26. 선고, 89헌마132 결정 참조).

이러한 취지는 대리인이 국선변호인인 경우에도 마찬가지로 적용된다고 볼 것이다. 왜냐하면 헌법재판에 있어서 변호사강제주의를 채택한 이유 중에는, 승소가능성이 없는 사건을 사전에 변호사를 통해 소거시키는 한편, 재판자료를 법률적으로 다듬어 정리하여 재판소에 제출하게 함으로써 효율적으로 국가의 헌법재판제도의 운영을 기하고, 당사자의 감정에 치우친 선별 없는 무리한 자료의 제출로 인한 심리부담을 줄이고자 하는 취지가 포함되어 있다고 볼 것이므로(헌법재판소 90. 9. 3. 선고, 89헌마120, 212(병합) 결정 참조), 이러한 취지에 따를 때 변호사가 헌법재판소에 의하여 선임된 국선변호인 사건의 경우에도 법률전문가인 국선변호인이 제출한 심판청구내용만이 헌법소원심판의 대상이 된다고 할 것이기 때문이다.

이 사건에서 국선변호인이 제출한 심판청구서에는 청구인이 한 심판청구와 주장을 묵시적으로라도 추인하고 있다고 볼 내용이 없다. 그렇다면 국선변호인의 심판청구서에 기재되어 있지 아니한 청구인의 그 전의 심판청구내용과 국선변호인의 심판청구 이후에 청구인이 제출한 추가된 별개의 심판청구와 주장은 이 사건 헌법소원심판대상이 되지 않는다고 할 것이다.」

▷ 대리인 사임 후의 기성의 소송행위의 효력을 긍정한 판례

[憲 1992. 4. 14.-91헌마156](불기소처분에 대한 헌법소원)

「헌법재판소법 제25조 제3항의 취지는 "재판의 본질을 이해하지 못하고 재판자료를 제대로 정리하여 제출할 능력이 없는 당사자를 보호해 주며 사법적 정의의 실현에 기여"하려는 데 있다(당 재판소 1990. 9. 3. 선고, 89헌마120, 212 결정 참조)고 할 것이고 청구인의 헌법재판청구권을 제한하려는 데 그 본래의 목적이 있는 것이 아니므로 변호사인 대리인에 의한 헌법소원심판청구가 있었다면 그 이후 심리과정에서 대리인이 사임하고 다른 대리인을 선임하지 않았더라도 청구인이 그 후 자기에게 유리한 진술을 할 기회를 스스로 포기한 것에 불과할 뿐, 헌법소원심판청구를 비롯하여 기왕의 대리인에 의하여 수행된 소송행위 자체로서 재판성숙단계에 이르렀다면 기왕의 대리인의 소송행위가 무효로 되는 것은 아니라고 할 것이다. 이 사건 헌법소원의 경우 대리인이 사임하기까지의 사이에 수행한 절차진행으로 이미 재판성숙단계에 이르렀다고 인정되는 바인즉 이 사건 심판청구는 적법하며 위 대리인이 2회에 걸쳐 작성 제출한 위 헌법소원심판청구이유보충서의 기재범위 내에서 본안 판단하여야 할 것이다.」

□ 사건의 심리

▶ 평 의

▸ 동시표결방식을 취하고 있는 헌법재판소의 판례

[憲 1994. 6. 30.-92헌바23](구국세기본법 제42조 제1항 단서에 대한 헌법소원)

「이상과 같이 이 사건 헌법소원심판청구는 적법하고 이 사건 심판대상규정은 위 각 헌법규정(헌법 전문, 제1조, 제10조, 제11조 제1항, 제23조 제1항, 제37조 제2항 단서, 제38조, 제59조)에 위반되므로 위헌선언되어야 할 것이다. 그런데 위와 같은 결론에는 재판관 변정수, 재판관 김진

우, 재판관 한병채, 재판관 김양균, 재판관 이재화 등 5인이 찬성하고 재판관 조규광, 재판관 최광률, 재판관 김문희, 재판관 황도연 등 4인이 반대하여 위헌의견이 과반수이나, 헌법재판소법 제23조 제2항 제1호 소정의 위헌결정의 정족수에 미달하여 위헌선언을 할 수 없는 것이다(1989. 12. 22. 선고, 88헌가13 결정 및 1993. 5. 13. 선고, 90헌바22, 91헌바12,13, 92헌바3,4(병합) 결정 각 참조).

소수의견은 이 사건 헌법소원에 있어서 재판의 전제성을 인정할 수 없어서 부적법하다고 각하의견을 제시하고 있을 뿐, 이 사건 심판대상규정의 위헌 여부에 대한 의견을 개진하지 않고 있다. 그런데 헌법 제113조 제1항은 "헌법재판소에서 법률의 위헌결정, 탄핵의 결정, 정당해산의 결정 또는 헌법소원에 관한 인용결정을 할 때에는 재판관 6인 이상의 찬성이 있어야 한다"고 규정하고 있으므로 위의 반대해석으로 여타의 사항은 재판관 과반수의 찬성으로 결정되어야 하는 것이다.

헌법이 재판의 정족수에 대하여 위와 같은 특칙을 둔 이유는 재판관이 재판을 함에 있어서 과반수로써 재판하여야 함은 재판의 기본원칙이기 때문에 헌법상 특칙규정이 없다면 헌법은 재판관의 과반수에 의한 재판이라는 일반원칙을 승인한 것이 되므로 법률로서는 재판의 합의정족수를 달리 규정할 수 없게 되기 때문일 것이다(대법원 1971. 6. 22. 선고, 70다1010 판결 참조).

그렇다면, 헌법의 위 규정에 따른 헌법재판소법 제23조 제2항 단서의 규정상 6인 이상의 찬성을 필요로 하는 경우 이외의 사항에 관한 재판에 있어서는 원래의 재판원칙대로 재판관 과반수의 찬성으로 결정되어야 하는 것이고 그에 대하여서는 이론의 여지가 있을 수 없는 것이다(헌법재판소 제23조 제2항 본문 및 법원조직법 제66조 제1항 참조). 즉, 본안재판의 전제로서 예컨대, 헌법재판소법 제41조 제1항의 '재판의 전제성'이라든가 헌법소원의 적법성의 유무에 관한 재판은 재판관 과반수의 찬성으로 족한 것이다.

따라서 이 사건에 있어서 재판관 5인이 '재판의 전제성'을 인정하였다면 이 사건 헌법소원은 일응 적법하다고 할 것이고 이 사건 헌법소원이 적법한 이상, 재판의 전제성을 부인하는 재판관 4인도 본안결정에 참여하는 것이 마땅하며 만일 본안에 대해 다수와 견해를 같이하는 경우 그 참여는 큰 의미를 갖는 것이라 할 것이다.」

⇔ 재판관 4인(재판관 조규광, 재판관 최광률, 재판관 김문희, 재판관 황도연)의 반대의견

「위헌의견은 헌법재판의 합의방법에 관하여 쟁점별 합의를 하여야 한다는 이론을 펴고 있다.

그러나 우리 재판소는 발족 이래 오늘에 이르기까지 예외 없이 주문합의제를 취해 왔다(헌법재판소 1993. 5. 13. 선고, 90헌바22, 91헌바12,13, 92헌바3,4(병합) 결정 및 헌법재판소 1994. 6. 30. 선고, 92헌가18 결정 참조). 우리는 위헌의견이 유독 이 사건에서 주문합의제에서 쟁점별 합의제로 변경하여야 한다는 이유를 이해할 수 없고, 새삼 판례를 변경하여야 할 다른 사정이 생겼다고 판단되지 아니한다.」

▷ 위헌법률심판에서 각하의견 2인, 합헌의견 5인, 위헌의견 2인의 경우 합헌결정을 한 판례
[憲 1989. 7. 14.-88헌가5등](사회보호법 제5조의 위헌심판)

「【주문】 1989. 3. 25. 개정전 사회보호법(1980. 12. 18. 법률 제3286호) 제5조 제1항은 헌법에 위반된다. 같은 법 제5조 제2항은 헌법에 위반되지 아니한다.

【이유】 4. 결 론

이 결정은 재판관 이시윤의 5와 같은 다수의견에 대한 보충의견이, 재판관 한병채, 재판관 김양균, 재판관 최광률의 법 제5조에 대한 위헌법률심판의 전제요건등에 관하여 6의 1,2,3과

같은 반대의견이, 재판관 변정수, 재판관 김진우의 7과 같은 법 제5조 제1항에 관한 다수의견에 대한 보충의견과 법 제5조 제2항에 대한 반대의견이 있는 외에는 관여재판관의 의견이 일치되었으므로 주문과 같이 결정한다.」

⇔ 재판관 1인(재판관 한병채)의 반대의견

「1. 심판의 대상인 구법 제5조 제1항의 규정이 신법에 의하여 개정되어 종전보다 유리한 신법을 소급적용하도록 되었다면 구법에 대한 위헌심판은 그 전제성이 없어졌고 판단의 필요성이 없어 부적법하다.

2. 구법에는 재범의 위험성을 법률로 의제하였던 것을 신법이 법관의 재량으로 판단하도록 소급개정하였다면 이는 재범의 위험성에 관한 판단절차를 보충 개선하여 유리하게 한 것에 불과하므로 소급입법금지의 원칙에 해당되지 않는다.」

⇔ 재판관 1인(재판관 김양균)의 반대의견

「제청법원은 위헌심판제청 이후의 법률의 개정으로 인하여 본건 피감호청구인에 관한 한 구법에 대한 위헌심판을 기다릴 필요없이 신법에 따라 보호감호청구사건의 처리가 가능하므로 위헌판단의 필요성이 없어 이건 위헌심판제청은 부적법하다.」

⇔ 재판관 1인(재판관 최광률)의 반대의견

「재범의 위험성 요건을 누락하였던 구법 제5조 제1항 제1호가 폐지된 이상 그 법조에 대한 위헌판단은 제청법원에 계속중인 당해 사건의 재판에 있어서 직접적이고 절대적으로 필요한 헌법판단이 아니므로 이 사건 위헌심판제청 중 이 부분은 부적법하다.」

⇔ 재판관 2인(재판관 변정수, 재판관 김진우)의 반대의견

「1. 구사회보호법 제5조 제1항의 보안처분도 처벌에 해당되므로 형의 선고와 함께 보호감호를 선고하는 것은 헌법 제13조 제1항, 제12조 제1항에 위반된다.

2. 구 사회보호법 제5조 제2항은 형의 집행을 종료한 시점에서의 재범의 위험성에 비례하여 감호기간을 선택할 수 있는 법관의 재량을 배제한 점에서도 헌법 제12조 제1항에 위반된다.」

※ 재판관 최광률은 사회보호법 제5조 제1항 제1호에 대해서만 다수의견에 반대하고 있다. 따라서 재판관 최광률은 같은 법 제5조 제1항 제2호와 제2항에 대해서는 재판의 전제성을 인정하였다. 그러므로 같은 법 제5조 제2항에 대해서는 합헌의견 5인, 각하의견 2인, 위헌의견 2인의 의견분포가 발생한다.

▷ 위헌법률심판에서 합헌의견 3인, 한정합헌의견 5인, 위헌의견 1인의 경우 한정합헌결정을 한 판례

[憲 1992. 2. 25.-89헌가104](군사기밀보호법 제6조 등에 대한 위헌심판)

「이 사건에 있어서 관여재판관의 평의의 결과는 단순합헌의견 3, 한정합헌의견 5, 전부위헌의견 1의 비율로 나타났는데, 한정합헌의견 (5)는 질적인 일부위헌의견이기 때문에 전부위헌의견(1)도 일부위헌의견의 범위내에서는 한정합헌의 의견과 견해를 같이 한 것이라 할 것이므로 이를 합산하면 헌법재판소법 제23조 제2항 제1호 소정의 위헌결정정족수(6)에 도달하였다고 할 것이며 그것이 주문의 의견이 되는 것이다(법원조직법 제66조 제2항 참조).」

▷ 위헌법률심판에서 합헌의견 2인, 헌법불합치의견 2인, 위헌의견 5인의 경우 헌법불합치결정을 한 판례

[憲 1997. 7. 16.-95헌가6등](민법 제809조 제1항 위헌제청)

「위와 같은 이유로 이 사건 법률조항이 헌법에 위반된다는 점에 있어서는 재판관 이재화, 재

판관 조승형을 제외한 그 나머지 재판관 전원의 의견이 일치되었으나, 재판관 김용준, 재판관 김문희, 재판관 황도연, 재판관 신창언, 재판관 이영모는 단순위헌결정을 선고함이 상당하다는 의견이고 재판관 정경식, 재판관 고중석은 헌법불합치결정을 선고함이 상당하다는 의견으로서, 위 재판관 김용준 등 5명의 의견이 다수의견이기는 하나 현 부가가치세법 제23조 제2항 제1호에 규정된 "법률의 위헌결정"을 함에 필요한 심판정족수에 이르지 못하였으므로 이에 헌법불합치의 결정을 선고하기로 하는바, 위 법률조항은 입법자가 1998. 12. 31.까지 개정하지 아니하면 1999. 1. 1. 그 효력을 상실하고, 법원 기타 국가기관 및 지방자치단체는 입법자가 개정할 때까지 위 법률조항의 적용을 중지하도록 하는 것이 상당하다고 인정되므로 이에 주문과 같이 결정한다.」

▹ 권한쟁의심판에서 각하의견 3인, 인용의견 3인, 기각의견 3인의 경우 기각결정을 한 판례

[憲 1997. 7. 16.-96헌라2](국회의원과 국회의장간의 권한쟁의)

「【주문】 1. 피청구인이 1996. 12. 26. 06 : 00경 제182회 임시회 제1차 본회의를 개의하고 국가안전기획부법중개정법률안, 노동조합및노동관계조정법안, 근로기준법중개정법률안, 노동위원회법중개정법률안, 노사협의회법중개정법률안을 상정하여 가결선포한 것은 청구인들의 법률안 심의 · 표결의 권한을 침해한 것이다.

2. 청구인들의 나머지 청구를 기각한다.

【이유】이 결정의 주문 제1항에 관하여는 재판관 황도연, 재판관 정경식, 재판관 신창언의 각하의견이 있는 외에 나머지 재판관 전원의 의견이 일치되었고, 주문 제2항에 관하여는 재판관 황도연, 재판관 정경식, 재판관 신창언의 각하의견과 재판관 김용준, 재판관 김문희, 재판관 이영모의 기각의견 및 재판관 이재화, 재판관 조승형, 재판관 고중석의 인용의견으로 나뉘었다.」

▹ 헌법소원심판에서 각하의견 4인, 인용의견 5인의 경우 기각결정을 한 판례

[憲 2000. 2. 24.-97헌마13등](상속세경정청구거부처분취소 등, 경정결정 아니한 행위 위헌확인)

「청구인 이○호, 원○의 심판청구, 청구인 백○숙의 예비적 심판청구가 부적법하다는 데 관하여는 재판관 전원의 의견이 일치하였으므로 이를 각하하고, 청구인 백○숙의 주위적 심판청구에 관하여는 재판관 과반수의 의견이 이유있으므로 이를 인용하여야 한다는 것이나, 재판관 4인의 의견은 이 또한 부적법하므로 각하하여야 한다는 것이어서 헌법재판소법 제23조 제2항 제1호에 규정된 헌법소원 인용결정의 정족수에 미달하므로 위 청구인의 주위적 청구를 기각할 수밖에 없어 주문과 같이 결정한다.」

□ 심 판

▶ 종국결정

▸ 개별의견의 표시에 대한 판례

▹ 기피신청에 대한 결정과 같은 절차상의 결정에는 개별의견표시가 허용되지 않는다는 취지의 판례

[憲 1992. 12. 24.-92헌사68](기피신청)

「신청인들이 주장하는 신청이유의 요지는 신청인들이 제소한 헌법재판소 92헌마126 헌법소원

심판사건의 주심재판관 최광률이 위 사건을 배당받고 같은 내용의 사건(92헌마122호)을 먼저 배당받은 재판관에게 재배당되도록 조처하지 아니하고 변론에까지 이르게 함으로써 재판을 지연케 하였고, 1992. 9. 15. 나머지 재판관 전원과 함께 위 사건의 피 신청인인 대통령이 초청한 청와대 오찬회동에 참석함으로써 위 사건에 대한 공정한 재판을 기대하기 어려워 기피 신청을 한다는 것이다.

그러나 헌법재판소의 사건의 배당 및 재판의 진행에 관한 사항은 최광률 재판관이 단독으로 결정할 수 있는 사항이 아니므로 이로서 기피의 사유로 삼을 수 없다할 것이고, 청와대 오찬회동은 제6공화국 출범과 동시에 탄생한 헌법재판소의 개청 4주년 기념일을 맞이하여 헌법재판관의 임명권자인 대통령이 국가원수의 자격으로 초청하고 재판관 전원이 그 초청에 응한 의례적인 의전행사로서 그것이 심판의 공정을 기대하기 어려운 사정이라고 할 수도 없는 것이므로 이 역시 기피의 사유가 될 수 없다.

그렇다면 신청인들의 이 사건 신청은 이유없으므로 이를 기각하기로 하여 주문과 같이 결정한다. 이 결정에는 재판관 변정수의 반대의견이 있으나 재판관에 대한 기피신청 재판의 성격상 소수의견은 수록할 수 없다는 것이 재판관 변정수, 재판관 김양균을 제외한 다수의견이므로 이를 결정서에 기재하지 아니한다.」

▷ 구 헌법재판소법 제36조 제3항의 해석과 관련하여 탄핵심판에는 개별의견의 표시가 허용되지 않는다고 본 판례

[憲 2004. 5. 14.-2004헌나1](대통령 노무현)

※ 〈제7편 - 제1장 - 1. - 국정의 통제 - □ 탄핵의 소추〉 판례 인용부분 중 7. 결론부분 참조

□ 재　　심

▶ 허용 여부

▸ 개별적 허용설을 취한 헌법재판소 판례(헌법재판소법 제68조 제2항의 헌법소원심판절차에서는 재심이 원칙적으로 허용되지 않지만 동법 제68조 제1항의 헌법소원심판절차에서는 제한적으로 허용될 수 있다고 본 판례)

[憲 1995. 1. 20.-93헌아1](불기소처분취소(재심))

「3. 판　단

헌법재판소법은 헌법재판소의 결정에 대한 재심의 허용 여부에 관하여 별도의 명문규정을 두고 있지 아니하다. 이리하여 헌법재판소의 결정에 대하여 재심을 허용할 수 있는가 하는 점에 관하여 논의가 있을 수 있다. 헌법재판은 그 심판의 종류에 따라 그 절차의 내용과 결정의 효과가 한결같지 아니하기 때문에 재심의 허용여부 내지 허용정도 등은 심판절차의 종류에 따라서 개별적으로 판단될 수밖에 없다고 할 것이다.

헌법재판소는 헌법재판소법 제68조 제2항에 의한 헌법소원에 관한 헌법재판소의 결정에 대한 재심절차의 허용 여부에 관하여, 헌법재판소의 인용결정은 위헌법률심판의 경우와 마찬가지로 이른바 일반적 기속력과 대세적·법규적 효력을 가지는 것이고, 이러한 효력은 일반법원의 확정판결이 그 기속력이나 확정력에 있어서 원칙적으로 소송당사자에게만 한정하여 그 효력이 미치는 것과 크게 다르므로, 헌법재판소법 제68조 제2항에 의한 헌법소원사건에

관한 헌법재판소의 결정에 대하여는 원칙적으로 재심을 허용하지 아니함으로써 얻을 수 있는 법적 안정성의 이익이 재심을 허용함으로써 얻을 수 있는 구체적 타당성의 이익보다 높기 때문에, 사안의 성질상 재심을 허용할 수 없다고 판시한 바 있다(헌법재판소 1992. 6. 26. 선고, 90헌아1 결정 참조).

그런데 이 사건의 재심대상사건과 같이 헌법재판소법 제68조 제1항에 의한 헌법소원 중 행정작용에 속하는 공권력 작용을 대상으로 하는 권리구제형 헌법소원절차에 있어서는, 그 결정의 효력이 원칙적으로 소송당사자 사이에서만 미치기 때문에 법령에 대한 헌법소원과 동일하게 볼 수 없으므로 일반법원의 재판과 같이 재심을 허용함이 상당한 면이 없지 않다. 그러나 헌법재판은 일반법원에 의한 재판과는 달리, 사실의 판단이나 그에 대한 법령의 적용을 주된 임무로 하는 것이 아니라 헌법의 해석을 주된 임무로 하고 있으며, 특히 행정작용에 속하는 공권력 작용을 대상으로 하는 권리구제형 헌법소원절차에서는 일반적으로 다른 법률에 의한 구제절차를 모두 거친 다음에 비로소 적법하게 헌법소원심판을 청구할 수 있을 뿐이다.

이와 같은 심판절차상의 특수한 사정 등을 고려할 때, 헌법재판소의 결정은 일반법원의 재판에 비하여 재심을 허용하지 아니함으로써 얻을 수 있는 법적 안정성의 이익이 재심을 허용할 수 있는 구체적 타당성의 이익보다 상대적으로 높다고 할 수 있다. 그러므로 헌법재판소법 제68조 제1항에 의한 헌법소원 중 행정작용에 속하는 공권력 작용을 대상으로 하는 권리구제형 헌법소원절차에 있어서는, 사안의 성질상 헌법재판소의 결정에 대한 재심은 재판부의 구성이 위법한 경우 등 절차상 중대하고도 명백한 위법이 있어서 재심을 허용하지 아니하면 현저히 정의에 반하는 경우에 한하여 제한적으로 허용될 수 있을 뿐이라고 해석함이 상당할 것이다.

이 사건에서 청구인은 재심대상결정에 "판결에 영향을 미칠 중요한 사항에 관하여 판단을 유탈한 때"를 재심사유로 규정한 민사소송법 제422조 제1항 제9호 소정의 재심사유가 있다는 취지의 주장을 하고 있다. 그러므로 헌법재판소법 제68조 제1항에 의한 헌법소원심판절차 중 행정작용에 속하는 공권력작용을 대상으로 하는 권리구제형 헌법소원사건을 재심대상사건으로 하는 이 사건에서 민사소송법 제422조 제1항 제9호에 정한 판단유탈이 바로 헌법재판에서도 재심사유가 될 수 있겠느냐의 것이 문제이다.

헌법재판소법 제71조 제1항 제4호가 같은 법 제68조 제1항의 규정에 의한 헌법소원의 심판청구서에 청구이유를 기재하도록 규정하고 있지만 헌법소원심판절차에서는 변론주의가 적용되는 것이 아니어서, 헌법재판소는 필요한 경우 청구인이 주장하는 청구이유 이외의 헌법소원의 적법요건 및 기본권침해 여부에 관련되는 이유에 관하여 직권으로도 판단하고 있다. 또한 앞서 본 바와 같이 헌법재판이 헌법의 해석을 주된 임무로 하고 있고, 행정작용에 속하는 공권력 작용을 대상으로 하는 권리구제형 헌법소원절차에서는 사전구제절차를 모두 거친 뒤에야 비로소 적법하게 헌법소원심판을 청구할 수 있다고 하는 사정 등을 고려할 때, 헌법재판소법 제68조 제1항에 의한 헌법소원심판절차 중 행정작용에 속하는 공권력 작용을 대상으로 하는 권리구제형 헌법소원에 있어서는 민사소송법 제422조 제1항 제9호 소정의 판단유탈은 적어도 헌법재판소의 결정에 대한 재심사유는 되지 아니한다.

4. 결 론

그렇다면 청구인이 이 사건에서 주장하는 재심사유는 적법한 재심사유에 해당하지 아니하므로 이 사건 재심청구는 부적법하여 이를 각하하기로 하여 주문과 같이 결정한다.」

⇒ 재판관 2인(재판관 김용준, 재판관 고중석)의 별개의견

「우리는 이 사건 헌법소원심판청구를 각하하여야 한다는 다수의견의 결론에는 찬성하지만 헌법재판소법 제68조 제1항에 의한 헌법소원심판절차 중 공권력의 작용을 대상으로 하는 권리구제형 헌법소원심판절차에 있어서는 민사소송법 제422조 제1항 제9호 소정의 판단유탈은 헌법재판소의 결정에 대한 재심사유가 되지 아니한다는 이유에는 찬성할 수 없으므로 다음과 같이 의견을 밝힌다.

가. 헌법재판소법 제40조 제1항은 "헌법재판소의 심판절차에 관하여는 이 법에 특별한 규정이 있는 경우를 제외하고는 민사소송에 관한 법령의 규정을 준용한다. 이 경우 탄핵심판의 경우에는 형사소송에 관한 법령을, 권한쟁의심판 및 헌법소원심판의 경우에는 행정소송법을 함께 준용한다"고 규정하고, 같은 조 제2항은 "제1항 후단의 경우에 형사소송에 관한 법령 또는 행정소송법이 민사소송에 관한 법령과 저촉될 때에는 민사소송에 관한 법령은 준용하지 아니한다"라고 규정하고 있는바, 헌법재판소법에는 재심에 관하여 특별한 규정이 없으므로 헌법재판소법 제40조에 따라 민사소송법의 재심에 관한 규정을 준용하여 헌법재판소의 심판절차의 성질에 반하지 않는 한 원칙적으로 헌법재판소의 심판에 대하여도 재심이 허용되어야 한다.

나. 그리고 헌법재판소법 제68조 제1항에 의한 헌법소원심판절차 중 공권력의 작용을 대상으로 하는 권리구제형 헌법소원에 관한 심판에 관하여 민사소송법의 재심에 관한 규정을 준용하여 재심을 허용하는 것이나 민사소송법 제422조 제1항 제9호 소정의 이른바 "판단유탈"을 재심사유로 하는 것이 헌법재판소의 심판절차의 성질에 반한다고 볼 수도 없으므로, 이 사건 재심대상 결정에 대하여는 민사소송법의 재심에 관한 규정을 준용하여 재심이 허용되어야 함은 물론 민사소송법 제422조 제1항 제9호 소정의 "결정에 영향을 미칠 중요한 사항에 관하여 판단을 유탈한 때"를 재심사유로 할 수 있다고 보아야 한다.

다수의견은 민사소송법 제422조 제1항 제9호 소정의 "판단유탈"이 재심사유가 되지 아니한다는 이유로 헌법소원심판절차에서는 변론주의가 적용되는 것이 아니어서 직권으로 청구인이 주장하는 청구이유 이외의 헌법소원의 적법요건 및 기본권침해 여부에 관련되는 이유에 관하여 판단할 수 있다는 점과, 헌법재판이 헌법의 해석을 주된 임무로 하고 있는 특성, 사전구제절차를 모두 거친 뒤에야 비로소 적법하게 헌법소원심판을 청구할 수 있다고 하는 사정 등을 들고 있으나 이와 같은 사유는 어느 것이나 "판단유탈"이 재심사유가 되지 않는다고 볼 만한 합당한 이유가 되지 못한다.

다. 따라서 이 사건 심판청구를 다수의견과 같이 민사소송법 제422조 제1항 제9호 소정의 판단유탈은 재심사유가 되지 아니한다는 이유로 각하할 것이 아니라, 청구인이 주장하는 사유는 민사소송법 제422조 제1항 제9호 소정의 재심사유에 해당하지 아니한다는 이유로 각하함이 상당하다.」

⇒ 재판관 1인(재판관 조승형)의 별개의견

「가. 헌법재판소가 관장하는 모든 심판사건은 원칙적으로 재심이 허용된다.

헌법재판소법 제40조 제1항은 헌법재판소의 심판절차에 관하여 같은 법에 특별한 규정이 있는 경우를 제외하고는 민사소송에 관한 법령의 규정을 준용한다. 이 경우 탄핵심판의 경우에는 형사소송에 관한 법령을, 권한쟁의심판 및 헌법소원심판의 경우에는 행정소송법을 함께 준용한다고 규정하고 있을 뿐 재심에 관하여 특별한 규정을 두고 있지 아니하므로, 명문의 준용규정에 따라 민사소송법상의 재심에 관한 규정(행정소송법에는 재심에 관한 특별한 규정이 없고 같은 법 제8조 제2항에서 헌법재판소법 제40조 제1항과 동일하게 민사소송법의 규정을 준용하도록 규정하고 있을 뿐이다)을 준용하여 재심을 허용함이 원칙이라고 할 것이다.

그러나 다수의견은 경우를 나누어 헌법재판소법 제68조 제2항에 의한 헌법소원사건에 관한 헌법재판소의 결정에 대하여는 원칙적으로 재심을 허용하지 아니한다는 우리재판소의 판례(헌법재판소 1992. 6. 26. 선고, 90헌아1 결정 참조)를 유지하는 반면 같은 법 제68조 제1항에 의한 헌법소원사건에 관한 헌법재판소의 결정에 대하여는 재판부의 구성이 위법한 경우 등 절차상 중대하고도 명백한 위법이 있어서 재심을 허용하지 아니하면 현저히 정의에 반하는 경우에 한하여 제한적으로 허용된다고 주장하고 있으나,

위 판례는 다음과 같은 이유로 변경되어야 한다.

(1) 실정법인 헌법재판소법 제40조 제1항의 명문규정을 정면으로 위배하였고 위 판례와 다수의견이 내세우는 논거는 자의적인 해석론이거나 단순한 입법론에 불과하여 부당하다.

(2) 헌법재판소법의 입법취지에 반하여 부당하다. 동법 제40조에서 재심에 관한 특별규정을 두지 아니하고 위와 같이 준용규정을 두게 된 취지는 일반적으로 재심을 허용하지만 헌법재판소가 관장하고 있는 5가지 심판(위헌법률심판, 탄핵심판, 정당의 해산심판, 권한쟁의심판, 헌법소원심판)의 기능 및 성질이 상이하기 때문에 각 심판마다 구체적으로 규정함이 극히 어려워 그 기능 및 성질에 따라 준용할 소송법만을 구별하여 준용하게 하였으며 결코 어느 심판에 관하여는 재심을 허용하고 허용하지 아니한다는 취지가 아니고 준용되는 법령상의 재심사유 중 헌법재판의 성질상 허용되는 사유인지 여부만을 헌법재판소의 해석에 일임한 취지라 보여지는 바, 위 판례는 부당하다.

(3) 헌법재판소법 제68조 제2항에 의한 헌법소원의 경우에 재심을 허용하지 아니함으로써 얻는 법적안정성의 이익이 재심을 허용함으로써 얻는 구체적 타당성의 이익보다 훨씬 높을 것이 예상된다는 논리는 준용할 다른 소송법상의 재심사유 중 어느 사유를 적용 배제하기 위한 논리로서는 수긍이 가나 재심을 전적으로 허용할 수 없다는 논리로서는 적절하지 못하다. 왜냐하면 위 입법취지에도 반하며, 민사소송법 제422조 제1항 각호 사유중 법률에 의하여 판결법원을 구성하지 아니한 때(제1호), 법률상 관여하지 못할 법관이 관여한 때(제2호), 재판에 관여한 법관이 그 사건에 관하여 직무에 관한 범죄를범한 때(제4호)라도 법적 안정성의 이익 때문에 재심의 길이 없다면 이러한 사유가 있는 헌법재판의 결과가 현저히 정의와 진실에 반할 것이 예상됨에도 불구하고 시정됨이 없이 잘못된 결정의 대세적, 법규적 효력과 일반적 기속력 때문에 국민은 영원히 그 잘못을 감내하게 되는 결과가 초래되고 감내할 것을 강요하는 것이나 다름이 없기 때문이다. 또한 문제된 법률 또는 법률조항과 관련되는 모든 국민의 법률관계에 커다란 혼란을 초래하거나 그 법적생활에 대한 불안을 가져올 수 있기 때문에 재심을 허용할 수 없다는 논리는 결국 그 혼란과 불안이 단기간(재심청구기간과 재심이 인용되기까기의 기간)일지라도 국민은 헌법재판의 잘못을 영원히(문제된 법률 또는 법률조항이 폐지될 때까지) 감내하지 않으면 안 된다는 논리로서 헌법 제10조 소정의 인간의 존엄과 가치에 관한 규정에 반하여 부당하다. 따라서 헌법재판소법 제2조 소정의 각 심판청구사건에 대한 결정에 대하여 원칙적으로 재심이 허용된다고 봄이 상당하며 우리 헌법재판소의 앞서 본 결정은 헌법재판소의 모든 심판의 경우에 재심이 허용된다는 취지로 변경되어야 한다.

나. 민사소송법 제422조 제1항 제9호 사유는 헌법소원의 성질상 허용되는 재심사유에 해당된다고 봄이 상당하다.

(1) 헌법재판소법 제71조 제1항 제4호의 규정에 따르면 같은 법 제68조 제1항의 규정에

의한 헌법소원의 심판청구서에는 반드시 청구이유를 기재하도록 되어 있는바, 그 취지는 청구인의 청구원인에 대하여 유탈함이 없이 판단할 것을 요구함에 있다 할 것이므로, 헌법재판소의 결정에 영향을 미칠 중대한 사항에 관하여 판단을 유탈한 때는 헌법재판의 성질상 재심사유로 허용된다고 보아야 할 것이다. 만약 다수의견과 같이 허용되지 않는다고 본다면 중대한 사항에 대한 판단을 고의로 기피하여 유탈함으로써 결정에 영향을 미쳤다고 하더라도 이 잘못은 영원히 시정할 길이 없게 된다. 또한 다수의견은 직권으로 청구 이외의 헌법소원의 적법요건과 기본권침해 여부에 관련되는 이유에 대하여 판단할 수 있고, 사전구제절차를 거친 뒤에야 비로소 적법하게 헌법소원심판을 청구할 수 있다고 하는 사정 등을 고려하면 민사소송법 제422조 제1항 제9호 소정의 판단유탈은 헌법재판소의 결정에 대한 재심사유가 되지 아니한다고 주장하나, 직권으로 청구이유 이외의 이유에 대하여 판단할 수 있는 경우라 함은 당사자의 주장에 상관없이 문제된 사항에 관하여 판단함이 가능하거나 청구이유에 대한 판단을 할 필요도 없이 청구를 인용할 수 있거나 피청구인의 주장에 대한 판단을 할 필요도 없이 청구를 기각할 수 있거나 청구의 적법성 여부를 판단할 때에 한하여 가능하다 할 것이므로 헌법재판소가 직권으로 판단할 수 있다는 이유로 위 판단유탈이 재심사유로 허용될 수 없다 함은 부당하며 사전구제절차를 거친다 하여 헌법재판시의 판단유탈을 예방할 수 있는 것도 아니므로 사전구제절차 운운의 주장 역시 부당하다.

(2) 위 재심사유는 모든 판단유탈을 그 사유로 함에 있지 아니하고 판결에 영향을 미칠 사항 중에서 중요한 사항에 대한 판단유탈만을 그 사유로 하고 있으므로 헌법재판의 성질상 준용할 수 없다고 보기는 어렵다.

다. 이 사건 심판청구는, "청구인의 청구이유를 모두 살펴보아도 청구인이 재심사유라고 주장하는 내용이 위 민사소송법 제422조 제1항에서 규정하고 있는 재심사유 중 그 어느 것에도 해당되지 아니한다"는 이유로 각하함이 상당하다(청구인은 이 사건 재심심판의 대상이 헌법재판소 92헌마 182호 사건을 결정할 때에 판단이 누락되었다고 주장하기는 하나, 그 취지는 헌법재판소가 고발인에 대하여 자기관련성을 인정하지 아니하여 청구인이 고발인 자격으로 청구한 부분에 대하여서는 각하하고 본안판단을 하지 않았다는 취지라고 보여지므로 우리 헌법재판소가 결정에 영향을 미칠 중요한 사항에 관하여 판단을 유탈한 것은 아니라 할 것이다).」

▷ **헌법재판소법 제68조 제2항의 헌법소원의 경우 재심이 허용되지 않는다는 취지의 판례**
[憲 1992. 6. 26.-90헌아1](민사소송법 제118조에 대한 헌법소원)

「가. (1) 이 사건 재심청구에 있어서 재심대상결정은 재심청구인이 헌법재판소법 제68조 제2항에 의하여 민사소송법 제118조에 대한 헌법소원심판을 청구한 당 재판소 90헌바14 사건에 관하여 당 재판소 제2지정재판부가 1990. 5. 26.자로 한 각하결정이다. 재심청구인은 이와 같이 헌법재판소법 제68조 제2항에 의한 헌법소원심판청구사건에 대하여 선고된 헌법재판소의 결정에 대하여도 재심이 허용된다고 주장하여 이 사건 재심청구를 하고 있다.

헌법재판소법은 제40조 제1항에서 "헌법재판소의 심판절차에 관하여는 이 법에 특별한 규정이 있는 경우를 제외하고는 민사소송에 관한 법령의 규정을 준용한다. 이 경우 탄핵심판의 경우에는 형사소송에 관한 법령을, 권한쟁의심판 및 헌법소원심판의 경우에는 행정소송법을 함께 준용한다"고 규정하고, 제2항에서 "제1항 후단의 경우에 형사소송에 관한 법령 또는 행정소송법이 민사소송에 관한 법령과 저촉될 때에는 민사소송에 관한 법령은 준용하지 아니한다"라고 규정하고 있을 뿐 외국의 입법례(독일연방 헌법재판소법 제61조, 오스트리아 헌법재판소법 제34조 등)와는 달리, 헌법재판소의 심판절차에 대한 재심절차의 허용 여부에 관하여는 별도의 명문규정을 두고 있지 않다. 그러므로 헌법재판절차에서 선고된 헌법재판소의 결정에 대하여 재심이 허용될 것인지 여부가 문제된다.

(2) 민사 · 형사 · 행정소송 등에 관한 법원의 재판에 대하여는 관련소송법상 명문으로 재심절차에 관한 규정이 마련되어 있다(민사소송법 제422조 이하 형사소송법 제420조 이하 행정소송법 제8조 제2항, 제31조, 제38조 등 참조). 이것은 구체적 · 개별적인 쟁송사건에서 법원이 내린 재판이 일단 확정되었다고 하더라도 그 확정재판에 하자가 있고, 그러한 하자가 확정재판에 대한 취소 불가성이라는 법적 안정성의 요청을 희생하고서라도 당사자의 권리구제라는 구체적 타당성의 실현이 더욱 강하게 요청될 정도로 중대한 경우 이를 시정하기 위하여 확정재판의 취소와 이미 종결된 사건의 재심판을 구할 수 있는 특별한 불복신청방법이 필요하기 때문인 것이다. 그러므로 재심제도가 인정되는 근거는 재판의 종결 · 확정이라는 법적 안정성의 요청에도 불구하고 구체적 타당성의 측면에서 확정재판에 대한 구제가 더욱 절실하게 요청되는 예외적인 사정에서 찾아야 할 것이다.

그러나 헌법재판소법 제68조 제2항에 의한 헌법소원심판청구사건에 있어서 선고되는 헌법재판소의 결정은 구체적 · 개별적 쟁송사건에 관하여 내려지는 법원의 재판과 구별되는 특수한 효력이 인정되고 있음을 주목할 필요가 있다.

즉 헌법재판소법 제68조 제2항에 의한 헌법소원심판청구는, 법률이 헌법에 위반되는 여부가 재판의 전제가 된 때에 당사자가 당해 사건을 담당하는 법원에 법률의 위헌여부심판의 제청을 신청하였으나(헌법재판소법 제41조 제1항) 법원이 위 제청신청을 기각한 때에, 그 신청을 한 당사자가 헌법재판소에 직접 그 법률에 대한 위헌심판을 청구하기 위하여 제기하는 것이다.

헌법재판소는 이러한 헌법소원심판사건에 있어서 원칙적으로 제청된 법률 또는 법률조항의 위헌 여부만을 결정한다(헌법재판소법 제75조 제6항, 제45조). 그리고 헌법재판소에 의한 법률의 위헌결정이 있으면, 이는 법원 기타 국가기관 및 지방자치단체를 기속하고, 위헌으로 결정된 법률 또는 법률의 조항은 그 결정이 있는 날로부터, 특히 형벌에 관한 법률 또는 법률의 조항은 소급하여, 그 효력을 상실한다(헌법재판소법 제75조 제6항, 제47조). 이처럼 헌법재판소법 제68조 제2항에 의한 헌법소원에 있어서 인용결정은 위헌법률심판의 경우와 마찬가지로 이른바 일반적 기속력과 대세적 · 법규적 효력을 가진다. 이러한 효력은 법원에서의 구체적 · 개별적 소송사건에서 확정된 판결이 그 기속력이나 확정력에 있어서 원칙적으로 소송당사자에게만 한정하여 그 효력이 미치는 것과 크게 다른 것이다.

따라서 만약 헌법재판소법 제68조 제2항에 의한 헌법소원심판청구사건에 있어서 선고된 헌법재판소의 결정에 대하여 재심에 의한 불복방법이 허용된다면, 종전에 헌법재판소의 위헌결정으로 효력이 상실된 법률 또는 법률조항이 재심절차에 의하여 그 결정이 취소되고 새로이 합헌결정이 선고되어 그 효력이 되살아날 수 있다거나 종래의 합헌결정이 후일 재심절차에 의하여 취소되고 새로이 위헌결정이 선고될 수 있다 할 것이다. 그러나 이러한 결과는 그 문제된 법률 또는 법률조항과 관련되는 모든 국민의 법률관계에 이루말할 수 없는 커다란 혼란을 초래하거나 그 법적 생활에 대한 불안을 가져오게 할 수도 있다.

물론, 헌법재판소의 이러한 결정 역시 거기에 어떠한 하자가 있을 경우 이를 시정함으로써 얻을 수 있는 구체적 타당성의 이익을 전혀 고려의 대상에서 제외할 수는 없을 것이다. 그러나 법원의 확정재판에 대하여 재심을 허용하는 근거가 되는 구체적 타당성의 요청은, 위 확정재판의 기속력 · 확정력 등의 효력이 원칙적으로 구체적 · 개별적 쟁송사건에서 당해 소송의 당사자에게만 미친다는 것과 아울러 위헌법률심판을 구하는 헌법소원에 대한 헌법재판소의 결정에 대하여 재심을 허용할 경우에 초래되는 위와 같은 법적 불안정에 따른 혼란을 감안하여 본다면, 위와 같은 헌법재판소의 결정에 대하여 법원의 확정판결과 결코 동등한 정도로 받아들여질 수는 없다 할 것이다.

(3) 결국 위헌법률심판을 구하는 헌법소원에 대한 헌법재판소의 결정에 대하여는 재심을 허용하지 아니함으로써 얻을 수 있는 법적 안정성이 이익이 재심을 허용함으로써 얻을 수 있는 구체적 타당성의 이익보다 훨씬 높을 것으로 쉽사리 예상할 수 있고, 따라서 헌법재판소의 이러한 결정에는 재심에 의한 불복방법이 그 성질상 허용될 수 없다고 보는 것이 상당하다고 할 것이다.

나아가 비록 이 사건 재심대상결정이 위헌법률심판을 구하는 헌법소원심판의 절차에서 요구되는 적법요건을 갖추지 아니하였음을 이유로 하여 헌법소원심판청구를 각하하는 내용의 것이라고 하여도 그 결정에 대한 재심의 허용여부에 관하여 위와 결론을 달리하는 것은 아니라고 할 것이다.

나. 그렇다면 재심청구인의 이 사건 재심청구는 재심이 허용될 수 없는 헌법재판소의 결정에 대하여 한 것으로서 부적법하다 할 것이므로 이를 각하하기로 하여, 이에 주문과 같이 결정한다. 이 결정은 관여재판관 전원의 의견일치에 따른 것이다.」

◎ 같은 취지 : 憲 1994. 12. 29.-92헌아1; 1995. 1. 20.-93헌아1

▹ 헌법재판소법 제68조 제1항에 의한 헌법소원심판의 경우 판단유탈이 재심사유가 되지 않는다는 취지로 본 판례

[憲 1995. 1. 20.-93헌아1](불기소처분취소(재심))

※ 위 판례 인용부분 참조

◎ 같은 취지 : 憲 1998. 3. 26.-98헌아2

▹ 이후 판례를 변경하여 헌법재판소법 제68조 제1항에 의한 헌법소원심판의 경우 판단유탈이 재심사유가 될 수 있다고 본 판례

[憲 2001. 9. 27.-2001헌아3](불기소처분취소(재심))

「3. 판　단

가. 재심청구인은 헌법재판소법 제40조 제1항에 의하여 민사소송법의 재심규정이 준용되는 것을 전제로 하여 이 사건 재심청구를 하고 있다.

헌법재판소의 심판절차에 대한 재심절차의 허용 여부에 관하여는 별도의 명문규정을 두고 있지 않다. 그러므로 헌법재판소의 결정에 대하여 재심이 허용될 것인지 여부가 문제되는바, 헌법재판은 그 심판의 종류에 따라 그 절차의 내용과 결정의 효과가 한결같지 아니하기 때문에 재심의 허용 여부 내지 허용 정도 등은 심판절차의 종류에 따라서 개별적으로 판단될 수밖에 없다고 할 것이다.

이 사건의 재심대상사건과 같이 헌법재판소법 제68조 제1항에 의한 헌법소원 중 공권력의 작용을 대상으로 하는 권리구제형 헌법소원절차에 있어서는, 그 결정의 효력이 원칙적으로 당사자에게만 미치기 때문에 법령에 대한 헌법소원과는 달리 일반법원의 재판과 같이 민사소송법의 재심에 관한 규정을 준용하여 재심을 허용함이 상당하다고 할 것이다.

비록 헌법소원심판절차에서 직권주의가 적용되고 있는 것은 사실이지만, 직권주의가 적용된다는 의미는 당사자가 주장하지 아니한 적법요건 및 기본권침해 여부에 관하여도 직권으로 판단할 수 있다는 것이지 당사자가 주장한 사항에 대하여 판단하지 않아도 된다는 의미는 아닐 뿐만 아니라, 직권주의가 적용된다고 하여 당사자의 주장에 대한 판단유탈이 원천적으로 방지되는 것도 아니므로 헌법소원심판절차에 직권주의가 적용된다고 하더라도 이는 "판단유탈"을 재심사유에서 배제할 만한 합당한 이유가 되지 못한다. 특히 민사소송법 제422조 제1항 제9호 소정의 "판단유탈"의 재심사유는 모든 판단유탈을 그 사유로 함에 있지 아니하고 판결에 영향을 미칠 중요한 사항에 대한 판단유탈만을 그 사유로 하고 있으므로 더욱 그러하다.

더욱이 헌법재판소법 제71조 제1항 제4호의 규정에 따르면 같은 법 제68조 제1항의 규정에 의한 헌법소원의 심판청구서에는 반드시 청구이유를 기재하도록 되어 있는데, 그 취지는 청구인의 청구이유에 대하여 유탈함이 없이 판단할 것을 요구함에 있다 할 것이다.

또한 공권력의 작용을 대상으로 하는 권리구제형 헌법소원의 경우에는 법령에 대한 헌법소원과는 달리 사실의 판단이나 그에 대한 법령의 적용을 바탕으로 하여 헌법해석을 하게 되는 것이고, 사전구제절차를 거친다 하여 헌법재판시의 판단유탈을 예방할 수 있는 것도 아니므로 헌법의 해석을 주된 임무로 하고 있는 헌법재판의 특성이나 사전구제절차를 거친 뒤에야 비로소 헌법소원을 제기할 수 있다고 하는 사정도 "판단유탈"을 재심사유에서 배제할 합당한 이유가 되지 못한다고 하겠다.

결국 민사소송법 제422조 제1항 제9호 소정의 "판단유탈"을 재심사유로 허용하는 것은 공권력의 작용을 대상으로 하는 권리구제형 헌법소원의 성질에 반한다고 할 수 없으므로 민사소송법 제422조 제1항 제9호를 준용하여 "판단유탈"도 재심사유로 허용되어야 한다고 하겠다.

따라서 종전에 이와 견해를 달리하여 헌법재판소법 제68조 제1항에 의한 헌법소원 중 행정작용에 속하는 공권력 작용을 대상으로 한 권리구제형 헌법소원에 있어서 민사소송법 제422조 제1항 제9호 소정의 판단유탈은 재심사유가 되지 아니한다는 취지로 판시한 우리 재판소의 의견(헌재 1995. 1. 20. 93헌아1, 판례집 7-1, 113; 1998. 3. 26. 98헌아2, 판례집 10-1, 320)은 이를 변경하기로 한다.

나. 나아가 재심청구인의 주장에 관하여 살핀다.

민사소송법 제422조 제1항 제9호가 정하는 재심사유인 "판결에 영향을 미칠 중요한 사항에 관하여 판단을 유탈한 때"라고 함은 당사자가 소송상 제출한 공격방어방법으로서 판결에 영향이 있는 것에 대하여 판결이유 중에 판단을 명시하지 아니한 경우를 말하고, 판단이 있는 이상 그 판단에 이르는 이유가 소상하게 설시되어 있지 아니하거나 당사자의 주장을 배척하는 근거를 일일이 개별적으로 설명하지 아니하더라도 이를 위 법조에서 말하는 판단유탈이라고 할 수 없다고 할 것이다(대법원 2000. 11. 24. 선고 2000다47200 판결 공2001, 143).

재심대상결정에는 재심청구인의 위 주장에 대한 판단이 포함되어 있는 것이고, 이와 같이 판단이 있는 이상 그 판단에 이르는 이유나 근거 등을 일일이 또는 개별적으로 설시하지 아니하였다고 하더라도 이를 민사소송법 제422조 제1항 제9호에서 말하는 판단유탈이라고 할 수 없다.

4. 결 론

그러므로 재심청구인이 이 사건에서 주장하는 재심사유는 민사소송법 제422조 제1항 제9

호 소정의 "판결에 영향을 미칠 중요사항에 관하여 판단을 유탈한 때"에 해당하지 아니하므로, 이 사건 재심청구를 기각하기로 하여 주문과 같이 결정한다.」

⇔ 재판관 2인(재판관 한대현, 재판관 김효종)의 반대의견

「우리 헌법재판소는 아래와 같은 요지로 이 사건의 재심대상 사건과 같이 헌법재판소법 제68조 제1항에 의한 헌법소원 중 행정작용에 속하는 공권력 작용을 대상으로 한 권리구제형 헌법소원에 있어서 판단유탈이 헌법재판소 결정에 대한 재심사유가 되지 않는다고 판시한 바 있다.

『이 사건의 재심대상사건과 같이 헌법재판소법 제68조 제1항에 의한 헌법소원 중 행정작용에 속하는 공권력 작용을 대상으로 하는 권리구제형 헌법소원절차에 있어서는, 그 결정의 효력이 원칙적으로 소송당사자 사이에서만 미치기 때문에 법령에 대한 헌법소원과 동일하게 볼 수 없으므로 일반법원의 재판과 같이 재심을 허용함이 상당한 면이 없지 않다. 그러나 헌법재판은 일반법원에 의한 재판과는 달리, 사실의 판단이나 그에 대한 법령의 적용을 주된 임무로 하는 것이 아니라 헌법의 해석을 주된 임무로 하고 있으며, 특히 행정작용에 속하는 공권력 작용을 대상으로 하는 권리구제형 헌법소원절차에서는 일반적으로 다른 법률에 의한 구제절차를 모두 거친 다음에 비로소 적법하게 헌법소원심판을 청구할 수 있을 뿐이다.

이와 같은 심판절차상의 특수한 사정 등을 고려할 때, 헌법재판소의 결정은 일반법원의 재판에 비하여 재심을 허용하지 아니함으로써 얻을 수 있는 법적 안정성의 이익이 재심을 허용할 수 있는 구체적 타당성의 이익보다 상대적으로 높다고 할 수 있다. 그러므로 헌법재판소법 제68조 제1항에 의한 헌법소원 중 행정작용에 속하는 공권력 작용을 대상으로 하는 권리구제형 헌법소원절차에 있어서는, 사안의 성질상 헌법재판소의 결정에 대한 재심은 재판부의 구성이 위법한 경우 등 절차상 중대하고도 명백한 위법이 있어서 재심을 허용하지 아니하면 현저히 정의에 반하는 경우에 한하여 제한적으로 허용될 수 있을 뿐이라고 해석함이 상당할 것이다.

그런데 이 사건에서는 청구인이 재심대상결정에 "판결에 영향을 미칠 중요한 사항에 관하여 판단을 유탈한 때"를 재심사유로 규정한 민사소송법 제422조 제1항 제9호 소정의 재심사유가 있다는 취지의 주장을 하고 있다. 그러므로 헌법재판소법 제68조 제1항에 의한 헌법소원심판절차 중 행정작용에 속하는 공권력작용을 대상으로 하는 권리구제형 헌법소원사건에서 민사소송법 제422조 제1항 제9호에 정한 판단유탈까지도 바로 헌법재판에서 재심사유가 될 수 있겠느냐 하는 것이 문제가 된다.

그러나 헌법재판소법 제71조 제1항 제4호가 비록 같은 법 제68조 제1항의 규정에 의한 헌법소원의 심판청구서에 청구이유를 기재하도록 규정하고 있지만 헌법소원심판절차에서는 변론주의가 적용되는 것이 아니어서, 헌법재판소는 필요한 경우 청구인이 주장하는 청구이유 이외의 헌법소원의 적법요건 및 기본권침해 여부에 관련되는 이유에 관하여 직권으로도 판단하고 있다. 또한 앞서 본 바와 같이 헌법재판이 헌법의 해석을 주된 임무로 하고 있고, 행정작용에 속하는 공권력 작용을 대상으로 하는 권리구제형 헌법소원절차에서는 사전구제절차를 모두 거친 뒤에야 비로소 적법하게 헌법소원심판을 청구할 수 있다고 하는 사정 등을 고려할 때, 헌법재판소법 제68조 제1항에 의한 헌법소원심판절차 중 행정작용에 속하는 공권력 작용을 대상으로 하는 권리구제형 헌법소원에 있어서는 민사소송법 제422조 제1항 제9호 소정의 판단유탈은 적어도 헌법재판소의 결정에 대한 재심사유는 되지 아니한다.』(헌재 1995. 1. 20. 93헌아1, 판례집 제7-1, 113; 1998. 3. 26. 98헌아2, 판례집 10-1, 320)

우리는 위 결정의 선고 이후에 달리 위 견해를 변경할 만한 아무런 사정변경을 발견할 수 없으므로 우리 재판소의 종전의 견해를 유지하여야 한다는 의견이다.

따라서 청구인이 주장하는 사유가 민사소송법 제422조 제1항 제9호 소정의 재심사유에 해당하지 아니한다는 이유로 이 사건 재심청구를 기각할 것이 아니라, 민사소송법 제422조 제1항 제9호 소정의 판단유탈은 재심사유가 되지 아니한다는 이유로 이를 각하하여야 할 것이다.」

▷ 법률에 대한 헌법소원심판에서는 재심이 허용되지 않는다고 본 판례

[憲 2002. 9. 19.-2002헌아5](행형법시행령 제62조 등 위헌확인(재심))

「가. 헌법소원의 결정에 대한 재심의 허용 여부

헌법재판소법 제40조 제1항은 "헌법재판소의 심판절차에 관하여는 이 법에 특별한 규정이 있는 경우를 제외하고는 민사소송에 관한 법령의 규정을 준용한다. 이 경우 탄핵심판의 경우에는 형사소송에 관한 법령을, 권한쟁의심판 및 헌법소원심판의 경우에는 행정소송법을 함께 준용한다"고 규정하고 있을 뿐, 헌법재판소의 결정에 대한 재심절차의 허용 여부에 관하여는 별도의 명문규정을 두고 있지 않다. 따라서 민사소송법상의 재심에 관한 규정을 준용하여 헌법재판소의 결정에 대한 재심을 허용할 수 있을 것인지 여부에 관하여 논의가 있을 수 있으나, 헌법재판은 그 심판의 종류에 따라 그 절차의 내용과 결정의 효과가 한결같지 아니하기 때문에 재심의 허용 여부 내지 허용 정도 등은 심판절차의 종류에 따라서 개별적으로 판단될 수밖에 없다고 할 것이다(헌재 1995. 1. 20. 93헌아1, 판례집 7-1, 113, 119-120).

나. 이 사건 재심청구의 경우

(1) 헌법재판소는 "제68조 제1항에 의한 헌법소원 중 '행정작용에 속하는 공권력 작용을 대상으로 하는 권리구제형 헌법소원'의 경우 그 결정의 효력이 원칙적으로 당사자에게만 미치기 때문에 법령에 대한 헌법소원과는 달리 일반법원의 재판과 같이 민사소송법의 재심에 관한 규정을 준용하여 재심을 허용함이 상당하다"고 판시한 바 있다(헌재 2001. 9. 27. 2001헌아3, 공보 제61, 103).

그런데 헌법재판소법 제68조 제1항에 의한 헌법소원 중 법령에 대한 헌법소원은 그 결정의 효력이 당사자에게만 미치는 데 그치지 아니한다는 점에서 행정작용에 속하는 공권력 작용을 대상으로 하는 권리구제형 헌법소원의 경우와 분명히 구별된다. 즉 이 경우 헌법재판소의 인용(위헌)결정은 위헌법률심판의 경우와 마찬가지로 이른바 일반적 기속력과 대세적·법규적 효력을 가지는 것이므로, 동법 제68조 제1항에 의한 법령에 대한 헌법소원은 그 효력면에서 동법 제68조 제2항의 헌법소원과 유사한 성질을 지니고 있다. 따라서 그 결정에 대한 재심절차의 허용여부를 공권력의 작용을 대상으로 하는 권리구제형 헌법소원절차와 같이 보는 것은 타당하다고 할 수 없다.

한편, 헌법재판소는 헌법재판소법 제68조 제2항의 헌법소원에 관한 헌법재판소의 결정에 대한 재심의 허용 여부에 관하여 그 인용결정이 갖는 일반적 기속력과 대세적·법규적 효력을 근거로 하여 사안의 성질상 재심을 허용할 수 없는 경우라고 판시한 바 있다(1995. 1. 20. 헌재 93헌아1 결정, 판례집 7-1, 113, 120 참조).

(2) 청구인이 재심청구대상으로 삼고 있는 원결정의 심판의 대상은 구 수용자규칙 제3조 제21호 중 '서신'에 관한 부분, 제4조 제1항 제2호, 제7조 제3항 단서로서, 이들 규정은 행형법 제45조 제1항, 제46조 제1항 제5호, 같은 조 제4항 등의 위임에 의한 법무부령의 규정

이다. 따라서 이들 규정에 대한 원결정은 그 성격상 헌법재판소법 제68조 제1항에 의한 법령에 대한 헌법소원 심판청구에 관한 결정이라고 할 것이다.

그렇다면, 동법 제68조 제1항에 의한 헌법소원 중 법령에 대한 헌법소원은 동법 제68조 제2항에 의한 경우와 동일한 근거로써 재심을 허용함이 상당하지 아니하다 할 것이고, 따라서 허용될 수 없는 헌법재판소법 제68조 제1항에 의한 법령에 대한 헌법소원의 결정을 재심청구의 대상으로 삼고 있는 청구인의 이 사건 재심청구는 부적법한 것이라고 할 것이다(구 시행령 제62조에 관한 헌법소원도 법령에 대한 헌법소원이므로 이에 대한 재심이 허용되지 않음은 물론이나 이 법령조항은 위에서 본 바와 같이 원결정에서 심판의 대상이 되지 아니하였다. 따라서 아예 재심의 대상 자체가 없는 것이어서 부적법한 재심청구라 할 것이다. 그리고 원결정에서 구 수용자규칙이 기본권침해의 직접성이 없다고 한 것은, 위 규칙조항 그 자체만으로는 자유의 제한, 의무의 부과, 권리 또는 법적 지위의 박탈이 생기는 것이 아니라는 것이지 청구인이 이 사건에서 14일간 구금조사를 받고, 금치 2월의 징벌을 받은 사실이 없다는 취지가 아니다. 원결정의 사건 개요를 보면 위 사실은 모두 인정되었다. 결국 청구인의 사실오인 주장은 원결정의 판단이유의 의미를 오해한 데서 비롯된 것에 불과하여 이 부분 재심청구는 엄밀히는 재심사유가 없는 것이라 하겠다).」

◎ 같은 취지 : 憲 2004. 2. 10.-2004헌아4; 2004. 11. 23.-2004헌아47; 2006. 9. 26.-2006헌아37

□ 준용 및 절차의 창설

▶ 준 용

▸ 헌법재판소가 준용규정을 근거로 하여 헌법재판에서 판단유탈이 재심사유가 된다고 본 판례

[憲 2001. 9. 27.-2001헌아3](불기소처분취소(재심))

※ 위 판례 인용부분 참조

▸ 헌법재판소가 헌법소원심판절차에서 소의 취하에 관한 민사소송법규정이 준용된다고 한 판례

[憲 1995. 12. 15.-95헌마221등](불기소처분취소)

※ 〈제7편 - 제4장 - 1. - □ 신청주의와 소송대리〉 판례 인용부분 참조

◎ 같은 취지 : 憲 2003. 4. 24.-2001헌마386

▶ 절차의 창설

▸ 주문의 형식과 표시에 대해 헌법재판소법이 명시적으로 정하고 있지 아니하는 한 헌법재판소는 전적으로 자율적인 형성의 자유를 갖는다고 본 판례

[憲 1989. 9. 8.-88헌가6](국회의원선거법 제33조, 제34조의 위헌심판)

「단순위헌의 결정을 하여 그 결정이 있은 날로부터 법률의 효력을 즉시 상실하게 하는 하나의 극에서부터 단순합헌의 결정을 하여 법률의 효력을 그대로 유지시키는 또 하나의 극 사이에서, 문제된 법률의 효력 상실의 시기를 결정한 날로부터 곧 바로가 아니라 새 법률이 개정될 때까지 일정기간 뒤로 미루는 방안을 택하는 형태의 결정주문을 우리는 "헌법에 합치되지 아니한다"로 표현하기로 한 것이다. 재판 주문을 어떻게 내느냐의 주문의 방식문제는 민사소송에서 그러하듯 헌법재판에 대하여서도 아무런 명문의 규정이 없으며, 따라서 재판의 본질상 주문을 어떻게 표시할 것인지는 재판관의 재량에 일임된 사항이라 할 것이다.」

□ 가 처 분

▶ 허용 여부

▸ 개별심판에서의 가처분에 대한 판례

▹ 헌법소원심판절차에서 가처분을 허용한 판례

[憲 2000. 12. 8.-2000헌사471](사법시험령 제 4 조 제 3 항 효령정지 가처분신청)

「가. 헌법재판소법은 정당해산심판과 권한쟁의심판에 관해서만 가처분에 관한 규정(같은 법 제57조 및 제65조)을 두고 있을 뿐, 다른 헌법재판절차에 있어서도 가처분이 허용되는가에 관하여는 명문의 규정을 두고 있지 않다. 그러나 위 두 심판절차 이외에 같은 법 제68조 제 1 항 헌법소원심판절차에 있어서도 가처분의 필요성은 있을 수 있고, 달리 가처분을 허용하지 아니할 상당한 이유를 찾아볼 수 없으므로 위 헌법소원심판청구사건에서도 가처분이 허용된다고 할 것이다.

나. 그러므로 헌법재판소법 제40조 제1항에 따라 준용되는 행정소송법 제23조 제 2 항의 집행정지규정과 민사소송법 제714조의 가처분규정에 비추어 볼 때, 이와 같은 가처분결정은 헌법소원심판에서 다투어지는 '공권력 행사 또는 불행사'의 현상을 그대로 유지시킴으로 인하여 생길 회복하기 어려운 손해를 예방할 필요가 있어야 하고 그 효력을 정지시켜야 할 긴급한 필요가 있어야 한다는 것 등이 그 요건이 된다 할 것이므로, 본안심판이 부적법하거나 이유없음이 명백하지 않는 한, 위와 같은 가처분의 요건을 갖춘 것으로 인정되고, 이에 덧붙여 가처분을 인용한 뒤 종국결정에서 청구가 기각되었을 때 발생하게 될 불이익과 가처분을 기각한 뒤 청구가 인용되었을 때 발생하게 될 불이익에 대한 비교형량을 하여 후자의 불이익이 전자의 불이익보다 크다면 가처분을 인용할 수 있는 것이다(헌재 1999. 3. 25. 98헌사98, 판례집 11-1, 264, 270- 271 참조).

다. 따라서 앞에서 본 요건들에 맞추어 이 사건 가처분을 인용할 수 있는지 여부를 살핀다.

(1) 우선 이 사건 본안심판사건은 헌법재판소의 사전심사를 거쳐 적법하게 계속 중이며, 한편 법무부는 이 사건 규정에 위헌소지가 있음을 시인하고 이를 폐지하는 것 등을 내용으로 하는 '사법시험법 및 동법 시행령 제정안'을 마련 · 제출함으로써 현재 그 법안이 국회에 계류중인 점을 고려하면, 이 사건 본안심판청구가 부적법하거나 이유없음이 명백한 경우라고 할 수는 없다.

(2) 또한 이 사건 규정의 효력이 그대로 유지되어 신청인들에 적용되면, 신청인들은 2001년부터 4년간 제 1 차시험에 응시할 수 없게 되므로 사법시험의 합격가능성이 원천적으로 봉쇄되는 회복하기 어려운 손해를 입게 될 것임이 명백할 뿐만 아니라, 사법시험 제 1 차시험은 매년 초에 시행되어 그 적용의 시기도 매우 근접하였으므로 긴급성도 인정된다고 할 것이다.

(3) 이 사건 가처분신청을 기각하였다가 본안심판을 인용하는 경우 2001년도 사법시험 제 1 차시험은 그대로 시행되어 버리고 신청인들은 이에 응시하여 합격할 기회를 상실하는 돌이킬 수 없는 손해를 입게 된다.

3. 결 론

그러므로 신청인들의 이 사건 가처분신청은 이유있어 이를 인용하기로 하여 관여재판관 전원의 일치된 의견으로 주문과 같이 결정한다.」

[憲 2002. 4. 25.-2002헌사129](효력정지가처분신청)

「가. 군사법원법 제242조 제1항 중 제239조 부분

위 규정에 의한 신청인 조 ○에 대한 1차 연장 구속기간은 2002. 3. 28.에 이미 끝났고, 위 규정은 1차에 한하여 구속기간의 연장을 허가하는 내용의 것이므로 이제 위 신청인은 더 이상 군사법경찰관의 조사단계에서 구속기간이 연장될 위험은 없다. 그렇다면 위 규정으로 인하여 위 신청인이 새로이 무슨 회복하기 어려운 손해를 입을 우려가 있다고 할 수 없다. 그러므로 위 규정의 효력을 가처분으로 당장 정지시켜야 할 필요성은 인정되지 않는다.

나. 군행형법시행령 제43조 제2항 본문 중 전단 부분

위 규정에 대한 가처분 신청이 인용되기 위해서는 피보전권리에 대한 소명이 있어야 하고, 권리보전의 필요성이 인정되어야 한다.

(1) 먼저 피보전권리의 존재에 대한 소명이 있는지에 관하여 본다.

군행형법시행령 제43조 제2항 본문 중 전단부분의 적용을 받는 신청인들은 일반 행형법시행령의 적용을 받는 자들에게 매일 1회의 면회가 허용되는 것에 비하여 상대적으로 면회의 기회가 적게 되는데, 이는 신청인들의 행복추구권, 평등권 등에 대한 제한이 되므로 이와 같은 경우 신청인들로서는 이러한 제한이 기본권을 침해하는 정도에 이르러 위헌이 아닌지 여부에 관하여 헌법재판소법 제 68조 제1항에 따른 헌법소원심판을 제기하고 그 침해에 대한 배제를 청구할 수 있는 청구권이 존재한다 할 것이다.

그렇다면 신청인들의 이부분 가처분신청은 일응 그 피보전권리에 대한 소명이 있다 할 것이다.

(2) 다음으로 보전의 필요성에 대하여 본다.

(가) 헌법재판소법 제40조 제1항에 따라 준용되는 행정소송법 제23조 제2항의 집행정지규정과 민사소송법 제714조의 가처분규정에 의하면, 법령의 위헌확인을 청구하는 헌법소원심판에서의 가처분은 위헌이라고 다투어지는 법령의 효력을 그대로 유지시킬 경우 회복하기 어려운 손해가 발생할 우려가 있어 가처분에 의하여 임시로 그 법령의 효력을 정지시키지 아니하면 안 될 필요가 있을 때에 허용된다. 다만 사인간의 법률관계나 행정청의 구체적 처분의 효력을 정지시키는 것이 아니라 현재 시행되고 있는 법령의 효력을 정지시키는 것일 때에는 그 효력의 정지로 인하여 파급적으로 발생되는 효과가 클 수도 있기 때문에 이러한 점까지 고려하여 신중하게 판단하여야 한다. 그러므로 법령의 효력을 정지시키는 가처분은 비록 일반적인 보전의 필요성이 인정된다고 하더라도 행정소송법 제23조 제3항이 규정하는 바와 같이 공공복리에 중대한 영향을 미칠 우려가 있을 때에는 인용되어서는 안 될 것이다.

(나) 원래 면회제도는 피구속자가 가족 등 외부와 연결될 수 있는 통로를 적절히 개방, 유지함으로써 한편으로는 가족 등 타인과 교류하는 인간으로서의 기본적인 생활관계가 인신의 구속으로 인하여 완전히 단절되어 파멸에 이르는 것을 방지하고, 다른 한편으로는 이로써 피고인의 방어권 행사에 조력하고자 존재하는 것이다. 그러므로 군행형법시행령의 적용을 받는 신청인 조주형과 같은 일부 피구속자의 면회의 권리를 행형법시행령의 적용을 받아 매일 1회 면회할 수 있는 피구속자(행형법시행령 제56조 제2항)와 비교하여 합리적인 이유 없이 차별한다면, 그러한 피구속자 및 그들의 가족은 구속으로 인하여 자칫 단절되기 쉬운 인간관계의 유지와 방어권 행사에 결정적인 타격을 입을 수 있고, 이로 인하여 인간으로서의 행복추구권이나 피고인으로서의 방어권 행사에 회복하기 어려운 손상을 입게 될 것이다. 그러므로 신청인들의 이 부분 가처분신청은 그 보전의 필요성에 대한 소명이 있다 할 것이다.

(다) 한편, 이 사건 규정에 대한 가처분신청이 인용된다면 군인의 신분이거나 군형법의 적용을 받는 미결수용자가 외부인과의 잦은 접촉을 통해 공소제기나 유지에 필요한 증거를 인멸하거나 국가방위와 관련된 중요한 국가기밀을 누설할 우려가 있을 수 있다. 그러나 수용기관은 면회에 교도관을 참여시켜 감시를 철저히 한다거나(군행형법시행령 제46조 제3항), 필요한 경우에는 면회를 일시 불허(군행형법 제15조 제2항)함으로써 증거인멸이나 국가기밀누설을 방지할 수 있으므로 이 사건 가처분을 인용한다 하여 공공복리에 중대한 영향을 미칠 우려는 없다고 할 것이다.

다. 그렇다면 이 사건 가처분 신청 중 군사법원법 제242조 제1항 중 제239조 부분은 이유 없으므로 이를 기각하기로 하고, 군행형법시행령 제43조 제2항 본문 중 전단부분에 대한 가처분 신청은 이유 있어 이를 인용하기로 하여 주문과 같이 결정한다. 다만, 군행형법시행령 제43조 제2항 본문 중 전단 부분에 대한 신청에는 재판관 한대현, 재판관 김효종, 재판관 주선회의 아래와 같은 반대의견이 있다.」

⇔ 재판관 3인(재판관 한대현, 재판관 김효종, 재판관 주선회)의 반대의견

「면회의 횟수를 주 2회로 제한하는 군행형법시행령 제43조 제2항 본문 중 전단 부분에 대한 신청은 다음과 같이 보전의 필요성이 인정되지 않으므로 기각되어야 한다.

위 군행형법시행령 규정은 미결수용자에게 외부인과의 면회를 주 2회 허용하고 있으므로 이 기회에 신청인들은 다수의견이 설시하는 바와 같은 면회의 목적을 대체로 달성할 수 있을 것이고, 여기에다 변호인과의 접견이 원칙상 제한 없이 허용되고 있는 점 등을 종합하면 면회제한 규정의 효력을 가처분에 의하여 긴급히 정지시켜야 할 급박한 필요성이 인정되지 않기 때문이다.

그러므로 위 군행형법시행령 규정에 대한 가처분신청은 기각되어야 한다.」

[憲 2006. 2. 25.-2005헌사754](효력정지가처분신청)

「가. 헌법재판소법은 정당해산심판과 권한쟁의심판에 관해서만 가처분에 관한 규정을 두고 있지만(제57조, 제65조) 헌법재판소법 제68조 제1항에 의한 헌법소원심판절차에 있어서도 가처분의 필요성은 있을 수 있고, 달리 가처분을 허용하지 아니할 상당한 이유를 찾아볼 수 없으므로 헌법소원심판청구사건에서도 가처분은 허용된다(헌재 2000. 12. 8. 2000헌사471, 판례집 12-2, 381, 384). 그리고 헌법소원심판에서 가처분결정은 다투어지는 "공권력 행사 또는 불행사"의 현상을 그대로 유지시킴으로 인하여 생길 회복하기 어려운 손해를 예방할 필요가 있어야 하고 그 효력을 정지시켜야 할 긴급한 필요가 있어야 한다는 것 등이 그 요건이 된다 할 것이므로, 본안심판이 부적법하거나 이유없음이 명백하지 않는 한, 위와 같은 가처분의 요건을 갖춘 것으로 인정되고, 이에 덧붙여 가처분을 인용한 뒤 종국결정에서 청구가 기각되었을 때 발생하게 될 불이익과 가처분을 기각한 뒤 청구가 인용되었을 때 발생하게 될 불이익에 대한 비교형량을 하여 후자의 불이익이 전자의 불이익보다 크다면 가처분을 인용할 수 있는 것이다(헌재 2000. 12. 8. 2000헌사471, 판례집 12-2, 381, 385).

나. 이 사건 법률은 교원소청심사특별위원회로 하여금 기간임용제 교원을 재임용하지 아니한 신청인의 결정의 당부를 재심사할 수 있도록 하면서 위 특별위원회의 결정에 대한 제소를 금지하고 있다. 따라서 신청인으로서는 헌법소원 이외에 달리 다툴 수 있는 방법이 없다. 그리고 이 사건 본안심판청구가 부적법하거나 이유없음이 명백한 경우라고 볼 만한 다른 사정이 없으므로 가처분의 적법요건은 갖춘 것으로 인정된다.

다. 이 사건 계쟁법률조항 중 법 제9조 제1항(제소금지조항)의 경우, 그 효력이 그대로 유지되어 적용되면 교원소청심사특별위원회의 결정에 ○○학교법인은 소송으로 다툴 수 없고, 이 사건 본안의 종국결정 전에 행정소송법상 제소기간이 도과되면 위 특별위원회의 결정이 그대로 ○○학교법인으로서는 돌이킬 수 없는 손해를 입게 될 것으로 예상된다. 또한 행정소송법상 제소기간이 경과되기 전에 위 제소금지조항의 적용중지 여부가 임시적으로 결정되어야 하므로 긴급성의 요건도 충족된다고 할 것이다.

한편, 법령의 효력을 정지시키는 가처분은 비록 일반적인 보전의 필요성이 인정된다고 하더라도 행정소송법 제23조 제3항이 규정하는 바와 같이 공공복리에 중대한 영향을 미칠 우려가 있을 때에는 인용되어서는 안 될 것인바(헌재 2002. 4. 25. 2002헌사129, 판례집 14-1, 433, 439), 위 제소금지조항에 대한 가처분을 인용한 뒤 종국결정에서 청구가 기각되었을 때 침해되는 주된 공익은 부당하게 재임용에서 탈락된 교원들이 입은 불이익이 장기간의 구제요구에도 불구하고 다시 이 사건의 본안심판청구에 대한 종국결정시까지 기다려야 한다는 점이다. 그러나 위와 같은 공익이 공공복리에 중대한 영향을 미친다고 보기 어렵고, 또한 이를 제소금지조항에 대한 가처분을 기각한 뒤 종국결정에서 청구가 인용되었을 때 신청인이 입게 되는 손해나 권리침해와 비교형량해 볼 때 신청인이 입게 되는 불이익이 더 클 것으로 보인다.

따라서 법 제9조 제1항은 그 효력이 정지되어야 할 것이다.

라. 나머지 계쟁법률조항의 경우, 그 효력이 그대로 유지된다고 하더라도 이로 ○○학교법인이 돌이킬 수 없는 손해를 입게 된다거나 그 적용중지 여부가 긴급하게 결정되어야 할 만큼 규율하고자 하는 현상의 발생이 시간적으로 근접해있다고 볼 수 없다.

4. 결 론

그렇다면, 이 사건 신청 중 법 제9조 제1항에 대한 부분은 이유 있으므로 헌법재판소법 제40조 제1항, 행정소송법 제23조 제2항, 민사집행법 제300조의 규정에 따라 헌법재판소 2005헌마1119 헌법소원심판사건의 종국결정 선고시까지 그 효력을 정지하고, 나머지 부분은 이유 없으므로 이를 기각하기로 하여 관여 재판관 전원의 일치된 의견으로 주문과 같이 결정한다.」

▹ **헌법재판소법 제68조 제2항에 의한 헌법소원심판에서 당해 소원의 심판이 있을 때까지 그 소원의 전제가 된 민사소송절차의 일시정지를 구하는 가처분신청을 이유없다고 하여 기각한 사례**

[憲 1993. 12. 20.-93헌사81](소송절차정지 가처분신청)

「신청인들의 이 사건 신청은 이유 없으므로 이를 모두 기각하기로 하여 주문과 같이 결정한다.」

⇔ 재판관 1인(재판관 한병채)의 반대의견

「청구인의 가처분신청을 기각한다는 다수의견에 반대하는 이유는 다음과 같다.

첫째, 이 사건 가처분신청은 당재판소 93헌바12호 사건의 심판이 있을 때까지 서울민사지방법원 90가합93568호 사건의 소송절차는 일시 정지한다는 결정을 구하는 것이다. 이는 본안에 부수하여 잠정적으로 당해 소송절차의 일시정지를 구하는 이른바 임시적 지위를 정하는 잠정적 조치인 보전(保全)처분을 구하는 것으로서 가처분 절차는 결코 본안소송에 어떠한 영향력을 가져오는 구속력이 미치거나, 종국적 확정력을 주는 강제집행이나 종국판결이 아닌 가정적인 보전절차에 불과한 것이다. 그러므로 가처분신청에는 증명이 아닌 소명으로 족하고 변론이 필요적인 것도 아니며 가처분의 허용 여부도 가급적 받아들이도록 상당한 자유재량을 주고 있는 것이다. 이러한 보전절차의 특수한 성질을 감안한다면 헌법재판소법(이하

'법' 이라고 한다)의 해석도 엄격하게 소극적으로 하여 제한할 것이 아니라 위 가처분신청을 폭넓게 받아들이는 쪽으로 적극적인 해석을 하는 것이 가처분제도의 법리에 합당할 것이라고 할 것이다.

둘째, 법 제42조 제1항에 의하면 법원이 위헌법률심판을 제청한 때에는 당해 소송사건의 재판은 헌법재판소의 위헌 여부의 결정이 있을 때까지 정지된다는 대원칙을 명시하고 있다. 그렇다면 당해 소송사건의 당사자에게도 위헌법률심판청구권을 헌법과 법 제68조 제2항에 의하여 제도적으로 보장하고 있는 이상 이 때에도 헌법재판소의 위헌여부결정이 있을 때까지 정지되어야 하는 것인데 이러한 대원칙을 무시하고 이 사건의 경우와 같이 당해 법원이 당해 본안소송을 조속히 결심하려고 한다면 이에 대하여 위헌법률심판청구권자가 그 소송절차의 정지가처분신청을 하는 것은 당연한 것이고 이 때에는 특단의 사정이 없는 한 이를 받아 주어야 하는 것이 법 제42조의 법리에 합당한 것이라고 할 것이다.

셋째, 헌법재판소의 심판절차는 법 제40조에 의하여 민사소송법을 준용하여 심판할 수 있어 당연히 가처분결정을 할 수 있는 데도 불구하고 정당해산심판과 권한쟁의심판의 경우 법 제57조, 제65조의 가처분을 할 수 있다는 특별규정을 두고 있는 것은 그 심판내용의 특수성 때문인 것이다. 그러함에도 헌법소원심판에는 이러한 특별규정이 없다 하여 원칙적으로 가처분을 받아들이지 않는다는 논리로 가처분신청의 이용을 엄격하게 제한하는 것은 지나치게 형식적인 문의해석으로 헌법재판절차의 본질적 내용을 무시한 것이라 아니할 수 없다. 이는 위헌법률심판절차에 있어서의 법 제42조(재판의 정지 등)의 입법취지와 더불어 살펴보면 헌법재판소에 심판청구가 있으면 당해 소송절차는 헌법재판소의 심판을 기다려 그에 따라 재판하여야 한다는 헌법의 상위법 · 최고법 사상에 입각하고 있는 것임을 쉽게 알 수 있는데 다수의견은 이러한 헌법의 기본원리를 망각하고 있는 것이라 아니할 수 없다.

넷째, 우리 재판소의 판례가 초기에 일부 혼란이 있었을 뿐 그 후는 일관되게 법 제68조 제1항은 권리구제형 헌법소원심판으로서 법 제4장의 특별심판절차규정 중 제5절의 심판절차규정, 법 제68조 제2항은 규범통제형 헌법소원심판으로서 제1절의 심판절차규정에 따라 심리를 하고 결정의 주문을 내고 있는 것이 확립된 판례이다. 즉 법 제68조 제2항의 헌법소원심판은 심판청구의 주체만 다를 뿐 그 실질은 법 제41조의 위헌법률심판청구와 동일하게 규범통제심판으로 보고 재판의 전제성을 비롯하여 판결의 효력에 이르기까지 같은 유형의 사건으로 처리하여 온 것이 일관된 판례인데 유독 당해 소송사건의 재판정지에 관한 부분에 대해서만 예외적으로 이를 배척하는 것은 우리 헌법재판소의 일관된 판례의 취지에 어긋나는 것이다.

이상과 같은 이유에서 볼 때 이 사건 가처분신청은 당연히 받아주어야 하는데 이를 이유없다고 모두 기각하는 것은 헌법재판소가 독자적인 규범통제기관으로서의 헌법재판기능을 다하지 못하는 잘못이 있다고 아니할 수 없어 다수의견에 반대하는 것이다.」

▶ 가처분결정의 요건

▸ **가처분결정의 요건을 구체적으로 밝힌 판례**

[憲 1999. 3. 25.-98헌사98](직접처분효력정지가처분 신청)

「가. 헌법재판소가 권한쟁의심판의 청구를 받은 때에는 직권 또는 청구인의 신청에 의하여 종국결정의 선고시까지 심판대상이 된 피청구기관의 처분의 효력을 정지하는 결정을 할 수 있고(헌법재판소법 제65조) 이 가처분 결정을 함에 있어서는 행정소송법과 민사소송법 소정의 가처분에 관계되는 규정이 준용되므로(같은법 제40조), 권한쟁의심판에서의 가처분결정은 피청구기관의 처분 등이나 그 집행 또는 절차의 속행으로 인하여 생길 회복하기 어려운 손해를 예방할 필요가 있거나 기타 공공복리상의 중대한 사유가 있어야 하고 그 처분의 효력을 정지시켜야 할 긴급한 필요가 있는 경우 등이 그 요건이 된다(행정소송법 제23조 제2항 · 제3항, 민사소송법 제714조 참조).

그러나 권한쟁의심판은 심판정에서 구두 변론기일에 당사자 · 이해관계인 기타 참고인의 진술을 듣고 증거조사를 하여 사실적인 측면과 헌법 또는 법률적인 견해에 대한 변론을 하게 된다(헌법재판소법 제30조 · 제31조). 재판부는 쟁점을 판단하는 데 필요한 사실확정을 한 다음 이를 바탕으로 피청구인의 처분 또는 부작위가 헌법 또는 법률에 의하여 부여받은 청구인의 권한을 침해하였거나 침해할 현저한 위험이 있는지 여부, 즉 청구인과 피청구인 상호간의 권한의 존부 또는 범위에 대한 평의를 거쳐 종국결정에 이르게 되고 이러한 과정을 밟는 데는 상당한 시일을 요한다.

이와 같은 이유 때문에 헌법재판소가 직권 또는 청구인의 신청에 따라 심판대상이 된 피청구기관의 처분의 효력을 정지하는 가처분신청은 본안사건이 부적법하거나 이유없음이 명백하지 않는한, 가처분을 인용한 뒤 종국결정에서 청구가 기각되었을 때 발생하게 될 불이익과 가처분을 기각한 뒤 청구가 인용되었을 때 발생하게 될 불이익에 대한 비교형량을 하는 것이 가장 중요한 요건이 될 수밖에 없고 이 비교형량의 결과 후자의 불이익이 전자의 불이익보다 큰 때에 한하여 가처분결정을 허용할 수 있는 것이다.

나. 피신청인이 직접처분을 한 ① 골프연습장 ② 공원구역 내의 진입도로 ③ 공원구역 외의 이 사건 진입도로 중 쟁점이 된 진입도로는 골프연습장을 설치할 서현근린공원과 폭 50m인 왕복 10차선 도로의 경계인 공공공지에 해당된다(도시계획법 제2조 제1항 제1호 나목). 이러한 공공공지는 도시 내의 주요시설물 또는 환경의 보호, 경관의 유지, 재해대책 및 보행자의 통행과 시민의 일시적 휴양공간의 확보를 위하여 설치하는 것이다(도시계획시설기준에관한규칙 제52조).

(1) 피신청인의 이 사건 진입도로에 관한 도시계획입안과 지정 · 인가처분의 효력을 정지시키는 가처분결정을 하였다가 피신청인의 위 입안행위와 지정 · 인가처분 등이 신청인의 권한을 침해하지 아니한 것으로 종국결정을 하였을 경우에는, 처분의 상대방인 장각수에게는 공사지연으로 인한 손해가 발생하고 또 골프연습장의 완공이 지연되어 이를 이용하려는 잠재적 수요자의 불편이 예상된다는 점 외에 다른 불이익은 없어 보인다.

이에 반하여 가처분신청을 기각하였다가 종국결정에서 피신청인의 위 입안행위와 지정 · 인가처분 등이 신청인의 권한을 침해한 것으로 인정되는 경우에는 피신청인의 직접처분에 따른 장각수의 공사진행으로 교통불편을 초래하고 공공공지를 훼손함과 동시에 이의 원상회복을 위한 비용이 소요되는 등의 불이익이 생기게 된다.

(2) 이 사건 가처분신청을 인용한 뒤 종국결정이 기각되었을 경우의 불이익과 이 가처분신청을 기각한 뒤 결정이 인용되었을 경우의 불이익을 비교형량하고 또 처분의 상대방인 장각수는 아직 골프연습장 공사착수하지 않고 있는 사정을 헤아려 보면 신청인의 이 가처분신청은 허용함이 상당하다.

다. 피신청인은 이 사건 직접처분에 대한 위법은 당연무효가 아닌 취소사유에 불과하고 "국가기관 또는 지방자치단체의 처분을 취소하는 결정은 그 처분의 상대방에 대하여 이미 생긴 효력에는 영향을 미치지 아니한다"고 규정한 헌법재판소법 제67조 제2항에 비추어 신청인의 가처분신청은 그 실효가 없다고 주장한다. 그러나 피신청인의 이 사건 직접처분이 무효사유인지 또는 취소사유인지는 이 가처분 사건에서 가려야 할 성질의 것이 아니다.

4. 결 론

따라서 신청인의 이 가처분신청은 이유있으므로 주문과 같이 결정한다. 이 결정은 관여한 재판관 전원의 일치된 의견에 따른 것이다.」

◎ 같은 취지 : 憲 2000. 12. 8.-2000헌사471; 2002. 4. 25.-2002헌사129

2. 특별심판절차

위헌법률심판

□ 개념과 성질

▶ 성 질

▸ 헌법이 정하고 있는 위헌법률심판은 사후적 규범통제에 해당한다고 본 판례

[憲 1997. 9. 25.-97헌가4](노동조합및노동관계조정법 등 위헌제청)

「우리 헌법이 채택하고 있는 구체적 규범통제인 위헌법률심판은 최고규범인 헌법의 해석을 통하여 헌법에 위반되는 법률의 효력을 상실시키는 것이므로 이와 같은 위헌법률심판 제도의 기능의 속성상 법률의 위헌여부심판의 제청대상 법률은 특별한 사정이 없는 한 현재 시행중이거나 과거에 시행되었던 것이어야 하기 때문에 제청당시에 공포는 되었으나 시행되지 않았고 이 결정당시에는 이미 폐지되어 효력이 상실된 법률은 위헌여부심판의 대상법률에서 제외되는 것으로 해석함이 상당하다. 더욱이 노동관계법개정법은 당해사건 재판에 적용되는 법률이 아닐 뿐만 아니라 피신청인 조합원들이 쟁의행위를 하게 된 계기가 된 것에 불과한 것으로 동 개정법의 위헌여부는 다른 내용의 재판을 하게 되는 관계에 있지도 아니함으로 재판의 전제가 되는 법률이라고 볼 수 없다. 따라서 이 부분 위헌심판제청 또한 부적법하다고 하겠다.」

◎ **같은 취지 : 憲 1997. 9. 25.-97헌가5**

□ 요 건

▶ 심판의 대상

▸ 「법률」에 대한 판례

▹ 헌법재판소에 의해 위헌이라고 선고되어 효력을 상실한 법률은 심판의 대상이 되지 못한다는 취지의 판례

[憲 1989. 9. 29.-89헌가86](사회보호법 제5조 및 같은 법 부칙 제2조의 위헌심판)

「개정전 사회보호법 제5조 제1항에 관하여는 당 재판소가 1989. 7. 14. 선고한 88헌가5, 8, 89헌가44(병합)사건의 결정에서 위 법률의 조항이 헌법에 위반된다고 이미 판시한 바 있어 위 법률의 조항의 위헌 여부는 더 이상 심판의 대상이 될 수 없고, 따라서 이 사건 위헌심판제청 중 위 법률의 조항에 관한 부분은 부적법하다 할 것이다.」

▹ 시행되고 있지 아니한 법률은 심판의 대상이 되지 못한다는 취지의 판례

[憲 1997. 9. 25.-97헌가4](노동조합및노동관계조정법 등 위헌제청)

「우리 헌법이 채택하고 있는 구체적 규범통제인 위헌법률심판은 최고규범인 헌법의 해석을 통하여 헌법에 위반되는 법률의 효력을 상실시키는 것이므로 이와 같은 위헌법률심판 제도의 기능의 속성상 법률의 위헌여부심판의 제청대상 법률은 특별한 사정이 없는 한 현재 시행중이거나 과거에 시행되었던 것이어야 하기 때문에 제청당시에 공포는 되었으나 시행되지 않았

고 이 결정당시에는 이미 폐지되어 효력이 상실된 법률은 위헌여부심판의 대상법률에서 제외되는 것으로 해석함이 상당하다. 더욱이 노동관계법개정법은 당해사건 재판에 적용되는 법률이 아닐 뿐만 아니라 피신청인 조합원들이 쟁의행위를 하게 된 계기가 된 것에 불과한 것으로 동 개정법의 위헌 여부는 다른 내용의 재판을 하게 되는 관계에 있지도 아니함으로 재판의 전제가 되는 법률이라고 볼 수 없다. 따라서 이 부분 위헌심판제청 또한 부적법하다고 하겠다.」

▹ 대법원규칙은 심판의 대상이 되지 못한다는 취지의 판례

[憲 2001. 2. 22.-99헌바87등](민사소송규칙 제108조의3 제2항 등 위헌소원)

「청구인은 이 법률조항에 대하여는 위헌심판 제청신청을 하지 아니하고, 이 규칙조항만 위헌심판 제청신청을 하였으므로 헌법재판소에서 청구를 추가한 이 법률조항에 대한 심판청구는 부적법하고 이 규칙조항에 대한 헌법소원 또한 헌법재판소의 심판대상에 속하지 아니하는 것이다.」

▹ 조례는 심판의 대상이 되지 못한다는 취지의 판례

[憲 1998. 10. 15.-96헌바77](경기도립학교설치조례중개정조례 제2조 등 위헌소원)

「가. 위 개정조례에 대한 심판청구 부분

(1) 헌법재판소법 제68조 제2항은 "헌법재판소법 제41조 제1항의 규정에 의한 법률의 위헌여부심판의 제청신청이 기각된 때에는 그 신청을 한 당사자는 헌법재판소에 헌법소원심판을 청구할 수 있다"라고 규정하고 있는바, 헌법재판소법 제68조 제2항에 의한 헌법소원심판의 청구는 당해사건의 당사자에 의한 적법한 위헌여부심판의 제청신청을 법원이 각하 또는 기각하였을 경우에 그 제청신청인이 직접 헌법재판소에 헌법소원의 형태로 심판을 청구할 수 있는 것이고(헌재 1997. 8. 21. 93헌바51, 판례집 9-2, 177, 188), 그 심판의 대상은 당해사건의 재판의 전제가 되는 '법률' 인 것이므로 지방자치단체의 조례는 그 대상이 될 수 없다.

따라서 이 심판청구 중 위 개정조례 부분에 대한 심판청구는 더 나아가 살필 필요없이 부적법하다.」

▹ 폐지된 법률이라 하더라도 예외적으로 심판의 대상이 되는 경우가 있다는 취지의 판례

[憲 1989. 7. 14.-88헌가5등](사회보호법 제5조의 위헌심판)

「헌법재판소는 법률의 위헌 여부가 재판의 전제가 된 때에 법원의 제청에 따라 법률에 대한 위헌여부를 심판하게 된다.

그런데 법률이 개정된 결과 신법이 소급적용됨으로써 구법이 더 이상 적용될 소지가 없는 경우에는 구법에 대한 위헌제청은 제청대상의 소멸로 말미암아 부적법하게 되었다고 할 수 있다.

그러나 이 사건의 경우와 같이 비록 구법이 개정되었다고 하더라도 법원이 당해 소송사건을 재판함에 있어서는 행위시에도 처분의 적법한 근거 법률이 있어야 하므로, 구법이 위헌이었느냐의 문제와 신·구법 중 어느 법률의 조항이 더 피감호청구인에게 유리하느냐의 문제가 판단된 뒤에 비로소 결정될 수 있는 것이다. 따라서 이러한 경우에는 구법에 대한 위헌여부의 문제는 신법이 소급적용될 수 있기 위한 전제문제이기도 하거니와, 제청법원인 대법원인 신법이 시행된 1989. 3. 25.부터 상당한 기간이 경과한 지금까지 위 법률의 조항의 위헌제청에 대하여 철회의 의사를 밝히지 아니하고 제청신청을 계속 유지함으로써 아직도 심판을 구

하고 있는 것으로 볼 수밖에 없는 이 사건에서 헌법재판소로서는 위 법률의 조항에 대한 위헌 여부를 심판하지 않을 수 없는 것이다.」

⇒ **재판관 1인(재판관 이시윤)의 보충의견**

「헌법재판소는 되도록 재판의 전제성에 관한 법원의 법률적 견해를 존중해야 할 뿐만 아니라 구 사회보호법 제5조 제1항의 위헌 여부는 이 사건 본안 판단에 영향이 없는 문제이나 일반적이고도 중요한 의미가 있는 경우이므로 당해 사건 재판의 전제성의 예외에 해당된다.」

⇔ **재판관 1인(재판관 한병채)의 반대의견**

「1. 심판의 대상인 구법 제5조 제1항의 규정이 신법에 의하여 개정되어 종전보다 유리한 신법을 소급적용하도록 되었다면 구법에 대한 위헌심판은 그 전제성이 없어졌고 판단의 필요성이 없어 부적법하다.

2. 구법에는 재범의 위험성을 법률로 의제하였던 것을 신법이 법관의 재량으로 판단하도록 소급개정하였다면 이는 재범의 위험성에 관한 판단절차를 보충 개선하여 유리하게 한 것에 불과하므로 소급입법금지의 원칙에 해당되지 않는다.」

⇔ **재판관 1인(재판관 김양균)의 반대의견**

「제청법원은 위헌심판제청 이후의 법률의 개정으로 인하여 본건 피감호청구인에 관한 한 구법에 대한 위헌심판을 기다릴 필요없이 신법에 따라 보호감호청구사건의 처리가 가능하므로 위헌판단의 필요성이 없어 이건 위헌심판제청은 부적법하다.」

⇔ **재판관 1인(재판관 최광률)의 반대의견**

「재범의 위험성 요건을 누락하였던 구법 제5조 제1항 제1호가 폐지된 이상 그 법조에 대한 위헌판단은 제청법원에 계속중인 당해 사건의 재판에 있어서 직접적이고 절대적으로 필요한 헌법판단이 아니므로 이 사건 위헌심판제청 중 이 부분은 부적법하다.」

[憲 1994. 6. 30.-92헌가18](국가보위에관한특별조치법 제5조 제4항 위헌제청)

「폐지된 법률도 그 위헌 여부가 관련 소송사건의 재판의 전제가 되어 있다면 당연히 헌법재판소의 위헌심판의 대상이 된다.

더구나 특별조치법이 폐지되었다고는 하나 앞서 2항에서 설명한 바와 같이 특별조치법 폐지법률 부칙 제2항(명령 등에 관한 경과조치)에 의하여 "국가보위에관한특별조치법제5조제4항에의한동원대상지역내의토지수용·상용에관한특별조치령"은 아직 그 효력을 지속하고 있고 그 한도에서 특별조치법도 살아있는 법률이나 같다. 그리고 제청신청인은 특별조치법 제5조 제4항 및 특별조치령 제29조에 의하여 수용당한 원래의 자기소유 토지에 관하여 특별조치법 제5조 제4항이 위헌임을 이유로 하여 대한민국을 상대로 소유권이전등기말소청구소송을 제기한 것이므로 특별조치법 제5조 제4항의 위헌 여부는 위 소송재판에서의 승패 여부의 전제가 된다. 왜냐하면 상위법인 특별조치법 제5조 제4항의 위헌 여부는 하위법인 특별조치령의 위헌 여부 및 효력 유무의 전제가 되고 특별조치법 제5조 제4항에 대하여 위헌결정이 되면 자동적으로 이 위헌법률조항에 근거한 특별조치령도 위헌·무효가 되고 아울러 위헌무효인 특별조치령에 근거한 수용처분도 위헌무효가 될 수 있기 때문이다(위헌 법령에 기한 행정처분의 무효 여부는 당해 사건을 재판하는 법원이 위헌성의 정도 등에 따라 판단할 사항이다). 따라서 특별조치법 제5조 제4항은 당연히 위헌여부심판의 대상이 되어야 한다.」

⇔ **재판관 3인(재판관 조규광, 재판관 최광률, 재판관 김문희)의 반대의견**

「위 특별조치법 제5조 제4항이 위헌인 법률조항이라고 하더라도 이에 대하여 헌법재판소의 위헌결정이 있기 전에 수용처분이 이미 관계법령의 규정에 따라 더 이상 다툴 수 없도록 된 이상 위 처분이 위헌인 법률조항에 근거하여 이루어졌다는 사유만으로 당연무효로 될 수 없고, 따라서 위 특별조치법 제5조 제4항에 대하여 헌법재판소가 위헌결정을 선고함으로써 위 법률조항이 비록 규범으로서의 효력을 잃게 된다고 하더라도 이로써 위 수용처분의 무효 여부를 가리는 데 영향을 미칠 수는 없으므로, 이 사건의 경우 위헌 여부의 심판이 제청된 법률이 헌법에 위반되는지의 여부에 따라 관련사건을 담당한 법원이 다른 내용의 재판을 하게 되는 경우라고 할 수 없고, 따라서 이 사건 위헌심판제청은 재판의 전제성 요건을 갖추지 못한 것이어서 부적법하다.」

◎ 같은 취지 : 憲 1989. 4. 17.-88헌마4; 1989. 5. 24.-88헌가12; 1989. 12. 18.-89헌마32등

▷ **부진정입법부작위의 경우 위헌법률심판의 대상이 될 수 있다는 취지의 판례**

[憲 1996. 3. 28.-93헌바27](민사소송법 제431조에 대한 헌법소원)

「헌법재판소법 제68조 제2항에 의한 헌법소원에 있어서는 법원에 계속중인 구체적 사건에 적용할 법률이 헌법에 위반되는지 여부가 당해사건의 재판의 전제로 되어야 한다. 이 경우 재판의 전제가 된다고 하려면 우선 그 법률이 당해사건에 적용할 법률이어야 하고, 그 위헌 여부에 따라 재판의 주문이 달라지거나 재판의 내용과 효력에 관한 법률적 의미가 달라지는 경우를 말한다(헌법재판소 1993. 7. 29. 선고, 90헌바35 결정 참조).

이 사건 법률조항은 재판상 화해에 대하여 민사소송법 제422조 제1항에 기재한 사유(재심사유)가 있는 때에만 준재심을 청구할 수 있도록 허용하고 그 이외의 경우에는 준재심을 청구할 수 없도록 제한하는 규정이다.

그런데 우리 재판소에서 청구인 주장을 받아들여 이 사건 법률조항이 재심사유를 정하면서 "화해의 합의가 없는 경우"와 같이 중대한 하자를 재심사유에서 제외하여 불완전, 불충분하게 규정함으로써(이른바 부진정 입법부작위) 청구인의 헌법상 보장된 기본권을 침해한 것으로 판단하는 경우에는 당해사건의 재판의 주문이나 이유가 달라질 것이므로 이 사건 법률조항의 위헌 여부는 당해사건에 있어서 그 재판의 전제가 된다고 보아야 할 것이다.」

▷ **법률조항 자체의 위헌판단을 구하는 것이 아니라 법률의 해석 및 적용에 대한 한정합헌 또는 한정위헌의 판단을 구하는 청구는 원칙적으로 부당하다는 취지의 판례**

[憲 1995. 7. 21.-92헌바40](지방세법 제111조 제5항 제3호 위헌소원)

「일반적으로 법률조항 자체의 위헌 판단을 구하는 것이 아니라 법률조항을 "……하는 것으로 해석·적용하는 한 위헌"이라는 판단을 구하는 청구는, 헌법재판소법 제68조 제2항이 "법률의 위헌여부심판의 제청신청이 기각된 때에는"이라고 규정하고 있어 심판의 대상을 '법률'에 한정하고 있으므로, 헌법재판소법 제68조 제2항상의 청구로서 적절치 아니하다.

그런데 이 사건에서 청구인의 주장취지를 자세히 살펴보면 청구인은 관련 대법원 판례가 동 조항의 해석을 자의적·편의적으로 확대해석을 했다는 것을 탓하면서, 조세법률주의의 원칙상 세법상의 과세근거·기준은 그러한 자의적·편의적 확대해석적용의 대상이 되어서는 안 될 것임을 강조하고 있다. 그렇다면 청구인의 이 사건 심판청구취지는 대법원판례가 행한 바와 같은 청구인 주장의 자의적·편의적 해석을 가능하게 하는 동 조항의 불명확성을 지적하여 이의 위헌성을 주장하는 것이 포함되어 있다고 선해(善解)할 수 있을 것이다.

그렇다면 이 사건 심판의 대상은 지방세법 제111조 제5항 본문 및 제3호 중 '법인장부' 부분(이하 "이 사건 규정"이라 한다)의 위헌 여부이며, 이 사건 규정 및 관련 규정들의 내용은 다음과 같다.」

◎ 같은 취지 : 憲 2001. 3. 21.-99헌바107

▹ **형식상 법률조항의 해석을 다투는 것이나 실질적으로는 법률조항 자체의 불명확성이나 자의적 해석의 소지가 있음을 다투는 것이거나 법원의 해석에 의하여 구체화된 사례군이 집적되어 있는 경우에는 법률조항 자체의 위헌성을 다투는 것으로 보아 심판청구를 인정할 수 있다는 취지의 판례**

[憲 2001. 9. 27.-2000헌바20](국제통화기금조약 제9조 제3항 등 위헌소원)

「적법요건에 관하여 판단한다.

가. 조약이 위헌법률심판의 대상이 되는지 여부

헌법재판소법 제68조 제2항은 심판대상을 '법률'로 규정하고 있으나, 여기서의 '법률'에는 '조약'이 포함된다고 볼 것이다. 헌법재판소는 국내법과 같은 효력을 가지는 조약이 헌법재판소의 위헌법률심판대상이 된다고 전제하여 그에 관한 본안판단을 한 바 있다(헌재 1999. 4. 29. 97헌가14, 판례집 11-1, 273 참조). 한편 이 사건 조항은 재판권 면제에 관한 것이므로 성질상 국내에 바로 적용될 수 있는 법규범으로서 위헌법률심판의 대상이 된다고 할 것이다.

나. 이 사건 조항에 대한 한정위헌 청구의 부적법성

청구인은 이 사건 조항의 전반적인 내용에 관하여 그 위헌 여부를 다투는 것이 아니라(즉 청구인들은 이 사건 조항에서 공적인 행위에 대한 재판권면제 자체를 다투는 취지는 아니라고 이해된다), 이 사건 조항의 재판권 면제에 불법행위 소송까지 포함하는 한 위헌이라는 한정위헌을 구하고 있다. 그러나 헌법재판소법 제68조 제2항이 "법률의 위헌여부심판의 제청신청이 기각된 때에는"이라고 규정함으로써 심판의 대상을 '법률'에 한정하고 있으므로, 일반적으로 법률조항 자체의 위헌판단을 구하는 것이 아니라 법률조항을 "……하는 것으로 해석하는 한 위헌"이라는 판단을 구하는 청구는 헌법재판소법 제68조 제2항에 의한 청구로 적절치 아니하다(헌재 1998. 9. 30. 98헌바3; 1997. 2. 20. 95헌바27, 판례집 9-1, 161; 헌재 1995. 7. 21. 92헌바40, 판례집 7-2, 37; 1999. 3. 25. 98헌바2, 판례집 11-1, 200, 208; 2001. 3. 21. 99헌바107, 공보 55, 331, 333).

그러나 법률조항의 내용에 따라서는 비록 당사자가 해석문제를 제기하지만, 법률조항 자체의 위헌성 문제로 선해할 여지가 있는 경우가 있는바, 헌법재판소는 청구인의 주장이 단순히 법률조항의 해석을 다투는 것이 아니라, 법률조항이 불명확하여 이를 다투는 등 법률조항 자체의 위헌성에 관한 청구로 이해되는 경우에는, 한정위헌의 판단을 구하는 심판청구도 헌법재판소법 제68조 제2항에 의한 헌법소원으로 보아 적법한 것으로 받아들이고 있다.

헌법재판소가 그동안 적극적으로 심판대상으로 삼아 판단한 경우는 대개 2가지로 분류할 수 있다. ① 하나는 법규정 자체의 불확정성을 다투는 것으로 보는 경우이다. 헌법상의 명확성 원칙을 다투는 경우 혹은 조세법률주의(과세요건 명확주의) 위반을 다투는 경우(헌재 1995. 7. 21. 92헌바40, 판례집 7-2, 34, 36-37; 1997. 2. 20. 95헌바27, 판례집 9-1, 156, 161-162; 1999. 3. 25. 98헌바2, 판례집 11-1, 200, 208-209; 1999. 7. 22. 97헌바9, 판례집 11-2, 112, 121; 1999. 11. 25. 98헌바36, 판례집 11-2, 529, 536; 2000. 6. 1. 97헌바74, 공보 46, 448, 449)가 이에 해당한다. ② 다른 하나는 소위 "법원의 해석에 의하여 구체화된 심판대상 규정의 위헌성" 문제가 있는 것으로 볼 만큼 일정한 사례군이 상당기간에 걸쳐 형성, 집적된 경우로서 군무이탈자 복귀명령 위반행위를 명령위반죄로 처벌하는 군형법 제47조에 관한 헌재 1995. 5. 25. 91헌바20 결정(판례집 7-1,

615, 626)과 집단적 노무제공거부행위를 업무방해죄로 처벌하는 형법 제314조에 관한 헌재 1998. 7. 16. 97헌바23 결정(판례집 10-2, 243, 251-252)과 방영금지가처분을 허용하는 민사소송법 제714조 제2항에 관한 헌재 2001. 8. 30. 2000헌바36 결정(공보 60, 852)이 여기에 해당된다.

이러한 법리는 법률적 효력을 지니는 이 사건 조약에도 마찬가지로 타당하다고 볼 것이다.

그런데 이 사건에서 청구인들이 이 사건 조항 자체의 불명확성을 다투는 것이라고 선해하기 곤란하다. 왜냐하면 이 사건에서는 이 사건 조항 자체의 내용(말하자면 "공적 자격으로 행한" 부분)의 불명확성이 문제될 수 있는 것이 아니라, 그러한 공적 행위 중에서 어느 범위의 불법행위를 배제할 것인지 여부가 문제된다고 보이기 때문이다.

한편 청구인은 이 사건 조항이 재판권 면제에 불법행위로 인한 손해배상소송의 경우까지 포함되는 것으로 해석하는 한 위헌이라는 한정위헌을 주장하지만 이 사건조항이 이와 같은 해석에 의하여 구체화되었다고 볼 수 있을 정도로 사례군이 집적되었다고 볼만한 자료는 아직 없다.

4. 결　론

그렇다면, 이 사건 심판청구는 부적법하므로 관여재판관 전원의 일치된 의견으로 이를 각하하기로 하여 주문과 같이 결정한다.」

▸ 「긴급재정경제명령 · 긴급명령」에 대한 판례

▹ 긴급재정경제명령과 긴급명령은 헌법재판의 대상이 된다는 취지의 판례

[憲 1996. 2. 29.-93헌마186](긴급재정명령 등 위헌확인)

「통치행위란 고도의 정치적 결단에 의한 국가행위로서 사법적 심사의 대상으로 삼기에 적절하지 못한 행위라고 일반적으로 정의되고 있는바, 이 사건 긴급명령이 통치행위로서 헌법재판소의 심사 대상에서 제외되는지에 관하여 살피건대, 고도의 정치적 결단에 의한 행위로서 그 결단을 존중하여야 할 필요성이 있는 행위라는 의미에서 이른바 통치행위의 개념을 인정할 수 있고, 대통령의 긴급재정경제명령은 중대한 재정 경제상의 위기에 처하여 국회의 집회를 기다릴 여유가 없을 때에 국가의 안전보장 또는 공공의 안녕질서를 유지하기 위하여 필요한 경우에 발동되는 일종의 국가긴급권으로서 대통령이 고도의 정치적 결단을 요하고 가급적 그 결단이 존중되어야 할 것임은 법무부장관의 의견과 같다.

그러나 이른바 통치행위를 포함하여 모든 국가작용은 국민의 기본권적 가치를 실현하기 위한 수단이라는 한계를 반드시 지켜야 하는 것이고, 헌법재판소는 헌법의 수호와 국민의 기본권 보장을 사명으로 하는 국가기관이므로 비록 고도의 정치적 결단에 의하여 행해지는 국가작용이라고 할지라도 그것이 국민의 기본권 침해와 직접 관련되는 경우에는 당연히 헌법재판소의 심판대상이 될 수 있는 것일 뿐만 아니라, 긴급재정경제명령은 법률의 효력을 갖는 것이므로 마땅히 헌법에 기속되어야 할 것이다.

따라서 이 사건 긴급명령이 통치행위이므로 헌법재판의 대상이 될 수 없다는 법무부장관의 주장은 받아들일 수 없다.」

▸ 「조약」에 대한 판례

▹ 조약이 위헌법률심판의 대상이 된다는 취지의 판례

[憲 2001. 9. 27.-2000헌바20](국제통화기금조약 제9조 제3항 등 위헌소원)

※ 위 판례 인용부분 참조

▸ 「헌법의 개별규정」에 대한 판례

▹ 현행 헌법재판절차를 통해서는 헌법의 개별규정에 대하여 심사를 할 수 없다는 취지의 판례
[憲 1995. 12. 28.-95헌바3](국가배상법 제2조 제1항 등 위헌소원)

「(1) 이 사건 심판청구는 헌법 제29조 제2항을 그 대상의 일부로 하고 있으므로, 우선적으로 헌법의 개별조항이 헌법재판소법 제68조 제2항에 의한 헌법소원심판의 대상이 되는지 여부가 문제된다.

(2) 헌법 제111조 제1항 제1호 및 헌법재판소법 제41조 제1항은 위헌법률심판의 대상에 관하여, 헌법 제111조 제1항 제5호 및 헌법재판소법 제68조 제2항, 제41조 제1항은 헌법소원심판의 대상에 관하여 그것이 법률임을 명문으로 규정하고 있으며, 여기서 위헌심사의 대상이 되는 법률이 국회의 의결을 거친 이른바 형식적 의미의 법률을 의미하는 것에는 아무런 의문이 있을 수 없다. 따라서 형식적 의미의 법률과 동일한 효력을 갖는 조약 등은 포함된다고 볼 것이지만 헌법의 개별규정 자체는 그 대상이 아님이 명백하다.

(3) 그럼에도 불구하고, 이른바 헌법제정권력과 헌법개정권력을 준별하고, 헌법의 개별규정 상호간의 효력의 차이를 인정하는 전제하에서 헌법제정규범에 위반한 헌법개정에 의한 규정, 상위의 헌법규정에 위배되는 하위의 헌법규정은 위헌으로 위헌심사의 대상이 된다거나, 혹은 헌법규정도 입법작용이라는 공권력 행사의 결과이므로 헌법재판소법 제68조 제1항에 의한 헌법소원의 대상이 된다는 견해가 있을 수는 있다.

(4) 그러나, 우리 나라의 헌법은 제헌헌법이 초대국회에 의하여 제정된 반면 그후의 제5차, 제7차, 제8차 및 현행의 제9차 헌법 개정에 있어서는 국민투표를 거친 바 있고, 그간 각 헌법의 개정절차조항 자체가 여러 번 개정된 적이 있으며, 형식적으로도 부분개정이 아니라 전문까지를 포함한 전면개정이 이루어졌던 점과 우리의 현행 헌법이 독일기본법 제79조 제3항과 같은 헌법개정의 한계에 관한 규정을 두고 있지 아니하고, 독일기본법 제79조 제1항 제1문과 같이 헌법의 개정을 법률의 형식으로 하도록 규정하고 있지도 아니한 점 등을 감안할 때, 우리 헌법의 각 개별규정 가운데 무엇이 헌법제정규정이고 무엇이 헌법개정규정인지를 구분하는 것이 가능하지 아니할 뿐 아니라, 각 개별규정에 그 효력상의 차이를 인정하여야 할 형식적인 이유를 찾을 수 없다. 이러한 점과 앞에서 검토한 현행 헌법 및 헌법재판소법의 명문의 규정취지에 비추어, 헌법제정권과 헌법개정권의 구별론이나 헌법개정한계론은 그 자체로서의 이론적 타당성 여부와 상관없이 우리 헌법재판소가 헌법의 개별규정에 대하여 위헌심사를 할 수 있다는 논거로 원용될 수 있는 것이 아니다.

또한 국민투표에 의하여 확정된 현행 헌법의 성립과정과 헌법 제130조 제2항이 헌법의 개정을 국민투표에 의하여 확정하도록 하고 있음에 비추어, 헌법은 그 전체로서 주권자인 국민의 결단 내지 국민적 합의의 결과라고 보아야 할 것으로, 헌법의 규정을 헌법재판소법 제68조 제1항 소정의 공권력 행사의 결과라고 볼 수도 없다.

(5) 물론 헌법은 전문과 단순한 개별조항의 상호관련성이 없는 집합에 지나지 않는 것이 아니고 하나의 통일된 가치체계를 이루고 있는 것이므로, 헌법의 전문과 각 개별규정은 서로 밀접한 관련을 맺고 있고, 따라서 헌법의 제규정 가운데는 헌법의 근본가치를 보다 추상적으로 선언한 것도 있고, 이를 보다 구체적으로 표현한 것도 있어서 이념적 · 논리적으로는 규범 상호간의 우열을 인정할 수 있는 것이 사실이다. 그러나, 그렇다 하더라도, 이 때에 인정되는 규범 상호간의 우열은 추상적 가치규범의 구체화에 따른 것으로 헌법의 통일적 해석에 있어서는 유용할 것이지만, 그것이 헌법의 어느 특정규정이 다른 규정의 효력을 전면 부인할 수 있

는 정도의 개별적 헌법규정 상호간에 효력상의 차등을 의미하는 것이라고는 볼 수 없다.

(6) 우리 헌법재판소가 이 사건의 심판대상이기도 한 국가배상법 제2조 제1항 단서에 대하여 동 규정이 "일반국민이 직무집행중인군인과의 공동불법행위로 직무집행중인 다른 군인에게 공상을 입혀 그 피해자에게 공동의 불법행위로 인한 손해를 배상한 다음 공동불법행위자인 군인의 부담부분에 관하여 국가에 대하여 구상권을 행사하는 것을 허용하지 아니한다고 해석하는 한, 헌법에 위반된다"고 판시한 것(헌법재판소 1994. 12. 29. 선고, 93헌바21 결정)은 헌법상의 제규정을 가치통일적으로 조화롭게 해석·적용하기 위하여 개별 헌법규정의 의미를 제한적으로 해석하였던 대표적인 예라고 할 수 있는데, 이를 넘어서서 명시적으로 헌법의 개별규정 그 자체의 위헌 여부를 판단하는 것은 헌법재판소의 관장사항에 속하는 것이 아니다.

(7) 따라서 이 사건 심판청구 중 헌법 제29조 제2항을 대상으로 한 부분은 부적법하다.」

[憲 2001. 2. 22.-2000헌바38](국가배상법 제2조 제1항 단서 등 위헌소원)

「헌법 및 헌법재판소의 규정상 위헌심사의 대상이 되는 법률은 국회의 의결을 거친 이른바 형식적 의미의 법률을 의미하는 것이므로 헌법의 개별규정 자체는 헌법소원에 의한 위헌심사의 대상이 아니다. 한편, 이념적·논리적으로는 헌법규범 상호간의 우열을 인정할 수 있다 하더라도 그러한 규범 상호간의 우열이 헌법의 어느 특정규정이 다른 규정의 효력을 전면적으로 부인할 수 있을 정도의 개별적 헌법규정 상호간에 효력상의 차등을 의미하는 것이라고 볼 수 없으므로, 헌법의 개별규정에 대한 위헌심사는 허용될 수 없다.」

⇔ 재판관 1인(재판관 하경철)의 반대의견

「헌법에는 보다 상위의 근본규정에 해당하는 헌법규정과 그러한 근본규정에 해당하지 않는 보다 하위의 헌법규정이 있을 수 있고, 하위의 헌법규정이 상위의 헌법규정과 합치하지 않는 모든 경우에 그 효력을 부인할 수 있는 것은 아니나, 더 이상 감내할 수 없을 정도로 일반인의 정의감정에 합치하지 아니하는 경우에는 헌법의 개별조항도 헌법 제111조 제1항 제1호 및 제5호, 헌법재판소법 제41조 제1항 및 제68조 제2항 소정의 법률의 개념에 포함되는 것으로 해석하여 헌법재판소가 그 위헌성을 확인할 수 있다. 군인등 신분이라는 이유만으로 국가배상청구권을 박탈한 헌법 제29조 제2항은 상위규정이며 민주주의 헌법의 기본이념이고 근본규정이라고 할 수 있는 헌법 제11조 제1항의 평등원칙에 위배되고 인간의 존엄과 가치를 보장한 헌법 제10조에도 위배된다.」

◎ 같은 취지 : 憲 1996. 6. 13.-94헌바20

▶ 심판의 제청

▸ 「제청권자」에 대한 판례

▹ 개인은 어떠한 경우에도 제청권을 가지지 못한다는 취지의 판례

[憲 1994. 6. 30.-94헌아5](위헌법률심판청구)

「헌법 제107조 제1항 및 헌법재판소법 제41조 제1항의 규정을 모두어 보면, 법률이 헌법에 위반되는 여부가 재판의 전제가 된 때에는 당해 사건을 담당하는 법원은 직권 또는 당사자의 신청에 의한 결정으로 헌법재판소에 위헌법률심판을 제청하고, 그 심판에 의하여 재판하게 되어 있다. 또한 헌법 제11조 제1항, 헌법재판소법 제2조 및 제41조 내지 제47조의 규정들을 종합하면, 헌법재판소가 관장하는 재판사항은 위헌법률심판, 탄핵심판, 정당해산심판, 권한쟁의심판 및 헌법소원심판의 5가지로 한정되어 있고, 그 중 위헌법률심판은 위 헌법 제107조

제1항 및 헌법재판소법 제41조 제1항의 규정에 따라 법원의 제청이 있는 때에 한하여 할 수 있게 되어있다. 다만, 법률의 규정으로 말미암아 직접 기본권이 침해되었거나, 법원으로부터 위헌법률심판제청신청이 기각되었음을 이유로 헌법재판소법 제68조에 의거하여 법률의 규정에 대한 위헌선언을 구하는 헌법소원심판을 청구할 수 있으나, 그것은 위에서 말하는 위헌법률심판의 청구는 아니다. 따라서 헌법재판소는 구체적 사건에서 법률의 위헌 여부가 재판의 전제가 되어 법원의 제청이 있는 때에 한하여 위헌법률심판을 할 수 있고, 개인의 제소 또는 심판청구만으로는 위헌법률심판을 할 수 없다는 것이다.

그런데 청구인들의 주장에 의하면, 이 사건 심판청구는 청구인들이 직접 헌법재판소법 제41조 제1항에서 규정하는 "위헌법률심판"을 청구하는 것이지, 헌법재판소법 제68조 제1항 또는 제2항에 의한 헌법소원심판을 청구하는 것은 아니라는 것이다. 그렇다면 이 사건 심판청구는 헌법재판소가 관장하는 재판사항이 아닌 사항에 대한 심판을 구하는 것으로서, 부적법한 청구이므로 이를 각하하기로 하여 주문과 같이 결정한다. 이 결정은 관여재판관 전원의 의견일치에 따른 것이다.」

▸ 「구체적 사건의 계속」에 대한 판례

▹ 보정명령의 경우도 가능하다는 취지의 판례

[憲 1994. 2. 24.-91헌가3](인지첩부및공탁제공에관한특례법 제2조에 대한 위헌심판)

「제청된 법률이 위헌으로 심판되는 여부가 법원이 앞으로 진행될 소송절차와 관련한 중요한 문제점을 선행결정하여야 하는 여부의 판단에 영향을 주는 경우도 전제성이 있다고 보아야 한다. 그런데 이 사건 법률규정이 위헌으로 심판되면 소송당사자인 대한민국은 항소장에 민사소송등인지법 제3조에 정한 인지를 첩부할 의무가 있어서 그 항소장을 심사한 원심법원인 제청법원(단독판사)은 민사소송법 제368조의2 제1항에 의하여 대한민국에 대하여 민사소송등인지법 제3조에 정한 인지를 첩부할 것을 명하는 보정명령을 내리는 재판을 하여야 하고, 만일 대한민국이 이 보정명령에 다른 보정을 하지 않을 경우에는 위 원심법원은 민사소송법 제368조의2 제2항에 의하여 그 항소장을 각하하여야 한다. 만일 이 사건 법률규정이 합헌이라면 위 원심법원은 위 보정명령을 내리는 재판을 할 수 없다. 그러므로 이 사건 법률규정의 위헌 여부는 앞으로 진행될 항고심절차에 관련하여 인지보정명령을 내릴 수 있는 여부의 중요한 문제를 선행결정하여야 하는 법원의 판단에 영향을 주는 것이다. 그러므로 이 사건 법률규정의 위헌 여부는 위 원심법원이 대한민국에 대하여 인지첩부를 명하는 보정명령을 내리는 재판 여부에 대하여 전제성이 있다고 할 것이다.」

▹ 구속적부심사의 경우도 가능하다는 취지의 판례

[憲 1995. 2. 23.-92헌바18](군사법원법 제238조 등에 대한 헌법소원)

「위헌여부심판의 제청신청을 받은 법원은 법리상 늦어도 본안사건에 대한 재판을 마치기 전까지는 제청신청에 대한 재판을 하여야 할 것인데도 이 사건의 경우 위에서 본 바와 같이 위헌여부심판의 제청에 대하여는 결정을 하지 아니한 채 먼저 구속적부심사청구를 기각한 다음 제청신청을 기각하여 사건을 부당하게 처리하였을 뿐만 아니라 헌법소원심판청구를 할 당시 청구인이 계속 구속상태에 있었고 또한 새로이 구속적부심사청구를 할 수 있는 상태에 있었으므로, 헌법소원심판청구 당시 일단 구속적부심사청구가 기각되었다고 하더라도 재판의 전제성은 있다고 보아야 할 것이다.」

▷ 보석허가결정의 경우도 가능하다는 취지의 판례

[憲 1993. 12. 23.-93헌가2](형사소송법 제97조 제3항 위헌제청)

「(형사소송)법 제408조 제2항에 의하여 원심법원이 항고의 전부 또는 일부가 이유없다고 인정하는 것도 법관의 판단작용을 거친다는 뜻에서 실질에 있어 원심법원의 재판이라고 할 것이고 그 의견서는 실질에 있어 그 이유의 기재라고 할 것이다.」

▷ 증거채부결정의 경우도 가능하다는 취지의 판례

[憲 1996. 12. 26.-94헌바1](형사소송법 제221조의2 위헌소원)

「여기서 '재판'이라 함은 판결·결정·명령 등 그 형식 여하와 본안에 관한 재판이거나 소송절차에 관한 재판이거나를 불문하며(헌법재판소 1994. 2. 24. 선고, 91헌가3 결정 참조), 심급을 종국적으로 종결시키는 종국재판뿐만 아니라 중간재판도 이에 포함된다고 하겠다. 법관이 법원으로서 어떠한 의사결정을 하여야 하고 그 때 일정한 법률조항의 위헌여부에 따라 그 의사결정의 결론이 달라질 경우에는, 우선 헌법재판소에 그 법률에 대한 위헌 여부의 심판을 제청한 뒤 헌법재판소의 심판에 의하여 재판하여야 한다는 것이 법치주의의 원칙과 헌법재판소에 위헌법률심판권을 부여하고 있는 헌법 제111조 제1항 제1호 및 헌법 제107조 제1항의 취지에 부합하기 때문이다.

그러므로 법 제295조에 의하여 법원이 행하는 증거채부결정도 당해 소송사건을 종국적으로 종결시키는 재판은 아니라고 하더라도, 그 자체가 법원의 의사결정으로서 헌법 제107조 제1항과 헌법재판소법 제41조 제1항 및 제68조 제2항에 규정된 재판에 해당된다고 할 것이다.」

▶ 재판의 전제성

▸ 「전제성의 구성요소」에 대한 판례

▷ 재판의 전제성의 구성요소를 밝힌 판례

[憲 1993. 11. 25.-92헌바39](형사소송법 제56조 위헌소원)

「헌법 제107조 제1항은 "법률이 헌법에 위반되는 여부가 재판의 전제가 된 경우에는 법원은 헌법재판소에 제청하여 그 심판에 의하여 재판한다"라고 규정하고, 한편 헌법재판소법 제41조 제1항은 "법률이 헌법에 위반되는 여부가 재판의 전제가 된 때에는 당해 사건을 담당하는 법원(군사법원을 포함한다. 이하 같다)은 직권 또는 당사자의 신청에 의한 결정으로 헌법재판소에 위헌 여부의 심판을 제청한다"라고, 같은 법 제68조 제2항은 "제41조 제1항의 규정에 의한 법률의 위헌여부심판의 제청신청이 기각된 때에는 그 신청을 한 당사자는 헌법재판소에 헌법소원심판을 청구할 수 있다"라고 각 규정하고 있다.

그러므로 법률에 대한 위헌여부심판의 제청이나 헌법재판소법 제68조 제2항의 규정에 의한 헌법소원심판청구가 적법하기 위하여는 문제된 법률 또는 법률조항이 헌법에 위반되는 여부가 재판의 전제가 되어야 한다는 요건을 갖추어야 한다. 그리고 법률의 위헌 여부에 대한 재판의 전제성이라 함은 첫째 구체적인 사건이 법원에 현재 계속 중이어야 하고, 둘째 위헌 여부가 문제되는 법률 또는 법률조항이 당해 소송사건의 재판과 관련하여 적용되는 것이어야 하며, 셋째 그 법률이 헌법에 위반되는지의 여부에 따라 당해 사건을 담당한 법원이 다른 내용의 재판을 하게 되는 경우를 말한다. 여기에서 법원이 "다른 내용의" 재판을 하게 되는 경우라 함은 원칙적으로 법원에 계속 중인 당해 사건의 재판의 주문이나 결론에 어떠한 영향을 주는 것이어야 하나, 비록 재판의 주문 자체에는 아무런 영향을 주지 않는다고 하더라도 문제된 법률의 위헌 여부에 따라 재판의 결론을 이끌어내는 이유를 달리하는 데 관련되어 있거나 재판의 내용과 효력에 관한 법률적 의미가 달라지는 경우이어야 한다(헌법재판소 1992. 12. 24. 선고, 92헌가8 결정 참조).」

◎ **같은 취지 : 憲 1993. 12. 23.-93헌가2; 2000. 1. 27.-99헌바23**

▷ 어떤 법률 또는 법률조항이 당해 사건에 적용될 것이 아니어서 재판의 전제성이 없다고 본 판례

[憲 1998. 2. 27.-97헌가10등](국가유공자예우등에관한법률 제9조 위헌제청 등)

「헌법재판소법 제68조 제2항에 정한 헌법소원심판청구사건에 있어서는 법원에 계속된 구체적 사건에 적용할 법률의 위헌 여부가 재판의 전제로 되어 있어야 하고(헌법재판소법 제68조 제2항, 제41조 제1항), 이 경우 재판의 전제가 된다고 함은 문제되는 법률이나 법률조항이 당해 소송사건의 재판에 적용되는 것이어야 하며, 그 법률이나 법률조항의 위헌 여부에 따라 재판의 주문이 달라지거나 재판의 내용과 효력에 관한 법률적 의미가 달라지는 경우를 말한다(1993. 7. 29. 선고, 92헌바48 결정 등).

부산고등법원이 1997. 6. 11. 선고한 당해사건인 96구9126 유족연금지급거부처분취소사건에 대한 판결에 의하면 청구인의 청구가 법 제77조 소정의 소멸시효완성을 이유로 기각된 것이 아님이 분명하고 다만, 문제는 법 제9조가 위헌으로 결정되어 청구인의 청구가 인용되는 경우인데, 이 경우에도 위헌결정의 선고로써 유족연금의 지급청구권이 비로소 발생하게 되는 것이기 때문에 법 제77조가 적용될 여지가 없다 할 것이므로 법 제77조에 대한 헌법소원심판청구 부분은 재판의 전제성요건을 갖추지 못하여 부적법하다.」

▷ 공소가 제기되지 않은 법률조항이어서 재판의 전제성이 없다고 본 판례

[憲 1989. 9. 29.-89헌마53](폭력행위등처벌에관한법률의 위헌 여부에 관한 헌법소원)

「먼저 이 사건 헌법소원 심판청구의 적법 여부에 관하여 보건대, 헌법재판소법 제41조 제1항, 제68조 제2항의 각 규정에 의하면 법률의 위헌심사를 구하는 헌법소원은 법률이 헌법에 위반되는 여부가 재판의 전제가 된 때에 한하여 청구할 수 있도록 되어 있는바, 청구인이 대구지방법원 상주지원에 위헌법률 심판의 제청신청을 한 당해사건인 같은 법원 89고합20, 89감고1 사건의 공소장 등본의 내용에 의하면, 청구인은 폭력행위등처벌에관한법률 제2조 제1항의 상습공갈죄, 상습폭행죄, 상습상해죄 및 상습협박죄 그리고 형법 제314조의 업무방해죄, 형법 제329조의 절도죄로 공소제기된 것이지 폭력행위등처벌에관한법률 제2조 제2항, 제3항 및 제3조에 해당하는 범죄사실이나 적용법조로는 공소제기된 것이 아님을 알 수 있다.

그렇다면 폭력행위등처벌에관한법률의 목적을 규정한 제1조나 야간 또는 2인 이상 및 집단적 폭행등에 대한 처벌규정인 제2조 제2항, 제3항 및 제3조의 위헌 여부는 청구인이 재판을 받고 있는 당해사건 재판의 전제가 될 수 없으므로 그 부분에 대한 위헌법률심판의 헌법소원은 심판청구의 이익이 없어 부적법하고, 같은 법 제2조 제1항에 대한 위헌법률심판의 헌법소원만이 적법한 것이다.」

▷ 공소장에 적시된 법률조항이라 하더라도 구체적 소송사건에서 법원이 적용하지 아니한 법률조항이어서 재판의 전제성이 없다고 본 판례

[憲 1997. 1. 16.-89헌마240](국가보위입법회의법, 국가보안법의 위헌 여부에 관한 헌법소원)

「문제는 공소장의 "적용법조"란에 적시된 법률조항과 법원의 판결에서 적용된 법률조항이 일

치하지 않는 경우인데, 이 경우에는 비록 공소장에 적시된 법률조항이라 하더라도 구체적 소송사건에서 법원이 적용하지 아니한 법률조항은 결국 재판의 전제성이 인정되지 않는다고 보아야 할 것이다. 왜냐하면 헌법재판소에서 그러한 법률조항에 대하여 위헌결정을 한다고 하더라도 다른 특별한 사정이 없는 한 그로 인하여 당해 소송사건의 재판의 주문이 달라지지 않을 뿐만 아니라 재판의 내용과 효력에 관한 법률적 의미가 달라지지도 않기 때문이다.」

▷ **당해 재심사건에 적용될 법률이 아니어서 재판의 전제성이 없다고 본 판례**

[憲 1993. 11. 25.-92헌바39](형사소송법 제56조 위헌소원)

「청구인이 위 재심사건에서 그 재심의 이유로 내세우는 사유는 단지 공판조서의 기재가 잘못되었다는 것이고, 이는 형사소송법 제420조가 정한 재심사유의 그 어느 것에도 해당되지 아니한다. 따라서 이 사건 법률조항은 당해 재심사건에 적용할 법률이 아니므로 재판의 전제성이 없다고 할 것이다. 다시 말하면 이 사건 법률 조항인 형사소송법 제56조에 대하여 비록 우리 재판소가 헌법에 위반한다라는 결정을 선고한다고 하더라도 이로써 당해 재심청구에 대한 심판사건의 주문이나 그 재판의 결론을 이끌어 내는 이유를 달리하게 할 수 없을 뿐만 아니라 재판의 내용과 효력에 관한 법률적 의미 역시 달라지게 할 수는 없기 때문이다. 그러므로 형사소송법 제56조는 적어도 위 재심의 청구에 대한 심판사건에 관한 한 그 전제성을 갖추지 못한 것임이 명백하다.」

▷ **헌법재판소가 종료된 행정처분이 취소사유를 가지는 경우에는 그 행정처분에 대한 무효확인소송에서 해당 근거법률은 재판의 전제성을 가지지 않지만, 그 근거법률의 위헌선고로 인하여 그 행정처분이 당연무효로 되는 경우라면 해당 근거법률은 재판의 전제성을 가진다고 본 판례**

[憲 1994. 6. 30.-92헌바23](구국세기본법 제42조 제1항 단서에 대한 헌법소원)

「(1) 이 사건은 헌법재판소법 제68조 제2항에 의한 것으로서 이른바 위헌제청형 헌법소원이므로 그 적법요건으로 헌법소원의 대상이 된 법률이 헌법에 위반되는 여부가 재판의 전제가 되어 있을 것이 필요하다. 서울고등법원이 청구인의 위헌제청신청을 기각함에 있어 "가사 청구인 주장과 같이 이 사건 규정부분이 헌법재판소의 위헌결정으로 무효의 규정이 된다고 하더라도 상대방(마포세무서장)이 외환은행을 물적 납세의무자로 지정하고 이 사건 기계류를 압류한 처분이 중대하고 명백한 하자가 있는 처분으로서 당연무효가 된다고는 판단되지 않는다"고 하여, 이 사건 심판대상규정의 헌법위반 여부는 신청인의 위 법원 90구19055 압류처분 등 무효확인사건의 재판의 전제가 되지 않는다고 판단하였다.

그런데 재판의 전제성이 있다고 하려면 우선 그 법률이 당해 사건에 적용될 법률이어야 하는데 그 법률이 위헌일 때에는 합헌일 때와 다른 판단을 할 수밖에 없는 경우라야 하는 것이며 그것은 재판의 주문이 달라질 경우만에 한정되는 것은 아니고 문제된 법률의 위헌 여부가 재판의 주문에는 영향을 주지 않는다 하더라도 적어도 재판의 내용과 효력에 관한 법률적 의미를 달리하는 경우도 포함되는 것이다(헌법재판소 1989. 7. 14. 선고, 88헌가5,8, 89헌가44 결정 및 1992. 12. 24. 선고, 92헌가8 결정 참조).

이 사건에 있어서 청구인이 위 법원에 압류처분 등의 무효확인을 구하는 행정소송을 제기한 날은 1990. 11. 15.이고 마포세무서장의 물적 납세의무자 지정 및 압류처분일은 각 1990. 4. 3. 및 같은 달 4.이므로 위 소송은 위 압류처분 등에 대하여 행정심판 및 취소소송을 제기할 수 있는 기간이 경과한 후에 제기되었음이 역수상 분명하다. 그리고 행정처분의 근거가 된 법규가 헌법재판소에서 위헌이라고 선고되더라도 원칙적으로 비형벌법규에 대한 위헌결정의 장래효원칙에 따라 소급하여 무효가 되는 것은 아니라 할 것이다. 따라서 그러한 법규에 근거하여 내려진 행정처분이 당연무효라고 할 수는 없고 단순한 취소사유에 지나지 않는다면, 위 법원의 위헌제청신청기각 이유에서 볼 수 있는 바와 같이 청구인이 제기한 무효확인소송은 (대법원까지 가더라도) 기각될 이치이므로 이 사건 심판대상규정의 위헌 여부는 재판의 전제가 되지 않는다고 할 수 있겠으나 다만 행정처분의 근거법규가 추후 헌법재판소에 의하여 위헌으로 선고된 경우 그 행정처분도 무효로 볼 여지가 있는 경우라면 재판의 전제성이 인정될 수 있을 것이다. 그러므로 행정처분의 근거법규가 위헌인 겨우 그 하자가 행정처분의 당연무효사유인가 취소사유임에 불과한 것인가에 대하여서는 별도로 살펴보아야 할 것이다.

(2) 일반적으로 행정처분의 집행이 이미 종료되었고 그것이 번복될 경우 법적 안정성을 크게 해치게 되는 경우에는 후에 행정처분의 근거가 된 법규가 헌법재판소에서 위헌으로 선고된다고 하더라도 (처분의 근거법규가 위헌이었다는 하자는 중대하기는 하나 명백한 것이라고는 할 수 없다는 의미에서) 그 행정처분이 당연무효가 되지는 않는다고 할 수 있을 것이다. 따라서 행정처분에 대한 쟁송기간 내에 그 취소를 구하는 소를 제기한 경우는 별론으로 하고 쟁송기간이 경과한 후에는 처분의 근거법규가 위헌임을 이유로 무효확인소송 등을 제기하더라도 행정처분의 효력에 영향이 없음이 원칙이라고 할 것이다.

판례나 통설은 행정처분이 당연무효인가의 여부는 그 행정처분의 하자가 중대하고 명백한가의 여부에 따라 결정된다고 보고 있지 만 행정처분의 근거가 되는 법규범이 상위법 규범에 위반되어 무효인가 하는 점은 그것이 헌법재판소 또는 대법원에 의하여 유권적으로 확정되기 전에는 어느 누구에게도 명백한 것이라고 할 수 없기 때문에 원칙적으로 당연무효사유에는 해당할 수 없게 되는 것이다.

그러나 행정처분 자체의 효력이 쟁송기간 경과 후에도 존속 중인 경우, 특히 그 처분이 위헌법률에 근거하여 내려진 것이고 그 행정처분의 목적달성을 위하여서는 후행(後行) 행정처분이 필요한데 후행행정처분은 아직 이루어지지 않은 경우, 그 행정처분을 무효로 하더라도 법적 안정성을 크게 해치지 않는 반면에 그 하자가 중대하여 그 구제가 필요한 경우에 대하여서는 그 예외를 인정하여 이를 당연무효사유로 보아서 쟁송기간 경과 후에라도 무효확인을 구할 수 있는 것이라고 봐야 할 것이다. 학설상으로도 중대명백설 외에 중대한 하자가 있기만 하면 그것이 명백하지 않더라도 무효라고 하는 중대설도 주장되고 있고, 대법원의 판례로도 반드시 하자가 중대명백한 경우에만 행정처분의 무효가 인정된다고는 속단할 수 없기 때문이다.

위와 같은 예외를 인정한다면 행정처분이 근거 법규의 위헌의 정도가 심각하여 그 하자가 중대하다고 보여지는 경우, 그리고 그 때문에 국민의 기본권 구제의 필요성이 큰 반면에 법적 안정성의 요구는 비교적 적은 경우에까지 그 구제를 외면하게 되는 불합리를 제거할 수 있게 될 것이다. 위헌법률에 근거한 행정처분이라 할지라도 그것이 당연무효는 아니라고 보는 가장 기본적인 논리는 그 하자가 명백한가의 여부를 제쳐 놓더라도 이 경우를 무효라고 본다면 법적 안정성을 해칠 우려가 크다는 데 있는 것이므로 그 우려가 적은 경우에까지 확장하는 것은 온당하지 못하다고 할 것이며 그 경우에는 마땅히 그 예외가 인정되어야 할 것이다.

(3) 그렇다면 이 사건 심판대상규정과 관련된 규정이 후술(3.가(4))하는 바와 같이 이미 헌법재판소에 의하여 위헌선고가 되어 있는 터이고 계쟁사건의 행정처분의 진행정도를 보더라도 마포세무서장의 압류만 있는 상태이고 압류처분의 만족을 위한 환가 및 청산이라는 후행

처분은 아직 집행되지 않고 있는 경우이므로 위 예외에 해당되는 사례로 볼 여지가 있다고 할 것이다. 행정처분의 근거법규가 추후 헌법재판소에 의하여 위헌으로 선고된 경우 그 하자를 행정처분의 무효사유라고 볼 것인가 단순 취소사유로 볼 것인가에 관하여서도 아직까지 대법원의 판례가 확립되어 있다고는 보여지지 아니하므로 그러한 상황에서는 대법원에서 이를 무효사유로 볼 가능성이 없지 않다는 점에서 헌법재판소로서는 일응 재판의 전제성을 인정하여 근거법규의 위헌 여부에 대하여 판단하여 주는 것이 바람직한 재판태도라고 할 것이다.」

[憲 2001. 9. 27.-2001헌바38](토지수용법 제65조 등 위헌소원)

「당해 사건에서 청구인의 부당이득 반환청구가 인용되기 위해서는 이 사건 심판대상 규정들에 대한 위헌 결정이 이 사건 토지의 수용재결처분을 무효로 할 수 있어야 하는데, 판례나 통설은 행정처분이 당연무효인가의 여부는 그 행정처분의 하자가 중대하고 명백한가의 여부에 따라 결정된다고 보고 있으므로 이 사건 토지수용재결처분이 당연무효가 되기 위해서는 헌법재판소의 위헌 결정이 토지수용재결처분을 중대하고 명백한 하자있는 행정처분으로 할 수 있어야 한다. 이에 대해서 대법원은 법률에 근거하여 행정청이 행정처분을 한 후에 헌법재판소가 그 법률을 위헌으로 결정하였다면 결과적으로 그 행정처분은 법률의 근거가 없이 행하여진 것과 마찬가지가 되어 하자가 있는 것이 된다고 할 것이나, 하자있는 행정처분이 당연 무효가 되기 위해서는 그 하자가 중대할 뿐만 아니라 명백한 것이어야 하는데, 일반적으로 법률이 헌법에 위반된다는 사정이 헌법재판소의 위헌결정이 있기 전에는 객관적으로 명백한 것이라고 할 수는 없으므로 특별한 사정이 없는 한 이러한 하자는 위 행정처분의 취소사유에 해당할 뿐 당연 무효사유는 아니다(대판 1998. 4. 10. 선고 96다52359 판결; 2001. 3. 23. 선고 98두5583 판결)라고 판시하고 있다.

행정처분의 근거가 되는 법규범이 상위법 규범에 위반되어 무효인가 하는 점은 그것이 헌법재판소 또는 대법원에 의하여 유권적으로 확정되기 전에는 어느 누구에게도 명백한 것이라고 할 수 없기 때문에 원칙적으로 당연무효사유에는 해당할 수 없게 되는 것이다.

따라서 행정처분에 대한 쟁송기간이 경과한 후에는 처분의 근거법규가 위헌임을 이유로 무효확인소송 등을 제기하더라도 행정처분의 효력에 영향이 없음이 원칙이다(헌재 1994. 6. 30. 92헌바23 판례집 6-1, 592, 605).

그러나 행정처분 자체의 효력이 쟁송기간 경과 후에도 존속 중인 경우, 특히 그 처분이 위헌법률에 근거하여 내려진 것이고 그 행정처분의 목적달성을 위하여서는 후행(後行) 행정처분이 필요한데 후행(後行) 행정처분은 아직 이루어지지 않은 경우, 그 행정처분을 무효로 하더라도 법적 안정성을 크게 해치지 않는 반면에 그 하자가 중대하여 그 구제가 필요한 경우에 대하여서는 그 예외를 인정하여 이를 당연무효사유로 보아서 쟁송기간 경과 후에라도 무효확인을 구할 수 있는 것이라고 봐야 한다(헌재 1994. 6. 30. 92헌바23 판례집 6-1, 592).

그러므로 이 사건 심판청구가 위와 같은 예외적 무효사유가 존재하는 경우에 해당하는지를 보면, 이 사건 토지수용재결처분은 이미 1986. 4. 14.에 이루어져 그에 대한 다툼도 1993. 9. 10.에 대법원의 판결로서 최종 완결되었음을 알 수 있다. 이 사건 토지에 대한 수용재결처분을 둘러싼 분쟁이 법원의 판결을 통해 종결되었으므로 만약 이것이 번복된다면 법적 안정성을 크게 해치게 될 것임은 분명하고, 따라서 헌법재판소의 이 사건 심판대상규정들에 대한 위헌 결정은 토지수용재결처분을 당연무효로 하는 사유가 아니고 다만 취소할 수 있는 사유에 해당한다고 보아야 할 것인바, 현행법상 수용재결처분 자체를 독자적인 취소소송의 대상으로 할 수 있는지 여부는 별론으로 하더라도 수용재결처분의 취소를 구할 수 있는 쟁송기간은 이미 도과되어 더 이상 다툴 수 없음이 명백하므로 이 사건의 당해 사건은 이 사건 심판대상규정들의 위헌 여부에 따라 주문이 달라지거나 재판의 내용과 효력에 관한 법률적 의미가 달라지는 경우에 해당한다고 할 수 없어 이 사건 심판청구는 재판의 전제성 요건을 갖추지 못하였다고 할 것이다.」

▷ **법원의 당해 소송사건의 재판에 직접 적용되는 규범과 내적 관련성이 있는 경우에는 간접 적용되는 법률규정에 대하여도 재판의 전제성을 인정할 수 있다고 본 판례**

[憲 2001. 10. 25.-2000헌바5](정치자금에관한법률 제30조 제1항 등 위헌소원)

「어떤 법률규정이 위헌의 의심이 있다고 하더라도 그것이 당해사건에 적용될 것이 아니라면 재판의 전제성 요건은 충족되지 않으므로, 공소가 제기되지 아니한 법률조항의 위헌 여부는 당해 형사사건의 재판의 전제가 될 수 없다(헌재 1997. 1. 16. 89헌마240, 판례집 9-1, 45, 71). 그러나 제청 또는 청구된 법률조항이 법원의 당해사건의 재판에 직접 적용되지는 않더라도 그 위헌여부에 따라 당해사건의 재판에 직접 적용되는 법률조항의 위헌 여부가 결정되거나, 당해재판의 결과가 좌우되는 경우 등과 같이 양 규범 사이에 내적 관련이 있는 경우에는 간접 적용되는 법률규정에 대하여도 재판의 전제성을 인정할 수 있다(헌재 2000. 1. 27. 99헌바23, 판례집 12-1, 62, 71). 법 제3조 제8호는 비록 위 당해사건에서 공소가 제기된 법률조항은 아니지만, '후원회에 관한 정의규정'으로서 정치자금을 주거나 받을 수 있는 주체를 정하고 있는 규정이므로 이 조항의 위헌 여부에 따라 당해사건의 재판에 직접 적용되는 규범(법 제30조 제1항)의 의미가 달라짐으로써 재판에 영향을 미치는 경우에 해당한다. 따라서 법 제3조 제8호는 재판의 전제성이 있다.」

◎ 같은 취지 : 憲 2000.1.27.-99헌바23

▷ **재판에 직접 적용되는 시행령의 위헌 여부가 법률의 위임규정의 위헌 여부에 달려 있는 경우에 법률의 위임규정을 심판의 대상으로 삼을 수 있다고 본 판례**

[憲 1994. 6. 30.-92헌가18](국가보위에관한특별조치법 제5조 제4항 위헌제청)

「폐지된 법률도 그 위헌 여부가 관련 소송사건의 재판의 전제가 되어 있다면 당연히 헌법재판소의 위헌심판의 대상이 된다.

더구나 특별조치법이 폐지되었다고는 하나 앞서 2항에서 설명한 바와 같이 특별조치법 폐지법률 부칙 제2항(명령 등에 관한 경과조치)에 의하여 "국가보위에관한특별조치법제5조제4항에의한동원대상지역내의토지수용·상용에관한특별조치령"은 아직 그 효력을 지속하고 있고 그 한도에서 특별조치법도 살아 있는 법률이나 같다. 그리고 제청신청인은 특별조치법 제5조 제4항 및 특별조치령 제29조에 의하여 수용당한 원래의 자기소유 토지에 관하여 특별조치법 제5조 제4항이 위헌임을 이유로 하여 대한민국을 상대로 소유권이전등기말소청구소송을 제기한 것이므로 특별조치법 제5조 제4항의 위헌 여부는 위 소송 재판에서의 승패 여부의 전제가 된다. 왜냐하면 상위법인 특별조치법 제5조 제4항의 위헌 여부는 하위법인 특별조치령의 위헌 여부 및 효력 유무의 전제가 되고 특별조치법 제5조 제4항에 대하여 위헌결정이 되면 자동적으로 이 위헌법률조항에 근거한 특별조치령도 위헌·무효가 되고 아울러 위헌무효인 특별조치령에 근거한 수용처분도 위헌무효가 될 수 있기 때문이다(위헌 법령에 기한 행정처분의 무효 여부는 당해 사건을 재판하는 법원이 위헌성의 정도 등에 따라 판단할 사항이다). 따라서 특별조치법 제5조 제4항은 당연히 위헌 여부심판의 대상이 되어야 한다.」

[憲 1996. 8. 29.-95헌바36](구 산업재해보상보험법 제4조 단서 위헌소원)

「이 사건 법률조항이 위헌이라고 선언되는 경우 이에 근거한 위 시행령 조항도 역시 적용할 수 없게 되기 때문에 그 한도에서는 재판의 전제성이 있다고 하여야 할 것이다.」

▷ 재판의 결론이나 주문의 변경을 가져오는 경우를 다른 내용의 재판을 하게 되는 경우로 본 판례

[憲 1989. 12. 18.-89헌마32등](국가보위입법회의법 등의 위헌 여부에 관한 헌법소원)

「위헌법률심판에 있어서 문제된 법률이 재판의 전제가 된다함은 우선 그 법률이 당해 본안사건에 적용될 법률이어야 하고 또 그 법률이 위헌일 때는 합헌일 때와 다른 판단을 할 수 밖에 없는 경우, 즉 판결주문이 달라질 경우를 뜻한다고 할 것이고 그 법률이 현재 시행중인가 또는 이미 폐지된 것인가를 의미하는 것은 아니라 할 것이므로 폐지된 법률이라는 이유로 위헌 여부심판의 대상이 될 수 없다는 주장은 허용될 수 없는 것이다. 따라서 이미 폐지된 법률이라 할지라도 헌법소원심판청구인들의 침해된 법익을 보호하기 위하여 그 위헌 여부가 가려져야 할 필요가 있는 경우 즉 법률상 이익이 현존하는 경우에는 심판을 하여야 한다고 할 것이다(헌법재판소 1989. 7. 14. 선고 88헌가5, 8, 89헌가44(병합) 결정 참조).」

[憲 1990. 6. 25.-89헌가98](금융기관연체대출금에관한특별조치법 제7조의3에 대한 위헌심판)

「위 특별조치법 제7조의3의 위헌 여부는 제청신청인의 권리와는 무관하므로 위헌주장의 적격이 없어 이 사건 제청결정이 부적법하다는 취지의 본안 전의 주장에 관하여 보건대, 헌법재판소에 판단을 구하여 제청한 법률조문의 위헌 여부가 현재 제청법원이 심리중인 당해사건의 재판결과 즉 재판 결론인 주문에 어떠한 영향을 준다면 그것으로서 재판의 전제성이 성립되어 제청결정은 적법한 것으로 취급될 수 있는 것이고 제청신청인의 권리에 어떠한 영향이 있는가 여부는 헌법소원심판사건이 아닌 위헌법률심판사건에 있어서 그 제청결정의 적법 여부를 가리는 데 무관한 문제라 할 것이므로 위 본안 전의 주장은 더 나아가 살필 필요 없이 그 이유 없다고 하겠다.」

◎ 같은 취지 : 憲 2001.1.18.-2000헌바29

▷ 재판의 주문 자체에는 아무런 영향을 주지 않는다고 하더라도 재판의 결론을 이끌어 내는 이유를 달리하는 데 관련되어 있거나 또는 재판의 내용과 효력에 관한 법률적 의미가 달라지는 경우도 다른 내용의 재판을 하게 되는 경우로 본 판례

[憲 1992. 12. 24.-92헌가8](형사소송법 제331조 단서 규정에 대한 위헌심판)

「(1) 먼저 위헌법률심판제청의 전치요건인 재판의 전제성에 관한 적법성을 살펴 본다.

헌법 제107조 제1항은 "법률이 헌법에 위반되는 여부가 재판의 전제가 된 경우에는 법원은 헌법재판소에 제청하여 그 심판에 의하여 재판한다"고 규정하고 있고, 헌법재판소법 제41조 제1항은 "법률이 헌법에 위반되는 여부가 재판의 전제가 된 때에는 당해 사건을 담당하는 법원(군사법원을 포함한다. 이하 같다)은 직권 또는 당사자의 신청에 의한 결정으로 헌법재판소에 위헌여부의 심판을 제청한다"고 규정하고 있으므로 위헌법률심판제청이 적법하기 위하여는 문제된 법률의 위헌 여부가 재판의 전제가 되어야 한다는 재판의 전제성이 있어야 하는데, 그

재판의 전제성이라 함은, 첫째 구체적인 사건이 법원에 계속 중이어야 하고, 둘째 위헌 여부가 문제되는 법률이 당해 소송사건의 재판과 관련하여 적용되는 것이어야 하며, 셋째 그 법률이 헌법에 위반되는지의 여부에 따라 당해 사건을 담당한 법원이 다른 내용의 재판을 하게 되는 경우를 말한다. 법률의 위헌 여부에 따라 법원이 "다른 내용의" 재판을 하게 되는 경우라 함은 원칙적으로 제청법원이 심리 중인 당해 사건의 재판의 결론이나 주문에 어떠한 영향을 주는 것뿐만이 아니라, 문제된 법률의 위헌 여부가 비록 재판의 주문 자체에는 아무런 영향을 주지 않는다고 하더라도 재판의 결론을 이끌어내는 이유를 달리 하는 데 관련되어 있거나 또는 재판의 내용과 효력에 관한 법률적 의미가 전혀 달라지는 경우에는 재판의 전제성이 있는 것으로 보아야 한다.

따라서 제청법원의 당해 사건 재판 주문에 어떠한 영향을 주는 것뿐만이 아니라 재판의 이유를 달리하게 되거나, 재판의 내용이나 효력 중에 어느 하나라도 그에 관한 법률적 의미를 달리하는 경우에도 위헌법률심판제청의 전제요건인 적법성을 갖추었다고 할 것이다.

(2) 이 법 제331조 단서의 규정에 대하여 이와 같은 재판의 전제성이 있는지의 여부를 살펴본다.

이 법 제331조 본문의 규정은, "무죄, 면소, 형의 면제, 형의 선고유예, 형의 집행유예, 공소기각 또는 벌금이나 과료를 과하는 판결이 선고된 때에는 구속영장은 효력을 잃는다"라고 하고 있어 문면상으로는 종국재판으로서의 무죄 등 판결의 선고가 있으면 이에 따라 피고인의 구속이 해제되는 부수적 재판의 효력이 있음을 규정하고 있어 실질적으로는 법원이 선고하는 무죄 등의 판결에는 동시에 구속취소의 결정이 당연히 포함되어 있는 것으로 되어 있으며, 이는 결과적으로 구속의 취소에 관한 법 제93조의 특례규정으로서의 법적 기속력을 가지고 있는 것이다.

그런데 이 법 제331조 단서는 "단 검사로부터 사형, 무기 또는 10년 이상의 징역이나 금고의 형에 해당한다는 취지의 의견진술이 있는 사건에 대하여는 예외로 한다"라고 본문에 대한 예외규정을 두어 법원의 무죄 등의 판결선고에도 불구하고 구속영장의 효력이 상실되지 않는 예외를 설정함으로써 구속취소의 법적 효과를 배제하는 또 다른 이중적 특별규정을 두고 있다. 이러한 경우 법 제331조 단서규정의 위헌 여부에 따라 형사판결의 주문 성립과 내용 자체가 직접 달라지는 것은 아니지만 만약 위 규정이 위헌으로 법적 효력이 상실된다면 이 법 제331조 본문의 규정이 적용되어 제청법원이 무죄 등의 판결을 선고하게 될 경우에 그 판결의 선고와 동시에 구속영장의 효력을 상실시키는 재판의 효력을 가지게 되며, 이와는 달리 이 단서 규정이 합헌으로 선언되면 검사로부터 피고인들에 대하여 징역 장기 10년의 구형이 있는 위 피고사건에 있어서 당해사건을 담당하는 법원의 판결만으로는 구속영장의 효력을 상실시키는 효력을 갖지 못하게 되는 결과로 인하여 그 재판의 효력과 관련하여 전혀 다른 효과를 가져오는 재판이 될 것이다. 따라서 법 제331조 단서규정의 위헌 여부는 제청법원이 검사로부터 장기 10년의 징역형 등에 해당한다는 취지의 의견진술이 있느냐 없느냐 여하에 따라 관련 사건의 그 재판주문을 결정하고 기판력의 내용을 형성하는 그 자체에 직접 영향을 주는 것은 아니라 할지라도 그 재판의 밀접 불가결한 실질적 효력이 달라지는 구속영장의 효력에 관계되는 것이어서 재판의 내용이나 효력 중에 어느 하나라도 그에 관한 법률적 의미가 전혀 달라지는 경우에 해당하는 것이므로 재판의 전제성이 있다고 할 것이다. 따라서 제청법원의 이 사건에 대한 위헌법률심판제청은 적법하다고 아니할 수 없다.」

[憲 1993. 12. 23.-93헌가2](형사소송법 제97조 제3항 위헌제청)

「(1) 먼저 이 사건 규정의 위헌 여부가 재판의 전제성과 관련하여 적법한 심판대상인지의 여부에 관하여 살펴본다.

(가) 헌법 제107조 제1항과 헌법재판소법 제41조 제1항의 각 규정에 의하면 법률이 헌법에 위반되는 여부가 재판의 전제가 된 경우에는 법원이 헌법재판소에 위헌 여부의 심판을 제청하도록 되어 있으므로, 법률에 대한 위헌심판제청이 적법하기 위하여는 문제가 된 법률의 위헌 여부가 재판의 전제가 되어야 한다는 재판의 전제성을 갖추어야 할 것이다.

여기에서 재판의 전제성이라 함은 원칙적으로 ① 구체적인 사건이 법원에 계속 중이어야 하고, ② 위헌 여부가 문제되는 법률이 당해 소송사건의 재판에 적용되는 것이어야 하며, ③ 그 법률이 헌법에 위반되는지의 여부에 따라 당해 사건을 담당하는 법원이 다른 내용의 재판을 하게 되는 경우를 말한다. 여기서 다른 내용의 재판을 하게 되는 경우라 함은 원칙적으로 법원이 심리 중인 당해 사건의 재판의 결론이나 주문에 어떤 영향을 주는 경우뿐만 아니라 문제된 법률의 위헌 여부가 비록 재판의 주문 자체에는 아무런 영향을 주지 않는다고 하더라도 재판의 결론을 이끌어 내는 이유를 달리하는 데 관련되어 있거나 또는 재판의 내용과 효력에 관한 법률적 의미가 달라지는 경우도 포함된다고 할 것이다(헌법재판소 1992. 12. 24. 선고, 92헌가8 결정; 1993. 5. 13. 선고, 92헌가10, 91헌바7, 92헌바24, 50(병합) 결정; 1990. 6. 25. 선고, 89헌가98 내지 101(병합) 결정 등 참조). 그리고 위 재판의 전제성은 법률의 위헌 여부 심판제청시만 아니라 심판시에도 갖추어져야 함이 원칙이다.

(나) 보석은 판결 전의 소송절차이지만 형사소송법 제403조 제2항, 제402조에 의하여 보석에 관한 결정에 대하여 불복이 있으면 항고할 수 있다. 그리고 이 사건 규정에는, 보석을 허가하는 결정에 대하여 검사는 즉시항고를 할 수 있다고 규정하였다. 한편 같은 법 제409조에 의하면 즉시항고 외의 보통항고는 원칙적으로 재판의 집행을 정지하는 효력이 없으며, 원심법원 또는 항고법원이 집행정지결정을 한 경우에 한하여 항고에 대한 결정이 있을 때까지 집행을 정지하는 효력이 있다. 같은 법 제404조와 제405조의 규정에 의하면 원칙적으로 집행정지의 효력이 없는 보통항고의 제기기간은 보석에 관한 결정을 취소할 실익이 있는 한 언제든지 제기할 수 있으나 즉시항고의 제기기간은 3일이다. 그러나 보통항고든 즉시항고든 간에 항고의 제기가 있는 경우에는 원심법원은 항고의 제기가 법률상의 방식에 위배하거나 항고권 소멸 후인 점이 명백한 때에는 같은 법 제407조 제1항에 의하여 그 항고를 기각하고, 항고가 이유 있다고 인정할 때에는 같은 법 제408조 제1항에 의하여 결정을 경정하여야 하며, 항고의 전부 또는 일부가 이유없다고 인정한 때에는 같은 조 제2항에 의하여 항고장을 받은 날로부터 3일 이내에 의견서를 첨부하여 항고법원에 송부하여야 한다. 여기에서 같은 법 제408조 제2항에 의하여 원심법원이 항고의 전부 또는 일부가 이유없다고 인정하는 것도 법관의 판단작용을 거친다는 뜻에서 실질에 있어 원심법원의 재판이라고 할 것이고 그 의견서는 실질에 있어 그 이유의 기재라고 할 것이다. 그리고 이 사건 규정이 위헌이라고 심판되는 경우는 원심법원은 이 사건 즉시항고를 같은 법 제404조 소정의 보통항고로 전환하여 처리하게 될 것이다. 이 사건 규정이 위헌으로 심판되면 위헌으로 심판되기 전과 비교할 때 절차법상으로 기본적인 법률관계를 달리함으로써 다른 내용의 재판을 하게 된다. 즉 (ㄱ) 같은 법 제407조의 기각에 해당하는 여부의 재판기준은 이 사건 규정이 위헌으로 심판되는 경우와 그렇지 않은 경우와의 사이에 항고기간 등 항고 또는 즉시항고의 제기요건에 차이가 있게 마련이다. 그러므로 원심법원이 같은 법조를 적용하는 경우 이 사건 규정이 위헌으로 확인되는 여부에 따라서

재판의 주문을 달리하게 될 수 있다. (ㄴ) 또 한편 원심법원이 같은 법 제408조 제1항을 적용하는 경우 형식적으로는 이 사건 규정이 위헌으로 심판되든 아니 되든 간에 차이가 없으므로 주문 자체에 있어서는 차이가 없을 것이고 이 때의 그 주문은 보석허가결정을 취소하거나 보석허가조건을 변경하는 내용이 될 것이지만, 즉시항고의 경우에는 재판의 집행정지의 효력이 있고 보통항고의 경우에는 그렇지 아니함으로써 전자의 경우든 후자의 경우든 그 결정을 이끌어 내는 이유설시에 있어서 이 사건 규정이 위헌으로 심판된 경우와 위헌으로 심판되지 않은 경우는 기초적인 이유가 다를 것이며 재판의 직접적인 내용과 효력도 달리하게 된다. 그러므로 원심법원이 같은 법 제408조 제1항을 적용하는 경우는 모두 이 사건 규정이 위헌으로 확인되는 여부에 따라 비록 재판의 주문 자체에는 영향이 없으나 그 재판의 결론을 이끌어 내는 이유설시와 그 경정결정의 내용과 효력의 법률적 의미에 차이가 있게 될 것이다. (ㄷ) 또 같은 법 제408조 제2항에 의하여 원심법원이 항고의 전부 또는 일부가 이유없다고 인정하여 기록송부를 하는 경우도 형식적으로는 이 사건 규정이 위헌으로 심판되는 여부에 따라 원심법원의 조치에는 차이가 없으나 이 사건 규정이 위헌으로 심판되는 여부에 따라 마찬가지로 그 조치의 결론을 이끌어 내는 이유와 그 조치의 효력의 법률적 의미에 차이가 있게 된다.

그러므로 이 사건 규정의 위헌 여부는 제청법원이 이 사건 즉시 항고에 대하여 원심법원으로서 할 재판 등의 조치의 전제가 됨이 분명하다고 할 것이다.

따라서 이 사건 규정의 위헌 여부는 그 심판제청 당시 전제성이 있고 또 정당한 제청권을 가진 법원에 의하여 제청된 것이라고 하겠다.

(다) 그러나 앞서 본 바와 같이 제청법원이 이 사건 위헌심판제청을 한 후 그 즉시항고사건의 기록을 항고법원에 송부하였고, 항고법원은 항고기각결정을 함으로써 헌법재판소에서 이 사건 규정의 위헌 여부에 관한 심판을 하기 전에 이 사건 즉시항고사건은 종료되었다. 그러므로 이 사건은 심판 당시에는 재판의 전제성이 소멸되었다고 하겠으므로 이와 관련하여 이 사건 심판의 적법성을 살펴본다.

(라) 일찍이 당재판소는 법률에 대한 헌법소원심판에 있어서 "침해행위가 이미 종료되어서 이를 취소할 여지가 없기 때문에 헌법소원이 주관적 권리구제에 별 도움이 안 되는 경우라도 그러한 침해행위가 앞으로도 반복될 위험이 있거나 당해 분쟁의 해결이 헌법질서의 수호 · 유지를 위하여 긴요한 사항이어서 그 해명이 헌법적으로 중대한 의미를 지니고 있는 경우에는 헌법소원의 이익을 인정하여야 할 것이다"(헌법재판소 1992. 4. 14. 선고, 90헌마82 결정 등 참조)라고 판시한 바 있다.

이러한 법리는 구체적 규범통제로서의 법원의 제청에 의한 법률의 위헌 여부 심판절차에서도 존중되어야 할 것이다. 따라서 위헌 여부 심판이 제청된 법률조항에 의하여 침해된다는 기본권이 중요하여 동 법률조항의 위헌 여부의 해명이 헌법적으로 중요성이 있는 데도 그 해명이 없거나, 동 법률조항으로 인한 기본권의 침해가 반복될 위험성이 있는데도 좀처럼 그 법률조항에 대한 위헌 여부 심판의 기회를 갖기 어려운 경우에는 설사 그 심리기간 중 그 후의 사태진행으로 당해 소송이 종료되었더라도 헌법재판소로서는 제청 당시 전제성이 인정되는 한 예외적으로 객관적인 헌법질서의 수호 · 유지를 위하여 심판의 필요성을 인정하여 적극적으로 그 위헌 여부에 대한 판단을 하는 것이 헌법재판소의 존재이유에도 부합하고 그 임무를 다하는 것이 될 것이다.

(마) 이 사건 규정은 국민의 인신구속에 관련된 사항인 법원의 보석허가결정에 대한 집행정지의 효력이 있는 검사의 즉시항고권을 규정한 것으로서 그 규정의 위헌 여부는 기본권 중의

기본권이라 할 수 있는 국민의 신체의 자유와 관계되는 중요한 헌법문제라 아니할 수 없는데 그 문제에 관하여 헌법재판소에서 해명이 이루어진 바도 없다. 그리고 이 사건 규정이 위헌으로 심판되지 않는 한 법원의 보석이 있을 때마다 이 사건 규정에 의하여 이렇게 중요한 기본권인 신체의 자유의 침해가 반복될 것은 법문상 명백하다. 또한 이 사건 규정에 대한 위헌 여부 심판절차를 밟지 않고 원심법원 또는 항고법원의 재판을 받는 기간이, 위헌 여부 심판절차를 밟아 그 심판결정을 기다린 연후에 위 법원의 재판을 받는 기간보다 짧은 것이 통상이므로 보석허가를 받았으나 검사의 즉시항고로 피고인의 구속상태가 계속중인 상황에서 법원이나 피고인이 이 사건 규정의 위헌 여부 심판제청 또는 그 신청을 한다는 것은 좀처럼 기대하기 어려워서, 이 사건 규정에 대한 위헌 여부 심판의 기회가 다시 있기 어려운 경우이다. 그리고 이 사건 규정은 형사소송법상 피고인의 구속 여부에 관한 소송절차규정으로서 법원은 종국판결 자체에는 영향이 없는 것으로 보아 구체적인 본안판결 자체는 그대로 진행하여 이미 종료되었지만 위헌 여부 심판제청 당시에 있어서는 이 사건 규정의 위헌 여부가 제청법원에 계속 중이던 당해안건인 보석허가결정에 대한 즉시항고사건에 관한 원심법원의 재판의 전제성이 있었던 점은 위에서 본 바와 같다. 그러므로 객관적인 헌법질서의 수호 · 유지를 그 임무의 하나로 하고 있는 헌법재판소로서는 제청 받은 이 사건 규정에 대한 법률의 위헌 여부 심판의 필요성이 있다고 인정하여 이를 심판함은 그 임무를 다하는 것이고 그 심판은 적법성이 있다고 할 것이다.」

◎ 같은 취지 : 憲 2000. 1. 27.-99헌바23

▷ **제청된 법률이 위헌으로 심판되는 여부가 법원이 앞으로 진행될 소송절차와 관련한 중요한 문제점을 선행하여 결정하여야 하는 여부의 판단에 영향을 주는 경우도 전제성을 인정한 판례**

[憲 1994. 2. 24.-91헌가3](인지첩부및공탁제공에관한특례법 제2조에 대한 위헌심판)

「제청된 법률이 위헌으로 심판되는 여부가 법원이 앞으로 진행될 소송절차와 관련한 중요한 문제점을 선행결정하여야 하는 여부의 판단에 영향을 주는 경우도 전제성이 있다고 보아야 한다. 그런데 이 사건 법률규정이 위헌으로 심판되면 소송당사자인 대한민국은 항소장에 민사소송등인지법 제3조에 정한 인지를 첩부할 의무가 있어서 그 항소장을 심사한 원심법원인 제청법원(단독판사)은 민사소송법 제368조의2 제1항에 의하여 대한민국에 대하여 민사소송등인지법 제3조에 정한 인지를 첩부할 것을 명하는 보정명령을 내리는 재판을 하여야 하고, 만일 대한민국이 이 보정명령에 다른 보정을 하지 않을 경우에는 위 원심법원은 민사소송법 제368조의2 제2항에 의하여 그 항소장을 각하하여야 한다. 만일 이 사건 법률규정이 합헌이라면 위 원심법원은 위 보정명령을 내리는 재판을 할 수 없다. 그러므로 이 사건 법률규정의 위헌 여부는 앞으로 진행될 항고심절차에 관련하여 인지보정명령을 내릴 수 있는 여부의 중요한 문제를 선행결정하여야 하는 법원의 판단에 영향을 주는 것이다. 그러므로 이 사건 법률규정의 위헌 여부는 위 원심법원이 대한민국에 대하여 인지첩부를 명하는 보정명령을 내리는 재판 여부에 대하여 전제성이 있다고 할 것이다.」

▷ **위헌 또는 헌법불합치결정만으로는 당사자가 당해 급부를 청구할 수 없는 경우에 대하여 종전 재판의 전제성이 없다고 보았던 판례**

[憲 1993. 11. 25.-90헌바47등](1980년해직공무원의보상등에관한특별조치법 제2조에 대한 헌법소원)

「먼저 재판의 전제성 유무에 관하여 판단한다. 일반적으로 헌법재판소법 제68조 제2항에 의한 헌법소원에 있어서는, 일반법원에 계속 중인 구체적 사건에 적용할 법률이 헌법에 위반되는 여부가 재판의 전제로 되어야 한다. 이 경우 재판의 전제가 된다고 하려면, 우선 그 법률이 당해 소송사건에 적용할 법률이어야 하고, 그 위헌 여부에 따라 재판의 주문이 달라지거나 재판의 내용과 효력에 관한 법률적 의미가 달라지는 경우를 말한다[헌법재판소 1989. 7. 14. 선고, 88헌가5, 8, 89헌가44(병합) 결정; 1989. 12. 18. 선고, 89헌마32, 33(병합) 결정; 1992. 12. 24. 선고, 92헌가8 결정 각 참조]. 이 사건의 경우 특조법 제1조에 의하면, "이 법은 국가보위비상대책위원회의 정화계획(이하 '정화계획'이라 한다)에 의하여 해직된 공무원의 보상 및 특별채용에 관한 사항을 규정함을 목적으로 한다"라고 규정하고 있고, 같은 법 제2조 제1항에 의하면, "이 법에 의한 보상대상자는 1980년 7월 1일부터 동년 9월 30일까지의 기간 중 정화계획에 의하여 해직된 공무원으로 한다. 다만, 정화계획에 의하여 해직된 공무원으로서 그 해직일이 위 기간 이외의 시기에 해당하는 자에 대하여는 대통령령이 정하는 절차에 따라 보상대상자로 한다"라고 규정하고 있다.

위 규정들을 종합하면, 특조법의 적용대상이 되는 자는

첫째, 국보위라는 기관에서 세운 이른바 '정화계획'에 의하여 해직된 공무원이어야 하고

둘째, 1980. 7. 1.부터 같은 해 9. 30.까지 사이에 해직된 자이어야 한다(다만, 특조법 제2조 제1항 단서의 규정은 해직원인이 같으면서 해직시기만 다른 자에 대하여도 조사·확인에 의하여 보상대상자로 할 수 있는 예외의 인정을 대통령령에 위임하고 있다). 다시 말하자면 특조법의 적용대상자인 해직공무원은, 그 해직원인이 국보위의 정화계획에 의하여 해직된 자이어야 하고, 그 해직시기가 원칙적으로 1980. 7. 1.부터 같은 해 9. 30.까지 사이에 해직된 자이어야 한다는 것이다.

그런데 청구인들의 주장에 의하면, 청구인들의 경우는 그 해직원인이 국보위가 아닌 사회정화위원회의 정화계획에 의한 강제해직이라는 것이고, 그 해직시기도 특조법 제2조 제1항에 정한 시기가 아닌 1981. 5. 2.이라는 것이며, 그렇다고 하여 특조법 제2조 제1항 단서에 해당되는 경우라는 것도 아니다. 그렇다면 청구인들이 주장하는 해직원인과 해직시기는 특조법 제2조 제1항에 규정한 해직원인과 해직시기와는 전혀 다른 것이므로, 그 법률조항은 청구인들에게 적용할 것이 아니다. 즉 청구인들이 주장하는 해직원인과 해직시기에 관한 사항은 위 법률조항에 규정한 것과는 전혀 별개의 입법사항이므로, 청구인들은 위 법률조항의 적용대상자는 아니다. 따라서 이 사건 법률조항은 청구인들이 제기한 구체적 소송사건인 서울고등법원 89구17237 사건에 적용할 법률이 아니라고 판단된다.

결국 이 사건 심판청구는 재판의 전제성 요건을 갖추지 못한 부적법한 것이므로 이를 각하하기로 하여 주문과 같이 결정한다.」

⇔ 재판관 3인(재판관 김진우, 재판관 이시윤, 재판관 김양균)의 반대의견

「먼저 재판의 전제성에 대하여 살펴본다. 이 사건은 헌법재판소법 제68조 제2항에 의한 위헌제청형 헌법소원이므로 헌법소원의 대상이 되는 법률의 위헌 여부가 재판의 전제가 되어 있을 것이 필요하다. 즉 청구인들이 법원에 제소 중에 있는 법원행정처장을 피고로 하고 있는 '해직공무원보상대상제외처분취소청구' 소송의 전제가 되어야 하는 것이다.

재판의 전제성이 있다고 하려면 우선 그 법률이 당해 소송사건에 적용될 법률이어야 하고 그 법률이 위헌으로 선고될 때에는 당해 재판의 주문이 달라지거나 또는 주문에는 영향을 주지 않는다고 하더라도 적어도 당해 재판의 내용과 효력에 관한 법률적 의미와 효과를 달리하는 경우라야 하는 것은 다수의견이 지적하는 바와 같다.

그런데 앞서 살펴본 바와 같이 특조법은 보상적 성질을 갖는 법률인데 사법부에서 강제해직

된 법원 일반직공무원에 대하여서는 합리적인 이유 없이 보상대상에서 제외하여 평등의 원칙에 어긋나는 차별입법을 함으로써 헌법불합치적인 법률에 이르렀는바, 비록 현행 법규정에 의하여서는 청구인들이 보상금을 수령할 수 없다고 할지라도 헌법재판소가 이러한 차별입법 규정에 대하여 헌법불합치 내지 입법촉구결정을 하고 이에 따라 국회가 앞으로 특조법의 내용을 개정한다면 청구인들이 법원행정처장을 상대로 한 위 소송에서 승소판결을 받는 것도 가능하게 될 것이므로, 청구인들이 위와 같은 결과를 기대하고 특조법을 근거로 해서 법원행정처장을 상대로 하여 위 소송을 제기하고 특조법 제2조 제1항에서 청구인들을 보상대상에서 제외시킨 것에 대하여 위헌제청신청을 한 것이라면 이 사건 심판대상규정의 헌법불합치 여부는 청구인들이 제기한 위 청구소송의 재판전제가 된다고 할 수 있고, 이 경우 법원으로서는 헌법재판소에서 내려진 헌법불합치 · 입법촉구 결정에 따른 국회의 입법개정의 결과를 기다려서 재판을 하여야 할 것이므로 재판의 전제성은 갖춰졌다고 할 것이다(1993. 5. 13. 선고, 90헌바22, 91헌바12, 13, 92헌바3, 4(병합) 결정의 재판관 5인의 다수의견 참조). 이 사건 심판대상이 되어 있는 법률조항이 청구인들에 대하여 자기관련성이 없는 것이라고 봤을 때 청구인들의 입장에서 아직 자신들을 위한 법률이 제정되지 않고 있다는 입법부작위를 이유로 하여 입법의 청원을 한다거나 헌법소원을 제기할 수 있느냐가 문제될 수 있겠는데 이 사건 심판대상법률은 그 입법과정과 배경, 제안설명, 현재까지 그들을 구제하기 위한 법률이 제정될 기미마저 보이지 않는 사정 등을 종합해서 보건대, 청구인들은 명백히 보상대상에서 제외되어 있는 것이며 청구인 등에 대한 입법이 아직 실현되고 있지 않는 상태에 있는 것이라 할 수는 없는 것이다.

특조법의 제안설명자인 박실 의원의 입법배경 설명에 따르더라도 보상대상의 범위를 국보위의 정화계획에 의하여 해직된 공무원으로 국한할 수밖에 없었던 이유는 국가예산과 기존 공무원체계의 안정적 유지에 있었다는 것으로서(법무부장관 답변자료에도 언급되어 있음) 보상의 대상범위는 그 당시 이미 확정된 것이라 할 것이고 해직공무원의 소속기관의 수하(誰何)에 따라 추후에 다시 거론하여 순차적으로 보상대상자가 추가되게 되어 있는 상황은 아닌 것이다. 이 점 우리는 다수의견과(서울고등법원 특별부 위헌제청신청기각이유 동지)견해를 달리 하는 것이다.」

▹ **이후 심판대상조항에 대해 위헌결정이 내려지고 결정의 취지에 따라 당해 규정이 개정되는 경우 당해 사건의 결정에 영향을 미칠 가능성이 있다는 이유로 재판의 전제성을 인정한 판례**

[憲 1999. 7. 22.-98헌바14](공업배치및공장설립에관한법률 부칙 제3조 위헌소원)

「청구인은 당해소송에서 심판대상조항이 평등권, 재산권 등을 침해하여 위헌이라고 하여 이미 납부한 관리비의 반환을 청구하였는데, 심판대상조항이 청구인과 같은 경우를 관리비 반환대상에서 제외하는 것이 평등권 침해로써 위헌이라는 이유로 헌법불합치결정을 하고 입법자가 그 결정취지에 따라 시혜대상을 확대하여 청구인과 같은 경우에도 관리비를 반환하도록 법을 개정할 경우, 법원은 당해사건에 관한 판결을 달리 하여야 할 것이다. 따라서, 심판대상조항의 위헌 여부는 당해사건 재판의 주문 또는 내용과 효력에 관한 법률적 의미에 영향을 미치는 것으로서 재판의 전제성이 있다.」

◎ 같은 취지 : 憲 2000. 6. 21.-2000헌사47

▷ 재판에 간접 적용되는 경우라도 그 법률조항의 위헌 여부에 의하여 당해 재판의 결과가 좌우되는 경우에는 재판의 전제성이 인정된다고 본 판례

[憲 1996. 12. 26.-94헌바1](형사소송법 제221조의2 위헌소원)

「일정한 법률조항이 재판의 전제가 된다고 하려면 그 법률조항의 위헌 여부에 따라 재판의 결론이 달라지거나 재판의 내용과 효력에 관한 법률적 의미가 달라지는 경우를 말한다(헌법재판소 1994. 12. 19. 선고, 92헌바22 결정 1995. 5. 25. 선고, 93헌바33 결정 등 참조). 이 사건 제2항 및 제5항은 관련사건에서 법원의 증거채부결정에 직접 적용되는 법률조항은 아니나 증거채부결정의 대상이 된 조서의 증거능력에 영향을 미침으로써, 그 위헌 여부에 따라 법원의 그 조서를 증거로 채택할 수 있느냐 없느냐의 증거채부결정의 결과를 좌우하고 있다 할 것이다. 그렇다면 이 사건 법률조항들을 심판대상으로 하는 이 사건 헌법소원심판은 적법하다(이러한 관점에서 볼 때, 추후에 공판기일에서의 증인신문절차에서 반대신문권이 보장되었다는 사실이나 공판기일전 증인신문조서 없이도 피고인을 유죄로 인정하기에 충분하였다는 사후판단적 사실 내지 실제로 위 신춘균에 대한 공판기일전 증인신문절차에서 반대신문이 행해졌다는 사실 등은, 위 법원의 증거채부결정의 결론에 아무런 영향이 없는 사실로서 이 사건 재판의 전제성을 판단하는 데 아무런 영향을 미치지 못한다고 본다).」

▶ 「전제성에 대한 판단」에 관한 판례

▷ 제청법원이 재판의 전제성이 인정된다고 판단한 것이 명백하게 잘못된 것이 아닌 한 헌법재판소는 재판의 전제성을 인정한다는 취지의 판례

[憲 1993. 5. 13.-92헌가10](헌법재판소법 제47조 제2항 위헌제청 등)

「위헌법률심판이나 법 제68조 제2항의 규정에 의한 헌법소원심판에 있어서 위헌 여부가 문제되는 법률이 재판의 전제성 요건을 갖추고 있는지의 여부는 헌법재판소가 별도로 독자적인 심사를 하기보다는 되도록 법원의 이에 관한 법률적 견해를 존중해야 할 것이며, 다만 그 전제성에 관한 법률적 견해가 명백히 유지될 수 없을 때에만 헌법재판소는 이를 직권으로 조사할 수 있다 할 것이다. 왜냐하면 문제되는 법률의 위헌 여부가 재판의 전제가 되느냐 않느냐는 사건기록 없이 위헌 여부의 쟁점만 판단하게 되어 있는 헌법재판소보다는 기록을 갖고 있는 당해 사건의 종국적 해결을 하는 법원이 더 잘 알 것이며, 또 헌법재판소가 위헌 여부의 실체판단보다는 형식적 요건인 재판의 전제성에 관하여 치중하여 나름대로 철저히 규명하려고 든다면 결과적으로 본안사건의 종국적 해결에 커다란 지연요인이 될 것이기 때문이다.」

◎ 같은 취지 : 憲 1999. 6. 24.-98헌바42; 2002. 4. 25.-2001헌가27

▷ 제청법원에 계속된 사건이 당해 법률의 위헌 여부와 관계없이 각하되어야 할 사건인 때에는 제청법원의 제청에도 불구하고 재판의 전제성이 인정될 수 없는 경우에 해당한다고 본 판례

[憲 2003. 10. 30.-2002헌가24](국가공무원법 제69조 위헌제청)

「제청법원의 이 사건 위헌제청이 재판의 전제성 요건을 충족하는 적법한 것인지 여부에 관하여 살핀다.

가. 법률에 대한 위헌제청이 적법하기 위해서는 법원에 계속중인 구체적인 사건에 적용할 법률이 헌법에 위반되는 여부가 재판의 전제로 되어야 한다(헌법재판소법 제41조). 이 재판의 전제성 요건은 위헌법률심판절차의 '구체적' 규범통제절차로서의 본질을 드러내 주는 요건이라고 할 것인바, 당해법률이 헌법에 위반되는지의 여부에 따라 당해 사건을 담당하는 법원이 다른

내용의 재판을 하게 되는 경우 재판의 전제성이 인정될 수 있다. 하지만, 당해사건을 담당하는 법원이 당해 법률의 위헌 여부와 관계없이 각하를 하여야 할 사건이라면 재판의 전제성이 인정될 수 없다.

한편, 법원으로부터 법률의 위헌 여부 심판의 제청을 받은 헌법재판소로서는 법률이 재판의 전제가 되는 요건을 갖추고 있는지의 여부를 심판함에 있어서는 제청법원의 견해를 존중하는 것이 원칙이나, 재판의 전제와 관련된 제청법원의 법률적 견해가 유지될 수 없는 것으로 보이면 헌법재판소가 직권으로 조사할 수도 있는 것이다(헌재 1996. 10. 4. 96헌가6, 판례집 8-2, 308, 321; 헌재 1997. 9. 25. 97헌가5 판례집 9-2, 344, 350-351).

나. 제청법원은 이 사건 법률조항에 위헌의 의심이 있다는 전제하에 제청신청인에게 조리상의 복직신청권을 인정하고, 이 사건 법률조항의 위헌 여부에 따라 당해사건에 대한 판결의 주문이 달라진다고 보아 재판의 전제성을 인정하였다.

살피건대, 당해사건은 제청신청인의 신청에 대한 행정청의 거부행위에서 비롯된 소송이다. 그런데 국민의 적극적 행위 신청에 대하여 행정청이 그 신청에 따른 행위를 하지 않겠다고 거부한 행위가 항고소송의 대상이 되는 행정처분에 해당하는 것이라고 하려면, 그 신청한 행위가 공권력의 행사 또는 이에 준하는 행정작용이어야 하고, 그 거부행위가 신청인의 법률관계에 어떤 변동을 일으키는 것이어야 하며, 그 국민에게 그 행위발동을 요구할 법규상 또는 조리상의 신청권이 있어야 한다고 할 것이다(대법원 2002. 11. 22. 2000두9229; 대법원 1998. 7. 10. 선고 96누14036 판결 등 참조). 만일 이와 같은 요건을 갖추지 못한 신청에 대한 거부행위는 항고소송의 대상이 되는 행정처분에 해당하는 것으로 볼 수 없기 때문에, 그 거부행위를 다투는 소송은 문제된 법률이 헌법에 위반되는지의 여부를 불문하고 각하를 하여야 할 사건에 해당하고, 따라서 재판의 전제성이 인정될 수 없다.

다. 먼저 이 사건 행정청의 거부행위가 신청인의 법률관계에 어떤 변동을 일으키는 것이었는지 여부에 관하여 보기로 한다.

살피건대, 국가공무원법상 당연퇴직은 법에 정한 결격사유가 있을 때 법률상 당연히 퇴직하는 것이지 공무원관계를 소멸시키기 위한 별도의 행정처분을 요하는 것이 아니며, 당연퇴직의 인사발령은 법률상 당연히 발생하는 퇴직사유를 공적으로 확인하여 알려주는 이른바 관념의 통지에 불과하다(대법원 1992. 1. 21. 선고 91누2687 판결; 대법원 1985. 7. 23. 선고 84누37 판결 등 참조).

그렇다면, 과거에 이미 법률상 당연한 효과로서 당연퇴직 당한 제청신청인이 자신을 복직 또는 재임용시켜 줄 것을 요구하는 신청에 대하여 그와 같은 조치가 불가능하다는 통지를 보낸 이 사건 거부행위는 당연퇴직의 효과가 법률상 계속하여 존재하는 사실을 알려주는 일종의 안내에 불과한 것이라고 할 것이며, 이와 같은 안내행위는 제청신청인의 실체상의 권리관계에 직접적인 변동을 일으키는 것으로 해석되기는 어렵다고 할 것이다.

라. 다음으로 제청신청인에게 복직발령 등에 관한 조리상의 신청권이 있고 따라서 행정청의 위 복직불가 통지가 공권력의 행사로서 거부행위로 평가될 수 있는지 여부에 관하여 보기로 한다.

(1) 일반적으로 조리란 사물의 본성 내지는 본질적 법칙으로서, 실정법의 흠결을 보충하는 해석상, 재판상의 기초를 의미한다. 따라서 조리상의 신청권이란 실정법상의 권리의 행사 내지 구제의 수단이 없는 경우 정의, 형평의 관념에 기초해서 보충적으로 인정되는 신청권을 의미한다.

그런데 이 사건 위헌제청 사건의 제청신청인은 행정청의 처분을 매개로 하지 아니하고 이 사건 법률 조항의 직접적인 효과로서 당연퇴직 당한 것인바, 이와 같이 법률조항의 직접적인 효과를 통해 권리침해를 당한 경우에는 당해 법률조항을 직접 그 심판대상으로 하여 그 위헌성을 다툴 수 있는 실정법상의 수단인 헌법소원제도가 마련되어 있다. 그런데 만일 이와 같은 실정법상의 수단에도 불구하고 법률의 위헌성을 문제삼아 그 법률효과의 내용과 상반되는 처분을 해줄 것을 구하는 조리상의 신청권을 일반적으로 부여한다고 한다면 모든 과거의 법률관계 당사자가 헌법소원 청구기간의 제한을 받지 않은 채 언제든지 조리상의 신청권을 매개로 법률조항의 위헌성에 관한 헌법재판소의 판단을 요구할 수 있게 될 것이다. 그런데 이와 같은 결과는 기존의 법질서에 의하여 형성된 법률관계와 이에 기초한 다른 개인의 법적 지위에 불안정을 초래하는 결과를 낳게 될 뿐 아니라, 헌법소원의 청구기간제도의 취지를 몰각시킴으로써 이미 실정법상 권리구제수단으로 마련된 헌법소원의 기능까지도 저해하는 결과를 낳게 될 가능성이 있다.

(2) 더욱이 이 사건 법률조항의 법률효과인 당연퇴직은 형사확정판결을 그 법률요건으로 삼고 있는바, 당해 형사판결에서는 판결당시 합헌성이 추정되는 이 사건 법률조항에 기하여 해당공직자가 공직에서 퇴직하여야 한다는 점이 정상참작 등의 중요한 판단요소로 고려되었으며, 그 판결들은 모두 이미 확정되어 변경가능하지 아니하다. 특히 징계시효(일반적인 징계시효는 2년, 금품 및 향응수수, 공금의 횡령, 유용의 경우에는 3년; 국가공무원법 제83조의2 제1항 참조)가 지나 징계의 수단도 사용할 수 없는 경우에 당연퇴직의 당사자에게 복직 발령 등의 신청권을 인정한다면 결국 공무원의 직무수행에 대한 국민의 신뢰 및 공무원 징계제도에 대한 정의 및 형평관념에 적지 않은 손상을 가져올 수 있다.

(3) 이상의 점등을 종합하여 판단하면, 가사 이 사건 법률조항에 대하여 헌법재판소가 위헌결정을 선고함으로써 위 법률조항이 비록 규범으로서의 효력을 잃게 된다고 하더라도 제청신청인과 같이 당연퇴직된 이후 오랜 시간이 흘러 징계시효기간까지도 경과한 경우에 당연퇴직의 내용과 상반되는 처분을 해줄 것을 구하는 조리상의 신청권을 인정하지 아니하였다고 하여 반드시 정의와 형평에 반한다고 보기 어렵다고 할 것이다.

마. 이상에서 살펴 본 바와 같은 이유로서 제청신청인의 이 사건 신청에 대한 행정청의 거부행위가 신청인의 실체상의 권리관계에 직접적인 변동을 일으키는 것으로 해석되기는 어렵다고 할 것이고, 제청신청인에게 복직 발령 등에 관한 조리상의 신청권을 인정할 수도 없다고 할 것이다. 그렇다고 한다면 당해사건은 이 사건 제청법원이 이 사건 법률조항이 헌법에 위반되는지의 여부와 관계없이 각하를 하여야 할 사건이라고 할 것이다. 따라서 이 사건 법률조항의 재판의 전제성은 인정될 수 없다.」

⇔ 재판관 4인(재판관 윤영철, 재판관 하경철, 재판관 권성, 재판관 주선회)의 반대의견

「이 사건 위헌제청은 적법하므로 심판대상인 이 사건 법률조항에 대하여 본안 판단을 하여야 한다고 생각한다. 그 이유는 다음과 같다.

가. 사법권은 법원에 속하고 법원은 헌법에 특별한 규정이 있는 경우를 제외한 일체의 법률상의 쟁송을 심판한다(헌법 제101조 제1항, 법원조직법 제2조 제1항). 법원의 임무에 속하는 이른바 법률상의 쟁송의 심판은 당사자간에 구체적인 권리의무 관계의 분쟁에 법률을 적용하여 분쟁을 해결하는 것을 의미하는 것이다. 그런데 당사자간에 구체적인 권리의무 관계의 분쟁을 해결하는 데 적용할 법률, 바꾸어 말하면 재판의 전제가 되는 법률이 헌법에 위반되는지 여부가 문제가 된 경우에는 법원은 직권 또는 당사자의 신청에 의한 결정으로 헌법재판소에

위헌여부의 심판을 제청하여 그 심판에 의하여 재판을 하게 되어 있다(헌법 제107조 제1항, 헌법재판소법 제41조 제1항). 한편, 우리 재판소는 법원의 법률위헌 여부 심판제청에 있어서 위헌여부가 문제되는 법률 또는 법률조항이 재판의 전제성 요건을 갖추고 있는지 여부는 그 전제성에 관한 법률적 견해가 명백히 유지될 수 없는 경우가 아닌 한 되도록 제청법원의 이에 관한 법률적 견해를 존중해야 하는 것임을 원칙으로 삼고 있다(헌재 1996. 10. 4. 96헌가6, 판례집 8-2, 308, 321).

나. 제청신청인의 이 사건 신청에 대한 행정청의 거부행위가 신청인의 실체상의 권리관계에 직접적인 변동을 일으키는 것으로 해석할 수 없고, 제청신청인에게 복직발령 등에 관한 조리상의 신청권을 인정할 수도 없으므로 위 행정청의 거부행위는 적법한 항고소송의 대상이 될 수 없는 것이라고 하는 다수의견의 견해에는 수긍할 점이 없지 아니하다. 그러나 이 사건 위헌제청에서 재판의 전제성에 관한 제청법원의 법률적 견해를 배척하고 헌법재판소의 그에 관한 판단을 우선시키는 것이 과연 바람직한 것인지 의문이 있다.

제청신청인은 과거 금고 이상의 선고유예의 판결의 확정을 법률요건으로 하는 이 사건 법률조항의 직접적인 효과로서 당연퇴직 당하였다. 그런데 만일 이 사건 법률조항에 대하여 헌법재판소가 위헌결정을 선고함으로써 위 법률조항이 규범으로서의 효력을 잃게 된다고 한다면 과거 당연퇴직의 효력 및 과거 위헌적으로 침해되었던 제청신청인의 권리를 회복시킬 수 있을 것인지 여부가 문제된다. 결국 문제가 된 이 사건 신청에 대한 행정청의 거부행위가 제청신청인의 실체상의 권리관계에 직접적인 변동을 일으키는 것인지 여부 또는 복직 등에 관한 조리상의 신청권 인정 여부는 이 사건 법률조항에 대한 헌법재판소의 위헌결정을 가정한 구체적인 권리의무관계에서의 법률해석, 적용에 관한 문제이다. 그렇다면 그 인정에 관한 문제는 구체적인 사건을 담당하는 제청법원의 임무이자 권한에 속하는 것이라고 할 것이다.

한편, 제청법원은 이 사건 법률조항의 위헌 여부의 심판을 헌법재판소에 제청하였는바, 이는 이 사건 법률조항이 헌법에 위반되는지 여부가 재판의 전제가 된다고 판단한 제청법원이 그 조항의 위헌 여부에 관한 헌법재판소의 결정에 따라 당해사건의 재판을 하기 위한 것이었다(헌법 제107조 제1항 참조). 그런데 다수의견은 이 사건 법률조항의 위헌 여부가 재판의 전제성 요건을 갖추지 못하고 있다고 판단하였는바, 이는 헌법재판소가 제청법원의 임무이며 권한에 속한다고 할 구체적인 권리의무관계에서의 법률해석을 문제삼아 위헌심판이 제청된 법률조항의 위헌 여부에 관한 판단을 거절한 것에 다름 아니다. 이는 결과적으로 헌법과 법률에 의하여 그 양심에 따라 독립하여 심판하여야 할 제청법원의 법관(헌법 제102조 제1항 참조)으로 하여금 구체적인 권리의무관계에서의 법률해석에 관한 자신의 판단을 변경하거나, 스스로 위헌의 의심이 있다고 판단하여 위헌심판의 제청을 한 법률을, 위헌의 의심이 있는 채로 적용하여 재판할 것을 강제하게 되는바, 이와 같은 상황은 어느 모로 보나 바람직하지 아니한 상황이다.

당사자간의 구체적인 권리의무 관계의 분쟁을 해결하는 것을 임무로 하는 법원에 당해 법률관계에 적용될 법률을 해석할 권한과 임무가 있는 것이고, 제청법원은 그에 따라 위헌제청결정 이유에서 「이 사건 법률조항이 위헌이라면 제청신청인은 적어도 조리상 복직신청권을 가진다 할 것이고(복직 신청권이 인정되지 아니한다 하더라도 당사자 지위확인의 소송으로 소 변경의 여지도 있으므로……), 이 사건 법률조항이 위헌인지의 여부에 따라 당해사건에 대한 판결의 주문이 달라진다 할 것이므로…… 재판의 전제성을 갖추었다」고 분명히 밝히고 있다.

하급심인 제청법원은 대법원판례가 없는 경우는 물론 있는 경우에도 언제나 새로운 법률해석을 시도할 수 있다. 따라서 당해사건을 담당하여 재판하고 있는 제청법원이 비록 다수의견이나 대법원과 달리 위와 같은 법률해석을 명시하고 있는 한, 이 사건 법률조항의 위헌여부는 선결문제로서 그에 대한 헌법재판소의 판단이 필요하게 된다. 헌법재판소가 이미 재판의 전제성 요건을 갖추고 있는지의 여부는 헌법재판소가 별도로 독자적인 심사를 하기보다는 되도록 법원의 이에 관한 법률적 견해를 존중해야 할 것이며, 다만 그 전제성에 관한 법률적 견해가 명백히 유지될 수 없을 때에만 헌법재판소는 이를 직권으로 조사할 수 있다 할 것이다(헌재 1993. 5. 13. 92헌가10등, 판례집 5-1, 226, 239)라고 설시한 것도 이러한 사정을 고려하였기 때문이라고 생각된다.

다. 과연 이 사건 제청법원의 그 전제성에 관한 법률적 견해가 명백히 유지될 수 없는 경우에 해당한다고 볼 수 있을 것인지 역시 의문이다.

우리 헌법재판소는 지난 2002. 8. 29. 2001헌마788 등 결정에서 이 사건 법률조항과 동일한 구조 및 내용을 갖는 지방공무원법 조항에 대하여 공무담임권을 침해하는 위헌적인 조항으로 판단을 한 바 있으며, 제청법원은 이 사건 위헌제청의 판단에서 위 헌법재판소의 결정을 조리상의 신청권 인정 및 위헌제청 판단의 중요한 요소로서 적극적으로 고려하고 있음을 알 수 있다.

그렇다면 제청법원이 이 사건 법률조항이 위헌의 의심이 있다는 전제하에, 국가공무원법 등에 제청신청인의 권리회복을 위한 실정법상의 근거가 없으므로 상위규범인 헌법상의 공무담임권 등의 기본권을 근거로 하여 정의, 형평의 관념에 기초한 조리상의 신청권을 인정하였다면 이와 같은 판단이 결코 그 법률적 견해가 명백히 인정될 수 없는 부당한 경우라고 단정할 수는 없다고 생각한다.

더욱이 제청법원은 당해소송이 당사자지위확인소송으로 변경될 가능성도 고려하고 있는바, 당해소송이 당연퇴직을 당한 제청신청인이 공무원지위를 여전히 갖는 것인지 여부를 확인하여 줄 것을 그 청구의 내용으로 하는 소송으로 변경될 경우, 제청신청인이 실제로 공무원지위를 인정받는 것은 별론으로 하고라도, 이 사건 법률조항의 위헌 여부가 그 재판의 내용과 효력에 관한 법률적 의미에 영향을 미치지 않는다고 볼 수 있을 것인지 역시 의문스럽지 않을 수 없다.

라. 다수의견은 이 사건 위헌제청과 같은 경우 재판의 전제성을 인정한다면 법령에 대한 헌법소원에 있어서의 청구기간제도를 형해화시켜 법적 안정성을 해할 우려가 있음을 지적하고 있다. 그러나 헌법소원제도와 위헌법률심판제도는 국민의 기본권을 보장하기 위한 별개의 제도로서 병존하고 있는 것이므로, 그 중 한 가지의 제도를 통한 구제를 받기 위한 요건을 갖추지 못하는 사유가 다른 제도를 통한 구제를 배제하는 것을 정당화하는 사유가 될 수 없음은 당연한 이치이다. 오히려 행정소송법 등에서 인정하고 있는 다양한 소송형태를 이용하여 위헌법률의 심판을 요청하는 것은 헌법이 보장하는 재판청구권 등 사법절차적 기본권의 행사로서의 의미 뿐 아니라, 법치주의 실현을 위한 전제로서의 의미를 갖는 바람직한 현상으로 볼 수도 있다.」

⇒ 재판관 1인(재판관 김영일)의 보충의견

「국가공무원법상 당연퇴직은 법에 정한 결격사유가 있을 때 법률상 당연히 퇴직하는 것이지 공무원관계를 소멸시키기 위한 별도의 행정처분을 요하는 것이 아니다. 따라서 청구인이 선고유예(징역 6월)의 확정판결을 받아 당시 국가공무원법에 의하여 당연퇴직되었고, 그 당연퇴직의 인사발령은 법률상 당연히 발생하는 퇴직사유를 공적으로 확인하여 알려주는 이른바 관념의 통지에 불과하여(대법원 1992. 1. 21. 선고 91누2687 판결; 대법원 1985. 7. 23. 선고 84누37 판결 등 참조), 그 당연퇴직 인사발령에 별도의 행정처분이 있었다고 할 수 없으므로, 청구인은 그 당연퇴직과 관련한 행정청의 행위의 위법·부당을 주장하며 행정소송을 통하여는 복직 등 구제를 받을 수 없고, 결국 "금고 이상의 선고유예를 받은 경우에 그 선고유예기간 중에 있는 자에 해당할 때에는 당연히 퇴직한다"고 규정하고 있는 이 사건 법률조항을 직접 공격대상으로 하여 그 위헌확인을 구하고 그 조항이 위헌·무효선언되어 비로소 구제 받을 수 있게 되는 것이다.

그렇다면, 결국 청구인은 위 법률조항의 위헌확인을 구하는 헌법소원심판을 청구하여 구제받을 수 있을 뿐이라고 할 것이고, 그 헌법소원심판의 청구기간이 도과되어 더 이상 다툴 수 없게 되면, 청구인의 경우에는 그 사실상태가 확정되는 것이다. 후일 청구인과 동일한 사유로 당연퇴직한 다른 자에 의하여 청구된 헌법소원심판으로 이 사건 법률조항이 위헌선언되었다고 하더라도, 이미 사실이 확정된 청구인의 경우에는 그 위헌선언된 법률의 소급적 무효의 효력이 미치지 못하게 되는 것이다. 이것은 위헌으로 결정된 법률의 장래효원칙과 예외적 소급효의 기본법리에 부합되는 것이다.

그동안 우리 헌법재판소는 여러 일련의 결정을 통하여 헌법재판소가 위헌으로 결정한 법령을 적용하여 한 재판이 아닌 것으로서 제소기간도과 등 법원의 재판을 통하여 확정된 경우에는 전제되는 법률이 위헌으로 결정된다고 하더라도 그에 소급효가 미치지 않음을 고려하여 본안판단의 대상으로 삼지 아니하여 왔다(헌재 1994. 6. 30. 92헌바23, 판례집 6-1, 592, 614-617; 헌재 1998. 5. 28. 91헌마98 등, 판례집 10-1, 660, 670-672; 헌재 2001. 2. 22. 99헌마409, 판례집 13-1, 317, 321; 헌재 2001. 2. 22. 99헌마605, 판례집 13-1, 356, 363-364; 헌재 2001. 6. 28. 98헌마485, 판례집 13-1, 1379, 1391 각 참조).

법원의 재판을 통한 사법작용의 절차적 정의를 존중하여 구체적 정의실현과 법적 안정성의 조화를 도모한 결과이다.

이 사건 법률조항의 위헌 여부에 대하여 헌법소원심판의 청구기간도과로 이미 더 이상 다툴 수 없게 된 청구인의 경우에, 그 절차야 어떻든(조리상 신청권이 인정되든 아니든) 간에 다른 형태의 위헌심사인 위헌법률심판제청으로 그 법률조항의 위헌 여부를 헌법재판소 스스로 위헌결정의 소급효법리에 어긋나게 판단할 수는 없는 것이다.」

▷ **헌법재판소법 제68조 제2항의 헌법소원심판절차에서는 헌법재판소는 재판의 전제성 판단에 있어 청구인의 주장사실이 모두 인정된다는 전제에서 판단할 수밖에 없다고 본 판례**

[憲 1998. 9. 30.-98헌가7등](금융기관의연체대출금에관한특별조치법 제3조 위헌제청, 금융기관의연체대출금에관한특별조치법 제3조 위헌소원)

「제주지방법원은 청구인의 위헌제청신청을 기각하면서 청구인이 위 황○성에게 명의신탁하였다는 주장사실을 인정할 수 없어 채권자대위소송의 요건인 피보전권리의 흠결을 이유로 이 사건 소를 각하하는 이상, 법 제3조의 위헌 여부는 이 사건 재판의 전제가 될 수 없다고 한다. 그러나 문제되는 법률의 위헌 여부가 재판의 전제가 되느냐 하는 재판의 전제성 판단에 있어 청구인의 주장사실이 인정되는지 여부는 사건의 기록없이 위헌 여부 등을 판단할 수밖에 없는 헌법재판소로서는 특별한 사정이 없는 한 청구인의 주장사실이 모두 인정된다는 전제에서 판단할 수밖에 없다고 할 것이고, 청구인의 주장사실이 모두 인정된다고 할지라도 법률의 위헌 여부가 재판의 결론에 아무런 영향을 미칠 수 없는 경우에 한하여 재판의 전제성을 부인할 수 있을 뿐이라고 보아야 한다. 따라서 특별한 사정이 보이지 아니하는 이 사건에서 헌법재판소로서는 청구인의 명의신탁 주장을 인정할 수 없다는 이유로 재판의 전제성을 부인할 수는 없다 하겠다(더구나 당해소송사건의 항소심인 위 광주고등법원 제주부 96나1001 판결은 증거에 의하여 청구인의 위 명의신탁 주장사실을 인정하였다).」

▷ 재판의 전제성은 위헌법률심판을 청구하는 시점뿐만 아니라 헌법재판소가 이에 대한 결정을 하는 시점에도 갖추어져 있어야 한다는 취지의 판례

[憲 1993. 12. 23.-93헌가2](형사소송법 제97조 제3항 위헌제청)

「재판의 전제성이라 함은 원칙적으로 ① 구체적인 사건이 법원에 계속 중이어야 하고, ② 위헌 여부가 문제되는 법률이 당해 소송사건의 재판에 적용되는 것이어야 하며, ③ 그 법률이 헌법에 위반되는지의 여부에 따라 당해 사건을 담당하는 법원이 다른 내용의 재판을 하게 되는 경우를 말한다. 여기서 다른 내용의 재판을 하게 되는 경우라 함은 원칙적으로 법원이 심리 중인 당해 사건의 재판의 결론이나 주문에 어떤 영향을 주는 경우뿐만 아니라 문제된 법률의 위헌 여부가 비록 재판의 주문 자체에는 아무런 영향을 주지 않는다고 하더라도 재판의 결론을 이끌어 내는 이유를 달리하는 데 관련되어 있거나 또는 재판의 내용과 효력에 관한 법률적 의미가 달라지는 경우도 포함된다고 할 것이다(헌법재판소 1992. 12. 24. 선고, 92헌가8 결정 1993. 5. 13. 선고, 92헌가10, 91헌바7, 92헌바24, 50(병합) 결정 1990. 6. 25. 선고, 89헌가98 내지 101(병합) 결정 등 참조). 그리고 위 재판의 전제성은 법률의 위헌여부심판제청시만 아니라 심판시에도 갖추어져야 함이 원칙이다.」

▷ 위헌법률심판의 대상이 된 법률이나 법률조항이 재판의 전제성을 가지지 못하는 경우 청구가 부적법한 것임을 이유로 각하한다는 취지의 판례

[憲 1997. 9. 25.-97헌가5](노동조합및노동관계조정법 등 위헌제청)

「법원으로부터 법률의 위헌여부심판의 제청을 받은 헌법재판소로서는 법률이 재판의 전제가 되는 요건을 갖추고 있는지의 여부를 심판함에 있어서는 제청법원의 견해를 존중하는 것이 원칙이나, 재판의 전제와 관련된 제청법원의 법률적 견해가 유지될 수 없는 것으로 보이면 헌법재판소가 직권으로 조사할 수도 있는 것이다(헌법재판소 1996. 10. 4. 선고, 96헌가6 결정, 판례집 제8권 2집 308, 321면).

제청법원이 1997. 1. 24. 위헌여부심판의 제청을 한 법률은 노동관계법개정법으로서 1996. 12. 31. 공포되었으나 1997. 3. 1.부터 시행하기로 된 법률이었다. 그러나 이 심판 계속중인 1997. 3. 13. 공포된 근로기준법폐지법률(법률 제5305호), 노동조합및노동관계조정법폐지법률(법률 제5306호), 노동위원회법폐지법률(법률 제5307호), 근로자참여및협력증진에관한법률폐지법률(법률 제5308호)에 의하여 폐지되고, 근로기준법(법률 제5309호), 노동조합및노동관계조정법(법률 제5310호), 노동위원회법(법률 제5311호), 근로자참여및협력증진에관한법률(법률 제5312호)이 새로이 제정 시행되었다. 1997. 3. 13.자 관보는 노동관계법개정법은 1996. 12. 26. 국회 의결절차에 대하여 유·무효의 논란이 있으므로 이를 폐지하고 새로운 법을 마련하기 위한 것으로 이유 설명을 하고 있다. 그러므로 노동관계법개정법은 제청법원이 이 사건 위헌법률 심판을 제청할 당시에는 아직 시행되지 아니한 법률이었고 이 결정 당시에는 이미 폐지되어 효력이 상실된 법률인 것이다.

위헌법률심판은 최고규범인 헌법의 해석을 통하여 헌법에 위반되는 법률의 효력을 상실시

키는 것이므로 이와 같은 위헌법률심판제도의 기능의 속성상 법률의 위헌여부심판의 제청대상 법률은 당사자간에 구체적인 권리의무관계의 분쟁을 해결하는데 적용할 법률이어야 하고 특별한 사정이 없는 한 그 법률은 현재 시행중이거나 과거에 시행되었던 것이어야 하기 때문에 제청당시에 공포는 되었으나 시행되지 않았고 이 결정당시에는 이미 폐지되어 효력이 상실된 법률은 위헌여부심판의 대상법률에서 제외되는 것으로 해석함이 상당하다. 더욱이 노동관계법개정법은 당해사건 재판에 적용되는 법률이 아닐 뿐만 아니라 제청신청인의 영장기재 피의사실에 적힌 범행의 계기가 된 것에 불과한 것으로 동 개정법의 위헌 여부는 피의사실기재 범행에 대하여 다른 내용의 재판을 하게 되는 관계에 있지도 아니함으로 재판의 전제가 되는 법률이라고 볼 수 없다고 하겠다.

이상의 이유로 이 심판대상 법률은 헌법에 위반되는지 여부가 재판의 전제가 되는 법률의 요건을 갖추지 못한 부적법한 제청이다. 그렇다면 이 위헌제청은 부적법하므로 이를 각하하기로 한다.」

⇔ 재판관 4인(재판관 이재화, 재판관 조승형, 재판관 정경식, 재판관 고중석)의 반대의견

「가. 헌법 제107조 제1항, 헌법재판소법 제41조 제1항에 의한 위헌법률심판에 있어서 법원이 제청한 법률이 재판의 전제가 되느냐의 문제 즉 재판의 전제성에 관하여는 헌법재판소는 원칙으로 그 법률의 위헌 여부가 재판을 하는 데 필요하다는 법원의 법률적 견해를 존중하여야 할 것이며, 다만 전제성에 관한 법원의 견해가 명백히 유지될 수 없을 때만 예외적으로 이를 직권으로 조사하여 법원의 제청을 각하하여야 할 것이다〔헌법재판소 1989. 7. 14. 선고, 88헌가5 8, 89헌가44(병합) 결정 참조〕.

나. 돌이켜 이 사건에 관하여 보건대, 이 사건의 제청법원은 제청신청인 임○혁에 대하여 업무방해죄, 집회및시위에관한법률위반죄 등 혐의로 청구된 구속영장사건을 재판함에 있어서 이 사건 심판대상법률의 위헌 여부가 제청신청인의 쟁의행위의 정당성을 판단하는 데 필요하고 그에 따라 위 사건의 결론이나 이유가 달라질 수 있으므로 전제성이 있다고 판단하여 이 사건 위헌심판제청을 하였는바, 제청법원의 위와 같은 판단이 명백히 유지될 수 없는 것이라고 단정할 수도 없으므로 재판의 내용이나 과정을 구체적으로 알지 못하는 헌법재판소로서는 법원의 위와 같은 전제성에 관한 판단을 받아들여 제청한 법률의 위헌 여부를 심판하여야 할 것이다.」

◎ 같은 취지 : 憲 1989. 9. 29.-89헌마53; 2001. 6. 28.-2001헌바16

▷ 헌법재판소가 적극적으로 심판의 대상을 변경한 판례

[憲 1998. 3. 26.-93헌바12](하천법 제2조 제1항 제2호 다목 위헌소원)

「서울민사지방법원의 91카105256호 위헌여부심판제청신청사건에서 청구인들이 위헌여부심판의 제청을 구하였으나 동 법원에 의하여 그 신청이 기각당한 법률조항은 위 하천법 제2조 제1항 제2호 다목임이 분명하고, 이 사건 심판청구를 통하여 청구인들이 위헌확인을 구하는 것도 역시 위 하천법 제2조 제1항 제2호 다목이다. 그러나 헌법재판소는 심판청구서에 기재된 피청구인이나 청구취지에 구애됨이 없이 청구인의 주장요지를 종합적으로 판단하여야 하며, 청구인이 주장하는 침해된 기본권과 침해의 원인이 되는 공권력을 직권으로 조사하여 피청구인과 심판대상을 확정하여 판단하여야 한다(헌재 1993. 5. 13. 91헌마190 참조).

그런데 당해사건에서의 청구인들의 청구취지는 이 사건 토지들이 국유가 아니라 청구인들의 사유토지임을 전제로 대한민국과 서울특별시를 상대로 소유권확인을 구하는 것이므로 당해사건의 재판에 보다 직접적으로 관련을 맺고 있는, 다시 말해서 그 위헌 여부에 따라 법원이 다른 내용의 재판을 하게 되는 법률조항은 제외지를 하천구역에 편입시키고 있는 위 하천법 제2조 제1항 제2호 다목이라기 보다 오히려 하천구역을 포함하여 하천을 국유로 한다고 규정함으로써 직접 제외지의 소유권귀속을 정하고 있는 동법 제3조라 할 것이다.

따라서 청구인들의 심판청구이유, 위 91카105256 위헌여부심판제청신청사건의 경과, 당해사건재판과의 관련성의 정도, 이해관계기관의 의견 등 여러 가지 사정을 종합적으로 직권으로 이 사건 심판의 대상을 위 하천법 제2조 제1항 제2호 다목에서 동법 제3조로 변경하기로 한다.

한편 이 사건 심판청구에서는 하천 중 이 사건 토지들과 같은 제외지를 국유화하는 것의 위헌여부만이 문제될 뿐인 반면, 위 하천법 제3조는 이 사건에서 문제되지도 아니하는 유수지, 하천부속물의 부지 등 하천 전부를 국유로 한다는 규정이다. 따라서 동법 제3조 중 제외지 이외의 나머지 하천에 관한 부분은 이 사건 심판의 대상에서 제외하기로 한다.」

▷ **심리 중 전제성이 소멸한 경우라 하더라도 예외적인 경우 본안에 대하여 판단할 수 있다는 취지의 판례**
[憲 1993. 12. 23.-93헌가2](형사소송법 제97조 제3항 위헌제청)

「(다) 그러나 앞서 본 바와 같이 제청법원이 이 사건 위헌심판제청을 한 후 그 즉시항고사건의 기록을 항고법원에 송부하였고, 항고법원은 항고기각결정을 함으로써 헌법재판소에서 이 사건 규정의 위헌 여부에 관한 심판을 하기 전에 이 사건 즉시항고사건은 종료되었다. 그러므로 이 사건은 심판 당시에는 재판의 전제성이 소멸되었다고 하겠으므로 이와 관련하여 이 사건 심판의 적법성을 살펴본다.

(라) 일찌기 당재판소는 법률에 대한 헌법소원심판에 있어서 "침해행위가 이미 종료되어서 이를 취소할 여지가 없기 때문에 헌법소원이 주관적 권리구제에 별 도움이 안 되는 경우라도 그러한 침해행위가 앞으로도 반복될 위험이 있거나 당해 분쟁의 해결이 헌법질서의 수호·유지를 위하여 긴요한 사항이어서 그 해명이 헌법적으로 중대한 의미를 지니고 있는 경우에는 헌법소원의 이익을 인정하여야 할 것이다"(헌법재판소 1992. 4. 14. 선고, 90헌마82 결정 등 참조)라고 판시한 바 있다. 이러한 법리는 구체적 규범통제로서의 법원의 제청에 의한 법률의 위헌여부심판절차에서도 존중되어야 할 것이다.

(마) 이 사건 규정은 국민의 인신구속에 관련된 사항인 법원의 보석허가결정에 대한 집행정지의 효력이 있는 검사의 즉시항고권을 규정한 것으로서 그 규정의 위헌 여부는 기본권 중의 기본권이라 할 수 있는 국민의 신체의 자유와 관계되는 중요한 헌법문제라 아니할 수 없는데 그 문제에 관하여 헌법재판소에서 해명이 이루어진 바도 없다. 그리고 이 사건 규정이 위헌으로 심판되지 않는 한 법원의 보석이 있을 때마다 이 사건 규정에 의하여 이렇게 중요한 기본권인 신체의 자유의 침해가 반복될 것은 법문상 명백하다. 또한 이 사건 규정에 대한 위헌여부심판절차를 밟지 않고 원심법원 또는 항고법원의 재판을 받는 기간이, 위헌여부심판절차를 밟아 그 심판결정을 기다린 연후에 위 법원의 재판을 받는 기간보다 짧은 것이 통상이므로 보석허가를 받았으나 검사의 즉시항고로 피고인의 구속상태가 계속중인 상황에서 법원이나 피고인이 이 사건 규정의 위헌여부심판제청 또는 그 신청을 한다는 것은 좀처럼 기대하기 어려워서, 이 사건 규정에 대한 위헌여부심판의 기회가 다시 있기 어려운 경우이다. 그리고 이 사건 규정은 형사소송법상 피고인의 구속 여부에 관한 소송절차규정으로서 법원은 종국판결 자체에는 영향이 없는 것으로 보아 구체적인 본안판결 자체는 그대로 진행하여 이

미 종료되었지만 위헌여부심판제청 당시에 있어서는 이 사건 규정의 위헌 여부가 제청법원에 계속 중이던 당해 안건인 보석허가결정에 대한 즉시항고사건에 관한 원심법원의 재판의 전제성이 있었던 점은 위에서 본 바와 같다. 그러므로 객관적인 헌법질서의 수호 · 유지를 그 임무의 하나로 하고 있는 헌법재판소로서는 제청받은 이 사건 규정에 대한 법률의 위헌여부심판의 필요성이 있다고 인정하여 이를 심판함은 그 임무를 다하는 것이고 그 심판은 적법성이 있다고 할 것이다.」

□ 절 차

▶ 제 청

▸ 법원은 재판의 전제가 된 법률이나 법률조항의 위헌 여부에 대하여 위헌이라는 확신을 가지는 때가 아니라 위헌이라는 합리적인 의심이 있으면 심판을 제청한다는 취지의 판례

[憲 1993. 12. 23.-93헌가2](형사소송법 제97조 제3항 위헌제청)

※ 〈제7편 - 제3장 - 1. - □ 재판의 독립〉 판례 인용부분 참조

▶ 심 리

▸ 위헌법률심사의 기준

▹ 헌법의 원리가 기본권제한입법의 합헌성 심사에 있어 해석기준의 하나로 작용한다고 본 판례

[憲 1996. 4. 25.-92헌바47](축산업협동조합법 제99조 제2항 위헌소원)

「(가) 헌법의 기본원리는 헌법의 이념적 기초인 동시에 헌법을 지배하는 지도원리로서 입법이나 정책결정의 방향을 제시하며 공무원을 비롯한 모든 국민 · 국가기관이 헌법을 존중하고 수호하도록 하는 지침이 되며, 구체적 기본권을 도출하는 근거로 될 수는 없으나 기본권의 해석 및 기본권제한입법의 합헌성 심사에 있어 해석기준의 하나로서 작용한다. 그러므로 이 사건 심판대상조항의 위헌 여부를 심사함에 있어서도 우리 헌법의 기본원리를 그 기준으로 삼아야 할 것이다.

(나) 우리 나라 헌법상의 경제질서는 사유재산제를 바탕으로 하고 자유경쟁을 존중하는 자유시장경제질서를 기본으로 하면서도 이에 수반되는 갖가지 모순을 제거하고 사회복지 · 사회정의를 실현하기 위하여 국가적 규제와 조정을 용인하는 사회적 시장경제질서로서의 성격을 띠고 있다. 즉, 절대적 개인주의 · 자유주의를 근간으로 하는 자본주의사회에 있어서는 계약자유의 미명 아래 "있는 자, 가진 자"의 착취에 의하여 경제적인 지배종속관계가 성립하고 경쟁이 왜곡되게 되어 결국에는 빈부의 격차가 현격해지고, 사회계층간의 분화와 대립갈등이 첨예화하는 사태에 이르게 됨에 따라 이를 대폭 수정하여 실질적인 자유와 공정을 확보함으로써 인간의 존엄과 가치를 보장하도록 하였는바(헌법재판소 1989. 12. 22. 선고, 88헌가13 결정 참조), 이러한 절대적 개인주의 · 자유주의를 근간으로 하는 초기 자본주의의 모순 속에서 소비자 · 농어민 · 중소기업자 등 경제적 종속자 내지는 약자가 그들의 경제적 생존권을 확보하고 사회경제적 지위의 향상을 도모하기 위하여 결성한 자조조직이 협동조합이고, 우리 헌법도 "국가는 농 · 어민과 중소기업의 자조조직을 육성하여야 하며, 그 자율적 활동과 발전을 보장한다"는 규정을 둠으로써(헌법 제123조 제5항) 국가가 자발적 협동조합을 육성하여야 함을 명문으로 규정하고 있다.

그런데 이 사건 심판대상조항은 농민의 자조조직인 업종별축협의 설립을 제한하는 규정이

라 할 것이므로 위 헌법원리와의 관계에서 검토를 필요로 한다.」

▷ 관습헌법도 심판의 기준이 된다는 취지의 판례
[憲 2004. 10. 21.-2004헌마554등](신행정수도의건설을위한특별조치법 위헌확인)
※ 〈제1편 - 제1장 - 1. - 헌법 - □ 관습헌법〉 판례 인용부분 참조

▸ 심판의 범위

▷ 헌법재판소는 제청법원이나 제청신청인이 주장하는 관점에서 뿐만 아니라 모든 헌법적 관점에서 법률의 위헌성을 심판한다는 취지의 판례
[憲 1996. 12. 26.-96헌가18](주세법 제38조의7 등에 대한 위헌제청)
「헌법재판소는 헌법 제107조 제1항, 제111조 제1항 제1호에 의한 위헌법률심판절차에 있어서 규범의 위헌성을 제청법원이나 제청신청인이 주장하는 법적 관점에서만이 아니라 심판대상규범의 법적 효과를 고려하여 모든 헌법적인 관점에서 심사한다. 법원의 위헌제청을 통하여 제한되는 것은 오로지 심판의 대상인 법률조항이지 위헌심사의 기준이 아니다. 따라서 이 사건에서의 헌법적 심사는 심판대상인 주세법규정이 주류판매업자에 미치는 기본권제한적 효과에 한하지 아니하고, 그 외의 관련자인 주류제조업자나 소비자에 대한 심판대상규범의 효과까지 헌법적 관점에서 심사하여야 한다.」
◎ 같은 취지 : 憲 2002. 8. 29.-2000헌가6등

□ 결 정

▶ 각하결정

▸ 헌법재판소가 위헌으로 선고한 법률이나 법률조항에 대하여 심판을 구하는 경우에 각하결정을 한다는 취지의 판례
[憲 1989. 9. 29.-89헌가86](사회보호법 제5조 및 같은 법 부칙 제2조의 위헌심판)
※ 〈제7편 - 제4장 - 2. - 위헌법률심판 - □ 요건〉 판례 인용부분 참조
◎ **같은 취지** : 憲 2000. 8. 31.-97헌가12

▶ 합헌결정

▸ 초기 헌법재판소가 위헌불선언의 주문을 낸 판례
[憲 1989. 12. 22.-88헌가13](국토이용관리법 제21조의3 제1항, 제31조의2 의 위헌심판)
「이 결정에 있어서 토지거래허가제규정(국토이용관리법 제21조의3 제1항)과 벌칙규정(같은 법률 제31조의2) 모두에 대하여 재판관 조규광, 재판관 이성렬, 재판관 변정수, 재판관 김양균은 합헌의견을, 재판관 이시윤은 5와 같이 토지거래허가제 규정에 대하여서는 합헌의견이로되 보충의견을, 벌칙규정에 대하여서는 위헌의견을, 재판관 한병채, 재판관 최광률, 재판관 김문희는 6과 같이 위헌의견을, 각 제시하였고, 재판관 김진우는 7과 같이, 재판관 이시윤, 재판관 한병채, 재판관 최광률, 재판관 김문희의 위헌의견에 원칙적으로 동조하였다. 따라서 토지거래허가제 규정은 헌법에 위반되지 아니하고, 벌칙규정은 위헌의견이 과반수이나 헌법재판소법 제23조 제2항 제1호 소정의 위헌결정의 정족수(定足數)에 미달이어서 헌법에 위반된다고 선언할 수 없는 것이다.」

▸ 헌법재판소가 입법개선을 촉구한 판례

[憲 1993. 7. 29.-93헌마23](지방의회의원선거법 제12조 제3호 위헌확인)

「선거범에 대한 피선거권 정지사유로서의 벌금액을 규정한 이 사건 법률조항과 국회의원선거법 제12조 제3호 전단 규정은, 모두 입법권자가 아무런 기준 없이 자의적으로 정한 것이 아니고 합리적인 이유와 근거에 의하여 규정한 것임을 알 수 있다.

그렇다면 위 두 법률조항의 적용상의 상호관계에 있어서 청구인 주장과 같은 불합리한 일면이 있다고 하더라도, 그것은 우리 나라의 선거법체계가 단일한 선거법(예컨대 일본의 "공직선거법"과 같은)으로 되어 있지 아니하고 각종 선거법으로 분산되어 있으며 또 각종 공직선거에 관한 기본적, 공통적인 사항을 통일적으로 규정한 선거기본법 같은 법률도 따로 없는 데다가 각종 선거법을 그때그때의 현실적인 필요에 따라 각각 수시로 개정하면서 선거법체계의 전체적 조정에 유의하지 아니한 입법정책 내지 입법기술의 졸렬에서 기인한 것으로 넓은 의미에서의 체계부조화 내지 부적합이 될 수 있을 뿐, 위에서 본 이 사건의 제반사정에 비추어 그것만으로 곧 이 사건 법률조항이 평등의 원칙에 위배된다거나 청구인의 공무담임권을 침해한 것으로서 헌법위반이 된다고는 볼 수 없다.

다만, 이러한 입법정책 내지 입법기술의 졸렬에서 오는 체계상의 부조화 내지 부적합도 경우에 따라서는 헌법위반의 사태를 초래할 수 있으므로 이 기회에 우리 나라 선거법 전반에 관한 체계적 재검토와 그에 의한 입법적 시정조치가 있어야 할 것이다.」

[憲 1996. 2. 29.-92헌바8](민사소송법 제361조에 대한 헌법소원)

「다만 소송비용의 재판이 본안의 재판에 따른 부수재판이라고 하더라도 청구인이 주장하는 바와 같이 소송물가액에 따른 인지액 등 소송비용이 많이 지출된 경우에는 소송비용의 재판도 소송당사자에게 상당한 이해관계가 있어 그 재판에 대하여만 독립하여 다툴 실익이 있을 뿐만 아니라 소송비용의 재판이 법률에 명백히 위반하여 본안의 재판과 부합하지 아니한 경우에는 본안재판의 법적 안정성을 해하지 않고도 부당한 소송비용의 재판을 시정할 수도 있을 것이므로 국민의 재판을 받을 권리 및 재산권의 보장을 위하여 이 사건 법률조항의 입법목적인 본안재판의 법적 안정성을 크게 해하지 않는 한도 내에서 소송비용의 재판에 대한 독립적인 불복을 허용하는 것이 입법정책적으로 바람직한 길임을 밝혀 둔다.」

▸ 헌법재판소가 이미 합헌으로 판단한 법률조항에 대하여 다시 위헌 여부의 판단에 대한 신청을 한 경우, 헌법재판소가 다시 위헌 여부의 판단을 한 판례

[憲 1993. 3. 11.-90헌가70](형법 제241조에 관한 위헌심판)

「당재판소는 1990. 9. 10.에 선고한 89헌마82 사건에서 형법 제241조가 헌법에 위반되지 아니한다고 판시하였는바 이를 다시 달리 판단하여야 할 사정변경이 있다고 인정되지 아니하므로 그 결정을 그대로 유지하고 ……」

[憲 1998. 2. 27.-96헌마92](상고심절차에관한특례법 제4조 등 위헌확인)

「헌법이 대법원을 최고법원으로 규정하였다고 하여 대법원이 곧바로 모든 사건을 상고심으로서 관할하여야 한다는 결론이 당연히 도출되는 것은 아니며, "헌법과 법률이 정하는 법관에 의하여 법률에 의한 재판을 받을 권리"가 사건의 경중을 가리지 않고 모든 사건에 대하여 대법원을 구성하는 법관에 의한 균등한 재판을 받을 권리를 의미한다거나 또는 상고심재판을

받을 권리를 의미하는 것이라고 할 수는 없다. 또한 심급제도는 사법에 의한 권리보호에 관하여 한정된 법 발견 자원의 합리적인 분배의 문제인 동시에 재판의 적정과 신속이라는 서로 상반되는 두 가지의 요청을 어떻게 조화시키느냐의 문제로 돌아가므로 원칙적으로 입법자의 형성의 자유에 속하는 사항이다. 그러므로 이 사건 법률조항은 비록 국민의 재판청구권을 제약하고 있기는 하지만 위 심급제도와 대법원의 기능에 비추어 볼 때 헌법이 요구하는 대법원의 최고법원성을 존중하면서 민사, 가사, 행정 등 소송사건에 있어서 상고심재판을 받을 수 있는 객관적 기준을 정함에 있어 개별적 사건에서의 권리구제보다 법령해석의 통일을 더 우위에 둔 규정으로서 그 합리성이 있다고 할 것이므로 헌법에 위반되지 아니한다는 것이 우리재판소의 판단인바[헌법재판소 1997. 10. 30. 선고, 97헌바37, 95헌마142 · 215, 96헌마95(병합) 결정 참조], 위 결정 선고 이후에 달리 그 견해를 변경하여야 할 특별한 사정변경도 없다.」

▶ 위헌결정

▸ 위헌결정의 범위에 대한 판례

▹ 헌법재판소가 법률조항 중 일부분에 대해서만 위헌으로 결정한 판례

[憲 1998. 9. 30.-98헌가7등](금융기관의연체대출금에관한특별조치법 제 3 조 위헌제청, 금융기관의연체대출금에관한특별조치법 제 3 조 위헌소원)

「(나) 이 사건 법률조항이 임의경매에 적용되는 경우

부동산 임의경매절차에 있어 금융기관이 신청한 경우에만 위와 같은 발송송달의 특례를 인정하는 것은 그 나름대로의 합리적 근거가 있는 차별로 보인다. 금융기관은 금융기관이 아닌 일반채권자에 비하여 다음과 같은 특수성이 인정되기 때문이다. ……

따라서 이 사건 법률조항은 경매의 실행에 채무명의를 요하지 아니하는 이른바 임의경매에 적용되는 경우에는 위에서 본 여러 사정에 미루어 금융기관에게 그 나름의 차별에 대한 합리적인 이유가 있다 할 것이므로 평등의 원칙에 위반된다고 볼 수 없다.

(다) 이 사건 법률조항이 강제경매에 적용되는 경우

이 사건 법률조항이 강제경매에 적용되는 경우에는 임의경매와 달리 볼 수밖에 없는 사정이 있다. ……

그러므로 부동산 강제경매절차에서 차별에 대한 합리적인 이유도 없이 오로지 금융기관이 신청하였다는 이유만으로 신청인이 금융기관이 아닌 경우와 차별하여 발송송달의 특례를 인정하는 것은 같은 것은 같게 규율하여야 할 것임에도 불구하고 이를 다르게 규율한 것으로서 결국 입법형성에 있어 헌법적 한계를 벗어난 것이라 아니할 수 없으므로 평등의 원칙에 위반된다.

4. 결　론

그렇다면 이 사건 법률조항 중 강제경매에 관한 부분은 평등의 원칙에 위반되고, 담보권실행을 위한 경매에 관한 부분은 헌법에 위반되지 아니하므로 주문과 같이 결정한다.」

⇔ 재판관 4인(재판관 김용준, 재판관 조승형, 재판관 이영모, 재판관 한대현)의 반대의견

「우리는 이 사건 법률조항 중 임의경매에 관한 부분도 헌법에 위반된다고 생각하므로, 위 부분이 헌법에 위반되지 아니한다고 하는 다수의견에 대하여 다음과 같이 반대의견을 밝힌다.」

▹ 부수적 위헌결정에 대한 판례

[憲 1989. 11. 20.-89헌가102](변호사법 제10조 제 2 항에 대한 위헌심판)

「법 제10조 제 2 항은 헌법 제11조 제 1 항, 제15조, 제37조 제 2 항, 제39조 제 2 항에 각 위반되

고, 한편 법 제10조 제3항은 제2항이 규정한 지방법원의 관할범위를 규정한 것으로서 법 제10조 제2항이 헌법에 위반된다고 인정되는 마당에 독립하여 존속할 의미가 없으므로 헌법재판소법 제45조 단서에 의하여 아울러 헌법에 위반되는 것으로 인정하여 재판관 전원의 의견일치에 따라 주문과 같이 결정한다.」

◎ **같은 취지 : 憲 2003. 9. 25.-2001헌가22**

▹ **법률에 대한 헌법소원심판에서 시행령의 해당 조항이 모법인 법률의 해당조항의 내용과 일체를 이루어 동일한 법률관계를 규율대상으로 하고 있는 경우에, 시행령의 해당 조항도 심판의 대상이 된다고 본 판례**

[憲 2001. 11. 29.-99헌마494](재외동포의출입국과법적지위에관한법률 제2조 제2호 위헌확인)

「(2) 심판대상의 확장

재외동포법의 적용을 받는 자는 "재외국민", 즉 대한민국의 국민으로서 외국의 영주권을 취득한 자 또는 영주할 목적으로 외국에 거주하고 있는 자(재외동포법 제2조 제1호) 그리고 "외국국적동포", 즉 대한민국의 국적을 보유하였던 자 또는 그 직계비속으로서 외국국적을 취득한 자 중 대통령령이 정하는 자(재외동포법 제2조 제2호)이다. 그런데 외국국적동포에 대하여는 재외동포법시행령 제3조에서 대한민국 정부수립 이후에 국외로 이주한 자 중 대한민국의 국적을 상실한 자와 그 직계비속(같은 조 제1호) 그리고 대한민국 정부수립 이전에 국외로 이주한 자 중 외국국적 취득 이전에 대한민국의 국적을 명시적으로 확인받은 자와 그 직계비속(같은 조 제2호)으로 구체화하여 구분하고 있다. 그러므로 재외동포법의 적용에서 배제되는 재외동포집단은 외국국적동포 중에서 "대한민국 정부수립 이전에 국외로 이주한 자 중 외국국적 취득 이전에 대한민국의 국적을 명시적으로 확인받지 않은 자와 그 직계비속"(이하 '정부수립이전이주동포'라 한다)이다.

위와 같이 재외동포법시행령 제3조는 재외동포법 제2조 제2호의 규정을 구체화하는 것으로서 양자가 일체를 이루어 동일한 법률관계를 규율대상으로 하고 있고, 시행령규정은 모법규정을 떠나 존재할 수 없으므로 이 사건의 심판대상을 동 시행령규정에까지 확장함이 상당하다. 확장할 심판대상의 범위에 대하여 구체적으로 보면, 정부수립이전이주동포를 적용대상에서 결정적으로 제외하는 재외동포법시행령 제3조 제2호가 포함되어야 함은 물론이고, 이 사건에서 청구인들은 재외동포법이 외국국적동포들에게 혜택을 부여하는 입법을 하였음에도 자신들에게 혜택을 부여하지 아니한 부진정입법부작위를 평등원칙에 근거하여 다투는 것임에 비추어, 재외동포법시행령 제3조 제1호도 포함하여야 한다. 따라서, 재외동포법 제2조 제2호 및 재외동포법시행령 제3조(이하 '이 사건 심판대상규정'이라고 한다)를 이 사건 심판대상으로 삼기로 한다.」

▹ **법률이 일정한 사항에 관하여 구체적인 내용의 입법을 하위법규에 위임하고 있는 경우에 그 위임규정인 법률조항이 위헌결정으로 효력을 상실하면 그 법률조항의 위임에 의하여 제정된 하위법규도 당연히 효력을 상실한다고 본 대법원 판례**

[大 1996. 4. 9.-95누11405](증여세등부과처분취소)

「헌법 제111조 제1항은 법원의 제청에 의한 법률의 위헌 여부 심판 및 법률이 정하는 헌법소원에 대한 심판 등을 헌법재판소의 관장 관한으로 정하고 있는바, 헌법재판소법 제45조 본문은 "헌법재판소는 제청된 법률 또는 법률조항의 위헌 여부만을 결정한다"라고 규정하고, 제47

조 제2항 본문은 "위헌으로 결정된 법률 또는 법률의 조항은 그 결정이 있는 날로부터 효력을 상실한다"라고 규정하며, 같은 조 제1항은 "법률의 위헌 결정은 법원 기타 국가기관 및 지방자치단체를 기속한다"라고 규정하고 있고, 이들 조항은 같은 법 제75조 제6항에 의하여 일정한 범위 내의 헌법소원을 인용하는 경우에도 준용되고 있다. 이와 같이 특정한 법률 또는 법률조항에 대하여 헌법재판소의 위헌 결정이 있는 경우에, 당해 법률 또는 법률조항은 즉시 그 효력을 상실하게 되고 그 위헌 결정은 법원을 포함한 모든 국가기관 및 지방자치단체를 기속하는 효력을 가지는 것이므로, 헌법재판소의 위헌 결정이 법원을 포함한 모든 국가기관 및 지방자치단체에 의하여 엄정하게 존중되어야 함은 더 말할 나위가 없다. 뿐만 아니라, 법률이 일정한 사항에 관하여 구체적인 내용의 입법을 대통령령 등 하위법규에 위임하고 있는 경우에 그 위임규정인 법률조항에 대하여 헌법재판소의 위헌결정이 선고되면, 당해 법률조항이 효력을 상실하게 됨은 물론, 그 법률조항의 위임에 의하여 제정된 대통령령 등 하위법규 역시 그 존립의 근거를 상실함에 따라 당연히 그 효력을 상실한다고 하지 않을 수 없을 것이다.」

▷ 헌법재판소가 심판대상을 확장한 판례

[憲 1996. 11. 28.-96헌가13](관세법 제186조 제2항 위헌제청)

「이해관계인인 법무부장관은 당해사건의 공소사실이 미수사실뿐이므로 예비범에 대한 부분의 위헌여부심판의 제청부분은 재판의 전제성이 없다고 주장한다. 따라서 살피면, 헌법 제107조 제1항은 "법률이 헌법에 위반되는 여부가 재판의 전제가 된 경우에는 법원은 헌법재판소에 제청하여 그 심판에 의하여 재판한다"라고 규정하고, 헌법재판소법 제41조 제1항은 "법률이 헌법에 위반되는 여부가 재판의 전제가 된 때에는 당해 사건을 담당하는 법원은 직권 또는 당사자의 신청에 의한 결정으로 헌법재판소에 위헌 여부의 심판을 제청한다"라고 규정하고 있다. 헌법재판소는 법률의 위헌 여부에 대한 재판의 전제성은 첫째 구체적인 사건이 법원에 현재 계속중이어야 하고, 둘째 위헌 여부가 문제되는 법률 또는 조항이 당해 소송사건의 재판과 관련하여 적용되는 것이어야 하며, 셋째 그 법률이 헌법에 위반되는지의 여부에 따라 당해 사건을 담당하는 법원이 다른 내용의 재판을 하게 되는 경우를 말한다고 하고 있다(헌법재판소 1992. 12. 24. 선고, 92헌가8 결정 참조). 이 사건의 경우 제청법원의 위헌제청결정서 기재 사건의 개요에 의하면 피고인 고○석이 관세포탈죄의 미수범으로 공소제기되어 1심 재판진행중인 것을 알 수 있으므로 미수부분에 관하여 재판의 전제성이 있음은 명확하나, 관세법 제182조 제2항 중 관세포탈죄의 예비에 관하여는 재판의 전제성이 있는지 여부에 관하여 의문이 있다. 그러나 재판의 전제성과 관련하여 법률 조항 중 관련사건의 재판에서 적용되지 않는 내용이 들어 있는 경우에도 그 조항 전체가 위헌심사의 대상이 될 수 있는지 여부에 관하여 제청법원이 단일 조문 전체를 위헌제청하고 그 조문 전체가 같은 심사척도가 적용될 위헌 심사대상인 경우 그 조문 전체가 심판대상이 된다고 할 것이며(헌법재판소 1995. 11. 30. 선고, 94헌가2 결정 참조), 관세법 제182조 제2항과 같이 병렬적으로 적용대상이 규정되어 있는 경우라고 그 내용이 서로 밀접한 관련이 있어 같은 심사척도가 적용될 위헌심사 대상인 경우 그 내용을 분리하여 따로 판단하는 것이 적절하지 아니하다고 할 것이다. 제청법원이 단일 조항 전체에 대하여 위헌제청을 한 취지도 위와 같다고 보이므로, 제청법원의 이와 같은 의견을 존중(헌법재판소 1993. 5. 13. 선고, 92헌가10 결정 참조)하고 헌법재판소가 규범통제의 역할을 수행하고 있는 점 등에 비추어 보면, 이 사건 단일조항을 함께 판단하는 것은 구체적 규범통제 제도의 취지에 벗어나지 않는다고 할 것이다. 따라서 위 이해관계인의 의견은 부당하여

받아들이지 아니한다.」

◎ **같은 취지 : 憲 2000. 8. 31.-97헌가12**

▷ **헌법재판소가 헌법재판소법 제68조 제2항의 심판절차에서 헌법재판소가 심판대상을 축소한 판례**
[憲 1998. 4. 30.-96헌바78](상속세법 제9조 제4항 위헌소원)

「이 사건 심판의 대상은 구 상속세법(1990. 12. 31. 법률 제4283호로 개정되기 전의 것, 이하 이 사건 법률이라 한다) 제9조 제4항 제4호(이하 이 사건 법률조항호라 한다)가 헌법에 위반되는지 여부이다. [청구인들은 청구취지를 "상속세법(1951. 5. 7. 법률 제199호, 1952. 11. 30. 법률 제261호, 1956. 12. 31. 법률 제418호, 1960. 12. 30. 법률 제573호, 1966. 8. 3. 법률 제1807호, 1967. 11. 29. 법률 제1971호, 1971. 12. 28. 법률 제2319호, 1974. 12. 21. 법률 제2691호, 1976. 12. 22. 법률 제2922호, 1978. 12. 5. 법률 제3101호, 1979. 12. 28. 법률 제3197호, 1981. 12. 31. 법률 제3474호, 1982. 12. 21. 법률 제3578호, 1986. 12. 31. 법률 제3902호, 1988. 12. 26. 법률 제4022호, 1990. 12. 31. 법률 제4283호, 1991. 11. 30. 법률 제4410호, 1993. 12. 31. 법률 제4662호) 제9조 제4항은 헌법에 위반된다"라고 기재하였으나, 청구이유와 위헌심판제청신청 기각결정이유에 따르면, 이 사건 법률 제9조 제4항 각호 중 제1호 내지 3호 규정은 "저당권 또는 질권이 설정된 재산, 양도담보재산, 전세권이 등기된 재산"이라고 규정하고 있으므로 그 위헌 여부가 당해 소송사건에 있어서 재판의 전제가 될 수 없고, 제4호의 위헌 여부만이 재판의 전제가 되며, 이 사건 법률조항 제4호가 신설되기 이전의 위 법률 제261호, 제418호, 제573호, 제1807호, 제1971호, 제2319호, 제2691호, 제2922호, 제3101호, 제3197호, 제3474호, 제3578호, 제3902호와 청구외 망 이○순이가 사망한 이후의 개정법률인 법률 제4283호, 제4410호, 제4662호의 각 제9조 제4항의 위헌 여부는 재판의 전제성도 인정되지 아니할 뿐 아니라 위헌심판제청신청조차 한 바 없어 부적법함이 인정된다. 그럼에도 불구하고 청구인들이 청구취지로 적시하였음은 명백한 착오이며, 그렇지 아니하다 하더라도 각하될 수밖에 없으므로 이 사건 심판의 대상을 이 사건 법률 제9조 제4항 제4호로 본다]」

▷ **헌법재판소가 헌법재판소법 제68조 제2항의 심판절차에서 심판의 대상을 적극적으로 변경한 판례**
[憲 1998. 3. 26.-93헌바12](하천법 제2조 제1항 제2호 다목 위헌소원)

「심판기록에 의하건대, 서울민사지방법원의 91카105256호 위헌여부심판제청신청사건에서 청구인들이 위헌 여부 심판의 제청을 구하였으나 동 법원에 의하여 그 신청이 기각당한 법률조항은 위 하천법 제2조 제1항 제2호 다목임이 분명하고, 이 사건 심판청구를 통하여 청구인들이 위헌확인을 구하는 것도 역시 위 하천법 제2조 제1항 제2호 다목이다. 그러나 헌법재판소는 심판청구서에 기재된 피청구인이나 청구취지에 구애됨이 없이 청구인의 주장요지를 종합적으로 판단하여야 하며, 청구인이 주장하는 침해된 기본권과 침해의 원인이 되는 공권력을 직권으로 조사하여 피청구인과 심판대상을 확정하여 판단하여야 한다(헌재 1993. 5. 13. 91헌마190 참조).

그러므로 살피건대, 청구인들이 위 91카105256 사건에서 위헌 여부 심판제청을 구한 이유의 요지는 결국 이 사건 토지들과 같은 사유의 제외지를 국유로 하는 것이 위헌이라는 것이고, 이에 대하여 위 법원이 그 제청신청을 기각한 것도 요컨대 위 하천법 제2조와 제3조에 의하여 사유토지인 제외지를 하천구역에 편입시켜 국유로 귀속시킨다 하더라도 위헌이라고 할 수 없다는 데에 있다. 그렇다면 비록 묵시적이긴 하나 제외지를 포함하여 하천을 국유로 한다는 법률조항인 위 하천법 제3조에 대하여도 위헌 여부 심판제청 신청과 그에 대한 기각결정이 있었다고 볼 수 있다.

그런데 당해사건에서의 청구인들의 청구취지는 이 사건 토지들이 국유가 아니라 청구인들의 사유토지임을 전제로 대한민국과 서울특별시를 상대로 소유권확인을 구하는 것이므로 당해사건의 재판에 보다 직접적으로 관련을 맺고 있는, 다시 말해서 그 위헌 여부에 따라 법원이 다른 내용의 재판을 하게 되는 법률조항은 제외지를 하천구역에 편입시키고 있는 위 하천법 제2조 제1항 제2호 다목이라기보다 오히려 하천구역을 포함하여 하천을 국유로 한다고 규정함으로써 직접 제외지의 소유권귀속을 정하고 있는 동법 제3조라 할 것이다.

따라서 청구인들의 심판청구이유, 위 91카105256 위헌여부심판제청신청사건의 경과, 당해사건재판과의 관련성의 정도, 이해관계기관의 의견 등 여러 가지 사정을 종합적으로 직권으로 이 사건 심판의 대상을 위 하천법 제2조 제1항 제2호 다목에서 동법 제3조로 변경하기로 한다.

한편 이 사건 심판청구에서는 하천 중 이 사건 토지들과 같은 제외지를 국유화하는 것의 위헌여부만이 문제될 뿐인 반면, 위 하천법 제3조는 이 사건에서 문제되지도 아니하는 유수지, 하천부속물의 부지 등 하천 전부를 국유로 한다는 규정이다. 따라서 동법 제3조 중 제외지 이외의 나머지 하천에 관한 부분은 이 사건 심판의 대상에서 제외하기로 한다.

그렇다면 결국 이 사건 심판의 대상은 1971. 1. 19. 법률 제2292호로 전문개정된 하천법 제3조 중 제2조 제1항 제2호 다목 전단 소정의 제외지에 관한 부분이 헌법에 위반되는지의 여부이고, 동 법률조항 및 관련 조항의 내용은 다음과 같다.」

◎ 같은 취지 : 憲 2000. 8. 31.-98헌바27등

▸ **위헌결정된 법률의 효력상실에 대한 판례**

▹ **형벌에 관한 법률이라 하더라도 이를 소급적으로 위헌무효화하는 것이 당사자에게 형사상 불이익한 결과를 초래하는 경우에는 소급효가 인정되지 않는다고 본 판례**

[憲 1997. 1. 16.-90헌마110등](교통사고처리특례법 제4조 등에 대한 헌법소원 등)

「헌법재판소법 제47조 제2항은 "위헌으로 결정된 법률 또는 법률조항은 그 결정이 있는 날로부터 효력을 상실한다. 다만, 형벌에 관한 법률 또는 법률의 조항은 소급하여 그 효력을 상실한다"라고 규정하고 있다. 위 법 제47조 제2항 단서의 규정취지는 형벌에 관한 법률조항에 있어서는 이를 소급적으로 실효시킴으로써 당해 법률조항이 적용되는 유죄판결을 제거 내지 방지함으로써 실질적 정의를 실현하는 것이 법치국가의 원리의 또 다른 이념인 법적 안정성의 요청보다 중요하며, 형사판결에 있어서의 실질적 정의는 위헌적인 법률을 적용한 확정된 유죄판결에까지도 그 법률에 대한 위헌결정의 효력을 미치게 할 때에 실현될 수 있다는 데 있다. 그런데 이 사건 법률조항인 특례법 제4조 제1항은 비록 형벌에 관한 것이기는 하지만 불처벌의 특례를 규정한 것이어서 위 법률조항에 대한 위헌결정의 소급효를 인정할 경우 오히려 그 조항에 의거하여 형사처벌을 받지 않았던 자들에게 형사상의 불이익이 미치게 되므로 이와 같은 경우까지 헌법재판소법 제47조 제2항 단서의 적용범위에 포함시키는 것은 그 규정취지에 반한다.

따라서 위 각 불기소처분의 근거가 된 이 사건 법률조항이 헌법에 위반된다고 선고되더라도 위 법 제47조 제2항 단서가 적용되지 아니한다고 보아야 할 것이므로, 이 사건 각 헌법소원에 의하여서는 그 결정의 효력이 이 사건 교통사고를 야기한 위 청구외인들의 각 업무상과실치상행위 당시로 소급하여 이 사건 법률조항을 실효시키는 효력이 없어 결국 이 사건 불기소처분을 취소할 수 있는 여지도 없다고 할 것이다. 그렇다면 이 사건 각 불기소처분에 대한 헌법소원으로써 청구인들의 기본권이 구제될 수 없다 할 것이니, 청구인들의 이 사건 각 심판청구 중 불기소처분에 대한 부분은 주관적 권리보호의 이익이 없는 경우에 해당하여 모두 부적법하다고 할 것이다.」

▷ 헌법재판소와 대법원의 위헌결정의 소급효에 대한 판례

[憲 1993. 5. 13.-92헌가10등](헌법재판소법 제47조 제2항 위헌제청 등)

「나. 본안에 대한 판단

(1) 이 사건 심판의 대상이 된 것은 헌법재판소의 형벌법규를 제외한 법률 또는 법률의 조항에 대한 위헌결정에 장래효만을 인정하는 것으로 규정하고 있는 법 제47조 제2항 본문의 규정이 헌법에 위반되는지의 여부이다.

(2) 어떤 법률이 헌법에 위반되는 경우 그 모습에는 여러 가지가 있을 수 있다.

첫째, 제정당시에는 합헌이었으나 후발적인 사정변경으로 인하여 위헌인 법률로 되는 경우가 있다. 그와 같은 예로 외국의 경우를 보면 국회의원 정수 배분규정이 제정당시에는 선거구간의 국회의원 1인당의 선거인수 또는 인구수의 비율차가 크게 벌어지지 아니하여 합헌이었지만, 그 뒤의 인구의 이동 등에 의하여 비율차가 크게 벌어져 헌법의 선거권평등의 요청에 반할 정도에 이름으로써 위헌상태에 이르는 경우가 있는데, 비록 현재까지 우리 나라의 경우는 이러한 이유로 위헌으로 선고된 법률 또는 법률의 조항은 없지만, 헌법재판소는 그 가능성을 여러 차례 시사한 바 있다(헌법재판소 1990. 6. 25. 선고, 90헌가11 결정 1992. 1. 28. 선고, 89헌가8 결정 1993. 3. 11. 선고, 90헌가70 결정 등 참조). 그렇다면 후발적 위헌법률의 경우는 위헌선언을 하여도 장래에 향하여 효력을 잃는 장래효를 가질 수밖에 없을 것이며, 성질상 제정당시로 소급효를 인정해서는 안 될 것은 물론, 인정할 필요도 없을 것이다.

둘째, 법률의 조항 자체에는 위헌성이 없으나 평등의 원칙 위반이나 체계부조화 등으로 말미암아 재조정하지 않으면 위헌을 면할 수 없는 경우가 있다. 예컨대 특정집단에게만 특별한 이익을 베푼 이른바 수혜법률에 대해 있을 수 있는 일로, 헌법재판의 역사가 일천한 우리 나라에는 없으므로 외국의 한 사례를 들어보면, 저소득층을 위하여 재판외의 절차로서 법률상담을 베푸는 내용의 상담부조법(相談扶助法)에서 노동법사건에서는 상담을 베푸는 것을 배제시켰는데, 이는 노동법사건의 당사자에 대한 수혜배제로 평등의 원칙을 어겼다는 이유로 위헌이 되는 경우이다. 그럼에도 불구하고 이러한 경우까지 모두 그 법률의 제정당시로 소급하여 효력을 상실시킨다면 법의 공백으로 인하여 일반 법률사건까지도 법률상담의 혜택을 박탈하는 부당한 결과를 낳지 않을 수 없다. 따라서 이와 같은 경우에 외국의 헌법재판례에서는 소급적 법폐지가 아니라 오히려 특별한 사정이 없는 한 입법자에게 평등의 원칙 위반이나 체계부조화 등을 제거하는 입법을 할 것을 촉구하고 새로 법을 제정하기까지 경과적 조치로서 그 법률의 효력을 지속시키고 있다.

셋째, 제정당시부터 원시적으로 위헌인 법률 또는 법률의 조항의 경우이다. 즉 원시적 위헌법률인 경우인데, 이와 같은 경우라 하여도 일률적으로 쉽사리 소급효를 관철시킬 수는 없다.

먼저 당사자의 권리구제보다도 법적 안정성에 치명적인 침해를 주는 경우를 상정할 수 있다. 예컨대 만일 국회의원선거법의 규정이 위헌이라고 한다면 소급효에 의하여 경우에 따라서는 현재의 국회의원은 모두 자격을 상실하게 되어 위헌인 국회의원선거법을 합헌상태로 개정할

국회조차 존재하지 않게 된다는 극심한 혼란의 상태가 생길 수도 있을 것이다. 이러한 이유 때문에 일본 최고재판소가 중의원선거법상의 중의원 의원정족수 배분규정의 위헌소송에서 그 위헌성을 인정하면서도 사정판결의 법리를 빌어 선거를 무효화하지 않았음은 주지의 사실이다.

다음으로 원시적 위헌법률이라 하여도 소급효로 말미암아, 합헌추정의 원칙에 의하여 제대로 된 법률로 믿은 선의의 국민의 신뢰 내지 기득권을 동요시키고 이미 형성된 법률관계의 안정을 해치는 경우가 생길 수 있다. 예를 들면 특정계층에 조세감면을 베푼 것이 베풀어서는 안 될 특권이어서 그에 관한 규정이 위헌이 되었다고 할 때 그럼에도 이에 소급효를 인정하여 원상회복시켜야 한다면, 선의의 국민의 신뢰이익이 침해될 것은 물론, 누구나 그 시대의 법을 존중하여야 하는가 하면 그 시대의 법대로 이익을 향유하게 되는 것이 법치주의일진대 법치주의의 원리에도 배치되는 것이 아닐 수 없을 것이다.

위헌결정에 소급효를 엄격하게 관철시킨다면 위헌선언한 구법을 적용하여 기판력 있는 판결로 종결된 사안전반에 걸쳐 재고하여 백지화하여야 할 것으로, 재심은 비단 유죄판결의 경우만이 아니라 모든 확정판결사건 일반에까지 확대시켜야 할 것이다.

(3) 헌법재판제도의 기능과 본질을 생각하여 볼 때 헌법재판이란 법률의 위헌결정에 의하여 구법질서를 송두리째 뒤집어 과거를 백지화하는 사회혁명적인 파장을 일으키는 것이 아니고, 하위법규를 국가의 최고규범인 헌법질서에 맞추는 전향적인 법체계의 형성이 원칙이고, 다만 정의와 형평상 도저히 묵과되어서는 안 될 경우에 최소한도로 기존의 질서를 허무는 것으로 이해된다. 새로운 사법적 선언에 의하여 과거지사가 어느 때나 뒤집혀질 수 없는 것이고 뒤집혀서도 안 될 것이라면 위헌결정에 소급효의 원칙적 제한은 헌법재판제도의 본질적 속성이라고도 할 수 있다. 만일 그렇지 않고 소급효의 전면인정은 기히 형성된 구질서를 뒤엎는 혁명적 충격과 사회혼란을 우려하지 않을 수 없는 것이고, 그 때문에 위헌선언을 주저하는 억제효과를 빚을 것이며, 그리하여 헌법에 보장된 국민의 재판청구권의 파생인 헌법재판을 받을 권리를 오히려 제약하는 결과가 될 것이다. 생각건대 생명 신체에 관한 법익과 관계있는 형벌법규의 위헌의 경우에는 원시무효시키되 그 밖의 경우에는 장래무효시키는 법 제47조 제2항의 규정은 미래지향적인 법규정의 재정비라는 헌법재판의 본질적 기능과 무관하지 않다.

(4) 여기에서 법률에 대한 위헌결정의 효력에 관련된 외국의 입법례를 살펴보면 다음 세 가지 형태로 요약된다.

1) 첫째로 위헌결정에 소급효(ex tunc)를 원칙적으로 인정하면서 이를 부분적으로 제한하는 예로서는 독일, 스페인, 포르투갈 등이 있다.

2) 둘째로, 위헌결정에 장래효(ex nunc)를 원칙으로 하면서 부분적으로 소급효를 인정하는 입법례로는 오스트리아, 터어키 등이 있다.

3) 셋째로, 위헌결정에 소급효를 인정할 것인가를 구체적인 사건마다 결정하는 예로는 미합중국, 독일의 일부 주 등이 있다.

이상 비교법적 고찰에 의하여 법 제47조 제2항은 결코 세계에 유래가 없는 특수입법례가 아니고 위헌결정에 장래효만을 인정하면서 부분적으로 소급효를 인정하는 두번째 형태의 입법례에 속하는 것임을 알 수 있다.

(5) 위에서 본 바 위헌결정의 효력이 다양해질 수밖에 없는 논리적 필연성, 헌법재판의 기능과 본질 그리고 외국의 입법례에 비추어, 형벌법규에 관하여는 소급효를 인정하면서도 일반법규에는 장래효를 규정한 법 제47조 제2항 본문의 규정이 헌법에 위반된다고는 속단하기 어려울 것이다. 생각건대, 헌법재판소에 의하여 위헌으로 선고된 법률 또는 법률의 조항이 제정

당시로 소급하여 효력을 상실하는가 아니면 장래에 향하여 효력을 상실하는가의 문제는 특단의 사정이 없는 한 헌법적합성의 문제라기보다는 입법자가 법적 안정성과 개인의 권리구제 등 제반이익을 비교형량하여 가면서 결정할 입법정책의 문제인 것으로 보인다. 다시 말하면 위헌결정에 소급효를 인정할 것인가를 정함에 있어 "법적 안정성 내지 신뢰보호의 원칙"과 "개별적 사건에 있어서의 정의 내지 평등의 원칙"이라는 서로 상충되는 두 가지 원칙이 대립하게 되는데, 이 중 어느 원칙을 더 중요시 할 것인가에 관하여는 법의 연혁 · 성질 · 보호법익 등을 고려하여 입법자가 자유롭게 선택할 수 있도록 일임된 사항으로 보여진다. 결국 우리의 입법자는 법 제47조 제2항 본문의 규정을 통하여 형벌법규를 제외하고는 법적 안정성을 더 높이 평가하는 방안을 선택하였는바, 이에 의하여 구체적 타당성이나 평등의 원칙이 완벽하게 실현되지 않는다고 하더라도 헌법상 법치주의의 원칙의 파생인 법적안정성 내지는 신뢰보호의 원칙에 의하여 정당화된다 할 것이고, 특단의 사정이 없는 한 이로써 헌법이 침해되는 것은 아니라 할 것이다.

다만 여기에서 효력이 다양할 수밖에 없는 위헌결정의 특수성 때문에 예외적으로 그 적용을 배제시켜 부분적인 소급효의 인정을 부인해서는 안 될 것이다. 우선 생각할 수 있는 것은, 구체적 규범통제의 실효성의 보장의 견지에서 법원의 제청 · 헌법소원의 청구 등을 통하여 헌법재판소에 법률의 위헌결정을 위한 계기를 부여한 당해사건, 위헌결정이 있기 전에 이와 동종의 위헌 여부에 관하여 헌법재판소에 위헌제청을 하였거나 법원에 위헌제청신청을 한 경우의 당해 사건, 그리고 따로 위헌제청신청을 아니하였지만 당해 법률 또는 법률의 조항이 재판의 전제가 되어 법원에 계속 중인 사건에 대하여는 소급효를 인정하여야 할 것이다. 또 다른 한 가지의 불소급의 원칙의 예외로 볼 것은, 당사자의 권리구제를 위한 구체적 타당성의 요청이 현저한 반면에 소급효를 인정하여도 법적 안정성을 침해할 우려가 없고 나아가 구법에 의하여 형성된 기득권자의 이익이 해쳐질 사안이 아닌 경우로서 소급효의 부인이 오히려 정의와 형평 등 헌법적 이념에 심히 배치되는 때라고 할 것으로, 이 때에 소급효의 인정은 법 제47조 제2항 본문의 근본취지에 반하지 않을 것으로 생각한다.

결론적으로 법 제47조 제2항 본문의 규정을 특별한 예외를 허용하는 원칙규정으로 이해 해석하는 한, 헌법에 위반되지 아니하며, 따라서 일률적 소급효를 인정하여야 합헌이 된다는 전제하에 법 제47조 제2항 본문의 규정이 헌법위반이 된다는 주장은 그 이유없다.

4. 결　론

이상의 이유로 법 제47조 제2항 본문의 규정은 헌법에 위반되지 아니하여 주문과 같이 결정하는바, 이 결정은 재판관 전원의 의견일치를 보았다.」

[大 1993. 1. 15.-92다12377](소유권이전등기)

「헌법재판소의 위헌결정의 효력은 위헌제청을 한 당해 사건, 위헌결정이 있기 전에 이와 동종의 위헌 여부에 관하여 헌법재판소에 위헌여부심판제청을 하였거나 법원에 위헌여부심판제청신청을 한 경우의 당해 사건과 따로 위헌제청신청은 아니하였지만 당해 법률 또는 법률의 조항이 재판의 전제가 되어 법원에 계속중인 사건뿐만 아니라(1991. 6. 11. 선고, 90다5450 판결 1991. 6. 28. 선고, 90누9346 판결 1991. 12. 24. 선고, 90다8176 판결 1992. 2. 14. 선고, 91누1462 판결 각 참조) 위헌결정 이후에 위와 같은 이유로 제소된 일반사건에도 미친다고 봄이 타당하다 할 것이므로, 원심이 잡종재산에 관한 한 헌법재판소의 위헌결정으로써 이미 그 효력을 상실한 국유재산법 제5조 제2항을 적용하지 아니하였음은 옳고, 한편 취득시효기간 중 계속해서 등기명의자가 동일한 경우에는 그 기산점을 어디에 두든지 간에 취득시효의 완성을 주장할 수 있는 시점에서 보아 그 기간이 경과한 사실만 확정되면 충분하므로, 원심이 이 사건 각 부동산에 관한 취득시효기간 중 그 등기명의자가 동일한 이상 소외 망인이 점유를 개시한 후로서 원고가 주장하는 1971. 6. 14.을 그 기산점으로 삼았음은 옳으며, 거기에 국유재산법 제5조 제2항, 헌법재판소법 제47조 제2항, 취득시효의 기산점에 관한 법리오해의 위법은 없다. 논지들은 모두 이유없다.

논지는 원심판결이 당원의 판례(1991. 6. 11. 선고, 90다5450 판결 1991. 6. 28. 선고, 90누9346 판결 1991. 12. 24. 선고, 90다8176 판결)에 배치된다는 것이나, 당원의 위 견해는 헌법재판소의 위헌결정의 계기를 부여한 구체적인 사건 즉, 당해 사건뿐 아니라 위헌결정이 있기 전에 이와 동종의 위헌 여부에 관하여 헌법재판소에 위헌심판제청이 되어 있거나, 법원에 위헌심판제청신청이 되어 있는 사건 이외에 따로 위헌제청신청 등은 하지 않았으나 위헌 여부가 쟁점이 되어 법원에 계속중인 일반사건에 대하여도 위헌결정의 소급효를 인정하는 것이 타당함을 밝힌 것일 뿐 그러한 사건에 대하여만 한정적으로 위헌결정의 소급효를 인정한 취지는 아니므로 이와 반대에서 논지 역시 이유없다.」

◎ 같은 취지 : 大 1993. 1. 15.-91누5747; 1993. 7. 16.-93다3783; 1994. 10. 25.-93다42740

[大 1994. 10. 25.-93다42740](부당이득금)

「헌법재판소의 위헌결정의 효력은 위헌제청을 한 당해 사건, 위헌결정이 있기 전에 이와 동종의 위헌 여부에 관하여 헌법재판소에 위헌여부심판제청을 하였거나 법원에 위헌여부심판제청신청을 한 경우의 당해 사건과 따로 위헌제청신청은 아니하였지만 당해 법률 또는 법률의 조항이 재판의 전제가 되어 법원에 계속중인 사건뿐만 아니라 위헌결정 이후에 위와 같은 이유로 제소된 일반사건에도 미친다고 할 것이나(당원 1993. 1. 15. 선고, 92다12377 판결 같은 날짜 선고, 91누5747 판결 1993. 7. 16. 선고, 93다3783 판결 등), 그 미치는 범위가 무한정일 수는 없고 법원이 위헌으로 결정된 법률 또는 법률의 조항을 적용하지는 않더라도 다른 법리에 의하여 그 소급효를 제한하는 것까지 부정되는 것은 아니라 할 것이며, 법적 안정성의 유지나 당사자의 신뢰보호를 위하여 불가피한 경우에 위헌결정의 소급효를 제한하는 것은 오히려 법치주의의 원칙상 요청되는 바라 할 것이다.

원심의 일부 설시에 다소 미흡한 점이 없지 아니하나 원심의 판시는 결국 당원과 그 견해를 같이 하는 것이라고 보여져 정당하고, 또 위 위헌결정의 소급효가 이 사건에 미치지 아니하는 것으로 본 원심의 판단도 수긍이 된다 할 것이며, 거기에 소론과 같은 법적 안정성의 문제에 대한 법리오해나 기본적 인권보장의 관점에서 본 법리오해의 위법이 있다고 할 수 없다. 소론의 주장 속에는 일부 수긍할 점이 없는 것은 아니나 이를 이 사건에 원용하기에 적절한 것이라고 보기 어렵다. 논지는 이유없다.」

▸ 위헌결정의 효력에 대한 판례

▹ 보안처분의 근거법률이 위헌으로 결정된 경우 그 법률조항으로 보호감호를 선고받은 자도 재심을 청구할 수 있다고 본 대법원 판례

[大 1991. 7. 26.-91재감도58](보호감호(특정범죄가중처벌등에 관한 법률위반(절도)))

「피감호청구인의 상고이유에 대하여 피감호청구인은 1983. 4. 14. 특정범죄가중처벌등에관한

법률 위반(절도)죄로 징역 5년, 당시 시행중이던 사회보호법(1989. 3. 25. 법률 제4089호로 개정되기 전) 제5조 제1항 제1호에 의하여 보호감호 10년을 선고받아 이 판결이 확정되었으나, 1990. 9. 5.자 감호청구부분에 대한 재심개시결정으로 개시된 재심절차에서 검사가 위 개정법률 제5조 제1호에 의한 보호감호청구로 공소장을 변경하였으며 제1심이 같은 법조를 적용하여 피감호청구인에게 보호감호를 선고하였고, 원심이 이를 유지한 사실을 알 수 있다.

헌법재판소가 1989. 7. 14. 구 사회보호법 제5조 제1항이 헌법에 위반된다는 결정을 하였으므로 위 법률의 조항은 헌법재판소법 제47조 제2항 단서에 따라 소급하여 그 효력을 상실하였고, 피감호청구인은 같은 법률조항으로 보호감호를 선고받은 만큼 헌법재판소법 제47조 제3항에 규정된 재심청구권이 있기는 하나, 위 법률조항이 위헌이라 하여도 그 해당자 중 '재범의 위험성'이 인정되는 자에게는 합헌규정인 개정 사회보호법의 해당규정에 따라 다시 보호감호처분을 가할 수 있는 것인바, 원심이 적법한 공소장변경절차를 거친 후 합헌규정인 개정 사회보호법 제5조 제1호에 의하여 피감호청구인의 '재범의 위험성' 유무를 재심사한 후 다시 보호감호를 선고한 제1심 판결을 유지하였음은 그 위 법리에 따른 것으로서 옳고 여기에 소론과 같이 헌법재판소법 제47조 제2항, 제3항에 관한 법리오해의 위법은 없으며, 또한 위와 같이 재심에 의하여 다시 보호감호를 선고한 것을 가리켜서 이중처벌이라고도 할 수 없으니(당원 1990. 8. 28. 선고, 90감도127 판결 참조) 논지는 모두 이유 없다.」

▹ 확정판결이 선고되어 기판력이 발생한 경우에는 위헌결정의 소급효가 미치지 않는다고 본 판례

[大 1993. 4. 27.-92누9777](증여세 등 부과처분 무효확인)

「이 사건 과세처분의 무효확인 소송을 제기하기 전에 원고는 이미 피고를 상대로 원고가 그의 어머니로부터 인수한 채무를 과세가액에서 공제하지 아니하였음을 들어 그 과세처분의 취소소송을 제기하였으나 원심은 1989. 1. 27. 위 과세처분은 상속세법 제29조의4 제2항에 따른 것으로서 적법하다고 판단하여 원고의 청구를 기각하였고 그 해 4. 25. 위 판결에 대한 원고의 상고가 기각되어 그대로 확정된 바 있는데 원고가 그 후인 같은 해 5. 13. 이 사건 과세처분의 무효확인소송을 제기한 것임이 명백하므로 원고가 앞서 제기한 이 사건 과세처분의 취소소송에서 원고의 청구가 기각된 확정판결의 기판력은 같은 원고가 또 다시 그 과세처분의 무효확인을 구하는 이 사건 소송에도 미친다고 볼 것이다(당원 1992. 12. 8. 선고, 92누6891 판결 참조).

따라서 원심으로서는 이 사건 과세처분의 무효확인청구가 기판력에 저촉된다는 당사자의 주장이 없더라도 직권으로 이를 심리판단하여 기각하여야 할 것이고 이와 같은 경우에는 그 과세처분의 근거가 된 상속세법 제29조의4 제2항이 위헌인지의 여부는 이 사건 재판의 전제가 될 수도 없는 것이므로 위 조항에 대한 원고의 위헌제청신청이 있더라도 이를 기각하고 이 사건 재판이 기판력에 저촉됨을 들어 원고의 청구를 기각하였어야 할 것이다.」

▶ 변형결정

▸ 변형결정의 허용 여부에 대하여 이를 긍정한 판례

[憲 1989. 9. 8.-88헌가6](국회의원선거법 제33조, 제34조의 위헌심판)

「나. 변형판결을 하는 이유

국선법 제33조의 고액기탁금 제도와 동법 제34조의 높은 기준의 기탁금 국고귀속제도는 위에서 본 바와 같이 그 위헌성이 인정되므로, 헌법재판소법 제47조 제2항에 따라 위헌결정이 있는 날로부터 그 효력을 상실한다고 하여야 할 것이나, 다음과 같은 이유로 이 법조항을 개

정할, 늦어도 1991년 5월 말까지 계속 적용될 수 있게 불합치 판결을 하는 것이 타당하다고 판단되어 주문과 같은 변형판결을 하는 것이다.

(1) 첫째, 국회의 권위를 존중하고 국민대표기관으로서의 본질적 기능을 보장하기 위해서이다.

법률의 개폐는 원칙적으로 국회의 입법형성권에 의해 이루어지는 것이 헌법상의 권력분립원칙에 합치된다. 따라서 국회 스스로가 보통, 평등 선거제도와 참정권의 본질에 반하는 선거법을 헌법정신과 사회현실을 종합하여 합리적으로 개정하여, 국민의 기본권을 수호하는 국민의 진정한 대변자로서의 기능을 수행할 수 있게 국회의 권위와 지위가 보장되어야 한다. 이것이 의회민주주의 국가에 있어서 법적 정의와 법의 합목적성을 확보하는 가장 합리적이고 객관적인 방법일 뿐만 아니라, 법치주의 국가에 있어서 요구되는 법적 안정성을 보장하는 길이라고 판단된다.

국회의원선거법은 위에 설시한 바와 같이, 국민주권과 국민의 참정권, 자유민주주의 기본질서, 인간의 존엄성과 가치 및 기본권 보장에 직결되고, 우리 나라 민주주의 정착과 발전에 기여할 정치관계 기본법이라는 성질과 특색을 가지고 있다.

국선법 제33조 제1항은 동조 제2항, 제3항과, 동 제34조는 동 제35조와 불가분의 관계가 있고 직접 또는 간접으로 선거법의 다른 조항과 연관이 되어 있으므로 차제에 불합리한 관계규정들과 함께 정리되어야 할 선거관계 법률이다. 때문에 그 제정과 개정은, 다른 일반법률보다도 더욱, 국회가 스스로 위헌성을 제거하고 국민주권 행사의 실질적 보장과 보다 민주적인 선거가 되도록 관계조문을 체계적으로 조정하는 것이 동법의 기본성격과 국회의 본질적 기능에 맞는다고 본다.

그러므로 의회 민주정치의 기본 구도에 크게 영향을 미칠 국회의원선거법은 국회 스스로가 민의의 소재와 정치적, 경제적, 사회적 현실여건을 충분히 고려하여, 국민주권의 행사를 실질적으로 헌법정신에 맞게 현실화시키는 방향으로 개선하여 나아가는 것이 가장 합리적이라고 보고 주문과 같이 결정하는 것이다.

(2) 둘째는, 국회의 동질성을 보장하고 선출조건에 있어서 평등성을 확보하기 위해서이다.

1988년 4월 26일의 총선거에 의한 제13대 국회는 이 국선법 제33조와 제34조의 기탁금제도하에서 선출된 의원들로 구성되어 있다.

만약 이 사건 위헌심판 대상이 된 기탁금제도에 대해 당재판소에서 단순 위헌 결정을 선고하면 그 결정이 있는 날로부터 그 효력이 상실되기 때문에, 이후에 재선거나 보궐선거 등에 의해 새로이 당선되어 동원하는 의원은 기왕에 당선되어 국회의원의 직에 있는 다른 의원들과는 달리, 위 기탁금의 제한을 받지 아니하고 선출되게 되어, 제13대 국회의 구성원간에 동질성이 문제가 되고, 그 선출 조건에 있어 다른 의원들 간에 차별이 생기게 된다.

이는 총선거에서 선출된 제13대 국회의 구성원인 국회의원들 간의 동질성과 그 선출조건 내지 지위에 있어서의 평등성을 확보하기 위하여는, 재선거나 보궐선거의 가능성이 사실상 없어지는 시점까지 위 국선법 조항의 효력이 적용될 수 있도록 하여야 할 것이다.

현행 선거법상 재선거나 보궐선거의 가능성이 없어지는 시점을 살펴보면 국선법 제144조는 "재선거…… 보궐선거는 그 선거 또는 투표에 의하여 당선되는 의원의 잔여 임기가 1년 미만인 경우에는 실시하지 아니할 수 있다"고 규정하고 있고, 동법 제138조 제2항은 "재선거는 그 사유가 확정된 날로부터 90일 이내에 실시하여야 한다" 동법 제99조 제2항에서 "보궐선거는 국회의장의 결원통지를 받은 후 90일 이내에 실시한다"고 규정되어 있으므로, 제13대 국회의 임기만료일인 1992년 5월 29일로부터 사실상 재선거, 보궐선거 등의 가능성이 없어지는 1년 전이 되는 시기는 1991년 5월 말일이 된다.

그러므로 위 법률조항은 1991년 5월 말까지 위 개정이 이루어질 경우, 그 개정시로부터 재선거나 보궐선거의 가능성이 없기 때문이며, 그 외의 특단의 사정은 개정시 경과규정을 두어 해결될 수 있을 것이다.

(3) 다음은, 차기 총선거부터는 실질적 주권론에 부합하는 합리적인 선거제도와 평등한 참정권의 보장이 확보되는 새로운 국회의원 선거법에 의하여 선출된 국회를 구성하는 것이 합당하다는 것이다.

고액 기탁금제도에 의해 불합리하게 국민의 참정권을 제한하여 보통, 평등, 자유선거 원칙을 위반함으로써, 국민주권을 형식화시키는 불평등하고 불합리한 선거제도는 시정되어야 한다. 이를 위하여, 늦어도 1991년 5월 말까지는 위 국선법의 기탁금 조항이 개정되어야만 하고 차기 국회의원 총선거에 있어서는 새로운 국선법에 따라 민주적 선거를 실시하기 위한 시간적 여유가 필요하기 때문이다.

현실적으로는 재선거나 보궐선거의 가능성이 희박하므로 위 국선법 조항의 효력상실 시점을 이 사건 결정 선고시로 하는 단순위헌 결정을 하더라도 실제적으로 별차이가 없지 않느냐는 이론도 있을 수 있으나, 결과발생의 개연성이 존재하는 한 그 법률효력은 지속되어야 하며 국회의 권위와 동질성 확보와 법익의 균형적 보장 등 큰 국가적 이익을 아울러 달성할 수 있다는 점에서 더 큰 실익을 가지고 있다.

(4) 위헌심판 결정의 주문에 헌법에 합치하지 아니한다고 선고하면서 일정기한까지 그 법률의 효력을 지속시키는 법적이유는 다음과 같다.

헌법재판소법 제45조 본문의 "헌법재판소는 제청된 법률 또는 법률조항의 위헌 여부만을 결정한다"라는 뜻은 헌법재판소는 법률의 위헌 여부만을 심사하는 것이지 결코 위헌제청된 전제사건에 관하여 사실적, 법률적 판단을 내려 그 당부를 심판하는 것은 아니라는 것으로 해석하여야 한다. 전제사건에 관한 재판은 법원의 고유권한에 속하기 때문이다.

그리고 현대의 복잡다양한 사회현상, 헌법상황에 비추어 볼 때 헌법재판은 심사대상 법률의 위헌 또는 합헌이라는 양자택일 판단만을 능사로 할 수 없다. 양자택일 판단만이 가능하다고 본다면 다양한 정치 · 경제 · 사회현상을 규율하는 법률에 대한 합헌성을 확보하기 위한 헌법재판소의 유연 신축성 있는 적절한 판단을 가로막아 오히려 법적공백, 법적혼란 등 법적안정성을 해치고, 입법자의 건전한 형성자유를 제약하는 등 하여, 나아가 국가사회의 질서와 국민의 기본권마저 침해할 사태를 초래할 수도 있다. 이리하여 헌법재판소가 행사는 위헌 여부 판단이란 위헌 아니면 합헌이라는 양자택일에만 그치는 것이 아니라 그 성질상 사안에 따라 위 양자의 사이에 개재하는 중간영역으로서의 여러 가지 변형재판이 필수적으로 요청된다. 그 예로는 법률의 한정적 적용을 뜻하는 한정무효, 위헌법률의 효력을 당분간 지속시킬 수 있는 헌법불합치, 조건부 위헌, 위헌성의 소지 있는 법률에 대한 경고 혹은 개정촉구 등을 들 수 있고, 이러한 변형재판은 일찍이 헌법재판제도를 도입하여 정비한 서독 등 국가에서 헌법재판소가 그 지혜로운 운영에서 얻어 낸 판례의 축적에 의한 것이다. 헌법재판소법 제45조의 취지가 위와 같다면 동법 제47조 제2항 본문의 "위헌으로 결정된 법률 또는 법률의 조항은 그 결정이 있는 날로부터 효력을 상실한다"라는 규정취지도 이에 상응하여 변형해석하는 것이 논리의 필연귀결이다. 즉 제45조에 근거하여 한 변형재판에 대응하여 위헌법률의 실효 여부 또는 그 시기도 헌법재판소가 재량으로 정할 수 있는 것으로 보아야 하며 이렇게 함으로써 비로소 헌법재판의 본질에 적합한 통일적, 조화적인 해석을 얻을 수 있는 것이다.

단순위헌의 결정을 하여 그 결정이 있은 날로부터 법률의 효력을 즉시 상실하게 하는 하나의 극에서부터 단순합헌의 결정을 하여 법률의 효력을 그대로 유지시키는 또 하나의 극 사이에서, 문제된 법률의 효력 상실의 시기를 결정한 날로부터 곧바로가 아니라 새 법률이 개정될 때까지 일정기간 뒤로 미루는 방안을 택하는 형태의 결정주문을 우리는 "헌법에 합치되지 아니한다"로 표현하기로 한 것이다. 재판 주문을 어떻게 내느냐의 주문의 방식문제는 민사소송에서 그러하듯 헌법재판에 대하여서도 아무런 명문의 규정이 없으며, 따라서 재판의 본질상 주문을 어떻게 표시할 것인지는 재판관의 재량에 일임된 사항이라 할 것이다.

후술의 반대의견에 서독의 경우 연방헌법재판소법 제78조, 제31조 제2항이 있음으로써 앞서 말한 바와 같은 변형재판이 가능한 것같이 말하고 있는 바, 서독 연방헌법재판소법 제31조, 제78조, 제79조 등은 1970년도의 수정을 거쳐 현재에 이르는 것으로서 현행법 자체의 해석이 객관적으로 명백하다 할 수 없을 뿐만 아니라 서독의 법률개정으로 인한 설정법에 근거하여 여러가지 형태의 변형재판이 나온 것이 아니라 법개정 이전부터 서독 헌법재판소가 실정법에는 그 뚜렷한 문언을 찾을 수 없는 불합치주문 등 변형재판을 해왔기 때문에 입법자가 이에 뒤따라 판례에 어느 정도나마 부합키 위한 노력으로서 법률개정을 시도하여 왔던 것에 지나지 않는다.

주문 제1, 2항의 변형재판은 헌법재판소법 제47조 제1항에 정한 위헌결정의 일종이며 타 국가기관에 대한 기속력이 있음은 당연한 것이다.」

⇔ 재판관 1인(재판관 변정수)의 반대의견

「(1) 국회의원선거법 제33조와 제34조의 규정이 헌법에 위반된다는 다수의견에는 찬성한다.

그런데 다수의견은 결정이유에서 위 두개의 법률조항이 헌법의 여러 규정에 명백히 위반된다고 설명하면서도 주문에서는 이제까지의 헌법재판소 위헌결정 주문형식인 무슨 무슨 법률이 "헌법에 위반된다" 또는 "위헌이다"라는 표현을 아니하고 주문 제1항에 "국회의원선거법(1988. 3. 17. 법률 제4003호 전문개정) 제33조 및 제34조는 헌법에 합치되지 아니한다"라고 하고, 제2항에서 "위 법률조항은 제1991. 5. 말을 시한으로 입법자가 개정할 때까지 그 효력을 지속한다"라고 하여 이른바 변형적인 결정을 하였는바, 나는 이러한 변형결정에 반대한다.

(2) "법률이 헌법에 위반되는 여부가 재판의 전제가 된 경우에는 법원은 헌법재판소에 제청하여 그 심판에 의하여 재판한다"라는 헌법 제107조 제1항의 규정과 "헌법재판소는 제청된 법률 또는 법률조항의 위헌 여부만을 결정한다"라는 헌법재판소법 제45조 제1항 본문의 규정에 비추어 볼 때 헌법재판소는 제청된 법률이 위헌인지, 합헌인지를 분명히 결정해야 할 의무가 있고, 위헌이라고 결정하면 그에 대한 효력은 "위헌으로 결정된 법률 또는 법률의 조항은 그 결정이 있는 날로부터 효력을 상실한다. 다만 형벌에 관한 법률 또는 법률의 조항은 소급하여 그 효력을 상실한다"라는 헌법재판소법 제47조 제2항에 정해진 대로 발생하는 것이지 헌법재판소가 그 효력을 변경하거나 그 효력발생을 유보시킬 수 없다고 생각한다. 그리고 위헌결정의 표현방법에는 법률에 정해진 형식이 따로 없으므로 반드시 "위헌이다" 또는 "헌법에 위반된다"라는 표현이 아니더라도 결정문언의 내용이 위헌이라는 취지로 해석될 수 있으면 되고 표현방법이 어떠하던 간에 위헌결정이라는 취지로 해석되면 그 효력은 헌법재판소법 제47조에 의하여 발생하는 것이다. 그런데 다수의견은 이제까지 써오던 "헌법에 위반된다"라는 위헌결정의 표현방법과는 달리 "헌법에 합치되지 아니한다"라는 표현을 쓰고 이 표현은

“헌법에 위반된다”라는 표현과는 달리 주문 제2항과 관련하여 위헌결정의 장래효를 규정한 헌법재판소법 제47조 제2항의 적용을 배제하고 위헌결정의 효력발생을 일시적으로 유보시키는 개념으로 그러한 표현을 하는 것이라고 하나 “헌법에 합치되지 아니한다”는 말이나 “헌법에 위반된다”라는 말이나, 위헌이라는 뜻에 아무런 차이가 없으므로 주문 제1항은 국회의원선거법 제33조 및 제34조가 헌법에 위반된다는 위헌결정의 효력발생을 유보시켰다고 하더라도 그에 상관없이 법 제47조 제2항에 의하여 국회의원선거법 제33조 및 제34조는 주문 제1항의 위헌결정을 한 날에 효력을 상실하였다고 보아야 할 것이다.

그렇지 아니하고 만약 주문 제1항이 국회의원선거법 제33조 및 제34조가 헌법에 위반된다는 위헌결정이 아니라고 한다면 그것에 의하여 위 국회의원선거법 조항의 효력을 상실시키는 효력이 발생할 여지가 없으므로 주문 제2항에서 효력상실을 일정시한까지 유보시킬 여지도 없고, 또 우리 헌법재판소법은 서독 연방헌법재판소법 제31조 제1항이 “연방헌법재판소의 모든 결정은 연방과 주의 헌법기관 및 모든 법원과 행정청을 구속한다”라고 규정하고 있는 것과는 달리 법률의 위헌결정만이 법원 기타 국가기관 및 지방자치단체를 기속하도록 되어 있으므로(헌법재판소법 제47조 제1항) 입법권자에게 일정한 시한까지 법률 개정을 촉구하는 취지의 주문 제2항은 법적인 기속력이 없는 것이 분명한데도 불구하고 법제가 우리와 다른 서독 등의 헌법재판소의 재판을 본떠서 굳이 이러한 결정을 해야 하는 것인지 이해할 수 없다.

(3) 주문과 같은 결정형식은 위헌결정의 효력에 대하여 원칙적 소급효를 인정하고 있는 서독 등의 국가에서 위헌결정으로 인하여 초래될 법의 공백과 사회적 혼란을 방지하기 위하여 법률이 위헌인 경우에도 결정주문에서 위헌 무효선언을 보류한 채 불합치 선언만을 하고 입법권자에게 입법을 촉구하는 형식으로 사용되고 있는데(서독 연방헌법재판소법은 제78조에 “연방헌법재판소가 연방법이 기본법과, 또는 주법이 기본법 또는 그 밖의 연방법과 합치하지 아니한다는 확신에 이르게 되면 연방헌법재판소는 그 법의 무효를 선언한다. 그 법률의 다른 규정들이 동일한 이유로 기본법 또는 그 밖의 연방법과 합치하지 아니하는 경우에는 연방헌법재판소는 마찬가지로 그 규정의 무효를 선언할 수 있다”라는 규정 및 제31조 제2항에 “헌법소원의 경우에도 연방헌법재판소가 어떠한 법률을 기본법에 합치하거나 또 합치하지 않는 것으로 또는 무효로 선언한 경우에도 그 결정은 법률적 효력이 있다”라는 규정 등을 두어 연방헌법재판소는 법률이 헌법에 위반되는 경우에는 소급무효선언 뿐만 아니라 소급효가 없는 불합치 선언도 할 수 있는 근거를 두고 있다), 우리 법제는 앞서 본 바와 같이 위헌결정의 표현방법에 관하여 형식이 따로 정해져 있지도 아니하여 표현형식이 어떠하던 간에 위헌결정의 취지로 해석되면 헌법재판소법 제47조에 정해진 효력이 당연히 발생하고 위헌결정의 효력에 원칙적 장래효를 인정하고 있으며, 위헌결정이 아닌 그 밖의 이른바 변형결정의 형식은 채택하여서는 아니 된다고 생각한다. 나는 다수의견이 “헌법에 합치되지 아니한다”라는 말을 “헌법에 위반된다”라는 말과 다른 개념으로 사용하고자 하는 데 대하여서는 반대하지만 “헌법에 합치되지 아니한다”는 말은 “헌법에 위반된다”는 말과 아무런 차이가 없고 결국 위헌결정의 주문에 다름없다고 보아 주문 제1항에는 찬성하는 것이다.

(4) 다수의견은 주문과 같은 변형결정을 하는 주된 이유로서, 1988. 4. 26.의 총선거에 의한 제13대 국회는 국회의원선거법 제33조 및 제34조의 기탁금제도하에서 선출된 의원들로 구성되어 있는데 만약 위 법률조항에 대하여 위헌결정이 선고되면 그 결정이 있는 날로부터 그 효력이 상실되기 때문에 앞으로 있을지 모르는 재선거나 보궐선거 등에 의하여 새로이 당선된 의원은 기왕에 당선된 다른 의원들과는 달리 기탁금제도의 제한을 받지 아니하고 선출되게 되어 제13대 국회의 구성원간에 동질성이 문제가 될 것이므로 제13대 국회의 구성원인 국회의

원들 간의 동질성과 그 선출조건 내지 지위에 있어서의 평등성 확보를 위하여 제13대 국회의 재선거나 보궐선거의 가능성이 사실상 없어지는 시점(1991년 5월 말)까지는 위 법률조항의 효력을 지속시킬 필요가 있기 때문이라고 한다.

그러나 위 법률조항이 위헌이라면 위헌결정으로 그 효력을 상실시켜 앞으로 있을지도 모르는 재선거나 보궐선거나마 합헌적 선거가 될 수 있게끔 해야 하는 것이지 기왕에 선출된 제13대 국회의원들이 위헌적인 기탁금 제도하에서 당선되었으니 재선거나 보궐선거에서 선출될 국회의원도 합헌적 제도하에서 선출되어서는 아니 되고 똑같이 위헌적인 제도하에서 선출되어야만 한다는 다수의견의 논리는 더 이상 설명을 붙일 것 없이 정당하지 않다.

이상과 같은 이유로 주문 제2항에 반대하는 것이다.」

⇔ 재판관 1인(재판관 김진우)의 반대의견

「(1) 국회의원선거법 제33조 및 제34조가 다수의견이 설시한 바와 같은 위헌성이 있어서 주문 제1항으로 이 법률조항들이 헌법에 합치하지 아니한다고 결정한 점에는 찬성한다. 다만 주문 제2항에 대하여 의견을 달리한다. 주문 제2항에 관한 다수의견이 헌법재판의 창조적 기능은 존중되어야 하고 국회의원 입후보 기탁금제도 자체에는 위헌성이 없다는 점과 입법권자의 권위 존중과 제13대 국회의원 사이의 동질성 보장등의 점을 중시한 결과임은 충분히 이해되기는 한다. 그러나 그렇다고 하여도 그 설시의 정도와 내용의 위헌성이 있다면 단순한 위헌결정으로서의 주문 제1항의 결정만하고 주문 제2항의 결정은 하지 아니함이 헌법재판소법 제47조 제2항에 비추어 보다 타당하다. 뿐만 아니라 이 사건의 경우 주문 제2항과 같은 결정은 꼭 필요한 것도 아니라고 생각한다.

(2) 우리 헌법재판소법은 외국의 제도와 상이하다. 이 사건의 경우와 같이 법원의 위헌심판제청이 있는 경우 헌법재판소는 반드시 그 위헌 여부만을 결정하게 하였고 위헌결정만에 기속력을 부여하였다(제45조, 제47조 제1항). 그리고 이 위헌 여부의 결정에서 위헌성 확인과 위헌성 제거를 위한 입법촉구의 부수적 결정을 배제하는 것은 아니라고 해석된다. 그러나 그 위헌결정의 효력은 이 사건의 경우와 같이 형벌법규에 대한 것이 아닌 경우는 소급효를 인정하지 아니한다. 또 장래 헌법재판소가 임의로 선택하는 시기로부터 법률 또는 법률조항의 효력을 상실하게 하는 결정을 할 수 있는 법적근거를 규정함이 없이 위헌 결정일로부터 위헌으로 결정된 법률 또는 법률조항의 효력을 상실한다고 규정하였다(제47조 제2항). 그러므로 국회의원선거법의 위 조항들에 다수의견이 설시한 정도의 질적 양적 위헌성이 있다면 위헌결정일로부터 그 법률조항을 실효시킬 때 국가존립에 위해가 미칠 우려가 있는 정도의 법의 공백이나 사회적 혼란이 예상되는 등 헌법재판소법 제47조 제2항에 명문으로 정한 위헌결정의 효력을 일시 배제하여야 할 극히 이례적인 특별한 사유가 있는 경우가 아닌 이상 결정일로부터 위 법률조항들의 효력을 상실케 함이 위 헌법재판소법 제47조 제2항 등이 요청하는 바라고 할 것이다.

그런데 이 사건의 경우 다음(3)에서 보는 바 다수의견이 주문 제2항의 결정을 필요로 하는 사유로서 주장하는 사유들은 이러한 특별한 사정에 해당한다고 보기에는 부족하고 달리 입법권자의 법개정을 기다릴 것 없이 결정일로부터 즉시 위 법률조항의 효력을 상실케 하여도 국가존립에 위험을 미칠 법의 공백이나 사회적 혼란이 생길 사정이나 이에 준할 위에서 설시한 바와 같은 특별한 사정이 있는 것도 아니다. 그러므로 입법권자의 법개정을 기다릴 것 없이 헌법재판소법 제47조 제2항에 정한대로 이 결정일로부터 위 법률 조항들의 효력을 상실케 하는 것이 우리의 현재의 헌법재판 제도 하에서 보다 타당하다고 생각한다.

(3) 다수의견은 제13대 국회의원의 지위보장과 국회의 권위보장 그리고 이 결정전에 당선된 제13대 국회의원과 그 후에 당선된 국회의원 사이의 동질성 보장 및 평등성 확보를 위하여 주문 제2항의 결정이 필요하다고 한다.

그러나 제2항의 결정 없이 단순히 위헌선언만을 하여도 위헌결정은 이 결정전의 선거의 효력에까지 소급하는 것이 아니고 결정일로부터 효력이 생하는 것이므로 이 결정전에 당선된 국회의원의 지위나 국회의 권위에 영향이 있다고 할 수 없다. 또 지난 제13대 국회의원 총선거 때 국회의원선거법 제33조와 제34조 때문에 국회의원 선거에 입후보하지 못한 실례가 있다고 나타난 것도 아니고 이 결정의 효력을 즉시 발생하게 함으로써 입후보 등록시의 기탁금제도에 차이가 있다는 점만으로 이 결정전에 당선된 제13대 국회의원과 이 결정 후에 있을 재선거 또는 보궐선거에서 선출될 소수의 국회의원과의 사이에 동질성이나 평등성이 금이 간다고 할 수도 없다. 그러므로 다수의견이 설시하는 사유만으로 주문 제2항의 결정이 꼭 필요한 것도 아니라도 생각된다.

국회의 권위 존중의 면에서도 단순히 위헌선언을 하고 그 후 법개정문제는 입법권자가 위헌성이 없는 범위 내에서 그 고유의 권한을 행사케 함이 가하다고 생각된다.

우리의 오랜 전통적인 언어관습과 언어감각에 비추어 위헌 정도를 나타냄이 없이 "위 법률조항이 헌법에 합치되지 아니한다"라고 하는 표현은 헌법재판소법 제47조 제2항에 의하여 그 법률조항의 효력을 결정일로부터 상실시키는 효력이 생하는 위헌결정으로 이해된다. 이렇게 이해되는 표현을 제1항으로 하고서, 제2항으로 위 법률조항의 효력을 장래 일정시기까지 지속시키는 결정을 첨가하는 것은 언어관습과 언어감각이 꼭 같다고 할 수 없는 외국의 헌법재판소의 결정주문 예와 그 역사를 모르고 우리의 언어관습과 언어감각에만 젖은 일반국민으로는 논리적으로 오해하기 쉽고 쉽사리 이해하기 어려우므로 국민에 대한 봉사태도로서도 재고할 점이 있다고 생각된다.

(4) 물론 헌법재판소는 현대사회의 다양한 많은 사건들을 처리하여야 하고 그러자면 이에 상응한 적정한 신축성 있는 처리를 하여야 할 것이고 이를 위하여는 위헌결정의 효력을 헌법재판소가 정하는 장래의 시점에서부터 생하게 함이 타당한 사건도 많을 것인데 그러한 사건처리에 있어서 그렇게 못한다면 헌법재판소가 맡은 바 역할을 다하지 못하는 어려움이 있을 것으로 생각되므로 이 점에 관한 헌법재판소법의 개정이 요망된다.

그러나 한편 다시 생각하면 법률이 위헌결정 즉시 그 효력을 생하게 한 취지는 위헌결정 즉시 위헌인 법률 또는 법률조항의 효력을 상실하게 하는 것이 일반적인 국민의 기본권 보호에 더 유익하다고 본 까닭이라고 생각된다. 그리고 이 사건의 경우도 위헌제청 신청이나 이 결정 후에 있을 선거에 있어서도 이 결정 즉시 위 법률조항들의 효력을 상실하게 함이 보다 국민의 기본권보호에 유익하다고 생각된다.

(5) 그러므로 법률이 헌법재판소가 위헌결정의 효력을 장래 일정시기부터 발생하게 할 수 있는 명문규정을 두어 법 개정을 할 때까지는, 이 사건의 경우와 같이 법률조항이 헌법에 전혀 합치하지 아니하는 경우에는 위에서 본 바와 같은 특히 특별한 사정이 있는 예외적인 사정이 있는 경우가 아닌 한 가급적 원칙에 돌아가서 주문 제2항과 같은 결정을 첨가함이 없이 단순히 위헌결정만을 하고, 법률이나 법률조항이 위헌성이 있으되 그 정도가 그 법률 또는 그 법률조항을 즉시 실효시켜야할 정도는 아니고 상당 기간 내에 입법권자가 그 법률 또는 그 법률조항을 개정할 때까지 그 효력을 지속시킬 필요가 있다고 인정되는 때는, 주문에는 그 위헌성의 정도에 따라 양적, 질적으로 헌법에 합치되지 않는 정도를 나타내어 헌법에 합치하지 않

는지를 선언하여 위헌성을 확인하는 결정을 하고 여기에 위헌성 있는 법률 또는 법률조항의 효력지속 기간을 정하지 아니한 채 단순히 상당 기간 내에 위헌성 제거를 위한 입법의 촉구 내지 권고 결정을 첨가하던지, 주문에는 아직 헌법에 합치한다는 지의 결정만을 하고, 그 이유에서 위헌성의 정도를 설시하고 입법권자에 있어 일정기간 또는 상당한 시일 내에 그 법률의 개정함이 요망되는 범을 아울러 설시하여 법개정입법을 촉구 내지 권고하고 그 입법은 위헌성이 없는 범위 내에서의 입법권자의 고유의 권한 행사에 맡기는 것이, 그 목적도 이루면서 우리 헌법재판소법 제47조 제2항의 규정과 입법권자의 권위 존중과 국민에 대한 봉사적 태도와 기본권보호에도 보다 합치된다고 생각된다.

이상과 같은 이유로 주문 제2항에 관하여 다수의견에 반대한다.」

▸ 한정합헌결정에 대한 판례

▹ 한정합헌결정의 필요성을 인정한 헌법재판소 판례

[憲 1990. 6. 25.-90헌가11](국가보안법 제7조 제5항의 위헌심판)

「합헌해석 또는 합헌한정해석이라 함은 법률의 규정을 넓게 해석하면 위헌의 의심이 생길 경우에, 이를 좁게 한정하여 해석하는 것이 당해 규정의 입법목적에 부합하여 합리적 해석이 되고 그와 같이 해석하여야 비로소 헌법에 합치하게 될 때 행하는 헌법재판의 한 가지 형태인 바, 이것은 헌법재판소가 위헌심사권을 행사할 때 해석여하에 따라서는 위헌이 될 부분을 포함하고 있는 광범위한 규정의 의미를 한정하여, 위헌이 될 가능성을 제거하는 해석기술이기도 하다. 이와 같은 합헌해석은 헌법을 최고법규로 하는 통일적인 법질서의 형성을 위하여서 필요할 뿐 아니라, 입법부가 제청한 법률을 위헌이라고 하여 전면 폐기하기보다는 그 효력을 되도록 유지하는 것이 권력분립의 정신에 합치하고 민주주의적 입법기능을 최대한 존중하는 것이어서 헌법재판의 당연한 요청이기도 하다. 합헌적 제한해석과 주문예는 비단 독일연방공화국에만 국한된 것이 아니며 헌법재판 제도가 정착된 다른 여러 나라에서 이미 활용되어 오고 있는 것은 구태여 매거할 필요가 없으며, 만일 법률에 일부 위헌요소가 있을 때에 합헌적 해석으로 문제를 수습하는 길이 없다면 일부 위헌요소 때문에 전면위헌을 선언하는 길밖에 없을 것이며, 그렇게 되면 합헌성이 있는 부분마저 폐기되는 충격일 것으로 이는 헌법재판의 한계를 벗어날 뿐더러 법적 안정성의 견지에서 도저히 감내할 수 없는 것이 될 것이다. 국가보안법은 헌법의 하위규범이므로 헌법에 합치되게 해석운영하여야 할 것이기 때문에 위와 같이 판시한 바이며, 이와 같은 심판이 그 한도 내에서 헌법재판소법 제47조 제1항에 따라 당해사건인 이 사건을 떠나 널리 법원 기타 국가기관 및 지방자치단체를 기속하느냐의 여부는 별론으로 하고 제청법원은 적어도 이 사건 제청당사자로서 위 심판의 기판력을 받을 것은 물론 더 나아가 살필 때 헌법 제107조 제1항의 규정상 제청법원이 본안재판을 함에 있어서 헌법재판소의 심판에 의거하게 되어 있는 이상 위 헌법규정에 의하여서도 직접 제청법원은 이에 의하여 재판하지 않으면 안 될 구속을 받는다고 할 것이므로 이 점에서 단순합헌 아닌 합헌해석 내지는 합헌적 제한해석의 이익 내지 필요가 충분하다고 할 것이다.」

⇔ 재판관 1인(재판관 변정수)의 반대의견

「다수의견은 국가보안법 제7조 제5항의 불명확성, 광범위성, 표현의 자유의 과도한 침해 및 헌법의 평화통일이념과의 모순 등 위헌성을 지적하면서도 위헌결정을 아니하고 위 법률조항은 각 그 소정행위가 대한민국의 안전존립을 위태롭게 하거나 자유민주적 기본질서에 위해를 줄 경우에 적용된다고 할 것이므로 그러한 해석 하에 합헌이라는 것이다. 그러나 다수의견은 다음과 같은 이유로 매우 부당하다.

첫째 헌법재판소는 제청된 법률이 위헌이면 위헌, 합헌이면 합헌이라고 분명히 하여야지 그 법률이 어떠하게 해석되는 것을 조건으로 하여 그 한도에서 합헌이라는 형식의 이른바 한정합헌결정은 우리 법제상 허용되지 아니한다(이 사건 주문은 다수 의견이 주장하는 바의 일부위헌의 뜻이 내포된 의미에서의 한정합헌결정도 아니고 다만 합헌결정의 이유 일부를 주문에 기재한 것에 불과한 단순 합헌결정이다. 그러나 다수의견은 이러한 주문도 한정합헌결정이라고 주장하므로 한정합헌결정임을 전제로 하여 의견을 진술한다). 법률조항에 위헌적인 요소가 있으면 헌법재판소로서는 반드시 위헌결정을 하여야 하며, 위헌적 요소의 제거는 입법권이 법률을 개정함으로써만 가능하다. 헌법 제107조 제1항은 "법률이 헌법에 위반되는 여부가 재판의 전제가 된 경우에는 법원은 헌법재판소에 제청하여 그 심판에 의하여 재판한다"라고 규정하고 있고 이 헌법규정을 받아서 헌법재판소법 제41조 제1항은 "법률이 헌법에 위반되는 여부가 재판의 전제가 된 때에는 당해 사건을 담당하는 법원(군사법원을 포함한다. 이하 같다)은 직권 또는 당사자의 신청에 의한 결정으로 헌법재판소에 위헌 여부의 심판을 제청한다"라고 규정하고 나아가서 같은 법 제45조는 헌법재판소는 제청된 법률 또는 법률조항의 위헌 여부만을 결정한다라고 규정하여 어떤 법률의 위헌 여부가 구체적 사건의 재판의 전제가 되었을 경우 당해 사건을 담당하는 법원은 위헌 여부의 심판을 제청하고 헌법재판소 또한 제청된 법률의 위헌 여부만을 결정하도록 하였고 같은 법 제47조 제1항은 법률의 위헌결정은 법원 기타 국가기관 및 지방자치단체를 기속한다라고 규정하여 위헌결정에만 기속력을 인정하고 합헌결정이나 한정합헌결정 등 이른바 변형결정에는 기속력을 인정하고 있지 아니하기 때문이다. 따라서 헌법재판소가 주문과 같은 형식의 한정합헌결정을 하고 "국가보안법 제7조 제5항은 그 소정행위가 대한민국의 안전존립을 위태롭게 하거나 자유민주적 기본질서에 위해를 줄 경우에 적용된다고 할 것이므로……"라는 합헌결정이유를 주문에 기재하더라도 이것은 국가보안법을 그와 같이 엄격하게 해석·적용하여 달라는 헌법재판소의 희망 내지는 권고에 불과할 뿐이지 그러한 해석에 법원 기타 국가기관이 따라야 할 기속력이 있는 것이 아니다.

다수의견이 즐겨 쓰는 한정합헌결정 등 이른바 변형결정형식은 서독연방헌법재판을 본뜬 것으로 아나 서독연방헌법재판소는 우리 헌법재판소와는 제도에 있어 큰 차이가 있으므로 서독연방헌법재판소의 재판형식을 함부로 본떠서는 아니 될 것이다. 서독연방헌법재판소는 우리의 경우와는 달리 위헌법률심사에 있어 구체적 규범통제기능만 가지는 것이 아니라 추상적 규범통제기능도 가지며(연방헌법재판소법 제13조 제6호, 제11호), 또한 서독연방헌법재판소는 다른 연방재판소와 함께 사법권을 행사하고(연방기본법 제92조), 연방헌법재판소의 판결이나 결정 등 모든 재판(Entscheidungen)은 연방 및 주의 모든 헌법기관과 모든 법원 및 행정기관을 구속하며, 헌법소원이나 위헌법률심사에서 내린 결정은 그것이 합헌결정이건 위헌결정이건 또는 한정합헌결정이건을 막론하고 법률적 효력이 있고(연방헌법재판소법 제31조 제1,2항), 더 나아가 연방헌법재판소법은 연방헌법재판소가 법률을 위헌이라고 인정한 경우 법률을 무효로 선언하는 것이 원칙이지만 무효선언을 아니하고 헌법불합치 결정을 할 수 있는 근거규정을 두고 있으며(제78조, 제31조 제2항), 법원의 재판도 헌법소원의 대상으로 하고 있고(제90조 제1항), 연방헌법재판소에 재판에 대한 집행력까지 부여하는 등(제35조) 우리의 헌법재판소와는 그 지위 및 기능에 있어 현저한 차이가 있다. 위와 같은 제도적 보장이 있음으로 해서 서독연방헌법재판소는 법률의 위헌무효선언, 헌법불합치선언, 합헌선언, 한정합헌선언, 국회에 대한 입법촉구결정 등 상황에 따라 다양한 재판을 할 수 있는 것이고 그러한 재판에 모든 국가기관이나 법원이 복종하지 않을 수 없는 것이다. 다수의견이 이와 같은 두 나라 헌법재판소의 지위와 기능에 대한 제도적인 차이점을 무시하고 왜 서독 연방헌법재판소의 재판이라고 하면 이를 무조건 모방하려고 하는지 이해할 수 없다. 헌법재판소가 한정합헌결정 등 이른바 변형결정을 하려면 먼저 현행 헌법재판소법에 대한 전반적인 개정이 이루어져 이에 대한 근거규정이 마련되어야 할 것이며, 그렇지 아니하는 한 지금의 법제하에서는 헌법재판소가 한정합헌결정 등 이른바 변형결정을 할 권한도 없고 그러한 결정을 내린다 하더라도 그러한 결정에 법원이나 기타 국가기관이 기속될 리도 없는 것이다. 이처럼 한정합헌결정이 제도적으로 불가능한 것은 말할 것 없고, 특히 이를 삼가야 하는 것은 이러한 재판형식이 자칫 이 사건과 같이 명백한 위헌법률에 대하여 위헌결정을 회피하는 수단으로 이용되기 십상이기 때문이다.

둘째 법률은 될 수 있으면 합헌적으로 해석하여야 하는 것이지만 법률의 합헌적 해석은 그 법률이 위헌으로도 해석되고 합헌으로도 해석되는 경우에 가능한 것이지 법률의 위헌성이 분명한 경우에 할 수 있는 것이 아니다. 그 경우에는 헌법재판소로서는 반드시 위헌선언을 하여야 하는 것이며 그렇지 아니하고 억지로 합헌해석을 하는 것은 합헌해석을 빙자하여 위헌결정을 회피하고자 하는 것에 불과하다. 국가보안법 제7조 제1항이나 제5항은 불명확하고 지나치게 광범위하며 표현의 자유 제한한계를 지나치게 벗어나고 헌법의 평화통일이념과 충돌되는 등 그 위헌성이 너무도 뚜렷하여 도저히 합헌해석할 여지가 없는 법률이다. 다수의견은 위 법률의 적용한계를 그 소정행위가 대한민국의 안전존립을 위태롭게 하거나 자유민주적 기본질서에 위해를 줄 경우에 한하여 적용되는 것으로 제한하면 위헌성이 없어진다는 견해이나 위 법률은 그와 같이 한정하여 적용될 수 있는 법률이 아니며, 그와 같이 적용범위를 제한하여 해석한다고 해서 불명확성, 표현의 자유의 과도한 침해 및 헌법의 평화통일이념과의 충돌 등 위헌성이 치유될 수 있는 것이 아니다.

셋째 다수의견이 국가보안법 제7조 제1항 및 제5항의 적용기준으로 내세운 "대한민국의 안전 · 존립을 위태롭게 하거나 자유민주적 기본질서에 위해를 줄 경우"라는 것도 불명확하기 짝이 없는 표현이다. 대한민국의 안전 · 존립을 위태롭게 하는 행위냐 아니냐 또는 자유민주적 기본질서에 위해를 주는 행위냐 아니냐 역시 객관적으로 뚜렷한 기준 내지 그 한계를 정할 수 없는 매우 애매모호한 것이어서 결국 수사기관이나 법관의 주관적 해석에 맡길 수밖에 없는 구성요건이므로 이것 또한 죄형법정주의에 반한다. 다수의견은 위 법률조항의 구성요건이 불명확하고 광범위하므로 그 적용범위를 되도록 축소하여 보자는 취지일 것이나 그렇지 않아도 불명확하고 광범위한 구성요건에다 또다시 불명확한 구성요건을 보태는 것이 되어 과연 위 법률조항의 남용을 어느 정도 억제할 수 있을 것인지 의문이며 국가보안법 남용에 그다지 제동역할을 하지 못할 것이다. 헌법재판소가 지난번 국가보안법 제7조 제1항 및 제5항에 관하여 주문과 같이 한정합헌결정을 내렸음에도 불구하고(1990. 4. 2. 선고, 89헌가113 결정) 그 후 수사기관이나 법원에서의 위 법률조항의 운용실태가 종전과 별로 달라지지 아니한 것을 보아서도 알 수 있다.

그 동안 국가보안법, 그 중에서도 특히 제7조 제1항이나 제5항이 국가의 안전 · 존립이나 자유민주적 기본질서의 수호라는 이름 아래 얼마나 남용되어 왔는지 모른다. 이러한 반민주적 법률이 헌법재판소의 탄생으로 모처럼 위헌여부의 심판대에 올려졌는데도 불구하고 헌법재판소가 위헌성을 충분히 지적하면서도 단호하게 위헌결정을 내리지 못하고 지켜지기도 어려운 막연한 적용기준을 제시하면서 한정합헌이라는 납득할 수 없는 결정을 하는 것은 매우 잘못한 일이다.」

▷ 한정합헌결정의 기속력을 인정한 판례

[憲 1990. 6. 25.-90헌가11](국가보안법 제7조 제5항의 위헌심판)

※ 위 판례 인용부분 참조

◎ 같은 취지 : 憲 1992. 2. 25.-89헌가104

▶ 한정위헌결정에 대한 판례

▷ 한정위헌결정의 유형을 인정한 판례

[憲 1992. 6. 26.-90헌가23](정기간행물의등록등에관한법률 제7조 제1항의 위헌심판)

「이 사건 심판대상인 정기간행물의등록등에관한법률 제7조 제1항은 정기간행물의 발행인들에 의한 무책임인 정기간행물발행의 난립을 방지함으로써 언론·출판의 공적 기능과 언론의 건전한 발전을 도모할 목적으로 제정된 법률규정에 그치는 것이며, 헌법상 금지된 허가제나 검열제와는 다른 차원의 규정이고 언론·출판의 자유를 본질적으로 침해하는 것도 아니고, 헌법 제37조 제2항에 반하는 입법권행사라고도 할 수 없다. 그러나 위 조항의 등록요건인 동항 제9호 소정의 제6조 제3항 제1호 및 제2호의 규정에 의한 해당시설을 자기 소유이어야 하는 것으로 해석하는 한 헌법 제12조 제1항, 제21조 제3항, 제37조 제2항에 위반된다고 할 것이므로 주문과 같이 결정한다.」

◎ 같은 취지 : 憲 1993. 5. 13.-91헌바17

▷ 한정합헌결정과 한정위헌결정을 실질적으로 동일한 것으로 파악하는 판례

[憲 1997. 12. 24.-96헌마172등](헌법재판소법 제68조 제1항 위헌확인 등)

「헌법재판소의 법률에 대한 위헌결정에는 단순위헌결정은 물론, 한정합헌, 한전위헌결정과 헌법불합치결정도 포함되고 이들은 모두 당연히 기속력을 가진다.

즉, 헌법재판소는 법률의 위헌 여부가 심판의 대상이 되었을 경우, 재판의 전제가 된 사건과의 관계에서 법률의 문언, 의미, 목적 등을 살펴 한편으로 보면 합헌으로, 다른 한편으로 보면 위헌으로 판단될 수 있는 등 다의적인 해석가능성이 있을 때 일반적인 해석작용이 용인되는 범위 내에서 종국적으로 어느 쪽이 가장 헌법에 합치되는가를 가려, 한정축소적 해석을 통하여 합헌적인 일정한 범위 내의 의미내용을 확정하여 이것이 그 법률의 본래적인 의미이며 그 의미 범위 내에 있어서는 합헌이라고 결정할 수도 있고, 또 하나의 방법으로는 위와 같은 합헌적인 한정축소 해석의 타당영역 밖에 있는 경우에까지 법률의 적용범위를 넓히는 것은 위헌이라는 취지로 법률의 문언자체는 그대로 둔 채 위헌의 범위를 정하여 한정위헌의 결정을 선고할 수도 있다.

위 두 가지 방법은 서로 표리관계에 있는 것이어서 실제적으로는 차이가 있는 것이 아니다. 합헌적인 한정축소해석은 위헌적인 해석 가능성과 그에 따른 법적용을 소극적으로 배제한 것이고, 적용범위의 축소에 의한 한정적 위헌선언은 위헌적인 법적용 영역과 그에 상응하는 해석 가능성을 적극적으로 배제한다는 뜻에서 차이가 있을 뿐, 본질적으로는 다 같은 부분위헌결정이다(헌법재판소 1992. 2. 25. 선고, 89헌가104 결정).」

▷ 한정위헌결정의 기속력을 인정한 판례

[憲 1994. 4. 28.-92헌가3](보훈기금법 부칙 제5조 및 한국보훈복지공단법 부칙 제4조 제2항 후단에 관한 위헌심판)

「법률의 다의적(多義的)인 해석가능성이나 다기적(多岐的)인 적용범위가 문제될 때 위헌적인 것을 배제하여 합헌적인 의미 혹은 적용범위를 확정하기 위하여 한정적으로 합헌 또는 위헌을 선언할 수 있다. 양자는 다 같이 질적인 부분위헌선언이며 실제적인 면에서 그 효과를 달리하는 것은 아니다. 다만 양자는 법문의미가 미치는 사정거리를 파악하는 관점, 합헌적인 의미 또는 범위를 확정하는 방법 그리고 개개 헌법재판사건에서의 실무적인 적의성 등에 따라 그 중 한 가지 방법을 선호할 수 있을 따름이다. 헌법재판소가 한정위헌 또는 한정합헌선언을 한 경우에 위헌적인 것으로 배제된 해석가능성 또는 축소된 적용범위의 판단은 단지 법률해석의 지침을 제시하는 데 그치는 것이 아니라 본질적으로 부분적 위헌선언의 효과를 가지는 것이며, 헌법재판소법 제47조에 정한 기속력을 명백히 하기 위하여는 어떠한 부분이 위헌인지 여부가 그 결정의 주문에 포함되어야 하므로, 이러한 내용을 결정의 이유에 설시하는 것만으로는 부족하고 결정의 주문에까지 등장시켜야 한다(헌법재판소 1992. 2. 25. 선고, 89헌가104 결정 참조).」

⇔ **재판관 1인(재판관 변정수)의 반대의견**

「"한정위헌" 및 "한정합헌" 주문형식은 우리말 어법에도 맞지 않고 국민이 그 뜻을 이해하기도 힘들며 법률적으로도 여러 가지 문제점을 안고 있으므로 헌법재판소의 재판형식으로 사용되어서는 아니 된다. 그 동안 나는 이러한 형식의 결정 주문이 나올 때마다 그 위법 부당성을 지적한 바 있거니와(1989. 7. 21. 선고, 89헌마38 결정 1990. 6. 25. 선고, 90헌가11 결정 1990. 8. 27. 선고, 89헌가118 결정 1992. 2. 25. 선고, 89헌가104 결정 참조) "……으로 해석 하는 한, 헌법에 위반되지 아니한다. 또는 위반된다"라는 주문표현은 우리와 법률문화적 풍토가 다르고 법제 또한 우리와는 많이 다른 독일연방헌법재판소가 고안해 낸 주문형식의 독일어 문장을 아무런 여과과정을 거치지 않고 그대로 직역(直譯)한 것에 불과하여 우리의 언어감각에도 생소한 것이어서 뜻이 애매모호함은 물론 그 표현 자체가 권위주의적인 냄새를 풍기는 것이다. 최근 민주화의 일환으로 이해하기 어렵거나 권위주의적이고 위압적인 법률용어나 문장을 국민이 이해하기 쉬운 용어나 문장으로 바꾸어야 한다는 것이 국민의 여론이고 그에 맞추어 각종 공문서도 쉬운 표현과 문장으로 대폭개선되고 있는 이 때, 권위주의 청산에 앞장서야 할 헌법재판소가 이와 같이 국민이 이해하기 힘든 권위주의적인 표현을 재판 주문에 버젓이 사용하는 것은 시대역행적이며 사명을 저버린 처사라 아니할 수 없다. 더구나 재판관의 한 사람인 내가 기회 있을 때마다 위와 같은 주문의 부당성을 지적하여 왔을 뿐더러 더 알기 쉬운 말이 있음에도 불구하고 이를 바로 잡으려고 하기는커녕 오히려 더 강화된 형태로 언어의 유희와도 같은 이러한 주문을 고집하고 있는 것은 국민을 우롱하는 극히 독선적이고 권위주의적인 처사라고 아니할 수 없다.」

⇔ **재판관 1인(재판관 한병채)의 반대의견**

「다수의견이 합의하여 결정한 이 사건의 주문형식은 변형재판의 남용이라고 지적하지 않을 수 없다. 그 이유의 첫째는 이 사건의 내용과 심판대상인 법률을 살펴보면 변형재판을 하여야 할 성질의 것이 아닌데도 한정위헌과 한정합헌을 이중으로 변형하는 주문을 만들어 선고하는 것은 규범통제의 본질을 잘못 이해하고 있다고 아니할 수 없다. 더구나 아직까지 일부에서는 헌법재판소법 제45조의 명문규정의 문리해석을 앞세워 변형결정을 할 수 없다는 소수의 주장이 있듯이, 결정주문은 단순위헌 또는 단순합헌의 형식으로 하는 것이 원칙이고 변형결정의 형식은 헌법재판소의 본질상 불가피하게 실무상의 필요에 의하여 변형결정을 할 수밖에 없는 예외적인 경우에 한하여 허용되고 있는 것이라고 보아야 할 것이다. 그런데 다음 항에서 논하는 바와 같이 이 사건은 단순위헌 아니면 단순합헌결정을 하여야 할 성질의 것이 명확한데도 불구하고 형식적 논리와 기교로 무리하게 변형결정주문을 만들어 선고함으로써 규범의 명확성을 흐리게 하고 제청법원이 요구하는 법률의 위헌 여부의 심판을 회피하는 잘못된 헌법재판을 하고 있는 것이다.」

◎ **같은 취지 : 憲 1997. 12. 24.-96헌마172등**

▹ **한정위헌결정의 기속력을 인정하지 아니한 대법원 판례**

[大 1996. 4. 9.-95누11405](증여세등부과처분취소)

「(2) 헌법 제111조 제1항은 법원의 제청에 의한 법률의 위헌여부심판 및 법률이 정하는 헌법소원에 대한 심판 등을 헌법재판소의 관장 관한으로 정하고 있는바, 헌법재판소법 제45조 본문은 "헌법재판소는 제청된 법률 또는 법률조항의 위헌 여부만을 결정한다"라고 규정하고, 제47조 제2항 본문은 "위헌으로 결정된 법률 또는 법률의 조항은 그 결정이 있는 날로부터 효력을 상실한다"라고 규정하며, 같은 조 제1항은 "법률의 위헌결정은 법원 기타 국가기관 및 지방자치단체를 기속한다"라고 규정하고 있고, 이들 조항은 같은 법 제75조 제6항에 의하여 일정한 범위 내의 헌법소원을 인용하는 경우에도 준용되고 있다. 이와 같이 특정한 법률 또는 법률조항에 대하여 헌법재판소의 위헌결정이 있는 경우에, 당해 법률 또는 법률조항은 즉시 그 효력을 상실하게 되고 그 위헌결정은 법원을 포함한 모든 국가기관 및 지방자치단체를 기속하는 효력을 가지는 것이므로, 헌법재판소의 위헌결정이 법원을 포함한 모든 국가기관 및 지방자치단체에 의하여 엄정하게 존중되어야 함은 더 말할 나위가 없다. 뿐만 아니라, 법률이 일정한 사항에 관하여 구체적인 내용의 입법을 대통령령 등 하위법규에 위임하고 있는 경우에 그 위임규정인 법률조항에 대하여 헌법재판소의 위헌결정이 선고되면, 당해 법률조항이 효력을 상실하게 됨은 물론, 그 법률조항의 위임에 의하여 제정된 대통령령 등 하위법규 역시 그 존립의 근거를 상실함에 따라 당연히 그 효력을 상실한다고 하지 않을 수 없을 것이다.

(3) 그러나 이 사건에서 검토대상이 된 위 결정과 같이, 그 주문에서 당해 법률이나 법률조항의 전부 또는 일부에 대하여 위헌 결정을 선고함으로써 그 효력을 상실시켜 법률이나 법률조항이 폐지되는 것과 같은 결과를 가져온 것이 아니라 그에 대하여 특정의 해석기준을 제시하면서 그러한 해석에 한하여 위헌임을 선언하는, 이른바 한정위헌결정의 경우에는 헌법재판소의 결정에 불구하고 법률이나 법률조항은 그 문언이 전혀 달라지지 않은 채 그냥 존속하고 있는 것이므로 이와 같이 법률이나 법률조항의 문언이 변경되지 아니한 이상 이러한 한정위헌 결정은 법률 또는 법률조항의 의미, 내용과 그 적용범위를 정하는 법률해석이라고 이해하지 않을 수 없다.

그런데 헌법 제101조는 사법권은 법관으로 구성된 법원에 속하고(제1항), 법원은 최고법원인 대법원과 각급법원으로 조직된다(제2항)라고 규정하고 있으며, 여기서의 사법권이란 구체적인 법률적 분쟁이 발생한 경우에 당사자로부터의 소 제기 기타의 신청에 의하여 당해 분쟁사건에 적용될 법의 구체적 내용이 어떠한 것인지를 판단하고 선언함으로써 법질서를 유지하는 작용을 가리키는 것인바, 특정 법률 또는 법률조항의 전부나 그 일부가 소멸되지 아니하거나 문언이 변경되지 않은 채 존속하고 있는 이상, 구체적 사건에 있어서 당해 법률 또는 법률조항의 의미 · 내용과 적용범위가 어떠한 것인지를 정하는 권한 곧 법령의 해석 · 적용 권한은 바로 사법권의 본질적 내용을 이루는 것으로서, 전적으로 대법원을 최고법원으로 하는 법원에 전속하는 것이다. 이러한 법리는 우리 헌법에 규정된 국가권력분립구조의 기본원리와 대법원을 최고법원으로 규정한 헌법의 정신으로부터 당연히 도출되는 이치로서, 만일 법원의 이러한 권한이 훼손된다면 이는 위에서 본 헌법 제101조는 물론이요, 어떤 국가기관으로부터도 간섭받지 않고 오직 헌법과 법률에 의하여 그 양심에 따라 독립하여 심판하도록 사법권 독립을 보장한 헌법 제103조에도 위반되는 결과를 초래하는 것이다. 그러므로 한정위헌 결정에 표현되어 있는 헌법재판소의 법률해석에 관한 견해는 법률의 의미 · 내용과 그 적용범위에 관한 헌법재판소의 견해를 일응 표명한 데 불과하여 이와 같이 법원에 전속되어 있는 법령의 해석 · 적용 권한에 대하여 어떠한 영향을 미치거나 기속력도 가질 수 없다고 하지 않을 수 없다.

더욱이 법률보다 하위법규인 대통령령의 제정근거가 되는 법률조항(이른바 위임규정)에 대하여 한정위헌결정이 있는 경우에 있어서도, 앞에서 본 바와 같이 그 법률조항의 문언이 전혀 변경되지 않은 채 원래의 표현 그대로 존속하고 있는 이상 그 법률조항의 의미 · 내용과 적용범위는, 역시 법령을 최종적으로 해석 · 적용할 권한을 가진 최고법원인 대법원에 의하여 최종적으로 정하여질 수밖에 없고, 그 법률조항의 해석은 어디까지나 의연히 존속하고 있는 그 문언을 기준으로 할 수밖에 없다 할 것이므로 그 문언이 표현하고 있는 명백한 위임취지에 따라 제정된 대통령령 조항 역시 의연히 존속한다고 보지 않을 수 없다. 따라서 이와 같이 효력을 상실하지 않고 존속하는 대통령령 조항이 상위법인 법률의 위임내용에 위반되는지 여부 및 나아가 헌법이나 다른 법률에 위반되는지 여부의 심사권은 헌법 제107조 제2항의 명령 · 규칙 또는 처분이 헌법이나 법률에 위반되는 여부가 재판의 전제가 된 경우에 대법원이 이를 최종적으로 심사할 권한을 가진다는 규정에 따라 당연히 법원에 전속한다고 하지 않을 수 없다.

따라서 이 사건 양도소득세부과처분에 적용된 구 소득세법시행령 제170조 제4항 제2호는 그 위임 근거 규정인 구 소득세법 제23조 제4항 단서 및 제45조 제1항 제1호 단서의 각 규정이 앞에서 본 헌법재판소의 결정에도 불구하고 그 문언의 표현이 전혀 변경되지 않은 채 존속하고 있는 이상 위 시행령 조항의 헌법위반 여부와 상위법의 위반 여부에 관하여는 대법원이 최종적으로 판단하여 이 사건에 적용할지 여부를 결정하여야 하는 것이다.」

▸ 헌법불합치결정에 대한 판례

▹ 헌법불합치결정을 변형결정의 하나로 인정한 헌법재판소 판례

[憲 1989. 9. 8.-88헌가6](국회의원선거법 제33조, 제34조의 위헌심판)

※ 위 판례 인용부분 참조

◎ 같은 취지 : 憲 1991. 3. 11.-91헌마21; 1994. 7. 29.-92헌바49등

▹ 단순위헌결정으로 인하여 법적 공백이 발생하는 경우 헌법불합치결정을 한다는 취지의 판례

[憲 1995. 9. 28.-92헌가11등](특허법 제186조 제1항 등 위헌제청)

「라. 헌법불합치결정이 이유

어느 법률조항에 대하여 단순한 위헌결정이 선고되면 그 조항은 그때부터 효력을 상실하게 되고 더 이상 유효한 법률로서 존속할 수 없게 됨이 원칙이다(헌법재판소법 제47조 제2항), 그러

나 이 사건에 있어서는 심판대상 법률조항의 위헌성에도 불구하고 바로 위헌결정을 선고할 수 없는 아래와 같은 특별한 헌법적 사유가 있다.

첫째, 심판대상 법률조항에 기초한 현행 특허쟁송제도는 앞서 본 바와 같은 위헌성에도 불구하고 1946년 이래 지금까지 거의 반세기에 이르도록 지속적으로 시행되어 온 제도이고, 특허법 제186조 제1항은 상표법(제86조 제2항), 의장법(제75조) 및 실용신안법(제35조)에도 준용되고 있다.

따라서 위 심판대상 법률조항에 대한 헌법재판소의 위헌선언은 바로 위와 같이 장기간 유효하게 존속하여 온 산업재산권관계의 쟁송절차에 대한 전반적인 일대변혁을 의미하는 것이므로 그로 인한 충격과 혼란이 매우 심각하고 또 광범위할 것으로 예상된다.

물론 위 심판대상 법률조항에 대한 위헌무효의 선언이 있더라도 행정쟁송에 관한 일반법인 행정소송법의 적용을 통하여 완전한 법적 공백의 상태에까지는 이르지 아니한다고 하더라도, 특허쟁송의 전문성 및 기술성을 고려하지 아니한 행정소송법의 적용으로 인한 여러 가지 법적 미비나 불합리성 및 혼란과 특허쟁송에 관한 재판기관의 전문성 미확보로 인한 혼란 및 충격이 매우 클 것으로 예상되는데, 이러한 충격과 혼란 등은 가능한 한 최소화하여야 할 필요가 있다.

둘째, 현행 특허쟁송제도에 위 심판대상 법률조항에서 보는 바와 같은 위헌적인 요소가 있다고 하더라도 그 위헌적인 요소를 제거한 합헌적인 특허쟁송제도의 방안은 여러 가지가 있을 수 있고, 그 여러 가지의 방안들 중에서 어느 것을 선택할 것인가 하는 것은 결국 입법자의 정책적인 결단에 맡겨진 문제라고 할 것이므로 헌법재판소의 결정이 있기 전에 명백히 밝혀진 입법자의 의사가 있다면 그것이 또 다른 위헌성을 내포하고 있지 아니하는 한 존중되어야 할 것이다.

그런데 입법자는 스스로 심판대상 법률조항 및 이에 근거한 현행 특허쟁송제도에 관한 관련 법규정들을 헌법합치적으로 개정한 바 있다. 즉 입법자는 1994. 7. 27. 법률 제4765호로 법원조직법을 개정하여 "특허법원"을 설치하고 특허법원으로 하여금 특허쟁송의 제1심 사건을 심판하게 하는 한편, 1995. 1. 5. 법률 제4892호로 특허법을 개정하여 현재 특허청 내에 설치되어 있는 심판소와 항고심판소를 통합하여 "특허심판원"을 설치함으로써 행정부 내에서의 2단계 심판을 1단계로 줄이고, 특허심판원의 심결 등에 대한 불복의 소는 "특허법원"의 전속관할로 하였으며, 상표법, 의장법, 실용신안법의 각 준용규정도 모두 개정하였다.

다만 입법자는 위 각 개정법의 시행일을 1998. 3. 1.로 정함으로써 위 시점 이전까지는 현행 특허쟁송제도를 유지하도록 하고 있는바, 이는 앞서 본 바와 같이 장기간 유효하게 존속하여 온 특허쟁송제도를 갑자기 바꿈으로 인하여 초래될 여러가지 충격과 혼란을 막고 특허쟁송이 갖는 고도의 전문성의 요청에 부응할 수 있는 조직 및 기능과 인력을 확보하기 위한 현실적 배려로 판단되고 그 기간의 설정 또한 명백히 자의적인 것이라고는 보여지지 아니한다.

그러므로 당재판소는 특허쟁송제도에 관련된 위와 같은 강한 법적 안정성의 요구와 이미 확인된 입법자의 합헌적인 의사를 존중하여 입법자가 마련한 합헌적인 제도가 유효하게 시행될 수 있을 때까지는 비록 위헌성이 내포되어 있기는 하나 현행제도를 그대로 유지하는 것이 오히려 여러가지 충격과 혼란을 방지하고 과학기술자들의 권리를 두텁게 보호하는 효과적인 방안이 될 것이라고 판단되므로 선례(당재판소 1989. 9. 8. 선고, 88헌가6 결정; 1991. 3. 11. 선고, 91헌마21 결정; 1994. 7. 29. 선고, 92헌바49 · 52 결정 참조)에 따라 심판대상법률조항에 대하여 헌법불합치를 선언함에 그친다.」

◎ **같은 취지 : 憲 1999. 5. 27.-98헌바70; 2002. 11. 28.-2001헌가28; 1999. 10. 21.-97헌바26**

▹ **평등조항의 위반으로 법률의 효력을 없앨 경우에 국가로부터 받는 급부가 중단되는 것을 회피하기 위한 경우에 헌법불합치결정을 한다는 취지의 판례**

[憲 2001. 6. 28.-99헌마516](고엽제후유의증환자지원등에관한법률 제8조 제1항 제1호 등 위헌소원)

「법률이 헌법에 위반되는 경우, 헌법의 규범성을 보장하기 위하여 원칙적으로 그 법률에 대하여 위헌결정을 하여야 하는 것이지만, 위헌결정을 통하여 법률조항을 법전에서 제거하는 것이 법적 공백이나 혼란을 초래할 우려가 있는 경우에는 위헌조항의 잠정적 적용을 명하는 헌법불합치결정을 할 수 있다(헌재 1999. 10. 21. 97헌바26, 판례집 11-2, 383, 417).

이 사건의 경우 헌법재판소가 위헌결정 또는 단순한 헌법불합치결정만을 선고할 경우 이 사건 법률조항은 헌법재판소가 결정을 선고한 때부터 더 이상 적용할 수 없게 된다. 이 경우 그나마 일정한 범위의 유족에게 유족등록신청의 길을 열어 놓고 있는 근거규정이 효력을 잃게 됨으로써 상당한 법적 공백이 생기게 된다. 그러므로 이 사건 법률조항의 요건에 맞아 유족등록신청을 할 수 있는 자에게는 이 규정을 잠정적으로 적용할 수 있게 하여야 한다.

따라서 입법자는 이 결정에 따라 조속한 시일 내에 이 사건 법률조항을 헌법에 합치하는 내용으로 개정하여 청구인들과 같은 유족에게 등록신청의 기회를 주어야 하고 그 개정시까지 이 사건 법률조항의 효력은 잠정적으로 존속한다.」

◎ **같은 취지 : 憲 2000. 8. 31.-97헌가12; 2001. 9. 27.-2000헌마512; 2001. 11. 29.-99헌마494**

▹ **자유권의 침해가 있는 경우에도 예외적으로 헌법불합치결정을 선고한 사례**

[憲 2004. 5. 27.-2003헌가1등](학교보건법 제6조 제1항 제2호 위헌제청 등)

「(1) 이 사건 법률조항은 극장운영자의 직업의 자유, 표현의 자유, 예술의 자유 등의 기본권, 그리고 대학생 및 아동·청소년의 행복추구권을 침해하는 법률로서 위헌적인 법률조항이다. 하지만, 아래에서 살펴보는 바와 같이 이 사건 법률조항의 일부에 대하여는 단순위헌결정을 하기보다는 헌법불합치결정을 할 필요가 있으므로 이에 관하여 보기로 한다.

(2) 헌법불합치결정은 헌법재판소법 제47조 제1항에 정한 위헌결정의 일종으로서(헌재 1989. 9. 8. 88헌가6, 판례집 1, 199, 261), 심판대상이 된 법률조항이 실질적으로는 위헌이라 할지라도 그 법률조항에 대하여 단순위헌결정을 선고하지 아니하고 헌법에 합치하지 아니한다는 선언에 그침으로써 헌법재판소법 제47조 제2항 본문의 효력상실을 제한적으로 적용하는 변형위헌결정의 주문형식이다. 법률이 평등원칙에 위반된 경우가 헌법재판소의 불합치결정을 정당화하는 대표적인 사유라고 할 수 있다. 반면에, 자유권을 침해하는 법률이 위헌이라고 생각되면 무효선언을 통하여 자유권에 대한 침해를 제거함으로써 합헌성이 회복될 수 있고, 이 경우에는 평등원칙위반의 경우와는 달리 헌법재판소가 결정을 내리는 과정에서 고려해야 할 입법자의 형성권은 존재하지 않음이 원칙이다. 그러나 그 경우에도 법률의 합헌부분과 위헌부분의 경계가 불분명하여 헌법재판소의 단순위헌결정으로는 적절하게 구분하여 대처하기가 어렵고, 다른 한편으로는 권력분립의 원칙과 민주주의원칙의 관점에서 입법자에게 위헌적인 상태를 제거할 수 있는 여러 가지의 가능성을 인정할 수 있는 경우에는 자유권

의 침해에도 불구하고 예외적으로 입법자의 형성권이 헌법불합치결정을 정당화하는 근거가 될 수 있다(헌재 2002. 5. 30. 2000헌마81, 판례집 14-1, 528, 546-547).

(3) 이 사건 법률조항이 초·중·고등학교·유치원 부근의 정화구역에 관하여 적용되는 경우 그 위헌성이 인정되는 부분은 금지의 예외를 인정하지 아니함으로써 구체적으로 학교의 교육에 나쁜 영향을 미치지 않을 수 있는 유형의 극장도 모두 금지한다는 점이다. 그런데 이와 같은 이유로 하여 단순위헌의 판단이 내려진다면 극장에 관한 초·중·고등학교·유치원 정화구역 내 금지가 모두 효력을 잃게 됨으로써 합헌적으로 규율된 새로운 입법이 마련되기 전까지는 학교정화구역 내에도 제한상영관을 제외한 모든 극장이 자유롭게 설치될 수 있게 될 것이다. 그 결과 이와 같이 단순위헌의 결정이 내려진 후 입법을 하는 입법자로서는 이미 자유롭게 설치된 극장에 대하여 신뢰원칙보호의 필요성 등의 한계로 인하여 새로운 입법수단을 마련하는 데 있어서 제약을 받게 될 것이다. 이는 우리가 이 결정의 취지에서 정당한 목적으로서 긍정한 공익의 측면에서 비추어 보아 바람직하지 아니하다.

그렇다면 이 사건 법률조항 중 초·중등교육법 제2조에 규정한 각 학교에 관한 부분에 대하여는 단순위헌의 판단을 하기보다는 헌법불합치결정을 하여 입법자에게 위헌적인 상태를 제거할 수 있는 여러 가지의 입법수단 선택의 가능성을 인정할 필요성이 있는 경우라고 할 것이다. 따라서 초·중·고등학교·유치원 정화구역 부분에 관하여는 헌법불합치결정을 함이 타당하다고 판단된다.

다만, 이 사건 법률조항은 학교보건법 제19조와 결합하여 형사처벌조항을 이루고 있으므로 잠정적으로 적용하게 할 경우 위헌성을 담고 있는 이 사건 법률조항에 기하여 형사처벌절차가 진행될 가능성을 부인하기 어려우며 이와 같은 사태가 바람직하지 아니함은 물론이다. 따라서 입법자가 새로운 입법에 의하여 위헌성을 제거할 때까지 법원 기타 국가기관 및 지방자치단체는 헌법불합치결정이 내려진 이 부분 법률조항의 적용을 중지하여야 한다.」

※ 예술의 자유의 침해 여부에 대하여는 〈제5편 - 제3장 - 2. - 예술의 자유 - □ 내용〉 판례 인용부분을, 문화국가의 원리에 대하여 언급한 부분에 대하여는 〈제3편 - 제2장 - 2. - 문화영역의 기본원리 - □ 문화공동체〉 판례 인용부분을, 기본권 제한 법률이 여러 가지 기본권을 제한하는 경우 가장 주된 기본권을 위주로 검토한다는 취지에 대한 부분은 〈제4편 - 제4장 - 3. - □ 기본권의 경합〉 판례 인용부분, 직업의 자유의 침해 여부에 대하여는 〈제5편 - 제3장 - 4. - 직업의 자유 - □ 제한과 그 한계〉 판례 인용부분을 각 참조

▷ 입법형성권 존중의 이유로 헌법불합치결정을 한 사례

[憲 1991. 3. 11.-91헌마21](지방의회의원선거법 제36조 제1항에 대한 위헌소원)

「(5) 헌법불합치 결정을 하는 이유

여기서 이 사건 기탁금에 대하여 단순위헌결정을 하지 않고 헌법불합치 결정을 하는 이유는 국회의원선거법상의 기탁금제도에 대하여 이유는 다르나 그러한 형식의 주문을 선고한 바가 있고(헌법재판소 1989. 9. 8. 선고, 88헌가6 결정 참조), 또한 위 기탁금제도 자체는 헌법상 일응 합헌으로 인정할 수밖에 없고, 다만 그 금액이 너무 다액이어서 헌법의 최고이념 및 기본권(참정권) 보장규정에 저촉되므로 입법형성권을 갖고 있는 국회가 스스로 적절히 하향조정을 하는 것이 온당하다고 사료되기 때문이다. 700만원의 기탁금이 과다한 것은 분명하지만 기탁금액 전체에 대하여 위헌선고를 하게 되면 헌법 제25조, 제37조 제2항, 제116조 제2항 등에 의하여 일부 합헌적으로 봐야하는 금액도 한데 싸여 실효되게 되는 결과가 초래될 수 있기 때문에 헌법의 모든 조문을 체계적 · 조화적으로 해석하여야 하는 헌법재판에 있어서는 기탁금액 전부에 대하여 위헌무효를 선언하기가 어려운 것이다. 뿐만 아니라 구체적으로 어떤 한도까지의 금액이 합헌적인가 하는 기준액을 헌법재판소가 확정하여 제시할 수 있는 입장도 아니기 때문에 국민의 대표기관인 국회 스스로 위헌적인 상태를 바로 잡는 것이 바람직하다고 할 것이다. 다만, 위와 같은 헌법불합치 상태는 장기간 방치될 수 없으므로 지방의회의원선거법 시행 후 최초로 실시되는 시 · 도의회의원선거일 공고일까지는 입법자에 의하여 개정이 되어야 하는 것이다.

헌법불합치선언은 이 사건의 경우에 있어서는 당해 법률규정이 전체적으로는 헌법규정에 저촉되지만 부분적으로는 합헌적인 부분도 혼재하고 있기 때문에 그 효력을 일응 존속시키면서 헌법합치적인 상태로 개정할 것을 촉구하는 변형결정의 일종으로서 전부부정(위헌)결정권은 일부부정(헌법불합치)결정권을 포함한다는 논리에 터잡은 것이다. 위헌이냐 합헌이냐의 결정 외에 한정합헌 또는 헌법불합치 등 중간영역의 주문(主文)형식은 헌법은 최고법규로 하는 통일적인 법질서의 형성을 위하여서 필요할 뿐 아니라 입법부가 제정한 법률을 위헌이라고 하여 전면 폐기하기보다는 그 효력을 가급적 유지하는 것이 권력분립의 정신에 합치하고 민주주의적 입법기능을 최대한 존중하는 것이라 할 것이며(헌법재판소 1990. 6. 25. 선고, 90헌가11 결정 참조), 그것은 국민의 대표기관으로서 입법형성권을 가지는 국회의 정직성 · 성실성 · 전문성에 대한 예우이고 배려라고 할 것이다. 그리고 헌법재판소법 제75조 제2항의 규정에 따라 주문에 침해된 기본권을 표시하지 않는 이유는, 법률에 대한 헌법소원은 청구인의 침해된 기본권 구제의 면도 있으나 객관적인 헌법질서의 확립이라는 성질이 더 부각되어야 할 것이고, 동 규정의 취지가 같은 조 제3항 내지 제5항과의 관계에서 볼 때 입법권, 즉 법률에 의한 기본권침해의 경우에 부합하는 규정이라고 보여지지 않고, 오히려 같은 조 제6항이 헌법소원을 인용하여 법률의 위헌을 선고할 경우에는 같은 법 제45조, 제47조의 규정을 준용하도록 하고 있어서 구태여 주문에 침해된 기본권을 표시할 필요까지는 없다고 해석되기 때문이며, 이는 당재판소의 판례(1990. 10. 8. 선고, 89헌마89 결정 참조)이기도 하다.」

⇔ 재판관 1인(재판관 변정수)의 반대의견

「나. 변형결정에 대하여

(1) 지방의회의원선거법 제36조 제1항 중 시 · 도의회의원후보자가 후보자 등록신청를 할 때에 700만원의 기탁금을 관할 선거관리위원회에 기탁하도록 한 부분이 헌법에 위반된다는 다수의견의 논지에는 찬성한다.

그러나 다수의견은 위 지방의회의원선거법 제36조 제1항 중 시 · 도의회의원후보자의 700만원 기탁금 부분이 헌법 제11조 제1항의 평등의 원칙, 제24조의 참정권, 제25조의 공무담당권 등에 반하여 헌법에 위반된다고 이유설시를 하면서도 부문에서는 이제까지 써오던 위헌결정의 주문형식인 "헌법에 위반된다"라는 표현을 아니하고 주문 제2항에 "같은 법률 제36조 제1항 중 '시 · 도의회의원후보자는 700만원의 기탁금' 부분은 헌법에 합치하지 아니한다"라고 하고, 제3항에서 "위 제2항의 법률조항부분을 위 법률시행 후 최초로 실시하는 시 · 도의회의원선거일 공고일을 시한으로 입법자가 개정할 때까지 그 효력을 지속한다"라고 하여 이른바 헌법불합치 및 입법촉구의 변형결정을 하였는데 나는 이러한 변형결정에 대하여는 이를 반대한다.

(2) 다수의견을 헌법불합치 선언은 당해 법률규정이 전체적으로는 헌법정신에 저촉되어 위

헌이지만 합헌적인 부분도 포함되어 있기 때문에 위헌결정의 즉시효, 또는 소급효를 규정한 헌법재판소법 제47조 제2항의 적용을 배제하고 법률의 효력을 일정시한 존속시킨다는 개념으로 쓰는 변형된 위헌결정의 일종이며 이러한 변형결정은 독일 등 헌법재판이 있는 나라에서 보편적으로 채용되고 있는 것이며, 우리 헌법재판소의 판례로서도 확립된 주문형식이라고 설명한다.

그러나 내가 이미 1989. 9. 8. 선고한 88헌가6 국회위원선거법 제33조, 제34조의 위헌심판사건의 반대의견에서 자세히 밝힌 것처럼 현행 법제상 헌법재판소는 문제된 법률이 위헌인지 합헌인지를 분명히 결정해야 할 의무가 있고, 위헌이라고 결정하면 그에 대한 효력은 헌법재판소법 제47조 제2항에 정해진 대로 발생하는 것이지(형벌에 관한 법률을 소급효, 기타의 법률은 즉시효) 헌법재판소가 그 효력을 변경하거나 그 효력발생을 유보시킬 수는 없는 것이다. 그리고 위헌결정의 표현방법에는 법률에 정해진 형식이 따로 없으므로 반드시 "헌법에 위반된다"라는 표현이 아니더라도 결정문언의 내용이 위헌이라는 취지로 해석될 수 있으면 되고 표현방법이 어떠하든간에 위헌결정이라는 취지로 해석되면 그 효력은 헌법재판소법 제47조에 의하여 발생하는 것이다. 따라서 다수의견이 비록 주문 제3항과 관련하여 위헌결정의 즉시효를 규정한 헌법재판소법 제47조에 제2항의 적용을 배제하고 위헌결정의 효력을 일시 유보시키는 개념으로 "헌법에 합치되지 아니한다"라는 표현을 사용하고 있을지라도 여기서의 "헌법에 합치되지 아니한다"는 말이나 "헌법에 위반된다"는 말이나 위헌이라는 뜻에 아무런 차이가 없으므로 주문 제2항은 지방의회의원선거법 제36조 제1항 중 시 · 도의회의원후보자의 기탁금 700만원에 관한 부분이 헌법에 위반된다는 위헌결정의 주문에 다름이 없고, 그렇다면 아무리 주문 제3항에서 위헌결정의 효력을 유보시켰다고 하더라도 그에 관계없이 헌법재판소법 제47조 제2항의 규정에 의하여 지방의회의원선거법 제36조 제1항 중 시 · 도의원후보자의 기탁금 700만원에 관한 부분은 주문 제2항의 위헌결정을 한 날에 그 효력을 상실하였다고 보아야 할 것이나, 만일 주문 제2항이 헌법에 위반된다는 위헌결정이 아니라고 한다면 그것에 의하여 위 지방의회의원선거법 조항의 효력을 상실시키는 효력이 발생할 여지가 없으므로 주문 제3항에서 효력상실을 일정시한까지 유보시킬 여지도 없을뿐더러 더 나아가 독일과는 달리 법률의 위헌결정만이 법원 기타 국가기관 및 지방자치단체를 기속하도록 되어 있는 헌법재판소법 제47조 제1항의 규정 취지에 비추어 볼 때 입법권자로 하여금 일정한 시한까지 법률개정을 촉구하는 취지의 주문 제3항은 아무런 법적 기속력도 없는 것이다. 원래 주문과 같은 헌법불합치결정은 위헌결정의 효력에 대하여 원칙적 소급효를 인정하고 있는 독일 등의 국가에서 단순위헌결정으로 인하여 초래될 법의 공백과 사회적 혼란 등을 방지하기 위한 필요성에서 생성 · 발전되어 온 유래를 보아서도 알 수 있듯이 헌법불합치 및 입법촉구의 변형결정을 하려면 당해 법률이 위헌이기는 하지만 그 효력을 일정기간 지속시키지 않으면 아니 될 공익상의 부득이한 필요성이 있어야만 하는 것이다.

그런데 이 사건의 겨우 단순위헌결정을 하여 지방의회의원선거법 제36조 제1항의 위 부분을 당장 실효시키더라도 그로 인하여 법률공백상태로 인한 정치적 · 사회적 혼란을 야기시키는 것도 아닐뿐더러, 국회가 다가올 시 · 도의회의원 선거일 공고일까지 기탁금액을 적절히 하향조정하여 새로운 입법을 하면 되는 것이어서 주문 2.3항과 같은 헌법불합치 및 입법촉구결정을 하여야 할 아무런 공익상의 필요성이 없음에도 불구하고 다수의견이 완강한 반대의견을 무릅쓰고 굳이 우리와는 법제가 다른 외국의 재판을 본떠서 그 효력에도 문제가 많은 주문과 같은 변형결정의 강행을 되풀이 하는 까닭을 나는 이해할 수 없다.

(3) 헌법불합치결정 등 이른바 변형결정은 독일에서 생성 · 발전된 제도이지만 독일연방 헌법재판소의 지위와 권능은 우리 헌법재판소의 그것과는 크게 달라서 연방 헌법재판소가 변형결정을 할 수 있는 법제도적 뒷받침이 마련되어 있을 뿐더러 연방헌법재판소도 변형결정을 하지 않으면 아니 될 공익상의 부득이한 필요성이 있는 경우에 한하여 변형결정을 함으로써 그 운용의 묘를 기하고 있는 점 등에서 우리 헌법재판소가 변형결정을 활용하고 있는 현실과는 그 궤를 달리하고 있다.

헌법불합치결정과 입법촉구 등 변형결정의 부당성에 대하여는 앞서 인용한 헌법재판소 1989. 9. 8. 선고, 88헌가6 국회의원선거법 제33조, 제34조의 위헌심판사건과 1990. 6. 25. 선고, 90헌가11 국가보안법 제7조 제5항의 위헌심판사건의 반대의견에서 자세히 언급한 바 있으므로 이곳에서는 더 이상의 설명을 생략한다.」

◎ 같은 취지 : 憲 1997. 8. 21.-94헌바19등

▷ **헌법불합치결정을 변형결정의 하나로 인정한 헌법재판소 판례**

[憲 1989. 9. 8.-88헌가6](국회의원선거법 제33조, 제34조의 위헌심판)

※ 〈제7편 - 제4장 - 2. - 위헌법률심판 - □ 결정〉 판례 인용부분 참조

◎ 같은 취지 : 憲 1998. 8. 27.-96헌가22

▷ **헌법재판소 판례 중 헌법불합치결정을 하면서 법률조항의 효력이 상실되는 시기를 정하지 아니한 사례**

[憲 1994. 7. 29.-92헌바49](토지초과이득세법 제10조 등 위헌소원, 토지초과이득세법 제8조 등 위헌소원)

「4. 결 론

이상과 같은 이유로 우리는 토초세법은 헌법에 합치되지 아니한다고 선고한다. 헌법불합치결정의 취지에 따라 입법자는 빠른 시일 내에 이 결정에서 밝힌 위헌판단의 취지에 맞추어 토초세법을 개정 또는 폐지하여야 하고, 법원, 행정청 기타 모든 국가기관은 입법자가 토초세법을 개정 또는 폐지할 때까지 토초세법의 시행 또는 적용을 중지하여야 한다. 이 결정은 관여재판관 전원의 의견일치에 따른 것이다.」

◎ 같은 취지 : 憲 1997. 3. 27.-95헌가14등 2003. 2. 27.-2000헌바26; 2003. 9. 25.-2003헌바16

▷ **헌법불합치결정을 하면서 법률개선촉구의 결정을 함께 한 사례**

[憲 1993. 3. 11.-88헌마5](노동쟁의조정법에 관한 헌법소원)

「라. 입법촉구

이상 일응 제시한 제한된 범위의 공무원에게 법률로 단체행동권을 부여하는 세 가지 방안 즉, 사실상 노무에 종사하는 공무원에게 쟁의권을 전면 부여하던 구법상태로 단순히 환원시키는 방안, 이들에게 쟁의권을 주되 전체이익과의 조화를 위하여 그 행사요건과 절차를 신설하는 등의 보완 입법을 하는 방안, 기존의 입법형태와는 달리 종사하는 직종이 아니라 직역을 기준으로 하여 선별적으로 쟁의권을 부여하는 방안 등 세 가지 가운데 어느 것이 가장 이상적이며, 어느 것이 선택되어야 하는가는 헌법재판소의 소관일 수 없다. 이 중 어느 방안에 의할 것인가, 이외에도 바람직한 또 다른 합리적인 방안이 있는가의 모색은 광범위한 입법형성권을 가진 입법자의 재량의 영역이며, 입법정책으로 결단되어야 할 문제이다. 그러나 입법자는 어떠한 형태로든 모름지기 헌법불합치의 현행 법 제12조 제2항은 더 이상 원형 그대로 존치시켜서는 안 되며, 헌법 제33조 제2항이 법률로 정한다고 한 이상 법률을 만들어 일정한 테두리의 공무원인 근로자가 단체행동권을 갖도록 하여 헌법불합치인 현재의 상태를 제거할 의무가 있다 할 것으로, 이러한 의미에서 빠른 시일 안에 헌법불합치의 제거를 위한 입법촉구를 하는 바이다.」

◎ 같은 취지 : 憲 1994. 7. 29.-92헌바49등 1997. 1. 16.-92헌바6등 1999. 5. 27.-98헌바70

▷ **헌법불합치결정을 하면서 주문에서 단순히 적용중지만을 한 사례**

[憲 2003. 7. 24.-2000헌바28](구소득세법 제101조 제2항 위헌소원)

「【주문】

소득세법(1995. 12. 29. 법률 제5031호로 개정되어 1996. 12. 30. 법률 제5191호로 개정되기 이전의 것) 제101조 제2항은 헌법에 합치되지 아니한다.

법원 기타 국가기관 및 지방자치단체는 위 법률조항의 적용을 중지하여야 한다.……

라. 헌법불합치결정의 이유

위와 같이 이 사건 법률조항은 헌법에 위반되므로 원칙적으로 위헌결정을 선고하여야 할 것이나 한편 이 사건 법률조항에는 증여자에 대한 양도소득세 부과 부분이 포함되어 있는데, 이 부분은 우리 재판소가 합헌이라고 판단하는 바이므로 만일 이 사건 법률조항에 대하여 단순위헌 결정을 하여 당장 이 사건 법률조항의 효력을 상실시킬 경우에는, 조세평등주의의 실현 도구로 입법된 이 사건 법률조항에 의한 증여자에 대한 양도소득세 부과처분이 취소되거나, 향후 전혀 집행될 수 없다는 점에서, 헌법재판소가 의도하지 않은 불평등한 상태가 초래될 우려가 있다. 또한 이 사건 법률조항의 위헌성, 즉 이중과세의 문제점을 제거하고 합헌적으로 조정하는 데에는 여러 가지 선택 가능성, 예를 들어, 증여자에 대한 양도소득세부과처분이 확정될 경우 수증자가 납부한 증여세 등을 환급하거나 또는 이를 증여자에 대한 양도소득산출세액에서 공제하는 규정을 두어 그 입법목적을 달성할 수 있는데, 그 중에서 어떤 선택을 할 것인가는 입법자가 제반 사정을 참작하여 결정하여야 할 문제라는 점도 고려되어야 한다.

따라서, 우리 재판소는 이 사건 법률조항에 대하여 단순위헌결정을 하지 아니하고 헌법불합치 결정을 하면서 법원 기타 국가기관 및 지방자치단체에 대하여 이 사건 법률조항의 적용중지를 명하는 것이다.」

⇔ 재판관 1인(재판관 김영일)의 반대의견

「이 사건의 해결을 위하여 먼저, 이 사건 법률조항에 대한 위헌성을 전제로 한 잠정적용의 헌법불합치결정은 그 규정자체에 위헌성이 없다는 점과 관련 수증자의 증여세 및 양도소득세에 대한 환급 또는 공제 등의 규정없이 잠정적용하는 경우에 이중과세의 효과가 여전히 발생된다는 점에서 이는 채택할 수 없음이 자명하다. 다음 이 사건의 경우는 위에서 본 바와 같이 위헌성은 존재하나 합헌과 위헌의 경계가 불분명하거나, 조세행정상의 세수결함 등의 문제를 야기시키는 경우에도 해당되지 아니하여 적용중지의 헌법불합치결정도 적절하지 아니하다고 할 것이다. 더구나 이 사건 법률조항 자체에는 위헌성이 없다는 점에서 더욱 그러하다.……

따라서, 이 사건 해결을 위한 주문은 다음에 제시하는 바와 같이 주문 제1항에서 구 소득세법 제101조 제2항에 대하여 합헌선언을 한 다음, 주문 제2항에서 관련 수증자의 증여세 및 양도소득세에 대한 환급규정을 두지 아니한 입법부작위의 위헌을 확인하는 것이 적절하고, 또한 타당하다고 할 것이다.」

▷ 헌법불합치결정을 하면서 적용중지와 효력상실을 같이 표시한 사례

[憲 1997. 7. 16.-95헌가6등](민법 제809조 제1항 위헌제청)

「【주문】 1. 민법 제809조 제1항(1958. 2. 22. 법률 제471호로 제정된 것)은 헌법에 합치되지 아니한다.

2. 위 법률조항은 입법자가 1998. 12. 31.까지 개정하지 아니하면 1999. 1. 1. 그 효력을 상실한다. 법원 기타 국가기관 및 지방자치단체는 입법자가 개정할 때까지 위 법률조항의 적용을 중지하여야 한다.」

[憲 1997. 8. 21.-94헌바19등](근로기준법 제30조의2 제2항 위헌소원 근로기준법 제30조의2 제2항 등 위헌제청)

「【주문】 1. 구 근로기준법(1953. 5. 10. 법률 제286호로 제정되고 1989. 3. 29. 법률 제4099호로 개정되어 1997. 3. 13. 법률 제5305호로 폐지된 것) 제30조의2 제2항 및 근로기준법(1997. 3. 13. 법률 제5309호로 제정된 것) 제37조 제2항 중 각 "퇴직금" 부분은 헌법에 합치되지 아니한다.

2. 위 법률조항 중 각 "퇴직금" 부분은 입법자가 1997. 12. 31.까지 개정하지 아니하면 1998. 1. 1. 그 효력을 상실한다. 법원 기타 국가기관 및 지방자치단체는 입법자가 개정할 때까지 위 법률조항 중 각 "퇴직금" 부분의 적용을 중지하여야 한다.」

[憲 1998. 8. 27.-96헌가22등](민법 제1026조 제2호 위헌제청, 민법 제1026조 제2호 위헌소원)

「【주문】 1. 민법 제1026조 제2호(1958. 2. 22. 법률 제471호)는 헌법에 합치되지 아니한다.

2. 위 법률조항은 입법자가 1999. 12. 31.까지 개정하지 아니하면 2000. 1. 1.부터 그 효력을 상실한다.

법원 기타 국가기관 및 지방자치단체는 입법자가 개정할 때까지 위 법률조항의 적용을 중지하여야 한다.」

◎ 같은 취지 : 憲 1999. 12. 23.-99헌가2등 2000. 1. 27.-96헌바95등 2003. 9. 25.-2003헌바16

▷ 헌법불합치결정을 하면서 이유에서만 중지됨을 설시하고 주문에서는 단순히 「헌법에 합치되지 아니한다」라고 표시한 사례

[憲 1997. 3. 27.-95헌가14등](민법 제847조 제1항 위헌제청 등)

「【주문】 민법(1958. 2. 22. 법률 제471호로 제정되고 1990. 1. 13. 법률 제4199호로 최종개정된 것) 제847조 제1항 중 "그 출생을 안 날로부터 1년 내" 부분은 헌법에 합치되지 아니한다.

【이유】 라. 헌법불합치결정과 그 불합치상태의 제거방안

이 사건 심판대상조항인 민법 제847조 제1항은 앞에서 본 바와 같이 입법재량의 한계를 넘어서 기본권을 침해한 것으로서 헌법에 위반되는 규정이다. 그러나 이는 친생부인의 소에 제척기간을 설정한 것 자체가 잘못이라는 것은 아니고 단지 기간을 정함에 있어 부가 자와의 사이에 친생자관계가 존재하지 아니함을 알았는지의 여부에 관계없이 일률적으로 그 "출생을

안 날로부터 1년 내"라고 규정함으로써 친생부인권의 행사를 현저히 곤란하게 하거나 사실상 박탈하는 것과 같은 결과를 초래하는 것이 잘못이고 헌법에 위반된다는 취지인 것이다.

그런데 민법 제847조 제1항을 단순위헌선언을 한다면 친생부인의 소의 제척기간의 제한이 일시적으로 전혀 없게 되는 법적 공백상태가 되고 이로 인하여 출생 후 상당기간이 경과되어 이미 번복할 수 없는 신분관계로서 이해관계인들에게 받아들여지고 있던 부자관계에 대하여도 개정입법이 행하여지기까지는 언제든지 다시 재론할 수 있게 됨으로써 적지 않은 법적 혼란을 초래할 우려가 있을 뿐만 아니라 위헌적인 규정에 대하여 합헌적으로 조정하는 임무는 원칙적으로 입법자의 형성재량에 속하는 사항인 것이므로, 우리 재판소는 입법자가 이 사건 심판대상조항을 적어도 이 결정에서 밝힌 위헌이유에 맞추어 새로이 개정할 때까지는 법원 기타 국가기관은 민법 제847조 제1항 중 "그 출생을 안 날로부터 1년 내"라는 부분을 더 이상 적용·시행할 수 없도록 중지하되 그 형식적 존속만을 잠정적으로 유지하게 하기 위하여 이 사건 심판대상 조항에 대하여 단순위헌결정을 선고하지 아니하고 헌법재판소법 제47조 제2항 본문의 효력상실을 제한적으로 적용하는 변형위헌결정으로서의 헌법불합치결정을 선고하는 것이다.

한편 위와 같은 헌법 불합치상태는 하루빨리 법개정을 통하여 제거되어야 할 것이며, 불합치상태를 제거하기 위한 여러 가지 가능한 방법 중 어느 것을 선택할 것인가는 입법권자의 재량에 속한다 할 것이나, 우리 재판소로서는 국회의 광범위한 형성의 자유를 제약하기 위해서가 아니고 앞에서 판시한 추상적 기준론에 의한 입법형성의 현실적인 어려움을 감안하여 일응의 준거가 될만한 사례를 제시하여 둔다. 즉, 스위스 가족법은 친생부인의 소는 부가 자와의 사이에 친생자관계가 존재하지 아니함을 알게 된 때로부터 1년 내에 이를 제기할 수 있으나 다만 그 경우에도 자의 출생 후 5년이 경과하면 특별한 사정이 없는 한 이를 제기할 수 없다고 규정하고 있는 것이다.

위와 같은 입법례는 원칙적으로 부가 친생자관계가 존재하지 아니함을 안 때로부터 그 제척기간을 계산함으로써 일응 그 부로 하여금 충분한 숙려기간을 줌으로써 부의 이익을 충분히 고려하면서도 다른 한편으로는 출생 후 5년이 경과한 경우에는 소의 제기가 불가능하게 함으로써 자의 이익을 위하여 신분관계의 조기확정을 도모하고 있는 것으로서 조화로운 입법례로 보여진다.

4. 결 론

그렇다면 이 사건 심판대상조항인 민법 제847조 제1항 중 "그 출생을 안 날로부터 1년 내"의 부분은 헌법에 합치되지 아니한다 할 것이므로 주문과 같이 결정한다.」

⇔ 재판관 1인(재판관 조승형)의 반대의견

「가. 인용하는 부분의 요지

첫째, 헌법불합치결정은 헌법 제111조 제1항 제1호 및 제5호, 헌법재판소법 제45조, 제47조 제2항의 각 명문규정에 반한다.

둘째, 위 판례와 다수의견이 독일헌법재판소의 판례를 수용하여 헌법불합치결정의 판례를 정립하려 하나, 독일과 우리의 법제는 서로 다르므로 이를 그대로 수용할 수는 없다.

독일의 헌법재판소법이 헌법불합치결정을 판례로 확립한 이후 1970년 제4차 개정시에 간접적이지만 그 결정의 근거를 마련하였는바, 그 개정이전의 같은 법 제78조는 "연방헌법재판소가 연방법이 기본법과 또는 주법이 기본법 혹은 기타의 연방법과 합치하지 아니한다는 확신에 이른 경우에는 연방헌법재판소는 그 법률의 무효를 선언한다(위헌선언). 동일한 법률의 다른 규정이 동일한 이유로 기본법 또는 기타의 연방법과 합치하지 아니한 경우에는 연방헌법재판소는 마찬가지로 그 규정을 무효로 선언할 수 있다"라고 규정하고 있는바 "합치하지 아니한다는 확신에 이른 경우"만 그 법률의 무효를 선언하여야 하며, 합치하지 아니한다는 의견이나 법률의 무효로 인한 법적 공백상태등의 고려로 그 "확신"에 이르지 못한 경우에는 다른 결정(합헌 또는 헌법불합치)을 할 수 있다는 해석이 가능하고 법문용어를 사용함에 있어 "합치하지 아니한다"는 용어를 쓰고 있다. 그러나 우리의 헌법재판소법은 앞서 본 바와 같이 "위헌여부만" 즉 "위헌"이냐 "합헌"이냐 "만"을 "심판"할 수 있다는 규정을 두고 있을 뿐, 다른 사정을 고려하여 법률 또는 법률조항의 무효선언을 당장 할 수가 없다는 소신이 있을 때에는 위헌 또는 합헌이외의 다른 결정을 할 수 있다고 해석함에 족한 규정을 두고 있지 아니하며, 우리 헌법이나 헌법재판소법의 어느 조항에도 "헌법에 합치하지 아니한다"는 용어를 사용하고 있지 아니한다.

독일의 위 개정전 헌법재판소법은 헌법재판소 결정의 효력에 관한 제79조에서 헌법재판소의 결정에 따른 법률 또는 법률조항의 실효에 대하여 원칙적으로 소급효를 인정하고 특정의 경우에만 그 예외를 인정하고 있음에 반하여, 우리의 경우는 앞에서 본 바와 같이 형벌에 관한 법률 또는 법률조항을 제외한 모든 법률 또는 법률조항의 실효에 대한 장래효만을 규정하고 있다.

따라서 독일의 경우는 법률의 무효선언(위헌결정)으로 인하여 법률이 실효될 때에 올 수 있는 법규범의 공백상태가 우리의 경우보다는 훨씬 심각하고 그런 경우가 훨씬 더 많이 발생할 수 있게 되므로 헌법불합치결정의 판례가 정립될 수 밖에 없었으나, 우리의 법제 즉 법률 또는 법률조항의 실효가 장래효에 그치는 제도하에서는 다수의견이 우려하는 법규범의 공백·법적혼란 등 법적안정성을 해치는 등의 사태는 발생할 가능성이 없으므로(당해사건 등에 대하여 소급효를 인정하더라도 위와 같은 심각한 사태발생의 우려는 없으므로) 다수의견과 같이 헌법과 법률상의 명문규정에 반하면서 독일의 판례를 수용할 필요가 전혀 없다고 할 것이다.

셋째, 독일의 판례확립과정과 입법과정을 보면 판례의 확립이, 헌법이나 헌법재판소법의 명문규정에 반함이 없고 오히려 해석상으로 그 근거규정(위 제4차 개정 이전의 헌법재판소법 제78조, 제79조)이 있으며, 헌법재판소의 결정이 원칙적으로 소급효를 가지고 있음으로 인하여 발생하는 심각한 법규범의 공백상태를 해소하기 위한 방편으로 위와 같은 판례가 확립되고 그 후에 입법적으로 해결하였음을 알 수 있는바, 헌법 또는 헌법재판소법 기타 법률상 근거를 찾을 수 없고 위와 같은 과정을 거칠 사정이 없는 우리의 경우는 독일의 경우와는 판이하다. 이러함에도 불구하고 우리 재판소가 6차에 걸쳐 헌법불합치결정을 단행하고 있음은 진지한 연구와 분석 검토를 거치지 아니하고 무책임하게 독일의 판례를 수용하였다는 비난을 받을 수밖에 없다.

넷째, 우리의 헌법재판소법 제45조, 제47조의 입법취지는 독일의 민주주의 발전과는 비교도 할 수 없을 만큼 1961년부터 1988년까지 무려 27년간의 권위주의시대를 겪으면서 그만큼 민주주의가 후퇴한 헌정사를 경험하였기 때문에, 과거 권위주의시대의 위헌법률 또는 법률조항의 잠정적 적용으로 인하여 권위주의를 정당화시키는 어떠한 결정도 배제하고자 하는 뜻에서 헌법재판소가 "위헌"이면 위헌, "합헌"이면 합헌의 심판만을 할 수 있으며 그 이외의 여하한 결정도 할 수 없게 하는 데 그 취지가 있었고, 이와 같은 경우 혹시라도 그 취지에 반하는 법규범의 공백상태로 인하여 오히려 헌법상의 각 원칙과 원리에 반하는 결과가 초래하는 등의 충격을 완화하기 위하여 독일의 경우와는 반대로 실효된 법률 또는 법률조항의 장래효만을 규정하였으므로 이와 같은 입법취지에 비추어 보면 헌법불합치라는 변형결정은 결코 허용될 수 없다.

나. 가사 우리 헌법상 헌법불합치결정이 허용된다는 견해를 따른다고 가정하더라도, 이 사건의 경우는 헌법불합치를 선언할 수 있는 경우에 해당되지 않으므로 단순위헌선언을 하여야 한다.

다수의견은 헌법불합치결정을 하여야 할 이유로, 단순위헌선언을 한다면 친생부인의 소의 제척기간의 제한이 일시적으로 전혀 없게 되는 법적 공백상태가 되고 이로 인하여 출생후 상당기간이 경과되어 이미 번복할 수 없는 신분관계로서의 이해관계인들에게 받아들여지고 있던 부자관계에 대하여도 개정입법이 행하여지기까지는 언제든지 다시 재론할 수 있게 됨으로써 적지 않은 법적혼란을 초래한다는 점을 들고 있다.

그러나 위헌선언을 하더라도 이 사건 심판대상 법조항은 헌법재판소법 제47조 제2항 본문 규정에 따라 위헌선언이 있는 날로부터 효력을 상실하게 되므로(당해사건의 경우만이 소급효가 판례로써 인정되고 있을 뿐이므로) 위헌선언이 있는 날 이전에 출생한 자에 대한 친생부인의 소의 제척기간의 제한은 상존하여 법적 공백상태가 될 수 없다. 즉 법적 공백상태로 인하여 출생후 상당기간이 경과되어 이미 번복할 수 없는 신분관계로서 이해관계인들에게 받아들여지고 있던 부자관계에 대하여 언제든지 재론할 수 있다는 우려는 전혀없다. 다만 위헌선언이 있는 날 이후 개정입법이 되기 이전까지 출생한 자인 경우에는 그에 대한 친생부인의 소의 제척기간의 제한이 잠시 없게되는 법적 공백상태를 예상할 수 있고, 다수의견은 위헌결정 이후 개정입법이 되기까지의 기간이 장기간이 될 것으로 예상하여(즉 다수의견이 헌법에 합치되는 입법을 예시하고 있는 바에 따르면, 부가 자와의 사이에 친생자관계가 존재하지 아니함을 알게된 때로부터 1년 내에 이를 제기할 수 있으나 그 경우에도 자의 출생 후 5년이 경과하면 특별한 사정이 없는 한 이를 제기할 수 없다는 규정을 예시하고 있는바, 다수의견이 우려하고 있는바는 곧 개정입법의 기간을 위헌결정 후 5년까지를 예상하고 있는 것이나 다름이 없다) 법적 공백상태를 우려하고 있으나, 헌법재판소의 위헌, 헌법불합치, 일부위헌(한정위헌, 한정합헌) 결정이후에 있었던 해당법률 또는 법률조항에 대한 입법기관의 개정입법의 입법관행으로 보아 개정입법의 기간이 장기간이 될 것으로는 예상할 수 없으므로, 위와 같은 일시적인 법적 공백상태는 법의 안정성을 해할 만큼 심각하다고는 보여지지 아니한다. 따라서 다수의견이 내세우는 헌법불합치결정을 하여야 할 부득이한 사유는 없다고 할 것이며, 그러함에도 불구하고 이와 같은 변형결정을 함은 헌법재판소가 헌법불합치결정을 판례로 확립하고자 하는 근본취지에 반하며 헌법불합치결정을 남용하고 있다는 비난을 면하지 못할 것이다.」

◎ 같은 취지 : 憲 1994. 7. 29.-92헌바49등 1998. 12. 24.-90헌바16

▷ **헌법불합치결정에서 위헌성 확인의 효력은 기속력을 가진다는 취지의 판례**

[憲 1997. 12. 24.-96헌마172등](헌법재판소법 제68조 제1항 위헌확인 등)

「헌법재판소의 법률에 대한 위헌결정에는 단순위헌결정은 물론, 한정합헌, 한전위헌결정과 헌법불합치결정도 포함되고 이들은 모두 당연히 기속력을 가진다. ……

헌법재판소의 또 다른 변형결정의 하나인 헌법불합치결정의 경우에도 개정입법시까지 심판의 대상인 법률조항은 법률문언의 변화 없이 계속 존속하나, 헌법재판소에 의한 위헌성 확인의 효력은 그 기속력을 가지는 것이다.」

※ 위 사안에서 법원의 재판이 일정한 경우 헌법소원심판의 대상이 될 수 있다는 것에 대해

서는 〈제 4 편 - 제 5 장 - 2. - □ 국가기관에 의한 기본권의 침해와 보호〉 판례 인용부분 참조

▹ 헌법불합치결정에서 법률개선을 촉구한 부분은 기속력이 인정되지 않는다는 취지의 판례
[憲 1997. 3. 27.-95헌가14등](민법 제847조 제1항 위헌제청 등)
※ 〈제 7 편 - 제 1 장 - 1. - 입법 - □ 법률개선의무〉 판례 인용부분 참조

▹ 헌법불합치결정의 소급효를 인정한 판례
[憲 1995. 7. 27.-93헌바1등](토지초과이득세법 제 8 조 등 위헌소원)
「당재판소가 위 사건의 주문으로서 그 각 개별조항에 대한 결정이유에서 밝힌 바대로 단순위헌선언 또는 개정입법촉구 등을 선고하지 아니하고, 굳이 헌법불합치라는 변형결정주문을 선택하여 위헌적 요소가 있는 조항들을 합헌적으로 개정 혹은 폐지하는 임무를 입법자의 형성재량에 맡긴 이상 그 당연한 논리적 결과로, 위 결정의 효력이 소급적으로 미치게 되는 소위 "당해 사건" 또는 "병행 사건"에 관하여는 위 결정 이후 입법자에 의하여 개정된 법률조항이 적용되어야 할 것인바, 이는 헌법불합치결정이 의도하는 효력의 본질적인 부분의 하나이기도 하다. 왜냐하면 헌법불합치결정은 그 결정에 따라 구법 조항들 중 무효로 될 부분의 구체적인 범위의 획정을 입법자의 형성의 자유에 맡겨 두는 결과, 입법자가 당재판소의 결정취지에 맞추어 해당 조항을 개정할 때에야 비로소 그 결정에 의하여 무효로 될 부분을 구체적으로 확정할 수 있는 것이므로, 소위 "당해 사건" 등에 관하여는 구법조항들 중의 위헌부분이 제거된 것으로 보아야 할 개정법률조항들을 적용할 수밖에 없기 때문이다.」

[大 2002. 4. 2.-99다3358](약속어음금)
「1. 헌법재판소가 1998. 8. 27. 96헌가22 등 사건에서 개정 전 민법 제1026조 제2호에 대하여 헌법불합치결정을 함에 따라 2002. 1. 14. 법률 제6591호로 민법이 개정되어 위 헌법불합치결정에 의하여 실효된 민법 제1026조 제2호가 종전과 같은 내용으로 다시 신설되면서, 상속인이 상속채무가 상속재산을 초과하는 사실을 중대한 과실 없이 민법 제1019조 제1항의 기간 내에 알지 못하고 단순승인(제1026조 제1호 및 제2호의 규정에 의하여 단순승인한 것으로 보는 경우를 포함)을 한 경우에는 그 사실을 안 날부터 3월 내에 한정승인을 할 수 있다는 내용의 민법 제1019조 제3항이 신설되었으나, 동 조항은 부칙 제1항, 제2항에 따라 그 효력이 소급하지 않고 개정 민법의 시행일인 2002. 1. 14.부터 적용될 뿐이며, 다만 개정 민법 부칙 제3항에서 "1998. 5. 27.부터 개정 민법 시행 전까지 상속개시가 있음을 안 자 중 상속채무가 상속재산을 초과하는 사실을 중대한 과실 없이 민법 제1019조 제1항의 기간 내에 알지 못하다가 개정 민법 시행 전에 그 사실을 알고도 한정승인 신고를 하지 아니한 자는 개정 민법 시행일부터 3월 내에 민법 제1019조 제3항의 개정 규정에 의한 한정승인을 할 수 있다. 다만, 당해 기간 내에 한정승인을 하지 아니한 경우에는 단순승인을 한 것으로 본다"는 경과조치가 마련되어 개정 민법 시행 이전에 상속개시가 있음을 안 자 중 위 요건에 해당하는 일부 상속인들은 위 개정 민법의 보호를 받을 수 있게 되었다.
2. 어떠한 법률조항에 대하여 헌법재판소가 헌법불합치결정을 하여 입법자에게 그 법률조항을 합헌적으로 개정 또는 폐지하는 임무를 입법자의 형성 재량에 맡긴 이상 그 개선입법의 소

급적용 여부와 소급적용의 범위는 원칙적으로 입법자의 재량에 달린 것이기는 하지만, 개정 전 민법 제1026조 제2호에 대한 위 헌법불합치결정의 취지나 위헌심판에서의 구체적 규범통제의 실효성 보장이라는 측면을 고려할 때 적어도 위 헌법불합치결정을 하게 된 당해사건 및 위 헌법불합치결정 당시에 개정 전 민법 제1026조 제2호의 위헌 여부가 쟁점이 되어 법원에 계속중인 사건에 대하여는 위 헌법불합치결정의 소급효가 미친다고 하여야 할 것이므로 비록 개정 민법 부칙 제3항의 경과조치의 적용 범위에 이들 사건이 포함되어 있지 않더라도 이들 사건에 관하여는 종전의 법률조항을 그대로 적용할 수는 없고, 위헌성이 제거된 개정 민법의 규정이 적용되는 것으로 보아야 할 것이다.
3. 기록에 의하면, 망 정○영은 원고에게 약속어음을 발행한 후 1996. 1. 15. 사망하였고, 피고들은 망 정○영의 상속인으로서 원고가 제기한 이 사건 약속어음금 청구소송의 제1심에서 패소한 후 이에 항소하여 이 사건이 원심에 계속중이던 1997. 10. 21. 원심법원에 개정 전 민법 제1026조 제2호에 대한 위헌심판제청신청을 하였다가, 헌법재판소의 위 헌법불합치결정이 있자 그 신청을 취하한 사실을 인정할 수 있는바, 그렇다면 이 사건은 위에서 말한 위 헌법불합치결정의 소급효가 미치는 경우에 해당한다고 할 것이므로 피고들은 개정 민법의 경과규정의 적용을 받아 상속채무가 상속재산을 초과하는 사실을 중대한 과실 없이 민법 제1019조 제1항의 기간 내에 알지 못한 경우에는 개정 민법 시행일부터 3월 내에 민법 제1019조 제3항의 개정 규정에 의한 한정승인신고를 할 수 있다고 보아야 할 것이다.

그럼에도 불구하고, 개정 전 민법 제1026조 제2호를 그대로 적용하여 피고들이 단순승인한 것으로 보아 원고의 청구를 아무런 제한 없이 인용한 원심판결에는 상속에 관한 법리를 오해하여 판결에 영향을 미친 위법이 있다고 할 것이다. 이 점에 관한 상고이유의 주장은 이유있다.」

▷ 헌법재판소는 신법에서 명시적으로 소급효를 정하지 아니한 경우에도 당연히 신법이 소급하여 적용된다고 본다는 취지의 판례

[憲 2000. 1. 27.-96헌바95등](법인세법 제59조의2 제1항 등 위헌소원)

「이 사건 법률조항은 헌법에 위반되므로 원칙으로 위헌결정을 하여야 할 것이나, 이에 대하여 단순위헌결정을 선고하여 당장 그 효력을 상실시킬 경우에는 이 사건 법률조항에 의한 특별부가세를 부과할 수 없게 되는 법적 공백상태가 되고, 이에 따라 조세수입을 감소시켜 국가재정에 막대한 영향을 줄 뿐 아니라, 이미 이 사건 법률조항에 따른 특별부가세를 납부한 납세의무자들과 사이에 형평에 어긋나는 결과를 초래하는데다가, 이 사건 법률조항의 위헌성은 국회에서 법률로 제정하지 아니한 입법형식의 잘못에 기인하는 것이므로, 우리 재판소는 단순위헌결정을 하지 아니하고 헌법불합치 결정을 하면서 법원 기타 국가기관 및 지방자치단체에 대하여 이 사건 법률조항의 적용중지를 명하는 것이다.

그리고 헌법재판소가 헌법불합치라는 변형결정주문을 선택하여 위헌적 요소가 있는 조항들을 합헌적으로 개정 혹은 폐지하는 임무를 입법자의 형성재량에 맡긴 경우에는, 이 결정의 효력이 소급적으로 미치게 되는 모든 사건이나 앞으로 이 사건 법률조항을 적용하여 행할 부과처분에 대하여는 법리상 이 결정 이후 입법자에 의하여 위헌성이 제거된 새로운 법률조항을 적용하여야 할 것임을 밝혀두는 것이다.」

◎ 같은 취지 : 憲 1995. 7. 27.-93헌바1등

▷ 대법원 판례 중 개선된 신법이 당연히 소급적용되는 것은 아니라고 본 판례
[大 1997. 3. 28.-96누15602](양도소득세부과처분취소)
「헌법재판소가 위와 같이 구 소득세법 제60조가 위헌임에도 불구하고 굳이 헌법불합치결정을 한 것은 단순위헌결정을 하는 경우 그 결정의 효력이 당해 사건 등에 광범위하게 미치는 결과 구 법령에 근거한 양도소득세부과처분이 모두 취소되게 되어 그 지적하는 바와 같은 법적 공백의 발생, 조세수입 감소로 인한 국가재정의 차질, 기납세자와의 형평 위배 등의 불합리가 발생하므로 이러한 부작용을 회피하기 위하여 개정법령의 시행일 이전에 종전의 법령을 적용하여 한 부과처분을 그대로 유지함이 옳다는 판단에서 나온 것임이 분명하다.

그런데 위 결정이유 전단에서는 종래의 법령의 계속 적용이 가능하다고 하면서도 후단에서는 개정법률이 위헌성이 제거되었다는 이유로 이를 당해 사건 등에 소급하여 적용할 것을 설시하고 있으나, 이를 소급적용할 법리상 근거도 없을 뿐만 아니라 개별공시지가 시행 이전에 이미 양도가 이루어진 사건에 있어서는 위 개정법률은 양도 당시의 과세시가표준액 등에 의한 기준시가를 위 개정법률이 정하고 있는 개별공시지가로 환산하는 규정을 결하고 있으므로, 위와 같은 사례에 있어서는 그 처분이 전부 취소될 수밖에 없어 위 결정이유 전단에서 헌법불합치결정을 채택하는 근거로 내세운 법적 공백의 회피, 국가의 재정차질 방지 및 납세자 사이의 형평 유지에 정면으로 모순되는 결과가 발생하게 된다.

그렇다면 결국 이 사건 헌법불합치결정은 당해 조항의 위헌성이 제거된 개정법률이 시행되기 이전까지는 종전 구 소득세법 제60조를 그대로 잠정 적용하는 것을 허용하는 취지의 결정이라고 이해할 수밖에 없고, 그것이 당해 사건이라고 하여 달리 취급하여야 할 이유가 없다.」
◎ 같은 취지 : 大 1997. 3. 28.-96누11068

▷ 대법원 판례 중 개정된 신법이 소급적용하여야 한다고 본 판례
[大 2002. 4. 2.-99다3358](약속어음금)
「어떠한 법률조항에 대하여 헌법재판소가 헌법불합치결정을 하여 입법자에게 그 법률조항을 합헌적으로 개정 또는 폐지하는 임무를 입법자의 형성 재량에 맡긴 이상 그 개선입법의 소급적용 여부와 소급적용의 범위는 원칙적으로 입법자의 재량에 달린 것이기는 하지만, 개정 전 민법 제1026조 제2호에 대한 위 헌법불합치결정의 취지나 위헌심판에서의 구체적 규범통제의 실효성 보장이라는 측면을 고려할 때 적어도 위 헌법불합치결정을 하게 된 당해사건 및 위 헌법불합치결정 당시에 개정 전 민법 제1026조 제2호의 위헌 여부가 쟁점이 되어 법원에 계속중인 사건에 대하여는 위 헌법불합치결정의 소급효가 미친다고 하여야 할 것이므로 비록 개정 민법 부칙 제3항의 경과조치의 적용 범위에 이들 사건이 포함되어 있지 않더라도 이들 사건에 관하여는 종전의 법률조항을 그대로 적용할 수는 없고, 위헌성이 제거된 개정 민법의 규정이 적용되는 것으로 보아야 할 것이다.」

□ 재 심

▶ **헌법재판소가 헌법재판소법 제41조 제1항의 위헌법률심판이든 동법 제68조 제2항에 의한 헌법소원심판이든 어느 경우에나 헌법재판소의 결정에 대해서 재심이 인정되지 않는다는 취지의 판례**
[憲 2002. 9. 19.-2002헌아5](행형법시행령 제62조 등 위헌확인(재심))

※ 〈제7편 - 제4장 - 1. - □ 재심〉 판례 인용부분 참조
◎ 같은 취지 : 憲 2004. 2. 10.-2004헌아4; 2004. 11. 23.-2004헌아47

□ 가 처 분

▶ 헌법재판소법 제68조 제2항에 의한 헌법소원심판에서 당해 소원의 심판이 있을 때까지 그 소원의 전제가 된 민사소송절차의 일시정지를 구하는 가처분신청을 이유 없다고 하여 기각한 사례
[憲 1993. 12. 20.-93헌사81](소송절차정지 가처분신청)
※ 〈제7편 - 제4장 - 1. - □ 가처분〉 판례 인용부분 참조

□ 헌법재판소법 제68조 제2항의 헌법소원심판

▶ 법적 성질
▸ 헌법재판소법 제68조 제2항의 헌법소원심판은 우리 헌법상의 위헌법률심판절차로 이해한다는 취지의 판례(심판의 대상인 법률에 대하여 합헌으로 판단한 경우 청구를 기각한다는 주문 대신 "헌법에 위반되지 아니한다"는 주문을 낸 판례)
[憲 1990. 6. 25.-89헌마107](토지수용법 제46조 제2항의 위헌 여부에 관한 헌법소원)
「【주문】 1989. 4. 1. 개정전의 토지수용법 제46조 제2항(1971. 1. 19. 법률 제2293호 신설, 1981. 12. 31. 법률 제3534호 개정)은 헌법에 위반되지 아니한다.
【이유】 법 제46조 제2항은 헌법상 정당보상의 원리를 규정한 헌법 제23조 제3항이나 평등의 원칙을 규정한 헌법 제11조 제1항에 위반되지 아니하므로 관여 재판관 전원의 의견이 일치되어 주문과 같이 결정한다.」

[憲 1990. 9. 10.-89헌마82](형법 제241조의 위헌 여부에 관한 헌법소원)
「【주문】 형법(1953. 9. 18. 법률 제293호) 제241조는 헌법에 위반되지 아니한다.
【이유】 결국 형법 제241조의 규정이 헌법에 위반된다는 청구인의 주장은 이유없다. 그런데 이 헌법소원은 법률의 위헌 여부를 묻는 헌법재판소법 제68조 제2항에 의한 것이므로, 청구인의 심판청구를 기각하는 대신에 형법 제241조가 헌법에 위반되지 아니한다는 선언을 하기로 하여 주문과 같이 결정한다.」

탄핵심판

□ 요 건

▶ 실체적 요건
[憲 2004. 5. 14.-2004헌나1](대통령 노무현)
※ 〈제7편 - 제1장 - 1. - 국정의 통제 - □ 탄핵의 소추〉 판례 인용부분 참조

정당해산심판

□ 요　　건

▶ 위헌인 정당의 목적이나 활동

▸ 자유민주적 기본질서의 의미를 밝힌 판례

▹ 헌법재판소 판례

[憲 1990. 4. 2.-89헌가113](국가보안법 제7조에 대한 위헌심판)

「여기에서 국가의 존립 · 안전을 위태롭게 한다 함은 대한민국의 독립을 위협 침해하고 영토를 침략하여 헌법과 법률의 기능 및 헌법기관을 파괴 마비시키는 것으로 외형적인 적화공작 등일 것이며, 자유민주적 기본질서에 위해를 준다 함은 모든 폭력적 지배와 자의적 지배 즉 반국가단체의 일인독재 내지 일당독재를 배제하고 다수의 의사에 의한 국민의 자치, 자유 · 평등의 기본원칙에 의한 법치주의적 통치질서의 유지를 어렵게 만드는 것이고, 이를 보다 구체적으로 말하면 기본적 인권의 존중, 권력분립, 의회제도, 복수정당제도, 선거제도, 사유재산과 시장경제를 골간으로 한 경제질서 및 사법권의 독립 등 우리의 내부 체제를 파괴 · 변혁시키려는 것으로 풀이할 수 있을 것이다.」

◎ 같은 취지 : 憲 1994. 4. 28.-88헌마221; 2001. 9. 27.-2000헌마238등

▹ 대법원 판례

[大 1999. 12. 28.-99도4027](국가보안법위반(잠입, 탈출 · 찬양, 고무등 · 회합, 통신등))

「우리 헌법이 전문과 제4조, 제5조에서 천명한 국제평화주의와 평화통일의 원칙은 자유민주주의적 기본질서라는 우리 헌법의 대전제를 해치지 않는 것을 전제로 하는 것이므로, 아직도 북한이 막강한 군사력으로 우리와 대치하면서 우리 사회의 자유민주적 기본질서를 전복할 것을 포기하였다는 명백한 징후가 보이지 아니하고 있어 우리의 자유민주적 기본질서에 위협이 되고 있음이 분명한 상황에서, 국가의 안전을 위태롭게 하는 반국가활동을 규제함으로써 국가의 안전과 국민의 생존 및 자유를 확보함을 목적으로 하는 국가보안법이 헌법에 위배되는 법률이라고 할 수 없고, 국가보안법의 규정을 그 법률의 목적에 비추어 합리적으로 해석하는 한 국가보안법이 정하는 각 범죄의 구성요건의 개념이 애매모호하고 광범위하여 죄형법정주의의 본질적 내용을 침해하는 것이라고 볼 수 없으며, 양심의 자유, 언론 · 출판의 자유 등은 우리 헌법이 보장하는 기본적인 권리이기는 하지만 아무런 제한이 없는 것은 아니고, 헌법 제37조 제2항에 의하여 국가의 안전보장, 질서유지 또는 공공복리를 위하여 필요한 경우에는 그 자유와 권리의 본질적인 내용을 침해하지 아니하는 범위 내에서 제한할 수 있는 것이므로, 국가보안법의 입법목적과 적용한계를 위와 같이 자유와 권리의 본질적인 내용을 침해하지 아니하는 한도 내에서 이를 제한하는 데에 있는 것으로 해석하는 한 위헌이라고 볼 수 없고(대법원 1998. 7. 28. 선고 98도1395 판결, 1997. 7. 25. 선고 97도1386 판결, 1997. 7. 16. 선고 97도985 전원합의체 판결 등 참조), 원심법원이 그와 같은 취지에서 국가보안법의 여러 규정들을 위헌이 아니라고 판단하여 피고인의 위헌제청신청을 기각하고 소송절차를 그대로 진행한 조치가 헌법 제107조 제1항에 위반된다고 할 수도 없으며(대법원 1990. 9. 25. 선고 90도1394 판결 참조), 또한 대한민국과 북한 사이에 1972년 자주 · 평화 · 민족대단결 등의 3대 원칙을 선언한 7 · 4 남북공동성명이 있었고, '남북 사이의 화해와 불가침 및 교류협력에 관한 합의서'가 체결, 발효되었다고 하여도 그로 인하여 국가보안법이 그 규범력을 상실한 것으로 볼 수 없다(대법원 1993. 2. 9. 선고 92도1815 판결, 1992. 7. 24. 선고 92도1148 판결 등 참조). 이와 같은 점들을 다투는 논지는 모두 이유가 없다.」

권한쟁의심판

□ 당 사 자

▶ **국가기관**

▸ 헌법재판소가 과거 헌법재판소법 제62조 제1항 제1호를 열거조항으로 본 판례
[憲 1995. 2. 23.-90헌라1](국회의원과 국회의장간의 권한쟁의)

「4. 판 단

가. 헌법 제111조 제1항은 "헌법재판소는 다음 사항을 관장한다"고 규정하면서 그 제4호에서 "국가기관 상호간, 국가기관과 지방자치단체간 및 지방자치단체 상호간의 권한쟁의에 관한 심판"을 들고 있다. 위 규정에 의한 권한쟁의심판은 공권력을 행사하는 국가기관이나 지방자치단체와 다른 국가기관 또는 지방자치단체 사이에 권한의 존부 또는 범위에 관하여 다툼이 있는 경우 독립한 국가기관인 헌법재판소가 이를 심판하여 그 권한과 의무의 한계를 명확히 함으로써 국가기능의 원활한 수행을 도모하고 권력 상호간의 견제와 균형을 유지시켜 헌법질서를 보호하려는 데 그 제도의 목적이 있다고 할 수 있다. 위 헌법규정에 근거하여 헌법재판소법 제61조는 "① 국가기관 상호간, 국가기관과 지방자치단체간 및 지방자치단체 상호간에 권한의 존부 또는 범위에 관하여 다툼이 있을 때에는 당해 국가기관 또는 지방자치단체는 헌법재판소에 권한쟁의심판을 청구할 수 있다. ② 제1항의 심판청구는 피청구인의 처분 또는 부작위가 헌법과 법률에 의하여 부여받은 청구인의 권한을 침해하였거나 침해할 현저한 위험이 있는 때에 한하여 이를 할 수 있다"고 청구사유를 규정하고 있으며, 권한쟁의심판의 종류를 규정한 같은 법 제62조는 제1항 제1호에서 "국가기관 상호간의 권한쟁의심판"을 "국회, 정부, 법원 및 중앙선거관리위원회 상호간의 권한쟁의심판"이라고 열거하고 있고, 같은 법 제63조부터 제67조까지 사이에는 권한쟁의심판의 청구기간과 절차 및 결정의 내용과 효력에 관하여 규정되어 있다.

나. 위와 같은 권한쟁의제도의 목적에 비추어 볼 때 헌법 제111조 제1항 제4호 소정의 "국가기관 상호간의 권한쟁의"는 우리 헌법이 국민주권주의와 권력분립의 원칙에 따라 주권자인 국민으로부터 나온 국가권력을 나누어 상호 견제와 균형을 유지하도록 권한을 분배한 대등한 권력행사기관 사이의 권한에 관한 다툼을 의미한다고 할 것이므로, 헌법재판소법 제62조 제1항 제1호가 "국가기관 상호간의 권한쟁의심판"이라고 규정한 것은 그 심판을 담당하는 국가기관으로서 스스로 당사자가 될 수 없는 헌법재판소를 제외하고 국가의 입법권, 행정권 및 사법권을 행사하는 국가기관인 중앙선거관리위원회를 열거하여 헌법의 위 규정을 명확하게 구체화한 것이라고 할 것이다.

그리고 행정소송법 제3조 제4호가 행정소송의 종류 중 하나인 기관소송을 "국가 또는 공공단체의 기관 상호간에 있어서의 권한의 존부 또는 그 행사에 관한 다툼이 있을 때에 이에

대하여 제기하는 소송"이라고 정의하면서 그 단서에서 헌법재판소의 관장사항으로 되는 소송은 이를 제외하고 있으며 같은 법 제45조는 기관소송을 법률이 정한 경우에 법률이 정한 자에 한하여 제기할 수 있도록 규정하고 있으므로, 결국 헌법재판소가 관장하는 국가기관 상호간의 권한쟁의심판은 국회, 정부, 법원 및 중앙선거관리위원회 상호간에 권한의 존부 또는 범위에 관하여 다툼이 있어 그 중 어느 국가기관의 처분 또는 부작위가 헌법과 법률에 의하여 부여받은 다른 국가기관의 권한을 침해하였거나 침해할 현저한 위험이 있는 때에 한하여 청구할 수 있고, 그 밖의 기관 상호간에 권한의 존부 등에 관한 다툼이 있는 때에는 그것이 법률의 규정에 의하여 행정소송법상 기관소송의 대상이 되는 경우 그 기관소송의 방법에 의하도록 제도가 마련되어 있는 것이다.

다. 헌법 제111조 제1항 제4호 및 헌법재판소법 제62조 제1항 제1호가 헌법재판소가 관장하는 국가기관 상호간의 권한쟁의심판을 국회, 정부, 법원 및 중앙선거관리위원회 상호간의 권한쟁의심판으로 한정하고 있으므로, 그에 열거되지 아니한 기관이나 또는 열거된 국가기관 내의 각급기관은 비록 그들이 공권적 처분을 할 수 있는 지위에 있을지라도 권한쟁의심판의 당사자가 될 수 없으며 또 위에 열거된 국가기관 내부의 권한에 관한 다툼은 권한쟁의심판의 대상이 되지 않는다고 볼 수밖에 없다. 따라서 국회의 경우 현행 권한쟁의심판제도에서는 국가기관으로서의 국회가 정부, 법원 또는 중앙선거관리위원회와 사이에 권한의 존부 또는 범위에 관하여 다툼이 있을 때 국회만이 당사자로 되어 권한쟁의심판을 수행할 수 있을 뿐이고, 국회의 구성원이거나 국회 내의 일부기관인 국회의원 및 교섭단체 등이 국회 내의 다른 기관인 국회의장을 상대로 권한쟁의심판을 청구할 수는 없다 할 것이다.

이에 대하여 청구인들은 국회의장이나 교섭단체 및 국회의원은 헌법과 국회법에 의하여 그 권리와 의무의 내용이 분명히 정해져 있으므로 각각 독립한 헌법기관으로서 권한쟁의심판의 당사자능력이 있고 피청구인의 위와 같은 불법적인 의안처리행위로 인하여 헌법과 법률로 부여된 청구인들의 권한이 침해되었으므로 이 사건 권한쟁의심판청구는 적법한 것이라고 주장하나, 국회의원이나 교섭단체에게 부여된 질의권, 토론권 및 표결권 등 각종 권한은 그들이 국회의 구성원으로서 국회의 의안처리과정에서 행사할 수 있는 권한이고 국회의원의 개별적 의견이나 교섭단체의 의견을 국회의 의사와 동일시할 수도 없다는 점에서 국회의원이나 교섭단체에 대하여 헌법재판소법 제62조 제1항 제1호 소정의 다른 기관인 정부나 법원 등과 대등한 지위를 인정할 수는 없으며, 또한 우리 헌법이나 헌법재판소법은 독일 등의 제도와는 달리 국가기관의 구성원이나 국가기관의 일부에 대하여 권한쟁의의 당사자능력을 인정하는 명문의 규정을 두고 있지도 아니할 뿐만 아니라, 권한쟁의심판에 관한 헌법이나 헌법재판소법의 위 규정문언상 국회 내의 구성원 사이의 권한에 관한 분쟁은 헌법재판소의 관장사항인 권한쟁의심판대상으로 예정되어 있다고 보이지도 아니하므로 청구인들의 위 주장은 받아들일 수 없다.

라. 결국 국회의원이나 교섭단체는 권한쟁의심판의 청구인이 될 수 없다고 할 것이므로, 이 사건 교섭단체는 권한쟁의심판의 청구인이 될 수 없다고 할 것이므로, 이 사건 심판청구는 청구인이 될 수 없는 자가 제기한 것으로서 부적법하다고 아니할 수 없다.

5. 결 론

그렇다면, 이 사건 권한쟁의심판청구는 부적법하므로 다른 주장에 관하여 더 나아가 판단할 필요 없이 이를 각하하기로 하여 관여 재판관 전원의 일치된 의견으로 주문과 같이 결정한다.」

▸ **헌법재판소가 판례를 변경하여 이를 예시조항으로 보면서 국회의원과 국회의장을 권한쟁의심판의 당사자로 인정한 판례**

[憲 1997. 7. 16.-96헌라2](국회의원과 국회의장간의 권한쟁의)

「(1) 국회의원과 국회의장이 권한쟁의심판의 당사자가 될 수 있는지 여부

(가) 헌법 제111조 제1항 제4호에서 헌법재판소의 관장사항의 하나로 "국가기관 상호간, 국가기관과 지방자치단체간 및 지방자치단체 상호간의 권한쟁의에 관한 심판"이라고 규정하고 있을 뿐 권한쟁의심판의 당사자가 될 수 있는 국가기관의 종류나 범위에 관하여는 아무런 규정을 두고 있지 않고, 이에 관하여 특별히 법률로 정하도록 위임하고 있지도 않다. 따라서 입법자인 국회는 권한쟁의심판의 종류나 당사자를 제한할 입법형성의 자유가 있다고 할 수 없고, 헌법 제111조 제1항 제4호에서 말하는 국가기관의 의미와 권한쟁의심판의 당사자가 될 수 있는 국가기관의 범위는 결국 헌법해석을 통하여 확정하여야 할 문제이다.

(나) 그런데 헌법이 특별히 권한쟁의심판의 권한을 법원의 권한에 속하는 기관소송과 달리 헌법의 최고 해석 · 판단기관인 헌법재판소에 맡기고 있는 취지에 비추어 보면, 헌법 제111조 제1항 제4호가 규정하고 있는 '국가기관 상호간'의 권한쟁의심판은 헌법상의 국가기관 상호간에 권한의 존부나 범위에 관한 다툼이 있고 이를 해결할 수 있는 적당한 기관이나 방법이 없는 경우에 헌법재판소가 헌법해석을 통하여 그 분쟁을 해결함으로써 국가기능의 원활한 수행을 도모하고 국가권력간의 균형을 유지하여 헌법질서를 수호 · 유지하고자 하는 제도라고 할 것이다.

따라서 헌법 제111조 제1항 제4호 소정의 '국가기관'에 해당하는지 아닌지를 판별함에 있어서는 그 국가기관이 헌법에 의하여 설치되고 헌법과 법률에 의하여 독자적인 권한을 부여받고 있는지 여부, 헌법에 의하여 설치된 국가기관 상호간의 권한쟁의를 해결할 수 있는 적당한 기관이나 방법이 있는지 여부 등을 종합적으로 고려하여야 할 것이다.

(다) 국회의원은 헌법상의 국가기관으로서 헌법과 법률에 의하여 법률안제출권, 법률안 심의 · 표결권 등 여러 가지 독자적인 권한을 부여받고 있으며, 피청구인인 국회의장도 헌법상의 국가기관으로서 헌법과 법률에 의하여 국회를 대표하고 의사를 정리하며, 질서를 유지하고 사무를 감독할 지위에 있고, 이러한 지위에서 본회의 개의시의 변경, 의사일정의 작성과 변경, 의안의 상정, 의안의 가결선포 등의 권한을 행사하게 되어 있다.

따라서 국회의원과 국회의장 사이에 위와 같은 각자 권한의 존부 및 범위와 행사를 둘러싸고 언제나 다툼이 생길 수 있고, 이와 같은 분쟁은 단순히 국회의 구성원인 국회의원과 국회의장간의 국가기관 내부의 분쟁이 아니라 각각 별개의 헌법상의 국가기관으로서의 권한을 둘러싸고 발생하는 분쟁이라고 할 것인데, 이와 같은 분쟁을 행정소송법상의 기관소송으로 해결할 수 없고 권한쟁의심판이외에 달리 해결할 적당한 기관이나 방법이 없으므로(행정소송법 제3조 제4호 단서는 헌법재판소의 관장사항으로 되는 소송을 기관소송의 대상에서 제외하고 있으며, 같은 법 제45조는 기관소송을 법률이 정한 경우에 법률이 정한 자에 한하여 제기할 수 있도록 규정하고 있다) 국회의원과 국회의장은 헌법 제111조 제1항 제4호 소정의 권한쟁의심판의 당사자가 될 수 있다고 보아야 할 것이다.

(라) 그리고 위와 같이 국회의원과 국회의장을 헌법 제111조 제1항 제4호의 '국가기관'에 해당하는 것으로 해석하는 이상 국회의원과 국회의장을 권한쟁의심판을 할 수 있는 국가기관으로 열거하지 아니한 헌법재판소법 제62조 제1항 제1호의 규정도 한정적, 열거적인 조항이 아니라 예시적인 조항으로 해석하는 것이 헌법에 합치된다고 할 것이다.

(2) 국회는 국민의 대표기관, 입법기관으로서 폭넓은 자율권을 가지고 있고, 그 자율권은 권력분립의 원칙이나 국회의 지위, 기능에 비추어 존중되어야 하는 것이지만, 한편 법치주의의 원리상 모든 국가기관은 헌법과 법률에 의하여 기속을 받는 것이므로 국회의 자율권도 헌법이나 법률을 위반하지 않는 범위내에서 허용되어야 하고 따라서 국회의 의사절차나 입법절차에 헌법이나 법률의 규정을 명백히 위반한 흠이 있는 경우에도 국회가 자율권을 가진다고는 할 수 없다.

헌법 제64조도 국회의 자율권에 관하여 국회는 법률에 저촉되지 아니하는 범위 안에서 의사와 내부규율에 관한 규칙을 제정할 수 있고, 의원의 자격심사 · 징계 · 제명에 관하여 자율적 결정을 할 수 있다고 규정하고 있다.

이 사건은 국회의장이 국회의원의 헌법상 권한을 침해하였다는 이유로 국회의원인 청구인들이 국회의장을 상대로 권한쟁의심판을 청구한 사건이므로 이 사건 심판대상은 국회의 자율권이 허용되는 사항이라고 볼 수 없고, 따라서 헌법재판소가 심사할 수 없는 국회내부의 자율에 관한 문제라고 할 수는 없다.

(3) 그렇다면 이 사건 심판청구는 권한쟁의심판을 청구할 수 있는 국회의원인 청구인들이 국회의장을 상대로 국회의장의 본회의 개의, 법률안 상정, 가결선포행위가 그들의 권한을 침해하였다고 주장하여 권한침해의 확인과 아울러 그 행위의 위헌확인을 구하는 것으로서 적법하다.

따라서 우리재판소가 종전에 1995. 2. 23. 선고, 90헌라1 결정에서 이와 견해를 달리하여 헌법재판소법 제62조 제1항 제1호를 한정적, 열거적인 조항으로 보아 국회의원은 권한쟁의심판의 청구인이 될 수 없다고 판시한 의견은 재판관 황도연, 재판관 정경식, 재판관 신창언을 제외한 나머지 재판관 6인의 찬성으로 이를 변경하기로 한다.」

⇔ 재판관 3인(재판관 황도연, 재판관 정경식, 재판관 신창언)의 반대의견

「우리는 국회의원이 국회의장을 상대로 적법하게 권한쟁의심판을 청구할 수 있다고 보아 본안판단에 나아간 다수의견에 대하여 다음과 같은 이유로 반대한다.

(가) 우리 재판소는 1995. 2. 23. 선고, 90헌라1 결정에서 관여재판관 전원의 일치된 의견으로 국회의원이나 교섭단체는 권한쟁의심판의 청구인이 될 수 없다고 한 바 있는데, 그 이유의 요지는 다음과 같다.

(나) 헌법 제111조 제1항 제4호에 규정된 권한쟁의심판제도는 국가기관이나 지방자치단체와 다른 국가기관 또는 지방자치단체 사이에 권한의 존부 또는 범위에 관하여 다툼이 있는 경우 헌법재판소가 이를 심판하여 그 권한과 의무의 한계를 명확히 함으로써 국가기능의 원활한 수행을 도모하고 권력 상호간의 견제와 균형을 유지시켜 헌법질서를 보호하려는 제도이다. 이와 같은 권한쟁의심판제도의 목적에 비추어 볼 때 헌법 제111조 제1항 제4호 소정의 "국가기관 상호간의 권한쟁의"는 상호 견제와 균형을 유지하도록 권한이 분배된 대등한 권력행사기관 사이의 권한에 관한 다툼을 의미한다 할 것이므로, 헌법재판소법 제62조 제1항 제1호에서 국가기관 상호간의 권한쟁의심판을 "국회, 정부, 법원 및 중앙선거관리위원회 상호간의 권한쟁의심판"이라고 규정한 것은 국가기관 상호간의 권한쟁의심판을 이들 기관 상호간의 권한쟁의심판으로 열거하여 헌법의 위 규정을 명확하게 구체화한 것이라 할 것이다.

그러므로 국회의 경우 현행 권한쟁의심판제도하에서는 국회만이 당사자로 되어 권한쟁의심판을 수행할 수 있을 뿐이고, 국회의 구성원이거나 국회 내의 일부기관인 국회의원 및 교섭단체 등이 국회 내의 다른 기관인 국회의장을 상대로 권한쟁의심판을 청구할 수는 없다고 보아야 한다.

(다) 그런데 그간 위 결정을 변경하여야 할 특별한 사정변경이 있었다고 볼 수도 없고, 이 사건 권한쟁의심판청구에 위 결정과는 다른 법리가 적용되어야 할 사유가 있다고 보기도 어렵다. 따라서 우리는 다수의견과는 달리 위 결정을 그대로 유지하여야 한다고 판단되어 반대의견을 개진하는 것이고, 우리 의견의 자세한 내용은 위 90헌라1 결정의 판시내용을 그대로 원용한다.」

◎ 같은 취지 : 憲 2000. 2. 24.-99헌라2

▸ **헌법재판소 판례 중 기관의 부분이 전체기관의 권한에 관하여 전체기관을 갈음하여 당사자의 지위에서 권한쟁의심판을 청구할 수 있는지에 관하여 의견 대립이 있었던 사례**

[憲 1998. 7. 14.-98헌라1](대통령과 국회의원간의 권한쟁의)

⇒ 재판관 1인(재판관 김용준)의 의견

「국무총리의 임명에 관한 동의권한은 국회에 속하는 것임이 분명하다. 따라서 이 사건의 경우와 같이 국회의 국무총리 임명동의안이 침해되었다고 하는 경우에는 국회가 당사자가 되어 국회의 이름으로 권한쟁의심판을 청구하는 것이 원칙이다. 다만, 정부에 의하여 국회의 권한이 침해가 된 때에, 국회가 권한쟁의심판을 청구하는 점에 관하여 다수의원이 찬성하지 아니함으로써 국회의 의결을 거칠 수 없는 경우에는, 침해된 국회의 권한을 회복하고자 하는 소수의원에게도 권한쟁의심판을 통하여 국회의 권한을 회복시킬 수 있는 기회를 주어야만 할 것이다. 그러나 재적의원 과반수를 이루는 다수의원이나 그들 의원으로 구성된 교섭단체의 경우에는 그들 스스로 국회의 의결을 거쳐 침해된 국회의 권한을 회복하기 위한 방법을 강구할 수 있으므로, 이들에게까지 굳이 법률에 규정되어 있지도 아니한 '제3자소송담당'을 허용할 필요성은 없는 것이다. 청구인들 150인은 재적의원 과반수를 가진 정당의 소속의원으로서 청구인들 자신만으로 재적의원 과반수를 이루고 있음이 명백하므로, 청구인들에게는 국회를 위하여 이 사건과 같은 권한쟁의심판을 청구할 수 있는 당사자적격이 없다고 할 것이다.」

⇒ 재판관 3인(재판관 김문희, 재판관 이재화, 재판관 한대현)의 의견

「(가) 헌법재판소는 1997. 7. 16. 96헌라2 '국회의원과 국회의장간의 권한쟁의' 사건의 결정에서, 국회의원은 헌법 제41조 제1항에 따라 국민의 선거에 의하여 선출된 헌법상의 국가기관으로서 헌법과 법률에 의하여 법률안 제출권, 법률안 심의 · 표결권 등 여러 가지 독자적인 권한을 부여받고 있으며, 국회의원과 다른 국가기관 사이에 권한의 존부 및 범위와 행사를 둘러싸고 분쟁이 생겨 권한쟁의심판 이외에 달리 그 분쟁을 해결할 적당한 기관이나 방법이 없다면 국회의원은 헌법 제111조 제1항 제4호 소정의 권한쟁의심판의 당사자가 될 수 있다는 취지로 판시한 바 있다.

이제 위 결정을 변경하여야 할 사정변경이 있다거나 이 사건 심판청구에 위 96헌라2 사건과는 다른 법리가 적용되어야 할 사유가 있다고도 할 수 없으므로 국회의원인 청구인들은 권한쟁의심판을 청구할 수 있다.

(나) 헌법 제86조 제1항에 규정된 국무총리 임명에 대한 국회의 동의권한은 그 속성상 필연적으로 국무총리 임명동의안에 대한 국회의원들의 표결권한을 내포하고 있다. 그렇다면 청구인들은 국회를 구성하는 국회의원으로서 이 사건 임명처분으로 국무총리 임명에 관한 국회의 동의권한 및 자신들의 국무총리 임명동의안에 대한 표결권한을 동시에 침해받았다고 주장하면서 권한쟁의심판을 청구할 자격이 있다 할 것이다.

(다) 한편, 이 사건 임명처분은 국무총리의 직무대행자를 지명한 것이 아니라, '서리'라는 이름 아래 국무총리의 권한을 행사하는 실질적인 국무총리를 국회의 동의 없이 임명한 것이다. 대통령이라 할지라도 국무총리의 직무를 대행할 자를 임의로 정할 수 있는 것이 아니라 법률, 즉 정부조직법 제23조에 따라 국무위원중에서 지명하여야 하는데, 당시 국무위원도 아니었던 김종필을 국무총리서리로 임명하였다는 점을 보더라도 이 사건 임명처분을 두고 국무총리 직무대행자를 지명한 것으로 볼 수 없음이 더욱 분명하다. 그렇다면 이 사건 임명처분으로 국회의 동의권한 및 청구인들의 동의안에 대한 표결권한이 침해되었음을 다투는 이 사건 심판청구는 권한쟁의심판의 적법요건을 갖춘 것으로 보아야 한다.」

※ 다른 재판관의 견해 및 다른 논점에 대한 부분은 〈제7편 - 제2장 - 2. - 국무총리 - □ 국무총리의 임명과 해임〉 판례 인용부분 참조

□ 요 건

▶ 직무상의 권한과 의무에 대한 분쟁

▸ 지방자치단체가 국가로부터 위임을 받은 사무에 관해서는 권한쟁의심판에서 자기의 권한이라고 주장할 수 없다고 본 판례

[憲 1999. 7. 22.-98헌라4](성남시와 경기도간의 권한쟁의)

「지방자치단체는 헌법 또는 법률에 의하여 부여받은 그의 권한, 즉 지방자치단체의 사무에 관한 권한이 침해되거나 침해될 우려가 있는 때에 한하여 권한쟁의심판을 청구할 수 있다(헌법재판소법 제61조 제2항).

도시계획법 제25조 제1항은 "도시계획사업의 시행자는 대통령령이 정하는 바에 따라 그 사업의 실시계획을 작성하여 건설교통부장관의 인가를 받아야 한다"고 규정하고 있으므로, 도시계획사업실시계획인가처분(이하 "인가처분"이라 한다)의 권한은 도시계획법의 위 조항에 의하여 건설교통부장관에게 속하는 것임이 명백하다. 다만 동 권한은 같은 법 제10조 제1항, 같은 법 시행령 제6조 제1항 제10호에 의하여 시·도지사에게 위임되었고, 1993. 4. 13. 공포·시행된 경기도사무위임규칙중개정규칙(규칙 제2394호)에 의하여 시장·군수에게 재위임되었을 뿐이다.

따라서 도시계획사업실시계획인가사무는 시장·군수에게 위임된 기관위임사무로서 국가사무라고 할 것이므로, 청구인의 이 사건 심판청구 중 인가처분에 대한 부분은 지방자치단체의 권한에 속하지 아니하는 사무에 관한 것으로서 부적법하다고 할 것이다.」

▸ 사건의 성질상 소극적 권한쟁의로 보이는 판례

[憲 1998. 6. 25.-94헌라1](영일군과 정부간의 권한쟁의)

「가. 헌법재판소법 제61조 제1항에 의하면 국가기관 상호간, 국가기관과 지방자치단체간 및 지방자치단체 상호간에 권한의 존부 또는 범위에 관하여 다툼이 있을 때에는 당해 국가기관 또는 지방자치단체는 헌법재판소에 권한쟁의심판을 청구할 수 있다고 규정하고, 같은 조 제2항에 의하면 권한쟁의 심판청구는 피청구인의 처분 또는 부작위가 헌법 또는 법률에 의하여 부여받은 청구인의 권한을 침해하였거나 침해할 현저한 위험이 있는 때에 한하여 이를 할 수 있다고 규정하고 있다.

따라서 지방자치단체인 청구인이 국가기관인 피청구인을 상대로 권한쟁의심판을 청구하려

면 청구인과 피청구인 상호간에 권한의 존부 또는 범위에 관하여 다툼이 있어야하고, 피청구인의 처분 또는 부작위가 헌법 또는 법률에 의하여 부여받은 청구인의 권한을 침해하였거나 침해할 현저한 위험이 있는 경우이어야 한다.

나. 이 사건 권한쟁의심판 청구의 요지는 청구인은 국가기관인 포항지방해운항만청장의 요청에 따라 선박의 항행, 포항항광역개발사업 등에 필요하다는 사유로 이 사건 어업면허의 유효기간연장을 허가하지 아니한 것이므로 피청구인은 수익자로서 불허가에 따른 손실보상금을 지급할 의무가 있을 뿐만 아니라 불허가를 요청한 행정관청으로서 그 손실보상금을 지급할 의무가 있는데 피청구인이 이를 다투면서 그 의무를 이행하지 않고 만일 피청구인이 그 의무를 이행하지 아니하여 청구인이 이를 부담하게 된다면 재정파탄에 이르게 되므로 그 손실보상금의 지급사무에 관한 권한이 청구인과 피청구인 중 누구에게 속하는 가를 확정해 달라는 것이다.

다. 그런데 이 사건 분쟁의 본질은 이 사건 어업면허의 유효기간연장의 불허가 처분으로 인한 어업권자에 대한 손실보상금채무가 처분을 행한 청구인이 부담할 것인가, 그렇지 않고 그 기간연장에 동의하지 아니한 피청구인이 구 수산업법 제81조 제2항 소정의 불허가 처분의 수익자나 같은 법시행령 제64조 제1항 소정의 불허가 처분을 요청한 행정관청으로서 부담할 것인가의 문제로서 결국 이와 같은 다툼은 청구인이 주장하는 바와 같이 유효기간연장의 불허가 처분으로 인한 손실보상금 지급권한의 존부 및 범위자체에 관한 청구인과 피청구인 사이의 직접적인 다툼이 아니라(손실보상금 지급권한이 처분을 행한 행정관청인 청구인에게 있음은 구 수산업법 제81조 제1항에 의하여 명백하다) 그 손실보상금 채무를 둘러싸고 어업권자와 청구인, 어업권자와 피청구인 사이의 단순한 채권채무관계의 분쟁에 불과한 것으로 보인다.

그리고 가사 피청구인이 이 사건 불허가 처분으로 인한 손실보상금채무의 채무자로서 그 채무를 이행하지 않고 있다고 하더라도 피청구인이 그 채무를 이행하지 않는 것과 청구인이 그 채무를 이행하는 것과는 법률상 전혀 별개의 문제로 직접적인 관련이 있다고 할 수 없으므로 청구인이 주장하는 피청구인의 부작위인 채무불이행이 헌법 또는 법률에 의하여 부여받은 청구인의 권한을 침해하였거나 침해할 현저한 위험이 있는 경우에 해당한다고 할 수도 없다.

따라서 이 사건 심판청구는 청구인이 피청구인을 상대로 권한쟁의 심판을 청구할 수 있는 요건을 갖추지 못한 것으로서 부적법하다.」

[憲 1998. 8. 27.-96헌라1](시흥시와 정부간의 권한쟁의)

「가. 국가기관 상호간, 국가기관과 지방자치단체간 및 지방자치단체 상호간에 권한의 존부 또는 범위에 관하여 다툼이 있을 때에는 당해 국가기관 또는 지방자치단체는 헌법재판소에 권한쟁의심판을 청구할 수 있고(헌법재판소법 제61조 제1항), 이러한 권한쟁의심판청구는 피청구인의 처분 또는 부작위가 헌법 또는 법률에 의하여 부여받은 청구인의 권한을 침해하였거나 침해할 현저한 위험이 있는 때에 한하여 할 수 있다(같은 법 제61조 제2항).

청구인은 피청구인이 이 사건 공공시설을 관리하지 아니하는 부작위로 인하여 청구인이 이 사건 공공시설을 관리하여야 할 의무를 부담하거나 그러한 의무를 부담할 현저한 위험에 놓이게 됨으로써 청구인으로서는 감당하기 어려운 재정적 부담을 지게 될 위험에 처하게 되었고, 그로 인하여 청구인의 지방자치권 또는 자치재정권과 재산권 등을 침해받았거나 침해받을 현저한 위험에 처했다고 주장한다. 그러므로 과연 피청구인의 부작위로 인하여 청구인의 위와 같은 권한이 침해되었거나 침해될 현저한 위험이 있는지에 관하여 살펴보기로 한다. ……

이 사건 공공시설은 특별히 공업단지의 기능을 유지하기 위하여 설치된 것이 아니라 일반 행정구역에서도 설치되어 사용되고 있는 것으로서 불특정 다수의 사용에 제공되고 있는 공공시설이므로 이를 관리하는 것은 공업단지의 기능을 유지하기 위한 업무라기보다는 일반적인 행정업무라고 하여야 할 것이다. 따라서 이 사건 공공시설의 관리권자는 일반 행정구역의 공공시설에 적용되는 관련 법규를 적용하여 결정하여야 할 것이므로, 청구인은 도로법, 하천법, 하수도법, 수도법 등에 따라 이 사건 공공시설을 관리하여야 할 것이다.

그렇다면 청구인이 이 사건 공공시설의 관리권자이므로 피청구인이 이 사건 공공시설을 관리하지 아니하고 있다고 하여 청구인의 권한이 침해되거나 침해될 위험이 있다고 할 수 없을 것이다.

마. 가사 청구인의 주장과 같이 이 사건 공공시설의 관리권한이 피청구인에게 있음에도 불구하고 피청구인이 이를 관리하지 않고 있다고 하더라도, 피청구인이 이 사건 공공시설을 관리하지 아니함으로 인하여 발생하는 책임을 부담하는 것은 별론으로 하고 그로 인하여 청구인에게 이 사건 공공시설을 관리할 책임이 발생하거나 그러한 위험이 발생하는 것은 아니다. 즉 관련법규의 해석에 의하여 피청구인이 이 사건 공공시설의 관리권자라고 판단된다면 청구인은 이 사건 공공시설을 관리하지 않으면 되는 것이지, 피청구인이 그 권한을 행사하지 아니하고 있다고 하여 청구인이 이 사건 공공시설을 관리하여야 하는 것은 아닌 것이다. 따라서 청구인의 주장에 따른다고 하더라도 피청구인의 부작위로 인하여 청구인의 어떠한 권한도 침해될 우려가 없다고 할 것이다.

바. 결국 이 사건은 이 사건 공공시설의 관리권한이 누구에게 있는가에 관계없이 피청구인의 부작위에 의하여 청구인의 권한이 침해되었거나 침해될 현저한 위험이 있다고 할 수 없는 사건이므로 이 사건 심판청구는 헌법재판소법 제61조 제2항 소정의 요건을 갖추지 못한 것이라고 할 것이다.」

⇔ 재판관 3인(재판관 김용준, 재판관 조승형, 재판관 고중석)의 반대의견(각하의견)

「가. 청구인의 주장과 같이 이 사건 공공시설의 관리권한이 피청구인에게 있음에도 불구하고 피청구인이 이를 관리하지 않는 것이라면, 피청구인이 그로 인한 책임을 부담하게 되는 것일 뿐, 이로 인하여 청구인이 이 사건 공공시설을 관리하여야 할 책임이 발생하게 되는 것은 아니므로, 피청구인의 부작위로 인하여 청구인의 권한이 침해될 우려가 전혀 없고, 이 사건 공공시설이 청구인에게 귀속되게 됨으로서 청구인이 그 관리권한과 책임을 부담하게 된 것이라면, 피청구인의 부작위로 인하여 청구인의권한이 침해된 것은 아니라 할 것이므로, 청구인으로서는 이 사건 공공시설이 청구인에게 귀속하게 된 원인인 위 귀속처분이나 그 근거조항인 위 법률조항 자체에 대하여 다투는 것은 별론으로 하고, 청구인의 권한침해와는 관계없는 피청구인의 부작위를 다투는 것은 아무런 이익이 없는 것이다.

나. 이 사건 공공시설의 관리권한이 청구인과 피청구인 중 누구에게 있는지에 관계없이 피청구인의 부작위에 의하여 청구인의 권한이 침해되었거나 침해될 현저한 위험이 있다고 할 수 없으므로, 이 사건 심판청구는 헙법재판소법 제61조 제2항 소정의 적법요건을 갖추지 못하기 때문에 각하하여야 한다.」

⇔ 재판관 1인(재판관 이영모)의 반대의견(인용의견)

「가. 청구인은 피청구인이 이 사건 공공시설을 관리하지 아니하는 부작위가 청구인의 권한을 침해하거나 침해할 현저한 위험이 있다고 주장하고 있으나, 청구인의 주장요지를 종합적으로 판단하여 볼 때, 피청구인이 이 사건 공공시설을 아무런 재정지원도 없이 청구인에게 무상 귀속시킨 것이 청구인의 권한을 침해하고 있다는 점이 청구인의 청구취지를 제대로 반영하므로, 이를 이 사건의 심판대상으로 삼아야 한다.
나. 피청구인이 이 사건 공공시설을 청구인에게 귀속시킨 것은 헌법 제117조 제1항 및 지방자치법 제9조 제2항, 제113조에 규정된 지방자치권(자치재정권)을 침해하였거나 침해할 현저한 위험이 있는 때에 해당되어, 헌법재판소법 제62조 제1항 제2호, 제61조 제2항 소정의 정부와 지방자치단체간의 권한쟁의심판 요건을 갖추고 있다.
다. 청구인이 시화공단내의 이 공공시설의 유지·관리에 대한 수지균형의 현저한 차이로 인하여 5년간에 걸쳐 729억원(연평균 146억원)에 달하는 예산상의 재정부담을 하여야 한다면, 피청구인이 이 사건 공공시설을 재정지원도 없이 청구인에게 무상귀속시킨 것은 헌법 제117조 제1항 및 지방자치법 제9조 제2항, 제113조에 의한 청구인의 지방자치권(자치재정권)을 침해한 것으로 볼 수밖에 없다. 따라서 이 사건 심판청구를 인용하여야 한다.」

▶ 심판의 대상

▸ 권한쟁의심판절차에서 부작위가 심판의 대상이 되기 위해서는 작위의무가 인정되어야 하는데, 이러한 작위의무는 헌법상 또는 법률상 유래하는 작위의무라고 본 판례

[憲 1998. 7. 14.-98헌라3](국회의장과 국회의원간의 권한쟁의)

「나. 권한쟁의심판은 피청구인의 처분이나 부작위로 인하여 청구인의 권한이 침해당하였거나 침해당할 현저한 위험이 있는 경우에 청구할 수 있음은 위에서 본 바와 같고, 피청구인의 부작위에 의하여 청구인의 권한이 침해당하였다고 주장하는 권한쟁의심판은 피청구인에게 헌법상 또는 법률상 유래하는 작위의무가 있음에도 불구하고 피청구인이 그러한 의무를 다하지 아니할 경우에 허용된다.

이 사건의 경우 심판의 대상은 피청구인이 이 사건 본회의에서 임명동의안에 대한 국회의원들의 투표에 관하여 개표절차를 진행하여 표결결과를 선포하지 아니한 부작위에 의하여 청구인들의 표결권한을 침해하였는지 여부이므로, 피청구인에게 과연 위와 같이 개표절차를 진행하여 표결결과를 선포하여야 할 작위의무가 있는지 살펴본다.
다. 국회법 제10조는 국회의장으로 하여금 국회를 대표하고 의사를 정리하며, 질서를 유지하고 사무를 감독하도록 하고 있으며, 국회법 제6장의 여러 규정들은 개의, 의사일정의 작성, 의안의 상임위원회 회부와 본회의 상정, 발언과 토론, 표결 등 회의절차 전반에 관하여 국회의장에게 폭넓은 권한을 부여하고 있다.

따라서 국회의 의사진행에 관한 한 원칙적으로 의장에게 그 권한과 책임이 귀속된다 할 수 있다.

한편 국회법 제113조는 "표결이 끝났을 때에는 의장은 그 결과를 선포한다"고 규정하고 있다. 국회의원의 표결은 합의체기관인 국회의 의사를 결정하는 합성행위이고, 그것은 표결결과의 선포에 의하여 공식적으로 그 내용이 확정되므로, 표결이 종결된 때에 표결결과를 선포하도록 한 위 조항은 국회의장에게 권한과 동시에 의무를 부여한 것이라고 이해된다. 또한 표결결과의 선포라는 것은 개표절차 없이는 불가능하므로 표결이 종결된 때에 개표절차를 진행하는 것은 이에 관한 명시적 규정이 없다 하더라도 국회의장의 당연한 권한이자 의무라고 하겠다. 그러나 이와 같이 개표절차를 진행하고 표결결과를 선포하여야 할 국회의장의 의무는 표결이 정상적으로 종결되었을 것을 전제로 한다. 표결이 표결방법에 관한 국회법의 규정에

명백히 위반하여 불법적으로 진행되었거나 기타 표결이 정상적으로 종결된 것이라고 볼 수 없는 경우에도 국회의장에게 위와 같은 의무가 인정된다고는 볼 수 없다.

요컨대 국회의장은 표결이 적법하게 진행되어 정상적으로 종결된 경우에는 개표절차를 진행하여 표결결과를 선포할 의무가 있다고 할 것이다.」

▶ **권리보호의 이익**

▸ 심리 도중 권한침해행위가 소멸한 경우라도 권한의 존부나 범위를 확인해둘 필요가 있는 때에는 이 경우에도 권한의 존부나 범위에 대하여 심판을 할 수 있다는 취지의 판례

[憲 2003. 10. 30.-2002헌라1](국회의원과 국회의장간의 권한쟁의)

「라. 권리보호이익과 헌법적 해명

상임위원회 위원의 임기는 2년이다(법 제40조). 그리고 현재의 제16대 국회는 2000. 4. 13. 실시된 총선거에 의하여 선출된 국회의원으로 구성되어 4년 임기중 전반기를 이미 마쳤고, 후반기 들어 2002. 7.경 새로이 각 상임위원회의 위원배정이 이루어졌다. 국회사무처에서 보내온 2002. 9. 30.자 '상임위원회 위원명단'을 보면, 청구인은 다시 보건복지위원회에 배정되어 현재까지 동 위원회에서 활동하고 있다. 그러므로 청구인이 이 사건 권한쟁의심판청구에 의하여 달성하고자 하는 목적은 이미 이루어져 청구인이 주장하는 권리보호이익이 소멸하였다.

그러나 헌법소원심판과 마찬가지로 권한쟁의심판도 주관적 권리구제뿐만 아니라 객관적인 헌법질서 보장의 기능도 겸하고 있으므로, 청구인에 대한 권한침해 상태가 이미 종료하여 이를 취소할 여지가 없어졌다 하더라도 같은 유형의 침해행위가 앞으로도 반복될 위험이 있고, 헌법질서의 수호·유지를 위하여 그에 대한 헌법적 해명이 긴요한 사항에 대하여는 심판청구의 이익을 인정할 수 있다고 할 것이다(헌재 1997. 11. 27. 94헌마60, 판례집 9-2, 675, 688 참조). 이 사건과 같이 상임위원회 위원의 개선, 즉 사·보임행위는 국회법 규정의 근거하에 국회관행상 빈번하게 행해지고 있고 그 과정에서 당해 위원의 의사에 반하는 사·보임이 이루어지는 경우도 얼마든지 예상할 수 있으므로 청구인에게 뿐만 아니라 일반적으로도 다시 반복될 수 있는 사안이어서 헌법적 해명의 필요성이 있으므로 이 사건은 심판의 이익이 있다고 할 것이다.」

□ 절 차

▶ **청 구**

▸ 권한쟁의심판에서 청구인이 심판청구를 취하한 경우 민사소송법의 규정이 준용되어 심판절차종료선언의 주문을 표시한 헌법재판소 판례

[憲 2001. 6. 28.-2000헌라1](국회의장 등과 국회의원간의 권한쟁의)

※ 〈제7편 - 제4장 - 1. - □ 신청주의와 소송대리〉 판례 인용부분 참조

□ 결 정

▶ **인용결정의 종류**

▸ 권한쟁의심판에서 행정행위의 하자이론에 의거하여 취소의 경우와 무효의 경우를 구별하는 취지의 헌법재판소 판례

[憲 1999. 7. 22.-98헌라4](성남시와 경기도간의 권한쟁의)

「【주문】1. 피청구인이 1998. 4. 16. 경기도고시 제1998-142호로 행한 성남도시계획시설(서현근린공원 내 골프연습장 · 도시계획도로)에 대한 도시계획사업시행자지정 및 실시계획인가처분 중, 동 공원구역외의 도시계획도로(등급 : 소로, 류별 : 3, 번호 : 200, 폭원 : 6m, 기능 : 골프연습장 진입도로, 연장 : 21m, 면적 : 149㎡, 기점 및 종점 : 성남시 분당구 이매동 128의 11 일원)에 대한 도시계획사업시행자지정처분은 도시계획법 제23조 제5항에 의한 청구인의 권한을 침해한 것이다.
2. 피청구인의 위 처분은 무효임을 확인한다.
3. 청구인의 나머지 청구를 각하한다.
【이유】(2) 무효확인청구에 대한 판단
이 사건 지정처분의 권한은 청구인에게 있음이 명백하고, 앞에서 본 바와 같이 이 사건 진입도로부분에 대하여는 장각수의 신청이 없었으므로 청구인의 반려 및 거부처분이 있을 수 없으며, 나아가 피청구인의 인용재결이 있을 여지가 없다. 그러함에도 피청구인이 청구인이 인용재결의 취지에 따른 처분을 하지 않았다는 이유로 이 사건 진입도로에 대하여 지정처분을 한 것은 그 처분에 중대하고도 명백한 흠이 있어 무효라고 할 것이다.」

헌법소원심판

□ 요　　건

▶ 청 구 인

▸ **국가기관은 기본권의 주체가 될 수 없어 청구권자의 지위에 있지 않다는 취지의 판례**
[憲 1994. 12. 29.-93헌마120](불기소처분취소)

「가. 헌법재판소법 제68조 제1항은 "공권력의 행사 또는 불행사로 인하여 기본권을 침해받은 자는 헌법소원의 심판을 청구할 수 있다"고 규정하고 있다. 여기서 기본권을 침해받은 자만이 헌법소원을 청구할 수 있다는 것은 곧 기본권의 주체라야만 헌법소원을 청구할 수 있고, 기본권의 주체가 아닌 자는 헌법소원을 청구할 수 없다는 것을 의미하는 것이다. 기본권 보장규정인 헌법 제2장의 제목이 "국민의 권리와 의무"이고 그 제10조 내지 제39조에서 "모든 국민은 ……권리를 가진다"고 규정하고 있으므로 국민(또는 국민과 유사한 지위에 있는 외국인과 사법인)만이 기본권의 주체라 할 것이다.
나. 한편 국가나 국가기관 또는 국가조직의 일부나 공법인은 기본권의 '수범자(Adressat)'이지 기본권의 주체로서 그 '소지자(Träger)'가 아니고 오히려 국민의 기본권을 보호 내지 실현해야 할 '책임'과 '의무'를 지니고 있는 지위에 있을 뿐이다. 그런데 청구인은 국회의 노동위원회로 그 일부조직인 상임위원회 가운데 하나에 해당하는 것으로 국가기관인 국회의 일부조직이므로 기본권의 주체가 될 수 없고 따라서 헌법소원을 제기할 수 있는 적격이 없다고 할 것이다.
그렇다면 청구인의 이 사건 헌법소원심판청구는 부적법하므로 이를 각하하기로 하여 주문과 같이 판결한다.」

⇔ 재판관 2인(재판관 김문희, 재판관 황도연)의 반대의견

「검사의 불기소처분에 대하여 헌법소원을 제기할 수 있는 근거는 문제된 범죄행위로 말미암아 피해를 입은 자의 헌법상 보장된 재판절차진술권 및 평등권을 보장하려는 데 있다 함이 우리 재판소의 확립된 판례이다.

그런데 이 사건에서 청구인은, 국가기관으로서의 권한의 존부나 범위에 관한 다툼이 있어서가 아니라, 피고발인을 국회노동위원회 국정감사에 증인으로 채택하였지만 피고발인이 정당한 이유 없이 출석하지 아니함으로써 청구인의 직무수행에 방해를 받았다고 하는 피해자의 위치에서 국회에서의증언·감정등에관한법률 제15조에 의하여 피고발인을 고발한 것이며, 이에 피청구인이 불기소처분한 것이 잘못이라고 다투는 것이다. 또한 위 법률 제15조가 일정한 요건 아래 청구인이 채택한 증인에 대한 고발권을 인정하고 있지만, 이는 통상의 고발권과 달리 채택한 증인의 불출석으로 말미암아 청구인이 직접 피해를 입기 때문에 인정된 것이므로 그 실질은 고소권과 동일하게 볼 수 있고, 청구인은 피고발인이 소추되면 법원에 피해자로서 의견을 진술할 수 있는 권리가 있다. 이와 같은 청구인의 위 법률 제15조에 의한 고발권의 본질, 청구인이 고발 후 재판절차상 행사할 수 있는 구체적인 권리 등 이 사건의 특수한 사정을 고려하면, 청구인은 피청구인의 불기소처분으로 말미암아 청구인이 범죄의 피해자로서 갖는 재판절차진술권 및 평등권을 침해받았다는 이유를 들어 헌법소원을 제기할 수 있다고 보아야 할 것이다. 그런데도 불구하고 다수의견이 위와 같은 특수한 사정을 고려하지 아니한 채 단지 청구인이 국가기관이라는 이유만으로 경우와 조건을 따지지 아니하고 국가기관의 헌법소원청구인의 당사자적격을 부인한 것은 잘못이라고 생각한다. 이를테면 행정소송사건에서 위증을 한 증인을 행정기관인 피고가 고소를 제기한 경우 사인이 고소한 경우와 무엇이 다르단 말인가.

우리는 위에서 본 이유로 다수의견에 반대하는 것이다.」

[憲 1995. 2. 23.-90헌마125](입법권침해 등에 대한 헌법소원)

「3. 그러므로 먼저 이 사건 심판청구가 적법한 것인지 여부에 관하여 살펴본다.

가. 헌법재판소법 제68조 제1항은 법원의 재판을 제외한 공권력의 행사 또는 불행사로 인하여 헌법상 보장된 기본권을 침해받은 자는 헌법소원심판을 청구할 수 있도록 규정하고 있다. 위 규정에 의한 헌법소원은 헌법이 보장하는 기본권의 주체가 국가기관의 공권력의 행사 또는 불행사로 인하여 그 기본권을 침해받았을 경우 이를 구제하기 위한 수단으로 인정된 것이다. 그러므로 헌법소원을 청구할 수 있는 자는 원칙으로 기본권의 주체로서의 국민에 한정되며 국민의 기본권을 보호 내지 실현할 책임과 의무를 지는 국가기관이나 그 일부는 헌법소원을 청구할 수 없다(헌법재판소 1994. 12. 29. 선고, 93헌마120 결정 참조).

나. 입법권은 헌법 제40조에 의하여 국가기관으로서의 국회에 속하는 것이고, 국회의원이 국회 내에서 행사하는 질의권·토론권 및 표결권 등은 입법권 등 공권력을 행사하는 국가기관인 국회의 구성원의 지위에 있는 국회의원에게 부여된 권한으로서 국회의원 개인에게 헌법이 보장하는 권리 즉 기본권으로 인정된 것이라고 할 수는 없다. 그러므로 국회의 구성원인 지위에서 공권력작용의 주체가 되어 오히려 국민의 기본권을 보호 내지 실현할 책임과 의무를 지는 국회의원이 국회의 의안처리과정에서 위와 같은 권한을 침해당하였다고 하더라도 이는 헌법재판소법 제68조 제1항에서 말하는 "기본권의 침해"에는 해당하지 않으므로, 이러한 경우 국회의원은 개인의 권리구제수단인 헌법소원을 청구할 수 없다고 할 것이다.

다. 그리고 헌법소원심판 과정에서 공권력의 행사 또는 불행사가 위헌인지 여부를 판단함에 있어서 국민주권주의, 법치주의, 적법절차의 원리 등 헌법의 기본원리 위배 여부를 그 기준으로 적용할 수는 있으나, 공권력의 행사 또는 불행사로 헌법의 기본원리가 훼손되었다고 하여 그 점만으로 국민의 기본권이 직접 현실적으로 침해된 것이라고 할 수는 없고 또한 공권력행사가 헌법의 기본원리에 위반된다는 주장만으로 헌법상 보장된 기본권의 주체가 아닌 자가 헌법소원을 청구할 수도 없는 것이므로, 설사 피청구인의 불법적인 의안처리행위로 헌법의 기본원리가 훼손되었다고 하더라도 그로 인하여 헌법상 보장된 구체적 기본권을 침해당한 바 없는 국회의원인 청구인들에게 헌법소원심판청구가 허용된다고 할 수는 없다.

라. 따라서 청구인들이 입법권 등을 행사하는 공권력주체인 국회라는 국가기관의 구성원인 지위에서, 피청구인의 의안처리행위로 인하여 그들의 권한이 침해되고 헌법의 기본원리가 훼손되었음을 이유로 하여 제기한 이 사건 헌법소원심판청구는 현행 법제도상 허용될 수 없는 것이라고 할 것이다.」

[憲 2000.8.31.-2000헌마156](국회법 제48조 제 3 항 위헌확인)

「청구인이 이 사건 법률조항에 의하여 침해당하였다고 주장하는 기본권은 청구인이 국회 상임위원회에 소속하여 활동할 권리, 청구인이 무소속 국회의원으로서 교섭단체소속 국회의원과 동등하게 대우받을 권리라는 것으로서 이는 입법권을 행사하는 국가기관인 국회를 구성하는 국회의원의 지위에서 주장하는 권리일지언정 헌법이 일반국민에게 보장하고 있는 기본권이라고 할 수는 없다. 그러므로 국회의 구성원인 지위에서 공권력작용의 주체가 되어 오히려 국민의 기본권을 보호 내지 실현할 책임과 의무를 지는 국회의원이 위와 같은 권한을 침해당하였다고 하더라도 이는 헌법재판소법 제68조 제 1 항에서 말하는 기본권의 침해에는 해당하지 않으므로, 이러한 경우 국회의원은 개인의 권리구제수단인 헌법소원을 청구할 수 없다고 할 것이다.」

[憲 1995. 9. 28.-92헌마23등] (지방자치에관한법률 제13조 제 1 항에 대한 헌법소원)	《교육위원이 법률에 대한 헌법소원심판을 청구하는 경우》 「교육위원인 청구인들은 기본권의 주체가 아니라 공법인인 지방자치단체의 합의체기관인 교육위원회의 구성원으로서 "공법상의 권한"을 행사하는 "공권력행사"의 주체일 뿐이다.」
[憲 2000. 11. 30.-99헌마190] (농업기반공사및농지관리기금법 위헌확인)	《농지개량조합이 법률에 대한 헌법소원심판을 청구하는 경우》 「농조(농지개량조합)는 그 설립 자체가 강제되지는 않는다는 점 등 사법인적 성격도 없지 않으나, …… 농조의 존립목적, 조직과 재산의 형성 및 그 활동전반에 나타나는 매우 짙은 공적인 성격을 고려하건대, 이를 공익적 목적을 위하여 설립되어 활동하는 공법인이라고 봄이 상당하다 할 것이다. 따라서 이 사건 청구 중 청구인 양평농조의 청구는 헌법소원의 청구인적격을 갖추었다고 보기 어렵다.」

▸ 공법인이 헌법소원심판을 청구할 수 있는지에 대한 판례는 아니나, 공법인이 일정한 경우 기본권의 주체가 될 수 있다고 본 판례

[憲 1992. 10. 1.-92헌마68](1994학년도 신입생선발입시안에 대한 헌법소원)

「헌법 제31조 제 4 항은 "교육의 자주성 · 전문성 · 정치적중립성 및 대학의 자율성은 법률이 정하는 바에 의하여 보장된다"라고 규정하여 교육의 자주성 · 대학의 자율성을 보장하고 있는데 이는 대학에 대한 공권력 등 외부세력의 간섭을 배제하고 대학구성원 자신이 대학을 자주

적으로 운영할 수 있도록 함으로써 대학인으로 하여금 연구와 교육을 자유롭게 하여 진리탐구와 지도적 인격의 도야(陶冶)라는 대학의 기능을 충분히 발휘할 수 있도록 하기 위한 것이며, 교육의 자주성이나 대학의 자율성은 헌법 제22조 제12항이 보장하고 있는 학문의 자유의 확실한 보장수단으로 꼭 필요한 것으로서 이는 대학에게 부여된 헌법상의 기본권이다. 따라서 국립대학인 서울대학교는 다른 국가기관 내지 행정기관과는 달리 공권력의 행사자의 지위와 함께 기본권의 주체라는 점도 중요하게 다루어져야 한다.」

▸ **자연인이 아닌 사법상의 법인도 기본권을 보유하고 있는 경우 헌법소원심판을 청구할 수 있다는 취지의 판례**

[憲 1991. 6. 3.-90헌마56](영화법 제12조 등에 대한 헌법소원)

「가. 청구인들의 헌법소원심판청구능력

우리 헌법은 법인의 기본권향유능력을 인정하는 명문의 규정을 두고 있지 않지만, 본래 자연인에게 적용되는 기본권규정이라도 언론·출판의 자유, 재산권의 보장 등과 같이 성질상 법인이 누릴 수 있는 기본권은 당연히 법인에게도 적용하여야 한 것으로 본다. 따라서 법인도 사단법인·재단법인 또는 영리법인·비영리법인을 가리지 아니하고 위 한계내에서는 헌법상 보장된 기본권이 침해되었음을 이유로 헌법소원심판을 청구할 수 있다.

청구인 사단법인 한국영화인협회(이하 영화인협회라고 줄여 쓴다)는 "영화예술인 상호간의 친목도모 및 자질향상, 민족영화예술의 창달발전을 기함을 목적으로, 그 목적을 달성하기 위하여" 설립된 민법상의 비영리사단법인으로서 성질상 법인이 누릴 수 있는 기본권에 관한 한 그 이름으로 헌법소원심판을 청구할 수 있다. 그러나 청구인 한국영화인협회 감독위원회(이하 감독위원회라고 줄여 쓴다)는 영화인협회로부터 독립된 별개의 단체가 아니고, 영화인협회의 내부에 설치된 8개의 분과위원회 가운데 하나에 지나지 아니하며(사단법인 한국영화인협회의 정관 제6조), 달리 단체로서의 실체를 갖추어 당사자 능력이 인정되는 법인 아닌 사단으로 볼 자료도 없다. 따라서 감독위원회는 그 이름으로 헌법소원심판을 청구할 수 있는 헌법소원심판청구능력이 있다고 할 수 없는 것이므로 감독위원회의 이 사건 헌법소원심판청구는 더 나아가 판단할 것 없이 부적법하다.

나. 영화인협회의 헌법소원심판청구 적격

(1) 직접 법률에 대한 헌법소원심판을 청구하려면 먼저 청구인 스스로가 당해 법률 또는 법률조항과 법적인 관련성이 있어야 할 뿐만 아니라 당해 법률 또는 법률조항에 의하여 별도의 구체적인 집행행위의 매개없이 직접·현재 헌법상 보장된 기본권을 침해당하고 있는 경우이어야 한다.

(2) 영화인협회는 그 자신의 기본권이 침해당하고 있음을 이유로 하여 이 사건 헌법소원심판을 청구한 것이 아니고, 그 단체에 소속된 회원들이 영화를 제작·상영함에 있어서 공연법에 의하여 설치된 공연윤리위원회의 사전 검열로 말미암아 헌법상 보장된 기본권인 예술의 자유와 표현의 자유를 각 침해당하고 있음을 이유로 하여 이 사건 헌법소원심판을 청구한 것임이 명백하다. 그러나 단체와 그 구성원을 서로 별개의 독립된 인격체로 인정하고 있는 현행의 우리 나라 법제 아래에서는 헌법상 보장된 기본권을 직접 침해당한 사람만이 원칙적으로 헌법소원심판 절차에 따라 권리구제를 청구할 수 있는 것이고, 단체의 구성원이 기본권을 침해당한 경우 단체가 구성원의 권리구제를 위하여 그를 대신하여 헌법소원심판을 청구하는 것은 원칙적으로 허용될 수 없다.

따라서 단체는 특별한 예외적인 경우를 제외하고는 헌법소원심판제도가 가진 기능에 미루어 원칙적으로 단체 자신의 기본권을 직접 침해당한 경우에만 그의 이름으로 헌법소원심판을 청구할 수 있을 뿐이고, 그 구성원을 위하여 또는 구성원을 대신하여 헌법소원심판을 청구할 수 없는 것으로 보아야 할 것이다.

따라서 영화인협회의 이 사건 헌법소원심판청구는 자기관련성의 요건을 갖추지 못한 부적법한 것이다.」

⇔ 재판관 1인(재판관 변정수)의 반대의견

「1. 사단법인은 구성원전체의 이익을 위한 것일 때에는 구성원의 권리구제를 위하여 자기의 이름으로 헌법소원을 제기할 수 있으므로 청구인 영화인협회는 자기 자신의 기본권은 직접 침해된 것이 아니라고 하더라도 자기 구성원의 기본권구제를 위하여 헌법소원을 제기할 수 있다.

2. 청구인 협회가 자기 자신이 향유하고 있는 언론 · 출판의 자유, 예술의 자유가 직접 침해되었다고 주장하고 헌법소원심판을 청구할 수 있는 지위에 있는 이상 위 협회가 주장하는 청구이유 가운데에는 자기 자신의 기본권침해주장이 당연히 포함되어 있다고 볼 수 있다.」

⇔ 재판관 1인(재판관 한병채)의 반대의견

「1. 청구인 감독위원회는 별도의 대표자를 갖고 독립적인 기능과 업무를 수행하는 권리능력 없는 사단으로서의 법률적 지위를 가지고 있으므로 실질적인 요건을 검토하여 권리능력 없는 사단의 경우와 같이 헌법소원심판을 청구할 수 있다고 보는 것이 합당하다.

2. 헌법재판에 있어서는 청구의 내용에 따라 집단의 당사자적격을 인정하여야 하는 것이 헌법적 정의실현에 합당한 경우도 있을 수 있으므로 청구인들의 당사자능력과 적격의 문제는 헌법심판의 본질적 기능에 보다 실질적으로 심리검토하여야 한다.」

▸ **권리능력 없는 사단이나 재단도 기본권을 보유하고 있는 경우에는 헌법소원심판을 청구할 수 있으나, 그 구성원을 위하여 또는 구성원을 대신하여 헌법소원심판을 청구할 수는 없다는 취지의 판례**

[憲 1995. 7. 21.-92헌마177등](대통령선거법 제65조 위헌확인)

「(1) 청구인협회는 언론인들의 협동단체로서 법인격은 없으나, 대표자와 총회가 있고, 단체의 명칭, 대표의 방법, 총회 운영, 재산의 관리 기타 단체의 중요한 사항이 회칙으로 규정되어 있는 등 사단으로서의 실체를 가지고 있으므로 권리능력 없는 사단이라고 할 것이고, 따라서 기본권의 성질상 자연인에게만 인정될 수 있는 기본권이 아닌 한 기본권의 주체가 될 수 있으며, 헌법상의 기본권을 향유하는 범위 내에서는 헌법소원심판청구능력도 있다고 할 것이다.

이 사건의 경우 청구인협회가 침해받았다고 주장하는 언론 · 출판의 자유는 그 성질상 법인이나 권리능력 없는 사단도 누릴 수 있는 권리이므로 청구인협회가 언론 · 출판의 자유를 직접 구체적으로 침해받은 경우에는 헌법소원심판을 청구할 수 있다고 볼 것이나, 한편 단체는 원칙적으로 단체 자신의 기본권을 직접 침해당한 경우에만 그의 이름으로 헌법소원심판을 청구할 수 있을 뿐이고, 그 구성원을 위하여 또는 구성원을 대신하여 헌법소원심판을 청구할 수 없다고 할 것이다(헌법재판소 1991. 6. 3. 선고, 90헌마56 결정 참조).

(2) 그런데 청구인협회의 회칙 제3조(목적)를 살펴 보면, 청구인 협회는 스스로 여론조사를 실시하거나 그 결과를 공표하는 것을 목적이나 사업으로 삼고 있는 것으로 보기 어려울 뿐만 아니라, 실제로 선거에 관한 여론조사를 실시하였거나 준비 중이었다는 점에 관한 아무런 주

장이나 소명도 찾아볼 수 없다.

또한 청구인협회의 이 사건 심판청구이유에 의하더라도, 청구인협회는 그 자신의 기본권이 직접 침해당하였다는 것이 아니고, 청구인협회의 회원인 언론인들의 언론 · 출판의 자유가 침해당하고 있어 청구인협회도 간접적으로 기본권을 침해당하고 있음을 이유로 하여 이 사건 헌법소원심판을 청구하고 있는 것으로 보인다. 한편 청구인협회의 회원인 언론인들이 그들의 기본권의 침해에 대한 구제를 받기 위하여 스스로 헌법소원심판을 청구하기 어려운 사정도 찾아볼 수 없다.

따라서 청구인협회의 심판청구는 자기관련성을 갖추지 못하여 부적법하다고 할 것이다.」

▸ **중학교나 고등학교는 학교법인이 아니고 교육시설에 지나지 않으므로 헌법소원심판의 청구인이 될 수 없다고 본 판례**

[憲 1993. 7. 29.-89헌마123](구법인세법 제59조의3, 같은 법 시행령 제124조의8에 대한 헌법소원)

「가. 먼저 청구인 ○○학원 이외의 청구인들의 청구인적격 구비 여부에 관하여 살핀다.

청구인 ○○중 · 상업고등학교는 교육을 위한 시설에 불과하여 우리 민법상 권리능력이나 민사소송법상 당사자능력이 없다고 할 것인바(대법원 1975. 12. 9. 선고, 75다1048 판결 참조), 위 시설에 관한 권리의무의 주체로서 당사자능력이 있는 청구인 ○○학원이 헌법소원을 제기하여 권리구제를 받는 절차를 밟음으로써 족하다고 할 것이고, 위 학교에 대하여 별도로 헌법소원의 당사자능력을 인정하여야 할 필요는 없다고 할 것이므로 동 학교의 이 사건 헌법소원심판청구는 부적법하다.

그 밖의 3 내지 11번 기재 청구인들은 위 학교의 재학생들이라는 것인바, 헌법재판소법 제68조 제1항에 규정된 "공권력의 행사 또는 불행사로 인하여 기본권의 침해를 받은 자"라는 것은 공권력의 행사 또는 불행사로 인하여 자기의 기본권이 현재 그리고 직접적으로 침해받은 경우를 의미하므로 원칙적으로 공권력의 행사 또는 불행사의 직접적인 상대방만이 이에 해당한다고 할 것이고, 공권력의 작용에 단지 간접적, 사실적 또는 경제적인 이해관계가 있을 뿐인 제3자인 경우에는 자기관련성은 인정되지 않는다고 할 것이다(헌법재판소 1990. 12. 26. 선고, 90헌마20 결정 및 1993. 3. 11. 선고, 91헌마233 결정 각 참조).

그렇다면, 이 사건 과세처분의 상대방은 청구인 ○○학원이고, 위 과세처분으로 말미암아 위 학교에 재학중인 학생들인 위 청구인들은 단지 간접적이고 사실적이며 경제적인 이해관계가 있는 자들일 뿐, 법적인 이해관계인이 아니라고 할 것이므로 그들에게는 동 처분에 관하여 자기관련성이 인정되지 않는다고 할 것이므로 역시 청구인적격을 갖추고 있지 않다고 할 것이다.」

▸ **정당이 헌법소원심판을 청구할 수 있다고 본 판례**

[憲 1991. 3. 11.-91헌마21](지방의회의원선거법 제36조 제1항에 대한 위헌소원)

「(3) 청구인 민중당(정당)의 헌법소원심판청구의 적법 여부

이 사건 청구인 중 민중당의 경우 헌법소원심판의 청구인 적격이 있는지에 관하여 보건대, 현행 지방의회의원선거법은 시 · 도의회의원선거에 있어서는 제31조에서 정당의 후보자 추천을 인정하고, 제41조에서 정당의 선거운동을 인정하고 있으며, 제45조에서는 정당의 선거사무장 등의 선임 및 해임을 규정하는 등 정당의 선거관여를 허용하고 있는데 민중당은 헌법상의

정당이므로 시 · 도의회의원선거에 있어서 정당은 직접적인 이해관계를 갖고 있다고 할 것이며, 따라서 자기(관련)성이 있다고 할 것이다.

그러나 동법은 구 · 시 · 군의회의원선거에 있어서는 위와 같은 규정을 두고 있지 않기 때문에 구 · 시 · 군의회의원선거에 있어서는 적어도 후보자의 기탁금문제에 관한한 정당이 그와 관련된 법률상의 권리나 이해관계가 있음을 인정하기가 어려운 것이다. 따라서 지방의회의원선거법 제36조 제1항의 규정 중 구 · 시 · 군의 의회의원후보자에게 요구되는 200만원의 기탁금 부분은 정당인 청구인 민중당이 위 법률조항에 의하여 직접 기본권의 침해를 받고 있다고 보기 어렵기 때문에 그 부분에 대한 헌법소원심판청구는 자기관련성을 인정할 수 없어 역시 부적법하다 할 것이다.」

◎ 같은 취지 : 憲 1994. 4. 28.-92헌마153; 1994. 7. 29.-91헌마137

▸ 노동조합이 헌법소원심판을 청구할 수 있다고 본 판례

[憲 1999. 11. 25.-95헌마154](노동조합법 제12조등 위헌확인)

「【당사자】

청구인 ○○종합산업주식회사 노동조합

대표자 위원장 김○남

위 청구인 대리인 변호사 박○제 외 4인

【주문】

1. 정치자금에관한법률(1980. 12. 31. 법률 제3302호로 제정) 제12조 제5호는 헌법에 위반된다.

2. 노동조합법(1996. 12. 31. 법률 제5244호로 폐지되기 전의 것) 제12조, 공직선거및선거부정방지법(1994. 3. 16. 법률 제4739호로 제정, 1995. 5. 10. 법률 제4949호로 개정) 제10조 제1항 제2호, 제81조 제1항 제3호 및 제87조에 대한 심판청구는 이를 각하한다.」

▶ 공권력의 행사 또는 불행사

▸ 헌법소원심판의 대상이 되는 「공권력」의 의미에 대한 판례

[憲 1998. 8. 27.-97헌마372등](방송토론회진행사항결정행위 등 취소)

「(1) 피청구인인 토론위원회의 결정 및 공표행위가 공권력의 행사인지 여부

헌법재판소법 제68조 제1항에 의하여 헌법소원의 대상이 되는 행위는 국가기관의 공권력작용에 속하여야 한다. 여기서의 국가기관은 입법 · 행정 · 사법 등의 모든 기관을 포함하며, 간접적인 국가행정, 예를 들어 공법상의 사단, 재단 등의 공법인, 국립대학교(헌재 1992. 10. 1. 92헌마68등, 판례집 4, 667-668 참조)와 같은 영조물 등의 작용도 헌법소원의 대상이 된다고 할 것이다.

공영방송사는 가장 중요한 선거운동방법인 방송토론회의 개최기관으로서 선거관리업무의 일환으로 볼 수 있는 작용을 하고 있다고 보아야 할 것이므로 공권력의 주체라고 하지 않을 수 없다. 이는 공영방송사의 구성원에 한국방송공사와 같은 공법인 이외에 사법인인, 방송문화진흥회법에 의한 방송문화진흥회가 출자한 방송법인이 포함되어 있다고 하여 달리 볼 것은 아니라 할 것이다. 한편 방송토론회의 주관자인 토론위원회는 공영방송사와 일체가 되어 공직선거법에 따른 업무를 수행하는 공권력의 주체라고 하지 않을 수 없다.

그렇다면 피청구인인 토론위원회의 이 사건 결정 및 공표행위는 헌법소원의 대상이 되는 공권력의 행사라고 할 것이다.」

◎ 같은 취지 : 憲 2001. 3. 21.-99헌마139

▸ 사법상의 행위는 헌법소원심판의 대상이 되지 않는다고 본 판례

▹ 공공용지의취득및손실보상에관한특례법에 의한 토지 등의 협의취득에 따른 보상금 지급행위에 대한 판례

[憲 1992. 12. 24.-90헌마182](어업권침해에 대한 헌법소원)

「나. 다음 여수지방해운항만청장에 대한 심판청구에 관하여 본다.

피청구인 여수지방해운항만청장이 공공용지의취득및손실보상에관한특례법에 의거하여 공공사업에 필요한 토지 등을 협의취득하고 그 협의취득에 따르는 보상금을 지급하는 행위는 토지 등 권리이전에 대한 반대급부의 교부행위에 불과하므로 공법상의 행정처분이 아니라 사경제의 주체로서 행하는 사법상의 법률행위이므로(당 재판소 1992. 11. 12. 선고, 90헌마160 결정 참조) 헌법소원의 대상이 되는 공권력의 행사라고 볼 수 없으며, 또한 위 여수지방해운항만청장의 항만시설 지정공고에 따른 공유수면매립행위 등이 가사 공권력의 행사에 해당되더라도 헌법재판소법 제68조 제1항에 의한 사전구제절차인 행정심판 및 행정소송을 모두 거친 뒤에 헌법소원을 청구하여야 할 것인데, 기록상 이를 경유하였다고 볼 자료가 없으므로 이 부분 심판청구는 부적법하다 할 것이고, 나아가 살펴보면 공유수면매립법상 요구되는 건설부장관과의 협의, 승인이라는 적법절차의 흠결이 있고, 그것이 보충성의 원칙의 예외가 된다 하여도 위에서 본 바와 같이 1985. 11. 28. 이 사건 항만시설지정공고가 있었고, 또 1989. 6.경 위 항만시설축조공사를 위한 방파제 축조와 매립공사가 시작되었으므로 청구인은 헌법재판소법 제69조 제1항에 따라 그로부터 180일 이내에 헌법소원심판을 청구하여야 됨에도 위 청구기간을 경과하였음이 명백한 1990. 10. 19. 청구하였으므로 이 점으로도 부적법한 청구임을 면치 못할 것이다」

◎ 같은 취지 : 憲 1992. 11. 12.-90헌마160; 1994. 2. 24.-93헌마213등

▹ 공공용지의취득및손실보상에관한특례법에 의해 취득한 토지에 대한 보상용 대체토지의 공급조건 통보행위에 대한 판례

[憲 1994. 2. 24.-93헌마213등](종교시설용지 공급처분취소 등)

「가. 대체토지 공급가격의 결정 및 통보 부분에 대한 판단

특례법에 의거하여 사업시행자가 공공사업에 필요한 토지 등을 협의취득하고 그 협의취득에 따른 보상금을 지급하는 행위는, 토지 등 권리이전에 대한 반대급부의 교부행위에 해당하는 것으로서, 공법상의 행정처분이 아니라 사경제의 주체로서 행하는 사법상의 법률행위에 불과하므로, 헌법소원의 대상이 되는 공권력의 행사로 볼 수 없다는 것이 헌법재판소의 판례인데(1992. 11. 12. 선고, 90헌마160 결정; 1992. 12. 24. 선고, 90헌마182 결정 참조), 그 판례의 법리는 사업시행자가 협의절차를 통하여 토지를 공급하고 그 대금을 교부받는 경우에도 똑같이 적용되어야 할 것이다.

이 사건에서 피청구인은 기존 종교시설물 소유자에 대하여서는 보상금 이외에 종교시설 이전부지를 일정한 공급조건하에 수의계약으로 공급할 것을 내부규정으로 정한 후 이를 청구인 등에게 통보하고 그 후 계약체결에 이른 것인데 피청구인의 이러한 대체토지 공급조건의 결정이나 그 통보는 설사 그것이 청구인 등이 기대하였던 내용과 차이가 있다고 하더라도 그것은 결국 사법상의 권리이전에 대한 반대급부의 조건 내지 내용에 관련된 사항에 불과하므로,

위 판례에 비추어 볼 때 이를 헌법소원의 대상이 되는 공권력의 행사로 보기는 어렵다고 할 것이다.

설사 피청구인의 이러한 대체토지 공급가격의 결정이나 그 통보행위가 특례법 제8조 소정의 이주대책의 불완전이행문제를 논란하는 것으로 선해(善解)하여 헌법소원의 대상이 되는 공권력의 행사에 해당한다고 하더라도 청구인 등의 이 부분 헌법소원심판청구는 그 청구기간을 도과한 것으로 판단된다. 기록에 의하면, 피청구인은 청구인 등의 종교시설물 이전을 위한 대체토지의 규모(면적)와 공급가격을 1990. 11. 29. 내정한 후(그 통보일자는 기록상 명확하지 않으나) 청구인 1. 2.와는 1991. 7. 18.에, 청구인 3.과는 같은 해 8. 20.에 위 공급조건에 따른 공급계약을 이미 체결하였음을 인정할 수 있으므로 1993. 9. 8. 청구된 이 사건 헌법소원심판청구는 헌법재판소법 제69조에 정한 헌법소원의 청구기간을 훨씬 도과한 것임이 역수상 명백하여 부적법한 것이라고 할 것이다.」

▹ 하천법상의 폐천부지의 교환행위에 대한 판례

[憲 1992. 11. 12.-90헌마160](하천부지 교환에 대한 헌법소원)

「가. 이 사건 심판의 대상은 피청구인이 청구인에게 특례법에 따라 보상금을 지급한 행위와 청구인이 주장하는 폐천부지의 교환의무를 이행하지 아니한 부작위라고 할 것이다. 그러므로 이 사건에서는 특례법에 의한 보상금 지급행위가 헌법소원심판의 대상이 되는 공권력 행사에 해당하고, 청구인이 주장하는 폐천부지의 교환의무 불이행이 역시 헌법소원심판의 대상이 되는 공권력의 불행사에 해당하는지 여부가 선결 문제라고 할 것이다.

나. 먼저, 특례법에 의한 토지 등의 협의취득은 공공사업에 필요한 토지 등을 공용수용의 절차에 의하지 아니하고 협의에 의하여 사업시행자가 취득하는 것으로서, 그 법적 성질은 사법상의 매매계약과 다를 것이 없다(이는 대법원의 확립된 판례태도이기도 하다. 대법 1981. 5. 26. 선고, 80다2109 및 1984. 5. 29. 선고, 83누635 각 판결 참조).

그렇다면 그 협의취득에 따르는 보상금의 지급행위는 토지 중에 권리이전에 대한 반대급여의 교부행위에 지나지 아니하므로 그 역시 사법상의 행위라고 볼 수밖에 없다. 따라서 피청구인의 청구인에 대한 1982. 11. 11.자 보상금 지급행위는 헌법소원심판의 대상이 되는 공권력의 행사라고 볼 수 없다.

다. 다음, 청구인이 주장하는 폐천부지의 교환행위는 하천관리청이 하천의 신설 또는 개축으로 말미암아 생긴 폐천부지를 새로이 하천부지로 된 타인의 토지와 교환하여 주는 것으로서, 공법상의 행정처분이 아니라 사경제주체로서 행하는 사법상의 법률행위에 지나지 않는다(이 역시 대법원의 확립된 판례태도이기도 하다. 대법 1985. 3. 26. 선고, 84누736 및 1988. 5. 10. 선고, 87누1219 각 판결 참조). 그렇다면 청구인이 주장하는 폐천부지의 교환의무 불이행 역시 헌법소원심판의 대상이 되는 공권력의 불행사라고 볼 수 없다.

4. 결국 이 사건 심판청구는 공권력의 행사 또는 불행사에 해당하지 아니하는 피청구인의 사법상 행위를 대상으로 한 부적법한 청구이므로, 이를 각하하기로 하여 주문과 같이 결정한다. 이 결정은 재판관 전원의 의견일치에 따른 것이다.」

▹ 정부투자기관이 출자한 회사 내부의 고용관계에 대한 판례

[憲 2002. 3. 28.-2001헌마464](부당해고 등 취소)

「가. 헌법재판소법 제68조 제1항에 의하면 헌법소원은 공권력의 행사 또는 불행사에 대하여

청구할 수 있다.

이 사건에서 청구인이 다투는 것은 청구인과 피청구인 간의 고용관계에서 발생한 인사상의 차별 및 해고에 관한 것이다. 그런데 피청구인은 정부투자기관인 한국토지공사의 출자로 설립되었던 주식회사인바, 이러한 회사의 내부적 고용관계에 관한 사항은, 이를 규율하는 특별한 공법적 규정이 존재하지 않는 한, 원칙적으로 사법관계에 속하는 것이라고 볼 것이다.

기록을 보면 청구인이 주장하는 바 인사상의 차별 및 해고는 피청구인의 내부 인사규정에 의한 것이고, 그러한 사항에 대한 별도의 공법적 규정에 의한 것이 아니다.

그렇다면 결국 이는 사법관계에 속하는 근무관계에 관한 사항으로서 헌법소원의 대상이 되는 공권력 작용이라고 할 수 없다.」

▸ 공권력 중 성질상 기본권의 보장과는 아무런 연관이 없어 그러한 공권력을 대상으로 한 헌법소원은 부적법하다고 본 판례

[憲 1999. 6. 24.-98헌마472등](국회 보건복지위원회 위원 선임처분취소, 국회 교육위원회 위원 선임처분취소)

「헌법재판소법 第68조 제1항에 의한 헌법소원은 공권력의 행사 또는 불행사로 헌법상 보장된 기본권을 침해받은 자가 청구할 수 있는 권리구제제도이다. 따라서 행위의 성질상 국민의 권리를 침해할 수 없는 공권력 주체의 행위는 헌법소원심판의 대상이 될 수 없다(헌재 1994. 4. 28. 91헌마55, 판례집 6-1, 409, 412). 다시 말하면 헌법소원심판의 대상이 되는 공권력의 행사 또는 불행사는 반드시 국민의 권리의무에 대하여 직접적인 법률효과를 발생시키는 행위가 있어야 한다(헌재 1994. 8. 31.·92헌마174, 판례집 6-2, 249, 264).

이 사건 헌법소원의 경우, 피청구인은 1998. 8. 23. 국회의원 김병태와 그 밖의 9인의 국회의원을 국회 보건복지위원회 위원으로, 같은 날 국회의원 김허남을, 같은 해 9. 11. 국회의원 정희경을 국회 교육위원회 위원으로 각 선임하였던 바, 이러한 선임행위는 국회법 제48조에 근거한 행위로서 국회 내부의 조직을 구성하는 행위에 불과할 뿐 국민의 권리의무에 대하여 직접적인 법률효과를 발생시키는 행위라고 할 수 없다. 즉, 피청구인이 지적하고 있듯이 국회의원을 위원으로 선임하는 행위는 국민의 대표자로 구성된 국회가 그 자율권에 근거하여 내부적으로 회의체 기관을 구성 조직하는 '기관내부의 행위'에 불과한 것이다.

따라서 피청구인의 이 사건 선임행위는 그 자체가 국회 내부의 조직구성행위로서 국민에 대하여 어떠한 직접적인 법률효과를 발생시키지 않기 때문에 이로 인하여 청구인들의 기본권이 현재 직접 침해되고 있다고 할 수 없다.

4. 결 론

그렇다면 청구인들의 이 사건 심판청구는 결국 청구인들의 기본권을 직접 침해한 공권력의 행사를 대상으로 한 것이 아니어서 기본권 관련성이 결여되어 부적법하다 할 것이므로 이를 각하하기로 한다. 이 결정은 관여재판관 전원의 의견이 일치되었다.」

◎ 같은 취지 : 憲 1994. 4. 28.-91헌마55

▸ 외국 국가기관 또는 국제기구의 공권력은 헌법소원심판청구의 대상이 될 수 없다고 본 판례

[憲 1997. 9. 25.-96헌마159](여권압수 등 위헌확인)

「인도네시아국 경찰에 의하여 청구인의 기본권이 침해되었으므로 이의 위헌확인을 구한다는 심판청구[위 심판대상 (4)항]에 관하여 본다.

헌법소원심판의 대상이 되는 공권력의 행사 또는 불행사는 헌법소원의 본질상 대한민국 국가기관의 공권력 작용을 의미하고 외국이나 국제기관의 공권력 작용은 이에 포함되지 아니한다 할 것이므로, 이 부분 심판청구는 헌법소원심판청구의 대상이 될 수 없어 부적법하다 할 것이다.」

▸ 헌법의 규정은 공권력 행사의 결과에 해당하지 않는다는 취지의 판례
[憲 1995. 12. 28.-95헌바3](국가배상법 제2조 제1항 등 위헌소원)

「(1) 이 사건 심판청구는 헌법 제29조 제2항을 그 대상의 일부로 하고 있으므로, 우선적으로 헌법의 개별조항이 헌법재판소법 제68조 제2항에 의한 헌법소원심판의 대상이 되는지 여부가 문제된다.

(2) 헌법 제111조 제1항 제1호 및 헌법재판소법 제41조 제1항은 위헌법률심판의 대상에 관하여, 헌법 제111조 제1항 제5호 및 헌법재판소법 제68조 제2항, 제41조 제1항은 헌법소원심판의 대상에 관하여 그것이 법률임을 명문으로 규정하고 있으며, 여기서 위헌심사의 대상이 되는 법률이 국회의 의결을 거친 이른바 형식적 의미의 법률을 의미하는 것에는 아무런 의문이 있을 수 없다. 따라서 형식적 의미의 법률과 동일한 효력을 갖는 조약 등은 포함된다고 볼 것이지만 헌법의 개별규정 자체는 그 대상이 아님이 명백하다.

(3) 그럼에도 불구하고, 이른바 헌법제정권력과 헌법개정권력을 준별하고, 헌법의 개별규정 상호간의 효력의 차이를 인정하는 전제하에서 헌법제정규범에 위반한 헌법개정에 의한 규정, 상위의 헌법규정에 위배되는 하위의 헌법규정은 위헌으로 위헌심사의 대상이 된다거나, 혹은 헌법규정도 입법작용이라는 공권력 행사의 결과이므로 헌법재판소법 제68조 제1항에 의한 헌법소원의 대상이 된다는 견해가 있을 수는 있다.

(4) 그러나, 우리 나라의 헌법은 제헌헌법이 초대국회에 의하여 제정된 반면 그후의 제5차, 제7차, 제8차 및 현행의 제9차 헌법 개정에 있어서는 국민투표를 거친 바 있고, 그간 각 헌법의 개정절차조항 자체가 여러 번 개정된 적이 있으며, 형식적으로도 부분개정이 아니라 전문까지를 포함한 전면개정이 이루어졌던 점과 우리의 현행 헌법이 독일기본법 제79조 제3항과 같은 헌법개정의 한계에 관한 규정을 두고 있지 아니하고, 독일기본법 제79조 제1항 제1문과 같이 헌법의 개정을 법률의 형식으로 하도록 규정하고 있지도 아니한 점 등을 감안할 때, 우리 헌법의 각 개별규정 가운데 무엇이 헌법제정규정이고 무엇이 헌법개정규정인지를 구분하는 것이 가능하지 아니할 뿐 아니라, 각 개별규정에 그 효력상의 차이를 인정하여야 할 형식적인 이유를 찾을 수 없다. 이러한 점과 앞에서 검토한 현행 헌법 및 헌법재판소법의 명문의 규정취지에 비추어, 헌법제정권과 헌법개정권의 구별론이나 헌법개정한계론은 그 자체로서의 이론적 타당성 여부와 상관없이 우리 헌법재판소가 헌법의 개별규정에 대하여 위헌심사를 할 수 있다는 논거로 원용될 수 있는 것이 아니다.

또한 국민투표에 의하여 확정된 현행 헌법의 성립과정과 헌법 제130조 제2항이 헌법의 개정을 국민투표에 의하여 확정하도록 하고 있음에 비추어, 헌법은 그 전체로서 주권자인 국민의 결단 내지 국민적 합의의 결과라고 보아야 할 것으로, 헌법의 규정을 헌법재판소법 제68조 제1항 소정의 공권력 행사의 결과라고 볼 수도 없다.

(5) 물론 헌법은 전문과 단순한 개별조항의 상호관련성이 없는 집합에 지나지 않는 것이 아니고 하나의 통일된 가치체계를 이루고 있는 것이므로, 헌법의 전문과 각 개별규정은 서로 밀접한 관련을 맺고 있고, 따라서 헌법의 제규정 가운데는 헌법의 근본가치를 보다 추상적으로

선언한 것도 있고, 이를 보다 구체적으로 표현한 것도 있어서 이념적 · 논리적으로는 규범 상호간의 우열을 인정할 수 있는 것이 사실이다. 그러나, 그렇다 하더라도, 이 때에 인정되는 규범 상호간의 우열은 추상적 가치규범의 구체화에 따른 것으로 헌법의 통일적 해석에 있어서는 유용할 것이지만, 그것이 헌법의 어느 특정규정이 다른 규정의 효력을 전면 부인할 수 있는 정도의 개별적 헌법규정 상호간에 효력상의 차등을 의미하는 것이라고는 볼 수 없다.

(6) 우리 헌법재판소가 이 사건의 심판대상이기도 한 국가배상법 제2조 제1항 단서에 대하여 동 규정이 "일반국민이 직무집행중인군인과의 공동불법행위로 직무집행중인 다른 군인에게 공상을 입혀 그 피해자에게 공동의 불법행위로 인한 손해를 배상한 다음 공동불법행위자인 군인의 부담부분에 관하여 국가에 대하여 구상권을 행사하는 것을 허용하지 아니한다고 해석하는 한, 헌법에 위반된다"고 판시한 것(헌법재판소 1994. 12. 29. 선고, 93헌바21 결정)은 헌법상의 제규정을 가치통일적으로 조화롭게 해석 · 적용하기 위하여 개별 헌법규정의 의미를 제한적으로 해석하였던 대표적인 예라고 할 수 있는데, 이를 넘어서서 명시적으로 헌법의 개별규정 그 자체의 위헌 여부를 판단하는 것은 헌법재판소의 관장사항에 속하는 것이 아니다.

(7) 따라서 이 사건 심판청구 중 헌법 제29조 제2항을 대상으로 한 부분은 부적법하다.」

◎ 같은 취지 : 憲 1996. 6. 13.-94헌마118등

▸ **헌법재판권력의 행사나 불행사도 헌법소원심판의 대상이 되지 않는다는 취지의 판례**

[憲 1989. 7. 10.-89헌마144](국선대리인 선임신청 기각결정에 대한 헌법소원)

「청구인의 이 사건 헌법소원심판청구의 요지는, 청구인은 그가 제기한 수사기관에 의한 기본권침해에 대한 헌법소원(당 재판소 89헌마110) 사건에 있어서 국선대리인 선임신청(당 재판소 89헌사38)을 하였으나, 당 재판소가 위 선임신청을 기각함으로써 청구인의 기본권을 침해하였다는 것이다.

살피건대, 이는 헌법재판소의 결정을 대상으로 하여 청구한 것이므로 허용될 수 없는 것이어서 부적법하고 그 흠결을 보정할 수 없는 경우이므로 헌법재판소법 제72조 제3항 제4호에 의하여 이를 각하하기로 하여 관여재판관 전원의 일치된 의견으로 주문과 같이 결정한다.」

◎ 같은 취지 : 憲 1989. 7. 24.-89헌마141

▸ **공권력의 행사 중 「입법작용」에 대한 판례**

▹ **국회가 제정한 법률은 「공권력의 행사」에 해당한다는 취지의 판례**

[憲 1989. 7. 21.-89헌마12](형사소송법개정 등에 관한 헌법소원)

「먼저 이 사건 심판청구의 적법 여부에 관하여 살펴본다. 청구인의 청구는 형식상 재정신청 대상범죄를 모든 범죄로 확대하지 아니한 입법부작위를 대상으로 하는 것으로 보여지지만 형사소송법 제260조 제1항 및 제262조 제1항 제1호의 규정에 의하면 형법 제123조 내지 제125조에 규정된 범죄가 아닌 다른 범죄에 대한 불기소처분에 대해서는 재정신청 자체를 허용하지 않겠다는 입법자의 의사가 표현된 것이라고 인정되므로 결국 소원인의 청구는 입법자의 순수한 부작위를 대상으로 하는 것이 아니라 위와 같이 형법 제123조 내지 제125조 소정의 범죄가 아닌 다른 범죄에 대한 불기소처분에 대해서는 재정신청을 허용하지 않겠다는 입법자의 작위를 대상으로 하는 것이라 할 수 있다.

우리 헌법재판소법 제68조에 따르면 공권력의 행사 또는 불행사로 인하여 기본권을 침해받은 자는 헌법소원을 제기할 수 있다고 규정되어 있는 바, 입법자의 공권력 행사 즉 법률에 대하여 바로 헌법소원을 제기하려면 우선 청구인 스스로가 당해 규정에 관련되어야 할 뿐 아니라 당해 규정에 의해 현재 권리침해를 받아야 하나 다른 집행행위를 통해서가 아니라 직접 당해 법률에 의해 권리침해를 받아야만 한다는 것을 요건으로 한다.

그런데 이 사건 기록에 의하더라도 청구인은 그 자신이 고소 또는 고발을 한 사실이 없을 뿐 아니라(다만 청구인은 사회정화위원회에 고발장 형식의 서면을 낸 사실이 있으나 이는 형사소송법에서 규정한 고발이라 할 수 없고, 따라서 이에 대한 불기소처분 또한 내려진 사실이 없다) 청구인이 장차 언젠가는 위와같은 형사소송법의 규정으로 인하여 권리침해를 받을 우려가 있다 하더라도 그러한 권리침해의 우려는 단순히 장래 잠재적으로 나타날 수도 있는 것에 불과하여 권리침해의 현재성을 구비하였다고 할 수 없다.」

◎ **같은 취지 : 1999. 5. 27.-98헌마372**

▷ 입법과정상의 문제는 심판의 대상이 되지 않는다는 취지의 판례

[憲 1998. 8. 27.-97헌마8](노동조합및노동관계조정법 등 위헌확인)

「이 사건의 경우 청구인들 주장과 같이 이 사건 법률의 입법절차가 헌법이나 국회법에 위반된다고 하더라도 그와 같은 사유만으로는 이 사건 법률로 인하여 청구인들이 현재, 직접적으로 기본권을 침해받은 것으로 볼 수는 없다.

청구인들이 주장하는 이 사건 법률의 입법절차의 하자로 인하여 직접 침해되는 것은 청구인들의 기본권이 아니라 이 사건 법률의 심의·표결에 참여하지 못한 국회의원의 법률안심의, 표결 등 권한이라고 할 것이다.

97헌마39 사건의 청구인들은 국민으로서의 입법권을 본질적으로 침해받았다고 주장하나, 입법권은 국회의 권한이지 헌법상 보장된 국민의 기본권이라고 할 수도 없다.

따라서 청구인들은 이 사건 법률의 실체적 내용으로 인하여 현재, 직접적으로 기본권을 침해받은 경우에 헌법소원심판을 청구하거나 이 사건 법률이 구체적 소송사건에서 재판의 전제가 된 경우에 위헌 여부 심판의 제청신청을 하여 그 심판절차에서 입법절차에 하자가 있음을 이유로 이 사건 법률이 위헌임을 주장하는 것은 별론으로 하고 단순히 입법절차의 하자로 인하여 기본권을 현재, 직접적으로 침해받았다고 주장하여 헌법소원심판을 청구할 수는 없다고 할 것이다.

이 사건에서 청구인들이 주장하는 입법절차의 하자는 야당소속 국회의원들에게는 개의시간을 알리지 않음으로써 이 사건 법률안의 심의에 참여할 수 있는 기회를 주지 아니한 채 여당소속 국회의원들만 출석한 가운데 국회의장이 본회의를 개의하고 이 사건 법률안을 상정하여 가결선포하였다는 것이므로 이와 같은 입법절차의 하자를 둘러싼 분쟁은 본질적으로 국회의장이 국회의원의 권한을 침해한 것인가 그렇지 않은가에 관한 다툼으로써 이 사건 법률의 심의·표결에 참여하지 못한 국회의원이 국회의장을 상대로 권한쟁의에 관한 심판을 청구하여 해결하여야 할 사항이라고 할 것이다.」

▷ 법규명령은 헌법소원심판의 대상이 된다는 취지의 판례

[憲 1993.5.13.-92헌마80](체육시설의설치·이용에관한법률시행규칙 제5조에 대한 헌법소원)

「이 사건 심판대상규정은 체육시설의설치·이용에관한법률 제5조의 위임에 의거 문화체육부령(정부조직법중개정법률 1993. 3. 6. 법률 제4541호에 의하여 '체육청소년부령'에서 '문화체육부령'으로 변경되었다)인 동 시행규칙 제5조에 규정되어 있으므로 이는 행정기관에 의하여 제정된 전

형적인 위임입법의 하나로서 그 법적 성격은 법규명령의 일종인 위임명령에 속한다고 할 것이다. 명령·규칙이라 할지라도 그 자체에 의하여 직접 국민의 기본권이 침해되었을 경우에는 그것을 대상으로 하여 헌법소원심판을 청구할 수 있음은 당재판소가 일찍이 확립하고 있는 판례인데(헌법재판소 1990. 10. 15. 선고, 89헌마178 결정 1991. 7. 22. 선고, 89헌마174 결정 1992. 6. 26. 선고, 91헌마25 결정 각 참조), 다만 그 경우 제소요건으로서 당해 법령이 구체적 집행행위를 매개로 하지 아니하고 직접적으로 그리고 현재적으로 국민의 기본권을 침해하고 있어야 함을 요하는 것이다.

이 사건의 경우 당구장을 경영하고 있는 청구인은 심판대상규정에 의하여 당구장의 출입문에 18세 미만자의 출입금지표시를 하여야 할 법적 의무를 부담하게 되므로 따로 구체적인 집행행위를 기다릴 필요 없이 위 규정자체에 의하여 아래 판단과 같이 그의 기본권이 현재 직접 침해당하고 있는 경우라고 할 것이다.」

◎ 같은 취지 : 憲 1999. 12. 23.-98헌마363; 1997. 3. 27.-93헌마159

▹ 내부적인 효력을 가지는 행정규칙의 경우 헌법소원심판의 대상이 되지 않는다는 취지의 판례

[憲 2000. 6. 29.-2000헌마325](공직선거및선거부정방지법 제179조 제3항 제3호 등 위헌확인)

「공직선거관리규칙은 중앙선거관리위원회가 헌법 제114조 제6항 소정의 규칙제정권에 의하여 공선법에서 위임된 사항과 대통령·국회의원·지방의회의원 및 지방자치단체의 장의 선거의 관리에 필요한 세부사항을 규정함을 목적으로 하여 제정된 법규명령이라고 할 것이다. 그러나 이 사건에서 쟁점이 된 예규는, 각급선거관리위원회와 그 위원 및 직원이 공직선거에 관한 사무를 표준화·정형화하고, 관련법규의 구체적인 운용기준을 마련하는 등 선거사무의 처리에 관한 통일적 기준과 지침을 제공함으로써 공정하고 원활한 선거관리를 기함을 목적으로 하는 것(공직선거에관한사무처리예규집 1면 참조)이므로 개표관리 및 투표용지의 유·무효를 가리는 업무에 종사하는 각급 선거관리위원회 직원 등에 대한 업무처리지침 내지 사무처리준칙에 불과할 뿐 국민이나 법원을 구속하는 효력이 없는 행정규칙이라고 할 것이다(대법원 1996. 7. 12. 96우16, 공1996하, 2527).

따라서 이 예규부분은 헌법소원 심판대상이 되지 아니하는 행정규칙에 불과한 것이다.」

▹ 행정규칙이 법령의 직접적인 위임을 받아 이를 구체화하거나 법령의 내용을 구체적으로 보충하는 경우에 공권력의 행사에 해당한다는 취지의 판례

[憲 1990. 9. 3.-90헌마13](전라남도 교육위원회의 1990학년도 인사원칙(중등)에 대한 헌법소원)

「이른바 행정규칙은 일반적으로 행정조직 내부에서만 효력을 가지는 것이고 대외적인 구속력을 갖는 것이 아니다. 다만 행정규칙이 법령의 규정에 의하여 행정관청에 법령의 구체적 내용을 보충할 권한을 부여한 경우, 또는 재량권을 행사의 준칙인 규칙이 그 정한 바에 따라 되풀이 시행되어 행정관행이 이룩되게 되면 평등의 원칙이나 신뢰보호의 원칙에 따라 행정기관은 그 상대방에 대한 관계에서 그 규칙에 따라야 할 자기구속을 당하게 되는 경우에는 대외적인 구속력을 가지게 된다.

그러나 위 인사관리원칙은 피청구인이 그 소속 중등학교 교원 등에 대한 임용권을 적정하게 행사하기 위하여 그 기준을 미리 일반적·추상적 형태로 재정한 조직내부의 사무지침에 불과

하다. 즉 이 사건 소원심판의 대상인 인사관리원칙의 조항은 피청구인이 행사하는 임용권 중 전보권에 관한 규정이고, 전보권은 관할구역내 교육기관의 신설 및 폐지 등으로 말미암아 교육공무원의 인력수요의 증감 등 교육환경이 바뀔 때마다 때맞게 적절히 대응할 수 있도록 행사되어야 할 성질의 것이므로 그 행사에 광범위한 재량이 허용되어야 한다. 특히 이 사건의 경우에서와 같이 관할내 경합지역의 교직이 현저하게 줄어드는 등 사정변경이 생길 때에는 공익과 그 대상자에 대한 신뢰보호를 교량하여 당해 행정관청은 스스로 그 규칙의 내용을 그 대상자에게 불이익하게 변경할 수도 있다 할 것이다. 위 인사관리원칙이 당초 경합지역에서의 근속가능년한을 특정하지 아니하고 2년 이상 10년 이하로 폭넓게 규정하여 그 범위 내에서 전보권을 행사하도록 한 것도 위와 같은 전보권의 특수성을 참작한 것이라 할 것이다. 따라서 전보대상자인 청구인이 경합지역에서 근속할 수 있는 기간에 관하여 어떤 이익을 누릴 수 있다면, 그것은 하한인 2년일 뿐 결코 그 가간의 상한은 아니며, 비록 청구인이 근속가능년한의 상한인 10년간을 경합지역인 담양군에서 근무할 수 있을 것이라는 점에 대하여 주관적으로 신뢰나 기대를 가졌다고 하더라도 객관적으로 보아 이는 법적으로 보호하여야 할 정도에 이른 신뢰라고는 볼 수 없다.

그러므로 피청구인의 위 인사관리원칙의 변경으로 말미암아 침해받은 기본적 권리나 법적 이익이 청구인에게 존재하는 것이 아니므로 결국 변경된 위 인사관리원칙의 조항은 헌법소원 심판청구의 대상이 될 수 없다.」

◎ 같은 취지 : 憲 1997. 7. 16.-97헌마70

▷ 고시, 지침, 통보 등 행정규칙의 형식이면서도 실질이 법규명령인 경우에는 공권력의 행사에 해당한다는 취지의 판례

[憲 2000. 7. 20.-99헌마455](식품접객업소 영업행위제한기준 위헌확인)

「보건복지부장관은 1999. 3. 1.부터 식품접객업소에 대한 영업시간제한을 전면 철폐하였으나, 1999. 7. 20. 보건복지부고시 제1999-20호로 유흥주점 영업행위 중 "무도장을 갖추고 손님으로 하여금 춤을 추게 하는 행위"에 대해서는 오전 9시부터 오후 5시까지 이를 제한하는 내용의 식품접객업소영업행위제한기준을 1999. 8. 1.부터 시행하는 것으로 하여 제정·고시하였다. …… 이 사건 기준은 그 제정형식이 비록 보건복지부장관의 고시라는 행정규칙이지만, 식품위생법 제30조의 위임에 따라 식품접객업소의 영업행위에 대하여 제한대상 및 제한시간을 정한 것으로서 상위법령과 결합하여 대외적인 구속력을 갖는 법규명령의 성격을 가지고 있다.」

◎ 같은 취지 : 憲 1992. 6. 26.-91헌마25

▷ 사법적 입법에 대해서도 헌법소원심판을 청구할 수 있다는 취지의 판례

[憲 1990. 10. 15.-89헌마178](법무사법시행규칙에 대한 헌법소원)

「가. 헌법 제107조 제2항은 "명령·규칙 또는 처분이 헌법이나 법률에 위반되는 여부가 재판의 전제가 된 경우에는 대법원은 이를 최종적으로 심사할 권한을 가진다"라고 규정하고 있고, 법원행정처장이나 법무부장관은 이 규정을 들어 명령·규칙의 위헌 여부는 대법원에 최종적으로 심사권이 있으므로 법무사법시행규칙의 위헌성 여부를 묻는 헌법소원은 위 헌법규정에 반하여 부적법하다고 주장한다. 그러나, 헌법 제107조 제2항이 규정한 명령·규칙에 대한 대법원의 최종심사권이란 구체적인 소송사건에서 명령·규칙의 위헌 여부가 재판의 전제가 되

었을 경우 법률의 경우와는 달리 헌법재판소에 제청할 것 없이 대법원의 최종적으로 심사할 수 있다는 의미이며, 헌법 제111조 제1항 제1호에서 법률의 위헌여부심사권을 헌법재판소에 부여한 이상 통일적인 헌법해석과 규범통제를 위하여 공권력에 의한 기본권침해를 이유로 하는 헌법소원심판청구사건에 있어서 법률의 하위법규인 명령·규칙의 위헌여부심사권이 헌법재판소의 관할에 속함은 당연한 것으로서 헌법 제107조 제2항의 규정이 이를 배제한 것이라고는 볼 수 없다. 그러므로 법률의 경우와 마찬가지로 명령·규칙 그 자체에 의하여 직접 기본권이 침해되었음을 이유로 하여 헌법소원심판을 청구하는 것은 위 헌법 규정과는 아무런 상관이 없는 문제이다. 그리고 헌법재판소법 제68조 제1항이 규정하고 있는 헌법소원심판의 대상으로서의 '공권력'이란 입법·사법·행정 등 모든 공권력을 말하는 것이므로 입법부에서 제정한 법률, 행정부에서 제정한 시행령이나 시행규칙 및 사법부에서 제정한 규칙 등은 그것들이 별도의 집행행위를 기다리지 않고 직접 기본권을 침해하는 것일 때에는 모두 헌법소원심판의 대상이 될 수 있는 것이다.

나. 법원행정처장과 법무부장관은, 헌법소원심판은 다른 법률에 구제절차가 있는 경우에는 그 절차를 모두 거친 후가 아니면 청구할 수 없도록 되어 있고, 청구인 주장과 같이 법무사법 제4조 제2항에 의하여 직접 대법원에 법무사시험 실시의무가 부과된 것이라면 청구인은 먼저 행정심판법과 행정소송법에 따라 법원행정처장의 작위의무 위배에 대한 행정쟁송 구제절차를 밟아야지 그러한 절차를 거치지 아니하고 막바로 헌법소원심판을 청구할 것이 아니라고 주장한다. 그러나, 청구인의 궁극적 목적이 법원행정처장으로 하여금 법무사시험을 실시하게 하여 청구인 자신이 법무사시험에 응시할 기회를 얻고자 함에 있는 것이기는 하나 청구인이 이 사건에서 심판청구의 대상으로 하는 것은 법원행정처장의 법무사시험 불실시 즉 공권력의 불행사가 아니라 법원행정청장으로 하여금 그 재량에 따라 법무사시험을 실시하지 아니해도 괜찮다고 규정한 법무사법시행규칙 제3조 제1항이고 헌법재판소법 제68조 제1항 후단 소정의 다른 법률에 의한 구제절차란, 소원의 목적물인 공권력의 행사 또는 불행사를 직접 대상으로 하여 그 효력을 다룰 수 있는 절차를 의미하는 것이지 최종 목적을 달성키 위하여 취할 수 있는 모든 우회적인 구제절차를 의미하는 것이 아니며, 이 사건에서 청구인으로서는 법원행정처장에게 법무사시험 실시를 요구하고 그 결과(거부처분이나 부작위)에 대하여 불복청구하는 행정심판이나 행정소송을 제기할 수 있을는지도 모르나 가사 그러한 구제절차가 인정된다고 하더라도 그러한 것은 우회적인 절차여서 신속한 권리구제를 받기란 기대하기 어려운 것이므로 이는 헌법재판소법 제68조 제1항 후단 소정의 구제절차에 해당되지 아니하고, 법령자체에 의한 직접적인 기본권침해 여부가 문제되었을 경우 그 법령의 효력을 직접 다투는 것을 소송물로 하여 일반 법원에 구제를 구할 수 있는 절차는 존재하지 아니하므로(일반법원에 명령·규칙을 직접 대상으로 하여 행정소송을 제기한 경우에 이것이 허용되어 구제된 예를 발견할 수 없다) 이 경우에는 다른 구제절차를 거칠 것 없이 바로 헌법소원심판을 청구할 수 있는 것이다(1989. 3. 17. 선고 88헌마1 결정, 1990. 6. 25. 선고 89헌마220 결정 참조).」

◎ **같은 취지 : 憲 1989. 3. 17.-88헌마1**

▹ 조례에 대해서도 헌법소원심판을 청구할 수 있다는 취지의 판례

[憲 1994. 12. 29.-92헌마216](학원의설립·운영에관한법률 제8조 등 위헌확인)

「가. 조례의 헌법소원 대상적격

헌법재판소는 제68조 제1항에서 말하는 '공권력'에는 입법작용이 포함되며, 입법작용에는 형식적 의미의 법률을 제정하는 행위뿐 아니라 법규명령 · 규칙을 제정하는 행위도 포함된다. 지방자치단체에서 제정하는 조례(Satzung)도 불특정다수인에 대해 구속력을 가지는 법규이므로 조례제정 행위도 입법작용의 일종이라고 보아 헌법소원의 대상이 된다고 할 것이다. 독일에서는 조례가 헌법소원의 대상이 된다는 점에 학설상 별반 다툼이 없는 듯 보이며(Gusy, Schlaich, Zuck, Benda/Klein 등), 연방헌법재판소도 이를 인정하고 있다(BVerfGE 1,91(94f.); 12,319(321); 40,187(195); 65,325(326).」

◎ **같은 취지 : 憲 1995. 4. 20.-92헌마264등**

▷ **대법원의 판례 중 조례가 항고소송의 대상이 되는 행정처분에 해당한다고 본 판례**

[大 1996. 9. 20.-95누8003](조례무효확인)

「1. 조례가 집행행위의 개입 없이도 그 자체로서 직접 국민의 구체적인 권리의무나 법적 이익에 영향을 미치는 등의 법률상 효과를 발생하는 경우 그 조례는 항고소송의 대상이 되는 행정처분에 해당하고, 이러한 조례에 대한 무효확인 소송을 제기함에 있어서 행정소송법 제38조 제1항, 제13조에 의하여 피고적격이 있는 처분 등을 행한 행정청은, 행정주체인 지방자치단체 또는 지방자치단체의 내부적 의결기관으로서 지방자치단체의 의사를 외부에 표시할 권한이 없는 지방의회가 아니라, 지방자치법(1994. 3. 16. 법률 제4741호로 개정되기 전의 것) 제19조 제2항, 제92조에 의하여 지방자치단체의 집행기관으로서 조례로서의 효력을 발생시키는 공포권이 있는 지방자치단체의 장이라고 할 것이다.

한편, 지방교육자치에관한법률(1995. 7. 26. 법률 제4951호로 개정되기 전의 것) 제14조 제5항, 제25조에 의하면 시 · 도의 교육 · 학예에 관한 사무의 집행기관은 시 · 도 교육감이고 시 · 도 교육감에게 지방교육에 관한 조례안의 공포권이 있다고 규정되어 있으므로, 교육에 관한 조례의 무효확인 소송을 제기함에 있어서는 그 집행기관인 시 · 도 교육감을 피고로 하여야 할 것이다.

원심이 같은 취지에서, 경기 가평군 가평읍 상색국민학교 두밀분교를 폐지하는 내용의 이 사건 조례는 위 두밀분교의 취학아동과의 관계에서 영조물인 특정의 국민학교를 구체적으로 이용할 이익을 직접적으로 상실하게 하는 것이므로 항고소송의 대상이 되는 행정처분이라고 전제한 다음, 이 사건과 같이 교육에 관한 조례무효확인 소송의 정당한 피고는 시 · 도의 교육감이라 할 것이므로 지방의회를 피고로 한 이 사건 소는 부적법하다고 판단한 것은 정당하고, 거기에 논지와 같은 조례무효확인 소송에 있어서의 피고적격에 관한 법리오해의 위법이 있다고 할 수 없다.」

▶ **공권력의 행사 중 「행정작용」에 대한 판례**

▷ **행정행위 중 헌법소원심판의 대상이 된다고 인정한 사례들**

[憲 2002. 1. 31.-99헌마563](지목변경신청거부처분취소)

「가. 적법요건에 관한 판단

헌법재판소는 1999. 6. 24. 선고 97헌마315 결정에서(판례집 11-1, 802) 지목정정신청을 반려한 처분을 헌법소원의 대상이 되는 공권력이라고 인정하였으며(판례집 11-1, 816-817), 지목변경을 거부하는 행위로 인하여 토지재산권의 침해를 주장할 수 있다고 하였다(판례집 11-1, 821). 이 사건에서도 같은 법리가 적용된다.

한편 지목변경신청 반려 내지 거부처분에 대하여는 달리 다른 법률에 구제절차가 있다고 볼 수 없으므로 바로 헌법소원심판청구가 가능하다(같은 판례, 판례집 11-1, 823 참조).

또한 이 사건에서 청구인의 지목변경신청에 대한 피청구인의 거부처분은 1999. 8. 7. 있었으므로 이러한 처분이 있음을 안 날로부터 60일 이내에 청구된 이 사건 헌법소원심판은 청구기간을 준수한 것이다(판례집 11-1, 823-824 참조). 다만 청구인의 신청이 신청기간(지목변경시로부터 60일 이내)이 한정된 지적법 제20조상의 '지목변경신청'으로 보면 청구기간 산정에 문제가 있을 수 있으나, 아래에서 보듯이 그렇게 보지 않는다.

청구인은 변호사이므로 스스로 헌법소원심판청구를 할 수 있다(헌법재판소법 제25조 제3항 단서 참조).」

⇔ 재판관 2인(재판관 한대현, 재판관 김효종)의 반대의견

「가. 우리는 이 헌법소원심판청구가 적법하다고 판단한 다수의견에 대하여 2001. 1. 18. 99헌마703 결정에서 표명한 바와 같은 다음과 같은 이유로(공보 53, 134, 137) 반대한다.

(1) 일반적으로 지목의 변경은 토지소유자의 사실상의, 혹은 경제적 이익에 대해 영향을 미침은 별론, 권리나 법적 이익에는 영향을 미치지 않는다고 본다. 다만, 국토이용관리법상의 자연환경보전지역이나 제주도개발특별법의 적용대상이 되는 제주도 내 상대보전지역에 위치한 토지인 경우와 같이 예외적으로 지목의 변경이 권리관계에 영향을 미치는 경우가 있을 수는 있다. 그러므로, 지목변경행위 또는 지목정정신청에 대한 반려행위가 토지소유자의 권리관계에 영향을 미치는 공권력의 행사에 해당하는지 여부는 개별적인 사안에 따라 판단하여야 할 것이다(헌재 1999. 6. 24. 97헌마315, 판례집11-1, 802, 828; 위 99헌마703, 공보 53, 137 참조).

그런데, 이 사건 토지는 위 각 법률에 규정된 지역에 위치하고 있지 않고, 이 사건 토지의 지목변경이 청구인의 권리 또는 법적 이익에 영향을 미친다고 보아야 할 다른 사정도 발견할 수 없다.

그렇다면, 이 사건 반려처분으로 인해 청구인의 사실상의 이익이 침해될 수는 있겠으나 기본권이 침해될 여지가 있다고 보기는 어려우므로, 이 사건 반려처분은 헌법재판소법 제68조 제1항의 헌법소원의 대상이 되지 않는다고 할 것이다.

(2) 청구인은 이 사건 반려처분에 대하여 행정소송을 제기하지 않고 바로 이 헌법소원 심판청구를 하였다. 이 점에 관하여 다수의견은, 위 97헌마315 결정이나 99헌마703 결정의 다수의견과 같은 입장에서, 종래의 법원 판례가 토지대장 등 지적공부에 일정한 사항을 등록하거나 등록된 사항을 변경하는 행위는 당해 토지에 관한 실체상의 권리관계에 어떤 변동을 가져오는 것은 아니어서 소관청이 그 등록사항을 직권으로 정정하는 행위나 등록사항에 대한 변경신청을 거부하는 행위는 행정소송의 대상이 되는 행정처분이 아니라고 보는 입장을 취하여 왔다는 이유로, 이 사건에 있어서도 행정소송을 하지 않고 바로 헌법소원을 한 것이 적법하다고 판단하였다.

그러나, 행정기관의 행위가 개인의 권리 또는 법적 이익에 영향을 미치는 것인지 여부에 대한 시각의 차이만으로 헌법재판소가 행정소송 대상이 되지 않으므로 바로 헌법소원을 할 수 있다고 인정하는 경우는 그야말로 예외적으로만 있어야 하며, 오히려 다수의견과 같이 개인의 실체적 권리관계에 영향을 미치는 공권력행사라고 한다면 이른바 '처분성'이 인정되어 행정소송 대상에 포함되어야 할 이치이다. 또한 전반적으로 행정소송에서의 권리구제 범위가 확대되고 '처분성'도 보다 더 넓게 인정되어 가는 추세임에 비추어 보더라도 과거의 판례만을 토대로 앞으로도 행정소송을 통해서는 구제될 가능성이 없는 것으로 단정하고 이와 같은 사건에서는 언제나 바로 헌법소원을 제기하여도 적법하다고 하기보다는, 청구인으로 하여금 법원에서 재판을 받아볼 기회를 먼저 가지도록 함이 헌법재판제도의 합리적 운영이나 국민의 권리구제를 원활하게 하는 방향으로 사법제도를 운영한다는 측면에서 바람직하다고 판단된다. 이 사건 반려처분이 청구인의 법적 이익에 영향을 미치는 사항이라 하더라도 청구인은 행정소송을 제기하였어야 한다고 본다.

나. 이상과 같은 이유로 이 헌법소원 심판청구는 부적법하다고 판단하여 다수의견에 반대하는 것이다.」

◎ **같은 취지 : 憲 1999. 6. 24.-97헌마315**

[憲 2001. 9. 27.-2000헌마159](제42회 사법시험 제1차시험시행일자 위헌확인)

「(1) 헌법소원의 대상이 되는 공권력의 행사

먼저 이 사건 심판청구의 심판대상인 이 사건 공고가 헌법소원심판의 대상이 될 수 있는 공권력의 행사에 해당하는지 여부에 관하여 보건대, 공고가 어떠한 법률효과를 가지는지는 일률적으로 말할 수 없고 개별 공고의 내용과 관련 법령의 규정에 따라 구체적으로 판단하여야 할 것이다. 피청구인의 이 사건 공고는 사법시험 등의 시험실시계획을 일반에게 알리는 것을 내용으로 하는 통지행위로서 일반적으로는 행정심판이나 행정쟁송의 대상이 될 수 있는 행정처분이나 공권력의 행사는 될 수 없지만 사전안내의 성격을 갖는 통지행위라도 그 내용이 국민의 기본권에 직접 영향을 끼치는 내용이고 앞으로 법령의 뒷받침에 의하여 그대로 실시될 것이 틀림없을 것으로 예상될 수 있는 것일 때에는 그로 인하여 직접적으로 기본권침해를 받게 되는 사람에게는 사실상의 규범작용으로 인한 위험성이 이미 발생하였다고 보아야 할 것이므로 이러한 것도 헌법소원의 대상이 될 수 있다(헌재 1992. 10. 1. 92헌마68등, 판례집 4, 659, 668 ; 헌재 2000. 1. 27. 99헌마123 결정, 판례집 12-1, 75, 83-84).

그런데 응시자격은 구 사법시험령 제4조에, 시험방법과 과목은 구 사법시험령 제5조와 제7조에 이미 규정되어 있으므로 그에 대한 공고는 이미 확정되어 있는 것을 단순히 알리는 데에 지나지 않는다 할 것이나 구체적인 시험일정과 장소는 위 공고에 따라 비로소 확정되는 것이다. 따라서 이 사건 공고는 헌법소원의 대상이 되는 공권력의 행사에 해당한다고 보아야 할 것이다.」

[憲 2004. 3. 25.-2003헌마404](무혐의처분 취소)

「가. 공정거래위원회의 심사불개시결정에 대한 헌법소원의 가능 여부

헌법재판소는 공정거래위원회의 무혐의 조치가 헌법소원의 대상이 된다고 판단하였는바(헌재 2002. 6. 27. 2001헌마381, 판례집 14-1, 679, 683-684), 동 위원회의 심사불개시결정 역시 공권력의 행사에 해당되며, 자의적일 경우 법(독점규제및공정거래에관한법률) 위반행위로 인한 피해자(신고인)의 평등권을 침해할 수 있으므로 헌법소원의 대상이 된다고 볼 것이다.」

▷ 행정행위 중 헌법소원심판의 대상이 되지 않는다고 본 사례들

[憲 1989. 9. 2.-89헌마170](대한민국어린이헌장에 관한 헌법소원)

「1. 청구인의 이 사건 헌법소원심판청구의 요지는, 1988. 5. 5. 개정선포한 대한민국 어린이헌장은 그 내용 중 어린이에게 의무와 부담만을 요구하여 국가가 어린이를 위해 보장하고 노력해야 할 의무를 간과함으로써 어린이의 사회보장권을 침해하는 부분이 있어 이를 취소해 달라

는 것이다.
2. 살피건대, 어린이헌장의 제정, 선포행위는 헌법재판소법 제68조 제1항 소정의 공권력의 행사로 볼 수 없어 헌법소원심판청구의 대상이 되지 아니하며, 또한 위 행위로 인하여 청구인 자신이 직접 기본권침해를 받은 사실도 없다.

그렇다면 이건 헌법소원 심판청구는 부적법하고 그 흠결을 보정할 수 없는 것이므로 헌법재판소법 제68조 제1항, 제72조 제3항 제4호에 의하여 이를 각하하기로 하여 관여재판관 전원의 일치된 의견으로 주문과 같이 결정한다.」

[憲 1993. 12. 23.-89헌마281](1980년 해직공무원의보상등에관한특별조치법에 대한 헌법소원)

「가. 먼저 한국방송공사의 1989. 12. 11.자 보상금지급결정통지에 관한 심판청구를 본다.

이 사건 헌법소원심판청구서(특히 "침해의 원인이 되는 공권력의 행사" 부분 및 말미의 "첨부서류" 부분), 당재판소 재판장의 청구인에 대한 1992. 11. 7.자 석명준비명령 및 이에 대한 청구인 대리인 변호사 황병일의 회신(1992. 11. 20. 당 재판소 접수)의 각 기재에 의하면, 청구인이 이 사건에서 심판의 대상으로 한 한국방송공사의 1989. 12. 11.자 보상금지급결정통지라는 것은 동 공사의 같은 해 8.23.자보상금지급결정통지를 가리키는 것이 아니고 같은 해 12. 11.자 "80 해직자 보상금 지불건에 대한 회신"(한국방송공사 인사 200-7288호)이란 제목의 통지를 가리키는 것임이 분명하다.

그런데 기록에 의하면, 한국방송공사는 1989. 8. 23.자로 청구인에 대하여 청구인의 보상금 지급신청에 대한 심사결과 보상급 지급대상자로 결정되었기에 통지하니 동 공사에 각서(보상금 수령 후에는 동 공사에 대하여 1980년 해직과 관련된 민사상의 책임을 묻거나 이의를 제기하지 않겠다는 내용임)를 차입한 후 보상금 5,000,000원을 수령하기 바란다는 요지의 "보상금지급결정통지서"를 보낸 사실, 변호사 황병일이 그 후인 같은 해 11. 29. 위 보상금지급결정에 대한 탄원서(정확한 탄원내용은 알 수 없음)를 제출하여 위 공사는 같은 해 12. 11.자로 동 변호사에게 "80 해직자 보상금 지불건에 대한 회신"(인사 200-7288)이란 제목으로 위 탄원에 대한 회신을 보낸 사실 및 그 회신의 요지는 동 공사는 80년 해직자 보상문제에 관하여 정부의 보상계획에 따라 선도적으로 보상계획을 수립, 시행한 바 있는데 그 보상기준은 정부의 보상계획을 준용하고 또 공사가 신중한 검토와 심의를 거쳐 최선을 다해 마련한 것이며 이주여권 발급자에 대하여는 정부의 보상기준과 같이 이주여권 발급일까지만 보상하기로 하였으니 공사의 보상기준이 설혹 미흡하다고 하더라도 해직자 보상업무의 어려움을 이해하고 그 보상업무가 원활히 마무리 될 수 있도록 협조하여 달라는 것이었음이 인정된다.

그렇다면 청구인이 이 사건에서 심판의 대상으로 한 1989. 12. 11.자 보상금지급결정통지(정확히는, "80 해직자 보상금 지불건에 대한 회신"이란 제목의 통지)라는 것은, 그 형식에 있어서 청구인의 대리인 자격이 있는지의 여부조차 불명확한 변호사 황병일의 탄원서에 대한 위 공사의 회신에 불과할 뿐만 아니라 그 내용에 있어서도 동 공사가 이미 청구인에게 보낸 같은 해 8. 23.자 보상금지급결정통지에 관한 단순한 사후의 해명에 불과한 것으로서, 이것이 청구인의 기본권침해의 원인이 된 헌법재판소법 제68조 제1항 소정의 "공권력의 행사"에 해당한다고는 볼 수 없다(가사 심판의 대상을 위 "1989. 8. 23.자 보상금지급결정통지"로 본다고 하더라도, 이 결정통지 역시 위 인정사실과 그 법적 성질로 보아 위 규정 소정의 "공권력의 행사"에 해당한다고 볼 수 없다).

따라서 이 부분 심판청구는 헌법소원심판의 대상적격이 없는 것을 그 대상으로 한 것이므로 부적법하다.」

※ 재판관 1인(재판관 김양균)은 다수의견이 심판청구서의 "침해의 원인이 된 공권력의 행사" 부분의 기재에 너무 얽매이어 그 대상을 축소해서 인정하는 잘못을 저질렀고, 청구인의 헌법소원심판청구서 등의 기재내용에 의하더라도 이 사건 헌법소원심판의 대상은 보상금지급과 관련된 한국방송공사의 일련의 행위 전체임을 추찰할 수 있으므로, 이는 일종의 권력적 사실행위로 볼 것이며 따라서 헌법재판소법 제68조 제1항 소정의 헌법소원의 대상이 되는 공권력의 행사에 해당한다는 이유로 반대의견을 내었음

[憲 2000. 6. 1.-99헌마538등](개발제한구역제도개선방안 확정발표 위헌확인)

「나. 이 사건 개선방안의 발표가 공권력의 행사에 해당되는지 여부

(1) 먼저 이 사건 개선방안의 법적 성격을 본다.

이 사건 개선방안은 도시계획법 제21조에 의거 개발제한구역의 지정권한을 가진 피청구인이 개발제한구역의 해제 내지 조정을 위한 일반적인 기준을 제시하는 내용을 담고 있다. 따라서 이 사건 개선방안은 개발제한구역의 운용에 대한 국가의 기본방침을 천명하는 정책계획안이며, 장차 이루어질 개발제한구역의 해제 내지 조정에 대한 정보를 국민들에게 사전에 제공하는 정보제공적 행정계획안이라고 할 수 있다.

따라서 이를 입안한 것은 사실상의 준비행위에 불과하다.

(2) 다음으로 이 사건 개선방안이 어떠한 법적 효력을 가지고 있는지를 본다.

일반적으로 국민적 구속력을 갖는 행정계획(예컨대 도시계획결정)은 행정행위에 해당되지만, 구속력을 갖지 않고 행정기관 내부의 행동지침에 지나지 않는 행정계획은 행정행위가 될 수 없다.

그런데 이 사건 개선방안은 개발제한구역의 해제 내지 조정방침을 국민들에게 알리는 피청구인의 정책계획안에 불과하므로, 대외적 효력이 없는 비구속적 행정계획안에 속한다.

그리고 이 사건 개선방안은 법령의 뒷받침에 의하여 구체화되지 아니한 단계에서의 추상적이고 일반적인 행정기관의 구상과 의지를 담은 행정계획안에 불과하므로, 아직은 지방자치단체에 미치는 대내적 효력도 가지지 아니하는 도시계획업무용 참조자료 내지 대 국민 홍보용 정책자료에 그친다(건교부는 실제로 각 지방자치단체에게이 사건 개선방안을 홍보자료로 활용하도록 배부하였다).

이와 같이 법령이 아직 개정되지 아니한 현시점에서는 이 개선방안은 법적 효력이 없는 행정계획안이어서 이를 입안한 것은 사실상의 준비행위에 불과하고 이를 발표한 행위는 장차 도시계획결정을 통해 그와 같이 개발제한구역의 해제나 조정을 할 계획임을 미리 알려주는 일종의 사전안내로서 행정기관의 단순한 사실행위일 뿐이라 할 것이다.

(3) 그렇다면 이 사건 개선방안은 비구속적 행정계획안에 불과하므로 공권력행위가 될 수 없으며, 이 사건 개선방안을 발표한 행위도 대내외적 효력이 없는 단순한 사실행위에 불과하므로 공권력의 행사라고 할 수 없다. 청구인들 역시 "이 사건 발표는 장차 이루어질 개발제한구역해제 또는 재지정 등의 처분을 위한 사실상의 준비행위 또는 사전 발표로서 행정쟁송의 대상이 될 수 있는 행정처분이나 공권력의 행사는 될 수 없다"며 이를 인정하고 있다.

다. 이 사건 개선방안이 예외적으로 헌법소원의 대상이 되는지 여부

그렇지만 이 사건 개선방안이 예외적으로 헌법소원의 대상이 될 수도 있는 것인지 여부를

검토하기로 한다.

(1) 우선 비구속적 행정계획안이 예외적으로 헌법소원의 대상이 되는 경우를 살펴본다.

헌법재판소는 92헌마68등(서울대학교 입시요강발표)의 결정에서, 서울대학교의 "94학년도 대학입학고사 주요요강"은 교육부가 마련한 대학입시제도 개선안에 따른 것으로서 대학입학방법을 규정한 교육법시행령 규정이 교육부의 개선안을 뒷받침할 수 있는 내용으로 개정될 것을 전제로 하여 제정된 것이고 위 시행령이 아직 개정되지 아니한 현 시점에서는 법적 효력이 없는 행정계획안이어서 이를 제정한 것은 사실상의 준비행위에 불과하고 이를 발표한 행위는 앞으로 그와 같이 시행될 것이니 미리 그에 대비하라는 일종의 사전안내에 불과하지만, "이러한 사실상의 준비행위나 사전안내라도 그 내용이 국민의 기본권에 직접 영향을 끼치는 내용이고 앞으로 법령의 뒷받침에 의하여 그대로 실시될 것이 틀림없을 것으로 예상될 수 있는 것일 때에는 그로 인하여 직접적으로 기본권침해를 받게 되는 사람에게는 사실상의 규범작용으로 인한 위험성이 이미 발생하였다고 보아야 할 것"이므로, 서울대학교가 "94학년도 대학입학고사 주요요강"을 제정 · 발표한 행위는 헌법소원의 대상이 된다고 판시하였다(헌재 1992. 10. 1. 92헌마68등, 판례집 4, 659, 668). 이 사건에서 심판의 대상이 된 "94학년도 대학입학고사 주요요강"은 고등학교 내신성적 반영비율을 40%로 하고 대학수학능력시험성적 반영비율을 20%로 하며, 대학별 고사의 반영비율을 40%로 하되 인문계열의 경우 국어(논술), 영어, 수학1 등 3과목을 필수과목으로 하고, 한문, 프랑스어, 독일어, 중국어, 에스파냐어 등 5과목을 선택과목으로 정하는 내용을 가지고 있었는데, 일본어를 선택과목에서 제외시키고 있었다.

헌법재판소의 위 결정에 따르면, 비구속적 행정계획안이나 행정지침이라도 국민의 기본권에 직접적으로 영향을 끼치고, 앞으로 법령의 뒷받침에 의하여 그대로 실시될 것이 틀림없을 것으로 예상될 수 있을 때에는, 공권력행위로서 예외적으로 헌법소원의 대상이 된다고 할 것이다.

(2) 이 사건 개선방안이 비구속적 행정계획안이지만 그 내용이 국민의 기본권에 직접적으로 영향을 끼치고, 장차 법령의 뒷받침에 의하여 그대로 실시될 것이 틀림없을 것으로 예상되어 예외적으로 헌법소원이 대상이 될 수 있는지 여부를 살펴본다.

(가) 먼저 개발제한구역의 해제 내지 조정방침을 천명하고 있는 이 사건 개선방안이 청구인들의 기본권에 직접적으로 영향을 끼치고 있는지 여부를 본다.

이 사건 개선방안은 7개 중소도시권의 경우 지방자치단체별로 환경평가결과를 검증한 후 환경평가 결과 1 · 2등급 지역은 보전지역으로, 3－5등급 지역은 용도지역으로 지정하는 도시계획결정을 함과 동시에 개발제한구역을 전면적으로 해제하며, 7개 대도시권의 경우에도 지방자치단체별로 환경평가결과를 검증한 후 환경평가 결과 1 · 2등급 지역은 개발제한구역으로, 3등급 지역은 개발제한구역 또는 도시계획용지로, 그리고 4 · 5등급 지역은 해제가능지역으로 지정하는 도시계획결정을 통하여 개발제한구역을 부분적으로 해제 · 조정하는 내용을 담고 있다. 그리고 7개 대도시권의 경우 개발제한구역 내에 위치한 대규모 취락, 산업단지, 구역 경계선이 관통하는 취락 등 불합리한 지역은 도시계획결정을 통하여 우선적으로 해제하도록 하고 있다.

살피건대 이 사건 개선방안은 7개 중소도시권과 7개 대도시권에서 개발제한구역을 해제하거나 조정하기 위한 일반적인 기준들만을 담고 있을 뿐, 개발제한구역의 해제범위나 해제지역 등이 구체적으로 확정되어 있지 않다. 이 사건 개선방안은 환경평가 결과 3 내지 5등급에 해당되는 개발제한구역이 도시계획결정을 통해서 해제 내지 조정된다는 내용만을 포함하고 있을 뿐, 구체적으로 어느 지역이 해제될 것인지는 전혀 특정하고 있지 않다. 대규모 취락이나 구역 경계선이 관통하는 취락 등에서의 구역해제는 비교적 구체적이라고 볼 수 있지만, 역시 해당지역을 특정하고 있지 않다.

이 사건 개선방안에 따라서 개발제한구역이 해제 내지 조정되는 지역은 앞으로 지방자치단체의 입안 및 의견청취, 관계부처 협의 등을 거쳐 각 개발제한구역별로 도시계획결정이라는 구체적인 행정처분을 통하여 비로소 확정된다. 따라서 관련주민은 해당지역에 대한 도시계획결정이 이루어지기 전에는 어느 지역이 개발제한구역에서 해제될 것인지를 사전에 전혀 알 수 없다.

해당지역 주민들은 개발제한구역을 해제하는 구체적인 도시계획결정이 내려진 이후에야 비로소 법적인 영향을 받게 되고, 경우에 따라서 자신들의 기본권을 침해당할 수 있다.

그렇다면 개발제한구역의 해제나 조정을 하기 위한 추상적이고 일반적인 내용만을 담고 있는 이 사건 개선방안은 청구인들의 기본권에 직접적으로 영향을 끼칠 가능성이 없다고 할 것이다.

(나) 다음으로 이 사건 개선방안이 앞으로 법령의 뒷받침에 의하여 그대로 실시될 것이 틀림없을 것으로 예상되는지 여부를 본다.

이 사건 개선방안의 내용들은 피청구인이 마련한 후속지침들에 반영되었으며, 해당 지방자치단체들은 이 후속지침들에 따라서 관련 절차들을 거친 후 도시계획결정을 하게 된다. 따라서 이 사건 개선방안은 도시계획법령에 의거한 도시계획결정을 통해서 시행될 것이고, 환경평가 결과 4－5등급 지역은 개발제한구역에서 해제될 가능성이 존재한다.

그러나 위에서 본 바와 같이 이 사건 개선방안의 내용이 추상적이고 일반적이어서 이를 구체화하는 과정에서 과연 어느 지역이 4－5등급으로 평가, 분류될 것이며, 여기서 예정하고 있는 4－5등급 지역이 어느 정도로 해제될 것인지, 그리고 어느 지역이 구체적으로 해제될 것인지는 사전에 예상할 수 없다. 또 구체적인 도시계획의 입안이나 결정과정에서 변동의 여지도 상존하고 있다.

그러므로 이 사건 개선방안은 피청구인의 후속 행정지침들에 반영되고 이에 따른 도시계획결정을 통하여 실시될 예정이기는 하지만, 위의 입학고사 주요요강처럼 예고된 내용이 그대로 틀림없이 실시될 것으로 예상할 수는 없다고 할 것이다.

(3) 소 결 론

그렇다면 이 사건 개선방안은 아직 청구인들의 기본권에 직접적으로 영향을 끼친다고 할 수 없고, 장차 도시계획법령에 의거한 도시계획결정을 통하여 그대로 실시될 것이 틀림없다고 예상되는 경우도 아니기 때문에 그 발표가 예외적으로 헌법소원의 대상이 되는 공권력의 행사에도 해당되지 아니한다.」

▷ 원행정처분이 헌법소원심판의 대상이 될 수 있는 경우에 대한 판례

[憲 1997. 12. 24.－96헌마172등](헌법재판소법 제68조 제1항 위헌확인 등)

「라. 이 사건 과세처분의 취소 여부

(1) 행정처분이 헌법에 위반되는 것이라는 이유로 그 취소를 구하는 행정소송을 제기하였으나 법원에 의하여 그 청구가 받아들여지지 아니한 후 다시 원래의 행정처분에 대하여 헌법소원심판을 청구하는 것이 원칙적으로 허용될 수 있는지의 여부에 관계없이, 이 사건의 경우와 같이 행정소송으로 행정처분의 취소를 구한 청구인의 청구를 받아들이지 아니한 법원의 판결

에 대한 헌법소원심판의 청구가 예외적으로 허용되어 그 재판이 헌법재판소법 제75조 제3항에 따라 취소되는 경우에는 원래의 행정처분에 대한 헌법소원심판의 청구도 이를 인용하는 것이 상당하다.

원래 공권력의 행사로 인하여 헌법상 보장된 기본권을 침해받은 자는 원칙적으로 법원의 재판을 제외하고는 헌법재판소에 헌법소원심판을 청구할 수 있는 것이므로(헌법 제111조 제1항 제5호, 헌법재판소법 제68조 제1항 본문), 행정처분에 대하여도 헌법소원심판을 청구할 수 있음이 원칙이라고 하겠다. 다만, 행정소송의 대상이 되는 행정처분의 경우에는, 헌법재판소법 제68조 제1항 단서에 의하여 헌법소원심판을 청구하기에 앞서 행정소송절차를 거치도록 되어 있고, 이러한 경우 행정소송절차에서선고되어 확정된 판결과 헌법재판소가 헌법소원심판절차에서 선고하게 될 인용결정의 기속력과의 관계, 법원의 재판을 원칙적으로 헌법소원심판의 대상에서 제외한 헌법재판소법 제68조 제1항의 입법취지 등에 비추어 그에 대한 헌법소원심판청구의 적법성이 문제되었던 것이다. 그러나, 이 사건의 경우와 같이 법원의 판결에 대한 헌법소원이 예외적으로 허용되는 경우와는 달리 그 판결의 대상이 된 행정처분에 대한 헌법소원심판의 청구가 허용되지 아니한다고 볼 여지가 없다고 하겠다. 뿐만 아니라, 법원의 재판과 행정처분이 다같이 헌법재판소의 위헌결정으로 그 효력을 상실한 법률을 적용함으로써 청구인의 기본권을 침해한 경우에는 그 처분의 위헌성이 명백하므로 원래의 행정처분까지도 취소하여 보다 신속하고 효율적으로 국민의 기본권을 구제하는 한편, 기본권침해의 위헌상태를 일거에 제거함으로써 합헌적 질서를 분명하게 회복하는 것이 법치주의의 요청에 부응하는 길이기도 하다.

(2) 이 사건 심판기록에 의하면, 이 사건 과세처분은 헌법재판소가 위헌으로 결정하여 그 효력을 상실한 이 사건 법률조항을 적용하여 한 처분임이 분명할 뿐만 아니라, 헌법재판소가 이 사건 법률조항에 대하여 한 위 위헌결정이 피청구인이 한 과세처분의 취소를 구하는 이 사건에 대하여도 소급하여 그 효력이 미치는 경우에 해당하고, 이 사건 과세처분에 대한 심판을 위하여 달리 새로운 사실인정이나 법률해석을 할 필요성이 인정되지도 아니한다. 따라서 청구인은 피청구인이 위법한 공권력의 행사인 이 사건 과세처분으로 말미암아 헌법상 보장된 기본권인 재산권을 침해받았다고 할 것이므로, 헌법재판소법 제75조 제3항에 따라 피청구인이 1992. 6. 16. 청구인에게 한 이 사건 과세처분을 취소하기로 한다.」

⇔ 재판관 3인(재판관 이재화, 재판관 고중석, 재판관 한대현)의 반대의견

「라. 이 사건 처분에 대한 심판청구의 적법 여부

다수의견도 밝히고 있는 바와 같이 행정처분이 위헌이라고 주장하고 그 취소를 구하는 행정소송을 제기하였다가 법원이 받아들이지 아니한 후 다시 원래의 그 행정처분에 대한 헌법소원심판을 허용하는 것은 명령·규칙·처분에 대한 최종적인 위헌심사권을 대법원에 부여하고 있는 헌법 제107조 제2항과 법원의 재판을 헌법소원심판의 대상에서 제외하고 있는 헌법재판소법 제68조 제1항에 배치될 뿐 아니라, 이 사건 처분은 헌법재판소법가 문제된 법률에 대하여 위헌결정하기 이전에 행하여 진 것이어서 헌법재판소 결정의 기속력에 반한 것도 아니므로 이 사건 처분은 헌법소원심판의 대상이 될 수 없다.

따라서 이 사건 처분에 대한 심판청구는 부적법하여 각하하여야 할 것인데도 다수의견이 본안에 들어가 취소한 것은 부당하다.」

※ 위 사안에서 법원의 재판이 헌법소원심판의 대상이 되는 경우에 대하여 언급한 부분은 〈제4편 - 제5장 - 2. - □ 국가기관에 의한 기본권의 침해와 보호〉 판례 인용부분 참조

[憲 1998. 5. 28.-91헌마98등](양도소득세등부과처분에 대한 헌법소원)

「이 사건의 쟁점은, 행정처분이 헌법에 위반된다는 등의 이유로 그 취소를 구하는 행정소송을 제기하였으나 그 청구가 받아들여지지 아니하는 판결이 확정되어 법원의 소송절차에 의하여서는 더 이상 이를 다툴 수 없게 된 경우에, 당해 행정처분(이하 "원행정처분"이라고 한다) 자체의 위헌성 또는 그 근거법규의 위헌성을 주장하면서 그 취소를 구하는 헌법소원심판을 청구하는 것이 가능한지 여부이다.

그런데 우리 재판소는 96헌바172 · 173(병합) 사건에 관하여 1997. 12. 24. 선고한 결정(판례집 9-2,842)에서, 헌법재판소법가 위헌으로 결정한 법령을 적용함으로써 국민의 기본권을 침해한 법원의 재판은 예외적으로 헌법소원심판의 대상이 될 수 있음을 선언하면서, 그와 같은 법원의 재판을 취소함과 아울러, 그 재판의 대상이 되었던 원행정처분에 대한 헌법소원 심판청구까지 받아들여 이를 취소한 바 있다.

그러나 위 결정에서 보는바와 같이 원행정처분에 대한 헌법소원심판청구를 받아들여 이를 취소하는 것은, 원행정처분을 심판의 대상으로 삼았던 법원의 재판이 예외적으로 헌법소원심판의 대상이 되어 그 재판 자체까지 취소되는 경우에 한하여, 국민의 기본권을 신속하고 효율적으로 구제하기 위하여 가능한 것이고, 이와는 달리 법원의 재판이 취소되지 아니하는 경우에는 확정판결의 기판력으로 인하여 원행정처분은 헌법소원심판의 대상이 되지 아니한다고 할 것이다. 원행정처분에 대하여 법원에 행정소송을 제기하여 패소판결을 받고 그 판결이 확정된 경우에는 당사자는 그 판결의 기판력에 의한 기속을 받게 되므로, 별도의 절차에 의하여 위 판결의 기판력이 제거되지 아니하는 한, 행정처분의 위법성을 주장하는 것은 확정판결의 기판력에 어긋나기 때문이다. 따라서 법원의 재판이 위 96헌마172 등 사건과 같은 예외적인 경우에 해당하여 그 역시 동시에 취소되는 것을 전제로 하지 아니하는 한, 원행정처분의 취소 등을 구하는 헌법소원심판청구는 허용되지 아니한다고 할 것이다. 뿐만 아니라 원행정처분에 대한 헌법소원심판청구를 허용하는 것은, "명령 · 규칙 또는 처분이 헌법이나 법률에 위반되는 여부가 재판의 전제가 된 경우에는 대법원은 이를 최종적으로 심사할 권한을 가진다"고 규정한 헌법 제107조 제2항이나, 원칙적으로 헌법소원심판의 대상에서 법원의 재판을 제외하고 있는 헌법재판소법 제68조 제1항의 취지에도 어긋나는 것이다.

따라서 청구인들이 앞에서 본 바와 같은 원행정처분의 취소를 구하고 있을 뿐, 법원의 재판에 대하여는 헌법소원심판청구를 제기하고 있지 아니함이 명백하고, 달리 법원의 재판이 취소되었다는 사정도 보이지 아니하는 이 사건에 있어서, 원행정처분의 취소를 구하는 이 사건 헌법소원심판청구는 더 나아가 살펴볼 필요도 없이 부적법하다 할 것이다.」

⇒ 재판관 1인(재판관 이영모)의 의견

「이 사건은 법원의 재판을 거친 원행정처분이 헌법소원 심판대상이 되는지 여부가 쟁점이 된 중요한 사건이다.

나는, 우리재판소가 1998. 4. 30. 선고한 92헌마239 결정에서 법원의 재판에 대한 헌법소원 심판대상의 허용범위에 관하여 반대의견을 개진한 바가 있고, 이 사건의 쟁점과 반대의견에서 판단한 내용과의 정합성(整合性)을 감안하여 볼 때에 다수의견과는 결론은 같으나 그 이유를 달리하므로 아래와 같이 의견을 밝혀 두고자 한다.

가. 나는, 위 결정에서 "헌법재판소법 제68조 제1항 본문의 '법원의 재판'에 위헌인 법률을 적용함으로써 국민의 기본권을 침해한 재판도 포함되는 것으로 해석하는 한도내에서, 헌법재판소법 제68조 제1항은 헌법에 위반된다"는 견해를 밝혔다. 그 이유는, 위헌인 법률을 합헌으로

해석할 권한이 없는 법원의 재판에 대하여는 헌법재판소에서 그 법률의 위헌 여부와 그 법률을 적용한 법원의 재판을 헌법소원 심판대상으로 삼아 심판을 하는 것이 견제와 균형을 본질로 하는 권력분립의 원리에도 들어맞고, 헌법이 우리 재판소에 맡겨준 위헌법률심판권을 헌법의 규정과 이념에 들어맞게끔 합리적이고도 적정하게 행사하는 길이기 대문이라는 것이었다.
나. 법원의 재판을 거친 원행정처분의 경우에, 그 원행정처분이 헌법소원 심판대상이 되려면 위헌인 법률을 합헌으로 해석·적용함으로써 국민의 기본권을 침해한 당해 재판 자체가 헌법소원 심판대상이 되는 한도 내에서, 그 재판과 같이 원행정처분도 헌법소원 심판대상으로 되는 것이지, 그 원행정처분만을 따로 떼어내어 헌법소원 심판대상으로 삼을 수는 없는 것이다. 왜냐하면 법원의 재판을 취소하지 않고, 원행정처분만을 취소하는 결정을 하는 것은 확정판결의 기판력에 저촉되어 법적 안정성을 해칠 뿐만 아니라 헌법과 헌법재판소의 각 규정을 살펴보아도 이와 같은 결정을 할 수 있는 근거가 없기 때문이다.

[다만, 91헌마98 사건의 청구인은 1989. 5. 16. 양도소득세등부과처분을 받고, 위 과세처분의 취소를 구하는 행정소송을 제기하였는데, 1991. 4. 26. 청구인 패소판결이 대법원에서 확정되었고, 이어서 같은 해 5. 27. 이 헌법소원 심판청구를 하였다.

그런데 위 과세처분의 근거가 된 법률은 구 소득세법(1978. 12. 5. 법률 제3098호로 개정된 것으로 1994. 12. 22. 법률 제4803호로 개정되기 전의 것) 제60조이고, 우리 재판소는 1995. 11. 30.(91헌바1등, 판례집 7-2,562) 위 조항에 대하여 "이는 어떤 사정을 고려하여, 어떤 내용으로, 어떤 절차를 거쳐 양도소득세 납세의무의 중요한 사항 내지 본질적 내용인 기준시가를 결정할 것인가에 관하여 과세권자에게 지나치게 광범한 재량의 여지를 부여함으로써, 국민으로 하여금 소득세법만 가지고는 양도소득세 납세의무의 존부 및 범위에 관하여 개략적으로나마 이를 예측하는 것조차 불가능하게 하고, 나아가 대통령령을 포함한 행정권의 자의적인 행정입법권 및 과세처분권 행사에 의하여 국민의 재산권이 침해될 여지를 남김으로써 국민의 경제생활에서의 법적 안정성을 현저히 해친 입법으로서 조세법률주의 및 위임입법의 한계를 규정한 헌법의 취지에 반한다"는 이유로 헌법불합치결정을 선고하였다.]
다. 따라서 청구인들로서는 대법원 판결의 취소를 구하는 헌법소원과 동시에 원행정처분인 과세처분의 취소도 아울러 청구해야만 된다고 할 것이다(위 92헌마239 결정, 재판관 이영모의 반대의견 참조). 그런데도 불구하고 청구인들은 이 사건에서 과세처분의 취소만을 구하는 헌법소원 심판을 청구하였고 청구취지를 확장할 신청기간도 이미 도과되어 부적법하므로 이 심판청구는 모두 각하할 수밖에 없다고 하겠다.」

⇒ 재판관 3인(재판관 이재화, 재판관 고중석, 재판관 한대현)의 별개의견

「우리는 이 사건 심판청구가 부적법하므로 이를 각하하여야 한다는 결론에는 다수의견과 견해를 같이 하지만, 그 설시이유에 관하여는 의견을 달리한다.

헌법 제107조 제1항은 "법률이 헌법에 위반되는 여부가 재판의 전제가 된 경우에는 법원은 헌법재판소에 제청하여 그 심판에 의하여 재판한다"고 규정하고, 제2항은 "명령·규칙 또는 처분이 헌법이나 법률에 위반되는 여부가 재판의 전제가 된 경우에는 대법원을 이를 최종적으로 심사할 권한을 가진다"고 규정하여 구체적 규범통제절차에서의 법률에 대한 위헌심사권과 명령·규칙·처분에 대한 위헌심사권을 서로 분리하여 각각 헌법재판소와 대법원에 귀속시킴으로써 헌법의 수호 및 기본권의 보호가 오로지 헌법재판소만의 과제가 아니라 헌법재판소와 법원의 공동과제라는 것을 밝히고 있다.

그리고 헌법 제111조 제1항 제5호가 "법률이 정하는 헌법소원에 관한 심판"이라고 규정한 뜻은 헌법이 입법자에게 공권력 작용으로 인하여 헌법상의 권리를 침해받은 자가 그 권리를 구제받기 위한 주관적 권리구제절차를 우리의 사법체계, 헌법재판의 역사, 법률문화와 정치적·사회적 현황 등을 고려하여 헌법의 이념과 현실에 맞게 구체적인 입법을 통하여 구현하게끔 위임한 것으로 보아야 할 것이므로, 헌법소원은 언제나 "법원의 재판에 대한 소원"을 그 심판의 대상에 포함하여야만 비로소 헌법소원제도의 본질에 부합한다고 단정할 수는 없다(위 96헌마172등 결정, 판례집 9-2,854).

그러므로 헌법재판소법 제68조 제1항이 헌법소원의 심판대상에서 "법원의 재판"을 제외한 것은 위 조항 단서의 보충성의 원칙과 결합하여 법원의 재판 자체뿐만 아니라 재판의 대상이 되었던 원행정처분도 제외하는 것으로 봐야한다. 왜냐하면 원행정처분에 대하여 헌법소원심판을 하는 것은 단순한 행정작용에 대한 심사가 아니라 사법작용에 대한 심사와 행정작용에 대한 심사를 동시에 행하는 것이 되고, 결국 헌법소원심판의 대상에서 제외됨에 따라 금지된 사법작용에 대한 심사를 행하는 것이 되어 결과적으로 법원의 재판에 대한 헌법소원을 사실상 허용하는 것이 되기 때문이다.

만약 원행정처분이 위헌이어서 사법적 심사의 방법으로 이를 바로잡아야 한다면 그것은 법원의 몫이지 헌법재판소의 몫은 아니다. 따라서 원행정처분은 언제나 헌법소원심판의 대상이 될 수 없다. 헌법재판소와 법원의 양 헌법수호기관은 서로의 권한을 대신 행사할 수도 없으려니와 서로의 책무를 대신 수행할 수도 없는 것이다.」

⇔ 재판관 1인(재판관 조승형)의 반대의견

「"법원의 재판"에 대한 직접적인 소원과 헌법재판소법 제68조 제1항 단서에 규정하고 있는 "권리구제절차로서의 재판"을 거친 원공권력작용에 대한 소원은 명백히 구분하여야 할 것이므로 구제절차로서 '재판'을 거친 원공권력작용도 헌법소원의 대상이 되며, 따라서 행정처분은 공권력인 입법·행정·사법작용 중 행정작용의 대표적인 행위형식으로써 그 행사나 불행사로 인하여 기본권을 침해받은 경우에는 비록 권리구제절차로서 행정소송의 '재판'을 거친 행정처분의 경우라 하더라도 헌법소원심판의 대상이 된다. 또한 헌법 제107조 제2항은 "명령·규칙 또는 처분이 헌법이나 법률에 위반되는 여부가 재판의 전제가 되는 경우에는 대법원은 이를 최종적으로 심사할 권한을 가진다"라고 규정하고 있는바, 위 헌법조항의 문언에 따르더라도 처분 자체의 위헌·위법성이 재판의 전제가 된 경우만을 규정하고 있으므로 그 경우를 제외하고는 처분 자체에 의한 직접적인 기본권 침해를 다투는 헌법소원이 모두 가능하다.」

◎ 같은 취지 : 憲 1998. 6. 25.-95헌바24

▷ 권력적 사실행위가 헌법소원심판의 대상이 된다는 취지의 판례

[憲 1993. 7. 29.-89헌마31](공권력행사로 인한 재산권 침해에 대한 헌법소원)

「1. 사건의 개요

(1) 청구인은 주식회사 국제상사를 주력기업으로 하여 20여개 회사를 계열기업으로 한 세칭 국제그룹의 청업자로서 별지목록 기재(청구인 주장)와 같이 국제그룹계열사들의 주식을 소유하고 있었는데 1985. 2. 21. 국제그룹의 주거래은행인 주식회사 제일은행(이하 제일은행이라 한다)의 국제그룹해체방침 발표에 따른 후속조치로 그 무렵부터 위 주식을 모두 제3자에게 매도하게 되었다.

(2) 청구인은 국제그룹해체가 공권력에 의하여 결정된 것이고 그 공권력의 행사로 인하여

헌법상 기본권을 침해받았다고 주장하면서 1989. 2. 27. 그 공권력의 행사의 취소를 구하는 이 사건 헌법소원심판을 청구하였다.……

먼저 피청구인의 이 사건 공권력의 행사가 헌법재판소법 제68조 제1항 소정의 공권력의 행사에 해당하지 아니한다는 주장에 관하여 본다. 이 사건 공권력의 행사 중 위 (1)(2)항에서 밝힌 대통령의 재무부장관에 대한 국제그룹 전면해체와 제3자인수의 결재지시는 대외적 효력이 없는 상급관청의 하급관청에 대한 내부지시임이 분명하며 행정청 상호간이 행위라 볼진대 독자적인 헌법소원의 대상적격을 갖추었다고 보기 어려울 것이고 이 점에 있어서는 재무부장관의 은행감독원장에 대한 지시부분 역시 그 궤를 같이한다 할 것으로, 다만 이들에 관해서는 1985. 2. 7.과 2. 11.에 있었던 재무부장관 주도의 국제그룹해체와 인수업체 결정이라는 일련는 공권력 행사과정의 일부인 것으로 보고 여기에 흡수시켜 판단한다. 다음 재무부장관이 제일은행장에 대하여 한 해체준비착수지시와 언론발표지시를 보면 이는 상급관청이 하급관청에 대하여 한 지시가 아님은 물론 위 인정사실에 의할 때 제일은행측의 임의적 협력을 기대하여 행하는 비권력적인 권고·조언 따위의 단순한 행정지도로서의 한계도 이미 넘어선 것이라 할 것이고, 오히려 위와 같은 공권력의 개입은 주거래은행으로 하여금 공권력의 뜻대로 순응케 하여 그 이름으로 제3자인수식의 국제그룹 해체라는 결과를 사실상 실현 시키는 행위라고 할 것이므로, 이와 같은 유형의 행위는 형식적으로는 사법인인 주거래은행의 행위였던 점에서 행정행위는 될 수 없더라도 그 실질이 공권력의 힘으로 재벌기업의 해체라는 사태변동을 일으키는 경우인 점에서 일종의 권력적 사실행위로 볼 것이며, 헌법재판소법 제68조 제1항 소정의 헌법소원의 대상이 되는 공권력의 행사에 해당되는 것으로 파악할 것이다. 따라서 피청구인의 위 항변은 이유 없어 배척되어야 할 것이다.」

[憲 2001. 7. 19.-2000헌마546](유치장 내 화장실 설치 및 관리행위 위헌확인)

「이 사건 심판대상행위는 피청구인이 우월적 지위에서 일방적으로 강제하는 성격을 가진 것으로서 권력적 사실행위라 할 것이며, 이는 헌법소원심판청구의 대상이 되는 헌법재판소법 제68조 제1항의 공권력의 행사에 포함된다.」

[憲 1992. 10. 1.-92헌마68등](1994학년도 신입생선발입시안에 대한 헌법소원)

「국립대학인 서울대학교는 특정한 국가목적(대학교육)에 제공된 인적·물적 종합시설로서 공법상의 영조물이다. 그리고 서울대학교와 학생과의 관계는 공법상의 영조물이용관계로서 공법관계이며, 서울대학교가 대학입학고사시행방안을 정하는 것은 공법상의 영조물이용관계설정을 위한 방법, 요령과 조건 등을 정하는 것이어서 서울대학교 입학고사에 응시하고자 하는 사람들에 대하여 그 시행방안에 따르지 않을 수 없는 요건·의무 등을 제한설정하는 것이기 때문에 그것을 제정·발표하는 것은 공권력의 행사에 해당된다. 그러나 앞에서도 설명한 바와 같이 서울대학교의 "'94학년도 대학입학고사 주요요강"은 교육부가 마련한 대학입시제도 개선안에 따른 것으로서 대학입학방법을 규정한 교육법시행령 제71조의2의 규정이 교육부의 개선안을 뒷받침할 수 있는 내용으로 개정될 것을 전제로 하여 제정된 것이고 위 시행령이 아직 개정되지 아니한 현 시점에서는 법적 효력이 없는 행정계획안이어서 이를 제정한 것은 사실상의 준비행위에 불과하고 이를 발표한 행위는 앞으로 그와 같이 시행될 것이니 미리 그에 대비하라는 일종의 사전안내에 불과하므로 위와 같은 사실상의 준비행위나 사전안내는 행정심판이나 행정쟁송의 대상이 될 수 있는 행정처분이나 공권력의 행사는 될 수 없다. 그러나 이러한 사실상의 준비행위나 사전안내라도 그 내용이 국민의 기본권에 직접 영향을 끼치는 내용이고 앞으로 법령의 뒷받침에 의하여 그대로 실시될 것이 틀림없을 것으로 예상될 수 있는 것일 때에는 그로 인하여 직접적으로 기본권침해를 받게 되는 사람에게는 사실상의 규범작용으로 인한 위험성이 이미 발생하였다고 보아야 할 것이므로 이러한 것도 헌법소원의 대상은 될 수 있다고 보아야 하고 서울대학교의 "'94학년도 대학입학고사 주요요강"은 교육법 시행령 제71조의2의 규정이 개정되어 그대로 시행될 수 있을 것이, 그것을 제정하여 발표하게 된 경위에 비추어 틀림없을 것으로 예상되므로 이를 제정·발표한 행위는 헌법소원의 대상이 되는 헌법재판소법 제68조 제1항 소정의 공권력의 행사에 해당된다고 할 것이며 헌법소원 외에 달리 구제방법도 없다는 말이 된다.」

[憲 2002. 7. 18.-2000헌마327](신체과잉수색행위 위헌확인)

「청구인들에 대하여 실시된 이 사건 신체수색은 피의자 등의 범죄혐의에 대한 증거수집을 목적으로 하는 수사의 강제처분인 수색 내지 검색의 일종으로서의 신체검사가 아니다. 이 사건 신체수색은 유치장의 관리주체로서 경찰이 피의자 등을 유치함에 있어 피의자 등의 생명·신체에 대한 위해를 방지하고, 유치장 내의 안전과 질서유지를 위하여 실시하는 신체검사로서 그 우월적 지위에서 피의자 등에게 일방적으로 강제하는 성격을 가진 것이므로 권력적 사실행위라 할 것이며, 따라서 헌법소원심판청구의 대상이 되는 헌법재판소법 제68조 제1항의 공권력의 행사에 포함된다.」

▷ 비권력적 사실행위는 헌법소원심판의 대상이 되는 공권력의 행사에 해당하지 않는다는 취지의 판례

[憲 1993. 11. 25.-92헌마293](1993년도 정부투자기관 예산편성공통지침 위헌확인)

「가. 청구인들은 피청구인이 위 예산평성지침을 통보한 행위는 공권력의 행사이고, 청구인들은 그로 말미암아 헌법상 보장된 근로자의 단체교섭권을 침해받았다고 주장하고 있으므로, 먼저 위 예산편성지침 통보행위의 법적 성질을 따져, 그것이 공권력의 행사에 해당하는지 여부를 살펴볼 필요가 있다.

정부투자기관관리기본법(이하 다만 '법'이라 한다) 제21조에 의하면 "경제기획원장관은 매년 10월 31일까지 다음 회계년도의 각 투자기관의 예산편성에 공통적으로 적용되는 사항에 관한 지침을 작성하여 이를 각 투자기관의 사장에게 통보하여야 한다"라고 규정하고 있고, 이 사건에서 문제가 된 위 예산편성지침이 위 법률조항에 근거한 것임은 당사자 사이에 다툼이 없다. 또한 법은 정부투자기관의 책임경영체제의 확립을 위하여 정부투자기관의 자율적 경영은 보장된다고 선언하고 있고(제3조), 이에 따라 각 정부투자기관은 매년 따로 설정하는 경영목표와 위 예산편성지침을 참작하여 자율적으로 예산을 편성한 후, 비상임 이사가 태반인 이사회의 의결을 얻어 이를 확정하도록 하였으며(제22조 제2항·제3항·제11조 제2항), 예산이 확정되면 각 정부투자기관의 장은 경제기획원장관·주무부장관·감사원에 그 내용을 사후적으로 보고하도록 하였을 뿐이다(제22조 제4항).

위 규정들의 취지를 종합하면, 위 예산편성지침은 각 정부투자기관의 출자자(出資者)인 정부가 정부투자기업의 경영합리화와 정부출자의 효율적인 관리를 도모하기 위하여 예산편성에 관한 일반적 기준을 제시하여 출자자로서의 의견을 제시하는 것에 지나지 아니한다고 할 것이고, 이는 마치 주식회사인 일반 사기업(私企業)의 주주(株主)가 그 경영진에 대하여 경영에 관한 일반적 지침을 제시하는 것과 방불하다고 할 것이다. 그렇다면 이러한 예산편성지침 통

보행위는, 성질상 정부의 그 투자기관에 대한 내부적 감독작용에 해당할 뿐이고, 국민에 대하여 구체적으로 어떤 권리를 설정하거나 의무를 명하는 법률적 규제작용으로서의 공권력 작용에 해당한다고 할 수는 없다.」

⇔ 재판관 3인(재판관 한병채, 재판관 이시윤, 재판관 김양균)의 반대의견

「위 예산편성공통지침 통보는 정부의 내부기관이 아니라 정부와는 별개의 법인체에 대한 대외적 작용으로서 국민에 대한 공권력의 행사임에 틀림없고, 동 예산편성공통지침은 법률에 근거하여 경제기획원장관이 작성, 통보하는 것이고, 각 투자기관의 사장은 이 지침에 따라 예산을 편성·확정하여야 하며 나아가 그 결과까지도 경제기획원장관에게 보고하여야 한다는 점에서 이는 단순한 유도적 기준이 아니라, 구속적, 규제적 기준이라 보아야 할 뿐만 아니라 청구인들이 위 지침에 대하여 행정소송을 제기하였다가 이는 행정소송의 대상이 될 수 없다는 이유로 소각하의 판결이 나고 대법원의 판결로서 확정됨으로써 동 지침에 대하여 더 이상 행정소송으로 다툴 수 있는 길이 없게 되어 이에 대해 헌법소원의 대상적격마저 없다는 이유로 헌법소원청구를 각하한다면 이 지침에 의하여 자기의 기본권에 불이익한 영향을 받은 당사자에게는 아무런 구제절차가 없게 되므로 결국 이 사건 예산편성공통지침은 헌법소원의 대상이 된다고 보아야 한다.」

⇔ 재판관 1인(재판관 변정수)의 반대의견

「위 예산편성공통지침이 비록 공기업 주체에 대한 감독기관의 내부적 지시라 하더라도 그 지시는 법률의 규정에 의하여 그리고 상부 감독관청에 의하여 발하여 지는 것이어서 정부투자기관의 사장은 그에 따르지 않을 수 없는 것이므로 이는 확실히 시행될 것이 예상된 내부적 지시로서 그대로 실시될 것이 틀림없고, 그 내용도 근로자의 기본권에 직접 영향을 끼치는 내용이므로 정부투자기관의 근로자단체인 청구인들로서는 정부투자기관의 사장이 위 지침에 따라 1993년도 예산편성을 할 것을 기다릴 것 없이 동 지침의 통보행위(공권력행사)에 의하여 그들에 대하여 사실상 기본권침해의 위험성이 이미 발생하였다고 보아 헌법재판소로서는 마땅히 그 위헌 여부를 판단하여야 한다.」

◎ 같은 취지 : 憲 2001. 10. 25.-2001헌마113

▹ 통치행위라는 개념을 인정하되, 통치행위도 헌법소원심판의 대상이 된다는 취지의 판례

[憲 1996. 2. 29.-93헌마186](긴급재정명령 등 위헌확인)

※ 〈제7편 - 제2장 - 1. - 대통령의 권한 - □ 헌법수호에 관한 권한〉 판례 인용부분 참조

▹ 군대의 해외파견에 대한 대통령의 결정과 국회의 동의행위는 고도의 정치적인 결단에 해당하므로 헌법재판소는 이의 위헌 여부에 대한 판단은 자제하는 것이 타당하다는 이유로 이에 대한 헌법소원심판청구를 각하한 판례

[憲 2004. 4. 29.-2003헌마814](일반사병 이라크파병 위헌확인)

「헌법은 대통령에게 다른 나라와의 외교관계에 대한 권한과 함께 선전포고와 강화를 할 수 있는 권한을 부여하고 있고(제73조) 헌법과 법률이 정하는 바에 따라 국군을 통수하는 권한을 부여하면서도(제74조 제1항) 선전포고 및 국군의 외국에의 파견의 경우 국회의 동의를 받도록 하여(제60조 제2항) 대통령의 국군통수권 행사에 신중을 기하게 함으로써 자의적인 전쟁수행이나 해외파병을 방지하도록 하고 있다.

이 사건과 같은 외국에의 국군의 파견결정은 파견군인의 생명과 신체의 안전뿐만 아니라 국제사회에서의 우리 나라의 지위와 역할, 동맹국과의 관계, 국가안보문제 등 궁극적으로 국민 내지 국익에 영향을 미치는 복잡하고도 중요한 문제로서 국내 및 국제정치관계 등 제반상황을 고려하여 향후 우리 나라의 바람직한 위치, 앞으로 나아가야 할 방향 등 미래를 예측하고 목표를 설정하는 등 고도의 정치적 결단이 요구되는 사안이다.

따라서 그와 같은 결정은 그 문제에 대해 정치적 책임을 질 수 있는 국민의 대의기관이 관계분야의 전문가들과 광범위하고 심도 있는 논의를 거쳐 신중히 결정하는 것이 바람직하며 우리 헌법도 그 권한을 국민으로부터 직접 선출되고 국민에게 직접 책임을 지는 대통령에게 부여하고 그 권한행사에 신중을 기하도록 하기 위해 국회로 하여금 파병에 대한 동의 여부를 결정할 수 있도록 하고 있는바, 현행 헌법이 채택하고 있는 대의민주제 통치구조하에서 대의기관인 대통령과 국회의 그와 같은 고도의 정치적 결단은 가급적 존중되어야 한다.

따라서 이 사건과 같은 파견결정이 헌법에 위반되는지의 여부 즉 세계평화와 인류공영에 이바지하는 것인지 여부, 국가안보에 보탬이 됨으로써 궁극적으로는 국민과 국익에 이로운 것이 될 것인지 여부 및 이른바 이라크전쟁이 국제규범에 어긋나는 침략전쟁인지 여부 등에 대한 판단은 대의기관인 대통령과 국회의 몫이고, 성질상 한정된 자료만을 가지고 있는 우리 재판소가 판단하는 것은 바람직하지 않다고 할 것이며, 우리 재판소의 판단이 대통령과 국회의 그것보다 더 옳다거나 정확하다고 단정짓기 어려움은 물론 재판결과에 대하여 국민들의 신뢰를 확보하기도 어렵다고 하지 않을 수 없다.

기록에 의하면 이 사건 파병은 대통령이 파병의 정당성뿐만 아니라 북한 핵 사태의 원만한 해결을 위한 동맹국과의 관계, 우리 나라의 안보문제, 국·내외 정치관계 등 국익과 관련한 여러 가지 사정을 고려하여 파병부대의 성격과 규모, 그리고 파병기간을 국가안전보장회의의 자문을 거쳐 결정한 것으로, 그 후 국무회의 심의·의결을 거쳐 국회의 동의를 얻음으로써 헌법과 법률에 따른 절차적 정당성을 확보했음을 알 수 있다.

살피건대, 이 사건 파견결정은 그 성격상 국방 및 외교에 관련된 고도의 정치적 결단을 요하는 문제로서, 헌법과 법률이 정한 절차를 지켜 이루어진 것임이 명백하므로, 대통령과 국회의 판단은 존중되어야 하고 우리 재판소가 사법적 기준만으로 이를 심판하는 것은 자제되어야 한다. 오랜 민주주의 전통을 가진 외국에서도 외교 및 국방에 관련된 것으로서 고도의 정치적 결단을 요하는 사안에 대하여는 줄곧 사법심사를 자제하고 있는 것도 바로 이러한 취지에서 나온 것이라 할 것이다. 이에 대하여는 설혹 사법적 심사의 회피로 자의적 결정이 방치될 수도 있다는 우려가 있을 수 있으나 그러한 대통령과 국회의 판단은 궁극적으로는 선거를 통해 국민에 의한 평가와 심판을 받게 될 것이다.」

⇒ 재판관 4인(재판관 윤영철, 재판관 김효종, 재판관 김경일, 재판관 송인준)의 별개의견

「우리 헌법은 제111조 제1항 제5호에서 국민의 권리구제수단의 하나로 헌법소원심판을 명시하고 있고 이에 따라 헌법재판소법 제68조 제1항은 공권력의 행사 또는 불행사로 인하여 헌법상 보장된 기본권을 침해받은 자는 헌법재판소에 헌법소원심판을 청구할 수 있다고 규정하여 그 제도를 마련하고 있다.

그러나 이 법률조항에서 기본권을 침해받은 자라 함은 공권력의 행사 또는 불행사로 인하여 자기의 기본권이 현재 그리고 직접적으로 침해받은 자를 의미하며 단순히 간접적이거나 사실적인 이해관계가 있을 뿐인 제3자는 이에 해당하지 않는다는 것이 입법자의 선택이요 우리 재판소의 일관된 입장이다(헌재 1993. 7. 29. 89헌마123, 판례집 5-2, 127, 134; 헌재 1998. 9. 30. 97헌마404, 판례집10-2, 563, 565 등 참조).

청구인은 이 사건 파견결정으로 인해 파견될 당사자가 아님은 청구인 스스로 인정하는 바와 같고 현재 군복무중이거나 군입대 예정자도 아니다. 그렇다면, 청구인은 이 사건 파견결정에 관하여 일반 국민의 지위에서 사실상 또는 간접적인 이해관계를 가진다고 할 수는 있으나, 이 사건 파견결정으로 인하여 청구인이 주장하는 바와 같은 행복추구권 등 헌법상 보장된 청구인 자신의 기본권을 현재 그리고 직접적으로 침해받는다고는 할 수 없다.

결론적으로 이 사건 심판청구를 각하하여야 한다는 다수의견에 동의하나 청구인은 이 사건 파견결정에 대해 적법하게 헌법소원을 제기할 수 있는 자기관련성이 없다는 것을 그 이유로 하는 점에서 다수의견과 견해를 달리한다.」

▷ 검사의 불기소처분도 헌법소원심판의 대상이 된다는 취지의 판례

[憲 1989. 4. 17.-88헌마3](검사의 공소권행사에 대한 헌법소원)

「헌법과 헌법재판소법의 관계규정을 종합하여 보면, 헌법 제107조 제2항의 규정은 검사의 불기소처분이 헌법재판소법 제68조 제1항에 규정한 공권력의 행사에 포함되는 것이 명백한 이상 이로 인하여 기본권의 침해가 있는 경우에 헌법소원 심판의 대상이 될 수 있음을 방해하는 것은 결코 아니라 할 것이다.」

[憲 1989. 10. 27.-89헌마56](군검찰관의 공소권행사에 관한 헌법소원)

「군검찰관의 기소유예처분이 위 조항에 규정된 공권력의 행사에 포함되는 것이 명백한 이상 이로 인하여 기본권의 침해가 있는 경우에는 헌법소원 심판의 대상으로 할 수 있다 할 것인바, 원래 검찰관이 하는 기소유예처분이란 공소제기함에 충분한 혐의가 있고 소송조건도 구비되었음에도 불구하고 검찰관이 제반사항을 고려하여 공소를 제기하지 않는다는 내용의 처분인 것으로 범죄혐의가 없음이 명백한 사안을 놓고 자의적이고 타협적으로 기소유예 처분을 했다면 헌법이 금하고 있는 차별적인 공권력의 행사가 되어 그 처분을 받은 자는 헌법 제11조 소정의 평등권의 침해를 이유로 당연히 소원 적격을 갖게 된다고 할 것이다. 나아가 검찰관이 명백한 혐의무 불기소처분을 하여야 할 사안인데도 경솔하게 범죄의 충분한 혐의가 있다고 보아 기소유예처분을 하면 차라리 공소제기되어 헌법 제27조 소정의 재판을 받을 권리의 행사에 의하여 무죄판결을 받아 완전히 범죄의 혐의를 벗고 그 혐의 사실에 대해서는 수사당국으로 하여금 앞으로 재론 못하게 하는 길만 막아버리는 결과가 되어 공소를 제기한 것보다 더 불리할 수 있으며, 더 나아가 보면 공소제기에 충분한 혐의가 있다고 인정한 기소유예처분이 유죄판결에 준하는 취급을 받아 법률적, 사실적 측면에서 사회생활에 유형, 무형의 불이익과 불편을 주는 것이 실상이라면 어느 모로 보아도 혐의없고 무고함에 의심없는 사안에 대해 군검찰관이 자의로 기소유예처분에 이른 것은 헌법 제10조 소정의 행복추구권을 침해한 것으로 봄이 상당할 것이다. 따라서 헌법상의 어느 기본권도 침해없음을 전제로 이 사건 심판청구가 부적법하다는 피청구인 측의 주장은 그 이유없다.」

[憲 1992. 6. 26.-92헌마7](기소유예처분에 대한 헌법소원)

「1. 사건의 개요

청구인(피의자)은 1991. 9. 27. 22:10경 서울 종로구 와룡동 소재 비원앞 삼거리 노상에서 음주운전(음주감지기에 의한 측량결과 혈중알콜농도 0.05퍼센트)으로 적발되었으나, 음주한 사실이

없다고 범행을 극구 부인하였다. 그런데도 경찰은 같은 해 10. 14. 위 범죄사실이 인정된다 하여 기소의견으로 검찰에 사건을 송치하였고, 피청구인은 같은 달 31. 피의사실은 인정되나 그 음주량이 소량인 것으로 판단된다 하여 이 사건 기소유예처분을 하였다. 청구인이 피청구인의 이러한 피의사실의 인정에 불복하여 1992. 1. 13. 헌법소원심판을 청구한 것이 바로 이 사건이다. ……

검사의 기소유예처분도 헌법소원심판청구의 대상이 될 수 있다는 것이 당 재판소의 판례이고(당 재판소 1989. 10. 27. 선고, 89헌마56 결정 등 참조) ……」

[憲 1996. 3. 28.-95헌마208](불기소처분취소)

「가. 사건의 개요

(1) 청구인은 1994. 7. 21. 피청구인에게 청구외 정○관, 김○철을 고소하였는데(서울지방검찰청북부지청 94형제38354) 그 고소사실의 요지는 다음과 같다. ……

(2) 위 고소사건을 수사한 피청구인은 1994. 10. 26. 피고소인 정○관에 대하여는 혐의없음 불기소처분을, 피고소인 김○철에 대하여는 기소유예 불기소처분을 하였다.

(3) 청구인은 피청구인의 위 불기소처분에 불복하여 검찰청법이 정한 바에 따라 항고 및 재항고를 하였으나, 모두 기각되고 1995. 6. 21. 대검찰청으로부터 재항고기각결정의 통지를 받고 같은 해 7. 7. 이 사건 헌법소원심판청구에 이르렀다.」

[憲 1997. 2. 20.-95헌마362](기소중지처분 등)

「나. 피청구인은 위 고소사건(서울지방검찰청 남부지청 1995년 형제5070호)에 관하여 그 피고소인인 청구인의 소재불명을 이유로 기소중지를 하였다가 그 소재발견으로 사건을 재기하여(서울지방검찰청 남부지청 1995년 형제13145호) 수사한 후 1995. 3. 24. 참고인 이○중의 소재불명을 이유로 다시 기소중지처분을 하였다. 그 후 청구인은 같은 해 11. 3. 피청구인에게 고소인 조○문과의 합의, 관련민사재판의 확정등 새로운 증거의 발견 등을 이유로 수사재기신청을 하였는데, 피청구인은 같은 해11. 16. 위 참고인 이○중이 계속 소재불명이라는 이유로 재기불능(再起不能)처분을 하였다.

다. 청구인은 피청구인이 위 1995. 3. 24.자 이 사건 기소중지처분 및 같은 해 11. 16.자 이 사건 재기불능처분이 모두 헌법상 보장된 자기의 평등권과 재판을 받을 권리등을 침해하였다고 주장하면서 각 그 취소를 구하여 같은 해 12. 4. 이 사건 헌법소원심판청구를 하였다. ……

검사가 이미 조사된 증거자료에 의하여 공소제기나 불기소처분등 종국처분을 하기에 부족함이 없는 경우에는 기소중지처분을 하여서는 아니되고 원칙에 좇아 종국처분을 하여야 하는 것이므로, 검사가 자의적인 사건처리로 "기소중지"라는 중간처분을 하여 수사를 중단하였다면 그 피의사건의 고소인은 헌법상의 기본권인 평등권과 재판절차진술권이 침해되었음을 이유로 헌법소원을 제기할 수 있다는 것이 우리 재판소의 판례인 바(1991. 4. 1. 선고, 90헌마115 결정 등 참조), 검사가 기소중지처분을 한 경우 그 피의사건의 피의자에게는 검사가 다시 사건을 재기하여 수사를 한 후 종국처분을 하지 않는 한 "범죄의 혐의자"라는 법적인 불이익상태가 그대로 존속된다 할 것이므로, 만약 검사가 자의적으로 기소중지처분을 하였다면 그 사건의 피의자도 헌법상 보장된 자기의 평등권과 행복추구권등이 침해되었음을 이유로 헌법소원을 제기할 수 있다고 보아야 할 것이다.

또, 검사가 기소중지처분을 한 사건에 관하여 그 고소인이나 피의자가 그 기소중지의 사유가 해소되었음을 이유로 수사재기신청을 하였는데도 검사가 재기불요(또는 불능)처분(검찰사건사무규칙 제43조 제6항)을 하였다면, 이 재기불요(또는 불능)처분은 실질적으로는 그 결정시점에 있어서의 제반사정 내지 사정변경등을 감안한 새로운 기소중지처분으로 볼 수 있다. 따라서 검사의 기소중지처분이 헌법소원의 대상이 된다는 우리 재판소의 위 판례취지와 헌법재판소법 제68조 제1항의 취지에 비추어 이 재기불요(또는 불능)처분도 헌법소원의 대상이 되는 공권력의 행사에 해당한다고 할 것이다.

위에서 살펴본 바를 종합하여 보면, 검사의 재기불요(또는 불능)처분도 헌법소원의 대상이 되는 공권력의 행사에 해당한다고 보는 것이 상당하다.」

[憲 1991. 4. 1.-90헌마115](불기소처분에 대한 헌법소원)

「청구인은 1988. 10. 21. 피고소인 권○윤과 박○임을 걸어 서울지방검찰청 의정부지청에 형사고소를 하였는데 …… 이 사건을 담당한 피청구인은 수사한 끝에 1989. 4. 10. "혐의 없음"이라는 불기소처분을 하였으며, 이에 대하여 청구인이 항고 및 재항고를 한 결과 대검찰청에서 재항고가 인용되어 1989. 10. 24. 재기수사명령이 내려졌고 그에 대하여 피청구인은 재기수사를 하다가 1990. 1. 13. 피고소인 두 사람에 대하여 모두 기소중지처분을 하였으며 청구인은 이에 대하여 또다시 항고 및 재항고를 하였으나 그것이 모두 기각되자(1990. 6. 16.자 재항고 기각결정이 1990. 6. 21. 청구인에게 송달되었다) 1990. 7. 19. 이 사건 심판청구를 하게 된 것이다. ……

기소중지는 가급적 억제되어야 하는 것이어서 이미 피의자 신문을 마쳐 그의 진술을 충분히 청취하였거나 또는 피의자 신문은 아니하였다고 하더라도 그 밖의 증거자료에 의하여 공소제기나 불기소처분 등 종국처분을 하기에 부족함이 없는 경우에는 기소중지처분을 하여서는 아니되고 원칙에 좇아 종국처분을 하여야 하는 것이며 이러한 수사사건처리원칙은 국민 누구에게나 평등하게 적용되어야 하고 어느 고소사건에 관하여 이미 충분한 수사가 되어 종국처분을 하기에 미흡함이 없음에도 불구하고 피의자가 소재불명이라는 이유로 종국처분을 아니하고 기소중지라는 중간처분을 하여 수사를 중단하였다면 이는 검사가 자의적 사건처리로 당해 고소인을 차별대우하고 있다고 아니할 수 없는 것이므로 그 고소인은 헌법상의 기본권인 평등권·재판절차진술권을 침해당한 자로서 헌법소원을 제기할 수 있을 것이다.」

▷ 범죄피의자가 죄가 안 됨 처분이나 공소권없음 처분에 대하여 헌법소원심판을 청구하는 것은 부적법하다는 취지의 판례

[憲 1996. 11. 28.-93헌마229](불기소처분 취소 등)

「가. "죄가 안 됨" 결정에 대한 헌법소원 부분

(1) "죄가 안 됨" 결정과 "혐의없음" 결정

검찰사건사무규칙 제52조 제3항 제2호는 피의사실이 인정되지 아니하거나 피의사실을 인정할만한 충분한 증거가 없는 경우 또는 피의사실이 범죄를 구성하지 아니하는 경우에는 "혐의없음" 결정을, 같은 항 제3호는 피의사실이 범죄구성요건에 해당하나 범죄의 성립을 조각하는 사유가 있어 범죄를 구성하지 아니하는 경우에는 "죄가 안 됨" 결정을 각 하도록 규정하고 있으므로, 이에 따라 피청구인은 이 사건 관련 살인 등 피의사실이 범죄구성요건에는 해당하나 청구인들이 각 형사미성년자이기 때문에 그 혐의유무에 불구하고 "죄가 안 됨" 결정을 한 것이다.

위와 같은 경우에 청구인들의 혐의를 인정할 수 없다면 "혐의없음" 결정을 하여야지 "죄가 안 됨" 결정을 하여서는 아니 된다라고 할 수도 있다. 그러나 수사란 공소의 제기 및 유지를 위하여 범인과 증거를 발견 · 수집 · 보전하는 일련의 절차이고 따라서 공소를 제기할 수 없는 장애사유가 있는 경우에는 그 사유가 무엇이든 간에 불기소의 결정을 하면 족한 것이지 장애사유의 내용에 따라 반드시 결정의 형식을 달리하여야만 할 것이 형사소송법이나 검찰청법상 요구되는 것은 아니다. 다만 검찰사건사무규칙은 소추장애사유가 있는 경우 그 사유가 범죄혐의를 인정할 수 없는 것인지, 피의자가 형사미성년자 또는 심신상실자이거나 정당방위 등 범죄의 성립을 조각하는 다른 사유가 있는 것인지 등에 따라 불기소처분의 주문을 "혐의없음", "죄가 안 됨" 등으로 세분함으로써 수사검사의 결정이나 결재권자의 결재업무처리의 편의성을 도모하고 있는 것이다. 그렇기 때문에 위와 같은 불기소결정의 주문에 어떤 법적 구속력이나 확정력은 인정되지 않는바, 이러한 점에 비추어 보면 이 사건과 같은 경우에 "죄가 안 됨" 결정을 하는 검찰의 사무처리 방식이 잘못되었다고 할 수 없다.

(2) "죄가 안 됨" 결정으로 인한 청구인들의 기본권침해 여부

청구인들은 그들에게는 범죄혐의가 없음에도 피청구인이 청구인들에게 범죄혐의가 있음을 전제로 "죄가 안 됨" 결정을 하는 바람에 청구인들의 성장과정에서 정신적 충격을 받고 사회생활에서 부정적 평가를 받는 등 행복추구권 등을 침해받으므로 위와 같은 결정방식은 청구인들의 기본권을 침해하는 것이라고 주장한다.

그러나 "죄가 안 됨" 결정이나 "혐의없음" 결정은 모두 피의자에 대하여 소추장애사유가 있어 기소할 수 없다는 내용의 동일한 처분으로서(따라서 소추장애사유가 없음에도 기소하지 않는다는 내용의 결정인 "기소유예" 결정과는 본질을 달리한다) 피청구인이 "혐의없음" 결정을 한다고 하더라도 반드시 청구인들이 살인 등 피의사건과 무관하다는 사실이 확정되는 것도 아니고, "죄가 안 됨" 결정이 청구인들에게 범죄혐의가 있음을 확정하는 것도 결코 아니다. 따라서 피청구인이 청구인들의 범죄 혐의유무에 불구하고 "죄가 안 됨" 결정을 하였다고 하여 이를 청구인들의 기본권을 침해하는 공권력행사라고 할 수 없다.

그렇다면 피청구인이 "혐의없음" 결정을 하지 않고 "죄가 안 됨" 결정을 한 것이 청구인들의 헌법상 기본권을 침해하는 공권력의 행사라고 할 수 없으므로 이 사건 심판청구 중 위 부분에 대한 청구는 부적법하다.」

⇔ 재판관 3인(재판관 김진우, 재판관 조승형, 재판관 정경식)의 반대의견

「(1) 검찰사건사무규칙 제52조 제3항 제3호는 피의사실이 범죄구성요건에 해당하나 범죄의 성립을 조각하는 사유가 있어 범죄를 구성하지 아니하는 경우에 "죄가 안 됨" 결정을 하도록 규정하고 있는바, 이는 범죄구성요건에 해당하는 행위가 있다고 인정되는 경우에 한하여 "죄로안됨"의 결정을 하라는 취지이며, 14세 미만의 범죄행위를 벌하지 아니한다는 형법 제9조의 규정도 범죄구성요건에 해당하는 행위를 벌하지 아니한다는 것일 뿐 그 요건에 해당하지 아니하는 행위에 관한 규정이 아니다.

그렇다면 수사에 임한 검사로서는 혐의자로 입건되어 이미 수사가 진행된 사건이라면, 수사를 성실히 수행하여 먼저 혐의자에게 범죄구성요건에 해당하는 행위가 있는지 여부를 결정하고, 그 행위가 있다고 인정할 때에 비로소 혐의자에게 범죄의 성립을 조각하는 사유가 있는지 여부를 가리어 그 조각사유가 있을 때에 비로소 "죄로안됨"의 결정을 하여야 할 것이다.

(2) 이 사건의 경우를 보더라도 피청구인은 혐의자로 입건된 청구인 유○룡이가 망 서○원을 살해하거나 청구인 김○종이가 살해를 방조하였다는 혐의사실을 인정한 후에, 청구인들이

범행 당시 각 10세의 형사미성년자임을 이유로 위의 결정을 하였음이 분명하다.

(3) 그렇다면 피청구인이 청구인들을 범인이라고 단정하고 있음은 더욱 명백하고, 피청구인은 비록 1개의 결정을 하고 있는 듯 하지만 실질적으로는 청구인들의 범행을 인정하는 결정과 "죄로안됨"의 결정을 하였음이 분명하다. 따라서 이는 기소유예의 결정과 성질을 같이 하는 경우라 할 것이다. 즉 기소유예의 결정은 범행을 인정하는 결정과 소추함이 적절하지 아니하다는 정상을 고려하여 불기소처분을 하는 것이고, 범죄혐의가 없음이 명백한 사안에 있어서 자의적으로 기소유예처분을 하였다면 헌법이 금지하고 있는 차별적인 공권력의 행사가 되고 그 처분을 받은 피의자가 평등권 등 기본권을 침해당하였다면 이를 이유로 한 헌법소원의 적법성은 인정되는 것이므로(헌법재판소 1989. 10. 27. 선고 89헌마56; 1992. 6. 26. 선고 92헌마7; 1992. 10. 1. 선고 91헌마169; 1992. 11. 12. 선고 91헌마146; 1993. 3. 11. 선고 92헌마191 각 결정 참조), 피청구인이 "죄로안됨"의 결정을 함에 있어서 혐의가 있음을 인정한 결정부분의 공권력행사에 대하여서도, 기소유예처분에 대한 헌법소원의 적법성을 인정하고 있는 이유와 같은 이유로 청구인들의 헌법소원의 적법성이 인정될 수밖에 없다고 할 것이다.」

▷ 검사의 공소제기행위는 법원의 형사재판권에 의해 통제되므로 헌법소원심판의 대상이 될 수 없다고 본 판례

[憲 1992. 12. 24.-90헌마158](판결의 저촉 여부에 대한 헌법소원)

「이 사건 헌법소원은 위에서 본 애당초의 두 민사소송사건이 서로 저촉되지 아니함에도 불구하고 저촉되는 동일한 사건으로 보고 청구인을 소송사기죄로 검사가 기소하고 법원은 이를 받아들여 징역 1년을 선고하여 청구인의 기본권을 침해한 것이므로, 검사의 공소제기의 적법성 여부와 법원의 위 형사판결에 대한 헌법위반 여부를 가려달라는 취지로 헌법소원심판청구를 한 것이라고 보여진다. 그러나 검사의 공소제기처분은 법원에 공소가 제기된 이후에는 법원의 재판절차에 흡수되어 그 적법성에 대하여 충분한 사법적 심사를 받게 되므로 그 독자적 합헌성을 심사할 필요성이 상실된 것이라 아니할 수 없어 검사의 공소제기 자체에 대한 청구인의 이 부분 헌법소원심판청구도 부적법하다 할 것이다.」

◎ 같은 취지 : 憲 1993. 6. 2.-93헌마104(약식기소에 대한 경우)

▷ 검사의 수사재기결정은 수사기관 내부의 의사결정에 불과하므로 헌법소원심판의 대상이 되지 못한다고 본 판례

[憲 1996. 2. 29.-96헌마32등](검사의 공소권행사 등 위헌확인)

「피청구인의 불기소처분에 대한 재기결정에 관하여 보건대, 검사의 재기결정이란 수사를 종결한 사건에 대하여 수사를 다시 개시하는 수사기관 내부의 의사결정에 불과하며 피의자에게 어떠한 의무를 부과하거나 피의자의 기본권에 직접적이고 구체적인 침해를 가하는 것이 아니다. 따라서 재기결정은 헌법소원의 대상이 되는 공권력의 행사라고 할 수 없다.」

▶ 공권력의 행사 중 「법원의 재판」에 대한 판례

▷ 헌법재판소법 제68조 제1항의 「재판」에 헌법재판소가 위헌으로 결정한 법률을 적용한 재판도 포함되는 것으로 해석하는 한도 내에서는 동 조항은 위헌이라고 본 판례

[憲 1997. 12. 24.-96헌마172등](헌법재판소법 제68조 제1항 위헌확인 등)

※ 〈제4편 - 제5장 - 2. - □ 국가기관에 의한 기본권의 침해와 보호〉 판례 인용부분

참조

◎ 같은 취지 : 憲 1999. 5. 27.-98헌마357; 2001. 2. 22.-99헌마461등

▸ 공권력의 행사 중 「조약」에 대한 판례

▹ 국민에 대하여 국내적인 효력을 미치는 조약이나 국제법규에 대하여 헌법소원심판을 청구할 수 있다는 취지의 판례

[憲 2001. 3. 21.-99헌마139등](대한민국과일본국간의어업에관한협정비준등 위헌확인)

「헌법소원심판의 대상이 되는 것은 헌법에 위반된 "공권력의 행사 또는 불행사"이다. 여기서 '공권력'이란 입법권 · 행정권 · 사법권을 행사하는 모든 국가기관 · 공공단체등의 고권적 작용이라고 할 수 있는바, 이 사건 협정은 우리 나라 정부가 일본 정부와의 사이에서 어업에 관해 체결 · 공포한 조약(조약 제1477호)으로서 헌법 제6조 제1항에 의하여 국내법과 같은 효력을 가지므로, 그 체결행위는 고권적 행위로서 "공권력의 행사"에 해당한다.」

▸ 공권력의 불행사에 대해 헌법소원심판으로 다툴 수 있기 위해서는 헌법에서 인정하고 있는 작위의무가 인정되어야 한다는 취지의 판례

[憲 1989. 3. 17.-88헌마1](사법서사법시행규칙에 관한 헌법소원)

「가. 사법서사법 시행규칙의 입법부작위에 관한 소원부분 판단 우선 그 적법성에 관하여 직권으로 본다.

무릇 어떠한 사항을 법률로 규율할 것인가, 이를 방치할 것인가는 특단의 사정이 없는 한 입법자의 정치적, 경제적, 사회적 그리고 세계관적 고려하에서 정해지는 사항인 것이며, 따라서 일반국민이 입법을 해달라는 취지의 청원권을 향유하고 있음은 별론이로되 입법행위의 소구청구권은 원칙적으로 인정될 수 없다고 할 것이다. 만일 법을 제정하지 아니한 것이 위헌임을 탓하여 이 점에 관하여 헌법재판소의 위헌판단을 받아 입법당국으로 하여금 입법을 강제하게 하는 것이 일반적으로 허용된다면 결과적으로 헌법재판소가 입법자의 지위에 갈음하게 되어 헌법재판의 한계를 벗어나게 된다고 할 것이다.

따라서 입법부작위에 대한 헌법재판소의 재판관할권은 극히 한정적으로 인정할 수밖에 없다고 할 것인 바, 생각건대 헌법에서 기본권보장을 위해 법령에 명시적인 입법 위임을 하였음에도 입법자가 이를 이행하지 않을 때, 그리고 헌법 해석상 특정인에게 구체적인 기본권이 생겨 이를 보장하기 위한 국가의 행위의무 내지 보호의무가 발생하였음이 명백함에도 불구하고 입법자가 전혀 아무런 입법조치를 취하고 있지 않은 경우가 여기에 해당될 것이며, 이때에는 입법부작위가 헌법소원의 대상이 된다고 봄이 상당할 것이다.

이 사건으로 돌아가서 보면 헌법은 물론 사법서사법에서 하위법인 사법서사 규칙에다가 실무경력자를 위해 위와 같은 경합자 환산 규정을 두도록 위임한 바는 없으며, 오히려 사법서사법 제4조 제1항 제1호에서 사법서사 자격의 취득을 위한 경력으로 15년 이상 서기보 이상의 직에 있던 자, 7년 이상 주사보 이상의 직에 있던 자 또는 5년 이상 사무관 이상의 직에 있던 자 등 세 가지를 한정적으로 열거하고 있을 뿐이며, 동조 제2항의 위임규정은 단지 제1항 제1호 후단에서 정한 대법원장의 인정행위 등의 구체적 절차에 대한 것에 불과하다고 볼 것이고, 1986년 법에서 서기보 이상의 직에 있었던 자에게 실무경력을 인정한 것이 곧 1963년 법상의 동등 이상의 규정 부활이라고는 볼 수 없을 것이다.

나아가 청구인에게 있어서 입법을 통해 국가가 보호하여야 할 어떠한 기본권이 확보되어 있

는가를 본다.

과거의 사실관계 또는 법률관계를 규율하기 위한 소급입법의 태양에는 이미 과거에 완성된 사실 또는 법률관계를 규율의 대상으로 하는 이른바 진정소급효의 입법과 이미 과거에 시작하였으나 아직 완성되지 아니하고 진행과정에 있는 사실 또는 법률관계를 규율의 대상으로 하는 이른바 부진정소급효의 입법을 상정할 수 있다고 할 것이다. 전자의 경우에는 입법권자의 입법형성권보다도 당사자가 구법질서에 기대했던 신뢰보호의 견지에서 그리고 법적안정성을 도모하기 위해 특단의 사정이 없는 한 구법에 의하여 이미 얻은 자격 또는 권리를 새 입법을 하는 마당에 그대로 존중할 의무가 있다고 할 것이나, 후자의 경우에는 구법질서에 대하여 기대했던 당사자의 신뢰보호보다는 광범위한 입법권자의 입법형성권을 경시해서는 안 될 일이므로 특단의 사정이 없는 한 새 입법을 하면서 구법관계 내지 구법상의 기대이익을 존중하여야 할 의무가 발생하지는 않는다고 할 것이다.

청구인의 경우에 1973년 위 경합자 환산 규정이 폐지될 당시인 1973. 2.까지 법원서기보직으로 4년 10개월 정도 재직하였으므로 구법인 동 시행규칙에 의해서도 청구인은 주사직 2년 5개월간 종사자로 환산되는 데 그치고 따라서 주사직 5년을 요했던 구법 당시 사법서사법에 의해서도 이미 그 자격을 얻은 것이 아니고 취득을 위한 기간이 진행중에 있었음이 분명하다면, 공익을 고려하고 정책의 형성자유가 부여된 입법자로서 위 환산규정을 폐지하면서 신입법을 하는 마당에 구법상의 기대이익 존중의 입법의무까지는 발생하지 않는다고 할 것이다.

그렇다면 이 사건에 있어서는 위임규정으로 인하여서나 기히 생긴 기본권의 존중을 위하여서나 입법의무가 있는 경우에 해당되지 아니하므로 위와 같은 의무의 존재를 전제로 한 이 사건 심판청구중 입법부작위에 관한 부분은 더 나아가 살필 필요도 없이(규칙으로 입법을 하지 않고 있는데 대하여 부작위 위법확인 청구의 문제도 따져 볼 수 있다 할 것인데 구태여 여기에서는 논의치 않기로 한다) 부적법을 면치 못할 것이다.」

[憲 1991. 9. 16.-89헌마163](약사관리제도 불법운용과 한약업사업권 침해에 관한 헌법소원)

「헌법소원은 헌법재판소법 제68조 제1항에 규정한 바와 같이 공권력의 불행사에 대하여서도 그 대상으로 할 수 있지만, 행정권력의 부작위에 대한 소원의 경우에 있어서는 공권력의 주체에게 헌법에서 유래하는 작위의무가 특별히 구체적으로 규정되어 이에 의거하여 기본권의 주체가 행정행위를 청구할 수 있음에도 공권력의 주체가 그 의무를 해태하는 경우에 허용된다고 할 것이며, 따라서 의무위반의 부작위 때문에 피해를 입었다는 단순한 일반적인 주장만으로는 족하지 않다고 할 것으로 기본권의 침해없이 행정행위의 단순한 부작위의 경우는 헌법소원으로서는 부적법하다고 할 것이다.」

▸ 공권력의 불행사가 헌법소원심판의 대상이 되기 위한 조건인 작위의무는 헌법규범을 준수하여야 하는 일반적 의무가 아니라 개별 사안에 있어서 이행해야 할 구체적인 작위의무를 뜻한다는 취지의 판례

[憲 1999. 9. 16.-98헌마75](재판지연 위헌확인)

「헌법재판소법 제68조 제1항에 의하면, 공권력의 행사 또는 불행사로 인하여 헌법상 보장된 기본권을 침해받은 자는 법원의 재판을 제외하고는 헌법재판소에 헌법소원심판을 청구할 수 있다. 그러나 공권력의 불행사에 대한 헌법소원은 공권력의 주체에게 헌법에서 직접 도출되는 작위의무나 법률상의 작위의무가 특별히 구체적으로 존재하여 이에 의거하여 기본권의 주체가 그 공권력의 행사를 청구할 수 있음에도 불구하고 공권력의 주체가 그 의무를 해태하는

경우에 한하여 허용된다. 이러한 작위의무가 없는 공권력의 불행사에 대한 헌법소원은 부적법하다(헌재 1991. 9. 16. 89헌마163, 판례집 3, 505, 513 ; 1996. 11. 28. 92헌마237, 판례집 8-2, 600, 606 참조).」

▶ 공권력의 불행사 중 「입법부작위」에 대한 판례

▷ 입법부작위가 헌법소원심판의 대상이 되는 경우와 되지 않는 경우에 대한 판례

[憲 1989. 9. 29.-89헌마13](검사의 공소권행사 및 형사소송법 개정 등에 관한 헌법소원)

「1. 심판청구 이유의 요지

기록에 의하면, 이 사건 심판청구의 이유의 요지는, 청구인이 청구외 권○재, 송○기 및 송○호를 상대로 배임죄 등의 고소를 제기하였으나 검사에 의하여 모두 불기소처분 되었는 바, 형사소송법 제260조 제1항은 재정신청의 대상이 되는 범죄를 형법 제123조 내지 제125조에 규정한 범죄로 한정하고, 그밖의 범죄에 대한 불기소처분에 대하여는 사법적 심사의 길을 봉쇄하여 검찰을 특수계급화함으로써 평등의 원칙을 규정한 헌법 제11조를 위반하였으므로, 이를 개정하여 청구인이 주장하는 범죄에 대하여도 법원에 재정신청을 할 수 있게 하여 달라는 것이다.

2. 심판의 대상

위 심판청구의 이유의 요지를 자세히 살펴보면, 이 사건에서 심판의 대상이 되는 것은 다음의 2가지라고 판단된다.

첫째, 청구인의 주장이 형사소송법 제260조 제1항에 위헌적 요소가 있는 것은 아니나 국민의 권리신장을 위하여 재정신청의 대상이 되는 범죄를 모든 범죄로 확대시키는 입법개정을 촉구하는 취지라면, 입법부작위가 그 대상이 될 것이고, 둘째, 청구인의 주장이 위 법률조항 자체에 헌법 제11조의 평등권을 침해한 위헌요소가 있으니 이를 시정해 달라는 취지라면, 입법자의 작위의 형태로 표현된 위 법률조항 자체가 그 대상이 될 것이다.

3. 입법부작위에 대한 판단

살피건대, 어떠한 사항을 법규로 규율할 것인가의 여부는 특단의 사정이 없는 한 입법자의 정치적, 경제적, 사회적 및 세계관적 고려하에서 정하여지는 입법정책의 문제이므로, 국민이 국회에 대하여 일정한 입법을 해달라는 청원을 함은 별론으로 하고, 법률의 제정을 소구하는 헌법소원은 헌법상 기본권보장을 위하여 명시적인 입법위임이 있었음에도 입법자가 이를 방치하고 있거나 헌법 해석상 특정인에게 구체적인 기본권이 생겨 이를 보장하기 위한 국가의 행위 내지 보호의무가 발생하였음에도 불구하고 국가가 아무런 입법조치를 취하지 않고 있는 경우가 아니면 원칙으로 인정될 수 없다 할 것이다(헌법재판소 1989. 3. 17. 선고, 88헌마1 결정 참조).

그런데 이 사건의 경우에는 그와 같은 예외사유에 해당한다고 볼 수 없으므로, 입법자의 입법의무의 존재를 전제로 한 이 사건 소원심판청구는 부적법하고, 달리 그 흠결을 보정할 수 있는 경우에 해당한다고 보기 어렵다.」

[憲 1989. 7. 28.-89헌마1](사법서사시행규칙에 관한 헌법소원)

「가. 입법부작위에 대한 소원부분에 관하여 본다.

청구인의 주장 취지는 앞서 본 바와 같이 1963년 법 시행규칙에서 정한 바와 같은 경력자 환산규정을 두어 이미 인가까지 얻은 청구인의 사법서사 기득권을 보호하여야 할 것인데 이

를 두지 아니한 것은 위헌이라는 것인 바, 1986년 법 부칙 제2항에 의하면 "이 법 시행전에 사법서사의 인가를 받은 자는 이 법에 의한 사법서사의 자격이 있는 자로 본다"고 규정하고 있다. 그렇다면 구법에 의하여 취득한 기득권 보호를 위한 기본규정은 두고 있는 경우이며, 그에 관한 규정이 전혀 없는 경우는 아닌 것이다. 널리 입법부작위에는 기본권보장을 위한 법 규정을 전혀 두고 있지 않은 경우와 이에 관한 규정은 두고 있지만 불완전하게 규정하여 그 보충을 요하는 경우를 상정할 수 있는데, 결국 이 사건은 후자의 범주에 속한다고 할 것이며, 이 경우는 그 불완전한 법규 자체를 대상으로하여 그것이 헌법위반이라는 적극적인 헌법소원은 별론으로 하고, 입법부작위로서 헌법소원의 대상은 삼을 수 없다 할 것이다. 따라서 이 부분 청구는 부적법하다.」

◎ 같은 취지 : 憲 1993. 8. 27.-89헌마248

[憲 1989. 3. 17.-88헌마1](사법서사법시행규칙에 관한 헌법소원)

※ 위 판례 인용부분 참조

[憲 1994. 12. 29.-89헌마2](조선철도(주)주식의 보상금청구에 관한 헌법소원)

「가. 적법성판단

(1) 대상적격

헌법재판소법 제68조 제1항에서 공권력의 불행사에 대한 헌법소원심판의 청구를 허용하고 있으며 위 규정의 공권력 중에는 입법권도 당연히 포함되므로 입법부작위에 대한 헌법소원이 허용되나, 헌법에서 기본권보장을 위해 법령에 명시적으로 입법위임을 하였음에도 불구하고 입법자가 이를 이행하지 않고 있는 경우 또는 헌법 해석상 특정인의 기본권을 보호하기 위한 국가의 입법의무가 발생하였음이 명백함에도 불구하고 입법자가 전혀 아무런 입법조치를 취하지 않고 있는 경우에 한하여 그 입법부작위가 헌법소원의 대상이 된다 함이 우리 헌법재판소의 판례(헌법재판소 1989. 3. 17. 선고, 88헌마1 결정 1989. 9. 29. 선고, 89헌마13 결정 1991. 9. 16. 선고, 89헌마163 결정 등 참조)이므로, 이 사건의 입법부작위는 본안에 대한 판단에서 보는 바와 같이 대상적격이 있다고 해석된다.……

나. 본안에 대한 판단

일건 기록에 의하면 군정법령에 의하여 이 사건 수용이 이루어졌으나 폐지법률 제정 이후 대한민국은 위 수용에 대한 보상법률을 제정하지 아니하고 있을 뿐 아니라 군정법령에 따라 보상청구를 하여 그 청구권을 포기하지 아니한 것으로 확정된 위 보상청구권 등을 적법하게 승계한 청구인에게 현재까지 어떠한 형태의 보상도 행하지 아니하고 있는 사실을 인정할 수 있다. 그러나 이 사건의 쟁점은, 청구인은 군정법령에 의하여 사설철도회사의 전 재산이 적법하게 수용된 후 폐지법률에 의하여 군정법령이 폐지됨으로써 군정법령에 규정되었던 위 회사의 재산관계권리자에 대한 보상절차가 중단되었음에도, 군정법령의 폐지 전에 이미 군정법령에 의하여 확정된 위 재산관계권리자의 보상청구권을 행사할 수 있게 하는 보상절차에 관한 새로운 입법조치를 취하지 않는 것은 입법부작위로서 헌법 제23조에 위반된다고 주장하는 반면, 이에 대하여 이해관계기관들은 군정법령이 폐지되었고 달리 보상절차를 규정한 법률이 없는 이상 대한민국은 보상금액 등 보상의 내용과 범위가 구체적으로 확정되지 아니한 보상청구권에 불응하더라도 청구인의 재산권을 침해하는 것은 아니며, 이와 같이 구체적으로 발생되지 아니한 보상청구권에 대하여는 보상의무가 없다는 취지로 주장하므로, 대한민국이 헌법 제23조 제3항에 따라 수용 등을 할 경우에 그에 대한 보상을 실시하는 법률을 제정할 헌법상의 의무가 있는지 여부와 있다면 그 입법부작위가 위헌인지 여부에 있다.

(1) 보상입법의 헌법상 입법의무 유무에 관하여

대한민국이 최초로 제정한 제헌헌법 부칙 제100조는 "현행법령은 이 헌법에 저촉되지 아니하는 한 효력을 가진다"라고 규정함으로써 이른바 대한제국법령, 통감부법령, 재조선총독부법령, 미군정법령, 대한민국 구법령 등도 제헌헌법에 저촉되지 않는 한 효력을 가지게 하였는바, 공용을 위하여 사설철도회사의 재산을 수용하면서 그 수용에 대한 보상규정을 둔 군정법령이 제헌헌법의 재산권 보장조항 등에 저촉되는 것이라고는 할 수 없으므로(군정법령 제19호에 관한 대법원 1950. 4. 30. 선고, 4282형상111판결 참조), 군정법령은 제헌헌법 제정 후에도 폐지되기 전까지 대한민국의 법령으로써 효력을 가졌음이 명백하다. 따라서 처분법령인 군정법령에 의하여 이루어진 사설철도회사 재산의 수용은 대한민국의 법령에 의한 수용이라고 보아야 할 것이다. 또한 군정법령은 수용된 재산에 관한 소유권의 귀속주체와 수용에 대한 보상의무자를 (미군정청이 아닌) "조선정부"로 규정함으로써(같은 법령 제2조, 제5조 참조), 위 수용으로 인한 권리의무의 실질적 귀속주체를 대한민국으로 정하였는바(대법원 1956. 2. 9. 선고, 4288민상365판결은 소위 조선철도주식회사의 전 재산은 군정법령 제75호에 의하여 대한민국정부에 귀속되었다고 판시하였다), 이 사건 수용은 헌법 제23조 제3항에서 말하는 "수용"에 해당된다고 보아야 할 것이다.

또한 군정법령은 공용을 위하여 사설철도를 정부접수하에 통일함으로써 "조선 내" 철도운수를 완전한 국영체제로 발전시키기 위하여(제1조 참조), 사설철도회사의 전 재산을 취득수용하여 그 소유권을 조선정부에 귀속시키는 한편, 그 재산관계권리자 전부에게 적당한 보상을 지불하도록 하였다(제2조 참조). 다만 위 수용으로 인하여 보상청구권이 부여된 자(위 재산관계권리자)는 군정법령의 효력발생일 후 60일 내에 미군정청 운수부장에게 보상청구서면을 제출하여야 하고, 이를 제출하지 않은 경우에는 위 보상과 기타 관계청구권 행사에 관한 제반 권리를 포기한 것으로 인정하였다(제3조 참조). 그리고 위 운수부장은 3인의 사정위원을 임명하여 그 사정위원회로 하여금 수용재산에 관한 수용일 현재의 사정가격, 보상금취득권자 등을 사정하여 보상금 추천액과 함께 보고하게 하여 이를 토대로 보상액을 최종결정하여 보상받을 권리자에 대하여 조선정부가 지불할 금액을 기입한 증권을 교부하도록 하였다(제4조, 제5조). 그러나 군정법령 제4조, 제5조에 따른 보상절차가 이루어지지 않은 단계에서 폐지법률에 의하여 군정법령이 폐지됨으로써 대한민국의 법령에 의한 수용은 있었으나 그에 대한 보상을 실시할 수 있는 절차를 규정하는 법률이 없는 상태가 현재까지 계속되고 있다. 따라서 대한민국의 법률에 근거한 수용에 대하여는 그 보상에 관한 법률을 제정하여야 하는 입법자의 헌법상 명시된 입법의무가 발생하였고 대한민국은 그 의무를 이행하지 아니하고 있다 할 것이다.

(2) 이 사건 입법부작위가 위헌인지 여부에 관하여

(가) 입법자가 입법의무를 지고 있다고 하여서 그 불이행의 모든 경우가 바로 헌법을 위반한 경우라고는 단정할 수 없다. 즉 입법자에게는 형성의 자유 또는 입법재량이 인정되므로 입법의 시기 역시 입법자가 자유로이 결정할 수 있음이 원칙이라 할 것이다. 그러나 입법자는 헌법에서 구체적으로 위임받은 입법을 거부하거나 자의적으로 입법을 지연시킬 수는 없는 것이므로, 가령 입법자가 입법을 하지 않기로 결의하거나 상당한 기간 내에 입법을 하지 않는 경우에는 입법재량의 한계를 넘는 것이 된다. 따라서 입법부작위는 이와 같이 입법재량의 한계를 넘는 경우에 한하여 위헌으로 인정되는 것이다. 이 사건의 경우 사설철도회사의 재산 수

용에 대한 보상절차규정을 두고 있던 군정법령이 폐지됨으로써 그 재산 수용에 대한 보상절차에 관한 법률이 없게 되어 사설철도회사의 재산관계권리자 중 권리를 포기하지 않는 것으로 확정된 손실보상청구권을 가진 자와 그 청구권을 승계 취득한 청구인이 국가로부터 보상을 받을 길이 없게 되었다. 그러함에도 불구하고 그 후 30여년이 지나도록 그 보상을 위한 아무런 입법조치를 취하지 않고 있는 것은 입법자의 형성의 자유를 고려하더라도 그 한계를 벗어나는 것이라고 보아야 할 것이다. 따라서 이 사건 입법부작위는 입법자가 헌법에서 위임받은 손실보상에 관한 법률제정의무를 자의적으로 방치하고 있고 이로 인하여 사설철도회사 재산관계권리자 중 그의 손실보상청구권이 확정된 자의 재산권을 침해하기에 이르렀으므로 위헌이라 할 것이다.

(나) 가사 헌법에서 수용에 대한 손실보상절차를 규정하는 법령을 제정하도록 명시적인 입법위임을 한 것이 아니라 가정하더라도 특정인의 구체적 재산권을 보장하기 위하여 국가의 행위의무가 발생하였음이 명백한데, 국가가 그 행위의무를 불이행하고 있는 것은 위헌이라 할 것이다.

조선철도주식회사의 주주이던 대한금융조합연합회는 위 재산관계권리자로서 이 사건 주식에 대하여 군정법령 제3조가 정한 대로 군정청 운수부장에게 보상청구서를 제출함으로써 이 사건 주식에 따른 손실보상청구권을 포기하지 않는 것으로 확정되었으며, 청구인은 위 손실보상청구권을 승계취득한 것이다. 그런데 군정법령에 규정된 위 손실보상금을 사정·확정하는 절차가 개시되기 전에 제정된 폐지법률은 군정법령을 폐지하면서 이미 확정된 보상청구권의 존속만을 부칙에 정하였을 뿐 보상금의 사정·확정 및 지급절차에 관하여 아무런 규정을 두지 않았다. 이로 말미암아 사설철도회사의 재산관계권리자로서 그의 손실보상청구권이 확정된 자 또는 그 보상청구권을 승계취득한 자를 위한 보상절차를 진행할 법령상의 근거가 없어지게 되어 이미 확정된 보상청구권자 또는 그 승계취득자라 하더라도 국가로부터 보상금을 지급받을 수 없는 결과가 초래되었다. 그러나 군정법령에 의하여 공용을 위하여 수용된 사설철도회사의 재산관계권리자의 확정된 손실보상청구권은 폐지법률 시행 당시의 헌법(1962. 12. 26. 제5차 개정 전의 것)하에서나 현행 헌법하에서나 헌법상 보장된 재산권으로서 군정법령에 의하여 구체화되었고 군정법령을 폐지한 폐지법률도 그 존속을 보장하고 있는 권리인바, 이와 같이 헌법상 보장된 재산권이 법령에 의하여도 인정되어 그 존속이 보장되고 있음에도 불구하고 그 보상액의 확정 등 보상절차에 관한 법률을 제정하지 않음으로써 위와 같이 법령에 의하여 구체화된 헌법상 재산권을 실질적으로 실현불가능하게 내버려 두는 것은 제헌헌법 이래 재산권을 보장하는 헌법규정에 명백히 반하는 것이다.

그럼에도 불구하고 폐지법률이 시행된 지 30년이 지나도록 입법자가 전혀 아무런 입법조치를 취하지 않고 있는 것은 입법재량의 한계를 넘는 입법의무불이행으로서 위 보상청구권이 확정된 자의 헌법상 보장된 재산권을 침해하는 것이므로 위헌이다.」

[憲 1998. 7. 16.-96헌마246](전문의 자격시험 불실시 위헌확인 등)

「넓은 의미의 입법부작위에는 첫째, 입법자가 헌법상 입법의무가 있는 어떤 사항에 관하여 전혀 입법을 하지 아니함으로써 입법행위의 흠결이 있는 경우(즉, 입법권의 불행사)와 둘째, 입법자가 어떤 사항에 관하여 입법은 하였으나 그 입법의 내용·범위·절차 등이 당해 사항을 불완전·불충분 또는 불공정하게 규율함으로써 입법행위에 결함이 있는 경우(즉, 결함이 있는 입법권의 행사)가 있는데, 일반적으로 전자를 "진정입법부작위", 후자를 "부진정입법부작위"라고 부르고 있다(헌재 1996. 11. 28. 95헌마161, 공보 19,93).

피청구인 보건복지부장관에 대한 청구 중 입법부작위 부분은, 보건복지부장관이 의료법 및 위 규정의 위임에 따른 시행규칙을 제정하기는 하였고 이는 입법사항에 관하여 규율은 하였으나 그 내용 등이 불완전 · 불충분한 경우와 유사한 경우이므로, 위 시행규칙의 관련조항에 대하여(즉, 부진정입법부작위에 대한) 헌법소원심판을 청구하여야 하고 따라서 청구기간의 제한을 받는 것이 아닌가 하는 의문이 있을 수 있다. 그러나 치과전문의제도의 시행을 위하여 필요한 사항 중 일부를 누락함으로써 제도의 시행이 불가능하게 되었다면 그 누락된 부분에 대하여는 진정입법부작위에 해당한다고 보아야 한다. 왜냐하면 치과의사로서 전문의가 되고자 하는 자는 대통령령이 정하는 수련을 거쳐 보건복지부장관의 자격인정을 받아야 하고(의료법 제55조 제1항) 전문의의 자격인정 및 전문과목에 관하여 필요한 사항은 대통령령으로 정하는 바(동조 제3항), 위 대통령령인 '규정' 제2조의2 제2호(개정 1995. 1. 28.)는 치과전문의의 전문과목을 "구강악안면외과 · 치과보철과 · 치과교정과 · 소아치과 · 치주과 · 치과보존과 · 구강내과 · 구강악안면방사선과 · 구강병리과 및 예방치과"로 정하고, 제17조(개정 1994. 12. 23)에서는 전문의자격의 인정에 관하여 "일정한 수련과정을 이수한 자로서 전문의자격시험에 합격"할 것을 요구하고 있는데도, '시행규칙'이 위 규정에 따른 개정입법 및 새로운 입법을 하지 않고 있는 것은 진정입법부작위에 해당하기 때문이다. ……

라. 행정입법의 작위의무

이 사건에 있어서 보건복지부장관의 작위의무는 의료법 및 위 규정에 의한 위임에 의하여 부여된 것이고 헌법의 명문규정에 의하여 부여된 것은 아니다. 그러나 삼권분립의 원칙, 법치행정의 원칙을 당연한 전제로 하고 있는 우리 헌법하에서 행정권의 행정입법 등 법집행의무는 헌법적 의무라고 보아야 한다. 왜냐하면 행정입법이나 처분의 개입 없이도 법률이 집행될 수 있거나 법률의 시행 여부나 시행시기까지 행정권에 위임된 경우는 별론으로 하고, 이 사건과 같이 치과전문의제도의 실시를 법률 및 대통령령이 규정하고 있고 그 실시를 위하여 시행규칙의 개정 등이 행해져야 함에도 불구하고 행정권이 법률의 시행에 필요한 행정입법을 하지 아니하는 경우에는 행정권에 의하여 입법권이 침해되는 결과가 되기 때문이다. 따라서 보건복지부장관에게는 헌법에서 유래하는 행정입법의 작위의무가 있다고 할 것이다.」

[憲 1998. 11. 26.-97헌마310](건축사면허증 및 면허수첩재교부거부처분취소 등)

「예비적 심판청구에 관하여 청구인은 건축사법시행령 제4조 제1항은 새로이 건축사면허를 취득하고자 하는 사람들만을 대상으로 하는 것이고 건축사면허를 취소당한 사람들에 대하여는 적용이 없는 것으로서 건축사법시행령에는 건축사면허를 취소 당한 사람들에 관하여는 전혀 규정을 두고 있지 않는 셈이어서 진정입법부작위라고 주장하고 있다. 그러나, 위 조항은 입법자가 어떤 사항에 관하여 입법은 하였으나 불완전, 불충분하게 규율한 경우에 불과하므로, 이를 부진정입법부작위라 할지언정 청구인이 심판의 대상으로 삼고 있는 바와 같은 진정입법부작위에 해당한다고 할 수는 없다 할 것이다.

따라서, 청구인의 예비적 심판청구는 존재하지도 않는 입법부작위를 심판의 대상으로 삼은 것으로서 역시 부적법하다 할 것이다.

가사, 청구인의 예비적 심판청구가 위와 같은 불완전입법에 대하여 적극적인 헌법소원을 제기한 취지의 심판청구라고 보더라도, 이와 같은 헌법소원은 헌법재판소법 제69조 제1항 소정의 청구기간의 적용을 받는다 할 것이다(헌재 1993. 3. 11. 89헌마79, 판례집 5-1,92,102 참조). 그런데, 청구인은 늦어도 이 사건 거부처분이 이루어진 1996. 3. 5.에는 위 시행령에 의한 기본권침해를 알았다고 할 것이므로, 그 때로부터 기산하여 60일의 청구기간이 이미 경과한 뒤에 제기된 이 사건 예비적 심판청구 또한 부적법하다 할 것이다.」

[憲 1997. 5. 29.-96헌마4](입법부작위 위헌확인)
「먼저 이 사건 심판청구가 적법한지 여부를 본다.

청구인은 압류명령이 제3채무자에게 송달되지 아니한 경우 압류명령의 신청인인 채권자에게 그 사실을 통지하거나 주소보정을 명하도록 하는 내용의 대법원규칙을 제정하여야 할 의무가 대법원에 있음에도 그러한 내용의 대법원규칙을 제정하지 아니함으로써 자신의 헌법상 보장된 기본권을 침해받았다고 주장하면서 그 위헌확인을 구하고 있다.

그러나 입법부작위에 대한 헌법소원은 헌법에서 기본권보장을 위하여 명시적인 입법위임을 하였음에도 입법권자가 이를 방치하고 있거나 헌법해석상 특정인에게 구체적인 기본권이 생겨 이를 보장하기 위한 국가의 행위의무 내지 보호의무가 발생하였음에도 불구하고 국가가 아무런 입법조치를 취하지 아니하고 있는 경우가 아니면 원칙적으로 인정될 수 없다(우리 재판소 1989. 3. 17. 선고, 88헌마1; 1992. 12. 24. 선고, 90헌마174 결정 등 참조).

이 사건의 경우 청구인 주장과 같은 내용의 대법원 규칙을 제정하도록 위임하고 있는 명시적 헌법이나 법률규정이 없을 뿐만 아니라 헌법이나 법률의 해석상으로도 그와 같은 규칙을 제정하여야 할 의무가 발생한다고 할 수 없다.

이에 대하여 청구인은 헌법 제11조 제1항, 제23조 제1항과 민사소송법 제1조, 제561조 제2항, 제708조 제2항 및 국가공무원법 제56조, 제59조 등을 그러한 규칙제정의무의 근거조항으로 들고 있으나, 헌법 제11조 제1항은 합리적 사유 없는 자의적 차별을 금지하는 규정이고 헌법 제23조 제1항은 사유재산권을 보장하되 그 구체적 내용과 한계는 법률에 맡기고 있는 규정일 뿐이므로, 이들로부터 바로 그러한 규칙을 제정할 의무가 도출된다고 할 수 없을 뿐만 아니라 위 법률조항들도 규칙제정의무의 근거가 될 수 없다 할 것이다.

따라서 대법원에 청구인이 주장하는 규칙을 제정할 의무가 있는 경우가 아니므로 위와 같은 의무의 존재를 전제로 한 이 사건 헌법소원은 헌법소원심판청구의 대상이 될 수 없는 사안에 대한 헌법소원으로서 부적법하다 할 것이다.」

▸ 공권력의 불행사 중 「행정부작위」에 대한 판례

▹ 행정부작위가 헌법소원심판의 청구대상이 되기 위해서는 작위의무가 인정되어야 한다는 취지의 판례

[憲 1991. 9. 16.-89헌마163](약사관리제도 불법운용과 한약업사업권 침해에 관한 헌법소원)
「가. 먼저 청구인의 단속부작위에 대한 소원청구부분에 관하여 본다.

헌법소원은 헌법재판소법 제68조 제1항에 규정한 바와 같이 공권력의 불행사에 대하여서도 그 대상으로 할 수 있지만, 행정권력의 부작위에 대한 소원의 경우에 있어서는 공권력의 주체에게 헌법에서 유래하는 작위의무가 특별히 구체적으로 규정되어 이에 의거하여 기본권의 주체가 행정행위를 청구할 수 있음에도 공권력의 주체가 그 의무를 해태하는 경우에 허용된다고 할 것이며, 따라서 의무위반의 부작위 때문에 피해를 입었다는 단순한 일반적인 주장만으로는 족하지 않다고 할 것으로 기본권의 침해없이 행정행위의 단순한 부작위의 경우는 헌법소원으로서는 부적법하다고 할 것이다.

이 사건으로 돌아가 본다. 현행 약사법 제3조 제2항에 의하면 원칙적으로 약학을 전공하

는 대학을 졸업한 자로서 약사국가시험에 합격한 자에 한하여 약사의 면허를 부여하게 되어 있고, 약사가 아니면 약국을 개설하거나 의약품을 판매할 수 없으며(동법 제16조 제1항, 제35조 제1항), 또 의약품을 조제할 수 없게 하였고(동법 제21조, 동법 시행규칙 제7조의2), 여기에 어떠한 지역제한이 없다. 한편 여기의 약사가 다루게 되어 있는 의약품에는 동법 제2조 제4항에서 대한약전에 수재된 것으로서 동조항 제2호 · 제3호 소정의 것이라고 하였으며, 동법 제43조에 의하면 보건사회부장관이 중앙약사심의위원회의 심의를 거쳐 정하여 공고하는 대한약전에는 제1부와 제2부로 하되 제1부에는 주로 빈번히 사용되는 원약인 의약품과 기초적인 제제를 수재하고, 제2부에는 주로 혼합제제와 제1부에 수재되지 아니한 의약품을 수재하게 되어 있는바, 대한약전에 의하면 제2부에 갈근, 감초 등 100가지 이상의 순수한 한약재가 수재되었다.

반면 원래 한약종상에 그 연원을 둔(약사법 부칙(1971. 1. 13.) 제3항 참조) 한약업사의 경우는 보건사회부령이 정하는 바에 의하여 한약업사의 허가를 받은 자에 대하여 약사가 아님에도 의약품을 판매할 수 있게 하고(동법 제35조 제2항), 또 기성한약서에 수재된 처방 또는 한의사의 처방전에 의한 한약의 혼합판매권까지 부여하였지만(동법 제36조 제2항), "보건사회부령이 정하는 지역에 한하여" 한약업사시험에 합격한 자에 대하여 한약업사허가를 하며(동법 제37조 제2항), 여기에서 위임받은 보건사회부령인 약사법시행규칙 제23조에 의하면 도지사는 한약업사의 수급조절상 필요하다고 인정하는 경우에는 종합병원 · 병원 · 의원 · 한방병원 · 한의원 · 약국 또는 보건소지소가 없는 면에 한하여 1인의 한약업사를 허가할 수 있다고 하였다.

이상 본 바를 종합할 때 약국개설에 지역적 제한을 두지 아니한 약사와 달리 한약업사에 대해서는 그 없을 "보건사회부령이 정하는 지역에 한하여" 한지적으로 허가하게 되어 있으며, 또 약사만이 개설할 수 있는 약국이 없는 지역에 한하여 허가하는 보충적인 것으로 하였고, 그 업무내용도 한약을 비롯한 의약품 일반에 관해 전면적인 조제 · 판매권을 가지는 약사의 경우와 달리 한약업사의 겨우는 판매권은 한약을 비롯한 의약품 일반이지만 한약에 한하여서만 혼합판매권을 가진다. 그렇다면 한약없는 약사가 없는 한지에서 약사의 업무일부를 수행하는 보충적인 직종에 그치는 것으로, 비록 약사법 제36조 제2항에서 한약의 혼합판매권을 주었다고 하여도 그것이 약사에게는 허용되지 않는 배타적이며 한약업사에게만 전속적으로 부여한 특허권과 같은 것으로 볼 수 없다고 할 것이다. 그렇기 때문에 약사가 약사법 제36조 제2항을 어겼을 때에 이를 단속하는 규정은 있을 수도 없고 있지도 아니하며 따라서 법률상으로도 보사부장관에게 약사를 단속할 작위의무가 발생할 여지는 없다고 할 것이다. 현행 약사법 체계에 의하면 한약을 비롯한 일체의 의약품에 대해 약사에게 조제판매권을 주는 것을 원칙으로 하고 한약업사에게는 약사에 대한 관계에서 한지적 · 보충적인 직종으로 하였으나 이에 의하지 않고 대신에 양약에 관하여는 약사에게, 한약에 관하여는 새로 한약사를 만들거나 기존의 한약업사에게 각 전속적 조제판매권을 부여하여 이원적으로 양분하는 입장도 상정할 수 있는 바 그 어느 입장을 취할 것인가는 광범위한 입법형성권을 가진 입법자가 국민보건향상이라는 공공복리를 고려하여 합목적적으로 정할 재량사항을 것으로 현행 약사법이 양분하는 입장을 취하지 아니하였다하여 헌법의 기본가치를 도외시한 재량권일탈의 입법이라고는 할 수 없을 것이며, 따라서 이로 인하여 한약업사의 직업행사의 자유나 거주이전의 자유 등 어떠한 기본침해의 가능성이 성립할 수 없을 것이고 그 보호를 위한 헌법상의 약사단속청구권이 발생할 여지는 없는 것이라고 할 것이다. 그렇다면 그에 대응하는 단속해야 할 작위의무의 성립을 전제로 한 단속부작위 청구부분의 나머지 쟁점에 대해 살필 필요도 없이 부적법하다고 할 것이다.」

◎ **같은 취지 : 憲 1994. 4. 28.-92헌마153**

▷ **거부처분은 적극적인 거부행위가 존재하므로 부작위에 해당하지 않는다는 취지의 판례**
[憲 1993. 5. 10.-93헌마92](순직처리거부처분 취소 등)

「피청구인의 거부처분이 있고 그 거부처분은 공권력의 행사임이 명백하므로 청구인으로서는 그 거부처분의 취소를 구하는 헌법소원심판을 청구함으로 족하다고 할 것이고, 이와 병행하여 국가기관의 공권력의 불행사를 이유로 부작위위헌확인 심판청구를 하는 것은 허용되지 않는다고 할 것이므로 이 사건 예비적 심판청구는 결국 헌법소원심판청구의 대상이 아닌 것에 대한 헌법소원으로서 역시 부적법하다고 할 것이다.」

▷ **행정부작위에 대한 헌법소원심판청구에 대하여 작위의무가 인정되지 않아 부적법한 것이라고 본 판례**
[憲 1994. 4. 28.-92헌마153](전국구국회의원 의석계승 미결정 위헌확인)

「(1) 헌법재판소법 제68조 제1항의 규정에 의하면 "공권력의 행사 또는 불행사로 인하여" 헌법상 보장된 기본권을 침해받은 자는 헌법소원심판을 청구할 수 있다. 다만 행정권력의 부작위에 대한 헌법소원의 경우에는, 공권력의 주체에게 헌법에서 유래하는 작위의무가 특별히 구체적으로 규정되어 이에 의거하여 기본권의 주체가 행정행위를 청구할 수 있음에도 공권력의 주체가 그 의무를 해태하는 경우에 허용되는 것이므로, 의무위반의 부작위 때문에 피해를 입었다는 단순한 일반적인 주장만으로서는 부적법한 헌법소원이라고 할 것이다(헌법재판소 1991. 9. 16. 선고, 89헌마163 결정 참조). 따라서 헌법에서 유래한 작위의무가 없는 공권력의 불행사에 대한 위헌확인을 구하는 헌법소원은 부적법한 소원이라고 할 것이다.

(2) 이에 이 사건의 경우 전국구의원 조윤형이 청구인정당을 탈당함으로써 전국구의원에 결원이 생기고 피청구인이 청구인 강부자에 대하여 의원직승계결정을 하여야 할 의무가 있었는가에 관하여 본다.

(가) 먼저 위 조윤형이 청구인정당을 탈당함으로써 전국구의원에 궐원이 생긴 여부를 본다. …… 그러므로 그 당시의 법제로는 전국구의원이 그를 공천한 정당을 탈당하여도 이로 인하여 동인이 국회의원의 의석을 상실하여 전국구의원의 결원이 생긴 경우에 해당한다고 할 수 없었다. 따라서 위 전국구의원 조윤형이 그를 공천한 청구인정당에서 탈당하였어도 이로 인하여 전국구의원의 궐원이 생긴 때에 해당하지 않았다.

(나) 나아가 피청구인의 작위의무가 있는 여부를 본다.

위 조윤형이 청구인정당을 탈당하던 당시에도 시행된 국회법 제137조는 "의원이 궐원된 때에는 의장은 15일 이내에 대통령과 중앙선거관리위원회에 이를 통지하여야 한다"라고 규정하고 있고, 구 국회의원선거법 제143조 제3항에는 "전국구에서 선출된 의원에 궐원이 생긴 때에는 중앙선거관리위원회에 이를 통지하여야 한다"라고 규정하였었으며, 동법 제143조 제2항은 "전국구에서 선출된 의원에 궐원이 생긴 때에는 중앙선거관리위원회는 궐원통지를 받은 후 10일 이내에 그 궐원된 의원이 그 선거 당시에 소속한 정당의 전국구후보자명부에 기재된 순위에 따라 당시에 소속한 정당의 전국구후보자명부에 기재된 순위에 따라 궐원된 의석을 승계할 자를 결정하여야 한다"고 규정하였었다(현 공직선거및선거부정방지법 제200조 제2항에도 같은 취지로 규정되어 있다). 그러므로 가사 전국구의원의 의석에 궐원이 생겼다고 하더라도, 국회의장으로부터 궐원통지를 받기 전에는 피청구인에게 의석승계결정을 할 작위의무가 생기지 않았다. 더구나 이 사건의 경우는 청구인정당에 속하였던 전국구의원 조윤형이 청구인정당을 탈당하였다 하여도 전국구의원에 궐원이 생긴 경우가 아니므로 국회의장도 피청구인에게 국회법 제137조 및 구 국회의원선거법 제143조 제3항에 의한 전국구의원 궐원통지를 할 수도 없다. 그리하여 국회의장으로부터 피청구인에게 전국구의원 조윤형이 청구인정당을 탈당한 사실과 관련하여 이러한 전국구의원 궐원통지를 한 바가 없는 사실은 기록상 인정되므로, 위 조윤형이 청구인정당을 탈당하였다 하여 피청구인에게 청구인 강부자를 의원직 승계자로 결정할 의무가 없었다. 따라서 피청구인에게 위 전국구의원 조윤형이 청구인정당을 탈당한 것을 원인으로 하여 청구인 강부자에 대하여 전국구의원 승계결정을 할 작위의무가 존재하지 않았음이 명백하므로, 피청구인의 이 사건 공권력의 불행사는 헌법에서 유래한 작위의무가 없는 경우에 해당한다. 그러므로 청구인들의 이 사건 헌법소원심판청구 중 피청구인의 이 사건 공권력의 불행사에 대한 위헌확인을 구하는 주된 청구는 헌법에서 유래한 작위의무가 없는 공권력의 불행사에 대한 위헌확인을 구하는 것이어서 부적법하다고 할 것이다.」

[憲 1995. 3. 23.-91헌마143](환매권침해에 대한 헌법소원)

「수용법과 특례법의 법문상 기업자의 소위 환매통지의무는 환매할 토지가 생긴 경우에만 발생함이 분명하고, 환매할 토지가 생긴 경우란 협의취득일 또는 수용일로부터 10년 이내에 토지 등의 전부 또는 일부가 필요 없게 된 때이거나(수용법 제71조 제1항 및 특례법 제9조 제1항의 경우), 협의취득일 또는 수용일로부터 5년을 경과하여도 토지 등의 전부를 사업에 이용하지 아니한 때(수용법 제71조 제2항 및 특례법 제9조 제2항의 경우)를 말한다. 기록에 첨부된 1, 2, 3심 판결서를 보면 이 사건 토지들이 취득목적사업인 산업기지개발사업에 "필요 없게" 되었거나 "토지의 전부를 사업에 이용하지 아니한" 것이 아니어서 "환매할 토지"로 인정할 수 없으므로 기업자인 피청구인에게 소위 환매통지의무가 발생하였다고 할 수 없다.

결국 피청구인이 환매할 토지가 생겼음을 통지하지 아니하였다 하더라도 이는 헌법소원의 대상이 되는 공권력의 불행사에 해당하지 아니한다고 할 것이고, 그렇다면 이 부분 심판청구도 부적법하다 하지 않을 수 없다.」

[憲 1995. 5. 25.-90헌마196](국공립중등교원우선임용의 법적 기대권 등에 대한 헌법소원)

「(2) 행정권력의 부작위에 대한 헌법소원의 경우에는 공권력의 주체에게 헌법에서 유래하는 작위의무가 특별히 구체적으로 규정되어 있고, 이에 의거하여 기본권의 주체가 이에 근거하여 행정행위를 청구할 수 있음에도 불구하고 공권력의 주체가 그 의무를 게을리 하는 경우에만 허용된다 할 것이므로 공권력의 부작위 때문에 피해를 입었다는 단순한 일반적인 주장만으로서는 헌법소원으로서 부적법하다(헌법재판소 1991. 9. 16. 선고, 89헌마163 결정 참조).

그런데, 이 사건의 경우에는 이미 앞서 본 바와 같이 청구인들이 주장하는 교원으로 우선임용받을 권리는 헌법상 권리가 아니고 단지 구 교육공무원법 제11조 제1항의 규정에 의하여 비로소 인정된 권리이고, 한편 헌법재판소가 1990. 10. 8. 위 법률조항에 대하여 위헌결정을 함에 있어 청구인들과 같이 국·공립 사범대학을 졸업하고 아직 교사로 채용되지 아니한 자들에게 교원으로 우선임용받을 권리를 보장할 것을 입법자나 교육부장관에게 명하고 있지도 아니하다.

(3) 그렇다면 청구인들의 …… 교육부장관의 경과조치부작위에 대한 헌법소원심판부분은 국회 및 교육부장관에게 청구인들을 중등교사로 우선임용하여야 할 작위의무가 있다고 볼 근

거가 없으므로 부적법하다.」

[憲 1996. 11. 28.-92헌마237](도로예정지 미수용 위헌확인)

「나. 그러므로 이 사건에서 피청구인 등 행정청에게 헌법에서 직접 유래하는 청구인 주장의 작위의무를 부담시키는 법률규정이 구체적으로 규정되어 있는지를 본다.

도시계획의 시행과정은 도시기본계획의 수립, 입안, 결정 및 지적승인의 고시·공람, 연차별 집행계획의 수립, 시행자의 실시계획작성 및 건설부장관의 인가, 실시계획의 인가·고시, 사업의 시행(수용, 사용, 보상 등)의 절차로 이루어진다. 도시계획법 제30조는 도시계획의 실현을 위하여 필요한 사업에 대한 토지수용권의 근거를 부여하고, 같은 법 제25조에 의한 실시계획인가를 토지수용법 제14조의 규정에 의한 사업인정으로 본다고 규정하고 있어, 도시계획시설 편입토지에 대한 토지수용 및 사용은 결국 당해 도시계획시설사업에 대한 실시계획인가 및 고시가 있어야 가능하다.

따라서 이 사건 토지와 같이 사업시행의 전단계로서 도시계획결정 및 지적고시만 된 상태에서는 관할 행정청이 토지를 사용 또는 수용할 수 있는 법률적 근거가 없다. 그러므로 행정청이 이 사건 토지를 수용하여야 할 법률적 의무는 존재하지 아니한다.

한편, 도로법이 준용되는 준용도로(도로법 제10조, 같은 법 시행령 제10조)의 설정이라도 이루어지면 손실보상(같은 법 제79조)이 이루어질 수 있을 것이나, 또한 이 사건 토지와 같은 경우 반드시 준용도로로 지정하여야 하는 행정청의 작위의무에 관한 법률적 근거도 찾아볼 수 없다(도로법 제10조, 같은 법 시행령 제10조, 제10조의2 참조).

다. 나아가 피청구인이 이 사건 토지를 수용하거나 준용도로로 지정해야 할 헌법적 의무가 있는지 여부를 본다.

일반적으로 도시계획의 시행 여부나 실시시기는 다른 사업들과의 우선순위, 재정적 여건 등 다양한 요인들을 복합적으로 감안하여 결정되어야 할 사항으로서 관할 행정청은 그에 관한 광범위한 재량권을 갖는다. 마찬가지로 도로예정지로 지정된 어떤 토지를 준용도로로 지정할 것인가의 여부나 그 지정시기도 관할 행정청의 재량사항이라고 할 것이다. 따라서 헌법상 보장된 재산권으로부터 직접 이 사건 토지에 대한 피청구인의 수용의무나 준용도로지정의무가 도출된다고 볼 수는 없다고 할 것이다.

다만 도시계획의 시행주체인 행정청이 도시계획결정으로 어떤 토지를 도시계획예정지로 지정한 뒤 적정한 기간 이내에 그 실시계획을 수립한 후 시행하지 아니하여 해당 토지소유자의 재산권행사를 수인할 수 없을 정도로 장기간 제한하는 경우에는 원래 적법하였던 도시계획예정지 지정행위 자체가 해당 토지소유권자의 재산권을 침해하게 될 가능성이 있다. 그러나 이 경우 해당 토지소유자는 헌법상 보장된 재산권으로부터 도출되는 방어권에 기하여 도시계획예정지구의 해제를 요구하거나, 도시계획예정지구 내에서의 일정기간 이상의 현상변경금지조치에 대하여 보상규정을 마련하거나 도시계획예정지구 지정 이후 일정기간 경과 후에는 자동적으로 그 지정이 실효되도록 하는 규정을 마련하는 등 재산권보호를 위한 적절한 대책을 세우지 아니한 입법자의 입법부작위를 다투거나, 그러한 점에서 불완전한 기존의 도시계획관련법 자체를 다투는 것은 별론으로 하고, 이 사건 토지를 수용하지 아니하거나 준용도로로 지정하지 아니한 행정청의 부작위에 대한 위헌확인을 구할 수는 없다고 할 것이다.

라. 그러므로 이 사건 심판청구는 부적법하다고 할 것이다.」

[憲 1996. 2. 29.-93헌마186] (긴급재정명령 등 위헌확인)	《국회가 탄핵소추를 의결하지 아니하였다는 주장의 청구》 「국회에게 대통령의 헌법 등 위배행위가 있을 경우에 탄핵소추의결을 하여야 할 헌법상의 작위의무가 있다거나 청구인에게 탄핵소추의결을 청구할 헌법상 기본권이 있다고 할 수 없다.」
[憲 1996. 6. 13.-94헌마118] (헌법 제29조 제2항 등 위헌확인, 헌법 제29조 제2항 등 위헌소원)	《내무부장관 또는 법무부장관이 국가배상을 하지 아니하거나 불허하였다는 주장의 청구》 「내무부장관 및 법무부장관에게는 경찰공무원의 사상과 관련한 손해배상에 대하여 헌법에서 유래하는 작위의무가 특별히 구체적으로 규정되어 있다고 할 수 없으므로」
[憲 1999. 11. 25.-99헌마198] (도시계획취소불이행 위헌확인)	《부산광역시장이 조선총독부 고시에 의해 고시된 도시계획결정을 취소하지 아니하였다는 주장의 청구》 「헌법이나 도시계획법상 피청구인에게 이 사건 임야에 관한 도시계획결정을 취소하여야 할 작위의무가 구체적으로 규정되어 있거나 청구인이 직접 그 도시계획결정의 취소를 청구할 수 있는 권리가 있다고 볼 근거가 없으므로」
[憲 1998. 2. 27.-97헌마354] (국가유공자예우등에관한법률 제9조 위헌제청 등)	《국가유공자유족에 대해 국방부장관이 국가유공자예우등에관한법률상의 보상을 받을 수 있는 실질적 조치를 하지 아니하였다는 주장의 청구》 「국방부장관에게 청구인 주장과 같은 조치를 취할 작위의무는 헌법상으로도 법률상으로도 도출되지 아니하므로」
[憲 1998. 5. 28.-97헌마282] (재외국민보호의무불이행 위헌확인)	《독일정부의 우리나라 국민에 대한 '미성년자보호관련관헌의관할권및준거법에관한협약'의 적용을 피하기 위하여 우리 나라 정부가 위 협약에 가입, 수정가입, 일부가입 또는 독일과의 별도조약을 체결하지 아니하였다는 주장의 청구》 「헌법 제2조 제2항은 "국가는 법률이 정하는 바에 의하여 재외국민을 보호할 의무를 진다"고 규정하고 있으나, 위 규정이나 다른 헌법규정으로부터도 청구인이 외교통상부장관이나 법원행정처장에게 청구인 주장과 같은 공권력의 행사를 청구할 수 있다고는 인정되지 아니하므로」
[憲 2000. 3. 30.-98헌마206] (중재요청불이행 위헌확인)	《정부가 재일 피징용부상자의 보상청구권을 위하여 일본국에 중재를 하지 아니하였다는 주장의 청구》 「우리 나라 정부에게 청구인들이 원하는 바와 같이 중재회부라는 특정한 방법에 따라 우리나라와 일본국간의 분쟁을 해결하여야 할 헌법에서 유래하는 구체적 작위의무가 있고, 나아가 청구인들이 이러한 공권력행사를 청구할 수 있는 것인지 여부에 관해서 보면, 이는 아래에서 보는 바와 같이 긍정하기 어렵다.」
[憲 2002. 5. 30.-2001헌마708] (공용수용부작위처분취소)	《도시계획결정 및 지적승인의 고시·공람까지 이루어졌으나 실시계획의 인가가 이루어지지 아니한 토지에 대하여 행정청이 수용을 하지 않았다는 주장의 청구》 「본건 청구는 헌법상 유래하는 작위의무가 인정되지 않는 공권력의 불행사에 대한 헌법소원이라는 점에서 부적법하다고 할 것이다.」

[憲 2002. 12. 18.-2002헌마52] (저상버스도입의무 불이행 위헌확인)	《장애인을 위한 저상버스를 도입해야 할 국가의 구체적 의무를 이행하지 아니하였다는 주장의 청구》 「이 사건의 경우 저상버스를 도입해야 한다는 구체적인 내용의 국가의무가 헌법으로부터 도출될 수 없으므로, 이 사건 심판청구는 부적법하다.」

▸ 공권력의 불행사 중 「사법부작위」에 대한 판례

▹ 재판에서 판단을 유탈하거나 탈루한 것에 대해서는 헌법소원심판을 청구할 수 없다는 취지의 판례

[憲 1996. 4. 25.-92헌바30](민사소송법 제642조 제4항 등 위헌소원)

「이 사건 심판의 대상은, 민사소송법 제642조 제4항, 제5항, 제6항의 규정이 헌법에 위반되는지 여부와 재판에서의 판단유탈 내지 재판의 탈루가 헌법에 위반되는 공권력의 불행사라는 이유로 헌법소원을 제기할 수 있는지 여부이다.

전자는 헌법재판소법 제68조 제2항에 의한 헌법소원이며, 후자는 같은 법 제68조 제1항에 의한 헌법소원이다. ……

나. 대법원 결정의 판단유탈에 대한 헌법소원

청구인은 대법원이 청구인이 주장한 민사소송법 제641조에 의한 즉시항고에 대하여는 아무런 판단을 아니하였다는 이유로 이에 대하여 헌법소원을 청구하고 있다. 그러나 대법원이 청구인이 주장하는 바와 같이 판단하여야 할 사항의 일부에 관하여 판결의 주문에서 빠뜨리고 판결한 것이라면, 탈루한 부분은 여전히 법원에 계속되어 있다 할 것이고(이 경우 원칙적으로 기본권의 침해 문제는 생기지 아니한다), 그렇지 아니하고 단지 공격방어방법에 관한 판단을 빠뜨린 것이라면 재심의 소에 의하여 구제받을 수 있는 것이므로 그러한 절차를 생략한 채 이를 이유로 바로 헌법재판소에 헌법소원을 청구하여 재판의 취소를 구하거나 추가재판을 구하는 것은 허용되지 아니한다. 따라서 이 부분의 청구는 부적법하다.」

▹ 재판의 지연행위에 대하여, 재판을 하여야 할 법적인 의무가 인정되어야 헌법소원심판의 대상이 된다는 취지의 판례

[憲 1994. 6. 30.-93헌마161](재판의 지연 위헌확인 등)

「3. 판 단

헌법재판소법 제68조 제1항에 의하면, 공권력의 행사 또는 불행사로 인하여 헌법상 보장된 기본권을 침해받은 자는 법원의 재판을 제외하고는 헌법재판소에 헌법소원심판을 청구할 수 있다. 그러나 공권력의 불행사에 대한 헌법소원은 공권력의 주체에게 헌법에서 유래하는 작위의무가 특별히 구체적으로 규정되어 이에 의거하여 기본권의 주체가 그 공권력의 행사를 청구할 수 있음에도 공권력의 주체가 그 의무를 해태하는 경우에 한하여 허용되는 것이다. 이러한 작위의무가 없는 공권력의 불행사에 대한 헌법소원은 부적법한 것이 된다(헌법재판소 1991. 9. 16. 선고, 89헌마163 결정 1994. 4. 28. 선고, 92헌마153 결정 각 참조). 그러므로 기일지정신청에 대한 재판지연이라는 공권력의 불행사에 대한 헌법소원이 적법한 헌법소원이 되자면 공권력의 주체인 법원이 기일지정신청에 대하여 재판하여야 하는 헌법에 유래하는 작위의무가 특별히 규정되어 있고, 이에 의거하여 기본권의 주체가 공권력의 행사 즉 재판을 청구할 수 있어서 이를 하였음에도 법원이 그 작위의무를 해태하는 경우이어야 한다. 이에 피청구인 법원이 이 사건 기일지정신청에 대하여 재판하여야 할 이러한 작위의무가 있는가를 본다.

헌법 제27조 제1항에 "모든 국민은 헌법과 법률이 정한 법관에 의하여 법률에 의한 재판을 받을 권리를 가진다"라고 규정한 국민의 재판청구권은 국민의 중대한 기본권 중의 하나이다. 그러나 법원은 위 기본권에 근거해서 법령에 정한 국민의 정당한 재판청구행위에 대하여만 재판을 할 의무를 부담한다고 할 것이고, 법령이 규정하지 아니한 재판청구행위에 대하여까지 헌법상의 재판청구권에서 유래한 재판을 할 작위의무가 법원에 있다고 할 수는 없다.

그런데 기일지정신청에 관하여는 민사소송법 제152조, 제241조, 민사소송규칙 제52조, 제53조 등의 규정이 있다. 그러나 종국판결이 상소기간 도과로 확정된 후 동 판결선고 전에 청구의 인낙이 있었다는 이유로 하는 기일지정신청은 법이 예상한 바 아니어서 법령에 이를 규정한 바 없고, 그러한 경우에 기일지정신청을 인정하는 법리도 없다. 따라서 그러한 기일지정신청은 법원에 대하여 아무런 의미도 부여하는 것이 아니어서 법원이 이에 대하여 재판 특히 재판에 의한 소송종료선언을 하여야 할 의무를 부담하지 않는다(그럼에도 불구하고 법원은 청구인이 한 제1차의 기일지정신청에 대하여 소송종료선언까지 하였으므로 같은 내용으로 다시 신청한 이 사건 기일지정신청에 대하여 법원이 아무런 재판을 하지 않는 것은 당연하다. 만일 청구인의 주장과 같이 인낙이 있는데도 판결을 선고하였다면 청구인은 그 판결에 대하여 상소함이 마땅하였다). 따라서 이 사건 헌법소원은 헌법에서 유래한 작위의무가 없는 공권력의 불행사에 대한 헌법소원이어서 부적법하다.」

▶ 기본권의 침해

▸ 자기관련성에 대한 판례

▹ 헌법소원심판의 청구는 원칙적으로 청구인 자신이 관련되어야 한다는 자기관련성에 대한 판례

[憲 1990. 12. 26.-90헌마20](불기소처분에 대한 헌법소원)

「1. 이사건 기록과 증거자료에 의하면, 청구인이 1989. 1. 12. 피고발인을 "관련공무원"으로만 표시한 고발장을 경상남도 경찰국에 제출하였는데, 그 고발요지는 마산시청 도시계획 관계 공무원 성명불상자는 마산시 소재 교방지구 주택지 조성사업 조합에서 행한 주택지 조성공사가 1985. 3. 완료되어 같은 달 일자 미상경 위 시청 사무실에서 준공검사를 함에 있어, 인가된 환지예정지 지적도가 계획도와는 상이하므로 준공검사를 해주지 말아야 함에도 불구하고 그 직무에 관하여 행사할 목적으로 준공검사조서 중 "검사한 결과 공사설계도서 및 기타 약정대로 어김없이 준공하였음을 인정함"이라고 기재되어 있는 준공검사란에 명판을 찍고 인장을 날인하여 마치 진정한 내용의 문서인 것처럼 허위로 공문서를 작성하고, 이를 도시계획계에 비치하여 행사하였으며, 같은 마산시청 도시계획 관계공무원으로 확정측량원도의 검사업무 등을 담당하던 공무원 성명불상자는 1985. 2. 일자 미상경 사무실에서 그 직무에 관하여 행사할 목적으로 위 교방지구 주택지 조성사업의 확정측량원도가 환지계획도면과 상이함에도 불구하고 마치 틀림없는 것 같이 위 확정측량원도에 명판을 찍고 인장을 날인하여 허위의 공문서를 작성하고, 이를 지적계에 비치하여 행사하였다는 것이었고, 위와 같은 고발에 의하여 마산지방검찰청 검사는 위 준공검사 관계공무원 김○경과 측량원도 관련공무원 주○순을 피고발인으로 보아 그들에 대한 수사를 한 끝에 1989. 6. 30. 위 각 피고발인들에 대하여 무혐의결정을 하였으며, 위 결정에 대하여 청구인이 차례로 항고, 재항고하였으나 그것들이 모두 기각되자(1990. 1. 11.자 재항고기각결정이 그 무렵 청구인에게 송달되었다) 같은 해 2. 13. 이 사건 소원심판청구에 이른 사실을 알 수 있다.

2. 살피건대, 헌법소원은 공권력의 행사 또는 불행사로 인하여 기본권의 침해가 있을 것을 요건으로 하고 있고, 그 기본권은 심판청구인 자신이 직접 그리고 현재 침해당한 경우라야 하므

로 이러한 기본권의 피해자에게만 헌법소원이 허용되는 것이다. 그런데 고발인은 범죄의 피해자가 아니므로 검사가 자의적으로 불기소처분을 하였다고 하더라도 특별한 사정이 없는 한 자기의 기본권이 침해되었음을 이유로 자기관련성을 내세워 헌법소원심판을 청구할 수 없는 것이다. 이는 우리 헌법재판소의 종래 판례이고 아직 이 판례를 변경할 필요가 없다고 본다(헌법재판소 1989. 12. 22. 선고, 89헌마145 결정 및 1990. 6. 25. 선고, 89헌마234 결정 참조).」

⇔ 재판관 2인(재판관 변정수, 재판관 김진우)의 반대의견

「검사가 어느 고발사건을 수사를 현저히 소홀히 하는 등 잘못 다룬 끝에 불기소처분하였다면 이는 검사가 검찰권행사에 있어 그 고발인을 차별대우하여 평등권을 침해한 것에 다름없으므로 고발인은 헌법재판소법 제68조 제1항이 규정한 이른바 공권력(검찰권)의 행사로 인하여 헌법상 보장된 기본권(평등권)을 침해당한 자로서 헌법소원심판을 청구할 수 있는 자임이 분명하고 고발인을 고소인과 다르게 다룰 이유가 없다. 이 점에 관하여 우리는 헌법재판소 1989. 12. 22. 선고, 89헌마145 결정 및 1990. 6. 25. 선고, 89헌마234 결정에서 소수의견으로 자세히 설명한 바 있다. 따라서 여기서는 더 이상의 설명을 생략한다.」

◎ 같은 취지 : 憲 1998. 11. 26.-94헌마207

▷ **예외적으로 헌법재판소가 입법의 목적, 실질적인 규율대상, 법규정에서의 제한이나 금지가 제3자에게 미치는 효과나 진지성의 정도 및 규범의 직접적인 수규자에 의한 헌법소원심판청구의 기대가능성 등을 판단기준으로 하여 제3자의 자기관련성의 인정 여부를 판단해야 한다고 본 판례**

[憲 1997. 9. 25.-96헌마133](공직선거및선거부정방지법 제60조 제1항 제5호 등 위헌확인)

「법률에 의하여 기본권을 침해받은 경우에는 법률에 의하여 직접 기본권을 침해당하고 있는 자만이 헌법소원심판청구를 할 수 있다고 할 것이고 제3자는 특별한 사정이 없는 한 기본권 침해에 직접 관련되었다고 볼 수 없다. 청구인은 지방공사의 직원의 선거운동을 제한하는 것을 내용으로 하는 이 사건 법률조항이 공기업 직원들의 표현의 자유와 평등권을 침해함으로써 결국 청구인의 공무담임권을 침해한다고 주장하나, 이 사건 법률조항에 의하여 청구인의 기본권이 직접 침해될 여지는 거의 없다고 보여진다. 왜냐하면 지방공사 임·직원의 선거운동금지를 내용으로 하는 이 사건 법률조항은 지방공사의 임·직원을 수규자로 하는 금지규범으로서 입후보자가 선거운동원으로 활용할 수 있는 인적 범위를 간접적으로 제한함으로써 비록 입후보자의 선거운동을 제한하는 결과에 이르기는 하나 입후보자의 선거운동에 미치는 효과는 단순한 반사적 불이익을 넘어서지 않기 때문이다.

어떠한 경우에 제3자의 자기관련성을 인정할 수 있는가의 문제는 입법의 목적, 실질적인 규율대상, 법규정에서의 제한이나 금지가 제3자에게 미치는 효과나 진지성의 정도 및 규범의 직접적인 수규자에 의한 헌법소원제기의 기대가능성 등을 종합적으로 고려하여 판단해야 하는바, 이 사건 법률조항은 법의 목적 및 규율대상에 있어서나 제3자에 미치는 효과의 정도에 있어서 제3자인 청구인의 자기관련성을 인정할 수 있는 정도의 것에 이른다고 할 수 없다.

선거운동금지조항을 통하여 달성하려는 이 사건 법률조항의 목적과 의도는 자신의 지위와 권한을 선거운동에 남용할 위험이 있는 자를 선거운동원으로서 배제하여 선거의 공정성과 형평성을 확보하고 업무전념성을 보장하고자 하는 데 있지, 청구인과 같은 입후보자의 선거운동을 제한하고자 하는 것이 아니며, 그 규범의 수규자 외에 제3자인 입후보자를 함께 규율하려고 의도하는 것으로도 볼 수 없다. 또한 이 사건 법률조항은 그 수규자인 지방공사직원에게는 선거운동의 금지를 뜻함으로써 다른 인적 집단(예컨대 사기업체의 근로자)과의 관계에서 기본권의 차별적인 제한의 문제와 과도한 제한의 문제가 발생하나, 후보자의 경우에는 선거운동의 제한 규정이 모든 입후보자에게 동일하게 적용되므로 다른 입후보자에 비하여 특별히 받는 차별이 있다고 할 수 없고, 후보자의 선거권이나 피선거권의 제한을 그 규율대상으로 하고 있지도 않으므로 이 사건 법률조항에 의하여 청구인의 참정권이 침해될 수도 없다. 다만, 이 사건 법률조항이 입후보자에 미치는 영향은 후보자가 원하는 임의의 사람을 선거운동원으로 활용할 수 있는 자유에 대한 경미한 제한이므로 이 사건 법률조항이 규범의 직접적인 수규자인 지방공단직원에게 미치는 효과와 제3자인 후보자에게 미치는 효과를 같은 측면에서 판단할 수 없다.

결국 이 사건 법률조항은 제3자인 청구인을 함께 규율하려고 의도하지도 않을 뿐 아니라 청구인에게 미치는 효과의 정도가 미약하고, 따라서 청구인이 입는 이러한 불이익은 청구인의 법적 지위에 대한 직접적 침해가 아니라 청구인이 단순히 일정 생활관계에 필연적으로 관련됨으로써 파생하는 간접적, 사실적 연관성에 불과하므로 청구인에게는 이 사건 법률조항에 대한 위헌 여부를 다툴 기본권침해의 자기관련성이 결여되어 있다고 할 것이다.」

⇔ 재판관 3인(재판관 김용준, 재판관 이재화, 재판관 고중석)의 반대의견

「선거운동기구를 통한 선거운동을 허용하고 있는 이상 후보자가 자신의 선거운동기구의 구성원으로 선임할 선거운동원의 범위를 제한하는 것은 다수의견과 같이 단순히 후보자인 청구인의 간접적, 사실적인 불이익에 불과한 것이 아니라 직접적으로 청구인의 선거운동의 자유를 제한하는 것으로 보아야 한다.」

◎ 같은 취지 : 憲 1998. 11. 26.-94헌마207

▹ 헌법재판소가 자기관련성을 인정한 판례

[憲 1992. 1. 28.-90헌마227] (불기소처분에 대한 헌법소원)	《고소를 하거나 고소를 하지 않은 형사피해자》 「위 청구인이 위 사건에 관하여 고소를 제기한 바 없음은 앞서 본 바와 같으므로 피청구인의 위 불기소처분에 대하여 헌법소원을 제기하는 수단 이외에 달리 검찰청법에 정한 항고, 재항고의 제기에 의한 구제를 받을 방법도 없는 것이므로 위 청구인은 위 사건에 대하여 고소를 제기하든가 피청구인의 위 불기소처분에 대하여 헌법소원심판을 청구할 수 있는 것으로 봄이 상당하다 할 것이다.」
[憲 1992. 2. 25.-90헌마91] (불기소처분에 대한 헌법소원)	《형사실체법상 보호법익을 기준으로 한 피해자가 아니라도 문제되는 범죄로 인하여 법률상 불이익을 받게 되는 자(위증죄의 경우)》 「형사실체법상으로는 직접적인 보호법익의 주체로 해석되지 않는 자라 하여도 문제되는 범죄 때문에 법률상 불이익을 받게 되는 자라면 헌법상 형사피해자의 재판절차진술권의 주체가 될 수 있고 따라서 검사의 불기소처분에 대하여 헌법소원심판을 청구할 수 있는 청구인 적격을 가진다고 할 것이다.」
[憲 1989. 10. 27.-89헌마56] (군검찰관의 공소권행사에 관한 헌법소원)	《기소유처분을 받은 피의자》 「어느 모로 보아도 혐의없고 무고함에 의심 없는 사안에 대해 군검찰관이 자의로 기소유예처분에 이른 것은헌법 제10조 소정의 행복추구권을 침해한 것으로 봄이 상당할 것이다.」

[憲 1997. 2. 20.-95헌마362] (기소중지처분취소 등)	《기소중지처분을 받은 피의자》 「검사가 자의적으로 기소중지처분을 하였다면 그 사건의 피의자도 헌법상 보장된 자기의 평등권과 행복추구권등이 침해되었음을 이유로 헌법소원을 제기할 수 있다고 보아야 할 것이다.」
[憲 1993. 3. 11.-92헌마48] (불기소처분에 대한 헌법소원)	《교통사고로 사망한 자의 부모》 「청구인들은 이 사건 교통사고로 사망한 청구외 이희덕의 부모로서 형사소송법상 고소권자의 지위에 있을 뿐만 아니라(형사소송법 제225조 제2항), 비록 교통사고처리특례법의 보호법익의 생명의 주체는 아니라고 하더라도 위 교통사고로 위 망인이 사망함으로써 극심한 정신적 고통을 받은 법률상 불이익을 입게 된 사람임이 명백하므로 헌법상 재판절차진술권이 보장되는 형사피해자의 범주에 속한다고 보아야 할 것이다.」
[憲 1996. 10. 31.-95헌마74] (불기소처분취소)	《사망한 범죄피해자의 처》 「청구인은 이 사건 "죄가 안 됨" 불기소처분에 대하여 헌법소원심판을 청구할 자격이 있다고 보는 것이 옳고」
[憲 1993. 7. 29.-92헌마262] (불기소처분취소)	《직권남용죄에서 의무 없는 일을 행사하도록 요구받은 자나 권리행사를 방해받은 자》 「범죄 피해자의 개념 또는 범위를 정함에 있어서는 보호법익의 주체만이 아니라 범죄의 수단이나 행위의 상대방도 포함되는 것으로 해석하여야 할 것이므로, 직권남용죄의 경우 의무 없는 일을 행사하도록 요구받은 사람이나 권리행사를 방해받은 사람도 피해자라고 보아야 할 것이다.」
[憲 1991. 4. 1.-90헌마65] (불기소처분에 대한 헌법소원)	《주식회사의 임원의 업무상 횡령혐의에 대한 불기소처분에서의 주주》 「주식회사의 법리에 의할 때 그 대표이사 등 임원의 업무상 횡령행위는, 직접적으로는 회사가 피해자라고 할 수 있지만 동시에 그 회사의 주주 모두가 피해자라고 할 수 있으며, 주주를 피해자로 보는 한 주식의 다과(多寡)에 의하여 그 피해자성이 달라진다는 법리는 세우기 어렵기 때문에 고발인 등은 위 사건의 피해자라고 할 수 있고, 따라서 헌법소원심판 적격이 있다고 할 것이다.」
[憲 1994. 4. 28.-93헌마47] (불기소처분취소)	《주주총회의사록 또는 이사회의사록의 문서위조혐의에 대한 불기소처분에서의 피위조자가 아닌 주주》 「문서위조죄의 피위조자는 청구인이 아닌 제3자이고, 횡령죄의 피해자도 역시 청구인이 아닌 청구외 태화섬유주식회사라고 할 것이나, 청구인은 위 회사주식의 40%를 보유하고 있는 자로서 회사의 주주총회의사록이나 이사회회의록이 불법으로 작성, 회사의 운영이 불법으로 되고 있다면 주주인 청구인도 피해자로 볼 수 있다고 할 것이고,」
[憲 1994. 12. 29.-93헌마86] (불기소처분취소)	《공무원의 허위공문서(토지대장 등본) 작성행위와 동 행사로 피해를 본 토지소유자》 「위와 같은 불이익을 받게 되는 청구인은 재판절차진술권의 주체인 형사피해자가 된다고 보아야 할 것이며 마땅히 청구인적격을 가진다고 할 것이다.」

[憲 1994. 12. 29.-94헌마82] (불기소처분취소)	《문중 소유의 토지를 사기한 자에 대한 불기소처분에서의 문중의 구성원》 「청구인은 위 임야의 총유자로서 이 건 사기죄에 대하여 피해자가 될 수 있고 따라서 청구인의 이 건 헌법소원심판청구는 적법하다 할 것이다.」
[憲 1995. 7. 21.-94헌마136] (고발권불행사 위헌확인)	《공정거래위원회의 고발권 불행사에 대하여 불공정거래행위의 상대방이 헌법소원심판을 청구한 경우》 「청구인이 청구외 회사의 불공정거래행위라는 이 사건 범죄의 피해자라면, 검사의 불기소처분에 대한 헌법소원에 있어서와 같이(헌재 1989. 12. 22. 선고, 89헌마145 결정 참조) 피청구인의 고발권불행사로 인하여 자기 자신의 헌법상 보장된 재판절차진술권이 침해되었다고 주장할 수 있을 것이다. …… 형사실체법상 보호법익의 주체는 아니라고 하더라도 헌법상 재판절차진술권의 주체인 피해자에는 해당한다고 보지 아니할 수 없다.」
[憲 1998. 11. 26.-94헌마207] (방송법 제17조 제3항 등 위헌확인)	《광고방송물에 대하여 방송되기 전에 방송위원회가 그 내용을 사전에 심의하여 방송 여부를 결정하도록 하는 방송법의 규정에 대하여 광고인이 헌법소원심판을 청구한 경우》 「청구인들은 사전심의의 대상이 되는 광고표현물의 제작에 참여하는 광고인들이다. 이들은 제작과정에서 사전심의제도와 심의규정의 존재를 의식하여 제작활동을 행하지 않을 수 없고, 또한 만약 사전심의의 결과 방송불가 또는 조건부 방송가 판정을 받는 경우에는 광고표현물을 심의규정에 맞게 재수정해야 하는 등 이 사건 법률조항과 심의규정에 의하여 그들의 제작활동이 직접 제약을 받고 있다고 보지 않을 수 없고, 이러한 제약이 단순히 간접적 또는 사실적인 것이라고 보기는 어렵다. 따라서 청구인들은 이 사건 법률조항과 심의규정에 의한 기본권침해의 자기관련성을 갖추고 있다고 할 것이다.」
[憲 1991. 3. 11.-91헌마21] (지방의회의원선거법 제36조 제1항에 대한 위헌소원)	《지방의회의원의 선거에 후보자로 나가고자 준비하는 자가 지방의회의원선거의 후보요건을 제한하고 있는 법률조항에 대하여 헌법소원심판을 청구한 경우》 「동인은 서울특별시의회의원선거에 후보자가 되고자 하는 자이므로 시·도의회의원 후보자의 기탁금(700만원)을 규정한 부분에 대하여서만 자기 관련성이 인정된다고 할 것이고」
[憲 1998. 7. 16.-96헌마246] (전문의 자격시험 불실시 위헌확인 등)	《치과전문의자격시험제도의 불시행에 대하여 치과의사가 헌법소원심판을 청구한 경우》 「청구인들은 모두 치과대학을 졸업하고 치과의사의 면허를 받은 자들로서 치과전문의자격시험제도의 정비에 따라 수련을 받는다면 치과전문의 자격시험에 응시할 수 있는 자들이고, 경우에 따라서는 경과규정에 의하여 치과전문의자격을 취득할 수도 있으므로, 제도의 정비를 하지 않는 입법부작위를 다투는 이 부분 헌법소원에 있어 청구인들은 자기관련성이 있다.」

▷ **헌법재판소가 자기관련성을 부정한 판례**

판례	내용
[憲 1993. 3. 11.-92헌마306] (불기소처분취소)	《고발인》 「검사의 무혐의 불기소처분에 대하여 그 고발인이 이에 불복하여 자기의 기본권이 침해되었음을 이유로 자기관련성을 내세워 헌법소원심판청구를 하는 것은 허용될 수 없다.」
[憲 1993. 11. 25.-93헌마81] (불기소처분취소)	《의료사고의 피해자의 父》 「청구인 이원일은 이 사건 의료사고의 피해자인 이○희의 아버지일 뿐 그 직접적인 법률상의 피해자가 아니다. 따라서 청구인 이○일의 이 사건 고소는 그 실질에 있어 고발에 지나지 않는다. 그러므로 위 청구인 이○일은 이 사건 불기소처분으로 인하여 자기의 헌법상 보장된 기본권을 직접 침해받은 자가 아니고」
[憲 1995. 5. 25.-94헌마100] (불기소처분취소)	《주식회사가 피해자인 경우의 대표이사》 「회사의 대표이사일 뿐인 청구인은 위 성○경의 범죄행위에 대하여 간접적, 사실적 또는 경제적 이해관계가 있을지는 몰라도 법적인 이해관계가 있다고 할 수는 없다. 따라서 청구인은 피청구인의 불기소처분으로 인하여 어떠한 기본권도 침해당하였다고 할 수 없으므로」
[憲 1997. 2. 20.-95헌마295] (불기소처분취소)	《학교법인의 수익용 재산을 횡령한 재단이사장에 대한 불기소처분에서의 동 대학 소속 교수협의회 또는 교수》 「이 사건에서 피의자가 저질렀다고 하는 횡령행위로 인한 피해자는 학교법인 청석학원이고, …… 간접적인 사실상의 불이익에 불과할 뿐, 그 사실만으로는 청구인이나 위 교수협의회가 위 횡령행위로 인한 "형사피해자"에 해당한다고 할 수 없다.」
[憲 1996. 6. 13.-95헌마327] (불기소처분취소)	《상속인 중 1인이 단독상속인이라고 속이고 보험회사로부터 보험금을 편취한 혐의에 대한 불기소처분에서의 나머지 상속인》 「청구인 차○화 같은 김○민의 이 사건 심판청구 중 피고소인 차○두에 대한 각 보험금, 피고소인들에 대한 보험금의 각 편취에 관한 부분은, 피해자들은 위 각 보험주식회사들일 뿐 위 청구인들이 아니므로(이 범행으로 인하여 위 회사들이 사망한 피보험자의 수증자나 상속인들에 대한 해제된 보험금의 반환의무가 소멸되는 것은 아니므로) 자기관련성이 없어 부적법하다.」
[憲 1989. 4. 15.-89헌마51] (검사의 공소권행사에 관한 헌법소원)	《아들의 기본권 침해에 대해 아버지가 헌법소원심판을 청구한 경우》 「공권력의 행사 또는 불행사로 인하여 헌법상 보장된 청구인의 기본권을 침해받았다는 것이 아니고 제3자인 그의 아들에 대한 기본권침해에 관하여 헌법소원 심판을 청구한 것이므로 부적법하고」
[憲 1989. 7. 21.-89헌마12] (형사소송법 개정 등에 관한 헌법소원)	《형사소송법 제260조 제1항에서 재정신청의대상이 되는 범죄로 형법 제123조 내지 제125조에 규정한 범죄에 한정하고 있는 것이 그 밖의 범죄에 대한 검사의 불기소처분에 대한 재정신청의 길을 봉쇄한다는 이유로 헌법소원심판을 청구한 경우》 「이 사건 기록에 의하더라도 청구인은 그 자신이 고소 또는 고발을 한 사실이 없을 뿐 아니라」

[憲 1989. 9. 6.-89헌마194] (대법원의 판결에 대한 헌법소원)	《대법원이 부산형제복지원 원장에 대한 불법감금 사건에 대해 내린 무죄판결에 대해 헌법소원심판을 청구한 경우》 「위 청구는 공권력의 행사 또는 불행사로 인하여 청구인이 헌법상 보장된 기본권을 침해받았다는 것이 아니고 제3자에 대한 기본권 침해에 관하여 헌법소원심판을 청구한 것이므로 부적법하고」
[憲 1993. 3. 11.-89헌마79] (의료법시행규칙에 관한 헌법소원)	《한의사의 침구술 시술행위를 단속하지 않는 보건사회부장관의 부작위에 대하여 침구사 자격을 가지고 있지 않은 자가 헌법소원심판을 청구한 경우》 「청구가 인용되어 한의사가 침구술의 시술을 하지 못하게 된다고 하여도 이로 인하여 청구인자신의 법적 지위가 그 전에 비하여 개선되는 것이 아니므로 청구인으로서는 위와 같은 한의사에 대한 단속의 여부를 자신이 다툴 자기관련성은 없는 것」
[憲 1999. 3. 25.-97헌마99] (공직선거및선거부정방지법 제38조 제1항 등 위헌확인)	《해외거주자에게 부재자투표에 의한 투표를 인정하지 아니하는 것을 위헌이라고 주장하는 해외거주자가 부재자투표소의 설치에 관하여 정하고 있는 공직선거및선거부정방지법 제148조에 대해 선거권을 침해한 것이라고 하여 헌법소원심판을 청구한 경우》 「같은 법조 규정은 부재자투표를 할 수 있는 사람에 관하여 부재자투표를 하는 절차만을 규정한 것이므로 이 규정에 의하여 청구인들의 기본권이 침해되었다고 할 수 없다.」
[憲 2001. 1. 18.-2000헌마149] (행정자치부고시 제1999-58호 「지방자치단체표준정원」 2. 시·군·자치구 중 ③자치구 부분 위헌확인)	《지방공무원의 정원을 정하고 있는 행정자치부고시로 된 '지방자치단체표준정원'의 규정에 대하여 해당 자치구의 주민이 헌법소원심판을 청구한 경우》 「이 사건 규정은 국민에게 의무를 부과하거나 행위를 금지하는 것과 같은 국민의 기본권에 직접 관련된 법률조항이 아니라 단지 지방공무원정원의 상한선을 정한 조직법규일 뿐인 바, 이로 인하여 청구인들의 법적 이익 또는 권리가 직접 침해되는 것으로 보기는 어렵다.」
[憲 2001. 2. 22.-99헌마613] (세무대학설치법폐지법률 위헌확인)	《세무대학설치법폐지법률에 대하여 고등학교 학생이 헌법소원심판을 청구한 경우》 「청구인 조○아를 비롯한 고등학교 학생들의 경우, 세무대학 진학을 목표로 공부를 해왔다는 사실만으로는 아직 세무대학에서 학업할 수 있는 자격을 확정적으로 부여받았다고 볼 수 없다. 따라서 청구인들 중 조○아를 비롯하여 세무대학 진학을 목표로 공부해 온 고등학생들의 경우 청구인적격(자기관련성)이 인정될 수 없으므로 이들의 심판청구는 부적법하다고 할 것이다.」
[憲 2002. 4. 25.-2001헌마285] (금융감독위원회직제 위헌확인)	《금융감독위원회의 조직과 정원을 정한 금융감독위원회직제에 대하여 금융감독원의 직원들이 헌법소원심판을 청구한 경우》 「금감원의 직원들 또는 이들로 구성된 노동조합인 청구인들은 금감위직제로 인하여 그 법적 지위에 직접적인 영향을 받지 않는 제3자에 불과하다고 할 것이므로 금감위직제의 위헌 여부를 다툴 청구인적격이 없다.」

[憲 2002. 6. 27.-2001헌마122] (전력산업구조개편촉진에관한법률등 위헌확인)	《전력산업구조개편촉진에관한법률, 전기사업법에 대하여 한국전력공사의 직원, 노동조합원이자 전기소비자인 청구인이 헌법소원심판을 청구한 경우》 「이 사건 법률들의 내용과 성격에 비추어 볼 때 청구인이 이 사건 법률들에 의한 기본권침해를 주장하기에는 그 인과관계가 간접적이거나 희박하며, 그 효과 또는 진지성의 정도가 낮아서 이 사건 법률들이 청구인의 기본권을 직접 침해할 여지가 있다고는 볼 수 없다.」
[憲 2002. 7. 18.-2001헌마605] (신문업에있어서의불공정거래행위및시장지배적지위남용행위의유형및기준 제3조 제1항 등 위헌확인)	《신문발행업자의 행위를 제한하는 규정에 대하여 신문구독자 혹은 신문판매업자가 헌법소원심판을 청구한 경우》 「청구인은 단순히 일반시민이므로 이들 신문발행업자 내지 신문판매업자와 신문구독계약을 함에 있어서 이 사건 규정들에 따라 무가지나 경품을 공급받지 못하게 되거나 적정하지 못한 신문대금으로 계약을 하게 되는 등의 사유로 청구인의 경제적 이해에 영향을 받을 수는 있겠으나, 신문대금을 조금 더 내고 덜 내는 정도의 이러한 영향 정도만으로는 청구인에게 단순히 경미한 간접적, 사실적, 경제적 이해관계가 있을 뿐이고 청구인이 이 사건 고시에 대하여 스스로 법적으로 관련되어 있다고 할 수 없다.」

▸ 직접관련성에 대한 판례

▹ 법률규정의 구체화를 위하여 하위규범의 시행을 예정하고 있는 경우에는 당해 법률 규정의 직접성이 부인된다는 취지의 판례

[憲 1996. 2. 29.-94헌마213](풍속영업의규제에관한법률 제2조 제6호 등 위헌확인)

「법률 또는 법률조항 자체가 헌법소원의 대상이 될 수 있으려면 구체적인 집행행위를 기다리지 아니하고 그 법률 또는 법률조항에 의하여 직접, 현재, 자기의 기본권을 침해받아야 하는 것을 요건으로 한다.

따라서 법률 또는 법률조항이 구체적인 집행행위를 예정하고 있는 경우에는 직접성의 요건이 결여된다. 그러나 국민에게 행위의무 또는 금지의무를 부과한 후 그 위반행위에 대한 제재로서 형벌, 행정벌 등을 부과할 것을 정한 경우에 그 형벌이나 행정벌의 부과를 위 직접성에서 말하는 집행행위라고는 할 수 없다. 국민은 별도의 집행행위를 기다릴 필요 없이 제재의 근거가 되는 법률의 시행 자체로 행위의무 또는 금지의무를 직접 부담하는 것이기 때문이다. 따라서 청구인이 풍속영업법위반으로 제재를 받은 일이 없다고 할지라도 직접성을 결여하였다고 할 수는 없는 것이다.

다만 직권으로 살피건대, 위에서 말하는 집행행위에는 입법행위도 포함되므로 법률 규정이 그 규정의 구체화를 위하여 하위규범의 시행을 예정하고 있는 경우에는 당해 법률 규정의 직접성은 부인되는바, 이 사건 심판대상 규정 중 풍속영업법 제2조 제6호는 구체적 내용을 대통령령으로 정하도록 규정하고 있어 그 자체로 직접 노래연습장업자의 기본권을 침해하고 있지 않으므로 직접성의 요건이 흠결되어 부적법하다.」

◎ 같은 취지 : 憲 2002. 12. 18.-2001헌마111

▹ 법령을 집행하기 위한 구체적인 집행행위가 존재하는 경우에도 당해 법률 규정의 직접성은 부인된다는 취지의 판례

[憲 1998. 4. 30.-97헌마141](특별소비세법시행령 제37조 제3항 등 위헌확인)

「법령에 대한 헌법소원에 있어서 "기본권침해의 직접성"을 요구하는 이유는, 법령은 일반적으로 구체적인 집행행위를 매개로 하여 비로소 기본권을 침해하게 되므로 기본권의 침해를 받은 개인은 먼저 일반 쟁송의 방법으로 집행행위를 대상으로 하여 기본권침해에 대한 구제절차를 밟는 것이 헌법소원의 성격상 요청되기 때문이다. 따라서 법령에 근거한 집행행위가 존재한다면 국민은 우선 그 집행행위를 기다렸다가 집행행위를 대상으로 한 소송을 제기하여 구제절차를 밟는 것이 순서이다. 다만, 법령을 집행하는 행위가 존재하지 아니하고 바로 법령으로 말미암아 직접 기본권이 침해되는 예외적인 경우에만 직접 법률에 대하여 헌법소원을 제기할 수 있다고 보아야 한다(헌재 1992. 11. 12. 91헌마192, 판례집 4,813,823 참조). 특히, 법령에 근거한 구체적인 집행행위가 재량행위인 경우에는 법령은 집행기관에게 기본권침해의 가능성만을 부여할 뿐 법령 스스로가 기본권의 침해행위를 규정하고 행정청이 이에 따르도록 구속하는 것이 아니고, 이때의 기본권의 침해는 집행기관의 의사에 따른 집행행위, 즉 재량권의 행사에 의하여 비로소 이루어지고 현실화되므로 이러한 경우에는 법령에 의한 기본권침해의 직접성이 인정될 여지가 없다.」

◎ **같은 취지** : 憲 2003. 7. 24.-2003헌마3

▹ 집행행위는 법령의 내용을 구체화시키는 집행권의 의사에 의해 영향을 받는 것이기 때문에 법령에 해당 규정을 단순히 기계적으로 행하는 행위는 이에 포함되지 않는다고 본 판례

[憲 1997. 5. 29.-94헌마33](1994년 생계보호기준 위헌확인)

「(1) 직접성 요건에 관하여

이 사건 생계보호기준은 생활보호법 제5조 제2항의 위임에 따라 보건복지부장관이 보호의 종류별로 정한 보호의 기준으로서 일단 보호대상자로 지정이 되면 그 구분(거택보호대상자, 시설보호대상자 및 자활보호대상자)에 따른 각 그 보호기준에 따라 일정한 생계보호를 받게 된다는 점에서 직접 대외적 효력을 가지며, 공무원의 생계보호급여 지급이라는 집행행위는 위 생계보호기준에 따른 단순한 사실적 집행행위에 불과하므로, 위 생계보호기준은 그 지급대상자인 청구인들에 대하여 직접적인 효력을 갖는 규정이다.」

▹ 집행행위의 유무나 내용에 의해 좌우될 수 없을 정도로 법규범에 의하여 권리관계가 확정된 때에는 법령에 의한 기본권 침해의 직접성이 인정된다고 본 판례

[憲 1997. 7. 16.-97헌마38](종합생활기록부제도개선보완시행지침 위헌확인)

「법규범이 집행행위를 예정하고 있더라도 법규범의 내용이 집행행위 이전에 이미 국민의 권리관계를 직접 변동시키거나 국민의 법적 지위를 결정적으로 정하는 것이어서 국민의 권리관계가 집행행위의 유무나 내용에 의하여 좌우될 수 없을 정도로 확정된 상태라면 그 법규범의 권리침해의 직접성이 인정된다(헌법재판소 1989. 3. 17. 선고, 88헌마1 결정; 1991. 3. 11. 선고, 90헌마28 결정 등 참조).

교육법 제111조의2 및 교육법시행령 제71조의2에 의하여 대학이 학생선발권을 가지고 있으므로 학생선발에 있어서 학생부의 반영방법도 대학이 자율적으로 결정하는 것이나, 국·공립대학의 경우 교육법시행령 제71조의3 제1항에 의하여 학생선발에 있어서 학생부의 기록을

필수입학전형자료로 활용하여야 하고 1999학년도 학생선발에 있어서는 이 사건 제도개선 시행지침에 의하여 학생부에 대하여 절대평가와 상대평가를 병행 · 활용하여야 하므로, 그 상대평가에 의하여 불이익을 입을 수 있는 청구인들이 국 · 공립대학에 진학할 경우 이 사건 제도개선 시행지침에 의하여 바로 영향을 받을 수 있다. 따라서 이 사건 제도개선 시행지침은 기본권침해의 직접성이 인정된다.」

▷ **집행행위가 존재하는 경우라도 예외적인 경우에는 법령에 대한 헌법소원이 가능하다는 취지의 판례 [憲 1992. 4. 14.-90헌마82](국가보안법 제19조에 대한 헌법소원)**

「헌법소원심판의 대상이 될 수 있는 법률은 그 법률에 기한 다른 집행행위를 기다리지 않고 직접 국민의 기본권을 침해하는 법률이라야 한다(직접성)는 것은 헌법재판소가 일찍이 확립한 원칙이다. 그런데 국가보안법 제19조는 그 규정자체에 의하여 직접 구속기간이 연장되는 것이 아니라 수사기관의 연장허가신청에 의한 지방법원판사의 연장허가라는 별도의 구체적 처분이 있어야 하기 때문에 법률자체에 대한 헌법소원심판청구요건으로서의 직접성이 결여된 것임에는 틀림없다. 그러나 구체적 집행행위가 존재한 경우라고 하여 언제나 반드시 법률자체에 대한 헌법소원심판청구의 적법성이 부정되는 것은 아니다. 구체적 집행행위가 존재한다면 대체로 그 집행행위를 대상으로 하여 구제절차를 밟을 수 있는 것이기 때문에 그 과정에서 문제된 해당 법률의 적용 여부에 관련하여 전제된 사안의 사실적 · 법률적 관계를 심사하고 심판청구인의 권리보호이익, 해당 법률의 위헌여부심판의 필요성 등을 판단토록 하기 위하여, 집행행위의 근거가 되는 법률을 직접 헌법소원의 대상으로 삼아서는 안 된다는 이유에서 구체적 집행행위가 존재하는 경우에는 직접성이 부정되고 적법한 헌법소원의 요건을 갖추지 못한 것이 되어 각하되어야 하는 것이다. 그러나 예외적으로 집행행위가 존재하는 경우라도 그 집행행위를 대상으로 하는 구제절차가 없거나 구제절차가 있다고 하더라도 권리구제의 기대가능성이 없고 다만 기본권침해를 당한 청구인에게 불필요한 우회절차를 강요하는 것밖에 되지 않는 경우 등으로서 당해 법률에 대한 전제관련성이 확실하다고 인정되는 때에는 당해 법률을 헌법소원의 직접 대상으로 삼을 수 있다 할 것이다.이 사건의 경우를 보건대, 국가보안법 제19조에 따른 수사기관의 구속기간연장허가신청에 대한 지방법원판사의 허가결정에 대하여는 형사소송법상 항고, 준항고, 즉시항고 등의 불복방법이 마련되어 있지 아니하다. 즉 구속기간 연장을 허가하는 지방법원판사는 "독립된 재판기관"(강학상 수임판사)으로서 "수소법원"에 해당되지 아니하여 형사소송법 제402조에 의한 항고의 대상도 되지 아니하고, "재판상 또는 수명법관"에도 해당되지 아니하여 형사소송법 제416조에 의한 준항고의 대상도 되지 아니하며, 또한 구속기간의 연장허가는 형사소송법 제403조 제2항이 정하는 "판결전의 소송절차"에 있어서의 구금에 관한 결정에도 해당되지 아니하여 위 규정에 의한 항고도 할 수 없다. 나아가서 형사소송법 제214조의2가 규정하고 있는 구속적부심사의 경우를 보더라도 구속적부심사의 대상에 여기에서 문제로 되고 있는 "수사를 계속함에 상당한 이유가 있는지의 여부"도 포함되는 것인지, 이론과 실무상의 관행이 확립되어 있지 아니한 상황아래서 사전적인 권리구제절차로서 구속적부심사를 반드시 거쳐 오는 것을 기대할 수 없으며, 더욱이 구속기간의 연장은 10일 이내라고 하는 단기간에 걸쳐서 행해지는 것인데, 그럼에도 불구하고 국가보안법 제19조의 규정의 위헌성을 다투기 위하여는 먼저 구속적부심사의 청구를 하고 그 과정에서 위 법률조항의 위헌성 여부를 다투어 위헌여부심판의 제청신청을 하고 그 제청신청이 기각된 경우에는 다시 헌법재판소법 제68조 제2항의 규정에 따라 헌법소원심판을 청구하도록 하는 것은, 이러한 절차가 10일이라고 하는 단기간 내에 모두 이루어지리라고 예상하기 어려운 상황에서 청구인들로 하여금 이러한 절차를 거친 후에 헌법소원심판을 청구하도록 하는 것은 권리구제의 기대가능성이 없는 불필요한 우회절차를 요구하는 것밖에 되지 아니한다. 따라서 국가보안법 제19조는 다른 구제절차를 거칠 것 없이 직접 헌법소원심판청구의 대상으로 삼을 수 있는 법률이라 할 것이다.」

◎ 같은 취지 : 憲 1997. 8. 21.-96헌마48

▷ **직접관련성의 요건을 요구하는 것이 먼저 불법을 행할 것을 요구하는 것이어서는 안 된다고 본 판례**

[憲 1998. 4. 30.-97헌마141](특별소비세법시행령 제37조 제3항 등 위헌확인)

「법령의 집행행위를 기다렸다가 그 집행행위에 대한 권리구제절차를 밟을 것을 국민에게 요구할 수 없는 경우에는 예외적으로 기본권침해의 직접성이 인정될 수 있다. 예컨대, 형법상의 법률조항은 엄밀한 의미에서 법률 그 자체에 의하여 국민의 신체의 자유를 제한하는 것이 아니라 넓은 의미의 재량행위(법관의 양형)의 하나인 형법조항의 적용행위라는 구체적인 집행행위를 통하여 비로소 국민의 기본권이 제한되는 것이지만, 국민에게 그 합헌성이 의심되는 형법조항에 대하여 위반행위를 우선 범하고 그 적용·집행행위인 법원의 판결을 기다려 헌법소원심판을 청구할 것을 요구할 수는 없다. 따라 이러한 경우에는 예외적으로 집행행위가 재량행위임에도 불구하고 법령에 의한 기본권침해의 직접성을 인정할 수 있다.」

◎ 같은 취지 : 憲 1996. 2. 29.-94헌마213

▷ **기타 헌법재판소가 직접관련성을 인정한 판례**

판례	내용
[憲 1994. 12. 29.-94헌마201] (경기도남양주시등33개도농복합형태의시설치등에관한법률 제4조 위헌확인)	《법률의 규정으로 지방자치단체를 폐지하는 경우와 폐지 대상 지역의 주민과의 관계》 「이 사건의 경우, 다른 집행행위의 매개 없이 이 사건 법률조항 자체에 의하여 중원군이 폐지되어 충주시에 편입되므로 그로 인한 기본권침해의 직접성은 인정된다고 보아야 할 것이다.」

▷ **기타 헌법재판소가 직접관련성을 부정한 판례**

판례	내용
[憲 1989. 10. 27.-89헌마105등] (사회보안법에 관한 헌법소원)	《보안처분을 정하고 있는 사회안전법의 규정》 「피보안처분 대상자라 할지라도 법무부장관의 구체적 보안처분결정에 의해서 비로소 보안처분을 받게 될 뿐만 아니라 그 보안처분결정도 기속행위가 아님을 알 수 있다.」
[憲 1991. 6. 3.-89헌마46] (재산권침해에 대한 헌법소원)	《개발제한구역의 지정에 관하여 정하고 있는 도시계획법의 규정》 「건설부장관의 개발제한구역의 지정·고시라는 별도의 구체적인 집행행위에 의하여 비로소 재산권침해여부의 문제가 발생할 수 있는 것이지 위 법률조항 자체에 의하여 직접 기본권이 침해된 것으로는 볼 수 없다. 따라서 도시계획법 제21조를 직접 대상으로 하는 헌법소원은 법률에 대한 헌법소원의 요건을 갖추지 못한 부적법한 심판청구이다.」

[憲 1994. 1. 7.-93헌마283] (소득세법 제29조 제1항 위헌확인)	《과세처분의 근거가 되는 법률조항》 「소득세법 제29조 제1항의 규정 자체로 인하여 바로 청구인의 기본권이 침해된 것이라고는 볼 수 없다.」
[憲 1995. 3. 23.-93헌마12] (형법 제72조 제1항 위헌확인)	《가석방요건을 정하고 있는 형법 제72조 제1항》 「형법 제72조 제1항은 동 규정에 따른 요건이 갖추어지면 법률상 당연히 가석방을 하도록 정하고 있는 것이 아니고, 수형자의 연령 등 앞서 본 여러 가지의 사정을 참작하여 재량적인 행정처분으로써 가석방을 할 수 있도록 하는 가석방제도의 원칙을 정하고 있는 규정에 불과하여, 동 규정이 그 자체로서 가석방이라는 구체적인 행정처분을 기다리지 않고 직접 수형자인 청구인의 기본권을 침해하고 있다고는 볼 수 없으므로 기본권침해의 직접관련성이 결여되었다고 할 것이다.」
[憲 1996. 2. 29.-94헌마13] (풍속영업의규제에관한법률 제3조 제5호 등 위헌확인)	《행정처분의 기준을 정하고 있는 시행규칙의 규정》 「시행규칙조항부분은 법 제7조의 규정에 의한 노래연습장에 대한 행정처분의 기준을 정한 것으로서 청구인의 위반행위가 있을 경우에 이에 대한 행정기관의 행정처분에 의하여 비로소 기본권침해 여부의 문제가 발생할 수 있다고 할 것」
[憲 1998. 3. 26.-96헌마166] (관세법[별표]관세율표제6부 제31류 위헌확인)	《관세의 부과 대상과 세율을 정하고 있는 관세법의 관세율표》 「이 사건의 경우 구체적인 집행행위인 세관장의 관세부과처분을 거치지 아니하고 위 관세율표에 의하여 곧바로 청구인에 대한 의무의 부과나 권리침해 등의 법률효과가 생기는 것이 아니므로 청구인은 위 관세율표 자체에 의하여 직접적으로 기본권을 침해받았다고 볼 수 없다.」
[憲 1998. 10. 15.-96헌바77] (경기도립학교설치조례중개정조례 제2조 등 위헌소원)	《정의규정이나 선언규정에 해당하는 법률조항》 「"정의규정" 내지는 "선언규정"인 이 법률조항 자체에 의하여는 청구인들의 자유의 제한, 의무의 부과, 권리 또는 법적 지위의 박탈이 생길 수 없다고 할 것이다. 그러므로 이 법률조항에 대한 헌법재판소법 제68조 제1항의 규정에 따른 헌법소원심판청구는 직접성의 요건을 갖추지 못하여 부적법하다.」
[憲 2002. 2. 28.-99헌마693] (사법시험령 제3조 제1항 등 위헌확인)	《사법시험의 선발예정인원 결정, 합격자 결정방식 등에 관한 사법시험령의 규정》 「청구인들이 주장하는 기본권의 침해는 심판대상조항들에 의하여 직접 발생하는 것이 아니라, 심판대상조항들에 의거하여 선발예정인원의 결정과 공고, 합격자 결정 등의 구체적 집행행위가 이루어졌을 때에 비로소 현실적으로 나타나는 것이므로 심판대상조항들 자체로는 아직 청구인들의 기본권에 무슨 영향을 미치는 것이 아니다.」

▸ 현재관련성에 대한 판례

▹ 단순히 미래에 발생할 잠재적인 침해를 이유로 한 헌법소원심판의 청구는 현재관련성 요건을 충족하지 못하여 허용되지 않는다는 취지의 판례

[憲 1989. 7. 21.-89헌마12](형사소송법 개정 등에 관한 헌법소원)

「1. 청구인은 형사소송법 제260조 제1항에서 재정신청의 대상이 되는 범죄를 형법 제123조 내지 제125조에 규정한 범죄에만 한정하고 그밖의 범죄에 대한 검사의 불기소처분에 대해서

는 사법적 심사의 길을 봉쇄하여 결국 검찰을 특수계급화함으로써 평등의 원칙을 규정한 헌법에 위반하였다는 것이다.
2. 먼저 이 사건 심판청구의 적법 여부에 관하여 살펴본다. 청구인의 청구는 형식상 재정신청 대상범죄를 모든 범죄로 확대하지 아니한 입법부작위를 대상으로 하는 것으로 보여지지만 형사소송법 제260조 제1항 및 제262조 제1항 제1호의 규정에 의하면 형법 제123조 내지 제125조에 규정된 범죄가 아닌 다른 범죄에 대한 불기소처분에 대해서는 재정신청 자체를 허용하지 않겠다는 입법자의 의사가 표현된 것이라고 인정되므로 결국 소원인의 청구는 입법자의 순수한 부작위를 대상으로 하는 것이 아니라 위와 같이 형법 제123조 내지 제125조 소정의 범죄가 아닌 다른 범죄에 대한 불기소처분에 대해서는 재정신청을 허용하지 않겠다는 입법자의 작위를 대상으로 하는 것이라 할 수 있다.

우리 헌법재판소법 제68조에 따르면 공권력의 행사 또는 불행사로 인하여 기본권을 침해받은 자는 헌법소원을 제기할 수 있다고 규정되어 있는바, 입법자의 공권력 행사 즉 법률에 대하여 바로 헌법소원을 제기하려면 우선 청구인 스스로가 당해 규정에 관련되어야 할 뿐 아니라 당해 규정에 의해 현재 권리침해를 받아야 하나 다른 집행행위를 통해서가 아니라 직접 당해 법률에 의해 권리침해를 받아야만 한다는 것을 요건으로 한다.

그런데 이 사건 기록에 의하더라도 청구인은 그 자신이 고소 또는 고발을 한 사실이 없을 뿐 아니라(다만 청구인은 사회정화위원회에 고발장 형식의 서면을 낸 사실이 있으나 이는 형사소송법에서 규정한 고발이라 할 수 없고, 따라서 이에 대한 불기소처분 또한 내려진 사실이 없다) 청구인이 장차 언젠가는 위와같은 형사소송법의 규정으로 인하여 권리침해를 받을 우려가 있다 하더라도 그러한 권리침해의 우려는 단순히 장래 잠재적으로 나타날 수도 있는 것에 불과하여 권리침해의 현재성을 구비하였다고 할 수 없다.」

▷ **헌법재판소는 아직 기본권의 침해가 발생하지는 않았으나 장차 기본권의 침해가 발생할 것이 확실히 예측되는 시점도 현재관련성이 있다고 본 판례**

[憲 1990. 6. 25.-89헌마220](지방공무원법 제31조, 제61조에 대한 헌법소원)

「1. 증거자료에 의하면 청구인은 1977. 8. 10.부터 충청북도 지방공무원(지방행정주사보)으로 근무하여 오다가 1989. 8. 8. 청주지방법원에서 사문서위조, 동행사, 사기 등 죄명으로 징역 8월형의 선고유예 판결을 선고받고 항소하였다가 1989. 8. 29. 항소를 취하함으로써 위 선고유예 판결이 확정되었는데 충청북도지사는 위 사실이 지방공무원법 제31조(결격사유) 제5호 소정의 지방공무원 결격사유에 해당된다는 이유로 1989. 9. 9.자로 청구인에게 지방공무원법 제61조의 규정에 의하여 1989. 8. 29. 자로 당연퇴직되었다는 인사발령 통지를 보내자 청구인은 1989. 9. 26. 이 사건 헌법 소원을 제기하였음을 알 수 있다.……

이 사건은 금고이상의 형의 선고유예를 받은 경우에 그 유예기간 중에 있는 자를 공무원이 될 수 없도록 규정한 지방공무원법 제31조 제5호 및 지방공무원이 위 결격조항에 해당할 때에는 당연히 퇴직한다고 규정한 같은 법 제61조에 대한 헌법소원으로서 입법권의 행사로 인하여 제정된 법률에 의하여 직접 헌법상의 기본권이 침해되었음을 이유로 하는 것인 바, 헌법소원심판의 청구사유를 규정한 헌법재판소법 제68조 제1항 본문에 규정된 공권력 가운데는 입법권도 당연히 포함되고 따라서 법률에 대한 헌법소원도 가능하다고 할 것이나 모든 법률이 다 헌법소원의 대상이 되는 것이 아니고 그 법률이 별도의 구체적 집행행위를 기다리지 않고 직접적으로, 그리고 현재적으로 헌법상 보장된 기본권을 침해하는 경우에 한정됨을 원칙으로 하며, 같은 법률 조항 단서는 다른 법률에 구제절차가 있는 경우에는 그 절차를 모두 거친 후가 아니면 헌법소원심판을 청구할 수 없도록 규정하고 있으나 법률 자체에 의한 직접적인 기본권침해여부가 문제될 때에는 그 법률 자체의 효력을 직접 다투는 것을 소송물로 하여 일반법원에 소송을 제기하는 길이 없어 구제절차가 있는 경우가 아니므로 다른 구제절차를 거칠 것 없이 바로 헌법소원을 제기할 수 있는 것이다(당 재판소 1989. 3. 17. 선고, 88헌마1 결정 참조). 그리고 법률에 대한 헌법소원의 제소기간은 그 법률의 공포와 동시에 기본권 침해를 당한 자는 그 법률이 공포된 사실을 안 날로부터 60일 이내에, 아니면 법률이 공포된 날로부터 180일 이내에, 그렇지 아니하고 법률공포 후 그 법률에 해당되는 사유가 발생하여 비로서 기본권의 침해를 받게 된 자는 그 사유가 발생하였음을 안 날로부터 60일 이내에, 아니면 그 사유가 발생한 날로부터 180일 이내에 헌법소원을 제기하여야 할 것이며 "사유가 발생한 날"은 당해법률이 청구인의 기본권을 명백히 구체적으로 현실 침해하였거나 그 침해가 확실히 예상되는 등 실체적 제요건이 성숙하여 헌법판단에 적합하게 된 때를 말한다.

그리고 앞에서 본 것처럼 청구인은 1989. 8. 8. 제1심 법원에서 징역형의 선고유예 판결을 선고받고 항소하였다가 같은 달 29일 항소를 취하함으로써 동일자로 징역형의 선고유예 판결이 확정되었으니 청구인에 대하여는 1989. 8. 29. 지방공무원법 제61조 소정의 당연퇴직 사유인 같은 법 제31조 제5호 사유가 발생하였다고 볼 수 있다. 따라서 그때부터 60일 이내인 1989. 9. 26.에 제기된 이 헌법소원은 적법하게 제기된 것이다.」

◎ 같은 취지 : 憲 2001. 2. 22.-2000헌마25

▹ 헌법소원심판을 청구하는 시점에 이미 기본권의 침해행위가 종료되어 권리보호이익이 존재하지 않는 경우에도 반복위험이 인정된다는 이유로 본안판단을 한 판례

[憲 2001. 7. 19.-2000헌마546](유치장 내 화장실설치 및 관리행위 위헌확인)

「청구인들에 대한 침해행위는 이미 종료되어 이 사건 심판대상행위에 대하여 위헌확인을 하더라도 청구인들에 대한 권리구제는 불가능한 상태이어서 주관적 권리보호의 이익은 소멸되었다고 할 것이다.

그러나 헌법소원제도는 개인의 주관적인 권리구제뿐만 아니라 객관적인 헌법질서를 보장하는 기능도 갖고 있으므로, 헌법소원이 주관적 권리구제에는 별 도움이 되지 않는다 하더라도 그러한 침해행위가 앞으로도 반복될 위험이 있거나 당해 분쟁의 해결이 헌법질서의 수호·유지를 위하여 긴요한 사항이어서 헌법적으로 그 해명이 중대한 의미를 지니고 있는 경우에는 심판청구의 이익을 인정할 수 있다고 할 것이다(헌재 1992. 1. 28. 91헌마111, 판례집 4, 51, 56-57; 헌재 1997. 3. 27. 92헌마273, 판례집 9-1, 337, 342 등 참조). 이 사건의 자료에 의하면, 전국의 다수 유치장 화장실의 구조와 사용실태가 이 사건에서의 그것과 유사하여(이러한 구조의 유사성은 유치실내 화장실이유치장설계표준에 관한 경찰청예규에 "대변소의 문은 간수의 감시에 지장이 없도록 하반부분으로 하여야 한다"라고 규정되어 있는 데 기인하는 것으로 보인다) 청구인들에 대한 이 사건 심판대상행위와 동종의 조치로 인한 기본권침해행위는 여러 사람에 대하여, 그리고 반복하여 일어날 위험이 있다고 보여지므로, 심판청구의 이익이 인정된다.」

◎ 같은 취지 : 憲 2003. 12. 18.-2001헌마163

▹ 장차 기본권의 침해가 발생할 것이 확실히 예상되어 기본권이 현실적으로 침해되는 시점보다 앞당겨 헌법소원심판을 청구하는 경우에는 청구기간을 적용할 수 없다고 본 판례

[憲 1999. 12. 23.-98헌마363](제대군인지원에관한법률 제8조 제1항 등 위헌확인)

「심판청구 당시 청구인들은 국가공무원 채용시험에 응시하기 위하여 준비하고 있는 단계에 있었으므로 이 사건 심판대상조항으로 인한 기본권침해를 현실적으로 받았던 것은 아니다. 그러나 청구인들은 심판청구 당시 국가공무원 채용시험에 응시하기 위한 준비를 하고 있었고, 이들이 응시할 경우 장차 그 합격 여부를 가리는 데 있어 가산점제도가 적용될 것임은 심판청구 당시에 이미 확실히 예측되는 것이었다. 따라서 기본권침해의 현재관련성이 인정된다(헌재 1992. 10. 1. 92헌마68등, 판례집 4, 659, 669 참조). 이와 같이 장래 확실히 기본권침해가 예측되어 현재관련성을 인정하는 이상 청구기간이 경과하였다고 할 수 없다. 청구기간을 준수하였는지 여부는 이미 기본권침해가 발생한 경우에 비로소 문제될 수 있는 것인데, 이 사건의 경우 아직 기본권침해는 없으나 장래 확실히 기본권침해가 예측되므로 미리 앞당겨 현재의 법적 관련성을 인정하는 것이기 때문이다. 따라서 청구기간이 지났다는 국가보훈처장의 주장은 이유없다.」

◎ 같은 취지 : 憲 2001. 2. 22.-2000헌마25

▷ 기타 헌법재판소가 현재관련성을 인정한 판례

[憲 1998. 10. 15.-98헌마168] (가정의례에관한법률 제4조 제1항 제7호 위헌확인)	《결혼일을 정하여 혼인을 앞둔 자가 결혼일로부터 약 4개월 이전에 하객들에게 음식물의 접대를 금지하는 가정의례에관한법률의 조항에 대하여 미리 헌법소원심판을 청구한 경우》 「같은 청구인은 혼인을 앞둔 예비신랑으로서 비록 이 사건 규정으로 인하여 현재 기본권을 침해받고 있지는 않으나, 같은 청구인은 이 사건 규정으로 인하여 1998. 10. 17. 결혼식 때에는 하객들에게 주류 및 음식물을 접대할 수 없는 불이익을 받게 되는 것이 현재 시점에서 충분히 예측할 수 있는 경우이므로 현재성의 예외인 경우로 인정된다.」
[憲 1994. 12. 29.-94헌마201] (경기도남양주시등33개도농복합형태의시설치등에관한법률 제4조 위헌확인)	《공포일과 시행일을 달리 정하여 공포된 법률이 아직 시행되기 전에 해당 법률에 대하여 헌법소원심판을 청구한 경우》 「이 사건 법률은 1994. 8. 3. 법률 제4774호로 공포되었고 1995. 1. 1.부터 시행된다. 이 사건 법률이 시행되면 즉시 중원군은 폐지되고 충주시에 흡수되므로, 이 사건 법률이 효력발생하기 이전에 이미 청구인들의 권리관계가 침해될 수도 있다고 보여지고 현재의 시점에서 청구인들이 불이익을 입게 될 수도 있다는 것을 충분히 예측할 수 있으므로 기본권침해의 현재성이 인정된다.」
[憲 2000. 6. 1.-99헌마553] (농업협동조합법 위헌확인)	《공포일과 시행일을 달리 정하여 공포된 법률이 아직 시행되기 전에 해당 법률에 대하여 헌법소원심판을 청구한 경우》 「이 사건에서 신법은 1999. 9. 7. 법률 제6018호로 공포되었고 2000. 7. 1.부터 시행된다. 신법이 시행되면, 그 즉시 축협중앙회는 해산되고 신설중앙회에 통합될 뿐만 아니라, 신법의 효력발생 이전에도 신법 부칙 제3조 내지 제7조 등의 규정에 의하여 이미 축협중앙회의 해산 및 신설중앙회의 설립을 위한 전산망의 통합, 창립총회의 소집, 신설중앙회장의 선출 등 통합준비절차가 개시되고, 이로 인하여 현재의 시점에서 청구인들이 불이익을 입고 있다고 할 수 있으므로 기본권침해의 현재성을 인정하여야 할 것이다.」

[憲 1996. 3. 28.-93헌마198] (약사법 제37조 등 위헌확인)	《법률의 시행일부터 일정한 유예기간이 경과된 후에 일정한 행위가 금지되는 것을 정한 법률에 대하여 유예기간의 종료일 이전에 헌법소원심판을 청구한 경우》 「청구인들 중 학교법인 고황재단은 의료기관의 개설자로서 의약품도매상의 허가를 받아 영업을 하던 중 이 사건 법률조항들에 따라 영업을 폐지한 사실이 인정되므로, 학교법인 고황재단은 이 사건 법률조항들에 의하여 현재 자기의 기본권을 직접 침해받고 있다고 할 수 있어」
[憲 2000. 6. 29.-99헌마289] (국민건강보험법 제33조 제2항 등 위헌확인)	《법률의 시행일부터 일정한 유예기간이 경과된 후에 일정한 행위가 금지되는 것을 정한 법률에 대하여 유예기간의 종료일 이전에 헌법소원심판을 청구한 경우》 「효율적인 권리구제를 위해서는 법시행 이전에 헌법재판소가 판단을 할 필요가 있고, 기본권의 침해가 구체화·현실화된 시점에서는 적시에 권리구제를 기대하는 것이 불가능하다면, 이러한 경우에는 헌법소원의 현재성을 인정해야 한다.」

▹ 기타 헌법재판소가 현재관련성을 부정한 판례

[憲 1997. 7. 16.-97헌마26] (검찰청법 제12조 제4항 등 위헌확인)	《검찰총장이 퇴직일부터 2년 이내에 공직에 임명되거나, 정당의 발기인이 되거나 당원이 될 수 없도록 정한 검찰청법의 조항에 대하여 고등검사장의 지위에 있는 자들이 헌법소원심판을 청구한 경우》 「고등검사장들 중에서 장차 검찰총장에 임명될 가능성이 있다는 사정만으로는 이 법률조항이 고등검사장의 직위에 있는 위 청구인들의 기본권을 직접 그리고 현재 침해한 것으로 볼 수 없다.」

▶ 권리보호이익과 심판이익

▸ 권리보호이익에 대한 판례

▹ 헌법소원심판을 청구하려면 권리보호이익이 있어야 한다는 취지의 판례

[憲 1989. 4. 17.-88헌마3](검사의 공소권행사에 대한 헌법소원)

「헌법소원 제도는 국민의 기본권 침해를 구제해 주는 제도이므로 그 제도의 목적상 권리보호의 이익이 있는 경우에 비로소 이를 제기할 수 있는 것이다.」

◎ 같은 취지 : 憲 1989. 7. 28.-89헌마65

▹ 권리보호이익은 헌법소원심판을 청구할 때뿐만 아니라 헌법재판소가 결정할 때에도 존재하여야 한다는 취지의 판례

[憲 1997. 3. 27.-92헌마273](변호인접견실 칸막이설치 위헌확인)

「헌법소원은 국민의 기본권침해를 구제하여 주는 제도이므로 그 제도의 목적상 권리보호의 이익이 있는 경우에만 이를 제기할 수 있다. 또 이러한 권리보호의 이익은 헌법소원의 제기 당시뿐만 아니라 헌법재판소의 결정 당시에도 존재하여야 한다. 그러므로 헌법소원제기 당시 권리보호의 이익이 있었다고 하더라도 그 심판계속중에 사실관계 또는 법률관계등의 변동으로 말미암아 청구인이 주장하는 기본권의 침해가 종료됨으로써 그 침해의 원인이 된 공권력의 행사

등을 취소할 실익이 없게 된 경우에는 원칙적으로 권리보호의 이익이 없고, 다만 그러한 경우에도 동종의 침해행위가 앞으로도 반복될 위험이 있다거나 당해 분쟁의 해결이 헌법질서의 수호 · 유지를 위하여 긴요한 사항이어서 헌법적으로 그 해명이 중대한 의미를 지니고 있는 때에는 예외적으로 권리보호의 이익이 인정된다는 것이 우리 재판소의 확립된 판례이다.」

▹ 기타 권리보호이익을 인정하지 않은 판례(심판의 이익도 인정하지 않음)

[憲 1989. 7. 28.-89헌마65] (수사기관에 의한 기본권침해에 대한 헌법소원)	《공소시효가 완성된 이후에 불기소처분에 대하여 헌법소원심판을 청구한 경우》 「모두 헌법재판소 창설 이전인 1986. 6. 2.과 1988. 6. 2.에 이미 공소시효가 완성되었음이 기간 계산으로 명백하다. 따라서 이 사건 헌법소원은 권리보호의 이익이 없는 부적법한 심판청구임이 명백하므로 이를 각하하기로 하여」
[憲 1989. 9. 18.-89헌마187] (소송촉진등에관한특례법 제11조, 제12조에 대한 헌법소원)	《상고심 사건이 종결되어 소송계속이 소멸된 경우에 소송촉진등에관한특례법 제11조, 제12조에 대하여 헌법소원심판을 청구한 경우》 「위헌규정때문에 상고에 관한 기본권이 침해되어 권리구제를 받으려는 상고심 사건은 헌법소원을 제기한 1989. 8. 18. 현재 이미 종결되어 그 소송계속이 소멸되었음은 앞서 본 바이며, …… 달리 청구인에게 현재 이 사건 소원심판을 받을 이익이 있다고 볼 자료가 없으며,」
[憲 1990. 1. 6.-89헌마269] (재산권침해 등에 대한 헌법소원)	《심판을 청구하기 이전에 법무부장관의 출국금지조치가 해제된 경우》 「법무부장관이 청구인 안○옥에 대하여 행한 1986. 9. 3.자 출국금지조치 및 1983. 11. 24. 자 출국금지조치는 이미 1989. 1. 27.자 및 1989. 2. 17.자로 각 해제된 사실이 인정된다. 따라서 해외출국금지조치가 청구인의 헌법상 기본권을 침해하였다고 주장하는 청구인의 이 부분에 관한 심판청구는 권리보호의 이익이 없는 부적법한 청구임이 명백하다.」
[憲 1991. 7. 8.-89헌마181] (수사기관의 기본권 침해에 대한 헌법소원)	《국가안전기획부의 변호인접견거부처분이 있은 며칠 후 접견이 이루어지고, 그 후 해당 사건이 검찰에 송치되어 국가안전기획부 관하에서 접견목적이 이루어지기 불가능하게 된 경우》 「청구인들의 심판청구 부분은 그 주관적 목적이 이루어졌고 또 사정변경이 생겼음에도 불구하고, 불분명한 헌법문제의 해명, 침해반복의 위험 등을 이유로 심판의 이익이 있다 할 특별한 경우에 해당한다고 할 수 없을 것이며」
[憲 1994. 12. 29.-91헌마57] (지방의회의원선거법 제41조 등에 대한 헌법소원)	《심판대상인 선거법이 효력을 상실하여 청구인에게 적용될 여지가 없게 되고, 그 선거법에 근거한 것으로서 청구인이 입후보하고자 하였던 특정선거도 심판청구 후 이미 실시되어버려 청구인으로서는 그 선거에 당선될 수 있는 길이 없으며, 폐지된 선거법에 의해서는 장차 보궐선거 또는 차기선거에서 당선될 가능성도 없게 된 경우》 「법률 자체가 1994. 3. 16. 공직선거및선거부정방지법(법률 제4739호)의 시행으로 폐지되어 효력을 상실하였고 더 이상 청구인에게 적용될 여지도 없게 되었으므로 새삼스럽게 그 법률조항들의 위헌 여부를 가릴 실익이 없어졌다고 할 것이다. …… 청구인이 입후보하고자 한 서울특별시의회의원선거는 이 사건 심판청구 후인 1991. 6. 20. 이미 실시되었고 그 후 심판대상 법률조항은 폐지되었으므로 그 법률조항의 위헌 여부에 대한 판단은 청구인의 주관적 권리구제에 도움을 줄 수 없게 되었다.」

[憲 1997. 3. 27.-92헌마273] (변호인접견실 칸막이설치 위헌확인)	《교도소의 변호인접견실에 변호인석과 재소자석 사이에 설치된 칸막이가 심판청구가 있은 후 철거된 경우》 「1993. 10. 15.자 법무부의 지시에 따라 같은 달 16. 모두 철거된 사실이 인정된다. 그렇다면 청구인이 이 사건 헌법소원을 통하여 달성하고자 하는 주관적 목적은 이미 달성되었으므로 더 이상 심판대상행위의 위헌여부를 가릴 실익이 없어졌다 할 것」
[憲 1997. 3. 27.-96헌마219] (공소취소처분 위헌확인)	《검사의 공소취소결정에 대해 법원이 공소기각결정을 하고 이 결정이 확정되었음에도 당해 공소취소결정에 대해 헌법소원심판을 청구한 경우》 「공소취소처분의 취소를 구하는 이 사건 심판청구는 인용될 경우에도 그 인용결정이 형사소송법 제420조 소정의 재심사유에 해당되지 아니하므로, 결국 원래의 공소제기로 인한 소송계속상태가 회복될 수 있는 가능성이 없다 할 것이다. 따라서 이 사건 심판청구는 권리보호의 이익이 없어 부적법하므로」

▸ 심판이익에 대한 판례

▹ 기본권의 침해행위가 반복될 위험이 있는 경우 심판의 이익이 있다고 본 판례

[憲 1994. 7. 29.-91헌마137](법률질의 회답에 대한 헌법소원)

「심판청구당시 권리보호의 이익이 인정되더라도 심판 계속중에 생기는 사정변경 즉 사실관계 또는 법제의 변동으로 말미암아 권리보호의 이익이 소멸 또는 제거된 경우에는 원칙적으로 심판청구는 부적법하게 된다.

다만 헌법소원제도는 국민의 주관적인 기본권 구제를 위한 것일 뿐만 아니라 개관적인 헌법질서의 수호·유지를 위하여서도 있는 제도이므로 침해행위가 이미 종료하는 등의 이유로 이미 취소할 여지가 없기 때문에 주관적 권리구제에 별 도움이 안 되는 경우라도 당해 사건에 대한 본안판단이 헌법질서의 수호·유지를 위하여 긴요한 사항이어서 그 해명이 헌법적으로 중요한 의미를 지니고 있는 경우나, 그러한 침해행위가 앞으로도 반복될 위험이 있는 경우 등에는 예외적으로 심판청구의 이익을 인정하여 이미 종료된 침해행위가 위헌이었음을 확인할 필요가 있다」

◎ **같은 취지 : 憲 1991. 7. 8.-89헌마181**

▹ 헌법질서의 수호와 유지를 위하여 긴요한 사항이어서 헌법적으로 그 해명이 중대한 의미를 지니고 있는 경우 심판의 이익을 인정한 사례

[憲 1992. 1. 28.-91헌마111](변호인의 조력을 받을 권리에 대한 헌법소원)

「심판청구당시 권리보호의 이익이 인정되더라도 심판 계속중에 생기는 사정변경 즉 사실관계 또는 법제의 변동으로 말미암아 권리보호의 이익이 소멸 또는 제거된 경우에는 원칙적으로 심판청구는 부적법하게 된다.

다만 헌법소원제도는 국민의 주관적인 기본권 구제를 위한 것일 뿐만 아니라 개관적인 헌법질서의 수호·유지를 위하여서도 있는 제도이므로 침해행위가 이미 종료하는 등의 이유로 이미 취소할 여지가 없기 때문에 주관적 권리구제에 별 도움이 안 되는 경우라도 당해 사건에 대한 본안판단이 헌법질서의 수호·유지를 위하여 긴요한 사항이어서 그 해명이 헌법적으로 중요한 의미를 지니고 있는 경우나, 그러한 침해행위가 앞으로도 반복될 위험이 있는 경우 등에는 예외적으로 심판청구의 이익을 인정하여 이미 종료된 침해행위가 위헌이었음을 확인할

필요가 있다.」

◎ 같은 취지 : 憲 2003. 5. 15.-2001헌마565

▷ **헌법재판소가 권리보호이익이 존재하지 않더라도 심판이익이 있다고 본 판례**

[憲 1992. 1. 28.-91헌마111] (변호인의 조력을 받을 권리에 대한 헌법소원)	《변호인접견권을 침해한 위헌적인 공권력의 행사임을 이유로 취소되어야 할 사건에서 그 침해행위가 이미 종료된 경우》 「이처럼 제도적으로 시행되고 있는 변호인 접견방해의 시정을 위하여, 그리고 헌법상 보장된 변호인 접견권의 내용을 명백히 하기 위하여 비록 헌법소원의 대상이 된 침해행위는 이미 종료되었지마는 그것의 위헌여부를 확인할 필요가 있는 것이다.」
[憲 1995. 5. 25.-91헌마44] (지방의회의원선거법 제36조 제1항에 대한 헌법소원)	《기초의회의원선거에서 후보등록신청시에 기탁금 200만원을 기탁하도록 하는 법률조항에 대한 헌법소원심판청구 후 기초의회의원선거가 이미 종료되었고 해당 법률도 폐지되었지만 신법인 공직선거및선거부정방지법의 시행으로 동종의 기본권침해의 위험이 있는 경우》 「비록 이 사건 심판청구 후 청구인들이 입후보하려 한 기초의회의원선거가 이미 종료되었고 이 사건 법률도 폐지되었지만, 신법인 공직선거법의 시행으로 동종의 기본권침해의 위험이 상존하고 있어 위 법률조항의 위헌 여부에 관한 헌법적 해명이 중대한 의미를 지니고 있는 경우에 해당하므로 이 사건 심판청구는 적법하다고 할 것이다.」
[憲 1995. 7. 21.-92헌마177등] (대통령선거법 제65조 위헌확인)	《대통령선거법 제65조 제1항의 위헌 여부에 관한 심판 계속 중에 대통령선거가 실시되고, 해당 법률도 폐지되었지만 신법인 공직선거및선거부정방지법 제108조 제1항이 그와 거의 같거나 유사한 내용을 규정하고 있는 경우》 「대통령선거가 이미 종료되었고 이 사건 법률규정도 폐지되어 효력을 상실하였으나 새로 제정된 공직선거법 제108조 제1항이 그와 거의 같거나 유사한 내용을 규정하고 있으므로 이러한 새로운 법규정에 의하여 앞으로도 이 사건과 유사한 사태나 기본권침해 여부를 둘러싼 헌법적 분쟁이 반복되리라는 것은 쉽게 예상할 수 있다. …… 심판청구의 이익도 인정되어 적법하다 할 것이다.」
[憲 1999. 5. 27.-97헌마137등] (재소자용수의착용처분 위헌확인)	《미결수용자에게 재소자용 의류를 입게 한 행위에 대한 헌법소원심판이 계속 중 청구인들이 석방된 경우》 「심판 계속중에 주관적인 권리보호이익이 소멸된 경우라도 …… 경우에는 심판청구의 이익을 인정하는 것이 우리 재판소의 선례이고, 미결수용자에 대하여 재소자용 의류를 입게 한 이 사건 행위는 선례에도 부합하므로 위헌 여부를 판단하여야 할 적격을 갖추고 있다.」
[憲 2001. 7. 19.-2000헌마546] (유치장 내 화장실설치 및 관리행위 위헌확인)	《미결수용자가 경찰서 유치장에 수용되어 있던 동안 차폐시설이 불충분한 유치장 내의 실내화장실을 사용하도록 강제를 당한 후 유치장의 수용에서 벗어나 이에 대해 헌법소원심판을 청구한 경우》 「전국의 다수 유치장 화장실의 구조와 사용실태가 이 사건에서의 그것과 유사하여 …… 청구인들에 대한 이 사건 심판대상행위와 동종의 조치로 인한 기본권침해행위는 여러 사람에 대하여, 그리고 반복하여 일어날 위험이 있다고 보여지므로, 심판청구의 이익이 인정된다.」

[憲 2002. 7. 18.-2000헌마327] (신체과잉수색행위위헌확인)	《유치장 수용 당시 과도한 신체수색을 당한 후 이에 대하여 헌법소원심판을 청구한 경우》 「이 사건 이후에 이 사건 규칙이 개정되었으나 현재에도 전국의 일선 경찰서에서 유치장에 수용되는 피의자들에 대한 신체검사가 빈번하게 이루어지고 있고, 개정된 규칙(2000. 10. 26. 경찰청 훈령 제331호)에 의하더라도 정밀신체검사의 요건을 자의적으로 해석하거나 신체검사의 방법을 임의로 선택하여 청구인들에 대한 이 사건 신체수색과 동종 또는 유사한 조치로 인한 기본권 침해행위가 여러 사람에 대하여, 그리고 반복하여 일어날 위험이 여전히 있다고 보여지므로 심판청구의 이익이 인정된다.」

□ 절 차

▶ 청 구

▸ 보충성의 원칙에 대한 판례

▹ 사전구제절차의 의미에 대한 판례

[憲 1989. 4. 17.-88헌마3](검사의 공소권행사에 대한 헌법소원)

「헌법재판소법 제68조 제1항 단서에 의하면 헌법소원은 다른 권리구제절차를 거친 뒤 비로소 제기할 수 있는 것이기는 하지만, 여기서 말하는 권리구제절차는 공권력의 행사 또는 불행사를 직접대상으로 하여 그 효력을 다툴 수 있는 권리구제절차를 의미하는 것이지, 사후적·보충적 구제수단인 손해배상청구나 손실보상청구를 의미하는 것이 아님은 헌법소원제도를 규정한 헌법의 정신에 비추어 명백하다.」

◎ 같은 취지 : 憲 1998. 7. 16.-96헌마246

▹ 사전구제절차는 적법한 것이어야 한다는 취지의 판례

[憲 1992. 6. 26.-91헌마68](불기소처분에 대한 헌법소원)

「먼저 위 고소사실 중 강제집행면탈 피의사실의 불기소처분에 대한 심판청구부분은, 청구인이 1989. 11. 30. 위 고소사실에 대한 불기소처분의 통지를 받고 그로부터 검찰청법 제10조 제3항에 규정된 항고기간인 30일을 훨씬 지난 1990. 12. 6.에야 부산고등검찰청에 항고를 제기하였음이 기록상 명백하므로 이는 항고기간을 도과한 부적법한 항고로서 다른 법률에 의한 적법한 구제절차를 거친 것으로 볼 수 없어 부적법하고, 다음 청구인의 나머지 고소사실에 대하여는 피청구인이 현저히 수사를 소홀히 하였거나 법률적용 또는 증거판단에 있어서 결론에 영향을 미칠만한 잘못을 하였다고도 보여지지 아니하므로 피청구인의 불기소처분으로 말미암아 청구인의 기본권이 침해되었다고 볼 수 없다.」

◎ 같은 취지 : 憲 1999. 9. 16.-98헌마265

▹ 검사의 불기소처분에 대하여는 검찰청법의 항고와 재항고 등의 구제절차를 거쳐야 한다고 본 판례

[憲 1989. 2. 14.-89헌마9](불법감정에 대한 판결 등에 관한 헌법소원)

「청구외 김○영에 대한 처분에 관한 헌법소원을 살펴보면, 이는 검사의 불기소처분에 대한 소원이므로 헌법재판소법 제69조 제1항 단서, 제68조 제1항 단서에 의하여 검찰청법 소정의

항고, 재항고등의 구제절차를 거치고 나서 재항고 기각결정의 통지를 받은 날로부터 30일의 청구기간내에 청구할 것을 요한다고 할 것인바, 기록에 의하면 청구인이 항고, 재항고 절차를 거쳐 1984. 2. 17. 재항고 기각결정의 통지를 받았음이 명백하므로 1989. 1. 23. 당 재판소에 제출된 이 사건 헌법소원은 청구기간이 도과된 이후에 청구한 것임이 역수상 분명하고, 가사 청구기간의 기산점을 1988. 9. 1. 헌법재판소법의 발효와 같은 해 9. 15. 재판관 임명에 의한 당 재판소설치의 시점으로 본다 하더라도 청구기간이 도과된 이후에 청구한 소원임에 아무런 차이가 없다.」

▷ 불기소처분에 대한 형사소송법의 재정신청과 검찰청법의 항고절차는 선택적 제도이므로 검찰항고를 거치고 재정신청을 거치지 아니하였다고 하더라도 다른 법률에 의한 절차를 모두 거친 것으로 해석하여야 한다는 취지의 판례

[憲 1993. 7. 29.-92헌마262](불기소처분취소)

「이 사건에서 심판의 대상이 되는 범죄는 재물손괴죄와 직권남용죄인데, 그 중 직권남용죄에 대하여는 형사소송법에 의한 재정신청과 검찰청법에 의한 검찰항고를 모두 제기할 수 있다. 여기서 문제가 되는 것은 형사소송법에 의한 재정신청을 거치지 아니하고 검찰청법에 의한 검찰항고만을 거쳐 헌법소원을 청구하였을 경우에 다른 법률에 의한 구제절차를 모두 거친 것으로 볼 수 있는가 함이다.

재정신청과 검찰항고는 모두 검사의 부당한 불기소처분을 시정할 목적으로 마련된 제도인데, 현행법상 재정신청은 검사의 불기소처분 통지를 받은 날로부터 10일 이내에 서면으로 그 검사가 소속한 지방검찰청 검사장 또는 지청장을 경유하여 제기하여야 하고(형사소송법 제260조 제2항), 검찰항고는 검사의 불기소처분 통지를 받은 날로부터 30일 내에 제기하여야 한다(검찰청법 제10조 제3항). 또한 고소·고발인이 재정신청을 한 때에는 검찰항고를 하지 못하고, 검찰항고를 한 후에 다시 재정신청을 한 때에는 그 항고는 취소된 것으로 보며, 다만 재정신청에 대한 결정이 있기 전에 재정신청을 취소한 때에는 검찰항고 기간 내에 한하여 다시 검찰항고를 할 수 있다(검찰청법 제10조 제5항, 제6항). 따라서 재정신청과 검찰항고는 법률상 선택하여 제기할 수 있도록 마련되어 있으나, 어느 한 절차를 거친 다음 다른 절차를 거치기는 시간적으로 불가능하게 되어 있다. 다시 말하자면 재정신청과 검찰항고는 불기소처분에 대한 불복제도로서 병존적·선택적 제도라고 할 수 있으나, 두 제도를 모두 거치는 것은 사실상 불가능하다고 보아야 할 것이다. 한편, 재정신청에 대하여는 고등법원이 항고의 절차에 준하여 결정하여야 하는바(형사소송법 제262조 제1항), 그러한 재정신청을 거친 경우에 헌법소원을 제기할 수 있는지 여부에 관하여는 헌법재판소법 제68조 제1항에 정한 재판소원금지의 원칙과의 관계에서 의문이 있을 수 있다.

그렇다면 재정신청과 검찰항고의 택일관계와 재판소원금지의 원칙을 고려하여 재정신청과 검찰항고가 모두 가능한 범죄에 관한 불기소처분에 대하여 헌법소원을 제기함에 있어서 그 구제절차로서 검찰항고를 선택하여 이를 모두 거친 경우에는, 비록 재정신청을 거치지 아니하였더라도 다른 법률에 의한 구제절차를 모두 거친 것으로 해석하여야 할 것이다. 이 사건의 경우 위 "나"항에서 살펴본 바와 같이 청구인은 위 불기소처분에 대하여 검찰청법에 의한 항고와 재항고를 적법하게 경유하였음을 알 수 있으므로, 다른 법률에 의한 구제절차를 모두 거친 적법한 심판청구라고 보아야 할 것이다.」

▹ **군검찰의 불기소처분에 대하여는 고등군사법원에 대한 재정신청과 대법원에 대한 즉시항고의 구제절차를 거쳐야 한다고 본 판례**

[憲 1990. 10. 8.-89헌마278](군검찰관의 공소권행사에 관한 헌법소원)

「헌법재판소법 제68조 제1항 단서의 규정에 의하면 헌법소원시심판은 다른 법률에 구제절차가 있는 경우에는 그 절차를 모두 거친 후가 아니면 청구할 수 없게 되어 있고, 군사법원법 제464조의 규정에 의하면 항고군사법원을 또는 고등군사법원의 결정에 대하여는 재판에 영향을 미친 헌법·법률·명령 또는 규칙의 위반이 있음을 이유로 하는 때에 한하여 대법원에 즉시항고를 할 수 있게 되어 있어 고등군사법원의 재정신청 기각결정에 대하여도 대법원에 즉시항고를 할 수 있다 함이 대법원의 일관된 관례이므로 군검찰관의 불기소처분에 대하여는 고등군사법원에 대한 재정신청과 대법원에 대한 즉시항고를 모두 거친 후가 아니면 헌법소원심판을 청구할 수 없는 것이다.」

▹ **실체적 경합범 관계에 있는 수죄의 고소사실에 대한 불기소처분 중 일부 죄의 고소사실에 관하여만 적법한 구제절차를 거친 경우 나머지 죄의 고소사실에 관한 헌법소원심판청구는 부적법하다고 본 판례**

[憲 2002. 2. 28.-2001헌마633](불기소처분취소)

「청구인은 약식명령이 청구된 박○휘의 ④항 무고 사실을 제외한 나머지 고소사실 중 박○휘, 연○의 ③항 무고 사실 및 연○의 ④항 무고 사실 부분에 국한하여 아래와 같이 항고 및 재항고의 적법한 구제절차를 거치고 청구기간을 준수하였다.

따라서 ①항 사기사실과 ②항 무고사실 부분은 구제절차를 거치지 아니하여서 부적법한 헌법소원 심판청구라 할 것이나, 박○휘, 연○의 각 무고 사실은 하나의 고소장 제출행위로 4개의 편취사실을 허위로 적시하여 청구인 1인을 무고하였다는 내용으로서 단순일죄에 해당하므로, 결국 이 사건 심판청구 중 박○휘, 연○의 ①항 사기 사실에 대한 부분만 보충성의 요건이 결여되어 부적법하다 할 것이다.」

▹ **헌법재판소가 행정심판 및 행정소송 등의 구제절차를 거쳐야 하는데 이를 거치지 않고 바로 헌법소원심판을 청구한 것은 부적법하다고 본 판례**

[憲 1991. 6. 3.-89헌마46](재산권침해에 대한 헌법소원)

「개발제한구역 지정행위에 대한 헌법소원 심판청구에 대하여 보건대, 건설부장관의 개발제한구역의 지정·고시는 공권력의 행사로서 헌법소원의 대상이 됨은 물론이나 헌법소원은 다른 법률에 구제절차가 있는 경우에는 그 절차를 모두 거친 후에 비로소 심판청구를 할 수 있는 것인 바(헌법재판소법 제68조 제1항), 개발제한구역 지정행위(도시계획결정)에 대하여는 행정심판 및 행정소송 등을 제기할 수 있으므로 청구인으로서는 우선 그러한 구제절차를 거쳐야 함에도 불구하고 그러한 절차를 거치지 아니하였음이 기록상 명백하므로 이 부분에 대한 심판청구 또한 부적법하다.」

[憲 1993. 12. 23.-92헌마247](인사명령취소)

「가. 헌법재판소법 제68조 제1항은 "공권력의 행사 또는 불행사로 인하여 헌법상 보장된 기본권을 침해받은 자는 법원의 재판을 제외하고는 헌법재판소에 헌법소원심판을 청구할 수 있다. 다만, 다른 법률에 구제절차가 있는 경우에는 그 절차를 모두 거친 후가 아니면 청구할 수 없다"라고 규정하고 있다. 위 법률조항 후단의 뜻은 헌법소원이 그 본질상 헌법상 보장된 기본권침해에 대한 예비적이고 보충적인 최후의 구제수단이므로 공권력작용으로 말미암아 기본권의 침해가 있는 경우에는 먼저 다른 법률이 정한 절차에 따라 침해된 기본권의 구제를 받기 위한 모든 수단을 다하였음에도 그 구제를 받지 못한 경우에 비로소 헌법소원심판을 청구할 수 있다는 것을 밝힌 것이다.

나. 국가공무원법 제2조 및 제3조에 의하면 법관은 경력직공무원 중 특정직공무원으로서, 다른 법률에 특별한 규정이 없는 한, 국가공무원법의 적용을 받도록 규정하고 있고, 같은 법 제9조에는 법원 소속 공무원의 소청에 관한 사항을 심사결정하게 하기 위하여 법원행정처에 소청심사위원회를 두도록 하고 있으며, 같은 법 제9조부터 제15조에는 소청심사위원회의 조직, 심사절차 및 결정의 효력에 관하여 자세한 규정을 두고 있다. 한편 같은 법 제76조 제1항에는 국가공무원이 그 의사에 반하여 불리한 처분을 받았을 때에는 소청심사위원회에 이에 대한 심사를 청구하여 그 시정을 구할 수 있도록 규정하고 있다.

따라서 청구인은 위 각 법률조항이 정한 절차에 따라 이 사건 인사처분에 대하여 그 구제를 청구할 수 있고, 그 절차에서 구제를 받지 못한 때에는 국가공무원법 제16조, 법원조직법 제70조, 행정소송법 제1조의 규정에 미루어 다시 행정소송을 제기하여 그 구제를 청구할 수 있음이 명백하다.

그럼에도 불구하고, 청구인이 위와 같은 구제절차를 거치지 아니한 채 바로 이 사건 헌법소원심판을 청구한 점은 스스로 이를 인정하고 있으므로, 특별한 사정이 없는 한, 이 사건 심판청구는 다른 법률이 정한 구제절차를 모두 거치지 아니한 채 제기된 부적법한 심판청구라 아니할 수 없다.

다. 그런데 청구인은, 청구인에 대한 이 사건 인사처분이 사법부의 장으로서 법관에 대한 인사권자이기도 한 대법원장에 의하여 행하여진 것이기 때문에, 법원행정처의 소청심사위원회는 물론 법원의 행정소송절차에 따른 심판으로는 권리구제의 실효성을 기대하기는 매우 어렵다고 할 특별한 사정이 있다고 보아야 할 것이고, 이와 같은 사정이 있을 때에는 바로 헌법소원심판을 청구하여 그 권리를 구제받을 수밖에 없다 할 것이므로 보충성의 원칙에 대한 예외가 인정되어야 한다고 주장한다.

물론 청구인의 위 주장은, 이해관계를 가진 청구인의 주관적인 입장에서 볼 때에는, 이 사건 심판의 대상이 된 처분이 대법원장에 의하여 행하여진 것이라는 점에서 일응 수긍이 가는 점도 없지 아니하다. 그러나 다른 법률에 정하여진 권리구제절차가 있기는 하나 그 절차에서 권리구제의 실효성을 기대할 수 없어 헌법재판소법 제68조 제1항 소정 헌법소원 사건에서 요구되는 이른바 "보충성의 원칙"의 적용을 배제할 예외적인 사유가 있다고 하기 위해서는, 그 구제절차가 당해 사건에 관하여 객관적으로 실효성이 없을 것임이 확실히 예견되는 경우라야 할 것이다.

공무원은 임용권자가 누구인가를 가리지 아니하고 국민에 대한 봉사자이며, 국민에 대하여 책임을 지는 지위에 있고, 특히 법관은 헌법 제103조가 "법관은 헌법과 법률에 의하여 그 양심에 따라 독립하여 심판한다"고 규정하여 법관의 독립을 보장하고 있을 뿐만 아니라 헌법과 법률에 의하여 그 신분을 두텁게 보장함으로써 이를 뒷받침하고 있는 터이므로 소청심사위원이나 행정소송의 재판을 담당할 법관에 대한 인사권자와 청구인에 대한 이 사건 인사처분권자가 동일인이라는 이유만으로 소청이나 행정소송절차에 의하여서는 권리구제의 실효성을 기대하기 어렵다고 할 수 없다. 만약, 이 사건과 같은 경우까지를 위 보충성의 원칙에 대한 예외적인 사유가 있는 것으로 인정한다면, 사실상 사법행정과 관련된 일체의 쟁송은 국가권력에 의한 개인의 권리침해를 구제하여야 할 일차적이고도 기본적인 권한과 책임을 가지고 있는 법원의 관할에서 완전히 배제되고 오로지 헌법재판소만이 이를 담당해야 한다는 결론에 이르게 되고, 그것은 바로 사법제도의 본질과 헌법상의 법치주의의 원칙에도 반하는 것이 된다.

따라서 이 사건 심판의 대상이 대법원장의 인사처분이라는 이유만으로 헌법소원의 보충성의 원칙에 대한 예외로 보아야 한다는 청구인의 주장은 이를 받아들일 수 없다.」

⇒ 재판관 2인(재판관 조규광, 재판관 이시윤)의 별개의견

「2. 법관인 청구인이 법원일반직 및 기능직공무원에 대하여 주로 통할하는 법원행정처에 설치된 소청심사위원회에 심사청구를 하여 대법원장의 권한에 속하는 법관보직에 관하여 그 시정을 구할 성질의 것은 아니라 할 것이므로, 청구인이 헌법재판소법 제68조 제1항에 규정된 헌법소원심판청구의 보충성의 원칙에 의하여 먼저 거쳐야 할 선행적 구제절차라면 이 사건 처분이 대법원장의 사법행정기관으로서의 조치이니 만큼 법원조직법 제70조에 의한 행정소송을 제기하여 고등법원에서 제1심 재판을 받고 여기에 불복이 있으면 대법원에 상고하여 구제를 구하는 절차라 할 것이다.

3. 가. 청구인이 구제절차의 혼동에 기인하여 직접 이 사건 청구에 이른 면이 엿보이나 대법원장의 처분이 행정소송의 대상이 됨은 법원조직법 제70조의 규정상 명백하다고 할 것이므로 그 혼동에 합리적인 이유가 있는 경우라고 단정하기 어려우며, 따라서 헌법소원의 보충성의 원칙의 예외라고 보아야 할 경우라고 할 수 없다.

나. 헌법소원의 경우에 보충성의 원칙의 또 하나의 예외로 꼽는 일반 법원에서의 권리구제의 기대가능성이 없다는 것은 예컨대 구체적 사건에 있어서 최근의 일반 최고법원의 판결에 비추어 구제가능성이 없고 종전판례를 변경하여 결과를 달리할 것을 기대할 수 없는 경우를 들 수 있다고 할 것인바, 이 사건과 같은 경우에 청구인에게 결정적으로 불리한 판례가 확립되어 있는 것도 아니고 법관에게는 재판직무의 독립성이 보장되었음에 비추어 대법원장의 처분에 대한 행정소송에 있어서 권리구제의 기대가능성이 없는 경우라고 하기 어렵다.」

⇔ 재판관 2인(재판관 한병채, 재판관 김양균)의 반대의견

「2. 법원행정처에 설치되어 있는 소청심사위원회는 모법 상으로는 법원일반직 · 기능직공무원 및 법관 모두에게 적용될 수 있는 것이지만 시행령상으로는 법관은 그 적용대상에서 제외되어 있고, 법관은 일반공무원과는 달리 그 자격을 별도의 법률로 정하고 또 헌법상 그 신분이 가중 보장되고 있는 점에서 법원일반직이나 기능직공무원과는 근본적으로 다르고 직무상으로도 헌법과 법률에 의하여 그 양심에 따라 독립하여 심판하는 직무를 수행하는 사법부의 핵이라고 할 수 있기 때문에 법원일반직 · 기능직공무원에 대한 규정을 법관에게 준용 또는 유추적용하여 처리한다는 것도 허용될 수 없다.

3. 국가공무원법 제16조의 규정과 같은 맥락에서 규정된 법원조직법 제70조는 "대법원장이 행한 처분에 대한 행정소송의 피고는 법원행정처장으로 한다"고 하고 있기 때문에 법관이 대법원장의 인사처분에 대하여 행정소송을 제기하는 방법으로 이를 다툴 수 있는 방법은 형식논리로는 일응 열려 있고, 이론상으로는 대법원장의 인사처분에 대한 사항이라 할지라도 소신 있는 재판을 기대할 수 없는 것은 아니겠지만, 실제상으로는 이 사건의 대상은 법관에 대한 인사권자인 피청구인의 처분행위인 점, 이 사건과 같은 재량행위의 성질상 그 면탈 · 남용 여부의 문제는 쉽게 가려질 수 있는 사항이 아니라는 점 때문에 여러 가지 제약이 따를 수 있다는 것은 예상하기 어렵지 않아 행정소송의 방법으로 권리가 구제될 전망은 매우 희박한 것이

라고 보아야 할 것인바, 이와 같이 사실상 전심절차로서 권리구제가 이루어질 가능성이 희박한 경우에도 청구인에게 빠짐없이 보충성의 원칙을 여행하도록 요구하는 것은 당사자의 권리구제의 측면에서나 국가기능작용의 효율적인 배분의 면에서나 실익이 없다 할 것이므로 이런 때에는 전심절차를 생략하고 곧바로 헌법소원심판청구를 할 수 있다고 보는 것이 헌법소원제도의 본질과 기능에 합당한 것이다.」

⇔ 재판관 1인(재판관 변정수)의 반대의견

「2. 현행법상 법관의 소청을 심사결정할 수 있는 소청심사위원회는 없으므로 청구인에 대하여 소청심사위원회의 소청을 거쳐 오도록 요구할 수는 없고, 다만 청구인이 피청구인의 인사처분취소를 구하는 행정소송을 제기할 수는 있다.

3. 헌법재판소법 제68조 제1항 단서 소정의 "구제절차"란 그 절차에 의하여 권리구제가 가능할 수 있는 실질적 구제절차를 말하는 것이지 구제가능성을 기대할 수 없는 명목상의 형식적 구제절차를 말하는 것이 아니고, 그 절차에서 구제가 가능하느냐의 여부는 법률상의 문제이기보다는 사실상의 문제로서 결국 이는 상식적이며 보편적인 기준에 따라 역사적 배경과 시대상황 및 국민정서 등을 고려하여 판단하여야 하며, 상식적으로 권리구제에 대하여 기대가능성이 매우 희박한 절차를 거치도록 강요하는 것은 옳지 못하며 효율적인 권리구제를 내용으로 하는 법치주의의 이념에도 반한다 할 것인바, 청구인의 경우에 과거와 현재의 법원의 관행과 분위기와 시대상황 및 국민정서 등을 고려해 볼 때 행정소송으로는 사실상 권리구제의 가능성이 없기 때문에 보충성의 원칙에 대한 예외를 인정하여야 한다.」

[憲 1999. 4. 29.-96헌마424] (택지소유상한에관한법률 제2조 등 위헌확인, 택지소유상한에관한법률 제2조 제1호 등 위헌확인)	《구청장의 택지초과소유 부담금 부과처분》 「부담금부과처분에 대하여는 법(구 택지소유상한에관한법률) 제37조에 따른 행정심판 및 행정소송법에 따른 행정소송이라는 구제절차가 마련되어 있으므로 그 구제절차를 거친 뒤에 헌법소원을 청구하여야 한다」
[憲 1995. 2. 23.-92헌마282] (택시합승금지 위헌확인)	《서울특별시장의 과징금 부과처분》 「과징금부과처분은 행정청의 처분으로서 행정심판 및 행정소송절차에 의한 구제가 가능하므로 위 처분에 대하여 헌법소원심판을 청구하기 위하여는 헌법재판소법 제68조 제1항 단서의 규정에 따라 먼저 그와 같은 사전구제절차를 거쳐야 한다.」
[憲 2000. 12. 29.-2000헌마797] (정보비공개처분등 위헌확인)	《행정공개의 거부처분》 「정보공개거부처분에 대하여는 정보공개법 제17조, 제18조에 따른 행정심판 및 행정소송이라는 구제절차가 마련되어 있으므로 그 구제절차를 거친 뒤에 헌법소원심판을 청구하여야 한다.」
[憲 1992. 6. 19.-92헌마110] (이송처분에 대한 헌법소원)	《교도소장의 이송처분》 「피청구인의 이송처분에 대하여는 구제절차로서 행정심판 내지 행정소송으로 다툴 수 있을 것이므로 먼저 위 구제절차를 거쳐야 할 것인 바」
[憲 1995. 7. 21.-92헌마144] (서신검열 등 위헌확인)	《미결수용자의 서신발송을 거부한 행위》 「피청구인은 위 발송거부행위에 대하여는 행정소송법 및 행정심판법에 의하여 행정소송이나 행정심판이 가능할 것이므로 이러한 절차를 거치지 아니한 채 이 사건 심판청구부분은 부적법하다고 할 것이다.」

[憲 1998. 8. 27.-96헌마398] (통신의 자유 침해 등 위헌확인)	《기결수용자의 서신 발송을 거부한 행위》 「피청구인의 서신발송거부행위에 대하여는 행정심판법 및 행정소송법에 의한 심판이나 소송이 가능할 것이므로 이 절차를 거치지 아니한 채 제기된 이 심판청구부분은 부적법하다.」
[憲 1998. 2. 27.-96헌마179] (구 행형법 제10조 제1항 등 위헌확인)	《미결수용자의 접견신청에 대한 교도소장의 불허행위》 「1996. 2. 일자불상경 청구외 장운의 접견신청에 대한 안양교도소장의 불허처분에 대하여는 행정심판법 및 행정소송법에 의하여 행정심판, 행정소송이 가능할 것이므로 이러한 절차를 거치지 아니한 채 제기한 이 사건 헌법소원심판청구는 부적법하다.」
[憲 2002. 10. 31.-2002헌마213] (명예회복신청기각결정취소)	《민주화운동관련자명예회복및보상심의위원회의 명예회복신청기각결정》 「피청구인의 위 각 결정에 대하여는 행정소송법에 의하여 행정소송을 제기할 수 있으므로, 청구인은 그 절차에 따라 구제를 받았어야 하고 그 절차없이 막바로 헌법재판소에 헌법소원심판을 청구할 수는 없다.」

▷ **보충성 요건 흠결의 치유를 인정한 판례**

[憲 1991. 4. 1.-90헌마194](불기소처분에 대한 헌법소원)

「가. 앞에서 본 바와 같이 청구인은 동일한 내용의 위증피의사실에 대하여 위 피의자 등을 2회에 걸쳐 고소하였고, 그 중 1개의 사건에 대하여 재항고기각결정이 있게 되자. 대검찰청에 재항고 계류중인 동일 내용의 다른 사건에 대하여 이 사건 헌법소원심판청구를 한 것으로서 이는 헌법재판소법 제68조 제1항 소정의 다른 법률에 의한 구제절차를 모두 거치지 아니한 경우에 해당하는 것이다. 그러므로 이 사건 헌법소원심판청구는 그 청구 접수 당시에는 헌법재판소법이 정한 헌법소원심판청구의 전심절차를 다 경유하지 않은 위법이 있다 할 것이다.
나. 그러나 이 사건 헌법소원심판청구를 한 후 이 사건에 대한 헌법재판 계속중인 1991. 2. 18. 위 89형제40313호 사건에 대하여서도 대검찰청에서 재항고기각결정(사건 1990년 재항 제649호)이 내려졌다. 전심절차를 완전히 밟지 아니한 채 이 사건 헌법소원심판청구를 한 것은 제소 당시로 보면 전치요건불비의 위법이 있다고 할 것이지만 이 사건 계속중에 대검찰청에서 재항고기각결정을 받았다면 위와 같은 전치요건흠결의 하자는 치유되었다고 볼 것이며, 따라서 이 사건 소원심판청구는 이 점에 있어서는 적법하다 할 것이다.」

[憲 1995. 4. 20.-91헌마52](중등교원우선채용거부처분에 대한 위헌소원)

「헌법재판소법 제68조 제1항에 의하면 다른 법률에 구제절차가 있는 경우에는 그 절차를 모두 거친 뒤가 아니면 헌법소원심판을 청구할 수 없도록 규정하고 있는바, 기록에 의하면 청구인들은 피청구인의 1991. 1. 17. 임용거부처분에 대하여 그 구제를 위한 행정소송을 모두 거치기 전에 이 사건 헌법소원심판을 청구한 사실이 인정된다.

그러나 한편, 이 사건 기록에 의하면, 청구인들은 이 사건 헌법소원심판을 청구하기에 앞서 서울고등법원에 피청구인을 상대로 중등교원우선발령거부처분 무효확인의 행정소송을 제기하였고, 위 법원으로부터 1992. 4. 2. 청구기각판결을 선고받았으며, 이에 대하여 대법원에 상고하였으나, 1992. 8. 18. 대법원으로부터 상고기각의 판결을 선고받은 사실이 인정된다. 그러므로 이 사건 헌법소원심판청구는 헌법재판소에 계속중 청구인들이 다른 법률에 정한 구제절차를 모두 거침으로써 청구 당시에 존재하였던 적법요건흠결의 하자는 치유가 되었다고 할 것이다(헌법재판소 1991. 4. 1. 선고, 90헌마194 결정 참조).」

▷ 보충성의 원칙의 예외를 인정한 판례

[憲 1989. 9. 4.-88헌마22](공권력에 의한 재산권침해에 대한 헌법소원)

「청구인은 다른 구제절차를 밟지 않고 곧바로 본건 헌법소원심판청구를 하였기 때문에 헌법재판소법 제68조 제1항 소정의 전심절차요건 불비의 위법이 있다는 항변부분에 관하여 살펴본다.

청구인의 토지조사부 등에 대한 열람·복사 신청에 대한 피청구인의 대응은 이를 두 가지로 나누어 볼 수 있는데, 하나는 본건 신청에 대하여 적극적으로 이를 거부한 거부처분의 경우이고, 둘은 거부의 의사표시도 하지 않고 방치해 버림 사실상의 부작위의 경우인데 본 건의 경우는 사실상의 부작위의 경우에 해당하는 것으로 보여진다. 그리고 이상 어느 경우에도 행정심판 또는 행정소송의 대상이 될 수 있다고 본다면 청구인으로서는 의무이행심판을 구하거나(행정심판법 제4조 제3호) 항고소송을 제기하여(행정소송법 제1호, 제3호) 등을 구하는 것이 가능할 것이기 때문에 그 절차를 거치지 않은 것은 바로 전심절차 불이행의 흠결이 있는 것으로 지적될 수 있다. 그러나 행정소송법상 "부작위"라 함은 행정청이 당사자의 신청에 대하여 상당한 기간 내에 일정한 처분을 하여야 할 법률상 의무가 있음에도 불구하고 이를 하지 않은 것을 의미하는 것으로서(동법 제2조 제1항 제2호), 피청구인이 청구인의 문서 열람·복사 신청에 불응한 것이 위 부작위로 되어 행정쟁송의 대상이 되려면 피청구인에게 법률상의 처분의무가 존재하여야 한다. 그런데 공문서의 개시의무에 관한 법률상 명문규정은 찾아볼 수 없고, 행정청의 부작위 또는 사실행위에 관한 대법원의 종래의 판례를 검토하면, 민원인으로부터 애국지사 유족확인신청서를 받고 이를 그대로 반송한 사실에 대하여 위 반송처분은 법률에 위반한 단순한 사실행위에 불과하여 항고소송의 대상이 되는 행정처분이라고 할 수 없다고 하고, 원호위원회가 위 민원서류를 접수하고도 아무런 조치를 취하지 않은 사실에 대하여 행정청의 단순한 부작위는 항고소송의 대상이 되지 않는다고 판시(대법원 1985. 11. 26. 선고, 85누607 판결 참조)하고 있을 뿐만 아니라 지적공부 등에의 오기(誤記) 등과 관련하여 지적공부에 일정사항을 등록하거나 말소하는 행위는 행정사무 집행의 편의와 사실증명의 자료로 삼기 위한 것이고, 그 등록이상 말소로 인하여 어떠한 권리가 부여되거나 변동 또는 상실되는 것이 아니며 또 지적공부의 등록사항에 오류가 발견되어 그것이 정정될 때까지 공부 소관청이 내부 사무처리지침에 따라 일정기간 동안 당해 지번을 봉쇄하고 증명발급을 중지하였다 하더라도 그로 인하여 관계인에게 직접 권리의무의 변동을 초래하게 하는 것도 아니므로 행정소송의 대상이 되는 행정처분이 있다고 볼 수 없다고 판시(대법원 1986. 1. 21. 선고, 85누228 판결 참조)하고 임야대장, 토지대장, 가옥대장 등의 성격과 관련하여 시·군·구에 작성 비치하는 동 대장 등에의 등재행위는 행정청의 내부적 행위에 불과한 것으로 그 자체로서 개인의 권리관계에 변동을 가져오는 것이 아니라 오로지 당해 행정청에서의 행정 사무편의와 사실증명을 위한 자료로 쓰이는데 지나지 않아 행정청이 사실과 다르게 기재하였다고 하더라도 행정소송의 대상이 되지 않는다고 판시(대법원 1976. 5. 1. 선고, 76누12 판결 참조)하고 부작위위법확인과 관련하여 부작위위법확인을 받을 법률상의 이익이 있는 경우에는 원고적격이 인정된다 하겠으나 여기서 말하는 법률상의 이익은 당해 처분 또는 부작위의 근거 법률에 의하여 보호되는 직접적이고 구체적인 이익이 있는 경우를 말하고 다만 간접적이거나 사실적·경제적 관계를 가지는데 불과한 경우는 여기에 포함되지 아니한다고 판시(대법원 1989. 5. 23. 선고, 88누8135 판결 참조)

하고 있다.

이상 대법원의 판례를 종합해 보면 행정청 내부의 사실행위나 사실상의 부작위에 대하여 일관하여 그 행정처분성을 부인함으로써 이를 행정쟁송 대상에서 제외시켜 왔음을 알 수 있어 본건과 같은 경우도 행정쟁송에서 청구인의 주장이 받아들여질 가능성은 종래의 판례 태도를 변경하지 않는 한 매우 희박함을 짐작하기에 어렵지 않는 것이다. 과연 그렇다면 사실상의 부작위에 대하여 행정소송을 할 수 있는지의 여부를 잠시 접어두고 그에 관한 대법원의 태도가 소극적이고 아울러 학설상으로도 그 가부가 확연하다고 할 수 없는 상황에서 법률의 전문가가 아닌 일반국민에 대하여 전심절차의 예외없는 이행을 요구하는 것이 합당하겠는가의 의문이 생겨나는 것이다. 그러나 헌법소원심판 청구인이 그의 불이익으로 돌릴 수 없는 정당한 이유있는 착오로 전심절차를 밟지 않은 경우 또는 전심절차로 권리가 구제될 가능성이 거의 없거나 권리구제절차가 허용되는지의 여부가 객관적으로 불확실하여 전신절차 이행의 기대가능성이 없을 때에는 그 예외를 인정하는 것이 청구인에게 시간과 노력과 비용의 부담을 지우지 않고 헌법소원심판제도의 창설취지를 살리는 방법이라고 할 것이므로, 본건의 경우는 위의 예외의 경우에 해당하여 적법하다고 할 것이다.

아울러 법무부장관은 그 밖의 피해보상 소송, 소유권확인의 소에서의 문서제출명령에 의하여 문서의 열람 · 복사의 목적을 달할 수 있다고 하나, 이 사건 심판대상인 문서의 열람 · 복사를 직접 대상으로 하지 아니하는 사후 보상적 또는 우회적인 소송절차를 헌법재판소법 제68조 제1항 단서 소정의 구제절차라 할 수는 없다고 할 것이므로 위 주장은 이유없다.」

⇔ 재판관 1인(재판관 최광률)의 반대의견

「나. 우리 나라에는 아직 정보공개법이나 행정절차법과 같은 법률이 제정되지 아니하여 행정기관이 보관 또는 보존하는 공문서 등의 정보자료를 일반 국민이 쉽게 취득하여 "알 권리"를 충족할 수 있는 길이 넓게 열려 있지 아니하는 것은 다수의견이 지적하는 바와 같다.

그러나 국가 또는 지방자치단체의 기관에서 보관 또는 보존하고 있는 문서를 일반인이 열람 · 복사할 수 있는 권리가 전혀 봉쇄되고 있는 것은 아니다. 즉, 다수의견에서도 잠시 언급하고 있는 정부공문서규정(1984. 11. 23. 대통령령 제11547호) 제36조 제2항에 의하면, "행정기관은 일반인이 당해 행정기관에서 보관 또는 보존하고 있는 문서를 열람 또는 복사하고자 할 때에는 특별한 사유가 없는 한 이를 허가할 수 있다. 다만, 비밀 또는 대외비로 분류된 문서의 경우에는 허가할 수 없으며 외교문서의 경우에는 외무부령이 정하는 바에 따라 허가하여야 한다"라고 규정하고 있다(그 조항은 1986. 12. 27. 대통령령 제12020호에 의하여 개정된 것이다).

위 법령 조항의 입법취지는, 그 법문의 표현에 불구하고 행정기관에서 보관 또는 보존하는 있는 문서는 그것이 비밀문서가 아닌 한 원칙적으로 일반인의 열람 · 복사 청구에 응하여야 한다는 것이라고 해석된다. 그런데 이 사건에 있어서 청구인이 피청구인에게 열람 · 복사의 청구를 한 임야조사서 및 토지조사부가 다수의견에서 밝히고 있는 바와 같이 지방자치단체의 기관인 피청구인이 보관 또는 보존하고 있는 공문서 원본이라고 한다면, 청구인은 마땅히 위 법령조항에 의거하여 그 문서의 열람 · 복사를 청구할 권리가 있고, 그 청구를 받은 피청구인은 그 문서가 위 법령조항의 단서규정에 정한 비밀문서가 아닌 한 이를 열람 · 복사하게 할 의무가 있는 것이다.

그렇다면 다수의견이 이 사건 청구의 적법성을 판단함에 있어서 공문서의 개시의무에 관한 법률상의 명문규정을 찾아볼 수 없다고 판단하여 보충성의 원칙에 대한 예외를 인정한 것은 그릇된 판단이라고 생각한다.

다. 우리 나라의 행정쟁송에 관한 법제는 1985. 10. 1.부터 시행된 행정심판법(1984. 12. 15. 법률 제3755호) 및 행정소송법 개정 법률(1984. 12. 15. 법률 제3754호)에 의하여 획기적인 변혁을 가져왔다. 특히 종래의 행정쟁송법제에서는 쟁송의 길이 거의 봉쇄되어 있던 이른바 행정청의 부작위에 대한 쟁송의 길이 확연하게 뚫렸다. 즉, 행정심판법에서는 의무이행심판제도를 채택하여(같은 법 제4조 제3호 참조) 부작위에 대하여 적극적인 이행재결을 구할 수 있게 하였고, 행정소송법에서는 부작위위법확인소송을 인정하여(같은 법 제4조 제3호 및 제36조 참조) 행정청의 부작위가 위법하다는 확인판결을 받을 수 있게 하였다. 위와 같은 부작위쟁송제도가 마련된 현행법제하에서 종래와는 달리 행정청의 부작위에 대하여 당사자는 행정청에 부작위를 다투는 쟁송절차를 통하여 얼마든지 권리구제를 받을 수 있게 된 것이다. 이 사건의 경우 청구인은 피청구인을 상대로 위 정부공문서규정 제36조 제2항의 규정을 근거로 이 사건에서 문제된 임야조사서 및 토지조사부의 열람·복사의 청구를 할 권리가 있고, 피청구인이 이에 대하여 아무런 의사표시를 함이 없이 이를 방치하는 경우에는 제1차적으로 행정심판법에 의한 의무이행심판을 청구하여 피청구인으로 하여금 청구인에게 위 문서의 열람·복사를 하게 하는 의무이행을 구할 수 있으며, 그 심판절차에서 실패하는 경우에는 제2차적으로 행정소송법에 의한 부작위위법확인소송을 제기하여 피청구인의 부작위가 위법하다는 확인을 받을 수 있을 뿐만 아니라, 피청구인이 부작위위법확인판결에도 불구하고 계속 불응하는 경우에는 간접강제의 방법으로 손해배상을 받을 수도 있다(행정소송법 제38조 제2항, 제34조 및 제30조 제2항 참조). 그렇다면 이 사건에서 다수의견이 구 행정소송법 때의 대법원판례나 이 사건 사안에 적절하지 못한 대법원 판례의 판시내용을 근거로 이 사건의 경우 청구인이 피청구인을 상대로 부작위에 대한 행정소송을 제기할 수 있는 방도가 없다거나, 설사 그러한 행정쟁송을 제기하더라도 청구인의 주장이 받아 들여질 가능성이 매우 희박하다는 이유로 보충성의 원칙에 대한 예외를 인정한 것은 부당하다고 생각한다.

라. 이상과 같은 이유로 나는 이 사건 심판청구는 헌법재판소법 제68조 제1항 단서에 의한 구제절차를 거치지 아니하고 바로 헌법소원심판을 청구한 것이므로, 부적법한 심판청구이어서 마땅히 각하되어야 한다고 판단하여 다수의견에 반대한다.」

[憲 1992. 1. 28.-91헌마111](변호인의 조력을 받을 권리에 대한 헌법소원)

「1. 이사건 기록에 의하면, 청구인이 1991. 6. 13. 국가보안법 위반 등 피의사건으로 국가안전기획부에 의하여 구속되어 서울 중부경찰서 유치장에 수감되어 있던 중 1991. 6. 14. 17시부터 그 날 18시경까지 국가안전기획부 면회실에서 그의 변호인인 조○환 변호사 및 그의 처 김○자와의 접견을 동시에 하게 되었는데 그 때 국가안전기획부 직원(수사관) 5인이 접견에 참여하여 가까이서 지켜 보면서 그들의 대화내용을 듣고 또 이를 기록하기도 하고 만나고 있는 장면을 사진을 찍기도 하므로 변호인이 이에 항의하고 변호인과 피의자의 접견은 비밀이 보장되어야 하니 청구인과 변호인이 따로 만날 수 있도록 해 줄 것과 대화내용의 기록이나 사진촬영을 하지 말 것을 요구하였으나 수사관들은 "무슨 말이든지 마음놓고 하라"고 말하면서 변호인의 요구를 거절한 사실과 청구인은 국가안전기획부 수사관들의 위와 같은 행위는 헌법 제12조 제2항이 신체구속을 당한 사람에게 보장하고 있는 변호인의 조력을 받을 권리를 침해한 것이라고 주장하고 1991. 6. 26. 이 사건 헌법소원의 심판청구를 하였음을 알 수 있다.

2. 헌법소원의 심판청구는 공권력의 행사 또는 불행사로 인하여 헌법상 보장된 기본권을 침해당한 경우에 할 수 있는 것이나 그러한 경우라도 다른 법률에 구제절차가 있는 경우에는 그

절차를 모두 거친 후가 아니면 청구할 수 없으며, 또한 헌법소원의 심판청구를 할 만한 이익(권리보호의 이익)이 있어야 한다는 것이 원칙이다. 그러므로 이 사건 심판청구가 위와 같은 요건을 갖춘 것인가에 대하여 본다.

가. 형사소송법 제417조는 "검사 또는 사법경찰관의 구금·압수 또는 압수물의 환부에 관한 처분에 대하여 불복이 있으면 그 직무집행지의 관할 법원 또는 검사의 소속 검찰청에 대응한 법원에 그 처분의 취소 또는 변경을 청구할 수 있다"라고 규정하고 있으므로 국가안전기획부 소속 수사관이 구속당한 사람의 변호인 접견에 참여하여 대화내용을 듣는 등, 자유로운 접견방해를 하는 것을 사법경찰관의 구금에 관한 처분으로 보아 위 법률조항에 따라 그 처분의 취소 또는 변경을 법원에 청구할 수 있을 것처럼도 보인다.

그러나 가사 그러한 청구를 하더라도 취소·변경 청구의 대상이 되어야 할 접견방해행위는 계속 중인 것이 아니라, 이미 종료된 사실행위여서 취소·변경할 여지가 없기 때문에 법원으로서는 재판할 이익이 없다고 하여 청구를 각하할 수밖에 없을 것이므로 형사소송법 제417조 소정의 불복방법은 이 사건의 경우와 같은 수사기관에 의한 접견방해에 대한 구제방법이 될 수 없고 헌법소원의 심판청구이외에 달리 효과있는 구제방법을 발견할 수 없다.」

※ 위 사안에서 심판의 이익에 대하여 판단한 것에 대하여는 위 판례 인용부분 참조

[憲 2003. 12. 18.-2001헌마163](계구사용행위 위헌확인)

「그리고 이 사건 계구사용행위는 이미 종료된 권력적 사실행위로서 행정심판이나 행정소송의 대상으로 인정되기 어려울 뿐만 아니라 설사 그 대상이 된다고 하더라도 소의 이익이 부정될 가능성이 많고(헌재 1995. 7. 21. 92헌마144, 판례집 7-2, 94, 102) 행형법 제6조 제1항에 의한 청원제도 역시 처리기관이나 절차 및 효력면에서 권리구제절차로서는 불충분하고 우회적인 제도여서 헌법소원에 앞서 반드시 거쳐야 하는 사전구제절차라고 보기 어렵다(헌재 1998. 10. 29. 98헌마4, 판례집 10-2, 637, 644). 그렇다면 청구인으로서는 헌법소원심판을 청구하는 외에 달리 효과적인 구제방법이 있다고 보기 어려우므로 보충성원칙의 예외에 해당한다.」

▷ 행정입법의 부작위 중 보충성의 원칙의 예외를 인정한 판례

[憲 1998. 7. 16.-96헌마246](전문의 자격시험 불실시 위헌확인 등)

「입법부작위에 대한 행정소송의 적법 여부에 관하여 대법원은 "행정소송은 구체적 사건에 대한 법률상 분쟁을 법에 의하여 해결함으로써 법적 안정을 기하자는 것이므로 부작위위법확인소송의 대상이 될 수 있는 것은 구체적 권리의무에 관한 분쟁이어야 하고, 추상적인 법령에 관하여 제정의 여부 등은 그 자체로서 국민의 구체적인 권리의무에 직접적 변동을 초래하는 것이 아니어서 행정소송의 대상이 될 수 없다"고 판시하고 있다(대법원 1992. 5. 8. 선고, 91누11261 판결, 공1992, 1874).

그 밖에 입법부작위에 대한 국가배상의 청구가 가능한지도 문제되지만, 헌법재판소법 제68조 제1항 단서 소정의 "다른 권리구제절차"라 함은 공권력의 행사 또는 불행사를 직접 대상으로 하여 그 효력을 다툴 수 있는 권리구제절차를 의미하고 사후적·보충적 구제수단을 뜻하는 것은 아니므로(헌재 1993. 7. 29. 92헌마51, 판례집 5-2, 175), 설사 국가배상청구가 가능하다고 할지라도 이를 사전구제절차로 볼 수는 없다.

따라서 피청구인 보건복지부장관에 대한 청구 중 이 사건 시행규칙에 대한 입법부작위 부분

은 다른 구제절차가 없는 경우에 해당한다.」

▹ 군수관리의 임야조사부, 토지조사부에 대한 열람 복사 신청에 불응한 부작위에 대하여 보충성 원칙의 예외를 인정한 판례

[憲 1989. 9. 4.-88헌마22](공권력에 의한 재산권침해에 대한 헌법소원)

※ 위 판례 인용부분 참조

▹ 법령의 경우 보충성 원칙의 예외를 인정한 판례

[憲 1989. 3. 17.-88헌마1](사법서사법시행규칙에 관한 헌법소원)

「이 사건처럼 공권력 행사의 일종이라고 할 입법 즉 법률 자체에 의한 기본권침해가 문제가 될 때에는 일반법원에 법령자체의 효력을 직접 다투는 것을 소송물로 하여 제소하는 길은 없어, 구제절차가 있는 경우가 아니므로, 헌법재판소법 제68조 제1항 단서 소정의 구제절차를 모두 거친 후에 헌법소원을 내야 하는 제약이 따르지 않는 이른바 보충성의 예외적인 경우라고 볼 것이다.」

◎ 같은 취지 : 憲 1990. 6. 25.-89헌마220; 1991. 11. 25.-89헌마99; 1997. 6. 26.-94헌마52; 1997. 12. 24.-96헌마172등

▹ 행정행위 중 보충성 원칙의 예외를 인정한 판례

[憲 2002. 7. 18.-99헌마592등](현수막철거이행명령취소)

「가. 보충성요건의 충족 여부

헌법소원심판은 다른 법률에 구제절차가 있는 경우에는 그 절차를 모두 거친 후에 청구할 수 있다(헌법재판소법 제68조 제1항 단서). 피청구인의 현수막철거 이행명령에 대하여는 행정소송법 및 행정심판법에 의하여 행정소송이나 행정심판이 가능할 것이나, 청구인이 피청구인의 행위에 대하여 그의 취소를 구하는 행정소송을 제기한다 하더라도 현수막의 설치기간이 옥외광고물등관리법시행령 제8조 제3호 별표에 의하여 15일 이내로 되어 있어, 행정쟁송절차에 소요되는 기간을 감안할 때 행정소송의 변론종결시에는 이미 설치예정기간이 도과하여 청구인으로서는 신고에 따른 설치목적을 달할 수 없기 때문에, 피청구인의 처분의 취소를 구할 법률적 이익이 부정되어 각하될 가능성이 많다.

따라서 이와 같이 취소소송을 통하여는 침해된 권익의 구제가 불가능하다면, 행정청의 공권력행사에 의하여 국민의 권익이 침해될 것이 예상되는 경우 미리 그 예상되는 침익적 처분을 저지하는 것을 목적으로 하여 '예방적 부작위소송'을 제기하는 것을 고려해 볼 수 있으나, 법원은 현행 소송법상 법정된 행정소송의 유형 이외의 소송을 원칙적으로 인정하지 않는다는 입장을 취하고 있으므로, 예방적 부작위소송을 제기한다 하더라도 '행정소송에서 허용되지 아니하는 것'이라는 이유로 부적법하여 각하될 것으로 보인다.

따라서 이 사건 헌법소원은 구제절차가 있다고 하더라도 그로 인하여 권리가 구제될 가능성이 없어 청구인에게 그 절차의 선이행을 요구할 기대가능성이 없는 경우에 해당한다 할 것이므로, 헌법재판소법 제68조 제1항 단서에 불구하고 구제절차를 거치지 아니하고 직접 헌법소원을 제기할 수 있는 예외적인 경우의 하나로 보아야 할 것이다(헌재 1989. 9. 4. 88헌마22, 판례집 1, 176, 187 ; 1997. 11. 27. 94헌마60, 판례집 9-2, 675, 688 참조).」

▷ 기타 보충성 원칙의 예외를 인정한 판례들

[憲 1995. 4. 20.-92헌마264] (부천시담배자동판매기설치금지조례 제4조 등 위헌확인, 강남구담배자동판매기설치금지조례 제4조 등 위헌확인)	《조례》 「조례 자체에 의한 직접적인 기본권침해가 문제될 때에는 그 조례 자체의 효력을 직접 다투는 것을 소송물로 하여 일반법원에 구제를 구할 수 있는 절차가 있는 경우가 아니어서 다른 구제절차를 거칠 것 없이 바로 헌법소원심판을 청구할 수 있는 것이므로」
[憲 1990. 10. 15.-89헌마178] (법무사법시행규칙에 대한 헌법소원)	《대법원규칙》 「법령의 효력을 직접 다투는 것을 소송물로하여 일반 법원에 구제를 구할 수 있는 절차는 존재하지 아니하므로(일반법원에 명령·규칙을 직접 대상으로 하여 행정소송을 제기한 경우에 이것이 허용되어 구제된 예를 발견할 수 없다) 이 경우에는 다른 구제절차를 거칠 것 없이 바로 헌법소원심판을 청구할 수 있는 것이다.」
[憲 1997. 5. 29.-94헌마33] (1994년 생계보호기준 위헌확인)	《생활보호법의 위임에 따른 보건복지부장관의 '94년 생계보호기준'》 「현행 행정소송법상 이를 다툴 방법이 있다고 볼 수 없으므로 이 사건은 다른 법적 구제수단이 없는 경우에 해당하여」
[憲 1995. 7. 21.-93헌마257] (법관및법원공무원수당규칙중개정규칙 등 위헌확인)	《법관및법원공무원수당규칙과 법원행정처장의 법원공무원자가운전차량유지비 지급지침 중 각 수당 및 차량유지비의 지급기준을 정한 부분》 「수당규칙 및 지급지침 그 자체에 의한 기본권침해를 이유로 그 위헌확인을 구하는 헌법소원심판청구를 하였다면, 이는 헌법재판소법 제68조 제1항 단서 소정의 이른바 보충성의 원칙에 대한 예외적인 경우에 해당한다」
[憲 1998. 8. 27.-97헌마372등] (방송토론회진행사항결정행위 등 취소)	《대통령선거방송토론위원회가 정한 결정 및 그 공표행위》 「이 사건 헌법소원은 법률상 구제절차가 없는 경우에 해당하거나 사전에 구제절차를 거칠 것을 기대하기가 곤란한 경우에 해당하여 보충성의 요건을 충족하였다.」
[憲 1999. 6. 24.-97헌마315] (지목변경신청서 반려처분 취소)	《지목변경신청을 반려하는 행위》 「소관청이 그 등록사항을 직권으로 정정하는 행위나, 등록사항에 대한 변경신청을 거부(반려)하는 행위는 행정소송의 대상이 되는 행정처분이 아니라는 것이 법원의 일관된 판례이다. 그러므로 이 사건 반려처분에 대하여는 행정소송을 통한 구제의 길이 없고, 달리 다른 법률에 구제절차가 있는 것도 아니다.」
[憲 1995. 7. 21.-94헌마136] (고발권 불행사 위헌확인)	《공정거래위원회가 고발권을 행사하지 않은 행위》 「이 사건 심판대상 행정부작위는 더 나아가 살필 여지도 없이 행정심판 내지 행정소송의 대상이 되는 "부작위"로서의 요건을 갖추지 못하였다고 할 것이므로 이러한 경우에도 청구인에게 위와 같은 행정쟁송절차의 사전 경유를 요구한다면 이는 무용한 절차를 강요하는 것으로 되어 부당하다고 하지 아니할 수 없다.」

[憲 1992. 1. 28.-91헌마111] (변호인의 조력을 받을 권리에 대한 헌법소원)	《수사관의 변호인접견방해행위》 「형사소송법 제417조 소정의 불복방법은 이 사건의 경우와 같은 수사기관에 의한 접견방해에 대한 구제방법이 될 수 없고 헌법소원의 심판청구 이외에 달리 효과있는 구제방법을 발견할 수 없다.」
[憲 1998. 10. 29.-98헌마4] (일간지구독금지처분 등 위헌확인)	《미결수용자가 보는 신문의 기사를 삭제한 교도소장의 행위》 「이러한 행위에 대해 행형법상(제6조)의 청원의 대상이 될 수 있음은 명백해 보이나, 그러한 청원제도를 헌법소원에 앞서 필요한 사전권리구제절차라고는 보기 어려울 뿐 아니라, 일반국민이 위와 같은 기사삭제행위가 행정심판이나 행정소송의 대상이 될 수 있을 것이라고 쉽게 판단하기는 어렵다고 할 것이다. 이러한 사정과 청구인이 당시 구금자로서 활동의 제약을 받고 있었던 점을 아울러 고려할 때 청구인의 입장에서는 위와 같은 절차 이행의 기대가능성이 없었다고 보아야 할 것이다.」
[憲 1999. 5. 27.-97헌마137등] (재소자용수의 착용처분 위헌확인)	《미결수용자에게 재소자용 의류를 입게 한 조치》 「행형법상의 위와 같은 청원제도는 그 처리기관이나 절차 및 효력면에서 권리구제절차로서는 불충분하고 우회적인 제도이므로 헌법소원에 앞서 반드시 거쳐야 하는 사전구제절차라고 보기는 어렵다. 그리고 이 사건 행위는 이미 종료된 권력적 사실행위로서 행정심판이나 행정소송의 대상으로 인정되기 어려울 뿐만 아니라 소의 이익이 부정될 가능성이 많아 헌법소원심판을 청구하는 외에 달리 효과적인 구제방법이 없으므로 보충성의 원칙에 대한 예외에 해당되는 것이다.」
[憲 1995. 7. 21.-92헌마144] (서신검열 등 위헌확인)	《미결수용자의 서신을 검열하거나 지연발송 또는 지연교부한 행위》 「위 각 행위는 이른바 권력적 사실행위로서 행정심판이나 행정소송의 대상이 된다고 단정하기도 어려울 뿐 아니라 설사 그 대상이 된다고 하더라도 이미 종료된 행위로서 소의 이익이 부정될 가능성이 많아 헌법소원심판을 청구하는 외에 달리 효과적인 구제방법이 있다고 보기 어려우므로 보충성의 원칙에 대한 예외에 해당한다」
[憲 1995. 11. 30.-92헌마44] (소송기록 송부지연 등에 대한 헌법소원)	《검사가 소송기록의 송부를 지연한 행위》 「기록송부행위는 일종의 사실행위로서 형사소송법상 이를 대상으로 하는 구제절차가 없고 또한 행정쟁송의 대상도 되지 않는 것이어서」
[憲 1993. 5. 13.-91헌마190] (교수재임용추천거부 등에 관한 헌법소원)	《세무대학장의 교수재임용추천 거부행위》 「총·학장의 임용제청이나 그 철회는 "행정기관 상호간의 내부적인 의사결정과정일 뿐 행정소송의 대상이 되는 행정처분이라고 볼 수 없다" (1989. 6. 27. 선고, 88누9649호 등)는 것이 대법원의 일관된 판례이므로 이 사건의 경우에는 다른 법률에 구제절차가 있는 경우에 해당하지 아니하여」
[憲 1997. 7. 16.-97헌마38] (종합생활기록부제도개선보완시행지침 위헌확인)	《교육부장관의 '종합생활기록부제도개선보완시행지침'》 「이 사건 제도개선 시행지침은 행정소송을 통하여 이를 다툴 수 없음이 명백하고(대법원 1994. 9. 10. 선고, 94두33 판결 참조), 달리 그 구제절차가 있는 것으로 보이지 아니한다.」

<table>
<tr><td rowspan="2">[憲 1992. 10. 1.-91헌마169]
(기소유예처분에 대한 헌법소원)</td><td>《기소유예처분에 대한 피의자의 헌법소원심판청구》</td></tr>
<tr><td>「기소유예처분을 받은 피의자는 항고나 재항고를 제기할 수 있는 법률의 규정이 없다. …… 그리고 그 밖에도 달리 다른 법률에 정한 구제절차가 없다.」</td></tr>
<tr><td rowspan="2">[憲 1992. 1. 28.-90헌마227]
(불기소처분에 대한 헌법소원)</td><td>《불기소처분에 대한 고소하지 않은 범죄피해자의 헌법소원심판청구》</td></tr>
<tr><td>「위 청구인이 위 사건에 관하여 고소를 제기한 바 없음은 앞서 본 바와 같으므로 피청구인의 위 불기소처분에 대하여 헌법소원을 제기하는 수단 이외에 달리 검찰청법에 정한 항고, 재항고의 제기에 의한 구제를 받을 방법도 없는 것이므로 위 청구인은 위 사건에 대하여 고소를 제기하든가 피청구인의 위 불기소처분에 대하여 헌법소원심판을 청구할 수 있는 것으로 봄이 상당하다 할 것이다.」</td></tr>
</table>

▸ **청구의 취하에 대한 판례**

▹ **검사의 불기소처분에 대한 헌법소원심판절차에 민사소송법 제266조가 준용되며, 심판청구의 취하가 있는 경우에는 소송이 종료된다고 결정한 판례**

[憲 1995. 12. 15.-95헌마221등](불기소처분취소)

「【주문】 이 사건 헌법소원심판절차는 청구인들의 심판청구의 취하로 1995. 12. 14. 종료되었다.
【이유】 헌법재판소법 제40조는 제1항에서 "헌법재판소의 심판절차에 관하여는 이 법에 특별한 규정이 있는 경우를 제외하고는 민사소송에 관한 법령의 규정을 준용한다. 이 경우 탄핵심판의 경우에는 형사소송에 관한 법령을, 권한쟁의심판 및 헌법소원심판의 경우에는 행정소송법을 함께 준용한다"고 규정하고, 제2항에서 "제1항 후단의 경우에 형사소송에 관한 법령 또는 행정소송법이 민사소송에 관한 법령과 저촉될 때에는 민사소송에 관한 법령은 준용하지 아니한다"고 규정하고 있는바, 헌법재판소법이나 행정소송법에 헌법소원심판청구의 취하와 이에 대한 피청구인의 동의나 그 효력에 관하여 특별한 규정이 없으므로, 소의 취하에 관한 민사소송법 제239조는 이 사건과 같이 검사가 한 불기소처분의 취소를 구하는 헌법소원심판절차에 준용된다고 보아야 한다.

기록에 의하면 청구인들이 1995. 11. 29. 서면으로 이 사건 헌법소원심판청구를 모두 취하하였고, 이미 본안에 관한 답변서를 제출한 피청구인에게 취하의 서면이 그 날 송달되었는바, 피청구인이 그날로부터 2주일 내에 이의를 하지 아니하였음이 분명하므로, 민사소송법 제239조에 따라 피청구인이 청구인들의 심판청구의 취하에 동의한 것으로 본다.

그렇다면 이 사건 헌법소원심판절차는 청구인들의 심판청구의 취하로 1995. 12. 14. 종료되었음이 명백하므로, 헌법재판소로서는 이 사건 헌법소원심판청구가 적법한 것인지 여부와 이유가 있는 것인지 여부에 대하여 판단할 수 없게 되었다.

다만 청구인들의 심판청구의 취하로 인하여 이 사건 헌법소원심판절차가 종료되었다고 보는 다수의견에 대하여, 재판관 신창언의 아래 6.항에 기재된 바와 같은 반대의견과 재판관 김진우, 재판관 이재화, 재판관 조승형의 아래 7.항에 기재된 바와 같은 반대의견이 있으므로, 이 사건 헌법소원심판절차가 이미 종료되었음을 명확하게 선언하기로 하여 주문과 같이 결정한다.」

⇔ **재판관 1인(재판관 신창언)의 반대의견**

「헌법소원제도는 본질상 청구인 개인의 주관적인 권리구제뿐만 아니라 객관적인 헌법질서를 수호·유지하는 기능도 함께 가지고 있는 것이므로, 헌법소원 사건에 대한 심판이 청구인의 권리구제에는 도움이 되지 않는다 하더라도 헌법질서의 수호·유지를 위하여 중요한 의미가 있는 경우에는 예외적으로 청구인이 심판청구를 취하하여도 심판절차는 종료되지 않는다고 보아야 할 것이다. 따라서 헌법재판소로서는 재판부에서 평의한 대로 종국결정을 선고하는 것이 옳다.」

⇔ 재판관 3인(재판관 김진우, 재판관 이재화, 재판관 조승형)의 반대의견

「1. 헌법소원심판청구 중 주관적 권리구제에 관한 점 이외에, 헌법질서의 수호·유지를 위하여 긴요한 사항으로서 그 해명이 헌법적으로 특히 중대한 의미를 지니고 있는 부분이 있는 경우에는, 비록 심판청구의 취하가 있는 경우라 하더라도, 전자의 부분에 한하여 민사소송법(民事訴訟法) 제239조의 준용에 따라 사건의 심판절차가 종료될 뿐이고, 후자의 부분에 대하여서는 헌법소원심판의 본질에 반하는 위 법률조항의 준용은 배제된다고 할 것이므로 위 취하로 말미암아 사건의 심판절차가 종료되는 것이 아니라 할 것이다. 따라서 청구인이 심판청구를 취하하면, 전자에 부분에 대하여는 심판절차(審判節次)의 종료선언(終了宣言)을 하되, 후자의 부분에 대하여는 헌법적 해명을 하는 결정선고를 함이 마땅하다.

2. 집권에 성공한 내란의 가벌 여부는 헌법질서를 파괴하는 방법에 의한 집권이 우리의 헌법상 허용되는지 여부에 관한 것이므로 국가운명과 전국민의 기본권에 직접 관련되어 특히 중대한 의미를 갖는 헌법적 해명이 요청되는 경우이다. 이 부분은 헌법재판소의 재판관회의에서 집권에 성공한 내란의 가벌성을 인정하는 의견이 헌법재판소법(憲法裁判所法)상 인용결정에 필요한 정족수를 넘었다. 따라서 심판청구의 취하가 있었다고 하더라도, 이 부분에 대하여는 헌법적 해명을 하는 결정을 선고함이 마땅하다.」

▸ 청구기간에 대한 판례

▹ 「안 날」 규정과 「있은 날」 규정 가운데 어느 하나에 저촉하면 청구기간을 도과한 것으로 부적법한 청구가 된다는 취지의 판례

[憲 1992. 10. 1.-90헌마5](면직처분 등에 대한 헌법소원)

「청구인 이○혜 및 이○분은 그들이 구하는 보상금 지급에 관한 법령조항의 위헌청구부분에 대하여는 그들이 그 법령조항에 의한 보상금지급결정의 통보를 받은 1989. 9. 5.로부터 180일 이내에 심판청구를 하였으므로, 청구기간을 도과한 것이 아니라고 주장한다. 그러나 위 청구인들은 그들이 주장하는 보상금지급결정의 통보를 받았을 때에 이미 그러한 법령조항이 공포·시행된 사실을 알았다고 보아야 할 것이므로, 그 때로부터 60일이 지난 1990. 1. 5.에 제기된 이 사건 심판청구는 역시 부적법한 청구임을 면할 수 없다.」

◎ 같은 취지 : 憲 1993. 7. 29.-89헌마31

▹ 「안 날」 규정의 의미에 대한 헌법재판소 판례

[憲 1993. 7. 29.-89헌마31](공권력행사로 인한 재산권 침해에 대한 헌법소원)

「여기의 "안 날"은 청구인의 주관적 사정을 고려하지 않은 채 객관적인 법률상태의 안정만을 고려하여 정한 "있은 날로부터 180일"의 기간과는 달리 청구인에게 심판청구권 행사에 무리가 없는 상태에 이르렀으면 그로부터 일정기간 내에는 청구권을 행사하도록 하기 위하여 정해진 주관적 청구기간이라 할 것이므로, 이 사건과 같이 공권력측이 그 행사를 부인하는 경우라면 아직 증거수집도 전혀 되지 아니한 상태에서 막연한 추측이나 수소문

으로 공권력의 개입을 다소 알게 된 때에는 헌법소원권 남용의 방지를 위하여도 여기의 안 날로 볼 것이 아니다. 그렇다면 적어도 공권력의 행사에 의한 기본권침해의 사실관계를 특정할 수 있을 정도로 현실적으로 인식하여 심판청구가 가능해진 경우를 뜻하는 것으로 풀이함이 상당할 것이다. 특히 헌법소원의 대상이 되는 권력적 사실행위의 경우에 심판청구의 기산점인 안 날은 사실관계를 완전하게 안 때로 보는 것이 외국의 판례이며, 또 그와 같이 당사자측에 후하게 해석하는 것이 기본권의 하나인 헌법재판을 받을 권리의 존중도 될 것이다.」

▷ 「있은 날」의 의미를 이해하는 데 참조할 수 있는 대법원 판례

[大 1977. 11. 22.-77누195](행정처분무효확인)

「그러나 직권으로 살피건대 소원법 제3조에 의하면 소원은 행정처분이 있은 것을 안 날로부터 1월 이내, 그 행정처분이 있은 날로부터 3월 이내에 제기하여야 한다고 규정되어 있는바 본건 건축허가처분과 같이 상대방이 있는 행정처분에 있어서는 달리 특별한 규정이 없는 한 그 처분을 하였음을 상대방에게 고지하여야 그 효력이 발생한다고 할 것이어서 위의 행정처분이 있은 날이라 함은 위와 같이 그 행정처분의 효력이 발생한 날을 말하는 것이며 위 행정처분이 있은 것을 안 날이라 함은 위와 같은 유효한 행정처분이 있음을 안 날을 말한다 할 것이고, 한편 기록에 의하면 원고들은 본건 행정처분의 고지를 받은 사실이 없다고 주장하고 있는 바, 그렇다면 원심으로서는 원고들이 소위 위와 같은 행정처분이 있은 날짜 또는 그 행정처분이 있은 것을 안 날짜를 직권으로 조사 확정한 다음 위 원고들의 소원제기가 적법한가의 여부를 판단하였어야 할 것임에도 불구하고 이에 이르지 아니하고 만연히 본건 건축허가가 있었던 1975. 12. 30부터 소원법 제3조 소정의 불변기간이 도과한 1976. 12. 6에 제기된 원고들의 본 건 소원은 부적법하다고 판단하였음은 소원법 제3조의 소원전치에 관한 법리를 오해한 위법을 저질러 판결결과에 영향을 미쳤다 할 것이므로 원판결은 이 점에 있어서 파기를 면치 못한다고 할 것이다.」

▷ 헌법소원심판의 청구가 청구기간 내에 청구되지 않은 경우라도 그 청구기간 내에 국선대리인의 선임신청이 있은 때에는 그 국선대리인의 선임신청이 있은 때에 심판의 청구가 있은 것으로 보고 청구기간의 도과여부를 판단한다고 본 판례

[憲 1998. 8. 27.-96헌마398](통신의 자유 침해 등 위헌확인)

「(2) 청구기간의 준수 여부

피청구인은 1996. 4. 20. 청구인에게 이 사건 서신의 발송불허사실을 고지하였다. 이는 이 법률조항이 시행된 1995. 1. 5.보다 뒤에 그 법률조항에 해당하는 사유가 발생한 경우이므로, 청구인은 위 날짜(1996. 4. 20.)에 이 사건 서신검열행위 및 법률조항에 의한 기본권침해사유가 발생하였음을 알았다고 할 것이다.

청구인은 1996. 6. 14. 국선대리인 선임신청(96헌사81)을 하였고, 헌법재판소에서는 같은 달 19. 변호사 김광년을 국선대리인으로 선정하였다가 같은 해 9. 3. 위 김광년에 대한 국선대리인 선정결정을 취소하고 변호사 김종춘을 국선대리인으로 선정하였다. 그런데 헌법재판소법 제70조 제1항에 따르면, 국선대리인선임신청이 인용되어 헌법소원심판청구가 제기된 경우에는 국선대리인 선임신청일을 헌법소원심판청구시로 보고 있다.

따라서 이 헌법소원심판청구서는 1996. 12. 5. 제출되었다고 할지라도 국선대리인선임신청

일인 1996. 6. 14.에 제기된 것으로 보아야 하므로, 기본권침해사유가 발생한 것을 안 때인 1996. 4. 20.부터 기산하여 60일 내에 청구된 것이다.」

⇔ 재판관 1인(재판관 이영모)의 반대의견

「헌법소송은 변호사강제주의를 채택하여 변호사를 선임할 자력이 없는 자에게는 국선대리인 선임신청을 하게하고 국가(헌법재판소)가 선정한 국선대리인(변호사)으로 하여금 심판청구와 심판수행을 할 수 있게 되어 있으므로, 국선대리인은 일정한 기간 내에 헌법재판소에 심판청구서를 제출하고 이 청구서가 제출된 것을 조건으로 심판청구기간 준수의 효과가 생긴다고 보아야 한다. 국선대리인은 선정결정정본과 동시에 송달된 선임신청서부본에 의하여 헌법재판소법 제71조 제1항 소정의 심판청구서를 제출할 의무가 있다는 것을 알았다고 보아야 하므로, 같은 법 제69조 제1항의 청구기간은(선정결정정본과 선임신청서부본의 송달로써 비로소 같은 법 제68조 제1항에 규정된 청구사유를 알게 되므로) 이 날로부터 60일 이내에 심판청구서를 제출해야 하는 것으로 해석함이 상당하다. 그런데 이 사건의 경우에는 국선대리인 김종춘이 개임결정 정본과 선임신청서 부본을 송달받은 1996. 9. 7.로부터 60일이 지난 같은 해 12. 5. 심판청구서를 제출한 것이 기록상 명백하므로, 이 심판청구는 청구기간이 도과되어 부적법하다.」

◎ 같은 취지 : 憲 1997. 6. 26.-94헌마52

▹ 법령에 대한 헌법소원심판의 청구에 청구기간을 적용하는 헌법재판소 판례

[憲 1992. 6. 26.-91헌마25](공무원임용령 제35조의2 등에 대한 헌법소원)

「청구기간의 준수문제와 관련하여 청구인은 이 사건 행정입법과 같은 적극적 입법작용에 의한 기본권의 침해는 한번에 끝나는 것이 아니라, 연속적으로 계속되는 것이고, 기본권침해가 연속적으로 계속되는 경우에는 청구기간에 의한 심판청구의 제한이 없는 것으로 해석하여야 한다고 주장한다. 그러나 법규정립행위(입법행위)는 그것이 국회입법이든 행정입법이든 막론하고 일종의 법률행위이므로, 그 행위의 속성상 행위자체는 한번에 끝나는 것이고, 그러한 입법행위의 결과인 권리침해상태가 계속될 수 있을 뿐이라고 보아야 한다. 다시 말하자면, 기본권침해의 행위가 계속되는 것이 아니라, 기본권침해의 결과가 계속 남을 수 있을 뿐인 것이다. 그렇다면 기본권침해행위는 한번에 끝났음에도 불구하고, 그 결과가 계속 남아 있다고 하여 청구기간의 제한을 전면적으로 배제하여야 한다는 주장은, 법적 안정성의 확보를 위한 청구기간의 설정취지에 반하는 것으로서 부당하다고 하여야 할 것이다. 따라서 이 점에 관한 청구인의 주장은 이를 쉽사리 받아들일 수 없다.」

◎ 같은 취지 : 憲 1996. 6. 13.-95헌마115

▹ 헌법소원청구기간의 기산점인 「사유가 발생한 날」의 의미에 대하여 종래 '상황성숙성 이론'을 취하던 판례

[憲 1990. 6. 25.-89헌마220](지방공무원법 제31조, 제61조에 대한 헌법소원)

「법률에 대한 헌법소원의 제소기간은 그 법률의 공포와 동시에 기본권 침해를 당한 자는 그 법률이 공포된 사실을 안 날로부터 60일 이내에, 아니면 법률이 공포된 날로부터 180일 이내에, 그렇지 아니하고 법률공포 후 그 법률에 해당되는 사유가 발생하여 비로서 기본권의 침해를 받게 된 자는 그 사유가 발생하여 비로소 기본권의 침해를 받게 된 자는 그 사유가 발생하였음을 안 날로부터 60일 이내에, 아니면 그 사유가 발생한 날로부터 180일 이내에 헌법소원

을 제기하여야 할 것이며 "사유가 발생한 날"은 당해법률이 청구인의 기본권을 명백히 구체적으로 현실 침해하였거나 그 침해가 확실히 예상되는 등 실체적 제요건이 성숙하여 헌법판단에 적합하게 된 때를 말한다.

그리고 앞에서 본 것처럼 청구인은 1989. 8. 8. 제1심 법원에서 징역형의 선고유예 판결을 선고받고 항소하였다가 같은 달 29일 항소를 취하함으로써 동일자로 징역형의 선고유예 판결이 확정되었으니 청구인에 대하여는 1989. 8. 29. 지방공무원법 제61조 소정의 당연퇴직 사유인 같은 법 제31조 제5호 사유가 발생하였다고 볼 수 있다. 따라서 그때부터 60일 이내인 1989. 9. 26.에 제기된 이 헌법소원은 적법하게 제기된 것이다.」

◎ 같은 취지 : 憲 1995. 7. 21.-93헌마257; 1996. 2. 29.-94헌마213

▷ **「사유가 발생한 날」의 의미를 해석할 때 상황성숙성 이론을 폐기한 변경된 판례**
[憲 1996. 3. 28.-93헌마198](약사법 제37조등 위헌확인)

「(가) 법령에 대한 헌법소원의 청구기간 기산점

헌법재판소법 제68조 제1항은 공권력의 행사 등으로 인하여 헌법상 보장된 기본권을 침해받은 자는 헌법소원심판을 청구할 수 있다고 규정하고 있고, 이어서 같은 법 제69조 제1항은 제68조 제1항의 규정에 의한 헌법소원의 심판은 그 사유가 있음을 안 날로부터 60일 이내에, 그 사유가 있은 날로부터 180일 이내에 청구하여야 한다고 청구기간의 기산점 및 그 기간에 관하여 규정하고 있다.

따라서 법령에 대한 헌법소원의 청구기간도 기본권을 침해받은 때로부터 기산하여야 할 것이지 기본권을 침해받기도 전에 그 침해가 확실히 예상되는 등 실체적 제요건이 성숙하여 헌법판단에 적합하게 된 때로부터 기산할 것은 아니므로, 법령의 시행과 동시에 기본권침해를 받은 자는 그 법령이 시행된 사실을 안 날로부터 60일 이내에, 그 법령이 시행된 날로부터 180일 이내에 청구하여야 할 것이나, 법령이 시행된 후에 비로소 그 법령에 해당하는 사유가 발생하여 기본권의 침해를 받게 된 경우에는 그 사유가 발생하였음을 안 날로부터 60일 이내에, 그 사유가 발생한 날로부터 180일 이내에 청구하여야 할 것이다.

기본권의 침해가 확실히 예상되는 때부터 청구기간을 기산하면 청구기간의 기산점이 불명확할 뿐만 아니라 청구기간을 단축하는 결과가 되어 국민에게 불리하고, 기본권의 침해가 확실히 예상되는 때에는 이미 헌법판단에 적합할 정도의 실체적 요건이 성숙한 것으로 본다는 취지의 이른바 상황성숙성 이론은, 법령에 대한 헌법소원을 기본권침해를 받은 때를 기다렸다가 청구하라고만 요구한다면 기본권구제의 실효성을 기대할 수 없는 경우가 있으므로, 헌법소원의 적법요건 중 하나인 현재성 요건과 관련하여 구체적인 기본권의 침해가 있기 전이라도 그 침해가 확실히 예상될 때에는 미리 헌법소원을 청구할 수 있도록 하여 국민의 기본권 보장의 실효성을 높이자는 것으로서, 법령에 대한 헌법소원의 청구기간의 기산점과 관련하여 이를 적용할 것은 아닌 것이다.

따라서 종전에 이와 견해를 달리하여 법령에 대한 헌법소원의 청구기간의 기산점에 관하여 기본권의 침해가 확실히 예상되는 때로부터 청구기간을 기산한다는 취지로 판시한 우리 재판소의 의견은(1990. 6. 25. 선고, 89헌마220 결정; 1996. 2. 29. 선고, 94헌마213 결정 등) 이를 변경하기로 한다.」

◎ 같은 취지 : 憲 1996. 6. 13.-95헌마115

▷ **법령의 시행에서 유예기간을 둔 경우 시행일에 기본권의 현실적인 침해가 있으므로 이 때를 기산점으로 삼아야 한다고 본 판례**

[憲 2003. 1. 30.-2002헌마516](학교보건법시행령 부칙 제2항 위헌확인)

「나. 헌법재판소법 제69조 제1항 소정의 청구기간에 관하여 살피건대, 법령에 대한 헌법소원의 경우, 법령의 시행과 동시에 기본권의 침해를 당한 자는 그 법령이 시행된 사실을 안 날로부터 60일 이내, 그 법령이 시행된 날로부터 180일 이내에, 법령이 시행된 후에 비로소 그 법령에 해당하는 사유가 발생하여 기본권의 침해를 받게 된 자는 그 사유가 발생하였음을 안 날로부터 60일 이내, 그 사유가 발생한 날로부터 180일 이내에 헌법소원을 청구해야 한다(헌재 1999. 10. 7. 99헌마537 ; 헌재 1999. 12. 22. 99헌마715 ; 헌재 2000. 4. 27. 99헌마360 ; 헌재 2000. 10. 10. 2000헌마613 참조).

그렇다면 이 사건 조항과 같이 입법자가 기본권을 제한하면서 일정한 유예기간을 두는 경우, "법령의 시행과 동시에 기본권이 침해당하는 것인지" 아니면 "법령이 시행된 후에 비로소 그 법령에 해당하는 사유가 발생하여 기본권의 침해를 받게 되는 것인지", 즉 기본권의 침해를 받은 때가 위 시행령의 시행일인지 아니면 유예기간이 경과한 때인지가 문제된다.

다. 종래 합법적으로 영위하여 오던 직업의 행사를 유예기간 이후 금지하는 법규정의 경우, 이미 이 법규정의 시행에 의하여 청구인의 종래 법적 지위가 유예기간의 종료 후에는 소멸되는 권리로 청구인에게 불리하게 구체적으로 형성되는 것이기 때문에, 유예기간이 경과한 후에 비로소 기본권에 대한 침해가 발생하는 것이 아니라, 이미 법규정의 시행 당시에 청구인의 기본권이 현실적·구체적으로 침해되는 것이다. 법규정의 시행과 더불어 청구인이 앞으로 더 이상 직업을 행사할 수 없고 단지 유예기간 동안만 잠정적으로 직업을 행사할 수 있다는 것은 청구인의 법적 지위가 이미 현저히 축소되거나 대부분 박탈되었다는 것, 즉 청구인의 기본권이 현실적으로 제한되었다는 것을 의미한다.

"법령의 시행 이후 그 법령에 해당하는 사유가 사후적으로 발생하는 경우"란, 청구인이 법령 시행 당시에는 그 법령의 적용을 받지 않거나 적용을 받게 될지를 예측할 수 없었고, 법령의 시행 이후에 비로소 선거에 입후보하거나 재산을 취득하거나 또는 직업을 행사하는 등 법령의 적용을 받게 됨으로써 그 법령과 청구인 사이에 구체적인 연관성, 즉 기본권침해의 자기관련성이 형성되는 경우이다. 그런데 경과기간의 종료 후에는 직업의 행사를 금지하는 이 사건 조항의 경우, 청구인은 이미 이 사건 조항의 시행 당시에 이 사건 조항의 적용을 받는 수규자에 포함되어 기본권침해의 자기관련성이 인정되므로, 이러한 관점에서 보더라도 이 사건 조항은 법령의 시행과 동시에 청구인의 기본권을 침해하는 규정인 것이다.

또한, "청구인의 기본권이 이미 법규정의 시행 당시에 침해되었다"는 견해는 유예기간을 두는 경과규정의 의미 및 목적과도 부합한다. 직업의 자유를 제한하는 법규정에 있어서 장래에 금지되는 직업을 종래 합법적으로 행사한 집단에 대하여 경과규정을 두지 않는다면, 이러한 법규정은 비례의 원칙과 신뢰보호의 원칙에 위반되어 직업의 자유를 과도하게 침해할 여지가 있으므로, "기본권을 합헌적인 방법으로 제한하기 위하여" 경과규정을 두는 것이다. 즉 이미 법령의 시행 당시 구체적으로 확정된 기본권의 제한을 수규자의 입장에서 완화하고, 수규자에게 변화한 법적 상황에 대처할 수 있는 적절한 기간을 부여하기 위하여 일반적으로 경과규정을 두고 있는 것이다. 따라서 경과규정의 이러한 의미에 비추어 보더라도, 기본권에 대한 침해가 법령의 시행 당시에 이미 존재하는 것이지 장래에 발생하는 것이 아니라는 것은 명백하다.

"언제를 청구기간의 기산점으로 볼 것인가"의 문제는, 건전한 법감정을 지닌 평균적인 일반 국민이 언제 법규정에 의한 법적 상태의 형성을 구체적 · 현실적 권리침해로 인식하여 그에 대하여 헌법소원의 형태로써 대처할 것을 기대할 수 있는가의 문제라고 할 수 있다. 특히 직업의 자유를 규율하는 법규정과 같이 청구인의 전반적인 인생계획이 문제되는 경우에는, 직업의 행사를 금지하는 법규정의 위헌 여부에 관하여 가능하면 조속한 시일 내에 해명을 구하고 자신의 직업활동을 헌법재판소의 결정에 맞추고자 하는 청구인의 근본적인 이익이 인정된다. 그러므로 청구인 스스로의 이익을 위해서라도 유예기간을 기다릴 필요 없이 법규정의 시행과 동시에 헌법소송을 통하여 법규정의 위헌성을 다투고, 가능하면 유예기간의 종료 이전에 헌법재판소의 위헌결정을 이끌어 냄으로써 자신이 원하는 법적 상태를 회복할 것을 청구인으로부터 기대할 수 있는 것이다. 따라서 법규정의 시행시점을 청구기간의 기산점으로 삼아 일정기간 내에 헌법소원을 제기하도록 하는 것은 청구인에게 충분히 기대할 수 있을 뿐이 아니라 청구인의 이익에도 부합하는 것이다.

뿐만 아니라, 헌법소원심판절차에서 청구기간제도를 둔 것은 소정의 청구기간 이후에는 문제의 공권력작용을 더 이상 다툴 수 없도록 함으로써 법적 안정성을 확보하기 위한 것이다. 그러므로 청구기간에 관한 규정은 '개인의 권리구제'라는 측면과 '법적 안정성'이라는 측면이 적절한 조화가 이루어지도록 해석 · 적용되어야 하는 것인데, 일정한 유예기간을 두는 경과규정에 있어서 청구기간의 기산점을 '기본권침해의 사유가 있은 날', 즉 '기본권의 침해를 받은 때'가 아니라 '유예기간의 종료시점'으로 파악하는 것은 헌법재판소법 제69조 제1항의 법문에 반하는 법률해석이자 개인의 권리구제에 일방적으로 집착하여 법적 안정성을 해치는 결과를 가져오는 법률해석으로서, 법치국가의 관점에서 그 타당성을 인정하기 어렵다.

이러한 이유에서 헌법재판소는 "개정된 법령이 종전에 허용하던 영업을 금지하는 규정을 신설하면서 부칙에서 유예기간을 둔 경우에 그 법령시행 전부터 영업을 해오던 사람은 그 법령 시행일에 이미 유예기간 이후부터는 영업을 할 수 없도록 기간을 제한받은 것이므로, 그 법령 시행일에 부칙에 의한 유예기간과 관계없이 기본권의 침해를 받은 것으로 보아야 한다"는 판례를 확립한 것이다(헌재 1996. 3. 28. 93헌마198, 판례집 8-1, 241, 251; 헌재 1996. 10. 4. 94헌마68 등; 헌재 1996. 11. 28. 95헌마67; 헌재 1996. 12. 26. 95헌마383 ; 헌재 1997. 2. 20. 95헌마389 판례집 9-1, 186, 191; 헌재 1999. 7. 22. 98헌마480; 헌재 2002. 4. 25. 2001헌마614; 헌재 2002. 8. 13. 2002헌마499 참조).

따라서 이 사건 심판대상인 학교보건법시행령 부칙 제2항은 같은 부칙 제1항에 의하여 그 영이 공포된 1998. 1. 16.부터 시행되었으므로, 청구인들은 2002. 12. 31.까지의 유예기간과 상관없이 위 시행일에 기본권을 침해받은 것으로 보아야 하며, 이 사건 심판청구는 위 시행일로부터 180일이 이미 지난 2002. 8. 3. 제기되었으므로 청구기간을 도과하여 부적법하다.」

▷ 공권력의 불행사에 대한 헌법소원심판의 청구에서는 그 성질상 청구기간을 적용할 여지가 없다는 취지의 판례

[憲 1994. 12. 29.-89헌마2](조선철도(주) 주식의 보상금청구에 관한 헌법소원)

「(3) 청구기간

헌법재판소법 제69조에서는 헌법소원 전반에 관한 청구기간을 규정하고 있기 때문에 공권력의 불행사에 대한 헌법소원도 청구기간의 제한이 있는 것이 아닌가 하는 의문이 있으나 공권력의 행사는 그 행사가 있는 때 기본권 침해행위는 종료하고 그 위법상태가 계속될 수 있음

에 비하여 공권력의 불행사는 그 불행사가 계속되는 한 기본권침해의 부작위가 계속된다 할 것이므로, 공권력의 불행사에 대한 헌법소원심판은 그 불행사가 계속되는 한 기간의 제약이 없이 적법하게 청구할 수 있다 할 것이다(우리 헌법재판소가 1989. 9. 29. 선고, 89헌마13 결정에서 법률에 대한 헌법소원은 입법부작위의 경우와 달리 헌법재판소법 제69조 제1항에 정한 청구기간 안에 청구하여야 한다고 판시하여 간접적으로 입법부작위에 대한 헌법소원의 경우에는 청구기간의 제한을 받지 않음을 인정하고 있다).」

◎ 같은 취지 : 憲 1998. 7. 16.-96헌마246

▷ **헌법재판소법 제40조를 근거로 행정소송법의 규정을 준용하여 청구인에게 귀책사유가 없는 정당한 경우에는 청구기간을 경과한 심판의 청구도 적법하다고 본 판례**

[憲 1993. 7. 29.-89헌마31](공권력행사로 인한 재산권 침해에 대한 헌법소원)

「(4) 이 사건 심판청구는 청구기간 180일 또는 60일을 도과한 청구로서 부적법하다는 피청구인의 주장에 관하여 본다.

당재판소가 발족하기 전에 있었던 공권력의 행사에 기한 기본권침해에 대한 헌법소원의 청구기간은 당재판소의 재판관이 임명되어 실제로 재판부를 구성하여 재판을 개시할 수 있었던 날인 1988. 9. 19.부터 기산하여야 한다는 것이 당재판소의 확립된 판례이므로(당재판소 1990. 10. 8. 선고, 89헌마89 결정; 1991. 9. 16. 선고, 89헌마151 결정; 1992. 10. 1. 선고, 90헌마5 결정; 1992. 12. 24. 선고, 90헌마174 결정 등 참조), 1989. 2. 27.에 청구한 이 사건 심판청구는 180일의 청구기간 내의 청구라고 할 것이다. 다음 60일의 청구기간에 관하여 보면, 통상의 공권력의 행사는 그 상대방 국민에게 그 처분서의 송달통지를 하므로 그 통지된 날을 안 날로 추정하여 그 때부터 60일의 청구기간이 기산되므로 문제가 될 것이 없지만, 이 사건 공권력행사의 경우는 대통령이 재무부장관에게, 재무부장관이 제일은행장등에게만 지시하면서 극비리에 붙인 것이고 오히려 공권력측과 제일은행장 등은 이 사건 공권력의 개입 자체를 부인 내지 은폐하며 어디까지나 주거래은행인 제일은행의 자율적 조치 내지 행정지도에 의한 것으로 표방하여 왔던 것이며, 이 사건에 공권력이 적극적으로 개입되어 있었다는 것은 대검찰청의 5공비리수사 발표에서 공식적으로 밝혀졌음은 위에서 인정한 바이다. 그러므로 심판청구권 행사의 기산점인 "안 날"을 주도적 개입을 공식시인한 대검찰청의 이른바 5공비리수사결과의 발표날인 1989. 1. 31.로 볼 것인가 아니면 그 이전의 날로 볼 것인가의 문제만이 남는다고 할 것인데 , 여기의 "안 날"은 청구인의 주관적 사정을 고려하지 않은 채 객관적인 법률상태의 안정만을 고려하여 정한 "있은 날로부터 180일"의 기간과는 달리 청구인에게 심판청구권 행사에 무리가 없는 상태에 이르렀으면 그로부터 일정기간 내에는 청구권을 행사하도록 하기 위하여 정해진 주관적 청구기간이라 할 것이므로, 이 사건과 같이 공권력측이 그 행사를 부인하는 경우라면 아직 증거수집도 전혀 되지 아니한 상태에서 막연한 추측이나 수소문으로 공권력의 개입을 다소 알게 된 때에는 헌법소원권 남용의 방지를 위하여도 여기의 안 날로 볼 것이 아니다. 그렇다면 적어도 공권력의 행사에 의한 기본권침해의 사실관계를 특정할 수 있을 정도로 현실적으로 인식하여 심판청구가 가능해진 경우를 뜻하는 것으로 풀이함이 상당할 것이다. 특히 헌법소원의 대상이 되는 권력적 사실행위의 경우에 심판청구의 기산점인 안 날은 사실관계를 완전하게 안 때로 보는 것이 외국의 판례이며, 또 그와 같이 당사자측에 후하게 해석하는 것이 기본권의 하나인 헌법재판을 받을 권리의 존중도 될 것이다. 이와 같은 견지에서 이 사건의 경우에 있어서 안 날이 어느 때인가를 검토하여 보면, …… 그렇다면 1989. 2. 27.에 청구한 이 사건 심판청구는 안 날이라 할 1988. 12. 21.부터 60일의 청구기간이 도과된 청구라고밖에 볼 수 없을 것이다.

그러나 한편 헌법재판소법 제40조 제1항에 의하면 행정소송법이 헌법소원심판에 준용되는 것이므로, 정당한 사유가 있는 경우 제소기간을 도과한 행정소송를 허용하는 행정소송법 제20조 제2항 단서가 헌법소원심판에도 준용된다고 할 것이고, 따라서 정당한 사유라 함은 청구기간도과의 원인 등 여러 가지 사정을 종합하여 지연된 심판청구를 허용하는 것이 사회통념상으로 보아 상당한 경우를 뜻한다고 할 것인데, 이 사건에 있어서 첫째로 공권력이 대통령-재무부장관-제일은행장의 순으로 극비리에 행사되면서 그 통지의 상대방이 제일은행장만이 되고, 청구인은 공식적 통지를 받지 않은 제3자가 됨으로써 공정한 고지절차(fair notice)가 생략되는 등 적법절차가 무시되고, 오히려 위에 본 바와 같이 주거래은행이 자율적으로 또는 재무부측과 협의하여 정한 조치인 것이라 하며 해체과정에 있어서의 일반적인 공권력 개입을 부인함으로써 청구인으로 하여금 공권력 상대의 직접적인 재판권의 행사가 사실상 방해되었던 사정이 엿보이는바, 이와 같은 기록에 의하면 안 날인 1988. 12. 21. 이후에도 재무부가 이 사건 해체 당시 제일은행장과 항시 연락하며 은행을 조력한 것이라 하면서 사실관계의 초점을 흐리게 하는 등으로 큰 변화 없이 지속되어 왔던 사실, 둘째로, 비록 청구인 자신의 자구적인 조사활동과 국회청문회를 통하여 1988. 12. 21.경에 이 사건 공권력의 행사를 알았다 하여도 공권력 자체가 아직까지도 공식적으로 적극적 개입을 자인한 상태가 아니고, 한편 대검찰청이 이미 수사에 착수함으로써 미구에 그 수사의 전모발표를 통하여 일방적 개입 여부가 공식적으로 확인될 상황이어서 일응 청구인으로서는 그 때까지 심판청구를 미루어 놓을 사정이 있었던 점, 셋째로 원래 헌법소원제도는 우리 나라 사법사상 유례가 없었던 것으로 헌법재판이 거의 부재하다 싶은 상황에서 헌법재판소의 출범과 더불어 외국에서 새로 도입하여 생긴 극히 생소한 제도로서 제도 시행이 아직 180일도 안 된 당시 사정으로는 이론적으로나 판례상으로도 헌법재판소의 새로운 관할사항인 헌법소원대상이 거의 밝혀지지 아니한 처지였고, 특히 이 사건 공권력행사의 특이성 때문에 헌법소원의 대상적격 여부에 대하여 법률전문가조차 혼선이 생길 수 있었던 점 등 심판청구권 행사의 제반 장애사정을 종합고려할 때, 비록 이 사건 청구인이 안 날이라고 할 1988. 12. 21.부터 60일의 청구기간을 8일 도과하여 1989. 2. 27.에 제기하였다 하여도 제소를 허용함이 사회통념상 상당할 것이다. 생각건대 심판청구의 지연이 기존의 법제도의 부지·혼선으로 인한 일반적인 경우와는 달리 생소한 새 제도의 내용불명 때문에 생긴 경우라면 정당한 사유의 존부는 원칙으로 돌아가 사회통념에 의거하여 사안을 보아가며 개별적으로 판단하여야 할 문제라고 할 것이며, 이는 민사소송법 제160조 소정의 불귀책사유보다도 더 넓게 보아야 할 정당한 사유에 관한 해석상 당연한 것이라 하겠고, 더구나 행정소송에 비해 청구기간이 단기간이어서 입법론상 문제가 있는 헌법소원에 있어서 국민의 권리구제의 길을 넓히기 위하여 특히 필요한 것이라 하겠다. 따라서 180일, 60일의 청구기간을 모두 도과하였다는 이 부분 본안전 항변 역시 결국 이유 없다고 할 것이다. 앞서 본 바와 같이 이 사건 제3자인수식 그룹해체가 주거래은행의 이름으로 나간조치임에도 실은 비밀리에 행한 공권력의 주도적 개입에 의한 것이었던 점은 1989. 1. 31.에 대검찰청수사결과의 공식발표에 의하여 정식으로 밝혀졌다. 공권력의 의견을 참작하였을 뿐인 주거래은행의 조치가 아니라 어디까지나 공권력이 주도한 조치였음을 청구인측이 1988. 12. 21.에 알게 된 것은 그 자발적인 조사노력에 기인한 것이며, 그러한 노력을 하지 아니하였으면 결국 1989. 1. 31.에 이를 정식으로 완전하게 알았다고 볼 수밖에 없고, 따라서 그 때부터 청구기간이 기산되어야 할 사안이었다. 만일 이 사건에 있어서 청구기간을 1989. 1. 31.부터 기산하지 않고 1988. 12. 21.부터 기산한다면 헌법상 기본권을 보장받기 위하여 스스로 노력한 자가 그와 같은 노력을 하지 않은 자에 비하여 오히려 기간계산에 있어서 더 불이익을 입게 되는 불합리한 결과가 생기므로, 형평상 청구기간의 기산점인 안 날을 차라리 공식발표일인 1989. 1. 31.로 간주할 여지도 충분하다 할 것이다. 그러한 의미에서 정당한 사유에 관한 법리에 의거할 필요 없이 청구기간이 준수된 사안이라고 할 측면이 있음에 부기한다.」

▶ 심 리

▸ 헌법재판소는 당사자의 주장에 얽매이지 않고 직권으로 심리한다고 설시한 판례

[憲 1989. 9. 4.-88헌마22](공권력에 의한 재산권침해에 대한 헌법소원)

「청구인은 피청구인이 이 사건 문서의 열람·복사신청에 불응함은 헌법상 보장된 재산권침해라고 주장한다. 그러나 청구인의 주장은 본건 부동산에 대한 소유권 회복을 위하여 그 준비단계에서 그 입증자료로 사용하고자 본건 문서의 열람·복사를 허용해 달라는 데 있으므로, 그에 불응하였다고 해서 그로 인해서 청구인의 재산권이 침해당하였다고 보기는 어렵다. 그런데 헌법소원심판이 청구되면 헌법재판소로서는 청구인의 주장에만 얽매이어 판단을 한정할 것이 아니라 가능한 한 모든 범위에서 헌법상의 기본권침해의 유무를 직권으로 심사하여야 할 것인 바, 청구인이 주장하는 사실관계라면 오히려 헌법상 기본권인 표현의 자유에서 파생된 국가에 대한 정보접근권 즉 이른바 "알 권리"의 침해 여부가 검토되어야 할 것으로 판단된다.」

□ 결 정

▶ 종 류

▸ 각하결정에 대한 판례

▹ 헌법소원심판절차 진행 도중 청구인이 사망한 때에 소송절차를 수계할 당사자가 없거나 수계의사가 없는 경우 각하결정을 하지 않고 심판절차를 종료하는 결정을 한 판례

[憲 1992. 11. 12.-90헌마33](불기소처분에 대한 헌법소원)

「원래 고용계약상의 노무공급의무는 일신전속적인 것이고(민법 제657조), 노무자가 사망하면 고용관계는 종료될 권리관계라고 할 것인 바, 그렇다면 이 사건 검사의 불기소처분 때문에 침해되었다 할 고용계약상의 지위는 노무자인 청구인의 사망에 의하여 종료되고 상속인에게 승계될 것이 아니다. 그러므로 그에 관련된 이 사건 심판절차 또한 수계될 성질이 못되고 이 사건은 청구인이 사망함과 동시에 당연히 그 심판절차가 종료되었다고 할 것이다.

3. 결 론

그렇다면 절차관계의 종료를 명백히 확인하는 의미에서 심판절차 종료를 선언하기로 하여 주문과 같이 결정한다.」

▹ 헌법소원심판절차에서 청구인이 심판청구를 취하한 경우 각하결정을 하지 않고 심판절차를 종료하는 결정을 한 판례

[憲 1995. 12. 15.-95헌마221등](불기소처분취소)

※ 〈제7편 - 제4장 - 1. - □ 신청주의와 소송대리〉 판례 인용부분 참조

▸ 공소시효가 완성된 불기소처분에 대한 헌법소원심판의 청구에 대하여 각하결정을 한 판례와 기각결정을 한 판례

▹ 각하결정을 한 판례

[憲 1989. 4. 17.-88헌마3](검사의 공소권행사에 대한 헌법소원)

「불기소처분이 잘못되어진 경우 기본권을 침해할 수 있고, 이와 같은 경우 헌법소원의 심판대상이 될 수 있음은 앞서 "나"에서 본 바와 같다. 그러나 헌법소원 제도는 국민의 기본권 침해를 구제해 주는 제도이므로 그 제도의 목적상 권리보호의 이익이 있는 경우에 비로소 이를 제기할 수 있는 것이다.

4. 결 론

그런데, 이 사건 불기소처분의 대상이 된 피의사실은 헌법재판소 창설 이전인 1988. 3. 27. 공소시효가 이미 완성되었음이 관계기록에 의하여 명백하므로 결국 이 사건 헌법소원은 권리보호의 이익이 없다 할 것이다.

따라서 이 사건 헌법소원 심판청구는 권리보호의 이익이 없어 이를 각하하여야 할 것이므로 관여재판관 전원의 의견일치에 따라 주문과 같이 결정한다.」

◎ 같은 취지 : 憲 1989. 7. 28.-89헌마65; 1989. 12. 22.-89헌마22

▹ 기각결정을 한 판례

[憲 2001. 7. 19.-2001헌마148](불기소처분취소)

「2. 판 단

기록을 자세히 살펴보아도 피청구인이 현저히 정의와 형평에 반하는 수사를 하였거나 증거의 취사선택 및 가치판단, 그리고 헌법의 해석과 법률의 적용에 있어 불기소처분의 결정에 영향을 미친 중대한 잘못을 범하였다고 보이지 아니하며, 달리 피청구인의 위 불기소처분이 헌법재판소가 관여할 만큼의 자의적인 처분이라고 볼 자료도 없으므로 그로 인하여 청구인의 헌법상 보장된 기본권이 침해되었다고 할 수 없다.

3. 결 론

따라서, 이 사건 심판청구는 이유없으므로 이를 기각하기로 하여 주문과 같이 결정한다. 이 결정은 사문서위조, 위조사문서행사, 공정증서원본불실기재, 불실기재공정증서원본행사 부분에 관하여 재판관 김영일, 재판관 송인준의 반대의견이 있는 외에 관여재판관들의 의견일치에 따른 것이다.」

⇒ 재판관 1인(재판관 권성)의 보충의견

「검사의 불기소처분에 대한 헌법소원의 청구원인은 첫째, 불기소처분이 위법하다는 것과 둘째, 그로 인하여 기본권이 침해되었다는 것이라는 두 개의 요소로 구성된다. 이 사건과 같이 공소시효의 완성을 이유로 한 불기소처분의 취소를 구하는 헌법소원의 경우에 불기소처분이 잘못되었다는 청구인의 주장의 당부를 판단함에 있어서는 공소시효의 완성 여부가 제1차적인 중심문제가 되고, 이것은 청구원인의 첫째 요소에 관련될 뿐이지 둘째 요소와는 직접적인 관계가 없다. 그러므로 이 사건에서는 청구원인의 첫째 요소, 그 중에서도 불기소처분의 이유로 검사가 제시한 사유의 정당성 유무, 즉 공소시효의 완성 여부에 대한 판단이 재판의 구조상의 중심, 즉 본안을 이루게 된다.

원래 검사의 불기소처분에 대한 헌법소원청구에서는 불기소처분의 이유의 당부가 헌법소원재판의 본안이 되는 것이므로, 불기소의 이유가 공소시효의 완성인 경우에 공소시효의 완성

여부에 대한 판단은 본안에 대한 판단이지 적법요건에 대한 판단이 아니다.

그러므로 이 사건과 같이 공소시효의 완성을 이유로 검사가 공소권없음의 불기소처분을 한 경우에 공소시효가 완성되었다고 본 검사의 판단이 정당하다면 청구인의 소원청구를 기각할 것이지 각하할 것은 아니다.」

⇔ 재판관 2인(재판관 김영일, 재판관 송인준)의 반대의견

「공소시효가 완성되었다는 이유로 검사가 공소권없음의 불기소처분을 한 경우에 헌법재판소로서는 검사가 한 처분의 정당성 여부를 판단하기에 앞서 권리보호이익 등 적법요건의 구비여부를 우선적으로 심사하여야 하고, 이러한 권리보호이익 유무의 판단은 당해 피의사건에 내재하는 사유를 가지고 판단하여야 하며, 권리보호이익 등 심판청구의 적법요건에 관한 심사를 제쳐두고 들어가 검사가 한 처분이 옳은지의 여부를 판단할 것은 아니다.

권리보호이익은 언제나 적법요건으로 기능할 뿐이지 적법요건이었다가 본안이 되었다가 하는 성질의 것이 아니고, 헌법재판소의 결정선고시에 권리보호이익이 없으면 그 청구는 부적법한 것이다.

이 사건의 경우에 피의사실에 대한 공소시효의 완성으로 인하여 피의사실에 대한 공소가 불가능하고, 따라서 이 사건 심판청구는 권리보호이익이 없어 부적법하므로 각하하여야 한다.」

◎ 같은 취지 : 憲 2001. 9. 27.-2001헌마4; 2001. 12. 20.-2001헌마366; 2002. 6. 27.-2002헌마127

▸ 공소시효완성 이외의 경우로서 검사의 불기소처분에 대한 헌법소원에서 기각결정을 해야 한다는 견해와 각하결정을 해야 한다는 견해가 대립한 판례

▹ 피고소인의 사망을 이유로 한 불기소처분의 경우

[憲 2002. 7. 18.-2002헌마255](불기소처분취소)

「기록을 자세히 살펴보아도 피청구인이 청구인의 위 고소사건에 관하여 현저히 정의와 형평에 반하는 수사를 하였거나, 헌법의 해석, 법률의 적용 또는 증거판단에 있어서 불기소처분의 결정에 영향을 미친 중대한 잘못을 범하였다고 보이지 아니하며, 달리 피청구인의 위 불기소처분이 헌법재판소가 관여할 정도의 자의적 처분이라고 볼 자료도 없으므로 이로 말미암아 청구인 주장의 기본권이 침해되었다고 볼 수 없다.」

⇔ 재판관 2인(재판관 김영일, 재판관 송인준)의 반대의견

「이 사건에 있어서, 피고소인 중 한 사람인 채 석은 이미 2000. 3. 29.에 사망하여 그가 혐의를 받고 있는 명예훼손죄를 더 이상 논할 수 없다 하여, 피청구인은 2000. 11. 21.자로 '공소권 없음'의 불기소처분결정을 하였고, 다수의견은 그것이 옳다 하여 심판청구를 기각한다는 것이나, 우리는 이와 견해를 달리하므로 여기에 그 의견을 밝히는 바이다.

피고소인 망 채○석은 피청구인의 '공소권 없음' 불기소처분결정 전에 이미 사망하였으므로 망인에 대하여는 더 이상 기소할래야 할 수 없는 지경에 이르렀으니, 피청구인으로서는 이제는 혐의사실의 유무, 기소할 가치의 유무를 더 이상 따져볼 필요가 없다는 취지에서 '공소권 없음' 불기소처분결정을 한 것이다.

우리 헌법재판소 역시 사건이 헌법재판소에 온 이상 이미 피고소인이 사망하였으므로 동인에 대하여는 검찰이 기소할래야 할 수 없는 사건이 되어버렸으니, 그 권리보호의 이익이 없어 심판청구를 각하하여야 하는 것이다.

검찰의 불기소처분이 옳으냐 어떠냐를 따지기 전에 적법요건을 최우선적으로 따져보는 것

이 법리에도 맞고 논리적으로도 맞는 순서라 하겠다. '심판청구를 기각한다' 는 주문은 단순히 검찰의 불기소처분이 옳다는 것을 의미하는 것이 아니라, 우리 헌법재판소에 심판청구하여 온 사건이 실체적인 면에서 이유가 없음을 뜻하는 것이므로, 과연 이러한 주문이 가능한 것인가 어떤가를 통찰할 필요가 있다.

'심판청구를 기각한다' 는 주문은 심사의 기준시점이 검찰의 결정시점이며, 그 내용은 심판청구하여온 혐의사실의 존부, 기소할 가치의 유무라는 측면에서, 실체적으로 이유가 없다는 취지이다.

그런즉, 검찰이 '공소권 없음' 의 불기소처분결정을 한 사건을 우리 헌법재판소는 무슨 근거로 심판청구를 기각한다는 것인지 거기에 아무런 이유도 발견할 수 없다. 이와 같은 주문은 이론상 합당하지 아니한 주문임은 누구라도 쉽게 알 수 있다.

적법요건의 기준시점은 헌법재판소의 결정시점이며, 우리 헌법재판소는 실체에 들어가기 전에 적법요건을 최우선적으로 심사하는 것이다.

이상의 이유로 우리는 다수의견에 반대하는 것이다.」

▹ 친고죄에 있어서 고소가 부적법하여 무효라는 이유로 한 불기소처분의 경우

[憲 2002. 9. 19.-2002헌마469](불기소처분취소)

「기록을 자세히 살펴보아도 피청구인이 청구인의 위 고소사건에 관하여 현저히 정의와 형평에 반하는 수사를 하였거나, 헌법의 해석, 법률의 적용 또는 증거판단에 있어서 불기소처분의 결정에 영향을 미친 중대한 잘못을 범하였다고 보이지 아니하며, 달리 피청구인의 위 불기소처분이 헌법재판소가 관여할 정도의 자의적 처분이라고 볼 자료도 없으므로 이로 말미암아 청구인 주장의 기본권이 침해되었다고 볼 수 없다.」

⇔ 재판관 2인(재판관 김영일, 재판관 송인준)의 반대의견

「이 사건에 있어서도 청구인의 간통고소가 애초부터 무효였다면, 이 사건은 결국 심판청구의 이유 있고 없음을 따지기에 앞서 이미 권리보호의 이익이라는 적법요건이 결여된 것이므로, 이를 적법요건 심사의 대상으로 삼아 각하함이 마땅하다는 점을 다시 한번 밝혀두고자 한다.」

※ 반대의견의 자세한 내용은 앞의 판례 참조

▹ 친족상도례에 의한 형면제사유에 해당한다는 이유로 한 불기소처분의 경우

[憲 2002. 10. 31.-2001헌마477](불기소처분취소)

「나머지 부분에 대한 불기소처분은 피청구인이 현저히 정의와 형평에 반하여 수사를 종결하였거나 위 불기소처분이 헌법재판소가 관여할 정도의 자의적인 처분이라고 볼 자료가 없으므로, 이로 말미암아 청구인 주장의 기본권이 침해되었다고 할 수 없다.」

⇔ 재판관 2인(재판관 김영일, 재판관 송인준)의 반대의견

「피고소인 나○는 청구인의 남편으로서 친족상도례에 의한 형면제사유에 해당하므로 위 사기의 점에 대하여는 피고소인 나○를 기소할 수 없음이 명백하여, 피청구인으로서는 혐의사실의 존부, 기소가치의 유무를 더 이상 따져볼 필요가 없다는 취지에서 '공소권없음' 의 불기소처분을 한 것이고, 우리 헌법재판소 역시 사건이 헌법재판소에 온 이상 위와 같은 사유로 검사가 피고소인 나○를 기소할래야 할 수 없으므로 그 권리보호의 이익이 없어 심판청구를 각하하여야 하는 것이다.」

※ 반대의견의 자세한 내용은 앞의 판례 참조

▶ **효 력**

▸ 인용결정의 기속력에 대한 판례

[憲 1993. 11. 25.-93헌마113](불기소처분취소)

「헌법재판소법 제75조 제1항에는 헌법소원의 인용결정은 모든 국가기관과 지방자치단체를 기속한다고 규정되어 있다. 이 규정이 헌법소원의 피청구인에 대하여 가지는 뜻은 헌법소원의 인용결정이 있으면 피청구인은 모름지기 그 인용결정의 취지에 맞도록 공권력을 행사하여야 한다는 데에 있다고 할 것이다. 헌법재판소법 제75조 제4항은 헌법재판소가 공권력의 불행사에 대한 헌법소원을 인용하는 결정을 한 때에는 피청구인은 결정취지에 따라 새로운 처분을 하여야 한다고 규정함으로써, 공권력의 불행사에 대한 헌법소원의 인용결정에 관하여는 이 뜻을 명백히 하고 있다. 따라서 검사의 불기소처분을 취소하는 헌법재판소의 결정이 있는 때에 그 결정에 따라 불기소한 사건을 재기수사하는 검사로서는 헌법재판소가 그 결정의 주문 및 이유에 설시한 취지에 맞도록 성실히 수사하여 결정을 하여야 할 것이다.」

□ 재 심

▶ **헌법소원심판절차에서 재심이 제한적으로 인정된다는 취지의 판례**

[憲 1995. 1. 20.-93헌아1](불기소처분취소(재심))

※ 〈제7편 - 제4장 - 1. - □ 재심〉 판례 인용부분 참조

▶ **판단유탈도 재심사유가 됨을 인정한 판례**

[憲 2001. 9. 27.-2001헌아3](불기소처분취소(재심))

※ 〈제7편 - 제4장 - 1. - □ 재심〉 판례 인용부분 참조

□ 가 처 분

▶ **헌법소원심판에서 가처분을 선고한 판례**

[憲 2000. 12. 8.-2000헌사471](사법시험령 제4조 제3항 효력정지가처분신청)

※ 〈제7편 - 제4장 - 1. - □ 가처분〉 판례 인용부분 참조

[憲 2002. 4. 25.-2002헌사129](효력정지가처분신청)

※ 〈제7편 - 제4장 - 1. - □ 가처분〉 판례 인용부분 참조

《역대 헌법재판소 재판관》

	대통령 지명			국회 선출			대법원장 지명		
88	조규광# (88.9.15.~94.9.14.)	김양균 (좌동)	최광률 (좌동)	변정수 (좌동)	한병채 (좌동)	김진우 (좌동)	이시윤 (88.9.15.~93.12.16.) ※ 감사원장 전직	김문희 (88.9.15.~94.9.14.)	이성렬 (88.9.15.~91.8.4.)
89									
90									
91									황도연 (91.8.26.~97.8.25.)
92									
93							이재화 (93.12.30.~99.12.29.)		
94	김용준# (94.9.15.~00.9.14.)	정경식 (좌동)	김진우* (94.9.15.~97.1.22.) ※ 정년	조승형 (94.9.15.~99.9.25.) ※ 정년	신창언 (94.9.15.~00.9.15.)	김문희* (좌동)		고중석 (94.9.15.~00.9.15.)	
95									
96									
97			이영모 (97.1.22.~01.3.22.) ※ 정년						한대현 (97.8.26.~03.8.25.)
98									
99				하경철 (99.9.26.~04.1.28.) ※ 정년			김영일 (99.12.30.~05.3.11.) ※ 정년		
00	윤영철# (00.9.15.~06.9.14)	송인준 (좌동)			권성 (00.9.15.~06.9.14.)	김효종 (좌동)		김경일 (00.9.15.~06.9.14.)	
01			주선회 (01.3.23.~)						
02									
03									전효숙 (03.8.26.~06.8.25.) ※ 사퇴
04				이상경 (04.2.18.~05.6.2.) ※ 사퇴					
05				조대현 (05.7.11.~)			이공현 (05.3.14.~)		
06	**	김희옥 (06.9.15.~)			이동흡 (06.9.15.~)	목영준 (좌동)		김종대 (06.9.15.~)	민형기 (06.9.15.~)
07	이강국# (07.1.22.~)								

표시는 헌법재판소장을 의미함.

* 표시는 연임을 의미함.

** 표시된 시기 동안 헌법재판소장헌법재판소장이 궐위되어 주선회 재판관이 헌법재판소장 권한을 대행하였음.

大韓民國 憲法

전 문

유구한 역사와 전통에 빛나는 우리 대한국민은 3·1운동으로 건립된 대한민국임시정부의 법통과 불의에 항거한 4·19민주이념을 계승하고, 조국의 민주개혁과 평화적 통일의 사명에 입각하여 정의·인도와 동포애로써 민족의 단결을 공고히 하고, 모든 사회적 폐습과 불의를 타파하며, 자율과 조화를 바탕으로 자유민주적 기본질서를 더욱 확고히 하여 정치·경제·사회·문화의 모든 영역에 있어서 각인의 기회를 균등히 하고, 능력을 최고도로 발휘하게 하며, 자유와 권리에 따르는 책임과 의무를 완수하게 하여, 안으로는 국민생활의 균등한 향상을 기하고 밖으로는 항구적인 세계평화와 인류공영에 이바지함으로써 우리들과 우리들의 자손의 안전과 자유와 행복을 영원히 확보할 것을 다짐하면서 1948년 7월 12일에 제정되고 8차에 걸쳐 개정된 헌법을 이제 국회의 의결을 거쳐 국민투표에 의하여 개정한다.

제1장 총 강

제1조 ① 대한민국은 민주공화국이다.

② 대한민국의 주권은 국민에게 있고, 모든 권력은 국민으로부터 나온다.

제2조 ① 대한민국의 국민이 되는 요건은 법률로 정한다.

② 국가는 법률이 정하는 바에 의하여 재외국민을 보호할 의무를 진다.

제3조 대한민국의 영토는 한반도와 그 부속도서로 한다.

제4조 대한민국은 통일을 지향하며, 자유민주적 기본질서에 입각한 평화적 통일 정책을 수립하고 이를 추진한다.

제5조 ① 대한민국은 국제평화의 유지에 노력하고 침략적 전쟁을 부인한다.

② 국군은 국가의 안전보장과 국토방위의 신성한 의무를 수행함을 사명으로 하며, 그 정치적 중립성은 준수된다.

제6조 ① 헌법에 의하여 체결·공포된 조약과 일반적으로 승인된 국제법규는 국내법과 같은 효력을 가진다.

② 외국인은 국제법과 조약이 정하는 바에 의하여 그 지위가 보장된다.

제7조 ① 공무원은 국민전체에 대한 봉사자이며, 국민에 대하여 책임을 진다.

② 공무원의 신분과 정치적 중립성은 법률이 정하는 바에 의하여 보장된다.

제8조 ① 정당의 설립은 자유이며, 복수정당제는 보장된다.

② 정당은 그 목적·조직과 활동이 민주적이어야 하며, 국민의 정치적 의사형성에 참여하는데 필요한 조직을 가져야 한다.

③ 정당은 법률이 정하는 바에 의하여 국가의 보호를 받으며, 국가는 법률이 정하는 바에 의하여 정당운영에 필요한 자금을 보조할 수 있다.

④ 정당의 목적이나 활동이 민주적 기본질서에 위배될 때에는 정부는 헌법재판소에 그 해산을 제소할 수 있고, 정당은 헌법재판소의 심판에 의하여 해산된다.

제9조 국가는 전통문화의 계승·발전과 민족문화의 창달에 노력하여야 한다.

제2장 국민의 권리와 의무

제10조 모든 국민은 인간으로서의 존엄과 가치를 가지며, 행복을 추구할 권리를 가진

다. 국가는 개인이 가지는 불가침의 기본적 인권을 확인하고 이를 보장할 의무를 진다.

제11조 ① 모든 국민은 법 앞에 평등하다. 누구든지 성별·종교 또는 사회적 신분에 의하여 정치적·경제적·사회적·문화적 생활의 모든 영역에 있어서 차별을 받지 아니한다.

② 사회적 특수계급의 제도는 인정되지 아니하며, 어떠한 형태로도 이를 창설할 수 없다.

③ 훈장등의 영전은 이를 받은 자에게만 효력이 있고, 어떠한 특권도 이에 따르지 아니한다.

제12조 ① 모든 국민은 신체의 자유를 가진다. 누구든지 법률에 의하지 아니하고는 체포·구속·압수·수색 또는 심문을 받지 아니하며, 법률과 적법한 절차에 의하지 아니하고는 처벌·보안처분 또는 강제노역을 받지 아니한다.

② 모든 국민은 고문을 받지 아니하며, 형사상 자기에게 불리한 진술을 강요당하지 아니한다.

③ 체포·구속·압수 또는 수색을 할 때에는 적법한 절차에 따라 검사의 신청에 의하여 법관이 발부한 영장을 제시하여야 한다. 다만, 현행범인인 경우와 장기 3년 이상의 형에 해당하는 죄를 범하고 도피 또는 증거인멸의 염려가 있을 때에는 사후에 영장을 청구할 수 있다.

④ 누구든지 체포 또는 구속을 당한 때에는 즉시 변호인의 조력을 받을 권리를 가진다. 다만, 형사피고인이 스스로 변호인을 구할 수 없을 때에는 법률이 정하는 바에 의하여 국가가 변호인을 붙인다.

⑤ 누구든지 체포 또는 구속의 이유와 변호인의 조력을 받을 권리가 있음을 고지받지 아니하고는 체포 또는 구속을 당하지 아니한다. 체포 또는 구속을 당한 자의 가족등 법률이 정하는 자에게는 그 이유와 일시·장소가 지체없이 통지되어야 한다.

⑥ 누구든지 체포 또는 구속을 당한 때에는 적부의 심사를 법원에 청구할 권리를 가진다.

⑦ 피고인의 자백이 고문·폭행·협박·구속의 부당한 장기화 또는 기망 기타의 방법에 의하여 자의로 진술된 것이 아니라고 인정될 때 또는 정식재판에 있어서 피고인의 자백이 그에게 불리한 유일한 증거일 때에는 이를 유죄의 증거로 삼거나 이를 이유로 처벌할 수 없다.

제13조 ① 모든 국민은 행위시의 법률에 의하여 범죄를 구성하지 아니하는 행위로 소추되지 아니하며, 동일한 범죄에 대하여 거듭 처벌받지 아니한다.

② 모든 국민은 소급입법에 의하여 참정권의 제한을 받거나 재산권을 박탈당하지 아니한다.

③ 모든 국민은 자기의 행위가 아닌 친족의 행위로 인하여 불이익한 처우를 받지 아니한다.

제14조 모든 국민은 거주·이전의 자유를 가진다.

제15조 모든 국민은 직업선택의 자유를 가진다.

제16조 모든 국민은 주거의 자유를 침해받지 아니한다. 주거에 대한 압수나 수색을 할 때에는 검사의 신청에 의하여 법관이 발부한 영장을 제시하여야 한다.

제17조 모든 국민은 사생활의 비밀과 자유를 침해받지 아니한다.

제18조 모든 국민은 통신의 비밀을 침해받지 아니한다.

제19조 모든 국민은 양심의 자유를 가진다.

제20조 ① 모든 국민은 종교의 자유를 가진다.

② 국교는 인정되지 아니하며, 종교와 정치는 분리된다.

제21조 ① 모든 국민은 언론·출판의 자유와 집회·결사의 자유를 가진다.

② 언론·출판에 대한 허가나 검열과 집회·결사에 대한 허가는 인정되지 아니한다.

③ 통신 · 방송의 시설기준과 신문의 기능을 보장하기 위하여 필요한 사항은 법률로 정한다.

④ 언론 · 출판은 타인의 명예나 권리 또는 공중도덕이나 사회윤리를 침해하여서는 아니된다. 언론 · 출판이 타인의 명예나 권리를 침해한 때에는 피해자는 이에 대한 피해의 배상을 청구할 수 있다.

제22조 ① 모든 국민은 학문과 예술의 자유를 가진다.

② 저작자 · 발명가 · 과학기술자와 예술가의 권리는 법률로써 보호한다.

제23조 ① 모든 국민의 재산권은 보장된다. 그 내용과 한계는 법률로 정한다.

② 재산권의 행사는 공공복리에 적합하도록 하여야 한다.

③ 공공필요에 의한 재산권의 수용 · 사용 또는 제한 및 그에 대한 보상은 법률로써 하되, 정당한 보상을 지급하여야 한다.

제24조 모든 국민은 법률이 정하는 바에 의하여 선거권을 가진다.

제25조 모든 국민은 법률이 정하는 바에 의하여 공무담임권을 가진다.

제26조 ① 모든 국민은 법률이 정하는 바에 의하여 국가기관에 문서로 청원할 권리를 가진다.

② 국가는 청원에 대하여 심사할 의무를 진다.

제27조 ① 모든 국민은 헌법과 법률이 정한 법관에 의하여 법률에 의한 재판을 받을 권리를 가진다.

② 군인 또는 군무원이 아닌 국민은 대한민국의 영역안에서는 중대한 군사상 기밀 · 초병 · 초소 · 유독음식물공급 · 포로 · 군용물에 관한 죄중 법률이 정한 경우와 비상계엄이 선포된 경우를 제외하고는 군사법원의 재판을 받지 아니한다.

③ 모든 국민은 신속한 재판을 받을 권리를 가진다. 형사피고인은 상당한 이유가 없는 한 지체없이 공개재판을 받을 권리를 가진다.

④ 형사피고인은 유죄의 판결이 확정될 때까지는 무죄로 추정된다.

⑤ 형사피해자는 법률이 정하는 바에 의하여 당해 사건의 재판절차에서 진술할 수 있다.

제28조 형사피의자 또는 형사피고인으로서 구금되었던 자가 법률이 정하는 불기소처분을 받거나 무죄판결을 받은 때에는 법률이 정하는 바에 의하여 국가에 정당한 보상을 청구할 수 있다.

제29조 ① 공무원의 직무상 불법행위로 손해를 받은 국민은 법률이 정하는 바에 의하여 국가 또는 공공단체에 정당한 배상을 청구할 수 있다. 이 경우 공무원 자신의 책임은 면제되지 아니한다.

② 군인 · 군무원 · 경찰공무원 기타 법률이 정하는 자가 전투 · 훈련등 직무집행과 관련하여 받은 손해에 대하여는 법률이 정하는 보상외에 국가 또는 공공단체에 공무원의 직무상 불법행위로 인한 배상은 청구할 수 없다.

제30조 타인의 범죄행위로 인하여 생명 · 신체에 대한 피해를 받은 국민은 법률이 정하는 바에 의하여 국가로부터 구조를 받을 수 있다.

제31조 ① 모든 국민은 능력에 따라 균등하게 교육을 받을 권리를 가진다.

② 모든 국민은 그 보호하는 자녀에게 적어도 초등교육과 법률이 정하는 교육을 받게 할 의무를 진다.

③ 의무교육은 무상으로 한다.

④ 교육의 자주성 · 전문성 · 정치적 중립성 및 대학의 자율성은 법률이 정하는 바에 의하여 보장된다.

⑤ 국가는 평생교육을 진흥하여야 한다.

⑥ 학교교육 및 평생교육을 포함한 교육제도와 그 운영, 교육재정 및 교원의 지위에 관한 기본적인 사항은 법률로 정한다.

제32조 ① 모든 국민은 근로의 권리를 가진

다. 국가는 사회적 · 경제적 방법으로 근로자의 고용의 증진과 적정임금의 보장에 노력하여야 하며, 법률이 정하는 바에 의하여 최저임금제를 시행하여야 한다.

② 모든 국민은 근로의 의무를 진다. 국가는 근로의 의무의 내용과 조건을 민주주의원칙에 따라 법률로 정한다.

③ 근로조건의 기준은 인간의 존엄성을 보장하도록 법률로 정한다.

④ 여자의 근로는 특별한 보호를 받으며, 고용 · 임금 및 근로조건에 있어서 부당한 차별을 받지 아니한다.

⑤ 연소자의 근로는 특별한 보호를 받는다.

⑥ 국가유공자 · 상이군경 및 전몰군경의 유가족은 법률이 정하는 바에 의하여 우선적으로 근로의 기회를 부여받는다.

第33조 ① 근로자는 근로조건의 향상을 위하여 자주적인 단결권 · 단체교섭권 및 단체행동권을 가진다.

② 공무원인 근로자는 법률이 정하는 자에 한하여 단결권 · 단체교섭권 및 단체행동권을 가진다.

③ 법률이 정하는 주요방위산업체에 종사하는 근로자의 단체행동권은 법률이 정하는 바에 의하여 이를 제한하거나 인정하지 아니할 수 있다.

第34조 ① 모든 국민은 인간다운 생활을 할 권리를 가진다.

② 국가는 사회보장 · 사회복진 증진에 노력할 의무를 진다.

③ 국가는 여자의 복지와 권익의 향상을 위하여 노력하여야 한다.

④ 국가는 노인과 청소년의 복지향상을 위한 정책을 실시할 의무를 진다.

⑤ 신체장애자 및 질병 · 노령 기타의 사유로 생활능력이 없는 국민은 법률이 정하는 바에 의하여 국가의 보호를 받는다.

⑥ 국가는 재해를 예방하고 그 위험으로부터 국민을 보호하기 위하여 노력하여야 한다.

第35조 ① 모든 국민은 건강하고 쾌적한 환경에서 생활할 권리를 가지며, 국가와 국민은 환경보전을 위하여 노력하여야 한다.

② 환경권의 내용과 행사에 관하여는 법률로 정한다.

③ 국가는 주택개발정책등을 통하여 모든 국민이 쾌적한 주거생활을 할 수 있도록 노력하여야 한다.

第36조 ① 혼인과 가족생활은 개인의 존엄과 양성의 평등을 기초로 성립되고 유지되어야 하며, 국가는 이를 보장한다.

② 국가는 모성의 보호를 위하여 노력하여야 한다.

③ 모든 국민은 보건에 관하여 국가의 보호를 받는다.

第37조 ① 국민의 자유와 권리는 헌법에 열거되지 아니한 이유로 경시되지 아니한다.

② 국민의 모든 자유와 권리는 국가안전보장 · 질서유지 또는 공공복리를 위하여 필요한 경우에 한하여 법률로써 제한할 수 있으며, 제한하는 경우에도 자유와 권리의 본질적인 내용을 침해할 수 없다.

第38조 모든 국민은 법률이 정하는 바에 의하여 납세의 의무를 진다.

第139조 ①모든 국민은 법률이 정하는 바에 의하여 국방의 의무를 진다.

②누구든지 병역의무의 이행으로 인하여 불이익한 처우를 받지 아니한다.

제 3 장 국　　회

第40조 입법권은 국회에 속한다.

第41조 ① 국회는 국민의 보통 · 평등 · 직접 · 비밀선거에 의하여 선출된 국회의원으로 구성한다.

② 국회의원의 수는 법률로 정하되, 200인 이상으로 한다.

③ 국회의원의 선거구와 비례대표제 기타 선거에 관한 사항은 법률로 정한다.

第42조 국회의원의 임기는 4년으로 한다.

第43조 국회의원은 법률이 정하는 직을 겸할

수 없다.

제44조 ① 국회의원은 현행범인인 경우를 제외하고는 회기중 국회의 동의없이 체포 또는 구금되지 아니한다.

② 국회의원이 회기전에 체포 또는 구금된 때에는 현행범인이 아닌 한 국회의 요구가 있으면 회기중 석방된다.

제45조 국회의원은 국회에서 직무상 행한 발언과 표결에 관하여 국회외에서 책임을 지지 아니한다.

제46조 ① 국회의원은 청렴의 의무가 있다.

② 국회의원은 국가이익을 우선하여 양심에 따라 직무를 행한다.

③ 국회의원은 그 지위를 남용하여 국가·공공단체 또는 기업체와의 계약이나 그 처분에 의하여 재산상의 권리·이익 또는 직위를 취득하거나 타인을 위하여 그 취득을 알선할 수 없다.

제47조 ① 국회의 정기회는 법률이 정하는 바에 의하여 매년 1회 집회되며, 국회의 임시회는 대통령 또는 국회재적의원 4분의 1 이상의 요구에 의하여 집회된다.

② 정기회의 회기는 100일을, 임시회의 회기는 30일을 초과할 수 없다.

③ 대통령이 임시회의 집회를 요구할 때에는 기간과 집회요구의 이유를 명시하여야 한다.

제48조 국회는 의장 1인과 부의장 2인을 선출한다.

제49조 국회는 헌법 또는 법률에 특별한 규정이 없는 한 재적의원 과반수의 출석과 출석의원 과반수의 찬성으로 의결한다. 가부동수인 때에는 부결된 것으로 본다.

제50조 ① 국회의 회의는 공개한다. 다만, 출석의원 과반수의 찬성이 있거나 의장이 국가의 안전보장을 위하여 필요하다고 인정할 때에는 공개하지 아니할 수 있다.

② 공개하지 아니한 회의내용의 공표에 관하여는 법률이 정하는 바에 의한다.

제51조 국회에 제출된 법률안 기타의 의안은 회기중에 의결되지 못한 이유로 폐기되지 아니한다. 다만, 국회의원의 임기가 만료된 때에는 그러하지 아니하다.

제52조 국회의원과 정부는 법률안을 제출할 수 있다.

제53조 ① 국회에서 의결된 법률안은 정부에 이송되어 15일 이내에 대통령이 공포한다.

② 법률안에 이의가 있을 때에는 대통령은 제1항의 기간 내에 이의서를 붙여 국회로 환부하고, 그 재의를 요구할 수 있다. 국회의 폐회중에도 또한 같다.

③ 대통령은 법률안의 일부에 대하여 또는 법률안을 수정하여 재의를 요구할 수 없다.

④ 재의의 요구가 있을 때에는 국회는 재의에 붙이고, 재적의원과반수의 출석과 출석의원 3분의 2 이상의 찬성으로 전과 같은 의결을 하면 그 법률안은 법률로서 확정된다.

⑤ 대통령이 제1항의 기간 내에 공포나 재의의 요구를 하지 아니한 때에도 그 법률안은 법률로서 확정된다.

⑥ 대통령은 제4항과 제5항의 규정에 의하여 확정된 법률을 지체없이 공포하여야 한다. 제5항에 의하여 법률이 확정된 후 또는 제4항에 의한 확정법률이 정부에 이송된 후 5일 이내에 대통령이 공포하지 아니할 때에는 국회의장이 이를 공포한다.

⑦ 법률은 특별한 규정이 없는 한 공포한 날로부터 20일을 경과함으로써 효력을 발생한다.

제54조 ① 국회는 국가의 예산안을 심의·확정한다.

② 정부는 회계연도마다 예산안을 편성하여 회계연도 개시 90일 전까지 국회에 제출하고, 국회는 회계연도 개시 30일 전까지 이를 의결하여야 한다.

③ 새로운 회계연도가 개시될 때까지 예산안이 의결되지 못한 때에는 정부는 국회에서 예산안이 의결될 때까지 다음의 목적을 위한 경비는 전년도 예산에 준하여 집행할 수 있다.

1. 헌법이나 법률에 의하여 설치된 기관 또는 시설의 유지·운영
2. 법률상 지출의무의 이행
3. 이미 예산으로 승인된 사업의 계속

제55조 ① 한 회계연도를 넘어 계속하여 지출할 필요가 있을 때에는 정부는 연한을 정하여 계속비로서 국회의 의결을 얻어야 한다.

② 예비비는 총액으로 국회의 의결을 얻어야 한다. 예비비의 지출은 차기국회의 승인을 얻어야 한다.

제56조 정부는 예산에 변경을 가할 필요가 있을 때에는 추가경정예산안을 편성하여 국회에 제출할 수 있다.

제57조 국회는 정부의 동의없이 정부가 제출한 지출예산 각항의 금액을 증가하거나 새 비목을 설치할 수 없다.

제58조 국채를 모집하거나 예산외에 국가의 부담이 될 계약을 체결하려 할 때에는 정부는 미리 국회의 의결을 얻어야 한다.

제59조 조세의 종목과 세율은 법률로 정한다.

제60조 ① 국회는 상호원조 또는 안전보장에 관한 조약, 중요한 국제조직에 관한 조약, 우호통상항해조약, 주권의 제약에 관한 조약, 강화조약, 국가나 국민에게 중대한 재정적 부담을 지우는 조약 또는 입법사항에 관한 조약의 체결·비준에 대한 동의권을 가진다.

② 국회는 선전포고, 국군의 외국에의 파견 또는 외국군대의 대한민국 영역안에서의 주류에 대한 동의권을 가진다.

제61조 ① 국회는 국정을 감사하거나 특정한 국정사안에 대하여 조사할 수 있으며, 이에 필요한 서류의 제출 또는 증인의 출석과 증언이나 의견의 진술을 요구할 수 있다.

② 국정감사 및 조사에 관한 절차 기타 필요한 사항은 법률로 정한다.

제62조 ① 국무총리·국무위원 또는 정부위원은 국회나 그 위원회에 출석하여 국정처리상황을 보고하거나 의견을 진술하고 질문에 응답할 수 있다.

② 국회나 그 위원회의 요구가 있을 때에는 국무총리·국무위원 또는 정부위원은 출석·답변하여야 하며, 국무총리 또는 국무위원이 출석요구를 받은 때에는 국무위원 또는 정부위원으로 하여금 출석·답변하게 할 수 있다.

제63조 ① 국회는 국무총리 또는 국무위원의 해임을 대통령에게 건의할 수 있다.

② 제1항의 해임건의는 국회재적의원 3분의 1 이상의 발의에 의하여 국회재적의원 과반수의 찬성이 있어야 한다.

제64조 ① 국회는 법률에 저촉되지 아니하는 범위안에서 의사와 내부규율에 관한 규칙을 제정할 수 있다.

② 국회는 의원의 자격을 심사하며, 의원을 징계할 수 있다.

③ 의원을 제명하려면 국회재적의원 3분의 2 이상의 찬성이 있어야 한다.

④ 제2항과 제3항의 처분에 대하여는 법원에 제소할 수 없다.

제65조 ① 대통령·국무위원·행정각부의 장·헌법재판소 재판관·중앙선거관리위원회 위원·감사원장·감사위원 기타 법률이 정한 공무원이 그 직무집행에 있어서 헌법이나 법률을 위배한 때에는 국회는 탄핵의 소추를 의결할 수 있다.

② 제1항의 탄핵소추는 국회재적의원 3분의 1 이상의 발의가 있어야 하며, 그 의결은 국회재적의원 과반수의 찬성이 있어야 한다. 다만, 대통령에 대한 탄핵소추는 국회재적의원 과반수의 발의와 국회재적의원 3분의 2 이상의 찬성이 있어야 한다.

③ 탄핵소추의 의결을 받은 자는 탄핵심판이 있을 때까지 그 권한행사가 정지된다.

④ 탄핵결정은 공직으로부터 파면함에 그친다. 그러나, 이에 의하여 민사상이나 형사상의 책임이 면제되지는 아니한다.

제4장 정 부

제1절 대통령

제66조 ① 대통령은 국가의 원수이며, 외국에 대하여 국가를 대표한다.

② 대통령은 국가의 독립 · 영토의 보전 · 국가의 계속성과 헌법을 수호할 책무를 진다.

③ 대통령은 조국의 평화적 통일을 위한 성실한 의무를 진다.

④ 행정권은 대통령을 수반으로 하는 정부에 속한다.

제67조 ① 대통령은 국민의 보통 · 평등 · 직접 · 비밀선거에 의하여 선출한다.

② 제1항의 선거에 있어서 최고득표자가 2인 이상인 때에는 국회의 재적의원 과반수가 출석한 공개회의에서 다수표를 얻은 자를 당선자로 한다.

③ 대통령후보자가 1인일 때에는 그 득표수가 선거권자 총수의 3분의 1 이상이 아니면 대통령으로 당선될 수 없다.

④ 대통령으로 선거될 수 있는 자는 국회의원의 피선거권이 있고 선거일 현재 40세에 달하여야 한다.

⑤ 대통령의 선거에 관한 사항은 법률로 정한다.

제68조 ①대통령의 임기가 만료되는 때에는 임기만료 70일 내지 40일 전에 후임자를 선거한다.

② 대통령이 궐위된 때 또는 대통령 당선자가 사망하거나 판결 기타의 사유로 그 자격을 상실한 때에는 60일 이내에 후임자를 선거한다.

제69조 대통령은 취임에 즈음하여 다음의 선서를 한다.

"나는 헌법을 준수하고 국가를 보위하며 조국의 평화적 통일과 국민의 자유와 복리의 증진 및 민족문화의 창달에 노력하여 대통령으로서의 직책을 성실히 수행할 것을 국민 앞에 엄숙히 선서합니다."

제70조 대통령의 임기는 5년으로 하며, 중임할 수 없다.

제71조 대통령이 궐위되거나 사고로 인하여 직무를 수행할 수 없을 때에는 국무총리, 법률이 정한 국무위원의 순서로 그 권한을 대행한다.

제72조 대통령은 필요하다고 인정할 때에는 외교 · 국방 · 통일 기타 국가안위에 관한 중요정책을 국민투표에 붙일 수 있다.

제73조 대통령은 조약을 체결 · 비준하고, 외교사절을 신임 · 접수 또는 파견하며, 선전포고와 강화를 한다.

제74조 ① 대통령은 헌법과 법률이 정하는 바에 의하여 국군을 통수한다.

② 국군의 조직과 편성은 법률로 정한다.

제75조 대통령은 법률에서 구체적으로 범위를 정하여 위임받은 사항과 법률을 집행하기 위하여 필요한 사항에 관하여 대통령령을 발할 수 있다.

제76조 ① 대통령은 내우 · 외환 · 천재 · 지변 또는 중대한 재정 · 경제상의 위기에 있어서 국가의 안전보장 또는 공공의 안녕질서를 유지하기 위하여 긴급한 조치가 필요하고 국회의 집회를 기다릴 여유가 없을 때에 한하여 최소한으로 필요한 재정 · 경제상의 처분을 하거나 이에 관하여 법률의 효력을 가지는 명령을 발할 수 있다.

② 대통령은 국가의 안위에 관계되는 중대한 교전상태에 있어서 국가를 보위하기 위하여 긴급한 조치가 필요하고 국회의 집회가 불가능한 때에 한하여 법률의 효력을 가지는 명령을 발할 수 있다.

③ 대통령은 제1항과 제2항의 처분 또는 명령을 한 때에는 지체없이 국회에 보고하여 그 승인을 얻어야 한다.

④ 제3항의 승인을 얻지 못한 때에는 그 처분 또는 명령은 그때부터 효력을 상실한다. 이 경우 그 명령에 의하여 개정 또는 폐지되었던 법률은 그 명령이 승인을 얻지 못한 때부터 당연히 효력을 회복한다.

⑤ 대통령은 제3항과 제4항의 사유를 지체없이 공포하여야 한다.

제77조 ① 대통령은 전시 · 사변 또는 이에 준하는 국가비상사태에 있어서 병력으로써 군사상의 필요에 응하거나 공공의 안녕질서를 유지할 필요가 있을 때에는 법률이 정하는 바에 의하여 계엄을 선포할 수 있다.
② 계엄은 비상계엄과 경비계엄으로 한다.
③ 비상계엄이 선포된 때에는 법률이 정하는 바에 의하여 영장제도, 언론 · 출판 · 집회 · 결사의 자유, 정부나 법원의 권한에 관하여 특별한 조치를 할 수 있다.
④ 계엄을 선포한 때에는 대통령은 지체없이 국회에 통고하여야 한다.
⑤ 국회가 재적의원 과반수의 찬성으로 계엄의 해제를 요구한 때에는 대통령은 이를 해제하여야 한다.

제78조 대통령은 헌법과 법률이 정하는 바에 의하여 공무원을 임면한다.

제79조 ① 대통령은 법률이 정하는 바에 의하여 사면 · 감형 또는 복권을 명할 수 있다.
② 일반사면을 명하려면 국회의 동의를 얻어야 한다.
③ 사면 · 감형 및 복권에 관한 사항은 법률로 정한다.

제80조 대통령은 법률이 정하는 바에 의하여 훈장 기타의 영전을 수여한다.

제81조 대통령은 국회에 출석하여 발언하거나 서한으로 의견을 표시할 수 있다.

제82조 대통령의 국법상 행위는 문서로써 하며, 이 문서에는 국무총리와 관계 국무위원이 부서한다. 군사에 관한 것도 또한 같다.

제83조 대통령은 국무총리 · 국무위원 · 행정각부의 장 기타 법률이 정하는 공사의 직을 겸할 수 없다.

제84조 대통령은 내란 또는 외환의 죄를 범한 경우를 제외하고는 재직중 형사상의 소추를 받지 아니한다.

제85조 전직대통령의 신분과 예우에 관하여는 법률로 정한다.

제 2 절 행정부

제 1 관 국무총리와 국무위원

제86조 ① 국무총리는 국회의 동의를 얻어 대통령이 임명한다.
② 국무총리는 대통령을 보좌하며, 행정에 관하여 대통령의 명을 받아 행정각부를 통할한다.
③ 군인은 현역을 면한 후가 아니면 국무총리로 임명될 수 없다.

제87조 ① 국무위원은 국무총리의 제청으로 대통령이 임명한다.
② 국무위원은 국정에 관하여 대통령을 보좌하며, 국무회의의 구성원으로서 국정을 심의한다.
③ 국무총리는 국무위원의 해임을 대통령에게 건의할 수 있다.
④ 군인은 현역을 면한 후가 아니면 국무위원으로 임명될 수 없다.

제 2 관 국무회의

제88조 ① 국무회의는 정부의 권한에 속하는 중요한 정책을 심의한다.
② 국무회의는 대통령 · 국무총리와 15인 이상 30인 이하의 국무위원으로 구성한다.
③ 대통령은 국무회의의 의장이 되고, 국무총리는 부의장이 된다.

제89조 다음 사항은 국무회의의 심의를 거쳐야 한다.
1. 국정의 기본계획과 정부의 일반정책
2. 선전 · 강화 기타 중요한 대외정책
3. 헌법개정안 · 국민투표안 · 조약안 · 법률안 및 대통령령안
4. 예산안 · 결산 · 국유재산처분의 기본계획 · 국가의 부담이 될 계약 기타 재정에 관한 중요사항
5. 대통령의 긴급명령 · 긴급재정경제처분 및 명령 또는 계엄과 그 해제
6. 군사에 관한 중요사항
7. 국회의 임시회 집회의 요구
8. 영전수여

9. 사면 · 감형과 복권
10. 행정각부간의 권한의 획정
11. 정부안의 권한의 위임 또는 배정에 관한 기본계획
12. 국정처리상황의 평가 · 분석
13. 행정각부의 중요한 정책의 수립과 조정
14. 정당해산의 제소
15. 정부에 제출 또는 회부된 정부의 정책에 관계되는 청원의 심사
16. 검찰총장 · 합동참모의장 · 각군참모총장 · 국립대학교총장 · 대사 기타 법률이 정한 공무원과 국영기업체관리자의 임명
17. 기타 대통령 · 국무총리 또는 국무위원이 제출한 사항

제90조 ① 국정의 중요한 사항에 관한 대통령의 자문에 응하기 위하여 국가원로로 구성되는 국가원로자문회의를 둘 수 있다.
② 국가원로자문회의의 의장은 직전대통령이 된다. 다만, 직전대통령이 없을 때에는 대통령이 지명한다.
③ 국가원로자문회의의 조직 · 직무범위 기타 필요한 사항은 법률로 정한다.

제91조 ① 국가안전보장에 관련되는 대외정책 · 군사정책과 국내정책의 수립에 관하여 국무회의의 심의에 앞서 대통령의 자문에 응하기 위하여 국가안전보장회의를 둔다.
② 국가안전보장회의는 대통령이 주재한다.
③ 국가안전보장회의의 조직 · 직무범위 기타 필요한 사항은 법률로 정한다.

제92조 ① 평화통일정책의 수립에 관한 대통령의 자문에 응하기 위하여 민주평화통일자문회의를 둘 수 있다.
② 민주평화통일자문회의의 조직 · 직무범위 기타 필요한 사항은 법률로 정한다.

제93조 ① 국민경제의 발전을 위한 중요정책의 수립에 관하여 대통령의 자문에 응하기 위하여 국민경제자문회의를 둘 수 있다.
② 국민경제자문회의의 조직 · 직무범위 기타 필요한 사항은 법률로 정한다.

제 3 관 행정각부

제94조 행정각부의 장은 국무위원 중에서 국무총리의 제청으로 대통령이 임명한다.

제95조 국무총리 또는 행정각부의 장은 소관사무에 관하여 법률이나 대통령령의 위임 또는 직권으로 총리령 또는 부령을 발할 수 있다.

제96조 행정각부의 설치 · 조직과 직무범위는 법률로 정한다.

제 4 관 감 사 원

제97조 국가의 세입 · 세출의 결산, 국가 및 법률이 정한 단체의 회계검사와 행정기관 및 공무원의 직무에 관한 감찰을 하기 위하여 대통령 소속하에 감사원을 둔다.

제98조 ① 감사원은 원장을 포함한 5인 이상 11인 이하의 감사위원으로 구성한다.
② 원장은 국회의 동의를 얻어 대통령이 임명하고, 그 임기는 4년으로 하며, 1차에 한하여 중임할 수 있다.
③ 감사위원은 원장의 제청으로 대통령이 임명하고, 그 임기는 4년으로 하며, 1차에 한하여 중임할 수 있다.

제99조 감사원은 세입 · 세출의 결산을 매년 검사하여 대통령과 차년도국회에 그 결과를 보고하여야 한다.

제100조 감사원의 조직 · 직무범위 · 감사위원의 자격 · 감사대상공무원의 범위 기타 필요한 사항은 법률로 정한다.

제 5 장 법 원

제101조 ① 사법권은 법관으로 구성된 법원에 속한다.
② 법원은 최고법원인 대법원과 각급법원으로 조직된다.
③ 법관의 자격은 법률로 정한다.

제102조 ① 대법원에 부를 둘 수 있다.
② 대법원에 대법관을 둔다. 다만, 법률이 정하는 바에 의하여 대법관이 아닌 법관을 둘 수 있다.

③ 대법원과 각급법원의 조직은 법률로 정한다.

제103조 법관은 헌법과 법률에 의하여 그 양심에 따라 독립하여 심판한다.

제104조 ① 대법원장은 국회의 동의를 얻어 대통령이 임명한다.

② 대법관은 대법원장의 제청으로 국회의 동의를 얻어 대통령이 임명한다.

③ 대법원장과 대법관이 아닌 법관은 대법관회의의 동의를 얻어 대법원장이 임명한다.

제105조 ①대법원장의 임기는 6년으로 하며, 중임할 수 없다.

② 대법관의 임기는 6년으로 하며, 법률이 정하는 바에 의하여 연임할 수 있다.

③ 대법원장과 대법관이 아닌 법관의 임기는 10년으로 하며, 법률이 정하는 바에 의하여 연임할 수 있다.

④ 법관의 정년은 법률로 정한다.

제106조 ① 법관은 탄핵 또는 금고 이상의 형의 선고에 의하지 아니하고는 파면되지 아니하며, 징계처분에 의하지 아니하고는 정직·감봉 기타 불리한 처분을 받지 아니한다.

② 법관이 중대한 심신상의 장해로 직무를 수행할 수 없을 때에는 법률이 정하는 바에 의하여 퇴직하게 할 수 있다.

제107조 ①법률이 헌법에 위반되는 여부가 재판의 전제가 된 경우에는 법원은 헌법재판소에 제청하여 그 심판에 의하여 재판한다.

② 명령·규칙 또는 처분이 헌법이나 법률에 위반되는 여부가 재판의 전제가 된 경우에는 대법원은 이를 최종적으로 심사할 권한을 가진다.

③ 재판의 전심절차로서 행정심판을 할 수 있다. 행정심판의 절차는 법률로 정하되, 사법절차가 준용되어야 한다.

제108조 대법원은 법률에서 저촉되지 아니하는 범위안에서 소송에 관한 절차, 법원의 내부규율과 사무처리에 관한 규칙을 제정할 수 있다.

제109조 재판의 심리와 판결은 공개한다. 다만, 심리는 국가의 안전보장 또는 안녕질서를 방해하거나 선량한 풍속을 해할 염려가 있을 때에는 법원의 결정으로 공개하지 아니할 수 있다.

제110조 ① 군사재판을 관할하기 위하여 특별법원으로서 군사법원을 둘 수 있다.

② 군사법원의 상고심은 대법원에서 관할한다.

③ 군사법원의 조직·권한 및 재판관의 자격은 법률로 정한다.

④ 비상계엄하의 군사재판은 군인·공무원의 범죄나 군사에 관한 간첩죄의 경우와 초병·초소·유독음식물공급·포로에 관한 죄중 법률이 정한 경우에 한하여 단심으로 할 수 있다. 다만, 사형을 선고한 경우에는 그러하지 아니하다.

제6장 헌법재판소

제111조 ① 헌법재판소는 다음 사항을 관장한다.

1. 법원의 제청에 의한 법률의 위헌여부 심판
2. 탄핵의 심판
3. 정당의 해산 심판
4. 국가기관 상호간, 국가기관과 지방자치단체간 및 지방자치단체 상호간의 권한쟁의에 관한 심판
5. 법률이 정하는 헌법소원에 관한 심판

② 헌법재판소는 법관의 자격을 가진 9인의 재판관으로 구성하며, 재판관은 대통령이 임명한다.

③ 제2항의 재판관중 3인은 국회에서 선출하는 자를, 3인은 대법원장이 지명하는 자를 임명한다.

④ 헌법재판소의 장은 국회의 동의를 얻어 재판관중에서 대통령이 임명한다.

제112조 ① 헌법재판소 재판관의 임기는 6년으로 하며, 법률이 정하는 바에 의하여 연임할 수 있다.

② 헌법재판소 재판관은 정당에 가입하거나 정치에 관여할 수 없다.

③ 헌법재판소 재판관은 탄핵 또는 금고 이상의 형의 선고에 의하지 아니하고는 파면되지 아니한다.

第113조 ① 헌법재판소에서 법률의 위헌결정, 탄핵의 결정, 정당해산의 결정 또는 헌법소원에 관한 인용결정을 할 때에는 재판관 6인 이상의 찬성이 있어야 한다.

② 헌법재판소는 법률에 저촉되지 아니하는 범위안에서 심판에 관한 절차, 내부규율과 사무처리에 관한 규칙을 제정할 수 있다.

③ 헌법재판소의 조직과 운영 기타 필요한 사항은 법률로 정한다.

제7장 선거관리

第114조 ① 선거와 국민투표의 공정한 관리 및 정당에 관한 사무를 처리하기 위하여 선거관리위원회를 둔다.

② 중앙선거관리위원회는 대통령이 임명하는 3인, 국회에서 선출하는 3인과 대법원장이 지명하는 3인의 위원으로 구성한다. 위원장은 위원중에서 호선한다.

③ 위원의 임기는 6년으로 한다.

④ 위원은 정당에 가입하거나 정치에 관여할 수 없다.

⑤ 위원은 탄핵 또는 금고 이상의 형의 선고에 의하지 아니하고는 파면되지 아니한다.

⑥ 중앙선거관리위원회는 법령의 범위 안에서 선거관리·국민투표관리 또는 정당사무에 관한 규칙을 제정할 수 있으며, 법률에 저촉되지 아니하는 범위안에서 내부규율에 관한 규칙을 제정할 수 있다.

⑦ 각급 선거관리위원회의 조직·직무범위 기타 필요한 사항은 법률로 정한다.

第115조 ① 각급 선거관리위원회는 선거인명부의 작성등 선거사무와 국민투표사무에 관하여 관계 행정기관에 필요한 지시를 할 수 있다.

② 제1항의 지시를 받은 당해 행정기관은 이에 응하여야 한다.

第116조 ① 선거운동은 각급 선거관리위원회의 관리하에 법률이 정하는 범위안에서 하되, 균등한 기회가 보장되어야 한다.

② 선거에 관한 경비는 법률이 정하는 경우를 제외하고는 정당 또는 후보자에게 부담시킬 수 없다.

제8장 지방자치

第117조 ① 지방자치단체는 주민의 복리에 관한 사무를 처리하고 재산을 관리하며, 법령의 범위안에서 자치에 관한 규정을 제정할 수 있다.

② 지방자치단체의 종류는 법률로 정한다.

第118조 ① 지방자치단체에 의회를 둔다.

② 지방의회의 조직·권한·의원선거와 지방자치단체의 장의 선임방법 기타 지방자치단체의 조직과 운영에 관한 사항은 법률로 정한다.

제9장 경 제

第119조 ① 대한민국의 경제질서는 개인과 기업의 경제상의 자유와 창의를 존중함을 기본으로 한다.

② 국가는 균형있는 국민경제의 성장 및 안정과 적정한 소득의 분배를 유지하고, 시장의 지배와 경제력의 남용을 방지하며, 경제주체간의 조화를 통한 경제의 민주화를 위하여 경제에 관한 규제와 조정을 할 수 있다.

第120조 ① 광물 기타 중요한 지하자원·수산자원·수력과 경제상 이용할 수 있는 자연력은 법률이 정하는 바에 의하여 일정한 기간 그 채취·개발 또는 이용을 특허할 수 있다.

② 국토와 자원은 국가의 보호를 받으며, 국가는 그 균형있는 개발과 이용을 위하여 필요한 계획을 수립한다.

第121조 ① 국가는 농지에 관하여 경자유전의 원칙이 달성될 수 있도록 노력하여야 하며, 농지의 소작제도는 금지된다.

② 농업생산성의 제고와 농지의 합리적인 이용을 위하거나 불가피한 사정으로 발생하는 농지의 임대차와 위탁경영은 법률이 정하는 바에 의하여 인정된다.

제122조 국가는 국민 모두의 생산 및 생활의 기반이 되는 국토의 효율적이고 균형있는 이용·개발과 보전을 위하여 법률이 정하는 바에 의하여 그에 관한 필요한 제한과 의무를 과할 수 있다.

제123조 ① 국가는 농업 및 어업을 보호·육성하기 위하여 농·어촌종합개발과 그 지원등 필요한 계획을 수립·시행하여야 한다.

② 국가는 지역간의 균형있는 발전을 위하여 지역경제를 육성할 의무를 진다.

③ 국가는 중소기업을 보호·육성하여야 한다.

④ 국가는 농수산물의 수급균형과 유통구조의 개선에 노력하여 가격안정을 도모함으로써 농·어민의 이익을 보호한다.

⑤ 국가는 농·어민과 중소기업의 자조조직을 육성하여야 하며, 그 자율적 활동과 발전을 보장한다.

제124조 국가는 건전한 소비행위를 계도하고 생산품의 품질향상을 촉구하기 위한 소비자보호운동을 법률이 정하는 바에 의하여 보장한다.

제125조 국가는 대외무역을 육성하며, 이를 규제·조정할 수 있다.

제126조 국방상 또는 국민경제상 긴절한 필요로 인하여 법률이 정하는 경우를 제외하고는, 사영기업을 국유 또는 공유로 이전하거나 그 경영을 통제 또는 관리할 수 없다.

제127조 ① 국가는 과학기술의 혁신과 정보 및 인력의 개발을 통하여 국민경제의 발전에 노력하여야 한다.

② 국가는 국가표준제도를 확립한다.

③ 대통령은 제1항의 목적을 달성하기 위하여 필요한 자문기구를 둘 수 있다.

제10장 헌법개정

제128조 ① 헌법개정은 국회재적의원 과반수 또는 대통령의 발의로 제안된다.

② 대통령의 임기연장 또는 중임변경을 위한 헌법개정은 그 헌법개정 제안 당시의 대통령에 대하여는 효력이 없다.

제129조 제안된 헌법개정안은 대통령이 20일 이상의 기간 이를 공고하여야 한다.

제130조 ① 국회는 헌법개정안이 공고된 날로부터 60일 이내에 의결하여야 하며, 국회의 의결은 재적의원 3분의 2 이상의 찬성을 얻어야 한다.

② 헌법개정안은 국회가 의결한 후 30일 이내에 국민투표에 붙여 국회의원선거권자 과반수의 투표와 투표자 과반수의 찬성을 얻어야 한다.

③ 헌법개정안이 제2항의 찬성을 얻은 때에는 헌법개정은 확정되며, 대통령은 즉시 이를 공포하여야 한다.

부칙 〈제10호, 1987.10.29〉

제1조 이 헌법은 1988년 2월 25일부터 시행한다. 다만, 이 헌법을 시행하기 위하여 필요한 법률의 제정·개정과 이 헌법에 의한 대통령 및 국회의원의 선거 기타 이 헌법시행에 관한 준비는 이 헌법시행 전에 할 수 있다.

제2조 ① 이 헌법에 의한 최초의 대통령선거는 이 헌법시행일 40일 전까지 실시한다.

② 이 헌법에 의한 최초의 대통령의 임기는 이 헌법시행일로부터 개시한다.

제3조 ① 이 헌법에 의한 최초의 국회의원선거는 이 헌법공포일로부터 6월 이내에 실시하며, 이 헌법에 의하여 선출된 최초의 국회의원의 임기는 국회의원선거후 이 헌법에 의한 국회의 최초의 집회일로부터 개시한다.

② 이 헌법공포 당시의 국회의원의 임기는 제1항에 의한 국회의 최초의 집회일 전일까지로 한다.

제4조 ① 이 헌법시행 당시의 공무원과 정부가 임명한 기업체의 임원은 이 헌법에 의하여 임명된 것으로 본다. 다만, 이 헌법에 의하여 선임방법이나 임명권자가 변경된 공무원과 대법원장 및 감사원장은 이 헌법에 의하여 후임자가 선임될 때까지 그 직무를 행하며, 이 경우 전임자인 공무원의 임기는 후임자가 선임되는 전일까지로 한다.

② 이 헌법시행 당시의 대법원장과 대법원판사가 아닌 법관은 제1항 단서의 규정에 불구하고 이 헌법에 의하여 임명된 것으로 본다.

③ 이 헌법중 공무원의 임기 또는 중임제한에 관한 규정은 이 헌법에 의하여 그 공무원이 최초로 선출 또는 임명된 때로부터 적용한다.

제5조 이 헌법시행 당시의 법령과 조약은 이 헌법에 위배되지 아니하는 한 그 효력을 지속한다.

제6조 이 헌법시행 당시에 이 헌법에 의하여 새로 설치될 기관의 권한에 속하는 직무를 행하고 있는 기관은 이 헌법에 의하여 새로운 기관이 설치될 때까지 존속하며 그 직무를 행한다.

憲法裁判所法

제1장 총　　칙

제1조 (목적) 이 법은 헌법재판소의 조직 및 운영과 그 심판절차에 관하여 필요한 사항을 정함을 목적으로 한다.

제2조 (관장사항) 헌법재판소는 다음 사항을 관장한다.

1. 법원의 제청에 의한 법률의 위헌여부 심판
2. 탄핵의 심판
3. 정당의 해산심판
4. 국가기관상호간, 국가기관과 지방자치단체간 및 지방자치단체상호간의 권한쟁의에 관한 심판
5. 헌법소원에 관한 심판

제3조 (구성) 헌법재판소는 9인의 재판관으로 구성한다.

제4조 (재판관의 독립) 재판관은 헌법과 법률에 의하여 그 양심에 따라 독립하여 심판한다.

제5조 (재판관의 자격) ① 재판관은 15년이상 다음 각호의 1에 해당하는 직에 있던 40세이상의 자중에서 임명한다. 다만, 다음 각호중 2이상의 직에 있던 자의 재직기간은 이를 통산한다.

1. 판사 · 검사 · 변호사
2. 변호사의 자격이 있는 자로서 국가기관, 국 · 공영기업체, 정부투자기관 기타 법인에서 법률에 관한 사무에 종사한 자
3. 변호사의 자격이 있는 자로서 공인된 대학의 법률학조교수이상의 직에 있던 자

② 다음 각호의 1에 해당하는 자는 재판관으로 임명할 수 없다.

1. 다른 법령에 의하여 공무원으로 임용하지 못하는 자
2. 금고이상의 형을 선고받은 자
3. 탄핵에 의하여 파면된 후 5년을 경과하지 아니한 자

제6조 (재판관의 임명) ① 재판관은 대통령이 임명한다. 이 경우 재판관 중 3인은 국회에서 선출하는 자를, 3인은 대법원장이 지명하는 자를 임명한다. 〈개정 2005.7.29〉

② 재판관은 국회의 인사청문을 거쳐 임명 · 선출 또는 지명하여야 한다. 이 경우 대통령은 재판관(국회에서 선출하거나 대법원장이 지명하는 자를 제외한다)을 임명하기 전에, 대법원장은 재판관을 지명하기 전에 인사청문을 요청한다.〈개정 2005. 7. 29〉

③ 재판관의 임기가 만료되거나 임기중 재판관이 결원된 때에는 임기만료 또는 결원된 날로부터 30일 이내에 후임자를 임명하여야 한다. 다만, 국회에서 선출한 재판관이 국회의 폐회 또는 휴회중에 그 임기가 만료되거나 결원이 된 때에는 국회는 다음 집회가 개시된 후 30일이내에 후임자를 선출하여야 한다.

제7조 (재판관의 임기) ① 재판관의 임기는 6년으로 하며, 연임할 수 있다.

② 재판관의 정년은 65세로 한다. 다만, 헌법재판소장인 재판관의 정년은 70세로 한다.

제8조 (재판관의 신분보장) 재판관은 다음 각호의 1에 해당하는 경우가 아니면 그 의사에 반하여 해임되지 아니한다.

1. 탄핵결정이 된 경우
2. 금고이상의 형의 선고를 받은 경우

제9조 (재판관의 정치관여 금지) 재판관은 정당에 가입하거나 정치에 관여할 수 없다.

제10조 (규칙제정권) ① 헌법재판소는 이 법과 다른 법률에 저촉되지 아니하는 범위안

에서 심판에 관한 절차, 내부규률과 사무처리에 관한 규칙을 제정할 수 있다.

② 헌법재판소규칙은 관보에 게재하여 이를 공포한다.

제10조의2 (입법의견의 제출) 헌법재판소장은 헌법재판소의 조직·인사·운영·심판절차 그 밖에 헌법재판소의 업무에 관련된 법률의 제정 또는 개정이 필요하다고 인정하는 경우에는 국회에 서면으로 그 의견을 제출할 수 있다.

[본조신설 2003.3.12]

제11조 (경비) ① 헌법재판소의 경비는 독립하여 국가의 예산에 계상하여야 한다.

② 제1항의 경비중에는 예비금을 둔다.

제2장 조 직

제12조 (헌법재판소장) ① 헌법재판소에 헌법재판소장을 둔다.

② 헌법재판소장은 국회의 동의를 얻어 재판관중에서 대통령이 임명한다.

③ 헌법재판소장은 헌법재판소를 대표하고, 헌법재판소의 사무를 통리하며, 소속공무원을 지휘·감독한다.

④ 헌법재판소장이 궐위되거나 사고로 인하여 직무를 수행할 수 없을 때에는 다른 재판관이 헌법재판소규칙이 정하는 순서에 의하여 그 권한을 대행한다.〈개정 1991. 11. 30〉

제13조 삭제 〈1991.11.30〉

제14조 (재판관의 겸직금지〈개정 1991. 11. 30〉) 재판관은 다음 각호의 1에 해당하는 직을 겸하거나 영리를 목적으로 하는 사업을 영위할 수 없다.〈개정 1991. 11. 30〉

1. 국회 또는 지방의회의 의원의 직
2. 국회·정부 또는 법원의 공무원의 직
3. 법인·단체등의 고문·임원 또는 직원의 직

제15조 (헌법재판소장등의 대우) ① 헌법재판소장의 대우와 보수는 대법원장의 예에 의하며, 재판관은 정무직으로 하고 그 대우와 보수는 대법관의 례에 의한다.〈개정 1991. 11. 30, 2002. 1. 19〉

② 삭제〈1991. 11. 30〉

제16조 (재판관회의) ① 재판관회의는 재판관 전원으로 구성하며, 헌법재판소장이 의장이 된다.

② 재판관회의는 재판관 7인 이상의 출석과 출석인원과반수의 찬성으로 의결한다.

③ 의장은 의결에 있어 표결권을 가진다.

④ 다음 각호의 사항은 재판관회의의 의결을 거쳐야 한다.〈개정 2003. 3. 12〉

1. 헌법재판소규칙의 제정과 개정, 제10조의2의 규정에 따른 입법의견의 제출에 관한 사항
2. 예산요구, 예비금지출과 결산에 관한 사항
3. 사무처장·사무차장·헌법연구관 및 3급이상 공무원의 임면에 관한 사항
4. 특히 중요하다고 인정되는 사항으로서 헌법재판소장이 부의하는 사항

⑤ 재판관회의의 운영에 관하여 필요한 사항은 헌법재판소규칙으로 정한다.

제17조 (사무처) ① 헌법재판소의 행정사무를 처리하기 위하여 헌법재판소에 사무처를 둔다.

② 사무처에 사무처장과 사무차장을 둔다.

③ 사무처장은 헌법재판소장의 지휘를 받아 사무처의 사무를 관장하며, 소속공무원을 지휘·감독한다.

④ 사무처장은 국회 또는 국무회의에 출석하여 헌법재판소의 행정에 관하여 발언할 수 있다.〈개정 2003. 3. 12〉

⑤ 헌법재판소장이 행한 처분에 대한 행정소송의 피고는 헌법재판소사무처장으로 한다.〈신설 1991. 11. 30〉

⑥ 사무차장은 사무처장을 보좌하며, 사무처장이 사고로 인하여 직무를 수행할 수 없을 때에는 그 직무를 대행한다.

⑦ 사무처에 실·국·과를 둔다.

⑧ 실에는 실장, 국에는 국장, 과에는 과장

을 두되 사무처장·차장·실장 또는 국장 밑에 정책의 기획, 계획의 입안, 연구·조사, 심사·평가 및 홍보업무를 보좌하는 심의관 또는 담당관을 둘 수 있다.〈개정 1995. 8. 4〉

⑨ 이 법에 규정하지 아니한 사항으로서 사무처의 조직·직무범위, 사무처에 두는 공무원의 정원 기타 필요한 사항은 헌법재판소규칙으로 정한다.

제18조 (사무처공무원) ① 사무처장은 정무직으로 하고, 보수는 국무위원의 보수와 동액으로 한다.〈개정 1994. 12. 22〉

② 사무차장은 정무직으로 하고, 보수는 차관의 보수와 동액으로 한다.〈신설 1994. 12. 22〉

③ 실장은 1급 또는 2급, 국장은 2급 또는 3급, 심의관 및 담당관은 2급 내지 4급, 과장은 3급 또는 4급의 일반직국가공무원으로 보한다. 다만, 담당관중 1인은 3급상당 또는 4급상당의 별정직국가공무원으로 보할 수 있다.〈개정 2003. 3. 12〉

④ 사무처공무원은 헌법재판소장이 임면한다. 다만, 3급이상의 공무원의 경우에는 재판관회의의 의결을 거쳐야 한다.

⑤ 헌법재판소장은 다른 국가기관에 대하여 그 소속공무원을 사무처공무원으로 근무하게 하기 위하여 헌법재판소에의 파견근무를 요청할 수 있다.

⑥ 삭제〈2003. 3. 12〉

제19조 (헌법연구관〈개정 1991. 11. 30, 2003. 3. 12〉) ① 헌법재판소에 헌법재판소규칙으로 정하는 삭의 헌법연구관을 둔다.〈개정 1991. 11. 30, 2003. 3. 12〉

② 헌법연구관은 특정직국가공무원으로 한다.〈개정 2003. 3. 12〉

③ 헌법연구관은 헌법재판소장의 명을 받아 사건의 심리 및 심판에 관한 조사·연구에 종사한다.〈개정 1991. 11. 30, 2003. 3. 12〉

④ 헌법연구관은 다음 각호의 1에 해당하는 자중에서 헌법재판소장이 재판관회의의 의결을 거쳐 임용한다.〈개정 1991. 11. 30, 2003. 3. 12〉

1. 판사·검사 또는 변호사의 자격이 있는 자

2. 공인된 대학의 법률학조교수이상의 직에 있던 자

3. 국회·정부 또는 법원등 국가기관에서 4급이상의 공무원으로서 5년이상 법률에 관한 사무에 종사한 자

4. 법률학에 관한 박사학위 소지자로서 국회·정부·법원 또는 헌법재판소 등 국가기관에서 5년 이상 법률에 관한 사무에 종사한 자

5. 법률학에 관한 박사학위 소지자로서 헌법재판소규칙이 정하는 대학 등 공인된 연구기관에서 5년 이상 법률에 관한 사무에 종사한 자

⑤ 삭제〈2003. 3. 12〉

⑥ 다음 각호의 1에 해당하는 자는 헌법연구관으로 임용될 수 없다.〈신설 2003. 3. 12〉

1. 국가공무원법 제33조 각호의 1에 해당하는 자

2. 금고 이상의 형의 선고를 받은 자

3. 탄핵결정에 의하여 파면된 후 5년이 경과되지 아니한 자

⑦ 헌법연구관의 임기는 10년으로 하되, 연임할 수 있고, 정년은 60세로 한다.〈신설 2003. 3. 12〉

⑧ 헌법연구관이 제6항 각호의 1에 해당할 때에는 당연히 퇴직한다.〈신설 2003. 3. 12〉

⑨ 헌법재판소장은 다른 국가기관에 대하여 그 소속공무원을 헌법연구관으로 근무하게 하기 위하여 헌법재판소에의 파견근무를 요청할 수 있다.〈개정 1991. 11. 30, 2003. 3. 12〉

⑩ 사무차장은 헌법연구관의 직을 겸할 수 있다.〈신설 2003. 3. 12〉

제19조의2 (헌법연구관보) ① 헌법연구관을 신규임용하는 경우에는 3년의 기간 헌법연구관보로 임용하여 근무하게 한 후 그 근무

성적을 참작하여 헌법연구관으로 임용한다. 다만, 경력 및 업무능력 등을 참작하여 헌법재판소규칙이 정하는 바에 따라 헌법연구관보 임용을 면제하거나 그 기간을 단축할 수 있다.

② 헌법연구관보는 헌법재판소장이 재판관회의의 의결을 거쳐 임용한다.

③ 헌법연구관보는 별정직국가공무원으로 하고, 그 보수와 승급기준은 헌법연구관의 예에 의한다.

④ 헌법연구관보가 근무성적이 불량한 경우에는 재판관회의의 의결을 거쳐 면직시킬 수 있다.

⑤ 헌법연구관보의 근무기간은 이 법 및 다른 법령에 규정된 헌법연구관의 재직기간에 산입한다.

[본조신설 2003. 3. 12]

제20조 (헌법재판소장 비서실등) ① 헌법재판소에 헌법재판소장 비서실을 둔다.

② 헌법재판소장 비서실에 비서실장 1인을 두되, 비서실장은 1급상당의 별정직국가공무원으로 보하고, 헌법재판소장의 명을 받아 기밀에 관한 사무를 관장한다.

③ 제2항에 규정하지 아니한 사항으로서 헌법재판소장 비서실의 조직과 운영에 관하여 필요한 사항은 헌법재판소규칙으로 정한다.

④ 헌법재판소에 재판관 비서관을 둔다.〈개정 1991. 11. 30〉

⑤ 재판관 비서관은 4급의 일반직국가공무원 또는 4급상당의 별정직국가공무원으로 보하고, 재판관의 명을 받아 기밀에 관한 사무를 관장한다.〈개정 1991. 11. 30〉

제21조 (서기 및 정리) ① 헌법재판소에 서기 및 정리를 둔다.

② 헌법재판소장은 사무처직원중에서 서기 및 정리를 지명한다.

③ 서기는 재판장의 명을 받아 사건에 관한 서류의 작성·보관 또는 송달에 관한 사무를 담당한다.

④ 정리는 심판정에 있어서의 질서유지와 기타 재판장이 명하는 사무를 집행한다.

제3장 일반심판절차

제22조 (재판부) ① 이 법에 특별한 규정이 있는 경우를 제외하고는 헌법재판소의 심판은 재판관 전원으로 구성되는 재판부에서 관장한다.

② 재판부의 재판장은 헌법재판소장이 된다.

제23조 (심판정족수) ① 재판부는 재판관 7인이상의 출석으로 사건을 심리한다.

② 재판부는 종국심리에 관여한 재판관의 과반수의 찬성으로 사건에 관한 결정을 한다. 다만, 다음 각호의 1에 해당하는 경우에는 재판관 6인이상의 찬성이 있어야 한다.

1. 법률의 위헌결정, 탄핵의 결정, 정당해산의 결정 또는 헌법소원에 관한 인용결정을 하는 경우

2. 종전에 헌법재판소가 판시한 헌법 또는 법률의 해석적용에 관한 의견을 변경하는 경우

제24조 (제척·기피 및 회피) ① 재판관이 다음 각호의 1에 해당하는 경우에는 그 직무집행에서 제척된다.

1. 재판관이 당사자이거나 당사자의 배우자 또는 배우자이었던 경우

2. 재판관과 당사자간에 친족·호주·가족의 관계가 있거나 이러한 관계가 있었던 경우

3. 재판관이 사건에 관하여 증언이나 감정을 할 경우

4. 재판관이 사건에 관하여 당사자의 대리인이 되거나 되었던 경우

5. 기타 재판관이 헌법재판소외에서 직무상 또는 직업상의 이유로 사건에 관여하였던 경우

② 재판부는 직권 또는 당사자의 신청에 의하여 제척의 결정을 한다.

③ 재판관에게 심판의 공정을 기대하기 어려운 사정이 있는 경우에는 당사자는 기피

신청을 할 수 있다. 다만, 변론기일에 출석하여 본안에 관한 진술을 한 때에는 그러하지 아니하다.

④ 당사자는 동일한 사건에 대하여 2인이상의 재판관을 기피할 수 없다.

⑤ 재판관은 제1항 또는 제3항의 사유가 있는 때에는 재판장의 허가를 얻어 회피할 수 있다.

⑥ 당사자의 제척 및 기피신청에 관한 심판에는 민사소송법 제44조, 제45조, 제46조 제1항 · 제2항 및 제48조의 규정을 준용한다.〈개정 2002. 1. 26〉

제24조 (제척 · 기피 및 회피) ① 재판관이 다음 각호의 1에 해당하는 경우에는 그 직무집행에서 제척된다.〈개정 2005. 3. 31〉

1. 재판관이 당사자이거나 당사자의 배우자 또는 배우자이었던 경우
2. 재판관과 당사자간에 친족의 관계가 있거나 이러한 관계가 있었던 경우
3. 재판관이 사건에 관하여 증언이나 감정을 할 경우
4. 재판관이 사건에 관하여 당사자의 대리인이 되거나 되었던 경우
5. 기타 재판관이 헌법재판소외에서 직무상 또는 직업상의 이유로 사건에 관여하였던 경우

② 재판부는 직권 또는 당사자의 신청에 의하여 제척의 결정을 한다.

③ 재판관에게 심판의 공정을 기대하기 어려운 사정이 있는 경우에는 당사자는 기피신청을 할 수 있다. 다만, 변론기일에 출석하여 본안에 관한 진술을 한 때에는 그러하지 아니하다.

④ 당사자는 동일한 사건에 대하여 2인이상의 재판관을 기피할 수 없다.

⑤ 재판관은 제1항 또는 제3항의 사유가 있는 때에는 재판장의 허가를 얻어 회피할 수 있다.

⑥당사자의 제척 및 기피신청에 관한 심판에는 민사소송법 제44조, 제45조, 제46조 제1항 · 제2항 및 제48조의 규정을 준용한다.〈개정 2002. 1. 26〉

제25조 (대표자 · 대리인) ① 각종 심판절차에 있어서 정부가 당사자(참가인을 포함한다. 이하 같다)인 때에는 법무부장관이 이를 대표한다.

② 각종 심판절차에 있어서 당사자인 국가기관 또는 지방자치단체는 변호사 또는 변호사의 자격이 있는 소속직원을 대리인으로 선임하여 심판을 수행하게 할 수 있다.

③ 각종 심판절차에 있어서 당사자인 사인은 변호사를 대리인으로 선임하지 아니하면 심판청구를 하거나 심판수행을 하지 못한다. 다만, 그가 변호사의 자격이 있는 때에는 그러하지 아니하다.

제26조 (심판청구의 방식) ① 헌법재판소에의 심판청구는 심판사항별로 정하여진 청구서를 헌법재판소에 제출함으로써 한다. 다만, 위헌법률심판에 있어서는 법원의 제청서, 탄핵심판에 있어서는 국회의 소추의결서의 정본으로 이에 갈음한다.

② 청구서에는 필요한 증거서류 또는 참고자료를 첨부할 수 있다.

제27조 (청구서의 송달) ① 헌법재판소가 청구서를 접수한 때에는 지체없이 그 등본을 피청구기관 또는 피청구인(이하 "피청구인"이라 한다)에게 송달하여야 한다.

② 위헌법률심판의 제청이 있은 때에는 법무부장관 및 당해 소송사건의 당사자에게 그 제청서의 등본을 송달한다.

제28조 (심판청구의 보정) ① 재판장은 심판청구가 부적법하나 보정할 수 있다고 인정하는 경우에는 상당한 기간을 정하여 보정을 요구하여야 한다.〈개정 1991. 11. 30〉

② 제27조 제1항의 규정은 제1항의 규정에 의한 보정서면에 준용한다.

③ 제1항의 규정에 의한 보정이 있는 때에는 처음부터 적법한 심판청구가 있은 것으로 본다.

④ 제1항의 규정에 의한 보정기간은 제38

조의 규정에 의한 심판기간에 이를 산입하지 아니한다.

제29조 (답변서의 제출) ① 청구서 또는 보정서면의 송달을 받은 피청구인은 헌법재판소에 답변서를 제출할 수 있다.

② 답변서에는 심판청구의 취지와 이유에 대응하는 답변을 기재한다.

제30조 (심리의 방식) ① 탄핵의 심판·정당해산의 심판 및 권한쟁의의 심판은 구두변론에 의한다.

② 위헌법률의 심판과 헌법소원에 관한 심판은 서면심리에 의한다. 다만, 재판부는 필요하다고 인정하는 경우에는 변론을 열어 당사자·이해관계인 기타 참고인의 진술을 들을 수 있다.

③ 재판부가 변론을 열 때에는 기일을 정하고 당사자와 관계인을 소환하여야 한다.

제31조 (증거조사) ① 재판부는 사건의 심리를 위하여 필요하다고 인정하는 경우에는 당사자의 신청 또는 직권에 의하여 다음의 증거조사를 할 수 있다.

1. 당사자 본인 또는 증인을 신문하는 일
2. 당사자 또는 관계인이 소지하는 문서·장부·물건 기타 증거자료의 제출을 요구하고 이를 령치하는 일
3. 특별한 학식과 경험을 가진 자에게 감정을 명하는 일
4. 필요한 물건·사람·장소 기타 사물의 성장 또는 상황을 검증하는 일

② 재판장은 필요하다고 인정할 경우에는 재판관중 1인을 지정하여 제1항의 증거조사를 하게 할 수 있다.

제32조 (자료제출요구등) 재판부는 결정으로 다른 국가기관 또는 공공단체의 기관에 대하여 심판에 필요한 사실을 조회하거나, 기록의 송부나 자료의 제출을 요구할 수 있다. 다만, 재판·소추 또는 범죄수사가 진행중인 사건의 기록에 대하여는 송부를 요구할 수 없다.

제33조 (심판의 장소) 심판의 변론과 종국결정의 선고는 심판정에서 행한다. 다만, 헌법재판소장이 필요하다고 인정하는 경우에는 심판정외의 장소에서 이를 할 수 있다.

제34조 (심판의 공개) ① 심판의 변론과 결정의 선고는 공개한다. 다만, 서면심리와 평의는 공개하지 아니한다.

② 법원조직법 제57조 제1항 단서·제2항 및 제3항의 규정은 헌법재판소의 심판에 관하여 이를 준용한다.

제35조 (심판의 지휘와 법정경찰권) ① 재판장은 심판정의 질서와 변론의 지휘 및 평의의 정리를 담당한다.

② 헌법재판소 심판정의 질서유지와 용어의 사용에 관하여는 법원조직법 제58조 내지 제63조의 규정을 준용한다.

제36조 (종국결정) ① 재판부가 심리를 마친 때에는 종국결정을 한다.

② 종국결정을 할 때에는 다음의 사항을 기재한 결정서를 작성하고 심판에 관여한 재판관 전원이 이에 서명·날인하여야 한다.

1. 사건번호와 사건명
2. 당사자와 심판수행자 또는 대리인의 표시
3. 주문
4. 이유
5. 결정일자

③ 심판에 관여한 재판관은 결정서에 의견을 표시하여야 한다.〈개정 2005. 7. 29〉

④ 종국결정이 선고되면 서기는 지체없이 결정서 정본을 작성하여 이를 당사자에게 송달하여야 한다.

⑤ 종국결정은 관보에 게재함으로써 이를 공시한다.

제37조 (심판비용등) ① 헌법재판소의 심판비용은 국가부담으로 한다. 다만, 당사자의 신청에 의한 증거조사의 비용은 헌법재판소규칙이 정하는 바에 따라 그 신청인에게 부담시킬 수 있다.

② 헌법재판소는 헌법소원심판의 청구인에 대하여 헌법재판소규칙으로 정하는 공탁금

의 납부를 명할 수 있다.

③ 헌법재판소는 다음 각호의 1에 해당하는 경우에는 헌법재판소규칙이 정하는 바에 따라 공탁금의 전부 또는 일부의 국고귀속을 명할 수 있다.

1. 헌법소원의 심판청구를 각하할 경우
2. 헌법소원의 심판청구를 기각하는 경우에 그 심판청구가 권리의 남용이라고 인정되는 경우

第38조 (심판기간) 헌법재판소는 심판사건을 접수한 날로부터 180일이내에 종국결정의 선고를 하여야 한다. 다만, 재판관의 궐위로 7인의 출석이 불가능한 때에는 그 궐위된 기간은 심판기간에 이를 산입하지 아니한다.

第39조 (일사불재리) 헌법재판소는 이미 심판을 거친 동일한 사건에 대하여는 다시 심판할 수 없다.

第40조 (준용규정) ① 헌법재판소의 심판절차에 관하여는 이 법에 특별한 규정이 있는 경우를 제외하고는 헌법재판의 성질에 반하지 아니하는 한도내에서 민사소송에 관한 법령의 규정을 준용한다. 이 경우 탄핵심판의 경우에는 형사소송에 관한 법령을, 권한쟁의심판 및 헌법소원심판의 경우에는 행정소송법을 함께 준용한다.〈개정 2003. 3. 12〉

② 제1항 후단의 경우에 형사소송에 관한 법령 또는 행정소송법이 민사소송에 관한 법령과 저촉될 때에는 민사소송에 관한 법령은 준용하지 아니한다.

제4장 특별심판절차

제1절 위헌법률심판

第41조 (위헌여부 심판의 제청) ① 법률이 헌법에 위반되는 여부가 재판의 전제가 된 때에는 당해 사건을 담당하는 법원(군사법원을 포함한다. 이하 같다)은 직권 또는 당사자의 신청에 의한 결정으로 헌법재판소에 위헌여부의 심판을 제청한다.

② 제1항의 당사자의 신청은 제43조 제2호 내지 제4호의 사항을 기재한 서면에 의하여야 한다.

③ 제2항의 신청서면의 심사에 관하여는 민사소송법 제254조의 규정을 준용한다.〈개정 2002. 1. 26〉

④ 위헌여부심판의 제청에 관한 결정에 대하여는 항고할 수 없다.

⑤ 대법원외의 법원이 제1항의 제청을 할 때에는 대법원을 거쳐야 한다.

第42조 (재판의 정지등) ① 법원이 법률의 위헌여부의 심판을 헌법재판소에 제청한 때에는 당해 소송사건의 재판은 헌법재판소의 위헌여부의 결정이 있을 때까지 정지된다. 다만, 법원이 긴급하다고 인정하는 경우에는 종국재판외의 소송절차를 진행할 수 있다.

② 제1항 본문의 규정에 의한 재판정지기간은 형사소송법 제92조 제1항·제2항 및 군사법원법 제132조 제1항·제2항의 구속기간과 민사소송법 제199조의 판결선고기간에 이를 산입하지 아니한다.〈개정 2002. 1. 26〉

第43조 (제청서의 기재사항) 법원이 법률의 위헌여부를 헌법재판소에 제청할 때에는 제청서에 다음 사항을 기재하여야 한다.

1. 제청법원의 표시
2. 사건 및 당사자의 표시
3. 위헌이라고 해석되는 법률 또는 법률의 조항
4. 위헌이라고 해석되는 이유
5. 기타 필요한 사항

第44조 (소송사건당사자등의 의견) 당해 소송사건의 당사자 및 법무부장관은 헌법재판소에 법률의 위헌여부에 대한 의견서를 제출할 수 있다.

第45조 (위헌결정) 헌법재판소는 제청된 법률 또는 법률조항의 위헌여부만을 결정한다. 다만, 법률조항의 위헌결정으로 인하여 당해 법률 전부를 시행할 수 없다고 인정될

때에는 그 전부에 대하여 위헌의 결정을 할 수 있다.

제46조 (결정서의 송달) 헌법재판소는 결정일로부터 14일이내에 결정서 정본을 제청한 법원에 송달한다. 이 경우 제청한 법원이 대법원이 아닌 경우에는 대법원을 거쳐야 한다.

제47조 (위헌결정의 효력) ① 법률의 위헌결정은 법원 기타 국가기관 및 지방자치단체를 기속한다.

② 위헌으로 결정된 법률 또는 법률의 조항은 그 결정이 있는 날로부터 효력을 상실한다. 다만, 형벌에 관한 법률 또는 법률의 조항은 소급하여 그 효력을 상실한다.

③ 제2항 단서의 경우에 위헌으로 결정된 법률 또는 법률의 조항에 근거한 유죄의 확정판결에 대하여는 재심을 청구할 수 있다.

④ 제3항의 재심에 대하여는 형사소송법의 규정을 준용한다.

제 2 절 탄핵심판

제48조 (탄핵소추) 다음 각호의 1에 해당하는 공무원이 그 직무집행에 있어서 헌법이나 법률을 위배한 때에는 국회는 헌법 및 국회법의 규정에 따라 탄핵의 소추를 의결할 수 있다.

1. 대통령, 국무총리, 국무위원 및 행정각부의 장
2. 헌법재판소재판관, 법관 및 중앙선거관리위원회위원
3. 감사원장 및 감사위원
4. 기타 법률이 정한 공무원

제49조 (소추위원) ① 탄핵심판에 있어서는 국회법제사법위원회의 위원장이 소추위원이 된다.

② 소추위원은 헌법재판소에 소추의결서의 정본을 제출하여 그 심판을 청구하며, 심판의 변론에 있어 피청구인을 신문할 수 있다.

제50조 (권한행사의 정지) 탄핵소추의 의결을 받은 자는 헌법재판소의 심판이 있을 때까지 그 권한행사가 정지된다.

제51조 (심판절차의 정지) 피청구인에 대한 탄핵심판청구와 동일한 사유로 형사소송이 진행되고 있는 때에는 재판부는 심판절차를 정지할 수 있다.

제52조 (당사자의 불출석) ① 당사자가 변론기일에 출석하지 아니한 때에는 다시 기일을 정하여야 한다.

② 다시 정한 기일에도 당사자가 출석하지 아니한 때에는 그 출석없이 심리할 수 있다.

제53조 (결정의 내용) ① 탄핵심판청구가 이유있는 때에는 헌법재판소는 피청구인을 당해 공직에서 파면하는 결정을 선고한다.

② 피청구인이 결정선고전에 당해 공직에서 파면된 때에는 헌법재판소는 심판청구를 기각하여야 한다.

제54조 (결정의 효력) ① 탄핵결정은 피청구인의 민사상 또는 형사상의 책임을 면제하지 아니한다.

② 탄핵결정에 의하여 파면된 자는 결정선고가 있은 날로부터 5년을 경과하지 아니하면 공무원이 될 수 없다.

제 3 절 정당해산심판

제55조 (정당해산심판의 청구) 정당의 목적이나 활동이 민주적 기본질서에 위배될 때에는 정부는 국무회의의 심의를 거쳐 헌법재판소에 정당해산심판을 청구할 수 있다.

제56조 (청구서의 기재사항) 정당해산심판의 청구서에는 다음 사항을 기재하여야 한다.

1. 해산을 요구하는 정당의 표시
2. 청구의 이유

제57조 (가처분) 헌법재판소는 정당해산심판의 청구를 받은 때에는 청구인의 신청 또는 직권으로 종국결정의 선고시까지 피청구인의 활동을 정지하는 결정을 할 수 있다.

제58조 (청구등의 통지) ①정당해산심판의 청구가 있는 때, 가처분결정을 한 때 및 그 심판이 종료한 때에는 헌법재판소장은 그 사실을 국회와 중앙선거관리위원회에 통지

하여야 한다.

② 정당해산을 명하는 결정서는 피청구인 외에 국회 · 정부 및 중앙선거관리위원회에도 이를 송달하여야 한다.

第59조 (결정의 효력) 정당의 해산을 명하는 결정이 선고된 때에는 그 정당은 해산된다.

第60조 (결정의 집행) 정당의 해산을 명하는 헌법재판소의 결정은 중앙선거관리위원회가 정당법의 규정에 의하여 이를 집행한다.

제 4 절 권한쟁의심판

第61조 (청구사유) ① 국가기관 상호간, 국가기관과 지방자치단체간 및 지방자치단체 상호간에 권한의 존부 또는 범위에 관하여 다툼이 있을 때에는 당해 국가기관 또는 지방자치단체는 헌법재판소에 권한쟁의심판을 청구할 수 있다.

② 제 1 항의 심판청구는 피청구인의 처분 또는 부작위가 헌법 또는 법률에 의하여 부여받은 청구인의 권한을 침해하였거나 침해할 현저한 위험이 있는 때에 한하여 이를 할 수 있다.

第62조 (권한쟁의 심판의 종류) ① 권한쟁의심판의 종류는 다음과 같다.〈개정 1995. 8. 4〉

1. 국가기관 상호간의 권한쟁의심판

국회, 정부, 법원 및 중앙선거관리위원회 상호간의 권한쟁의심판

2. 국가기관과 지방자치단체간의 권한쟁의심판

가. 정부와 특별시 · 광역시 또는 도간의 권한쟁의심판

나. 정부와 시 · 군 또는 지방자치단체인 구(이하 "자치구"라 한다)간의 권한쟁의심판

3. 지방자치단체 상호간의 권한쟁의심판

가. 특별시 · 광역시 또는 도 상호간의 권한쟁의심판

나. 시 · 군 또는 자치구 상호간의 권한쟁의심판

다. 특별시 · 광역시 또는 도와 시 · 군 또는 자치구간의 권한쟁의심판

② 권한쟁의가 지방교육자치에관한법률 제2조의 규정에 의한 교육 · 학예에 관한 지방자치단체의 사무에 관한 것인 때에는 교육감이 제 1 항 제 2 호 및 제 3 호의 당사자가 된다.〈개정 1995. 8. 4〉

第63조 (청구기간) ① 권한쟁의의 심판은 그 사유가 있음을 안 날로부터 60일이내에, 그 사유가 있은 날로부터 180일이내에 청구하여야 한다.

② 제 1 항의 기간은 불변기간으로 한다.

第64조 (청구서의 기재사항) 권한쟁의심판의 청구서에는 다음 사항을 기재하여야 한다.〈개정 2003. 3. 12〉

1. 청구인 또는 청구인이 속한 기관 및 심판수행자 또는 대리인의 표시

2. 피청구인의 표시

3. 심판대상이 되는 피청구인의 처분 또는 부작위

4. 청구의 이유

5. 기타 필요한 사항

第65조 (가처분) 헌법재판소가 권한쟁의심판의 청구를 받은 때에는 직권 또는 청구인의 신청에 의하여 종국결정의 선고시까지 심판대상이 된 피청구인의 처분의 효력을 정지하는 결정을 할 수 있다.〈개정 2003. 3. 12〉

第66조 (결정의 내용) ① 헌법재판소는 심판의 대상이 된 국가기관 또는 지방자치단체의 권한의 존부 또는 범위에 관하여 판단한다.

② 제 1 항의 경우에 헌법재판소는 권한침해의 원인이 된 피청구인의 처분을 취소하거나 그 무효를 확인할 수 있고, 헌법재판소가 부작위에 대한 심판청구를 인용하는 결정을 한 때에는 피청구인은 결정취지에 따른 처분을 하여야 한다.〈개정 2003. 3. 12〉

第67조 (결정의 효력) ① 헌법재판소의 권한쟁의심판의 결정은 모든 국가기관과 지방자치단체를 기속한다.

② 국가기관 또는 지방자치단체의 처분을 취소하는 결정은 그 처분의 상대방에 대하

여 이미 생긴 효력에 영향을 미치지 아니한다.

제 5 절 헌법소원심판

제68조 (청구사유) ① 공권력의 행사 또는 불행사로 인하여 헌법상 보장된 기본권을 침해받은 자는 법원의 재판을 제외하고는 헌법재판소에 헌법소원심판을 청구할 수 있다. 다만, 다른 법률에 구제절차가 있는 경우에는 그 절차를 모두 거친 후가 아니면 청구할 수 없다.

② 제41조 제 1 항의 규정에 의한 법률의 위헌여부심판의 제청신청이 기각된 때에는 그 신청을 한 당사자는 헌법재판소에 헌법소원심판을 청구할 수 있다. 이 경우 그 당사자는 당해 사건의 소송절차에서 동일한 사유를 이유로 다시 위헌여부심판의 제청을 신청할 수 없다.

[96헌마172,173(병합) 1997. 12. 24

1. 헌법재판소법 제68조 제 1 항 본문의 '법원의 재판'에 헌법재판소가 위헌으로 결정한 법령을 적용함으로써 국민의 기본권을 침해한 재판도 포함되는 것으로 해석하는 한도내에서, 헌법재판소법 제68조 제 1 항은 헌법에 위반된다.]

제69조 (청구기간) ① 제68조 제 1 항의 규정에 의한 헌법소원의 심판은 그 사유가 있음을 안 날부터 90일이내에, 그 사유가 있은 날부터 1년이내에 청구하여야 한다. 다만, 다른 법률에 의한 구제절차를 거친 헌법소원의 심판은 그 최종결정을 통지받은 날로부터 30일이내에 청구하여야 한다.〈개정 2003. 3. 12〉

② 제68조 제 2 항의 규정에 의한 헌법소원심판은 위헌여부심판의 제청신청을 기각하는 결정을 통지받은 날부터 30일이내에 청구하여야 한다. 〈개정 2003.3.12〉

제70조 (국선대리인) ① 헌법소원심판을 청구하고자 하는 자가 변호사를 대리인으로 선임할 자력이 없는 경우에는 헌법재판소에 국선대리인을 선임하여 줄 것을 신청할 수 있다. 이 경우 제69조의 규정에 의한 청구기간은 국선대리인의 선임신청이 있는 날을 기준으로 정한다.

② 제 1 항의 규정에 불구하고 헌법재판소가 공익상 필요하다고 인정할 때에는 국선대리인을 선임할 수 있다.〈신설 2003. 3. 12〉

③ 헌법재판소는 제 1 항의 신청이 있거나 제 2 항의 경우에는 헌법재판소규칙이 정하는 바에 따라 변호사중에서 국선대리인을 선정한다. 다만, 그 심판청구가 명백히 부적법하거나 이유없는 경우 또는 권리의 남용이라고 인정되는 경우에는 국선대리인을 선정하지 아니할 수 있다.〈개정 2003. 3. 12〉

④ 헌법재판소가 국선대리인을 선정하지 아니한다는 결정을 한 때에는 지체없이 그 사실을 신청인에게 통지하여야 한다. 이 경우 신청인이 선임신청을 한 날로부터 그 통지를 받은 날까지의 기간은 제69조의 규정에 의한 청구기간에 이를 산입하지 아니한다.

⑤ 제 3 항의 규정에 의하여 선정된 국선대리인은 선정된 날부터 60일이내에 제71조에 규정된 사항을 기재한 심판청구서를 헌법재판소에 제출하여야 한다.〈신설 2003. 3. 12〉

⑥ 제 3 항의 규정에 의하여 선정한 국선대리인에 대하여는 헌법재판소규칙이 정하는 바에 따라 국고에서 그 보수를 지급한다.〈개정 2003. 3. 12〉

제71조 (청구서의 기재사항) ① 제68조 제 1 항의 규정에 의한 헌법소원의 심판청구서에는 다음 사항을 기재하여야 한다.

1. 청구인 및 대리인의 표시
2. 침해된 권리
3. 침해의 원인이 되는 공권력의 행사 또는 불행사
4. 청구이유
5. 기타 필요한 사항

② 제68조 제 2 항의 규정에 의한 헌법소원의 심판청구서의 기재사항에 관하여는 제

43조의 규정을 준용한다. 이 경우 제43조 제1호중 "제청법원의 표시"는 "청구인 및 대리인의 표시"로 본다.

③ 헌법소원의 심판청구서에는 대리인의 선임을 증명하는 서류 또는 국선대리인 선임통지서를 첨부하여야 한다.

제72조 (사전심사) ① 헌법재판소장은 헌법재판소에 재판관 3인으로 구성되는 지정재판부를 두어 헌법소원심판의 사전심사를 담당하게 할 수 있다.

② 삭제〈1991. 11. 30〉

③ 지정재판부는 다음 각호의 1에 해당되는 경우에는 지정재판부 재판관 전원의 일치된 의견에 의한 결정으로 헌법소원의 심판청구를 각하한다.

1. 다른 법률에 의한 구제절차가 있는 경우 그 절차를 모두 거치지 않거나 또는 법원의 재판에 대하여 헌법소원의 심판이 청구된 경우
2. 제69조의 규정에 의한 청구기간이 경과된 후 헌법소원심판이 청구된 경우
3. 제25조의 규정에 의한 대리인의 선임없이 청구된 경우
4. 기타 헌법소원심판의 청구가 부적법하고 그 흠결을 보정할 수 없는 경우

④ 지정재판부는 전원의 일치된 의견으로 제3항의 각하결정을 하지 아니하는 경우에는 결정으로 헌법소원을 재판부의 심판에 회부하여야 한다. 헌법소원심판의 청구후 30일이 경과할 때까지 각하결정이 없는 때에는 심판에 회부하는 결정(이하 "심판회부결정"이라 한다) 이 있는 것으로 본다.

⑤ 제28조 · 제31조 · 제32조 및 제35조의 규정은 지정재판부의 심리에 이를 준용한다.

⑥ 지정재판부의 구성과 운영에 관하여 필요한 사항은 헌법재판소규칙으로 정한다.

제73조 (각하 및 심판회부결정의 통지) ① 지정재판부는 헌법소원을 각하하거나 심판회부결정을 한 때에는 그 결정일로부터 14일 이내에 청구인 또는 그 대리인 및 피청구인에게 그 사실을 통지하여야 한다. 제72조제4항 후단의 경우에도 또한 같다.

② 헌법재판소장은 헌법소원이 제72조 제4항의 규정에 의하여 재판부의 심판에 회부된 때에는 다음 각호에 열거된 자에 대하여 지체없이 그 사실을 통지하여야 한다.

1. 법무부장관
2. 제68조 제2항의 규정에 의한 헌법소원심판에 있어서는 청구인이 아닌 당해 사건의 당사자

제74조 (이해관계기관 등의 의견제출) ① 헌법소원의 심판에 이해관계가 있는 국가기관 또는 공공단체와 법무부장관은 헌법재판소에 그 심판에 관한 의견서를 제출할 수 있다.

② 제68조 제2항의 규정에 의한 헌법소원이 재판부에 심판회부된 때에는 제27조 제2항 및 제44조의 규정을 준용한다.

제75조 (인용결정) ① 헌법소원의 인용결정은 모든 국가기관과 지방자치단체를 기속한다.

② 제68조 제1항의 규정에 의한 헌법소원을 인용할 때에는 인용결정서의 주문에서 침해된 기본권과 침해의 원인이 된 공권력의 행사 또는 불행사를 특정하여야 한다.

③ 제2항의 경우에 헌법재판소는 기본권침해의 원인이 된 공권력의 행사를 취소하거나 그 불행사가 위헌임을 확인할 수 있다.

④ 헌법재판소가 공권력의 불행사에 대한 헌법소원을 인용하는 결정을 한 때에는 피청구인은 결정취지에 따라 새로운 처분을 하여야 한다.

⑤ 제2항의 경우에 헌법재판소는 공권력의 행사 또는 불행사가 위헌인 법률 또는 법률의 조항에 기인한 것이라고 인정될 때에는 인용결정에서 당해 법률 또는 법률의 조항이 위헌임을 선고할 수 있다.

⑥ 제5항의 경우 및 제68조 제2항의 규정에 의한 헌법소원을 인용하는 경우에는 제45조 및 제47조의 규정을 준용한다.

⑦ 제68조 제2항의 규정에 의한 헌법소원이 인용된 경우에 당해 헌법소원과 관련된 소송사건이 이미 확정된 때에는 당사자는 재심을 청구할 수 있다.
⑧ 제7항의 규정에 의한 재심에 있어 형사사건에 대하여는 형사소송법의 규정을, 그 외의 사건에 대하여는 민사소송법의 규정을 준용한다.

제5장 벌　칙

제76조 (벌칙) 다음 각호의 1에 해당하는 자는 1년이하의 징역 또는 100만원이하의 벌금에 처한다.
1. 헌법재판소로부터 증인 · 감정인 · 통역인 또는 번역인으로서 소환 또는 위촉을 받고 정당한 사유없이 출석하지 아니한 자
2. 헌법재판소로부터 증거물의 제출요구 또는 제출명령을 받고 정당한 사유없이 이를 제출하지 아니한 자
3. 헌법재판소의 조사 또는 검사를 정당한 사유없이 거부 · 방해 또는 기피한 자

부칙 〈제4017호, 1988. 8. 5〉

제1조 (시행일) 이 법은 1988년 9월 1일부터 시행한다. 다만, 이 법에 의한 헌법재판소장 · 상임재판관 및 재판관의 임명 기타 이 법 시행에 관한 준비는 이 법 시행전에 할 수 있다.

제2조 (폐지법률) 법률 제2530호 헌법위원회법은 이를 폐지한다.

제3조 (계속사건에 대한 경과조치) 이 법 시행당시 헌법위원회에 계속중인 사건은 헌법재판소에 이관한다. 이 경우 이미 행하여진 심판행위의 효력에 대하여는 영향을 미치지 아니한다.

제4조 (종전의 사항에 관한 경과조치) 이 법은 이 법 시행전에 생긴 사항에 관하여도 적용한다. 다만, 이 법 시행전에 헌법위원회법에 의하여 이미 생긴 효력에는 영향을 미치지 아니한다.

제5조 (종전 직원에 관한 경과조치) 이 법 시행당시 헌법위원회 사무국공무원은 헌법재판소사무처소속공무원으로 임용된 것으로 본다.

제6조 (예산에 관한 경과조치) 이 법 시행당시 헌법위원회의 소관예산은 헌법재판소의 소관예산으로 본다.

제7조 (권리의무의 승계) 이 법 시행당시 헌법위원회가 가지는 권리 및 의무는 헌법재판소가 이를 승계한다.

제8조 (다른 법률의 개정) ① 법원조직법중 다음과 같이 개정한다.
제7조 제1항 제4호를 삭제한다.
② 행정소송법중 다음과 같이 개정한다.
제3조 제4호에 단서를 다음과 같이 신설한다.
다만, 헌법재판소법 제2조의 규정에 의하여 헌법재판소의 관장사항으로 되는 소송은 제외한다.
③ 국가공무원법중 다음과 같이 개정한다.
제2조 제3항 제1호 나목중 "헌법위원회의 상임위원"을 "헌법재판소의 상임재판관 및 사무처장"으로 한다.
④ 정당법중 다음과 같이 개정한다.
제40조, 제41조 제3항, 제42조 및 제43조 제2항중 "헌법위원회"를 각각 "헌법재판소"로 한다.
⑤ 행정심판법중 다음과 같이 개정한다.
제5조 제2항 제2호중 "헌법위원회"를 "헌법재판소"로 한다.
⑥ 예산회계법중 다음과 같이 개정한다.
제22조중 "헌법위원회"를 "헌법재판소"로 한다.
⑦ 공무원연금법중 다음과 같이 개정한다.
제77조중 "헌법위원회"를 "헌법재판소"로 한다.
⑧ 집회및시위에관한법률중 다음과 같이 개정한다.
제3조 제1항 제1호중 "헌법위원회"를 "헌법재판소"로 한다.

⑨ 민방위기본법중 다음과 같이 개정한다.
제2조 제2호중 "헌법위원회 사무국장"을 "헌법재판소 사무처장"으로 한다.
⑩ 상훈법중 다음과 같이 개정한다.
제5조 제1항중 "법원행정처장"을 "법원행정처장·헌법재판소사무처장"으로 한다.
⑪ 공직자윤리법중 다음과 같이 개정한다.
제5조 제1항 제4호중 "제3호외의"를 "제4호외의"로 하여 이를 동조 동항 제5호로 하고, 동조 동항 제4호를 다음과 같이 신설한다.
4. 헌법재판소장·상임재판관 및 헌법재판소소속공무원은 헌법재판소사무처

부칙 〈제4408호, 1991. 11. 30〉

제1조 (시행일) 이 법은 공포한 날부터 시행한다.

제2조 (경과조치) 이 법 시행 당시 상임재판관 및 상임재판관이 아닌 재판관은 이 법에 의하여 재판관으로 임명된 것으로 보며, 그 임기는 이 법 시행전의 상임재판관 또는 재판관으로 임명된 때부터 기산한다.

제3조 (다른 법률의 개정) ① 행정심판법중 다음과 같이 개정한다.
제5조 제2항 제2호중 "헌법재판소"를 "헌법재판소사무처장"으로 한다.
제6조 제3항 단서중 "대법원규칙으로" 다음에, 헌법재판소사무처장의 경우에는 "헌법재판소규칙으로"를 삽입한다.
② 국가공무원법중 다음과 같이 개정한다.
제2조 제3항 제1호 나목중 "헌법재판소의 상임재판관 및 사무처장"을 "헌법재판소의 재판관 및 사무처장"으로 한다.
③ 공직자윤리법중 다음과 같이 개정한다.
제5조 제1항 제4호중 "상임재판관"을 "헌법재판소재판관"으로 한다.
제9조 제1항 본문중 "대법원"다음에 "헌법재판소"를 삽입하고, 동조 제2항 제3호중 "제1호 및 제2호"를 "제1호 내지 제3호"로 하여 이를 동항 제4호로 하며, 동항에 제3호를 다음과 같이 신설하고, 동조 제3항중 "대법원규칙"다음에 "헌법재판소규칙"을 삽입한다.
3. 헌법재판소공직자논리위원회는 헌법재판소재판관 기타 헌법재판소소속공무원과 그 퇴직공직자에 관한 사항
제17조 제2항중 "대법원규칙" 다음에 "헌법제판소규칙"을 삽입한다.
제18조중 "대법원규칙" 다음에 "헌법제판소규칙"을 삽입한다.
제19조 제1항중 "법원행정처장" 다음에, 헌법재판소에 있어서는 "헌법재판소사무처장"을 삽입한다.
제21조중 "대법원규칙" 다음에 "헌법제판소규칙"을 삽입한다.
④ 민사소송법중 다음과 같이 개정한다.
제275조 제2항중 "국회의 의장과 대법원장"을 "국회의장·대법원장 및 헌법재판소장"으로 한다.
⑤ 집회및시위에관한법률중 다음과 같이 개정한다.
제11조 제1호중 "각급법원" 다음에, "헌법재판소"를 삽입하고, 동조 제2호중 "대법원장공관" 다음에, "헌법재판소장공관"을 삽입한다.
⑥ 예산회계법중 다음과 같이 개정한다.
제14조 제2항 전단중 "국회의장과 대법원장"을 "국회의장·대법원장 및 헌법재판소장"으로, "국회의 사무총장과 대법원의 법원행정처장"을 "국회의 사무총장·대법원의 법원행정처장 및 헌법재판소의 사무처장"으로 하고, 동항 후단중 "국회의 사무총장과 대법원의 법원행정처장"을 "국회의 사무총장·대법원의 법원행정처장 및 헌법재판소의 사무처장"으로 하며, 동조 제3항중 "국회의장과 대법원장"을 "국회의장·대법원장 및 헌법재판소장"으로 한다.
⑦ 물품관리법중 다음과 같이 개정한다.
제16조 제1항 단서중 "국회와 대법원"을 "국회·대법원 및 헌법재판소"로 한다.

⑧ 국가채권관리법중 다음과 같이 개정한다.
제2조 제2항중 "대법원장" 다음에, "헌법재판소장"을 삽입한다.

부칙 〈제4815호, 1994. 12. 22〉
이 법은 공포한 날부터 시행한다.

부칙 〈제4963호, 1995. 8. 4〉
이 법은 공포한 날부터 시행한다.

부칙(정부부처명칭등의변경에따른건축법등의정비에관한법률)〈제5454호, 1997. 12. 13〉
이 법은 1998년 1월 1일부터 시행한다.〈단서 생략〉

부칙(국가공무원법) 〈제6622호, 2002. 1. 19〉
제1조 (시행일) 이 법은 공포한 날부터 시행한다. 단서 생략〉
제2조 생략
제3조 (다른 법률의 개정) ① 및 ② 생략
③ 헌법재판소법중 다음과 같이 개정한다.
제15조 제1항중 "대법원장의 예에, 재판관의 대우와 보수"를 "대법원장의 예에 의하며, 재판관은 정무직으로 하고 그 대우와 보수"로 한다.
④ 내지 ⑥ 생략

부칙(민사소송법) 〈제6626호, 2002. 1. 26〉
제1조 (시행일) 이 법은 2002년 7월 1일부터 시행한다.
제2조 내지 제5조 생략
제6조 (다른 법률의 개정) ① 내지 〈25〉생략
〈26〉헌법재판소법중 다음과 같이 개정한다.
제24조 제6항중 "민사소송법 제40조, 제41조, 제42조 제1항 · 제2항 및 제44조"를 "민사소송법 제44조, 제45조, 제46조 제1항 · 제2항 및 제48조"로 한다.
제41조 제3항중 "민사소송법 제231조"를 "민사소송법 제254조"로 한다.
제42조 제2항중 "민사소송법 제184조"를 "민사소송법 제199조"로 한다.
〈27〉내지 〈29〉생략
제7조 생략

부칙 〈제6861호, 2003. 3. 12〉
① (시행일) 이 법은 공포후 3월이 경과한 날부터 시행한다.
② (경과조치) 이 법 시행 당시 일반직국가공무원 또는 별정직국가공무원인 헌법연구관 및 헌법연구관보는 이 법에 의하여 각각 특정직국가공무원인 헌법연구관과 별정직국가공무원인 헌법연구관보로 임용된 것으로 본다. 다만, 이 법 시행전에 헌법연구관 및 헌법연구관보로 근무한 기간은 이 법 및 다른 법령에 규정된 헌법연구관 및 헌법연구관보의 재직기간에 산입하고, 국가기관에서 4급공무원으로 근무한 기간은 호봉획정시 헌법연구관보로 근무한 기간으로 본다.
③ (다른 법률의 개정) 공직자윤리법중 다음과 같이 개정한다.
제3조 제1항에 제5호의2를 다음과 같이 신설한다.
5의2. 헌법재판소 헌법연구관

부칙(민법) 〈제7427호, 2005. 3. 31〉
제1조 (시행일) 이 법은 공포한 날부터 시행한다. 다만, …생략… 부칙 제7조(제2항 및 제29항을 제외한다)의 규정은 2008년 1월 1일부터 시행한다.
제2조 내지 제6조 생략
제7조 (다른 법률의 개정) ① 내지 〈25〉생략
〈26〉헌법재판소법 일부를 다음과 같이 개정한다.
제24조 제1항 제2호중 "친족 · 호주 · 가족"을 "친족"으로 한다.
〈27〉내지 〈29〉생략

부칙 〈제7622호, 2005. 7. 29〉
이 법은 공포한 날부터 시행한다.

判例索引

[헌법재판소]

[대법원]

[고등법원]

[지방법원]

著　　者
서울大學校 法科大學 卒業
第24回 司法試驗 合格, 法學博士
憲法裁判所 憲法硏究官, 建國大學校 敎授 歷任
現在 서울大學校 法科大學 敎授

主要著作
「憲法學原論」
「憲法訴訟法」
「헌법재판강의」
「判例憲法訴訟法」
「憲法硏究 1」
「憲法硏究 2」
「憲法硏究 3」
「憲法硏究 4」
「憲法硏究 5」
「憲法裁判硏究 1」
「憲法判例硏究 1」
「韓國의 司法制度와 發展모델」
「韓國憲法史文類」
「객관식 헌법」
「선비의 붓 명인의 칼」
「대한민국 헌법을 읽자」
「정종섭교수와 함께 보는 대한민국 헌법」
「대한민국 헌법」

判例韓國憲法

2007年 2月 28日　　初版印刷
2007年 3月 10日　　初版發行

著　者　鄭 宗 燮
發行人　安 鍾 萬
發行處　博 英 社
서울特別市 鍾路區 平洞 13-31番地
電話 (733)6771　FAX (736)4818
登錄 1952. 11. 18. 제1-171호(倫)

www.pakyoungsa.co.kr　e-mail: pys@pakyoungsa.co.kr

定　價 40,000원　　ISBN 978-89-10-51407-7

日限半加加封之程則○出使人受職雖不

行公亦給若科前遣喪或身死者仕滿五十

日而味經遞差則給哦轉傳掉廿日在務未

在給守令遞往者街由得學外田公主夫

來則雖過限計程逆拾開追給公主翁生侯

取從大職給視祭使都事節度使兩界度使

評事並有祿孝家

觀察使節度使否

	第一科正一品	第二科從一品	第三科正二品
中米	春 四石	春 三石	春 三石
	夏 三石	夏 三石	夏 三石
	秋 四石	秋 三石	秋 三石
	冬 三石	冬 三石	冬 三石